Mme LALITHA
GNANALINGAM.
22/10/89.

"La Connaissance de la
langue française c'est d'avoir
une richesse personnelle.
Sons mes Voeux Vous accompagnt
de la posséder parfaitement"

H358 1142

Dictionnaire
HACHETTE
juniors

direction pédagogique de

PAUL BONNEVIE

Inspecteur Départemental de l'Éducation

rédaction dirigée par

PHILIPPE AMIEL

nouvelle édition

HACHETTE
Éducation

I.S.B.N. 2-01-014398-1

alphabet phonétique

les voyelles

[a]	patte	[pat]				
[ɑ]	pâte	[pɑt]	[ɑ̃]	pente	[pɑ̃t]	
				pan	[pɑ̃]	
[ə]	petit	[pəti]				
	demain	[dəmɛ̃]				
[ø]	deux	[dø]				
	peu	[pø]				
[œ]	leur	[lœr]	[œ̃]	brun	[brœ̃]	
	beurre	[bœr]		lundi	[lœ̃di]	
[e]	dé	[de]				
	nez	[ne]				
[ɛ]	bête	[bɛt]	[ɛ̃]	pain	[pɛ̃]	
	pelle	[pɛl]		bien	[bjɛ̃]	
				peint	[pɛ̃]	
[i]	il, île	[il]				
	cycle	[sikl]				
[o]	gros	[gro]				
	beau	[bo]				
	côte	[kot]				
[ɔ]	botte	[bɔt]	[ɔ̃]	bon	[bɔ̃]	
	cotte	[kɔt]				
	album	[albɔm]				
[y]	pur	[pyr]				
	mûr	[myr]				
[u]	fou	[fu]				
	bout	[bu]				
[j]	fille	[fij]				
	lien	[ljɛ̃]				
[ɥ]	huit	[ɥit]				
	lui	[lɥi]				
[w]	oui	[wi]				
	quoi	[kwa]				
	pois	[pwa]				

★ Ne pas confondre
e	[ə]	et	é	[e]
u	[y]	et	ou	[u]
(i)lle	[j]	et	j(e)	[ʒ]

les consonnes

[b]	bal	[bal]	
[d]	dent	[dɑ̃]	
[f]	foire	[fwar]	
	phare	[far]	
[g]	gomme	[gɔm]	
	bague	[bag]	
	examen	[ɛgzamɛ̃]	
[k]	clé	[kle]	
	bac	[bak]	
	képi	[kepi]	
	qui	[ki]	
	excès	[ɛksɛ]	
[l]	lin	[lɛ̃]	
	lieu	[ljø]	
[m]	mer	[mɛr]	
	femme	[fam]	
[n]	nage	[naʒ]	
[ɲ]	gagner	[gaɲe]	
[ŋ]	parking	[parkiŋ]	
[p]	porte	[pɔrt]	
[r]	rire	[rir]	
[s]	sac	[sak]	
	dessus	[dəsy]	
	cela	[səla]	
	ça	[sa]	
	natation	[natasjɔ̃]	
[ʃ]	chien	[ʃjɛ̃]	
	chat	[ʃa]	
[t]	train	[trɛ̃]	
[v]	valise	[valiz]	
	voile	[vwal]	
[z]	zone	[zon]	
	maison	[mezɔ̃]	
	exister	[ɛgziste]	
[ʒ]	jaune	[ʒon]	
	gifle	[ʒifl]	
[']	(pas de liaison);		
	* hotte (« h aspiré »),		
	des hottes [de'ot]		
	yaourt, des yaourts		
	[de'jaur].		

★ Ne pas confondre
gn(e)	[ɲ]	et	(i)ng	[ŋ]
z(e)	[z]	et	j(e)	[ʒ]
s(e)	[s]	et	ch(e)	[ʃ]

5

liste des abréviations

abrév.	abréviation
adj.	adjectif
adv.	adverbe
CONTR.	contraire
conj.	conjonction
conjug.	conjugaison
ex.	exemple
exclam.	exclamation
f.	féminin
fam., très fam.	familier, très familier (indique qu'un mot ne s'emploie que dans des conversations entre des gens qui se connaissent bien, et pas dans la langue écrite).
fig.	figuré
indéf.	indéfini
indir.	indirect
interj.	interjection
invar.	invariable
littér.	littéraire (indique qu'un mot s'emploie surtout dans la langue écrite dans un style soigné)
loc.	locution (groupe de mots)
loc. adj.	locution qui a la valeur d'un adjectif
loc. adv.	locution qui a la valeur d'un adverbe
loc. conj.	locution qui a la valeur d'une conjonction
loc. prép.	locution qui a la valeur d'une préposition
m.	masculin
péjor.	péjoratif
plur.	pluriel
poss.	possessif
prép.	préposition
SYN.	synonyme
v.	verbe
v. impers.	verbe impersonnel
v. pron.	verbe pronominal

comment utiliser ce dictionnaire

orthographe (en lettres grasses)

froisser v. **1** • *Froisser du papier* : le chiffonner. **2** (fig.) • *Mes réflexions l'ont froissé*, vexé, blessé.

sens figuré

chiffres qui distinguent les différents sens du mot expliqué

■ **froissé** adj. • *Ma jupe est toute froissée*, chiffonnée, fripée.

mot de la même famille (précédé d'un carré noir)

■ **froissement** nom m. • *Deux autos viennent de s'accrocher : j'ai entendu un froissement de tôles.*

catégorie grammaticale

futé adj. (fam.) • *Il a fallu lui expliquer l'affaire plusieurs fois car il n'est pas très futé* (→ SYN. débrouillard, finaud, malin, rusé). ☐ nom • *C'est une petite futée !*

mot familier

changement de la catégorie grammaticale (précédé d'un carré blanc)

prononciation (voir page 8)

geai [ʒɛ] nom m. • *Cette plume aux taches bleues vient sûrement d'un geai*, un oiseau assez gros au plumage clair tacheté. ★ Ne pas confondre avec *jet.*

remarque (introduite par une étoile)

grandes sections de l'article

géant nom et adj. **A.** nom **1** • *Le journal parle d'un géant qui mesure plus de 2 mètres*, une personne de très haute taille (→ gigantesque ; CONTR. nain). **2** • *Ce chêne est le géant de la forêt*, l'arbre le plus haut.
B. adj. • *Cette tour est un immeuble géant*, très haut, très grand (→ SYN. colossal, gigantesque, immense).

renvoi aux mots de la même famille

renvoi aux mots de sens contraire

renvoi aux mots de sens équivalent (synonymes)

1. gare nom f. • *Je suis allé attendre mon frère à la gare*, le bâtiment, l'ensemble des installations où s'arrêtent et d'où partent les trains. ★ Chercher aussi : quai, ligne, station, voie. ⊟ • *Le car doit arriver à 6 heures à la gare routière*, l'endroit prévu pour le départ et l'arrivée des cars. ★ Chercher aussi : aérogare.

renvoi à des mots qui sont en rapport avec le mot expliqué

mots qui s'écrivent de la même façon mais qui n'ont pas le même sens (précédés d'un chiffre pour les distinguer)

sens (ou emploi) du mot légèrement différent

2. gare ! interj. **1** • *Si vous trichez, gare à vous !*, attention, il va vous arriver des choses désagréables. **2** SANS CRIER GARE • *Gabrielle est arrivée sans crier gare*, sans prévenir, à l'improviste.

phrase exemple (en lettres penchées et précédées d'un rond noir)

expression mise en vedette

explication du mot (en lettres droites)

geindre v. • *Le blessé geint en dormant :* il gémit, il se plaint. ★ Conjug. 35.

renvoi au tableau des conjugaisons (en fin d'ouvrage)

ont collaboré à cet ouvrage

pour l'expérimentation et la pédagogie

Jacques Hervet,
conseiller pédagogique
et :
Jean-Pierre Bourgeois
Gilbert Ferreira
Odile Juston
Serge Lefranc
Marcel Maenhout
Gérard Marlier
Pierre Sauviat
enseignants en CE 2, CM 1 et CM 2.

pour la rédaction

Brigitte Vienne
Dorine Morel-Michel
Sylvain Matton
Guillaume Baudin
Laurent Andrès
Michel Amiel
ont également contribué
à la rédaction :
Catherine Devichi
Jeanine Vassas

pour l'illustration

responsable : Claire Verniau
et :
Claude Barrué
Xavier Bernard
Christiane Beylier
Philippe Créhange
Christian Debanne
Frantz Durel
Vincent Ferlito
Maurice Grimaud
Christian Grugeon
Danuta Heller
Claude Lacroix
Daniel Lambert
Béatrice Le Gouvello
Alain Letoct
Christian Letoct
Marie Mallard
Danièle Mémet
Agnès Molnar
Lucien Murtin
Patrice Pellerin
Guy Plomion
Hervé Quenolle
Masako Shimada
Robert So
Patrick Taeron
Didier Thirion
Hélène Wolcke

préface

Avec cette nouvelle édition de poche, le **Dictionnaire Hachette Juniors (DHJ) poursuit** et **renforce** sa vocation de dictionnaire de langue française adapté aux élèves de l'école élémentaire dès le C.E.2 et à ceux des classes de 6e et 5e.

Sa présentation en format de poche devrait lui permettre d'accompagner le plus souvent possible les élèves qui trouveront en lui un ami fidèle qu'on n'hésite pas à consulter pour surmonter les difficultés rencontrées.

Ce dictionnaire contient l'**essentiel des mots du français actuel.** Sa nouvelle nomenclature offre maintenant **18 500 entrées** environ. La liste des mots à définir a été établie à partir d'importants dépouillements de livres scolaires, de revues et d'ouvrages de littérature enfantine et la nomenclature reflète les changements intervenus. D'où des ajouts de mots nouveaux comme : *alphanumérique, binaire, catamaran, kit, lave-linge, flashback, cafétéria, composter, décentralisation,* etc.

Nous n'avons pas négligé le vocabulaire que l'on trouve dans les textes littéraires courants du C.M.2 et de la classe de 6e. Par exemple : *famélique, fugace, draconien, besace, capiteux, chapon, chimère, escarcelle, arborer, élimé, cynique, infortuné,* etc.

Cet enrichissement porte aussi sur les expressions et les locutions : *se regarder en chien de faïence, du coq-à-l'âne,* etc. L'enfant doit comprendre que leur sens n'est pas la somme des sens des éléments qui les constituent.

Pour que l'élève puisse aisément se servir seul de son dictionnaire, la **description du vocabulaire** a un caractère pratique, fonctionnel et systématique. L'accès à la compréhension des mots est facilité par le concours mutuel que s'apportent la **phrase exemple** et la **définition.**

Le **Dictionnaire Hachette Juniors** présente la langue comme un réseau de relations entre les mots. Il permet donc de reconstituer des séries formées à partir d'un mot-souche par préfixation, suffixation, dérivation.

Pour ne pas nuire à la facilité de consultation que procure l'**ordre alphabétique,** on trouvera soit un **regroupement des mots par famille** (*poivre, poivrier, poivrer*), soit des renvois explicites à un dérivé (*ajouter → rajouter*) ou à mot-souche (*ajuster → juste*).

Pour chaque mot et chaque sens les **synonymes** et les **contraires** correspondants sont aussi donnés. Par ailleurs, des **renvois analogiques** permettent de retrouver les autres mots qui appartiennent au même champ thématique (*montre, chronomètre, horloge, pendule*).

Pour chaque mot, le **Dictionnaire Hachette Juniors** donne quelques remarques sur un point très précis : l'**homonymie,** la **particularité orthographique** ou **grammaticale,** la **transcription phonétique,** et, dans le texte, des **dessins** ont été introduits quand l'image était irremplaçable pour expliquer le mot.

Tel qu'il est, modifié et enrichi, le **Dictionnaire Hachette Juniors** apporte aux élèves des réponses claires, compréhensibles, utiles, nombreuses, aux questions qu'ils ne manquent pas d'avoir à résoudre.

En offrant aux élèves de l'école élémentaire et du début du collège un instrument de travail approprié à leurs besoins, leurs compétences, leur univers, le **Dictionnaire Hachette Juniors** vise à développer leur autonomie, en leur donnant l'envie de progresser dans la connaissance de leur langue, l'envie de mieux la maîtriser et donc de mieux communiquer.

•

D'autre part, nous signalons qu'il existe pour la même tranche d'âge, parallèlement à ce **Dictionnaire Hachette Juniors,** le **Dictionnaire encyclopédique Juniors,** (D.E.J.), abondamment illustré qui renferme des termes techniques, des noms propres relatifs à l'histoire, la géographie, les sciences.

liste des planches et des tableaux

CARTES

LE CORPS HUMAIN

a | A

à, au, aux prép. ● *Aller à l'école, au lycée.* — ● *Jouer aux cartes.* — ● *Il commence à pleuvoir.* ★ Ne pas oublier l'accent grave qui distingue *à* de *a*, forme du v. *avoir* (*elle a, il y a,* etc.).

abaisser v. **1** ● *Pour arrêter cet appareil, il suffit d'abaisser la manette, de la faire passer de la position haute à la position basse* (→ SYN. baisser ; CONTR. 1. lever, relever). **2** ● *L'orage a brusquement abaissé la température :* il l'a fait baisser, diminuer.
■ **s'abaisser** v. pron. ● *S'il ne veut pas m'aider, tant pis ! je ne m'abaisserai pas à le supplier :* je n'irai pas m'humilier en faisant cela (→ 1. bas, bassesse).
■ **abaissement** nom m. ● *On prévoit un abaissement de la température pour demain* (→ SYN. baisse, chute, diminution).

abandonner v. **1** ● *Le navire coulait ; les marins l'ont abandonné :* ils l'ont quitté définitivement. **2** ● *Il a abandonné sa femme et ses enfants :* il les a quittés et ne s'en occupe plus du tout. **3** ● *Ils voulaient partir à la campagne, mais ils ont dû abandonner leur projet :* ils ont dû y renoncer. **4** ● *Victime d'une chute, le coureur a abandonné :* il a renoncé à continuer la course.
■ **abandon** nom m. **1** ● *Pendant cette étape, il y a eu plusieurs abandons* (→ abandonner, sens 4). **2** À L'ABANDON. ● *Un jardin à l'abandon,* dont personne ne s'occupe plus.
■ **abandonné** adj. **1** ● *Une maison abandonnée* (→ abandonner, sens 1). **2** ● *Un enfant abandonné* (→ abandonner, sens 2).

abasourdir [abazurdir] v. **1** ● *Tu as mis la radio trop fort, elle nous abasourdit :* elle nous étourdit par son bruit (→ SYN. assourdir). **2** ● *Cette nouvelle les a abasourdis,* les a stupéfiés (→ SYN. (fam.) sidérer). ★ Conjug. 11.

abat-jour nom m. invar. ● *Des abat-jour.*

abats nom m. plur. ● *Le cœur, le foie, les tripes, etc., des animaux de boucherie sont des abats.*
■ **abattis** nom m. plur. ● *La tête, le gésier, le foie, les pattes, etc., des volailles sont des abattis.*

abattre v. **1** ● *Avec une seule boule, François a abattu six quilles :* il les a renversées, il les a fait tomber (→ SYN. 1. faucher). — ● *Les bûcherons ont abattu un arbre à coups de hache :* ils l'ont fait tomber en le coupant à la base (→ abattage, sens 1). **2** ● *Les ouvriers vont abattre le mur,* le démolir. — ● *Abattre une maison.* **3** ● *Abattre un animal :* le tuer (→ SYN. achever). — ● *Le boucher a abattu un bœuf* (→ abattage, sens 2). **4** ● *Le cowboy a abattu son ennemi :* il l'a tué, en tirant sur lui. **5** ● *Allons, Michel ! Ce n'est pas si grave ; il ne faut pas te laisser abattre,* te laisser décourager, démoraliser (→ abattu, abattement). ★ Conjug. 31.
■ **s'abattre** v. pron. **1** ● *Un arbre s'est abattu sur la maison* (→ SYN. s'écraser, tomber). **2** ● *La pluie s'est abattue sur la région :* elle s'est brusquement mise à tomber.
■ **abattage** nom m. **1** ● *L'abattage d'un arbre par les bûcherons.* **2** ● *L'abattage des animaux de boucherie.*
■ **abattement** nom m. ● *Elle est dans un grand abattement* (→ abattu ; SYN. découragement).
■ **abattoir** nom m. Lieu, bâtiment où l'on abat les animaux de boucherie.

11

■ **abattu** adj. ● *A cause de son échec, il est très **abattu**, découragé, démoralisé* (→ abattement).

abbaye [abεi] nom f. Lieu, bâtiment où vivent certains religieux. ★ Chercher aussi : couvent, monastère.

■ **abdominal** adj. ● *Les muscles **abdominaux**, de l'abdomen.*

■ **abdominaux** nom m. plur. ● *Il faut faire de la gymnastique pour développer ses **abdominaux**, ses muscles abdominaux.*

abbaye

abbé nom m. Prêtre de la religion catholique. ● *Monsieur l'**abbé**.* ★ Chercher aussi : curé.

abc [abese] nom m. ● *L'**abc** d'un métier : ce que l'on commence par en apprendre* (→ SYN. base, B sens 1 ; rudiments).

abcès [apsε] nom m. ● *Il faut toujours désinfecter les petites blessures pour éviter qu'il ne se forme un **abcès**, du pus.* — *Si tu ne soignes pas cette dent cariée, tu vas avoir un **abcès** dentaire, du pus qui se forme à la racine de la dent, dans la gencive.*

abdiquer v. **1** Céder le pouvoir. ● *Le roi va **abdiquer** en faveur de son fils.* **2** (fig.) Renoncer, se décourager. ● *Devant tant de difficultés, il a complètement **abdiqué**.*

abdomen [abdɔmεn] nom m. Partie du corps qui contient l'estomac, le foie, les reins, les intestins (→ SYN. ventre).

abeille nom f. ● *Les **abeilles** sont les insectes qui font le miel et la cire ; on les élève dans des ruches.* ★ Chercher aussi : apiculture, essaim.

aberrant adj. ● *Faire ses devoirs de la semaine en un soir, mais c'est **aberrant*** (→ SYN. absurde, déraisonnable, insensé) !

■ **aberration** nom f. Absurdité, attitude illogique. ● *C'est une **aberration** de sortir sous une pluie battante sans imperméable.*

abîme nom m. ● *La profondeur des **abîmes** sous-marins est supérieure à la hauteur des montagnes les plus élevées* (→ SYN. gouffre).

abîmer v. ● *Si tu marches dans l'eau, tu vas **abîmer** tes chaussures, les mettre en mauvais état* (→ SYN. détériorer, endommager ; (fam.) esquinter).

■ **s'abîmer** v. pron. ● *Les livres peuvent **s'abîmer** quand on les laisse à l'humidité, se détériorer.*

abject adj. ● *Le commerce des esclaves est **abject*** (→ SYN. ignoble, méprisable).

aboiement nom m. Cri du chien (→ aboyer).

aux abois loc. adj. Dans une situation désespérée. ● *Il est **aux abois**, car on l'expulse demain de son domicile.*

abolir v. ● *De nombreuses personnes souhaitaient **abolir** la peine de mort, la supprimer.* ★ Conjug. 11.

■ **abolition** nom f. ● *L'**abolition** de l'esclavage, de la peine de mort* (→ SYN. suppression).

abominable adj. 1 ● *Cet homme a commis un crime **abominable**, qui fait horreur* (→ SYN. horrible). 2 ● *François a un caractère **abominable** ; il a très mauvais caractère.* — *Il fait un temps **abominable*** (→ SYN. affreux, détestable, exécrable ; CONTR. charmant, délicieux).

■ **abominablement** adv. ● *Il fait **abominablement** froid* (→ abominable, sens 2 ; SYN. horriblement).

abondant adj. ● *Dans cette forêt, le gibier est **abondant** ; il y est en grande quantité* (→ surabondant). — *Une nourriture **abondante*** (→ CONTR. frugal).

■ **abondance** nom f. 1 Grande quantité. ● *L'**abondance** des pluies a provoqué des inondations.* 2 EN ABONDANCE, loc. adv. ● *Dans ce jardin, il y a des fleurs **en abondance**, en grande quantité.*

■ **abondamment** adv. ● *Il neige **abondamment**, beaucoup.*

■ **abonder** v. ● *Le poisson **abonde** dans cette rivière : il y est abondant, il y en a beaucoup* (→ SYN. foisonner, fourmiller, pulluler).

abonner v. 1 ● *Mes parents m'ont **abonné** à ce journal : ils ont payé d'avance pour que je reçoive, pendant un certain temps, chaque numéro dès sa parution.* □ v. pron. ● *S'**abonner** à une revue.* 2 ● *Être **abonné** au téléphone, au gaz, etc. : payer régulièrement pour avoir le droit de profiter des services du téléphone, du gaz de ville, etc.*

■ **abonné** nom. ● *La rédaction du journal a envoyé une lettre à tous les **abonnés**.*

■ **abonnement** nom m. 1 ● *N'oublie pas de renouveler ton **abonnement** au journal.* 2 ● *La facture du téléphone comprend le prix des communications plus celui de l'**abonnement**.*

abord nom m. 1 ● *C'est une personne aimable, d'un **abord** facile, à laquelle on s'adresse sans crainte.* — *Son **abord** est froid : son attitude lorsqu'on s'adresse à lui* (→ aborder, sens 3). 2 AU PREMIER ABORD, loc. adv. : à première vue, au départ. ● *Au premier **abord**, ce problème paraît facile.* ★ Ne pas confondre avec **abords**, nom m. plur.

d'abord adv. Pour commencer, avant toute chose, en premier lieu. ● *Nous irons **d'abord** au restaurant, et ensuite au cinéma* (→ CONTR. après, ensuite, puis).

abordable adj. ● *Les fruits et les légumes de saison sont **abordables**, sont d'un prix **abordable** : ils ne sont pas trop chers* (→ CONTR. inabordable).

aborder v. 1 ● *Le vent empêche le bateau d'**aborder**, d'arriver au rivage, à la côte* (→ SYN. accoster, sens 1). 2 ● *Dans la brume, leur bateau a **abordé** un chalutier : il l'a heurté* (→ abordage). 3 ● *Pierre **aborda** un passant pour lui demander l'heure : il l'arrêta pour le lui demander* (→ SYN. accoster, sens 2). 4 ● *Paul **aborde** cette année l'étude de l'anglais : il commence à étudier cette langue.*

■ **abordage** nom m. 1 ● *Les écueils rendent l'**abordage** risqué.* 2 ● *Se lancer à l'**abordage** d'un navire : l'aborder (sens 2) volontairement pour le prendre d'assaut, pour le piller.*

abords nom m. plur. ● *Les **abords** d'un lieu : ce qui l'entoure immédiatement* (→ SYN. alentours, environs).

aboutir v. 1 ● *Ce chemin **aboutit** au canal : il se termine au canal.* 2 ● *Ses recherches n'ont pas **abouti** à ce qu'il espérait : leur résultat n'a pas été celui qu'il espérait.* — *Son enquête n'a pas **abouti** : elle n'a eu aucun résultat.* ★ Conjug. 11.

■ **aboutissement** nom m. ● *Ce traité de paix est l'aboutissement de longues discussions* (→ SYN. couronnement, sens 2 ; résultat).

aboyer [abwaje] v. ● *Le chien aboie* (→ aboiement). ★ Conjug. 6.

abracadabrant adj. ● *Tu as inventé cette histoire abracadabrante, pour te dispenser d'aller en classe* (→ SYN. farfelu, incohérent).

abréger v. ● *Votre lettre est trop longue, il faut l'abréger, il faut la rendre plus courte* (→ SYN. écourter, raccourcir). ★ Conjug. 5.
■ **abrégé** nom m. **1** ● *Les journaux ont publié un abrégé de son discours, un résumé.* **2** EN ABRÉGÉ, loc. adv. ● *« Monsieur » s'écrit « M. » en abrégé,* d'une façon plus courte (→ abréviation, sens 2).

s'abreuver v. pron. ● *Plus bas, coule un ruisseau où les animaux viennent s'abreuver* (→ SYN. boire).
■ **abreuvoir** nom m. Lieu, récipient où l'on fait boire les animaux.

abreuvoir

abréviation nom f. **1** ● *« T. V. » est une abréviation de « télévision ».* **2** PAR ABRÉVIATION. ● *Par abréviation,* on dit souvent « télé » au lieu de « télévision » : pour abréger, pour dire ou écrire d'une façon plus courte (→ abrégé, sens 2).

abri nom m. **1** ● *L'orage menace, cherchons vite un abri,* un endroit où l'on est protégé (des intempéries, des dangers, etc.). **2** À L'ABRI, loc. adv. ● *Il s'est*

mis **à l'abri** en attendant la fin de l'averse, de façon à être abrité, protégé. **3** À L'ABRI DE, loc. prép. : protégé de. — (fig.) ● *Avec tout cet argent, ils sont à l'abri du besoin.*
■ **abriter** v. **1** ● *Un mur abrite le jardin du vent,* le protège du vent. **2** ● *Cette grande maison pourrait abriter plusieurs familles,* pourrait permettre à plusieurs familles d'y habiter, d'y loger.
■ **s'abriter** v. pron. Se mettre à l'abri. ● *Il est dangereux de s'abriter sous un arbre isolé pendant un orage.*

abricot nom m. ● *Les abricots sont des fruits à noyau; ils poussent sur les abricotiers.*
■ **abricotier** nom m. Arbre fruitier.

abrupt adj. **1** ● *Une pente abrupte,* très raide (par opposition à : pente douce). **2** (fig.) ● *Une réponse abrupte,* sèche et brutale.

abrutir v. ● *La fatigue l'abrutit,* le rend incapable d'agir et de penser (→ abruti, sens 1). ★ Conjug. 11.
■ **abrutissant** adj. ● *Son travail à l'usine est abrutissant.*
■ **abruti** adj. et nom **1** adj. ● *Il est sorti de l'usine complètement abruti par le bruit.* — ● *Elle était abrutie de fatigue* (→ SYN. étourdi, hébété). **2** nom (fam.) ● *Espèce d'abruti ! :* espèce d'idiot !

abscisse nom f. Élément de repère servant avec l'ordonnée à définir la position d'un point dans un plan (→ coordonnée).

absent adj. et nom **1** adj. ● *J'ai téléphoné chez Anne, mais on m'a répondu qu'elle était absente,* qu'elle n'était pas là. **2** nom ● *Le maître relève le nom des absents* (→ CONTR. présent).
■ **absence** nom f. **1** ● *Pendant son absence,* le directeur sera remplacé par le sous-directeur (→ CONTR. présence). **2** ● *Son absence de franchise m'a beaucoup déçu,* son manque de franchise.
■ **s'absenter** v. pron. ● *Richard garde sa petite sœur quand leurs parents s'absentent,* quand ils s'en vont quelque temps.

1. absolu adj. ● *Dans la salle, il y avait un silence absolu*, complet, total. — ● *Interdiction absolue d'entrer!*
■ **absolument** adv. ● *Il est absolument interdit d'entrer : c'est totalement interdit, tout à fait interdit.*

2. absolu adj. ● *Avant la Révolution, les rois de France avaient un pouvoir absolu sur leurs sujets.*

absolutisme nom m. Régime politique où le souverain gouverne seul (→ SYN. tyrannie, dictature).

absorber v. 1 ● *L'éponge absorbe l'eau : elle s'en imbibe, elle la boit* (→ absorbant, sens 1). **2** ● *Ce médicament est désagréable à absorber*, à avaler (à boire ou à manger). **3** ● *Ses recherches l'absorbent* : elles l'occupent entièrement (→ absorbé ; absorbant, sens 2).
■ **absorbé** adj. ● *Marie est absorbée dans ses rêveries* (→ absorber, sens 3).
■ **absorbant** adj. **1** ● *L'ouate est très absorbante.* **2** ● *Des occupations absorbantes* (→ absorber, sens 3).

s'abstenir v. pron. **1** ● *Il vaut mieux s'abstenir de fumer dans la chambre d'un malade*, se retenir de le faire, ne pas le faire (→ éviter). **2** ● *Aux dernières élections, mon père s'est abstenu* : il n'a pas voté (→ abstention). ★ Conjug. 19.
■ **abstention** nom f. ● *Voilà le résultat du vote : 45 % de oui, 35 % de non et 20 % d'abstentions* (→ s'abstenir, sens 2).

abstrait adj. ● *«Bonté», «raison» sont des mots abstraits*, qui désignent des qualités, des idées et non des objets (→ CONTR. concret).

absurde adj. ● *Ce que vous dites est absurde*, contraire au bon sens, stupide.
■ **absurdité** nom f. ● *Réfléchis avant de dire des absurdités*, des choses absurdes (→ SYN. idiotie, stupidité).

abus nom m. ● *Luc a eu une indigestion provoquée par un abus de nourriture*, par une consommation trop importante de nourriture (→ SYN. excès).

■ **abuser** v. **1** ● *Il abuse du tabac, de l'alcool* : il en fume trop, il en boit trop. **2** ● *Tu abuses de ma gentillesse* : tu en profites d'une façon exagérée.
■ **abusif** adj. ● *Il est abusif de dire que ce film est excellent : c'est exagéré, on ne peut pas le dire, ce serait une erreur.*
■ **abusivement** adv. ● *Un mot est employé abusivement quand on lui donne un sens qu'il n'a pas.*

acacia nom m. Arbre qui donne des grappes de fleurs blanches ou jaunes. ● *Le mimosa est une variété d'acacia.*

acacia

1. académie nom f. Réunion d'écrivains, de savants ou d'artistes illustres, qui s'occupent de science, d'art, etc. ● *L'Académie des sciences réunit les plus grands savants français.* — ● *L'Académie française (le plus souvent, on dit seulement l'Académie) réunit quarante écrivains qui s'occupent principalement de rédiger un dictionnaire de la langue française.*
■ **académicien** nom m. Membre d'une académie, en particulier de l'Académie française. ● *L'épée, l'habit vert des académiciens.*

2. académie nom f. Région qui regroupe des écoles, des lycées, des universités, etc., placés sous l'autorité d'un recteur. ● *L'académie de Paris, de Strasbourg.*

acajou nom m. Bois précieux rouge foncé. ● *Des meubles en acajou.*

15

acariâtre adj. Qui a mauvais caractère. ● *Ce voisin acariâtre est bien difficile à supporter* (→ SYN. grincheux, hargneux).

accabler v. 1 ● *Ce professeur accable ses élèves de travail* : il leur impose beaucoup trop de travail (→ SYN. surcharger). 2 ● *La chaleur est trop forte ; elle nous accable* (→ SYN. écraser).

■ **accablant** adj. ● *Un travail accablant ; un soleil accablant*, insupportable, écrasant.

accalmie nom f. Moment de calme qui ne dure pas, pendant une tempête, un orage, etc. ● *L'orage est trop fort ; attendons une accalmie pour sortir faire nos courses.*

accaparer v. ● *Sophie est égoïste ; elle accapare tous les jouets de la maison* : elle les prend et les garde pour elle seule. — ● *Marc cherche à accaparer l'attention de ses parents* : il voudrait que ses parents ne s'occupent que de lui.

accéder à v. 1 ● *Il faut prendre une échelle pour accéder au grenier*, pour l'atteindre, pour pouvoir y pénétrer (→ 1. accès, sens 1 ; accessible). 2 ● *Grâce à son travail, elle a accédé à un poste important* : elle y est parvenue. ★ Conjug. 8.

accélérer v. 1 ● *Pour que la maison soit terminée à temps, le maçon devra accélérer les travaux* : il devra les faire aller plus vite (→ accélération, sens 1 ; SYN. hâter). □ v. pron. ● *Quand on court, la respiration s'accélère* : elle devient plus rapide (→ accélération, sens 1). 2 ● *Le conducteur accéléra pour dépasser un camion* : il augmenta sa vitesse (→ accélération, sens 2 ; accélérateur ; CONTR. freiner, ralentir). ★ Conjug. 8.

■ **accélération** nom f. 1 Augmentation du rythme. ● *L'accélération des battements du cœur, quand on court.* 2 Augmentation de vitesse. ● *Il est très nerveux ; il conduit avec des accélérations brutales.* — ● *Cette voiture a de bonnes accélérations* : elle accélère facilement.

■ **accélérateur** nom m. Dans une voiture, pédale sur laquelle on appuie pour accélérer. ● *Appuyer sur l'accélérateur* (→ SYN. (fam.) champignon).

accent nom m. 1 ● *Patrick parle avec l'accent du Midi* : il parle, il prononce à la manière des gens du Midi (qui n'est pas celle des Parisiens, par exemple). 2 Signe que l'on place au-dessus de certaines voyelles et qui en modifie quelquefois la prononciation. ● *Le e de « thé » porte un accent aigu ; le e de « très » et le a de « déjà » portent un accent grave ; il y a un accent circonflexe sur le e de « tête » et sur le o de « tôt ».* 3 METTRE L'ACCENT SUR. ● *Le vendeur a mis l'accent sur la solidité des chaussures*, il a insisté sur leur solidité.

■ **accentuation** nom f. ● *L'accentuation de ce texte est inexacte* : la manière dont on a mis les accents.

accentuer v. ● *Si tu veux réussir, il faudra accentuer ton effort* : il faudra faire un effort encore plus important (→ SYN. accroître, augmenter, intensifier).

■ **s'accentuer** v. pron. ● *À cause de la sécheresse, la pauvreté de ce pays s'est accentuée* : elle a augmenté, elle s'est accrue.

accepter v. 1 ACCEPTER QUELQUE CHOSE. ● *François a accepté l'invitation de Luc* (→ CONTR. refuser). 2 ACCEPTER DE (suivi de l'infinitif). ● *François a accepté de venir* : il veut bien venir, il est d'accord pour venir (→ SYN. acquiescer, consentir à). 3 ACCEPTER QUE (suivi du subjonctif). ● *Marc n'accepte pas qu'on vienne le déranger* : il ne l'admet pas.

■ **acceptable** adj. ● *Son offre est acceptable* : elle est raisonnable, on peut l'accepter (→ CONTR. inacceptable). — ● *Un travail acceptable* (→ SYN. honnête).

■ **acceptation** nom f. ● *Je m'attendais à un refus ; son acceptation m'a surpris* (→ SYN. consentement ; CONTR. refus).

1. accès nom m. 1 ● *Pour faciliter leur défense, les châteaux forts étaient construits dans des endroits d'un accès difficile*, qu'il était difficile d'atteindre. ● *L'accès de ce chantier est interdit au public* : l'entrée en est interdite (→ accéder, sens 1). **2** ● *Le baccalauréat donne accès aux études supérieures* (→ accéder, sens 2).

■ **accessible** adj. ● *Mes livres sont rangés pour qu'ils soient accessibles*, pour qu'on puisse les atteindre, les prendre (→ CONTR. inaccessible). **2** ● *L'achat d'une maison n'est pas accessible à tous*, facile pour tous (→ SYN. abordable).

2. accès nom m. ● *Dans un accès de folie, cet homme a mis le feu à sa maison*, dans une crise de folie soudaine. — ● *Un accès de fièvre* : une brusque poussée de fièvre.

accessoire adj. et nom m. **1** adj. ● *Raconte-moi les faits essentiels, passe sur ce qui est accessoire*, sur ce qui n'est pas très important (→ SYN. secondaire). **2** nom m. ● *Sur une bicyclette, le porte-bagages est un accessoire*, un élément qui n'est pas indispensable.

■ **accessoirement** adv. ● *Ce dessin animé est destiné principalement aux enfants et accessoirement aux adultes*, secondairement.

1. accident nom m. **1** ● *Le pont s'est écroulé; c'est un accident*, un événement malheureux que personne n'a voulu (→ accidentel, sens 1). **2** ● *Un accident de voiture* (→ 1. accidenté, sens 1). **3** PAR ACCIDENT, loc. adv. ● *Luc a blessé François par accident*, accidentellement, sans le faire exprès.

■ **1. accidenté** adj. ● *Une voiture accidentée*, qui a subi un accident. □ nom ● *Les accidentés de la route* : les personnes qui ont subi un accident de la circulation.

■ **accidentel** adj. **1** ● *Une chute accidentelle*. **2** ● *Une découverte accidentelle*, faite par hasard.

■ **accidentellement** adv. ● *Il a été blessé accidentellement*, à cause d'un accident, par accident.

2. accident nom m. ACCIDENT DE TERRAIN : inégalité de terrain (bosse, trou, etc.).

■ **2. accidenté** adj. ● *Un terrain accidenté*, plein de trous et de bosses.

acclamer v. ● *Les habitants de la ville ont acclamé le chef de l'État lors de sa visite* : ils l'ont accueilli avec des cris d'enthousiasme (→ CONTR. conspuer, huer).

■ **acclamation** nom f. ● *« Vive la mariée! » est une acclamation*.

acclimater v. ● *Il est difficile d'acclimater en France des plantes ou des animaux d'Afrique*, de les adapter au climat de la France.

■ **acclimatation** nom f. JARDIN D'ACCLIMATATION. ● *Au jardin d'acclimatation sont présentés des animaux qui viennent des pays lointains*. ★ Chercher aussi : zoo.

1. accolade nom f. ● *Dans un texte on utilise une accolade pour réunir plusieurs lignes*, un signe spécial (}).

2. accolade nom f. DONNER L'ACCOLADE À QUELQU'UN : le prendre dans ses bras pour le saluer ou le féliciter.

accoler v. Mettre contre. ● *Le garage est accolé à la maison.*

accommodant adj. ● *On s'entend facilement avec une personne accommodante*, arrangeante, conciliante (→ CONTR. intransigeant).

■ **accommodement** nom m. ● *Il reste sur sa position et refuse tout accommodement*, tout arrangement.

accommoder v. ● *Il existe de nombreuses façons d'accommoder les pommes de terre*, de les préparer pour les manger.

s'accommoder de v. pron. ● *Comme mes parents ne veulent pas m'acheter un manteau neuf, je dois bien m'accommoder de celui que j'ai*, m'en contenter.

accompagner v. **1** ● *Frédéric accompagne sa petite sœur à l'école* : il va avec elle jusqu'à l'école (→ accompagnateur, sens 1). **2** ● *Quels étaient les légumes qui accompagnaient la viande?*, qui étaient servis en même temps que la viande? **3** ● *Christine chante et Antoine l'accompagne à la guitare* : il joue à la guitare l'air qui est chanté (→ accompagnement; accompagnateur, sens 2).

■ **accompagnement** nom m. ● *Il ne sait pas chanter sans* ***accompagnement*** (→ accompagner, sens 3).

■ **accompagnateur, -trice** nom **1** ● *Tout le wagon est occupé par les quarante enfants et leurs* ***accompagnateurs****, les adultes qui s'occupent d'eux, qui les accompagnent.* **2** ● *Ce chanteur a pour* ***accompagnateurs*** *un pianiste et un batteur.*

accompli adj. ● *Marc est un élève* ***accompli*** *: il ne commet ni erreur, ni oubli* (→ SYN. parfait, irréprochable).

accomplir v. ● *J'ai besoin d'aide pour* ***accomplir*** *ce travail, pour l'exécuter* (→ SYN. fournir, sens 3). ★ Conjug. 11.

■ **accomplissement** nom m. ● *L'****accomplissement*** *de cette mission n'a pas été facile.*

accord nom m. **1** ● *Les deux amis ne se disputent jamais, un* ***accord*** *parfait règne entre eux, une entente parfaite* (→ s'accorder, sens 1). **2** ● *Après de longues discussions, les syndicats et la direction ont conclu un* ***accord****, un arrangement, une convention.* **3** D'ACCORD. ● *Est-ce que tu viens avec nous ? — D'****accord*** *! : oui, j'accepte !* **4** ÊTRE D'ACCORD. ● *Frédéric dit que Sylvie est gentille ; je ne* ***suis*** *pas* ***d'accord*** *avec lui : je ne suis pas de son avis. —* SE METTRE D'ACCORD : *parvenir à s'entendre, à être d'accord.* **5** ● *Ma sœur s'exerce à faire des* ***accords*** *sur sa guitare, plusieurs notes qui vont ensemble quand on les joue en même temps.* **6** ● *L'****accord*** *de l'adjectif avec le nom est obligatoire : l'adjectif doit prendre le genre et le nombre du nom qu'il accompagne* (→ accorder, sens 2).

■ **accorder** v. **1** ● *Ce piano est faux, il faudrait l'****accorder****, l'arranger pour qu'il joue juste.* **2** ● *On doit* ***accorder*** *l'adjectif avec le nom* (→ accord, sens 6). **3** ● *Le professeur m'a* ***accordé*** *l'autorisation de partir avant la fin du cours : il m'a donné son autorisation* (→ CONTR. refuser).

■ **s'accorder** v. pron. **1** ● *Arnaud et Philippe ont des caractères opposés ; ils ne* ***s'accordent*** *pas* (→ accord, sens 1 ; SYN.

s'entendre). — ● *Ils* ***se sont accordés*** *sur la date d'un rendez-vous* (→ SYN. 2. convenir de). **2** ● *Le verbe* ***s'accorde*** *avec le sujet* (→ accord, sens 6).

accordéon nom m. Instrument de musique à soufflet et à clavier.

accoster v. **1** ● *Le navire est entré dans le port, il va bientôt* ***accoster****, se placer le long du quai* (→ aborder, sens 1). **2** ● *Un mendiant* ***a accosté*** *mes parents pour leur demander de l'argent : il s'est approché d'eux pour leur en demander.*

■ **accostage** nom m. ● *Par mauvais temps, l'****accostage*** *du navire est difficile : le fait d'arriver au bord du quai.*

accotement nom m. ● *Interdiction de stationner sur les* ***accotements****, sur les bords, sur les bas-côtés de la route.*

accoucher v. **1** ● *Cette nuit, ma tante* ***a accouché*** *d'un garçon : elle lui a donné naissance ; elle l'a mis au monde.* **2** ● *La mère de Christian attend un enfant ; elle doit* ***accoucher*** *dans deux mois : elle va avoir un enfant dans deux mois.*

■ **accouchement** nom m. ● *Quand ma petite sœur est née, papa a assisté à l'****accouchement****.*

s'accouder v. pron. ● *Ne* ***t'accoude*** *pas à (ou sur) la balustrade, elle n'est pas solide : n'y appuie pas tes coudes.*

■ **accoudoir** nom m. ● *Les* ***accoudoirs*** *d'un fauteuil.*

s'accoupler v. pron. ● *À la saison des amours, les animaux* ***s'accouplent*** *: le mâle et la femelle s'unissent pour avoir des petits.*

■ **accouplement** nom m. ● *Le poulain est le résultat de l'****accouplement*** *du cheval et de la jument.*

accourir v. ● *Quand je siffle, mon chien* ***accourt*** *: il vient rapidement vers moi* (→ courir). ★ *Accourir se conjugue avec être ou avoir.* ★ Conjug. 16.

s'accoutrer v. pron. S'habiller de manière ridicule. ● *Pour nous faire rire, mon frère* ***s'était accoutré*** *de l'uniforme de grand-père* (→ SYN. s'affubler).

■ **accoutrement** nom m. ● *Va te changer, tu ne peux pas sortir dans cet* **accoutrement**.

accoutumance nom f. ● *L'accoutumance au tabac est dangereuse, le fait de s'habituer.*

accoutumer à v. ÊTRE ACCOUTUMÉ À. ● *Il n'est* **pas accoutumé à** *se lever tôt : il n'en a pas l'habitude.* □ v. pron. ● *Il ne* **s'est** *pas* **accoutumé au** *climat de ce pays* (→ coutume ; SYN. habituer).

accroc [akro] nom m. ● *En montant dans l'arbre, Sylvie a fait un* **accroc** *à sa robe,* une déchirure.

accrocher v. 1 ● *Accroche ton manteau :* suspends-le (à un crochet, à quelque chose en forme de crochet) (→ CONTR. décrocher). 2 ● *Mon cerf-volant* **a été accroché** *par la branche d'un arbre :* il a été retenu, arrêté. 3 ● *La voiture* **a accroché** *un cycliste :* elle l'a heurté (→ accrochage).

■ **s'accrocher** v. pron. 1 ● *Accroche-toi à la rampe :* tiens-la, serre-la fort (→ SYN. s'agripper, se cramponner). 2 (fig. et fam.) ● *Si tu veux garder la première place, il faudra* **t'accrocher**, travailler beaucoup et avec ténacité (→ accrocheur).

■ **accrochage** nom m. ● *Cet accident n'est pas grave, ce n'est qu'un léger* **accrochage**.

■ **accrocheur** adj. ● *Pierre est paresseux, mais son frère est très* **accrocheur**, travailleur et tenace.

accroître v. ● *Le coureur* **a accru** *son avance :* il l'a fait augmenter (→ SYN. accentuer, développer). □ v. pron. ● *Ma colère* **s'accroît** (→ CONTR. décroître). ★ Conjug. 37.

■ **accroissement** nom m. ● *Depuis ces dernières années, on remarque un* **accroissement** *de la population du globe* (→ SYN. augmentation, expansion).

s'accroupir v. pron. ● *Paul* **s'accroupit** *pour jouer aux billes :* il s'assied sur les talons. ★ Conjug. 11.

accueillir v. ● *Les visiteurs* **furent** *très bien* **accueillis** : ils furent très bien

reçus. — ● *La bonne nouvelle* **a été accueillie** *par des applaudissements.* ★ Conjug. 13.

■ **accueil** nom m. ● *Nous les avons remerciés pour l'*accueil *qu'ils nous ont réservé,* pour la façon dont ils nous ont reçus (→ accueillir).

■ **accueillant** adj. 1 ● *Ses parents sont très* **accueillants** (→ SYN. 2. hospitalier). 2 ● *Une maison fleurie est* **accueillante**, elle a un aspect agréable.

acculer v. ● *La solitude et la misère ont fini par l'*acculer *au désespoir* (→ SYN. pousser, réduire).

accumulateur nom m. ou **accus** nom m. plur. ● *Les batteries de voiture, sont des* **accumulateurs** *(d'électricité) :* des appareils qui emmagasinent de l'électricité et la restituent sous forme de courant. — (abrév.) ● *Les* **accus** *de la voiture sont déchargés.*

accumuler v. 1 ● *Ils ne jettent jamais rien; ils* **accumulent** *les vieux objets dans leur grenier :* ils les mettent ensemble, ils les laissent s'ajouter les uns aux autres (→ SYN. entasser). □ v. pron. ● *Pendant son absence, le courrier* **s'est accumulé** *dans la boîte aux lettres :* un grand nombre de lettres s'y sont entassées. 2 ● *Tu as cassé un verre, maintenant tu renverses ce vase; décidément tu* **accumules** *les maladresses :* tu en fais beaucoup, tu fais maladresse sur maladresse.

■ **accumulation** nom f. ● *Son histoire est une* **accumulation** *de mensonges,* une longue suite de mensonges ajoutés les uns aux autres.

accus → accumulateur.

accuser v. 1 ● *Il m'*a accusé *d'avoir pris son stylo :* il a dit que j'étais coupable de l'avoir pris (→ accusé, sens 1). 2 ● *Ses rides profondes* **accusent** *son âge,* elles le soulignent, le révèlent (→ accusé, sens 2). 3 ACCUSER RÉCEPTION (D'UNE LETTRE) : déclarer l'avoir reçue (→ accusé, sens 3).

■ **accusé** nom et adj. 1 nom ● *L'avocat doit défendre l'*accusé, celui que l'on accuse. 2 adj. ● *Un visage aux traits* **accusés**, nettement marqués. 3 nom m.

ACCUSÉ DE RÉCEPTION : écrit faisant savoir à l'expéditeur que l'on a reçu son envoi.
■ **accusation** nom f. ● *Porter une* **accusation** *contre quelqu'un.* — ● *Le tribunal a écouté les témoins de l'***accusation** (→ CONTR. 1. défense).
■ **accusateur, -trice** adj. et nom **1** adj. ● *Une lettre* **accusatrice**, *qui accuse quelqu'un.* **2** nom ● *Il se défend contre ses* **accusateurs**, *contre ceux qui l'accusent.*

acerbe adj. ● *Tes reproches* **acerbes** *vont l'irriter davantage* (→ SYN. blessant, désagréable, dur).

acéré adj. ● *Le chat a des griffes* **acérées**, pointues et tranchantes.

bien **achalandé** loc. adj. ● *Un magasin* **bien achalandé**, *qui offre un grand choix de marchandises.* ★ Autrefois, on parlait d'une boutique *bien achalandée* pour dire qu'elle avait de nombreux clients.

*s'***acharner** v. pron. ● *Les loups* **s'acharnaient** *sur* (ou *contre*, ou *après*) *le cerf* : ils le poursuivaient, ils l'attaquaient avec rage et obstination. — ● *Voilà une heure qu'il* **s'acharne** *sur cette serrure bloquée*, qu'il s'obstine rageusement, furieusement à essayer de la débloquer.
■ **acharné** adj. ● *Les deux adversaires menèrent une lutte* **acharnée**, une lutte furieuse et obstinée.
■ **acharnement** nom m. ● *L'accusé s'est défendu avec* **acharnement** (→ SYN. ardeur, opiniâtreté, ténacité).

achat nom m. ● *Elle est sortie pour faire des* **achats**, pour acheter, pour acquérir certaines choses. — ● *Montre-moi tes* **achats**, les choses que tu as achetées (→ acheter ; acquisition). — FAIRE L'ACHAT D'UNE CHOSE : l'acheter.

acheminer v. ● *La Poste est chargée d'***acheminer** *le courrier*, de le faire parvenir à destination (→ chemin).

acheter v. ● *J'ai* **acheté** *ce livre avec mon argent de poche* : je me le suis procuré en le payant.
■ **acheteur, -teuse** nom. Personne qui achète (opposé à *vendeur*) (→ SYN. acquéreur).

achever v. **1** ● *Il avait commencé ce travail, mais il n'a pas eu le temps de l'***achever**, de le terminer complètement (→ inachevé ; achèvement ; CONTR. ébaucher). **2** ● *Le cheval était si gravement blessé qu'il a fallu l'***achever**, l'abattre, le tuer, en lui portant un dernier coup. ★ Conjug. 8.
■ *s'***achever** v. pron. ● *La fête* **s'est achevée** par un feu d'artifice.
■ **achèvement** nom m. ● *L'***achèvement** *de ce pont est prévu pour Pâques.*

achopper v. ● *J'ai presque fini mon problème, mais j'***achoppe** *sur la dernière question* (→ SYN. buter sur, être arrêté par).

acide adj. et nom m. **1** adj. ● *Le vinaigre, le citron sont* **acides**, piquants au goût (→ acidité ; CONTR. doux, A sens 4). ★ Chercher aussi : acidulé, aigre. **2** nom m. ● *Les* **acides** *sont des substances chimiques qui attaquent, qui rongent certains matériaux.* — ● *Le vinaigre, le citron contiennent de l'***acide**. ★ Chercher aussi : corrosion.
■ **acidité** nom f. ● *L'***acidité** *du citron.*
■ **acidulé** adj. ● *Bonbons* **acidulés**, qui ont le goût légèrement acide de certains fruits.

acier nom m. Métal très dur que l'on obtient à partir du minerai de fer. ● *L'***acier** *est un alliage de fer et de carbone.* — ● *Des couverts en* **acier** *inoxydable.*
■ **aciérie** nom f. Usine où l'on fabrique de l'acier.

acolyte nom m. ● *Ce malfaiteur a été emprisonné, mais son* **acolyte** *court toujours* (→ SYN. compagnon, complice).

acompte nom m. ● *Quand il a commandé sa voiture, le vendeur lui a demandé de verser un* **acompte**, de payer d'avance une partie du prix de la voiture. ★ Chercher aussi : arrhes.

à-côté nom m. **1** Aspect secondaire. ● *Cette situation a des* **à-côtés** *déplaisants.* **2** Rémunération ou avantage complémentaires. ● *Son salaire est complété par des* **à-côtés**.

à-coup nom m. **1** • *Il y a eu un **à-coup** au départ du train, une secousse.* **2** (fig). PAR À-COUPS. • *Il faut travailler régulièrement et non **par à-coups**,* et non de façon irrégulière.

acoustique nom f. • *L'**acoustique** d'une salle :* la façon dont on entend les sons dans cette salle. — • *Cette salle de concerts a une bonne **acoustique** :* on y entend bien la musique, quelle que soit la place que l'on occupe.

acquérir v. **1** • *Il a **acquis** cette maison :* il l'a achetée, il en est devenu propriétaire (→ acquisition). **2** • *Ce terrain **acquiert** de la valeur d'année en année :* il prend, il gagne de la valeur. **3** • *Il a **acquis** une grande expérience dans ce métier :* il est arrivé à avoir une grande expérience. ★ Conjug. 18.
■ **acquisition** nom f. **1** FAIRE L'ACQUISI-TION DE QUELQUE CHOSE : l'acheter, en devenir propriétaire. **2** • *J'ai vu sa nouvelle **acquisition**,* la chose qu'il a acquise, achetée, qu'il s'est procurée.
■ **acquéreur** nom m. • *Il désire vendre sa voiture, mais ne trouve pas d'**acquéreur**,* de personne qui désire l'acquérir, l'acheter (→ SYN. acheteur).

acquiescer v. • *François demanda à son père s'il était d'accord; celui-ci **acquiesça** d'un signe de la tête :* il donna son accord, il approuva d'un signe de la tête (→ SYN. accepter, consentir). ★ Conjug. 4.

acquis nom m. • *Tu as appris une langue vivante. C'est un précieux **acquis**.*

acquit nom m. PAR ACQUIT DE CONSCIENCE. • *Je suis sûr qu'il est absent, mais, **par acquit de conscience**, je vais vérifier,* pour être tout à fait sûr et n'avoir aucun regret par la suite.

acquitter v. • *Il n'y avait aucune preuve contre l'accusé; le tribunal l'a **acquitté** :* il l'a déclaré non coupable (→ CONTR. condamner).
■ **acquittement** nom m. • *L'**acquittement** d'un accusé par le tribunal.*
s'acquitter de v. pron. **1** • *Il **s'est acquitté de** sa dette envers vous :* il l'a payée, il ne vous doit plus rien (→ être

quitte). **2** • *Il **s'acquitte** très bien **du** travail que vous lui avez confié :* il le fait très bien.

âcre adj. • *Certaines cheminées d'usines dégagent une fumée **âcre**,* une fumée qui pique, qui irrite la gorge.
■ **âcreté** nom f. • *L'**âcreté** d'une fumée.*
■ **acrimonie** nom f. • *Dis-moi sans **acrimonie** ce que tu me reproches,* sans aigreur, sans colère.

acrobate nom • *Les trapézistes, les funambules sont des **acrobates**,* des artistes de cirque qui exécutent des numéros périlleux, dangereux.
■ **acrobatie** [akrɔbasi] nom f. • *Il s'amuse à faire des **acrobaties** sur son vélo,* des exercices périlleux.
■ **acrobatique** adj. • *Les clowns font souvent des numéros **acrobatiques** qui demandent de l'agilité et de la souplesse.*

acrylique adj. et nom m. **1** adj. • *Les fibres **acryliques** sont des fibres textiles artificielles.* **2** nom m. • *Un col de fourrure en **acrylique**,* en fibres acryliques.

1. acte nom m. • *Il a avoué sa faute, c'est un **acte** courageux* (→ 1. agir; SYN. action).

2. acte nom m. Chacune des grandes parties qui composent une pièce de théâtre. • *Une pièce en cinq **actes**.* ★ Chercher aussi : scène.

3. acte nom m. Document officiel qui constate un fait. • *Il a demandé à la mairie un **acte** de naissance et un **acte** de mariage.* — • *Il a signé l'**acte** de vente de la maison.*

acteur, -trice nom • *Un **acteur** de théâtre; une grande **actrice** de cinéma; de bons **acteurs*** (→ SYN. comédien, interprète).

actif adj. **1** • *Les responsables de ce club sont des personnes très **actives**,* qui aiment agir, qui accomplissent beaucoup de choses (→ 1. agir; action A; activité; SYN. énergique, dynamique; CONTR. inactif, 1. mou). — • *Il s'est occupé de cela d'une manière **active*** (→ activement). **2** • *Ce médicament est un remède très **actif**,* qui produit de grands effets, qui est énergique (→ agir, sens 3). **3** ● *Dans la phrase : « Pierre bat Paul », le verbe est à la voix **active**.* □ nom m. ● *Ce verbe est à l'**actif**,* à la voix active (→ CONTR. passif).

1. action nom f. **A.** Ce que fait quelqu'un quand il agit (→ SYN. 1. acte ; CONTR. inaction). **1** PASSER À L'ACTION. ● *Vous avez assez réfléchi, il est temps de **passer à l'action**,* de commencer à agir, de faire quelque chose (→ 1. agir, sens 1). **2** BONNE, MAUVAISE ACTION. ● *Pierre a aidé un aveugle à traverser ; il a fait une **bonne action** :* il a bien agi (→ agir, sens 2). **3** SOUS L'ACTION DE. ● *La tache a disparu **sous l'action de** ce produit,* sous l'effet de ce produit (→ actif ; agir, sens 3). **4** METTRE EN ACTION. ● *François **met** cet appareil **en action** :* il le met en marche, il le fait fonctionner (→ SYN. actionner). **B. 1** ● *L'**action** de ce roman se passe à Paris :* les faits, les événements. **2** FILM D'ACTION. ● *Ce western est un **film d'action**,* un film où il y a beaucoup d'événements, de péripéties.

2. action nom f. ● *Le capital de cette société est divisé en **100 actions**,* en 100 parts qui chacune donne droit à une part du bénéfice. — ● *Mon oncle a vendu les **actions** qu'il possédait.* ★ Chercher aussi : bourse, sens 3.
■ **actionnaire** nom ● *Les bénéfices de la société ont été distribués aux **actionnaires**,* aux possesseurs d'actions.

actionner v. ● *Il est interdit d'**actionner** le signal d'alarme sans raison,* de le faire fonctionner, de le mettre en marche (→ 1. action, A sens 4).

activement adv. ● *Il s'occupe **activement** de votre affaire :* il s'en occupe d'une manière énergique (→ actif, sens 1 ; SYN. énergiquement).

activer v. ● **1** ● *L'entrepreneur a demandé à ses ouvriers d'**activer** les travaux,* de les accélérer (en travaillant plus activement). — (fam.) ● *Le temps presse ; **activons** !* : dépêchons-nous, pressons ! **2** ● *Le vent **active** le feu :* il le rend plus vif (→ actif, sens 2 ; SYN. attiser, stimuler).

■ **s'activer** v. pron. ● *Tout le monde **s'active** à la cuisine pour que le dîner soit prêt à temps :* tout le monde s'affaire, s'empresse, se dépêche.

activité nom f. **1** ● *Cette personne est d'une **activité** débordante :* elle est très active (→ actif, sens 1 ; SYN. dynamisme, énergie ; CONTR. inaction). **2** ● *Quand Éric est en vacances, la natation est son **activité** préférée,* son occupation préférée.

actuel adj. **1** ● *L'époque **actuelle** :* l'époque d'aujourd'hui, celle où nous vivons (→ SYN. contemporain). — À L'HEURE ACTUELLE, loc. adv. ● *À l'heure **actuelle**, je ne saurais vous répondre :* en ce moment, au moment où je vous parle (→ actuellement). **2** ● *C'est un problème très **actuel**,* qui concerne tout à fait notre époque (→ actualité, sens 2).
■ **actuellement** adv. ● *Vous ne pouvez pas le voir, il est **actuellement** en voyage,* en ce moment. — ● *Autrefois, il était plus difficile de voyager qu'**actuellement**,* que de nos jours.
■ **actualiser** v. ● *Rendre actuel.* ● *Il faut sans cesse **actualiser** ses connaissances* (→ SYN. mettre à jour, moderniser).
■ **actualité** nom f. **1** ● *Il ne s'intéresse pas à l'**actualité**,* à ce qui se passe maintenant (en politique, en sport, etc.). **2** ● *C'est un problème d'**actualité**,* important en ce moment (→ actuel, sens 2). **3** (au plur.) ● *Il ne manque jamais de regarder les **actualités** télévisées,* les informations données au cours du journal télévisé.

acupuncture [akypɔ̃ktyr] nom f. Traitement médical d'origine chinoise, qui consiste à introduire de fines aiguilles à certains points précis du corps.

adagio 1 adv. ● *Ce morceau de musique doit être joué **adagio**,* lentement. **2** nom m. Morceau de musique dont le mouvement est lent (→ allegro).

adapter v. **1** ● *Cet écrou vous permettra d'**adapter** le tuyau d'arrosage au robinet,* de le fixer, de l'ajuster au robinet. **2** (fig.) ● *Il faut **adapter** vos dépenses.*

à *vos revenus* : il faut faire en sorte qu'elles correspondent à vos revenus.
3 ● *Cette pièce de théâtre **a été adaptée** pour le cinéma* : elle a été transformée pour que l'on puisse en faire un film (→ adaptation, sens 2).
■ **s'adapter** v. pron. ● *J'ai du mal à **m'adapter** à votre façon de travailler*, à m'y habituer (→ adaptation, sens 1).
■ **adaptation** nom f. **1** ● *Après une période d'**adaptation**, vous ne sentirez plus la fatigue.* **2** ● *Il travaille depuis trois mois à l'**adaptation** d'un roman pour le cinéma.*

additif nom m. Produit ajouté. ● *Cette confiture ne contient aucun **additif** chimique.*

addition nom f. **1** ● *2 + 2 = 4 est une **addition*** (→ additionner). **2** ● *Garçon, apportez-moi l'**addition***, la note qui indique le total à payer (dans un restaurant, un café, etc.).
■ **additionner** v. ● *Quand on **additionne** 2 et 2, on obtient 4* (→ SYN. ajouter).
■ **additionné** de adj. ● *Il boit de l'eau **additionnée** de vin*, à laquelle on a ajouté du vin.

adduction nom f. Le fait d'amener par des conduites l'eau, le gaz, dans les maisons. ● *Les travaux d'**adduction** d'eau ont duré plusieurs jours dans le lotissement.*

adepte nom ● *Jean est un **adepte** de l'écologie*, un partisan de l'écologie. — ● *Les **adeptes** d'une religion* : ceux qui pratiquent cette religion.

adéquat adj. Qui convient exactement. ● *Un traitement médical **adéquat*** (→ SYN. adapté).

1. adhérer v. **1** ● *Le pansement **adhère** à la plaie* : il colle à la plaie. — ● *Ce papier est enduit d'une matière qui lui permet d'**adhérer** sur toute surface* (→ adhésif). **2** ● *Ces pneus larges **adhèrent** bien (à la route)* : ils ne risquent pas de déraper. ★ Conjug. 8
■ **adhérence** nom f. ● *Les pneus neufs ont une bonne **adhérence*** : ils permettent à la voiture de coller à la route et de ne pas déraper.

■ **adhésif** adj. ● *Les étagères ont été recouvertes avec un papier **adhésif***, un papier qui adhère, qui se colle sans que l'on ait besoin de le mouiller ou de l'enduire de colle.

2. adhérer v. ● *J'ai **adhéré** à un club de sport* : je m'y suis inscrit (→ adhésion). ★ Conjug. 8.
■ **adhérent** nom ● *As-tu reçu ta carte d'**adhérente**?* (→ SYN. membre).
■ **adhésion** nom f. ● *Pour vous inscrire au club, il suffit de remplir ce bulletin d'**adhésion*** (→ SYN. inscription).

adieu interj. et nom m. **1** interj. Mot que l'on dit à quelqu'un que l'on quitte pour longtemps, ou pour toujours. ● *Je m'en vais et ne reviendrai plus. **Adieu**!* **2** nom m. ● *Avant de partir, il est venu nous faire ses **adieux***, nous dire au revoir.

adjacent adj. ● *Notre garage est dans la rue **adjacente*** (→ SYN. contigu, voisin).

adjectif nom m. ● *Dans «Michel est gentil», «une fille gentille» et «soyez gentils», «gentil» est un **adjectif** qualificatif.* — ● *Dans «ce palais», «cette maison», «ces enfants», «ce», «cette» et «ces» sont des **adjectifs** démonstratifs.* — ● *Dans «son crayon» «sa voiture», «ses jouets», «son», «sa» et «ses» sont des **adjectifs** possessifs.*

adjoint nom ● *Si le maire est absent, vous serez reçu par son **adjoint***, par la personne qui l'aide (et le remplace quand il est absent).

adjudant nom m. ● *L'**adjudant** est un sous-officier.* ★ VOIR p. 433.

adjuger v. ● *On lui **a adjugé** une récompense pour les nombreux services qu'il a rendus*, on la lui a attribuée, décernée, accordée. ★ Conjug. 5.
■ **s'adjuger** v. pron. ● *Paul est gourmand; il **s'est adjugé** la plus grosse part du gâteau* : il l'a prise (→ s'approprier).

admettre v. **1** ● *Il faut avoir la moyenne pour **être admis** dans la classe supérieure*, pour y être reçu (→ admissible, sens 2). — ● *Le club **a admis** un nou-*

23

veau membre (→ admission). **2** • *Marc est très entêté; il ne veut jamais **admettre** qu'il a tort : il ne veut jamais le reconnaître* (→ SYN. 2. *convenir de*). **3** • *Je n'**admets** pas que tu entres chez moi sans frapper : je ne le tolère pas, ne le permets pas* (→ admissible, sens 1; inadmissible). **4** • ***Admettons** que ton père t'autorise à partir, où trouveras-tu l'argent de ton voyage? : supposons que ton père...* ★ Conjug. 33.

1. **administrer** v. • *Le maire et le conseil municipal **administrent** la commune : ils s'en occupent, la dirigent* (→ SYN. *gérer*).
   ■ **administré** nom m. • *Le maire de ce village a trois cents **administrés**.*
   ■ **administrateur, -trice** nom • *Les **administrateurs** d'une entreprise sont responsables de son fonctionnement.*
   ■ **administration** nom f. **1** • *L'**administration** d'une société est souvent confiée à un groupe de personnes (le conseil d'administration)* (→ administratif, sens 1; SYN. *gestion*). **2** (avec une majuscule) • *Il travaille dans l'**Administration**, dans les services publics, dans un ministère, dans une mairie, etc.* (→ administratif, sens 2).
   ■ **administratif** adj. **1** • *Ils sont deux pour tenir ce commerce; lui s'occupe de la vente, et elle du travail **administratif**, qui concerne la gestion, l'administration (la vérification des comptes, le courrier, etc.).* **2** • *La commune, le canton, le département, sont des divisions **administratives**.*

2. **administrer** v. **1** • *Le médecin lui a **administré** un remède très énergique : il le lui a donné, il le lui a fait prendre.* **2** • *Pour le punir de sa désobéissance, son père lui **administra** une sévère correction : il la lui donna.*

admirer v. **1** • *Les passants **admirent** notre jardin : ils le contemplent et le trouvent très beau.* **2** • *Éric **admire** son père, il le trouve extraordinaire* (→ CONTR. *mépriser*).
   ■ **admirable** adj. • *Victor Hugo a écrit des vers **admirables**, magnifiques, dignes d'être admirés.*

■ **admirablement** adv. • *Elle dessine **admirablement*** (→ SYN. *merveilleusement*).
■ **admiration** nom f. • *Marc a de l'**admiration** pour son père.* — FAIRE L'ADMIRATION DE QUELQU'UN. • *Cet artiste **fait l'admiration** de tous.*
■ **admiratif** adj. • ***Admiratif**, il contemplait le tableau : plein d'admiration, émerveillé.*
■ **admirateur, -trice** nom • *Ses **admiratrices** lui réclament des autographes : celles qui l'admirent.*

admissible adj. **1** • *Ce que vous avez fait n'est pas **admissible**, on ne peut pas l'admettre, le tolérer* (→ admettre, sens 3; CONTR. *inadmissible*). **2** • *À cause de ses mauvaises notes, il n'est pas **admissible** dans la classe supérieure, il ne peut pas y être admis, il ne peut pas être autorisé à y passer* (→ admettre, sens 1).

admission nom f. • *Les membres du club ont décidé l'**admission** d'un nouveau membre* (→ admettre, sens 1).

adolescent nom • *Il n'est plus un enfant, mais pas encore un adulte, c'est un **adolescent**.*
   ■ **adolescence** nom f. Période de la vie entre l'enfance et l'âge adulte (entre 14 et 18 ans, environ).

s'adonner à v. pron. • *Pendant les vacances, il **s'adonne à** son sport favori : il le pratique* (→ SYN. *se livrer à*).

adopter v. **1** • *Comme ils n'avaient pas d'enfant, ils **ont adopté** un orphelin : ils ont recueilli un enfant qui pourra porter le même nom qu'eux et sera considéré exactement comme leur fils ou leur fille* (→ adoption, sens 1; adoptif). **2** • *Il **a adopté** toutes les habitudes de son ami : il les a toutes prises.* **3** • *Le projet **a été adopté** : il a été accepté* (→ adoption, sens 3).
   ■ **adoption** nom f. **1** • *Ils ont entrepris des démarches en vue de l'**adoption** d'un enfant.* **2** (fig.) PAYS D'ADOPTION. • *Il est Anglais, mais la France est son **pays d'adoption** : c'est le pays où il a choisi de vivre, celui qu'il préfère.*

3 ● *L'adoption* d'un projet de loi.
■ **adoptif** adj. ● *Cécile est la fille* **adoptive** *de M. et Mme Durand; elle porte le même nom que ses parents* **adoptifs**.

adorer v. 1 ● *Les Grecs* **adoraient** *de nombreux dieux* : ils les priaient, les célébraient (→ adoration, sens 1; SYN. vénérer). 2 ● *Cette mère* **adore** *son fils* : elle l'aime par-dessus tout (→ adoration, sens 2; CONTR. détester). 3 ● *J'adore le chocolat aux noisettes* : je l'aime énormément.
■ **adorable** adj. ● *C'est une petite fille* **adorable**, *charmante et aimable*.
■ **adoration** nom f. 1 ● *L'adoration* *d'un dieu*. 2 ÊTRE EN ADORATION DEVANT QUEL-QU'UN : l'aimer avec passion, l'adorer.
■ **adorateur, -trice** nom 1 ● *Les Incas furent des* **adorateurs** *du dieu soleil.* 2 ● *Cette actrice a de nombreux* **adorateurs** (→ SYN. admirateur).

s'adosser v. pron. ● *Michel* **s'est adossé** *à un arbre* : il s'est appuyé le dos contre un arbre (→ dos).

adoucir v. 1 ● *Cette crème de beauté* **adoucit** *la peau* : elle la rend plus douce (→ doux). 2 ● *«La musique* **adoucit** *les mœurs»* (proverbe) : elle rend les gens plus aimables, moins violents. ★ Conjug. 11.
■ **s'adoucir** v. pron. 1 ● *La température* **s'adoucit** *quand le printemps arrive* : elle devient plus douce. 2 ● *Sa voix* **s'adoucit** *pour parler à l'enfant.* (→ se radoucir; CONTR. se durcir).
■ **adoucissant** nom m. et adj. **A.** nom m. Produit que l'on ajoute à un autre pour le rendre moins violent, pour l'adoucir. **B.** adj. Qui adoucit. ● *Mets cette crème* **adoucissante** *sur tes gerçures.*
■ **adoucissement** nom m. ● *On espère un* **adoucissement** *de la température pour la fin de la semaine.*

1. **adresse** nom f. 1 ● *N'oublie pas d'écrire l'adresse sur l'enveloppe de ta lettre*, l'indication du nom et du domicile de la personne à qui la lettre est envoyée. 2 À L'ADRESSE DE QUELQU'UN. ● *Le ministre a prononcé un discours* **à l'adresse des** *enseignants*, à l'intention des enseignants, destiné aux enseignants.

2. **adresse** nom f. ● *Ce jeu demande beaucoup d'adresse* : il faut être très adroit pour y jouer (→ SYN. dextérité, habileté). — ● *Grâce à son* **adresse**, *il lui a dit des choses désagréables sans le fâcher* (→ SYN. doigté, sens 2).

adresser v. 1 ● *J'ai* **adressé** *une lettre à Claudine* : je la lui ai envoyée (→ 1. adresse, sens 1). 2 ADRESSER LA PAROLE À QUELQU'UN : lui parler.
■ **s'adresser** à v. pron. ● *C'est à toi que je* **m'adresse**, *que je parle.* — ● *Julien peut te donner ce renseignement;* **adresse-toi à** *lui* : va le trouver.

adroit adj. 1 ● *Luc est* **adroit** : il se sert avec habileté, avec adresse de ses mains, de son corps (→ 2. adresse; CONTR. maladroit; gauche). 2 ● *Ce qu'il a dit est* **adroit**, *habile* (→ SYN. 1. malin, rusé).
■ **adroitement** adv. ● *Cet artisan travaille* **adroitement**, *avec adresse, habilement.* — ● *C'est* **adroitement** *expliqué*, tout le monde a compris (→ SYN. astucieusement).

adulte nom et adj. **A.** nom. Grande personne.
B. adj. 1 ● *L'âge* **adulte** : de la fin de l'adolescence au début de la vieillesse (chez l'homme). 2 ● *Une plante, un animal* **adultes**, qui ont fini leur croissance.

advenir v. ● *Tu peux compter sur moi, quoi qu'il* **advienne** (→ SYN. arriver, se produire, survenir). ★ Conjug. 19.

adverbe nom m. ● *«Assez», «certainement» sont des* **adverbes**, *ils peuvent accompagner les verbes, les adjectifs ou d'autres adverbes.* ★ Les adverbes sont invariables.

adversaire nom 1 Personne qui est opposée à une autre (dans un combat, dans une compétition, etc.). ● *Dans cette partie d'échecs, j'ai Claude pour* **adversaire**. 2 ● *Cet homme politique est un* **adversaire** *de la peine de mort* : il est hostile à la peine de mort (→ CONTR. partisan).

■ **adverse** adj. ● *L'équipe adverse* : celle contre laquelle on joue (→ CONTR. allié).

adversité nom f. ● *Il a montré du courage dans l'adversité* (→ SYN. infortune, malchance, malheur).

aérer v. ● *Cette chambre n'a pas été aérée* : l'air n'y a pas été renouvelé. ★ Conjug. 8.
■ **s'aérer** v. pron. ● *Aère-toi !* : va prendre l'air !
■ **aération** nom f. ● *Une bouche d'aération* : une ouverture qui sert à aérer (une pièce, un tunnel, etc.).

aérien adj. 1 ● *Des lignes de téléphone aériennes*, qui sont en l'air, tendues entre des poteaux, des pylônes (par opposition à *lignes souterraines*) (→ 1. air). 2 ● *Les transports aériens*, par les airs, par avion ou hélicoptère. ★ Chercher aussi : ferré, fluvial, maritime, routier. — ● *Une attaque aérienne* : une attaque par l'aviation.

aéro- Préfixe qui signifie «air» et qui désigne soit l'atmosphère *(aérodynamique)*, soit l'aviation *(aérodrome)*.

aérodrome nom m. Terrain aménagé pour permettre le décollage et l'atterrissage des avions.

aérodynamique adj. ● *La carrosserie de cette voiture a une forme aérodynamique*, une forme qui a été étudiée pour que l'air ralentisse le moins possible la voiture.

aérogare nom f. 1 Dans un aéroport, bâtiments réservés aux voyageurs, aux marchandises. 2 Dans une grande ville, lieu de départ et d'arrivée des autocars ou des trains qui assurent une liaison directe avec l'aéroport. ● *Pour prendre l'avion à l'aéroport d'Orly, nous sommes partis de l'aérogare des Invalides, à Paris.*

aéroglisseur nom m. Véhicule qui glisse sur l'eau ou sur la terre au moyen d'un coussin d'air. ★ Chercher aussi : aérotrain.

aéromodélisme nom m. ● *Étienne se passionne pour l'aéromodélisme*, la construction de maquettes d'avions (→ aéro-).

aéronautique adj. ● *Industries aéronautiques, constructions aéronautiques*, qui concernent l'aviation, les avions (→ aéro-).

aéroport nom m. Ensemble d'installations formé par l'aérodrome et les divers bâtiments réservés à l'accueil des voyageurs, à la réparation des avions, etc. ● *Nous avons pris l'avion à l'aéroport de Nice.*

aérosol nom m. ● *Bombe aérosol* : vaporisateur contenant un liquide mélangé à un gaz (→ atomiseur).

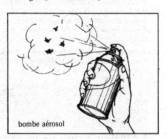

bombe aérosol

aérospatial adj. ● *La recherche aérospatiale s'intéresse à l'aéronautique, aux fusées, aux satellites et aux autres engins spatiaux.*

aérotrain nom m. Train qui glisse sur un rail unique, au moyen d'un coussin d'air. ★ Chercher aussi : aéroglisseur.

affable adj. ● *C'est une personne affable*, aimable et accueillante.
■ **affabilité** nom f. ● *Dominique est d'une grande affabilité*, très aimable.

affaiblir v. ● *Son opération l'a affaibli* : elle l'a rendu faible (→ CONTR. fortifier). ★ Conjug. 11.
■ **s'affaiblir** v. pron. ● *Si tu ne manges pas, tu vas t'affaiblir* : tes forces vont diminuer.

■ **affaiblissement** nom m. ● *L'affaiblissement de ce malade est inquiétant* (→ s'affaiblir).

1. affaire nom f. **1** ● *Occupe-toi de tes affaires,* de ce qui te concerne. — ● *C'est mon affaire,* cela ne te regarde pas. **2** ● *J'ai entendu parler de cette affaire,* de ces faits. **3** FAIRE L'AFFAIRE. ● *Il était candidat à cet emploi ; on lui a répondu qu'il ne faisait pas l'affaire,* qu'il ne convenait pas à cet emploi. **4** UNE BONNE, UNE MAUVAISE AFFAIRE. ● *Cette table n'est pas chère ; c'est une bonne affaire,* un bon achat, une acquisition avantageuse. **5** AVOIR AFFAIRE À QUELQU'UN. ● *À qui avez-vous eu affaire pour régler ce problème ? :* avec qui avez-vous eu à discuter, à traiter ? — (Pour menacer quelqu'un) ● *Si tu arrives en retard, tu vas avoir affaire à moi !*

2. affaires nom f. plur. **1** LES AFFAIRES : l'ensemble des activités commerciales, financières, industrielles, etc. HOMME, FEMME D'AFFAIRES : qui s'occupe de commerce, de finance ou d'industrie. **2** Ensemble d'activités. ● *Les affaires étrangères,* qui concernent les rapports avec les pays étrangers. ● *Le ministère des Affaires étrangères.* **3** ● *Il n'aime pas prêter ses affaires,* les objets qui lui appartiennent.

s'affairer v. pron. ● *Tout le monde s'affaire pour que la fête que nous préparons soit une réussite :* tout le monde s'occupe activement et en se dépêchant.
■ **affairé** adj. ● *C'est une femme très affairée,* très occupée.

s'affaisser v. pron. **1** ● *Quand le camion est passé à cet endroit, la route s'est affaissée,* s'est effondrée sous le poids. **2** ● *Victime d'un malaise, le vieil homme s'affaissa :* il tomba en pliant sur ses jambes (→ SYN. s'écrouler, s'effondrer).
■ **affaissement** nom m. ● *C'est le poids de la neige qui a provoqué l'affaissement de la toiture.*

s'affaler v. pron. ● *Il s'est affalé sur son lit :* il s'y est laissé tomber lourdement.

affamé adj. ● *Elle est affamée :* elle a très faim.

1. affecter v. ● *Il affecte la bonne humeur :* il fait semblant d'être de bonne humeur (→ SYN. feindre, simuler).
■ **1. affectation** nom f. ● *Une affectation de bonne humeur :* une bonne humeur feinte, simulée.
■ **affecté** adj. ● *Abandonne cette attitude affectée, conduis-toi simplement* (→ SYN. artificiel, maniéré ; CONTR. naturel, simple).

2. affecter v. **1** ● *Cette cabane est affectée aux enfants :* elle leur est réservée. — ● *Cet argent est affecté à l'achat d'une voiture :* il est réservé à cela. **2** ● *Il a été affecté à ce poste :* il y a été nommé.
■ **2. affectation** nom f. **1** ● *L'affectation d'un bâtiment, d'une somme d'argent :* l'usage, l'emploi que l'on a décidé d'en faire (→ désaffecté). **2** ● *L'affectation d'une personne à un poste, à un emploi :* sa nomination, sa désignation à ce poste, à cet emploi.

3. affecter v. ● *Cette mauvaise nouvelle affecte Martine :* elle l'attriste.

affectif adj. Qui est du domaine des sentiments. ● *Le bonheur dépend souvent d'une vie affective réussie* (→ SYN. sentimental).
■ **affectivité** nom f. ● *Dans son attitude, l'affectivité (les sentiments) l'emporte souvent sur le raisonnement* (→ SYN. sensibilité).

1. affection nom f. ● *Cette toux est le signe d'une affection des poumons,* d'une maladie des poumons.

2. affection nom f. AVOIR DE L'AFFECTION POUR QUELQU'UN. ● *Sylvie a beaucoup d'affection pour son amie,* elle l'aime beaucoup, elle lui est très attachée (→ SYN. attachement).
■ **affectionner** v. ● *C'est le genre de bijou que j'affectionne,* que j'aime tout particulièrement (→ CONTR. détester).
■ **affectueux** adj. ● *Des paroles affectueuses,* pleines d'affection, de tendresse.

affermir v. ● *En gagnant la guerre, le roi **a affermi** son pouvoir* : il l'a rendu plus fort, plus solide (→ 2. ferme, raffermir ; SYN. consolider, renforcer). ★ Conjug. 11.

affiche nom f. Grande feuille imprimée ou illustrée que l'on colle sur les murs pour informer le public de quelque chose. ● *Une **affiche** électorale.* — ● *Des **affiches** annoncent que cette pièce de théâtre va être jouée.* — ÊTRE À L'AFFICHE : être annoncé ou être joué (en parlant d'une pièce de théâtre, d'un spectacle, d'un film, etc.). ■ **affichette** nom f. Petite affiche.

afficher v. 1 ● *Elle **a affiché** les heures d'ouverture sur la porte du magasin* : elle a posé une affiche (ou une affichette) indiquant les heures d'ouverture (→ affichage ; SYN. placarder). 2 (fig.) ● *Elle **affiche** sa joie* : elle la montre à tout le monde. ■ **affichage** nom m. ● «*Affichage interdit*» : interdiction de poser des affiches. — PANNEAU D'AFFICHAGE : panneau spécialement prévu pour que l'on y pose des affiches.

d'affilée adv. ● *Il a marché six heures **d'affilée*** : six heures de suite, sans interruption.

s'affilier v. S'inscrire dans un groupe. ● *Il **s'est affilié** à une association de lutte contre la faim dans le monde* (→ SYN. adhérer).

affinité nom f. ● *Ces deux enfants n'ont pas d'**affinités**, de goûts en commun.*

affirmatif adj. et nom f. 1 adj. ● *Une réponse **affirmative*** : une réponse qui est oui (→ CONTR. négatif). 2 nom f. ● *Répondre par l'**affirmative*** : répondre oui.

affirmer v. ● *Il **affirme** que tout cela est faux* : il le déclare fermement (→ SYN. assurer, certifier). ■ **affirmation** nom f. ● *Es-tu d'accord avec ses **affirmations**?*, avec ce qu'il affirme, ce qu'il dit d'une façon ferme et assurée.

affliger v. 1 Attrister, peiner. ● *La mort de son ami l'a profondément **affligé**. 2 ÊTRE AFFLIGÉ DE. ● *Il **est affligé de** strabisme* (→ SYN. atteint). ■ **affligeant** adj. ● *Cette nouvelle **affligeante** l'a consterné* (→ SYN. désolant, attristant).

■ **affliction** nom f. ● *Ce malheur a plongé toute sa famille dans l'**affliction*** (→ SYN. chagrin, douleur).

affluence nom f. ● *Tu as peu de chance de trouver une place assise aux heures d'**affluence**, aux heures où il y a beaucoup de monde (→ affluer, afflux).

affluent nom m. ● *Cette rivière est un **affluent** du Rhin*, une rivière qui se jette dans le Rhin.

affluer v. ● *Dans les magasins de jouets, à Noël, les acheteurs **affluent**, viennent en grand nombre (→ affluence). ■ **afflux** [afly] nom m. ● *Tout d'un coup, il y eut un **afflux** de visiteurs*, un très grand nombre de visiteurs qui sont arrivés en même temps.

affoler v. ● *Les cris **affolent** ce jeune chien* : ils lui font peur et le rendent comme fou (→ CONTR. calmer, rassurer). □ v. pron. ● *Quand il a vu le danger, il **s'est affolé**, il a perdu la tête. ■ **affolement** nom m. ● *Ce début d'incendie a provoqué un **affolement** dans la foule* : les gens se sont affolés, ils ont été pris de peur, de panique. ■ **affolé** adj. ● *Des gens **affolés** couraient dans tous les sens. ■ **affolant** adj. (fam.) ● *C'est **affolant**!* : c'est inquiétant, effrayant. ● *Une histoire, une vitesse, etc., **affolantes**.

1. affranchir v. ● *L'esclave **a été affranchi*** : la liberté lui a été donnée. ★ Conjug. 11.

2. affranchir v. ● *N'oublie pas d'**affranchir** cette lettre*, de mettre le timbre qui convient (→ 2. franchise). ★ Conjug. 11. ■ **affranchissement** nom m. ● *L'affranchissement de ce paquet est insuffisant* : le prix payé pour l'affranchir, le nombre de timbres, est insuffisant.

affréter v. ● *Cet homme d'affaires veut **affréter** un avion*, le louer.

affreux adj. **1** ● *Avec ce masque, tu es affreux*, très laid (→ SYN. hideux). **2** ● *Cet accident est affreux*, il est horrible, atroce, abominable.
■ **affreusement** adv. ● *Il est affreusement défiguré*, terriblement défiguré (→ SYN. horriblement, extrêmement).

affront nom m. ● *En refusant devant tout le monde de le saluer, il lui a fait un affront* (→ offense, outrage).

affronter v. ● *Il a courageusement affronté les ennemis* : il est allé courageusement au-devant d'eux pour se battre. — *Affronter un danger* : y faire face (→ front, B sens 2).
■ **s'affronter** v. pron. ● *Les ennemis se sont affrontés* : ils se sont battus. — *Les deux équipes s'affrontent.*
■ **affrontement** nom m. ● *L'affrontement entre les ennemis a été court.*

affubler v. ● *On l'avait affublé d'un faux nez* : on l'avait déguisé d'une manière ridicule, avec un faux nez. □ v. pron. ● *S'affubler de vieux vêtements* (→ SYN. s'accoutrer).

affût nom m. **1** ÊTRE À L'AFFÛT : guetter une proie. ● *Depuis ce matin, le loup est à l'affût.* **2** (fig.) ● *Il est toujours à l'affût des bonnes affaires* : il est toujours en train de guetter l'occasion de faire de bonnes affaires.

affûter v. ● *Ce couteau a besoin d'être affûté*, d'être aiguisé.

afin de loc. prép. (suivi de l'infinitif) ● *Il va à la montagne afin de faire du ski*, pour faire du ski.
■ **afin que** loc. conj. (suivi du subjonctif) ● *Ses parents l'envoient à la montagne afin qu'il fasse du ski*, pour qu'il fasse du ski.

a fortiori [afɔrsjɔri] loc. adv. Surtout. ● *Il faut toujours dormir suffisamment et a fortiori lorsqu'on est fatigué* (→ SYN. à plus forte raison*, principalement).

agacer v. ● *Ces bruits m'agacent* : ils m'énervent, ils m'irritent, ils m'exaspèrent. ★ Conjug. 4.
■ **agaçant** adj. ● *Arrête de parler sans arrêt, tu es agaçant* (→ SYN. énervant, irritant).

■ **agacement** nom m. ● *Plus tu bavardes, plus mon agacement augmente*, plus mon irritation, plus mon exaspération augmente.

âge nom m. **1** ● *Quel est l'âge de cette petite fille ?* : depuis combien de temps est-elle née? **2** LE TROISIÈME ÂGE : l'âge de la retraite ; les personnes qui sont à la retraite. — AVOIR, ÊTRE D'UN CERTAIN ÂGE. ● *Une personne d'un certain âge*, qui n'est plus jeune. **3** L'ÂGE DU BRONZE, L'ÂGE DU FER... : les époques, dans la préhistoire, où les hommes ont commencé à fabriquer des objets en bronze, à fabriquer des objets en fer...
■ **âgé** adj. **1** ● *Il est âgé de quarante ans* : il a quarante ans. **2** ● *Une dame âgée* : une vieille dame.

agence nom f. ● *Une agence de voyages organise des voyages ; une agence immobilière loue et vend des maisons, des appartements.*

agencer v. ● *Ils ont très bien agencé les bureaux* : ils les ont très bien organisés, très bien disposés. ★ Conjug. 4.
■ **agencement** nom m. ● *François a changé l'agencement des meubles de sa chambre* : leur disposition.

agenda [aʒɛ̃da] nom m. Carnet utilisé pour noter, jour par jour, ce que l'on a à faire, ses rendez-vous.

s'agenouiller v. pron. ● *Elle s'est agenouillée pour ramasser des papiers* : elle s'est mise à genoux.

1. agent nom m. **1** Se dit de nombreuses personnes qui sont employées par les entreprises ou les administrations. ● *Papa est allé chez un agent d'assurances*, le représentant d'une compagnie d'assurances. — AGENT SECRET : personne qui agit secrètement, qui espionne, pour le compte d'un pays. **2** AGENT DE POLICE ou AGENT. ● *L'agent a fait signe aux voitures de s'arrêter pour me permettre de traverser* (→ SYN. gardien* de la paix).

2. agent nom m. Produit, substance qui a une certaine action, un certain effet. ● *Cette lessive contient des agents blanchissants* (qui ont pour effet de rendre le linge plus blanc).

agglomération nom f. **1** Groupe d'habitations formant une ville ou un village. — ● *En voiture, il faut ralentir quand on approche d'une* **agglomération.** **2** ● *Une carte de l'***agglomération** *lyonnaise, de Lyon et de sa banlieue.*

s'agglomérer v. pron. ● *C'est à cause de l'humidité que le sucre en poudre* **s'est aggloméré,** *qu'il est devenu une masse compacte, solide.* ★ Conjug. 8.
  ■ **aggloméré** adj. et nom m. **1** adj. ● *Des particules de bois* **agglomérées.** **2** nom m. ● *Une planche en* **aggloméré,** constituée de particules de bois agglomérées.

s'agglutiner v. pron. ● *Les enfants* **se sont agglutinés** *devant la télévision,* ils se sont rassemblés, serrés les uns contre les autres.

aggraver v. **1** ● *L'humidité a* **aggravé** *son rhume :* elle l'a rendu plus grave, elle l'a fait empirer (→ **1.** gravité). □ v. pron. ● *Sa grippe* **s'est aggravée** (→ SYN. empirer). **2** ● *Ce qu'il vient d'entendre* **aggrave** *son chagrin,* le rend plus violent, plus profond.
  ■ **aggravation** nom f. ● *On constate une* **aggravation** *de la situation* (→ CONTR. amélioration).

agile adj. ● *Le chat est un animal* **agile,** il est souple et rapide dans ses mouvements (→ SYN. leste, vif).
  ■ **agilité** nom f. **1** ● *Les chats ont une grande* **agilité.** **2** (fig.) ● *C'est un garçon qui a une grande* **agilité** *d'esprit,* qui est intelligent et a l'esprit vif.

1. agir v. **1** ● *On ne peut plus attendre; il faut* **agir** : il faut faire quelque chose (→ **1.** action, A sens 1). ● *Il a* **agi** *comme un fou :* il s'est conduit comme un fou. **2** ● *En mentant, vous* **avez** *mal* **agi** : vous vous êtes mal conduit (→ **1.** acte ; **1.** action, A sens 2). **3** (En parlant d'une chose). ● *Ce médicament* **agit** *sur la douleur :* il a une action sur la douleur, il est efficace contre elle (→ **1.** action, A sens 3 ; actif, sens 2). ★ Conjug. 11.

2. s'agir v. pron. impersonnel. **1** ● *De quoi* **s'agit**-*il* ? : de quoi est-il question ?

2 ● *Maintenant, il* **s'agit** *d'être attentif :* il faut être attentif. ★ Conjug. 11.

agissements nom m. plur. Suite de mauvaises actions. ● *La police a mis fin aux* **agissements** *de ce voleur* (→ **1.** action, A sens 2).

agitation nom f. **1** ● *L'***agitation** *de la rue,* son animation due aux mouvements de la foule, des voitures, etc. (→ agiter). **2** ● *1968 fut une année de grande* **agitation** *sociale,* de grands mouvements de grève avec des manifestations dans les rues.
  ■ **agitateur, -trice** nom (péjor.). Personne qui pousse les autres à la révolte.

agiter v. **1** ● *Le vent* **agitait** *les arbres :* il les faisait remuer. **2** ● *Agitez la bouteille avant de l'ouvrir :* remuez-la, secouez-la vivement (pour que son contenu soit bien mélangé).
  ■ **agité** adj. ● *Une mer* **agitée,** houleuse, avec de fortes vagues (→ CONTR. calme).

agneau nom m. Petit de la brebis et du bélier.

agonie nom f. **1** Moments qui précèdent la mort. ● *L'***agonie** *d'un mourant.* — ● *Être à l'***agonie,** près de mourir. **2** (fig.) ● *Cette industrie est à l'***agonie,** près de disparaître.
  ■ **agoniser** v. ● *Ce malade* **agonise** : il est à l'agonie, il va bientôt mourir.
  ■ **agonisant** nom et adj. ● *Un blessé* **agonisant** (→ SYN. moribond, mourant).

agrafeuse

agrafe nom f. Attache métallique. ● *Certaines* ***agrafes*** *servent à assembler des papiers, d'autres à unir les bords opposés d'un vêtement, d'autres à fermer une plaie.*
■ **agrafer** v. ● *Pour ne pas perdre ces feuilles,* ***agrafe****-les* : *attache-les avec une agrafe* (→ CONTR. dégrafer).
■ **agrafeuse** nom f. Appareil qui sert à attacher des feuilles de papier avec des agrafes.

agraire adj. Qui concerne la surface et la possession des terres. ● *Cette réforme* ***agraire*** *a morcelé les grandes propriétés.*

agrandir v. ● *Cette salle de sport est trop petite, il faut l'*****agrandir****, la rendre plus grande, plus vaste.* ★ Conjug. 11.
■ **s'agrandir** v. pron. ● *La ville* ***s'agrandit*** : *sa surface et sa population augmentent.*
■ **agrandissement** nom m. **1** ● *On a fermé le magasin pour faire des travaux d'*****agrandissement****.* **2** ● *Serge aime beaucoup cette photo; il a demandé au photographe du lui en faire un* ***agrandissement****,* un tirage dans un format plus grand.
■ **agrandisseur** nom m. Appareil utilisé pour faire des agrandissements ou des réductions de photographies.

agréable adj. ● *Une musique* ***agréable****, que l'on écoute avec plaisir.* — ● *Michel est un garçon* ***agréable****, que l'on voit, que l'on fréquente avec plaisir* (→ SYN. plaisant; CONTR. déplaisant, désagréable).
■ **agréablement** adv. ● *La pièce était* ***agréablement*** *meublée* : *elle était meublée d'une manière agréable.*

agréer v. **1** (Dans des formules de politesse, à la fin d'une lettre). ● *Veuillez* ***agréer*** *mes meilleures salutations* : veuillez les accepter. **2** ● *Le projet de cet architecte* ***a été agréé*** *par la municipalité* (→ SYN. accepter; CONTR. refuser, rejeter).

1. agrément nom m. ● *Ils ont fait un voyage d'*****agrément****,* un voyage pour leur plaisir (→ agréable).

2. agrément nom m. ● *Il a pénétré ici sans mon* ***agrément****,* sans mon accord, sans mon autorisation.

agrémenter v. ● *Ces fleurs* ***agrémentent*** *ma chambre, elles l'ornent et la rendent plus agréable.*

agrès nom m. plur. Appareils utilisés pour faire de la gymnastique. ● *La barre fixe, les barres asymétriques, la corde, les anneaux, etc., sont des* ***agrès****.*

agresser v. ● *Des voyous* ***ont agressé*** *une vieille dame pour lui voler son sac* : ils l'ont attaquée.
■ **agression** nom f. ● *Hier, le bijoutier a été victime d'une* ***agression*** (→ SYN. attaque). ★ Chercher aussi : attentat.
■ **agresseur** nom m. ● *On n'a pas encore retrouvé les* ***agresseurs*** *du bijoutier, ceux qui l'ont agressé.*

agressif adj. ● *Patrick est très* ***agressif*** *avec ses camarades; il a un caractère* ***agressif*** : il a tendance à attaquer les autres, à s'opposer à eux par des gestes ou des paroles, même si on ne lui fait rien (→ CONTR. doux).
■ **agressivité** nom f. ● *Son* ***agressivité*** *le rend difficile à vivre.*

agriculture nom f. Culture de la terre; ensemble des travaux qui servent à produire les végétaux et à élever les animaux utiles à l'homme. ● *La production des céréales, l'élevage des bovins, etc., font partie de l'*****agriculture****.*
■ **agriculteur, -trice** nom. Personne qui cultive la terre (→ SYN. cultivateur). ★ Chercher aussi : paysan.
■ **agricole** adj. ● *Le labourage, la moisson, les vendanges sont des travaux* ***agricoles****,* qui concernent l'agriculture.

agripper v. ● *Le nageur* ***agrippe*** *le bord de la barque pour y monter* : il le saisit en le serrant fortement.
■ **s'agripper** v. pron. ● *Ce petit enfant a peur; il* ***s'agrippe*** *à la jupe de sa mère* (→ s'accrocher, se cramponner).

agro-alimentaire adj. ● *Une des principales ressources de la France est constituée par les industries* ***agro-alimentaires****,* qui transforment les produits de l'agriculture en produits alimentaires.

agronome nom m. ● *Les agronomes travaillent à améliorer l'agriculture d'un pays.*

agrumes nom m. plur. ● *Les oranges, les citrons, les pamplemousses sont des agrumes.*

aguerrir v. ● *Ses longues marches dans la neige l'ont aguerri contre le froid : elles l'ont habitué à supporter cela* (→ SYN. endurcir). □ v. pron. ● *Autrefois, Claude était douillet, mais il s'est aguerri contre la douleur.* ★ Conjug. 11.
■ **aguerri** adj. Capable de supporter ce qui est pénible.

aux aguets loc. adv. ● *Le chat a dû sentir une souris, il est aux aguets :* il reste immobile à observer, à guetter (→ guet).

ah! interj. Sert à exprimer la satisfaction, le mécontentement, la surprise, etc. ● *Ah! Que c'est bon!* — *Ah! Vous m'énervez.* — *Ah! Il est parti!*

ahuri adj. et nom **1** adj. ● *Réveillé en sursaut, Arnaud avait l'air complètement ahuri :* il avait l'air d'une personne qui ne comprend pas ce qui arrive (→ SYN. hébété). **2** nom ● *Espèce d'ahuri! :* espèce d'idiot, d'imbécile!
■ **ahurissant** adj. ● *Une histoire ahurissante,* très étonnante, incroyable.

aider v. ● *Charles m'aide dans mon travail :* il joint ses efforts aux miens pour que mon travail soit plus facile à faire (→ 1. aide, sens 1).
■ **s'aider de** v. pron. ● *Aurélie s'aide d'un dictionnaire pour faire son exercice de vocabulaire :* elle se sert d'un dictionnaire pour le faire plus facilement (→ 1. aide, sens 2).
■ **1 aide** nom f. **1** ● *Ce meuble est très lourd; pour le déplacer j'ai besoin de ton aide* (→ assistance, collaboration, contribution, secours). — À L'AIDE! : au secours! **2** À L'AIDE DE, loc. prép. ● *Le jardinier creuse un trou à l'aide d'une pioche,* en se servant d'une pioche (→ SYN. avec, au moyen de).

■ **2 aide** nom ● *Le maçon a trop de travail, il cherche un aide,* un homme capable de l'aider dans son travail (→ auxiliaire, sens 2). — AIDE FAMILIALE : femme qui s'occupe des enfants et de la maison quand la mère est malade.

aide-mémoire nom m. ● *Cet aide-mémoire te permettra de réviser facilement ton cours d'histoire :* il résume les faits principaux et cite les dates importantes. ★ Mot invariable.

aïe! interj. ● *Aïe! Je me suis coupé!*

aïeul nom ● *Autrefois on disait « aïeul » au lieu de « grand-père » et « aïeule » au lieu de « grand-mère ».*
■ **aïeux** nom m. plur. ● *François est Canadien; il voudrait visiter la France parce que c'est le pays de ses aïeux,* de ses ancêtres.

aigle nom m. ● *L'aigle construit son nid sur des montagnes élevées; c'est un grand oiseau de proie.* ★ Chercher aussi : aire.
■ **aiglon** nom m. Petit de l'aigle.

aigre adj. **1** ● *Le lait tourné est aigre :* il pique un peu au goût, il est acide (→ aigreur; aigrir, sens 1; aigrelet). **2** (fig.) ● *Il m'a fait des remarques aigres,* des remarques désagréables, blessantes (→ aigrir, sens 2). — TOURNER À L'AIGRE. ● *La discussion tourne à l'aigre :* les personnes qui discutent commencent à échanger des paroles blessantes et désagréables.
■ **aigrelet** adj. ● *Un vin aigrelet,* un peu aigre.
■ **aigreur** nom f. Goût aigre. ● *L'aigreur du lait qui a tourné.*
■ **aigrir** v. **1** ● *Si tu ne bouches pas la bouteille, le vin va aigrir,* il va devenir aigre. ★ Chercher aussi : vinaigre. **2** ● *Les déceptions ont aigri ce vieil homme,* elles l'ont rendu triste et désagréable. ★ Conjug. 11.

aigre-doux adj. **1** Doux et acide. ● *J'aime la saveur aigre-douce de ces fruits.* **2** (fig.) ● *Une franche colère serait moins désagréable que ces reproches aigres-doux :* dont l'aigreur se cache sous une douceur apparente. ★ Les deux adjectifs s'accordent.

aigu, -uë adj. 1 ● *Une flèche* **aiguë**, pointue. — ● *Une lame* **aiguë**, tranchante. 2 ● *Angle* **aigu**, plus petit que l'angle droit. ★ Chercher aussi : obtus. ★ VOIR p. 424. 3 ● *Il y a un accent* **aigu** *sur le «é» de «dé»*. ★ Chercher aussi : circonflexe, grave. 4 ● *Certains instruments de musique peuvent produire des notes très* **aiguës**, très hautes (→ CONTR. bas, A sens 3; grave). — ● *Les enfants poussaient des cris* **aigus** (→ SYN. perçant). 5 (fig.) ● *Le blessé éprouve par moments une douleur* **aiguë**, très vive. — ● *Frédéric a eu une crise d'asthme* **aiguë**, très forte, très pénible (→ CONTR. 1. chronique).

aiguillage nom m. Mécanisme qui permet à un train de passer d'une voie à une autre (→ aiguiller, sens 1; aiguilleur).
■ **aiguiller** v. 1 ● *Olivier* **aiguille** *son train électrique sur une autre voie*, il le fait changer de voie au moyen de l'aiguillage. 2 (fig.) ● *Il vaudrait mieux* **aiguiller** *la conversation sur un autre sujet*, l'orienter sur un autre sujet.
■ **aiguilleur** nom m. Personne dont le métier est de manœuvrer un aiguillage. — ● *Les* **aiguilleurs** *du ciel :* personnes qui guident les avions en vol.

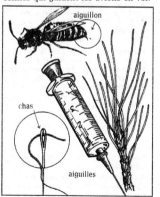

aiguillon

chas

aiguilles

aiguille nom f. 1 ● *Pour coudre, il faut du fil et une* **aiguille**, une petite tige d'acier avec laquelle on pique. — ● *Le chas d'une* **aiguille**. — ● *Pour faire une piqûre, l'infirmière plante l'***aiguille** *de la seringue dans le bras du malade*. 2 ● *Ce sont les* **aiguilles** *d'une montre, d'une horloge, qui indiquent l'heure*. 3 ● *Les sapins et les pins ne perdent pas toutes leurs* **aiguilles** *à l'automne*, leurs feuilles (qui sont très étroites et pointues).
■ **aiguillon** nom m. ● *C'est avec leur* **aiguillon** *que les guêpes et les abeilles piquent* (→ SYN. dard).

aiguiser v. ● *Ces ciseaux coupent mal, il faudrait les* **aiguiser**, les rendre plus tranchants. ★ Chercher aussi : 1. meule ; rémouleur.

aïkido [ajkido] nom m. (mot japonais) Sport japonais créé en 1925, sorte de lutte.

ail [aj] nom m. Plante que l'on utilise pour assaisonner les aliments. ● *Maman a mis une gousse d'***ail** *dans la sauce pour la parfumer*. ★ Au pluriel, on dit des ails ou des aulx.

aile nom f. 1 ● *Les oiseaux ont deux* **ailes**, *les papillons en ont quatre :* ils ont deux, ils ont quatre organes qui leur permettent de voler (→ ailé ; aileron, sens 1). 2 (fig.) VOLER DE SES PROPRES AILES. ● *Il connaît maintenant suffisamment son métier pour* **voler de ses propres ailes**, pour être indépendant, pour se passer des conseils, de l'aide d'autrui. 3 ● *Ce sont les* **ailes** *de l'avion qui lui permettent de se soutenir dans l'air*. — ● *Les* **ailes** *d'un moulin à vent tournent quand le vent souffle*. 4 ● *Les* **ailes** *de sa voiture sont abîmées :* les parties en tôle qui se trouvent au-dessus de chaque roue. 5 ● *Ce château a deux* **ailes**, deux bâtiments, situés de chaque côté d'un bâtiment central.
■ **ailé** adj. ● *De nombreux insectes sont* **ailés**, ont des ailes.
■ **aileron** nom m. 1 Extrémité de l'aile d'un oiseau. 2 ● **Ailerons** *de requin*, ses nageoires.

ailier nom m. Joueur d'une équipe de football, de hand-ball, etc., qui joue à une extrémité de la ligne des avants.

ailleurs adv. 1 ● *J'en ai assez d'être ici ; je veux aller ailleurs*, dans un autre endroit. 2 D'AILLEURS : du reste, de toute façon, de plus. ● *Je pense que tu te trompes ; d'ailleurs, je ne suis pas le seul à le croire.*

ailloli ou **aïoli** [ajɔli] nom m. Mayonnaise à l'ail.

aimable adj. ● *Ce vendeur est très aimable* : il est gentil, il reçoit bien les gens (→ amabilité ; SYN. avenant).
■ **aimablement** adv. ● *Monsieur Colin nous a aimablement salués* (→ SYN. gentiment).

aimant nom m. Morceau d'acier qui attire le fer. ★ Chercher aussi : électro-aimant ; magnétique.
■ **aimanter** v. ● *J'ai laissé un clou sur l'aimant pour l'aimanter*, pour lui donner la propriété d'attirer le fer.
■ **aimanté** adj. ● *L'aiguille d'une boussole est aimantée.*
■ **aimantation** nom f. Action d'aimanter.

aimer v. **A.** 1 ● *Elle est amoureuse de lui ; elle l'aime* (→ amour, A sens 1 ; amoureux). □ v. pron. ● *Ils se sont mariés parce qu'ils s'aimaient.* 2 AIMER BIEN. ● *Bruno est gentil, je l'aime bien* : je le trouve sympathique, j'ai de l'affection, de l'amitié pour lui.
B. 1 ● *Des enfants qui aiment leurs parents* (→ amour, B sens 1). 2 ● *Il faut aimer son prochain*, les autres hommes (→ amour, B sens 2).
C. 1 ● *Il aime beaucoup le sport* : il a un goût très vif pour le sport (→ amour, C sens 1). — ● *Caroline aime la mousse au chocolat.* 2 AIMER MIEUX. ● *J'aime mieux lire que regarder la télévision* : je préfère lire.

aine nom f. Partie du corps située entre le haut de la cuisse et le bas du ventre. ★ VOIR p. 967.

aîné adj. et nom 1 ● *Caroline est une de mes sœurs aînées* (ou nom : elle est mon aînée) : c'est une de mes sœurs

plus âgées que moi. ★ Chercher aussi : cadet. 2 ● *Les amis de mes parents sont partis en voyage avec leur fils aîné*, le plus âgé de leurs fils. □ nom ● *L'aîné de la famille*, l'enfant le plus âgé (→ CONTR. benjamin).

ainsi adv. 1 ● *Mets ton manteau, ainsi tu n'auras pas froid*, de cette façon tu n'auras pas froid. 2 POUR AINSI DIRE, loc. adv. ● *J'ai pour ainsi dire fini mon devoir*, je l'ai presque fini.
■ **ainsi** loc. conj. 1 ● *Tout s'est passé ainsi que je l'avais prévu*, comme je l'avais prévu. 2 ● *Je me suis fait gronder ainsi que mon frère*, et mon frère aussi.

1. **air** nom m. 1 ● *L'air que nous respirons est indispensable à la vie ; c'est un mélange de plusieurs gaz (azote et oxygène, principalement).* — ● *Nous avons ouvert les fenêtres pour renouveler l'air de la pièce* (→ aérer). 2 EN PLEIN AIR. ● *Jacques n'aime pas rester à la maison, il préfère jouer en plein air*, dehors. — AU GRAND AIR. ● *Patricia aime passer ses vacances au grand air*, en pleine nature. 3 PRENDRE L'AIR. ● *Il fait trop chaud ici, je vais prendre l'air*, sortir, faire une promenade (→ SYN. s'aérer). 4 EN L'AIR, loc. adv. ● *Les enfants s'amusaient à jeter des cailloux en l'air.* 5 ● Transport par **air**, par voie aérienne, par avion. — ● *L'armée de l'air*, l'aviation militaire d'un pays.

2. **air** nom m. 1 AVOIR L'AIR. ● *Ce gâteau a l'air bon* : il semble, il paraît bon. 2 ● *Ça ne va pas ? Tu as un air malade*, une mine, une allure de malade. 3 PRENDRE DE GRANDS AIRS. ● *Depuis qu'il a eu 20 en calcul, Marc prend de grands airs* : il fait le fier.

3. **air** nom m. ● *Je me souviens des paroles de cette chanson, mais pas de son air*, de sa musique, de sa mélodie.

airain nom m. Alliage à base de cuivre, proche du bronze, fabriqué dans l'Antiquité.

aire nom f. 1 ● *Les enfants jouent sur l'aire de jeu*, sur un terrain spécialement aménagé. — ● *Les hélicoptères*

se posent sur une **aire** *d'atterrissage.*
2 ● *L'***aire** *d'un aigle :* son nid.
3 ● *L'***aire** *de ce rectangle est de
35 cm², sa surface, sa superficie.*

airelle nom f. Petite baie comestible
noire ou rouge. (→ SYN. myrtille).

aisance nom f. **1** ● *Ce patineur danse
avec* **aisance** *sur la glace,* avec des
mouvements qui donnent une impression de facilité. **2** ● *Elle gagne assez
d'argent pour vivre dans l'***aisance,**
dans une situation où elle ne manque
de rien (→ aisé, sens 2).
  ■ **aisé** adj. **1** ● *Ce calcul est* **aisé,**
facile (→ CONTR. ardu). **2** ● *Les parents
d'Alexandre sont* **aisés** *:* ils ont assez
d'argent pour ne manquer de rien.
  ■ **aisément** adv. ● *Je peux* **aisément**
faire 10 km à pied (→ SYN. facilement ;
CONTR. difficilement, malaisément).

aise nom f. **1** ÊTRE À L'AISE : ne pas se sentir
gêné (→ CONTR. être mal à l'aise). ● *Je
suis à l'***aise** dans ces vêtements.* — SE
METTRE À L'AISE : se débarrasser de vêtements gênants, s'installer confortablement. **2** (fig.) METTRE QUELQU'UN À L'AISE : faire
en sorte qu'il ne se sente pas intimidé,
embarrassé. **3** EN PRENDRE À SON AISE : ne pas
se gêner, avoir du toupet.
  ■ **aises** nom f. plur. ● *Mon chat se
couche toujours sur le coussin le plus
doux ; il aime ses* **aises,** son confort.

aisselle nom f. Creux qui se trouve sous
le bras, sous l'articulation de l'épaule.
★ VOIR p. 967.

ajonc

ajonc nom m. Arbrisseau épineux à fleurs
jaunes qui pousse sur les terres non
cultivées.

ajourner v. ● *À cause des grèves de chemin de fer, nous avons dû* **ajourner**
notre voyage, le remettre à un autre
jour (→ SYN. 2. différer).
  ■ **ajournement** nom m. ● *La radio a
annoncé l'***ajournement** *du match de
football :* elle a annoncé qu'il aurait
lieu plus tard.

ajouter v. **1** ● *Cette pâte est trop épaisse ;
il faudrait y* **ajouter** *de l'eau,* y mettre
de l'eau en plus (→ rajouter). **2** ● *Si
j'***ajoute** *5 à 7, j'obtiens 12* (→ SYN.
additionner).
  ■ **ajout** nom m. ● *On a fait quelques*
ajouts (→ SYN. addition ; CONTR. suppression).

ajuster v. **1** ● *Ce manche à balai est
trop gros ; je n'arrive pas à l'***ajuster**
à la brosse, à l'adapter exactement
(→ s'ajuster). **2** ● *Ce pantalon est trop
long ;* il faudra l'***ajuster** *à ta taille,*
le raccourcir pour qu'il soit juste à ta
taille (→ ajusté ; juste).
  ■ **s'ajuster** v. pron. ● *Les différentes
pièces d'une machine doivent s'***ajuster** *exactement* (→ SYN. s'emboîter).
  ■ **ajustage** ou **ajustement** nom m.
● *L'***ajustage** *des éléments de cette
maquette d'avion m'a demandé beaucoup de temps.*
  ■ **ajusteur** nom m. Ouvrier spécialisé
dans la fabrication des pièces mécaniques.
  ■ **ajusté** adj. ● *Un vêtement* **ajusté,**
qui moule le corps (→ CONTR. ample).

alaise ou **alèse** nom f. Morceau de tissu
imperméable que l'on place entre les
draps et le matelas pour protéger celui-
ci.

alambic nom m. Appareil servant à fabriquer de l'alcool par distillation.

alarme nom f. ● *En essayant d'ouvrir la
porte, les cambrioleurs ont déclenché
une sonnerie d'***alarme,** une sonnerie
qui avertit du danger. — DONNER L'ALARME.
● *Ayant aperçu des ennemis au loin, le
guetteur* **a donné l'alarme** *:* il a pré-

venu du danger (→ SYN. donner l'alerte ; alerter).

■ **alarmer** v. ● *Christophe aurait dû rentrer depuis trois heures ; son retard alarme ses parents :* il les inquiète beaucoup. □ v. pron. ● *Ne t'alarme pas pour si peu de chose* (→ SYN. s'inquiéter).

■ **alarmant** adj. ● *Le malade est dans un état alarmant*, très inquiétant.

albâtre nom m. Belle pierre blanche et translucide que l'on peut travailler pour en faire des objets.

albatros nom m. Le plus grand des oiseaux de mer, aux pattes palmées, au plumage blanc et gris et au bec crochu.

album [albɔm] nom m. **1** ● *Ma sœur colle ses photos sur un album*, une sorte de grand livre dont les pages ne sont pas imprimées (et que l'on utilise pour classer des photos, des timbres, etc.). **2** ● *J'aime bien les dessins de cet album*, de ce livre d'images. **3** ● *Les deux derniers disques de ce chanteur ont été réunis dans un album*, dans une pochette de disques, illustrée et présentée comme s'il s'agissait d'un album.

alchimiste nom m. Personne qui, autrefois, cherchait à transformer des métaux ordinaires en or.

alcool [alkɔl] nom m. **1** ● *Le vin, l'eau de Cologne, la bière contiennent de l'alcool*. **2** ● *Le conducteur d'une voiture ne doit pas boire d'alcool*, de boisson où il y a une certaine quantité d'alcool.

■ **alcoolique** adj. et nom ● *Les personnes qui boivent trop d'alcool deviennent des alcooliques*, des malades intoxiqués par l'alcool (→ SYN. ivrogne).

■ **alcoolisme** nom m. Maladie des alcooliques.

■ **alcoolisé** adj. ● *Une boisson alcoolisée*, qui contient de l'alcool.

■ **alcootest** [alkotɛst] nom m. Appareil dans lequel on souffle et qui permet de voir si l'on a bu trop d'alcool.

alcôve nom f. Renfoncement dans le mur d'une chambre où l'on place un lit.

aléatoire adj. ● *C'est très aléatoire de gagner à ce jeu*, hasardeux, incertain.

aléas nom m. plur. ● *Il y a beaucoup d'aléas dans ce projet*, des choses imprévisibles, des risques.

alentour adv. ● *Cette maison est isolée ; il n'y a que des bois alentour*, tout autour.

■ **alentours** nom m. plur. **1** ● *Les alentours d'une maison :* les environs (→ SYN. abords). **2** AUX ALENTOURS DE, loc. prép. ● *Nous nous sommes promenés aux alentours du village*, dans les lieux situés autour du village, dans les environs. — ● *Il était aux alentours de midi*, autour de midi, environ midi.

1. alerte adj. ● *Ma grand-mère est âgée, mais elle est encore alerte :* elle a encore des mouvements lestes et vifs.

2. alerte nom f. ● *Les voleurs sont prêts à s'enfuir à la première alerte*, au premier signal les avertissant d'un danger. — DONNER L'ALERTE. ● *Voyant que le lion s'était échappé, le gardien du zoo a donné l'alerte :* il a prévenu les gens du danger (→ SYN. donner l'alarme).

■ **alerter** v. ● *En cas d'incendie, il faut alerter les pompiers*, les prévenir du danger.

alevin nom m. Jeune poisson, avec lequel on repeuple les rivières et les lacs.

alexandrin nom m. En poésie, vers de douze syllabes (→ 3. pied). Exemple : *Dans le bonheur d'autrui je cherche mon bonheur* (Corneille, *Cid*, I, 3).

algèbre nom f. Façon spéciale de faire des calculs, où l'on emploie des lettres à la place de certains nombres. ★ Chercher aussi : mathématique.

algue nom f. ● *Les algues sont des plantes aquatiques ;* on en trouve dans la mer, dans les étangs, dans les rivières.

alibi nom m. ● *On ne peut pas accuser cet homme du crime : il a un alibi*, une preuve qu'il n'était pas sur les lieux du crime au moment où il a été commis.

aliénation nom f. ● *Il est atteint d'aliénation*, de folie (→ SYN. démence).

■ **aliéné** nom ● *Un asile d'aliénés* : une sorte d'hôpital où l'on soigne les fous.

aligner v. ● *La voisine a aligné des pots de fleurs sur le rebord de sa fenêtre* : elle les y a mis en ligne droite.
■ **s'aligner** v. pron. ● *Alignez-vous contre le mur* : mettez-vous en ligne.
■ **aligné** adj. ● *Une rangée d'arbres bien alignés*, en ligne bien droite.
■ **alignement** nom m. ● *Plusieurs piquets de cette clôture ne sont pas dans l'alignement* : ils ne sont pas sur la même ligne que les autres.

aliment nom m. ● *Le lait, le pain, la viande sont des aliments*, ils servent à se nourrir (→ SYN. denrée, nourriture).
■ **alimenter** v. 1 ● *Il faut alimenter ce malade légèrement* (→ SYN. nourrir). 2 ● *N'oublie pas d'alimenter la chaudière*, de l'approvisionner (en combustible).
■ **alimentaire** adj. ● *Le lait, le pain, la viande sont des produits alimentaires*, qui servent à se nourrir.
■ **alimentation** nom f. 1 ● *Veiller à la bonne alimentation d'un malade*, à ce qu'il soit bien alimenté. 2 ● *Un magasin d'alimentation*, qui vend des aliments, de la nourriture.

s'aliter v. pron. ● *Yves est malade, il a dû s'aliter*, se mettre au lit.

allaiter v. ● *La mère allaite son enfant* : elle le nourrit de son lait, elle lui donne le sein.

allécher v. ● *Le pâtissier a mis ses gâteaux en vitrine pour allécher les passants*, pour les attirer. ★ Conjug. 8.
■ **alléchant** adj. ● *Une odeur alléchante*, appétissante. — ● *Ton offre est alléchante*, tentante, séduisante, attirante.

allée nom f. Chemin bordé d'arbres ou de verdure.

allées et venues nom f. plur. ● *Nous avons perdu toute la matinée en allées et venues*, en déplacements, en démarches diverses.

alléger v. ● *J'ai enlevé quelques livres de mon sac pour l'alléger*, pour le rendre plus léger (→ CONTR. alourdir). ★ Conjug. 5 et 8.
■ **allégement** nom m. ● *Certains souhaitent un allégement des programmes scolaires* (→ SYN. diminution ; CONTR. alourdissement, augmentation).

allègre adj. ● *Le grand-père de Valérie est un homme toujours allègre*, joyeux, plein d'entrain.
■ **allégresse** nom f. Joie très vive.

allegro 1 adv. ● *Ce morceau de musique doit être joué allegro*, rapidement. 2 nom m. Morceau de musique qui se joue vivement. ● *Un allegro de Mozart* (→ adagio).

aller v. 1 ● *Je vais à Marseille*, je m'y rends. 2 ● *Cette autoroute va à Paris*, elle y mène, elle y conduit. 3 ● *Il va faire beau demain*, il fera beau demain. — ● *Il va être midi*, il sera midi dans quelques instants. 4 ● *J'étais un peu malade, mais maintenant je vais mieux*, je me porte, je me sens mieux. — ● *Comment vas-tu ?* 5 ● *Ses affaires vont bien*, elles marchent bien. 6 ● *Ces chaussures me vont*, elles me conviennent, elles sont bien à ma taille. 7 S'EN ALLER : partir. ★ Conjug. 56. *Aller se conjugue avec être.*
■ **aller** nom m. 1 ● *Il y a eu des embouteillages à l'aller*, mais pas au retour. 2 ● *Je voudrais un aller pour Paris*, un billet (de train, d'avion, etc.) pour Paris (dans lequel le prix du retour n'est pas compris).

allergie nom f. Réaction maladive de notre corps. ● *Ma sœur a une allergie au pollen.*

allergique adj. 1 ● *Certaines personnes sont allergiques au blanc d'œuf* : leur corps, leur organisme ne le supporte pas ; le blanc d'œuf les rend très malades. 2 (fig. et fam.) ● *Grand-père est allergique à la musique pop*, il ne l'aime pas du tout, il la déteste.

1. **allier** v. ● *Allier des métaux* : les fondre ensemble pour obtenir un alliage. ★ Conjug. 10.
■ **alliage** nom m. Métal obtenu en fondant ensemble plusieurs métaux. ● *Le*

bronze est un **alliage** de cuivre et d'étain.

2. s'allier v. pron. • *Pendant la guerre, la France et la Grande-Bretagne **s'étaient alliées** contre l'Allemagne,* elles avaient conclu un traité, une entente pour se défendre contre l'Allemagne (→ alliance, sens 1). ★ Conjug. 10.

■ **alliance** nom f. **1** • *Ces deux pays viennent de conclure une **alliance**.* **2** Anneau que portent les gens mariés (généralement à l'annulaire de la main gauche) : caïman.

■ **allié** nom et adj. • *Dans la bagarre, Luc a été mon **allié*** (→ CONTR. adversaire, ennemi). — • *Des pays **alliés**.*

alligator nom m. Reptile d'Amérique qui ressemble à un crocodile. ★ Chercher aussi : caïman.

allô ! interj. Appel dans les conversations téléphoniques. • ***Allô !** Qui est à l'appareil ?*

allocation nom f. Somme d'argent versée régulièrement. • *L'État verse des **allocations** familiales aux familles qui ont des enfants.*

allocution nom f. • *La télévision a retransmis l'**allocution** du chef de l'État,* son discours.

allonger v. **1** Rendre plus long. • *Ton pantalon est trop court, il faut l'**allonger*** (→ SYN. rallonger ; CONTR. raccourcir). **2** • *Allonger le bras,* le tendre. **3** • *On **a allongé** le blessé sur une civière,* on l'a couché dessus. ◻ v. pron. • *Cécile **s'allonge** sur le canapé pour se reposer.* ★ Conjug. 5.

■ **allongé** adj. • *Le cheval a une tête **allongée**,* qui a une forme étendue en longueur.

■ **allongement** nom m. **1** • *En tirant sur un élastique tu provoques son **allongement**,* l'augmentation de sa longueur. **2** • *L'**allongement** des nuits, en hiver* (→ CONTR. raccourcissement).

allouer v. • *Le gouvernement vient d'**allouer** des crédits importants pour les écoles,* attribuer. • *Allouer des indemnités* (→ indemnité).

allumer v. **1** • *Christine **allume** une allumette,* elle l'enflamme, elle y met le feu. **2** • *Il fait sombre, **allume** la lumière* (→ CONTR. éteindre). — • ***Allumer** la radio, la télévision,* la mettre en marche.

■ **s'allumer** v. pron. • *La nuit, les fenêtres des maisons **s'allument**,* elles s'éclairent.

■ **allumage** nom m. **1** • *L'**allumage** des lumières* (→ CONTR. extinction). **2** • *Ce moteur de voiture a une panne d'**allumage**,* une panne du système électrique qui permet de faire exploser le mélange d'air et d'essence dans les cylindres. ★ Chercher aussi : batterie, bougie.

■ **allumette** nom f. • *Il est dangereux de jouer avec les **allumettes**.* — • *Pour enflammer une **allumette**,* on frotte l'extrémité recouverte de soufre contre le grattoir de la boîte ou de la pochette d'allumettes.

allure nom f. **1** • *Cette auto roule à vive **allure**,* très vite, à grande vitesse. **2** • *Avec cette robe, Marie a une **allure** bizarre,* un aspect bizarre.

allusion nom f. • *Il n'a pas vraiment parlé de ce problème, il y a seulement fait **allusion**,* il en a seulement parlé rapidement, sans s'expliquer clairement.

alluvions nom f. plur. • *Les **alluvions** sont un très bon engrais,* les dépôts boueux laissés par un fleuve, une rivière.

almanach [almana] nom m. • *Le facteur nous a donné un **almanach** pour l'année prochaine,* une sorte de calendrier contenant des renseignements de toutes sortes.

aloi nom m. DE BON ALOI, DE MAUVAIS ALOI : bonne qualité, de mauvaise qualité. • *Une plaisanterie **de mauvais aloi**,* de mauvais goût.

alors adv. **1** • *Mes parents sont arrivés en France en 1961 ; j'étais **alors** un enfant,* à ce moment-là. **2** • *Tu veux arriver plus vite ? **Alors** prends ton vélo,* dans ce cas, dans ces conditions. **3** ALORS QUE, loc. conj. • *Alain est allé à l'école **alors qu'**il était malade,* tandis qu'il était malade.

alouette

alouette nom f. Petit oiseau au plumage gris et brun, qu'on rencontre souvent dans les campagnes.

alourdir v. ● *Son sac est alourdi par tous les cadeaux qu'il nous rapporte : il est rendu plus lourd* (→ CONTR. alléger). ★ Conjug. 11.

alpage nom m. Pâturage dans la montagne.

alpestre adj. ● *Les paysages alpestres sont très beaux, des Alpes.*

alphabet nom m. Ensemble des lettres d'une langue classées dans un ordre déterminé. ★ Chercher aussi : phonétique.
■ **alphabétique** adj. ● *Voici la liste alphabétique (des noms) des élèves,* la liste de leurs noms classés dans l'ordre de l'alphabet, de A à Z.

alphabétiser v. ● *Dans ce pays, beaucoup de gens ne savent pas lire ni écrire ; il faut les alphabétiser :* apprendre à lire et à écrire à quelqu'un (→ alphabet, analphabète).
■ **alphabétisation** nom f. Action d'alphabétiser.

alphanumérique adj. ● *Un appareil alphanumérique (par exemple un écran relié à un ordinateur) utilise des lettres de l'alphabet et des nombres.*

alpinisme nom m. Sport qui consiste à faire de l'escalade en montagne.
■ **alpiniste** nom. Personne qui fait de l'alpinisme.

altercation nom f. ● *Il y a eu une altercation entre Pierre et Julie,* une dispute violente et soudaine (→ SYN. querelle).

1. altérer v. ● *La chaleur altère la viande,* elle l'abîme, elle la gâte. □ v. pron. ● *Avec l'humidité, le fer s'altère* (→ inaltérable ; SYN. détériorer). ★ Conjug. 8.
■ **altération** nom f. ● *L'altération des couleurs par le soleil* (→ SYN. détérioration).

2. altérer v. ● *Cette marche nous a altérés,* nous a donné très soif (→ CONTR. désaltérer). ★ Conjug. 8.

alterner v. ● *Le jour et la nuit alternent,* se succèdent tour à tour avec régularité.
■ **alternance** nom f. ● *L'alternance des saisons,* leur succession et leur retour réguliers.

alternatif adj. ● *Mouvement alternatif,* dans un sens puis dans l'autre, régulièrement.
■ **alternativement** adv. Successivement, tour à tour.

alternative nom f. Choix que l'on est obligé de faire entre deux propositions. ● *L'alternative est claire : tu acceptes, ou bien tu pars.*

altier adj. ● *Il a refusé d'un air altier,* fier, hautain.

altitude nom f. ● *L'altitude du mont Blanc est de quatre mille huit cent sept mètres,* sa hauteur au-dessus du niveau de la mer. — EN ALTITUDE : à une altitude élevée.

alto nom m. Instrument de musique à cordes qui se situe entre le violon et le violoncelle.

altruisme nom m. Caractère d'une personne qui est généreuse envers les autres (→ CONTR. égoïsme).
■ **altruiste** nom et adj.

aluminium nom m. Métal gris clair très léger.

alunir v. ● *Les cosmonautes ont aluni,* ils se sont posés sur la lune. ★ Chercher aussi : atterrir. ★ Conjug. 11.

■ **alunissage** nom m. ● *Le premier* **alunissage** *de cosmonautes a eu lieu le 21 juillet 1969.*

alvéole nom m. ● *Les abeilles déposent leurs œufs et leur miel dans des* **alvéoles** *réguliers, dans de petites cases.* ★ Attention : *Un alvéole!*

amabilité nom f. ● *Cette personne est connue pour son* **amabilité** (→ aimable ; SYN. complaisance, gentillesse). ● *Dire des* **amabilités** *à quelqu'un, des paroles aimables.*

amaigrir v. ● *Cette longue maladie m'a* **amaigri**, *rendu maigre (ou plus maigre qu'avant).* ★ Conjug. 11.
■ **amaigrissant** adj. ● *Un régime* **amaigrissant**, *qui fait maigrir.*
■ **amaigrissement** nom m. ● *Un* **amaigrissement** *rapide peut être dangereux, le fait de maigrir.*

amande nom f. Fruit allongé contenu à l'intérieur d'une coque dure. — EN AMANDE, loc. adj. ● *Des yeux* **en amande**, de forme allongée. ★ Ne pas confondre avec *amende*.
■ **amandier** nom m. Arbre dont le fruit est l'amande.

amanite nom f. Champignon dont certaines espèces sont mortelles.

amant nom m. ● *Lucie a un amant :* elle a des relations sexuelles avec un homme qui n'est pas marié avec elle (→ amour A 3). (Fém. maîtresse).

amarre nom f. ● *Le bateau est retenu au quai par des* **amarres**, *des câbles, des cordages solides.*
■ **amarrer** v. ● *Amarrer un bateau*, l'attacher par des amarres.

amas nom m. ● *Dans le grenier se trouve un* **amas** *de vieux vêtements*, un tas, un monceau.
■ **amasser** v. ● *En automne François* **a amassé** *des feuilles mortes dans un coin du jardin*, il en a réuni une grande quantité et les a entassées (→ SYN. amonceler).

amateur nom m. et adj. 1 ● *Son oncle est un* **amateur** *de peinture*, il aime beaucoup la peinture et la connaît bien.

2 EN AMATEUR. ● *Jouer de la guitare* **en amateur**, *pour son plaisir, sans en faire son métier.* — ● *Un photographe* **amateur** (→ CONTR. professionnel).

ambassadeur nom m. Représentant officiel d'un État dans un pays étranger. ● *L'ambassadeur des États-Unis en France.* ★ Chercher aussi : consul, diplomate.
■ **ambassade** nom f. Bâtiment où travaillent l'ambassadeur et ses services.

ambiance nom f. 1 ● *Dans notre classe, il y a une* **ambiance** *sympathique*, une atmosphère, un climat sympathiques. 2 (fam.) ● *Pendant la fête, il y avait de l'ambiance*, une atmosphère gaie et animée.

ambiant adj. ● *La température* **ambiante** *est de vingt degrés :* de l'air qui nous entoure.

ambigu, -uë adj. ● *Tes paroles sont* **ambiguës**, *on peut les comprendre de plusieurs façons* (→ CONTR. 1. clair, net).
■ **ambiguïté** [ãbiɡɥite] nom f. ● *L'ambiguïté de sa réponse.* ★ Ne pas oublier le tréma sur le *« e »* de *ambiguë* et sur le *« i »* de *ambiguïté.*

ambition nom f. 1 ● *Notre* **ambition** *est d'être heureux sur la terre*, notre souhait profond. 2 ● *L'ambition peut être aussi un défaut insupportable*, le désir très grand de réussir (→ ambitieux, sens 1).
■ **ambitieux** [ãbisjø] adj. 1 ● *Gilles est* **ambitieux**, *il a un grand désir de réussite.* □ nom ● *Les* **ambitieux** *demandent toujours davantage* (→ ambition, sens 2). 2 ● *Ses plans sont très* **ambitieux**, *ils dépasseront peut-être ses possibilités* (→ SYN. présomptueux ; CONTR. modeste).

ambre nom m. 1 *Ambre jaune.* ● *Brigitte a un beau collier d'ambre :* résine fossilisée dure et translucide.
■ **ambré** adj. De la couleur de l'ambre.
2 *Ambre gris.* Substance parfumée provenant des cachalots.
■ **ambré** adj. ● *Un parfum* **ambré**, *qui contient de l'ambre gris.*

ambulance nom f. Voiture aménagée pour transporter les malades et les blessés.

■ **ambulancier** nom. Conducteur d'une ambulance.

ambulant adj. ● *Dans leur ferme passe chaque semaine un marchand **ambulant**, qui se déplace d'un endroit à un autre pour vendre sa marchandise* (→ déambuler).

âme nom f. **1** ● *La religion considère que le corps des hommes est mortel, mais que leur **âme** est immortelle.* **2** CORPS ET ÂME [kɔrzeam], loc. adv. ● *Claudine se donne à son travail **corps et âme**,* entièrement, complètement. **3** RENDRE L'ÂME : mourir. **4** ● *Il désire cela de toute son **âme**,* de tout son cœur. **5** ● *Un village de cinquante **âmes**,* de cinquante habitants. — ● *C'est une **âme** généreuse,* une personne généreuse.

améliorer v. ● *Nadine veut **améliorer** son travail à l'école, elle veut le rendre meilleur.* □ v. pron. ● *Ses résultats **se sont améliorés**,* ils sont devenus meilleurs.

■ **amélioration** nom f. ● *J'espère qu'il y aura une **amélioration** de son état de santé* (→ CONTR. aggravation). — ● *Une **amélioration** du temps.*

aménager v. ● *Ils **ont aménagé** cette vieille ferme en maison de campagne : ils l'ont réparée et arrangée pour qu'elle leur serve de maison de campagne.* ★ Conjug. 5.

■ **aménagement** nom m. ● *Nous avons fait des **aménagements** dans la maison pour qu'elle soit plus confortable.* — ● *Le plan d'**aménagement** du quartier prévoit la construction d'une piscine :* le plan d'organisation.

amende nom f. **1** ● *Le chauffard a eu une **amende** pour excès de vitesse,* une somme à payer à la suite d'une faute (→ SYN. contravention). **2** FAIRE AMENDE HONORABLE : reconnaître ses torts, demander pardon. ★ Ne pas confondre avec amande.

amender v. ● *L'Assemblée nationale peut **amender** le projet de loi du gou-*

vernement : apporter des modifications.

■ **amendement** nom m. ● *Il y a eu beaucoup d'**amendements**,* des modifications du texte initial.

amener v. **1** ● *Amenez donc votre amie pour dîner :* faites-la venir avec vous. **2** ÊTRE AMENÉ A. ● *Si vous continuez, je vais **être amené à** vous punir,* je vais être conduit, entraîné à le faire. **3** ● *Attention : tes paroles pourraient t'**amener** des ennuis* (→ SYN. 1. causer, occasionner). ★ Conjug. 8.

s'amenuiser v. pron. ● *Les forces du malade **s'amenuisent** de jour en jour :* elles diminuent.

amer adj. **1** ● *Ces fruits ont un goût **amer**,* désagréable (→ CONTR. doux). **2** ● *Cet échec fut pour lui une **amère** déception* (→ SYN. douloureux, pénible).

■ **amèrement** adv. ● *Elle est **amèrement** déçue.*

■ **amertume** nom f. ● *Cette nouvelle nous a remplis d'**amertume**,* de découragement, de tristesse et de douleur.

amerrir v. ● *L'hydravion **a amerri**,* il s'est posé sur l'eau. ★ Conjug. 11.

améthyste nom f. ● *L'**améthyste** de la bague de ma tante est jolie,* pierre précieuse violette.

ameublement nom m. ● *Sylvie a choisi pour sa chambre un **ameublement** moderne,* un ensemble de meubles (→ meubler ; SYN. mobilier).

ameuter v. ● *Dans la rue, un homme **ameute** la foule par ses discours,* il la rassemble et l'excite.

ami nom et adj. **1** nom ● *Isabelle a des **amis**,* des personnes qu'elle aime et qu'elle fréquente (→ SYN. camarade, (fam.) copain ; CONTR. ennemi). **2** adj. ● *Je te tends une main **amie**,* amicale, de quelqu'un qui te veut du bien (→ CONTR. ennemi).

■ **amical** adj. ● *Claudine et Christine ont des relations **amicales**,* d'amitié (→ CONTR. haineux, inamical).

■ **amicalement** adv. ● *Yves nous a reçus très **amicalement**,* avec une sympathie amicale.

■ **amitié** nom f. **1** Sentiment de sympathie profonde entre des personnes (→ CONTR. haine, inimitié). **2** (au plur.) ● *Il m'a adressé ses amitiés*, ses salutations amicales.

à l'amiable loc. adv. ● *Plutôt que de faire un procès, ils ont préféré faire un arrangement à l'amiable*, en s'entendant entre eux directement.

amiante nom f. ● *Pour affronter l'incendie, les pompiers avaient revêtu une combinaison en amiante*, une matière ininflammable provenant d'un minéral.

amincir v. ● *Ce pantalon noir l'amincit beaucoup*, le fait paraître plus mince. □ v. pron. ● *Christine s'est amincie*, elle est devenue mince ou plus mince. ★ Conjug. 11.

amiral nom m. Officier du plus haut grade, dans la marine militaire. ★ VOIR p. 433.

amnésie nom f. ● *Cette personne est atteinte d'amnésie*, perte de la mémoire.
■ **amnésique** adj. ● *Pierre est devenu amnésique après son accident*. □ nom m. ● *Un amnésique*, une personne atteinte d'amnésie.

amnistie nom f. ● *En France, à l'occasion d'une élection présidentielle, le président de la République décrète une amnistie :* annulation de certaines condamnations (→ CONTR. condamner).
■ **amnistier** v. ● *Les criminels n'ont pas été amnistiés.* ★ Conjug. 10.

amoindrir v. ● *Ses mensonges ont amoindri ma confiance en lui*, l'ont rendue moins grande (→ moindre ; SYN. diminuer, réduire). ★ Conjug. 11.

s'amollir v. pron. **1** ● *Le chocolat s'est amolli à la chaleur*, il est devenu mou (→ ramollir). **2** (fig.) ● *Cet enfant gâté s'est amolli par une vie trop facile*, il a perdu son énergie, il est devenu mou (→ mollesse). ★ Conjug. 11.

amonceler v. ● *Le jardinier amoncelle les feuilles mortes pour les brûler*, il en fait un tas (→ monceau). □ v. pron. ● *En automne, les feuilles mortes s'amoncellent* (→ SYN. accumuler, amasser, entasser). ★ Conjug. 9.
■ **amoncellement** nom m. ● *Un amoncellement de grosses pierres bouchait l'entrée de la caverne* (→ SYN. amas, entassement, tas).

amont nom m. ● *Un cours d'eau coule de l'amont vers l'aval.* — EN AMONT DE, loc. prép. ● *Sur la Seine, Paris est en amont de Rouen :* Paris est plus près de la source de la Seine que Rouen (→ CONTR. aval).

amorcer v. **1** ● *Pour attirer le poisson, il amorce avec du blé :* il jette du blé comme appât à l'endroit où il va pêcher. — ● *J'amorce mon hameçon avec un asticot :* je munis mon hameçon d'un appât, d'une amorce. **2** ● *Pour faire sauter ces rochers, il faut poser une charge d'explosif et l'amorcer :* la garnir d'un dispositif qui déclenchera l'explosion (→ CONTR. désamorcer). **3** ● *Amorcer* une pompe : commencer à y faire monter le liquide. **4** ● *L'auto amorce son virage :* elle commence à le prendre. ★ Conjug. 4.
■ **amorce** nom f. **1** ● *Le poisson a mangé l'amorce*, l'appât. **2** ● *Sur la charge d'explosif on a posé une amorce*, un dispositif qui déclenchera l'explosion. **3** ● *Mon jouet préféré est mon pistolet à amorces*, qui fait éclater de petites charges de poudre (les amorces), mais ne tire aucun projectile. **4** L'AMORCE DE QUELQUE CHOSE. ● *Ces quelques points d'accord sont l'amorce d'une solution au problème*, le début d'une solution.

amorphe adj. ● *Ce garçon est un peu amorphe*, mou, indolent (→ CONTR. actif, énergique, vif).

amortir v. ● *Dans les salles de sport, les tapis amortissent les chutes :* ils les atténuent, ils les rendent moins violentes (→ CONTR. amplifier). ★ Conjug. 11.
■ **amortisseur** nom m. Pièces d'une auto, d'un camion, qui atténuent les secousses (→ SYN. suspension).

amour nom m. **A. 1** Sentiment d'affection profonde et d'attirance sexuelle
que l'on éprouve pour une personne.
● *Il a plus que de l'amitié pour elle :
il a de l'**amour*** (→ amoureux). — ● *Ils
se sont mariés par **amour** ; ils ont
fait un mariage d'**amour*** (→ aimer, A
sens 1). **2** Personne que l'on aime.
● *Mon **amour**, ...* **3** ● *L'**amour** physique :* les relations sexuelles. — ● *Faire
l'**amour** avec une personne :* avoir des
relations sexuelles avec elle.
B. 1 Sentiment d'affection entre les
membres d'une famille. ● *L'**amour**
maternel* (de la mère envers ses
enfants), *paternel ; l'**amour** filial* (des
enfants envers leurs parents).
2 ● *L'**amour** du prochain :* la volonté
de faire le bien aux autres (→ aimer,
B sens 2 ; CONTR. haine).
C. 1 ● *L'**amour** de la patrie :* l'attachement profond que l'on a pour son
pays. **2** ● *L'**amour** de la nature, du
sport, des voyages, etc. :* le goût très
vif que l'on a pour la nature, pour le
sport, pour les voyages, etc. (→ aimer,
C sens 1). **3** ● *Faire quelque chose avec
amour :* le faire avec beaucoup de soin
en aimant ce que l'on fait. ● *Il s'occupe
de son jardin avec **amour**.*
■ **amoureux** adj. et nom **1** adj. ● *Michel
est **amoureux** d'Agnès :* il l'aime
(→ amour, A sens 1). □ nom ● *Des
amoureux qui se tiennent par la main.*
2 nom ● *Les **amoureux** de la nature :*
ceux qui aiment la nature.
■ **amourette** nom f. ● *Entre Catherine
et Luc, ce n'était qu'une **amourette** :*
une petite histoire d'amour, sans
importance et passagère (→ SYN. flirt).

amour-propre nom m. ● *Elle a refusé
mon aide par **amour-propre**,* par fierté.

amovible adj. ● *La doublure de ton
imperméable est **amovible** :* elle peut
être enlevée (→ CONTR. inamovible).

amphibie adj. **1** ● *Les crabes sont des
animaux **amphibies**,* qui peuvent vivre
à l'air ou dans l'eau. **2** ● *Un véhicule
amphibie,* qui peut être utilisé sur
terre et sur l'eau.

amphithéâtre nom m. **1** Théâtre circulaire avec des gradins, où avaient lieu
certains spectacles, dans l'Antiquité.
2 ● *Le cours de mathématiques a lieu
dans l'**amphithéâtre**,* une salle garnie
de gradins.

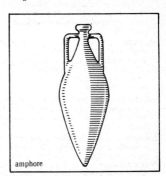

amphore

amphore nom f. Vase de terre cuite à
deux anses utilisé dans l'Antiquité.

ampleur nom f. **1** ● *Ton manteau manque
d'**ampleur** :* il n'est pas assez large.
2 ● *Quand nous sommes sortis après
la tempête, nous avons été surpris par
l'**ampleur** des dégâts,* par leur importance.
■ **ample** adj. ● *Tu seras à l'aise dans
cet imperméable, il est **ample** :* il est
large (→ CONTR. ajusté, étriqué, étroit).
■ **amplement** adv. ● *Il gagne **amplement** sa vie,* de façon plus que suffisante (→ SYN. largement).

amplifier v. ● ***Amplifier** un son :* le
rendre plus puissant, plus fort
(→ CONTR. amortir, atténuer). □ v. pron.
● *Plus on s'approchait du chantier,
plus le bruit des machines **s'ampli-
fiait**,* plus il augmentait. ★ Conjug. 10.
■ **amplificateur** nom m. Appareil qui
augmente la puissance du son. ● *Éric
a branché sa guitare électrique sur un
amplificateur* (par abréviation, on dit
souvent un *ampli*).

ampoule nom f. **1** • *Ampoule (élec-trique)* : globe de verre qui contient un filament que le courant électrique rend lumineux. **2** Petit tube de verre de forme allongée qui contient un médi-cament. — • *Prends cette ampoule avec de l'eau*, le médicament contenu dans cette ampoule. **3** • *Mes chaussures sont trop étroites, j'ai une ampoule au pied*, une cloque.

amputer v. • *Le chirurgien l'a amputé d'un bras*, il lui a coupé un bras.
■ **amputation** nom f. • *Ces soins per-mettront d'éviter l'amputation*, l'opé-ration chirurgicale qui consiste à cou-per un membre.

amuse-gueule nom m. invar. • *On sert des amuse-gueule à l'apéritif* : petits biscuits salés, cacahuètes, petits sandwiches, etc.

amuser v. • *Les histoires qu'il raconte nous amusent*, nous font rire, nous dis-traient agréablement (→ SYN. divertir).
■ **s'amuser** v. pron. **1** • *Cela m'amuse de le voir ainsi* : cela me fait rire. **2** • *Anne et Guy s'amusent avec leur chien* : ils jouent avec lui.
■ **amusement** nom m. • *Pour Claude, le bricolage est un amusement*, une distraction.
■ **amusant** adj. • *Va voir ce film, il est amusant*, drôle (→ SYN. plaisant, A. sens 2).

amygdale [amidal] nom f. LES AMYGDALES : les deux organes en forme d'amande situés de chaque côté de la gorge. • *Éric s'est fait opérer des amygdales* : on l'a opéré pour lui les enlever (quand elles sont infectées, les amygdales grossissent et gênent pour respirer et pour avaler).

an nom m. **1** • *Je ne l'ai pas vu depuis un an*, depuis douze mois. • *Une fois par an* (→ annuel). — • *Serge a douze ans*. **2** • *Daniel est venu me voir le Jour de l'An* : le premier jour de l'année, le premier janvier (on dit aussi le *Pre-mier de l'An*) (→ année).

anachronisme nom m. **1** • *Dans ce livre sur les Gaulois, on les voit manger des pommes de terre : c'est un anachro-nisme*, une erreur de chronologie, de date. **2** • *S'éclairer à la bougie est aujourd'hui un anachronisme*, une attitude dépassée, périmée.
■ **anachronique** adj. • *D'une manière anachronique* : qui ne correspond pas à l'époque dans laquelle on vit (→ SYN. démodé, désuet).

anagramme nom f. Mot que l'on peut former en changeant l'ordre des lettres d'un autre mot. • *« Signe » est une ana-gramme de « singe »*.

analogie nom f. • *Il y a une analogie entre ces différents dessins* : ressem-blance, point commun, rapport (→ CONTR. différence).
■ **analogue** adj. Semblable, compa-rable. • *Les histoires racontées par ces deux films sont analogues* (→ CONTR. différent).

analphabète nom et adj. (Quelqu'un) qui ne sait ni lire ni écrire (→ alphabet).

analyser v. • *Avant de boire l'eau de cette source, il faudrait l'analyser*, recher-cher les éléments qui la composent.
■ **analyse** nom f. **1** • *Est-ce que tu as les résultats de ton analyse de sang ?*, la recherche des éléments dont est composé ton sang. **2** • *Analyser un mot* : dire quelle est sa nature et sa fonction dans la phrase.

ananas nom m. Nom d'une plante culti-vée dans certaines régions chaudes et du fruit qu'elle porte.

anarchie nom f. • *Dans ce pays, personne n'obéit plus au gouvernement ; c'est l'anarchie* : il y a un grand désordre, le pays n'est plus vraiment dirigé.

anarchiste nom m. Partisan d'un système politique (l'anarchisme) dans lequel aucun individu ne pourrait imposer quoi que ce soit à d'autres, dans lequel personne ne dirigerait personne.

anatomie nom f. Science qui étudie le corps des êtres vivants. • *François est étudiant en médecine ; il suit des cours d'anatomie*.
■ **anatomique** adj. • *Ce dictionnaire contient des planches anatomiques*, des planches, des illustrations qui

représentent des parties du corps, des organes. ★ VOIR pp. 967, 968, 969, 970.

ancêtre nom m. **1** ● *C'est la maison d'un* ***ancêtre*** *de Martine*, d'une personne dont elle descend, d'un de ses aïeux éloignés (plus anciens que ses grands-parents). **2** (au plur.) NOS ANCÊTRES : les hommes et les femmes qui ont vécu dans les siècles passés.
■ **ancestral** adj. ● *C'est une coutume* ***ancestrale***, très ancienne, qui date du temps de nos ancêtres.

anchois nom m. Petit poisson que l'on pêche surtout en Méditerranée et que l'on conserve dans le sel ou le vinaigre.
● *Une pizza aux* ***anchois***.

ancien adj. **1** ● *Une maison* ***ancienne***, qui existe depuis très longtemps. — *Un meuble* ***ancien***, *des livres* ***anciens*** (→ CONTR. contemporain, moderne, nouveau). **2** ● *Les* ***anciens*** *élèves de l'école* : ceux qui ont été autrefois élèves de l'école. — ● *Notre* ***ancien*** *appartement.* **3** ● *Les temps* ***anciens*** : le passé lointain, l'Antiquité. □ nom m. plur. LES ANCIENS : ceux qui vivaient dans l'Antiquité. — (fam.) Les personnes âgées.
■ **anciennement** adv. ● *Ce restaurant était* ***anciennement*** *une boulangerie* (→ ancien, sens 2 ; SYN. autrefois).
■ **ancienneté** nom f. ● *Quelle est votre* ***ancienneté*** *dans cette usine ?* : depuis combien de temps y travaillez-vous ?

ancre nom f. Pièce de métal que l'on jette au fond de l'eau pour immobiliser le bateau auquel elle est reliée par une chaîne. — JETER L'ANCRE ; LEVER L'ANCRE.
● *Le bateau* ***a jeté l'ancre*** *dans la baie* (→ SYN. mouiller). — ● *Les marins sont en train de* ***lever l'ancre***, de relever l'ancre du bateau pour pouvoir partir. — (fig. et fam.) ● *Allez ! on* ***lève l'ancre*** : on part, on s'en va.
■ **ancrer** v. **1** ● *On* ***a ancré*** *le bateau près de la jetée.* **2** ● *Ancrer une idée dans la tête de quelqu'un* : lui faire entrer cette idée dans la tête.

andante adv. et nom m. ● *Ce morceau de musique doit être joué* ***andante***, avec une vitesse modérée, plutôt lentement (→ adagio, allegro).

andouille nom f. **1** Charcuterie faite de boyaux de porc ou de veau coupés en lanières. **2** (fam.) ● *Espèce d'****andouille*** *!* : espèce d'imbécile !
■ **andouillette** nom f. Petite andouille qui se mange chaude ou froide.

âne nom m. **1** Animal plus petit que le cheval, à longue tête et grandes oreilles. — ● *Un* ***âne*** *et une ânesse.* **2** (fig.) TÊTU COMME UN ÂNE. ● *Ce garçon est* ***têtu*** ***comme un âne***, très têtu. **3** ● *Espèce d'****âne*** *!* : espèce d'idiot ! (→ ânerie). **4** DOS-D'ÂNE (→ dos*-d'âne).

anéantir v. **1** ● *À la fin de la Deuxième Guerre mondiale, la ville d'Hiroshima (au Japon)* ***a été anéantie*** *par une bombe atomique* : elle a été complètement détruite. **2** (fig.) ● *La fatigue l'****a*** ***anéanti***, l'a exténué. ★ Conjug. 11.
■ **anéantissement** nom m. ● *L'****anéantissement*** *d'une ville*, sa destruction complète.

anecdote nom f. ● *Grand-père aime bien raconter des* ***anecdotes*** *sur sa jeunesse*, de petites histoires sur des détails de sa jeunesse.
■ **anecdotique** adj. ● *Ce qu'il dit de la guerre est* ***anecdotique*** : cela concerne de petits détails vécus (et non pas l'essentiel).

anémie nom f. Maladie du sang qui entraîne une faiblesse physique.
■ **anémique** adj. ● *Vincent est très pâle et très fatigué, il doit être* ***anémique***.
■ **anémier** v. ● *La mauvaise nourriture, l'air pollué l'****ont anémié***, l'ont rendu anémique, faible. ★ Conjug. 10.

1. anémone nom f. Plante dont les fleurs ont des couleurs variées et éclatantes.

2. anémone de mer nom f. Animal marin muni de tentacules colorés.

ânerie nom f. ● *Tais-toi, tu ne dis que des* ***âneries***, des bêtises, des sottises (→ âne, sens 3).

ânesse nom f. Femelle de l'âne.

anesthésier v. ● *Avant de l'opérer, on l'****a anesthésié*** : on l'a endormi pour qu'il ne sente pas la douleur. ★ Conjug. 10.

■ **anesthésie** nom f. ANESTHÉSIE (LOCALE, GÉNÉRALE). ● *Pour t'arracher une dent, le dentiste te fait une* **anesthésie locale**, *qui rend insensible à la douleur seulement l'endroit où il va opérer.* — ● *Pour t'opérer de l'appendicite, le chirurgien te fait une* **anesthésie générale**, *qui insensibilise le corps tout entier, qui endort complètement.*

■ **anesthésique** adj. ● *Un produit* **anesthésique** : *un produit qui anesthésie, qui insensibilise.* □ nom m. ● *Un* **anesthésique.**

anfractuosité nom f. ● *On grimpe le long d'une paroi rocheuse en se servant des* **anfractuosités**, *des creux de ces rochers.*

ange nom m. **1** Dans certaines religions, être qui sert d'intermédiaire entre Dieu et les hommes. — (fig.) ANGE GARDIEN. ● *Je n'ai pas besoin d'***ange gardien**, *d'une personne qui me protège continuellement.* **2** ● *Une patience d'***ange** : *une patience sans limite.* **3** ÊTRE UN ANGE : être une personne parfaite. **4** ÊTRE AUX ANGES : être complètement heureux et satisfait.

■ **angélique** adj. ● *Olivier a un visage* **angélique**, *qui pourrait être celui d'un ange par sa beauté, par sa bonté.*

angine nom f. ● *François a mal à la gorge ; le médecin dit que c'est une* **angine.**

angle nom m. **1** ● *Deux demi-droites qui se coupent forment un* **angle**. ★ VOIR p. 424. **2** ● *Mets cette table dans un* **angle** *de la pièce, dans un coin de la pièce* (→ encoignure). **3** (fig.) ARRONDIR LES ANGLES : s'efforcer d'éliminer les motifs de discorde, de dispute.

■ **angulaire** adj. PIERRE ANGULAIRE. **1** Pierre d'angle assurant la solidité d'une construction. **2** ● *La* **pierre angulaire** *d'un projet :* l'élément principal.

■ **anguleux** adj. ● *Il est très maigre ; son visage est* **anguleux** : *les traits de son visage sont nettement marqués (comme des angles)* (→ CONTR. arrondi).

angoisse nom f. Profonde inquiétude mêlée de peur. ● *L'idée d'être perdu dans la forêt plonge Patrick dans l'***angoisse** (→ SYN. anxiété, peur ; CONTR. euphorie).

■ **angoissé** adj. ● *Je n'ai pas reçu de ses nouvelles, je suis* **angoissé**, *je suis très inquiète* (→ SYN. anxieux ; CONTR. tranquille).

■ **angoissant** adj. ● *Je suis resté seul pendant plusieurs nuits dans une maison isolée, c'était* **angoissant**, *cela me remplissait d'angoisse, de peur.*

angora adj. ● *Les chats, les lapins, les chèvres* **angoras** *ont des poils longs et soyeux.* — ● *Une chatte* **angora.**

anguille nom f. Poisson d'eau douce qui a une forme très allongée comme celle d'un serpent.

anicroche nom f. ● *Tout s'est passé sans* **anicroche**, *sans incident fâcheux, sans complication.*

animal nom m. et adj. **A.** nom m. **1** ● *L'homme et le chien appartiennent à la catégorie des* **animaux** : la catégorie des êtres vivants capables de se mouvoir (on oppose cette catégorie à celles des *végétaux* et des *minéraux*). **2** (Opposé à *homme*, à *humain*). ● *L'homme est un humain, le chat est un* **animal**, *une bête.* **3** (fig.) Injure adressée à une personne. ● *Espèce d'***animal** !

B. adj. ● *Les insectes, les mammifères, etc., sont des espèces* **animales** (→ animal, A sens 1).

animer v. **1** ● *Ce sont des mécanismes compliqués qui* **animent** *cet automate, qui le font bouger, qui lui donnent son mouvement.* **2** ● **Animer** *une réunion, une discussion :* la diriger en lui donnant un caractère vivant (→ animation, sens 2). **3** ● *J'ai cru qu'il voulait m'aider, mais il* **était animé** *de mauvaises intentions :* c'est ce qui le poussait à agir. □ v. pron. ● *Quand vient le soir, les rues* **s'animent** : *elles se remplissent de monde, il y a de l'agitation, de la vie.* — ● *Dès que l'on parle de projets de voyages, Luce* **s'anime**, *s'enthousiasme* (→ SYN. s'exalter).

■ **animé** adj. **1** LES ÊTRES ANIMÉS : les êtres vivants (→ CONTR. inanimé). **2** DESSIN ANIMÉ : film dont les images sont faites d'une succession de dessins qui donne l'impression du mouvement (→ animer, sens 1). **3** ● *Une rue animée*, pleine de vie, de mouvement. — ● *Une discussion animée*, vive, pleine d'entrain (→ CONTR. morne, mort).

■ **animation** nom f. **1** ● *L'animation de la rue* : le mouvement, l'agitation qu'il y a. **2** ANIMATION CULTURELLE. ● *Son grand frère s'occupe d'animation culturelle*, d'animer, de diriger des activités culturelles et de loisir (→ animateur, sens 2).

■ **animateur, -trice** nom **1** Personne qui anime un débat, une réunion, etc. — ● *Un animateur de radio, de télévision* : celui qui anime les émissions, qui présente les spectacles, etc. **2** ● *Les animateurs d'une maison des jeunes, d'une colonie de vacances* : ceux qui sont spécialement chargés d'organiser et de diriger les activités.

animosité nom f. ● *Des paroles pleines d'animosité*, d'hostilité (→ SYN. haine, ressentiment ; fiel, sens 2).

anis nom m. ● Plante dont on se sert pour parfumer des bonbons, des boissons, etc. ● *Le pastis est une boisson à l'anis.*

ankylose nom f. ● *Cette maladie provoque une ankylose des articulations*, une raideur.

■ **ankyloser** v. surtout ankylosé p. p. adj. Raide, comme paralysé. ● *J'étais si mal assis que mes jambes sont tout ankylosées.*

■ **s'ankyloser** v. pron. ● *Tu vas t'ankyloser* à force de rester assis sans bouger.

annales nom f. plur. Ouvrage racontant, année par année, les événements d'une période. ● *Les annales de la Troisième République.* — ● *Son nom restera dans les annales*, dans l'Histoire.

anneau nom m. **1** Petit cercle en métal, en bois, etc., qui sert à divers usages. ● *Des anneaux de rideau.* **2** Bague faite d'un simple cercle de métal. ● *Les*

gens mariés portent généralement un **anneau** à l'annulaire gauche. **3** ● *Le serpent formait des anneaux* : son corps était enroulé en cercles, en spirale.

année nom f. **1** Période d'un an qui commence le 1er janvier et qui se termine le 31 décembre. ● *L'année 1981.* **2** ● *L'année scolaire* : de la rentrée aux grandes vacances. ★ Au sens 1, on dit souvent *année civile* pour distinguer de *année scolaire.*

annexe nom f. ● *C'est une annexe de l'école*, un bâtiment qui dépend de l'école. □ adj. ● *Le garage est dans un bâtiment annexe*, dans un bâtiment rattaché au bâtiment principal.

annexer v. ● *Il y a plusieurs siècles que la Bretagne fut annexée à la France*, qu'elle fut rattachée au territoire français.

■ **annexion** nom f. ● *L'annexion de Nice à la France date d'un peu plus d'un siècle*, son rattachement à la France.

annihiler v. ● *Ce contretemps va annihiler tous nos efforts* : anéantir (→ SYN. détruire). ★ Conjug. 3.

anniversaire nom m. **1** ● *Demain, j'aurai dix ans ; ce sera le jour de mon anniversaire*, de mon dixième **anniversaire**. — ● *Le centième anniversaire d'un événement* : le jour qui arrive cent ans après. ★ Chercher aussi : centenaire. **2** ● *Patrick m'a invité à son anniversaire* : la fête donnée à l'occasion de l'anniversaire de sa naissance.

annoncer v. **1** ● *Elle vient de m'annoncer son départ*, de m'en informer, de me l'apprendre. **2** ● *L'arbitre a sifflé pour annoncer la fin du match*, pour marquer, pour signaler la fin du match. **3** ● *Ce temps doux annonce le printemps* : il indique que le printemps est proche. ★ Conjug. 4.

■ **s'annoncer** v. pron. **1** ● *Regarde le ciel, l'orage s'annonce* : l'orage est proche. **2** ● *L'été s'annonce chaud* : on peut prévoir qu'il sera chaud.

■ **annonce** nom f. **1** ● *L'annonce de son départ m'a surpris*, la nouvelle de

son départ. **2** (PETITE) ANNONCE. ● *Si tu cherches un emploi, lis les (petites) annonces de ce journal*, les textes publiés par des personnes ou des entreprises qui signalent qu'elles ont des emplois à proposer. — ● *Les annonces immobilières permettent de vendre, d'acheter ou de louer des appartements, des maisons, etc.*
■ **annonceur** nom m. ● *Ce journal a beaucoup d'annonceurs*, de personnes ou d'entreprises qui paient pour que soient publiées des annonces, des publicités.

annoter v. ● *Le maître ou le professeur doit annoter les devoirs des élèves*, écrire des remarques en marge (→ note 2).
■ **annotation** nom f. ● *Le maître écrit ses annotations à l'encre rouge.*

annuaire nom m. Ouvrage publié chaque année et contenant divers renseignements. ● *L'annuaire du téléphone donne le numéro de téléphone de chaque abonné.* ● *Chercher un numéro dans l'annuaire (du téléphone).*

annuel adj. Qui a lieu tous les ans. ● *Une publication annuelle.* — ● *C'est en juillet que je prends mes vacances annuelles.*
■ **annuellement** adv. ● *Avec sa voiture, Yves fait 20 000 km annuellement*, par an, chaque année.

annulaire nom m. ● *C'est à l'annulaire de la main gauche que l'on porte habituellement l'anneau de mariage.* ★ VOIR p. 547.

annuler v. **1** ● *Annuler un contrat, un engagement :* le rendre nul, sans effet. **2** ● *Il a annulé son voyage :* il l'a supprimé.
■ **annulation** nom f. ● *L'annulation d'un contrat.*

anoblir v. ● *C'était un simplé marchand ; le roi l'a anobli :* il l'a fait noble, il lui a donné un titre de noblesse (chevalier, comte, duc, etc.). ★ Conjug. 11.

anodin adj. ● *Nous avons échangé plusieurs propos anodins*, sans importance. — ● *C'est une blessure anodine*,

sans gravité (→ SYN. bénin). — ● *Je trouve ce garçon bien anodin*, insignifiant.

anomalie nom f. ● *Il y a une anomalie dans le bruit de ce moteur :* il y a quelque chose qui n'est pas normal (→ SYN. bizarrerie).

ânonner v. ● *Céline apprend à lire ; elle ânonne encore :* elle lit encore avec peine, en parlant d'une manière hésitante.

anonyme adj. ● *Il a reçu une lettre anonyme*, une lettre dont l'auteur n'a pas donné son nom, qui n'est pas signée.
■ **anonymat** nom m. ● *L'homme qui a fait cela a voulu garder l'anonymat :* il a voulu rester anonyme, il a voulu que son nom ne soit pas connu (→ SYN. incognito, sens 2).

anorak nom m. Veste imperméable portée particulièrement par les skieurs.

anormal adj. ● *Luc est toujours à l'heure ; son retard est anormal*, inhabituel (→ SYN. bizarre ; CONTR. normal).
■ **anormalement** adv. ● *L'hiver a été anormalement doux* (→ CONTR. normalement).

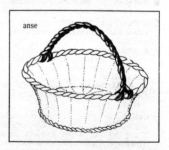

anse

1. anse nom f. ● *Les anses d'un panier ; l'anse d'une tasse à café.*

2. anse nom f. ● *Le bateau s'est mis à l'abri de la tempête dans une anse*, une petite baie.

d'antan loc. adj. ● *Qu'est devenue notre amitié **d'antan**?* d'autrefois, du temps passé.

1. antécédent nom m. ● *Dans la phrase : «L'enfant qui joue est mon frère», «enfant» est l'**antécédent** du pronom relatif «qui».*

2. antécédents nom m. plur. ● *L'accusé a bénéficié de l'indulgence du juge, en raison de ses bons **antécédents**,* de sa bonne conduite passée.

antenne nom f. **1** ● *Le papillon, le hanneton, l'écrevisse ont des **antennes**,* des sortes de cornes longues et minces qui leur permettent de se diriger, de toucher, de sentir. **2** Ensemble de tiges métalliques et de fils qui servent à diffuser et à recevoir les émissions de radio, de télévision. ● *On a installé une **antenne** de télévision sur le toit de la maison.*

antérieur adj. **1** ● *Il est impossible que tu l'aies connu, car sa mort est **antérieure** à ta naissance :* elle a eu lieu avant ta naissance (→ CONTR. postérieur). **2** ● *Les pattes **antérieures** du chien sont ses pattes de devant* (→ CONTR. postérieur).
■ **antérieurement** adv. ● *Cette loi annule celle qui avait été votée **antérieurement*** (→ SYN. auparavant, précédemment ; CONTR. postérieurement).

anthologie nom f. ● *Ce livre est une **anthologie** de la poésie française :* un recueil (→ 1. recueillir) de morceaux choisis.

anthracite 1 nom m. Sorte de charbon de bonne qualité. **2** adj. invar. ● *Un gilet **anthracite**,* de couleur gris foncé.

anthropophage [ɑ̃trɔpɔfaʒ] nom et adj. ● *Les **anthropophages** :* les hommes qui mangent de la chair humaine. □ adj. ● *Une tribu **anthropophage*** (→ SYN. cannibale).

anti Préfixe qui marque l'opposition *(antimilitariste)*, la défense contre quelque chose *(antivol)*.

antiaérien adj. ● *Un canon **antiaérien**,* de défense contre les attaques aériennes.

— ● *Un abri **antiaérien**,* où l'on peut se réfugier en cas d'attaque aérienne (→ aérien, sens 2).

antibiotique nom m. ● *Le médecin lui a donné des **antibiotiques**,* un médicament très efficace contre de nombreuses maladies.

antibrouillard adj. PHARES ANTIBROUILLARDS : phares spéciaux pour éclairer dans le brouillard. □ nom m. plur. ● *Cette voiture est équipée d'**antibrouillards**.*

antichambre nom f. ● *Le visiteur attend dans l'**antichambre**,* la pièce où l'on fait attendre les visiteurs avant de les recevoir.

anticiper v. ● *Vous vous réjouissez, mais vous n'avez pas encore gagné ; n'**anticipez** pas !* : ne faites pas comme si cela était déjà arrivé, comme si vous aviez déjà gagné.
■ **anticipation** nom f. **1** PAR ANTICIPATION. ● *Dépenser ses revenus **par anticipation** :* avant de les avoir reçus, par avance. **2** ● *J'aime beaucoup lire des romans d'**anticipation**,* dont les aventures se déroulent dans le futur. ★ Chercher aussi : science-fiction.

anticyclone nom m. Centre de haute pression atmosphérique, cause de beau temps (→ baromètre).

antidote nom m. Remède contre un poison (→ SYN. contrepoison).

antigel nom m. ● *En hiver on met de l'**antigel** dans les radiateurs d'automobiles,* un produit qui empêche l'eau contenue dans les radiateurs de geler.

antilope nom f. ● *Les **antilopes** vivent surtout en Afrique ;* elles portent des cornes et sont très rapides à la course.

antimilitariste nom et adj. ● *Un **antimilitariste**,* une personne **antimilitariste**, qui est hostile à l'armée, à la vie militaire.

antimite nom m. et adj. ● *La naphtaline est un **antimite**, un produit **antimite**,* qui protège les lainages, les fourrures, etc., contre les mites.

antipathie nom f. • *J'ai pour lui de l'**antipathie** :* le sentiment que l'on éprouve vis-à-vis de quelqu'un qui ne vous plaît pas du tout (→ CONTR. sympathie).

■ **antipathique** adj. • *Une personne antipathique,* qui inspire l'antipathie (→ SYN. déplaisant, désagréable ; CONTR. sympathique).

France
antipodes
Nouvelle-Zélande

antipodes nom m. plur. **1** • *La Nouvelle-Zélande est située aux **antipodes** de la France :* exactement à l'opposé de la France, sur le globe terrestre. **2** (fig.) • *Son caractère est aux **antipodes** de celui de son frère :* il est l'opposé, le contraire du sien.

antipoison adj. CENTRE ANTIPOISON. • *Ils ont mangé des champignons vénéneux : on les a vite emmenés au **centre antipoison**,* hôpital équipé pour soigner ceux qui ont avalé un poison.

antique adj. **1** • *L'hospitalité est une **antique** tradition,* très ancienne, très vieille. **2** • *Les archéologues étudient les civilisations **antiques**,* de l'Antiquité.

■ **antiquité** nom f. **1** • *Ce collectionneur possède de belles **antiquités**,* des objets anciens qui ont de la valeur. **2** (avec une majuscule) • *Les jeux Olympiques sont une tradition de l'**Antiquité** grecque :* de la civilisation grecque d'avant l'ère chrétienne. — • *Cet historien est un spécialiste de l'**Antiquité** grecque et latine.

■ **antiquaire** nom • *Elle a acheté ce vase chez un **antiquaire**,* chez un marchand d'antiquités (→ antiquité, sens 1).

antisémitisme nom m. Racisme dirigé contre les Juifs.

■ **antisémite** adj. • *Des paroles **antisémites** :* des paroles racistes contre les Juifs. □ nom • *Un **antisémite** :* une personne hostile aux Juifs.

antiseptique adj. et nom • *Le mercurochrome est un **antiseptique**,* un produit qui arrête l'infection en détruisant les microbes.

■ **antisepsie** nom f. • *Autrefois, les opérations chirurgicales étaient souvent mortelles, car elles étaient faites sans **antisepsie**,* sans moyens de lutte contre l'infection.

antituberculeux adj. • *Le B.C.G. est un vaccin **antituberculeux**,* qui protège contre la tuberculose.

antivol nom m. • *Pascal a équipé son vélo d'un **antivol**,* d'un système de sécurité qui empêche qu'on le lui vole.

antonyme nom m. • *« Laid » est l'**antonyme** de « beau » :* mot de sens contraire (→ CONTR. synonyme).

antre nom m. **1** Caverne qui sert d'abri à un animal sauvage. • *L'**antre** de l'ours.* **2** • *Georges ne laisse personne pénétrer dans son **antre**,* lieu qui est son refuge personnel (par exemple : sa chambre, son bureau, son appartement).

anxieux adj. **1** • *Nous n'avons pas de nouvelles de lui ; nous sommes **anxieux**,* très inquiets (→ SYN. angoissé). **2** • *Je suis **anxieuse** de savoir s'ils réussiront :* je suis inquiète et impatiente de le savoir.

■ **anxieusement** adv. • *Elle attend **anxieusement** son retour.*

■ **anxiété** nom f. • *Préviens-moi dès que tu auras des nouvelles ; ne me laisse pas dans l'**anxiété*** (→ angoisse, appréhension, inquiétude).

août [u] ou [ut] nom m. Huitième mois de l'année, qui compte 31 jours.

apaiser v. • *Ces paroles rassurantes m'ont **apaisé**,* m'ont calmé. — • *Ce médicament **a apaisé** ses souffrances :* il les a rendues moins violentes

(→ SYN. calmer). □ v. pron. ● *Le bébé qui pleurait s'apaise* (→ SYN. se calmer).

■ **apaisement** nom m. ● *Donner des apaisements à quelqu'un* : lui dire des paroles, lui faire des promesses qui le rassurent, qui le calment.

aparté nom m. ● *Jacques et Raymond ont toujours des apartés pendant les réunions*, des conversations particulières à voix basse. EN APARTÉ, loc. adv. : à part, à voix basse.

apercevoir v. 1 ● *On approchait du village ; on pouvait déjà apercevoir le clocher de l'église*, commencer à le voir (→ inaperçu ; SYN. discerner). 2 ● *Je ne pourrais pas le décrire, je n'ai fait que l'apercevoir* : le voir très rapidement (→ SYN. entrevoir). ★ Conjug. 21.

■ **s'apercevoir** v. pron. ● *Quand il s'apercevra que tu as menti, il sera furieux* : quand il s'en rendra compte (→ SYN. découvrir, remarquer).

aperçu nom m. ● *Il nous a donné un aperçu de l'affaire*, quelques indications qui permettent de s'en faire une idée.

apéritif nom m. ● *Désirez-vous prendre un apéritif ?*, une boisson (souvent alcoolisée) que l'on prend avant le repas.

apesanteur nom f. ● *À bord des véhicules spatiaux, les cosmonautes sont en état d'apesanteur* : il n'y a plus de pesanteur, ils flottent dans l'espace (→ CONTR. pesanteur). ★ Chercher aussi : attraction* terrestre.

à peu près loc. adv. ; **à-peu-près** nom m. invar. 1 loc. adv. ● *Il a à peu près quinze ans*, environ quinze ans (→ SYN. approximativement). 2 nom m. invar. ● *Vous ne devez pas vous contenter d'à-peu-près*, il faut être précis (→ SYN. approximation).

apeuré adj. ● *Apeuré, le chat courut se cacher* (→ peur ; SYN. effrayé).

aphone adj. ● *J'étais tellement enroué que j'étais presque aphone*, sans voix.

aphte [aft] nom m. Petite plaie douloureuse dans la bouche.

■ **aphteuse** adj. FIÈVRE APHTEUSE : maladie contagieuse qui atteint surtout les bovins.

apiculture nom f. Élevage des abeilles.

■ **apiculteur** nom m. ● *L'apiculteur récolte le miel dans les ruches.* ★ Apiculture et apiculteur viennent du mot latin *apis*, qui veut dire «abeille».

apitoyer v. ● *Il essaie toujours d'apitoyer les gens*, de les attendrir, de leur faire éprouver de la pitié. □ v. pron. ● *On s'apitoie sur le sort des malheureux* : on éprouve de la pitié pour eux, on compatit à leur malheur. ★ Conjug. 6.

■ **apitoiement** nom m. ● *Des larmes d'apitoiement* (→ pitié, pitoyable).

aplanir v. 1 ● *Aplanir un chemin* : le rendre plan, uni ; faire disparaître les creux et les bosses (→ SYN. niveler). 2 (fig.) ● *Elle fait son possible pour aplanir les difficultés* : pour les faire disparaître, les supprimer. ★ Conjug. 11.

aplatir v. ● *Ce chapeau trop serré va aplatir ta coiffure*, la rendre plate. ★ Conjug. 11.

■ **s'aplatir** v. pron. (fig. et fam.) ● *Tout le monde s'aplatit devant cet homme puissant* : tout le monde se soumet à lui bassement.

aplomb nom m. 1 D'APLOMB, loc. adv. ● *Ce vase est en équilibre, remets-le d'aplomb*, dans une position verticale stable et solide. 2 ● *Il faut avoir de l'aplomb pour oser tenir tête à son professeur* : il faut avoir beaucoup d'audace (→ SYN. (fam.) culot, toupet).

apocalypse nom f. 1 ● *Dans la Bible, le livre de l'Apocalypse traite de la fin du monde.* 2 ● *Ce cyclone a tout dévasté, c'est une véritable apocalypse*, une catastrophe très importante.

■ **apocalyptique** adj. ● *Après le tremblement de terre, le paysage offrait un spectacle apocalyptique*, un spectacle terrifiant qui fait penser à la fin du monde (l'apocalypse).

apogée nom m. 1 ● *Le soleil est à son apogée quand il est à son point le plus haut dans le ciel.* 2 (fig.) ● *C'est à la fin de sa vie que la gloire de Victor Hugo a* été à *son* **apogée**, au sommet, au plus haut point de la gloire (→ SYN. comble, faîte, zénith).

apolitique adj. ● *Une manifestation* **apolitique**, *qui n'a pas de buts politiques, qui ne concerne pas la politique.*

a posteriori loc. adv. Après, rétrospectivement, avec l'expérience : *a* **posteriori**, *nous pouvons voir que nous nous sommes trompés dans nos prévisions* (→ CONTR. a priori).

1. apostrophe nom f. Signe ('). ● *Dans* «*l'avion, l'homme, d'accord*», *les* «*l*» *et le* «*d*» *sont suivis d'une* **apostrophe** (on épelle en disant : «*l*» **apostrophe**, «*d*» **apostrophe**, etc.).

2. apostrophe nom f. ● *Dans l'embouteillage, les automobilistes se lançaient des* **apostrophes**, *des paroles, des interpellations brusques, sans politesse.*
  ■ **apostropher** v. ● *Comme il marchait sur une pelouse interdite, il s'est fait* **apostropher** *par le gardien du square* (→ SYN. interpeller).

apothéose nom f. ● *Un feu d'artifice fut l'*apothéose *de la fête, son moment le plus beau.*

apothicaire nom m. Ancien nom du pharmacien. COMPTES D'APOTHICAIRE. ● *Comme nous devions partager tous les frais, il a fallu faire des comptes d'*apothicaire, comptes d'argent compliqués et minutieux.

apôtre nom m. **1** ● *Les douze* **Apôtres** *du Christ* : ses disciples qu'il a chargés de prêcher l'Évangile. **2** ● (fig.) *Être, se faire l'*apôtre *d'une idée* : la défendre et la faire connaître avec ardeur.

apparaître v. **1** ● *Il tourna le bouton de la télévision et une image* **apparut** *sur l'écran*, devint visible (→ apparent ; apparition, sens 1 ; CONTR. disparaître). **2** ● *Sous un ciel gris, les plus beaux paysages nous* **apparaissent** *tristes et ordinaires* : ils nous semblent tristes et ordinaires (→ paraître). **3** v. impers. II. APPARAÎT QUE : il est apparent, il est clair que. ● *D'après l'enquête, il* **apparaît**

qu'il n'est pas coupable. ★ Conjug. 37. *Apparaître se conjugue avec être.*

appareil nom m. **1** ● *Un* **appareil** *photographique est un instrument qui sert à prendre des photos.* — ● *Les dents de Christine poussent de travers ; elle devra porter un* **appareil** *dentaire pour les redresser.* — ● *Un aspirateur, un mixer, un moulin à café, sont des* **appareils** *ménagers* (→ 1. appareillage). **2** ● *Allô ! qui est à l'*appareil ?, au téléphone. **3** ● *Cette compagnie d'aviation possède dix* **appareils**, dix avions. **4** ● *L'*appareil *digestif* : l'ensemble des organes qui servent à la digestion. — ● *L'*appareil *respiratoire.* ★ VOIR *p. 969.*
  ■ **1. appareillage** nom m. ● *Il faut faire vérifier votre* **appareillage** électrique, l'ensemble des appareils qui composent votre installation électrique (→ appareil, sens 1).

appareiller v. ● *Le navire* **appareille** : il lève l'ancre, il se prépare à partir, à quitter le port.
  ■ **2. appareillage** nom m. ● *Les manœuvres d'*appareillage *d'un navire.*

apparence nom f. **1** ● *Quand je l'aurai repeinte, cette table aura l'*apparence *du neuf* : elle aura un aspect neuf. **2** ● *Les* **apparences** *sont quelquefois trompeuses* : la partie qui est visible ne correspond pas toujours à la réalité.
  ■ **apparemment** adv. ● *Il est* **apparemment** *très heureux* : selon les apparences, à en juger par les apparences.
  ■ **apparent** adj. **1** ● *Sa cicatrice est très* **apparente**, elle se voit beaucoup (→ apparaître ; SYN. visible). **2** ● *Méfiez-vous, son calme n'est que qu'*apparent, en réalité, il est furieux (→ apparence, sens 2).

apparenté adj. **1** ● *Nous portons le même nom, mais nous ne sommes pas* **apparentés** : nous ne sommes pas parents. **2** ● *Le tigre est* **apparenté** *au chat* : il est de la même famille d'animaux (→ parent).

apparition nom f. **1** ● *La rougeole se caractérise par l'*apparition *de petits* boutons sur le corps et le visage : des petits boutons apparaissent sur le corps et le visage. **2 •** *Il n'a fait qu'une courte* **apparition** *vers la fin de la soirée :* il n'est apparu, on ne l'a vu qu'un court instant. **3 •** *Il prétend avoir vu une* **apparition**, un fantôme, un être imaginaire qu'il est sûr d'avoir vu apparaître.

appartement nom m. Habitation, logement qui fait partie d'un immeuble, d'une maison. • *Préfères-tu habiter un* **appartement**, *un pavillon, une maison ?*

appartenir v. **1 •** *Ce livre* **appartient** *à Frédéric :* il est à lui, c'est sa propriété. **2 •** *Les chats et les tigres* **appartiennent** *à la même famille d'animaux :* ils en font partie. ★ Conjug. 19.
■ **appartenance** nom f. • *Leur* **appartenance** *au même club les a rapprochés* (→ appartenir, sens 2).

appât nom m. **1 •** *Le pêcheur accroche un* **appât** *à l'hameçon :* il y accroche un peu de nourriture (un ver, de la mie de pain, etc.) pour attirer le poisson. **2** (fig.) **•** *L'***appât** *du gain lui ferait faire n'importe quoi :* pour de l'argent, il ferait n'importe quoi.
■ **appâter** v. • **Appâter** *quelqu'un avec de belles promesses*, l'attirer, le séduire (→ appât, sens 2).

appauvrir v. • *C'est le manque de pluie qui* **a appauvri** *la région*, l'a rendue pauvre (→ SYN. ruiner ; CONTR. enrichir). ★ Conjug. 11.
■ **appauvrissement** nom m. • *La fermeture des mines de charbon a provoqué l'***appauvrissement** *de la région* (→ CONTR. enrichissement).

appel nom m. **1 •** *Si tu l'entends, pourquoi ne réponds-tu pas à ses* **appels** ?, aux cris qu'il lance pour t'appeler. — • *Pendant votre absence, il y a eu un* **appel** *téléphonique* (→ appeler, sens 1). **2** FAIRE L'APPEL. • *Tous les matins, l'instituteur* **fait l'appel**, il appelle tous les noms d'une liste pour savoir qui est présent. **3** FAIRE APPEL À QUELQU'UN : l'appeler pour lui demander un service, une aide.

appeler v. **1 •** *Il siffle pour* **appeler** *son chien*, pour le faire venir. **2 •** *Ils ont* **appelé** *leur fille « Marion » :* ils lui ont donné ce nom. — • *Comment* **appelez**-*vous cet objet ?* (→ SYN. dénommer). □ v. pron. • *Mon chien* **s'appelle** *Titus :* il a pour nom Titus (→ SYN. se nommer). **3 •** *Ce sujet difficile* **appelle** *toute votre attention :* il nécessite toute votre attention. ★ Conjug. 9.
■ **appellation** nom f. • *Un même objet peut avoir des* **appellations** *différentes selon les régions* (→ appeler, sens 2 ; SYN. nom).

1. appendice [apɛ̃dis] nom m. Petit prolongement du gros intestin, dans la partie droite de l'abdomen.
■ **appendicite** nom f. Inflammation de l'appendice. • *Une crise d'***appendicite**. • *Michel s'est fait opérer de l'***appendicite**, on l'a opéré pour lui enlever l'appendice.

2. appendice [apɛ̃dis] nom m. • *Ce livre comporte un* **appendice** *où vous trouverez des notes et des documents*, un supplément placé à la fin du livre.

appentis

appentis [apɑ̃ti] nom m. • *Les outils de jardinage sont rangés sous un* **appentis**.

s'appesantir v. pron. ● *Il est inutile de* **s'appesantir** *sur ce pénible sujet,* d'en parler longuement, en insistant (→ SYN. insister). ★ Conjug. 11.

appétit nom m. ● *Guy est en bonne santé, il a un bon* **appétit**. — OUVRIR L'APPÉTIT ; METTRE EN APPÉTIT. ● *Cette promenade nous* **a ouvert l'appétit** : elle nous a donné faim. ★ Chercher aussi : fringale. — COUPER L'APPÉTIT. ● *L'émotion lui* **avait coupé l'appétit**, lui avait enlevé l'envie de manger.
■ **appétissant** adj. ● *Un plat bien présenté est* **appétissant** : il donne envie de le manger, il met en appétit.

applaudir v. ● *La foule* **applaudit** *le discours du maire* : les gens tapent dans leurs mains pour exprimer leur contentement, leur approbation (→ CONTR. conspuer, huer). ★ Conjug. 11.
■ **applaudissement** nom m. ● *Les acteurs saluent sous les* **applaudissements** *du public.*

appliquer v. 1 ● *L'infirmière* **applique** *une compresse humide sur le front du malade* : elle l'étend sur son front en appuyant (→ application, sens 1). 2 ● *L'adjectif s'accorde avec le nom : c'est une règle que tu dois toujours* **appliquer**, que tu dois toujours mettre en pratique, que tu dois toujours suivre.
■ **s'appliquer** v. pron. 1 ● *La loi* **s'applique** *à tout le monde :* elle est valable pour tout le monde ; tout le monde doit l'observer, la mettre en pratique. 2 ● *C'est un élève qui* **s'applique**, qui fait tout son possible pour bien travailler ; qui travaille avec soin (→ CONTR. 2. dissiper).
■ **appliqué** adj. ● *Julien est un écolier* **appliqué** (→ s'appliquer, sens 2 ; CONTR. dissipé).
■ **application** nom f. 1 ● *L'application du vernis doit se faire sur une surface propre* (→ appliquer, sens 1). 2 ● *Un inspecteur veille à la bonne* **application** *du règlement* (→ appliquer, sens 2). 3 ● *Travailler avec* **application** (→ s'appliquer, sens 2).
■ **applicable** adj. ● *Cette règle n'est pas* **applicable** *dans tous les cas* (→ appliquer, sens 2 ; s'appliquer, sens 1 ; CONTR. inapplicable).

1. appoint nom m. ● *Le boulanger n'avait plus de monnaie, il m'a demandé si j'avais l'appoint*, la somme exacte pour payer (sans qu'il soit nécessaire que l'on rende la monnaie).

2. appoint nom m. ● *Ce petit radiateur électrique n'est pas très puissant, mais il est utile comme* **appoint**, comme complément (de chauffage). — ● *Un chauffage d'*appoint.

appointements nom m. plur. ● *Le directeur a décidé d'augmenter les* **appointements** *de cet employé*, son salaire.

apporter v. 1 ● *M'apporterez-vous ce livre, ou faut-il que j'aille le chercher ?* : le porterez-vous jusqu'à moi ? 2 ● *Son travail lui* **apporte** *de nombreuses satisfactions* : il lui donne, lui procure des satisfactions. 3 ● *Pasteur* **a beaucoup apporté** *à la médecine* : il a beaucoup enrichi la médecine, il l'a beaucoup fait avancer (par ses découvertes). 4 ● *Il* **apporte** *un grand soin à tout ce qu'il fait* : il y met un grand soin.
■ **apport** nom m. ● *Les travaux de ce savant sont un* **apport** *considérable à la science* : ils apportent beaucoup à la science (→ apporter, sens 3 ; SYN. contribution). — ● *Pour l'achat de cette maison, un prêt de la banque complétera votre* **apport** *personnel*, la somme d'argent que vous-même apporterez.

apposer v. 1 ● **Apposer** *une affiche sur un mur* : la poser, l'appliquer. 2 ● **Apposer** *sa signature* : signer.

apposition nom f. 1 ● *Des emplacements spéciaux sont prévus pour l'*apposition *des affiches électorales* (→ apposer, sens 1). 2 ● *Dans la phrase « Louis XVIII, roi de France », le groupe « roi de France » est mis en* **apposition** *à « Louis XVIII ».*

apprécier v. 1 ● *L'automobiliste doit savoir* **apprécier** *les distances*, les évaluer, les estimer (→ appréciation, sens 1 ; inappréciable). 2 ● *J'ai* **apprécié** *votre* repas, je l'ai trouvé bon. **3** ● *Nous lui avons lancé une boule de neige, mais il n'a pas apprécié notre plaisanterie* : il ne l'a pas aimée. ★ Conjug. 10.

■ **appréciation** nom f. **1** ● *L'appréciation des distances* (→ SYN. évaluation). **2** ● *La marge est réservée aux appréciations du professeur* (→ SYN. observation, remarque).

■ **appréciable** adj. **1** ● *La différence de prix entre ces deux articles est appréciable* (→ SYN. sensible). **2** ● *Il m'a rendu un service appréciable*, important, qui m'a été très utile (→ SYN. précieux).

1. appréhender v. ● *La police a appréhendé un suspect* : elle l'a arrêté.

2. appréhender v. ● *J'appréhende cette visite chez le dentiste* : je la crains, je m'en inquiète par avance (→ SYN. redouter).

■ **appréhension** nom f. ● *On éprouve toujours une certaine appréhension avant de passer un examen* (→ SYN. anxiété, crainte, inquiétude).

apprendre v. **1** ● *Marc apprend ses leçons* : il les étudie pour les savoir. **2** ● *J'ai appris la nouvelle ce matin*, je l'ai sue ce matin. **3** ● *Le maître nageur nous apprend à nager* : il nous donne des leçons pour que nous sachions nager (→ SYN. enseigner). **4** ● *Ta mère m'a appris ton départ*, elle me l'a annoncé (→ SYN. informer de). ★ Conjug. 32.

apprenti nom ● *Ce menuisier est aidé par quelques apprentis*, des jeunes qui apprennent le métier en travaillant avec lui.

■ **apprentissage** nom m. ● *Il a quitté l'école pour commencer son apprentissage chez un pâtissier*.

s'apprêter à v. pron. ● *Je m'apprêtais à sortir quand elle est arrivée* : je me préparais à sortir (→ SYN. se disposer à).

apprivoiser v. ● *Jacques a recueilli un écureuil blessé et l'a apprivoisé* : il l'a habitué à vivre en compagnie des hommes. — ● *Un animal apprivoisé*

(→ CONTR. farouche, sauvage). ★ Chercher aussi : domestiquer, 2. dresser.

approbation nom f. ● *Il hocha la tête en signe d'approbation*, pour dire qu'il était d'accord, qu'il approuvait (→ approuver ; CONTR. désapprobation).

■ **approbateur, -trice** adj. ● *Un murmure approbateur accueillit sa proposition* (→ SYN. favorable ; CONTR. désapprobateur).

approcher v. **1** ● *Approche la lampe de ton livre* : pose-la, mets-la plus près (→ proche, rapprocher ; CONTR. écarter, éloigner). **2** ● *Le jour de l'examen approche*, il arrive. **3** ● *Vous approchez du but* : vous êtes près du but.

■ **s'approcher** v. pron. ● *Ne t'approche pas du bord, tu risques de tomber*, ne va pas près du bord (→ CONTR. s'éloigner).

■ **approchant** adj. ● *Ce n'est pas exactement cette couleur que je cherche, mais quelque chose d'approchant*, de très voisin.

■ **approche** nom f. **1** ● *À l'approche de l'hiver, les jours raccourcissent* : quand arrive l'hiver. **2** (au plur.) ● *Les quartiers situés aux approches de la ville*, près de la ville (→ proche ; SYN. abords).

approfondir v. **1** ● *Approfondir un canal, un bassin, etc.* : le rendre plus profond. **2** ● *Nous n'avons pas le temps d'approfondir la question*, de l'étudier, de l'examiner à fond, en détail. ★ Conjug. 11.

approprié adj. ● *Je ne peux pas réparer cette serrure, car je n'ai pas les outils appropriés*, les outils qui conviennent à ce genre de travail (→ 2. propre à ; SYN. convenable, sens 1).

s'approprier v. pron. ● *Il s'est approprié la cravate de son frère* : il l'a prise pour lui. ★ Conjug. 10.

approuver v. ● *J'approuve votre décision* : je trouve qu'elle est bonne, je suis d'accord avec elle (→ CONTR. contester). — ● *Je vous approuve de lui avoir dit la vérité* : je trouve que vous avez bien fait (→ approbation ; CONTR. désapprouver, désavouer).

approvisionner v. 1 • *Les avions ont été approvisionnés en carburant pour leur vol transatlantique,* on leur a fourni le carburant dont ils ont besoin. 2 • *Il ne peut pas faire de chèque si son compte en banque n'est pas approvisionné,* s'il n'y a pas une réserve d'argent suffisante sur son compte en banque* (→ provision).

■ **s'approvisionner** v. pron. • *Nous nous approvisionnons en pommes de terre chez un agriculteur* (→ SYN. se fournir).

■ **approvisionnement** nom m. • *Dans un collège, c'est l'intendant qui s'occupe de l'approvisionnement,* de l'achat de nourriture pour la cantine, de matériel, etc.

approximation nom f. • *Je ne connais pas le chiffre exact ; celui que je vous donne est une approximation,* une estimation, une évaluation (→ à-peu-près).

■ **approximatif** adj. • *La distance approximative de la Terre à la Lune est de 350 000 km* (→ CONTR. exact, précis).

■ **approximativement** adv. • *Cela vous coûtera approximativement mille francs* (→ SYN. environ, à peu près).

appui-tête nom m. • *Les sièges de cette voiture sont munis d'appuis-tête,* de coussins fixés sur le dossier pour y appuyer la tête. ★ On peut aussi écrire *appuie-tête,* invar. (*des appuie-tête*).

appuyer v. 1 • *Il appuie une échelle contre un mur :* il la place contre un mur pour qu'elle tienne bien. □ v. pron. • *Appuie-toi sur son bras :* sers-toi de lui comme soutien, comme appui. 2 • *Pour mettre cette machine en marche, il suffit d'appuyer sur un bouton,* de le presser. 3 • *Si vous vous présentez aux élections, soyez sûr que je vous appuierai,* que je vous soutiendrai, que je vous apporterai mon aide (→ appui, sens 3). 4 • *Dans son discours, il a appuyé sur l'importance de la question,* il a insisté. 5 • *Il appuie ses accusations sur une preuve :* il les fait reposer sur une preuve (→ appui, sens 4). ★ Conjug. 6.

■ **appui** nom m. 1 • *Un accoudoir est un appui pour le coude :* il sert à soutenir le coude. 2 • *Il est allongé, en appui sur les coudes,* appuyé sur les coudes. 3 • *J'ai besoin de votre appui pour réussir* (→ SYN. 1. aide, soutien). 4 À L'APPUI, loc. adv. • *Il a démontré qu'il avait raison, avec photos à l'appui,* avec des photos pour appuyer ce qu'il disait, pour servir de preuves (→ appuyer, sens 4).

âpre adj. 1 • *Ce vin est trop vieux, il est âpre :* il racle la langue, la gorge. 2 • *Les deux adversaires engagèrent une lutte âpre,* farouche, sauvage.

■ **âprement** adv. • *Ils discutèrent âprement avant d'arriver à un accord* (→ âpreté).

après prép. et adv. 1 prép. • *Après le repas, il fait la sieste.* □ adv. • *Travaille d'abord, tu joueras après* (→ CONTR. auparavant, avant). 2 • *La boulangerie se trouve après la boucherie,* plus loin que la boucherie. 3 • *Le chien court après la voiture :* il court derrière, pour la rattraper. 4 APRÈS TOUT, loc. adv. • *Après tout, faites comme vous voulez ! :* en définitive, finalement. 5 D'APRÈS, loc. prép. • *A peint ce portrait d'après une photographie,* en prenant pour modèle une photographie. — • *D'après lui, tu as bien travaillé :* selon lui.

après-demain adv. • *Je ne peux pas aller te voir aujourd'hui, ni demain ; j'irai après-demain,* le jour qui suivra demain (le surlendemain).

après-midi nom m. ou f. invar. • *Ce matin, je travaille ; cet (ou cette) après-midi j'irai me promener.*

âpreté nom f. • *Les deux adversaires ont lutté avec âpreté,* avec acharnement (→ âpre, sens 2 ; SYN. opiniâtreté, rudesse, violence ; CONTR. douceur).

a priori loc. adv. • *A priori, je pense qu'il a raison, mais il faudrait vérifier :* à première vue, au premier abord (→ CONTR. a posteriori).

à-propos nom m. invar. • *Avoir de l'à-propos, agir avec à-propos :* agir, parler au bon moment et comme il faut. ★ Ne pas confondre avec à *propos*, sans trait d'union (→ propos).

apte adj. ● *Il a été jugé apte à occuper cet emploi* : il a été jugé capable de l'occuper (→ CONTR. inapte).
■ **aptitude** nom f. ● *Antoine a des aptitudes pour le dessin*, des dispositions, des dons pour le dessin (→ SYN. capacité, sens 1 ; talent).

aquarelle [akwarɛl] nom f. Peinture à l'eau sur papier, qui donne des couleurs légères et transparentes. ● *Je préfère l'aquarelle à la peinture à l'huile.* — ● *Il possède une belle collection d'aquarelles*, de peintures faites à l'aquarelle.

aquarium [akwarjɔm] nom m. Récipient de verre où l'on élève des poissons.

aquatique [akwatik] adj. ● *Le nénuphar est une plante aquatique*, qui pousse dans l'eau. — ● *Le flamant rose est un animal aquatique*, qui vit au bord de l'eau (des marais et des rivières).

aqueduc [akdyk] nom m. Canal (aérien ou souterrain) qui conduit l'eau d'un endroit à un autre. ★ Chercher aussi : gazoduc, oléoduc.

aquilin adj. ● *Nez aquilin* : nez mince et recourbé, en forme de bec d'aigle.

arabe nom m. **1** Langue parlée principalement dans les pays d'Afrique du Nord et du Proche-Orient. ● *Alain parle couramment l'arabe.* **2** Personne dont la famille est originaire d'un pays arabe. *Mon ami est un Arabe.*

arabesque nom f. ● *La longue queue du cerf-volant décrit des arabesques dans le ciel*, des lignes courbes, sinueuses.

arachide nom f. Plante tropicale dont les graines sont utilisées pour produire de l'huile (*l'huile d'arachide*) ou sont mangées grillées (*cacahuètes*).

araignée nom f. ● *L'araignée tisse une toile pour attraper les mouches et d'autres petits insectes.*

arbalète nom f. Arme de guerre ou de chasse, utilisée au Moyen Age.

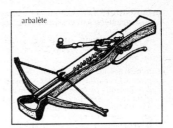
arbalète

arbitraire adj. **1** ● *Sur cette carte de géographie, les noms des villes sont écrits en rouge ; le choix de cette couleur est arbitraire* : il ne dépend d'aucune règle ; c'est l'auteur de la carte qui a décidé d'écrire en rouge. **2** ● *Une décision arbitraire*, qui dépend de la volonté, du caprice de quelqu'un, sans tenir compte de la loi, de la justice.
■ **arbitrairement** adv. ● *Plusieurs personnes ont été arrêtées arbitrairement*, au mépris de la loi, de la justice (→ SYN. illégalement, injustement).

arbitre nom m. **1** ● *Comme ils n'étaient pas d'accord, ils m'ont demandé d'être leur arbitre*, la personne chargée de déterminer qui a tort et qui a raison. **2** Personne désignée pour surveiller le déroulement d'un match, d'un jeu. ● *L'arbitre a sifflé pour signaler une faute commise par un des footballeurs.*
■ **arbitrer** v. **1** ● *Arbitrer une dispute.* — **2** ● *Le match de football a été bien arbitré.*
■ **arbitrage** nom m. **1** ● *Se soumettre à l'arbitrage d'une personne*, à son jugement. **2** ● *Le public a protesté contre cette erreur d'arbitrage.*

arborer v. ● *Marie veut arborer une nouvelle robe aujourd'hui* : porter (quelque chose) avec fierté, en le faisant remarquer. ARBORER UN SOURIRE : sourire de manière bien visible, pour montrer sa satisfaction.

arborescent adj. Qui a la forme d'un arbre, avec des ramifications (→ se ramifier). ● *Une plante arborescente.*

arboriculture nom f. Culture des arbres, et particulièrement des arbres fruitiers ou d'ornement.
■ **arboriculteur, -trice** nom • *Mon père a acheté de jeunes arbres chez un **arboriculteur**.*

1. arbre nom m. **1** • *Le chêne, le peuplier, le sapin sont des **arbres**.* **2** • *Pourrais-tu faire l'**arbre** généalogique de ta famille ?*, le schéma qui montre les liens de parenté entre tous les membres de ta famille.
■ **arbrisseau** nom m. Petit arbre qui se divise en plusieurs branches dès la base. • *Le noisetier est un **arbrisseau**.*
■ **arbuste** nom m. **1** Petit arbrisseau. **2** Petit arbre.

2. arbre nom m. Longue tige de métal qui transmet un mouvement en tournant autour de son axe. • ***Arbre** de transmission d'une automobile*, qui transmet aux roues le mouvement du moteur. ★ VOIR p. 595.

1. arc nom m. **1** ARC (DE CERCLE) : portion de cercle. • *Un **arc** de 90° (ou un quart de cercle), de 180° (ou un demi-cercle).* — • *Les chaises sont disposées en **arc de cercle** devant le bureau.* **2** (en architecture) Ligne courbe qui fait une voûte (→ arcade, sens 2). — ARC DE TRIOMPHE : monument à arcades construit pour célébrer une victoire, etc.
■ **arcade** nom f. **1** ARCADE SOURCILIÈRE : partie du visage au-dessus de chaque œil, en forme d'arc, où poussent les sourcils. **2** (au plur.) • *Des commerçants se sont installés sous les **arcades**,* une galerie couverte, soutenue par des piliers qui sont reliés par des arcs.

2. arc nom m. • *Autrefois, les hommes chassaient avec un **arc** et des flèches ; aujourd'hui, le tir à l'**arc** est un sport* (→ archer).

arc-boutant nom m. • *Les cathédrales gothiques ont des **arcs-boutants**,* des maçonneries extérieures, en forme d'arc, qui servent de soutien.

s'arc-bouter v. pron. • *François **s'arc-bouta** contre le lourd portail pour le faire bouger, il s'appuya contre lui en poussant.*

arc-en-ciel nom m. Phénomène atmosphérique lumineux. • *Quand le soleil apparaît après une averse, il se forme un **arc-en-ciel*** (→ 1. arc, sens 1). — • *Les sept couleurs de l'**arc-en-ciel** sont le violet, l'indigo, le bleu, le vert, le jaune, l'orange et le rouge.* — • *Des **arcs-en-ciel**.*

archaïque [arkaik] adj. • *Dans les pays pauvres, les outils agricoles sont encore très **archaïques** :* ce sont des outils d'autrefois (→ SYN. primitif ; CONTR. moderne).

arche nom f. • *La péniche passe sous l'**arche** du pont*, sous sa voûte (en forme d'arc).

archéologie [arkeɔlɔʒi] nom f. Science des civilisations antiques qui étudie surtout les monuments, les arts anciens.
■ **archéologique** adj. • *Faire des recherches **archéologiques**.*
■ **archéologue** nom • *Une équipe d'**archéologues** a découvert une ancienne cité romaine.*

archer nom m. Tireur à l'arc. — Autrefois, soldat armé d'un arc (→ 2. arc).

archet nom m. • *Le violoniste, le violoncelliste font vibrer les cordes de leur instrument au moyen d'un **archet**,* d'une baguette sur laquelle sont tendus des crins.

archi [arʃi] Préfixe qui signifie au plus haut point, extrêmement, très, etc., et qui sert à renforcer le sens de certains adjectifs (ex. : *une histoire **archi-fausse**.* ★ Attention : il n'y a jamais de trait d'union entre le préfixe *archi* et l'adjectif ou le mot qu'il renforce.

archipel nom m. Groupe d'îles. • *L'**archipel** des Açores.*

architecte nom m. • *L'**architecte** dessine les plans d'une maison et dirige l'exécution des travaux.*

■ **architecture** nom f. **1** ● *Mon frère fait des études d'architecture* : il apprend l'art et la manière de construire des édifices. **2** ● *L'architecture du Centre Georges-Pompidou à Paris est très étonnante*, la manière dont cet édifice est construit, sa forme.

archives nom f. plur. ● *Pour connaître l'histoire de ta ville, tu peux consulter les archives à la mairie*, les documents anciens qui concernent ta ville et qui sont conservés et classés.

ardent adj. **1** ● *En été, à midi, le soleil est ardent*, très chaud (→ SYN. brûlant). **2** ● *Il travaille avec le désir ardent de réussir*, avec le désir très grand de réussir.
■ **ardemment** [ardamɑ̃] adv. ● *Je souhaite ardemment son retour* (→ SYN. vivement).
■ **ardeur** nom f. **1** ● *Un chapeau de paille la protège contre l'ardeur du soleil.* **2** ● *Il se mit au travail avec ardeur*, avec énergie, avec fougue (→ SYN. acharnement, ferveur).

ardoise nom f. **1** ● Roche de couleur gris foncé que l'on peut débiter en plaques minces. **2** ● *En Bretagne, beaucoup de toits de maisons sont faits d'ardoises*, de plaques d'ardoise. **3** Tablette sur laquelle on écrit avec une craie et que l'on peut effacer avec une éponge. ● *Écris-tu sur une ardoise comme les écoliers d'autrefois?*

ardu adj. ● *On lui a confié un travail ardu*, très difficile (→ SYN. dur; CONTR. aisé, facile).

are nom m. Unité de mesure de superficie que l'on utilise pour mesurer des champs, des terrains. ● *Un are vaut 100 mètres carrés; un hectare vaut 100 ares* (→ hectare).

arène nom f. **1** ● *Les gladiateurs combattaient dans l'arène*, la piste située au centre d'un amphithéâtre. **2** (au plur.) Endroit où l'on a lieu des corridas, des courses de taureaux. ● *Nous sommes allés aux arènes de Nîmes pour assister à une course de taureaux.*

arête nom f. **1** Os mince et pointu du squelette de la plupart des poissons. ● *Il faut faire attention de ne pas avaler d'arêtes quand on mange du poisson.* **2** Ligne d'intersection de deux plans. ● *Un cube a six faces et douze arêtes.*

1. argent nom m. Métal précieux blanc gris, brillant. ● *Pour son anniversaire, Sophie a reçu un bracelet en argent.*
■ **argenté** adj. **1** ● *Ce bijou n'est pas en argent massif; c'est du métal argenté*, du métal ordinaire recouvert d'une couche d'argent. **2** ● *La lune qui se reflète sur la rivière lui donne des reflets argentés*, des reflets qui ont la couleur, l'éclat de l'argent.
■ **argenterie** nom f. ● *Elle ne sort l'argenterie que pour les grands dîners*, la vaisselle, les couverts de table en argent.

2. argent nom m. **1** ● *Maman m'a donné de l'argent pour aller faire les commissions*, des pièces de monnaie, des billets de banque qui servent à payer ce que l'on achète. — ● *Ils ont de l'argent, beaucoup d'argent* : ils sont riches (→ désargenté). **2** ARGENT DE POCHE : petite somme d'argent que l'on reçoit régulièrement et que l'on dépense comme l'on veut. ● *Tes parents te donnent-ils de l'argent de poche?*

argile nom f. Terre molle, grasse et imperméable, que l'on utilise en particulier pour fabriquer des poteries, des briques (→ SYN. terre glaise*).
■ **argileux** adj. ● *Une terre argileuse*, qui contient de l'argile.

argot nom m. **1** ● *Sais-tu que l'argot était autrefois le langage secret des voleurs? Aujourd'hui, c'est plutôt un langage que beaucoup comprennent et utilisent dans la conversation entre gens qui se connaissent très bien.* **2** ● *Dans l'argot des lycéens, le mot «pion» signifie «surveillant»* : dans le langage que parlent les lycéens entre eux. ★ Chercher aussi : jargon.
■ **argotique** adj. ● *Quand tu écris, tu ne dois pas employer de mots ou d'expressions argotiques*, qui appartiennent à l'argot.

argument nom m. ● *Pour qu'on lui donne l'autorisation de sortir, elle a donné un bon **argument**, une bonne raison.*
■ **argumenter** v. ● *Il veut **argumenter** tout le temps* : raisonner, donner des preuves, des justifications, des arguments.

aride adj. ● *Le Sahara est une région **aride**, une région très sèche où il ne pousse rien* (→ stérile ; CONTR. fertile).
■ **aridité** nom f. ● *Dans cette région, l'**aridité** du sol interdit l'agriculture* (→ SYN. sécheresse).

aristocrate nom ● *Avant la Révolution, les **aristocrates** jouissaient de nombreux avantages (les privilèges)* : les nobles.
■ **aristocratie** [aristɔkrasi] nom f. ● *Autrefois, l'**aristocratie** était très puissante*, l'ensemble des aristocrates, la noblesse.
■ **aristocratique** adj. ● *Elle a des manières un peu **aristocratiques**, des manières distinguées, raffinées, dignes de l'aristocratie* (→ SYN. noble).

arithmétique nom f. Partie des mathématiques qui étudie les nombres (→ SYN. calcul).

arlequin nom m. Personnage de théâtre, traditionnellement vêtu d'un costume de toutes les couleurs.

armateur nom m. Personne qui s'occupe de faire équiper les navires pour naviguer (→ armer, sens 2).

armature nom f. ● *La toile d'un cerf-volant est tendue sur une **armature**, sur un cadre, sur un ensemble d'éléments qui la maintiennent* (→ armé, sens 2). ★ Chercher aussi : châssis.

arme nom f. **1** ● *Les chasseurs, les soldats ont des **armes**, des instruments faits pour tuer*. ARME À FEU : revolver, fusil, etc. ARME BLANCHE : épée, poignard, etc. **2** PRENDRE LES ARMES : se préparer au combat. ● *Les ennemis **ont pris les armes**.* — RENDRE, DÉPOSER LES ARMES : se rendre, cesser le combat. — PASSER QUELQU'UN PAR LES ARMES : l'exécuter en le fusillant. **3** (fig.)

● *La douceur est parfois une meilleure **arme** que la violence*, un meilleur moyen pour vaincre, pour gagner (→ s'armer, sens 2). **4** (au plur.) ● *Les familles nobles, les villes ont chacune leurs **armes**, un dessin qui est leur emblème* (→ armoiries, blason).

■ **armer** v. **1** ● *Avant le combat, on **arme** les soldats* : on leur donne des armes (→ CONTR. désarmer). **2** ● ***Armer** un navire* : lui fournir le matériel et l'équipage nécessaires pour qu'il puisse naviguer. — ● *On peut **armer** un bateau pour le commerce, pour la pêche* (→ armateur). **3** ● *Avant de prendre une photo, il faut **armer** l'appareil*, le rendre prêt à fonctionner (en remontant le mécanisme).

■ **s'armer** de v. pron. **1** ● *Antoine **s'est armé** d'un balai pour tuer les araignées* : il l'a pris comme arme. **2** (fig.) ● *L'attente risque d'être longue ; **armons-nous** de patience* : soyons prêts à montrer de la patience (→ arme, sens 3).

■ **armé** adj. **1** ● *Des hommes **armés**, qui portent des armes*. — ATTAQUE À MAIN ARMÉE. ● *Les gangsters préparent une **attaque à main armée**, attaque faite par des personnes armées* (→ SYN. hold-up). **2** ● *Du ciment, du béton **armé**, renforcé par des tiges de métal* (→ armature).

■ **armement** nom m. **1** Ensemble des armes d'un soldat, d'une troupe, d'un pays. **2** ● *L'**armement** d'un navire* : tout ce qui lui est nécessaire pour naviguer (les voiles, etc.) (→ armer, sens 2).

armée nom f. **1** ● *Le père de Valérie est officier ; il fait partie de l'**armée***, de l'ensemble des soldats du pays. — L'ARMÉE DE L'AIR : l'aviation militaire. — L'ARMÉE DE TERRE : l'infanterie, les blindés, etc. **2** ● *Plusieurs **armées** ennemies ont franchi la frontière*, plusieurs rassemblements importants de troupes. **3** (fig.) UNE ARMÉE DE. ● *Il y a une **armée de** souris dans la cave*, un grand nombre de souris.

armistice nom m. ● *Les pays ennemis ont conclu un* **armistice**, un accord pour arrêter les combats dans l'intention de faire définitivement la paix. ★ Chercher aussi : trève.

armoire nom f. Meuble haut et fermé dans lequel on range du linge, des provisions. ● *Armoire à glace*, dont les portes sont munies de miroirs. **2** (fig. et fam., en parlant d'une personne) ARMOIRE À GLACE. ● *Son père est une* **armoire à glace** : il a une carrure impressionnante et une grande force physique.

armoiries nom f. plur. Emblème d'une famille noble, d'une ville (→ SYN. armes, sens 4; blason).

armure nom f. Vêtement de métal que les chevaliers portaient autrefois au combat pour se protéger.

armure

armurier nom m. Personne qui fabrique ou vend des armes.

■ **armurerie** nom f. Atelier ou magasin d'un armurier.

aromate nom m. Plante que l'on met dans un plat pour lui donner un meilleur goût. ● *Le laurier, la vanille, le piment sont des* **aromates** (→ arôme). ★ Chercher aussi : condiment, épice.

■ **aromatique** adj. ● *En Provence, il pousse beaucoup d'herbes* **aromatiques**, qui servent d'aromates.

■ **aromatiser** v. ● *J'ai* **aromatisé** *le lait avec du chocolat* : je l'ai parfumé avec du chocolat.

■ **aromatisé** adj. ● *Un yaourt* **aromatisé** *à la fraise* (→ SYN. parfumé).

arôme ou **arome** nom m. ● *Referme bien le paquet de café pour qu'il garde son* **arôme**, sa bonne odeur (→ SYN. parfum).

arpenter v. ● *Préoccupé par un grave problème, le directeur* **arpentait** *son bureau* : il le parcourait de long en large et à grands pas.

arracher v. **1** ● *Le jardinier* **arrache** *les mauvaises herbes* : il les sort de terre en tirant dessus. — ● *Le dentiste m'a* **arraché** *une dent* (→ arrachage; arracheur, sens 2). **2** (fig.) ● **Arracher** *une chose à quelqu'un* : l'obtenir difficilement de lui. — ● *Gilles ne voulait rien dire, mais j'ai fini par lui* **arracher** *son secret.* **3** ● **Arracher** *quelqu'un d'un endroit* : lui faire quitter cet endroit avec peine. — ● *Le matin, on n'arrive pas à l'*arracher *de son lit.*

■ **s'arracher** v. pron. ● *Ce nouveau disque est un succès; tout le monde* **se l'arrache** : tout le monde se précipite pour l'acheter.

■ **arrachage** nom m. ● *On récolte les betteraves par* **arrachage**; *c'est l'époque de l'*arrachage *des betteraves.*

■ **arracheur** nom m. **1** ● *Des* **arracheurs** *de pommes de terre, de betteraves.* **2** (fam.) ● *C'est un véritable* **arracheur** *de dents* : un mauvais dentiste, qui ne sait qu'arracher les dents au lieu de les soigner.

d'arrache-pied loc. adv. ● *Si nous voulons avoir fini à temps, il faudra travailler* **d'arrache-pied**, en faisant le maximum, de la manière la plus énergique possible.

arraisonner v. ● *Les douaniers vont* **arraisonner** *le navire* : contrôler le chargement et la destination.

arranger v. **1** ● *Le libraire* **arrange** *les livres dans sa vitrine*, il les place dans l'ordre qui lui plaît, qui convient (→ ranger; arrangement, sens 1; SYN.

disposer ; CONTR. déranger). **2** ● *Cette chaise est bancale ; il faudrait l'****arranger***, la remettre en bon état (→ SYN. réparer). **3** ● *Je ne sais pas si je pourrai* ***arranger*** *cette ennuyeuse affaire*, faire le nécessaire pour qu'elle se termine bien (→ SYN. régler). **4** ● *Nous avions prévu de faire un pique-nique ; cette pluie ne nous* ***arrange*** *pas* : elle ne nous convient pas, elle ne nous facilite pas les choses (→ SYN. convenir ; CONTR. déranger). ★ Conjug. 5.

■ **s'arranger** v. pron. **1** ● ***Arrange-toi*** *pour être à l'heure :* fais ce qu'il faut pour cela (→ SYN. se débrouiller). **2** ● *Espérons que l'état du malade va* ***s'arranger***, qu'il va s'améliorer. **3** ● *Les deux adversaires ont fini par* ***s'arranger***, par se mettre d'accord (→ arrangement, sens 2 ; arrangeant ; SYN. s'entendre).

■ **arrangement** nom m. **1** ● *Le comédien vérifie l'****arrangement*** *de son costume avant d'entrer en scène* (→ arranger, sens 1). **2** ● *Leur dispute s'est terminée par un* ***arrangement*** (→ SYN. accord, compromis, convention).

■ **arrangeant** adj. ● *Une personne* ***arrangeante***, avec laquelle il est facile de se mettre d'accord, de s'arranger (→ SYN. accommodant, conciliant).

arrêter v. **1** ● *Arrête le moteur :* fais en sorte qu'il ne fonctionne plus, qu'il ne marche plus. **2** ● *Les joueurs ont* ***arrêté*** *la partie à 5 h :* ils l'ont fait cesser à 5 h. — ● ***Arrêtez*** *de crier* (→ SYN. cesser ; CONTR. continuer). **3** ● *Chez le pâtissier, Alexis a* ***arrêté*** *son choix sur une tartelette*, il a fait son choix en prenant une tartelette. — ● *Je n'ai pas encore* ***arrêté*** *ma décision :* je ne l'ai pas encore prise définitivement. **4** ● *La police a* ***arrêté*** *le voleur :* elle l'a fait prisonnier (→ arrestation).

■ **s'arrêter** v. pron. **1** ● *Arrêtons-nous ici* (→ SYN. stopper). — ● *Le réveil s'est* ***arrêté***, a cessé de fonctionner. **2** ● *Guy s'est* ***arrêté*** *de travailler* (→ SYN. cesser).

■ **1. arrêté** adj. ● *Il a sur cette question des idées* ***arrêtées***, définitives, qui ne sont pas près de changer.

■ **2. arrêté** nom m. Décision prise par un ministre, un préfet, un maire (→ arrêter, sens 3). — ● *Un* ***arrêté*** *ministériel, municipal.*

■ **arrêt** nom m. **1** ● *Le car étant tombé en panne, nous avons fait un* ***arrêt*** *imprévu.* **2** ● *À côté de chez moi, il y a un* ***arrêt*** *d'autobus*, un endroit où les autobus s'arrêtent (→ SYN. station). **3** ● *J'exige l'****arrêt*** *immédiat des bavardages.* — SANS ARRÊT. ● *Ce bébé pleure* ***sans arrêt***, continuellement, sans cesse. **4** ● *Les* ***arrêts*** *d'un tribunal*, ses décisions (→ arrêter, sens 3).

■ **arrestation** nom f. ● *Les policiers ont procédé à l'****arrestation*** *des voleurs.*

arrhes [aʀ] nom f. plur. ● *Pour réserver une chambre à l'hôtel, mes parents ont versé des* ***arrhes***, une somme d'argent qu'ils auront perdue s'ils ne vont pas dans cet hôtel. ★ Chercher aussi : acompte.

arrière nom m. et adj. invar. **1** nom m. ● *L'****arrière*** *de cette voiture est enfoncé*, la partie qui se trouve derrière (→ CONTR. avant, devant). — ● *Le wagon postal est à l'****arrière*** *du train*. **2** adj. invar. ● *Les pneus* ***arrière*** *sont usés.* **3** FAIRE MARCHE ARRIÈRE : reculer. ● *L'automobiliste fait marche arrière.*

■ **en arrière** loc. adv. ● *Pourquoi restes-tu* ***en arrière*** *?*, à une certaine distance derrière (→ CONTR. en avant*).

arriéré adj. **1** ● *Cet enfant est très en retard pour son âge : il est* ***arriéré***, en intelligence ne s'est pas développée normalement. □ nom ● *Une* ***arriérée*** *mentale* (→ SYN. débile). **2** ● *Cet homme a des idées* ***arriérées***, des idées en retard sur son époque (→ SYN. démodé, rétrograde ; CONTR. moderne).

arrière-boutique nom f. Pièce qui se trouve immédiatement derrière la boutique, derrière le magasin. — ● *Des* ***arrière-boutiques***.

arrière-garde nom f. Troupe de soldats qui marche à l'arrière d'une armée pour la protéger (→ CONTR. avant-garde).

arrière-goût nom m. ● *Ces bonbons ont un* ***arrière-goût*** *désagréable* (ou simplement : *un **arrière-goût***) : ils laissent un goût désagréable dans la bouche. — ● *Des **arrière-goûts***.

arrière-grand-mère nom f. Mère de la grand-mère ou du grand-père. ● *Des **arrière-grand-mères***. ★ Attention : pas d's à *grand*, ici, au pluriel.

arrière-grands-parents nom m. plur. Les parents de la grand-mère ou du grand-père.

arrière-grand-père nom m. Père de la grand-mère ou du grand-père. ● *Des **arrière-grands-pères***.

arrière-pays nom m. ● *Mes cousins habitent l'**arrière-pays**, à plusieurs kilomètres de la côte.*

arrière-pensée nom f. ● *En me demandant cela, Richard doit avoir une **arrière-pensée**, une idée cachée, qu'il n'exprime pas.* — ● *Des **arrière-pensées***.

arrière-plan nom m. ● *Regardez le paysage qui est à l'**arrière-plan** de ce tableau, dans la partie du tableau qui semble la plus éloignée pour celui qui regarde.* — ● *Des **arrière-plans*** (→ 1. plan ; SYN. fond, sens 4 ; CONTR. premier plan).

arrière-saison nom f. ● *En octobre, on achète des fruits et des légumes d'**arrière-saison**, d'automne.*

arrière-train nom m. **1** Partie arrière du corps d'un animal à quatre pattes. — ● *Des **arrière-trains***. **2** (fam.) Fesses d'une personne (→ SYN. postérieur).

arrimer v. Fixer (quelque chose) avec soin. ● *Il faut bien **arrimer** ce paquet, pour qu'il ne tombe pas* (→ SYN. attacher).

arriver v. **1** ● *Après un long voyage, nous **sommes arrivés** au bord de la mer, nous avons atteint cet endroit* (→ arrivée ; CONTR. partir). — ● *Est-ce que ma commande **est arrivée**?* (→ arrivage). **2** ● *Nous **arrivons** à la fin de l'hiver :* nous atteignons cette époque. **3** ● *Sophie est plus petite que moi ; elle m'**arrive** à l'épaule.* — ● *L'eau m'**arrive** au menton :* j'ai de l'eau jus-

qu'au menton. **4** ● *Je n'**arrive** pas à ouvrir cette porte, je ne réussis pas à l'ouvrir.* ● *Il n'**est arrivé** à aucun résultat.* **5** ● *Cela n'**arrive** pas souvent,* ne se produit pas souvent. — ● *Il **est arrivé** un accident.* **6** (impers.) ● *Il **arrive** qu'on trouve des trèfles à quatre feuilles :* il peut se produire qu'on en trouve. ★ *Arriver* se conjugue avec *être*.

■ **arrivé** adj. LE PREMIER ARRIVÉ, LE DERNIER ARRIVÉ : la personne qui arrive la première, celle qui arrive la dernière (→ arriver, sens 1).

■ **arrivée** nom f. ● *Le malade attend l'**arrivée** du médecin.* — ● *On a annoncé l'**arrivée** du bateau* (→ CONTR. départ).

■ **arrivage** nom m. ● *Il y aura un **arrivage** de poisson frais demain :* cette marchandise arrivera demain.

arriviste nom ● *Il réussira, c'est un **arriviste**,* personne qui fait tout pour réussir dans la vie (→ arriver, sens 4).

arrogant adj. ● *Cet homme a un air **arrogant**,* insolent et méprisant.

■ **arrogance** nom f. ● *Pour qui se prend-il? Son **arrogance** est insupportable* (→ SYN. insolence, mépris, 1. morgue).

arrondir v. **1** ● *Le menuisier **arrondit** un pied de table :* il lui donne une forme ronde (→ arrondi). **2** (fig.) ARRONDIR LES ANGLES : faire ce qu'il faut pour que les gens ne se fâchent pas. ● *Pour éviter une dispute, essaye d'**arrondir les angles**.* **3** ● *Arrondir un chiffre, une somme) :* ajouter ou retrancher pour obtenir un chiffre rond (→ rond, B sens 4). ● *J'**arrondis** 9,98 francs à 10 francs.* **4** (fam.) *Il fait des heures supplémentaires pour **arrondir** son salaire, pour le compléter.* ★ Conjug. 11.

■ **s'arrondir** v. pron. ● *Caroline a grossi ; son visage **s'est arrondi**.*

■ **arrondi** adj. ● *Des ciseaux à bouts **arrondis*** (→ CONTR. pointu).

arrondissement nom m. ● *Dans un département et dans certaines grandes villes, il y a plusieurs **arrondissements**,* des divisions administratives.

— • *J'habite dans le XIII*[e] ***arrondissement** de Paris (ou dans le XIII*[e]).
★ Chercher aussi : canton.

arroser v. • *N'oublie pas d'**arroser** les plantes*, de verser de l'eau sur elles.
■ **arrosage** nom m. • *Michel branche le tuyau d'**arrosage**.*

arrosoirs

■ **arrosoir** nom m. Récipient qui sert à arroser. ★ Chercher aussi : pomme* d'arrosoir.

arsenal nom m. **1** • *Dans les ports militaires il y a des **arsenaux**, des ateliers où l'on construit, où l'on répare les navires de guerre.* **2** Dépôt d'armes et de munitions. — (fam.) • *Le bandit portait sur lui tout un **arsenal**, un grand nombre d'armes.*

arsenic nom m. Poison très violent. • *La victime a été empoisonnée avec de l'**arsenic**.*

art nom m. **1** • *Les peintres, les sculpteurs, les compositeurs consacrent leur vie à l'**art**, à la création de belles choses* (→ artiste). — ŒUVRE D'ART. • *Ce monsieur a une belle collection d'**œuvres d'art**, de tableaux, de statues, de beaux objets, etc.* **2** • *La peinture, la sculpture, la musique sont des **arts**, des façons particulières de créer des belles choses.* **3** • *Il a l'**art** de mettre les gens à l'aise, il sait comment faire pour cela* (→ SYN. talent). **4** • *L'apiculture est l'**art** d'élever les abeilles*, l'ensemble des techniques et des connaissances concernant cet élevage.

artère nom f. **1** • *Le cœur envoie le sang dans les **artères**, des vaisseaux sanguins* (→ artériel). ★ Chercher aussi : veine. ★ VOIR p. 970. **2** (fig.) • *Il y a des embouteillages dans les principales **artères** de la ville, dans ses plus grandes rues.*
■ **artériel** adj. • *Le sang **artériel** est plus rouge que le sang veineux.*

arthrose [artroz] nom f. • *Les personnes âgées souffrent souvent d'**arthrose**, maladie des articulations.*

artichaut nom m. Légume dont on ne mange que la base des feuilles et le fond.

article nom m. **1** • *Ma sœur collectionne les **articles** sur ses chanteurs préférés, les textes de journaux.* **2** • *Avant de signer un contrat, il faut bien en lire tous les **articles**, les paragraphes.* **3** • *Dans ce magasin on trouve des **articles** de pêche, des objets pour la pêche, que l'on peut acheter.* **4** • *«Le», «l'», «la», «les» sont des **articles** définis; «un», «une», «des» sont des **articles** indéfinis.*

articuler v. • *On ne comprend pas ce que tu dis; **articule** mieux! : prononce plus distinctement les mots* (→ articulation, sens 1).
■ **s'articuler** v. pron. • *Le bras **s'articule** sur l'avant-bras* : il est uni à l'avant-bras par une jointure qui lui permet de bouger, par une articulation.
■ **articulé** adj. • *Claire a une poupée **articulée**, que l'on a munie d'articulations, dont on peut faire bouger la tête et les membres.*
■ **articulation** nom f. **1** • *Pour bien prononcer l'arabe, il faut faire des exercices d'**articulation*** (→ SYN. prononciation). **2** • *Marc m'a tordu le bras, j'ai mal à l'**articulation** du coude, à l'endroit où le bras s'articule avec l'avant-bras.* — • *Le poignet, la cheville, le genou sont des **articulations**.*
■ **articulaire** adj. • *Des douleurs **articulaires**, situées aux articulations.*

artifice nom m. **1** • *Patrice fait semblant d'être malade; c'est un **artifice** pour ne* *pas aller à l'école*, un moyen habile et trompeur. **2** FEU D'ARTIFICE : ensemble de fusées lumineuses et colorées que l'on fait exploser en l'air. ● *Les **feux d'artifice** du 14-Juillet.*

artificiel adj. ● *Un lac **artificiel**,* fait par l'homme (et non pas par la nature). — ● *Un colorant **artificiel**,* fabriqué, que l'on ne trouve pas dans la nature (→ CONTR. naturel).

■ **artificiellement** adv. ● *Un sirop coloré **artificiellement**,* par des produits, des moyens artificiels.

artillerie nom f. **1** ● *Les ennemis bombardent la ville avec leur **artillerie**,* l'ensemble de leurs canons. **2** ● *Mon père a fait son service militaire dans l'**artillerie**,* la partie de l'armée où l'on se sert des canons (→ artilleur).

■ **artilleur** nom m. ● Soldat qui est dans l'artillerie.

artisan nom. m. ● *Les potiers, les cordonniers, les menuisiers sont des **artisans**,* des personnes qui font un travail manuel avec peu d'ouvriers.

■ **artisanal** adj. ● *Le travail **artisanal**,* fait par les artisans (→ CONTR. industriel).

■ **artisanalement** adv. ● *Des tapis fabriqués **artisanalement**.*

■ **artisanat** nom m. ● Ensemble des métiers artisanaux. ● *Les produits de l'**artisanat** d'une région.*

artiste nom **1** ● *J'aime beaucoup les œuvres de cet **artiste**,* de ce peintre, de ce sculpteur, etc. (→ art, sens 1 et 2). **2** ● *J'ai oublié le nom des **artistes** qui jouent dans ce film, dans cette pièce de théâtre* (→ SYN. acteur).

■ **artistique** adj. **1** ● *La sculpture est une activité **artistique**.* **2** ● *Une photo, une présentation **artistiques**,* faites avec art (→ art, sens 3).

as nom m. **1** ● *J'ai deux **as** dans mon jeu,* des cartes marquées d'un 1. — ● *Au premier coup de dés, Rémi a tiré un **as**,* la face d'un dé qui porte un seul point. **2** ● *Sabine est un **as** au ping-pong,* elle est extrêmement habile au ping-pong (→ SYN. champion).

1. ascendant [asɑ̃dɑ̃] nom m. ● *Michel a des **ascendants** espagnols,* des ancêtres espagnols (→ ascendance ; CONTR. 2. descendant).

■ **ascendance** nom f. ● *Michel est d'**ascendance** espagnole,* sa famille est d'origine espagnole.

2. ascendant [asɑ̃dɑ̃] adj. ● *Mouvement **ascendant**,* vers le haut (→ ascension ; CONTR. 1. descendant).

3. ascendant [asɑ̃dɑ̃] nom m. ● *Avoir de l'**ascendant** sur quelqu'un,* de l'influence, de l'autorité.

ascenseur [asɑ̃sœr] nom m. ● *Flore habite au huitième étage ; pour monter chez elle, nous prenons l'**ascenseur**.*

ascension [asɑ̃sjɔ̃] nom f. ● *Ces alpinistes font l'**ascension** du mont Blanc : ils grimpent jusqu'à son sommet* (→ SYN. escalade). — ● *Une **ascension** en ballon,* une montée dans les airs.

asepsie [asɛpsi] nom f. ● *Quand on pratique une opération chirurgicale, il faut veiller à l'**asepsie** des locaux,* à l'absence de microbes infectieux. ★ Chercher aussi : désinfection.

■ **aseptiser** v. ● Rendre aseptique, désinfecter (→ SYN. stériliser, sens 2).

asile nom m. **1** ● *La mairie a servi d'**asile** aux victimes de l'inondation,* elle leur a servi d'abri, de refuge. **2** ● *La vieille dame ne veut pas aller à l'**asile**,* dans un établissement où l'on accueille les personnes âgées sans argent (→ SYN. hospice). **3** ● *Autrefois, on enfermait les fous dans des **asiles**.*

aspect [aspɛ] nom m. ● *Avec ses vitres brisées et son toit abîmé, la maison avait un **aspect** misérable : une apparence, une allure.* — ● *Cette matière plastique a l'**aspect** du cuir.*

asperge nom f. ● Légume dont on mange le bout de la tige.

asperger v. ● *Pascale m'a **aspergé** avec le tuyau d'arrosage,* elle a projeté de l'eau sur moi. ★ Conjug. 5.

aspérité nom f. ● *Pour escalader la falaise, Claude s'accroche aux **aspérités** de la paroi,* à ses parties saillantes, aux bosses.

asphalte nom m. ● *La chaleur a ramolli l'**asphalte** de la route*, le goudron qui la recouvre. ★ Chercher aussi : bitume.

asphyxie nom f. ● *Si l'on n'a plus assez d'air pour respirer, on meurt par **asphyxie*** (→ SYN. étouffement).
■ **asphyxier** v. ● *Le tuyau de gaz de nos voisins fuyait; ils ont failli **être asphyxiés*** : ils ont failli mourir par asphyxie. ★ Conjug. 10.

aspic nom m. Sorte de vipère.

aspirant nom m. Élève officier dans l'armée, la marine. ★ VOIR p. 433.

aspirateur nom m. Appareil qui sert à nettoyer en aspirant la poussière.

aspiré adj. ● *On prononce «des héros»* [de ero], *sans faire la liaison du «s» avec le «é», parce que «héros» commence par un «h»* **aspiré**.

aspirer v. 1 ● *Grégoire **aspire** sa limonade avec une paille*, il l'attire dans sa bouche. 2 ● *On peut **aspirer** l'air par la bouche ou par le nez.* ★ Chercher aussi : inspirer, respirer. 3 ● *Une pompe électrique peut servir à **aspirer** de l'air, de l'eau, etc.* (→ aspirateur). 4 ASPIRER À UNE CHOSE : la désirer très fortement. ● *Le prisonnier **aspire** à la liberté* (→ aspiration, sens 2).
■ **aspiration** nom f. 1 ● *L'**aspiration** d'un liquide par une pompe.* 2 ● *Il a trouvé une occupation conforme à ses **aspirations***, à ses goûts, à ses désirs.

s'assagir v. pron. ● *Avant, René était insupportable, mais, maintenant, il **s'est assagi*** : il est devenu plus sage, plus raisonnable. ★ Conjug. 11.

assaillir v. ● *Gilles et ses copains nous ont **assaillis** à la sortie de l'école* : ils nous ont attaqués brusquement (→ assaut). ★ Conjug. 14.
■ **assaillant** nom ● *Les soldats résistent aux **assaillants***, à ceux qui les assaillent (→ SYN. attaquant).

assainir v. ● *On a mis un produit dans la piscine pour **assainir** l'eau*, pour empêcher qu'elle soit mauvaise pour la santé, pour la rendre plus saine (→ sain). ★ Conjug. 11.

■ **assainissement** nom m. ● *On a entrepris des travaux d'**assainissement** de ces marais* (on les a asséchés).

assaisonner v. ● *Le sel, les épices, le vinaigre servent à **assaisonner** les plats*, à leur donner un meilleur goût.
■ **assaisonnement** nom m. ● *L'**assaisonnement** d'une salade* : la manière dont elle est assaisonnée; les herbes, les épices, etc., que l'on a mis dedans. ★ Chercher aussi : condiment.

assassin nom m. Personne qui a tué volontairement une autre personne (→ SYN. criminel, meurtrier).
■ **assassiner** v. ● *Cet homme est accusé d'avoir **assassiné** deux personnes*, de les avoir tuées volontairement.
■ **assassinat** nom m. ● *Cette mort n'est pas accidentelle; c'est un **assassinat*** (→ SYN. crime, meurtre).

assaut nom m. 1 ● *Les ennemis se lancent à l'**assaut** du château*, à l'attaque du château. — ● *À l'**assaut**!* : À l'attaque! — DONNER L'ASSAUT : commencer l'attaque (→ assaillir; charge, sens 3; offensive). 2 (fig.) PRENDRE D'ASSAUT. ● *Aux heures d'affluence, les autobus **sont pris d'assaut*** : les gens s'y précipitent.

assécher v. ● *Ce terrain est trop humide, il faudrait l'**assécher***, le rendre sec, ou plus sec (→ sécher; SYN. drainer).
■ **assèchement** (d'un lac, d'un marais) nom m. Opération qui consiste à rendre sec, à vider de son eau. ● *On a décidé l'**assèchement** du lac.*

assembler v. ● *Le menuisier **assemble** des planches pour faire une table*, il les fait tenir ensemble (→ assemblage).
■ **s'assembler** v. pron. ● *Les gens se sont **assemblés** devant l'église pour voir sortir les mariés* : ils se sont réunis devant l'église (→ assemblée; SYN. se grouper, se rassembler).
■ **assemblage** nom m. ● *Cette couverture est faite d'un **assemblage** de carrés de tricot* (→ assembler).
■ **assemblée** nom f. 1 Groupe de personnes réunies dans un but commun. ● *L'**Assemblée** nationale vote les lois* : l'ensemble des députés. 2 ● *Son discours a été applaudi par l'**assemblée***, par l'assistance.

assener [asene] v. ● *Le boxeur* **assène** *un coup de poing à son adversaire* : il lui donne un coup de poing en frappant avec force. ★ Conjug. 8.

assentiment nom m. ● *Mon projet a obtenu l'***assentiment** *de tous* : l'accord, l'approbation.

s'asseoir v. pron. ● *Ne reste pas debout ; assieds-toi sur cette chaise* (→ assis). ★ Conjug. 29.

asservir v. ● *En histoire, on apprend que des grandes nations peuvent* **asservir** *les plus petites* : soumettre (→ SYN. dominer ; CONTR. libérer). ★ Conjug. 15.

assez adv. 1 ● *As-tu mis* **assez** *de sel dans le potage ?*, en as-tu mis autant qu'il faut (→ SYN. suffisamment). 2 ● *Joël est* **assez** *bavard* : il est plus bavard que la moyenne, mais sans l'être trop. 3 EN AVOIR ASSEZ : ne plus pouvoir en supporter davantage. ● *J'en ai* **assez** *de ce travail*, je ne peux plus le supporter (→ SYN. (fam.) en avoir marre).

assidu adj. ● *Jérôme est un élève* **assidu** : il n'est jamais absent et il travaille avec régularité (→ assiduité, sens 1).
  ■ **assiduité** nom f. 1 ● *L'***assiduité** *d'un élève*. 2 ● *Elle a obtenu de bons résultats grâce à son* **assiduité** *au travail* : grâce à son application (→ assidûment).
  ■ **assidûment** adv. ● *Elle travaille* **assidûment**.

assiéger v. ● *Les soldats* **assiègent** *la forteresse* : ils l'encerclent pour obliger ses occupants à se rendre (→ siège). ★ Conjug. 5.
  ■ **assiégeant** nom ● *Le château a été pris par les* **assiégeants**.
  ■ **assiégé** nom ● *Les* **assiégés** *se sont rendus*.

assiette nom f. ● **Assiette** *plate,* **assiette** *à soupe,* **assiette** *à dessert*.
  ■ **assiettée** nom f. ● *On nous a servi une* **assiettée** *de soupe*, le contenu d'une assiette.

assigner v. ● *Le maître peut* **assigner** *une tâche à l'élève* : imposer (→ SYN. attribuer, sens 1). ÊTRE ASSIGNÉ A RÉSIDENCE : être contraint par la justice d'habiter dans un lieu désigné.

assimiler v. 1 ● *On ne doit pas* **assimiler** *les baleines à des poissons*, les considérer comme semblables à des poissons. 2 ● *Notre corps* **assimile** *les aliments* : il s'en nourrit après les avoir transformés. 3 (fig.) ● *Pour suivre sa classe, un élève doit* **assimiler** *ce qu'on lui enseigne* : il doit bien le comprendre pour s'en souvenir.
  ■ **assimilation** nom f. 1 ● *L'***assimilation** *suit la digestion* (→ assimiler, sens 2). 2 (fig.) ● *L'***assimilation** *des connaissances* (→ assimiler, sens 3).

assis adj. ● *Il y a cinquante places* **assises** *dans ce car*, cinquante places où l'on peut s'asseoir. — ● *Les personnes* **assises** (→ s'asseoir).

assises nom f. plur. COUR D'ASSISES. ● *L'accusé a été condamné à cinq ans de prison par la* **cour d'assises** (on dit aussi, par les **assises**), par le tribunal qui juge les crimes. ★ Chercher aussi : délit.

assister v. 1 ASSISTER À QUELQUE CHOSE : être présent quand cette chose a lieu. — ● *De nombreuses personnes* **assistaient** *à ce spectacle*. — ● *Nous avons* **assisté** *à cet événement* (→ SYN. être témoin de). 2 ASSISTER QUELQU'UN : l'aider. — ● *Deux secrétaires* **assistent** *le chef de service*.
  ■ **assistance** nom f. 1 ● *La conférence a beaucoup plu à l'***assistance** (→ assister, sens 1 ; SYN. auditoire, public). 2 PRÊTER ASSISTANCE À QUELQU'UN. ● *On doit* **prêter assistance aux** *personnes en danger*, on doit les aider, les secourir (→ assister, sens 2 ; SYN. 1. aide).
  ■ **assistant** nom 1 ● *La réunion n'en finissait pas et les* **assistants** *s'ennuyaient* (→ assister, sens 1). 2 ● *Le chirurgien n'était pas là, mais j'ai vu son* **assistante** (→ assister, sens 2). □ adj. ● *Une infirmière* **assistante** (→ SYN. auxiliaire). 3 ASSISTANTE SOCIALE : femme qui aide les personnes pauvres ou malades, qui leur donne des conseils, les informe sur leurs droits.

associer v. 1 ● *M. Lebrun* **a associé** *ses frères à son commerce* : il leur a donné une part de son commerce dans son commerce (→ dissocier). 2 ● *Anne* **associe** *l'intelligence au sérieux* : elle est à la fois intelligente et sérieuse. ★ Conjug. 10.

■ **s'associer** v. pron. ● *Les deux amis se sont associés pour créer une usine :* ils ont mis en commun leur argent, leur expérience. — ● *Je m'associe à votre chagrin :* j'y prends part.

■ **associé** nom ● *Mme Brémot a réuni ses associés,* les personnes avec qui elle est associée.

■ **association** nom f. ● *Ma mère fait partie d'une association de parents d'élèves,* d'un groupe de personnes unies par les mêmes intérêts (→ club).

assoiffé adj. ● *Par cette chaleur, tout le monde est assoiffé :* tout le monde a très soif.

assombrir v. **1** ● *Ce papier peint est trop foncé; il assombrit la pièce :* il la rend plus sombre (→ CONTR. éclaircir). **2** (fig.) ● *Les soucis l'assombrissent,* le rendent triste (→ sombre). ★ Conjug. 11.

■ **s'assombrir** v. pron. **1** ● *Le ciel s'assombrit* (→ assombrir, sens 1). **2** (fig.) ● *Son humeur s'est assombrie* (→ assombrir, sens 2).

assommer v. **1** ● *En tombant d'une fenêtre, le pot de fleurs a assommé un passant,* il lui a fait perdre connaissance en lui heurtant la tête, il l'a étourdi. **2** (fam.) ● *Il m'assomme avec ses histoires :* il m'ennuie.

■ **assommant** adj. (fam.) ● *Ce film est assommant* (→ assommer, sens 2; SYN. ennuyeux).

assortiment nom m. ● *Le dessert se composait d'un assortiment de gâteaux,* d'un ensemble de gâteaux différents.

assortir v. ● *Nous avons assorti les rideaux au tapis,* nous les avons choisis pour qu'ils aillent bien avec le tapis. ★ Conjug. 11.

■ **assorti** adj. ● *Étienne porte une écharpe assortie à son bonnet.* — ● *Des vêtements assortis* (→ CONTR. disparate).

s'assoupir v. pron. ● *Sa douleur ayant diminué, le malade s'est assoupi,* il s'est endormi d'un sommeil très léger. ★ Conjug. 11.

■ **assoupi** adj. ● *Il ne dort pas vraiment; il est simplement assoupi.*

■ **assoupissement** nom m. ● *Le voyageur sentait l'assoupissement le gagner.*

assouplir v. **1** ● *Ce produit assouplit le cuir :* il le rend plus souple. **2** (fig.) ● *Le directeur a assoupli le règlement de l'école :* il l'a adouci. ★ Conjug. 11.

■ **s'assouplir** v. pron. **1** ● *Je fais de la gymnastique pour m'assouplir,* pour devenir plus souple. **2** (fig.) ● *Le caractère de Colette s'est assoupli,* il est devenu moins entier.

■ **assouplissement** nom m. **1** ● *Les gymnastes font des mouvements d'assouplissement* (→ s'assouplir, sens 1). **2** (fig.) ● *Nous avons remarqué l'assouplissement des règlements* (→ s'assouplir, sens 2).

assourdir v. **1** ● *Ce vacarme nous assourdit :* il nous rend comme sourds et nous étourdit (→ SYN. abasourdir, sens 1). **2** ● *On a recouvert l'escalier d'une moquette pour assourdir le bruit des pas,* pour les rendre moins sonores, moins bruyants. ★ Conjug. 11.

■ **assourdissant** adj. ● *Cette machine fait un bruit assourdissant* (→ assourdir, sens 1).

assouvir v. ● *Laurence a assouvi sa faim :* elle l'a calmée en mangeant. ★ Conjug. 11.

assumer v. ● *Il va assumer cette responsabilité, ce rôle :* en prendre la charge.

assurer v. **1** ● *Je vous assure que c'est vrai :* je vous l'affirme (→ assurance, sens 1; assurément; SYN. certifier, garantir). **2** ● *Assurer une maison contre l'incendie, une voiture contre les accidents, etc. :* payer régulièrement une certaine somme pour être remboursé des dégâts en cas d'incendie, d'accident, etc. (→ assurance, sens 2). **3** ● *À lui seul, il assure le travail de deux personnes,* il le fait, il l'accomplit.

■ **s'assurer** v. pron. **1** ● *Mes parents se sont assurés contre le vol* (→ assurer, sens 2). **2** ● *Avant de partir en* *voyage, M. Mercier **s'assure** qu'il n'a rien oublié* : il le vérifie.

■ **assurance** nom f. **1** ● *Il m'a donné l'**assurance** qu'il viendrait* (→ assurer, sens 1 ; SYN. garantie). **2** ● *Un automobiliste doit avoir une **assurance** contre les accidents* : un contrat qui garantit le remboursement des frais en cas d'accident (→ assurer, sens 2). **3** ● *Mélanie ne s'est pas laissé intimider ; elle a conservé toute son **assurance**,* toute sa confiance en elle (→ assuré ; SYN. fermeté ; CONTR. hésitation, timidité).

■ **assureur** nom m. La personne avec qui on établit un contrat d'assurance, celui qui vous assure (→ assurer, sens 2).

■ **assuré** adj. ● *Thomas a pris un air très **assuré*** (→ assurance, sens 3 ; CONTR. hésitant, timide).

■ **assurément** adv. ● *C'est **assurément** une bonne idée que tu viens d'avoir* (→ assurer, sens 1 ; SYN. certainement, évidemment, sûrement).

astérisque nom m. Signe d'écriture qui a la forme d'une étoile (*). — ● *Un **astérisque**.*

asthme [asm] nom m. Maladie qui rend la respiration difficile.

■ **asthmatique** [asmatik] adj. ● *Stéphane est **asthmatique*** : il a de l'asthme. □ nom ● *Une **asthmatique**.*

asticot nom m. ● *Pour attirer le poisson, le pêcheur accroche un **asticot** à l'hameçon,* un petit ver blanc (qui est la larve de la mouche à viande).

astiquer v. ● *Après avoir ciré le buffet, je l'**astique** avec un chiffon,* je le frotte pour le faire briller.

astre nom m. ● *La Lune, le Soleil, les étoiles, les planètes sont des **astres*** (→ astrologie ; astronomie).

astreindre v. ● *Sa mauvaise vue l'**astreint** à mettre des lunettes,* elle l'y oblige, elle l'y force (→ SYN. contraindre). ★ Conjug. 35.

■ **astreignant** adj. ● *Un horaire **astreignant**,* qui ne laisse pas beaucoup de liberté.

astrologie nom f. Art de prédire l'avenir en étudiant la position des astres dans le ciel. ● *L'**astrologie** prétend que la position des astres dans le ciel, le jour de la naissance d'une personne, a une influence sur toute la vie de cette personne.* ★ Ne pas confondre avec astronomie.

■ **astrologique** adj. ● *Des prédictions **astrologiques**.* ★ Chercher aussi : horoscope.

■ **astrologue** nom. Personne qui fait de l'astrologie.

astronaute nom ● *Youri Gagarine a été le premier **astronaute**,* le premier homme à aller dans l'espace (hors de l'atmosphère terrestre) en fusée (→ SYN. cosmonaute).

■ **astronautique** nom f. Science de la navigation dans l'espace interplanétaire.

astronomie nom f. Science qui étudie les astres, l'univers. ★ Chercher aussi : observatoire, télescope. ★ Ne pas confondre avec astrologie.

■ **astronomique** adj. **1** ● *Ce savant fait des observations **astronomiques**,* qui concernent l'astronomie. **2** (fig. et fam.) ● *Un nombre, un prix **astronomique*** : considérable, très élevé.

■ **astronome** nom. Spécialiste qui s'occupe d'astronomie.

astuce nom f. ● *Maryse a trouvé une **astuce** pour obtenir ce qu'elle voulait,* un moyen habile (→ SYN. (fam.) truc).

■ **astucieux** adj. ● *Lucie est une fille **astucieuse*** (→ SYN. 1. malin). — ● *Ce système est **astucieux*** (→ SYN. ingénieux).

■ **astucieusement** adv. ● *Elle s'y est prise très **astucieusement** pour faire cette réparation,* avec beaucoup d'astuce (→ SYN. adroitement).

asymétrique [asimetrik] adj. **1** ● *La façade de cet immeuble est **asymétrique** :* elle est composée de deux parties qui ne sont pas symétriques (→ SYN. dissymétrique). **2** BARRES ASYMÉTRIQUES : appareil de gymnastique constitué de deux barres parallèles dont l'une est plus basse que l'autre. ● *La championne de gymnastique fait des exercices aux **barres asymétriques***.

atelier nom m. Pièce, bâtiment où travaillent des personnes ayant un métier manuel. ● *L'**atelier** d'un potier.* — ● *L'**atelier** d'un artiste peintre, un **atelier** d'artiste*, dont la pièce le plus souvent spécialement aménagée pour recevoir beaucoup de lumière, dans laquelle travaille un peintre, un sculpteur.

athée [ate] nom. Personne qui ne croit en aucun dieu (→ incroyant, mécréant).

athlète nom **1** ● *Les jeux Olympiques réunissent de nombreux **athlètes** :* des sportifs spécialistes d'un sport (le saut, la course, le lancer du poids, etc.). **2** (fig.) ● *Cet homme est un véritable **athlète** :* il est grand et fort.
■ **athlétique** adj. ● *Une personne **athlétique**,* dont le corps est bien développé, musclé (→ athlète, sens 2).
■ **athlétisme** nom m. Ensemble des sports pratiqués par les athlètes (→ athlète, sens 1).

atlas nom m. Livre ou recueil composé de cartes de géographie.

atmosphère nom f. **1** ● *La fusée a quitté l'**atmosphère**,* la couche d'air qui entoure la terre (→ atmosphérique).
★ Chercher aussi : stratosphère. **2** (fig.) ● *Nous avons fêté l'anniversaire de Joël dans une **atmosphère** joyeuse,* dans une ambiance joyeuse.
■ **atmosphérique** adj. ● *Les phénomènes **atmosphériques** (pluie, vent, etc.) sont étudiés par la météorologie.*

atome nom m. ● *Tous les corps sont composés d'**atomes**,* de très petites parties de matière.
■ **atomique** adj. ● *Une bombe **atomique**,* qui utilise la très grande puissance d'énergie des atomes (*l'énergie nucléaire*).

atomiseur nom m. ● *Dominique se parfume avec un **atomiseur**,* une petite bouteille munie d'un bouchon spécial qui, quand on appuie dessus, projette le liquide en pluie fine (→ SYN. vaporisateur). ★ Chercher aussi : aérosol.

atomiseurs

atout nom m. **1** ● *J'ai l'as d'**atout**,* dans la couleur qui, à certains jeux de cartes, vaut plus que les autres. **2** (fig.) ● *Pour jouer au basket, c'est un **atout** d'être grand,* un avantage.

âtre nom m. ● *La bûche flambe dans l'**âtre**,* la partie de la cheminée où l'on fait le feu.

atroce adj. **1** ● *Ces images du tremblement de terre sont **atroces**,* insupportables, très pénibles (→ atrocement, sens 1; atrocité). **2** (fam.) ● *Cette musique est **atroce**,* très mauvaise (→ atrocement, sens 2).
■ **atrocement** adv. **1** ● *Cette piqûre d'insecte me fait **atrocement** mal* (→ atroce, sens 1). **2** (fam.) ● *Il fait **atrocement** chaud ici* (→ atroce, sens 2 ; SYN. affreusement, horriblement, terriblement).
■ **atrocité** nom f. ● *Les soldats ennemis ont commis des **atrocités**,* des actes atroces, d'une grande cruauté.

s'attabler v. pron. ● *Les enfants **se sont attablés** pour goûter,* ils se sont assis à table, mis à table.

attaché-case [ataʃekɛz] (mot anglais) nom m. ● *Tu oublies ton **attaché-case** :* petite valise dans laquelle on transporte des documents. ● *Des **attaché-cases**.*

attacher v. **1** ● *Le cavalier **attache** son cheval à un arbre.* — ● *Louise **attache***

ses cheveux avec une barrette : elle les maintient ensemble avec une barrette (→ attache, sens 1; CONTR. 1. détacher). **2 ● Attacher ses lacets** : réunir les bouts de chacun d'eux. — ● **Attacher ses souliers**, les lacets de ses souliers. **3** ATTACHER DE L'IMPORTANCE À QUELQUE CHOSE : penser que c'est important. ● *La maîtresse* **attache de l'importance à** *la propreté des cahiers.*

■ **s'attacher** v. pron. **1 ●** *Les alpinistes* **se sont attachés** *entre eux avec une corde* (→ attacher, sens 1). **2 ●** *Cette ceinture* **s'attache** *comme ça* (→ attacher, sens 2). **3** S'ATTACHER À QUELQU'UN OU QUELQUE CHOSE. ● *Ma petite sœur* **s'est** *vite* **attachée** *à sa nouvelle nourrice, elle s'est vite mise à l'aimer* (→ attaché; attachant; attachement). **4** S'ATTACHER À FAIRE QUELQUE CHOSE. ● *Je* **me suis attaché à** *écrire proprement* : je me suis efforcé de le faire.

■ **attaché** adj. ● *Guillaume est très* **attaché** *à son ours en peluche* : il l'aime beaucoup. — ● *Je suis très* **attaché** *à cet ami* : je me sens très lié avec lui (→ s'attacher, sens 3).

■ **attache** nom f. **1 ●** *Les trombones, les agrafes, les épingles sont des* **attaches**, *des objets qui servent à attacher* (→ attacher, sens 1). **2** (au plur., fig.) ● *Mon oncle n'habite plus le Maroc, mais il a toujours des* **attaches** *avec ce pays* : il lui est lié par des personnes, des choses qu'il aime (→ s'attacher, sens 3).

■ **attachant** adj. ● *Nicolas est un enfant* **attachant**, *que l'on aime bien, à qui l'on s'attache facilement* (→ s'attacher, sens 3; SYN. sympathique).

■ **attachement** nom m. ● *Michel a beaucoup d'***attachement** *pour son chien* (→ s'attacher, sens 3; SYN. 2. affection; amour).

attaquer v. **1 ●** *Les soldats* **ont attaqué** *le château* : ils ont engagé le combat contre lui (→ s'attaquer à, sens 1; attaque, sens 1; attaquant). **2** (fig.) ● *Certains députés* **ont attaqué** *ce projet de loi* : ils l'ont vivement critiqué (→ s'attaquer, sens 2; attaque, sens 2). **3 ●** *Ce produit* **attaque** *le bois* : il le détériore,

il le ronge. **4 ●** *L'orchestre* **attaque** *un morceau de musique* : il commence à le jouer (→ s'attaquer, sens 3).

■ **s'attaquer à** v. pron. **1 ●** *Les gangsters* **se sont attaqués** *à une banque* (→ attaquer, sens 1). **2** (fig.) ● *Les syndicats* **se sont attaqués** *à la politique du gouvernement* (→ attaquer, sens 2). **3 ●** *Je vais* **m'attaquer à** *mon devoir de calcul* (→ attaquer, sens 4; SYN. entreprendre).

■ **attaque** nom f. **1 ●** *Nous avons lancé une* **attaque** *contre l'ennemi* (→ attaquer, sens 1; SYN. assaut). **2** (fig.) ● *Dans ce livre, il y avait beaucoup d'***attaques** *contre la religion* (→ attaquer, sens 2; SYN. agression, critique).

■ **attaquant** nom ● *Les troupes se défendent contre les* **attaquants**, *contre ceux qui les attaquent* (→ SYN. assaillant).

s'attarder v. pron. ● *Rentre directement; ne* **t'attarde** *pas en sortant de l'école, ne te mets pas en retard* (→ SYN. (fam.) traîner).

atteindre v. **1 ●** *Frédéric est trop petit, il ne peut pas* **atteindre** *le bouton de la sonnette* : il ne peut pas parvenir à le toucher. **2 ●** *En lançant des cailloux, Paul* **a atteint** *Jean-François au bras, il l'a blessé au bras* (→ SYN. toucher). ★ Conjug. 35.

■ **atteinte** nom f. **1** HORS D'ATTEINTE DE. ● *Le chat grimpe à l'arbre pour se mettre* **hors d'atteinte du** *chien, de manière que le chien ne puisse pas l'atteindre, l'attraper.* **2** PORTER ATTEINTE À. ● *Claude a traité Loïc de tricheur, ce qui* **porte atteinte à** *sa réputation de bon camarade, ce qui nuit à sa réputation.*

atteler v. ● *Pierre aide le fermier à* **atteler** *le cheval à la charrette, à l'attacher à la charrette pour la tirer* (→ CONTR. dételer). ★ Conjug. 9.

■ **attelage** nom m. ● *Les diligences étaient tirées par un* **attelage** *de chevaux, par plusieurs chevaux attachés, attelés ensemble.*

■ **attelle** nom f. **1** Partie du collier d'un cheval où on attache les traits (→ 3. trait). **2 ●** *L'oiseau s'est cassé* *la patte, Pierre lui met une **attelle** : un support rigide qui maintient un os cassé en place.*

attendre v. **1** ● *Anne **attend** son père devant l'école : elle reste devant l'école jusqu'à ce qu'il arrive.* **2** ATTENDRE QUEL-QUE CHOSE DE QUELQU'UN. ● *L'équipe de football **attend** beaucoup **de** ses nouveaux joueurs : elle espère remporter des victoires grâce à eux* (→ attente, sens 2). **3** S'ATTENDRE À QUELQUE CHOSE : penser que quelque chose arrivera et s'y préparer. ● *Jean-Luc **s'attend** à être grondé par sa mère.* ★ Conjug. 31.

■ **attente** nom f. **1** ● *Chez le dentiste, l'**attente** est souvent longue.* **2** ● *Les cadeaux de Noël de Lucie ont répondu à son **attente** : ils ont correspondu à ce qu'elle espérait.*

attendrir v. ● *Les pleurs de Pierre **ont attendri** la maîtresse ; elle ne l'a pas puni : ses pleurs l'ont émue, l'ont apitoyée* (→ 2. tendre). ★ Conjug. 11.

■ **attendrissant** adj. ● *Ces chatons qui jouent avec leur mère sont **attendrissants**, émouvants.*

■ **attendrissement** nom m. ● *Il est rempli d'**attendrissement** devant les chatons* (→ SYN. émotion).

attentat nom m. ● *Les hommes politiques sont quelquefois victimes d'**attentats**, de tentatives d'assassinat.* ★ Chercher aussi : agression.

attenter v. **1** ● *Attenter à la vie de quelqu'un :* chercher à tuer quelqu'un. **2** ATTENTER À SES JOURS : se suicider.

attention nom f. **1** ● *Paul écoute la maîtresse avec **attention**, en se concentrant sur ce qu'elle dit* (→ attentif, attentivement ; CONTR. distraction, inattention). **2** FAIRE ATTENTION. ● *Dans la rue, Jean **fait attention** aux autos.* — ● *Attention !* **3** ● *Yann est plein d'**attentions** pour son nouvel ami : il s'occupe beaucoup de lui, il prend soin de lui* (→ attentionné).

■ **attentif** adj. ● *Jacques n'a pas bien écouté en classe ; il n'a pas été **attentif*** (→ attention, sens 1 ; CONTR. distrait, inattentif).

■ **attentivement** adv. ● *Aude regarde le film **attentivement**, avec attention.*

■ **attentionné** adj. ● *Patrick est très **attentionné** envers sa grand-mère :* il a beaucoup d'attentions pour elle (→ attention, sens 3).

atténuer v. ● *Jacques souffle sur la brûlure de son doigt pour **atténuer** la douleur, pour rendre la douleur moins forte, moins intense* (→ SYN. diminuer ; CONTR. augmenter).

■ **atténuant** adj. ● *Des circonstances **atténuantes** :* qui diminuent la responsabilité du coupable, qui la rendent moins grande (il sera donc moins lourdement puni). (→ CONTR. aggravant).

■ **atténuation** nom f. ● *Lorsqu'il a connu mes raisons, Paul a apporté une **atténuation** à ses reproches,* il les a faits moins violents. — ● *Pour sortir, nous attendrons une **atténuation** de l'orage.*

atterrer v. ● *Paul **est atterré** par la nouvelle de l'accident d'Agnès :* il est surpris et abattu, il est consterné par la nouvelle.

atterrir v. Se poser sur la terre. ● *Notre avion va bientôt **atterrir*** (→ CONTR. 2. décoller). ★ Chercher aussi : alunir, amerrir. ★ Conjug. 11.

■ **atterrissage** nom m. ● *Frédérique regarde l'avion se poser sur le terrain d'**atterrissage**.*

attester v. ● *Son innocence **est attestée** par de nombreux témoins :* elle est certifiée, garantie, prouvée par eux.

■ **attestation** nom f. ● *Pour s'inscrire à la bibliothèque, Carole a besoin d'une **attestation** de domicile,* d'un document écrit qui prouve l'exactitude de l'adresse de son domicile (→ SYN. certificat).

attirail nom m. ● *En vacances, Jean-Luc emporte tout son **attirail** de camping,* son matériel.

attirer v. **1** ● *La confiture **attire** les guêpes :* elle les fait venir (→ attirant, sens 1 ; CONTR. repousser). **2** ● *Le bout aimanté de mes ciseaux **attire** les épingles, les fait venir à lui* (→ attraction,

sens 1). **3 ●** *Joëlle* **est attirée** *par la danse :* la danse l'intéresse, elle aimerait bien en faire. **4 ●** *Patrick* **est attiré** *par Catherine :* il est intéressé par elle, il aimerait bien la connaître mieux.
■ **attirance** nom f. ● *Loïc éprouve de l'*attirance *pour son amie :* il éprouve pour elle de la sympathie ou même de l'amour (→ attirer, sens 4 ; attrait).
■ **attirant** adj. **1 ●** *Une proposition* **attirante**, intéressante, alléchante. **2 ●** *Jean-Marc trouve Corinne* **attirante** (→ attirer, sens 4 ; SYN. agréable ; CONTR. laid, repoussant).

attiser v. **1 ●** *Paul jette des petites branches dans le feu pour l'*attiser, pour le faire brûler plus fort. **2** (fig.) ● *Le rire d'Anne* **attise** *la colère de Paul :* il rend sa colère plus vive.

attitude nom f. **1 ●** *La chatte d'Hervé a des* **attitudes** *gracieuses :* elle a des manières de se tenir qui sont gracieuses (→ SYN. maintien). **2 ●** *À l'école, Roland a une* **attitude** *désagréable envers ses camarades :* il a une manière désagréable de traiter ses camarades (→ SYN. comportement).

attraction nom f. **1 ●** *L'*attraction *terrestre est la force qui attire les choses vers le sol* (→ SYN. pesanteur). **2 ●** *Les stands de tir, les manèges, les autos tamponneuses, etc., sont des* **attractions**, des activités, des amusements qui attirent le public.
■ **attractif** adj. Intéressant. ● *Pour moi, la musique est plus* **attractive** *que la peinture* (→ attirer, sens 3).

attrait nom m. **1 ●** *L'*attrait *d'un spectacle :* ce qui attire, ce qui charme, dans un spectacle. — ● *C'est la musique qui fait tout l'*attrait *de ce film.* **2 ●** *Lucie éprouve de l'*attrait *pour le sport,* de l'attirance, du goût pour cela.
■ **attrayant** adj. ● *Un livre, un spectacle* **attrayant**, qui a de l'attrait, qui attire.

attraper v. **1 ●** *Le chat* **a attrapé** *une souris :* il a réussi à la prendre, à la saisir. — ● *Je te lance la balle ;* **attrape**-*la !* **2** (fam.) ● *Caroline court*

pour **attraper** *son train,* pour réussir à y monter avant qu'il ne soit parti. **3 ●** *Couvre-toi ; tu vas* **attraper** *un rhume :* tu vas en avoir un (→ SYN. 2. contracter). □ v. pron. ● *Cette maladie est très contagieuse : elle* **s'attrape** *facilement.* **4 ●** *Sa farce a réussi : nous avons* **été** *bien* **attrapés**, trompés, surpris (→ attrape). **5** (fam.) ● *Alain a eu des mauvaises notes ; ses parents vont l'*attraper, le gronder, le réprimander.
■ **attrape** nom f. ● *Le marchand de farces et* **attrapes** *vend des objets faits pour surprendre et amuser.*

attribuer v. **1 ●** *Le chien de Laurence est si beau qu'on lui* **a attribué** *le premier prix dans un concours :* on le lui a donné. **2 ●** *Jean ne sait pas à quel écrivain* **attribuer** *ce roman :* il ne sait pas qui en est l'auteur. **3** v. pron. ● *Pierre* **s'attribue** *toujours la meilleure place :* il la prend toujours pour lui.
■ **attribution** nom f. **1 ●** *L'*attribution *d'une récompense à quelqu'un* (→ attribuer, sens 1). **2** (au plur.) ● *Le maire marie les gens ; cela fait partie de ses* **attributions**, de ce qu'il est chargé de faire.

attribut nom m. ● *Dans « L'herbe est verte », l'adjectif « verte » est* **attribut** *du sujet « herbe ».* ★ Chercher aussi : épithète.

attrister v. ● *Le départ de Lucie* **attriste** *Paul,* le rend triste (→ SYN. chagriner, désoler ; CONTR. réjouir).

s'attrouper v. pron. ● *Les gens* **se sont attroupés** *devant la maison en flammes :* ils se sont rassemblés devant elle (→ CONTR. se disperser).
■ **attroupement** nom m. ● *L'accident a provoqué un* **attroupement**, un rassemblement, une réunion de personnes.

au forme contractée de à + le. → à.

aubade nom f. ● *Julien donne une* **aubade** *avec sa guitare à Nicole,* un concert, le matin.

aubaine nom f. ● *Dans sa poche, Lucien a trouvé cinq francs ; quelle* **aubaine** *!,* quelle chance inespérée !

1. aube nom f. Moment où la lumière du jour commence à paraître (avant le lever du soleil). ● *Demain, nous partirons à l'aube* (→ SYN. aurore).

2. aube nom f. **1** Robe que met le prêtre pour célébrer la messe. **2** Robe blanche du communiant.

aubépine nom f. Arbuste épineux qui donne des fleurs blanches ou roses au parfum agréable.

aubépine

auberge nom f. Hôtel-restaurant d'aspect campagnard.
■ **aubergiste** nom. Personne qui tient une auberge.

aubergine nom f. Légume violet.

aubier nom m. ● *Quand on enlève l'écorce d'un arbre, on voit apparaître l'aubier,* partie de bois tendre et blanche, qui se forme chaque année sous l'écorce.

aucun adj. et pronom **1** adj. ● *Dans le pré, il n'y a plus aucune fleur :* il n'y en a plus une seule. **2** pronom ● *Tous les amis de Guy sont partis, aucun n'est resté :* pas un seul n'est resté.

audace nom f. ● *Pour attaquer un adversaire plus fort que soi, il faut avoir de l'audace :* il ne faut craindre ni les obstacles ni les dangers (→ SYN. hardiesse).
■ **audacieux** adj. ● *Le général a préparé une attaque audacieuse.*

audience nom f. **1** ● *L'ambassadeur d'Espagne a demandé (une) audience au chef de l'État :* il a demandé à être reçu par le chef de l'État pour lui parler. **2** ● *Pendant l'audience, les juges interrogent l'accusé et les témoins et ils écoutent les avocats,* pendant la séance du tribunal.

audiovisuel adj. ● *Éric apprend l'anglais par une méthode audiovisuelle,* qui utilise le son et l'image.

auditeur, -trice nom ● *Cette émission de radio a beaucoup de succès auprès des auditeurs,* des personnes qui l'écoutent.
■ **auditoire** nom m. ● *La chanson de Marc a fait rire l'auditoire,* l'ensemble des personnes qui l'ont écouté (→ SYN. assistance, public).

audition nom f. **1** Fait d'entendre. ● *Pierre entend mal, il a des troubles de l'audition.* **2** Action d'entendre. ● *Le juge procède à l'audition des témoins.* **3** Essai devant un directeur de spectacle. ● *Le chanteur doit passer une audition.*
■ **auditorium** nom m. ● *Ce chanteur se produit dans un auditorium :* salle aménagée pour les auditions.

au fur et à mesure loc. conj. et prép. ● *Ne laisse pas le courrier s'accumuler ; réponds au fur et à mesure qu'il arrive,* chaque fois qu'une lettre arrive (→ SYN. à mesure).

auge nom f. Bassin dans lequel on donne à boire et à manger aux porcs et à certains animaux domestiques.

augmenter v. **1** ● *On a augmenté les salaires, les prix :* on les a rendus plus élevés (→ SYN. accroître). — ● *Les salaires, les prix ont augmenté :* ils sont devenus plus élevés (→ CONTR. diminuer). **2** (fig.) ● *La fatigue augmentait son découragement :* elle le rendait plus grand (→ SYN. accroître). — ● *Sa tristesse augmentait :* elle devenait plus grande. **3** ● *Augmenter une personne,* rendre son salaire plus élevé. — ● *M. Martin a été augmenté ce mois-ci* (→ augmentation, sens 2). **4** ● *Le pain a augmenté* : il est devenu plus cher.

■ **augmentation** nom f. **1** ● *Une augmentation de volume, de poids, de prix.* **2** ● *Le père de Claude a obtenu une augmentation de salaire.*

augure nom m. **1** ● *Avant de livrer une bataille, les Romains consultaient les augures,* les prêtres chargés de prédire l'avenir en observant certains signes (les entrailles des animaux sacrifiés, le vol des oiseaux, etc.) (→ devin). **2** DE BON, DE MAUVAIS AUGURE, loc. adj. ● *Quand papa rentre en sifflant, c'est de bon augure,* cela annonce quelque chose d'heureux, c'est bon signe.

aujourd'hui adv. **1** ● *Aujourd'hui, c'est l'anniversaire d'Anne,* ce jour même. **2** ● *Aujourd'hui, l'automobile a remplacé les voitures à chevaux,* à notre époque, actuellement, maintenant.

aulne [on] nom m. Arbre qui pousse au bord de l'eau.

aumône nom f. ● *Un mendiant attend au coin de la rue que des passants lui fassent l'aumône,* qu'ils lui donnent un peu d'argent.

aumônier nom m. Prêtre dans un lycée, un hôpital, une prison ou un régiment.

auparavant adv. ● *Viens goûter, mais auparavant lave-toi les mains,* avant cela, d'abord (→ CONTR. après).

auprès de loc. prép. **1** ● *Jeanne est restée auprès de sa sœur,* à côté, tout près d'elle. **2** ● *Anne passe pour intelligente auprès de la maîtresse,* dans l'esprit de la maîtresse, à ses yeux. **3** ● *Le dessin de Luc n'est pas très beau auprès de celui de Laurent,* en comparaison de celui de Laurent.

auquel pronom relatif ou interrogatif ● *Le film auquel je pense.* — ● *Auxquels veux-tu parler ?* (→ duquel ; lequel).

auréole nom f. **1** ● *Sur ce tableau, la tête des saints est entourée d'une auréole,* d'un cercle lumineux. **2** ● *Ce produit détache bien, mais il laisse des auréoles,* des traces en forme de cercle sur le tissu ou le papier, à l'endroit où une tache a été nettoyée.

auriculaire nom m. Petit doigt de la main. ★ VOIR p. 547.

aurifère adj. Qui contient de l'or. ● *Un terrain aurifère.*

aurore nom f. **1** Moment du jour où le soleil se lève. ● *Les paysans ont commencé à travailler dès l'aurore* (→ SYN. aube). **2** (fig.) ● *L'aurore du XXe siècle,* le tout début du XXe siècle.

ausculter v. ● *Le médecin ausculte Thérèse* : il écoute le bruit de son cœur, de sa respiration (→ SYN. examiner). ★ Chercher aussi : stéthoscope.

■ **auscultation** nom f. Action d'ausculter.

auspices nom m. plur. ● *Mon voyage commence sous les meilleurs auspices,* dans les meilleures conditions, avec les meilleures chances de réussite.

aussi adv. **1** ● *Anne court aussi vite que Jean,* à la même vitesse que lui. **2** ● *Corinne n'avait jamais vu un chien aussi grand,* un chien grand comme celui-là. **3** ● *Pierre pense que tu as tort et moi aussi,* et moi également, pareillement, de même. **4** ● *Julien fait de l'escrime et aussi de la natation,* en plus, de la natation. **5** conj. ● *Laurence était très en colère, aussi est-elle partie,* c'est pourquoi elle est partie.

aussitôt adv. **1** ● *Quand je siffle mon chien, il accourt aussitôt,* tout de suite, à l'instant même. **2** AUSSITÔT QUE, loc. conj. ● *Paul ira jouer aussitôt qu'il aura goûté,* dès qu'il aura goûté.

austère adj. **1** ● *Une personne austère,* qui est sérieuse et sévère, qui refuse les plaisirs de la vie. **2** ● *La robe d'Anne est un peu austère* : elle manque un peu de gaieté, d'ornements.

■ **austérité** nom f. **1** ● *L'austérité de la vie des moines,* son caractère austère. **2** ● *L'austérité d'un édifice,* son aspect sérieux et triste, son absence de décoration.

austral adj. ● *Les terres australes,* les régions, les pays qui se trouvent à proximité du pôle Sud. — ● *L'hémisphère austral,* l'hémisphère sud (→ CONTR. boréal).

autant adv. **1** AUTANT QUE. ● *Patricia aime ses deux chats **autant** l'un **que** l'autre :* elle les aime tous deux également, de la même façon. **2** AUTANT DE. ● *Anne a **autant de** livres que Lucie :* elle en a le même nombre. — ● *Au zoo, Luc ne pensait pas voir **autant** d'animaux,* une si grande quantité, un si grand nombre. **3** D'AUTANT PLUS QUE ; D'AUTANT MOINS QUE, loc. conj. ● *Laurence était d'**autant plus** intimidée **qu'elle** ne connaissait personne :* elle l'était encore plus à cause de cela.

autel nom m. **1** ● *Les Romains offraient des sacrifices à leurs dieux sur un **autel**,* sur une table de pierre destinée à cela. **2** ● *L'**autel** d'une église,* la table sur laquelle le prêtre célèbre la messe.

auteur nom m. **1** ● *Paul ne sait pas qui est l'**auteur** de ce livre,* qui a écrit ce livre (→ SYN. écrivain). — ● *Mozart est l'**auteur** de symphonies célèbres* (→ SYN. compositeur). **2** ● *Dans une énigme policière, Loïc aime bien découvrir tout seul l'**auteur** du crime,* la personne qui a commis le crime.

authentique adj. **1** ● *Le marchand a garanti que ce tableau de Picasso était **authentique**,* que ce tableau avait bien été peint par Picasso, que ce n'était pas un faux, une imitation. **2** ● *Caroline ne veut pas croire à cette histoire, pourtant elle est **authentique**,* vraie (→ SYN. réel, véridique ; CONTR. faux).
■ **authentiquement** adv. De manière authentique.
■ **authenticité** nom f. **1** ● *L'**authenticité** d'une œuvre d'art* (→ authentique, sens 1). **2** ● *L'**authenticité** d'un fait, d'un événement* (→ authentique, sens 2).

auto- Préfixe qui signifie «par soi-même, de soi-même». ● *L'**auto**portrait d'un peintre est son portrait peint par lui-même.*

auto nom f. (fam.) Automobile (→ SYN. voiture).

autobiographie nom f. Histoire de la vie d'une personne par elle-même.

autobus nom m. Autocar qui sert au transport des personnes à l'intérieur des grandes villes (→ SYN. (abrév.) bus).

autocar nom m. Véhicule qui sert au transport des personnes (→ SYN. (abrév.) 2. car).

autochtone [ɔtɔkton] nom ou adj. Personne qui est née dans le pays qu'elle habite. ● *Un Grec est un **autochtone** en Grèce.* (→ SYN. indigène).

autocollant adj. ● *Des étiquettes **autocollantes**,* qui se collent toutes seules, que l'on n'a pas besoin d'enduire de colle, ni de mouiller (→ auto- et coller). □ nom m. ● *Il a mis des **autocollants** sur sa voiture,* des images autocollantes.

autodéfense nom f. ● *Il apprend le karaté pour assurer son **autodéfense** :* se défendre soi-même.

autodiscipline nom f. ● *Le maître félicite la classe pour son **autodiscipline**,* discipline que l'on respecte tout seul, sans contrainte et sans surveillance.

auto-école nom f. ● *Pour obtenir son permis de conduire, Mireille suit les cours d'une **auto-école**,* d'une école où l'on apprend à conduire les voitures. ● *Des **auto-écoles**.*

autographe nom m. et adj. **1** nom m. ● *Julien a un **autographe** de son chanteur préféré :* il a une signature de lui (accompagnée ou non de quelques mots). **2** adj. ● *Une lettre **autographe** de Napoléon,* une lettre écrite de sa propre main (→ auto-).

automate nom m. Machine qui a l'apparence d'un homme, d'un animal et qui peut imiter certains de ses mouvements au moyen d'un mécanisme caché. ● *Chez un antiquaire, j'ai vu deux **automates** :* un joueur de flûte et un canard qui battait des ailes.

automatique adj. **1** ● *Dans cette voiture, le changement de vitesse est **automatique** :* il se fait grâce à un mécanisme qui fonctionne tout seul, sans que l'on ait besoin de s'en occuper. **2** ● *Un geste,* *un mouvement* **automatique**, que l'on fait sans y penser, involontairement (→ SYN. machinal). **3** (fam.) ● *Chaque fois qu'ils jouent ensemble, ils se disputent ; c'est* **automatique** : *cela arrive inévitablement* (→ SYN. systématique).

■ **automatiquement** adv. **1** ● *Quand la température baisse, la chaudière se met en marche* **automatiquement**. **2** (fam.) ● *Quand je dis quelque chose,* **automatiquement** *il me contredit* (→ SYN. inévitablement, systématiquement).

automne nom m. Saison de l'année qui fait suite à l'été et qui précède l'hiver.

automobile nom f. et adj. **1** nom f. ● *Cette usine fabrique des moteurs d'***automobiles**, de voitures (→ SYN. (abrév. fam.) auto). **2** adj. ● *L'industrie, le sport* **automobile**, qui se rapporte aux voitures.
■ **automobiliste** nom. Personne qui conduit une automobile.

automoteur, -trice adj. ● *Une tondeuse à gazon* **automotrice**, qui se déplace grâce à un moteur, sans que l'on ait besoin de la pousser.

autonome adj. ● *Une province* **autonome**, qui se gouverne, s'administre elle-même.
■ **autonomie** nom f. **1** ● *Cette province a obtenu son* **autonomie**. ★ Chercher aussi : indépendance. **2** ● *Cet avion a une* **autonomie** *de vol de 4 000 km :* il peut voler 4 000 km sans escale.

autoportrait nom m. Portrait de soi-même. ● *Ce peintre a fait de nombreux* **autoportraits**.

autopsie nom f. ● *La police a ordonné l'***autopsie** *de la victime,* l'examen médical de son cadavre pour connaître les causes de sa mort.

autoradio nom m. Poste de radio installé dans une voiture automobile.

autorail nom m. Voiture de chemin de fer qui se déplace grâce à un moteur Diesel (semblable à celui des gros camions).

autoriser v. **1** ● *Les parents de Pierre l'***autorisent** *à se coucher tard le samedi soir :* ils lui en donnent le droit, la permission (→ SYN. permettre). **2** ● *Dans cette rue, on va* **autoriser** *le stationnement :* on va le permettre (→ CONTR. interdire).
■ **autorisation** nom f. ● *J'ai obtenu l'***autorisation** *d'aller te voir :* j'y ai été autorisé (→ SYN. permission ; CONTR. interdiction).

autorité nom f. **1** ● *Anne n'a pas d'***autorité** *sur son chien :* elle ne sait pas se faire obéir (→ autoritaire). **2** FAIRE AUTORITÉ : ● *Ce livre sur les papillons* **fait autorité** : il est reconnu par tous comme l'un des meilleurs et des plus sérieux. **3** (au plur.) ● *Des mesures contre la sécheresse ont été prises par les* **autorités**, par les représentants de l'État (le gouvernement, l'administration, etc.).
■ **autoritaire** adj. ● *Un père* **autoritaire**, qui ne laisse pas beaucoup de liberté à ses enfants, qui ne supporte pas qu'ils lui désobéissent.

autoroute nom f. Large route réservée aux automobiles, aux camions, etc., et dont les deux sens de circulation sont séparés par un terre-plein.

auto-stop nom m. ● *Sur le bord de la route, Patrick fait de l'***auto-stop** : il fait signe aux voitures pour essayer de les arrêter et de se faire prendre gratuitement à leur bord.
■ **auto-stoppeur** nom. Personne qui fait de l'auto-stop. ● *Une* **auto-stoppeuse** *; des* **auto-stoppeurs**.

autour loc. prép. et adv. **1** AUTOUR DE, loc. prép. ● *La terre tourne* **autour du** *soleil*. — ● *Mets une ficelle* **autour de** *cette boîte*. — ● *Elle a acheté ce terrain* **autour de** *50 000 F, environ* 50 000 F. **2** AUTOUR, adv. ● *Ton paquet sera plus joli si tu mets un ruban* **autour**.

autre adj. et pronom. **A.** adj. **1** ● *Si tu changes d'école, tu auras d'***autres** *professeurs, d'***autres** *camarades* (→ SYN. différent ; CONTR. même). **2** ● *Sa maison est de l'***autre** *côté de la rue,* du côté opposé à celui dont je parle. — L'AUTRE JOUR : il y a quelques jours.

B. pronom **1** ● *Quand tu auras fini de lire ce livre, je t'en donnerai un* **autre**. **2** ● *L'un des deux frères est blond, l'*autre *est brun.* — ● *Ne prends pas tout pour toi, pense aux* **autres**.

autrefois adv. ● *Autrefois, les gens voyageaient en voiture à cheval, dans le temps passé* (→ SYN. jadis ; CONTR. actuellement, aujourd'hui). — ● *Les maisons d'*autrefois, *les anciennes maisons.*

autrement adv. **1** ● *J'aurais dû lui dire cela* **autrement**, *d'une autre façon* (→ SYN. différemment). **2** ● *À la pêche il faut se taire,* **autrement** *les poissons s'enfuient, sinon ils s'enfuient.*

autruche nom f. ● *Les* **autruches** *sont les plus grands oiseaux du monde ; elles sont incapables de voler, mais courent très vite.* — ● *Les plumes d'*autruche *sont très précieuses.*

autrui pron. ● *Il ne pense qu'à lui et ne se soucie pas des souffrances d'*autrui, *des autres personnes.*

auvent nom m. ● *Comme il pleuvait fort, je me suis abrité sous un* **auvent**, *un petit toit au-dessus d'une porte ou d'une fenêtre.*

auvent

aux → à.

auxiliaire [oksiljer] nom m. et adj. **1** nom m. ● *Les verbes « être » et « avoir » sont des* **auxiliaires**, *des verbes que l'on utilise pour former les temps composés d'autres verbes (par ex. : il* est *aimé,*

il a mangé). **2** adj. ● *Une infirmière* **auxiliaire**, *des fonctionnaires* **auxiliaires**, *employés provisoirement pour aider quelqu'un dans son travail ou pour le remplacer* (→ SYN. aide, assistant). — ● *Un moteur* **auxiliaire**, *qui en complète un autre, ou qui augmente sa puissance.*

s'avachir v. pron. **1** ● *Mes bottes commencent à* **s'avachir**, *se déformer* (→ SYN. s'amollir). **2** (fam.) *Se laisser aller, s'amollir* (→ SYN. se relâcher). ★ Conjug. 11.
■ **avachi** adj. ● *Il est tout* **avachi** *sur sa chaise* (→ s'avachir, sens 2).

aval nom m. ● *Les cours d'eau coulent de l'amont vers l'*aval. — ● *Le Havre se situe en* **aval** *de Paris, sur la Seine* (→ CONTR. amont).

avalanche nom f. **1** Énorme masse de neige qui se détache du flanc des montagnes et glisse en emportant tout sur son passage. ● *Au printemps, en montagne, il faut se méfier des* **avalanches**. **2** (fig.) ● *Au Nouvel An, nous avons reçu une* **avalanche** *de cartes, une grande quantité de cartes.*

avaler v. **1** ● *Il ne faut pas* **avaler** *les noyaux des cerises.* **2** (fig. et fam.) ● *Paul n'est pas malin, il* **avale** *tout ce qu'on lui dit :* il le croit.

avancer v. **1** ● *L'automobiliste* **avance** *son siège :* il le pousse vers l'avant (→ CONTR. reculer). **2** ● *Il y avait tellement de monde que nous pouvions à peine* **avancer**, *aller vers l'avant* (→ avance, sens 1). □ v. pron. ● *Il* **s'est avancé** *vers moi.* **3** ● *Nous* **avons avancé** *notre voyage d'une semaine :* nous l'avons fait une semaine plus tôt (→ SYN. hâter ; CONTR. 2. différer, retarder). **4** ● *Ma montre* **avance** *de dix minutes :* elle marque dix minutes de plus que l'heure exacte (→ CONTR. retarder). **5** ● *J'ai* **avancé** *mon travail :* j'en ai fait une bonne partie. — ● *Mon travail a* **avancé** *:* il a progressé (→ avancement, sens 1). **6** ● *Ce militaire a* **avancé** *en grade :* il est monté en grade (→ avancement, sens 2). —

● **Avancer** en âge : vieillir (→ avancé, sens 1). **7** ● *Son patron lui* **a avancé** *de l'argent* : il lui en a versé avant la date prévue (→ avance, sens 5). ★ Conjug. 4.

■ **avancé** adj. **1** ● *Il est d'un âge* **avancé** : il est âgé (→ avancer, sens 6). **2** ● *Son frère a des idées* **avancées**, très modernes (→ SYN. progressiste).

■ **avance** nom f. **1** ● *L'armée a arrêté l'*avance *des ennemis*, leur marche en avant (→ SYN. progression). **2** ● *Le champion a pris une* **avance** *importante sur les autres coureurs* : une distance importante le sépare de ceux qui le suivent. **3** EN AVANCE, loc. adv. ● *Je suis arrivé à l'école une heure* **en avance**, une heure avant l'heure normale. **4** À L'AVANCE, loc. adv. ● *Notre voyage avait été préparé longtemps* **à l'avance**, longtemps avant le moment fixé pour le voyage. — D'AVANCE, loc. adv. ● *C'était prévu* **d'avance**, longtemps avant que cela n'arrive. **5** ● *M. Dupuis a demandé une* **avance** *à son patron*, une partie de son salaire avant la date normale de paiement.

■ **avancement** nom m. **1** ● *Le chef de chantier surveille l'*avancement *des travaux*, la manière dont ils avancent (→ SYN. progrès). **2** ● *Mon père a eu de l'*avancement : on lui a donné un travail plus important, mieux payé (→ SYN. promotion).

avant prép., adv., nom m. et adj. invar. **A.** prép. **1** ● *Je te téléphonerai* **avant** *midi* (→ CONTR. après). — AVANT DE, loc. prép. ● *Ferme la porte* **avant de** *partir*. — AVANT QUE, loc. conj. ● *Envoie ta lettre* **avant qu'**il (ne) soit trop tard. **2** ● *Ce train ne s'arrête pas* **avant** *Dijon* (→ CONTR. après). **B.** adv. **1** ● *Il a changé de métier ;* **avant** *il était comptable* (→ SYN. auparavant). **2** ● *Vous voyez l'église ? Sa maison est juste* **avant**. **3** EN AVANT, loc. adv. ● *Frédéric se penche* **en avant** (→ CONTR. en arrière). — ● **En avant**, *marche !* **C.** nom m. **1** ● *L'*avant *d'une voiture, d'un bateau*, la partie de devant. — ● *Le conducteur est assis à l'*avant. **2** ● *Les* **avants** *d'une équipe de foot-*

ball, les joueurs qui sont placés devant les autres. **D.** adj. invar. ● *La roue* **avant** *d'une moto*, celle qui est devant.

avantage nom m. **1** ● *Il a pour lui l'*avan-tage *de parler plusieurs langues* : il a cette supériorité sur les autres. — ● *Cette maison présente l'*avantage *d'être ensoleillée* (→ avantager ; SYN. atout ; CONTR. désavantage, inconvénient). **2** PRENDRE L'AVANTAGE (SUR QUELQU'UN). ● *Aucun des deux boxeurs n'arrive à* **prendre l'avantage**, à dominer l'autre (→ SYN. prendre le dessus*). **3** ● *Les employés de cette entreprise bénéficient de certains* **avantages**, de certaines choses utiles ou agréables que n'offrent pas toutes les entreprises. — ● *Le partage s'est fait à ton* **avantage**, à ton profit, en ta faveur (→ CONTR. détriment).

■ **avantager** v. **1** ● *Son diplôme l'*avantage *pour trouver du travail* : il lui donne un avantage, une supériorité (→ SYN. favoriser ; CONTR. désavantager). **2** ● *La nouvelle robe de Danielle l'*avantage : elle la fait paraître plus belle. ★ Conjug. 5.

■ **avantageux** adj. ● *J'ai fait un achat* **avantageux** (→ SYN. fructueux, intéressant, profitable, rentable ; CONTR. désavantageux). — ● *Acheter par grosses quantités est parfois plus* **avantageux** (→ SYN. économique).

■ **avantageusement** adv. ● *Cette affaire s'est terminée* **avantageuse-ment** *pour lui* : elle s'est bien terminée pour lui.

avant-bras nom m. invar. Partie du bras qui va du coude au poignet. ★ VOIR p. 967.

avant-centre nom m. Joueur placé au milieu de la ligne d'attaque. ● *Paul est* **avant-centre** *dans l'équipe de foot-ball*. — ● *Des* **avant-centres**.

avant-dernier adj. ● *Je suis arrivé à l'*avant-dernière *page de mon cahier*, à celle qui est juste avant la dernière. □ nom ● *L'*avant-dernier *sur une liste*.

avant-garde nom f. **1** ● *L'avant-garde de l'armée*, la partie de l'armée qui est envoyée en avant du reste des troupes (→ CONTR. arrière-garde). **2** (fig.) ● *Peu de gens comprennent la peinture d'avant-garde*, la peinture la plus moderne. — ● *Des avant-gardes.*

avant-hier adv. ● *Aujourd'hui, nous sommes mercredi; avant-hier c'était lundi*, le jour qui a précédé hier.

avant-propos nom m. invar. ● *Dans son avant-propos, l'auteur explique pourquoi il a écrit son livre* (→ SYN. introduction, préface).

avant-veille nom f. Jour qui vient juste avant la veille. ● *Je devais partir lundi, mais je suis tombé malade l'avant-veille de mon départ, c'est-à-dire samedi.*

avare adj. **1** ● *Notre voisin est riche, mais il vit comme un pauvre parce qu'il est avare*, parce qu'il ne pense qu'à accumuler de l'argent et à dépense le moins possible (→ CONTR. dépensier, généreux). □ nom ● *Les avares n'aiment pas à prêter de l'argent.* **2** ÊTRE AVARE DE QUELQUE CHOSE. ● *Il est avare de compliments* : il n'en fait pas souvent.
■ **avarice** nom f. ● *Son avarice est telle qu'il préfère porter des vêtements déchirés plutôt que d'en acheter des neufs.*

avarie nom f. ● *Les marchandises que le bateau transportait ont subi des avaries pendant le voyage*, des dégâts. — ● *Le bateau a eu une avarie.*
■ **avarié** adj. ● *Cette viande, ces fruits, sont avariés*, abîmés, pourris, gâtés (→ CONTR. 1. frais).

avatar nom m. Transformation. ● *Ce projet a connu de nombreux avatars.*

avec prép. **1** ● *Je pars en vacances avec mes parents* : je pars en leur compagnie (→ CONTR. sans). — ● *Je suis d'accord avec toi*, du même avis que toi. **2** ● *Il se bat avec sa sœur*, contre sa sœur. **3** ● *Avec ce froid, les arbres vont mourir*, à cause de ce froid. **4** ● *Nous mangeons avec une fourchette*, à l'aide, au moyen d'une four-chette. **5** ● *Il m'a répondu avec amabilité*, d'une manière aimable.

avenant adj. ● *Ce commerçant est avenant* : il est aimable, il accueille bien les gens. — ● *Un visage avenant, des manières avenantes* (→ SYN. aimable, gracieux).

à l'avenant loc. adv. ● *Quand nous sommes arrivés dans cette maison, le toit fuyait, le chauffage ne marchait pas et tout le reste était à l'avenant*, dans le même état.

avènement nom m. **1** ● *L'avènement d'un roi*, le moment où il monte sur le trône, où il commence son règne. **2** (fig.) ● *L'avènement de la justice, de la liberté*, le début d'une période de justice, de liberté.

avenir nom m. **1** ● *Les écrivains de science-fiction imaginent le monde de l'avenir*, du temps à venir, du futur. **2** ● *As-tu pensé à ton avenir?*, à ce que tu feras plus tard. **3** À L'AVENIR, loc. adv. ● *Cette mésaventure m'a servi de leçon ; à l'avenir, je me méfierai*, les prochaines fois, à partir de maintenant (→ SYN. désormais, dorénavant).

aventure nom f. **1** ● *Dans son livre, l'explorateur raconte ses aventures*, les événements extraordinaires, imprévus qui lui sont arrivés, qu'il a vécus (→ mésaventure). **2** ● *Richard n'aime pas l'aventure*, les expériences nouvelles, risquées, dangereuses. **3** À L'AVENTURE. ● *Michel se promène à l'aventure*, au hasard, sans but précis. **4** DIRE LA BONNE AVENTURE. ● *Une voyante lui avait dit la bonne aventure*, lui avait prédit l'avenir.
■ **aventurier** nom ● *Les pirates étaient des aventuriers*, des personnes qui recherchaient l'aventure par goût du risque ou pour s'enrichir, souvent malhonnêtement.
■ **aventureux** adj. **1** ● *Claude rêve d'une vie aventureuse*, pleine d'aventures, d'imprévus. **2** ● *Une entreprise aventureuse*, qui a peu de chances de réussir, risquée.

■ **s'aventurer** v. pron. ● *Ce quartier est mal fréquenté; il vaut mieux ne pas s'y aventurer la nuit*, prendre le risque d'y aller.

avenue nom f. Large rue, souvent bordée d'arbres. ● *La ville est entièrement traversée par une longue avenue.*

s'avérer v. ● *Ce médicament pourrait s'avérer très efficace contre la douleur :* se révéler, se montrer. ★ Ne pas dire : s'avérer faux ou s'avérer vrai.

averse nom f. ● *Ces gros nuages noirs annoncent une averse*, une forte pluie qui tombe brusquement, mais qui dure peu.

aversion nom f. ● *Je ne suis pas un bon élève, j'ai trop d'aversion pour le travail* (→ SYN. répulsion, dégoût; CONTR. amour, goût).

avertir v. ● *Le long de la route, des panneaux avertissent les automobilistes des dangers :* ils les informent des dangers pour qu'ils fassent attention (→ SYN. aviser, prévenir). ★ Conjug. 11.
■ **averti** adj. Qui est au courant, qui sait. ● *Un homme averti en vaut deux* (→ SYN. avisé, instruit, prévenu).
•■ **avertissement** nom m. 1 ● *J'aurais dû suivre leurs avertissements*, ce qu'ils m'avaient dit pour m'avertir (→ SYN. conseil, recommandation). 2 ● *Ce footballeur s'est montré trop violent; il a eu un avertissement de l'arbitre*, une réprimande, un blâme pour sa mauvaise conduite.
■ **avertisseur** nom m. ● *L'automobiliste en colère donne de grands coups d'avertisseur*, de klaxon. ● *Un avertisseur d'incendie sert à appeler les pompiers.*

aveu nom m. 1 ● *Je dois te faire un aveu :* je dois te dire, t'avouer une chose dont je ne suis pas fier. 2 ● *L'accusé a fait des aveux, est passé aux aveux :* il a reconnu qu'il était coupable (→ avouer).

aveugle adj. 1 ● *Cette personne est née aveugle*, privée de la vue. □ nom ● *Dans la rue, les aveugles se guident souvent avec une canne blanche.*

★ Chercher aussi : borgne, cécité. 2 (fig.) ● *Son amour pour ses enfants le rend aveugle*, incapable de les voir tels qu'ils sont réellement (→ aveugler, sens 2; aveuglement; aveuglément). 3 ● *Une confiance aveugle*, que l'on accorde totalement et sans réfléchir (→ SYN. absolu).

■ **aveugler** v. 1 ● *L'automobiliste est aveuglé par les phares des voitures qu'il croise :* sa vue est gênée, il est ébloui. 2 (fig.) ● *La colère t'aveugle :* elle t'empêche de voir la réalité, de juger correctement les choses (→ aveuglément).

■ **aveuglement** nom m. ● *Il a été victime de son aveuglement*, de son manque de jugement, de lucidité, de sa trop grande confiance.

■ **aveuglément** adv. ● *J'ai regretté de l'avoir aveuglément suivi*, sans réfléchir, sans chercher à comprendre.

■ **à l'aveuglette** loc. adv. 1 ● *Dans le noir, on se dirige à l'aveuglette*, en cherchant son chemin comme un aveugle (→ SYN. à tâtons). 2 (fig.) ● *Se lancer dans des recherches à l'aveuglette*, au hasard, sans savoir où l'on va.

aviation nom f. 1 ● *Une compagnie d'aviation*, une compagnie aérienne qui s'occupe de transporter des personnes ou des marchandises dans ses avions. — ● *Un terrain d'aviation*, où les avions peuvent décoller et atterrir. ★ Chercher aussi : aéronautique. 2 ● *L'aviation d'une armée*, l'ensemble de ses avions.
■ **aviateur, -trice** nom ● *Guynemer fut un aviateur célèbre pendant la guerre de 1914-1918.*

aviculture nom f. Élevage des oiseaux, des volailles.

avide adj. ● *Être avide d'une chose*, la désirer très fortement, en vouloir toujours davantage. — ● *Il est avide de nourriture, de connaissances.*
■ **avidement** adv. ● *Le chien se jette avidement sur son repas.*
■ **avidité** nom f. ● *Il veut toujours gagner plus d'argent, rien ne peut satisfaire son avidité.*

s'avilir v. pron. Devenir vil, méprisable. ● *Il **s'avilit** à mentir sans cesse* (→ SYN. se déprécier, sens 1 ; CONTR. s'élever). ★ Conjug. 11.

avion nom m. ● *Jour et nuit, des **avions** décollent et atterrissent sur les pistes de l'aéroport* (→ aviateur, aviation). — ● *Un **avion**-cargo, réservé au transport des marchandises.*

aviron nom m. **1** ● *Pour faire avancer les bateaux qui n'ont ni voile ni moteur, on se sert d'**avirons**, de rames.* **2** ● *Mon frère fait de l'**aviron** : des randonnées, des courses en bateau à rames.* ★ Chercher aussi : canotage.

avis [avi] nom m. **1** ● *Avant de prendre cette décision, je voudrais que tu me donnes ton **avis**, que tu me dises ce que tu en penses* (→ SYN. opinion, point* de vue). — ● *Je suis de ton **avis** : je suis d'accord avec toi.* **2** ● *Un **avis** à la population est affiché sur la porte de la mairie, une information écrite* (→ aviser, sens 2).

aviser v. **1** ● *Au cinéma, nous étions sur le point de nous asseoir au premier rang lorsque Paul **avisa** deux places libres au fond, lorsqu'il les aperçut soudain* (→ SYN. remarquer). **2** ● *Tu devrais **aviser** tes amis de ton départ, les en avertir* (→ avis, sens 2 ; SYN. avertir, informer, prévenir).
■ **s'aviser de** v. pron. ● *Ne t'avise pas de désobéir : n'essaie pas.*
■ **avisé** adj. ● *C'est une fille **avisée**, qui agit intelligemment et raisonnablement.*

aviver v. Rendre plus vif, plus fort. ● *Certains souvenirs peuvent **aviver** la douleur* (→ SYN. augmenter ; CONTR. éteindre, atténuer).

1. avocat nom m. Fruit vert à noyau, ayant la forme et la taille d'une poire. ● *Les **avocats** viennent des pays chauds.*

2. avocat nom. Personne dont le métier est de défendre les accusés devant la justice, de conseiller ceux qui sont en procès. ● *Pour plaider au tribunal, les **avocats** portent une robe noire.*

avocat

avoine nom f. ● *Le paysan fauche l'**avoine**, une plante dont les grains servent surtout à nourrir les chevaux et les poules.* ★ Chercher aussi : céréale.

avoir v. **1** ● *J'ai une bicyclette rouge : elle m'appartient* (→ SYN. posséder). **2** ● *J'ai un frère et une sœur ; j'ai des amis : ce sont les miens.* **3** ● *J'ai eu ce disque pour vingt francs : je l'ai obtenu pour vingt francs.* **4** ● *Il a un gros ventre et des cheveux blancs : son ventre est gros, ses cheveux sont blancs.* — ● *Quel âge **as**-tu ?, quel est ton âge ?* **5** ● *Jacques a mal à la tête : il éprouve des maux de tête.* — ● *Qu'est-ce que tu **as** ? tu **as** de la peine ?* **6** (fam.) ● *En nous faisant payer aussi cher, il nous a bien eus : il nous a bien trompés* (→ SYN. (fam.) rouler). **7** EN AVOIR ASSEZ. ● *J'en ai assez de vos plaintes : elles me deviennent insupportables* (→ SYN. (très fam.) en avoir marre*). **8** AVOIR À. ● *J'ai quelque chose à vous dire : je dois vous le dire.* **9** IL Y A. ● *Il y a 3 autos dans la cour.* — ● *Il y a une heure que je suis là.* ★ Avoir est également employé comme auxiliaire pour conjuguer les verbes aux temps composés (par ex. : *j'ai mangé, il avait joué*) ; dans ce cas il n'a pas de sens à lui seul. ★ Conjug. 1.
■ **avoir** nom m. ● *Comme **avoir**, il n'a qu'une petite maison et un jardin, comme fortune, comme possession, comme bien.*

avoisinant adj. • *Il y a beaucoup de gibier dans les forêts **avoisinantes**, qui sont près d'ici* (→ voisin).

avoisiner v. Être situé près de. • *Mon village **avoisine** la forêt.* — • *Ses pertes doivent **avoisiner** le million* : approcher.

avorter v. **1** • *Cette femme s'est fait **avorter*** : elle a subi une opération pour ne pas avoir l'enfant qu'elle attendait. **2** (fig.) • *Son plan **a avorté**,* n'a pas abouti, n'a donné naissance à rien (→ SYN. 1. échouer ; CONTR. réussir).
■ **avortement** nom m. **1** • *Dans certains pays, l'**avortement** est interdit* (→ avorter, sens 1). **2** (fig.) • *L'**avortement** d'un projet.*

avouer v. **1** • *Il **a avoué** qu'il avait triché* : il l'a reconnu avec une certaine gêne (→ inavouable). **2** • *Le gangster **a avoué*** : il a reconnu ce dont on l'accusait (→ aveu ; CONTR. nier).
■ **s'avouer** v. pron. • *Je **m'avoue** vaincu* : je reconnais que je suis vaincu.
■ **avouable** adj. • *Mes intentions sont **avouables*** : je peux les dire sans honte (→ SYN. honnête ; CONTR. inavouable).

avril nom m. Quatrième mois de l'année, qui compte 30 jours. • *Traditionnellement, les gens se font des farces le 1er avril* (on dit que l'on fait des *poissons d'avril*).

axe nom m. **1** • *L'**axe** d'une roue,* la tige de métal autour de laquelle elle tourne. **2** • *La terre tourne autour de son **axe**,* autour d'une ligne imaginaire qui la traverse du pôle Nord au pôle Sud. **3** • *L'**axe** d'une rue* : la ligne qui la partage en deux, dans le sens de la longueur. **4** LES GRANDS AXES (D'UN PAYS). • *Pour éviter les encombrements, il vaut mieux rouler à l'écart des **grands axes**,* des grandes routes qui traversent un pays.

azalée nom f. Arbuste à fleurs décoratives. • *Elle a acheté une **azalée** chez le fleuriste.*

azimut nom m. • *Il court dans tous les **azimuts**,* dans toutes les directions, dans tous les sens (fam.).

azote nom m. Gaz qui constitue la plus grande partie (78 %) de l'air. • *L'**azote** pur est irrespirable.* ★ Chercher aussi : 1. air, oxygène.

azur nom m. (littér.) **1** • *L'**azur** du ciel et de la mer* : leur belle couleur bleue. **2** • *Les oiseaux qui volent dans l'**azur**,* dans le ciel clair et pur.

B|b

1. baba nom m. Sorte de gâteau, arrosé de rhum.

2. baba adj. invar. (fam.) ● *Quand elle a su cela, elle en est restée baba*, ébahie, stupéfaite (→ ébahir).

babiller v. ● *Ces jeunes enfants babillent*, ils parlent beaucoup et disent des choses sans importance, futiles.
■ **babillage** nom m. ● *Ceci n'est que du babillage*, des paroles sans intérêt.

babines nom f. plur. **1** ● *Le chien grogne et retrousse ses babines*, ses lèvres. **2** (fig.) SEN LÉCHER LES BABINES : se réjouir à la pensée d'une bonne chose. ● *Marc sait qu'un bon goûter l'attend, d'avance il s'en lèche les babines*.

babiole nom f. **1** ● *Ne me remercie pas pour ce cadeau, ce n'est qu'une babiole*, un objet qui ne coûte pas cher. **2** (fig.) ● *Vraiment, tu ne t'intéresses qu'à des babioles !*, des choses sans importance, des bêtises.

bâbord nom m. ● *Sur ce bateau, le restaurant est à bâbord*, à gauche quand on regarde vers l'avant du bateau (par opposition à tribord).

babouche nom f. Pantoufle en cuir sans talon. ● *Déchausse-toi et mets tes babouches*.

babouin nom m. Singe d'Afrique et d'Arabie au museau allongé et aux lèvres épaisses.

baby-foot [babifut] (mot anglais) nom m. Jeu qui reproduit en miniature une partie de football.

1. bac nom m. ● *Il n'y a pas de pont, pour traverser cette rivière il faut prendre un bac* : un bateau qui transporte d'une rive à l'autre les passagers et les véhicules.

2. bac nom m. Récipient. ● *Autrefois, on lavait le linge dans de grands bacs.* — ● *Le bac à glace d'un réfrigérateur.*

3. bac nom m. (fam.) Abrév. courante de baccalauréat.

baccalauréat nom m. ● *Mon frère va bientôt quitter le lycée, il passe le baccalauréat*, l'examen que les lycéens passent à la fin des études secondaires (→ bachelier ; SYN. (fam.) 3. bac).

bâche nom f. ● *Il va pleuvoir, il faut protéger les planches qui sont dehors ; mets une bâche dessus*, une toile imperméable.

bachelier nom m. ● *Sabine est bachelière* : elle a obtenu le baccalauréat.

bacille [basil] nom m. ● *La maladie d'Anne est due à des bacilles*, un certain type de bactéries.

bâcler v. (fam.) ● *Il faut que tu recommences ce travail, tu l'as bâclé* : tu l'as fait trop rapidement et sans soin.

bactérie nom f. Très petit organisme vivant qui n'appartient ni au règne animal, ni au règne végétal.

badaud nom m. ● *Dans ce quartier, quel que soit le jour de la semaine, il y a toujours beaucoup de badauds*, de gens qui se promènent sans but précis (→ SYN. curieux, flâneur).

badge nom m. ● *Épinglé à sa chemise, il porte le badge d'un chanteur célèbre*, un insigne (avec une image, une photo de ce chanteur).

badigeon nom m. ● *Sur ce mur, on va passer une couche de badigeon*, une couche de peinture spéciale avec laquelle on recouvre les murs extérieurs.

■ **badigeonner** v. **1** ● *Julien badigeonne le mur :* il le recouvre d'une couche de badigeon. **2** ● *Le médecin a badigeonné la plaie d'Éric avec du mercurochrome :* il a passé du mercurochrome sur cette plaie.

badine nom f. ● *Tu vas énerver ton cheval si tu lui donnes des coups de badine* (→ SYN. baguette).

badminton [badmintɔn] (mot anglais) nom m. Jeu voisin du tennis qui se joue avec des raquettes plus légères et un volant.

baffe nom f. (fam.) ● *Il a reçu une baffe,* une gifle.

bafouer v. Traiter avec mépris. ● *Il a été bafoué devant tout le monde* (→ SYN. outrager, ridiculiser).

bafouiller v. (fam.) ● *Il est très intimidé et il bafouille,* il parle d'une manière embarrassée, embrouillée (→ SYN. balbutier; bredouiller).

bagage nom m. **1** Affaires que l'on emporte avec soi en voyage. ● *Anne a beaucoup de bagages,* de sacs, de valises. ★ Chercher aussi : porte-bagages. **2** PLIER BAGAGE : partir. **3** AVEC ARMES ET BAGAGES. ● *Il est arrivé chez nous avec armes et bagages,* avec toutes ses affaires, dans l'intention de rester. **4** (fig.) ● *Omar a un bagage musical important :* il a des connaissances musicales importantes.

se **bagarrer** v. pron. (fam.) ● *Vous n'allez pas vous bagarrer pour si peu,* vous disputer, vous battre.

■ **bagarre** nom f. (fam.) ● *Cette bagarre est stupide :* cette querelle, cet échange de coups (→ SYN. rixe).

■ **bagarreur** adj. (fam.) ● *Éric est bagarreur :* il est toujours prêt à se battre (→ SYN. batailleur).

bagatelle nom f. ● *Christian a été désagréable ? C'est une bagatelle qu'il faut oublier :* chose sans importance.

bagne nom m. **1** Lieu où étaient autrefois détenus les condamnés à de longues peines de prison, avec travaux forcés. ● *L'ancien bagne de Cayenne, en Guyane.* **2** (fig.) ● *C'est le bagne*

ici !, les conditions de travail sont très pénibles.

■ **bagnard** nom m. Prisonnier qui est dans un bagne (→ SYN. forçat).

bagnole nom f. (fam.) Auto, voiture.

bagou(t) nom m. (fam.) ● *Ce vendeur a beaucoup de bagout :* il parle beaucoup et assez vite, en étant très persuasif.

bague nom f. Anneau que l'on porte au doigt, parfois orné d'une pierre précieuse.

baguette nom f. **1** Petit bâton mince. ● *On joue du tambour avec des baguettes.* **2** FAIRE MARCHER QUELQU'UN À LA BAGUETTE : le commander, le diriger, avec sévérité. **3** Pain long et mince. ● *Il a acheté une baguette chez le boulanger.*

bah ! interj. ● *Tu as cassé une assiette, bah !,* cela n'a pas d'importance ; tant pis !

bahut nom m. Buffet large et bas. ● *Pose ce vase sur le bahut.*

bahut

1. baie nom f. ● *Le bateau entre dans la baie,* dans une partie de la côte où la mer s'avance dans la terre. ★ Chercher aussi : 2. anse, crique, golfe.

2. baie nom f. ● *Dans cet appartement toutes les pièces ont des baies vitrées,* de grandes ouvertures vitrées, de grandes fenêtres.

3. baie nom f. ● *La groseille et le cassis sont des* **baies**, *des petits fruits juteux.*

baigner v. 1 ● *Mon chien n'aime pas qu'on le* **baigne**, *qu'on le mette dans l'eau, qu'on lui fasse prendre un bain.* 2 ● *Ces fruits* **baignent** *dans un sirop :* ils trempent dans un sirop.
■ **se baigner** v. pron. ● *La mer était froide, René ne* **s'est** *pas* **baigné**, il ne s'est pas mis dans l'eau (→ bain). ★ Chercher aussi : balnéaire.
■ **baignade** nom f. 1 ● *Ici la rivière est dangereuse, la* **baignade** *est interdite :* il est interdit de se baigner. 2 ● *Une* **baignade** *:* un endroit d'une rivière, d'un lac où l'on peut se baigner.
■ **baigneur** nom m. 1 ● *Quand Philippe est arrivé sur la plage, il est allé rejoindre les* **baigneurs**, les personnes qui se baignaient. 2 ● *Est-ce que tu as apporté ton* **baigneur** ? ta poupée qui représente un bébé.
■ **baignoire** nom f. ● *La* **baignoire** *se trouve dans la salle de bains.*

bail [baj] nom m. ● *Je viens de louer cet appartement ; j'ai signé un* **bail** *de six ans,* un contrat dans lequel sont indiquées la durée (ici, six ans) et les conditions (le prix, etc.) de la location. — *Des* **baux**.

bâiller v. 1 ● *Anne est fatiguée, elle n'arrête pas de* **bâiller**, *d'ouvrir tout grand la bouche en inspirant puis en expirant.* 2 ● *Tu n'avais pas fermé la porte, elle* **bâillait** *:* elle était entrouverte (→ entrebâiller).
■ **bâillement** nom m. ● *Luc s'ennuie ; il n'arrive pas à cacher ses* **bâillements**, à cacher qu'il bâille.

bâillon nom m. Morceau de tissu que l'on applique contre la bouche de quelqu'un pour l'empêcher de parler ou de crier.
■ **bâillonner** v. ● *Pendant le jeu, si tu es fait prisonnier, tu* **seras bâillonné** *:* on te mettra un bâillon.

bain nom m. 1 ● *Je vais prendre un* **bain** *(pour me laver).* 2 ● *À la mer, j'aime bien prendre des* **bains** *(pour nager)* (→ se baigner). 3 BAIN DE SOLEIL ● *Prendre un* **bain de soleil** *:* s'exposer au soleil pour bronzer. 4 (fig. et fam.) SE METTRE DANS LE BAIN. ● *Je ne connais pas ce travail ; je vais lire quelques ouvrages pour* **me mettre dans le bain**, pour me mettre au courant.

bain-marie nom m. ● *Fais fondre le beurre au* **bain-marie**, en le mettant dans un récipient qui baigne dans de l'eau chaude. — *Des* **bains-marie**.

baïonnette nom f. 1 Poignard qui se fixe au bout d'un fusil de guerre. 2 ● *Quand tu achètes une ampoule électrique, le marchand te demande si tu veux une ampoule à vis ou à* **baïonnette**, qui se fixe sur la douille à l'aide de deux petites tiges.

1. baiser v. ● *Baiser le front de quelqu'un :* lui embrasser le front.

2. baiser nom m. ● *Donne-moi un* **baiser** *:* embrasse-moi.

baisser v. 1 ● *Il fait chaud dans cette voiture,* **baisse** *la vitre :* fais-la descendre (→ SYN. abaisser). 2 ● *Baisser la tête :* la courber (→ SYN. pencher). 3 ● *Le niveau de l'eau* **baisse** *:* il descend. 4 ● *Baisser la radio :* diminuer la puissance du son. 5 ● *Vous ne vendrez jamais cet objet si vous ne* **baissez** *pas son prix,* si vous ne diminuez pas son prix. — *Les prix n'ont pas* **baissé** (→ CONTR. augmenter). 6 ● *Avoir la vue qui* **baisse**, qui diminue.
■ **se baisser** v. pron. ● *Arnaud s'est* **baissé** *pour renouer son lacet.*
■ **baisse** nom f. ● *Une* **baisse** *de prix ; une* **baisse** *de la production* (→ SYN. diminution ; CONTR. augmentation, hausse).

bal nom m. Réunion où l'on danse. ● *Le 14 Juillet, en France, de nombreux* **bals** *publics sont organisés sur les places et dans les rues.*

se **balader** v. pron. (fam.) ● *Cet après-midi, il faisait beau, je suis allé* **me balader**, me promener (→ SYN. flâner).
■ **balade** nom f. (fam.) ● *Denis et Sabine ont fait une* **balade** *dans la forêt,* une promenade.

balafre nom f. ● *Cet homme a une bala-fre*, une longue cicatrice au visage, qui provient d'une blessure faite avec un objet tranchant.
■ **balafré** adj. ● *Un vieux soldat bala-fré*, qui porte une balafre.

balai nom m. **1** Brosse fixée au bout d'un long manche, utilisée pour nettoyer les sols, pour balayer. ● *Passer, donner un coup de balai* : balayer rapidement. **2** ● *J'ai demandé au garagiste de changer mes balais d'essuie-glace* : la lame de caoutchouc qui essuie le pare-brise d'une auto.

balance nom f. Instrument qui sert à peser.

balancer v. ● *Luc balance les bras* : il leur donne un mouvement de va-et-vient. ★ Conjug. 4.
■ *se* **balancer** v. pron. ● *François se balance sur sa chaise* (en donnant à sa chaise un mouvement de va-et-vient) (→ balançoire).
■ **balancement** nom m. ● *Le balance-ment de la barque m'a rendu malade* : le mouvement qui agite la barque, dans un sens puis dans l'autre.

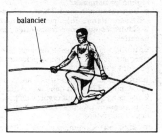

balancier

balancier nom m. **1** ● *Cette vieille horloge marcherait si on retrouvait son balancier*, la pièce qui, par son mouvement de va-et-vient, rend régulier le fonctionnement de l'horloge. **2** ● *Sur la corde, le funambule garde l'équilibre grâce à un balancier*, un très long bâton.

balançoire nom f. Siège suspendu entre deux cordes et sur lequel on se balance.

balayer v. **1** ● *J'ai balayé la cuisine* : j'ai enlevé la poussière qui était sur le sol (→ balai). **2** ● *L'inondation a tout balayé sur son passage* : elle a tout emporté. ★ Conjug. 7.
■ **balayage** nom m. ● *Enfin ! J'ai ter-miné le balayage de la cuisine.*
■ **balayeur** nom m. Employé chargé de nettoyer, de balayer, des rues ou des locaux.
■ **balayette** nom f. Petit balai à manche court.

balbutier [balbysje] v. ● *Sylvie a balbutié quelques mots* : elle les a prononcés d'une façon peu claire (→ SYN. bafouil-ler ; bredouiller). ★ Conjug. 10.

balcon nom m. **1** ● *Daniel s'est mis au balcon pour regarder dans la rue.* **2** ● *Hier, au théâtre, nous avions des places au balcon*, en hauteur.

baldaquin nom m. ● *Un lit à baldaquin.*

baleine nom f. **1** Animal marin de très grande taille. ● *Les baleines sont des mammifères.* **2** ● *Les baleines d'un parapluie* : les tiges flexibles sur les-quelles la toile du parapluie est ten-due.
■ **baleinier** nom m. Navire spécialisé dans la pêche à la baleine.
■ **baleinière** nom f. Canot long et léger équipé pour la pêche à la baleine.

balise nom f. ● *Les lumières que tu vois à l'entrée du port sont des balises*, des signaux pour guider les bateaux.
■ **balisage** nom m. ● *Le balisage d'une route* : les panneaux de signalisation, les lignes jaunes et blanches.
■ **baliser** v. ● *Des employés balisent la voie ferrée* : ils installent des signaux le long de la voie.

baliverne nom f. ● *Tais-toi, tu ne dis que des balivernes*, choses futiles et sans intérêt (→ SYN. sornettes).

ballant adj. ● *Marie est assise sur une branche d'arbre, les jambes ballantes* : elle a les jambes qui pendent, qui se balancent dans le vide.

ballast nom m. **1** Pierres concassées sur lesquelles sont posées les traverses qui supportent les rails d'une voie ferrée. **2** ● *Pour plonger sous la mer, un sous-marin remplit d'eau ses **ballasts,*** ses réservoirs de plongée.

balle nom f. **1** ● *On joue au tennis avec une raquette et des **balles.*** — ● *Jouer à la **balle,*** à se lancer une balle et à l'attraper. **2** (fig.) SAISIR LA BALLE AU BOND : saisir l'occasion de parler ou d'agir, dès qu'elle se présente. — SE RENVOYER LA BALLE : s'accuser mutuellement d'être responsable de quelque chose. **3** ● *Une **balle** de fusil*, de revolver.

ballerine nom f. **1** ● *Anouk est **ballerine** :* elle est danseuse de ballet. **2** Chaussure plate qui ressemble à un chausson de danse.

ballet nom m. ● *Ce soir nous allons voir un **ballet**,* un spectacle de danse.

ballon nom m. **1** ● *On joue au rugby avec un **ballon** ovale.* **2** ● *Es-tu déjà monté en **ballon** ?* ★ Chercher aussi : dirigeable.

ballonné adj. ● *J'ai le ventre **ballonné**,* gonflé comme un ballon.

ballot nom m. **1** ● *Il a pris quelques vêtements et il en a fait un **ballot**,* un paquet. **2** (fig. et fam.) ● *Tu es un gros **ballot**,* un idiot, un imbécile.

ballottage nom m. ● *Dans cette élection, il y a **ballottage** entre les candidats :* aucun candidat n'a obtenu suffisamment de voix pour être élu au premier tour (il y aura donc un second tour d'élection).

ballotter v. ● *La mer est mauvaise, les passagers du bateau **sont ballottés** :* ils sont secoués dans tous les sens par les mouvements du bateau (comme un ballot que l'on transporte).

balluchon nom m. ● *Bécassine ne voyage pas sans son parapluie et son **balluchon**,* petit paquet de vêtements contenus dans un carré d'étoffe noué aux quatre coins.

balnéaire adj. ● *Nice est une station **balnéaire**,* une ville où l'on peut prendre des bains de mer.

balsa [balza] nom m. Bois très léger. ● *Cette maquette d'avion est réalisée en **balsa**.*

balustrade nom f. Barrière qui entoure un balcon, une terrasse, et sur laquelle on peut s'appuyer. ● *Annie est accoudée sur la **balustrade** du balcon.*

bambin nom m. Petit garçon.

bambou nom m. Plante légère et très solide qui pousse dans les pays chauds. ● *Une canne à pêche en **bambou**,* faite en tige de bambou.

banal adj. ● *Ce que vous avez vu n'a rien d'extraordinaire ; c'est tout à fait **banal**,* ordinaire (→ SYN. commun). — ● *Une histoire **banale**.*
■ **banalité** nom f. **1** ● *Cette histoire est d'une grande **banalité**.* **2** ● *Il dit des **banalités**,* des choses banales, sans intérêt.

banalisé adj. ● *Pour qu'on ne les reconnaisse pas, certaines voitures de police sont **banalisées**,* elles n'ont aucun signe distinctif et ressemblent à toutes les autres voitures (→ banal).

banane nom f. Fruit du bananier. ● *Un régime de **bananes**.*
■ **bananier** nom m. **1** Plante qui est cultivée dans les pays chauds. **2** Navire équipé pour transporter des bananes.

1. banc nom m. Siège avec ou sans dossier sur lequel plusieurs personnes peuvent s'asseoir.

2. banc nom m. **1** BANC DE SABLE : amas de sable dans la mer ou dans une rivière. **2** BANC DE POISSONS : grand nombre de poissons nageant groupés dans la mer ou dans une rivière.

bancaire adj. ● *Pour pouvoir acheter cette maison, Julien a fait un emprunt **bancaire**,* un emprunt auprès d'une banque.

bancal adj. ● *L'un des pieds de cette chaise est plus court que les autres ; elle est **bancale**,* elle n'est pas stable (→ boiteux).

1. bande nom f. **1** Morceau de tissu long et étroit utilisé pour faire des pan-

sements (→ bander, sens 1; bandage).
2 ● *Je vais coller ici une* **bande** *de papier,* un morceau de papier long et étroit. **3** BANDE MAGNÉTIQUE. ● *La* **bande magnétique** *d'un magnétophone,* le long ruban sur lequel sont enregistrés les sons. **4** BANDE DESSINÉE : suite de dessins qui racontent une même histoire.
● *Un album de* **bandes dessinées** (→ B. D.).

■ **bander** v. **1** ● *Mon poignet me fait mal, je vais le* **bander,** l'entourer d'une bande. **2** ● *Le tireur* **bande** *son arc :* il tire la corde de l'arc pour le tendre.

■ **bandage** nom m. ● *Il faut défaire ce* **bandage,** ce pansement fait avec des bandes.

■ **bandeau** nom m. Étroite bande d'étoffe avec laquelle on s'entoure la tête. ● *Je vais retenir mes cheveux avec un* **bandeau. —** *Pour que tu ne nous voies pas,* on va te mettre un **bandeau** *sur les yeux.*

2. bande nom f. (souvent péjor.) ● *Une* **bande** *de voyous :* un groupe de voyous. **—** ● **Bande** *d'idiots!*

banderille nom f. Bâtonnet muni de rubans et terminé par une pointe que l'on plante dans le garrot du taureau pour l'affaiblir, au cours d'une corrida.

banderole [bɑ̃dʀɔl] nom f. Long morceau de tissu tendu entre deux bâtons et sur lequel quelque chose est inscrit. ● *Dans les manifestations, on voit beaucoup de* **banderoles.**

bandit nom m. **1** ● *La police recherche un* **bandit,** un malfaiteur (→ SYN. criminel, délinquant, gangster). **2** ● *C'est un vrai* **bandit,** une personne malhonnête.

■ **banditisme** nom m. ● *La police lutte contre le développement du* **banditisme,** l'activité des bandits.

bandoulière nom f. EN BANDOULIÈRE. ● *Michel porte son sac* **en bandoulière** : la lanière (*la* **bandoulière**) *qui retient son sac est passée autour de sa poitrine, d'une épaule au côté opposé de son corps.*

banjo nom m. Sorte de guitare ronde dont le dessus est fait d'une peau tendue.

● *Le cow-boy chantait en s'accompagnant de son* **banjo.**

banlieue nom f. ● *Daniel habite la* **banlieue** *de Lyon,* une des communes qui sont proches de Lyon.

■ **banlieusard** nom. (fam.) Personne qui habite la banlieue.

bannière nom f. **1** ● *L'équipe de football de Serge a une* **bannière** *bleue,* une sorte de drapeau. **2** LA CROIX ET LA BANNIÈRE. ● *Pour le décider à venir se promener,* cela a été *la croix et la bannière,* cela a été très difficile.

bannir v. **1** Condamner quelqu'un à quitter le pays et lui interdire d'y revenir. ● *Ce criminel* **a été banni** *du territoire.* **2** (fig.) Rejeter. ● *Gilbert* **bannit** *le café et le tabac.*

banque nom f. Société commerciale auprès de laquelle on peut déposer de l'argent ou en emprunter. ● *J'ai emprunté de l'argent à une* **banque** (→ bancaire).

■ **banquier** nom m. **1** Dirigeant d'une banque. **2** (fig.) ● *Je ne serai pas toujours ton* **banquier** : je ne te donnerai pas toujours de l'argent.

banquet nom m. ● *Cent personnes sont invitées à ce* **banquet,** à ce repas de cérémonie.

banquette nom f. ● *Le livre de Patrick est resté dans la voiture sur la* **banquette** arrière, le siège arrière.

banquise nom f. Immense masse de glace qui se forme à la surface des mers polaires. ★ Chercher aussi : iceberg. ★ VOIR p. 225.

baobab nom m. Grand arbre au tronc énorme, qui pousse en Afrique tropicale.

baptême [batɛm] nom m. **1** Sacrement par lequel une personne est admise parmi les chrétiens (et à l'occasion duquel l'enfant recevait autrefois son prénom). **2** BAPTÊME DE L'AIR. Premier vol en avion effectué par quelqu'un.

■ **baptiser** [batize] v. **1** ● *Le prêtre* **a baptisé** *André :* il lui a donné le sacrement du baptême. **2** ● *Jeanne* **a bap-**

tisé son chien Nicky : elle lui a donné le nom de Nicky.

baquet nom m. ● *Autrefois on lavait le linge dans un **baquet**,* un grand récipient en bois (→ SYN. 2. bac, cuve).

bar nom m. **1** Endroit où sont servies des boissons et où les clients boivent généralement en restant debout. ● *Je viens de boire une bière dans un **bar*** (→ SYN. 2. café). **2** ● *Je suis pressé, je prends un thé au **bar**,* au comptoir (et non assis à une table de la *salle*).

baraque nom f. **1** ● *Pour la fête du village, on a dressé des **baraques** sur la place,* des constructions légères en bois. **2** (fam.) Maison en mauvais état. ● *Quelle **baraque**!* (→ SYN. bicoque).
■ **baraquement** nom m. ● *Les ouvriers du chantier sont logés dans des **baraquements**,* des constructions provisoires.

baraqué adj. (fam.) ● *Un homme **baraqué**,* grand et fort.

baratin nom m. (fam.) Discours mensonger pour persuader quelqu'un. ● *N'écoute pas ce qu'il te dit : c'est du **baratin*** (→ SYN. boniment).

barbant adj. (fam.) ● *Ne va pas voir ce film, il est **barbant**,* ennuyeux (→ 2. barbe ; barber).

barbare adj. ● *Cette guerre est **barbare**,* elle est particulièrement cruelle. □ nom m. ● *Il agit comme un vrai **barbare**.*
■ **barbarie** nom f. ● *Cet individu a assassiné sauvagement plusieurs personnes : il a commis un acte de **barbarie**,* un acte particulièrement cruel (→ SYN. sauvagerie). — *La **barbarie** des Nazis* : la cruauté, la férocité des Nazis.

1. barbe nom f. **1** Poils des joues et du bas du visage. ● *Mon grand frère laisse pousser sa **barbe*** (→ barbu ; barbier). **2** AU NEZ ET À LA BARBE DE QUELQU'UN : malgré sa présence. ● *Le chien a volé un morceau de viande **au nez et à la barbe** de son maître.* **3** RIRE DANS SA BARBE : rire en cachette, sans bruit (→ SYN. rire sous cape).

2. barbe nom f. (fam.) ● *Quelle **barbe**!* : quelle chose ennuyeuse! — ● *La **barbe**!* : ça suffit! assez! (→ barbant ; barber).

barbecue [baʀbəkju] ou [baʀbəky] nom m. ● *Patrick fait griller de la viande sur le **barbecue**,* une sorte de gril installé en plein air.

barbelé adj. ● *Ce champ est entouré de fil de fer **barbelé**,* de fil de fer garni de petites pointes. □ nom m. ● *Le camp militaire est entouré de **barbelés**,* de fil de fer barbelé.

barber v. (fam.) Ennuyer. ● *Il nous **barbe** avec ses histoires!* □ v. pron. ● *Je suis allé voir ce film et je **me suis barbé*** (→ barbant ; 2. barbe ; SYN. 2. raser).

barbiche nom f. Petite touffe de barbe qu'on se laisse pousser sur le menton (→ SYN. bouc, sens 2).

barbier nom m. ● *Autrefois on se faisait raser chez le **barbier*** (→ 1. barbe).

1. barboter v. ● *Les jeunes enfants **barbotent** dans le bassin* : ils jouent dans le bassin où il y a peu d'eau.

2. barboter v. (fam.) ● *On lui **a barboté** son argent* : on le lui a volé (→ SYN. (fam.) 2. piquer).

barbouiller v. **1** ● *Elle **a barbouillé** son menton de confiture* : elle l'a couvert, sali de confiture. **2** ● *Avec ses peintures, Luc **barbouille** son cahier* : il étale grossièrement de couleurs.
■ **barbouillage** nom m. ● *Je n'aime pas les tableaux de ce peintre, c'est du **barbouillage**,* c'est peint n'importe comment, c'est de la mauvaise peinture.
■ **barbouillé** adj. (fam.) ● *J'ai trop mangé, je suis **barbouillé*** (ou *j'ai l'estomac **barbouillé***), j'ai envie de vomir.

barbu adj. ● *Il est **barbu*** : il a de la barbe, ou il porte une barbe (→ 1. barbe ; CONTR. imberbe).

barda nom m. (fam.) ● *Il nous envahit avec tout son **barda**!* : ensemble de bagages lourds et encombrants.

1. barder v. ● *Le boucher **barde** le rôti* : il l'entoure de minces tranches de lard.

■ **bardé** adj. ● *Ce soldat est bardé de décorations*, il en est couvert tellement elles sont nombreuses.

2. barder v. (fam.) ● *Si papa voit cette vitre cassée, ça va barder* : il va se fâcher violemment.

barème nom m. Liste de prix ou de valeurs diverses à laquelle on peut se reporter pour éviter de faire des calculs. ● *Tu n'as pas besoin de calculer le montant de ta cotisation : tu le trouveras dans le barème.*

barge nom f. Grande péniche à fond plat.

baril [baril] nom m. Petit tonneau. ● *Un baril de poudre, de vin.* ★ Chercher aussi : barrique, tonnelet.

bariolé adj. ● *C'est un tissu bariolé*, aux couleurs vives et variées (→ SYN. multicolore).

barman [barman] nom m. ● *Le barman sert les clients du bar* (→ SYN. garçon* de café).

■ **barmaid** [barmed] nom f. Serveuse dans un bar.

baromètre nom m. Instrument qui permet d'obtenir des indications sur le temps qu'il va faire : il indique les variations de la pression atmosphérique. ● *Le baromètre a baissé : il va sûrement pleuvoir.*

baromètre

baron nom m. ● *Prince, duc, marquis, comte, baron sont des titres de noblesse.* — ● *Madame la baronne.*

barque nom f. **1** Petit bateau. **2** (fig.) BIEN MENER SA BARQUE. ● *Ce patron de restaurant mène bien sa barque* : il dirige bien son entreprise.

barquette nom f. Petit gâteau qui a la forme d'une barque. ● *Des barquettes à la crème de marron.*

barrage nom m. **1** ● *Toutes les voitures sont arrêtées par un barrage de police*, par la police qui barre la route (→ 1. barrer). **2** ● *À cet endroit du fleuve, on a construit un barrage*, une construction destinée à retenir l'eau. — ● *Le lac artificiel formé par un barrage.*

1. barre nom f. **1** Morceau de métal, de bois, etc., long et étroit. ● *Une barre de fer.* — ● *Faire de la gymnastique aux barres parallèles.* **2** (fam.) AVOIR UN COUP DE BARRE : être très fatigué. **3** (fam.) LE COUP DE BARRE. ● *Dans ce restaurant, c'est le coup de barre* : les prix sont excessifs, exagérés. **4** ● *Sur le bateau, c'est Claude qui tient la barre*, la commande du gouvernail (→ 2. barrer). **5** ● *Le résultat de ta multiplication était faux, je l'ai rayé d'une barre* (→ 1. barrer). — ● *N'oublie pas de mettre une barre à la lettre « t ».*

2. barre nom f. ● *Au tribunal, les témoins se présentent à la barre* : une petite barrière placée devant les juges où doivent se tenir les témoins lors de leur déposition.

3. barre nom f. ● *Les bateaux sont secoués lorsqu'ils franchissent la barre*, la zone de hautes vagues au large de certaines côtes.

1. barreau nom m. **1** Petite barre. ● *Il manque un barreau à cette chaise.* — ● *Les fenêtres des prisons sont munies de barreaux.* **2** (fig.) ● ÊTRE DERRIÈRE LES BARREAUX : être en prison.

2. barreau nom m. ● *Cet avocat fait partie du barreau de Lille* : il fait partie de l'ensemble des avocats qui exercent leur profession à Lille.

1. barrer v. **1** ● *Les ouvriers ont barré la route pour faire des travaux* (→ barrage, barrière ; SYN. 1. boucher, couper,

91

obstruer). **2** ● *Ce résultat est faux, je l'ai barré :* j'ai tiré un trait dessus (→ 1. barre ; SYN. rayer).

2. barrer v. ● *Barrer un bateau :* le conduire, le diriger en tenant la barre (→ 1. barre, sens 4).

■ **barreur** nom m. ● *Sur ce bateau, c'est Agnès le barreur,* la personne qui tient la barre, qui barre.

barrette nom f. Pince pour tenir les cheveux, munie d'un système de fermeture.

barricader v. ● *Édith barricade sa porte,* elle la ferme solidement.

■ **se barricader** v. pron. **1** ● *Yves avait peur tout seul dans la maison et il s'était barricadé :* il avait fermé solidement portes et fenêtres. **2** (fig.) ● *Depuis hier Étienne se barricade dans sa chambre :* il y reste pour ne voir personne.

■ **barricade** nom f. ● *Les manifestants élèvent des barricades au milieu de la rue :* ils entassent des matériaux divers pour barrer la rue.

barrière nom f. **1** Assemblage de plusieurs morceaux de bois ou de métal utilisé pour fermer un passage (→ 1. barrer). ● *Patrick, n'oublie pas de fermer la barrière du jardin.* ★ Chercher aussi : bastingage, portail, rambarde. **2** ● *Entre la France et l'Italie, les Alpes sont une barrière naturelle,* la séparation naturelle. ★ Chercher aussi : frontière.

barrique nom f. ● *Il y a deux cents litres de vin dans cette barrique,* dans ce gros tonneau. ★ Chercher aussi : baril, fût.

barrir v. ● *Les éléphants barrissent :* poussent leur cri. ★ Conjug. 11.

■ **barrissement** nom m. Cri de l'éléphant.

baryton nom m. Chanteur dont la voix est plus grave que celle du ténor, mais plus haute que celle de la basse. ★ Chercher aussi : ténor, basse.

1. bas adj. (au fém. *basse*), nom m. et adv.
A. adj. **1** ● *Dans cette pièce les plafonds sont bas :* ils ont peu de hauteur (→ CONTR. haut). — ● *Aujourd'hui la*

température *est basse :* il fait froid (→ CONTR. élevé). **2** EN BAS ÂGE. ● *Un enfant en bas âge,* qui est encore un bébé. **3** ● *Veux-tu jouer une fois encore les notes basses ?* les notes graves (→ basse (nom f.); CONTR. aigu). **4** AVOIR LA VUE BASSE : avoir une mauvaise vue, être myope. **5** ● *Le boucher n'a plus que des bas morceaux,* des morceaux de qualité médiocre. **6** ● *Ce qu'il a fait est bas,* méprisable (→ bassesse ; CONTR. digne). **7** FAIRE MAIN BASSE SUR QUELQUE CHOSE : s'en emparer, le voler. ● *Les voleurs ont fait main basse sur les bijoux.* **8** AU BAS MOT. ● *L'orage a causé pour un million de francs de dégâts au bas mot,* au minimum, en faisant l'évaluation la plus faible.

B. nom m. **1** ● *Le bas de ton pantalon est sale :* la partie inférieure (→ CONTR. haut). **2** DES HAUTS ET DES BAS. ● *Dans la vie il y a des hauts et des bas :* des bonnes et des mauvaises périodes successivement.

C. adv. **1** ● *L'avion volait bas,* à faible altitude (→ CONTR. haut). **2** TOMBER BIEN BAS : être dans un mauvais état physique ou moral. **3** METTRE BAS : mettre un petit au monde, en parlant des animaux. **4** À BAS !, interj. ● *Les manifestants, qui voulaient que le gouvernement démissionne, criaient : « À bas le gouvernement ! »* (→ CONTR. vive).

2. bas nom m. **1** Pièce de vêtement qui couvre le pied et la jambe. ● *Ma mère s'est acheté une paire de bas en Nylon.* **2** (fig.) BAS DE LAINE. ● *Avoir un bas de laine,* des économies.

basané adj. ● *Avoir le visage basané,* brun, bronzé.

bas-côté nom m. ● *Les piétons marchent sur le bas-côté de la route,* sur le bord de la route. — ● *Les bas-côtés.*

bascule nom f. **1** BALANCE À BASCULE ou BASCULE : appareil utilisé pour peser des objets lourds (→ balance). **2** Machine, appareil dont l'une des extrémités se lève quand l'autre s'abaisse. ● *Un pont à bascule.*

■ **basculant** adj. Qui peut basculer. ● *Benne basculante.*

■ **basculer** v. 1 ● *Le vent a fait bas-culer le pot de fleurs dans le vide :* il l'a fait tomber. **2** (fig.) ● *Serge a bas-culé dans le camp de nos adversaires :* il est passé dans le camp de nos adversaires.

base nom f. **A.** (concret) **1** ● *La base d'une colonne :* sa partie inférieure, sur laquelle elle repose. — *La base d'un arbre :* son pied (→ CONTR. cime, sommet). **2** ● *La base d'un triangle est le côté opposé à l'angle qu'on a pris pour sommet.* **3** ● *Le jus d'orange est la base de cette boisson,* le principal produit avec lequel cette boisson est faite. — À BASE DE. ● *Une boisson à base de jus d'orange.* **4** ● *Dans la région, il y a une base militaire,* un ensemble d'installations militaires d'où peuvent être lancées des opérations. ● *Une base aérienne* (→ baser). **5** ● *La base d'un syndicat :* l'ensemble des membres du syndicat qui ne font pas partie de la direction.
B. (abstrait) **1** ● *Le solfège est la base de la musique :* c'est ce qu'il faut connaître d'abord pour faire de la musique ; c'est ce sur quoi repose toute la musique. ★ Chercher aussi : abc, rudiments. **2** ÊTRE À LA BASE DE... ● *C'est François qui est à la base de ce projet,* qui est à l'origine de ce projet.

■ **baser** v. **1** ● *Ces militaires sont basés dans la région :* ils ont une base dans la région (→ base, A sens 4). **2** ● *Il base ses accusations sur des preuves :* il a des preuves qui lui permettent d'accuser. □ v. pron. ● *Pour affirmer cela, il se base sur ce qu'il a vu* (→ SYN. se fonder).

bas-fond nom m. ● *La barque s'est échouée sur un bas-fond,* un endroit où l'eau est peu profonde.

basilic nom m. Plante aromatique. ● *Le basilic est utilisé en cuisine.*

basilique nom f. Nom donné à certaines grandes églises. ● *La basilique de Lourdes.*

1. basket ou **basket-ball** [basketbol] nom m. Jeu de ballon entre deux équipes de cinq joueurs, où il s'agit de marquer des points en plaçant le ballon dans le panier de l'équipe adverse.
■ **basketteur, -teuse** nom. Personne qui joue au basket.

2. basket nom f. ● *Une paire de baskets,* de chaussures de sport couvrant la cheville. ★ Chercher aussi : 2. tennis.

bas-relief nom m. Sculpture dont le relief est peu marqué. ● *Des bas-reliefs ornent ce monument.*

bas-relief

basse nom f. **1** ● *Chez les chanteurs, la voix de basse est la voix la plus grave.* ★ Chercher aussi : ténor. **2** ● *Les basses d'un instrument de musique :* ses sons les plus graves (→ 1. bas, A sens 3). **3** (abrév. de *contrebasse*). Dans les orchestres de jazz, de musique pop, etc., guitare qui donne des sons graves. ● *Denis joue de la basse électrique.*

basse-cour nom f. **1** Partie de la ferme réservée à l'élevage des volailles. ● *Élisabeth est dans la basse-cour ; elle donne à manger aux poules.* **2** ● *Les poules, les canards, les dindons sont des animaux de basse-cour.*

bassesse nom f. ● *Je ne le croyais pas capable d'une telle bassesse,* d'un acte aussi bas, aussi méprisable (→ 1. bas, A sens 6 ; CONTR. dignité, grandeur, noblesse).
■ **bassement** adv. ● *Il a agi bassement,* de façon basse, méprisable.

basset nom m. Race de chiens très bas sur pattes.

1. bassin nom m. **1** Construction ou récipient destiné à recevoir un liquide. ● *Les bassins de la piscine sont vides.* **2** Partie du port où les bateaux chargent et déchargent les marchandises (→ SYN. dock).

2. bassin nom m. ● *Un bassin houiller est un ensemble important de gisements de houille.*

3. bassin nom m. ● *Le bassin de la Garonne :* la région arrosée par la Garonne et ses affluents.

4. bassin nom m. Os plat et large à la base du tronc, sur lequel s'articulent les os des jambes. ★ VOIR p. 968.

bassine nom f. ● *Je lave les légumes dans une bassine,* un récipient à anses (en métal ou en matière plastique).

basson nom m. Instrument de musique à vent, en bois, au son grave.

bastingage nom m. Barrière qui entoure le pont d'un bateau. ● *Martine est appuyée au bastingage et regarde la mer* (→ SYN. rambarde).

bastion nom m. Construction en saillie qui, dans des fortifications, est un des points forts de la défense.

bas-ventre nom m. Partie du ventre située au-dessous du nombril.

bât nom m. Sorte de selle que l'on place sur le dos des ânes, des chevaux, etc., pour leur faire porter des charges. — ● *C'est là que le bât blesse.* Expression qui signifie : c'est le point sensible (→ sensible, sens 2).
■ **bâté** adj. ÂNE BÂTÉ : quelqu'un qui est très bête et très ignorant.

bataille nom f. **1** ● *Dans cette région, s'est déroulée une bataille :* des armées ennemies se sont battues. — ● *La bataille de Marignan,* qui a eu lieu à Marignan. **2** SE LIVRER BATAILLE. ● *Les deux bateaux de guerre se sont livré bataille :* ils se sont battus (→ se battre). **3** (fig.) CHEVAL DE BATAILLE. ● *L'écologie est son cheval de bataille,* son sujet préféré (→ SYN. dada, marotte). **4** BATAILLE RANGÉE. ● *Le match de rugby s'était transformé en bataille rangée :* il ressemblait à une véritable bataille entre deux armées ennemies. **5** AVOIR LES CHEVEUX EN BATAILLE : les avoir en désordre.
■ **batailleur** adj. ● *Jean est batailleur,* il aime se battre (→ SYN. bagarreur, querelleur ; CONTR. pacifique).

bataillon nom m. **1** Groupe d'environ 800 soldats dirigé par un commandant. ● *Il y a quatre compagnies dans un bataillon.* **2** (fig.) ● *Un bataillon de fourmis :* un grand nombre de fourmis.

1. bâtard adj. ● *C'est un chien bâtard,* né d'un chien et d'une chienne de races différentes. □ nom ● *Cette jeune chienne est une bâtarde.*

2. bâtard nom m. Pain plus court que la baguette, mais qui pèse le même poids.

1. bateau nom m. Engin se déplaçant sur l'eau. **1** ● *Les barques, les paquebots, les canots, etc., sont des bateaux* (→ batelier). — BATEAU-MOUCHE : à Paris, bateau qui transporte des touristes sur la Seine. **2** ● *Il est interdit aux voitures de se garer devant un bateau,* la partie plus basse d'un trottoir, devant une porte cochère, devant un garage.

2. bateau adj. invar. (fam.) ● *Une histoire* **bateau**, *un sujet* **bateau** : une histoire banale, un sujet banal.

batelier nom m. ● *Jacques est* **batelier** : il conduit les bateaux, les péniches, sur les fleuves et canaux (→ SYN. marinier).

bathyscaphe nom m. Engin sous-marin qui permet d'explorer et de travailler à grandes profondeurs.

1. bâti adj. ● *Serge est bien* **bâti** : il est solide et bien fait physiquement.

2. bâti nom m. Couture provisoire faite à grands points sur un vêtement (pour qu'on puisse l'essayer et s'assurer qu'il va bien) avant de le coudre définitivement (→ bâtir, sens 2).

1. bâtiment nom m. **1** ● *Des ouvriers sont en train de repeindre la façade de ce* **bâtiment**, de cette construction, de cet édifice (→ bâtisse). **2** ● *Travailler dans le* **bâtiment**, dans les métiers qui s'occupent de la construction des édifices. — ● *Les ouvriers du* **bâtiment** : les maçons, les peintres, les plombiers, les menuisiers, etc.

2. bâtiment nom m. Grand navire. ● *Les porte-avions sont des* **bâtiments** *de guerre.*

bâtir v. **1** ● *Bâtir une maison*, la construire. — ● *Bâtir une ville*, l'élever, l'édifier. **2** ● *Cette robe n'est pas terminée, je l'* **ai** *seulement* **bâtie**, cousue à grands points (→ 2. bâti). ★ Conjug. 11.

bâtisse nom f. Grand bâtiment (parfois péjor.). ● *On les a logés dans de grandes* **bâtisses** *à la sortie de la ville.*

bâton nom m. **1** Long morceau de bois que l'on peut tenir à la main. ● *Aline marchait en s'appuyant sur un* **bâton**. **2** Objet en forme de bâton. ● *Un* **bâton** *de craie, de réglisse.* **3** (fig.) METTRE DES BÂTONS DANS LES ROUES DE QUELQU'UN : faire obstacle à ses projets, essayer de l'empêcher de réaliser ce qu'il entreprend. **4** PARLER, DISCUTER À BÂTONS ROMPUS. ● *Nous avons passé un long moment à* **parler à bâtons rompus**, en passant d'un sujet à un autre, sans ordre défini.

■ **bâtonnet** nom m. Petit bâton.

batracien nom m. ● *Le crapaud et la grenouille sont des* **batraciens**, des animaux vertébrés amphibies.

battage nom m. **1** ● *Le* **battage** *du blé, du riz* (→ battre, sens 3). **2** (fig. et fam.) ● *Quel* **battage** *autour de ce film !* : Quelle énorme publicité!

1. battant adj. **1** ● *Il tombe une pluie* **battante** : très forte. **2** LE CŒUR BATTANT. ● *Je suis allé la trouver* **le cœur battant**, avec le cœur qui battait très fort à cause de l'émotion (→ battre, sens 10).

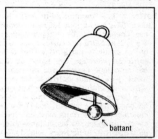

battant

2. battant nom m. **1** ● *Une cloche tinte quand le* **battant** *frappe sa paroi*, quand le morceau de métal suspendu à l'intérieur frappe sa paroi. **2** ● *Cette porte a deux* **battants**, deux parties qui s'ouvrent.

■ **battement** nom m. **1** ● *Quand on court, les* **battements** *du cœur s'accélèrent.* **2** ● *On entend le* **battement** *de la pluie contre la vitre* (→ battre, sens 11). **3** ● *Il y a un quart d'heure de* **battement** *entre les deux séances de cinéma*, un intervalle d'un quart d'heure.

batterie [batri] nom f. **1** ● *Les soldats ont mis en place leur* **batterie**, l'ensemble de leurs canons. **2** ● *À la tombola, Jacques a gagné une* **batterie** *de cuisine*, un ensemble d'ustensiles de cuisine. — ● *Une* **batterie** *de casseroles* : une série de casseroles. **3** ● *Dans l'orchestre, Éric s'occupe de la* **batterie**, l'ensemble des instruments sur lesquels on tape, tambour, cymbales, etc. : (→ batteur). **4** ● *La voiture ne démarre pas ; il faudrait recharger la* **batterie**, *l'appareil qui fournit l'électricité nécessaire à la voiture.* ★ Chercher aussi : accumulateur.

batteur nom m. **1** ● *On monte les œufs en neige avec un* **batteur**, *avec un appareil pour battre, mélanger (les aliments)* (→ battre, sens 4). **2** ● *Mon cousin est* **batteur** *dans un orchestre de jazz :* il joue d'instruments sur lesquels on tape (grosse caisse, cymbales, etc.), de la batterie (→ battre, sens 3 ; batterie, sens 3).

battre v. **1** ● *Pourquoi* **as**-*tu* **battu** *ton petit frère ?* pourquoi lui as-tu donné des coups ? (→ SYN. frapper, taper). **2** ● *Je l'* **ai battu** *aux cartes :* c'est moi qui ai gagné la partie. **3** ● *Pour faire sortir la poussière des tapis, on les* **bat** : on tape dessus avec un instrument. — ● *Il faut* **battre** *le blé pour séparer les grains de l'épi* (→ battage). — ● *Battre le tambour :* le frapper avec les baguettes* (→ batteur, sens 2). **4** ● *Le cuisinier* **bat** *les œufs avec une fourchette, un fouet :* il les mélange énergiquement (→ batteur, sens 1). — ● *Battre des cartes (à jouer) :* les mélanger. **5** ● *Le chef d'orchestre* **bat** *la mesure :* il indique la mesure en faisant des mouvements avec sa baguette. **6** ● *On a* **battu** *la forêt pour le retrouver :* on l'a parcourue dans tous les sens (→ battue). BATTRE EN RETRAITE : reculer, céder. **7** BATTRE LA SEMELLE. ● *Je l'ai attendu une heure dans le froid en* **battant la semelle**, en tapant les pieds par terre pour les réchauffer. **8** BATTRE SON PLEIN : être en pleine activité. ● *La fête* **bat** *son plein.* **9** BATTRE DES MAINS. ● *Pour applaudir, on* **bat des mains** : on les frappe l'une contre l'autre. **10** ● *Le cœur* **bat** : son mouvement se répète régulièrement (→ battement, sens 1). — **11** ● *Attache les volets pour qu'ils ne* **battent** *pas contre le mur,* pour qu'ils ne donnent pas de coups contre le mur (→ battement, sens 2). ★ Conjug. 31.

■ **se battre** v. pron. ● *Je me suis battu avec Michel.* — ● *Les soldats se bat-*

tent *contre l'ennemi :* ils le combattent.

■ **battu** adj. **1** ● *Un chien* **battu** (→ battre, sens 1). **2** ● *Une armée* **battue** (→ battre, sens 2 ; SYN. vaincu ; CONTR. victorieux). **3** ● *Un sol en terre* **battue**, en terre tassée et durcie. **4** ● *Maurice a les yeux* **battus**, fatigués et cernés.

battue nom f. ● *Les chasseurs font une* **battue** : ils parcourent les bois, en frappant les buissons pour faire sortir le gibier (→ battre, sens 6).

baudet nom m. (fam.) Âne. ● *Il est chargé comme un* **baudet**, très chargé.

baudrier nom m. Bande (de cuir en général) que l'on porte en bandoulière et qui soutient une arme (épée, pistolet, etc.).

baudruche nom f. ● *Un ballon de* **baudruche**, fait d'une mince pellicule de caoutchouc. — ● *Une* **baudruche** : un ballon de baudruche.

baume nom m. **1** ● *Une abeille t'a piqué ? Frictionne-toi avec ce* **baume**, cette pommade pour calmer la douleur. **2** (fig.) METTRE DU BAUME AU CŒUR. ● *J'avais du chagrin, ta lettre m'a* **mis du baume au cœur**, m'a fait du bien, m'a consolé.

bauxite nom f. Roche de couleur rouge d'où on extrait l'aluminium. ● *Le mot «* **bauxite** *» vient du nom du village des Baux-de-Provence.*

bavard adj. ● *Sébastien est* **bavard** : il parle beaucoup ; il n'arrête pas de parler. □ nom ● *Quelle* **bavarde** !

■ **bavarder** v. ● *Étienne* **bavarde** *avec son ami :* il parle avec lui de choses sans importance (→ SYN. causer).

■ **bavardage** nom m. ● *Vos* **bavardages** m'ennuient.

bave nom f. **1** ● *Essuie le menton du bébé : il est plein de* **bave**, de salive qui coule de sa bouche. **2** ● *La* **bave** *de l'escargot, de la limace :* le liquide gluant et brillant qu'ils produisent.

■ **baver** v. **1** ● *Les bébés* **bavent** *souvent :* ils laissent la salive couler de leur bouche. **2** (fig. et fam.) EN FAIRE BAVER À QUELQU'UN : lui donner du mal, le faire souffrir. ● *Ces exercices de calcul m'en* *ont fait baver.* **3** ● *Si tu peins, fais attention que la couleur ne **bave** pas, qu'elle ne déborde pas, qu'elle ne se mélange pas* (→ bavure, sens 1).

■ **baveux** adj. **1** ● *Un vieux chien **baveux**, qui bave.* **2** ● *Une omelette **baveuse**, pas très cuite, encore un peu liquide.*

■ **bavette** nom f. Serviette que l'on attache autour du cou des bébés avec deux cordons.

■ **bavoir** nom m. Petite bavette.

■ **bavure** nom f. **1** ● *En dessinant à l'encre, j'ai fait des **bavures** :* l'encre a coulé en dehors des traits, le dessin n'est pas net. **2** (fig.) ● *Cet incident est dû à une **bavure**,* à une erreur, à un abus regrettable. **3** SANS BAVURE (fam.) : parfaitement, impeccablement. ● *Il a fait son travail rapidement et **sans bavure**.*

bazar nom m. **1** ● *Son oncle tient un **bazar**,* un magasin où l'on vend des objets de toutes sortes. **2** (fam.) ● *Regarde ta chambre! Quel **bazar**! :* quel fouillis!, quel désordre!

B.C.G. [beseʒe] nom m. Vaccin contre la tuberculose.

B.D. [bede] nom f. Abrév. pour bande dessinée. ● *J'aime lire des **B.D.***

béant adj. ● *Un gouffre **béant**,* largement ouvert. ★ Chercher aussi : bée.

béat adj. ● *Il a toujours un sourire **béat**,* qui exprime une satisfaction un peu bête.

beau adj., adv. et nom m. **A.** adj. (au fém. : *belle* ; au masc. : *bel* devant une voyelle ou un *h* muet). **1** ● *Un **beau** garçon, une **belle** voiture, un **bel** arbre,* qui est agréable à regarder (→ CONTR. laid). — ● *Une **belle** musique,* qui est agréable à écouter (→ beauté, sens 1; embellir). **2** ● *En lui donnant tes économies, tu as fait un **beau** geste,* un geste qui mérite l'admiration. — ● *Ce n'est pas **beau** de voler,* ce n'est pas bien (→ beauté, sens 2). **3** ● *Nous avons fait un **beau** voyage,* un voyage agréable, réussi. **4** ● *Elise s'est servi un **beau** morceau de tarte,* un gros morceau. **5** (employé dans le sens contraire) ● *En renversant la*

table ton chien a fait un ***beau*** gâchis!, un horrible gâchis (→ belle, C sens 2). — ● *C'est un **beau** menteur,* un affreux menteur. **6** ● *Il est arrivé un **beau** matin :* un certain matin, alors que cela n'était pas prévu.
B. adv. **1** ● *Il fait **beau** :* le temps est agréable, le soleil brille. **2** AVOIR BEAU FAIRE QUELQUE CHOSE. ● *J'ai **beau** lui expliquer, il ne comprend rien :* je lui explique plusieurs fois, mais malgré cela il ne comprend rien. — ● *On a **beau** dire, le climat ici est agréable :* bien que beaucoup de gens disent le contraire, le climat ici est agréable.
C. nom m. **1** FAIRE LE BEAU. ● *Ce chien sait **faire le beau** :* il sait se tenir sur ses pattes de derrière. **2** (fam.) C'EST DU BEAU! : ce n'est vraiment pas bien! ● *C'est du **beau** d'avoir triché!*

beaucoup adv. **1** ● *Sur cette plage, il y a **beaucoup** de coquillages :* il y en a une grande quantité (→ CONTR. peu). **2** ● *Ce livre m'a **beaucoup** plu :* j'ai eu un grand plaisir à le lire (→ SYN. énormément). **3** DE BEAUCOUP. ● *Elle a gagné la course **de beaucoup** :* avec une grande avance (→ CONTR. de peu).

beau-fils nom m. **1** ● *Le mari de ma fille est mon **beau-fils*** (→ SYN. gendre). **2** ● *Le fils que mon mari (ou ma femme) a eu de son premier mariage est mon **beau-fils**.* ● *Des **beaux-fils**.* ★ Chercher aussi : belle-fille.

beau-frère nom m. **1** ● *Le frère de mon mari (ou de ma femme) est mon **beau-frère**.* **2** ● *Le mari de ma sœur est mon **beau-frère**.* — ● *Des **beaux-frères**.* ★ Chercher aussi : belle-sœur.

beau-père nom m. **1** ● *Le père de mon mari (ou de ma femme) est mon **beau-père**.* ★ Chercher aussi : beaux-parents, belle-mère. **2** ● *Papa est mort, maman s'est remariée : son deuxième mari est mon **beau-père**.* ● *Des **beaux-pères**.*

beauté nom f. **1** ● *La **beauté** d'une personne, d'une œuvre d'art, de la nature :* la qualité qui les rend agréables à regarder (→ CONTR. laideur). — ● *La **beauté** d'une musique :* la qualité qui la rend agréable à entendre (→ beau, A. sens 1). **2** ● *La beauté d'une action généreuse* (→ beau, A. sens 2).

beaux-arts nom m. plur. **1** ● *Les beaux-arts* : la peinture, la sculpture, la gravure et l'architecture. — **2** ● *Alain est étudiant aux Beaux-Arts depuis quatre ans* : à l'école des Beaux-Arts (où l'on apprend le dessin, l'architecture, etc.).

beaux-parents nom m. plur. ● *Les parents de mon mari (ou de ma femme), mon beau-père et ma belle-mère, sont mes beaux-parents.*

bébé nom m. **1** ● *Elle donne le biberon à son bébé*, son petit enfant (→ SYN. nourrisson, poupon). **2** ● *Un bébé tigre* : un très jeune tigre.

bec nom m. **1** ● *L'oiseau tient un ver dans son bec*, dans sa bouche formée de deux parties dures (→ becquée). **2** (fig. et fam.) PRISE DE BEC : querelle, dispute. ● *J'ai eu une prise de bec avec mon frère.* **3** (fam.) TOMBER SUR UN BEC : rencontrer une difficulté imprévue. ● *À la dernière question du problème, je suis tombé sur un bec.* **4** ÊTRE (OU RESTER) LE BEC DANS L'EAU : ne plus, ne pas savoir quoi faire ou quoi dire. ● *Quand je lui ai dit cela, il est resté le bec dans l'eau.* **5** (fam.) CLOUER LE BEC À QUELQU'UN : l'obliger à se taire en lui opposant de bons arguments. ● *Il commençait à se plaindre, je lui ai cloué le bec* (→ SYN. (fam.) rabattre le caquet). **6** ● *Le bec d'une plume* : son bout pointu. **7** ● *Le bec d'un récipient* : sa partie en pointe, qui sert à verser. ● *Le paquet de sucre en poudre est muni d'un bec verseur.*

bécarre nom m. En musique, signe ( ) placé devant une note qui annule une modification antérieure de cette note d'un dièse ou d'un bémol.

bécasse nom f. **1** ● *Le chasseur a rapporté une bécasse*, un oiseau au long bec, qui est bon à manger. ★ VOIR p. 124. **2** (fam.) ● *Quelle bécasse!* : quelle petite sotte!

bec-de-lièvre nom m. Malfaçon de la lèvre qui est fendue comme celle d'un lièvre. — ● *Des becs-de-lièvre.*

bêche nom f. Pelle plate qui sert à retourner la terre.
■ **bêcher** v. ● *Avant de planter des fleurs, le jardinier bêche la terre* : il la retourne avec une bêche. ★ Chercher aussi : biner, piocher.

becquée nom f. ● *L'oiseau donne la becquée à ses petits* : il leur donne de la nourriture avec son bec.

bedonnant adj. (fam.) ● *Mon oncle est bedonnant* : il a un gros ventre.

bée adj. f. BOUCHE BÉE, loc. adj. ● *Il est resté bouche bée*, la bouche grande ouverte d'étonnement ou d'admiration. ★ Chercher aussi : béant.

beefsteack → **bifteck.**

beffroi nom m. ● *Autrefois, le guetteur surveillait la campagne du haut d'un beffroi*, d'une tour, souvent munie de cloches que l'on sonnait en cas de danger.

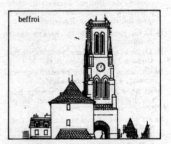

beffroi

bégayer [begeje] v. ● *Sandrine bégaie (ou bégaye)* : elle parle difficilement, en coupant les mots et en répétant les syllabes (→ bègue). ★ Conjug. 7.
■ **bégaiement** nom m. ● *Certains traitements peuvent guérir le bégaiement.*
■ **bègue** adj. et nom ● *Cet enfant est bègue* : il bégaie. □ nom ● *C'est un bègue* (→ bégayer).

bégonia nom m. Plante à fleurs de couleurs vives. ● *J'ai acheté un bégonia en pot.*

beige adj. • *Son imperméable est **beige**,* d'une couleur brun-jaune très clair. □ nom m. • *J'aime bien le **beige**,* la couleur beige.

beignet nom m. Sorte de gâteau fait de pâte cuite dans l'huile bouillante. • *Des **beignets** aux pommes.*

bel adj. • *Un **bel** oiseau, un **bel** homme* (→ beau).

bêler v. • *Les moutons **bêlent**.*
■ **bêlement** nom m. Cri du mouton.

belette nom f. Petit animal carnivore au poil brun et au corps allongé.

bélier nom m. **1** Mouton mâle. • *Les cornes du **bélier**.* ★ Chercher aussi : brebis. **2** Machine de guerre qui, au Moyen Âge, servait à enfoncer d'eux a déjà gagné une partie. des châteaux assiégés.

belladone nom f. Plante vénéneuse à baies noires.

belle adj., adv. et nom f. **A.** adj. Féminin de *beau*.
B. adv. DE PLUS BELLE : encore plus qu'avant. • *La pluie s'était arrêtée ; la voilà qui recommence à tomber de plus belle.*
C. nom f. **1** • *Les joueurs font la **belle** :* ils font une troisième partie pour se départager, lorsque chacun d'eux a déjà gagné une partie. **2** • *Tu en as fait de **belles** !* : tu as fait de grosses bêtises (→ beau, A sens 5).

belle-fille nom f. **1** • *La femme de mon fils est ma **belle-fille*** (→ SYN. bru). **2** • *La fille que mon mari (ou ma femme) a eue de son premier mariage est ma **belle-fille***. — • *Des **belles-filles**.* ★ Chercher aussi : beau-fils.

belle-mère nom f. **1** • *La mère de mon mari (ou de ma femme) est ma **belle-mère**.* **2** • *La deuxième femme de mon père est ma **belle-mère**.* — • *Des **belles-mères**.* ★ Chercher aussi : beaux-parents, beau-père.

belle-sœur nom f. **1** • *La sœur de mon mari (ou de ma femme) est ma **belle-sœur**.* **2** • *La femme de mon frère*

est ma ***belle-sœur**.* — • *Des **belles-sœurs**.* ★ Chercher aussi : beau-frère.

belliqueux adj. **1** • *Un peuple **belliqueux**,* qui aime faire la guerre (→ CONTR. pacifique). **2** • *Un garçon **belliqueux**,* qui cherche les querelles, les disputes.

belote nom f. • *Il aime bien jouer aux cartes, surtout à la **belote**.*

belvédère nom m. • *Le panorama est magnifique depuis ce **belvédère** :* construction (en général : terrasse, plate-forme) aménagée en un lieu élevé d'où on peut voir loin (→ panorama).

bémol nom m. et adj. En musique, signe (♭) qui abaisse d'un demi-ton la note à laquelle il s'applique. □ adj. • *Un mi **bémol**.* ★ Chercher aussi : dièse.

bénédiction nom f. **1** • *Les jeunes mariés reçoivent la **bénédiction** du prêtre :* ils sont bénis par le prêtre (→ bénir, sens 1). **2** (fig.) • *Après cette longue période de sécheresse, c'est une **bénédiction** qu'il pleuve enfin :* c'est une chance (→ bénir, sens 3 ; CONTR. malédiction).

bénéfice nom m. **1** • *Ce livre m'a coûté dix francs, je l'ai revendu quinze francs, j'ai donc fait un **bénéfice** de cinq francs* (→ SYN. gain, profit ; CONTR. perte). ★ Chercher aussi : commerce. **2** • *Il n'a tiré aucun **bénéfice** de ses études :* il n'en a tiré aucun avantage, elles ne lui ont rien apporté. **3** AU BÉNÉFICE DE : pour, en faveur de. • *Cette quête est faite **au bénéfice des** victimes de guerre.*
■ **bénéficier de** v. • *Tu **as bénéficié d'**une semaine de vacances supplémentaire :* tu as eu l'avantage de pouvoir en profiter. ★ Conjug. 10.
■ **bénéfique** adj. Qui fait du bien, profitable. • *Le changement d'air lui sera **bénéfique*** (→ bénéfice, sens 2).

bénévole adj. • *Un guide **bénévole**,* qui ne se fait pas payer. — • *Il m'a apporté une aide **bénévole**,* pour laquelle il ne s'est pas fait payer.
■ **bénévolat** nom m. Travail pour lequel on ne se fait pas payer. • *Je ne refuse pas de faire du **bénévolat**.*

bénin, bénigne adj. • *Ta maladie est bénigne* : elle n'est pas dangereuse (→ CONTR. grave).

bénir v. **1** • *À la fin de la messe, le prêtre bénit les fidèles* : il demande à Dieu de les protéger (→ bénédiction, sens 1). **2** • *Monsieur l'abbé a béni ma médaille* : il l'a rendue sainte par une cérémonie spéciale. **3** (fig.) • *Je bénis la panne d'auto qui m'a permis de faire votre connaissance* : je pense que c'est une grande chance de l'avoir eue, parce qu'elle m'a permis de faire votre connaissance (→ bénédiction, sens 2; CONTR. maudire). ★ Conjug. 11.

■ **bénit** adj. • *De l'eau bénite*, que le prêtre a bénie (→ bénir, sens 2). ★ Ne pas confondre *béni* (participe passé de *bénir*) et *bénit* (adj.).

■ **bénitier** nom m. Petit bassin contenant de l'eau bénite, à l'entrée d'une église.

benjamin [bɛ̃ʒamɛ̃] nom • *Isabelle est la benjamine des enfants*, la plus jeune des enfants (→ CONTR. aîné). ★ Chercher aussi : cadet.

benne [bɛn] nom f. • *Des ouvriers chargent de la terre dans la benne du camion*, dans la partie du camion qui se trouve à l'arrière et qui peut basculer. — • *Avec la benne d'une grue, on peut prendre et décharger des matériaux.*

béotien nom et adj. • *Ces gens sont vraiment des béotiens*, personnes incultes (→ 2. inculte) sans aucun goût (→ goût, sens 4, bon goût). — • *En musique, je suis tout à fait béotien* : ignorant dans ce domaine.

béquille nom f. **1** • *Paul a la jambe dans le plâtre, il marche avec des béquilles*, des sortes de longues cannes sur lesquelles on s'appuie pour marcher. **2** • *Ma moto repose sur sa béquille*, sur le support qui la maintient debout lorsqu'elle est arrêtée.

bercail nom m. (fig.) *Rentrer au bercail*, à la maison familiale, dans son foyer (→ foyer 3).

bercer v. • *Le papa berce son bébé pour l'endormir* : il le balance doucement (dans ses bras ou dans un berceau). ★ Conjug. 4.

■ **bercement** nom m. • *Le bercement du train m'endort*, son balancement doux et régulier.

■ **berceau** nom m. • *Le bébé dort dans son berceau*, un petit lit que l'on peut balancer.

■ **berceuse** nom f. **1** Chanson que l'on chante pour endormir un bébé. **2** Musique lente et légère.

béret nom m. • *Les marins portent un béret bleu*, une coiffure ronde, souple et plate. — • *Un béret basque.*

berge nom f. Bord d'un cours d'eau. • *Les berges d'une rivière, d'un canal.*

berger 1 nom. Personne qui garde des moutons. • *Une jeune bergère.* **2** nom m. • *Berger allemand, berger belge* : races de chiens que l'on peut dresser à garder les troupeaux.

■ **bergerie** nom f. Endroit où l'on abrite les moutons, les chèvres.

bergère nom f. Fauteuil large et profond.

bergère

bergeronnette nom f. Petit oiseau passereau à longue queue.

berline nom f. **1** Automobile entièrement fermée avec quatre portes et quatre fenêtres. **2** Ancienne voiture à cheval à capote et à quatre roues.

berlingot nom m. **1** • *Antoine suce un berlingot*, un bonbon qui a la forme d'une petite pyramide. **2** ● *L'épicier vend du lait en* **berlingots**, *des emballages de carton en forme de pyramide.*

berlue nom f. AVOIR LA BERLUE : avoir des visions, des hallucinations. ● *Toi ici ? Ce n'est pas possible, j'ai la berlue !*

bermuda nom m. Short qui descend jusqu'aux genoux.

en berne loc. adv. ● *Lorsque le chef de l'État meurt, on met les drapeaux* **en berne** : *on les fixe à mi-mât pour les empêcher de flotter, en signe de deuil.*

berner v. ● *Il m'a* **berné** *avec tous ses mensonges* : il m'a trompé, il m'a ridiculisé (→ SYN. duper).

besace nom f. Sac assez grand, en général formé de deux poches, que l'on porte sur l'épaule.

besogne nom f. ● *C'est lui qui est chargé de cette* **besogne**, *de ce travail* (→ SYN. tâche).

besoin nom m. **1** ● *Manger est un* **besoin** : *c'est une nécessité pour l'homme.* **2** AVOIR BESOIN DE. ● *J'ai* **besoin** *de ton aide* : ton aide m'est nécessaire. **3** (au plur.) ● *Ne laisse pas le chien faire ses* **besoins** *dans la maison*, ses excréments. **4** ● *Cette famille est dans le* **besoin** : elle manque des choses nécessaires à la vie : argent, nourriture, logement, etc. (→ SYN. gêne). ★ Chercher aussi : misère, pauvreté.

bestial adj. ● *Il avait un air* **bestial**, qui fait penser à une bête.

bestiaux nom m. plur. Gros animaux domestiques vivant à la ferme (vaches, porcs, moutons, etc.). ● *Un marché aux* **bestiaux**.

bestiole nom f. Petite bête (en particulier : insecte). ● *Une* **bestiole** *monte le long de mon dos.*

bétail nom m. sing. ● *Les chevaux, les vaches, les moutons et les porcs forment le* **bétail** *d'une ferme* (→ bestiaux). ● *Ce riche paysan possède un très important* **bétail**. ★ Chercher aussi : cheptel.

1. bête nom f. **1** ● *Raoul a un livre sur la vie des* **bêtes**, des animaux. **2** (fig.)

CHERCHER LA PETITE BÊTE : chercher le petit détail qui ne va pas. **3** LA BÊTE NOIRE (DE QUELQU'UN) : ce qui déplaît fortement. ● *Le calcul est ma* **bête noire.**

2. bête adj. **1** ● *Pierre comprend vite ; il n'est pas* **bête** (→ SYN. stupide ; CONTR. intelligent). **2** ● *Je suis* **bête** *de lui avoir dit cela* : je n'ai pas assez réfléchi avant de le lui dire, j'ai été étourdi.
  ■ **bêtement** adv. **1** ● *Arrête de rire* **bêtement**, d'une manière stupide. **2** ● *J'ai* **bêtement** *refusé son invitation.*
  ■ **bêtise** nom f. **1** ● *Sa* **bêtise** *dépasse tout ce qu'on peut imaginer* : son manque d'intelligence. **2** ● *Je crois que j'ai fait une* **bêtise**, une chose que je n'aurais pas dû faire. — ● *Tu dis des* **bêtises**, des choses inexactes ou dépourvues d'intelligence (→ SYN. ânerie).

béton nom m. Mélange de sable, de graviers et de ciment, utilisé en construction. — BÉTON ARMÉ : béton renforcé par des tiges de métal.

betterave [bɛtʀav] nom f. Plante cultivée pour sa racine. ● *On extrait le sucre de la* **betterave** *sucrière.* — ● *La* **betterave** *rouge se mange en salade.*

beugler v. ● *Le veau* **beugle** *dans l'étable* : il pousse son cri (→ SYN. meugler, mugir).
  ■ **beuglement** nom m. Cri des bovins (vaches, veaux, bœufs, taureaux) (→ SYN. meuglement, mugissement).

beurre nom m. Matière grasse que l'on obtient en battant la crème du lait. ● *J'ai mis du* **beurre** *dans la purée.*
  ■ **beurrer** v. ● *Estelle* **beurre** *une biscotte* : elle étale du beurre dessus.
  ■ **beurrier** nom m. Récipient dans lequel on met le beurre pour le servir.

bévue nom f. ● *J'ai commis une* **bévue**, erreur, maladresse.

bi Préfixe qui signifie «deux».

biais nom m. **1** ● *Il a pris un* **biais** *pour me parler de cette histoire* : il ne m'en a pas parlé directement (→ biaiser). **2** EN BIAIS, loc. adv. ● *Cette planche est coupée* **en biais**, en oblique.
  ■ **biaiser** v. ● *Sois franc, ne* **biaise** *pas* : dis sans détour ce que tu as à dire.

bibelot nom m. Petit objet que l'on place sur un meuble pour décorer.

biberon nom m. Petite bouteille munie d'une tétine avec laquelle on donne à boire aux bébés.

bible nom f. **1** LA BIBLE (avec une majuscule) : livre saint, recueil de deux grands textes religieux : l'Ancien et le Nouveau Testament. ● *La religion chrétienne est fondée sur la **Bible** ; la religion musulmane est fondée sur le Coran.* **2** ● *Ses parents ont offert à Michel une **bible** illustrée.* **3** ● *Ce livre sur les timbres est la **bible** des collectionneurs de timbres : c'est le livre de référence que tous consultent.*

■ **biblique** adj. ● *Un récit **biblique**,* que l'on trouve dans la Bible.

bibliobus nom m. Camionnette contenant une bibliothèque de prêt qui apporte les livres dans les villages ou les quartiers éloignés.

bibliothèque nom f. **1** ● *Le menuisier fabrique une **bibliothèque**,* un meuble où l'on range des livres. **2** ● *Ma grand-mère va souvent lire à la **bibliothèque** municipale,* le bâtiment où l'on peut lire et, le plus souvent, emprunter des livres (→ bibliothécaire). **3** ● *Son père a une **bibliothèque** intéressante,* une collection de livres.

■ **bibliothécaire** nom. Personne qui s'occupe de classer et de prêter les livres dans une bibliothèque (sens 2).

bicéphale adj. ● *Un monstre **bicéphale**,* à deux têtes.

biceps [biseps] nom m. Muscle du bras. ● *Pour faire admirer ses **biceps**, Michel plie l'avant-bras en serrant le poing.* ★ VOIR p. 968.

biche nom f. ● *Parfois, dans la forêt, on peut apercevoir une **biche**,* la femelle du cerf. ★ Chercher aussi : faon.

bichonner v. ● *Tous les samedis, notre voisin **bichonne** sa voiture :* il la nettoie et la fait briller avec soin.

■ **se bichonner** v. pron. ● *Valérie est coquette, elle passe des heures à **se bichonner**,* à se faire belle (→ SYN. se pomponner).

bicolore adj. ● *Un ballon bleu et rouge est **bicolore** :* il est de deux couleurs. ★ Chercher aussi : multicolore, tricolore.

bicoque nom f. (fam. et péjor.) ● *Ils passent leurs vacances dans une véritable **bicoque**,* dans une petite maison pas très belle.

bicyclette nom f. ● *Pour faire de la **bicyclette**, tu t'assieds sur la selle, tu tiens le guidon et tu appuies sur les pédales. — ● Ma petite sœur sait*

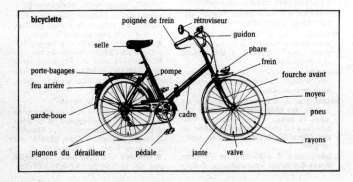

bicyclette — poignée de frein — rétroviseur — guidon — selle — phare — frein — porte-bagages — pompe — fourche avant — feu arrière — moyeu — garde-boue — cadre — pneu — pignons du dérailleur — pédale — jante — valve — rayons

monter à **bicyclette** : elle sait faire du vélo (→ 2. cycle). ★ Attention à la place du y.

bidet nom m. **1** ● *Papa chante à son bébé :* « *À cheval sur mon bidet ... »*, sur mon petit cheval. **2** ● *Dans la salle de bains, on trouve en général un lavabo, une baignoire et un bidet*, une cuvette basse et allongée.

1. bidon nom m. ● *Le garagiste vend l'huile pour moteur dans des bidons*, dans des récipients en métal, fermés par un bouchon (→ jerricane).

2. bidon nom m. (fam.) ● *L'histoire qu'il m'a racontée, c'est du bidon* : c'est un mensonge, c'est du bluff. □ adj. invar. ● *Ils ont organisé un accident bidon*, un faux accident (→ SYN. simulé).

bidonville nom m. ● *Ces pauvres gens vivent dans des bidonvilles*, des quartiers formés de baraques misérables faites de planches, de plaques de tôle, de cartons, de bidons.

bidule nom m. (fam.) ● *À quoi sert ce bidule?*, ce petit objet (→ SYN. (fam.) machin, truc).

bielle nom f. Tige de métal articulée aux deux bouts. ● *Dans un moteur, les bielles transmettent le mouvement des pistons au vilebrequin.*

1. bien adv., interj., adj. invar. et nom m. **A.** adv. **1** ● *Sylvie chante bien*, agréablement. — ● *Pierre se tient bien à table* : il se tient convenablement. — ● *Tu as été courageux, honnête, tu t'es bien conduit* (→ CONTR. mal). **2** C'EST BIEN FAIT ! : c'est mérité. **3** ● *Cette vendeuse est bien aimable*, très aimable. — ● *Pour voyager seuls, vous êtes bien jeunes*, trop jeunes. — ● *Je me suis bien amusé*, beaucoup amusé. **4** BIEN DU (DE LA, DES). ● *Ils ont bien de la chance*, beaucoup de chance. **5** ● *Il est sorti il y a bien dix minutes* : il y a au moins dix minutes. **6** ● *Je le reconnais, c'est bien lui* : c'est vraiment lui. **7** ● *Nous verrons bien*, nous verrons selon ce qui arrivera. **8** TANT BIEN QUE MAL. ● *J'ai repassé mon pantalon tant bien que mal*, en faisant comme j'ai pu.

B. interj. ● *Eh bien ! tant mieux !*
C. adj. invar. **1** ● *Une fille, un garçon bien*, qui a beaucoup de qualités. **2** ● *Cette voiture est bien* : elle est belle, solide, agréable. **3** ● *Rendre service, dire toujours la vérité, c'est bien* : c'est ce qu'il faut faire pour suivre la morale, la justice. **4** ● *Hier, ils se sentaient bien*, en bonne santé ou heureux. **5** ● *On est bien chez vous* : on est à l'aise, content. **6** ● *Je connais ce monsieur ; je suis bien avec lui* : je suis son ami.
D. nom m. **1** ● *À ton âge, on sait distinguer le bien du mal* : on sait reconnaître ce qui est juste, beau, bon, honnête (→ 1. bien, C sens 3). **2** FAIRE DU BIEN. ● *Yves ne tousse plus, ce sirop lui a fait du bien*, l'a soulagé. **3** FAIRE LE BIEN. ● *Cet homme fait le bien aux autres* : il les aide. **4** ● *J'ai fait cela pour ton bien*, dans ton intérêt. **5** ● *Son cousin possède beaucoup de biens*, beaucoup d'argent et de propriétés. **6** MENER QUELQUE CHOSE À BIEN. ● *Elle a réussi à mener à bien ce délicat travail*, à le faire, à le terminer.

2. bien que loc. conj. ● *Notre cousin agriculteur aime son métier bien qu'il soit fatigant* : quoiqu'il soit fatigant. ★ *Bien que se construit avec le subjonctif.*

bien-aimé nom m. ● *Il a retrouvé sa bien-aimée*, celle dont il est amoureux. □ adj. ● *Vous êtes mes enfants bien-aimés*, très aimés, chéris.

bien-être nom m. **1** ● *Une douche tiède me donne une sensation de bien-être*, une sensation agréable de confort, de plaisir (→ CONTR. malaise). **2** ● *Son salaire lui permet de vivre dans le bien-être*, dans l'aisance et le confort (→ CONTR. besoin, gêne).

bienfait nom m. **1** ● *Un bienfait n'est jamais perdu* : une bonne action est toujours récompensée. **2** (au plur.) ● *Elle constate les bienfaits pour sa santé de ses vacances à la montagne* : elle constate qu'elles lui ont fait du bien (→ CONTR. méfait).

■ **bienfaisant** [bjɛ̃fəzɑ̃] adj. **1** ● *Ces personnes bienfaisantes essaient d'aider* les autres, ces personnes charitables, généreuses (→ CONTR. malfaisant). **2** ● *Le climat de cette région est bienfaisant* : il fait du bien à la santé (→ CONTR. néfaste).

■ **bienfaisance** [bjɛ̃fəzɑ̃s] nom f. ● *J'appartiens à une association de bienfaisance qui envoie des secours aux victimes de l'inondation.*

■ **bienfaiteur, -trice** [bjɛ̃fɛtœr, -tris] nom ● *Il a été leur bienfaiteur,* celui qui les a aidés à sortir de leur malheur, celui qui a fait leur bonheur.

bienheureux adj. ● *La paix a toujours régné dans ce pays bienheureux,* dans ce pays heureux, qui n'a pas de soucis. □ nom ● *Il dort comme un bienheureux,* comme un homme heureux et sans soucis.

bientôt adv. ● *Nous reviendrons vous voir bientôt,* dans peu de temps (→ SYN. incessamment, prochainement, rapidement). À BIENTÔT! loc. adv. ● *Au revoir Patricia, et à bientôt !*

bienveillant adj. ● *Une personne bienveillante* a beaucoup de bonté et d'indulgence (→ CONTR. malveillant).

■ **bienveillance** nom f. ● *Je compte sur sa bienveillance à mon égard,* sur sa bonté et sa compréhension envers moi (→ CONTR. malveillance).

bienvenu adj. **1** ● *Après une longue sécheresse, la pluie est bienvenue* : elle est bien accueillie. □ nom ● *Soyez le bienvenu chez nous,* nous sommes heureux de vous accueillir. **2** nom f. ● *Mes amis m'ont souhaité la bienvenue* : ils m'ont dit qu'ils étaient heureux de mon arrivée.

1. bière nom f. ● *Dans les brasseries, on fabrique la bière avec de l'orge et du houblon* : une boisson gazeuse légèrement alcoolisée. ★ Chercher aussi : canette, chope, demi, malt. — (fam.) CE N'EST PAS DE LA PETITE BIÈRE : c'est une chose importante ou difficile.

2. bière nom f. ● *Le mort a été mis en bière,* dans un cercueil.

biffer v. ● *Dans votre devoir, biffez les mots inutiles,* rayez-les (→ SYN. barrer).

bifteck nom m. ● *Si tu vas chez le boucher, achète-moi un bifteck,* une tranche de viande de bœuf (→ SYN. steak).

bifurquer v. **1** ● *Devant cette maison, le sentier bifurque* : il se sépare en deux pour former une fourche. **2** ● *Au croisement, le camion a bifurqué vers la droite* : il a changé de direction, il a tourné vers la droite.

■ **bifurcation** nom f. ● *Après la ferme, vous verrez une bifurcation,* un endroit où la route se sépare en deux (→ SYN. embranchement).

bigame adj. et nom. *Une personne bigame est mariée à deux personnes en même temps.*

bigarré adj. ● *Le tissu de ces rideaux est bigarré* : il a des couleurs vives et variées (→ SYN. bariolé).

bigarreau nom m. Grosse cerise rouge et blanche.

bigorneau nom m. ● *Au bord de la mer, nous avons trouvé des bigorneaux,* des coquillages marins qui ressemblent à de petits escargots.

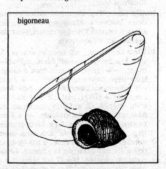

bigorneau

bigoudi nom m. ● *Pour faire boucler ses cheveux, ma cousine les enroule sur des bigoudis,* des petits rouleaux pour les cheveux.

bigrement adv. (fam.) ● *J'ai trouvé que cet exercice de calcul était bigrement* *difficile*, très difficile (→ SYN. (fam.) rudement).

bijou nom m. **1** ● *Marion veut se faire belle, elle se couvre de bijoux*, de colliers, de bagues, de bracelets, etc. ★ Chercher aussi : joyau, parure. **2** ● *Ce coffret délicatement sculpté est un vrai bijou*, un objet très bien fait, très beau, très raffiné.

■ **bijoutier** nom ● *Ce bijoutier fabrique de jolies chaînes en or.* ★ Chercher aussi : joaillier, orfèvre.

■ **bijouterie** nom f. **1** Magasin où l'on vend des bijoux. **2** ● *Il a fait fortune dans la bijouterie*, en vendant ou en fabriquant des bijoux.

bilan nom m. **1** ● *Le comptable de l'usine fait le bilan annuel* : il fait les comptes de l'année. — DÉPOSER SON BILAN. ● *Ce commerçant a déposé son bilan* : il ne peut plus payer ses dettes, il a fait faillite. **2** ● *On ne connaît pas encore le bilan de cette catastrophe*, le résultat de cette catastrophe (c'est-à-dire le nombre de morts et de blessés, la quantité de dégâts qu'elle a provoqués). — FAIRE LE BILAN DE. ● *Cet article de journal fait le bilan des recherches sur le cancer* : il donne les résultats actuels des recherches en cours.

bilatéral adj. **1** ● *Dans ma rue, le stationnement bilatéral est autorisé*, le stationnement sur les deux côtés de la rue. **2** ● *La France et le Maroc ont signé un accord bilatéral*, un accord entre les deux pays (→ latéral, unilatéral ; SYN. réciproque).

bilboquet nom m. Jouet formé d'une boule percée et d'un petit bâton attaché par une cordelette ; on doit lancer la boule et la rattraper avec le bâtonnet.

bile nom f. **1** ● *Le foie produit la bile*, un liquide amer qui aide notre digestion. ★ Chercher aussi : fiel, suc (digestif). **2** (fig. et fam.) SE FAIRE DE LA BILE. ● *Je me fais de la bile pour toi* : je m'inquiète pour toi.

■ **biliaire** adj. Vésicule *biliaire* : petite poche du foie où s'accumule la bile. ★ VOIR p. 969.

bilingue adj. ● *Dorine parle le français et l'anglais ; elle est bilingue* : elle parle deux langues.

billard nom m. **1** ● *On joue au billard en poussant de grosses billes blanches et rouges avec une tige de bois* (que l'on appelle queue). **2** ● *Le patron du café a acheté un billard*, une table spéciale pour jouer au billard. **3** (fam.) C'EST DU BILLARD : c'est une chose facile à faire. **4** (fam.) ● *Après son accident, il est resté deux heures sur le billard*, sur la table d'opération. — PASSER SUR LE BILLARD : être opéré.

bille nom f. **1** ● *Pendant la récréation, nous avons joué aux billes.* **2** ● *Le bûcheron découpe un tronc d'arbre en billes*, en gros morceaux cylindriques (→ billot). **3** (fam.) ● *Il a une bille de clown*, une figure, un visage de clown.

billet nom m. **1** ● *Papa a payé les légumes avec un billet de 50 F.* **2** ● *Pour prendre le train, il faut acheter un billet*, un ticket.

■ **billetterie** nom f. **1** Endroit où on vend des billets. **2** Guichet automatique qui permet de retirer de l'argent liquide en présentant une carte de crédit.

billot nom m. ● *Pour fendre cette bûche à la hache, il l'a posée sur un billot*, un gros bloc de bois dont le dessus est plat (→ bille, sens 2).

bimbeloterie nom f. Ensemble de petits objets divers, en général sans grande valeur. ● *C'est de la bimbeloterie.*

bimensuel adj. ● *Je suis abonné à une revue bimensuelle*, qui paraît deux fois par mois (→ mensuel). ★ Chercher aussi : hebdomadaire, quotidien.

bimoteur nom m. et adj. m. ● *Cet avion a deux moteurs, c'est un bimoteur.*

binaire adj. Qui comporte deux éléments. ● *Un code binaire.*

biner v. ● *Pour enlever les mauvaises herbes, le jardinier bine le potager* : il brise la croûte de terre autour des plants de légumes.

■ **binette** nom f. **1** Outil de jardinage pour biner. **2** (fam.) Visage. ● *Il a une drôle de binette* (→ SYN. (fam.) bobine).

biniou nom m. Instrument de musique qui ressemble à la cornemuse. ● *En Bretagne, on entend souvent jouer du biniou.*

biographie nom f. ● *Pour mieux connaître Napoléon, elle a lu sa biographie,* l'histoire de sa vie.

biologie nom f. ● *Bernard aime beaucoup les animaux et les plantes, il s'intéresse à la biologie,* la science qui étudie les êtres vivants.

bipède adj. et nom ● *L'homme a deux pieds, c'est un bipède.* ★ Chercher aussi : quadrupède.

biplace adj. ● *Un avion biplace,* à deux places.

biplan adj. et nom m. ● *Au début du siècle, les premiers avions étaient souvent des biplans,* des avions qui avaient deux ailes superposées.

biplan

bique nom f. (fam.) Chèvre.

biréacteur nom m. ● *L'Airbus est un biréacteur,* un avion à deux réacteurs. ★ Chercher aussi : bimoteur.

1. bis [bi] adj. ● *Le pain bis a une couleur gris-brun parce qu'il contient du son.* — ● *Ce torchon est en toile bise,* en toile gris-beige.

2. bis [bis] adv. et interj. **1** adv. (indique la répétition d'un numéro) ● *J'habite un* immeuble qui porte le numéro *3 bis* (parce que l'immeuble précédent porte déjà le numéro 3). ★ Chercher aussi : ter. **2** interj. ● *À la fin du concert, les spectateurs ont crié : «Bis!»* (pour demander que l'orchestre joue encore une fois).

biscornu adj. **1** ● *Cette maison est biscornue :* elle a une forme bizarre, irrégulière. **2** ● *Il a toujours des idées biscornues,* étranges et compliquées.

biscotte nom f. ● *Au petit déjeuner, nous mangeons des biscottes,* des tranches de pain de mie séchées au four industriellement.

1. biscuit nom m. ● *Pour le goûter, nous emporterons des biscuits,* des gâteaux secs.

2. biscuit nom m. ● *Cette statuette est en biscuit,* en porcelaine blanche et mate (qui a été cuite deux fois au four).

1. bise nom f. ● *Ils grelottaient sous la bise,* un vent froid et sec qui souffle du Nord.

2. bise nom f. (fam.) ● *Elle lui a donné une bise,* un baiser.

biseau nom m. **1** ● *La glace de l'entrée est taillée en biseau :* ses bords sont taillés en oblique. **2** Outil dont la pointe est taillée en biseau. ● *Le menuisier enlève des éclats de bois avec un biseau.*

■ **biseauté** adj. ● *Une vitre biseautée,* dont les bords sont taillés en biseau.

bison nom m. ● *Dans les parcs naturels d'Amérique du Nord, on trouve encore des bisons,* des sortes de bœufs sauvages au poil long.

bissectrice nom f. ● *La bissectrice est la droite qui divise un angle en deux angles égaux.* ★ VOIR p. 424.

bissextile adj. ● *Tous les quatre ans, l'année est bissextile :* elle a 366 jours (au lieu de 365) et le mois de février a 29 jours (au lieu de 28). ● *1988 est bissextile.*

bistouri nom m. ● *Pour opérer, le chirurgien utilise un bistouri,* un instrument très coupant, à lame courte.

bistre adj. invar. ● *Du papier **bistre**,* de couleur brun foncé.

bistrot nom m. (fam.) ● *Au coin de la rue, il y a un **bistrot**,* un café.

bitume nom m. ● *Les rues, les trottoirs, sont recouverts de **bitume**.* ★ Chercher aussi : asphalte, goudron.

■ **bitumer** v. Recouvrir de bitume. ● *Il faudrait **bitumer** ce chemin.*

bivouac nom m. ● *Près du glacier, les alpinistes avaient installé leur **bivouac**,* leur campement provisoire.

■ **bivouaquer** v. ● *Les alpinistes **bivouaquent** à l'abri d'un rocher :* ils campent.

bizarre adj. ● *Aujourd'hui, le temps est **bizarre**,* anormal, inhabituel. — ● *Cette personne a des idées **bizarres**,* des idées qui nous paraissent étranges, qui sont difficiles à comprendre (→ SYN. insolite ; CONTR. banal, 1. normal).

■ **bizarrement** adv. ● *Il se conduit **bizarrement**,* de manière bizarre.

■ **bizarrerie** nom f. ● *Dans cette histoire, il y a vraiment des **bizarreries**,* des choses anormales, difficiles à comprendre (→ SYN. anomalie).

blafard adj. ● *Ce malade a le teint **blafard**,* pâle, blême. — ● *Une lumière **blafarde**,* pâle, sans éclat.

1. blague nom f. ● *Le fumeur de pipe met son tabac dans une **blague**,* dans un petit sac spécial pour le tabac.

2. blague nom f. (fam.) **1** ● *Mes camarades m'ont fait une **blague**,* une farce. — ● *Il nous fait rire avec ses **blagues**,* avec ses plaisanteries. **2** ● *Joëlle a beaucoup d'imagination, elle raconte souvent des **blagues**,* des histoires inventées, des petits mensonges. **3** ● *Cette **blague** pourrait lui coûter cher :* cette bêtise, cette erreur.

■ **blaguer** v. (fam.) ● *C'était seulement pour **blaguer**,* pour plaisanter, pour rire.

blaireau nom m. **1** Petit animal sauvage. ● *Le **blaireau** a tué une vipère.* **2** ● *Mon père fait mousser son savon à barbe avec un **blaireau**,* une petite brosse douce, faite autrefois en poil de blaireau.

blaireau

blâmer v. ● *Quand il a volé un disque, ses camarades l'**ont blâmé** :* ils l'ont critiqué, désapprouvé (→ CONTR. féliciter).

■ **blâme** nom m. ● *On lui a infligé un **blâme**,* une réprimande souvent écrite que l'on fait à quelqu'un qui a commis une faute grave.

blanc, blanche adj. et nom m. **A.** adj. **1** ● *Le lait est **blanc**.* **2** (fig.) BLANC COMME NEIGE. ● *Il n'a rien fait de mal, il est **blanc comme neige** :* il est parfaitement innocent. **3** ● *Comme je ne savais pas pour qui voter, j'ai remis un bulletin **blanc**,* sur lequel aucun nom n'était inscrit. — ● *Une page **blanche**,* sur laquelle rien n'est écrit. **4** NUIT BLANCHE. ● *Nous sommes fatigués après une **nuit blanche**,* une nuit sans sommeil. **5** DONNER CARTE BLANCHE À QUELQU'UN : lui donner une entière liberté pour faire quelque chose. ● *La directrice **lui a donné carte blanche** pour organiser une excursion.*

B. nom m. **1** ● *Le **blanc** est la couleur de la neige.* **2** ● *Tu vas peindre ton bureau avec du **blanc**,* avec de la peinture blanche. **3** ● *Maman a acheté un drap au rayon du **blanc**,* du linge, des draps, des serviettes, etc. **4** ● *Les Européens sont des **Blancs**,* des gens à peau claire. **5** (fam.) ● *Il ne boit que du **blanc**,* du vin blanc. **6** ● *Dans* sa dictée, elle a laissé beaucoup de **blancs**, d'espaces où elle n'a rien écrit (→ blanc A, sens 3). **7** À BLANC. ● *L'acteur de ce film tire des cartouches à blanc, des cartouches sans balle, qui ne peuvent donc pas blesser.* **8** ● *Le blanc de l'œuf, le blanc de l'œil : les parties blanches de l'œuf, de l'œil.* **9** ● *Le blanc du poulet, les morceaux sans os.* — ● *Les ailes, les cuisses et les morceaux de blanc.*

■ **blanchâtre** adj. ● *Cette nappe s'est décolorée, elle a pris une teinte blanchâtre, d'un blanc pas très net et pas très beau.*

■ **blanche** nom. f. ● *En musique, deux noires valent une blanche.* ★ Chercher aussi : note.

■ **blancheur** nom. f. ● *Ta robe est d'une blancheur éclatante* (→ blanc A, sens 1).

■ **blanchir** v. **1** ● *Les cheveux de grand-mère blanchissent : ils deviennent blancs.* **2** ● *Philippe blanchit ses chaussures de tennis avec un produit spécial : il les rend plus blanches.* **3** ● *Je donne tout mon linge à blanchir, à laver et à repasser* (→ blanchisserie). **4** ● *Le jugement a blanchi l'accusé : il a dit que l'accusé n'était pas coupable* (→ blanc A, sens 2 ; SYN. disculper). ★ Conjug. 11.

■ **blanchissage** nom m. ● *Mes grands-parents envoient leurs draps sales au blanchissage : ils les envoient à la blanchisserie pour les faire laver.*

■ **blanchisserie** nom f. ● *On fait laver et repasser le linge dans les blanchisseries* (→ blanc A, sens 3).

■ **blanchisseur** nom ● *La blanchisseuse repasse avec soin ce col de dentelle.*

blanc-bec nom m. (péjor.) ● *Il croit tout savoir, ce jeune blanc-bec, ce jeune homme sans expérience.*

blasé adj. ● *Ce garçon trop gâté est déjà blasé : il ne s'intéresse plus à rien, il manque d'enthousiasme ; rien ne peut plus lui faire plaisir.*

blason nom m. ● *Au Moyen Âge les chevaliers avaient chacun un blason, un dessin particulier peint sur leur bou-*

clier, qui leur servait d'emblème. ★ Chercher aussi : armoiries, écu.

blatte nom f. Insecte nocturne marron, proche du cafard.

blazer [blazɛʀ] nom m. Veste en drap de laine souvent bleu marine.

blé nom m. ● *Les épis de blé donneront du grain qui, écrasé, servira à faire de la farine.* ★ Chercher aussi : céréale.

bled nom m. **1** ● *En Afrique du Nord, nous sommes allés dans le bled, à la campagne loin des villes.* **2** (fam.) ● *Il habite dans un petit bled, un tout petit village.*

blême adj. **1** ● *Il était blême de colère, pâle de colère* (→ SYN. livide). **2** ● *Une lueur blême éclaire la cave, une lueur faible et pâle* (→ SYN. blafard).

■ **blêmir** v. ● *Cette émotion violente l'a fait blêmir, devenir blême.* ★ Conjug. 11.

blesser v. **1** ● *Le chasseur maladroit a blessé son chien : il l'a frappé d'un coup ou atteint d'un plomb qui lui a fait une plaie.* □ v. pron. ● *Catherine s'est blessée en tombant : elle s'est fait mal* (→ blessure). **2** ● *Ces paroles méchantes m'ont blessé : elles m'ont fait de la peine* (→ blessant ; SYN. offenser, vexer).

■ **blessé** adj. ● *Les personnes blessées.* □ nom ● *L'ambulance vient chercher les blessés.*

■ **blessure** nom f. **1** ● *Tu connais toutes sortes de blessures : les coupures, les écorchures, les brûlures, les fractures, etc.* **2** ● *Il lui a infligé une blessure d'amour-propre : il l'a blessé dans son amour-propre, il l'a vexé.*

■ **blessant** adj. ● *Tes remarques blessantes m'ont fait de la peine.*

blet, blette [blɛ, blɛt] adj. Trop mûr. ● *Une poire blette.*

bleu adj. et nom m. **A.** adj. **1** ● *Le ciel est bleu.* **2** ● *Elle a commandé un bifteck bleu, très peu cuit.* **3** (fam.) PEUR BLEUE. ● *Les serpents lui font une peur bleue, une très grande peur.* **4** ZONE BLEUE. ● *Dans la zone bleue, au centre des villes, le stationnement est limité à une heure et demie.*

B. nom m. **1** ● *La couleur que je préfère est le* **bleu.** **2** ● *En tombant dans l'escalier, Gilles s'est fait un* **bleu.** **3** ● *Le garagiste a déchiré son* **bleu** *(de travail), le vêtement de toile bleue que l'on porte pour faire des travaux salissants.* **4** ● *Le roquefort et le* **bleu** *d'Auvergne sont de bons fromages.* **5** (fam.) ● *Ce jeune soldat vient d'arriver à la caserne, c'est un* **bleu,** *un nouveau.*

■ **bleuâtre** adj. ● *Ton vieux blue-jean délavé a pris une teinte* **bleuâtre,** *une teinte bleue pas très belle.*

■ **bleuté** adj. ● *La neige a des reflets* **bleutés,** *légèrement bleus.*

■ **bleuir** v. ● *Il fait si froid que mes mains* **bleuissent,** *deviennent bleues.* — ● *Le vent glacé* **bleuissait** *son visage, le rendait bleu.* ★ Conjug. 11.

bleuet nom m. Fleur des champs de couleur bleue. ● *Les* **bleuets** *et les coquelicots fleurissent souvent dans les champs de blé.*

blindé adj. **1** ● *L'or est transporté dans des camions* **blindés,** *recouverts de plaques d'acier pour résister aux attaques.* **2** (fam.) ● *Cet homme a eu tant de malheurs qu'il est* **blindé,** *endurci, plus résistant.*

■ **blindage** nom m. ● *Le* **blindage** *de ce navire le protège contre les torpilles des sous-marins.*

■ **blindé** nom m. ● *Le 14 juillet, j'ai vu défiler les* **blindés,** *les chars, les tanks, etc.*

■ **blinder** v. **1** ● *Ils ont fait* **blinder** *leur porte : ils l'ont fait renforcer avec des plaques d'acier.* **2** (fam.) ● *Les épreuves l'ont* **blindé,** *l'ont endurci, l'ont rendu plus résistant.*

blizzard [blizar] nom m. ● *Dans la tempête de neige, deux Esquimaux et leurs chiens luttent contre le* **blizzard,** *un vent glacé du Grand Nord.*

bloc nom m. **1** ● *Pour faire une statue, le sculpteur taille un* **bloc** *de pierre, un gros morceau de pierre.* **2** ● *Il y a cent feuilles de papier dans ce* **bloc,** *dans cet assemblage de feuilles de papier détachables.* — BLOC-NOTES : petit bloc. ● *Des* **blocs-notes.** **3** ● *Les membres*

de cette famille forment un **bloc,** un ensemble de gens très unis. — ● *Un* **bloc** *d'immeubles :* un ensemble d'immeubles groupés. — EN BLOC. ● *Tous mes amis* **en bloc** *ont accepté ma proposition,* tous ensemble. — ● *Ils ont accepté ma proposition* **en bloc,** dans sa totalité. **4** À BLOC, loc. adv. ● *Le couvercle est vissé* **à bloc,** à fond, complètement.

blocage nom m. **1** ● *Le* **blocage** *d'un écrou.* **2** ● *Le* **blocage** *des prix* (→ bloquer).

blocus nom m. ● *Les ennemis font le* **blocus** *du pays :* ils empêchent toute communication, tout commerce avec lui. ★ Chercher aussi : 2. siège.

blond adj. et nom **1** ● *Ses cheveux sont* **blonds,** *d'une couleur claire et dorée.* — ● *Du tabac* **blond** *(par opposition à :* tabac brun). **2** nom ● *Dans ma classe, il y a trois* **blonds,** trois garçons aux cheveux blonds. — ● *Papa fume des* **blondes,** des cigarettes blondes, faites avec du tabac blond.

bloquer v. **1** ● *Un embouteillage* **bloque** *le boulevard :* il empêche qu'on y circule. **2** ● *L'automobiliste* **bloque** *les écrous de la roue qu'il vient de changer :* il fait le nécessaire pour qu'ils ne puissent pas bouger, il les serre fort. **3** (fig.) ● *Le gouvernement* **a bloqué** *les salaires :* il a interdit qu'on les augmente (→ blocage). **4** ● *Le boxeur a pu* **bloquer** *le coup de poing de son adversaire,* l'arrêter avant d'être touché.

se blottir v. pron. ● *Le chat* **se blottit** *dans les bras d'Olivier :* il se serre contre lui en se faisant tout petit (→ SYN. se pelotonner). ★ Conjug. 11.

blouse nom f. **1** ● *La pharmacienne porte une* **blouse,** un vêtement long à manches, qui se met par-dessus les autres pour les protéger. **2** ● *Maman porte une* **blouse** *brodée,* un chemisier.

blouson nom m. ● *Pour faire de la moto, il porte un* **blouson,** une veste courte et serrée dans le bas.

blue-jean [blud3in] nom m. Pantalon serré en toile épaisse de couleur bleue. ● *Des* **blue-jeans** (abrév. jean [d3in]).

bluff [blœf] nom m. ● *Il nous dit qu'il sait conduire, mais c'est du bluff*, c'est un mensonge pour impressionner les gens, pour les éblouir.
■ **bluffer** v. ● *Il bluffe quand il prétend savoir conduire*, il fait du bluff, il ment (→ SYN. se vanter).

blues [bluz] nom m. Musique de jazz lente et mélancolique.

boa nom m. Grand serpent d'Amérique du Sud. ● *Le boa se nourrit d'animaux qu'il étouffe dans ses anneaux.* ★ Chercher aussi : python.

bobine nom f. **1** ● *Un film, une bande de magnétophone s'enroulent sur une bobine*, un petit cylindre. — ● *Une bobine de fil.* **2** (fam.) ● *Quelle bobine tu fais!*, quelle tête!

bocage nom m. Région où les prés, les champs sont séparés par des haies, par des rangées d'arbres. ● *Le bocage normand.*

bocal nom m. **1** ● *On met les cornichons dans des bocaux*, des récipients de verre assez gros dont on se sert pour conserver les aliments. **2** ● *Il y a trois poissons rouges dans ce bocal*, un aquarium en forme de boule.

bœuf nom m. **1** ● *Dans certains pays, les charrues sont encore tirées par des bœufs*, par des taureaux châtrés. **2** ● *Le boucher coupe un bifteck dans un morceau de bœuf*, de viande de bœuf ou de vache. ★ On dit : *un bœuf* [bœf], *des bœufs* [bø].

bogue nom f. Enveloppe piquante de la châtaigne.

bohème nom ● *Cet homme est un bohème; il mène une vie de bohème :* il n'a pas de travail régulier, il vit suivant sa fantaisie. □ adj. ● *Elle est un peu bohème.*

bohémien nom ● *Les bohémiens habitent souvent dans une roulotte.* ★ Chercher aussi : gitan, nomade, romanichel.

boire v. **1** ● *Que préfères-tu boire : un jus de fruit ou du lait ?* (→ boisson). **2** ● *Il est ivre parce qu'il a trop bu :* il a absorbé trop d'alcool (→ buveur). **3** ● *Le*

buvard *boit l'encre :* il l'absorbe. **4** (fig.) ● *Elle boit les paroles de sa sœur :* elle l'écoute très attentivement et avec admiration. **5** (fam.) À BOIRE ET À MANGER. ● *Dans cette histoire, il y a à boire et à manger*, un mélange de bonnes et de mauvaises choses. ★ Conjug. 39.

bois nom m. **1** ● *Nous avons fait une promenade dans un bois*, dans une petite forêt (→ boisé). **2** ● *Pour construire des meubles, on utilise du bois*, la matière fournie par le tronc et les branches des arbres. **3** ● *Les cerfs, les élans et les rennes portent des bois*, de grandes cornes avec plusieurs branches. **4** (fam.) TOUCHER DU BOIS (pour qu'un événement malheureux ne se produise pas). ● *Je touche du bois pour qu'il ne pleuve pas dimanche.* ● VOIR DE QUEL BOIS ON SE CHAUFFE (pour menacer). ● *S'il abîme mes jouets, il verra de quel bois je me chauffe :* il verra que je ne me laisserai pas faire, que je me vengerai.
■ **boisé** adj. ● *Une colline boisée*, couverte d'arbres (→ déboiser, reboiser).
■ **boiserie** nom f. ● *Les murs du salon sont recouverts de boiseries*, de panneaux de bois sculptés.

boisseau nom m. **1** Récipient servant à mesurer le grain, contenant environ un décalitre (→ déca). **2** METTRE, GARDER SOUS LE BOISSEAU : ne pas révéler, tenir secret. ● *Il faut garder cette histoire sous le boisseau.*

boisson nom f. Liquide qui se boit. ● *Le thé est une agréable boisson chaude.*

boîte nom f. **1** ● *Il n'y a plus d'allumettes dans la boîte.* — ● *Sais-tu ouvrir une boîte de conserve ?* (→ ouvre-boîte). — ● *Il met une carte postale dans la boîte aux lettres.* **2** (fam.) METTRE QUELQU'UN EN BOÎTE : se moquer de lui gentiment (→ SYN. faire marcher quelqu'un). **3** BOÎTE (DE NUIT). ● *Hier soir, mon grand frère est sorti avec des amis; ils sont allés dans une boîte de nuit*, un établissement ouvert la nuit, où l'on peut boire, danser, regarder un spectacle. ★ Chercher aussi : cabaret.

boiter v. ● *Depuis sa chute à ski, il* *boite* : il marche avec difficulté, en penchant d'un côté.
■ **boiteux** adj. **1** ● *Cette femme est* *boiteuse* : elle boite. □ nom ● *Ce boi-* *teux marche avec une canne.* **2** ● *Ma* *table est boiteuse* : elle a un pied plus court que les autres, elle n'est pas stable (→ SYN. bancal). **3** ● *Une phrase* *boiteuse est une phrase mal construite.*

boîtier nom m. **1** ● *Boîtier de montre* : partie métallique d'une montre dans laquelle est enfermé le mécanisme. **2** ● *Boîtier de lampe de poche* : partie d'une lampe de poche dans laquelle se trouvent les piles.

bol nom m. **1** ● *Le petit déjeuner est prêt ;* *mets les bols sur la table.* **2** ● *Boire un* *bol de chocolat au lait,* le contenu d'un bol.

boléro nom m. Petite veste sans manches.

boléro

bolet nom m. ● *Les bolets sont des cham-* *pignons ; les cèpes sont de très bons* *bolets comestibles.*

bolide nom m. ● *Daniel possède un* *bolide,* une voiture très rapide.

bombe nom f. **1** Projectile, engin qui explose. ● *Une bombe atomique.* — ● *Des terroristes ont déposé une* *bombe dans l'aéroport.* **2** (fig.) FAIRE L'EFFET D'UNE BOMBE. ● *La nouvelle de sa* *mort a fait l'effet d'une bombe* : elle a provoqué une grande surprise.
■ **bombarder** v. **1** ● *Les avions et* *les canons ennemis ont bombardé le*

port : ils ont lancé des bombes, des obus sur lui. **2** ● *Nicolas m'a bom-* *bardé de boules de neige* : il m'a jeté beaucoup de boules de neige.
■ **bombardement** nom m. ● *Pendant* *la guerre, la gare a été détruite au* *cours d'un bombardement* (→ bom- barder).
■ **bombardier** nom m. Avion équipé pour lâcher des bombes.

bombé adj. ● *Il a le front bombé,* arrondi.

1. bon, bonne adj., nom m., adv. et interj. **A.** adj. **1** ● *Claude fait de la bonne cui-* *sine,* de la cuisine agréable à manger. □ nom m. ● *Le bon et le mauvais* : ce qui est bon et ce qui est mauvais. — AVOIR DU BON. ● *Ton projet a du bon* : on y trouve des choses intéressantes. **2** ● *Il* *est bon avec les animaux* : il est gentil avec eux (→ bonté ; CONTR. méchant). **3** ● *Le sport est bon pour la santé,* utile, bénéfique. **4** ● *Voilà une bonne* *émission de télévision,* agréable, inté- ressante, bien faite, réussie. **5** BON À..., loc. adj. ● *Cette chemise sale est bonne* *à laver,* dans un état qui rend néces- saire qu'on la lave. **6** ● *Cela fait un* *bon moment que je t'attends,* un grand moment. — ● *La maison est à deux* *bons kilomètres d'ici,* à deux kilo- mètres au moins.
B. adv. **1** ● *Il fait bon* : la température de l'air est agréable. **2** ● *Le lilas sent* *bon* : son odeur est agréable. **3** TENIR BON. ● *Nos soldats n'ont pas laissé passer* *l'adversaire ; ils ont tenu bon* : ils ont résisté. **4** POUR DE BON, loc. adv. ● *Mainte-* *nant, je vais me mettre à travailler pour* *de bon,* réellement, véritablement.
C. interj. ● *Tout le monde est d'accord ?* *Bon ! allons-y !*

2. bon nom m. ● *Dans la tablette de cho-* *colat, il y a un bon pour un cadeau,* un papier qui donne droit à un cadeau.

bonbon nom m. ● *Manger trop de bon-* *bons est mauvais pour les dents* (→ SYN. confiserie, friandise). ★ Atten- tion au *n* devant le *b.*
■ **bonbonnière** nom f. Boîte à bon- bons, en général en matière précieuse et décorée.

bonbonne nom f. Grosse bouteille. ● *Une* **bonbonne** *de vin.* ★ Attention au *n* devant le *b*.

bond [bɔ̃] nom m. **1** ● *Le chat a fait un* **bond***, un grand saut.* **2** (fig.) ● *Le prix de l'essence a fait un* **bond** : *il a brusquement augmenté.* **3** FAIRE FAUX BOND À QUELQU'UN. ● *Nous avions rendez-vous à 4 h, mais il* **m'a fait faux bond***,* il n'est pas venu.
■ **bondir** v. **1** ● *Les lapins s'enfuirent en* **bondissant***, en faisant des bonds.* **2** ● *Le chat a* **bondi** *sur l'oiseau :* il a fait un saut pour l'attraper. **3** (fig.) ● *Bondir sur une occasion :* se précipiter pour ne pas la laisser passer. ★ Conjug. 11.

bonde nom f. ● *La* **bonde** *de la baignoire :* le trou rond par où l'eau s'écoule. — ● *La* **bonde** *d'un tonneau.*

bondé adj. ● *L'autobus est* **bondé** : il est complètement plein.

bonheur [bɔnœr] nom m. **1** ● *Tous les hommes cherchent le* **bonheur** : *ils cherchent tous à être heureux* (→ CONTR. malheur). **2** ● *Le 1er mai, Annette a acheté un brin de muguet ; elle pense que cela porte* **bonheur***,* que cela porte chance. ★ Chercher aussi : porte-bonheur. **3** PAR BONHEUR : heureusement. ● *Il s'est mis à pleuvoir :* **par bonheur***,* j'avais pris mon parapluie. **4** AU PETIT BONHEUR : au hasard. ● *Il distribue des récompenses* **au petit bonheur***.*

bonhomme [bɔnɔm] nom m. (fam.) ● *Regarde ce* **bonhomme***,* cet homme. ● *Un* **bonhomme** *en neige,* une bonne femme. ★ Au plur. : bonshommes [bɔ̃zɔm].

se bonifier v. pron. ● *Le vin* **se bonifie** *en vieillissant :* il devient meilleur, son goût s'améliore. ★ Conjug. 10.

boniment nom m. (fam.) ● *Ne crois pas ce qu'il dit :* c'est du **boniment***,* un discours mensonger (→ SYN. (fam.) baratin).

bonjour nom m. **1** ● *Quand il croise la gardienne le matin, il lui dit* **bonjour***.* ★ Chercher aussi : au revoir, bonsoir. **2** SIMPLE COMME BONJOUR : très simple. ● *Mettre en marche le poste de télévision, c'est* **simple comme bonjour***.*

bon marché adj. invar. ● *En ce moment, les pommes sont* **bon marché** : *elles ne coûtent pas cher.*

bonne nom f. Employée de maison, nourrie et logée par les gens chez qui elle travaille. ● *La* **bonne** *est chargée des travaux ménagers.*

bonne femme nom f. (fam. et péjor.) ● *Tu as vu comment elle est habillée, cette* **bonne femme** *!,* cette femme (→ bonhomme).

bonnet nom m. Coiffure souple et sans bord. ● *Il enfonce son* **bonnet** *sur ses oreilles.*

bonneterie [bɔnɛtri] nom f. **1** ● *Mon cousin a trouvé une situation dans la* **bonneterie***,* l'industrie qui fabrique les chaussettes, les tricots, la lingerie. **2** ● *Ce commerçant vend de la* **bonneterie***,* des articles d'habillement fabriqués par cette industrie.

bon sens nom m. ● *Tu manques de* **bon sens***,* de sagesse, de raison (→ SYN. (fam.) jugeote).

bonsoir nom m. Terme employé le soir pour saluer quelqu'un que l'on rencontre ou que l'on quitte. ★ Chercher aussi : au revoir, bonjour.

bonté nom f. **1** ● *Elle traite tout le monde avec* **bonté** (→ 1. bon ; CONTR. méchanceté). **2** ● *Il a eu la* **bonté** *de m'aider à porter mes bagages,* l'amabilité, la gentillesse.

bonus [bɔnys] nom m. Réduction sur le prix de l'assurance d'un véhicule lorsque le conducteur n'a pas causé d'accident pendant un certain temps.

bon vivant nom m. et adj. Personne qui aime bien boire, manger et s'amuser.

boom [bum] nom m. Période de développement des affaires. ● *Boom économique du pays,* **boom** immobilier.

boomerang [bumrãg] nom m. Morceau de bois recourbé qui revient vers celui qui l'a lancé. ● *Les indigènes d'Australie chassaient avec des* **boomerangs***.*

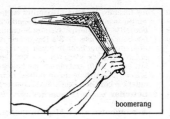

boomerang

boqueteau nom m. Petit bois, petit groupe d'arbres (→ SYN. bosquet, plus courant).

bord nom m. **1** ● *Ils marchent au* **bord** *de la route,* sur le côté de la route. — ● *Les* **bords** *d'une rivière :* ses rives. ● *Le* **bord** *de la mer :* le rivage, la côte. **2** À BORD DE. ● *Aude aimerait monter* **à bord d'**un grand bateau, d'un avion : sur un bateau, dans un avion. **3** AU BORD DE. ● *Sa maison est* **au bord de** *la ville,* tout près, à la limite de la ville. — (fig.) ● *Claude est* **au bord des** *larmes :* tout près de pleurer.
■ **border** v. **1** ● *Des sapins* **bordent** *le chemin :* il y a des sapins tout le long du chemin, sur les bords. — ● *Le col de son manteau* **est bordé** *de fourrure.* **2** ● *Je* **borde** *mon lit :* je replie le drap et la couverture sous le matelas. — ● *Je* **borde** *ma petite sœur :* je borde le lit de ma petite sœur déjà couchée.
■ **bordure** nom f. **1** ● *Le massif de fleurs est entouré d'une* **bordure** *de pierres :* des pierres entourent le massif. **2** EN BORDURE DE : au bord de. ● *La cabane est* **en bordure de** *la forêt.*

boréal adj. ● *Les mers* **boréales,** qui sont proches du pôle Nord (→ CONTR. austral).

borgne adj. ● *Être* **borgne** : ne voir que d'un œil (→ éborgner). ● *Une personne* **borgne.** □ nom ● *Un* **borgne.** ★ Chercher aussi : aveugle.

borne nom f. **1** ● *La limite du terrain est marquée par une* **borne,** un bloc de pierre ou de ciment. ● *Les* **bornes** *kilo-* métriques sont plantées au bord des routes, tous les kilomètres. **2** (fig.) DÉPASSER LES BORNES. ● *Tu oses dire cela! Vraiment tu* **dépasses les bornes** : tu vas trop loin, tu exagères.

borné adj. ● *Cet homme est* **borné** ; *il a l'esprit* **borné** : il a l'esprit étroit, il comprend mal que l'on puisse avoir des idées différentes des siennes (→ CONTR. intelligent, large, ouvert).

se **borner** à v. pron. ● *Il* **se borne** à *faire le minimum de travail :* il se contente d'en faire le minimum (→ SYN. se limiter à).

bosquet [bɔskɛ] nom m. Petit bois, petit groupe d'arbres.

bosse nom f. **1** ● *En se cognant le front, il s'est fait une* **bosse,** une petite boule qui est apparue sur son front à la suite du choc. **2** ● *Sur le dos, le dromadaire a une* **bosse.** **3** ● *Certaines personnes ont une* **bosse** *dans le dos :* elles ont le dos anormalement arrondi (→ bossu). **4** ● *En skiant, il est tombé à cause d'une* **bosse** *(de terrain) :* une petite élévation du sol, une butte. — ● *Sa voiture a des* **bosses,** des parties déformées qui ressortent (→ bosseler). **5** (fam.) AVOIR LA BOSSE DE QUELQUE CHOSE : être très doué pour cela. ● *Brigitte* **a la bosse des maths :** elle est très douée pour les maths.
■ **bosseler** [bɔsle] v. ● *Il a eu un accident et* **a bosselé** *l'aile de sa voiture :* il lui a fait des bosses (→ cabosser). ★ Conjug. 9.
■ **bossu** adj. et nom ● *Une personne* **bossue,** qui a une bosse dans le dos.

bot [bo] adj. PIED BOT. ● *Pierre a un pied* **bot** ; un pied mal formé, qui rend la marche difficile et pour lequel il faut une chaussure spéciale.

botanique nom f. et adj. **1** nom f. Science qui étudie les végétaux (les plantes, les arbres, etc.). **2** adj. JARDIN BOTANIQUE : jardin où l'on cultive des plantes, des arbres qui sont rares ou que l'on veut étudier.

1. botte nom f. ● *Une* **botte** *de radis, de poireaux :* des radis, des poireaux liés ensemble.

2. botte nom f. Coup donné avec la pointe d'une épée, d'un fleuret. ● *Cet escrimeur a vaincu son adversaire grâce à une **botte** secrète*, un coup qu'il est seul à connaître.

3. botte nom f. Chaussure montante couvrant la jambe. ● *Une paire de **bottes***.
■ **botté** adj. ● *Le chat **botté**, qui porte des bottes dans le conte de Perrault.
■ **bottillon** nom m. Botte courte qui s'arrête au-dessus de la cheville. ● *Pour marcher dans la neige, il a mis des **bottillons** fourrés*.

boubou nom m. ● *Enfile ce **boubou***; vêtement long et ample que portent les Africains.

bouc nom m. **1** Mâle de la chèvre. **2** ● *Il s'est laissé pousser un **bouc** : une barbiche*.

bouche nom f. **1** ● *Quand on ouvre la **bouche**, on montre les dents et la langue*. **2** ● *La nuit, les **bouches** de métro sont fermées* : les entrées du métro dans la rue. **3** ● *Une **bouche** d'égout est un trou qui s'ouvre le long du trottoir et communique avec les égouts*. **4** GARDER QUELQUE CHOSE POUR LA BONNE BOUCHE : le garder pour la fin (parce que c'est le meilleur). — FAIRE LA FINE BOUCHE : se montrer difficile, dédaigneux.
■ **bouchée** nom f. **1** ● *Finis ta purée, il ne t'en reste plus qu'une **bouchée**, la quantité que l'on peut mettre dans la bouche en une fois. **2** (fig.) POUR UNE BOUCHÉE DE PAIN. ● *Mon oncle a acheté cette maison **pour une bouchée de pain** :* pour une petite somme d'argent. **3** (fig.) METTRE LES BOUCHÉES DOUBLES : se dépêcher, se hâter. ● *Il **a mis les bouchées doubles** pour finir son travail à temps*. **4** ● *Une **bouchée** au chocolat :* un bonbon fourré au chocolat.

bouché adj. **1** ● *Une bouteille mal **bouchée**.* — ● *Un lavabo **bouché**.* — ● *Une route **bouchée**,* sur laquelle la circulation est bloquée (→ 1. boucher). **2** (fig. et fam.) ● *Tu es vraiment **bouché**!,* bête, borné.

1. boucher v. **1** ● *Avant de peindre le mur, il faudra **boucher** les trous et les fissures,* les faire disparaître en les remplissant. **2** ● *Raymond **bouche** la bouteille :* il la ferme avec un bouchon (→ bouchon, sens 1). **3** ● *Des débris de nourriture **bouchent** le tuyau et empêchent l'eau de s'écouler* (→ SYN. obstruer). **4** ● *Un embouteillage **bouche** la rue :* il empêche qu'on puisse y circuler (→ bouchon, sens 2 ; SYN. 1. barrer).

2. boucher nom ● *Le **boucher** vend de la viande.*
■ **boucherie** nom f. Magasin du boucher.

bouche-trou nom m. Quelque chose ou quelqu'un qui ne fait qu'occuper momentanément une place vide. ● *L'acteur qui devait jouer ce rôle étant malade, il a fallu trouver un **bouche-trou*** (péjor.). — ● *Des **bouche-trous**.*

bouchon nom m. **1** ● *Quand on a ouvert la bouteille de champagne, le **bouchon** a sauté. **2** ● *Il y a un **bouchon** au carrefour, un embouteillage* (→ 1. boucher, sens 4).

bouchonner v. **1** ● *Le lad va **bouchonner** le cheval,* le frotter pour le sécher (→ SYN. frictionner). **2** ● *Les voitures **bouchonnent** sur l'autoroute :* se regroupent et n'avancent presque plus.

boucle nom f. **1** ● *Il attache la **boucle** de sa ceinture :* l'anneau métallique qui permet de fermer la ceinture (→ boucler, sens 1). **2** ● *Elle se met des **boucles** d'oreilles,* des anneaux, des bijoux, qui se fixent aux oreilles. **3** ● *Les cheveux du bébé font des **boucles** :* ils sont frisés (→ boucler, sens 3). **4** ● *La Seine fait des **boucles**,* de grandes courbes (→ SYN. méandre).
■ **boucler** v. **1** ● *Dès que l'on s'installe dans la voiture, il faut **boucler** sa ceinture de sécurité,* la fermer en attachant la boucle (→ boucle, sens 1). **2** (fam.) ● *On l'**a bouclé** dans sa chambre :* on l'a enfermé. **3** ● *Les cheveux de Françoise **bouclent*** (→ boucle, sens 3 ; SYN. friser).
■ **bouclé** adj. ● *Des cheveux **bouclés*** (→ SYN. frisé).

bouclier nom m. ● *Les guerriers romains avaient des **boucliers**,* des plaques (de cuir, de métal, etc.) qu'ils portaient au bras gauche pour se protéger des coups.

bouddhisme nom m. Religion d'Asie, fondée par Bouddha (sage souvent représenté dans des temples de l'Inde et de la Chine).

bouder v. ● *Sébastien boude parce que sa mère l'a grondé : il est fâché et garde le silence.*
■ **boudeur** adj. ● *Marie-Hélène n'est pas contente; elle a un visage boudeur, de quelqu'un qui boude* (→ SYN. renfrogné). □ nom ● *Tu n'es qu'une vilaine boudeuse !*

boudin nom m. ● *Le charcutier vend du boudin : des boyaux remplis de sang et de graisse de porc, cuits et épicés.*

boudoir nom m. ● *La dame se retire dans son boudoir; petit salon élégant.*

boue nom f. ● *Cette voiture est très sale : on voit qu'elle a roulé dans la boue, dans de la terre très mouillée* (→ 1. boueux).

bouée nom f. **1** ● *Marc ne sait pas nager : il met une bouée pour se baigner, un anneau flottant qui l'empêche de couler.* **2** Objet flottant qui sert de signal, de repère. ● *Des bouées indiquent aux bateaux les passages dangereux.* ★ Chercher aussi : balise, flotteur.

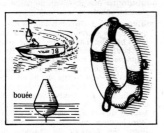

bouée

1. boueux adj. ● *Il a plu : le chemin est boueux, plein de boue* (→ SYN. bourbeux). — ● *Tes chaussures sont boueuses, tachées de boue.*

2. boueux nom m. Employé chargé d'enlever les ordures ménagères. ● *Chaque matin, en ville, les boueux vident les poubelles* (→ SYN. éboueur).

bouffant adj. ● *Laurence porte un chemisier rose à manches bouffantes, très amples, qui paraissent gonflées* (→ CONTR. collant).

bouffée nom f. **1** ● *Une bouffée de fumée de cigarette, la quantité de fumée que l'on aspire en une fois.* **2** ● *Ouvre la fenêtre pour laisser entrer une bouffée d'air frais, un souffle d'air frais.*

bouffi adj. ● *Un visage bouffi, enflé.* — ● *À force de pleurer, tu vas avoir les yeux bouffis, gonflés.*

bouffon nom et adj. **1** nom ● *Autrefois, les rois de France avaient leurs bouffons, des sortes de clowns chargés de les distraire.* **2** adj. ● *Une histoire bouffonne, drôle, comique.*

bouger v. **1** ● *En classe, Céline n'arrête pas de bouger, de remuer.* — ● *Que personne ne bouge !, ne fasse un mouvement, ne change de place.* **2** ● *Ce mois-ci, le prix des légumes n'a pas bougé, n'a pas changé.* ★ Conjug. 5.
■ **bougeotte** nom f. (fam.) AVOIR LA BOUGEOTTE. ● *Colette est incapable de rester tranquille; elle a la bougeotte : elle ne cesse pas de bouger, de se déplacer.*

bougie nom f. **1** Petit bâton de cire ou de paraffine, muni d'une mèche, qui sert à éclairer. ● *Sur les gâteaux d'anniversaire, on met des bougies* (→ bougeoir). ★ Chercher aussi : chandelle. **2** ● *Le garagiste a changé les bougies de la voiture, les pièces qui produisent l'étincelle, dans un moteur à essence.* ★ Chercher aussi : allumage.
■ **bougeoir** nom m. Support sur lequel on place une bougie. ● *Des bougeoirs en cuivre.*

bougonner v. ● *Le vieux monsieur était contrarié; il bougonnait : il protestait à voix basse* (→ SYN. grommeler).
■ **bougon** adj. ● *Aujourd'hui, Jean-Pierre a l'air bougon, de mauvaise humeur* (→ SYN. grincheux, grognon).

bougre, bougresse nom (fam.) ● *C'est un bon **bougre**!*, un brave type, pas méchant.

bouillabaisse nom f. Plat provençal fait de divers poissons servis dans un bouillon épicé. ● *À Marseille, ne manquez pas de goûter à la **bouillabaisse**.*

bouillant adj. **1** ● *Le marchand de frites plonge les pommes de terre dans l'huile **bouillante**,* dans l'huile en train de bouillir. **2** ● *J'aime boire ma tisane **bouillante**,* extrêmement chaude. **3** (fig.) ● *Philippe a un caractère **bouillant**,* vif et emporté (→ bouillir, sens 3 ; SYN. impétueux).

bouillie nom f. **1** ● *Le petit frère de Marie avale sa **bouillie**,* un mélange presque liquide de lait et de farine. **2** EN BOUILLIE, loc. adj. ● *Nicolas s'est assis sur les fraises ; elles sont **en bouillie**,* complètement écrasées.

bouillir [bujir] v. **1** ● *J'ai mis de l'eau à chauffer ; va voir si elle **bout**,* si elle est chaude au point de s'agiter et de former des bulles. — ● *L'eau **bout** à 100 degrés* (→ ébullition). **2** ● *Le cuisinier fait **bouillir** la viande du pot-au-feu* : il la fait cuire dans de l'eau bouillante (→ ébouillanter). **3** (fig.) ● ***Bouillir** d'impatience, de colère* : être extrêmement impatient, en colère (→ bouillant, sens 3). ★ Conjug. 15.

■ **bouilli** adj. **1** ● *De l'eau **bouillie**,* que l'on a fait bouillir. **2** ● *De la viande **bouillie**.*

■ **bouillon** nom m. **1** À GROS BOUILLONS. ● *La soupe bout **à gros bouillons**,* en formant de grosses bulles (→ bouillonner). **2** ● *Au début du dîner, il y avait un **bouillon** de légumes,* une soupe faite avec le liquide dans lequel des légumes ont cuit.

■ **bouilloire** nom f. Récipient de métal muni d'un couvercle, d'une anse et d'un bec, qui sert à faire bouillir de l'eau.

bouillonner v. ● *L'eau du barrage se déverse en **bouillonnant**,* en faisant de grosses bulles (→ bouillon, sens 1).

bouillotte nom f. ● *Quand il fait froid, je réchauffe mon lit en y plaçant une **bouillotte**,* un récipient contenant de l'eau très chaude.

boulanger nom ● *On achète le pain chez le **boulanger**.* — ● *La **boulangère**.*

■ **boulangerie** nom f. Magasin du boulanger.

boule nom f. **1** ● *François a abattu trois quilles avec une **boule**.* — ● *Des **boules** de neige.* **2** (fam.) Tête. — PERDRE LA BOULE : s'affoler, devenir fou.

bouleau nom m. Arbre à écorce blanche.

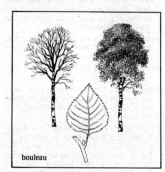

bouleau

bouledogue nom m. Chien de garde au museau aplati.

boulet nom m. **1** Grosse boule de métal que tiraient autrefois les canons. ● *Aujourd'hui, les canons ne tirent plus des **boulets**, mais des obus.* **2** ● *Pour empêcher les bagnards de s'enfuir, on leur attachait autrefois un **boulet** à la cheville,* une boule de métal très lourde, liée à la cheville par une chaîne. — (fig.) ● *Le remboursement de cet emprunt est pour moi un vrai **boulet**,* une charge pénible. **3** ● *Pour leur chauffage, mes grands-parents utilisent des **boulets** de charbon,* du charbon aggloméré en petites boules.

boulette nom f. **1** ● *À la cantine, Céline lance des **boulettes** de pain sur ses camarades,* des petites boules de pain.

2 (fig. et fam.) ● *J'ai fait une **boulette** en oubliant de lui dire bonjour, une erreur* (→ SYN. (fam.) gaffe).

boulevard nom m. Rue très large, souvent bordée d'arbres. ★ Abrév. : **bd**.

bouleverser v. **1** ● *En cherchant son pull-over, Philippe **a tout bouleversé** dans sa chambre* : il a tout mis dans un grand désordre. **2** ● *Cette rencontre **a bouleversé** sa vie* : elle l'a changée brusquement et complètement (→ bouleversement). **3** ● *La mort de leur ami les **a bouleversés*** : elle leur a fait un choc, les a profondément troublés, émus (→ bouleversant).
■ **bouleversant** adj. ● *Un livre **bouleversant**,* très émouvant.
■ **bouleversement** nom m. ● *À la suite des élections, le pays a connu un **bouleversement** politique,* un grand changement.

boulimie nom f. ● *Jean mange sans cesse : c'est de la **boulimie**,* une grande faim très difficile à calmer, à satisfaire.

boulon nom m. ● *Le mécanicien a fixé la tôle avec un **boulon**,* avec une sorte de vis à laquelle s'adapte un écrou.
■ **boulonner** v. **1** Fixer avec des boulons. **2** (fam.) Travailler.

1. boulot nom m. (fam.) ● *Je ne peux pas aller au cinéma; j'ai trop de **boulot**,* de travail.

2. boulot adj. ● *Voilà une femme **boulotte**,* petite et grosse. ★ S'emploie rarement au masculin.

1. boum [bum] interj. et nom m. Bruit d'une explosion, d'un choc violent. ● *J'ai entendu un grand **boum**.*

2. boum nom f. (fam.) ● *Il y a une **boum** chez Francis samedi* : une soirée, une fête, une réception où l'on danse en général.

1. bouquet nom m. **1** ● *Apporte-moi un vase pour mettre ce **bouquet** de fleurs* : ces fleurs coupées et rassemblées. ● *Un **bouquet** d'arbres* : un petit groupe d'arbres serrés. **2** ● *Le **bouquet** d'un feu d'artifice* : les plus belles fusées, qui terminent un feu d'artifice. — (fig. et fam.) C'EST LE BOUQUET! ● *Hier tu es arrivé*

en retard et aujourd'hui tu as oublié ton cahier, **c'est le bouquet**! : il ne manquait plus que cela!, tu exagères vraiment. **3** ● *Le **bouquet** d'un vin* : son parfum, son arôme.

2. bouquet nom m. Grosse crevette rose.

bouquetin nom m. Sorte de chèvre à longues cornes qui vit dans les montagnes.

bouquin nom m. (fam.) ● *J'ai emprunté plusieurs **bouquins** à la bibliothèque,* plusieurs livres.
■ **bouquiniste** nom m. ● *Sur les quais de la Seine, à Paris, on peut voir des **bouquinistes**,* des marchands de livres d'occasion.

bourbeux adj. ● *Les roues de la charrette s'enfoncent dans le chemin **bourbeux**,* plein de boue (→ s'embourber).
■ **bourbier** nom m. **1** ● *L'inondation a transformé le champ en **bourbier**,* en un endroit plein de boue. **2** (fig.) ● *Je ne sais pas comment me sortir de ce **bourbier**,* de cette affaire compliquée et ennuyeuse (→ SYN. guêpier).

bourde nom f. ● *André a encore fait une **bourde**,* grosse bêtise, grosse erreur.

bourdon nom m. **1** Insecte qui a l'aspect d'une grosse abeille couverte de poils. **2** FAUX BOURDON : mâle de l'abeille.

bourdonner v. **1** ● *Quand elles volent, les abeilles et les mouches **bourdonnent*** : elles produisent une sorte de ronflement continu (→ bourdonnement, sens 1). **2** ● *J'ai les oreilles qui **bourdonnent*** : j'entends un bruit anormal à l'intérieur de mes oreilles (→ bourdonnement, sens 2).
■ **bourdonnement** nom m. **1** ● *Le **bourdonnement** d'un insecte, d'un avion.* **2** ● *Des **bourdonnements** d'oreilles.*

bourg [bur] nom m. Gros village.
■ **bourgade** nom f. Petit bourg, village.

1. bourgeois nom m. **1** ● *Au Moyen Âge, les **bourgeois** étaient les personnes riches habitant les villes* (→ bourg). **2** Avant la Révolution de 1789, personne qui possédait des biens et qui n'était ni noble ni prêtre (→ bourgeoisie, sens 1). **3** Aujourd'hui, personne aisée qui ne travaille pas de ses mains (opposé à *prolétaire, ouvrier, paysan*). ● *Il possède plusieurs usines, c'est un* **bourgeois** (→ 2. bourgeois). — PETIT-BOURGEOIS. ● *Mon père est employé et mon oncle est commerçant, ce sont des* **petits-bourgeois** (→ bourgeoisie).

■ **bourgeoisie** nom f. Ensemble des bourgeois. **1** ● *La Révolution de 1789 a été l'œuvre de la* **bourgeoisie**. ★ Chercher aussi : clergé, noblesse. **2** ● *Certains pensent que dans les pays capitalistes, la* **bourgeoisie** *possède trop de pouvoir.* ★ Chercher aussi : capitalisme, communisme, prolétariat.

2. bourgeois adj. ● *Une maison* **bourgeoise**, *un quartier* **bourgeois** (→ SYN. riche ; CONTR. ouvrier, prolétaire).

bourgeon nom m. ● *Cet arbre a beaucoup de* **bourgeons**, *de pousses qui donneront des feuilles ou des fleurs.*

■ **bourgeonner** v. ● *Au printemps, les arbres* **bourgeonnent** : *ils se chargent de bourgeons.*

bourlinguer v. ● *Ce marin a dû beaucoup* **bourlinguer**, *connaître beaucoup d'aventures partout dans le monde.*

bourrade nom f. ● *Bertrand m'a accueilli par une* **bourrade** *affectueuse, une tape sur l'épaule, un coup de coude.*

bourrasque nom f. ● *La* **bourrasque** *a arraché des tuiles du toit* : *un coup de vent violent et de courte durée.*

bourratif adj. (fam.) ● *Cette purée est trop épaisse, je la trouve* **bourrative**, *lourde à digérer, trop nourrissante* (→ bourrer, sens 3).

bourreau nom m. **1** Celui qui est chargé d'exécuter les condamnés à mort. **2** (fig.) ● *Un* **bourreau** *d'enfants* : *une personne qui maltraite les enfants, qui les martyrise.* **3** (fig.) ● *C'est un* **bourreau** *de travail, une personne qui travaille énormément.*

bourrée nom f. ● *Autrefois, en Auvergne, on dansait la* **bourrée**.

bourrelet nom m. **1** ● *On a mis des* **bourrelets** *autour des fenêtres* : *des*

bandes de caoutchouc, de plastique, qui empêchent l'air froid de passer. **2** ● *Il mange trop! regarde ces* **bourrelets !**, *ces plis de graisse sur son corps.*

bourrelier nom m. Celui qui fabrique et vend des harnais, des courroies et de petits objets généralement en cuir. ★ Cherche aussi : sellier.

bourrer v. **1** ● *Pour partir en vacances, Nathalie* **a bourré** *son sac d'objets inutiles* : *elle l'a rempli au maximum.* **2** ● (fam.) ● *Elle* **bourre** *ses enfants de friandises* : *elle leur en fait manger une trop grande quantité* (→ SYN. gaver). □ v. pron. ● *Jérôme* **s'est bourré** *de bonbons.* **3** (fam.) ● *Ce gâteau* **bourre** : *il remplit vite l'estomac* (→ bourratif). **4** ● *Bourrer une pipe* : *la remplir de tabac.*

bourriche nom f. Grand panier sans anse pour transporter des poissons, des huîtres, etc.

bourricot ou **bourriquot** nom m. Petit âne (→ bourrique).

bourrique nom f. Ânesse. — ÊTRE TÊTU COMME UNE BOURRIQUE : être très têtu.

bourru adj. ● *Le facteur est un brave homme malgré son air* **bourru**, *son air peu aimable, rude.*

bourse nom f. **1** Petit sac qu'on porte accroché à sa ceinture et qui servait autrefois à mettre son argent. **2** ● *Ces élèves, ces étudiants ont droit à une* **bourse**, *à une somme d'argent versée régulièrement par l'État pour les aider à continuer leurs études* (→ boursier, sens 1). **3** BOURSE (DES VALEURS); LA BOURSE : l'endroit, le bâtiment où banquiers et hommes d'affaires se réunissent pour vendre et acheter des actions, des valeurs (→ boursier, sens 2).

■ **boursier** adj. et nom **1** nom ● *Il y a trois* **boursiers** *dans ma classe.* □ adj. ● *Elle est* **boursière**. **2** adj. ● *Le banquier a effectué de bonnes opérations* **boursières** (→ bourse, sens 3).

boursouflé adj. ● *Bertrand a le visage* **boursouflé** *par les piqûres de moustiques* : *il a le visage enflé à certains endroits.*

bousculer v. **1** ● *Pour monter le premier dans le car, Rémi **bouscule** ses camarades :* il les pousse, les heurte. **2** ● *J'aime bien prendre mon temps, ne pas **être bousculé** :* ne pas être obligé de me dépêcher.
■ **bousculade** nom f. ● *Tout le monde voulait voir le vainqueur, c'était la **bousculade** :* tout le monde se bousculait (→ SYN. cohue).

bouse nom f. ● *Ce pré est plein de **bouses** (de vache),* d'excréments de vache.

boussole nom f. **1** Instrument comportant un cadran muni d'une aiguille aimantée qui indique le Nord. ● *Les marins se dirigent en mer grâce à la **boussole**.* **2** (fig. et fam.) PERDRE LA BOUSSOLE : perdre la tête, s'affoler.

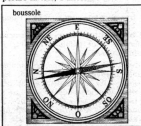
boussole

bout nom m. **1** ● *Des chaussures à **bout** pointu,* dont l'extrémité est pointue. — ● *Le train arrive au **bout** du quai.* **2** ● *Les enfants ont construit une cabane avec des **bouts** de bois,* avec des morceaux de bois. **3** AU BOUT DE, loc. prép. ● *Tu seras guéri au **bout** d'une semaine,* après une semaine. **4** ● *J'ai écouté ce disque jusqu'au **bout**,* jusqu'à la fin. **5** ÊTRE À BOUT DE. ● *Le coureur cycliste **est à bout de** forces :* il a épuisé ses forces. — ● *Il **est à bout de** nerfs,* épuisé nerveusement. — ● *Il **est à bout**,* épuisé nerveusement ou physiquement. **6** POUSSER QUELQU'UN À BOUT : l'exaspérer, le mettre en colère. **7** VENIR À BOUT DE. ● *Je ne **viendrai** jamais **à bout de** ce travail :* je n'arriverai jamais à le terminer.

boutade nom f. ● *Ce n'est pas sérieux, c'est une **boutade**,* une plaisanterie.

boute-en-train nom m. invar. ● *Invitons Christine à la fête, c'est un **boute-en-train**,* une personne gaie qui met la bonne humeur autour d'elle.

bouteille nom f. **1** Récipient en verre muni d'un goulot. ● *Claude range les **bouteilles** de vin à la cave.* **2** Ce que contient une bouteille. ● *Pour l'anniversaire d'Isabelle, nous boirons une **bouteille** de champagne.* **3** Gros récipient en métal contenant du gaz liquide ou sous pression. ● *Le gaz butane est livré en **bouteille**.*

bouteur nom m. Gros engin de chantier muni de chenilles. ★ Chercher aussi : bulldozer.

boutique nom f. Petit magasin où l'on peut acheter des marchandises. ● *Une **boutique** de vêtements.*

1. bouton nom m. **1** ● *Pense à recoudre le **bouton** de ta chemise* (→ boutonner, boutonnière). **2** ● *Appuyez sur le **bouton** de la sonnette,* sur la partie de la sonnette qui déclenche la sonnerie. — ● *Il tourne le **bouton** de la porte,* la poignée ronde.
■ **boutonner** v. ● *Annie **boutonne** son imperméable :* elle le ferme en attachant ses boutons.
■ **boutonnière** nom f. Petite fente d'un vêtement, dans laquelle on passe un bouton.

2. bouton nom m. ● *Mon cousin a le visage couvert de **boutons**,* de petites boules en général roses ou blanches qui apparaissent sur la peau.
■ **boutonneux** adj. ● *Un garçon **boutonneux**,* qui a des boutons sur le visage.

3. bouton nom m. ● *Mathilde a cueilli un **bouton** de rose (ou une rose en **bouton**),* une rose qui n'est pas encore ouverte.

bouture nom f. ● *Le jardinier a planté des **boutures** de géraniums,* des pousses de géraniums coupées qui produiront de nouveaux géraniums.

bouvreuil nom m. Petit oiseau à la poitrine rouge.

bovidé nom m. Animal mammifère ruminant. ● *Les bœufs, les moutons, les gazelles sont des bovidés.*

bovin adj. et nom m. plur. **1** adj. ● *La race bovine : les animaux de la famille du bœuf.* **2** nom m. plur. ● *Les bœufs, les vaches, les taureaux, les veaux sont des bovins.*

bowling [buliŋ] nom m. (Mot anglais). **1** ● *Marie va au bowling*, endroit où on joue avec des boules et des grandes quilles. **2** ● *Elle aime faire un bowling* : ce jeu.

1. box nom m. (plur. : **boxes**) **1** ● *Dans ce pensionnat, le dortoir est divisé en boxes de quatre lits*, en compartiments séparés par des cloisons. — ● *Chaque appartement de l'immeuble est vendu avec un box situé dans le sous-sol*, avec un garage, un emplacement pour garer une voiture. **2** ● *Pendant son procès, l'accusé se tient dans le box des accusés*, dans la partie de la salle du tribunal réservée aux accusés.

2. box nom m. Cuir préparé spécialement à partir de la peau du veau. ● *Un portemonnaie en box noir.*

boxe nom f. Sport qui oppose deux adversaires qui se battent avec les poings munis de gants. ● *Les combats de boxe ont lieu sur un ring.*
■ **boxer** v. **1** ● *Il boxe depuis plusieurs années* : il pratique la boxe. **2** (fam.) ● *Daniel a été puni pour avoir boxé son camarade pendant la récréation*, pour l'avoir battu, pour lui avoir donné des coups de poing.
■ **boxeur** nom m. ● *Le boxeur a quitté le ring soutenu par son soigneur.*

boyau nom m. **1** ● *Les boyaux d'un animal* : ses intestins. **2** ● *Le cordage des raquettes de tennis était souvent fait en boyau de chat.* **2** ● *Une bicyclette ordinaire a des pneus ; les vélos de course ont des boyaux*, des pneus fins et légers. **3** ● *Le couloir, large à l'entrée, finit en boyau*, en passage très étroit.

boycotter [bɔjkɔte] v. ● *Pour protester contre ce commerçant qui vend trop cher, nous avons décidé de le boycotter*, de refuser d'acheter ses produits.
■ **boycottage** [bɔjkɔtaʒ] nom m. Action de boycotter. ● *La décision de boycottage n'a pas duré longtemps.* ★ On dit aussi : boycott.

bracelet nom m. **1** Bijou en forme d'anneau que l'on porte autour du poignet. ● *Un bracelet en or.* **2** BRACELET ÉLASTIQUE ● *Il a entouré la boîte d'un bracelet élastique*, d'un élastique.

braconner v. ● *Il s'est fait prendre en train de braconner et a dû payer une amende*, en train de pêcher ou de chasser sans permission (sans permis, en dehors des saisons ou des zones autorisées).
■ **braconnage** nom m. ● *La loi punit le braconnage.*
■ **braconnier** nom m. ● *Les braconniers se sont enfuis à l'arrivée du garde-chasse.*

brader v. ● *En fin de saison, les commerçants bradent les articles qui leur restent* : ils les vendent à bas prix (→ SYN. liquider, solder).
■ **braderie** nom f. ● *Chaque année, les commerçants de la ville organisent une braderie*, une vente où l'on brade les articles.

braguette nom f. Ouverture verticale sur le devant des pantalons.

braille nom m. ● *Il est aveugle, il apprend le braille* : alphabet composé de points en relief pour les aveugles, inventé par Louis Braille au XIXe siècle.

brailler v. (fam.) ● *Cesse de brailler*, de crier, de parler très fort (→ SYN. hurler).
■ **braillard** adj. ● *Un bébé braillard.* □ nom ● *Faites taire ce braillard !*

braire v. ● *L'âne s'est mis à braire*, à pousser son cri. ★ Conjug. 40.
■ **braiment** nom m. Cri de l'âne.

braise nom f. ● *Il fait cuire des brochettes sur la braise*, sur des morceaux de bois ou de charbon qui brûlent sans flamme.

braisé adj. ● *De la viande braisée, cuite dans un récipient fermé.*

bramer v. ● *Les cerfs et les daims bramment : ils poussent leur cri.*

brancard nom m. 1 ● *Les brancards d'une charrette : les deux longues pièces de bois entre lesquelles on attelle la bête qui va la tirer.* 2 ● *Les secouristes emportent le blessé sur un brancard, sur une sorte de lit formé d'une toile tendue entre deux longues tiges de bois ou de métal* (→ SYN. civière).
■ **brancardier** nom m. ● *Les brancardiers transportent le blessé au poste de secours.*

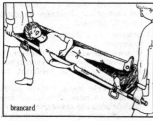

brancard

branche nom f. 1 Ramification qui pousse du tronc de l'arbre. ● *Pour échapper au chien, notre chat s'est réfugié sur la plus haute branche d'un arbre.* 2 ● *Une branche de notre famille vit aux États-Unis, une partie de notre famille.* ★ Chercher aussi : 1. arbre. — ● *L'arithmétique est une branche des mathématiques* (→ SYN. partie). 3 ● *Ne joue pas avec mes lunettes, tu vas en abîmer les branches, les deux tiges qui reposent sur les oreilles.* 4 Route qui part d'une autre route. ● *À cet endroit, la route se divise en deux branches* (→ embranchement).
■ **branchages** nom m. plur. ● *L'entrée de leur cachette était dissimulée sous des branchages, des branches coupées.*

brancher v. ● *Pour faire fonctionner un appareil électrique, il faut le brancher, le raccorder à une prise électrique.*

■ **branchement** nom m. ● *Les employés du téléphone ont effectué le branchement de notre ligne au réseau* (→ SYN. raccordement).

branchie nom f. ● *Les poissons respirent grâce à leurs branchies.*

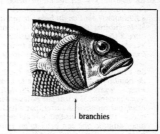

branchies

brandir v. ● *Les manifestants défilent en brandissant des pancartes, en les levant au-dessus de leur tête, en les agitant.* ★ Conjug. 11.

branle nom m. SE METTRE EN BRANLE : commencer à bouger, se mettre en marche (→ s'ébranler). ● *Les cloches se sont mises en branle.* — ● *Le convoi s'est mis en branle à cinq heures.*

branle-bas nom m. invar. 1 ● *La sirène retentit, et ce fut le branle-bas général : tout le monde se mit à s'agiter d'une façon très active.* 2 ● *Pour ordonner à tout le monde de se préparer au combat, le commandant du navire crie : «Branle-bas de combat!».*

branler v. ● *Cette table branle, il faut la caler : elle n'est pas stable, elle bouge légèrement.*
■ **branlant** adj. ● *Son mobilier se compose d'une vieille table et de quelques chaises branlantes* (→ CONTR. solide, stable).

braquer v. 1 ● *Il braque sa torche électrique vers le coin sombre de la pièce : il la dirige, il la tourne vers cet endroit.* — ● *Pendant qu'elle parlait, elle sentait tous les regards braqués sur elle.* 2 ● *L'automobiliste braqua à* droite pour éviter le cycliste : il dirigea ses roues complètement vers la droite.

■ **se braquer** v. pron. ● *Si tu insistes davantage, elle va* **se braquer** *contre toi* : elle va s'opposer à toi obstinément.

bras nom m. **1** ● *En levant le* **bras**, *je peux toucher le haut de l'armoire.* — ● *L'humérus est l'os du* **bras** ; *le radius et le cubitus sont les os de l'avant-bras.* **2** (fig.) À TOUR DE BRAS ; À BRAS RACCOURCIS, loc. adv. ● *Taper sur quelqu'un* **à tour de bras**, **à bras raccourcis**, de toutes ses forces. — AVOIR LE BRAS LONG : avoir de l'influence. ● *Il peut vous rendre de nombreux services, car il* **a le bras long.** — BAISSER LES BRAS. ● *Devant l'indifférence générale, il a fini par* **baisser les bras**, par renoncer à lutter, par s'incliner. — LES BRAS M'EN TOMBENT. ● *Il est tellement stupide que* **les bras m'en tombent**, *que j'en suis stupéfait, abasourdi.* **3** ● *Cette entreprise manque de* **bras**, de travailleurs. — ● *Dans leur association, elle est la tête et lui est le* **bras** : *c'est elle qui pense et lui qui agit.* **4** ● *Ne t'assieds pas sur le* **bras** *du fauteuil,* sur l'accoudoir. **5** BRAS DE MER : étendue de mer étroite, entre deux terres. ★ Chercher aussi : détroit.

■ **à bras-le-corps** loc. adv. **1** ● *Saisir quelqu'un* **à bras-le-corps**, avec les deux bras passés autour du corps. **2** (fig.) ● *Il a décidé de prendre le problème* **à bras-le-corps** : de s'en occuper énergiquement.

brasero [brazero] nom m. ● *Les ouvriers se réchauffent autour du* **brasero**, feu entretenu dans un récipient métallique.

brasier nom m. Grand feu. ● *Ce gigantesque* **brasier** *que tu aperçois au loin, c'est une forêt en flammes.*

brassard nom m. ● *Vous reconnaîtrez les organisateurs de la manifestation à leur* **brassard** *bleu,* au large ruban bleu qu'ils portent autour du bras.

brasse nom f. **1** ● *Je sais nager la* **brasse**, une nage sur le ventre où l'on avance principalement avec les bras. ★ Chercher aussi : crawl. **2** ● *Notre champion* a au moins cinq **brasses** *d'avance sur ses concurrents* : il est en avance sur eux d'une distance que l'on parcourt en autant de mouvements de brasse.

brassée nom f. ● *Ils sont revenus du bois avec des* **brassées** *de fleurs,* avec autant de fleurs que leurs bras pouvaient en contenir.

1. brasser v. **1** ● *Après avoir bien* **brassé** *les jetons de la loterie, on en tira au hasard* : après les avoir bien mélangés en les remuant. **2** ● *C'est un homme qui* **brasse** *beaucoup d'affaires, qui* **brasse** *beaucoup d'argent,* qui traite de nombreuses affaires, qui manie beaucoup d'argent.

■ **brassage** nom m. ● *L'histoire donne des exemples de* **brassage** *de peuples* (→ SYN. mélange).

2. brasser v. ● *Brasser* la bière : la fabriquer.

■ **brassage** nom m. Ensemble des opérations effectuées pour brasser la bière.

■ **brasseur** nom m. Fabricant, marchand de bière.

■ **brasserie** nom f. **1** Usine où l'on fabrique la bière. **2** ● *Nous avons déjeuné dans une* **brasserie**, un café où l'on boit surtout de la bière et où l'on peut aussi prendre des repas simples.

brassière nom f. Vêtement de bébé, à manches, qui recouvre le buste. ● *Le bébé porte une* **brassière** *de coton sous sa* **brassière** *de laine.*

brave adj. **1** (placé après le nom) ● *Ce soldat s'est montré* **brave** *au combat* (→ bravoure ; SYN. courageux ; CONTR. **2.** lâche). **2** (placé avant le nom) ● *C'est un* **brave** *homme,* honnête et bon.

■ **bravement** adv. ● *Il s'est* **bravement** *défendu,* avec courage.

■ **braver** v. **1** ● *Les secouristes* **ont bravé** *la tempête pour venir en aide aux naufragés* : ils l'ont affrontée courageusement. **2** ● *Vous serez punis pour avoir* **bravé** *les règlements,* pour avoir désobéi, pour ne pas les avoir respectés. — ● *Braver quelqu'un* : s'opposer à lui par défi (→ SYN. **1.** défier, provoquer).

bravo interj. Mot que l'on dit pour féliciter quelqu'un. ● *Bravo ! vous avez réussi !* □ nom m. ● *La foule hurlait des* ***bravos*** *enthousiastes.*

bravoure nom f. ● *Il a reçu une médaille pour sa* ***bravoure*** (→ brave, sens 1 ; SYN. courage).

break [brɛk] nom m. ● *Pour faire ses livraisons, le boulanger utilise un* ***break***, *une voiture dont l'arrière vitré peut s'ouvrir et est aménagé comme celui d'une fourgonnette.*

brebis nom f. Mouton femelle adulte. ● *Un fromage de lait de* ***brebis***. ★ Chercher aussi : agneau, bélier, mouton.

brèche nom f. ● *Les récifs qu'il a heurtés ont fait une* ***brèche*** *dans la coque du bateau*, une ouverture (→ ébrécher).

bréchet nom m. Os saillant à l'avant de la poitrine des oiseaux.

bredouille adj. ● *Les chasseurs sont rentrés* ***bredouilles***, sans rapporter de gibier.

bredouiller v. ● *L'émotion le fait* ***bredouiller***, parler d'une manière confuse et incompréhensible. — ● *Il* ***bredouilla*** *quelques excuses* (→ SYN. bafouiller, balbutier).

■ **bredouillement** nom m. ● *Répondre par un* ***bredouillement*** (→ SYN. bafouillage).

bref, brève adj. ● *Sa visite fut* ***brève*** (→ SYN. court). — ● *Soyez* ***bref*** *quand vous expliquez quelque chose :* ne parlez pas trop longuement (→ brièveté ; SYN. concis).

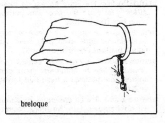

breloque

breloque nom f. ● *Au moindre geste, les* ***breloques*** *de son bracelet se mettent à tinter,* les petits bijoux qui sont attachés à son bracelet et qui pendent.

bretelle nom f. **1** ● *La* ***bretelle*** *d'une carabine :* la courroie que l'on passe sur l'épaule pour la porter. **2** (au plur.) ● *Il ne met pas de ceinture, il porte des* ***bretelles*** (pour tenir son pantalon). **3** ● *Une* ***bretelle*** *d'autoroute :* une voie qui permet de rejoindre l'autoroute ou d'en sortir. — ● *Une* ***bretelle*** *d'accès ; une* ***bretelle*** *de sortie.*

breuvage nom m. ● *Donne, je vais le boire, ton* ***breuvage*** ; boisson un peu bizarre.

brevet nom m. **1** ● *Pascal a obtenu un* ***brevet*** *de natation,* un diplôme attestant qu'il sait nager. **2** BREVET (D'INVENTION) : document officiel remis à un inventeur pour certifier qu'il est bien l'auteur d'une invention ou d'une découverte et qu'il est le seul à avoir le droit d'en tirer un profit.

bribe nom f. ● *À travers la porte, la conversation lui parvenait par* ***bribes***, par petits bouts, par fragments.

bric-à-brac nom m. invar. ● *Cela m'étonnerait que vous trouviez quelque chose d'intéressant dans ce* ***bric-à-brac***, dans cet amas de vieux objets de toutes sortes.

brick nom m. ● *On embarque demain sur un* ***brick*** *de quinze mètres,* un voilier.

bricole nom f. **1** Objet de peu de valeur. ● *Il a rapporté quelques* ***bricoles*** *de son voyage à l'étranger* (→ SYN. babiole). **2** (fig.) ● *Ils se sont disputés pour des* ***bricoles***, des choses sans importance (→ SYN. futilité).

bricoler v. **1** ● *Dominique passe ses dimanches à* ***bricoler***, à faire des petits travaux manuels dans la maison. **2** (fam.) ● *Il* ***a bricolé*** *la sonnerie de son réveil pour qu'elle soit plus puissante :* il l'a arrangée, transformée.

■ **bricolage** nom m. ● *Faire du* ***bricolage*** (→ bricoler).

■ **bricoleur** adj. ● *Il n'est pas* ***bricoleur***, il ne sait même pas planter un *clou.* □ nom ● *C'est une adroite **bricoleuse**.*

bride nom f. **1** ● *Il tient son cheval par la **bride**,* la courroie attachée au mors, et qui sert à diriger le cheval (→ SYN. rêne). — ● *Retenir un cheval en tirant sur la **bride*** (→ brider). **2** À BRIDE ABATTUE, loc. adv. ● *Ils se sont lancés à sa poursuite **à bride abattue**,* à toute vitesse. — LAISSER LA BRIDE SUR LE COU (À QUELQU'UN) : le laisser libre d'agir. ● *Dès qu'on lui **laisse la bride sur le cou**, il fait des sottises.* **3** ● *Le petit bouton qui ferme le col de son corsage s'attache avec une **bride**,* un petit anneau de tissu ou de fil cousu sur le bord.

■ **brider** v. **1** ● *Brider un cheval,* lui mettre une bride. **2** (fig.) BRIDER QUELQU'UN : ne pas le laisser libre d'agir comme il veut.

bridé adj. ● *Les Chinois ont les yeux **bridés**,* des yeux dont la paupière semble étirée, dont la fente est étroite.

1. bridge nom m. Jeu de cartes qui se joue à quatre. ● *Faire un **bridge**,* une partie de bridge.

2. bridge nom m. ● *Pour remplacer la dent qui me manquait, le dentiste m'a posé un **bridge**,* un appareil dentaire fixe qui remplace une ou plusieurs dents manquantes et qui prend appui sur les dents solides. ★ Chercher aussi : couronne, prothèse.

brièvement adv. ● *Explique-toi **brièvement**,* d'une manière brève, courte, en peu de mots (→ CONTR. longuement).

■ **brièveté** nom f. ● *As-tu fini tes farces, petit **brigand**!* (→ SYN. chenapan, coquin).

■ **brigandage** nom m. ● *Le vol, le pillage, etc. sont des actes de **brigandage**.*

brigade nom f. ● *Une **brigade** de police :* un groupe de policiers.

■ **brigadier** nom m. ● *Un **brigadier** commande une brigade.*

brigand nom m. **1** ● *Au Moyen Âge, les voyageurs craignaient beaucoup les bandes de **brigands*** (→ SYN. bandit, voleur). **2** ● *As-tu fini tes farces, petit **brigand**!* (→ SYN. chenapan, coquin).

■ **brigandage** nom m. ● *Le vol, le pillage, etc. sont des actes de **brigandage**.*

1. brillant nom m. ● *Il a offert un **brillant** à sa fiancée,* une sorte de diamant.

2. brillant adj. **1** ● *Cette cire rendra vos meubles **brillants**,* elle les fera briller (→ SYN. étincelant ; CONTR. 1. mat, terne). □ nom m. ● *Le **brillant** d'un objet :* son aspect brillant. **2** ● *Notre équipe a remporté une **brillante** victoire* (→ SYN. éclatant). — ● *Le candidat s'est montré **brillant*** (→ brio ; SYN. remarquable).

■ **brillamment** adv. ● *Julien a **brillamment** passé son examen.*

briller v. **1** ● *Le soleil **brille** :* il donne une lumière éclatante. **2** ● *Des flaques d'eau **brillaient** au soleil.* — ● *Ses yeux **brillent** de plaisir quand on lui adresse un compliment* (→ SYN. étinceler). **3** ● *L'acteur **a brillé** dans son interprétation :* il a été excellent et a suscité l'admiration de tous (→ 2. brillant, sens 2 ; brio).

brimer v. ● *Autrefois, il arrivait, à l'école, que les grands **briment** les nouveaux,* qu'ils les maltraitent en leur imposant des épreuves, des corvées, des vexations.

■ **brimade** nom f. ● *Faire subir des **brimades** à quelqu'un,* des vexations inutiles et mesquines.

brin nom m. **1** ● *Une corde est formée de plusieurs **brins** tordus ou tressés,* de plusieurs fils. **2** ● *Un **brin** d'herbe, un **brin** de muguet,* une tige mince, une jeune pousse d'herbe, de muguet. **3** (fam.) UN BRIN DE QUELQUE CHOSE : un tout petit peu de quelque chose. ● *Il n'y a pas **un brin de vent** aujourd'hui.*

brindille nom f. ● *Faire un feu de **brindilles** :* faire un feu avec des petites branches très minces.

brio nom m. ● *Le violoniste a joué ce morceau de musique avec **brio**,* avec un talent brillant (→ briller, sens 3).

brioche nom f. ● *Elle s'est acheté une **brioche** chez le boulanger pour son goûter,* une pâtisserie légère en forme de boule.

brique nom f. **1** ● *La cheminée du salon est en **briques**,* faite de blocs rectangulaires de terre cuite rouge. **2** ROUGE BRI-QUE : rouge vif.

■ **briqueterie** [brikɛtri] nom f. Usine où l'on fabrique les briques.

briquet nom m. ● *Ma cigarette est éteinte, avez-vous un **briquet**?* — ● *Jean-Pierre a un **briquet** à gaz.*

bris nom m. ● *Ils ont été jugés pour **bris** de vitrines, pour avoir brisé des vitrines.* ★ **Bris** est un mot du langage juridique.

brise nom f. ● *Une petite **brise** agitait doucement le feuillage* : un vent léger et agréable.

brisé adj. LIGNE BRISÉE : ligne composée de segments de droite formant des angles.
● *L'éclair dessine une **ligne brisée** dans le ciel* (→ SYN. zigzag).

brise-glace ou **brise-glaces** nom m. inv. Navire dont la coque est renforcée à l'avant et qui sert à briser la glace, la banquise. ● *Les **brise-glace** sont des navires qui ont été spécialement conçus pour la navigation dans les mers polaires.*

brise-glace

briser v. **1** ● *Briser un verre* : le casser (→ bris). **2** (fig.) ● *Briser une grève* : la faire échouer. **3** ● *Ce long voyage m'a brisé*, il m'a extrêmement fatigué (→ SYN. épuiser).

■ *se briser* v. pron. ● *Les vagues se brisent contre la jetée* : elles éclatent en écume.

bristol nom m. **1** ● *On imprime les cartes de visite sur du **bristol**,* du papier très épais et lisse. **2** ● *Il m'a envoyé un **bristol**,* une carte de visite.

broc [bro] nom m. Récipient à bec verseur muni d'une anse.

brocante nom f. ● *J'ai acheté ce meuble dans une **brocante**,* une vente où l'on trouve toutes sortes de vieux objets.

■ **brocanteur** nom m. Commerçant qui vend et achète toutes sortes d'objets d'occasion.

broche nom f. **1** ● *Le col de sa robe est fermé par une **broche**,* un bijou que l'on épingle sur un vêtement. **2** Tige que l'on passe au travers d'un morceau de viande pour le rôtir en le faisant tourner au-dessus d'un feu ou dans une rôtissoire. ● *Faire cuire un poulet à la **broche*** (→ brochette; embrocher).

brocher v. ● *Brocher un livre* : assembler les feuilles qui le composent en les collant à l'intérieur d'une couverture légère. □ adj. ● *Les livres reliés sont plus résistants que les livres **brochés*** (→ brochure).

brochet nom m. Grand poisson d'eau douce qui se nourrit d'autres poissons.

brochette nom f. Petite broche sur laquelle on enfile des morceaux de viande et de légumes que l'on fait griller. ● *Papa allume le barbecue pour faire cuire les **brochettes*** (→ broche, sens 2).

brochure nom f. ● *Vous trouverez le mode d'emploi de cet appareil dans cette **brochure**,* dans ce petit livre broché ou constitué par quelques feuilles agrafées (→ brocher).

brodequin nom m. ● *Les soldats portent des **brodequins**,* des chaussures montantes à lacets, pour la marche.

broder v. **1** ● *Broder une nappe* : l'orner de dessins exécutés en relief avec du fil. **2** (fam.) ● *Quand Pierre raconte une histoire, il **brode** toujours* : il invente des détails, il ajoute des aventures.

■ **broderie** nom f. ● *Une fine **broderie** orne le col de sa robe.*

bronche nom f. Chacun des deux canaux qui amènent l'air aux poumons. ★ VOIR p. 969.

■ **bronchite** nom f. Maladie des bronches. ● *Quand on a une **bronchite**, on tousse beaucoup.*

broncher v. (fam.) ● *Il est si sévère que tous lui obéissent sans **broncher**, sans discuter, sans rien dire.*

bronze nom m. ● *Une statue en **bronze**,* en métal brun-jaune très dur constitué d'un alliage de cuivre et d'étain.

bronzer v. ● *Il a **bronzé** :* sa peau a bruni au soleil.

■ **bronzage** nom m. ● *Après les vacances, son **bronzage** est vite parti.*

brosse nom f. **1** Ustensiles de nettoyage faits de filaments assemblés sur un support. ● *Le manche et la **brosse** d'un balai.* — ● ***Brosse** à dents,* qui sert à se laver les dents. **2** Pinceau large.

■ **brosser** v. **1** ● *Il faut se **brosser** les dents régulièrement,* les laver en les frottant avec une brosse. **2** ● ***Brosser** un portrait, un tableau :* l'exécuter, le peindre rapidement à la brosse. — (fig.) BROSSER UN TABLEAU DE LA SITUATION : décrire les faits très brièvement.

■ **brossage** nom m. Action de brosser.

brou nom m. BROU (DE NOIX) : teinture marron que l'on retire de l'écorce des noix fraîches. ● *Teindre un meuble au **brou**.*

brouette nom f. ● *Le maçon transporte du sable dans une **brouette**,* un petit véhicule à une seule roue utilisé pour le transport de matériaux.

brouhaha nom m. ● *Le professeur frappa dans ses mains pour faire cesser le **brouhaha**,* le bruit confus de voix nombreuses.

brouillard nom m. ● *Une nappe de **brouillard** :* phénomène produit par de minuscules gouttes d'eau en suspension dans l'air et qui gêne la visibilité. — ● *Soyez prudent sur la route quand il y a du **brouillard*** (→ SYN. brume).

brouiller v. **1** ● *En fouillant dans mes affaires, tu **as brouillé** tous mes papiers,* tu les as mêlés. — ● *Aimes-*

*tu les œufs **brouillés** ?,* les œufs que l'on cuit en mélangeant le blanc et le jaune. **2** ● *Ses larmes lui **brouillent** la vue.* — ● *Des parasites **brouillent** les émissions de radio :* ils les empêchent d'être nettes (→ SYN. troubler). **3** ● *Vos explications compliquées n'ont fait que **brouiller** mes idées :* elles les ont rendues confuses (→ SYN. embrouiller ; CONTR. éclaircir).

se brouiller v. pron. ● *Les deux amis **se sont brouillés** à la suite d'un malentendu :* ils se sont fâchés.

■ **brouille** nom f. ● *J'espère que leur **brouille** ne durera pas* (→ SYN. désaccord, mésentente).

1. brouillon adj. ● *Jacques est très **brouillon**,* il perd tout ce qu'on lui confie (→ SYN. désordonné).

2. brouillon nom m. ● *Veux-tu lire le **brouillon** de ma rédaction ?,* le premier texte, que l'on corrige avant de le recopier. — ● *Un cahier de **brouillon**,* qui sert à faire des brouillons, des essais.

broussaille nom f. **1** ● *Nous avons arraché les **broussailles** qui envahissaient le chemin,* les mauvaises herbes, les touffes de plantes épineuses, les ronces, etc. **2** CHEVEUX EN BROUSSAILLE : emmêlés, mal peignés.

brousse nom f. Étendue couverte de buissons et d'arbustes dans les régions tropicales sèches. ★ Chercher aussi : pampa, savane, steppe.

brouter v. ● *Les moutons, les vaches **broutent** l'herbe des pâturages :* ils arrachent l'herbe et la mangent.

broutille nom f. ● *Ce sont des **broutilles**,* petites choses sans importance.

broyer [brwaje] v. **1** ● *Le moulin à café **broie** les grains* (→ SYN. concasser). ● *Les incisives coupent les aliments, les molaires les **broient**,* les réduisent en très petits morceaux, en les écrasant. **2** (fig.) BROYER DU NOIR : avoir le cafard, être triste. ★ Conjug. 6.

■ **broyage** nom m. Action de broyer.

■ **broyeur** nom m. Machine servant à broyer. ● *Attention au **broyeur** !*

bru nom f. ● *La femme de mon fils est ma **bru*** (→ SYN. belle-fille). ★ Chercher aussi : gendre.

brugnon nom m. ● *J'aime les **brugnons** :* fruits qui ressemblent à l'abricot et à la pêche.

bruine nom f. Pluie très fine (→ SYN. crachin).

■ **bruiner** v. ● *Cet hiver, il **bruinait** souvent le matin.*

bruissement nom m. Bruit léger. ● *On n'entend que le **bruissement** du vent dans le feuillage.*

bruit nom m. 1 ● *À partir de 22 h, vous ne devez plus faire de **bruit*** (→ bruyant). — ● *Le **bruit** aigu de la sonnerie du téléphone* (→ SYN. 2. son). 2 (fig.) ● *Cette nouvelle a fait du **bruit**, grand **bruit** :* elle a eu un grand retentissement, on en a beaucoup parlé. 3 ● *Le **bruit** court qu'il est très malade :* on raconte qu'il est très malade (→ ébruiter). — ● *Faire courir un **bruit** :* répandre une nouvelle, une information peu sûre (→ SYN. rumeur).

■ **bruitage** nom m. ● *Le **bruitage** des films est réalisé par des techniciens :* la reconstitution artificielle des bruits.

brûlant adj. ● *Ce plat sort du four, il est **brûlant** :* il est très chaud (→ brûler, sens 4). — ● *Un soleil **brûlant*** (→ SYN. ardent).

brûlé nom m. ● *D'où vient cette odeur de **brûlé** ?,* l'odeur de quelque chose qui brûle (→ brûler, sens 2).

à brûle-pourpoint loc. adv. ● *Il m'a demandé mon opinion **à brûle-pourpoint**,* alors que je ne m'y attendais pas, sans que j'y sois préparé.

brûler v. 1 ● *Un feu **brûle** dans la cheminée.* — ● *Le bois sec **brûle** bien* (→ SYN. flamber). 2 ● *La maison a **brûlé** entièrement :* elle a été entièrement détruite par un incendie. — ● *Pendant que nous bavardions, mon gâteau a **brûlé** :* il a trop cuit, il s'est calciné. 3 ● *Brûler des vieux papiers :* les détruire en y mettant le feu. — ● *Ce moteur **brûle** de l'essence,* il utilise, il consomme de l'essence. 4 ● *Ne touche pas, ça*

brûle ! : c'est très chaud. □ v. pron. ● *Ne touche pas ce plat, tu vas **te brûler*** (→ brûlant, brûlure). 5 (fam.) ● *La voiture a **brûlé** un feu rouge :* elle ne s'est pas arrêtée au feu rouge (→ SYN. (fam.) griller). 6 BRÛLER DE FAIRE QUELQUE CHOSE. ● *Il **brûle** de vous raconter son aventure :* il est très impatient de le faire. 7 ● *Cherche encore, tu **brûles** !,* tu es sur le point de trouver.

■ **brûleur** nom m. ● *Il a posé une casserole sur le **brûleur** du réchaud, sur la partie où le gaz brûle.*

■ **brûlure** nom f. Blessure faite en se brûlant. ● *Cette **brûlure** laissera une cicatrice.* — ● *Une piqûre d'insecte produit une sensation de **brûlure**.*

brume nom f. 1 Léger brouillard. ● *Une **brume** matinale annonce souvent une belle journée.* 2 ● Brouillard (qui peut être très épais) en mer. ● *Lorsqu'il y a de la **brume**, les bateaux s'annoncent par des coups de sirène.*

■ **brumeux** adj. ● *Un temps **brumeux**.*

brun adj. 1 ● *Des cheveux **bruns**,* de couleur sombre, marron foncé. — ● *Le tabac **brun** est plus fort que le tabac blond.* 2 ● *Marc est blond, mais sa sœur est **brune** :* elle a les cheveux bruns. □ nom ● *Les blonds et les **bruns**.*

■ **brunir** v. 1 ● *Le soleil **brunit** la peau,* la rend brune. 2 ● *La peau **brunit** au soleil,* devient brune (→ SYN. bronzer). ★ Conjug. 11.

brusque adj. 1 ● *Tes gestes **brusques** ont effrayé l'animal :* tes gestes vifs et soudains. 2 ● *Vous êtes trop **brusque** avec cet enfant :* vous agissez d'une manière trop rude, trop brutale, vous le traitez sans ménagement (→ brusquer ; brusquerie). 3 ● *Nous avons tous été surpris par ce **brusque** retour du froid,* par ce retour soudain et imprévu du froid.

■ **brusquement** adv. ● *L'automobiliste freina **brusquement*** (→ SYN. brutalement, subitement).

■ **brusquer** v. 1 ● *Ce n'est pas en le **brusquant** que vous obtiendrez quelque chose de lui.* 2 ● *Son arrivée a **brusqué** les événements,* les a précipités, hâtés.

■ **brusquerie** nom f. ● *Il m'a traité avec* **brusquerie** (→ SYN. rudesse ; CONTR. douceur).

brut [bryt] adj. **1** ● *Du pétrole* **brut**, *tel qu'on le trouve dans la nature, non raffiné, non transformé par l'homme.* — ● *Un diamant* **brut**, *non taillé.* **2** ● *Poids* **brut**, *comprenant le poids de la marchandise et celui de l'emballage* (→ CONTR. net). ★ Chercher aussi : 1. tare.

brutal adj. **1** ● *L'alcool rend cet homme* **brutal**, *dur et violent* (→ CONTR. doux). **2** ● *Il lui a annoncé cette mauvaise nouvelle d'une manière* **brutale**, *sans précaution, sans ménagement.*

■ **brutalement** adv. **1** ● *Traiter quelqu'un* **brutalement** (→ SYN. durement, violemment). **2** ● *Freiner* **brutalement** (→ SYN. brusquement, subitement).

■ **brutaliser** v. ● *Il est cruel de* **brutaliser** *les animaux* (→ SYN. maltraiter).

■ **brutalité** nom f. ● *La* **brutalité** *d'une personne.* — ● *Parler avec* **brutalité** (→ SYN. dureté, rudesse).

■ **brute** nom f. ● *Cet homme est une* **brute** *! il est violent, brutal, grossier.*

bruyant [brɥijɑ̃] adj. ● *Une foule* **bruyante**, *qui fait beaucoup de bruit.* — ● *Une rue* **bruyante**, *où il y a beaucoup de bruit* (→ CONTR. 2. calme).

■ **bruyamment** adv. ● *Nous avons* **bruyamment** *fêté le retour de Patricia.*

bruyère [brɥijɛr] nom f. **1** Plante sauvage à petites fleurs mauves ou rosés. ● *La lande bretonne est souvent couverte de* **bruyères**. **2** ● *Une pipe de* **bruyère**, *taillée dans un bois qui provient de la racine de bruyère.*

buanderie nom f. ● *Le linge sèche dans la* **buanderie**, *lieu réservé à la lessive.*

buccal adj. ● *Les dents, la langue sont dans la cavité* **buccale**, *de la bouche.*

bûche nom f. **1** ● *Le feu s'éteint. Peux-tu mettre une* **bûche** *dans la cheminée ?*, *un gros morceau de bois de chauffage.* **2** BÛCHE (DE NOËL) : pâtisserie en forme de bûche que l'on prépare traditionnellement pour les fêtes de Noël.

bûcheron nom m. ● *Autrefois, les* **bûcherons** *abattaient les arbres à la hache.*

bucolique adj. ● *Le tableau de l'entrée représente une scène* **bucolique**, *qui a rapport à un paysage, à la campagne, présenté d'une façon agréable.*

budget [bydʒɛ] nom m. **1** ● *Cette année, le* **budget** *de ce ministère a été augmenté :* la somme d'argent qui est destinée aux dépenses de ce ministère. — ● *Un* **budget** *est équilibré quand les dépenses sont égales aux recettes.* **2** ● *Le* **budget** *d'une famille :* l'ensemble de ses revenus et de ses dépenses.

buée nom f. ● *Si tu souffles sur une vitre, elle se couvre de* **buée**, *de fines gouttelettes d'eau, de vapeur d'eau condensée.* ★ Chercher aussi : condensation.

buffet nom m. **1** Meuble dans lequel on range la vaisselle. ● *Un* **buffet** *en chêne.* **2** ● *La maîtresse de maison dirige ses invités vers le* **buffet**, la table où sont disposées les plats et les boissons dans une réception. **3** BUFFET DE GARE : café-restaurant installé dans une gare.

buffet

buffle nom m. Animal de la même famille que le bœuf, qui vit en Afrique et en Asie.

building [bildiŋ] nom m. ● *Les vieilles maisons ont été démolies pour faire place à des* **buildings**, *de grands immeubles modernes.* ★ Chercher aussi : gratte-ciel.

buis nom m. Arbuste à feuilles vert foncé, dont on utilise le bois pour fabriquer de petits objets. ● *Une haie de **buis** entoure la pelouse.* — ● *Des couverts à salade en **buis**.*

buisson nom m. ● *Le rouge-gorge a fait son nid dans un **buisson**,* une touffe d'arbustes (→ SYN. 2. fourré).

buissonnière adj. f. FAIRE L'ÉCOLE BUISSONNIÈRE : aller jouer au lieu d'aller à l'école.

bulbe nom m. ● *Les tulipes et les jacinthes sont des plantes à **bulbe**.* — ● *Planter des **bulbes** de tulipe* (→ SYN. oignon).

bulbe

bulldozer [byldozɛr] ou [buldozœr] nom m. → bouteur. ★ *Bulldozer* est un mot d'origine anglaise qu'il faut remplacer par *bouteur.*

bulle nom f. **1** ● *Mon petit frère joue à faire des **bulles** de savon.* **2** ● *Dans les bandes dessinées, le texte des dialogues est inscrit dans des **bulles**,* dans des espaces inclus dans le dessin lui-même et réservés au texte.

bulletin nom m. **1** ● *Le **bulletin** de notes est envoyé régulièrement aux parents des élèves :* la feuille sur laquelle sont inscrites les notes qu'un élève a obtenues. **2** ● *Chaque électeur dépose son **bulletin** de vote dans l'urne,* le papier sur lequel est inscrit le nom du candidat pour lequel il vote. **3** ● *Avant de partir en mer, les marins écoutent le **bulletin** météorologique diffusé par la radio :* l'émission qui donne des informations (→ SYN. communiqué).

bungalow [bœgalo] nom m. ● *Dans le village de vacances, nous étions logés dans un **bungalow**,* une petite maison très simple, sans étage.

bureau nom m. **1** ● *Tu trouveras un stylo dans le tiroir du **bureau**,* de la table sur laquelle on écrit, on travaille. **2** ● *Le **bureau** de la directrice est au bout du couloir,* la pièce dans laquelle elle travaille. **3** ● *Son père travaille à l'usine, il est ouvrier ; le mien est employé dans une administration, il travaille dans un **bureau**.* — ● *Papa n'est pas encore rentré du **bureau**.* **4** ● *Le **bureau** de poste est fermé le samedi après-midi :* le lieu où sont installés les services postaux. — ● *Le **bureau** des douanes.* **5** BUREAU DE TABAC : endroit où l'on vend du tabac, des cigarettes (→ buraliste). ● *Les **bureaux** de tabac sont signalés par une enseigne rouge en forme de losange allongé.* ■ **buraliste** nom. Commerçant qui tient un bureau de tabac.

bureaucrate nom m. ● *Il fait son travail en bon **bureaucrate**,* fonctionnaire qui ne prend pas de responsabilités. ★ Souvent péjoratif.

burette nom f. **1** ● *Il graisse la chaîne de son vélo avec une **burette**,* un petit récipient contenant de l'huile, muni d'un goulot long et mince. **2** ● *L'enfant de chœur présente les **burettes** au prêtre,* les petits flacons qui contiennent l'eau et le vin de messe.

burin nom m. Outil pointu qui sert à entailler le métal. ● *Le graveur travaille avec un **burin**.* ★ Chercher aussi : 1. ciseau.

buriné adj. ● *Un visage **buriné**,* marqué de rides profondes donnant un air énergique.

burlesque adj. ou nom m. Comique et un peu extravagant. ● *Anne aime les films **burlesques**.*

burnous [byrnu] ou [byrnus] nom m.
1 Grande cape de laine à capuchon,
que portent certains Arabes. **2** Manteau de bébé formé d'une cape de laine
à capuchon.

bus [bys] nom m. (fam.) Abrév. d'*autobus*.
● *Il prend le* **bus** *pour aller à l'école.*
★ Chercher aussi : autocar, 2. car.

buse nom f. Oiseau de proie qui se nourrit de petits rongeurs.

buste nom m. **1** Partie du corps humain
comprise entre la tête et la ceinture
(→ SYN. poitrine, torse). **2** ● *Un* **buste**
*de Victor Hugo orne le hall de notre
école*, une sculpture qui représente sa
tête et une partie de sa poitrine.

but [by] ou [byt] nom m. **1** ● *Après deux
heures de marche, nous arrivâmes au*
but *de notre promenade*, au point
d'arrivée, à l'endroit où nous allions.
2 ● *Mon* **but** *est de vous aider :* ce
que je cherche à faire (→ SYN. dessein,
intention). **3** ● *Notre équipe a bien
défendu son* **but**, l'espace dans lequel
le ballon doit pénétrer pour que
l'équipe adverse marque un point.
4 ● *Notre équipe a gagné le match par
3* **buts** *à 1* (→ SYN. 1. point).

de but en blanc [dəbytɑ̃blɑ̃] loc. adv. ● *Il
m'a demandé* **de but en blanc** *de
l'accompagner dans son voyage*, brusquement, sans préparation, à brûle-pour-point, à l'improviste.

butane nom m. ● *Ce réchaud fonctionne
au* **butane**, un gaz employé comme
combustible, vendu dans des bouteilles de métal. ★ Chercher aussi : propane.

1. buter v. **1** ● *Ne traîne pas les pieds,
tu vas* **buter** *sur une pierre*, tu vas
la heurter du pied (→ SYN. trébucher).
2 (fig.) ● *Olivier* **bute** *sur un problème
d'arithmétique :* il cherche à le
résoudre, sans y parvenir.

2. se buter v. pron. ● *Il* **se bute** *dès qu'on
le contredit :* il s'entête, s'obstine.
■ **buté** adj. ● *Il ne veut même pas
m'écouter, il est complètement* **buté**
(→ SYN. entêté, obstiné).

butin nom m. ● *Les voleurs se sont rassemblés pour partager leur* **butin**, ce
qu'ils ont volé, le produit du vol.

butiner v. ● *Les abeilles* **butinent** : elles
vont de fleur en fleur pour récolter
le pollen.

butoir nom m. ● *Le train s'est arrêté
juste avant le* **butoir**, l'obstacle placé
à l'extrémité d'une voie ferrée. ● *Un*
butoir *empêche ma porte de heurter
le mur.*

butte nom f. **1** ● *Leur maison est située
sur une* **butte**, sur une élévation de
terrain (→ SYN. colline, monticule).
— ● *La* **butte** *Montmartre, à Paris.*
2 ● *Butte de tir*, monticule sur lequel
on pose la cible. — (fig.) ÊTRE EN BUTTE À.
● *Il* **est en butte aux** *moqueries de ses
camarades :* il est la cible, l'objet de
leurs moqueries.

buvable adj. ● *Pourquoi dis-tu que ce vin
est mauvais ? Il est tout à fait* **buvable**,
bon à boire (→ CONTR. imbuvable).

buvard adj. ● *Quand on écrit à l'encre, il
est utile d'avoir du papier* **buvard**, qui
boit l'encre. □ nom m. ● *Avant de mettre
sa lettre sous enveloppe, il a séché
l'encre avec un* **buvard**.

buvette nom f. ● *Je t'attendrai devant
la* **buvette** *de la gare*, l'endroit où l'on
vend des boissons.

buveur nom ● *C'est un grand* **buveur**,
une personne qui aime les boissons
alcoolisées et qui en boit beaucoup
(→ boire). — ● *Rémi est un gros*
buveur *de lait.*

c | C

ça pronom démonstratif (fam.) ● *Qui a fait ça ?* (→ 1. ce, ceci, cela).

1. çà ! interj. Exprime la surprise, l'impatience, l'indignation. ● *Çà alors!*

2. çà adv. ÇÀ ET LÀ. ● *Dans le jardin, des arbres sont plantés çà et là,* sans ordre précis, d'une manière dispersée.

cabale nom f. ● *Les habitants du village ont monté une véritable cabale pour chasser du pays cet étranger* (→ SYN. complot, machination).

cabalistique adj. ● *C'est illisible! Tu écris en signes cabalistiques* (→ SYN. incompréhensible).

caban nom m. Veste longue, comme celle des marins.

cabane nom f. **1** ● *Dans la forêt, il y a une cabane où les bûcherons peuvent s'abriter,* une petite maison de bois grossièrement construite (→ SYN. baraque). **2** ● *La fermière nettoie les cabanes à lapins,* les cases dans lesquelles sont enfermés les lapins (→ SYN. clapier).

cabaret nom m. Endroit où l'on peut voir un spectacle, prendre des boissons et danser. ★ Chercher aussi : boîtes de nuit.

cabas [kabɑ] nom m. Grand sac à provisions avec deux anses.

cabestan nom m. ● *Pour faire venir un navire contre le quai, on utilise un cabestan,* un appareil autour duquel s'enroule une corde et qui sert à tirer de grosses charges. ★ Chercher aussi : treuil.

cabillaud nom m. Grand poisson de mer (→ SYN. morue).

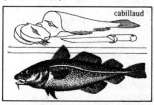

cabillaud

cabine nom f. **1** ● *Avant de quitter la plage, Didier va se rhabiller dans une cabine* (de bain), une petite construction faite pour cela. — ● *Le téléphone d'une cabine* (téléphonique) fonctionne avec des pièces de monnaie ou des jetons. **2** ● *Les passagers du bateau s'installent dans les cabines,* dans les chambres du bateau. — ● *Les appareils de commande d'un avion se trouvent dans la cabine de pilotage.* **3** ● *La cabine de l'ascenseur est restée bloquée entre deux étages,* la partie de l'ascenseur dans laquelle se trouvent les gens.

cabinet nom m. **1** CABINET DE TOILETTE. ● *Va te laver les mains dans le cabinet de toilette,* la petite pièce où l'on peut faire sa toilette. **2** (fam.; le plus souvent au plur.) ● *Où sont les cabinets ?,* les toilettes (→ SYN. waters, W.-C.). **3** ● *Le médecin fait entrer ses clients dans son cabinet,* dans la pièce où il travaille. — ● *Le cabinet d'un avocat,* son bureau.

131

4 • *Cet homme fait partie du **cabinet du ministre** : il fait partie des personnes qui travaillent directement avec le ministre.*

câble nom m. **1** • *L'ascenseur est suspendu à un **câble**,* à une grosse corde métallique. ★ Chercher aussi : cordage, filin. **2** • *L'électricité est transportée à grande distance par des **câbles**,* par de gros fils électriques.

■ **câblage** nom m. Ensemble des fils d'un appareil électrique. • *Le **câblage** d'un poste de radio.*

■ **câbler** v. Relier par des câbles.

caboche nom f. (fam.) • *Tu n'as vraiment rien dans la **caboche**,* dans la tête.

cabosser v. • *Les deux automobilistes **ont cabossé** leur voiture :* ils ont fait des creux et des bosses à leurs tôles (→ bosseler).

■ **cabossé** adj. • *Cette casserole est toute **cabossée**.*

cabot nom m. (fam. et péjor.) • *J'ai failli me faire mordre par ce sale **cabot**,* par ce sale chien.

cabotage nom m. Navigation le long des côtes. • *Ce navire n'est pas fait pour la haute mer, mais pour le **cabotage**.*

cabotin adj. • *On lui reproche d'être **cabotin**,* d'aimer un peu trop qu'on le regarde, qu'on l'admire, et de tout faire pour cela. □ nom • *Un **cabotin**.*

se cabrer v. pron. **1** • *Le cheval **s'est cabré** :* il s'est dressé sur ses pattes de derrière. **2** (fig.) • *Quand il a été puni, Paul **s'est cabré** :* il a eu un mouvement de révolte (→ SYN. se rebiffer).

cabri nom m. Petit de la chèvre (→ SYN. chevreau).

cabriole nom f. • *Les enfants font des **cabrioles** sur la pelouse,* des sauts dans tous les sens, des galipettes. (→ SYN. culbute).

caca nom m. (fam.; dans le langage des jeunes enfants.) • *Faire **caca** :* faire ses besoins (→ SYN. excréments).

cacahuète, cacahouète, ou **cacahouette** [kakaɥɛt] ou [kakawɛt] nom f. Graine d'arachide qui se mange grillée.

cacao nom m. **1** • *On fabrique le chocolat avec le **cacao**,* une poudre obtenue avec les graines d'un arbre des pays chauds (le *cacaoyer*). **2** • *Tous les matins, André boit du **cacao**,* du lait parfumé avec du cacao en poudre. ★ Chercher aussi : chocolat.

cachalot nom m. Très gros animal marin qui ressemble à la baleine.

cache nom f. → cacher.

cache-cache nom m. invar. Jeu dans lequel l'un des joueurs doit trouver les autres qui se sont cachés.

cache-nez nom m. invar. • *Hélène enroule son **cache-nez** autour du cou,* sa grosse écharpe.

cacher v. **1** • *Qui **a caché** mes chaussures?,* qui les a mises dans un endroit où on ne les voit pas, où il est difficile de les trouver? (→ SYN. camoufler, dissimuler). **2** • *Les nuages **cachent** le soleil :* ils empêchent qu'on le voie. **3** (fig.) • *Line **cache** son chagrin :* elle ne le laisse pas paraître, n'en parle pas (→ CONTR. dévoiler, exprimer). **4** NE PAS CACHER QUELQUE CHOSE À QUELQU'UN. • *Je **ne vous cache pas** que je suis très déçu :* je vous le déclare.

■ **se cacher** v. pron. **1** • *Alain **s'est caché** sous le lit* (→ cacher, sens 1). **2** NE PAS S'EN CACHER. • *Denis a peur et il **ne s'en cache pas** :* il le reconnaît, il en convient.

■ **caché** adj. **1** • *De l'argent **caché*** (→ cacher, sens 1). **2** (fig.) • *Des pensées **cachées*** (→ cacher, sens 3).

■ **cache** nom f. Endroit où l'on peut se cacher ou cacher quelque chose (→ SYN. cachette).

■ **cachette** nom f. **1** • *J'ai trouvé une bonne **cachette**,* un bon endroit pour me cacher ou pour cacher quelque chose. **2** EN CACHETTE, loc. adv. • *Renaud a pris des bonbons **en cachette**,* sans se faire voir, en secret.

cachet nom m. **1** • *La poste met toujours un **cachet** sur le timbre des lettres,* une marque imprimée (→ SYN. tampon). ★ Chercher aussi : oblitérer. **2** • *Cette maison a du **cachet** :* elle a une beauté particulière; elle n'est pas ordinaire. **3** ● *Le salaire des musiciens, des acteurs, s'appelle un* **cachet**. **4** ● *Le malade avale un* **cachet** *avec un peu d'eau, une capsule ronde et plate qui contient un médicament en poudre.*

cacheter v. ● *N'oublie pas de mettre un timbre et de* **cacheter** *l'enveloppe avant de la poster, de la fermer* (→ CONTR. décacheter). ★ Conjug. 9.

cachette nom f. → cacher.

cachot nom m. ● *Autrefois on enfermait les prisonniers dans des* **cachots**, *des cellules de prison, étroites et sombres.*

cachotterie nom f. Petit secret. ● *Tu me fais des* **cachotteries** : *tu ne me dis pas tout ce que tu penses ou sais, tu me caches quelque chose.*
■ **cachottier** adj. et nom ● *Un enfant* **cachottier**, *qui fait des cachotteries.*

cachou nom m. Petite pastille noire, au goût très fort, fabriquée à partir d'un arbre de l'Inde.

cacophonie nom f. ● *Plusieurs enfants chantent faux. Quelle* **cacophonie** *à la chorale!* : *ensemble de sons discordants.*

cactus [kaktys] nom m. invar. ● *Le fleuriste vend des* **cactus** *en pots, des plantes grasses des pays chauds, qui ont beaucoup de piquants.*

c.-à-d. Abréviation de *c'est-à-dire.*

cadastre nom m. Plan sur lequel sont représentés tous les terrains et bâtiments d'une commune et qui est accompagné d'un registre où sont indiqués divers renseignements (nom des propriétaires, etc.).

cadavre nom m. Corps d'une personne ou d'un animal mort (→ SYN. dépouille).
■ **cadavérique** adj. ● *Le malade est d'une pâleur* **cadavérique**, *d'une pâleur semblable à celle d'un cadavre.*

cadeau nom m. **1** ● *Pour mon anniversaire, j'ai reçu beaucoup de* **cadeaux**, *d'objets que l'on m'a offerts.* — ● *Grand-mère aime bien nous faire des* **cadeaux**, *nous offrir des choses* (→ SYN. 1. don). **2** FAIRE CADEAU D'UNE CHOSE. ● *Je n'ai pas eu à payer ce meuble, c'est*

notre voisin qui nous en **a fait cadeau**, *qui nous l'a donné.* **3** NE PAS FAIRE DE CADEAU À QUELQU'UN : être sévère, dur avec lui.

cadenas nom m. Petit objet que l'on utilise à la place d'une serrure pour fermer une porte, une boîte, etc. ● *La serrure du portail est cassée, nous l'avons remplacée par une chaîne et un* **cadenas**.
■ **cadenasser** v. ● *Cadenasser une porte,* la fermer avec un cadenas.

cadence nom f. **1** ● *Quand on danse, il ne faut pas perdre la* **cadence**, *la suite régulière des sons qui guide le mouvement* (→ SYN. rythme). — EN CADENCE, loc. adv. ● *Les enfants tapent du pied* **en cadence**, *à intervalles réguliers, en suivant le rythme.* **2** (fig.) ● *À cette* **cadence**, *ton travail ne sera jamais fini, à cette vitesse, à cette allure.*
■ **cadencé** adj. ● *Les soldats défilent au pas* **cadencé**, *en faisant des pas réguliers, tous en même temps.*

cadet nom et adj. **1** ● *Fabrice est l'aîné de la famille et Véronique la* **cadette**; *celle qui est née juste après l'aîné.* ★ Chercher aussi : benjamin. **2** ÊTRE LE CADET DE QUELQU'UN : être plus jeune que lui (en parlant de personnes qui n'appartiennent pas à la même famille). ● *Mon ami Roger a sept ans et moi huit, il est mon* **cadet** *d'un an* : *il est plus jeune que moi d'un an.* **3** ● *Il y a eu un match de football entre deux équipes de* **cadets**, *de jeunes sportifs qui ont entre quinze et dix-sept ans.* ★ Chercher aussi : junior, minime, senior.

cadran nom m. **1** ● *Les aiguilles des montres, des compteurs se déplacent sur des* **cadrans**, *sur des surfaces marquées de divisions régulières.* — (fam.) FAIRE LE TOUR DU CADRAN : dormir douze heures de suite. **2** ● *Le* **cadran** *du téléphone* : *le disque avec des chiffres, fixé sur le téléphone.*

cadre nom m. **1** ● *Ce tableau est vendu avec un* **cadre**, *une bordure de bois ou de métal* (→ encadrer, sens 1). **2** (fig.) ● *Cette maison est située dans un* **cadre** *magnifique, dans un paysage magnifique* (→ SYN. décor). **3** ● *Cela* sort du **cadre** de la discussion, du sujet. **4** ● *La mère de Bernard est **cadre** dans une banque :* elle a un poste de responsable et dirige plusieurs personnes (→ encadrer, sens 2). **5** ● *Henri a repeint le **cadre** de son vélo*, la partie métallique sur laquelle sont fixés le guidon, les roues, la selle et les pédales.

cadrer v. **1** ● *Le photographe prend soin de bien **cadrer** les mariés :* il oriente son appareil de façon que les mariés soient en bonne place sur la photographie. **2** ● *Ce que tu dis ne **cadre** pas avec ce que Marie-Louise m'a raconté :* cela ne correspond pas à ce qu'elle m'a raconté.

■ **cadrage** nom m. ● *Le **cadrage** de cette photographie est mauvais : les jambes des personnages sont coupées.*

■ **cadreur** nom m. ● *Ce cinéaste a un très bon **cadreur** :* technicien chargé de la caméra et des prises de vues (autrefois, on disait cameraman).

caduc, caduque adj. **1** ● *Les marronniers ont des feuilles **caduques**,* qui tombent chaque automne (→ CONTR. persistant). **2** ● *Ce règlement est **caduc** :* il n'est plus applicable (→ SYN. périmé).

1. cafard nom m. Petit insecte nocturne noir ou marron.

2. cafard nom m. AVOIR LE CAFARD : être triste, démoralisé.

■ **cafardeux** adj. ● *Francis est **cafardeux*** (→ SYN. triste).

cafarder v. (fam.) ● *J'ai été puni parce que Paul m'a **cafardé**,* m'a dénoncé.

1. café nom m. **1** Graine d'un arbuste des pays chauds (le *caféier*) avec laquelle on fait une boisson. ● *Mélanie est en train de moudre du **café** dans le moulin à **café**.* **2** Boisson chaude faite avec du café. ● *Voulez-vous une tasse de **café** ?*

■ **cafetière** nom f. Récipient que l'on utilise pour faire et servir le café.

2. café nom m. ● *Les touristes ont soif, ils cherchent un **café**,* un endroit où l'on peut consommer des boissons. ★ Chercher aussi : bar, bistrot, brasserie.

cafétéria nom f. Lieu où on sert rapidement des boissons et des plats, à l'intérieur d'une université, d'un grand magasin, d'un hôpital...

cafouiller v. (fam.) **1** ● *Le moteur de la voiture **cafouille** :* il fonctionne mal. **2** ● *Le devoir était difficile, j'ai **cafouillé** ;* je me suis embrouillé, je n'ai pas su très bien le faire.

cage nom f. **1** ● *Au zoo, les lions sont enfermés dans une **cage**,* un abri fermé par des barreaux ou un grillage. — ● *L'oiseau s'est envolé de sa **cage**.* **2** CAGE D'ESCALIER : espace qu'occupe un escalier dans un immeuble, une maison. ● *On ne pourra pas monter ce meuble au premier étage ; la **cage d'escalier** est trop étroite.* **3** CAGE D'ASCENSEUR : espace dans lequel l'ascenseur monte et descend.

cageot nom m. Caisse légère faite de planchettes, dans laquelle on transporte des fruits, des légumes.

cagibi nom m. (fam.) Petite pièce qui sert surtout de débarras.

cagnotte nom f. **1** ● *Le joueur qui perdra la partie devra mettre un franc dans la **cagnotte**,* la boîte dans laquelle les joueurs déposent l'argent qu'ils perdent et prennent l'argent qu'ils gagnent. — ● *Celui qui gagnera remportera la **cagnotte**,* l'argent de la cagnotte. **2** (fam.) ● *Gilles et ses amis ont fait une **cagnotte** pour acheter un ballon de football :* il ont fait des économies qu'ils ont mises en commun. ★ Chercher aussi : tirelire.

cagoule nom f. **1** ● *Le bandit portait une **cagoule**,* une sorte de capuchon couvrant toute la tête et percé de deux trous pour les yeux. **2** ● *Quel froid ! je vais mettre ma **cagoule**,* mon passe-montagne.

cahier nom m. Ensemble de feuilles de papier, réunies entre elles et protégées par une couverture, sur lesquelles on peut écrire, dessiner.

cahin-caha adv. (fam.) ● *La roulotte avançait **cahin-caha**,* comme elle pouvait, tant bien que mal, avec difficulté.

cahot nom m. ● *Dans cette voiture, on ne sent presque pas les* **cahots**, les secousses provoquées par les trous et les bosses de la route. ★ Ne pas confondre avec *chaos*.

■ **cahotant** adj. ● *Cette route pavée est* **cahotante** : elle fait cahoter les voitures (→ SYN. cahoteux). — ● *Une voiture* **cahotante**.

■ **cahoter** v. ● *La charrette* **cahote** : elle est secouée par les cahots.

■ **cahoteux** adj. ● *Une piste* **cahoteuse** (→ SYN. cahotant).

cahute nom f. ● *Le jardinier range ses outils dans la* **cahute** *au fond du jardin* : petite cabane rudimentaire.

caïd nom m. (fam.) ● *La police vient d'arrêter un* **caïd** *du trafic de la drogue, un chef de gangsters.* — ● *Hervé veut toujours commander tout le monde, il joue les* **caïds**, les chefs autoritaires.

caillasse nom f. (fam.) ● *Un chemin plein de* **caillasse**, de cailloux.

caille nom f. Petit oiseau (sauvage ou d'élevage) voisin de la perdrix. ● *Dimanche dernier, nous avons mangé des* **cailles** *au raisin.*

caille

caillebotis nom m. Lattes de bois permettant de passer au-dessus d'un sol humide ou trop mou. ● *Place le* **caillebotis** *sous la douche, sinon tu glisseras sur le carrelage!*

cailler v. ● *Le jus de citron fait* **cailler** (ou, v. pron., *se cailler*) *le lait* : il lui fait prendre une consistance épaisse, presque solide (→ SYN. coaguler).

■ **caillé** adj. ● *Du lait* **caillé**.

caillot nom m. Petite masse de sang qui s'est solidifiée, coagulée. ● *Une veine peut être bouchée par un* **caillot**.

caillou nom m. Petite pierre. ● *Des* **cailloux**.

■ **caillouteux** adj. ● *Un terrain* **caillouteux**, plein de cailloux.

caïman [kaimã] nom m. Crocodile d'Amérique. ★ Chercher aussi : alligator.

caisse nom f. **A. 1** Grande boîte, généralement en bois, qui sert à emballer des objets, à transporter des marchandises. ● *Quand nous avons déménagé, j'ai aidé papa et maman à mettre nos affaires dans les* **caisses**. **2** GROSSE CAISSE. ● *Dans une fanfare, il y a des trompettes, des clarinettes et une* **grosse caisse**, un grand tambour.
B. 1 ● *Le boucher cherche de la monnaie dans sa* **caisse**, le coffret où il range l'argent du magasin. — ● *Chaque soir, le commerçant compte la* **caisse**, l'argent de la caisse. **2** ● *Les clients font la queue à la* **caisse**, l'endroit du magasin où l'on paye ses achats (→ caissier, encaisser).

■ **caissette** nom f. Petite caisse (→ caisse, A sens 1).

■ **caissier** nom m. ● *Mme Lejeune est* **caissière** *dans un grand magasin* : elle y tient une caisse (→ caisse, B sens 2).

cajoler v. ● *Maurice* **cajole** *son chat* : il le caresse, lui dit des paroles affectueuses (→ SYN. câliner, dorloter).

cajou nom m. ● *On sert des noix de* **cajou** *salées à l'apéritif* : fruit dont l'amande ressemble un peu à la cacahuète. ★ Ne pas confondre avec *cachou*.

cake [kɛk] nom m. Gâteau dans lequel il y a des raisins secs et des fruits confits. ● *Voulez-vous une tranche de* **cake** ?

calamité nom f. ● *La famine est une* **calamité**, un grand malheur qui frappe beaucoup de gens (→ SYN. désastre, 2. fléau).

calandre nom f. Élément de décoration situé à l'avant d'une voiture. ● *La* **calandre** *de cette voiture brille.*

calcaire nom m. et adj. ● *Le marbre, la craie sont du calcaire*, des roches calcaires. — ● *Le savon mousse mal avec une eau calcaire*, qui contient du calcaire dissous.

calciné adj. ● *Le hangar a brûlé; il n'en reste que des débris calcinés*, complètement brûlés, carbonisés.

calcium [kalsjɔm] nom m. ● *Le lait contient du calcium*, une substance nécessaire à l'organisme pour la solidité des os et des dents.

calcul nom m. **1** ● *J'ai terminé mon devoir de calcul* (→ SYN. arithmétique). ★ Chercher aussi : mathématique. **2** ● *Ce calcul est faux*, cette opération. **3** ● *Nous avons pris un raccourci pour gagner du temps, mais nous nous sommes perdus; c'était un mauvais calcul*, un mauvais plan, une mauvaise idée.

■ **calculer** v. **1** ● *Le commerçant calcule son bénéfice* : il fait des calculs pour le connaître (→ calcul, sens 1). **2** ● *Charles a bien calculé son coup* : il l'a bien préparé, bien combiné (→ calcul, sens 3).

■ **calculateur, -trice** nom et adj. **1** nom f. ● *Mon grand frère a une calculatrice de poche*, une machine électronique pour faire des calculs, des opérations. **2** adj. (souvent péjor.) ● *Gilbert est calculateur* : il agit toujours en essayant de prévoir ce qui va se passer (→ calcul, sens 3).

1. cale nom f. ● *L'automobiliste a garé sa voiture dans une pente très raide; par précaution, il met des cales derrière les roues*, des pièces triangulaires de bois ou de métal pour l'immobiliser (→ caler, sens 1).

■ **caler** v. **1** ● *Ce buffet a un pied plus court que les autres, il faudrait le caler*, le stabiliser, l'empêcher de bouger, en mettant une cale à l'endroit qui convient. **2** ● *Le moteur cale tout le temps* : il s'arrête tout le temps, comme s'il se bloquait.

2. cale nom f. **1** ● *Le bateau transporte du bois dans sa cale*, la partie du bateau qui sert à entreposer les marchandises transportées. **2** CALE SÈCHE. ● *Après avoir*

heurté un rocher, le bateau a été mis en *cale sèche*, dans un bassin que l'on peut mettre à sec afin de réparer la coque.

calé adj. (fam.) ● *Patrick est calé en calcul* : il est bon, il est fort en calcul (→ SYN. compétent).

caleçon nom m. ● *Autrefois, les hommes portaient des caleçons longs*, des sous-vêtements à jambes longues.

calembour nom m. ● *Cet hôtel s'appelle « Au lion d'or » (= au lit on dort); son nom est un calembour*, un jeu de mots.

calendrier nom m. **1** Tableau sur lequel sont inscrits les mois, les jours, les fêtes de l'année. **2** ● *L'entreprise qui construit leur maison n'a pas respecté le calendrier des travaux*, le programme des différents travaux.

cale-pied nom m. ● *Ce vélo de course a des cale-pieds*, des petites pièces de métal fixées sur les pédales pour maintenir le pied (→ 1. cale).

calepin nom m. ● *Maman inscrit toutes ses dépenses sur un calepin*, un petit carnet.

caler v. → 1. cale.

calfeutrer v. ● *M. Leroi a calfeutré ses fenêtres* : il a bouché les fentes pour empêcher l'air froid d'entrer.

■ *se* **calfeutrer** v. pron. S'enfermer. ● *Il s'est calfeutré chez lui*.

calibre nom m. **1** ● *Quel est le calibre de ce pistolet?*, le diamètre intérieur de son canon. — ● *Le calibre d'une balle de fusil* : son diamètre. **2** ● *Tous les abricots de ce cageot ont le même calibre*, la même taille, la même grosseur.

■ **calibrer** v. ● *Calibrer des pommes* : trier selon la grosseur.

1. calice nom m. ● *Le prêtre verse le vin dans le calice*, dans le vase en métal précieux qui sert à célébrer la messe.

2. calice nom m. ● *Le calice d'une fleur* : son enveloppe formée par les sépales (qui, après la floraison, se réduit à la partie située entre la tige et les pétales). ★ VOIR p. 392.

calife nom m. • *Le calife de Bagdad, successeur de Mahomet, était autrefois le chef religieux et le souverain des musulmans.*

à califourchon loc. adv. • *Florence est montée à califourchon sur la barrière, en mettant une jambe de chaque côté de la barrière (→ SYN. à cheval).*

câlin adj. et nom m. **1** adj. • *Un enfant câlin, qui aime donner des baisers, des caresses, et en recevoir.* **2** nom m. • *Frédéric fait un câlin à sa petite sœur : il l'embrasse, il la cajole.*

■ **câliner** v. • *Mon chat aime bien qu'on le câline, qu'on lui fasse des câlins (→ SYN. cajoler).*

calmar nom m. Mollusque marin. • *On peut mettre des calmars dans la paëlla.* ★ Chercher aussi : seiche.

calme nom m. et adj. **A.** nom m. **1** • *Rien ne troublait le calme de la nuit,* sa tranquillité. **2** CALME PLAT. • *Pendant la traversée en bateau, nous avons eu un calme plat,* une absence totale de vagues et de vent sur la mer. — (fig.) • *Il ne se passe pas grand-chose ; c'est le calme plat.* **3** • *Les gens qui connaissent Raoul apprécient son calme,* son humeur paisible. • *Garde ton calme* (→ sang-froid).

B. adj. **1** • *C'est un endroit très calme, où il n'y a pas d'agitation, pas de bruit (→ CONTR. bruyant).* • *La mer est calme : elle n'est pas agitée (→ CONTR. démonté).* **2** • *Raoul est un garçon calme,* tranquille, paisible (→ CONTR. nerveux, turbulent).

■ **calmement** adv. • *Fais ton travail calmement,* avec calme, sans t'énerver.

■ **calmer** v. **1** • *Le bébé pleure ; sa maman essaie de le calmer (→ calme adj., sens 2 ; SYN. apaiser).* **2** • *Le malade prend des cachets qui calment la douleur,* qui la rendent moins vive, moins violente (→ calmant).

■ **se calmer** v. pron. • *Calme-toi (→ calme adj., sens 2).* — • *L'orage s'est calmé (→ SYN. s'apaiser).*

■ **calmant** nom m. Médicament qui calme la douleur, la nervosité.

calomnie nom f. • *Delphine dit que j'ai copié sur elle, alors que cela n'est pas vrai ; c'est une calomnie.* ★ Chercher aussi : médisance.

■ **calomnier** v. • *Tu calomnies ton frère : tu dis sur lui des choses fausses, qui lui font du tort (→ médire ; SYN. diffamer).* ★ Conjug. 10.

calorie nom f. **1** Unité employée pour mesurer la chaleur. **2** Unité employée pour mesurer l'énergie que les aliments apportent à l'organisme. • *Le beurre, le sucre sont riches en calories.* — • *Un adulte a besoin de trouver environ 2 500 calories dans sa nourriture chaque jour.*

calot nom m. **1** • *Les soldats de l'armée de l'air portent un calot,* un chapeau en tissu, de forme allongée. **2** • *Sébastien a vingt billes et deux calots,* des billes plus grosses que les autres.

calotte nom f. **1** • *Le pape porte souvent une calotte,* un petit bonnet qui ne couvre que le sommet de la tête. **2** • *Le pôle Nord et le pôle Sud sont recouverts par une calotte glaciaire,* une étendue de glace.

calque nom m. **1** • *Régis fait le calque d'un dessin : il en fait la reproduction sur un papier transparent placé dessus.* **2** PAPIER-CALQUE : papier transparent qui sert à faire les calques.

■ **calquer** v. **1** • *Noëlle calque une carte de géographie : elle en fait le calque (→ décalquer).* **2** (fig.) • *Elle calque ses manières sur celles de sa sœur : elle les imite, elle les copie exactement.*

calumet nom m. • *Les Indiens d'Amérique du Nord fument le calumet,* une pipe au tuyau très long.

calvaire nom m. **1** • *En Bretagne, il y a beaucoup de calvaires,* des monuments avec une croix qui rappellent le souvenir de la mort du Christ. **2** (fig.) • *Sa vie est un calvaire,* une longue suite de souffrances (→ SYN. martyre).

calvitie [kalvisi] nom f. • *Certaines personnes portent une perruque pour cacher leur calvitie,* la perte de leurs cheveux. ★ Chercher aussi : chauve.

camaïeu nom m. Ensemble d'une seule couleur principale utilisée dans des tons variés. ● *Une affiche en camaïeu.*

camarade nom ● *Laurent joue avec ses camarades, ceux qu'il voit souvent, mais qui ne sont pas forcément des amis* (→ compagnon ; SYN. (fam.) copain).

■ **camaraderie** nom f. ● *Dans la classe, il y a un esprit de camaraderie, de bonne entente entre camarades.*

cambouis nom m. ● *Le garagiste répare un moteur ; il a les mains pleines de cambouis, de graisse noire et sale.*

cambrer v. ● *La danseuse cambre le dos : elle le redresse en le courbant un peu en arrière.* □ v. pron. ● *Cambre-toi davantage !*

cambrioler v. ● *Cette nuit, des inconnus ont cambriolé notre maison : ils s'y sont introduits pour voler ce qu'il y avait dedans* (→ SYN. dévaliser).

■ **cambriolage** nom m. ● *Dans notre immeuble, il y a eu un cambriolage.*
■ **cambrioleur** nom m. ● *Le gardien de nuit a fait fuir les cambrioleurs.*

camée nom m. Bijou en relief. ● *Le collier fin de Jeanne met en valeur le camée.*

caméléon nom m. Petit animal qui peut changer de couleur pour se cacher (il prend alors la couleur de l'herbe, des feuilles, etc., où il se trouve).

camélia nom m. Arbuste donnant des fleurs qui ressemblent un peu à des roses.

camelot nom m. ● *Les passants s'attroupent autour des camelots, des marchands ambulants qui vendent dans la rue des objets bon marché.*

camelote nom f. (fam.) ● *Cette montre s'est détraquée en moins d'un mois ; c'est de la camelote, un objet, une marchandise de mauvaise qualité* (→ SYN. (fam.) cochonnerie, sens 2).

camembert nom m. Fromage rond à croûte blanche, fait avec du lait de vache. ● *C'est surtout en Normandie que l'on fabrique le camembert.*

caméra nom f. Appareil qui sert à faire des films, à filmer. ● *Une caméra de télévision.*

■ **caméraman** [kameraman] nom m. Personne dont le métier est de faire fonctionner une caméra. ★ Au plur. : des *caméramans* [kameraman] ou des *cameramen* [kameramɛn].

camion nom m. Gros véhicule servant à transporter des marchandises, des choses lourdes, encombrantes (→ SYN. poids lourd).

■ **camionnette** nom f. Petit camion.
■ **camionneur** nom m. Personne qui conduit un camion (→ SYN. routier).

camoufler v. ● *Les soldats camouflent leurs chars :* ils les rendent difficiles à voir, à repérer, en les cachant sous des branches, en les peignant de couleurs peu visibles (→ SYN. cacher, dissimuler).

■ **camouflage** nom m. ● *On ne voit pas les canons sous leur camouflage.*

camp nom m. **1** ● *Le général inspecte le camp,* le terrain où l'armée stationne, où elle a installé ses tentes, ses baraquements (→ 1. camper). **2** LEVER LE CAMP ou (fam.) FICHER LE CAMP : s'en aller, partir. **3** ● *Es-tu pour eux ou pour nous ? Choisis entre les deux camps,* entre les deux groupes opposés (→ SYN. clan, 1. parti).

■ **campement** nom m. ● *Ce film montre des Indiens et leur campement,* l'endroit où ils campent.

1. campagne nom f. **1** ● *J'aime bien me promener dans la campagne,* dans les champs, dans les bois. **2** ● *J'aimerais vivre à la campagne plutôt qu'en ville.* **3** EN RASE CAMPAGNE : dans une plaine loin de toute habitation. ● *L'avion en difficulté a atterri en rase campagne.*

■ **campagnard** nom et adj. **1** nom ● *Mes grands-parents sont des campagnards,* des gens de la campagne (→ CONTR. citadin). **2** adj. ● *Un repas campagnard,* comme on en fait à la campagne.

2. campagne nom f. **1** ● *L'armée est en campagne :* elle est en manœuvres, elle fait une guerre. — ● *Les cam-*

pagnes de Napoléon : les opérations de guerre qu'il a commandées. **2** ● *Ce fabricant a fait une* **campagne** *publicitaire, des opérations de publicité pour faire connaître ses produits et en vanter les qualités.* — ● *Une* **campagne** *électorale.* **3** FAIRE CAMPAGNE POUR QUELQU'UN. ● *Elle* **a fait campagne pour** *un candidat à cette élection : elle a agi pour qu'il soit élu.*

campagnol nom m. Petit rongeur qui vit dans les champs.

campanile nom m. Tour isolée ou petit clocher surmontant un édifice.

campanule nom f. Plante à longue tige fine et à fleurs en forme de clochettes violettes ou blanches.

camper v. **1** ● *L'armée ennemie* **campe** *dans la plaine : elle y séjourne, elle y a installé ses tentes, ses abris* (→ camp, sens 1). **2** ● *Mes parents n'aiment pas aller à l'hôtel, ils préfèrent* **camper**, *faire du camping.*

■ **campeur** nom Personne qui campe, qui fait du camping.

■ **camping** [kɑ̃piŋ] nom m. **1** ● *L'été prochain, nous ferons du* **camping** : *nous logerons sous une tente.* **2** ● *Il n'y a pas de* **camping** (ou : *de terrain de* **camping**) *dans cette ville, d'endroit aménagé spécialement pour les campeurs.*

■ **se camper** v. pron. ● *Béatrice* **se campe** *devant son frère pour l'empêcher de passer : elle se place devant lui avec fermeté* (→ SYN. se planter).

canadienne nom f. Veste épaisse doublée de fourrure.

canaille nom f. ● *Je ne veux plus entendre parler de cette* **canaille**, *de cette personne malhonnête, méprisable* (→ SYN. (fam.) fripouille).

canal nom m. **1** Cours d'eau creusé par les hommes et servant à la navigation. ● *Pour aller de la mer Rouge à la mer Méditerranée, les bateaux passent par le* **canal** *de Suez.* — ● *Des* **canaux**. ★ Chercher aussi : chenal, écluse. **2** ● *Dans les pays chauds, les champs sont irrigués par des* **canaux** (*d'irri-*

gation), des rigoles ou des conduites dans lesquelles coule de l'eau pour l'arrosage. **3** PAR LE CANAL DE. ● *Le président de la République s'adresse au pays* **par le canal de** *la télévision, au moyen de la télévision, par l'intermédiaire de celle-ci.*

■ **canaliser** v. **1** ● *Le Rhin* **a été canalisé** : *il a été rendu navigable.* **2** ● *Les policiers* **canalisent** *la foule : ils l'obligent à suivre une certaine direction.*

■ **canalisation** nom f. **1** ● *On a commencé les travaux de* **canalisation** *de cette rivière* (→ canaliser, sens 1). **2** ● *Le plombier installe des* **canalisations** *d'eau et de gaz, des tuyaux, des conduites d'eau et de gaz.*

canapé nom m. **1** ● *Trois personnes peuvent s'asseoir ensemble sur ce* **canapé**, *un long siège à dossier.* ★ Chercher aussi : divan. **2** ● *Avez-vous goûté ces* **canapés** *au fromage?, ces petites tranches de pain garnies de fromage.* — ● *Une caille sur* **canapé**.

canard nom m. **1** ● *Le fermier élève des* **canards**, *de gros oiseaux aux pattes palmées, qui savent nager.* ★ Chercher aussi : cane, caneton. **2** (fam.) ● *Il n'y a rien d'intéressant dans ce* **canard**, *dans ce journal.*

canarder v. (fam.) ● *L'armée* **a canardé** *les avions ennemis : elle leur a tiré dessus.*

canari

canari nom m. ● *Patrice a un* **canari** *dans une cage, un petit oiseau jaune qui chante souvent.*

cancan nom m. ● *Albert aime un peu trop écouter les **cancans**, les histoires plutôt méchantes que l'on raconte sur les autres* (→ SYN. commérages, médisances, potins, ragots).

■ **cancaner** [kɑ̃kane] v. ● *Arrête donc de **cancaner**, de dire des cancans.*

cancer nom m. ● *Les savants cherchent des remèdes pour guérir le **cancer**, une grave maladie.*

■ **cancéreux** nom m. ● *Dans cet hôpital, on soigne les **cancéreux**, les personnes qui ont un cancer.* □ adj. ● *Une maladie **cancéreuse**.*

■ **cancérigène** adj. ● *Le tabac contient des substances **cancérigènes**, qui provoquent le cancer.*

cancre nom m. (fam.) ● *Benoît travaille très mal en classe ; c'est un **cancre**, un mauvais élève.*

candélabre nom m. ● *De part et d'autre de l'autel brillaient deux beaux **candélabres**, des chandeliers à plusieurs branches.*

candi adj. m. invar. SUCRE CANDI : sucre cristallisé en gros morceaux.

candidat nom ● *Il y a beaucoup de **candidats** pour cet emploi, de personnes qui se présentent pour l'obtenir* (→ candidature ; SYN. postulant). — *Les **candidates** attendent le résultat de l'examen.*

■ **candidature** nom f. ● *Elle a posé sa **candidature** à cet emploi : elle a fait savoir qu'elle était candidate.*

candide adj. ● *Un regard **candide**, innocent, naïf.*

cane nom f. Femelle du canard. ★ Ne pas confondre avec canne.

■ **caneton** nom m. Petit de la cane.

canette ou **cannette** nom f. **1** Petite bouteille de bière. **2** Bobine de fil sur une machine à coudre.

canevas nom m. ● *Les tapisseries sont faites sur un **canevas**, sur une grosse toile aux fils espacés.*

caniche nom m. Chien à poil frisé.

canicule nom f. ● *Nous aimons bien aller à la piscine pendant la **canicule**, pendant les périodes où il fait très chaud.*

canif nom m. ● *Nicolas s'est coupé avec son **canif**, son petit couteau de poche dont la lame se replie.*

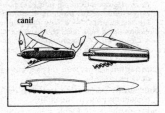

canif

canin adj. ● *Nous sommes allés voir une exposition **canine**, une exposition de chiens.* — *La race **canine**, la race des chiens, les chiens.*

canine nom f. ● *Le loup a des **canines** effrayantes, des dents longues et pointues situées entre les incisives et les molaires.* ★ VOIR p. 544.

caniveau nom m. ● *Le balayeur nettoie le **caniveau**, la partie de la rue qui longe le trottoir et qui sert à l'écoulement des eaux.*

canne nom f. **1** ● *Grand-mère a du mal à marcher ; elle s'aide d'une **canne**, d'un bâton sur lequel elle s'appuie.* **2** CANNE À PÊCHE. ● *Un gros poisson a mordu ; il fait plier la **canne à pêche**, la longue tige flexible à laquelle on accroche le fil (la ligne) et les hameçons, pour pêcher.* **3** CANNE À SUCRE : Plante des pays chauds, donnant de hautes tiges avec lesquelles on fabrique du sucre (le sucre de canne) et le rhum. ★ Ne pas confondre avec cane.

cannelle nom f. ● *Pour donner un meilleur goût à certains plats, on y met de la **cannelle**, une épice faite avec l'écorce d'un arbre des pays chauds.*

cannibale nom. Homme qui mange de la chair humaine. □ adj. ● *Des tribus **cannibales*** (→ SYN. anthropophage).

canoë [kanɔe] nom m. Barque étroite que l'on fait avancer avec une pagaie. ★ Chercher aussi : kayak, pirogue.

canon nom m. **1** ● *Pour lancer des obus, on se sert d'un **canon**,* une arme à feu de très grande taille (→ canonner). — ● *Autrefois, les **canons** lançaient des boulets.* **2** ● *Les fusils, les revolvers ont un **canon**,* un tube au bout duquel sort la balle.

■ **canonner** v. ● *Les ennemis **ont canonné** la ville :* ils ont tiré sur elle avec des canons (→ SYN. bombarder).

■ **canonnade** nom f. ● *La **canonnade** a cessé,* le tir des canons.

cañon ou **canyon** [kapɔ̃] nom m. Vallée très profonde et étroite entre des montagnes. ● *Le **cañon** du Verdon.*

canot nom m. ● *Pour aller pêcher sur le lac, mon oncle a loué un **canot**,* un petit bateau (à rames ou à moteur). — ● *Le navire coulait ; les passagers ont pris place dans les **canots** de sauvetage.*

■ **canoter** v. ● *S'il fait beau dimanche, nous irons **canoter**,* nous promener en canot.

■ **canotage** nom m. ● *Gilles fait souvent du **canotage**,* des promenades en canot. ★ Chercher aussi : aviron.

canotier nom m. ● *Il y a cinquante ans, les hommes portaient des **canotiers** en été :* chapeau de paille tressée à fond plat.

cantal nom m. Fromage de vache fabriqué dans la région du Cantal, en Auvergne.

cantate nom f. Morceau de musique, surtout religieuse, à plusieurs voix chantées et accompagnement instrumental.

cantatrice nom f. Chanteuse d'opéra.

cantine nom f. ● *En semaine, Serge prend son repas de midi à la **cantine**,* l'endroit (d'une école, d'une usine) où l'on sert à manger. ★ Chercher aussi : demi-pensionnaire.

canton nom m. ● *Les arrondissements d'un département sont divisés en plusieurs **cantons**.* ★ Chercher aussi : commune.

■ **cantonal** adj. et nom f. plur. ● *Mme Thomas est candidate aux élections **cantonales** (ou aux **cantonales**),* où l'on élit le représentant du canton au conseil général du département.

à la cantonade loc. adv. ● *En entrant, Nathalie a dit **à la cantonade** : « Bonjour tout le monde ! » :* elle l'a dit assez fort en s'adressant à tous les gens à la fois.

cantonnement nom m. Logement temporaire pour les soldats. ● *Pendant la guerre, la mairie de notre village a servi de **cantonnement**.*

cantonnier nom m. Ouvrier qui entretient les routes.

canular nom m. (fam.) Farce qui consiste à faire croire quelque chose qui n'est pas vrai.

canyon → cañon.

caoutchouc [kautʃu] nom m. Matière élastique et imperméable faite avec un liquide (le *latex*) tiré de certains arbres (principalement l'*hévéa*). ● *Mathilde a mis des bottes en **caoutchouc**.* ★ La plupart des objets fabriqués autrefois en *caoutchouc naturel* le sont aujourd'hui en *caoutchouc synthétique,* sorte de plastique.

cap nom m. **1** ● *À cet endroit, la côte forme un **cap**,* une pointe qui s'avance dans la mer. **2** ● *Le navire, l'avion a changé de **cap**,* de direction. — METTRE LE CAP SUR (UN ENDROIT) : se diriger vers cet endroit en bateau, en avion.

C. A. P. [seape] nom m. Certificat d'Aptitude Professionnelle (diplôme que l'on obtient après certaines études professionnelles). ● *Mon cousin a passé le **C. A. P.** de comptabilité.*

capable adj. **1** ● *Maxime est **capable** de porter cette valise :* il peut le faire (→ CONTR. incapable). **2** ● *M. Charon cherche un employé **capable**,* intelligent, compétent.

■ **capacité** nom f. **1** ● *Cet élève a beaucoup de **capacités** (→ SYN. aptitude). **2** ● *Ce réservoir d'essence a une **capacité** de 40 litres :* il peut contenir 40 litres (→ SYN. contenance).

cape nom f. **1** Vêtement sans manches, que l'on porte sur les épaules. **2** RIRE SOUS CAPE : rire, se moquer discrètement, en se cachant (→ rire dans sa barbe*). **3** FILM, ROMAN DE CAPE ET D'ÉPÉE : film, roman d'aventures dont les héros sont des personnages qui se battent à l'épée.

capeline nom f. ● *Pour le mariage de sa fille, ma voisine portait une* **capeline**, chapeau à bords larges et souples.

capharnaüm [kafarnaɔm] nom m. ● *Voilà une heure que tu cherches ton livre de français dans ton* **capharnaüm**, *extrême désordre.*

capillaire adj. **1** ● *Le coiffeur propose à son client une lotion* **capillaire**, *pour les cheveux.* **2** adj. et nom m. ● *Les (vaisseaux)* **capillaires** *sont des vaisseaux sanguins fins comme des cheveux.*

capitaine nom m. **1** Grade militaire. ● *Les* **capitaines** *sont des officiers.* **2** ● *L'oncle d'Yves est le* **capitaine** *de ce bateau : c'est lui qui commande ce bateau, ce navire de commerce.* **3** ● *Le* **capitaine** *de l'équipe de football félicite ses joueurs, le chef de l'équipe.*

1. capital adj. **1** ● *J'insiste sur ce point ; il est* **capital**, *très important* (→ SYN. décisif, essentiel). **2** PEINE CAPITALE. ● *Le coupable a été condamné à la* **peine capitale**, à la peine de mort.

2. capital nom m. **1** Somme d'argent que l'on place dans une banque, dans une Caisse d'Épargne, dans une entreprise, pour qu'elle rapporte des intérêts. **2** Ensemble des richesses (maisons, terrains, argent, etc.) que possède une personne (→ SYN. fortune, patrimoine). ■ **capitalisme** nom m. ● *Ce député est contre le* **capitalisme**, *contre le fait que les usines, les entreprises d'un pays appartiennent aux gens qui ont des capitaux et non à l'État.* ★ Chercher aussi : communisme, socialisme. ■ **capitaliste** adj. et nom **1** ● *Les États-Unis, la France sont des pays* **capitalistes** (→ capitalisme). **2** ● *Cet hôtel a été construit par un gros* **capitaliste**, *par quelqu'un qui possède de gros capitaux.*

capitale nom f. **1** ● *Rome est la* **capitale** *de l'Italie,* la ville où se trouve le gouvernement de ce pays. **2** ● *Le titre de ce livre est imprimé en* **capitales**, *en lettres majuscules.*

capiteux adj. ● *Cette glycine a un parfum* **capiteux**, *qui monte à la tête.*

capitonner v. ● *M. Leroy a fait* **capitonner** *les banquettes de son café : il les a fait rembourrer et recouvrir de tissu.* ■ **capitonné** adj. ● *Un fauteuil* **capitonné** *est confortable.*

capituler v. ● *Les ennemis étaient trop nombreux ; l'armée a* **capitulé** : *elle a cessé de se battre, elle s'est avouée vaincue* (→ SYN. se rendre). ■ **capitulation** nom f. ● *La* **capitulation** *d'un pays, d'une armée.*

caporal nom m. Grade militaire le moins élevé. ● *Napoléon était appelé « le petit* **caporal** *» par ses soldats.*

capot nom m. ● *Le moteur d'une voiture se trouve sous le* **capot**.

capote nom f. **1** ● *La pluie s'étant mise à tomber, il a fallu remettre la* **capote** *de la voiture,* son toit pliant en tissu imperméable (→ décapotable). **2** ● *Pour se protéger du froid, les soldats portent une* **capote**, *un grand manteau militaire.*

capoter v. ● *Quand le pneu a éclaté, la voiture a* **capoté** : *elle s'est retournée.*

câpre nom f. Fleur de l'arbuste, appelé câprier, qui sert de condiment.

caprice nom m. ● *Claude fait souvent des* **caprices**, *des colères pour tenter d'obtenir quelque chose.* — *Encore un de tes* **caprices** *!* (→ SYN. fantaisie, lubie). ■ **capricieux** adj. ● *Un enfant* **capricieux**, *qui fait ou a beaucoup de caprices.*

1. capsule nom f. Sorte de bouchon en métal ou en matière plastique qui recouvre le goulot d'une bouteille. ● *La plupart des bouteilles d'eau minérale sont fermées par une* **capsule**.

2. capsule nom f. CAPSULE SPATIALE. ● *Le satellite va être lancé dans l'espace ; les cosmonautes ont pris place dans la* **capsule spatiale**, *la partie habitable du satellite.*

capter v. **1** ● *L'orateur n'est pas parvenu à* **capter** *l'attention de ses auditeurs,* à retenir leur attention (→ captiver). **2 ●** *Ces travaux sont destinés à* ***capter*** *l'eau d'une source, à recueillir l'eau pour l'amener par des canalisations à un endroit déterminé.* **3 ●** *Ici nous pouvons* ***capter*** *les émissions de la télévision belge,* les recevoir.

captif nom m. et adj. ● *Quand la paix a été signée, les* ***captifs*** *ont été libérés,* les prisonniers (→ captivité).

captiver v. ● *Ce film m'a* ***captivé*** : il m'a beaucoup intéressé (→ SYN. passionner).

■ **captivant** adj. ● *Cette histoire est* ***captivante*** (→ SYN. passionnant).

captivité nom f. ● *Beaucoup d'animaux ne peuvent pas vivre en* ***captivité*** (→ CONTR. liberté). — *Il a vécu en* ***captivité*** *pendant trois ans* : il a été prisonnier de guerre (→ captif).

capturer v. ● *Les chasseurs* ***ont capturé*** *un ours* : ils l'ont pris vivant, ils l'ont attrapé.

■ **capture** nom f. **1 ●** *On a appris par les journaux la* ***capture*** *de ce dangereux bandit,* son arrestation. **2 ●** *Les pêcheurs ont ramené de belles* ***captures***, de belles prises.

capuchon nom m. **1** Large bonnet attaché à un vêtement. **2 ●** *Le* ***capuchon*** *d'un stylo* : la partie dont on couvre la plume pour la protéger et pour empêcher l'encre de sécher.

■ **capuche** nom f. Petit capuchon de vêtement. ● *La* ***capuche*** *d'un anorak.*

capucine nom f. Plante à feuilles rondes et à fleurs jaunes, orangées ou rouges.

caqueter v. ● *Au moment où elles pondent, les poules* ***caquettent*** : elles poussent des petits cris. ★ Conjug. 9.

■ **caquet** nom m. **1** Gloussement, cri de la poule quand elle pond. **2** (fig.) ● *C'est insupportable d'entendre son* ***caquet***, son bavardage prétentieux. **3** RABATTRE, RABAISSER LE CAQUET DE QUELQU'UN : l'obliger à se taire, à être plus modeste.

1. car conj. ● *Annick n'est pas allée à la piscine,* ***car*** *il pleuvait,* parce qu'il pleuvait. ★ **Car** à l'intérieur d'une phrase est toujours précédé d'une virgule.

2. car nom m. Autocar.

carabine nom f. Fusil léger. ● *Une* ***carabine*** *à air comprimé* (avec laquelle on tire de petits plombs).

carabiné adj. (fam.) ● *Isabelle a une grippe* ***carabinée***, une forte grippe.

caracoler v. ● *L'écuyère fait* ***caracoler*** *son cheval sur la piste du cirque* : elle lui fait faire des sauts.

1. caractère nom m. CARACTÈRE (D'IMPRIMERIE). ● *Ce journal est imprimé en petits* ***caractères***, en petites lettres.

2. caractère nom m. **A. ●** *Le poil long est un* ***caractère*** *commun à ces deux races de chiens,* une marque, une particularité commune (→ caractéristique). **B. 1 ●** *Étienne est toujours de bonne humeur, il a un* ***caractère*** *agréable,* une manière d'être, de se comporter. **2** AVOIR DU CARACTÈRE : être énergique.

■ **caractériel** adj. Du caractère. ● *Cet enfant a des troubles* ***caractériels*** : il a des réactions vraiment bizarres.

caractériser v. ● *Ce qui* ***caractérise*** *cette voiture, c'est sa faible consommation d'essence,* ce qui distingue cette voiture des autres.

■ **caractéristique** nom f. et adj. **1** nom f. ● *Un excellent freinage est la principale* ***caractéristique*** *de cette voiture,* la qualité qui la caractérise. **2** adj. ● *Ce climat doux est* ***caractéristique*** *de notre région* : il est particulier à notre région (→ SYN. 2. propre à, typique).

carafe

carafe nom f. ● *Le serveur nous a apporté une* ***carafe*** *d'eau.*

carambolage nom m. ● *Le verglas a causé un* **carambolage**, *une série d'accidents où plusieurs voitures se sont heurtées à la suite.*

caramel nom m. **1** Sucre qui a pris une couleur brune et une consistance épaisse ou dure après qu'on l'a fait cuire. ● *Ce gâteau est recouvert de* **caramel**. **2** Bonbon fait avec du caramel. ● *Un* **caramel** *mou.*

carapace nom f. Enveloppe dure qui protège le corps de certains animaux. ● *La* **carapace** *d'une tortue.* ★ Chercher aussi : coquille.

carat nom m. **1** Proportion d'or fin contenue dans un objet en or. ● *De l'or à dix-huit* **carats**. **2** Unité de poids utilisée pour les pierres précieuses.

1. caravane nom f. **1** Groupe de personnes qui se déplacent dans le désert en utilisant des animaux comme moyen de transport. ● *Les chameaux, les dromadaires, sont utilisés pour constituer les* **caravanes** *qui traversent le désert.* **2** ● *La* **caravane** *du Tour de France :* l'ensemble des voitures et des personnes qui suivent les cyclistes du Tour de France.

2. caravane nom f. Roulotte de camping tirée par une voiture.
■ **caravanier** nom m. Personne qui possède une caravane, qui fait du caravaning. ● *Les campeurs et les* **caravaniers**.
■ **caravaning** nom m. ● *L'été prochain, nous ferons du* **caravaning**, *du camping avec une caravane.*

caravelle

caravelle nom f. Type de bateau utilisé aux XVᵉ et XVIᵉ siècles. ● *La* **caravelle** *de Christophe Colomb.*

1. carbone nom m. Substance chimique répandue dans la nature et qui est le constituant essentiel du charbon.
■ **carbonique** adj. GAZ CARBONIQUE. ● *L'air que l'on inspire est riche en oxygène ; l'air que l'on expire est chargé de* **gaz carbonique**.

2. carbone nom m. PAPIER CARBONE ou CARBONE : feuille de papier enduite d'une matière colorée et qui sert à obtenir des doubles de ce que l'on écrit.

carboniser v. ● *La tarte est restée trop longtemps à cuire ; elle* **a été carbonisée** : elle a été complètement brûlée, calcinée.

carburant nom m. ● *L'essence et le gasoil sont des* **carburants**, *des produits, des combustibles utilisés pour faire fonctionner les moteurs.*

carburateur nom m. ● *Le carburant se mélange à l'air dans le* **carburateur**, un appareil qui fait partie du moteur.

carcan nom m. **1** Instrument enserrant le cou des criminels que l'on condamnait à être exposés en public. **2** (fig.) ● *Cet élève supporte mal le* **carcan** *de la discipline,* contrainte.

carcasse nom f. **1** ● *Nous avons mangé les cuisses, les ailes, le blanc ; il ne reste plus que la* **carcasse** *du poulet* (→ SYN. ossature, squelette). **2** ● *La* **carcasse** *d'un appareil, d'un bâtiment :* sa charpente, son armature.

cardiaque adj. **1** ● *Une maladie* **cardiaque** : une maladie du cœur. **2** ● *Cet homme est* **cardiaque** : il a une maladie du cœur. □ nom ● *Un* **cardiaque**.

1. cardinal nom m. Dans l'Église catholique, prêtre de rang élevé. ● *Ce sont les* **cardinaux** *qui élisent le pape.*

2. cardinal adj. **1** ● *Dixième et centième sont des nombres ordinaux ; dix et cent sont des nombres* **cardinaux**. **2** POINTS CARDINAUX. ● *Il y a quatre* **points cardinaux** : le nord, le sud, l'est et l'ouest.

cardiologue nom m. Médecin spécialiste des maladies du cœur (→ cardiaque).

carême nom m. Période de quarante-six jours qui commence après le Mardi gras et se termine à Pâques. ● *Le carême est une période de jeûne pour les chrétiens; il correspond au ramadan des musulmans.*

caresse nom f. ● *Je me suis approchée de Julien et je lui ai fait une caresse sur le front : j'ai passé ma main sur son front pour lui manifester ma tendresse.*
■ **caresser** v. ● *Agnès caresse son chien :* elle lui fait des caresses.

cargaison nom f. ● *Le bateau est vide; sa cargaison a été déchargée,* les marchandises qu'il transportait.

cargo nom m. Navire utilisé pour le transport des marchandises.

cariatide nom f. Colonne en forme de statue de femme. ★ On écrit aussi : caryatide.

caricature nom f. ● *Daniel a dessiné une caricature de Jean-Michel,* un dessin comique où il a l'air ridicule.

carie nom f. ● *Le dentiste soigne une carie,* un trou dans une dent. — ● *Il faut se brosser régulièrement les dents afin de ne pas avoir de caries.*
■ **carié** adj. ● *Cette dent me fait mal, elle est cariée :* elle a une carie.

carillonner v. 1 ● *Ce matin, les cloches de l'église carillonnent :* elles sonnent longuement. 2 (fig.) ● *Arrête de carillonner à la porte,* de sonner bruyamment.
■ **carillon** nom m. 1 Ensemble de cloches qui ont chacune un son différent. 2 Système qui sonne les heures, dans une horloge. ● *Une horloge à carillon.* ★ Chercher aussi : coucou.

carlingue nom f. Partie d'un avion où se trouvent les passagers et l'équipage. ★ Chercher aussi : soute.

carmin nom m. Couleur rouge vif.

carnage nom m. ● *Le renard a fait un véritable carnage dans le poulailler* (→ SYN. massacre, tuerie).

carnassier nom m. ● *Le lion est un carnassier,* un animal qui se nourrit de viande crue. □ adj. ● *Les animaux carnassiers* (→ SYN. carnivore).

carnaval nom m. Grande fête avec des défilés et des bals costumés. ● *Nous nous sommes déguisés pour le carnaval.* — ● *Le carnaval de Nice.*

carnet nom m. 1 ● *J'ai noté son numéro de téléphone sur mon carnet,* un petit cahier (→ SYN. calepin). 2 ● *Si vous devez faire plusieurs courses en autobus, achetez un carnet de tickets,* plusieurs tickets vendus ensemble. — ● *Il y a 50 chèques dans ce carnet de chèques,* une série de chèques reliés ensemble et que l'on utilise les uns après les autres.

carnier nom m. Sac dans lequel le chasseur place le gibier qu'il a tué (→ SYN. gibecière).

carnivore adj. ● *Le chat et le chien sont des animaux carnivores,* qui se nourrissent de viande. □ nom ● *Les carnivores* (→ SYN. carnassier).

carotide nom f. Chacune des deux artères qui, passant de chaque côté du cou, conduisent le sang du cœur à la tête. ★ VOIR p. 970.

carotte nom f. 1 Plante qui pousse dans les potagers et dont on mange la racine. 2 adj. invar. ● *Il a les cheveux carotte,* très roux, presque rouges.

carpe nom f. 1 Gros poisson d'eau douce. 2 RESTER MUET COMME UNE CARPE : ne pas dire un mot.

carpette nom f. Petit tapis.

carquois nom m. ● *Les tireurs à l'arc mettent leurs flèches dans un carquois,* un étui spécial.

carré nom m. 1 Figure géométrique qui a quatre côtés égaux et quatre angles droits. □ adj. ● *Une table carrée.* ★ VOIR p. 424. 2 ● *Le carré d'un nombre :* ce nombre multiplié par lui-même. — ● *9 est le carré de 3.* — PORTER UN NOMBRE AU CARRÉ : le multiplier par lui-même. ● *3 porté au carré s'écrit 3^2 et se dit « trois au carré ».* 3 MÈTRE CARRÉ. ● *Le* *mètre carré* (m^2) *est une mesure de surface* (qui correspond à la surface d'un carré de 1 mètre de côté). — ● *Cette bande de terrain a 12 m de long et 3 m de large : sa surface est égale à* $12 \times 3 = 36$ *m².*

carreau nom m. **1** ● *Le sol de la cuisine est recouvert de carreaux de faïence*, de plaques, de pavés plats en faïence, carrés ou rectangulaires (→ carrelage). ★ Chercher aussi : dalle. **2** (fam.) RESTER SUR LE CARREAU : rester à terre tué ou blessé; (fig.) subir un échec. **3** ● *Un tissu à carreaux*, décoré de dessins qui forment des carrés. **4** ● *La fenêtre a un carreau cassé*, une vitre. **5** L'une des quatre couleurs, aux cartes. ● *Patricia a un roi de carreau.* **6** (fam.) SE TENIR À CARREAU : être sur ses gardes.

carrefour nom m. Endroit où se croisent deux ou plusieurs routes. ★ Chercher aussi : croisement.

carrelage nom m. ● *Le sol de la cuisine est recouvert d'un carrelage*, un assemblage de carreaux. — ● *Laver le carrelage d'une cuisine*, le sol en carrelage. ★ Chercher aussi : dallage.
■ **carreler** v. ● *Pour faire de cette pièce une salle de bain, il faut la carreler*, y poser un carrelage. ★ Conjug. 9.
■ **carreleur** nom m. Ouvrier qui pose des carrelages.

carrément adv. ● *Anne a dit carrément à Bernard ce qu'elle pensait de lui* : elle le lui a dit franchement (→ SYN. nettement).

1. carrière nom f. ● Terrain d'où l'on extrait certains matériaux de construction. ● *L'entreprise de construction se fournit en pierres dans la carrière.*

2. carrière nom f. ● *Marie a fini ses études, il faut qu'elle choisisse une carrière*, un métier, une profession. — ● *Les carrières médicales.*

carriole nom f. Petite charrette. ● *Michel guide l'âne qui tire la carriole.*

carrossable adj. ● *Ce chemin est en mauvais état, il n'est pas carrossable* : les voitures ne peuvent pas y rouler normalement.

carrosse nom m. Voiture luxueuse à quatre roues tirée par des chevaux, que l'on utilisait autrefois. ● *Le carrosse du roi.*

carrosserie nom f. ● *Les portières, le capot, le toit, etc., font partie de la carrosserie d'une voiture.*
■ **carrossier** nom m. Personne qui construit ou qui répare des carrosseries d'automobiles.

carrousel nom m. ● *Les cavaliers de la Garde républicaine ont exécuté un carrousel*, exercices avec des chevaux dressés accompagnés de musique (→ SYN. 1. parade).

carrure nom f. ● *Patrick a une forte carrure* : il a les épaules larges.

cartable nom m. Sac dans lequel les écoliers mettent leurs cahiers et leurs livres.

1. carte nom f. **1** CARTE (À JOUER). ● *Pour ce jeu, on distribue quatre cartes par joueur.* — ● *Les couleurs d'un jeu de cartes sont le cœur, le carreau, le pique et le trèfle.* — ● *Un jeu de 32, de 52 cartes.* **2** (fig.) C'EST MA DERNIÈRE CARTE, ma dernière chance. — JOUER CARTES SUR TABLE : agir avec franchise, sans rien dissimuler. **3** CARTE (POSTALE). Petit carton illustré sur une face et dont l'autre face sert à la correspondance. ● *Il est en vacances et nous a envoyé une carte (postale) pour donner de ses nouvelles.* **4** CARTE D'IDENTITÉ. ● *Pour prouver qui il était, il a montré sa carte d'identité.* **5** CARTE GRISE. Carton où sont inscrits des renseignements sur une voiture et son propriétaire. **6** CARTE DE VISITE. Petit carton sur lequel on a fait imprimer son nom et parfois son adresse.

2. carte nom f. **1** ● *Le serveur nous a apporté la carte*, la liste des plats et des boissons. **2** ● *Dans ce restaurant, on vous propose un menu, mais on peut aussi manger à la carte*, en commandant n'importe quel plat de la carte (et non pas ceux qui sont imposés si l'on a choisi le menu).

3. carte nom f. En géographie, dessin qui

représente, à une certaine échelle, un pays, une région, une ville, etc. ● *Un atlas est un recueil de **cartes** de tous les pays du monde.* — ● *Pour ne pas se perdre, Jacques a acheté une **carte** de la ville,* un plan.

cartilage nom m. Partie assez élastique du corps humain. ● *L'oreille et le nez sont faits de **cartilage**.*

■ **cartilagineux** adj. ● *Le nez est un organe **cartilagineux**,* fait de cartilage.

carton nom m. **1** ● *J'ai fait ce cube avec du **carton**,* du papier très épais. **2** ● *Mets les livres dans un **carton**,* une boîte en carton. **3** Petite feuille en papier fort, carte pour écrire. ● *Il nous a envoyé un **carton** d'invitation.*

■ **cartonné** adj. ● *La couverture de ce livre est rigide, elle est **cartonnée**,* faite en carton. — ● *Un livre **cartonné**,* dont la couverture est en carton.

cartouche nom f. **1** ● *Dans ce fusil, j'ai mis une **cartouche**,* un petit cylindre qui contient de la poudre et un projectile. **2** ● *Je n'ai plus d'encre dans mon stylo, il faut que je change la **cartouche**,* le petit cylindre qui contient de l'encre (→ SYN. recharge). **3** ● *Jean vient d'acheter une **cartouche** de cigarettes,* un emballage contenant dix paquets de cigarettes de la même marque.

■ **cartouchière** nom f. Étui dans lequel le chasseur met ses cartouches.

cas nom m. **1** ● *Je me trouve dans le même **cas** que vous,* dans la même situation. **2** EN CAS DE...; AU CAS OÙ... ● ***En cas d'***accident, prévenez mes parents : si un accident arrive. — ● ***Au cas où*** vous vous décideriez à venir, téléphonez-moi : si vous vous décidez à venir. **3** EN TOUT CAS : de toute façon, quoi qu'il arrive. **4** FAIRE GRAND CAS DE QUELQUE CHOSE; NE FAIRE AUCUN CAS DE QUELQUE CHOSE : attacher une grande importance à quelque chose; n'attacher aucune importance à quelque chose. ● *Il **n'a fait aucun cas de** tes remarques :* il n'en a pas tenu compte.

casanier adj. ● *Que tu es **casanier**! Tu ne veux jamais voyager* (→ SYN. sédentaire, (fam.) pantouflard).

casaque nom f. Veste des jockeys.

cascade nom f. Chute d'eau qui tombe de rocher en rocher. — (fig.) ● *Une **cascade** d'injures :* une suite nombreuse d'injures (→ SYN. avalanche).

cascadeur nom m. Acrobate qui, dans un cirque, exécute des séries de sauts ou qui, pendant le tournage des films, remplace les acteurs de cinéma pour les scènes dangereuses.

1. case nom f. Habitation traditionnelle dans certains pays d'Afrique (→ SYN. hutte, paillote).

2. case nom f. **1** Compartiment, partie séparée des autres, dans une boîte. ● *Le marteau est dans une **case** de la boîte à outils* (→ casier). **2** Chacun des carrés tracés sur un damier, sur un échiquier.

caser v. (fam.) ● *Je n'ai pas pu **caser** ce fauteuil dans ma chambre,* lui trouver une place.

caserne nom f. Bâtiment où vivent les soldats, les pompiers, les gendarmes.

cash [kaʃ] adv. (fam.) ● *Il n'aime pas acheter à crédit, il préfère payer **cash**,* payer comptant, immédiatement.

casier nom m. **1** Caisse ou meuble qui comporte des cases et qui sert à ranger des objets. ● *Un **casier** à bouteilles.* **2** (fig.) CASIER JUDICIAIRE. Liste des condamnations qui ont été prononcées contre quelqu'un. ● *Ce malfaiteur a un **casier judiciaire** bien rempli.*

casino nom m. Établissement où l'on joue de l'argent. ● *Ses parents sont allés au **casino** pour jouer à la roulette.*

casque nom m. Coiffure rigide qui protège la tête des chocs.

■ **casqué** adj. ● *Tous les motocyclistes doivent être **casqués** :* ils doivent porter un casque.

casquette nom f. Coiffure en tissu garnie d'une visière.

cassant, casse → casser.

casse-cou nom m. invar. (fam.) Personne qui se lance dans le danger sans réfléchir. ● *Patrick est un **casse-cou**,* un imprudent.

casse-croûte nom m. invar. ● *Je suis pressée; pour déjeuner je ne prendrai qu'un casse-croûte*, un repas léger (un sandwich, par exemple).

casse-noix, casse-noisettes nom m. invar. Petit instrument utilisé pour casser les noix, les amandes, les noisettes.

casse-pieds nom invar. (fam.) ● *Il me dérange sans cesse, c'est un casse-pieds*, une personne insupportable. □ adj. ● *Luc est vraiment casse-pieds*.

casser v. 1 ● *Avec son ballon, il a cassé un carreau* : il l'a mis en morceaux (→ SYN. briser). 2 ● *Il a fait une chute de vélo et il s'est cassé un bras* : il s'est fracturé l'os d'un bras. 3 (fig. et fam.) CASSER LES PIEDS DE QUELQU'UN : l'ennuyer (→ casse-pieds). — CASSER LES OREILLES DE QUELQU'UN : l'étourdir, l'ennuyer en faisant beaucoup de bruit. 4 (fam.) CASSER LA CROÛTE : manger, prendre un repas (→ casse-croûte).
■ **cassant** adj. ● *Ce bois sec est cassant* : il se casse facilement.
■ **casse** nom f. ● *Pendant le déménagement, il y a eu de la casse*, des objets ont été cassés.

casserole nom f. Ustensile de cuisine dans lequel on fait cuire les aliments.

casse-tête nom m. inv. ● *Ce problème est un casse-tête*, une chose très compliquée et très difficile. — ● *Des casse-tête*.

cassette nom f. 1 Autrefois, petit coffre pour ranger des bijoux, de l'argent. 2 Bande magnétique enroulée sur deux bobines contenues dans un étui en plastique rigide. ● *Un magnétophone à cassette*.

1. cassis [kasis] nom m. 1 Groseillier noir. 2 Groseille noire, fruit du cassis avec lequel on fait une liqueur. 3 Cette liqueur. ● *Un verre de cassis*.

2. cassis [kasi] nom m. ● *Il faut rouler lentement, sur cette route il y a un cassis*, une rigole qui traverse la route, un creux. — ● *C'est le même panneau du code de la route qui signale les cassis et les dos-d'âne*.

cassoulet nom m. Plat fait d'un mélange de haricots blancs et de diverses viandes. ● *Le cassoulet toulousain*.

cassure nom f. ● *Cette assiette a été recollée, mais on voit encore la cassure*, l'endroit où elle a été cassée.

castor nom m. Petit rongeur à large queue plate, qui vit au bord de l'eau. ● *Les castors vivent en petites colonies et construisent, sur les rivières, des digues qui leur servent d'abri*.

castrer v. Priver un animal mâle de ses organes sexuels (→ SYN. châtrer).

cataclysme nom m. ● *Les tremblements de terre, les éruptions des volcans sont des cataclysmes*, des catastrophes naturelles qui causent beaucoup de destructions.

catalogue nom m. ● *Nous avons reçu le catalogue d'une maison de vente par correspondance*, la liste de tous les articles en vente avec diverses indications pour chacun d'eux.

catamaran nom m. Voilier à deux coques. ● *Dans la course transatlantique, c'est un catamaran qui l'a emporté*.

catapulte nom f. ● *Pour bombarder l'ennemi, les Romains se servaient de catapultes*, de machines de guerre avec lesquelles on pouvait lancer de grosses pierres.

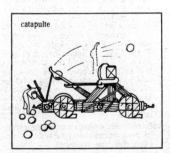
catapulte

cataracte nom f. Grande chute d'eau. ● *Les* **cataractes** *du Niagara.*

catastrophe nom f. **1** ● *Le train a déraillé; il y a eu de nombreuses victimes dans cette* **catastrophe**, *dans ce grave accident* (→ catastrophique). **2** EN CATASTROPHE, loc. adv. ● *Ils sont partis* **en catastrophe**, *à toute vitesse, sans avoir le temps de se préparer.*

■ **catastrophique** adj. ● *Cette inondation est* **catastrophique** (→ SYN. désastreux).

catch [katʃ] nom m. Sorte de lutte où presque tous les coups sont permis. ● *Un match de* **catch**.

■ **catcheur** nom ● *Les* **catcheurs** *montent sur le ring*, les lutteurs qui font du catch.

catéchisme nom m. Instruction religieuse pour les chrétiens.

catégorie nom f. ● *Dans cette ville, il y a des hôtels de plusieurs* **catégories**, *de plusieurs sortes, de plusieurs genres (qui sont plus ou moins grands, qui offrent plus ou moins de confort, qui coûtent plus ou moins cher, etc.).*

catégorique adj. ● *Dans sa réponse, il a été* **catégorique** : *il a été très net, il n'a pas eu d'hésitation* (→ CONTR. confus, évasif, hésitant).

cathédrale nom f. Grande église dirigée par un évêque. ● *La* **cathédrale** *de Chartres.*

catholique nom ● *En France, il y a beaucoup de* **catholiques**, *de chrétiens qui obéissent au pape.* □ adj. ● *L'Église* **catholique**. ★ Chercher aussi : juif, musulman, protestant.

■ **catholicisme** nom m. Religion des catholiques.

cauchemar nom m. Rêve effrayant.

cause nom f. **A. 1** ● *Le brouillard est la* **cause** *de cet accident, ce qui a provoqué cet accident* (→ 1. causer). **2** À CAUSE DE. ● *J'ai manqué mon train* **à cause des** *embouteillages* : *les embouteillages m'ont fait manquer mon train.* **B.** SOUTENIR LA CAUSE DE QUELQU'UN : soutenir ses intérêts. ● *Ils ont demandé à cet avocat*

de soutenir leur **cause** : *ils lui ont demandé de les défendre devant la justice.* — AVOIR GAIN DE CAUSE. ● *Dans cette affaire, ils* **ont eu gain de cause** : *ils ont obtenu ce qu'ils demandaient.* — EN CONNAISSANCE DE CAUSE. ● *J'ai accepté de faire ce travail* **en connaissance de cause**, *en sachant de quoi il s'agissait.* — REMETTRE EN CAUSE. ● *Cela* **remet en cause** *notre accord* : *cela nous oblige à le revoir* (→ SYN. remettre en question*).

■ **causer** v. ● *L'accident* **a causé** *un embouteillage*, l'a provoqué.

causer v. ● *Olivier* **cause** *avec sa sœur* : *il bavarde avec elle.*

■ **causerie** nom f. ● *Chaque matin, à la radio, un journaliste fait une* **causerie** *sur un sujet d'actualité*, un discours sur le ton d'une conversation ordinaire.

■ **causette** nom f. (fam.) FAIRE LA CAUSETTE. ● *Les deux amis* **font la causette** : *ils bavardent ensemble.*

caustique adj. **1** ● *Ce produit est* **caustique** ; *il peut trouer les vêtements et brûler les doigts.* **2** (fig.) ● *Tout le monde craint ses plaisanteries* **caustiques** (→ SYN. acerbe, mordant).

caution nom f. ● *Pour louer des skis, il faut verser une* **caution**, *une somme d'argent qui sert de garantie et qui est rendue à la fin de la location.*

cavalcade nom f. **1** ● *Pour Mardi gras, dans certaines villes, il y a des* **cavalcades**, *des défilés avec des chars tirés par des chevaux.* **2** (fig.) ● *Cette nuit, j'ai été réveillé par une* **cavalcade** *dans l'escalier*, un défilé rapide et désordonné de gens qui font du bruit.

1. cavalier nom **1** Personne qui monte à cheval. **2** ● *Le valseur entraîne sa* **cavalière** : *celle qui danse avec lui, sa partenaire.* **3** FAIRE CAVALIER SEUL. ● *Il n'a pas voulu s'associer avec nous, il préfère* **faire cavalier seul**, *agir tout seul, de son côté.*

■ **cavalerie** nom f. Autrefois, ensemble des soldats qui combattaient à cheval.

2. cavalier adj. ● *Il s'est débrouillé pour que je sois obligé de l'inviter à dîner;*

c'est une façon d'agir qui est **cavalière** : il agit sans se préoccuper de la gêne qu'il peut causer. — ● *Cette remarque est* **cavalière**, *impertinente, insolente.* ■ **cavalièrement** adv. ● *Il nous a reçus* **cavalièrement**, *d'une façon peu respectueuse.*

cave nom f. ● *La chaudière se trouve dans la* **cave** *de la maison,* une pièce au sous-sol de la maison.

caveau nom m. ● *Il a été enterré dans le* **caveau** *de sa famille,* une sorte de petite cave creusée dans un cimetière (ou sous une église ou un château) et qui sert de tombeau.

caverne nom f. ● *Il y a des peintures représentant des bisons dans cette* **caverne**, *dans cette grotte.* — LES HOMMES DES CAVERNES : les hommes préhistoriques qui vivaient dans des cavernes.

caverneux adj. ● *Une voix* **caverneuse**, très basse, grave.

caviar nom m. Œufs de poisson noirs ou rouges, au goût salé très délicat. ● *Le* **caviar** *coûte très cher.* ★ Chercher aussi : esturgeon.

cavité nom f. ● *Le crabe s'est réfugié dans une* **cavité** *du rocher,* un trou, un creux.

C.C.P. Abrév. de *Compte Chèque Postal,* sorte de compte bancaire que l'on peut ouvrir dans les bureaux de poste.

1. ce (au masc. **cet** devant une voyelle ou un *h* muet; au fém.), **cette** (au plur.). Adj. démonstratifs servant à montrer, à désigner une personne ou une chose. ● *Ce garçon; cet homme; cet arbre; cette dame; ces personnes; ces objets.* ★ Ils peuvent être renforcés par les éléments *-ci* et *-là* placés après le nom. ● *Cet animal-ci; ces personnes-là.*

2. ce (*c'* devant les formes du v. être qui commencent par une voyelle) pronom démonstratif. ● *Ce sont des gens aimables.* — *C'est un garçon intelligent.* — *C'est pratique; c'est fini.* ★ Chercher aussi : ceci, ça.

ceci, cela pronoms démonstratifs **1** ● *Dites-moi combien* **ceci** *coûte-t-il ? et* **cela** ?

★ **Ceci** désigne la chose ou la personne qui est la plus proche; **cela** désigne la chose ou la personne la plus éloignée. **2** ● **Cela** *va être difficile,* ou (fam.) : **ça** *va être difficile.* — *Comment allez-vous ?* — *Ça va.*

cécité nom f. Le fait d'être aveugle. ● *Depuis sa naissance, il est atteint de* **cécité** : il est aveugle.

céder v. **1** ● *Les automobilistes doivent* **céder** *le passage aux voitures de pompiers :* ils doivent leur laisser le passage. **2** ● *Quand mon petit frère fait un caprice, ma mère ne lui* **cède** *pas :* elle ne fait pas ce qu'il veut* (→ SYN. (fam.) flancher). **3** ● *Le toit de la vieille grange a* **cédé** *sous le poids de la neige :* le toit n'a pas tenu, il s'est effondré. ★ Conjug. 8.

cédille [sedij] nom f. Petit signe que l'on place sous un *c* devant *a, o* et *u* pour indiquer qu'on doit le prononcer [s] : *il traçait; garçon; déçu.*

cèdre nom m. Grand arbre de la famille des conifères. ● *Il y a de beaux* **cèdres** *au Liban.*

ceindre v. Mettre, porter autour du corps ou de la tête. ● *Le roi allait* **ceindre** *la couronne.* — *Le maire a* **ceint** *l'écharpe tricolore.* ★ Conjug. 35.

ceinture nom f. **1** ● *Pour faire tenir ton pantalon, préfères-tu une* **ceinture** *ou des bretelles ?* — CEINTURE DE SÉCURITÉ : système qui permet, dans les avions et les autos, d'attacher les personnes à leur siège. ● *Nicole est* **ceinture** *verte de judo :* elle porte une ceinture dont la couleur indique le niveau qu'elle a atteint dans ce sport. — (fam.) SE SERRER LA CEINTURE : se priver de nourriture ou d'autre chose; réduire ses dépenses. **2** ● *Il a de l'eau jusqu'à la* **ceinture**, jusqu'à la taille. ■ **ceinturer** v. ● *Un joueur de football n'a pas le droit de* **ceinturer** *un autre joueur,* de l'attraper en mettant les bras autour de sa taille. ■ **ceinturon** nom m. ● *Les soldats portent un* **ceinturon**, une ceinture large.

cela → ceci.

célèbre adj. ● *Cette chanteuse est deve-nue célèbre, très connue.*
■ **célébrité** nom f. ● *Ce champion de ski a atteint la célébrité* (→ SYN. renommée).

célébrer v. 1 ● *Nous célébrons le quatre-vingtième anniversaire de grand-mère : nous le fêtons* (→ célébration, sens 1). 2 ● *Leur mariage a été célébré dans cette vieille église : il y a été accompli solennellement* (→ célébration, sens 2). ★ Conjug. 8.
■ **célébration** nom f. 1 ● *Le maire fait un discours pour la célébration du 14 Juillet, pour fêter le 14 Juillet.* 2 ● *La célébration de la messe est faite par un prêtre.*

céleri nom m. Légume que l'on cultive pour sa racine et pour ses tiges. ● *Le céleri se mange cuit ou cru.*

céleri

célérité nom f. ● *J'admire ta célérité. Tu as mis le couvert en trois minutes* (→ SYN. rapidité).

céleste adj. ● *Les étoiles brillent sur la voûte céleste, du ciel* (→ ciel, sens 1).

célibat nom m. ● *Mon oncle a choisi le célibat : il a choisi de ne pas se marier.*
■ **célibataire** adj. ● *Êtes-vous célibataire, marié(e), veuf (veuve) ou divorcé(e) ?* □ nom ● *Un(e) célibataire.*

celle, celles pronoms démonstratifs fém. (→ celui).

cellier nom m. ● *Dans leur maison de campagne, il y a un cellier, une pièce pour garder le vin, les provisions.*

1. cellule nom f. ● *Tout ce qui est vivant se compose de nombreuses cellules,* d'éléments très petits qui composent les organismes.

2. cellule nom f. ● *Il y a des barreaux aux fenêtres des cellules de la prison, les petites pièces où sont enfermés les prisonniers.* ● *Les rayons que cons-truisent les abeilles sont formés de cellules où se développeront les larves.*

cellulite nom f. ● *Ma sœur a de la cellu-lite,* une couche anormale de graisse et d'eau, située sous la peau, sur cer-taines parties du corps.

cellulose nom f. Matière dont sont faites les plantes.

celui (m. sing.), **celle** (f. sing.), **ceux** (m. plur.), **celles** (f. plur.) pronoms démons-tratifs. ● *Mon cahier est celui qui se trouve sur la table.* — ● *Ma bicyclette est celle qui est peinte en rouge.* — ● *Ces garçons sont ceux qui m'ont aidé.* — *Les notes de Pierre sont meil-leures que celles de Patrick.* — CELUI-CI, CELUI-LÀ; CELLE-CI, CELLE-LÀ, etc. (→ ceci, cela). ● *Il y a deux livres sur le bureau ; prends celui-ci (qui est le plus près) et laisse-moi celui-là (qui est le plus éloigné).*

cendre nom f. Ce qui reste d'une chose après qu'elle a brûlé. ● *La cendre d'une cigarette.*
■ **cendrier** nom m. ● *Le cendrier est rempli de cendres et de mégots.*
■ **cendrée** nom f. ● *Les sportifs cou-rent sur la cendrée,* sur une piste recouverte d'une matière spéciale.
■ **cendres** (plur.) nom f. (littér.). ● *Les cendres de Napoléon Ier ont été transférées aux Invalides.*

censé adj. ÊTRE CENSÉ (+ v. à l'infinitif). *Je ne suis pas censé être au courant de cette affaire :* en principe, je ne devrais pas être au courant. ★ Ne pas confondre avec *sensé.*

censeur nom m. 1 Personne qui est chargée de la discipline dans un lycée. 2 Personne qui est chargée par le gou-vernement d'examiner les films, les livres, avant qu'ils soient montrés au public.

■ **censure** nom f. ● *La censure a interdit ce film aux moins de dix-huit ans*, la réunion des censeurs (→ censeur, sens 2).

■ **censurer** v. ● *Autrefois, certains articles de journaux étaient censurés*, interdits par la censure.

cent adj. numéral **1** ● *Il y a plus de cent moutons dans le troupeau.* ★ *Dans deux cents, trois cents*, etc., cent s'écrit avec un «s», mais s'il est suivi d'un nombre, il reste invariable (exemple : *cinq cent dix*). **2** POUR CENT. ● *Parmi les cent personnes présentes dans cette salle, il y a une soixante femmes; la proportion de femmes est de soixante pour cent* (60 %) (→ pourcentage).

■ **centaine** nom f. **1** ● *3 est le chiffre des centaines dans 300.* **2** ● *Il y a une centaine de personnes dans la salle*, environ cent personnes.

■ **centenaire** nom **1** ● *Dans ce village, il y a un centenaire*, un homme qui a dépassé cent ans. □ adj. ● *Cet arbre est centenaire.* **2** nom m. ● *En 1989, on fêtera le centenaire de la tour Eiffel*, son centième anniversaire.

■ **centi** Préfixe qui se place devant une unité de mesure pour la diviser par cent (exemple : *centimètre*). ★ VOIR p. 931.

■ **centième** adj. **1** ● *Il a été classé centième au concours.* □ nom ● *Il est le centième.* **2** ● *La centième partie d'un nombre* : ce nombre divisé par cent. □ nom m. ● *3,5 est le centième de 350*, la centième partie de 350.

centigramme nom m. Centième partie d'un gramme.

centilitre nom m. Centième partie d'un litre.

centime nom m. Centième partie d'un franc.

centimètre nom m. Centième partie d'un mètre.

centre nom m. **1** ● *Cet arbre est au centre du jardin*, au milieu (→ central).

2 ● *Paris est un centre artistique*, un endroit où les activités artistiques sont nombreuses. — CENTRE COMMERCIAL : endroit où sont regroupés de nombreux commerces. **3** ● *Aux dernières élections, il a voté pour le candidat du centre*, d'un parti politique entre la droite et la gauche (→ centriste).

■ **central** adj. et nom m. **1** adj. ● *L'Amérique centrale est située entre l'Amérique du Nord et l'Amérique du Sud.* **2** nom m. ● *Le central téléphonique regroupe et fait communiquer toutes les lignes téléphoniques d'une même région.*

■ **centraliser** v. ● *Les activités industrielles sont centralisées dans le nord du pays* : elles y sont groupées (→ CONTR. décentraliser).

■ **centriste** adj. ● *Un parti politique centriste*, qui est situé entre la gauche et la droite.

centrale nom f. Usine qui produit de l'électricité. ● *Une centrale nucléaire* : usine qui produit de l'électricité grâce à l'énergie nucléaire.

centrifuge adj. Qui rejette loin du centre. ● *Une force centrifuge*, qui repousse (un objet) vers l'extérieur.

■ **centrifugeuse** nom f. ● *Ma mère a une centrifugeuse électrique* : appareil qui permet de faire des jus de fruits ou de légumes en séparant le jus de la pulpe.

centuple nom m. Nombre qui est cent fois plus grand qu'un autre. ● *Le centuple de 5 est 500.*

cep [sep] nom m. Pied de vigne. ★ Ne pas confondre avec *cèpe*.

cèpe nom m. Gros champignon très bon à manger (→ SYN. bolet). ★ Ne pas confondre avec *cep*.

cependant conj. ● *Il pleuvait; cependant, je suis sorti*, pourtant, malgré tout, toutefois.

céramique nom f. **1** ● *La céramique se cuit dans un four*, une matière (terre cuite, faïence, porcelaine) dont on fait des plats, des assiettes, des vases, etc. **2** ● *Jacqueline apprend la céramique*, la manière de fabriquer des objets avec cette matière.

cerceau nom m. ● *Autrefois, les enfants jouaient avec des cerceaux*, des cercles de bois que l'on faisait rouler à l'aide d'un bâton.

cercle nom m. **1** ● *Thierry trace des cercles avec son compas*, des ronds (→ circulaire ; encercler). ★ Chercher aussi : circonférence. ★ VOIR p. 424. **2** ● *La vedette est entourée d'un cercle d'admirateurs*, d'admirateurs placés en rond autour d'elle. **3** ● *Anne fait du tennis dans un cercle sportif*, une association. **4** CERCLE VICIEUX. ● *Elle mange trop parce qu'elle est inquiète et elle s'inquiète parce qu'elle mange trop, c'est un cercle vicieux*, une situation difficile dont on ne peut pas sortir.
■ **cercler** v. ● *Il faut cercler les tonneaux pour les fabriquer*, entourer de cercles.

cercueil [sɛrkœj] nom m. ● *Le cercueil est placé dans le tombeau*, la caisse qui contient le corps d'une personne morte (→ SYN. 2. bière).

céréale nom f. ● *L'avoine, le blé, le maïs, l'orge, le riz, sont des céréales*, des plantes que l'on cultive pour leurs grains nourrissants.

cérébral adj. ● *Une maladie cérébrale*, du cerveau.

cérémonie nom f. **1** ● *Le 14 Juillet, après le défilé, nous avons assisté à une cérémonie de remise de décorations*, leur remise solennelle en public. — ● *La cérémonie du mariage :* sa célébration en public. **2** AVEC CÉRÉMONIE, SANS CÉRÉMONIE. ● *Il accueille ses invités avec cérémonie*, avec un respect et une politesse exagérés (→ cérémonieux).
■ **cérémonieux** adj. ● *Il est cérémonieux avec ses invités :* il les traite avec un respect exagéré (→ SYN. solennel ; CONTR. naturel, simple).

cerf [sɛr] nom m. ● *Les sortes de cornes que porte le cerf s'appellent des bois.*
★ Chercher aussi : biche, chevreuil, faon.

cerfeuil nom m. ● Plante au goût agréable que l'on met dans certains plats.
★ Chercher aussi : (fines) herbes.

cerf-volant [sɛrvɔlɑ̃] nom m. ● *Poussé par le vent, le cerf-volant vole très haut*, un jouet fait de toile ou de papier tendu sur des baguettes et que l'on tient avec une ficelle. ● *Des cerfs-volants*.

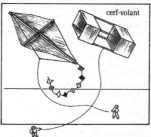

cerf-volant

cerise nom f. ● *Les oiseaux ont mangé toutes nos cerises.*
■ **cerisier** nom m. ● *Les fleurs des cerisiers sont blanches.*

cerne nom m. ● *Quand il est fatigué, il a des cernes sous les yeux*, des marques foncées.
■ **cerné** adj. ● *Il a les yeux cernés*, marqués de cernes.

cerner v. ● *L'ennemi cerne le château fort :* il l'entoure pour que personne ne puisse en sortir (→ SYN. encercler).

certain adj., adj. indéf. et pronom indéf. plur.
A. adj. **1** ● *Il est certain d'avoir raison :* il en est sûr (→ certitude). **2** ● *Le résultat est certain*, assuré (→ CONTR. douteux, incertain).
B. adj. indéf. **1** UN CERTAIN... ● *Un certain M. Duval te demande au téléphone*, quelqu'un qui s'appelle M. Duval et que l'on ne connaît pas. **2** ● *Cet objet a une certaine valeur*, une valeur assez importante.
C. pronom indéf. plur. ● *Certains préfèrent la ville à la campagne*, des personnes.

153

■ **certainement** adv. ● *Il va certainement pleuvoir, sûrement* (→ SYN. assurément).

certes adv. (littér.) ● *Êtes-vous satisfait ? — Certes !, oui, bien sûr* (→ SYN. évidemment).

certificat nom m. **1** ● *Quand un salarié quitte son emploi, son patron lui donne un certificat de travail,* un document officiel prouvant qu'il a travaillé (→ SYN. attestation). **2** ● *Le certificat d'études primaires (C.E.P.) et le certificat d'aptitude professionnelle (C.A.P.) sont des diplômes.*

certifier v. ● *Je te certifie que je te rendrai ton livre, je te l'assure* (→ SYN. affirmer, garantir). ★ Conjug. 10.

certitude nom f. ● *Il a la certitude de réussir :* il en est certain. — ● *Il viendra, c'est une certitude,* une chose certaine (→ CONTR. incertitude).

cérumen nom m. Liquide épais et jaunâtre qui est produit par l'oreille.

cerveau nom m. ● *Le cerveau se trouve dans le crâne.* — ● *Une maladie du cerveau* (→ cérébral).
■ **cervelet** nom m. Partie du cerveau à l'arrière et en bas de la tête.
■ **cervelle** nom f. **1** Cerveau d'un animal, que l'on peut manger. ● *Le cuisinier fait cuire des cervelles d'agneau.* **2** UNE TÊTE SANS CERVELLE : une personne qui ne réfléchit pas assez, qui est étourdie (→ écervelé).

cervical adj. ● *Mon père a un rhumatisme cervical,* du cou.

cervidé nom m. Animal de la même famille que le cerf. ● *Les rennes sont des cervidés.*

césarienne nom f. Opération chirurgicale qui permet de sortir l'enfant du ventre de sa mère en incisant la paroi abdominale.

ces adj. démonstratif plur. → ce.

cesser v. ● *Le bébé a cessé de pleurer,* il a arrêté.
■ **cesse** nom f. SANS CESSE. ● *Claude bavarde sans cesse,* sans arrêt, tout le temps (→ SYN. continuellement).

■ **cessation** nom f. Action de cesser.

cessez-le-feu nom m. invar. ● *Les combattants ont décidé un cessez-le-feu,* un arrêt des combats.

c'est-à-dire adv. Annonce une explication, une précision sur ce que l'on vient de dire. ● *L'avion arrivera dans une heure, c'est-à-dire à 8 h 35.* ★ Abrév. : c.-à-d.

cet adj. démonstratif m. → ce.

cétacé nom m. ● *Les baleines et les dauphins sont des cétacés,* des mammifères qui vivent dans la mer.

cette adj. démonstratif fém. → ce.

ceux pronom démonstratif masc. plur. → celui.

chacal nom m. Animal sauvage qui ressemble à un renard. ● *Les chacals vivent en Asie et en Afrique et se nourrissent de cadavres d'animaux.* ★ Chercher aussi : coyote.

chacun pronom indéf. ● *Chacun des enfants a été interrogé par le maître,* chaque enfant en particulier, tous les enfants (→ chaque).

chagrin nom m. et adj. **1** nom m. ● *Véronique a eu beaucoup de chagrin à la mort de son chat :* elle a eu beaucoup de peine. **2** adj. ● *Il est d'humeur chagrine,* triste.
■ **chagriner** v. ● *Ton mensonge me chagrine,* me fait de la peine (→ SYN. attrister, peiner).

chahut nom m. ● *Je suis fatigué, cessez votre chahut,* votre agitation et votre bruit (→ SYN. tapage).
■ **chahuter** v. **1** ● *Quand le maître est entré, toute la classe chahutait,* bavardait, s'agitait, faisait du bruit. **2** (fam.) ● *Michel n'aime pas qu'on le chahute,* qu'on le bouscule.
■ **chahuteur, -teuse** adj. ● *Dans cette classe, il y a des enfants chahuteurs,* qui font du chahut. □ nom ● *Une chahuteuse, un chahuteur.*

chai nom m. Entrepôt de vin ou d'alcool. ● *Nous avons visité les chais de cette coopérative.*

chaîne nom f. **1** ● *L'ancre est reliée au bateau par une chaîne,* une suite d'anneaux (les *maillons*) accrochés les uns aux autres. — ● *Claude porte une* **chaîne** *d'or autour du cou.* **2** ● *La* **chaîne** *de ton vélo transmet le mouvement du pédalier à la roue arrière.* **3** ● *Cet ensemble de pics et de monts reliés entre eux forme une* **chaîne** *de montagnes.* **4** ● *Pierre passe un disque sur sa* **chaîne** *(haute fidélité), un ensemble d'appareils séparés (tourne-disque, amplificateur, haut-parleurs, etc.) qui sont reliés par des fils électriques.* **5** ● *En France, nous avons six* **chaînes** *de télévision, six ensembles d'émetteurs qui transmettent des programmes différents.* **6** CHAÎNE (DE FABRICATION) : installation où chaque ouvrier fait, dans une suite d'opérations de fabrication, une seule opération, toujours la même. ● *Les diverses pièces d'une voiture sont assemblées dans des* **chaînes**. — ● *Travailler à la* **chaîne**. **7** ● *Sur l'autoroute, il y a eu une collision en* **chaîne** : plusieurs autos se sont heurtées l'une après l'autre.

chaînon nom m. Élément d'une chaîne (→ SYN. maillon). **2** (fig.) ● *Je ne retrouve pas tous les* **chaînons** *de ce raisonnement :* éléments qui le composent.

chair nom f. **1** ● *La* **chair** *du bœuf est rouge,* la viande, les muscles. **2** ● *Dans une cerise, tu laisses le noyau, mais tu manges la* **chair**, la partie tendre (→ charnu). **3** ● *De nombreuses religions disent que l'âme est éternelle, mais que la* **chair** *est mortelle,* le corps. **4** EN CHAIR ET EN OS. ● *J'ai vu cette vedette de cinéma en* **chair et en os**, en personne. **5** ÊTRE BIEN EN CHAIR. ● *Ce monsieur est maigre, mais sa femme est bien en* **chair**, plutôt grosse (→ SYN. dodu). **6** AVOIR LA CHAIR DE POULE : avoir les poils de la peau qui se hérissent (à cause du froid ou de la peur).

chaire nom f. ● *À l'église, le prêtre est monté en* **chaire** *pour faire un sermon,* il est monté à la tribune.

chaise nom f. **1** Siège avec un dossier et sans bras. **2** CHAISE LONGUE. ● *Maman se repose dans le jardin sur une* **chaise**

longue, sur un siège qui permet d'étendre ses jambes (→ SYN. transat).

chaland nom m. Bateau à fond plat, péniche pour le transport des marchandises.

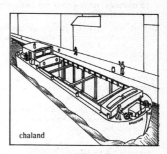

chaland

châle nom m. ● *Ma grand-mère porte toujours un* **châle** *sur les épaules,* un grand morceau de tissu ou de laine tricotée en forme de carré ou de triangle. ★ Chercher aussi : 2. fichu.

chalet nom m. ● *Cet été, les parents de Cécile vont louer un* **chalet** *à la montagne,* une maison de bois.

chaleur nom f. **1** ● *Ce radiateur dégage une très grande* **chaleur** (→ chaud). — ● *Dans cette pièce, la* **chaleur** *est suffocante* (→ CONTR. froid, C sens 1). **2** ● *Ton père m'a accueilli avec* **chaleur**, avec enthousiasme, très amicalement (→ CONTR. froideur).

■ **chaleureux** adj. ● *Marie nous a reçus d'une façon* **chaleureuse**, cordiale, enthousiaste (→ CONTR. froid, A sens 2).

■ **chaleureusement** adv. ● *Gilles a été* **chaleureusement** *félicité par son professeur* (→ SYN. chaudement ; CONTR. froidement).

challenge [ʃalãʒ] nom m. (mot anglais) Épreuve sportive dans laquelle le vainqueur détient un titre tant qu'il est le plus fort.

chaloupe nom f. ● *Le commandant du navire a ordonné de mettre une chaloupe à la mer*, un grand canot.

chalumeau nom m. ● *Au lycée technique, Alain a appris à faire les soudures au chalumeau*, un appareil qui lance un jet de gaz enflammé.

chalut nom m. ● *Le bateau de pêche traîne derrière lui un chalut*, un grand filet en forme d'entonnoir.
■ **chalutier** nom m. Bateau qui pêche au chalut.

se chamailler [ʃamaje] v. pron. (fam.) ● *Ces deux frères n'arrêtent pas de se chamailler*, de se disputer.

chamarré adj. ● *Le dompteur porte un costume chamarré*, décoré de galons, d'ornements de couleurs vives.

chambouler v. (fam.) ● *Mon frère a chamboulé toutes mes affaires* : il les a mises en désordre, sens dessus dessous (→ SYN. bouleverser, déranger).

chambranle nom m. ● *Elle s'appuie contre le chambranle de la porte*, l'encadrement de la porte fixé à la cloison.

chambre nom f. **1** Pièce où l'on dort. ● *Une chambre à deux lits.* — GARDER LA CHAMBRE. ● *Patrick est malade, il doit garder la chambre*, ne pas sortir de chez lui. **2** ● *Mes parents ont une chambre à coucher en chêne* : l'ensemble des meubles de leur chambre (lit, armoire, etc.) est en chêne. **3** FEMME DE CHAMBRE. ● *La femme de chambre de l'hôtel a fait les lits et le ménage*, l'employée chargée de l'entretien. **4** CHAMBRE FROIDE. ● *Le boucher conserve la viande dans une chambre froide*, une pièce où la température est très basse. **5** CHAMBRE FORTE. ● *On a cambriolé la chambre forte de la banque*, la pièce où se trouvent les coffres-forts. **6** CHAMBRE À AIR. ● *Marc répare la chambre à air de son vélo*, le tuyau de caoutchouc gonflé d'air qui se trouve à l'intérieur du pneu. **7** LA CHAMBRE DES DÉPUTÉS : ancien nom de l'Assemblée nationale, le lieu où se réunissent les députés à Paris.

chameau nom m. **1** Grand mammifère d'Asie qui a deux bosses sur le dos. ● *Une caravane de chameaux traverse le désert.* ★ Chercher aussi : dromadaire. **2** (fam.) ● *C'est un vrai chameau* : une personne méchante, désagréable.

chameau

chamois nom m. **1** ● *Dans la montagne, les chamois sautent de rocher en rocher.* **2** ● *Il essuie sa voiture avec une peau de chamois*, une peau de mouton ou de chèvre préparée par un traitement spécial, le chamoisage.

champ nom m. **1** ● *L'agriculteur laboure son champ en automne*, la parcelle de terre qu'il cultive. **2** (au plur.) ● *On dit que la vie aux champs est bonne pour la santé* : la vie à la campagne (→ champêtre). **3** CHAMP DE BATAILLE. — CHAMP D'HONNEUR. ● *Cet homme est mort au champ d'honneur*, à la guerre. — CHAMP DE COURSES : terrain où ont lieu les courses de chevaux. **4** ● *En lisant, nous agrandissons le champ de nos connaissances*, leur étendue. **5** SUR-LE-CHAMP, loc. adv. : immédiatement, tout de suite. **6** À TOUT BOUT DE CHAMP, loc. adv. ● *Elle rit à tout bout de champ*, très fréquemment.
■ **champêtre** adj. **1** ● *Le coquelicot est une fleur champêtre*, des champs. **2** GARDE CHAMPÊTRE (→ 2. garde).

champagne nom m. Vin blanc mousseux produit en Champagne. ● *Pour l'anni-*

versaire de Marc nous avons bu du **champagne**.

champignon nom m. **1** ● Le cèpe, la girolle, la morille sont de bons **champignons**. — ● Le pied, le chapeau d'un **champignon**. **2** ● Dans le roquefort, il y a des **champignons**, des moisissures. **3** VILLE CHAMPIGNON : ville qui s'agrandit très vite. **4** (fam.) Pédale d'accélérateur d'une voiture. ● Appuyer sur le **champignon**.

champion nom ● Michèle est **championne** de France de judo : elle est la meilleure sportive française en judo. — ● C'est un **champion**, un sportif de grande valeur (→ SYN. as). □ adj. ● L'équipe **championne** a reçu la coupe, la meilleure équipe.

■ **championnat** nom m. ● À la télévision, nous avons regardé le **championnat** de patinage sur glace, la compétition.

chance nom f. **1** ● Pour gagner à la loterie, il faut de la **chance** (→ SYN. (fam.) 2. veine ; CONTR. déveine, malchance, (fam.) guigne). **2** UN COUP DE CHANCE : un hasard heureux. ● En tombant, je me suis cassé la jambe, **c'est bien ma chance** !, je n'ai vraiment pas de chance ! **4** PORTER CHANCE. ● On dit souvent que le trèfle à quatre feuilles **porte chance** à celui qui le trouve, qu'il porte bonheur. **5** (au plur.) ● Il y a des **chances** pour qu'il pleuve demain : il est probable qu'il va pleuvoir (→ SYN. probabilité).

■ **chanceux** adj. Qui a de la chance.

chanceler v. ● Sous le coup de son adversaire, le boxeur **a chancelé** : il a perdu l'équilibre, il a failli tomber (→ SYN. tituber). ★ Conjug. 9.

■ **chancelant** adj. **1** Qui chancelle. **2** (fig.) Fragile. ● Depuis plusieurs années, sa santé est **chancelante**.

chandail [ʃɑ̃daj] nom m. ● Le temps s'est rafraîchi, mets un **chandail**, un pullover, un tricot. ● Des **chandails**.

chandelier nom m. Support de chandelles ou de bougies. ● Ces **chandeliers** de cuivre ont besoin d'être astiqués.

chandelle nom f. **1** ● Autrefois, on s'éclairait avec des **chandelles**, des sortes de bougies. **2** DEVOIR UNE FIÈRE CHANDELLE À QUELQU'UN. ● Sans toi, il serait mort ; il te **doit une fière chandelle** : il te doit beaucoup de reconnaissance. **3** LE JEU N'EN VAUT PAS LA CHANDELLE : le résultat ne vaut pas les efforts qu'il faudrait faire. **4** EN CHANDELLE, loc. adv. ● L'avion de chasse montait **en chandelle**, presque verticalement.

changer v. **1** ● Nathalie **a** beaucoup **changé** en un an : elle est devenue très différente. **2** ● Max veut tout **changer** dans sa chambre, tout transformer (→ SYN. modifier). **3** ● J'ai **changé** de place : je suis allé à un autre endroit. **4** ● Les écoliers vont **changer** d'instituteur : ils vont en avoir un autre. **5** ● Maman **change** son bébé : elle lui met des couches propres. **6** v. pron. ● Après sa douche, Aline **se change** : elle met d'autres vêtements. **7** ● John Smith **a changé** ses dollars contre des francs : il les a échangés (→ change). ★ Conjug. 5.

■ **change** nom m. **1** ● À la frontière allemande, j'ai échangé mes francs contre des marks au bureau de **change**. **2** PERDRE AU CHANGE. ● S'il te donne son ballon contre une sucette, tu **perds** pas **au change** : tu n'es pas désavantagé par l'échange.

■ **changeant** adj. Qui varie. ● Ciel **changeant**. — ● Caractère **changeant**, qui change souvent d'humeur (→ changer, sens 1).

■ **changement** nom m. **1** ● Le baromètre annonce un **changement** de temps, une variation, une évolution. — ● Il faut signaler notre **changement** d'adresse à la poste, la modification de notre adresse. **2** CHANGEMENT DE VITESSE. ● Sur certaines voitures, le **changement de vitesse** est automatique, le mécanisme qui permet de changer de vitesse.

chanson nom f. ● J'ai oublié le refrain de cette **chanson** (→ SYN. chant).

■ **chansonnette** nom f. Petite chanson.

■ **chansonnier** nom m. ● Les **chansonniers** composent des poèmes ou *des chansons comiques sur des personnages ou sur des événements actuels.*

1. chanter v. **1** ● *J'aime chanter.* — ● *Mélanie chante une berceuse.* **2** (fam.) SI ÇA VOUS CHANTE : si ça vous plaît.
■ **chant** nom m. **1** ● *Mireille étudie le chant, l'art de chanter.* **2** ● *« La Marseillaise » est un chant patriotique* (→ SYN. chanson). **3** ● *Écoute le chant du merle, les sons qu'il émet, son cri.*
■ **chantant** adj. ● *L'italien est une langue chantante,* mélodieuse.
■ **chanteur, -teuse** nom ● *Les chanteurs américains sont très à la mode.*
■ **chantonner** v. ● *La mère chantonne pour endormir son enfant : elle chante doucement* (→ SYN. fredonner).

2. chanter v. FAIRE CHANTER QUELQU'UN. ● *Cet individu a fait chanter plusieurs personnes :* il a obtenu d'elles de l'argent, des avantages, grâce à des menaces (→ maître chanteur).
■ **chantage** nom m. ● *Ils n'ont pas été très honnêtes et maintenant un escroc menace de les dénoncer s'ils ne lui donnent pas de l'argent : c'est du chantage.*

chantier nom m. **1** ● *Des ouvriers du bâtiment travaillent sur un chantier (de construction),* l'endroit où l'on construit un immeuble, un bâtiment. — CHANTIER NAVAL : endroit où l'on construit des navires. **2** METTRE EN CHANTIER. ● *Claire a mis en chantier un tricot,* elle a commencé son tricot. **3** (fam.) ● *Quel chantier! :* quel désordre! quelle pagaille!

chanvre nom m. Plante dont on utilise la tige pour fabriquer de la toile et des cordes. ● *Pour attacher ce paquet, j'ai utilisé une ficelle de chanvre.*

chaos [kao] nom m. **1** ● *Le géologue observe un chaos de rochers,* un entassement en désordre. **2** ● *Depuis la guerre, ce pays est dans le chaos,* dans un désordre immense. ★ Ne pas confondre avec cahot.
■ **chaotique** [kaɔtik] adj. Qui évoque un chaos. ● *L'aspect chaotique de cet évier où la vaisselle s'entasse me décourage.*

chaparder v. (fam.) ● *Le chien a chapardé la saucisse :* il l'a volée.
■ **chapardage** nom m. Action de chaparder, de voler des choses peu importantes. ● *Ce vagabond vit de chapardages* (→ SYN. larcin).

chape nom f. ● *On a recouvert le sol de la cave d'une chape de ciment,* d'une couche de ciment.

chapeau nom m. **1** ● *Ce monsieur garde toujours son chapeau sur la tête* (→ SYN. coiffure). — ● *Un chapeau melon, un chapeau haut de forme.* **2** (fig. et fam.) TIRER SON CHAPEAU À QUELQU'UN : lui montrer l'admiration que l'on a pour lui, le complimenter. **3** Partie supérieure de certaines choses. ● *Le chapeau de ce champignon est tacheté de blanc.* **4** (fam.) SUR LES CHAPEAUX DE ROUES. ● *La voiture a pris le virage sur les chapeaux de roues,* à très grande vitesse.

chapelet nom m. **1** Objet formé de grains enfilés que l'on fait glisser entre les doigts en récitant des prières. **2** ● *La vitrine du charcutier est garnie de chapelets de saucisses,* de saucisses attachées les unes à la suite des autres.

chapelle nom f. **1** ● *Nous sommes allés en promenade jusqu'à la chapelle,* une petite église. **2** ● *Dans cette église, il y a plusieurs chapelles,* plusieurs parties qui possèdent chacune un autel.

chapelure nom f. ● *Le poisson pané est roulé dans la chapelure,* des miettes de pain sec ou de biscottes pilées.

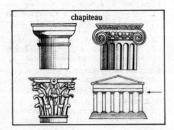

chapiteau

chapiteau nom m. **1** ● *Les enfants entrent sous le **chapiteau** du cirque*, la grande tente. **2** ● *Au-dessus de cette colonne, tu peux voir un beau **chapiteau** sculpté*, la partie supérieure de la colonne.

chapitre nom m. **1** ● *Il y a dix **chapitres** dans mon livre*, dix parties qui se suivent. **2** ● *Ton père est très sévère sur ce **chapitre***, sur ce sujet. **3** AVOIR VOIX AU CHAPITRE : avoir le droit d'intervenir dans une discussion, une décision, un projet.

chapon nom m. ● *À ce repas de fête, nous aurons du **chapon***, jeune coq châtré que l'on engraisse pour le manger.

chaque adj. indéf. ● ***Chaque** élève utilise un dictionnaire*, tous les élèves, chacun en particulier (→ chacun).

char nom m. **1** ● *Autrefois, les Romains organisaient des courses de **chars***, de voitures à deux roues tirées par des chevaux. **2** ● *Les **chars** du carnaval vont défiler*, les grandes voitures décorées qui transportent des personnes déguisées. **3** CHAR (D'ASSAUT). ● *Les **chars** ont attaqué les troupes ennemies*, les véhicules blindés armés d'un canon (→ SYN. tank).

charabia nom m. (fam.) ● *Cet étranger parle un vrai **charabia***, un langage incorrect et peu clair.

charade nom f. ● *Mon premier est un métal précieux (or), mon second est un habitant des cieux (ange), mon tout est un fruit délicieux (orange). Connais-tu cette **charade**?*, cette devinette.

charbon nom m. **1** ● *Nous nous chauffons au **charbon***, une matière noire extraite du sol. ● Chercher aussi : houille. **2** ÊTRE SUR DES CHARBONS ARDENTS. ● *Christine attend le résultat de son examen, elle **est sur des charbons ardents** :* elle est impatiente et anxieuse.
■ **charbonnier** nom m. Commerçant qui vend du charbon.
■ **charbonnage** nom m. Exploitation de charbon.

charcuterie nom f. **1** ● *Dans une **charcuterie**, tu peux acheter du jambon,* du pâté, du saucisson, etc. **2** ● *Daniel mange trop de **charcuterie**,* de produits préparés avec de la viande de porc.
■ **charcutier** nom. Commerçant qui tient une charcuterie.

chardon nom m. ● *Cet âne se régale de **chardons**,* une plante sauvage à feuilles épineuses.

chardonneret nom m. Petit oiseau chanteur aux couleurs vives. ● *Des **chardonnerets** ont fait leur nid dans la gouttière.*

chardonneret

charge nom f. **1** ● *L'âne portait une **charge** de bois*, une quantité de bois qui pèse lourd, un fardeau (→ charger, sens 1, chargement). **2** ● *Autrefois, les chasseurs devaient mettre une **charge** de poudre dans le canon de leurs fusils*, la quantité de poudre nécessaire pour tirer un coup de fusil (→ charger, sens 2, chargeur). **3** ● *L'armée a été surprise par une **charge** de la cavalerie ennemie*, par une attaque brusque (→ charger, sens 3; SYN. assaut). **4** ● *Caroline a la **charge** d'effacer le tableau*, la mission, la responsabilité (→ charger, sens 4). **5** ● *De lourdes **charges** pèsent sur l'accusé*, des soupçons sérieux, des indices de sa culpabilité. **6** ● *Les **charges** ne sont pas comprises dans le loyer de notre appartement*, les dépenses de chauffage, d'eau, d'entretien. **7** À CHARGE DE REVANCHE.

● *J'accepte de faire la vaisselle à ta place, mais c'est à **charge de revanche**,* à condition que tu me rendes un jour le même service. **8** PRENDRE EN CHARGE : s'occuper de quelqu'un (ou de quelque chose). **9** ÊTRE À LA CHARGE DE. ● *Ce malade **est à la charge de** sa famille :* il dépend entièrement d'elle.

■ **charger** v. ● *Ils **ont chargé** la camionnette :* ils y ont mis des choses à transporter (→ CONTR. décharger). **2** ● *Attention, ce revolver **est chargé** :* il contient des cartouches, il est prêt à tirer. **3** ● *Ces cavaliers **ont chargé** l'ennemi :* ils se sont précipités sur lui pour l'attaquer. **4** ● *On **m'a chargé** de vous remettre ce paquet :* on m'a donné cette mission. □ v. pron. ● *Je **me charge** de tout mettre en ordre :* je m'en occupe. ★ Chercher aussi : décharger, recharger, surcharger. ★ Conjug. 5.

■ **chargement** nom m. **1** ● *Le camion qui nous double a un **chargement** trop lourd :* il transporte trop de marchandises. **2** ● *Le **chargement** du wagon a duré une heure* (→ charger, sens 1; CONTR. déchargement).

■ **chargeur** nom m. ● *Le **chargeur** d'un pistolet,* la pièce qui contient les cartouches.

chariot nom m. ● *En descendant du train, nous avons mis nos valises sur un **chariot** à bagages pour les transporter jusqu'à la sortie.*

charité nom f. **1** ● *C'est un homme plein de **charité**,* d'amour et de générosité envers les autres (→ charitable; CONTR. égoïsme). **2** FAIRE LA CHARITÉ. ● *Cette dame **fait la charité** à un mendiant :* elle lui donne de l'argent (→ SYN. aumône).

■ **charitable** adj. ● *Une personne **charitable**.*

charivari nom m. ● *Le **charivari** de la fête nous a tenus éveillés toute la nuit,* le bruit, le tapage (→ SYN. vacarme).

charlatan nom m. ● *Ce guérisseur n'est qu'un **charlatan**,* une personne qui trompe les gens en prétendant pouvoir les guérir.

charleston [ʃarləstɔn] nom m. ● *En 1925, le **charleston**,* danse rapide où l'on

lance les jambes sur le côté en serrant les genoux, était très à la mode.

1. charme nom m. **1** ● *La sœur de Laurent a beaucoup de **charme**,* d'attrait, de séduction (→ charmer, charmeur, sens 2). **2** ● *Le magicien a jeté un **charme** sur le château,* un enchantement magique, un sort bon ou mauvais (→ charmeur, sens 1). **3** (fig.) SE PORTER COMME UN CHARME. ● *Mon grand-père **se porte comme un charme** :* il est en très bonne santé.

■ **charmer** v. ● *La maîtresse de maison a **charmé** tous ses invités :* elle les a séduits par sa gentillesse.

■ **charmant** adj. ● *Quel homme **charmant**!,* agréable et séduisant (→ SYN. adorable).

■ **charmeur** nom et adj. **1** nom ● *As-tu déjà vu un **charmeur** de serpents?,* un homme qui fascine les serpents comme par magie. **2** adj. ● *Tu as des yeux **charmeurs**.*

2. charme nom m. Arbre à bois blanc.

charnier nom m. Endroit où l'on entasse des cadavres. ● *On a retrouvé des **charniers** dans les camps de concentration.*

charnière nom f. ● *Le couvercle de ce coffre est fixé par des **charnières**,* des pièces de métal articulées qui permettent de l'ouvrir et de le fermer.

charnu adj. ● *Marie a des lèvres **charnues**,* épaisses. — ● *Cette pêche est **charnue** :* elle est grosse, elle a beaucoup de chair.

charogne nom f. ● *Les vautours se sont précipités sur une **charogne**,* un cadavre d'animal en train de pourrir.

charpente nom f. ● *Cette ferme normande a une **charpente** en bois,* un assemblage de pièces de bois qui soutient le toit. ★ Chercher aussi : poutre.

■ **charpentier** nom m. Celui qui construit des charpentes.

charpie nom f. ● *Cette viande a trop bouilli, c'est de la **charpie**,* des débris effilochés, de petits fragments. — METTRE

QUELQUE CHOSE EN CHARPIE : le déchirer en petits morceaux (→ SYN. déchiqueter).

charrette nom f. ● *Le foin a été chargé sur une* **charrette**, *une voiture à deux roues tirée par un animal ou un homme.*
■ **charretée** nom f. Le contenu d'une charrette. ● *Le fermier a livré une* **charretée** *de foin.*
■ **charretier** nom m. Celui qui conduit une charrette. ● *Le* **charretier** *fait claquer son fouet pour exciter son cheval.*

charrier v. ● *Le fleuve en crue* **charrie** *des troncs d'arbres : il les transporte, en parlant d'un cours d'eau.* ★ Conjug. 10.

charrue nom f. **1** ● *Le cultivateur a labouré son champ avec une* **charrue**, *une machine agricole qui creuse des sillons dans la terre.* ★ Chercher aussi : soc. **2** (fig.) METTRE LA CHARRUE AVANT LES BŒUFS : faire d'abord ce que l'on devrait faire après.

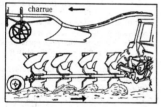
charrue

charte nom f. **1** ● *L'École des* **chartes** *forme des spécialistes qui étudient les documents anciens.* **2** ● *Pour éviter de nouvelles guerres, de nombreux pays ont signé la* **Charte** *des Nations Unies,* le document qui contient les règles de cette organisation.

charter [ʃarter] nom m. ● *Beaucoup de personnes voyagent en* **charter**, *dans un avion dont les places sont vendues à tarif réduit sous certaines conditions.*

chas [ʃa] nom m. ● *Pour enfiler son aiguille, la couturière fait passer son fil dans le* **chas**, *le trou de l'aiguille.* ★ VOIR p. 33. ★ Ne pas confondre avec : chat.

1. chasse nom f. **1** ● *Mon oncle aime bien aller à la* **chasse** : il aime bien aller chasser. **2** Période où l'on a le droit de chasser. ● *L'ouverture de la* **chasse** *a lieu demain.* **3** Lieu où l'on a le droit de chasser. ● *Cette* **chasse** *est réservée aux habitants de la commune.* ★ Chercher aussi : garde-chasse.
■ **chasser** v. **1** ● *Ce matin, mon oncle est parti* **chasser**, poursuivre des animaux sauvages pour les tuer (→ 1. chasse, sens 1; chasseur). ★ Chercher aussi : gibier. **2** ● *Ils ont* **chassé** *Marc de leur équipe :* ils l'ont fait partir (→ SYN. exclure, renvoyer). **3** ● *Ce désodorisant* **chasse** *les mauvaises odeurs :* il les fait disparaître.
■ **chasseur** nom m. **1** Personne qui chasse. ● *Ces* **chasseurs** *ont tué beaucoup de gibier.* **2** Soldat de certains régiments d'infanterie. ● *Les* **chasseurs** *alpins sont des spécialistes de la guerre en montagne.* — ● *Un* **chasseur** *à pied.* **3** Avion rapide pour les combats aériens. ● *Un* **chasseur** *à réaction.*

2. chasse nom f. CHASSE D'EAU : système qui envoie un jet d'eau très fort. ● *La* **chasse d'eau** *des W.-C.* — ● *Actionner, tirer la* **chasse d'eau**.

chassé-croisé nom m. ● *C'est un véritable* **chassé-croisé** : *nous nous cherchons sans jamais nous rencontrer.* — ● *Des* **chassés-croisés**.

chasse-neige nom m. invar. ● *En hiver, les* **chasse-neige** *dégagent les routes de montagne pour permettre aux voitures de circuler,* les engins qui écartent la neige.

châssis nom m. Ensemble de pièces en métal ou en bois qui sert à soutenir quelque chose. ● *Le* **châssis** *d'une automobile soutient la carrosserie.* — ● *Le* **châssis** *de la fenêtre entoure les vitres.* ★ Chercher aussi : armature.

chaste adj. Pudique.

chasteté nom f. Qualité de celui ou celle qui s'abstient des relations sexuelles. ● *Les religieux catholiques font vœu de* **chasteté**.

chasuble nom f. • *Pour dire la messe, le prêtre porte une **chasuble**,* une sorte de manteau ouvert sur les côtés.

chat nom m., **chatte** nom f. **1** Petit mammifère domestique. • *Le **chat** ronronne quand on le caresse* (→ SYN. (fam.) matou, minet). ★ Chercher aussi : 1. chaton ; miauler. **2** (fig.) IL N'Y A PAS UN CHAT : il n'y a absolument personne. **3** CHAT (PERCHÉ). • *Quand on joue à **chat** perché, le chat est celui qui poursuit les autres.*

châtaigne nom f. **1** • *Ce soir, nous mangerons des **châtaignes** grillées,* des fruits qui ressemblent aux marrons. **2** (fam.) • *Il a reçu une **châtaigne**,* un coup (→ SYN. (fam.) 1. marron).
■ **châtaignier** nom m. Arbre qui donne les châtaignes. • *Nous nous sommes promenés dans une forêt de **châtaigniers**.*
■ **châtaigneraie** nom f. Lieu planté de châtaigniers.

châtain adj. m. • *Patrick a des cheveux **châtains**,* de couleur brun clair. — • *Anne est **châtain**,* elle a des cheveux châtains.

château nom m. **1** Grande habitation où vivaient autrefois des rois ou des seigneurs. • *Le **château** de Versailles.* ★ Chercher aussi : 1. palais. **2** CHÂTEAU FORT : château fortifié qu'on construisait au Moyen Âge. • *Le donjon, le pont-levis, les créneaux d'un **château** fort.* **3** CHÂTEAU D'EAU : grand réservoir d'eau construit en hauteur et qui alimente une agglomération.
■ **châtelain** nom. Personne qui possède un château, qui y habite. • *Le **châtelain** et la **châtelaine**.*

châtier v. (littér.) • *Les coupables **ont été châtiés** :* ils ont été punis. ★ Conjug. 10.
■ **châtiment** nom m. Punition sévère. LE CHÂTIMENT SUPRÊME : la peine de mort.

1. chaton nom m. Petit du chat. • *La chatte joue avec ses **chatons**.*

2. chaton nom m. • *Les fleurs des noisetiers, des saules, sont réunies en **chatons**,* en grappes qui ont la forme d'une queue de chat.

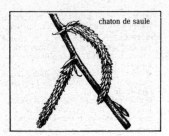
chaton de saule

chatouiller v. • *Quand François le **chatouille**,* son petit frère rit aux éclats.
■ **chatouillement** nom m. • *Julien n'aime pas les **chatouillements** :* il n'aime pas qu'on le chatouille.
■ **chatouilleux** adj. **1** • *Sandrine est **chatouilleuse** :* elle est très sensible aux chatouillements. **2** (fig.) • *Notre instituteur n'admet pas qu'on arrive en retard ; il est très **chatouilleux** à ce propos :* il se fâche facilement à propos de cela (→ SYN. 1. susceptible).

chatoyer v. Briller de reflets changeants. • *Les pierres précieuses **chatoient** à la lumière* (→ SYN. étinceler, miroiter) ★ Conjug. 6.
■ **chatoyant** adj. Qui chatoie. • *Les couleurs **chatoyantes** de cette étoffe sont agréables.*

châtrer v. • *Le vétérinaire **châtre** ces jeunes taureaux pour en faire des bœufs :* il leur enlève les organes sexuels.

chaud adj. et nom m. **A.** adj. **1** • *Anne boit du chocolat **chaud**,* dont la température est élevée (→ CONTR. froid). ★ Chercher aussi : brûlant, 1. frais, glacé, tiède. **2** • *Il gèle aujourd'hui, je vais mettre des vêtements **chauds**,* qui protègent du froid en gardant la chaleur (→ chaudement, sens 1). **3** (fig.) • *La discussion a été **chaude**,* vive, passionnée. — (fam.) • *Yves n'est pas très **chaud** pour partir,* pas très enthousiaste (→ chaudement, sens 2 ; SYN. ardent). **B.** nom m. **1** AU CHAUD. • *Si tu es malade, il faut rester **au chaud**,* dans un endroit chaud. **2** AVOIR CHAUD : éprouver une sensation de chaleur. **3** (fam.) AVOIR EU CHAUD. ● *Il a failli tomber de ce rocher, il **a eu chaud** :* il a couru un risque, un danger.

■ **chaudement** adv. **1** ● *Ce skieur est habillé **chaudement**,* avec des vêtements chauds. **2** ● *Son directeur l'a **chaudement** félicité,* vivement, avec enthousiasme (→ SYN. chaleureusement). ★ Chercher aussi : chaleur, chauffer, échauder.

chaudière nom f. **1** Appareil qui produit de la chaleur. ● *Les radiateurs sont froids, la **chaudière** du chauffage central est en panne.* **2** ● *La **chaudière** d'une locomotive, d'un bateau :* la machine qui fournit la chaleur nécessaire pour produire l'énergie qui les fait avancer. ★ Chercher aussi : chaufferie.

chaudron nom m. ● *Autrefois, on accrochait un **chaudron** dans la cheminée pour faire bouillir de l'eau ou cuire des aliments,* un grand récipient en métal suspendu par une anse.

■ **chaudronnier** nom m. Professionnel qui fabrique des objets en métal, ustensiles de cuisine, chaudières, etc.

chauffage nom m. **1** ● *Le **chauffage** de cette pièce est insuffisant,* la chaleur qui y règne. ● *Le **chauffage** est en panne,* l'appareil qui fournit la chaleur. — CHAUFFAGE CENTRAL : installation qui permet de chauffer toutes les pièces de la maison à partir d'une seule chaudière (→ chauffer).

chauffard nom m. ● *Ce **chauffard** a failli écraser ma sœur,* un mauvais conducteur (→ chauffeur).

chauffe-eau nom m. invar. ● *Ici, pour avoir de l'eau chaude au robinet, il faut d'abord allumer le **chauffe-eau**,* un appareil à gaz ou électrique pour chauffer l'eau.

chauffer v. **1** ● *Le feu de bois **chauffe** la pièce :* il lui donne de la chaleur, il la rend chaude (→ réchauffer ; chauffage ; CONTR. refroidir). — ● *On **chauffe** l'huile avant d'y plonger les frites.* **2** ● *Le café **chauffe** sur la cuisinière :* il devient chaud. — ● *Attention, le*

*moteur **chauffe** :* il devient trop chaud. **3** □ v. pron. ● *Ce lézard **se chauffe** au soleil :* il se met au soleil pour avoir chaud. ★ Chercher aussi : échauffer, surchauffer.

chaufferie nom f. Endroit où sont installées les chaudières. ● *La **chaufferie** d'un bateau.*

chauffeur nom m. Personne dont le métier est de conduire un véhicule (un autobus, un taxi, un car, etc.). ● *Le **chauffeur** de ce camion nous a fait signe de le dépasser.* ★ Chercher aussi : 1. conducteur.

chaume nom m. **1** ● *Quand la moissonneuse a coupé le blé dans un champ, il n'y reste plus que les **chaumes**,* la partie inférieure des tiges. **2** ● *Cette ferme normande a un toit de **chaume**,* d'un certain type de paille.

■ **chaumière** nom f. ● *Autrefois, beaucoup de paysans vivaient dans des **chaumières**,* des maisons au toit de chaume.

chaussée nom f. Partie d'une rue ou d'une route où circulent les voitures. ● *Fais bien attention avant de traverser la **chaussée**.*

chausse-pied nom m. ● *Je n'arrive pas à enfiler mes chaussures, peux-tu me prêter ton **chausse-pied** ?,* un instrument pour aider le pied à glisser dans la chaussure (→ chausser). ● *Des **chausse-pieds**.*

chausser v. **1** ● *Martine **chausse** ses bottes :* elle les met aux pieds. □ v. pron. ● *Va te **chausser** (→ CONTR. 1. se déchausser).* **2** ● *Bertrand **chausse** du 35 :* sa pointure est 35. **3** ● *Elle a **chaussé** ses skis :* elle les a fixés à ses chaussures.

■ **chaussette** nom f. ● *Grand-mère m'a tricoté une paire de **chaussettes** rouges.*

■ **chaussure** nom f. ● *Pour sortir, il met ses **chaussures**,* ses souliers.

■ **1 chausson** nom m. ● *En rentrant, Julien a mis ses **chaussons**,* ses pantoufles. **2** ● *Pâtisserie qui contient de la compote de pommes.*

chausse-trape nom f. **1** Piège pour les bêtes sauvages. **2** (fig.) ● *Ce problème* *est plein de **chausse-trapes**, de diffi-cultés, de pièges.* ★ Attention : un seul p.

chauve adj. ● *Ce bébé est tout **chauve**; ce monsieur est **chauve** :* il n'a pas de cheveux (→ CONTR. chevelu). ★ Chercher aussi : calvitie.

chauve-souris nom f. Petit animal noc-turne dont le corps ressemble à celui de la souris. ● *Les **chauves-souris** volent la nuit en déployant leurs gran-des ailes sans plumes.*

chauve-souris

chauvin adj. ● *Michel ne supporte pas que l'on critique son pays, il est **chau-vin** :* il a une trop grande admiration pour son pays.

chaux nom f. ● *Les murs de l'écurie ont été blanchis à la **chaux**,* un produit blanc qui vient du calcaire et que l'on utilise beaucoup dans la construction.

chavirer v. 1 ● *Dans la tempête, ce voi-lier **a chaviré** :* il s'est retourné com-plètement. 2 (fam.) ÊTRE CHAVIRÉ. ● *Tu m'as fait peur, j'en **suis** tout **chaviré**,* tout bouleversé, tout ému.

chef nom m. Personne qui commande, qui dirige, qui gouverne. ● *Un **chef** d'État :* celui ou celle qui est à la tête d'un État (roi, président, etc.). — ● *Un **chef** d'orchestre :* celui qui dirige l'orchestre. — ● *Un **chef** cuisinier :* celui qui donne les ordres dans la cui-sine d'un restaurant, d'un hôtel. —

● *Un **chef** de bande :* celui qui est à la tête d'une bande de voyous, de ban-dits, etc. ★ Chercher aussi : directeur, dirigeant, 1. patron.

chef-d'œuvre [ʃɛdœvr] nom m. ● *Au musée du Louvre, j'ai vu les **chefs-d'œuvre** des plus grands peintres, les meil-leures œuvres de ces peintres.* — ● *Ce roman est un **chef-d'œuvre**,* une chose admirable, remarquable (→ œuvre).

chef-lieu [ʃɛfljø] nom m. Ville principale d'un département, d'un canton, etc. ● *Lille est le **chef-lieu** du département du Nord.* ● *Des **chefs-lieux**.*

cheftaine nom f. ● *Les jeunes scouts sont partis camper avec leur **cheftaine**,* la responsable de leur groupe de scouts.

cheikh [ʃɛk] nom m. ● *Chez les Arabes du désert, le **cheikh** dirige une tribu.*

chemin nom m. 1 ● *Le **chemin** qui mène à la prairie est boueux,* la petite route étroite, en terre. 2 ● *Nous avons fait la moitié du **chemin**,* du trajet, de la dis-tance à parcourir (→ acheminer, che-miner; SYN. parcours). — CHEMIN FAISANT : tout en avançant. — PAR LE CHEMIN DES ÉCO-LIERS : en faisant des détours, par le che-min le plus long. — (fig. et fam.) NE PAS Y ALLER PAR QUATRE CHEMINS. ● *Pour me deman-der de l'aide, il **n'y est pas allé par quatre chemins**,* il me l'a demandé franchement, est allé droit au but. 3 ● *Un agent lui a indiqué le **chemin** de la gare,* la direction à prendre pour y aller. 4 FAIRE SON CHEMIN. ● *Maintenant, ma cousine dirige cette entreprise, elle **a fait son chemin** :* elle a bien réussi dans sa vie. ★ Chercher aussi : route, rue, sentier, voie.

chemin de fer nom m. 1 ● *En suivant les rails du **chemin de fer**, vous arriverez au village* (→ SYN. voie ferrée). 2 ● *Ces marchandises voyagent par le **chemin de fer**,* par le train. — ● *La S.N.C.F. (Société Nationale des **Chemins de fer** Français) est l'entreprise qui fait rou-ler tous les trains en France* (→ chemi-not).

cheminée nom f. 1 ● *Les bûches brûlent dans la **cheminée** du salon* (→ SYN.

âtre, foyer). **2** ● *Au-dessus du toit, on voit fumer la* **cheminée**, le conduit par lequel passe la fumée.

cheminer v. ● *Les explorateurs* **cheminent** *à travers la forêt vierge : ils avancent à pied* (→ chemin).

cheminot nom m. ● *Le conducteur de ce train est un* **cheminot**, un employé des chemins de fer.

1. chemise nom f. **1** ● *Frédéric a mis son pantalon noir et sa* **chemise** *bleue.* **2** CHEMISE DE NUIT. ● *Pour dormir, Sylvie n'aime pas les pyjamas, elle préfère une* **chemise de nuit**.
■ **chemisette** nom f. ● *En été, je m'habille d'un short et d'une* **chemisette**, *une chemise légère à manches courtes.*
■ **chemisier** nom m. **1** Chemise de femme. ● *Maryse a un joli* **chemisier** *à fleurs* (→ SYN. corsage). **2** Personne qui fabrique ou vend des chemises.

2. chemise nom f. ● *Papa range tous les papiers importants dans des* **chemises**, *des feuilles de carton pliées en deux.* ★ Chercher aussi : 2. dossier.

chenal nom m. ● *Pour que les bateaux puissent passer, on a dû creuser un* **chenal** *entre cet étang et la mer, un passage où les bateaux peuvent naviguer.* ★ Chercher aussi : canal.

chenapan nom m. ● *Vous avez encore cassé une vitre,* **chenapans** *!* (→ brigand ; SYN. galopin, vaurien).

chêne nom m. Grand arbre dont le bois dur est utilisé en menuiserie. ★ Chercher aussi : gland.
■ **chênaie** nom f. Lieu planté de chênes.

chenet nom m. ● *Dans une cheminée, les bûches sont posées sur deux* **chenets**, *deux supports en métal.*

chenil [ʃəni] ou [ʃənil] nom m. **1** ● *Pendant que j'étais en voyage, j'ai laissé mon chien dans un* **chenil**, *un endroit où l'on garde les chiens.* **2** Endroit où l'on élève les chiens pour les vendre.

1. chenille nom f. Larve du papillon. ● *La* **chenille** *va s'enfermer dans un cocon avant de devenir un papillon.*

2. chenille nom f. ● *Les chars peuvent se déplacer sur tous les terrains grâce à leurs* **chenilles**, *de larges bandes articulées, en métal, entraînées par les roues.*

cheptel [ʃətɛl] nom m. Ensemble des bestiaux. ● *Le* **cheptel** *de ce fermier se compose de soixante vaches, vingt bœufs et trente porcs.*

chèque nom m. ● *Pour faire un* **chèque**, *on inscrit dessus la somme d'argent que l'on doit, le nom de la personne que l'on veut payer, la date, et enfin on signe.* — UN CHÈQUE SANS PROVISION : un chèque que la banque ne peut pas payer, parce que la somme déposée sur le compte est insuffisante.
■ **chéquier** nom m. ● *Il ne reste plus que deux chèques dans mon* **chéquier**, *dans mon carnet de chèques.*

1. cher, chère adj. **1** ● *Cette personne m'est très* **chère** *: je l'aime beaucoup* (→ chérir). **2** Formule de politesse. ● **Chère** *madame.*

2. cher, chère adj. et adv. **A.** adj. ● *Ces chaussures sont* **chères** *: elles coûtent beaucoup d'argent* (→ cherté ; SYN. onéreux ; CONTR. abordable, bon* marché). **B.** adv. **1** ● *Ce voyage coûte beaucoup trop* **cher**, *son prix est trop élevé.* **2.** (fig.) NE PAS VALOIR CHER. ● *Ce voyou* **ne vaut pas cher** *: il n'est pas honnête, pas recommandable.* **3** IL ME LE PAIERA CHER : je me vengerai de lui.
■ **chèrement** adv. **1** ● *Ce cow-boy a vendu* **chèrement** *sa vie avant d'être tué, il a combattu seul contre trois adversaires.*

chercher v. **1** ● *J'ai perdu un livre, je le* **cherche** *: j'essaie de le trouver* (→ chercheur, sens 1 ; SYN. rechercher). **2** CHERCHER À : essayer de. ● *Je* **cherche à** *savoir où est Pierre.*
■ **chercheur** nom **1** ● *Ce film raconte les aventures d'un* **chercheur** *d'or en Alaska, d'une personne qui cherche de l'or.* **2** Personne qui fait des recherches scientifiques. ● *Cette* **chercheuse** *essaie de découvrir des médicaments contre le cancer* (→ recherche).

chère nom f. BONNE CHÈRE : nourriture copieuse et savoureuse. ● *Mon cousin aime la **bonne chère**.*

chérir v. ● *Comme Pierre **chérit** ses enfants!, comme il les aime beaucoup* (→ 1. cher). ★ Conjug. 11.
■ **chéri** nom ● *Ma **chérie**, dit maman à sa petite fille.*

cherté nom f. ● *J'achète rarement ce produit à cause de sa **cherté**, de son prix élevé* (→ 2. cher).

chétif adj. ● *Quand Françoise était petite, elle était **chétive** : elle était faible, fragile* (→ CONTR. robuste, vigoureux).

cheval nom m. **1** Grand animal domestique. ● *Les **chevaux** galopent vers l'écurie.* ★ Chercher aussi : hennir, jument, poulain. **2** FAIRE DU CHEVAL : faire de l'équitation. **3** À CHEVAL, loc. adv. ● *Corinne sait monter à **cheval*** (→ 1. chevaucher; 1. cavalier). — loc. adj. ● *Bernard est à **cheval** sur ce banc, une jambe de chaque côté* (→ SYN. à califourchon). **4** ● *La planche est posée à **cheval** sur deux chaises* : chacune de ses extrémités repose sur une chaise. **5** (fig) UNE FIÈVRE DE CHEVAL : une très forte fièvre. — UN REMÈDE DE CHEVAL : un médicament très efficace, qui agit brutalement. **6** ÊTRE À CHEVAL SUR LES PRINCIPES. ● *Surtout, sois très poli avec Pierre, il **est à cheval sur les principes** : il exige qu'on le respecte.* **7** MONTER SUR SES GRANDS CHEVAUX : se mettre en colère.
■ **chevalin** adj. **1** ● *Une boucherie **chevaline**, où l'on vend de la viande de cheval.* **2** ● *Un sourire **chevalin**, qui montre de grandes dents (comme celles d'un cheval).*

chevalerie nom f. ● *Au Moyen Âge, les seigneurs chrétiens qui combattaient à cheval faisaient partie de la **chevalerie**, l'ordre des chevaliers.*
■ **chevalier** nom m. ● *Pour devenir **chevalier**, les jeunes nobles devaient promettre d'être braves, généreux et bons chrétiens ; ils devaient pouvoir payer leurs chevaux et leurs armes.* ★ Ne pas confondre avec *cavalier*.
■ **chevaleresque** adj. ● *Défendre les faibles est une action **chevaleresque**,* noble et généreuse, digne des anciens chevaliers.

chevalet nom m. ● *Le peintre a posé son tableau sur un **chevalet**, un support de bois.*

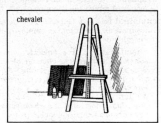

chevalet

chevalière nom f. ● *Vincent a fait graver ses initiales sur sa **chevalière**, une bague dont le dessus est large et plat.*

cheval(-vapeur) nom m. **1** Unité qui sert à mesurer la puissance d'un moteur (abrév. : ch). ● *Un moteur de 36 **chevaux(-vapeur)**, de 36 ch.* **2** Unité qui sert à établir les impôts, les taxes que devra payer un automobiliste en fonction de la puissance du moteur de son véhicule. ● *La Renault 5 est une (voiture de) 5 **ch** («une 5 **chevaux**»).* ★ Au sens 2, on parle souvent de *chevaux fiscaux* (→ fiscal).

1. chevaucher v. Faire du cheval, voyager à cheval. ● *Ils **chevauchèrent** toute la journée pour arriver à temps.*
■ **chevauchée** nom f. Promenade à cheval. ● *Ils ont fait une grande **chevauchée** dans la forêt.*

2. se chevaucher v. pron. ● *Le texte était mal imprimé, plusieurs lignes **se chevauchaient**, se recouvraient en partie, étaient à cheval l'une sur l'autre* (→ cheval, sens 4).

1. chevet nom m. **1** Partie du lit où la personne couchée pose la tête (→ SYN. tête du lit). ● *Une lampe de **chevet** est une lampe placée près de la tête du lit.* **2** LIVRE DE CHEVET. ● *Ce roman est mon **livre de chevet**, mon livre préféré,* celui que je garde toujours près de moi. **3** RESTER AU CHEVET DE QUELQU'UN : rester auprès de son lit, auprès de lui, quand il est malade.

2. chevet nom m. Partie d'une église située derrière le chœur, au fond de la nef. — Extérieur du chœur d'une église.

cheveu nom m. **1** ● *Claude peigne ses longs cheveux bruns* (→ chevelu, chevelure). **2** (fam.) SE FAIRE DES CHEVEUX : se faire du souci. **3** (fam.) TIRÉ PAR LES CHEVEUX. ● *Ton explication ne m'a pas convaincu, elle est tirée par les cheveux,* très compliquée et peu vraisemblable. **4** (fam.) COUPER LES CHEVEUX EN QUATRE : chercher des complications. ● *Il ne sait pas répondre simplement, il coupe les cheveux en quatre.*

■ **chevelu** adj. ● *Un garçon chevelu,* qui a beaucoup de cheveux, qui a les cheveux très longs (→ CONTR. chauve).

■ **chevelure** nom f. ● *Éva cache sa chevelure sous un bonnet,* l'ensemble de ses cheveux.

1. cheville nom f. ● *Les éléments de ce meuble sont assemblés avec des chevilles,* des petits morceaux de bois que l'on enfonce dans des trous.

2. cheville nom f. ● *En sautant, Sophie s'est tordu la cheville,* l'articulation entre la jambe et le pied.

chèvre nom f. Animal domestique qui a des cornes recourbées et de longs poils. ● *Avec le lait de chèvre, on fait de très bons fromages.* ★ Chercher aussi : bêler, bique, bouc.

■ **chevreau** nom m. Petit de la chèvre (→ SYN. cabri).

chèvrefeuille nom m. Petit arbuste grimpant. ● *Les fleurs jaunes du chèvrefeuille parfument tout le jardin.*

chevreuil nom m. Animal sauvage qui ressemble à la chèvre et vit dans les forêts. ● *Les cornes du chevreuil s'appellent des bois.* ★ Chercher aussi : cerf, bramer.

chevron nom m. Barre de bois qui, dans une charpente, suit la pente du toit et s'appuie sur les poutres.

chevronné adj. ● *C'est un artiste chevronné : il y a vingt ans qu'il fait du théâtre* (→ SYN. expérimenté).

chevrotant adj. ● *Ce vieillard a une voix chevrotante,* une voix tremblante.

chevrotine nom f. Gros plomb de chasse pour tirer le gros gibier.

chewing-gum [ʃwiŋgɔm] nom m. ● *En classe, nous ne devons pas mâcher du chewing-gum.*

chez prép. **1** ● *Nicole est chez elle,* dans sa maison. **2** ● *C'est une habitude chez lui,* dans son caractère. **3** ● *Le hockey sur glace est un sport très répandu chez les Canadiens,* dans leur pays.

1. chic adj. invar. (fam.) **1** ● *M. Grimet achète ses vêtements dans des magasins chic,* élégants. □ nom m. ● *Cette robe n'a aucun chic,* aucune élégance. **2** ● *Sabine a été très chic avec moi,* très gentille.

2. chic ! interj. Exprime la satisfaction, la joie. ● *Chic ! Il y a un bon dessert* (→ SYN. 2. chouette).

chicane nom f. ● *Les policiers ont établi un barrage sur la route ; les voitures sont obligées de passer par une chicane,* un passage en zigzag qui les oblige à ralentir.

chicaner v. CHICANER QUELQU'UN : lui chercher querelle sur des choses sans importance (→ SYN. (fam.) chipoter).

1. chiche ! interj. (fam.) Exprime le défi. ● *Tu plonges ? — Chiche ! :* j'en suis capable, tu vas voir.

2. chiche adj. POIS CHICHE : gros pois sec de couleur beige (→ pois).

3. chiche adj. ● *Tu es bien chiche de compliments* (→ SYN. avare, sens 2).

■ **chichement** adv. ● *Vivre chichement,* pauvrement, en limitant toutes les dépenses, par pauvreté ou avarice.

chicorée nom f. **1** Plante dont on mange les feuilles en salade. **2** Racine de cette plante, avec laquelle on fait une boisson qui ressemble au café. — Cette boisson. ● *Le matin, je bois un mélange de café et de chicorée.*

chien nom m., **chienne** nom f. **1** ● *Le* ***chien*** *dort dans sa niche* (→ SYN. (fam.) cabot). ★ Chercher aussi : aboyer, canin, chiot. **2** ENTRE CHIEN ET LOUP : au crépuscule, quand la nuit commence à tomber. **3** (fam.) GARDER UN CHIEN DE SA CHIENNE À QUELQU'UN : lui garder rancune et attendre l'occasion de se venger. **4** SE REGARDER EN CHIENS DE FAÏENCE : s'observer en se défiant du regard, avec hostilité. ● *Luc et François sont ennemis ; dans la cour, ils* ***se regardent en chiens de faïence***. **5** DE CHIEN. ● *Mener une vie* ***de chien***, une vie difficile, pénible, désagréable. — ● *Il fait un temps* ***de chien***, un très mauvais temps. **6** EN CHIEN DE FUSIL : allongé sur le côté, les genoux repliés sur la poitrine. ● *Pierre a l'habitude de dormir* ***en chien de fusil***.

chiendent nom m. **1** ● *Le jardin abandonné est envahi par le* ***chiendent***, une mauvaise herbe. **2** ● *Brosse en* ***chiendent*** : brosse dure faite avec des racines de chiendent.

chiffe nom f. ● *Tu n'as aucune énergie, aucun courage ; tu n'es qu'une* ***chiffe*** *!*, une personne sans énergie, incapable de réagir. ★ On dit aussi : *une chiffe molle*.

chiffon nom m. **1** ● *Gérard frotte ses chaussures avec un* ***chiffon***, un morceau de vieux tissu. **2** EN CHIFFON : chiffonné, froissé. ● *Si tu avais plié ta chemise au lieu de la ranger, elle ne serait pas maintenant* ***en chiffon***.

■ **chiffonner** v. ● *Ne t'assieds pas sur ma veste, tu vas la* ***chiffonner*** (→ SYN. friper, froisser).

■ **chiffonné** adj. ● *Des vêtements, des papiers* ***chiffonnés***, froissés.

■ **chiffonnier** nom **1** Personne qui récupère les chiffons, les papiers, etc., pour les vendre. **2** SE DISPUTER, SE BATTRE COMME DES CHIFFONNIERS : d'une façon vulgaire, avec acharnement.

chiffre nom m. **1** ● *Faut-il que j'inscrive cette somme en toutes lettres ou en* ***chiffres*** *?*, les signes qui représentent les nombres. — CHIFFRES ARABES, CHIFFRES ROMAINS. ● *En* ***chiffres arabes***, *le nombre trente-deux s'écrit 32 ; en* ***chiffres romains***, *il s'écrit XXXII.* **2** ● *À quel* ***chiffre*** *se montent les dégâts causés par l'incendie ?*, à quelle somme (→ chiffrer).

■ **chiffrer** v. ● *Avez-vous* ***chiffré*** *vos bénéfices ?*, en avez-vous calculé le montant ?

chiffré adj. ● *Ce message qui semble incompréhensible est un message* ***chiffré***, écrit dans un langage secret, codé (→ déchiffrer, sens 2).

chignole nom f. Outil qui sert à percer des trous dans du bois, du métal. ★ Chercher aussi : perceuse, vilebrequin.

chignon nom m. ● *Agnès a les cheveux longs ; elle en fait parfois un* ***chignon*** (en les attachant, roulés, derrière la tête).

chimère nom f. **1** Dans la mythologie grecque (→ mythe), monstre à corps de chèvre et à tête de lion. **2** Illusion, rêve impossible. ● *Ce sont des* ***chimères***.

■ **chimérique** adj. ● *Cet espoir est* ***chimérique***, impossible, illusoire.

chimie nom f. Science qui étudie la composition, les propriétés et les transformations des éléments de la matière (les liquides, les gaz, les métaux, les organismes vivants, etc.).

■ **chimique** adj. **1** ● *Connaissez-vous la composition* ***chimique*** *du sel ?* **2** ● *Les agriculteurs utilisent souvent des engrais* ***chimiques***, fabriqués grâce à la chimie (→ CONTR. naturel).

■ **chimiste** nom ● *Le* ***chimiste*** *fait des expériences dans son laboratoire.*

chimpanzé nom m. Grand singe qui vit en Afrique.

chimpanzé

chiot nom m. Petit du chien.

chiper v. (fam.) ● *Qui m'a chipé mon dictionnaire?* (→ SYN. voler; (fam.) 2. piquer).

chipie nom f. (fam.) ● *Je n'aime pas beaucoup ma cousine, parce que c'est une chipie,* une fille désagréable, méchante.

chipoter v. (fam.) ● *Danielle chipote pour me prêter un crayon :* elle discute, elle fait des difficultés pour rien (→ SYN. chicaner).

chips [ʃips] nom m. plur. Fines rondelles de pommes de terre frites.

chiquenaude nom f. ● *Il fit tomber les miettes d'une chiquenaude,* petit coup d'un doigt replié contre le pouce puis brusquement allongé.

chirurgie nom f. ● *Pierre s'est cassé le bras et a été hospitalisé dans un service de chirurgie.*
■ **chirurgical** adj. UNE INTERVENTION CHIRURGICALE : une opération. ● *Des instruments chirurgicaux,* qui servent à la chirurgie, pour les opérations.
■ **chirurgien** nom m. Médecin qui fait des opérations.

chistera [ʃistera] nom m. Instrument en osier, recourbé et creux, utilisé pour jouer à la pelote basque (→ pelote, sens 3).

chlore [klɔr] nom m. Corps chimique (→ corps, sens 4) que l'on emploie comme désinfectant et décolorant, par exemple dans l'eau de Javel.

chlorophylle [klɔrɔfil] nom f. Substance qui donne aux plantes leur couleur verte.

choc nom m. 1 ● *La voiture a heurté un arbre; l'avant a été abîmé par le choc* (→ SYN. coup, heurt). 2 (fig.) ● *Cette triste nouvelle nous a fait un choc,* une forte émotion (→ choquer).

chocolat nom m. 1 ● *Le chocolat est fait avec du cacao et du sucre.* — ● *Rémi s'est acheté une tablette de chocolat.* 2 ● *Claire boit une tasse de chocolat,* de lait parfumé au chocolat.

1. chœur [kœr] nom m. 1 ● *Les chansons de ce disque sont chantées par un chœur,* un groupe de personnes qui chantent ensemble (→ choriste; SYN. chorale). 2 EN CHŒUR : tous ensemble. ● *Nous avons agi en chœur.*

2. chœur nom m. ● *Pendant la messe, le prêtre se tient dans le chœur,* la partie de l'église où se trouve l'autel principal. — ENFANT DE CHŒUR : jeune garçon qui aide le prêtre pendant la messe.

choir [ʃwar] v. (littér.) Se disait autrefois pour *tomber.* ● *Il se laissa choir dans un fauteuil.* — LAISSER CHOIR QUELQU'UN : l'abandonner. ● *Il avait promis de nous aider, mais il nous a laissés choir.*

choisir v. ● *Choisis un gâteau :* prends celui que tu veux. ★ Conjug. 11.
■ **choisi** adj. ● *Camille emploie des mots choisis,* recherchés, peu courants (→ CONTR. banal, vulgaire).
■ **choix** nom m. 1 ● *As-tu fait ton choix?,* as-tu choisi? — ● *Nous avons le choix entre deux solutions :* nous pouvons choisir entre les deux. 2 ● *Hélène a critiqué mon choix,* ce que j'ai choisi. 3 ● *Cette librairie offre un grand choix de livres pour enfants,* une grande variété, un grand nombre de livres. 4 DE CHOIX : de grande qualité, exquis. ● *Le blanc et les cuisses du poulet sont des morceaux de choix.*

choléra [kɔlera] nom m. Grave maladie contagieuse pouvant entraîner la mort.

cholestérol [kɔlɛsterɔl] nom m. Graisse qui se trouve dans le sang. ● *Une alimentation trop riche en sucres et en graisses provoque un taux de cholestérol trop élevé,* cause de maladies du cœur et des artères (→ taux, sens 2).

chômer v. 1 ● *Mon cousin n'a toujours pas trouvé d'emploi; il chôme depuis un an :* il est sans travail, il est au chômage depuis un an. 2 NE PAS CHÔMER : travailler beaucoup.
■ **chômé** adj. ● *Le 1er mai est un jour chômé,* un jour férié, un jour où l'on ne travaille pas et pour lequel on est payé.

■ **chômage** nom m. ● *Le gouvernement essaie de lutter contre le **chômage**, contre le manque d'emplois.*

■ **chômeur** nom. Personne privée d'emploi.

chope nom f. ● *On sert souvent la bière dans des **chopes**, de grands verres munis d'une anse.*

choper v. (très fam.) **1** ● *Si je **chope** celui qui m'a fait cette farce, gare à lui!*, si je le prends, si je l'attrape. **2** ● *J'ai **chopé** une bonne grippe* : je l'ai attrapée.

chope

choquer v. ● *La mauvaise tenue de Martial nous a **choqués** :* elle nous a déplu et inspiré de la gêne (→ choquant ; SYN. heurter, sens 2). □ v. pron. ● *Surveille ton langage devant cette dame ; elle se **choque** facilement.*

■ **choquant** adj. ● *Béatrice s'est conduite d'une façon **choquante**,* contraire à la bonne éducation, aux bonnes manières.

chorale [kɔral] nom f. ● *Jean-Marc fait partie d'une **chorale**,* d'un groupe de personnes qui se réunissent souvent pour chanter ensemble.

■ **choriste** [kɔrist] nom ● *Les **choristes** ont bien chanté,* les personnes qui chantent dans une chorale ou dans un chœur (→ 1. chœur).

chorégraphie [kɔregrafi] nom f. Ensemble des pas et des mouvements que font les danseurs. ● *Dans ce ballet, la **chorégraphie** est de Michel Martin.*

■ **chorégraphe** nom m. et f. Personne qui conçoit la chorégraphie.

chose nom **A.** nom f. **1** ● *Un couteau est une **chose**,* un objet que l'on peut voir, toucher, mais non un être vivant. **2** ● *Depuis ton départ, il s'est passé beaucoup de **choses**,* de faits, d'événements.

B. nom m. (fam.) ● *Passe-moi le **chose**,* cet objet dont je ne me rappelle plus le nom (→ SYN. (fam.) machin, truc).

chou nom m. **1** Légume dont on mange les feuilles cuites ou en salade. ● *La potée et la choucroute sont faites avec du **chou**. — ● Des **choux**. ★ Chercher aussi : chou-fleur. **2** CHOU À LA CRÈME : gâteau formé d'une boule de pâte creuse remplie de crème.

chouchou, chouchoute nom (fam.) ● *Thierry est le **chouchou** de sa grand-mère,* l'enfant qu'elle aime le mieux.

■ **chouchouter** v. (fam.) ● *Emmanuelle est trop **chouchoutée** par ses parents,* trop gâtée (→ SYN. dorloter, choyer).

choucroute nom f. Plat préparé avec une sorte de chou coupé en fines lamelles et conservé dans de l'eau salée. ● *On mange la **choucroute** avec de la charcuterie et des pommes de terre.*

1. chouette nom f. Oiseau de proie qui chasse surtout la nuit et dort le jour. ★ Chercher aussi : hululer.

2. chouette adj. (fam.) **1** ● *Véronique a fait un dessin très **chouette**,* très joli, très agréable. **2** interj. Exprime la satisfaction. ● *Cet après-midi, je t'emmène au cinéma. — **Chouette**!* (→ SYN. 2. chic!).

chou-fleur nom m. Sorte de chou dont les fleurs forment une grosse boule blanche que l'on mange en légume. ● *Des **choux-fleurs**.*

choyer [ʃwaje] v. ● *Grand-père aime bien **choyer** ses petits-enfants,* les gâter, les dorloter (→ SYN. (fam.) chouchouter). ★ Conjug. 6.

chrétien [kretjɛ̃] nom ● *Les catholiques, les protestants, les orthodoxes sont des **chrétiens**,* des personnes qui croient en Jésus-Christ. ★ Chercher aussi : Évangile. □ adj. ● *Noël est une fête **chrétienne**.*

■ **chrétienté** nom f. Ensemble de tous les chrétiens.

■ **christianisme** nom m. Religion des chrétiens.

chrome [krom] nom m. **1** ● *Pour empêcher l'acier de rouiller, on le recouvre de chrome*, un métal blanc et brillant. **2** ● *Claude astique les chromes de sa voiture*, les pièces qui sont recouvertes de ce métal (les pare-chocs, les poignées, etc.).

■ **chromé** adj. ● *De l'acier chromé*, recouvert de chrome.

1. chronique [kronik] adj. ● *Certaines personnes souffrent de maladies chroniques*, qui se développent lentement et durent longtemps (→ CONTR. aigu). —
● *Il a des problèmes d'argent chroniques* (→ SYN. constant, continuel).

2. chronique [kronik] nom f. ● *Ce journaliste est chargé de la chronique politique du journal*, la partie du journal qui donne des informations sur ce sujet.

■ **chroniqueur** nom ● *Plus tard, Fabrice aimerait être chroniqueur sportif à la télévision*, celui qui s'occupe de la chronique sportive.

chronologie [kronoloʒi] nom f. ● *On ne connaît pas la chronologie de ces événements*, l'ordre dans lequel ils se sont passés.

■ **chronologique** adj. ● *Dans son récit, l'auteur n'a pas suivi l'ordre chronologique*.

chronomètre [kronometr] nom m. Montre très précise qui permet de mesurer les secondes, les dixièmes et même les centièmes de secondes.

■ **chronométrer** v. ● *Lors d'une course, on chronomètre les coureurs* : on mesure avec un chronomètre le temps que met chacun d'eux pour parvenir à l'arrivée. ★ Conjug. 8.

chrysalide [krizalid] nom f. Cocon de la chenille avant qu'elle se transforme en papillon. — (fig.) SORTIR DE SA CHRYSALIDE : s'épanouir, révéler sa vraie personnalité.

chrysanthème [krizɑ̃tɛm] nom m. ● *À la Toussaint, beaucoup de gens mettent* des **chrysanthèmes** *sur la tombe de leurs parents décédés*, des fleurs d'automne aux couleurs variées.

chuchoter v. ● *Nathalie chuchote un secret à l'oreille de son amie* : elle le dit à voix basse (→ SYN. murmurer).

■ **chuchotement** nom m. ● *Dans la salle, c'était le silence total ; on n'entendait même pas un chuchotement*.

chut ! interj. Sert à demander le silence.
● *Chut ! Il va nous entendre*.

chute nom f. **1** ● *Quand on apprend à skier, on fait souvent des chutes* : on tombe souvent (→ SYN. culbute). —
● *Au bord de la route, un panneau indique qu'il peut y avoir des chutes de pierres* (→ SYN. éboulement). **2** CHUTE D'EAU : eau d'une rivière, d'un torrent, qui tombe d'une grande hauteur (→ SYN. cascade). **3** (fig.) *La révolte a provoqué la chute du gouvernement* (→ SYN. renversement).

ci adv. ● *Après un nom précédé de l'adj.* démonstratif *ce, cet, cette, ces* ou après le pronom démonstratif *celui, celle, ceux, celles*. ● *Prends ce livre-ci*, celui qui est le plus proche (→ CONTR. -là). —
● *Ne mets pas ces chaussures-là ; mets celles-ci*. **2** *Devant quelques adv. et quelques participes*. ● *Avez-vous lu les explications ci-dessous ?*, plus bas dans le texte. — *Je vous envoie ci-joint une photocopie* : je la joins à ma lettre.

cible nom f. ● *Michel tire très bien à la carabine ; il ne manque jamais sa cible*, ce qu'il vise.

ciboulette nom f. ● *Dans la salade, on met parfois de la ciboulette*, une plante dont on utilise la tige coupée en petits morceaux comme assaisonnement. ★ Chercher aussi : fines herbes*.

cicatrice nom f. ● *À l'endroit où Serge s'est brûlé, on voit encore une cicatrice*, une marque qui reste sur la peau après la guérison de la plaie.

■ **cicatriser** v. ou *se cicatriser* v. pron.
● *La coupure a cicatrisé* (ou *s'est cicatrisée*) : elle s'est refermée.

cidre nom m. Boisson pétillante faite avec du jus de pomme fermenté.

ciel nom m. **1** ● (au plur. : *ciels* ou *cieux*)
● *La nuit est claire, on voit les étoiles
dans le **ciel*** (→ céleste). — ● *Ce
peintre peint très bien les **ciels***. **2** (au
plur. toujours *cieux*) ● *Aller au **ciel***
(→ SYN. paradis ; CONTR. enfer). —
● «*Notre père qui es aux **cieux***» (paroles d'une prière).

cierge nom m. Longue bougie en cire que
l'on fait brûler dans une église.

cigale nom f. ● *L'été, dans le Midi de la
France, on entend le chant des **cigales**,
un insecte.

cigare nom m. Rouleau de feuilles de
tabac. ● *Fumer un **cigare***.
■ **cigarette** nom f. Petit rouleau de
tabac haché, enveloppé dans un fin
papier. ● *Allumer une **cigarette***.

ci-gît loc. ● *Sur cette tombe on peut lire :
«Ci-gît M. Untel»*, ici repose, ici est
enterré.

cigogne nom f. Grand oiseau échassier au
bec droit, long et pointu. ● *L'été, sur les
cheminées des maisons alsaciennes,
on voit parfois des **cigognes** dans leur
nid ; les **cigognes** passent l'hiver dans
les pays chauds.

cigogne

ciguë [sigy] nom f. Plante vénéneuse
(dans la Grèce antique on en faisait un
poison pour les condamnés à mort).

cil nom m. ● *Françoise a les **cils** très noirs*,
les poils qui se trouvent au bord des
paupières.

cime nom f. ● *Il y a de la neige sur la
cime des montagnes, sur leur sommet*.
— ● *La **cime** d'un sapin* (→ SYN. faîte ;
CONTR. base, A sens 1).

ciment nom m. ● *Cette poudre grise que
le maçon mélange avec du sable et de
l'eau et qui durcit en séchant, c'est du
ciment*, un mélange de calcaire et d'argile que l'on utilise en construction.
■ **cimenter** v. ● *Pour que les pierres
d'un mur tiennent ensemble, on les
cimente* : on met du ciment entre elles.
■ **cimenterie** nom f. Usine où l'on
fabrique du ciment.

cimeterre nom m. Large sabre oriental à
lame recourbée.

cimetière nom m. Terrain où les morts
sont enterrés.

ciné nom m. Abrév. fam. de *cinéma*.

cinéaste nom. Personne dont le métier
est de réaliser des films.

cinéma nom m. **1** ● *Ma grande sœur
s'est acheté une caméra ; elle s'intéresse beaucoup au **cinéma***, à l'art de
faire des films. **2** (fam.) ● *Ne crois
pas qu'il soit vraiment malade, c'est
du **cinéma*** : c'est du bluff, c'est de la
comédie, un caprice. — FAIRE SON CINÉMA :
faire l'intéressant. **3** ● *Dans mon quartier, il y a un **cinéma***, une salle où l'on
peut voir des films.

cinglé adj. (fam.) ● *Tu es complètement
cinglé*, fou (→ SYN. (fam.) dingue).

cingler v. ● *Le dompteur **cingle** le lion
avec son fouet* (→ SYN. fouetter).
■ **cinglant** adj. ● *Une réponse **cin-
glante***, vive et blessante.

cinq adj. numéral invar. ● *Dans cette
famille, il y a trois filles et deux garçons ; cela fait **cinq** (5) enfants*.
□ nom m. ● *Dans 45, il y a un quatre et
un **cinq***.
■ **cinquième** adj. et nom **1** adj. ● *Au
cinéma, nous étions au **cinquième**
rang*. **2** nom ● *Si on divise un gâteau
en cinq parts égales, chaque part représente un **cinquième** (1/5) du gâteau*.

cinquante adj. numéral invar. ● *Cinquante ans (50)*.

■ **cinquantième** adj. et nom **1** ● *Hervé a été reçu cinquantième sur cent dix à ce concours.* **2** ● *La cinquantième partie (ou le cinquantième) de cinq cents est dix.*

■ **cinquantaine** nom f. ● *Dans l'immeuble où j'habite, il y a une cinquantaine d'appartements,* environ cinquante appartements. — ● *Mme Clerc doit avoir la cinquantaine,* environ cinquante ans.

cintre nom m. ● *Pour que son manteau ne se froisse pas, Claude le met sur un cintre,* un support courbe utilisé pour suspendre les vêtements.

cirage nom m. → cire.

circoncision nom f. Opération qui consiste à enlever le morceau de peau qui recouvre l'extrémité du sexe des garçons. ● *La circoncision est pratiquée par certaines religions (en particulier, la religion juive et la religion musulmane).*

circonférence nom f. Ligne courbe qui limite la surface d'un cercle. ★ Chercher aussi : périmètre. ★ VOIR p. 424.

circonflexe adj. ● *Le «o» de «hôtel» porte un accent circonflexe.*

circonscription nom f. ● *Le député rend souvent visite aux maires de sa circonscription,* la partie du département dans laquelle il a été élu.

circonscrire v. **1** Délimiter un lieu par une ligne circulaire. **2** Contenir dans une certaine limite. ● *Circonscrire les recherches, une épidémie.*

circonspect [sirkɔ̃spɛ] adj. ● *Dans cette affaire, il faut être très circonspect,* prudent dans l'action.

■ **circonspection** [sirkɔ̃spɛksjɔ̃] nom f. Fait d'être circonspect.

circonstance nom f. **1** ● *Je n'ai pas pu venir te voir hier; les circonstances m'en ont empêché,* ce qui s'est passé, les événements qui ont eu lieu. **2** ● *Les circonstances d'un accident :* la manière dont il a eu lieu, les conditions dans lesquelles il a eu lieu.

■ **circonstanciel** adj. ● *Les compléments de temps, de lieu, de manière sont des compléments circonstanciels,* qui indiquent les circonstances dans lesquelles se passe une action.

circuit nom m. **1** ● *Accompagnés d'un guide, les touristes font un circuit dans la ville,* un tour de la ville qui les ramène à leur point de départ. **2** Piste où ont lieu des courses automobiles. ● *Le circuit du Mans.* **3** ● *Quand on allume une lampe, le courant passe dans le circuit (électrique),* une suite continue de fils électriques (→ court-circuit).

1. circulaire adj. ● *Dans le grenier, il y a une petite fenêtre circulaire,* en forme de cercle (→ SYN. rond). — ● *Un mouvement circulaire,* qui décrit un cercle.

2. circulaire nom f. ● *Le ministre a envoyé une circulaire aux directeurs d'école,* une lettre qui a été reproduite à un grand nombre d'exemplaires.

circuler v. **1** ● *Le sang circule dans les artères et dans les veines :* il s'y déplace en faisant un parcours qui le ramène à son point de départ (→ circulation, sens 1; circulatoire). **2** ● *Quand il y a des embouteillages, les voitures circulent lentement :* elles se déplacent lentement dans les rues, sur les routes (→ circulation, sens 2). **3** (fig.) ● *Es-tu au courant du dernier bruit qui circule ?,* qui court, qui se répand.

■ **circulation** nom f. **1** ● *La circulation du sang se fait grâce au cœur.* **2** ● *Les jours de départ en vacances, il y a beaucoup de circulation sur les routes.*

■ **circulatoire** adj. ● *Le cœur et les vaisseaux sanguins forment l'appareil circulatoire.* ★ VOIR p. 970.

cire nom f. ● *La cire d'abeille sert à faire des cierges, du cirage, de la cire à parquet,* etc., une matière molle et jaune produite par les abeilles.

■ **cirage** nom m. ● *Christophe étale du cirage sur ses chaussures,* un produit avec lequel on entretient le cuir.

■ **cirer** v. **1** ● *Pour faire briller les meubles en bois, on les cire,* on les frotte avec de la cire. **2** ● *Anne cire ses chaussures,* elle passe du cirage dessus.

■ **1. ciré** adj. **1** • *Jérôme a glissé sur le parquet ciré.* **2** TOILE CIRÉE : *toile recouverte d'un produit imperméable.* • *Une nappe en toile cirée.*

■ **2. ciré** nom m. • *Quand il pleut, Alice met son ciré,* *son imperméable fait dans une sorte de toile cirée.*

■ **cireuse** nom f. Appareil qui sert à cirer les sols.

■ **cireux** adj. • *Le malade a le teint cireux,* un peu jaune, comme la cire.

cirque nom m. **1** Sorte de théâtre ambulant où des clowns, des acrobates, des dompteurs, etc., présentent des numéros. **2** • *Un cirque de montagnes :* des montagnes disposées en cercle.

cirrhose [siroz] nom f. Maladie du foie.

cirrus [sirys] nom m. Nuage élevé mince et allongé.

cisaille nom f. ou **cisailles** nom f. plur. Gros ciseaux puissants pour couper le métal ou des branches d'arbustes.

■ **cisailler** v. • *Cisailler du fil de fer,* le couper avec une cisaille.

1. ciseau nom m. Outil d'acier, tranchant et taillé en biseau à l'une de ses extrémités. • *Un ciseau de sculpteur, de graveur.*

■ **ciseler** v. • *Ciseler un bijou :* le sculpter au ciseau. ★ Conjug. 8.

2. ciseaux nom m. plur. • *Une paire de ciseaux.*

citadelle nom f. Forteresse qui protégeait une ville.

citadin nom • *Le dimanche, les citadins aiment aller se promener à la campagne,* les gens des villes (→ CONTR. campagnard).

citation nom f. • *Dans un texte, on écrit les citations entre guillemets,* les phrases qu'un auteur, d'un personnage que l'on cite (→ citer, sens 2).

cité nom f. **1** • *Le maire et les conseillers municipaux sont les représentants de la cité* (→ SYN. ville). **2** • *Mon frère, qui est étudiant, habite dans une cité universitaire,* un groupe d'immeubles où n'habitent que des étudiants. — • *Une cité ouvrière :* un ensemble de logements pour les ouvriers.

citer v. **1** • *Peux-tu citer les grands fleuves français ?,* donner leurs noms. **2** • *La Fontaine est son auteur favori : il cite souvent ses vers :* il les dit, les rapporte exactement (→ citation).

citerne nom f. Grand réservoir destiné à recevoir un liquide (eau de pluie, carburant, etc.). • *Une citerne à mazout* (→ SYN. cuve, réservoir).

cithare [sitar] nom f. Dans la Grèce antique, sorte de lyre ; aujourd'hui, instrument de musique à cordes, plat et sans manche.

citoyen nom **1** • *Un citoyen français :* une personne de nationalité française. **2** • *Voter est un droit et un devoir du citoyen.* ★ Chercher aussi : civique, concitoyen.

citron nom m. • *Le citron est un agrume.* — • *Elle porte une robe jaune citron,* jaune vif.

■ **citronnier** nom m. Petit arbre qui donne les citrons.

■ **citronnade** nom f. Boisson rafraîchissante faite avec du jus de citron.

citrouille nom f. Gros légume jaune-orange. • *Une soupe à la citrouille.* ★ Chercher aussi : potiron.

civet nom m. • *Mon père a rapporté de la chasse un lièvre que nous avons mangé en civet,* cuit longuement avec le sang ainsi que du vin et des oignons.

civière nom f. • *On emporta le blessé sur une civière* (→ SYN. brancard).

civil adj. et nom m. **A.** adj. **1** • *Après le service militaire, le soldat revient à la vie civile.* **2** • *Le mariage civil a lieu à la mairie ; le mariage religieux à l'église.* **3** • *Une guerre civile,* qui a lieu entre les citoyens d'un même pays. **B.** nom m. **1** • *En temps de guerre, les militaires défendent les civils,* les gens qui ne sont pas militaires. **2** EN CIVIL. • *Être habillé en civil,* en costume ordinaire, sans uniforme. — • *Des policiers en civil.*

civilisation nom f. **1** LA CIVILISATION : l'ensemble des progrès de la science, de la technique, de la culture. ● *La civilisation nous a apporté un confort dont on aurait du mal à se passer aujourd'hui.* **2** UNE CIVILISATION. ● *La civilisation grecque, la civilisation chinoise :* la manière de vivre et de penser des Grecs, des Chinois.

■ **civiliser** v. ● *Les Romains disaient qu'ils avaient civilisé la Gaule :* qu'ils lui avaient apporté leur civilisation (→ civilisation, sens 2) et des progrès scientifiques et techniques (→ civilisation, sens 1).

civique adj. ● *Les droits civiques sont les droits que la loi donne aux citoyens ; les devoirs civiques sont les devoirs du citoyen.*

claie [klɛ] nom f. Treillis (→ **2** ● treillis) en osier, en bois ou en métal, ou assemblage de lattes à claire-voie, pour servir de plateau ou de clôture.

clair adj., nom m. et adv. **A.** adj. **1** ● *Un appartement clair,* qui reçoit de la lumière, qui est bien éclairé (→ SYN. lumineux ; CONTR. sombre). **2** ● *Une robe vert clair* (→ CONTR. foncé). **3** ● *Les torrents de montagne ont une eau claire* (→ SYN. limpide, transparente ; CONTR. trouble). — ● *Par temps clair, on peut apercevoir l'île,* quand il n'y a pas de nuages. **4** ● *Des explications claires,* faciles à comprendre (→ CONTR. ambigu, confus, embrouillé, obscur).
B. nom m. **1** CLAIR DE LUNE : lumière que donne la lune (→ clarté). **2** TIRER AU CLAIR. ● *Les policiers ont réussi à tirer cette affaire au clair,* à l'expliquer, à l'éclaircir (→ SYN. clarifier, élucider ; CONTR. embrouiller).
C. adv. **1** ● *Il fait clair :* on y voit, il fait jour. **2** VOIR CLAIR : bien voir, distinguer nettement. ● *Les chats voient clair la nuit.* — (fig.) ● *N'essaie pas de me tromper, je vois clair dans ton jeu :* je vois bien ce que tu essaies de faire, je m'en rends parfaitement compte.

■ **clairement** adv. ● *Il s'explique clairement* (→ clair, A sens 4).

à claire-voie loc. adj. ● *Un volet à claire-voie,* qui présente des ouvertures régulières laissant passer la lumière.

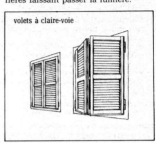

volets à claire-voie

clairière nom f. Endroit où il n'y a pas d'arbres, au milieu d'une forêt. ● *Les promeneurs s'arrêtèrent dans une clairière pour y pique-niquer.*

clair-obscur nom m. **1** En peinture, assemblage de parties claires et de parties sombres, dans un tableau. — ● *Des clairs-obscurs.* **2** Lumière faible (→ SYN. pénombre).

clairon nom m. Instrument de musique à vent surtout utilisé dans la musique militaire.

claironner v. ● *Paul va claironner partout qu'il a eu la meilleure note,* dire (quelque chose) bien fort et à tout le monde.

clairsemé adj. ● *Dans les régions sèches, la végétation est clairsemée :* elle est rare, répartie d'une manière espacée (→ CONTR. dense, épais, touffu).

clairvoyant adj. ● *Mon père saura me conseiller : c'est un homme clairvoyant,* qui a un jugement exact, sûr.

clamer v. Exprimer quelque chose à voix haute et avec véhémence. ● *L'accusé clame son innocence* (→ SYN. proclamer).

■ **clameur** nom f. ● *Le vainqueur arrivait au milieu des clameurs de la foule :* cris mêlés qui expriment un sentiment fort (joie ou colère).

175

clan nom m. • *À la suite d'une dispute, notre équipe s'est divisée en deux* **clans***, en deux groupes bien distincts et opposés* (→ SYN. camp, sens 3).

clandestin adj. • *Une activité* **clandestine***, qui se fait en cachette (et qui est parfois illégale).*
■ **clandestinement** adv. • *Ils se réunissent* **clandestinement** *pour comploter* (→ SYN. secrètement).
■ **clandestinité** nom f. • *Vivre dans la* **clandestinité***, en se cachant parce que l'on est recherché.*

clapier nom m. Cabane à lapins. • *On élève les lapins dans des* **clapiers***.*

clapotement ou **clapotis** nom m. • *Le* **clapotis** *des vagues : leur bruit léger.*

claquage nom m. • *Il a abandonné la course en raison d'un* **claquage** *(musculaire), d'une déchirure musculaire* (→ claquer, sens 4).

claque nom f. • *Donner, recevoir une* **claque***, un coup appliqué avec le plat de la main* (→ SYN. gifle).

claquer v. 1 • *Le volet mal fermé* **claque** *à cause du vent, cogne, en produisant un bruit sec.* 2 • *Il est sorti en* **claquant** *la porte : en la refermant brusquement et avec bruit.* 3 (fam.) • *L'eau chaude a fait* **claquer** *le verre : elle l'a fait se briser.* 4 v. pron. • *À la suite d'un effort trop violent, le sportif* **s'est claqué** *un muscle : il s'est déchiré un muscle* (→ claquage).
■ **claquement** nom m. • *J'ai été réveillée par le* **claquement** *du volet, le bruit fait en claquant.*

claquettes nom f. plur. • *Faire des* **claquettes** *: danser en marquant le rythme par un fort claquement de chaussures spéciales.*

clarifier v. • *Espérons que les nouvelles qu'il apporte vont* **clarifier** *la situation, la rendre plus claire, plus facile à comprendre* (→ SYN. éclaircir).
★ Conjug. 10.

clarinette nom f. Instrument de musique à vent.

clarinette

clarté nom f. 1 • *La* **clarté** *de la lune : sa lumière* (→ clair, B sens 1). 2 • *Expliquez-vous avec plus de* **clarté***, plus clairement, d'une manière plus précise* (→ SYN. netteté ; CONTR. confusion).

1. classe nom f. **A.** CLASSE (SOCIALE) : ensemble de gens qui appartiennent à la même catégorie de la société, qui ont la même condition sociale. • *La* **classe** *ouvrière, la* **classe** *bourgeoise.* **B.** Catégorie, qualité, valeur. 1 • *Les wagons de première* **classe** *sont plus confortables que les wagons de seconde* **classe***.* 2 • *Nous avons assisté à un spectacle de (grande)* **classe***, de valeur, de qualité.* 3 AVOIR DE LA CLASSE : avoir un style, une allure distingués.

2. classe nom f. 1 • *Aller en* **classe***, à l'école.* — • *La rentrée des* **classes***.* 2 UNE SALLE DE CLASSE ou UNE CLASSE. • *À chaque récréation nous ouvrons les fenêtres pour aérer la* **classe***.* 3 FAIRE LA CLASSE : enseigner, faire cours. • *Notre maître est malade, c'est un remplaçant qui nous fait* **la classe***.* 4 • *Cette année, je suis en CM 1 ; l'année prochaine je serai dans la* **classe** *supérieure, en CM 2.* 5 • *Toute la* **classe** *a congé le mercredi, l'ensemble des élèves qui sont dans la même classe.*

classer v. 1 • *J'ai* **classé** *mes photos de vacances : je les ai rangées selon un certain ordre* (→ CONTR. déclasser). 2 CLASSER UNE AFFAIRE : la considérer comme terminée, ne plus s'en occuper. • *Les bijoux volés ayant été retrouvés, l'affaire* **a été classée** *: on a cessé de rechercher les voleurs.*
■ **se classer** v. pron. • *Olivier* **s'est classé** *premier au concours : il a obtenu la première place.*

■ **classement** nom m. **1** • *As-tu fini le classement de ces documents?* **2** • *Patrick a obtenu une bonne place au classement* (→ se classer).

■ **classeur** nom m. • *Je conserve les papiers importants dans ce classeur.*

classique adj. **1** • *Les auteurs, les ouvrages classiques :* ceux que l'on étudie en classe, parce qu'on les considère comme des modèles. **2** • *Il porte toujours des vêtements de forme classique,* traditionnelle, sans fantaisie. **3** • *Chaque fois que je sors sans mon parapluie, il se met à pleuvoir : c'est classique!* : c'est habituel.

clause nom f. • *Une des clauses du bail précise que les réparations doivent être faites par le propriétaire :* partie d'un contrat, d'un accord, d'un article, d'une loi, qui précise la manière de les appliquer. ★ Chercher aussi : contrat, bail.

claustrophobie nom f. Fait de ressentir une angoisse insupportable quand on se trouve dans un lieu fermé.

■ **claustrophobe** adj. • *Paul est claustrophobe.*

clavecin nom m. Instrument de musique à cordes pincées que l'on considère comme l'ancêtre du piano.

clavicule nom f. • *Jacques s'est fracturé la clavicule en tombant.* ★ VOIR p. 968.

clavier nom m. • *Le piano, le clavecin, l'orgue sont des instruments à clavier.* — *Le clavier d'une machine à écrire,* l'ensemble des touches que l'on frappe avec les doigts.

clé ou **clef** [kle] nom f. **1** • *Introduire la clé dans la serrure.* — • *Cette porte est fermée à clé.* — METTRE SOUS CLÉ : mettre dans un endroit fermé à clé. • *Tu devrais mettre ces produits dangereux sous clé.* ★ Chercher aussi : porte-clés. **2** • *Cet écrou est trop serré, il faudrait une clé pour le desserrer,* un outil qui sert à serrer ou à desserrer les écrous. — *Une clé à molette.* **3** • (fig.) • *Trouver la clé du mystère,* ce qui l'explique. — PRENDRE LA CLÉ DES CHAMPS : se sauver, s'enfuir. **4** • *Une clé de sol :* un signe

qui, en musique, indique la tonalité. ★ Chercher aussi : 1. note.

clématite nom f. Plante grimpante à fleurs blanches, roses ou violettes.

clément adj. **1** • *Le directeur a été clément :* il ne lui a donné qu'une punition légère (→ SYN. indulgent ; CONTR. sévère). **2** • *L'hiver a été clément* (→ SYN. doux ; CONTR. rigoureux).

■ **clémence** nom f. • *Faire preuve de clémence en graciant un coupable.*

clémentine nom f. Sorte de mandarine sans pépins.

clerc [klɛr] nom m. • *Le notaire est absent, mais vous pourrez voir son clerc,* un de ses principaux employés.

clergé nom m. • *Les prêtres, les moines, les évêques, etc., forment le clergé.*

cliché nom m. **1** • *Prendre un cliché,* une photo. **2** • *Soyez un peu original, vous ne faites que répéter des clichés,* des expressions, des idées banales (→ SYN. lieu commun).

client nom • *Le vendeur sert les clients,* les gens qui désirent acheter quelque chose.

■ **clientèle** nom f. • *La clientèle d'un médecin, d'un commerçant,* l'ensemble de leurs clients.

cligner v. **1** • *Avec cette lumière vive, je ne peux m'empêcher de cligner les yeux,* de les ouvrir et les fermer rapidement ou les fermer à demi. **2** CLIGNER DE L'ŒIL : faire un clin d'œil (→ clin* d'œil).

clignoter v. • *Une lumière qui clignote,* qui s'allume et s'éteint à un rythme régulier.

■ **clignotant** nom m. • *En faisant fonctionner son clignotant l'automobiliste signale qu'il va tourner,* une petite lumière rouge qui clignote du côté où il va tourner.

climat nom m. • *Le climat de ce pays est très doux,* le temps qu'il y fait.

■ **climatique** adj. • *Il y a d'importantes différences climatiques entre la France et le Maroc.*

climatiser v. • *Cette salle de cinéma est climatisée* : on y maintient toujours la même température au moyen d'appareils (→ air conditionné).
  ■ **climatisation** nom f. • *Un appareil de climatisation.*

clin d'œil nom m. **1** • *Pour montrer qu'il m'avait reconnu, il m'a fait un clin d'œil*, un signe en fermant un œil très rapidement (→ cligner). **2** EN UN CLIN D'ŒIL, loc. adv. : très rapidement, en un rien de temps. • *Le chien a fini sa pâtée en un clin d'œil.*

clinique nom f. • *Monsieur Duval s'est fait opérer dans une clinique*, un établissement médical privé. ★ Chercher aussi : hôpital.

clinquant adj. • *Des bijoux clinquants*, qui brillent d'un éclat voyant, mais qui n'ont aucune valeur.

cliquetis nom m. • *On entendait le cliquetis régulier de ses aiguilles à tricoter*, le bruit sec des aiguilles qui s'entrechoquent.

clivage nom m. • *Il s'est produit un clivage entre les deux groupes* : séparation.

clochard nom • *Un clochard dort tranquillement sur un banc du jardin public* (→ SYN. vagabond).

cloche nom f. **1** • *Les cloches de l'église sonnent pour annoncer les cérémonies religieuses.* **2** (fam.) SONNER LES CLOCHES À QUELQU'UN : lui faire des réprimandes, le gronder. **3** • *Une cloche à fromage* : une sorte de demi-sphère qui sert à protéger le fromage. **4** (fam.) • *Quelle cloche, ce garçon !* (→ SYN. idiot).
  ■ **clochette** nom f. • *Le tintement d'une clochette*, d'une petite cloche.
  ■ **clocher** nom m. Haute tour d'une église, où sont installées les cloches.

à cloche-pied loc. adv. • *Les enfants jouent à faire la course à cloche-pied*, en sautant sur un seul pied.

cloison nom f. Mur intérieur peu épais ou mince séparation. • *Nous avons abattu la cloison qui séparait ces deux pièces.*
  ■ **cloisonner** v. Mettre une cloison.

cloître nom m. • *Les religieuses se promènent dans le cloître du couvent*, la galerie couverte qui entoure la cour ou le petit jardin d'un couvent.

cloître

clopin-clopant loc. adv. (fam.) • *Il avance clopin-clopant*, appuyé sur sa canne, en traînant un peu le pied.

cloporte nom m. Petit animal à carapace qui vit dans les endroits obscurs et humides.

cloque nom f. • *Sa brûlure forme maintenant une cloque*, une sorte de poche remplie de liquide (→ SYN. ampoule).

clore v. **1** (littér.) • *Clore un terrain*, le fermer par une clôture (→ SYN. clôturer, enclore). **2** • *Clore une discussion*, l'arrêter, la terminer. ★ Conjug. 56.
  ■ **clos** adj. **1** • *Il doit être absent, car les volets sont clos* (→ SYN. fermé). **2** • *Les inscriptions sont closes* : on ne peut plus s'inscrire. **3** • *L'incident est clos* (→ SYN. terminé).

clôture nom f. **1** • *Il faut réparer la clôture du jardin*, ce qui ferme le jardin (haie, mur, etc.). **2** • *C'est demain que la clôture des inscriptions aura lieu* (→ SYN. 1. fin).
  ■ **clôturer** v. **1** • *Clôturer un champ*, l'entourer d'une clôture (→ SYN. clore, enclore). **2** • *Un bal a clôturé la fête du village* (→ SYN. achever, finir).

clou nom m. **1** ● *Planter un **clou** avec un marteau*. **2** ● *Au cirque, nous avons vu un magicien fantastique : c'était le **clou** du spectacle!*, la partie la plus réussie.
■ **clouer** v. **1** ● *Clouer une pancarte sur un mur*, l'y fixer avec des clous (→ CONTR. déclouer). **2** (fam.) CLOUER LE BEC À QUELQU'UN. ● *Ma réponse lui a cloué le bec*, l'a obligé à se taire.
■ **clouté** adj. **1** ● *De grosses chaussures **cloutées**, dont la semelle est garnie de clous*. **2** ● *Traverser la rue dans les passages **cloutés***, les passages pour piétons, délimités par deux rangées de gros clous ou, le plus souvent aujourd'hui, par des bandes peintes sur la chaussée.

clown [klun] nom m. ● *Au cirque, les enfants attendent les **clowns** avec impatience*, les artistes de cirque qui font rire. — *Pierre amuse ses camarades de classe en faisant le **clown*** (→ SYN. pitre).
■ **clownerie** nom f. ● *Faire des **clowneries*** (→ SYN. pitrerie).

club [klœb] nom m. ● *Notre **club** sportif a organisé une journée de compétitions* (→ SYN. association).

co Préfixe exprimant l'idée d'association, de réunion (*coéquipier, coaccusé, cohabiter, etc.*).

coaguler v. ● *Le sang **coagule** (ou se **coagule**) à l'air* : il devient solide (→ SYN. cailler).

coalition nom f. ● *Monter une **coalition** contre quelqu'un* : s'unir, s'allier à plusieurs contre lui.
■ **se coaliser** v. pron. ● *Tous ses ennemis se sont **coalisés** contre lui* (→ SYN. s'allier, s'unir).

coasser v. ● *Les grenouilles et les crapauds **coassent***, ils poussent leur cri (le **coassement**). ★ Ne pas confondre avec *croasser*.
■ **coassement** nom. m. ● *Le **coassement** des grenouilles*.

cobalt nom. m. Métal utilisé dans différents alliages (→ **1** ● allier) et pour faire des colorants bleus.

cobaye [kɔbaj] nom m. Petit animal proche du rat, que l'on utilise souvent pour faire des expériences scientifiques (→ SYN. cochon* d'Inde).

cobra nom m. Serpent très venimeux dont une espèce en Inde est connue sous le nom de *serpent à lunettes*. ★ Chercher aussi : naja.

cocagne nom f. **1** PAYS DE COCAGNE : pays imaginaire où l'on a tout ce que l'on veut et en abondance. **2** MÂT DE COCAGNE : mât enduit de savon, au sommet duquel sont accrochés des lots qui sont gagnés par ceux qui parviennent à grimper jusqu'en haut.

cocarde nom f. ● *Les avions militaires portent une **cocarde** aux couleurs de leur pays*, un insigne rond.

cocasse adj. ● *Il m'est arrivé une aventure **cocasse***, étrange et comique à la fois.

coccinelle nom f. Petit insecte rouge à points noirs, que l'on appelle aussi *bête à bon Dieu*.

1. cocher nom m. ● *Les voitures à chevaux étaient conduites par des **cochers***.
■ **coche** nom m. Autrefois, grande diligence.

2. cocher v. ● *Le professeur **coche** le nom des absents* : il les marque d'un petit trait sur sa liste.

cochère adj. f. PORTE COCHÈRE : grande porte à deux battants par où peut passer une voiture.

cochon nom **A.** **1** nom m. ● *On élève les **cochons** dans la porcherie* (→ SYN. porc). **2** nom (fig.) Personne sale, dégoûtante. **3** (fam.) JOUER UN TOUR DE COCHON À QUELQU'UN : lui jouer un mauvais tour, se conduire mal avec lui. — TEMPS DE COCHON. ● *Depuis huit jours, il fait un **temps de cochon***, un très mauvais temps.
B. COCHON D'INDE : petit animal de la famille des rongeurs qui s'apprivoise facilement (→ SYN. cochon d'Inde).
■ **cochonnerie** nom f. (fam.) **1** ● *Après le passage des pique-niqueurs, le parc est jonché de **cochonneries*** (→ SYN.

saleté). **2 •** *N'achète jamais de montre de cette marque : c'est de la **cochonnerie**, de la mauvaise qualité.*

cochonnet nom m. • *Il faut lancer ta boule le plus près possible du **cochonnet**,* la petite boule qui sert de but, au jeu de boules.

cocker [kɔkɛr] nom m. Chien de chasse qui a de longues oreilles tombantes.

cockpit [kɔkpit] nom m. Partie d'un avion où se tient le pilote.

cocktail [kɔktɛl] nom m. **1 •** *Le barman prépare un **cocktail** :* une boisson obtenue en mélangeant des alcools et des sirops. **2 •** *L'inauguration de la nouvelle mairie sera suivie d'un **cocktail**,* d'une réception.

coco nom m. NOIX DE COCO : fruit du cocotier.

cocon nom m. Enveloppe de fils de soie que certaines chenilles tissent (par ex. : celles des vers à soie) et dont elles s'enveloppent.

cocotier nom m. Grand palmier des régions tropicales qui produit les *noix de coco* (→ coco).

1. cocotte nom f. **1** Poule (dans le langage des petits enfants). **2 •** *Sais-tu faire des **cocottes** en papier ?,* plier une feuille de papier en forme d'oiseau.

2. cocotte nom f. Marmite en fonte.

1. code nom m. • *Pour obtenir le permis de conduire, il faut connaître le **code** de la route,* l'ensemble des règlements que l'on doit respecter sur la route. — • *Le **Code** civil :* l'ensemble des lois concernant les citoyens.

2. code nom m. **1 •** *L'espion déchiffre un message écrit en **code**,* dans un langage secret que seuls l'espion et ses correspondants peuvent comprendre (→ chiffré ; décoder). **2** CODE POSTAL. • « *13006 MARSEILLE* » *est le **code postal** du 6ᵉ arrondissement de Marseille,* le numéro spécial qu'il faut inscrire sur les lettres et les colis postaux pour qu'ils soient bien acheminés à cet endroit.

■ **coder** v. Traduire un message en code (→ CONTR. décoder).

3. code nom m. • *La nuit, pour ne pas éblouir le conducteur d'une voiture que l'on croise, on doit se mettre en **code**,* on doit allumer ses feux de croisement et non les pleins phares.

coefficient [kɔefisjɑ̃] nom m. **1** En mathématiques, nombre qui multiplie un nombre (→ 2 facteur). **2** Plus spécialement, nombre qui multiplie une note dans un examen avant de l'additionner aux notes des autres épreuves. • *Le français a le **coefficient** 3 à l'examen.*

coéquipier nom • *Un des **coéquipiers** de mon frère a été blessé au cours du dernier match de rugby,* un des joueurs qui fait partie de la même équipe que mon frère.

cœur [kœr] nom m. **1** Muscle qui envoie le sang dans le corps entier (→ cardiaque). ★ VOIR p. 969. **2** AVOIR MAL AU CŒUR. • *Sylvie **a mal au cœur**,* parce qu'elle a mangé trop de chocolat : elle a envie de vomir (→ écœurer, haut-le-cœur). ★ Chercher aussi : nausée. **3** AVOIR LE CŒUR À FAIRE QUELQUE CHOSE. • *Je n'ai pas le **cœur** à rire :* je ne suis pas d'humeur à rire. **4 •** *Il a du **cœur**, il a bon **cœur**,* il est bon, généreux. — DE BON CŒUR, loc. adv. • *Vincent prête ses jouets **de bon cœur**,* volontiers (→ CONTR. à contrecœur). **5** PAR CŒUR, loc. adv. • *Luc apprend **par cœur** une fable de La Fontaine,* il l'apprend de manière à être capable de la réciter de mémoire. **6 •** *Dans ce jeu, il manque le huit de **cœur**,* l'une des quatre couleurs du jeu de cartes. ★ Chercher aussi : carreau, pique, trèfle. **7 •** *Cette ville est située au **cœur** de la France,* au centre.

coffre nom m. **1 •** *Mes parents ont acheté un **coffre** pour que j'y range mes affaires,* une grande caisse munie d'un couvercle qui se soulève. **2 •** *Ses bijoux sont enfermés dans un **coffre*** (→ SYN. coffre-fort). **3 •** *Nous avons mis les bagages dans le **coffre** de la voiture.*

■ **coffret** nom m. Petit coffre, boîte où l'on range des bijoux ou d'autres objets en général précieux.

coffre-fort nom m. Armoire métallique très solide et fermée par une serrure

spéciale, où l'on garde de l'argent et
des objets précieux. ● *Des **coffres-
forts**.* ★ Chercher aussi : chambre* forte.

cognac nom m. ● *J'aimerais bien tremper
un sucre dans votre verre de **cognac**,*
une liqueur forte que l'on produit dans
les Charentes.

cognée nom f. ● *Pour abattre les arbres,
les bûcherons se servaient autrefois
d'une **cognée**,* d'une grosse hache.

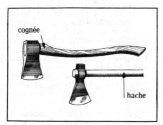

cogner v. ● *Michel **cogne** contre la porte
pour qu'on lui ouvre* : il donne des
coups contre la porte.
■ **se cogner** v. pron. ● *Je **me suis
cogné** contre le coin de la table* : je l'ai
heurté et me suis fait mal.

cohabiter v. ● *Il **cohabite** avec son cousin* : il partage un logement, il habite
avec lui (→ habiter).

cohérent adj. ● *Ses propositions ce
tout à fait **cohérentes**,* sensées (→ SYN.
logique ; CONTR. incohérent).
■ **cohérence** nom f. Fait d'être cohérent (→ CONTR. incohérence).

cohésion nom f. Union des diverses parties d'un ensemble. ● *Notre groupe
manque de **cohésion**.*

cohorte nom f. ● *Nous avons vu arriver toute une **cohorte** de gens* : groupe
nombreux et rangé comme pour un
défilé.

cohue nom f. ● *À la gare, les jours de
départ en vacances, il y a la **cohue**,*
une foule qui se bouscule (→ SYN.
bousculade).

coiffer v. 1 ● *Grand-père **est coiffé** d'une
casquette* : il porte une casquette sur la
tête. □ v. pron. ● *Corinne **se coiffe** de son
bonnet* (→ coiffure, sens 1). 2 ● *Patricia
coiffe ses longs cheveux* : elle les
peigne, elle les arrange. □ v. pron. ● *Elle
se coiffe* : elle arrange ses cheveux
(→ coiffure, sens 2 ; décoiffer ; recoiffer).
■ **coiffe** nom f. ● *Les **coiffes** bretonnes
sont fort belles,* des bonnets de
femmes en tissu fin ou en dentelle, de
formes variées.
■ **coiffeur** nom ● *Le **coiffeur** me coupe
les cheveux.* — *La **coiffeuse** lui a fait
un shampooing.*
■ **coiffure** nom f. 1 ● *Le béret est la
coiffure des marins de la Marine nationale,* ce qui sert à leur couvrir la tête,
leur chapeau. 2 ● *Valérie s'est fait des
nattes pour changer de **coiffure**,* pour
changer la manière dont ses cheveux
sont arrangés. — SALON DE COIFFURE :
endroit où travaille un coiffeur et où
l'on va se faire coiffer.

coin nom m. 1 ● *Il s'est cogné contre le
coin de la table,* contre l'angle saillant.
— ● *Le café est situé au **coin** de la rue,*
à l'endroit où la rue croise une autre
rue. 2 ● *Le sapin de Noël est placé dans
un **coin** du salon,* dans l'angle que
forment deux murs. ★ Chercher aussi :
encoignure, recoin. 3 (fam.) ● *Mes
parents voudraient aller en vacances
dans un **coin** pas cher* (→ SYN. endroit).
4 (fam.) EN BOUCHER UN COIN À QUELQU'UN.
● *Sa réussite dans ce championnat
m'**en bouche un coin*** : elle m'étonne
beaucoup (→ SYN. (fam.) épater).

coincer v. ● *Le tiroir **est coincé*** : il
est bloqué, on n'arrive plus à l'ouvrir.
★ Conjug. 4.

coïncidence [kɔɛ̃sidɑ̃s] nom f. ● *Nous portons tous les deux le même nom, mais
nous ne sommes pas parents, c'est une
simple **coïncidence**,* un hasard.
■ **coïncider** [kɔɛ̃side] v. ● *Ma fête et
mon anniversaire **coïncident**,* ils ont
lieu le même jour.

coing [kwɛ̃] nom m. Fruit jaune, en forme
de poire, dont on fait de la confiture.
● *De la pâte de **coing**.*

181

1. col nom m. ● *Il relève le col de son manteau*, la partie qui est autour du cou (→ décolleté).

2. col nom m. ● *Les coureurs du Tour de France passent les cols des Pyrénées*, les passages par où l'on franchit la montagne.

colchique [kɔlʃik] nom m. Petite fleur mauve vénéneuse qui pousse dans les prés et fleurit en automne. ● *Colchiques dans les prés, c'est la fin de l'été* (chanson).

coléoptère nom m. Insecte qui a des élytres. ● *Les hannetons et les coccinelles sont des coléoptères.* ★ Chercher aussi : élytre.

colère nom f. ● *Il s'est mis en colère* : il est devenu furieux (→ SYN. exaspération, fureur, 1. rage).
■ **coléreux** adj. ● *Quand elle était petite, elle était coléreuse* : elle se mettait souvent en colère.

colibri nom m. Oiseau d'Amérique très petit et très coloré, appelé aussi « oiseau-mouche ».

colimaçon nom m. **1** ● *On appelle parfois les escargots des colimaçons.* **2** EN COLIMAÇON. ● *Un escalier en colimaçon*, qui tourne continuellement, sans paliers.

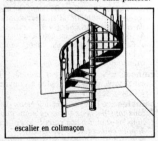

escalier en colimaçon

colin nom m. ● *Nous avons mangé du colin*, un poisson de mer de la même famille que la morue.

colin-maillard nom m. ● *Nous avons joué à colin-maillard*, un jeu où l'un des joueurs, qui a les yeux bandés, doit attraper un autre joueur et deviner qui il est.

colique nom f. ● *Guy a bu trop d'eau glacée, et il a la colique*, il a mal au ventre (→ SYN. diarrhée ; CONTR. constipation).

colis nom m. ● *Christian a reçu un colis*, un paquet qu'on lui a envoyé.

collaborer v. ● *Pour faire ce film, sa femme et lui ont collaboré*, ont travaillé ensemble (→ SYN. coopérer). — ● *Elle a collaboré à ce livre*, contribué à le faire.
■ **collaborateur, -trice** nom ● *Le directeur de l'usine félicite ses collaborateurs*, les personnes qui travaillent avec lui.
■ **collaboration** nom f. ● *Ce travail a été terminé grâce à la collaboration de tous*, à la participation de tous (→ SYN. 1. aide).

collage nom m. ● *Avec les images qu'il découpe, Antoine fait des collages* : il colle ces images ensemble de manière à former des nouvelles images.

collant adj. et nom m. **1** adj. ● *Il recolle une page déchirée avec du papier collant* (→ autocollant ; SYN. adhésif). **2** adj. ● *Isabelle porte un pantalon collant*, qui moule le corps (→ SYN. serré ; CONTR. bouffant). **3** nom m. ● *Pour avoir chaud aux jambes, Aude a mis un collant :* un sous-vêtement qui couvre le bas du corps, des pieds à la taille.

collation nom f. ● *Je prendrais bien une petite collation*, repas léger et rapide.

colle nom f. **1** ● *Myriam a réparé le vase cassé avec de la colle*, avec une matière adhésive (→ coller, sens 1). **2** (fam.) ● *Je vais te poser une colle*, une question difficile. **3** (fam.) ● *Claude a eu une colle*, une retenue comme punition (→ coller, sens 2 ; SYN. consigne, sens 4).

collecte nom f. ● *On a effectué une collecte pour les victimes de la catastrophe* : on a réuni de l'argent, des objets, pour les leur donner (→ SYN. quête).

collectif adj. ● *Ils lui ont adressé une demande **collective**, qu'ils ont faite ensemble* (→ CONTR. individuel). — ÉQUIPEMENTS COLLECTIFS : *bâtiments, installations qui servent à un groupe de personnes.*

■ **collectivement** adv. ● *Ce dictionnaire a été écrit **collectivement**, en groupe, par plusieurs personnes.*

■ **collectivité** nom f. ● *Ce problème concerne la **collectivité** nationale, l'ensemble des gens qui composent la nation* (et non quelques personnes seulement).

collection nom f. **1** ● *Frédéric fait une **collection** de petites voitures : il cherche à avoir beaucoup de petites voitures différentes qu'il garde pour son plaisir* (→ collectionner, collectionneur). **2** ● *Le couturier présente sa nouvelle **collection**, un ensemble de robes et d'autres vêtements.*

■ **collectionner** v. ● *Ma sœur **collectionne** les cartes postales, elle en fait collection* (→ collection, sens 1).

■ **collectionneur** nom ● *Un **collectionneur** de timbres.*

collège nom m. ● *À onze ans, Daniel est allé au **collège**, un établissement d'enseignement secondaire qui accueille les élèves après l'école élémentaire.* ★ Chercher aussi : lycée.

■ **collégien** nom ● *Ma sœur est une **collégienne**, une élève d'un collège.*

collègue nom ● *Papa a eu une réunion avec ses **collègues**, des personnes qui font à peu près le même travail que lui, dans le même établissement.* ★ Chercher aussi : confrère.

coller v. **1** ● *Patrick **colle** une image dans son cahier : il la fait tenir avec de la colle* (→ colle, sens 1 ; CONTR. 1. décoller). **2** (fam.) ● *Il a été **collé** parce qu'il n'avait pas fait ses devoirs : il a eu une retenue comme punition* (→ colle, sens 3 ; SYN. consigner). **3** (fam.) ● *Mon frère a été **collé** à son examen : il a été refusé à son examen.*

■ **colleur** nom ● *Un **colleur** d'affiches :* une personne dont le métier est de coller les affiches sur les murs.

1. collet nom m. *Vêtement en forme de petite pèlerine porté autour du cou.* ● *Elle avait un **collet** de fourrure.* — ÊTRE COLLET MONTÉ (invar.) : *guindé, austère avec affectation.* ● *Elles **sont** très **collet monté**.* — (fam.) ● *Prendre quelqu'un au **collet**, lui mettre la main au **collet** :* s'emparer de quelqu'un, procéder à son arrestation (→ arrêter, sens 4).

2. collet nom m. *Piège comportant un lacet à nœud coulant pour prendre de petits animaux par le cou.* ● *Un braconnier a posé des **collets** à lapins dans ce petit bois.*

collier nom m. **1** ● *Agnès porte un **collier**, un bijou qu'elle porte autour du cou.* **2** ● *Mon chien a son nom inscrit sur son **collier**, la courroie attachée à son cou.* — *Le cheval tira sur son **collier** et la voiture avança :* la partie du harnais qui entoure le cou. — DONNER UN COUP DE COLLIER : *fournir un gros effort.*

collimateur nom m. *Dispositif qui permet de viser.* ● *Le **collimateur** d'un canon.* — (fam.) AVOIR QUELQU'UN DANS LE COLLIMATEUR. ● *Il ferait bien de se méfier, je l'**ai dans le collimateur** :* je le surveille de près pour l'attaquer dès que l'occasion s'en présentera.

colline nom f. *Petit mont au sommet arrondi.* ● *Du haut de la **colline**, on voit un paysage très étendu* (→ butte).

collision nom f. ● *Il y a eu une **collision** entre les deux voitures,* un choc, un accrochage. — ENTRER EN COLLISION. ● *Les deux bateaux **sont entrés en collision**,* ils se sont heurtés.

colloque nom m. ● *Ces savants ont participé à un **colloque**,* à une réunion, à un débat entre spécialistes.

colmater v. ● *La fuite d'eau a été **colmatée**,* elle a été bouchée.

colombe nom f. *Sorte de pigeon blanc.* ● *La **colombe** est le symbole de la paix.*

colonel nom m. *Officier d'un grade élevé.* ★ VOIR p. 433.

colonie nom f. **1** ● *Les **colonies** françaises d'Afrique noire ont obtenu leur* *indépendance*, les territoires étrangers qui étaient autrefois occupés et gouvernés par la France (→ décoloniser). ★ Chercher aussi : métropole. **2** COLONIE DE VACANCES. ● *Marc est allé au bord de la mer en* **colonie de vacances**, dans une organisation qui rassemble des enfants pour les vacances. **3** ● *Les abeilles vivent en* **colonies**, en groupes.

■ **colon** nom m. ● *Après sa découverte, l'Amérique a été occupée par des* **colons** *venus d'Europe*, par des personnes venues d'Europe qui se sont installées sur son territoire.

■ **colonial** adj. ● *L'armée* **coloniale** *était chargée de défendre les colonies*.

■ **colonialisme** nom m. Politique d'un pays qui cherche à garder des colonies ou à diriger les affaires de pays plus faibles.

■ **coloniser** v. ● *Coloniser un pays*, le transformer en colonie.

■ **colonisation** nom f. ● *La* **colonisation** *de l'Algérie au XIXᵉ siècle a eu de grandes conséquences*.

colonne nom f. **1** ● *À Paris, l'église de la Madeleine et le Panthéon ont de hautes* **colonnes**, de hauts supports verticaux (→ SYN. pilier). **2** ● *Cet article occupe trois* **colonnes** *de la première page du journal*, trois des parties verticales de cette page. **3** ● *Une* **colonne** *de soldats*, un groupe de soldats en marche qui se suivent (→ SYN. file). **4** COLONNE VERTÉBRALE : ensemble des vertèbres. → VOIR p. 968.

■ **colonnade** nom f. Suite de colonnes sur une ou plusieurs rangées. ● *La* **colonnade** *du Louvre est célèbre*.

colorer v. ● *Le peintre met un peu de noir dans la peinture blanche pour la* **colorer** *en gris*, pour lui donner une couleur grise. □ v. pron. ● *Au coucher du soleil, le ciel* **se colore** *de rouge* (→ SYN. se teinter).

■ **coloré** adj. ● *Un liquide* **coloré** (→ CONTR. incolore, pâle).

■ **colorant** nom m. Produit qui sert à colorer certaines matières, à faire des teintures. ● *Il n'y a pas de* **colorant** *dans ce sirop de menthe*. □ adj. ● *Une matière* **colorante**, qui colore.

■ **coloration** nom f. **1** Fait de colorer.

● *Je me suis fait faire une* **coloration** *chez le coiffeur*. **2** La couleur obtenue, ou une couleur naturelle. ● *Il faut observer la* **coloration** *de la peau du malade*.

colorier v. ● *Florence a fait un dessin et elle le* **colorie** *avec des crayons de couleur* : elle y ajoute des couleurs. ★ Conjug. 10.

coloris nom m. ● *Le* **coloris** *d'un tissu*, sa couleur.

colosse nom m. ● *Ce catcheur est un* **colosse**, un homme très grand et très fort.

■ **colossal** adj. ● *Cette statue est* **colossale**, très grande, gigantesque. — ● *Une erreur* **colossale**, énorme.

colporter v. ● *Avant de* **colporter** *une nouvelle, il vaut mieux s'assurer qu'elle est vraie* : avant d'aller la raconter partout.

colt [kɔlt] nom m. ● *Le shérif sortit son* **colt** ; revolver. ★ Chercher aussi : pistolet.

col-vert nom m. Canard sauvage (avec la tête et le cou vert).

colza nom m. Plante à fleurs jaunes avec les graines de laquelle on fait de l'huile.

coma nom m. ● *Après son accident, il est resté deux jours dans le* **coma**, dans un état où l'on ne se rend plus compte de rien, où l'on n'a plus conscience.

combat nom m. **1** ● *Ici eut lieu un célèbre* **combat** *entre les Gaulois et les Romains*, une bataille (→ SYN. affrontement). **2** ● *André a assisté à un* **combat** *de boxe*, à un match.

■ **combattre** v. **1** ● *Les soldats ont* **combattu** *l'ennemi*, ils se sont battus contre lui. **2** (fig.) ● *Ce médicament* **combat** *la grippe* : il lutte contre elle. **3** ● *Ces personnes* **combattent** *pour la justice* : elles se battent pour obtenir plus de justice. ★ Conjug. 31.

■ **combattant** nom ● *Il faut séparer les* **combattants**, les personnes qui sont en train de se battre. — ANCIEN COMBATTANT : personne qui a fait la guerre.

■ **combatif** adj. ● *Notre équipe s'est*

montrée **combative**, pleine d'ardeur pour gagner le match, le combat.

combien adv. **1** • *Combien êtes-vous dans votre classe ?*, quel nombre ? — • *Combien coûte ce stylo ?*, quel prix ? **2** COMBIEN DE, loc. prép. • *Combien de frères as-tu ?*, quel nombre de frères ?

combiner v. **1** • *En combinant les chiffres 2, 3 et 4 de différentes façons, on peut former plusieurs nombres : 243, 324, etc.* : en les mettant dans tel ou tel ordre. **2** • *Pour réussir, ils ont combiné leurs efforts*, ils les ont unis (→ SYN. coordonner). **3** (fam.) • *François a combiné un voyage avec des amis* : il l'a préparé, organisé avec eux. ■ **combinaison** nom f. **1** • *Suivant la combinaison des lettres « o », « n » et « s », on obtient les mots « son » ou « nos »* (→ SYN. arrangement, disposition). **2** • *Il faut trouver une combinaison pour se sortir d'affaire*, un moyen habile (→ combine). **3** • *Ce pompiste a une combinaison orange*, un vêtement formant à la fois veste et pantalon. ■ **combine** nom f. (fam.) • *Dominique connaît une combine pour voir le film sans payer*, un moyen astucieux, mais peu honnête. ■ **combiné** nom m. Partie d'un téléphone que l'on décroche et qui permet de parler et d'écouter.

comble nom m. et adj. **1** nom m. • *Il est au comble du bonheur*, au plus haut point du bonheur (→ SYN. apogée, sens 2). — C'EST LE COMBLE. • *Il pleut et j'ai perdu mon parapluie, c'est le comble !* : il ne manquait plus que cela ! **2** nom m. plur. • *Il habite sous les combles*, au dernier étage, juste sous le toit. — DE FOND EN COMBLE, loc. adv. • *Les policiers ont fouillé la maison de fond en comble*, de haut en bas, partout. **3** adj. • *Pour la finale du championnat, le stade était comble*, complètement rempli de gens. ■ **combler** v. **1** • *Le cantonnier comble un trou de la route* : il le bouche. **2** • *Avec un tel succès, je suis comblé* : complètement heureux (→ SYN. exaucer). **3** COMBLER QUELQU'UN DE QUELQUE CHOSE.

• *À Noël, Yvon a été comblé de cadeaux :* il en a eu énormément.

combustible nom m. et adj. **1** nom m. Matière que l'on brûle pour produire de la chaleur, de l'énergie (bois, charbon, pétrole, gaz). **2** adj. • *L'essence est un liquide combustible*, qui peut brûler (→ CONTR. incombustible). ■ **combustion** nom f. • *Le poêle chauffe grâce à la combustion du bois*, grâce au bois qui brûle.

comédie nom f. **1** • *Au théâtre, nous avons vu une comédie*, une pièce amusante (→ comédien, sens 1 ; comique). ★ Chercher aussi : drame, tragédie. **2** • *Une comédie musicale* : une pièce ou un film associant musique, chansons et danses. **3** (fam.) • *Elle fait semblant d'avoir mal ; c'est de la comédie*, de la simulation (→ comédien, sens 2). ■ **comédien** nom et adj. **1** nom • *Les comédiens répètent leur rôle* : les acteurs qui jouent au théâtre ou au cinéma. **2** adj. • *Ne fais pas attention à ses manières, il est très comédien*, il fait souvent semblant d'être différent de ce qu'il est réellement.

comestible adj. • *Mon oncle sait reconnaître les champignons comestibles*, qui sont bons à manger (→ CONTR. vénéneux).

comète nom f. **1** Astre qui, en passant dans le ciel, est accompagné d'une traînée lumineuse. **2** TIRER DES PLANS SUR LA COMÈTE : faire des projets qui n'ont aucune chance de se réaliser.

comique adj. et nom m. **A.** adj. • *Alain fait des grimaces comiques*, qui font rire (→ SYN. bouffon). **B.** nom m. **1** • *Il a le sens du comique*, de ce qui fait rire. **2** • *Un comique :* un comédien qui joue les personnages comiques.

comité nom m. • *Son père fait partie du comité des fêtes de la commune*, du petit groupe de personnes désignées pour organiser les fêtes.

commander v. **1** • *Le colonel commandait les soldats* : il leur donnait des ordres (→ commandant, commande-

ment). **2** • *Mes parents ont commandé
un poste de télévision*, ils ont demandé
à un commerçant de leur en fournir un
(→ commande, sens 1; décommander).
3 • *Voici la pédale qui commande le
frein*, qui le fait fonctionner (→ commande, sens 2; télécommander).

■ **commandant** nom m. Officier qui
commande un bataillon ou, dans la
marine, un navire. ★ VOIR p 433.

■ **commandement** nom m. • *Il obéit
aux commandements*, aux ordres.

■ **commande** nom f. **1** • *Maman a
passé une commande à l'épicier*, elle
lui a commandé de la marchandise.
2 • *Le pilote est aux commandes de
l'avion* : il contrôle les appareils qui
font voler l'avion.

commando nom m. • *Un commando
de parachutistes* : un petit groupe de
parachutistes spécialement entraînés
pour le combat.

comme conj. et adv. **1** • *Il est malin
comme un singe*, aussi malin qu'un
singe. — (fam.) C'EST TOUT COMME. • *Ils
ne sont pas frères, mais c'est tout
comme* : c'est presque la même chose.
2 • *Comme ce livre était trop cher, je
ne l'ai pas acheté*, parce que. **3** • *Nous
sommes entrés dans la salle comme
le film allait commencer*, alors que,
au moment où. **4** • *Elle a été engagée comme comptable*, en tant que, en
qualité de. **5** • *Comme c'est gentil de
ta part!* : que c'est gentil de ta part!

commémorer v. • *Une cérémonie a
commémoré la victoire de 1918* : elle
en a rappelé le souvenir.

■ **commémoration** nom f. • *Le président assiste à la commémoration du
11 novembre*.

commencement nom m. • *Le premier
janvier marque le commencement
d'une nouvelle année*, son début.

■ **commencer** v. **1** • *J'ai commencé un
dessin* : j'en ai fait le début. **2** • *Cette
histoire commence bien* : elle débute
bien. **3** COMMENCER À. • *Il commence
à pleuvoir* : il se met à pleuvoir
(→ recommencer). ★ Conjug. 4.

comment adv. **1** • *Comment es-tu venu?*,
de quelle façon, par quel moyen? —
• *Je vais te montrer comment il faut
faire cela*, la manière dont il faut le
faire. **2** (fam.) ET COMMENT! • *Es-tu satisfait? — Et comment!*, oui, bien sûr!

commenter v. • *Un jeune journaliste
commente le match de football* :
il donne des explications, fait des
remarques à propos de ce match.

■ **commentaire** nom m. • *Les gens
font des commentaires sur cet événement* (→ SYN. observation, remarque).

■ **commentateur** nom m. Journaliste
qui commente les événements de
l'actualité.

commerce nom m. **1** • *Mon oncle fait du
commerce* : il achète des marchandises et les revend. ★ Chercher aussi :
bénéfice. — • *Ce produit n'est pas
encore dans le commerce* : il n'est pas
encore en vente (→ commercialiser).
2 • *Notre voisine vient d'ouvrir un
commerce*, une boutique, un magasin.

■ **commerçant** nom et adj. **1** nom • *Les
épiciers, les bouchers, les fleuristes
sont des commerçants*, des personnes
qui font du commerce. **2** adj. • *J'habite
dans un quartier commerçant*, où il y
a beaucoup de magasins.

■ **commercial** adj. • *Mon grand frère
fait des études commerciales*. — CENTRE
COMMERCIAL. • *Dans ce nouveau quartier
vient de s'ouvrir un centre commercial*, un ensemble de magasins groupés. ★ Chercher aussi : grand magasin.

■ **commercialiser** v. • *Ce nouvel
appareil sera bientôt commercialisé
par le fabricant* : il sera bientôt mis
dans le commerce.

commère nom f. Femme curieuse qui
passe son temps à raconter ce qu'elle
sait sur les autres.

■ **commérage** nom m. • *Je n'aime pas
les commérages*, les histoires de
commères (→ SYN. cancan, potin,
racontar, (fam.) ragot).

commettre v. • *Il a commis une mauvaise action, une erreur* : il l'a faite.
• *Commettre un assassinat, un délit*.
★ Conjug. 33.

commis nom m. • *Le boucher a engagé un* **commis**, un employé.

commissaire nom m. • *L'enquête est menée par le* **commissaire** *(de police)*, un officier de police qui a des inspecteurs et des agents sous ses ordres.
■ **commissariat** nom m. Ensemble des bureaux qui dépendent d'un commissaire.

commissaire-priseur nom m. Personne dont le métier est d'organiser et de diriger des ventes aux enchères.

1. commission nom f. **1** • *Marc m'a demandé de faire une* **commission** *pour lui, de lui rendre un service en disant ou en faisant quelque chose à sa place* (→ SYN. course, sens 3). **2** *(au plur.)* • *Voilà de l'argent pour aller faire les* **commissions**, *les courses, les achats.* **3** • *Chaque fois que ce représentant de commerce vend quelque chose, il touche une* **commission**, *une somme d'argent calculée d'après le prix de vente* (→ pourcentage).
■ **commissionnaire** nom m. Personne dont le métier est de porter des messages, des colis, de faire des courses pour d'autres (→ SYN. coursier).

2. commission nom f. • *La* **commission** *chargée d'examiner cette affaire se réunira prochainement*, le groupe de personnes désignées pour étudier cette affaire et prendre des décisions.

commissure nom f. • *Les* **commissures** *des lèvres :* coins de la bouche.

1. commode adj. **1** • *Cet ouvre-boîte est* **commode**, *pratique.* **2** • *Cela ne va pas être* **commode** *de descendre le piano, simple, facile* (→ CONTR. compliqué). **3** • *Cet homme n'est pas* **commode** : *il a un caractère difficile, il est sévère.*
■ **commodément** adv. • *J'ai mis une poignée au colis pour pouvoir le transporter plus* **commodément**.
■ **commodité** nom f. **1** • *Il vit à l'hôtel par* **commodité**, *parce que c'est plus facile, plus pratique pour lui.* **2** *(au plur.)* • *Une maison avec toutes les* **commodités**, *tout le confort.*

commode

2. commode nom f. Meuble à tiroirs, plus large que haut, qui sert le plus souvent à ranger du linge.

commotion nom f. • *Il a perdu la mémoire à la suite d'une* **commotion**, *d'un coup, d'un choc ou d'une émotion très forte.*
■ **commotionné** adj. • *Son accident s'est produit hier, il est encore* **commotionné**, *sous le coup du choc, de l'émotion.*

commun adj. **1** • *Les clients de l'hôtel peuvent prendre leur petit déjeuner dans leur chambre ou dans la salle* **commune**, *qui sert à plusieurs personnes, est partagée avec d'autres.* — • *Lui et moi, nous avons des amis* **communs**. **2** EN COMMUN, loc. adv. • *Ils ont fait ce travail* **en commun**, *à plusieurs, ensemble.* — • *Nous avons mis nos économies* **en commun**, *ensemble, au service de chacun de nous.* — • *Les transports* **en commun** *(train, métro, autobus, etc.).* **3** • *Nous avons fait cela pour le bien* **commun**, *pour le bien de tout le monde* (→ CONTR. individuel, particulier). **4** • *Les moineaux sont des oiseaux* **communs** *en France, on en rencontre souvent et facilement* (→ SYN. courant, A sens 2; CONTR. rare). **5** NOM COMMUN. • *« Homme », « caillou » sont des* **noms communs** ; *Napoléon, François sont des noms propres.* **6** LIEU COMMUN. • *Son discours était une suite de* **lieux com-**

muns, de choses que tout le monde connaît et répète (→ SYN. banalité, cliché, sens 2).

■ **communauté** nom f. **1** ● *Entre lui et moi, il y a une **communauté** d'idées :* nous avons les mêmes idées (→ commun, sens 1). **2** ● *À 18 ans, il a quitté ses parents pour aller vivre dans une **communauté**,* un groupe de personnes qui vivent ensemble et mettent tout en commun (→ communautaire). — ● *Une **communauté** religieuse* (couvent, monastère, etc.). **3** ● *La **Communauté** économique européenne* est un ensemble de pays d'Europe qui se sont regroupés pour défendre leurs intérêts.

■ **communautaire** adj. ● *Il n'apprécie pas la vie **communautaire**.*

commune nom f. ● *En France, il y a plus de 30 000 **communes** :* chacune de ces **communes** est administrée par un maire et des conseillers municipaux. ★ Chercher aussi : arrondissement, canton, département.

■ **communal** adj. ● *Ce bois est une propriété **communale**,* de la commune. ★ Chercher aussi : municipal.

communicatif adj., **communication** nom f. → communiquer.

communion nom f. **1** ● *Yves et Annie sont en **communion** d'idées, de sentiments :* ils ont les mêmes idées, les mêmes sentiments. **2** ● *À la messe, les catholiques peuvent recevoir la **communion**,* un sacrement (→ communier, communiant). **3** ● *Christian a 10 ans, il va faire sa première **communion**.* ★ Chercher aussi : eucharistie, hostie.

■ **communier** v. Recevoir la communion. ★ Conjug. 10.

■ **communiant** nom. Personne qui communie.

communiquer v. **1** ● *Voulez-vous me **communiquer** cette lettre ?,* me la remettre pour que je sache ce qu'elle contient. — ● ***Communiquer** une nouvelle, une information,* la faire connaître (→ communiqué ; SYN. transmettre). **2** ● *Pendant l'examen, les candidats n'ont pas le droit de **communiquer** entre eux,* d'échanger des informations

(de s'écrire, de se parler ou de se faire des signes). **3** ● *Alain était effrayé et il m'**avait communiqué** sa peur :* il m'avait fait avoir la même peur que lui (→ communicatif ; SYN. transmettre). **4** ● *La cuisine **communique** avec la salle à manger :* on peut passer directement de l'une à l'autre.

■ *se* **communiquer** v. pron. **1** ● *Les élèves **se sont communiqué** leurs devoirs :* ils se sont montré leurs devoirs. **2** ● *Cette maladie **se communique** facilement :* elle s'attrape, se transmet facilement.

■ **communication** nom f. **1** ● *La **communication** de ce document, de ce renseignement a été refusée :* on a refusé de le donner. **2** ● *La radio, les journaux, le téléphone sont des moyens de **communication**.* **3** ● *La **communication** (téléphonique) a été coupée :* la conversation téléphonique. **4** ● *Il n'y a pas de **communication** entre ces deux chambres, de passage* (→ communiquer, sens 4). — VOIES DE COMMUNICATION : routes, canaux, lignes de chemins de fer, etc.

■ **communicatif** adj. **1** ● *Sa joie est **communicative** :* elle se communique facilement (→ SYN. contagieux). **2** ● *Frédéric est un garçon **communicatif**,* qui parle facilement de ce qu'il sait ou pense (→ SYN. expansif, exubérant, ouvert ; CONTR. renfermé).

■ **communiqué** nom m. ● *J'ai entendu un **communiqué** du gouvernement à la radio,* un message officiel (→ bulletin).

communisme nom m. Système politique et économique dans lequel les usines, les terres appartiennent à l'État et non à des personnes privées. ★ Chercher aussi : capitalisme, socialisme.

■ **communiste** adj. ● *Le parti **communiste**.* □ nom ● *Les **communistes**.*

commutateur nom m. ● *Appuie sur le **commutateur** :* bouton qui permet d'établir ou de couper l'électricité (→ SYN. interrupteur).

compact [kɔ̃pakt] adj. ● *Une confiture **compacte**,* très épaisse. — ● *Une foule*

compacte, serrée, dense (→ CONTR. clairsemé).

compagnie nom f. **1** ● *Sa compagnie est agréable*, sa présence auprès de moi. — TENIR COMPAGNIE À QUELQU'UN : rester près de lui pour qu'il ne se sente pas seul. — EN COMPAGNIE DE, loc. prép. ● *Paul se promène en compagnie d'un ami*, avec lui. **2** ● *Sa mère travaille dans une compagnie de transports*, une société commerciale qui s'occupe de transports. **3** ● *Dans l'armée de terre, un capitaine dirige une compagnie*, une troupe de 120 à 180 soldats.

compagnon nom m. ● *Nous sommes arrivés; disons au revoir à tous nos compagnons de voyage*, à ceux qui ont voyagé avec nous. — ● *Des compagnons d'étude, de jeu* (→ SYN. camarade, (fam.) copain).
■ **compagne** nom f. (féminin de compagnon). ● *Une compagne de jeu*.

comparaître v. Se présenter comme accusé (ou comme témoin) devant un tribunal. ● *L'accusé comparaît devant les juges*. ★ Conjug. 37.

comparer v. **1** ● *Comparer deux objets* : examiner leurs ressemblances et leurs différences. — ● *Avant d'acheter une voiture, M. Delmas compare différents modèles* : il étudie les qualités et les défauts de chacun (→ comparaison, sens 1; comparatif). **2** ● *Le poète a comparé la jeune fille à une fleur* : il a dit qu'elle ressemblait à une fleur (→ comparaison, sens 2).
■ **comparaison** nom f. **1** ● *Ces deux modèles sont trop différents, il n'y a pas de comparaison possible entre eux*. **2** ● *Quand je dis que ses cheveux sont blonds comme les blés, c'est une comparaison*.
■ **comparable** adj. **1** ● *Deux choses trop différentes ne sont plus comparables* : elles ne peuvent plus être comparées entre elles (→ incomparables). **2** ● *Ces tissus sont d'une solidité comparable*, à peu près égale.
■ **comparatif** adj. et nom m. **1** adj. ● *Le journal présente un test comparatif de ces deux voitures*, un test (un examen,

une expérience) qui compare les qualités et les défauts des deux voitures. **2** nom m. ● *On peut mettre les adjectifs et les adverbes au comparatif de supériorité* (ex. : «plus grand», «plus vite»), *d'égalité* (ex. : «aussi grand», «aussi vite»), *ou d'infériorité* (ex. : «moins grand», «moins vite»). ★ Chercher aussi : superlatif.

comparse nom ● *La police a arrêté le voleur et ses deux comparses*, ses complices qui lui obéissent.

compartiment nom m. **1** ● *Le mécanicien range les outils dans les compartiments de la boîte à outils*, dans ses divisions (→ SYN. 2. case). **2** Chacune des parties d'une voiture de chemin de fer, séparée des autres par des cloisons et où prennent place les voyageurs. ● *Il reste deux places dans ce compartiment, installons-nous*.

compas nom m. **1** ● *Le compas sert à tracer des cercles*. **2** ● *Les marins et les pilotes se dirigent à l'aide d'un compas*, une sorte de boussole.

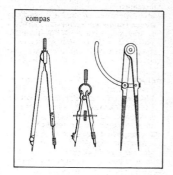

compas

compassion nom f. Sentiment de pitié et de sympathie pour quelqu'un qui souffre.
■ **compatir** v. Éprouver de la compassion. ● *Je compatis à tes malheurs*. ★ Conjug. 11.

compatible adj. ● *Elle voudrait vivre à la campagne, lui voudrait vivre en ville; leurs désirs ne sont pas **compatibles**, ne vont pas ensemble, ne peuvent s'accorder* (→ CONTR. incompatible).

compatriote nom ● *Alors que nous voyagions à l'étranger, nous avons rencontré des **compatriotes**, des personnes du même pays que nous* (→ patrie).

compenser v. ● *Ses qualités **compensent** ses défauts : elles font équilibre avec ses défauts.*
■ **compensation** nom f. ● *Il travaille beaucoup, mais, en **compensation**, il gagne beaucoup d'argent, en échange, pour compenser* (→ SYN. contrepartie).

compère nom m. ● *Le magicien dit qu'il a pris cette personne au hasard dans la salle, mais en réalité c'est un **compère**, une personne qui l'aide à faire ses tours sans que les spectateurs s'en doutent* (→ SYN. comparse).

compétent adj. ● *Ce médecin est très **compétent** : il connaît très bien son métier, il est très capable* (→ CONTR. incompétent).
■ **compétence** nom f. **1** ● *Il est d'une grande **compétence** dans son métier, il est très compétent* (→ CONTR. incompétence). **2** ● *Cette affaire est de la **compétence** du maire, elle appartient au domaine où le maire a le droit de décider.*

compétition nom f. **1** ● *Ce coureur est tombé malade; il n'a pas pu participer à la **compétition**, à l'épreuve sportive.* **2** EN COMPÉTITION, loc. adv. ● *Plusieurs candidats sont en **compétition** pour obtenir cet emploi, en concurrence.*
■ **compétitif** adj. ● *Le prix de cette voiture est **compétitif** : il est intéressant par rapport au prix des autres voitures, il peut leur faire concurrence.*

complainte nom f. Chanson triste.

se **complaire** à v. Trouver du plaisir à faire quelque chose. ● *Pierre se **complaît** à raconter des mensonges à Odile.* ★ Conjug. 41.

complaisant adj. ● *Arlette est **complaisante**, elle est toujours prête à faire plaisir aux autres* (→ SYN. serviable).
■ **complaisance** nom f. ● *Il m'a donné tous les renseignements que je désirais avec beaucoup de **complaisance*** (→ SYN. amabilité).

complément nom m. **1** ● *J'aurais besoin d'un **complément** d'information, de quelque chose qui complète mon information* (→ compléter). **2** ● *Dans la phrase «Arnaud lance le ballon», «ballon» est un **complément** du verbe «lancer» : il en complète le sens (en indiquant ce que lance Arnaud).*

complémentaire adj. Qui apporte un complément. **1.** ● *J'aurai besoin d'explications **complémentaires*** (→ complément, sens 1). **2** ● *Deux choses ou deux personnes sont **complémentaires** lorsqu'elles se complètent l'une l'autre.*

1. complet adj. **1** ● *L'adresse de cette lettre est **complète** : il ne lui manque rien* (→ compléter; CONTR. incomplet). **2** ● *Ne descendez pas du train avant l'arrêt **complet** : avant qu'il ne soit tout à fait arrêté* (→ SYN. total). **3** ● *L'hôtel est **complet**, il ne reste plus de place, il est plein.*
■ **complètement** adv. ● *Le bâtiment a été **complètement** détruit par l'incendie* (→ SYN. entièrement, totalement; CONTR. à demi, partiellement).
■ **compléter** v. ● *Tu n'as pas tout raconté; je vais **compléter** ton récit, le rendre plus complet, ajouter ce qui manque.* ★ Conjug. 8.

2. complet nom m. ● *Aujourd'hui, mon père a mis son **complet** gris, son costume gris composé d'un veston et d'un pantalon taillés dans le même tissu.*

1. complexe adj. ● *Cette affaire est très **complexe**, compliquée, embrouillée.*
■ **complexité** nom f. ● *La **complexité** d'une affaire.*

2. complexe nom m. AVOIR DES COMPLEXES : manquer de confiance en soi, être timide.

complication nom f. ● *Espérons qu'il n'y aura pas de **complication**; nouvel élément qui aggrave la maladie.*

complice nom et adj. ● *Les complices du gangster ont réussi à s'enfuir*, les personnes qui l'ont aidé à faire quelque chose de mal (→ SYN. comparse).
■ **complicité** nom f. ● *On a prouvé la complicité de cet homme*, sa participation, comme complice, à une mauvaise action. ★ Chercher aussi : connivence.

compliment nom m. ● *Ce plat est délicieux ; le cuisinier mérite des compliments*, des paroles pour le féliciter (→ SYN. éloge, félicitations, louange).
■ **complimenter** v. Faire des compliments. ● *Ses parents l'ont complimenté pour ses bonnes notes* (→ SYN. féliciter).

compliqué adj. ● *Cette phrase est bien compliquée*, difficile à comprendre (→ CONTR. simple). — ● *L'automobiliste exécute une manœuvre compliquée*, difficile à faire (→ SYN. 1. complexe).
■ **compliquer** v. ● *Des événements imprévus ont compliqué la situation*, l'ont rendue plus compliquée (→ embrouiller). □ v. pron. ● *Les choses se compliquent.*
■ **complication** nom f. 1 ● *C'est une affaire difficile à résoudre en raison de sa complication* (→ CONTR. simplicité). 2 ● *Avec lui rien n'est simple, il cherche toujours des complications*, ce qui rend les choses compliquées, embrouillées.

complot nom m. ● *Le complot contre le roi n'a pas réussi*, les projets secrets préparés par plusieurs personnes et dirigés contre lui.
■ **comploter** v. ● *Arielle et Claudine complotent de faire une farce à Gérard*, elles font ce projet ensemble et en cachette. — COMPLOTER CONTRE QUELQU'UN : préparer un complot contre lui.

1. comporter v. ● *Ce livre comporte des illustrations*, il en a, il en contient (→ SYN. 2. comprendre).

2. se comporter v. pron. ● *En face de ces inconnus, je ne savais pas comment me comporter*, comment me conduire.
■ **comportement** nom m. ● *Le comportement de Martine nous a surpris* (→ SYN. attitude, conduite).

composer v. 1 ● *Valérie a composé une boisson délicieuse avec différents jus de fruits :* elle l'a faite en mettant différents jus de fruits ensemble. 2 ● *Un moteur est composé de nombreuses pièces :* il est formé, constitué de nombreuses pièces. □ v. pron. ● *Le repas se compose de trois plats.* ★ Chercher aussi : 1. décomposer. 3 ● *Composer un numéro de téléphone*, faire l'un après l'autre les chiffres de ce numéro sur le cadran du téléphone. 4 ● *Ce musicien a composé un opéra*, il en a écrit la musique (→ compositeur).
■ **composition** nom f. 1 ● *La composition de ce produit est indiquée sur l'étiquette*, la façon, les éléments dont il est composé. 2 ● *Les élèves attendent les résultats des compositions*, des interrogations orales ou écrites dont les notes serviront à les classer.
■ **composant** nom ● *Quels sont les composants de ce mélange ?*, les éléments qui le composent.
■ **composé** adj. 1 ● *« Garde-boue » est un mot composé*, formé de plusieurs mots. 2 PASSÉ COMPOSÉ. ● *Dans « j'ai mangé », le verbe « manger » est au passé composé*, un temps formé avec un verbe auxiliaire au présent et le participe passé du verbe conjugué.
■ **compositeur** nom m. Personne qui compose de la musique.

composite adj. ● *Nous avons une clientèle très composite :* composée de gens différents (→ SYN. disparate, hétéroclite, hétérogène, varié).

composter v. ● *Il faut composter son billet avant de monter dans le train :* le passer dans un appareil qui y imprime une marque ou y fait un trou.
■ **composteur** nom m. Appareil qui composte.

compote nom f. ● *De la compote de pommes, de prunes, etc. :* des pommes, des prunes, etc., écrasées et cuites peu de temps avec du sucre et un peu d'eau.
■ **compotier** nom m. Plat creux en forme de coupe dans lequel on sert la compote ou simplement les fruits.

1. comprendre v. 1 ● *Avez-vous compris ce texte ?*, son sens est-il clair pour vous? **2** ● *Gérard a fini par **comprendre** qu'il avait tort,* par s'en rendre compte. **3** ● *Catherine pense que ses parents ne la **comprennent** pas,* qu'ils ne sont pas compréhensifs avec elle (→ compréhensif). ★ Conjug. 32.

■ **compréhensible** adj. **1** ● *Cette phrase est **compréhensible** :* on peut la comprendre. **2** ● *Son refus est **compréhensible** :* les raisons de son refus sont faciles à comprendre (→ CONTR. incompréhensible).

■ **compréhensif** adj. ● *Mes parents sont **compréhensifs** :* ils comprennent pourquoi je me conduis de telle ou telle manière et l'admettent facilement (→ compréhension; SYN. bienveillant, indulgent).

■ **compréhension** nom f. **1** ● *Des explications sont nécessaires pour la **compréhension** de ce texte,* pour qu'on puisse le comprendre. **2** ● *Il a montré beaucoup de **compréhension** envers tous ses enfants,* il s'est montré très compréhensif.

2. comprendre v. ● *Une année **comprend** douze mois,* elle comporte douze mois, est composée de douze mois. ★ Conjug. 32.

■ **compris** adj. ● *Le repas nous a coûté 30 F, vin **compris**,* en comptant le vin, le prix du vin étant inclus. — Y COMPRIS, loc. adj. ● *L'équipage de l'avion se compose de cinq membres, **y compris** les hôtesses,* en comptant les hôtesses (→ SYN. inclus).

compresse nom f. Morceau de gaze, ou d'un autre tissu fin que l'on met sur une plaie, sur une blessure.

compression nom f. **1** ● *La **compression** de l'air dans la pompe à bicyclette* (→ comprimer). **2** (fig.) ● *Plusieurs employés de cette entreprise ont perdu leur emploi par suite d'une **compression** de personnel,* d'une réduction du personnel.

■ **compressible** adj. **1** ● *L'air est **compressible**,* on peut le comprimer. **2** (fig.) ● *Des dépenses **compressibles**,* que l'on peut réduire (→ CONTR. incompressible).

comprimer v. ● *Ses chaussures sont trop étroites, elles lui **compriment** les pieds :* elles les serrent fortement. — ● *Quand on **comprime** un gaz, on l'oblige à occuper un volume plus petit que celui qu'il occupe normalement* (→ compression).

■ **1. comprimé** nom m. Médicament en forme de pastille. ● *Un **comprimé** d'aspirine.* ★ Chercher aussi : cachet, gélule.

■ **2. comprimé** adj. ● *De l'air, un gaz **comprimé**.*

compromettre v. ● *Il a dit sur moi des choses qui me **compromettent**,* qui risquent de m'attirer des ennuis, de me faire perdre ma bonne réputation. □ v. pron. ● *Vous **vous compromettez** en fréquentant ces voyous.* ★ Conjug. 33.

compromis nom m. ● *Daniel voulait rentrer à 5 h, et moi à 7 h; nous avons décidé de rentrer à 6 h : c'est un **compromis**,* un accord, un arrangement (→ demi-mesure).

compte-gouttes nom m. invar. Objet permettant de verser un liquide goutte à goutte. ● *Roland se sert d'un **compte-gouttes** pour mesurer la quantité de médicament qu'il doit prendre.*

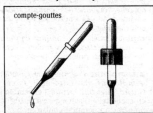

compte-gouttes

compter [kõte] v. **1** ● *Je vais **compter** jusqu'à dix,* réciter les chiffres jusqu'à dix. **2** ● *Rémi **compte** les timbres de sa collection,* il détermine combien il y en a. **3** ● *Il y a vingt élèves dans la classe, sans **compter** les absents,* sans faire entrer les absents dans ce total (→ SYN. inclure). **4** COMPTER FAIRE QUELQUE CHOSE. ● *Je **compte aller** le voir bientôt,* j'en ai l'intention. **5** ● *Ce que tu penses* **compte** *beaucoup pour moi*, a beaucoup d'importance pour moi. **6** COMPTER SUR QUELQU'UN. ● *Catherine est une fille* **sur qui** *l'on peut* **compter**, en qui l'on peut avoir confiance. ★ Ne pas confondre avec *conter*.

■ **compte** nom m. **1** ● *Jean-Marie fait le* **compte** *des jours de vacances qu'il lui reste* : il en fait le calcul. — COMPTE À REBOURS. ● *10, 9, 8, 7, 6... le* **compte à rebours** *a commencé*, l'énumération des chiffres en sens contraire. **2** ● *Bernard fait ses* **comptes** : il compte l'argent qu'il a reçu et celui qu'il a dépensé. **3** COMPTE BANCAIRE, COMPTE POSTAL. ● *Pour payer par chèque, il faut avoir un* **compte bancaire** *ou* **postal**, une somme d'argent déposée à la banque ou à la poste. **4** À BON COMPTE. ● *Il a eu son vélo* **à bon compte**, sans payer très cher. **5** ÊTRE LOIN DU COMPTE. ● *Je croyais qu'il avait deux enfants, mais il en avait sept, j'étais* **loin du compte** : je me trompais vraiment. **6** EN FIN DE COMPTE, TOUT COMPTE FAIT, loc. adv. ● *En fin de* **compte** (ou *tout* **compte fait**), *il a décidé d'aller au cinéma*, finalement, pour conclure. **7** POUR LE COMPTE DE. ● *Les ouvriers travaillent* **pour le compte d'un patron** : ils travaillent pour lui, en étant payés par lui. **8** TENIR COMPTE DE. ● *Tu devrais* **tenir compte de** *mes conseils*, y attacher de l'importance. **9** RENDRE COMPTE DE. ● *Il m'a* **rendu compte** *de leur discussion*, il m'a raconté, rapporté ce qu'il y avait de plus important (→ compte rendu). **10** SE RENDRE COMPTE DE (ou QUE). ● *Je ne m'* **étais pas** **rendu compte** *qu'il était si tard* : je ne m'en étais pas aperçu. ★ Ne pas confondre avec *comte* et *conte*.

■ **comptant** adv. ● *Payer sa voiture* **comptant**, entièrement et immédiatement (→ CONTR. à crédit).

■ **comptabilité** nom f. ● *Les entreprises, les commerçants doivent tenir une* **comptabilité**, les comptes de leurs recettes et de leurs dépenses.

■ **comptable** nom. Personne qui s'occupe de la comptabilité d'une entreprise.

■ **compteur** nom m. Appareil qui sert à compter, à mesurer quelque chose. ● *Le* **compteur** *d'une voiture indique la vitesse.* ● *Un* **compteur** *d'électricité, d'eau* : l'appareil qui mesure la consommation d'électricité, d'eau.

compte rendu [kɔ̃tərɑ̃dy] nom m. ● *Fais-moi le* **compte rendu** *du livre que tu viens de lire*, un résumé pour m'expliquer de quoi il s'agit (→ compte, sens 9). — ● *Des* **comptes rendus**.

comptoir nom m. **1** Longue table sur laquelle un commerçant présente sa marchandise à ses clients. **2** Dans les cafés, table haute et étroite sur laquelle sont servies les consommations. ★ Chercher aussi : bar.

compulser v. ● *Compulser un livre, un dictionnaire* : lire, feuilleter.

comte nom m., **comtesse** nom f. Noble d'un rang immédiatement inférieur à celui de marquis. ★ Ne pas confondre avec *compte* et *conte*.

■ **comté** nom m. Ensemble des terres qui, autrefois, appartenaient à un comte.

concasser v. ● *Cette machine* **concasse** *des pierres* : elle les brise en petits morceaux (→ SYN. broyer).

concave adj. ● *Cet objet a une surface* **concave**, en creux (→ CONTR. convexe). ★ Chercher aussi : cave.

concéder v. Admettre, reconnaître, accorder. ● *Je* **concède** *que j'ai eu tort.*

concentrer v. **1** ● *Tous les cinémas de la ville* **sont concentrés** *dans ce quartier* : ils sont groupés dans ce quartier (→ CONTR. disperser). **2** ● *Ne me distrais pas, je dois* **concentrer** *mon attention sur ce que je lis*, fixer mon attention. □ v. pron. ● *Pour réussir cet exercice, je dois* **me concentrer**.

■ **concentration** nom f. **1** ● *Pour bien conduire, il faut beaucoup de* **concentration**, il faut beaucoup d'attention. **2** CAMP DE CONCENTRATION : lieu où des prisonniers sont rassemblés, dans des conditions effroyables. ● *Des millions de gens sont morts dans les* **camps de concentration** *nazis (de 1933 à 1945).*

■ **concentré** adj. ● *Du lait* **concentré**, auquel on a enlevé une partie de son eau (→ SYN. condensé). □ nom m. ● *Du* **concentré** de tomate.

concentrique adj. ● *Ces deux cercles sont* **concentriques** : ils ont le même centre et des diamètres différents.

conception nom f. **1** ● *Je n'ai pas les mêmes* **conceptions** *que toi*, les mêmes idées (→ concevoir ; SYN. jugement, vue). **2** ● *Si la* **conception** *de notre projet est claire, sa réalisation sera plus facile*, le plan, l'organisation, l'idée de ce projet.

concerner v. ● *Cette réunion* **concerne** *les habitants du quartier* : elle s'adresse à eux, elle les intéresse.

concert nom m. **1** ● *Ces musiciens ont déjà donné plusieurs* **concerts** : ils ont déjà joué plusieurs fois en public. **2** (littér.) AGIR DE CONCERT AVEC QUELQU'UN : agir en accord avec lui (→ se concerter).

se **concerter** v. pron. ● *Maria et Annick* **se sont concertées** *avant de prendre cette décision* : elles ont discuté entre elles et se sont mises d'accord avant de prendre cette décision.
■ **concertation** nom f. ● *Une réunion de* **concertation**.

concerto nom m. Morceau de musique dans lequel l'orchestre et un ou plusieurs instruments se répondent comme dans une conversation. ● *J'ai écouté un* **concerto** *pour piano et orchestre.* — *Des* **concertos**.

concession nom f. ● *Une entente entre nous ne sera jamais possible, si Pierre ne veut pas faire quelques* **concessions**, s'il ne veut pas renoncer à certaines de ses idées, de ses exigences.

concessionnaire nom m. ● *Ce* **concessionnaire** *est le seul commerçant qui ait le droit de vendre cette marque de voitures dans la région* (→ SYN. dépositaire).

concevoir v. ● *C'est Martine qui* **a conçu** *ce plan*, qui l'a imaginé, qui l'a formé dans son esprit (→ conception ; inconcevable). ★ Conjug. 21.

concierge nom ● *L'ascenseur est en panne, dis-le au* **concierge**, au gardien de l'immeuble.

conciliabule nom m. Entretien secret. ● *Franck et Luce ont tenu un* **conciliabule** *pendant la récréation.*

concilier v. ● *Tes idées et celles de Sylvie sont trop différentes pour que vous puissiez les* **concilier**, les mettre en accord. ★ Conjug. 10.
■ **conciliation** nom f. ● *Nous ne sommes pas parvenus à une* **conciliation**, à un accord (→ réconciliation).
■ **conciliant** adj. ● *C'est une personne* **conciliante**, qui est toujours prête à chercher un accord qui arrange tout le monde (→ SYN. accommodant, arrangeant).

concis adj. ● *Il a écrit une lettre* **concise**, qui dit l'essentiel en peu de mots (→ SYN. bref).

concitoyen nom. Habitant de la même ville ou du même pays. ● *Le maire a adressé une lettre à ses* **concitoyens**. ★ Chercher aussi : citoyen.

concluant adj. ● *Pour moi, cette expérience est* **concluante**, son résultat me permet de me faire une opinion définitive.

conclure v. **1** ● *Il a conclu son discours en disant qu'il souhaitait revenir bientôt* : il a terminé son discours en disant cela (→ conclusion, sens 1). **2** ● *Les adversaires* **ont** *enfin* **conclu** *la paix* : ils se sont mis d'accord pour faire la paix (→ conclusion, sens 3 ; SYN. 1. signer). **3** CONCLURE QUE... ● *Il n'est pas venu, j'en* **conclus** *qu'il est malade*, donc je comprends qu'il est malade (→ SYN. 2. déduire). ★ Conjug. 51.
■ **conclusion** nom f. **1** ● *La* **conclusion** *de cette histoire m'a surpris*, la fin de cette histoire (→ SYN. dénouement). ★ Chercher aussi : développement, introduction. **2** EN CONCLUSION, loc. adv. : finalement, donc. **3** ● *La* **conclusion** *d'un traité de paix* (→ conclure, sens 2).

concombre nom m. Légume allongé de couleur verte qui se mange en salade. ● *Le cornichon est une sorte de petit* **concombre**.

concorder v. ● *Son récit concorde avec celui d'Anne* : il est en accord avec lui (→ SYN. correspondre à).

■ **concorde** ● *La concorde règne dans cette famille* : la bonne entente, l'harmonie (→ CONTR. discorde).

■ **concordance** nom f. Accord, harmonie. ● *En grammaire, concordance des temps* : règles pour accorder le mode et le temps des verbes de la proposition subordonnée en fonction de ceux de la proposition principale.

■ **concordant** adj. ● *Divers témoignages concordants*, qui concordent entre eux (→ CONTR. discordant).

concourir v. **1** ● *Toutes les personnes présentes ont concouru*, ont participé au concours, à la compétition. **2** ● *Ils ont tous concouru au succès de l'entreprise*, ils y ont tous travaillé ensemble (→ SYN. contribuer à). ★ Conjug. 16.

■ **concours** nom m. **1** Épreuve où le nombre de places est fixé d'avance et où seuls les candidats qui ont les meilleurs résultats obtiennent un diplôme, un prix ou un emploi. ● *Alain a gagné une bicyclette à un concours.* **2** APPORTER, PRÊTER SON CONCOURS : aider. — ● *Nous avons réussi grâce au concours de cet ami*, grâce à son aide (→ SYN. contribution). **3** CONCOURS DE CIRCONSTANCES : hasard. ● *L'accident s'est produit à cause d'un malheureux concours de circonstances*.

concret adj. ● *Un livre, une voiture, une chaise sont des choses concrètes*, que l'on peut voir et toucher (→ CONTR. abstrait).

■ **concrètement** adv. *Concrètement, voilà ce que nous allons faire* : dans la réalité, en pratique.

■ **concrétiser** v. Réaliser, exécuter. ● *Il faut maintenant concrétiser tous ces beaux projets*.

concurrencer v. ● *Ce fabricant de meubles a baissé ses prix pour concurrencer les autres fabricants*, pour tenter d'attirer leurs clients. ★ Conjug. 4.

■ **concurrence** nom f. ● *Ces deux commerçants sont en concurrence* : ils sont en rivalité, en lutte pour vendre les mêmes produits (→ concurrent, sens 2 ; SYN. compétition).

■ **concurrent** nom **1** ● *Parmi les nombreux concurrents, Pierre est celui qui a le plus de chances de gagner*, parmi les participants (au concours, à la course, etc.). **2** ● *Je ne vais plus chez ce commerçant, je vais chez l'un de ses concurrents*, un autre commerçant qui vend les mêmes produits.

condamner [kɔ̃dane] v. **1** ● *Cet homme a été condamné à cinq ans de prison* : il a été puni par un tribunal (→ CONTR. acquitter). **2** ● *Nous sommes tous condamnés à attendre* : nous n'avons pas d'autre solution que d'attendre, nous y sommes obligés. **3** ● *Cette fenêtre a été condamnée*, fermée définitivement pour qu'on ne puisse plus l'ouvrir. **4** ● *Je condamne ce qu'il fait* : je le désapprouve absolument.

■ **condamnable** adj. ● *Sa façon d'agir est condamnable* (→ condamner, sens 4 ; CONTR. louable).

■ **condamnation** nom f. ● *Il n'a jamais eu de condamnation* : il n'a jamais été condamné.

■ **condamné** nom ● *Le roi a décidé de libérer les condamnés.* ★ Attention à l'orthographe des mots de cette famille : condamner, condamnable, etc.

condenser v. **1** ● *Ce lait est condensé*, on l'a rendu épais en lui enlevant une partie de son eau (→ SYN. concentrer ; CONTR. diluer). **2** ● *Ton récit est trop long, tu devrais le condenser*, le réduire, le résumer.

■ **condensé** nom m. ● *Le journal a publié un condensé de ce livre*, un résumé.

condensation nom f. ● *La buée sur les vitres s'est formée par condensation*, par transformation de la vapeur d'eau en gouttelettes.

condiment nom m. ● *La moutarde est un condiment*, un produit qui donne plus de goût aux aliments. ★ Chercher aussi : assaisonnement, épice.

condition nom f. **1** ● *Nous avons voyagé dans de bonnes conditions*, dans des circonstances et un environnement agréables. **2** • *Ce sportif est en bonne* **condition** *physique, en bonne forme physique.* **3** • *Ils sont tous les deux ouvriers; ils ont la même* **condition** *sociale, la même situation, la même position sociale.* **4** • *Vos* **conditions** *sont inacceptables, les choses que vous demandez, que vous exigez.* **5** à CONDITION DE, loc. prép. • *Je veux bien y aller,* **à condition de** *partir maintenant.* — à CONDITION QUE, loc. conj. • *Je suis d'accord,* **à condition que** *vous le soyez aussi, si vous l'êtes aussi.*

conditionné adj. AIR CONDITIONNÉ. • *Dans cette salle, il y a l'*air conditionné** : un système d'appareils maintient l'air à une température agréable.* ★ Chercher aussi : climatisation.

conditionnel nom m. Mode du verbe qui exprime une action dépendant d'une condition (ex. : «*J'*irais** à la piscine si tu venais avec moi.*»).

condoléances nom f. plur. • *Nous avons présenté nos* **condoléances** *à cet ami dont le grand-père vient de mourir : nous lui avons dit que nous partagions sa peine.*

condor nom m. Grand oiseau rapace d'Amérique du Sud. • *Les* **condors** *ressemblent à des vautours et vivent dans les Andes.*

condors

1. conducteur, -trice nom • *À ce carrefour, les* **conducteurs** *doivent être prudents* (→ conduite, sens 1). — • *Une* **conductrice** *d'autobus* (→ SYN. chauffeur).

2. conducteur, -trice adj. • *Le fil de cuivre est bon* **conducteur** *de l'électricité : l'électricité passe bien dans ce fil et peut être transportée, conduite par ce moyen* (→ conduire, sens 4; CONTR. isolant).

conductible adj. • *Un métal* **conductible**, *qui transmet l'électricité et la chaleur* (→ SYN. conducteur).

conduire v. **1** • *François* **conduit** *son petit frère à l'école ; il l'accompagne, il le mène à l'école.* **2** • *Irène apprend à* **conduire** *une voiture, à la diriger* (→ conduite, sens 1). **3** • *Ce chemin* **conduit** *au village, il y mène.* **4** • *Ce tuyau* **conduit** *l'eau de la source dans le grand réservoir* (→ conduite, sens 3; conduit; SYN. amener). — • *L'électricité* **est conduite** *de la centrale jusqu'aux maisons par des câbles* (→ 2. conducteur). ★ Conjug. 43.
■ *se* **conduire** v. pron. • *Étienne* **s'est** *bien* **conduit** : *il a bien agi, il s'est bien comporté* (→ conduite, sens 2).
■ **conduite** nom f. **1** • *La* **conduite** *d'une voiture nécessite une grande attention.* — • *À l'auto-école, Irène prend des leçons de* **conduite**. **2** • *Il a été puni pour sa très mauvaise* **conduite**, *pour sa mauvaise manière d'agir* (→ SYN. comportement). **3** • *Une* **conduite** *d'eau : un tuyau dans lequel passe l'eau* (→ SYN. canalisation).
■ **conduit** nom m. Tuyau dans lequel passe un liquide ou un gaz. • *Un* **conduit** *de cheminée.*

cône nom m. Objet dont la base est un cercle et le sommet une pointe. • *Le cornet de ta glace a la forme d'un* **cône** (→ conique). ★ VOIR p. 424.

confection nom f. **1** • *La* **confection** *d'un plat : sa préparation.* **2** • *La* **confection** : *l'industrie du vêtement.* — • *Une usine de* **confection**.
■ **confectionner** v. **1** • **Confectionner** *un gâteau, une glace* (→ SYN. préparer). **2** • **Confectionner** *une robe : la faire, la coudre* (→ SYN. fabriquer).

confédération nom f. Groupement de plusieurs associations, de plusieurs syndicats, de plusieurs États. • *La*

Confédération Générale du Travail (C.G.T.) est un groupement de syndicats.

conférence nom f. ● *J'ai assisté à une* ***conférence*** *sur l'Italie*, une réunion publique où une personne a fait un exposé. — CONFÉRENCE DE PRESSE : réunion organisée pour informer les journalistes.

■ **conférencier** nom. Personne qui parle d'un sujet particulier devant un public, qui fait des conférences.

conférer v. Accorder (un honneur). ● *Le président de la République leur* ***a conféré*** *le titre de chevalier de la Légion d'honneur.*

confesser v. **1** ● *J'ai eu tort et je le* ***confesse***, je l'avoue. **2** v. pron. ● *Il est entré dans cette église pour* ***se confesser***, pour avouer ses fautes, ses péchés, à un prêtre.

■ **confession** nom f. ● *Le prêtre écoute les* ***confessions***, ce que disent les personnes qui se confessent.

■ **confessionnal** nom m. Endroit, dans l'église, où l'on se confesse.

confetti nom m. ● *Pendant les fêtes de Carnaval, dans la rue, on lance des* ***confettis***, des petites rondelles de papier de toutes les couleurs.

confiance nom f. **1** ● *J'ai* ***confiance*** *en Frédéric ; je lui fais* ***confiance*** : je suis sûr qu'il fera ce qu'il doit faire, qu'il ne me trahira pas, qu'il ne me trompera pas* (→ CONTR. défiance, méfiance). **2** ● *Il manque de* ***confiance*** *en lui* : il n'est pas sûr de lui (→ SYN. assurance).

■ **confiant** adj. ● *Isabelle est une fillette* ***confiante***, qui fait confiance aux autres (→ CONTR. méfiant).

confidence nom f. **1** ● *Annie m'a fait des* ***confidences*** : elle m'a dit des choses secrètes sur elle-même.

■ **confident** nom ● *Daniel est mon* ***confident***, la personne à qui je fais des confidences.

■ **confidentiel** adj. ● *Ne répétez pas ce que je viens de vous dire : c'est* ***confidentiel***, cela doit rester tout à fait secret* (→ confier, sens 2).

confier v. **1** ● *Il lui* ***a confié*** *cet argent jusqu'à son retour* : il le lui a remis en lui demandant de le garder jusqu'à son retour. **2** ● *Je te* ***confie*** *ce secret, ne le répète pas* (→ confidentiel). ● *Il m'***a confié*** qu'il n'aimait pas beaucoup sa tante*, il me l'a dit comme une confidence, une chose qui doit rester secrète. □ v. pron. ● *Anne* ***se confie*** *rarement* : elle fait rarement des confidences (→ SYN. s'épancher). ★ Conjug. 10.

confins nom m. plur. ● *Cette ville est située aux* ***confins*** *du désert*, dans les régions qui sont à la limite, à la frontière du désert.

confire v. ● ***Confire*** *des fruits*, les imprégner d'un sirop de sucre (pour en faire des fruits confits). ★ Conjug. 44.

confirmer v. **1** ● *Nous n'étions pas très sûrs que tout cela était vrai, mais Michel* ***a confirmé*** *la nouvelle* : il a affirmé qu'elle était exacte (→ CONTR. démentir, infirmer). **2** ● *Ce témoignage* ***confirme*** *la culpabilité de l'accusé* : il la rend certaine, il la prouve.

■ **confirmation** nom f. ● *Nous attendons (une)* ***confirmation*** *de la nouvelle avant d'agir.*

confiserie nom f. **1** ● *Il y a des bonbons délicieux dans cette* ***confiserie***, un magasin où sont vendus des bonbons, des sucreries. **2** ● *Jean-Luc adore les* ***confiseries***, les sucreries, les bonbons.

■ **confiseur** nom. Personne qui fabrique et vend des confiseries.

confisquer v. ● *Le maître lui* ***a confisqué*** *son pistolet à eau* : il le lui a pris pour le punir.

confiture nom f. Fruits que l'on a fait cuire longtemps avec du sucre. ● *Sur mes tartines, je mets de la* ***confiture***.

conflit nom m. **1** ● *Un* ***conflit*** *entre deux pays*, une guerre. **2** ● *Un* ***conflit*** *entre deux personnes*, un désaccord qui les oppose l'une à l'autre (→ SYN. querelle).

confluent nom m. Endroit où se rencontrent deux cours d'eau.

1. confondre v. ● *Excuse-moi, je t'avais* ***confondu*** *avec ton frère*, je t'avais pris pour ton frère (→ confusion, sens 1 ; CONTR. distinguer). ★ Conjug. 31.

2. *se* confondre v. pron. SE CONFONDRE EN EXCUSES : s'excuser longuement d'une manière gênée (→ confusion, sens 2). ★ Conjug. 31.

conforme adj. ● *Cette copie est conforme au modèle*, exactement semblable (→ CONTR. différent).

■ **conformément** adv. ● *Tu habiteras ici, conformément à ce qui a été prévu*, comme cela a été prévu (→ CONTR. contrairement).

■ *se* **conformer à** v. pron. ● *Il faut que tu te conformes aux règles de la politesse*, que tu agisses selon ces règles, en respectant ces règles.

■ **conformité** nom f. EN CONFORMITÉ AVEC. ● *Ce qu'il fait n'est pas toujours en conformité avec ce qu'il dit*, en accord avec ce qu'il dit.

conformiste adj. ● *Françoise ne fera jamais rien qui puisse nous surprendre, elle est trop conformiste*, elle essaie toujours d'agir comme tout le monde, sans être jamais originale (→ CONTR. non conformiste ; original).

confort nom m. ● *Cet appartement a tout le confort*, tout ce qui facilite la vie matérielle et contribue à la rendre agréable (salle de bains, chauffage, etc.).

■ **confortable** adj. ● *Une auto confortable* : où l'on est bien installé.

■ **confortablement** adv. ● *Pierre est confortablement assis dans un grand fauteuil* : il y est bien installé, agréablement, il y est à l'aise.

confrère nom m. ● *Le dentiste ne pouvait pas me recevoir, il m'a donné l'adresse d'un de ses confrères*, d'une personne qui exerce le même métier que lui, d'un autre dentiste. ★ Chercher aussi : collègue.

confronter v. ● *Je voudrais confronter mes idées avec les tiennes* : je voudrais les comparer aux tiennes.

■ **confrontation** nom f. Rencontre organisée entre des personnes pour comparer ce qu'elles affirment. ● *Le juge a organisé une confrontation entre l'accusé et les témoins.*

confus adj. **1** ● *Son explication était confuse*, difficile à comprendre (→ SYN.

embrouillé ; CONTR. clair, A). — ● *Une décision confuse* (→ CONTR. catégorique). **2** ● *Geneviève était confuse d'arriver en retard* : elle était très gênée (→ confusion, sens 2 ; SYN. honteux).

■ **confusion** nom f. **1** ● *Vous faites une confusion entre ces mots*, une erreur en les confondant (→ 1. confondre). — ● *Ce qu'il dit est d'une grande confusion* (→ CONTR. clarté). **2** ● *Elle était rouge de confusion*, de gêne, de honte (→ confus, sens 2).

congé nom m. **1** ● *Isabelle est en congé*, en vacances. **2** DONNER CONGÉ À QUELQU'UN. ● *Le propriétaire de cet appartement a donné congé à son locataire* : il lui a demandé de quitter l'appartement, il l'a renvoyé (→ SYN. congédier). — PRENDRE CONGÉ. ● *Il nous a salués et a pris congé*, il s'est retiré, il est parti.

■ **congédier** v. ● *Il ne travaille plus dans cette entreprise, il a été congédié* : il a été renvoyé (→ SYN. licencier). ★ Conjug. 10.

congeler v. ● *Pour les conserver, on congèle les légumes* : on les soumet à une très basse température. ★ Chercher aussi : dégeler, frigorifier, surgeler. ★ Conjug. 8.

■ **congélateur** nom m. Appareil qui congèle les aliments que l'on désire conserver.

■ **congélation** nom f. Fait de congeler.

congénère nom m. Celui qui est de la même espèce. ● *Il faut laisser les animaux sauvages vivre en liberté avec leurs congénères.*

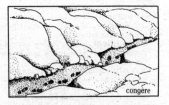

congère

congère nom f. ● *En hiver, cette route est*

souvent *bloquée par des **congères***, des masses de neige durcies et entassées par le vent.

congestionné adj. ● *Ce coureur a le visage **congestionné**,* rouge.

■ **congestion** nom f. ● *Il a une **congestion** pulmonaire*, une maladie très grave (trop de sang accumulé dans les poumons).

congratuler v. Féliciter chaudement. ● *Tout le monde le **congratulait** pour son succès.*

■ **se congratuler** v. pron. ● *Ils n'en finissaient pas de **se congratuler**,* se féliciter l'un l'autre.

congre nom m. Poisson de mer très long que l'on appelle aussi *anguille de mer*.

congrès nom m. ● *Trois cents agriculteurs ont participé à ce **congrès**,* à ce rassemblement, à cette réunion pour discuter. ● *Un **congrès** médical.*

■ **congressiste** nom. Personne qui participe à un congrès.

conifère nom m. ● *Le sapin et le pin sont des **conifères**,* une espèce d'arbres. ★ Chercher aussi : résineux.

conique adj. Qui a la forme d'un cône, d'un objet dont la base est un cercle et le sommet une pointe.

conjecture nom f. ● *Nous ne pouvons faire que des **conjectures**:* suppositions, hypothèses. ★ Ne pas confondre avec conjoncture.

conjoint nom m. ● *Voulez-vous inscrire ici le nom de votre **conjoint**,* de la personne avec laquelle vous êtes marié. ★ Chercher aussi : conjugal.

conjonction nom f. ● *«Mais», «ou», «et», «donc», «or», «ni», «car» sont des **conjonctions** de coordination,* des mots qui servent à unir deux mots (ex. : *«Entre **ou** sors!»*) ou deux groupes de mots (ex. : *«Le livre de Patrick **et** celui de François»*). ● *«Si», «parce que» sont des **conjonctions** de subordination.*

■ **conjonctif** adj. ● *«Ainsi que» est une locution **conjonctive**.*

conjoncture nom f. ● *La **conjoncture** économique* : la situation économique. ★ Ne pas confondre avec *conjecture*.

conjugal adj. ● *Le domicile **conjugal**,* du mari et de la femme, des époux. ★ Chercher aussi : conjoint.

1. conjuguer v. ● *Conjuguer un verbe* : en réciter toutes les formes.

■ **conjugaison** nom f. Ensemble des formes d'un verbe (voix, mode, temps, personne, nombre).

2. conjuguer v. (littér.) ● *Pour faire ce travail, Julien et Luc **ont conjugué** leurs efforts,* ont uni leurs efforts.

connaître v. 1 ● *Tu **connais** ce mot* : tu l'as déjà entendu, tu le comprends (→ SYN. savoir ; CONTR. ignorer). 2 ● *Laurent **connaît** cet arbre* : il l'a déjà vu, il sait son nom. — ● *Je **connais** le boucher* : je l'ai rencontré, je sais son nom, je lui ai parlé (→ connaissance, sens 3). 3 ● *Mes parents **connaissent** l'Italie* : ils l'ont visitée. 4 ● *Mon professeur **connaît** l'allemand* : il sait le parler. 5 S'Y CONNAÎTRE EN... ● *Éric **s'y connaît en** moteurs* : il s'intéresse aux moteurs, il sait bien comment ils sont faits et comment ils fonctionnent. 6 ● *Ce livre **a connu** un grand succès* : il a eu un grand succès. ★ Conjug. 37.

■ **connaissance** nom f. 1 ● *La **connaissance** d'une langue étrangère est très utile.* 2 (au plur.) ● *Dominique va nous montrer ses **connaissances** en géographie,* les choses qu'il sait. 3 ● *Ce monsieur est une vieille **connaissance**,* une personne que je connais depuis longtemps (→ SYN. relation). 4 FAIRE CONNAISSANCE. ● *C'est l'année dernière que nous **avons fait connaissance** avec les Dupont,* que nous les avons rencontrés pour la première fois. 5 PERDRE CONNAISSANCE : s'évanouir (→ SYN. perdre conscience*, sens 2). 6 PRENDRE CONNAISSANCE DE. ● *Il **a pris connaissance** de cette lettre* : il l'a lue pour savoir ce qu'elle contenait. 7 EN CONNAISSANCE DE CAUSE. ● *Ils ont choisi cet appartement **en connaissance de cause**,* en sachant bien ce qu'ils faisaient (→ SYN. consciemment).

■ **connaisseur** nom m. ● *Mon oncle sait apprécier la bonne cuisine, c'est un connaisseur*, une personne qui s'y connaît (→ connaître, sens 5).

connecter v. ● *Quand tu branches un appareil ou une lampe sur une prise de courant, tu les connectes avec le circuit électrique, tu les relies à ce circuit.*
■ **connexion** nom f. ● *Une connexion électrique.*

connétable nom m. Au Moyen Age, chef de l'armée.

connivence nom f. Accord secret. — ÊTRE DE CONNIVENCE AVEC QUELQU'UN. ● *Pour lui faire cette surprise, nous étions de connivence : nous nous étions mis d'accord en secret (→ complicité).*

connu adj. ● *Ce chanteur est connu*, célèbre (→ connaître, sens 2 ; CONTR. inconnu).

conquérir v. **1** ● *L'armée romaine a conquis la Gaule : elle l'a occupée par la force, en combattant (→ conquérant, sens 1 ; SYN. envahir, soumettre). **2** ● *Le chevalier a conquis le cœur de la princesse : il a gagné son cœur, il l'a séduite (→ conquête, sens 2). ★ Conjug. 18.*
■ **conquérant** nom et adj. **1** nom ● *Les conquérants sont entrés dans la ville.* **2** adj. ● *Il nous a regardés d'un air conquérant*, d'un air sûr de lui, prétentieux.
■ **conquête** nom f. **1** ● *Connais-tu toutes les conquêtes de Napoléon ?*, tous les pays qu'il a conquis. ● *Les antibiotiques sont une conquête de la science.* **2** ● *Comme elle est belle ! Elle va faire des conquêtes.*

consacrer v. **1** ● *Consacrer une église, une chapelle : lui donner son caractère sacré, religieux, en la dédiant à Dieu (→ consécration, sens 1). **2** ● *Ce médecin a consacré sa vie au service de ses malades : il a employé toute sa vie au service de ses malades (→ consécration, sens 1). **3** ● *Pouvez-vous me consacrer une heure ?*, m'accorder une heure de votre temps.
■ **consacré** adj. **1** ● *Ses après-midi sont consacrés à la lecture.* **2** EXPRESSION CONSACRÉE. ● *«Le jour du Seigneur» est l'expression consacrée que l'on emploie pour dire «dimanche», c'est une façon habituelle de le dire.*

conscience nom f. **1** AVOIR CONSCIENCE DE. ● *En ce moment, j'ai conscience d'être en train de respirer : je le sens, je le sais, je m'en rends compte.* **2** PERDRE CONSCIENCE. ● *Gilles a eu si peur qu'il a perdu conscience*, qu'il s'est évanoui, qu'il a perdu connaissance (→ inconscient). **3** ● *C'est ta conscience qui te fait sentir ce qui est bien et ce qui est mal.* — AVOIR QUELQUE CHOSE SUR LA CONSCIENCE : sentir ou savoir que l'on a fait quelque chose de mal. **4** ● *Charles a fait son travail avec conscience*, en s'appliquant de son mieux (→ consciencieux, consciencieusement).
■ **consciencieux** adj. ● *Patricia est une élève consciencieuse*, sérieuse, appliquée.
■ **consciencieusement** adv. ● *Avant de partir, ils ont tout rangé consciencieusement*, en s'appliquant de leur mieux.
■ **conscient** adj. ● *Hugues est très conscient du danger : il sait qu'il court un danger (→ conscience, sens 1 ; CONTR. inconscient).
■ **consciemment** [kɔ̃sjamɑ̃] adv. ● *Elle a dit cela consciemment*, en sachant bien ce qu'elle disait, exprès (→ SYN. en connaissance* de cause).

conscrit nom m. ● *À la caserne, l'adjudant accueille les conscrits*, les jeunes gens qui ont été appelés pour faire leur service militaire.

consécration nom f. **1** ● *La consécration du pain et du vin est une partie de la messe catholique (→ consacrer, sens 1). **2** ● *Ce livre a reçu la consécration : il a eu un prix, ou beaucoup de succès.*

consécutif adj. ● *La semaine dernière, il a neigé pendant quatre jours consécutifs*, pendant quatre jours de suite.

conseil nom m. **1** ● *As-tu suivi le conseil que le moniteur t'a donné ?*, l'avis qu'il t'a donné, la recommandation qu'il t'a faite ? **2** ● *Le Conseil des ministres,* le **Conseil** de sécurité, le **Conseil** de classe, etc. sont des réunions, des assemblées où des personnes discutent des problèmes et donnent leur avis.

■ **conseiller** v. 1 ● *Maman m'a bien* **conseillé** *de mettre un imperméable, elle me l'a recommandé* (→ CONTR. déconseiller). 2 ● *Pour l'achat de leur machine à laver, le vendeur les* **a conseillés** *: il leur a donné son avis pour les aider à choisir.*

■ **conseiller** nom 1 ● *Pour choisir un métier, il est allé voir la* **conseillère** *d'orientation, une personne qui donne des conseils sur les études ou les métiers.* 2 ● *Son oncle est* **conseiller** *municipal : il fait partie du conseil municipal de sa commune.*

consensus [kɔ̃sɛ̃sys] nom m. ● *Un large* **consensus** *s'est finalement établi :* accord entre tous.

consentir à v. 1 ● *Ils* **consentent à** *nous aider :* ils sont d'accord pour nous aider (→ SYN. accepter ; acquiescer). 2 ● *La directrice* **a consenti à** *mon départ :* elle m'a permis de partir (→ SYN. autoriser ; CONTR. interdire). ★ Conjug. 15.

■ **consentement** nom m. ● *Pour passer une frontière, il te faut le* **consentement** *de tes parents,* leur autorisation, leur accord (→ SYN. acceptation ; CONTR. interdiction).

conséquence nom f. ● *Avant de se décider, elle devrait réfléchir aux* **conséquences**, *aux suites, aux résultats que sa décision entraînera* (→ SYN. (fig.) fruit, sens 2). — ● *Les causes et les* **conséquences** *d'un acte.*

■ **conséquent** adj. 1 ● *Tu ne peux pas te plaindre du froid et sortir sans tricot ; il faut être* **conséquent**, logique, raisonnable. 2 PAR CONSÉQUENT, loc. adv. ● *Il ne reste plus de farine,* **par conséquent** *nous ne pouvons pas faire ce gâteau* (→ SYN. donc).

conservatoire nom m. ● *Au* **conservatoire** *de notre ville, Delphine apprend le piano et Valérie suit des cours de danse et de théâtre.*

conserver v. 1 ● *Mon oncle et ma tante surgèlent chaque année des fraises pour les* **conserver**, *pour les garder en bon état, pour qu'elles ne s'abîment pas* (→ conservation ; conserve). 2 ● *Pascale* **conserve** *un bon souvenir de ses vacances :* elle en garde un bon souvenir. 3 ● *Bien qu'il soit très vieux, il* **a conservé** *tous ses cheveux :* il ne les a pas perdus.

■ **conservateur, -trice** nom 1 ● *Le* **conservateur** *d'un musée est la personne chargée de le diriger.* 2 ● *Les gens qui veulent garder les idées et les habitudes du passé sont des* **conservateurs**. □ adj. ● *Les partis politiques* **conservateurs** *sont opposés aux partis révolutionnaires.*

■ **conservation** nom f. ● *On met les aliments au frais pour les garder en bon état de* **conservation**.

■ **conserve** nom f. ● *Marie mange souvent des* **conserves**, *des aliments conservés dans des boîtes métalliques ou des bocaux.* — ● *Ouvrir une boîte de* **conserve**.

considérable adj. ● *Ces bijoux ont une valeur* **considérable**, une très grande valeur. — ● *Nous avons appris une nouvelle* **considérable**, très importante (→ considérer, sens 2).

■ **considérablement** adv. ● *Depuis dix ans, le nombre des voitures a* **considérablement** *augmenté,* beaucoup augmenté.

considérer v. 1 ● *Sylvie* **a considéré** *le chien avec attention :* elle l'a examiné (→ SYN. observer). 2 ● *Cet homme* **est** *très* **considéré** *dans son village :* il est très estimé, très respecté (→ considération, sens 3). 3 ● *Il* **considère** *que Didier est son ami :* il pense, il estime que Didier est son ami. ★ Conjug. 8.

■ **considération** nom f. 1 ● *Je ne suis pas convaincu par toutes ces* **considérations**, *par toutes ces raisons que j'ai examinées.* 2 PRENDRE QUELQUE CHOSE EN CONSIDÉRATION : en tenir compte, lui accorder de l'attention. 3 ● *J'ai beaucoup de* **considération** *pour elle,* beaucoup de respect, d'estime (→ se déconsidérer).

consigne nom f. **1** • *En arrivant à la gare, il a laissé sa valise à la **consigne**,* à l'endroit où les bagages sont gardés. **2** • *Quand je lui rendrai cette bouteille de jus de fruits vide, l'épicier me remboursera la **consigne**,* l'argent qu'il m'a demandé pour la bouteille, en plus du prix du jus de fruits. **3** • *En cas d'incendie, suivez les **consignes** de sécurité,* les instructions qui expliquent ce qu'il faut faire. **4** • *Ces chahuteurs ont eu trois heures de **consigne**,* de retenue (→ SYN. (fam.) colle).

■ **consigner** v. **1** • *Les bouteilles en plastique ne **sont** pas **consignées*** (→ consigne, sens 2). **2** • *Les soldats **ont été consignés** :* ils n'ont pas eu la permission de quitter la caserne. **3** • *Dans son rapport, le gendarme a **consigné** les détails de l'accident :* il les a notés, écrits.

consistant adj. • *Une pâte **consistante**,* épaisse, presque solide (→ CONTR. inconsistant).

■ **consistance** nom f. **1** • *Quelle est la **consistance** de ce produit ?,* est-il pâteux ? liquide ? solide ? **2** PRENDRE CONSISTANCE. • *À mesure qu'il sèche, ce mélange **prend consistance**,* durcit.

consister v. **1** CONSISTER À : avoir pour but de. • *Le jeu **consiste** à envoyer les fléchettes le plus près possible du milieu de la cible.* **2** CONSISTER EN. • *Tout son mobilier **consiste en** une table et un lit,* se compose d'une table et d'un lit.

console nom f. • *Ce meuble qui ressemble à une demi-table appuyée contre un mur est une **console**.*

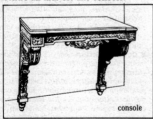

console

consoler v. • *Quand Henri pleurait, tu l'**as consolé** :* tu as essayé de calmer son chagrin (→ inconsolable).

■ **consolation** nom f. • *Ces amis leur ont dit quelques mots de **consolation**,* pour les consoler (→ SYN. réconfort).

■ **consolateur, -trice** adj. et nom • *Vos paroles **consolatrices** m'ont donné du courage.*

consolider v. • *Yves a recollé les pieds de cette chaise pour la **consolider**,* la rendre plus solide, la renforcer.

■ **consolidation** nom f. Le fait de consolider.

consommer v. • *Les habitants des pays riches **consomment** beaucoup de viande :* ils en utilisent beaucoup pour se nourrir. — • *Son auto **consomme** trop d'essence :* elle en utilise trop pour fonctionner.

■ **consommation** nom f. **1** • *Notre **consommation** d'électricité a diminué le mois dernier,* la quantité d'électricité que nous avons consommée. **2** • *Il a proposé de payer les **consommations**,* les boissons que nous avons commandées et bues au café.

■ **consommateur, -trice** nom **1** • *Ils ont formé une association pour la défense des **consommateurs**,* ceux qui achètent et utilisent les produits du commerce. **2** • *Les **consommateurs**, dans un café :* ceux qui prennent des consommations.

consonne nom f. • *Dans le mot « lettre », il y a quatre **consonnes** (l, t, t, r) et deux voyelles.*

conspirer v. • *Ils **conspirent** pour renverser le dictateur :* ils s'entendent en secret, ils complotent.

■ **conspiration** nom f. • *On avait découvert une **conspiration** contre l'Empereur,* un complot secret.

■ **conspirateur, -trice** nom • *Les **conspirateurs** se réunissaient la nuit dans cette maison,* les personnes qui conspiraient.

conspuer v. • *Dans le stade, des spectateurs en colère **ont conspué** l'arbitre :* ils lui ont crié des injures (→ SYN. huer, injurier ; CONTR. acclamer, applaudir).

constance nom f. **1** • *Claude montre beaucoup de* **constance** *dans son travail*, beaucoup de régularité et de persévérance. **2** • *Le jour et la nuit se suivent avec* **constance**, *toujours de la même façon.*

■ **constant** adj. **1** • *Nous sommes fatigués par ce bruit* **constant**, *par ce bruit qui ne s'arrête jamais* (→ SYN. perpétuel, permanent). **2** • *Grâce au thermostat, la température du four reste* **constante** : *elle ne varie pas* (→ SYN. invariable).

■ **constamment** adv. • *S'il vous plaît, ne me dérangez pas* **constamment**, *en permanence, à toute occasion* (→ SYN. sans cesse).

constater v. • *Le maître* **a constaté** *que Thomas était absent* : il a vu, il a remarqué qu'il était absent.

■ **constatation** nom f. • *Il m'a fait part de ses* **constatations**, *de ce qu'il a observé, remarqué.*

■ **constat** nom m. • *Après l'accident, l'agent a fait un* **constat** : il a indiqué par écrit ce qu'il a constaté, observé. ★ Chercher aussi : procès-verbal.

constellation nom f. Groupe d'étoiles. • *Sandrine connaît deux* **constellations** : *la Petite et la Grande Ourse.*

■ **constellé** adj. **1** • *La robe de la reine était* **constellée** *de diamants*, parsemée de diamants (qui brillent comme les étoiles dans le ciel). **2** (fig.) • *Ton blouson est* **constellé** *de taches*, couvert de taches.

consterner v. • *Leur méchanceté et leur bêtise m'***ont consterné** : *elles m'ont stupéfié et attristé* (→ SYN. attrister, désoler, navrer).

■ **consternant** adj. • *Les résultats sont* **consternants** (→ SYN. navrant).

■ **consternation** nom f. • *Cette nouvelle a plongé toute la famille dans la* **consternation**, *dans les regrets, dans une grande peine* (→ SYN. désolation).

constipé adj. **1** • *Depuis plusieurs jours, Frédéric ne va plus aux W.-C., il est* **constipé**. **2** (fig. et fam.) • *Il paraît ridicule, avec son air* **constipé**, *son air raide et embarrassé.*

■ **constipation** nom f. • *Les pruneaux sont un bon remède contre la* **constipation** (→ CONTR. colique, diarrhée).

constituer v. **1** • *Ces 24 élèves* **constituent** *une classe* : *ils forment une classe* (→ SYN. composer). **2** • *Nous* **avons constitué** *une équipe de football* : *nous l'avons formée, organisée, créée* (→ constitution, sens 2). **3** • *Le bébé* **est** *bien* **constitué** : *il est physiquement bien formé* (→ constitution, sens 3).

■ **constitution** nom f. **1** • *Nous avons étudié la* **constitution** *de l'eau, la manière dont elle est formée, sa composition.* **2** • *La* **constitution** *d'un club, sa formation.* **3** • *Valérie a une bonne* **constitution** : *elle est bien portante.* **4** • *La* **constitution** *d'un pays est l'ensemble des lois qui organisent la façon dont il doit être dirigé* (→ constitution, sens 2).

■ **constituant** adj. **1** • *L'hydrogène et l'oxygène sont les éléments* **constituants** *de l'eau, les éléments qui la composent.* **2** • *Une assemblée* **constituante** *est une réunion de personnes chargées de créer une constitution pour un pays.*

■ **constitutionnel** adj. • *Cette loi n'est pas* **constitutionnelle** : *elle n'est pas en accord avec la constitution du pays* (→ CONTR. anticonstitutionnel).

construire v. **1** • *Le maçon* **construit** *une maison* : *il la bâtit* (→ SYN. **1**. édifier ; CONTR. démolir, détruire). **2** • *Avec une règle et un compas, on peut* **construire** *un triangle rectangle, le dessiner, le tracer.* **3** • *Avec ces mots, je* **construis** *une phrase* : *je mets les mots dans le bon ordre pour faire une phrase.* ★ Chercher aussi : reconstruire. ★ Conjug. 43.

■ **construction** nom f. **1** • *Ils ont terminé la* **construction** *de la maison* (→ CONTR. démolition, destruction). **2** • *Dans ce quartier, tu peux voir de nouvelles* **constructions**, *des maisons, des immeubles, des bâtiments.* **3** • *La* **construction** *d'une phrase* : *la façon dont elle est composée, la place des mots dans la phrase.*

■ **constructeur, -trice** nom ● *On peut admirer les **constructeurs** qui ont bâti cette cathédrale.*

■ **constructif** adj. ● *Elizabeth a un esprit **constructif**, capable d'imaginer des solutions efficaces, de faire des propositions intelligentes.*

consul nom m. **1** ● *A Rome, dans l'Antiquité, les **consuls** étaient des personnages très puissants.* **2** ● *Aujourd'hui, un **consul** est une personne qui s'occupe des intérêts de ses compatriotes dans un pays étranger (par exemple le **consul** de France à Londres s'occupe des Français qui vivent en Grande-Bretagne)* (→ consulat). ★ Chercher aussi : ambassadeur.

■ **consulat** nom m. ● *Avant de partir pour les États-Unis, j'ai demandé un visa au **consulat** américain à Paris, aux bureaux dirigés par le consul des États-Unis.*

consulter v. **1** ● *Avant de choisir un film, tu devrais **consulter** ton ami, lui demander son avis.* **2** ● *Hervé ne se sent pas bien, il va **consulter** un médecin, se faire examiner par un médecin.* **3** ● *Quand Nicolas ne comprend pas un mot, il **consulte** le dictionnaire : il cherche des renseignements dans le dictionnaire.*

■ **consultation** nom f. ● *Chaque après-midi, le docteur Dupont donne des **consultations** : il reçoit les malades pour les examiner.*

consumer v. ● *Le feu **consume** le bois : il le détruit en le brûlant.* □ v. pron. ● *Un cigare **se consume** lentement dans le cendrier.*

contact nom m. **1** AU CONTACT DE. ● *Il frissonne **au contact de** la glace,* en la touchant. **2** ÊTRE EN CONTACT. ● *Le courant électrique peut passer entre deux objets en métal quand ils **sont en contact**,* quand ils se touchent. **3** ● *Un **contact** électrique est formé par deux fils électriques qui se touchent et laissent ainsi passer le courant.* — METTRE, COUPER LE CONTACT. ● *Pour faire démarrer le moteur d'une voiture, on commence par **mettre le contact**,* permettre au courant de la batterie d'arriver jusqu'au démarreur électrique (en tournant la clé de contact sur la position qui convient). **4** PRENDRE CONTACT (AVEC QUELQU'UN) : entrer en relation avec quelqu'un (→ contacter). ● *Pour nous inviter, ils ont **pris contact avec** nous par téléphone.*

■ **contacter** v. PRENDRE CONTACT AVEC QUELQU'UN, le rencontrer.

contagieux adj. **1** ● *La rougeole est une maladie **contagieuse**, une maladie qui se transmet facilement.* **2** ● *Si tu vas voir Alain, tu risques d'attraper les oreillons, car il est encore **contagieux** : il peut encore te communiquer sa maladie.* **3** (fig.) ● *Son fou-rire était **contagieux** : tous ceux qui étaient autour de lui se mettaient à rire.*

■ **contagion** nom f. ● *L'infirmière s'est approchée du malade sans craindre la **contagion**, sans craindre d'attraper sa maladie.*

container [kɔ̃tɛnɛʀ] → conteneur.

contaminé adj. ● *Ne buvez pas l'eau de ce puits, elle est **contaminée** : elle est pleine de microbes, elle peut donner des maladies* (→ SYN. infecté).

contaminer v. Communiquer un microbe ou un virus. ● *François avait la grippe et il **a contaminé** la moitié de la classe.*

■ **contamination** nom f. ● *Il faut bien se laver les mains, pour éviter la **contamination**.*

conte nom m. ● *«Blanche-Neige» est un **conte**, une histoire inventée qui raconte des aventures merveilleuses* (→ conter). ★ Ne pas confondre avec compte et comte.

contempler v. ● *Du haut de la colline, David **contemple** le paysage : il le regarde longuement en l'admirant.*

■ **contemplation** nom f. ● *Elle était en **contemplation** devant un tableau : elle le regardait avec admiration.*

contemporain adj. **1** ● *Toi et moi, nous sommes **contemporains** : nous vivons à la même époque.* □ nom ● *Molière était un **contemporain** de La Fontaine.* **2** ● *Ils ont écouté un concert de mu-*

sique **contemporaine**, de musique moderne. — • L'époque **contemporaine** (→ SYN. actuel ; CONTR. ancien).

conteneur nom m. Très grande caisse métallique qui sert pour le transport. • Nos meubles sont partis par bateau, emballés dans un **conteneur** (→ SYN. container : mot anglais que l'on ne doit plus employer).

contenir v. 1 • L'eau de mer **contient** du sel : il s'y trouve du sel (→ SYN. renfermer). 2 • Cette bouteille **contient** de l'eau (→ contenant). 3 • Ce livre **contient** des informations intéressantes sur la vie des animaux (→ contenu, sens 2). 4 • Au passage du cortège, les agents essayaient de **contenir** la foule, de l'empêcher d'avancer. ★ Conjug. 19. ■ **se contenir** v. pron. • Ne vous mettez pas en colère, essayez de **vous contenir**, de vous dominer, de vous retenir. ■ **contenance** nom f. 1 • Ce réservoir a une **contenance** de 35 litres : il peut contenir 35 litres (→ SYN. capacité). 2 • Devant mes reproches, il ne savait plus quelle **contenance** prendre, quelle attitude, quel comportement prendre. — PERDRE CONTENANCE : être tout à coup embarrassé, se troubler (→ SYN. se décontenancer). ■ **contenant** nom m. • Une bouteille, une boîte, une valise, un tonneau sont des **contenants**, des objets qui peuvent contenir quelque chose.

content adj. 1 • Tu as l'air tout **content**, tout joyeux. • Rémi est **content** de son vélo : il en est satisfait. 2 • Le professeur est **content** de toi : il est satisfait de ton travail. 3 • Sophie est **contente** d'aller au cirque : elle est heureuse d'y aller (→ CONTR. mécontent). ■ **contenter** v. • Ce client est bien difficile à **contenter**, à satisfaire (→ CONTR. mécontenter). ■ **se contenter de** v. pron. • Pour dîner, il **s'est contenté d'**une tranche de jambon : une seule tranche de jambon lui a suffi. ■ **contentement** nom m. • Quand Laure lui a offert ces fleurs, son **contentement** faisait plaisir à voir, sa joie, sa satisfaction.

contenu nom m. 1 • L'étiquette nous indique le **contenu** de cette boîte, ce qu'il y a dedans (→ contenir, sens 1 et 2). — • Le **contenu** et le contenant. 2 • J'ai oublié le **contenu** de son discours, ce qu'il disait, les idées qu'il exprimait.

conter v. Raconter (une histoire inventée, un conte, etc.). • Je vais vous **conter** l'histoire de Barbe-Bleue (→ conteur). ★ Ne pas confondre avec compter.

contester v. • Ludovic n'est pas d'accord avec moi, il **conteste** ce que je dis : il le discute, il refuse de l'admettre (→ CONTR. approuver). ■ **contestable** adj. • Elle n'a pas forcément raison, ses idées sont **contestables** : on peut les discuter, en douter (→ SYN. discutable ; CONTR. incontestable). ■ **contestation** nom f. • La décision a été acceptée sans **contestation**, personne ne s'y est opposé. ■ **contestataire** adj. • La grève a été organisée par des étudiants **contestataires**, qui contestent. □ nom • Les **contestataires** voudraient changer le monde.

conteur, -teuse nom • Ce vieil homme qui raconte si bien les histoires de sa région est un bon **conteur** (→ conter). ★ Ne pas confondre avec compteur.

contexte nom m. 1 Texte qui entoure un mot ou une phrase. • Un mot peut changer de sens selon les **contextes**. 2 Circonstances qui entourent un fait, un événement, une personne. • Dans le **contexte** actuel, il est difficile d'augmenter le budget (mot surtout employé pour la situation économique).

contexture nom f. • Ce tissu a une très agréable **contexture** (→ SYN. texture).

contigu, contiguë [kɔ̃tigy] adj. • Nos deux chambres sont **contiguës** : elles sont situées l'une à côté de l'autre, elles se touchent. ★ Attention au tréma sur le e de contiguë.

continent nom m. • L'Europe, l'Asie, l'Afrique, l'Amérique, l'Australie, l'Antarctique sont les six **continents**, les

six grandes étendues de terre que l'on peut parcourir sans traverser d'océan.
■ **continental** adj. ● *Le climat* **continental** : *celui que l'on rencontre à l'intérieur des continents, dans les régions éloignées des mers.*

contingences nom f. plur. *Petits événements.* ● *Ce sont les* **contingences** *de la vie.* — ● *Il faut tenir compte des* **contingences**.

contingent nom m. **1** ● *L'ensemble des jeunes gens qui font en même temps leur service militaire s'appelle le* **contingent**. — ● *Les soldats du* **contingent**. ★ Chercher aussi : conscrit. **2** (fig.) UN CONTINGENT DE. ● *Le bateau a débarqué* **un contingent de** *touristes, un ensemble de touristes, de nombreux touristes.*

continuer v. **1** ● *Ce chemin ne se termine pas ici, il* **continue** *jusqu'à la gare* : *il va jusqu'à la gare* (→ SYN. se prolonger). **2** ● *Cécile* **continue** *son travail* : *elle poursuit son travail, elle ne l'arrête pas* (→ CONTR. cesser, interrompre). **3** ● *On peut dire :* « *ils* **ont continué à jouer** » ; *ou bien :* « *ils* **ont continué de jouer** ».
■ **continuation** nom f. ● *La* **continuation** *d'un travail* (→ SYN. poursuite, prolongation ; CONTR. expiration, 1. fin).
■ **continu** adj. **1** ● *Les vagues de la mer font un mouvement* **continu**, *qui ne s'arrête jamais.* **2** LIGNE CONTINUE. ● *Au milieu de la route, une* **ligne continue** *interdit aux voitures de doubler* (→ CONTR. discontinu). **3** JOURNÉE CONTINUE. ● *Au bureau, maman fait la* **journée continue** : *elle interrompt son travail très peu de temps pour déjeuner et rentre plus tôt le soir.*
■ **continuel** adj. ● *Nos vacances ont été gâchées par une pluie* **continuelle**, *qui ne cessait pas de tomber.*
■ **continuellement** adv. ● *Olivier et Caroline se disputent* **continuellement**, *sans arrêt, constamment* (→ SYN. sans cesse*).

contorsion nom f. *Mouvement exagéré qui tord le corps.* ● *Les* **contorsions** *de ce clown sont très drôles.*

contour nom m. **1** ● *Pour faire une carte de France, je commence par en dessiner le* **contour**, *la ligne qui en fait le tour et indique sa forme extérieure.* **2** ● *Les* **contours** *d'un visage* (→ SYN. forme, galbe, ligne).

contourner v. ● *Pour arriver au village, il faut* **contourner** *la forêt, en faire le tour, la longer sans y pénétrer.*

contraception nom f. *Fait de limiter les naissances ; les différents moyens d'y parvenir.* ● *S'informer sur la* **contraception**.
■ **contraceptif** adj. et nom. ● *Les moyens* **contraceptifs**. ● *Un contraceptif.*

1. contracter v. ● *Mon père* **a contracté** *une nouvelle assurance contre les accidents de voiture* : *il a pris une assurance, il a signé un contrat d'assurance.*
■ **contractuel** adj. et nom **1** adj. ● *Le contrat de location de notre appartement indique que le loyer doit être payé le 1er de chaque mois ; c'est une obligation* **contractuelle**, *inscrite dans le contrat.* **2** nom. UN CONTRACTUEL, UNE CONTRACTUELLE. *Personne qui travaille pour une administration, mais qui a un contrat particulier et n'est pas fonctionnaire.* — ● *Les* **contractuelles** *qui mettent des contraventions aux voitures sont des auxiliaires ; elles n'ont pas les mêmes droits que les agents de police.*

2. contracter v. **1** (littér.) ● *Cet hiver, j'ai* **contracté** *une grippe, je l'ai attrapée.* **2** (fig.) ● *Tu* **as contracté** *une mauvaise habitude, tu l'as prise.*

3. se contracter v. pron. ● *Les muscles de l'ouvrier* **se contractent** *sous l'effort, ils se resserrent et durcissent, ils se tendent* (→ SYN. se raidir).
■ **contracté** adj. ● *Avant l'examen, l'élève est* **contracté**, *énervé, tendu* (→ CONTR. décontracté).
■ **contraction** nom f. ● *J'ai mal aux jambes après la course, à cause de la* **contraction** *des muscles, à cause de leur gonflement et de leur durcissement.* ★ Chercher aussi : crampe.

contradiction nom f. **1** ● *Lorsqu'il est fatigué, Luc ne supporte pas la **contradiction**, il ne supporte pas qu'on le contredise, qu'on exprime un avis opposé au sien* (→ contredire). — ● *Martin a l'esprit de **contradiction**, il aime s'opposer aux gens, les contredire.* **2** ● *Ces deux idées sont en **contradiction**, elles sont opposées, elles ne peuvent être toutes les deux exactes.*
■ **contradictoire** adj. ● *Mes idées et celles de Georges sont souvent **contradictoires**, opposées, contraires l'une à l'autre et incompatibles.*

contraindre v. ● *À l'aide de son fouet, le dompteur **contraint** le tigre à reculer, il l'oblige, il le force à reculer* (→ SYN. astreindre à). ★ Conjug. 35.
■ **contrainte** nom f. **1** SOUS LA CONTRAINTE. ● *Il a fait cela **sous la contrainte**, parce qu'on l'y a forcé, obligé.* **2** ● *Si tu acceptes cette responsabilité, tu en acceptes aussi les **contraintes**, les devoirs, les obligations, les aspects ennuyeux.*

contraire nom m. et adj. **A.** nom m. **1** ● *Michel est très désobéissant : il fait exactement le **contraire** de ce qu'on lui dit, l'inverse, l'opposé.* — AU CONTRAIRE, loc. exclamative ● « *Tu es malade ?* » — « *Au contraire, je me sens très bien.* » **2** ● *« Gentil » et « méchant » sont des **contraires**, des mots de sens opposés.* **B.** adj. **1** ● *Il trouve que son devoir est bon, mais je suis d'un avis **contraire**, différent, opposé.* **2** CONTRAIRE À. ● *Il a commis un acte **contraire** à la loi, en opposition avec elle.*
■ **contrairement** adv. ●*Contrairement à ce que tu penses, Lise est honnête.*

contrarier v. **1** ● *Ce retard vient **contrarier** mes projets, empêcher leur réussite* (→ CONTR. aider, favoriser). **2**● *Cette mauvaise nouvelle me **contrarie**, me mécontente et me fâche* (→ contrariété ; CONTR. réjouir). ★ Conjug. 10.
■ **contrariant** adj. **1** ● *Un événement **contrariant*** (→ contrarier, sens 1 ; SYN. ennuyeux, fâcheux). **2** ● *Une personne **contrariante**, qui contrarie souvent les autres, qui leur cause de la contrariété.*

■ **contrariété** nom f. ● *Quand il apprit cela, il éprouva une vive **contrariété*** (→ SYN. agacement, irritation, mécontentement ; CONTR. satisfaction).

contraste nom m. **1** ● *Entre la pluie d'hier et le beau soleil d'aujourd'hui, quel **contraste** !* quelle grande différence, quelle opposition (→ CONTR. ressemblance). **2** ● *Régler le **contraste** de l'image d'une télévision,* la différence de lumière entre les parties claires et les parties sombres de l'image.
■ **contraster** v. ● *Sa grosse voix d'adulte **contraste** avec son air enfantin,* elle est en contraste, en opposition avec lui.

contrat [kɔ̃tra] nom m. ● *L'employé signe avec son employeur un **contrat** de travail,* un accord écrit fixant leurs droits et leurs obligations (→ 1. contracter ; contractuel ; SYN. convention).

contravention [kɔ̃travɑ̃sjɔ̃] nom f. ● *Si tu ne respectes pas les feux rouges, tu vas avoir une **contravention**,* une condamnation à payer une amende.

1. contre prép. et adv. **1** ● *Pour ne pas se perdre, l'enfant se serrait **contre** son père.* — ● *Je pousse la table **contre** le mur,* jusqu'à ce qu'elle le touche. **2** ● *Il est difficile de nager **contre** le courant,* dans le sens inverse. — CONTRE TOUTE ATTENTE. ● *Contre toute attente, Jacques savait aujourd'hui sa leçon :* contrairement à ce que l'on attendait. — ALLER CONTRE QUELQUE CHOSE OU QUELQU'UN : s'y opposer. **3** PAR CONTRE, loc. adv. ● *Alain est mauvais en anglais, **par contre** il est très bon en sciences,* en revanche. **4** ● *Dans ce film, les Romains se battent **contre** les Gaulois.* **5** ● *Je te donne deux disques **contre** ce livre,* en échange de ce livre.

2. contre nom m. ● *Avant de te décider, il faut peser le pour et le **contre**,* les avantages et les inconvénients.

contre-attaque nom f. ● *Les soldats arrêtèrent de reculer et passèrent à la **contre-attaque**.*
■ **contre-attaquer** v. ● *Notre armée a **contre-attaqué**,* elle a attaqué à son tour ceux qui l'attaquaient.

contrebande nom f. ● *Dans le bateau, les douaniers ont découvert des marchandises de* **contrebande***, des marchandises que l'on fait passer d'un pays à l'autre en fraude, pour ne pas payer d'impôts ni subir de contrôle.*
■ **contrebandier** nom ● *Les* **contrebandiers** *attendent que la nuit tombe pour faire de la contrebande.*

en contrebas loc. adv. ● *De la route, nous pouvions voir la mer* **en contrebas***, plus bas en-dessous de nous.*

contrebasse nom f. ● *Mon frère joue de la* **contrebasse***, un grand instrument de musique à quatre cordes, qui produit des sons très graves et dont on joue avec ou sans archet.*

contrebasse

à contrecœur loc. adv. ● *Christian prête ses affaires* **à contrecœur***, avec réticence et mauvaise volonté* (→ CONTR. de bon cœur*, volontiers).

contrecoup nom m. ● *Denis est malade ; il subit le* **contrecoup** *de sa gourmandise, la conséquence.*

contredire v. ● *Même lorsqu'il se trompe, Bruno n'aime pas qu'on le* **contredise***, qu'on affirme le contraire de ce qu'il dit* (→ contradiction). — ● *Le résultat du match* **a contredit** *mes prévisions, il a été contraire à ce que je prévoyais.* ★ Conjug. 46, mais on dit : *(vous) contredisez* à la 2ᵉ personne du pluriel au présent de l'indicatif et de l'impératif.

■ **se contredire** v. pron. ● *Il se contredit : il dit le contraire de ce qu'il a dit auparavant.*

contrée nom f. (littér.) ● *Une belle* **contrée** *: une belle région.*

contre-exemple nom m. ● *Donne-moi un* **contre-exemple***, exemple qui contredit le premier.*

contrefaire v. ● **Contrefaire** *la signature de quelqu'un :* signer en imitant sa signature. — ● **Contrefaire** *sa voix* (→ SYN. déguiser, sens 2). ★ Conjug. 42.
■ **contrefaçon** nom f. ● *Attention, ce produit ressemble beaucoup à celui que tu as l'habitude d'utiliser, mais il s'agit d'une* **contrefaçon***, d'une imitation malhonnête.*

contrefort nom m. **1** ● *L'inondation a abîmé les* **contreforts** *du pont, les constructions qui soutiennent et renforcent ses piliers.* **2** ● *Les* **contreforts** *d'une montagne, ses premiers sommets peu élevés.*

contre-indication nom f. En médecine, cas où une prescription devient dangereuse. ● *Tu peux prendre ce médicament, il n'y a pas de* **contre-indication***.*

à contre-jour loc. adv. ● *Il est très difficile de reconnaître une personne que l'on voit* **à contre-jour***, devant une lumière qui l'éclaire par-derrière.*

contremaître nom m. ● *Le père de Gérard est* **contremaître** *dans une entreprise de construction, il est responsable d'une équipe d'ouvriers qui travaillent sous ses ordres.* ★ Chercher aussi : 2. maîtrise.

contrepartie nom f. **1** ● *Chaque fois que je parlais, Anne soutenait la* **contrepartie** *de ce que je disais, l'avis opposé, contraire.* **2** EN CONTREPARTIE, loc. adv. ● *J'aide François en mathématiques,* **en contrepartie** *il m'aide en français, en échange, en compensation.*

contre-pied nom m. **1** ● *Cet homme politique prend le* **contre-pied** *de ce que dit son adversaire, il affirme exactement le contraire, l'inverse.* **2** À CONTRE-PIED. ● *Le ballon m'a surpris* **à contre-**

pied, alors que j'étais sur le mauvais pied pour tirer.

contre-plaqué nom m. • *Cette armoire est faite en* **contre-plaqué**, *en planches formées de plusieurs fines lamelles de bois collées l'une sur l'autre.*

contrepoids [kɔ̃trəpwa] nom m. • *Pour équilibrer les grues, on les munit d'un* **contrepoids**, *d'un poids qui équilibre celui des charges qu'elles ont à lever.*

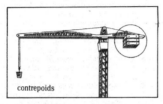

contrepoids

contrepoison nom m. Remède qui supprime les effets d'un poison (→ SYN. antidote).

contrer v. • *Nos footballeurs ont réussi à* **contrer** *l'attaque de l'équipe adverse, à s'opposer à cette attaque.* — **Contrer** *un interlocuteur,* le contredire, répondre à ses attaques.

contresens nom m. **1** • *Dans cette traduction, il y a beaucoup de* **contresens**, *de passages où la traduction est fausse.* **2** À CONTRESENS, *loc. adv.* • *Les policiers ont arrêté une voiture qui roulait à* **contresens** *sur l'autoroute, en sens inverse du sens normal.*

contretemps nom m. • *Je n'ai pas pu arriver à l'heure parce que j'ai eu un* **contretemps**, *un ennui, un incident qui m'a empêché d'arriver à temps.*

contrevenir v. • *Il ne faut pas* **contrevenir** *au règlement, si on ne veut pas avoir de contravention :* désobéir, agir contrairement à une règle, une loi.

contribuable nom • *Les routes, les ponts, les écoles sont construits avec l'argent versé par les* **contribuables**, *les personnes qui payent des impôts* (→ contribution, sens 2).

contribuer *à* v. • *De nombreux ouvriers* **ont contribué** *à la construction de notre maison, ont aidé, en travaillant ensemble, à sa construction* (→ SYN. collaborer, coopérer, participer).

■ **contribution** nom f. **1** • *Nous avons tous apporté notre* **contribution** *à la décoration de la salle de classe* (→ SYN. aide, apport, concours). **2** • *L'administration des* **contributions** *directes s'occupe de calculer et de percevoir les impôts directs* (→ contribuable).

contrôle nom m. **1** • *Hier, les pompiers sont venus à l'école pour faire un* **contrôle** *de sécurité, une vérification des systèmes de sécurité.* **2** • *Si l'on roule trop vite, on risque de perdre le* **contrôle** *de sa voiture, d'en perdre la maîtrise, de ne plus pouvoir la diriger.*

■ **contrôler** v. **1** • *À la frontière, la police* **contrôle** *les papiers des vacanciers, elle les examine et vérifie qu'ils sont en règle* (→ SYN. inspecter, vérifier). **2** • *L'armée victorieuse* **contrôlait** *tout le pays, elle le dominait.*

■ *se* **contrôler** v. pron. • *Marc a peur, mais il* **se contrôle** *parfaitement, il se domine et reste maître de lui* (→ SYN. se maîtriser).

■ **contrôleur** nom. Personne qui contrôle. • *Dans l'autobus, un* **contrôleur** *m'a demandé de lui montrer mon ticket.*

contrordre nom m. Ordre qui vient annuler un ordre donné précédemment. • *Il y a* **contrordre** : *les soldats ne partiront pas demain.*

controverse nom f. • *Arrêtez cette* **controverse,** *discussion où on s'affronte* (→ SYN. polémique).

contusion nom f. • *Hier, Catherine a eu un accident de bicyclette, mais elle n'a que des* **contusions**, *des blessures légères qui ne saignent pas.* ★ Chercher aussi : bleu, bosse.

convaincre v. **1** • *L'accusé avait essayé de* **convaincre** *le juge de son innocence, de le persuader* (→ conviction). **2** • *Jacques* **a été convaincu** *de mensonge, il n'a pas pu nier qu'il avait menti.* ★ Conjug. 36.

■ **convaincant** adj. Qui convainct. ● *Tu as des arguments convaincants.*

convalescence nom f. ● *La maladie de Claudine a été suivie d'une longue convalescence,* d'une période de repos nécessaire pour retrouver la santé.

■ **convalescent** nom ● *Cette maison de repos accueille des convalescents,* des gens pendant leur convalescence. □ adj. ● *Luce est encore convalescente, mais elle va mieux.*

convenable adj. 1 ● *Je ne peux pas faire ce travail, car je n'ai pas les outils convenables,* les outils qu'il faut pour le faire (→ convenir ; SYN. approprié). 2 ● *Un salaire convenable,* suffisant, assez élevé. 3 ● *Ne dis pas de gros mots, ce n'est pas convenable,* ce n'est pas bien (→ convenance, sens 2 ; SYN. correct, 1. poli ; CONTR. déplacé, inconvenant, incorrect).

■ **convenablement** adv. 1 ● *Étienne fait convenablement son travail,* il le fait bien, comme il faut. 2 ● *Tiens-toi convenablement !,* tiens-toi bien, correctement !

convenance nom f. 1 ● *J'arrive toujours en avance au cinéma pour trouver une place à ma convenance,* une place à mon goût, qui me plaise, qui me convienne (→ 1. convenir). 2 (au plur.) ● *Odile est très bien élevée, elle connaît les convenances,* les règles de la politesse (→ convenable, sens 3).

1. convenir v. 1 ● *Ces chaussures basses conviennent bien à la course à pied,* elles sont appropriées. 2 ● *Ce repas me convient,* il me plaît, je le trouve à mon goût. — ● *Viens dimanche, si cela te convient,* si cela t'est possible, si cela t'arrange. 3 v. impers. ● *Il convient d'être prudent,* il est bon d'être prudent, il faut être prudent. ★ Conjug. 19.

2. convenir de v. 1 ● *Conviens de ton erreur !,* reconnais ton erreur ! (→ SYN. admettre). 2 ● *Avant d'acheter cette voiture d'occasion, il faut convenir de son prix* (→ convention ; SYN. s'entendre, s'accorder sur). — COMME CONVENU. ● *Je lui ai donné cent francs,* comme convenu, comme il avait été décidé. ★ Conjug. 19.

convention nom f. 1 ● *Les patrons et les ouvriers ont signé une convention sur les salaires,* un accord (→ SYN. arrangement, contrat). 2 ● *Il est très attaché aux conventions,* aux bonnes manières, aux traditions. 3 ● *Les conventions du théâtre,* les règles spéciales.

converger v. ● *Les routes convergent vers la ville,* elles partent de points différents et conduisent à la ville. — ● *Nos raisonnements ne sont pas les mêmes, mais ils convergent,* ils aboutissent aux mêmes conclusions (→ CONTR. diverger). ★ Conjug. 5.

■ **convergent** [kɔ̃vɛrʒɑ̃] adj. ● *Des recherches convergentes,* allant dans le même sens (→ CONTR. divergent).

■ **convergence** nom f. Fait d'aller dans le même sens, vers le même but. ● *Grâce à la convergence de nos efforts, nous arriverons à résoudre le problème* (→ CONTR. divergence).

conversation nom f. ● *Hier soir, j'ai eu avec ma mère une longue conversation* (→ SYN. discussion, 2. entretien). — ● *Faire la conversation avec quelqu'un :* bavarder avec quelqu'un. — ● *Il a de la conversation,* il dit beaucoup de choses intéressantes.

convertir v. 1 v. pron. ● *Se convertir à une religion :* accepter ses croyances. 2 ● *Pour résoudre ce problème, il faut convertir les heures en minutes,* il faut les transformer en minutes, par une opération. ★ Conjug. 11.

■ **conversion** nom f. 1 ● *La conversion de Henri IV à la religion catholique,* son passage à la religion catholique. 2 ● *Les alchimistes croyaient possible la conversion du plomb en or* (→ SYN. transformation).

convexe [kɔ̃vɛks] adj. ● *Tu auras l'air tout gros et tout petit si tu te regardes dans un miroir convexe,* un miroir courbe, arrondi vers l'extérieur (→ SYN. bombé ; CONTR. concave).

conviction nom f. 1 ● *J'ai la conviction que Martin est un garçon honnête, j'en* ai la certitude, j'en suis sûr. **2** ● *Cet homme parle avec* **conviction**, *avec assurance, en croyant à ce qu'il dit* (→ convaincre). **3** PIÈCE À CONVICTION. ● *Le juge veut voir les* **pièces à conviction** *du crime,* les objets qui peuvent servir de preuves pendant un procès.

convier v. ● Inviter. ● *Pierre* **est convié** *à une fête.* ★ Conjug. 10.

■ **convive** nom. m. ● Participant à un repas. ● *Les* **convives** *sont nombreux autour de la table.*

convocation → convoquer.

convoi nom m. **1** ● *Sur l'autoroute, nous avons doublé un long* **convoi** *de camions,* un groupe de camions qui se suivent. **2** ● *Les rails étaient tordus ; le* **convoi** *s'est arrêté,* le train (formé d'un ensemble de wagons qui se suivent). **3** ● *Un* **convoi** *funèbre,* l'ensemble des personnes qui suivent un enterrement.

convoiter v. ● *Les pirates* **convoitaient** *les trésors que transportaient les navires :* ils en avaient très envie, ils désiraient les prendre, les posséder (→ CONTR. dédaigner, repousser).

■ **convoitise** nom f. ● *L'argent de cet homme excite la* **convoitise** *des voleurs,* leur désir de le lui prendre.

convoquer v. **1** ● *Le patron* **a convoqué** *un ouvrier dans son bureau,* il lui a demandé de venir le voir. **2** ● *Le président de la République* **a convoqué** *le Parlement,* il a demandé aux députés et aux sénateurs de se réunir.

■ **convocation** nom f. ● *Après son accident de vélo, Charles a reçu une* **convocation** *au tribunal,* une lettre qui lui demandait de se rendre au tribunal.

convoyer [kɔ̃vwaje] v. ● *Les gendarmes* **convoient** *l'argent vers la banque,* ils l'accompagnent tout au long de la route pour le protéger (→ SYN. escorter). ★ Conjug. 6.

convulsion nom f. ● *Après le repas, Anne a eu tellement mal au ventre qu'elle a été prise de* **convulsions**, de violentes contractions des muscles.

coopérer v. ● *Nous* **avons** *tous* **coopéré** *au succès de l'équipe,* nous avons

tous travaillé ensemble pour l'obtenir (→ SYN. collaborer, contribuer à, participer). ★ Conjug. 8.

■ **coopération** nom f. **1** ● *Pour que la fête soit réussie, j'ai besoin de votre* **coopération**, *de votre aide, de votre participation.* **2** ● *La France pratique une politique de* **coopération**, *d'aide aux pays qui sont en cours de développement.*

■ **coopérant** nom ● *Le père de Michel est* **coopérant** *en Afrique,* il travaille en Afrique dans le cadre de la coopération.

■ **coopérative** nom f. ● *Les paysans vendent leur lait à la* **coopérative** *du village,* une entreprise qu'ils ont créée ensemble, et dont ils se partagent les bénéfices.

coordonnées nom f. plur. ● *On repère un point dans un plan grâce à ses* **coordonnées** : abscisse et ordonnée.

coordonner v. ● *Au lieu de travailler chacun pour soi, nous devrions* **coordonner** *nos efforts,* les organiser en les mettant ensemble pour les rendre plus efficaces (→ SYN. combiner).

■ **coordination** nom f. **1** ● *Le succès d'un travail d'équipe dépend de sa* **bonne coordination**, *de sa bonne organisation.* **2** ● « *Mais, ou, et, donc, or, ni, car* » *sont les conjonctions de* **coordination**, qui servent à relier deux mots, deux groupes de mots qui ont la même fonction.

copain, copine nom (fam.) ● *Le mercredi, je joue au football avec des* **copains**. — ● *Un* **copain** *de régiment* (→ compagnon ; SYN. ami, camarade).

copeau nom m. ● *Dans un coin de l'atelier de menuiserie, il y a un tas de* **copeaux**, de déchets de bois enlevés par le rabot. — ● *Des* **copeaux** *de fer, d'acier, etc.*

copie nom f. **1** ● *Lorsque papa tape une lettre à la machine, il en garde toujours une* **copie**, *une reproduction,* un autre exemplaire, un double. **2** ● *Cette statue est une* **copie**, *une imitation, une reproduction* (→ CONTR. original). **3** ● *Le professeur va nous rendre nos* **copies**, *les feuilles sur lesquelles nous avons fait nos devoirs.*

copier v. **1** ● *Patrick a eu une punition : il devra copier trois fois la leçon d'histoire*, la reproduire fidèlement par écrit. **2** ● *Pendant l'exercice écrit, Rémi a copié sur son voisin :* il a regardé ce qu'écrivait son voisin et a écrit la même chose que lui. ★ Conjug. 10.

copieux adj. ● *Ce repas était copieux*, abondant (→ CONTR. frugal, léger).
■ **copieusement** adv. ● *Il s'est servi copieusement*, abondamment.

copine → copain.

copiste nom m. **1** ● *Il a réussi à copier un grand peintre, c'est un bon copiste.* **2** Celui qui recopiait les manuscrits avant l'invention de l'imprimerie.

copropriété nom f. ● *Mes parents possèdent cette maison en copropriété*, ils en sont les propriétaires avec d'autres personnes.
■ **copropriétaire** nom ● *Mon père et mon oncle sont copropriétaires d'une maison*, ils en sont propriétaires ensemble, chacun en possédant une partie.

1. coq nom m. **1** Mâle de la poule. **2** ÊTRE COMME UN COQ EN PÂTE : être dorloté, ne manquer de rien.

2. coq nom m. Cuisinier sur un bateau.

coq-à-l'âne nom m. FAIRE DU COQ-À-L'ÂNE, passer d'un sujet à l'autre. ★ Mot invariable.

1. coque nom f. **1** ● *Bernard casse la coque des noisettes avec ses dents*, leur enveloppe dure (→ SYN. coquille, sens 2). ● *Nous avons mangé des œufs à la coque*, cuits dans leur coquille, mais sans qu'ils soient durs (→ coquetier).

2. coque nom f. ● *Au bord de la mer, nous avons mangé des coques*, une variété de coquillages.

3. coque nom f. Partie d'un bateau qui est dans l'eau.

coquelicot nom m. Fleur des champs rouge qui pousse en été.

coqueluche nom f. **1** ● *L'an dernier, j'ai eu la coqueluche*, une maladie contagieuse qui fait tousser. **2** ● *Richard est* la *coqueluche de l'école*, le chouchou, celui que tout le monde aime beaucoup.

coquet adj. **1** ● *Michel est un garçon coquet*, qui prend soin de son aspect pour plaire aux autres gens (→ coquetterie). **2** ● *J'habite dans un logement coquet*, agréable et bien décoré. **3** (fam.) ● *Mon père a vendu sa voiture pour une somme coquette*, une somme assez importante.
■ **coquetterie** nom f. ● *Anne s'est mis une fleur dans les cheveux par coquetterie*, pour paraître plus belle.

coquetier nom m. ● *Maman m'a acheté un beau coquetier avec mon prénom gravé dessus*, une petite coupe pour manger les œufs à la coque.

coquillage nom m. **1** ● *Dimanche, nous avons mangé des coquillages au restaurant*, de petits animaux marins qui vivent dans une coquille. **2** ● *J'ai ramassé des coquillages sur la plage*, des coquilles vides.

coquille nom f. **1** ● *Lorsqu'il pleut, les escargots sortent de leur coquille*, de l'enveloppe dure qui recouvre leur corps et les protège. — ● *La plupart des mollusques ont une coquille.* ★ Chercher aussi : carapace. **2** ● *Les noix, les noisettes, les amandes ont une coquille*, une enveloppe dure. ★ Chercher aussi : 1. coque.

coquin adj. et nom ● *Mon petit frère est très coquin*, farceur, malin et espiègle (→ SYN. brigand, sens 2 ; fripon).

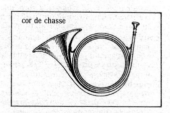
cor de chasse

1. cor nom m. COR (DE CHASSE) : instrument de musique à vent.

2. cor nom m. ● *Grand-père souffre d'un **cor** au pied*, d'une petite boule qui s'est formée sur un doigt de pied.

corail nom m. **1** Petit animal marin recouvert de calcaire. ● *Les **coraux** ressemblent à des pierres.* **2** Matière très dure dont sont formés les coraux et que l'on utilise en bijouterie. ● *Un collier en **corail**.*
■ **corallien** adj. ● *Une île **corallienne**,* formée par des coraux.

corbeau nom m. Gros oiseau à plumage noir ou gris.

corbeille nom f. **1** ● *Au dessert, maman a posé sur la table une **corbeille** de fruits,* un panier léger, de jonc ou de paille tressée. — ● *Une **corbeille** à pain* (dans laquelle on sert le pain). **2** ● *Au théâtre, nous étions assis à la **corbeille**,* au balcon.

corbillard nom m. ● *La famille, vêtue de noir, suit tristement le **corbillard**,* la voiture qui transporte le mort jusqu'au cimetière.

cordage nom m. ● *Les matelots hissent les voiles du navire à l'aide des **cordages**,* de grosses cordes très solides.
★ Chercher aussi : câble, filin.

corde nom f. **1** ● *Les bandits avaient ligoté le prisonnier avec une longue **corde*** (→ cordage, cordon). ★ Chercher aussi : ficelle. — ● *La **corde** d'un arc.* — (fig.) AVOIR PLUS D'UNE CORDE À SON ARC : avoir plusieurs moyens pour arriver à son but. — ÊTRE SUR LA CORDE RAIDE : être dans une situation difficile, dangereuse. **2** ● *La guitare, le violon, la contrebasse, sont des instruments à **cordes**,* qui sont munis de fils d'acier ou de boyaux qui produisent des sons lorsqu'on les gratte ou les frotte. **3** CORDES VOCALES. ● *Lorsque tu parles, tu fais vibrer tes **cordes vocales**,* les membranes de la gorge qui produisent les sons en vibrant au passage de l'air.
■ **cordelette** nom f. ● *Je porte au cou une **cordelette** avec une médaille,* une fine corde (→ SYN. cordon).

cordeau nom m. ● *Le jardinier trace les allées du jardin au **cordeau**,* avec une corde fine qu'il tend entre deux piquets pour obtenir une ligne droite.

cordée nom f. ● *Une **cordée** d'alpinistes tente l'escalade d'une haute montagne,* un petit groupe d'alpinistes qui s'attachent l'un à l'autre avec une corde, pour ne pas tomber (→ s'encorder).

cordial adj. ● *Mon père a des relations **cordiales** avec ses collègues de bureau,* des relations de bonne entente, amicales et chaleureuses (→ CONTR. hostile ; indifférent).
■ **cordialement** adv. ● *Il m'a accueilli **cordialement**,* amicalement, de manière bienveillante (→ CONTR. froidement).
■ **cordialité** nom f. ● *Ce que j'aime chez mon oncle, c'est sa **cordialité**,* sa gentillesse et sa simplicité.

cordon nom m. **1** ● *Josiane porte sa clé attachée autour du cou par un **cordon**,* par une petite corde (→ SYN. cordelette). — (fig.) TENIR LES CORDONS DE LA BOURSE : s'occuper des dépenses. **2** CORDON OMBILICAL. ● *Lorsqu'un bébé vient au monde, le médecin lui coupe le **cordon ombilical**,* ce qui le rattache à sa maman. **3** ● *Le président était protégé de la foule par un **cordon** de policiers,* une rangée de policiers.

cordon-bleu nom m. Très bon cuisinier. ● *Judith est un véritable **cordon-bleu**,* une cuisinière expérimentée.

cordonnier nom m. ● *Je vais porter mes chaussures chez le **cordonnier**,* l'artisan qui répare les chaussures.

coriace adj. ● *Je n'arrive pas à couper cette viande ; elle est vraiment **coriace**,* très dure.

cormoran nom m. Oiseau de mer au plumage sombre.

corne nom f. **1** ● *Les vaches, les chèvres ont deux **cornes**,* deux pointes dures sur la tête. **2** ● *Les sabots des chevaux, le bec des oiseaux, les ongles sont formés de **corne**,* une matière dure. **3** ● *J'ai fait une **corne** à une page de mon livre,* un pli dans le coin.
■ **corner** v. ● *J'ai **corné** cette feuille de papier :* je lui ai fait une corne (→ corne, sens 3).

213

cornée nom f. Partie transparente de l'enveloppe extérieure de l'œil, située à l'avant de celui-ci. ● *La cornée recouvre la pupille et l'iris.* ★ VOIR p. 970.

corneille nom f. Oiseau noir qui ressemble à un petit corbeau.

cornemuse nom f. ● *Les Écossais jouent de la cornemuse*, un instrument de musique formé d'une poche de cuir que l'on gonfle avec la bouche et de plusieurs tuyaux. ★ Chercher aussi : biniou.

1. corner [kɔʀne] → corne.

2. corner [kɔʀnɛʀ] nom m. ● *Lorsqu'un footballeur envoie le ballon derrière la ligne de but de son équipe, il y a corner :* il y a faute et l'équipe adverse a le droit de remettre le ballon en jeu à partir d'un angle du terrain.

cornet nom m. **1** ● *Un cornet (de papier) :* un morceau de papier enroulé de manière que l'une de ses extrémités forme une pointe. — *Un cornet de dragées, de frites.* **2** CORNET (À PISTONS) : instrument de musique ressemblant à une trompette.

corniche nom f. **1** ● *La corniche d'un bâtiment, d'une armoire :* la partie qui se trouve en haut et qui dépasse par rapport aux autres. **2** ● *Une route en corniche* (ou : *une corniche*) : une route qui surplombe la pente d'une montagne.

cornichon nom m. ● *Avec la viande froide, on mange souvent des cornichons*, des sortes de petits concombres conservés dans du vinaigre.

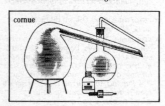
cornue

cornue nom f. Récipient muni d'une sorte de goulot étroit, recourbé et très long, que les chimistes utilisent pour faire chauffer des liquides. ★ Chercher aussi : distillation.

corolle nom f. ● *Les fleurs ouvrent leur corolle*, l'ensemble de leurs pétales.

coron nom m. ● *Lucien habite un coron*, maison ou quartier de mineurs dans le Nord de la France.

coronaire adj. ● *L'artère et la veine coronaires partent ou arrivent du cœur.* ★ Chercher aussi : artère, sens 1 et 1. veine. ★ VOIR p. 970.

corps nom m. **1** ● *Les hommes et les animaux ont un corps* (→ corporel). — CORPS À CORPS. ● *Les deux adversaires luttent corps à corps*, en se saisissant l'un de l'autre. **2** (fig.) À CORPS PERDU. ● *Il s'est jeté à corps perdu dans l'étude*, avec beaucoup d'ardeur. — PRENDRE CORPS. ● *Son projet, son rêve a pris corps :* il a commencé à se réaliser, à prendre forme. **3** ● *Le corps d'un bâtiment*, sa partie principale (→ CONTR. aile). **4** ● *Les chimistes appellent le fer, l'eau, l'oxygène, etc., des corps.* **5** CORPS CÉLESTE. ● *Les astronomes étudient les corps célestes*, les astres. **6** ● *Un corps de métier :* un ensemble de personnes exerçant le même métier. — ● *Le corps enseignant :* l'ensemble des professeurs et instituteurs (→ corporation). — ● *Le corps électoral :* l'ensemble des électeurs. — ● *Un corps de troupes :* une grande unité militaire.

■ **corporel** adj. ● *L'hygiène corporelle :* les soins apportés au corps pour le maintenir en bonne santé (→ SYN. 2. physique ; CONTR. moral).

■ **corporation** nom f. Ensemble de personnes exerçant le même métier (→ corps, sens 6).

■ **corporatif** adj. ● *Le règlement corporatif*, de la corporation.

corpulence nom f. ● *Catherine est de corpulence moyenne*, de grosseur moyenne.

■ **corpulent** adj. ● *Mon oncle est corpulent*, gros (→ CONTR. maigre).

corpuscule nom m. Très petite partie de matière.

correct adj. **1** ● *Quelle est la prononciation* ***correcte*** *de ce mot?,* la prononciation juste, sans faute (→ correction, sens 1; corriger, sens 1). **2** ● *Il a été très* ***correct*** *avec elle,* il a respecté les règles de la politesse, de la bonne éducation (→ correction, sens 2; SYN. convenable).

■ **correctement** adv. **1** ● *Il a répondu* ***correctement*** *à la question* (→ SYN. exactement). **2** ● *Tiens-toi* ***correctement!***

■ **correction** nom f. **1** ● *Son langage est d'une* ***correction*** *parfaite :* il est parfaitement correct (→ CONTR. incorrection). **2** ● *Il s'est conduit avec* ***correction****,* correctement. **3** ● *Nous allons faire la* ***correction*** *de la dictée :* nous allons la corriger. — ● *Vous inscrirez les* ***corrections*** *dans la marge,* les rectifications des erreurs. **4** ● *Si tu continues à être insupportable, tu vas recevoir une* ***correction****,* des coups pour te corriger, pour te punir (→ corriger, sens 3).

■ **correcteur, -trice** nom **1** Personne qui corrige les devoirs d'examen. ● *Un* ***correcteur*** *sévère.* **2** Personne dont le métier est de corriger les fautes qui se trouvent dans un texte à imprimer.

■ **correctif** adj. ● *Vincent fait de la gymnastique* ***corrective****,* destinée à corriger les mauvaises attitudes du corps, certaines déformations physiques.

corrélation nom f. ● *Il y a une étroite* ***corrélation*** *entre ton appel et l'arrivée de Jeanne :* relation, lien (→ CONTR. hasard, indépendance).

correspondre v. **1** ● *Sophie a trouvé une robe qui* ***correspond*** *à ce qu'elle cherchait,* qui est en rapport, en accord avec ce qu'elle cherchait (→ correspondance, sens 1; SYN. concorder). **2** ● *La chambre et la salle de bain* ***correspondent****,* elles communiquent l'une avec l'autre. **3** ● *Marc et son ami allemand* ***correspondent*** *régulièrement :* ils s'écrivent régulièrement (→ correspondance, sens 3; correspondant). ★ Conjug. 31.

■ **correspondance** nom f. **1** ● *Il y a une* ***correspondance*** *entre tes désirs* et les miens : tes désirs correspondent aux miens. **2** ● *Il y a une* ***correspondance*** *entre ces deux trains, ces deux lignes de métro,* une liaison (pour changer de train, de ligne). **3** ● *Quand elles sont séparées, Élise et sa sœur échangent une* ***correspondance*** *régulière, des lettres.* — ● *Une école par* ***correspondance****,* qui est en rapport avec les élèves par lettre, par courrier.

■ **correspondant** nom. Personne avec qui on échange régulièrement des lettres. ● *Marc a un* ***correspondant*** *allemand.*

corrida nom f. ● *En Espagne, nous avons vu une* ***corrida****,* une course de taureaux.

corridor nom m. ● *Les chambres du premier étage donnent sur un* ***corridor****,* un couloir étroit.

corriger v. **1** ● *Le maître* ***corrige*** *les fautes, les erreurs des élèves :* il les relève et indique ce qu'ils auraient dû dire ou écrire à la place (→ correct, sens 1). ● *Corriger un devoir, un texte.* **2** ● *Corriger quelqu'un ou* ***corriger*** *quelqu'un (de ses défauts) :* débarrasser quelqu'un de ses défauts (→ incorrigible). **3** ● *Le chien a été* ***corrigé*** *par son maître,* il a été frappé par son maître pour être puni (→ correction, sens 4). ★ Conjug. 5.

corroborer v. Donner de la force, de la vérité, appuyer. ● *Ce que tu dis* ***corrobore*** *ce que je pensais.*

corroder v. Attaquer, détruire lentement. ● *Les fumées* ***corrodent*** *le pot d'échappement des voitures* (→ SYN. ronger, sens 2).

corrompre v. ● *Corrompre une personne :* l'amener à faire des choses malhonnêtes en lui offrant de l'argent ou d'autres avantages en échange (→ corruption). ★ Conjug. 34.

corrosion nom f. ● *Certains produits chimiques provoquent la* ***corrosion*** *des métaux,* leur destruction progressive en les rongeant.

corruption nom f. ● *Il a été accusé de* ***corruption*** *de fonctionnaire,* d'avoir offert de l'argent (ou d'autres avantages) à un fonctionnaire pour qu'il agisse malhonnêtement (→ corrompre).

corsage nom m. Vêtement féminin qui couvre le corps, du cou à la taille (→ SYN. chemisier).

corsaire nom m. Marin qui, autrefois, avait le droit d'attaquer les navires marchands des pays ennemis. ● *Jean Bart fut un célèbre corsaire.* ★ Chercher aussi : pirate.

corser v. ● *Pour corser le jeu, nous avons décidé que les perdants auraient des gages, pour le rendre plus intéressant.* □ v. pron. ● *C'est là que l'histoire se corse, qu'elle se complique et devient vraiment intéressante.*

■ **corsé** adj. ● *Du vin, du café corsé*, qui est fort, qui a beaucoup de goût.

corset nom m. Sous-vêtement garni de tiges rigides et destiné à serrer, à maintenir la taille et le ventre. ★ Chercher aussi : baleine, sens 2.

cortège nom m. Groupe de personnes qui marchent les unes derrière les autres à l'occasion d'une cérémonie, d'une manifestation. ● *Les mariés sont à la tête du cortège.*

corvée nom f. **1** ● *Annie trouve que c'est une corvée de ranger sa chambre*, un travail ennuyeux ou désagréable que l'on est obligé de faire. **2** ● *Au Moyen Âge, les paysans étaient obligés de faire des jours de corvée*, de travail gratuit pour le seigneur.

cosaque nom m. ● *Les cosaques étaient de redoutables guerriers*, des cavaliers qui servaient dans l'armée russe.

cosmétique nom m. **1** ● *Il plaque ses cheveux avec du cosmétique*, produit qui fixe les cheveux. **2** ● *Il a fait fortune en vendant des cosmétiques*, produits de beauté.

cosmos [kɔsmos] nom m. ● *Pour arriver jusqu'à nous, la lumière des étoiles parcourt des millions de kilomètres dans le cosmos*, l'espace immense qui se trouve au-delà de l'atmosphère terrestre (→ cosmonaute).

■ **cosmique** adj. ● *Un voyage cosmique* (→ SYN. interplanétaire, spatial).

■ **cosmonaute** nom. Personne qui voyage dans un vaisseau spatial (→ cosmos ; SYN. astronaute).

cosse nom f. Enveloppe qui entoure les graines de certains légumes. ● *Des cosses de petits pois, de haricots secs* (→ écosser).

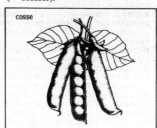

cosse

cossu adj. ● *C'est un appartement cossu*, qui montre la richesse de son occupant (→ SYN. aisé, sens 2 ; CONTR. pauvre, démuni).

costaud adj. (fam.) ● *Tu ne pourras pas soulever cette caisse, tu n'es pas assez costaud*, fort.

costume nom m. **1** ● *Autrefois, le costume des gens était différent selon les provinces*, la façon dont ils s'habillaient. **2** ● *Un costume de théâtre :* les vêtements qu'un acteur met pour jouer (→ costumé). **3** ● *Mon père porte un costume*, un veston et un pantalon assortis (→ SYN. 2. complet).

■ **costumé** adj. ● *Un bal costumé*, où les gens sont déguisés.

cote [kɔt] nom f. **1** ● *La cote d'un timbre de collection*, sa valeur, le prix auquel les collectionneurs sont prêts à l'acheter. **2** (fig.) ● *La cote de ce candidat aux élections a baissé*, l'estime qu'on lui porte (→ coté, sens 1). **3** ● *Sur les plans d'architectes, la longueur et la largeur des pièces sont indiquées par des cotes*, par des chiffres qui expriment des dimensions sur un plan.

★ Ne pas confondre avec côte [kot] et cotte [kɔt].

■ **coté** adj. **1** ● *Un couturier, un restaurant coté*, estimé, apprécié. **2** ● *Un plan coté*, sur lequel les dimensions sont indiquées par des cotes (→ cote, sens 3).

1. côte [kot] nom f. **1** ● *Nous avons douze paires de côtes*, d'os longs et courbes qui forment le squelette de la poitrine (→ côtelette). **2** CÔTE À CÔTE, loc. adv. ● *Les deux promeneurs marchent côte à côte*, l'un à côté de l'autre. **3** ● *Les côtes d'une étoffe, d'un tissu*, les raies en relief (→ côtelé). ★ Ne pas confondre avec *cote* [kɔt] et *cotte* [kɔt].

■ **côtelette** nom f. Côte d'un animal découpée avec la viande qui y est attachée. ● *Des côtelettes de porc*.

■ **côtelé** adj. ● *Du velours côtelé*, à côtes (→ 1. côte, sens 3).

2. côte [kot] nom f. **1** ● *La voiture va moins vite quand elle monte les côtes*, les pentes (→ coteau). ★ Chercher aussi : descente, montée. **2** ● *Il y a de belles plages sur cette partie de la côte*, du bord de la mer (→ côtier).

■ **coteau** nom m. Pente d'une colline. ● *C'est sur les coteaux les plus ensoleillés que poussent les plus belles vignes.* ★ Attention, pas d'accent sur le « o » de *coteau*.

■ **côtier** adj. ● *Une ville côtière*, qui se trouve sur le bord de la mer.

côté nom m. **1** ● *Le soldat a été blessé au côté gauche*, à la partie gauche du corps (→ SYN. flanc). — AUX CÔTÉS DE QUEL-QU'UN. ● *Quand je suis tombé malade, ma mère est restée toute la nuit à mes côtés*, auprès de moi. **2** ● *Les trois côtés de ce triangle sont égaux.* **3** ● *Par quel côté doit-on ouvrir cette caisse ?*, par quelle face. **4** (fig.) LE BON, LE MAUVAIS CÔTÉ. ● *Il ne voit que le mauvais côté des choses*, ce qu'il y a de mauvais, de négatif. — ● *Son caractère et le tien se ressemblent par certains côtés*, par certains aspects. **5** À CÔTÉ DE, loc. prép. ● *Viens à côté de moi*, près de moi. — À CÔTÉ, loc. adv. ● *La boulangerie est à côté*, tout près. **6** DU CÔTÉ DE, loc. prép. ● *Ils sont allés du côté de la rivière*, dans la direction de la rivière. — (fig.) ● *Dans cette affaire, je suis de ton côté*, du même camp, du même parti que toi.

7 METTRE DE CÔTÉ. ● *Il a mis de l'argent de côté* : il l'a mis en réserve. — LAISSER DE CÔTÉ. ● *Pour l'instant, laissons cette question de côté*, ne nous en occupons pas (→ SYN. laisser en suspens*).

■ **côtoyer** v. Marcher ou vivre à côté de quelqu'un. ● *Fabrice n'aime pas côtoyer des inconnus* (→ SYN. fréquenter) (→ côté, sens 5). ★ Conjug. 6.

cotillon nom m. ● *Sandrine veut mettre un cotillon à sa poupée* : jupon à la mode ancienne.

cotiser v. ● *Cotiser à une association, à un organisme*, lui verser de l'argent pour en faire partie, pour bénéficier des avantages qu'il procure (→ cotisation).

■ **se cotiser** v. pron. ● *Les amis de Claire se sont cotisés pour lui offrir un cadeau* : ils ont donné chacun de l'argent pour réunir la somme néces-saire.

■ **cotisation** nom f. ● *As-tu payé ta cotisation à la bibliothèque ?*, la somme que chacun doit verser pour avoir droit aux avantages qu'elle offre.

coton nom m. **1** ● *De nombreux tissus sont fabriqués avec du coton*, une matière qui provient d'une plante des pays chauds. — ● *Le coton (hydro-phile)* sert à nettoyer les plaies (→ SYN. ouate). **2** (fig. et fam.) FILER UN MAUVAIS COTON : être dans une situation dange-reuse ou être en mauvaise santé.

■ **cotonnade** nom f. Étoffe de•coton.

cotte [kɔt] nom f. COTTE DE MAILLES : armure souple, faite de fils de métal, que les soldats du Moyen Âge portaient pour se protéger. ★ Ne pas confondre avec *côte* [kot] et *cote* [kɔt].

cou nom m. ● *Le cou relie la tête au corps.*

couche nom f. **1** ● *Les meubles sont recouverts d'une couche de poussière*, d'une certaine épaisseur de poussière étendue sur toute leur surface. **2** ● *Pour que les bébés ne salissent pas leur lit, on leur met des couches.*

coucher v. **1** ● *Mme Bonnet couche son bébé* : elle le met au lit. **2** ● *Martine couche dans la même chambre que sa* *sœur*, elle y dort la nuit (→ couchage; couchette; découcher). **3** ● *Les hautes herbes **étaient couchées** par le vent*, étaient inclinées, courbées.

■ **se coucher** v. pron. **1** ● *Je vais **me coucher***, m'allonger, me mettre au lit. **2** ● *Le soleil **se couche*** : il disparaît en dessous de l'horizon et il fait nuit (→ coucher, nom sens 2; couchant; CONTR. se lever).

■ **coucher** nom m. **1** ● *L'heure du **coucher***, à laquelle on se couche. **2** ● *Le **coucher** du soleil* : le passage du soleil en dessous de l'horizon (→ CONTR. 2. lever).

■ **couchage** nom m. ● *Nous avons tout organisé pour le **couchage** de nos amis*, pour qu'ils puissent se coucher. — SAC DE COUCHAGE : sorte de grand sac dans lequel couchent les campeurs (→ SYN. duvet).

■ **couchette** nom f. Petit lit installé dans un train, sur un bateau.

■ **couchant** adj. et nom m. **1** adj. ● *Le soleil **couchant***, qui va se coucher. **2** nom m. ● *Le **couchant*** : l'endroit du ciel où l'on voit le soleil se coucher.

couci-couça adv. (fam.) ● « *Comment vas-tu ? — **Couci-couça*** », comme ci, comme ça ; ni bien, ni mal.

coucou nom m. et interj. **A.** nom m. **1** Petit oiseau que l'on appelle ainsi à cause de son cri. ● *Le **coucou** pond ses œufs dans le nid d'autres oiseaux.* **2** Pendule dont la sonnerie imite le chant du coucou. **3** (fam.) Avion. ● *Un vieux **coucou***. **4** ● *Au printemps, les **coucous** fleurissent dans les prés*, des primevères sauvages de couleur jaune. **B.** interj. Mot que l'on dit pour annoncer gaiement sa présence. ● ***Coucou**, c'est moi !*

coude nom m. **1** Articulation du bras et de l'avant-bras. ● *Sophie met ses **coudes** sur la table* (→ s'accouder). — COUDE À COUDE, loc. adv. ● *Restons **coude à coude***, tout près les uns des autres ou unis dans un effort commun. — JOUER DES COUDES : se débrouiller pour avancer au milieu de la foule et, (fig.) s'arranger pour avoir une bonne situation sans hésiter à écarter les personnes gênantes.

2 ● *Cette chemise est percée au **coude***, dans la partie de la manche qui recouvre le coude. **3** ● *La rivière, la route fait un **coude***, un angle, une courbe très accentuée. — ● *Les **coudes** d'un tuyau* (→ coudé).

■ **coudé** adj. ● *Un tuyau **coudé***, qui forme un coude.

■ **coudoyer** v. ● *On **coudoie** des gens tous les jours dans la rue*, dans l'autobus, on passe près d'eux, on les croise souvent, mais on ne les connaît pas vraiment. ★ Conjug. 6.

cou-de-pied nom m. ● *Rémi s'est fait une blessure sur le **cou-de-pied***, la partie du pied qui est sur le dessus, entre les doigts de pied et la cheville. ★ Ne pas confondre avec *coup de pied*.

coudre v. ● *La robe est presque finie, il ne reste plus qu'à **coudre** les boutons*, à les fixer en se servant d'un fil et d'une aiguille (→ couture, couturier, découdre, recoudre). — ● ***Coudre** une robe, un vêtement* : en assembler selon l'ordre convenable les différents morceaux d'étoffe. ★ Conjug. 53.

coudrier nom m. Noisetier.

couenne [kwan] nom f. ● *La **couenne** du lard, du jambon*, la peau très dure qui les recouvre.

1. couette nom f. Matelas ou couverture de plume. ● *Il aime dormir sous une **couette**.*

2. couette ● *Elle s'est fait des **couettes***, mèches de cheveux non tressées retenues par un lien.

couffin nom m. ● *Le bébé dort dans son **couffin***, berceau en forme de panier.

couiner v. **1** Pousser un petit cri. **2** Grincer. ● *Ne fais pas **couiner** la porte !*

couler v. **1** ● *Tous les fleuves **coulent** vers la mer* : leur eau se déplace vers la mer. — ● *Claude pleure, ses larmes **coulent*** : elles descendent de ses yeux le long de ses joues (→ SYN. s'écouler, ruisseler). **2** ● *Pour fabriquer une bougie, on **coule** la cire liquide dans un moule* : on la verse dedans quand elle est liquide. **3** ● *Mon stylo **coule*** : il laisse fuir de l'encre. **4** ● *Au secours !*

le bateau **coule** ! : il prend l'eau et s'enfonce (→ SYN. sombrer ; CONTR. flotter). **5 ●** *D'une torpille, le sous-marin* **a coulé** *ce navire* : il l'a fait sombrer.

■ **se couler** v. pron. **1 ●** *Sans bruit, Alain* **se coule** *derrière le buisson* : il se glisse derrière le buisson. **2** (fam.) SE LA COULER DOUCE : mener une vie facile, ne pas faire beaucoup d'efforts.

■ **coulant** adj. **1 ●** *Un camembert* **coulant**, dont la pâte coule hors de la croûte (→ couler, sens 1). **2** NŒUD COULANT. ● *Quand on tire sur un* **nœud coulant**, *sa boucle glisse et se resserre.*

■ **coulée** nom f. **1 ●** *La lave liquide qui sort d'un volcan forme une* **coulée** *le long de la pente* (→ couler, sens 1). **2 ●** *On a versé une* **coulée** *de métal dans le moule*, une masse de métal en fusion (→ couler, sens 2).

couleur nom f. **1 ●** *L'arc-en-ciel a sept* **couleurs** *(rouge, orange, jaune, vert, bleu, indigo et violet)* (→ coloré). **2** EN COULEUR. ● *Que préfères-tu, les photos* **en couleur** *ou en noir et blanc ?* **3 ●** *Au bord de la mer, tu vas reprendre des* **couleurs** : tu vas reprendre bonne mine. **4** LES COULEURS. ● *Tous les matins, les soldats saluent* **les couleurs**, *le drapeau de leur pays.* **5 ●** *Dans un jeu de cartes, les quatre* **couleurs** *sont : pique, cœur, carreau et trèfle.* **6** (fig.) ANNONCER LA COULEUR. ● *Dès le début de la discussion, il* **a annoncé la couleur** : il a bien fait comprendre son opinion et ses intentions. **7** (fam.) EN FAIRE VOIR DE TOUTES LES COULEURS. ● *Ce vaurien m'***en fait voir de toutes les couleurs** : il me donne beaucoup de mal et de soucis.

couleuvre nom f. ● *Cet animal qui se glisse dans les hautes herbes n'est pas*

venimeux, c'est une **couleuvre**. ★ Chercher aussi : vipère.

coulisse nom f. **1 ●** *L'entrée est séparée de la salle de séjour par une porte* **à coulisse**, *par une porte qui glisse le long d'un rail, d'une rainure* (→ SYN. glissière). **2 ●** *Ton sac de billes est fermé par une* **coulisse**, *un ourlet dans lequel glisse un cordon.* **3 ●** *À la fin de la pièce, les acteurs retournent dans les* **coulisses**, *la partie cachée au public qui entoure la scène du théâtre.*

■ **coulisser** v. ● *Cette fenêtre* **coulisse** *facilement* : elle glisse facilement sur sa rainure (→ coulisse, sens 1).

■ **coulissant** adj. ● *Notre penderie a des portes* **coulissantes**, *des portes à coulisse, à glissière.*

couloir nom m. **1 ●** *Les portes des chambres donnent sur le* **couloir**, *un passage long et étroit, dans une maison, dans un appartement* (→ SYN. corridor). **2** COULOIR AÉRIEN. ● *Cet avion ne doit pas sortir de son* **couloir aérien**, *l'espace de ciel où il peut passer sans gêner les autres avions.* — COULOIR D'AVALANCHES. ● *N'allez pas skier par là, c'est un* **couloir d'avalanches**, *un endroit par où passent souvent les avalanches.*

coup nom m. **1 ●** *Julien m'a donné un* **coup** *de poing*, il m'a frappé avec le poing. — ● *Sabine a un* **coup** *de soleil*, une brûlure faite par le soleil. — À COUPS DE, loc. prép. ● *Il enfonce un clou* **à coups de** *marteau*, en frappant avec un marteau. **2 ●** *Cette nouvelle lui a donné un* **coup**, *une émotion violente.* **3 ●** *Le chasseur a tiré un* **coup** *de fusil sur le lièvre.* **4 ●** *J'ai entendu un* **coup** *de sonnette*, le bruit de la sonnette, *un* **coup** *de feu*, une détonation. **5 ●** *Il a*

couleuvre à collier

jeté un **coup** d'œil sur le journal, un regard rapide. — ● Charlotte se donne un **coup** de peigne : elle se coiffe rapidement. — ● Le conducteur donne un **coup** de frein : il freine brusquement. — TOUT À COUP, loc. adv. : soudain, brusquement. — COUP SUR COUP, loc. adv. ● Elle a reçu deux lettres **coup sur coup**, l'une tout de suite après l'autre. **6** APRÈS COUP, loc. adv. ● Il s'en est souvenu **après coup**, après. — (fam.) ● Ce **coup-ci**, tu ne m'attraperas pas, cette fois-ci. — DU PREMIER COUP. ● Bruno a réussi cette photo **du premier coup**, dès la première fois. **7** (fam.) COUP DE FIL. ● Il attend un **coup de fil**, un coup de téléphone, un appel téléphonique. **8** COUP D'ÉTAT. ● Le gouvernement a été renversé par un **coup d'État**, une révolution. **9** (fam.) ÊTRE DANS LE COUP : être au courant de ce qui se prépare, ou prendre part à quelque chose. **10** FAIRE D'UNE PIERRE DEUX COUPS : obtenir deux résultats avec une seule action. **11** (fam.) FAIRE LES 400 COUPS : faire beaucoup de bêtises. **12** (fam.) VALOIR LE COUP. ● Si l'on peut gagner un vélo à ce concours, cela **vaut le coup** d'essayer, cela en vaut la peine.

■ **coup franc** nom m. ● Un des footballeurs a fait une faute ; l'arbitre a accordé un **coup franc** à l'équipe adverse, la possibilité d'envoyer le ballon sans que l'équipe du joueur en faute ait le droit de s'y opposer.

coupable adj. ● Celui qui a commis une faute, un vol, un crime, est **coupable** (→ culpabilité ; CONTR. innocent). □ nom ● La police a arrêté le **coupable** (→ SYN. fautif).

1. coupe nom f. **1** ● Le coiffeur lui a fait une jolie **coupe** de cheveux (→ couper, sens 3). **2** ● La **coupe** d'un vêtement : la manière dont il est taillé. **3** ● Pour te montrer comment c'est l'intérieur, je t'ai dessiné la **coupe** de mon bateau, un dessin qui le représente comme s'il était coupé en deux.

2. coupe nom f. **1** ● On boit souvent le champagne dans des **coupes**, des verres à pied, larges et peu profonds. **2** ● Notre équipe de judo a gagné une

coupe, un vase en métal qui sert de prix à un concours sportif. — ● La **coupe** Davis est une compétition de tennis. ★ Chercher aussi : finale.

coupe-circuit nom m. invar. Dispositif qui arrête le passage d'un courant électrique (→ fusible).

coupe-gorge nom. m. invar. ● Cette rue est un véritable **coupe-gorge**, lieu dangereux où on peut être attaqué.

coupe-papier nom m. invar. ● Il a ouvert cette enveloppe avec un **coupe-papier**, avec une sorte de couteau pas très coupant.

couper v. **1** ● Ces ciseaux **coupent** bien : ils sont bien tranchants. **2** ● Stéphane **coupe** sa viande avec son couteau. **3** ● Le coiffeur m'**a coupé** les cheveux : il m'en a enlevé une partie. **4** ● La voie ferrée **coupe** le chemin après l'église : elle le croise. — COUPER PAR (UN ENDROIT). ● Pour arriver plus vite, nous allons **couper par** ce bois, prendre un chemin plus court qui passe par ce bois. **5** ● La route **est coupée** par les travaux : elle est barrée. **6** ● L'électricité **a été coupée** : la distribution d'électricité a été interrompue (→ coupure, sens 2). — ● Il m'**a coupé** la parole : il m'a interrompu pendant que je parlais (→ entrecouper). **7** ● Ce vin **est coupé** d'eau : il est mélangé à de l'eau. **8** (fig. et fam.) COUPER L'HERBE SOUS LE PIED DE QUELQU'UN. ● Je voulais raconter cette histoire le premier, mais tu m'**as coupé l'herbe sous le pied** : tu l'as fait avant moi. **9** (fam.) NE PAS Y COUPER. ● Tu n'as pas fait tes devoirs, tu vas te faire gronder ; tu **n'y couperas pas** : tu n'y échapperas pas.

■ se **couper** v. pron. ● Papa s'**est coupé** en se rasant : il s'est fait une blessure, une coupure.

couperet nom m. ● Il se sert d'un **couperet**, grand couteau. ● Le **couperet** de la guillotine.

coup franc → coup.

couple nom m. ● Cet homme et cette femme forment un **couple** uni. — ● Pour Noël, j'ai reçu un **couple** de hamsters, un mâle et une femelle.

couplet nom m. ● *Cette chanson est très longue, elle a huit **couplets**,* huit parties séparées par un refrain. ★ Chercher aussi : strophe.

coupole nom f. ● *Les touristes admirent la **coupole** du Panthéon, son toit en forme de coupe renversée, de demi-sphère* (→ SYN. dôme).

coupole

coupon nom m. ● *Alice va se faire une jupe dans un **coupon** de tissu,* un morceau de tissu (→ couper, sens 2).

coupure nom f. **1** ● *En jouant avec un couteau, Claude s'est fait une **coupure**,* une blessure (→ se couper). **2** ● *Hier, nous avons eu une **coupure** de courant,* un arrêt du courant électrique (→ couper, sens 6). **3** ● *Deux billets de 50 F valent une **coupure** de 100 F,* un billet.

cour nom f. **1** ● *Nous jouons souvent au ballon dans la **cour** de récréation.* **2** ● *Louis XIV s'installa au château de Versailles avec sa **cour**,* avec ses ministres et tous les nobles qui l'entouraient* (→ courtisan). — FAIRE LA COUR. ● *Ton cousin **fait la cour** à Isabelle :* il cherche à lui plaire, à la séduire (→ courtiser). **3** ● *Ce monsieur est avocat à la **cour**,* au tribunal. ★ Ne pas confondre avec *cours* et *court*.

courage nom m. **1** ● *Anne a de bonnes notes, parce qu'elle travaille avec **courage**,* avec ardeur (→ décourager ; SYN. énergie ; CONTR. indolence, mollesse).

2 ● *Pour sauter en parachute, il faut du **courage** :* il ne faut pas avoir peur du danger (→ SYN. audace, bravoure ; CONTR. lâcheté).

■ **courageux** adj. **1** ● *Après avoir terminé son travail, elle a aidé son frère à faire ses devoirs ; c'est une fille **courageuse**,* énergique (→ CONTR. paresseux). **2** ● *Grégoire s'est fait très mal, mais il n'a pas pleuré, il a été **courageux*** (→ SYN. brave, vaillant).

■ **courageusement** adv. ● *Les pompiers luttent **courageusement** contre l'incendie.*

courant adj. et nom m. **A.** adj. **1** ● *Ce chalet est loin du village, il n'a pas l'eau **courante**,* l'eau qui circule dans des tuyaux pour arriver aux robinets. **2** ● *Le sapin est un arbre **courant** dans notre région :* on l'y trouve souvent (→ SYN. commun, répandu ; CONTR. rare). **B.** nom m. **1** ● *Ne vous laissez pas entraîner par le **courant** de la rivière,* le mouvement de l'eau (→ courir, A sens 2). — ● *Il va s'enrhumer dans ce **courant** d'air.* **2** ● *Pour réparer la prise, l'électricien a coupé le **courant** (électrique),* l'électricité. **3** DANS LE COURANT DE, loc. prép. ● *Nous allons déménager **dans le courant du** mois de janvier,* pendant le mois de janvier (→ SYN. au cours* de). **4** AU COURANT. ● *Il n'est pas **au courant** de ce qui s'est passé :* il ne sait pas ce qui s'est passé (→ SYN. informé, renseigné).

■ **couramment** adv. **1** ● *Guillaume parle l'anglais **couramment**,* bien, facilement. **2** ● *On voit cela **couramment**,* souvent, habituellement (→ courant, A sens 2).

courbature nom f. ● *J'ai fait beaucoup d'escalade et maintenant j'ai des **courbatures**,* des douleurs dans les muscles.

courbe adj. et nom f. **1** adj. ● *Un arc de cercle est une ligne **courbe**,* arrondie (→ CONTR. 1. droit). ★ Chercher aussi : graphique. **2** nom f. ● *À cet endroit, la route fait une **courbe**,* un virage.

■ **courber** v. **1** ● *Pour fabriquer un arc, tu peux **courber** une baguette, lui* donner une forme arrondie. **2** ● *Courber* la tête : la baisser, l'incliner. □ v. pron. ● *Pour saluer le roi, ils* **se sont courbés** *devant lui* : ils se sont inclinés (→ SYN. fléchir).

■ **courbette** nom f. ● *Même si tu respectes quelqu'un, tu n'as pas besoin de lui faire des* **courbettes**, *des saluts exagérés, trop polis* (→ courber, sens 2).

■ **courbure** nom f. ● *Ses sourcils ont une jolie* **courbure**, *une forme arrondie.*

coureur nom m. ● *Les* **coureurs** *cyclistes ont pris le départ du Tour de France* (→ courir, A sens 1). — ● *Un* **coureur** *à pied, un* **coureur** *automobile* (→ course, sens 2).

courge nom f. ● *Ces grosses boules orange dans le jardin potager, ce sont des* **courges**, *des sortes de citrouilles ou de potirons.*

■ **courgette** nom f. ● *Pour le dîner, nous mangerons des* **courgettes**, *des petites courges, vertes et allongées.*

courir v. **A. 1** ● *Si tu* **cours** *vite, tu peux encore les rattraper* (→ coureur ; course, sens 1). **2** ● *La rivière* **court** *sur les cailloux* : elle coule rapidement (→ courant, B sens 1 ; 1. cours, A sens 1). **3** ● *Le bruit* **court** *qu'ils vont bientôt déménager* : on dit qu'ils vont déménager (→ SYN. se propager, se répandre). **B. courir** (quelque chose) **1** ● *Notre voisine aime* **courir** *les magasins, aller souvent dans les magasins.* **2** ● *Ce cheval va* **courir** *le tiercé* : il va participer à la course du tiercé. **3** ● *Les cascadeurs* **courent** *de grands dangers* : ils s'exposent à de grands dangers. **4** ● *Ils veulent* **courir** *leur chance, tenter leur chance, essayer.* ★ Conjug. 16.

courlis nom m. Oiseau échassier, à long bec, migrateur. ● *On aperçoit parfois des* **courlis** *près des étangs.*

couronne nom f. **1** ● *La* **couronne** *que porte le roi indique qu'il est le personnage le plus important du royaume.* **2** ● *La mariée portait sur la tête une* **couronne** *de fleurs* : des fleurs disposées en cercle. **3** ● *Le dentiste lui a posé une* **couronne** : il a recouvert sa dent avec du métal pour la renforcer.

■ **couronner** v. **1** ● *Autrefois, les rois de France* **étaient couronnés** *à Reims* : ils recevaient leur couronne et le titre de roi au cours d'une cérémonie solennelle. ★ Chercher aussi : sacrer. **2** ● *Le jury* **a couronné** *ce livre* : il lui a donné un prix, une récompense.

■ **couronnement** nom m. **1** ● *Ce tableau représente le* **couronnement** *de l'Empereur, la cérémonie au cours de laquelle il a été couronné* (→ couronner, sens 1). **2** ● *Ce diplôme est le* **couronnement** *de ses études, ce qui les récompense* (→ SYN. aboutissement).

courrier nom m. **1** ● *Tous les jours, le facteur distribue le* **courrier**, *les lettres, les cartes postales, les paquets, etc.* **2** ● *Autrefois, lorsqu'on avait une lettre à envoyer, on la faisait porter par un* **courrier**, *un homme chargé de porter les messages.*

courroie nom f. ● *Les bretelles de mon cartable sont des* **courroies** *de cuir, de longues bandes souples.*

courroucer v. (littér.) ● *Cette injure le* **courrouça**, *le mit en colère, le remplit de courroux.* ★ Conjug. 4.

■ **courroux** nom m. (littér.) Colère. ● *Le* **courroux** *des dieux.*

1. cours nom m. **A. 1** COURS D'EAU. ● *Un fleuve, une rivière, un torrent sont des* **cours d'eau** (→ courir, A sens 2). **2** ● *Nous avons suivi le* **cours** *du ruisseau, son trajet.* **B.** (fig.) **1** ● *Explique-moi le* **cours** *des événements, comment ils se déroulent.* **2** AU COURS DE, loc. prép. ● *Il viendra nous voir* **au cours de** *l'année prochaine, pendant l'année prochaine* (→ SYN. dans le courant* de). **3** ÊTRE EN COURS. ● *Les discussions* **sont en cours** : elles sont en train d'avoir lieu, on est en train de discuter. ★ Ne pas confondre avec cour et court.

2. cours nom m. **1** ● *Ce matin, nous avons un* **cours** *de dessin, une leçon.* **2** ● *Bernard est au* **cours** *élémentaire (abrév. : C.E.) ; Patrick est au* **cours** *moyen (abrév. : C.M.).* **3** ● *Carole va dans un* **cours** *privé, dans une école privée.*

course nom f. **1** ● *La course est plus rapide que la marche* (→ courir, A sens 1). **2** ● *Ceux qui disputent une course à pied, une course cycliste, une course automobile font un concours de vitesse* (→ coureur). □ (au plur.) ● *Il va souvent aux courses,* aux courses de chevaux. **3** ● *Maman m'a envoyé faire une course,* un achat. — ● *Faire les courses,* les commissions. **4** ● *Ils sont partis faire une course en montagne,* une longue marche (→ SYN. excursion, randonnée).

■ **coursier** nom m. Personne chargée de faire certaines courses dans une entreprise, un grand hôtel, etc. (→ SYN. commissionnaire).

coursive nom f. Couloir à l'intérieur d'un bateau.

1. court adj. **1** ● *Ma veste est trop courte* (→ raccourcir ; CONTR. long). — ● *Votre lettre est trop longue, il faut la rendre plus courte* (→ écourter). **2** ● *En hiver, les journées sont courtes :* elles ne durent pas longtemps (→ SYN. bref). **3** AVOIR LA MÉMOIRE COURTE : oublier un peu vite les services que l'on vous a rendus ou les promesses que l'on a faites. **4** COUPER COURT À. ● *Il faut couper court à ces disputes,* les arrêter immédiatement. **5** ÊTRE À COURT DE. ● *Il est à court d'idées :* il manque d'idées. ★ Ne pas confondre avec *cour* et *cours.*

2. court (tennis) nom m. ● *Le champion arrive sur le court avec sa raquette :* terrain sur lequel on joue au tennis.

court-bouillon nom m. ● *Ce poisson cuit dans un court-bouillon,* un mélange d'eau, d'épices et de légumes.

court-circuit nom m. ● *En se touchant, les deux fils de la prise électrique ont provoqué un court-circuit :* ils ont fait sauter les plombs, ce qui a coupé le courant. — ● *Des courts-circuits.*

courtisan nom m. ● *Le roi était toujours entouré d'une foule de courtisans,* de nobles qui cherchaient à lui plaire.

■ **courtiser** v. ● *Depuis des mois, il courtise cette jeune fille :* il lui fait la cour (→ cour, sens 2).

courtois adj. ● *Un homme courtois se montre toujours poli et délicat* (→ CONTR. grossier, impoli).

■ **courtoisie** nom f. ● *Il lui a répondu avec courtoisie,* avec beaucoup de politesse.

couscous [kuskus] nom m. Plat d'Afrique du Nord fait avec de la semoule, des légumes, de la viande, et une sauce épicée. ● *En Tunisie, Bruno a pu manger de très bons couscous.*

1. cousin nom ● *Les enfants de mes oncles ou de mes tantes sont mes cousins et mes cousines.*

2. cousin nom m. ● *Un cousin s'est posé sur son bras,* une espèce de gros moustique.

coussin nom m. **1** ● *Pour regarder la télévision, nous nous asseyons par terre sur des coussins.* **2** COUSSIN D'AIR. ● *Cet aéroglisseur circule sur coussin d'air,* sur une couche d'air puissamment poussée vers le sol et qui lui permet de se maintenir au-dessus de la terre ou de l'eau.

coût nom m. ● *Le coût de cette marchandise est élevé :* son prix. — LE COÛT DE LA VIE : le prix des choses nécessaires pour vivre (→ coûter, sens 1).

coûtant adj. m. PRIX COÛTANT. ● *Ce commerçant vend des marchandises à prix coûtant,* sans bénéfice.

couteau nom m. **1** ● *Tu coupes ta viande avec un couteau.* **2** ● *Sur la plage, Rosalie a ramassé des couteaux,* des coquillages qui ressemblent à un manche de couteau. **3** ÊTRE À COUTEAUX TIRÉS AVEC QUELQU'UN. ● *Il est à couteaux tirés avec ses voisins :* il s'entend très mal avec eux. **4** (fig.) METTRE LE COUTEAU SUR (OU SOUS) LA GORGE DE QUELQU'UN. ● *Pour lui faire payer ses dettes, ils lui ont mis le couteau sous la gorge :* ils l'ont obligé à payer tout de suite en le menaçant.

■ **coutelas** nom m. ● *Le boucher découpe des biftecks avec son coutelas,* un grand couteau à lame large.

■ **coutelier** nom m. Personne qui tient une coutellerie.

■ **coutellerie** nom f. ● *Dans une cou-tellerie, on fabrique ou on vend des couteaux, des ciseaux, des rasoirs.*

coûter v. 1 ● *Ce caramel coûte 20 cen-times* : son prix est de 20 centimes (→ coût ; SYN. valoir). 2 (fig.) COÛTER CHER. ● *Cette imprudence pourrait lui coûter cher,* lui causer beaucoup d'ennuis. 3 ● *Ce devoir m'a coûté bien des efforts* : il m'a demandé bien des efforts. 4 COÛTER LA VIE. ● *L'accident lui a coûté la vie* : il a causé sa mort. 5 ● COÛTE QUE COÛTE. ● *Denis veut réus-sir coûte que coûte,* à n'importe quel prix, quoi qu'il lui en coûte.

■ **coûteux** adj. ● *Le foie gras est un aliment coûteux,* cher (→ SYN. oné-reux ; CONTR. bon marché).

coutume nom f. ● *Chaque année, pour Noël, nous décorons un sapin ; c'est une coutume,* une habitude de notre famille ou de notre pays (→ accoutu-mer à). ★ Chercher aussi : tradition, usage.

couture nom f. 1 ● *Claude aimerait ap-prendre la couture,* apprendre à coudre. 2 ● *Pour faire tenir ensemble deux morceaux de tissu, on fait une couture,* une suite de points de couture à la main ou à la machine. 3 SUR TOUTES LES COUTURES. ● *Le douanier a examiné ma valise sur toutes les coutures,* très attentivement, dans tous les sens.

■ **couturière** nom f. ● *Mon manteau a été fait par une couturière,* une femme dont le métier est la couture.

■ **couturier** nom m. ● *Les (grands) couturiers dirigent des ateliers où l'on fabrique des vêtements de luxe.*

couvent nom m. ● *Ces religieuses habitent dans un couvent,* une maison où des religieuses vivent ensemble (→ SYN. monastère).

couver v. 1 ● *La poule couve ses œufs* : elle reste sur eux pour les garder au chaud jusqu'à ce qu'ils éclosent (→ couveuse, sens 1). 2 (fig.) ● *Cette mère couve ses enfants* : elle les pro-tège trop. 3 (fig.) ● *Thierry couve une maladie* : il va bientôt être malade. 4 ● *Le feu couve sous la cendre* :

il continue de brûler doucement, sans qu'on voie de flammes.

■ **couvée** nom f. ● *La cane traverse la cour, suivie de sa couvée,* de tous ses canetons qui viennent d'éclore en même temps.

couvercle nom m. ● *L'eau chauffera plus vite si tu mets un couvercle sur la casserole,* un ustensile pour couvrir (→ couvrir, sens 1).

1. couvert adj. 1 ● *Il était couvert de boue* (→ couvrir, sens 4). 2 ● *Le ciel est couvert* : il est sombre, il est plein de nuages.

2. couvert nom m. 1 ● *Les couteaux et les fourchettes sont des couverts.* 2 METTRE LE COUVERT : mettre la table.

3. à couvert loc. adv. ● *Voyant arriver l'orage, ils se sont mis à couvert,* à l'abri (→ couvrir, sens 2).

couverture nom f. 1 ● *Si tu as froid, nous ajouterons une couverture sur ton lit.* 2 ● *La couverture de mon cahier com-mence à se déchirer,* la feuille de papier fort ou de carton qui le recouvre (→ couvrir, sens 3). 3 ● *La couverture de cette maison est en ardoise,* le toit (→ couvrir, sens 2 ; couvreur ; SYN. toi-ture).

couveuse nom f. 1 ● *Cette poule est une bonne couveuse,* elle n'abandonne pas ses œufs (→ couver, sens 1). 2 ● *Maintenant, on fait éclore les œufs dans des couveuses (artificielles),* des appareils qui gardent les œufs au chaud (→ couver, sens 1). 3 ● *Ce nou-veau-né fragile a été mis en couveuse,* un appareil où il sera bien au chaud et à l'abri des maladies.

couvre-feu nom m. ● *Pendant les guerres ou les révolutions, tout le monde doit être rentré chez soi avant l'heure du couvre-feu,* l'heure après laquelle les gens n'ont plus le droit de circuler dans les rues.

couvre-lit nom m. Ce qui couvre le lit, par-dessus les draps et la couverture. ● *Un couvre-lit bien chaud et joli.*

couvreur nom m. ● *Pour remettre en place les tuiles du toit, nous ferons* venir le **couvreur**, l'ouvrier qui pose les toitures et les répare (→ couvrir, sens 2 ; couverture, sens 3).

couvrir v. 1 ● *Elle a couvert la casserole* : elle a posé un couvercle dessus pour la fermer. 2 ● *Le toit couvre la maison* : il est posé dessus pour la protéger (→ couverture, sens 3 ; couvreur). 3 ● *À la rentrée, nous couvrons nos livres de classe* : nous leur mettons une couverture. 4 ● *Les feuilles mortes couvrent le sol* : elles sont en grande quantité sur le sol (→ recouvrir). 5 COUVRIR QUELQU'UN. ● *Il t'a ordonné de faire cela, il en a pris la responsabilité, maintenant il doit te couvrir*, te protéger contre les ennuis si les choses tournent mal. 6 ● *Les cyclistes ont couvert 70 km dans la journée* : ils ont parcouru 70 km. ★ Conjug. 12.
■ **se couvrir** v. pron. 1 ● *Le ciel se couvre* (de nuages), il va bientôt pleuvoir (→ 1. couvert, sens 2 ; CONTR. se découvrir). 2 ● *Il fait froid, couvre-toi bien* : habille-toi de vêtements chauds.

cow-boy [kaobɔj] ou [kɔbɔj] nom m. ● *Dans les prairies du Far West, les cow-boys passaient leurs journées à cheval pour garder les troupeaux.*

coyote [kɔjɔt] nom m. Animal sauvage qui ressemble à un renard. ● *La nuit, dans les forêts d'Amérique du Nord, on entend hurler les coyotes.* ★ Chercher aussi : chacal.

crabe nom m. Petit animal protégé par une carapace, qui vit au bord de la mer. ● *À marée basse, nous avons ramassé des coquillages, des crevettes et aussi des crabes.* ★ Chercher aussi : crustacé.

crac interj. et nom m. Exprime le bruit que fait une chose qui se casse brusquement en craquant. 1 interj. ● *Éric est monté sur la chaise et crac ! elle s'est cassée.* 2 nom m. ● *Quand la branche s'est cassée, nous avons entendu un grand crac* (→ craquement).

cracher v. 1 ● *Il est impoli de cracher par terre*, de projeter par terre la salive de sa bouche (→ crachat). 2 ● *En se lavant les dents, François a craché*

l'eau qu'il avait dans la bouche : il a rejeté l'eau de sa bouche.
■ **crachat** nom m. Salive que l'on crache.

crachin nom m. Pluie fine et serrée (→ SYN. bruine).

craie nom f. 1 ● *Les côtes de la Manche sont par endroits constituées de falaises de craie*, une roche blanche et tendre (→ crayeux). ★ Chercher aussi : calcaire. 2 ● *Le maître a pris des craies dans la boîte*, des bâtonnets de craie blanche ou de couleur qui servent à écrire au tableau.
■ **crayeux** adj. ● *Un sol crayeux est perméable*, un sol où la craie est abondante.

craindre v. 1 ● *Il craint le danger* : il en a peur (→ SYN. redouter). — ● *«C'est grave ?»* — *«Je le crains !»*, j'en ai peur. — CRAINDRE QUE (suivi du subjonctif). ● *Je crains qu'il ne soit trop tard.* — CRAINDRE DE (suivi de l'inf.) ● *Il craint de devoir rentrer sous la pluie.* 2 ● *Ne mets pas ces fleurs sur le balcon, elles craignent le froid* : elles sont sensibles au froid, elles ne supportent pas le froid. ★ Conjug. 35.
■ **crainte** nom f. ● *N'aie aucune crainte, ce chien n'est pas méchant* (→ SYN. appréhension, frayeur, peur).
■ **craintif** adj. ● *Une personne craintive*, qui a peur de tout (→ SYN. peureux ; CONTR. audacieux).
■ **craintivement** adv. ● *Il s'est approché craintivement du chien qui gardait la maison* (→ crainte).

cramoisi adj. 1 ● *Une chemise cramoisie* : d'une couleur rouge très foncé. 2 ● *Il a beaucoup couru, il a le visage cramoisi*, très rouge (→ SYN. écarlate).

crampe nom f. ● *À la fin de la course, le coureur à pied a souffert d'une crampe à la jambe*, d'une contraction douloureuse d'un muscle.

crampon nom m. ● *Pour ne pas glisser, les coureurs portent des chaussures à crampons*, des chaussures dont les semelles sont garnies de pointes.

se **cramponner** v. pron. ● *Fatigué par l'effort, l'alpiniste* **se** **cramponne** *à la corde* : il s'y tient fermement accroché (→ SYN. s'agripper).

1. cran nom m. **1** ● *Ma ceinture a des* **crans**, *des trous qui permettent de l'arrêter à la bonne longueur.* **2** CRAN D'ARRÊT : encoche qui permet d'arrêter le mouvement d'une pièce mobile. — ● *Un couteau à* **cran d'arrêt**, muni d'un cran d'arrêt qui empêche la lame de se refermer.

2. cran nom m. (fam.) ● *Son frère a eu le* **cran** *de sauter du haut de l'arbre*, il en a eu l'audace, le courage. — ● *Avoir du* **cran**.

crâne nom m. **1** Partie osseuse de la tête qui contient le cerveau. ● *Il est mort d'une fracture du* **crâne**. **2** Tête. ● *Mon oncle a le* **crâne** chauve.

■ **crânien** adj. ● *La boîte* **crânienne**, *les os* **crâniens**. ★ VOIR p. 968.

crâner v. (fam.) ● *Je lui ai dit d'arrêter de* **crâner**, *de faire semblant d'être courageux, brave* (→ se vanter).

■ **crâneur** adj. (fam.) ● *Un garçon* **crâneur** (→ SYN. prétentieux ; CONTR. modeste). □ nom ● *Un* **crâneur**, *une* **crâneuse** (→ SYN. fanfaron).

crapaud nom m. ● *En marchant au bord de l'étang, j'ai vu sauter un* **crapaud**, *un animal qui ressemble à une grenouille de grande taille*.

crapule nom f. ● *Une* **crapule** *a volé les économies de grand-mère*, une personne très malhonnête (→ SYN. canaille, escroc ; (fam.) fripouille).

■ **crapuleux** adj. ● *Un crime* **crapuleux**, *digne d'une crapule* (→ SYN. abject, ignoble, horrible).

craquelé adj. ● *Ce plat est tout* **craquelé**, *fendillé*.

craquer v. **1** ● *En automne, les feuilles mortes* **craquent** *sous les pieds*, font un bruit sec (→ craquement). — ● *Sous mon poids la branche* **a craqué** : *elle s'est cassée avec un craquement.* — (fam.) ● *Dans la montée, le coureur cycliste* **a craqué**, *il n'a pas résisté* (→ SYN. (fam.) flancher). **2** ● *Si*

tu mets cette chemise trop petite pour toi, tu vas la faire **craquer**, *faire céder ses coutures, la déchirer.* — (fig.) PLEIN À CRAQUER. ● *Cette valise est* **pleine à craquer** : *elle est complètement pleine*.

■ **craquement** nom m. ● *Le* **craquement** *d'une branche* : *le bruit sec que produit une branche qui se casse* (→ crac).

crasse nom f. **1** ● *Alain n'a pas lavé sa chemise depuis plusieurs jours ; le col est couvert de* **crasse**, *de saleté*. **2** (fam.) FAIRE UNE CRASSE À QUELQU'UN. ● *Il a voulu* **me faire une crasse**, *me jouer un mauvais tour, me mettre dans une mauvaise situation* (→ SYN. (fam.) vacherie).

■ **crasseux** adj. ● *Lave tes mains, elles sont* **crasseuses** (→ SYN. sale).

cratère nom m. ● *Le* **cratère** *d'un volcan* : l'ouverture, en général au sommet du volcan, par laquelle sortent les laves, les fumées.

cratère

cravache nom f. Baguette flexible dont se servent les cavaliers. ● *Il est monté sur son cheval, la* **cravache** *à la main*.

■ **cravacher** v. **1** ● *Près de l'arrivée, les jockeys* **ont cravaché** *leurs chevaux* : ils leur ont donné des coups de cravache. **2** (fam.) ● *Mon frère a* **cravaché** *pour terminer ses devoirs à temps*, il a travaillé très vite, à toute allure.

cravate nom f. ● *Pour aller au bureau, mon père met une* **cravate**, *une bande d'étoffe qui passe sous le col de la chemise et que l'on noue par-devant*.

crawl [krol] nom m. Nage rapide avec un battement continu des jambes. ● *Notre maître-nageur nous apprend le **crawl**.* ★ Chercher aussi : brasse.

crayeux → craie.

crayon nom m. ● *Ce **crayon** écrit mal ; tu dois en tailler la mine avec ton taille-crayon.* — ● *As-tu des **crayons** de couleur dans ta trousse ?*

créancier nom ● *Je dois payer mon **créancier**,* la personne à qui je dois de l'argent (→ CONTR. débiteur).

créateur, créatif, création, créativité, créature → créer.

crèche nom f. 1 ● *Les enfants ont admiré la **crèche** de Noël,* la scène, constituée de petits personnages (en terre, en papier, etc.), représentant la naissance de Jésus-Christ dans l'étable. 2 ● *Avant d'aller travailler, maman a déposé mon frère à la **crèche**,* un établissement où on garde les tout-petits pendant la journée. ★ Chercher aussi : garderie.

crédible adj. ● *Ce que tu racontes n'est pas **crédible**,* croyable. — ● *Tu n'es pas **crédible** :* on ne peut pas te croire.

crédit nom m. 1 ● *Pour acheter sa maison, une banque lui a accordé un **crédit**,* une somme d'argent prêtée qu'il rembourse en payant des intérêts (→ prêt). — FAIRE CRÉDIT À QUELQU'UN. ● *Le commerçant nous **fait crédit** :* il nous permet de le payer en plusieurs fois, ou de le payer plus tard. — ● *Payer à **crédit** (→ CONTR. comptant). 2 ● *Au **crédit** de votre compte en banque sont inscrites les sommes qui vous sont dues* (→ créditer ; CONTR. 2. débit). 3 (au plur.) ● *Le ministère a obtenu des **crédits** pour la construction de nouvelles écoles,* une somme d'argent versée pour cela par l'État. 4 ● *Il a un grand **crédit** auprès de ses amis :* il a une grande influence auprès d'eux, ses amis lui accordent une très grande confiance (→ discréditer).
■ **créditer** v. ● *L'argent que vous venez de verser à la banque va **être** crédité à votre compte* (→ crédit, sens 2 ; CONTR. 2. débiter).

crédule adj. ● *Alain est **crédule**,* il croit facilement tout ce qu'on lui dit (→ SYN. naïf).
■ **crédulité** nom f. ● *Cet escroc profite de la **crédulité** des gens,* il profite de leur naïveté.

créer v. 1 ● *Selon la Bible, Dieu **a créé** le ciel et la terre,* il a fait que le ciel et la terre existent (→ création, sens 1). 2 ● *Ce savant **a créé** une nouvelle machine,* il l'a inventée (→ création, sens 2 ; SYN. concevoir, élaborer, réaliser). 3 ● *Des bavardages **ont créé** un chahut dans la classe* (→ SYN. causer, provoquer).
■ **créateur, -trice** nom ● *Celle qui a réalisé ce chef-d'œuvre est une grande **créatrice*** (→ auteur ; créer, sens 2). □ adj. ● *Un esprit **créateur** :* un esprit inventif.
■ **créatif** adj. ● *C'est un esprit **créatif**,* qui crée, qui invente (→ SYN. inventif).
■ **création** nom f. 1 ● *Selon la Bible, la **création** du monde a duré six jours.* 2 ● *La **création** de cette machine a demandé de longs efforts :* son invention (→ SYN. conception, réalisation).
■ **créativité** nom f. Capacité de créer. ● *Il faut encourager la **créativité** des enfants* (→ créer, sens 2).
■ **créature** nom f. ● *Aucune **créature** humaine n'habite cette île,* aucun être humain.

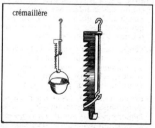

crémaillère

crémaillère nom f. 1 ● *Dans les anciennes cheminées, la marmite était* suspendue à une **crémaillère**, une tige de fer avec des crans. **2** (fig.) PENDRE LA CRÉMAILLÈRE. ● *Mes parents ont invité des amis pour pendre la crémaillère,* pour fêter leur installation dans un nouveau logement.

crème nom f. **1** Matière grasse du lait avec laquelle on fait le beurre. ● *Elle mange des fraises avec de la crème fraîche.* ★ Chercher aussi : écrémer. **2** ● *J'ai aidé ma mère à préparer une crème au chocolat,* un dessert fait avec du lait et des œufs (→ SYN. entremets). **3** ● *Elle utilise des crèmes de beauté,* des produits qui ont la consistance de la crème, pour les soins de la peau. **4** adj. invar. ● *Une voiture de couleur crème,* blanche un peu jaune.
■ **crémeux** adj. ● *Ce fromage est très crémeux,* il contient beaucoup de crème.
■ **crémerie** nom f. Magasin où l'on vend des produits laitiers (lait, beurre, œufs, fromages, etc.).
■ **crémier** nom. Commerçant qui tient une crémerie.

créneau nom m. **1** ● *Au sommet de ses murailles, ce château fort a des créneaux,* des ouvertures qui servent à la défense. ★ Chercher aussi : meurtrière. **2** (en voiture) FAIRE UN CRÉNEAU : faire les manœuvres nécessaires pour se garer entre deux voitures le long d'un trottoir.

créole nom ● *Aux Antilles, elle a rencontré des créoles,* des personnes de race blanche qui vivent sur ces îles et qui y sont nées. □ adj. ● *Du riz créole :* préparé à la façon des créoles.

1. crêpe nom f. Fine galette faite avec de la farine, des œufs, de l'eau ou du lait. ● *J'ai mangé des crêpes à la confiture.*
■ **crêperie** nom f. Endroit où l'on vend, où l'on mange des crêpes.

2. crêpe nom m. **1** Tissu léger, en soie ou en laine, d'aspect ondulé. — ● *Pour l'enterrement, il portait un crêpe noir au bras,* un morceau de tissu noir que l'on porte en signe de deuil. **2** ● *Les chaussures de sport ont des semelles*

de **crêpe**, des semelles faites d'un caoutchouc qui ne glisse pas.
■ **crépon** nom m. ● *Une fleur en (papier) crépon,* en papier ondulé comme le crêpe.

crépi nom m. ● *Cette maison a un joli crépi,* couche granuleuse de ciment ou de plâtre qu'on applique sur un mur.

crépiter v. ● *Le feu crépitait dans la cuisinière à bois :* il faisait des petits bruits secs.
■ **crépitement** nom m. ● *Le crépitement d'une mitraillette :* le bruit sec et continu des balles.

crépu adj. ● *Les Noirs ont souvent les cheveux crépus,* les cheveux frisés finement d'une manière naturelle.

crépuscule nom m. Période de la journée entre le coucher du soleil et la pleine nuit. — ● *Il est rentré à la maison au crépuscule,* à l'heure où la nuit commence à tomber.

crescendo [kreʃɛdo] ou [kreʃendo] nom m. et adv. **1** Son, bruit de plus en plus fort. ● *C'est un crescendo.* **2** ● *Le violon joue crescendo,* de plus en plus fort.

cresson nom m. ● *Marc mange du poulet avec des feuilles de cresson,* une plante qui pousse dans l'eau et dont on fait des salades ou du potage.

crête nom f. **1** ● *La crête du coq :* le morceau de chair rouge et dentelée qui se trouve au sommet de sa tête. **2** ● *J'aperçois de la neige sur la crête de la montagne* (→ SYN. sommet). — ● *La crête d'un toit* (→ SYN. faîte).

crétin nom et adj. ● *Ne me prenez pas pour un crétin !* (→ SYN. idiot, imbécile).

creuser v. **1** ● *Le jardinier creuse la terre avec une pioche,* il fait un trou dans la terre (→ creux, B sens 1). **2** ● *Alain a creusé un morceau de bois pour en faire une petite barque :* il l'a rendu creux (→ creux, A sens 1 ; SYN. évider). ● *Pour trouver une solution à ce problème, il s'est creusé la tête :* il a longuement réfléchi.

■ **creux** adj. et nom m. **A.** adj. **1** • *Cette balle est* ***creuse***, vide à l'intérieur (→ CONTR. plein). **2** • *Il mange sa soupe dans une assiette* ***creuse*** (→ CONTR. plate). **3** (fig.) • *Un discours* ***creux***, vide de sens, sans intérêt.
B. nom m. **1** • *Ce terrain est plein de* ***creux*** *et de bosses* (→ SYN. trou). **2** • *J'ai une bille dans le* ***creux*** *de ma main*, à l'intérieur de ma main, dans ma paume. **3** (fig. et fam.) AVOIR UN CREUX À L'ESTOMAC : avoir faim.

creuset nom m. Récipient utilisé pour fondre des métaux, du verre, etc.

crevasse nom f. **1** • *Le tremblement de terre a créé des* ***crevasses*** *dans les murs des maisons*, des fentes profondes (→ SYN. fissure, lézarde). **2** • *Les alpinistes ont traversé une* ***crevasse***, une cassure étroite et profonde dans la glace. **3** (au plur.) • *Il a des* ***crevasses*** *aux mains*, des petites fentes qui se forment dans la peau, souvent à cause du froid (→ SYN. gerçure).

crever v. **1** • *En roulant sur un clou, il a* ***crevé*** *un pneu* → crevaison ; SYN. éclater, percer). **2** En parlant des plantes et des animaux • *Il faut arroser ces plantes, sinon elles vont* ***crever*** (→ SYN. mourir). **3** (fam.) • *Ce travail nous a* ***crevés***, il nous a épuisés (→ crevant). **4** (fig.) CREVER LES YEUX. • *Dominique nous ment, cela* ***crève les yeux*** *!* : c'est évident, c'est impossible de ne pas le voir. ★ Conjug. 8.

■ **crevaison** nom f. • *Le coureur cycliste a été retardé par une* ***crevaison***, par un pneu crevé.

■ **crevant** adj. (fam.) • *Un travail* ***crevant***, très fatigant (→ SYN. épuisant).

crevette nom f. • *Nous avons acheté des filets pour pêcher les* ***crevettes***. ★ Chercher aussi : 2. bouquet.

cri nom m. **1** • *Les* ***cris*** *des enfants dans la cour de l'école* : les sons perçants émis par les voix des enfants, les éclats de voix (→ hurlement ; crier, sens 1). • *Les spectateurs applaudissent et poussent des* ***cris*** *de joie*. **2** • *L'aboiement est le* ***cri*** *du chien*, le son émis par sa voix. **3** (fig.) POUSSER LES HAUTS CRIS : protester avec force. **4** LE DERNIER CRI. • *Cette auto est* ***le dernier cri*** *de la technique*, la dernière nouveauté. — • *Une robe* ***dernier cri***, qui est à la toute dernière mode.

■ **criant** adj. • *Il a protesté contre cette injustice* ***criante***, évidente, indiscutable.

■ **criard** adj. **1** • *C'est un garçon* ***criard***, qui crie d'une façon désagréable. **2** • *Le son* ***criard*** *d'un violon qui joue faux*, le son désagréable, qui fait mal aux oreilles. **3** (fig.) • *Il porte des vêtements* ***criards***, des vêtements aux couleurs trop vives, qui choquent la vue.

■ **crier** v. **1** • *Des enfants qui* ***crient***, qui poussent des cris. **2** • *Ce n'est pas la peine de* ***crier***, j'entends très bien ce que vous me dites (→ s'écrier ; SYN. hurler). ★ Conjug. 10.

crible nom m. **1** Instrument percé de trous utilisé pour trier des graines, du sable, etc. (→ SYN. passoire, tamis). **2** (fig.) PASSER AU CRIBLE. • *Sa déclaration* ***a été passée au crible***, examinée attentivement, pour distinguer le vrai du faux.

■ **cribler** v. **1** CRIBLER DE. • *Ce tissu est* ***criblé*** *de trous*, percé de nombreux trous. **2** ÊTRE CRIBLÉ DE DETTES : en avoir beaucoup.

cric [krik] nom m. Appareil à manivelle servant à soulever des charges très lourdes. • *Pour changer la roue, il faut soulever la voiture avec le* ***cric***.

crime nom m. **1** Faute très grave punie par la loi (→ criminel, sens 1). **2** • *Il est accusé d'avoir commis un* ***crime***, d'avoir tué quelqu'un (→ SYN. assassinat, meurtre).

■ **criminel** nom **1** • *Un bandit qui prend des otages est considéré par la loi comme un* ***criminel*** *(même s'il ne tue personne)*. □ adj. • *Le vol à main armée est un acte* ***criminel***. **2** • *La police recherche le* ***criminel***, l'assassin, le meurtrier. **3** adj. (fig.) • *Il serait* ***criminel*** *d'abattre de si beaux arbres*, très regrettable.

crin nom m. Poil long qui pousse sur le cou et sur la queue du cheval.

■ **crinière** nom f. **1** • *Le lion, le che-*

val ont une **crinière**, des poils longs qui garnissent leur cou. **2** (fig.) Chevelure épaisse (d'une personne).

crique nom f. ● *Le bateau s'est mis à l'abri dans une* **crique**, une petite baie.

criquet nom m. Insecte qui ressemble à une grosse sauterelle. ● *Un nuage de* **criquets** *a dévasté les champs de la région.*

crise nom f. **1** ● *Il était malade du cœur depuis longtemps et il vient d'avoir une* **crise** *cardiaque*, une brusque aggravation de la maladie. **2** ● *Michel a eu une* **crise** *de colère :* il s'est mis brusquement très en colère. **3** ● *Une* **crise** *économique :* une période de grandes difficultés économiques.

crisper v. **1** ● *La peur lui* **crispait** *le visage*, provoquait la contraction des muscles de son visage. **2** CRISPER QUELQU'UN : l'irriter, l'énerver.

■ **crispé** adj. ● *Avant l'examen, les candidats sont* **crispés**, nerveux, tendus (à cause de l'inquiétude, de l'anxiété, etc.).

crisser v. ● *Les pneus de la voiture* **crissent** *sur le gravier*, ils produisent un bruit aigu, grinçant.

cristal nom m. **1** Roche transparente et dure. **2** Variété de verre très pur et très lourd. ● *Des coupes à champagne en* **cristal**. **3** *La glace, les flocons de neige sont formés de* **cristaux**, de tout petits éléments de forme géométrique (→ 1. cristallin, sens 1).

■ **cristallisé** adj. ● *Du sucre* **cristallisé**, sous forme de petits cristaux.

1. cristallin adj. **1** ● *Une roche* **cristalline**, formée de cristaux. **2** ● *Une eau* **cristalline**, qui est claire et transparente comme le cristal.

2. cristallin nom m. Partie de l'œil en forme de lentille transparente. ★ VOIR p. 842.

critère nom m. ● *Pour lui, la beauté, ce n'est pas forcément un* **critère**, raison qui justifie un choix.

critérium [kriterjɔm] nom m. ● *Un* **critérium** *cycliste*, une course.

1. critique adj. **1** ● *Une période* **critique** : une période où il peut se produire des changements importants (→ SYN. décisif). **2** ● *Pris dans une tempête de neige, l'alpiniste est dans une situation* **critique** (→ SYN. dangereux, grave).

2. critique nom f. et nom m. **1** nom f. Analyse que l'on fait d'une œuvre d'art, d'un livre, afin de porter un jugement (→ critiquer, sens 1). ● *Une* **critique** *dans un journal*, un article écrit par un critique. **2** nom m. ● *Un* **critique** *de cinéma :* un journaliste qui écrit sur les films en jugeant de leurs qualités et de leurs défauts. **3** ● *Sa mère lui a fait de nombreuses* **critiques** (→ critiquer, sens 2; SYN. reproche; CONTR. louange).

■ **critiquable** adj. Qui doit ou peut être critiqué. ● *Ton choix est* **critiquable** (→ critiquer, sens 2) (→ SYN. blâmable, condamnable).

■ **critiquer** v. **1** ● *Ce journaliste* **critique** *les pièces de théâtre*, en fait la critique. **2** ● *Arrête de me* **critiquer**, de me faire des reproches (→ SYN. blâmer ; CONTR. 2. louer).

croasser v. ● *Le corbeau* **croasse**, pousse son cri. ★ Ne pas confondre *croasser* et *coasser*.

■ **croassement** nom m. Cri du corbeau.

croc [kro] nom m. ● *Ce chien grogne en montrant ses* **crocs**, ses canines, ses dents pointues.

croc-en-jambe [krɔkɑ̃ʒɑ̃b] nom m. ● *Il a essayé de faire tomber en lui faisant un* **croc-en-jambe** : en lui tirant la jambe avec son pied (→ SYN. croche-pied). — *Des* **crocs-en-jambe**.

croche nom f. Note de musique qui vaut, en durée, la moitié d'une noire. ★ Chercher aussi : 2. note, blanche.

croche-pied nom m. ● *Dans la cour, les enfants se font souvent des* **croche-pieds** (→ SYN. croc-en-jambe).

1. crochet nom m. **1** Pièce de métal recourbée utilisée pour suspendre ou accrocher des objets. **2** Objet en forme de crochet. ● *Claude fait de la dentelle* au **crochet**, avec une grosse aiguille au bout recourbé. — ● *Faire du crochet*, du tricot avec un crochet. **3** (fig.) VIVRE AUX CROCHETS DE QUELQU'UN. ● *Depuis qu'il ne gagne plus d'argent, il* **vit à mes crochets**, à mes frais.

■ **crocheter** v. ● *Il a perdu sa clé, le serrurier est venu* **crocheter** *la serrure*, l'ouvrir avec un crochet spécial. ★ Conjug. 8.

■ **crochu** adj. ● *Un oiseau au bec* **crochu**, recourbé.

2. crochet nom m. ● *Papa allait au bureau ; il a fait un* **crochet** *pour m'accompagner à l'école*, un détour.

3. crochet nom m. Signe ([ ] ou ( ]) qui sert de parenthèse dans certains cas. ● *Dans ce dictionnaire, les mots écrits au moyen de l'alphabet phonétique sont mis entre* **crochets** (ex. : [amidal], [kro], etc.).

4. crochet nom m. ● *Le boxeur a reçu un* **crochet**, un coup de poing donné avec le bras replié vers l'intérieur.

crocodile nom m. **1** Grand reptile qui vit dans les fleuves des pays chauds. ★ Chercher aussi : alligator, caïman. **2** ● *Elle a un sac en* **crocodile**, en peau de crocodile. **3** (fig.) VERSER DES LARMES DE CROCODILE : pleurer d'une manière hypocrite pour essayer de tromper, d'apitoyer.

crocodile

crocus nom m. Plante à bulbe qui fleurit au début du printemps.

croire v. **1** ● *Il me* **croit** : il pense que je dis la vérité. □ v. pron. ● *Il se* **croit** *intelligent* : il le pense, il en est persuadé. **2** CROIRE QUE... ● *Je* **crois** *qu'il va pleuvoir*, je pense qu'il va pleuvoir, mais je n'en suis pas tout à fait sûr (→ estimer, supposer). **3** CROIRE EN... ● *Il* **croit en** *Dieu*, il est convaincu, persuadé que Dieu existe (→ croyant). **4** (fig.) NE PAS EN CROIRE SES YEUX, SES OREILLES : s'étonner de ce que l'on voit, de ce que l'on entend, en douter. ★ Chercher aussi : crédule ; croyable. ★ Conjug. 38.

croisade nom f. **1** ● *Au Moyen Âge, les chrétiens organisèrent des* **croisades**, ils menèrent des expéditions guerrières contre les musulmans pour les chasser de Palestine. **2** ● *Ils mènent une* **croisade** *contre le tabac*, une lutte, une campagne contre le tabac et ses dangers.

croiser v. **1** ● *Il s'est assis et* **a croisé** *les jambes*, il a mis ses jambes l'une sur l'autre (→ croix ; entrecroiser). **2** (fig.) SE CROISER LES BRAS. ● *Tu devrais m'aider au lieu de* **te croiser les bras**, de rester sans rien faire, de ne pas travailler. **3** ● *La route nationale* **croise** *une petite route*, elle la coupe, la traverse (→ croisement, sens 1). **4** ● *En allant à l'école*, **j'ai croisé** *le facteur*, je l'ai rencontré alors qu'il allait dans une direction opposée à la mienne. **5** ● *Les bateaux de pêche* **croisent** *sur le lieu de pêche*, ils vont et viennent, ils naviguent (→ croiseur, croisière).

■ **croisée** nom f. ● *On se retrouvera à la* **croisée** *des chemins* : endroit où les chemins se coupent (→ croiser, sens 3 ; croisement, sens 1). **2** ● *Ferme la* **croisée**, fenêtre.

■ **croisement** nom m. **1** ● *Il est prudent de ralentir avant un* **croisement** (→ SYN. carrefour). **2** FEUX DE CROISEMENT : lumières que doit allumer, la nuit, une automobile qui en croise une autre pour ne pas l'éblouir. ● *Les* **feux de croisement** *sont plus puissants que les feux de position, mais moins puissants que les feux de route* (→ SYN. code).

croiseur nom m. Grand navire de guerre rapide (→ croiser, sens 5).

croisière nom f. ● *Pour nos vacances, nous avons fait une* **croisière** *en Médi-*

terranée, un voyage en bateau (→ croiser, sens 5).

1. croissant nom m. **1** ● *Un croissant de lune* : la lune, quand on n'en voit qu'une partie. **2** ● *Elle mange des croissants* au petit déjeuner, des gâteaux recourbés, en forme de croissant.

2. croissant adj. ● *«2, 4, 6,...» : ces nombres sont écrits dans l'ordre croissant*, qui va du plus petit au plus grand (→ CONTR. décroissant).

■ **croissance** nom f. **1** ● *La croissance d'un enfant* (→ SYN. développement). **2** ● *Notre production de blé est en pleine croissance* (→ accroissement ; SYN. progression ; CONTR. diminution).

croître v. **1** ● *Cette plante ne cesse de croître*, de pousser, de grandir (→ croissance, sens 1). **2** ● *Quand il y a beaucoup de naissances, la population croît rapidement* (→ croissance, sens 2 ; SYN. s'accroître, augmenter ; CONTR. décroître, diminuer). ★ Conjug. 37.

croquant adj. Qui croque (croquer, sens 1). ● *Chocolat croquant.*

croque-monsieur nom m. invar. ● *Mon frère aime beaucoup les croque-monsieur*, les sandwiches chauds garnis de jambon et de gruyère.

croix nom f. **1** ● *Le signe «plus» (+) est une croix*, une figure formée de deux traits qui se coupent le plus souvent à angle droit (→ croiser). **2** ● *Jésus-Christ est mort sur une croix*, un assemblage de deux poteaux de bois, l'un vertical, l'autre horizontal (→ crucifier). **3** ● *Cet ancien combattant a reçu la croix de guerre*, une décoration en forme de croix.

croque-mort nom m. (fam.) ● *Les croque-morts ont transporté le cercueil jusqu'au corbillard*, les employés des pompes funèbres. ★ Chercher aussi : pompes* funèbres.

croquer v. **1** ● *Ces bonbons croquent sous la dent* : ils font un bruit sec. ★ Chercher aussi : croustiller. **2** ● *Croquer des biscuits* : les broyer avec les dents pour les manger (ce qui fait un bruit sec). **3** ● *Croquer dans une pomme* : mordre.

croquet nom m. Jeu dans lequel on pousse des boules sous des arceaux de fer à l'aide de maillets en bois. ● *Les enfants ont fait une partie de croquet.*

croquette nom f. ● *Au menu il y a des croquettes de pommes de terre*, des boulettes frites.

croquis nom m. ● *Le peintre a fait un croquis de cette cathédrale*, un dessin rapide et simplifié. ★ Chercher aussi : ébauche.

cross nom m. ● *Les élèves de l'école ont fait un cross dans la forêt*, une course à pied sur un terrain difficile, dans la nature.

crosse nom f. **1** ● *Le canon de ce fusil est en métal, mais la crosse est en bois*, la partie arrière. **2** ● *Les évêques portent une crosse*, un long bâton recourbé au sommet.

crotale nom m. ● *Le crotale est très venimeux et peut atteindre deux mètres de long*, le serpent à sonnette.

crotte nom f. **1** ● *Les chiens ne devraient pas faire leurs crottes sur les trottoirs.* (→ SYN. excréments). **2** ● *Marion m'a offert des crottes en chocolat*, des bonbons en chocolat.

■ **crotté** adj. ● *Mes souliers sont tout crottés* : ils sont couverts de boue (→ décrotter).

■ **crottin** nom m. ● *Le crottin de cheval fait du très bon fumier*, les excréments du cheval.

crouler v. **1** ● *Ce vieux château croule* : il s'effondre, il tombe en ruine (→ SYN. s'écrouler). **2** ● *Le voyageur croulait sous le poids de ses bagages* : il était épuisé par le poids.

croupe nom f. ● *Yves a donné une tape sur la croupe du cheval*, sur la partie arrière de son corps. PRENDRE EN CROUPE. ● *Ce cavalier m'a pris en croupe* : il m'a fait monter derrière lui sur son cheval.

■ **croupion** nom m. ● *Régine aime manger le croupion du poulet* : la partie arrière de son corps, qui porte les plumes de la queue.

croupir v. 1 ● *L'eau de la mare **croupit**, elle reste immobile et devient dangereuse à boire.* ★ Chercher aussi : stagner. 2 ● *Les habitants de ce bidonville **croupissent** dans la misère, ils y restent sans pouvoir en sortir.* ★ Conjug. 11.

croustiller v. ● *J'aime les biscuits qui **croustillent**, qui croquent sous la dent.* ■ **croustillant** adj. 1 ● *Des frites **croustillantes**.* 2 (fig.) ● *Antoine a raconté une histoire **croustillante**, amusante mais peu convenable.*

croûte nom f. 1 ● *Préfères-tu la mie ou la **croûte** du pain ?,* la partie extérieure dure (→ croûton, sens 1). 2 ● *Gilbert a arraché la **croûte** de son écorchure,* la plaque dure qui s'est formée en séchant. 3 (fam.) ● *Il n'est pas beau, il ne peint que des **croûtes**,* de mauvais tableaux. 4 (fam.) CASSER LA CROÛTE : manger. 5 (fam.) GAGNER SA CROÛTE : gagner sa vie, travailler pour vivre. ■ **croûton** nom m. 1 ● *Paul a mangé le **croûton**,* l'extrémité du pain, formée surtout de la croûte. 2 ● *La soupe à l'oignon est meilleure avec des **croûtons**,* de petits morceaux de pain frits.

croyable [krwajabl] adj. ● *Ce qu'elle raconte n'est pas **croyable** ! :* on ne peut pas le croire (→ CONTR. incroyable). ■ **croyance** nom f. ● *Tous les hommes ne partagent pas les mêmes **croyances**,* la même religion, les mêmes opinions. ■ **croyant** adj. ● *Madeleine est une femme **croyante**,* qui croit en Dieu. □ nom ● *Les **croyants** :* ceux qui croient en Dieu (→ CONTR. athée, incroyant).

C.R.S. nom f. Abrév. de Compagnie Républicaine de Sécurité. ● *Les **C.R.S.** participent au maintien de l'ordre et à la surveillance des routes et des plages.* □ nom m. ● *Un **C.R.S.** :* un membre des Compagnies Républicaines de Sécurité.

1. cru adj. 1 ● *Les loups, les lions mangent la viande **crue** (→ CONTR. cuit).* ● *On peut manger des légumes **crus** en salade (→ crudités).* 2 ● *Il a mauvaise mine sous cette lumière **crue**,* violente

(→ CONTR. tamisé). 3 ● *Des mots **crus**,* grossiers, vulgaires.

2. cru nom m. ● *On lui a fait goûter des vins des meilleurs **crus**,* des meilleurs vignobles.

cruauté nom f. ● *Il ne devrait pas traiter son chien avec **cruauté**,* avec méchanceté et férocité (→ cruel).

cruche nom f. 1 ● *Il y a de l'eau fraîche dans la **cruche**,* un pot muni d'une anse et d'un bec pour verser. 2 (fam.) ● *Quelle **cruche** !,* quel(le) imbécile !

cruche

crucial adj. Très important, essentiel. ● *C'est une question **cruciale*** (→ SYN. 1 capital).

crucifier v. ● *Les Romains **crucifiaient** parfois les criminels :* ils les attachaient sur une croix pour les faire mourir. ★ Conjug. 10. ■ **crucifix** nom m. ● *Dans cette église, nous avons vu un très beau **crucifix** au-dessus de l'autel,* un objet qui représente Jésus sur la croix (→ croix).

cruciverbiste nom m. Celui qui aime faire des mots croisés.

crudités nom f. plur. ● *Nous avons commencé le repas par des **crudités**,* par des légumes crus en salade.

crue nom f. ● *La **crue** du fleuve a atteint deux mètres :* la montée des eaux. — ● *Une rivière en **crue**.*

cruel adj. **1** ● *On dit que le tigre est un animal* **cruel**, *qui aime faire souffrir* (→ cruauté ; SYN. féroce, méchant). **2** ● *La mort d'un ami est un chagrin* **cruel**, *qui fait beaucoup souffrir.*
■ **cruellement** adv. **1** ● *Ce chien l'a mordu* **cruellement**, *avec férocité.* **2** ● *Il souffre* **cruellement**, *très douloureusement.*

crustacé nom m. ● *La langouste et le crabe sont des* **crustacés**, *des animaux à carapace qui vivent généralement dans l'eau.*

crypte nom f. ● *Alain visite la* **crypte** *de la cathédrale, sa partie souterraine.*

cube nom m. **1** ● *Patrick fait des constructions avec ses* **cubes**, *des objets qui ont six faces carrées égales* (→ cubique). ★ VOIR p. 424. **2** ● *27 est le* **cube** *de 3* $(3 \times 3 \times 3 = 3^3)$ *et 1 000 est le cube de 10* $(10 \times 10 \times 10 = 10^3)$. — ● *2³, 3³,... 10³, etc., s'énoncent «deux au* **cube***, trois au* **cube***, ... dix au* **cube***», etc.* **3** ● *Le mètre* **cube** *(m³) est une unité qui sert à mesurer les volumes : 1 m³ est équivalent à 1 000 litres.*
■ **cubique** adj. ● *Céline m'a offert des bonbons dans une boîte* **cubique**, *en forme de cube.*

cueillir [kœjir] v. **1** ● *Nous* **avons cueilli** *des violettes, nous les avons ramassées en coupant leurs tiges.* **2** (fam.) ● *Le voleur s'est fait* **cueillir** *par la police : il s'est fait prendre, attraper* (→ SYN. (fam.) pincer). ★ Conjug. 13.
■ **cueillette** nom f. ● *La* **cueillette** *des champignons se fait en octobre : le ramassage des champignons* (→ SYN. récolte).

cuiller ou **cuillère** nom f. **1** ● *Mets les grandes* **cuillères** *pour la soupe et les petites pour le dessert* (→ cuillerée). **2** ● *Mon oncle pêche le brochet à la* **cuiller**, *en attachant à sa ligne un instrument en forme de cuiller garni d'un hameçon.*
■ **cuillerée** nom f. ● *Je voudrais une* **cuillerée** *de crème, le contenu d'une cuillère.*

cuir nom m. **1** ● *Isabelle aimerait acheter un sac en* **cuir**, *un sac fait avec la peau d'un animal.* ★ Chercher aussi : tanner. **2** CUIR CHEVELU. ● *Yves a le* **cuir chevelu** *irrité, la peau du crâne.*

cuirasse nom f. **1** ● *Au Moyen Âge, les chevaliers portaient des* **cuirasses** *à la guerre, des sortes d'armures qui leur protégeaient la poitrine et le dos* (→ cuirassier). **2** ● *La coque de certains navires de guerre est renforcée par une* **cuirasse**, *une épaisseur de plaques d'acier* (→ cuirassé). ★ Chercher aussi : blindage.
■ **cuirassé** nom m. ● *La marine de guerre possède quelques* **cuirassés**, *de grands navires de guerre blindés.*
■ **cuirassier** nom m. ● *Les* **cuirassiers** *étaient des soldats revêtus de cuirasses et qui combattaient à cheval.*

cuire v. **1** ● *Le cuisinier fait* **cuire** *le rôti dans le four.* — ● *Les légumes* **cuisent** *dans la casserole* (→ cuit). ★ Chercher aussi : frire, griller, rôtir. **2** ● *Les yeux me* **cuisent** *sous ce soleil éblouissant : ils me brûlent.* ★ Conjug. 43.
■ **cuisson** nom f. ● *Le temps de* **cuisson** *du poulet varie suivant la grosseur de l'animal.*
■ **cuit** adj. ● *Élise aime bien les pommes* **cuites** (→ CONTR. 1. cru).

cuisant adj. ● *Je garde un souvenir* **cuisant** *de cet échec : très mauvais, qui fait mal.*

cuisine nom f. **1** ● *Nous avons déjeuné dans la* **cuisine**, *la pièce où l'on prépare la nourriture pour les repas.* **2** ● *La* **cuisine** *de ma grand-mère est délicieuse, les aliments qu'elle prépare* (→ culinaire).
■ **cuisiner** v. ● *Mon père* **cuisine** *bien : il sait bien faire la cuisine.*
■ **cuisinier** nom **1** ● *Ce restaurant a embauché un très bon* **cuisinier**. **2** ● *Ta cousine est bonne* **cuisinière**, *elle fait bien la cuisine.*
■ **cuisinière** nom f. ● *Mes parents viennent d'acheter une nouvelle* **cuisinière** *à gaz, un fourneau qui sert à faire cuire les aliments.*

cuisse nom f. • *Xavier s'est fait mal à la* **cuisse**, la partie de la jambe entre le genou et la hanche. ★ VOIR p. 967.

cuisson, cuit → cuire.

cuivre nom m. 1 • *On se sert de* **cuivre** *pour fabriquer le fil électrique*, un métal mou et rouge. 2 • *Les clairons, les trompettes, les cors, etc., sont les* **cuivres** *de l'orchestre*, les instruments à vent en cuivre. 3 • *Dominique astique les* **cuivres**, des objets en cuivre.

cul [ky] nom m. 1 • *Tomber sur le* **cul**, sur le derrière, sur les fesses. ★ Employé dans ce sens, **cul** est un mot grossier. 2 • *Le* **cul** *d'une bouteille* : le fond (→ 1. culot).

culbute nom f. • *Gilles et Marc ont fait des* **culbutes** *dans le pré* (→ SYN. cabriole). — *Elle s'est cassé le bras dans sa* **culbute** (→ SYN. chute).
■ **culbuter** v. • *Le judoka a* **culbuté** *son adversaire* : il l'a renversé, il l'a mis à terre (→ SYN. basculer).

cul-de-sac [kydsak] nom m. • *Attention, cette rue est un* **cul-de-sac**, une voie sans issue, une impasse. — • *Des* **culs-de-sac**.

culinaire adj. • *Ce livre de recettes va t'enseigner l'art* **culinaire**, l'art de faire la cuisine.

culminer v. Atteindre la hauteur maximale. • *Le mont Blanc* **culmine** *à 4 807 m* (→ cime).
■ **culminant** adj. • *Le pic d'Aneto est le point* **culminant** *de la chaîne des Pyrénées*, le point le plus élevé, la plus haute montagne.

1. culot nom m. • *Le* **culot** *de cette ampoule est en cuivre*, la partie en métal qui entre dans la douille (→ cul, sens 2).

2. culot nom m. (fam.) • *Vraiment, quel* **culot** *!* : quelle audace! quel toupet! (→ SYN. aplomb).

culotte nom f. 1 Pantalon court pour homme, qui va de la taille jusqu'aux genoux. • *Ce footballeur porte un maillot bleu et une* **culotte** *blanche* (→ short). 2 Sous-vêtement pour femme. • *Ma petite sœur veut mettre sa* **culotte** *à fleurs* (→ SYN. slip).

culpabilité nom f. • *Personne n'a pu prouver la* **culpabilité** *de Jean-Paul, le fait qu'il soit coupable* (→ disculper; CONTR. innocence).

culte nom m. 1 • *Rendre un* **culte** *à Dieu* : lui montrer l'amour et le respect que l'on a pour lui par des cérémonies. 2 • *Tous les dimanches, le pasteur célèbre le* **culte**, la cérémonie religieuse protestante. 3 • *Vouer un* **culte** *à quelqu'un*, avoir pour lui une grande admiration, une grande affection.

1. cultiver v. 1 • *M. Simon* **cultive** *son jardin*, il travaille la terre pour y faire pousser des plantes (→ 1. culture). 2 • *Dans ce champ, on* **cultive** *des betteraves* : on les fait pousser (→ agriculture).
■ **cultivable** adj. • *Ce pays manque de terres* **cultivables**, qui peuvent produire des récoltes (→ CONTR. 1. inculte).
■ **cultivateur, -trice** nom. Personne qui vit du travail de la terre (→ SYN. agriculteur).

2. se cultiver v. pron. (fig.) • *Ses lectures et ses voyages lui ont permis de se* **cultiver**, de s'instruire, de former son esprit (→ 2. culture).
■ **cultivé** adj. • *Ta tante est une femme* **cultivée**, qui sait beaucoup de choses, qui a de la culture (→ CONTR.2. inculte).

1. culture nom f. • *En Bourgogne, on pratique la* **culture** *de la vigne* : on la fait pousser.

2. culture nom f. 1 • *Ce professeur a une vaste* **culture**, de vastes connaissances, une grande instruction (→ culturel). 2 • *La langue, l'art, la littérature d'un pays forment sa* **culture**, sa civilisation (→ culturel). 3 CULTURE PHYSIQUE. • *Claude aime la* **culture physique**, la gymnastique.
■ **culturel** adj. • *Lire, visiter un musée, aller au théâtre : voilà quelques activités* **culturelles**, qui permettent de se cultiver et qui ont rapport avec la culture.

cumuler v. • *M. Duparc est à la fois maire de la ville et député; il **cumule** deux fonctions.*

cumulus [kymylys] nom m. Gros nuage arrondi. • *Le ciel se couvre, il y a des **cumulus**.*

cupide adj. • *Ne sois pas **cupide**,* avide d'argent (→ CONTR. désintéressé, généreux).

curable adj. Qu'on peut guérir. • *C'est une maladie **curable*** (→ CONTR. incurable) → cure.

curare nom m. Poison qui servait autrefois à empoisonner les flèches, en Amérique du Sud.

1. cure nom f. **1** • *Dominique suit une **cure** d'amaigrissement,* un traitement médical (→ curiste). ★ Chercher aussi : incurable. **2** (littér.) N'AVOIR CURE DE QUELQUE CHOSE. • *Je t'ai prévenu du danger, mais il **n'en a cure** :* il ne s'en soucie pas.
■ **curiste** nom. Personne qui fait une cure dans une station thermale. • *Vichy, Évian, Vittel, etc., sont des villes qui accueillent des **curistes** venant du monde entier.*

2. cure nom f. • *Dans ce village, la **cure** est juste à côté de l'église,* la maison du curé (→ SYN. presbytère).
■ **curé** nom m. • *L'abbé Dupuis est le **curé** de notre paroisse,* le prêtre qui en a la charge.

cure-dent ou **cure-dents** nom m. • *As-tu déjà utilisé des **cure-dents**?,* des bâtonnets qui servent à se nettoyer les dents.

curer v. • *Le fond de ce bassin est couvert de vase, nous allons le **curer**,* le nettoyer en raclant la vase.

curieux adj. et nom **A.** adj. **1** • *Didier a écouté notre conversation, c'est un enfant trop **curieux**,* indiscret. **2** ÊTRE CURIEUX DE. • *Je **suis curieux de** connaître cette histoire :* je voudrais la connaître, elle m'intéresse. **3** • *Il a eu des aventures **curieuses**,* bizarres, étranges, intéressantes (→ curiosité, sens 3).
B. nom **1** • *Laure a fouillé dans tous mes tiroirs, c'est une **curieuse**,* une personne qui cherche à savoir ce qui

ne la regarde pas (→ curieux, A sens 1). **2** • *Des **curieux** regardaient la bagarre* (→ SYN. badaud).
■ **curiosité** nom f. **1** • *Son plus gros défaut, c'est la **curiosité**,* l'indiscrétion. **2** • *J'ai lu ce livre par **curiosité**,* par désir de le connaître. **3** • *Ce rocher en forme de champignon est une **curiosité** de la nature,* une chose étonnante, intéressante.

curiste → 1. cure.

curry nom m. • *Maud aime le riz au **curry**,* assaisonnement indien, de couleur jaune foncé. ★ On dit aussi carry.

curseur nom m. • *Sur mon poste de radio, on règle le son avec un **curseur**,* une sorte de bouton qu'on peut faire glisser.

cutané adj. • *L'eczéma est une maladie **cutanée**,* de la peau.

cutter [kyter] ou [kœter] nom m. • *Pour découper ce carton épais, Carole utilise un **cutter**,* une sorte de couteau muni d'une petite lame très coupante.

cuve nom f. **1** • *Les vendangeurs ont mis le raisin dans une **cuve**,* un grand récipient (→ cuvée). ★ Chercher aussi : baquet. **2** • *Mes parents ont fait remplir la **cuve** à mazout avant l'hiver,* le réservoir (→ SYN. citerne).
■ **cuvée** nom f. **1** • *Quantité de vin qui tient dans une cuve.* **2** • *Cette année, la **cuvée** est excellente,* la récolte de raisin qui donnera le vin.
■ **cuvette** nom f. • *Mets la salade à tremper dans une **cuvette**,* une bassine.

cyanure nom m. Produit chimique bleu, très toxique, mortel.

cyclamen [siklamɛn] nom m. Plante à fleurs roses, mauves ou blanches. • *Thierry nous a offert un **cyclamen*** en pot.

1. cycle nom m. • *Les saisons forment un **cycle** :* elles se suivent et reviennent toujours dans le même ordre.
■ **cyclique** adj. • *Un phénomène **cyclique**,* qui se reproduit périodiquement selon un cycle.

2. cycle nom m. • *Hugues a acheté son vélomoteur chez le marchand de*

cycles, de bicyclettes et de deux-roues.
■ **cyclable** adj. ● *C'est dangereux de rouler sur la grand-route; prenons plutôt la piste* **cyclable**, *la piste réservée aux bicyclettes et aux cyclomoteurs.*

■ **cyclisme** nom m. ● *Le* **cyclisme** *est un sport qui muscle les jambes*, la pratique de la bicyclette.

■ **cycliste** nom ● *Les* **cyclistes** *doivent tendre le bras avant de tourner*, les personnes qui roulent à bicyclette. □ adj. ● *Les spectateurs assistent à l'arrivée de la course* **cycliste**.

■ **cyclomoteur** nom m. ● *Quand tu auras 14 ans, tu pourras conduire un* **cyclomoteur**, une sorte de bicyclette à moteur qui n'a pas de plaque d'immatriculation. ★ Chercher aussi : motocyclette, vélomoteur.

cyclo-cross nom m. ● *Dans la forêt, mon frère et ses amis font du* **cyclo-cross**, *du vélo à travers champs et bois* (→ cross).

cyclone nom m. ● *Cette île tropicale a été dévastée par un* **cyclone**, *une tempête très violente qui forme un tourbillon dévastateur* (→ SYN. ouragan, tornade, typhon).

cygne nom m. ● *De grands* **cygnes** *blancs nagent sur le lac*, des oiseaux au long cou. ★ Ne pas confondre avec *signe*.

cylindre nom m. **1** ● *Un tube de médicament, une boîte de conserve ont la forme d'un* **cylindre** (→ cylindrique). ★ VOIR p. 424. **2** ● *Le moteur de notre voiture a six* **cylindres**, six pièces dans lesquelles les pistons vont et viennent (→ cylindrée).

■ **cylindrée** nom f. ● *La* **cylindrée** *d'une voiture est égale au volume des cylindres de son moteur.* — ● *Une voiture de grosse* **cylindrée** *est puissante.*

■ **cylindrique** adj. ● *Ce rouleau à pâtisserie est* **cylindrique**, en forme de cylindre.

cymbale nom f. Instrument de musique composé de deux disques en cuivre ou en bronze. ● *Tout en haut de l'orchestre, ce musicien frappe ses* **cymbales** *l'une contre l'autre.*

cynique adj. Qui dit ou fait, sans se gêner, ce qui n'est pas habituellement admis. ● *Quel individu* **cynique**, *il se vante de ses mauvaises actions!*

■ **cynisme** nom m. Le fait d'être cynique.

cyprès [siprɛ] nom m. ● *En Provence, des rangées de* **cyprès** *protègent les cultures contre le vent*, des rangées d'arbres vert sombre et très élancés.

D|d

dactylo nom f. ● *Il a fait taper son texte par une dactylo*, une femme dont le métier est de taper à la machine à écrire.
■ **dactylographie** nom f. ● *Loïc apprend la dactylographie* : il apprend à taper à la machine à écrire.
■ **dactylographier** v. ● *Elle dactylographie les lettres du directeur* : elle les tape à la machine. ★ Conjug. 10.

dada nom m. (fam.) ● *Grand-père raconte souvent des histoires de chasse, c'est son dada* : son sujet préféré.

dague nom f. Épée courte, sorte de poignard.

dahlia nom m. ● *Elle cueille un bouquet de dahlias de toutes les couleurs*, de grosses fleurs rondes.

dahlia

daigner v. ● *Quelle surprise! Cette prétentieuse a daigné te dire bonjour?* : elle a bien voulu te dire bonjour, bien qu'elle se croie très supérieure. (→ dédaigner).

daim [dɛ̃] nom m. **1** Animal sauvage de la famille du cerf. ● *Le daim a un pelage tacheté et de grandes cornes larges au bout aplati.* ★ Chercher aussi : bois, bramer, faon. **2** ● *Gilles a un blouson de daim*, fait avec la peau de cet animal, ou, le plus souvent, en cuir spécialement traité pour qu'il ressemble à la peau du daim.

dalle nom f. ● *Le bruit de nos pas résonne sur les dalles*, les plaques de pierre, de terre cuite, etc., qui servent à recouvrir le sol. — ● *Une dalle de béton*, une grande plaque.
■ **dallage** nom m. ● *Le dallage de cette terrasse est en pierre*, l'ensemble de ses dalles.
■ **daller** v. ● *Elle a fait daller la terrasse* : elle a fait recouvrir le sol avec des dalles. ★ Chercher aussi : carreau.

daltonien adj. et nom m. et f. Personne atteinte d'une anomalie de la vue portant sur les couleurs. ● *Pierre est daltonien* : il confond le rouge et le vert.

1. dame nom f. **1** ● *Il est très poli avec les dames*, avec les femmes mariées. ★ Chercher aussi : madame. **2** ● *Il a pris mon valet avec sa dame de cœur*, la carte à jouer qui représente une reine.

3 ● *Le jeu de* **dames** *se joue à deux avec des pions noirs et blancs* (→ damier).

■ **damier** nom m. ● *Pour jouer aux dames, Hugues a apporté son* **damier**, *un plateau carré divisé en 100 cases noires et blanches.* ★ Chercher aussi : échiquier.

2. dame! interj. ● *«Connais-tu cette personne?»* — *«Dame! oui!»,* bien sûr que oui!

damer v. ● *Les moniteurs* **dament** *la piste de ski : ils tassent la neige.*

damnation nom f. Condamnation à aller en enfer après la mort. ● *Faust a été condamné à la* **damnation** *éternelle, pour avoir vendu son âme au diable.*

damner [dane] v. ● *Les chrétiens pensent que les hommes qui ne respectent pas les commandements de Dieu* **seront damnés**, *condamnés à aller en enfer après leur mort.* ■ pron. ● *Les oies se dirigent vers la mare en* **se dandinant**, *en balançant leur corps d'une patte sur l'autre.*

se **dandiner** v. pron. ● *Les oies se dirigent vers la mare en* **se dandinant**, *en balançant leur corps d'une patte sur l'autre.*

danger nom m. ● *Si tu traverses la rue sans faire attention, tu cours un* **danger**, *un risque grave* (→ SYN. péril).

■ **dangereux** adj. ● *C'est* **dangereux** *de partir tout seul dans la montagne : cela présente un risque grave* (→ SYN. périlleux). ● *La vipère est un animal* **dangereux**, *qui peut faire du mal* (→ CONTR. inoffensif).

■ **dangereusement** adv. ● *Bruno s'approche* **dangereusement** *du bord de la falaise, en courant un risque.*

dans prép. **1** ● *Les enfants jouent* **dans** *le jardin,* à l'intérieur du jardin (→ dedans; CONTR. hors de). **2** ● *Delphine va partir* **dans** *trois jours, quand trois jours auront passé.* **3** ● *Je l'attends* **dans** *les jours qui viennent, au cours des prochains jours.* **4** DANS LES. ● *Ce gâteau coûte* **dans** *les trois francs, à peu près trois francs* (→ SYN. environ).

danser v. ● *Patricia aime beaucoup* **danser**, *faire bouger son corps en suivant le rythme de la musique.* — ● *Sais-tu* **danser** *le rock?,* exécuter les pas et les figures de cette danse. — NE PAS SAVOIR SUR QUEL PIED DANSER : ne pas savoir quoi faire.

■ **danse** nom f. **1** ● *Florence apprend la* **danse** *classique,* l'art de danser. **2** ● *La valse, le tango, le rock sont des* **danses**.

■ **danseur** nom **1** ● *Les* **danseurs** *s'agitent au rythme de la musique,* les personnes qui dansent pour s'amuser. **2** ● *Cette* **danseuse** *de l'Opéra porte un tutu et des chaussons blancs,* cette artiste dont le métier est de danser (→ SYN. ballerine). ★ Chercher aussi : ballet, pointe, sens 3. **3** EN DANSEUSE. ● *Le coureur cycliste montait la côte* **en danseuse**, debout sur ses pédales.

dard [dar] nom m. ● *Les abeilles et les guêpes piquent avec leur* **dard**, *une petite pointe creuse par où passe le venin* (→ SYN. aiguillon).

darder v. ● *Le soleil* **darde** *ses rayons brûlants sur la plage : il les dirige droit sur la plage, il les lance comme des flèches.*

dare-dare adv. (fam.) ● *Quand je l'ai appelé, il est arrivé* **dare-dare**, à toute vitesse.

dartre nom f. ● *Il a des* **dartres**, *des plaques rouges sur la peau, causées par une maladie.*

date nom f. **1** ● *En haut de ma lettre, j'écris la* **date** *: 7 mai 1980 : j'indique le jour, le mois et l'année où nous sommes* (→ dater, sens 1). **2** DE LONGUE DATE, loc. adv. ● *Luc et Arnaud sont des amis* **de longue date**, *depuis longtemps.* — LE DERNIER EN DATE. ● *Elle m'a raconté* **la dernière en date** *de ses aventures : sa plus récente aventure.* ★ Ne pas confondre avec **datte**.

■ **dater** v. **1** ● *Papa a oublié de* **dater** *son chèque,* d'y inscrire la date. **2** DATER DE... ● *Ce château* **date** *du Moyen Âge : il existe depuis cette époque* (→ SYN. remonter à). — (fam.) CELA NE DATE PAS D'HIER : cela existe depuis longtemps, c'est ancien. **3** ● *L'historien essaie de* **dater** *ces monnaies anciennes,* de découvrir l'année, l'époque où elles ont été fabriquées.

■ **datation** nom f. Action d'attribuer une date.

datte nom f. ● *Aimes-tu les **dattes**?*, de petits fruits allongés, très sucrés, qui viennent d'Afrique du Nord, ou du Moyen-Orient. ★ Ne pas confondre avec *date*.
■ **dattier** nom m. ● *Cette oasis est plantée de **dattiers**,* de grands palmiers qui donnent des dattes.

dattier.

1. dauphin nom m. Mammifère vivant dans la mer, en général en groupe. ● *Les savants étudient la façon qu'ont les **dauphins** de communiquer entre eux.*

2. dauphin nom ● *Autrefois, le fils aîné du roi de France était appelé le **Dauphin**.*

daurade ou **dorade** nom f. ● *Patrick a pêché une **daurade**,* un poisson de mer aux reflets dorés.

davantage adv. **1** ● *Ces fraises sont délicieuses, j'en voudrais **davantage**,* plus, encore (→ CONTR. moins). **2** ● *Elle ne veut pas attendre **davantage**,* plus longtemps.

D. D. T. [dedete] nom m. ● *Pour détruire les insectes, les cultivateurs utilisent souvent du **D. D. T**.,* un produit qui les tue, un insecticide.

1. de, d', du, des prép. **1** Indique le lieu d'où l'on vient. ● *Il sort **de** la maison.* **2** ● *Les vacances durent **de** juillet à septembre, depuis juillet.* **3** ● *Il tremble **de** peur, à cause de sa peur.* — ● *Je suis content **de** partir.* **4** ● *Il nous a montré **du** doigt,* avec le doigt. **5** ● *Il a reculé **d'**un mètre.* **6** ● *La bicyclette **de** mon frère,* qui appartient à mon frère.

7 ● *Un blouson **de** cuir,* fait en cuir. **8** ● *Une cruche **d'**eau,* qui contient de l'eau.

2. de, d', du, de la, des articles indéf. S'emploient devant les noms de choses que l'on ne peut pas compter. ● *Il boit **de** l'eau.* — ● *Cela prend **du** temps.* — ● *J'écoute **de** la musique.* — ● *Elle a **des** idées bizarres.*

1. dé nom m. **1** ● *Claire et Olivier jouent aux **dés**,* avec de petits cubes dont chaque face est marquée d'un nombre de points (de 1 à 6). — UN COUP DE DÉS. ● *Je ne sais pas si cela réussira, c'est **un coup de dés** :* le résultat dépend du hasard, comme quand on joue aux dés.

2. dé nom m. DÉ (À COUDRE). ● *Pour coudre, je protège le bout de mon doigt avec un **dé**,* un petit étui en métal. — (fig.) ● *Cette sauce est meilleure si l'on y ajoute un **dé à coudre** d'alcool,* une toute petite quantité d'alcool.

déambuler v. ● *Ce vagabond **déambule** toute la journée :* il marche au hasard, sans but précis (→ ambulant).

débâcle nom f. ● *L'armée vaincue s'enfuit en désordre : c'est la **débâcle**,* la débandade, la déroute.

déballer v. **1** ● *Arnaud est impatient de **déballer** ses cadeaux de Noël,* de les sortir de leur emballage (→ déballage; CONTR. 1. emballer). **2** (fam.) ● *Il a **déballé** tous les secrets de notre club :* il les a racontés.
■ **déballage** nom m. ● *Nous avons monté nos bagages dans les chambres, maintenant il faut faire le **déballage**.*

débandade nom f. ● *Quand l'orage a éclaté, notre groupe s'est dispersé : quelle **débandade**!,* quelle fuite en désordre!

se débarbouiller v. pron. ● *Ta figure est toute sale; va te **débarbouiller**,* te nettoyer, te laver (→ barbouiller).

débardeur nom m. **1** ● *Les **débardeurs** chargent et déchargent les navires* (→ SYN. docker). **2** ● *Pour l'été, elle s'est acheté un **débardeur**,* un maillot de corps décolleté et sans manches (comme en portent les débardeurs, les déménageurs, etc.).

débarquer v. ● **1** ● *En revenant d'Angleterre, nous **avons débarqué** au port de Dieppe* : nous sommes sortis du bateau (→ CONTR. embarquer). **2** (fam.) ● *Il a **débarqué** chez nous sans prévenir* : il est arrivé, il s'est installé chez nous.
■ **débarcadère** nom m. ● *Le navire approche du **débarcadère**,* de l'endroit prévu pour faire débarquer les personnes, les marchandises, etc. ★ Chercher aussi : embarcadère, quai.
■ **débarquement** nom m. ● *Juste après l'arrivée du bac, le **débarquement** des voitures commence,* leur sortie du bateau (→ CONTR. embarquement).

débarrasser v. ● *Nous allons **débarrasser** la cave de tout ce fouillis,* enlever ce qui encombre, ce qui gêne (→ embarrasser). — ● *Gilles **débarrasse** la table* (→ CONTR. mettre). □ v. pron. ● *Elle **s'est débarrassée** de ces objets* : elle les a fait disparaître.
■ **débarras** nom m. ● **1** ● *Il a mis les vieux jouets au **débarras**,* dans une petite pièce où l'on range ce qui encombre. **2** BON DÉBARRAS! ● *Il est enfin parti, **bon débarras**!,* quelle joie, quel soulagement!

1. débattre v. ● *À la radio, plusieurs journalistes **débattaient** du problème du chômage* : ils discutaient de ce problème. ★ Conjug. 31.
■ **débat** nom m. ● **1** ● *As-tu regardé ce **débat** à la télévision?,* cette discussion organisée entre plusieurs personnes. **2** (au plur.) ● *Les **débats** de l'Assemblée nationale, du Sénat* (→ SYN. délibération).

2. se débattre v. pron. ● *Quand on a voulu l'emmener, Marc **s'est débattu**,* il a lutté en faisant de grands efforts pour se libérer, pour se défendre (→ SYN. se démener). ★ Conjug. 31.

débauche nom f. ● *Il vit dans la **débauche*** : il se conduit très mal, en se livrant à des excès, à des vices.
■ **débauché** adj. ● *Il mène une vie **débauchée**.* □ nom ● *C'est un **débauché**,* un homme qui vit dans la débauche.

débaucher v. ● *Le directeur de l'usine **débauche** des ouvriers,* il les renvoie parce qu'il n'a plus de travail pour eux (→ CONTR. embaucher).

débile adj. ● **1** ● *Cet enfant est **débile*** : il est faible, malingre, chétif (→ CONTR. fort, vigoureux). □ nom ● *Un **débile** (mental)* : un malade dont l'intelligence ne s'est pas développée normalement. **2** (fam.) ● *Ce film est **débile**!,* idiot.

1. débiter v. ● **1** ● *Ce commerçant **débite** ses marchandises* : il les vend au détail (→ 1. débit). **2** ● *Ce jet d'eau **débite** cinq litres par seconde* : il les laisse couler. **3** (fam.) ● *Corinne a **débité** sa leçon* : elle l'a récitée sur un ton monotone. — ● *Il **débite** des sottises* : il en dit.
■ **1. débit** nom m. ● **1** ● *Un **débit** de tabac,* un **débit** de boissons : un magasin où l'on vend du tabac, des boissons. **2** ● *Le **débit** de cette centrale électrique est important,* la quantité d'électricité qui en sort. **3** ● *Cette actrice a un **débit** trop rapide,* une façon de parler.

2. débiter v. ● *Maman a fait un chèque de cent francs, la banque va **débiter** son compte de cent francs,* les enlever du compte où elle a de l'argent en réserve (→ CONTR. créditer).
■ **2. débit** nom m. ● *Quand il fait ses comptes, il inscrit les sommes qu'il doit dans la colonne des **débits**,* de l'argent qui sort de chez lui (→ CONTR. crédit).
■ **débiteur, -trice** nom ● *Tu as prêté de l'argent à Sylvain, il est ton **débiteur**,* la personne qui te doit de l'argent (→ dette; CONTR. créancier).

3. débiter v. ● *Dans cette scierie, on **débite** les sapins pour en faire des planches* : on les coupe en morceaux.

déblayer v. ● **1** ● *Quand cette maison s'est écroulée, il a fallu **déblayer** la rue,* la débarrasser de ce qui l'encombrait. **2** (fig. et fam.) DÉBLAYER LE TERRAIN. ● *Avant de discuter notre projet, nous allons **déblayer le terrain**,* nous débarrasser des premières difficultés, des premiers obstacles. ★ Conjug. 7.

■ **déblais** nom m. plur. ● *Les camions ont emporté plusieurs tonnes de déblais, de terre, de décombres, de choses qui encombraient.*

débloquer v. ● *Le robinet était coincé, il a réussi à le débloquer, à le remettre en état* (→ CONTR. bloquer).

déboires nom m. plur. ● *Il a eu des déboires avec sa voiture, des ennuis* (→ SYN. déception).

déboiser v. ● *On a déboisé ce terrain pour en faire un champ cultivé : on a enlevé les arbres* (→ bois ; CONTR. reboiser).

■ **déboisement** nom m. Action de déboiser (→ CONTR. reboisement).

déboîter v. 1 ● *Le conducteur de la voiture fait signe qu'il va déboîter, changer de file.* 2 v. pron. ● *En tombant à skis, il s'est déboîté l'épaule, l'os est sorti de l'articulation* (→ SYN. se démettre, se luxer).

débonnaire adj. ● *Claire a un père débonnaire, qui est bon et qui se laisse faire* (→ SYN. doux, pacifique).

déborder v. 1 ● *Ferme le robinet, sinon la baignoire va déborder, l'eau va passer par-dessus les bords.* — ● *Le lait a débordé.* 2 ● *Grand-mère déborde de gentillesse pour nous : elle est pleine de gentillesse.* — ● *En retrouvant son maître, le chien débordait de joie : il était très joyeux.* 3 (fig.) ÊTRE DÉBORDÉ. ● *J'ai trop de travail, je n'y arriverai jamais, je suis débordé !*

■ **débordement** nom m. 1 Fait de déborder. ● *Le débordement de la baignoire a causé de gros dégâts.* 2 (fig.) ● *Ce débordement d'affection me surprend* (→ SYN. excès, explosion).

1. **déboucher** v. 1 ● *Prends ce tire-bouchon pour déboucher la bouteille, pour retirer le bouchon* (→ CONTR. boucher). 2 ● *Paul est assez bricoleur pour déboucher le lavabo, pour retirer ce qui le bouche.*

2. **déboucher sur** v. ● *Notre rue débouche sur une avenue : elle aboutit à une avenue.* — (fig.) ● *Ces études peuvent déboucher sur plusieurs*

diplômes, conduire à plusieurs diplômes (→ débouché).

■ **débouché** nom m. 1 ● *Cet industriel cherche des débouchés pour ses produits, des clients à qui il pourra les vendre.* 2 ● *Ce métier n'est pas encombré, il offre beaucoup de débouchés, de situations possibles.*

débouler v. ● *Le lièvre a déboulé devant les chasseurs* : il est parti brusquement, très vite.

débourser v. ● *Il n'a pas déboursé un centime* : il n'a pas dépensé un centime (→ bourse, rembourser ; SYN. dépenser, payer).

debout adv. 1 ● *Je ne suis pas fatigué, je peux rester debout, sur mes pieds (et non pas assis ou couché).* 2 ● *A six heures du matin, il est déjà debout, levé.* □ interj. ● *Debout, paresseux !* : lève-toi ! 3 ● *Papa a rangé ses bouteilles debout, dans la position verticale.* 4 TENIR DEBOUT. ● *Cette maison tient encore debout* : elle est encore solide. — (fig.) ● *Son histoire ne tient pas debout* : on ne peut pas y croire.

déboutonner v. ● *Yves déboutonne sa chemise* : il l'ouvre en défaisant les boutons (→ CONTR. boutonner).

débraillé [debraje] adj. ● *Il vient de se rouler dans l'herbe, il est tout débraillé* : ses vêtements sont en désordre.

débrancher v. ● *Quand le repassage est fini, je débranche le fer* : j'enlève sa prise de courant (→ CONTR. brancher).

débrayer [debreje] v. 1 ● *Pour changer de vitesse, le conducteur débraie : il appuie sur une pédale qui empêche le moteur d'entraîner les roues* (→ débrayage, sens 1 ; CONTR. embrayer). 2 ● *L'usine est en grève : les ouvriers ont débrayé, ils ont cessé de travailler* (→ débrayage, sens 2). ★ Conjug. 7.

■ **débrayage** nom m. 1 ● *La pédale de débrayage est à gauche de celle du frein.* 2 ● *Un débrayage a eu lieu ce matin, un arrêt de travail, une grève.*

débridé adj. ● *Antoine est vraiment très drôle, il a une imagination débridée, sans limites, sans bornes* (→ bride).

débris nom m. ● *Le chat a cassé le cendrier, je vais ramasser les **débris**,* les morceaux cassés (→ briser).

débrouiller v. **1** ● *Le détective va-t-il **débrouiller** cette affaire ?,* l'éclaircir, permettre de la comprendre (→ SYN. démêler). **2** v. pron. ● *Rémi sait se **débrouiller**,* se tirer d'affaire, s'arranger habilement.

■ **débrouillard** adj. (fam.) ● *Virginie est très **débrouillarde**,* maligne, astucieuse, capable de se débrouiller (→ SYN. (fam.) futé). □ nom ● *Un **débrouillard**.*

■ **débrouillardise** nom f. Qualité de celui qui est débrouillard. ● *Par sa **débrouillardise**, Thierry a réuni un peu d'argent pour créer un journal au collège.*

débroussailler v. **1** Ôter les broussailles. **2** (fig.) Éclaircir une situation, un problème.

débusquer v. ● *Ce chien de chasse est entraîné à **débusquer** le gibier :* faire sortir de son refuge.

début nom m. **1** ● *Ce livre m'a passionné du **début** à la fin,* du commencement. **2** FAIRE SES DÉBUTS. ● *Ce chanteur a fait ses **débuts** à Paris :* c'est là qu'il a commencé (→ débuter).

■ **débutant** nom ● *Carole ne nage pas encore très bien, c'est une **débutante**,* une personne qui débute (→ SYN. apprenti, novice). □ adj. ● *Un conducteur **débutant** (→ CONTR. expérimenté).*

■ **débuter** v. **1** ● *Le film **débute** à 8 heures :* il commence (→ CONTR. finir, se terminer). **2** ● *C'est la troisième fois qu'elle prend le volant : elle **débute** :* elle commence seulement à le faire (→ débutant).

déca Préfixe qui se place devant une unité de mesure pour la multiplier par dix. ● *Un **déca**litre :* dix litres ; un **déca**mètre : dix mètres, etc. ★ Ne pas confondre avec déci. ★ VOIR p. 931.

en deçà loc. (littér.) EN DEÇÀ DE. ● *N'allez pas jouer trop loin, restez en **deçà** de la route,* de ce côté-ci de la route, avant la route (→ CONTR. au-delà).

décacheter v. ● *Je **décachette** cette enveloppe :* je l'ouvre (→ cachet ; CONTR. cacheter). ★ Conjug. 9.

décadence nom f. ● *Cette ville était riche et peuplée, elle n'a plus que quelques centaines d'habitants, c'est la **décadence**,* l'affaiblissement, le déclin.

décalcomanie nom f. ● *Isabelle décore son papier à lettres avec des **décalcomanies**,* des images que l'on peut faire passer de leur support en papier sur des objets.

décaler v. ● *Le début de cette émission a été **décalé** de dix minutes :* il a été déplacé.

■ **décalage** nom m. ● *Quand il est onze heures à Londres, il est midi à Paris : il y a un **décalage** d'une heure,* un écart, une différence.

décalquer v. ● *Jérôme **décalque** le dessin d'un avion :* il le reproduit après l'avoir tracé sur un papier transparent (→ calque).

■ **décalque** nom m. Action de décalquer ; dessin obtenu de cette façon. ● *Tu as réussi le **décalque** de ta carte de géographie.*

décamètre nom m. ● *Un **décamètre** vaut dix mètres* (→ déca).

décamper v. (fam.) ● *Quand ils ont entendu le bruit, les cambrioleurs **ont décampé** :* ils se sont sauvés (→ SYN. (fam.) déguerpir ; s'enfuir).

décanter v. ● *On **décante** le vin en laissant les impuretés se déposer au fond du fût.*

■ **se décanter** v. pron. ● *La situation se **décante**,* se clarifie.

■ **décantation** nom f. Action de décanter.

décaper v. ● *Le peintre **décape** la grille :* il gratte la rouille et la peinture qui la recouvraient.

décapiter v. ● *Pendant la Révolution, le roi Louis XVI et Marie-Antoinette **ont été décapités** :* on leur a coupé la tête. ★ Chercher aussi : guillotiner.

décapotable adj. ● *La voiture de mon oncle est **décapotable**,* munie d'un toit ou d'une capote que l'on peut enlever ou replier (→ capote). □ nom f. ● *En été, j'aime bien rouler en décapotable*, en voiture décapotable.

décapsuler v. ● *Alain décapsule la bouteille d'eau minérale* : il retire la capsule qui bouche la bouteille.
■ **décapsuleur** nom m. Ustensile pour décapsuler les bouteilles.

décathlon [dekatlɔ̃] nom m. ● *Le décathlon qui comprend dix épreuves (100 m, longueur, poids, hauteur, 400 m, 110 m haies, disque, javelot, perche, 1 500 m) est la discipline la plus complète de l'athlétisme.*

décéder v. ● *Son grand-père est décédé* : il est mort (→ décès). ★ Conjug. 8. ★ Décéder se conjugue toujours avec l'auxiliaire être.

déceler v. ● *Le garagiste a décelé l'origine de la panne* : il l'a découverte (→ SYN. détecter, dépister, trouver). ★ Conjug. 8.

décélérer v. Diminuer la vitesse d'un véhicule.

décembre nom m. Douzième et dernier mois de l'année, qui compte 31 jours.

décent adj. ● *Se promener dans une église en maillot de bain, ce n'est pas décent*, convenable, correct (→ CONTR. indécent).
■ **décemment** [desamɑ̃] adv. ● *Les injures et les grossièretés le choquent ; il aime que l'on s'exprime décemment*, d'une manière décente, convenable.

décentraliser v. ● *Les bureaux de province de cette entreprise peuvent prendre des décisions importantes ; elle est décentralisée* : tout n'est pas dirigé à partir du bureau central (en général de Paris ou d'une grande ville) (→ CONTR. centraliser).
■ **décentralisation** nom f. Action de décentraliser (→ CONTR. centralisation). ● *La décentralisation des industries permet de créer en province des entreprises de taille plus petite.*

déception nom f. Tristesse que l'on éprouve quand quelque chose qu'on espérait ne se produit pas. ● *Le fait que Florence ne puisse pas venir m'a causé une grande déception* (→ décevoir ; SYN. déboires, désappointement, désillusion).

décerner v. ● *Le jury a décerné la médaille d'or à cette championne de patinage* : il la lui a donnée comme récompense. — ● *Le diplôme de docteur en médecine est décerné par les facultés de médecine* (→ SYN. attribuer).

décès nom m. ● *Le journal annonce le décès des hommes célèbres*, leur mort (→ décéder).

décevoir v. ● *Denis n'a pas été gentil avec moi ; il m'a déçu* : il m'a causé une déception, une désillusion, parce qu'il n'a pas été comme je l'espérais. ★ Conjug. 21.
■ **décevant** adj. ● *Ce film est décevant*, il n'est pas aussi bon qu'on l'espérait.

déchaîner v. 1 ● *Ce beau match a déchaîné l'enthousiasme du public* : il a provoqué beaucoup d'enthousiasme. 2 v. pron. ● *L'incendie s'est déchaîné*, il est devenu très violent, on ne peut plus le contrôler.

déchanter v. ● *Quand il a vu qu'il risquait de ne pas gagner, il a commencé à déchanter*, à perdre ses illusions, à devenir moins enthousiaste.

décharger v. 1 ● *Les dockers déchargent le navire* : ils enlèvent les marchandises dont il était chargé (→ décharge, sens 1 ; déchargement ; CONTR. charger). 2 ● *Le chasseur a déchargé son fusil sur un lion* : il a tiré toutes ses balles sur lui (→ décharge, sens 2). 3 ● *Ma radio ne marche plus, les piles sont déchargées* : elles ne contiennent plus d'électricité. 4 DÉCHARGER QUELQU'UN DE QUELQUE CHOSE. ● *Je vais aider maman en la déchargeant de ce travail*, pour la libérer, pour lui enlever cette charge (→ CONTR. charger). ★ Conjug. 5.
■ **décharge** nom f. 1 ● *Ce terrain vague est une décharge publique*, un endroit où l'on dépose les ordures. 2 ● *Ce lapin a été tué par une décharge de plombs*, un coup tiré avec une arme à feu.

3 ● *En touchant la prise de courant, j'ai reçu une* **décharge***, un choc produit par le courant électrique.*

■ **déchargement** nom m. ● *Les déménageurs ont commencé le* **déchargement** *du camion, à le vider de ce qu'il transportait* (→ CONTR. chargement).

décharné adj. ● *Après sa maladie, il était* **décharné***, très maigre.*

1. déchausser v. ● *Corinne* **déchausse** *sa poupée : elle lui enlève ses chaussures.* □ v. pron. ● *Vos bottes sont toutes mouillées, vous devriez* **vous déchausser** (→ CONTR. chausser).

2. se déchausser v. pron. ● *Des dents qui* **se déchaussent***, qui ne sont plus bien maintenues dans la gencive et qui finissent par tomber.*

déchéance nom f. ● *Ce clochard était autrefois un médecin respecté ; quelle* **déchéance** *!, quel état misérable après ce qu'il a été* (→ déchoir).

déchet nom m. ● *Le boucher m'a donné des* **déchets** *de viande pour mon chien, des restes qu'il ne peut pas utiliser.*

déchiffrer v. **1** ● *Si tu écris mal, personne ne pourra te* **déchiffrer***, arriver à lire ce que tu as écrit.* **2** ● *Il a réussi à* **déchiffrer** *mon message secret, à comprendre tous les signes secrets qui remplacent les lettres* (→ chiffré ; SYN. décoder).

■ **déchiffrage** nom m. Action de déchiffrer. ● *Le* **déchiffrage** *de ton écriture est presque impossible : tu n'écris pas lisiblement.*

déchiqueter v. ● *Le chien a* **déchiqueté** *ma pantoufle : il l'a déchirée, il l'a mise en morceaux.* ★ Conjug. 9.

déchirer v. **1** ● *Antoine* **déchire** *une page de son cahier : il l'arrache du cahier ou la met en morceaux.* **2** ● *Catherine a* **déchiré** *sa jupe : elle lui a fait un accroc* (→ déchirure). **3** (fig.) ● *La mort de son fils lui* **a déchiré** *le cœur, lui a fait un très grand chagrin* (→ déchirant, déchirement).

■ **déchirant** adj. ● *Cette guerre est un spectacle* **déchirant***, qui fait beaucoup souffrir.*

■ **déchirement** nom m. ● *Son départ a été un* **déchirement** *pour moi, une grande douleur.*

■ **déchirure** nom f. **1** ● *As-tu vu la* **déchirure** *de ton pantalon ?, l'accroc.* **2** ● *Ce coureur a eu une* **déchirure** *musculaire* (→ SYN. claquage).

déchoir v. ● *Il ne veut pas parler à ces gens qu'il méprise, il aurait trop peur de* **déchoir***, de s'abaisser, de perdre sa dignité.* ★ Conjug. 23.

■ **déchu** adj. ● *C'est un roi* **déchu***, qui a été privé de son royaume, de son pouvoir* (→ déchéance).

déci Préfixe qui se place devant une unité de mesure pour la diviser par dix. ● *Il faut dix* **déci**mètres pour faire un mètre et dix **déci**litres pour faire un litre.* ★ Ne pas confondre avec *déca*.

décibel nom m. Unité de puissance d'un son. ● *Au-delà de 120* **décibels***, un bruit est douloureux.*

décider v. **1** ● *Nous* **avons décidé** *d'aller au cinéma : nous avons choisi d'y aller* (→ décision). □ v. pron. ● *Sabine hésitait, mais elle* **s'est décidée** *à plonger* (→ décidé ; SYN. se résoudre). — ● *Ils* **se sont décidés** *pour cette maison : ils l'ont choisie.* **2** ● *Éric m'***a décidé** *à jouer au football : il m'a convaincu d'y jouer.*

■ **décidé** adj. **1** ● *Nathalie est une fille* **décidée***, qui n'hésite pas* (→ SYN. résolu ; CONTR. indécis). **2** ● *Ce n'est plus la peine d'en discuter, c'est une chose* **décidée***, fixée, réglée.*

■ **décidément** adv. ● **Décidément***, il est toujours en retard, vraiment.*

décigramme nom m. Unité de mesure des poids. ● *Il faut dix* **décigrammes** *pour faire un gramme* (→ déci).

décilitre nom m. Unité de mesure des capacités. ● *Il faut dix* **décilitres** *pour faire un litre* (→ déci).

décimal adj. **1** ● *Dans le système* **décimal***, on compte en base dix.* **2** ● *3,14 est un nombre* **décimal***, qui a des chiffres placés après la virgule.* ★ Chercher aussi : entier.

■ **décimale** nom f. ● *3,14 a deux **décimales** : 1 et 4*, deux chiffres placés après la virgule.

décimer v. ● *Une grave maladie **a décimé** ce troupeau de moutons* : elle a fait mourir beaucoup de moutons.

décimètre nom m. Unité de mesure des longueurs. ● *Il faut dix **décimètres** pour faire un mètre* (→ déci).

décision nom f. **1** ● *Papa a pris la **décision** de s'arrêter de fumer* : il l'a décidé, il a pris cette résolution (→ décider). **2** ● *Michèle agit avec **décision***, avec fermeté, sans hésitation (→ CONTR. indécision).

■ **décisif** adj. ● *Les deux équipes étaient à égalité, ce joueur a marqué le but **décisif***, qui décide du résultat (→ SYN. capital, déterminant).

déclamer v. ● *Autrefois, les acteurs **déclamaient** leurs textes* : ils les disaient d'une voix solennelle, en rythmant beaucoup les phrases.

déclaratif adj. ● *En grammaire, les verbes **déclaratifs** sont ceux qui servent à déclarer quelque chose* comme affirmer, dire, etc.

déclarer v. **1** ● *Loïc **a déclaré** qu'il refusait de venir* : il l'a fait savoir, il l'a annoncé. **2** ● *Il **a déclaré** la naissance de son fils à la mairie* : il l'a fait connaître officiellement. — ● *Tous les ans, il faut **déclarer** aux services des impôts les revenus, l'argent qu'on a gagné.*

■ **se déclarer** v. pron. **1** ● *Je **me suis** déjà **déclaré** sur ce sujet* : j'ai déjà dit mon opinion. **2** ● *Cette maladie **s'est déclarée** lundi* : elle a commencé lundi.

■ **déclaration** nom f. **1** ● *Cet avocat a fait une **déclaration** aux journaux*, il leur a annoncé quelque chose d'important. **2** (au plur.) ● *Le héros du film fait des **déclarations** à cette jeune fille* : il lui dit qu'il l'aime. **3** ● *La **déclaration** de revenus* (on dit le plus souvent déclaration d'impôts) que l'on fait chaque année (→ déclarer, sens 2).

1. déclasser v. ● *Ces papiers étaient bien rangés, pourquoi les **as-tu** déclassés* ? (→ SYN. déranger ; CONTR. classer).

2. déclasser v. ● *Le vainqueur **a été déclassé** parce qu'il avait triché* : on l'a classé à un moins bon rang pour le punir (→ SYN. rétrograder).

déclencher v. **1** ● *Pour **déclencher** la sonnerie, il suffit d'appuyer sur ce bouton* : pour la faire fonctionner. **2** ● *Ses paroles **ont déclenché** des applaudissements* : elles les ont provoqués.

■ **déclenchement** nom m. ● *Le **déclenchement** du signal d'alarme a inquiété les clients du magasin* : la mise en marche du signal d'alarme.

déclic nom m. **1** ● *Faire fonctionner, faire jouer un **déclic***, un mécanisme qui déclenche quelque chose. — ● *Le **déclic** d'un appareil photo*. **2** ● *Quand cette porte se ferme bien, tu dois entendre un **déclic***, un bruit sec qui indique que le mécanisme a fonctionné.

1. décliner v. ● *Ses forces **déclinent*** : elles diminuent, elles baissent.

■ **déclin** nom m. **1** ● *Rentrons avant le **déclin** du jour*, avant que le jour ne diminue. **2** ● *Le **déclin** d'un royaume, d'une civilisation, etc.* : la diminution de son importance, de sa puissance (→ SYN. décadence).

2. décliner v. **1** ● *Isabelle **a décliné** leur invitation* : elle l'a refusée. **2** ● *Décliner ses nom, prénoms, âge, etc.* : les dire à quelqu'un qui vous les demande. — ● *Le commissaire m'a prié de **décliner** mon identité.*

décloisonner v. Supprimer des cloisons. (fig.) Abattre des barrières psychologiques dans une entreprise, un groupe. ● *Pour un meilleur travail collectif, il faut **décloisonner** les services.*

déclouer v. ● *Ces planches sont mal assemblées, je vais les **déclouer***, arracher les clous qui les tiennent assemblées (→ CONTR. clouer).

décocher v. ● *Les Indiens **ont décoché** leurs flèches* : ils les ont lancées avec leurs arcs.

décoder v. ● *Étienne **a décodé** ce message chiffré* : il a traduit les signes de ce message en langage clair (→ 2. code; SYN. déchiffrer).

décoiffer v. ● *Un coup de vent m'a décoiffé* (→ coiffer; SYN. dépeigner).

décolérer v. NE PAS DÉCOLÉRER. ● *Depuis qu'elle a perdu sa montre, Dominique ne décolère pas* : elle ne cesse pas d'être en colère. ★ Conjug. 8.

1. décoller v. ● *Maman décolle le papier peint des murs* : elle le détache des murs sur lesquels il est collé (→ CONTR. coller). □ v. pron. ● *Cette affiche se décolle.*
■ **décollé** adj. ● *Des oreilles décollées,* qui s'écartent de la tête.

2. décoller v. ● *L'avion vient de décoller,* de quitter le sol (→ CONTR. atterrir).
■ **décollage** nom m. ● *Les passagers doivent attacher leur ceinture au moment du décollage* (→ CONTR. atterrissage).

décolleté adj. ● *Cette robe est décolletée* : elle laisse voir le cou (→ 1. col).

décoloniser v. ● *Ce pays a été décolonisé* : il lui a fait perdre ses couleurs n'est plus une colonie (→ colonie).
■ **décolonisation** nom f. ● *La décolonisation de l'Afrique a commencé après 1945.*

décolorer v. ● *Le soleil a décoloré ce parasol* : il lui a fait perdre ses couleurs. □ v. pron. ● *Cette chemise s'est décolorée au lavage* : elle a perdu sa couleur (→ SYN. déteindre).
■ **décoloration** nom f. ● *Le coiffeur lui a fait une décoloration* : il a rendu ses cheveux plus clairs.

décombres nom m. plur. ● *L'immeuble s'est écroulé; les pompiers se portent au secours des blessés enfouis sous les décombres,* sous les ruines, les gravats.

décommander v. **1** ● *Geneviève avait fait une commande importante dans ce magasin, elle vient de tout décommander,* d'annuler sa commande. **2** v. pron. ● *Nos invités ne viendront pas, ils se sont décommandés* : ils ont prévenu qu'ils ne pourraient pas venir.

1. décomposer v. ● *Ce mouvement de gymnastique est compliqué, nous allons l'étudier en le décomposant,* en analysant les différentes parties qui le composent.

2. se décomposer v. pron. ● *Cette viande est en train de se décomposer,* de pourrir.
■ **décomposé** adj. ● *Il était décomposé; son visage était décomposé,* très pâle.
■ **décomposition** nom f. ● *Le cadavre de cet animal est en décomposition* : il est en train de pourrir.

décompression nom f. **1** Affaiblissement de la pression. ● *La soupape de l'autocuiseur permet une décompression progressive de la vapeur.* **2** (fig.) Baisse d'énergie, de tension. ● *Après les examens, vient une période de décompression* (→ CONTR. compression).

décompter v. ● *Je ne vous dois plus que trois francs, car j'ai décompté les deux francs que je vous ai déjà rendus* : je les ai enlevés à la somme que je devais vous payer (→ SYN. 1. déduire).

déconcentrer v. **1** ● *Il faut déconcentrer les usines, pour que toutes les régions bénéficient de leur apport économique* (→ CONTR. concentrer). **2** (fig.) ● *J'étais en train de travailler, tu m'as déconcentré* : tu as dispersé mon attention.

déconcerter v. ● *Il n'a pas pu répondre; les questions de Julien l'ont déconcerté* : elles l'ont troublé, surpris (→ SYN. décontenancer, dérouter).
■ **déconcertant** adj. ● *Son attitude est déconcertante* : elle est surprenante (→ SYN. bizarre, inattendu).

déconfit adj. ● *Lionel s'est fait battre au judo, il est tout déconfit,* tout déçu et honteux.
■ **déconfiture** nom f. (fam.) ● *Notre équipe n'a pas gagné un seul match, c'est la déconfiture,* l'échec complet, la défaite.

décongeler v. Réchauffer quelque chose pour que sa température dépasse zéro degré.

■ **décongélation** nom f. Action de décongeler (→ CONTR. congélation).

déconseiller v. ● *Irène m'a déconseillé d'aller voir ce film* : elle m'a donné le conseil de ne pas aller le voir (→ CONTR. conseiller).

se **déconsidérer** v pron. ● *En mentant ainsi, Ludovic s'est déconsidéré auprès de ses amis* : il a perdu leur estime, leur respect (→ considération). ★ Conjug. 8.

décontenancer v. ● *Agnès est très timide, ta plaisanterie l'a décontenancée* : elle l'a surprise, troublée, embarrassée, elle lui a fait perdre contenance (→ contenance, sens 2 ; SYN. déconcerter). ★ Conjug. 4.

décontracter v. ● *Ce bain tiède va décontracter tes muscles* : il va les détendre, les relâcher (→ 3. contracter). □ v. pron. ● *Décontractez-vous* : n'ayez pas peur, détendez-vous (→ SYN. se relaxer).
■ **décontracté** adj. **1** ● *Pendant la piqûre, tâche de rester décontracté*, calme, détendu, les muscles relâchés (→ CONTR. contracté). **2** ● *Michel est un garçon décontracté*, qui est à l'aise partout (→ CONTR. gauche, timide).
■ **décontraction** nom f. ● *Il fait cet exercice difficile avec décontraction*, en restant détendu.

déconvenue nom f. ● *Marc a eu une grosse déconvenue* : ses parents ont dû annuler le voyage en Grèce dont ils rêvaient (→ SYN. déception, désappointement).

1. décorer v. ● *Élizabeth a décoré sa chambre avec des affiches* : elle l'a garnie d'affiches pour la rendre plus belle (→ SYN. orner).
■ **décor** nom m. **1** ● *Sur une scène de théâtre, les décors représentent l'endroit où se passe la pièce, les panneaux percés de fausses portes et de fausses fenêtres, les faux arbres, les fausses colonnes, etc. **2** ● *Tes amis vivent dans un décor agréable*, dans un intérieur ou un paysage agréable (→ SYN. cadre). **3** (fam.) ALLER DANS LE DÉCOR. ● *Le camion a freiné trop tard, il est*

allé dans le décor : il a quitté la route par accident.
■ **décorateur, -trice** nom. Personne dont le métier est de décorer des appartements et des maisons, ou bien qui s'occupe des décors de théâtre et de cinéma. ● *Ce décorateur a choisi un tissu foncé pour les murs et une moquette presque blanche*.
■ **décoratif** adj. ● *Elle a acheté un vase très décoratif*, qui fait très bon effet, qui décore bien la pièce.
■ **1. décoration** nom f. ● *Comment trouves-tu la décoration de cette pièce ?*, la façon dont elle est décorée.

2. décorer v. ● *Ce militaire a été décoré* : on lui a remis une décoration, une médaille.
■ **2. décoration** nom f. ● *Cet homme porte plusieurs décorations*, des insignes (médailles, rubans, etc.) qu'on lui a remis pour le récompenser, pour lui faire honneur. ★ Chercher aussi : croix.

décortiquer v. ● *Pour manger des crevettes ou des noix, il faut d'abord les décortiquer*, enlever leur enveloppe dure ou leur coquille.

découcher v. ● *Véronique a découché cette nuit* : elle n'est pas rentrée dormir chez elle (→ coucher).

découdre v. ● *Pour rallonger ta jupe, je vais découdre l'ourlet*, défaire ce qui était cousu. □ v. pron. ● *Mon cartable s'est décousu* : la couture s'est défaite (→ décousu). ★ Conjug. 53.

découler v. ● *Ce résultat découle de mes calculs* : il en est la conséquence logique, normale (→ SYN. s'ensuivre, provenir, résulter).

découper v. **1** ● *Veux-tu découper ce poulet ?*, le couper en morceaux. **2** ● *Aline a découpé cette photo dans un journal* : elle l'a coupée en suivant les contours (→ découpage). **3** v. pron. ● *Le sommet de la tour se découpe sur le ciel* : il apparaît nettement (→ SYN. 1. se détacher).
■ **découpage** nom m. ● *Frédéric fait des découpages* : il découpe des images.

décourager v. ● *Leur défaite les a découragés* : elle leur a fait perdre

leur courage, leur énergie (→ SYN.
abattre, démoraliser ; CONTR. encourager). □ v. pron. ● *Ne* **te décourage** *pas,
tu as déjà fait des progrès* : ne perds
pas courage. ★ Conjug. 5.

■ **décourageant** adj. Qui décourage.
● *Ton désordre est* **décourageant** *: je
n'essaierai plus de ranger ta chambre*
(→ CONTR. encourageant).

■ **découragement** nom m. ● *Ses amis
l'ont aidé à sortir de son* **découragement**, *de son état de tristesse, d'abattement.*

décousu adj. **1** ● *Ton manteau a une
poche* **décousue**, dont la couture est
défaite (→ découdre). **2** ● *Cet ivrogne
nous a fait un discours* **décousu**, *dont
les idées ne se suivaient pas logiquement* (→ SYN. incohérent).

découvrir v. **1** ● *Ces médecins* **ont
découvert** *un nouveau médicament* :
ils l'ont trouvé alors que personne ne
le connaissait (→ découverte). **2** ● *Dans
le grenier, j'***ai découvert** *des livres
anciens* : j'ai trouvé ce qui était caché
(→ découverte ; SYN. dénicher). **3** ● *Bébé a
trop chaud, il faut le* **découvrir**,
enlever ce qui le couvre. □ v. pron. ● *Il fait
très froid, ne* **te découvre** *pas* : n'enlève
pas les vêtements qui te couvrent. —
● *La tradition veut que les hommes
se* **découvrent** *en entrant dans une
église*, qu'ils enlèvent leur chapeau.
4 v. pron. ● *Il va faire beau, le ciel se*
découvre *:* les nuages qui le couvraient disparaissent (→ SYN. se dégager ;
CONTR. se couvrir). ★ Conjug. 12.

■ **découverte** nom f. ● *Les savants, les
chercheurs de trésors font parfois des*
découvertes : ils trouvent des choses
inconnues, cachées.

décrasser v. ● *Ce linge est très sale, il
faut le* **décrasser** : il faut le débaras-
ser de sa crasse (→ SYN. nettoyer).

décréter v. ● *Il a* **décrété** *qu'il ne viendrait pas* : il l'a décidé fermement,
avec autorité. ★ Conjug. 8.

■ **décret** nom m. ● *Le nombre des jours
fériés est fixé par un* **décret**, *une décision écrite du gouvernement.*

décrier v. ● *Cet auteur est injustement*
décrié : il est critiqué, déprécié.
(→ SYN. dénigrer, déprécier).

décrire v. **1** ● *Dans sa lettre, Anne
me* **décrit** *le paysage* : elle me raconte
comment il est (→ description ; SYN.
dépeindre). **2** ● *À cet endroit, la rivière*
décrit *une courbe* : elle forme une
courbe. ★ Conjug. 47.

décrocher v. **1** ● *Pour laver ses rideaux,
ma tante les* **a décrochés** : elle les a
enlevés des crochets où ils étaient suspendus (→ CONTR. accrocher). **2** ● *Yves*
décroche *le téléphone* : il soulève le
combiné de son support (→ CONTR. raccrocher). **3** (fam.) ● *Bertrand* **a décroché**
un prix à ce concours : il l'a obtenu.

décroître v. ● *La population de cette
ville* **décroît** : elle diminue (→ CONTR.
s'accroître, croître). ★ Conjug. 37.

■ **décroissant** adj. ● *« 10, 8, 3, ... » :
ces nombres sont écrits dans l'ordre*
décroissant, *dans l'ordre qui va du
plus grand au plus petit* (→ CONTR.
2. croissant).

décrotter v. ● *Il y a de la boue sur mes
bottes, je vais les* **décrotter**, les nettoyer en ôtant la boue (→ crotté).

décrue nom f. Baisse des eaux. ● *Il ne
pleut plus depuis deux jours* : la
décrue *du fleuve est commencée.*

décrypter v. ● Déchiffrer un système
d'écriture ; le comprendre. ● *Champol-
lion a réussi à* **décrypter** *les hiéroglyphes égyptiens.*

déçu adj. ● *Quand elle a été éliminée,
elle a eu l'air* **déçu**, *triste, parce que
ce qu'elle espérait ne s'est pas réalisé*
(→ décevoir).

décupler v. ● *Le prix de ce produit a*
décuplé : il a été multiplié par dix.

dédaigner v. ● *Il* **a dédaigné** *l'offre
d'entrer dans notre équipe* : il n'en a
pas tenu compte, il l'a traitée avec
un certain dédain (→ SYN. mépriser ;
CONTR. convoiter).

■ **dédaigneux** adj. ● *Elle n'a parlé
à personne, elle avait un air* **dédaigneux**, hautain, méprisant.

■ **dédain** nom m. ● *Cet orgueilleux regarde ses camarades avec dédain*, avec mépris, avec arrogance.

dédale nom m. ● *Ce vieux quartier est un vrai dédale*, un endroit où l'on se perd facilement (→ SYN. labyrinthe).

dedans adv. et nom m. **A.** adv. **1** ● *J'ai ouvert ta valise et j'ai pris cette chemise dedans*, à l'intérieur (→ CONTR. dehors). **2** LÀ-DEDANS, loc. adv. : dans cet endroit. ● *La souris s'est cachée là-dedans*. **3** EN DEDANS, loc. adv. : vers l'intérieur. ● *Elle marche avec les pieds en dedans*.
B. nom m. ● *Le dedans de cette maison est en meilleur état que le dehors*, l'intérieur.

dédicacer v. ● *Ce sportif célèbre m'a dédicacé sa photo* : il a écrit quelques mots pour moi sur sa photo. ★ Conjug. 4.
■ **dédicace** nom f. Phrase écrite sur un livre, sur une photo, pour quelqu'un. ● *En tête de son livre, l'auteur avait écrit une dédicace pour moi.*

dédier v. **1** ● *Cet écrivain a dédié ce livre à sa fille* : il a fait imprimer le nom de sa fille au début du livre pour lui faire honneur. **2** ● *Cette chapelle est dédiée à saint Christophe* : elle a été construite en son honneur, elle porte son nom. ★ Conjug. 10.

se **dédire** v. pron. ● *Il avait promis de venir, mais il s'est dédit* : il a dit qu'il ne tiendrait pas sa promesse. ★ À la 2ᵉ personne du plur. du présent de l'indicatif : *vous vous dédisez*. ★ Conjug. 46.

dédommager v. ● *J'ai cassé cet appareil, mais ne vous inquiétez pas, je vous dédommagerai* : je vous donnerai de l'argent pour le réparer ou le remplacer (→ SYN. indemniser). ★ Conjug. 5.
■ **dédommagement** nom m. ● *Agnès a perdu les livres que je lui avais prêtés, elle m'a donné de l'argent en dédommagement*, à la place, en compensation (→ dommage).

dédoubler v. ● *Il y a trop d'élèves dans cette classe, on va la dédoubler*, la partager pour en faire deux. □ v. pron. ● *Je ne peux pas me dédoubler*, être à deux endroits à la fois, faire deux choses à la fois (→ double).

dédramatiser v. Rendre moins dramatique. ● *Tu redoubles ? Ce n'est pas une catastrophe ; il faut dédramatiser la situation* (→ CONTR. dramatiser).

1. déduire v. ● *Je dois deux francs à maman ; elle les déduira des dix francs qu'elle m'a promis* : elle les enlèvera du total, elle les soustraira (→ SYN. décompter). ★ Conjug. 43.
■ **1. déduction** nom f. ● *Elle fera la déduction de ces deux francs*, la soustraction.

2. déduire v. ● *J'ai vu ton manteau ici, j'en ai déduit que tu n'étais pas loin* : je l'ai compris à cause de cela (→ SYN. conclure). ★ Conjug. 43.
■ **2. déduction** nom f. ● *En voyant ton manteau, j'ai fait cette déduction*, un raisonnement qui permet de trouver les conséquences quand on connaît les causes.

déesse nom f. ● *Chez les Romains, Vénus était la déesse de l'amour*, une divinité féminine (→ dieu).

défaillir v. ● *J'étais si fatigué que j'étais sur le point de défaillir*, de m'évanouir. ★ Conjug. 14.
■ **défaillance** nom f. **1** ● *Juste avant la fin du match, ce joueur a eu une défaillance*, un moment de faiblesse, de grande fatigue. **2** ● *Cette machine a eu une défaillance* : elle est tombée en panne ou elle a mal fonctionné.
■ **défaillant** adj. **1** ● *Qui a une défaillance. ● Sa voix défaillante traduit sa fatigue*. **2** ● *Qui manque là où on l'attendait. ● Ce joueur défaillant a été remplacé avant le match.*

défaire v. **1** ● *Avant de partir, j'ai fait mes bagages, et en arrivant je les ai défaits* (→ CONTR. faire). □ v. pron. ● *Ce nœud vient de se défaire*, de se dénouer. ● v. pron. SE DÉFAIRE DE QUELQUE CHOSE. ● *Je veux me défaire de ces livres*, m'en débarrasser. ★ Conjug. 42.

défaite nom f. ● *Leur équipe de football avait honte de sa défaite* (→ CONTR. victoire).

■ **défaitiste** adj. ● *Georges n'a aucune confiance en lui, c'est un garçon défaitiste,* qui n'a pas l'espoir de triompher des difficultés, de gagner (→ SYN. pessimiste).

défaut nom m. **1** ● *Il ment souvent, c'est un vilain défaut,* une mauvaise habitude de son caractère (→ CONTR. qualité). — EN DÉFAUT. ● *Ce conducteur est passé au feu rouge, l'agent l'a pris en défaut,* en faute (→ CONTR. en règle). **2** ● *Mon pantalon a un défaut,* une partie mal faite (→ défectueux ; SYN. imperfection). **3** FAIRE DÉFAUT. ● *Je n'ai pas pu finir ces livres, le temps m'a fait défaut,* m'a manqué. **4** À DÉFAUT DE, loc. prép. ● *À défaut de beurre, nous prendrons de la confiture,* puisqu'il n'y a pas de beurre (→ SYN. faute de).

défavorable adj. ● *Nous n'irons pas nous promener, le temps est défavorable :* il est mauvais, il s'oppose à ce que nous voulons faire (→ CONTR. favorable).

défavoriser v. ● *En lui donnant moins qu'aux autres, tu l'as défavorisé* (→ SYN. désavantager ; CONTR. favoriser).

défection nom f. ● *La défection du soliste entraîne l'annulation du concert :* fait de ne pas pouvoir participer.

défectueux adj. ● *Ce grille-pain ne marche pas, il est défectueux :* il a des défauts qui l'empêchent de fonctionner normalement.

1. défendre v. **1** ● *Michel a attaqué mon frère, je l'ai défendu :* je me suis battu pour le protéger. □ v. pron. ● *Notre corps se défend contre les microbes :* il lutte pour se protéger (→ défenseur). **2** ● *Quand on critique Maria, Cécile la défend* toujours : elle la soutient. □ v. pron. ● *Il s'est défendu contre cette accusation :* il a essayé de se justifier (→ défense, sens 2). **3** À SON CORPS DÉFENDANT. ● *Il a dû accepter à son corps défendant,* malgré lui, à contrecœur. ★ Conjug. 31.
■ **1. défense** nom f. **1** ● *Ce général a organisé la défense de la ville,* sa protection par les armes (→ CONTR. attaque). **2** ● *Cet avocat assure la défense* de l'accusé (→ CONTR. accusation). **3** ● *Les éléphants et les sangliers ont des défenses,* de très longues dents qui leur permettent de se défendre.

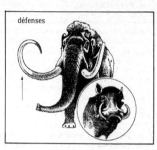

défenses

■ **défenseur** nom m. ● *Le héros de ce film est le défenseur des pauvres,* la personne qui les protège, qui les soutient.

■ **défensif** adj. ● *Le bouclier des chevaliers était une arme défensive,* qui sert à se défendre (→ CONTR. offensif).

■ **défensive** nom f. ÊTRE SUR LA DÉFENSIVE. ● *Ton chat a peur, il est sur la défensive :* il est prêt à se défendre contre les attaques (→ CONTR. offensive).

2. défendre v. ● *Mon père m'a défendu de boire du vin :* il me l'a interdit. ★ Conjug. 31.
■ **2. défense** nom f. Interdiction. ● *Défense de fumer.*

déferler v. **1** ● *De grosses vagues déferlent sur les rochers :* elles retombent en roulant et se brisent. **2** ● *La foule déferle dans cette rue :* elle s'y précipite.
■ **déferlement** nom m. Fait de déferler. ● *Le déferlement des vagues sur cette plage est impressionnant.*

déficient adj. ● *Cet enfant n'est pas en bonne santé, il est déficient :* il est faible.
■ **déficience** nom f. Faiblesse physique ou intellectuelle.

déficit [defisit] nom m. ● *Ce commerçant dépense plus d'argent qu'il ne gagne : il a un **déficit**,* une somme d'argent qui lui manque (→ CONTR. bénéfice).
■ **déficitaire** adj. **1** ● *Son entreprise perd de l'argent, elle est **déficitaire*** (→ CONTR. bénéficiaire). **2** ● *Cette année, la récolte de blé est **déficitaire**,* insuffisante (→ CONTR. excédentaire).

1. défier v. ● *Je te **défie** de grimper jusqu'en haut de cet arbre :* je te propose de le faire, mais je suis sûr que tu n'en es pas capable. — ● *Il m'**a défié** au judo :* il m'a proposé de combattre contre lui. ★ Conjug. 10.
■ **défi** nom m. ● *François m'a lancé un **défi**,* une provocation ★ Chercher aussi : braver ; 1. chiche !

2. se défier de v. pron. ● *Je le connais, je me **défie** de lui :* je n'ai pas confiance en lui (→ SYN. se méfier). ★ Conjug. 10.
■ **défiance** nom f. ● *Il n'a pas l'air honnête, il inspire de la **défiance**,* de la méfiance, la crainte qu'il ne me trompe (→ CONTR. confiance).

défigurer v. ● *Ces brûlures l'**ont défiguré**,* lui ont abîmé le visage (→ figure).

1. défilé nom m. ● *Entre ces deux montagnes, la route passe par un **défilé**,* un passage très étroit.

2. défilé nom m. ● *As-tu vu le **défilé** du 14 Juillet ?*
■ **défiler** v. **1** ● *Les soldats **défilent** deux par deux :* ils marchent en file, en rangs. **2** ● *Sur l'autoroute, les voitures **défilent** :* elles se suivent sans arrêt.

se défiler v. pron. (fam.) ● *Je comptais sur lui pour m'aider, mais il **s'est défilé** :* il a dit qu'il ne pouvait pas, ou bien il s'est caché pour ne pas m'aider (→ SYN. se dérober).

définir v. ● *Peux-tu **définir** ce mot ?,* l'expliquer clairement, avec précision. ★ Conjug. 11.
■ **défini** adj. **1** ● *Dans cette farce, je dois jouer un rôle bien **défini**,* bien précis (→ CONTR. imprécis, vague). **2** ● *«Le», «la», «les», sont des articles **définis**,* qui servent à désigner des choses bien précises (le rire, la voiture, les enfants, etc.) (→ CONTR. indéfini).
■ **définition** nom f. ● *Antoine nous a donné la **définition** du mot «cruche»,* l'explication de son sens.

définitif adj. **1** ● *Nous avons pris une décision **définitive**,* qui ne changera pas (→ CONTR. provisoire). **2** EN DÉFINITIVE loc. adv. : finalement, décidément.
■ **définitivement** adv. ● *Il a quitté **définitivement** cette ville, pour toujours.*

déflagration nom f. ● *Une **déflagration** a fait trembler toutes les vitres,* une explosion violente.

déflecteur nom m. ● *Pour aérer la voiture sans baisser les vitres, nous allons ouvrir les **déflecteurs**,* les petites vitres qui sont sur les côtés.

défoliant adj. et nom m. Produit qui détruit la végétation. ● *À la guerre les militaires utilisent des **défoliants** pour avancer en terrain découvert.*

défoncer v. ● *On a dû **défoncer** cette porte,* la briser en l'enfonçant. ★ Conjug. 4.

déformer v. ● *Ce miroir **déforme** les visages :* il change leur forme. □ v. pron. ● *Mes chaussures **se sont déformées**,* elles ont perdu leur forme.
■ **déformé** adj. ● *Dans ce miroir, les visages apparaissent **déformés*** (→ SYN. difforme).
■ **déformation** nom f. ● *Cette maladie provoque une **déformation** des jambes,* un changement de leur forme naturelle.
■ **déformant** adj. Qui déforme. ● *À la fête foraine, nous avons bien ri en nous regardant dans les glaces **déformantes**.*

se défouler v. pron. (fam.) ● *On m'a empêché de parler, maintenant je me **défoule** :* je fais ce qu'on m'a empêché de faire, ce que j'ai envie de faire.
■ **défoulement** nom m. ● *Pour Éva, le sport est un **défoulement**,* une activité dans laquelle elle dépense son énergie.

défrayer v. **1** ● *J'ai dû payer à sa place, je demande à être **défrayé** de cette* *dépense*, à être remboursé de ces frais (→ 2. frais). **2** DÉFRAYER LA CHRONIQUE : faire beaucoup parler de soi. ● *Depuis qu'elle a du succès, cette chanteuse défraie la chronique.* ★ Conjug. 7.

défricher v. ● *Ce terrain est rempli de ronces et de mauvaises herbes, il faut le défricher, détruire tout ce qui empêche de le cultiver* (→ friche).
■ **défrichement** nom m. Action de défricher.

défriser v. ● *Le coiffeur lui a défrisé les cheveux :* il a fait disparaître ses boucles (→ CONTR. friser).

défunt adj. (littér.) ● *C'est la photo de son grand-père défunt,* qui est mort. ⬚ nom ● *Tous les défunts de sa famille sont enterrés ici,* les morts.
■ **dégagé** adj. **1** Qui n'est pas encombré. ● *Un ciel dégagé,* sans nuage. **2** (fig.) Qui montre de l'aisance. ● *Il traversa la cour d'un air dégagé.*

dégager v. **1** ● *Les voitures se gareront ailleurs pour dégager le passage,* pour le laisser libre, pour le débarrasser de ce qui l'encombre (→ dégagement, sens 1). ⬚ v. pron. ● *Michel retient Marc et celui-ci n'arrive pas à se dégager,* à se libérer. — ● *Le ciel se dégage :* les nuages qui le couvraient disparaissent. **2** ● *Et maintenant, le gardien de but dégage vers l'avant! :* il envoie le ballon très loin (→ dégagement, sens 2). **3** ● *Cette fleur dégage un parfum agréable :* elle le laisse échapper. ⬚ v. pron. ● *Une épaisse fumée se dégage de ce feu :* elle en sort. ★ Conjug. 5.
■ **dégagement** nom m. **1** ● *Cette maison a de nombreux dégagements,* des couloirs, des passages libres. **2** ● *Le gardien de but a réussi son dégagement.* **3** ● *Quand l'eau bout, tu peux voir un dégagement de vapeur,* de la vapeur qui sort.

dégainer v. ● *En un clin d'œil, le cowboy a dégainé :* il a sorti ses pistolets de leur étui (→ gaine).

dégarnir v. **1** ● *Il n'y a plus un seul livre ici, toutes ces étagères ont été dégarnies,* ont été vidées. **2** v. pron. ● *La tête*

de Paul se dégarnit : ses cheveux tombent. ★ Conjug. 11.

dégât nom m. ● *La grêle a abîmé les vignes :* elle a fait beaucoup de **dégâts** (→ SYN. dégradation, destruction, dommage).

dégeler v. **1** ● *Au soleil, la glace dégèle et redevient de l'eau :* elle fond (→ CONTR. geler). **2** v. pron. (fam.) ● *Il est très timide, il a mis longtemps à se dégeler,* à paraître moins raide, moins froid (→ SYN. se dérider). ★ Conjug. 8.
■ **dégel** nom m. ● *En montagne, c'est l'époque du dégel,* l'époque où la glace et la neige fondent.

dégénérer v. DÉGÉNÉRER EN QUELQUE CHOSE. ● *Leur discussion a dégénéré en dispute :* elle s'est transformée en quelque chose de plus grave, de pire. ★ Conjug. 8.

dégingandé [deʒɛ̃gɑ̃de] adj. ● *Il a grandi trop vite, il est un peu dégingandé,* gauche et trop mince pour sa grande taille.

dégivrer v. ● *Ce matin, j'ai dû dégivrer les vitres de la voiture :* enlever le givre qui s'était formé sur les vitres.
■ **dégivrage** nom m. Action de dégivrer.

dégonfler v. **1** ● *Le garagiste a dégonflé les pneus de la voiture :* il a fait échapper l'air qui les gonflait. ⬚ v. pron. ● *Ton ballon se dégonfle :* il laisse échapper l'air* (→ CONTR. gonfler). **2** v. pron. (fam.) ● *Au moment de sonner à la porte, il s'est dégonflé :* il a eu peur, il n'a pas osé le faire.

dégouliner v. ● *La confiture dégouline de ta tartine :* elle coule lentement.

se dégourdir v. pron. **1** ● *Il faut que je me dégourdisse les jambes,* que je fasse bouger mes jambes qui sont engourdies. **2** ● *Ton camarade se dégourdit :* il devient moins timide, plus actif. ★ Conjug. 11.
■ **dégourdi** adj. ● *Hélène sait se tirer d'affaire, elle est très dégourdie,* débrouillarde, maligne (→ CONTR. 2. gourde).

dégoût nom m. • *Claire déteste ce plat, elle le regarde avec dégoût* (→ SYN. répugnance).

■ **dégoûtant** adj. **1** • *Ce torchon est dégoûtant*, très sale, répugnant. **2** • *Ce qu'il a fait est dégoûtant*, ignoble, écœurant, honteux.

■ **dégoûté** adj. **1** • *Quand il a senti cette odeur, il a pris un air dégoûté*, écœuré. **2** • *Il semble dégoûté de son travail*, fatigué de son travail, sans aucune envie de le faire.

■ **dégoûter** v. **1** • *La viande crue me dégoûte* : elle m'écœure, elle ne me donne pas envie d'y goûter. **2** • *Leurs paroles nous ont dégoûtés*, nous ont fait horreur. **3** v. pron. • *Yves s'est dégoûté du chocolat* : il s'en est lassé, il n'en a plus envie.

1. dégrader v. **1** • *L'humidité dégrade les murs de cette maison* : elle les abîme (→ SYN. détériorer). • *Depuis qu'il n'est plus habité, ce château se dégrade.* **2** • *L'alcoolisme a dégradé cet homme* : il lui a fait perdre sa dignité. **3** • *Cet officier a été dégradé* : on lui a enlevé son grade pour le punir.

■ **dégradation** nom f. **1** • *Cet hiver, le gel a causé des dégradations sur cette route* (→ SYN. dégât). **2** • *La dégradation due à l'alcool* (→ SYN. déchéance).

2. dégrader v. • *Pour peindre la mer, cet artiste dégrade ses couleurs* : il les éclaircit peu à peu (→ dégradé).

■ **dégradé** nom m. • *Alice a peint un joli dégradé de bleu.*

dégrafer v. • *Pour se déshabiller, elle dégrafe sa jupe* : elle défait l'agrafe qui la ferme (→ CONTR. agrafer).

dégraisser v. **1** • *Le cuisinier dégraisse le bouillon* : il enlève la couche de graisse qui s'est formée dessus. **2** • *Je vais donner ce vêtement à dégraisser*, à nettoyer.

degré nom m. **1** Unité qui sert à mesurer la température. • *L'eau bout à 100 degrés.* ★ Chercher aussi : thermomètre. **2** Unité qui sert à mesurer les angles. • *Un angle de 90 degrés est un angle droit.* ★ Chercher aussi : rapporteur.

★ VOIR p. 931. **3** Unité qui sert à mesurer la force en alcool. • *J'ai acheté du vin à 10 degrés.* **4** • *Éric et Jean sont arrivés au même degré dans leurs études*, au même niveau (→ SYN. échelon).

dégressif adj. • *Plus vous achetez en grandes quantités, plus vous profitez du tarif dégressif*, qui va en diminuant, qui fait payer l'unité de moins en moins cher.

dégringoler v. **1** • *Les prunes dégringolent de l'arbre* : elles tombent. **2** • *Martine a dégringolé l'escalier* : elle l'a descendu rapidement (→ SYN. dévaler).

■ **dégringolade** nom f. (fam.) • *En tombant, Éric a roulé dans la neige, quelle dégringolade!*, quelle chute!

dégrossir v. **1** • *Le sculpteur a dégrossi ce bloc de pierre* : il l'a taillé grossièrement pour lui donner une forme (→ CONTR. fignoler). **2** • *Je n'ai pas fini ce travail, je l'ai seulement dégrossi* : j'en ai fait l'essentiel (→ gros, C sens 2). ★ Conjug. 11.

déguenillé adj. • *J'ai rencontré un mendiant déguenillé*, vêtu d'habits sales et déchirés (→ guenilles).

déguerpir v. (fam.) • *L'arrivée du gardien les a fait déguerpir*, se sauver très vite (→ SYN. décamper, détaler, s'enfuir, filer). ★ Conjug. 11.

déguiser v. **1** v. pron. • *Laurent s'est déguisé en cosmonaute* : il s'est habillé comme un cosmonaute (→ SYN. se travestir). **2** • *Pour faire une farce au téléphone, il a déguisé sa voix* : il l'a transformée pour tromper (→ SYN. contrefaire).

■ **déguisement** nom m. • *Fée, indienne ou majorette? quel déguisement as-tu choisi pour le Mardi gras?*

déguster v. • *Ce repas est délicieux, je mange lentement pour le déguster*, pour l'apprécier (→ SYN. savourer).

■ **dégustation** nom f. • *Pendant la foire aux vins, les dégustations seront gratuites*, on pourra goûter gratuitement le vin.

dehors adv. et nom m. **A.** adv. **1** • *Je ne reste pas dans la maison, je vais* **dehors**, *à l'extérieur* (→ CONTR. dedans). **2** METTRE QUELQU'UN DEHORS : *le chasser* (→ SYN. renvoyer).
B. nom m. **1** • *Nicole m'appelle du* **dehors**, *de l'extérieur.* **2** (au plur. ; littér.) • *Julien a des* **dehors** *peu aimables*, une apparence peu aimable.

déjà adv. **1** • *Bruno a* **déjà** *fini ses devoirs, dès maintenant, dès ce moment-là.* **2** • *Tu étais* **déjà** *là quand j'ai sonné :* tu étais là avant, auparavant (→ CONTR. ne... pas encore).

déjeuner nom m. et v. **A.** nom m. **1** • *Au* **déjeuner**, *nous avons mangé des frites*, au repas de midi. **2** PETIT DÉJEUNER. • *Ils prennent leur* **petit déjeuner** *à sept heures*, le repas du matin.
B. v. **1** • *Philippe* **déjeune** *à la cantine :* il y prend le repas de midi. **2** • *Ce matin, Isabelle est partie en classe sans* **déjeuner**, sans prendre son repas du matin.

déjouer v. • *Ils voulaient lui tendre un piège, mais elle* **a déjoué** *leurs plans :* elle les a fait échouer, rater.

delà prép. et adv. **A.** prép. **1** PAR-DELÀ, loc. prép. • *Le soleil se couche* **par-delà** *les montagnes, de l'autre côté des montagnes, derrière.* **2** AU-DELÀ DE, loc. prép. • *Vous trouverez cette ferme* **au-delà** *de la forêt, plus loin que la forêt.* — • *Ils ont gâté Serge* **au-delà de** *ses espérances*, plus que ce qu'il espérait.
B. adv. AU-DELÀ. • *Le chemin ne va pas* **au-delà**, pas plus loin (→ CONTR. en deçà).

délabré adj. • *Dans les bois, nous avons découvert une vieille maison* **délabrée**, en mauvais état.
■ **délabrement** nom m. • *Ce château sera difficile à restaurer à cause de son* **délabrement**, de son mauvais état.

délacer v. • *Pour enlever tes chaussures, il vaut mieux les* **délacer**, défaire les lacets (→ SYN. dénouer ; CONTR. lacer). ★ Conjug. 4. ★ Ne pas confondre avec : délasser.

délai nom m. **1** • *Yves m'a donné un* **délai** *de dix jours pour lui rendre son livre*, une durée à ne pas dépasser. **2** SANS DÉLAI. • *Pouvez-vous me répondre* **sans délai** ?, sans retard, tout de suite.

délaisser v. **1** • *Les enfants de cette vieille dame la* **délaissent**, la laissent seule, l'abandonnent. **2** • *Marc a* **délaissé** *son travail pour regarder la télévision :* il a quitté son travail, il l'a négligé (→ laisser).

délasser v. **1** • *Ce bon bain tiède va te* **délasser**, faire disparaître ta fatigue. **2** v. pron. • *Après son travail, Vincent* **se délasse** *en écoutant de la musique :* il se repose en se distrayant (→ SYN. se détendre). ★ Ne pas confondre avec : délacer.
■ **délassement** nom m. • *Pour Sylvie, la lecture est un* **délassement**, un repos, une détente (→ las, lasser).

délation nom f. Fait de dénoncer pour une raison méprisable. • *Mon professeur n'aime pas la* **délation**.

délavé adj. • *Son blue-jean est d'un bleu* **délavé**, passé, décoloré par les lavages.

délayer [delɛje] v. **1** • *Pour faire cette sauce, tu* **délayes** *la farine dans du lait :* tu la mélanges (à un liquide). **2** (fig.) • *Son discours dure trop, il* **délaie** *ses idées :* il les exprime longuement avec trop de mots. ★ Conjug. 7.
■ **délayage** nom m. Action de délayer. **1** • *Le* **délayage** *de ce mortier a été difficile.* **2** (fig.) • *Dans ton devoir de français, tu ne cesses de te répéter : c'est du* **délayage**.

se délecter v. pron. • *Nous* **nous sommes délectés** *en regardant ce film :* nous y avons pris un très grand plaisir (→ SYN. se régaler).
■ **délectable** adj. • *Un repas* **délectable**, délicieux, exquis.
■ **délectation** nom f. • *Pierre déguste ce chocolat noir avec* **délectation**, plaisir exquis.

déléguer v. • *La classe* **a délégué** *deux élèves pour demander une autorisation au directeur :* elle les a envoyés pour la représenter. ★ Conjug. 8.
■ **délégué** nom • *Monsieur Dupont est le* **délégué** *des ouvriers*, le représentant (→ SYN. envoyé).

■ **délégation** nom f. ● *Le directeur de l'entreprise a reçu une* **délégation** *d'ouvriers*, un groupe de délégués.

délester v. 1 ● *Pour que la coque s'enfonce moins dans l'eau, les marins* **délestent** *le navire* : ils enlèvent du lest, les matières lourdes qui servent à rendre le navire plus stable (→ CONTR. lester). 2 (fig.) ● *Le voleur l'**a** **délesté** de son portefeuille* (→ SYN. 2. voler).

délibérément adv. ● *Il a fait ça* **délibérément**, volontairement, en connaissance de cause (→ cause).

délibérer v. ● *Avant de prendre une décision, les députés* **délibèrent** : ils réfléchissent tous ensemble et discutent. ★ Conjug. 8.
■ **délibération** nom f. ● *Le jury a donné le premier prix à ce dessin après de longues* **délibérations**, de longues discussions (→ SYN. débat).

délicat adj. 1 ● *Cette rose a un parfum* **délicat**, agréable et fin (→ délicatesse, sens 1 ; SYN. raffiné, subtil ; CONTR. violent). 2 ● *Stéphane a une peau* **délicate**, sensible, fragile (→ CONTR. robuste). 3 ● *Pour Mathieu, le repassage est une opération* **délicate**, compliquée, embarrassante (→ CONTR. facile, simple). 4 ● *Renaud s'est montré très* **délicat**, discret, sensible, bien élevé, attentionné (→ délicatesse, sens 2 ; CONTR. grossier).
■ **délicatesse** nom f. 1 ● *J'aime la* **délicatesse** *de ces coloris*, leur finesse, leur raffinement. 2 ● *Elle nous a laissés seuls par* **délicatesse**, par discrétion, par gentillesse (→ SYN. tact).
■ **délicatement** adv. ● *Il a cueilli* **délicatement** *cette fleur fragile*, doucement, avec précaution.

délicieux adj. 1 ● *Agnès nous a fait un gâteau* **délicieux**, très bon, exquis (→ CONTR. abominable, infect). 2 ● *C'est une jeune fille* **délicieuse**, très agréable, charmante.
■ **délice** nom m. 1 ● *Ce repas était un* **délice**, un régal. 2 ● *C'est un* **délice** *d'habiter cet endroit*, un très grand plaisir.

délier v. 1 ● *Le prestidigitateur a réussi à se* **délier** *les mains*, à dénouer le lien qui les attachait (→ CONTR. lier). 2 ● *Mon ami m'**a** **délié** de ma promesse* : il m'en a libéré, dégagé. ★ Conjug. 10.

délimiter v. ● *Ce grillage* **délimite** *le jardin* : il en fixe les limites.

délinquant nom. ● Personne qui commet un délit, une faute punie par la loi (→ SYN. coupable). □ adj. ● *Une personne* **délinquante**. ★ Chercher aussi : délit.
■ **délinquance** nom f. L'existence de délinquants et l'ensemble de leurs actes. ● *La* **délinquance** *est importante dans les grandes villes*.

déliquescent adj. (fig.) ● *Le club sportif est maintenant* **déliquescent** ; sur le point d'être dissous.
■ **déliquescence** nom f. Dégradation, dissolution.

délire nom m. 1 ● *Quand Michel a été très malade, il a eu le* **délire**, une sorte de folie causée parfois par la fièvre (→ délirer, sens 1). 2 ● *La foule acclame l'équipe victorieuse, c'est du* **délire !** un très grand enthousiasme (→ délirer, sens 2).
■ **délirer** v. 1 ● *Le malade a une forte fièvre, il commence à* **délirer**, à avoir des hallucinations, à divaguer. 2 ● *Les spectateurs* **déliraient** *de joie* : ils étaient fous de joie.
■ **délirant** adj. ● *Une foule* **délirante** (→ SYN. frénétique). — ● *Une joie* **délirante**, très vive.

délit nom m. 1 ● *Ce cambrioleur a commis un* **délit**, une faute punie par la loi. ★ Chercher aussi : délinquant. 2 FLAGRANT DÉLIT. ● *Ils ont été pris en* **flagrant délit**, juste au moment où ils étaient en train de faire une mauvaise action (→ SYN. sur le fait*, (fam.) la main dans le sac).

délivrer v. 1 ● *J'ai* **délivré** *mon chien qui était enfermé* : je lui ai rendu la liberté (→ délivrance, sens 1). 2 ● *Heureusement, Jérôme t'**a** **délivré** de cette bavarde* : il t'en a débarrassé. □ v. pron. ● *Benoît* **s'est délivré** *de sa peur* : il s'en est libéré, débarrassé.

■ **délivrance** nom f. **1** • *Les prison-niers attendent leur **délivrance**,* leur libération. **2** • *Je n'ai plus peur du noir, c'est une **délivrance**,* un soulagement.

déloger v. • *Papa a **délogé** le chat qui dormait sur son fauteuil : il l'a fait partir de l'endroit où il était installé* (→ loger). ★ Conjug. 5.

déloyal adj. • *Il triche, il ment, il dit du mal de ses amis : c'est un garçon **déloyal**,* faux, malhonnête (→ CONTR. 1. droit, fair-play, franc, honnête, loyal).

delta nom m. **1** Lettre de l'alphabet grec qui a la forme d'un triangle. • *Cet avion à réaction a des ailes en **delta**,* en forme de triangle. — • *L'embou-chure du Rhône forme un **delta**.* **2** • *Le **delta** du Rhône, du Nil :* l'embouchure à plusieurs bras (par où ils se jettent dans la mer).

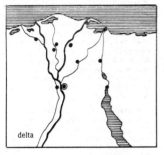

delta

déluge nom m. **1** • *On raconte qu'autre-fois, l'arche de Noé échappa au **dé-luge**,* à l'inondation qui recouvrit toute la terre. **2** • *Il pleut à torrents, c'est un vrai **déluge**,* une très forte pluie. **3** (fig.) • *Claude m'a noyé sous un **déluge** de paroles,* sous une grande quantité de paroles.

déluré adj. **1** • *Arnaud sait très bien se débrouiller, c'est un garçon **déluré**,* dégourdi, débrouillard, malin, vif. **2** (péjor.) • *Ce garçon est bien **déluré**!* (→ SYN. effronté, insolent).

démagogique adj. • *Pour se faire élire, cet homme prononce des discours **démagogiques**,* destinés à flatter la foule et à lui plaire.

demain adv. et nom m. **A.** adv. **1** • *Je ne peux pas venir aujourd'hui, je viendrai **demain**,* le jour suivant. **2** • *Pourquoi remettre à **demain** ce que l'on peut faire le jour même?,* remettre à plus tard.
B. nom m. • *Elle a encore **demain** pour finir son exercice,* la journée qui suit (→ lendemain).

démancher v. • *Cette pelle ne vaut plus rien, elle est **démanchée** :* son manche ne tient plus (→ emmancher, 2. manche).

demander v. **1** • *Denis vous **demande** de venir :* il dit qu'il désire que vous veniez. — • *Maman a **demandé** à s'asseoir.* — • *Marie-Claude **demande** que nous nous taisions.* — NE PAS DEMANDER MIEUX. • *Venir avec toi ? je ne **demande** pas mieux,* j'accepte volontiers, je le désire. **2** • ***Demander** son chemin à un passant :* l'interroger pour savoir son chemin (→ demande, sens 2). **3** v. pron. • *Je me **demande** quelle heure il est :* je me pose cette question. **4** • *Ce voyage a **demandé** deux jours :* il a pris deux jours, on a eu besoin de deux jours pour le faire (→ SYN. nécessiter).
■ **demande** nom f. **1** • *Elle a accepté votre **demande**,* le désir, le vœu, le souhait que vous lui avez exprimé. **2** • *Les **demandes** et les réponses :* les questions et les réponses.

démanger v. • *Caroline a la varicelle, ses boutons la **démangent**,* lui donnent envie de se gratter. ★ Conjug. 5.
■ **démangeaison** nom f. • *Les piqûres de moustiques donnent des **déman-geaisons**,* des irritations de la peau qui démangent.

démanteler v. • *Les murailles de la ville ont été **démantelées** :* elles ont été détruites, abattues. ★ Conjug. 8.

démantibulé adj. (fam.) • *Son vélo est inutilisable, il est tout **démantibulé**,* mis en pièces, démoli.

démaquiller v. ● *Elle l'a démaquillée :* elle lui a enlevé son maquillage. □ v. pron. ● *Rosalie se démaquille tous les soirs* (→ maquillage).

démarcation nom f. ● *Dans l'arc-en-ciel, on passe d'une couleur à l'autre sans démarcation,* séparation, frontière. — *Ligne de démarcation :* frontière entre deux zones, deux régions.

démarche nom f. **1** ● *La démarche de Cécile est très rapide,* sa façon de marcher, son pas. **2** ● *Pour obtenir une carte d'identité, il faut faire une démarche au commissariat de police,* une visite pour la demander.

démarqué adj. ● *Ce footballeur était démarqué quand il a tiré au but :* il n'était pas marqué, surveillé par l'adversaire (→ marquer, sens 7).

démarquer v. ● *Pour solder ces chemises, le commerçant les a démarquées :* il a enlevé l'étiquette portant leur marque.

démarrer v. **1** ● *Ce matin, le moteur de notre voiture ne veut pas démarrer,* se mettre en marche (→ démarrage, démarreur). **2** ● *Cette entreprise démarre :* elle en est à ses débuts.
■ **démarrage** nom m. ● *Attachez vos ceintures avant le démarrage de la voiture,* le départ, la mise en route.
■ **démarreur** nom m. ● *Le conducteur actionne le démarreur,* le système qui met le moteur en marche.

démasquer v. **1** v. pron. ● *Le soir du Mardi gras, Sabine s'est démasquée :* elle a ôté le masque qu'elle portait. **2** (fig.) ● *Le commissaire de police a démasqué le coupable :* il l'a découvert, reconnu, identifié.

démêler v. **1** ● *Charlotte démêle ses cheveux :* elle les met en ordre, elle les coiffe (→ CONTR. emmêler). **2** ● *Le détective a démêlé cette affaire embrouillée :* il l'a rendue claire, il a permis de la comprendre (→ SYN. débrouiller).

démêlés nom m. plur. ● *Notre voisin a eu des démêlés avec les autres locataires,* des désaccords, des disputes.

démembrer v. ● *Quand ils se sont partagé les terres, le domaine a été démembré,* divisé en plusieurs parties (→ SYN. morceler). ★ Chercher aussi : remembrement.
■ **démembrement** nom m. Fait de démembrer.

déménager v. **1** ● *Lundi dernier, nous avons déménagé,* nous avons changé de logement (→ CONTR. emménager). **2** ● *Il a besoin de toi pour déménager sa bibliothèque,* pour la transporter ailleurs. ★ Conjug. 5.
■ **déménagement** nom m. ● *Ce camion de déménagement va transporter nos meubles jusqu'à Bordeaux.*
■ **déménageurs** nom m. ● *Les déménageurs ont descendu tous les meubles et les ont chargés dans le camion,* les hommes dont le métier est de faire les déménagements.

démence nom f. **1** ● *Cet alcoolique a eu une crise de démence,* de folie. **2** ● *Tu ne peux pas sortir sous cette pluie, c'est de la démence !* : ce n'est pas raisonnable.
■ **dément** nom ● *Les psychiatres soignent les déments,* les fous. □ adj. ● *Ses actions démentes inquiètent sa famille,* ses actions folles, déraisonnables.

se démener v. pron. **1** ● *Éric a attrapé Denis qui se démène pour lui échapper, qui s'agite, qui se débat.* **2** ● *Ton oncle s'est démené pour me rendre service :* il s'est donné beaucoup de mal. ★ Conjug. 8.

démentir v. **1** ● *Démentir une personne :* affirmer que ce qu'elle dit est faux. **2** ● *Démentir une information :* déclarer qu'elle est fausse (→ CONTR. confirmer). ★ Conjug. 15.
■ **démenti** nom m. ● *Le journal va publier un démenti,* une déclaration indiquant que la nouvelle était fausse (→ mentir).

démériter v. ● *Il n'a démérité en rien :* il n'a rien fait de mal (→ CONTR. mérite, mériter).

démesuré adj. • *Ce joueur de basket est d'une taille **démesurée**, très grande, dépassant de beaucoup la taille normale.* — • *Son orgueil est **démesuré**, immense, exagéré* (→ mesuré).

démettre v. **1** v. pron. • *En tombant, Emmanuel **s'est démis** le poignet :* il s'est déplacé les os du poignet. **2** • *Ce fonctionnaire **a été démis** de son emploi :* il a été renvoyé, congédié. ★ Conjug. 33.

au demeurant loc. adv. D'ailleurs, après tout, en fin de compte. • *Il est parfois agaçant, mais très gentil **au demeurant**.*

demeurer v. **1** • *Ils **ont demeuré** dans cette ville :* ils y ont habité (→ demeure, sens 1). ★ Attention, dans ce sens, *demeurer* se conjugue avec *avoir*. **2** • *Tous ces jouets **sont demeurés** à la même place :* ils sont restés à la même place. ★ Attention, dans ce sens, *demeurer* se conjugue avec *être*. ■ **demeure** nom f. **1** • *Elle aimerait vivre dans cette belle **demeure**, dans cette grande maison.* **2** À DEMEURE, loc. adv. • *Il s'est installé **à demeure** au bord de la mer, pour y rester* (→ SYN. en permanence). **3** METTRE EN DEMEURE DE. • *Cette lettre le **met en demeure de** payer sa contravention :* elle lui donne l'ordre de la payer immédiatement.

demi adj., nom et adv. **A.** adj. • *Je prendrai une **demi**-livre de beurre, un **demi**-litre de lait,* la moitié d'une livre, la moitié d'un litre. — • *Il est deux heures et **demie**.* — • *Ce crayon mesure dix centimètres et **demi**.* ★ Quand l'adjectif *demi* est placé devant le nom, il s'y rattache par un trait d'union et il est invariable.
B. nom **1** • *Veux-tu une baguette entière ? Non, une **demie**, une moitié.* **2** nom f. • *L'horloge a sonné la **demie**,* la moitié d'une heure. **3** nom m. • *Ton cousin boit un **demi**,* un verre de bière. **4** nom m. • *Le **demi** d'ouverture et le **demi** de mêlée sont des joueurs de rugby.*
C. À DEMI, loc. adv. **1** • *Ce verre est **à demi** plein,* à moitié plein. **2** • *Didier n'est* qu'**à demi** rassuré, pas complètement rassuré (→ CONTR. entièrement).

demi-finale nom f. • *Notre équipe pourra disputer la finale de la coupe si elle gagne la **demi-finale**,* l'avant-dernière épreuve d'un concours, d'une compétition. ★ Chercher aussi : 2. coupe, finale, tournoi.

demi-fond nom m. • *Hier, Patrice a disputé une course de **demi-fond**,* moyenne distance (800 m à 3 000 m pour une course à pied) (→ fond).

demi-frère nom m. • *Alain n'est pas exactement le frère de Carole, c'est son **demi-frère** :* il a seulement le même père ou la même mère qu'elle.

demi-mesure nom f. • *Pour régler ce problème, il ne faut pas nous contenter de **demi-mesures**,* de moyens insuffisants, de décisions timides.

à demi-mot loc. adv. • *Je n'ai pas pu tout t'expliquer devant elle, mais tu m'as compris **à demi-mot**,* sans qu'il soit nécessaire de tout dire.

demi-pension nom f. **1** • *Cet hôtel accepte les clients en **demi-pension**,* les clients qui logent à l'hôtel et n'y prennent qu'un repas par jour. (→ 2. pension complète). **2** • *À l'école, Antoine est inscrit à la **demi-pension** :* il prend le repas de midi à l'école (→ demi-pensionnaire). ■ **demi-pensionnaire** adj. et nom • *Caroline est **demi-pensionnaire**.* □ nom • *Les **demi-pensionnaires**.*

démissionner v. **1** • *Le directeur de ce club sportif **a démissionné** :* il a décidé d'abandonner sa fonction de directeur (→ démission). **2** • *Ces parents n'ont plus le courage d'éduquer leurs enfants, ils **démissionnent** :* ils ne remplissent plus leur rôle de parents. ■ **démission** nom f. • *Cet ingénieur a donné sa **démission** :* il a quitté volontairement et définitivement son travail.

demi-tour nom m. • *Pour repartir en sens inverse, la voiture a fait **demi-tour**,* la moitié d'un tour sur elle-même.

démobiliser v. ● *Mon grand frère a fini son service militaire, il **a été démobilisé** :* il a quitté l'armée pour reprendre la vie civile (→ CONTR. mobiliser).

démocratie [demɔkrasi] nom f. **1** Système politique dans lequel le pouvoir est détenu par les représentants élus du peuple. **2** ● *La France est une **démocratie**,* un pays gouverné d'après les règles de la démocratie. ★ Chercher aussi : dictature, monarchie.
■ **démocrate** nom ● *Les **démocrates** pensent que chacun a le droit de dire librement ce qu'il pense.* □ adj. ● *Le parti **démocrate** s'oppose à la dictature.*
■ **démocratique** adj. ● *Dans un État **démocratique**,* ceux qui gouvernent sont élus par le peuple (→ CONTR. dictatorial). **2** ● *Pour choisir notre délégué de classe, nous avons fait une élection **démocratique**,* où chacun pouvait choisir librement.
■ **démocratiser** v. **1** v. pron. ● *Le gouvernement de ce pays **s'est démocratisé** :* il est devenu plus libre, plus démocratique. **2** ● *On a **démocratisé** l'enseignement :* on a permis à plus de jeunes gens d'en bénéficier.

se démoder v. pron. ● *Cette robe est originale, mais elle risque de **se démoder** très vite,* de ne plus être à la mode, de passer de mode.
■ **démodé** adj. ● *Une robe **démodée**,* qui n'est plus à la mode. — ● *Il a des idées **démodées*** (→ SYN. arriéré).

démographie nom f. ● *M. Durand étudie le nombre des naissances, des morts, l'âge des habitants d'un pays, etc. :* il étudie la **démographie**.

demoiselle nom f. **1** ● *Christine a quinze ans, ce n'est pas encore une dame, c'est une **demoiselle**,* une jeune fille non mariée. **2** DEMOISELLE D'HONNEUR. ● *Sophie et Agathe sont les **demoiselles d'honneur** du mariage de leur cousine,* les petites filles ou les jeunes filles qui accompagnent la mariée pendant la cérémonie. — ● *Les **demoiselles d'honneur** et les garçons d'honneur.*

démolir v. **1** ● *On va **démolir** cette maison pour construire à sa place un* immeuble, la détruire, l'abattre (→ démolition, démolisseur ; CONTR. bâtir, construire). **2** ● *Sébastien a **démoli** son train électrique :* il l'a complètement abîmé, mis en pièces. **3** (fam.) ● *Ce boxeur a **démoli** son adversaire :* il l'a mis hors de combat en le frappant. ★ Conjug. 11.
■ **démolisseur** nom m. ● *Les **démolisseurs** vont abattre ces vieilles maisons.*
■ **démolition** nom f. ● *Ils ont commencé ce matin la **démolition** du bâtiment,* sa destruction (→ CONTR. construction).

démon nom m. **1** ● *L'esprit qui représente le mal s'appelle le **démon*** (→ SYN. **1**. diable). **2** ● *Cet enfant est un vrai **démon** :* il est méchant et turbulent.
■ **démoniaque** adj. ● *Cet homme a des idées **démoniaques**,* de démon, méchantes, malfaisantes (→ SYN. diabolique).

1. démonter v. ● *Bertrand **démonte** un réveil cassé :* il le sépare en différentes parties (→ démontable, démontage ; CONTR. remonter).
■ **démontable** adj. ● *Ma bibliothèque est **démontable** :* on peut la séparer en différentes parties et la remonter facilement.
■ **démontage** nom m. ● *Le **démontage** du moteur lui a pris beaucoup de temps.*

2. démonter v. **1** ● *Ce cheval a **démonté** son cavalier :* il l'a jeté à terre (→ SYN. désarçonner). **2** ● *Tes paroles m'ont **démonté**,* m'ont beaucoup étonné et déconcerté. □ v. pron. ● *Il m'a répondu sans **se démonter**,* sans se troubler.
■ **démonté** adj. ● *Aujourd'hui, la mer est **démontée**,* très agitée (→ CONTR. calme).

démontrer v. ● *Christophe m'a **démontré** que j'avais tort :* il me l'a expliqué et prouvé clairement (→ démonstration, sens 1).
■ **démonstrateur, -trice** nom ● *À l'exposition des Arts ménagers, la **démonstratrice** nous a expliqué le fonctionnement de cet appareil,* la personne chargée de présenter et de vendre un appareil (→ démonstration, sens 2).

■ **démonstration** nom f. **1** ● *Le professeur de mathématique nous a fait une* ***démonstration*** : il nous a montré comment on arrive au résultat. **2** ● *Pour nous vendre cet aspirateur, le marchand nous a proposé une* ***démonstration*** : il nous a proposé de nous montrer comment l'appareil fonctionne. **3** ● *Son chien l'accueille toujours avec des* ***démonstrations*** *d'affection*, des manifestations, des marques d'affection (→ démonstratif, sens 2).

■ **démonstratif** adj. **1** ● *« Ce », « cet », « cette » sont des adjectifs* ***démonstratifs***, qui servent à montrer des personnes ou des choses. **2** ● *Corinne est très* ***démonstrative***, *elle manifeste beaucoup ses sentiments* (→ SYN. expansif ; CONTR. renfermé).

démoraliser v. ● *Toutes ces difficultés l'ont* ***démoralisé***, l'ont découragé, rendu triste (→ SYN. abattre, déprimer). □ v. pron. ● *Il ne faut pas* ***te démoraliser*** *pour si peu*, perdre courage, perdre le moral.

démordre *de* v. ● *David ne veut pas* ***démordre de*** *cette idée*, l'abandonner, y renoncer. — ● *Il ne veut pas en* ***démordre***. ★ Conjug. 31.

démouler v. ● *Sébastien* ***a démoulé*** *son gâteau* : il l'a retiré du moule. □ v. pron. ● *Cette crème* ***se démoule*** *facilement*.

démunir v. ● *En ce moment, il* ***est démuni*** *(d'argent)* : il en manque, il en est dépourvu. ★ Conjug. 11.

dénaturer v. ● *En te racontant ce que j'avais dit, il* ***a dénaturé*** *mes paroles* : il a changé leur sens, il les a déformées.

dénicher v. **1** ● *Ces enfants malfaisants s'amusent à* ***dénicher*** *des œufs*, à les enlever du nid. **2** (fig. et fam.) ● *À force de chercher dans les magasins, Maman* ***a déniché*** *une très jolie nappe* : elle l'a trouvée (→ SYN. découvrir).

denier nom m. ● *Autrefois, certaines monnaies romaines et françaises s'appelaient des* ***deniers***.

dénier v. ● *Je voudrais* ***dénier*** *toute responsabilité dans cette histoire* : refuser d'avoir une responsabilité (→ nier, indéniable). ★ Conjug. 10.

dénigrer v. ● *Elle* ***dénigre*** *souvent ses camarades* : elle en dit du mal, elle les critique (→ SYN. déprécier, médire de).

dénivellation nom f. ● *Pour cette piste de ski, la* ***dénivellation*** *est de 800 mètres*, la différence d'altitude entre le sommet et le bas.

dénombrer v. ● *La salle était tellement pleine que l'on ne pouvait pas* ***dénombrer*** *les spectateurs*, les compter, évaluer leur nombre.

■ **dénombrement** nom m. ● *Le* ***dénombrement*** *des votes a eu lieu juste après l'élection*, leur comptage.

dénominateur nom m. **1** Nombre placé en-dessous de la barre d'une fraction, qui indique en combien de parties égales l'unité a été divisée. **2** DÉNOMINATEUR COMMUN : caractéristique commune à plusieurs personnes ou à plusieurs choses. ● *La passion pour le cinéma est leur* ***dénominateur commun***.

dénommer v. ● *Ils* ***ont dénommé*** *leur chien « Kid »* : ils lui ont donné ce nom (→ SYN. appeler).

■ **dénommé** nom ● *Avez-vous vu la* ***dénommée*** *Berthe Lacroix ?*, celle qui porte ce nom.

■ **dénomination** nom f. ● *La* ***dénomination*** *« Beaujolais » est réservée aux vins d'une région bien précise* (→ SYN. appellation).

dénoncer v. **1** ● *Rémi n'a pas* ***dénoncé*** *celui qui lui avait fait mal* : il ne l'a pas fait connaître à quelqu'un qui pouvait le punir (→ SYN. (fam.) **1**. rapporter). — ● *Ce journal* ***dénonce*** *un scandale* : il le fait connaître au public. **2** ● *Ce pays* ***a dénoncé*** *son traité de paix avec l'État voisin* : il l'a annulé. ★ Conjug. 4.

■ **dénonciation** nom f. ● *La police a reçu une* ***dénonciation***, une déclaration qui dénonce quelqu'un.

dénoter v. ● *Sa mine magnifique* ***dénote*** *une bonne santé*, indique, montre une bonne santé (→ SYN. témoigner de).

dénouer v. **1** ● *Delphine* ***a dénoué*** *sa ceinture* : elle en a défait le nœud.

□ v. pron. ● *Pendant que je courais, mon lacet* **s'est dénoué** (→ SYN. délacer). **2** ● *Les diplomates discutent pour essayer de* **dénouer** *cette crise entre leurs pays, pour essayer de trouver une solution, pour y mettre fin* (→ dénouement ; SYN. 1. résoudre). □ v. pron. ● *Dans ce roman policier, toutes les difficultés* **se dénouaient** *à la fin, s'éclaircissaient, trouvaient une solution.*
■ **dénouement** nom m. **1** ● *Le* **dénouement** *d'une crise internationale.* **2** ● *Cette pièce était passionnante jusqu'au* **dénouement**, *jusqu'à la fin de l'histoire* (→ SYN. conclusion).

dénoyauter v. ● *Pour faire une tarte, Claude* **dénoyaute** *les cerises :* il en enlève les noyaux.

denrée nom f. **1** ● *Dans sa boutique, l'épicière propose toutes sortes de* **denrées**, *de produits alimentaires* (→ SYN. aliment). **2** (fig.) ● *Le génie est une* **denrée** *rare, une chose rare.*

dense adj. **1** ● *Ce matin, le brouillard est* **dense**, *épais, compact.* — ● *Une forêt* **dense** (→ CONTR. clairsemé). **2** ● *Le plomb est plus* **dense** *que la plume, à volume égal, il est plus lourd.*
■ **densité** nom f. **1** ● *La* **densité** *de la foule m'empêche d'avancer, son épaisseur, le fait que les gens sont serrés.* **2** ● *La* **densité** *du fer est de 7,8 :* pour le même volume, le fer pèse 7,8 fois plus lourd que l'eau.

dent nom f. **1** ● *Emmanuel se brosse les* **dents** *matin et soir.* ★ Chercher aussi : canine, incisive, molaire, prémolaire. ★ VOIR p. 544. **2** ● *J'ai cassé trois* **dents** *de mon peigne,* trois parties pointues. **3** (fig.) AVOIR LA DENT DURE : critiquer sévèrement les gens ou les choses. **4** (fig. et fam.) AVOIR UNE DENT CONTRE QUELQU'UN : lui en vouloir, avoir de la rancune contre lui. **5** (fig. et fam.) SE CASSER LES DENTS SUR QUELQUE CHOSE. ● *Denis a essayé d'apprendre le chinois, mais il* **s'y est cassé les dents** : *il n'y a pas réussi* (→ SYN. 1. échouer). **6** (fig.) ÊTRE SUR LES DENTS. ● *On prépare la fête de l'école, toutes les classes* **sont sur les dents**, *très occupées.*

■ **dentaire** adj. ● *Clotilde a une carie* **dentaire**, *d'une dent.*
■ **denté** adj. ● *À l'intérieur de cette horloge, on voit tourner des roues* **dentées**, *des roues dont le bord présente des creux et des pointes, des sortes de dents.*
■ **dentelé** adj. ● *Les timbres ont des bords* **dentelés**, *découpés en forme de dents.*
■ **dentelure** nom f. ● *Les* **dentelures** *d'un timbre.*
■ **dentier** nom m. ● *Pour remplacer les dents qu'il s'est cassées, le dentiste lui a posé un* **dentier** (→ SYN. râtelier).
■ **dentifrice** nom m. ● *Pour me laver les dents, je mets du* **dentifrice** *sur ma brosse à dents, de la pâte pour nettoyer les dents.* □ adj. ● *Cette pâte* **dentifrice** *a un goût de menthe.*
■ **dentiste** nom ● *Véronique a très mal aux dents, elle va aller chez le* **dentiste**.
■ **dentition** nom f. ● *Nos incisives, nos canines, nos prémolaires, nos molaires forment notre* **dentition**, *l'ensemble de nos dents.*

dentelle nom f. ● *Hélène a mis son col en* **dentelle**, *en fils tissés très lâches et formant des dessins.* — ● *Un napperon en* **dentelle**.

dentelle

dénuder v. **1** v. pron. ● *En automne, les arbres* **se dénudent** : *ils perdent leurs feuilles et restent nus* (→ SYN. se dépouiller). **2** ● *Maman a* **dénudé** *les fils électriques pour fixer la douille :* elle a enlevé la gaine de plastique qui les recouvre et les a mis à nu.

dénué *de* adj. ● *Cette émission m'a paru* **dénuée d'intérêt**, sans intérêt, dépourvue d'intérêt.

dénuement nom m. ● *Ces pauvres gens vivent dans le* **dénuement**, *dans la misère.*

déodorant nom m. ● *Dominique se met du* **déodorant** *sous les bras, un produit qui supprime les odeurs du corps* (→ SYN. désodorisant).

dépanner v. 1 ● *Notre voiture ne voulait plus démarrer, le garagiste* **l'a dépannée**, remise en marche, réparée (→ dépannage, sens 1). 2 (fam.) ● *Peux-tu me prêter ton crayon pour me* **dépanner** ?, *pour me tirer d'embarras* (→ dépannage, sens 2).
■ **dépannage** nom m. 1 ● *Le mécanicien arrive pour le* **dépannage**, *la réparation.* 2 (fam.) ● *Comme il n'a pas assez d'assiettes, nous avons apporté celles-ci en* **dépannage**.
■ **dépanneur** nom m. ● *Le* **dépanneur** *est venu réparer la machine à laver, le spécialiste chargé de dépanner.*
■ **dépanneuse** nom f. ● *Pour enlever cette voiture accidentée qui encombre la route, le garage envoie une* **dépanneuse**, *une voiture de dépannage* (→ panne).

dépaqueter v. ● *Bruno est impatient de* **dépaqueter** *ses cadeaux, de défaire les paquets, les emballages* (→ CONTR. empaqueter). ★ Conjug. 9.

dépareillé adj. ● *Des assiettes* **dépareillées**, *qui n'appartiennent pas à la même série, à la même collection, qui ne sont pas pareilles* (→ CONTR. assorti).

déparer v. ● *Ce panneau publicitaire* **dépare** *le paysage :* il l'enlaidit (→ 1. parer, parure).

départ nom m. 1 ● *Gilles prépare son* **départ** *en vacances :* il se prépare à partir. 2 ● *Un coup de sifflet vient de donner le* **départ** *de la course,* de signaler le commencement de la course (→ CONTR. arrivée). 3 ● *Ce projet ne pouvait pas réussir, je le savais dès le* **départ**, *dès le début* (→ partir).

départager v. ● *Pour* **départager** *les concurrents, on leur a posé une question difficile, pour qu'ils ne soient plus à égalité.* ★ Conjug. 5.

département nom m. ● *La France est divisée en 101* **départements** *qui ont chacun un préfet, un chef-lieu, un numéro de code postal, etc.*
■ **départemental** adj. ● *Pour aller vite, nous prenons les routes nationales, mais pour nous promener nous préférons les routes* **départementales**, *qui dépendent du département et sont souvent de petites routes.*

se **départir** *de* v. ● *Il ne faut jamais* **se départir** *de son calme :* perdre, quitter (une attitude, un trait de caractère). ★ Conjug. 15.

dépasser v. 1 ● *Cette moto* **a dépassé** *le camion :* elle est passée devant (→ dépassement ; SYN. devancer, doubler). 2 ● *Luc* **a dépassé** *la grille :* il est allé plus loin, au-delà de la grille. — ● *Nous* **avons dépassé** *l'heure :* nous avons continué plus tard, au-delà de l'heure. 3 ● *Ce travail* **dépasse** *mes forces :* il est trop dur, au-delà de mes forces. — ● *Ces problèmes me* **dépassent** : ils sont trop compliqués pour moi, au-delà de mon intelligence. □ v. pron. ● *Ce champion veut battre son propre record, il fait des efforts pour* **se dépasser**, *pour aller au-delà de ses limites* (→ SYN. se surpasser). 4 ÊTRE DÉPASSÉ PAR LES ÉVÉNEMENTS : ne pas être à la hauteur, être incapable de faire face à ces événements.
■ **dépassement** nom m. ● *Dans les virages, le* **dépassement** *est interdit.*
■ **dépassé** adj. ● *C'est une attitude* **dépassée**, démodée.

dépayser v. ● *Depuis qu'il est arrivé d'Algérie, mon ami Mohammed* **est** *un peu* **dépaysé**, *un peu troublé, un peu perdu à cause du changement de pays.*
■ **dépaysement** nom m. État de celui qui est dépaysé.

dépecer v. ● *Ce matin, le boucher* **a dépecé** *deux moutons :* il les a découpés en morceaux. ★ Conjug. 4 et 8.

1. dépêcher v. ● *Pour annoncer son arrivée, le prince leur a dépêché un messager* : il leur a envoyé un messager.
■ **dépêche** nom f. ● *Autrefois, pour prévenir quelqu'un d'un événement important, on lui envoyait une dépêche*, un message porté rapidement. ★ Chercher aussi : télégramme.

2. se dépêcher v. pron. ● *Dépêchez-vous, nous allons manquer notre train* : faites vite, pressez-vous (→ SYN. se hâter).

dépeigner v. ● *Mes cheveux sont tout en désordre, ce coup de vent m'a dépeigné* : il m'a décoiffé (→ peigne ; peigner).

dépeindre v. ● *Frédéric m'a dépeint sa maison*, il me l'a décrite (→ peindre). ★ Conjug. 35.

dépenaillé adj. ● *Tu es tout dépenaillé*, mal vêtu, les vêtements en désordre.

1. dépendre v. ● *Quand nous avons déménagé, papa a dépendu les rideaux* : il les a décrochés (→ CONTR. 1. suspendre). ★ Conjug. 31.

2. dépendre v. **1** ● *Ses notes dépendent de son travail* : elles sont le résultat, la conséquence, de son travail (→ SYN. résulter). **2** ● *Tu peux partir ou bien rester, la décision dépend de toi* : c'est toi qui peux prendre la décision. **3** CELA (ou ÇA) DÉPEND, loc. adv. ● *«Irez-vous à la plage aujourd'hui ?» «Ça dépend»* : peut-être (→ CONTR. certainement, sûrement). **4** ● *Notre village dépend de la préfecture des Yvelines* : il y est rattaché. **5** ● *Ce menuisier est son propre patron, il ne dépend de personne* : il n'est sous l'autorité de personne (→ dépendance, sens 1). ★ Conjug. 31.
■ **dépendance** nom f. **1** ● *Autrefois, les esclaves appartenaient à leur maître et ne pouvaient rien décider sans sa permission, ils vivaient dans la dépendance* (→ CONTR. indépendance). **2** (au plur.) ● *Ces deux garages et cette écurie sont les dépendances de la propriété*, des bâtiments qui en font partie.

aux dépens de loc. prép. **1** ● *Il vit aux dépens de ses amis*, à leur charge.

2 ● *Olivier a fait rire toute la classe à mes dépens* : il l'a fait rire de moi.

dépenser v. **1** ● *Pour acheter un cadeau, Valérie a dépensé 18 francs* : elle a utilisé 18 francs (→ SYN. débourser). **2** ● *Nous dépensons trop d'électricité* : nous en consommons trop (→ CONTR. économiser, épargner).
■ **se dépenser** v. pron. ● *Daniel fait beaucoup de sport, car il aime se dépenser*, utiliser ses forces, faire des efforts.
■ **dépense** nom f. **1** ● *Acheter un appartement, c'est une très grosse dépense*, une somme d'argent à donner (→ CONTR. 2. recette). **2** ● *Notre pays devrait diminuer ses dépenses d'énergie*, sa consommation d'énergie (→ CONTR. économie).
■ **dépensier** adj. ● *Il adore acheter n'importe quoi, il est très dépensier* : il aime dépenser son argent sans compter (→ CONTR. avare, économe).

déperdition nom f. ● *Si tu laisses la porte ouverte quand il fait froid, tu provoques une déperdition de chaleur*, une perte de chaleur (→ perdre).

dépérir v. ● *Si Marion oublie d'arroser ses plantes, elles vont dépérir*, s'affaiblir, se faner (→ périr). ★ Conjug. 11.

se dépêtrer v. pron. **1** ● *Luc s'est pris les pieds dans un filet, il n'arrive plus à s'en dépêtrer*, à s'en dégager. — ● *Sophie s'embrouille dans ses explications, elle ne peut pas s'en dépêtrer*, s'en sortir (→ CONTR. s'empêtrer). **2** ● *Je voudrais bien me dépêtrer de ce bavard*, m'en débarrasser, réussir à le quitter.

dépeupler v. ● *La guerre a dépeuplé cette région* : elle lui a fait perdre ses habitants. □ v. pron. ● *Depuis quelques années, notre village se dépeuple* : il se vide de ses habitants (→ peupler, population ; CONTR. repeupler).
■ **dépeuplement** nom m. ● *Il faut freiner le dépeuplement de la région en y attirant des industries.*

déphasé adj. ● *Comme j'ai été malade pendant longtemps, je me sens*

déphasé en reprenant le travail : désorienté.

dépister v. 1 • *Les chiens ont dépisté le lièvre* : ils l'ont retrouvé en suivant sa trace (→ piste). 2 • *Dès le début, le médecin a dépisté une appendicite* : il a reconnu à certains signes une chose difficile à voir, à déterminer (→ SYN. déceler).

dépit nom m. • *Quand on lui a interdit de regarder ce film, Rémi a éprouvé du dépit*, un mélange de chagrin, de colère et de déception.
■ **dépiter** v. • *Tes reproches m'ont dépité* : ils m'ont fâché et déçu.

en dépit de loc. prép. Malgré. • *Véronique a décidé de sortir en dépit de tes conseils.*

déplacer v. 1 • *Veux-tu m'aider à déplacer cette table ?*, à la changer de place (→ déplacement, sens 1). 2 v. pron. • *Mon ami Durand se déplace souvent en avion* : il voyage souvent en avion (→ déplacement, sens 2). 3 • *Ce gendarme a été nommé dans une autre ville, il a été déplacé* (→ SYN. muter). ★ Conjug. 4.
■ **déplacé** adj. 1 • *Un piano paraîtrait déplacé dans une salle de bains*, pas à sa place normale. 2 • *Ils font souvent des plaisanteries déplacées*, qui sont peu convenables, de mauvais goût.
■ **déplacement** nom m. 1 • *Le déplacement de cette armoire nous a fatigués*, son changement de place, son déménagement. 2 • *Mon oncle est en déplacement*, en voyage pour ses affaires.

déplaire v. 1 • *Dès que j'ai vu cet homme, il m'a déplu* : je l'ai trouvé désagréable, antipathique, il ne m'a pas attiré. — • *Michel fait un travail qui lui déplaît*, qu'il n'aime pas (→ CONTR. plaire). 2 v. pron. • *Christophe se déplaît à Paris* : il n'aime pas y vivre (→ CONTR. se plaire). ★ Conjug. 41.
■ **déplaisant** adj. • *Il nous a fait des remarques déplaisantes*, désagréables (→ SYN. antipathique ; CONTR. agréable).

déplier v. • *Joëlle a déplié la nappe et l'a étendue sur la table* (→ CONTR. plier, replier). ★ Conjug. 10.
■ **dépliant** nom m. • *À la sortie du cinéma, un garçon distribuait des dépliants publicitaires*, des feuilles de papier imprimées et pliées plusieurs fois.

déplorer v. • *À la suite de cet accident, on déplore de nombreuses victimes* : on a la tristesse de constater qu'il y a eu de nombreuses victimes. — • *Nous avons déploré votre absence* : nous l'avons beaucoup regrettée (→ CONTR. se réjouir de).
■ **déplorable** adj. • *En classe, sa conduite est déplorable*, très mauvaise, regrettable.

déployer v. 1 • *L'aigle a déployé ses ailes* : il les a étendues complètement. — • *Pour étudier sa route, maman déploie une carte sur la table* : elle la déplie et l'étale. 2 v. pron. • *L'armée ennemie s'était déployée autour du château fort* : elle s'était disposée sur une grande étendue de terrain. 3 (fig.) • *Les sauveteurs ont déployé un grand courage* : ils ont montré un grand courage. ★ Conjug. 6.
■ **déploiement** nom m. • *Le malfaiteur s'est rendu quand il a vu le déploiement des policiers autour de sa cachette*, le grand nombre de policiers déployés (→ déployer, sens 2).

dépolir v. • *Dans cette verrerie, on dépolit parfois du cristal* : on lui enlève son éclat, sa transparence (→ CONTR. polir). ★ Conjug. 11.
■ **dépoli** adj. • *La salle de bain a une fenêtre en verre dépoli*, en verre qui laisse passer la lumière, mais qui n'est pas transparent.

déporter v. 1 • *Pendant la guerre de 1939-1945, des millions de personnes ont été déportées*, envoyées dans des camps de concentration (→ déportation). 2 • *Une rafale de vent a déporté notre voiture vers la gauche* : elle l'a poussée, elle l'a fait dévier.
■ **déportation** nom f. • *Des millions de Juifs et de résistants sont morts en déportation*, dans les camps de concentration.

déposer v. 1 ● *Yann **a déposé** son cartable dans l'entrée* : il l'a posé là (→ dépôt, sens 1). 2 ● *Nous **avons déposé** Sylvie à la gare* : nous l'avons conduite à la gare et laissée là. 3 ● *Monsieur Gaucher **dépose** de l'argent à la banque* : il confie de l'argent à la banque (→ dépositaire, sens 1 ; dépôt, sens 2). 4 v. pron. ● *Il a soufflé sur les cendres et elles **se sont déposées** autour de la cheminée* : elles sont retombées là (→ dépôt, sens 3). 5 ● *Pendant le procès, les témoins sont venus **déposer***, dire ce qu'ils ont vu ou ce qu'ils savent (→ déposition ; SYN. témoigner). 6 ● *Le plombier **a déposé** le lavabo* : il l'a enlevé (→ CONTR. poser). 7 ● *Le roi **a été déposé** par une révolution* : il a été chassé de son trône, il a cessé d'être roi (→ SYN. destituer).

■ **dépositaire** nom 1 ● *Cette banque est **dépositaire** de l'argent de Monsieur Gaucher* : c'est elle qui a la garde de son argent. 2 ● *Ce commerçant est le seul **dépositaire** de cette marque d'aspirateurs, le seul qui vend ces aspirateurs* (→ SYN. concessionnaire).

■ **déposition** nom f. ● *Il a fait une **déposition** en faveur de l'accusé*, une déclaration à la police ou au tribunal.

■ **dépôt** nom m. 1 ● *Ce grand hangar fermé est un **dépôt** de marchandises*, un endroit où on les pose et où on les met à l'abri (→ SYN. entrepôt). 2 ● *Yves a fait un **dépôt** de 50 francs sur son compte en banque* : il a versé cette somme d'argent. 3 ● *Ce vin laisse un **dépôt** au fond des verres*, une couche de matières qui se sont déposées.

déposséder v. ● *Ces gens malhonnêtes l'ont **dépossédé** de son terrain* : ils le lui ont pris, ils l'ont dépouillé de ce qu'il possédait. ★ Conjug. 8.

dépoter v. ● *Guillaume **dépote** ses cactus pour les replanter ailleurs* : il les enlève de leurs pots.

dépotoir nom m. ● *Regarde ces vieux pneus, ces vieux matelas, cette carcasse de voiture ! Ce petit bois est devenu un vrai **dépotoir***, un endroit où

les gens déposent ce dont ils veulent se débarrasser.

dépouiller v. 1 ● *Le chasseur **dépouille** ce lièvre* : il lui enlève sa peau. 2 ● *Le vent d'automne **a dépouillé** cet arbre* : il lui a enlevé ses feuilles (→ SYN. dénuder). 3 ● *Les cambrioleurs l'ont **dépouillé** de tous ses bijoux* : ils les lui ont pris, ils les lui ont volés (→ SYN. déposséder). 4 ● *Tous les matins, la secrétaire **dépouille** le courrier* : elle l'ouvre et l'examine (→ dépouillement).

■ **dépouille** nom f. (littér.) ● *Ils ont suivi la **dépouille** mortelle jusqu'au cimetière*, le corps du mort (→ SYN. cadavre).

■ **dépouillement** nom m. ● *Après le vote, mes parents ont assisté au **dépouillement**, à l'ouverture des enveloppes qui contiennent les bulletins de vote et au comptage de ces bulletins.

1. dépourvu de adj. ● *Cette vieille poupée est **dépourvue de** bras*, sans bras, privée de bras (→ CONTR. pourvu).

2. au dépourvu loc. adv. ● *Je n'ai pas pu répondre à ta question, car elle m'a pris **au dépourvu*** : elle m'a pris à l'improviste, je n'y étais pas préparé.

dépoussiérer v. ● *Avec un balai mécanique, Thomas **dépoussière** le tapis du salon* : il en enlève la poussière. ★ Conjug. 8.

déprécier v. 1 v. pron. ● *Sa voiture a maintenant cinq ans et elle **s'est** beaucoup **dépréciée*** : elle a perdu de sa valeur (→ SYN. se dévaloriser). 2 (fig.) ● *Ils **ont déprécié** ce livre qu'ils n'aimaient pas* : ils ont dit qu'il ne valait rien, ils l'ont critiqué (→ SYN. dénigrer). ★ Conjug. 10.

déprédation nom f. ● *Les manifestants n'ont commis aucune **déprédation*** : aucun dégât, aucune destruction.

dépression nom f. 1 ● *Ce petit lac s'est formé dans une **dépression** du terrain*, un creux. 2 ● *Elle est très fatiguée, anxieuse, découragée, elle a peut-être une **dépression***, une maladie nerveuse (→ déprimer).

■ **déprimer** v. ● *Tous ses malheurs l'ont déprimé*, l'ont découragé, abattu (→ SYN. démoraliser).

■ **déprimant** adj. ● *Cette histoire est déprimante* (→ SYN. triste, démoralisant).

depuis prép., adv. et conj. **A.** prép. **1** ● *Je t'attends depuis 10 minutes :* il y a dix minutes que je t'attends. **2** ● *Nous avons roulé sous la pluie depuis Lyon*, à partir de Lyon.
B. adv. ● *Ils se sont séparés, et Antoine ne l'a pas revu depuis*.
C. conj. DEPUIS QUE, loc. conj. ● *Amélie nage beaucoup mieux depuis qu'elle va à la piscine chaque semaine*.

député nom m. ● *Les habitants de ce département ont élu leurs députés :* les personnes qui vont les représenter à l'Assemblée nationale.

déraciner v. **1** ● *L'ouragan a déraciné un arbre :* il l'a arraché du sol avec ses racines. **2** (fig.) ● *La guerre a déraciné ces réfugiés :* elle les a arrachés à leur pays, à leur passé (→ racine).

dérailler v. **1** ● *Le train a déraillé à l'entrée de ce tunnel :* il est sorti de ses rails (→ déraillement). **2** ● *Quand elle essaie de chanter trop haut, sa voix déraille*, devient fausse. **3** (fam.) ● *Ce pauvre homme déraille de plus en plus :* il perd la tête, n'a plus son bon sens (→ SYN. déraisonner, divaguer).

■ **déraillement** nom m. ● *Le déraillement du train a fait plusieurs blessés* (→ rail).

dérailleur nom m. ● *Quand tu montes une côte à bicyclette, tu changes de vitesse en utilisant le dérailleur*, le système qui fait passer la chaîne d'un pignon sur un autre.

déraisonnable adj. ● *Il passe son temps à faire des sottises, sa conduite est déraisonnable :* elle n'est pas raisonnable, elle est absurde.

■ **déraisonner** v. (littér.) ● *Les histoires qu'elle raconte n'ont aucun sens, elle déraisonne :* elle divague (→ raison ; SYN. (fam.) dérailler).

déranger v. **1** ● *Le chat a dérangé tous mes papiers :* il les a mis en désordre, il les a bouleversés (→ SYN. (fam.) chambouler, désorganiser ; CONTR. ranger). **2** ● *Je ne voudrais pas vous déranger*, vous gêner, vous ennuyer. □ v. pron. ● *Bruno a quitté son jeu et s'est dérangé pour m'ouvrir la porte* (→ dérangement, sens 1). **3** ÊTRE DÉRANGÉ. ● *Cet enfant est dérangé*, il est un peu malade, il a mal au ventre.
★ Conjug. 5.

■ **dérangement** nom m. **1** ● *François ne nous cause jamais de dérangement*, de gêne. **2** EN DÉRANGEMENT. ● *Son téléphone est en dérangement :* il est en panne.

dérapage nom m. ● *Dans les virages, les pilotes de course font souvent des dérapages*, des glissades.

■ **déraper** v. ● *La camionnette du boulanger a dérapé sur le verglas :* ses pneus ont glissé.

dératé nom. COURIR COMME UN DÉRATÉ : courir très vite, à toutes jambes.

dérégler v. ● *En tournant tous les boutons, mon petit frère a déréglé la télévision :* il a changé le réglage et elle ne fonctionne plus normalement (→ régler).

dérider v. ● *Hervé va lui raconter des histoires drôles pour essayer de le dérider*, de le rendre moins sérieux, plus gai, de le faire sourire (→ SYN. dégeler, sens 2 ; égayer).

dérision nom f. ● *Ils lui ont fait beaucoup de compliments, mais c'était par dérision*, pour se moquer, pour le rendre ridicule.

■ **dérisoire** adj. ● *Nous avons payé cette maison un prix dérisoire*, un prix tellement bas qu'il semble ridicule.

dérivatif nom m. ● *Pour oublier ses ennuis, elle écoute de la musique ; c'est un dérivatif*, un moyen pour détourner son esprit de ce qui la préoccupe, pour se distraire (→ SYN. divertissement).

dériver v. **1** ● *Pour construire cette route, on a dérivé le ruisseau :* on a changé son cours (→ dérivation ; SYN.

dévier). **2** ● *Le canot pneumatique* ***dérive*** *vers le large* : il est emporté par le courant et s'écarte de sa route (→ dérive, sens 1). **3** ● *L'adjectif «malheureux»* ***dérive*** *du nom «malheur»* : il vient de ce nom (→ dérivé).

■ **dérivation** nom f. ● *Pour que les bateaux puissent naviguer sur ce fleuve, on lui a creusé un canal de* ***dérivation****,* un canal qui détourne ses eaux.

■ **dérive** nom f. **1** À LA DÉRIVE. ● *Ce bateau va* ***à la dérive*** : il est emporté par le courant, il n'est plus gouverné. **2** ● *Tous les voiliers n'ont pas une quille sous la coque, certains ont une* ***dérive****,* une sorte de quille légère que l'on peut relever et qui aide à gouverner le bateau (→ dériveur).

■ **dérivé** nom m. ● *Les* ***dérivés*** *du pétrole sont nombreux* : les produits qui proviennent du pétrole. □ adj. ● *«Rose» est un nom* ***dérivé*** *du latin.*

■ **dériveur** nom m. ● *Dimanche dernier, un ami a emmené mes parents sur son* ***dériveur****,* son voilier muni d'une dérive.

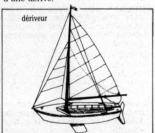

dériveur

derme nom m. Partie de la peau qui se trouve sous l'épiderme. ★ Chercher aussi : épiderme.

dernier adj. **1** ● *Décembre est le* ***dernier*** *mois de l'année* (→ CONTR. premier). □ nom ● *Gilles est le plus jeune de la famille, c'est le petit* ***dernier****.* **2** ● *Elle s'est défendue avec la* ***dernière*** *énergie,* avec la plus grande énergie. **3** ● *Cette robe est à la* ***dernière*** *mode,*

la mode la plus récente (→ dernièrement). — ● *Nous l'avons vu l'année* ***dernière****, l'année qui s'est écoulée juste avant celle où nous sommes.* **4** AVOIR LE DERNIER MOT. ● *Dans les discussions, Eric veut toujours* ***avoir le dernier mot****,* avoir raison. **5** METTRE LA DERNIÈRE MAIN À QUELQUE CHOSE. ● *Le pâtissier* ***met la dernière main à*** *la préparation d'un superbe gâteau* : il achève de le préparer. **6** LE DERNIER DES, loc. adj. ● *Ce garçon est* ***le dernier des*** *imbéciles,* le pire des imbéciles.

■ **dernièrement** adv. ● *Nous avons appris son arrivée* ***dernièrement****,* il y a peu de temps, récemment.

dérober v. **1** (littér.) ● *Dans la foule, quelqu'un lui* ***a dérobé*** *son portefeuille,* le lui a volé. **2** v. pron. ● *Le criminel en fuite cherche à* ***se dérober*** *à la justice,* à lui échapper (→ SYN. (fam.) se défiler). — ● *Juste avant de sauter l'obstacle, son cheval* ***s'est dérobé*** : il a refusé d'obéir, de sauter.

1. dérouler v. ● *Le marchand* ***a déroulé*** *deux tapis pour nous les montrer* : il les a étendus (→ CONTR. enrouler, rouler).

2. se dérouler v. pron. ● *La cérémonie* ***s'est déroulée*** *sur la place de l'hôtel de ville* : elle s'est passée là.

■ **déroulement** nom m. ● *Je n'ai pas suivi le* ***déroulement*** *de cette histoire,* la façon dont elle s'est passée.

déroute nom f. ● *Les ennemis ont été mis en* ***déroute****,* en fuite.

dérouter v. **1** ● *Les pirates de l'air* ***ont dérouté*** *cet avion* : ils l'ont fait changer de route (→ SYN. détourner, sens 1). **2** ● *Les questions de l'institutrice l'* ***ont dérouté*** : elles l'ont embarrassé, déconcerté.

■ **déroutant** adj. Déconcertant, surprenant. ● *Sa réaction est* ***déroutante****.*

derrick [derik] nom m. ● *Ces échafaudages de métal qui se dressent au-dessus des puits de pétrole s'appellent des* ***derricks****.*

derrière prép., adv. et nom m. **A.** prép. **1** ● *Nicolas s'est caché* ***derrière*** *le mur,*

de l'autre côté du mur. **2** ● *Ils courent l'un derrière l'autre*, l'un à la suite de l'autre (→ CONTR. devant).
B. adv. **1** ● *Ta robe se boutonne derrière*, dans le dos. **2** ● *En voiture, Hugues préfère monter derrière*, à l'arrière (→ CONTR. devant).
C. nom m. **1** ● *Il est entré par la porte de derrière.* **2** (fam.) ● *Ma petite sœur est tombée sur le derrière*, sur les fesses.

des → de et un.

dès prép. **1** ● *Les oiseaux se sont mis à chanter dès le lever du soleil*, à partir du moment où le soleil s'est levé. **2** ● *Cette bonne odeur de pâtisserie, je l'ai sentie dès l'entrée.* **3** DÈS QUE, loc. conj. ● *Il faut le prévenir dès qu'il rentrera*, aussitôt qu'il rentrera.

désabusé adj. ● *Son air désabusé nous a fait de la peine*, son air triste, sans illusions (→ SYN. désenchanté).

désaccord nom m. ● *Pascal veut jouer aux billes et Thierry voudrait faire une partie de ballon*, ils sont en *désaccord* : ils ne sont pas d'accord. — ● *Un désaccord* : une brouille, un différend.

désaffecté adj. ● *L'été dernier, la colonie de vacances était installée dans une école désaffectée*, qui n'est plus utilisée comme école (→ 2. affecter).

désagréable adj. **1** ● *Le gaz a une odeur désagréable*, déplaisante. **2** ● *Cette personne qui t'a bousculé avait l'air bien désagréable*, antipathique, déplaisant (→ CONTR. agréable).
■ **désagréablement** adv. ● *Stéphane a été désagréablement surpris*, d'une façon désagréable.

désagréger v. **1** ● *Le gel, le vent, la pluie ont désagrégé ces vieux murs* : ils les ont fait s'écrouler en usant ce qui faisait tenir les pierres ensemble. **2** v. pron. ● *Après cette dispute, notre groupe d'amis s'est désagrégé* : chacun est parti de son côté, le groupe s'est désuni, s'est dissous. ★ Conjug. 5.
■ **désagrégation** nom f. ● *La désagrégation d'une équipe* (→ SYN. dissolution, sens 2).

désagrément nom m. ● *Sa visite ne m'a apporté que des désagréments*, des soucis, des ennuis, de la gêne (→ agrément).

désaltérer v. ● *Le thé est une boisson qui désaltère*, qui calme la soif. □ v. pron. ● *Nous pourrions boire de l'eau à cette fontaine pour nous désaltérer* (→ 2. altérer). ★ Conjug. 8.
■ **désaltérant** adj. ● *Une boisson très désaltérante.*

désamorcer v. **1** ● *Pour éviter un accident, il vaudrait mieux désamorcer ce vieil obus*, retirer l'amorce destinée à provoquer l'explosion. **2** ● *Quand il gèle, il faut désamorcer la pompe*, la vider de l'eau qu'elle contient (→ CONTR. amorcer). ★ Conjug. 4.

désappointer v. ● *Laurent est très désappointé, car son train électrique ne fonctionne déjà plus* : il est très déçu.
■ **désappointement** nom m. ● *Quand Nadine a appris qu'elle n'irait pas au bord de la mer, elle n'a pas pu cacher son désappointement*, sa déception (→ SYN. désillusion).

désapprouver v. ● *Quand il a répondu grossièrement à la maîtresse, nous l'avons tous désapprouvé* : nous n'avons pas approuvé sa conduite, nous l'avons critiqué (→ CONTR. approuver).
■ **désapprobateur, -trice** adj. ● *Pour montrer qu'elle n'était pas d'accord, elle les regardait d'un air désapprobateur* (→ CONTR. approbateur).
■ **désapprobation** nom f. ● *Il a montré sa désapprobation en leur tournant le dos* : il a montré qu'il n'était pas d'accord (→ CONTR. approbation).

désarçonner v. **1** ● *Ce cheval nerveux a désarçonné son cavalier* : il l'a fait tomber de la selle. **2** ● *Il n'a pas su quoi répondre, cette remarque l'a désarçonné* : elle l'a surpris et déconcerté (→ SYN. 2. démonter).

désargenté adj. **1** ● *Cette vieille fourchette désargentée ne peut plus servir*, cette fourchette qui a perdu la couche d'argent qui la recouvrait (→ argenté). **2** (fam.) ● *Bernard ne peut pas payer* son ticket d'autobus, il est complètement **désargenté** : il n'a pas du tout d'argent.

désarmer v. **1** ● *Il a réussi à **désarmer** l'homme qui l'attaquait, à lui enlever son arme.* **2** ● *Ce navire ne peut plus naviguer, il **a été désarmé** :* on lui a enlevé son matériel et son équipage (→ CONTR. armer). **3** (fig.) ● *Je n'arrive pas à lui en vouloir, son sourire me **désarme** :* il me rend moins sévère (→ désarmant).

■ **désarmant** adj. ● *Sa gentillesse est **désarmante** :* on ne peut pas rester en colère devant elle.

■ **désarmement** nom m. ● *Pour maintenir la paix dans le monde, de nombreux pays participent à des conférences sur le **désarmement**,* sur la façon de diminuer ou de supprimer les armements.

désarroi nom m. ● *La maladie de leur mère les plonge dans le **désarroi**, dans un si grand trouble qu'ils ne savent plus que faire.*

désastre nom m. ● *La marée noire a été un **désastre** pour la Bretagne, un grand malheur, une catastrophe* (→ SYN. calamité, 2. fléau).

■ **désastreux** adj. ● *Cette sécheresse est **désastreuse** pour les récoltes, elle a des conséquences très graves, elle est très mauvaise pour les récoltes* (→ SYN. catastrophique).

désavantager v. ● *Tu as donné trois réglisses à ma sœur et un seul à moi, tu m'**as désavantagé*** (→ SYN. défavoriser ; CONTR. avantager). ★ Conjug. 5.

■ **désavantage** nom m. ● *Il manque un joueur dans cette équipe de football ; c'est un **désavantage** qui risque de la faire perdre* (→ CONTR. avantage).

■ **désavantageux** adj. ● *Si Vincent prend les plus beaux déguisements et laisse les plus vieux à Marion, le partage est **désavantageux** pour elle,* défavorable pour elle.

désaveu nom m. Fait de désavouer. ● *Ils ont manifesté leur **désaveu** en refusant de venir* (→ SYN. désapprobation, condamnation).

■ **désavouer** v. ● *Sa famille l'**a désavoué** :* elle a déclaré qu'elle désapprouvait ce qu'il avait dit ou fait (→ CONTR. approuver).

desceller [desɛle] v. ● *La barre d'appui de cette fenêtre est dangereuse, car elle **est descellée** :* elle est détachée du mur où elle était fixée* (→ sceller). ★ Ne pas confondre avec *desseller*.

1. descendre v. **1** ● *Fabrice **est descendu** en ascenseur :* il est allé vers le bas (→ descente, sens 1). **2** ● *J'ai **descendu** ces bouteilles à la cave :* je les ai portées en bas. **3** ● *La route **descend** vers la mer :* elle va en pente vers le bas jusqu'à la mer (→ descente, sens 2). **4** ● *Aujourd'hui, la mer commence à **descendre** vers neuf heures, à se retirer, à baisser* (→ 1. descendant). **5** ● *Le thermomètre **est descendu** de dix degrés :* il a baissé (→ CONTR. 1. monter). **6** ● *En vacances, ils **descendent** toujours à l'hôtel :* ils logent à l'hôtel. **7** (fam.) ● *Le bandit **a descendu** un employé de banque,* il l'a tué (→ SYN. abattre).

■ **descente** nom f. **1** ● *Il a commencé sa **descente** en parachute.* **2** ● *N'oubliez pas de freiner, cette **descente** est très raide,* cette pente (→ CONTR. 2. côte, montée). **3** DESCENTE DE LIT. Petit tapis sur lequel on pose les pieds quand on sort du lit.

■ **1. descendant** adj. ● *Nous irons ramasser des coquillages à marée **descendante** :* quand la mer se retirera (→ CONTR. 2. ascendant, montant).

2. descendre v. DESCENDRE DE QUELQU'UN. ● *On raconte que cette famille **descend de** Louis XIV,* que Louis XIV est un de ses ancêtres (→ descendance, 2. descendant). ★ Conjug. 31.

■ **descendance** nom f. ● *Mes grands-parents ont eu beaucoup d'enfants et de petits-enfants, ils ont une nombreuse **descendance**.*

■ **2. descendant** nom ● *Tous les **descendants** de M. Smith vivent en Grande-Bretagne, tous ceux dont il est le père, le grand-père ou l'ancêtre* (→ CONTR. 1. ascendant).

description nom f. • *Caroline m'a fait une* **description** *de son jardin : elle m'a raconté comment il est, elle me l'a dépeint* (→ décrire).

désemparé adj. • *Personne ne l'attendait à la gare ; il était* **désemparé**, *perdu, un peu affolé et ne sachant pas quoi faire.*

sans **désemparer** loc. adv. • *Depuis ce matin, elle travaille* **sans désemparer**, *sans s'arrêter.*

désenchanté adj. • *Il a perdu ses illusions, on le voit à son air* **désenchanté**, *déçu par la vie, sans enthousiasme* (→ enchanté ; SYN. désabusé).

déséquilibrer v. **1** • *En poussant Jérôme, il l'a* **déséquilibré** : *il lui a fait perdre l'équilibre.* **2** • *Tous ces malheurs l'ont* **déséquilibré**, *l'ont rendu instable, bizarre, un peu fou.*
■ **déséquilibré** nom • *Ce criminel est un* **déséquilibré** *(mental), un fou.*

1. désert adj. **1** • *Les pirates ont caché leur trésor dans une île* **déserte**, *inhabitée.* **2** • *Il est tard, les rues sont* **désertes**, *elles sont vides, il n'y a personne* (→ déserter).

2. désert nom m. • *Cette caravane s'est arrêtée dans une oasis en traversant le* **désert**, *une région très sèche, sans végétation et sans habitants.*
■ **désertique** adj. • *Parce que les régions* **désertiques** *manquent d'eau, les plantes ne peuvent pas y pousser et les gens ne s'y installent pas.*

déserter v. **1** • *Un soldat n'a pas le droit de* **déserter**, *de quitter l'armée sans permission* (→ déserteur). **2** • *Ce village* **a été déserté** : *ses habitants l'ont quitté.*
■ **déserteur** nom m. • *Les* **déserteurs** *se cachaient dans la montagne* (→ déserter, sens 1).
■ **désertion** nom f. • *Ils risquent d'être mis en prison pour* **désertion**, *pour avoir déserté.*

désespérer v. **1** • *Alice* **désespère** *de retrouver le livre qu'elle a perdu : elle n'a plus d'espoir* (→ CONTR. espérer).

2 • *Sa mort* **a désespéré** *son mari : elle lui a causé un très grand chagrin* (→ SYN. désoler). **3** v. pron. • *Allons, tu réussiras la prochaine fois, il ne faut pas* **te désespérer**, *perdre l'espoir, te désoler, te laisser abattre.* ★ Conjug. 8.
■ **désespoir** nom m. **1** • *Elle a perdu toute sa famille dans un accident, on comprend son* **désespoir**, *sa très grande tristesse.* **2** EN DÉSESPOIR DE CAUSE, loc. adv. • *Il a appelé les pompiers en* **désespoir de cause**, *parce qu'il ne voyait plus d'autre solution.*
■ **désespérant** adj. • *Tous nos efforts sont vains, c'est* **désespérant** (→ SYN. décourageant).

déshabiller v. • *Xavier* **déshabille** *son petit frère : il lui enlève ses habits.* □ v. pron. • *Elle* **s'est déshabillée** *pour prendre un bain* (→ CONTR. habiller).

se **déshabituer** v. pron. • *Je voudrais bien que le chat* **se déshabitue** *de dormir sur mon lit, qu'il perde cette habitude* (→ CONTR. s'habituer).

désherber v. • *Le jardinier* **désherbe** *les allées du parc : il enlève les mauvaises herbes.*

déshériter v. **1** • *M. Martin s'est brouillé avec son neveu, il veut le* **déshériter**, *ne pas lui laisser d'héritage.* **2** (fig.) • *La nature* **a déshérité** *cette femme, elle l'a fait naître laide ou infirme, handicapée.*
■ **déshérité** nom et adj. • *Les* **déshérités** *n'ont pas de chance ; ils sont moins beaux, moins riches, moins intelligents ou moins forts que les autres* (→ héritage).

déshonorer v. • *Ce voyou* **déshonore** *sa famille, il lui fait honte, il lui fait perdre son honneur.* □ v. pron. • *En trompant tous ceux qui lui faisaient confiance, il* **s'est déshonoré** : *il s'est couvert de honte* (→ honneur).
■ **déshonorant** adj. • *Sa conduite est* **déshonorante**.

déshydrater v. • *Pour fabriquer la purée en flocons, on* **déshydrate** *les pommes de terre : on leur enlève toute leur eau, on les dessèche.* □ v. pron. • *Ce bébé* malade *s'est déshydraté* très rapidement : son corps a perdu beaucoup d'eau (→ CONTR. hydrater).

désigner v. **1** • *Patrick a désigné un livre sur ce rayon* : il l'a montré parmi les autres. **2** • *Le maître a désigné Catherine pour effacer le tableau* : il l'a choisie. **3** • *Le mot «chien» désigne un animal* : il représente un animal.
■ **désignation** nom f. • *Ils se sont mis d'accord sur la désignation d'un chef d'équipe*, sur sa nomination, sur son choix.

désillusion nom f. • *Quand il a raté son examen, il a éprouvé une grande désillusion*, une grande déception (→ SYN. désappointement).

désinfecter v. • *Il ne faut pas oublier de toujours désinfecter ses écorchures* : de passer dessus un désinfectant.
■ **désinfectant** nom m. • *L'eau oxygénée, l'éther et l'alcool sont des désinfectants*, des produits qui tuent les microbes. □ adj. • *L'eau de Javel est un produit désinfectant.*
■ **désinfection** nom f. • *Avant une opération, les instruments du chirurgien doivent subir une désinfection*, un traitement qui les débarrasse des microbes et des germes (→ infection).

désintégrer v. **1** • *Le choc a désintégré le pare-brise de cette voiture* : il l'a fait éclater en petits morceaux, il l'a détruit. **2** v. pron. • *Chacun est parti de son côté, notre équipe s'est désintégrée* : elle s'est dispersée.
■ **désintégration** nom f. • *La désintégration d'une équipe.*

désintéressé adj. • *Quand Denis rend service, ce n'est pas pour en tirer un avantage ; c'est un garçon désintéressé* : il est généreux, il n'agit pas par intérêt (→ CONTR. intéressé).
■ **désintéressement** nom m. • *Nous admirons son désintéressement*, sa générosité (→ intérêt).

se **désintéresser de** v. pron. • *Cyrille se désintéresse de son travail* : il ne s'y intéresse pas, il le néglige (→ CONTR. s'intéresser à).

désintoxiquer v. • *Dans cet hôpital, les alcooliques et les drogués peuvent se faire désintoxiquer*, se faire soigner pour guérir leur besoin d'alcool ou de drogue (→ intoxiquer).

désinvolte adj. • *On dirait que cela lui est égal d'être grondé ; il prend un air désinvolte*, un peu insolent.
■ **désinvolture** nom f. • *Nous avons été choqués par sa désinvolture*, son sans-gêne ou son insolence.

désirer v. **1** • *Loïc désire ce jouet* : il en a envie. — • *Anne désire faire du ski* : elle voudrait en faire. — • *Ta tante désire que tu ailles la voir* (→ SYN. souhaiter). **2** LAISSER À DÉSIRER. • *Votre travail laisse à désirer* : il est incomplet, imparfait ; il devrait être mieux fait.
■ **désir** nom m. • *J'aimerais qu'une fée exauce tous mes désirs*, tous mes vœux, tous mes souhaits.
■ **désireux** adj. • *Il est désireux de faire votre connaissance* : il le souhaite, il a ce désir.
■ **désirable** adj. • *Tous ces malheurs ne rendent pas sa situation très désirable* (→ SYN. enviable).

désobéir v. • *Maman nous avait défendu de sortir, mais nous avons désobéi* : nous n'avons pas fait ce qu'elle nous commandait de faire (→ CONTR. obéir). ★ Conjug. 11.
■ **désobéissance** nom f. • *Elle sera punie de sa désobéissance* (→ SYN. indiscipline ; CONTR. obéissance).
■ **désobéissant** adj. • *Ils sont très désobéissants*, indisciplinés, indociles (→ CONTR. obéissant).

désobliger v. (littér.) • *Il a dit cela pour me désobliger*, pour m'être désagréable, pour me vexer. ★ Conjug. 5.
■ **désobligeant** adj. • *Victor m'a fait des remarques désobligeantes*, désagréables, vexantes (→ 2. obliger).

désodorisant nom m. • *Pour chasser les mauvaises odeurs, j'utilise un désodorisant*, un produit qui les détruit (→ SYN. déodorant). □ adj. • *Une bombe désodorisante.*

désœuvré [dezœvre] adj. ● *Éric s'ennuie, il est désœuvré* : il n'a rien à faire (→ SYN. inactif, oisif).

■ **désœuvrement** nom m. ● *Le désœuvrement l'a poussé à faire des bêtises*, le manque d'occupations, l'inaction.

désoler v. ● *Sa maladie me désole*, me fait beaucoup de peine (→ SYN. attrister, consterner, désespérer). □ v. pron. ● *Marion se désole d'avoir cassé ton vase* (→ CONTR. se réjouir).

■ **désolation** nom f. ● *La nouvelle de cette catastrophe a plongé le pays dans la désolation*, dans une grande tristesse (→ SYN. consternation).

■ **désolant** adj. ● *Une nouvelle désolante.*

désopilant adj. Très drôle. ● *Un dessin animé désopilant.*

désordonné adj. 1 ● *Luc n'aime pas ranger ses affaires, il est désordonné* : il n'a pas d'ordre (→ SYN. brouillon ; CONTR. ordonné). 2 ● *Yves s'agite dans tous les sens, il fait des mouvements désordonnés*, en désordre.

désordre nom m. 1 ● *Ma chambre est en désordre, je vais la ranger* (→ SYN. (fam.) fouillis ; CONTR. 2. ordre). 2 ● *L'alcool, le tabac et la drogue provoquent des désordres dans notre corps*, des troubles qui l'empêchent de fonctionner normalement (→ SYN. perturbation).

désorganiser v. ● *L'orage a désorganisé tous nos plans* (→ SYN. déranger ; CONTR. organiser).

■ **désorganisation** nom f. ● *Son départ a causé la désorganisation de nos projets* : elle les a troublés, elle les a détruits (→ organisation).

désorienter v. 1 ● *Hervé a perdu son chemin, il est désorienté* : il ne sait plus où se diriger (→ orienter). 2 ● *Ta question m'a désorienté* : elle m'a rendu hésitant, elle m'a déconcerté.

désormais adv. À partir de maintenant, à l'avenir. ● *Désormais, il faudra faire des économies de pétrole* (→ SYN. dorénavant).

désosser v. ● *Le boucher désosse une épaule de mouton* : il enlève les os.

despote nom m. ● *C'est un véritable despote*, tyran, chef trop autoritaire.

■ **despotique** adj. ● *Il a une conduite despotique.*

desquels, desquelles pronoms relatifs ou interrogatifs ● *J'ai beaucoup d'amis, desquels voulez-vous parler ?* → (duquel, lequel).

dessaisir v. 1 ● *Le tribunal a été dessaisi de cette affaire* : on lui a enlevé cette affaire (qu'il devait juger) (→ saisir). 2 v. pron. ● *Ce collectionneur s'est dessaisi de plusieurs très beaux tableaux*, il a cédés, il a renoncé à les garder. ★ Conjug. 11.

dessaler v. ● *Pour dessaler du lard, il faut le faire tremper dans l'eau*, pour lui enlever son sel (→ saler).

dessécher v. 1 ● *La soif me dessèche la gorge*, la rend sèche. □ v. pron. ● *Les roses se dessèchent au soleil*, deviennent sèches (→ SYN. déshydrater). 2 (fig.) ● *Tous ces malheurs ont desséché son cœur*, l'ont rendu sec, dur, insensible. ★ Conjug. 8.

■ **dessèchement** nom m. ● *Ce cirage combat le dessèchement du cuir.*

dessein [desɛ̃] nom m. 1 (littér.) ● *Notre dessein doit rester secret*, notre intention, notre projet (→ SYN. 2. À DESSEIN, loc. adv. ● *Matthieu m'en a parlé à dessein*, exprès, dans un but précis. ★ Ne pas confondre avec dessin.

desseller v. ● *Au retour de sa promenade, Bertrand a dessellé son cheval* : il lui a ôté sa selle (→ selle ; CONTR. seller). ★ Ne pas confondre avec desceller.

desserrer v. 1 ● *Comme sa ceinture le gênait, il l'a desserrée d'un cran* : il l'a relâchée (→ CONTR. serrer). 2 ● *Desserrer un écrou*, le dévisser. □ v. pron. ● *Attention, les écrous de ton vélo se desserrent* : ils deviennent moins bien serrés. 3 NE PAS DESSERRER LES DENTS : ne rien dire (→ serrer).

dessert nom m. Le dernier plat d'un repas. ● *Que prendrez-vous comme* **dessert** *: du gâteau, de la glace ou des fruits ?*

1. desservir v. ● *Après le repas, Dominique va* **desservir**, débarrasser la table (→ servir). ★ Conjug. 15.
■ **1. desserte** nom f. ● *Peux-tu poser ce plat sur la* **desserte** *?*, sur le meuble où l'on pose ce qui encombre la table.

2. desservir v. ● *Ce train* **dessert** *plusieurs grandes villes* : il s'arrête dans ces villes et permet d'aller de l'une à l'autre. — ● *Mon quartier* **est** *bien* **desservi** : beaucoup de moyens de transport s'y arrêtent. ★ Conjug. 15.
■ **2. desserte** nom f. ● *Aucune ligne aérienne n'assure la* **desserte** *de cette ville*, la communication avec cette ville.

3. desservir v. ● *Grégoire est un gentil garçon, mais sa timidité le* **dessert** : elle lui rend un mauvais service, elle lui nuit (→ CONTR. servir). ★ Conjug. 15.

dessiner v. **1** ● *Julien* **dessine** *un avion* : il le représente par des traits, par un dessin. **2** v. pron. ● *La tour Eiffel* **se** **dessine** *sur le ciel* : elle apparaît avec des contours nets.
■ **dessiné** adj. BANDE DESSINÉE. ● *Patrick aime les* **bandes dessinées**, les histoires représentées par une suite de dessins (abrév. *B. D.*).
■ **dessin** nom m. **1** ● *Tu as fait un joli* **dessin**. **2** ● *Ce professeur nous enseigne le* **dessin**, l'art de dessiner. **3** DESSIN ANIMÉ. ● *J'ai vu Donald dans un* **dessin animé**.
■ **dessinateur, -trice** nom. Personne qui dessine. ● *Ma tante est* **dessinatrice** *de mode* : elle dessine des vêtements, crée des modèles.

dessous adv., prép. et nom m. **A.** adv. **1** ● *Regarde cet arbre, Marion est* **dessous**, sous lui (→ CONTR. dessus). **2** AU-DESSOUS, loc. adv. ou prép. ● *Personne n'habite* **au-dessous** *de chez moi* (→ CONTR. au-dessus). **3** CI-DESSOUS, loc. adv. ● *Les noms écrits* **ci-dessous**, plus bas (→ CONTR. ci-dessus). **4** EN DESSOUS, loc. adv. ● *Tu vois cette table, le chat est*

caché **en dessous** (→ dessus). **5** LÀ-DESSOUS, loc. adv. ● *Ma pièce a glissé* **là-dessous**, sous cet objet (→ CONTR. là-dessus). **6** PAR-DESSOUS, loc. adv. ● *Elle a enjambé le grillage, moi je préfère passer* **par-dessous** (→ CONTR. par-dessus).
B. loc. prép. **1** AU-DESSOUS DE. ● *Il fait cinq degrés* **au-dessous de** *zéro*, plus bas que zéro (→ CONTR. au-dessus de). **2** PAR-DESSOUS. ● *Le chien s'est faufilé* **par-dessous** *la grille* (→ CONTR. par-dessus).
C. nom m. **1** ● *Le* **dessous** *de cette boîte est tout bleu*, la partie inférieure, sur laquelle elle est posée. **2** ● *Nos voisins du* **dessous** *sont très aimables* (→ CONTR. dessus). **3** (au plur.) ● *Les* **dessous** *de cette affaire sont compliqués*, les choses cachées. **4** (au plur.) ● *Véronique porte des* **dessous** *en coton*, des sous-vêtements en coton. **5** (fig.) AVOIR LE DESSOUS : perdre, être battu (→ CONTR. avoir le dessus*).

dessous-de-plat nom m. invar. Objet que l'on met sur la table, sous les plats chauds, pour la protéger.

dessus adv., prép. et nom m. **A.** adv. **1** ● *Cette chaise est solide, tu peux t'asseoir* **dessus**, sur elle (→ CONTR. dessous). **2** AU-DESSUS, loc. adv. ● *Le grenier est* **au-dessus**, en haut (→ CONTR. au-dessous, en dessous). **3** CI-DESSUS, loc. adv. ● *Les personnes nommées* **ci-dessus**, plus haut dans la liste (→ CONTR. ci-dessous). **4** LÀ-DESSUS, loc. adv. ● *Pierre est monté* **là-dessus**, sur cela (→ CONTR. là-dessous). — ● *Là-dessus, il nous a quittés*, juste après cela. **5** PAR-DESSUS. ● *Tu n'as qu'à sauter* **par-dessus** (→ CONTR. par-dessous).
B. loc. prép. **1** AU-DESSUS DE. ● *L'avion vole* **au-dessus** *des nuages* (→ CONTR. au-dessous de). **2** PAR-DESSUS. ● *Elle me l'a lancé* **par-dessus** *la table* (→ CONTR. par-dessous). — ● *Il l'aime* **par-dessus** *tout*, plus que tout.
C. nom m. **1** ● *Le* **dessus** *de cette table est en marbre*, la partie supérieure. **2** ● *Les chambres du* **dessus** *sont petites*, les chambres d'en haut (→ CONTR. dessous). **3** (fig.) AVOIR LE DESSUS. ● *Dans ce match, ils* **ont eu le dessus** : ils ont gagné (→ CONTR. avoir le dessous*).

— PRENDRE LE DESSUS : prendre l'avantage, commencer à l'emporter sur son adversaire.

dessus-de-lit nom m. invar. Tissu qui recouvre un lit. ● *Tu as fait ton lit, mais tu as oublié de mettre le **dessus-de-lit**.*

destin nom m. **1** ● *Cette dame a eu un triste **destin**,* une triste vie, un triste sort. **2** ● *Il croit au **destin** de l'Europe,* à l'avenir de l'Europe (→ SYN. destinée). ■ **destinée** nom f. (littér.) Destin.

destiner à v. **1** ● *Monsieur Dublos **destine** ce livre à sa fille :* il veut le lui donner plus tard. — ● *Je **destine** cet argent à l'achat d'une voiture :* j'ai décidé de l'employer à cet achat (→ SYN. réserver). **2** v. pron. ● *Valérie **se destine** à l'enseignement :* elle a choisi d'enseigner plus tard.
■ **destinataire** nom ● *Thierry est le **destinataire** de cette lettre,* celui à qui elle est envoyée (→ CONTR. envoyeur, expéditeur).
■ **destination** nom f. **1** ● *La **destination** de cet appareil est de hacher la viande :* l'usage pour lequel il est fait. **2** ● *La **destination** de cet avion est l'Australie :* l'endroit où il va.

destituer v. ● *Cet ambassadeur **a été destitué**,* renvoyé, privé de ses fonctions d'ambassadeur.

destrier nom m. Au Moyen Âge, cheval de bataille. ★ Chercher aussi : chevalier, écuyer, palefroi.

destruction nom f. **1** ● *Un incendie a causé la **destruction** de l'immeuble,* sa démolition, sa ruine (→ détruire, sens 1; CONTR. construction). **2** ● *Les insecticides servent à la **destruction** des insectes :* ils servent à les tuer (→ détruire, sens 2; SYN. extermination). **3** ● *Cette usine s'occupe de la **destruction** des ordures :* elle s'occupe de les détruire, de les faire disparaître (→ SYN. élimination). **4** ● *La guerre a causé beaucoup de **destructions**,* de dégâts, de ruines, de dommages.

désuet [dezɥɛ] adj. ● *Ce vieux quartier a un charme **désuet**,* le charme des choses de l'ancien temps.

■ **désuétude** nom f. TOMBER EN DÉSUÉTUDE. ● *Un mot **tombe en désuétude** lorsqu'on ne s'en sert plus parce qu'il est trop ancien ou pour toute autre raison.*

désunir v. ● *Cette dispute **a désuni** les deux vieux amis :* elle les a brouillés, séparés (→ SYN. diviser; CONTR. unir). ★ Conjug. 11.
■ **désunion** nom f. ● *Ils vont se réconcilier, car ils regrettent leur **désunion**,* leur brouille, leur désaccord (→ CONTR. union).

détachant nom m. et adj. ● *Pour faire disparaître une tache de graisse, Hervé utilise du **détachant**,* un produit qui enlève les taches. □ adj. ● *Un liquide **détachant** (→ 2. détacher).

détachement nom m. **1** ● *Il a écouté cette nouvelle avec **détachement**,* avec indifférence. **2** ● *Un **détachement** de parachutistes a sauté ici,* un groupe de soldats envoyés en mission.

1. détacher v. **1** ● *Jérôme a **détaché** son chien :* il a libéré de ce qui l'attachait (→ CONTR. attacher). □ v. pron. ● *Le chien **s'est détaché** et il s'est sauvé.* **2** ● *Papa **détache** la caravane de la voiture,* la sépare de la voiture (→ CONTR. attacher). □ v. pron. ● *Ce cycliste **se détache** du peloton.* **3** ● *Ses mensonges **m'ont détaché** de lui :* ils m'ont fait perdre l'attachement (l'amitié, l'affection ou l'amour) que j'avais pour lui. □ v. pron. ● *Il **s'est détaché** de l'argent :* il a cessé de l'aimer (→ CONTR. attacher). **4** ● *Le capitaine **a détaché** ces soldats pour reconnaître le terrain :* il les a séparés des autres et envoyés en mission. **5** v. pron. ● *Les nuages **se détachent** sur le bleu du ciel :* ils apparaissent nettement (→ SYN. se découper, ressortir).

2. détacher v. ● *Isabelle **a détaché** sa robe avec de l'essence :* elle a fait disparaître les taches (→ détachant).

détail nom m. **1** ● *Gilles m'a raconté tous les **détails** de son aventure,* les petits événements, les circonstances particulières. — ● *Elle ne s'intéresse pas à l'ensemble des travaux, mais elle aime fignoler les **détails**,* les petites choses moins importantes. **2** EN DÉTAIL. ● *Il a examiné le problème* **en détail**, *en examinant tout, même les petits détails* (→ détailler, sens 1 et 2 ; CONTR. en gros). **3** AU DÉTAIL. ● *Ce commerçant achète ses marchandises en gros et il les revend* **au détail**, *par petites quantités* (→ détailler, sens 3 ; CONTR. 2. en gros).

■ **détaillant** nom m. Commerçant qui vend au détail. ● *Notre épicier est un* **détaillant** (→ CONTR. grossiste).

■ **détailler** v. **1** (littér.) ● *Elle m'a* **détaillé** *son histoire* : elle me l'a racontée avec tous les détails. **2** ● *Il m'a* **détaillé** *de la tête aux pieds* : il m'a regardé, examiné en détail, très attentivement. **3** ● *Notre charcutier* **détaille** *ses marchandises* : il les vend par petites quantités, au détail.

détaler v. (fam.) ● *Surpris par le garde, les cambrioleurs* **ont détalé** : ils se sont sauvés en courant (→ SYN. déguerpir, s'enfuir, (fam.) filer).

détartrer v. ● *De temps en temps, il faut* **détartrer** *la cafetière électrique*, la débarrasser du tartre, du dépôt qui s'est formé dans les tuyaux et sur les parois (→ tartre ; CONTR. entartrer).

détaxer v. ● *Dans les aéroports, les avions, les bateaux, on peut acheter certains produits moins cher, car ils* **sont détaxés** : on a supprimé ou diminué les taxes (→ taxe ; CONTR. taxer).

détecter v. ● *Le plombier a eu du mal à* **détecter** *la fuite d'eau*, à la découvrir (→ SYN. déceler).

■ **détection** nom f. Action de détecter. ● *La* **détection** *des avions est faite par radar*.

détective nom m. Personne qui fait des enquêtes policières. ● *Le* **détective** *a découvert le coupable*.

déteindre v. **1** ● *Ce pantalon perd sa couleur au lavage, il* **déteint** (→ SYN. se décolorer). — *Ma chemise blanche est devenue toute rose, ta jupe rouge* **a déteint** *sur elle* (→ teindre). **2** (fig.) ● *Luc est devenu aussi raisonnable que Florence ; elle* **a déteint** *sur lui* : elle a eu de l'influence sur lui. ★ Conjug. 35.

dételer v. ● *En rentrant des champs, le fermier* **a dételé** *son cheval* : il l'a détaché de la charrette à laquelle il était attelé (→ CONTR. atteler). ★ Conjug. 9.

détendre v. **1** v. pron. ● *Quand tu le lâches, cet élastique* **se détend** : il se relâche, il devient plus mou (→ CONTR. se tendre). **2** ● *Cette promenade va nous* **détendre**, nous reposer, nous délasser (→ SYN. décontracter). ★ Conjug. 31.

■ **détente** nom f. **1** ● *D'une* **détente**, *il a sauté par-dessus la barre* : d'un élan vif (comme un ressort qui se détend). **2** ● *Le cow-boy a pressé la* **détente** *de son pistolet*, la pièce qui fait partir le coup de feu. **3** ● *La lecture est une* **détente**, un délassement, un repos. **4** ● *Ce pays poursuit une politique de* **détente** : il veut faire cesser la tension, le danger de guerre (→ tendre, tension).

détenir v. **1** ● *Notre musée* **détient** *une magnifique collection de tableaux* : il la possède, il la garde (→ détenteur). **2** ● *Ce prisonnier* **est détenu** *depuis dix ans* : il est gardé en prison (→ détenu, détention). ★ Conjug. 19.

■ **détenteur, -trice** nom ● *Ce champion est le* **détenteur** *du record du monde*, la personne à qui ce record appartient (→ SYN. possesseur).

■ **détention** nom f. ● *Le voleur a été condamné à deux ans de* **détention**, d'emprisonnement.

■ **détenu** nom ● *Les* **détenus** *regrettent leur liberté*, les prisonniers.

détergent nom m. ● *Les* **détergents** *enlèvent la saleté*, les produits nettoyants. □ adj. ● *Une poudre* **détergente**.

détériorer v. **1** ● *Michel a* **détérioré** *ses chaussures* : il les a abîmées. □ v. pron. ● *Cet appareil* **s'est détérioré** *rapidement* (→ SYN. endommager, user). **2** v. pron. ● *Leurs relations* **se détériorent** : elles deviennent mauvaises (→ SYN. se dégrader).

■ **détérioration** nom f. ● *La* **détérioration** *d'un appareil, de relations* (→ SYN. altération, dégradation).

déterminer v. **1** ● *Il cherche à* **déterminer** *la date de ces événements*, à la connaître exactement, avec précision (→ déterminant, sens 2; SYN. délimiter, préciser). **2** ● *Tes conseils m'ont déterminé à partir* : ils m'ont décidé (→ déterminant, sens 1). □ v. pron. ● *Nadine s'est déterminée à choisir un métier* : elle a pris cette décision (→ détermination). **3** ● *C'est le mauvais état de la route qui a déterminé cet accident*, qui l'a causé (→ déterminant, sens 1).

■ **déterminant** adj. et nom m. **1** adj. ● *La bonté joue un rôle déterminant dans son caractère*, un rôle très important, décisif. **2** nom m. ● *Les articles, les adjectifs possessifs, démonstratifs et indéfinis sont les déterminants du nom* : ils accompagnent le nom et donnent des renseignements sur lui.

■ **détermination** nom f. ● *Éric n'a pas hésité longtemps; il a fait preuve de détermination*, d'esprit de décision.

déterrer v. **1** ● *Ce chien déterre un os qu'il avait caché* : il le sort de terre (→ CONTR. enfouir, enterrer). **2** (fig.) ● *Elle a déterré cette vieille histoire oubliée de tous* : elle l'a découverte et révélée (→ exhumer, CONTR. enterrer).

détester v. ● *Nicolas déteste les araignées* : il a horreur des araignées, il ne peut pas les supporter (→ SYN. haïr; CONTR. adorer, affectionner, aimer).

■ **détestable** adj. Qui mérite d'être détesté. ● *Une personne détestable*. — ● *Il fait un temps détestable*, très mauvais (→ SYN. abominable, exécrable).

détonation nom f. ● *Les chasseurs approchent, j'ai entendu une détonation*, le bruit d'une explosion, d'un coup de feu.

détour nom m. **1** ● *Nous n'avons pas pris le chemin direct* : *nous avons fait un détour par la forêt*. **2** AU DÉTOUR DU CHEMIN : à l'endroit où il tourne (→ SYN. tournant). **3** ● *Dis-moi la vérité sans détour*, sans détourner la conversation, sans ruser.

■ **détourner** v. **1** ● *En raison du brouillard, on a détourné l'avion* : on l'a fait changer de direction (→ détour, sens 1 et 2; SYN. dévier). **2** ● *Xavier a détourné la conversation* : il l'a fait

dévier sur un autre sujet (→ détour, sens 3). **3** ● *Elle veut le détourner de ses amis*, l'éloigner d'eux. **4** v. pron. ● *Pour m'éviter, il s'est détourné* : il s'est tourné d'un autre côté. **5** ● *Cet employé a détourné de l'argent* : il a pris pour lui de l'argent qui ne lui était pas destiné.

■ **détournement** nom m. ● *Un détournement d'avion*.

détracteur nom m. Personne qui dénigre. ● *Il n'a pas réussi à convaincre ses détracteurs*.

détraquer v. ● *Guillaume a détraqué son appareil photo* : il l'a abîmé, détérioré. □ v. pron. ● *Leur machine à laver se détraque sans arrêt* : elle tombe en panne.

détremper v. ● *La pluie a détrempé le sol* : elle l'a beaucoup mouillé et ramolli (→ tremper).

détresse nom f. **1** ● *Après ce tremblement de terre, la population est dans la détresse*, dans une situation très pénible, dans le malheur. **2** ● *Ce navire signale qu'il est en détresse*, en danger.

au détriment de loc. prép. ● *La caissière s'est trompée de prix, elle a fait une erreur à mon détriment*, à mon désavantage (→ SYN. préjudice; CONTR. avantage).

détritus [detritys] nom m. ● *Jette donc tous ces détritus à la poubelle*, ces ordures.

détroit

détroit nom m. Bras de mer entre deux terres, qui fait communiquer deux mers entre elles. ● *Le **détroit** de Gibraltar, entre l'Espagne et le Maroc, fait communiquer la Méditerranée et l'Atlantique.*

détromper v. ● *Je croyais avoir gagné, mais il m'**a détrompé** : il m'a dit ou montré que je me trompais.* ☐ v. pron. ● ***Détrompe-toi**, il n'est pas encore sept heures* : sors de cette erreur (→ se tromper).

détrôner v. **1** ● *La Révolution **a détrôné** le roi Louis XVI* : elle lui a fait perdre son trône et son titre de roi. **2** (fig.) ● *Le train **a détrôné** la diligence* : il l'a remplacée.

détrousser v. ● *Les bandits ont attaqué les voyageurs pour les **détrousser**,* pour les voler (→ SYN. dévaliser).

détruire v. **1** ● *Le bombardement **a détruit** cet immeuble* : il l'a démoli, abattu (→ destruction ; CONTR. construire). **2** ● *Cette épidémie **a détruit** tous les lapins de la région* : elle les a fait mourir (→ SYN. exterminer). **3** ● *Cet accident **détruit** tous nos projets* (→ SYN. anéantir). ★ Conjug. 43.

dette nom f. **1** ● *Lucie m'avait prêté de l'argent, mais j'ai remboursé ma **dette**, la somme d'argent que je lui devais* (→ s'endetter). ★ Chercher aussi : débiteur. **2** ● *Vous lui avez rendu service, il a une **dette** envers vous* : il vous doit de la reconnaissance.

deuil nom m. **1** ● *Il y a eu un **deuil** dans cette famille,* une mort, un décès. — ÊTRE EN DEUIL. ● *Cette famille **est en deuil**.* **2** PORTER LE DEUIL. ● *Mme Lacour **porte le deuil** de son père* : elle est habillée de noir en signe de tristesse parce qu'il est mort. **3** FAIRE SON DEUIL DE QUELQUE CHOSE. ● *Non, je ne te prêterai pas mon ballon, tu peux **en faire ton deuil** !,* renoncer à l'espérer.

deux adj. numéral et nom m. **A.** adj. invar. **1** ● *Tu as **deux** bras et **deux** jambes.* **2** ● *Je serai prêt dans **deux** minutes,* dans quelques minutes, dans un instant. **3** ● *Pour aller chez Marie, tu prends l'escalier numéro **deux**.* **B.** nom m. **1** ● *Deux plus deux égalent*

quatre. — ● *Mettez-vous en rang **(deux)** par **deux**.* — ● *J'ai coupé cette pomme en **deux**.* **2** (fam.) EN MOINS DE DEUX. ● *Ils ont filé **en moins de deux**,* très vite.

■ **deuxième** adj. ● *Perrine est assise au **deuxième** rang, celui qui vient après le premier.* ☐ nom ● *Les Dupont habitent au **deuxième**,* au deuxième étage. — ● *Tu es le **deuxième** de la famille,* celui qui est né après l'aîné. ★ *Second* est synonyme de *deuxième,* mais on emploie plutôt *deuxième* lorsque l'énumération comporte plus de deux objets (ex. : *le **deuxième** étage d'un immeuble de six étages*) et *second* lorsque l'énumération ne comporte que deux objets (ex. : *le **second** étage d'une maison de deux étages*).

deux-roues nom m. invar. ● *Les bicyclettes, les vélomoteurs et les motos sont des **deux-roues**,* des moyens de transport à deux roues.

dévaler v. ● *Les skieurs **dévalent** la pente* : ils la descendent très vite (→ SYN. dégringoler).

dévaliser v. ● *Des cambrioleurs ont **dévalisé** sa maison* : ils ont volé tout ce qui s'y trouvait. — ● ***Dévaliser** quelqu'un,* le détrousser.

dévaloriser v. **1** v. pron. ● *Ces marchandises **se dévalorisent** en vieillissant* : elles perdent de la valeur. **2** ● *On dirait qu'il fait tout pour **dévaloriser** ce que je fais,* pour le déprécier, pour lui faire perdre son intérêt, sa valeur.

dévaluer v. ● *Le gouvernement **a dévalué** le franc* : il a diminué la valeur du franc par rapport aux monnaies étrangères. ☐ v. pron. ● *Cette monnaie **se dévalue** sans cesse* : elle perd de sa valeur par rapport aux autres.

■ **dévaluation** nom f. ● *Le journal annonce une **dévaluation** du dollar,* une diminution de sa valeur par rapport aux autres monnaies.

devancer v. **1** ● *Ce coureur **a devancé** tous ses concurrents* : il est passé devant eux (→ SYN. dépasser, distancer). **2** ● *Je voulais t'en parler, mais tu m'**as devancé** : tu l'as fait avant moi*

(→ SYN. précéder, prendre les devants*). ★ Conjug. 4.

devancier nom m. Personne qui a déjà fait une même chose avant quelqu'un. ● *Il s'est montré digne de ses devanciers* (→ SYN. prédécesseur).

devant adv., prép. et nom m. **A.** adv. ● *Eric marche devant et je le suis* : il marche en avant de moi (→ CONTR. derrière). **B.** prép. **1** ● *Ton père attend devant la porte*, en face de la porte (→ CONTR. derrière). **2** ● *Il ne faut pas dire cela devant elle*, en sa présence. **3** AU-DEVANT DE, loc. prép. ● *Claire est allée au-devant d'eux*, à leur rencontre. **C.** nom m. **1** ● *Le devant de la maison est couvert de lierre* (→ CONTR. arrière). **2** ● *Ce mouton s'est cassé une patte de devant* (→ CONTR. derrière). ★ Chercher aussi : antérieur. **3** PRENDRE LES DEVANTS. ● *Elle voulait te téléphoner, mais tu as pris les devants* : tu l'as fait avant elle (→ SYN. devancer).

devanture nom f. ● *Claude admire la devanture de la pâtisserie*, la vitrine.

dévaster v. ● *L'ouragan a dévasté les champs de blé* : il les a beaucoup abîmés (→ SYN. ravager).

déveine nom f. (fam.) ● *Il est encore tombé, quelle déveine!*, quelle malchance (→ CONTR. chance, (fam.) veine).

développer v. **1** ● *Ce jeu développe la mémoire* (→ SYN. accroître). □ v. pron. ● *L'industrie se développe dans ce pays* : elle devient plus importante. — ● *Bruno s'est bien développé depuis trois mois* : il est devenu plus grand, plus fort (→ développement). **2** ● *Ton idée est intéressante, mais il faudrait la développer*, l'expliquer plus longuement, en donnant des détails (→ développement, sens 2 ; CONTR. résumer). **3** ● *Le photographe a développé cette pellicule* : il a fait apparaître les images (→ développement, sens 3).

■ **développement** nom m. **1** ● *Ce pays commence son développement économique*, son progrès et sa croissance économiques. **2** ● *Le développement de sa rédaction est trop long*, la partie principale où il traite le sujet. ★ Cher-

cher aussi : conclusion, introduction. **3** ● *Le développement des pellicules photographiques se fait dans une chambre noire*.

devenir v. **1** ● *C'est vrai, Céline devient grande* : elle commence à être grande. ★ Conjug. 19.

déverser v. **1** v. pron. ● *La Durance se déverse dans le Rhône* : elle se jette dans le Rhône. **2** ● *On a déversé vingt sacs d'engrais sur ce champ* : on les a répandus. **3** ● *Il a déversé sa colère sur eux* : il l'a fait retomber sur eux.

dévêtir v. (littér.) ● *L'infirmière a dévêtu le blessé* : elle l'a déshabillé. ● *Il s'est dévêtu pour se mettre au lit* (→ vêtir). ★ Conjug. 15.

déviant adj. Qui s'écarte de la normale. ● *Les gens conformistes n'aiment pas les comportements déviants*.

dévider v. ● *Attention, le chat va dévider ta pelote de laine* : dérouler.

dévier v. **1** ● *À cause des travaux, l'agent dévie la circulation* : il la détourne de sa direction normale (→ SYN. dériver). **2** ● *Pierre a fait dévier la conversation* : il l'a fait changer de sujet (→ SYN. détourner). ★ Conjug. 10.

■ **déviation** nom f. **1** ● *Pour éviter les embouteillages, prenez la déviation*, l'autre route indiquée. **2** ● *Alice a eu une déviation de la colonne vertébrale*, une déformation.

deviner v. ● *Je ne sais pas ce que tu vas me dire, mais je le devine*, je m'en doute (→ SYN. flairer). — ● *Devinez qui est là !* : trouvez-le.

■ **devinette** nom f. ● *Delphine aime poser des devinettes*, des questions amusantes dont il faut deviner la réponse.

■ **devin** nom m. ● *Les voyants et les devins disent qu'ils peuvent prévoir l'avenir*. ★ Chercher aussi : augure.

devis [dəvi] nom m. ● *Avant de faire repeindre la maison, papa a demandé un devis au peintre*, un document indiquant le prix prévu pour les travaux (→ SYN. estimation).

dévisager v. • *Il ne peut pas s'empêcher de **dévisager** les gens*, de regarder leur visage avec insistance, de les fixer. ★ Conjug. 5.

1. devise nom f. • *« Liberté, égalité, fraternité »*, voilà la **devise** de la France, les mots qui expriment son idéal.

2. devise nom f. • *Le dollar, le mark, la livre sont des **devises***, des monnaies étrangères.

deviser v. Parler familièrement. • *Nous nous sommes promenés en **devisant** gaiement.*

dévisser v. 1 • *Alain **a dévissé** le bouchon :* il l'a enlevé en tournant (→ vis). 2 • *L'alpiniste **a dévissé** du haut de ce rocher :* il a lâché prise et il est tombé.

dévoiler v. 1 • *Après le discours, on **a dévoilé** la statue :* on a enlevé le voile, la toile qui la cachait. 2 • *Il nous **a dévoilé** son secret :* il nous l'a révélé (→ SYN. divulguer ; CONTR. cacher). □ v. pron. • *La vérité **s'est dévoilée***, est apparue, s'est découverte (→ voiler).

1. devoir nom m. 1 • *Dire la vérité, travailler consciencieusement, aider les autres, c'est faire son **devoir***, ce que l'on doit faire pour suivre la morale. 2 • *Corinne a fini ses **devoirs***, les exercices donnés par le professeur.

2. devoir v. 1 • *Élise **doit** rentrer tôt :* elle est obligée de rentrer tôt. 2 • *Nous **devions** faire des crêpes, mais il était trop tard :* nous avions l'intention d'en faire. 3 • *Il **doit** faire froid ce soir :* il fait probablement froid. 4 • *Antoine m'a emprunté 10 francs, il me **doit** cet argent :* il a cette dette envers moi. — • *Il **doit** la vie à celle qui l'a sauvé.* 5 v. pron. COMME IL SE DOIT. • *Vous avez bien travaillé et **comme il se doit** je vous mets une bonne note*, comme cela est normal. ★ Conjug. 21.

dévorer v. 1 • *Le loup **a dévoré** l'agneau :* il l'a mangé. 2 • (fig.) • *Charlotte **a dévoré** ce livre :* elle l'a lu très rapidement, avec beaucoup d'intérêt. 3 • *Les flammes **dévorent** la forêt :* elles la font disparaître très vite.

4 • *Dans le désert, la soif les **dévorait**, les tourmentait beaucoup.

dévot nom. Personne qui est très attachée à sa religion. □ adj. • *Une femme **dévote***.
■ **dévotion** nom f. • *Ces personnes montrent beaucoup de **dévotion***, d'attachement pour leur religion.

se dévouer v. pron. • *Cette infirmière **se dévoue** pour ses malades*, elle fait beaucoup d'efforts pour leur être utile.
■ **dévoué** adj. • *Cet homme **dévoué** fait la lecture à des aveugles*, cet homme qui veut rendre service (→ CONTR. égoïste).
■ **dévouement** nom m. • *Ce blessé a pu survivre grâce au **dévouement** de tous*, grâce aux efforts que tous ont fait pour lui.

dévoyé adj. et nom • *Un jeune **dévoyé** a attaqué une personne du village* (→ SYN. délinquant).

dextérité nom f. • *L'horloger a réparé ma montre avec **dextérité***, avec adresse, avec habileté (→ CONTR. gaucherie).

diabète nom m. • *Mon oncle a du **diabète***, une maladie grave qui empêche le corps de transformer normalement les sucres.
■ **diabétique** nom • *Les **diabétiques** ne doivent pas manger de sucre.* □ adj. • *Les personnes **diabétiques***, atteintes de diabète.

1. diable nom m. 1 Esprit qui représente le mal. • *Autrefois on s'imaginait le **diable** avec des cornes, une queue et des sabots* (→ diablotin, diabolique ; SYN. démon). 2 • *Ta cousine est un vrai **diable***, un enfant turbulent, insupportable (→ diablerie, endiablé). 3 • *As-tu vu ce pauvre **diable** ?*, cet homme qui fait pitié. 4 HABITER AU DIABLE : habiter très loin. 5 TIRER LE DIABLE PAR LA QUEUE : avoir du mal à vivre avec peu d'argent. 6 interj. Exprime la surprise. • ***Diable***, que c'est haut !
■ **diablement** adv. (fam.) • *Il fait **diablement** froid aujourd'hui*, très froid (→ SYN. (fam.) rudement, terriblement).

■ **diablerie** nom f. ● *Allez-vous finir vos diableries !*, vos espiègleries, votre agitation.

■ **diablotin** nom m. ● *Cet enfant est un vrai diablotin*, un petit diable plutôt sympathique.

■ **diabolique** adj. ● *Son invention est diabolique*, très méchante, très mauvaise (→ SYN. démoniaque, infernal).

2. **diable** nom m. ● *Pour transporter des caisses ou des sacs très lourds, on utilise un diable*, un petit chariot à deux roues.

diable

diadème nom m. ● *La marquise portait un diadème de rubis*, une sorte de couronne posée sur les cheveux.

diagnostiquer [djagnɔstike] v. ● *Le médecin a diagnostiqué une angine :* il a reconnu la maladie d'après des signes, des symptômes.

■ **diagnostic** nom m. ● *Ce médecin a fait un diagnostic exact.*

diagonale nom f. **1** ● *Les deux diagonales d'un rectangle :* les droites qui joignent les sommets opposés en traversant le rectangle. ★ VOIR p. 424. **2** EN DIAGONALE : en biais, obliquement. ● *Ce tissu a des rayures en diagonale.* **3** (fam.) LIRE EN DIAGONALE : parcourir très rapidement (un livre, un journal).

diagramme nom m. ● *Quand tu dessines la réunion de deux ensembles, tu traces un diagramme* (→ graphique).

dialecte nom m. ● *Le dialecte normand et le dialecte picard sont des dialectes français*, des façons particulières de parler le français, que l'on trouve en Normandie et en Picardie.

dialogue nom m. Conversation entre deux ou plusieurs personnes. ● *Dans cette pièce de théâtre, les dialogues entre le père et la fille sont amusants.* ★ Chercher aussi : monologue.

■ **dialoguer** v. ● *Dans sa rédaction, Éric fait dialoguer un plombier et un maçon :* parler ensemble.

diamant nom m. **1** ● *La bague de cette dame est ornée d'un diamant*, d'une pierre précieuse très brillante et très dure. **2** ● *Le vitrier coupe cette glace avec son diamant*, un instrument très dur qui sert à découper le verre.

diamétralement adv. ● *Son caractère est diamétralement opposé au tien*, absolument, complètement opposé.

diamètre nom m. Segment de droite qui partage un cercle en deux parties égales et qui passe par son centre. — Longueur de ce segment de droite. ● *Quel est le diamètre de cette roue ?* ★ Chercher aussi : rayon. ★ VOIR p. 424.

diapason nom m. ● *Pour accorder leurs instruments, les musiciens font vibrer un diapason*, un petit instrument qui donne la note « la ».

diapason

diaphragme [djafragm] nom m. **1** • *Dans notre corps, la poitrine est séparée de l'abdomen par le* **diaphragme**, un muscle large et mince. ★ VOIR p. 969. **2** • *Avant de prendre une photo par temps de neige, il faut régler le* **diaphragme** *de ton appareil*, l'ouverture réglable qui laisse passer plus ou moins de lumière dans l'appareil.

diapositive nom f. • *Pendant la leçon d'histoire, la maîtresse nous a passé des* **diapositives**, des photos que l'on projette sur un écran.

diarrhée [djare] nom f. • *Cette nuit, il est allé sans arrêt aux W.-C., il a la* **diarrhée**, la colique (→ CONTR. constipation).

dictature nom f. • *Dans ce pays, un seul homme (ou un petit groupe d'hommes) a tous les pouvoirs pour gouverner : c'est une* **dictature**. ★ Chercher aussi : démocratie.
■ **dictateur** nom m. Chef d'une dictature. • *Un* **dictateur** *sans pitié*.
■ **dictatorial** adj. • *Un régime politique* **dictatorial** (→ CONTR. démocratique).

dictée nom f. • *J'ai fait deux fautes d'orthographe dans ma* **dictée**.
■ **dicter** v. **1** • *Isabelle m'a* **dicté** *cette lettre* : elle l'a dite à haute voix et lentement pour que je puisse l'écrire. **2** (fig.) • *On lui a* **dicté** *sa réponse* : on lui a dit ce qu'il devait répondre (→ SYN. 2. imposer).

diction nom f. Façon de prononcer. • *Thomas a une* **diction** *parfaite*.

dictionnaire nom m. Ouvrage qui renseigne sur l'orthographe, la nature, le sens et l'emploi des mots d'une langue, classés généralement par ordre alphabétique. — DICTIONNAIRE BILINGUE, qui donne l'équivalent des mots d'une langue dans une autre langue. • *Un* **dictionnaire bilingue** *français-anglais*. ★ Chercher aussi : encyclopédie.

dicton nom m. Proverbe d'origine ancienne. • *« Tel père, tel fils » est un* **dicton**.

dièse nom m. En musique, signe (♯) qui élève d'un demi-ton la note devant laquelle il est placé. □ adj. • *Un « fa »* **dièse**. ★ Chercher aussi : bémol, bécarre.

diesel [djezɛl] nom m. Moteur spécial qui marche au gasoil et non à l'essence. • *Les camions sont le plus souvent équipés de* **diesels**. ★ On écrit un *diesel*, mais un *moteur Diesel* (Diesel étant le nom de l'inventeur de ce moteur).

diète nom f. • *Mon médecin m'a dit de me mettre à la* **diète**, de ne rien manger ou presque.

diététique nom f. • *Raoul suit des cours de* **diététique**, la science qui étudie notre alimentation et les régimes alimentaires des malades. □ adj. • *Ce magasin vend des aliments* **diététiques**, de régime.
■ **diététicien** nom. Spécialiste de la diététique. • *Dans cet hôpital, des* **diététiciens** *composent les menus des malades*.

dieu nom m. **1** • *Les chrétiens, les juifs et les musulmans croient en un seul* **Dieu**, un être tout-puissant et éternel dont on dit qu'il est le créateur du monde (→ divin). • *Dans ce sens,* **Dieu** *s'écrit avec une majuscule*. **2** • *Dans l'Antiquité, les Romains et les Grecs adoraient beaucoup de* **dieux** *et de déesses*, des êtres supérieurs aux hommes, qui avaient chacun un rôle particulier. **3** JURER SES GRANDS DIEUX QUE. • *Il a* **juré ses grands dieux qu'**il n'avait pas pris cet argent : il l'a juré solennellement, avec force.

diffamer v. • *Pourquoi dites-vous qu'il est malhonnête ? vous le* **diffamez**, vous lui faites injustement une mauvaise réputation (→ SYN. calomnier, médire de).
■ **diffamation** nom f. • *Le tribunal a condamné cet homme pour* **diffamation**, pour avoir dit ou écrit des calomnies contre quelqu'un.

différend nom m. • *Il voulait partir, je voulais rester, nous avons eu un* **différend**, un désaccord, une dispute. ★ Attention, ne pas confondre avec *différent*.

1. différer v. ● *Luc n'aime que le foot-ball, et moi, je préfère la lecture; nos goûts **différent** : ils ne se ressemblent pas, ils ne sont pas les mêmes* (→ SYN. contraster, s'opposer). ★ Conjug. 8.

■ **différence** nom f. **1** ● *Connais-tu la **différence** entre un chameau et un dromadaire ?, ce qui les distingue, les différencie* (→ CONTR. ressemblance). **2** ● *La **différence** entre 15 et 7 est 8,* le résultat de leur soustraction. **3** FAIRE DES DIFFÉRENCES. ● *Elle **fait des différences** entre Alain et Guy* : elle ne les traite pas de la même façon.

■ **différencier** v. ● *Le nombre de bosses permet de **différencier** les chameaux des dromadaires, de les distinguer.* ★ Conjug. 10.

■ **différent** adj. **1** ● *Ces deux voitures sont **différentes** : elles ne sont pas pareilles* (→ CONTR. identique, semblable). **2** (au plur.) ● *Ce mot a **différents** sens,* plusieurs sens distincts (→ SYN. divers). ★ Attention, ne pas confondre avec différend.

■ **différemment** adv. ● *Pourquoi te mettre en colère? Tu aurais pu agir **différemment**,* autrement.

2. différer v. ● *J'ai décidé de **différer** mon départ,* de le remettre à plus tard (→ SYN. ajourner, retarder ; CONTR. avancer). — EN DIFFÉRÉ, loc. adv. ● *La télévision retransmettra le match **en différé**,* après que le match aura eu lieu (→ CONTR. en direct). ★ Conjug. 8.

difficile adj. **1** ● *Je ne peux pas faire cela, c'est trop **difficile**,* trop compliqué, trop dur (→ CONTR. facile). **2** ● *Cette personne a un caractère **difficile**,* peu agréable.

■ **difficilement** adv. ● *Tu marches trop vite, je te suis **difficilement**,* avec peine, avec difficulté (→ CONTR. facilement).

■ **difficulté** nom f. **1** ● *J'ai eu des **difficultés** à trouver votre maison* : j'ai eu du mal, de la peine (→ difficilement). **2** ● *Parle-moi de tes **difficultés**,* de tes ennuis (→ SYN. problème, tracas).

difforme adj. ● *Son bras est très enflé, il est **difforme*** : il n'a plus une forme normale (→ SYN. déformé).

diffuser v. **1** ● *La télévision **diffuse** un nouveau programme : elle le transmet par des ondes* (→ SYN. émettre). **2** ● *Les journaux **ont diffusé** cette nouvelle* : ils l'ont fait connaître à un public nombreux (→ SYN. répandre).

■ **diffusion** nom f. **1** ● *Une panne d'électricité a interrompu la **diffusion** du journal télévisé,* la transmission de cette émission. **2** ● *La **diffusion** d'une nouvelle par les journaux.*

digérer v. **1** ● *Nous **digérons** les aliments que nous mangeons* : notre corps les transforme. **2** (fig. et fam.) ● *Je n'ai pas pu **digérer** cette injure,* l'admettre, la supporter. ★ Conjug. 8.

■ **digeste** adj. ● *Ce gâteau est très **digeste**,* facile à digérer (→ CONTR. indigeste).

■ **digestif** adj. et nom m. **1** adj. ● *L'esto-mac et l'intestin sont des organes **diges-tifs**, qui servent à digérer.* — L'APPAREIL DIGESTIF : l'ensemble des organes diges-tifs. ★ VOIR p. 969. **2** nom m. ● *Après le dîner, il a bu un **digestif**,* un alcool qui, dit-on, fait digérer (→ SYN. liqueur).

■ **digestion** nom f. ● *Il vaut mieux ne pas te baigner pendant la **digestion**,* pendant la transformation des ali-ments dans l'estomac.

digital adj. ● *Le cambrioleur a laissé ses empreintes **digitales** un peu partout,* les empreintes de ses doigts.

digitale nom f. ● *J'ai cueilli un bou-quet de **digitales**, des plantes dont les fleurs en grappes ont la forme d'un doigt de gant.*

digne adj. **1** ● *Ce grand personnage tra-verse la foule d'un air **digne**,* grave, sérieux, respectable. **2** DIGNE DE... ● *Claude a montré un courage **digne** d'admiration,* qui mérite l'admiration (→ CONTR. indigne de). — ● *Il est très fort en judo et cherche des adversaires **dignes de** lui,* du même niveau que lui, en rapport avec lui.

■ **dignement** adv. ● *Quand on l'a insulté, il a répondu **dignement**,* avec dignité, d'une manière qui mérite le respect.

■ **dignité** nom f. **1** ● *Elle manque de* ***dignité****, de fierté, de respect pour elle-même* (→ SYN. honneur). **2** ● *Le titre de maréchal est une* ***dignité*** *dans l'armée française,* ce n'est pas un grade, c'est une distinction.

dignitaire nom m. Quelqu'un qui a du prestige et un rang élevé dans une organisation. ● *Un* ***dignitaire*** *d'un parti, de l'Église.*

digression nom f. ● *Luc n'arrive pas au bout de son récit, il fait toujours des* ***digressions****,* développement qui n'a rien à voir avec le sujet.

digue nom f. ● *Pour protéger la ville contre le fleuve, ils ont construit une* ***digue****,* une sorte de muraille qui empêche l'eau de passer (→ endiguer).

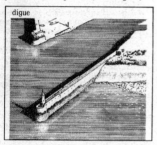

digue

dilapider v. ● *Il* ***a dilapidé*** *tout son argent :* il l'a gaspillé.

dilater v. ● *La chaleur* ***dilate*** *le métal :* elle fait augmenter son volume. □ v. pron. ● *Quand tu aspires, tes poumons* ***se dilatent****,* augmentent de volume (→ CONTR. comprimer).
■ **dilatation** nom f. ● *La* ***dilatation*** *de ce gaz a fait exploser le bocal,* l'augmentation du volume de ce gaz (→ CONTR. compression).

dilemme nom m. Choix entre deux possibilités contraires. ● *Mathieu ne sait pas s'il choisit les vacances à la mer ou à la montagne, c'est un* ***dilemme*** *pour lui.*

1. diligence nom f. ● *Quand on lui demanda son aide, elle montra une grande* ***diligence****,* un grand empressement. — FAIRE DILIGENCE : se dépêcher, agir avec rapidité et efficacité.

2. diligence nom f. ● *Dans ce film, j'ai vu des bandits attaquer la* ***diligence****,* la grande voiture à chevaux qui transportait autrefois les voyageurs.

diluer v. ● *Cette peinture est trop épaisse, je vais la* ***diluer****,* lui ajouter de l'eau ou un autre liquide (→ SYN. délayer).
■ **dilution** nom f. **1** Action de diluer. **2** Produit dilué.

dimanche nom m. **1** ● ***Dimanche*** *prochain, nous irons pique-niquer* (→ dominical). — ● *Pour aller à la messe, le* ***dimanche****, il met ses plus beaux habits* (→ endimanché). **2** (fam.) DU DIMANCHE. ● *C'est un conducteur* ***du dimanche****,* qui ne conduit pas souvent, qui n'a pas beaucoup d'expérience.

dîme nom f. ● *Avant la Révolution, les paysans payaient la* ***dîme****,* un impôt sur les récoltes, destiné à l'Église.

dimension nom f. **1** ● *Les* ***dimensions*** *d'une boîte :* sa longueur, sa largeur, sa hauteur ; sa grandeur (→ SYN. mesure). **2** (fig.) ● *Cet événement a une* ***dimension*** *internationale,* une importance internationale.

diminuer v. **1** ● *En automne, les jours* ***diminuent****,* ils deviennent moins longs (→ CONTR. augmenter, grandir). — ● *Le prix des tomates* ***diminue****,* il baisse. **2** ● *Elle* ***a diminué*** *sa consommation de chocolat :* elle l'a rendue moins importante (→ SYN. amoindrir, atténuer, réduire).
■ **diminution** nom f. ● *Les syndicats demandent une* ***diminution*** *de la durée du temps de travail* (→ SYN. abaissement, baisse, réduction ; CONTR. augmentation).
■ **diminutif** adj. et nom m. **1** adj. ● *Dans le mot cachette, «-ette» est un suffixe* ***diminutif****,* qui indique que la cache est petite. **2** nom m. ● *«Chaton» est un* ***diminutif*** *de «chat»; «Pat» est un* ***diminutif*** *de «Patricia».*

dinde nom f. **1** Femelle du dindon. • *Pour Noël, nous mangerons une* **dinde** *aux marrons.* **2** (fam.) • *Quelle petite* **dinde!**, quelle petite sotte prétentieuse!

■ **dindon** nom m. **1** Grosse volaille dont la tête et le cou sont rouge violacé. • *Le* **dindon** *fait la roue dans la basse-cour.* **2** ÊTRE LE DINDON DE LA FARCE : être la victime de cette farce.

■ **dindonneau** nom m. Petit du dindon.

dîner v. • *Viens* **dîner** *avec nous,* prendre le repas du soir.

■ **dîner** nom m. • *Le* **dîner** *est prêt,* le repas du soir.

■ **dînette** nom f. **1** • *Les enfants jouent à la* **dînette** : ils font un petit repas pour s'amuser. **2** • *Une* **dînette** *de poupée* : un petit service de table pour jouer.

dingue adj. et nom (fam.) • *Ce type est* **dingue** ; *c'est un* **dingue** (→ SYN. (fam.) cinglé, fou).

dinosaure nom m. Animal préhistorique de très grande taille. • *Le squelette de ce* **dinosaure** *mesure plus de 20 mètres de long.*

diocèse nom m. • *L'évêque connaît tous les prêtres de son* **diocèse**, le territoire où il est le chef de l'Église catholique.

diphtérie nom f. Grave maladie contagieuse. • *Depuis que l'on vaccine les enfants contre la* **diphtérie**, *elle a presque disparu.*

diplodocus [diplɔdɔkys] nom m. • *On voit des squelettes de* **diplodocus** *au muséum* : très grand reptile préhistorique.

diplomate nom m. et adj. **1** nom m. Personne chargée de représenter son pays dans un pays étranger. • *L'ambassadeur de France au Portugal est un diplomate.* **2** adj. • *Il a su me convaincre, car il est très* **diplomate**, habile et plein de tact dans les discussions.

■ **diplomatie** [diplɔmasi] nom f. **1** • *Le ministère des Relations extérieures est chargé de la* **diplomatie** *de la France, de ses relations avec les pays étrangers.* **2** • *Martine discute avec beau-*

coup de **diplomatie**, beaucoup d'habileté, de tact (→ SYN. doigté).

■ **diplomatique** adj. • *La France a des relations* **diplomatiques** *avec le Japon, des relations par l'intermédiaire des diplomates.* — LE CORPS DIPLOMATIQUE : l'ensemble des diplomates dans un pays.

diplôme nom m. • *Sabine a été reçue au baccalauréat, elle va recevoir son* **diplôme**, le document officiel qui prouve qu'elle a réussi un examen.

dire v. **1** • *Sylvie m'a dit son numéro de téléphone* : elle a parlé pour me le faire connaître, elle me l'a donné. — • *Alain dit qu'il a trop chaud.* — • *Dis-moi quand tu viendras.* **2** • *Il m'a* **dit** *de me taire* : il me l'a demandé ou ordonné. **3** v. pron. • *Je me suis* **dit** *que tu serais content* : je l'ai pensé. • *Regarde ce nuage,* **on dirait** *une soucoupe volante.* — • **On dirait** *qu'il va neiger.* **5** VOULOIR DIRE : signifier, montrer. • *Les volets sont fermés, cela* **veut dire** *que nos amis sont partis.* **6** À VRAI DIRE, loc. adv. : pour dire la vérité. • *À* **vrai dire**, *je ne sais rien de tout cela.* **7** CELA NE ME DIT RIEN : je n'en ai pas envie, ou bien : cela ne me rappelle rien. **8** AVOIR SON MOT À DIRE : avoir le droit de donner son avis, d'intervenir. **9** DIRE QUE. (Pour exprimer la déception) • *Dire que je n'étais pas là quand tu es venu!* — (Pour marquer l'étonnement) • *Dire qu'il n'a que 8 ans!* ★ Conjug. 46.

direct adj. et nom m. **A.** adj. **1** • *Nous sommes pressés, prenons la route* **directe**, qui va droit au but sans faire de détours (→ directement, sens 1). **2** • *Pour aller à Lille, vous avez un train* **direct**, qui n'oblige à aucun changement de train sur le trajet. **3** • *Dans «J'ai vu Paul», «Paul» est le complément* **direct**, qui complète le verbe sans préposition. ★ Chercher aussi : indirect. **4** • *J'ai eu une conversation très* **directe** *avec mon patron*, une conversation très franche. **B.** nom m. **1** • *Le boxeur a reçu un* **direct** *au menton*, un coup de poing qui part tout droit. ★ Chercher aussi : 4. crochet. **2** EN DIRECT, loc. adv. • *La télévision retransmet ce match* **en direct**, au moment même où il a lieu (→ CONTR. en différé).

■ **directement** adv. **1** ● *Je rentre chez moi* **directement**, *sans faire de détours.* **2** ● *Il est allé voir* **directement** *le président, sans passer par un intermédiaire.*

dirigeable adj. et nom m. ● *Un (ballon)* **dirigeable**, *un gros ballon muni de moteurs et d'une nacelle suspendue dans laquelle des hommes peuvent voyager.*

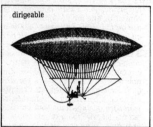

dirigeable

diriger v. **1** ● *Son oncle* **dirige** *une société :* il en est le chef, il l'organise, il le fait fonctionner (→ directeur, direction, sens 1 et 2 ; dirigeant). **2** ● *Il* **dirige** *son cheval vers la rivière :* il le guide, il le fait aller vers la rivière (→ SYN. orienter). □ v. pron. ● *Le bateau* **se dirige** *vers l'entrée du port :* il avance dans cette direction. ★ Conjug. 5.

■ **directeur, -trice** nom. Personne qui dirige, chef. ● *Un* **directeur** *d'usine* (→ SYN. 1. patron). — ● *La* **directrice** *de l'école.*

■ **direction** nom f. **1** ● *Cet orchestre joue sous la* **direction** *d'un chef célèbre.* **2** ● *Les bureaux de la* **direction** *sont au premier étage,* les bureaux des personnes qui dirigent. **3** ● *Elle est partie dans la* **direction** *du lac,* vers le lac. **4** ● *La* **direction** *de sa voiture est en panne,* l'ensemble des mécanismes qui permettent de la diriger.

■ **directives** nom f. plur. ● *Le moniteur nous a donné des* **directives**, *des indications, des instructions.*

■ **dirigeant** nom ● *Les* **dirigeants** *du club ont félicité les joueurs,* les personnes qui dirigent le club, les chefs.

discerner v. **1** ● *L'avion est très haut, je le* **discerne** *à peine,* je le vois à peine (→ SYN. apercevoir, distinguer). **2** ● *Tu sais* **discerner** *le bien du mal,* reconnaître la différence entre les deux.

■ **discernement** nom m. ● *Il a choisi son métier avec* **discernement**, *avec du bon sens, du jugement.*

disciple nom m. ● *Ce savant a de nombreux* **disciples**, *des personnes qui reçoivent son enseignement et qui continuent ses travaux.*

1. discipline nom f. ● *Les surveillants du lycée font observer la* **discipline**, *le règlement fait pour permettre la vie en commun.* — ● *Patrick a été félicité pour sa* **discipline** (→ CONTR. indiscipline).

■ **discipliné** adj. ● *Il respecte le code de la route, c'est un conducteur* **discipliné**, *qui obéit aux règles* (→ CONTR. indiscipliné).

2. discipline nom f. ● *Dans cette université, on enseigne surtout les* **disciplines** *scientifiques : physique, chimie, mathématiques, etc.,* les matières scientifiques.

discontinuer v. SANS DISCONTINUER : sans arrêt. ● *Il neige* **sans discontinuer** *depuis hier soir.*

■ **discontinu** adj. ● *Les coups de marteau font un bruit* **discontinu**, *un bruit qui s'arrête, puis reprend, s'arrête encore, etc.* (→ SYN. intermittent ; CONTR. continu).

disconvenir v. ● *Je n'en* **disconviens** *pas :* je suis d'accord (→ SYN. nier ; CONTR. convenir, sens 1, admettre, sens 2 ; reconnaître, sens 2). ★ S'emploie plutôt à la forme négative. ★ Conjug. 19.

discorde nom f. ● *La politique est un sujet de* **discorde** *entre eux,* un sujet de désaccord, de dispute (→ CONTR. concorde).

■ **discordant** adj. ● *Parmi les chanteurs, on entend une voix* **discordante**, *qui ne s'accorde pas avec les autres.*

discothèque nom f. **1** ● *Valérie a une importante* **discothèque**, une importante collection de disques. **2** ● *Ils sont allés danser dans une* **discothèque**, un club, une boîte de nuit où l'on passe des disques.

discours nom m. ● *Pour l'inauguration de cette école, le maire a prononcé un discours*, des paroles adressées au public (→ SYN. allocution).

■ **discourir** v. ● *Pierre n'arrête pas de discourir :* faire des discours longs et un peu creux. ★ Conjug. 16.

discréditer v. ● *Cette erreur l'a discrédité*, lui a fait perdre la confiance que les autres avaient en lui (→ crédit).

discret adj. **1** ● *Roland ne te posera pas de questions, c'est un garçon* **discret**, qui ne se mêle pas des affaires des autres (→ CONTR. indiscret, sans-gêne). **2** ● *Ne répète pas mon secret, sois discret* (→ CONTR. bavard). **3** ● *Elle n'aime que les bijoux* **discrets**, qui n'attirent pas l'attention (→ CONTR. voyant).

■ **discrètement** adv. ● *Anne est partie discrètement*, sans se faire remarquer.

■ **discrétion** nom f. **1** ● *Il ne voulait pas nous gêner, il s'est éloigné par discrétion*, par délicatesse (→ SYN. tact). **2** ● *Je ne leur dirai rien, tu peux compter sur ma* **discrétion** : la qualité qui permet de garder un secret. **3** À DISCRÉTION, loc. adv. : autant que l'on veut, à volonté.

discriminer v. ● *Quand on a trop de relations, il faut savoir* **discriminer** *les meilleurs* (→ SYN. choisir, distinguer, séparer.)

■ **discrimination** nom f. **1** ● *Ce que je dis s'adresse à tout le monde sans* **discrimination** : sans distinction entre les personnes. **2** DISCRIMINATION RACIALE : séparation selon leur race d'une partie des personnes d'un groupe.

disculper v. ● *Tes paroles ont disculpé Patrick :* elles ont prouvé qu'il n'était pas coupable (→ culpabilité). □ v. pron. ● *Il essaie de se disculper.*

discuter v. **1** ● *Ils ont discuté avant de prendre une décision :* ils ont parlé,

ils ont comparé leurs idées (→ discussion). **2** ● *Je t'ai ordonné d'aller au lit, ne* **discute** *pas!*, ne proteste pas (→ SYN. contester).

■ **discussion** nom f. **1** ● *Anne a eu une* **discussion** *avec sa sœur*, une conversation pendant laquelle chacune donnait son avis (→ SYN. débat). **2** ● *Ils ont obéi sans* **discussion**, sans protestation, sans opposition.

■ **discutable** adj. ● *Ce que tu affirmes là est* **discutable**, contestable.

disette nom f. ● *Jusqu'au XVIIIᵉ siècle, la France a connu des* **disettes** : manque de produits, en particulier de vivres (→ SYN. manque, pénurie, famine ; CONTR. abondance).

disgrâce nom f. Perte de la faveur de celui qui commande, état dans lequel on se trouve alors.

disgracieux adj. ● *L'autruche a une allure* **disgracieuse**, qui n'est pas élégante, qui n'est pas agréable à regarder (→ CONTR. gracieux).

disjoindre v. ● *Le choc a disjoint les planches de ce panneau :* il les a séparées, elles ne sont plus parfaitement assemblées (→ CONTR. joindre). ★ Conjug. 35.

■ **disjoint** adj. **1** ● *Des planches disjointes*, qui ne sont plus jointes. **2** ● *Ensembles* **disjoints** : en mathématique, ensembles qui n'ont pas d'élément commun, dont l'intersection est vide.

disjoncteur nom m. ● *Il n'y a plus d'électricité, le* **disjoncteur** *a sauté*, l'interrupteur automatique qui coupe le courant en cas de danger. ★ Chercher aussi : fusible ; plomb (sens 3).

disloquer v. ● *Les vagues ont disloqué cette vieille barque :* elles en ont complètement disjoint les éléments, les planches. □ v. pron. ● *Pendant le transport, la caisse s'est disloquée.*

■ **dislocation** nom f. Action de disloquer. ● *Les responsables syndicaux ordonnent la* **dislocation** *de la manifestation* (→ SYN. dispersion).

disparaître v. **1** ● *Les nuages disparaissent :* ils s'en vont, on ne les voit plus (→ CONTR. apparaître). — ● *Mon bracelet a disparu* : il n'est plus là, je ne le trouve plus (→ disparition, sens 1). **2** ● *Les dinosaures ont disparu depuis très longtemps* : ils sont tous morts, ils ont cessé d'exister (→ disparition, sens 2). ★ Conjug. 37.

■ **disparition** nom f. **1** ● *On a signalé la disparition d'un portefeuille.* **2** ● *Personne ne s'attendait à la disparition de cet écrivain, à sa mort.* — ● *Les animaux en voie de disparition*, dont les espèces sont en train de disparaître.

disparate adj. ● *Dans cette pièce, les meubles sont disparates* : ils ne forment pas un bel ensemble, ils ne sont pas en harmonie (→ CONTR. assorti).

disparité nom f. ● *La disparité des salaires* : contraste, grande différence entre deux choses que l'on compare (→ CONTR. parité, harmonie).

dispensaire nom m. ● *Pour me faire vacciner, je suis allé au dispensaire*, un endroit où l'on soigne, mais où les malades ne peuvent pas rester comme à l'hôpital.

1. dispenser v. ● *Mon frère aîné a été dispensé du service militaire*, il a eu l'autorisation de ne pas le faire (→ SYN. exempter). □ v. pron. ● *On ne peut pas se dispenser de manger*, se permettre de ne pas manger (→ indispensable).

2. dispenser v. ● *Cette association dispense des aides aux personnes âgées* : elle les leur accorde, elle les leur donne.

disperser v. **1** ● *Le courant d'air a dispersé mes papiers* : il les a éparpillés (→ SYN. disséminer). □ v. pron. ● *En sortant du cinéma, les spectateurs se dispersent* : ils partent chacun de son côté (→ CONTR. s'attrouper, regrouper). **2** ● *Tu disperses ton attention !*, tu ne la concentres pas sur une seule chose.

■ **dispersion** nom f. ● *La dispersion des manifestants a eu lieu sans incidents*, leur éparpillement, leur départ chacun de son côté.

dispos adj. ● *Quand j'aurai dormi, je serai plus dispos*, plus en forme (→ CONTR.

fatigué). — ÊTRE FRAIS ET DISPOS : être tout à fait en forme.

disposer v. **1** ● *Les tentes sont disposées en cercle* : elles sont placées de cette façon (→ SYN. arranger). **2** DISPOSER DE... ● *Pendant mon absence, tu peux disposer de ma chambre* : tu peux l'utiliser (→ disponible). **3** v. pron. SE DISPOSER À... ● *Quand il est arrivé, je me disposais à partir* : je me préparais à partir (→ SYN. s'apprêter). **4** ÊTRE DISPOSÉ À... ● *Il est disposé à te rendre ce service* : il est prêt à le faire, il accepte de le faire. **5** ● *Ce matin, Éric est bien disposé* : il est de bonne humeur.

■ **disponible** adj. ● *Dans cette voiture de chemin de fer, j'ai vu des places disponibles*, libres, que l'on peut utiliser.

■ **disposition** nom f. **1** ● *Nous allons changer la disposition des meubles*, leur arrangement, leur place (→ SYN. combinaison). **2** À LA DISPOSITION DE QUELQU'UN. ● *Patrick a une voiture à sa disposition*, dont il peut se servir quand il veut. **3** (au plur.) ● *Il a pris des dispositions pour partir en voyage* : il a fait des préparatifs, il a pris des précautions. **4** (au plur.) ● *Julie a des dispositions pour la musique*, des dons. **5** (au plur.) ● *Il est dans de bonnes dispositions à notre égard* : il a de bonnes intentions, il veut nous faire plaisir.

dispositif nom m. **1** ● *Quand elle est en marche, la machine à laver ne peut pas s'ouvrir grâce à un dispositif de sécurité*, un mécanisme spécialement prévu. **2** ● *Le général a mis en place un dispositif de défense autour de la ville*, un ensemble d'installations.

disproportion nom f. ● *Il y a une disproportion entre la faute qu'il a commise et la punition qu'il a reçue*, une trop grande différence (→ proportion).

■ **disproportionné** adj. **1** ● *La girafe a un cou qui paraît disproportionné*, trop long par rapport à son corps (→ CONTR. bien proportionné). **2** ● *On lui a fait des compliments disproportionnés par rapport à ce qu'il a fait*, pas en proportion de ce qu'il a fait, excessifs (→ CONTR. proportionné à).

disputer v. **1** ● *Notre équipe de rugby va* **disputer** *un match : elle va jouer pour gagner.* □ v. pron. ● *Les chiens* **se disputent** *un os :* ils se battent pour l'avoir. **2** v. pron. ● *Alice et Véronique ne sont pas d'accord, elles* **se disputent** *:* elles se disent des choses désagréables, violentes (→ SYN. se chamailler, se quereller).
■ **dispute** nom f. ● *Ils sont déjà réconciliés, leur* **dispute** *n'était pas grave,* leur querelle.

disqualifier v. ● *Ce coureur a bousculé exprès son concurrent et il* **a été disqualifié**, *il a été éliminé, exclu de la course.* ★ Conjug. 10.
■ **disqualification** nom f. ● *L'arbitre a prononcé la* **disqualification** *de ce footballeur :* son exclusion du match, son élimination.

disque nom m. **1** ● *Éric met un* **disque** *sur l'électrophone,* un objet en matière plastique rond et plat sur lequel on a enregistré des sons (→ disquaire). ★ Chercher aussi : discothèque ; enregistrement. **2** ● *L'athlète tourne sur lui-même pour lancer le* **disque**, un palet rond qui pèse près de 2 kg. **3** ● *Nous sommes en zone bleue, n'oublie pas ton* **disque** *de stationnement,* le cercle de carton qui indique l'heure à laquelle il faut avoir quitté le stationnement.

disque

■ **disquaire** nom Marchand de disques. ● *J'ai cherché cet enregistrement de jazz chez tous les* **disquaires**.

disséminer v. ● *Mes jouets sont disséminés dans toute la maison :* ils sont éparpillés, dispersés (→ CONTR. rassembler).

■ **dissémination** nom f. ● *La* **dissémination** *des habitations dans la campagne* (→ SYN. dispersion).

dissension nom f. ● *Notre groupe est agité par de profondes* **dissensions**, divisions, conflits.

disséquer v. ● *Stéphane* **a disséqué** *une souris :* il a ouvert son corps et découpé ses organes pour les étudier. ★ Conjug. 8.

dissidence nom f. ● *Dans ce pays quelques officiers sont entrés en* **dissidence** *contre le gouvernement :* ils se sont rebellés, ils ont refusé d'obéir parce qu'ils n'étaient plus d'accord.

dissimuler v. **1** ● *Nous avons mis cette armoire devant la porte pour* **dissimuler** *celle-ci, pour la cacher* (→ SYN. camoufler). □ v. pron. ● *Étienne* **se dissimule** *derrière le rideau.* **2** ● *David* **dissimule** *sa tristesse en faisant semblant d'être joyeux* (→ CONTR. montrer).

1. dissiper v. **1** ● *Le vent* **dissipe** *les nuages :* il les fait disparaître en les dispersant. □ v. pron. ● *La brume se* **dissipe**. **2** (fig.) ● *Il faut* **dissiper** *ce malentendu :* il faut l'éclaircir, s'expliquer pour le faire disparaître.
■ **dissipation** nom f. ● *Après la* **dissipation** *des brumes matinales, le soleil brillera* (→ 1 dissiper sens 1).

2. dissiper v. ● *Roland* **dissipe** *ses voisins :* il les distrait, il les entraîne à chahuter.
■ **dissipé** adj. ● *Un élève* **dissipé**, distrait et indiscipliné (→ CONTR. appliqué, discipliné, studieux).
■ **dissipation** nom f. ● *Sa* **dissipation** *est connue dans toute l'école* (→ SYN. indiscipline).

dissocier v. ● *Nous allons* **dissocier** *ces deux questions, les séparer, les examiner séparément* (→ CONTR. associer). ★ Conjug. 10.

dissoudre v. **1** ● *Je vais* **dissoudre** *du sel dans le vinaigre, le faire fondre dans ce liquide.* □ v. pron. ● *Le savon se* **dissout** *dans l'eau :* il fond et se mélange (→ SYN. se désagréger). **2** ● *Cette association n'existe plus, elle* **a été dissoute** *:* elle a été supprimée, les associés se sont dispersés. ★ Conjug. 52.

■ **dissolution** nom f. **1** • *Dans l'eau chaude, la **dissolution** du sucre est plus rapide :* il fond plus vite. **2** • *La **dissolution** d'une association*, sa suppression (→ dissoudre, sens 2).

■ **dissolvant** nom m. • *Maman enlève son vernis à ongles avec du **dissolvant**,* un produit qui fait fondre le vernis, qui le dissout.

dissuader v. • *Éric voulait partir en voyage, je l'en **ai dissuadé** :* je l'ai persuadé de ne pas le faire.

■ **dissuasion** nom f. **1** Action de dissuader. **2** FORCE DE DISSUASION : armes qui doivent dissuader l'adversaire d'attaquer.

dissymétrique adj. • *Cette table a une forme **dissymétrique** :* ses deux moitiés ne sont pas semblables (→ symétrie ; SYN. asymétrique ; CONTR. symétrique).

distance nom f. **1** • *La **distance** de la Terre à la Lune est d'environ 350 000 km,* leur éloignement. **2** • *Ces deux maisons ont été construites à quatre ans de **distance**,* d'intervalle, d'écart. **3** • *Quelle **distance** entre ses paroles et ses actes !,* quelle différence.

■ **distancer** v. • *Arnaud **a distancé** les autres cyclistes :* il a pris de l'avance sur eux (→ SYN. devancer). ★ Conjug. 4.

■ **distant** adj. **1** DISTANT DE... • *Ces deux villages sont **distants de** 5 kilomètres,* séparés par 5 kilomètres. **2** • *Cette dame est froide et **distante**,* réservée, peu aimable.

distiller [distile] v. • *Pour obtenir de l'alcool, on peut **distiller** du vin :* le faire bouillir dans un récipient spécial qui permet de séparer l'alcool du reste. ★ Chercher aussi : alambic, cornue.

■ **distillation** [distilasjɔ̃] nom f. • *Par **distillation** du pétrole, on obtient de l'essence.* ★ Chercher aussi : raffinage.

■ **distillerie** nom f. • *Dans cette **distillerie**,* on extrait l'essence des fleurs pour fabriquer des parfums.

distinguer v. **1** • *Seule la couleur de leurs yeux permet de **distinguer** ces jumeaux,* de les reconnaître, de voir leur différence. □ v. pron. • *Ton livre se **distingue** du mien par son étiquette :* il est différent (→ distinct, sens 1 ; CONTR. confondre). **2** • *Très haut dans le ciel, j'ai **distingué** un avion :* je l'ai aperçu (→ distinct, sens 2 ; SYN. discerner). **3** v. pron. • *Il cherche à se **distinguer**,* à se faire remarquer.

■ **distingué** adj. • *C'est un homme **distingué**,* élégant et bien élevé (→ distinction, sens 3 ; CONTR. vulgaire).

■ **distinct** adj. **1** • *Ce sont deux questions **distinctes**,* différentes, séparées. **2** • *Dans la neige, les skieurs ont laissé des traces **distinctes**,* qui se voient nettement.

■ **distinctement** adv. • *Je l'ai entendu **distinctement**,* très nettement.

■ **distinctif** adj. • *Cet écusson sur ton blouson, c'est un signe **distinctif**,* qui permet de le reconnaître.

■ **distinction** nom f. **1** • *Il ne fait aucune **distinction** entre ses affaires et les miennes,* aucune différence. **2** • *Ce soldat a été décoré, il est fier de cette **distinction**,* de ce signe qui lui fait honneur. **3** • *Ta marraine a beaucoup de **distinction**,* d'élégance, de finesse (→ distingué ; CONTR. vulgarité).

distorsion nom f. • *Il y a **distorsion** entre les productions de ces deux pays :* déséquilibre.

distraire v. **1** • *Je ne vous ai pas écouté, ce bruit m'a **distrait**,* il a détourné mon attention (→ distraction, sens 1). **2** • *Dimanche prochain, que vas-tu faire pour **distraire** tes amis ?,* pour les occuper agréablement (→ distraction, sens 2 ; SYN. amuser, divertir). □ v. pron. • *Tu travailles trop, il faut **te distraire**.* ★ Conjug. 40.

■ **distraction** nom f. **1** • *J'ai emporté ton stylo par **distraction**,* par inattention, par étourderie. **2** • *Anne s'ennuie, elle a besoin de **distractions**,* d'amusements, de divertissements.

■ **distrait** adj. • *Il a oublié ses clefs, quel enfant **distrait** !,* qui ne pense pas à ce qu'il fait (→ SYN. étourdi ; CONTR. attentif).

distribuer v. **1** • *On nous **a distribué** des livres :* on en a donné à chacun

d'entre nous (→ SYN. partager, répartir).
2 ● *Ces tuyaux* **distribuent** *le gaz dans tout l'immeuble :* ils le font arriver.

■ **distributeur** nom m. ● *Pour acheter ces bonbons, mets un franc dans le* **distributeur** *automatique,* l'appareil qui distribue.

■ **distribution** nom f. **1** ● *Le facteur fait la* **distribution** *du courrier* (→ SYN. répartition). **2** ● *Ce film a une bonne* **distribution**, *de bons acteurs à qui on a distribué les rôles.*

district nom m. ● *Certaines grandes villes forment, avec leur banlieue, un* **district** *urbain,* un groupement qui permet d'administrer en commun divers services publics (distribution de l'eau, transport par autobus, etc.).

dithyrambique [ditirɑ̃bik] adj. ● *Luc est* **dithyrambique** *lorsqu'il parle de son guitariste préféré :* très élogieux.

diurne adj. ● *Le hibou est un oiseau nocturne ; l'aigle un oiseau* **diurne**, *qui vit, qui se montre le jour.*

divaguer v. ● *Il a beaucoup de fièvre, il* **divague** : *il dit n'importe quoi* (→ SYN. délirer, (fam.) dérailler, déraisonner.

divan nom m. ● *Notre invité couchera sur le* **divan** *où nous sommes assis,* le long siège sans bras ni dossier qui peut servir de lit. ★ Chercher aussi : canapé, sofa.

diverger v. **1** ● *À partir du sommet, les côtés d'un angle* **divergent** : *ils vont en s'écartant* (→ SYN. sens 1 ; CONTR. converger). **2** (fig.) ● *Leurs idées* **divergent**, *elles sont différentes* (→ divergence ; divergent, sens 2). ★ Conjug. 5.

■ **divergence** nom f. ● *Ils s'entendent bien malgré leurs* **divergences**, *malgré leurs idées différentes.*

■ **divergent** [divɛrʒɑ̃] adj. **1** ● *Au croisement, nous avons pris deux chemins* **divergents**, *qui vont en s'éloignant l'un de l'autre* (→ CONTR. convergent). **2** (fig.) ● *Leurs avis sont* **divergents**, *différents, en désaccord.*

divers [divɛr] adj. **1** ● *Pendant notre voyage, nous avons vu des paysages très* **divers**, *très différents, très variés.*

2 (au plur. et devant le nom). ● ***Diverses** personnes m'en ont parlé,* plusieurs personnes différentes. **3** FAITS DIVERS. ● *Tu peux lire le récit de cet accident dans les* **faits divers**, *les articles du journal qui racontent les accidents, les vols, les crimes, etc.*

■ **diversité** nom f. ● *Vos fleurs sont magnifiques, j'admire la* **diversité** *de leurs couleurs,* la variété.

diversifier v. ● *Le maître* **diversifie** *les exercices* (→ SYN. varier). ★ Conjug. 10.

diversion nom f. ● *Cette attaque n'est qu'une* **diversion** ; *manœuvre destinée à tromper, à détourner l'attention de l'essentiel.*

divertir v. ● *Les histoires qu'il a racontées* **ont diverti** *ses amis :* elles les ont distraits, amusés. □ v. pron. ● *J'ai besoin de* **me divertir**. ★ Conjug. 11.

■ **divertissement** nom m. ● *La lecture est le* **divertissement** *qu'il préfère* (→ SYN. distraction, sens 2 ; dérivatif).

divin adj. **1** ● *Il fait confiance à la bonté* **divine**, *de Dieu.* **2** ● *Cette musique est* **divine**, *parfaite, merveilleuse* (→ SYN. exquis).

■ **divinement** adv. ● *Cet acteur joue* **divinement**, *admirablement.*

■ **divinité** nom f. ● *Chez les Romains, Neptune était la* **divinité** *de la mer,* le dieu de la mer.

diviser v. **1** ● *L'année* **est divisée** *en douze mois :* elle est partagée. □ v. pron. ● *Nous sommes trop nombreux,* **divisons-nous** *en deux groupes* (→ SYN. répartir). **2** ● *Si je* **divise** *10 par 2, je trouve 5 :* si je cherche combien de fois 2 est contenu dans 10 (→ division, sens 1 ; CONTR. multiplier). **3** ● *Les membres de notre club* **sont divisés** : *ils ne sont pas d'accord* (→ division, sens 3 ; SYN. désunir).

■ **divisible** adj. ● *12 est un nombre* **divisible** *par 4,* qui peut être divisé exactement par 4.

■ **division** nom f. **1** ● *« 18 : 3 = 6 » est une* **division**, *une opération arithmétique dans laquelle 18 est le* dividende, *3 est le* diviseur *et 6 est le* quotient (→ CONTR. multiplication). **2** ● *Sur ta* *règle, je vois 20* **divisions** *d'un cen-timètre, 20 parties limitées par des traits.* **3** ● *Cette affaire a provoqué la* **division** *dans notre club, le désaccord* (→ CONTR. union). **4** ● *Une* **division** *ennemie a attaqué nos soldats, un ensemble de régiments.* **5** ● *Cette équipe de football passe en première* **division**, *dans le premier groupe d'équipes, le plus fort.*

divorcer v. ● *Cet homme et cette femme étaient mariés, ils viennent de* **divorcer**, *de se séparer devant la justice, de rompre leur mariage.* ★ Conjug. 4.
■ **divorce** nom m. ● *Ils ont demandé le* **divorce**, *un jugement pour qu'ils ne soient plus mariés.*

divulguer v. ● *Cette information est secrète, il ne faut pas la* **divulguer**, *la faire connaître au public* (→ SYN. dévoiler, ébruiter, révéler).
■ **divulgation** nom f. Action de divulguer. ● *La* **divulgation** *des secrets d'État peut conduire en prison.*

dix [dis] adj. numéral invar. et nom m. **A.** adj. **1** ● *J'ai* **dix** *doigts.* **2** ● *J'ai lu cela page* **dix**, *sur la dixième page.*
B. nom m. ● *Le* **dix** *de trèfle.*
■ **dixième** [diziɛm] adj. et nom m. **A.** adj. ● *Octobre est le* **dixième** *mois de l'année.*
B. nom m. **1** ● *Si je partage ce gâteau en 10 parts égales, chacune constituera un* **dixième** (1/10). **2** ● *Un* **dixième** *de la Loterie nationale :* un billet qui vaut dix fois moins qu'un billet entier. ★ Attention à l'orthographe : dixième.
■ **dizaine** nom f. **1** Ensemble de dix unités. ● *Dix* **dizaines** *forment une centaine.* **2** ● *Une* **dizaine** *d'invités sont venus,* environ dix invités.

do nom m. invar. Note de musique. ● *La gamme commence par un* **do** (→ SYN. ut).

docile adj. ● *Ce cheval est vraiment* **docile**, *doux et obéissant.*
■ **docilité** nom f. ● *Quand je lui donne un ordre, il obéit avec* **docilité**.

dock nom m. **1** ● *Pour décharger sa cargaison, ce navire entre dans le* **dock**,

un bassin entouré de quais, dans un port. **2** ● *Les marchandises débarquées sont entreposées dans les* **docks**, *les grands hangars du port* (→ SYN. entre-pôt).
■ **docker** [dɔkɛr] nom m. ● *Dans le port, les* **dockers** *attendent l'arrivée du navire, les ouvriers qui chargent et déchargent les bateaux* (→ SYN. débardeur).

docteur nom m. **1** (fém. **doctoresse**) ● *Quand tu es malade, le* **docteur** *vient t'examiner,* le médecin. **2** ● *Mme Lucas est* **docteur** *ès sciences :* elle a obtenu un titre universitaire élevé après avoir soutenu une thèse.
■ **doctorat** nom m. ● *Elle a un* **docto-rat** *de sciences naturelles,* le diplôme qui donne droit au titre de docteur.

doctrine nom f. ● *Explique-moi la* **doc-trine** *de ce parti politique,* l'ensemble des idées qu'il défend.

document nom m. ● *Pour faire notre exposé, nous cherchons des* **docu-ments** *sur les champignons,* des écrits ou des illustrations qui renseignent (livres, articles, photos, etc.).
■ **documentaire** adj. ● *Pour en savoir plus sur la vie des abeilles, j'ai regardé un film* **documentaire**, *qui donne des renseignements, des informations.*
□ nom m. ● *Un* **documentaire** *sur l'Afrique.*
■ **documentaliste** nom m. ou f. Personne qui recherche et classe les documents. ● *Claire est* **documentaliste** *à la bibliothèque.*
■ **documentation** nom f. ● *Nous avons réuni une* **documentation** *sur le Moyen Âge,* un ensemble de documents.
■ **se documenter** v. pron. ● *Avant de partir en Égypte, je veux* **me docu-menter** *sur ce pays,* chercher des renseignements (→ SYN. se renseigner).

dodeliner v. ● *Il va s'endormir dans son fauteuil, il* **dodeline** *de la tête :* il balance doucement la tête.

dodu adj. ● *C'est un bébé* **dodu**, *tout rond* (→ SYN. potelé ; CONTR. maigre). ● *Une poule* **dodue**, *bien en chair, grasse.*

dogmatique adj. Très affirmatif, sans place pour le doute ou la contestation. ● *Rémi parle de façon **dogmatique*** (→ SYN. catégorique, péremptoire).

dogue nom m. ● *Cette maison est gardée par un **dogue**, un chien au museau aplati.* ★ Chercher aussi : bouledogue.

doigt [dwa] nom m. **1** ● *Le pouce, l'index, le majeur, l'annulaire et l'auriculaire (ou «petit **doigt**») sont les cinq **doigts** de la main.* ★ VOIR p. 547. **2** ● *Je ne veux qu'un **doigt** de vin*, très peu de vin. — À DEUX DOIGTS DE. ● *Le ballon est passé à **deux doigts de** sa tête*, tout près de sa tête. **3** (fig. et fam.) SE METTRE LE DOIGT DANS L'ŒIL : se tromper complètement. **4** METTRE LE DOIGT SUR QUELQUE CHOSE : découvrir (ce que l'on cherchait); deviner juste. **5** (fam.) SE FAIRE TAPER SUR LES DOIGTS : se faire réprimander.

■ **doigté** nom m. **1** ● *Ce pianiste a un bon **doigté** :* il place et utilise ses doigts avec habileté. **2** (fig.) ● *Il a imposé ses idées avec beaucoup de **doigté**,* d'habileté (→ SYN. **2**. adresse, diplomatie, tact).

doléances nom f. **1** ● *Je n'ai pas envie d'écouter tes **doléances*** (→ SYN. plainte, réclamation). **2** CAHIERS DE DOLÉANCES : plaintes présentées au roi par le peuple avant la Révolution française.

dollar nom m. ● *Aux États-Unis, John paye ses achats en **dollars**,* la monnaie de ce pays. La monnaie de certains autres pays (Canada, Australie, etc.) s'appelle également le dollar. — ● *Vingt **dollars** ($ 20).*

dolmen

dolmen [dɔlmɛn] nom m. ● *En Bretagne, on peut voir de nombreux **dolmens**,* des monuments préhistoriques en forme de table, faits d'une énorme pierre posée sur d'autres. ★ Chercher aussi : menhir.

domaine nom m. **1** Grande propriété à la campagne. ● *Ces bois, ces champs font partie d'un immense **domaine**.* **2** ● *Le **domaine** public :* les biens qui appartiennent à l'État (les routes, les rivières, etc.). **3** (fig.) ● *La mécanique, c'est mon **domaine** :* ce que je connais particulièrement bien.

■ **domanial** adj. ● *Les forêts **domaniales** appartiennent au domaine public,* à l'État. ★ VOIR : domaine, sens 2.

dôme nom m. ● *D'ici, tu peux apercevoir le **dôme** des Invalides,* leur toit de forme arrondie (→ SYN. coupole).

domestique adj. et nom. **A.** adj. **1** ● *La vaisselle, le repassage sont des travaux **domestiques**,* de la maison (→ SYN. **1**. ménager). **2** ● *Le chien, le cheval sont des animaux **domestiques**,* qui vivent près de l'homme pour l'aider dans son travail ou le distraire (→ domestiquer ; SYN. familier, B sens 1 ; CONTR. sauvage). **B.** nom ● *La cuisinière, le valet de chambre sont des **domestiques**,* des gens qui sont payés pour entretenir une maison, pour servir d'autres personnes. ★ Maintenant, on dit plutôt : employé de maison.

■ **domestiquer** v. ● *L'éléphant est un animal sauvage, mais on peut le **domestiquer**,* l'habituer à vivre avec l'homme (→ SYN. apprivoiser).

domicile nom m. ● *Je vous attends à mon **domicile**, chez moi,* dans ma maison, là où j'habite.

■ **domicilié** adj. ● *Annie est **domiciliée** à Bordeaux :* elle y habite, elle y a son adresse.

dominer v. **1** ● *Un château fort **domine** la vallée :* il est situé au-dessus de la vallée (→ SYN. surplomber). **2** ● *Elle essaie de **dominer** sa colère,* de la contrôler. □ v. pron. ● *Il ne sait pas se **dominer**.* **3** ● *Notre équipe a **dominé** toutes les autres :* elle a été la plus forte (→ SYN. surpasser). **4 ●** *Dans cette forêt, les sapins* **dominent** : ils sont les plus nombreux (→ SYN. prédominer). ■ **domination** nom f. ● *Après la défaite de Vercingétorix, toute la Gaule était sous la* **domination** *des Romains, sous leur autorité, sous leur pouvoir.* ■ **dominateur, -trice** adj. ● *Le dompteur regarde le lion d'un air* **dominateur**, *autoritaire.*

dominical adj. ● *M. Barbier fait sa promenade* **dominicale**, *du dimanche.*

domino nom m. ● *C'est à moi de commencer la partie de* **dominos** !, un jeu qui se joue avec 28 petites plaques rectangulaires marquées de points.

dommage nom m. **1 ●** *Les inondations ont provoqué de nombreux* **dommages**, *de nombreux dégâts* (→ dédommager, endommager). **2** C'EST DOMMAGE ; QUEL DOMMAGE ! ● *Rémi ne pourra pas venir, c'est* **dommage** (→ SYN. fâcheux, regrettable).

dompter [dɔ̃te] v. ● *Elle sait* **dompter** *les tigres, leur apprendre à obéir* (→ SYN. 2. dresser, maîtriser). ★ Chercher aussi : indomptable. ■ **dompteur, -teuse** [dɔ̃tœr] nom ● *Au cirque, tu verras le* **dompteur** *dans la cage aux lions*, l'homme qui dompte les animaux féroces.

1. don nom m. ● *Si vous voulez aider les victimes de cette catastrophe, envoyez vos* **dons** *à cette adresse, ce que vous donnez* (→ SYN. cadeau, 3. présent). — FAIRE DON DE ● *Il a fait* **don de** *ses tableaux à un musée* : il les a donnés.

2. don nom m. ● *Valérie a des* **dons** *pour le dessin, elle est capable de bien dessiner* (→ doué ; SYN. aptitude, talent).

donc [dɔ̃k] conj. **1** Sert à indiquer une conséquence. ● *Son manteau est là,* **donc** *il n'est pas loin* (→ SYN. par conséquent). **2** Sert à renforcer le verbe. ● *Réponds* **donc** ! **3** Sert à exprimer la surprise. ● *Vous êtes* **donc** *arrivés ? Je ne vous avais pas entendus.*

donjon nom m. ● *Dans les châteaux forts, le seigneur et sa famille habitaient le* **donjon**, *la tour la plus haute et la plus importante.*

donner v. **1 ●** *Je ne te vends pas ce livre, je ne te le prête pas, je te le* **donne** (→ 1. don ; SYN. offrir ; CONTR. recevoir). **2 ●** *Elle* **donne** *sa montre à l'horloger pour qu'il la répare* (→ SYN. confier). **3 ●** *Mon patron me* **donne** *25 francs de l'heure* (→ SYN. payer). **4 ●** *Ces fraisiers* **donnent** *beaucoup de fruits* (→ SYN. produire). **5 ●** *Ce travail m'a* **donné** *beaucoup de soucis* (→ SYN. causer). **6 ●** *Tu nous* **donneras** *de tes nouvelles* (→ SYN. envoyer). **7 ●** *Pouvez-vous me* **donner** *l'heure ?* (→ SYN. dire). **8 ●** *Ce balcon* **donne** *sur la cour, il est du côté où est la cour.* — *Cette porte* **donne** *sur le jardin* : elle y débouche. **9** DONNER SA PAROLE : jurer, promettre. **10** S'EN DONNER À CŒUR JOIE : faire une chose avec beaucoup de plaisir. **11** NE PAS SAVOIR OÙ DONNER DE LA TÊTE : avoir trop de choses à faire en même temps. ■ **donné** adj. **1 ●** *Tu dois faire cet exercice dans un temps* **donné**, *fixé, limité.* **2** ÉTANT DONNÉ QUE, loc. conj. : puisque. ■ **donneur** nom ● *La radio lance un appel à tous les* **donneurs** *de sang*, les personnes qui donnent leur sang aux hôpitaux.

dont [dɔ̃] pronom relatif ● *Voilà Dominique, l'ami que je t'avais parlé.* — *L'arbre* **dont** *la branche est cassée sera abattu.*

doper v. ● *Il a* **dopé** *son cheval pour lui faire gagner la course* : il lui a donné une drogue pour augmenter ses forces. ⬚ v. pron. ● *Les sportifs n'ont pas le droit de* **se doper** *avant les compétitions.* ■ **dopage** ou **doping** [dɔpiŋ] nom m. ● *Le* **dopage** *est dangereux pour la santé* : l'emploi de drogues stimulantes.

doré adj. **1 ●** *Son bracelet est en métal* **doré**, *couvert d'une mince couche d'or.* **2 ●** *Je vais faire une étoile avec ce papier* **doré**, *de la couleur de l'or.* ■ **dorer** v. **1 ●** *Cet artisan* **dore** *un cadre* : il le recouvre d'une mince couche d'or (→ redorer). **2 ●** *J'ai fait* **dorer** *des pommes de terre* : je les ai fait cuire à feu vif dans l'huile pour qu'elles prennent une couleur dorée.

■ **dorure** nom f. ● *La **dorure** de ce meuble ancien est en mauvais état*, la couche d'or qui le recouvre.

dorénavant adv. ● *Dorénavant, je me lèverai tôt* : à partir de maintenant, à l'avenir (→ SYN. désormais).

dorloter v. ● *Quand Serge est malade, ses parents le **dorlotent***, ils s'occupent de lui avec beaucoup de soins, de tendresse (→ SYN. cajoler, (fam.) chouchouter, choyer).

dormir v. 1 ● *Il est tard, j'ai envie de **dormir*** (→ endormir). ★ Chercher aussi : sommeil, veille. 2 (fig.) ● *Il faut se dépêcher, ce n'est pas le moment de **dormir***, de traîner. 3 UNE HISTOIRE À DORMIR DEBOUT : une histoire incroyable. ★ Conjug. 15.

■ **dormant** adj. ● *L'eau des étangs est une eau **dormante***, qui reste immobile (→ SYN. stagnant).

■ **dormeur** nom ● *Respecte le sommeil des **dormeurs***, de ceux qui dorment.

dorsal adj. ● *Les muscles **dorsaux***, du dos. — L'ÉPINE DORSALE : la colonne vertébrale. ★ VOIR p. 968.

dortoir nom m. Grande salle dans laquelle dorment plusieurs personnes. ● *Les **dortoirs** de la colonie de vacances.*

dorure → doré.

doryphore [dɔrifɔr] nom m. Insecte jaune avec des rayures noires, dont les larves dévorent les feuilles des plants de pommes de terre.

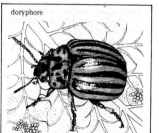

doryphore

dos nom m. 1 ● *François nage sur le **dos***, l'arrière du corps entre les épaules et les fesses (→ dossard ; 1. dossier). — DE DOS, loc. adv. ● *De dos, elle ressemble à Marie*, vue du côté du dos (→ CONTR. de face). 2 TOURNER LE DOS À QUELQUE CHOSE. ● *Tu ne vas pas vers la mer, tu lui **tournes le dos*** : tu vas dans la direction opposée. — (fig.) TOURNER LE DOS À QUELQU'UN. ● *Tous ses anciens amis lui ont tourné le dos* : ils ne veulent plus le voir. 3 DOS À DOS, loc. adv. ● *On va voir qui est le plus grand, mettez-vous **dos à dos***, dos contre dos (→ s'adosser). — (fig.) RENVOYER DEUX PERSONNES DOS À DOS. ● *Ne donner raison ni à l'une ni à l'autre.* 4 (fig.) METTRE QUELQUE CHOSE SUR LE DOS DE QUELQU'UN : l'en rendre responsable. — (fig.) AVOIR BON DOS. ● *Elle est encore en retard, son réveille-matin **a bon dos*** : elle dit que c'est lui le responsable, mais c'est trop facile ! 5 (fig.) SE METTRE QUELQU'UN À DOS : s'en faire un ennemi. 6 À DOS DE, loc. prép. ● *Il a fait une promenade **à dos de** mulet*, sur le dos d'un mulet. 7 AU DOS DE, loc. prép. ● *Anne écrit son adresse **au dos de** l'enveloppe*, sur l'autre côté (→ SYN. verso). 8 ● *Luc s'est brûlé le **dos** de la main*, le dessus.

dos-d'âne nom m. invar. ● *Ralentis ! Ce panneau signale un **dos-d'âne***, une bosse sur la route. ★ Chercher aussi : 2. cassis.

dose nom f. ● *Prenez dix gouttes de ce médicament, mais ne dépassez pas cette **dose***, la quantité à prendre en une fois.

■ **doser** v. ● *Pour réussir ce gâteau, il faut bien **doser** la farine* : mesurer la bonne dose.

dossard nom m. ● *Le coureur qui vient de tomber porte le **dossard** numéro 7*, un carré de tissu fixé sur son dos qui permet de le reconnaître.

1. **dossier** nom m. ● *Dans la voiture, elle a incliné le **dossier** de son siège*, la partie où l'on appuie le dos.

2. **dossier** nom m. ● *Yves a réuni un **dossier** sur le cinéma*, un ensemble de documents sur ce sujet. ★ Chercher aussi : 2. chemise.

dot [dɔt] nom f. • *Autrefois, quand une jeune fille se mariait, ses parents lui donnaient une* **dot**, *de l'argent, des biens.*

■ **doter** v. 1 • *Ces gens riches ont* **doté** *leur fille : ils lui ont donné une dot.* 2 • *Ton frère* **est doté** *de grandes qualités :* il les a. — • *Sa voiture* **est dotée** *de phares antibrouillards :* elle en est équipée (→ SYN. munir).

douane nom f. 1 • *À la frontière belge, la* **douane** *a contrôlé nos bagages,* l'administration chargée de contrôler les marchandises qui passent d'un pays à l'autre. 2 • *Les voyageurs font la queue à la* **douane**, *au bureau de cette administration.* 3 • *Si tu veux rapporter des objets précieux d'un pays étranger, il faudra payer la* **douane**, *les taxes.* ★ Chercher aussi : contrebande.

■ **douanier** nom m. et adj. 1 nom m. • *Les* **douaniers** *ont fouillé nos bagages,* les employés de la douane. 2 adj. • *Cette voiture a été arrêtée pour un contrôle* **douanier**, *de la douane.*

doubler v. 1 • *En quelques années, le prix de l'essence* **a doublé** : il a été multiplié par deux (→ double). 2 • *C'est très dangereux de* **doubler** *dans un virage, de dépasser un autre véhicule.* 3 • *J'ai fait* **doubler** *ma veste,* garnir l'intérieur avec un autre tissu (→ doublure, sens 1). 4 • *Ce film italien* **est doublé** : les paroles italiennes sont remplacées par des paroles françaises (→ doublage). — • *Pour sa descente en parachute, l'acteur* **a été doublé**, remplacé par quelqu'un d'autre (→ doublure, sens 2).

■ **doublage** nom m. • *Le* **doublage** *nous permet de comprendre les films étrangers,* le remplacement des paroles étrangères par des paroles françaises (→ doubler, sens 4).

■ **double** adj. et nom m. **A.** adj. • *Cette corde tiendra mieux si tu fais un* **double** *nœud,* deux nœuds l'un sur l'autre. • EN DOUBLE, loc. adv. • *Tu peux prendre ce livre, je l'ai* **en double** : j'ai deux fois le même (→ dédoubler). • FAIRE DOUBLE EMPLOI. • *Ce stylo* **fait double emploi** : il est inutile puisque j'en ai déjà un qui me rend le même service.

— (fig.) METTRE LES BOUCHÉES DOUBLES : faire quelque chose deux fois plus vite.

B. nom m. 1 • *6 est le* **double** *de 3,* deux fois trois (→ CONTR. moitié). 2 • *J'ai un* **double** *de cette clé,* une copie exacte. 3 • *Ces joueurs font un* **double**, *une partie de tennis à deux équipes de deux joueurs chacune.*

■ **doublement** adv. 1 • *Il mérite* **doublement** *d'être récompensé,* pour deux raisons. 2 • *Elle sera* **doublement** *punie,* deux fois.

■ **doublure** nom f. 1 • *La* **doublure** *de mon manteau est décousue,* le tissu qui garnit l'intérieur. 2 • *Cette actrice est malade, c'est sa* **doublure** *qui jouera ce soir,* l'actrice qui peut la remplacer.

en douce loc. adv. (fam.) • *Christophe est parti* **en douce**, *sans se faire remarquer,* discrètement (→ doux).

douceâtre [dusatʀ] adj. • *Ce fruit a un goût* **douceâtre**, *trop doux, fade, écœurant.*

doucement adv. 1 • *Elle a refermé la porte tout* **doucement**, *lentement, sans faire de bruit* (→ CONTR. brusquement, bruyamment, violemment). 2 • *Ne t'énerve pas, parle-lui* **doucement**, *gentiment* (→ doux).

■ **douceur** nom f. 1 • *Ce parfum est agréable, j'aime sa* **douceur**, *sa délicatesse* (→ doux, A sens 1 et 2; CONTR. âcreté, âpreté). 2 • *Le sourire de Carine est plein de* **douceur**, *de gentillesse* (→ doux, A sens 3; CONTR. agressivité, brusquerie, brutalité, violence). 3 (au plur.) • *Je t'ai apporté quelques* **douceurs**, *des sucreries* (→ doux, A sens 4). 4 EN DOUCEUR : doucement, sans brutalité. • *L'autobus a freiné* **en douceur**.

doucereux adj. • *Je n'aime pas son sourire* **doucereux**, *qui veut avoir l'air doux* (→ SYN. hypocrite, mielleux).

douche nom f. 1 • *Avant de me coucher, je vais prendre une* **douche**. 2 • *Elle a fait installer une* **douche** *dans la salle de bains,* un appareil qui projette une sorte de jet d'eau.

■ **se doucher** v. pron. • *Pour entrer dans la piscine, il faut d'abord* **se doucher**, *passer sous la douche.*

doué adj. ● *Étienne est* **doué** *pour la musique* : il a des dispositions naturelles pour la musique (→ 2. don ; CONTR. faible, A sens 2).

douille nom f. **1** ● *Laure a vissé une ampoule neuve dans la* **douille** *de sa lampe*, la pièce de métal creuse qui relie l'ampoule au fil électrique. **2** ● *Une* **douille** *de cartouche* : le cylindre creux qui contient la poudre explosive.

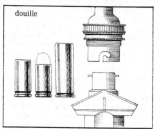

douille

douillet adj. **1** ● *Quelle comédie pour une piqûre ! Elle est vraiment* **douillette** : elle ne supporte pas la moindre douleur (→ CONTR. courageux). **2** ● *Ce matelas est* **douillet**, doux et confortable.

douleur nom f. **1** ● *Quand la guêpe m'a piqué, j'ai senti une* **douleur** *au bras* (→ SYN. souffrance). **2** ● *Il a perdu sa mère, sa* **douleur** *est grande*, son chagrin, sa peine.

■ **douloureux** adj. **1** ● *Mon épaule est* **douloureuse** : elle me fait mal (→ SYN. endolori). **2** ● *Cette séparation est* **douloureuse**, pénible, triste (→ SYN. amer).

douter v. **1** ● *Myriam dit qu'elle m'écrira, mais j'en* **doute** : je n'en suis pas sûr du tout. — ● *Il* **doute** *que tu puisses venir*. — ● *Elle* **doute** *d'avoir pris sa clé*. **2** ● *Je* **doute** *de lui* : je n'ai pas confiance en lui (→ SYN. se méfier). **3** NE DOUTER DE RIEN : être très audacieux, sûr de réussir. **4** v. pron. ● *Alain* **se doutait** *bien qu'il serait interrogé* : il l'avait deviné, il pensait que c'était probable.

■ **doute** nom m. **1** ● *As-tu éteint la lumière dans la cave ? J'ai un* **doute** : je n'en suis pas certain. **2** CELA NE FAIT AUCUN DOUTE : c'est certain. **3** SANS DOUTE : probablement. — ● *C'est* **sans doute** *le vent qui a fait claquer la porte.*

■ **douteux** adj. **1** ● *Crois-tu qu'il arrivera ce soir ? — C'est* **douteux** : c'est peu probable, ce n'est pas sûr (→ CONTR. certain). **2** ● *Ne mange pas ces champignons, ils sont* **douteux** : ils ne sont peut-être pas bons. **3** ● *Claude a les mains* **douteuses**, pas vraiment propres.

douve nom f. **1** ● *Les* **douves** *du château fort* : fossé de protection rempli d'eau. **2** Morceau de bois avec quoi on fait les tonneaux.

doux adj. et adv. **A.** adj. **1** ● *Mon chat a le poil* **doux**, agréable à toucher (→ CONTR. rêche, rugueux). **2** ● *Le climat de cette région est* **doux**, ni trop chaud ni trop froid (→ adoucir ; SYN. clément, tempéré ; CONTR. rude). **3** ● *N'aie pas peur du chien, il a un caractère très* **doux**, gentil, facile (→ CONTR. agressif, violent). — ● *Grand-mère est toujours très* **douce** *avec nous* (→ CONTR. brutal, dur, sévère). **4** ● *Ces oranges sont* **douces**, sucrées (→ CONTR. acide, amer). **5** EAU DOUCE. ● *Les truites ne vivent que dans l'***eau douce**, l'eau non salée. **B.** adv. **1** ● *Il fait* **doux** : il fait un temps agréable. **2** (fam.) FILER DOUX. ● *Devant sa mère, il* **file doux** : il obéit sans discuter.

douze adj. numéral invar. ● *Il emporte* **douze** *assiettes*. □ nom m. ● *Deux fois six font* **douze** *(12).*

■ **douzaine** nom f. **1** ● *Achète-moi une* **douzaine** *d'œufs*, douze exactement. **2** ● *La mer est à une* **douzaine** *de kilomètres de chez moi*, environ douze kilomètres.

■ **douzième** adj. ● *Élise habite au* **douzième** *étage*. □ nom ● *Marc est le* **douzième** *sur la liste.*

doyen [dwajɛ̃] nom ● *Cet homme a 104 ans* : c'est le **doyen** *de la ville*, la personne la plus âgée.

draconien adj. ● *Un règlement **draconien**, très sévère (→ SYN. rigoureux, sens 1).

dragée nom f. ● *Au baptême de Julien, on nous a donné des **dragées**, des bonbons faits d'une amande recouverte de sucre.*

dragon nom m. **1** ● *Dans ce conte, le trésor est gardé par un **dragon**, un animal imaginaire que l'on représente avec des ailes, des griffes et une queue de serpent.* **2** (fam.) ● *Sa tante me fait peur, c'est un vrai **dragon**, une femme très autoritaire et très sévère.*

dragonne nom f. ● *Pour ne pas perdre tes bâtons de ski, passe tes mains dans les **dragonnes**, les courroies que l'on passe autour des poignets.*

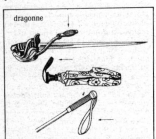

dragonne

draguer v. ● *Ces machines **draguent** le canal : elles nettoient le fond en raclant la boue, le sable, la vase, etc.*
■ **drague** nom f. Appareil servant à draguer.

drainer v. **1** ● *Pour faire pousser du blé dans ces terres trop humides, il faudra d'abord les **drainer**, faire des travaux pour permettre à l'eau de s'écouler (→ drain, drainage ; SYN. assécher).* **2** ● *Ce spectacle **draine** une foule de touristes étrangers* : il les attire.
■ **drain** nom m. ● *Le médecin a posé un **drain** dans la plaie* : un tube souple qui permet au sang, au pus de sortir de la plaie.

■ **drainage** nom m. ● *Les anciens marais ont été asséchés grâce au **drainage**, aux travaux pour évacuer l'eau trop abondante.*

drakkar nom m. ● *Les Vikings sont allés jusqu'au Groenland sur leurs **drakkars**, de grands bateaux à voile carrée et à rames, qui portaient un dragon sculpté à l'avant.*

drame nom m. **1** ● *Ces acteurs jouent un **drame** de Victor Hugo*, une pièce de théâtre sérieuse. ★ Chercher aussi : comédie, mélodrame, tragédie. **2** ● *Un enfant s'est noyé dans la rivière, c'est un **drame** affreux*, un événement très grave et très triste (→ SYN. catastrophe, tragédie). — EN FAIRE UN DRAME. ● *Ce n'est qu'un petit ennui, ce n'est pas la peine d'**en faire un drame***, d'exagérer, de dire que c'est une catastrophe.
■ **dramatiser** v. **1** ● *Il ne faut pas **dramatiser** la situation* : exagérer la gravité. **2** ● *Il aurait pu **dramatiser** le récit* : le présenter comme une pièce de théâtre.
■ **dramatique** adj. **1** ● *Ce soir, la télévision présente une émission **dramatique**,* théâtrale. □ nom f. ● *Une **dramatique*** : une émission théâtrale. **2** ● *Ces réfugiés sont dans une situation **dramatique**,* très grave, terrible (→ SYN. tragique ; CONTR. comique).
■ **dramatiquement** adv. ● *Leur dispute s'est terminée **dramatiquement**,* d'une façon violente, tragique.

drap nom m. **1** ● *Céline a refait son lit avec des **draps** à fleurs,* les grands morceaux de toile entre lesquels on dort. **2** (fig.) ÊTRE DANS DE BEAUX DRAPS : être dans une situation très embarrassante, très désagréable.

drapeau nom m. **1** ● *Chaque pays a son **drapeau**,* un morceau de tissu aux couleurs et aux dessins particuliers. — ● *Le **drapeau** français est tricolore (bleu, blanc, rouge).* ★ Chercher aussi : hampe. **2** (fig.) ÊTRE SOUS LES DRAPEAUX : faire son service militaire.

draper v. ● *Elle **a drapé** ce tissu autour du mannequin,* elle l'a disposé autour en formant des plis. □ v. pron. • *Pour se déguiser, ils se sont drapés dans de vieux rideaux* : ils se sont habillés en s'enroulant dedans.

■ **draperie** nom f. • *Le fond de la scène est orné de draperies*, de grands morceaux de tissu accrochés aux murs, qui forment des plis.

1. dresser v. **1** • *Dès qu'il entend du bruit, mon chien dresse les oreilles* : il les lève, il les tient droites (→ CONTR. baisser). — (fig.) DRESSER L'OREILLE : se mettre tout à coup à écouter attentivement. **2** • *Ils ont dressé une barrière autour de la place* : ils l'ont fait tenir debout, ils l'ont installée. □ v. pron. • *Une tour se dresse au milieu du parc* : elle s'élève toute droite. **3** • *Hélène a dressé la liste des invités* : elle l'a faite avec soin (→ SYN. établir).

2. dresser v. • *Yves dresse son chien* : il lui apprend à obéir (→ SYN. apprivoiser ; dompter).

■ **dressage** nom m. • *Le dompteur commence le dressage d'un jeune tigre.*

dribbler v. • *Ce footballeur dribble* : il court en poussant la balle devant lui et en évitant ses adversaires.

drogue nom f. **1** • *La police vient d'arrêter des trafiquants de drogue*, des produits qui donnent des sensations curieuses, mais qui sont très dangereux pour la santé (→ se droguer ; drogué ; SYN. 2. stupéfiant). **2** (fam.) • *Le médecin lui a donné toutes sortes de drogues*, de médicaments.

■ **droguer** v. **1** • *On m'a dit que ces animaux féroces étaient drogués avant la représentation*, qu'on leur donnait des calmants. **2** v. pron. • *Il n'est plus capable de travailler ni de faire du sport depuis qu'il se drogue*, qu'il prend de la drogue.

■ **drogué** nom • *L'hôpital voisin accueille et soigne les drogués*, les personnes qui ont pris l'habitude de consommer de la drogue et ne peuvent plus s'en passer (→ SYN. toxicomane).

droguerie nom f. • *Claude a acheté du cirage, de la lessive et une éponge à la droguerie*, le magasin qui vend des produits d'entretien et de toilette.

■ **droguiste** nom • *Le droguiste nous a conseillé cette peinture*, le commerçant qui tient une droguerie.

1. droit adj. **1** • *Notre rue est droite* : elle ne tourne pas (→ 1. droite ; CONTR. courbe). □ adv. • *La gare est droit devant vous*, en ligne droite. **2** • *Ce poteau penche, il n'est pas droit*, vertical (→ CONTR. oblique, penché). **3** • *Les coins de la table forment quatre angles droits*, des angles de 90°. ★ Chercher aussi : aigu, obtus. ★ VOIR p. 424. **4** • *Tu peux lui faire confiance, c'est un homme droit*, honnête, loyal (→ droiture ; CONTR. déloyal, faux).

■ **1. droite** nom f. • *Avec sa règle, Rémi trace une droite passant par ces deux points*, une ligne droite. ★ VOIR p. 424.

■ **droiture** nom f. • *Il ne triche jamais, tu connais sa droiture*, son honnêteté, sa loyauté.

2. droit adj. • *Charlotte porte une bague à la main droite* (→ droitier ; CONTR. gauche).

■ **2. droite** nom f. **1** • *Vous pouvez voir un château sur votre droite*, du côté droit. — À DROITE, loc. adv. • *En France, les voitures doivent rouler à droite* (→ CONTR. à gauche). **2** • *Cet homme politique soutient la droite*, les partis conservateurs (→ CONTR. gauche).

■ **droitier** adj. • *Jérôme écrit de la main droite, il est droitier*, plus habile de la main droite que de la main gauche (→ CONTR. gaucher).

3. droit nom m. **1** • *Delphine a le droit d'aller au cinéma ce soir*, l'autorisation, la permission. **2** • *À 18 ans, tu auras le droit de voter* : la loi te le permettra. — ÊTRE DANS SON DROIT : avoir raison, pouvoir exiger quelque chose. **3** • *Mon cousin étudie le droit*, l'ensemble des lois. **4** • *Si elle achète un bijou précieux à l'étranger, elle devra payer des droits de douane en rentrant en France*, une somme d'argent exigée par l'État (→ SYN. taxe).

drôle adj. **1 •** *Nous avons bien ri, le film était très* **drôle**, amusant, comique. **2 •** *Loïc n'est pas encore là ? C'est* **drôle** : c'est bizarre. — UN DRÔLE DE. **•** *J'ai entendu* **un drôle de** *bruit*, un bruit bizarre (→ SYN. curieux, étonnant). **3** (fam.) UN DRÔLE DE. **•** *Elle a* **une drôle de** *patience*, beaucoup de patience.
■ **drôlement** adv. **1 •** *John parle* **drôlement**, d'une façon bizarre, un peu comique. **2** (fam.) **•** *Elle est* **drôlement** *sévère*, vraiment très sévère.
■ **drôlerie** nom f. **•** *Les* **drôleries** *du clown amusent les enfants*, ses pitreries, ses actions comiques.

dromadaire nom m. Animal qui ressemble au chameau, mais qui n'a qu'une seule bosse. **•** *Une longue file de* **dromadaires** *traverse le désert.*
★ Chercher aussi : chameau.

dru adj. **•** *Il a beaucoup plu, l'herbe est* **drue**, épaisse et serrée. — **•** *Une barbe* **drue** (→ SYN. touffu ; CONTR. clairsemé).
□ adv. **•** *La neige tombe* **dru**.

drugstore [drœgstɔr] nom m. **•** *Aux États-Unis, Harry m'a emmené manger une glace au* **drugstore**, un ensemble de magasins ouverts tard le soir et où l'on peut trouver une pharmacie, un restaurant, des journaux, de la parfumerie, des jouets, etc.

druide nom m. **•** *Les* **druides** *coupaient le gui avec des faucilles*, les prêtres gaulois ou celtes.

du prép. et article indéf. Forme contractée de de + le. **1 •** *Il arrive* **du** *Japon*, de cet endroit (origine). **2 •** *La voiture* **du** *voisin*, qui lui appartient (appartenance). **3 •** *Elle tape* **du** *pied*, avec le pied (moyen). **4** article indéf. **•** *Carole mange* **du** *chocolat*, un peu de chocolat.

dû adj. **1 •** *Il va payer la somme* **due**, qu'il doit. □ nom m. **•** *Rendez lui son* **dû**, ce que vous lui devez. **2 •** *Cet accident est* **dû** *au mauvais temps*, causé par lui.
★ L'accent circonflexe sur *dû* disparaît au féminin (*due*) et au pluriel (*dus*, *dues*).

dubitatif adj. **•** *Anne répond d'un ton* **dubitatif**, qui montre des doutes (→ SYN. incertain ; CONTR. affirmatif).

duc nom m., **duchesse** nom f. Titre de noblesse le plus élevé après celui de prince. **•** *Le* **duc** *et la* **duchesse** *ont assisté au baptême de la princesse.*
■ **ducal** adj. **•** *Une couronne* **ducale**, qui appartient à un duc.
■ **duché** nom m. **•** *Le* **duché** *de Bourgogne* : le territoire gouverné autrefois par un duc, une duchesse.

duel nom m. **•** *Le comte a tué le baron dans un* **duel** *à l'épée*, un combat entre deux personnes pour une question d'honneur.

duffel-coat [dœfœlkot] nom m. **•** *Ce matin, Claire a mis son* **duffel-coat**, un manteau à capuchon. — **•** *Des* **duffel-coats**.

dune nom f. **•** *Il fait trop froid sur la plage, allons jouer dans les* **dunes**, les collines de sable formées par le vent.

duo nom m. **•** *Bruno et Patricia ont joué un* **duo**, un air de musique pour deux instruments ou deux voix.

dupe adj. **•** *Elle m'a raconté des mensonges, mais je ne suis pas* **dupe** : je le sais, je ne me laisse pas tromper.
■ **duper** v. (littér.) **•** *Fais attention, ils essaient de te* **duper**, de te tromper (SYN. berner, mystifier).

duplex [dyplɛks] nom m. **•** *Michel habite un* **duplex**, un appartement sur deux étages.

duplicata nom m. invar. **•** *Quand il a perdu sa carte d'identité, Pierre en a fait faire un* **duplicata**, une copie, un double (→ CONTR. original).

duplicateur nom m. **•** *Ils ont imprimé des tracts avec un* **duplicateur**, un appareil qui peut faire beaucoup de copies d'un document.

duquel pronom relatif ou interrogatif m. **•** *Voilà deux manteaux.* **Duquel** *as-tu envie ?* (→ duquel ; lequel).

dur adj., adv. et nom. **A.** adj. **1 •** *Impossible d'enfoncer un clou dans ce mur, il est trop* **dur**, résistant (→ durcir, dureté ;

CONTR. 1. mou). **2** ● *Cette opération est* ***dure****, difficile* (→ SYN. ardu). — ● *La porte est* ***dure*** *à fermer* (→ CONTR. facile). **3** ● *En montagne, l'hiver est* ***dur****, pénible à supporter* (→ SYN. âpre, rude ; CONTR. doux). **4** ● *Il est* ***dur*** *avec ses enfants, très sévère, brutal* (→ *durement, dureté* ; CONTR. doux, indulgent). **5** (fam.) ÊTRE DUR D'OREILLE : être un peu sourd.
B. adv. ● *Didier travaille* ***dur*** *pour réussir son examen : il travaille beaucoup, avec courage.*
C. nom **1** (fam.) ● *Il veut faire croire qu'il est un* ***dur****, quelqu'un qui n'a peur de rien.* **2** nom f. ● *Nous avons couché sur la* ***dure****, par terre.* **3** EN DUR. ● *Ce n'est pas une cabane, c'est une maison* ***en dur****, en matériaux solides et résistants, faits pour durer.*

durable adj. ● *Ces vacances étaient merveilleuses, j'en garderai un souvenir* ***durable****, qui va durer longtemps* (→ CONTR. fugitif, 2. passager).

durant prép. **1** ● *Nous nous sommes rencontrés* ***durant*** *les vacances, au cours des vacances, pendant la durée des vacances.* **2** ● *Il a plu trois jours* ***durant****, pendant trois jours de suite.*

durcir v. **1** ● *Le plâtre commence à* ***durcir****, à devenir dur* (→ CONTR. ramollir). **2** ● *La fatigue* ***durcit*** *son visage : elle le fait paraître dur, sévère* (→ CONTR. adoucir). ★ Conjug. 11.
■ **durcissement** nom m. ● *Ne marchez pas sur ce ciment avant son* ***durcissement*** *complet, avant qu'il ne soit devenu complètement dur.*

durement adv. ● *Elle lui a parlé* ***durement****, sévèrement, sans bonté* (→ SYN. brutalement ; CONTR. gentiment).
■ **dureté** nom f. **1** ● *Cette pierre est solide, mais elle n'a pas la* ***dureté*** *du granit, sa résistance.* **2** ● *Il n'a pas eu pitié d'eux, il les a renvoyés avec* ***dureté*** (→ SYN. brutalité ; CONTR. bonté, douceur, gentillesse).

durer v. **1** ● *Leur visite* ***a duré*** *une heure : elle s'est déroulée en une heure.* — ● *Sa colère* ***dure*** *depuis hier.*

2 ● *Si tu soignes bien cette plante, elle* ***durera*** *longtemps : elle restera longtemps en bon état.*
■ **durée** nom f. ● *Pauvre Corinne ! Elle a été malade pendant toute la* ***durée*** *des vacances, tout le temps qu'elles ont duré.*

durillon nom m. ● *À force de bêcher le jardin, il a des* ***durillons*** *sur les mains, des endroits où sa peau a durci.* ★ Chercher aussi : 2. cor.

duvet nom m. **1** ● *Les poussins ont le corps recouvert de* ***duvet****, de petites plumes douces et légères.* **2** ● *Quand je campe, je dors dans un* ***duvet****, un sac de couchage garni de plume.* **3** ● *Les feuilles des bleuets sont recouvertes de* ***duvet****, de poils très fins.*

dynamique adj. ● *On ne s'ennuie jamais avec Patricia, c'est une fille* ***dynamique****, qui fait beaucoup de choses avec entrain et avec énergie* (→ SYN. actif, énergique, entreprenant ; CONTR. indolent, 1. mou).
■ **dynamisme** nom m. ● *Notre équipe de basket est pleine de* ***dynamisme****, d'énergie, de vitalité, d'entrain, d'activité.*

dynamite nom f. Explosif très puissant. ● *Pour faire sauter ce gros rocher, il faudrait de la* ***dynamite****.*
■ **dynamiter** v. ● *Des terroristes* ***ont dynamité*** *les rails du train : ils les ont fait sauter à la dynamite.*

dynamo nom f. ● *En tournant, la roue de mon vélo fait marcher la* ***dynamo****, l'appareil qui produit du courant électrique.*

dynastie nom f. ● *Le roi Henri IV appartenait à la* ***dynastie*** *des Bourbons, une famille de rois qui ont régné l'un après l'autre.*

dysenterie [disɑ̃tri] nom f. ● *Il a très mal au ventre, j'espère qu'il n'a pas attrapé la* ***dysenterie****, une maladie grave et contagieuse qui donne de la diarrhée.*

dyslexie [disleksi] nom f. Difficulté de lecture. ● *La* ***dyslexie*** *de Jean ralentit ses progrès scolaires.*

E|e

eau nom f. **1** ● *L'eau est un liquide incolore, inodore et sans saveur.* — ● *De l'eau de pluie, de l'eau de mer.* **2** (fig.) METTRE DE L'EAU DANS SON VIN : devenir plus aimable, plus accommodant. — SE NOYER DANS UN VERRE D'EAU : être arrêté par la moindre difficulté. — TOMBER À L'EAU : échouer. ● *Nos projets sont tombés à l'eau.* — UN COUP D'ÉPÉE DANS L'EAU : une action inutile et sans effet. **3** Se dit de certains produits liquides. ● *Se parfumer avec de l'eau de lavande, de l'eau de Cologne.* — ● *Nettoyer les sols avec de l'eau de Javel.* **4** EAU DOUCE : eau non salée, eau de rivière. — D'EAU DOUCE, loc. adj. ● *La carpe est un poisson d'eau douce,* de rivière ou de lac (→ CONTR. marin). **5** COURS D'EAU : eau qui coule dans la nature (fleuve, rivière, ruisseau, etc.).

eau-de-vie nom f. ● *L'armagnac, le cognac, le calvados sont des eaux-de-vie,* des boissons très alcoolisées que l'on obtient par distillation de certains fruits, du vin, de céréales...

eau-forte nom f. Gravure obtenue à partir d'une plaque de cuivre attaquée par un acide aux endroits où, selon un dessin, le vernis a été gratté. ● *Les eaux-fortes de cet artiste sont recherchées.*

ébahir v. ● *La nouvelle de notre départ l'a ébahi,* l'a fortement étonné (→ 2. baba ; SYN. stupéfier). ★ Conjug. 11.

s'ébattre v. pron. ● *Pendant la récréation, les enfants s'ébattent dans la cour de l'école :* ils se détendent en jouant, en courant. ★ Conjug. 31.

■ **ébats** nom m. plur. ● *Autour du bac à sable, les parents surveillent les ébats des petits :* mouvements de détente, animés et joyeux.

ébauche nom f. ● *Avant de tracer le plan définitif d'une maison, l'architecte fait quelques ébauches,* des dessins rapidement tracés, qui ne donnent que les lignes générales (→ SYN. esquisse). ★ Chercher aussi : croquis.

■ **ébaucher** v. ● *Ébaucher un plan, un roman :* en faire l'ébauche, en tracer les grandes lignes (→ SYN. esquisser ; CONTR. achever).

ébène nom f. Bois précieux, noir et très dur. ● *Un coffret, une statuette en ébène.*

ébéniste nom m. Artisan qui fabrique des meubles précieux. ★ Chercher aussi : charpentier, menuisier.

■ **ébénisterie** nom f. ● *L'acajou, le noyer sont des bois que l'on utilise en ébénisterie.*

éberlué adj. Très étonné. ● *Je suis éberlué de voir tant de monde* (→ SYN. ébahi, stupéfait).

éblouir v. **1** ● *Je ne peux pas regarder le soleil, il m'éblouit :* sa lumière est si vive que mes yeux ne la supportent pas (→ SYN. aveugler). **2** (fig.) ● *Le talent et la beauté de cette actrice ont ébloui les spectateurs :* ils les ont remplis d'admiration. — ● *Il se laisse éblouir par de belles promesses* (→ SYN. séduire). ★ Conjug. 11.

■ **éblouissement** nom m. ● *Quand le photographe a déclenché son flash, j'ai eu un éblouissement.*

■ **éblouissant** adj. **1** Qui éblouit. ● *Baisse le store, le soleil est* **éblouissant!** **2** (fig.) Qui émerveille, qui séduit. ● *La danseuse étoile a été* **éblouissante** *ce soir.*

éborgner v. ● *N'agite pas ces ciseaux en l'air, tu risques d'***éborgner** *quelqu'un,* de lui crever un œil (→ borgne).

éboueur nom m. Employé chargé d'enlever les ordures ménagères (→ SYN. 2. boueux).

ébouillanter v. ● *Pour faire cuire un crabe, il faut l'***ébouillanter**, *le plonger dans l'eau bouillante* (→ SYN. échauder). □ v. pron. ● *Ne touche pas à cette casserole qui chauffe, tu risques de* **t'ébouillanter**, *de te brûler en renversant sur toi un liquide bouillant.*

s'ébouler v. pron. ● *Le talus* **s'est ébloué** : la terre, les pierres qui le formaient sont tombées en roulant (→ SYN. s'écrouler, s'effondrer).
■ **éboulement** nom m. ● *Cette route de montagne est dangereuse en raison des risques d'***éboulement**, *de chute de pierres et de terre.*
■ **éboulis** nom m. ● *Un* **éboulis** *barre la route, un tas de pierres, de terre, qui provient d'un éboulement.*

ébouriffer v. ● *Un coup de vent lui* **a ébouriffé** *les cheveux* : il les a relevés et mis en désordre.
■ **ébouriffé** adj. ● *En se réveillant, Patrick était tout* **ébouriffé** (→ SYN. échevelé, hirsute).

ébranler v. **1** ● *Un violent coup de vent* **a ébranlé** *la cabane,* l'a fait trembler, vibrer. **2** ● *À force de discuter, vos raisons l'***ont ébranlé**, *l'ont rendu moins sûr de lui.*
■ **s'ébranler** v. pron. ● *Le chef de gare siffla et le train* **s'ébranla**, *se mit en marche* (→ en branle).

ébrécher v. ● *Ne heurte pas la vaisselle : même si tu ne la casses pas, tu risques de l'***ébrécher**, *de la casser sur le bord, de faire sauter des éclats* (→ brèche). ★ Conjug. 8. □ adj. ● *Un verre* **ébréché**.

ébriété nom f. ● *Être en état d'***ébriété** : être soûl, ivre (→ SYN. ivresse).

s'ébrouer v. pron. ● *Après s'être roulé dans la poussière, le chien* **s'ébroue**, il se secoue pour se débarrasser de la poussière.

ébruiter v. ● *Quelques journaux* **ont ébruité** *la nouvelle :* ils en ont parlé, ils l'ont révélée (→ bruit ; SYN. divulguer, répandre).

ébullition nom f. **1** ● *Chauffer un liquide jusqu'à* **ébullition**, *jusqu'à ce qu'il bouille.* **2** (fig.) ● *La veille de la fête, tout le village était en* **ébullition**, en pleine agitation (→ SYN. effervescence).

écaille nom f. **1** ● *Certains poissons et certains reptiles ont le corps recouvert d'***écailles**, *de petites plaques dures.* **2** ● *Un peigne en* **écaille**, *des lunettes à monture d'***écaille**, en carapace de tortue (ou en matière plastique qui y ressemble).

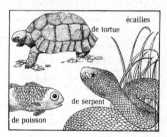

écailles de tortue
de serpent
de poisson

■ **écailler** v. **1** ● *Il faut* **écailler** *les poissons avant de les faire frire,* enlever les écailles. **2** v. pron. ● *La peinture* **s'écaille** *à cause de l'humidité :* elle se détache par petites plaques.

écaler v. Ôter la coquille (des œufs durs, de certains fruits comme les noisettes, les amandes, etc.).

écarlate adj. ● *Un ruban* **écarlate**, *de couleur rouge vif.* — ● *Stéphane était* **écarlate** *de fureur,* très rouge.

écarquiller v. ● *J'ai beau* **écarquiller** *les yeux, je ne vois pas leur bateau :* j'ai beau ouvrir les yeux très grands.

écart nom m. **1 •** *Le cycliste a fait un* ***écart*** *pour éviter la voiture* : il a fait un mouvement brusque de côté. **2 •** *Au Sahara, il y a de grands* ***écarts*** *de température entre le jour et la nuit*, de grandes différences. **3** GRAND ÉCART : en gymnastique, position dans laquelle on est assis par terre avec les deux jambes tendues écartées de chaque côté du corps. **4** À L'ÉCART DE, loc. prép. **•** *Une maison construite* ***à l'écart du*** *village*, à une certaine distance du village. — À L'ÉCART, loc. adv. **•** *Viens jouer avec nous, ne reste pas* ***à l'écart***, de côté. — **•** *Tenir quelqu'un* ***à l'écart.***
■ **écarter** v. **1 •** ***Écarter*** *les branches d'un compas.* — **•** ***Écarter*** *les jambes*, les placer à une certaine distance l'une de l'autre (→ CONTR. rapprocher). **2 •** *Nous* ***écarterons*** *cette question* : nous ne nous en occuperons pas. — **•** *Sa candidature* ***a été écartée*** : elle n'a pas été retenue (→ SYN. éliminer).
■ **écartement** nom m. **•** *L'****écartement*** *des rails de chemin de fer est en France de 1,435 m*, la distance qui les sépare.

écarteler v. **1 •** *Avant la Révolution, certains condamnés à mort* ***étaient écartelés*** : leurs membres liés à des chevaux tirant chacun de leur côté étaient arrachés de leurs corps. **2** (fig.) Tirailler, entraîner dans des directions contraires. **•** *Je suis* ***écartelé*** *entre plusieurs obligations* (toujours au passif dans ce sens).

ecchymose [ekimoz] nom f. **•** *Le blessé ne souffre que d'****ecchymoses*** *sans gravité*, de bleus, de petites blessures.

ecclésiastique nom m. **•** *Autrefois, tous les* ***ecclésiastiques*** *portaient la soutane*, les membres du clergé (les prêtres, les abbés, les cardinaux, etc.).

écervelé adj. et nom **•** *Il oublie toujours quelque chose. Quel* ***écervelé****!*, une personne qui ne réfléchit pas, qui n'a pas de cervelle (→ cervelle ; SYN. étourdi).

échafaud nom m. Estrade sur laquelle on exécute les condamnés à mort. **•** *Mou-*

rir sur l'***échafaud*** : être exécuté.
★ Chercher aussi : guillotine.

échafaudage nom m. **•** *Les peintres ont installé un* ***échafaudage*** *pour repeindre la façade de l'immeuble*, une construction démontable constituée d'une charpente.

échafauder v. **•** ***Échafauder*** *des plans, des projets*, les préparer, les combiner.

échalote nom f. Plante proche de l'oignon, moins forte au goût. **•** *Une salade à l'****échalote***.

échancré adj. **•** *Une robe au col* ***échancré***, largement ouvert, décolleté.
■ **échancrure** nom f. **•** *Agrandir l'****échancrure*** *du col*, l'ouverture.

échanger v. **1 •** *Pierre* ***a échangé*** *son stylo contre un canif* : il a donné son stylo contre un canif (→ changer ; SYN. troquer). **2 •** *Les nouveaux amis* ***ont échangé*** *leurs adresses* : chacun a donné son adresse à l'autre. ★ Conjug. 5.
■ **échange** nom m. **1 •** *Faire un* ***échange*** : échanger une chose contre une autre. **2** EN ÉCHANGE (DE), loc. adv. (ou prép.) : à la place, contre. **•** *Si je te donne mon crayon, que me donneras-tu* ***en échange*** *?*

échangeur nom m. **•** *Sur les autoroutes, les carrefours sont remplacés par des* ***échangeurs***, des ensembles de routes et de ponts qui permettent d'éviter les croisements.

échantillon nom m. **1 •** *Ce fabricant a distribué des* ***échantillons*** *gratuits de son nouveau produit*, de petites quantités de ce produit pour que les gens puissent l'essayer et le juger. **2** (fig.) **•** *Il a joué quelques morceaux pour nous donner un* ***échantillon*** *de son talent de pianiste*, une idée, un aperçu de son talent.

échappatoire nom f. **•** *Il a répondu par une plaisanterie* : *c'est une* ***échappatoire***, un moyen de se tirer d'embarras.

échappée nom f. **•** *Le coureur cycliste a tenté une* ***échappée*** : il est parti en avant pour essayer de distancer ses concurrents.

échapper v. **1** ● *Le voleur **a échappé** à la police* : la police n'a pas pu l'arrêter. **2** ● *Le verre lui **a échappé** des mains* : il l'a laissé tomber par maladresse. **3** ● *Ce détail m'**a échappé*** : je l'ai oublié, je ne l'ai pas remarqué. **4** ● *Il **a échappé** à la maladie* : il l'a évitée. — L'ÉCHAPPER BELLE : se sortir de justesse d'une mauvaise situation. **5** ● *Le nom de votre cousin m'**échappe*** : je ne m'en souviens pas.

■ **s'échapper** v. pron. **1** ● *Le prisonnier **s'est échappé*** : il s'est sauvé, enfui. **2** ● *De la fumée **s'échappe** de la cheminée* : elle sort, elle s'évacue par la cheminée (→ échappement).

■ **échappement** nom m. ● *Le tuyau d'**échappement***, par lequel sortent les gaz d'un moteur.

écharde nom f. ● *Ne marche pas pieds nus sur le parquet, tu risques de t'enfoncer une **écharde***, un petit éclat de bois pointu.

écharpe nom f. **1** ● *Dominique s'est tricoté une **écharpe** de laine*, une longue bande d'étoffe que l'on porte autour du cou pour avoir chaud (→ SYN. cachenez). **2** ● *L'**écharpe** tricolore est l'insigne des maires et des députés* : une bande de tissu tricolore qu'ils portent autour de la taille ou en travers de la poitrine. **3** EN ÉCHARPE, loc. adv. ● *Avoir un bras **en écharpe***, avoir un bras blessé, retenu par une bande de tissu qui passe autour du cou.

bras en écharpe

écharper v. ● *Les gendarmes ont eu toutes les peines du monde à empêcher la foule d'**écharper** l'assassin qu'ils venaient d'arrêter* (→ SYN. lyncher, massacrer).

échasse nom f. ● *Autrefois, les bergers landais se déplaçaient dans les terrains humides en marchant sur des **échasses***, de longs bâtons de bois munis d'un support pour le pied.

échassier nom m. ● *La bécasse, la grue, la cigogne sont des **échassiers***, une classe d'oiseaux à longues pattes.

échauder v. **1** ● *Il faut **échauder** la théière avant de faire le thé*, la laver ou la tremper dans de l'eau très chaude (→ chaud ; SYN. ébouillanter). **2** (fig.) ● *J'ai été **échaudé** une fois, maintenant, je suis plus méfiant* : il m'est arrivé une mésaventure qui m'a servi de leçon.

échauffer v. ● *Avant la course, les sportifs font quelques mouvements pour **échauffer** leurs muscles*, pour les rendre plus chauds, plus souples. □ v. pron. ● *Les athlètes **s'échauffent***.

■ **échauffement** nom m. ● *Des exercices d'**échauffement***.

échauffourée nom f. ● *Être pris dans une **échauffourée***, dans un échange de coups, une courte lutte (→ SYN. bagarre).

échéance nom f. **1** ● *L'**échéance** tombe à la fin du mois* : la date à laquelle on est obligé de payer ce que l'on doit. ★ Chercher aussi : expiration. **2** À LONGUE ÉCHÉANCE, À BRÈVE ÉCHÉANCE, loc. adv. : à une date éloignée, à une date proche. ● *J'aime faire des projets **à longue échéance***, pour un avenir éloigné.

échéant adj. LE CAS ÉCHÉANT, loc. adv. : si le cas se produit, si l'occasion se présente. ● *Je viendrai peut-être vous voir ; **le cas échéant**, je vous téléphonerai* (→ SYN. éventuellement).

1. échec nom m. ● *Paul n'a pas obtenu son permis de conduire ; cet **échec** l'a beaucoup déçu* : le fait qu'il n'ait pas réussi, qu'il ait échoué (→ 1. échouer ; CONTR. succès).

2. échecs nom m. plur. ● *Disputer une partie d'échecs* : un jeu qui se joue à deux avec diverses pièces que l'on fait se déplacer sur un échiquier (→ échiquier).

échelle nom f. **1** ● *Une échelle de pompiers peut atteindre 30 ou 40 m.* ★ VOIR p. 334. — FAIRE LA COURTE ÉCHELLE À QUELQU'UN : lui servir de support avec ses mains. **2** ● *L'échelle sociale* : la succession des niveaux, des degrés dans la société, du plus pauvre au plus riche (→ SYN. hiérarchie). **3** ● *L'échelle de ce plan est de 1/1 000* : les dimensions réelles sont 1 000 fois plus grandes que ce qui est dessiné ; ce qui mesure 1 cm sur le plan, mesure 10 m dans la réalité.
■ **échelon** nom m. **1** ● *Les échelons d'une échelle* : ses barreaux. **2** ● *Il a gravi tous les échelons de la carrière* : tous les degrés, tous les niveaux de la carrière.
■ **échelonner** v. ● *Échelonner des remboursements sur dix ans,* les répartir régulièrement sur dix ans.

écheveau nom m. ● *Cette laine est vendue en écheveaux et non en pelotes* : elle est repliée plusieurs fois et non enroulée.

échevelé adj. ● *Marthe est arrivée en courant, essoufflée et échevelée,* les cheveux en désordre (→ SYN. ébouriffé).

échine nom f. ● *Il avait si peur que des frissons lui parcouraient l'échine,* le dos, la colonne vertébrale.

échiquier nom m. Plateau carré divisé en 64 cases noires et blanches sur lequel on joue aux échecs. ★ Chercher aussi : damier.

écho [eko] nom m. **1** ● *Il appelait au secours, mais seul l'écho lui répondait* : un phénomène de répétition du son renvoyé par un obstacle (montagne, mur). **2** ● *Avez-vous eu des échos de cet incident ?,* des nouvelles, des informations.

échoppe nom f. Petite boutique. ● *L'échoppe du cordonnier.*

1. échouer v. ● *Il a échoué à son examen,* il n'a pas réussi (→ 1. échec ; SYN. (fam.) se casser les dents* ; CONTR. réussir). — ● *Il est peu probable que son projet échoue* (→ SYN. avorter).

2. échouer v. ou **s'échouer** v. pron. ● *Le bateau a échoué (ou s'est échoué) sur un banc de sable* : il a été arrêté dans sa marche, le fond du bateau touchant un banc de sable.

éclabousser v. ● *Ne saute pas dans les flaques d'eau, tu m'éclabousses,* tu projettes de l'eau sur moi.
■ **éclaboussure** nom f. ● *Mon pantalon a reçu des éclaboussures d'encre,* des gouttes d'encre projetées.

1. éclair nom m. **1** ● *L'éclair fut suivi d'un coup de tonnerre* : la lumière intense et brève provoquée par l'orage. **2** ● *Être rapide comme l'éclair,* très rapide. — EN UN ÉCLAIR : très rapidement. — ● *Une visite éclair,* très rapide.

2. éclair nom m. ● *Pour le dessert, nous aurons des éclairs au chocolat ou au café* : des gâteaux à la crème de forme allongée.

éclairage nom m. ● *L'éclairage d'une pièce* : la façon dont elle est éclairée. — ● *Du gaz d'éclairage,* qui sert à éclairer, avec lequel on s'éclaire (→ éclairer).

éclaircie nom f. ● *Allons nous promener, profitons de cette éclaircie,* de ce court moment où il ne pleut plus, où le ciel est plus clair, moins nuageux.

éclaircir v. **1** ● *Des murs peints en blanc éclairciront la pièce* : ils la rendront plus claire (→ CONTR. assombrir). □ v. pron. ● *Le temps s'éclaircit* : il devient plus clair, moins nuageux ; le ciel se découvre. **2** ● *Vos explications ont éclairci cette question* : elles l'ont rendue moins confuse (→ éclaircissement ; SYN. clarifier ; CONTR. embrouiller). ★ Conjug. 11.
■ **éclaircissement** nom m. ● *Pouvez-vous me donner des éclaircissements sur votre conduite ?* (→ SYN. explication).

éclairer v. 1 ● *Le Soleil **éclaire** la Terre :* il lui donne de la lumière. — ● *Ma lampe n'**éclaire** pas assez* (→ éclairage). 2 ● *Ses explications nous **ont éclairés**,* elles nous ont permis de comprendre (→ clarifier ; éclaircir).
■ **s'éclairer** v. pron. 1 ● *Autrefois on **s'éclairait** à la bougie :* on utilisait la bougie pour avoir de la lumière. 2 ● *Je comprends, tout **s'éclaire** ! :* tout devient clair, compréhensible (→ clair). 3 ● *À cette nouvelle, son visage **s'est éclairé**,* il est devenu joyeux (→ SYN. s'épanouir, sens 2).

éclaireur nom m. Soldat qui précède les autres pour reconnaître le terrain, pour surveiller l'ennemi. ● *Partir en **éclaireur** :* partir en avant, pour s'informer.

éclater v. 1 ● *Un pneu de sa voiture **a éclaté** :* il s'est déchiré avec violence (→ éclatement ; SYN. exploser). 2 ● *Le rideau tomba et les applaudissements **éclatèrent** :* ils eurent lieu brusquement et bruyamment. — ÉCLATER DE RIRE, ÉCLATER EN SANGLOTS : se mettre brusquement à rire, à pleurer bruyamment. 3 ● *L'incendie **a éclaté** en pleine nuit :* il a commencé brusquement. 4 (fig.) ● *Grâce à son témoignage, la vérité **a éclaté** aux yeux de tous :* elle est apparue soudain clairement.
■ **éclat** nom m. **A. 1** ● *La vitre s'est brisée et le sol est couvert d'**éclats** de verre,* de petits morceaux de verre. 2 ● *On entend à travers le mur des **éclats** de voix,* des bruits de voix. — ● *Un **éclat** de rire.* — RIRE AUX ÉCLATS : rire bruyamment. **B. 1** ● *L'**éclat** du soleil :* sa lumière vive et brillante (→ éclatant). — ● *Le diamant brille avec **éclat**.* 2 ● *Le style de cet écrivain a de l'**éclat** :* il est brillant, remarquable. — ● *L'**éclat** de sa beauté.*
■ **éclatant** adj. ● *Une blancheur **éclatante**,* qui a de l'éclat, très blanche. — ● *Des couleurs **éclatantes**,* très vives. — ● *Une lumière **éclatante*** (→ CONTR. faible).
■ **éclatement** nom m. ● *L'**éclatement** d'un obus.*

éclectique adj. Qui a des goûts très variés. ● *Pierre aime le piano, le ski et les échecs : il est très **éclectique**.*

éclipse nom f. 1 ● *Une **éclipse** de Soleil se produit quand la Lune passe entre la Terre et le Soleil :* le Soleil disparaît de notre vue. 2 (fig.) ● *Après une **éclipse** de plusieurs années, cet acteur a recommencé à tourner des films* (→ SYN. absence).
■ **éclipser** v. ● *Ce jeune champion a **éclipsé** tous ses concurrents :* il les a surpassés au point qu'ils sont passés inaperçus.
■ **s'éclipser** v. pron. ● *Il **s'est éclipsé** avant la fin de la soirée :* il est parti sans se faire remarquer, discrètement.

éclopé adj. et nom ● *À la fin de notre séjour en montagne, on comptait plusieurs **éclopés** dans notre groupe,* plusieurs personnes blessées.

éclore v. 1 ● *Des poussins viennent d'**éclore**,* de sortir de l'œuf. — ● *Ces œufs vont bientôt **éclore** :* ils vont bientôt donner naissance à des poussins, à des oisillons. 2 ● *Ces boutons de rose vont **éclore**,* s'ouvrir, fleurir. ★ Conjug. 55.
■ **éclosion** nom f. 1 ● *La poule couve les œufs pendant vingt jours jusqu'à leur **éclosion**.* 2 ● *Le soleil accélère l'**éclosion** des fleurs* (→ SYN. épanouissement).

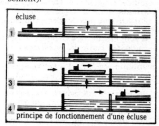

principe de fonctionnement d'une écluse

écluse nom f. ● *Quand une rivière (ou un canal) navigable change de niveau sur son parcours, une **écluse** permet aux* bateaux de passer d'un niveau à l'autre, une sorte de bassin, muni de solides portes, où l'on peut faire monter ou descendre le niveau de l'eau.

écœurer v. 1 ● *Toutes ces sucreries m'écœurent*, me donnent envie de vomir, me donnent mal au cœur. 2 (fig.) ● *Son hypocrisie m'écœure* : elle me répugne, me dégoûte.

■ **écœuré** adj. ● *Il a quitté le jeu, écœuré de sa malchance*, découragé.

■ **écœurant** adj. 1 ● *Des odeurs grasses et écœurantes* (→ écœurer, sens 1). 2 ● *Une conduite écœurante* (→ écœurer, sens 2). 3 ● *Une malchance écœurante* (→ écœuré).

école nom f. 1 ● *À partir de six ans, tous les enfants doivent aller à l'école*, en classe. ★ Chercher aussi : collège, lycée, université. 2 ● *Notre école vient d'être repeinte* : l'établissement où l'on fait la classe. 3 ● *Une école de danse* : un endroit où l'on apprend la danse. 4 ÊTRE À BONNE ÉCOLE : être avec des gens capables de bien conseiller.

■ **écolier** nom 1 ● *Ce bus ne transporte que des écoliers*, des enfants qui vont à l'école. — ● *Cécile est une bonne écolière* : elle travaille bien à l'école. 2 (fig.) LE CHEMIN DES ÉCOLIERS : celui qui est le plus long, mais le plus agréable pour aller quelque part.

écologie nom f. Science qui étudie le milieu dans lequel vivent les êtres vivants ainsi que les relations des êtres vivants avec leur environnement naturel.

■ **écologique** adj. ● *La protection de la nature fait partie des problèmes écologiques*.

économie nom f. **A.** 1 ● *Les voyages en avion sont rapides, ils permettent une économie de temps* : ils font gagner du temps (→ SYN. gain ; CONTR. dépense, perte). 2 (au plur.) ● *Didier fait des économies pour s'acheter un vélo* : il met de l'argent de côté. — ● *Il a dépensé toutes ses économies*, tout l'argent qu'il avait en réserve.
B. ● *L'économie d'un pays* : tout ce qui concerne la production et la consom-

mation des produits de ce pays.

■ **économe** adj. et nom. 1 adj. ● *C'est bien d'être économe, mais il ne faut pas être avare* : c'est bien de ne pas dépenser trop, de ne pas gaspiller (→ CONTR. dépensier, prodigue). 2 nom ● *Dans un hôpital, un couvent, l'économe* est la personne qui s'occupe des dépenses et des recettes.

■ **économique** adj. 1 ● *Les produits vendus en grande quantité sont plus économiques que les autres* : ils reviennent moins cher (→ SYN. avantageux). 2 ● *Ce pays a des difficultés économiques* (→ économie, B).

■ **économiser** v. 1 ● *En utilisant cette machine, vous économiserez du temps* (→ SYN. gagner ; CONTR. dépenser, gaspiller, perdre). 2 ● *Il économise depuis un an pour s'acheter une voiture* : il fait des économies, il met de l'argent de côté (→ SYN. épargner).

écoper v. 1 ● *Quand de l'eau s'infiltre dans une barque, il faut écoper*, vider l'eau avec un récipient. 2 (fam.) ● *Le bandit a écopé de dix ans de prison* : il a été condamné à cette peine.

écorce nom f. 1 ● *L'écorce recouvre le tronc et les branches des arbres.* 2 ● *L'écorce d'une orange*, sa peau. 3 L'ÉCORCE TERRESTRE : l'enveloppe solide de la terre (par opposition au centre de la terre qui est constitué de roches en fusion : le magma). ● *L'épaisseur de l'écorce terrestre* est de 25 à 35 km.

écorcher v. 1 ● *Écorcher un lièvre*, le dépouiller de sa peau. 2 ● *Je me suis écorché le coude en tombant*, la peau de mon coude s'est légèrement déchirée (→ écorchure ; SYN. égratigner, érafler). 3 ● *Écorcher un nom* : le prononcer mal.

■ **écorchure** nom f. ● *C'est une petite écorchure, mais il faut la désinfecter* (→ SYN. égratignure).

écorner v. 1 Abîmer les angles d'un objet. ● *Aline a écorné ce vieux livre*. 2 (fig.) Entamer, diminuer. ● *Ces dépenses ont écorné mes économies.*

écossais adj. ● *Marie a une jupe écossaise*, à carreaux de couleurs.

écosser v. ● *Viens m'aider à **écosser** les haricots secs*, à les retirer de leur enveloppe, de leur cosse (→ cosse.)

écot nom m. ● *Nous allons au restaurant, mais je veux payer mon **écot**,* ma part.

1. écouler v. ● *Le vendeur a **écoulé** tout son stock de marchandises* : il s'en est débarrassé en le vendant.

2. s'écouler v. pron. **1** ● *Les eaux de pluie **s'écoulent** par la gouttière* : elles s'évacuent en coulant par la gouttière (→ couler). **2** ● *Plusieurs jours **se sont écoulés** depuis leur visite*, ont passé.

■ **écoulement** nom m. ● *Une canalisation pour l'**écoulement** des eaux* (→ SYN. évacuation).

écourter v. ● *À cause de cet accident, nous avons dû **écourter** nos vacances*, les faire durer moins longtemps que ce qui était prévu, les arrêter (→ court ; SYN. abréger).

écouter v. **1** ● *Jean-Patrick **écoute** un disque.* — ● *J'ai voulu **écouter** ce qu'ils disaient, mais je n'entendais rien.* **2** ● *Si tu m'**avais écouté**, tu n'aurais pas tous ces ennuis* : si tu avais suivi mes avis, suivi mes conseils ; si tu m'avais obéi.

■ **écoute** nom f. ● *Être à l'**écoute** d'une émission de radio*, l'écouter.

■ **écouteur** nom m. ● *Il prit l'**écouteur** pour suivre leur conversation téléphonique*, l'appareil qui sert à écouter (et non pas, sur un téléphone, celui qui sert aussi à parler et qui s'appelle le **combiné**).

écoutille nom f. Ouverture qui, sur un bateau, fait communiquer le pont avec les étages inférieurs.

écran nom m. **1** ● *La lumière s'éteignit et une image apparut sur l'**écran**, la surface blanche sur laquelle on projette des images.* — ● *Les vedettes de l'**écran*** : les vedettes de cinéma. — LE PETIT ÉCRAN : la télévision. **2** ● *La fumée était si épaisse qu'elle formait un **écran**, un obstacle (ou une protection).* — ● *Un **écran** d'arbres.*

écraser v. **1** ● *La meule **écrase** les grains de blé* : elle les réduit en très petits morceaux ou en poudre en les pressant, en les broyant. □ v. pron. ● *Un avion **s'est écrasé** au sol* : il s'est abattu. **2** ● *Gilles a **écrasé** une grosse araignée avec le pied* : il l'a tuée en l'aplatissant violemment. — ● *Son chat s'est fait **écraser** par une voiture.* **3** ● *Au Moyen Âge, de nombreux seigneurs **écrasaient** le peuple d'impôts* : ils l'accablaient d'impôts (→ SYN. surcharger). **4** ● *Notre champion a **écrasé** son adversaire* : il lui a fait subir une défaite totale (→ SYN. vaincre). — ● *L'armée a **écrasé** la révolte.*

■ **écrasant** adj. ● *Un travail **écrasant**,* énorme et très fatigant. — ● *Une chaleur **écrasante*** (→ SYN. accablant).

■ **écrasement** nom m. **1** ● *Déformer un objet par **écrasement*** (→ écraser, sens 1). **2** ● *L'**écrasement** de l'équipe adverse* (→ écraser, sens 4).

écrémer v. ● ***Écrémer** du lait* : en enlever la crème. ★ Conjug. 8.

■ **écrémé** adj. ● *Du lait **écrémé**.*

écrevisse nom f. **1** Petit crustacé d'eau douce. ● *Les **écrevisses** deviennent rouges quand on les fait cuire.* **2** (fig.) ROUGE COMME UNE ÉCREVISSE : très rouge. ● *François est resté trop longtemps au soleil, il est **rouge comme une écrevisse**.*

s'écrier v. pron. ● *«C'est injuste!» **s'écria**-t-il* : dit-il vivement (→ crier ; SYN. s'exclamer). ★ Conjug. 10.

écrin nom m. Boîte, coffret dans lequel on range des bijoux.

écrire v. **1** ● *Pierre est au cours préparatoire : il apprend à lire et à **écrire**,* à tracer les lettres. **2** ● ***Écrivez** votre nom en haut de la page* (→ SYN. inscrire, noter). **3** ● *Il m'a **écrit** qu'il était malade* : il m'a envoyé une lettre. **4** ● *Molière a **écrit** de nombreuses pièces de théâtre* : il est l'auteur de nombreuses pièces de théâtre (→ écrivain). — ● ***Écrire** un concerto pour piano et orchestre* (→ SYN. composer). ★ Conjug. 47.

■ **écrit** nom m. **1 •** *Les **écrits** de Voltaire :* ce que Voltaire a écrit, son œuvre. **2 •** *Il a réussi l'**écrit** de l'examen,* l'épreuve écrite. ★ Chercher aussi : oral. **3** PAR ÉCRIT, loc. adv. **•** *Il s'est engagé **par écrit** à me rembourser,* en faisant un papier signé qui peut servir de preuve (→ CONTR. oralement ; verbalement).

■ **écriteau** nom m. Panneau sur lequel est écrit quelque chose. **•** *Un **écriteau** indiquait :* « *Défense d'entrer* ».

■ **écriture** nom f. **•** *C'est Édith qui a écrit cela : je reconnais son **écriture**,* sa manière d'écrire, de tracer les lettres.

■ **écrivain** nom m. **•** *La comtesse de Ségur fut un grand **écrivain** :* une personne qui compose des œuvres littéraires (→ SYN. auteur).

écritoire nom m. Autrefois boîte contenant le nécessaire pour écrire et servant de pupitre.

écrou nom m. Pièce percée d'un trou qui se visse sur un boulon.

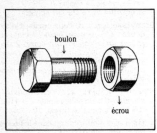

boulon

écrou

écrouer v. **•** *Le criminel **a été écroué**,* a été mis en prison (→ SYN. emprisonner, incarcérer).

s'écrouler v. pron. **1 •** *Plusieurs maisons **se sont écroulées** à cause du tremblement de terre :* elles sont tombées (→ crouler ; SYN. s'affaisser, s'ébouler, s'effondrer). **2** (fig.) **•** *Ses projets de vacances **se sont écroulés** quand il a su qu'il ne pouvait pas partir :* ils ont été détruits, anéantis (→ SYN. s'effondrer).

■ **écroulement** nom m. **1 •** *L'**écroulement** d'une maison.* **2** (fig.) **•** *L'**écroulement** de ses projets* (→ SYN. ruine).

écru adj. **•** *De la toile **écrue**,* qui a sa teinte naturelle, beige très clair ; qui n'a pas été blanchie.

écu nom m. **1** Ancienne monnaie d'or ou d'argent. **2 •** *Pour combattre, les chevaliers du Moyen Âge se protégeaient avec un **écu**,* une sorte de bouclier. ★ Chercher aussi : blason.

écueil [ekœj] nom m. **1 •** *Le navire a heurté un **écueil**,* un rocher qui dépasse à peine de la surface de l'eau (→ SYN. récif). **2** (fig.) **•** *La grammaire française est pleine d'**écueils**,* de difficultés, de pièges, d'obstacles.

écuelle nom f. **•** *Le chat boit son lait dans une **écuelle**,* un petit plat creux.

éculé adj. **1** Dont le talon est usé, en parlant de chaussures. **2** Usé, rebattu. **•** *Tes plaisanteries **éculées** ne font rire personne.*

1. écume nom f. **1 •** *Une pipe en **écume**,* faite dans une matière minérale blanche (que l'on appelle aussi *écume de mer*).

2. écume nom f. **•** *En se brisant sur les rochers, les vagues forment de l'**écume**,* une mousse blanche.

■ **écumer** v. **1 •** *Peux-tu m'aider à **écumer** la confiture* ?, à enlever la mousse qui se forme à la surface pendant la cuisson (→ écumoire). **2** (fig.) **•** *Des gangsters **ont écumé** la ville,* ils l'ont pillée en emportant tout ce qu'il y avait d'intéressant.

■ **écumoire** nom f. Louche plate percée de trous, qui sert à écumer.

écureuil nom m. Petit animal rongeur au pelage roux. **•** *L'**écureuil** saute de branche en branche pour faire provision de noisettes.*

écurie nom f. **1 •** *Les chevaux sortent de l'**écurie**,* l'endroit où ils logent, dans la ferme. **2** ÉCURIE (DE COURSES) : ensemble de chevaux de course appartenant à un même propriétaire. — Se dit aussi pour les voitures de course ou les cyclistes d'une même équipe. ● *L'écurie Renault a participé aux 24 heures du Mans.*

écusson nom m. ● *Les scouts portent un **écusson** cousu sur leur uniforme, un insigne* (qui peut indiquer, par exemple, le groupe auquel ils appartiennent).

écusson

écuyer nom **1** nom m. ● *Au Moyen Âge les chevaliers et les princes avaient des **écuyers**, des gentilshommes qui étaient à leur service.* **2** nom m. ou f. ● *L'**écuyère** de ce cirque saute à travers un cerceau de flammes et retombe sur le dos de son cheval*, une personne qui monte à cheval (→ SYN. cavalier).

eczéma [εgzema] nom m. ● *Mon frère a le corps couvert de plaques rouges ; le médecin dit que c'est de l'**eczéma**,* une maladie de peau.

edelweiss

edelweiss [edεlvajs] ou [edεlvεs] nom m. ● *Il faut éviter de cueillir les **edelweiss**, car* ce sont des fleurs de plus en plus rares, des fleurs blanches et laineuses qui poussent en haute montagne (Alpes).

édenté adj. ● *Un vieillard **édenté**,* qui n'a plus de dents (→ dent).

1. édification nom f. Action d'édifier. ● *L'**édification** de ce monument a duré plusieurs mois.*

2. édification nom f. ● *Au Moyen Âge, le théâtre religieux servait à l'**édification** du public :* éducation morale et religieuse.

1. édifier v. ● *Au centre de la ville, on a **édifié** un musée,* on l'a construit (→ SYN. élever). ★ Conjug. 10.
■ **édifice** nom m. ● *La mairie et l'école sont des **édifices** publics,* des bâtiments.

2. édifier v. ● *Il veut **édifier** les gens par ses discours vertueux,* il veut montrer le bon exemple. ★ Conjug. 10.
■ **édifiant** adj. ● *Une conduite **édifiante*** (→ SYN. exemplaire, vertueux ; CONTR. scandaleux).

édit nom m. ● *Les rois de France proclamaient des **édits** :* des lois, des règlements.

éditer v. ● *La classe a décidé d'**éditer** un journal,* de l'imprimer et de le mettre en vente (→ SYN. faire paraître*, publier).
■ **éditeur, -trice** nom ● *Marie voudrait faire lire son premier roman à un **éditeur**,* une personne dont le métier est d'éditer des livres.
■ **édition** nom f. **1** ● *C'est la quatrième **édition** de ce livre de contes,* la quatrième fois qu'il est édité, publié (→ rééditer). **2** MAISON D'ÉDITION : entreprise qui édite, qui publie des livres.

éditorial nom m. ● *Le journal a parlé de cet événement dans son **éditorial**,* l'article écrit par le directeur du journal en première page.

édredon nom m. ● *L'hiver, Nathalie dort bien au chaud sous son **édredon**,* un gros couvre-pieds rempli de duvet.

éduquer v. ● *Les parents sont chargés d'**éduquer** leurs enfants,* de les élever, de développer leur esprit et leur corps.

■ **éducation** nom f. **1** • *Ma tante a donné à ses fils une* **éducation** *très sévère* : *elle les a élevés, éduqués très sévèrement.* — (BONNE) ÉDUCATION : politesse, délicatesse. • *Cet homme est grossier, il n'a aucune* **éducation**. **2** • *Les enseignants font partie du ministère de l'***Éducation***, le ministère qui s'occupe de l'instruction des enfants et des adolescents.*

■ **éducateur, -trice** nom • *Les parents doivent s'associer aux efforts des* **éducateurs***, des personnes chargées de l'éducation des enfants* (professeurs, instituteurs, etc.). ★ Chercher aussi : enseignant, pédagogue.

■ **éducatif** adj. • *Pour son anniversaire, on a offert à Céline un jeu* **éducatif***, qui instruit, qui développe l'esprit, l'adresse, etc.* (→ SYN. pédagogique).

effacer v. **1** • *Frédéric a effacé son nom sur la liste* : *il a fait disparaître ce qui était écrit* (→ enlever, gommer). **2** • *Les vacances vont* **effacer** *ce mauvais souvenir, le faire oublier* (→ SYN. estomper). ★ Conjug. 4.

■ **s'effacer** v. pron. **1** • *Avec le temps, cette inscription* **s'est effacée** : *elle a disparu ou presque disparu.* **2** • *Dans le couloir du wagon, les voyageurs* **s'effacent** *pour le laisser passer* : *ils se mettent sur le côté, ils prennent le moins de place possible.* **3** (fig.) • *Jean n'aime pas se faire remarquer, il cherche toujours à* **s'effacer***, à se faire oublier* (→ effacement).

■ **effacement** nom m. Modestie, discrétion.

effarer v. • *Louis plonge de trop haut, son audace m'***effare** : *elle me surprend et me fait peur* (→ SYN. affoler).

■ **effarant** adj. • *Cette année le prix de l'essence est* **effarant***, stupéfiant, effrayant.*

■ **effarement** nom m. • *Quand il a crié* : *«Haut les mains!», les passants l'ont regardé avec* **effarement** (→ SYN. stupéfaction, stupeur).

effaroucher v. • *Ne bouge pas! Tu risques d'***effaroucher** *l'écureuil, de le faire fuir en l'effrayant.*

1. effectif nom m. • *L'***effectif** *de cette classe est de vingt-cinq élèves, le nombre des élèves.*

2. effectif adj. • *Il a fourni un travail* **effectif***, qui a produit un effet, un résultat réel* (→ effet ; SYN. concret, positif, réel).

■ **effectivement** adv. • **Effectivement***, je ne l'ai pas reconnu* : *en effet, c'est vrai.*

effectuer v. • *Robert a effectué des travaux de peinture dans sa maison, il les a faits* (→ SYN. accomplir, exécuter).

efféminé adj. • *Cet homme a une voix* **efféminée***, qui ressemble à celle d'une femme* (→ CONTR. mâle, viril).

effervescence nom f. **1** • *Si tu verses du vinaigre sur de la craie, tu verras une* **effervescence***, un bouillonnement.* **2** EN EFFERVESCENCE, loc. adj. • *En attendant la visite de la reine, tout le village est* **en effervescence***, très excité, agité* (→ SYN. en ébullition).

■ **effervescent** adj. **1** • *Un comprimé d'aspirine* **effervescente***, qui fond dans l'eau en bouillonnant.* **2** (fig.) • *Une foule* **effervescente** *attendait l'arrivée du Tour de France, une foule excitée et agitée.*

effet nom m. **1** • *Sa fièvre va bientôt baisser, il faut attendre l'***effet** *du médicament, le résultat de son action* (→ SYN. conséquence). — SOUS L'EFFET DE. • *Il s'est endormi au volant de sa voiture, sous l'effet de l'alcool, à cause de l'alcool qu'il avait bu* (→ SYN. sous l'action de). **2** À CET EFFET. • *Vous pouvez ranger les vélos et les poussettes dans le garage prévu* **à cet effet***, pour cela.* **3** FAIRE MAUVAIS EFFET; FAIRE BON EFFET. • *Son retard a* **fait mauvais effet** : *il a fait mauvaise impression.* — • *Un cahier bien présenté* **fait toujours bon effet**.

■ **en effet** loc. adv. **1** • *Je dois partir maintenant* ; **en effet***, je prends le train à 4 h* (→ SYN. 1. car). **2** • *Nous l'avons rencontré,* **en effet** : *c'est vrai* (→ SYN. effectivement).

effeuiller v. **1** • *Pour construire ta cabane, ce n'est pas la peine d'***effeuil-**

ler les branches, d'enlever leurs feuilles. **2** ● *Le vent* **a effeuillé** *les coquelicots* : il a arraché leurs pétales.

efficace adj. ● *Pour nettoyer le cambouis, je connais un détachant* **efficace**, *qui produit l'effet que l'on espère, qui donne de bons résultats* (→ effet ; SYN. actif ; CONTR. inefficace).

■ **efficacement** adv. ● *Marion nous a aidés* **efficacement**, *d'une manière efficace.*

■ **efficacité** nom f. ● *Essayez ce produit, vous pourrez constater son* **efficacité** (→ CONTR. inefficacité).

effigie nom f. ● *Sur cette pièce, tu peux voir l'*effigie *de Napoléon, son portrait, son image.*

effilé adj. ● *Ce couteau a une lame* **effilée**, *mince et allongée* (→ 2. fil).

effilocher v. ● *Le bout de ton ruban* **est effiloché** : *les fils se sont défaits un par un.* □ v. pron. ● *Ce tissu* **s'effiloche** : *les fils des bords ne tiennent pas bien.*

efflanqué adj. ● *C'est sûrement un chien perdu, il est tout* **efflanqué**, *très maigre* (→ flanc).

effleurer v. **1** ● *Alice* **a effleuré** *du doigt la joue du bébé* : *elle l'a touchée très légèrement* (→ SYN. frôler). **2** (fig.) ● *Cette idée m'*a *seulement* **effleuré** *(l'esprit)* : *elle n'a fait que passer, je n'y ai pas vraiment réfléchi.*

effluve nom m. (littér.) *Odeur qui se dégage des êtres vivants, animaux ou plantes.* ● *Les* **effluves** *du lilas embaument la terrasse.*

s'effondrer v. pron. **1** ● *Sous le choc, l'escalier* **s'est effondré** : *il s'est écroulé* (→ SYN. s'affaisser). ★ *Chercher aussi* : s'ébouler. **2** (fig.) ● *En apprenant la mort de son chien, Isabelle* **s'est effondrée** : *elle n'a pas pu résister, le chagrin l'a abattue.*

■ **effondrement** nom m. ● *Le poids de la neige a provoqué l'*effondrement *du toit, son écroulement, sa chute.*

effort nom m. ● *Pour soulever cette valise, Yves a fait un gros* **effort** : *il s'est servi de toute la force de ses muscles.* —

● *Elle s'est donné du mal pour apprendre sa leçon, elle a fait un* **effort**.

■ **s'efforcer** v. pron. ● *Il* **s'efforce** *de paraître calme* : *il fait tout ce qu'il peut pour paraître calme* (→ SYN. s'appliquer à, essayer de, s'évertuer à, tâcher de). ★ Conjug. 4.

effraction nom f. ● *Le cambrioleur est entré dans la maison par* **effraction**, *en cassant la serrure, la porte, ou une fenêtre* (→ fracturer).

effraie nom f. Sorte de chouette aux plumes brun clair et grises.

effrayer [efreje] v. ● *Le bruit du moteur* **a effrayé** *les oiseaux* : *il leur a fait très peur, il les a apeurés* (→ effroi, effroyable, frayeur ; SYN. épouvanter, terrifier, terroriser). ★ Conjug. 7.

■ **effrayant** adj. ● *As-tu entendu ce cri* **effrayant** ?, *qui fait très peur* (→ effroi, frayeur).

effréné adj. **1** ● *Le cheval a entraîné son cavalier dans une course* **effrénée**, *une course que l'on ne peut pas arrêter* (→ frein). **2** (fig.) ● *Ce garçon est d'un orgueil* **effréné**, *sans limites, exagéré.*

s'effriter v. pron. ● *Ces vieilles pierres* **s'effritent** : *elles tombent en poussière.*

■ **effritement** nom m. Fait de s'effriter ; état de ce qui est effrité (→ SYN. dégradation, désagrégation).

effroi nom m. ● *Laurence a fait un rêve qui l'a remplie d'*effroi, *d'une grande frayeur* (→ effrayer).

■ **effroyable** adj. ● *Après ce bombardement, le spectacle était* **effroyable**, *très effrayant* (→ SYN. horrible, épouvantable).

effronté adj. ● *Un enfant* **effronté**, *insolent* (→ SYN. déluré). — *Une réponse* **effrontée**.

effusion nom f. **1** ● *La bagarre s'est terminée sans* **effusion** *de sang, sans que le sang coule, sans que personne soit blessé.* **2** ● *Des* **effusions** *de tendresse, de grandes marques de tendresse* (→ SYN. débordement, épanchement).

égal adj. **1** ● *Pour distribuer les bonbons,*

Anne fait des parts **égales**, semblables entre elles (→ également, sens 1 ; SYN. identique ; CONTR. inégal). — ● *Son chagrin est **égal** au mien*, aussi grand que le mien. **2** ● *Tous les hommes sont **égaux** : ils ont la même valeur et les mêmes droits* (→ égalité, sens 2). □ nom ● *Ce peintre est l'**égal** des plus grands artistes.* — D'ÉGAL À ÉGAL. ● *Il m'a parlé d'**égal** à égal*, sans marquer aucune différence entre nous. — SANS ÉGAL : supérieur à tous les autres. **3** ● *Le montagnard marche d'un pas **égal***, régulier, qui ne change pas. **4** CELA M'EST ÉGAL : cela ne me fait rien, cela m'est indifférent.

■ **également** adv. **1** ● *Essaie de partager ce gâteau **également***, en parts égales (→ CONTR. inégalement). **2** ● *Si tu vas voir ce film, j'irai **également***, aussi, de même.

■ **égaler** v. **1** ● *Trois plus quatre **égalent** (=) sept.* **2** ● *Carine **égale** Denis à la course : elle est aussi rapide que lui.*

■ **égalisation** nom f. **1** ● *Ils réclament l'**égalisation** des salaires pour le même travail*, que les salaires deviennent égaux. **2** ● *Grâce à ce but, notre équipe a réussi l'**égalisation***, à avoir autant de points que l'adversaire.

■ **égaliser** v. **1** ● *Les concurrents devraient utiliser le même matériel pour **égaliser** leurs chances*, pour les rendre égales. **2** ● *À la dernière minute, notre équipe de rugby vient d'**égaliser***, d'atteindre le même nombre de points que l'adversaire. **3** ● *Le coiffeur a **égalisé** mes cheveux :* il les a coupés tous à la même longueur.

■ **égalitaire** adj. ● *Une société **égalitaire** donne les mêmes droits à tous les citoyens.*

■ **égalité** nom f. **1** ● *Le signe « = » indique l'**égalité** :* il indique que deux grandeurs sont égales. **2** ● *La devise de la France est : « Liberté, **égalité**, fraternité ».* **3** À ÉGALITÉ, loc. adv. ● *Les deux concurrents sont à **égalité** :* ils ont le même nombre de points, ils ont obtenu le même résultat.

s'égailler [egaje] v. pron. Se disperser en courant. ● *En sortant de l'école, les enfants s'**égaillent** dans les rues.*

égard nom m. **1** À L'ÉGARD DE, loc. prép. ● *Ce commerçant n'est pas aimable **à l'égard de** ses clients*, avec eux (→ SYN. envers, vis-à-vis de). **2** (au plur.) ● *Le chef d'État a été reçu avec beaucoup d'**égards***, de marques de respect.

égarer v. **1** ● *Jérôme a **égaré** ses clés :* il ne sait plus où il les a mises, il les a perdues. **2** ● *Sa colère l'**égare***, lui fait perdre la raison (→ égarement). **3** v. pron. ● *Ils se sont **égarés** dans la nuit :* ils se sont trompés de chemin, ils se sont perdus (→ SYN. se fourvoyer).

■ **égarement** nom m. ● *Il s'est mis à l'injurier dans un moment d'**égarement***, de trouble, de folie.

égayer [egeje] v. **1** ● *Raconte-lui une histoire drôle pour l'**égayer***, pour l'amuser, pour le rendre plus gai (→ SYN. dérider). **2** ● *Cette affiche **égaie** le mur de ta chambre :* elle le rend plus gai, plus agréable. ★ Conjug. 7.

égide nom f. **1** Dans la mythologie, bouclier de Jupiter et de Minerve. **2** (fig.) SOUS L'ÉGIDE DE : organisé, recommandé par. ● *La restauration de cette cathédrale s'effectue sous l'**égide** du ministère de la Culture.*

églantier nom m. Rosier sauvage ; sa fleur est l'églantine.

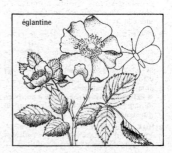

églantine

églantine nom f. ● *Un oiseau a fait son nid dans ce buisson d'**églantines**, de roses sauvages d'un blanc rosé.*

église nom f. **1** ● *Stéphane a été baptisé dans l'**église** de son village, le bâtiment où les catholiques se rassemblent pour prier.* ★ Chercher aussi : mosquée, synagogue, temple. **2** (avec une majuscule.) ● *Dans cette réunion, un pasteur représentait l'**Église** protestante, l'ensemble des protestants.*

égocentrisme nom m. Tendance à tout rapporter à soi, à se considérer comme le centre du monde.
■ **égocentrique** adj. Qui manifeste son égocentrisme. ● *Marc est **égocentrique** : il ne s'intéresse qu'à ce qui le concerne directement.*

égoïste [egɔist] adj. ● *Pierre ne prête jamais ses jouets, il est **égoïste** : il ne pense qu'à lui* (→ CONTR. généreux). □ nom ● *Quelle **égoïste**! Elle veut toujours la meilleure part!*
■ **égoïsme** nom m. ● *S'il n'a pas d'amis, c'est à cause de son **égoïsme*** (→ CONTR. altruisme ; charité, sens 1 ; dévouement ; générosité).

égorger v. ● *La fermière **a égorgé** un poulet : elle l'a tué en lui coupant la gorge.* ★ Conjug. 5.

s'égosiller v. pron. ● *Je ne suis pas sourd, ce n'est pas la peine de **t'égosiller**, de crier jusqu'à t'en faire mal à la gorge* (→ gosier).

égout nom m. ● *Toutes les eaux sales de la ville se déversent dans les **égouts**, de gros tuyaux souterrains qui les emportent au loin.*
■ **égoutier** nom m. ● *Pour marcher dans l'eau, l'**égoutier** met ses grandes bottes, l'employé qui entretient les égouts.*

égoutter v. ● *La salade est trop mouillée, laisse-la **égoutter** : laisse couler l'eau goutte à goutte.* □ v. pron. ● *Le linge **s'égoutte** au-dessus de la baignoire.*
■ **égouttoir** nom m. ● *Les assiettes sèchent sur l'**égouttoir**, l'ustensile dans lequel on les laisse égoutter.*

s'égratigner v. pron. ● *Julie **s'est égratigné** la main avec les épines d'un rosier, elle s'est déchiré la peau très légèrement* (→ SYN. s'écorcher, s'érafler).
■ **égratignure** nom f. ● *Ce n'est pas grave, c'est une **égratignure**, une légère écorchure.*

égrener v. ● *Marie **égrène** sa grappe de raisin : elle détache les grains un par un.* — ● ***Égrener** son chapelet* : réciter des prières en faisant passer pour chacune un grain du chapelet entre ses doigts. ★ Conjug. 8.

eh! interj. Sert à appeler, à attirer l'attention. ● ***Eh!** attends-moi.* — ● ***Eh bien!** tant pis!*

éhonté adj. ● *C'est un mensonge **éhonté*** (→ SYN. effronté ; → honte).

éjecter v. ● *La ceinture de sécurité évite aux passagers d'une voiture d'**être éjectés** en cas d'accident,* projetés au-dehors.
■ **éjectable** adj. ● *Cet avion militaire est équipé d'un siège **éjectable**, qui peut être projeté hors de l'avion pour sauver le pilote en cas d'accident.*

élaborer v. ● *Ma tante **a élaboré** le plan de sa nouvelle maison : elle l'a préparé longuement, soigneusement.*
■ **élaboration** nom f. ● *Ils n'ont pas terminé l'**élaboration** de leur projet, sa préparation, sa mise au point.*

élaguer v. **1** ● *On **a élagué** les platanes : on a coupé les branches trop longues.* **2** (fig.) ● *Votre exposé est trop long! pouvez-vous l'**élaguer**?,* enlever des détails, des parties inutiles.

1. élan nom m. **1** ● *Pour sauter le fossé, Aude prend son **élan** : elle fait un mouvement rapide vers l'avant* (→ s'élancer). **2** ● *Il m'a embrassé, dans un **élan** de tendresse :* un mouvement brusque de son cœur, une impulsion.
■ **s'élancer** v. pron. ● *Le chien **s'est élancé** à la poursuite du renard :* il s'est précipité en avant. ★ Conjug. 4.

2. élan nom m. Grand animal, voisin du cerf, qui vit dans les pays froids.

élancé adj. ● *Olivier est un garçon* ***élancé****, grand et mince.*

élargir v. **1** ● *La route était trop étroite, on a dû l'****élargir****, la rendre plus large.* □ v. pron. ● *Après la rivière, le sentier* ***s'élargit****, devient plus large* (→ CONTR. se rétrécir). **2** ● *Ne nous disputons pas sur les détails, il faut* ***élargir*** *la discussion,* la rendre plus générale (→ SYN. étendre). ★ Conjug. 11.
■ **élargissement** nom m. ● *Les habitants du quartier réclament l'****élargissement*** *de ce trottoir* (→ CONTR. rétrécissement).

élastique adj. et nom m. **1** adj. ● *Michel porte des bretelles* ***élastiques****, qui peuvent s'étirer puis reprendre leur forme* (→ SYN. extensible). **2** nom m. ● *Ta boîte de craies est fermée par un* ***élastique*** : *un ruban de caoutchouc extensible.*
■ **élasticité** nom f. ● *La ceinture de mon pyjama est d'une grande* ***élasticité*** : *elle est très élastique.*

élection nom f. ● *En France, l'****élection*** *du président de la République a lieu tous les sept ans,* le vote pour élire quelqu'un (un président, un député, un délégué, etc.).
■ **électeur, -trice** nom ● *Quand tu auras 18 ans, tu seras* ***électeur*** : *tu auras le droit de voter.*
■ **électoral** adj. ● *Pendant leur campagne* ***électorale****, les candidats exposent le programme qu'ils appliqueront s'ils sont élus.*

électricité nom f. ● *Dans ta maison, sais-tu combien d'appareils fonctionnent à l'****électricité*** ?, une forme d'énergie qui permet de s'éclairer, de se chauffer, de faire marcher des moteurs, etc. — ● *N'oublie pas d'éteindre l'****électricité****,* la lumière électrique.
■ **électricien** nom ● *L'****électricien*** *est venu remplacer les prises de courant* : celui qui s'occupe des installations et des réparations électriques.
■ **électrifier** v. ● *Dans notre région, toutes les lignes de chemin de fer* ***sont électrifiées*** : *elles fonctionnent à l'électricité.* ★ Conjug. 10.
■ **électrique** adj. ● *As-tu débranché*

le fer ***électrique*** ?, qui fonctionne à l'électricité. — ● *Les fils* ***électriques****,* qui conduisent l'électricité.
■ **électriser** v. **1** v. pron. ● *En touchant la prise de courant, Bruno* ***s'est électrisé*** : *il a reçu une décharge électrique* (→ SYN. s'électrocuter). **2** (fig.) ● *Son discours* ***a électrisé*** *la foule* : *il l'a excitée, poussée à agir.*
■ **s'électrocuter** v. pron. ● *Si tu es mouillé, tu risques de t'****électrocuter*** *en touchant un appareil électrique,* d'être blessé ou tué par une décharge d'électricité.

électro-aimant nom m. ● *Dans une sonnette électrique, c'est un* ***électro-aimant*** *qui fait trembler la sonnerie* : un aimant qui fonctionne à l'électricité.

électronique nom f. et adj. **1** nom f. ● *Laurent voudrait étudier l'****électronique****,* une science qui fait partie de la physique. **2** adj. ● *Les ordinateurs sont des machines* ***électroniques****, qui fonctionnent grâce à certaines propriétés de l'électricité.*

électrophone nom m. ● *Marc a branché son* ***électrophone****,* l'appareil qui sert à reproduire les sons enregistrés sur les disques et qui fonctionne à l'électricité (→ SYN. tourne-disque).

élégant adj. **1** ● *Ce soir, Julie porte une robe très* ***élégante****.* — ● *Une femme* ***élégante*** (→ SYN. chic, distingué, soigné ; CONTR. négligé). **2** ● *Il m'a coupé la parole d'une manière peu* ***élégante*** (→ SYN. 1. poli ; CONTR. grossier).
■ **élégance** nom f. **1** ● *S'habiller avec* ***élégance****, avec goût, distinction.* **2** ● *Il a eu l'****élégance*** *de ne pas me faire remarquer mon retard* (→ SYN. délicatesse ; CONTR. grossièreté).

élégie nom f. Poème exprimant des sentiments douloureux sur le thème du regret et souvent de la mort.

élément nom m. **1** ● *Ce jeu de construction est composé de différents* ***éléments****,* différentes parties que l'on peut rassembler pour former un ensemble. — ● *Le cheval est un* ***élément*** *de l'ensemble des animaux.*

2 • *Yves est un bon* **élément** *de notre équipe de basket, une personne qui appartient à un groupe.* **3 •** *L'eau est l'***élément** *naturel des poissons, le milieu dans lequel ils vivent.* — (fig.) *• Au milieu de ces gens vulgaires, Patricia n'est pas dans son* **élément** *: elle n'est pas à l'aise, elle se sent étrangère.* **4** (au plur.) *• Le capitaine du navire luttait contre les* **éléments** *déchaînés, les forces de la nature (vent, pluie, orage, etc.).* **5** (au plur.) *• Dans ce livre, tu trouveras les premiers* **éléments** *de géométrie, les notions les plus simples* (→ élémentaire).

■ **élémentaire** adj. **1 •** *Tu n'auras aucun mal à faire ce problème, il est* **élémentaire**, *très simple* (→ CONTR. compliqué). **2 •** *Jacques entre au cours* **élémentaire**, *la classe qui suit le cours préparatoire.*

éléphant nom m. **1 •** *Avec sa trompe, l'***éléphant** *peut cueillir des feuilles sur les arbres, un très gros mammifère d'Afrique et d'Asie.* **2** ÉLÉPHANT DE MER : *sorte de grand phoque à trompe.*

élève nom *Enfant, adolescent qui fréquente un établissement scolaire. • Les* **élèves** *de cette école rentrent en classe jeudi prochain.* ★ Chercher aussi : collégien, écolier, étudiant, lycéen.

élever v. **A. 1 •** *Pour protéger la ville on* **avait élevé** *un rempart : on l'avait construit en hauteur.* □ v. pron. *• Une tour s'***élève** *au milieu de la ville : elle se dresse.* **2 •** *Le radiateur a* **élevé** *la température de la pièce : il l'a fait augmenter* (→ élévation ; CONTR. baisser, diminuer). *• Élever la voix :* parler plus fort. **3 •** *Son oncle* **a été élevé** *au grade de colonel : on l'a fait monter en grade.* **B. 1 •** *Les Martin* **ont élevé** *six enfants : ils s'en sont occupés, ils les ont nourris et éduqués jusqu'à l'âge adulte* (→ élevé, sens 2). **2 •** *Sophie aimerait* **élever** *des moutons, les soigner et les nourrir pour les vendre ou pour les manger* (→ éleveur, élevage). ★ Conjug. 8.

■ **s'élever** v. pron. **1 •** *Le ballon s'***élève** *dans le ciel : il va vers le haut* (→ SYN. monter). **2 •** *Cette facture s'***élève** *à cinq cents francs : elle atteint cette somme.*

■ **élevage** nom m. *• Dans cette région, les fermiers font de l'***élevage** *: ils élèvent des animaux.* — *• Un* **élevage** *de poulets.*

■ **élévateur** nom m. *• Les grues et les* **élévateurs** *servent à soulever de lourdes charges.* □ adj. *• Un chariot* **élévateur**.

■ **élévation** nom f. *• Le fleuve va déborder si l'***élévation** *des eaux continue, si le niveau des eaux continue à monter* (→ SYN. augmentation, hausse ; CONTR. baisse).

■ **élevé** adj. **1 •** *Le pétrole a atteint un prix très* **élevé**. — *• Un sommet* **élevé** (→ SYN. haut ; CONTR. bas). **2 •** *Ton ami est bien* **élevé** *: il a reçu une bonne éducation* (→ élever, B).

■ **éleveur** nom. *Personne qui élève des animaux. • Un* **éleveur** *de chevaux de course.*

élimé adj. *Usé en parlant d'un tissu. • Ton manteau est* **élimé** *au col et aux coudes.*

éliminer v. **1 •** *Dans ce jeu, celui qui n'a pas réussi à prendre une chaise* **est éliminé** *: il ne participe plus au jeu, à la partie* (→ éliminatoire ; SYN. écarter, exclure). **2 •** *En transpirant, notre corps* **élimine** *des substances dangereuses : il s'en débarrasse* (→ SYN. expulser, rejeter). **3 •** *Éliminer un obstacle :* le faire disparaître, le détruire.

■ **élimination** nom f. **1 •** *L'***élimination** *d'un joueur, d'une substance dangereuse.* **2 •** *L'***élimination** *d'un obstacle* (→ SYN. destruction).

■ **éliminatoire** adj. *• Pour participer à ce jeu télévisé, il faut d'abord passer les épreuves* **éliminatoires**, *qui servent à éliminer un certain nombre de candidats pour ne retenir que les meilleurs.* — *• À cet examen, le zéro est une note* **éliminatoire**, *qui fait échouer à l'examen, quelles que soient les autres notes.*

élire v. ● *Les élèves de la classe* **ont élu** *leur délégué :* ils l'ont choisi en votant (→ élection). ★ Conjug. 45.
■ **éligible** adj. ● *Il est trop jeune pour être député, il n'est pas* **éligible** *:* il ne peut pas être élu.

élision nom f. ● *Tu ne dis pas « la idée » mais « l'idée » : il y a* **élision** *du « a » de l'article :* on le supprime et on le remplace par une apostrophe (→ SYN. suppression).

élite nom f. ● *Ce congrès réunit l'* **élite** *du monde scientifique,* les personnes les plus remarquables dans ce domaine. — D'ÉLITE, loc. adj. : qui fait partie de l'élite ; supérieur, excellent, éminent. ● *Des troupes* **d'élite**.

élixir [eliksir] nom m. ● *Pour lui rendre sa beauté et sa jeunesse, la sorcière lui a fait boire un* **élixir**, une potion, une boisson, magique.

elle, elles pronoms personnels f. → il.

1. ellipse nom f. ● *Dans la phrase « Isabelle va à la piscine et Martine au cinéma », il y a une* **ellipse** *:* un mot qui n'est pas répété (« va ») qui n'est pas indispensable après « Martine » pour comprendre la phrase).
■ **1. elliptique** adj. ● *Une phrase* **elliptique**, dans laquelle un ou plusieurs mots ne sont pas exprimés, mais qui reste compréhensible.

2. ellipse nom f. Figure géométrique.
■ **2. elliptique** adj. ● *Une courbe de forme* **elliptique**, qui a la forme d'une ellipse. ★ VOIR p. 424.

élocution nom f. ● *Cette actrice a une bonne* **élocution**, elle parle clairement, en articulant bien.

éloge nom m. ● *Après son succès, Annick a reçu beaucoup d'* **éloges**, de compliments, de félicitations. — FAIRE L'ÉLOGE DE QUELQU'UN : en dire du bien.
■ **élogieux** adj. ● *Il nous a parlé de Patrick en termes* **élogieux**, flatteurs ; en disant du bien de lui.

éloigner v. ● *Ces fleurs te gênent, je vais les* **éloigner**, les mettre plus loin (→ SYN. écarter ; CONTR. rapprocher).
□ v. pron. ● *Le bateau* **s'éloigne** *du port :* il va de plus en plus loin (→ CONTR. s'approcher).
■ **éloigné** adj. ● *Ils habitent une maison* **éloignée** *de la route,* loin de la route (→ CONTR. proche).
■ **éloignement** nom m. ● *Luc et Jean restent amis malgré leur* **éloignement**, malgré la distance qui les sépare ; bien qu'ils soient loin l'un de l'autre.

élongation nom f. Lésion produite par l'étirement d'un muscle, d'un tendon.

éloquent adj. 1 ● *Pour expliquer son projet, Carole a été* **éloquente** : elle a bien parlé, elle a convaincu ceux qui l'écoutaient. — ● *Un discours* **éloquent** (→ éloquence). 2 ● *Il n'a pas eu besoin de parler, son geste était assez* **éloquent** : il exprimait bien ce qu'il voulait dire (→ SYN. expressif).
■ **éloquence** nom f. ● *L'avocat a défendu son client avec* **éloquence**.

élu adj. ● *Cette assemblée a un président* **élu**, désigné par un vote (→ élire). □ nom ● *Les journaux ont donné le nom des nouveaux* **élus**, des personnes choisies par les électeurs. ★ Chercher aussi : électeur, élection, élire.

élucider v. ● *Malgré tous ses efforts, la police n'a pas réussi à* **élucider** *cette affaire,* à l'éclaircir, à l'expliquer.

élucubration nom f. ● *Où va-t-il chercher toutes ces* **élucubrations** ?, ces idées bizarres et compliquées.

éluder v. ● *Il* **a éludé** *cette question difficile :* il a évité adroitement d'y répondre (→ SYN. esquiver).

élytre nom f. Aile supérieure dure et cornée de certains insectes. ● *Le hanneton a des* **élytres**.

émacié adj. Très amaigri. ● *Les visages* **émaciés** *des enfants du Sahel, où sévit la famine, étaient impressionnants.*

émail nom m. 1 Vernis dur et brillant qui sert à recouvrir des objets de céramique, de métal. ● *L'* **émail** *de cette casserole commence à s'écailler.* 2 ● *Une exposition d'* **émaux**, d'objets artistiques recouverts d'émail. 3 ● *L'* **émail**

protège nos dents, une couche transparente très dure. ★ VOIR p. 544.

■ **émailler** v. ● *Ce plat de métal est émaillé*, couvert d'une couche d'émail.

émanation nom f. ● *L'air a été pollué par des émanations de gaz toxiques, des dégagements, des vapeurs de gaz.*

émanciper v. ● *Certains disent que le travail émancipe les femmes*, qu'il les libère, qu'il les rend indépendantes.

■ **émancipation** nom f. ● *Ce peuple lutte pour son émancipation*, pour son indépendance, pour ne plus obéir à un autre peuple.

émaner v. **1** ● *Une odeur désagréable émane de ce placard* (→ SYN. se dégager). **2** (fig.) Provenir de. ● *Cette décision émane du chef de l'État lui-même.*

1. emballer v. ● *Pour expédier ces verres, il faudra les emballer soigneusement*, les envelopper dans du papier, du carton, etc. (→ SYN. empaqueter ; CONTR. déballer).

■ **emballage** nom m. **1** ● *Ces assiettes ont été cassées pendant l'emballage*, pendant qu'on les emballait (→ CONTR. déballage). **2** ● *Ce produit est vendu dans des emballages de plastique*, des récipients, des contenants de plastique.

2. emballer v. (fam.) ● *Ce livre l'a emballé* : il lui a beaucoup plu (→ SYN. enthousiasmer).

■ **emballement** nom m. (fam.) ● *Son goût pour le ski est un emballement qui ne durera pas*, un enthousiasme soudain.

3. s'emballer v. pron. **1** ● *Un cheval qui s'emballe*, qui s'emporte, qui ne se laisse plus diriger. **2** ● *Le moteur s'emballe*, il tourne trop vite.

embarcadère nom m. ● *Pour la promenade en bateau, soyez à l'embarcadère à 9 h*, au quai d'embarquement et de débarquement (→ embarquer).

embarcation nom f. ● *La tempête a fait couler leur embarcation*, leur petit bateau (→ embarquer). ★ Chercher aussi : barque, canot.

embarcadère

embardée nom f. ● *Sur le verglas, le camion a fait une embardée*, un écart dangereux.

embargo nom m. ● *Le gouvernement a mis l'embargo sur ce produit* : il a interdit que ce produit sorte du pays.

embarquer v. **1** ● *Les passagers embarqueront à 9 h* : ils monteront à bord du bateau, de l'avion (→ CONTR. débarquer). □ v. pron. ● *Demain, Anne s'embarque pour la Tunisie.* **2** ● *Ce bateau embarque des marchandises* : il les prend à bord (→ SYN. charger). **3** (fig.) ● *Il m'a embarqué dans une vilaine histoire* : il m'y a entraîné. □ v. pron. ● *Ne t'embarque pas dans cette affaire sans te renseigner* (→ SYN. s'engager).

■ **embarquement** nom m. ● *Le bateau peut partir, l'embarquement des marchandises est terminé*, le chargement. — ● *Un quai d'embarquement* (→ débarquement).

embarrasser v. **1** ● *Donne-moi ce sac s'il t'embarrasse*, s'il te gêne dans tes mouvements (→ débarrasser ; SYN. encombrer). □ v. pron. ● *Il fait beau, je n'aurais pas dû m'embarrasser de ce parapluie.* **2** ● *Ma question l'a embarrassé* : elle l'a gêné, troublé.

■ **embarras** nom m. **1** ● *Je ne veux pas vous causer de l'embarras*, vous gêner, vous déranger. — ÊTRE DANS L'EMBARRAS : avoir des ennuis, des difficultés. ● *Il est toujours prêt à aider un ami dans l'embarras.* **2** ● *Il rougit sans* *pouvoir cacher son* **embarras**, *son trouble, sa gêne.* **3** AVOIR L'EMBARRAS DU CHOIX : *se trouver dans une situation où l'on a le choix entre de très nombreuses choses.* ● *Prends ce que tu veux, tu n'**as** que l'**embarras du choix**.*

■ **embarrassant** adj. Qui embarrasse (embarrasser, sens 1 et 2). **1** ● *Tes bagages sont **embarrassants**.* **2** ● *Ta question est **embarrassante** : je ne sais pas y répondre.*

embaucher v. ● *Cette usine **embauche** des ouvriers* : elle les engage comme salariés (→ CONTR. débaucher, licencier).

■ **embauche** nom f. ● *Il est chômeur et cherche de l'**embauche*** : il cherche à se faire embaucher, il cherche du travail.

embaumer v. **1** ● *Ces roses **embaument** ta chambre* : elles sentent très bon et parfument ta chambre. **2** ● *Les Égyptiens **embaumaient** les cadavres des pharaons* : ils les remplissaient de certaines substances pour les conserver. ★ Chercher aussi : momie.

embellir v. **1** ● *Ce galon **embellira** les rideaux* : il les rendra plus beaux. — (fig.) ● *Elle a ajouté quelques détails à son histoire pour l'**embellir*** (→ SYN. enjoliver). **2** ● *Depuis qu'elle a grossi, elle a plutôt **embelli*** : elle est devenue plus belle (→ CONTR. enlaidir). ★ Conjug. 11.

embêter v. (fam.) **1** ● *Ce jeu m'**embête*** : il m'ennuie. □ v. pron. ● *Sophie ne sait pas quoi faire, elle **s'embête**.* **2** v. pron. ● *Ça m'**embête** de partir si tôt* : cela me contrarie.

■ **embêtant** adj. (fam.) ● *Il ne m'a pas rendu mon livre, c'est **embêtant**,* ennuyeux, contrariant.

■ **embêtement** nom m. (fam.) ● *Avec cette voiture, papa n'a eu que des **embêtements**,* des ennuis, des soucis (→ SYN. contrariété, tracas).

emblaver v. Ensemencer en céréales.

d'emblée loc. adv. ● *Il n'a pas hésité, il a accepté **d'emblée*** : du premier coup, tout de suite (→ SYN. aussitôt, immédiatement).

emblème nom m. ● *La balance est l'**emblème** de la justice,* un objet ou un signe qui représente une idée (→ SYN. symbole).

emboîter v. **1** ● *Mon petit frère essaie d'**emboîter** ces deux cubes,* de les mettre l'un dans l'autre. □ v. pron. ● *Les morceaux de mon puzzle **s'emboîtent** exactement* : ils entrent exactement les uns dans les autres (→ boîte ; SYN. ajuster). **2** ● *Ces chaussures **emboîtent** bien le pied* : elles l'entourent exactement. **3** EMBOÎTER LE PAS À QUELQU'UN : se mettre à marcher juste derrière lui, le suivre pas à pas.

■ **emboîtement** nom m. Action d'emboîter ; fait de s'emboîter. ● *L'**emboîtement** du dernier morceau de puzzle est délicat.*

embolie nom f. ● *Il est mort d'une **embolie**,* d'un caillot de sang qui a bouché une veine.

embonpoint nom m. ● *Depuis qu'il ne fait plus de sport, il a pris de l'**embonpoint**,* du poids ; il a grossi. ★ Attention au *n* devant le *p*.

embouché adj. MAL EMBOUCHÉ. ● *Une personne **mal embouchée**,* qui dit des grossièretés (→ bouche).

embouchure nom f. **1** ● *Le Havre est situé à l'**embouchure** de la Seine,* à l'endroit où le fleuve se jette dans la mer. ★ Chercher aussi : delta, estuaire. **2** ● *Pour jouer de la trompette, il faut souffler dans l'**embouchure**,* la partie de l'instrument que l'on porte à sa bouche.

s'embourber v. pron. ● *La voiture ne peut plus avancer, elle **s'est embourbée*** : ses roues se sont enfoncées dans la boue (→ bourbeux ; SYN. s'enliser).

embout nom m. ● *Pour gonfler mon ballon de football, il faut que je retrouve* l'**embout** de ma pompe, le petit tube qui fait communiquer la pompe avec le ballon (→ bout).

embouteillage nom m. ● *À la sortie de l'autoroute, des travaux ont provoqué un* **embouteillage**, un encombrement, un bouchon qui bloque la circulation. ■ **embouteiller** v. ● *Cette route est* **embouteillée** *sur trois kilomètres :* elle est bloquée, les voitures ne peuvent plus avancer.

1. emboutir v. **1** ● *Au feu rouge, un autobus a embouti notre auto par-derrière :* il l'a défoncée en la heurtant violemment. **2** ● Travailler une pièce de métal en la martelant. ★ Conjug. 11. ■ **emboutissage** nom m. Action d'emboutir (sens 2).

embranchement nom m. ● *La circulation est ralentie jusqu'à l'embranchement de la route,* jusqu'à l'endroit où la route se divise en deux ou plusieurs voies (→ branche ; SYN. bifurcation, croisement).

embraser v. (littér.) ● *Un feu de broussailles a embrasé la forêt entière :* il y a mis le feu (→ SYN. brûler, enflammer, incendier). □ v. pron. ● *Le bois sec* **s'embrase** facilement. ★ Chercher aussi : braise. ■ **embrasement** nom m. Fait d'embraser, de s'embraser. ● *Une allumette enflammée a provoqué l'embrasement de la forêt.*

embrasser v. **1** ● *Martine m'a embrassé pour me dire bonjour :* elle m'a donné un baiser. □ v. pron. ● *Ils* **se sont embrassés. 2** ● *Du haut de cette tour, tu peux embrasser du regard la ville entière :* tu peux la voir en entier. **3** (littér.) ● *Embrasser une idée, une opinion, une carrière :* la choisir, l'adopter. ■ **embrassade** nom f. ● *La réunion de famille a commencé par une embrassade générale :* tout le monde s'est embrassé.

embrasure nom f. Partie ouverte d'un mur où se place une porte ou une fenêtre.

embrayer v. ● *Quand le conducteur* **embraye**, *le moteur de la voiture fait tourner les roues* (→ CONTR. débrayer). ★ Conjug. 7. ■ **embrayage** nom m. ● *Pour démarrer, lâche la pédale d'embrayage,* celle qui commande le dispositif permettant au moteur d'entraîner les roues. — ● *Une voiture à embrayage automatique.*

embrocher v. **1** ● *Embrocher un poulet :* l'enfiler sur une broche pour le faire cuire. **2** (fam.) ● *D'un coup d'épée, le chevalier a embroché son adversaire :* il l'a transpercé.

embrouiller v. **1** ● *Embrouiller des fils,* les emmêler (→ SYN. enchevêtrer ; CONTR. débrouiller, démêler). **2** ● *Ces détails sont inutiles, ils* **embrouillent** *tes explications :* ils te compliquent, il les rendent confuses, difficiles à saisir (→ clair, A ; CONTR. éclaircir). **3** ● *Ne parlez pas tous à la fois :* vous m'**embrouillez** : vous me troublez, je n'y comprends plus rien. □ v. pron. ● *Je* **m'embrouille** *dans toutes ces opérations :* je m'y perds, je n'y comprends plus rien. ■ **embrouillé** adj. ● *Une affaire* **embrouillée,** compliquée, confuse, obscure (→ CONTR. clair, A4).

embruns nom m. plur. ● *À l'avant du bateau, elle reçoit les* **embruns** *en plein visage,* de très fines gouttelettes d'eau de mer soulevées par le vent.

embryon nom m. ● *Tout être vivant a commencé par être un* **embryon,** un organisme qui commence son développement. ★ Chercher aussi : fœtus.

embûches nom f. plur. ● *Ce concours est difficile :* chaque épreuve est pleine d'**embûches,** de difficultés, de pièges, de traquenards.

embuer v. ● *Les vitres sont embuées,* couvertes de buée.

s'embusquer v. pron. ● *Les soldats se sont embusqués derrière un talus :* ils s'y sont cachés pour surprendre l'ennemi. ■ **embuscade** nom f. ● *La diligence est tombée dans une embuscade,* un piège préparé pour la surprendre (→ SYN. guet-apens).

éméché adj. (fam.) Un peu ivre. ● *Quelques personnes **éméchées** sont passées sous la fenêtre en chantant.*

émeraude nom f. **1** ● *Un collier d'**émeraudes**,* de pierres précieuses vertes. **2** adj. invar. ● *Un vert **émeraude**,* d'une couleur qui rappelle celle de cette pierre.

émerger v. **1** ● *La tête du nageur **émerge**,* elle apparaît au-dessus de la surface de l'eau. **2** (fig.) ● *La vérité commence à **émerger**,* à apparaître. ★ Conjug. 5.

émerveiller v. ● *Les vitrines de Noël **émerveillent** les petits enfants :* elles les remplissent d'admiration et d'étonnement. □ v. pron. ● *Ta grand-mère **s'émerveille** de tes progrès :* elle est heureuse, surprise et pleine d'admiration (→ merveille).
■ **émerveillement** nom m. ● *La foule regardait le feu d'artifice avec **émerveillement**.*

émettre v. **1** ● *Cette chaîne de télévision **émet** à partir de 18 heures :* elle envoie des images et des sons par les ondes (→ émetteur, émission ; SYN. diffuser). **2** ● *Émettre un son, une lumière, une fumée :* les produire, les répandre. — ● *Émettre un avis :* donner son avis. **3** ● *En 1979, la Banque de France a **émis** des pièces de deux francs :* elle les a mises en circulation. ★ Conjug. 33.
■ **émetteur, -trice** adj. ● *Le navigateur donne de ses nouvelles grâce à son poste **émetteur**,* qui envoie des ondes. □ nom m. ● *Un **émetteur** de télévision :* l'appareil qui émet (→ CONTR. récepteur).

émeute nom f. ● *Quand le gouvernement a annoncé sa décision, des **émeutes** ont éclaté dans tout le pays,* des soulèvements du peuple, des révoltes. ★ Chercher aussi : agitation, troubles.

émietter v. ● *Patrick **émiette** du pain pour le donner aux oiseaux :* il l'écrase en miettes.

émigrer v. ● *Au XIXᵉ siècle, beaucoup d'Européens **ont émigré** aux États-Unis :* ils ont quitté leur pays pour aller s'installer dans un autre pays (→ migration ; SYN. s'expatrier). ★ Chercher aussi : immigrer.
■ **émigrant** nom. Personne qui émigre. ● *Un bateau chargé d'**émigrants** quitte le port.*
■ **émigré** nom. Personne qui a quitté son pays pour s'établir dans un pays étranger.
■ **émigration** nom f. ● *L'**émigration** a dépeuplé cette région,* le départ des gens vers d'autres pays. ★ Chercher aussi : exode, immigration, immigré.

éminence nom f. ● *On a construit ce monument sur une **éminence** qui domine la ville,* un endroit plus élevé que le terrain qui l'entoure (→ SYN. butte, colline, hauteur).
■ **éminent** adj. ● *Un mathématicien **éminent**,* d'un haut niveau (→ SYN. remarquable, supérieur).

émir nom m. Titre donné à un prince musulman. ● *L'**émir** de Koweit.*
■ **émirat** nom m. Pays gouverné par un émir. ● *Les **émirats** arabes produisent beaucoup de pétrole.*

émissaire nom m. ● *Le gouvernement a envoyé des **émissaires** dans ce pays étranger,* des personnes chargées d'une mission.

émission nom f. **1** ● *Cette station de radio commence ses **émissions** à 6 h du matin :* elle commence à émettre des programmes. — ● *Anne regarde une **émission** de télévision* (→ émettre, sens 1 ; SYN. programme). **2** ● *Une **émission** de fumée* (→ émettre, sens 2 ; SYN. dégagement).

emmagasiner [ãmagazine] v. **1** ● *Cet épicier **a emmagasiné** beaucoup de marchandises :* il les a mises dans son magasin (→ SYN. entreposer, stocker). **2** (fig.) ● *Pendant ses vacances, Yves **a emmagasiné** de merveilleux souvenirs :* il les a accumulés dans son esprit, dans sa mémoire (→ SYN. amasser).

emmailloter [ɑ̃majɔte] v. ● *Autrefois, on* **emmaillotait** *chaudement les bébés :* on les enveloppait complètement dans des langes (→ maillot). □ adj. ● *Un doigt* **emmailloté** *dans un pansement.*

emmancher v. **1** ● **Emmancher** *un outil :* le fixer à un manche. **2** (fam.) ● *Cette discussion* **est** *mal* **emmanchée** *:* elle commence mal (→ SYN. engager).

emmanchure nom f. ● *Ta veste est décousue à l'***emmanchure** *:* à l'endroit où la manche est cousue au vêtement. — ● *Les* **emmanchures** *de ce gilet sont trop larges,* les ouvertures par où passent les bras.

emmêler v. ● *Les deux pêcheurs* **ont** **emmêlé** *leurs lignes :* ils les ont embrouillées, enchevêtrées l'une dans l'autre (→ mêler ; CONTR. démêler). □ adj. ● *Des explications* **emmêlées**.

emménager v. ● *Hier nous* **avons** **emménagé** *dans notre nouvel appartement :* nous nous y sommes installés (→ CONTR. déménager). ★ Conjug. 5.
■ **emménagement** nom m. Action d'emménager (→ CONTR. déménagement).

emmener v. ● *Il m'a* **emmené** *à la gare :* il m'y a conduit avec lui (→ mener). ★ Attention : on *emmène* une personne et on *emporte* un objet. ★ Conjug. 8.

emmitoufler v. ● *Il gèle, tous les passants* **sont emmitouflés**, complètement enveloppés dans des vêtements chauds. □ v. pron. ● *Corinne* **s'est** **emmitouflée** *pour sortir.*

emmurer v. ● *Une chute de rochers* **a emmuré** *les spéléologues dans la grotte :* elle les y a enfermés (→ mur).

émoi nom m. ● *Il vient d'apprendre la grande nouvelle ; c'est la raison de son* **émoi**, de son agitation. (→ SYN. émotion). — ÊTRE EN ÉMOI : être agité, bouleversé, inquiet.

émoluments nom m. plur. Rémunérations. ● *Ses* **émoluments** *ne lui permettent pas d'acheter une maison.* ★ VOIR salaire, rémunération, traitement.

émotion nom f. **1** ● *La joie, la surprise, la peur nous donnent des* **émotions**, un trouble de notre esprit (→ émouvoir). **2** ● *On a cru qu'il était gravement malade ; quelle* **émotion** *!,* quelle inquiétude, quelle peur !
■ **émotif** adj. ● *Ne la brusquez pas, c'est une enfant* **émotive**, sensible, impressionnable, qui se trouble facilement.

émousser v. **1** ● *Ne laisse pas tomber ce couteau, tu risques d'***émousser** *la pointe :* de la rendre moins pointue, moins aiguë. **2** (fig.) ● *Le temps qui passe* **a émoussé** *sa colère,* l'a rendue moins vive (→ SYN. atténuer). □ v. pron. ● *Leur amitié* **s'est émoussée** (→ SYN. s'affaiblir).

émoustiller v. (fam.) ● *Il a bu un verre de champagne qui* **l'a émoustillé**, qui l'a excité et mis de bonne humeur.

émouvant adj. Qui touche, qui fait éprouver des sentiments. ● *Ce film était très* **émouvant** *; j'ai pleuré à la fin* (→ émouvoir).

émouvoir v. **1** ● *Sa beauté et son chagrin m'***ont ému** *:* ils m'ont fait éprouver des sentiments (admiration, pitié, etc.) qui m'ont agité (→ SYN. 3. affecter, attendrir, bouleverser, impressionner, toucher). **2** v. pron. ● *Henri a répondu sans* **s'émouvoir**, sans se troubler, sans s'inquiéter. ★ Conjug. 24.

empailler v. ● *Ils aimaient tant leur chat, qu'à sa mort ils l'ont fait* **empailler** *:* ils ont fait remplir sa peau de paille pour le conserver, si bien qu'il a l'air vivant.

empaqueter v. ● *Quand tu déménageras, je t'aiderai à* **empaqueter** *tes affaires,* à en faire des paquets (→ SYN. 1. emballer ; CONTR. dépaqueter). ★ Conjug. 9.

s'emparer de v. pron. **1** ● *Les ennemis* **se sont emparés** *de la ville :* ils l'ont prise de force. — ● *Dès son arrivée, elle* **s'est emparée** *de ma poupée :* elle l'a prise vivement, sans me demander mon avis (→ SYN. se saisir de). **2** ● *La panique* **s'est emparée** *de lui :* il a été pris de panique sans pouvoir résister.

empêcher v. 1 ● *À cause de mon rhume, maman m'a **empêché** de baigner :* elle ne m'a pas laissé faire, elle s'y est opposée (→ SYN. défendre ; CONTR. permettre). 2 ● *Ce bruit m'**empêche** de dormir :* je ne peux pas dormir à cause de lui. 3 (fam.) N'EMPÊCHE QUE. ● *C'était dangereux, **n'empêche qu'**il a voulu essayer :* malgré cela, il a voulu essayer quand même. 4 v. pron. ● *Rosalie n'a pas pu **s'empêcher** de rire :* elle n'a pas pu se retenir.
■ **empêchement** nom m. ● *Paul ne viendra pas, il a un **empêchement**,* quelque chose qui l'empêche de venir.

empereur nom m. ● *Les soldats de Napoléon ont crié : « Vive l'**Empereur** !»,* le chef d'un empire (→ empire, sens 1 ; impératrice, impérial).
■ **empire** nom m. 1 ● *Napoléon a conquis beaucoup de pays pour agrandir son **empire**,* l'ensemble des territoires qui sont sous l'autorité d'un empereur. 2 ● *Autrefois, l'Angleterre avait un immense **empire** colonial,* l'ensemble des colonies qu'elle gouvernait. 3 SOUS L'EMPIRE DE, loc. prép. ● *Il a dit ces méchancetés **sous l'empire de** la colère,* sous son influence. 4 (fig.) POUR UN EMPIRE. ● *Je refuse, je n'irais pas **pour un empire**,* pour rien au monde, même si l'on me proposait un empire en échange.

empester v. ● *Cette poubelle **empeste** :* elle sent très mauvais (→ SYN. puer).

s'empêtrer v. pron. 1 ● *En jouant avec une pelote de laine, le chaton **s'est empêtré** dans les fils :* il n'arrive pas à s'en dégager. 2 (fig.) ● *Il **s'est empêtré** dans ses explications :* il s'est embrouillé, il n'arrive pas à s'en sortir (→ CONTR. se dépêtrer).

emphase nom f. ● *Marc est prétentieux ; il s'exprime avec **emphase**,* de façon pompeuse et affectée (→ CONTR. naturel, simplicité).

empierrer v. ● *Pour que les voitures puissent passer, il faudra **empierrer** le chemin,* le recouvrir d'une couche de pierres.

empiéter v. ● *Leur voisin a construit un garage en **empiétant** sur leur terrain,* en débordant sur lui. ★ Conjug. 8.

s'empiffrer v. pron. (fam.) ● *Il **s'empiffre** de chocolat, il en mange énormément* (→ SYN. (fam.) se bourrer, se gaver).

empiler v. ● *Claudia **a empilé** du bois :* elle l'a mis en pile. □ v. pron. ● *La vaisselle **s'empile** sur l'évier :* elle s'accumule, elle s'entasse (→ pile ; SYN. s'amonceler).

empire → empereur.

empirer v. ● *Hier il pleuvait déjà, mais le temps **a** encore **empiré** :* il est devenu pire (→ pire ; SYN. s'aggraver ; CONTR. s'améliorer).

empirique adj. ● *Hervé ne connaît pas la mécanique : il a réparé ce moteur par des moyens **empiriques**,* en faisant des essais jusqu'à ce qu'il arrive à un résultat (→ CONTR. scientifique, théorique).

emplacement nom m. ● *Voilà un bon **emplacement** pour installer notre tente,* un endroit où l'on peut construire ou installer quelque chose (→ place).

emplâtre nom m. 1 ● *Pierre a reçu un coup au football : on lui a mis un **emplâtre**,* pommade calmante. 2 (fam.) *Personne maladroite, empotée.*

emplette nom f. ● *J'ai encore quelques **emplettes** à faire avant mon départ,* quelques courses, quelques achats.

emplir v. (littér.) ● ***Emplir** un verre, **emplir** ses poches,* les remplir. □ v. pron. ● *La salle **s'emplit** de spectateurs.* ★ Conjug. 11.

employer v. 1 ● *Pour tailler ces rosiers, il devrait **employer** un sécateur,* s'en servir, l'utiliser. — ● *Marion n'**emploie** jamais de mots grossiers.* □ v. pron. ● *La lieue est une mesure ancienne qui ne **s'emploie** plus,* que l'on n'utilise plus. 2 ● *Cette entreprise **emploie** deux cents ouvriers :* elle les fait travailler en échange d'un salaire (→ emploi, sens 2 ; employé, employeur). ★ Conjug. 6.

■ **s'employer à** v. pron. ● *Il s'emploie à aider les plus malheureux* : il s'occupe de cela, il fait tout son possible pour cela (→ SYN. se consacrer à).
■ **emploi** nom m. **1** ● *Connais-tu l'emploi de cet appareil?* : sais-tu à quoi il sert ou comment on l'utilise? (→ SYN. usage, utilisation). — MODE D'EMPLOI. ● *Avant de mettre la machine en route, lis le mode d'emploi*, la notice qui explique la manière de s'en servir. — EMPLOI DU TEMPS. ● *Ce matin, tu as un emploi du temps* chargé, le programme de tes occupations, la façon dont tu vas utiliser ton temps. **2** ● *Isabelle cherche un emploi*, un travail pour gagner sa vie (→ SYN. place, situation).
■ **employé** nom ● *Mon cousin est employé de bureau* : il travaille dans un bureau en échange d'un salaire. ● *Une employée des Postes*. ★ Chercher aussi : cadre, ouvrier, salarié.
■ **employeur** nom ● *Ce papier doit être signé par votre employeur*, la personne qui vous emploie (→ patron).

empocher v. **1** ● *Il a empoché la monnaie* : il l'a mise dans sa poche. **2** ● *Grâce à cette bonne affaire, elle a empoché beaucoup d'argent* : elle en a reçu, touché beaucoup (→ poche).

empoigner v. **1** ● *Charles empoigne le manche du marteau* : il le saisit en le serrant dans sa main (→ poing). **2** v. pron. ● *La discussion tourne mal : les deux hommes sont prêts à s'empoigner*, à se battre (→ empoignade).
■ **empoignade** nom f. ● *Pendant la réunion, il y a eu une empoignade*, une discussion violente ou même une bagarre.

empoisonner v. **1** ● *On a essayé d'empoisonner le chien de nos voisins*, de lui faire avaler un poison pour le tuer ou le rendre malade. □ v. pron. ● *Ils se sont empoisonnés en mangeant des champignons vénéneux*. **2** (fam.) ● *Cette affaire m'empoisonne*, m'ennuie beaucoup, me cause des soucis (→ empoisonnant).

■ **empoisonnant** adj. (fam.) ● *Cette panne est empoisonnante*, très ennuyeuse. — ● *Un type empoisonnant* : qui importune, embêtant.
■ **empoisonnement** nom m. **1** ● *Il est mort d'empoisonnement*, d'avoir absorbé du poison. ★ Chercher aussi : intoxication. **2** (fam.) ● *Cette affaire ne lui a apporté que des empoisonnements*, des ennuis, des tracas (→ SYN. embêtement).

emporte-pièce nom m. invar. **1** Outil servant à découper d'un seul coup une pièce dans une plaque de métal, de cuir, etc. **2** loc. adj. À L'EMPORTE-PIÈCE : mordant, incisif. ● *Il aime les plaisanteries à l'emporte-pièce*.

emporter v. **1** ● *Vincent a emporté sa valise* : il l'a prise avec lui (→ porter). — ● *Le vent emporte les feuilles mortes*. **2** ● *La maladie l'a emporté en quelques jours* : elle l'a fait mourir. **3** ● *Elle s'est laissé emporter par son élan*, entraîner trop loin (→ emporter). **4** ● *Ce piment m'emporte la bouche* : il pique, il est trop fort. **5** L'EMPORTER SUR QUELQU'UN : être victorieux, gagner. **6** TU NE L'EMPORTERAS PAS EN PARADIS : ça ne te réussira pas, je me vengerai.
■ **s'emporter** v. pron. ● *Il s'est emporté contre nous* : il s'est fâché, il s'est mis très en colère.
■ **emportement** nom m. ● *Elle les injuriait avec emportement*, avec une violente colère.

empoté adj. et nom (fam.) Se dit d'une personne lente et maladroite. ● *Quel empoté!* — ● *Il est très empoté* (→ CONTR. déluré).

empreint adj. ● *Un visage empreint de bonté*, qui exprime la bonté.

empreinte nom f. ● *Les chasseurs savent reconnaître les empreintes des animaux*, les traces, les marques laissées par leurs pas sur le sol. — ● *Les voleurs portaient des gants pour ne pas laisser leurs empreintes* (digitales), les traces faites par leurs doigts.

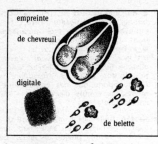

empreinte

de chevreuil

digitale

de belette

s'empresser v. pron. **1** ● *Patrick reçut une lettre qu'il s'empressa d'ouvrir, qu'il ouvrit avec hâte* (→ SYN. se dépêcher, se hâter). **2** ● *Quand la cliente entra, un vendeur s'empressa auprès d'elle* : il la reçut sans la faire attendre, en s'appliquant à la satisfaire (→ empressement).

■ **empressement** nom m. ● *Recevoir quelqu'un avec empressement* (→ SYN. ardeur, zèle ; CONTR. froideur, indifférence).

emprisonner v. ● *Le coupable fut arrêté et emprisonné, mis en prison* (→ SYN. écrouer).

■ **emprisonnement** nom m. ● *Il a été condamné à l'emprisonnement, à une peine de prison.*

emprunter v. **1** ● *Emprunter des livres à la bibliothèque* : les recevoir en prêt. — ● *Emprunter de l'argent à une banque.* **2** ● *Pour traverser la rue, il faut emprunter le passage pour piétons* : il faut le prendre.

■ **emprunt** nom m. **1** ● *Rembourser un emprunt* : rembourser l'argent emprunté. **2** D'EMPRUNT, loc. adj. ● *Elle fait du cinéma sous un nom d'emprunt*, un nom qu'elle a choisi, mais qui n'est pas son vrai nom.

emprunté adj. ● *Ce jeune homme a l'air timide et emprunté*, mal à l'aise (→ SYN. gauche ; CONTR. naturel).

ému adj. ● *Il a parlé de ses grands-parents avec une voix émue*, pleine d'émotion (→ émouvoir).

émulation nom f. ● *La compétition favorise l'émulation parmi les concurrents*, leur désir de faire mieux que les autres.

émulsion nom f. ● *Quand on agite vivement un flacon d'huile et d'eau, on obtient une émulsion*, un liquide dans lequel l'huile se répartit en fines gouttelettes dans l'eau.

en prép., adv. et pronom personnel. **1** prép. ● *J'habite en Provence.* — ● *Un bijou en or.* — ● *Voyager en train.* **2** adv. ● *« Vas-tu à Paris ? »* « Non, j'en viens ». **3** pronom personnel ● *« Veux-tu un bonbon ? »* « Non, j'en ai déjà un ».

encablure nom f. Unité de distance (environ 200 m) utilisée dans la marine pour les petites distances. ● *Le naufrage a eu lieu à quelques encablures de la côte.*

encadrer v. **1** ● *Elle est si fière de son brevet de natation qu'elle l'a encadré*, qu'elle l'a mis dans un cadre. **2** ● *Quelques monitrices encadrent le groupe d'enfants en excursion* : elles les accompagnent, elles en ont la charge, la responsabilité (→ cadre, sens 4).

■ **encadrement** nom m. **1** ● *L'encadrement d'un tableau, d'une porte.* **2** ● *Le personnel d'encadrement* (→ cadre, sens 4).

encaissé adj. ● *Une vallée encaissée*, resserrée entre des bords élevés.

encaisser v. ● *Le trésorier de notre club encaisse les cotisations des membres* : il reçoit l'argent des cotisations (→ caisse, B).

encart nom m. Feuille volante que l'on insère dans un livre, une revue. ● *Un encart publicitaire est tombé du roman.*

en-cas nom m. invar. ● *Comme vous déjeunerez tard, je vous ai préparé un en-cas* : un léger repas froid que l'on peut prendre si l'on a faim. ★ Ne pas confondre avec la locution en cas de.

encastrer v. ● *Le coffre-fort est encastré dans un mur* : il est fixé dans l'épaisseur du mur.

encaustique nom f. ● *Passer des parquets, des meubles à l'encaustique*, un produit fait de cire et d'essence mélangées, qui sert à faire briller.

1. enceinte nom f. **1** ● *Autrefois, les villes étaient protégées par une enceinte fortifiée*, une muraille qui en faisait le tour. **2** DANS L'ENCEINTE DE ● *Le professeur est responsable des élèves dans l'enceinte de la classe*, à l'intérieur. **3** ENCEINTE (ACOUSTIQUE). ● *Une chaîne haute fidélité est composée d'un tourne-disque, d'un amplificateur et de deux enceintes*, les coffrets qui renferment les haut-parleurs.

2. enceinte adj. f. ● *Ma tante est enceinte*, elle attend un bébé.

encens nom m. ● *Dans sa chambre, Pascale fait brûler un bâtonnet d'encens*, un bâtonnet recouvert d'un produit qui dégage un parfum en brûlant.

encenser v. sens fig. ● *Ses admirateurs sont venus l'encenser* : couvrir quelqu'un de compliments exagérés.

encercler v. ● *L'armée a encerclé l'ennemi qui a dû se rendre* : elle l'a entouré, cerné de tous côtés (→ cercle).

1. enchaîner v. ● *Autrefois, les prisonniers étaient enchaînés* : ils étaient attachés avec des chaînes.

2. s'enchaîner v. pron. ● *Il faut que les phrases d'un récit s'enchaînent logiquement*, qu'elles se suivent, se succèdent logiquement.

■ **enchaînement** nom m. ● *Cette situation désastreuse est le résultat d'un enchaînement d'événements malheureux* (→ SYN. succession, suite).

enchanter v. ● *Cette excursion nous a enchantés* : elle nous a beaucoup plu (→ SYN. charmer, ravir).

■ **enchanté** adj. **1** ● *Je suis enchanté de vous rencontrer*, très content. **2** ● *As-tu déjà entendu l'opéra « La Flûte enchantée »?*, la flûte magique.

■ **enchantement** nom m. **1** ● *Mon mal de tête s'est calmé comme par enchantement*, comme par magie. **2** ● *Ce paysage est un enchantement* : il est merveilleux.

■ **enchanteur** nom et adj. ● *L'enchanteur Merlin*, un magicien. — ● *L'enchanteresse Circé*. ★ Chercher aussi : ensorceler, sortilège.

enchère nom f. ● *Une vente aux enchères*, dans laquelle un objet est vendu à celui qui offre le plus d'argent. ★ Chercher aussi : commissaire-priseur.

enchevêtrer v. ● *Enchevêtrer des fils*, les emmêler. □ v. pron. ● *Des algues se sont enchevêtrées autour de l'hélice du bateau*.

enclave nom f. Territoire (ou terrain) entouré par un autre territoire (ou terrain). ● *La cité du Vatican est une enclave dans la ville de Rome*.

enclencher v. ● *Pour démarrer, l'automobiliste met le moteur en marche et enclenche la première vitesse* : il met le levier de vitesse dans une certaine position (pour que le moteur entraîne les roues).

enclin adj. (littér.) ● *Je suis enclin à vous croire* : je suis porté à vous croire, je vous crois volontiers.

enclore v. ● *Enclore un terrain* : le fermer, l'entourer d'une clôture (→ clore). ★ Conjug. 55.

■ **enclos** nom m. ● *Les moutons paissent dans un enclos*, un terrain entouré d'une clôture.

enclume nom f. ● *Le forgeron façonne les métaux sur une enclume*, une grosse masse d'acier qui sert de support pour forger au marteau les métaux rougis au feu.

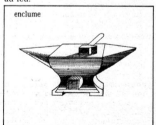

enclume

327

encoche nom f. ● *Il faut couper la planche à l'endroit marqué par une **encoche**,* une entaille.

encoignure [ɑ̃kɔɲyr] ou [ɑ̃kwaɲyr] nom f. ● *Le chaton effrayé s'est réfugié dans une **encoignure** de la pièce,* dans un coin, un angle formé par deux murs.

encoller v. ● *Il faut **encoller** le papier peint avant de l'appliquer sur le mur,* l'enduire de colle.

encolure nom f. **1** Ouverture d'un vêtement par laquelle on passe la tête. ● *Sylvie a une robe à **encolure** carrée.* **2** ● *L'**encolure** d'un cheval,* la partie du son corps qui va de la tête au poitrail (→ cou).

sans encombre loc. adv. ● *Nous avons fait un voyage **sans encombre**,* sans ennui, sans incident.

encombrer v. **1** ● *Range les affaires qui **encombrent** la table* (→ SYN. embarrasser). **2** ● *Au moment des vacances, les routes **sont encombrées*** (→ encombrement).
■ **encombrant** adj. ● *Un colis **encombrant**,* qui tient beaucoup de place.
■ **encombrement** nom m. ● *Il y avait beaucoup de voitures sur la route, j'ai été retardé par un **encombrement*** (→ SYN. embouteillage).

à l'encontre de loc. prép. ● *Ton exemple est mauvais; il va **à l'encontre de** ce que tu veux démontrer* : il prouve le contraire de ce que tu veux démontrer (→ SYN. à l'opposé de).

encorbellement nom m. Partie d'une construction saillante par rapport à la base des murs.

s'encorder v. pron. ● *Les alpinistes **s'encordent** pour escalader la paroi rocheuse* : ils s'attachent les uns aux autres avec une corde, par mesure de sécurité (→ cordée).

encore adv. **1** ● *Il travaille **encore**, à plus de 70 ans* : il continue à travailler. — ● *Il n'est pas **encore** arrivé,* jusqu'à maintenant (→ CONTR. déjà). **2** ● *Donne-moi **encore** à boire,* de nouveau. ★ Chercher aussi : 2. bis. **3** ● *J'ai déjà du*
dessert, mais j'en veux **encore** plus, davantage.

encourager v. **1** ● *Ce premier succès l'a **encouragé** à continuer* : il lui a donné du courage, il l'a incité à continuer (→ CONTR. décourager). **2** ● *Notre ville **encourage** les arts* : elle favorise leur développement. ★ Conjug. 5.
■ **encouragement** nom m. ● *Des paroles d'**encouragement**,* pour encourager.

encourir v. Recevoir (une sanction, etc.). ● *Il va **encourir** un blâme du conseil de discipline s'il continue ainsi* (→ sanction, sens 1).

encrasser v. ● *Cette essence de mauvaise qualité **a encrassé** le carburateur* : elle l'a rempli d'un dépôt de saletés (→ crasse).

encre nom f. ● *Écrire à l'**encre**.* — ● *Un stylo à **encre**.* — (fig.) FAIRE COULER BEAUCOUP D'ENCRE. ● *Cette affaire **a fait couler beaucoup d'encre*** : les journaux en ont beaucoup parlé, on a beaucoup écrit à ce propos.
■ **encrier** nom m. ● *Trempe ta plume dans l'**encrier**,* le récipient qui contient de l'encre.

encyclopédie nom f. Recueil d'articles (le plus souvent rangés par ordre alphabétique) qui traitent d'un ou de plusieurs sujets. ● *Une **encyclopédie** générale permet de se renseigner sur tous les sujets (arts, lettres, histoire, géographie, sciences et techniques, etc.).* — ● *Mon «Encyclopédie des animaux» ne traite que de ce qui a rapport aux animaux; c'est une **encyclopédie** spécialisée.* ★ Chercher aussi : dictionnaire.
■ **encyclopédique** adj. **1** ● *Un dictionnaire **encyclopédique**,* qui donne à la fois des renseignements sur les mots (orthographe, emploi, etc.) et sur les arts, les sciences, les personnages célèbres, etc. **2** (fig.) ● *Ce professeur a des connaissances **encyclopédiques**,* très étendues et sur des sujets très variés.

endémique adj. ● *Cette maladie est **endémique** dans ce pays* : permanente (contrairement à une épidémie).

endetter v. ● *L'achat de sa maison l'a fortement endetté, lui a fait faire des dettes.* □ v. pron. ● *Pour acheter sa maison, elle s'est endettée :* elle a emprunté de l'argent (→ dette).

endiablé adj. ● *Une danse endiablée ; un rythme endiablé,* très rapide.

endiguer v. 1 ● *Endiguer un cours d'eau,* le retenir par une digue. 2 ● *Les gardiens s'efforçaient d'endiguer le flot des visiteurs,* de le contenir, de le canaliser.

endimanché adj. ● *Ce costume démodé lui donne l'air endimanché,* l'air peu naturel de quelqu'un qui porte de beaux vêtements qui ne lui sont pas habituels.

endive nom f. Plante potagère que l'on mange crue ou cuite. ● *Une salade d'endives.* — ● *Des endives au gratin.*

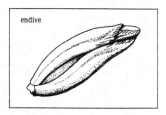

endive

endolori adj. ● *J'ai fait une chute hier ; mon genou est encore endolori :* il me fait encore mal (→ douleur ; SYN. douloureux).

endommager v. ● *La grêle a endommagé toutes les récoltes :* elle a causé des dégâts, des dommages (→ dommage, dédommager ; SYN. abîmer, détériorer). ★ Conjug. 5.

endormir v. 1 ● *La mère endort son enfant en lui chantant une berceuse :* elle le fait dormir. ★ Chercher aussi : sommeil. □ v. pron. ● *Il était si fatigué, qu'il s'est endormi sur sa chaise.* 2 (fig.) ● *Ce médicament endort la douleur :* il la calme, l'atténue. ★ Conjug. 15.

endosser v. 1 ● *Endosser un imperméable,* le mettre sur son dos, le revêtir. 2 ● *Il a endossé toute la responsabilité de cette affaire :* il l'a prise sur lui (→ dos).

endroit nom m. 1 ● *Ils vont toujours passer leurs vacances au même endroit,* dans le même lieu, à la même place. — ● *À quel endroit du corps a-t-il été blessé ?,* à quelle partie ? 2 ● *L'endroit et l'envers d'une feuille de papier.* — À L'ENDROIT, loc. adv. ● *Si tu veux me croire que tu lis, tiens au moins ton journal à l'endroit !,* dans le bon sens (→ CONTR. à l'envers). ★ Chercher aussi : recto, verso.

enduire v. ● *Pour se protéger du froid, les Esquimaux enduisent leur corps de graisse :* ils le recouvrent d'une couche de graisse. ★ Conjug. 43.
■ **enduit** nom m. ● *Un enduit protecteur,* une couche, un revêtement. ★ Chercher aussi : badigeon.

endurance nom f. ● *Dans les compétitions sur longue distance, la qualité essentielle d'un athlète est l'endurance,* la capacité de résister longtemps à la fatigue.
■ **endurant** adj. ● *Un sportif endurant,* résistant.

endurcir v. 1 ● *Les vacances passées à travailler dans une ferme l'ont endurci :* elles l'ont rendu plus fort, plus résistant (→ SYN. aguerrir ; CONTR. ramollir). 2 v. pron. ● *Ne laissez pas votre cœur s'endurcir,* devenir dur, insensible, impitoyable. ★ Conjug. 11.

endurer v. ● *Vous n'imaginez pas les souffrances que ce malade a endurées,* qu'il a supportées, subies.

énergie nom f. 1 ● *Travailler avec énergie,* en y mettant de l'ardeur, en s'activant. — ● *Montrer de l'énergie* (→ énergique ; SYN. activité, courage, dynamisme, fermeté, force, vigueur ; CONTR. mollesse, paresse). 2 ● *L'électricité, le pétrole, le charbon, le soleil, le vent sont des sources d'énergie,* d'une force capable de produire un travail (par exemple, faire fonctionner des machines) ou de produire de la chaleur.

■ **énergique** adj. ● *Un homme énergique* (→ SYN. actif, dynamique; CONTR. faible, A sens 3). — ● *Prendre une décision énergique.*

■ **énergiquement** adv. ● *Ils ont réagi énergiquement,* vigoureusement, vivement.

énergumène nom m. ● *Quelle est cette bande d'énergumènes?,* d'individus bizarres, bruyants et agités.

énerver v. 1 ● *L'orage énerve les animaux :* il les rend nerveux. 2 ● *Cesse de balancer tes jambes, cela m'énerve!,* cela m'agace, m'irrite (→ SYN. excéder, sens 2; CONTR. calmer).

■ **énervant** adj. ● *Un bruit énervant* (→ SYN. agaçant).

■ **énervement** nom m. ● *Son agitation trahissait son énervement* (→ SYN. exaspération, irritation, nervosité).

enfant nom 1 ● *Des livres pour les enfants,* pour les jeunes qui ont moins de douze ou treize ans. — ● *Quand ma mère était enfant,* elle habitait à la campagne. ★ Chercher aussi : adolescent, adulte. 2 ● *Mes parents ont quatre enfants,* quatre fils ou filles.

■ **enfance** nom f. ● *Elle a passé son enfance à la campagne :* la période pendant laquelle elle était une enfant.

■ **enfantin** adj. 1 ● *La classe enfantine est celle des plus petits* (→ SYN. maternelle). 2 ● *Cet exercice est d'une simplicité enfantine :* il est très facile, à la portée d'un enfant (→ SYN. élémentaire).

■ **enfantillage** nom m. ● *Il passe son temps à des enfantillages,* à des choses peu sérieuses.

enfanter v. 1 Mettre au monde un enfant. 2 Créer (quelque chose). ● *Son imaginaton enfante des créatures extraordinaires.*

enfer nom m. 1 ● *Pour les chrétiens, l'âme de ceux qui se sont très mal conduits pendant leur vie ira en enfer pour y souffrir éternellement.* ★ Chercher aussi : ciel, paradis, purgatoire. 2 (fig.) ● *Marcher sous ce soleil brûlant est un enfer :*

un supplice, quelque chose d'insupportable (→ CONTR. paradis). 3 D'ENFER, loc. adj. : terrible, épouvantable. ● *La voiture allait à une vitesse d'enfer :* très vite (→ SYN. infernal).

enfermer v. ● *Le lion est enfermé dans sa cage.* □ v. pron. ● *Il s'est enfermé dans sa chambre et refuse d'en sortir.*

s'enferrer v. pron. ● *Il s'enferre dans ses mensonges :* il persiste et ne sait plus comment s'en sortir.

enfilade nom f. ● *Les chambres sont situées en enfilade le long du couloir,* les unes à la suite des autres (→ file).

enfiler v. 1 ● *Alice est occupée à enfiler des perles,* à passer un fil dans le trou des perles. — ● *Enfiler une aiguille,* passer un fil dans le chas de l'aiguille. 2 ● *Enfiler un manteau, un chandail :* le mettre, le passer.

enfin adv. 1 ● *Cela a été long, mais cette affaire est enfin terminée :* finalement. 2 ● *D'abord, on lave le linge, puis, on le repasse, enfin, on le range à la fin,* finalement, en dernier lieu. 3 ● *Enfin! puisque tu y tiens, va te promener!*

enflammer v. 1 ● *Enflammer une allumette,* y mettre le feu (→ SYN. allumer). □ v. pron. ● *Le bois humide s'enflamme mal* (→ flamme, inflammable). 2 (fig.) ● *Napoléon savait enflammer ses soldats par un discours :* les remplir d'enthousiasme (→ SYN. échauffer).

■ **s'enflammer** v. pron. ● *Mon écorchure s'est enflammée :* elle s'est infectée et fait mal (→ inflammation).

enfler v. ● *Un insecte vient de me piquer à la joue, elle enfle,* augmente de volume (→ SYN. grossir, gonfler).

■ **enflure** nom f. ● *Une compresse fraîche fera diminuer l'enflure* (→ SYN. gonflement).

enfoncer v. 1 ● *Ce clou dépasse du mur, il faut l'enfoncer avec un marteau,* le faire pénétrer profondément dans le mur. — ● *Je ne t'avais pas reconnu avec ton bonnet enfoncé jusqu'aux yeux.* 2 ● *Par ici, la rivière est pleine de vase, on enfonce* (ou *on s'enfonce*), *on s'enlise.* □ v. pron. ● *Le bateau*

s'enfonça lentement dans l'eau : il alla vers le fond, il sombra. **3** ● *Pour secourir le blessé enfermé dans la maison, les pompiers ont dû* **enfoncer** *la porte*, ils ont dû l'ouvrir en la brisant (→ SYN. défoncer). — (fig.) ENFONCER UNE PORTE OUVERTE : démontrer une chose évidente, que tout le monde connaît. ★ Conjug. 4.

enfouir v. ● *Le pirate* **a enfoui** *son trésor*, il l'a mis, il l'a caché dans le sol, sous terre (→ SYN. enterrer). ★ Conjug. 11.

enfourcher v. ● *Gilles* **enfourche** *sa bicyclette* : il monte dessus. ★ Chercher aussi : à califourchon.

enfourner v. ● **Enfourner** *un rôti, un gâteau* : les mettre dans le four pour les faire cuire.

enfreindre v. ● **Enfreindre** *une loi, un règlement, des ordres* : ne pas les respecter, ne pas leur obéir (→ infraction ; SYN. violer ; CONTR. observer, respecter). ★ Conjug. 35.

s'enfuir v. pr. ● *Il a eu si peur qu'il* **s'est enfui**, il s'est sauvé (→ SYN. (fam.) décamper, déguerpir, détaler, filer). ● *Le prisonnier* **s'est enfui** (→ SYN. s'évader). ★ Conjug. 20.

enfumer v. ● *La cheminée tire mal, elle* **enfume** *la pièce* : elle la remplit de fumée.

engager v. **1** ● *Le garagiste* **a engagé** *un mécanicien* : il l'a pris à son service (→ SYN. embaucher, recruter). **2** ● *Ce temps pluvieux ne nous* **engage** *pas à sortir* : il ne nous donne pas envie de sortir (→ SYN. encourager, inciter, inviter). **3** ● *Il* **engagea** *la clé dans la serrure* : il fit entrer la clé dedans (→ SYN. introduire ; CONTR. dégager). **4** ● *Il s'est approché de nous et* **a engagé** *la conversation* : il a commencé à parler. ★ Conjug. 5.
■ **s'engager** v. pron. **1** ● *Je* **m'engage** *à vous rembourser si vous n'êtes pas satisfait* : je promets de vous rembourser (→ engagement). **2** ● *De nombreux concurrents* **se sont engagés** *dans cette course* : ils se sont inscrits pour y participer. — ● *Son frère* **s'est engagé**

pour cinq ans dans l'armée : il est entré dans l'armée pour une durée de cinq ans.
■ **engageant** adj. ● *Ce chien n'a pas un air* **engageant** : il n'est pas attirant, pas sympathique.
■ **engagement** nom m. **1** ● *Avez-vous respecté vos* **engagements** ? (→ SYN. promesse). **2** ● *Il a signé un* **engagement** *de cinq ans dans la marine*, un papier pour s'engager ou par lequel on s'engage.

engelure nom f. ● *Le froid provoque quelquefois des* **engelures**, des boursouflures douloureuses sur les mains, les pieds.

engendrer v. ● *Le manque d'hygiène* **engendre** *des maladies*, il les fait naître (→ SYN. causer, produire, provoquer).

engin nom m. ● *Les bouteurs, les grues sont des* **engins** *de chantier*. — ● *Une fusée est un* **engin** *spatial*, une machine qui va dans l'espace (→ SYN. appareil, machine, matériel).

englober v. ● *Un département* **englobe** *plusieurs communes* (→ SYN. 2. comprendre ; réunir).

engloutir v. **1** ● *Il a* **englouti** *un poulet entier pour son déjeuner* : il l'a avalé (→ SYN. engouffrer). **2** ● *Le navire a été* **englouti** *dans les flots* : il a coulé, il a fait naufrage (→ SYN. disparaître). ★ Conjug. 11.

engoncer v. ● *Ce manteau vous va mal ; il vous* **engonce** : il vous donne l'air d'avoir la tête rentrée dans les épaules. — ● *Être* **engoncé** *dans un vêtement* : être gêné, mal à l'aise dans un vêtement qui va mal. ★ Conjug. 4.

engorger v. ● *La gouttière est* **engorgée** : elle est bouchée, l'eau ne peut plus s'écouler (→ SYN. obstruer). ★ Conjug. 5.
■ **engorgement** nom m. ● *Dans cette canalisation, il y a un* **engorgement**.

engouement [ɑ̃gumɑ̃] nom m. ● *Ce feuilleton télévisé fait l'objet d'un* **engouement** *général*, d'un enthousiasme soudain (→ SYN. emballement).

engouffrer v. ● *Elle **a engouffré** une énorme glace à la vanille :* elle l'a avalée gloutonnement (→ gouffre ; SYN. engloutir).
■ **s'engouffrer** v. pron. ● *Dès que l'on ouvre la porte, le vent **s'engouffre** dans la maison :* il y pénètre avec violence. — ● *Nous **nous sommes engouffrés** dans un magasin pour échapper à la pluie :* nous y sommes entrés précipitamment (→ SYN. se précipiter).

engoulevent nom m. Oiseau passereau qui avale des insectes en volant le bec ouvert.

engourdir v. ● *Le froid **engourdit** les doigts :* il les rend raides et insensibles (→ gourd). ★ Conjug. 11.

engrais nom m. ● *Le fumier de cheval est un **engrais**,* un produit qui rend la terre plus fertile.

engraisser v. **1** ● ***Engraisser** des animaux :* les nourrir pour les rendre gras (→ graisse). **2** (fam.) ● *Il **a** beaucoup **engraissé** depuis quelque temps :* il a pris du poids (→ SYN. grossir).

engrenage nom m. ● *Un **engrenage** est formé de deux roues dentées disposées de telle sorte que les dents de l'une s'emboîtent dans les dents de l'autre pour lui transmettre son mouvement.*

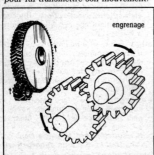

engrenage

engueuler v. (très fam.) ● ***Engueuler** quelqu'un :* le réprimander fortement (→ SYN. attraper, gronder).

enhardir [ɑ̃ardir] v. ● *Marc était timide, mais ses succès l'**ont enhardi**,* l'ont rendu plus hardi. □ v. pron. ● *Il **s'est enhardi** à lui poser une question :* il a osé le faire. ★ Conjug. 11.

énigme nom f. ● *Comment a-t-il pu sortir de cette pièce fermée à clé ? Cela reste une **énigme** (→ SYN. mystère).*
■ **énigmatique** adj. ● *Une réponse **énigmatique**,* peu claire (→ SYN. mystérieux, obscur).

enivrer [ɑ̃nivre] v. ● *Ne buvez pas trop de vin, cela va vous **enivrer**,* vous rendre ivre. — (fig.) ● *La réussite l'**a enivré**,* lui a tourné la tête, lui a fait perdre conscience des réalités (→ SYN. griser). □ v. pron. ● *Il **s'est enivré** à la bière* (→ SYN. se saouler).

enjamber v. ● *Ne marche pas dans les flaques d'eau, **enjambe**-les :* fais un grand pas par-dessus.
■ **enjambée** nom f. ● *Marcher à grandes **enjambées**,* en faisant des grands pas.

enjeu nom m. **1** ● *Au début de la partie de cartes, chaque joueur pose son **enjeu** sur le tapis,* l'argent que l'on joue, la mise. **2** (fig.) ● *C'est un match dont l'**enjeu** est le titre de champion du monde :* ce pour quoi on se bat ; ce que l'on peut gagner ou perdre.

enjôler v. ● *Il essaye de l'**enjôler** :* séduire (quelqu'un) par des flatteries.

enjoliver v. ● *Un galon **enjolivera** cette robe :* la rendra plus jolie. — ● ***Enjoliver** un récit :* le rendre plus beau en ajoutant des détails plus ou moins exacts (→ SYN. embellir).
■ **enjoliveur** nom m. ● *En heurtant le bord du trottoir, la voiture a perdu un **enjoliveur**,* un disque de métal qui sert à cacher le milieu de la roue.

enjoué adj. ● *Une voix **enjouée** m'a répondu au téléphone,* une voix gaie et aimable (→ CONTR. maussade, renfrogné, triste).

enlacer v. ● *Le danseur **enlaçait** sa cavalière :* il la serrait dans ses bras. ★ Conjug. 4.

enlaidir v. ● *Ces énormes lunettes l'enlaidissent*, le rendent laid (→ CONTR. embellir). ★ Conjug. 11.

enlever v. 1 ● *Enlève tes chaussures mouillées avant d'entrer* : retire-les. — ● *Enlève tes affaires de mon bureau* : prends-les et mets-les ailleurs (→ enlèvement, sens 1 ; SYN. ôter, retirer). 2 ● *Comment puis-je enlever cette tache de goudron ?*, la faire disparaître. 3 ● *Des malfaiteurs ont enlevé le milliardaire* : ils l'ont pris, emmené de force (→ enlèvement, sens 2 ; SYN. kidnapper, 2. ravir). ★ Conjug. 8.

■ **enlèvement** nom m. 1 ● *Les services municipaux se chargent de l'enlèvement des ordures.* 2 ● *Les auteurs d'enlèvements sont sévèrement punis par la loi* (→ SYN. kidnapping, rapt).

s'enliser v. pron. ● *S'enliser dans la vase*, s'y enfoncer (→ SYN. s'embourber).

enluminure nom f. ● *Ce livre ancien est décoré par des enluminures*, petits dessins coloriés.

enneigé adj. ● *Le chemin est enneigé*, il est couvert de neige.

■ **enneigement** nom m. ● *La radio diffuse un bulletin qui indique l'enneigement des pistes de ski*, la hauteur de la couche de neige sur les pistes.

ennemi nom 1 ● *Jules César et Vercingétorix étaient des ennemis* : ils combattaient l'un contre l'autre, ils se faisaient la guerre (→ SYN. adversaire). □ adj. ● *Ils ont abattu un avion ennemi* (→ CONTR. allié). 2 ● *Cet homme est-il un de vos amis ou un de vos ennemis ?* □ adj. ● *Ces deux pays sont ennemis* (→ CONTR. allié, ami). 3 ● *Les ennemis de la liberté* (→ CONTR. partisan).

ennuyer v. 1 ● *Cela m'ennuie de te savoir dehors en pleine nuit* : cela me contrarie, me cause du souci. 2 ● *N'ennuie pas ton frère quand il travaille* (→ SYN. déranger, importuner). 3 ● *Ce film m'ennuie*, il ne m'intéresse pas, ne m'amuse pas. □ v. pron. ● *Dans ce village isolé, on s'ennuie* : on éprouve de l'ennui (→ CONTR. s'amuser, se distraire). — S'ENNUYER DE QUELQU'UN. ● *J'ai hâte de vous revoir,*

car je m'ennuie de vous, vous me manquez, je regrette votre absence. ★ Conjug. 6.

■ **ennui** nom m. 1 ● *Pour échapper à son ennui, il est allé au cinéma*, pour ne plus s'ennuyer. 2 ● *Il a des ennuis de santé* (→ SYN. problème, souci, tracas). 3 ● *L'ennui avec toi, c'est que tu n'es jamais d'accord* : ce qui est fâcheux.

■ **ennuyeux** adj. 1 ● *Un livre ennuyeux.* 2 ● *C'est ennuyeux que tu ne puisses pas venir* (→ SYN. fâcheux ; (fam.) embêtant).

énoncé nom m. ● *Le professeur écrit au tableau l'énoncé du problème*, le texte du problème.

énorme adj. 1 ● *Certains animaux préhistoriques étaient des bêtes énormes*, très grandes et très grosses (→ SYN. gigantesque ; CONTR. minuscule). 2 ● *Dans ta dictée, tu as fait une faute énorme*, très importante, très grave.

■ **énormément** adv. ● *Elle lit énormément*, beaucoup.

■ **énormité** nom f. 1 ● *L'énormité du travail à faire m'a découragé* (→ SYN. importance). 2 ● *Il a dit une énormité*, une très grosse sottise.

s'enquérir de v. pron. ● *Il a téléphoné pour s'enquérir de votre santé*, pour demander des nouvelles de votre santé (→ SYN. se renseigner). ★ Conjug. 18.

enquête nom f. 1 ● *Les inspecteurs de police mènent une enquête pour découvrir le coupable* : ils font des recherches. 2 ● *Le journal publie une enquête sur les goûts des téléspectateurs*, une étude qui s'appuie sur le témoignage, l'avis des téléspectateurs eux-mêmes. ★ Chercher aussi : sondage.

■ **enquêter** v. ● *Ce journaliste enquête sur l'éducation en France* : il fait une enquête.

■ **enquêteur, -trice** nom ● *Répondre aux questions des enquêteurs.*

enraciner v. 1 v. pron. ● *Ce sapin s'enracine dans le sol* : il y enfonce ses racines et les développe (→ SYN. prendre racine). 2 (fig.) ● *Cette légende est enracinée dans la mémoire des gens* :

elle y est fixée profondément, solidement (→ racine).

enrager v. ● *Pierre **enrage** d'avoir abîmé son vélo neuf : il est furieux.* — ● *Lucie fait **enrager** son frère : elle le met en colère* (→ 1. rage). ★ Conjug. 5.

■ **enragé** adj. **1** ● *Elle a été mordue par un chien **enragé**, malade de la rage* (→ 2. rage). **2** ● *Paul est un skieur **enragé**, qui adore faire du ski* (→ SYN. passionné). □ nom ● *Sylvie est une **enragée** de planche à roulettes.*

enrayer v. **1** v. pron. ● *Le chasseur n'a pas pu tirer, son fusil **s'est enrayé** : la balle s'est bloquée.* **2** ● *Les médecins ont pu **enrayer** cette épidémie, arrêter sa progression.* ★ Conjug. 7.

enregistrer v. **1** ● *Ton nom et ta date de naissance **ont été enregistrés** à la mairie : ils ont été écrits sur un registre.* **2** ● *Cet employé de la S.N.C.F. est chargé d'**enregistrer** les bagages, d'inscrire les bagages confiés à la S.N.C.F.* **3** ● *Avec mon magnétophone, j'**ai enregistré** votre chanson : j'ai fixé le son sur une bande magnétique pour pouvoir le reproduire.* **4** ● *Essaie d'**enregistrer** ce qu'il va te dire, de le fixer dans ta mémoire pour t'en souvenir.*

■ **enregistrement** nom m. **1** ● *Le bureau d'**enregistrement**, où l'on en registre* (→ enregistrer, sens 1). **2** ● *L'**enregistrement** des bagages commence une heure avant le départ de l'avion.* **3** ● *L'**enregistrement** de ce concert a été fixé sur disque et sur cassette.*

■ **enregistreur** adj. ● *Au supermarché, la caisse **enregistreuse** inscrit les prix de tous nos achats sur un rouleau de papier.*

s'enrhumer v. pron. ● *Daniel **s'est enrhumé** : il a attrapé un rhume.*

enrichir v. **1** ● *Ses puits de pétrole l'**ont enrichi**, lui ont fait gagner beaucoup d'argent.* □ v. pron. ● *Elle **s'est enrichie** dans le commerce : elle est devenue riche.* **2** v. pron. ● *Yves a beaucoup lu, beaucoup voyagé ; son esprit **s'est enrichi** : il a appris beaucoup de*

choses (→ riche ; CONTR. appauvrir). ★ Conjug. 11.

enrobé adj. ● *Une glace **enrobée** de chocolat, entourée d'une couche de chocolat.*

enrôler v. ● *Pierre veut **enrôler** Jacques dans son équipe : recruter (quelqu'un) dans un groupe, une organisation.*

enroué adj. ● *Claudine a la grippe : elle tousse et elle est **enrouée**, sa voix est devenue moins claire, rauque.*

enrouler v. **1** ● *Nadine **enroule** une mèche de cheveux autour de son doigt, elle la fait tourner autour de son doigt* (→ CONTR. 1. dérouler). **2** v. pron. ● *En sortant de l'eau, il **s'est enroulé** dans sa serviette : il s'y est enveloppé en la roulant autour de lui* (→ SYN. s'envelopper).

s'ensabler v. pron. **1** ● *Les navires ne peuvent plus entrer dans ce port, il **s'est ensablé** : il s'est rempli de sable.* **2** ● *Le camion **s'est ensablé** : il s'est enfoncé dans le sable.*

ensanglanté adj. ● *Il s'est blessé, son genou est **ensanglanté**, couvert de sang* (→ sanglant).

1. enseigne nom f. **1** ● *Cette croix verte est l'**enseigne** d'une pharmacie, le panneau qui signale ce magasin.* **2** ÊTRE LOGÉ À LA MÊME ENSEIGNE QUE QUELQU'UN : partager les mêmes soucis, rencontrer les mêmes difficultés que lui.

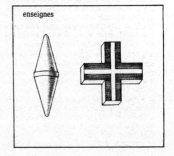

enseignes

2. enseigne nom m. ENSEIGNE DE VAISSEAU. • *Jérôme est enseigne de vaisseau*, officier de la marine de guerre. ★ VOIR p. 433.

enseigner v. **1** • *Ce professeur enseigne le français* : il donne des cours de français. **2** • *Son accident lui a enseigné la prudence en auto* : il lui a appris la prudence.
■ **enseignant** nom • *Mon institutrice et ton professeur sont des enseignants*, des personnes qui enseignent.
■ **enseignement** nom m. **1** • *L'enseignement est donné aux élèves dans les écoles, les collèges et les lycées* (→ SYN. instruction). **2** • *Plus tard, Régis voudrait entrer dans l'enseignement*, devenir instituteur ou professeur. **3** • *Son courage est un enseignement pour nous*, un modèle, une leçon.

1. ensemble adv. **1** • *Alain et Claude se réunissent pour jouer ensemble*, l'un avec l'autre (→ CONTR. séparément). **2** • *Ils sont arrivés l'un après l'autre, mais ils sont partis ensemble*, en même temps. **3** ALLER ENSEMBLE. • *Ce bleu et ce rose sont des couleurs qui vont ensemble*, qui s'accordent bien, qui sont bien assorties.

2. ensemble nom m. **1** • *La fraise et la framboise font partie de l'ensemble des fruits rouges*, du groupe de tout ce qui est fruit et rouge. ★ Chercher aussi : élément. **2** • *Hélène habite dans un grand ensemble*, un groupe d'immeubles construits en même temps. **3** • *Elise porte un ensemble rouge*, une veste et une jupe assorties. **4** VUE D'ENSEMBLE. • *Du haut de la tour, tu as une vue d'ensemble de la ville*, une vue générale. **5** DANS L'ENSEMBLE. • *Ce quartier est calme dans l'ensemble*, en général, la plupart du temps.

ensemencer v. • *Le printemps est la saison où l'on ensemence la terre*, où l'on y sème des graines (→ semence ; semer). ★ Conjug. 4.
■ **ensemencement** nom m. Action d'ensemencer. • *Pour cette fleur, l'ensemencement se fait au printemps.*

ensevelir v. **1** • *On ensevelit les morts*, on les met dans un tombeau (→ SYN. enterrer). **2** • *Plusieurs maisons ont été ensevelies sous la neige*, elles ont été recouvertes sous le disparaître (→ SYN. enfouir). ★ Conjug. 11.
■ **ensevelissement** nom m. Fait d'ensevelir ou d'être enseveli. • *Cette maison est menacée d'ensevelissement par les avalanches.*

ensoleillé adj. • *La Côte d'Azur est une région ensoleillée*, où le soleil brille souvent (→ soleil).

ensorceler v. **1** • *La méchante fée avait ensorcelé le prince* : elle lui avait jeté un sort, elle l'avait transformé par magie (→ SYN. envoûter). **2** • *Ta merveilleuse histoire nous a ensorcelés*, elle nous a charmés et séduits. ★ Chercher aussi : enchanteur, sorcier, sortilège. ★ Conjug. 9.

ensuite adv. **1** • *Fais tes devoirs d'abord, ensuite tu pourras regarder la télévision*, après cela, plus tard. **2** • *Les majorettes marchent devant, les musiciens viennent ensuite*, derrière, en suivant.

s'ensuivre v. pron. • *Tu t'es trompé dès le début, il s'ensuit que tout ton problème est faux, c'est la conséquence normale, logique* (→ SYN. découler de, résulter). ★ Ne s'emploie qu'à la 3e personne et à l'infinitif. ★ Conjug. 49.

entaille nom f. • *Mon couteau a glissé, je me suis fait une entaille à la main*, une coupure profonde.
■ **entailler** v. • *Avec sa hache, le bûcheron entaille le tronc du chêne* : il enlève des morceaux de bois pour le couper (→ tailler).

entamer v. **1** • *Veux-tu entamer le pain ?*, en couper le premier morceau. **2** • *Nous avons entamé une partie de cartes* : nous l'avons commencée. **3** • *Peu à peu, la rouille entame le fer* : elle commence à le détruire. — • *La scie entame le bois.*

entartrer v. • *L'eau calcaire entartre les tuyaux* : elle dépose une couche de calcaire dur à l'intérieur (→ tartre ; CONTR. détartrer).

entasser v. 1 ● *Nous* **avons entassé** *nos vieux jouets dans le grenier : nous les avons mis en tas, sans ordre* (→ SYN. accumuler, amonceler, empiler). 2 v. pron. ● *Les gens* **s'entassent** *dans l'autobus :* ils se serrent dans un espace trop étroit.
■ **entassement** nom m. ● *Depuis l'avalanche, un* **entassement** *de rochers recouvre cette cabane,* un amas, un tas.

entendement nom m. Faculté de comprendre, intelligence. ● *Cela dépasse l'* **entendement** *:* c'est incompréhensible.

entendre v. 1 ● *Mes oreilles sont pleines d'eau, je n'* **entends** *rien.* — ● *J'ai* **entendu** *parler de ce film.* 2 ● *Ils sont allés* **entendre** *un pianiste célèbre,* l'écouter. 3 v. pron. ● *Anne et Claire* **s'entendent** *bien :* elles sont amies. — ● *Elles* **se sont entendues** *pour nous faire une farce :* elles se sont mises d'accord (→ entendu, entente; SYN. s'accorder, convenir de). 4 ● *Laurent n'* **entend** *rien à la politique :* il n'y comprend rien. — S'Y ENTENDRE. ● *Hugues* **s'y entend** *en mécanique :* il s'y connaît. 5 FAIRE ENTENDRE RAISON. ● *Elle est têtue ; impossible de lui* **faire entendre raison,** de lui faire comprendre ce qui est raisonnable. 6 ● *Le directeur* **entend** *que l'on soit à l'heure :* il le veut absolument. ★ Conjug. 31.
■ **entendu** adj. 1 ● *« Je t'attends demain matin ?* » *« C'est* **entendu** *!* » (ou *«* **Entendu** *!* »), d'accord ! 2 BIEN ENTENDU, loc. adv. ● *Vous restez dîner avec nous,* **bien entendu,** bien sûr, évidemment. 3 ● *Je crois qu'ils préparent une surprise, ils se regardent d'un air* **entendu,** malin, complice.
■ **entente** nom f. 1 ● *La bonne* **entente** *règne dans la maison,* l'union, l'amitié (→ CONTR. mésentente). 2 ● *Ces deux pays en guerre sont parvenus à une* **entente,** à un accord.

enterrer v. 1 ● *On* **enterre** *les morts au cimetière :* on met leur corps dans la terre (→ SYN. ensevelir, inhumer ; CONTR. exhumer). 2 ● *Le pirate creuse un trou pour* **enterrer** *son trésor,* pour le cacher sous la terre (→ CONTR. déterrer).
■ **enterrement** nom m. ● *Beaucoup de gens sont venus à l'* **enterrement** *de notre ami,* à la cérémonie pendant laquelle on l'a enterré (→ SYN. inhumation, obsèques).

à en-tête loc. adj. ● *Du papier à lettres* **à en-tête,** qui porte une indication en haut de la feuille (un nom, une adresse).

s'entêter v. pron. ● *Alice n'est pas raisonnable, elle* **s'entête** *à sortir malgré le froid :* elle ne veut pas céder, y renoncer (→ têtu ; SYN. s'obstiner).
■ **entêtement** nom m. ● *L'âne refuse d'avancer avec* **entêtement,** avec obstination.

enthousiasme nom m. 1 ● *Quand tu l'as invité, il a accepté avec* **enthousiasme,** avec une joie qui le rendait tout excité (→ SYN. exaltation). 2 ● *Ce chanteur déchaîne l'* **enthousiasme** *de la foule,* son admiration, sa passion.
■ **enthousiasmer** v. ● *Ce projet de vacances nous* **enthousiasme,** nous remplit de joie et d'excitation (→ SYN. (fam.) 2. emballer).
■ **enthousiaste** adj. ● *Les joueurs ont été acclamés par les spectateurs* **enthousiastes,** joyeux, excités et pleins d'admiration.
■ **enthousiasmant** adj. ● *Voilà une nouvelle* **enthousiasmante,** qui rend très heureux.

entier adj. 1 ● *Je vous ai attendus une heure* **entière,** toute une heure. 2 ● *« Veux-tu une demi-pomme ?* » *« Non, une pomme* **entière** *»,* complète. — ● *Si tu ne l'enveloppes pas soigneusement, cet objet n'arrivera pas* **entier,** intact. 3 EN ENTIER, loc. adv. ● *Marion a lu ce livre* **en entier,** complètement. 4 ● *93 est un nombre* **entier,** sans virgule (→ CONTR. décimal). 5 ● *Bernard a un caractère* **entier,** obstiné, sans nuances.
■ **entièrement** adv. ● *Il a repeint sa chambre* **entièrement,** complètement, totalement.

entomologie nom f. Science qui étudie les insectes. ★ Chercher aussi : zoologie.
■ **entomologiste** nom m. et f. Personne spécialiste d'entomologie.

entonner v. ● *La chorale a entonné un chant de Noël* : elle a commencé à le chanter.

entonnoir nom m. ● *Pour verser de l'huile dans cette petite bouteille, je prends un entonnoir*, un instrument en forme de cône qui se termine par un tube.

entonnoir

entorse nom f. **1** ● *Joëlle a la cheville enflée; en sautant elle s'est fait une entorse*, une foulure, les ligaments de sa cheville sont abîmés. **2** (fig.) FAIRE UNE ENTORSE À. ● *Il a fait une entorse au règlement* : il ne l'a pas respecté (→ SYN. infraction).

entortiller v. **1** ● *Ces caramels sont entortillés dans du papier transparent*, enroulés dans un papier tordu aux deux bouts. **2** ● *Christine ne cesse d'entortiller ses cheveux autour de son doigt*, de les enrouler en les tordant. **3** (fam.) ● *Surtout, ne te laisse pas entortiller par ses mensonges* : ne te laisse pas convaincre.

entourer v. **1** ● *Un grillage entoure ce terrain de sport* : il est placé tout autour. **2** ● *Céline entoure la boîte d'un ruban* : elle le met autour. **3** ● *Je ne connais pas les personnes qui l'entourent*, qui sont auprès de lui (→ entourage). □ v. pron. ● *Il aime s'entourer d'amis*, les réunir autour de lui. **4** ● *Pendant sa maladie, elle a été très entourée* : beaucoup de gens se sont occupés d'elle avec gentillesse (→ CONTR. abandonner).
■ **entourage** nom m. **1** ● *Il est sympathique, mais son entourage me déplaît*, les personnes qui l'entourent d'habitude. **2** ● *Ce plateau de plastique a un entourage de métal*, une bordure de métal.

entracte nom m. ● *Au cinéma on vend des bonbons et des glaces à l'entracte*, l'intervalle de temps qui sépare les parties d'un spectacle.

s'entraider v. pron. ● *Serge et Michèle s'entraident dans leur travail*, ils s'aident l'un l'autre.
■ **entraide** nom f. ● *Pour aider ceux qui ont des difficultés, les gens du quartier ont formé un comité d'entraide* (→ SYN. assistance, secours).

entrailles nom f. plur. ● *Les entrailles d'un animal* : les organes de son ventre (boyaux, estomac, etc.). ★ Chercher aussi : tripes, viscères.

entrain nom m. ● *Sylvie est pleine d'entrain*, de gaieté, d'ardeur, d'enthousiasme.

entraîner v. **A. 1** ● *Le vent entraîne les feuilles mortes* : il les pousse, il les emporte avec lui. **2** ● *Gilles a entraîné sa sœur à la piscine* : il l'a décidée à l'accompagner. **3** ● *Le moteur entraîne les roues* : il les fait tourner (→ entraînement, sens 1). **4** ● *Mon retard risque d'entraîner une punition*, de la causer, de la provoquer. **B.** ● *Cet ancien champion entraîne de jeunes sportifs* : il les prépare aux compétitions en leur faisant faire des exercices. □ v. pron. ● *Les sportifs s'entraînent pour les jeux Olympiques* : ils s'y préparent par des exercices (→ entraînement, sens 2; SYN. s'exercer). — ● *J'entraîne mon chien à me rapporter les balles*, je l'habitue.
■ **entraînement** nom m. **1** ● *L'entraînement de la roue d'un vélo se fait grâce à la chaîne*, sa mise en mouvement. **2** ● *Les gymnastes commencent leur entraînement*, leurs exercices pour se préparer.

■ **entraîneur** nom m. ● *Cet ancien champion est l'entraîneur de l'équipe de France, celui qui la prépare aux compétitions.*

entraver v. 1 ● *Pour l'empêcher de se sauver, on a entravé les jambes de ce cheval :* on les lui a attachées. 2 ● *Des difficultés ont entravé mon projet :* elles l'ont empêché de se réaliser.
■ **entrave** nom f. ● *Il n'y a plus aucune entrave à notre projet* (→ SYN. obstacle).

entre prép. 1 ● *La chaise se trouve entre les deux lits,* dans l'espace qui les sépare. 2 ● *Nous arriverons entre trois et quatre heures.* 3 ● *J'hésite entre un croissant et une brioche.* 4 ● *Il y a une grande ressemblance entre ces deux frères,* quand on les compare l'un avec l'autre. 5 ● *Une dispute a éclaté entre eux :* ils se disputent l'un contre l'autre. ★ *Entr(e)* sert à former beaucoup de mots qui expriment un intervalle (*entracte, entrouvrir*), ou un rapport entre des personnes ou des choses (*entraide, entrevue*).

entrebâiller v. ● *Il fait trop chaud, entrebâille la fenêtre,* ouvre-la un peu (→ bâiller ; SYN. entrouvrir).
■ **entrebâillement** nom m. ● *Le chat se glisse dans l'entrebâillement de la porte,* dans l'ouverture étroite de la porte entrebâillée.

s'entrechoquer v. pron. ● *Quand elle a failli tomber, les bouteilles se sont entrechoquées dans son panier :* elles se sont cognées les unes contre les autres.

entrecôte nom f. ● *Nous avons acheté une entrecôte chez le boucher,* un morceau de viande de bœuf qui se trouve entre les côtes.

entrecouper v. ● *L'histoire drôle qu'il racontait était entrecoupée d'éclats de rire,* elle était interrompue par moments (→ couper).

entrecroiser v. ● *Pour fabriquer un panier, il entrecroise les brins d'osier :* il les croise ensemble plusieurs fois.

★ Chercher aussi : entrelacer, entremêler, tresser.

entrée nom f. 1 ● *Les élèves se calment à l'entrée du professeur,* au moment où il entre (→ SYN. arrivée ; CONTR. sortie). 2 ● *Je l'ai rencontré dans l'entrée de l'immeuble,* à l'endroit par où l'on entre (→ SYN. hall, vestibule). 3 ● *L'entrée dans ce cinéma est interdite aux moins de treize ans,* le droit d'entrer (→ SYN. accès). 4 ● *Tu quitteras l'école pour le collège à ton entrée en sixième* (→ entrer, sens 2). 5 ● *Cette pizza nous servira d'entrée,* de plat servi au début du repas, après les hors-d'œuvre.

entrefaites nom f. plur. SUR CES ENTREFAITES, loc. adv. ● *Hélène est arrivée sur ces entrefaites,* à ce moment-là, alors.

entrefilet nom m. ● *Le journal annonce cette exposition par un entrefilet,* un article très court.

entrelacer v. ● *Les enfants ont entrelacé des fleurs pour fabriquer une couronne,* ils les ont tressées (→ lacer). ★ Chercher aussi : entrecroiser, entremêler, tresser. ★ Conjug. 4.

entremêler v. ● *Pour faire un bouquet, Marie entremêle des roses et des tulipes :* elle les mélange (→ mêler).

entremets nom m. ● *Entre le fromage et les fruits, veux-tu prendre un entremets ?,* un plat sucré (crème, glace, etc.). ★ *Entremets* prends un *s* même au singulier.

entremise nom f. PAR L'ENTREMISE DE. ● *Mon père a acheté une maison par l'entremise d'une agence immobilière,* par l'intermédiaire d'une agence, grâce à elle.

entrepont nom m. ● *Ces passagers ont dû voyager dans l'entrepont,* l'étage situé sous le premier pont d'un navire (→ pont).

entreposer v. ● *Les meubles de notre ancienne maison sont entreposés dans la cave d'un ami,* ils y sont placés provisoirement.
■ **entrepôt** nom m. ● *Avant d'être expédiées, les marchandises sont déposées dans un entrepôt,* dans un bâti-

ment qui leur sert d'abri provisoire.
★ Chercher aussi : dépôt, dock, magasin.

entreprendre v. ● *Mon frère **a entrepris** de repeindre la salle de séjour* : il a commencé à le faire. ★ Conjug. 32.

■ **entreprenant** adj. **1** ● *Régine réussira, c'est une fille **entreprenante**, active, décidée et pleine d'audace.* **2** ● *Christine déteste les hommes **entreprenants**, qui essaient de séduire les femmes.*

■ **entrepreneur** nom m. ● *L'architecte a fait les plans de la maison, l'**entrepreneur** va commencer les travaux* : la personne qui dirige une entreprise de construction ou d'installation.

■ **entreprise** nom f. **1** ● *Deux nouvelles **entreprises** se sont créées dans notre région, des sociétés commerciales qui fabriquent, réparent, transportent, etc.* — ● *Un chef d'**entreprise*** : un patron. **2** ● *Armand réussit dans toutes ses **entreprises**, dans tous ses projets.*

entrer v. **1** ● *Vous pouvez **entrer**, passer du dehors au-dedans.* — ● *Le train **entre** en gare* (→ SYN. pénétrer ; CONTR. sortir). **2** ● *Marc vient d'**entrer** en CP*, de commencer à faire partie de cette classe. **3** ● *Elle **est entrée** en apprentissage chez un pâtissier* : elle a commencé son apprentissage. **4** ● *Des œufs et du lait **entrent** dans la composition de ce soufflé* : ils en font partie.

entresol nom m. ● *Cet atelier est installé à l'**entresol**,* espace d'une maison situé entre le rez-de-chaussée et le premier étage.

entre-temps adv. ● *Nous nous reverrons dans un mois ; **entre-temps**, j'aurai fait le travail que vous m'avez demandé* : pendant ce temps, d'ici là.

1. entretenir v. **1** ● *Le vélo d'Agnès ne s'abîme pas, elle l'**entretient** soigneusement* : elle s'occupe de le garder propre et en bon état. **2** ● *Avec l'argent qu'elle gagne, elle **entretient** six personnes,* elle les fait vivre. ★ Conjug. 19.

■ **1. entretien** nom m. ● *Ce jardinier est chargé de l'**entretien** du parc.* — ● *Des produits d'**entretien**,* qui servent à faire le ménage, la lessive, etc.

2. entretenir v. ● *Il m'a **entretenu** de ses problèmes* : il m'en a parlé. □ v. pron. ● *Bernard et Denise s'**entretiennent** de la rentrée des classes.* ★ Conjug. 19.

■ **2. entretien** nom m. ● *Alice est entrée pendant notre **entretien**,* notre conversation (→ SYN. entrevue).

s'entre-tuer v. pron. ● *Si on ne les sépare pas, ils vont s'**entre-tuer**,* se tuer l'un l'autre.

entrevoir v. **1** ● *J'ai **entrevu** le facteur ce matin* : je l'ai vu très rapidement (→ SYN. apercevoir). **2** ● *Certains signes laissent **entrevoir** qu'il sera bientôt guéri* : ils le laissent deviner, pressentir. ★ Conjug. 22.

■ **entrevue** nom f. ● *Le Président et le ministre ont parlé du chômage au cours de leur **entrevue**,* de leur rencontre préparée d'avance (→ SYN. 2. entretien).

entrouvrir v. ● *Pour aérer un peu sa chambre, Bertrand **entrouvre** la fenêtre* : il l'ouvre un peu (→ SYN. entrebâiller). ★ Conjug. 12.

énumérer v. ● *Martine nous a **énuméré** toutes ses bonnes notes,* elle nous les a dites une après l'autre. ★ Conjug. 8.

■ **énumération** nom f. ● *Grégoire a fait l'**énumération** de tous ses amis,* la liste, le compte (→ numéro).

envahir v. **1** ● *Autrefois, les Romains **envahirent** la Gaule* : ils y entrèrent de force (→ envahisseur ; SYN. conquérir). **2** ● *Les orties **envahissent** le jardin* : elles poussent partout, elles occupent toute la place (→ envahissant). **3** ● *Le sommeil m'**envahit*** : il s'empare de moi. ★ Conjug. 11.

■ **envahissant** adj. ● *Il est sans cesse dérangé par des voisins **envahissants**,* indiscrets. — ● *Débarrassons-nous de ces mauvaises herbes **envahissantes**,* qui prennent toute la place.

■ **envahisseur** nom m. ● *Ce pays n'a pas pu résister aux **envahisseurs**,* aux ennemis qui voulaient occuper son territoire. ★ Chercher aussi : invasion.

envahissement nom m. Action d'envahir (→ SYN. invasion).

s'envaser v. pron. ● *Cet étang s'envase de plus en plus* : il se remplit de vase (→ 2. vase).

envelopper v. ● *Pour le protéger des mouches, j'enveloppe ce jambon dans un papier* : je l'entoure complètement (→ SYN. emballer). — ● *Une feuille de plastique enveloppe cette couverture.* □ v. pron. ● *Valérie s'est enveloppée dans une couverture* : elle l'a enroulée autour de son corps.
■ **enveloppe** nom f. **1** ● *Arthur a glissé sa lettre dans l'enveloppe avant d'y coller un timbre.* **2** ● *Le pneu est l'enveloppe de la chambre à air, ce qui l'entoure et la protège.*

s'envenimer v. pron. **1** ● *Ta blessure risque de s'envenimer si tu ne la soignes pas, de s'infecter.* **2** ● *Leur dispute s'est envenimée tout à coup, elle est devenue plus violente* (→ SYN. s'aggraver ; CONTR. s'apaiser).

envergure nom f. **1** ● *L'aigle a une très grande envergure,* l'étendue de ses ailes déployées. — ● *L'envergure d'un avion* : la distance entre les extrémités de ses ailes. **2** ● *Guy n'a pas l'envergure d'un pilote de course,* la capacité, la valeur, le talent.

1. envers prép. ● *Pierre est très aimable envers ses voisins,* à l'égard de ses voisins (→ SYN. pour, vis-à-vis de).

2. envers nom m. **1** ● *L'étiquette de ton chandail est cousue sur l'envers,* le côté que l'on ne voit pas d'habitude (→ CONTR. endroit). — ● *L'endroit et l'envers d'une feuille de papier* (→ SYN. verso ; CONTR. recto). **2** À L'ENVERS, loc. adv. ● *Le roi Dagobert avait mis sa culotte à l'envers.* — ● *Pour essayer de retrouver son portefeuille, Bruno a refait le chemin à l'envers,* dans le sens contraire (→ CONTR. à l'endroit).

envie nom f. **A.** AVOIR ENVIE DE. **1** ● *Quand j'ai soif, j'ai envie de boire* : j'ai le désir de boire, j'en ai besoin. **2** ● *Mon frère a envie d'une moto* : il a le désir d'en avoir une. — FAIRE ENVIE. ● *Cette glace me fait envie* : j'en voudrais bien, elle me tente.

B. ● *Il regarde mon vélo neuf avec envie,* avec jalousie (→ envier, envieux).
■ **enviable** adj. ● *Je n'aimerais pas être comme lui ; il n'a pas un sort enviable,* qui fait envie.
■ **envier** v. **1** ● *Je t'envie de partir au Maroc* : j'aimerais être à ta place. — ● *Il est très intelligent, ses camarades l'envient* : ils souhaiteraient être comme lui, ils le jalousent. — ● *Elle envie la belle robe de sa sœur* : elle voudrait bien l'avoir (→ SYN. jalouser). **2** N'AVOIR RIEN À ENVIER À QUELQU'UN ou QUELQUE CHOSE : ne lui être en rien inférieur. ● *Marie n'a rien à envier à Claude pour l'intelligence.* ★ Conjug. 10.
■ **envieux** adj. et nom **1** adj. ● *Quel dommage qu'il ait un caractère envieux !,* jaloux des autres. **2** nom. FAIRE DES ENVIEUX. ● *Son canot pneumatique fait des envieux,* il rend les autres jaloux.

environ adv. ● *François mesure environ un mètre quarante,* à peu près (→ SYN. approximativement).

environner v. ● *Les montagnes environnent le chalet,* elles l'entourent.
■ **environnant** adj. ● *La campagne environnante est très agréable* : autour.
■ **environnement** nom m. ● *Notre environnement a une influence sur notre santé,* tout ce qui nous entoure, le milieu dans lequel nous vivons.
■ **environs** nom m. plur. **1** ● *Ils sont allés faire une promenade dans les environs,* dans le voisinage. **2** AUX ENVIRONS DE. ● *On construit des immeubles aux environs de la ville,* aux alentours, aux abords. — *Nous serons là aux environs de 10 heures.*

envisager v. **1** ● *Nous envisageons de déménager en août* : nous faisons ce projet. **2** ● *Pour aider les réfugiés, nous devons envisager toutes les solutions,* y penser, les examiner. **3** ● *Elle envisage son travail comme une distraction* : elle le considère comme cela. ★ Conjug. 5.
■ **envisageable** adj. Qui peut être pris en considération. ● *Je pense que cet achat est envisageable* (→ considérer).

envoi nom m. **1** ● *Lucile ne recevra pas ton envoi avant trois jours, ce que tu as envoyé* (lettre, paquet) (→ envoyer, sens 2 ; SYN. expédition). **2** COUP D'ENVOI. ● *Ce footballeur a donné le coup d'envoi du match,* le coup qui marque le début d'une partie.

s'envoler v. pron. **1** ● *Les hirondelles se sont envolées :* elles sont parties en volant (→ CONTR. se poser). **2** ● *Les passagers du Concorde s'envolent vers le Brésil :* ils partent en avion. **3** ● *Les feuilles s'envolent au vent :* elles sont emportées par le vent. **4** (fam.) ● *Mon cartable s'est envolé :* il a disparu. **5** ● *Cette semaine de vacances s'est envolée trop vite :* elle a passé trop vite.
■ **envol** nom m. **1** ● *Nous avons admiré l'envol des flamants roses,* leur départ en volant (→ 1. vol ; 1. voler). **2** ● *L'avion roule sur la piste d'envol,* la piste de décollage (→ CONTR. atterrissage).

envoûter v. **1** ● *Cet homme disait que les sorciers l'avaient envoûté,* qu'ils l'avaient influencé ou qu'ils lui avaient fait du mal par magie (→ SYN. ensorceler). **2** ● *Il est envoûté par le spectacle du feu :* il est fasciné, charmé.
■ **envoûtant** adj. ● *Ce film est vraiment envoûtant* (→ fascinant).
■ **envoûtement** nom m. ● *Cette musique lui faisait l'effet d'un envoûtement* (→ SYN. charme, fascination).

envoyer v. **1** ● *Maman envoie Rémi chez le boucher :* elle le fait aller à cet endroit. — ● *Il m'envoie acheter le journal.* **2** ● *Je t'ai envoyé une carte de Bretagne :* je l'ai expédiée par la poste (→ envoi, sens 1). **3** ● *Philippe a envoyé son ballon dans les buts :* il l'a lancé. — ● *Envoyer un coup :* le donner. **4** ● *Ce boxeur a envoyé son adversaire par terre :* il l'a fait tomber. **5** ● *Ce ventilateur envoie de l'air frais dans la pièce :* il le fait entrer dans la pièce. ★ Conjug. 6.
■ **envoyé** nom **1** ● *Patricia est notre envoyée auprès du directeur,* celle que nous envoyons pour nous représenter (→ SYN. délégué). **2** ENVOYÉ SPÉCIAL. ● *Voici les dernières nouvelles de notre envoyé spécial au Japon,* un journaliste envoyé en mission spéciale.
■ **envoyeur** nom ● *Personne n'est venu chercher ce colis, il sera retourné à l'envoyeur,* à celui qui l'a envoyé (→ SYN. expéditeur ; CONTR. destinataire).

éolienne nom f. ● Machine qui utilise l'énergie du vent pour pomper l'eau du sol ou fabriquer de l'électricité.

épagneul nom ● *Étienne part à la chasse, accompagné de son épagneul roux,* un chien aux longs poils et aux oreilles pendantes.

épais adj. **1** ● *Je voudrais un cahier épais,* gros (→ CONTR. fin, mince). — ● *Ce mur est épais de 25 centimètres.* **2** ● *Elle a fait une crème épaisse,* consistante, pâteuse (→ CONTR. fluide, liquide). **3** ● *Ces noyers ont un feuillage épais,* composé de beaucoup de feuilles serrées (→ CONTR. clairsemé). **4** ● *Une fumée épaisse sort de la cheminée,* une fumée dense, abondante.
■ **épaisseur** nom f. **1** ● *Ce livre a trois dimensions :* la longueur, la largeur et l'épaisseur. — ● *Il a une épaisseur de trois centimètres.* **2** ● *Cette étagère sera très résistante grâce à l'épaisseur des planches,* leur grosseur (→ CONTR. finesse). **3** ● *L'épaisseur du brouillard nous cache le paysage.*
■ **épaissir** v. **1** ● *En chauffant, ta sauce va épaissir,* devenir plus épaisse. □ v. pron. ● *La brume s'épaissit.* **2** ● *Depuis l'été dernier, mon oncle a épaissi :* il a grossi (→ CONTR. maigrir). □ v. pron. ● *En vieillissant, il s'épaissit.* **3** ● *La farine épaissit la crème,* la rend plus épaisse. ★ Conjug. 11.

s'épancher v. pron. ● *Claude est allé s'épancher auprès de sa grande sœur,* lui parler avec confiance, lui faire ses confidences (→ SYN. se confier).
■ **épanchement** nom m. ● *Estelle est très secrète, elle n'a pas l'habitude des épanchements,* des confidences, des effusions.

épandre v. ● *Le fermier a épandu du fumier sur son champ*, il l'a étalé, répandu. ★ Conjug. 31.

s'épanouir v. pron. **1** ● *Ces roses se sont épanouies dans le vase* : elles se sont ouvertes en déployant leurs pétales. **2** ● *Le visage de Cécile s'est épanoui de plaisir*, il est devenu joyeux, souriant (→ SYN. s'éclairer). **3** ● *La beauté de cette jeune fille est en train de s'épanouir*, de se développer complètement. ★ Conjug. 11.

■ **épanouissement** nom m. ● *Yves attend l'épanouissement des fleurs qu'il a plantées*, le moment où elles s'ouvriront (→ SYN. éclosion).

épargner v. **A. 1** ● *Mon oncle a épargné de l'argent toute sa vie* : il l'a économisé (→ CONTR. dépenser, gaspiller). **2** ● *Cet homme n'épargne pas ses forces au travail* : il ne les ménage pas. **3** ● *Ta visite m'épargne une lettre* : elle me permet d'éviter de t'écrire. **B. 1** ● *Toute la classe a eu la rougeole, mais Anne a été épargnée* : elle n'a pas été touchée, elle est restée en bonne santé. **2** ● *Son ennemi aurait pu le tuer, mais il l'a épargné* : il l'a laissé vivre, il ne l'a pas tué.

■ **épargne** nom f. ● *L'argent que j'ai mis de côté, c'est une épargne pour acheter un appareil photo*, des économies. — *La Caisse d'épargne*, où les gens peuvent déposer leurs économies qui rapportent un intérêt (→ épargner, A).

éparpiller v. **1** ● *Le vent a éparpillé les cendres* : il les a dispersées çà et là (→ SYN. disperser, disséminer ; CONTR. rassembler, réunir). □ v. pron. ● *À la récréation, les élèves s'éparpillent dans la cour*. **2** ● *Tu ne retiendras jamais ta leçon si tu éparpilles ton attention*, si tu te laisses distraire par beaucoup de choses (→ CONTR. concentrer).

■ **éparpillement** nom m. Fait d'éparpiller, de s'éparpiller ou d'être éparpillé. ● *C'est un éparpillement de petites remarques, plutôt qu'un récit suivi*.

■ **épars** adj. ● *Après le pique-nique, Jean ramasse les bouteilles éparses*, dispersées un peu partout.

épatant adj. (fam.) ● *Nous avons passé des vacances épatantes*, très agréables, formidables (→ SYN. (fam.) extra).

épaté adj. ● *Ce bouledogue a un museau épaté*, aplati, gros et court.

épater v. (fam.) ● *Il cherche à vous épater*, à se faire admirer, à se faire remarquer en vous étonnant.

épaulard nom m. Sorte de marsouin, très vorace.

épaule nom f. **1** ● *Papa porte mon petit frère sur son épaule*, l'articulation du haut du bras. ★ VOIR p. 967. — HAUSSER LES ÉPAULES. ● *Pour montrer qu'il se moque de ce qu'on lui dit, Pierre hausse les épaules*. **2** ● *Le boucher leur a vendu une épaule d'agneau*, le haut de sa patte avant. ★ Chercher aussi : gigot. **3** AVOIR LA TÊTE SUR LES ÉPAULES : savoir ce que l'on fait, avoir du bon sens.

■ **épauler** v. **1** ● *Avant de tirer sur la cible, il épaule sa carabine* : il appuie la crosse contre son épaule. **2** ● *Antoine aurait besoin d'être épaulé dans son travail*, d'être aidé.

■ **épaulette** nom f. **1** ● *Les galons des militaires sont fixés sur des épaulettes*, des bandes de tissu boutonnées sur les épaules d'une veste. **2** ● *L'épaulette de cette combinaison est déchirée*, la bretelle fine. **3** ● *Le tailleur a cousu des épaulettes à l'intérieur de ce pardessus*, des rembourrages aux épaules.

épave nom f. **1** ● *Une épave a été signalée au large de la côte*, un bateau naufragé. **2** ● *La mer a rejeté des épaves sur la plage*, des débris de toutes sortes. **3** (fig.) ● *L'alcool a transformé cet homme en épave*, en une personne misérable.

épée nom f. Arme formée d'une longue lame et d'une poignée, avec laquelle on se battait autrefois. ● *L'épée était souvent protégée par un fourreau*.

épeler v. ● *Épeler un mot* : dire chacune de ses lettres l'une après l'autre. ★ Conjug. 9.

éperdu adj. ● *Il était **éperdu** d'admiration : il éprouvait une immense admiration.* — *Une joie, une douleur **éperdue**.*
■ **éperdument** adv. ● *Il est **éperdument** amoureux d'elle.*

éperon nom m. ● *Les bottes des cavaliers sont souvent munies d'**éperons**,* de pointes de métal fixées à leur talon.
■ **éperonner** v. ● *Le cow-boy **éperonne** son cheval* : il le pique avec ses éperons pour le faire avancer plus vite.

épervier nom m. Oiseau de proie de la taille d'un pigeon. ● *L'**épervier** se nourrit de petits oiseaux.*

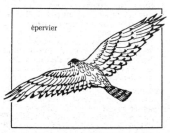

épervier

éphémère adj. ● *On dit souvent que le bonheur est **éphémère**,* qu'il dure très peu de temps (→ SYN. passager ; CONTR. durable).

éphéméride nom m. Calendrier dont on enlève une feuille par jour.

épi nom m. **1** Ensemble de grains serrés les uns contre les autres qui se trouve au bout de la tige des céréales. ● *Un **épi** de blé, de maïs.* **2** ● *Nicolas a beau se peigner, il ne vient pas à bout de son **épi**,* une mèche de cheveux impossible à coiffer comme l'on veut.

épice nom f. ● *Ce plat est trop fade, le cuisinier n'a pas mis assez d'**épices**,* de produits provenant de plantes et qui donnent plus de goût aux aliments (poivre, piment, etc.). ★ Chercher aussi : condiment.

■ **épicé** adj. ● *Caroline n'aime pas la cuisine **épicée**,* forte au goût, dans laquelle il y a beaucoup d'épices (→ CONTR. fade).

épicéa nom m. Arbre qui ressemble au sapin et pousse en altitude.

épicerie nom f. **1** ● *Il y a une **épicerie** tout près de chez moi,* un petit magasin où l'on trouve principalement des produits alimentaires. **2** ● *Au supermarché, il y a des rayons réservés à l'**épicerie**,* aux produits alimentaires.
■ **épicier** nom. Commerçant qui tient une épicerie.

épidémie nom f. ● *En ce moment, il y a une **épidémie** de rougeole dans l'école* : de nombreux enfants ont attrapé cette maladie en même temps.
■ **épidémique** adj. ● *La rougeole est une maladie **épidémique**,* très contagieuse, qui peut atteindre de nombreuses personnes en même temps.

épiderme nom m. ● *Régis a un coup de soleil, son **épiderme** pèle,* la couche extérieure de sa peau.

épier v. ● *Il passe son temps à **épier** ses voisins,* à surveiller ce qu'ils font en se cachant d'eux (→ SYN. espionner, guetter). ★ Conjug. 10.

épieu nom m. ● *Autrefois, les chasseurs tuaient les cerfs, les sangliers, avec un **épieu**,* un gros bâton muni d'une pointe de métal.

épilepsie nom f. Grave maladie qui provoque des crises nerveuses.
■ **épileptique** adj. ● *Un malade **épileptique**.* □ nom ● *Un, une **épileptique**.*

épiler v. ● *Elle a **épilé** ses sourcils* : elle a arraché des poils de ses sourcils.
■ **épilation** nom f. ● *Elle s'est fait faire une **épilation** des jambes* : elle s'est fait enlever les poils des jambes.

épilogue nom m. ● *L'**épilogue** d'un récit, d'une affaire,* sa conclusion, sa fin.

épiloguer v. Commenter quelque chose (en général longuement). ● *On pourrait **épiloguer** sans fin sur cette affaire.*

épinard nom m. ● *L'épinard a une belle couleur verte*, une plante dont on mange les feuilles. □ (au plur.) ● *Ce soir, nous mangeons des épinards*, des feuilles d'épinard cuites.

épine nom f. **1** ● *Céline s'est écorchée avec les épines des ronces*, avec leurs piquants (→ épineux). — (fig.) ENLEVER À QUELQU'UN UNE ÉPINE DU PIED : le délivrer d'un souci, le sortir d'embarras. **2** L'ÉPINE DORSALE : la colonne vertébrale (→ épinière).

■ **épineux** adj. **1** ● *Les tiges du rosier sont épineuses*, garnies d'épines. **2** (fig.) ● *Une question, une affaire épineuse*, qui présente des difficultés (→ SYN. délicat, embarrassant).

■ **épinière** adj. LA MOELLE ÉPINIÈRE : la partie du système nerveux qui passe à l'intérieur de la colonne vertébrale.

épingle nom f. **1** ● *Pour attacher ensemble des morceaux de tissu, des feuilles de papier, on utilise des épingles*, de petites tiges de métal pointues (→ épingler). — ÊTRE TIRÉ À QUATRE ÉPINGLES : être habillé de façon impeccable. — TIRER SON ÉPINGLE DU JEU : se sortir habilement d'une affaire embarrassante. — MONTER QUELQUE CHOSE EN ÉPINGLE. ● *Ils montent en épingle la réussite de leur fille* : ils en parlent comme de quelque chose d'extraordinaire, ils lui donnent trop d'importance. **2** ÉPINGLE DE NOURRICE ou ÉPINGLE DE SÛRETÉ : épingle recourbée et munie d'un fermoir. **3** ÉPINGLE À CHEVEUX : tige de fer recourbée qui sert à faire un chignon. — EN ÉPINGLE À CHEVEUX. ● *Virage en épingle à cheveux*, en forme de U très serré, comme les épingles à cheveux.

■ **épingler** v. ● *N'oublie pas de retirer l'étiquette qui est épinglée sur ta robe neuve*, qui est attachée par une épingle.

épique adj. ● *Il lui est arrivé des aventures épiques*, semblables à celles des épopées, extraordinaires (→ épopée).

épisode nom m. **1** ● *Dans cette histoire, il y a un épisode très drôle*, un passage, un moment. **2** ● *Les feuilletons télévisés sont divisés en plusieurs épisodes*, en plusieurs parties.

épisodique adj. ● *En classe, ses efforts sont épisodiques* : il fait des efforts par moments seulement et non pas régulièrement.

épitaphe nom f. Inscription sur un tombeau.

épithète adj. ● *Dans «une belle fleur», l'adjectif «belle» est épithète*, placé immédiatement à côté du nom auquel il se rapporte. □ nom f. ● *Une épithète*. ★ Chercher aussi : attribut.

éploré adj. ● *À l'enterrement de M. Martin, sa femme était éplorée*, en pleurs (→ pleurer).

éplucher v. ● *Éplucher des légumes, des fruits* : en enlever la peau et les parties qui ne se mangent pas. ★ Chercher aussi : décortiquer, écosser, peler.

■ **épluchage** nom m. ● *J'ai terminé l'épluchage des pommes de terre*.

■ **épluchure** nom f. Partie d'un légume ou d'un fruit qu'on lui a enlevée en l'épluchant. ● *Des épluchures de salade, d'orange*.

éponge nom f. **1** Animal marin qui vit fixé au fond de l'eau. **2** ● *Une éponge sert à la toilette ou au nettoyage*, un morceau d'une matière souple qui retient l'eau. — (fig.) PASSER L'ÉPONGE. ● *Je sais que tu as triché, mais si tu promets de ne plus le faire, je passerai l'éponge* : je te pardonnerai, je ferai comme si tu n'avais jamais triché. **3** adj. ● *Un tissu, une serviette-éponge*, de coton qui absorbe bien l'eau. — ● *Des serviettes-éponges*.

■ **éponger** v. ● *J'ai renversé de l'eau, il va falloir l'éponger*, l'essuyer avec une éponge, un chiffon. □ v. pron. ● *Il s'éponge le visage*. ★ Conjug. 5.

épopée nom f. Long poème qui raconte les aventures d'un héros (→ épique).

époque nom f. ● *Savez-vous à quelle époque a été construit ce château?*, à quelle période de l'histoire.

■ **d'époque** loc. adj. ● *Les antiquaires vendent des meubles d'époque*, qui sont véritablement anciens, qui ne sont pas des imitations.

s'époumoner v. pron. ● *Avec ce bruit, il a beau s'époumoner, personne ne l'entend* : il a beau crier de toutes ses forces, se fatiguer à parler très fort.

épouser v. 1 ● *Épouser une personne* : se marier avec elle (→ époux). 2 (fig.) ● *Il a épousé mes idées* : il s'est mis à avoir les mêmes idées que moi (→ SYN. adopter). 3 ● *Un vêtement collant épouse la forme du corps* : il suit exactement sa forme.
■ **époux** nom m., **épouse** nom. f. ● *L'époux d'une femme* : son mari. — ● *L'épouse d'un homme* : sa femme. — ● *Les deux époux ont le même âge* : le mari et la femme (→ épouser).

épousseter v. ● *On époussette les meubles avec un plumeau, un chiffon*, on en enlève la poussière, on les nettoie. ★ Conjug. 9.

époustoufler v. (fam.) ● *Cette nouvelle nous a époustouflés*, elle nous a causé un très grand étonnement, une très vive surprise.
■ **époustouflant** adj. (fam.) ● *Pierre a une vie époustouflante* (→ SYN. extraordinaire, prodigieux, stupéfiant).

épouvante nom f. ● *Une tempête terrible s'était levée et les passagers du bateau étaient frappés d'épouvante*, d'une peur très grande.
■ **épouvanter** v. ● *Les spectateurs ont été épouvantés par certaines scènes de ce film* : ils ont été remplis de peur, d'épouvante (→ SYN. terroriser).
■ **épouvantable** adj. 1 ● *J'ai fait un cauchemar épouvantable* (→ SYN. effrayant, horrible, terrifiant). 2 ● *Luc a un caractère épouvantable*, très pénible, très désagréable (→ SYN. abominable, exécrable).
■ **épouvantail** nom m. Mannequin que les paysans placent dans les champs pour effrayer les oiseaux.

s'éprendre de v. pron. ● *Antoine s'est épris de Christine* : il en est tombé amoureux. ★ Conjug. 32.

épreuve nom f. 1 ● *Les candidats au baccalauréat ont trouvé que certaines épreuves étaient difficiles*, certaines parties de l'examen. — ● *Une épreuve sportive* : une compétition sportive. 2 METTRE À L'ÉPREUVE. ● *Avant de l'accepter dans leur groupe, ils l'ont mis à l'épreuve* : ils ont cherché à savoir s'il avait les qualités qu'ils attendaient de lui (→ éprouver, sens 1). — À L'ÉPREUVE DE, loc. prép. ● *Un tissu à l'épreuve du feu*, capable de résister au feu. — À TOUTE ÉPREUVE, loc. adj. ● *Cette voiture est d'une solidité à toute épreuve*, qui peut résister à tout. 3 ● *Il a supporté cette épreuve avec courage*, cette souffrance, ce malheur (→ éprouver, sens 2).

éprouver v. 1 ● *Jérôme a nagé le plus longtemps possible pour éprouver sa résistance*, pour voir quelles sont ses limites (→ épreuve, sens 2). 2 ● *Cette maladie l'a beaucoup éprouvé*, elle l'a fait beaucoup souffrir (→ épreuve, sens 3). 3 ● *Il éprouve une douleur dans le dos*, il la sent. — ● *Éprouver de la joie, du dégoût, etc.* (→ SYN. ressentir).
■ **éprouvant** adj. ● *Le voyage a été éprouvant*, pénible, difficile à supporter.

éprouvette nom f. Tube de verre que l'on utilise pour faire des expériences de chimie.

épuiser v. 1 ● *Nous avons épuisé nos réserves* : nous les avons utilisées jusqu'au bout, il n'en reste plus du tout. □ v. pron. ● *Ses économies s'épuisent* (→ épuisé, sens 1 ; épuisement, sens 1 ; inépuisable). 2 ● *Ce travail m'a épuisé* : il a considérablement affaibli mes forces, il m'a beaucoup fatigué (→ SYN. briser, sens 3). □ v. pron. ● *Il s'épuise à porter une charge trop lourde pour lui* (→ épuisé, sens 2 ; épuisement, sens 2).
■ **épuisé** adj. 1 ● *Un livre épuisé*. 2 ● *Un coureur épuisé* (→ SYN. fourbu).
■ **épuisement** nom m. 1 ● *L'épuisement des provisions a été très rapide*. 2 ● *L'épuisement du malade inquiète sa famille*.

épuisette nom f. Petit filet à manche dont on se sert pour pêcher.

épuisette

épurer v. 1 ● *Ces filtres servent à épurer l'eau*, à la débarrasser de ce qui la
rend sale, à la rendre pure (→ pur;
SYN. purifier). **2** (fig.) ● *Le gouvernement révolutionnaire a décidé d'épurer
l'armée*, de chasser, de punir les gens
qui ne sont pas d'accord avec lui.
■ **épuration** nom f. **1** ● *L'épuration*
d'un liquide. **2** (fig.) ● *L'épuration* de
l'armée.

équateur [ekwatœr] nom m. Cercle imaginaire qui fait le tour de la terre, à égale
distance du pôle Nord et du pôle Sud.
★ Chercher aussi : tropique.
■ **équatorial** adj. ● *Le climat équatorial* est très chaud et très humide, le
climat des régions de l'équateur.

équation nom f. En mathématique, égalité entre deux formules : $2x + 8 = 20$
est une équation.

équerre nom f. Triangle de métal, de
matière plastique, de bois, qui sert à
tracer des angles droits, des perpendiculaires. — D'ÉQUERRE ou À L'ÉQUERRE, loc.
adj. ● *Ces deux planches ne sont pas
d'équerre*, elles ne sont pas coupées à
angle droit.

équestre adj. **1** ● *Une statue équestre*,
qui représente une personne à cheval.
2 ● *Le sport équestre* : l'équitation.

équi Préfixe qui signifie «égal». ★ Selon
les cas, *équi* se prononce [ekyi] (équidistant [ekyidistɑ̃], «à la même distance»), ou [eki] (équivalent [ekivalɑ̃],
«égal en valeur, en importance»).

équidé nom m. Animal mammifère de la
même famille que le cheval, l'âne,
le zèbre.

équidistant [ekyidistɑ̃] adj. ● *Le pôle Nord
et le pôle Sud sont équidistants de
l'équateur*, à égale distance de l'équateur.

équilatéral [ekyilateral] adj. ● *Un triangle
équilatéral*, dont les trois côtés sont
égaux. ★ VOIR p. 424.

équilibre nom m. **1** ● *André apprend à
faire du vélo, il a du mal à garder
son équilibre*, une position qui lui permet de ne pas tomber (→ équilibriste).
2 ● *Quand les deux plateaux d'une
balance portent le même poids, ils
sont en équilibre*, à la même hauteur.
3 ● *Dans la vie, il est important d'avoir
un bon équilibre mental*, une bonne
santé de l'esprit (→ équilibré; déséquilibré).
■ **équilibrer** v. ● *Il faut ajouter un
poids pour équilibrer les plateaux de la
balance*, pour les mettre en équilibre.
■ **s'équilibrer** v. pron. ● *Mes gains et
mes dépenses s'équilibrent* : ils sont
équivalents (→ SYN. se compenser).
■ **équilibriste** nom ● *Au cirque, nous
avons vu un équilibriste qui marchait
sur une corde*, un artiste qui fait des
exercices d'équilibre très difficiles.
★ Chercher aussi : funambule.
■ **équilibré** adj. ● *Cette personne est
équilibrée* : elle a une bonne santé
de l'esprit (→ SYN. sage, sensé; CONTR.
déséquilibré).

équinoxe [ekinɔks] nom m. ● *Le premier
jour du printemps (21 mars) et le premier jour de l'automne (23 septembre) correspondent aux deux équi-
noxes*, aux deux moments de l'année
où la durée du jour et celle de la nuit
sont égales.

équipage nom m. ● *L'équipage d'un
bateau*, l'ensemble des marins d'un
bateau. — ● *L'équipage d'un avion* : le
pilote et les personnes qui travaillent
à bord d'un avion (copilote, hôtesses,
etc.).

équipe nom f. **1** Groupe de personnes qui travaillent ensemble, ont des activités communes. ● *Les alpinistes disparus ont été retrouvés par une* **équipe** *de sauveteurs.* **2** ● *Une* **équipe** *sportive* : un groupe de sportifs qui jouent contre d'autres sportifs (→ équipier).
■ **équipier** nom. Personne qui fait partie d'une équipe sportive (→ SYN. coéquipier).

équipée nom f. ● *Je me souviendrai longtemps de cette* **équipée** *en Bretagne* : aventure entreprise sans préparation.

équiper v. ● *L'hôpital* **a été équipé** *en matériel moderne*, il a été muni de matériel moderne, fourni en matériel (→ SYN. pourvoir). — ● *Cette cuisine* **est** *très bien* **équipée**, elle est munie de tout ce qui est nécessaire. □ v. pron. ● *Mon frère et ses amis* **se sont équipés** *pour faire du camping*, ils se sont fournis en matériel.
■ **équipement** nom m. ● *Le chasseur vérifie son* **équipement**, son matériel.

équitable adj. ● *Un partage* **équitable**, qui a été fait selon la justice, qui ne favorise ni ne défavorise personne.
■ **équité** nom f. ● *La première qualité d'un arbitre doit être l'***équité** (→ SYN. impartialité).

équitation nom f. Sport pratiqué par ceux qui montent à cheval. ● *Isabelle prend des leçons d'***équitation** *dans un manège.* ★ Chercher aussi : hippique.

équivaloir à v. ● *Une cuillerée à soupe de farine* **équivaut à** *30 grammes de farine*, est égale à 30 grammes de farine. ★ Conjug. 25.
■ **équivalent** adj. et nom m. **1** adj. ● *Sa famille et la mienne ont des fortunes* **équivalentes**, qui se valent ; de même niveau, de même importance. **2** nom m. L'ÉQUIVALENT DE. ● *Les baguettes avec lesquelles mangent les Chinois sont l'***équivalent** *de nos fourchettes*, elles sont ce qui correspond à nos fourchettes.

équivoque adj. et nom f. **1** adj. ● *Ta réponse est* **équivoque** : elle peut être comprise de diverses façons (→ SYN. ambigu ; CONTR. clair, net). **2** nom f. ● *Je lui ai dit clairement que j'attendais de lui pour qu'il n'y ait pas d'***équivoque**, d'incertitude, de malentendu (→ SYN. ambiguïté).

érable nom m. Grand arbre qui pousse en particulier au Canada.

érafler v. **1** ● *Les épines m'***ont éraflé** *les jambes* : elles me les ont un peu écorchées (→ SYN. égratigner). **2** ● *Il a eu un petit accident et l'aile de sa voiture* **est éraflée**, rayée.
■ **éraflure** nom f. **1** ● *Ce n'est pas la peine de mettre un gros pansement ; ce n'est qu'une* **éraflure** (→ SYN. égratignure). **2** ● *Des* **éraflures** *sur la carrosserie d'une voiture.*

éraillé adj. ● *Une voix* **éraillée**, enrouée, rauque.

ère nom f. Longue période dont le début correspond à un événement à partir duquel on compte les années. ● *L'***ère** *chrétienne a commencé à la naissance de Jésus-Christ.*

éreinter v. **1** ● *Ce travail m'***a éreinté** : il m'a beaucoup fatigué (→ SYN. épuiser). □ v. pron. ● *Il* **s'est éreinté** *à déménager des meubles.* **2** (fig.) ● *Les critiques* **ont éreinté** *ce film* : ils en ont dit beaucoup de mal.

ergot nom m. Griffe qui se trouve derrière l'extrémité de la patte du coq, du paon, du chien.

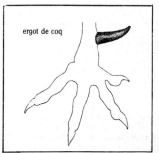

ergot de coq

ergoter v. • *Il perd son temps à ergoter*, à discuter pour des choses insignifiantes (→ SYN. chicaner).

ériger v. • *En France, dans la plupart des communes, on a érigé des monuments aux morts de la guerre* : on les a dressés, construits en leur honneur (→ SYN. édifier). ★ Conjug. 5.

ermite nom m. Moine qui vivait retiré, loin des hommes. • *Il vit en ermite*, dans la solitude.

■ **ermitage** nom m. Endroit solitaire ou maison isolée.

érosion nom f. Usure de la surface de la terre due au vent, à la pluie, aux rivières, etc. • *Le sommet de cette montagne a été arrondi par l'érosion.*

errer v. • *Le chien perdu errait dans la ville* : il allait sans savoir où, au hasard.

■ **errant** adj. • *Les chiens errants sont mis à la fourrière.*

erreur nom f. **1** • *En vérifiant ses comptes, il a trouvé une erreur*, quelque chose de faux, d'inexact. **2** • *En agissant ainsi, il a fait une erreur*, une chose qu'il n'aurait pas dû faire, qui lui fera du tort. — PAR ERREUR. • *Au lieu de prendre son manteau, il a pris celui de son frère par erreur*, sans le vouloir, parce qu'il s'est trompé. **3** • *Je pensais que je pouvais compter sur toi, mais c'était une erreur*, une chose que je croyais vraie mais qui en fait ne l'était pas (→ SYN. illusion).

■ **erroné** adj. • *On m'a donné des renseignements erronés*, où il y a des erreurs (→ SYN. faux).

ersatz [ɛrzats] nom m. Produit de remplacement, pour un autre produit que l'on ne trouve plus ou que l'on ne peut pas utiliser. • *Un ersatz de sucre.*

érudit adj. • *Ce professeur d'histoire est très érudit* : il connaît beaucoup de choses. □ nom • *C'est une érudite*, une spécialiste très savante.

■ **érudition** nom f. • *Ce savant est d'une érudition remarquable.*

éruption nom f. **1** • *Quand un volcan entre en éruption*, de la lave et des cendres brûlantes sortent de son cratère. **2** • *Anne doit être malade, elle a une éruption de boutons*, des boutons qui apparaissent subitement.

escabeau nom m. • *Pour peindre le plafond, le peintre est monté sur un escabeau*, une sorte de petite échelle tenant debout toute seule.

escadre nom f. Ensemble important de navires ou d'avions de guerre.

■ **escadrille** nom f. Groupe d'avions militaires, moins important qu'une escadre.

■ **escadron** nom m. Partie d'un régiment.

escalade nom f. **1** • *L'escalade de cette montagne n'a pas été facile* : il n'a pas été facile de grimper jusqu'en haut (→ SYN. ascension, montée). **2** (fig.) • *L'escalade de la violence* : le fait que la violence devienne de plus en plus importante.

■ **escalader** v. • *Les prisonniers se sont évadés en escaladant le mur de la prison*, en en faisant l'escalade (→ SYN. gravir, grimper).

escalator nom m. Escalier mécanique dont le mouvement se produit par un moteur. • *Les escalators d'un grand magasin, d'une station de métro.*

escale nom f. • *Cet avion ne va pas directement à Casablanca, il fait escale à Bordeaux* : il fait un arrêt à Bordeaux.

escalier nom m. • *Maxime compte les marches en montant l'escalier.*

escalope nom f. • *J'ai acheté trois escalopes chez le boucher*, de minces tranches de viande (veau, porc ou dinde).

escamoter v. **1** • *Le magicien a escamoté un œuf* : il l'a fait disparaître habilement, sans que personne s'en aperçoive. **2** (fig.) • *Tu escamotes la difficulté* : tu fais comme si elle n'existait pas parce qu'elle t'ennuie (→ SYN. esquiver).

■ **escamotable** adj. • *La plupart des avions ont un train d'atterrissage escamotable*, qui se replie de telle manière qu'il semble disparaître.

escampette nom f. (fam.) PRENDRE LA POUDRE D'ESCAMPETTE. ● *Ayant entendu des pas dans le jardin, les voleurs **ont pris la poudre d'escampette** : ils se sont sauvés à toute vitesse (→ SYN. déguerpir, s'enfuir).*

escapade nom f. ● *Au lieu d'aller en classe, ils ont fait une **escapade** : ils se sont échappés pour aller se distraire.*

escargot nom m. Petit animal qui se déplace très lentement. ● *Quand il pleut, les **escargots** sortent de leur coquille.* ★ Chercher aussi : gastéropode, mollusque.

escarbille nom f. ● *Au temps des trains à vapeur, il arrivait souvent que les voyageurs reçoivent une **escarbille** dans l'œil : petit fragment de charbon ou de bois s'échappant du foyer de la locomotive.*

escarcelle nom f. Autrefois, petit sac accroché à la ceinture où l'on mettait son argent (→ SYN. bourse).

escarmouche nom f. **1** Dans une guerre, petit combat local et imprévu entre des détachements de deux armées (→ détachement, sens 2). **2** ● *Il y avait déjà eu quelques **escarmouches** entre Pierre et Jean : échanges de propos hostiles qui laissent présager une dispute.*

escarpé adj. ● *Les promeneurs ont du mal à monter le chemin **escarpé**, dont la pente est très raide.*

escarpin nom m. Chaussures à semelle mince dont le dessus ne couvre que le bout du pied. ● *Elle a mis ses escarpins ~~~ ~ur aller danser.*

à bon ~~~~ ~dv. ● *Il lui a fait des rema~~~ ~ avec de bonnes rai~~~ ~.).*

s'esclaf~~~~ ~a plaisanterie le fit **s'esclaffer** : éclater de rire.

esclandre nom m. ● *Il faut l'empêcher de faire un **esclandre**, scandale public et bruyant.*

esclave nom **1** Personne qui, autrefois, appartenait à un maître et n'avait aucun droit, aucune liberté. ● *Il existait des marchés où l'on pouvait vendre ou acheter des **esclaves**. **2** ÊTRE ESCLAVE DE. ● *Il **est esclave de** son travail : son travail ne lui laisse aucune liberté.*

■ **esclavage** nom m. ● *Aux États-Unis, l'**esclavage** des Noirs a duré jusqu'en 1865.*

escompte nom m. ● *Dans ce magasin, si l'on achète une quantité importante de marchandises, on a droit à un **escompte**, à une diminution du prix.* ★ Chercher aussi : rabais, réduction, remise.

escompter v. ● *Le malade **escompte** une guérison rapide : il l'espère.*

escorte nom f. Groupe de personnes qui accompagnent quelqu'un pour le surveiller, le protéger ou lui faire honneur. ● *Le prisonnier est conduit au tribunal par une **escorte** de policiers. —* ● *L'**escorte** d'un chef d'État.*

■ **escorter** v. ● *La reine **était escortée** de ses demoiselles d'honneur (→ SYN. accompagner ; convoyer).*

escouade nom f. ● *Une **escouade** de cantonniers était en train de réparer la route, un petit groupe (→ SYN. équipe).*

escrime nom f. Sport de ceux qui s'exercent à se servir d'une épée, d'un fleuret ou d'un sabre. ● *Claude prend des leçons d'**escrime**.*

s'escrimer à v. pron. ● *J'ai beau **m'escrimer** à ouvrir cette porte, je n'y arrive pas : j'ai beau faire beaucoup d'efforts pour cela (→ SYN. s'évertuer à).*

escroc nom m. Personne malhonnête qui trompe les gens pour en obtenir de l'argent.

■ **escroquer** v. ● *Cet homme **a escroqué** plusieurs personnes.*

■ **escroquerie** nom f. ● *Il avait été condamné pour **escroquerie**.*

ésotérique adj. ● *Il a tenu des propos **ésotériques** : obscurs, incompréhensibles, mystérieux.*

espace nom m. **1** ● *Cette armoire occupe beaucoup d'**espace** dans ma chambre,* beaucoup de place. **2** ● *La fusée va emporter les cosmonautes dans l'**espace**, dans l'univers en dehors de l'atmosphère* (→ spatial ; SYN. cosmos). **3** ● *Ces maisons sont séparées par un **espace** de 50 mètres, un intervalle, une distance.* **4** ● *Dix avions ont atterri en l'**espace** d'une demi-heure, pendant cette durée.*

■ **espacement** nom m. ● *Pour gâcher moins de papier, elle devrait diminuer l'**espacement** entre ses lignes, les intervalles.*

■ **espacer** v. **1** ● *Ces tables sont trop rapprochées, nous allons les **espacer**, laisser plus de place entre elles.* **2** ● *Anne va mieux, le médecin va pouvoir **espacer** ses visites, en faire moins souvent.* □ v. pron. ● *Depuis quelque temps, ses lettres **se sont espacées** : elles arrivent moins souvent.* ★ Conjug. 4.

espadon nom m. ● *Le vieil homme a pêché un **espadon**, un gros poisson de mer dont la mâchoire forme une longue pointe.*

espadrille nom f. ● *Ces danseurs basques portent des **espadrilles**, des chaussures de toile à semelle de corde.*

espagnolette nom f. ● *Dans cette vieille maison, les fenêtres se ferment avec des **espagnolettes**, des systèmes de fermeture commandés par une poignée tournante.*

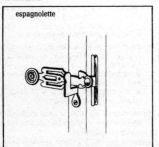

espagnolette

espalier nom m. ● *Ce jardinier cultive ses poiriers en **espaliers**, en rangées appuyées contre un mur ou un treillage.* ★ VOIR p. 228.

1. espèce nom f. **1** ● *Le cheval et le zèbre appartiennent à la même **espèce** animale, au même groupe d'animaux qui se ressemblent.* — ● *L'**espèce** humaine :* l'ensemble des humains. **2** ● *C'est une **espèce** de sac, un objet qui ressemble à un sac* (→ SYN. genre, sorte). ★ Dans cette expression, *espèce* reste toujours au féminin. **3** (fam.) ● *Espèce d'idiot, tu vas te faire mal !*

2. espèces nom f. plur. ● *Voulez-vous que je paie par chèque ou en **espèces** ?*, avec des billets et des pièces, en argent liquide.

espérer v. ● *Les sauveteurs **espèrent** toujours retrouver les naufragés :* ils pensent qu'ils ont des chances de les retrouver et ils le souhaitent (→ CONTR. désespérer). — ● *J'**espère** que tu viendras.* ★ Conjug. 8.

■ **espérance** nom f. **1** ● *Comment peut-on vivre sans **espérance** ?*, le sentiment qui nous fait espérer (→ SYN. espoir ; CONTR. désespoir). **2** ● *Le résultat dépasse mes **espérances**, ce que j'espérais* (→ inespéré ; SYN. espoir).

espiègle adj. ● *Yann adore faire des farces, il est **espiègle**, malicieux mais pas méchant.*

■ **espièglerie** nom f. ● *En classe, ne fais pas rire tes voisins avec tes **espiègleries**, tes tours, tes farces.*

espionner v. ● *Il nous **espionne** pour découvrir les secrets de notre équipe :* il nous surveille en cachette (→ SYN. épier).

■ **espion** nom ● *Cette **espionne** a été prise en train de photographier des documents secrets, cette personne envoyée pour espionner* (→ SYN. agent secret).

■ **espionnage** nom m. ● *Cet homme a été condamné à dix ans de prison pour **espionnage**, pour avoir espionné.* — ● *Un roman d'**espionnage** raconte les aventures des agents secrets.*

esplanade nom f. ● *Pour arriver au château, les visiteurs traversent une **esplanade**,* un espace plat qui se trouve devant un monument.

espoir nom m. 1 ● *Il n'a jamais perdu l'**espoir**,* l'espérance. 2 ● *Ses **espoirs** se sont réalisés,* ce qu'il espérait. 3 ● *Ce jeune skieur est un des **espoirs** de l'équipe de France,* un des jeunes sportifs qui ont des chances de devenir des champions.

esprit nom m. 1 ● *Tu peux voir mon corps, mais pas mon **esprit**,* ce qui me rend capable de penser. 2 ● *Dieu, les anges, les démons sont des **esprits**,* des êtres sans corps (→ spirituel). — ● *Cette maison est hantée par des **esprits** mauvais,* des fantômes, des revenants. 3 ● *En travaillant en classe, nous développons notre **esprit**,* notre intelligence, notre mémoire, notre pensée. 4 ● *Il dit des sottises, il a perdu l'**esprit**,* son bon sens. 5 ● *Catherine est très amusante, elle a beaucoup d'**esprit**,* de finesse, d'humour. — ● *Faire de l'**esprit**,* de l'humour (→ spirituel). 6 REPRENDRE SES ESPRITS. ● *Il s'était évanoui, mais il **reprend ses esprits** :* il reprend connaissance, conscience. 7 PRÉSENCE D'ESPRIT. ● *Bruno a beaucoup de **présence d'esprit** :* il réagit vite et bien. 8 ESPRIT D'ÉQUIPE. ● *Pour jouer au rugby, il faut avoir l'**esprit d'équipe**,* le désir de s'aider les uns les autres pour gagner tous ensemble (→ SYN. solidarité). — AVOIR BON ESPRIT, MAUVAIS ESPRIT : avoir de bons, de mauvais sentiments ; être bienveillant, malveillant.

esquif nom m. (littér.) ● *Un frêle **esquif** voguait sur l'océan,* un petit bateau léger.

1. Esquimau, Esquimaude, ou **Eskimo** nom. Habitant des régions américaines du pôle Nord et du Groenland. ● *Les **Esquimaux** (ou **Eskimos**).* □ adj. ● *Les populations **esquimaudes** (ou **eskimo**).*

2. esquimau nom m. ● *À l'entracte, nous achèterons des **esquimaux**,* des sucettes glacées enrobées de chocolat.

esquinter v. (fam.) ● *Il **a esquinté** ma lampe,* il l'a abîmée.

esquisser v. 1 ● *Valérie **a esquissé** ce paysage :* elle n'en a dessiné que les lignes les plus importantes (→ esquisse ; SYN. ébaucher). 2 ● *Elle **a esquissé** un geste d'adieu :* elle a commencé ce geste sans l'achever.
■ **esquisse** nom f. ● *Ce plan n'est pas terminé, ce n'est qu'une **esquisse**,* un dessin rapide qui ne montre que l'essentiel (→ SYN. ébauche).

esquiver v. 1 ● *Le boxeur s'est reculé pour **esquiver** le coup,* pour l'éviter. 2 ● *Il a changé de sujet de conversation pour **esquiver** ma question,* éviter d'y répondre (→ SYN. éluder).
■ **s'esquiver** v. pron. ● *Quand Annick est arrivée, Patrick **s'est esquivé**,* il est parti discrètement.

essaim nom m. ● *Quand les abeilles sont trop nombreuses dans la ruche, un **essaim** part s'installer ailleurs :* un groupe d'abeilles. — (fig.) ● *Un **essaim** d'enfants,* un très grand nombre (→ SYN. multitude, nuée).
■ **essaimer** ● v. ● *Les abeilles vont **essaimer**,* former un nouvel essaim.

essayer v. 1 ● *Papa **essaie** une nouvelle voiture :* il l'utilise pour la première fois, pour voir si elle lui convient (→ essai, sens 1 ; SYN. expérimenter, tester). 2 ● *Agathe veut **essayer** cette robe,* la mettre pour voir si elle lui va (→ essayage). 3 ● *Je vais **essayer** de nager sous l'eau :* je vais faire des efforts pour y arriver (→ essai, sens 2 ; SYN. s'efforcer, tenter). ★ Conjug. 7.
■ **essai** nom m. 1 ● *Avant d'acheter cet appareil, faites un **essai**,* une expérience. 2 ● *Il a réussi à grimper à la corde dès son premier **essai**,* sa première tentative. 3 ● *Je viens de lire un **essai** sur la littérature moderne,* un livre qui aborde une question, mais sans la traiter dans le plus grand détail (→ SYN. étude). 4 ● *Marquer un **essai** au rugby :* poser le ballon derrière la ligne de but de l'adversaire.
■ **essayage** nom m. ● *C'est le dernier*

essayage, demain votre robe sera terminée (→ essayer, sens 2).

essence nom f. **1** ● *Nous allons tomber en panne, arrêtons-nous pour faire le plein d'essence*, un liquide tiré du pétrole qui fait marcher certains moteurs. ★ Chercher aussi : carburant, distillation. **2** ● *Édith m'a offert de l'essence de lavande*, un liquide très parfumé tiré de la lavande (→ SYN. extrait). **3** ESSENCE (D'ARBRE). ● *Dans ce jardin, on a planté des essences d'arbres très diverses :* des sortes, des espèces (→ SYN. variété).

essentiel adj. ● *Pour conduire une voiture, il faut apprendre le code de la route ; c'est une chose essentielle*, dont on ne peut pas se passer (→ SYN. 1. capital, fondamental, indispensable ; CONTR. secondaire). □ nom m. ● *Voilà, je t'ai raconté l'essentiel*, le plus important, le principal.
■ **essentiellement** adv. ● *Cette libraire vend essentiellement des livres d'occasion :* pour l'essentiel, principalement, surtout.

essieu nom m. ● *Les roues avant de cette voiture sont reliées par un essieu*, une longue barre de métal.

essor nom m. **1** ● *L'oiseau prend son essor*, son envol. **2** ● *Son entreprise est en plein essor*, en plein développement (→ SYN. expansion).

essorer v. ● *La machine à laver tourne très vite pour essorer le linge*, pour en faire sortir l'eau.
■ **essorage** nom m. ● *Après l'essorage*, nous pourrons étendre le linge pour le faire sécher.

essouffler v. ● *Tu es essoufflé parce que tu as couru trop vite :* tu respires difficilement. □ v. pron. ● *Dès qu'il fait un effort, Patrick s'essouffle :* il est hors d'haleine, à bout de souffle.
■ **essoufflement** nom m. ● *L'essoufflement l'empêchait de parler :* fait d'être essoufflé.

essuie-glace nom m. ● *Quand il pleut, on met en marche les essuie-glaces de la voiture*, l'appareil muni de petits balais de caoutchouc qui essuient le pare-brise.

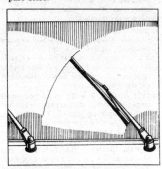

essuie-mains nom m. ● *Ne t'essuie pas avec ce torchon sale, prends l'essuie-mains*.

1. essuyer v. **1** ● *Marc essuie la vaisselle avec un torchon :* il la sèche en la frottant. — ● *Sylvain a essuyé le buffet avec un chiffon :* il l'a frotté pour enlever la poussière (→ SYN. épousseter). — ● *Essuyer un liquide*, l'éponger. **2** (fig. et fam.) ESSUYER LES PLÂTRES : être le premier à supporter les ennuis d'une nouveauté. ● *Cette nouvelle machine n'était pas encore au point et nous avons essuyé les plâtres.* ★ Conjug. 6.

2. essuyer v. ● *Il voulait leur emprunter de l'argent, mais il a essuyé un refus :* il a dû le supporter. — ● *Essuyer une tempête* (→ SYN. subir). ★ Conjug. 6.

est [ɛst] nom m. **1** ● *Le soleil se lève à l'est et se couche à l'ouest :* un des quatre points cardinaux (→ SYN. orient). □ adj. invar. ● *New York est sur la côte est des États-Unis.* **2** ● *Les pays de l'Est*, les pays socialistes de l'Est de l'Europe. **3** ● *Je suis né dans l'Est :* en Alsace ou en Lorraine, dans l'Est de la France.

estafette nom f. Dans l'armée, personne chargée de transmettre un message. ● *Le colonel envoya une estafette.*

estafilade nom f. ● *Pierre a une grande* **estafilade** *sur la joue* : entaille faite avec un couteau ou un rasoir.

estampe nom f. ● *Ce livre ancien est illustré d'***estampes**, *de gravures.

est-ce que? adv. interrog. Sert à poser des questions. ● *Est-ce que tu as dîné ?*, as-tu dîné ?

esthétique adj. ● *Ce mur en béton n'est pas* **esthétique**, beau, décoratif.
■ **esthéticien** nom ● *Caroline voudrait devenir* **esthéticienne**, *une personne qui donne des soins de beauté.

estimer v. 1 ● *Le garagiste* **estime** *cette voiture à 3 000 francs* : il dit que c'est le prix qu'elle vaut. — ● *Estimer une distance* (→ estimation ; SYN. évaluer). 2 ● *Anna t'***estime** *beaucoup* : elle pense beaucoup de bien de toi (→ estimable, estime ; SYN. admirer, apprécier ; CONTR. mépriser). 3 ● *J'***estime** *que c'est trop tard* : je le pense (→ juger, trouver). □ v. pron. ● *Il n'est même pas blessé, il peut s'***estimer** *heureux* : il peut considérer qu'il a eu de la chance.
■ **estimable** adj. ● *Madame Leduc est une femme* **estimable**, *qui mérite qu'on l'estime.
■ **estimation** nom f. ● *L'électricien a fait une* **estimation** *des travaux*, un calcul du prix des travaux (→ SYN. devis ; évaluation).
■ **estime** nom f. ● *J'ai de l'***estime** *pour ce garçon courageux* : j'ai une bonne opinion de lui, du respect pour lui.

estival adj. ● *Ce matin, il fait une chaleur* **estivale**, d'été.
■ **estivant** nom ● *Les* **estivants** *sont nombreux dans cette île*, les personnes qui viennent y passer leurs vacances d'été (→ SYN. vacanciers).

estocade nom f. 1 ● *Le matador vient de porter l'***estocade** : coup d'épée qui tue le taureau dans une corrida. 2 (fig.) ● *Il m'a donné l'***estocade** : il m'a achevé, vaincu.

estomac [ɛstɔma] nom m. 1 ● *Quand tu avales de la nourriture, elle descend dans ton* **estomac**. ★ VOIR p. 969. 2 (fam.) AVOIR L'ESTOMAC DANS LES TALONS : avoir très faim. 3 (fam.) AVOIR DE L'ESTOMAC : avoir de l'audace, être hardi.

estomper v. ● *Le brouillard* **estompe** *les montagnes*, il rend leurs contours moins nets. □ v. pron. ● *Ces mauvais souvenirs* **s'estompent** : ils deviennent flous, ils s'effacent progressivement.

estrade nom f. ● *Pour qu'on les voie mieux, les candidats vont monter sur l'***estrade**. — ● *Le bureau du professeur est installé sur une* **estrade**.

estragon nom m. ● *Pour parfumer le poulet, Odile y met de l'***estragon**, une plante qui donne du goût. ★ Chercher aussi : condiment, épice.

s'estropier v. pron. ● *C'est dangereux ce que tu fais là, tu risques de t'***estropier**, de te blesser très gravement et de rester handicapé. ★ Conjug. 10.

estuaire nom m. ● *Le bateau remonte l'***estuaire** *de la Seine*, la partie où elle s'élargit avant de se jeter dans la mer.

esturgeon nom m. Gros poisson dont on récolte les œufs pour faire le caviar. ● *Les* **esturgeons** *vivent dans la mer, mais vont pondre leurs œufs dans les fleuves.

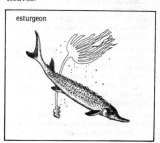

esturgeon

et conj. de coordination 1 Réunit des noms. ● *J'ai acheté du lait* **et** *des fruits.* — ● *Deux heures* **et** *quart.* 2 Réunit des adjectifs. ● *Marion est grande* **et** *blonde.* 3 Réunit des groupes de mots. ● *Il pleut* **et** *j'ai oublié mes bottes.*

étable nom f. ● *Pour traire les vaches, le fermier les ramène à l'**étable**, le bâtiment où elles logent.*

établi nom m. ● *Le menuisier coupe des planches sur son **établi**, sa grande table spéciale très solide.*

établir v. 1 ● *Nous allons **établir** notre camp près du ruisseau, l'installer.* □ v. pron. ● *Un médecin vient de **s'établir** près de chez moi : il vient de s'installer pour y rester (→ établissement).* 2 ● *Ils **établissent** le programme de la fête : ils le fixent, ils l'organisent.* 3 ● *On a **établi** qu'il avait menti : on l'a prouvé.* ★ Conjug. 11.
■ **établissement** nom m. 1 ● *Le quartier est bruyant depuis l'**établissement** de cette usine, son installation, sa création.* 2 ● *Tous les jours, je vais dans un **établissement** scolaire, une école, un collège ou un lycée.* — ● *On m'a opéré dans un **établissement** hospitalier, un hôpital.* — ● *Un **établissement** industriel, une usine.*

étage nom m. 1 ● *Cet immeuble a dix **étages**, dix niveaux au-dessus du rez-de-chaussée.* 2 ● *Le premier **étage** de la fusée va se détacher, le premier des éléments superposés.*
■ **étager** v. ● *Ces chalets **sont étagés** sur le flanc de la montagne : ils sont placés les uns au-dessus des autres.* ★ Conjug. 5.

étagère nom f. 1 ● *Pour ranger les livres, maman a fabriqué une **étagère**, un meuble formé de plusieurs planches superposées fixées à des montants (→ SYN. rayonnage).* 2 ● *Luc aligne ses petites voitures sur une **étagère**, une planche fixée au mur.*

étai nom m. ● *Ne touche pas à l'**étai** : poutre qui sert à empêcher un toit ou un mur de s'effondrer (→ étayer).*

étain nom m. ● *Sophie a mis des roses dans le vase en **étain**, en métal gris.*

étaler v. 1 ● *Au marché, les commerçants **étalent** leurs marchandises sur des tables : ils les disposent les unes à côté des autres pour que l'on puisse les voir (→ étal, étalage).* 2 ● *Cette pein-*

ture épaisse est difficile à **étaler**, à étendre en couche fine. 3 ● *Les départs en vacances ne **sont** pas suffisamment **étalés**, répartis sur une longue période (→ étalement ; SYN. échelonner).* 4 ● *Elle **étale** ses connaissances : elle les montre avec trop d'insistance (→ SYN. exhiber).* 5 v. pron. (fam.) ● *Il **s'est étalé** dans la boue : il est tombé de tout son long.*
■ **étal** nom m. 1 ● *La marchande range ses fleurs sur un **étal**, une table de marché.* — ● *Des **étals**.* 2 ● *Le boucher prépare un lapin sur son **étal**, sa table à découper.*
■ **étalage** nom m. ● *À Noël, je vais admirer les **étalages** des grands magasins, les devantures, les vitrines.*
■ **étalagiste** nom ● *L'**étalagiste** installe et décore les vitrines.*
■ **étalement** nom m. ● *L'**étalement** des vacances devrait éviter les embouteillages sur les routes.*

1. **étalon** nom m. ● *Cet **étalon** est le père du poulain blanc, ce cheval mâle.* ★ Chercher aussi : jument.

2. **étalon** nom m. ● *Cette baguette me servira d'**étalon** pour comparer la longueur de ces tables, de modèle qui sert à comparer, à mesurer.*

étamer v. ● *Autrefois, on devait **étamer** les casseroles : recouvrir le métal d'une couche d'étain afin qu'il ne soit pas attaqué.*

1. **étamine** nom f. ● *Sa jupe est en **étamine** de laine, un tissu léger.*

2. **étamine** nom f. ● *La marguerite a des pétales blancs et des **étamines** jaunes, les organes d'une fleur qui produisent le pollen.* ★ VOIR p. 392.

étanche adj. ● *Pour pêcher, j'ai besoin de bottes **étanches**, qui ne laissent pas passer l'eau (→ SYN. imperméable).* — ● *Une boîte **étanche** (→ SYN. hermétique).*
■ **étanchéité** nom f. ● *L'eau coule à travers le toit parce que son **étanchéité** n'est pas bonne, son imperméabilité.*

étancher v. *Étancher sa soif (→ SYN. se désaltérer).*

étang [etɑ̃] nom m. ● *Des grenouilles se cachent dans les roseaux au bord de l'étang, une petite étendue d'eau peu profonde.* ★ Chercher aussi : lac, mare.

étape nom f. **1** ● *En allant en Espagne, nous ferons une étape à Perpignan, un arrêt, une halte.* **2** ● *Aujourd'hui les coureurs ont parcouru une étape de 150 km, la distance qui sépare deux arrêts.* **3** ● *Cette maison a été construite en trois étapes, en trois périodes différentes.* **4** BRÛLER LES ÉTAPES : aller très vite, ne pas s'arrêter là où on le devrait normalement.

1. état nom m. **1** ● *Dans quel état est le jardin ? : comment est-il ?* — ● *Dans quel état est le blessé ? : comment va-t-il ?* — ● *Ce jouet est en mauvais état,* abîmé. **2** ÊTRE EN ÉTAT DE, ÊTRE HORS D'ÉTAT DE. ● *Cette voiture est en état de rouler, mais je suis hors d'état de la conduire :* elle peut rouler, mais je suis incapable de la conduire. **3** ● *À zéro degré, l'eau gèle, elle passe de l'état liquide à l'état solide.* **4** ● *Mon cousin est pâtissier de son état,* de son métier. **5** ÉTAT CIVIL. ● *Les naissances, les mariages, les morts sont inscrits sur les registres de l'état civil,* un service de la mairie.

2. État nom m. **1** ● *Ce pays a de bonnes relations avec les États voisins* (→ SYN. nation, pays). **2** CHEF D'ÉTAT. ● *Le président de la République est un chef d'État.* **3** HOMME D'ÉTAT : personne qui joue un rôle dans le gouvernement. ● *Les ministres sont des hommes d'État.* **4** COUP D'ÉTAT. ● *Le gouvernement a été renversé par un coup d'État,* par un coup de force, par une révolution.

état-major nom m. ● *Ce général est entouré de son état-major,* le groupe d'officiers qui l'aide et le conseille. — ● *L'état-major d'un parti politique :* les personnes qui le dirigent, les principaux collaborateurs de son chef. — ● *Des états-majors.*

étau nom m. ● *Pour que cette planche ne bouge pas pendant que tu la scies, fixe-la dans un étau,* un instrument qui permet de serrer des objets entre ses mâchoires.

étayer v. ● *Ce mur risque de s'effondrer, il faut l'étayer,* le soutenir avec des poutres de bois ou de fer. ★ Conjug. 7.

etc. [etsetera] loc. adv. ● *Il y avait des singes, des éléphants, des tigres, des lions, etc.,* et d'autres encore. — ● *1, 2, 3, 4, 5, etc.,* et ainsi de suite. ★ *Etc.* est une abréviation des mots latins *et caetera.*

été nom m. ● *En été, nous partons en vacances au bord de la mer, pendant la saison chaude qui va du 21 juin au 22 septembre* (→ estival, estivant).

éteindre v. **1** ● *Le feu est éteint :* il ne brûle plus. — ● *Veux-tu éteindre la lumière ?* (→ CONTR. allumer). □ v. pron. ● *Ta cigarette s'est éteinte* (→ extinction, extincteur). **2** S'ÉTEINDRE v. pron. ● *Hier soir sa grand-mère s'est éteinte :* elle est morte. ★ Conjug. 35.

étendard nom m. ● *Devant l'armée de la Croisade, les cavaliers portaient des étendards,* des drapeaux.

étendard

étendre v. **1** ● *Aide-moi à étendre cette nappe,* à la déplier pour que l'on voie toute sa surface. **2** ● *Il faut attendre que la peinture soit sèche avant d'étendre la seconde couche :* avant de l'étaler. **3** ● *Cet enfant est malade, il faut l'étendre sur un lit,* l'allonger.

□ v. pron. ● *Je suis fatigué ; je vais m'étendre quelques instants.* **4** ● *Ses nombreuses lectures lui ont permis d'étendre ses connaissances, de les développer, de les augmenter.* ★ Conjug. 31.

■ **s'étend** v. pron. **1** ● *Une forêt s'étend entre ces deux rivières : elle occupe cet espace.* **2** ● *L'incendie s'étend :* il se développe. **3** (fig.) ● *S'étendre sur un sujet :* en parler très longuement.

■ **étendu** adj. **1** ● *C'est une forêt étendue,* vaste, qui couvre une grande surface. **2** ● *Elle m'a offert du jus d'orange étendu d'eau,* dans lequel elle a ajouté de l'eau (→ SYN. dilué).

■ **étendue** nom f. **1** ● *Toute l'étendue du lac a gelé cette nuit,* toute sa surface. **2** ● *On n'a pas encore mesuré l'étendue des dégâts,* leur importance.

éternel adj. **1** ● *Les chrétiens croient en un Dieu éternel,* qui a toujours existé et qui existera toujours. □ nom m. ● *L'Éternel :* Dieu. **2** ● *Les neiges éternelles,* qui ne fondent jamais. **3** ● *Il adore perdre du temps en discussions éternelles,* trop longues, interminables.

■ **éternellement** adv. ● *Il est éternellement enrhumé,* toujours enrhumé.

■ **s'éterniser** v. pron. ● *Attends-moi, je ne vais pas m'éterniser ici,* rester très longtemps.

■ **éternité** nom f. **1** ● *Les croyants espèrent qu'après leur mort ils seront près de Dieu pour l'éternité,* pour toujours. **2** (fig.) ● *Je n'ai pas vu Louis depuis une éternité,* depuis très longtemps.

éternuer v. ● *Je crois que tu t'enrhumes, tu as encore éternué.*

■ **éternuement** nom m. ● *Atchoum ! J'espère que mes éternuements ne te dérangent pas !*

éther nom m. ● *Alain a désinfecté ses écorchures avec de l'éther,* un liquide désinfectant à l'odeur très forte.

ethnologie nom f. ● *Eric part vivre dans une tribu australienne pour étudier ses coutumes, il fait de l'ethnologie,* la science qui étudie les peuples et leur vie.

■ **ethnologue** nom. Spécialiste de l'ethnologie.

étiage nom m. ● *L'étiage de la rivière :* niveau le plus bas de ses eaux (→ CONTR. crue).

étinceler v. ● *Ce diamant étincelle à la lumière :* il brille, il jette de petits éclairs (→ SYN. scintiller). ★ Conjug. 9.

■ **étincelant** adj. ● *Pascale regarde ses cadeaux, les yeux étincelants de joie,* brillants de joie.

étincelle nom f. **1** ● *Le vent fait jaillir du feu une gerbe d'étincelles,* de braises minuscules qui sautent en l'air. **2** ● *Quand j'ai branché cette prise de courant, j'ai vu une étincelle,* un petit éclair.

s'étioler v. ● *Il fait trop chaud, les fleurs vont s'étioler* (→ SYN. se faner).

1. étiquette nom f. ● *Sur ses bagages, Antoine colle des étiquettes indiquant son nom et son adresse,* de petits morceaux de papier avec des renseignements — ● *Le prix de ces gâteaux est marqué sur l'étiquette.*

■ **étiqueter** v. ● *Les vendeuses étiquettent les marchandises avant de les ranger sur les rayons :* elles leur mettent des étiquettes. ★ Conjug. 9.

2. étiquette nom f. Règles observées dans les cérémonies officielles. ● *D'après l'étiquette, cette personne doit être placée à la droite du président de la République.*

étirer v. ● *Pour mettre un élastique autour de cette boîte, je l'étire :* je l'allonge en tirant dessus.

■ **s'étirer** v. pron. ● *Jérôme s'étire en bâillant :* il étend ses bras et ses jambes comme pour les allonger.

étoffe nom f. **1** ● *Elle a choisi une étoffe de soie pour se faire une robe,* un tissu. **2** (fig.) AVOIR L'ÉTOFFE DE... ● *Ce jeune nageur a l'étoffe d'un grand champion :* il en a les capacités, les qualités.

étoffer v. ● *Votre rédaction est bonne, mais un peu courte ; il faudrait l'étoffer,* la développer pour l'améliorer.

étoile nom f. **1** ● *Regarde les **étoiles** qui brillent dans le ciel ; sauras-tu reconnaître l'**étoile** polaire ?* (→ SYN. astre). **2** ● *Les enfants ont orné le sapin de Noël avec des **étoiles** découpées dans du papier doré*, des ornements qui rappellent les étoiles du ciel. **3** (fig.) ● *Claire rêve de devenir une **étoile** du cinéma*, une artiste que tout le monde admire, une vedette (→ SYN. star).

■ **étoilé** adj. ● *Un beau ciel **étoilé***, rempli d'étoiles.

étoile de mer nom f. ● *Nous avons trouvé des **étoiles de mer** sur la plage*, des animaux marins qui ont la forme d'une étoile.

étonner v. ● *Il m'avait dit qu'il viendrait ; son absence m'**étonne***, elle me surprend.

■ **étonnant** adj. ● *Il nous a raconté une histoire **étonnante*** (→ SYN. inattendu, surprenant).

■ **étonnement** nom m. ● *Il s'attendait si peu à le voir qu'il en est resté muet d'**étonnement*** (→ surprise, stupeur).

étouffer v. **1** ● *Ouvrez la fenêtre ; on **étouffe** ici ! :* on a du mal à respirer, il fait trop chaud. **2** ● *D'épais rideaux **étouffent** les bruits de la rue :* ils les rendent moins forts (→ SYN. atténuer). **3** ● *Étouffer une révolte :* l'empêcher de se développer.

■ **s'étouffer** v. pron. ● *En avalant de travers, elle a failli **s'étouffer***, perdre la possibilité de respirer (→ étouffement ; SYN. s'étrangler).

■ **étouffant** adj. ● *Quelle chaleur **étouffante** près de ce poêle !* (→ SYN. suffocant).

■ **étouffement** nom m. ● *Ce malade a parfois des **étouffements*** (→ SYN. asphyxie).

étourdi adj. ● *Tu oublies toujours quelque chose, tu es **étourdi*** (→ SYN. distrait, écervelé ; CONTR. attentif, réfléchi). □ nom ● *Un **étourdi**.*

■ **étourderie** nom f. ● *Claude est d'une grande **étourderie*** (→ SYN. inattention, distraction).

étourdir v. **1** ● *Ce coup sur la tête l'a **étourdi** :* il lui a presque fait perdre connaissance (→ SYN. assommer). **2** ● *Cette foule bruyante m'**étourdit***, elle me fatigue, elle m'abasourdit (→ étourdissant ; SYN. abrutir). ★ Conjug. 11.

■ **étourdissant** adj. ● *Cette sirène fait un bruit **étourdissant*** (→ SYN. assourdissant).

■ **étourdissement** nom m. ● *Une exposition prolongée au soleil peut provoquer des **étourdissements*** (→ SYN. évanouissement, vertige).

étourneau nom m. Petit oiseau au plumage brun. ● *Une bande d'**étourneaux** piaillent dans le jardin.*

étrange adj. ● *Il m'est arrivé une **étrange** aventure* (→ SYN. bizarre, curieux ; CONTR. banal, ordinaire).

■ **étrangement** adv. ● *Au milieu de l'agitation générale, il restait **étrangement** calme.*

étranger adj. et nom **A.** adj. **1** ● *Il parle plusieurs langues **étrangères***, autres que celle de son pays. **2** ÉTRANGER À... ● *L'entrée de l'usine est interdite aux personnes **étrangères** à l'entreprise*, qui n'appartiennent pas à l'entreprise. — ● *Il jure qu'il est **étranger** à ce complot*, qu'il n'en fait pas partie, qu'il n'y est pour rien. — ● *Un visage **étranger***, inconnu (→ CONTR. familier). **B.** nom **1** ● *Nous avons accueilli un groupe d'**étrangers** venus visiter notre ville*, des gens d'un autre pays. **2** À L'ÉTRANGER, loc. adv. : dans un pays étranger. ● *Il voyage souvent à l'**étranger**.*

étrangler v. ● *Ôte cette ficelle de ton cou, elle pourrait t'**étrangler***, te serrer si fort qu'elle t'empêcherait de respirer. ■ **s'étrangler** v. pron. ● *Il **s'est étranglé** avec une arête :* une arête coincée dans sa gorge lui a fait perdre la respiration (→ SYN. s'étouffer).

■ **étranglement** nom m. **1** ● *Il est mort d'**étranglement**.* **2** ● *L'étranglement d'une vallée :* l'endroit où elle se resserre.

étrave nom f. ● *L'**étrave** du bateau fend l'eau :* partie avant de la quille.

1. être v. **A. 1** ● *Ma robe **est** bleue.* — ● *Gilles **est** mon frère.* **2** ● *Sylvie **est***

dans le salon : elle s'y trouve. **3** • *Il était un petit navire* : il existait un petit navire. **4** ÊTRE À QUELQU'UN : lui appartenir. • *Cette voiture est à mon père.* **5** ÊTRE À (+ infinitif). • *Cet homme est à plaindre* : il mérite qu'on le plaigne. — • *Ce terrain est à vendre* : il est destiné à être vendu. ★ Conjug. 2.

B. Verbe auxiliaire. **1** Sert à former le passif (ex. : *Tu seras prévenu par un coup de téléphone*). **2** Sert à former le passé composé des verbes pronominaux (ex. : *Elle s'est repentie de sa faute*), ou de certains autres verbes (ex. : *Il est tombé*).

2. être nom m. • *Contrairement aux choses, les êtres vivent, bougent, respirent ; ce sont des êtres vivants.* — ÊTRE HUMAIN. • *L'homme et la femme sont des êtres humains*, des personnes.

étreindre v. **1** • *Avant de partir pour ce long voyage, il a étreint sa femme et ses enfants* : il les a serrés dans ses bras. **2** • *Il sentit une main lui étreindre le bras*, le lui serrer fortement (→ étreinte). ★ Conjug. 35.

■ **étreinte** nom f. • *Son adversaire l'avait saisi et ne relâchait pas son étreinte.*

étrenner v. • *Marie-Christine étrenne aujourd'hui sa robe neuve* : elle ouvre la porte pour la première fois.

étrennes nom f. plur. Cadeau ou somme d'argent offerts à l'occasion du 1er janvier.

étrier

étrier nom m. **1** Chacun des anneaux qui pendent de chaque côté de la selle d'un cheval pour soutenir les pieds du cavalier. **2** (fig.) METTRE À QUELQU'UN LE PIED À L'ÉTRIER : l'aider dans ses débuts. • *Il a réussi dans son nouveau métier parce que son oncle lui a mis le pied à l'étrier.*

étriller v. **1** Frotter les chevaux. **2** (fam.) • *Je vais t'étriller* (→ SYN. battre, sens 1 ; malmener).

étriqué adj. • *Ton costume de l'année dernière est maintenant étriqué*, trop étroit (→ CONTR. ample).

étroit adj. **1** • *Cette rue est si étroite que les voitures ne peuvent s'y croiser.* — • *Tu auras mal aux pieds dans des souliers trop étroits* (→ CONTR. large). **2** • *Il a les idées trop étroites pour admettre cela* : il manque de tolérance (→ SYN. borné, mesquin ; CONTR. large). **3** • *Une étroite amitié les lie depuis longtemps* : une amitié qui les tient très unis (→ SYN. intime). — • *Travailler en étroite collaboration avec quelqu'un.* • **à l'étroit** loc. adv. Dans un espace trop petit. • *Ils sont logés à l'étroit.*

■ **étroitement** adv. • *Le prisonnier était étroitement surveillé*, de très près, très attentivement.

■ **étroitesse** nom f. **1** • *La maison est sombre en raison de l'étroitesse des fenêtres.* **2** • *L'étroitesse de son esprit me consterne* (→ étroit, sens 2 ; CONTR. largeur).

étude nom f. **1** • *Ce médecin se consacre à l'étude du cancer.* **2** (au plur.) • *Ma sœur fait des études de mathématiques.* — • *Un diplôme de fin d'études* (que l'on reçoit en sortant d'une école, d'une université). **3** • *Je viens de lire une étude sur Victor Hugo*, un ouvrage de recherche (→ SYN. essai). **4** • *J'ai oublié mon livre dans la salle d'étude*, la salle où les élèves font leur travail scolaire. **5** Lieu où travaillent un notaire, un huissier, etc. • *Le notaire s'est absenté de son étude.*

■ **étudier** v. • *Je ne peux pas vous répondre avant d'avoir étudié la question*, de l'avoir examinée, d'y avoir réfléchi. **2 ●** *Elle **étudie** le violon :* elle apprend à jouer du violon (→ étude, sens 1 et 2). ★ Conjug. 10.

■ **étudiant** nom ● *Mon frère est **étudiant** en anglais :* il fait des études d'anglais à l'université.

étui nom m. ● *Pour sa fête, nous lui avons offert un bel **étui** à cigarettes,* une petite boîte qui sert à contenir et à protéger. — ● *Un **étui** à lunettes.*

étuve nom f. ● *En été, ce grenier est une **étuve**,* une pièce où il fait très chaud.

étymologie nom f. ● *Les mots « hôpital » et « hôtel » ont la même **étymologie** latine :* ils viennent tous les deux du même mot latin (→ SYN. origine). ★ Chercher aussi : racine.

eucalyptus nom m. Grand arbre d'origine australienne, aux feuilles odorantes.

eucharistie [økaristi] nom f. Important sacrement catholique, qui rappelle le sacrifice du Christ. ★ Chercher aussi : communion.

euh ! interj. Sert à marquer l'hésitation, l'embarras, l'étonnement. ● *Que fais-tu là ? — **Euh !** rien.*

euphémisme nom m. ● *Dire « il n'est pas beau » pour « il est laid » est un **euphémisme**,* manière de parler qui adoucit la réalité.

euphorie nom f. ● *Il se laissait aller à l'**euphorie** que lui procurait son succès,* au sentiment de contentement, de bien-être, de bonheur (→ CONTR. angoisse).

■ **euphorique** adj. ● *Le champagne qu'il a bu le rend **euphorique**.*

eux pronom personnel m., plur. de *lui.* ● *Je vais chez **eux**.* — ● *Ils n'ont qu'à le faire **eux**-mêmes.*

évacuer v. ● *Silence ! ou je fais **évacuer** la salle,* ou je fais quitter la salle à tout le monde. — ● *En raison des inondations, il a fallu **évacuer** les habitants du village,* les faire partir (→ évacuation, sens 2).

■ **évacuation** nom f. **1 ●** *Un tuyau d'**évacuation** des eaux sales* (→ SYN.

écoulement). **2 ●** *L'**évacuation** des réfugiés s'est faite par camions militaires.*

s'évader v. pron. ● *Un prisonnier **s'est évadé**,* s'est échappé (→ évasion ; SYN. s'enfuir, se sauver).

évaluer v. ● *On **évalue** sa fortune à un million de francs :* on estime qu'elle atteint à peu près cette valeur (→ SYN. apprécier, estimer).

■ **évaluation** nom f. ● *L'**évaluation** d'une distance* (→ SYN. appréciation, estimation).

évanescent adj. ● *Des souvenirs **évanescents**,* qui disparaissent, qui s'évanouissent (→ SYN. fugitif, fugace ; CONTR. durable).

Évangile nom m. **1 ●** *Les missionnaires allaient prêcher l'**Évangile** aux peuples non chrétiens,* la doctrine de Jésus-Christ. **2 ●** *Les quatre **Évangiles** font partie du Nouveau Testament,* les livres qui contiennent la vie et l'enseignement de Jésus-Christ.

s'évanouir v. pron. **1 ●** *Le choc qu'il a reçu était si violent qu'il **s'est évanoui**,* qu'il a perdu connaissance (→ évanouissement). **2** (fig.) ● *Nos chances de gagner le match **se sont évanouies**,* ont disparu. ★ Conjug. 11.

■ **évanouissement** nom m. ● *Il est revenu rapidement de son **évanouissement*** (→ SYN. étourdissement).

s'évaporer v. pron. ● *L'essence **s'évapore** facilement :* elle se transforme en vapeur sous l'action de la chaleur.

■ **évaporation** nom f. ● *L'**évaporation** de l'eau de mer permet d'obtenir du sel.*

évasé adj. ● *Elle porte une jupe **évasée**,* qui va en s'élargissant.

évasif adj. ● *Il m'a donné une réponse **évasive*** (→ SYN. imprécis, vague ; CONTR. catégorique, net, précis).

évasion nom f. ● *Ce prisonnier a déjà fait de nombreuses tentatives d'**évasion*** (→ s'évader).

évêché nom m. Résidence d'un évêque.

éveiller v. 1 ● *Un bruit l'**a éveillé**, l'a fait cesser de dormir.* □ v. pron. ● *Quand je **me suis éveillée**, il faisait grand jour* (→ SYN. réveiller). 2 (fig.) ● *Cette phrase **éveilla** sa curiosité, elle la provoqua* (→ SYN. exciter, stimuler).

■ **éveillé** adj. ● *C'est un enfant **éveillé**, qui a l'esprit vif, qui est intelligent.*

■ **éveil** nom m. DONNER L'ÉVEIL : alerter, mettre en garde. ● *Sa nervosité, comparée à son calme habituel, **a donné l'éveil**.* — EN ÉVEIL, loc. adj. : attentif, sur ses gardes. ● *Son esprit est toujours **en éveil**.*

événement nom m. ● *J'écoute la radio pour être au courant des **événements**, de ce qui se passe.* ● *L'élection d'un nouveau pape est un **événement** mondial, un fait qui intéresse le monde entier.*

éventail nom m. 1 ● *La dame tenait à la main un **éventail** qu'elle agitait de temps à autre devant son visage, un objet qui sert à s'éventer.* 2 EN ÉVENTAIL, loc. adv. : en forme d'éventail ouvert. ● *Les joueurs observaient leurs cartes, qu'ils tenaient **en éventail**.*

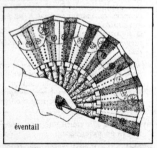

éventail

éventaire nom m. ● *Pour vendre davantage, le marchand de fruits soigne son **éventaire** : l'étal, en plein air, où est rangée la marchandise.*

s'éventer v. pron. 1 ● *« Il fait chaud », dit-il en **s'éventant** avec un cahier, en l'agitant devant lui pour se donner de* l'air, du vent. 2 ● *Si tu ne bouches pas la bouteille, cette liqueur va **s'éventer** : elle va perdre son goût en restant exposée à l'air.*

éventrer v. ● *Dans sa colère, il **a éventré** un oreiller : il l'a crevé, déchiré.*

éventuel adj. ● *Il est resté chez lui, dans l'attente d'un **éventuel** coup de téléphone, d'un coup de téléphone possible mais pas certain* (→ SYN. hypothétique).

■ **éventuellement** adv. ● *Pourriez-vous **éventuellement** me réexpédier le courrier qui arriverait à mon ancienne adresse ?, si cela était nécessaire* (→ SYN. le cas échéant*).

■ **éventualité** nom f. ● *Pour que ton plan réussisse, il faut envisager toutes les **éventualités**, tout ce qui peut arriver.*

évêque nom m. Prêtre qui dirige un diocèse. ● *C'est le pape qui nomme les **évêques*** (→ évêché).

s'évertuer à v. pron. ● *Il est inutile que je **m'évertue** à t'expliquer cela si tu ne m'écoutes pas, que je me donne de la peine à te l'expliquer* (→ SYN. s'efforcer de, s'escrimer à).

évident adj. ● *Sa malhonnêteté est **évidente**, elle ne fait aucun doute* (→ SYN. certain, flagrant, incontestable, indiscutable, sûr). □ impers. ● *Il est **évident** qu'il viendra.*

■ **évidence** nom f. 1 ● *Ce que vous dites est une **évidence**, une chose évidente, que tout le monde sait.* 2 SE RENDRE À L'ÉVIDENCE. ● *Il faut **vous rendre à l'évidence**, vous avez tort : il faut admettre ce qui est évident.* 3 EN ÉVIDENCE, loc. adv. : d'une manière très visible, de manière à être remarqué immédiatement. ● *Il a laissé une lettre **en évidence** sur son bureau.*

■ **évidemment** adv. ● *On ne peut **évidemment** pas penser à tout : bien sûr* (→ SYN. assurément, certes).

évider v. ● *Ces Africains fabriquent des barques dans des troncs qu'ils **évident**, qu'ils creusent, qu'ils rendent creux* (→ vide).

évier nom m. Grand lavabo utilisé dans la cuisine.

évincer v. ● *Ils cherchent à l'évincer de cette place*, à le chasser, à l'écarter. ★ Conjug. 4.

éviter v. 1 ● *Le skieur a réussi à éviter l'arbre* : il a réussi à passer à côté sans le toucher (→ inévitable). — ● *Il est si bavard que je l'évite*, que je fais mon possible pour ne pas le rencontrer. 2 ÉVITER DE... ● *Évite de te coucher tard* : abstiens-toi, essaye de ne pas te coucher tard (→ SYN. s'efforcer de). 3 ● *Si tu sors, peux-tu m'acheter des timbres ? cela m'évitera d'y aller*, me permettra de ne pas y aller (→ SYN. épargner).

évoluer v. 1 ● *La médecine a beaucoup évolué depuis un siècle* : elle a changé, s'est transformée, elle a fait des progrès. 2 ● *Le patineur évolue sur la glace* : il patine en formant des figures. ■ **évolution** nom f. 1 ● *L'évolution d'une technique*, son développement, ses progrès. 2 ● *Nous suivons des yeux les évolutions du cerf-volant dans le ciel.*

évoquer v. ● *Les vieux amis évoquèrent des souvenirs d'enfance* : ils en parlèrent, se les rappelèrent. ■ **évocation** nom f. ● *Cette évocation du passé l'a fait sourire* (→ SYN. rappel).

ex- Préfixe placé devant un nom de personne ou de chose pour exprimer ce qu'elle a été. ● *Elle rencontre souvent son ex-mari*, celui qui a été son mari. ● *Notre ex-appartement.*

exacerber v. Rendre plus vif, plus aigu, plus acerbe. ● *L'attente va exacerber la mauvaise humeur de Julien* (→ CONTR. apaiser, atténuer, calmer).

exact adj. 1 ● *Ce que je vous dis est l'exacte vérité* : c'est absolument vrai, conforme à la réalité. — ● *Quelle est la hauteur exacte de la tour Eiffel ?*, la hauteur précise (→ CONTR. approximatif). — ● *Ton calcul est exact* : il est juste, correct (→ CONTR. faux). 2 ● *Elle est exacte au rendez-vous* : elle arrive à l'heure (→ SYN. ponctuel).

■ **exactement** adv. ● *Il y a exactement une minute que je suis arrivé* (→ SYN. précisément).

■ **exactitude** nom f. 1 ● *Les journaux ont rapporté les faits avec exactitude* (→ exact, sens 1). 2 ● *Il est toujours d'une parfaite exactitude* (→ exact, sens 2 ; SYN. ponctualité).

exaction nom f. ● *Un fonctionnaire a été condamné pour une exaction* ; vol qui consiste à réclamer plus d'argent que ce qu'il est dû ; plus généralement, tout abus de pouvoir.

ex aequo [ɛgzeko] loc. adv. ● *Jean et Pierre sont premiers ex aequo* : ils sont tous les deux premiers ; à égalité.

exagérer v. 1 ● *On a exagéré l'importance des dégâts causés par l'incendie* : on les a présentés comme plus importants qu'ils ne sont en réalité (→ SYN. grossir). 2 ● *Voilà deux heures que je t'attends, vraiment, tu exagères !* (→ SYN. abuser). ★ Conjug. 8.

■ **exagération** nom f. ● *Quand Tartarin racontait ses exploits, il y avait toujours une part d'exagération* (→ exagérer, sens 1).

exalter v. (littér.) ● *Son discours a exalté les esprits* : il les a enthousiasmés, enflammés. □ v. pron. ● *Son imagination s'exaltait à ce récit.*

■ **exaltation** nom f. ● *Il parlait de son poète favori avec exaltation* (→ SYN. enthousiasme).

■ **exaltant** adj. ● *Voici une aventure exaltante;* qui exalte, qui enthousiasme.

examen [ɛgzamɛ̃] nom m. 1 ● *Pour entrer dans cette école, il devra passer un examen*, une épreuve pour contrôler ses connaissances, ses capacités (→ examinateur). 2 ● *L'examen de ces documents m'a pris beaucoup de temps* (→ SYN. observation, vérification). — ● *L'examen du malade par le médecin.*

■ **examiner** v. ● *Le médecin fait déshabiller son patient pour l'examiner*, pour l'ausculter. ● *L'inspecteur examine les empreintes laissées par le voleur* : il les observe, les étudie soigneusement (→ SYN. scruter).

■ **examinateur, -trice** nom ● *À l'oral de mon examen, j'ai été interrogé par un **examinateur** sévère.*

exaspérer v. ● *Les pleurs continuels de ce bébé **exaspèrent** les voisins :* ils les énervent beaucoup (→ SYN. agacer, excéder, horripiler). ★ Conjug. 8.
■ **exaspération** nom f. ● *Ses remarques me poussent à l'**exaspération*** (→ SYN. colère, énervement, fureur).

exaucer [ɛgzose] v. ● *Tu souhaitais qu'il fasse beau aujourd'hui et il fait un temps superbe, tes vœux **ont été exaucés** :* ils se sont réalisés, ils ont été satisfaits. ★ Conjug. 4.

excavatrice nom f. Engin, machine qui sert à creuser le sol. ★ Chercher aussi : bouteur, pelleteuse.

excéder v. **1** ● *Le prix des travaux n'**excédera** pas mille francs,* ne dépassera pas mille francs. **2** ● *Tes questions m'**ont excédé**,* m'ont extrêmement agacé (→ SYN. énerver, exaspérer). ★ Conjug. 8.
■ **excédent** nom m. ● *Il faut payer un supplément pour cet **excédent** de bagages,* pour la quantité de bagages en trop. — EN EXCÉDENT, loc. adv. : en plus, en trop.
■ **excédentaire** adj. ● *La production de blé française est **excédentaire**,* supérieure à la consommation (→ CONTR. déficitaire).

excellent adj. ● *Nous avons fait un **excellent** déjeuner,* très bon. — ● *Cet acteur est **excellent** dans le rôle* (→ SYN. parfait, remarquable ; CONTR. abominable, exécrable).
■ **excellence** nom f. **1** ● *Le prix d'**excellence** est décerné au meilleur élève.* **2** ● *On donne le titre d'«**Excellence**» aux évêques et aux ambassadeurs.*
■ **exceller** v. ● *Les Japonais **excellent** dans l'art de composer des bouquets de fleurs :* ils s'y montrent excellents, supérieurs.

excentrique adj. **1** ● *Ce restaurant a peu de clients car il se trouve dans un quartier **excentrique**,* situé loin du centre de la ville. **2** ● *Cette femme est bien connue pour ses manières **excentriques**,* bizarres, originales, extravagantes.

exception nom f. **1** ● *Cette règle s'applique dans tous les cas sans **exception**,* sans restriction, sans qu'il existe de cas où la règle ne s'applique pas. **2** ● *Tout le monde aime le soleil ; vous êtes une **exception** de préférer la pluie,* un cas rare et particulier.
■ **exceptionnel** adj. ● *Une journée aussi chaude est **exceptionnelle**,* très rare (→ SYN. extraordinaire).
■ **exceptionnellement** adv. ● *Je vous autorise **exceptionnellement** à rentrer tard,* par exception, pour une fois.
■ **excepté** prép. ● *Ce magasin est ouvert tous les jours **excepté** le dimanche* (→ SYN. hormis, à part, sauf).

excès [ɛksɛ] nom m. **1** ● *Le policier lui a donné une contravention pour **excès** de vitesse,* pour avoir dépassé la vitesse autorisée, pour être allé trop vite. **2** (au plur.) ● *Le docteur lui a recommandé de ne pas faire d'**excès**,* de ne pas trop manger, ni trop boire.
■ **excessif** adj. ● *Il fait une chaleur **excessive**,* trop élevée (→ CONTR. modéré, normal). — ● *Le punir pour si peu, c'est **excessif*** (→ SYN. abusif, exagéré).
■ **excessivement** adv. **1** ● *Annie mange **excessivement** :* beaucoup trop, avec excès. **2** ● *Delphine est **excessivement** douée :* très, énormément. ★ Le sens 2 est plus familier.

excipient [ɛksipjɑ̃] nom m. ● *Ce sirop contre la toux contient un **excipient** sucré,* un produit qui ne soigne pas, mais que l'on ajoute aux médicaments pour leur donner des présentations différentes (pastilles, sirops, suppositoires, etc.).

exciter v. **1** ● *Tous ces mystères **excitent** notre curiosité :* ils la font naître (→ SYN. éveiller, provoquer, susciter). **2** ● *Le café m'empêche de dormir, il m'**excite** :* il me rend plus nerveux, il me stimule. □ v. pron. ● *Luc et Joël* *s'excitent* dès qu'ils jouent ensemble : ils s'énervent, ils deviennent agités (→ CONTR. se calmer).

■ **excitation** nom f. ● *À mesure que la fête approche, leur **excitation** grandit*, leur agitation, leur émotion. ★ Ne pas oublier le *c* de *exciter* et *excitation*.

■ **excitant 1** adj. ● *Son histoire est **excitante*** (→ SYN. émouvant, passionnant). **2** nom m. ● *Le café est un **excitant***, produit qui excite (→ exciter, sens 2).

s'exclamer [sɛksklame] v. pron. ● *«Quelle merveille!»* **s'exclama**-t-il, s'écria-t-il.

■ **exclamatif** adj. ● *«Quelle merveille!»* est une phrase **exclamative**.

■ **exclamation** nom f. ● *La joie, la surprise, la douleur, l'admiration nous font pousser des **exclamations***, des paroles ou des cris qui expriment des sentiments très forts. — POINT D'EXCLAMATION : signe (!) de ponctuation qui indique qu'une phrase est exclamative.

exclure v. **1** ● *Le directeur a exclu cet élève du collège* : il l'a mis dehors, renvoyé (→ SYN. chasser, expulser). **2** ● *Elle pourrait partir, mais elle **exclut** cette solution* : elle la refuse, elle la repousse (→ exclusion, sens 2). ★ Conjug. 51.

■ **exclusion** nom f. **1** ● *Une lettre lui a annoncé son **exclusion***, son renvoi. **2** À L'EXCLUSION DE, loc. prép. ● *Il ne lit que des livres comiques, **à l'exclusion de** tous les autres*, et aucun de tous les autres, en refusant tous les autres (→ exclusivement).

■ **exclusif** adj. ● *Ce journal publie le récit **exclusif** de sa traversée* : un récit réservé à ce journal, qu'aucun autre journal n'a le droit de publier (→ exclusivité).

■ **exclusivement** adv. ● *Isabelle s'intéresse **exclusivement** à l'histoire du Moyen Âge*, uniquement.

■ **exclusivité** nom f. **1** ● *Ce commerçant a l'**exclusivité** de cette marque* : il est le seul à avoir le droit de la vendre. **2** ● *Ce film vient de sortir, il passe en **exclusivité***, dans un seul cinéma (ou dans quelques cinémas seulement).

excréments nom m. plur. ● *Le crottin du* cheval, les crottes du chien, les selles de l'homme, sont des **excréments**, des matières solides que les animaux ou les hommes rejettent après avoir digéré leur nourriture.

excursion nom f. ● *Demain, toute la classe va faire une **excursion** au bord de la mer*, une longue promenade pour explorer, pour visiter.

excuser v. **1** ● *Vincent essaie toujours d'**excuser** son frère*, de le défendre contre ceux qui l'accusent, de le justifier (→ excuse, sens 1). **2** ● *Je suis en retard, **excusez**-moi* : pardonnez-moi. □ v. pron. ● *Quand tu bouscules quelqu'un, tu t'**excuses*** : tu dis que tu regrettes, tu demandes pardon (→ excuse, sens 2). ★ Il est préférable de dire *excusez-moi*, et non pas *je m'excuse*.

■ **excuse** nom f. **1** ● *Il n'a pas fait son travail, mais il a des **excuses***, des raisons qui expliquent sa conduite et la font pardonner (→ inexcusable). **2** ● *Après s'être mis en colère, Serge a présenté ses **excuses***, ses regrets.

exécrable [ɛgzekrabl] adj. ● *Ce repas est **exécrable***, très mauvais (→ SYN. abominable, détestable, infect ; CONTR. excellent).

1. exécuter v. **1** ● *Cette entreprise va **exécuter** des travaux d'après nos plans* : elle va les faire (→ SYN. effectuer, réaliser). □ v. pron. ● *Quand sa mère lui demande un service, il **s'exécute** immédiatement* : il fait ce qu'il doit faire (→ 1. exécution). **2** ● *L'orchestre **a exécuté** une œuvre de Mozart* : il l'a jouée (→ exécutant, sens 2).

■ **exécutant** nom **1** ● *Ce n'est pas lui qui dirige cette affaire, il n'est qu'un **exécutant***, une personne qui fait un travail d'après les ordres qu'on lui donne. **2** ● *Cet orchestre se compose de 80 **exécutants***, 80 musiciens.

■ **exécutif** adj. et nom m. **1** adj. ● *Le pouvoir législatif fait les lois, et le pouvoir **exécutif** est chargé de les faire appliquer*. **2** nom m. L'EXÉCUTIF : le pouvoir exécutif, le gouvernement, l'administration.

■ **1. exécution** nom f. • *Nous allons commencer l'**exécution** de notre plan*, sa réalisation.

2. exécuter v. • *Exécuter un condamné à mort* : le tuer, le mettre à mort.
■ **2. exécution** nom f. • *L'**exécution** d'un condamné*.

1. exemplaire nom m. **1** • *On a imprimé ce livre en dix mille **exemplaires***, en dix mille volumes qui reproduisent le même modèle. **2** • *Marion a découvert un bel **exemplaire** de ce champignon*, un bel échantillon, un beau spécimen.

2. exemplaire adj. • *Gilles est d'une sagesse **exemplaire***, qui peut servir d'exemple, de modèle (→ SYN. remarquable). — • *Une punition **exemplaire*** : qui sert d'exemple par sa sévérité.

exemple nom m. **1** • *Son courage est un bel **exemple***, un modèle que l'on peut imiter. • *Stéphane donne le bon **exemple*** (→ 2. exemplaire). **2** • *Pour comprendre cette règle, j'ai besoin d'un **exemple***, d'un cas particulier où cette règle s'applique. — PAR EXEMPLE, loc. adv. • *Paul connaît toutes sortes d'arbres, **par exemple** les chênes, les hêtres, etc.*, comme les chênes, les hêtres, etc. (→ SYN. notamment). **3** PAR EXEMPLE!, interj. exprimant la surprise. • *Il est venu te voir ? Ça, **par exemple**!*, ça alors!

exempter [ɛgzɑ̃te] v. • *Éric a été **exempté** de gymnastique* : on l'a autorisé à ne pas en faire (→ SYN. 1. dispenser).
■ **exempt** [ɛgzɑ̃] adj. • *Ta dictée est **exempte** de fautes*, sans fautes.

exercer v. **1** • *Ce jeu **exerce** la mémoire* : il la fait travailler pour la développer. □ v. pron. • *Bertrand **s'exerce** à sauter à la perche* : il s'entraîne (→ exercice, sens 1, 2, 3). **2** • *Son père **exerce** le métier de menuisier* : il fait ce métier (→ exercice, sens 4). **3** • *Elle **exerce** une mauvaise influence sur toi* : elle a une mauvaise influence. ★ Conjug. 4.
■ **exercice** nom m. **1** • *Pour rester en bonne santé, Julien fait de l'**exercice*** : il fait de la gymnastique, du sport. **2** • *Charlotte a réussi son **exercice** de grammaire*, son devoir. **3** • *Ces soldats s'entraînent à marcher au pas, à présenter les armes* : ils font l'**exercice**. **4** • *Monsieur Legrand voyage beaucoup dans l'**exercice** de sa profession*, en faisant son métier (→ SYN. 1. pratique).

exhaler v. Répandre, dégager. • *Les fleurs **exhalent** leur parfum*.

exhiber [ɛgzibe] v. • *Il est si fier de son diplôme qu'il l'**exhibe** à tout le monde*, qu'il le montre à tous sans discrétion.

exhorter v. • *Elle m'a **exhorté** à réfléchir* : elle me l'a vivement conseillé (→ SYN. inciter).
■ **exhortation** nom f. • *Vos **exhortations** ne m'ont pas convaincu*, vos paroles qui cherchent à persuader, à convaincre.

exhumer v. • *Les archéologues **ont exhumé** deux squelettes et des bijoux* : ils les ont sortis de la terre (→ SYN. déterrer; CONTR. enterrer, inhumer).

exiger v. **1** • *Maman **exige** que nous fassions nos lits* : elle l'impose, elle l'ordonne. • *Le maître **exige** le silence* (→ SYN. ordonner). **2** • *Dresser un chien **exige** de la patience* : de la patience est indispensable pour le faire (→ SYN. nécessiter). ★ Conjug. 5.
■ **exigeant** adj. • *Laurent a une institutrice très **exigeante***, qui exige que tous fassent beaucoup d'efforts (→ exigence, sens 1).
■ **exigence** nom f. **1** • *Son **exigence** le rend difficile à vivre*, son caractère exigeant. **2** (au plur.) • *Nous n'avons pas pu satisfaire leurs **exigences***, ce qu'ils exigeaient, leurs réclamations, leurs revendications.

exigu, exiguë adj. • *Leur appartement est **exigu***, trop petit (→ SYN. minuscule; CONTR. immense). ★ Au féminin, ne pas oublier le tréma sur le e de *exiguë*.

exiler v. • *Le gouvernement **a exilé** cet homme*, l'a chassé de son pays en lui interdisant d'y revenir. □ v. pron. • *La pauvreté a obligé beaucoup d'Irlandais à **s'exiler** en Amérique*, à quitter leur patrie pour aller vivre dans un pays lointain, à émigrer (→ SYN. s'expatrier).

■ **exil** nom m. ● *Il peut enfin rentrer chez lui, son* **exil** *se termine.*

■ **exilé** nom ● *Les* **exilés** *regrettent souvent leur pays.*

exister v. **1** ● *Les fées n'***existent** *pas ; ce sont des êtres imaginaires* (→ existence, sens 2). **2** ● *Toi et moi, nous* **existons** *depuis quelques années, nous vivons* (→ existence, sens 1). **3** ● *En dehors de son travail, rien n'***existe** *pour lui, rien n'a d'importance.*

■ **existence** nom f. **1** ● *Il a eu une* **existence** *extraordinaire, une vie.* **2** ● *J'avais oublié l'***existence** *de cette lettre : j'avais oublié qu'elle existait.*

exode nom m. ● *Quand les troupes ennemies sont arrivées, la population a commencé son* **exode**, *son départ en masse, sa fuite.*

exonérer v. ● *Cette dame gagne peu d'argent, elle* **est exonérée** *d'impôts : elle n'en paye pas, elle est dispensée d'en payer.* ★ Conjug. 8.

exorbitant adj. ● *Il a payé cette voiture un prix* **exorbitant**, *excessif, exagéré.*

exorbité adj. ● *Effrayé, Gilles l'a regardé avec des yeux* **exorbités**, *tellement grands ouverts que l'on croit les voir sortir de leur orbite.*

exotique adj. ● *Le café, le poivre, la vanille sont des produits* **exotiques**, *qui viennent de pays lointains, d'autres climats.*

expansif adj. ● *Emmanuelle est très* **expansive** : *elle dit facilement ce qu'elle pense, elle laisse voir aux autres ses sentiments* (→ SYN. communicatif, démonstratif, exubérant ; CONTR. froid, renfermé, réservé, timide).

expansion nom f. **1** ● *Quand on a chauffé ce gaz, son* **expansion** *a fait éclater la bouteille*, *son augmentation de volume.* **2** ● *Dans ce pays, l'agriculture est en pleine* **expansion**, *en plein développement, en pleine croissance* (→ SYN. accroissement, essor ; CONTR. recul, régression).

s'expatrier v. pron. ● *Pour trouver du travail, ces ouvriers ont dû* **s'expatrier**, *quitter leur pays pour aller vivre ailleurs* (→ patrie ; SYN. émigrer, s'exiler). ★ Conjug. 10.

■ **expatrié** nom ● *Ces travailleurs immigrés sont des* **expatriés**, *des gens qui vivent hors de leur pays.*

expectative nom f. Attente de quelque chose. ● *Mathieu se demande ce qu'il faut faire : il est dans l'***expectative**.

expédient nom m. ● *Au lieu de chercher une vraie solution à ses difficultés, elle se contente d'***expédients**, *de moyens qui lui permettent de se tirer d'embarras pour un moment seulement.* — ● *Vivre d'***expédients**, *de petits travaux qui n'assurent pas de revenus réguliers.*

1. expédier v. ● *Agnès m'a* **expédié** *ce colis par avion : elle me l'a envoyé.* ★ Conjug. 10.

■ **expéditeur, -trice** nom ● *Au dos de cette enveloppe, tu peux lire le nom de l'***expéditeur**, *de celui qui l'envoie.* ★ Chercher aussi : destinataire.

■ **expédition** nom f. **1** ● *La poste assure l'***expédition** *du courrier et des paquets, leur envoi.* **2** ● *Cette équipe de chercheurs est partie en* **expédition** *dans la forêt vierge, en voyage d'exploration.* **3** ● *Une* **expédition** *militaire : un déplacement de troupes pour faire la guerre.*

2. expédier v. ● *Claire a* **expédié** *son devoir en dix minutes : elle l'a fait très rapidement et sans soin* (→ SYN. bâcler). ★ Conjug. 10.

■ **expéditif** adj. ● *Monsieur Duroc est très* **expéditif** *en affaires : il conduit ses affaires très rapidement.*

expérience nom f. **1** ● *Dans son laboratoire, ce chimiste fait des* **expériences**, *des essais pour étudier* (→ expérimenter). **2** ● *Bruno a une grande* **expérience** *des voyages, une grande habitude, une grande connaissance* (→ expérimenté). **3** ● *Ton grand-père est un homme d'***expérience**, *un homme sage et qui connaît bien la vie.*

■ **expérimenté** adj. ● *Madame Dufour est une conductrice* **expérimentée**, habile parce qu'elle a l'habitude de conduire (→ SYN. expert ; CONTR. débutant, inexpérimenté).

■ **expérimenter** v. ● *Ces chercheurs expérimentent un nouvel avion : ils l'essayent en faisant des expériences.*

expert adj. ● *Ils ont été dépannés par un mécanicien expert,* très habile parce qu'il a beaucoup d'expérience (→ SYN. expérimenté). □ nom m. ● *Pour constater les dégâts, la compagnie d'assurances a envoyé un expert,* un spécialiste.

expier v. ● *La société exige que le criminel expie son crime en prison,* réparer sa faute en subissant un châtiment (→ réparer, sens 3 ; SYN. (fam.) payer, sens 3).

expirer v. **1** ● *Pour respirer, tu inspires l'air dans tes poumons, puis tu expires :* tu souffles. **2** ● *Le malade a expiré ce matin,* il a rendu le dernier soupir, il est mort. **3** ● *Le délai qu'il m'a accordé expire dans deux jours :* il se termine (→ expiration).

■ **expiration** nom f. ● *Il a quitté son employeur avant l'expiration de son contrat,* avant qu'il se termine (→ SYN. terme).

explicite adj. ● *Cette déclaration est explicite,* très claire, elle ne laisse aucun doute. — ● *Michel s'est montré très explicite :* il s'est très bien fait comprendre.

■ **explicitement** adv. ● *Forme ta demande explicitement,* clairement.

■ **expliciter** v. ● *Tu pourrais expliciter tes demandes :* rendre explicite, exprimer clairement.

expliquer v. **1** ● *Cécile nous a expliqué la règle du jeu :* elle nous l'a fait comprendre en parlant, en montrant (→ SYN. exposer). **2** ● *Les orages de ces jours derniers expliquent cette inondation :* ils en sont la raison, la cause (→ explication, sens 2). **3** v. pron. ● *Puisqu'on lui fait des reproches, Denis voudrait bien s'expliquer,* faire connaître ses raisons, se justifier (→ explication, sens 3).

■ **explicatif** adj. ● *Maman lit la notice explicative de l'appareil photo,* la notice qui explique comment il fonctionne.

■ **explication** nom f. **1** ● *Pour nous aider à comprendre, l'institutrice nous donne des explications* (→ SYN. éclaircissement). **2** ● *Cette maladie est l'explication de son absence,* la cause, la raison. **3** ● *Hervé et Dominique ont eu une explication,* une discussion pour s'expliquer.

exploit nom m. ● *En battant le champion du monde, ce nageur a accompli un exploit,* une action remarquable. — ● *Ce livre raconte les exploits de Robin des Bois,* ses actions héroïques (→ SYN. prouesse).

exploiter v. **1** ● *On exploite ce gisement de pétrole : on en tire du pétrole* (→ exploitant, exploitation). **2** ● *Alain exploite la situation :* il en tire les meilleurs résultats possibles pour lui (→ SYN. profiter de). **3** ● *Daniel m'exploite :* il tire de moi le plus d'avantages possible et me donne trop peu en échange (→ exploitation, sens 2 ; exploiteur).

■ **exploitant** nom. Personne qui exploite quelque chose. ● *Les exploitants agricoles cultivent la terre et lui font produire des récoltes.*

■ **exploitation** nom f. **1** ● *Son oncle dirige une exploitation forestière :* une forêt que l'on entretient pour en tirer du bois et le vendre. **2** ● *Tant de travail pour si peu d'argent, c'est de l'exploitation,* un abus.

■ **exploiteur, -teuse** nom (péjor.). Personne qui exploite quelqu'un. ● *Les syndicats disent que ce patron est un exploiteur.*

explorer v. ● *Cette équipe de plongeurs explore le fond des océans :* elle le parcourt pour l'étudier. — ● *Le médecin a exploré le fond de ma gorge,* il l'a examiné.

■ **explorateur, -trice** nom. Personne qui explore les pays peu connus. ● *Ces explorateurs sont partis à la découverte de l'Amazonie.*

■ **exploration** nom f. ● *Ces dernières années, l'exploration de l'espace a fait de grands progrès*, la découverte de ce qui n'est pas connu.

exploser v. 1 ● *Ne touchez pas à ces vieux obus, ils peuvent encore exploser*, éclater. 2 ● *Tout à coup, sa colère a explosé* : elle s'est manifestée violemment.

■ **explosif** adj. 1 ● *Les fusées des feux d'artifice sont faites avec des produits explosifs*, qui peuvent exploser. □ nom m. ● *La dynamite est un explosif*. 2 ● *Ces deux pays ont de très mauvaises relations : la situation est explosive*, dangereuse, elle peut provoquer une guerre.

■ **explosion** nom f. 1 ● *Une explosion due au gaz a détruit cet immeuble* (→ SYN. déflagration). 2 (fig.) ● *Une explosion de violence*.

exporter v. ● *Cette entreprise exporte des milliers de voitures* : elle les vend à l'étranger (→ CONTR. importer).

■ **exportateur, -trice** adj. ● *La France est un pays exportateur de vin*. □ nom ● *L'Arabie Saoudite est une grande exportatrice de pétrole* (→ CONTR. importateur).

■ **exportation** nom f. ● *Il faudrait augmenter nos exportations*, nos ventes à l'étranger (→ CONTR. importation).

exposer v. 1 ● *Ce musée expose des tableaux célèbres* : il les montre, les présente au public (→ exposant ; exposition, sens 1). 2 ● *Claudine m'a exposé ses idées* : elle me les a fait connaître (→ exposé ; SYN. expliquer, raconter). 2 ● *Cette chambre est exposée au nord*, tournée vers cette direction (→ SYN. orienter). 4 v. pron. ● *En partant seuls, ils s'exposent à de graves dangers*, ils courent ces dangers. 5 ● *Pour prendre une photo, il faut exposer la pellicule à la lumière*, laisser la lumière agir sur elle (→ exposition, sens 3).

■ **exposant** nom ● *À la Foire de Bordeaux, les exposants sont très nombreux*, les personnes qui exposent leurs produits.

■ **exposé** nom m. ● *En classe, David nous a fait un exposé sur les oiseaux*, une petite conférence.

■ **exposition** nom f. 1 ● *Christian a visité une exposition de voitures anciennes*, une collection présentée au public. 2 ● *Quelle est l'exposition de votre appartement ?*, son orientation. 3 ● *Une longue exposition au soleil peut être dangereuse*, un long séjour au soleil.

1. **exprès** adj. et adv. **A.** adj. [ɛkspʀɛs] ● *Défense expresse d'allumer du feu dans cette forêt !*, défense absolue, formelle. **B.** adv. [ɛkspʀɛ] ● *Hugues t'a fait mal, mais il ne l'a pas fait exprès*, volontairement, avec l'intention de faire mal.

■ **expressément** adv. ● *Il me l'a ordonné expressément*, nettement, clairement, en faisant bien comprendre son intention.

2. **exprès** [ɛkspʀɛs] adj. invar. ● *Elle m'a prévenu par une lettre exprès*, qui est acheminée plus rapidement que les autres.

express adj. invar. ● *Pour aller à Dijon, Patrick a pris un train express*, qui s'arrête dans peu de gares et va assez vite. □ nom ● *Pour faire ce trajet, l'express va plus vite que le rapide*.

exprimer v. 1 ● *Claude a du mal à exprimer ses sentiments*, à les faire connaître, à dire ses pensées (→ CONTR. cacher). 2 ● *Cette musique exprime la tristesse* : elle la fait sentir. — ● *Son visage exprime la surprise* : il la montre (→ expressif). 3 v. pron. ● *Yves s'exprime bien* : il parle bien (→ expression, sens 2). 4 ● *En pressant un citron, tu en exprimes le jus* : tu le fais sortir du fruit.

■ **expressif** adj. ● *Elle a des yeux très expressifs*, qui expriment bien ses sentiments (→ CONTR. inexpressif).

■ **expression** nom f. 1 ● *Son visage a une expression de gaieté*, un air de gaieté. 2 ● *« Beau comme un dieu » est une expression*, une manière de dire les choses, que l'on emploie souvent. 3 RÉDUIRE À SA PLUS SIMPLE EXPRESSION : diminuer au maximum, rendre le plus simple possible. ● *Je n'emporte qu'un petit sac ; mes bagages **sont réduits à leur plus simple expression**.*

exproprier v. ● *Pour construire cette autoroute, il a fallu **exproprier** beaucoup de gens, leur prendre leurs terrains ou leurs immeubles en leur donnant une indemnité en échange* (→ propriété). ★ Conjug. 10.

expulser v. ● *Il était si bruyant qu'on l'a **expulsé** de la salle, qu'on l'a mis dehors* (→ SYN. chasser, exclure).
■ **expulsion** nom f. ● *Ce locataire est menacé d'**expulsion**, d'être mis à la porte de son logement.*

expurger v. ● *On avait l'habitude d'**expurger** les textes : supprimer les passages choquants.*

exquis adj. ● *Ce dessert est **exquis**, délicieux, délicat, raffiné* (→ CONTR. infect).

exsangue [ɛksɑ̃g] adj. ● *Un blessé **exsangue**, qui a perdu beaucoup de sang.* ★ Attention à l'orthographe.

extase nom f. ● *Immobile, Claudia est en **extase** devant le musicien : elle est émerveillée, elle l'admire énormément.*
■ **s'extasier** v. pron. ● *Toute la famille **s'extasie** devant le nouveau-né, montre son émerveillement avec enthousiasme.* ★ Conjug. 10.

extensible adj. ● *Mon pyjama neuf est en tissu **extensible**, qui peut s'étendre* (→ SYN. élastique).
■ **extension** nom f. **1** ● *Ils s'inquiètent devant l'**extension** de cet incendie, devant l'augmentation de l'étendue qui brûle.* **2** ● *Ces poids maintiennent la jambe du blessé en **extension**, en position étendue* (→ CONTR. flexion).

exténuer v. ● *Cette longue marche nous a **exténués** : elle nous a beaucoup fatigués, affaiblis.*
■ **exténuant** adj. ● *Cette chaleur lourde est **exténuante**, très fatigante, épuisante*
■ **exténué** adj. ● *Je suis **exténué*** (→ SYN. fourbu).

extérieur nom m. et adj. **A.** nom m. **1** ● *L'**extérieur** de la maison est couvert de lierre : le dehors.* — ● *Sophie a laissé son vélo à l'**extérieur** du garage, hors du garage* (→ CONTR. intérieur). **2** ● *Le ministre des Affaires étrangères est chargé des relations avec l'**extérieur**, avec les pays étrangers.* **3** ● *Ce cinéaste a tourné les **extérieurs** de son film en Hollande, les prises de vues hors des studios.*
B. adj. **1** ● *La face a repeint la face **extérieure** de la porte, celle qui est dehors.* **2** ● *L'aspect **extérieur** de cet hôtel lui plaît, l'aspect que l'on peut voir du dehors.* **3** ● *Le commerce **extérieur**, celui que l'on fait avec les pays étrangers.* — ● *La politique **extérieure**.* **4** ● *Nous roulons sur les boulevards **extérieurs**, ceux qui entourent la ville* (→ CONTR. intérieur).
■ **extérieurement** adv. Vu de l'extérieur. ● ***Extérieurement**, cette voiture est en bon état.* — ● *Marc semble très gai **extérieurement**.*

extérioriser v. ● *Luc a l'habitude d'**extérioriser** ses sentiments : montrer à l'extérieur, aux autres* (→ SYN. exprimer, manifester ; CONTR. cacher).

exterminer v. ● *Parfois, je voudrais **exterminer** les moustiques, les tuer tous, les anéantir.*
■ **extermination** nom f. ● *L'**extermination** des insectes, leur destruction jusqu'au dernier.*

externe adj. **1** ● *La pluie frappe la face **externe** des vitres, la face extérieure.* **2** ● *Il ne faut jamais avaler un médicament pour l'usage **externe**, qui sert à soigner l'extérieur de notre corps.* **3** nom ● *Valérie n'est pas pensionnaire, ni demi-pensionnaire, elle est **externe** : elle ne vient à l'école que pour les cours* (→ CONTR. interne).

extincteur nom m. ● *Quand la voiture a pris feu, il a saisi son **extincteur**, un appareil qui sert à éteindre le feu.*
■ **extinction** nom f. **1** ● *Elle a lu jusqu'à l'**extinction** des lumières, jusqu'à ce qu'elles s'éteignent* (→ CONTR. allumage). **2** ● *Ce papillon appartient à une espèce en voie d'**extinction**, de*

disparition. **3** EXTINCTION DE VOIX. ● *Sylvie
n'arrive plus à parler, elle a une
extinction de voix.*

extincteur

extirper v. **1** ● *Olivier **extirpe** les mauvaises herbes :* il les arrache avec leurs
racines. **2** (fam.) ● *C'est difficile de
l'**extirper** de son lit de bonne heure,* de
le tirer du lit.

extorquer v. ● *En la menaçant d'un
revolver, il lui **a extorqué** ses économies :* il les a prises de force, malhonnêtement.

1. extra- préfixe. **1** En dehors. ● *Les
extra-terrestres :* les êtres imaginaires qui vivent en dehors de la terre.
2 Extrêmement. ● *Du beurre **extra**-fin.*

2. extra nom m. **1** ● *Hier, ils ont mangé
du caviar, ils se sont offert un **extra**,*
une chose extraordinaire, meilleure
que d'habitude. **2** ● *Pour le mariage,
cette dame a embauché un **extra**,* un
employé de maison supplémentaire
qui vient pour une grande occasion.

3. extra adj. invar. (fam.) ● *Ces chocolats
sont **extra**,* d'une excellente qualité,
extraordinaires (→ SYN. (fam.) épatant).

extraire v. **1** ● *Ces mineurs **extraient** du
minerai de fer :* ils le tirent de la terre.
— ● *Je dois aller chez mon dentiste me
faire **extraire** une dent,* arracher une
dent (→ extraction). **2** ● *L'essence **est**

extraite du pétrole :* elle est fabriquée
à partir du pétrole. **3** ● *Ce texte **est
extrait** d'un livre :* il a été tiré d'un
livre. **4** v. pron. ● *Ce gros homme
s'extrait de sa voiture :* il en sort difficilement. ★ Conjug. 40.
■ **extrait** nom m. **1** ● *Nathalie s'est
parfumée avec de l'**extrait** de lavande,*
avec un parfum tiré de la lavande
(→ SYN. essence). **2** ● *L'auteur nous a
lu des **extraits** de son livre,* des passages choisis dans son livre. **3** ● *Pour
s'inscrire, on lui demande un **extrait**
de naissance,* une copie de son acte
de naissance.
■ **extraction** nom f. ● *L'**extraction** du
charbon.* — ● *Une **extraction** dentaire.*

extraordinaire adj. **1** ● *Napoléon a eu
une vie **extraordinaire**,* exceptionnelle, inhabituelle, hors du commun
(→ CONTR. banal, commun). — ● *Elle
a montré un courage **extraordinaire**,*
remarquable, admirable. — ● *Il aime
porter des vêtements **extraordinaires**,*
bizarres, surprenants (→ CONTR. courant, A sens 2 ; ordinaire). **2** ● *C'est
extraordinaire ! :* c'est formidable
(→ SYN. (fam.) 3. extra).

extrapoler v. ● *Alain a vu une Anglaise
rousse, il dit que toutes les Anglaises
sont rousses :* il a l'habitude d'**extrapoler** (→ SYN. généraliser, sens 2).

extra-terrestre adj. et nom ● *Un Martien
serait un **extra-terrestre** :* créature née
hors de la Terre.

extravagant adj. ● *Vincent a des inventions **extravagantes**,* bizarres, déraisonnables, excentriques (→ CONTR. raisonnable, sensé).
■ **extravagance** nom f. ● *Elle nous
étonne par ses **extravagances**,* ses
actions, ses paroles, ses idées extravagantes.

extrême adj., nom m. et adv. **A.** adj.
1 ● *Pierre a couru jusqu'à l'**extrême**
limite de ses forces,* jusqu'à la dernière
limite. **2** ● *Son visage exprimait une
extrême surprise,* une très grande surprise (→ SYN. immense, intense).
3 ● *Tantôt elle adore, tantôt elle*

déteste, elle a toujours des opinions **extrêmes**, violentes, poussées jusqu'à la limite (→ extrémiste ; CONTR. modéré). **B.** nom m. D'UN EXTRÊME À L'AUTRE. ● *Elle ne sait pas se modérer, elle passe sans arrêt **d'un extrême à l'autre**,* d'un excès à l'excès contraire (→ extrémité). **C.** À L'EXTRÊME, loc. adv. ● *Il est coléreux* **à l'extrême**, extrêmement coléreux, coléreux au plus haut point.

■ **extrêmement** adv. ● *Rémi nage* **extrêmement** *vite,* très vite, extraordinairement vite. — ● *Il est **extrêmement** sale,* affreusement, horriblement sale.

extrême-onction nom f. ● *Quand il a failli mourir, le prêtre lui a donné l'**extrême-onction**,* le sacrement que l'Église catholique donne aux mourants.

in extremis [inɛkstremis] loc. adv. ● *Il partait déjà ; on l'a rattrapé **in extremis**,* au tout dernier moment, de justesse.

extrémiste nom. Personne qui a des opinions politiques extrêmes. ● *Cet **extrémiste** voudrait tout détruire pour rebâ-*tir *un monde nouveau.* □ adj. ● *Des idées **extrémistes*** (→ extrême ; CONTR. modéré).

extrémité nom f. ● *Le pêcheur attache l'hameçon à l'**extrémité** de sa ligne,* au bout (→ extrême).

exubérant adj. **1** ● *Sous les tropiques, la végétation est **exubérante**,* très abondante (→ SYN. luxuriant). **2** ● *Corinne a un caractère **exubérant**,* chaleureux, démonstratif (→ SYN. communicatif, expansif ; CONTR. froid, renfermé).

exulter v. ● *En apprenant son succès, Robert a **exulté** :* il a montré qu'il était ravi (→ SYN. jubiler).

exutoire nom m. ● *Pour Jacques, le match de ce soir servira d'**exutoire** :* moyen qui permet de se décharger de toute sa colère, de se défouler (→ SYN. dérivatif).

ex-voto nom m. invar. ● *Les murs de la chapelle sont couverts d'**ex-voto** :* plaques, objets qu'on offre en remerciement à un saint.

f | F

fa nom m. ● *Cet air de musique commence par un «fa»*, la quatrième note de la gamme.

fable nom f. **1** Poésie qui fait comprendre une morale. ● *Dans les fables de La Fontaine, les animaux parlent souvent comme des hommes* (→ fabuliste). **2** (littér.) ● *On a raconté beaucoup de fables sur cet homme célèbre*, des récits faux, imaginés (→ fabuleux).

fabriquer v. **1** ● *Dans cette usine, les ouvriers fabriquent des chaussures :* ils les font en transformant du cuir, du plastique, etc. **2** (fam.) ● *Dépêche-toi, qu'est-ce que tu fabriques ?*, qu'est-ce que tu fais ?
■ **fabricant** nom ● *M. Leduc est fabricant de meubles :* il dirige une entreprise où l'on fabrique des meubles.
■ **fabrication** nom f. ● *Pour la fabrication des voitures, on utilise de grosses machines.*
■ **fabrique** nom f. Usine où l'on fabrique des objets. ● *Cette fabrique produit des jouets en bois.*

fabuler v. Raconter des histoires imaginaires. ● *Ne crois pas ce qu'il te dit, il n'arrête pas de fabuler.*

fabuleux adj. **1** ● *Le dragon est un animal fabuleux*, qui n'existe pas dans la réalité, mais dans les légendes (→ fable ; SYN. légendaire). **2** ● *Il a une force fabuleuse*, étonnante, extraordinaire (→ SYN. prodigieux).
■ **fabuleusement** adv. ● *Cet industriel est fabuleusement riche*, tellement riche que cela paraît incroyable (→ SYN. prodigieusement).

fabuliste nom m. Personne qui écrit des fables. ● *Jean de La Fontaine est un fabuliste célèbre* (→ fable).

façade nom f. **1** ● *La façade de cet immeuble donne sur le boulevard*, le côté où se trouve l'entrée principale. **2** ● *Il a l'air aimable, mais ce n'est qu'une façade*, une apparence. — DE FAÇADE, loc. adj. ● *Elle nous a trompés avec sa gentillesse de façade*, sa gentillesse apparente.

face nom f. et dans des loc. **A.** nom f. **1** ● *Il a été blessé à la face*, au visage (→ facial). **2** ● *Le côté face d'une pièce de monnaie*, le côté qui porte une figure. — ● *Le côté pile et le côté face.* **3** ● *Ce dé porte des points sur chacune de ses faces*, sur chacun de ses côtés. **B.** loc. **1** EN FACE DE, loc. prép. ● *Ma maison est en face de la poste*, devant la poste, tournée dans sa direction. **2** FACE À FACE, loc. adv. ● *Les deux boxeurs sont face à face*, l'un en face de l'autre. **3** DE FACE, loc. adv. ● *Sur cette photo, Claire est de profil, mais Sophie est de face*, tournée vers celui qui regarde (→ CONTR. de dos). **4** FAIRE FACE À. ● *L'hôtel fait face à la mer :* sa façade est tournée vers la mer. — ● *Il fait face au danger :* il affronte le danger, il lui résiste. **5** SAUVER LA FACE. ● *Lionel n'avouera jamais qu'il est vaincu, il veut sauver la face*, garder son honneur, sa dignité. — PERDRE LA FACE. ● *Quand ses mensonges ont été découverts, il a perdu la face :* il a été déshonoré. **6** SE VOILER LA FACE. ● *Devant ce spectacle, Anne s'est voilé la face :*

elle a refusé de voir, parce qu'elle était dégoûtée ou horrifiée.
■ **facial** adj. ● *La chirurgie* ***faciale*** *répare les blessures du visage.*

face à face nom m. invar. et loc. adv. Rencontre de deux personnes en vue d'une discussion. ● *Ce soir, il y a un* ***face à face*** *entre deux journalistes.*

facétie [fasesi] nom f. ● *Ce clown nous fait rire par ses* ***facéties****,* ses plaisanteries, ses farces.
■ **facétieux** adj. ● *Éric est un garçon* ***facétieux****,* qui aime plaisanter, faire des farces (→ SYN. farceur).

facette nom f. ● *Ce diamant a de nombreuses* ***facettes*** *qui étincellent au soleil,* de nombreux petits côtés (→ face, sens A 3).

fâcher v. 1 ● *Bruno a* ***fâché*** *sa mère :* il l'a mise en colère (→ SYN. irriter). □ v. pron. ● *Denis* ***s'est fâché*** *contre moi* (→ SYN. s'emporter). 2 SE FÂCHER AVEC QUELQU'UN. ● *Elle* ***s'est fâchée*** *avec tous ses amis :* elle s'est brouillée avec eux (→ CONTR. se réconcilier).
■ **fâcheux** adj. ● *Je n'ai pas pu le prévenir, c'est* ***fâcheux*** *:* c'est dommage, ennuyeux, regrettable.

facile adj. 1 ● *C'est un problème* ***facile****,* simple, que l'on fait sans effort (→ SYN. aisé ; CONTR. ardu, délicat, difficile). 2 ● *Isabelle a un caractère* ***facile****,* agréable, conciliant. — ● *Elle est* ***facile*** *à vivre* (→ CONTR. difficile).
■ **facilement** adv. ● *Tu le trouveras* ***facilement****,* aisément, sans difficulté (→ CONTR. difficilement).
■ **facilité** nom f. 1 ● *Ce singe grimpe aux arbres avec* ***facilité****,* avec aisance (→ CONTR. difficulté). 2 (au plur.) ● *Ce vendeur propose des* ***facilités*** *de paiement,* des conditions qui rendent le paiement plus facile.
■ **faciliter** v. ● *Votre aide* ***a facilité*** *son voyage,* l'a rendu plus facile.

façon nom f. 1 ● *De quelle* ***façon*** *faites-vous cela ?,* de quelle manière ? 2 (au plur.) ● *Ses* ***façons*** *sont grossières,* sa manière d'agir, son comportement. 3 ● *La* ***façon*** *de ta robe est très jolie,*

la manière dont elle est faite, sa forme (→ façonner ; malfaçon). 4 (au plur.) ● *Ma tante fait toujours des* ***façons*** *avant d'accepter,* des complications, des cérémonies. — SANS FAÇON, loc. adv. : simplement, sans cérémonie. 5 DE TOUTE FAÇON : en tout cas, quoi qu'il arrive. 6 DE FAÇON À (et l'infinitif) ; DE FAÇON QUE (et le subjonctif) : de manière à, pour que.
■ **façonner** v. ● *Le potier* ***façonne*** *l'argile pour en faire un vase :* il la travaille pour lui donner une forme.

faconde nom f. Abondance de paroles. ● *La* ***faconde*** *de ce vendeur m'a étourdie* (→ SYN. bavardage, verve).

fac-similé nom m. Copie d'un document, écriture, tableau, dessin, etc. ● *Ce n'est pas le document original, mais un* ***fac-similé****.* — ● *Des* ***fac-similés****.*

1. facteur nom m. ● *Le* ***facteur*** *fait sa tournée pour distribuer le courrier* (→ SYN. préposé).

2. facteur nom m. 1 ● *Dans* $4 \times 6 = 24,$ *4 et 6 sont les* ***facteurs****,* les éléments qui permettent de trouver le résultat. 2 ● *Le travail et le courage sont des* ***facteurs*** *de réussite,* des qualités qui permettent de réussir.

factice adj. ● *Ces plantes sont* ***factices****,* fausses, artificielles (→ CONTR. naturel, vrai).

factieux [faksjœ] nom m. Personne qui s'oppose, par la violence, au pouvoir légal (→ SYN. agitateur, rebelle).

faction nom f. ● *Ce soldat est en* ***faction*** *devant la porte de la caserne :* il monte la garde.

facture nom f. ● *Après les travaux, le menuisier a envoyé sa* ***facture****,* la note qui indique la somme à payer.

facultatif adj. 1 ● *Ce car ne s'arrêtera que si tu lui fais signe : c'est un arrêt* ***facultatif****,* qui n'est pas obligatoire. 2 ● *Pour cet examen, la musique est une épreuve* ***facultative****,* que l'on peut choisir en plus si l'on veut (→ CONTR. obligatoire).

1. faculté nom f. ● *Un petit bébé n'a pas encore la **faculté** de parler*, la possibilité, la capacité.

2. faculté nom f. ● *La Sorbonne, à Paris, est une **faculté** célèbre*, une université.

fade adj. **1 ●** *Cette sauce est **fade***, sans goût, sans saveur (→ CONTR. épicé, salé ; savoureux). **2 ●** *Elle n'aime pas les couleurs **fades***, ternes, sans éclat (→ CONTR. vif).

fagot nom m. ● *Pour allumer le feu, Denis apporte un **fagot***, des petites branches attachées ensemble.

fagoté adj. (fam.) ● *Elle ne sait pas s'habiller avec goût, elle est toujours **fagotée***, mal habillée.

faible adj. et nom m. **A.** adj. **1 ●** *Depuis sa maladie, Alain se sent **faible***, sans force (→ faiblesse ; CONTR. fort, robuste, vigoureux). **2 ●** *Éric est **faible** en calcul*, médiocre (→ CONTR. bon, doué, fort). **3 ●** *Il se laisse entraîner par ses camarades ; son caractère est **faible***, sans énergie, sans volonté (→ CONTR. énergique, 2. ferme). **4 ●** *Cette ampoule donne une lumière **faible***, peu puissante (→ faiblir ; CONTR. éclatant, fort, intense). **B.** nom m. **1 ●** *Il n'a pas de volonté, c'est un **faible***, un homme sans énergie. **2 ●** *J'ai un **faible** pour les choux à la crème*, un goût particulier que me les fait aimer très fort.

■ **faiblement** adv. ● *Il s'est plaint **faiblement***, sans force, sans énergie. **2 ●** *Cette bougie éclaire **faiblement***, peu.

■ **faiblesse** nom f. **1 ●** *Sa **faiblesse** inquiète le docteur*, son manque de force physique, de vigueur. **2 ●** *Elle accepte tout par **faiblesse***, par manque de courage, d'énergie.

■ **faiblir** v. **1 ●** *À mesure que l'heure approche, son courage **faiblit***, diminue, devient faible. **2 ●** *En s'éloignant, le bruit **faiblit** : il devient moins intense* (→ s'affaiblir). ★ Conjug. 11.

faïence [fajɑ̃s] nom f. ● *Maman a acheté des assiettes en **faïence***, en terre cuite

recouverte d'émail ou de vernis. ★ Chercher aussi : céramique, grès, porcelaine.

faille nom f. **1 ●** *Quand l'écorce de la terre se fend, et quand les deux bords de la fente glissent l'un sur l'autre, cela forme une **faille***. **2 ●** *Ton plan a une **faille***, un défaut.

faillir v. **1 ●** *Joëlle **a failli** glisser* : elle était sur le point de glisser, mais elle n'a pas glissé. **2** (littér.) FAILLIR À QUELQUE CHOSE. ● *Je n'aime pas **faillir** à mes promesses* : ne pas les tenir. ★ Conjug. 14.

faillite nom f. **1 ●** *Ce commerçant a dû fermer son magasin, car il ne pouvait plus payer ses dettes : il a fait **faillite***. **2 ●** *C'est la **faillite** de tous nos espoirs* : l'échec.

faim nom f. ● *Thierry a très **faim** : il a un grand besoin de manger* (→ affamé, famine). ★ Chercher aussi : appétit, fringale. ★ Ne pas confondre *faim*, *fin* et *feint* (du v. *feindre*).

faîne nom f. ● *Les fruits du hêtre s'appellent les **faînes***.

fainéant nom ● *Il ne veut rien faire, quel **fainéant**!*, quel paresseux ! □ adj. ● *Louise est **fainéante*** (→ CONTR. travailleur).

faire v. **1 ●** *Cet oiseau **fait** son nid* : il le fabrique. **2 ●** *Valérie **fait** des divisions* : elle exécute ce travail. **3 ●** *Je **fais** mon lit* : je le remets en ordre (→ CONTR. défaire). — *Laure **fait** ses chaussures* : elle les nettoie. **4 ●** *Elle **fait** du judo et tu **fais** du violon* : vous pratiquez ces activités. **5 ●** *Éric m'a **fait** mal* : il m'a causé de la souffrance. — *J'ai **fait** tomber ce livre* : j'ai causé sa chute. **6 ●** *Comment **fait**-il ?*, comment s'y prend-il ? **7 ●** *Luc a bien **fait*** : il a bien agi. — *Je **ferais** mieux de me taire* : j'agirais mieux en me taisant. **8** v. pron. ● *Elle **s'est fait** gronder* : elle a été grondée. **9 ●** *Deux et deux **font** quatre*, égalent quatre. **10** v. pron. ● *Hélène **se fait** belle* : elle s'arrange pour paraître belle. — *Pierre **se fait** tout petit* : il essaie de passer inaperçu. **11** v. impers. ● *Il **fait** jour dès six heures* : le jour apparaît. — ● *Il **fait** beau,* *il fait lourd* : le temps est beau, est lourd. **12** ● *Paul fait plus jeune que son âge* : il paraît plus jeune. **13** v. pron. ● *Ton grand-oncle se fait vieux* : il devient vieux. **14** SE FAIRE À QUELQUE CHOSE : s'y habituer. ● *Ce bruit ne me gêne plus, je m'y suis fait.* **15** (fam.) S'EN FAIRE : s'inquiéter. ● *Ne vous en faites pas, il arrive.* **16** ÇA NE FAIT RIEN : ça n'a pas d'importance. **17** ÇA NE SE FAIT PAS : ce n'est pas convenable, pas habituel. **18** (fam.) ÇA COMMENCE À BIEN FAIRE!, ça suffit, j'en ai assez! **19** (littér.) C'EN EST FAIT DE. ● *C'en est fait de lui* : il est perdu (→ 1. fait, sens 5). ★ Conjug. 42.

faire-part nom m. invar. ● *Pour annoncer la naissance de leur fille, ils ont envoyé des faire-part*, des cartes imprimées.

faire-valoir nom m. invar. Personnage secondaire qui sert à mettre en valeur l'acteur principal. ● *Le présentateur du cirque sert de faire-valoir aux clowns.*

fair-play [fɛrplɛ] nom . m adj. invar. ● *Hervé sait perdre avec le sourire ; il est très fair-play*, beau joueur (→ SYN. loyal, régulier ; CONTR. déloyal).

faisable [fəzabl] adj. ● *Crois-tu que cette chose soit faisable ?*, possible, réalisable (→ faire ; CONTR. impossible).

faisan [fəzɑ̃] nom. Oiseau au plumage coloré.

faisan

faisandé [fəzɑ̃de] adj. Qui a subi un début de décomposition (en parlant de viande, de gibier). ● *Le gibier faisandé est savoureux, mais lourd à digérer.*

faisceau nom m. **1** ● *Ce balai est fait d'un faisceau de brindilles*, des brindilles attachées ensemble. **2** ● *Sa lampe de poche projette un faisceau lumineux*, des rayons de lumière. **3** ● *Un faisceau de preuves accuse cet homme* : un ensemble de preuves.

1. fait [fɛ] adj. **1** ● *Il aime le travail bien fait*, bien exécuté, bien réalisé (→ faire). **2** ● *Cette danseuse est bien faite*, bien bâtie. **3** ● *Donnez-moi un camembert bien fait*, à point pour être mangé. **4** ● *Mélanie a les yeux faits*, fardés, maquillés. **5** (fam.) ÊTRE FAIT. ● *Il ne nous échappera pas, il est fait* (ou encore, *il est fait comme un rat*) : il est pris au piège.

2. fait [fɛt] ou [fɛ] nom m. **1** ● *J'ai constaté ce fait* [fɛt], cet événement réel. — FAITS DIVERS. ● *Le journal raconte cet accident à la rubrique des faits* [fɛ] *divers*, des événements peu importants. **2** METTRE QUELQU'UN DEVANT LE FAIT ACCOMPLI. ● *Il ne m'a pas prévenu ; il m'a mis devant le fait accompli* : il m'a obligé à accepter une chose déjà faite. **3** ● *Le fait qu'il pleure montre qu'il est triste.*

3. fait [fɛt] nom m. **1** SUR LE FAIT [syrləfɛt] ● *Ce cambrioleur a été pris sur le fait*, pendant qu'il commettait le vol (→ SYN. en flagrant délit). **2** AU FAIT! [ofɛt] : à propos, pendant que j'y pense. **3** EN FAIT [ɑ̃fɛt], loc. adv. ● *J'ai cru prendre ma clé, en fait je l'ai oubliée*, en réalité.

faîte nom m. **1** ● *Le faîte d'un arbre*, son sommet. — ● *Le faîte d'un toit.* ★ VOIR p. 334 (→ SYN. cime). **2** (fig.) ● *Cette actrice est au faîte de sa gloire*, au plus haut point (→ SYN. apogée). ★ Ne pas confondre *faîte, fête, faite* (et quelquefois *fait*) qui se prononcent de la même façon.

fait-tout nom m. invar. ou **faitout** nom m. ● *Un fait-tout est bien pratique pour faire cuire les légumes* : un grand récipient à deux anses avec un couvercle. — ● *Des fait-tout*, ou *des faitouts*.

fakir nom m. ● *À la télévision, j'ai vu un* **fakir** *couché sur une planche à clous,* un homme qui fait des tours de magie extraordinaires et qui n'a pas l'air de sentir la douleur.

falaise nom f. ● *Ils se promènent sur les* **falaises**, les rochers très escarpés qui forment une sorte de mur.

falaise

falbalas nom m. plur. Ce qui orne un vêtement d'une façon exagérée. ● *Mets une robe plus simple, ces* **falbalas** *ne te vont pas.*

fallacieux adj. Trompeur, faux. ● *Pour ne pas m'aider, il est parti sous le prétexte* **fallacieux** *d'une course urgente.*

falloir v. impers. (★ Ne s'emploie qu'à la 3e personne du singulier.) **1** ● *Il faut que je lui parle :* c'est nécessaire, je le dois absolument. **2** ● *Il te* **faut** *dix francs :* tu as besoin de dix francs. **3** ● *Il a* **fallu** *partir :* nous avons été obligés de partir. **4** COMME IL FAUT. ● *J'espère que tu te tiendras* **comme il faut**, comme tu dois le faire pour être poli, convenable. ★ Conjug. 25.
■ **s'en falloir** de v. ● *Ce n'est pas encore l'heure, il* **s'en faut de** *dix minutes :* il manque dix minutes. — ● *Cette voiture a failli le renverser, il* **s'en est fallu de** *peu :* un peu plus et elle le renversait.

falot adj. Terne, effacé. ● *Pierre a un ami timide et* **falot** *qui lui sert de faire-valoir.*

falsifier v. ● *Sur ce passeport, on* **a falsifié** *la date de naissance :* on l'a changée pour tromper. — ● *Cette signature* **a été falsifiée** *:* elle a été imitée pour tromper (→ SYN. truquer). ★ Conjug. 10.

famé → mal famé.

famélique adj. Qui est amaigri par manque de nourriture. ● *Ce quartier est envahi de chats* **faméliques** *que personne ne veut nourrir.*

fameux adj. **1** ● *La ville de Carcassonne est* **fameuse** *pour ses remparts,* célèbre, réputée. **2** (fam.) ● *Ce poulet était* **fameux**, excellent, délicieux.

familier nom m. et adj. **A.** nom m. ● *Rémi est un* **familier** *de notre maison,* une personne qui vient souvent, qui est considérée comme un membre de la famille.
B. adj. **1** ● *Le chat est un animal* **familier**, qui vit avec les hommes (→ se familiariser ; SYN. domestique ; CONTR. sauvage). **2** ● *Son visage m'est* **familier**, bien connu (→ CONTR. étranger, inconnu). **3** ● *Il n'aime pas ces manières* **familières**, trop libres, peu respectueuses (→ familièrement, familiarité). **4** ● *«Rouspéter» est un mot* **familier** *pour dire «protester»,* un mot que l'on peut dire, mais que l'on évite d'écrire.
■ **familièrement** adv. ● *Yann m'a tapé* **familièrement** *sur l'épaule.*
■ **se familiariser** v. pron. **1** ● *Sylvie devient moins timide, elle* **se familiarise** *avec nous :* elle s'habitue à nous et devient plus familière. **2** ● *Il* **s'est familiarisé** *avec le danger :* il s'y est habitué.
■ **familiarité** nom f. ● *Elle ne peut pas supporter les* **familiarités**, les manières trop libres, désinvoltes, sans-gêne.

famille nom f. **1** ● *La* **famille** *Lenoir habite ici,* le père, la mère et les enfants. **2** ● *Il ne connaît pas toute sa* **famille**, tous les gens qui sont parents avec lui (cousins, oncles, etc.). **3** BELLE-FAMILLE. ● *Elle est en vacances dans sa* **belle-famille**, dans la famille de son mari. **4** ● *Le chat, le tigre et la* panthère *appartiennent à la même* **famille**, *à un groupe d'animaux qui ont des caractères communs.* ★ Chercher aussi : espèce, race.

■ **familial** adj. ● *Nous nous sommes tous retrouvés pour cette réunion fami-liale*, cette réunion de famille.

famine nom f. ● *La sécheresse a causé dans ce pays une* **famine** *terrible, un manque de nourriture* (→ faim).

fanal nom m. Lanterne à l'entrée d'un port ou sur un navire. ● *Le bateau navigue avec ses* **fanaux** *éteints.*

fanatique nom **1** ● *Cette bombe a été placée là par un* **fanatique**, *une personne trop passionnée pour ses idées, qui ne recule devant rien pour la faire triompher.* **2** ● *Les* **fanatiques** *du rugby ne manqueront pas ce match, les passionnés de rugby.* □ adj. ● *Les supporters* **fanatiques** *ont acclamé leur équipe.*

faner v. **1** ● *La chaleur fait* **faner** *les fleurs, les dessèche, les fait mourir, les flétrit.* □ v. pron. ● *Les fleurs coupées* **se fanent** *trop vite.* **2** ● *Le soleil a* **fané** *les couleurs des rideaux, il les a rendues moins vives, il les a décolorées.* **3** ● *Après avoir coupé l'herbe, ces paysans la* **fanent**, *la retournent pour la faire sécher.*

■ **fané** adj. ● *Des roses* **fanées**, desséchées, mortes.

fanfare nom f. ● *La* **fanfare** *défile dans les rues en jouant des marches militaires :* l'orchestre composé d'instruments en cuivre (trompettes, clairons, etc.) et de tambours.

fanfaron nom ● *Il veut se faire passer pour un héros, c'est un* **fanfaron**, *un vantard* (→ SYN. (fam.) crâneur.) □ adj. ● *Un air* **fanfaron**.

fanfreluche nom f. (péjor.) Petit ornement superflu, tel que ruban, pompon, etc. ★ En général au pluriel. ● *Ma tante adore les* **fanfreluches**, *ses meubles disparaissent sous les dentelles et les pompons.*

fange nom f. (littér.) **1** Boue liquide. **2** (fig.) Ce qui souille moralement

comme la fange. ● TRAÎNER DANS LA FANGE : déshonorer en attribuant des vices, des actions criminelles.

fanion nom m. Petit drapeau. ● *Yves fait collection de* **fanions** *pour décorer sa chambre.*

fantaisie nom f. **1** ● *Ton dessin est plein de* **fantaisie**, *d'imagination, d'originalité.* **2** ● *Ce collier n'est pas précieux, c'est un bijou (de)* **fantaisie**, *original, mais sans grande valeur.* **3** ● *Sa grand-mère accepte trop ses* **fantaisies**, *ses caprices.*

■ **fantaisiste** adj. ● *Alice est* **fantaisiste**, *pleine d'imagination, mais un peu capricieuse.* — ● *Des théories* **fantaisistes**, *qui ne sont pas sérieuses.*

fantasmagorie nom f. Spectacle qui semble irréel, fantastique.

■ **fantasmagorique** adj. Qui relève de la fantasmagorie.

fantasque adj. ● *Il change souvent d'avis, il a un caractère* **fantasque**, *capricieux, imprévisible.*

fantassin nom m. ● *Autrefois les* **fantassins** *combattaient à pied, les soldats qui appartiennent à l'infanterie.*

fantastique adj. **1** ● *Cette histoire est un conte* **fantastique**, *dans lequel tout est inventé avec beaucoup d'imagination, dont l'histoire et les personnages sont irréels.* **2** ● *Il a eu des aventures* **fantastiques**, *extraordinaires, merveilleuses, incroyables.*

fantôme nom m. ● *Dans cette maison hantée, on raconte qu'un* **fantôme** *se promène toutes les nuits, un mort qui reviendrait apparaître aux vivants* (→ SYN. revenant).

faon [fã] nom m. **1** Petit de la biche et du cerf. **2** Petit du daim.

faramineux adj. (fam.) Étonnant, extraordinaire. ● *Pour repeindre notre appartement, on nous a demandé un prix* **faramineux** (→ SYN. exorbitant).

farandole nom f. ● *Donnez-vous tous la main, nous allons faire une* **farandole**, *une danse en formant une longue file.*

1. farce nom f. **1** ● *Sylvie m'a offert une dragée au poivre pour me faire une farce, pour me jouer un bon tour* (→ farceur; SYN. plaisanterie; (fam.) blague). **2** ● *Pour la fête de fin d'année, notre classe jouera une farce, une petite pièce de théâtre amusante.*
■ **farceur** nom. Personne qui fait des farces. □ adj. ● *Une fille farceuse* (→ SYN. facétieux).

2. farce nom f. ● *Vide l'intérieur de la dinde, moi je la remplirai de farce, un mélange d'épices, de viande, d'oignons hachés, etc.*
■ **farcir** v. ● *J'ai farci le poulet avant de le mettre au four : je l'ai rempli de farce.* ★ Conjug. 11. □ adj. ● *Des tomates farcies.*

fard nom m. **1** ● *Pour avoir bonne mine, Agnès s'est mis du fard, du maquillage* (→ farder). **2** (fam.) PIQUER UN FARD. ● *Quand le directeur lui a parlé, elle a piqué un fard :* elle a rougi. ★ Attention, ne pas confondre *fard, fart* et *phare.*
■ **farder** v. ● *Avant la représentation, la maquilleuse farde les acteurs :* elle les maquille. □ v. pron. ● *Sidonie est bien trop jeune pour se farder.*

fardeau nom m. ● *Ne soulève pas cette caisse, c'est un fardeau trop lourd pour toi,* une charge lourde à porter.

farfelu adj. (fam.) ● *Georges a souvent des idées farfelues,* bizarres, amusantes, un peu folles. □ nom ● *Cette Irène, quelle farfelue !*

faribole nom f. Parole sans valeur qu'on ne doit pas prendre au sérieux. ● *N'écoute pas ses fariboles, il te fait marcher !*

farine nom f. ● *Si tu veux des gaufres, va m'acheter de la farine,* une poudre fine de céréales écrasées (blé, seigle, etc.).
■ **farineux** nom m. ● *Les haricots secs et les lentilles sont des farineux,* des légumes qui contiennent de la farine. ★ Chercher aussi : féculent. □ adj. ● *Cette poire est farineuse,* son goût et sa consistance ressemblent à ceux des farineux.

farniente [farnjɛnte] ou [farnjãt] nom m. ● *En vacances, je préfère le farniente au sport et aux voyages,* oisiveté.

farouche adj. **1** ● *Ce pigeon vient manger dans ta main, il n'est pas farouche,* sauvage, peureux (→ CONTR. apprivoisé, familier). **2** ● *Le brigand les regardait d'un air farouche,* violent, sauvage. — ● *Une résistance farouche,* acharnée.

fart [far] ou [fart] nom m. ● *Pour descendre plus vite, Serge met du fart sous ses skis,* une sorte de cire qui les fait glisser mieux.
■ **farter** v. ● *Avant la course, les concurrents ont farté leurs skis :* ils ont étendu du fart sous leurs skis.

fascicule nom m. ● *Ce matin, elle a reçu le troisième fascicule de son encyclopédie en bandes dessinées :* un livre mince qui fait partie d'un ensemble, d'une collection.

fasciner v. ● *Ces petits singes me fascinent :* ils m'attirent tellement que je ne peux plus bouger ni regarder ailleurs (→ SYN. émerveiller).
■ **fascinant** adj. ● *Ces acrobates sont extraordinaires, quel spectacle fascinant !,* merveilleux, que l'on ne peut plus quitter.
■ **fascination** nom f. Action de fasciner. ● *Les vedettes de cinéma exercent une véritable fascination sur Sophie.*

fascisme [faʃism] ou [fasism] nom m. Doctrine politique de ceux qui veulent gouverner par la violence au profit de quelques-uns. ★ Chercher aussi : démocratie, dictature.
■ **fasciste** [faʃist] ou [fasist] adj. ● *Cet homme a des idées fascistes.* — ● *Un gouvernement fasciste.* □ nom ● *Les fascistes veulent prendre le pouvoir dans ce pays.*

1. faste nom m. ● *Quelle belle cérémonie ! les spectateurs sont éblouis par son faste,* son étalage de luxe, de richesses (→ CONTR. simplicité).
■ **fastueux** adj. ● *Il nous a fait un accueil fastueux,* splendide, plein de faste.

2. faste adj. ● *Hier, Sophie a retrouvé sa bague et j'ai gagné mon match : c'était un jour **faste**,* un jour heureux, un jour de chance (→ néfaste).

fastidieux adj. ● *Il nous endort avec ses histoires **fastidieuses**,* ennuyeuses, monotones.

fat adj. et nom (littér.) Vaniteux et ridicule. ● *Ce **fat** est insupportable, il n'arrête pas de se vanter* (→ SYN. prétentieux).

fatal adj. **1** ● *Odile a encore oublié son livre ; elle s'est fait punir, c'était **fatal** :* c'était inévitable, cela devait arriver (→ fatalement). **2** ● *Il avait trop bu, cela explique cette imprudence **fatale**,* qui a causé sa mort (→ SYN. funeste). **3** ● *Le froid et la grêle ont été **fatals** aux récoltes :* ils leur ont fait beaucoup de mal, les ont détruites.
■ **fatalement** adv. ● *Si tu n'arroses jamais tes fleurs, elles mourront **fatalement**,* forcément, inévitablement.
■ **fatalité** nom f. ● *Nous n'y pouvions rien, c'était la **fatalité**,* un coup du destin, un hasard malheureux.

fatidique adj. Marqué par le destin, inévitable. ● *Le candidat redoute le jour **fatidique** de l'examen.*

fatigue nom f. ● *Après un gros effort, tu ressens de la **fatigue*** (→ SYN. lassitude, épuisement).
■ **fatigant** adj. **1** ● *Il faut qu'elle se repose après ce voyage **fatigant**,* qui lui a causé de la fatigue, épuisant. **2** ● *Laisse donc ta sœur tranquille, tu es **fatigante**,* ennuyeuse, désagréable (→ SYN. (fam.) embêtant ; lassant).
■ **fatiguer** v. **1** ● *Le match a **fatigué** les joueurs :* il leur a causé de la fatigue (→ CONTR. délasser, reposer). — □ v. pron. ● *Ne lis pas dans le noir, tu vas **te fatiguer** les yeux,* te faire mal aux yeux. **2** ● *Ses histoires me **fatiguent** :* elles m'ennuient. □ v. pron. ● *Elle **s'est** vite **fatiguée** de ses nouveaux amis :* elle en a eu assez (→ SYN. se lasser).
■ **fatigué** adj. ● *En partant j'étais frais et dispos, mais maintenant me voilà **fatigué**.*

fatras [fatra] nom m. ● *Isabelle a retrouvé sa poupée sous un **fatras** de vieux jouets,* un tas de choses en désordre.

faubourg nom m. ● *Nous cherchons un appartement dans les **faubourgs** de Nice,* les parties qui sont loin du centre, autour de la ville.

1. faucher v. **1** ● *Les cultivateurs **fauchent** l'herbe des prairies :* ils la coupent avec une faux ou une faucheuse (→ 2. faux). **2** (fig.) ● *La balle **a fauché** cet oiseau en plein vol :* elle l'a fait tomber (→ SYN. abattre).
■ **faucheuse** nom f. ● *Pour couper la luzerne, il ira plus vite avec une **faucheuse**,* une machine agricole qui sert à faucher.

2. faucher v. (fam.) ● *On m'**a fauché** mon blouson :* on me l'a volé. □ adj. ● *C'est la fin du mois, il est complètement **fauché** :* il n'a plus d'argent.

faucille [fosij] nom f. ● *Si tu veux couper de l'herbe pour ton lapin, prends la **faucille**,* un petit instrument coupant dont la lame forme un demi-cercle.

faucille

faucon nom m. ● *Avec son bec crochu, le **faucon** déchire sa proie,* un oiseau rapace qui vole très vite.

1. faufiler v. ● *Avant d'essayer cette jupe, j'**ai faufilé** les morceaux de tissu :* je les ai cousus ensemble provisoirement à grands points (→ SYN. bâtir).

2. se faufiler v. pron. ● *Malgré la foule, Denis est arrivé à se faufiler jusqu'à nous*, à se glisser adroitement.

faune nom f. ● *Claudia a vu un film sur la faune du Brésil*, l'ensemble des animaux qui vivent dans ce pays. ★ Chercher aussi : flore.

faussaire nom ● *Cette signature a été imitée par un faussaire*, une personne qui fait des faux (→ 1. faux, C sens 2).

fausse → 1. faux.

faussement adv. ● *Il nous a accueillis avec un air faussement joyeux* (→ 1. faux ; CONTR. réellement).

fausser v. 1 ● *Cette erreur a faussé le résultat de mon problème* : elle l'a rendu faux (→ 1. faux). 2 ● *Depuis que je suis tombé, la pédale de mon vélo est faussée* : elle est tordue, déformée. 3 FAUSSER COMPAGNIE À QUELQU'UN : le quitter brusquement, sans prévenir.

fausset nom m. VOIX DE FAUSSET : très aiguë. ● *Marc a une voix de fausset.*

faute nom f. 1 ● *Dans ma dictée, j'ai fait une faute*, une erreur. 2 ● *Elle a volé de l'argent à une amie, c'est une faute grave*, une mauvaise action, une chose défendue (→ fautif). 3 PRENDRE QUELQU'UN EN FAUTE. ● *La maîtresse l'a vu tricher, elle l'a pris en faute* : elle l'a surpris en train de faire quelque chose de mal. 4 ● *Émilie a cassé ce vase parce qu'on l'a poussée, ce n'est pas de sa faute* (ou *pas sa faute*) : elle n'est pas responsable (→ SYN. responsabilité). 5 FAUTE DE, loc. prép. ● *Charles n'a pas pu rester, faute de temps*, parce qu'il n'avait pas assez de temps. 6 SANS FAUTE, loc. adv. ● *Comptez sur lui, il a promis de venir demain sans faute*, absolument ; il ne manquera pas à sa promesse.

■ **fautif** adj. ● *Elle a perdu ton livre, elle se sent fautive*, coupable. □ nom ● *Il a oublié l'heure, c'est lui le fautif*, celui qui a fait la faute, le responsable.

fauteuil nom m. ● *Vous serez mieux assis dans un fauteuil*, un siège qui a des bras et un dossier.

fauve nom m. et adj. 1 ● *Le zoo est tout près, j'entends rugir les fauves*, les grands animaux sauvages et féroces (lions, tigres, panthères, etc.). □ adj. ● *Les bêtes fauves sont plus heureuses en liberté.* 2 adj. invar. ● *Le lion a une fourrure fauve*, de couleur jaune roux.

fauvette nom f. ● *Une fauvette s'est perchée sur ce buisson*, un petit oiseau chanteur.

1. faux, fausse adj., adv. et nom m. **A.** adj. 1 ● *Vous avez perdu, votre réponse est fausse* : elle n'est pas exacte, pas juste. 2 ● *Claire a dit qu'elle t'avait vu, mais c'est faux* : ce n'est pas vrai (→ faux, C sens 1). 3 ● *Ne lui fais pas confiance, il a l'air faux*, menteur, hypocrite (→ CONTR. honnête, sincère). 4 ● *Jean m'a montré une fausse pièce de 10 francs*, une pièce imitée qui ressemble à une vraie (→ faux, C sens 2). — ● *L'espion a mis une fausse barbe* (→ CONTR. authentique, vrai). 5 ● *Tout le monde s'est inquiété pour rien, c'était une fausse alerte*, un danger qui n'existait pas vraiment, une erreur. 6 ● *Ce piano est faux* : il ne joue pas juste. — ● *Cécile a fait une fausse note*, une erreur en jouant d'un instrument ou en chantant. 7 ● *Sophie a glissé, elle a fait un faux pas* : elle n'a pas posé son pied correctement. — ● *Faire un faux mouvement.*

B. adv. ● *Luc ne peut pas rester dans cette chorale, il chante faux* (→ CONTR. juste).

C. nom m. 1 ● *Dans tout ce qu'il raconte, je n'arrive pas à distinguer le vrai du faux*, des mensonges. 2 ● *Ce n'est pas un tableau de Picasso, c'est un faux*, une imitation, une copie faite pour tromper (→ faussaire).

■ **faux-monnayeur** nom m. ● *Les faux-monnayeurs fabriquent des faux billets*, des fausses pièces (→ monnaie).

2. faux nom f. ● *Le paysan aiguise sa faux* (→ 1. faucher).

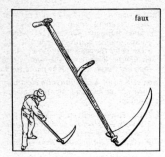

faux

faveur nom f. **1** ● *Le marchand t'a donné trois bonbons pour le prix de deux; il t'a fait une* **faveur**, *un geste gentil parce qu'il t'aime bien* (→ favoriser; SYN. avantage, privilège). **2** ● *Elle a des chances de gagner cette élection parce qu'elle a la* **faveur** *du public : elle est populaire* (→ SYN. grâces, sens 5). **3** EN FAVEUR DE, loc. prép. ● *Martin est toujours* **en faveur des** *plus malheureux, pour eux, de leur côté. — ● Ces cartes de Noël sont vendues* **en faveur des** *handicapés, pour les aider, à leur profit.* **4** À LA FAVEUR DE, loc. prép. ● *Les Indiens ont attaqué* **à la faveur de** *la nuit, en profitant de la nuit.*

■ **favorable** adj. **1** ● *Pour lui parler, j'attends le moment* **favorable**, *le bon moment* (→ SYN. propice; CONTR. défavorable). **2** ● *Anne voudrait aller camper, sa mère est* **favorable** *à ce projet : elle l'approuve, elle est d'accord* (→ CONTR. hostile).

■ **favori, favorite** adj. et nom **A.** adj. ● *La rose est ma fleur* **favorite**, *celle que je préfère.* **B.** nom **1** ● *Ce petit chat noir est son* **favori**, *son préféré.* **2** ● *Dans cette course, Patricia est la* **favorite**, *celle qui a les meilleures chances de gagner.*

■ **favoriser** v. ● *Au début de la course, le vent nous* **favorisait** : *il nous donnait un avantage, nous aidait* (→ SYN. avantager; CONTR. contrarier, défavoriser).

■ **favoritisme** nom m. ● *Céline a toujours la plus grosse part de gâteau, c'est du* **favoritisme** !, *une injustice qui lui donne un avantage sur les autres.*

favoris nom m. plur. ● *Cet homme ne porte pas la barbe, mais il a des* **favoris**, *des touffes de poils sur les tempes et les joues.*

fébrile adj. **1** ● *Ce matin, Rémi est un peu* **fébrile** : *il a un peu de fièvre* (→ SYN. fiévreux). **2** ● *Elle attend le résultat du concours avec une impatience* **fébrile**, *très vive, qui l'excite.*

■ **fébrilité** nom f. Excitation, nervosité. ● *Elle attend avec* **fébrilité** *les résultats du loto* (→ fébrile, sens 2).

fécond adj. **1** ● *Il voudrait bien des petits chats, mais sa chatte n'est pas* **féconde**, *capable d'avoir des petits* (→ CONTR. stérile). **2** ● *Les hamsters sont très* **féconds** : *ils ont beaucoup de petits* (→ SYN. prolifique). **3** ● *Nous avons eu une conversation* **féconde**, *qui a produit beaucoup de résultats, positive, bénéfique.*

■ **féconder** v. ● *Les engrais* **fécondent** *la terre : ils la rendent fertile, capable de produire des récoltes.*

■ **fécondité** nom f. ● *Cette chienne a eu six chiots, quelle* **fécondité** ! : *elle est capable d'avoir beaucoup de petits.*

■ **fécondation** nom f. Action de féconder.

féculent nom m. ● *La pomme de terre est un* **féculent**, *un légume qui contient une sorte de farine (la fécule).* ★ *Chercher aussi : farineux.*

fédération nom f. Association, groupement (de clubs, d'États, de syndicats, etc.). ★ *Chercher aussi : confédération.* ● *Beaucoup de clubs sportifs se réunissent pour former des* **fédérations**.

■ **fédéral** adj. ● *Le gouvernement* **fédéral** *des États-Unis siège à Washington, le gouvernement de la fédération qui regroupe ces États.*

fée nom f. ● *Que ferais-tu avec ta baguette magique si tu étais une* **fée** ?, *une personne imaginaire qui a des pouvoirs magiques, une magicienne. — ● « Cendrillon » est un conte de* **fées**.

■ **féerique** [fe(e)rik] adj. ● *Ces arbres couverts de neige, quel spectacle féerique!*, merveilleux, qui a l'air de sortir d'un conte de fées.
■ **féerie** nom f. Spectacle féerique. ● *On a présenté à la télévision une féerie sur l'histoire de Blanche Neige.*

feindre v. ● *Pour se faire plaindre, il feint d'avoir très mal : il fait semblant* (→ SYN. 1. affecter). ★ Conjug. 35.
■ **feinte** nom f. ● *J'ai cru qu'Hervé allait tirer au but, mais c'était une feinte, un mouvement pour tromper l'adversaire.*
■ **feinter** v. (fam.) ● *Il nous a bien feintés*, bien trompés, bien eus.

fêler v. ● *En rangeant la vaisselle, Yves a fêlé une assiette : il l'a fendue, mais non cassée.* □ v. pron. ● *J'ai cogné ce verre et il s'est fêlé.*
■ **fêlure** nom f. ● *Ton miroir est abîmé, regarde cette fêlure.*

féliciter v. **1** ● *Tu as bien travaillé, je te félicite : je te fais des compliments* (→ CONTR. blâmer, critiquer). **2** ● *Elle a félicité les jeunes mariés : elle leur a dit qu'elle était heureuse de leur mariage.*
■ **félicitations** nom f. plur. ● *Aude a réussi son examen, envoyons-lui nos félicitations*, nos compliments.

félidé nom m. Tout mammifère carnivore de la même famille que le chat. ● *Le guépard, le jaguar, le lion, la panthère, le tigre sont des félidés.*

félin nom m. ● *Mon petit chat et ce gros tigre ont quelque chose en commun : ce sont des félins*, des animaux de la famille du chat.

félon adj. (littér.). Traître, déloyal envers quelqu'un. ● *Roland, neveu de Charlemagne, a été trahi par Ganelon le chevalier félon.*

femelle nom f. ● *Thomas a deux souris blanches, un mâle et une femelle,* un animal de sexe féminin. □ adj. ● *Un hérisson femelle.*

féminin adj. **1** ● *J'entends une voix féminine*, de femme (→ CONTR. masculin). **2** ● *On dit «la maison, une maison» :* «maison» est un nom **féminin** (ou, du genre **féminin**). □ nom m. ● *«Grosse» est le féminin de «gros»*, sa forme au genre féminin (→ CONTR. masculin).

féminité nom f. **1** Fait d'être une femme. **2** Ensemble des qualités considérées traditionnellement comme féminines. ● *Julie est un garçon manqué, elle manque de féminité.*

femme nom f. **1** ● *J'aperçois un homme et deux femmes*, deux personnes du sexe féminin. **2** ● *Le mari et sa femme*, son épouse. **3** FEMME DE MÉNAGE : employée de maison qui fait le ménage. **4** FEMME DE CHAMBRE. ● *À l'hôtel, c'était la femme de chambre qui faisait le lit*, l'employée qui s'occupe du ménage et du service des chambres. **5** FEMME D'AFFAIRES : femme qui a un emploi important dans l'industrie, le commerce.

fémur nom m. ● *En tombant, ma grand-mère s'est cassé le fémur*, l'os de la cuisse. ★ VOIR p. 968.

fenaison nom f. ● *Michel a aidé son père pendant la fenaison*, la période où l'on récolte le foin.

fendre v. **1** ● *Pour faire du petit bois, Antoine fend de grosses bûches : il les coupe dans le sens de la longueur.* **2** v. pron. ● *Ce mur s'est fendu : une fente s'y est formée.* **3** (fig.) ● *Ne dis pas cela, tu me fends le cœur : tu me fais beaucoup de chagrin.* **4** ● *Cette ambulance fend la foule : elle l'écarte pour passer.* ★ Conjug. 31.
■ **se fendiller** v. pron. ● *Ces chaussures sont usées, le cuir se fendille : il s'y forme beaucoup de petites fentes.*
■ **fente** nom f. ● *Arnaud glisse sa carte postale dans la fente de la boîte aux lettres*, l'ouverture longue et étroite. — ● *La fente d'un mur* (→ SYN. fissure).

fenêtre nom f. **1** ● *Virginie regarde par la fenêtre.* **2** (fig.) JETER L'ARGENT PAR LES FENÊTRES : le gaspiller.

fennec [fenɛk] nom m. Petit renard des sables à grandes oreilles pointues.

fenouil [fənuj] nom m. ● *Hier, nous avons mangé du poulet au fenouil*, une plante qui a un goût d'anis.

féodal adj. ● *Ce château fort a été bâti pour un seigneur **féodal**, qui avait des terres, un fief, au Moyen Âge.*
■ **féodalité** nom f. ● *Au Moyen Âge, l'organisation de la société s'appelait la **féodalité**.* ★ Chercher aussi : fief.

fer nom m. **1** Métal gris, lourd et solide. ● *Une grille en **fer**. **2** Instrument en fer, en métal. FER À REPASSER. ● *Je voudrais repasser ma robe, où est le **fer à repasser**?*, l'instrument qui sert à repasser. — FER À SOUDER. ● *Le plombier utilise un **fer à souder**. **3** Morceau, pièce, en fer. FER (À CHEVAL). ● *Ce cheval a perdu un **fer**, un des morceaux de fer en forme de U que l'on cloue sous ses sabots (→ ferrer). — (fig. et fam.) LES QUATRE FERS EN L'AIR. ● *Caroline est tombée **les quatre fers en l'air**, sur le dos, les pieds et les mains en l'air. — ● *Le cordonnier pose des **fers** à mes chaussures, de petits bouts de métal pour protéger l'extrémité des semelles et des talons (→ ferré). **4** (fig.) UNE SANTÉ DE FER. ● *une santé très solide, robuste. **5** (fig.) UNE MAIN DE FER. ● *Il dirige ses employés d'**une main de fer**, avec beaucoup d'autorité et assez durement. **6** (fig.) CROIRE DUR COMME FER. ● *Quand il m'a raconté son histoire, j'y **ai cru dur comme fer** : j'ai été absolument sûr que c'était vrai. ★ Chercher aussi : ferraille, ferrure.

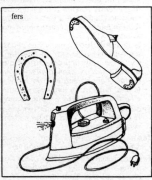

fers

fer-blanc nom m. ● *Les biscuits sont rangés dans une boîte en **fer-blanc**, en fer mince recouvert d'étain.*

férié adj. ● *Noël et le 14 Juillet sont des jours **fériés**, des jours de fête, où l'on ne travaille pas (→ CONTR. ouvrable).*

1. ferme nom f. ● *Le tracteur est entré dans la cour de la **ferme**, la maison, les bâtiments et les terres d'un cultivateur (→ SYN. exploitation* agricole).*
■ **fermier** nom m. ● *Le **fermier** ramène les vaches à l'étable, le paysan, l'agriculteur.*

2. ferme adj. et adv. **A.** adj. **1** ● *Cet oreiller est trop mou, j'en voudrais un plus **ferme**, qui ne s'enfonce pas quand on appuie (→ SYN. dur). **2** LA TERRE FERME. ● *Gilles a peur d'aller en bateau, il aime mieux rester sur **la terre ferme**, sur un sol qui ne bouge pas, à terre. **3** ● *Personne ne chahute dans sa classe, elle est **ferme** avec ses élèves, calme et pleine d'autorité (→ fermement, sens 1; CONTR. faible, A sens 3). **4** ● *Alice récite sa poésie d'une voix **ferme**, assurée, sans hésiter ni trembler (→ fermement, sens 2). **5** ATTENDRE DE PIED FERME. ● *S'il veut m'attaquer, je l'**attends de pied ferme**, sans crainte, sûr de moi.*
B. adv. ● *Pour déplacer cette armoire, il faut pousser **ferme**, fort, avec courage.*
■ **fermement** adv. **1** ● *Le directeur lui a parlé **fermement**, avec autorité. **2** ● *Marion croit **fermement** qu'elle va retrouver sa tortue : elle en est sûre.*
■ **fermeté** nom f. ● *S'ils veulent t'entraîner à faire des bêtises, résiste avec **fermeté** (→ SYN. assurance, courage, décision; CONTR. mollesse).*

ferment nom m. ● *Pour faire des yaourts, il faut mettre du **ferment** dans le lait, un produit qui le transforme.*
■ **fermentation** nom f. ● *Ce fromage n'a pas fini sa **fermentation**, sa transformation (en pâte solide).*
■ **fermenter** v. ● *Le jus de raisin **fermente** pour donner du vin : il se transforme (il devient alcoolisé).*

fermer v. 1 ● *Laure ferme la fenêtre.* —
● *Quand tu dors, tu fermes les yeux*
(→ SYN. clore). — ● *Fermez vos cahiers*
(→ CONTR. ouvrir). □ v. pron. ● *Mon parapluie s'est fermé tout seul.*
2 ● *N'oubliez pas de fermer l'électricité, de couper le courant.* 3 ● *Le
supermarché ferme le dimanche : il
reste fermé, on ne peut rien y acheter.*
4 ● *Ma valise ferme à clef : on peut la
fermer à clef.* 5 ● *Sylvain fermera la
marche : il sera le dernier du groupe,
de la file* (→ CONTR. ouvrir).
■ **fermeture** nom f. 1 ● *La fermeture
de mon cartable est coincée, la partie qui sert à le fermer.* 2 ● *Tous les
clients doivent sortir, c'est l'heure de
la fermeture, le moment où l'on ferme
le magasin* (→ CONTR. ouverture).
■ **fermoir** nom m. ● *Attention, le fermoir de ton bracelet s'est ouvert,*
l'attache qui sert à le fermer.

fermier → 1. ferme.

féroce adj. ● *Le dompteur a été blessé par
un lion féroce,* sauvage et cruel.
■ **férocement** adv. ● *Ce chien l'a
mordu férocement.*
■ **férocité** nom f. ● *C'est une lutte
à mort! Quelle férocité chez les deux
adversaires!* (→ SYN. cruauté).

ferraille nom f. ● *On récupère la ferraille
pour la fondre et la transformer en fer
ou en fonte, les vieux objets en fer
dont on ne se sert plus.*
■ **ferrailleur** nom m. Personne qui
récupère et vend de la ferraille.

ferrer v. ● *Ferrer un cheval :* mettre des
fers sous ses sabots (→ fer, sens 3).
■ **ferré** adj. 1 ● *Martial fait du bruit
en marchant avec ses souliers ferrés,*
dont la semelle est garnie de fers
(→ fer, sens 3). 2 ● *La voie ferrée :* les
rails du chemin de fer, sur lesquels
circulent les trains.

ferroviaire adj. ● *Les transports ferro-
viaires,* par chemin de fer.

ferrure nom f. ● *Les portes de l'armoire
sont ornées de ferrures anciennes,* de
garnitures en fer.

ferry-boat [feribot] nom m. ● *On peut
aller en Angleterre sans quitter le train
grâce au ferry-boat,* un bateau aménagé pour transporter les trains. —
● *Des ferry-boats.*

fertile adj. 1 ● *Les récoltes sont belles
dans un champ fertile,* où les plantes
cultivées poussent facilement (→ fertilité ; CONTR. stérile). ★ Chercher aussi :
aride. 2 ● *Il a eu une vie fertile en
aventures,* pleine d'aventures.
■ **fertilité** nom f. ● *Les engrais
augmentent la fertilité de la terre :* ils
la rendent plus fertile.
■ **fertiliser** v. ● *On a répandu des
engrais sur ces champs pour les fertiliser,* pour les rendre fertiles (ou plus
fertiles).

féru adj. ● *Robert est féru d'astronomie :*
passionné par (quelque chose).

férule nom f. ÊTRE SOUS LA FÉRULE DE QUELQU'UN :
être sous sa domination.

fervent adj. et nom 1 ● *Il a fait une
prière fervente,* où il a mis tout son
cœur (→ ferveur). 2 nom ● *Jacques est
un fervent de cinéma,* un passionné
de cinéma.
■ **ferveur** nom f. ● *Ses amis l'ont
défendu avec ferveur* (→ SYN. ardeur).

fesse nom f. ● *On m'a fait une piqûre à la
fesse gauche,* sur la partie gauche du
derrière. ★ VOIR p. 967.
■ **fessée** nom f. ● *Arrête d'embêter ton
frère, ou je vais te donner une fessée,*
des coups sur les fesses.

festin nom m. ● *Ils ont préparé pour leurs
amis un véritable festin,* un repas de
fête très abondant.

festival nom m. Série d'œuvres musicales, cinématographiques ou théâtrales,
jouées dans des occasions spéciales.
● *Chaque année, les différents pays
présentent leurs meilleurs films dans
des festivals.*

festivités nom f. plur. ● *À Nice, pour
le Carnaval, il y a des festivités,* des
fêtes, des réjouissances publiques.

feston nom m. ● *Les murs étaient décorés de festons,* guirlande suspendue à

intervalles réguliers, de manière à former des arcs. — ● *Le rideau est bordé de festons*, broderie formant une suite de petites courbes.

fête nom f. **1** ● *La fête du Nouvel An suit de près la fête de Noël*, les réjouissances qui marquent chaque année ces événements (→ férié). **2** ● *Demain, c'est ma fête*, le jour attribué au saint dont je porte le nom. **3** ● *Samedi, nos voisins ont organisé une fête*, une réception (pour une occasion quelconque). **4** SE FAIRE UNE FÊTE DE QUELQUE CHOSE. ● *Alain se fait une fête d'aller au cirque* : il se réjouit beaucoup à cette idée. — (fam.) NE PAS ÊTRE À LA FÊTE. ● *Bernard a le mal de mer; il n'est pas à la fête quand il est sur un bateau* : il est très mal à l'aise.
■ **fêter** v. **1** ● *Delphine a fêté son anniversaire hier*, elle a organisé une fête en l'honneur de cet événement. **2** ● *À leur retour sur terre, les cosmonautes ont été fêtés par la population*, ils ont été accueillis avec joie, avec enthousiasme.

fétiche nom m. Objet qui porte bonheur. ● *Laurence ne veut pas se séparer de son ours en peluche; elle dit que c'est son fétiche.*

fétide adj. ● *Les égouts dégagent une odeur fétide*, très mauvaise.

fétu nom m. ● *Un fétu emporté par le vent*, un brin de paille.

feu nom m. **1** ● *Avec des bûches, ils ont fait du feu dans la cheminée* : ils ont fait brûler les bûches. **2** PRENDRE FEU. ● *La maison a pris feu* : elle a commencé à brûler, elle s'est enflammée. **3** ● *Les pompiers ont éteint le feu*, l'incendie. **4** ARME À FEU. ● *Les poignards, les sabres, sont des armes blanches; les pistolets, les fusils, sont des armes à feu.* — COUP DE FEU : coup tiré avec une arme à feu. — FAIRE FEU. ● *Le chasseur vise, puis il fait feu* : il tire (avec une arme à feu). **5** ● *La nuit, les bateaux doivent allumer leurs feux*, les lumières pour signaler leur présence. **6** ● *Les voitures passent quand le feu est vert*, le signal lumineux qui sert à régler la circulation.

feuille nom f. **1** ● *Les feuilles de nombreux arbres apparaissent au printemps et tombent en automne* (→ feuillage ; effeuiller). ★ Chercher aussi : caduc, persistant ; chlorophylle ; nervure. **2** ● *Nicolas a arraché une feuille de son cahier*, un des morceaux de papier dont est fait son cahier. ● *Une feuille de journal* (→ feuillet ; feuilleter). **3** ● *Une feuille de métal, de carton* : un morceau plat et mince.
■ **feuillage** nom m. ● *Le feuillage des arbres donne de l'ombre*, leurs feuilles.
■ **feuillet** nom m. Feuille d'un livre, d'un cahier.
■ **feuilleter** v. ● *Luc feuillette une revue* : il tourne les pages en les regardant rapidement. ★ Conjug. 9.
■ **feuilleté** adj. ● *Certains pâtés sont entourés d'une croûte en pâte feuilletée*, qui se divise en feuilles très fines.

feuilleton nom m. Histoire racontée en plusieurs fois, dans un journal, à la radio, à la télévision. ● *Il faudra attendre la semaine prochaine pour voir le prochain épisode du feuilleton.*

feuler v. Produire des grognements (en parlant des félins). ● *Le chat, le tigre feulent.*
■ **feulement** nom m. ● *On entendait le feulement du tigre dans la jungle.*

feutre nom m. **1** ● *Les chapeaux et les semelles de pantoufles sont souvent confectionnés avec du feutre*, une étoffe épaisse, faite de laine ou de poils d'animaux agglutinés. **2** ● *Je n'ai pas de stylo, mais je peux te prêter un feutre*, un crayon ayant une pointe de feutre imbibée d'encre.
■ **feutré** adj. À PAS FEUTRÉS. ● *Les chats marchent à pas feutrés*, sans bruit.

fève nom f. Plante produisant des graines qui ressemblent à de gros haricots. — ● *Autrefois on mettait une fève dans la galette des Rois*, une graine de cette plante.

février nom m. Deuxième mois de l'année, qui compte 28 jours, et 29 les années bissextiles.

fiable adj. Dans lequel on peut avoir confiance, ou qui fonctionne longtemps. ● *Mon cyclomoteur est fiable.*

fiacre nom m. Autrefois, voiture tirée par un cheval qu'on louait.

se fiancer v. pron. ● *Je ne savais pas que Patrick et Francine s'étaient fiancés,* qu'ils s'étaient promis solennellement de s'épouser. ★ Conjug. 4.
■ **fiançailles** nom f. plur. ● *Leurs fiançailles datent du mois dernier,* leur promesse solennelle de mariage.
■ **fiancé** nom ● *Selon la coutume, le fiancé offre une bague à la fiancée.*

fiasco nom m. ● *L'entreprise a été un fiasco,* un échec complet.

fibre nom f. ● *Pour faire des planches, on coupe le bois dans le sens des fibres,* des filaments dont il est constitué.
■ **fibreux** adj. ● *Le lin est une plante à tige fibreuse,* qui présente des fibres.

fibrociment nom m. Matériau utilisé en construction composé d'amiante et de ciment. ● *Un gros tuyau en fibrociment pour l'écoulement des eaux.*

ficelle nom f. **1** ● *Ne lâche pas la ficelle qui retient le cerf-volant,* la corde mince. **2** ● *Va acheter une ficelle chez le boulanger,* un pain plus mince que la baguette.
■ **ficeler** v. ● *Aide-moi à ficeler ce colis,* à l'attacher avec une ficelle. ★ Conjug. 9.

fiche nom f. ● *Je note mes recettes de cuisine sur des fiches,* sur des morceaux de carton mince.
■ **fichier** nom m. Boîte ou meuble fait pour ranger des fiches.

1. ficher v. (fam.) **1** ● *Cette robe est bonne à ficher aux ordures,* à jeter aux ordures (→ SYN. (fam.) 2. flanquer). **2** ● *Mon frère ne fiche rien en classe :* il ne fait rien, ne travaille pas du tout.

2. se ficher v. pron. (fam.) **1** ● *Je n'aime pas qu'on se fiche de moi,* qu'on se moque. **2** ● *Je me fiche de ce que tu penses,* je n'y accorde aucune importance.

1. fichu adj. (fam.) **1** ● *Ces chaussures sont fichues :* elles ne peuvent plus servir à rien. **2** MAL FICHU. ● *Je me sens mal fichu aujourd'hui,* malade, fatigué.

2. fichu nom m. Morceau d'étoffe que les femmes mettent sur leur tête ou sur leurs épaules.

fictif adj. ● *Dans ce livre, l'auteur raconte des aventures fictives,* qu'il a inventées, imaginées (→ SYN. imaginaire ; CONTR. réel).
■ **fiction** nom f. ● *Les contes sont des œuvres de fiction,* qui racontent des choses qui ne se sont pas réellement passées.

fidèle adj. et nom **A**. adj. **1** ● *Sylvie a des amies fidèles,* qui lui sont très attachées, qui ne l'abandonneront pas (→ CONTR. inconstant, infidèle). **2** ● *Il a été fidèle à sa promesse :* il l'a tenue (→ fidélité, sens 2). **3** ● *Cette traduction est fidèle :* elle est exacte.
B. nom ● *Les fidèles vont régulièrement à l'église,* les personnes qui pratiquent la religion.
■ **fidèlement** adv. **1** ● *Les chevaliers juraient de servir fidèlement leur seigneur.* **2** ● *Je vous ai fidèlement rapporté ce qu'il m'a dit* (→ SYN. exactement).
■ **fidélité** nom f. **1** ● *La fidélité des chiens est bien connue.* **2** ● *Il a manqué de fidélité à sa parole.* **3** ● *Je doute de cette traduction* (→ SYN. exactitude). — HAUTE FIDÉLITÉ. ● *Une chaîne haute fidélité,* qui reproduit très fidèlement les sons.

fief nom m. Terre qu'un seigneur du Moyen Âge mettait à la disposition de son vassal, à condition qu'il lui rende certains services et lui reste fidèle. ★ Chercher aussi : féodalité.

fieffé adj. ● *Tu es un fieffé menteur :* fameux, parfait. ★ Ce mot exprime un défaut et signifie le plus haut degré de ce défaut.

fiel nom m. **1** Bile des animaux. ● *Le fiel se trouve dans le foie ; il est très amer.* **2** (fig.) ● *Il m'a fait une remarque pleine de fiel,* de méchanceté.

fiente nom f. Excrément d'oiseau. ● *Il y a des **fientes** de pigeon sur le rebord de la fenêtre.*

se fier [səfje] v. pron. ● *Luc est un ami sûr; on peut **se fier** à lui, avoir confiance en lui* (→ CONTR. se défier, se méfier). ★ Conjug. 10.

fier [fjɛr] adj. **1** ● *Ses camarades de classe ne l'aiment pas parce qu'il est **fier**, parce qu'il se croit supérieur aux autres* (→ fierté, sens 1 ; SYN. hautain, orgueilleux). **2** ● *Julien est **fier** d'avoir réussi, content, satisfait* (→ CONTR. honteux). ■ **fierté** nom f. **1** ● *Sandrine ne veut pas reconnaître qu'elle a eu peur, par **fierté*** (→ SYN. amour-propre, orgueil). **2** ● *L'équipe tire **fierté** de sa victoire* (→ SYN. satisfaction ; → CONTR. honte).

fièvre nom f. **1** ● *Antoine est malade, il a de la **fièvre** : la température de son corps est trop élevée (au-dessus de 37 ⁰C environ).* ★ Chercher aussi : thermomètre. **2** (fig.) ● *J'attendais les résultats de mon examen dans la **fièvre**, l'énervement, l'agitation* (→ fébrile). ■ **fiévreux** adj. **1** ● *Il me semble que tu es **fiévreuse**, que tu as de la fièvre.* **2** (fig.) ● *Une agitation **fiévreuse*** (→ SYN. fébrile).

fifre nom m. Petite flûte en bois à six trous. ★ Chercher aussi : 1. flageolet, pipeau.

figer v. **1** ● *Quand il fait froid, l'huile **fige** : elle devient épaisse, presque solide.* □ v. pron. ● *La sauce **s'est figée**.* **2** (fig.) ● *Ils **étaient figés** par la surprise : ils ne bougeaient plus sous l'effet de la surprise* (→ SYN. immobiliser, paralyser). ★ Conjug. 5.

fignoler v. (fam.) ● *Fignoler un travail, le faire avec beaucoup de soin* (→ CONTR. (fam.) bâcler).

figue nom f. **1** ● *Les **figues** sont vertes ou violettes; on les mange fraîches ou sèches, des fruits.* **2** MI-FIGUE, MI-RAISIN, loc. adj. ● *Il m'a parlé sur un ton **mi-figue, mi-raisin**, qui ne permettait pas de savoir s'il plaisantait ou non.* ■ **figuier** nom m. Arbre des régions chaudes, qui donne les figues.

figurant nom ● *Dans le film, la foule était composée de **figurants**, d'acteurs qui jouent un rôle très peu important et n'ont généralement pas de texte à dire.*

figure nom f. **1** ● *Mon petit frère s'est barbouillé la **figure** en mangeant, le visage* (→ défigurer). **2** FAIRE BONNE FIGURE. ● *À son premier concert, ce musicien **a fait bonne figure** : il a rempli correctement sa tâche, il a fait une bonne impression.* — FAIRE FIGURE DE. ● *En biologie, il **fait figure de** spécialiste : il passe pour un spécialiste.* **3** ● *Regardez la **figure** qui accompagne le texte : le dessin, l'image.* — ● *Les carrés, les cercles sont des **figures** géométriques.* **4** ● *Après l'as, ce sont les **figures** qui ont le plus de valeur : les rois, les dames et les valets du jeu de cartes.* **5** ● *Ces danseuses apprennent une **figure**, un ensemble de pas de danse.* **6** ● *Les comparaisons sont des **figures** de langage, des façons particulières de s'exprimer pour mieux se faire comprendre* (→ figuré). ■ **figurer** v. pron. **1** ● *Une carotte **figurait** le nez du bonhomme de neige, elle le représentait.* **2** ● *Son numéro de téléphone **figure** dans l'annuaire, il s'y trouve, il y est inscrit.* ■ **se figurer** v. pron. ● *Si tu **te figures** que je vais t'aider, tu te trompes : si tu te l'imagines.* ■ **figuré** adj. ● *Dans « ce bruit me casse les oreilles », « casser » est pris au sens **figuré** : il ne doit pas être compris comme quelque chose de réel, mais comme une comparaison* (→ CONTR. sens propre).

figurine nom f. Statuette de petite taille. ● *Une **figurine** en terre cuite, en ivoire.*

1. fil nom m. **1** ● *Un tissu est composé de **fils**, de brins d'une matière textile* (→ filer). — (fig. et fam.) COUSU DE FIL BLANC. ● *Son mensonge est **cousu de fil blanc** : il est tellement évident qu'il ne peut tromper personne.* — DONNER DU FIL À RETORDRE À QUELQU'UN. ● *Ce travail m'a **donné du fil à retordre** : il m'a causé beaucoup de soucis, beaucoup de dif-*

ficultés. — NE TENIR QU'À UN FIL. ● *Le renvoi de cet élève ne tient qu'à un fil :* il dépend de très peu de choses. **2** FIL À PLOMB. ● *Pour construire un mur bien droit, le maçon se sert d'un fil a plomb,* d'une ficelle au bout de laquelle est attaché un poids et qui indique la verticale. **3** ● *Un fil de métal :* un long brin de métal. — ● *Des fils électriques, téléphoniques.* — (fam.) UN COUP DE FIL : un coup de téléphone. **4** ● *Le nageur se laisse aller au fil de l'eau,* dans le sens du courant. **5** ● *Je n'ai pas suivi le fil de la conversation,* son déroulement, son enchaînement.

1. fil nom m. ● *Le fil d'un couteau, d'une lame :* la partie tranchante (→ effilé).

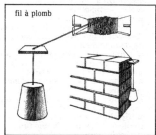

fil à plomb

filament nom m. ● *À l'intérieur des ampoules électriques, il y a un filament qui produit la lumière,* un fil très mince.

filandreux adj. **1** ● *Ce morceau de viande est filandreux,* plein de fibres longues et dures. **2** ● *J'ai trouvé ses propos bien filandreux,* interminables et confus (péjor.).

filasse 1 nom f. Matière textile végétale (chanvre, lin, etc.) non encore filée. ● *Boucher un trou avec de la filasse.* **2** adj. invar. ● *Une poupée avec des cheveux filasse,* blond très pâle.

1. filature nom f. ● *Dans le Nord de la France, il y a d'importantes filatures,* des usines où l'on transforme les matières textiles en fil (→ filer).

2. filature nom f. ● *Le détective a abandonné la filature du suspect :* il a cessé de le filer, de le suivre.

file nom f. ● *Une file de voitures est arrêtée au passage à niveau :* une suite de voitures qui sont l'une derrière l'autre. — ● *Mettez-vous en file,* l'un derrière l'autre (→ SYN. colonne, sens 3).

filer v. **A.** ● *Avant de tisser la laine, il faut la filer,* la transformer en fil (→ 1. filature).
B. ● *Des policiers ont reçu l'ordre de filer ce gangster,* de le suivre sans qu'il s'en aperçoive, pour le surveiller (→ 2. filature).
C. 1 ● *Les voitures filent à toute vitesse sur l'autoroute :* elles vont très vite. **2** (fam.) ● *Il a filé sans rien dire :* il est parti (→ SYN. détaler).

1. filet nom m. Objet fait de fils entrelacés en grosses mailles. ● *Un filet à pêche sert à prendre du poisson.* — ● *La balle de ping-pong doit passer au-dessus du filet placé au milieu de la table.* — ● *Martin a mis ses achats dans un filet à provisions.*

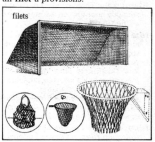

filets

2. filet nom m. ● *Ce rôti est très tendre ; c'est du filet de bœuf,* un morceau de viande du dos de cet animal. — ● *Nous avons mangé des filets de poisson,* les morceaux de chair qui sont de chaque côté de l'arête.

3. filet nom m. ● *Même quand il est fermé, ce robinet laisse échapper un filet d'eau,* un écoulement faible et continu.

filial adj. ● *Le respect **filial**,* d'un enfant pour ses parents (→ fille, fils).

filiale nom f. Société commerciale qui dépend d'une société plus importante.

filière nom f. ● *Quelle **filière** a-t-il suivie pour obtenir ce poste ? :* par quelles étapes a-t-il dû passer.

filiforme adj. ● *Les vers de terre sont **filiformes**,* minces et allongés comme des fils.

filigrane nom m. ● *Les billets de banque ont des dessins en **filigrane**,* qui sont imprimés dans l'épaisseur du papier et qui se voient par transparence.

filin nom m. Cordage utilisé dans la marine.

fille nom f. **1** Correspond au masculin *fils.* ● *Il s'est marié avec la **fille** de nos amis.* **2** Correspond au masculin *garçon.* ● *Juliette est une **fille** (→ fillette).* **3** UNE VIEILLE FILLE : une femme d'un certain âge qui n'est pas mariée.
■ **fillette** nom f. ● *Une **fillette** de 6 ans,* une jeune enfant.

filleul nom ● *Thomas est mon **filleul** :* je suis son parrain (ou sa marraine). — ● *Une **filleule**.*

film nom m. **1** ● *Au cours de la séance de cinéma, le **film** s'est cassé,* la bande où sont enregistrées les vues prises avec une caméra (→ SYN. pellicule). **2** ● *Dominique aime bien les **films** d'aventures,* les œuvres cinématographiques.
■ **filmer** v. ● *Sabine a **filmé** le mariage de sa sœur :* elle a pris des vues du mariage avec une caméra.

filon nom m. ● *Les chercheurs d'or ont trouvé un **filon**,* une masse allongée de minerai située dans le sol. ★ Chercher aussi : gisement.

filou nom m. Personne malhonnête et rusée. ● *Ce **filou** est parti sans payer son repas !*

fils [fis] nom m. ● *Le **fils** de la voisine s'appelle Mathieu,* son enfant de sexe masculin. — ● *Mon **fils** et ma fille* (→ filial).

filtre nom m. ● *Claude passe l'huile à friture avec un **filtre**,* un objet qui laisse passer le liquide en retenant les petits débris solides dont on veut se débarrasser. — ● *Le **filtre** d'une cigarette.*
■ **filtrer** v. ● *Pour rendre l'eau potable, il faut d'abord la **filtrer**,* la faire passer à travers des filtres.
■ **filtrage** nom m. Fait de filtrer. ● *Le **filtrage** de l'eau élimine les impuretés.*

1. fin nom f. **1** ● *Attendons la **fin** de l'averse pour sortir,* le moment où elle s'arrêtera. — ● *Je ne connais pas la **fin** de l'histoire,* sa dernière partie (→ CONTR. début, commencement). **2** METTRE FIN À. ● *Je suis intervenu pour **mettre fin à** leur dispute,* pour la faire cesser. — PRENDRE FIN. ● *La cérémonie a **pris fin** à midi :* elle s'est terminée. **3** ARRIVER À SES FINS : atteindre le but que l'on s'était fixé. ★ Ne pas confondre *fin, faim* et *feint.*
■ **final, -ale, -als, -ales** adj. ● *Le chapitre **final** d'un livre,* celui qui se trouve à la fin (→ SYN. dernier).
■ **finale** nom f. ● *Ce joueur de tennis a été sélectionné pour la **finale**,* pour le dernier match d'une coupe, d'un championnat (→ demi-finale).
■ **finaliste** nom. Sportif ou équipe sportive qui participe à une finale.
■ **finalement** adv. ● *Il devait venir, mais **finalement** il y a renoncé,* en définitive, en fin de compte.

2. fin adj. **1** ● *Il tombe une pluie **fine**,* dont les gouttes sont très petites. **2** ● *Coupe le pain en tranches **fines**,* minces (→ CONTR. épais, gros). — ● *Il a un visage aux traits **fins**,* délicats (→ finement ; finesse, sens 2 ; CONTR. grossier). **3** ● *Claudine aime le chocolat **fin**,* d'une qualité supérieure à la qualité ordinaire. **4** ● *Les chiens ont l'oreille plus **fine** que les humains :* ils entendent des sons que les humains ne peuvent pas entendre (→ finesse, sens 3 ; SYN. sensible). **5** ● *Ce n'est pas très **fin** d'avoir dit cela,* pas très intelligent, pas très malin (→ finaud ; finesse, sens 4).

■ **finaud** adj. (fam.) ● *Il est trop finaud pour se laisser prendre*, trop malin, trop rusé (→ SYN. (fam.) futé).

■ **finement** adv. ● *Cette statue est finement sculptée* (→ SYN. délicatement).

■ **finesse** nom f. **1** ● *Une tranche d'une grande finesse* (→ CONTR. épaisseur). **2** ● *Luce a des cheveux d'une grande finesse* : ils sont fins, délicats. **3** ● *La finesse de l'oreille, de l'odorat* (→ SYN. sensibilité). **4** ● *Il manque de finesse*, d'intelligence, de subtilité.

finance nom f. **1** (au plur.) ● *Les finances d'un pays, d'une entreprise* : l'argent qu'ils reçoivent et qu'ils dépensent. **2** ● *Les banquiers s'occupent de finance*, d'affaires d'argent.

■ **financer** v. ● *La commune a financé la construction d'une nouvelle école* : elle a procuré l'argent nécessaire. ★ Conjug. 4.

■ **financier** adj. et nom **1** adj. ● *L'état financier d'une société* : l'état de ses finances. **2** nom ● *Les banquiers sont des financiers*, des hommes qui s'occupent de finance.

fini adj. **1** PRODUIT FINI. ● *La betterave sucrière est une matière première ; le sucre en morceaux est un produit fini*, un produit qui est le résultat de plusieurs transformations, et qui est prêt à être livré au public (→ finir). **2** ● *Un meuble bien fini*, dont les finitions ont été soignées.

finir v. **1** ● *J'ai fini mon dessin* : je l'ai achevé, terminé (→ 1. fin). **2** ● *Ils ont fini le gâteau et ne m'ont rien laissé* : ils l'ont mangé en entier. **3** ● *Le film commence à 1 h et finit à 3 h* : il se termine à 3 h. **4** EN FINIR (AVEC QUELQUE CHOSE). ● *Il est tard ; finissons-en*, mettons fin à cela. **5** FINIR PAR (FAIRE QUELQUE CHOSE). ● *Ils ont fini par se mettre d'accord* : ils y sont arrivés. ★ Conjug. 11.

finition nom f. ● *La finition de ce meuble est très soignée* : il a été fabriqué avec beaucoup de soin jusque dans ses moindres détails (→ fini, sens 2).

fiole nom f. ● *Sur la table de nuit du malade se trouvent plusieurs fioles de médicaments*, plusieurs petites bouteilles de verre contenant les gouttes et les sirops. ★ Chercher aussi : flacon.

fioriture nom f. ● *Je n'aime pas cette sculpture, il y a trop de fioritures* : petits ornements compliqués (péjor.).

firmament [firmamã] nom m. (littér.) ● *Les étoiles et la lune brillent au firmament*, dans le ciel.

firme nom f. ● *Mon père travaille pour une grande firme*, une entreprise industrielle ou commerciale.

fisc nom m. ● *La semaine prochaine, il faudra payer nos impôts au fisc*, l'administration qui s'occupe des impôts.

■ **fiscal** adj. ● *L'an dernier, ce commerçant a subi un contrôle fiscal*, un contrôle concernant ses revenus et ses impôts, effectué par le fisc.

fissure nom f. ● *Avant de repeindre les murs, l'ouvrier rebouche les fissures*, les petites fentes qui s'y trouvent (→ SYN. lézarde).

■ **fissurer** v. ● *L'explosion a fissuré les murs de l'immeuble*, a provoqué des fissures dans les murs. □ v. pron. ● *Ne frappez pas si fort sur cette cloison, elle va se fissurer* (→ SYN. se lézarder).

fixe adj. **1** ● *Dans la salle de sciences, les tables sont fixes*, on ne peut pas les déplacer (→ fixer, sens 1 ; CONTR. mobile). **2** ● *David rêve : il a le regard fixe*, le regard immobile (→ fixer, sens 2). **3** ● *Grand-mère se lève et se couche toujours à heure fixe*, toujours à la même heure. — *J'ai pris rendez-vous pour un jour fixe* (→ SYN. précis). **4** BEAU FIXE. ● *Le temps est au beau fixe* : c'est un beau temps durable. **5** IDÉE FIXE. ● *Il ne pense qu'à une seule chose : partir aux États-Unis ; c'est une idée fixe chez lui* (→ SYN. obsession). **6** ● *Avoir un revenu, un salaire fixe*, régulier (→ CONTR. variable).

■ **fixement** adv. ● *Il regardait fixement son adversaire*, avec un regard fixe (→ fixe, sens 2).

fixer v. **1** ● *Dimanche, nous fixerons des étagères au mur de ta chambre*, nous les ferons tenir solidement en les accrochant. **2** FIXER QUELQU'UN (DU REGARD) : le regarder fixement, avec insistance. **3** ● *J'aimerais bien* **être fixé** *sur ses intentions*, savoir exactement quelles sont ses intentions. **4** ● *Fixer un rendez-vous*, décider d'un rendez-vous à une date précise. — ● *Fixer un prix* : décider d'un prix précis et définitif (→ fixation, sens 2).

■ **fixation** nom f. **1** ● *Mes skis ont des* **fixations** *de sécurité*, des dispositifs qui fixent solidement les chaussures aux skis (→ fixer, sens 1). **2** ● *Les ministres européens se sont réunis pour discuter de la* **fixation** *du prix du blé* (→ fixer, sens 4).

fjord [fjɔʀd] nom m. Golfe profond et étroit (sur les côtes des pays nordiques). ● *Cet été, nous visiterons les* **fjords** *de la Norvège*.

flacon nom m. Petite bouteille. ● *Pour son anniversaire, j'ai offert à ma mère un* **flacon** *de parfum*. ★ Chercher aussi : fiole.

flageoler [flaʒɔle] v. ● *Il avait si peur que ses jambes* **flageolaient**, tremblaient de faiblesse, de peur. — ● *Il* **flageolait** (→ SYN. chanceler).

1. flageolet nom m. Petite flûte à bec, généralement à six trous. ★ Chercher aussi : fifre, pipeau.

2. flageolet nom m. Variété de petits haricots. ● *À midi, nous avons mangé un gigot d'agneau avec des* **flageolets**.

flagrant adj. ● *Une injustice* **flagrante**, évidente, que personne ne peut nier. — FLAGRANT DÉLIT. ● *Les voleurs ont été pris en* **flagrant délit** : ils ont été pris au moment même où ils étaient en train de voler, de commettre un délit.

flair nom m. **1** ● *Puck est un bon chien de chasse, il a du* **flair** : il sait reconnaître et suivre les animaux à l'odeur (→ SYN. odorat). **2** (fig.) ● *Ce commerçant fait des affaires, il a du* **flair** : il sait reconnaître les bonnes affaires.

■ **flairer** v. **1** ● *Le chat* **flaire** *son écuelle* : il la sent pour savoir ce qu'elle contient. **2** (fig.) ● *Je* **flaire** *un piège dans sa proposition* : je soupçonne un piège (→ SYN. deviner, pressentir).

flamant nom m. ● *Au jardin zoologique, il y a des* **flamants**, de grands oiseaux blancs ou roses, à longues pattes palmées et gros bec recourbé, qui vivent près des lacs.

flambeau nom m. ● *Pour éclairer la salle du château, on alluma des* **flambeaux**, des torches enduites de cire ou de résine. — ● *Les serviteurs portaient des* **flambeaux**, des chandeliers.

flamber v. ● *J'aime voir* **flamber** *les bûches dans la cheminée*, les voir brûler avec de grandes flammes.

■ **flambé** adj. ● *Une omelette* **flambée**, arrosée d'alcool que l'on fait brûler pour donner du goût.

■ **flambée** nom f. **1** ● *Le soir, pour nous réchauffer, nous faisons une* **flambée** *dans la cheminée*, un feu, avec de grandes flammes. **2** (fig.) ● *Le gouvernement essaie d'arrêter la* **flambée** *des prix*, leur augmentation trop rapide.

■ **flamboyer** v. **1** ● *Je regarde l'incendie* **flamboyer**, flamber en donnant beaucoup de lumière. — ● *Ce soir, le soleil* **flamboie**, il éclaire comme s'il flambait. **2** ● *Des yeux qui* **flamboient** *de haine*, qui brillent. ★ Conjug. 6.

■ **flamboyant** adj. **1** ● *Un soleil* **flamboyant**. **2** ● *Un regard* **flamboyant**.

flamenco [flamenko] nom m. Musique et danse de l'Andalousie, dans le Sud de l'Espagne.

flamme nom f. **1** ● *Le feu produit de grandes* **flammes** *jaunes, bleues, rouges et vertes* (→ enflammer). **2** (fig.) ● *L'avocat défend l'accusé avec* **flamme**, avec passion et enthousiasme (→ SYN. exaltation, fougue). **3** (fam.) ÊTRE TOUT FEU TOUT FLAMME : être plein d'ardeur, d'enthousiasme. **4** (littér.) ● *Déclarer sa* **flamme**, son amour.

■ **flammèche** nom f. ● *Le feu lançait des* **flammèches** *dans tous les sens*, des fragments enflammés.

flan nom m. ● *Le* **flan** *est mon dessert préféré*, une crème faite avec du lait et des œufs, puis passée au four.

flanc [flɑ̃] nom m. **1** ● *On voyait les côtes de ce pauvre chien, tellement ses **flancs** étaient maigres* (→ efflanqué). **2** ● *Les **flancs** d'un navire*, ses côtés. — ● *Le **flanc** d'une montagne* (→ 1. flanquer). **3** (très fam.) TIRER AU FLANC. ● *Il ne pense qu'à **tirer au flanc**, qu'à éviter le travail qu'il devrait faire.*

flancher v. (fam.) ● *Tu ne vas pas **flancher** si près du but* : tu ne vas pas faiblir, abandonner (→ SYN. céder ; CONTR. (fam.) tenir).

flanelle nom f. Tissu de laine souple et doux. ● *Gérard s'est acheté un beau costume de **flanelle** grise.*

flâner v. ● *Le soir, en été, il est agréable de **flâner** dans les rues*, de se promener sans se presser, pour le plaisir (→ SYN. (fam.) se balader, musarder).
■ **flânerie** nom f. ● *Bernard aime passer son temps en **flâneries***, en promenades.
■ **flâneur** nom ● *Le dimanche, les rues de la ville sont pleines de **flâneurs***, de gens qui flânent (→ SYN. promeneur).

1. flanquer v. **1** ● *Une grange et une étable **flanquent** la maison*, se trouvent sur les côtés de la maison (→ flanc). **2** ● *Le voleur est sorti du commissariat, **flanqué** de deux gendarmes.*

2. flanquer v. **1** (fam.) ● ***Flanquer** un coup, une gifle, à quelqu'un* : lui donner un coup, une gifle. **2** (fam.) ● *Si tu continues, je te **flanque** à la porte*, je te mets à la porte (→ SYN. (fam.) ficher).

flaque nom f. ● *Après la pluie, il faut éviter de marcher dans les **flaques** d'eau*, dans les petites mares d'eau qui se forment dans les rues.

flash [flaʃ] nom m. **1** ● *Pour photographier quand il fait nuit, on utilise un **flash***, un appareil qui produit un éclair de lumière très vive. **2** ● *Un **flash** d'information* : un très court bulletin d'information (à la radio, à la télévision). — ● *Des **flashes**.*

flash-back [flaʃbak] nom m. Retour en arrière, dans un récit, surtout au cinéma. ● *Il y a plusieurs **flashes-backs** dans ce film.*

flasque adj. ● *Avoir la peau **flasque***, molle (→ CONTR. 2. ferme).

flatter v. **1** ● *On ment à ses amis, lorsqu'on les **flatte***, lorsqu'on leur fait des compliments exagérés pour leur plaire (→ flatterie). **2** ● *Ce portrait de Jean-Marc le **flatte***, le fait paraître plus beau qu'il n'est en réalité. **3** ● *Je suis très **flatté** de ta confiance* : j'en suis très fier et très honoré. **4** ● ***Flatter** le cou d'un cheval* : le caresser.
■ **se flatter de** v. pron. ● *Il se **flatte** d'être le meilleur élève de la classe* : il s'en vante, il le déclare en est fier.
■ **flatterie** nom f. ● *Jacques reste indifférent aux **flatteries***, aux compliments destinés à le flatter.
■ **flatteur, -teuse** nom ● *Sois prudent, c'est un **flatteur***, quelqu'un qui dit des flatteries. □ adj. ● *Antoine m'a dit de toi des choses peu **flatteuses***, peu élogieuses, peu agréables.

1. fléau nom m. **1** ● *Autrefois, les paysans battaient le blé au **fléau***, un instrument composé de deux gros bâtons reliés bout à bout par des courroies. **2** ● *Le **fléau** d'une balance* : la pièce en équilibre qui supporte les plateaux.

2. fléau nom m. ● *Pour beaucoup de pays les cyclones sont un **fléau***, une catastrophe qui concerne toute la population (→ SYN. calamité, désastre).

flèche nom f. **1** ● *Yves était déguisé en Indien, avec un arc et des **flèches***, de fines tiges de bois munies d'une pointe, que l'on tire à l'aide d'un arc. **2** (fig.) MONTER EN FLÈCHE. ● *Le prix du pétrole **monte en flèche*** : il augmente très rapidement. **3** ● *Pour trouver la sortie du cinéma, suivez les **flèches***, les inscriptions en forme de flèches qui indiquent la direction (→ flécher). **4** ● *Au loin, on pouvait voir la **flèche** de la cathédrale*, le sommet pointu de sa tour.
■ **fléchette** nom f. ● *À Noël, j'ai reçu un jeu de **fléchettes***, de petites flèches qu'on lance à la main sur une cible.
■ **flécher** v. ● *On a **fléché** le parcours de la course*, on l'a marqué par des flèches. ★ Conjug. 8.

■ **fléchage** nom m. Action de flécher ; ensemble de signaux servant à flécher.
● *Le **fléchage** est mal fait dans cette ville.*

fléchir v. **1** ● *Marc peut toucher le sol des mains sans **fléchir** les genoux, sans les plier* (→ SYN. courber, ployer). **2** ● *Lorsque papa ne veut pas que je sorte, j'essaie de le **fléchir**, de le faire céder, de le convaincre* (→ inflexible). **3** ● *En été, lorsqu'il y a beaucoup de fruits, leurs prix **fléchissent**, ils baissent, ils diminuent.* — ● *À la fin de la course, l'allure a **fléchi** : elle s'est ralentie.* ★ Conjug. 11.
■ **fléchissement** nom m. **1** ● *Le **fléchissement** du bras* (→ SYN. flexion). **2** ● *Le **fléchissement** des tarifs* (→ SYN. baisse ; CONTR. hausse).

flegme [flegm] nom m. ● *Malgré le danger, Catherine montra beaucoup de **flegme**, de sang-froid et de calme* (→ SYN. impassibilité).
■ **flegmatique** adj. ● *Une personne **flegmatique**, qui a du flegme.*

flétrir v. **1** ● *Une fois coupées, les fleurs **flétrissent** rapidement, elles perdent leur fraîcheur et leurs couleurs, elles fanent.* **2** ● *La vieillesse et les soucis **ont flétri** son visage : ils lui ont fait perdre sa fraîcheur, sa beauté.* **3** ● *Ce scandale a **flétri** la réputation de cet homme : il l'a rendue mauvaise.* ★ Conjug. 11.
■ **flétri** adj. ● *Ces feuilles sont **flétries*** (→ SYN. fané).

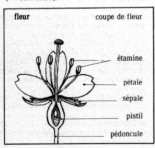

| fleur | coupe de fleur |

étamine

pétale

sépale

pistil

pédoncule

fleur nom f. **1** ● *Myriam et Laurent ont fait un gros bouquet de **fleurs**.* ★ Chercher aussi : horticulture. — EN FLEURS, loc. adj. ● *Les arbres sont **en fleurs** au printemps.* **2** (fig. et fam.) FAIRE UNE FLEUR À QUELQU'UN : lui faire une faveur. **3** LA FINE FLEUR DE QUELQUE CHOSE. ● *Ce pianiste fait partie de **la fine fleur des** musiciens : il fait partie des meilleurs musiciens.*
■ **fleurir** v. **1** ● *En avril, les cerisiers **fleurissent**, ils produisent des fleurs* (→ floraison). **2** ● *Au printemps prochain, nous **fleurirons** notre balcon, nous le décorerons en y mettant des fleurs.* ★ Conjug. 11.
■ **fleuriste** nom ● *Il y a de belles roses dans la vitrine du **fleuriste**, du marchand de fleurs.*

à fleur de loc. prép. ● *Quand on fait de la barque, il faut se méfier des rochers à **fleur d'eau**, qui sont au même niveau que l'eau et en dépassent à peine.*

fleuret nom m. Sorte d'épée à lame droite, fine et légère, dont la pointe est garnie d'une petite boule (que l'on appelle *mouche* ou *bouton*) pour protéger, et avec laquelle on fait de l'escrime. — ● *Les championnats de **fleuret**, d'escrime avec des fleurets.*

fleuron nom m. ● *Le plus beau **fleuron** (de quelque chose) : ce qui est le plus appréciable.* ● *Ce timbre est le plus beau **fleuron** de ma collection.*

fleuve nom m. **1** Grande rivière. ● *La navigation sur les **fleuves*** (→ fluvial). **2** (Spécialement en géographie.) Cours d'eau, même petit, qui se jette dans la mer (on parle alors souvent de **fleuve** côtier). ● *Les rivières se jettent dans un **fleuve**.*

flexible adj. ● *Ces plantes ont une tige **flexible**, qui courbe facilement sans casser* (→ SYN. souple).

flexion nom f. ● *En gymnastique, nous faisons des **flexions**, des mouvements qui consistent à plier, à fléchir les membres* (→ fléchissement ; CONTR. extension).

flibustier nom m. ● *Les «Frères de la Côte» étaient une association de **fli-***

bustiers, de pirates qui s'étaient groupés (aux XVIIe et XVIIIe siècles).

flirt [flœrt] nom m. ● *François et Sylvie ne sont pas réellement amoureux l'un de l'autre; ils ont simplement un **flirt** ensemble*, une relation amoureuse qui n'est pas vraiment sérieuse.
■ **flirter** v. ● *Ils ne sont pas vraiment amoureux, ils **flirtent*** : ils ont un flirt ensemble.

flocon nom m. **1** ● *Des **flocons** de laine, de coton, etc.* : des petites touffes. **2** ● *Quand il neige, la neige tombe en **flocons**.* — À GROS FLOCONS. ● *Il neige à gros **flocons***, abondamment. **3** ● *On peut épaissir une soupe avec des **flocons** d'avoine*, de l'avoine réduite en fines lamelles.

floraison nom f. ● *Les arbres du verger sont en pleine **floraison*** : ils sont en fleurs (→ fleurir).

floral adj. ● *Une maison ornée d'un décor **floral***, fait de fleurs ou représentant des fleurs.

flore nom f. ● *Pendant mes vacances, j'ai étudié la **flore** de cette région*, l'ensemble des plantes qui y poussent. ★ Chercher aussi : faune.

florilège nom m. ● *Ce livre est un **florilège** de la poésie française* : recueil de morceaux choisis (→ SYN. anthologie).

florissant adj. **1** ● *Dans cette ville, l'industrie est **florissante*** : elle est riche, prospère. **2** ● *Grand-mère est très âgée, mais sa santé est **florissante***, très bonne.

flot nom m. **1** (au plur.) ● *Pour sauver le nageur, Claude se jeta dans les **flots***, se jeta à l'eau, à la mer. **2** ● *Des **flots** de voyageurs* : un grand nombre de voyageurs. **3** À FLOT, loc. adj. ● *Cette barque est échouée sur le sable, mais à marée haute elle sera **à flot***, elle flottera sur la surface de l'eau.

1. flotte nom f. ● *La **flotte** de commerce d'un pays* : l'ensemble des bateaux de commerce de ce pays. — ● *Une **flotte** de guerre entre dans le port* : un ensemble de bateaux de guerre. **2** ● *La*

flotte *aérienne d'un pays* : l'ensemble des avions de ce pays.
■ **flottille** nom f. ● *Une **flottille** de pêche* : un ensemble de petits bateaux de pêche.

2. flotte nom f. (très fam.) Eau. ● *Tomber dans la **flotte***. — ● *Boire de la **flotte***.

flottement nom m. ● *Avant qu'ils n'applaudissent le pianiste, il y eut un **flottement** parmi les spectateurs*, une hésitation, un moment d'incertitude.

flotter v. **1** ● *De grands morceaux de bois **flottaient** sur la rivière* (→ SYN. surnager; CONTR. couler). — ● *Le cerf-volant **flotte** en l'air* : il reste en l'air sans tomber. **2** ● *Le drapeau **flotte** au sommet du mât* : il s'agite dans le vent. **3** (fig.) ● *Je **flotte** dans ma chemise* : elle est trop grande.
■ **flotteur** nom m. ● *Autour du bateau de pêche, on voyait les **flotteurs** des filets*, les morceaux de liège ou les objets de plastique qui empêchent les filets de pêche de couler. ★ Chercher aussi : bouée.

flou adj. **1** ● *Si tu bouges, la photo sera **floue**!*, elle sera brouillée, l'image ne sera pas nette. **2** ● *Il avait des idées **floues***, imprécises, vagues (→ CONTR. net).

fluctuation nom f. **1** ● *Les fluctuations des unités monétaires* : les changements de valeur. **2** ● *Les **fluctuations** de son humeur sont pénibles à supporter* : variations, haut et bas.
■ **fluctuant** adj. Variable, changeant. ● *Son attitude, à ce sujet, est très **fluctuante***.

fluet adj. **1** ● *Bernadette est une fille **fluette***, mince, avec un air fragile. **2** ● *Benjamin a une voix **fluette***, faible et douce.

fluide adj. et nom m. **A.** adj. **1** ● *Pour faire des crêpes, il faut une pâte **fluide***, une pâte qui coule facilement, qui n'est pas trop épaisse. **2** (fig.) ● *La circulation est **fluide*** : elle s'écoule facilement, sans embouteillages.
B. nom m. **1** ● *Les gaz, les liquides sont des **fluides***, des matières qui peu-

vent couler ou se répandre. **2** ● *Le magicien dit qu'il possède un **fluide**, une force surnaturelle et invisible.*
■ **fluidité** nom f. Caractère de ce qui est fluide.

fluor nom m. ● *Le **fluor** protège les dents contre les caries.* — ● *Un dentifrice au **fluor**.*

fluorescent [flyɔresã] adj. ● *Les aiguilles de mon réveil sont recouvertes d'une matière **fluorescente**, qui émet de la lumière dans l'obscurité.*

flûte nom f. **1** Instrument de musique à vent fait d'un tuyau percé de trous. ● *Flûte à bec; **flûte** traversière.* ★ Chercher aussi : fifre, 1. flageolet, pipeau. **2** ● *Une **flûte** à champagne*, un long verre étroit dans lequel on peut boire le champagne.
■ **flûtiste** nom. Joueur de flûte.

flûte

fluvial adj. ● *En France, il y a une importante circulation **fluviale**, sur les fleuves.* ★ Chercher aussi : aérien, maritime.

flux [fly] nom m. **1** ● *Le **flux** d'une rivière :* son écoulement. **2** (fig.) ● *Le **flux** des voyageurs qui sortent de la gare.* **3** ● *Le **flux** et le reflux de la mer :* la marée montante et la marée descendante.

foc nom m. ● *Les matelots hissent le **foc**,* la voile triangulaire qui se trouve à l'avant des voiliers.

fœtus [fetys] nom m. Enfant dans le ventre de sa mère. ★ Chercher aussi : embryon.

foi nom f. **A. 1** BONNE FOI, MAUVAISE FOI. ● *Il a tort, mais je suis sûr de sa **bonne foi**,* de sa sincérité, de son honnêteté. — ● *La **mauvaise foi** de quelqu'un :* sa malhonnêteté. — DE BONNE FOI, DE MAUVAISE FOI, loc. adj. ● *Je ne veux plus discuter avec lui, il est **de mauvaise foi** :* il est malhonnête. **2** DIGNE DE FOI, loc. adj. ● *Une personne **digne de foi**,* que l'on peut croire sur parole.
B. LA FOI. ● *Patricia a **la foi** :* elle croit en l'existence de Dieu. ★ Ne pas confondre foi, foie et fois.

foie nom m. ● *Le **foie** est un organe qui a une fonction très importante dans la digestion et dans la formation du sang.* — CRISE DE FOIE. ● *Michel a trop mangé de chocolat, il a une **crise de foie**,* une indigestion. ★ Ne pas confondre foie, foi et fois. ★ VOIR p. 969.

1. foin nom m. ● *En hiver, le bétail mange du **foin**,* de l'herbe coupée et séchée. ★ Chercher aussi : fenaison.

2. foin nom m. (fam.) ● *Faire du **foin** :* faire un scandale; protester bruyamment.

foire nom f. **1** ● *Les paysans mènent les bœufs à la **foire**,* au grand marché de la ville. — ● *Une **foire** industrielle :* une exposition où l'on présente et où l'on vend des produits industriels. **2** ● *Je voudrais faire un tour de manège à la **foire**,* à la fête foraine. **3** S'ENTENDRE COMME LARRONS EN FOIRE ● *s'entendre très bien,* comme des complices.

fois nom f. **1** ● *Cette semaine, je suis arrivé en retard deux **fois**,* à deux reprises. — ● *Une **fois** de plus, tu n'as rien fait !* **2** À LA FOIS. ● *Ne parlez pas tous **à la fois**,* en même temps. — ● *Paule est **à la fois** intelligente et travailleuse.* **3** ● *Il était une **fois**... :* un jour, il y a longtemps... **4** ● *Trois **fois** cinq font quinze :* trois qui multiplie cinq. ★ Ne pas confondre fois, foie et foi.

à foison loc. adv. ● *Il y a dans le pré des fleurs **à foison** :* il y en a beaucoup, en abondance.
■ **foisonner** v. ● *Le poisson **foisonne** dans cette rivière :* il y en a à foison (→ SYN. abonder). ★ Chercher aussi : regorger.

folie nom f. **1** Maladie mentale. ● *Cette personne a eu une crise de folie* (→ fou ; SYN. démence). ★ Chercher aussi : psychiatrie. **2** ● *Il ne devrait pas se baigner par ce temps, c'est de la folie*, une conduite déraisonnable, imprudente (→ SYN. inconscience). **3** ● *Votre cadeau est magnifique ! Vous avez fait des folies*, des dépenses trop importantes.

■ **follement** adv. ● *Les spectateurs l'ont follement applaudi*, très fort.

folklore nom m. ● *Le grand-père de Loïc connaît bien le folklore de la Bretagne*, les légendes, les chants et les coutumes anciennes de cette région.

■ **folklorique** adj. **1** ● *Des costumes folkloriques*, traditionnels d'un pays, d'une région. **2** (fam.) ● *Un personnage folklorique*, amusant et original (→ SYN. pittoresque ; CONTR. banal).

folle → fou.

fomenter v. ● *C'est une organisation clandestine qui a dû fomenter ces troubles* : provoquer, susciter une action d'opposition (révolte, émeute, etc.).

1. foncer v. ● *Dans ton dessin le ciel est trop clair ; il faudrait le foncer*, le rendre plus sombre. ★ Conjug. 4.

■ **foncé** adj. ● *Anne porte un manteau vert foncé*, vert sombre (→ CONTR. clair, pâle).

2. foncer v. **1** ● *Brusquement, le chien a foncé sur nous* : il s'est précipité sur nous. **2** (fam.) ● *Si tu fonces, tu peux encore le rattraper* : si tu vas très vite. ★ Conjug. 4.

foncier adj. **1** ● *Daniel n'a jamais triché ni volé, il est d'une honnêteté foncière*, profonde, qui fait partie du fond de son caractère. **2** ● *Son oncle est propriétaire foncier*, propriétaire de terres ou de bâtiments.

foncièrement adv. ● *Gilles est foncièrement bon* (→ SYN. profondément, sens 2).

fonction nom f. **1** ● *Isabelle éteint toujours les lumières à la fin de la classe : c'est sa fonction*, le travail dont elle

est chargée (→ SYN. tâche). **2** ● *Les poumons ont une fonction très importante dans la respiration*, un rôle très important. **3** ● *Ce monsieur exerce la fonction d'instituteur*, la profession, le métier d'instituteur. — EN FONCTION. ● *Elle n'a pas pris sa retraite, elle est toujours en fonction* : elle exerce toujours son métier. **4** ● *Sujet ? Complément ? Attribut ? Quelle est la fonction de ce nom dans la phrase ?*, son rôle, sa relation avec les autres mots. **5** EN FONCTION DE, loc. prép. ● *Tu choisis tes vêtements en fonction du temps qu'il fait*, selon le temps qu'il fait, en rapport avec lui.

fonctionnaire nom ● *Le facteur, l'institutrice, le policier, le chef de gare sont des fonctionnaires*, des personnes employées par l'État, par une administration publique.

fonctionnel adj. Bien conçu, bien adapté à sa fonction. ● *Cette cuisine est très fonctionnelle*.

fonctionner v. ● *Cette machine à laver fonctionne bien* : elle marche bien. — ● *Notre cuisinière fonctionne au gaz*.

■ **fonctionnement** nom m. ● *La maîtresse nous a expliqué le fonctionnement du thermomètre*, la manière dont il marche.

fond nom m. **1** ● *Une mouche est tombée au fond de mon verre*, dans la partie la plus basse, la plus profonde. **2** ● *Ne plonge pas ici, il n'y a pas assez de fond*, de profondeur. **3** ● *Gilles se met toujours au fond de la classe*, dans la partie la plus éloignée du premier rang. **4** ● *Les montagnes se détachent sur le fond bleu du ciel*, sur ce que l'on voit derrière (→ SYN. arrière-plan). **5** À FOND, loc. adv. ● *J'ai nettoyé ma chambre à fond*, complètement, le mieux possible. **6** ● *Michel te remercie du fond du cœur*, du plus profond de son cœur, très sincèrement. **7** AU FOND. ● *Au fond, je crois que tu as raison, en réfléchissant bien*. **8** COURSE DE FOND : course à pied sur longue distance (5 000 à 10 000 m) (→ demi-fond). **9** SKI DE FOND. ● *Luc fait du ski de fond*, de longues promenades avec des chaussures et des skis spéciaux. ★ Ne pas confondre *fond* et *fonds.*

fondamental adj. ● *Si tu veux jouer du piano, il faut apprendre à lire les notes, c'est* **fondamental** : c'est essentiel, tout est basé là-dessus.

fondant → fondre.

fonder v. 1 ● *Nîmes* **a été fondée** *par les Romains* : elle a été créée. — ● *Dans notre quartier on* **a fondé** *un club de judo* : on l'a créé (→ fondateur, fondation). 2 ● *Il* **fonde** *sa décision sur des raisons sérieuses* : il l'appuie, il la base sur des raisons sérieuses (→ fondé, fondement). □ v. pron. ● *Sur quoi* **vous fondez**-*vous pour l'accuser ?*
■ **fondé** adj. ● *Ses craintes sont* **fondées** : elles sont justifiées (→ CONTR. gratuit, sens 2).
■ **fondation** nom f. 1 ● *La* **fondation** *de Rome remonte à l'an 753 avant J.-C.*, sa création. 2 (au plur.) ● *Les* **fondations** *d'une maison, d'un bâtiment* : les parties construites dans le sol et qui supportent les murs.
■ **fondateur, -trice** nom ● *Son oncle est le* **fondateur** *de cette usine*, la personne qui l'a fondée.
■ **fondement** nom m. ● *Respecter les droits de chacun, c'est le* **fondement** *de la justice*, le principe sur lequel elle est basée.

fondre v. 1 ● *La neige* **a fondu** *au soleil* : elle s'est transformée en eau (→ fonte, sens 1). — ● *La cire* **fond** *quand on la fait chauffer* : elle devient liquide 2 ● *Le sucre* **fond** *dans mon lait chaud* : il se dissout. 3 ● *Pour fabriquer ces médailles, on doit* **fondre** *de l'or* : on doit le chauffer pour le rendre liquide, puis le verser dans des moules (→ fusion). 4 FONDRE EN LARMES ● *Quand on lui a donné une gifle, Claude* **a fondu en larmes** : elle s'est mise à pleurer. ● *Quand l'actrice est apparue, les journalistes* **ont fondu sur** *elle*. ★ Conjug. 31.

fondant adj. 1 ● *Je n'aime pas skier sur la neige* **fondante**, en train de fondre. 2 ● *Aimes-tu les bonbons* **fondants** ?, qui fondent dans la bouche (→ fondre, sens 2).

fondrière nom f. ● *En roulant, Bernard évite les* **fondrières** : trou, crevasse dans le sol, ornière.
■ **fondue** nom m. 1 ● *En Savoie, nous avons mangé une* **fondue**, un plat de fromage fondu avec du vin blanc, dans lequel on trempe des morceaux de pain. 2 ● *Si tu aimes la viande et les sauces, choisis la* **fondue** *bourguignonne*, des morceaux de viande que l'on fait cuire sur la table dans un poêlon d'huile bouillante, et que l'on mange avec différentes sauces.

fondue

■ **fonte** nom f. 1 ● *Le fleuve a débordé à la* **fonte** *des neiges*, au moment où la neige a fondu. 2 ● *Une marmite en* **fonte**, en un alliage très dur de fer et de carbone.

fonds nom m. 1 (au plur.) ● *Il cherche des* **fonds** *pour acheter un appartement*, de l'argent, des capitaux. — ÊTRE EN FONDS : avoir de l'argent. 2 (au sing.) ● *Louis a vendu son* **fonds** *de commerce*, les marchandises, la clientèle, les droits qui se rattachent à son magasin. ★ Ne pas confondre *fonds* et *fond.*

fontaine nom f. ● *Marie est allée chercher de l'eau à la* **fontaine**, une source qui coule dans un bassin.

fonte → fondre.

football [futbɔl] ou (fam.) **foot** [fut] nom m. ● *Après la classe, nous jouerons au* **football**.

■ **footballeur, -euse** nom ● *Une équipe de football se compose de onze footballeurs : dix joueurs et un gardien de but.* ★ Chercher aussi : goal, mi-temps, shoot.

footing [futiŋ] nom m. ● *Ce matin, Simon va faire du footing dans la forêt, une promenade à pied, en marchant ou en courant.* ★ Chercher aussi : jogging.

for nom m. FOR INTÉRIEUR. ● *Jacques se repent en son for intérieur, au fond de soi-même.*

forage → forer.

forain adj. **1** FÊTE FORAINE. ● *J'ai joué à la loterie et fait des tours de manège à la fête foraine, à la foire qui réunit diverses attractions.* **2** ● *Ce commerçant n'a pas de magasin, c'est un marchand forain, qui vend sur les foires ou les marchés* (→ SYN. ambulant). □ nom ● *Les forains vont de ville en ville avec leurs camions et leurs roulottes.*

forban nom m. **1** ● *Pirates, corsaires et forbans ont écumé les mers.* **2** (fig.) ● *Cet homme est un forban :* homme sans scrupules.

forçat nom m. ● *Autrefois les forçats étaient envoyés au bagne, les criminels condamnés aux travaux forcés* (→ forcé ; SYN. bagnard).

force nom f. **1** ● *Claire peut soulever cette valise très lourde, elle a beaucoup de force,* de vigueur, d'énergie du corps (→ fort ; CONTR. faiblesse). — (au plur.) ● *Le malade est presque guéri, il reprend des forces.* **2** ● *Aude a une grande force de caractère, de la volonté, du courage.* **3** ● *Sabine et Alain sont de la même force en calcul,* du même niveau ; leurs résultats sont les mêmes. — (au plur.) ● *Cet exercice est trop difficile, il dépasse mes forces,* mes capacités, mon intelligence. **4** ● *Les forces militaires ennemies sont entrées dans ce pays :* l'armée ennemie. **5** ● *La force du vent conduit mon bateau vers la rive :* sa puissance. **6** ● *Pour lui faire lâcher son couteau, il a fallu employer la force,* la violence, la contrainte. — DE FORCE, loc. adv. ● *On l'a fait sortir de force :* on l'a obligé à sortir par la violence (→ forcer, sens 1). **7** À FORCE DE, loc. prép. ● *À force de travailler, il a réussi son examen :* en travaillant beaucoup. **8** TOUR DE FORCE. ● *Tu es arrivée à la faire rire ? C'est un tour de force !*, une réussite extraordinaire. **9** PAR LA FORCE DES CHOSES, loc. adv. ● *Ne t'inquiète pas, tu le retrouveras par la force des choses,* nécessairement, forcément.

forcené nom ● *Il s'est débattu comme un forcené,* comme un fou furieux.

forcer v. **1** ● *On a forcé Gilles à finir sa soupe :* on l'a obligé à le faire (→ SYN. contraindre). □ v. pron. ● *Il était triste, mais il s'est forcé à sourire :* il se l'est imposé, il s'y est obligé (→ forcé). **2** ● *Des cambrioleurs ont forcé la porte de la cave :* ils l'ont ouverte de force. **3** ● *Il fait sa gymnastique sans forcer,* sans faire un trop grand effort. **4** ● *Si tu veux te faire entendre, force ta voix :* parle plus fort. ★ Conjug. 4.

■ **forcé** adj. **1** ● *À cause d'une panne, l'avion a fait un atterrissage forcé.* — (fam.) ● *Si tu ne te couvres pas, tu vas t'enrhumer, c'est forcé,* c'est inévitable (→ forcément). **2** ● *Yann m'a regardé avec un sourire forcé,* qui n'était pas naturel. **3** TRAVAUX FORCÉS. ● *Le criminel avait été condamné aux travaux forcés,* à travailler en prison (→ forçat ; SYN. bagne).

■ **forcément** adv. ● *Si tu pars maintenant, tu arriveras forcément en avance,* nécessairement, fatalement.

forer v. ● *Pour trouver de l'eau ici, il faudrait forer un puits, le creuser avec une machine.* ★ Chercher aussi : derrick.

■ **forage** nom m. ● *Le forage d'un puits de pétrole.*

forêt nom f. ● *Il y a en France de belles forêts.* — ● *Nous nous sommes promenés dans la forêt, dans les bois.*

■ **forestier** adj. ● *Le Jura est une région forestière, où il y a des forêts.* — ● *Un garde forestier, qui surveille la forêt.*

1. forfait nom m. ● *Cet homme a été jugé pour ses forfaits, ses crimes.*

2. forfait nom m. DÉCLARER FORFAIT. ● *Ce boxeur **a déclaré forfait** : il a décidé de ne pas combattre, il a abandonné.*

3. forfait nom m. ● *Yves a payé un **forfait** pour ses leçons de natation, un prix fixé à l'avance.*
■ **forfaitaire** adj. ● *Un prix **forfaitaire**.*

forfanterie nom f. ● *Pascal irrite toute la classe avec ses **forfanteries*** (→ SYN. vantardise).

forger v. 1 ● *J'ai vu un forgeron **forger** un fer à cheval*, chauffer le métal sur un feu puis lui donner une forme à coups de marteau (→ forge). 2 ● *Pour s'excuser, il **a forgé** une histoire tout à fait invraisemblable :* il l'a inventée. ★ Conjug. 5.
■ **forge** nom f. ● *Dans ce village, on peut encore visiter une **forge***, un atelier où l'on travaille le fer.
■ **forgeron** nom m. ● *Pour travailler le fer rouge, le **forgeron** le pose sur une enclume et le frappe à coups de marteau.*

se formaliser v. pron. ● *J'ai oublié son nom, j'espère qu'il ne **s'en formalisera** pas,* qu'il n'en sera pas choqué, fâché (→ SYN. se vexer).

formalité nom f. 1 ● *Pour aller aux États-Unis, il faudra accomplir certaines **formalités**,* des démarches administratives obligatoires (remplir des papiers, demander des autorisations, etc.). 2 ● *Ce n'est qu'un petit dîner sans **formalités**,* sans cérémonies, sans façons. 3 ● *Tu dois demander cette autorisation, mais ce n'est qu'une **formalité**,* une chose facile à obtenir, mais que l'on est obligé de demander.

format nom m. ● *Quel est le **format** de ce paquet ?,* ses dimensions.

formation → former.

forme nom f. 1 ● *La couleur de ce vase me plaît, mais je n'aime pas sa **forme**.* — PRENDRE FORME. ● *Mes projets de vacances **prennent forme**,* commencent à se préciser. 2 ● *J'aime le lait sous toutes ses **formes** :* boisson, yaourt, fromage, sous tous les aspects qu'il peut prendre. 3 (fam.) ● *Benoît est en pleine*

forme, gai et en bonne santé. 4 ● *La phrase «As-tu un crayon?» est à la **forme** interrogative.* 5 ● *Si tu es en retard, n'oublie pas de t'excuser :* il faut respecter les **formes**, les usages, les bonnes manières (→ formel). — POUR LA FORME. ● *Je savais qu'il me donnerait la permission, je l'ai demandée **pour la forme**,* par politesse. — DANS LES FORMES : en respectant les usages. 6 SANS AUTRE FORME DE PROCÈS. ● *On l'a mis à la porte **sans autre forme de procès**,* sans explication, brutalement.
■ **formel** adj. 1 ● *Son amabilité est seulement **formelle**,* apparente, pour la forme. 2 ● *Interdiction **formelle** d'allumer du feu dans la forêt :* interdiction absolue (→ SYN. catégorique).
■ **formellement** adv. ● *En France, il est **formellement** interdit de rouler à gauche* (→ SYN. absolument, rigoureusement, totalement). ★ VOIR : formel, sens 2.

former v. 1 ● *En écrivant, Yves **forme** ses lettres soigneusement :* il leur donne leur forme, il les trace. 2 ● *Ces joueuses de basket-ball **forment** une équipe* (→ SYN. constituer). — ● *Je voudrais **former** un club,* rassembler des amis pour le créer. 3 v. pron. ● *Au printemps, des bourgeons **se forment** sur les branches :* ils apparaissent et se développent. 4 ● *Ce plombier **forme** son apprenti :* il l'instruit, il lui apprend le métier. □ v. pron. ● *Cet homme **s'est formé** tout seul* (→ formation, sens 3).
■ **formation** nom f. 1 ● *La **formation** de la Terre ne s'est pas faite en un jour :* sa création. 2 ● *Ces avions volent en **formation**,* en groupe, dans un certain ordre. 3 ● *Sa **formation** le prépare à la profession de pharmacien :* l'enseignement qu'il a reçu. 4 ● *Elle a douze ou treize ans ; c'est l'âge de la **formation**,* l'âge où le corps se transforme pour devenir adulte, la puberté.

formidable adj. 1 ● *Nous avons entendu une explosion **formidable**,* très forte, extraordinaire, terrible. 2 ● *Je te recommande ce film, il est **formidable**,* sensationnel, extraordinaire.

formol nom m. ● *Alain conserve un serpent dans du* **formol** : *liquide antiseptique.*

formulaire nom m. ● *Pour envoyer un paquet recommandé, il faut remplir un* **formulaire** *à la poste,* un imprimé spécial à compléter.

formule nom f. **1** ● *À la fin d'une lettre, on met toujours une* **formule** *de politesse,* une expression toute faite (→ formuler). **2** ● *CO_2 est la* **formule** *d'un gaz,* la suite de lettres et de chiffres que les chimistes emploient pour indiquer la composition de ce gaz. **3** ● *J'ai trouvé une nouvelle* **formule** *pour apprendre mes leçons,* une nouvelle façon de faire.

■ **formuler** v. ● *Gaston a beaucoup de mal à* **formuler** *ses idées,* à les exprimer avec des mots.

forsythia [fɔrsisja] nom m. ● *Le* **forsythia** *fleurit dès le mois de février :* arbuste à fleurs jaunes.

fort adj., adv. et nom m. **A.** adj. **1** ● *Rémi peut me soulever, il est* **fort**, robuste, vigoureux (→ force ; CONTR. débile, faible). — PRÊTER MAIN FORTE À QUELQU'UN : l'aider. **2** ● *Il emballe ce paquet dans du papier* **fort**, solide, résistant (→ CONTR. fragile). — ● *Un château* **fort**, construit solidement pour résister aux attaques (→ fort, C sens 2 ; fortifier). ★ VOIR p. 322. **3** ● *Alice est* **forte** *en dictée,* bonne, douée (→ CONTR. faible, mauvais). **4** ● *Un vent très* **fort**, violent. — C'EST PLUS FORT QUE MOI : je ne peux pas m'empêcher de faire cela, je ne peux pas résister à ce désir. **5** ● *Valérie m'appelle d'une voix* **forte**, puissante, sonore. **6** ● *Papa aime le café* **fort**, concentré, qui a beaucoup de goût (→ CONTR. léger). **7** ● *Tu reconnaîtras facilement le maire, il est petit et assez* **fort**, assez gros. **8** SE FAIRE FORT DE. ● *Yvette* **se fait fort de** *gagner la course :* elle est sûre d'en être capable. **9** À PLUS FORTE RAISON. ● *S'il ne veut même pas me dire bonjour,* **à plus forte raison** *il ne voudra pas m'inviter :* il le voudra encore moins. **10** (fam.) C'EST UN PEU FORT. ● *Tu m'as pris mon stylo, c'est un peu* **fort !**, tu exagères !

B. adv. **1** ● *Elle m'a pincé* **fort**, avec force. **2** ● *Il pleut* **fort**, avec violence, abondamment. **3** ● *Tu cries trop* **fort**, en faisant trop de bruit. **4** ● *Elle a* **fort** *bien répondu,* très bien.

C. nom m. **1** ● *Les* **forts** *devraient protéger les faibles :* les personnes fortes, riches, puissantes. **2** ● *Ce* **fort** *est solide, il a résisté à beaucoup d'attaques :* ce bâtiment avec des murailles, des fossés, des tours qui le protègent (→ forteresse, fortin). **3** ● *Le calcul, c'est mon* **fort**, ce que je sais le mieux faire.

■ **fortement** adv. **1** ● *Il a serré* **fortement** *cette vis,* avec force, vigoureusement. **2** ● *Il s'intéresse* **fortement** *à l'histoire de sa ville,* beaucoup.

fortifier v. **1** ● *Le médecin a donné des vitamines à Marc pour le* **fortifier**, le rendre plus fort (→ fortifiant ; CONTR. affaiblir). **2** ● *Au Moyen Âge, cette ville* **a été fortifiée**, entourée de remparts et de fossés pour la protéger (→ fortification ; forteresse, fortin). ★ Conjug. 10.

■ **fortifiant** nom m. ● *Tu as l'air fatigué, prends des* **fortifiants**, des médicaments qui donnent des forces.

■ **forteresse** nom f. ● *La cité de Carcassonne est une* **forteresse** *construite au Moyen Âge,* une ville fortifiée, bien protégée (→ SYN. citadelle).

■ **fortification** nom f. **1** ● *Vauban a réalisé la* **fortification** *de nombreuses villes :* il les a fortifiées. **2** ● *Les soldats défendaient leur ville du haut des* **fortifications**, des remparts, des tours qui la protégeaient.

■ **fortin** nom m. Petit fort.

fortuit adj. ● *J'ai appris cela par hasard, c'est une découverte* **fortuite**, imprévue, inattendue.

fortune nom f. **1** ● *Il a gagné une* **fortune**, énormément d'argent (→ fortuné). — ● *Il a fait* **fortune** *grâce au pétrole :* il s'est enrichi. **2** ● *Je n'ai pas gagné à la loterie, c'est la* **fortune** *qui l'a voulu,* le hasard, le sort. **3** UNE INSTALLATION DE FORTUNE. ● *Notre cuisine n'est pas encore aménagée, nous n'avons encore qu'***une installation de fortune**, impro-

visée rapidement, en attendant mieux.
■ **fortuné** adj. ● *Sa cousine est **fortunée**, très riche.

forum [fɔrɔm] nom m. ● *Les Romains discutaient sur le **forum**, place publique.

fosse nom f. **1** ● *Le cercueil a été descendu dans la **fosse**, un trou profond dans le sol (→ fossoyeur). **2** ● *Une **fosse** océanique :* un endroit où l'océan est plus profond qu'ailleurs. **3** ● *Les **fosses** nasales sont des cavités du nez.*
■ **fossé** nom m. ● *Cette route est bordée d'un **fossé**,* d'une tranchée longue et étroite.

fossette nom f. ● *Quand Céline sourit, deux **fossettes** apparaissent sur ses joues,* deux petits creux.

fossile nom m. ● *La maîtresse nous a montré des **fossiles**,* des restes ou des empreintes d'animaux et de plantes très anciens conservés dans des pierres ou sur des pierres.

fossoyeur nom m. ● *Le **fossoyeur** creuse les tombes dans les cimetières* (→ fosse, sens 1).

fou, folle adj. et nom **A.** adj. **1** ● *Je crois qu'il est devenu **fou**, qu'il a l'esprit malade, qu'il n'a plus sa raison* (→ folie; SYN. dément). **2** ● *Ils ne devraient pas se baigner par ce froid, c'est une idée **folle**, déraisonnable, imprudente. **3** ● *Nadine est **folle** de cinéma,* passionnée de cinéma. **4** (fam.) ● *Hier soir, il y avait un monde **fou** à la gare,* énormément de monde.
B. nom **1** ● *Ce médecin soigne les **fous**,* les personnes qui ont perdu la raison. (On dit plutôt *malade mental* en ce sens.) **2** FAIRE LES FOUS. ● *Céline et Marc **font les fous** dans le jardin :* ils s'amusent en chahutant. **3** ● *Ce drôle de personnage, avec son costume à grelots, c'était le **fou** du roi,* l'homme chargé de le distraire, de le faire rire (→ SYN. bouffon).

foudre nom f. **1** ● *Pendant l'orage, la **foudre** est tombée sur le grand arbre :* une décharge électrique accompagnée d'un éclair et de tonnerre. **2** COUP DE FOUDRE. ● *Éric a eu le **coup de foudre***

pour cette maison : il l'a aimée tout de suite, dès qu'il l'a vue.
■ **foudroyant** adj. ● *Il est mort d'une maladie **foudroyante**,* d'une maladie rapide et brutale.
■ **foudroyer** v. **1** ● *Elle a été **foudroyée** au cours de l'orage,* elle a été frappée par la foudre. **2** ● *Son grand-père a été **foudroyé** par une crise cardiaque :* il est mort brusquement. ★ Conjug. 6.

fouet nom m. **1** ● *Le dompteur fait claquer son **fouet** devant les lions,* une lanière de cuir (ou une corde) fixée au bout d'un manche. **2** ● *Pour battre les blancs d'œufs en neige, je vais prendre un **fouet**,* un ustensile de cuisine qui sert à battre. **3** (fig.) UN COUP DE FOUET. ● *Le bon air de la montagne va donner **un coup de fouet** à Martin :* il va le stimuler, lui donner des forces rapidement. **4** DE PLEIN FOUET. ● *Ce cycliste a heurté la voiture **de plein fouet**,* droit dedans.
■ **fouetter** v. **1** ● *Le cocher de la diligence **fouette** ses chevaux :* il leur donne des coups de fouet (→ SYN. cingler). **2** ● *Damien **fouette** la crème pour la rendre plus légère :* il la bat avec un instrument (→ fouet, sens 2).

fougère nom f. ● *Dans ce bois, nous avons pique-niqué parmi les **fougères**,* des plantes aux longues feuilles vertes très découpées.

fougue nom f. ● *Patrick s'est jeté dans la bataille avec **fougue**,* avec ardeur, avec emportement (→ SYN. flamme).
■ **fougueux** adj. ● *Attention, Véronique! tu montes un cheval **fougueux**,* vif et ardent (→ SYN. impétueux).

fouiller v. **1** ● *On a **fouillé** dans mes affaires :* on y a cherché quelque chose en remuant tout. **2** ● *Claude a trouvé des pièces romaines en **fouillant** le sol,* en creusant pour chercher.
■ **fouille** nom f. **1** ● *Les douaniers n'ont rien trouvé dans ces bagages, malgré leur **fouille**,* malgré leurs recherches. **2** (au plur.) ● *Pour trouver des traces d'hommes préhistoriques, cet archéologue fait des **fouilles**,* des recherches en creusant le sol.

fouillis nom m. (fam.) ● *Quel **fouillis** dans cette pièce!* quel désordre!

fouine nom f. Petit animal sauvage au museau allongé. ● *Cette nuit, une **fouine** est entrée dans le poulailler pour tuer une poule.*

fouine

fouiner v. ● *Isabelle **a fouiné** dans toute la maison* : elle l'a explorée entièrement pour y découvrir quelque chose (→ SYN. fouiller).

foulard nom m. Morceau de tissu léger que l'on se met autour du cou ou sur la tête.

foule nom f. **1** ● *À la foire, Éric a perdu ses amis au milieu de la **foule**,* au milieu d'un grand nombre de gens. **2** UNE FOULE DE... ● *Il a eu **une foule** d'ennuis,* un grand nombre d'ennuis (→ SYN. multitude). **3** EN FOULE, loc. adv. ● *Les gens sont venus **en foule** à ce spectacle,* en grand nombre (→ SYN. en masse).

foulée nom f. Enjambée que l'on fait en courant. ● *Le coureur à pied court avec de grandes **foulées**.*

se fouler v. pron. **1** ● *En faisant du ski, Valérie **s'est foulé** la cheville,* elle s'est blessé l'articulation de la cheville en se la tordant. **2** (très fam.) NE PAS SE FOU-

LER : ne pas se fatiguer. ● *Il aurait pu faire ce travail plus soigneusement; il **ne s'est pas** beaucoup **foulé**.*
■ **foulure** nom f. Blessure que l'on se fait en se foulant une articulation. ● *Une **foulure** est moins grave qu'une entorse.*

foulque nom m. Oiseau échassier au plumage noir. ● *Le **foulque** et la poule d'eau se ressemblent.*

1. four nom m. **1** ● *Il vaut mieux faire chauffer le **four** avant d'y mettre un rôti,* dans un appareil domestique de cuisson. **2** ● *Les briques, les tuiles, les poteries sont cuites au **four**,* dans des appareils qui chauffent très fort.

2. four nom m. PETIT FOUR. ● *Au dessert, nous avons eu de la glace et des **petits fours**,* des petits gâteaux.

fourbe nom m. et adj. ● *Quel **fourbe**!* (→ SYN. hypocrite, faux, sournois; CONTR. loyal, honnête).

fourbu adj. ● *Après avoir travaillé toute la journée dans les champs, les paysans sont **fourbus**,* très fatigués (→ SYN. épuisé, exténué).

fourche nom f. **1** ● *Le paysan pique une botte de paille avec une **fourche**,* un instrument composé d'un long manche muni de dents. **2** ● *Une **fourche** d'arbre :* l'endroit du tronc d'où partent deux ou plusieurs grosses branches. — ● *À cet endroit du chemin il y a une **fourche**,* une bifurcation. **3** ● *Une **fourche** de bicyclette :* la partie formée de deux barres entre lesquelles est fixée une roue. ★ VOIR p. 102.

fourchette nom f. **1** ● *Pour prendre les aliments dans l'assiette, on se sert d'une **fourchette**.* **2** ● *On estime que ce candidat aux élections pourrait obtenir 30 000 voix; mais il s'agit seulement d'une évaluation avec une **fourchette** de 2 000 voix,* avec un écart possible de 2 000 voix autour de 30 000 (c'est-à-dire au minimum 29 000 voix et au maximum 31 000).

fourchu adj. ● *La queue de l'hirondelle est **fourchue** :* elle se divise en deux parties. ● *Les vaches ont les pieds* **fourchus**, formés d'un sabot fendu en deux.

fourgon nom m. **1** ● *Un employé de chemin de fer charge des sacs et des valises dans le* **fourgon**, dans le wagon destiné au transport des bagages. **2** ● *Un* **fourgon** *emporte le cercueil vers le cimetière*, une longue voiture, ici destinée aux enterrements.
■ **fourgonnette** nom f. Petit camion qui sert à transporter des marchandises.

fourmi nom f. **1** ● *Le sucre est bon à jeter : il est plein de* **fourmis**, de petits insectes très actifs qui vivent en société très organisée (→ fourmilière). **2** (au plur.; fig.) ● *Quand on reste un moment assis sans bouger, on a parfois des* **fourmis** *dans les jambes*, des picotements désagréables.
■ **fourmilière** nom f. Petit monticule de terre élevé par des fourmis et qui leur sert d'habitation.

fourmiller v. ● *Les poissons* **fourmillent** *dans cet étang*, il y en a une grande quantité. — ● *Cet étang* **fourmille** *de poissons* (→ SYN. abonder, grouiller).
■ **fourmillement** nom m. **1** ● *Le* **fourmillement** *des vers dans un vieux fromage* (→ SYN. grouillement, pullulement). **2** ● *J'ai des* **fourmillements** *dans les jambes* (→ SYN. picotement).

fournaise nom f. ● *La voiture est restée en plein soleil; à l'intérieur c'est une véritable* **fournaise**, un endroit où il fait extrêmement chaud.

fourneau nom m. **1** Appareil qui sert à la cuisson des aliments. ● *Le vieux* **fourneau** *à charbon a été remplacé par un* **fourneau** *à gaz* (→ SYN. cuisinière). **2** HAUT FOURNEAU : grand four qui sert à fondre le minerai de fer.

fournée nom f. ● *Le boulanger met une* **fournée** *à cuire*, la quantité de pain qu'il peut faire entrer dans son four en une fois (→ enfourner).

fourni adj. **1** ● *Un magasin bien* **fourni**, bien approvisionné. **2** ● *Sa barbe est* **fournie**, abondante, épaisse, drue.

fournil nom m. ● *C'est dans le* **fournil** *que le boulanger pétrit la pâte et met les pains au four :* endroit où travaille le boulanger.

fournir v. **1** ● *L'armée* **fournit** *un uniforme aux soldats :* elle le leur donne (→ SYN. procurer). — ● *Il m'a* **fourni** *les explications que je lui demandais*. **2** ● *Ce magasin* **fournit** *aux artistes tout ce dont ils ont besoin pour peindre ou dessiner :* il le leur vend. **3** ● *Nous* **avons** *vraiment* **fourni** *un gros effort :* nous l'avons fait (→ SYN. accomplir). ★ Conjug. 11.
■ **se fournir** v. pron. ● *Nous* **nous** **fournissons** *chez les commerçants du quartier :* nous achetons chez eux ce qui nous est nécessaire (→ fournisseur; SYN. s'approvisionner).
■ **fourniture** nom f. **1** ● *L'E. D. F. nous assure la* **fourniture** *d'électricité :* elle nous la fournit. **2** ● *La couturière prend 200 F pour faire une robe, plus les* **fournitures**, plus ce dont elle a besoin pour la faire (tissu, fil, boutons, etc.). ● *Les* **fournitures** *scolaires :* les objets dont les élèves se servent pour leur travail.
■ **fournisseur** nom m. Établissement ou marchand chez lequel on se fournit. ● *Ce commerçant est notre principal* **fournisseur**.

fourrage nom m. ● *Les paysans font sécher du* **fourrage** *pour l'hiver*, des plantes qui servent à nourrir les vaches, les chevaux, etc.
■ **fourragère** adj. f. ● *Le fourrage est composé de plantes* **fourragères** (trèfle, luzerne, foin, etc.).

1. fourré adj. **1** ● *Charles a acheté du chocolat* **fourré** *à la crème*, dont l'intérieur est rempli de crème. **2** ● *Quand il fait froid, Sylvie met ses bottes* **fourrées**, garnies de fourrure à l'intérieur. **3** (fam.) COUP FOURRÉ. ● *Méfie-toi de lui, il est spécialiste des* **coups fourrés**, des traquenards, des pièges.

2. fourré nom m. Endroit d'un bois où il y a des arbustes et des broussailles très serrés.

fourreau nom m. ● *Le chevalier tire l'épée de son **fourreau**,* de l'étui prévu pour elle.

fourreau

fourrer v. (fam.) ● *Michel **a fourré** ses affaires dans son cartable :* il les y a mises rapidement et sans soin.
■ **se fourrer** v. pron. ● *Tu es tout sale ; où as-tu encore été **te fourrer** ?,* te mettre.
■ **fourre-tout** nom m. invar. (fam.) Endroit, meuble, sac dans lequel on entasse des choses sans ordre. — ● *Des **fourre-tout**.*

fourrière nom f. **1** ● *Clotilde avait perdu son chien ; elle l'a retrouvé à la **fourrière**,* à l'endroit où l'on garde les animaux trouvés dans la rue. **2** ● *L'automobiliste a dû payer une amende pour reprendre sa voiture à la **fourrière**,* l'endroit où la police conduit les voitures mal garées ou abandonnées.

fourrure nom f. ● *Ce manteau est doublé de **fourrure**,* d'une peau d'animal (castor, lapin, panthère, etc.) couverte de ses poils (→ 1. fourré, sens 2).
■ **fourreur** nom m. Personne qui prépare les fourrures ou qui fait et vend des vêtements de fourrure.

fourvoyer v. ● *En nous disant de passer par là, il nous **a fourvoyés** :* il nous a fait prendre un mauvais chemin ; nous nous sommes perdus à cause de lui. ★ Conjug. 6.
■ **se fourvoyer** v. pron. **1** ● *En prenant cette route, nous **nous sommes fourvoyés*** (→ SYN. s'égarer, se perdre). **2** ● *Si tu penses qu'on peut lui faire confiance, tu **te fourvoies** :* tu fais une grosse erreur.

foyer nom m. **1** ● *Le **foyer** d'une cheminée, d'une chaudière :* la partie d'une cheminée, d'une chaudière, dans laquelle le feu brûle. **2** ● *Le **foyer** d'un incendie :* l'endroit à partir duquel le feu se répand. **3** ● *Certaines femmes travaillent ; d'autres préfèrent rester au **foyer**,* à la maison, là où vit la famille. — ● *Fonder un **foyer** :* se marier. **4** ● *Annick a trouvé une chambre dans un **foyer** de jeunes travailleurs,* un établissement qui accueille, qui loge des jeunes travailleurs.

fracas nom m. ● *En tombant, les assiettes se sont brisées avec **fracas**,* avec un bruit violent.
■ **fracasser** v. ● *Il **a fracassé** une vitre avec un pavé :* il l'a cassée d'un coup violent. □ v. pron. ● *La barque **s'est fracassée** contre les rochers.*
■ **fracassant** adj. **1** ● *Un bruit **fracassant**,* violent, qui casse les oreilles. **2** (fig.) ● *Le directeur a fait une déclaration **fracassante**,* qui fait beaucoup d'effet, beaucoup de bruit (sens 2).

fraction nom f. **1** ● *Une **fraction** de la population a souffert des inondations :* une partie de la population. — ● *L'avion a disparu dans le ciel en une **fraction** de seconde.* **2** ● *3/8 est une **fraction** dont le dénominateur est 8 et le numérateur 3 :* une façon d'écrire que l'unité est divisée par un nombre (ici 8) et multipliée par un autre (ici 3).
■ **fractionner** v. ● *L'héritage **a été fractionné** en cinq parts :* il a été divisé en cinq parts. □ v. pron. ● *L'équipe **s'est fractionnée** en deux.*

fracture nom f. ● *L'automobiliste accidenté souffre de plusieurs **fractures** :* il a plusieurs os cassés (→ fracturer, sens 1).
■ **fracturer** v. **1** ● *Le choc lui **a fracturé** la jambe :* il lui a fait une fracture à la jambe. □ v. pron. ● *Il **s'est fracturé** le coude en tombant.* **2** ● *Des voleurs **ont fracturé** la portière de la voiture :* ils l'ont cassée pour l'ouvrir (→ effraction).

fragile adj. **1** ● *Ces verres sont **fragiles*** : ils peuvent se casser facilement (→ fragilité, sens 1 ; CONTR. solide). **2** ● *Rémi a toujours été un garçon **fragile**, qui tombe facilement malade* (→ SYN. délicat ; CONTR. robuste).
■ **fragilité** nom f. **1** ● *Le verre est d'une grande **fragilité*** (→ CONTR. solidité). **2** ● *Il doit se reposer souvent à cause de sa **fragilité*** (→ CONTR. résistance).

fragment nom m. **1** ● *Corinne ramasse les **fragments** de l'assiette cassée, ses morceaux.* **2** ● *Je ne me souviens que de certains **fragments** de ce poème, de certains passages.*
■ **fragmenter** v. ● *Pour apprendre une leçon plus facilement, on peut la **fragmenter*** (→ SYN. diviser, morceler).

1. frais, fraîche adj. **1** ● *Même quand il fait chaud, la cave reste **fraîche**, un peu froide* (→ fraîcheur, sens 1 ; fraîchir). □ nom m. ● *Certains aliments doivent être conservés au **frais**, dans un endroit un peu froid.* — PRENDRE LE FRAIS : aller dehors pour profiter de la fraîcheur de l'air. **2** ● *Ce poisson est **frais** : il a été pêché il y a peu de temps et il est bon à manger* (→ fraîcheur, sens 2 ; CONTR. avarié). — ● *Quand il n'y a pas de fruits **frais**, on peut manger des fruits secs ou des fruits en conserve.* **3** ● *La route vient d'être goudronnée ; le goudron est encore **frais** : il n'est pas encore sec.* **4** ● *Il m'a téléphoné pour me donner des nouvelles **fraîches**, récentes.* **5** ● *Cette jeune fille a le teint **frais** : son teint a un éclat agréable* (→ fraîcheur, sens 3). **6** ● *Son accueil a été **frais**, froid, sans cordialité* (→ fraîchement, sens 2).
■ **fraîchement** adv. **1** ● *Un parquet **fraîchement** ciré, qui vient d'être ciré.* **2** ● *Il nous a accueillis **fraîchement**, sans enthousiasme.*
■ **fraîcheur** nom f. **1** ● *La **fraîcheur** de cette cave est très agréable, sa température légèrement froide.* **2** ● *Le marchand nous a garanti la **fraîcheur** de son poisson, que son poisson était frais.* **3** ● *Ce tableau est ancien, mais ses couleurs ont conservé leur **fraîcheur**, leur éclat agréable.*
■ **fraîchir** v. ● *En automne les nuits **fraîchissent**, deviennent plus fraîches* (→ rafraîchir). ★ Conjug. 11.

2. frais nom m. plur. **1** ● *Quand mon père voyage pour son travail, on lui rembourse ses **frais** de déplacement, les dépenses entraînées par son déplacement* (→ défrayer). **2** À GRANDS FRAIS ; À PEU DE FRAIS, loc. adv. ● *Il s'habille **à grands frais**, en dépensant beaucoup d'argent.* — SE METTRE EN FRAIS. ● *Luc **s'est mis en frais** pour bien recevoir ses amis : il a fait plus de dépenses, plus d'efforts que d'habitude.* — EN ÊTRE POUR SES FRAIS : avoir dépensé de l'argent ou s'être donné du mal pour rien. — FAIRE LES FRAIS DE QUELQUE CHOSE : en être la victime, en subir le coût.

1. fraise nom f. Fruit rouge. ● *De la confiture de **fraises**.*
■ **fraisier** nom m. Petite plante qui donne des fraises.

2. fraise nom f. ● *Une **fraise** sert à tailler, à percer le métal : un outil qui tourne, en métal très dur.* — ● *Avec sa **fraise**, le dentiste creuse les dents cariées.*
■ **fraiser** v. ● *Fraiser une pièce de métal : la façonner avec une fraise.*
■ **fraiseur** nom m. Ouvrier qui travaille sur une fraiseuse.
■ **fraiseuse** nom f. Machine-outil qui sert à fraiser. ★ Chercher aussi : 2. tour.

framboise nom f. Petit fruit rouge. ● *Des **framboises** à la crème.*
■ **framboisier** nom m. Arbuste qui donne des framboises.

framboise

1. franc nom m. Monnaie de la France et de quelques autres pays. ● *À la banque on peut changer des* **francs** *français contre des* **francs** *belges ou contre des* **francs** *suisses.*

2. franc adj. **1** ● *J'aime les personnes* **franches**, *celles qui ne cachent pas la vérité* (→ SYN. sincère; CONTR. déloyal, hypocrite, menteur). **2** ● *Une couleur* **franche**, *pure, nette.*

■ **franchement** adv. **1** ● *Dis-moi* **franchement** *ce que tu penses* (→ SYN. sincèrement). **2** ● *Il a été* **franchement** *insupportable*, *vraiment, tout à fait.*

■ **1. franchise** nom f. ● *Réponds-moi avec* **franchise** (→ SYN. sincérité).

franchir v. ● *Franchir un obstacle, une limite*, *les passer.* ● *Ils* **ont franchi** *la rivière à la nage* : *ils l'ont traversée.* — ● *Les voitures ne doivent pas* **franchir** *la ligne jaune.* ★ Conjug. 11.

1. franchise → 2. franc.

2. franchise nom f. ● *On ne met pas de timbre sur les lettres qui bénéficient de la* **franchise** *postale*, *qui sont transportées gratuitement par la poste* (→ 2. affranchir).

franco adv. ● *Les commandes faites à ce magasin sont expédiées* **franco**, *les frais d'envoi sont payés par l'expéditeur.*

francophone adj. ● *Certains pays d'Afrique sont* **francophones** : *on y parle le français.* ☐ nom ● *En Suisse, en Belgique, au Canada, il y a des* **francophones**, *des personnes qui parlent français.*

franc-parler nom m. ● *Luc a son* **franc-parler**, *façon de parler très libre et très franche.*

franc-tireur nom m. Combattant qui ne fait pas partie d'une armée régulière (maquisards, résistants, etc.). ● *Des* **francs-tireurs**.

frange nom f. **1** ● *Les* **franges** *d'une écharpe, d'un tapis* : *la bordure de fils dont ils sont ornés.* **2** ● *Une* **frange** *de cheveux* : *les cheveux coupés droit qui retombent sur le front.*

à la **bonne franquette** loc. adv. ● *Il nous a invités à manger chez lui à la* **bonne franquette**, *sans cérémonie, très simplement.*

frapper v. **1** ● *Au cours d'une dispute, Paul a* **frappé** *son frère* : *il lui a donné des coups* (→ SYN. battre). — FRAPPER À, SUR. ● *Avant d'entrer dans son bureau*, **frappe** *à la porte.* — ● *La dactylo* **frappe sur** *les touches de la machine à écrire* (→ frappe, sens 1 ; SYN. taper). **2** ● *Frapper une pièce de monnaie* : y imprimer un dessin en relief. **3** (fig.) ● *Un grand malheur les a* **frappés**, *les a atteints.* **4** ● *Tous ses amis* **ont été frappés** *par son changement* : *ils l'ont remarqué et en ont été impressionnés* (→ frappant).

■ **frappe** nom f. **1** ● *La dactylo a fait une faute de* **frappe** *en tapant à la machine.* **2** FORCE DE FRAPPE. ● *La force de* **frappe** *d'un pays* : *ses armes atomiques.*

■ **frappant** adj. ● *Leur ressemblance est* **frappante**, *impressionnante, saisissante* (→ SYN. étonnant).

fraternel adj. ● *Ils sont unis par une amitié* **fraternelle**, *semblable à celle que des frères ou des frères et sœurs ont les uns pour les autres.*

■ **fraternité** nom f. ● *Ils vivent dans la* **fraternité**, *dans une entente fraternelle.*

■ **fraterniser** v. ● *Les deux adversaires ont fini par* **fraterniser**, *par devenir aussi amis que des frères.*

fratricide 1 nom m. ● *Le* **fratricide** *a été arrêté* : *quelqu'un qui a tué son frère.* **2** adj. ● *Il faut empêcher cette lutte* **fratricide** : *entre des personnes très proches, par exemple du même pays.*

fraude nom f. ● *Quand on fait une fausse déclaration pour payer moins d'impôts, c'est une* **fraude**, *une tricherie que la loi condamne.* — EN FRAUDE, loc. adv. : *en fraudant, en trichant.*

■ **frauder** v. ● *Ce commerçant avait* **fraudé** *sur le poids et la qualité de ses marchandises* (→ SYN. tricher).

■ **fraudeur** nom m. ● *Le* **fraudeur** *a dû payer une grosse amende* : *celui qui avait fraudé.*

■ **frauduleux** adj. ● *Il s'est enrichi par des moyens frauduleux*, malhonnêtes, contraires à la loi ou aux règlements.

■ **frauduleusement** adv. ● *Ces marchandises ont été importées frauduleusement*, en fraude.

frayer v. ● *Dans la forêt, le premier de la file frayait le chemin aux autres :* il leur traçait un chemin en écartant ce qui gênait le passage. □ v. pron. ● *Ce n'est pas facile de se frayer un passage au milieu de la foule.* ★ Conjug. 7.

frayeur nom f. ● *Les coups de tonnerre le remplissent de frayeur*, d'une peur très vive, d'effroi (→ effrayer).

fredonner v. ● *Sophie fredonne une chanson*, la chante doucement sans articuler les paroles (→ SYN. chantonner).

freezer [frizœr] nom m. ● *Allez chercher des glaçons dans le freezer*, dans le compartiment du réfrigérateur où la température est inférieure à 0^0 C.

frégate nom f. **1** Autrefois, bateau de guerre à trois mâts. — Aujourd'hui, bateau de guerre rapide spécialisé dans la chasse aux sous-marins. **2** Oiseau de mer à grandes ailes et queue fourchue.

frein nom m. **1** Système qui permet de ralentir ou d'arrêter un véhicule. ● *Les voitures, les bicyclettes sont munies de freins.* **2** METTRE UN FREIN À. ● *Nous n'avons plus beaucoup d'argent, il faudra mettre un frein à nos dépenses*, les limiter, les restreindre. **3** SANS FREIN, loc. adj. ● *Il est d'une gourmandise sans frein*, sans limite, très grande (→ SYN. effréné).

■ **freiner** v. **1** *L'automobiliste freine pour s'arrêter :* il fait fonctionner ses freins. **2** (fig.) ● *Une panne de machine a freiné la production de l'usine :* elle l'a ralentie, elle l'a empêchée de se faire normalement (→ CONTR. accélérer).

■ **freinage** nom m. ● *Sa voiture a un bon freinage.*

frelaté adj. ● *Un vin frelaté*, mélangé, impur.

frêle adj. ● *Catherine est mince et frêle*, fragile, délicate (→ CONTR. robuste).

frelon nom m. Grosse guêpe dont la piqûre fait très mal.

frelon

freluquet nom m. Jeune homme peu sérieux et prétentieux. ● *Espèce de freluquet !*

frémir v. **1** ● *Les feuilles des arbres frémissent sous le vent léger :* elles remuent doucement (→ frémissement, sens 1). **2** ● *Il nous a raconté une histoire horrible qui nous a fait frémir*, trembler d'émotion, de peur (→ frémissement, sens 2 ; SYN. frissonner, trembler). ★ Conjug. 11.

■ **frémissement** nom m. **1** ● *Gilles observe le frémissement de l'eau qui va bouillir*, sa faible agitation. **2** ● *Au frémissement de ses lèvres, on devinait qu'il était ému*, à leur léger tremblement.

■ **frémissant** adj. ● *L'eau frémissante*, qui frémit.

frêne nom m. Arbre à bois dur utilisé pour faire des manches d'outil, des charrettes, etc.

frénésie nom f. ● *L'orchestre de jazz joue avec frénésie*, avec une ardeur, une excitation très grandes.

■ **frénétique** adj. ● *Son discours a provoqué un enthousiasme frénétique*, plein de frénésie, ardent.

fréquent adj. ● *Dans cette région, les inondations sont fréquentes :* elles se produisent souvent (→ CONTR. rare).

■ **fréquemment** adv. ● *Je lui écris fréquemment* (→ SYN. souvent).

■ **fréquence** nom f. ● *On lui a reproché la fréquence de ses absences*, leur répétition à intervalles rapprochés.

fréquenter v. **1** ● *Roger est toujours seul ; il ne **fréquente** personne : il ne voit personne régulièrement.* □ v. pron. ● *Colette et Liliane **se fréquentent*** (→ fréquentation, sens 1). **2** ● *Les enfants du quartier **fréquentent** le square : ils y vont souvent* (→ fréquenté ; fréquentation, sens 2).
■ **fréquenté** adj. ● *Cette plage est très **fréquentée** : il y vient souvent beaucoup de monde.* — BIEN FRÉQUENTÉ ; MAL FRÉQUENTÉ. ● *Un endroit **bien fréquenté**, où il vient des gens convenables.*
■ **fréquentation** nom f. **1** (au plur.) BONNES, MAUVAISES FRÉQUENTATIONS. ● *Il vaut mieux ne pas avoir de **mauvaises fréquentations**, des rencontres fréquentes avec des gens peu recommandables.* **2** ● *On encourage la **fréquentation** des cinémas en semaine en faisant des réductions.*

frère nom m. ● *Patrice est mon **frère**, un garçon né du même père et de la même mère que moi* (→ fraternel). — ● *Mon **frère** et ma sœur.*

fresque nom f. ● *Plusieurs salles de ce château sont décorées de **fresques**, de peintures faites directement sur les murs.*

fret [frɛt] nom m. Prix à payer pour le transport de marchandises par bateau ou par avion ; ces marchandises. ● *Payer le **fret**.* — ● *Transporter du **fret** (et non pas des passagers).*

frétiller v. ● *Le pêcheur a remonté un filet plein de poissons qui **frétillent**, qui remuent avec de petits mouvements rapides.*

fretin nom m. **1** Très petits poissons. ● *Jules n'a attrapé que du **fretin**.* **2** (fig.) MENU FRETIN ● *Paul ne fréquente pas le **menu fretin** : personnes de peu d'importance dans la société.*

friable adj. ● *Les sablés sont des petits gâteaux **friables**, qui s'effritent facilement, qui se réduisent en poudre si on les écrase.*

1. friand adj. FRIAND DE... ● *Les tortues sont **friandes** de feuilles de salade : elles aiment particulièrement* (→ SYN. gourmand).
■ **friandise** nom f. ● *C'est mauvais pour les dents de manger tant de **friandises**, de bonbons, de sucreries.*

2. friand nom m. **1** Petit gâteau à la pâte d'amande. **2** Petit pâté de pâte feuilletée, rempli de viande hachée.

friche nom f. Terre non cultivée. — EN FRICHE, loc. adv. ● *Ces terres sont **en friche** depuis la mort de leur propriétaire : elles sont incultes* (→ défricher).

frictionner v. ● *En sortant du bain, elle **frictionne** son corps avec une serviette : elle le frotte.*
■ **friction** nom f. ● *Se faire une **friction** à l'eau de Cologne.*

frigidaire nom m. ● *Mets le lait dans le **frigidaire**, dans le réfrigérateur.* ★ Frigidaire est le nom d'une marque.
■ **frigo** nom m. (fam.) ● *Range le lait dans le **frigo**, le réfrigérateur.*

frigorifier v. ● *Frigorifier de la viande, du poisson : les mettre au froid pour les conserver* (→ SYN. congeler, surgeler). ★ Conjug. 10.
■ **frigorifié** adj. (fam.) ● *Une tasse de thé me fera du bien, je suis **frigorifié** : j'ai très froid* (→ SYN. gelé).
■ **frigorifique** adj. ● *La viande est transportée par camions **frigorifiques**, par des camions équipés d'un système qui produit du froid.*

frileux adj. ● *Notre chatte se couche toujours près du radiateur, car elle est **frileuse** : elle craint le froid.*

frime nom f. (fam.) ● *Il n'est pas plus malade que toi et moi, c'est de la **frime** !, c'est de la comédie !* (→ SYN. bluff).

frimousse nom f. (fam.) Visage enfantin. ● *Ce bébé a une **frimousse** adorable.*

fringale nom f. (fam.) ● *Cette promenade m'a donné la **fringale**, une grande envie de manger, un grand appétit.*

fringant adj. **1** ● *Un cheval **fringant**, vif, nerveux.* **2** ● *Un jeune homme **fringant**, vif, alerte et élégant.*

se friper v. pron. ● *Ne laisse pas tes vêtements en tas, ils vont **se friper**,* prendre de mauvais plis (→ SYN. se chiffonner, se froisser).

fripier nom m. ● *On vendait et achetait les vieux habits chez le **fripier**.* ★ VOIR brocanteur.

fripon adj. ● *Ce petit garçon a des yeux **fripons**,* malicieux, espiègles. □ nom ● *Où te caches-tu, petite **friponne**!* (→ SYN. coquin, polisson).

fripouille nom f. (fam.) ● *Ne faites pas confiance à cet homme, c'est une **fripouille**,* un homme malhonnête (→ SYN. canaille, crapule).

frire v. ● *Faire **frire** du poisson :* le faire cuire dans de la matière grasse. — *Une poêle à **frire*** (→ frite, friture). ★ Conjug. 44.

■ **frit** adj. ● *Un poulet **frit**, des pommes de terre **frites**,* que l'on a fait frire.

frise nom f. ● *La page du livre est entourée d'une **frise**,* d'une bordure décorative.

friser v. 1 ● *Le temps humide fait **friser** ses cheveux,* les fait boucler (→ CONTR. défriser). 2 (fig.) ● *Votre franchise **frise** l'impolitesse :* elle en est à la limite. — ● *C'est une dame qui **frise** la soixantaine,* qui approche de soixante ans.

■ **frisé** adj. ● *Elle est **frisée**,* ses cheveux sont frisés, bouclés. □ nom ● *Un grand **frisé**.*

■ **frisette** nom f. ● *Ses cheveux forment des **frisettes** dans le cou,* de petites boucles.

frisquet adj. (fam.) ● *Mets ton chandail, il commence à faire **frisquet**,* à faire un peu froid.

frisson nom m. ● *La fièvre lui donne des **frissons**,* des tremblements. — ● *C'était un cri épouvantable, à vous donner le **frisson**,* à vous faire trembler.

■ **frissonner** v. ● *Un courant d'air glacé la faisait **frissonner**. —* ● *Il **frissonnait** d'épouvante* (→ SYN. frémir).

frit → frire.

frite nom f. ● *Un marchand ambulant vendait des cornets de **frites**,* de pommes de terre frites (→ frire).

■ **friteuse** nom f. Récipient servant à faire frire des aliments.

■ **friture** nom f. 1 ● *Plonger les pommes de terre dans la **friture** bouillante,* dans un bain de matière grasse. 2 ● *Une **friture** de poissons :* des poissons frits.

frivole adj. ● *Elle considère que la mode est une chose **frivole**,* peu sérieuse (→ SYN. futile, léger ; CONTR. austère, grave, sérieux).

■ **frivolité** nom f. ● *La **frivolité** de ses occupations* (→ SYN. futilité, légèreté).

froid adj., adv. et nom m. **A.** adj. 1 ● *Il souffle un vent **froid**. —* ● *Il boit un verre de lait **froid*** (→ refroidir ; CONTR. chaud). 2 ● *Son accueil a été plutôt **froid**,* peu aimable (→ SYN. indifférent ; hostile ; CONTR. chaleureux, exubérant). 3 (fig.) GARDER LA TÊTE FROIDE. ● *En cas d'accident, il faut **garder la tête froide**,* rester calme, ne pas s'énerver (→ sang-froid). 4 ● *Vos remarques me laissent **froid**,* indifférent. — (fam.) NE FAIRE NI CHAUD NI FROID À QUELQU'UN : le laisser indifférent.
B. nom m. 1 ● *Cette plante craint le **froid**,* les températures froides. — ● *Conserver de la viande au **froid*** (→ CONTR. chaleur). 2 ● *Couvre-toi bien, car il fait **froid** :* le temps est froid (→ SYN. 1. frais ; glacial ; CONTR. chaud ; doux). 3 AVOIR FROID : éprouver une sensation de froid. — PRENDRE, ATTRAPER FROID : attraper un refroidissement, un rhume. — N'AVOIR PAS FROID AUX YEUX : n'être pas intimidé. 4 JETER UN FROID : provoquer un malaise, une certaine gêne. ● *Sa remarque **a jeté un froid**.*
C. adv. 1 ● À FROID, loc. adv. : sans chauffer. — ● *Forger un fer **à froid**. —* ● *Ma voiture démarre mal **à froid**,* quand le moteur n'a pas chauffé. 2 EN FROID, loc. adv. ● *Les deux amis sont **en froid** :* ils sont passagèrement brouillés.

■ **froidement** adv. 1 ● *Il nous a reçus **froidement*** (→ froid, A sens 2 ; CONTR. chaleureusement, cordialement). 2 ● *Il a **froidement** assassiné sa victime,* sans s'émouvoir, sans la moindre pitié (→ de sang-froid).

■ **froideur** nom f. ● *Accueillir quel-*

qu'un avec **froideur** (→ froid, A sens 2 ;
SYN. réserve ; CONTR. chaleur).

■ **froidure** nom f. ● *Les personnes
âgées appréhendent la froidure, même
au printemps* : le froid.

froisser v. 1 ● *Froisser du papier* :
le chiffonner. 2 (fig.) ● *Mes réflexions
l'ont froissé*, vexé, blessé.

■ **froissé** adj. ● *Ma jupe est toute
froissée*, chiffonnée, fripée.

■ **froissement** nom m. ● *Deux autos
viennent de s'accrocher : j'ai entendu
un froissement de tôles.*

frôler v. 1 ● *Je ne t'ai pas bousculé, je
n'ai fait que te frôler* : je t'ai à peine touché (→ SYN. effleurer). 2 ● *Nous avons
frôlé la catastrophe* : nous sommes
passés très près.

■ **frôlement** nom m. ● *Un simple frôlement de coton sur sa plaie le fait
crier* : touche légère (→ SYN. effleure-
ment).

fromage nom m. ● *Le camembert est un
fromage fabriqué en Normandie*, un
produit alimentaire fabriqué avec du
lait caillé que l'on fait égoutter.

froment nom m. ● *Le pain blanc est fabriqué avec de la farine de froment*,
de blé.

froncer v. 1 ● *Froncer une robe à la
taille*, la resserrer par de petits plis.
★ Conjug. 4. 2 FRONCER LES SOURCILS. ● *Quand
mon père fronce les sourcils, c'est
qu'il est en colère, ou qu'il a des soucis* : quand il plisse les sourcils en
les resserrant.

■ **fronce** nom f. ● *Une robe à fronces*
(→ froncer, sens 1).

■ **froncement** nom m. ● *Il rappela
l'enfant à l'ordre par un froncement
de sourcils.*

frondaison nom f. ● *Gilles et Claire se
promènent sous les frondaisons nouvelles*, feuillage.

fronde nom f. ● *Franck lance des cailloux
avec sa fronde* (→ SYN. lance-pierres).

front nom m. **A.** ● *Son front est marqué
de rides*, la partie de son visage située
entre les sourcils et la racine des cheveux. ★ VOIR p. 967.

B. 1 ● *Les lignes de front d'une
armée* : celles qui sont les plus avancées, qui font face à l'ennemi. —
● *Pendant la guerre, on publiait chaque
jour la liste des soldats morts au front*,
sur le champ de bataille. 2 FAIRE FRONT :
résister à un ennemi ou à des ennuis
en leur faisant face courageusement
(→ affronter). 3 DE FRONT, loc. adv. ● *Il est
dangereux de rouler à bicyclette à deux
de front*, à deux sur la même ligne,
côte à côte. — ● *Il mène plusieurs activités de front*, en même temps.

frontière nom f. ● *Les Pyrénées forment
une frontière naturelle entre la France
et l'Espagne*, une limite séparant ces
deux pays.

■ **frontalier** adj. ● *L'Alsace est une
région frontalière*, située près d'une
frontière. □ nom ● *Beaucoup de fron-
taliers vont chaque jour travailler de
l'autre côté de la frontière* : les habitants d'une région frontalière.

frontispice nom m. 1 ● *Le drapeau flotte
au frontispice de la mairie* : façade
d'un bâtiment important. 2 ● *Le frontispice d'un vieux livre* : page illustrée
au début du livre.

fronton

fronton nom m. 1 Partie, généralement
de forme triangulaire, située au sommet de la façade de certains monuments. 2 Mur sur lequel on joue à
la pelote.

frotter v. 1 ● *Nos ancêtres faisaient du
feu en frottant deux morceaux de silex
l'un contre l'autre*. 2 ● *Le garde-boue
de mon vélo est tordu et frotte contre
la roue* : il appuie dessus. 3 ● *Après
avoir balayé, nous avons frotté les
parquets* : nous les avons fait briller en
les frottant (→ SYN. astiquer).

■ **se frotter** v. pron. 1 SE FROTTER LES MAINS
(de satisfaction). ● *Il sait qu'il m'a joué*

un bon tour et il doit **s'en frotter les mains**, être très satisfait, s'en réjouir. **2** (fig.) S'Y FROTTER. ● *Il a si mauvais caractère que je préfère ne pas **m'y frotter**,* m'y attaquer, le provoquer.

■ **frottement** nom m. ● *Le **frottement** de deux morceaux de silex produit des étincelles.*

frousse nom f. (fam.) ● *Je ne sauterai jamais en parachute, j'aurais trop la **frousse** !,* j'aurais trop peur !

■ **froussard** adj. (fam.) ● *Il est très **froussard**,* peureux, poltron.

fructifier v. ● *Il a placé son argent pour le faire **fructifier**,* pour qu'il lui rapporte des intérêts. ★ Conjug. 10.

fructueux adj. **1** ● *Il a été encouragé par ces premiers essais **fructueux**,* qui ont donné beaucoup de résultats (→ SYN. avantageux, utile ; CONTR. infructueux). **2** ● *Il a vendu sa maison le double de ce qu'il l'avait payée : voilà une opération **fructueuse**,* qui lui a beaucoup rapporté (→ SYN. profitable, rentable).

frugal adj. ● *Le soir, il se contente d'un repas **frugal**,* simple et léger (→ CONTR. abondant, copieux).

fruit nom m. **1** ● *La pomme, la poire, la cerise sont des **fruits**.* — ● *L'amande est le **fruit** de l'amandier.* **2** (fig.) ● *Cette découverte est le **fruit** de son travail.* — ● *Notre rencontre est le **fruit** du hasard* (→ SYN. conséquence, résultat). **3** PORTER SES FRUITS. ● *Je vois que la leçon **a porté ses fruits**,* qu'elle a été utile, profitable. **4** (au plur.) FRUITS DE MER. ● *Ce restaurant propose d'excellents **fruits de mer*** (huîtres, praires, palourdes, etc.).

■ **fruitier** adj. ● *Un verger est un lieu planté d'arbres **fruitiers**,* d'arbres qui produisent des fruits.

frusques nom f. plur. (fam.) ● *Pour faire du bricolage, il met de vieilles **frusques*** (→ SYN. vêtements).

fruste adj. ● *Des manières **frustes*** (→ SYN. grossier, rude).

frustrer v. ● *Anne voulait annoncer elle-même la bonne nouvelle à ses parents, mais quelqu'un l'avait fait avant elle et* l'**a frustrée** ainsi de ce plaisir, l'en a privée.

■ **frustration** nom f. ● *Quelle **frustration** ! : Georges est parti sans m'inviter :* déception due à une privation (→ SYN. satisfaction).

fuchsia [fyʃja] nom m. ● *L'allée du jardin est bordée de **fuchsias**,* d'arbrisseaux à fleurs rouges ou roses.

fuel [fjul] nom m. ● *Notre chaudière de chauffage central fonctionne au **fuel**,* un combustible liquide tiré du pétrole (→ SYN. mazout).

fugace adj. ● *Un souvenir **fugace*** (→ SYN. fugitif, passager ; CONTR. durable, permanent).

fugitif adj. **1** ● *La police recherche le prisonnier **fugitif**,* qui s'est enfui. □ nom ● *Poursuivre des **fugitifs*** (→ SYN. fuyard). **2** ● *J'ai eu l'impression **fugitive** qu'on se moquait de moi* (→ SYN. court, passager ; CONTR. durable).

fugue nom f. ● *L'enfant, qui se croyait détesté de ses parents, a fait une **fugue** :* il a quitté le domicile familial, il s'est enfui.

■ **fugueur** adj. ● *Un adolescent **fugueur**.* □ nom ● *Les journaux ont publié la photo de la jeune **fugueuse**.*

fuir v. **1** ● *La seule vue d'un chien fait **fuir** notre chat,* le fait se sauver, s'enfuir (→ fuite, sens 1 ; fuyard). **2** ● *Elle est si ennuyeuse que je la **fuis** comme la peste,* que je m'en éloigne, que je l'évite (→ fuyant). **3** ● *Ce tonneau **fuit** goutte à goutte :* le liquide qu'il contient s'en échappe, s'écoule (→ fuite, sens 2). ★ Conjug. 20.

■ **fuite** nom f. **1** ● *Le chien a mis les cambrioleurs en **fuite** :* il les a fait fuir. **2** ● *Le plombier est venu pour réparer la **fuite** d'eau.* **3** (au plur.) ● *Nos ennemis ont été mis au courant de nos projets secrets grâce à des **fuites**,* des indiscrétions.

fulgurant adj. **1** ● *L'archer banda son arc et la flèche partit à une vitesse **fulgurante**,* rapide comme l'éclair. **2** ● *Des douleurs **fulgurantes**,* violentes et brèves.

fumé adj. **1 •** *Du jambon* **fumé** (→ fumer, sens 3). **2 •** *Des lunettes* **fumées** *protègent les yeux de l'éclat du soleil* : des lunettes dont les verres sont foncés.

fumer v. **1 •** *Le bois humide* **fume** *en brûlant* : il dégage de la fumée (→ enfumer). **2 • Fumer** *une pipe, un cigare* : aspirer et rejeter la fumée du tabac. — **• Fumer** *est mauvais pour la santé.* **3 • Fumer** *du poisson, du jambon* : les sécher en les exposant à la fumée d'un feu de bois, pour les conserver.

■ **fumée** nom f. **•** *Une épaisse* **fumée** *s'élevait de la maison en flammes*, une sorte de nuage qui se dégage de ce qui brûle.

■ **fumeur** nom **•** *Dans les trains, les compartiments «* **fumeurs** *» sont réservés aux gens qui fument* (→ fumer sens 2).

fumet nom m. **•** *Le* **fumet** *du rôti nous parvenait de la cuisine*, l'odeur agréable du rôti en train de cuire. ★ Chercher aussi : arôme, 1. bouquet, parfum.

fumier nom m. Mélange de paille et d'excréments des bestiaux, utilisé comme engrais. **•** *Un tas de* **fumier**.

1. fumiste nom m. Personne dont le métier est d'entretenir les cheminées et les appareils de chauffage.

2. fumiste nom (fam.) **•** *Son travail est bâclé, mal fait... Ce garçon est un* **fumiste** !, une personne peu sérieuse, sur laquelle on ne peut pas compter.

funambule nom **•** *Au cirque, le numéro des* **funambules** *a été très applaudi*, celui des artistes qui marchent sur une corde tendue.

funèbre adj. **1 •** *Le cortège* **funèbre** *se dirige vers le cimetière* : le cortège qui suit un enterrement. **2** POMPES FUNÈBRES : service, administration qui s'occupe des enterrements.

funérailles nom f. plur. **•** *Une foule nombreuse assistait aux* **funérailles**, à la cérémonie d'enterrement (→ SYN. obsèques).

funéraire adj. Qui concerne un enterrement.

funeste adj. **•** *Son imprudence aurait pu avoir de* **funestes** *conséquences*, des conséquences très graves (→ SYN. catastrophique, fatal, malheureux, tragique).

funiculaire nom m. **•** *À Paris, un* **funiculaire** *peut vous conduire du pied au sommet de la butte Montmartre*, une sorte de train tiré par câble, que l'on installe sur des pentes très abruptes.

fur → au fur et à mesure.

furet nom m. Petit mammifère carnivore.

fureter v. **•** *J'ai encore surpris ce curieux à* **fureter** *dans mes affaires*, à fouiller d'une manière indiscrète. ★ Conjug. 8.

fureur nom f. **1 •** *Le fait de m'avoir attendu une heure sous la pluie l'a mis en* **fureur**, l'a mis dans une grande colère, l'a exaspéré. — **•** *Le combat se poursuivait avec* **fureur**, avec une grande violence. **2** (fig. et fam.) FAIRE FUREUR : avoir un très grand succès. **•** *C'est une mode qui* **fait fureur**.

■ **furibond** adj. **•** *Il avait un air* **furibond**, furieux.

■ **furie** nom f. **•** *Elle se débattait comme une vraie* **furie**, une folle furieuse.

■ **furieux** adj. **•** *Elle est* **furieuse** *contre moi, car j'ai refusé de l'accompagner* : elle est très en colère.

furoncle nom m. **•** *Il a un* **furoncle** *qui le fait souffrir* : un gros bouton qui renferme du pus.

furtif adj. **•** *Le tricheur jetait des coups d'œil* **furtifs** *sur les cartes de son voisin*, des coups d'œil rapides et se cachant.

fusain nom m. **1 •** *Une haie de* **fusains**, des arbrisseaux. **2 •** *Il a dessiné un portrait au* **fusain**, un crayon fait avec du charbon de bois de fusain.

fuseau nom m. **1 •** *Autrefois, pour filer la laine, on utilisait une quenouille et un* **fuseau**, un petit instrument aux extrémités pointues. **2 •** *Pour faire du ski, il porte un* **fuseau**, un pantalon collant serré en bas. **3** FUSEAU HORAIRE. **•** *La surface de la terre est divisée en 24* **fuseaux**

horaires, en 24 zones dont les extrémités sont aux pôles et à l'intérieur desquelles l'heure est la même.

fusée nom f. **1 •** *Les fusées d'un feu d'artifice*, les tubes remplis de poudre qui explosent en l'air en faisant des étincelles de toutes les couleurs (→ fuser). **2 •** *Les astronautes sont partis sur la Lune à bord d'une fusée*, un engin spatial propulsé par des moteurs qui n'utilisent pas l'oxygène de l'atmosphère (à la différence des réacteurs).

fuselage nom m. **•** *Le fuselage d'un avion :* la partie principale de l'avion (poste de pilotage, cabine de passagers).

fuser v. **•** *Comme l'orateur bafouillait, des rires fusèrent dans la salle :* ils partirent, jaillirent (comme des fusées de feu d'artifice).

fusible nom m. **•** *Si l'on branche trop d'appareils sur le même circuit électrique, ou en cas de court-circuit, les fusibles sautent et le circuit est coupé*, les fils de plomb ou systèmes placés comme sécurité dans un circuit électrique (→ SYN. plomb, sens 3). ★ Chercher aussi : disjoncteur.

fusil [fyzi] nom m. **1** Arme à feu à long canon. **•** *Le chasseur est parti de bon matin, son fusil sur l'épaule.* — **•** *Tirer plusieurs coups de fusil.* — **•** *Mon oncle est un bon fusil*, un bon tireur. **2** (fig.) CHANGER SON FUSIL D'ÉPAULE : changer sa manière d'agir, changer ses projets. **•** *Voyant qu'il n'arriverait à rien par la violence, il changea son fusil d'épaule et essaya la douceur.*

■ fusillade nom f. **•** *Une fusillade éclata entre les bandits*, un combat à coups de fusil, d'armes à feu.

■ fusiller v. **•** *Les traîtres seront fusillés*, tués, exécutés à coups de fusil, passés par les armes.

fusion nom f. **1 •** *La lave qui jaillit d'un volcan est constituée par des roches en fusion*, des roches fondues sous l'action de la chaleur (→ fondre). **2 •** *Des négociations ont abouti à la*

fusion de ces deux partis politiques, à leur réunion en un même parti.

■ fusionner v. **•** *Les deux entreprises ont fusionné* (→ fusion, sens 2).

fustiger v. **•** *Cet écrivain sait fustiger ses ennemis :* critiquer violemment. ★ Conjug. 5.

1. fût nom m. **•** *Cet alcool a vieilli dans des fûts de chêne* ★ Chercher aussi : barrique, tonneau. ★ Ne pas oublier l'accent circonflexe sur le *u* de *fût*.

2. fût nom m. **1 •** *Ce chêne a un fût énorme*, un tronc. **2 •** *Le fût d'une colonne :* la partie allongée qui va de la base au chapiteau.

■ futaie nom f. Forêt de grands arbres. **•** *Une futaie de chênes.*

futé adj. (fam.) **•** *Il a fallu lui expliquer l'affaire plusieurs fois, car il n'est pas très futé* (→ SYN. débrouillard, finaud, malin, rusé).

futile adj. **•** *Ils se sont disputés pour des raisons futiles*, sans importance (→ SYN. frivole, insignifiant ; CONTR. grave, sérieux).

■ futilité nom f. **•** *Il passe son temps à des futilités*, des choses sans importance (→ SYN. frivolité).

futur adj. et nom m. **A.** adj. **•** *Ce peintre inconnu sera peut-être admiré par les générations futures*, les générations à venir, celles qui vivront après nous (→ SYN. ultérieur ; CONTR. passé). **B.** nom m. **1 •** *Ne pense plus au passé, mais plutôt au futur*, à ce qui viendra (→ SYN. avenir). **2 •** *Conjuguer un verbe au futur*, au temps qui exprime une action, un état à venir.

■ futuriste adj. **•** *Ce bâtiment a une architecture futuriste*, qui évoque les temps futurs.

fuyant adj. **•** *Cet homme ne m'inspire pas confiance à cause de son regard fuyant*, de son regard qui fuit, qui évite celui des autres (→ fuir, sens 2 ; CONTR. 2. franc). — **•** *Il a le front fuyant*, très incliné vers l'arrière.

fuyard nom **•** *Le shérif a rattrapé le fuyard*, celui qui fuyait ou qui s'était enfui (→ fuir ; SYN. fugitif).

g | G

gabardine nom f. **1** ● *Un manteau en gabardine*, fait d'un tissu de laine ou de coton très serré. **2** ● *Lorsqu'il pleut, je mets une gabardine*, un imperméable.

gabarit [gabari] nom m. **1** ● *Le combat était inégal, car les lutteurs n'étaient pas du même gabarit*, de la même taille, de la même puissance. **2** ● *Le gabarit d'une voiture, d'un camion*, ses dimensions en hauteur, en largeur et en longueur.

gabegie nom f. Désordre, gaspillage. ● *Maman est à l'hôpital, quelle gabegie à la maison!*

gabelle nom f. ● *Avant la Révolution, on devait payer la gabelle*, un impôt sur le sel.

gâcher v. **1** ● *Sur le chantier, les maçons gâchent du plâtre* : ils mélangent le plâtre en poudre avec de l'eau pour l'utiliser. **2** ● *La pluie a gâché notre promenade* : elle l'a rendue désagréable. **3** ● *Il ne faut pas gâcher la nourriture*, la gaspiller, l'abîmer.
■ **gâchis** nom m. **1** ● *En salissant tous mes dessins, le chat a fait un beau gâchis*, des dégâts. **2** ● *Tu n'aurais pas dû jeter ces restes de rôti, c'est du gâchis*, du gaspillage.

gâchette nom f. ● *L'armurier a réparé la gâchette du fusil*, la pièce intérieure du fusil qui permet de faire partir le coup de feu. ★ Ne pas confondre *gâchette* avec *détente*.

gadget [gadʒɛt] nom m. ● *L'ouvre-boîtes à trois vitesses et la brosse à dents électrique sont des gadgets*, des objets amusants et perfectionnés qui ne sont pas vraiment indispensables.

gadoue nom f. ● *Après l'orage, nous avons pataugé dans la gadoue*, dans la boue.

1. gaffe nom f. ● *Les marins repêchent la bouée à l'aide d'une gaffe*, une longue perche munie d'une pointe et d'un crochet.

2. gaffe nom f. (fam.) **1** ● *En disant cela, j'ai commis une gaffe*, une maladresse (→ SYN. bêtise, sottise). **2** (très fam.) FAIRE GAFFE : faire attention, prendre garde. ● *Fais gaffe, tu vas tomber!*
■ **gaffeur** nom et adj. ● *Il est très gaffeur* : il commet souvent des gaffes.

gag [gag] nom m. ● *Nous avons bien ri, ce film était plein de gags*, de jeux de scène drôles, comiques.

1. gage [gaʒ] nom m. **1** ● *Pour emprunter de l'argent, elle laisse sa bague en gage*, en garantie ; elle la reprendra lorsqu'elle pourra rembourser. **2** ● *Je te donne mon plus beau livre en gage d'amitié*, comme preuve d'amitié. **3** ● *Le dernier de la course aura un gage*, une petite punition amusante.

2. gages nom m. plur. ● *Autrefois, les patrons payaient des gages à leurs domestiques.* ★ Chercher aussi : appointements, salaire.

gageure [gaʒyr] nom f. Pari impossible à tenir. • *Vouloir apprendre l'anglais en trois mois, c'est une **gageure**.*

gagner v. 1 • *Mon cousin travaille pendant les vacances pour **gagner** un peu d'argent, pour en recevoir en échange de son travail* (→ gain, sens 1). 2 • *J'aimerais **gagner** au loto, recevoir de l'argent grâce à la chance, au hasard* (→ gagnant ; gain, sens 1 ; CONTR. perdre). 3 • *Ce cycliste a **gagné** la course* : il a été le premier, le vainqueur (→ gagnant ; SYN. remporter ; CONTR. perdre). 4 • *Par son courage, il a **gagné** notre admiration* : il l'a méritée. 5 • *Ce raccourci vous fera **gagner** du temps, économiser du temps* (→ gain, sens 2 ; CONTR. perdre). 6 • *En grandissant, ce chien **gagne** en force* : il en a plus. 7 • *L'incendie **gagne** du terrain* : il avance, il s'étend. 8 • *Les visiteurs **gagnent** la sortie* : ils se dirigent vers la sortie (→ regagner).

■ **gagnant** nom • *Mme Dupont est la **gagnante** de notre concours*, celle qui a gagné (→ SYN. vainqueur ; CONTR. perdant). □ adj. • *Voici la liste des numéros **gagnants**, qui font gagner un lot. — • Ils ont félicité l'équipe **gagnante**, qui a gagné.

■ **gain** nom m. 1 • *Il a dépensé tous ses **gains**, tout ce qu'il a gagné. — • Les **gains** d'un employé* : son salaire. — • *Les **gains** d'un commerçant* : son bénéfice. 2 • *Il prend l'avion pour voyager, il dit que c'est un **gain** de temps*, une économie de temps (→ CONTR. perte). 3 AVOIR GAIN DE CAUSE : gagner, obtenir que l'on vous donne raison.

gai adj. 1 • *Denis est un garçon très **gai***, toujours de bonne humeur, qui aime rire (→ SYN. content, guilleret, joyeux ; CONTR. morne, morose, triste). 2 • *Ce peintre peint des tableaux très **gais**, très agréables, aux couleurs vives (→ CONTR. sombre, triste).

■ **gaiement** adv. • *Après le dîner, les invités ont chanté **gaiement*** (→ SYN. joyeusement, gaiement).

■ **gaieté** nom f. • *Sa **gaieté** fait plaisir à voir*, son caractère gai. ★ Ne pas con-

fondre *gai, guet* et *gué*. Attention à l'*e* dans *gaiement* et *gaieté*.

gaillard adj. • *Grand-père est âgé, mais il est encore **gaillard**, en bonne santé, vif et gai* (→ SYN. alerte). □ nom • *C'est un solide **gaillard**, un homme vigoureux, plein d'entrain.

gain → gagner.

gaine nom f. 1 • *Le cow-boy range son pistolet dans sa **gaine**, un étui qui le protège* (→ dégainer). 2 • *Cette dame porte une **gaine**, une large ceinture élastique sous ses vêtements.

gala nom m. • *Samedi, nous allons à un **gala**, une grande fête un peu solennelle. — • Une soirée de **gala**.*

galant adj. • *Avec les dames, Patrice se montre toujours **galant**, poli et prévenant, plein d'attentions.

■ **galanterie** nom f. • *Il est connu pour sa **galanterie**, sa politesse et ses bonnes manières envers les dames.

galantine nom f. • *En hors-d'œuvre, nous avons mangé de la **galantine** de canard*, une sorte de pâté de viande.

galaxie nom f. • *Ces deux astronomes observent les **galaxies**, d'immenses groupements d'étoiles. ★ Chercher aussi : astronome, Voie lactée.

galbe nom m. • *J'aime beaucoup le **galbe** de ce vase*, sa forme arrondie, son contour harmonieux.

gale nom f. • *Ce chien a la **gale**, une maladie de peau contagieuse.

■ **galeux** adj. • *Un âne **galeux**, qui souffre de la gale.

galéjade nom f. Plaisanterie qui fait croire des choses fausses ou exagérées. • *Gaston aime dire des **galéjades**.*

galère nom f. • *Autrefois, on envoyait les condamnés ramer sur les **galères** du roi*, de grands bateaux de guerre à rames et à voiles.

■ **galérien** nom m. • *Les **galériens** étaient très malheureux, les prisonniers qui ramaient à bord des galères. ★ Chercher aussi : bagnard, forçat.

galerie nom f. 1 • *Les mineurs travaillent dans les **galeries** de la mine*, dans les couloirs souterrains, les tunnels (→ SYN. boyau). **2** ● *J'ai vu une exposition de tableaux dans une* **galerie** *d'art*, un magasin qui expose et vend des tableaux, des objets d'art. **3** ● *Au théâtre, nous prenons des places à la* **galerie**, au balcon qui est au-dessus du parterre. — AMUSER LA GALERIE : faire rire l'assistance. **4** ● *Papa attache la malle sur la* **galerie** *de la voiture*, le porte-bagages métallique fixé au toit.

galet nom m. ● *J'ai ramassé des* **galets** *sur la plage*, des pierres lisses usées par l'eau.

galette nom f. **1** ● *Au goûter, nous avons mangé des* **galettes**, des gâteaux ronds et plats. — *La* **galette** *des Rois*, le gâteau contenant une fève que l'on mange le Jour des Rois, au mois de janvier. **2** ● *Des* **galettes** *de blé noir*, des crêpes épaisses.

galeux → gale.

galion nom m. ● *Les pirates attaquaient les* **galions** *espagnols*, les grands navires d'autrefois, qui rapportaient en Espagne les richesses de l'Amérique.

galimatias [galimatja] nom m. Discours incompréhensible. ● *Sa lettre est incompréhensible. Ce n'est pas du français, c'est du* **galimatias** (→ SYN. charabia).

galoche nom f. **1** ● *L'été, j'aime bien porter des* **galoches**, des chaussures de cuir à semelle de bois. ★ Chercher aussi : sabot. **2** ● *Un menton en* **galoche** : long et relevé vers l'avant.

galon nom m. **1** ● *Autour de ce coussin, Claude a cousu un* **galon**, un ruban épais et serré pour décorer. **2** ● *On reconnaît le grade d'un militaire à ses* **galons**, les insignes cousus sur l'épaule ou la manche de son uniforme.

galop [galo] nom m. ● *Le cheval est parti au* **galop**, à l'allure la plus rapide. ★ Chercher aussi : pas, trot.
■ **galoper** v. ● *Les ânes* **galopent** *dans le pré* : ils courent au galop. — *Les enfants* **galopent** *dans l'escalier* : ils courent très vite.

■ **galopade** nom f. ● *Au loin, les cowboys ont entendu une* **galopade**, des animaux qui galopent.

galopin nom m. ● *Étienne n'est pas sage du tout, c'est un vrai* **galopin**, un enfant farceur (→ SYN. chenapan, coquin, garnement, polisson).

galvaniser v. **1** ● *Les bravos du public* **galvanisent** *le champion* : ils lui donnent du courage, de l'énergie (→ SYN. exalter, exciter). **2** ● *Le fil de fer de ce grillage* **est galvanisé**, recouvert d'une très fine couche de zinc, pour le protéger de la rouille.

galvauder v. Faire un mauvais usage de quelque chose. ● *En écrivant trop vite, Anne* **galvaude** *ses dons de poète* (→ SYN. gâcher, gaspiller).

gambader v. ● *Les enfants* **gambadent** *dans le pré* : ils sautent dans tous les sens pour s'amuser, ils font des cabrioles (→ SYN. s'ébattre).
■ **gambade** nom f. ● *Le chien fait des* **gambades** *autour de son maître*, des sauts, des bonds joyeux.

gamelle nom f. ● *À midi, les ouvriers du chantier font chauffer leur* **gamelle**, le récipient de métal muni d'un couvercle qui contient leur repas.

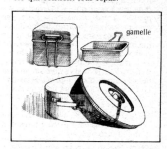

gamelle

gamin nom (fam.) ● *Les* **gamins** *jouent aux billes sur le trottoir*, les enfants (→ SYN. (fam.) gosse). □ adj. ● *Elle est très* **gamine** *pour son âge* : elle a un caractère d'enfant espiègle et joueur.

gamme nom f. **1** • *« Do, ré, mi, fa, sol, la, si... » : joue-nous une* **gamme**, une suite ordonnée de notes de musique. ★ Chercher aussi : accord. **2** • *Le commerçant propose à ses clients toute une* **gamme** *de produits*, une série de produits.

gang [gãg] nom m. • *La police a arrêté tout un* **gang** *de voleurs*, une bande organisée de malfaiteurs.

■ **gangster** [gãgstɛʀ] nom m. • *Cette banque a été attaquée par des* **gangsters**, des bandits qui font partie d'un gang (→ SYN. malfaiteur).

ganglion nom m. • *Pendant son angine, les* **ganglions** *de son cou ont enflé*, des petits organes en forme de boules et situés sous la peau.

gangrène nom f. • *Lorsqu'une blessure est mal soignée, elle peut entraîner la* **gangrène**, une grave maladie qui fait pourrir la chair et conduit à la mort.

gangue [gãg] nom f. **1** • *On fait fondre le minerai pour le séparer de sa* **gangue**, de la terre et des pierres qui y sont mélangées. **2** • *Ce caillou rond, c'est un diamant dans sa* **gangue** *de pierre*, son enveloppe naturelle.

gant nom m. **1** • *En hiver lorsqu'il fait froid, nous mettons des* **gants** *pour protéger nos mains*. ★ Chercher aussi : moufle. **2** GANT DE TOILETTE. • *Il se lave avec un* **gant de toilette**, une poche de tissu éponge dans laquelle on enfile la main. **3** (fig.) ALLER COMME UN GANT. • *Cette robe me* **va comme un gant** : elle me va très bien, elle est juste à ma taille. **4** (fig.) PRENDRE DES GANTS. • *Pour lui demander ce service, Marie* **a pris des gants** : elle a fait très attention pour ne pas le choquer, le vexer. **5** BOÎTE À GANTS. • *Ma mère range les cartes routières dans la* **boîte à gants** *de sa voiture*, un petit casier de rangement placé à l'avant, à droite du conducteur.

garage nom m. **1** • *Le soir, ma mère rentre la voiture au* **garage**, un abri couvert pour les voitures. **2** • *Pour dépanner la voiture, papa cherche un* **garage**, une entreprise qui entretient et répare les voitures, les camions, les motos, etc. (→ garagiste). ★ Chercher aussi : station-service.

■ **garagiste** nom. • *La voiture ne veut pas démarrer, il faut téléphoner au* **garagiste**, à celui qui tient un garage.

garantir v. **1** • *Mon imperméable me* **garantit** *de la pluie* : il m'en protège, m'en préserve. **2** • *Ma montre est* **garantie** *pendant un an* : si elle casse avant un an, l'horloger s'engage à la réparer gratuitement (→ garantie, sens 1). **3** • *Je te* **garantis** *que tout ira bien* : je te l'assure, je te l'affirme (→ garantie, sens 2 ; SYN. certifier). ★ Conjug. 11.

■ **garantie** nom f. **1** • *Combien dure la* **garantie** *de cet appareil ?* : combien de temps est-il garanti ? **2** • *Cet ouvrier présente toutes les* **garanties** *de sérieux* : on peut être sûr qu'il est sérieux (→ SYN. assurance).

garçon nom m. **1** Enfant de sexe masculin. **2** • *Joël est un* **garçon** *sympathique*, un jeune homme. — • *Un* **garçon** *et une fille*. **3** VIEUX GARÇON. • *Mon oncle est resté* **vieux garçon** : il ne s'est pas marié (→ SYN. célibataire). — • *Un* **vieux garçon** *et une vieille fille*. **4** • *Un* **garçon** *de course, de bureau, etc.* : un employé qui fait des travaux faciles. **5** Serveur d'un café, d'un restaurant. • **Garçon !** *Apportez-nous deux bières, s'il vous plaît*.

■ **garçonnet** nom m. • *Mon frère Julien est encore un* **garçonnet**, un petit garçon. — • *Un* **garçonnet** *et une fillette*.

1. garde nom f. **1** • *Je te confie la* **garde** *de mon chat*, la charge de le garder, de le surveiller (→ SYN. surveillance). — MONTER LA GARDE : surveiller. • *Ce soldat* **monte la garde** *devant l'entrée de la caserne*. **2** • *La* **garde** *d'un roi, d'un président* : l'ensemble des hommes chargés de le protéger. **3** • *Les boxeurs se sont mis en* **garde**, en position pour se défendre, pour se protéger. — PRENDRE GARDE À QUELQU'UN, À QUELQUE CHOSE : faire attention pour éviter un danger. — ÊTRE (ou SE TENIR) SUR SES GARDES : se méfier, être prêt à réagir en cas de danger (→ SYN. (fam.) se tenir à carreau*). — METTRE QUELQU'UN EN GARDE : le prévenir d'un danger.

4 • *Quand tu tiens une épée, ta main est protégée par la* **garde**, *la coque qui sépare la lame de la poignée.*

2. garde nom. Personne qui garde, qui surveille, qui protège (→ SYN. gardien, surveillant). • *Il est arrivé un accident dans le parc, il faut appeler le* **garde**. — • *Pour surveiller la malade, nous allons faire venir une* **garde**.

■ **garde-barrière** nom • *À côté de la voie ferrée se trouve la maison du* **garde-barrière**, *la personne chargée de manœuvrer et de surveiller les barrières du passage à niveau.* — • *Des* **gardes-barrière**.

■ **garde champêtre** nom m. • *Les braconniers craignent le* **garde champêtre**, *l'employé communal qui garde et surveille les forêts et les champs.* — • *Des* **gardes champêtres**.

■ **garde-chasse** nom m. • *La biche malade est soignée par le* **garde-chasse**, *l'homme qui garde et soigne le gibier d'une forêt, d'un domaine.* — • *Des* **gardes-chasse**.

■ **gardien** nom. **1** • *Le* **gardien** *fait sa ronde dans le parc, la personne qui surveille.* **2** GARDIEN DE BUT. • *Ce footballeur qui porte des gants est le* **gardien de but** *de l'équipe, le joueur chargé de protéger le but.* **3** GARDIEN DE LA PAIX : agent de police.

garde-à-vous nom m. invar. • *Quand le général passe, les soldats se mettent au* **garde-à-vous** : *ils se tiennent bien droits et immobiles, pour le saluer* (→ CONTR. repos).

garde-boue nom m. invar. • *Une voiture a tordu le* **garde-boue** *de ma bicyclette, la bande de métal courbe qui se trouve au-dessus de la roue et qui empêche la boue d'éclabousser le cycliste.* — • *Des* **garde-boue**. ★ VOIR p. 102.

garde-fou nom m. • *Je regarde l'eau, accoudé au* **garde-fou** *du pont, à la barrière qui empêche les gens de tomber* (→ SYN. balustrade, parapet). — • *Des* **garde-fous**.

garde-manger nom m. invar. • *Je range les fruits dans le* **garde-manger**, *une petite armoire où l'on conserve les aliments.* — • *Des* **garde-manger**.

garder v. **1** • *Grand-mère est restée à la maison pour* **garder** *les enfants, pour les surveiller et prendre soin d'eux.* — • *Notre chien* **garde** *la maison.* **2** • *Ce soldat* **garde** *son prisonnier : il le surveille, pour qu'il ne s'évade pas* (→ garde ; SYN. détenir). **3** • *Ce livre que je t'ai prêté, tu peux le* **garder**, *ne pas me le rendre.* **4** • *Je* **garde** *mes économies pour les grandes vacances : je les mets de côté* (→ CONTR. dépenser). — • *Henri m'a* **gardé** *une place au cinéma : il me l'a réservée.* — • *Peux-tu* **garder** *un secret ?, ne le dire à personne.* **5** • *En été, on ne peut pas* **garder** *très longtemps les fruits, les conserver en bon état.* □ v. pron. • *Ce gâteau ne* **se garde** *pas : on ne peut pas le conserver.* **6** • *J'ai* **gardé** *un bon souvenir de mes vacances : je l'ai conservé dans mon esprit.* **7** • *Jérôme* **garde** *toujours son béret sur la tête : il ne le quitte pas.* — • *Le malade* **garde** *le lit : il reste au lit.* **8** (fig.) GARDER SES DISTANCES. • *Avec Christine, il vaut mieux* **garder ses distances**, *ne pas être trop familier.* **9** v. pron. SE GARDER DE. • **Garde-toi** **bien de** *suivre ce mauvais conseil : ne le suis surtout pas, méfie-toi.*

■ **garderie** nom f. • *Après l'école, l'enfant attend ses parents à la* **garderie**, *un endroit où l'on garde les jeunes enfants.* ★ Chercher aussi : crèche.

garde-robe nom f. • *Ne prends qu'une valise, n'emporte pas toute ta* **garde-robe**, *l'ensemble de tes vêtements.* — • *Des* **garde-robes**.

gardian nom m. Gardien de taureaux et de chevaux en Camargue.

gardien → 2. garde.

gardon nom m. • *Mercredi, nous irons à la rivière pêcher des* **gardons**, *de petits poissons.* — (fig.) FRAIS COMME UN GARDON. • *Hier, François était un peu malade ; aujourd'hui, après une bonne nuit, il est* **frais comme un gardon**, *tout à fait bien, vif et en bonne santé.*

1. gare nom f. • *Je suis allé attendre mon frère à la* **gare**, *le bâtiment, l'ensemble des installations où s'arrêtent et d'où partent les trains.* — • *La* **gare** *des* marchandises. ★ Chercher aussi : quai, ligne, station, voie. — GARE ROUTIÈRE. ● *Le car doit arriver à 6 heures à la **gare routière**,* l'endroit prévu pour le départ et l'arrivée des cars. ★ Chercher aussi : aérogare.

2. gare! interj. **1** ● *Si vous trichez, **gare** à vous!,* attention, il va vous arriver des choses désagréables. **2** SANS CRIER GARE. ● *Gabrielle est arrivée **sans crier gare**,* sans prévenir, à l'improviste.

garenne nom f. ● *Les lapins courent dans la **garenne**,* dans les bois où ils vivent à l'état sauvage.

garer v. **1** ● *Il cherche une place pour **garer** sa voiture,* pour la ranger dans un endroit prévu pour cela. □ v. pron. ● *Ne **vous garez** pas sur le trottoir :* n'y faites pas stationner votre voiture. **2** v. pron. ● *Antoine **s'est garé** pour laisser passer le camion :* il s'est mis sur le côté pour l'éviter.

se gargariser v. pron. ● *Pour soigner mon angine, il faut que je **me gargarise**,* que je me rince la gorge avec un médicament spécial.
■ **gargarisme** nom m. ● *Le pharmacien vend des **gargarismes**,* des médicaments qui servent à se gargariser.

gargote nom f. (péjor.) ● *Il nous a emmenés déjeuner dans une **gargote**,* un restaurant bon marché où la cuisine n'est pas très bonne.

gargouille nom f. ● *Le bord des toits de l'église est orné de **gargouilles** sculptées,* de gouttières décorées de têtes de diables et d'animaux.

gargouiller v. ● *Lorsque je vide la baignoire, l'eau **gargouille** en s'écoulant :* elle fait un bruit particulier.
■ **gargouillement** ou **gargouillis** nom m. ● *Entends-tu ces **gargouillements** dans mon estomac?,* les bruits que font des bulles d'air en traversant un liquide.

garnement nom m. ● *Bertrand aime faire de mauvaises farces, c'est un vrai **garnement**,* un garçon turbulent et insupportable (→ SYN. coquin, galopin).

garnir v. **1** ● *Toutes les fenêtres de la maison **sont garnies** de volets,* munies de volets qui les protègent. **2** ● *Avec tous ces pots de confiture, l'étagère **est** bien **garnie**,* bien remplie (→ CONTR. dégarnir). **3** ● *Cette robe **est garnie** d'un joli galon,* ornée d'un galon. ★ Conjug. 11.
■ **garniture** nom f. **1** ● *Le chat a abîmé la **garniture** du canapé,* les coussins, les tissus qui le protègent. **2** ● *Autour du rôti, le cuisinier a mis une **garniture** de légumes,* des légumes pour accompagner le rôti et rendre le plat plus joli.

garnison nom f. ● *Metz et Saumur sont des villes de **garnison**,* des villes où des militaires sont installés dans des casernes. — *Toute la **garnison** est en manœuvre,* tous les soldats de la ville. ★ Chercher aussi : cantonnement, caserne, régiment.

garrigue nom f. ● *Dans le Midi, je vais souvent me promener dans la **garrigue**,* des terres arides et sèches, où ne poussent que des broussailles. ★ Chercher aussi : maquis.

1. garrot nom m. ● *En traversant la rivière, le cheval noir avait de l'eau jusqu'au **garrot**,* juste au-dessus des épaules.

2. garrot nom m. ● *Le médecin pose un **garrot** à la jambe du blessé,* une bande très serrée pour qu'il arrête de saigner. ★ Chercher aussi : hémorragie.

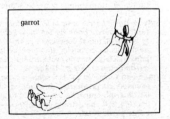

garrot

garrotter v. ● *Les soldats **ont garrotté** le prisonnier :* ils l'ont attaché très solidement.

gars [gɑ] nom m. (fam.) ● *Christophe est un* *gars formidable*, un garçon formidable (→ SYN. (fam.) type). — ● *Les gars du village ont organisé une course*, les jeunes gens. — ● *Courage, vas-y, mon gars !*

gasoil [gazɔjl] ou **gazole** nom m. ● *Ce camion fonctionne au gasoil*, un carburant spécial, plus épais et moins raffiné que l'essence ordinaire, mais moins cher, utilisé dans les moteurs Diesel. ★ Chercher aussi : mazout.

gaspiller v. ● *Marcel ne sait pas bien dépenser son argent, il le gaspille* : il le dépense inutilement, sans en profiter (→ SYN. dilapider ; CONTR. économiser, épargner).

■ **gaspillage** nom m. ● *Il faudrait lutter contre le gaspillage*, contre les dépenses inutiles (→ SYN. gâchis ; CONTR. économie).

gastéropode nom m. ● *L'escargot est un gastéropode*, un animal qui rampe sur un large pied charnu. ★ Chercher aussi : mollusque.

gastrique adj. ● *Simone souffre d'une maladie gastrique*, de l'estomac. — ● *Le suc gastrique* : le liquide produit par l'estomac pour digérer les aliments.

gastronome nom ● *Ne rate pas ton rôti, notre invitée est une gastronome*, une personne qui aime la bonne nourriture et qui s'y connaît (→ SYN. gourmet).

gâteau nom m. **1** ● *Ce pâtissier fait des gâteaux délicieux*, des pâtisseries. — ● *Des gâteaux secs* (→ SYN. biscuit). **2** (fam.) C'EST DU GÂTEAU. ● *Ce travail, c'est du gâteau* : c'est un travail facile, agréable.

1. gâter v. **1** ● *Cette viande n'est plus bonne, elle est gâtée* : elle est abîmée, pourrie, avariée. **2** ● *La pluie a gâté toutes nos vacances* : elle les a gâchées. **3** v. pron. ● *Le temps s'est gâté aujourd'hui* : il est devenu mauvais (→ SYN. se détériorer).

2. gâter v. **1** ● *Elle deviendra insupportable si vous la gâtez*, si vous lui donnez tout ce qu'elle désire, si vous lui laissez faire tout ce qu'elle veut.

2 ● *Les grands-parents gâtent souvent leurs petits-enfants* : ils leur font beaucoup de cadeaux (→ gâterie ; SYN. choyer, combler).

■ **gâterie** nom f. ● *Ma tante m'offre souvent des gâteries*, des petits cadeaux, des friandises.

gâteux adj. ● *Cet homme très âgé est un peu gâteux* : la vieillesse a fait diminuer son intelligence.

1. gauche nom f., loc. adv. et adj. **1** nom f. ● *Luc est assis à ma gauche* (→ CONTR. 2. droite). □ adj. ● *Il s'est cassé le bras gauche* (→ gaucher ; CONTR. 2. droit) — (fig.) SE LEVER DU PIED GAUCHE : être de mauvaise humeur dès le matin. **2** À GAUCHE, loc. adv. ● *La voiture a tourné à gauche*, vers la gauche. **3** adj. ● *Ce garçon est timide et gauche*, maladroit (→ gaucherie ; CONTR. adroit, décontracté).

■ **gaucher** adj. ● *Claire écrit de la main gauche, elle est gauchère*, plus habile de la main gauche que de la main droite (→ CONTR. droitier).

■ **gaucherie** nom f. ● *Peu à peu, cet apprenti se débarrassera de sa gaucherie*, de sa maladresse, il sera plus à l'aise (→ CONTR. adresse, dextérité).

2. gauche nom f. ● *Les socialistes et les communistes font partie de la gauche*, l'ensemble des partis politiques qui ont des idées progressistes (→ CONTR. 2. droite). — DE GAUCHE, loc. adj. ● *Un député de gauche*, qui fait partie de la gauche, qui partage ses idées (→ SYN. progressiste ; CONTR. conservateur).

gaufre nom f. ● *Mercredi, nous avons fait des gaufres*, des gâteaux de pâte légère, cuits dans un moule qui dessine des formes en relief.

■ **gaufrette** nom f. ● *Avec le thé, maman offre des gaufrettes*, des petits gâteaux secs légers, quadrillés comme des gaufres.

■ **gaufrier** nom m. ● *Bertrand verse la pâte dans le gaufrier*, le moule à gaufres.

gaule nom f. **1** ● *J'ai fait tomber le ballon du toit à l'aide d'une gaule*, un bâton long et mince (→ gauler ; SYN. perche).

2 ● *Le pêcheur a emporté sa **gaule**, sa canne à pêche.*

■ **gauler** v. ● *En automne, on **gaule** les noix :* on les fait tomber des arbres en frappant les branches avec une gaule.

■ **gaulage** nom m. Action de gauler.

gaver v. **1** ● *La fermière **gave** ses oies :* elle les fait manger de force pour les engraisser. **2** v. pron. ● *Elle s'est **gavée** de crème au chocolat :* elle en a trop mangé (→ SYN. (fam.) se bourrer).

gavroche nom m. Gamin parisien, débrouillard, moqueur et un peu effronté. ★ Nom d'un personnage de Victor Hugo dans *Les Misérables*.

gaz nom m. invar. **1** ● *L'air que nous respirons est un mélange de **gaz**,* des substances qui ne sont ni liquides, ni solides (→ gazéifier; gazeux). ★ Chercher aussi : fluide. **2** ● *Un réchaud à **gaz**,* qui fonctionne au moyen d'un gaz qui peut brûler. — GAZ NATUREL : gaz combustible que l'on tire du sous-sol (→ gazoduc). **3** (fig.) PLEINS GAZ : à pleine puissance.

■ **gazeux** adj. **1** ● *Quand elle bout, l'eau passe de l'état liquide à l'état **gazeux** :* elle se transforme en gaz. **2** ● *La limonade est une boisson **gazeuse**,* qui pétille parce qu'elle contient un gaz.

■ **gazéifier** v. ● *Cette eau minérale a été **gazéifiée** :* on l'a rendue gazeuse. ★ Conjug. 10.

■ **gazoduc** nom m. Gros tuyau dans lequel on fait circuler le gaz que l'on veut transporter. ★ Chercher aussi : aqueduc, oléoduc.

gaze nom f. ● *Il a protégé cette brûlure par une compresse de **gaze**,* un tissu très léger. ★ Ne pas confondre *gaze* et *gaz*.

gazelle nom f. ● *Le lion guette ce troupeau de **gazelles**,* des animaux sauvages d'Afrique ou d'Asie qui courent très vite. ★ Chercher aussi : antilope.

gazole → gasoil.

gazon nom m. ● *Samedi matin, mon père va tondre le **gazon**,* l'herbe courte, fine et serrée qui forme les pelouses.

gazouiller v. **1** ● *Dès que le jour se lève, les oiseaux se mettent à **gazouiller**,* à chanter doucement. **2** ● *Bébé **gazouille** dans son berceau :* il fait entendre de petits bruits (→ SYN. babiller).

■ **gazouillement** ou **gazouillis** nom m. ● *Le **gazouillis** des oiseaux :* le bruit léger et doux qu'ils font en gazouillant.

geai [ʒɛ] nom m. ● *Cette plume aux taches bleues vient sûrement d'un **geai**,* un oiseau assez gros au plumage clair tacheté. ★ Ne pas confondre avec *jet*.

géant nom et adj. **A.** nom **1** ● *Le journal parle d'un **géant** qui mesure plus de 2 mètres,* une personne de très haute taille (→ gigantesque; CONTR. nain). **2** ● *Ce chêne est le **géant** de la forêt,* l'arbre le plus haut.
B. adj. ● *Cette tour est un immeuble **géant**,* très haut, très grand (→ SYN. colossal, gigantesque, immense).

geindre v. ● *Le blessé **geint** en dormant :* il gémit, il se plaint. ★ Conjug. 35.

gélatine nom f. ● *Cette colle contient de la **gélatine**,* une matière molle, élastique et transparente que l'on obtient en faisant bouillir des os d'animaux ou des algues (→ 2. gelée).

■ **gélatineux** adj. ● *Cette crème est **gélatineuse** :* elle a la consistance de la gélatine.

geler v. **1** ● *L'eau **gèle** à une température de 0 °C :* elle se transforme en glace (→ CONTR. dégeler, fondre). **2** ● *La météo annonce qu'il **gèlera** cette nuit,* que la température s'abaissera à 0 °C ou en dessous (→ congeler, surgeler). **3** (fam.) ● *Ferme la fenêtre, on **gèle** ici ! :* on a très froid. ★ Conjug. 8.

■ **gel** nom m. ● *Les routes sont dangereuses à cause du **gel**,* parce qu'il gèle (→ antigel). ★ Chercher aussi : givre, glace, verglas.

■ **gelé** adj. **1** ● *Je vais patiner sur le lac **gelé**,* dont l'eau s'est transformée en glace. **2** ● *Cet alpiniste a eu les pieds **gelés**,* abîmés par le froid. **3** ● *Mes mains sont **gelées**,* très froides (→ SYN. (fam.) frigorifié).

1. gelée nom f. ● *Les fleurs que j'avais plantées ont été détruites par la* **gelée**, le très grand froid.

2. gelée nom f. **1** ● *J'ai fait de la* **gelée** *de groseille*, une sorte de confiture faite avec le jus des fruits et qui a la consistance de la gélatine. **2** ● *Pour le pique-nique, nous prendrons du poulet en* **gelée**, du poulet froid entouré de jus de viande qui est devenu gélatineux.

gélule nom f. ● *Ce médicament se présente sous forme de* **gélules**, de petites capsules qui contiennent le médicament en poudre.

gémir v. **1** ● *Ce chien blessé* **gémit** *de douleur :* il pousse des petits cris faibles pour se plaindre. **2** (fig.) ● *Le vent* **gémit** *dans les sapins :* il fait un bruit qui ressemble à des gémissements. ★ Conjug. 11.

■ **gémissement** nom m. ● *Le malade pousse des* **gémissements**, des cris faibles et plaintifs.

gênant adj. **1** ● *Les voitures ne peuvent pas passer, ce camion est* **gênant**, encombrant (→ gêner). **2** ● *Ce bruit* **gênant** *m'empêche de lire :* ce bruit désagréable, qui dérange. **3** ● *Je ne peux pas lui dire non, c'est* **gênant**, embarrassant.

gencive nom f. ● *Ma brosse à dents est trop dure, elle fait saigner mes* **gencives**, la chair qui recouvre la base des dents. ★ VOIR p. 544.

gendarme nom m. ● *Les* **gendarmes** *ont arrêté le voleur*, les militaires chargés de protéger les gens dans tout le pays et de faire respecter la loi.

■ **gendarmerie** nom f. **1** ● *La* **gendarmerie** *nationale :* l'ensemble des gendarmes. **2** ● *Pour porter plainte, il est allé à la* **gendarmerie**, le bâtiment où se trouvent les gendarmes.

se gendarmer v. Se fâcher, gronder. ● *Ses parents ont dû* **se gendarmer** *pour qu'il se couche plus tôt.*

gendre nom m. ● *Il rend visite à sa fille et à son* **gendre**, le mari de sa fille (→ SYN. beau-fils). ★ Chercher aussi : bru.

gêne nom f. **1** ● *Ce bruit cause de la* **gêne** *à vos voisins :* cela les ennuie, les dérange (→ SYN. dérangement, désagrément). **2** ● *Il ne se demande jamais s'il dérange, il n'a aucune* **gêne** *vis-à-vis des autres :* il ne se gêne pas pour eux (→ sans-gêne). **3** ● *Le blessé éprouve une* **gêne** *quand il respire*, une légère souffrance, un malaise (→ CONTR. bien-être). **4** ÊTRE DANS LA GÊNE : manquer d'argent. ● *Depuis qu'il est au chômage, sa famille est* **dans la gêne**.

■ **gêner** v. **1** ● *Ne restez pas ici, vous* **gênez** *la circulation :* vous empêchez qu'elle se fasse normalement (→ SYN. encombrer, entraver). **2** ● *Vous pouvez fumer, ça ne me* **gêne** *pas :* ça ne me dérange pas (→ SYN. importuner). **3** ● *Cela me* **gêne** *un peu de vous demander ce service :* cela m'embarrasse, me rend confus. □ v. pron. ● *Ne* **vous gênez** *pas, faites comme chez vous !* **4** ● *Je ne peux pas acheter cela, car, en ce moment, je* **suis** *un peu* **gêné** *:* je manque d'argent.

généalogique adj. ARBRE GÉNÉALOGIQUE : tableau en forme d'arbre, qui représente les ancêtres d'une famille avec tous leurs descendants.

1. général adj. **1** ● *Cette photo est une vue* **générale** *de notre ville*, une vue qui montre l'ensemble de la ville (→ CONTR. partiel). — ● *Une règle* **générale**, qui s'applique dans tous les cas (→ CONTR. particulier). **2** ● *Son idée a été acceptée dans l'enthousiasme* **général**, de tout le monde. **3** EN GÉNÉRAL, loc. adv. : dans la plupart des cas. ● *En* **général**, *je voyage en train* (→ SYN. généralement, habituellement).

■ **généralement** adv. ● *Il se couche* **généralement** *vers 9 h*, le plus souvent (→ SYN. habituellement ; CONTR. exceptionnellement).

■ **généraliser** v. **1** ● *Dans les gares, on* **a généralisé** *les contrôles automatiques :* on en a mis dans l'ensemble des gares, partout (→ SYN. répandre). **2** ● *En disant «Aujourd'hui, tout le monde a une voiture», tu* **généralises** *:* tu appliques à tout le monde ce qui n'est vrai que pour une partie des gens.

■ **généralités** nom f. plur. ● *Ce guide touristique ne dit que des **généralités** sur la région*, des indications générales ; il n'entre pas dans les détails.

2. général nom m. ● *Le **général** passe les troupes en revue*, l'officier qui possède le plus haut grade dans l'armée française. ★ VOIR p. 433.

générateur, -trice adj. ● *La dynamo de ton vélo est **génératrice** d'électricité :* elle en produit. □ nom m. ● *Un **générateur** (d'électricité) produit de l'électricité.*

génération nom f. **1** ● *Cette photo où tu vois mon grand-père, mon père et moi représente trois **générations** de notre famille*, trois degrés de parent à enfant. **2** ● *Antoine fait partie de la **génération** de mes parents*, du groupe de gens qui ont à peu près le même âge.

généreux adj. ● *En donnant ses économies pour aider les réfugiés, Alain a été **généreux*** (→ SYN. bon, charitable ; CONTR. avare, égoïste). — ● *Une âme **généreuse*** (→ CONTR. bas, intéressé).
■ **généreusement** adv. ● *Édith a offert **généreusement** ses plus beaux jouets*, d'une manière généreuse.
■ **générosité** nom f. ● *Nous vous remercions de votre **générosité**.* — ● *Il a montré de la **générosité** envers son ennemi* (→ CONTR. bassesse).

générique nom m. ● *Le **générique** d'un film :* la liste des gens (acteurs, techniciens, etc.) qui ont participé à sa réalisation.

genèse nom f. **1** Récit de la création du monde dans la Bible. **2** (fig.) Naissance, création d'une œuvre de l'esprit. ● *La **genèse** de ce tableau a été compliquée* (→ SYN. élaboration, formation).

genêt nom m. ● *La lande est belle quand les **genêts** sont en fleurs*, des arbrisseaux sauvages à fleurs jaunes.

gêneur nom ● *Qui est ce **gêneur** qui téléphone à 11 h du soir ?*, cette personne qui gêne, qui dérange.

1. génie nom m. **1** ● *Dans ce conte de fées, un bon **génie** vient au secours du héros*, un être imaginaire qui a des pouvoirs magiques. **2** ● *Ce peintre a du **génie** :* il a des dons extraordinaires. — DE GÉNIE, loc. adj. : qui a du génie, génial. ● *Avoir une idée **de génie**.* **3** ● *Il se prend pour un **génie**,* un homme de génie.
■ **génial** adj. ● *Une invention **géniale**.* — ● *Un artiste **génial*** (→ SYN. remarquable, sublime).

2. génie nom m. Ensemble des services chargés de construire les ponts, les routes, les barrages, etc. ● *Le **génie** militaire, le **génie** civil.*

genièvre nom m. **1** Petite baie noire utilisée comme aromate. **2** Alcool. ● *Un verre de **genièvre**.*

génisse nom f. ● *Le fermier a séparé les vaches et les veaux des **génisses**,* des jeunes vaches qui n'ont encore jamais eu de veau.

génital adj. ● *Les organes **génitaux**,* qui servent à la reproduction (→ SYN. sexuel).

génocide nom m. Destruction de tout un peuple. ● *Sous le régime nazi, les Juifs ont été victimes d'un **génocide*** (→ SYN. extermination).

genou nom m. ● *L'articulation du **genou**.* — ● *Être dans l'eau jusqu'aux **genoux**.* — ● *La mère tient son enfant sur ses **genoux**.* — À GENOUX, loc. adv. : les genoux posés à terre. ● *Se mettre, tomber à **genoux*** (→ s'agenouiller). ★ VOIR p. 967.

genre nom m. **1** ● *Le cheval et la fourmi appartiennent au **genre** animal,* à l'ensemble des animaux, à leur catégorie. **2** ● *Ce **genre** de coiffure lui va bien* (→ SYN. sorte, style). **3** ● *Le **genre** de ce garçon me plaît,* son allure, ses manières. **4** ● *« table » est du **genre** féminin,* « couteau » du **genre** masculin, des catégories de la grammaire.

gens nom m. plur. **1** ● *Dans la rue, j'ai croisé beaucoup de **gens**,* de personnes, hommes, femmes ou enfants. **2** ● *Alice aime beaucoup écouter les vieilles **gens** raconter des histoires,* les personnes âgées. ★ Attention ! l'adjectif qualificatif placé immédiatement devant « gens » se met au féminin.

3 JEUNES GENS : plur. de *jeune homme.* ● *Les* **jeunes gens** *et les jeunes filles sont partis au cinéma.*

gentiane [ʒɑ̃sjan] nom f. ● *Au bord du sentier, Sophie cueille des* **gentianes**, *des plantes à fleurs qui poussent en montagne.*

gentil adj. **1** ● *Mon voisin aime rendre service, il est très* **gentil**, *agréable, aimable, serviable* (→ gentillesse). — ● *Ce chien est* **gentil** *avec les enfants, doux.* — ● *Je vous remercie de votre* **gentille** *lettre* (→ CONTR. désagréable, méchant). **2** ● *Bébé n'a pas pleuré, il a été* **gentil** (→ SYN. sage, tranquille). **3** ● *Cet enfant a une* **gentille** *frimousse, jolie et agréable* (→ SYN. gracieux, mignon).

■ **gentillesse** nom f. **1** ● *Ta* **gentillesse** *me fait plaisir, le fait que tu sois gentil* (→ SYN. amabilité, complaisance ; CONTR. dureté, méchanceté). **2** ● *Il m'a dit des* **gentillesses**, *des paroles gentilles.*

■ **gentiment** adv. **1** ● *Julien m'a souri* **gentiment**, *avec gentillesse, aimablement* (→ CONTR. durement, méchamment). **2** ● *Sa maison est arrangée* **gentiment** (→ SYN. joliment).

gentilhomme [ʒɑ̃tijɔm] nom m. ● *Ce* **gentilhomme** *a été présenté au roi, cet homme noble.* — ● *Des* **gentilshommes** [ʒɑ̃tizɔm].

gentleman [dʒɛntlaman] nom m. ● *Ce monsieur est un parfait* **gentleman**, *un homme très bien élevé.* ★ Au plur. : *des gentlemen* [dʒɛntləmɛn].

géographie nom f. ● *Luc est passionné de* **géographie**, *la science qui décrit la surface du globe terrestre, son relief, son climat, sa végétation, ses habitants, etc.* — ● *Nous étudions en ce moment la* **géographie** *du Bassin parisien.*

■ **géographique** adj. ● *Dessiner une carte* **géographique**, *de géographie.*

■ **géographe** nom. Spécialiste de géographie. ● *Ce* **géographe** *étudie les montagnes d'Amérique du Sud.*

geôle [ʒol] nom f. (littér.) Prison, cachot.

● *Le prisonnier croupissait dans une* **geôle** *depuis plusieurs mois.*

géologie nom f. Science qui étudie la terre et son sous-sol, sa formation, ses transformations au cours des temps.

■ **géologique** adj. ● *Des recherches* **géologiques**.

■ **géologue** nom. Spécialiste de géologie. ● *Ces* **géologues** *ont découvert un volcan sous-marin.*

géomètre nom ● *Le* **géomètre** *mesure la pente pour tracer une nouvelle route, la personne dont le métier est de mesurer des terrains, de faire des plans.*

géométrie nom f. Partie des mathématiques qui étudie les lignes, les surfaces, les volumes.

■ **géométrique** adj. ● *Le carré, le rectangle, le triangle, le cercle sont des figures* **géométriques**, *étudiées par la géométrie.*

géranium [ʒeranjɔm] nom m. ● *Sur notre balcon, nous avons planté des* **géraniums**, *des plantes à fleurs rouges, roses ou blanches.*

gérant nom ● *Comme il est trop vieux pour tenir son magasin, il y a placé un* **gérant**, *une personne chargée de s'en occuper, de le diriger à sa place.*

■ **gérance** nom f. ● *Le propriétaire a mis son magasin en* **gérance**, *sous la direction d'un gérant.*

gerbe nom f. **1** ● *Autrefois, le blé et l'avoine étaient liés en* **gerbes**, *en bottes.* — ● *Une* **gerbe** *de fleurs, un grand bouquet.* **2** ● *En roulant dans une flaque, l'automobiliste a fait jaillir une* **gerbe** *d'eau, un jet d'eau en forme de gerbe.*

gercer v. ● *Il fait si froid que mes lèvres* **ont gercé** : *elles se sont fendillées et elles me font mal* (→ SYN. crevasser). ★ Conjug. 4.

■ **gerçure** nom f. ● *Cette crème te protégera contre les* **gerçures** (→ SYN. crevasse).

gérer v. ● *Cette entreprise fait des bénéfices, car elle* **est** *bien* **gérée**, *bien dirigée* (→ gestion ; SYN. 1. administrer). ★ Conjug. 8.

géométrie

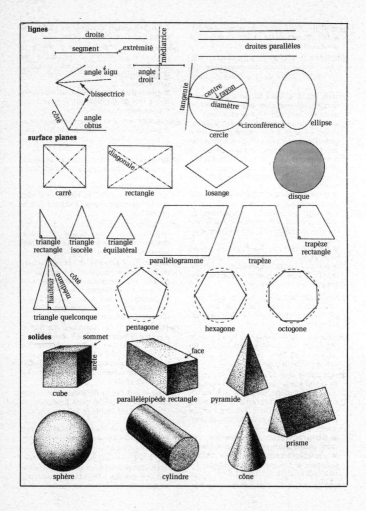

lignes

droite

segment — extrémité

médiatrice

droites parallèles

angle aigu

angle droit

bissectrice

côté

angle obtus

tangente

centre

rayon

diamètre

circonférence

cercle

ellipse

surface planes

carré

diagonale

rectangle

losange

disque

triangle rectangle

triangle isocèle

triangle équilatéral

parallélogramme

trapèze

trapèze rectangle

hauteur

médiane

côté

triangle quelconque

pentagone

hexagone

octogone

solides

sommet

face

arête

cube

parallélépipède rectangle

pyramide

sphère

cylindre

cône

prisme

germain adj. ● *Mes enfants et les enfants de ma sœur seront cousins* **germains**, *des cousins qui ont les mêmes grands-parents.*

germe nom m. **1** ● *Tous les êtres vivants se développent à partir d'un* **germe** (→ SYN. embryon). **2** ● *Des* **germes** *de soja, les premières pousses qui sortent d'une graine pour former une nouvelle plante.* **3** ● *Le* **germe** *d'une maladie, le microbe qui provoque cette maladie.*
■ **germer** v. **1** ● *Rosalie fait* **germer** *des haricots dans du coton humide : elle les fait pousser.* **2** (fig.) ● *Une idée* **a germé** *dans mon esprit : elle s'est formée, s'est développée.*
■ **germination** nom f. ● *Cette plante a besoin d'humidité pendant sa* **germination**, *pendant la période où elle germe.*

gésier nom m. ● *Dans le* **gésier** *de cette poule, j'ai trouvé des petits cailloux, la poche spéciale de l'estomac des oiseaux, où sont triturés leurs aliments.*

gestation nom f. **1** *Temps pendant lequel la femelle porte son petit* (→ SYN. grossesse). **2** *Travail secret qui prépare la création d'une œuvre.* ● *La* **gestation** *de ce roman a duré deux ans.* ★ Chercher aussi : genèse, sens 2.

1. geste nom m. **1** ● *De loin, Hervé m'a salué d'un* **geste** *de la main, d'un mouvement* (surtout des bras, des mains ou de la tête). **2** ● *En lui pardonnant, tu as fait un* **geste** *généreux, une action.*
■ **gesticuler** v. ● *Quand il raconte une histoire, il ne peut pas s'empêcher de* **gesticuler**, *de faire beaucoup de gestes.*

2. geste nom f. CHANSON DE GESTE : *long poème du Moyen Âge, qui raconte les exploits d'un héros.* ● *La «Chanson de Roland» est la plus célèbre* **chanson de geste***.*

gestion nom f. ● *On lui a confié la* **gestion** *de cette affaire : c'est lui qui gère cette affaire, qui la dirige* (→ gérer ; SYN. administration, direction).

geyser [ʒɛzɛʀ] nom m. ● *Toutes les trois minutes, ce* **geyser** *jaillit à une hauteur de 50 mètres, une source d'eau* chaude qui jaillit du sol comme un volcan.

ghetto [gɛto] nom m. ● *Autrefois, dans certaines villes, les Juifs étaient obligés de vivre dans des* **ghettos**, *des quartiers qui leur étaient réservés.*

gibbon nom m. *Singe d'Asie, dépourvu de queue et aux bras très longs.*

gibecière nom f. ● *Le chasseur porte sa* **gibecière** *en bandoulière, un sac dans lequel il met le gibier qu'il a tué.*

giberne nom f. *Boîte où les soldats mettaient leurs cartouches.*

gibet nom m. ● *Autrefois, les condamnés à mort étaient pendus au* **gibet**, *à une potence.*

gibier nom m. ● *Le* **gibier** *est abondant dans cette région, les animaux que l'on peut chasser.*
■ **giboyeux** adj. ● *Une forêt* **giboyeuse**, *où il y a beaucoup de gibier.*

giboulée nom f. ● *Mars est le mois des* **giboulées**, *des averses courtes et brusques, souvent mêlées de grêle.*

gicler v. ● *Quand j'ai mordu dans ma pêche, le jus* **a giclé** *sur ma chemise : il a jailli en éclaboussant.*
■ **giclée** nom f. ● *Le lave-glace projette une* **giclée** *d'eau sur le pare-brise de la voiture* (→ SYN. jet).
■ **gicleur** nom m. ● *Le garagiste a débouché le* **gicleur** *de la voiture, le petit tube par lequel l'essence gicle dans le carburateur.*

gifle nom f. ● *Donner, recevoir une* **gifle**, *un coup du plat de la main sur la joue* (→ SYN. claque).
■ **gifler** v. ● *Marion pleure parce que son frère l'a* **giflée**, *parce qu'il lui a donné une gifle.*

gigantesque adj. ● *Le dinosaure était un animal préhistorique* **gigantesque**, *d'une très grande taille* (→ SYN. énorme, géant).

gigogne adj. ● *Une table* **gigogne** *: constituée d'une série de tables de plus en plus petites qui s'emboîtent les unes dans les autres.*

gigot nom m. ● *Au déjeuner, nous avons mangé un gigot de mouton*, une cuisse de mouton.

gigoter v. (fam.) ● *Cesse de gigoter pendant que je t'habille!*, de remuer, d'agiter tes bras et tes jambes.

gigue nom f. Danse écossaise ou canadienne sur un rythme vif à deux temps.

gilet nom m. **1** ● *Il s'est fait faire un costume avec un gilet*, un vêtement court à boutons, sans manches, qui se porte entre la chemise et le veston. **2** ● *Boutonne ton gilet de laine pour avoir plus chaud*, ta petite veste. **3** GILET DE SAUVETAGE : petite veste spéciale qui permet de flotter si l'on tombe à l'eau.

gingembre nom m. Plante dont la racine allongée est utilisée comme condiment.

girafe nom f. Grand mammifère d'Afrique dont le pelage a de larges taches brunes. ● *Grâce à leur long cou, les girafes peuvent manger les feuilles des arbres.*

giratoire adj. SENS GIRATOIRE. ● *Pour faire le tour du rond-point, les voitures doivent suivre le sens giratoire*, le sens que les véhicules sont obligés de suivre pour tourner.

girofle nom m. GIROFLE, ou, le plus souvent CLOU DE GIROFLE : bouton des fleurs d'une plante (le *giroflier*), que l'on utilise comme épice. ● *Ajoutons des clous de girofle pour parfumer le pot-au-feu.*

girolle nom f. ● *Nous avons mangé du poulet aux girolles*, des champignons jaunes comestibles.

giron nom m. (littér. ou par plaisanterie). Partie du corps comprise entre la taille et les genoux et qui forme un creux quand on est assis. ● *L'enfant se blottit dans le giron de sa mère.*

girouette nom f. **1** ● *D'après la girouette du clocher, le vent vient du Nord*, la plaque de métal qui tourne autour d'un axe et indique la direction du vent. **2** (fig.) ● *On ne peut pas compter sur lui : c'est une vraie girouette*, une personne qui change souvent d'avis.

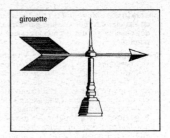

girouette

gisant nom m. ● *Sur les tombeaux des rois de France on a sculpté des gisants*, des statues les représentant morts et allongés.

gisement nom m. ● *Ces géologues font des recherches pour découvrir un gisement de pétrole*, du pétrole dans le sous-sol. ★ Chercher aussi : filon, minerai.

gitan nom ● *Les gitans vivent dans des roulottes*, des nomades originaires d'Espagne.

1. gîte nom m. **1** ● *Les marcheurs ont trouvé un gîte pour la nuit*, un endroit où dormir. **2** ● *Le gîte du lièvre*, le creux où il s'abrite.

2. gîte nom f. ● *Ce voilier prend de la gîte* : il penche sur le côté.

givre nom m. ● *Certains matins d'hiver, les arbres sont couverts de givre*, de rosée ou de brouillard gelés.
■ **givré** adj. ● *Les vitres de la voiture sont givrées*, recouvertes de givre (→ dégivrer).

glace nom f. **1** ● *Yves met un cube de glace dans son verre*, un cube d'eau gelée (→ glacer, sens 1 ; glacier, sens 1). **2** (fig.) DE GLACE. ● *On l'a insulté, mais il est resté de glace* (→ SYN. impassible, imperturbable). — (fig.) BRISER LA GLACE. ● *À cette réunion, personne ne se connaissait, mais, avec ses plaisanteries, Éric a brisé la glace* : il a fait cesser la gêne qui s'était installée. **3** ● *Manger une glace à la vanille*, une crème glacée (→ glacier, sens 2). **4** ● *Papa se rase* devant la **glace**, le miroir. **5** ● *Il fait si chaud qu'on a baissé toutes les **glaces** de la voiture*, les vitres des portières.

■ **glacer** v. **1** ● *Mettre une crème à* **glacer**, à refroidir pour qu'elle devienne de la glace. **2** ● *Un vent froid qui vous **glace** les oreilles*, qui vous donne très froid aux oreilles (→ SYN. geler). **3** (fig.) ● *Ses paroles m'**ont glacé** :* elles m'ont paralysé de peur (→ SYN. pétrifier). **4** ● *Glacer une pâtisserie :* la recouvrir d'une couche lisse de sucre fondu. ★ Conjug. 4.

■ **glacé** adj. **1** ● *Une crème **glacée**.* — ● *J'ai les mains **glacées**,* très froides (→ CONTR. chaud). **2** ● *Du papier **glacé**,* lisse et brillant. **3** ● *Des marrons **glacés** :* imprégnés de sucre.

■ **glacial** adj. **1** ● *Il fait un vent **glacial**,* très froid. **2** (fig.) ● *Son accueil a été **glacial*** (→ CONTR. chaleureux).

■ **glaciaire** adj. ● *Un paysage **glaciaire**,* de glacier (→ glacier, sens 1).

glacier nom m. **1** Grand amas de glace en montagne qui se forme par tassement de la neige et se déplace très lentement. ● *Le **glacier** du Mont-Blanc.* **2** Marchand ou fabricant de crèmes glacées.

■ **glacière** nom f. ● *Les campeurs gardent leurs provisions dans une **glacière**,* une boîte isolante qui conserve le froid.

■ **glaçon** nom m. ● *Veux-tu un **glaçon** dans ton jus d'orange ?,* un petit morceau de glace.

gladiateur nom m. ● *Jadis les Romains aimaient voir des combats de **gladiateurs**,* d'hommes qui combattaient à mort contre d'autres hommes ou contre des bêtes féroces. ★ Chercher aussi : arène, glaive.

glaïeul [glajœl] nom m. ● *Nos invités nous ont offert une gerbe de **glaïeuls**,* de grandes fleurs aux feuilles pointues.

glaise nom f. ● *Le potier travaille la **glaise**,* une terre grasse que l'on peut modeler pour faire des poteries, des statues (→ SYN. argile). □ adj. ● *La terre **glaise**.*

glaive nom m. ● *Les soldats romains brandirent leur **glaive**,* leur épée courte et large à double tranchant.

gland nom m. ● *Les sangliers aiment beaucoup les **glands**,* les fruits du chêne.

glande nom f. ● *Les larmes, la sueur, la salive sont produites par des **glandes**,* des organes de notre corps qui fabriquent chacun un liquide, une substance. ★ Chercher aussi : sécréter.

glaner v. **1** ● *Autrefois, les pauvres gens allaient **glaner** aux champs,* ramasser les épis de blé oubliés dans les champs par les moissonneurs. **2** (fig.) ● *Le journaliste essaie de **glaner** des informations,* d'en recueillir çà et là.

glapir v. ● *Le renard **glapit**,* il pousse de petits cris aigus. ★ Conjug. 11.

■ **glapissement** nom m. ● *Le **glapissement** du lapin, du chacal, leur cri.*

glas nom m. ● *Pour annoncer l'enterrement d'un habitant du village, les cloches de l'église sonnent le **glas**,* un tintement lent et triste.

glauque adj. ● *L'eau de la rivière est **glauque**,* sombre, d'un bleu verdâtre.

glèbe nom f. Terre cultivée, champ labouré (mot ancien). ● *Au Moyen Âge, les serfs étaient attachés à la **glèbe** :* la terre possédée par leur seigneur. ★ Chercher aussi : seigneur, serf.

glisser v. **1** ● *La barque **glisse** sur la rivière,* elle se déplace d'un mouvement continu sur une surface lisse (→ glissade). **2** ● *Il est tombé en **glissant** sur une peau de banane,* en dérapant (→ glissant). **3** ● *La tasse lui a **glissé** des mains,* lui a échappé. — (fig.) ● *Le voleur a **glissé** entre les doigts des policiers :* il s'est échappé. **4** ● *Sur un sujet sur lequel il vaut mieux **glisser**,* passer sans insister. **5** ● *Il **glisse** la lettre dans une enveloppe :* il l'introduit (dans quelque chose d'étroit). □ v. pron. ● *Les serpents se **glissent** entre les herbes :* ils se faufilent. **6** ● *Le client **glisse** une pièce au serveur :* il la lui donne discrètement. — (fig.) ● *Glisser un mot à* *l'oreille de quelqu'un* : lui parler discrètement.

■ **glissade** nom f. ● *Marc et Julie font des glissades sur le trottoir gelé* : ils glissent sur la glace.

■ **glissant** adj. ● *Quand il pleut, les routes deviennent glissantes* : on y dérape facilement.

■ **glissement** nom m. ● *Le tremblement de terre a provoqué un glissement de terrain* : le terrain a glissé le long de la pente, il s'est effondré. ★ Chercher aussi : faille.

■ **glissière** nom f. **1** ● *Une porte à glissière*, qui glisse le long d'un rail (→ SYN. coulisse). — ● *Une fermeture à glissière*. **2** GLISSIÈRE DE SÉCURITÉ : bordure métallique disposée le long d'une route, d'une autoroute, pour retenir les voitures en cas d'accident.

global adj. ● *Pour ce voyage, nous avons payé une somme globale de mille francs*, une somme totale, qui recouvre l'ensemble des frais.

■ **globalement** adv. De façon globale. ● *J'ai payé mes achats globalement*, ensemble, en une seule fois.

globe nom m. **1** ● *Un globe lumineux est suspendu au plafond*, une grosse boule lumineuse (→ SYN. sphère). **2** ● *Le globe terrestre*, ou *le globe,* la Terre qui a la forme d'une boule. — ● *L'eau recouvre les trois quarts de la surface du globe* (→ globe-trotter). **3** ● *La pendule est recouverte d'un globe*, une sorte de cloche de verre qui la protège.

■ **globe-trotter** [glɔbtrɔtœr] nom m. ● *Certains journalistes sont de véritables globe-trotters*, des voyageurs qui parcourent la terre entière.

globule nom m. **1** ● *En regardant ce liquide au microscope, j'ai vu des globules de graisse*, de toutes petites boules. **2** ● *Notre sang contient des globules rouges et des globules blancs*, des cellules minuscules de forme arrondie.

globuleux adj. Saillant, qui dépasse de l'orbite. ● *Cet homme a des yeux globuleux.*

gloire nom f. ● *Sa médaille d'or aux Jeux Olympiques lui a rapporté la gloire,*

la célébrité et l'admiration de tous (→ SYN. renommée). — À LA GLOIRE DE, loc. prép. ● *On a écrit un livre à la gloire de ce savant*, en son honneur.

■ **glorieux** adj. ● *Les premiers hommes qui ont marché sur la Lune ont accompli un exploit glorieux*, qui leur a donné la gloire, qui mérite la gloire.

■ **se glorifier** v. pron. ● *Il se glorifie d'avoir fait fortune* : il s'en vante, il en tire de la gloire. ★ Conjug. 10.

■ **gloriole** nom f. ● *Elle n'a pas agi par courage, mais par gloriole*, par vanité.

glossaire nom m. ● *Pour faire ton exercice, consulte le glossaire*, liste de mots difficiles qui sont expliqués.

glousser v. **1** ● *Les poules gloussent dans la basse-cour* : elles poussent de petits cris. **2** (fam.) ● *Allons, du calme! Arrêtez de glousser*, de rire en poussant de petits cris.

■ **gloussement** nom m. ● *Les gloussements de la poule.*

glouton adj. et nom ● *Mon chien se jette sur sa soupe; il est glouton* : il mange très vite et beaucoup à la fois (→ engloutir; SYN. goinfre, goulu).

■ **gloutonnerie** nom f. ● *Manger avec gloutonnerie*, comme un glouton (→ SYN. goinfrerie).

glu nom f. **1** Matière visqueuse et collante. ● *Autrefois, on se servait d'un ruban enduit de glu pour attraper les mouches*. **2** Colle forte.

■ **gluant** adj. ● *Il a les mains gluantes de confiture*, collantes, visqueuses.

glycine nom f. ● *La façade de notre maison est couverte de glycine*, une plante grimpante à fleurs mauves en grappes.

gnome [gnom] nom m. ● *Dans ce conte, le gnome joue un mauvais tour à la princesse*, un petit personnage de légende, laid et difforme.

goal [gol] nom m. ● *Le goal de notre équipe de football arrête tous les tirs*, le gardien de but.

gobelet nom m. ● *Pour le pique-nique, nous emporterons des gobelets en carton*, des verres sans pied.

gober v. **1** ● *Les oiseaux **gobent** les petits insectes* : ils les avalent en aspirant. — ● *Gober un œuf (cru)* : l'avaler en aspirant (après avoir percé la coquille de deux petits trous). **2** (fig. et fam.) ● *Il est très naïf; il **gobe** tout ce qu'on lui raconte* : il le croit.

godet nom m. ● *Pour peindre, Anne mélange ses couleurs dans un **godet**, un petit récipient peu profond.

godille nom f. ● *Pour faire avancer son canot, ce pêcheur se sert d'une **godille**, un aviron unique placé à l'arrière.
■ **godiller** v. **1** ● *Pendant les vacances, un pêcheur m'a appris à **godiller**, à manœuvrer la godille. **2** ● *Pour ralentir dans sa descente, le skieur **godille** : il fait beaucoup de virages très légers et très rapides.

goéland [gɔelɑ̃] nom m. ● *Les **goélands** tournent au-dessus du port en poussant des cris, des oiseaux de mer blanc et gris, plus grands que les mouettes.

goélette [gɔelɛt] nom f. ● *Les pêcheurs sont partis en mer sur une **goélette**, un navire léger à deux mâts.

goémon [gɔemɔ̃] nom m. ● *Pendant mes vacances en Bretagne, j'ai aidé à récolter le **goémon**, des algues déposées par la mer sur le rivage. ★ Chercher aussi : varech.

goguenard adj. ● *Il nous regarde d'un air **goguenard**, d'un air moqueur, railleur, narquois.

goinfre nom m. ● *Ne te jette pas sur ces gâteaux comme un **goinfre**, une personne qui mange trop et salement. □ adj. ● *Il est **goinfre** (→ SYN. glouton, goulu).
■ **goinfrerie** nom f. ● *Ce n'est pas de la faim, c'est de la **goinfrerie** (→ SYN. gloutonnerie, gourmandise).

goitre nom m. ● *Il s'est fait opérer d'un **goitre**, une grosseur qui déforme le cou.

golden [gɔldɛn] nom f. invar. ● *Si tu vas au marché, achète-moi un kilo de (pommes) **golden**, une variété de pommes à peau jaune.

golf nom m. ● *Faire une partie, un parcours de **golf**, un sport qui consiste à envoyer une balle dans une série de trous disposés sur un vaste terrain (le *parcours*), au moyen d'une sorte de canne (un *club*).

golfe nom m. ● *Le navire est entré dans le **golfe**, un endroit où la mer avance loin à l'intérieur des terres.

gomme nom f. **1** ● *Toutes les trousses d'écolier contiennent une **gomme**, un petit bloc souple qui sert à effacer (→ gommer). **2** ● *Si tu as mal à la gorge, mange ces boules de **gomme**, une substance élastique et collante que l'on extrait de certains arbres. **3** GOMME ARABIQUE : colle fabriquée à partir de certaines plantes (→ gommé). **4** (fig. et fam.) METTRE (TOUTE) LA GOMME : accélérer à fond, foncer. ● *Pour arriver à temps, il faudra **mettre la gomme**.
■ **gommer** v. ● *Ce trait de crayon gâche ton dessin, **gomme**-le : efface-le avec une gomme.
■ **gommé** adj. ● *Une étiquette en papier **gommé**, en papier collant que l'on doit mouiller pour le faire coller (→ gomme, sens 3).

gond nom m. **1** ● *La porte s'ouvre en tournant sur ses **gonds**, des pièces métalliques articulées qui tournent l'une sur l'autre. **2** (fig.) SORTIR DE SES GONDS : se mettre en colère. ● *Je suis calme en général, mais cette injustice m'a fait **sortir de mes gonds**.

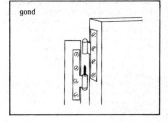

gond

gondole nom f. ● *Sur les canaux de Venise, on se promène en **gondole**,* dans une barque longue et plate aux extrémités recourbées et relevées.
■ **gondolier** nom m. ● *Avec son aviron, le **gondolier** fait avancer la gondole.*

gondoler v. ou *se* **gondoler** v. pron. ● *Ne laisse pas ce disque sur le radiateur, il va (se) **gondoler**,* se bomber, se déformer.

gonfler v. **1** ● *Prête-moi ta pompe, je voudrais **gonfler** mon ballon,* le remplir d'air (→ gonflage; CONTR. dégonfler). □ v. pron. ● *La voile du bateau **s'est gonflée** :* elle s'est tendue sous l'effet du vent. **2** ● *En cuisant, cette pâte va **gonfler**,* grossir, augmenter de volume (→ gonflement; SYN. enfler).
■ **gonflage** nom m. ● *Avant de partir, faites vérifier le **gonflage** de vos pneus,* la manière dont ils sont gonflés.
■ **gonflement** nom m. ● *La chaleur peut provoquer le **gonflement** des jambes,* les faire enfler (→ SYN. enflure).
■ **gonfleur** nom m. ● Appareil qui sert à gonfler les canots pneumatiques, les ballons, etc.

gong [gɔ̃(g)] nom m. ● *Le match de boxe est fini, j'ai entendu un coup de **gong**,* un disque métallique suspendu qui résonne quand on le frappe avec un maillet.

goret nom m. ● *Les **gorets** se bousculent autour de la truie,* les petits cochons (→ SYN. porcelet).

gorge nom f. **1** ● *Patrick a une angine, il a mal à la **gorge**,* au fond de la bouche (→ SYN. gosier, pharynx). **2** ● *Le chien a sauté à la **gorge** du voleur,* la partie avant du cou. — (fig.) PRENDRE QUELQU'UN À LA GORGE : le forcer à faire quelque chose sans délai. — (fig.) METTRE (À QUELQU'UN) LE COUTEAU SOUS LA GORGE : le forcer à faire quelque chose en le menaçant. **3** (fig.) FAIRE DES GORGES CHAUDES (DE QUELQUE CHOSE) : s'en moquer méchamment. **4** ● *Pendant les vacances, nous avons visité les **gorges** du Tarn,* une vallée étroite et profonde au fond de laquelle coule une rivière (→ SYN. cañon, 1. défilé).

■ **gorgée** nom f. ● *Elle n'a bu qu'une **gorgée** de vin,* la quantité que l'on avale en une seule fois. — ● *Boire à petites **gorgées**.*

gorgé adj. ● *Cette éponge est **gorgée** d'eau :* elle en contient tant qu'elle ne peut pas en absorber plus (→ SYN. imprégné, saturé).

gorille nom m. ● *Certains **gorilles** peuvent mesurer 2 m et peser 250 kg,* les singes les plus grands et les plus forts qui vivent en Afrique.

gorille

gosier nom m. ● *Cette sauce au piment m'a mis le **gosier** en feu,* la gorge (→ s'égosiller).

gosse nom (fam.) ● *Ces **gosses** sont insupportables!,* ces enfants (→ SYN. (fam.) gamin, môme).

gothique adj. ● *Notre-Dame de Paris est une cathédrale **gothique**,* qui appartient à un style d'architecture du Moyen Âge dans lequel les voûtes, les fenêtres, les portails n'ont pas une forme ronde. □ nom m. ● *Le **gothique** :* le style gothique. ★ Chercher aussi : roman ; ogive.

gouache nom f. ● *Pour colorier son dessin, Sylvie prend de la **gouache**,* une peinture à l'eau.

gouailleur [gwajœr] adj. ● *Elle m'a regardé avec un air **gouailleur**,* moqueur et vulgaire.

goudron nom m. ● *Cette machine étale du goudron sur la route, une pâte noire que l'on tire du charbon ou du pétrole.* ★ Chercher aussi : asphalte, bitume, macadam.

■ **goudronner** v. ● *Goudronner une route, des trottoirs* : les recouvrir de goudron.

gouffre nom m. **1** ● *Les alpinistes sont tombés dans un gouffre*, un trou très profond (→ SYN. abîme, précipice). **2** (fig.) ● *Leur maison de campagne est un gouffre pour eux* : ils y dépensent beaucoup d'argent.

goujat nom m. ● *Je ne veux pas inviter ce goujat*, cet homme grossier, mal élevé, sans délicatesse (→ SYN. mufle, rustre).

goujon nom m. ● *Paul a rapporté de la pêche une belle quantité de goujons*, des petits poissons d'eau douce. — TAQUINER LE GOUJON : pêcher à la ligne.

goulet nom m. ● *Le bateau s'engage dans le goulet qui mène au port*, le passage étroit (→ SYN. chenal).

goulot nom m. ● *Ce bouchon est trop gros pour le goulot de la bouteille*, sa partie la plus étroite par où l'on verse.

goulu adj. et nom ● *Les poissons rouges sont goulus* : regarde comme ils se précipitent sur la nourriture! (→ SYN. glouton, goinfre).

goupille nom f. ● *Pour assembler sa bibliothèque, il fixe les rayons et les montants avec des goupilles*, des petites tiges en métal qui entrent dans des trous.

goupillon nom m. **1** ● *Pour laver l'intérieur des bouteilles, on utilise un goupillon*, une longue brosse cylindrique dont les poils sont fixés autour d'une tige. **2** ● *À l'enterrement, ils ont aspergé le cercueil d'eau bénite avec un goupillon*, une tige terminée par une boule percée de trous.

gourd adj. ● *Elle était maladroite à cause de ses doigts gourds*, raidis par le froid (→ se dégourdir ; engourdir ; SYN. engourdi).

1. gourde nom f. ● *Pour cette longue promenade, emportons de l'eau dans une gourde*, un récipient, une bouteille de cuir, de métal ou de plastique.

2. gourde nom f. (fam.) ● *Malgré nos explications, il s'est perdu : quelle gourde!* (→ SYN. idiot, empoté ; CONTR. dégourdi).

gourdin nom m. ● *Il était armé d'un gourdin*, un gros bâton.

gourmand adj. ● *Luce est une petite fille très gourmande*, qui aime manger beaucoup de bonnes choses. □ nom ● *Quel est le gourmand qui a vidé la boîte de bonbons?*

■ **gourmandise** nom f. ● *Il n'avait plus vraiment faim, mais par gourmandise il a mangé encore un gâteau.*

gourmet nom m. ● *C'est un gourmet*, une personne qui sait reconnaître et apprécier le bon vin, la cuisine raffinée (→ SYN. connaisseur, gastronome). ★ Ne pas confondre *gourmet* et *gourmand*.

gourmette nom f. ● *Marthe a reçu en cadeau une gourmette* en argent, un bracelet en forme de chaîne.

gourou nom m. **1** En Inde, chef religieux. **2** Maître à penser, vénéré par les fidèles d'une religion, d'une secte ou les adeptes de croyances particulières. ● *C'est le gourou du groupe.*

gousse nom f. **1** ● *Les petits pois sont enfermés dans une gousse*, une enveloppe qui s'ouvre en deux parties (→ SYN. cosse). **2** ● *Dans une tête d'ail, il y a plusieurs gousses*, plusieurs parties, chacune recouverte d'une peau.

gousset nom m. Petite poche de gilet. ● *Il glissa sa montre dans son gousset.*

goût nom m. **1** ● *La langue est l'organe du goût*, un des cinq sens (celui qui permet de reconnaître la saveur de ce que l'on mange). **2** ● *Cette soupe a bon goût*, une saveur agréable. **3** ● AVOIR DU GOÛT POUR QUELQUE CHOSE : l'aimer. ● *Elle a du goût pour la musique.* — CHACUN SES GOÛTS : chacun a bien le droit d'aimer ce qu'il veut (→ 1. goûter, sens 2 ; SYN. penchant). **4** LE GOÛT, LE BON GOÛT : ce qui est élégant, distingué. ● *Ce bijou est de mauvais goût.* — AVOIR DU GOÛT, AVOIR BON GOÛT : savoir distinguer le beau du laid.

1. goûter v. **1** ● *Le cuisinier **goûte** sa crème* : *il en mange un peu pour vérifier si elle est bonne.* — ● *Ce plat est appétissant, je voudrais bien y **goûter**,* en manger un peu. **2** ● *Je ne **goûte** pas ce genre de plaisanterie* : *je ne l'aime pas* (→ SYN. apprécier). **3** ● *Les enfants **goûtent** vers 4 heures* : ils prennent leur goûter.

2. goûter nom m. ● *Prends du pain et de la confiture pour le **goûter**,* le repas léger au milieu de l'après-midi.

goutte nom f. **1** ● *Il recommence à pleuvoir, j'ai reçu quelques **gouttes** d'eau.* — ● *Maman m'a mis des **gouttes** de médicament dans les oreilles.* **2** ● *Elle prend une **goutte** de lait dans son thé,* une toute petite quantité de liquide. **3** GOUTTE À GOUTTE, loc. adv. : *une goutte après l'autre.* ● *Ce robinet fuit **goutte à goutte**.* □ GOUTTE-À-GOUTTE, nom m. invar. ● *Pour soigner ce malade, l'infirmière lui met un **goutte-à-goutte*** : *elle installe un système qui fait passer très lentement le médicament dans ses veines.* **4** SE RESSEMBLER COMME DEUX GOUTTES D'EAU : *être exactement pareils.* ● *Ces jumelles **se ressemblent comme deux gouttes d'eau**.*
■ **gouttelette** nom f. ● *La rosée se dépose en **gouttelettes**,* en toutes petites gouttes.
■ **goutter** v. ● *Le bruit monotone d'un robinet qui **goutte**,* dont l'eau fuit goutte à goutte (→ égoutter ; égouttoir).

gouttière nom f. **1** ● *Il pleut si fort que les **gouttières** débordent,* les conduits qui bordent les toits des maisons pour recueillir les eaux de pluie. **2** (fig.) CHAT DE GOUTTIÈRE : *chat de l'espèce la plus courante en Europe* (on l'appelle plus sérieusement *chat européen*).

gouverner v. **1** ● *Ceux qui **gouvernent** un pays,* le dirigent et prennent les décisions importantes (→ gouvernant, gouvernement). **2** ● *Hugues sait **gouverner** un bateau,* le faire aller dans la bonne direction (→ gouvernail).
■ **gouvernail** nom m. ● *La barre permet de manœuvrer le **gouvernail** du voilier,* le dispositif qui sert à le diriger. ★ Chercher aussi : barre.

■ **gouvernant** nom **1** ● *Le président et les ministres sont nos **gouvernants**,* les personnes qui gouvernent notre pays. **2** nom f. ● *Autrefois, dans les riches familles, les enfants avaient une **gouvernante**,* une personne chargée de s'occuper d'eux.
■ **gouvernement** nom m. ● *Le **gouvernement** s'est réuni ce matin,* l'ensemble des ministres qui gouvernent un pays.

goyave [gɔjav] nom f. Fruit tropical, très sucré, qu'on mange cru ou en confiture.

grabat nom m. ● *Le pauvre homme était couché sur son **grabat**,* lit très rudimentaire.
■ **grabataire** adj. ● *Un malade **grabataire** est un malade qui ne peut pas quitter son lit* : *il est alité en permanence.*

grâce nom f. **1** ● *Valérie danse avec **grâce**,* avec des mouvements beaux, élégants, harmonieux (→ gracieux). **2** ● *Le président de la République peut accorder sa **grâce** à un condamné à mort,* décider qu'il ne sera pas exécuté (→ gracier). **3** LE COUP DE GRÂCE. ● *Ce cheval souffrait trop, on lui a donné **le coup de grâce*** : *on l'a tué pour mettre fin à ses souffrances* ; *on l'a achevé.* — (fig.) ● *Son départ m'a donné **le coup de grâce*** : *il a achevé de m'abattre, de me démoraliser.* **4** DE BONNE GRÂCE. ● *Pauline m'a aidé **de bonne grâce**,* volontiers, aimablement (→ CONTR. de mauvaise grâce). **5** ÊTRE DANS LES BONNES GRÂCES DE QUELQU'UN : *lui plaire.* **6** RENDRE GRÂCE : *remercier.* ● *Tu peux **rendre grâce** au Ciel qu'elle ne t'ait pas reconnu.* **7** GRÂCE À, loc. prép. ● *J'ai réussi **grâce à** toi* : *c'est toi qui m'as permis de réussir, qui m'a aidé.* (Mais on dirait : «*J'ai perdu à cause de toi.*»)
■ **gracier** v. ● *Le président **a gracié** le condamné à mort* : *il lui a accordé sa grâce.* ★ Conjug. 10.
■ **gracieux** adj. ● *Une jeune fille **gracieuse**,* qui a de la grâce (→ SYN. avenant ; CONTR. disgracieux). ★ Attention! Seul le mot *grâce* a un accent circonflexe.

gracile adj. ● *Cet enfant est **gracile**,* mince et élancé.

1. grade nom m. **1** ● *Lieutenant, capitaine, colonel sont des **grades** de l'armée française,* titres qui indiquent le rang dans l'armée (→ dégrader). — MONTER EN GRADE : obtenir un grade plus élevé, avoir de l'avancement. **2** (fig. et fam.) EN PRENDRE POUR SON GRADE : recevoir une réprimande, se faire sévèrement gronder.

graduelle, qui se fait petit à petit, par degrés (→ SYN. progressif).

graffiti nom m. plur. ● *Ce mur a été repeint pour recouvrir les **graffiti**,* les inscriptions, les dessins griffonnés dessus.

grain nom m. **1** ● *En germant, ces **grains** de blé donneront des épis* (→ graine). **2** ● *Un **grain** de raisin s'est détaché de la grappe* (→ égrener). **3** ● *Les **grains***

Tableau des grades militaires			
	Armées de Terre et de l'Air		Marine nationale
officiers généraux	général d'armée général de corps d'armée général de division général de brigade	officiers généraux	amiral vice-amiral d'escadre vice-amiral contre-amiral
officiers supérieurs	colonel lieutenant-colonel commandant	officiers supérieurs	capitaine de vaisseau capitaine de frégate capitaine de corvette
officiers subalternes	capitaine lieutenant sous-lieutenant aspirant	officiers subalternes	lieutenant de vaisseau enseigne de 1re classe enseigne de 2e classe aspirant
sous-officiers	major adjudant-chef adjudant sergent-chef sergent	officiers mariniers	major maître principal premier maître maître second maître
hommes du rang	caporal-chef caporal soldat de 1re classe soldat de 2e classe	quartiers-maîtres et marins	quartier-maître de 1re classe quartier-maître de 2e classe matelot breveté

2. grade nom m. Unité de mesure d'un angle (abrév. : gr). ★ Chercher aussi : degré.

gradin nom m. ● *Dans les stades et les cirques, le public s'assied sur des **gradins**,* des bancs disposés comme des marches d'escalier.

graduer v. **1** ● *Pour mesurer ce rectangle, prends ma règle : elle **est graduée**,* divisée en centimètres, en millimètres par de petits traits (→ graduation). **2** ● *Dans ce livre, les exercices **sont gradués** :* à mesure que l'on avance, ils deviennent de plus en plus difficiles.
■ **graduation** nom f. ● *Les **graduations** de ce vieux thermomètre sont presque effacées,* les traits qui indiquent les degrés.

■ **graduel** adj. ● *Une augmentation*

de sable coulent entre mes doigts, les particules de sable. — (fig. et fam.) METTRE SON GRAIN DE SEL. ● *Elle veut toujours **mettre son grain de sel** dans les discussions,* intervenir dans les discussions qui ne la regardent pas. **4** GRAIN DE BEAUTÉ. ● *Rosalie a un **grain de beauté** sur le bras,* une petite tache brune. — (fig.) VEILLER AU GRAIN : se tenir sur ses gardes ; être prudent, attentif au danger. **7** ● *Dans sa réponse il y avait un **grain** de méchanceté,* un tout petit peu de méchanceté. **8** (fam.) AVOIR UN GRAIN : être un peu fou.

graine nom f. **1** ● *Papa sème des **graines** de radis*, des semences qui produiront de nouveaux plants de radis (→ grainetier). **2** (fig.) ● *Cet enfant nage très bien ; c'est de la **graine** de champion !*, un futur champion. **3** (fig.) EN PRENDRE DE LA GRAINE. ● *Il travaille, lui ; **prenez-en de la graine !** :* suivez son exemple !

■ **grainetier** nom ● *Ce jardinier achète ses semences chez un **grainetier**,* chez un marchand de graines.

graisse nom f. **1** Substance grasse. ● *Le corps de ce cochon contient beaucoup de **graisse**.* **2** ● *Le beurre est une **graisse** animale,* un produit gras tiré des animaux.

■ **graisser** v. ● *Bernard **graisse** la chaîne de son vélo :* il l'enduit de graisse (→ gras ; SYN. huiler, lubrifier).

■ **graissage** nom m. ● *Le mécanicien termine le **graissage** de ce moteur :* il finit de graisser tous les endroits où des pièces sont en mouvement.

graminée nom f. ● *Le blé, la canne à sucre sont des **graminées**,* des plantes à tige creuse dont les fleurs sont groupées en épis.

grammaire nom f. Ensemble des règles qui permettent de parler et d'écrire correctement une langue.

■ **grammatical** adj. ● *Une règle **grammaticale** :* une règle de grammaire.

gramme nom m. **1** Unité de poids. ● *Il y a 1 000 **grammes** dans un kilo.* ● *Donnez-moi 300 **grammes** de viande hachée* (abrév. : g). ★ Chercher aussi : centigramme, décagramme, décigramme, hectogramme, kilogramme, milligramme. **2** Très petite quantité. — (fig.) ● *Quel étourdi, il n'a pas un **gramme** de cervelle !*

grand adj., nom et adv. **A.** adj. **1** ● *Gilles est **grand** :* il est de haute taille (→ grandeur, sens 1 ; grandir, sens 1 ; CONTR. petit). **2** ● *Il voudrait être pilote quand il sera **grand**,* quand il sera plus âgé, adulte (→ CONTR. petit). — UNE GRANDE PERSONNE : un adulte. **3** ● *Cette maison a un **grand** jardin,* un jardin vaste, étendu (→ CONTR. petit). **4** ● *Un **grand** bruit m'a réveillé,* un bruit intense, fort (→ gran-

dir, sens 2 ; CONTR. faible). **5** ● *Sylvie a lu un **grand** nombre de livres,* un nombre élevé (→ CONTR. faible, petit). **6** ● *C'est un **grand** jour,* un jour important. **7** ● *Picasso était un **grand** artiste,* un artiste admirable, plein de talent. **8** ● *Ce héros a accompli de **grandes** actions,* des actions nobles et belles (→ grandeur, sens 2 ; grandiose).
B. nom **1** ● *Hugues est dans la classe des **grands**,* des plus âgés. **2** ● *Les **grands** de ce monde :* les personnages importants.
C. adv. VOIR GRAND. ● *Nous sommes quatre, mais ton repas pourrait nourrir douze personnes ; tu **as vu grand** :* tu as prévu largement. — ● *Il ne veut pas se contenter d'une situation modeste, il **voit grand** :* il a de grands projets.

■ **grandeur** nom f. **1** ● *Ces valises sont de **grandeurs** différentes,* de tailles différentes (→ SYN. dimension). — GRANDEUR NATURE, loc. adj. ● *Son dessin de papillon est **grandeur nature** :* il a les dimensions réelles du papillon. **2** (fig.) ● *Il a renoncé à bien des choses pour atteindre la **grandeur**,* la gloire, la noblesse, la puissance. — AVOIR LA FOLIE DES GRANDEURS : avoir trop d'ambition, se croire plus important que l'on est. **3** GRANDEUR D'ÂME. ● *J'admire sa **grandeur d'âme**,* la noblesse de ses sentiments (→ CONTR. bassesse).

■ **grandiose** adj. ● *Ce paysage **grandiose** nous impressionne par sa beauté,* ce paysage majestueux, impressionnant.

■ **grandir** v. **1** ● *Jérôme **grandit** :* il devient plus grand de taille (→ CONTR. rapetisser). **2** ● *Plus les jours passent, plus leur inquiétude **grandit**,* devient plus forte, plus intense (→ CONTR. diminuer). **3** ● *Sa nouvelle coiffure la **grandit**,* la fait paraître plus grande (→ agrandir). ★ Conjug. 11.

grand-chose nom invar. PAS GRAND-CHOSE. ● *« Combien te restera-t-il d'argent ? » « Pas **grand-chose** »,* presque rien. — ● *J'étais mal placé, je n'ai **pas** vu **grand-chose** :* je n'ai presque rien vu. — (fam.) ● *C'est une **pas grand-chose**,* une personne peu recommandable.

grand-mère nom f. **1** ● *Luc a deux grand-mères*, la mère de son père et celle de sa mère. **2** ● *Elle s'habille comme une grand-mère*, comme une vieille femme. ★ Attention : *Des grand-mères*.

grand-père nom m. **1** ● *Mon grand-père maternel habite Lyon*, le père de ma mère. — ● *Des grands-pères*. **2** ● *Ce vieux grand-père m'a montré le chemin*, ce vieillard.

grands-parents nom m. plur. ● *Laure passe ses vacances chez ses grands-parents*, chez les parents de son père ou de sa mère.

grange nom f. ● *Près de la ferme se trouve une grange*, un grand bâtiment où l'on abrite les récoltes.

granit ou **granite** nom m. Roche très dure. ● *La bordure de ce trottoir est en granit*.

granivore adj. et nom Qui se nourrit de grains. ● *Certains oiseaux sont granivores*. ★ Chercher aussi : carnivore, herbivore.

granulé nom m. ● *Sophie prend un médicament qui se présente sous forme de granulés*, de petits grains.

granuleux adj. **1** ● *Ici, la terre est granuleuse* : elle se sépare en petits grains. **2** ● *Ce mur a un aspect granuleux* : il semble couvert de petits grains (→ CONTR. lisse).

graphique adj. ● *La lettre «a» est le signe graphique qui représente les sons (a) et (a)* : le signe écrit. □ nom m. ● *L'infirmière trace le graphique de la température du malade*, le dessin mathématique qui représente les variations par une ligne. ★ Chercher aussi : courbe, diagramme.

graphologie nom f. ● *Renaud s'intéresse à la graphologie*, l'étude de l'écriture des gens pour connaître leur caractère.

grappe nom f. ● *Les grains de raisin et de cassis, les fleurs de glycine sont rassemblés en grappes autour d'une tige principale*.

grappiller v. ● *Vincent grappille dans les framboisiers* : il cueille quelques framboises çà et là.

grappin nom m. Crochet fixé au bout d'un cordage. ● *« À l'abordage ! » crient les corsaires en lançant leurs grappins sur le navire ennemi*.

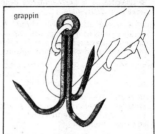

grappin

gras adj. **1** ● *L'huile, le beurre, la margarine sont des matières grasses*, formées de graisse. □ nom m. ● *Serge a laissé le gras de son jambon*, la partie formée de graisse. **2** ● *Cet homme est gras*, gros (→ grassouillet ; CONTR. maigre). — ● *Une oie bien grasse* (→ engraisser). **3** ● *Après le pique-nique, nous ne laissons pas traîner les papiers gras*, tachés de graisse. **4** PLANTE GRASSE. ● *Sabine m'a offert une plante grasse*, une plante verte aux feuilles épaisses. **5** ● *Ce mot est imprimé en caractères gras*, épais. **6** FAIRE LA GRASSE MATINÉE : se lever tard.
■ **grassouillet** adj. ● *Un bébé grassouillet*, tout rond et potelé, dodu (→ CONTR. maigrichon).

grassement adv. *Payer grassement*, largement, avec beaucoup d'argent.

gratifier v. ● *La vieille dame que j'avais aidée à traverser m'a gratifié d'un sourire* (→ SYN. récompenser). ★ Conjug. 10.
■ **gratification** nom f. ● *Le directeur a décidé de donner aux meilleurs ouvriers une gratification*, une somme d'argent supplémentaire en récompense (→ SYN. prime).

gratin nom m. • *Nicolas sait faire le gratin de pommes de terre*, un plat de pommes de terre recouvertes de fromage râpé et de chapelure puis dorées au four. — • *Des nouilles au gratin.*
■ **gratiner** v. • *Je fais gratiner cette soupe* : je la fais cuire au gratin.
■ **gratiné** adj. • *Les courgettes gratinées sont délicieuses.*

gratis [gratis] adv. • *Aujourd'hui, les enfants peuvent entrer gratis dans ce cinéma*, gratuitement, sans payer. □ adj. invar. • *Un billet gratis*, gratuit.

gratitude nom f. • *En le remerciant, tu lui as exprimé ta gratitude*, ta reconnaissance (→ CONTR. ingratitude).

gratte-ciel nom m. invar. • *Aimerais-tu vivre au quarantième étage d'un gratte-ciel ?*, d'un immeuble très haut. ★ Chercher aussi : building.

gratte-papier nom m. invar. (fam. et péjor.) Employé dont le métier est de remplir des papiers, des formulaires. • *Des gratte-papier.*

gratter v. 1 • *Avant de repeindre cette porte, il faut gratter la vieille peinture*, l'enlever en frottant, en raclant. 2 • *Ce pull-over me gratte* : il me donne des démangeaisons. 3 (v. pron.) • *Ce chien a des puces, il se gratte sans arrêt.*
■ **grattement** nom m. • *Il doit y avoir une souris, j'ai entendu un grattement.*
■ **grattoir** nom m. • *Pour effacer cette inscription, il a utilisé un grattoir*, un instrument qui sert à gratter.

gratuit adj. 1 • *La vendeuse m'a donné un catalogue gratuit*, que l'on peut avoir sans payer. 2 • *Tu dis qu'il est coupable, mais c'est une accusation gratuite*, sans raisons, sans preuves (→ CONTR. fondé).
■ **gratuitement** adv. • *Les employés de la S.N.C.F. voyagent gratuitement dans les trains*, sans payer (→ SYN. gratis).
■ **gratuité** nom f. • *En France, la loi ordonne la gratuité de l'enseignement public* : elle ordonne qu'il soit gratuit.

gravats nom m. plur. • *Le jardin de cette maison démolie est encombré de gravats,* de débris de pierre, de brique, de ciment, etc.

grave adj. 1 • *Le rhume n'est pas une maladie grave*, dangereuse, inquiétante (→ gravement, sens 1 ; CONTR. bénin). — • *S'il ne se soigne pas, sa maladie risque de devenir plus grave* (→ s'aggraver). 2 • *Son visage était grave*, sérieux (→ gravement, sens 2). — • *C'est une affaire grave*, sérieuse, importante (→ CONTR. frivole, futile). 3 • *Ce chanteur a une voix grave*, basse (→ CONTR. aigu). 4 • *Ne confonds pas l'accent grave avec l'accent aigu.*
■ **gravement** adv. 1 • *Il a été gravement malade*, d'une façon inquiétante, dangereuse (→ CONTR. légèrement). 2 • *Ils discutent gravement des dernières nouvelles*, sérieusement.
■ **1. gravité** nom f. 1 • *Cette opération est sans gravité* : elle n'est pas inquiétante. 2 • *Marion me regarde avec gravité*, avec sérieux.

graver v. 1 • *Le bijoutier a gravé ton prénom sur cette médaille* : il l'a tracé en creux sur le métal. 2 • *Ces cartes de visite sont gravées* : elles sont reproduites par le procédé de la gravure. 3 (fig.) • *Son souvenir est gravé dans ma mémoire* : il y restera toujours.
■ **gravure** nom f. 1 • *Cet artiste fait de la gravure* : il grave des dessins sur des plaques de métal (il pourra reproduire ces dessins en enduisant ces plaques d'encre). 2 • *Dans le salon, nous avons accroché une gravure*, un dessin reproduit à l'aide d'une plaque gravée en relief ou en creux.
■ **graveur** nom m. Artiste ou artisan qui fait de la gravure.

gravier nom m. • *Le jardinier ratisse le gravier des allées*, les petits cailloux.
■ **gravillon** nom m. • *Les cantonniers répandent des gravillons sur la route qui vient d'être goudronnée*, des graviers fins.

gravir v. 1 • *Le cycliste gravit la côte* : il la monte lentement, avec effort (→ SYN. escalader, grimper). 2 (fig.) • *Il* était coursier, il a terminé sa carrière comme directeur ; il *a gravi* tous les échelons de la hiérarchie. ★ Conjug. 11.

1. gravité → grave.

2. gravité nom f. ● *Quand tu lâches ton stylo, il tombe : il est attiré vers le centre de la Terre par la **gravité**, par la force de la pesanteur, de l'attraction terrestre.*

■ **graviter** v. ● *La Terre **gravite** autour du Soleil : elle tourne autour de lui, attirée par lui.* ★ Chercher aussi : orbite, satellite.

gravure → graver.

gré nom m. **1** AU GRÉ DE, loc. prép. ● *Il trouve cet endroit **à son gré**, à son goût.* — ● *Le bateau navigue **au gré du vent**, dans la direction que le vent veut lui donner.* **2** DE SON PLEIN GRÉ, loc. adv. ● *Ne croyez pas qu'on l'ait forcée, elle est venue **de son plein gré**, volontairement.* **3** CONTRE LE GRÉ DE QUELQU'UN, loc. prép. ● *Éric est parti **contre le gré de** ses parents, contre leur volonté, en désaccord avec eux.* **4** BON GRÉ MAL GRÉ, loc. adv. ● *Il a fallu se résigner **bon gré mal gré**, sans enthousiasme, à contrecœur.* **5** DE GRÉ OU DE FORCE, loc. adv. ● *Ramenez-le-moi, **de gré ou de force**, qu'il le veuille ou non, même s'il faut le forcer.* **6** SAVOIR GRÉ DE QUELQUE CHOSE A QUELQU'UN. ● *Je vous **sais gré de** votre gentillesse : je vous en suis reconnaissant.*

gredin nom m. **1** ● *Ce **gredin** m'a volé mon sac !*, cette canaille, cet individu malhonnête. **2** (fam.) ● *Arrêtez, petits **gredins** !*, garnements, chenapans.

gréer v. ● *Ce navigateur **grée** son voilier :* il l'équipe de voiles, de cordages, de poulies, etc.

■ **gréement** nom m. ● *L'ensemble des appareils et des objets nécessaires pour naviguer en sécurité forme le **gréement** d'un bateau.*

1. greffe nom m. ● *Ce dossier est resté au **greffe** du tribunal,* un bureau où l'on garde les copies des jugements.

■ **greffier** nom m. ● *Le **greffier** rédige les jugements du tribunal et en fait des copies,* l'employé chargé du greffe.

2. greffe nom f. **1** ● *Il a fait une **greffe** à ce rosier :* il l'a greffé. **2** ● *Ce chirurgien fait une **greffe** du rein,* une opération par laquelle on remplace un rein malade par un autre rein en bon état.

■ **greffer** v. **1** ● *Pour lui faire donner de plus beaux fruits, le jardinier **greffe** ce pêcher :* il lui fixe un morceau d'un autre pêcher pour qu'il vive sur lui et le transforme. **2** v. pron. (fig.) ● *D'autres complications **se sont greffées** sur ce problème :* elles s'y sont ajoutées.

grégaire adj. INSTINCT GRÉGAIRE : pour un animal, instinct qui le pousse à suivre ceux de son espèce. ● *Les éléphants et les moutons ont l'**instinct grégaire**.* ● AVOIR L'ESPRIT GRÉGAIRE : suivre aveuglément les autres. ● *Charles **a l'esprit grégaire**.*

1. grêle nom f. **1** ● *La **grêle** a ravagé les arbres fruitiers,* la pluie gelée qui tombe sous forme de petits glaçons. **2** (fig.) ● *Une **grêle** de balles s'est abattue sur tout le bataillon,* des balles aussi nombreuses que les grêlons d'une averse.

■ **grêler** v. ● *Il **grêle** souvent au printemps :* il tombe de la grêle.

■ **grêlon** nom m. ● *Les **grêlons** frappent les vitres,* les gouttes d'eau de pluie gelée.

2. grêle adj. **1** ● *La cigogne est perchée sur ses pattes **grêles**,* longues et fines. — ● *Après avoir traversé l'estomac, les aliments passent dans l'intestin **grêle**,* la partie longue et mince de l'intestin. ★ VOIR p. 969. **2** ● *Ma grand-tante a une voix **grêle**,* faible et aiguë.

grelot nom m. ● *Mon chat porte un collier orné d'un **grelot**,* d'une petite cloche en forme de boule.

grelotter v. ● *Est-ce le froid, la fièvre ou la peur qui le fait **grelotter** ?*, qui le fait trembler.

1. grenade nom f. ● *Bruno mange une **grenade**,* un fruit rond, gros comme une pomme, qui contient des grains rouges avec chacun un pépin.

■ **1. grenadier** nom m. ● *Ce petit arbre épineux aux belles fleurs rouges est un*

grenadier, un arbre qui produit des grenades.

■ **grenadine** nom f. ● *Cécile aime la* **grenadine**, *le sirop rouge tiré du jus de grenade.*

grenade

2. grenade nom f. ● *Ce soldat a lancé une* **grenade** *sur le camion ennemi*, une sorte de bombe, un projectile explosif lancé à la main ou à l'aide d'un fusil spécial.

■ **2. grenadier** nom m. ● *Les* **grenadiers** *de Napoléon étaient célèbres pour leur courage*, les soldats qui lançaient des grenades.

grenat nom m. ● *Cette broche est ornée d'un* **grenat**, une pierre précieuse rouge. □ adj. invar. ● *Ma tante porte souvent des vêtements* **grenat**, de couleur rouge sombre.

grenier nom m. **1** ● *Christine est montée au* **grenier** *pour chercher une vieille valise*, dans la partie de la maison qui se trouve juste sous le toit. **2** ● *Autrefois, les fermiers gardaient leur blé dans des* **greniers**, des endroits où ils conservaient le grain ou le foin.

grenouille nom f. ● *D'un bond de ses pattes palmées, cette* **grenouille** *verte a*

sauté dans l'étang, un petit animal qui saute et nage très bien. ★ Chercher aussi : coasser ; batracien ; têtard.

grès nom m. **1** ● *La cathédrale de Strasbourg est construite en* **grès**, une roche formée de grains de sable réunis par un ciment naturel. **2** ● *Ce potier fait une cruche en* **grès**, en terre glaise mélangée de sable qui donne une poterie très dure.

grésiller v. ● *Le poisson* **grésille** *dans la poêle à frire* : il produit de petits bruits secs semblables à ceux des grêlons qui tombent.

■ **grésillement** nom m. ● *Le téléphone ne marche pas bien, on entend des* **grésillements**.

1. grève nom f. **1** ● *Les ouvriers de cette usine ont décidé une* **grève**, un arrêt de leur travail pour obtenir certains avantages (augmentation de salaire, meilleure sécurité, etc.). — ● *Ils se sont mis en* **grève** ; *ils font la* **grève**. **2** GRÈVE DE LA FAIM. ● *Pour protester contre son emprisonnement, cet homme fait la* **grève de la faim** : il refuse de manger.

■ **gréviste** nom et adj. ● *Les* **grévistes** *présentent leurs revendications au patron*, les personnes qui font la grève.

2. grève nom f. ● *En se retirant, la mer découvre la* **grève**, le rivage plat couvert de sable ou de gravier.

gribouiller v. ● *Agathe est trop petite pour écrire, elle* **gribouille** *sur une feuille* : elle trace des lignes, des dessins auxquels on ne comprend rien.

■ **gribouillage** nom m. ● *Maman n'aime pas que l'on fasse des* **gribouillages** *sur les murs.*

■ **gribouillis** nom m. ● *Je ne comprends rien à ce* **gribouillis**, à cette écriture désordonnée, impossible à lire.

grief nom m. ● *Delphine a un* **grief** *contre toi* : elle a quelque chose à te reprocher. — FAIRE GRIEF DE QUELQUE CHOSE À QUELQU'UN. ● *Ils m'***ont fait grief de** *mon retard* : ils me l'ont reproché.

grièvement adv. ● *Dans cet accident, le conducteur a été* ***grièvement*** *blessé,* gravement.

griffe nom f. **1** ● *Le lion, l'aigle et le chat ont des* ***griffes****, des ongles pointus et recourbés* (→ griffer). **2** ● *Ce diamant tient à la bague par des* ***griffes****, de petits crochets.* **3** ● *Cette robe porte la* ***griffe*** *d'un grand couturier, sa marque.*
■ **griffer** v. ● *Un chat* ***a griffé*** *mon chien : il l'a égratigné d'un coup de griffe.*

griffon nom m. **1** Animal de légende à corps de lion, à tête et ailes d'aigle. **2** Chien à poils longs et frisés.

griffonner v. ● *Alain* ***a griffonné*** *son numéro de téléphone au dos de mon cahier : il l'a écrit vite et sans soin.*

grignoter v. **1** ● *Mon hamster* ***grignote*** *un biscuit : il le mange du bout des dents, en rongeant.* **2** ● *Claire n'a pas d'appétit, elle* ***grignote*** *: elle mange très peu.* **3** (fig.) ● *Le coureur cycliste* ***grignote*** *son retard sur le peloton : il le rattrape peu à peu.*

gril nom m. ● *Corinne a posé le* ***gril*** *sur les braises,* la grille sur laquelle on fait cuire des grillades.

grillage nom m. ● *Ce jardin est entouré d'un* ***grillage****,* d'une clôture en fils de fer qui s'entrecroisent.
■ **grillager** v. ● *Papa* ***a grillagé*** *le soupirail de la cave : il l'a garni d'un grillage.* ★ Conjug. 5.

grille nom f. **1** ● *Claude a posé le plat sur la* ***grille*** *du four,* sur un assemblage de barreaux parallèles en métal (→ gril). **2** ● *Une* ***grille*** *en fer forgé sépare la cour de la rue,* une porte dont les barreaux métalliques forment des dessins. **3** ● *David essaie de remplir une* ***grille*** *de mots croisés,* un quadrillage où l'on écrit les mots en mettant une lettre dans chaque case.

grille-pain nom m. invar. ● *Elle nous a offert un* ***grille-pain*** *électrique,* un appareil qui sert à faire griller les tranches de pain. ● *Des* ***grille-pain****.*

griller v. **1** ● *Je fais* ***griller*** *les biftecks : je les fais cuire à feu vif sur un gril* (→ grillade). **2** ● *Le court-circuit* ***a grillé*** *cette ampoule : il l'a rendue inutilisable.* — ● *Le gel* ***a grillé*** *les fleurs du cerisier : il les a abîmées,* desséchées. **3** (fam.) ● *L'automobiliste* ***a grillé*** *un feu rouge : il l'a dépassé sans s'arrêter.*
■ **grillade** nom f. ● *Nous avons mangé des* ***grillades****,* des tranches de viande grillées.

grillon

grillon nom m. Insecte noir de la même famille que les sauterelles. ● *On appelle souvent le* ***grillon*** *un cri-cri,* à cause du bruit qu'il fait en frottant ses ailes.

grimace nom f. **1** ● *Thomas fait rire toute la famille en faisant des* ***grimaces****,* en tordant sa bouche et son visage dans tous les sens, en les déformant. **2** (fig.) FAIRE LA GRIMACE : montrer que l'on est dégoûté ou mécontent. ● *Quand on l'a envoyée au lit, elle* ***a fait la grimace****.*
■ **grimacer** v. ● *En avalant le médicament il* ***a grimacé*** *: il a fait une grimace de dégoût.* ★ Conjug. 4.

grimer v. ● *On* ***a grimé*** *cet acteur pour le faire paraître plus vieux :* on l'a maquillé. □ v. pron. ● *Le clown* ***se grime*** *avant de commencer son numéro.*

grimoire nom m. ● *En fouillant ce sou-*
terrain, ils ont découvert de vieux gri-
moires, des écrits mystérieux, diffici-
les à lire et à comprendre.

grimper v. 1 ● *Grimper à la corde, grim-*
per sur un arbre : y monter en s'aidant
des mains et des pieds (→ SYN. escalader, gravir). 2 ● *Le lierre grimpe le*
long du mur : il y monte. — ● *Isabelle*
grimpe l'escalier.
■ **grimpeur** adj. ● *Le singe est un ani-*
mal grimpeur. □ nom ● *Cet alpiniste*
est un excellent grimpeur.
■ **grimpant** adj. PLANTE GRIMPANTE. ● *Le*
lierre est une plante grimpante, qui
pousse en s'accrochant à un arbre ou
à un mur.

grincer v. 1 ● *Il faudrait huiler ce volet,*
il grince : il fait un bruit aigu, désagréable, dès qu'il bouge. 2 GRINCER DES
DENTS : faire du bruit en frottant ses
mâchoires l'une contre l'autre (parce
que l'on a mal, que l'on est en colère).
★ Conjug. 4.
■ **grincement** nom m. ● *Le grince-*
ment d'un volet m'a réveillé, le bruit
d'un volet qui grince.
■ **grinçant** adj. ● *Les sons grinçants*
du violon de mon voisin m'exaspèrent.
● *Il éclate d'un rire grinçant,* aigre
et sarcastique.

grincheux adj. ● *Elle est souvent grin-*
cheuse, de mauvaise humeur, mécontente de tout (→ SYN. bougon). □ nom
● *Les grincheux ne sont pas des gens*
agréables.

gringalet nom m. ● *Il ne va tout de même*
pas boxer contre ce gringalet!, ce petit
homme maigre et chétif.

griotte nom f. Cerise petite et acide, dont
on fait des confitures.

1. grippe nom f. PRENDRE QUELQU'UN (OU QUELQUE
CHOSE) EN GRIPPE. ● *Depuis qu'il s'est cassé*
la jambe, il a pris le ski en grippe : il
s'est mis à le détester.

2. grippe nom f. ● *Hélène a attrapé la*
grippe, une maladie contagieuse
transmise par un virus.

1. grippé adj. ● *Il a beaucoup de fièvre,*
mal à la tête et des courbatures, il est
grippé : il a la grippe.

2. grippé adj. ● *Je ne peux pas dévisser*
cet écrou rouillé, il est grippé : il
est coincé.

grippe-sou nom m. ● *Il ne prêterait pas*
un franc à son meilleur ami, c'est un
grippe-sou, un avare. — ● *Des grippe-*
sous.

1. gris nom et adj. **A.** nom ● *Pour faire du*
gris, je mélange du noir et du blanc.
B. adj. 1 ● *Une souris grise.* — ● *Il va*
pleuvoir, le ciel est gris, couvert de
nuages. 2 (fam.) MATIÈRE GRISE. ● *Pour trou-*
ver la réponse, il faut utiliser ta matière
grise, ton cerveau, ton intelligence.
3 FAIRE GRISE MINE. ● *Il doit être déçu ; il*
fait grise mine depuis hier : il a
l'air fâché.
■ **grisaille** nom f. ● *On distingue mal*
les voitures, dans cette grisaille, ce
temps gris et brumeux.
■ **grisâtre** adj. *Ce torchon est d'un*
blanc grisâtre, un peu gris.
■ **grisonner** v. ● *Son grand-père com-*
mence à grisonner, à avoir les cheveux
gris, blancs.

2. gris adj. ● *Après deux verres de vin, il*
était déjà gris, un peu ivre.
■ **griser** v. (fig.) ● *Son succès l'a grisé,*
l'a excité, l'a rendu moins raisonnable
comme s'il était ivre. □ v. pron. ● *Elle*
se grise de vitesse (→ SYN. enivrer).
■ **griserie** nom f. ● *Quelle griserie de*
partir à l'aventure!, quelle excitation,
quelle ivresse!
■ **grisant** adj. ● *Nous avions une sen-*
sation de liberté grisante, enivrante.

grisou nom m. ● *Deux mineurs ont été*
tués par une explosion de grisou, un
gaz naturel qui se forme dans les
mines de charbon. — COUP DE GRISOU :
explosion due au grisou.

grive nom f. ● *Dans la vigne, la grive*
picore les raisins, un oiseau chanteur
au plumage brun et gris.

grivois adj. ● *Il leur a appris une chan-*
son grivoise, amusante mais pas très
convenable.

grizzli nom m. Ours gris d'Amérique.

grog nom m. ● *Pour réchauffer Denis, nous lui avons fait boire un grog*, une boisson chaude faite avec du citron, du rhum et du sucre.

groggy [grɔgi] adj. ● *Étourdi par les coups de poing, ce boxeur a l'air groggy*, presque assommé, prêt à tomber. — ● *Ils sont groggys*.

grogner v. 1 ● *L'ours et le cochon ne parlent pas : ils grognent.* 2 ● *Ce chien est de mauvaise humeur, il grogne :* il fait un bruit sourd avec sa gorge (→ SYN. gronder). 3 ● *Valérie est furieuse, elle va se coucher en grognant*, en protestant entre ses dents (→ SYN. bougonner, grommeler, ronchonner).
■ **grognement** nom m. 1 ● *Les porcs se bousculent en poussant des grognements*, leur cri. 2 ● *Olivier m'a répondu par un grognement*, un son qui montre sa mauvaise humeur.
■ **grognon** adj. ● *Elle a l'air grognon ce matin*, de mauvaise humeur (→ SYN. bougon, maussade). □ nom. Personne qui n'est jamais contente. ● *Quel vieux grognon !*
■ **grogne** nom f. ● *C'est la grogne aujourd'hui :* mauvaise humeur (→ grogner ; sens 3).

groin nom m. ● *Le cochon fouille la terre avec son groin*, son museau. — ● *Le groin du sanglier, du porc.*

grommeler v. ● *Je n'ai pas compris ce qu'il me reprochait, il grommelait :* il parlait d'une façon difficile à comprendre et en se plaignant (→ SYN. bougonner, grogner). ★ Conjug. 9.

gronder v. 1 ● *J'entends le tonnerre qui gronde*, qui fait un bruit sourd, menaçant. — ● *Le chien gronde et montre les dents :* il grogne. 2 ● *Quand Marc a cassé la vitre, papa l'a grondé*, lui a fait des reproches (→ SYN. (fam.) attraper ; réprimander).
■ **grondement** nom m. ● *La route n'est pas loin, j'entends le grondement des moteurs*, leur bruit long et sourd.

groom [grum] nom m. ● *Le groom ouvre la porte aux clients de l'hôtel*, le jeune employé en uniforme.

gros adj., adv. et nom **A.** adj. 1 ● *Isabelle porte une grosse valise*, une valise qui tient beaucoup de place. — ● *Il joue avec un gros ballon* (→ SYN. volumineux ; CONTR. petit). 2 ● *Mon cousin veut maigrir, il se trouve trop gros* (→ grossir ; SYN. gras ; CONTR. maigre). 3 ● *Laurent a gagné le gros lot*, le plus important de la loterie. 4 ● *Sophie a un gros rhume*, un rhume très fort. 5 ● *Elle a fait une grosse bêtise*, une grave bêtise. 6 GROS MOT. ● *Oh ! Il a dit un gros mot !*, un mot grossier (→ grossier, sens 3). 7 ● *La mer est grosse*, ce matin : elle est agitée, houleuse. 8 FAIRE LES GROS YEUX À QUELQU'UN. ● *Quand bébé veut attraper les allumettes, maman lui fait les gros yeux :* elle le regarde d'un air sévère et menaçant. ● AVOIR LE CŒUR GROS : avoir du chagrin (→ gros, B sens 4).
B. adv. 1 ● *Virginie écrit gros*, en faisant de grandes lettres (→ CONTR. petit). — EN GROS, loc. adv. *Son nom est écrit en gros*, en grandes lettres. 2 GAGNER GROS : gagner beaucoup d'argent. 3 RISQUER GROS : courir un grand risque. 4 EN AVOIR GROS SUR LE CŒUR. ● *J'ai été puni à la place de Michel, j'en ai gros sur le cœur :* j'ai beaucoup de chagrin et de dépit.
C. nom 1 ● *Ce bon gros n'arrive pas à trouver un short à sa taille.* 2 nom m. ● *Je n'ai pas fini mes devoirs, mais le plus gros est fait*, le plus important, la plus grande partie (→ dégrossir). 3 nom m. ● *Dans un commerce de gros*, on vend seulement par grandes quantités. — ● *Les marchandises sont moins chères au prix de gros* (→ en gros, sens 2 ; grossiste ; CONTR. détail).
■ **en gros** loc. adv. 1 ● *Dis-moi en gros ce qui s'est passé*, rapidement, sans donner de détails, à peu près (→ SYN. grosso modo ; CONTR. en détail). 2 ● *Le boulanger achète sa farine en gros*, par grandes quantités chez un grossiste (→ gros, C sens 3 ; grossiste ; CONTR. au détail).

groseille nom f. ● *Nous allons cueillir des groseilles pour faire de la confiture*, des petits fruits rouges ou blancs au goût acide, qui poussent en grappes sur les groseilliers.

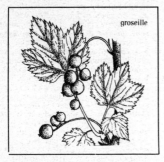

groseille

grossesse nom f. ● *Ma tante ne doit pas se fatiguer pendant sa grossesse*, la période où elle attend un bébé, où elle est enceinte.

grosseur nom f. **1** ● *Les ballons n'ont pas tous la même grosseur*, la même taille (→ SYN. volume). **2** ● *Elle a une grosseur sous l'oreille*, une boule, une enflure.

grossier adj. **1** ● *La toile à sac est un tissu grossier*, rude, ordinaire, mal fini (→ CONTR. 2. fin). **2** ● *C'est une erreur grossière*, énorme, choquante. **3** ● *Il a bousculé la vieille dame sans s'excuser, quel homme grossier!*, impoli, mal élevé (→ CONTR. courtois, délicat). — ● *Furieux, l'automobiliste a crié des mots grossiers*, des gros mots (→ gros, A sens 6 ; grossièreté).
■ **grossièreté** nom f. **1** ● *Sa grossièreté me choque*, sa mauvaise éducation, son impolitesse. **2** ● *Quand il s'est tapé sur les doigts avec son marteau, il a dit des grossièretés*, des gros mots.
■ **grossièrement** adv. **1** ● *Il a répondu grossièrement*, avec grossièreté. **2** ● *Je vais vous expliquer grossièrement*, en gros, sommairement. **3** ● *Je me suis grossièrement trompé* : lourdement.

grossir v. **1** ● *Si vous mangez trop, vous allez grossir*, devenir plus gros (→ CONTR. maigrir). **2** ● *Les pluies d'orage ont grossi la rivière* : elles ont fait monter le niveau de l'eau. **3** ● *Je vois mieux cette aile de mouche au microscope : il grossit les objets* : il les fait paraître plus grands. **4** ● *Cette affaire n'était pas grave, mais les journaux l'ont grossie*, l'ont exagérée. ★ Conjug. 11.
■ **grossissement** nom m. ● *Le grossissement d'une loupe* : sa capacité à faire paraître les objets plus gros. — ● *C'est un microscope perfectionné, il a un très fort grossissement*.

grossiste nom ● *Le grossiste achète des marchandises au fabricant et les revend par grandes quantités à d'autres commerçants, les détaillants* (→ en gros).

grosso modo loc. adv. ● *Jérôme m'a expliqué ce problème grosso modo*, rapidement, sans entrer dans les détails (→ SYN. en gros).

grotesque adj. ● *Pour se déguiser, il a trouvé un chapeau grotesque*, bizarre et ridicule, comique.

grotte nom f. ● *Thierry a visité une grotte où les hommes préhistoriques ont dessiné des bisons*, un grand trou naturel dans les rochers (→ SYN. caverne). ★ Chercher aussi : rupestre.

1. grouiller v. **1** ● *Les mouches grouillent sur ce tas d'ordures* : elles y sont très nombreuses et s'agitent dans tous les sens. **2** (fig.) GROUILLER DE. ● *Vers six heures du soir, cette gare grouille de voyageurs* (→ SYN. fourmiller).
■ **grouillement** nom m. **1** ● *Le grouillement des vers dans une motte de terre*. **2** ● *Agnès a failli se perdre dans le grouillement de la foule*, dans la foule très nombreuse qui va et vient.

2. se grouiller v. pron. (très fam.) Se dépêcher. ● *Grouille-toi, tu vas être en retard!* (→ SYN. se presser).

groupe nom m. **1** ● *Un groupe de visiteurs descend du car devant le château*, un ensemble de personnes réunies pour faire quelque chose. **2** ● *Ce* ***groupe*** *d'arbres cache la maison*, plusieurs arbres qui poussent les uns près des autres. **3** GROUPE SCOLAIRE. ● *Aujourd'hui, les parents peuvent visiter notre* ***groupe scolaire***, l'ensemble des bâtiments de notre école.

■ **groupement** nom m. ● *Mon oncle fait partie d'un* ***groupement*** *de consommateurs*, d'une association, d'une organisation.

■ **grouper** v. ● *Gilles* ***a groupé*** *tous ses jouets sur cette étagère* : il les a mis ensemble, il les a rassemblés (→ CONTR. disperser). □ v. pron. ● *Pour la photo, toute la famille* ***s'est groupée*** *autour des mariés.*

1. grue nom f. Grand oiseau à longues pattes. ● *En hiver les* ***grues*** *quittent les marais et s'envolent en bandes vers le Sud.* — ● *Les* ***grues*** *sont des oiseaux échassiers.* ★ Chercher aussi : migrateur.

2. grue nom f. ● *Sur ce chantier, la* ***grue*** *soulève des objets très lourds et tourne pour les déposer au bon endroit.* ★ VOIR p. 336.

■ **grutier** nom m. ● *De sa cabine, le* ***grutier*** *commande les mouvements de la grue.*

grumeau nom m. ● *Ma sauce est ratée, la farine a fait des* ***grumeaux***, des petites boules de farine mal mélangées.

gruyère nom m. ● *Dans le Jura, j'ai pu voir fabriquer le* ***gruyère***, un fromage de lait de vache, dont la pâte cuite est pleine de trous.

guano [gwano] nom m. Matière formée par des excréments d'oiseaux de mer. ● *Le* ***guano*** *est utilisé comme engrais.*

gué nom m. ● *Il n'y a pas de pont sur ce torrent, mais ces rochers forment un* ***gué***, un endroit où l'on peut traverser à pied. — À GUÉ, loc. adv. ● *Nous passerons la rivière* ***à gué***, à pied là où il y a un gué. ★ Ne pas confondre *gué, gai* et *guet*.

guenilles nom f. plur. ● *Au bout d'un an, les habits du naufragé n'étaient plus que des* ***guenilles***, des vêtements usés,

déchirés (→ déguenillé ; SYN. haillons, hardes, loques).

guenon nom f. Femelle du singe.

guépard nom m. Animal sauvage qui ressemble à la panthère et qui vit en Afrique et en Asie. ● *Quand il chasse pour se nourrir, le* ***guépard*** *peut courir à 100 km à l'heure.*

guêpe nom f. Insecte au corps rayé jaune et noir.

■ **guêpier** nom m. **1** Nid de guêpes. **2** (fig.) ● *Comment va-t-il sortir de ce* ***guêpier***?, de cette situation difficile, dangereuse (→ SYN. bourbier).

guère adv. **A.** ● *«Je n'ai pas du tout envie d'y aller; et vous?» «*****Guère*** *plus!»*, pas beaucoup plus. **B.** NE... GUÈRE, loc. adv. **1** ● *Hervé* ***ne*** *lit* ***guère*** : il ne lit pas beaucoup. **2** ● *Mon cousin habite le Portugal, je* ***ne*** *le vois* ***guère*** : je ne le vois pas souvent. **3** ● *Ce chaton n'a* ***guère*** *que trois mois*, pas beaucoup plus de trois mois.

guéridon nom m. Petite table ronde avec un pied central.

guéridon

guérilla [gerija] nom f. ● *De petits groupes de combattants attaquent sans cesse les soldats et leur tendent des pièges : ils font la* ***guérilla***, une guerre qui est une succession de petites embuscades répétées et non de batailles rangées.

■ **guérillero** nom m. ● *La patrouille a été attaquée par les* ***guérilleros***, les combattants qui font la guérilla.

guérir v. **1** ● *Cette maladie n'est pas grave, tu **guériras** vite* (ou *tu **seras** vite **guéri**) : tu retrouveras une bonne santé* (→ SYN. se rétablir). **2** ● *Ces pilules **ont guéri** Joël de sa bronchite : elles l'ont débarrassé de sa maladie. — ● Grâce aux antibiotiques, on peut **guérir** de nombreuses maladies : on peut les soigner et les faire cesser.* **3** (fig.) GUÉRIR QUELQU'UN DE... ● *Elle voudrait bien te **guérir de** sucer ton pouce, te faire perdre cette habitude.* ★ Conjug. 11.

■ **guérison** nom f. ● *Anne doit rester au chaud jusqu'à sa **guérison**, jusqu'à ce qu'elle soit guérie* (→ SYN. rétablissement).

■ **guérisseur** nom ● *Il n'est pas médecin, mais il soigne les gens à sa façon avec des plantes : c'est un **guérisseur**.*

guérite nom f. ● *À l'entrée du camp militaire, un soldat monte la garde devant sa **guérite**, la petite baraque en bois qui lui sert d'abri.* ★ Chercher aussi : sentinelle.

guerre nom f. **1** ● *La **guerre** a éclaté entre ces deux pays, un long combat entre leurs armées* (→ CONTR. paix). — ● *Ces pays sont en **guerre**.* **2** (fig.) ● *Il me fait la **guerre** pour que j'arrête de me ronger les ongles : il me fait souvent des reproches pour lutter contre cette habitude.* **3** DE BONNE GUERRE. ● *Il a gagné par des astuces, mais sans tricher : c'est **de bonne guerre** : c'est honnête, loyal.*

■ **guerroyer** v. Faire la guerre (mot littér.). ● *Les seigneurs allaient souvent **guerroyer** au loin.*

guerrier 1 nom m. Celui qui fait la guerre par métier. **2** adj. ● *Il avait un ton **guerrier*** (→ SYN. belliqueux).

guet-apens [gɛtapɑ̃] nom m. ● *Pour dévaliser les voyageurs, les bandits les ont attirés dans un **guet-apens**, dans un piège, dans une embuscade. — ● Des **guets-apens** [gɛtapɑ̃].*

guêtre nom f. ● *Autrefois, beaucoup de soldats portaient des **guêtres**, des morceaux de cuir ou de tissu qui protègent le bas de la jambe et le haut de la chaussure.*

guetter v. **1** ● *Caché près de la rivière, le lion **guette** les antilopes qui viennent boire : il regarde et écoute avec beaucoup d'attention, il est aux aguets* (→ SYN. épier). **2** ● *Frédéric **guette** le facteur : il attend son arrivée, il regarde s'il arrive.* **3** (fig.) *Avec ce verglas sur la route, un accident nous **guette**, risque de nous arriver, nous menace.*

■ **guet** nom m. ● *Pour voir si personne ne vient nous espionner, je fais le **guet** : je surveille les environs. — ● Ce chien a toujours l'oreille au **guet**, attentive, en alerte pour ne pas se laisser surprendre* (→ aux aguets). ★ Ne pas confondre *guet, gai* et *gué.*

gueule nom f. Bouche des animaux. ● *Ce chien de chasse rapporte un lièvre dans sa **gueule**.*

gueux nom m. Miséreux, pauvre, mendiant (mot ancien).

gui nom m. ● *Pour le Nouvel An, Gilles a suspendu dans l'entrée une touffe de **gui**, une plante aux boules blanches et aux feuilles toujours vertes qui pousse sur certains arbres (sur le pommier et le peuplier, en particulier).*

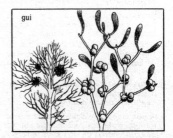

gui

guichet nom m. **1** ● *Pour acheter des timbres, Sylvie fait la queue devant le **guichet**, la petite ouverture par où l'on parle à l'employé.* **2** À GUICHETS FERMÉS. ● *La Coupe du Monde de football s'est jouée **à guichets fermés**, tous les billets ayant été vendus à l'avance.*

guide nom m. **1** ● *Ces alpinistes sont partis dans la montagne avec un **guide**,* une personne qui leur montre le chemin. **2** ● *Pour visiter ce château fort, emportons le **guide**,* le livre qui donne des renseignements sur les choses à voir, les routes, etc. **3** ● *Il me donne de bons conseils, il est mon **guide**,* mon conseiller.

■ **guides** nom f. plur. ● *Dans une voiture à cheval, le cocher tient les **guides**,* les longues lanières de cuir qui servent à diriger les chevaux (→ SYN. rênes).

■ **guider** v. **1** ● *Je ne connais pas le chemin, peux-tu me **guider**?,* m'accompagner pour me montrer la route, me diriger. **2** v. pron. ● *Pour trouver le port, le capitaine du bateau **s'est guidé** grâce au phare* : il a trouvé la bonne direction grâce à ce point de repère.

■ **guidage** nom m. Action de guider. ● *Le **guidage** se fait par radio.*

guidon nom m. ● *Quand tu roules à bicyclette, il est très imprudent de lâcher le **guidon**,* la partie qui sert à diriger la roue avant. ★ VOIR p. 102.

guigne nom f. (fam.) ● *J'ai encore manqué l'autobus, quelle **guigne**!,* quelle malchance! (→ CONTR. chance, (fam.) veine).

guigner v. ● *Du coin de l'œil, le chat **guigne** ce bifteck* : il le regarde avec envie, avec convoitise ; il voudrait bien le prendre (→ SYN. convoiter, lorgner).

guignol nom m. **1** ● *Cet après-midi, grand-mère nous emmène au **guignol**,* un spectacle de marionnettes dont Guignol est le héros. **2** (fam.) FAIRE LE GUIGNOL : faire le clown pour amuser et faire rire ses camarades.

guillemets nom m. plur. Signes («») ● *Avant d'écrire «Pourquoi», j'ai ouvert les **guillemets** ; après l'avoir écrit, je les ai fermés.*

guilleret adj. ● *Sandrine arrive en chantonnant, l'air **guilleret**,* vif et gai.

guillotine nom f. ● *La **guillotine** servait à couper la tête aux condamnés à mort.* ★ Chercher aussi : échafaud.

■ **guillotiner** v. ● *Pendant la Révolution, beaucoup de nobles **ont été guil-***lotinés*,* ont eu la tête coupée, ont été exécutés avec la guillotine. ★ Chercher aussi : décapiter.

guimauve nom f. **1** ● *À la fête foraine, j'achète de la **guimauve**,* pâte molle et sucrée. **2** ● *C'est un roman à la **guimauve**,* fade, mièvre.

guindé adj. ● *Cette jeune fille a l'air **guindé**,* un air raide et froid, qui manque de naturel.

de **guingois** loc. adv. ● *Cette table est mal mise, les couverts sont tout **de guingois**,* de travers.

guirlande nom f. ● *Pour Noël, le sapin et la maison sont décorés de **guirlandes**,* de longs cordons de papier découpé, de plastique brillant, de petites ampoules, etc.

guise nom f. **1** À SA GUISE. ● *Si tu ne veux pas suivre mes conseils, fais à **ta guise**,* comme tu veux. **2** EN GUISE DE, loc. prép. ● *Pour jouer à la marchande, elles prennent des cailloux **en guise de** bonbons,* à la place de bonbons.

guitare nom f. Instrument de musique à cordes. ● *Claude sait jouer de la **guitare**.*

■ **guitariste** nom. Personne qui joue de la guitare. ● *Deux **guitaristes** accompagnent le chanteur.*

guttural adj. ● *Le brigand poussa un cri **guttural**,* un cri rauque qui part du fond de la gorge.

gymnastique nom f. ● *Si tu veux avoir de bons muscles, il faut faire de la **gymnastique**,* des exercices qui rendent le corps plus fort et plus souple. (Abrév. fam. : gym.)

■ **gymnase** nom m. ● *Pour les cours de gymnastique, nous allons dans le **gymnase**,* la grande salle aménagée spécialement pour faire de la gymnastique.

■ **gymnaste** nom ● *Ce **gymnaste** est champion d'Europe de barres parallèles,* ce sportif qui fait de la gymnastique.

gynécologue nom m. et f. Médecin spécialiste des maladies des femmes.

gypse nom m. ● *On fabrique le plâtre avec du **gypse**,* une roche.

H|h

H adj. invar. **1** L'HEURE H : l'heure fixée pour le début d'une attaque, d'une opération. **2** BOMBE H : bombe atomique à l'hydrogène dont la puissance est énorme.

***ha !** interj. Exprime le rire dans un texte écrit. ● *«Ha ! ha ! Que c'est drôle !».* ★ Ne pas confondre avec *ah !*.

habile adj. ● *Ma mère est une bricoleuse **habile**, adroite de ses mains, intelligente, capable de faire des choses difficiles.* — ● *Il est très **habile** de ses mains* (→ CONTR. malhabile).
■ **habileté** nom f. ● *Alice répare son vélo avec beaucoup d'**habileté**, d'adresse, de savoir-faire.*
■ **habilement** adv. ● *Pierre s'est **habilement** débrouillé, adroitement débrouillé.*

habiliter v. ÊTRE HABILITÉ À. ● *Le maire **est habilité** à célébrer les mariages :* il y est autorisé par la loi, il en a le droit.

habiller v. **1** ● *Antoine **habille** son petit frère :* il lui met ses vêtements (→ CONTR. déshabiller). □ v. pron. ● *Bientôt il saura s'**habiller** tout seul* (→ SYN. se vêtir). **2** ● *Roland **est habillé** en cosmonaute,* déguisé en cosmonaute. **3** v. pron. ● *Ses robes ne lui vont pas ; elle ne sait pas s'**habiller**, bien choisir ses vêtements.* **4** v. pron. ● *Il s'**habille** toujours dans ce magasin :* il y achète ses vêtements.

■ **habillé** adj. ● *Pour dîner au restaurant, Maman a mis une robe **habillée**, chic, élégante.*
■ **habillement** nom m. ● *Un magasin d'**habillement**, de vêtements.*
■ **habilleuse** nom f. Personne dont le métier est d'aider les artistes de théâtre ou de cinéma à mettre leur costume.
■ **habit** nom m. **1** ● *Avant de se coucher, Christophe plie ses **habits**, ses vêtements.* **2** ● *Pour cette soirée à l'Opéra, les femmes étaient en robe du soir et les hommes en **habit**,* un costume noir spécial pour les cérémonies. ★ Cherchez aussi : smoking.

habiter v. **1** ● *J'**habite** ici :* c'est ici que je vis, ma maison est ici. — ● *Agnès **habite** (à) Lyon* (→ SYN. demeurer, loger, résider). — ● *Nous **habitons** chez ma grand-mère* (→ cohabiter).
■ **habité** adj. **1** Où l'on habite régulièrement. ● *Une maison **habitée**.* **2** Qui abrite des êtres vivants. ● *Le système solaire n'a aucune planète **habitée** autre que la Terre.*
■ **habitable** adj. ● *Dans ce village en ruine, il a trouvé une maison **habitable**,* où l'on peut loger.
■ **habitant** nom ● *Sais-tu combien il y a d'**habitants** dans ta ville ?,* combien de personnes qui y vivent.

446

■ **habitat** nom m. ● *Cette émission montre les animaux sauvages dans leur* **habitat** *naturel, dans l'endroit où ils vivent normalement.*

■ **habitation** nom f. ● *On a construit beaucoup d'habitations autour de cette ville, des logements, des maisons, des immeubles.*

habitude nom f. **1** ● *Corinne se lave les dents matin et soir, c'est devenu une* **habitude**, *une chose que l'on fait régulièrement.* — ● *J'ai l'habitude de me lever à 7 heures : je le fais régulièrement tous les jours ou presque.* **2** ● *Tous les ans, la fête du village a lieu le 15 août, c'est l'habitude, la coutume, l'usage.* **3** D'HABITUDE, loc. adv. ● *C'est là que j'achète le pain, d'habitude,* généralement, normalement (→ SYN. d'ordinaire). — ● *Amélie a réussi son problème, comme* **d'habitude,** *comme elle le fait la plupart du temps.*

■ **habituel** adj. ● *Bertrand est rentré à l'heure* **habituelle,** *à l'heure où il rentre normalement, d'habitude* (→ SYN. normal, courant ; CONTR. inhabituel).

■ **habituellement** adv. ● *Le facteur passe avant midi,* **habituellement,** *d'habitude, la plupart du temps.*

■ **habituer** v. **1** ● *Maman* **habitue** *David à ranger ses jouets : elle lui fait prendre cette habitude* (→ SYN. entraîner). **2** v. pron. ● *Delphine* **s'habituera** *vite à sa nouvelle école : elle en prendra l'habitude, elle s'y sentira plus à l'aise* (→ SYN. s'accoutumer, s'adapter ; CONTR. se déshabituer).

*** hâbleur** adj. Qui aime bien raconter des histoires où il a le beau rôle. ● *Philippe est un peu* **hâbleur** (→ SYN. vantard).

*** hache** nom f. ● *Il a abattu cet arbre à coups de* **hache,** *un outil coupant à long manche.* ★ Chercher aussi : cognée.

■ *** hachette** nom f. ● *Si la hache est trop lourde pour toi, prends la* **hachette,** *la petite hache.*

*** hacher** v. ● *Didier* **hache** *un oignon : il le coupe en tout petits morceaux avec un couteau ou un appareil.*

■ *** haché** adj. ● *J'aime le bifteck* **haché.**

■ *** hachis** nom m. ● *Pour faire des tomates farcies, on met dedans un* **hachis** *de viande, de la viande hachée.*

■ *** hachoir** nom m. ● *Tous les jours, le boucher nettoie son* **hachoir,** *l'appareil qui sert à hacher.*

*** hachure** nom f. ● *Sur cette carte, les* **hachures** *indiquent des montagnes, les petits traits parallèles très rapprochés.*

■ *** hachurer** v. ● *Éric* **hachure** *l'intersection de ces deux ensembles :* il trace des hachures dessus.

*** haddock** nom m. Églefin (genre de morue) fumé.

*** hagard** adj. ● *Perdu dans la ville, l'étranger regardait les voitures d'un air* **hagard,** *d'un air effrayé, effaré.*

*** haie** nom f. **1** ● *Le jardin est entouré d'une* **haie,** *d'une sorte de barrière formée d'arbustes.* **2** ● *Les coureurs prennent le départ du 110 mètres* **haies,** *une course à pied où ils doivent sauter par-dessus des barrières.* **3** ● *L'actrice de cinéma passe entre deux* **haies** *de curieux, deux rangées de curieux.* — FAIRE LA HAIE. ● *Les spectateurs* **font la haie** : *ils se rangent en file des deux côtés d'un passage.*

*** haillons** nom m. plur. ● *Le pauvre homme était vêtu de* **haillons,** *de vieux habits usés, déchirés* (→ SYN. guenilles, hardes, loques).

*** haïr** ['air] v. **1** ● *Le bandit* **haïssait** *le shérif* : il le détestait, il lui voulait du mal. **2** ● *Je* **hais** *le mensonge* : je le déteste car il me dégoûte (→ CONTR. aimer). ★ *Hair* prend un tréma dans toute sa conjugaison, sauf aux trois personnes du sing. du présent de l'indicatif. ★ Conjug. 11.

■ *** haine** nom f. ● *Il voudrait lui faire du mal, il a de la* **haine** *contre elle,* le sentiment méchant de ceux qui détestent (→ SYN. hostilité, répugnance ; CONTR. 2. affection, amitié, amour).

■ *** haineux** adj. ● *Son visage* **haineux** *m'a fait peur,* son visage méchant, plein de haine (→ SYN. hostile ; CONTR. amical).

■ *** haineusement** adv. ● *Elle l'a regardé* **haineusement,** *avec haine.*

*halage nom m. ● *Un chemin de **halage** longe le canal,* un chemin qui permettait à des chevaux ou à des véhicules de haler, de tirer les péniches (→ haler).

*hâle nom m. ● *À la fin des vacances, Éric avait un beau **hâle**,* une belle couleur brune donnée à la peau par le soleil (→ SYN. bronzage).

  ■ ***hâlé** adj. ● *Les skieurs ont le visage **hâlé**,* bruni par le soleil (→ SYN. bronzé). ★ Ne pas oublier l'accent circonflexe sur le a de *hâle, hâlé* ; ne pas confondre avec *haler*.

haleine nom f. **1** ● *Ce dentifrice parfume agréablement l'**haleine**,* l'air qui sort des poumons quand on expire. **2** UN TRAVAIL DE LONGUE HALEINE : un travail qui demande beaucoup de temps et de patience. **3** TENIR QUELQU'UN EN HALEINE. ● *Cet écrivain sait **tenir** ses lecteurs **en haleine** :* il sait les intéresser, leur donner envie de lire jusqu'au bout ce qu'il a écrit. **4** HORS D'HALEINE, loc. adj. ● *Après la course j'étais **hors d'haleine**,* essoufflé. — REPRENDRE HALEINE : retrouver sa respiration normale après avoir été essoufflé.

*haler v. ● *Haler une péniche :* la tirer au moyen d'un cordage (→ halage). ★ Ne pas confondre *haler* et *hâlé*.

*haleter v. ● *Nicolas a couru très vite ; il **halète** :* il respire vite et difficilement, il est essoufflé. ★ Conjug. 8.

  ■ ***haletant** adj. Qui halète. ● *Nicolas est tout **haletant** après une course à pied.*

*hall ['ol] nom m. ● *Le **hall** d'une gare, d'un hôtel :* la grande salle qui se trouve à l'entrée.

hallali nom m. Cri de chasse, sonnerie du cor annonçant que la bête poursuivie va être prise et mise à mort.

*halle nom f. **1** ● *Une **halle** :* un grand bâtiment dans lequel on vend des marchandises. — *La **halle** au blé, la **halle** aux fleurs.* **2** (au plur.) ● *Les **halles** :* l'ensemble de bâtiments et d'installations où les commerçants s'approvisionnent en produits alimentaires de toutes sortes. ● *L'ancien quartier des Halles,* à Paris. — ● *Les **halles** de Rungis.*

*hallebarde nom f. ● *Autrefois, certains soldats étaient armés d'une **hallebarde**,* une sorte de lance.

hallucinant adj. Qui donne l'impression d'être victime d'une hallucination. ● *La ressemblance entre ces jumeaux est **hallucinante*** (→ SYN. extraordinaire).

hallucination nom f. ● *Certaines drogues provoquent des **hallucinations**,* l'impression, l'illusion de voir ou d'entendre des choses qui n'existent pas.

*halo nom m. ● *Autour de la Lune, on voit parfois un **halo**,* un anneau de lumière.

*halte nom f. et interj. **1** nom f. ● *Les promeneurs étaient fatigués ; ils ont fait une **halte**,* un arrêt pour se reposer. **2** interj. ● *Vous vous arrêterez quand je crierai : « **Halte** ! »*

haltère nom m. ● *L'athlète soulève un **haltère** à bout de bras,* un instrument de gymnastique formé de deux lourds disques ou boules de métal fixés à chaque extrémité d'une barre. — POIDS ET HALTÈRES : sport (que l'on appelle aussi *haltérophilie*) de ceux qui s'exercent à soulever des haltères.

haltère

  ■ **haltérophile** nom. Personne qui pratique les poids et haltères, l'*haltérophilie*.

*hamac nom m. ● *Autrefois, les marins couchaient dans des hamacs*, des rectangles de tissu ou de filet suspendus par leurs extrémités.

*hamburger [ˈɑ̃burgœr] nom m. Steack haché assaisonné, servi à l'intérieur d'un petit pain rond.

*hameau nom m. ● *Certaines communes sont composées d'un village et de plusieurs hameaux*, de petits groupes de maisons à l'écart du village.

hameçon nom m. ● *Au bout de la ligne du pêcheur, il y a un hameçon*, un petit crochet qui sert à attraper les poissons. ★ Chercher aussi : appât.

*hampe nom f. ● *La hampe d'un drapeau, d'une lance* : leur manche en bois.

*hamster [ˈamstɛr] nom m. Petit animal au pelage roux. ● *Le hamster est un mammifère rongeur.*

*hanche nom f. Chacune des parties du corps qui se trouvent sur le côté, entre la taille et le haut de la cuisse. ★ VOIR p. 967.

*hand-ball [ˈɑ̃dbal] nom m. Sport d'équipe dont les règles ressemblent à celles du football, mais où le ballon est lancé à la main. ★ Attention à la prononciation.

*handicap nom m. ● *Pour trouver un emploi, c'est souvent un handicap de n'avoir pas de diplômes*, une chose qui désavantage.
■ *handicaper v. ● *Avec sa jambe dans le plâtre, il est handicapé pour marcher* : il a des difficultés pour marcher.
■ *handicapé nom. Personne qui est infirme (*handicapé physique*) ou dont l'intelligence n'est pas normale (*handicapé mental*).

*hangar nom m. Grand bâtiment servant à abriter des marchandises, des machines. ● *Dans les hangars de la ferme, il y a du foin et du matériel agricole.* — ● *L'avion est réparé dans le hangar de l'aéroport.*

*hanneton nom m. Gros insecte marron.

*hanter v. 1 ● *Certaines personnes croient qu'un fantôme hante ce château, qu'un fantôme y apparaît régulièrement* (→ hanté). 2 ● *Ce souvenir me hante* : il est continuellement présent à mon esprit (→ hantise ; SYN. obséder).
■ *hanté adj. ● *Une maison hantée*, où il y a des fantômes.
■ *hantise nom f. ● *Elle a la hantise de la maladie*, la crainte continuelle de la maladie (→ SYN. obsession).

*happer v. ● *Le poisson a happé l'hameçon* : il l'a saisi vivement avec sa bouche.

*hara-kiri nom m. ● *Croyant avoir perdu l'honneur, un Japonais s'est fait hara-kiri* : il s'est suicidé en s'ouvrant le ventre avec un poignard.

*haranguer v. Tenir un discours solennel. ● *Avant la bataille, les généraux romains avaient l'habitude d'haranguer leurs troupes.*

*haras [ˈara] nom m. Endroit, établissement où l'on élève des chevaux.

*harasser v. ● *Ce travail m'a harassé*, m'a causé une très grande fatigue (→ SYN. épuiser, éreinter, exténuer).
■ *harassé adj. ● *Il a l'air harassé*, à bout de forces.
■ *harassant adj. ● *C'est harassant de monter ces dix étages avec un gros sac à provisions* (→ SYN. épuisant, éreintant).

*harceler v. 1 ● *L'ennemi harcèle nos troupes* : il leur fait subir des attaques courtes et répétées. 2 ● *Ils m'ont harcelé de questions* : ils m'en ont accablé, ils m'en ont posé beaucoup en me pressant de répondre. ★ Conjug. 9.
■ *harcèlement nom m. Action de harceler. ● *Ton harcèlement perpétuel ne me fera pas changer d'avis.* ◆

*hardes nom f. plur. ● *Le mendiant était vêtu de hardes*, de vieux vêtements usés (→ SYN. guenilles, haillons).

*hardi adj. ● *Pour être explorateur, il faut être hardi* : il faut savoir prendre des risques, ne pas se laisser arrêter par le danger (→ s'enhardir ; SYN. audacieux, intrépide ; CONTR. peureux).

■ ***hardiment** adv. ● *Le pompier pénétra **hardiment** dans la maison en flammes* (→ SYN. bravement, courageusement).

■ ***hardiesse** nom f. ● *Il a montré de la **hardiesse**, de l'audace, de l'intrépidité.*

*harem ['aʀɛm] nom m. ● *Autrefois, les femmes des sultans étaient enfermées dans un **harem**, dans une partie du palais uniquement réservée aux femmes, chez les peuples musulmans.*

*hareng ['aʀɑ̃] nom m. ● *Les **harengs** se mangent frais ou fumés, ce sont des poissons qui vivent dans les mers assez froides.*
★ Chercher aussi : saur.

*hargne nom f. ● *Personne n'a envie de lui parler à cause de sa **hargne**, de sa mauvaise humeur qui le rend désagréable, méchant.*

■ ***hargneux** adj. ● *Il est **hargneux**, plein de hargne* (→ CONTR. aimable).

*haricot nom m. ● *Plante dont on mange les gousses (**haricots** verts) ou les graines (**haricots** secs).*

harmonica nom m. Petit instrument de musique à vent. ● *Stéphane joue de l'**harmonica.***

harmonie nom f. **1** ● *L'**harmonie** des sons, des couleurs :* l'accord qui existe entre plusieurs sons, plusieurs couleurs et qui les rend agréables à entendre, à regarder. **2** ● *L'**harmonie** règne entre les membres de cette famille,* la bonne entente.

■ **harmonieux** adj. ● *Cette musique est **harmonieuse** :* agréable à entendre. — ● *Ces athlètes ont un corps **harmonieux**,* bien proportionné.

■ **harmoniser** v. **1** ● *Un peintre doit savoir **harmoniser** les teintes,* les accorder entre elles. □ v. pron. ● *La couleur de sa robe **s'harmonise** avec celle de ses yeux.* **2** ● ***Harmoniser** une chanson :* en écrire l'accompagnement musical.

harmonium [aʀmɔnjɔm] nom m. ● *Pendant la messe, dans certaines églises, on joue de l'**harmonium**,* un instrument de musique qui ressemble à l'orgue mais en plus petit.

*harnais nom m. Ensemble des pièces que l'on met à un cheval pour le monter ou l'atteler (collier, mors, rênes, selle, etc.).

■ ***harnacher** v. **1** ● *Le cavalier **harnache** son cheval :* il lui met son harnais (→ harnachement, sens 1). **2** v. pron. ● *Le parachutiste **se harnache** :* il revêt son équipement (→ harnachement, sens 2).

■ ***harnachement** nom m. **1** ● *Le **harnachement** du cheval est terminé :* on a fini de le harnacher. — ● *Le cavalier débarrasse son cheval de son **harnachement**,* de son harnais. **2** ● *Le **harnachement** d'un plongeur sous-marin, d'un parachutiste :* la tenue et le matériel dont il s'équipe.

*harpe nom f. Grand instrument de musique formé d'un triangle de bois sur lequel sont tendues des cordes que l'on pince.

harpe

*harpon nom m. ● *Le plongeur sous-marin a tué un poisson avec son **harpon**,* un instrument en métal en forme de flèche utilisé pour la pêche.

■ **harponner** v. ● *Les marins **ont harponné** une baleine :* ils l'ont attrapée avec un harpon.

*hasard nom m. **1** ● *Si je suis ici ce soir, c'est un **hasard**,* quelque chose qui n'était pas prévu, pas attendu. **2** JEU DE HASARD : jeu où l'on n'a pas besoin de réfléchir, où il suffit d'avoir de la chance pour gagner (loterie, roulette, etc.). **3** PAR HASARD, loc. adv. ● *J'ai retrouvé ce livre par hasard*, sans l'avoir cherché, sans avoir rien fait pour cela. — PAR LE PLUS GRAND DES HASARDS, loc. adv. ● *Il a réussi son examen par le plus grand des hasards*, d'une façon tout à fait inattendue. **4** AU HASARD, loc. adv. ● *Ils se promènent au hasard*, sans but précis, à l'aventure. — ● *J'ai tiré une carte au hasard :* sans réfléchir, n'importe comment. **5** À TOUT HASARD, loc. adv. ● *Je te donne mon adresse de vacances à tout hasard*, au cas où cela pourrait être utile.

■ *__hasarder__ v. ● *Il a hasardé une plaisanterie :* il s'est risqué à la faire.

■ *se **__hasarder__* v. pron. ● *Il vaut mieux ne pas se hasarder seul dans cet endroit*, prendre le risque d'y aller.

■ *__hasardeux__ adj. ● *Je ne sais pas où mène ce chemin ; il serait hasardeux de le prendre :* ce serait risqué.

*__haschisch__ [ˈaʃiʃ] nom m. ● *La police l'a arrêté parce qu'il vendait du haschisch*, une drogue qui se fume.

*__hase__ nom f. Femelle du lièvre ou du lapin de garenne.

*__hâte__ nom f. **1** ● *Laurence range ses affaires avec hâte*, en se pressant, avec une grande rapidité. — AVOIR HÂTE DE. ● *J'ai hâte de le voir :* je suis pressé, impatient de le voir. **2** À LA HÂTE, loc. adv. ● *Luc a fait sa valise à la hâte*, de façon précipitée. — EN (TOUTE) HÂTE, loc. adv. ● *Il est parti en (toute) hâte*, précipitamment, en se dépêchant.

■ *__hâter__ v. ● *Ils ont été obligés de hâter leur retour*, de l'effectuer plus vite que prévu (→ SYN. avancer, brusquer). — ● *Hâter le pas* (→ SYN. accélérer, presser) . □ v. pron. ● *Hâtons-nous pour ne pas manquer le train :* dépêchons-nous.

■ *__hâtif__ adj. **1** ● *Une décision hâtive*, prise trop vite. **2** ● *Des légumes hâtifs*, qui mûrissent plus tôt que les autres (→ SYN. précoce).

*__hauban__ nom m. **1** Cordage qui sert à maintenir le mât d'un bateau à voiles.

2 Câble de métal qui soutient certains ponts.

*__haubert__ nom m. Tunique de mailles portée au Moyen Âge par les hommes d'armes.

*__hausser__ v. **1** ● *Il a haussé les épaules d'un air méprisant :* il les a soulevées (→ haussement). **2** v. pron. ● *Se hausser sur la pointe des pieds :* se dresser sur la pointe des pieds. **3** ● *Hausser la voix, le ton :* parler plus fort. **4** ● *Les commerçants ont haussé leurs prix :* ils les ont augmentés (→ hausse).

■ *__hausse__ nom f. ● *Une hausse de salaire, de température, une augmentation* (→ CONTR. baisse, fléchissement). — EN HAUSSE, loc. adj. ● *La température du malade est en hausse :* elle augmente.

■ *__haussement__ nom m. ● *Un haussement d'épaules est un signe de dédain ou d'indifférence.*

*__haut__ adj., nom m. et adv. **A.** adj. **1** ● *Cet arbre est très haut*, très grand dans le sens vertical, très élevé. — ● *Cette maison est haute de 10 mètres :* sa dimension verticale est de 10 mètres (→ hauteur). **2** ● *L'étagère la plus haute d'une armoire :* celle qui est la plus près du sommet (→ CONTR. 1. bas). **3** ● *Le fer fond à une haute température*, à une température élevée. **4** ● *Une note de musique haute*, aiguë. **5** À HAUTE VOIX, À VOIX HAUTE, loc. adv. ● *Ils parlent à haute voix*, assez fort (→ CONTR. à voix basse). **6** ● *Cette femme est d'une haute intelligence*, d'une intelligence supérieure. — AVOIR UNE HAUTE OPINION DE QUELQU'UN : en penser beaucoup de bien.

B. nom m. **1** ● *Le haut et le bas d'un meuble.* **2** ● *Cette salle a 3 mètres de haut*, de hauteur. **3** (fam.) TOMBER DE HAUT. ● *Quand j'ai su la vérité, je suis tombé de haut :* j'ai été très étonné. **4** DES HAUTS ET DES BAS. ● *«Comment va-t-il ?» «Il a des hauts et des bas» :* à certains moments il va bien, à d'autres mal.

C. adv. **1** ● *Ne range pas ce livre trop haut*, dans un endroit trop élevé. **2** ● *Ne parle pas si haut*, si fort. **3** ● *Claire peut chanter très haut,* sur des notes très aiguës. **4** EN HAUT DE, loc. prép. ● *Il est monté **en haut de** l'échelle.* — EN HAUT, loc. adv. ● *Il est monté jusqu'**en haut.*** **5** DU HAUT DE, loc. prép. ● *Du haut de la tour, on voit toute la ville, de son sommet.* **6** LÀ-HAUT, loc. adv. ● *Il habite **là-haut**, dans cet endroit élevé.*

■ ***hauteur** nom f. **1** ● *Quelle est la **hauteur** de cette montagne ?*, son altitude. **2** ● *Fixons ces tableaux à la même **hauteur**, au même niveau.* — (fig.) ÊTRE À LA HAUTEUR. ● *Faites-lui confiance pour ce travail, je suis sûr qu'il **sera à la hauteur**, qu'il sera capable de le faire bien.* **3** ● *Les châteaux forts étaient souvent construits sur une **hauteur**, une colline, une petite montagne* (→ SYN. butte). **4** ● *La **hauteur** d'un triangle :* la droite passant par un sommet et qui est perpendiculaire au côté opposé.

***hautain** adj. ● *Il parle à ses employés sur un ton **hautain**, fier et méprisant, dédaigneux.*

***hautbois** nom m. Instrument de musique à vent qui ressemble à la clarinette.

***haut-de-forme** nom m. Chapeau haut et cylindrique, à bords, que les hommes portent parfois pour des cérémonies. — *Des **hauts-de-forme**.*

***haut-fond** nom m. ● *Les navires doivent éviter les **hauts-fonds**, les endroits où le fond de la mer s'élève et où l'eau n'est pas assez profonde pour la navigation.* ★ Chercher aussi : bas-fond.

***haut-le-cœur** nom m. invar. ● *Quand Annie a vu le ver dans la pomme, elle a eu un **haut-le-cœur**, une brusque envie de vomir.* — *Des **haut-le-cœur**.*

***haut-le-corps** nom m. invar. Mouvement brusque et involontaire du corps provoqué par la surprise, l'indignation ou la révolte. — *Des **haut-le-corps**.*

***haut-parleur** nom m. ● *Les postes de radio, les téléviseurs, etc., sont équipés de **haut-parleurs**, d'appareils qui transforment le courant électrique en sons.*

***havre** nom m. **1** (vieux) Petit port bien abrité. **2** (littér.) Refuge, abri. ● *Loin des bruits de la ville, cette maison est un **havre** de paix.*

***hayon** [ajɔ̃] nom m. Porte à l'arrière de certaines voitures ou camionnettes que l'on soulève pour ouvrir.

***hé !** interj. Sert à appeler, à avertir quelqu'un. ● *Hé ! venez voir.* ★ Ne pas confondre avec *eh !*

***heaume** nom m. Casque protégeant la tête et le visage, que portaient les soldats du Moyen Âge.

hebdomadaire adj. et nom m. **1** adj. ● *Ils ont une réunion **hebdomadaire**, qui a lieu une fois par semaine.* **2** nom m. ● *Ma mère est abonnée à un **hebdomadaire**, à un journal qui paraît chaque semaine.* ★ Chercher aussi : mensuel ; quotidien.

héberger v. ● *Si vous voulez rester chez nous, nous pouvons vous **héberger**, vous loger pendant quelque temps.* ★ Conjug. 5.

■ **hébergement** nom m. Action d'héberger ; lieu où l'on héberge. ● *Comme il neigeait, les randonneurs ont cherché un **hébergement**.*

hébété adj. ● *Il regardait sa maison brûler d'un air **hébété**, de l'air d'une personne devenue stupide* (→ SYN. abruti, ahuri).

hécatombe nom f. ● *Le bombardement a fait une **hécatombe** :* il a tué un grand nombre de personnes (→ SYN. massacre, tuerie).

hectare nom m. ● *La surface de ce parc est d'un **hectare**, de cent ares, ou dix mille mètres carrés* (abrév. : ha).

hect(o) Préfixe qui, placé devant une unité de mesure, indique que cette mesure est multipliée par cent (ex. : un **hecto**gramme : cent grammes ; un **hecta**re : cent ares). ★ VOIR p. 931.

hectogramme nom m. Poids de cent grammes (abrév. : hg).

hectolitre nom m. Mesure de cent litres (abrév. : hl).

hectomètre nom m. Longueur de cent mètres (abrév. : hm).

*hein [ɛ̃] interj. (fam.) **1 ●** *Hein ? Répète ce que tu viens de dire, j'ai mal entendu : comment ?* **2 ●** *Tu n'es pas fâché,* **hein** *?, n'est-ce pas ?* — **●** *Tais-toi,* **hein** *!* **3 ●** *Hein ! Tu as gagné le gros lot ?*

*hélas ! interj. Sert à marquer la tristesse. **●** *Hélas ! il nous a quittés.* — *« Tu n'as pas réussi ? » « Hélas ! non ».*

*héler v. **●** *Héler un taxi, un porteur :* l'appeler de loin. ★ Conjug. 8.

hélice nom f. Appareil tournant, formé de plusieurs pales et servant à faire avancer certains avions ou certains bateaux.

hélicoptère nom m. Appareil d'aviation qui s'élève et se déplace dans l'air grâce à une grande hélice horizontale. **●** *Les hélicoptères peuvent se poser sur des espaces très petits parce qu'ils décollent et atterrissent verticalement.* ■ **héliport** nom m. Aéroport réservé aux hélicoptères.

*hem ! interj. Sert à rappeler sa présence ou à indiquer que l'on doute. **●** *Hem ! je suis là.* — **●** *Il a vraiment fait cela tout seul ?* **Hem !**

hématome nom m. **●** *Dans l'accident, il n'a eu que des hématomes,* des gros bleus. ★ Chercher aussi : ecchymose.

hémisphère nom m. **●** *La Terre est divisée en deux hémisphères : l'hémisphère nord et l'hémisphère sud :* elle est divisée en deux moitiés, situées de part et d'autre de l'équateur.

hémorragie nom f. **●** *Les médecins ont arrêté l'hémorragie du blessé,* l'écoulement de sang. ★ Chercher aussi : garrot ; transfusion.

*henné nom m. **●** *Un shampooing au henné,* poudre qui teinte en jaune-rouge.

*hennin nom m. Au Moyen Âge, coiffure de femme en forme de cône très haut avec un voile.

*hennir v. **●** *Le cheval hennit,* pousse son cri. ★ Conjug. 11. ■ **hennissement** nom m. Cri du cheval.

*hep ! interj. Sert à appeler, à interpeller. **●** *Hep ! Suivez-moi.*

hépatique adj. **●** *Jacques a eu une maladie hépatique,* une maladie du foie. ■ **hépatite** nom f. **●** *Colette a une hépatite,* une maladie qui affecte le foie. — *La jaunisse est une hépatite.*

herbe nom f. **1 ●** *Le paysan fauche l'herbe du pré.* **2** MAUVAISE HERBE. **●** *Le chiendent est une mauvaise herbe,* une plante qui pousse toute seule et empêche les plantes cultivées de se développer (→ désherber). — FINES HERBES [finzɛrb] : plantes (persil, cerfeuil, ciboulette, etc.) dont on se sert en cuisine pour parfumer certains plats. **●** *Une omelette aux fines herbes.* **3** COUPER L'HERBE SOUS LE PIED DE QUELQU'UN. **●** *Je voulais emprunter ce livre à la bibliothèque, mais Joël m'a coupé l'herbe sous le pied :* il l'a emprunté juste avant que je le fasse (→ SYN. devancer). **4** EN HERBE, loc. adj. **●** *Du blé en herbe,* qui est vert, qui n'est pas encore mûr. — (fig.) **●** *Nicolas est un poète en herbe,* un futur poète. ■ **herbage** nom m. Prairie dont l'herbe pousse naturellement. ■ **herbicide** adj. **●** *Un produit herbicide,* qui détruit les mauvaises herbes. □ nom m. **●** *Cet herbicide est très efficace* (→ désherber). ■ **herbier** nom m. **●** *Avec les plantes qu'elle a cueillies, Odile s'est fait un herbier,* une collection de plantes que l'on fait sécher et que l'on colle sur des feuilles de papier. ■ **herbivore** adj. **●** *Les vaches, les moutons sont herbivores,* ils ne mangent que de l'herbe. □ nom m. **●** *La girafe est un herbivore.*

herboriser v. Cueillir soigneusement des plantes sauvages pour les étudier ou les utiliser. **●** *Herboriser est un moyen agréable de connaître les plantes et de se promener.*

hercule nom m. **●** *Il est capable de soulever des poids énormes ; c'est un hercule,* un homme très fort (→ SYN. colosse).

■ **herculéen** adj. ● *Cet athlète a une force **herculéenne**, très grande* (→ SYN. colossal).

***hère** nom m. UN PAUVRE HÈRE : un homme dans la misère. ● *Un pauvre **hère** mendie sous le porche de l'église.*

hérédité nom f. ● *Les ressemblances physiques entre parents et enfants sont dues à l'**hérédité**, à la transmission naturelle de certains caractères des parents aux enfants* (→ hériter).
■ **héréditaire** adj. ● *Certaines infirmités sont **héréditaires** : elles se transmettent des parents aux enfants.* — ● *Avant la Révolution, la France était une monarchie **héréditaire** : le fils du roi succédait à son père sur le trône.*

hérésie nom f. ● *Toutes les religions condamnent les **hérésies**, les opinions qui s'écartent de la doctrine particulière de chacune de ces religions.*
■ **hérétique** adj. ● *Un livre **hérétique**, qui défend une hérésie (aux yeux d'une religion).* □ nom ● *Autrefois, pendant les guerres de Religion, les catholiques traitaient les protestants d'**hérétiques**.*

***hérisser** v. 1 ● *Quand mon chat a peur de quelque chose, il **hérisse** ses poils :* il les dresse. □ v. pron. ● *Les plumes de l'oiseau **se hérissent**.* 2 (fig.) ● *Son attitude **me hérisse**,* m'irrite.
■ ***hérissé** adj. 1 ● *Des cheveux **hérissés**,* dressés sur la tête, ébouriffés, hirsutes. 2 HÉRISSÉ DE. ● *Un chemin **hérissé** d'obstacles,* garni, où se dressent beaucoup d'obstacles.

hérisson

***hérisson** nom m. Petit animal au corps couvert de piquants qu'il peut hérisser pour se défendre.

hériter v. 1 ● *Notre voisin **a hérité** la maison de ses parents :* il en est devenu propriétaire quand ses parents sont morts (→ déshériter). — ● *Il **a hérité** de ses parents.* ★ Chercher aussi : léguer. 2 (fig.) ● *J'ai **hérité** le goût de la lecture de mon père :* il m'a transmis son goût de la lecture.
■ **héritage** nom m. ● *Il a fait un **héritage** :* il a hérité des biens de quelqu'un.
■ **héritier** nom ● *Son oncle a décidé qu'elle serait son **héritière**,* la personne qui héritera de ses biens. ★ Chercher aussi : testament.

hermaphrodite adj. Être vivant, plante, animal ou humain, pouvu des caractères des deux sexes. ● *L'escargot est **hermaphrodite**.*

hermétique adj. 1 ● *La fermeture de cette bouteille est **hermétique** :* elle ne laisse passer ni air, ni liquide (→ SYN. étanche). 2 (fig.) ● *Cette poésie est **hermétique** :* on n'arrive pas à en comprendre le sens.

hermine nom f. Petit animal qui ressemble à une belette et dont la fourrure est très recherchée. ● *Le poil de l'**hermine**, qui est brun l'été, devient blanc l'hiver.*

***hernie** nom f. ● *Éric a été opéré d'une **hernie** au ventre,* d'une grosseur qui s'est formée sur son ventre (par exemple à la suite d'un effort trop violent).

1. héroïne → héros.

2. héroïne nom f. ● *Certains drogués se font des piqûres d'**héroïne**,* une drogue très dangereuse fabriquée à partir de l'opium.

***héron** nom m. Grand oiseau échassier au long cou. ● *Le **héron** a attrapé une grenouille avec son bec.*

***héros** nom m., **héroïne** nom f. 1 ● *Il a combattu tout seul contre de nombreux ennemis, c'est un **héros**,* un homme très brave, très courageux (→ héroïque, héroïsme). **2 •** *Une petite fille est l'héroïne de cette histoire*, le personnage principal de cette histoire, celui autour duquel elle est construite.

■ **héroïque** adj. • *Louis a reçu une médaille pour sa conduite héroïque*, digne d'un héros.

■ **héroïsme** nom m. • *Tout le monde admire son héroïsme*, son très grand courage.

****herse** nom f. **1 •** *Le paysan tire une herse avec son tracteur*, un instrument garni de dents de métal, qui sert à briser les mottes de terre. **2** Lourde grille suspendue à l'entrée d'un château fort et munie de pointes vers le bas. • *En cas d'attaque, on pouvait abaisser la herse pour défendre l'accès du château fort.*

hésiter v. **1 •** *Martine hésite entre partir ou rester :* elle a du mal à se décider. — • *J'hésite à lui annoncer cette nouvelle* (→ hésitation). **2 •** *L'élève hésitait en répondant aux questions du professeur :* il cherchait ses mots, ne savait pas très bien ce qu'il fallait dire.

■ **hésitant** adj. **1 •** *Martine semble hésitante*, indécise (→ CONTR. assuré, décidé, résolu). **2 •** *Des réponses hésitantes*, embarrassées, incertaines (→ CONTR. assuré, catégorique). — • *Le bébé avançait d'un pas hésitant*, mal assuré.

■ **hésitation** nom f. • *Il est toujours plein d'hésitation* (→ CONTR. assurance, détermination).

hétéroclite adj. • *L'ameublement de sa chambre est hétéroclite*, composé de meubles très divers dont l'assemblage produit un effet bizarre.

hétérogène adj. • *Une assemblée hétérogène*, formée de personnes très différentes les unes des autres (→ CONTR. homogène).

****hêtre** nom m. Arbre commun dans les forêts françaises et dont le bois sert à faire des meubles.

****heu !** interj. Indique l'hésitation. • *La date de naissance de Myriam, c'est... heu !... je ne m'en souviens plus.* ★ *Heu !* peut s'écrire aussi *euh !*

heure nom f. **1 •** *Un jour est divisé en 24 heures et une heure en 60 minutes* (abrév. : *h*). — • *Je t'ai attendu pendant deux heures.* — À L'HEURE. • *Est-il payé au mois ou à l'heure ?*, une certaine somme pour chaque heure (→ horaire, A). **2 •** *Le matin, je me lève à 8 heures*, à ce moment de la journée (→ horaire, B). — • *Il est l'heure de partir.* — À L'HEURE. • *Tu n'es jamais prêt à l'heure*, au moment prévu. • *Ma montre est à l'heure :* elle indique l'heure exacte. — À TOUTE HEURE, loc. adv. • *Dans ce restaurant, on peut manger à toute heure*, à n'importe quel moment de la journée. **3** DE BONNE HEURE, loc. adv. • *Il s'est couché de bonne heure*, tôt. **4** TOUT À L'HEURE, loc. adv. • *Il était là tout à l'heure*, il y a peu de temps. — • *Nous en reparlerons tout à l'heure*, dans un moment. **5** À L'HEURE QU'IL EST, loc. adv. : en ce moment, maintenant. • *À l'heure qu'il est, elle doit être rentrée chez elle.* **6** D'HEURE EN HEURE, loc. adv. • *Avec ces fortes pluies la rivière grossit d'heure en heure*, peu à peu, à mesure que les heures passent. **7** À LA BONNE HEURE ! • *Tu acceptes ?... À la bonne heure !* : très bien, c'est parfait !

heureux adj. **1 •** *Cécile est heureuse d'avoir retrouvé son chien :* elle est très contente (→ CONTR. malheureux, triste). **2 •** *Ils ont eu une vie heureuse*, pleine de bonheur. **3 •** *J'ai fait une heureuse rencontre*, qui m'a apporté du bonheur, qui a été une chance pour moi (→ CONTR. fâcheux).

■ **heureusement** adv. • *J'ai perdu mon porte-monnaie ; heureusement il était vide*, par chance (→ CONTR. malheureusement).

****heurt** nom m. • *Un heurt entre deux voitures* (→ SYN. choc). **2 •** *Notre longue discussion s'est passée sans heurt*, sans dispute.

****heurter** v. **1 •** *Le bateau a heurté un rocher :* il l'a touché brutalement (→ heurt, sens 1). **2** (fig.) • *Ses réflexions m'ont heurté :* elles m'ont fortement déplu (→ heurt, sens 2 ; SYN. choquer, contrarier).

■ *se* ***heurter** *à* v. pron. **1** ● *En marchant dans le noir, il **s'est heurté** à la table* : il s'est cogné contre elle. **2** (fig.) ● *Je croyais ce problème facile, mais **je me suis heurté** à des difficultés* : j'ai rencontré des difficultés.

■ ***heurtoir** nom m. Marteau fixé à une porte d'entrée, qui sert à frapper pour avertir.

hévéa nom m. Arbre des pays chauds qui produit un liquide (le *latex*) avec lequel on fabrique du caoutchouc.

hexagone nom m. ● *On représente souvent la France sous la forme d'un **hexagone**, d'une figure géométrique à six côtés.* ★ VOIR p. 424.

hiatus nom m. **1** Suite de deux voyelles entre deux mots. ● *L'**hiatus** des deux «a» dans «Alex a admiré» est désagréable.* **2** (fig.) Rupture, coupure, décalage. ● *Il y a un **hiatus** entre ma sœur et moi* : elle ne me comprend pas.

hiberner v. ● *Certains animaux **hibernent** : ils dorment tout l'hiver.* ★ Ne pas confondre *hiberner* et *hiverner*.

■ **hibernation** nom f. ● *Au printemps, le loir sort de son **hibernation**.*

*hibou nom m. Oiseau de proie nocturne. ● *Les **hiboux** se nourrissent de souris et d'autres petits animaux.* ★ Chercher aussi : hululer.

*hic nom m. (fam.) ● *Je voudrais bien acheter ce vélo, mais je n'ai pas assez d'argent; c'est là le **hic**, la difficulté, le problème.*

*hideux adj. ● *Ce tableau est **hideux**, très laid* (→ SYN. affreux, horrible).

hier adv. **1** ● *Aujourd'hui c'est lundi; **hier** c'était dimanche.* ★ Chercher aussi : avant-hier, veille. **2** NE PAS DATER D'HIER. ● *Cette découverte **ne date pas d'hier*** : elle n'est pas récente.

*hiérarchie nom f. ● *Le général d'armée a le rang le plus élevé dans la **hiérarchie** militaire, dans le classement des militaires selon leur importance, selon leur grade.* ★ Chercher aussi : échelle.

■ ***hiérarchique** adj. ● *Dans une entreprise, un employé doit obéir à son supérieur **hiérarchique**, à la personne qui est au-dessus de lui dans la hiérarchie.*

*hiéroglyphe nom m. ● *Peu de gens savent lire les **hiéroglyphes**, les petits dessins qui servaient d'écriture aux anciens Égyptiens.*

hiéroglyphes

hilare adj. ● *Le film était vraiment comique et dans la salle tout le monde était **hilare**, très gai, réjoui.*

■ **hilarant** adj. ● *Ce film est **hilarant**, très drôle* (→ SYN. désopilant).

■ **hilarité** nom f. ● *Le clown a déclenché l'**hilarité** générale, les rires.*

hindou nom ● *En Inde, il y a surtout des **hindous**, des personnes qui pratiquent une religion (l'*hindouisme*) particulière à ce pays.* □ adj. ● *Un temple **hindou**.* ★ Chercher aussi : indien.

hippique adj. ● *Charles est un bon cavalier, il a déjà participé à des concours **hippiques**, entre des personnes qui montent à cheval.* ★ Chercher aussi : équitation, hippodrome.

hippocampe nom m. Petit animal qui vit dans la mer et dont la tête ressemble un peu à celle d'un cheval.

hippodrome nom m. Terrain réservé aux courses de chevaux. ● *L'**hippodrome** de Vincennes.* ★ Chercher aussi : équitation, hippique.

hippopotame nom m. Gros animal d'Afrique. ● *Les **hippopotames** passent presque tout leur temps dans l'eau.*

hirondelle nom f. ● *Une **hirondelle** a construit son nid de terre dans la* grange, un petit oiseau migrateur qui passe l'hiver dans les pays chauds.

hirsute adj. ● *Une chevelure, une barbe* **hirsute**, très mal peignée, en grand désordre, ébouriffée.

*****hisser** v. **1** ● *Un soldat* **hisse** *le drapeau* : il le fait monter en haut du mât avec une corde. **2** ● *Le maçon et ses aides* **hissent** *une poutre* : ils l'élèvent en faisant de gros efforts. □ v. pron. ● *Le nageur* **se hisse** *à bord du canot.*

histoire nom f. **1** ● *En classe, les élèves étudient l'***histoire**, les événements importants qui se sont produits dans le passé (→ historien, historique). **2** ● *Je vais vous raconter une* **histoire**, un récit, vrai ou imaginé (→ historiette). ★ Chercher aussi : anecdote, conte. **3** ● *Je ne crois pas un mot de ce que tu dis, ce sont des* **histoires**, des choses fausses, des mensonges. **4** ● *Notre voyage s'est passé sans* **histoires**, sans difficultés, sans ennuis. — (fam.) C'EST TOUTE UNE HISTOIRE. ● «*Pourquoi t'es-tu fâché avec lui ?*» «*Oh! c'est toute une histoire.*» : c'est quelque chose de compliqué. **5** (fam.) HISTOIRE DE (FAIRE QUELQUE CHOSE) : pour, afin de. ● *Je vais faire un tour,* **histoire de** *me dégourdir les jambes.* **6** (fam. et au plur.) ● *Il cherche des* **histoires** : il cherche la dispute (→ querelle). — (fam.) FAIRE DES HISTOIRES : faire des difficultés.

■ **historien** nom. Personne qui étudie l'histoire.

■ **historiette** nom f. ● *Une* **historiette** *amusante* : une petite histoire.

■ **historique** adj. **1** ● *Un personnage* **historique**, qui a eu une grande importance dans l'histoire, qui a réellement existé. ★ Chercher aussi : légendaire. **2** ● *Ce château est un monument* **historique**, important dans l'histoire du pays. **3** nom m. ● *Faire l'***historique** *d'une situation* : raconter depuis l'origine les événements qui ont conduit à cette situation.

*****hit-parade** nom m. ● *Ce chanteur est classé premier au* **hit-parade** : liste des meilleurs, par ordre de succès. ● *Des* **hit-parades**.

hiver nom m. Saison de l'année qui suit l'automne et précède le printemps. ● *L'***hiver** *commence le 22 décembre et se termine le 21 mars.*

■ **hivernage** nom m. ● *L'***hivernage** *des troupeaux*, leur séjour à l'étable pendant l'hiver.

■ **hivernal** adj. ● *Il fait une température* **hivernale**, d'hiver.

■ **hiverner** v. ● *Des bateaux* **hivernent** *dans le port* : ils y passent l'hiver à l'abri. ★ Ne pas confondre *hiverner* et *hiberner.*

*****H. L. M.** [aʃɛlɛm] nom f. ou m. (abrév. de Habitation à Loyer Modéré). ● *Les appartements des* **H. L. M.** *sont loués moins cher que ceux des autres immeubles.*

*****ho!** interj. Sert à appeler ou indique l'étonnement, l'indignation. ● *Elle a dit cela ?* **Ho!**

*****hocher** v. HOCHER LA TÊTE : la remuer de haut en bas pour exprimer que l'on accepte ou que l'on refuse quelque chose, que l'on s'interroge, etc.

■ *****hochement** nom m. HOCHEMENT DE TÊTE. ● *Il m'a répondu par un* **hochement de tête**.

*****hochet** nom m. ● *Le bébé s'amuse avec son* **hochet**, un jouet qui fait du bruit quand on l'agite.

*****hockey** [ɔkɛ] nom m. Sport d'équipe où l'on doit envoyer une balle dans le but adverse en se servant d'un bâton spécial (la crosse). ● *Il joue au* **hockey** *sur gazon.* — ● *Dans le* **hockey** *sur glace, les joueurs sont chaussés de patins à glace, et la balle est remplacée par un palet.*

*****holà!** interj. et nom m. **1** interj. Sert à arrêter, à faire cesser. ● **Holà!** *ne tape pas si fort.* **2** nom m. METTRE LE HOLÀ À QUELQUE CHOSE. ● *J'ai voulu* **mettre le holà à** *ces plaisanteries méchantes*, y mettre fin, les faire cesser.

*****hold-up** [ɔldœp] nom m. invar. ● *Les gangsters ont organisé un* **hold-up**, une attaque avec des armes pour dévaliser une banque, un magasin, etc.

holocauste nom m. **1** Chez les Juifs de l'Antiquité, sacrifice religieux au cours duquel on brûlait la victime. ● *On offrait des animaux en **holocauste**.* **2** (fig.) Sacrifice absolu.

*****homard** nom m. Crustacé marin qui a de très grosses pinces. ● *Le **homard** vivant est bleu foncé ; il devient rouge quand on le fait cuire.*

homéopathie nom f. ● *Certains médecins pratiquent l'**homéopathie** : ils soignent les malades en leur faisant prendre certains produits en très petite quantité.*

homérique adj. (du nom d'un poète grec de l'Antiquité, Homère). ● *Ce fut un combat **homérique** : semblable à ceux d'une épopée extraordinaire.* ● *C'est un personnage **homérique**.*

homicide nom m. ● *Il a commis un **homicide** :* il a tué quelqu'un. — ● *Le meurtre, l'assassinat sont des **homicides** volontaires ; le fait de tuer quelqu'un par accident est un **homicide involontaire**.*

hommage nom m. **1** RENDRE HOMMAGE À. ● *Nous **rendons hommage à** votre courage :* nous vous exprimons notre admiration, notre reconnaissance pour votre courage. **2** FAIRE HOMMAGE DE. ● *L'auteur m'a fait **hommage** de son livre,* me l'a offert. **3** (au plur.) Formule de politesse employée par un homme pour saluer une femme. ● *Je vous présente mes **hommages**, Madame, mes respects.*

homme nom m. **1** ● *À la différence des animaux, les **hommes** sont capables de parler et de raisonner,* les êtres humains, qu'ils soient de sexe masculin ou féminin, enfants ou adultes. **2** Personne adulte de sexe masculin. ● *Un **homme** et une femme.* — ● *Éric a beaucoup changé, il est devenu un **homme** :* il n'est plus adolescent, mais adulte. **3** HOMME D'AFFAIRES : industriel, banquier, gros commerçant. — HOMME DE LOI : avocat, juge, etc. — HOMME POLITIQUE : député, sénateur, ministre, etc. **4** D'HOMME À HOMME. ● *Expliquons-nous **d'homme à homme**,* seuls l'un avec l'autre, et avec franchise. — COMME UN SEUL HOMME. ● *Ils se levèrent **comme un seul homme**,* tous ensemble, en même temps. — ÊTRE HOMME À. ● *Il n'est pas **homme à** se laisser faire :* ce n'est pas dans son caractère de se laisser faire.

homme-grenouille nom m. Plongeur sous-marin spécialement équipé. ● *Les **hommes-grenouilles** sont équipés d'un masque, de palmes et de bouteilles à oxygène.* ★ Chercher aussi : scaphandrier.

homogène adj. ● *Une classe **homogène**,* formée d'élèves qui ne sont pas très différents les uns des autres, qui sont du même niveau, de la même force. (→ CONTR. hétérogène).
■ **homogénéisé** adj. Rendu homogène, formant un ensemble cohérent avec des éléments différents.
■ **homogénéité** nom f. Qualité de ce qui est homogène.

homologue adj. et nom. ● *Pierre et Marie occupent des emplois **homologues** dans deux entreprises différentes :* équivalent, correspondant. — ● *Le Premier ministre a reçu son **homologue** allemand :* personne qui occupe la même place (ou à la même fonction) dans un autre royaume.

homologuer v. ● *Le record du champion a été **homologué** :* il a été reconnu officiellement comme valable.

homonyme nom m. **1** ● *Les mots « vert », « verre », « ver », et « vers » ; les mots « pêche » (que pratique le pêcheur) et « pêche » (le fruit), sont des **homonymes**,* des mots qui se prononcent et quelquefois s'écrivent de la même façon mais qui n'ont pas la même signification. **2** ● *Son nom est Durand ; il a de nombreux **homonymes**,* des personnes qui ont le même nom que lui mais qui ne sont pas de la même famille.

honnête adj. **1** ● *On peut avoir confiance en lui : il est **honnête** :* il ne cherche pas à voler ni à tromper les gens (→ honnêtement, honnêteté ; CONTR. déloyal, malhonnête). **2** ● *Cet élève a fait un devoir **honnête**,* pas excellent mais satisfaisant, honorable (→ SYN. acceptable, passable).

■ **honnêtement** adv. ● *De l'argent gagné* **honnêtement**.

■ **honnêteté** nom f. ● *Il est d'une* **honnêteté** *irréprochable*.

honneur nom m. **1** ● *Cette insulte a porté atteinte à son* **honneur**, *au respect, à l'estime qu'il mérite, à sa fierté* (→ déshonneur, déshonorer ; SYN. dignité). — SE FAIRE UN POINT D'HONNEUR DE ou METTRE UN POINT D'HONNEUR À. ● *Michel se fait un point d'honneur d'être toujours à l'heure* : il considère que ce serait indigne de lui de n'être pas à l'heure. — PAROLE D'HONNEUR. ● *Je te donne ma parole d'honneur que je ne répéterai pas ce que tu m'as dit* : je te le jure. **2** ● *En m'acceptant parmi vous, vous me faites un grand* **honneur** : *vous montrez que vous avez beaucoup d'estime pour moi* (→ honorer ; honorable, sens 1 ; honorifique). — EN L'HONNEUR DE, loc. prép. ● *Nous avons préparé un bon repas* **en l'honneur de** *nos invités, à leur intention et pour les honorer.* **3** COUR D'HONNEUR : cour principale d'un château. **4** REMETTRE EN HONNEUR. ● *Cette année, les chaussures à talon haut* **ont été remises en honneur** : elles ont été remises à la mode. **5** (fam.) FAIRE HONNEUR À UN PLAT : en manger beaucoup. **6** (au plur.) ● *Un chef d'État a droit à des* **honneurs** particuliers, à des marques de respect particulières.

■ **honorable** adj. **1** ● *Une personne* **honorable**, *digne d'estime, de respect* (→ SYN. respectable). **2** *Il a eu 12/20 à son devoir, c'est une note* **honorable**, *qui n'est pas excellente, mais cependant très convenable.*

■ **honorer** v. ● *On a remis un prix à ce savant pour l'***honorer**, *pour lui montrer l'estime que l'on a pour lui.*

■ **honorifique** adj. ● *« Votre Majesté » est un titre* **honorifique** *donné à un roi, un titre qu'on lui donne pour l'honorer.*

honoraires nom m. plur. Somme d'argent donnée en paiement aux membres de certaines professions. ● *Les médecins, les avocats, les notaires, etc., reçoivent des* **honoraires** (et non des *salaires*).

***honte** nom f. **1** ● *Faire souffrir un animal sans défense, c'est une* **honte**, *une chose déshonorante, odieuse, indigne.* **2** AVOIR HONTE DE. ● *Christophe a* **honte de** *s'être mal conduit* : il en est gêné, il n'en est pas fier. — FAIRE HONTE À QUELQU'UN. ● *Tiens-toi mieux que cela, tu* **me fais honte** : je me sens très gêné à cause de toi.

■ ***honteux** adj. **1** ● *Je suis* **honteux** *d'avoir manqué de courage* : j'en ai honte (→ SYN. confus). **2** ● *Vous avez fait une chose* **honteuse**, *qui vous déshonore* (→ SYN. dégoûtant, indigne, infâme).

***hop !** interj. Invite à agir vivement. ● *Allez,* **hop !** *plus vite que ça.*

hôpital nom m. Établissement dans lequel on soigne les malades et les blessés (→ 1. hospitalier, hospitaliser). ★ Chercher aussi : clinique.

***hoquet** nom m. AVOIR LE HOQUET : faire avec sa gorge des bruits involontaires et répétés, provoqués par des contractions du diaphragme.

■ ***hoqueter** v. Avoir le hoquet.

horaire adj. et nom m. **A.** adj. ● *Dans ce problème de calcul, il faut trouver la vitesse* **horaire** *d'un train, le nombre de kilomètres qu'il parcourt en une heure.* — ● *Le salaire* **horaire** : celui que l'on reçoit pour une heure de travail.
B. nom m. **1** ● *Pouvez-vous me donner l'***horaire** *des trains pour Brest ?*, les heures de départ et d'arrivée des trains. **2** ● *Au début de l'année, le directeur du collège a donné leur* **horaire** *aux professeurs, leur emploi du temps.*

***horde** nom f. Troupe nombreuse de gens ou d'animaux peu rassurants. ● *Une* **horde** *de bandits, de loups.*

horizon nom m. **1** ● *On apercevait un cavalier loin à l'***horizon**, *sur la ligne où le ciel et la terre semblent se toucher* (→ horizontal). **2** OUVRIR DES HORIZONS NOUVEAUX À QUELQU'UN : lui faire découvrir des choses qu'il ne connaissait pas.

■ **horizontal** adj. **1** ● *La surface d'un lac est* **horizontale**. ★ Chercher aussi :

oblique, vertical. **2** À L'HORIZONTALE, loc. adv. : dans une position horizontale. ● *Une bouteille posée* **à l'horizontale**.
■ **horizontalement** adv. Dans le sens horizontal. ● *On peut déplacer le pion* **horizontalement** (→ CONTR. verticalement).

horloge nom f. Appareil de grande taille qui indique l'heure. ● *Il est midi à* **l'horloge** *de la mairie*.
■ **horloger** nom m. Personne dont le métier est de réparer ou de vendre des montres, des horloges, etc.
■ **horlogerie** nom f. **1** ● *Dans le Jura, beaucoup de personnes travaillent dans* **l'horlogerie**, dans l'industrie de la fabrication des montres, des pendules, etc. **2** ● *Il est entré dans une* **horlogerie** *pour acheter un réveil*, dans le magasin d'un horloger.

*****hormis** prép. (littér.) ● *Tout le monde était d'accord,* **hormis** *Lucie*, sauf, excepté Lucie.

hormone nom f. Substance produite par certains organes du corps et dont l'influence est très importante, par exemple sur la croissance.

horoscope nom m. ● *Les astrologues font des* **horoscopes**, des prévisions sur l'avenir des gens en étudiant la position des étoiles.

horreur nom f. **1** ● *Ce film m'a rempli d'***horreur**, d'une peur et d'un dégoût très grands (→ horrible, sens 1). **2** AVOIR HORREUR DE. ● *Certaines personnes* **ont horreur de** *voyager en avion : elles détestent cela.* **3** ● *Cette robe est une* **horreur**, une chose très laide (→ horrible, sens 2). — ● *Son crime est une* **horreur** (→ SYN. atrocité). **4** (au plur.) ● *Il a dit des* **horreurs** *sur toi*, des choses horribles, du mal de toi.
■ **horrible** adj. **1** ● *Alain m'a raconté une histoire* **horrible**, qui fait horreur, qui dégoûte (→ SYN. abominable, affreux, épouvantable). **2** ● *Ce tableau est* **horrible**, très laid (→ SYN. hideux). — ● *Ce médicament a un goût* **horrible**, très mauvais, très désagréable.

■ **horriblement** adv. ● *Il parle* **horriblement** *mal* (→ horrible, sens 2 ; SYN. affreusement, terriblement).
■ **horrifier** v. ● *Sa conduite m'***horrifie**, me choque beaucoup. ★ Conjug. 10.

horripiler v. ● *Cesse de parler sur ce ton, tu m'***horripiles** *: tu m'agaces, tu m'irrites beaucoup* (→ SYN. exaspérer).
■ **horripilant** adj. ● *Une manie* **horripilante**, très agaçante, exaspérante.

*****hors-bord** nom m. invar. Petit bateau à moteur qui va très vite. ● *Des* **hors-bord**.

*****hors de** loc. prép. **1** ● *Il habite* **hors de** *la ville*, en dehors d'elle (→ SYN. à l'extérieur de). **2** HORS DE DANGER. ● *L'opération s'est bien passée, le malade est* **hors de danger** *: il est sauvé*. — HORS DE PRIX. ● *Cette année, les fruits sont* **hors de prix**, excessivement chers. — HORS D'USAGE. ● *Sa voiture est* **hors d'usage**, inutilisable. — HORS DE COMBAT : dans l'impossibilité de continuer à se battre. — HORS DE SOI. ● *Sa bêtise m'a mis* **hors de moi**, dans une grande colère. — HORS DE DOUTE. ● *Il ne réussira pas, c'est* **hors de doute** *: c'est certain*.

*****hors-d'œuvre** nom m. invar. Plat froid servi au début du repas. ● *Après les* **hors-d'œuvre**, *il y a les entrées ou, directement, le plat de résistance*.

*****hors-jeu** nom m. invar. Faute d'un joueur de football ou de rugby qui se trouve à un endroit du terrain où il n'a pas le droit d'être. ● *Des* **hors-jeu**.

*****hors-la-loi** nom m. invar. Malfaiteur, bandit. ● *Une bande de* **hors-la-loi** *terrorisait la région*.

hortensia nom m. Petit arbuste dont les fleurs, bleues, roses ou blanches, sont groupées en grosses boules.

horticulture nom f. Culture des légumes, des fleurs et des arbres.
■ **horticulteur, -trice** nom. Personne qui s'occupe d'horticulture.
■ **horticole** adj. ● *Les techniques* **horticoles**, de l'horticulture.

hospice nom m. Établissement où l'on accueille les personnes âgées qui n'ont pas d'argent (→ SYN. asile).

1. hospitalier adj. ● *Les services hospitaliers*, des hôpitaux.
■ **hospitaliser** v. ● *Le malade est dans un état grave, il faut l'hospitaliser*, le faire entrer dans un hôpital ou une clinique.

2. hospitalier adj. ● *Une personne hospitalière*, qui accueille facilement les gens (→ CONTR. inhospitalier).
■ **hospitalité** nom f. ● *Il a offert l'hospitalité à ses amis* : il les a reçus et logés chez lui.

hostie nom f. ● *Les catholiques communient en mangeant une hostie*, une rondelle d'un pain spécial qui représente le corps du Christ.

hostile adj. **1** ● *Il m'en veut et me le montre par son attitude hostile*, qui est celle d'un ennemi (→ SYN. froid, A sens 2, haineux ; CONTR. cordial). **2** HOSTILE À. ● *Je suis hostile à cette décision* : je suis contre cette décision.
■ **hostilité** nom f. **1** ● *Je ne comprends pas son hostilité envers moi* (→ SYN. haine, malveillance). **2** (au plur.) ● *Les hostilités ont cessé*, les actions de guerre entre des pays ennemis.

hôte nom m. **1** Personne qui donne l'hospitalité (au fém. : **hôtesse**). ● *Avant de partir, j'ai remercié mes hôtes*, les personnes qui m'ont accueilli chez elles. — ● *Après ce dîner chez leurs amis, mes parents ont remercié leur hôtesse*, la maîtresse de maison qui les a reçus. **2** Personne qui reçoit l'hospitalité (au fém. : **hôte**). ● *J'ai invité Anne, elle est mon hôte* (→ SYN. invité).

*****hot-dog** [ɔtdɔg] nom m. Sorte de sandwich formé d'une saucisse chaude dans un petit pain. — ● *Des hot-dogs.*

hôtel nom m. **1** ● *Cette nuit nous dormirons à l'hôtel*, dans un établissement, une maison où l'on trouve des chambres à louer (→ hôtelier). ★ Chercher aussi : auberge. **2** HÔTEL PARTICULIER : riche maison ancienne, dans une ville.

3 HÔTEL DE VILLE. ● *Les mariés sortent de l'hôtel de ville* (→ SYN. mairie). **4** MAÎTRE D'HÔTEL : celui qui est chargé de diriger le service dans un grand restaurant.
■ **hôtelier** nom et adj. **1** nom ● *Mon oncle est hôtelier* : il tient et dirige un hôtel. **2** adj. ● *François est dans une école hôtelière*, une école où l'on apprend les métiers de l'hôtellerie (cuisinier, serveur, etc.).
■ **hôtellerie** nom f. **1** Hôtel ou restaurant confortable et luxueux. **2** ● *Il travaille dans l'hôtellerie*, les métiers qui ont rapport aux hôtels et aux restaurants.

1. hôtesse → hôte.

2. hôtesse nom f. ● *En entrant au Salon de l'Automobile, nous avons demandé un renseignement à une hôtesse*, une femme chargée d'accueillir et de renseigner les visiteurs. — HÔTESSE DE L'AIR. ● *Dans l'avion, l'hôtesse de l'air nous a conduits jusqu'à nos places.*

*****hotte** nom f. **1** ● *Gilles a dessiné le Père Noël avec sa hotte*, un grand panier d'osier porté sur le dos à l'aide de bretelles. **2** ● *La hotte d'une cheminée* : la partie par laquelle s'évacue la fumée au-dessus de la cheminée. **3** ● *Il a installé une hotte* (électrique) *dans sa cuisine*, un appareil que l'on pose au-dessus de la cuisinière pour aspirer les odeurs, les fumées.

*****hou !** interj. S'utilise pour faire peur à quelqu'un ou par moquerie. ● *Hou ! qu'il est laid !*

*****houblon** nom m. Plante grimpante dont les fleurs servent à la fabrication de la bière.

*****houe** nom f. ● *Le jardinier retourne la terre avec une houe.*

houe

***houille** nom f. **1** ● *Les mineurs extraient de la **houille**, du charbon.* **2** (fig.) HOUILLE BLANCHE : électricité fournie par les barrages. ★ Chercher aussi : hydro-électricité.
■ ***houiller** adj. ● *Dans le Nord de la France, il y a de nombreux bassins **houillers**, des endroits dont le sous-sol contient de la houille.*

***houle** nom f. ● *Le bateau est balancé par la **houle**, par le mouvement, les ondulations de la mer.* ★ Chercher aussi : roulis.
■ ***houleux** adj. **1** ● *Une mer **houleuse**,* agitée par la houle (→ SYN. agité ; CONTR. calme, d'huile). **2** (fig.) ● *La discussion a été **houleuse**,* agitée, pleine de disputes (→ SYN. mouvementé, orageux ; CONTR. calme, paisible).

***houlette** nom f. **1** Bâton de berger. **2** SOUS LA HOULETTE DE : sous la conduite de (quelqu'un). ● *Nous avons visité le musée sous la **houlette** du guide.*

***houppe** ou ***houppette** nom f. **1** Assemblage de fils de laine, de soie formant une touffe. ● *Ma mère se poudre le visage avec une **houppe**.* **2** ● *Une **houppe** de cheveux :* une touffe de cheveux.

***houppelande** nom f. Manteau ample à très larges manches. ● *La **houppelande** du berger, du cocher.*

***hourra** nom m. ● *Les spectateurs ont poussé des **hourras**,* des cris d'acclamation, d'enthousiasme, pour montrer leur joie. ☐ interj. ● *Les voilà ! **Hourra** ! — ● Hip, hip, hip, **hourra** !*

***houspiller** v. ● *Ses parents le **houspillent** :* ils lui font sans arrêt des reproches, des critiques (→ SYN. (fam.) attraper, gronder, réprimander).

***housse** nom f. Enveloppe souple dont on se sert pour recouvrir les objets, les meubles, les vêtements, etc., pour les protéger. ● *Les fauteuils du salon étaient recouverts d'une **housse**.*

***houx** nom m. Arbuste à feuilles vertes et piquantes, dont les fruits forment de petites boules rouges. ● *Pour le repas de Noël, la table était décorée avec des branches de **houx**.*

***hublot** nom m. Petite fenêtre étanche, le plus souvent ronde, sur les bateaux et les avions.

***huche** nom f. Coffre de bois à couvercle plat. ● *On rangeait le pain dans une **huche**.*

***hue !** interj. Pour faire avancer un cheval. ● *Allez, **hue** ! En avant !*

***huer** v. ● *Le chanteur **a été hué** par le public :* le public a sifflé et crié pour lui manifester son mécontentement, sa réprobation (→ SYN. conspuer ; CONTR. acclamer, applaudir).
■ **huées** nom f. plur. ● *Les acteurs sont partis sous les **huées** des spectateurs,* leurs cris hostiles.

huile nom f. **1** Liquide gras tiré de certains végétaux, employé pour la cuisine. ● *De l'**huile** d'olive, de l'**huile** d'arachide.* ★ Chercher aussi : oléagineux. **2** ● *Il met de l'**huile** dans le moteur de sa voiture,* un liquide gras spécial utilisé pour graisser le moteur. **3** ● *Une **huile** solaire :* un liquide gras qui protège la peau des rayons du soleil et fait bronzer. **4** (fig.) JETER DE L'HUILE SUR LE FEU : ● *N'interviens pas dans la discussion, tu risquerais de **jeter de l'huile sur le feu**,* d'envenimer leur querelle, de les pousser à se disputer davantage (→ exciter). **5** (fig.) MER D'HUILE : très calme, sans vague (→ CONTR. houleux). **6** FAIRE TACHE D'HUILE : s'étendre peu à peu, se répandre. ● *Au début elle était seule à se plaindre, mais le mécontentement **a fait tache d'huile**.*
■ **huiler** v. ● *Il **a huilé** la chaîne de sa bicyclette* (→ SYN. graisser).
■ **huileux** adj. ● *Ce torchon est **huileux**,* taché d'huile (→ SYN. graisseux).

huis nom m. **1** Se disait autrefois pour porte. **2** À HUIS CLOS, loc. adv. ● *Le tribunal a jugé les espions **à huis clos**,* sans que le public soit admis à assister à la séance.

huissier nom m. **1** ● *Avant d'être reçu par le maire, j'ai donné mon nom à l'**huissier**,* à l'employé chargé d'accueillir les visiteurs. **2** HUISSIER (DE JUSTICE) : personne chargée de faire exécuter les décisions de justice ou de dresser des constats.

***huit** adj. numéral invar. **1** ● *Il travaille huit heures par jour.* □ nom m. ● *Sept plus un font huit* (7+1= 8). **2** EN HUIT, loc. adv. ● *Nous nous reverrons lundi en huit,* le lundi après celui qui vient.

■ ***huitaine** nom f. ● *Il part dans une huitaine (de jours),* environ huit jours, une semaine.

■ ***huitième** adj. et nom **1** adj. ● *Le huitième jour.* **2** nom f. ● *Autrefois, le CM1 s'appelait la huitième et le CM2 la septième.* **3** nom m. ● *3 est le huitième de 24.* — ● *Deux huitièmes* (2/8) *sont égaux à un quart.* (→ fraction).

huître nom f. ● *Le soir du réveillon, nous avons mangé des huîtres,* des fruits de mer à grande coquille.

***hulotte** nom f. Oiseau, petit rapace nocturne. ★ Chercher aussi : chouette.

***hululer** ou **ululer** v. ● *Le hibou et la chouette hululent,* poussent leur cri.

■ **hululement** ou **ululement** nom m. Cri des oiseaux de nuit.

***hum !** interj. Sert à exprimer le doute.
● *Hum ! Cela m'étonnerait qu'il vienne.*

humain adj. **1** ● *Le genre humain,* l'espèce *humaine :* l'ensemble des hommes et des femmes. — ● *L'espèce humaine est la plus évoluée de toutes les espèces animales* (humain, sens 1). — ● *Un être humain,* qui appartient à l'espèce humaine. □ nom m. ● *Un humain, les humains.* **2** ● *Notre maîtresse est une femme très humaine,* bonne et généreuse (→ CONTR. inhumain).

■ **humanité** nom f. **1** ● *L'avenir de l'humanité,* de l'ensemble des êtres humains. **2** ● *Les prisonniers de guerre doivent être traités avec humanité* (→ humanité).

■ **humanitaire** adj. ● *Quand une catastrophe se produit dans un pays étranger, le gouvernement envoie des secours aux victimes pour des raisons humanitaires,* qui ont rapport à l'humanité (la bonté et la générosité)

que l'on doit à tous les êtres humains.

■ **humainement** adv. **1** ● *Les otages ont été traités humainement,* avec humanité. **2** ● *Faire tout ce qui est humainement possible :* utiliser au maximum les capacités humaines.

humble adj. **1** ● *Une personne humble,* qui se conduit avec modestie, simplicité. **2** ● *Cet employé se fait humble devant son supérieur* (→ SYN. soumis).

■ **humblement** adv. ● *Il se conduit humblement,* d'une manière humble, modestement.

■ **humilité** nom f. **1** ● *Cette personne fait preuve d'humilité :* elle se conduit humblement (→ SYN. modestie). **2** ● *Il le regarde avec humilité* (→ SYN. soumission).

humecter v. ● *J'ai humecté le linge avant de le repasser : je l'ai mouillé légèrement,* pour le rendre humide (→ SYN. humidifier, mouiller). □ v. pron. ● *Il s'humecte les lèvres :* il les mouille légèrement.

***humer** v. ● *Il ouvre la fenêtre pour humer l'air frais du matin,* pour le respirer et le sentir. — ● *Il hume la bonne odeur du café.*

humérus nom m. Os du bras, depuis l'épaule jusqu'au coude. ★ VOIR p. 843.

humeur nom f. **1** ● *L'humeur vitrée est une substance qui remplit le globe de l'œil.* ★ VOIR p. 970. **2** ● *Philippe peut être adorable ou détestable selon son humeur,* selon la disposition de son esprit. — ● *Arlette est d'humeur gaie :* elle a un caractère, un tempérament gai. — DE BONNE, DE MAUVAISE HUMEUR, loc. adj. ● *Ce matin il s'est réveillé de bonne humeur,* bien disposé, aimable. — ● *Je ne suis pas disposé à supporter tes mouvements d'humeur,* de colère, d'irritation.

humide adj. ● *Le linge est humide,* légèrement mouillé (→ humidité ; CONTR. sec). — ● *Une région humide,* où il pleut souvent.

■ **humidifier** v. Rendre humide (→ SYN. humecter, mouiller ; CONTR. sécher). ★ Conjug. 10.

■ **humidité** nom f. ● *Ces vieux livres sont moisis par l'humidité de la cave,* par l'air, l'atmosphère humide.

humilier v. ● *Il a dit des paroles blessantes pour m'humilier,* pour montrer mon infériorité et me vexer (→ SYN. rabaisser). ★ Conjug. 10.
■ **humiliant** adj. ● *J'ai subi un échec humiliant* (→ SYN. vexant).
■ **humiliation** nom f. **1** ● *Didier a reçu une gifle et a rougi d'humiliation,* de confusion, de honte. **2** ● *Elle endure les humiliations* (→ SYN. affront, offense).

humilité → humble.

humour nom m. **1** ● *Il raconte son échec au permis de conduire avec humour,* en plaisantant, en faisant sourire. **2** HUMOUR NOIR : plaisanterie sur un sujet grave et triste.
■ **humoriste** adj. et nom ● *Un écrivain humoriste,* qui a de l'humour, qui sait voir le côté amusant des choses.
■ **humoristique** adj. ● *Ce livre de bandes dessinées est humoristique,* plein d'humour (→ SYN. amusant, drôle).

humus nom m. ● *Je suis allé en forêt chercher de l'humus pour mon jardin,* une terre noire très fertile formée par des végétaux (feuilles, plantes, etc.) en décomposition.

****huppe** nom f. ● *Certains oiseaux ont une huppe sur la tête,* une touffe de plumes.
■ ****huppé** adj. **1** ● *Le vanneau est un oiseau huppé,* qui a une huppe. **2** (fig.) ● *Les propriétaires de ce château sont des gens huppés,* riches et distingués.

****hurler** v. Pousser des cris violents et prolongés. ● *Hurler de peur, de douleur :* crier très fort à cause de la peur, de la douleur (→ hurlement). — ● *Quand le chanteur est entré sur la scène, la foule s'est mise à hurler,* à pousser des cris, à parler en criant (→ SYN. (fam.) brailler, vociférer).
■ ****hurlement** nom m. ● *Quand j'ai gagné la partie Hector a poussé un hurlement de rage.*

hurluberlu nom m. ● *Ne fais pas attention à lui, c'est un hurluberlu,* une personne extravagante qui agit sans réfléchir (→ SYN. écervelé, farfelu).

****hussard** nom m. Soldat de la cavalerie. À la **hussarde :** d'une manière conquérante et brutale.

****hutte** nom f. **1** ● *Ces peuplades d'Afrique vivaient dans des huttes,* des habitations construites avec des branches, de la terre et de la paille (→ SYN. 1. case). **2** ● *Avec mes amis, nous sommes en train de construire une hutte,* une petite cabane.

hybride nom m. et adj. **1** nom Animal né de deux animaux d'espèces différentes. ● *Le mulet est un hybride d'âne et de jument.* □ **2** adj. ● *C'est une musique hybride :* composite, qui mélange des éléments différents.

hydr(o) Préfixe qui signifie «*eau*».

hydrater v. ● *Le corps humain a besoin d'être hydraté,* de contenir de l'eau (→ CONTR. déshydrater).

hydraulique adj. **1** ● *Un appareil hydraulique,* qui fonctionne en utilisant la force de l'eau ou d'un liquide. **2** ● *L'énergie hydraulique :* la force fournie par les chutes d'eau. ★ Chercher aussi : hydro-électricité.

hydravion nom m. Avion qui peut décoller et se poser sur l'eau.

hydravion

hydrocarbure nom m. Corps chimique composé de carbone et d'hydrogène. ● *Le pétrole est un mélange d'hydrocarbures.* ★ Chercher aussi : carburant.

hydrocution nom f. ● *Ce baigneur a été victime d'une **hydrocution**, d'un choc grave provoqué par l'eau trop froide.*

hydro-électricité nom f. Électricité produite par les centrales hydro-électriques.
■ **hydro-électrique** adj. ● *Une centrale **hydro-électrique** : une usine qui transforme l'énergie hydraulique (chutes d'eau, par ex.) en électricité* (→ hydraulique).

hydrogène nom m. Gaz incolore très léger.

hydroglisseur nom m. ● *Pour aller en Angleterre, nous avons traversé la Manche sur un **hydroglisseur**, un bateau à fond plat propulsé par une hélice d'avion.* ★ Chercher aussi : aéroglisseur.

hydrographie nom f. **1** Science qui étudie les mers, les lacs et les cours d'eau. **2** *L'hydrographie d'une région :* l'ensemble de ses cours d'eau et lacs (qui constitue son réseau hydrographique).

hydrophile adj. ● *Du coton **hydrophile**,* qui absorbe l'eau, les liquides.

hyène [jɛn] nom f. Animal sauvage vivant surtout en Afrique et qui se nourrit principalement d'animaux morts. (On dit *l'hyène* ou *la hyène*).

hygiène nom f. ● *Avoir une alimentation saine, se laver sont des principes d'**hygiène**,* qui concernent les soins qui permettent à l'homme de se maintenir en bonne santé. — ● *Ce vieux quartier manque d'**hygiène**,* de propreté.
■ **hygiénique** adj. ● *Une promenade **hygiénique**,* favorable à la santé. — ● *Dans ce vieux quartier, les conditions **hygiéniques** sont mauvaises.*

hymen [imɛn] nom m. (Littér.) Mariage.

hymne nom m. **1** Chant à la gloire de Dieu. **2** ● *Chaque pays a son **hymne** national,* un chant officiel à la gloire du pays.

hyper Préfixe qui marque l'excès, le plus haut degré, la très grande taille, etc. ● *Une personne **hyper**nerveuse;* un **hyper**marché est plus grand qu'un supermarché.

hypermarché nom m. Libre-service très vaste où l'on peut acheter toutes sortes de choses (alimentation, vêtements, quincaillerie, livres, etc.) (→ supermarché).

hypermétrope adj. ● *Grand-père porte des lunettes, car il est **hypermétrope** :* il ne voit pas très bien de près (→ SYN. presbyte). ★ Chercher aussi : myope. □ nom ● *Les myopes et les **hypermétropes**.*

hypertrophie nom f. ● *Anne souffre d'une **hypertrophie** du foie :* volume excessif.

hypnotiser v. ● *Le magicien l'**a hypnotisé** :* il l'a endormi. — ● *Ce spectacle m'**hypnotise**,* me fascine.

hypocondriaque nom m. et f. et adj. Qui se croit toujours malade, plus généralement, toujours sombre et anxieux. ● *Mon grand-père est devenu **hypocondriaque**.*

hypocrite adj. ● *Après notre dispute, il m'a serré la main avec un sourire **hypocrite**,* un sourire faux, qui simule l'amitié (→ hypocrisie; SYN. sournois; CONTR. 2. franc, sincère). □ nom ● *Ne crois pas tout ce qu'elle te dit, c'est une **hypocrite**,* une personne qui cache ses véritables sentiments pour tromper.
■ **hypocrisie** nom f. ● *Il s'est conduit avec **hypocrisie**.*

hypothèse nom f. Point de départ d'un raisonnement. ● *On pense qu'il n'y a pas d'êtres vivants sur la planète Mars, mais c'est une **hypothèse**,* une chose que l'on suppose sans en être certain (→ SYN. supposition).
■ **hypothétique** adj. ● *Les causes de cet accident restent **hypothétiques*** (→ SYN. douteux, incertain). — ● *Un succès **hypothétique*** (→ SYN. éventuel; CONTR. assuré, certain, sûr).

hystérie nom f. Comportement d'une personne qui ne peut plus se contrôler, qui est très excitée et paraît folle.
■ **hystérique** adj. ● *Des cris **hystériques**,* déchaînés, semblables à ceux des fous.

I|i

ibis [ibis] nom m. Oiseau blanc et noir qui vit en Afrique et en Amérique. ● *L'ibis est un oiseau échassier.*

iceberg [ajsberg] ou [isberg] nom m. ● *Le capitaine du navire prend garde de ne pas heurter un iceberg*, une masse de glace flottante que l'on rencontre dans les mers polaires. ★ Chercher aussi : banquise.

ici adv. **1** ● *François est ici*, dans le lieu où je suis. ★ Chercher aussi : là. **2** ● *Assieds-toi ici*, à cet endroit. **3** D'ICI PEU, loc. adv. : dans peu de temps (→ SYN. bientôt). — ● *Je reviendrai d'ici trois jours.*

icône nom f. Peinture religieuse exécutée sur bois, sur métal, sur ivoire, avec beaucoup d'or. ● *Dans les églises russes, on admire les icônes.*

idéal adj. **1** ● *Un monde idéal*, un monde imaginaire où tout serait parfait, un monde irréel. **2** ● *Il a trouvé le trajet idéal pour éviter les encombrements*, le meilleur trajet (→ SYN. parfait). nom m. ● *Il cherche à réaliser son idéal*, les idées, les projets à quoi il croit plus que tout. — ● *L'idéal serait qu'il n'y ait plus de guerres, le mieux, ce qui serait parfait.* — ● *Des idéaux.*
■ **idéaliste** adj. ● *Une personne idéaliste*, qui pense et agit en fonction de son idéal sans toujours tenir compte de la réalité (→ CONTR. réaliste).

idée nom f. **1** ● *Il a des idées gaies* : il pense à des choses gaies (→ SYN. pensée). **2** VENIR À L'IDÉE ● *Qu'est-ce qui t'est venu à l'idée ?* : qu'est-ce qui t'est venu à l'esprit, à quoi as-tu pensé ?

3 ● *Ces photos vous donnent une idée de la région où nous étions en vacances*, une connaissance rapide, un aperçu. **4** SE FAIRE DES IDÉES ● *Michel est égoïste : si tu penses qu'il va te prêter son ballon, tu te fais des idées* : tu te fais des illusions, tu as tort de le penser. **5** ● *Quelle bonne idée d'aller à la piscine* (→ SYN. intention, projet). **6** ● *Elle a son idée sur la manière de s'habiller* : elle sait précisément ce qu'elle veut (→ SYN. opinion).

idem adv. ● *Vous allez vous taire tout de suite, et toi idem!*, et toi aussi, et toi de même.

identité nom f. **1** ● *Ces deux amis ont une parfaite identité de point de vue* : ils ont le même point de vue (→ SYN. similitude). **2** ● *Le policier m'a demandé mon identité*, mon nom, mon adresse.
■ **identifier** v. **1** ● *Il identifie la gourmandise avec la faim* : il considère que ces deux choses sont semblables (→ SYN. confondre). **2** v. pron. ● *L'acteur essaie de s'identifier à son personnage*, de penser et d'agir comme lui, de lui être identique. ★ Conjug. 10. **3** ● *Les gendarmes ont identifié les malfaiteurs* : ils ont découvert qui ils étaient, ils ont trouvé leur identité.
■ **identification** nom f. Action d'identifier (sens 3). ● *On a procédé à l'identification des victimes.*
■ **identique** adj. ● *Ces deux ballons sont identiques* (→ SYN. pareil, semblable ; CONTR. différent).

idiot adj. ● *C'est un film idiot*, bête, stupide (→ CONTR. intelligent). □ nom ● *Ne* me prends pas pour un **idiot** (→ SYN. (fam.) cloche, crétin, imbécile). — ● *Quand arrêteras-tu de faire l'idiot ?*, de te comporter comme un idiot, de faire des bêtises.

■ **idiotie** [idjɔsi] nom f. ● *Ne dites pas d'idioties* (→ SYN. absurdité, bêtise).

idole nom f. **1** ● *Cette statue est une* **idole**, une représentation d'une divinité, d'un dieu. **2** (fig.) ● *Ce chanteur est l'idole des jeunes*, celui qu'ils admirent, qu'ils adorent.

idylle [idil] nom f. ● *Je crois qu'il y a une* **idylle** *entre Nicolas et Juliette* : aventure amoureuse tendre.

■ **idyllique** [idilik] adj. ● *Notre séjour à la mer a été idyllique*, merveilleux, idéal, parfait.

if nom m. Arbre de la famille du sapin. ● *Des ifs taillés décorent le parc.*

igloo [iglu] nom m. ● *Les Esquimaux habitaient dans des igloos*, des abris en forme de dôme, faits avec des blocs de neige ou de glace.

igloo

ignare adj. ● *Une personne ignare*, qui n'a reçu aucune instruction (→ ignorant ; SYN. inculte ; CONTR. instruit).

ignifuger v. ● *Il faut ignifuger les lieux de stockage des matières inflammables* : rendre ininflammable avec un produit ignifuge.

■ **ignifuge** adj. Qui rend incombustible. ● *Un produit ignifuge.*

ignoble adj. **1** ● *C'est un individu* **ignoble**, qui commet de très mauvaises actions (→ SYN. infâme). **2** ● *Une saleté* **ignoble**, qui inspire le dégoût (→ SYN. dégoûtant, infect, répugnant).

ignorer v. **1** ● *J'ignore son nom* : je ne le sais pas, je ne le connais pas. **2** IGNORER QUELQU'UN : le traiter volontairement avec indifférence, faire comme si on ne le connaissait pas.

■ **ignorance** nom f. ● *Il reconnaît son ignorance en mathématiques*, son manque de connaissances, de savoir.

■ **ignorant** adj. ● *Une personne* **ignorante** (→ CONTR. instruit). □ nom ● *Les* **ignorants.**

il, ils, elle, elles pronoms personnels. **1** ● *Dans la phrase «Je connais Luc, il habite ici »*, le pronom «il» est sujet du verbe «habiter» et représente Luc. **2** ● *Dans la phrase «Il pleut»*, «il» est sujet d'un verbe impersonnel.

île nom f. ● *Tahiti est une île*, une étendue de terre complètement entourée d'eau. ● *Les habitants d'une île* (→ insulaire). ★ Chercher aussi : presqu'île.

■ **îlot** nom m. ● *De la côte, j'aperçois un îlot*, une toute petite île.

illégal adj. ● *Une action illégale*, qui est contraire à la loi (→ SYN. illicite ; CONTR. légal).

■ **illégalement** adv. ● *Elle a été illégalement mise en prison* (→ SYN. arbitrairement).

■ **illégalité** nom f. ● *Ce groupe de terroristes est dans l'illégalité* : il commet des actes illégaux.

illégitime adj. ● *Vos exigences sont illégitimes*, injustifiées (→ CONTR. légitime).

illettré adj. ● *Dans certains pays, il y a beaucoup de gens illettrés*, qui ne savent ni lire, ni écrire. □ nom ● *Il apprend à lire aux illettrés.*

illicite adj. ● *Des moyens illicites*, qui sont défendus par la morale ou par la loi (→ SYN. illégal, interdit, prohibé).

illico adv. (fam.) ● *Mets-toi au travail illico,* sur-le-champ, tout de suite (→ SYN. aussitôt, immédiatement).

illimité adj. **1** ● *Ce magicien prétend posséder des pouvoirs illimités,* sans limites, sans bornes (→ SYN. immense, infini). **2** ● *J'ai loué ce piano pour une durée illimitée,* qui n'est pas fixée à l'avance (→ SYN. indéterminé ; CONTR. limité).

illisible adj. **1** ● *Ton écriture est illisible :* on ne peut pas la lire (→ SYN. indéchiffrable ; CONTR. lisible). **2** ● *Ces livres de philosophie sont illisibles pour un enfant* (→ SYN. incompréhensible).

illogique adj. ● *Tu as préparé tes valises et maintenant tu décides de ne plus partir ; ta conduite est illogique :* elle manque de logique (→ SYN. absurde, incohérent ; CONTR. logique).

illuminer v. **1** ● *La scène du théâtre a été illuminée :* elle a été éclairée par des lumières très vives. — ● *Pendant les fêtes de Noël, les rues de la ville ont été illuminées :* elles ont été décorées avec des lumières. **2** (fig.) ● *La joie illumine son visage,* le rend gai.
■ **illumination** nom f. ● *Les illuminations de la fête :* les lumières de la fête.

illusion nom f. **1** ILLUSION D'OPTIQUE. ● *Dans le désert, on a quelquefois l'impression d'apercevoir une ville qui n'existe pas à cet endroit ; c'est un mirage, une illusion d'optique,* une vision qui ne correspond pas à la réalité, provoquée par un phénomène naturel. **2** ● *Il pense que tous les hommes sont honnêtes, mais c'est une illusion,* une impression fausse. — SE FAIRE DES ILLUSIONS. ● *Michel croit qu'il va réussir sans travailler ; il se fait des illusions :* il se trompe.
■ **s'illusionner** v. pron. Se faire des illusions, se tromper (→ se leurrer).
■ **illusionniste** nom. Artiste qui crée l'illusion de la magie en faisant apparaître ou disparaître des objets (→ SYN. magicien, prestidigitateur).
■ **illusoire** adj. ● *Il est illusoire d'espérer un succès* (→ SYN. faux, trompeur, vain).

1. illustrer v. **1** ● *J'ai illustré mon cahier de dessins et de belles photographies* (→ SYN. orner). **2** ● *Pourriez-vous illustrer votre idée ?,* donner un exemple pour mieux la faire comprendre.
■ **illustration** nom f. **1** ● *Ton dictionnaire contient des illustrations,* des dessins, des images. **2** ● *La buée sur les vitres est une illustration du phénomène de la condensation,* un exemple de ce phénomène, que l'on pourrait donner pour faire comprendre plus facilement ce phénomène en général.
■ **illustré** adj. ● *Un livre illustré,* qui contient des illustrations. □ nom m. Petit livre, journal contenant surtout des images, des dessins. ★ Chercher aussi : bande* dessinée.

2. s'illustrer v. pron. Se rendre célèbre (par un exploit ou par des qualités extraordinaires). ● *Ce coureur cycliste s'est illustré en remportant une victoire éclatante* (→ illustre ; SYN. se distinguer).
■ **illustre** adj. ● *Napoléon est un personnage illustre de l'histoire de France,* un personnage très connu (→ SYN. célèbre).

image nom f. **1** ● *J'aime bien regarder les images de mes livres,* les dessins, les photographies (→ SYN. illustration, sens 1). **2** ● *Il voit son image dans le miroir* (→ SYN. reflet). **3** ● *L'image de la télévision,* du cinéma : ce que l'on voit sur l'écran. **4** ● *Annie est tout à fait l'image de sa mère :* elle lui ressemble beaucoup. **5** ● *Ce texte donne une image fidèle de la vie à Paris en 1900,* une idée exacte (→ SYN. représentation). **6** AVOIR UNE BONNE, UNE MAUVAISE IMAGE DE MARQUE : avoir une bonne, une mauvaise réputation. — ● *Je garde une bonne image de mon ancienne maîtresse d'école,* un bon souvenir. **7** (littér.) ● *La phrase : « Un éclair déchire le ciel » est une image,* une façon frappante de dire les choses (l'éclair ne « déchire » pas le ciel dans la réalité, mais donne bien cette impression).

■ **imagé** adj. (littér.) ● *Un style, un langage imagé*, qui contient des images (→ image, sens 7).

imaginer v. 1 ● *J'imagine la joie de Martine quand elle recevra son cadeau* : je me la représente dans l'esprit, par la pensée (→ imagination). 2 ● *Alain n'est jamais à l'heure ; j'imagine qu'il va encore arriver en retard aujourd'hui* : je le pense, je le suppose. 3 ● *Laurent a imaginé une histoire* : il l'a inventée.
■ **s'imaginer** v. pron. 1 ● *J'essaie de m'imaginer Luc dans vingt ans*, de me représenter, de voir comment il sera dans vingt ans. 2 ● *Parce qu'il est plus grand que moi, il s'imagine qu'il me fait peur* : il le croit à tort, il croit me faire peur mais il se trompe.
■ **imaginable** adj. ● *Il a utilisé tous les moyens imaginables pour se faire pardonner*, tout ce qu'il est possible d'imaginer, tous les moyens possibles. — ● *Son avarice n'est pas imaginable* : elle est inimaginable, extrême, immense.
■ **imaginaire** adj. ● *L'ogre est un personnage imaginaire*, qui n'existe que dans l'imagination, pas dans la réalité (→ SYN. fictif, irréel ; CONTR. réel, vrai).
■ **imaginatif** adj. ● *Les enfants sont imaginatifs* : ils imaginent facilement, ils ont beaucoup d'imagination (→ SYN. inventif).
■ **imagination** nom f. ● *Cette personne a de l'imagination* : elle est capable d'avoir des idées, d'imaginer des histoires.

imbattable adj. ● *Marie est imbattable à la course* : personne n'arrive à la battre, à la vaincre (→ SYN. invincible).

imbécile adj. ● *Un garçon imbécile* (→ SYN. bête, idiot, stupide ; CONTR. intelligent). □ nom ● *Quel imbécile !*
■ **imbécillité** [ɛ̃besilite] nom f. ● *Il ne dit que des imbécillités* (→ SYN. ânerie, bêtise, idiotie). ★ Attention : *imbécile*, avec un l ; *imbécillité*, avec deux l.

imberbe adj. ● *C'est un jeune homme imberbe*, qui n'a pas de barbe (→ CONTR. barbu).

s'imbiber v. pron. ● *L'éponge s'est imbibée d'eau* : elle s'est imprégnée d'eau. □ adj. ● *Un buvard imbibé d'encre*.

imbriqué adj. 1 ● *Le toit est fait de tuiles imbriquées*, qui se recouvrent l'une l'autre en partie. 2 (fig.) ● *Ces deux affaires sont imbriquées* : on ne peut les séparer, les distinguer ; elles sont étroitement liées.

imbroglio [ɛ̃brɔljo] nom m. ● *C'est à n'y rien comprendre, quel imbroglio !* : quelle situation confuse et embrouillée !

imbu adj. ● *Il est imbu de sa personne* : il pense être supérieur aux autres. — ● *Il est imbu de préjugés* : imprégné.

imbuvable adj. 1 ● *Votre vin est imbuvable* : on ne peut le boire tellement il est mauvais (→ CONTR. buvable). 2 (fig. et fam.) ● *Une personne imbuvable*, insupportable.

imiter v. 1 ● *Patrick s'amuse à imiter le bruit des voitures*, à le reproduire (→ imitateur). 2 ● *Corinne admire sa grande sœur et elle essaie de l'imiter*, de suivre son exemple. 3 ● *Certains tissus imitent la soie* : ils ressemblent beaucoup à la soie.
■ **imitation** nom f. 1 ● *Cet artiste est célèbre pour ses imitations des chanteurs à la mode*, pour sa façon de reproduire leur voix, leurs gestes, etc. 2 ● *Ce meuble n'est pas vraiment ancien, c'est une imitation* (→ SYN. copie, reproduction).
■ **imitateur, -trice** nom ● *J'ai vu à la télévision un bon imitateur*, une personne qui imite les gestes, les paroles des autres, pour faire rire.
■ **imitable** adj. ● *Le cri de certains animaux est difficilement imitable* (→ inimitable).

immaculé adj. ● *Les draps viennent d'être lavés ; ils sont d'une blancheur immaculée*, sans aucune tache.

immangeable adj. ● *Les pommes de terre crues sont immangeables* : on ne peut pas les manger.

immanquable adj. ● *Chaque fois que je*

dis quelque chose, il dit le contraire, c'est **immanquable** *: cela se produit à chaque fois, cela ne manque pas.*
■ **immanquablement** adv. À chaque fois, à coup sûr.

immatriculer v. ● *Notre voiture est immatriculée dans le Jura : elle est inscrite dans ce département sur un registre officiel avec un numéro.*
■ **immatriculation** nom f. ● *Sur les plaques d'immatriculation d'une voiture est inscrit son numéro d'immatriculation.*

immédiat adj. **1** ● *Ce médicament a un effet immédiat, qui se produit tout de suite.* — DANS L'IMMÉDIAT. ● *Je n'ai pas de travail pour vous dans l'immédiat, pour l'instant.* **2** ● *Ce sont nos voisins immédiats, les plus proches.*
■ **immédiatement** adv. **1** ● *Arrêtez immédiatement !,* tout de suite. **2** ● *Sa maison est immédiatement à côté de la nôtre, juste à côté.*

immense adj. **1** ● *Cette salle de jeu est immense, très grande, très vaste* (→ CONTR. exigu). **2** ● *Vous me faites un immense plaisir, un très grand plaisir* (→ SYN. extrême).
■ **immensément** adv. ● *Il est immensément riche* (→ SYN. extrêmement).
■ **immensité** nom f. **1** ● *On se sent tout petit face à l'immensité du ciel, à sa très grande étendue.* **2** ● *Je fus frappé par l'immensité de son orgueil, sa grandeur considérable.*

immerger v. ● *Immerger quelque chose :* le plonger dans l'eau. □ adj. ● *Autrefois, ces terres étaient immergées :* elles se trouvaient sous l'eau (→ émerger). ★ Conjug. 5.
■ **s'immerger** v. pron. ● *Le sous-marin s'immerge :* il s'enfonce dans l'eau.
■ **immersion** nom f. ● *L'immersion d'un sous-marin.*

immeuble nom m. ● *Dans cet immeuble, il y a une trentaine d'appartements, dans ce grand bâtiment à plusieurs étages* (→ immobilier).

immigration nom f. ● *Depuis quelques années, l'immigration a diminué,*

l'installation d'étrangers dans le pays (→ CONTR. émigration).
■ **immigré** adj. ● *Ma sœur donne des cours de français à des travailleurs immigrés,* venus de l'étranger pour vivre dans le pays. □ nom ● *Cette usine emploie beaucoup d'immigrés.*

imminent adj. ● *Son départ est imminent,* tout proche.

s'immiscer v. ● *Marie aimerait s'immiscer dans les affaires des autres :* s'introduire, se glisser (→ SYN. (fam.) se fourrer). ★ Conjug. 4.

immobile adj. ● *Cet enfant est très remuant ; il ne peut rester une minute immobile,* sans bouger (→ mobile).
■ **immobilisation** nom f. ● *L'immobilisation des roues par les freins.*
■ **immobiliser** v. ● *On a plâtré sa jambe cassée pour l'immobiliser,* pour qu'elle reste immobile.
■ **s'immobiliser** v. pron. ● *La voiture a parcouru quelques mètres, puis s'est immobilisée,* s'est arrêtée. — ● *Quand il a vu cela, son regard s'est immobilisé,* est devenu fixe, s'est figé.
■ **immobilité** nom f. ● *Le blessé supporte mal son immobilité* forcée.

immobilier adj. ● *Son père travaille dans une agence immobilière,* qui s'occupe de vendre des appartements, des maisons (→ immeuble).

immoler v. ● *Les anciens Romains immolaient des animaux :* ils les tuaient en l'honneur de leurs dieux (→ SYN. sacrifier).

immonde adj. **1** ● *Un lieu immonde,* sale, dégoûtant. **2** ● *Un individu immonde,* ignoble, odieux.

immondices nom f. plur. ● *Le terrain vague est plein d'immondices,* d'ordures.

immoral adj. ● *Cette histoire est immorale,* contraire aux règles de la bonne conduite, de la justice, de l'honnêteté (→ CONTR. moral, A sens 2).

immortel adj. **1** ● *Les hommes voudraient bien être immortels,* ne jamais mourir (→ mort ; CONTR. mortel).

2 • *Les exploits de ce champion l'ont couvert d'une gloire **immortelle**, dont on gardera toujours le souvenir* (→ SYN. éternel).
■ **immortelle** nom f. Fleur qui, séchée, peut faire des bouquets durables.

immuable adj. • *Il a des habitudes **immuables**, qui ne changent jamais.*

immuniser v. • *Les vaccins nous **immunisent** contre les maladies :* ils nous empêchent de les attraper en habituant notre corps à se défendre contre elles.
■ **immunité** nom f. • *L'**immunité** contre le tétanos peut s'obtenir par la vaccination.*

impact nom m. **1 •** *On voit les traces laissées par la balle à son point d'**impact**,* à l'endroit où elle est venue frapper. **2 •** *Son discours a eu un grand **impact**,* une grande influence.

impair adj. • *3 est un nombre **impair**,* qui, divisé par deux, ne donne pas un nombre entier (→ CONTR. pair).

imparable adj. • *Le boxeur a porté un coup **imparable** à son adversaire,* un coup qu'il est impossible d'éviter, dont on ne peut se protéger (→ 2. parer).

impardonnable adj. • *Une négligence **impardonnable**,* que l'on ne peut pas pardonner (→ pardonner; SYN. inexcusable; CONTR. pardonnable).

1. imparfait adj. • *Cette imitation est **imparfaite** :* elle a des défauts, elle pourrait être meilleure (→ CONTR. parfait).

2. imparfait nom m. • *Dans la phrase :* « Quand Luc était petit, il avait peur du noir », *les verbes «être» et «avoir» sont à l'**imparfait**,* un temps du passé.

impartial [ɛ̃parsjal] adj. • *Un juge doit être **impartial** :* il ne doit pas se laisser influencer (→ SYN. juste, objectif; CONTR. partial).
■ **impartialité** nom f. • *L'**impartialité** de l'arbitre :* la qualité qui lui permet de bien juger, sans favoriser personne.

impasse nom f. • *Cette rue ne mène nulle part, c'est une **impasse**,* une voie sans issue (→ SYN. cul-de-sac).

impassible adj. • *Quand Sébastien a appris son échec, il est resté **impassible** :* il n'a montré aucune émotion, aucun trouble.
■ **impassibilité** nom f. • *Au milieu de l'affolement général, elle gardait son **impassibilité*** (→ SYN. calme, flegme).

impatient [ɛ̃pasjɑ̃] adj. • *Il ne sait pas attendre, il est **impatient*** (→ CONTR. patient). — • *Rémi est **impatient** de déballer ses cadeaux :* il a une très grande envie de le faire.
■ **impatiemment** adv. • *Elle attend **impatiemment** sa réponse.*
■ **impatience** nom f. • *Cécile n'arrive pas à cacher son **impatience*** (→ CONTR. patience).
■ **impatienter** v. **1 •** *Il m'**impatiente** avec tous ses discours* (→ SYN. énerver, exaspérer). **2** v. pron. • *Le train a beaucoup de retard, les voyageurs commencent à s'**impatienter**,* s'impatientent.

impavide adj. • *Mathieu est resté **impavide** devant le danger :* impassible.

impeccable adj. **1 •** *Il a toujours des vêtements **impeccables**,* d'une propreté, d'une netteté parfaites. **2 •** *Tu as fait un travail **impeccable**,* sans aucun défaut (→ SYN. irréprochable).

impénétrable adj. **1 •** *À cet endroit la forêt est **impénétrable** :* on ne peut y pénétrer, s'y enfoncer. **2 •** *Il a toujours un air **impénétrable**,* qui ne permet pas de deviner ses pensées, ses intentions.

impensable adj. • *Qu'il ait osé faire cela, c'est **impensable** !* : on n'arrive pas à y croire, à l'admettre (→ SYN. incroyable, invraisemblable).

impératif adj. et nom m. **A.** adj. **1 •** *Un ordre **impératif**,* auquel il faut absolument obéir. **2 •** *Il m'a dit de me taire sur un ton **impératif**,* sur le ton de quelqu'un qui commande. **3 •** *Pour vous guérir, une opération est **impérative**,* indispensable, nécessaire.
B. nom m. • *« Parle, parlons, parlez » est l'**impératif** du verbe «parler»,* le temps qui exprime le commandement.

impératrice nom f. Femme d'un empereur ou femme qui dirige un empire.

imperceptible adj. • *J'ai nettoyé la tache ; il ne reste que des traces **imperceptibles***, très difficiles à percevoir (→ CONTR. perceptible).

imperfection nom f. • *Ce tableau est très beau, malgré quelques **imperfections***, quelques défauts (→ perfection).

impérial adj. • *Une couronne **impériale***, d'un empereur, d'une impératrice.

impérialisme nom m. Politique d'un pays qui cherche à étendre sa domination sur d'autres pays (→ empire). ★ Chercher aussi : colonialisme.
■ **impérialiste** adj. • *Un pays **impérialiste***, qui veut dominer d'autres pays.

impérieux adj. **1** • *Il donne des ordres sur un ton **impérieux***, de quelqu'un qui n'admet pas qu'on lui désobéisse (→ SYN. autoritaire). **2** • *Un besoin **impérieux***, auquel on ne peut pas s'empêcher de céder (→ SYN. irrésistible).

impérissable adj. • *Ce beau voyage m'a laissé un souvenir **impérissable***, qui ne disparaîtra jamais, qui durera très longtemps (→ périr).

imperméable adj. et nom m. **1** adj. • *Ce tissu est **imperméable** : il ne laisse pas passer l'eau* (→ CONTR. absorbant, perméable). — • *Une roche **imperméable*** (→ CONTR. poreux). **2** nom m. • *J'ai emporté un **imperméable** pour le cas où il pleuvrait* : un manteau qui protège de la pluie.
■ **imperméabilité** nom f. • *L'imperméabilité de l'argile*.

impersonnel adj. **1** • *Elle fait à tout le monde le même sourire **impersonnel***, qui ne laisse rien paraître de ce qu'elle est et pense* (→ personnel ; SYN. neutre). **2** • *«Pleuvoir», «falloir» sont des verbes **impersonnels***, qui se conjuguent uniquement à la troisième personne du singulier (*il pleut, il faut*) et dont le sujet ne représente personne.

impertinent adj. • *Sébastien est **impertinent** : il manque de politesse, de respect envers les gens* (→ SYN. effronté, impoli, insolent).
■ **impertinence** nom f. • *Denis m'a répondu avec **impertinence*** (→ SYN. insolence).

imperturbable adj. • *Claudine est toujours d'un calme **imperturbable***, que rien ne peut troubler* (→ perturber).

impétueux adj. **1** • *Un torrent **impétueux***, dont le cours est rapide et violent. **2** (fig.) • *Un jeune homme **impétueux***, vif, ardent* (→ SYN. bouillant, fougueux).
■ **impétuosité** nom f. • *Son chien a sauté sur moi avec **impétuosité***, violence et rapidité* (→ SYN. fougue, élan).

impitoyable nom f. • *Un homme dur et **impitoyable***, sans pitié* (→ pitié ; SYN. implacable).

implacable adj. • *Sa vengeance a été **implacable** : il l'a menée jusqu'au bout sans se laisser apitoyer* (→ SYN. impitoyable).

implanter v. • *De nouvelles industries **ont été implantées** dans ce département* : elles y ont été installées. □ v. pron. • *Au XVIIᵉ siècle, beaucoup de Français se sont **implantés** au Canada* (→ SYN. s'établir).
■ **implantation** nom f. • *L'implantation d'une usine dans une ville*.

implicite adj. Qui n'est pas dit clairement. • *Il était furieux de mon retard. Son silence était un reproche **implicite*** (→ CONTR. explicite).

impliquer v. **1** • *Il a été **impliqué** dans ce scandale* : il y a été mêlé (→ SYN. compromettre). **2** • *La réussite de ce projet **implique** que chacun fasse des efforts* : elle exige, elle nécessite que chacun fasse des efforts.

implorer v. • *J'**implore** votre pitié* : je vous supplie d'avoir pitié.

impoli adj. • *Il serait **impoli** de ne pas le remercier pour son cadeau* (→ CONTR. courtois, 1. poli) . — • *Une personne **impolie*** (→ SYN. effronté, impertinent, insolent). □ nom • *Il n'est qu'un **impoli***.
■ **impoliment** adv. • *Elle m'a répondu **impoliment*** (→ CONTR. poliment).
■ **impolitesse** nom f. • *Son **impolitesse** m'a choqué* (→ CONTR. politesse).

impondérables nom m. plur. ● *Des impondérables peuvent toujours faire échouer un plan, des choses impossibles à prévoir, à calculer.*

impopulaire adj. ● *Cet homme politique est impopulaire :* il déplaît à la plupart des gens (→ CONTR. populaire).

important adj. 1 ● *Nous devons prendre une décision importante,* qui aura des conséquences réelles (→ SYN. grave). 2 ● *Une dépense importante,* grosse, considérable. 3 ● *À cette réunion, il y avait beaucoup de personnages importants,* qui ont une situation élevée, qui jouent un grand rôle dans la société (→ CONTR. insignifiant).
■ **importance** nom f. 1 ● *Cette découverte est d'une très grande importance* (→ SYN. intérêt). — ATTACHER DE L'IMPORTANCE À QUELQUE CHOSE. ● *J'attache beaucoup d'importance à ton avis :* il m'importe beaucoup. 2 ● *L'importance d'un bénéfice, d'une perte,* sa valeur. 3 ● *Tout le monde connaît l'importance de ce musicien* (→ SYN. influence). 4 D'IMPORTANCE, loc. adj. ● *Cette question est d'importance,* importante.

1. importer v. ● *La France importe des oranges :* elle les fait venir de pays étrangers (→ CONTR. exporter).
■ **importation** nom f. ● *L'importation des marchandises est contrôlée par l'État* (→ CONTR. exportation). ★ Chercher aussi : douane.
■ **importateur, -trice** nom ● *Son père est un importateur de café :* son métier est d'importer du café. □ adj. ● *Les pays importateurs de pétrole* (→ CONTR. exportateur).

2. importer v. 1 ● *Ce qu'il pense de moi m'importe peu :* cela a peu d'intérêt pour moi. — IL IMPORTE QUE, v. impers. ● *Il importe que* ce travail soit terminé ce soir : il le faut, ce serait très ennuyeux s'il ne l'était pas. 2 QU'IMPORTE ! ● *Il n'est pas content ? qu'importe !,* cela n'a aucune importance. 3 N'IMPORTE QUI, N'IMPORTE QUOI. ● *Il raconte n'importe quoi à n'importe qui :* des choses quelconques à des personnes quelconques. — N'IMPORTE OÙ ; N'IMPORTE QUAND, loc. adv. ● *Je suis prêt à partir n'importe où, n'importe quand,* dans un endroit quelconque, à un moment quelconque. ★ Dans ce sens, *importer* ne se conjugue qu'aux troisièmes personnes.

importun adj. et nom. ● *Ton ami est importun ; il ne sait pas s'en aller à temps* (→ SYN. indiscret, gênant).
■ **importuner** v. (littér.) ● *Ses visites m'importunent :* elles m'ennuient, me dérangent.

1. imposer v. ● *Imposer quelqu'un :* lui faire payer des impôts. — ● *Imposer une marchandise :* la soumettre à des taxes, à des impôts.
■ **imposable** adj. ● *La plupart des salariés sont imposables :* ils doivent payer des impôts.

2. imposer v. 1 ● *On m'a imposé cette corvée :* on m'a obligé à la faire (→ SYN. commander ; dicter, sens 2). 2 EN IMPOSER À QUELQU'UN. ● *Il en impose à tous par son savoir :* tous le respectent à cause de son savoir (→ imposant).
■ **s'imposer** v. pron. 1 ● *Michel s'impose de se lever de bonne heure :* il s'y oblige. 2 ● *Après des débuts difficiles, ce chanteur a fini par s'imposer,* par se faire reconnaître comme un bon chanteur. 3 ● *Une décision rapide s'impose,* est nécessaire.
■ **imposant** adj. 1 ● *Cette personne a une allure imposante,* qui en impose. 2 ● *Sa collection de disques est imposante,* considérable, impressionnante.

impossible adj. 1 ● *Ce que tu me demandes est impossible :* cela ne peut pas être, c'est irréalisable (→ CONTR. faisable, possible). □ nom m. ● *Tu exiges l'impossible,* des choses que l'on ne peut pas faire. 2 (fam.) ● *Il a un caractère impossible,* insupportable.
■ **impossibilité** nom f. ● *Le malade est dans l'impossibilité de se lever* (→ SYN. incapacité).

imposteur nom m. Homme malhonnête qui abuse de la confiance des autres. ● *Cet imposteur prétendait quêter pour la Croix-Rouge, mais il gardait l'argent pour lui.*

■ **imposture** nom f. Tromperie de celui qui cache ce qu'il est vraiment.

impôt nom m. Somme d'argent que l'on verse à l'État. ● *Les impôts directs sont calculés sur les revenus des gens; les impôts indirects sont compris dans le prix des marchandises que l'on achète* (→ 1. imposer). ★ Chercher aussi : contribuable, fisc, taxe.

impotent adj. et nom ● *En vieillissant, il est devenu impotent :* il ne peut plus ni marcher, ni bouger (→ SYN. infirme, invalide).

impraticable adj. ● *La neige a rendu cette route impraticable :* on ne peut plus y circuler (→ CONTR. praticable).

imprécation nom f. (littér.) Souhait de malheur. ● *Elle m'a poursuivie de ses imprécations* (→ SYN. malédiction).

imprécis adj. ● *Ses projets sont imprécis,* vagues, confus (→ CONTR. précis). ■ **imprécision** nom f. ● *Je suis embarrassé par l'imprécision de sa réponse* (→ CONTR. clarté, précision).

s'imprégner v. pron. ● *L'éponge s'imprègne facilement d'eau.* □ adj. ● *Un gâteau imprégné de liqueur,* entièrement mouillé, pénétré par la liqueur (→ SYN. gorgé, imbibé). ★ Conjug. 8.

imprenable adj. **1** ● *La forteresse était imprenable :* les ennemis ne pouvaient pas la prendre. **2** ● *De notre maison, nous avons une vue imprenable,* qui ne peut être bouchée par d'autres bâtiments.

impresario nom m. Personne qui s'occupe d'organiser des spectacles, de trouver des engagements aux chanteurs, aux musiciens, aux acteurs. ● *Cette vedette doit son succès à son impresario.*

1. impression nom f. **1** ● *La première fois que je l'ai vu, il m'a fait une impression bizarre,* un effet, une sensation. — FAIRE IMPRESSION. ● *Sa déclaration a fait impression :* elle a produit beaucoup d'effet, elle a fait sensation. **2** ● *Alain revient de voyage; il m'a raconté ses impressions,* ce qu'il en a pensé, ce qu'il a ressenti (→ SYN. sentiment). — AVOIR L'IMPRESSION DE ou QUE. ● *J'ai l'impression que tu as grossi :* il me semble que... — DONNER L'IMPRESSION DE ou QUE. ● *Il donne l'impression d'être toujours pressé :* il paraît toujours pressé.

■ **impressionnable** adj. ● *Dominique est impressionnable :* il se laisse facilement impressionner (→ SYN. émotif, sensible).

■ **impressionnant** adj. ● *Les acrobates ont présenté un numéro impressionnant,* qui a beaucoup impressionné les gens.

■ **impressionner** v. ● *Son courage m'a beaucoup impressionné :* il m'a fait une forte impression.

2. impression nom f. ● *L'impression de ce livre est très soignée :* il a été imprimé de façon très soignée (→ imprimer).

imprévisible adj. ● *Cette panne d'électricité était imprévisible :* on ne pouvait pas savoir à l'avance qu'elle se produirait, on ne s'y attendait pas (→ prévoir ; CONTR. prévisible).

imprévoyant adj. ● *En emportant si peu d'argent pour ce voyage, j'ai été imprévoyant :* je n'ai pas assez réfléchi à ce qui pourrait m'arriver (→ prévoir ; CONTR. prévoyant).

■ **imprévoyance** nom f. ● *Il n'avait pas assuré sa maison et elle a brûlé ; son imprévoyance lui coûte cher.*

imprévu adj. et nom m. **1** adj. ● *Une visite imprévue :* à laquelle on ne s'attendait pas (→ prévoir ; SYN. inattendu ; CONTR. prévu). **2** nom m. ● *Nous serons chez vous samedi prochain, sauf imprévu,* sauf s'il se passe quelque chose que nous ne pouvons pas imaginer maintenant.

imprimer v. ● *Autrefois les livres étaient écrits à la main ; maintenant ils sont imprimés,* publiés au moyen de l'imprimerie (→ 2. impression).

■ **imprimé** nom m. ● *Les livres, les journaux sont des imprimés,* des textes publiés au moyen de l'imprimerie. ★ Chercher aussi : manuscrit.

■ **imprimerie** nom f. **1** Technique permettant de reproduire un texte en de nombreux exemplaires. ● *L'invention de l'**imprimerie** par Gutenberg date de la fin du xvᵉ siècle.* **2** Établissement où l'on imprime des livres, des journaux. ● *Elle travaille dans une **imprimerie**.*

■ **imprimeur** nom m. Personne qui dirige une imprimerie ou qui y travaille.

improbable adj. ● *La victoire de notre équipe est **improbable** :* notre équipe a très peu de chances de remporter la victoire (→ CONTR. probable).

impropre adj. **1** IMPROPRE À. ● *Cette terre est **impropre** à la culture du blé :* elle n'a pas les qualités nécessaires pour cela (→ CONTR. propre à). **2** ● *Tu as employé un mot **impropre**,* qui ne convient pas.

improviser v. ● *Henri **a improvisé** un discours en l'honneur des mariés :* il l'a fait sans l'avoir préparé à l'avance. — ● *Le musicien **improvise** :* il joue une musique qu'il invente au fur et à mesure (→ improvisation).

■ **s'improviser** v. pron. ● *On ne peut pas **s'improviser** pilote d'avion,* le devenir sans y avoir été préparé.

■ **improvisation** nom f. ● *Son discours était une **improvisation**,* quelque chose d'improvisé.

■ **à l'improviste** loc. adv. ● *Des amis sont venus me voir **à l'improviste**,* sans prévenir, alors que je ne m'y attendais pas du tout (→ imprévu).

imprudent adj. ● *Tu n'es pas encore guéri ; il serait **imprudent** de sortir* (→ CONTR. prudent).

■ **imprudence** nom f. ● *L'incendie de la forêt est dû à l'**imprudence** d'un campeur* (→ CONTR. prudence).

■ **imprudemment** adv. ● *Ce chauffeur conduit **imprudemment*** (→ CONTR. prudemment).

impuissant adj. ● *Il se sentait **impuissant** à éviter ce malheur :* il sentait qu'il ne pouvait rien faire pour l'éviter (→ puissant).

■ **impuissance** nom f. ● *Les médecins reconnaissent leur **impuissance** devant cette maladie.*

impulsion nom f. **1** ● *Avec son bâton, Stéphane donne une **impulsion** à son cerceau,* une poussée qui le met en mouvement. — (fig.) ● *L'usine s'est développée sous l'**impulsion** de son nouveau directeur.* **2** ● *Méfie-toi quelquefois de tes **impulsions**,* de tes brusques envies de faire quelque chose (→ impulsif).

■ **impulsif** adj. ● *Une personne **impulsive**,* qui agit suivant ses impulsions, trop vite et sans réfléchir (→ CONTR. réfléchi, pondéré).

impur adj. ● *Cette eau est **impure** :* elle contient des choses qui la rendent mauvaise, sale (→ CONTR. pur).

■ **impureté** nom f. ● *On raffine le sucre pour en retirer les **impuretés**,* tout ce qui le rend impur (→ SYN. saleté).

imputrescible [ɛ̃pytresibl] adj. ● *Le verre est **imputrescible** :* il ne pourrit pas (→ se putréfier).

in-, il-, im-, ir- Préfixes privatifs, c'est-à-dire exprimant la négation. Docile, **in**docile : pas docile. **In-** prend la forme **il-** devant **-l** : légitime, i**l**légitime ; **im-** devant **-m** (**im**mobile) et **-p** (**im**possible) ; **ir-** devant **-r** (**ir**responsable).

inabordable adj. ● *Cet hiver, les légumes sont **inabordables**,* d'un prix trop élevé, excessif (→ CONTR. abordable).

inacceptable adj. ● *Son comportement est **inacceptable** :* on ne peut pas l'accepter, l'admettre (→ SYN. inadmissible).

inaccessible adj. **1** ● *Même avec une échelle, les plus hautes branches de ce cerisier restent **inaccessibles**,* impossibles à atteindre (→ CONTR. accessible). **2** (fig.) ● *La directrice est **inaccessible** :* il est très difficile de la voir, de lui parler.

inaccoutumé adj. ● *Il a été d'une amabilité **inaccoutumée**,* qui ne lui est pas habituelle (→ coutume).

inachevé adj. ● *Ce peintre a laissé des tableaux **inachevés**,* qui n'ont pas été finis, terminés (→ achever).

inactif adj. ● *Catherine est une fille travailleuse, qui ne reste jamais **inactive**,* sans rien faire (→ SYN. désœuvré, oisif ; CONTR. actif).

■ **inactivité** nom f. ● *Le malade est condamné à l'inactivité, à rester inactif* (→ CONTR. activité).

■ **inaction** nom f. ● *Patrick ne supporte pas l'inaction, de ne rien faire* (→ SYN. désœuvrement ; CONTR. action).

inadapté adj. ● *Il s'occupe d'enfants inadaptés, qui ont des difficultés à vivre comme tout le monde.*

inadmissible adj. ● *Tu as fait une faute inadmissible, que l'on ne peut pas admettre, accepter* (→ SYN. inacceptable).

par **inadvertance** loc. adv. ● *Hier, j'ai emporté ton cahier par inadvertance*, par manque d'attention, sans le vouloir (→ SYN. par mégarde ; CONTR. exprès, volontairement).

inaltérable adj. ● *Ce papier peint est inaltérable* : il ne s'altère pas, il ne s'abîme pas ; il garde ses qualités, ses couleurs.

inamical adj. ● *Il m'a regardé d'un air inamical*, qui n'est pas celui d'un ami (→ SYN. hostile ; CONTR. amical).

inamovible adj. ● *Les juges, les présidents de tribunaux sont inamovibles* : on ne peut pas les changer d'emploi.

inanimé adj. **1** ● *Les pierres sont des choses inanimées*, qui ne sont pas vivantes (→ CONTR. animé). **2** ● *Le blessé est resté longtemps inanimé*, sans connaissance, évanoui (→ SYN. inerte).

inanition nom f. Faiblesse liée au manque de nourriture. ● *Je n'ai rien mangé depuis hier, je tombe d'inanition*.

inaperçu adj. ● *Mireille espère que son retard passera inaperçu*, que personne ne le remarquera (→ apercevoir).

inapplicable adj. ● *Ce règlement est inapplicable dans certains cas* : on ne peut pas l'appliquer, le mettre en pratique (→ CONTR. applicable).

inappréciable adj. ● *Ce tableau est d'une valeur inappréciable*, impos-

sible à évaluer, très grande (→ apprécier ; SYN. inestimable).

inapte adj. ● *Son frère a été déclaré inapte au service militaire*, incapable de le faire (→ CONTR. apte).

■ **inaptitude** nom f. ● *Il a montré une totale inaptitude pour faire ce travail* (→ SYN. incapacité ; CONTR. aptitude).

inattaquable adj. ● *Son raisonnement est inattaquable* : il n'a aucun point faible, on ne peut pas le critiquer (→ attaquer ; SYN. irréprochable).

inattendu adj. ● *Il a remporté une victoire inattendue*, à laquelle on ne s'attendait pas (→ SYN. déconcertant, imprévu).

inattention nom f. ● *J'ai fait une faute d'inattention*, causée par un manque d'attention (→ SYN. étourderie).

■ **inattentif** adj. ● *Joëlle n'a rien retenu de mes explications parce qu'elle était inattentive* (→ SYN. distrait ; CONTR. attentif).

inaugurer v. ● *Le maire a inauguré la nouvelle école* : il l'a ouverte officiellement.

■ **inauguration** nom f. ● *Il y avait beaucoup de monde à l'inauguration du musée*, à la cérémonie organisée pour l'inaugurer.

inavouable adj. ● *Il a commis une faute inavouable*, qu'il n'osera jamais reconnaître tellement il en a honte (→ avouer).

incalculable adj. **1** ● *Le nombre de bêtises qu'il a pu faire est incalculable*, si grand que l'on ne peut pas le déterminer (→ calculer ; SYN. innombrable). **2** ● *Les conséquences de cette erreur sont incalculables*, impossibles à évaluer, à prévoir.

incandescent adj. ● *Une bûche incandescente*, qui brûle sans flammes, rouge.

■ **incandescence** nom f. ● *Le forgeron chauffe le fer jusqu'à l'incandescence*, jusqu'à ce qu'il devienne rouge sous l'effet de la chaleur.

incantation nom f. Chant, formule magique. ● *Par ses incantations, le magicien ensorcelle ses visiteurs.*

incapable adj. 1 ● *Ma petite sœur est encore **incapable** de marcher toute seule* (→ incapacité, sens 1; CONTR. capable). 2 ● *Leur armée était dirigée par un général **incapable**, qui n'avait pas les qualités nécessaires* (→ SYN. incompétent). □ nom ● *Tu n'es qu'un **incapable**, un bon à rien* (→ incapacité, sens 2).
■ **incapacité** nom f. 1 ● *Je suis dans l'**incapacité** de vous aider : je n'en ai pas le pouvoir, pas les moyens* (→ SYN. impossibilité). 2 ● *Ce chef a fait preuve d'**incapacité*** (→ SYN. inaptitude, incompétence).

incarcérer v. ● *Le voleur **a été incarcéré**, il a été mis en prison* (→ SYN. écrouer). ★ Conjug. 8.
■ **incarcération** nom f. ● *Son **incarcération** a duré trois ans* (→ SYN. emprisonnement, réclusion).

incarner v. ● *J'ai oublié le nom de l'acteur qui **incarne** Napoléon dans ce film, qui joue le rôle de Napoléon.*

incassable adj. ● *Frédéric a des lunettes avec des verres **incassables**, impossibles ou difficiles à casser.*

incendie nom m. ● Grand feu qui fait beaucoup de dégâts. ● *La forêt a été ravagée par un **incendie**.*
■ **incendiaire** adj. et nom 1 adj. ● *Les avions ont lâché des bombes **incendiaires**, destinées à provoquer des incendies. 2 nom ● On a retrouvé l'**incendiaire**, la personne qui a fait exprès d'allumer un incendie.
■ **incendier** v. ● *Des inconnus **ont incendié** plusieurs voitures dans notre rue : ils y ont mis le feu, ils les ont fait brûler.* ★ Conjug. 10.

incertain adj. 1 ● *Sa guérison est **incertaine** : on n'est pas sûr qu'il guérira* (→ CONTR. certain). 2 ● *Je ne sais pas ce qu'il faut faire, je suis **incertain**, hésitant. 3 ● Aujourd'hui, le temps est **incertain** : on ne peut dire s'il sera beau ou mauvais.*
■ **incertitude** nom f. 1 ● *L'**incertitude** du succès ne l'empêche pas de poursuivre son effort, le fait qu'il soit incer-*

tain. 2 ● *Je ne sais pas quelle décision prendre; je suis dans l'**incertitude**.*

incessamment adv. ● *Il doit partir **incessamment**, très bientôt.*

incessant adj. ● *Je suis fatigué de leurs bavardages **incessants**, qui ne cessent pas* (→ SYN. continuel).

incidence nom f. Conséquence, effet, influence. ● *Sa nervosité a une **incidence** directe sur son sommeil.*

incident nom m. ● *Un **incident** a retardé leur départ, une difficulté imprévue mais peu importante.*

incinérer v. ● *Certaines personnes demandent à être **incinérées** après leur mort, à être brûlées.* ★ Conjug. 8.
■ **incinération** nom f. ● *Après l'enlèvement des ordures, on procède à leur **incinération**.*

inciser v. ● *Le chirurgien **incise** la peau du malade : il y fait une coupure.*
■ **incision** nom f. ● *On fait des **incisions** à l'écorce des pins pour récolter de la résine* (→ SYN. entaille).
■ **incisif** adj. ● *Ses critiques sont souvent **incisives**, précises et dures* (→ SYN. mordant).
■ **incisive** nom f. Dent de devant, qui sert à couper les aliments. ● *Nous avons quatre **incisives** sur chaque mâchoire.* ★ VOIR p. 544.

inciter à v. ● *Ses parents l'**incitent** à continuer ses études : ils le poussent à cela* (→ SYN. encourager, exhorter).
■ **incitation** nom f. ● *Son discours est une véritable **incitation** à la révolte.*

incliner v. 1 ● *Incline davantage l'antenne du poste de radio : penche-la* (→ inclinaison, inclinable). — ● *Incliner la tête* (→ inclination, sens 1; CONTR. redresser). 2 (littér.) ● *J'**incline** à lui pardonner : je me sens naturellement porté à lui pardonner* (→ inclination, sens 2).
■ **s'incliner** v. pron. 1 ● *Les gens **s'inclinaient** devant le roi en signe de respect : ils se penchaient en avant. 2 (fig.) ● Il **s'est incliné** devant son adversaire : il a reconnu que son adversaire était plus fort que lui.*

■ **inclinable** adj. ● *Ce siège a un dossier **inclinable**, qu'il est possible d'incliner.*

■ **inclinaison** nom f. ● *L'**inclinaison** de ce mur est anormale :* il est anormalement penché.

■ **inclination** nom f. **1** ● *Il l'a salué d'une **inclination** de la tête,* d'un mouvement de la tête vers le bas. **2** ● *Christian a toujours eu une **inclination** pour le sport,* un penchant, un goût.

inclure v. ● *N'oubliez pas d'**inclure** les frais de transport dans la facture,* de les mettre, de les compter dedans. ★ Conjug. 51 sauf le part. passé : *inclus.*

■ **inclus** adj. ● *Le magasin sera fermé du 3 juillet au 30 **inclus**,* compris.

■ **inclusion** nom f. ● *L'**inclusion** de l'ensemble A dans l'ensemble B.*

incognito [ɛ̃kɔɲito] adv. et nom m. **1** adv. ● *La célèbre vedette s'est rendue à Paris **incognito**,* en s'arrangeant pour qu'on ne la reconnaisse pas. **2** nom m. ● *L'actrice a mis des lunettes noires pour garder l'**incognito**,* pour ne pas être reconnue (→ SYN. anonymat).

incohérent adj. ● *Il m'a écrit une lettre **incohérente**,* qui manque de suite, de liaison entre les idées (→ SYN. décousu, sens 2 ; CONTR. cohérent).

■ **incohérence** nom f. ● *Il y a beaucoup d'**incohérences** dans cette histoire,* de contradictions, de choses qui ne vont pas ensemble.

incolore adj. ● *L'eau est un liquide **incolore**,* qui n'a pas de couleur (→ CONTR. coloré).

incomber v. ● *Ce travail m'**incombe** :* c'est à moi de m'en charger. ★ *Incomber* ne se conjugue qu'aux troisièmes personnes.

incombustible adj. ● *Certaines matières sont **incombustibles** :* elles ne brûlent pas (→ CONTR. combustible).

incommensurable adj. ● *Il est d'une naïveté **incommensurable**,* immense.

incommoder v. ● *La fumée du tabac risque de l'**incommoder** :* gêner physiquement.

incomparable adj. ● *Cette fourrure est d'une douceur **incomparable**,* que l'on ne peut comparer à aucune autre tellement elle leur est supérieure.

incompatible adj. ● *Tes goûts et les miens sont **incompatibles*** (ou *tes goûts sont **incompatibles** avec les miens*) *:* ils ne peuvent pas aller ensemble (→ CONTR. compatible).

incompétent adj. ● *Ce monsieur est **incompétent** :* il n'a pas les qualités, les capacités nécessaires pour bien faire son travail (→ SYN. incapable ; CONTR. compétent).

■ **incompétence** nom f. ● *Je reconnais mon **incompétence** dans ce domaine* (→ CONTR. compétence).

incomplet adj. ● *Ces explications sont **incomplètes** :* il leur manque quelque chose (→ CONTR. 1. complet).

incompréhensible adj. **1** ● *Cette phrase est **incompréhensible**,* impossible à comprendre (→ CONTR. compréhensible). **2** ● *Sa colère est **incompréhensible**,* impossible à expliquer.

■ **incompréhension** nom f. ● *Il se plaint de l'**incompréhension** de ses parents à son égard,* de ce que ses parents ne le comprennent pas (→ CONTR. compréhension, bienveillance).

incompressible adj. **1** ● *Certains corps solides sont pratiquement **incompressibles** :* on ne peut pas diminuer leur volume (→ CONTR. compressible). **2** (fig.) ● *Des dépenses **incompressibles**,* que l'on ne peut pas réduire.

incompris adj. ● *Anne pense qu'elle est **incomprise**,* que personne ne la comprend, ne reconnaît ses qualités.

inconcevable adj. ● *Il est d'une maladresse **inconcevable**,* incroyable, inimaginable (→ concevoir).

inconditionnelle adj. ● *Il exige une obéissance **inconditionnelle**,* sans réserve, totale, absolue (→ condition).

inconfortable adj. ● *Ce fauteuil est **inconfortable** :* on y est mal (→ CONTR. confortable).

incongru adj. ● *Il a fait un geste **incongru**, déplacé (→ déplacé, sens 2), contraire aux usages (usage, sens B 1).

inconnu adj. **1** ● *Des savants ont découvert une étoile **inconnue**, que l'on ne connaissait pas (→ CONTR. connu). **2** ● *La personne dont tu parles m'est **inconnue*** (→ CONTR. familier). □ nom ● *Les **inconnus** que l'on croise dans la rue.*

inconscient adj. **1** ● *Une personne qui est évanouie est **inconsciente** : elle ne se rend plus compte de rien (→ CONTR. conscient). — ● *Après l'accident, il est resté **inconscient** pendant plusieurs minutes,* évanoui, sans connaissance. **2** ● *Pour manger des champignons dont on n'est pas certain qu'ils sont comestibles, il faut être **inconscient**,* ne pas se rendre compte des risques que l'on prend (→ inconscience). □ nom ● *C'est un **inconscient**.* **3** ● *On a parfois des gestes **inconscients**,* que l'on fait sans y penser, sans s'en apercevoir. ■ **inconscience** nom f. ● *Se lancer dans une aventure pareille, c'est de l'**inconscience*** (→ SYN. folie). ■ **inconsciemment** adv. ● *Excuse-moi, j'ai fermé la porte **inconsciemment**,* sans le vouloir, sans m'en rendre compte.

inconsistant adj. **1** ● *Cette crème est **inconsistante** :* elle n'est pas assez épaisse (→ CONTR. consistant). **2** (fig.) ● *C'est une personne **inconsistante**,* qui manque de caractère, de volonté.

inconsolable adj. ● *Céline a perdu son chien et elle est **inconsolable** :* elle n'arrive pas à se consoler.

inconstant adj. ● *Gérard est **inconstant** dans ses amitiés :* il change souvent d'amis (→ CONTR. constant, fidèle).

incontestable adj. ● *Sa sincérité est **incontestable** :* on ne peut pas faire autrement que de la reconnaître, on ne peut pas la contester (→ SYN. évident, indiscutable ; CONTR. contestable). ■ **incontesté** adj. ● *Son pouvoir est **incontesté** :* il n'est contesté par personne.

inconvenant adj. ● *Des paroles **inconvenantes**,* qui ne sont pas convenables (→ SYN. choquant, déplacé).

inconvénient nom m. Ce qui est ennuyeux, désagréable dans quelque chose. ● *Ce tissu est joli, mais il présente l'**inconvénient** d'être peu solide* (→ SYN. défaut, désavantage ; CONTR. avantage).

incorporer v. **1** ● *Fanny **incorpore** petit à petit le lait à la pâte à crêpes :* elle le mélange à la pâte jusqu'à ce qu'il soit complètement absorbé. **2** ● *Ce soldat a été **incorporé** dans le même régiment que mon frère :* on l'a fait entrer dans le même régiment. ■ **incorporation** nom f. ● *L'**incorporation** d'un militaire.*

incorrect adj. **1** ● *Il parle un français **incorrect**,* qui présente des fautes (→ CONTR. correct). **2** ● *Arriver en retard à la réunion serait **incorrect**,* impoli, mal élevé, pas convenable. ■ **incorrection** nom f. **1** ● *Il y a beaucoup d'**incorrections** dans sa lettre,* de fautes de grammaire. **2** ● *Sa conduite a été d'une grande **incorrection*** (→ SYN. grossièreté, impolitesse).

incorrigible adj. ● *Il est d'une curiosité **incorrigible**,* qui ne pourra jamais être corrigée (→ corriger).

incrédule adj. ● *François est **incrédule** :* il ne croit pas facilement ce qu'on lui dit (→ SYN. sceptique ; CONTR. crédule).

increvable adj. **1** ● *Des pneus **increvables**,* qui ne peuvent pas crever. **2** (fam.) ● *Cet enfant est **increvable**,* il n'est jamais fatigué (→ SYN. infatigable).

incriminer v. ● *Laurent n'est pas fautif, cessez de l'**incriminer**,* de l'accuser, de le mettre en cause.

incroyable adj. **1** ● *Elle m'a raconté une histoire **incroyable**,* difficile ou impossible à croire (→ SYN. impensable, invraisemblable). **2** ● *Ce sportif a accompli une performance **incroyable**,* extraordinaire, fantastique.

incroyant nom. Personne qui ne croit pas en Dieu (→ SYN. athée, mécréant ; CONTR. croyant).

incruster v. **1** • *Cette guitare est incrustée de nacre*, décorée avec des morceaux de nacre enfoncés dans le bois. □ v. pron. • *Ce coquillage s'est incrusté dans le rocher* : il s'y est enfoncé. **2** v. pron. (fig.) • *S'incruster chez quelqu'un* : s'y installer et ne plus vouloir en partir.

incubation nom f. **1** • *Le poussin sort de l'œuf après l'incubation*, la période pendant laquelle les oiseaux couvent leurs œufs. ★ Chercher aussi : éclosion. **2** • *L'incubation d'une maladie* : la période qui va du moment où le microbe pénètre dans le corps jusqu'au moment où la maladie se déclare.

inculper v. • *Le juge l'a inculpé de vol* : il l'a accusé officiellement (→ culpabilité).
■ **inculpation** nom f. • *Il a été mis en prison sous l'inculpation de meurtre* : sous l'accusation officielle de meurtre.

inculquer v. • *Il faut lui inculquer les bonnes manières* : apprendre.

1. inculte adj. • *Des orties ont poussé sur ce sol inculte*, qui n'est pas cultivé (→ 1. cultiver; SYN. aride, stérile).

2. inculte adj. • *Une personne inculte*, dont l'esprit n'est pas cultivé (→ 2. se cultiver; SYN. ignorant; CONTR. cultivé).

incurable adj. • *Une maladie, un malade incurable*, que l'on ne peut pas guérir. — • *Une bêtise, une paresse incurable* (→ 1. cure).

incursion nom f. • *Les brigands ont fait une incursion dans le village* : ils y sont entrés brusquement (→ SYN. attaque, invasion, razzia).

incurver v. • *Le plombier chauffe un tuyau de cuivre pour pouvoir l'incurver*, le courber.
■ **incurvé** adj. • *Une planche incurvée* (→ SYN. courbe).

indécent adj. • *Elle ne peut pas sortir dans cette tenue indécente*, choquante, pas convenable (→ CONTR. décent).

indéchiffrable adj. • *Une écriture, un texte indéchiffrable*, que l'on ne par-vient pas à lire, à comprendre (→ déchiffrer; SYN. illisible).

indécis adj. **1** • *Qui va gagner ? La victoire est indécise*, pas certaine (→ décider; SYN. douteux, incertain). **2** • *Elle reste indécise sur le choix de sa robe*, elle hésite, elle a du mal à se décider.
■ **indécision** nom f. • *Anne et Marc m'ont donné des conseils opposés et me voilà plein d'indécision* (→ SYN. hésitation, perplexité).

indéfini adj. **1** • *Elle est partie à l'étranger pour une durée indéfinie*, que l'on ne peut pas préciser (→ indéfiniment; SYN. indéterminé). **2** • *« Un, une, des »* sont des articles indéfinis.
■ **indéfiniment** adv. • *Je veux bien t'attendre, mais pas indéfiniment*, sans savoir jusqu'à quand (→ SYN. éternellement).

indéformable adj. • *Cette valise est faite d'une matière indéformable*, qui ne peut pas se déformer.

indélébile adj. • *Une encre indélébile*, que l'on ne peut pas effacer.

indélicat adj. **1** • *Il s'est montré très indélicat en me remerciant personne* : impoli, grossier (→ grossier, sens 3). **2** • *Ce commerçant est indélicat*, malhonnête.

indemne [ɛ̃dɛmn] adj. • *Après l'accident, le pilote de course est sorti indemne de sa voiture*, sans blessure, sans dommage (→ SYN. sain* et sauf).

indemniser v. • *La compagnie d'assurances nous indemnisera en cas d'accident* : elle nous remboursera (→ SYN. dédommager).
■ **indemnité** nom f. • *Anne reçoit une indemnité de transport*, une somme d'argent pour rembourser ses frais. — • *L'indemnité versée par une assurance* : la somme d'argent destinée à réparer un dommage, des pertes.

indéniable adj. • *Alexis a raison, c'est indéniable* : personne ne peut dire le contraire; personne ne peut le nier (→ SYN. certain, incontestable).

indépendance nom f. • *Ce pays vient d'obtenir son indépendance*, sa liberté; il n'est plus sous l'autorité d'un autre (→ indépendant; CONTR. dépendance). ★ Chercher aussi : autonomie.

■ **indépendant** adj. **1** ● *Un esprit indépendant*, qui n'accepte pas l'autorité des autres (→ CONTR. soumis). — ● *Un État indépendant*, qui a son indépendance politique. **2** ● *Ils ont un appartement au premier étage et une chambre indépendante sous les toits :* qui n'est pas rattachée à leur appartement, qui n'en dépend pas. — ● *Le résultat d'une multiplication est indépendant de l'ordre des facteurs (2 × 5 = 5 × 2)*, il n'en dépend pas.

indescriptible adj. ● *Une joie indescriptible*, que l'on ne peut pas décrire tant elle est grande.

indéterminé adj. ● *La durée de son absence est indéterminée*, pas encore fixée (→ déterminer; SYN. incertain, indéfini).

1. index nom m. Doigt de la main le plus proche du pouce. ● *Il pointa l'index vers moi.* ★ VOIR p. 547.

2. index nom m. Liste alphabétique d'indications placée à la fin d'un livre.

indicateur, -trice nom **1** ● *Le conducteur regarde l'indicateur de vitesse*, l'instrument qui indique la vitesse (→ SYN. compteur). — ● *L'indicateur des chemins de fer :* le livre ou l'affiche qui indique les horaires des trains. □ adj. ● *Au croisement se trouve un panneau indicateur* (→ indiquer). **2** ● *Le voleur a été dénoncé par un indicateur*, une personne qui renseigne la police.

■ **indicatif** nom m. **1** ● *David a reconnu l'indicatif de son émission préférée*, la musique qui indique le début de l'émission. **2** ● *«Je chante» est le verbe «chanter» au présent de l'indicatif*, un mode de conjugaison qui indique ce qui a lieu vraiment. ★ Chercher aussi : conditionnel, impératif, infinitif, participe, subjonctif. **3** À TITRE INDICATIF. ● *Je vous dis cela à titre indicatif*, pour que vous puissiez vous faire une idée, pour que vous ayez quelques renseignements.

■ **indication** nom f. ● *Tu ne te perdras pas si tu suis ces indications*, ces renseignements (→ SYN. avis, conseil).

indice nom m. **1** ● *Il a de l'appétit, c'est l'indice d'une bonne santé*, un signe qui montre qu'il est en bonne santé (→ indiquer). **2** ● *Le détective est allé à l'endroit où le crime a été commis pour essayer de découvrir des indices*, des signes (traces, marques, empreintes, etc.) qui pourraient lui permettre de trouver le coupable.

indicible adj. ● *J'ai été envahi par une terreur indicible*, inexprimable.

1. indien adj. ● *La frontière indienne*, de l'Inde (en Asie). — ● *L'océan Indien*.

2. indien adj. ● *Une tribu indienne*, des premiers habitants de l'Amérique, les Indiens.

indien

indifférent adj. **1** ● *Les histoires de Michel me sont indifférentes :* sans intérêt, sans importance pour moi. **2** ● *C'est une femme indifférente*, qui ne s'intéresse pas aux autres, n'est pas cordiale (→ indifférence; SYN. froid, insensible). — ● *Cette histoire me laisse indifférent*. **3** ● *Manger des cerises ou des fraises, cela m'est indifférent :* je n'ai pas de préférence, cela m'est égal (→ indifféremment).

■ **indifféremment** adv. • *Il dessine* **indifféremment** *de la main gauche et de la main droite, aussi bien, sans distinction, sans avoir de préférence.*

■ **indifférence** nom f. • *Gilles a regardé ces photos avec* **indifférence**, *sans s'y intéresser, sans y faire attention* (→ CONTR. intérêt).

indigène nom • *Quand ils ont colonisé l'Amérique, les Européens se sont souvent battus contre les* **indigènes**, *les gens qui étaient nés dans ce pays et qui l'habitaient.* ◻ adj. • *Une tribu* **indigène**.

indigent adj. • *Il vient en aide aux personnes* **indigentes**, *pauvres, qui n'ont pas d'argent.* ◻ nom • *Les* **indigents**.

indigeste adj. • *Ce plat est* **indigeste**, *lourd, difficile à digérer* (→ CONTR. digeste).

■ **indigestion** nom f. • *Sophie mange trop de chocolat, elle va avoir une* **indigestion**, *être légèrement malade à cause d'un excès de nourriture ou d'une difficulté à digérer certains aliments.*

indigne adj. **1** • *Il est* **indigne** *de ma confiance : il n'en est pas digne, il ne la mérite pas.* **2** • *Sa trahison est* **indigne**, *honteuse, méprisable, déshonorante* (→ CONTR. digne).

indigner v. • *Sa mauvaise conduite nous* **a indignés** : *elle nous a choqués, révoltés, mis en colère* (→ SYN. scandaliser). ◻ v. pron. • *Paul* **s'indigne** *de leurs mensonges.*

■ **indignation** nom f. • *Devant ces grands garçons qui maltraitent un petit, Laure est remplie d'**indignation**, *de révolte, de colère.*

indigo adj. invar. • *Elle porte des pantalons* **indigo**, *bleu foncé.* ◻ nom m. • *Pour peindre la mer, je prendrai de l'**indigo**.

indiquer v. **1** • *Cette flèche* **indique** *la sortie : elle montre la direction* (→ indication ; SYN. désigner, signaler). **2** • *Ces gros nuages* **indiquent** *qu'il va pleuvoir : ils donnent ce renseignement.* **3** • *Elle m'**a indiqué** l'heure du*

rendez-vous : elle l'a fixée et me l'a fait connaître.

indirect adj. **1** • *Pour aller à l'école, Henri a pris une route* **indirecte**, *qui fait des détours, qui n'est pas la plus courte* (→ CONTR. direct). **2** • *Il m'a dit cela de façon* **indirecte**, *sans me le dire franchement* (→ CONTR. direct). **3** • *Dans la phrase : «Je parle à un ami», le mot «ami» est un complément* **indirect**, *qui est rattaché au verbe par une préposition* (→ CONTR. direct).

■ **indirectement** adv. • *Tu ne m'avais rien dit, mais j'ai su* **indirectement** *que tu étais malade, par l'intermédiaire de quelqu'un.*

indiscipline nom f. • *Didier chahutait, la maîtresse lui a fait une remarque pour son* **indiscipline**, *sa désobéissance* (→ CONTR. discipline).

■ **indiscipliné** adj. • *Cet élève est* **indiscipliné**, *désobéissant* (→ CONTR. discipliné).

indiscret adj. **1** • *Il fouille dans le sac de sa tante, c'est un garçon* **indiscret**, *trop curieux* (→ CONTR. discret). ◻ nom • *Cette* **indiscrète** *écoute aux portes.* **2** • *Ne lui confie pas ton secret, elle est* **indiscrète**, *trop bavarde, incapable de garder un secret.* **3** • *Il téléphone à minuit, il est* **indiscret** : *il n'a pas peur de gêner les autres.*

■ **indiscrètement** adv. • *Jean s'est conduit* **indiscrètement**, *d'une façon indiscrète* (→ CONTR. discrètement).

■ **indiscrétion** nom f. **1** • *Tout le monde l'évite à cause de son* **indiscrétion**, *parce qu'il est indiscret* (→ SYN. curiosité, sans-gêne ; CONTR. discrétion). **2** • *N'écoute pas ces* **indiscrétions**, *les paroles d'une personne qui ne sait pas garder les secrets.*

indiscutable adj. • *Il a gagné la course d'une manière* **indiscutable**, *que l'on ne peut pas discuter, que l'on ne peut pas mettre en doute* (→ SYN. certain, évident, incontestable, indéniable).

indispensable adj. • *Les explorateurs n'ont emporté que ce qui était* **indispensable** *à leur voyage, ce dont ils ne peuvent pas se passer, se dispenser*

(→ SYN. essentiel, nécessaire ; CONTR. inutile, superflu).

indisponible adj. ● *Ce bureau est occupé, il est **indisponible**,* on ne peut pas l'utiliser, en disposer (→ CONTR. disponible).

indisposer v. **1** ● *L'odeur du tabac **indispose** Jean-Pierre :* elle le rend un peu malade. **2** ● *Ses manières prétentieuses **ont indisposé** tous nos amis :* elles leur ont déplu, elles les ont choqués (→ SYN. fâcher, mécontenter ; importuner).

indisposition nom f. ● *Nathalie souffre d'une **indisposition** passagère :* malaise ou maladie sans gravité.

indistinct adj. ● *Des bruits **indistincts**,* confus, que l'on distingue mal (→ CONTR. distinct).

individu nom m. **1** Chacune des personnes qui forment un ensemble. ● *La société est composée d'**individus** (→* individuel ; CONTR. collectivité, groupe). **2** (péjor.) Se dit d'une personne que l'on méprise. ● *Je n'aime pas cet **individu**.*

■ **individuel** adj. ● *Tous les enfants de la famille ont une chambre **individuelle**,* une pour chacun (→ SYN. particulier ; CONTR. collectif ; commun).

■ **individuellement** adv. ● *La maîtresse nous a parlé **individuellement**,* à chacun l'un après l'autre (→ SYN. séparément ; CONTR. collectivement, ensemble).

■ **individualiste** adj. ● *Véronique n'aime pas le travail en groupe, elle est **individualiste**,* indépendante, elle préfère agir seule. □ nom ● *Un **individualiste**.*

indolent adj. ● *Une personne **indolente**,* qui évite de faire des efforts (→ SYN. mou, nonchalant ; CONTR. actif, énergique, vif).

■ **indolence** nom f. ● *Il fait la sieste tout l'après-midi, quelle **indolence** !* (→ SYN. mollesse, nonchalance ; CONTR. ardeur, vivacité).

indolore adj. ● *Le chirurgien t'a rassuré, cette opération est **indolore** :* elle

ne fait pas souffrir (→ douleur ; CONTR. douloureux).

indomptable adj. **1** ● *Ce cheval sauvage est **indomptable**,* on ne peut pas le dompter, le maîtriser. **2** ● *Une volonté **indomptable**,* que rien ne peut faire céder (→ SYN. inflexible).

indu adj. ● *Elle m'a téléphoné à 3 h du matin ; c'est vraiment une heure **indue**,* anormale, qui n'est pas conforme à l'usage.

indubitable adj. Certain, dont on ne peut douter. ● *C'est une preuve **indubitable** de son innocence.*

■ **indubitablement** adv. ● ***Indubitablement**, il est plus grand que moi :* certainement, sûrement.

induire v. INDUIRE QUELQU'UN EN ERREUR. ● *Tes indications étaient fausses, elles m'**ont induit en erreur** :* elles m'ont fait faire une erreur (→ SYN. tromper). ★ Conjug. 43.

indulgent adj. ● *Le père de Véronique est **indulgent**,* capable de pardonner, compréhensif, clément (→ CONTR. dur, sévère).

■ **indulgence** nom f. ● *Sans l'**indulgence** du professeur, il aurait été renvoyé,* sans sa bonté, sa compréhension (→ SYN. bienveillance ; CONTR. sévérité).

indûment adv. ● *Ce livre est à moi, tu l'as gardé **indûment**,* à tort, injustement.

industrie nom f. ● *La fabrication des voitures et la production d'électricité sont des **industries**,* des activités qui exploitent les sources d'énergie ou qui transforment les matières premières en produits fabriqués. ★ Chercher aussi : agriculture, artisanat, commerce, économie.

■ **industriel** adj. et nom m. **1** adj. ● *Le Nord de la France est une région **industrielle**,* où il y a beaucoup d'industries, d'usines (→ industrialiser). — ● *Une production **industrielle**,* en grandes quantités (→ CONTR. artisanal). **2** nom m. ● *Un **industriel** :* une personne qui possède ou dirige une entreprise industrielle, une usine.

■ **industriellement** adv. ● *Les auto-*

mobiles sont produites **industrielle-ment** (→ CONTR. artisanalement).

■ **s'industrialiser** v. pron. ● *Cette ville s'est industrialisée rapidement :* elle s'est équipée en industries.

inébranlable adj. **1** ● *Ce château fort a des murs inébranlables,* que l'on ne peut pas abattre (→ ébranler ; SYN. solide ; CONTR. fragile). **2** ● *Sa décision est inébranlable,* on ne peut pas la faire changer (→ SYN. ferme, inflexible).

inédit adj. **1** ● *Son roman est encore inédit :* il n'a pas encore été publié (→ éditer). ★ Chercher aussi : manuscrit. **2** ● *Une méthode inédite,* toute nouvelle, que personne ne connaît encore (→ SYN. original).

ineffable adj. ● *Nous avons connu des moments de bonheur ineffable,* indicible, inexprimable.

inefficace adj. ● *Pour soigner ta maladie, ce médicament est inefficace :* il ne sert à rien, il n'a aucun effet (→ CONTR. efficace).

■ **inefficacité** nom f. ● *Michel regrette l'inefficacité de ses conseils :* il regrette qu'ils n'aient servi à rien (→ CONTR. efficacité, utilité).

inégal adj. **1** ● *Ces parts de tarte sont inégales,* pas de la même dimension (→ SYN. différent ; CONTR. égal). **2** ● *L'une des équipes est beaucoup plus forte que l'autre, c'est un match inégal,* où les deux équipes n'ont pas la même force, les mêmes chances de gagner (→ inégalité, sens 1 ; SYN. déséquilibré ; CONTR. égal, équilibré). **3** ● *Il est difficile de jouer aux boules sur un terrain inégal,* qui a des creux et des bosses (→ inégalité, sens 2 ; CONTR. lisse, 1. plat, uni). **4** ● *Un roman inégal,* dont certaines parties sont bonnes et d'autres mauvaises.

■ **inégalement** adv. ● *Tes amis ne seront pas contents si tu partages ces bonbons inégalement,* d'une manière inégale.

inégalité nom f. **1** ● *L'inégalité entre les pays pauvres et les pays riches,* la différence. **2** ● *La voiture est secouée*

par les **inégalités** du chemin, les trous et les bosses, les accidents de terrain (→ SYN. aspérité).

inéluctable adj. ● *Tous les hommes vieillissent, c'est quelque chose d'inéluctable,* qu'il est impossible d'éviter (→ SYN. fatal, inévitable).

inénarrable adj. ● *C'était un spectacle inénarrable,* extraordinaire et comique.

inepte adj. Dénué de sens, stupide. ● *Ses propos sont ineptes.*

inépuisable adj. **1** ● *Cette source est inépuisable,* il y reste toujours de l'eau, on ne peut pas l'épuiser (→ SYN. intarissable). **2** ● *Quand on parle de sport, Éric est inépuisable,* très bavard, infatigable (→ SYN. inlassable).

inerte adj. ● *Le boxeur, assommé, restait au sol, inerte,* sans bouger, sans réagir (→ SYN. inanimé).

■ **inertie** [inεrsi] nom f. ● *Je voudrais le faire sortir de son inertie,* de son manque d'énergie, d'activité (→ SYN. inaction, indolence, passivité).

inespéré adj. ● *C'est une victoire inespérée,* que l'on n'espérait pas (→ SYN. imprévu, inattendu).

inestimable adj. ● *C'est un trésor inestimable,* très précieux, que l'on ne peut même pas estimer.

inévitable adj. ● *Myriam est beaucoup plus forte que moi, sa victoire est inévitable,* on ne peut pas l'éviter (→ SYN. certain, inéluctable).

■ **inévitablement** adv. ● *Si vous ne lui expliquez pas comment il doit faire, il se trompera inévitablement,* sans qu'on puisse l'éviter, à coup sûr.

inexact adj. **1** ● *J'ai eu une mauvaise note parce que mes calculs étaient inexacts,* faux (→ SYN. erroné ; CONTR. exact, juste). **2** ● *François est souvent inexact à ses rendez-vous :* il n'arrive pas souvent à l'heure (→ inexactitude, sens 2 ; CONTR. ponctuel).

■ **inexactitude** nom f. **1** ● *Il y a quelques inexactitudes dans ta façon de raconter notre dispute,* quelques erreurs, quelques fautes. **2** ● *Elle est* toujours en retard, son **inexactitude** m'agace (→ CONTR. exactitude, ponctualité).

inexcusable adj. ● *Votre erreur est* **inexcusable**, impardonnable.

inexistant adj. ● *Les difficultés dont vous me parlez pour expliquer votre retard sont en réalité* **inexistantes**, elles n'existent pas.

inexorable adj. ● *Elle a pleuré et supplié, mais il est resté* **inexorable**, il n'a pas eu pitié d'elle, il n'a pas changé d'avis (→ SYN. inébranlable, inflexible, implacable).

inexpérience nom f. ● *Il a fait des erreurs par* **inexpérience**, par manque d'expérience, de connaissances (→ SYN. ignorance).
■ **inexpérimenté** adj. ● *Un conducteur* **inexpérimenté**, débutant, sans expérience (→ SYN. novice; CONTR. expérimenté).

inexplicable adj. ● *L'avion s'est écrasé au sol pour une raison* **inexplicable**, que l'on n'arrive pas à expliquer (→ SYN. incompréhensible, mystérieux; CONTR. clair, évident).

inexploré adj. ● *Ces fosses sous-marines restent encore* **inexplorées**, inconnues, on ne les a pas explorées.

inexpressif adj. ● *Un visage, un regard* **inexpressif**, qui ne montre aucun sentiment, terne (→ CONTR. expressif).

inexprimable adj. ● *En recevant son cadeau, elle a éprouvé une joie* **inexprimable**, si forte qu'elle ne pouvait pas l'exprimer (→ SYN. indescriptible).

in extremis [inεkstremis] loc. adv. ● *Le blessé a été sauvé* **in extremis**, de justesse, au dernier moment.

inextricable adj. ● *Il s'est engagé dans une affaire* **inextricable**, très embrouillée, ou de laquelle il est très difficile de se tirer.

infaillible adj. **1** ● *Ce médicament contre la toux est un remède* **infaillible**, qui réussit toujours (→ SYN. certain, sûr). **2** ● *Il se croit* **infaillible** : il croit qu'il ne peut pas se tromper (→ faillir).

infaisable adj. ● *Ce que vous me demandez est trop difficile : c'est* **infaisable**, impossible, irréalisable.

infâme adj. **1** ● *Ce crime est* **infâme**!, horrible et honteux (→ SYN. ignoble). **2** ● *Cette nourriture est* **infâme**, très mauvaise, dégoûtante (→ SYN. infect).
■ **infamie** nom f. ● *Il a fait punir son ami à sa place; c'est une* **infamie**, une action honteuse. ★ *Infâme* a un accent circonflexe, mais pas *infamie*.

infanterie nom f. ● *Ce soldat fait partie d'un régiment d'***infanterie**, de troupes qui combattent à pied. ↗ Chercher aussi : artillerie, blindé, cavalerie.

infantile adj. **1** ● *La rougeole est une maladie* **infantile**, de l'enfance. **2** ● *Il a gardé un caractère très* **infantile** : il se conduit comme un enfant (→ SYN. enfantin, puéril).

infarctus [ɛ̃farktys] nom m. ● *Une de ses artères s'est bouchée et il a eu un* **infarctus**, une très grave maladie de cœur, une crise cardiaque.

infatigable adj. ● *Elle a dansé toute la soirée, c'est une danseuse* **infatigable**, qui ne se fatigue pas facilement.

infect adj. **1** ● *Une odeur* **infecte**, très mauvaise (→ SYN. ignoble, répugnant, exécrable; CONTR. délicieux, exquis). **2** ● *Un homme* **infect** (→ SYN. ignoble).
■ **infecter** v. **1** ● *L'odeur des engrais chimiques* **infecte** *le voisinage, elle le rend désagréable, malsain (→ SYN. empester).* **2** v. pron. ● *Tu n'as pas soigné cette plaie, elle* **s'est infectée**, elle a été envahie par des microbes (→ SYN. s'envenimer). □ adj. ● *Une atmosphère* **infectée** (→ SYN. contaminé).
■ **infection** nom f. **1** ● *C'est une véritable* **infection**!, il y a une très mauvaise odeur (→ SYN. puanteur). **2** ● *Si tu nettoies ton écorchure avec de l'alcool, tu éviteras l'***infection**, que des microbes envahissent la plaie (→ désinfection).
■ **infectieux** adj. ● *La rubéole est une maladie* **infectieuse**, due à une infection, à des microbes.

inférieur adj. **1** ● *Elle est descendue à l'étage **inférieur**, en dessous, en bas* (→ CONTR. supérieur). **2** ● *12 est **inférieur** à 15*, plus petit. **3** ● *Patrick joue bien au ping-pong, mais à ce jeu il est **inférieur** à Marie*, moins fort qu'elle. □ nom ● *Il nous considère comme des **inférieurs**, des gens moins importants que lui* (→ infériorité).
■ **infériorité** nom f. ● *Ce n'est pas la malchance qui les a fait perdre, c'est leur **infériorité** : le fait qu'ils étaient moins forts, qu'ils étaient inférieurs aux autres* (→ CONTR. supériorité).

infernal adj. **1** ● *Une méchanceté, une idée **infernale**, tellement horrible qu'elle fait penser à l'enfer* (→ SYN. diabolique). **2** ● *Un bruit **infernal**, très grand, terrible.* — ● *Leur gosse est **infernal**, insupportable.*

infester v. ● *Les bords de l'étang sont **infestés** par les moustiques*, envahis par beaucoup de moustiques.

1. infidèle adj. ● *Vincent a été **infidèle** à sa parole* : il n'y a pas été fidèle, il n'a pas tenu ses promesses.

2. infidèle nom ● *Au Moyen Âge, les chrétiens sont partis en croisade contre ceux qu'ils appelaient les **infidèles*** : ceux qui n'avaient pas la même religion qu'eux.

s'infiltrer v. pron. **1** ● *L'humidité **s'infiltre** dans le mur*, elle y pénètre lentement. **2** ● *Des soldats se sont **infiltrés** dans le camp ennemi* : ils s'y sont glissés sans être vus.
■ **infiltration** nom f. ● *Une pluie violente a causé des **infiltrations** dans le mur* : de l'eau s'est infiltrée.

infime adj. ● *Il est difficile de dire qui est le plus grand des deux ; leur différence de taille est **infime**, vraiment très petite* (→ SYN. minime ; CONTR. énorme).

infini adj. ● *Les réserves de pétrole ne sont pas **infinies**, sans fin, sans limites* (→ SYN. illimité). — À L'INFINI, loc. adv. ● *Nous pourrions discuter sur ce sujet à **l'infini*** (→ SYN. indéfiniment).
■ **infiniment** adv. ● *Je regrette **infini-***

***ment**, mais je crois que tu te trompes* (→ SYN. beaucoup, extrêmement).
■ **infinité** nom f. ● *Il existe une **infinité** d'étoiles*, une quantité si grande que l'on ne peut pas les compter.

infinitif nom m. ● *« Aimer, finir, rire » sont des verbes à l'**infinitif***, à un mode des verbes où ils ne sont pas conjugués. □ adj. ● *Le mode **infinitif**.*

infirme adj. ● *Un très grave accident l'a rendu **infirme*** : il ne peut plus utiliser une partie de son corps (→ SYN. impotent, invalide). □ nom ● *Les sourds et les aveugles sont des **infirmes**, des handicapés.*
■ **infirmité** nom f. ● *Elle a le courage de mener une vie normale malgré son **infirmité**, bien qu'elle soit infirme.*

infirmer v. ● *Les témoins interrogés **ont infirmé** ce que vous aviez dit*, ils l'ont contredit (→ SYN. démentir ; CONTR. confirmer).

infirmerie nom f. ● *Quand il s'est blessé, on l'a transporté à l'**infirmerie**, l'endroit (dans une école, une colonie de vacances, une prison, etc.) où l'on reçoit et soigne les malades.*
■ **infirmier** nom. Personne chargée de s'occuper des malades. ● *L'**infirmière** lui a fait un pansement.*

inflammable adj. ● *L'essence est une matière **inflammable**, qui s'enflamme et brûle facilement* (→ flamme ; CONTR. ininflammable).

inflammation nom f. ● *Il faut soigner cette plaie pour éviter une **inflammation**, un gonflement douloureux, une irritation.*

inflation nom f. ● *Les prix ont monté à cause de l'**inflation**, un phénomène économique.*

infléchir v. ● *L'introduction d'un nouveau personnage va **infléchir** le sens de l'histoire* : modifier.

inflexible adj. ● *Rien ne pourra le faire changer d'avis, il est **inflexible*** : il résiste à toutes les influences (→ fléchir ; SYN. inébranlable, intransigeant ; CONTR. influençable).

infliger v. ● *Infliger une punition, une contravention, etc. :* la donner. — ● *Il nous **a infligé** sa présence :* il nous a obligés à le supporter (→ SYN. imposer; CONTR. épargner). ★ Conjug. 5.

influence nom f. **1** ● *Le climat a une **influence** sur la végétation,* il la transforme en agissant sur elle (→ influer; SYN. action, effet). **2** SOUS L'INFLUENCE DE. ● *Excuse-le, il t'a dit des méchancetés **sous l'influence** de la colère :* c'est la colère qui l'a poussé (→ SYN. sous l'effet* de). **3** ● *Laurence a une grande **influence** sur ses camarades :* ils écoutent ce qu'elle dit, ils font ce qu'elle veut (→ influencer; SYN. autorité).

■ **influencer** v. ● *Ne te laisse pas **influencer** par leur avis :* fais ce que tu veux sans tenir compte de ce qu'ils pensent (→ influençable; SYN. entraîner). ★ Conjug. 4.

■ **influençable** adj. ● *Un garçon **influençable**,* qui se laisse influencer, qui se soumet aux avis des autres (→ CONTR. inflexible, têtu).

■ **influent** adj. ● *Un personnage **influent**,* qui a beaucoup d'influence, de pouvoir (→ SYN. important).

■ **influer** v. INFLUER SUR. ● *La vitesse de la voiture **influe sur** la consommation d'essence :* elle exerce une influence, elle a un effet sur la consommation (→ SYN. agir).

information → informer.

informatique nom f. ● *L'**informatique** nous permet de grouper toutes sortes de renseignements dans des mémoires d'ordinateur pour les utiliser quand on en a besoin.*

informe adj. ● *Le ballon crevé n'était plus qu'une masse **informe** :* il n'avait plus vraiment de forme.

informer v. **1** ● *Je t'**ai informé** de mon arrivée :* je l'ai mis au courant, je lui ai donné ce renseignement. — ● *Il m'a **informé** qu'il partait* (→ information, sens 1; SYN. apprendre, avertir, aviser, prévenir). **2** v. pron. ● *Je me suis **informé** sur le prix du billet d'avion :* j'ai demandé un renseignement. — ● *Informez-vous de l'heure de son arrivée* (→ SYN. se documenter, se renseigner).

■ **information** nom f. **1** ● *Qui t'a donné ces **informations** ?,* ces nouvelles, ces renseignements. **2** (au plur.) LES INFORMATIONS (*à la télévision, à la radio*) : les nouvelles qui informent des événements de la journée.

infortune nom f. ● *Je suis accablé par l'**infortune**,* malheur, malchance.

■ **infortuné** adj. ● *Ce sont des gens **infortunés**,* malheureux, malchanceux.

infraction nom f. ● *À bicyclette, si tu tournes à gauche sans faire signe, tu commets une **infraction** au code de la route :* tu désobéis au règlement, à la loi (→ SYN. faute, délit, entorse).

infranchissable adj. **1** ● *Ce mur est **infranchissable** :* on ne peut pas passer par-dessus, le franchir. **2** (fig.) ● *Dans son devoir, il a rencontré des obstacles **infranchissables**,* qu'il ne pouvait pas surmonter (→ SYN. insurmontable).

infrarouge adj. RAYONS INFRAROUGES : rayons invisibles qui sont utilisés, en particulier, dans certains appareils de chauffage. □ nom m. ● *Un radiateur électrique à **infrarouges**.*

infructueux adj. ● *Les recherches organisées pour retrouver les alpinistes ont été **infructueuses** :* elles n'ont pas réussi (→ SYN. inefficace, vain; CONTR. fructueux).

infuser v. ● *Il faut laisser le thé **infuser**,* tremper dans l'eau bouillante.

■ **infusion** nom f. ● *Après le repas, il a bu une **infusion** de tilleul* (→ SYN. tisane).

s'ingénier à v. pron. Chercher tous les moyens pour (arriver à un résultat). ● *On dirait que tu t'**ingénies** à me mettre en colère.*

ingénieur nom m. Personne qui a fait des études supérieures pour diriger des recherches et des fabrications. ● *Cet **ingénieur** a inventé un nouveau moteur.* — ● *Elle est **ingénieur** mécanicien.*

ingénieux adj. **1** ● *Un bricoleur **ingénieux**,* adroit et capable d'inventer des

solutions pratiques (→ SYN. astucieux, intelligent). **2** ● *Un système* ***ingénieux***, inventé avec beaucoup d'astuce.
■ **ingéniosité** nom f. ● *Pour réparer la porte de cette armoire, je compte sur ton* ***ingéniosité***, *ton esprit inventif, ton adresse.*

ingénu adj. et nom ● *Il a répondu d'un air* ***ingénu***, naïf, candide. — ● *C'est une* ***ingénue***, *personne naïve et candide.*

s'ingérer v. pron. ● *Il* ***s'est ingéré*** *dans des affaires qui ne le regardaient pas : il s'en est mêlé sans en avoir le droit.*
★ Conjug. 8.
■ **ingérence** nom f. ● *L'**ingérence*** *de ce pays dans les affaires des pays voisins est très critiquée.*

ingrat adj. **1** ● *Un enfant* ***ingrat***, qui n'a aucune reconnaissance (→ ingratitude ; CONTR. reconnaissant). □ nom ● *Ses amis l'ont beaucoup aidée, mais elle ne veut même plus les voir, quelle* ***ingrate !*** **2** ● *On l'a chargé d'un travail* ***ingrat*** (→ SYN. déplaisant, pénible). **3** ● *Un visage* ***ingrat*** (→ SYN. désagréable, laid).
■ **ingratitude** adj. ● *Après tout ce que j'ai fait pour lui, il ne m'a même pas remercié, quelle* ***ingratitude !*** (→ CONTR. gratitude, reconnaissance).

ingrédient nom m. ● *Pour faire ce soufflé, Claude a réuni tous les* ***ingrédients*** *sur la table*, tous les produits que l'on doit utiliser.

ingurgiter v. ● *Cette gourmande* ***a ingurgité*** *trois parts de tarte* : elle les a avalées rapidement, avec avidité.

inhabitable adj. ● *Cette maison n'a aucun confort, elle est* ***inhabitable*** : on ne peut pas y vivre, y habiter.
■ **inhabité** adj. ● *Cette île est* ***inhabitée*** : personne n'y habite, elle est déserte.

inhabituel adj. ● *Je ne vois personne dans la cour de récréation, c'est* ***inhabituel***, anormal, pas comme d'habitude (→ SYN. inaccoutumé ; CONTR. fréquent).

inhaler v. ● *Inhaler un gaz, des vapeurs* : les respirer.

■ **inhalation** nom f. ● *Pour soigner son rhume, il a fait des* ***inhalations*** : il a respiré des vapeurs qui désinfectent.

inhérent adj. Lié nécessairement, inséparable (de). ● *Ces inconvénients sont* ***inhérents*** *à la vie en collectivité.*

inhiber v. ● *Sa timidité peut l'**inhiber*** : rendre incapable de toute réaction ou de toute initiative.
■ **inhibé** adj. Bloqué, incapable d'agir.

inhospitalier adj. ● *Il avait peur de se retrouver seul dans ce pays* ***inhospitalier***, peu accueillant, hostile (→ CONTR. hospitalier).

inhumain adj. **1** ● *Les prisonniers ont subi des traitements* ***inhumains***, cruels, barbares. — ● *En refusant de les aider, il a été* ***inhumain*** *envers ces gens qui venaient lui demander du secours* (→ CONTR. humain). **2** ● *Un hurlement* ***inhumain***, qui n'a pas l'air de venir d'un être humain.
■ **inhumation** nom f. ● *L'**inhumation*** *du défunt aura lieu demain*, son enterrement.

inhumer v. ● *Son grand-père* ***a été inhumé*** *dans le cimetière du village* : il y a été enterré (→ CONTR. exhumer).

inimaginable adj. ● *Des aventures* ***inimaginables***, si extraordinaires que l'on aurait eu du mal à les imaginer.

inimitable adj. ● *Cet artiste a un talent* ***inimitable***, que l'on ne peut pas imiter, remarquable.

inimitié nom f. ● *Par sa méchanceté, il s'est attiré l'**inimitié*** *de ses camarades* (→ SYN. hostilité ; CONTR. amitié).

ininflammable adj. ● *Cette couverture est en matière* ***ininflammable***, qui ne peut pas prendre feu (→ enflammer ; CONTR. inflammable).

inintelligible adj. ● *Des paroles* ***inintelligibles***, que l'on ne peut pas comprendre (→ SYN. incompréhensible ; CONTR. intelligible).

inintéressant adj. ● *Un livre* ***inintéressant***, qui n'est pas intéressant.

ininterrompu adj. ● *Sur l'autoroute, il y*

avait une file **ininterrompue** de voitures (→ SYN. continu). — • *Un vacarme* **ininterrompu**, *sans interruption* (→ SYN. continuel).

initial adj. **1** • *Il n'a pas pu réaliser son projet* **initial**, *celui qu'il avait au début* (→ CONTR. final). **2** • *La lettre* **initiale** *d'un mot :* la première lettre du mot. □ nom f. • *« M. D. » sont les* **initiales** *de Michèle Dupont.*
■ **initialement** adv. • *Initialement, il avait prévu de ne pas déménager*, au commencement, au début.

initiative nom f. **1** PRENDRE L'INITIATIVE DE. • *Devant ses hésitations, Éric* **a pris l'initiative de** *chercher la route sur une carte :* il l'a décidé tout seul et il l'a fait le premier. **2** AVOIR L'ESPRIT D'INITIATIVE. • *Pour faire ce métier, il faut* **avoir l'esprit d'initiative**, les qualités de quelqu'un qui sait se décider, qui sait oser. **3** SYNDICAT D'INITIATIVE D'UNE VILLE : bureau qui renseigne les touristes sur les excursions à faire, les musées à visiter, etc.

initier v. • *Le moniteur m'a* **initié** *au ski :* il a commencé à me l'enseigner. □ v. pron. • *Peu à peu, Cécile* **s'initie** *à la lecture :* elle commence à apprendre à lire. ★ Conjug. 10.
■ **initiation** nom f. • *Cette émission est une bonne* **initiation** *à la vie des oiseaux :* elle permet de commencer à la connaître (→ SYN. introduction).
■ **initié** nom • *Seuls les* **initiés** *peuvent lire ces livres scientifiques*, ceux qui ont déjà des connaissances dans ce domaine (→ CONTR. profane).

injecter v. • *L'infirmière* **a injecté** *un médicament au malade :* elle lui a fait une piqûre.
■ **injection** nom f. • *Il faudra lui faire une* **injection** *de pénicilline matin et soir*, une piqûre.

injure nom f. • *Calme-toi ! Arrête de lui crier des* **injures**, des paroles vexantes, blessantes, offensantes (→ SYN. insulte).
■ **injurier** v. • *Injurier quelqu'un :* lui lancer des injures (→ SYN. insulter). ★ Conjug. 10.

■ **injurieux** adj. • *On m'a répété ses paroles* **injurieuses**, blessantes, insultantes.

injuste adj. • *Votre décision est* **injuste** : elle n'est pas juste, pas équitable.
■ **injustement** adv. • *Je l'ai traité* **injustement**, d'une manière injuste.
■ **injustice** nom f. **1** • *Pierre est révolté par l'***injustice** *de cette punition*, par le fait qu'elle n'est pas juste. **2** • *Il faut réparer cette* **injustice**, cet acte injuste.

injustifié adj. • *Il n'y a aucun danger ; ta crainte est* **injustifiée**, sans motif (→ CONTR. justifié).

inlassable adj. • *Yves est un marcheur* **inlassable**, qui ne se fatigue pas facilement (→ lasser ; SYN. infatigable).
■ **inlassablement** adv. • *Il répète* **inlassablement** *la même chose*, sans jamais se lasser, sans cesse.

inné adj. • *Un don* **inné**, *un goût* **inné**, que l'on a en naissant, dès la naissance (→ CONTR. acquis).

innocent adj. et nom **A.** adj. **1** • *Le tribunal a déclaré qu'il était* **innocent**, qu'il n'avait rien fait de mal (→ CONTR. coupable). **2** • *Annie m'a regardé avec un air* **innocent**, naïf et un peu sot (→ innocence, sens 2). **3** • *Ce sont des jeux* **innocents**, qui ne sont pas dangereux, ni mauvais.
B. nom **1** • *On ne condamne pas un* **innocent**, une personne qui n'est pas coupable. **2** • *C'est l'***innocent** *du village*, une personne simple d'esprit, naïve.
■ **innocence** nom f. **1** • *Son* **innocence** *ne fait aucun doute* (→ innocenter, CONTR. culpabilité). **2** • *Elle m'a raconté cette histoire avec* **innocence**, avec naïveté, sans se méfier, sans voir le mal partout.
■ **innocenter** v. • *Ce témoin* **a innocenté** *l'accusé :* il a montré qu'il était innocent (→ SYN. disculper).

innocuité nom f. • *L'***innocuité** *de ce médicament est certaine :* fait de n'être pas nocif.

innombrable adj. • *Les grains de sable sont* **innombrables**, si nombreux que l'on ne peut pas les compter, les dénombrer (→ nombre).

innover v. • *Ce soir nous allons innover : nous dînerons au fond du jardin : nous allons faire une chose nouvelle.*
■ **innovation** nom f. • *Connais-tu les dernières innovations dans le domaine de la photo ?*, les nouveautés, les inventions.

inoccupé adj. **1** • *Cette place est inoccupée :* personne ne l'occupe (→ SYN. libre, vacant). **2** • *Sylvie n'aime pas rester inoccupée*, sans occupation, sans avoir quelque chose à faire (→ SYN. désœuvré ; CONTR. occupé).

inodore adj. • *Je cherche une peinture inodore*, qui ne sent rien, qui n'a pas d'odeur (→ CONTR. odorant).

inoffensif adj. • *N'aie pas peur, cet insecte est inoffensif :* il ne peut pas faire de mal (→ offensif ; CONTR. dangereux).

inonder v. **1** • *La rivière a débordé et les champs ont été inondés*, recouverts d'eau. **2** (fig.) • *Tous les jours, la boîte aux lettres est inondée de prospectus :* elle en est remplie, envahie.
■ **inondation** nom f. • *Les pluies d'orage ont causé des inondations.*

inopiné adj. • *Son retour inopiné nous a surpris :* inattendu, imprévu.

inoubliable adj. • *Un spectacle inoubliable*, que l'on ne peut pas oublier, dont on se souviendra toujours.

inouï adj. • *J'ai eu une chance inouïe* (→ SYN. extraordinaire, incroyable).

inoxydable adj. • *Une casserole en acier inoxydable*, qui ne s'oxyde pas, qui ne rouille pas (→ oxyder). □ nom m. • *Une fourchette en inoxydable*, ou (fam.) en *inox.*

inqualifiable adj. • *Il a répondu avec une grossièreté inqualifiable*, tellement scandaleuse que l'on ne peut pas trouver de mots assez sévères pour l'exprimer.

inquiet adj. • *Philippe n'est pas encore rentré, je suis inquiet*, je me fais du souci (→ SYN. anxieux, soucieux).

■ **inquiétant** adj. • *J'ai reçu des nouvelles inquiétantes*, qui me préoccupent (→ SYN. alarmant ; CONTR. rassurant).
■ **inquiéter** v. • *Son retard m'inquiète*, il me donne des soucis (→ SYN. préoccuper). □ v. pron. • *Calme-toi, il n'y a pas de quoi s'inquiéter*, se tourmenter, se tracasser. ★ Conjug. 8.
■ **inquiétude** nom f. • *Je comprends votre inquiétude à son sujet* (→ SYN. anxiété, appréhension, crainte, souci).

insaisissable adj. **1** • *Un animal insaisissable*, que l'on ne peut saisir, attraper. **2** • *Un caractère insaisissable*, que l'on ne peut pas bien comprendre (→ saisir).

insalubre adj. • *Elle est toujours malade sous ce climat insalubre*, malsain (→ CONTR. salubre).

insanité nom f. • *Il m'a dit des insanités*, des paroles absurdes, insensées (→ SYN. absurdité).

insatiable [ɛ̃sasjabl(ə)] adj. • *Un appétit insatiable*, qui ne peut être rassasié. — *Sa curiosité est insatiable :* elle n'est jamais satisfaite.

insatisfait adj. **1** • *Elle a un caractère insatisfait*, jamais content. □ nom • *Il se plaint toujours, c'est un insatisfait.* **2** • *Ce désir est resté insatisfait :* il ne s'est pas réalisé (→ CONTR. satisfait).

inscrire v. **1** • *Pour ne pas l'oublier, j'ai inscrit ton adresse sur mon carnet :* je l'ai écrite, notée, marquée. **2** • *Michel est inscrit à ce club de football :* il en fait partie, son nom est écrit dans la liste des membres. □ v. pron. • *Claire veut s'inscrire au cours de danse.* ★ Conjug. 47.
■ **inscription** nom f. **1** • *On a gravé une inscription sur ce monument*, des mots écrits sur la pierre. **2** • *Ce club n'accepte plus les inscriptions après le 1er novembre :* on ne peut plus s'inscrire (→ SYN. adhésion).

insecte nom m. • *Les abeilles, les fourmis, les papillons, etc., sont des insectes*, de petits animaux au corps

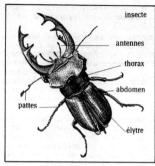

insecte

antennes

thorax

abdomen

pattes

élytre

articulé qui ont toujours six pattes et souvent des ailes.

■ **insecticide** adj. ● *Une poudre insecticide, qui détruit, tue les insectes.* □ nom m. ● *Les agriculteurs ont projeté des insecticides sur les arbres fruitiers.*

■ **insectivore** nom m. ● *Le lézard, l'hirondelle sont des insectivores, des animaux qui se nourrissent d'insectes.* □ adj. ● *Les animaux insectivores.*

insémination nom f. INSÉMINATION ARTIFICIELLE : fait de féconder, de provoquer une grossesse artificiellement.

insensé adj. ● *À huit ans, tu ne peux pas construire un avion tout seul, c'est une idée insensée, folle, contraire au bon sens* (→ CONTR. raisonnable, sensé). □ nom ● *Un insensé.*

insensible adj. **1** ● *Il a un caractère insensible, dur, que rien ne peut attendrir* (→ CONTR. sensible). **2** ● *Le dentiste lui a fait une piqûre pour rendre sa gencive insensible à la douleur* (→ insensibiliser). **3** ● *Il n'y a entre vos devoirs que des différences insensibles, que l'on peut à peine remarquer* (→ insensiblement ; SYN. imperceptible ; CONTR. notable, sensible).

■ **insensibiliser** v. ● *Le dentiste a insensibilisé ma dent : il l'a rendue insensible à la douleur* (→ SYN. anesthésier).

■ **insensibilité** nom f. **1** ● *Ses camarades lui reprochent son insensibilité aux malheurs des autres, son manque de sensibilité morale, son indifférence.* **2** ● *Ton insensibilité à la douleur m'étonne, ton absence de sensibilité physique.*

■ **insensiblement** adv. ● *L'aiguille de l'horloge avance insensiblement, d'une manière insensible, sans qu'on s'en aperçoive.*

inséparable adj. ● *Laurel et Hardy étaient deux amis inséparables, qui étaient toujours ensemble.* — ● *Ces deux problèmes sont inséparables : on ne peut pas les examiner séparément.*

insérer v. ● *Il faut insérer la feuille dans l'enveloppe : introduire.* — ● *Nous allons insérer une annonce dans le journal :* faire paraître.

■ **insertion** [ɛsɛʀsjɔ̃] nom f. ● *J'ai obtenu l'insertion de mon article dans le prochain numéro de la revue.*

insidieux adj. ● *Pour me tendre un piège, il m'a posé des questions insidieuses,* trompeuses, sournoises, perfides.

insigne nom m. ● *Ce militaire porte l'insigne de l'armée de l'air, le signe qui permet de reconnaître les membres d'un groupe.*

insignifiant adj. **1** ● *C'est une personne insignifiante, qui a peu de personnalité, qui ne présente aucun intérêt* (→ SYN. banal, quelconque). **2** ● *J'ai acheté cette vieille table pour un prix insignifiant, très peu important.* — ● *Nous nous sommes disputés pour des raisons insignifiantes* (→ SYN. dérisoire, futile).

1. insinuer v. ● *Il insinue que tu l'as fait exprès :* il le laisse comprendre sans le dire vraiment.

■ **insinuation** nom f. ● *Je ne me laisse pas impressionner par ces insinuations,* ces sous-entendus.

2. s'insinuer v. pron. ● *Il a essayé tous les moyens pour s'insinuer dans notre groupe d'amis,* pour s'y introduire, pour s'y faire admettre.

insipide adj. • *Une boisson insipide,* sans goût, sans saveur (→ SYN. fade). — (fig.) • *Un film insipide,* sans intérêt.

insister v. 1 • *J'avais refusé, mais il a insisté pour que j'aille avec lui :* il me l'a demandé plusieurs fois, avec force. — • *Anne insiste pour venir.* 2 • *En préparant la dictée, insistez sur les mots difficiles :* faites-y particulièrement attention (→ SYN. s'appesantir). ■ **insistance** nom f. • *Sophie m'a réclamé son livre avec insistance,* plusieurs fois, en insistant.

insolation nom f. • *Pascal est resté trop longtemps au soleil, il a eu une insolation,* un coup de soleil grave qui provoque une maladie.

insolent adj. 1 • *Il ne respecte pas sa grand-mère, il lui répond d'un air insolent* (→ SYN. déluré, effronté, impertinent, impoli ; CONTR. respectueux). □ nom • *N'imite pas cette insolente* (→ SYN. effronté). 2 • *Il a encore gagné, quelle chance insolente!,* provocante. ■ **insolence** nom f. • *La maîtresse ne supporte pas l'insolence* (→ SYN. arrogance, impertinence).

insolite adj. • *Cet appartement est rempli d'objets insolites,* bizarres, surprenants.

insoluble adj. 1 • *L'huile est insoluble dans l'eau :* elle ne peut pas se dissoudre dans l'eau (→ CONTR. soluble). 2 • *Il s'est attaqué à un problème insoluble,* que l'on ne peut pas résoudre, qui n'a pas de solution.

insomnie nom f. • *Cette nuit, j'ai eu des insomnies,* de longs moments sans pouvoir dormir (→ sommeil). ★ Chercher aussi : somnolence, somnifère.

insondable adj. 1 • *Un gouffre insondable,* d'une profondeur trop grande pour être mesurée (→ sonder). 2 (fig.) • *Un mystère insondable,* trop profond et trop compliqué pour être expliqué (→ SYN. inexplicable).

insonoriser v. • *Tu peux crier, chanter, sauter, cette pièce a été insonorisée,* équipée pour que les bruits ne traversent pas les murs (→ sonore). ■ **insonorisation** nom f. • *L'insonorisation de cet appartement est parfaite.*

insouciant adj. 1 *Marc est insouciant du danger,* il n'y fait pas attention, il ne s'en soucie pas. 2 • *C'est un garçon insouciant,* qui ne s'inquiète de rien, qui vit sans souci (→ CONTR. soucieux). ■ **insouciance** nom f. • *Son insouciance pourrait lui jouer des tours,* sa façon de vivre sans souci, sans se tracasser.

insoumis adj. et nom • *Un soldat insoumis,* qui refuse d'obéir, de faire ce qu'il doit faire (→ SYN. rebelle). □ nom m. • *Un insoumis :* une personne qui refuse son service militaire. ★ Chercher aussi : objecteur, pacifiste.

insoutenable adj. 1 • *C'est une idée insoutenable,* que l'on ne peut pas soutenir, défendre. 2 • *Un bruit insoutenable,* que l'on ne peut pas supporter (→ SYN. insupportable).

inspecter v. 1 • *Il est chargé d'inspecter le travail des ouvriers,* de le contrôler, de le surveiller. 2 • *Les gendarmes ont inspecté le lieu de l'accident :* ils l'ont examiné avec attention. ■ **inspecteur, -trice** nom. Personne chargée d'inspecter, de surveiller, de contrôler. ■ **inspection** nom f. • *À la frontière, les douaniers procèdent à l'inspection des bagages :* ils les examinent, ils les contrôlent.

1. inspiration nom f. • *Avant de plonger, Renaud a pris une profonde inspiration :* il a fait entrer de l'air dans ses poumons (→ CONTR. expiration). ★ Chercher aussi : respiration. ■ **1. inspirer** v. • *Pour respirer, j'inspire,* puis je souffle, et je recommence (→ CONTR. expirer).

2. inspiration nom f. • *David n'arrive pas à écrire sa lettre, il n'a pas d'inspiration,* d'idées. ■ **2. inspirer** v. 1 • *Les paysages de la Provence ont inspiré cet artiste :* ils lui ont donné des idées. 2 • v. pron. S'INSPIRER DE QUELQUE CHOSE. • *Pour tricoter son* pull-over, elle *s'est inspirée de* ce modèle : elle a pris des idées en examinant la façon dont il avait été fait.

instable adj. **1 •** *Ne grimpe pas sur cette chaise* **instable**, qui ne tient pas bien en équilibre (→ SYN. branlant ; CONTR. stable). **2 •** *Un temps* **instable**, qui risque de changer (→ SYN. variable). **3 •** *Sophie est une fille* **instable**, qui change souvent d'humeur, d'activité (→ CONTR. équilibré).

installer v. **1 •** *Ils ont installé* un chauffage électrique dans leur maison : ils l'ont mis en place, posé. **2 •** *Je vais t'installer dans cette chambre*, t'y mettre pour que tu y restes un certain temps. □ v. pron. • *Installez-vous* ici confortablement.

■ **installation** nom f. **1 •** *L'installation de notre téléphone est récente.* **2 •** *Ils ont fait beaucoup de travaux depuis leur* **installation** *dans cet appartement*, depuis qu'ils s'y sont installés. **3 •** *Les ouvriers sont en train de refaire toute l'installation* électrique de la maison, l'ensemble des appareils et des matériels qui permettent de recevoir et d'utiliser l'électricité.

■ **installateur** nom m. • *Pour les réparations, il vaut mieux faire appel à l'installateur* : personne qui installe (un appareil).

instamment adv. • *Elle m'a prié* **instamment** *de revenir la voir*, avec force, en insistant.

instant nom m. **1** Courte durée, court moment. • *Valérie a cru un* **instant** *qu'elle avait gagné la partie.* **2** DANS UN INSTANT. • *Je reviens dans un* **instant**, très bientôt. **3** À L'INSTANT, loc. adv. • *Je l'ai quitté à l'instant*, il y a très peu de temps. **4** À L'INSTANT OÙ, loc. conj. • *Le téléphone a sonné à l'instant où j'allais partir*, à ce moment précis. **5** DÈS L'INSTANT QUE, loc. conj. : puisque, du moment que. • *Je vous crois*, **dès l'instant que** vous me le dites.

■ **instantané** adj. • *Il a pris une décision* **instantanée**, immédiate.

■ **instantanément** adv. • *Elle a réagi* **instantanément**, tout de suite, immédiatement.

à l'instar de loc. adv. • *Il se passionne pour le rugby*, **à l'instar de** *son père* : à l'imitation de, en suivant le modèle de.

instaurer v. • *Nous allons* **instaurer** *une nouvelle règle du jeu*, l'établir pour la première fois (→ SYN. instituer).

instinct [ɛ̃stɛ̃] nom m. **1 •** *La chatte sait s'occuper de ses petits grâce à son* **instinct** *maternel*, une force naturelle qui pousse les êtres vivants à faire certaines choses pour vivre, pour se protéger et pour se reproduire. **2** D'INSTINCT, loc. adv. • *On n'apprend pas à respirer, on le fait d'instinct*, tout naturellement, sans avoir appris, sans réfléchir. — *Il a su d'instinct* ce que j'allais lui dire : il l'a deviné (→ SYN. intuition).

■ **instinctif** adj. • *Un geste* **instinctif**, automatique, machinal, involontaire.

instituer v. • *Un nouveau régime politique* **a été institué** *dans ce pays* : il a été créé, mis en place (→ SYN. établir, instaurer).

institut nom m. **1 •** Nom donné à certains établissements de recherche (scientifique, le plus souvent). • *L'Institut National de la Recherche Pédagogique* (I. N. R. P.). **2 •** *Un* **institut** *de beauté* : un établissement où l'on donne des soins de beauté.

instituteur, -trice nom • *Patrick voudrait être* **instituteur**, maître d'école.

1. institution nom f. • *Les* **institutions** *d'un pays* : l'ensemble des lois et des principes selon lesquels un pays est gouverné. ★ Chercher aussi : constitution. — • *Les* **institutions** *républicaines, démocratiques* : les lois et les principes qui font qu'un pays est une république, une démocratie. — • *L'enseignement gratuit pour tous est une* **institution** *démocratique*, un principe fondamental qui a été institué, qui est adopté par les démocraties.

2. institution nom f. • *Elle est élève dans une* **institution**, une école privée, souvent religieuse.

instruire v. **1 •** *Le professeur est chargé d'instruire les élèves*, de leur enseigner ce qu'ils doivent savoir. **2** v. pron. • *Valérie lit ce livre pour s'instruire,* pour apprendre des choses. **3** • *Instruire quelqu'un de quelque chose,* le mettre au courant de cette chose, l'en informer. ★ Conjug. 43.

■ **instructif** adj. • *Une lecture instructive,* qui apporte des connaissances.

■ **instruction** nom f. **1** • *Cette personne a de l'instruction,* des connaissances étendues, une grande culture. — • *L'instruction primaire, professionnelle* (→ SYN. éducation, enseignement). **2** (au plur.) • *Un militaire doit suivre les instructions que lui donnent ses supérieurs,* les explications sur la manière de faire les choses, leurs ordres. — • *Avant de mettre la machine en marche, il faut lire les instructions,* le mode d'emploi.

instrument nom m. **1** • *La scie, le tournevis, le marteau, etc., sont les instruments de travail du menuisier,* ses outils. — • *Le chronomètre est un instrument de mesure,* un appareil qui sert à mesurer (le temps). **2** • *Le piano, le violon, la flûte sont des instruments de musique,* des objets qui servent à faire de la musique.

■ **instrumentiste** nom • *Les instrumentistes de l'Opéra de Paris :* les musiciens qui jouent d'un instrument.

à l'insu de loc. prép. • *J'ai emprunté sa bicyclette à son insu,* sans qu'il le sache.

insubmersible adj. • *Un canot insubmersible,* qui ne peut pas couler (→ submerger).

insuffisant adj. • *Je n'ai pas assez de farine ; il n'en reste qu'une quantité insuffisante,* qui ne suffit pas (→ CONTR. suffisant). — • *Un travail insuffisant.*

■ **insuffisance** nom f. **1** • *L'insuffisance de neige nous a empêchés de skier,* le fait qu'il n'y en avait pas assez. **2** (au plur.) • *Elle a des insuffisances en mathématiques,* des choses qu'elle ne sait pas et qu'elle devrait savoir (→ lacune).

■ **insuffisamment** adv. Pas assez (→ CONTR. suffisamment).

insulaire adj. • *Une population insulaire,* qui habite une île. ★ Chercher aussi : continental. □ nom • *Un insulaire :* un habitant d'une île.

insulte nom f. • *Les conducteurs se traitaient d'idiot, d'assassin ; ils se criaient des insultes,* des paroles très désagréables, blessantes (→ SYN. injure).

■ **insulter** v. • *Réfléchis un peu avant d'insulter les gens,* de leur dire des insultes (→ SYN. injurier).

insupportable adj. **1** • *Cette brûlure m'a causé une douleur insupportable,* très difficile à supporter (→ SYN. intolérable). **2** • *Mon petit cousin est insupportable,* très désagréable, odieux.

s'insurger v. pron. **1** • *Pendant la Révolution, le peuple français s'est insurgé contre la royauté :* il s'est révolté, soulevé, et il a pris les armes. **2** (fig.). *Il s'insurge contre ce projet :* il s'y oppose et il proteste vivement. ★ Conjug. 5.

■ **insurrection** nom f. • *Une insurrection a éclaté contre l'ennemi qui occupait le pays,* un soulèvement, une révolte.

insurmontable adj. **1** • *Les alpinistes sont arrivés devant un obstacle insurmontable,* impossible à surmonter, à franchir (→ SYN. infranchissable). **2** • *Alain a été pris d'une peur insurmontable,* qu'il ne pouvait dominer, surmonter.

intact adj. • *Le colis est arrivé intact à la poste,* en bon état (→ CONTR. abîmé).

intarissable adj. • *Quand il parle de sport, il est intarissable :* on ne peut pas l'arrêter (→ tarir).

intégral adj. et nom f. **A.** adj. **1** • *Pierre demande le remboursement intégral de la somme qu'il a versée,* le remboursement total, entier (→ CONTR. partiel). **2** • *Pour faire de la moto, il faut porter un casque intégral,* qui protège toute la tête.
B. nom f. Édition complète des œuvres d'un écrivain, d'un musicien • *L'intégrale des symphonies de Mozart.*

■ **intégralement** adv. • *J'ai lu ce gros livre intégralement,* complètement, en entier.

■ **intégralité** nom f. ● *Il a remboursé ses dettes dans leur intégralité*, dans leur totalité, en entier.

intègre adj. ● *Un homme intègre*, d'une honnêteté parfaite.

■ **intégrité** nom f. ● *Tout le monde connaît son intégrité* (→ SYN. honnêteté).

intégrer v. 1 ● *Des illustrations ont été intégrées dans ce dictionnaire :* on les y a mises pour qu'elles fassent partie d'un ensemble (→ SYN. incorporer). 2 v. pron. ● *Marc a du mal à s'intégrer dans la classe*, à se sentir à l'aise dans ce groupe, à en faire vraiment partie (→ SYN. s'assimiler). ★ Conjug. 8.

intellectuel adj. 1 ● *Apprendre une leçon, c'est un travail intellectuel*, qui se fait en utilisant son intelligence, sans se servir de sa force physique. ● *Le travail intellectuel et le travail manuel*. ★ Chercher aussi : 2. matériel. □ nom ● *Un(e) intellectuel(le) :* une personne qui se consacre au travail intellectuel. 2 ● *Les capacités intellectuelles*, de l'intelligence.

intelligence nom f. **A.** 1 ● *Tu travailles en classe pour développer ton intelligence*, l'ensemble des qualités qui permettent de connaître, de comprendre, de réfléchir. 2 ● *Travailler avec intelligence*, en réfléchissant, en essayant de comprendre ce que l'on fait (→ intelligemment). — ● *Il a montré beaucoup d'intelligence dans sa façon de répondre* (→ CONTR. bêtise).
B. 1 ● *Il a été accusé d'intelligence avec l'ennemi*, de complicité, d'entente secrète. 2 EN BONNE, EN MAUVAISE INTELLIGENCE AVEC QUELQU'UN. ● *Ils vivent en bonne intelligence avec leurs voisins*, en s'entendant bien avec eux (→ SYN. entente).

■ **intelligemment** adv. ● *Alain a répondu intelligemment*, avec intelligence.

■ **intelligent** adj. ● *Une personne intelligente*, qui a de l'intelligence, qui comprend vite et s'adapte bien aux situations (→ CONTR. bête).

■ **intelligible** adj. ● *Il n'a pu nous dire*

que quelques mots *intelligibles*, que l'on peut comprendre (→ SYN. compréhensible ; CONTR. inintelligible).

intempéries nom f. plur. ● *L'avion n'a pas pu décoller à cause des intempéries*, du mauvais temps.

intempestif adj. Déplacé, qui se produit à un moment qui ne convient pas. ● *Il éclata d'un rire intempestif*.

intenable adj. ● *Quelle chaleur ici ! C'est intenable*, insupportable. — ● *En disant cela, tu m'as mis dans une position intenable*.

intendance nom f. ● *L'intendance militaire :* le service chargé du ravitaillement et de l'entretien des troupes.

■ **intendant** nom ● *L'intendant d'un collège :* la personne chargée de l'intendance (achat de matériel, de nourriture pour la cantine ; règlement des dépenses, etc.).

intense adj. ● *J'ai lu ce livre avec un plaisir intense*, très vif, extrême.

■ **intensément** adv. ● *Pour préparer son examen, Alain travaille intensément*, d'une manière intense, énormément.

■ **intensif** adj. ● *Les skieurs de compétition suivent un entraînement intensif*, qui exige des efforts soutenus.

■ **intensifier** v. 1 ● *Pour réussir, tu dois intensifier tes efforts*, les rendre plus intenses, les augmenter (→ SYN. accentuer). 2 v. pron. ● *Le bruit s'intensifie :* il devient plus fort. ★ Conjug. 10.

■ **intensité** nom f. ● *L'intensité de la tempête a diminué*, sa force.

intention nom f. 1 ● *Quelles sont vos intentions ?* votre but, vos projets ; que voulez-vous faire ? — ● *J'ai l'intention de dormir* (→ SYN. dessein). 2 À L'INTENTION DE, loc. prép. ● *Ce livre a été écrit à l'intention des enfants*, spécialement pour eux.

■ **intentionné** adj. BIEN, MAL INTENTIONNÉ : qui a de bonnes, de mauvaises intentions à l'égard de quelqu'un.

■ **intentionnel** adj. ● *Il a fait exprès de se tromper, c'est une erreur intentionnelle*, voulue, volontaire (→ CONTR. involontaire).

inter Préfixe qui signifie «entre deux ou plusieurs choses».

intercaler v. • *À la télévision, des films publicitaires* ***sont*** *souvent* ***intercalés*** *entre deux émissions* : ils sont placés entre elles.
■ **intercalaire** nom m. • *Dans mon classeur, les feuilles sont séparées par des* ***intercalaires****,* des cartons que l'on met entre les feuilles.

intercéder v. • *Pourrais-tu* ***intercéder*** *en ma faveur ?,* demander à quelqu'un un service, une grâce. ★ Conjug. 8.

intercepter v. • *J'ai fait une passe à mon coéquipier, mais un joueur adverse* ***a*** ***intercepté*** *le ballon* : il l'a empêché d'arriver en l'attrapant au passage.
■ **interception** nom f. • *L'interception d'un avion par l'ennemi.*

interchangeable adj. • *Les pneus de la voiture sont* ***interchangeables****,* on peut les mettre les uns à la place des autres (→ changer).

interclasse nom m. Court intervalle entre deux heures de classe.

interdire v. • *Ses parents lui* ***ont interdit*** *d'aller au cinéma* : ils lui ont commandé de ne pas le faire (→ SYN. défendre ; CONTR. autoriser, permettre). ★ Conjug. 46, sauf à la 2ᵉ personne du plur. du présent de l'indicatif qui est : vous interdisez.
■ **interdiction** nom f. • *Je sortirai malgré votre* ***interdiction*** (→ CONTR. autorisation, consentement).
■ **interdit** adj. 1 • *L'automobiliste distrait a pris une rue en sens* ***interdit****.* 2 • *Je suis resté* ***interdit*** *devant une telle audace,* stupéfait.

intérêt nom m. 1 • *Les touristes suivent les explications du guide avec* ***intérêt****,* avec attention et curiosité (→ intéresser, sens 1 ; intéressant, sens 1 ; CONTR. indifférence). 2 • *Ce film est sans* ***intérêt*** : il est ennuyeux, il n'est pas intéressant. — *Ce qu'il dit est d'un grand* ***intérêt****, présente un grand* ***intérêt*** : c'est intéressant, c'est d'une grande importance. 3 • *Je te donne ce conseil dans ton* ***intérêt****,* pour ton

bien, pour t'être utile. 4 • *Quand une banque prête de l'argent à quelqu'un, elle lui demande un* ***intérêt****,* une somme d'argent à payer en plus de ce qu'il doit rembourser.
■ **intéresser** v. 1 • *Ce cours m'a beaucoup* ***intéressé*** : il a éveillé mon intérêt (→ CONTR. ennuyer). 2 • *L'augmentation du prix du pétrole* ***intéresse*** *de nombreux pays* : elle les concerne, elle a de l'importance pour eux. 3 • *Les ouvriers de cette usine* ***sont*** ***intéressés*** *aux bénéfices de l'entreprise,* ils sont concernés par les bénéfices ; ils ont droit, en plus de leur salaire, à une part des bénéfices (→ intéressement).
■ **s'intéresser à** v. pron. • *Jacques* ***s'intéresse*** *au jardinage* : il y prend intérêt (→ CONTR. se désintéresser de).
■ **intéressant** adj. 1 • *Cette histoire est* ***intéressante*** : elle intéresse les gens. 2 FAIRE L'INTÉRESSANT. • *Tu m'agaces quand tu* ***fais l'intéressant****,* quand tu cherches à te faire remarquer. 3 • *Un prix* ***intéressant****,* avantageux.
■ **intéressé** adj. 1 • *Méfie-toi de lui, il est* ***intéressé*** : il fait passer son intérêt personnel avant tout le reste (→ CONTR. désintéressé, généreux). 2 • *Ils ont pris cette décision sans demander leur avis aux personnes* ***intéressées****,* concernées, touchées par cette décision.
■ **intéressement** nom m. • *L'intéressement des travailleurs aux bénéfices.*

interférer v. (Se) mêler, (se) rencontrer. • *Faire* ***interférer*** *les problèmes économiques et les problèmes moraux, c'est compliquer les uns et les autres* (→ SYN. mêler). ★ Conjug. 8.

intérieur adj. et nom m. **A.** adj. 1 • *Cette maison possède une cour* ***intérieure****,* au-dedans. 2 • *À la première page du journal, il y a un article sur la politique* ***intérieure****,* qui concerne le pays lui-même (→ CONTR. extérieur, international).
B. nom m. 1 • *L'extérieur du placard est peint en vert et l'***intérieur*** en blanc,* le dedans. — À L'INTÉRIEUR DE, loc. prép. • *Je t'attendrai* ***à l'intérieur*** *de la gare,* dans. 2 • *Ma tante aime que son* ***inté-***

rieur soit bien tenu, son logement. **3** ● *Les préfets, la police dépendent du ministère de l'Intérieur*, du ministère qui s'occupe de l'administration du pays et de la police.

■ **intérieurement** adv. **1** ● *Ce manteau est garni de fourrure intérieurement*, à l'intérieur (→ CONTR. extérieurement). **2** ● *Il dit que tout ira bien, mais intérieurement il pense le contraire*, dans son esprit, en secret.

intérim nom m. ● *En cas de mort du président de la République, c'est le président du Sénat qui assure l'intérim*, le remplacement en attendant qu'un autre président soit élu.

■ **intérimaire** adj. et nom ● *Sa sœur est secrétaire intérimaire :* elle fait des remplacements comme secrétaire.

interjection nom f. ● *«Hop!» et «hue!» sont des interjections*, des mots invariables que l'on peut employer seuls.

interlocuteur, -trice nom ● *Thierry pose une question à son interlocuteur*, à la personne avec laquelle il parle.

interloquer v. ● *Sa grossièreté m'a interloqué*, elle m'a surpris au point que je ne savais plus quoi dire (→ SYN. décontenancer, démonter).

intermède nom m. ● *La récréation est un intermède entre les cours*, une interruption pendant une activité.

intermédiaire adj. et nom **A.** adj. ● *Le grade de capitaine est intermédiaire entre le grade de lieutenant et celui de commandant :* il se trouve entre eux. **B.** nom **1** ● *Je lui dirai moi-même ce que j'ai à lui dire ; je n'ai pas besoin d'intermédiaire*, d'une personne qui le lui transmette. **2** PAR L'INTERMÉDIAIRE DE. ● *Sylvie a réservé des places d'avion par l'intermédiaire d'une agence de voyages :* en passant par une agence, en lui demandant de s'occuper des démarches.

interminable adj. ● *Cette attente m'a semblé interminable :* il m'a semblé qu'elle ne finirait jamais (→ terminer ; CONTR. bref, court).

intermittent adj. ● *Aujourd'hui il est tombé une pluie intermittente*, qui s'arrêtait puis qui recommençait (→ SYN. discontinu).

■ **intermittence** nom f. PAR INTERMITTENCE. ● *Des nuages cachent le soleil par intermittence*, par moments.

international adj. ● *La politique internationale, les échanges internationaux*, entre les différentes nations du monde (→ SYN. extérieur ; CONTR. intérieur ; national).

interne adj. et nom **A.** adj. ● *Le malade souffre d'une douleur interne*, à l'intérieur du corps (→ CONTR. externe). **B.** nom **1** ● *Les internes du lycée :* les élèves qui mangent et dorment au lycée (→ SYN. pensionnaire ; CONTR. externe). **2** ● *Les internes des hôpitaux :* les étudiants en médecine qui ont réussi un concours leur permettant de travailler à l'intérieur d'un hôpital sous la direction des médecins.

■ **internat** nom m. **1** ● *Michel s'est bien adapté à l'internat*, à l'état d'interne, de pensionnaire. — ● *Un internat :* une pension. **2** ● *Cet étudiant en médecine a passé l'internat*, le concours qui permet de devenir interne des hôpitaux.

interner v. ● *On est obligé d'interner certains malades mentaux*, de les enfermer dans des hôpitaux psychiatriques.

interpeller [ɛ̃tɛrpəle] v. ● *Le gardien du square a interpellé le garçon qui marchait sur la pelouse :* il s'est adressé à lui brusquement (→ SYN. apostropher).

■ **interpellation** nom f. **1** ● *Dans la rue, les interpellations se multiplient :* vérification des papiers d'identité. **2** ● *Le ministre répond à une interpellation d'un député :* demande d'explication.

interphone nom m. ● *À l'entrée de notre immeuble, il y a un interphone*, un appareil qui permet de parler aux personnes qui habitent dans l'immeuble.

interplanétaire adj. ● *Un voyage interplanétaire*, dans l'espace, entre les planètes (→ SYN. cosmique).

s'interposer v. pron. ● *Je commençais à me disputer avec Hervé, mais Claudia* **s'est interposée** : elle s'est mise entre nous pour que la dispute cesse.
■ **interposé** adj. PAR PERSONNE INTERPOSÉE. ● *Je lui ai adressé cette demande* **par personne interposée**, en chargeant quelqu'un de la faire pour moi.

interpréter v. 1 ● *Comment faut-il* **interpréter** *son discours ?* : comment faut-il le comprendre, quel sens faut-il lui donner ? **2** ● *Dans cette pièce de théâtre, les rôles principaux* **sont interprétés** *par des comédiens connus* : ils sont joués par eux (→ **interprète**, sens 1). ★ Conjug. 8.
■ **interprétation** nom f. **1** ● *Sa réponse n'est pas claire ; on peut en donner plusieurs* **interprétations**, la comprendre de plusieurs façons. **2** ● *Ces disques présentent des* **interprétations** *différentes du même morceau de musique* (→ SYN. exécution).
■ **interprète** nom **1** ● *Le succès d'une chanson dépend en partie de son* **interprète**, *de la personne qui la chante.* — ● *Les* **interprètes** *d'un film, les acteurs.* **2** ● *Tu connais le français et l'allemand, tu pourras nous servir d'***interprète**, *de traducteur.*

interroger v. ● *Je l'ai interrogé sur ses projets* : je lui ai posé des questions sur eux (→ SYN. questionner). □ v. pron. ● *Je ne sais pas ce que je dois faire, je* **m'interroge**. ★ Conjug. 5.
■ **interrogation** nom f. **1** ● *Les candidats à l'examen devront subir une* **interrogation** *orale* : on leur posera des questions sur leurs connaissances. **2** POINT D'INTERROGATION : signe d'écriture **(?)** que l'on place à la fin d'une phrase interrogative.
■ **interrogateur, -trice** adj. ● *Il m'a jeté un regard* **interrogateur**, *qui semblait m'interroger.*
■ **interrogatif** adj. ● *« Comment allez-vous ? » est une phrase* **interrogative** ; *elle commence par l'adverbe* **interrogatif** *« comment ».*
■ **interrogatoire** nom m. ● *L'***interrogatoire** *de l'accusé est terminé* : l'ensemble des questions qu'on lui a posées pour obtenir de lui certains renseignements.

interrompre v. **1** ● *Ce coup de sonnette* **a interrompu** *ma sieste* : il l'a fait cesser, l'a empêché de continuer (→ interruption, sens 1). **2** ● *Je ne peux pas dire une phrase sans que tu* **m'interrompes**, *sans que tu me coupes la parole* (→ interruption, sens 2). ★ Conjug. 34.
■ **s'interrompre** v. pron. ● *Il* **s'est interrompu** *au milieu de sa chanson* : il s'est arrêté de chanter.
■ **interruption** nom f. **1** ● *L'***interruption** *du film est due à une panne d'électricité.* **2** ● *Quand il parle, il ne supporte pas les* **interruptions**.
■ **interrupteur** nom m. ● *Un* **interrupteur** *permet d'allumer ou d'éteindre la lumière, un petit appareil qui sert à interrompre ou à rétablir le passage du courant électrique.*

interrupteurs

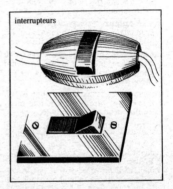

intersection nom f. **1** ● *L'***intersection** *de deux routes* : l'endroit où elles se croisent. **2** ● *L'***intersection** *de deux ensembles* : la partie qui contient les éléments communs aux deux ensembles.

interstice nom m. ● *Entre ces planches mal jointes, il y a des* **interstices**, *des petits espaces vides.*

intervalle nom m. **1** ● *Un intervalle de six mètres sépare ces deux immeubles*, un espace de six mètres. **2** ● *En classe, un intervalle de cinq minutes sépare un cours du suivant*, une durée de cinq minutes. — PAR INTERVALLES. ● *Quelques voitures passaient dans la rue par intervalles*, par moments.

intervenir v. ● *Je suis intervenu dans leur dispute pour les réconcilier : je m'en suis mêlé, je m'en suis occupé.* ★ Conjug. 19.
■ **intervention** nom f. **1** ● *Sans l'intervention du maître nageur, Véronique se serait noyée.* **2** ● *Le malade devra subir une intervention chirurgicale*, une opération.

intervertir v. ● *J'ai interverti deux noms dans la liste : j'ai changé leur ordre en les mettant l'un à la place de l'autre.* ★ Conjug. 11.
■ **interversion** nom f. ● *L'interversion des lettres du mot «sa» donne «as»; du mot «son» donne «nos».*

interview [ɛ̃tɛrvju] nom f. ● *L'interview du président a été retransmise par la télévision*, l'entretien qu'il a accordé aux journalistes désireux de lui poser des questions.
■ **interviewer** [ɛ̃tɛrvjuve] v. ● *Le chanteur a été interviewé par des journalistes* : il a été interrogé par eux.

intestin nom m. ● *Après être passés dans l'estomac, les aliments vont dans l'intestin*, dans un organe en forme de tuyau très long, qui se trouve dans le ventre. — *L'intestin se compose de l'intestin grêle et du gros intestin.* ★ Chercher aussi : boyau, digestion. ★ VOIR p. 969.
■ **intestinal** adj. ● *Laurent a eu une maladie intestinale*, de l'intestin.

intime adj. **1** ● *Robert et Benoît sont des amis intimes*, qui sont très proches, qui se connaissent très bien (→ intimité, sens 1; intimement). **2** ● *Venez donc ce soir, nous donnons une petite fête intime*, où il n'y aura que des personnes qui se connaissent bien (→ intimité, sens 2).

■ **intimement** adv. ● *Je l'ai intimement associé à mon projet*, étroitement, de très près.
■ **intimité** nom f. **1** ● *Il y a une grande intimité entre eux* : ils sont très liés. **2** ● *Leur mariage a eu lieu dans l'intimité* : seuls les parents et les amis proches y ont assisté.

intimer v. ● *Il m'a intimé l'ordre de me taire* : il me l'a donné avec beaucoup d'autorité.

intimider v. ● *Ton père m'intimide* : il me fait un peu peur, je me sens timide en face de lui (→ CONTR. rassurer).
■ **intimidation** nom f. Action d'intimider. ● *Gérard use de l'intimidation pour obtenir ce qu'il veut.*

intituler v. ● *Le cinéaste se demande comment intituler son film*, quel titre lui donner. □ v. pron. ● *Ce conte de fées s'intitule «Blanche-Neige».*

intolérable adj. ● *Ce bruit est intolérable* (→ tolérer; SYN. insupportable).

intolérant adj. ● *Cet homme est intolérant* : il ne peut admettre que l'on ne pense pas comme lui (→ tolérer; CONTR. tolérant).
■ **intolérance** nom f. ● *Ne pas respecter les idées des autres, c'est de l'intolérance* (→ CONTR. tolérance).

intonation nom f. ● *À la fin d'une question, l'intonation monte*, le ton de la voix.

intoxiquer v. ● *Ce poisson n'est pas frais; n'en mangez pas, vous risqueriez d'être intoxiqués*, d'être empoisonnés. □ v. pron. ● *Ils se sont intoxiqués au gaz* (→ désintoxiquer; toxique).
■ **intoxication** nom f. ● *Sophie a eu une intoxication alimentaire*, un empoisonnement à cause des aliments qu'elle a mangés.

intra Préfixe qui signifie «à l'intérieur de».

intraduisible adj. ● *Ce mot anglais est intraduisible en français* : on ne peut pas le traduire, il n'a pas d'équivalent en français (→ traduire).

intraitable adj. • *Il est **intraitable** sur la question de l'honnêteté* : il est très exigeant, très strict sur cette question.

intramusculaire adj. • *Le médecin lui a fait des piqûres **intramusculaires**,* que l'on fait dans un muscle. ★ Chercher aussi : intraveineux, sous-cutané.

intransigeant adj. • *On ne pourra jamais s'entendre avec lui, il est trop **intransigeant*** : il refuse les arrangements, les concessions (→ transiger ; CONTR. accommodant, conciliant).
■ **intransigeance** nom f. • *On lui reproche son **intransigeance**.*

intransitif adj. • *Les verbes «partir» et «dormir» sont **intransitifs*** : ils n'ont jamais de complément d'objet direct (→ CONTR. transitif).

intraveineuse adj. • *Le médecin lui a fait une piqûre **intraveineuse**,* dans une veine. ★ Chercher aussi : intramusculaire, sous-cutané.

intrépide adj. • *Des pompiers **intrépides**,* qui n'ont pas peur du danger (→ SYN. courageux, hardi).
■ **intrépidité** nom f. • *Grâce à l'**intrépidité** des sauveteurs, plusieurs personnes ont échappé à la mort.*

intrigue nom f. 1 • *Peux-tu me résumer l'**intrigue** de ce roman ?,* l'histoire racontée dans ce roman. 2 • *Il a déjoué les **intrigues** menées contre lui,* les actions secrètes et plus ou moins avouables (→ intriguer, sens 1 ; SYN. complot).
■ **intriguer** v. 1 • *Il a **intrigué** pour obtenir cette place* : il a mené des intrigues (→ SYN. comploter). 2 • *Son attitude bizarre m'**intrigue**,* elle éveille ma curiosité (→ intrigué).
■ **intrigué** adj. • *Il me regarde d'un air **intrigué**,* étonné, curieux.

introduire v. 1 • *Céline **introduit** une pièce dans la fente de sa tirelire* : elle la fait pénétrer dedans. 2 • *L'ouvreuse **introduit** les spectateurs dans la salle de cinéma* : elle les y fait entrer. □ v. pron. • *Une guêpe s'est **introduite** dans la voiture.* ★ Conjug. 43.

■ **introduction** nom f. 1 • *C'est l'État qui contrôle l'**introduction** des marchandises étrangères dans le pays* (→ SYN. entrée). 2 • *Son **introduction** auprès du ministre a été facilitée par une lettre de recommandation* (→ introduire, sens 2). 3 • *Dans l'**introduction**, l'auteur explique pourquoi il a écrit son livre,* dans la partie du livre qui se trouve au début (→ SYN. avant-propos).

introuvable adj. • *Ce livre est devenu **introuvable** dans le commerce,* impossible à trouver.

intrus nom • *J'espère que je ne vous dérange pas ; je ne voudrais pas être un **intrus**,* quelqu'un qui se trouve dans un endroit où il n'a pas été invité, où il n'a pas le droit d'être.
■ **intrusion** nom f. • *Son **intrusion** dans la réunion n'a pas été appréciée,* sa présence indésirable.

intuition nom f. • *J'ai eu l'**intuition** qu'il mentait, j'en ai eu le sentiment,* l'impression.

inusable adj. • *Ce tissu est **inusable**,* impossible ou très difficile à user.

inusité adj. • *Un mot **inusité**,* qui n'est presque pas employé (→ CONTR. usité).

inutile adj. • *Tu as fait un travail **inutile**,* qui ne sert à rien (→ CONTR. utile).
■ **inutilement** adv. • *Le train avait du retard ; je me suis dépêché **inutilement**.*
■ **inutilité** nom f. • *L'**inutilité** de ses efforts l'a mis en colère.*
■ **inutilisable** adj. • *Il manque des cordes à ma guitare, elle est **inutilisable*** : on ne peut pas l'utiliser.
■ **inutilisé** adj. • *Dans cette armoire, il y a beaucoup de place **inutilisée**,* qui n'est pas utilisée.

invaincu adj. • *Un boxeur **invaincu**,* qui n'a jamais été vaincu (→ vaincre).

invalide adj. • *Cette personne est **invalide*** : elle est incapable de travailler à cause de sa mauvaise santé ou de ses infirmités (→ CONTR. valide). ★ Chercher aussi : impotent, infirme. □ nom • *Les **invalides** de guerre et les **invalides** du travail touchent une pension.*

■ **invalidité** nom f. ● *Cet ancien militaire est atteint d'invalidité.*

invariable adj. ● *Les adverbes, les prépositions, les conjonctions sont des mots invariables, dont la forme ne varie jamais, qui s'écrivent toujours de la même façon.* — ● *Une température invariable, constante.*

invasion nom f. ● *L'armée a repoussé l'invasion ennemie, l'entrée en masse des ennemis dans le pays.* — ● *Une invasion de moustiques dans une maison* (→ envahir).

invectiver v. ● *Je ne veux pas me laisser invectiver* (→ SYN. injurier).

invendable adj. ● *Cette voiture est trop vieille, elle est invendable, impossible à vendre.*

inventaire nom m. ● *Le libraire fait l'inventaire de ce qu'il a dans son magasin* : il en fait une liste détaillée.
■ **inventorier** v. Faire l'inventaire.
★ Conjug. 10.

inventer v. 1 ● *Nicéphore Niepce a inventé la photographie* : il en a eu l'idée et l'a réalisée le premier (→ invention, sens 1). — ● *On invente une nouvelle machine* (qui n'existait pas), *mais on découvre une nouvelle planète* (qui existait, mais que l'on ne connaissait pas). 2 ● *Cette histoire est-elle vraie ou l'as-tu inventée ?*, ou l'as-tu imaginée (→ invention, sens 2).
■ **invention** nom f. 1 ● *La télévision est une invention récente.* 2 ● *Je ne crois pas un mot de ce que tu dis ; je suis sûr que c'est une invention* (→ SYN. mensonge).
■ **inventeur, -trice** nom ● *Graham Bell est l'inventeur du téléphone.*
■ **inventif** adj. ● *Myriam a l'esprit inventif* : elle invente facilement des choses nouvelles et ingénieuses.

inverse adj. ● *L'automobiliste a heurté une voiture qui venait en sens inverse,* contraire, opposé. □ nom m. ● *Pour cette danse, vous lèverez d'abord la jambe droite, puis le bras gauche, ensuite vous ferez l'inverse.*

■ **inversement** adv. ● *Tu peux partir avant moi, ou inversement* (→ SYN. vice versa).

■ **inverser** v. ● *Si j'inverse l'ordre de la série « 1, 2, 3 », j'obtiens la série « 3, 2, 1 ».*

■ **inversion** nom f. ● *Dans la phrase « Est-il là ? », il y a inversion du sujet « il »* : le sujet du verbe est inversé (pour marquer l'interrogation par rapport à la phrase affirmative « Il est là »).

invertébré nom m. ● *Les insectes, les crabes, les escargots sont des invertébrés,* des animaux qui n'ont pas de colonne vertébrale (→ vertèbre ; CONTR. vertébré).

invétéré adj. Qui est comme cela depuis longtemps et qui ne changera pas. ● *C'est un ivrogne invétéré* : qui ne peut s'empêcher de boire.

investigation nom f. ● *Malgré ses investigations, la police n'a toujours pas trouvé le coupable,* malgré ses recherches soigneuses.

investir v. ● *Mon oncle a investi son argent dans des appartements qu'il loue* : il l'a placé en achetant des appartements pour qu'ils lui rapportent. ★ Conjug. 11.
■ **investissement** nom m. ● *Il a fait un bon investissement* : l'argent qu'il a investi lui rapporte beaucoup (→ SYN. placement).

invincible adj. 1 ● *Cette équipe a remporté tous les championnats ; elle est invincible,* impossible à vaincre (→ SYN. imbattable). 2 (fig.) ● *Marc a pour les escargots un dégoût invincible,* qu'il ne peut pas dominer (→ SYN. insurmontable).

invisible adj. ● *Le jour, les étoiles sont invisibles* : on ne peut pas les voir.

inviter v. ● *Ma tante m'a invité à déjeuner* : elle m'a proposé d'aller chez elle pour déjeuner.
■ **invitation** nom f. ● *Je n'ai pas pu refuser son invitation.*
■ **invité** nom ● *Au mariage de mon cousin, il y avait beaucoup d'invités,* de personnes qui avaient été invitées.

invivable adj. (fam.) ● *Son mauvais caractère le rend **invivable**, très difficile à vivre, à supporter* (→ vivre).

involontaire adj. ● *Excuse-moi si je t'ai fait mal, c'était **involontaire**, ce n'était pas voulu* (→ volonté ; CONTR. intentionnel, volontaire).
■ **involontairement** adv. ● *Je l'ai vexé **involontairement**, sans le faire exprès.*

invoquer v. **1** ● *Avant chaque bataille, les Gaulois **invoquaient** leurs dieux : ils leur demandaient leur aide par une prière.* **2** ● *Il **invoque** sa mauvaise vue pour ne pas conduire : il prend cela comme explication, comme argument, comme prétexte.*
■ **invocation** nom f. ● *L'**invocation** aux saints, aux muses.*

invraisemblable adj. ● *Son excuse est **invraisemblable** : elle semble fausse, elle est difficile à croire* (→ vrai ; CONTR. plausible, vraisemblable). — ● *Tu es toujours en retard, c'est **invraisemblable** !, impensable, incroyable.*
■ **invraisemblance** nom f. ● *Je t'assure que cette histoire est vraie, malgré son **invraisemblance*** (→ CONTR. vraisemblance).

invulnérable adj. ● *Cette légende raconte les exploits d'un héros **invulnérable**, que l'on ne peut ni tuer ni blesser* (→ vulnérable).

iode nom f. Substance qui se trouve dans l'eau de mer et les algues. — TEINTURE D'IODE : liquide contenant de l'iode, qui sert à désinfecter les plaies.

irascible adj. ● *Isabelle a un grand-père très **irascible**, qui se met très facilement en colère* (→ SYN. coléreux).

iris

iris nom m. **1** ● *Line a fait un bouquet d'**iris**, de grandes fleurs violettes ou jaunes, aux feuilles pointues.* **2** ● *L'**iris** des yeux peut être bleu, vert, marron, etc., le cercle coloré au milieu de l'œil.* ★ Chercher aussi : 2. pupille. ★ VOIR p. 626 et p. 970.

ironie nom f. ● *Je n'aime pas ton **ironie**, ta façon de te moquer en disant le contraire de ce que tu penses.*
■ **ironique** adj. ● *Il m'a fait une remarque **ironique*** (→ SYN. moqueur, railleur).
■ **ironiquement** adv. ● *En voyant mes mauvaises notes, mon père m'a dit **ironiquement** : « Je vois que tu as fait des progrès. »*

irradier v. ● *À cause d'une fuite dans la centrale atomique, des gens **ont été irradiés** : ils ont été atteints par des rayons radioactifs.*
■ **irradiation** nom f. ● *L'**irradiation** est très dangereuse, l'exposition aux rayons radioactifs.*

irraisonné adj. ● *Mon petit frère a une peur **irraisonnée** des araignées, sans raison, qu'il ne peut pas expliquer.*

irrationnel adj. ● *Il est **irrationnel** de croire qu'un chat noir porte malheur : c'est contraire à la raison.*

irréalisable adj. ● *Ce rêve est **irréalisable**, impossible à réaliser.*

irrécupérable adj. ● *Vos vieux lits défoncés sont **irrécupérables** : ils ne peuvent plus servir à rien* (→ récupérer).

irréel adj. ● *Les choses que nous voyons en rêve sont **irréelles**, elles n'appartiennent pas à la réalité* (→ SYN. imaginaire ; CONTR. réel).

irréfléchi adj. ● *Une promesse **irréfléchie**, faite sans réfléchir, sans penser aux conséquences.* — ● *Un garçon **irréfléchi*** (→ CONTR. réfléchi).

irréfutable adj. ● *Son argument est **irréfutable** : il est impossible de prouver qu'il est faux* (→ réfuter).

irrégulier adj. **1** ● *Tes progrès en calcul sont **irréguliers** : ils ne sont pas continus, ils varient* (→ irrégularité, sens 1 ;

CONTR. régulier). **2** ● *Le verbe «faire» est un verbe **irrégulier** :* il a une conjugaison particulière qui ne suit pas les règles habituelles (→ CONTR. régulier). **3** ● *Cette élection est **irrégulière** :* elle n'a pas été faite en suivant les règles, la loi (→ irrégularité, sens 3).

■ **irrégulièrement** adv. **1** ● *Les arbres du parc ont été plantés **irrégulièrement**,* sans ordre précis. **2** ● *Ce député a été élu **irrégulièrement**.*

■ **irrégularité** nom f. **1** ● *Son échec est dû à l'**irrégularité** de ses efforts.* **2** ● *Le verbe «faire» présente des **irrégularités** dans sa conjugaison.* **3** ● *Il a commis des **irrégularités**,* des tricheries.

irrémédiable adj. ● *Le tremblement de terre a fait des dégâts **irrémédiables**,* qui ne peuvent être réparés (→ remédier; SYN. irréparable).

irremplaçable adj. ● *Rémi est pour moi un ami **irremplaçable**,* que je ne pourrais pas remplacer.

irréparable adj. **1** ● *Ces chaussures sont **irréparables**,* impossibles à réparer. **2** (fig.) ● *Il nous a fait un tort **irréparable*** (→ réparer; SYN. irrémédiable).

irréprochable adj. ● *Il a une tenue **irréprochable**,* à laquelle on ne peut faire aucun reproche (→ SYN. impeccable).

irrésistible adj. **1** ● *Il ne peut pas s'empêcher de manger des bonbons; c'est un besoin **irrésistible**,* auquel il ne peut résister (→ SYN. impérieux, sens 2). **2** ● *Ce film comique est **irrésistible** :* on ne peut pas s'empêcher de rire quand on le voit.

irrespirable adj. ● *Il y a trop de fumée dans cette pièce; l'air y est **irrespirable**,* désagréable ou dangereux à respirer.

irresponsable adj. ● *Les jeunes enfants sont **irresponsables** :* ils ne se rendent pas compte de ce qu'ils font, ils ne réfléchissent pas aux conséquences de leurs actes (→ CONTR. responsable).

irréversible adj. ● *Ce changement est **irréversible** :* il est définitif, les choses ne pourront plus jamais être comme avant.

irrévocable adj. ● *Sa décision est **irrévocable** :* elle est définitivement prise, il ne reviendra pas sur elle.

irriguer v. **1** ● *Dans les pays chauds et secs, il faut **irriguer** la terre pour que les plantes puissent pousser :* il faut l'arroser en amenant de l'eau au moyen de tuyaux, de canaux.

■ **irrigation** nom f. ● *Grâce à l'**irrigation**,* cette région est devenue fertile.

irriter v. **1** ● *Son retard m'a **irrité** :* il m'a mis en colère (→ SYN. contrarier, fâcher). □ v. pron. ● *Il **s'irrite** pour un rien* (→ irritable). **2** ● *La fumée **irrite** la gorge :* elle fait mal à la gorge.

■ **irritant** adj. ● *Il est toujours en retard, c'est **irritant**,* agaçant, énervant.

■ **irritation** nom f. **1** ● *Quelle est la cause de son **irritation** ?* (→ SYN. colère). **2** ● *Cette pommade calme l'**irritation** de la peau* (→ SYN. inflammation).

■ **irritable** adj. ● *Laisse-le tranquille; il est très **irritable** en ce moment :* il s'irrite facilement.

irruption nom f. FAIRE IRRUPTION. ● *Il **a fait irruption** dans la salle :* il y est entré très brusquement. ★ Ne pas confondre irruption avec éruption.

islam nom m. Religion des musulmans, fondée par Mahomet. ● *L'**islam** est répandu principalement dans les pays arabes.*

■ **islamique** adj. ● *La doctrine **islamique** est contenue dans le Coran (le livre saint des musulmans).*

isocèle adj. ● *Ce triangle est **isocèle** :* il a deux côtés égaux. ★ Chercher aussi : équilatéral. ★ VOIR p. 424.

isoler v. **1** ● *La tempête **isole** les habitants de l'île :* elle les sépare des autres hommes, les empêche d'avoir des contacts avec eux. **2** ● *On est obligé d'**isoler** les fils électriques, de les entourer d'une matière qui ne laisse pas passer le courant, qui protège de l'électrocution* (→ isolant). **3** ● *Mes parents ont fait mettre des doubles* fenêtres à la maison pour l'**isoler**, pour empêcher le bruit et le froid de passer (→ isolant).

■ **s'isoler** v. pron. ● J'ai besoin de **m'isoler** pour réfléchir, d'aller dans un endroit où je serai seul.

■ **isolant** nom m. **1** ● Les matières plastiques, le caoutchouc, sont utilisés comme **isolants**, comme matières destinées à isoler des fils électriques. **2** ● On a inventé de nouveaux **isolants** pour protéger les maisons du froid ou du bruit.

■ **isolation** nom f. Action d'isoler (sens 2 et 3) contre le froid, le chaud ou l'électricité. ● Il faut refaire l'**isolation** de la maison.

■ **isolé** adj. ● Les voyageurs se sont arrêtés dans un village **isolé**, éloigné des autres.

■ **isolement** nom m. ● Il vit dans l'**isolement**, en étant isolé (→ SYN. solitude).

■ **isolément** adv. ● On ne peut pas étudier cette question **isolément**, en la séparant des autres.

■ **isoloir** nom m. ● Les électeurs doivent aller dans l'**isoloir** pour voter, dans une cabine où l'on est seul.

isotherme adj. ● Une bouteille **isotherme**, qui garde les liquides à la même température pendant un certain temps, qui les empêche de refroidir ou de se réchauffer. ★ Chercher aussi : thermos.

israélite nom. Personne qui appartient à la religion juive. ● Les **israélites** pratiquent leur religion dans les synagogues. □ adj. ● Une famille **israélite** (→ SYN. juif). ★ Ne pas confondre Israélien (habitant de l'État d'Israël) et israélite.

issu adj. ● Il est **issu** d'une famille de paysans, il y est né.

issue nom f. **1** ● Ne prenez pas cette rue, elle n'a pas d'**issue**, de passage par où l'on peut sortir. — ● Les portes et les fenêtres sont les **issues** d'une maison. **2** (fig.) ● Cette situation ne peut plus durer, il faut absolument trouver une **issue**, un moyen, une solution pour s'en sortir. **3** À L'ISSUE DE, loc. prép. ● **À l'issue de** la réunion, aucune décision n'avait été prise, à la fin de la réunion.

isthme [ism] nom m. Étroite bande de terre entre deux mers. ● L'**isthme** de Suez sépare la Méditerranée de la mer Rouge et unit l'Afrique à l'Asie.

italique nom m. ● Cette phrase est imprimée en **italique**, en lettres penchées.

itinéraire nom m. ● Pour aller de Bordeaux à Lyon, il y a plusieurs **itinéraires** possibles, plusieurs chemins.

itinérant adj. Qui se déplace. ● Edgard est un fonctionnaire **itinérant** (→ CONTR. sédentaire).

ivoire nom m. Matière blanche et dure des défenses d'éléphant. ● Des couteaux à manches d'**ivoire**.

ivre adj. **1** ● Cet homme ne sait plus ce qu'il dit parce qu'il est **ivre** : il a bu trop d'alcool et n'est pas dans son état normal (→ enivrer ; SYN. soûl). **2** (fig.) ● Il était **ivre** de rage : la rage lui faisait perdre le contrôle de lui-même.

■ **ivresse** nom f. **1** ● On lui a retiré son permis de conduire parce qu'il roulait en état d'**ivresse** (→ SYN. ébriété). **2** (fig.) ● Dans l'**ivresse** du bonheur, il s'était mis à chanter et à danser (→ SYN. griserie).

■ **ivrogne** nom m. Homme qui a l'habitude de boire beaucoup d'alcool. ● L'**ivrogne** titubait en sortant du café (→ SYN. alcoolique).

■ **ivrognerie** nom f. ● Il n'arrive pas à se guérir de son **ivrognerie** (→ SYN. alcoolisme).

j' → je.

jabot nom m. **1** ● *Avant de passer dans leur estomac, les graines que mangent les poules restent dans leur* **jabot**, *une poche spéciale qu'ont les oiseaux dans le cou.* **2** ● *Sous Louis XV, les hommes riches portaient des* **jabots** *de dentelle, des sortes de cravates bouffantes.*

jacasser v. **1** ● *La pie, le geai* **jacassent**, *poussent leur cri.* **2** (fig. et fam.) ● *Au lieu d'apprendre leurs leçons, elles* **jacassent** : *elles bavardent sans arrêt d'une voix criarde.*

jachère nom f. ● *Le fermier a laissé ce champ en* **jachère** : *il ne l'a pas cultivé pendant un certain temps pour que la terre se repose.*

jacinthe nom f. ● *Élise a planté un oignon de* **jacinthe**, *une plante à fleurs en grappes, bleue ou rose, au parfum très fort.*

jactance nom f. Façon arrogante de parler, de se comporter, qui montre qu'on se croit supérieur aux autres. ● *Je déteste la* **jactance** *de Fabrice* (→ SYN. vanité).

jade nom m. Pierre précieuse de couleur verte. ● *Un collier de* **jade**.

jadis [ʒadis] adv. ● **Jadis**, *les gens s'éclairaient à la bougie, autrefois.*

jaguar [ʒagwar] nom m. Fauve d'Amérique, au pelage tacheté de noir, de la famille du léopard. ● *Du haut de l'arbre, le* **jaguar** *a sauté sur sa proie.*

jaillir v. ● *Une source d'eau* **a jailli** *du sol* : *elle est sortie avec force.* — ● *En frottant deux silex, les hommes préhistoriques faisaient* **jaillir** *des étincelles* : *ils les faisaient apparaître brusquement.* ★ Conjug. 11.

jais nom m. ● *Les bijoux en* **jais** *redeviennent à la mode* : *pierre semi-précieuse, noire.*

jalon nom m. **1** ● *On a planté des* **jalons** *pour marquer les tracés de la future route, des piquets qui servent de repères.* **2** (fig.) POSER DES JALONS : *préparer le terrain pour obtenir ce que l'on désire.* ■ **jalonner** v. **1** ● *Les maçons* **ont jalonné** *le terrain* : *ils y ont planté des jalons pour indiquer des limites.* **2** ● *Des panneaux publicitaires* **jalonnent** *la route* : *ils sont plantés le long de la route de loin en loin.* **3** (fig.) ● *La vie de ce grand homme* **fut jalonnée** *de succès* : *il a rencontré de nombreux succès tout au long de sa vie.*

jaloux, -ouse adj. et nom **1** ● *Anne est* **jalouse** *de sa petite sœur* : *elle trouve que sa petite sœur est mieux traitée qu'elle et elle lui en veut* (→ SYN. envieux). □ nom ● *Un* **jaloux**. **2** ● *Son mari la surveille, car il est très* **jaloux** : *il craint que sa femme ne lui soit pas fidèle.* ■ **jalousement** adv. ● *Il garde* **jalousement** *son secret pour lui seul.* ■ **jalousie** nom f. ● *La beauté de Blanche-Neige provoquait la* **jalousie**

de sa *méchante belle-mère*, le sentiment mauvais de celui qui est jaloux (→ SYN. envie).

■ **jalouser** v. ● *Contente-toi de ce que tu as sans jalouser les autres*, sans en être jaloux (→ SYN. envier).

jamais adv. **A. 1** ● *Est-ce que tu accepteras sa proposition ? — Jamais !* : à aucun moment, en aucun cas je ne le ferai. **2** NE... JAMAIS. ● *Paul n'est jamais allé à la montagne* (→ CONTR. déjà). — ● *Je ne mens jamais* (→ CONTR. toujours). **3** Sert à renforcer *si*. ● *Si jamais tu le vois, dis-lui que je l'attends*, si par hasard tu le vois. **B. 1** (littér.) ● *As-tu jamais entendu cette musique ?* : l'as-tu déjà entendue ? **2** À JAMAIS, À TOUT JAMAIS, loc. adv. : pour toujours. ● *Il a disparu à jamais*.

jambage nom m. ● *La lettre « m » a trois jambages*, tandis que « n » n'en a que deux, les traits verticaux des lettres.

jambe nom f. **1** ● *Elle a les jambes très maigres*, les membres inférieurs. ★ Chercher aussi : cuisse. **2** ● *Mon pantalon a un trou à la jambe droite*, la partie qui couvre la jambe. **3** À TOUTES JAMBES : en courant très vite. ● *Il se sauve à toutes jambes*. — (fig.) PRENDRE SES JAMBES À SON COU : se sauver le plus vite possible. **4** (fig.) ÊTRE DANS LES JAMBES DE QUELQU'UN : l'encombrer, le gêner. ● *Je ne peux rien faire, il est toujours dans mes jambes*. **5** (fig. et fam.) TENIR LA JAMBE À QUELQU'UN : le retenir en lui parlant trop longtemps. **6** (fig.) TRAITER QUELQU'UN, FAIRE QUELQUE CHOSE, PAR-DESSOUS LA JAMBE : le traiter, le faire avec mépris, désinvolture, sans faire aucun effort. ● *Elle se moque bien de nous, elle nous traite par-dessous la jambe*. **7** (fam.) ÇA ME FAIT UNE BELLE JAMBE ! : ça ne m'avance à rien, ça ne me rapporte rien ; ça n'a aucun intérêt pour moi.

jambon nom m. Cuisse ou épaule de porc, que l'on mange cuite, salée ou fumée. ● *Une tranche de jambon*.

■ **jambonneau** nom m. Petit jambon fait avec du jarret de porc.

jante nom f. ● *Ne roule pas avec ce pneu crevé, tu vas abîmer la jante*, la partie

métallique de la roue sur laquelle est monté le pneu. ★ Chercher aussi : moyeu, rayon. ★ VOIR p. 102.

janvier nom m. Premier mois de l'année, qui compte 31 jours. ● *Le 1ᵉʳ janvier* (que l'on appelle aussi *Jour de l'An* ou *Premier de l'An*).

japper v. ● *Mon petit chien jappe à la porte* : il pousse de petits aboiements.

■ **jappement** nom m. ● *Les chiots sont sûrement par ici, j'entends leurs jappements*, leurs petits cris aigus.

jaquette nom f. **1** ● *Pour ce grand mariage, les femmes sont en robe longue et les hommes en jaquette*, une veste de cérémonie. **2** ● *Ces livres ont une couverture en carton recouverte d'une jaquette illustrée*, une couverture qui s'enlève.

jardin nom m. **1** ● *Quand il fait beau, les enfants vont jouer dans le jardin*, un terrain où l'on fait pousser des légumes (*jardin potager*), des fleurs, des arbres. ★ Chercher aussi : parc, square. **2** (fig.) JARDIN D'ENFANTS : classe des tout-petits dans une école maternelle ; garderie d'enfants.

■ **jardiner** v. ● *Il passe tout son temps libre à jardiner*, à s'occuper de son jardin, à le cultiver.

■ **jardinage** nom m. ● *Luc aime beaucoup le jardinage* : il aime jardiner.

■ **jardinier, jardinière** nom ● *Le jardinier range ses outils dans cette cabane*, celui dont le métier est de cultiver des jardins. ★ Chercher aussi : horticulteur, pépiniériste.

■ **jardinière** nom f. **1** ● *Ces jardinières aux fenêtres égayent la façade de la maison*, des bacs dans lesquels on cultive des fleurs. **2** JARDINIÈRE D'ENFANTS : jeune femme qui s'occupe des enfants dans un jardin d'enfants. **3** JARDINIÈRE DE LÉGUMES : plat composé de différents légumes coupés en petits morceaux.

jargon nom m. ● *J'aimerais qu'ils parlent plus clairement, car je ne comprends rien à leur jargon*, à leur langage compliqué, difficile à comprendre. —

● *Le **jargon** des techniciens* : leur langage particulier. ★ Chercher aussi : argot.

jarre nom f. ● *Autrefois, on transportait l'huile dans des **jarres**, de grands vases en terre.* ★ Ne pas confondre *jarre* et *jars*.

jarret nom m. Creux situé derrière le genou. ★ VOIR p. 967.

jars [ʒar] nom m. Mâle de l'oie. ★ Ne pas confondre *jars* et *jarre*.

jaser v. 1 ● *Bébé **jase** dans son parc* : il fait des petits bruits, il bavarde doucement. 2 ● *Elle sort tous les soirs, ses voisins **jasent*** : ils parlent pour la critiquer (→ SYN. médire).

jasmin nom m. Arbuste à fleurs blanches ou jaunes. ● *Ce **jasmin** parfume tout le jardin.*

jatte nom f. ● *Cécile a mis la crème dans une **jatte**,* un petit plat rond et creux.

jauge nom f. 1 ● *L'automobiliste plonge sa **jauge** dans le réservoir d'huile,* une tige marquée de traits qui sert à mesurer le niveau. — *L'automobiliste surveille la **jauge** à essence sur le tableau de bord,* le cadran qui indique combien il reste d'essence dans le réservoir. 2 ● *Quelle est la **jauge** de ce navire ?,* le volume de marchandises qu'il peut contenir (→ SYN. capacité).
■ **jauger** v. 1 ● *Avant de partir, n'oublions pas de **jauger** l'huile,* de mesurer le niveau avec une jauge. 2 (fig.) ● *Un coup d'œil lui a suffi pour **jauger** cet homme,* pour le juger, pour dire ce qu'il vaut (→ SYN. évaluer). 3 ● *Ce bateau **jauge** 300 tonneaux* : il a cette capacité. ★ Chercher aussi : tonneau. ★ Conjug. 5.

jaune adj. 1 ● *Les boutons d'or sont des fleurs **jaunes**.* — adj. invar. ● *Des robes **jaune** citron.* □ nom m. ● *Le **jaune** de ta robe est un peu vif.* 2 nom m. UN JAUNE D'ŒUF : la partie ronde et jaune qui se trouve au milieu de l'œuf. 3 adv. (fig.) RIRE JAUNE : rire en se forçant, sans en avoir envie.
■ **jaunâtre** adj. ● *Ce papier était blanc, mais en vieillissant, il est devenu **jaunâtre**,* d'un jaune pâle, terne.

■ **jaunir** v. ● *Le nylon **jaunit** si on l'expose au soleil* : il devient jaune. □ adj. ● *Des vieilles photos **jaunies**.* ★ Conjug. 11.

jaunisse nom f. 1 Maladie du foie qui donne le teint jaune (→ SYN. hépatite). 2 (fig. et fam.) EN FAIRE UNE JAUNISSE : être très contrarié, au point de se rendre malade. ● *Ce n'est pas très grave, tu ne vas pas en faire une jaunisse !*

javel nom f. EAU DE JAVEL ● *Claude a enlevé les taches de vin sur la nappe avec de l'eau de Javel,* un liquide qui décolore et qui désinfecte.
■ **javelliser** v. ● *Javelliser du linge* : le traiter avec de l'eau de Javel. □ adj. ● *Une eau **javellisée**,* qui contient de l'eau de Javel.

javelle nom f. Brassée d'épis de blé ou d'orge. ★ Ne pas confondre avec *javel*.

javelot nom m. ● *Pour cette épreuve, les sportifs doivent lancer le **javelot**,* une sorte de lance.

jazz [dʒaz] nom m. ● *Ce sont les Noirs américains qui ont inventé le **jazz**,* une musique très rythmée.

je (**j'** devant une *voyelle* ou un *h muet*) pronom personnel. Désigne la 1ʳᵉ personne du singulier quand elle est sujet du verbe. ● *Je viendrai te voir.* — *J'aime le lait.* ★ Chercher aussi : me, moi.

jean [dʒin] → blue-jean.

jeep [dʒip] nom f. ● *Dans ce sentier, j'ai vu passer des militaires en **jeep**,* une voiture tout terrain.

jerricane [ʒerikan] nom m. ● *Papa a toujours un **jerricane** d'essence en réserve dans le coffre de la voiture,* un bidon à poignée. ★ On écrit quelquefois, comme en anglais, *jerrycan*.

jersey [ʒerzɛ] nom m. Tissu tricoté très souple. ● *Les robes en **jersey** sont très confortables.*

jet nom m. 1 ● *Ce lanceur de disque a réussi un beau **jet*** : il a bien lancé son disque (→ jeter). 2 ● *Les anciennes locomotives crachaient des **jets** de vapeur,* de la vapeur qui jaillissait avec force. — ● *Les jets d'eau d'une fontaine :* l'eau qui jaillit des tuyaux. **3** (fig.) D'UN SEUL JET : d'un seul coup, en une seule fois. ● *Le poète a composé ces vers d'un seul jet.* — (fig.) DU PREMIER JET : du premier coup.

jetée nom f. ● *Le bateau rentre au port : il est déjà au bout de la jetée,* un mur épais qui s'avance dans l'eau pour protéger le port des vagues.

jeter v. **1** ● *Le bébé jette ses jouets hors de son berceau :* il les lance, il les envoie hors de son berceau. — (fig.) JETER L'ARGENT PAR LES FENÊTRES : le gaspiller. — (fig.) JETER UN COUP D'ŒIL : regarder rapidement, lancer un coup d'œil furtif. **2** ● *Ne jette pas ce vieux manteau, il peut encore servir :* ne t'en débarrasse pas. — ● *Jeter des objets cassés à la poubelle.* ★ Conjug. 9.
■ *se* **jeter** v. pron. **1** ● *Pour échapper aux flammes de l'incendie, il se jeta par la fenêtre :* il s'élança, se précipita. — (fig.) SE JETER À L'EAU : se décider à entreprendre quelque chose de difficile. **2** ● *Cette rivière se jette dans un lac :* ses eaux s'y déversent. ★ Chercher aussi : affluent.

jeton nom m. **1** ● *Claire a mis un jeton dans la fente du téléphone,* une pièce de métal spéciale pour le faire fonctionner. **2** ● *Le jeu va commencer, distribuons les jetons,* les petites plaques spéciales qui servent à miser, à compter les points. **3** (fig. et fam.) UN FAUX JETON : un hypocrite.

jeu nom m. **A. 1** ● *Ces enfants ont des jeux bruyants,* des façons de s'amuser. — ● *Le tennis, les billes et la belote sont des jeux* (→ 1. jouer ; SYN. amusement, divertissement). **2** ● *Où est mon jeu de cartes ?,* l'ensemble des cartes qui sert à jouer. — ● *Un jeu de dames :* le damier et les pions. — ● *Un jeu de clés, de tournevis, etc. :* une série complète de clés, de tournevis, etc. **3** ● *Il a gagné parce qu'il avait un beau jeu,* de bonnes cartes en main. — (fig.) CACHER SON JEU : cacher ses intentions, agir en se cachant. **4** ● *Il s'est ruiné au jeu,*

en jouant aux jeux de hasard où l'on mise de l'argent. — JOUER GROS JEU : risquer beaucoup d'argent. — (fig.) METTRE EN JEU : risquer. ● *En fumant, tu mets ta santé en jeu* (→ 1. jouer, A sens 2). **5** (fig.) D'ENTRÉE DE JEU : dès le début. **6** (fig.) AVOIR BEAU JEU DE ● *Il a beau jeu de lui raconter des mensonges :* c'est facile.
B. ● *Cet acteur a un jeu magnifique,* une façon de jouer (→ 1. jouer, B).

jeudi nom m. ● *Autrefois, les écoliers avaient congé le jeudi,* le lendemain du mercredi, la veille du vendredi.

à jeun [aʒœ̃] loc. adv. ● *Tu prendras ce médicament le matin à jeun,* avant d'avoir mangé.
■ **jeûne** [ʒøn] nom m. ● *Un jour de jeûne :* un jour où l'on se prive de manger.
■ **jeûner** v. ● *Après sa crise de foie, le médecin lui a recommandé de jeûner aujourd'hui,* de ne rien manger.

jeune [ʒœn] adj. **1** ● *Ce cheval est encore jeune,* pas très âgé, pas encore adulte. — ● *J'ai deux frères plus jeunes que moi,* moins âgés, nés après moi. — ● *Nos voisins ont de jeunes enfants,* des enfants en bas âge (→ CONTR. vieux). **2** JEUNE FILLE, JEUNE HOMME. Se dit de personnes jeunes et non mariées. ● *Un jeune homme, des jeunes gens.* — LE NOM DE JEUNE FILLE *d'une femme :* celui qu'elle portait avant son mariage. **3** nom m. plur. ● *La mode des jeunes,* des personnes jeunes, des jeunes gens.
■ **jeunesse** nom f. **1** ● *Les vieillards aiment se souvenir de leur jeunesse,* le temps où ils étaient jeunes. **2** ● *Une maison était égayée par les rires de toute cette jeunesse,* de ces jeunes.

jiu-jitsu [ʒiyʒitsy] nom m. Technique de combat sans arme, d'origine japonaise. ● *Françoise suit des cours de jiu-jitsu.*

joaillier [ʒɔaje] nom ● *Ce bijou a été fait par un joaillier très habile,* une personne qui fabrique des bijoux, travaille les pierres précieuses, et qui en fait le commerce (→ joyaux). ★ Chercher aussi : orfèvre.
■ **joaillerie** nom f. **1** ● *Il apprend la joaillerie,* l'art du joaillier. **2** ● *Une*

joaillerie : le magasin d'un joaillier (→ SYN. bijouterie).

jockey [ʒɔkɛ] nom m. Cavalier professionnel qui monte les chevaux de course. ★ Chercher aussi : casaque.

jogging [djɔgiŋ] nom m. ● *Le dimanche matin, Papa aime bien faire du **jogging*** : il aime bien courir à petites foulées pour se maintenir en bonne forme physique. ★ Chercher aussi : footing.

joie nom f. 1 ● *Éprouver, ressentir de la **joie**, un sentiment agréable, qui rend heureux* (→ joyeux ; CONTR. tristesse). — ● *Voulez-vous venir avec nous ? — Avec **joie** !* : avec plaisir. 2 S'EN DONNER À CŒUR JOIE. ● *On a permis aux enfants de se baigner et ils **s'en donnent à cœur joie*** : ils s'amusent bien, ils en profitent au maximum.

joindre v. 1 ● *Il **joint** les mains* : il les réunit, il les rapproche jusqu'à ce qu'elles se touchent (→ 1. joint ; SYN. rassembler). 2 ● *J'ai **joint** ma photo à cette lettre* : je l'ai mise avec (→ SYN. ajouter). 3 ● *Yves ne sait pas comment vous **joindre**, comment entrer en communication avec vous* (→ SYN. contacter). 4 v. pron. ● *Ils **se joignent** à nous pour protester contre cette injustice* : ils s'unissent à nous (→ SYN. s'associer). 5 (fig.) JOINDRE LES DEUX BOUTS (du mois) : terminer le mois sans manquer d'argent (jusqu'à la paye du début du mois suivant) ; équilibrer son budget. ● *Ils ont souvent du mal à **joindre les deux bouts***. ★ Conjug. 35.
■ **1. joint** adj. ● *Les religieuses prient les mains **jointes***. — À PIEDS JOINTS, loc. adv. : les pieds serrés l'un contre l'autre, rassemblés. ● *Marc saute à **pieds joints** dans une flaque d'eau* (→ joindre, sens 1).
■ **2. joint** nom m. ● *Le robinet fuit, il faut changer le **joint**, la rondelle en matière plastique ou en caoutchouc placée entre deux parties jointes et qui permet une bonne étanchéité de l'ensemble.*
■ **jointure** nom f. ● *Quand il se baisse, on entend craquer ses **jointures**, ses articulations.*

joker [ʒɔkɛr] nom m. ● *Si tu n'as pas l'as, tu peux mettre ton **joker***, une carte qui peut remplacer n'importe quelle autre dans certains jeux.

joli adj. 1 ● *Claire est **jolie**, agréable à regarder* (→ CONTR. laid). — ● *Quelle **jolie** chanson !*, agréable à entendre. 2 ● *Mille francs, c'est une **jolie** somme*, une somme importante, considérable. 3 nom m. (fam.) C'EST DU JOLI ! : c'est très mal ! (→ SYN. c'est du beau !).
■ **joliment** adv. 1 ● *Elle dessine déjà **joliment**, agréablement*. 2 ● *Si tu m'aidais, cela m'arrangerait **joliment**, beaucoup, considérablement*. — ● *Il est **joliment** désagréable !*

jonc [ʒɔ̃] nom m. ● *Les **joncs** poussent dans les endroits humides et marécageux*, des plantes à longues tiges. ★ Chercher aussi : roseau.

joncher v. ● *En automne, les feuilles mortes **jonchent** les allées du parc* : elles recouvrent le sol.

jonction nom f. ● *Le point de **jonction** de deux rivières* : l'endroit où elles se rejoignent, se réunissent.

jongler v. ● *Pour la fête de l'école, j'ai appris à **jongler** avec trois balles*, à les lancer en l'air et à les rattraper sans m'arrêter.
■ **jongleur** nom ● *Au cirque, le plus réussi des numéros était celui des **jongleurs***, des artistes qui jonglent.

jonque nom f. Bateau à voile d'Extrême-Orient. ● *Les Chinois naviguaient sur des **jonques**.*

jonquille nom f. Plante à fleurs jaunes. ● *La **jonquille** est une variété de narcisse.*

joue nom f. ● *Ariane a bonne mine, elle a les **joues** roses* (→ jouflu).

1. jouer v. A. 1 ● *Les enfants **jouent** dans le jardin* : ils s'amusent. — ● ***Jouer** au ballon ; **jouer** aux cartes* : se distraire en s'occupant à ce jeu. 2 ● ***Jouer** aux courses, à la loterie* : risquer de l'argent à ces jeux de hasard. — ● ***Jouer** une somme d'argent* : la risquer à un jeu de hasard. — (fig.)

● *Jouer sa vie, son honneur, sa réputation, sa carrière, etc.* : les mettre en
jeu, risquer de les perdre en faisant
quelque chose de dangereux. **3** JOUER DE
MALHEUR (ou DE MALCHANCE). ● *On lui a
encore volé sa voiture, il joue de malheur* : il n'a vraiment pas de chance.
4 JOUER SUR LES MOTS : faire semblant de
comprendre autre chose que ce que
l'on veut vous dire.
B. 1 ● *Jouer de la flûte, du piano* :
savoir s'en servir pour exécuter des
morceaux de musique. **2** ● *Cet acteur
a joué dans une centaine de films* : il
a eu des rôles dans ces films. — JOUER
LA COMÉDIE : être acteur ; (fig.) faire semblant. ● JOUER UN TOUR À QUELQU'UN : lui faire
une farce.
■ **jouet** nom m. ● *Les enfants s'arrêtent
toujours devant la vitrine du magasin
de jouets* (→ joujou).
■ **joueur** nom. ● *La belote se joue à
quatre joueurs.* — ● *Un bon joueur de
tennis.* — ÊTRE BON (ou BEAU) JOUEUR : garder
sa bonne humeur même si l'on perd. —
MAUVAIS JOUEUR. ● *Ne te fâche pas ; ne sois
pas mauvais joueur !* ★ Chercher aussi :
fair-play. □ adj. ● *Pierre est un enfant
joueur*, qui aime bien jouer, s'amuser.

2. jouer v. ● *À cause de l'humidité, la
fenêtre a joué* : elle s'est déformée,
elle ne ferme plus bien.

joufflu adj. ● *Arnaud est un beau bébé
joufflu*, qui a de grosses joues. □ nom
● *Un gros joufflu.*

joug [ʒu] nom m. ● *Ces deux bœufs blancs
attelés à la charrue sont reliés par un
joug*, une pièce de bois posée sur
leur tête.

jouir v. **1** ● *Ces enfants jouissent d'une
grande liberté* : ils l'ont et c'est
agréable pour eux. **2** ● *Il jouit du calme
de la campagne* : il en profite et il
l'apprécie. ★ Conjug. 11.
■ **jouissance** nom f. **1** ● *Voilà enfin le
soleil, quelle jouissance !*, quel plaisir !
2 ● *Elle a acheté un appartement déjà
occupé par des locataires et elle n'en
aura la jouissance qu'à leur départ*, le
droit d'en profiter, de l'utiliser.

joujou nom m. Jouet (dans le langage des
très jeunes enfants). ● *Des joujoux.* —
FAIRE JOUJOU : jouer.

jour nom m. **1** ● *Un jour dure 24 heures.*
— ● *Les sept jours de la semaine.* —
● *Prendre quelques jours de vacances.*
— VIVRE AU JOUR LE JOUR : sans s'inquiéter
du lendemain. — DE NOS JOURS, loc. adv. :
à notre époque, actuellement
(→ aujourd'hui). — LES BEAUX JOURS : la
partie de l'année où le temps est en
général beau (printemps, été). — LES
VIEUX JOURS DE QUELQU'UN : sa vieillesse. **2** ● *Il
s'est mis en route au lever du jour*, tôt
le matin, au lever du soleil. — ● *La
lumière du jour* : la lumière naturelle.
— ● *Il fait jour* : il fait clair
(→ journée ; CONTR. nuit). **3** (fig.) LE JOUR
ET LA NUIT. ● *Ces deux frères ne se ressemblent pas, c'est le jour et la nuit* :
ils sont très différents. **4** (fig.) ÉTALER
QUELQUE CHOSE AU GRAND JOUR : ne rien cacher.
5 DONNER LE JOUR À UN ENFANT : le mettre au
monde. — VOIR LE JOUR : naître.
■ **journalier** adj. ● *Le travail journalier*, de chaque jour (→ SYN. quotidien).

journal nom m. **1** ● *Les journaux paraissent tous les jours* (→ SYN. quotidien).
— ● *Le gagnant du concours a eu sa
photo dans tous les journaux.* **2** ● *Tous
les soirs, nous écoutons le journal télévisé*, les informations diffusées par la
télévision. **3** ● *Pendant son voyage, il a
tenu un journal*, un cahier où il a écrit
chaque jour ce qui se passait.
■ **journalisme** nom m. ● *Sophie veut
faire du journalisme*, être journaliste.
■ **journaliste** nom ● *Les témoins de
l'accident ont été interrogés par les
journalistes*, ceux qui écrivent dans les
journaux, qui diffusent les nouvelles
(→ journal, sens 1 et 2).

journée nom f. ● *En été, les journées
sont plus longues qu'en hiver*, l'espace
de temps compris entre le lever et le
coucher du soleil (→ jour).

joute nom f. Combat à la lance entre deux
personnes. ● *Les joutes du Moyen Âge.*
— ● *Des joutes sur l'eau.*

jovial adj. ● *Notre épicier est un homme
à la mine joviale*, gaie, joyeuse, sym-

pathique (→ SYN. enjoué ; CONTR. maussade, morose).

joyau nom m. ● *Ce collier de diamants est un joyau unique*, un bijou précieux (→ joaillier).

joyeux adj. ● *Les enfants nous ont accueillis avec des cris joyeux*, qui expriment la joie (→ SYN. gai ; CONTR. morose, triste).
■ **joyeusement** adv. ● *Le chien aboie joyeusement à l'arrivée de son maître*.

jubiler v. (fam.) ● *Michel jubile d'avoir gagné son pari* : il est joyeux et très excité, il se réjouit beaucoup (→ SYN. exulter).
■ **jubilation** nom f. ● *Ta jubilation fait plaisir à voir* : grande joie qui exprime un plaisir extrême, exubérance.

jucher v. ● *Papa m'a juché sur ses épaules* : il m'y a installé, placé. □ v. pron. ● *Le chat s'est juché sur l'armoire* (→ SYN. se percher).

judaïsme nom m. Religion pratiquée par les juifs.

judas nom m. Petite ouverture faite dans une porte, pour voir de l'autre côté. ● *Le gardien surveille le prisonnier par le judas*.

judiciaire adj. ● *Il a été condamné à tort ; c'est une erreur judiciaire*, de la justice, des juges. ★ Ne pas confondre avec *judiciaire*.

judicieux adj. ● *Il m'a donné un conseil judicieux*, intelligent, plein de bon sens (→ SYN. pertinent, sensé).
■ **judicieusement** adv. ● *Dans cette affaire difficile, Louis m'a conseillé judicieusement*, intelligemment, avec pertinence.

judo nom m. Sport de combat d'origine japonaise. ★ Chercher aussi : jiu-jitsu, karaté.
■ **judoka** nom. Personne qui fait du judo. ● *Les judokas portent un kimono blanc, et la couleur de leur ceinture indique le niveau qu'ils ont atteint*.

juger v. **1** ● *Le tribunal va juger cet accusé* : il va décider s'il est coupable ou non et, si oui, quelle peine on doit lui appliquer. **2** ● *Les examens permettent de juger les candidats*, de se faire une opinion sur leur valeur, de leur donner une note (→ SYN. évaluer). **3** ● *Mes parents jugent que je suis trop jeune pour voir ce film* : ils sont de cet avis, ils estiment que je suis trop jeune. ★ Conjug. 5.
■ **juge** nom m. **1** ● *Le juge a prononcé sa sentence*, le magistrat chargé de rendre la justice. **2** ● *De tous ces dessins, dis-moi quel est le meilleur ; te prends comme juge*, comme la personne chargée de donner son opinion, d'apprécier leur valeur.
■ *au jugé* ou *au juger* loc. adv. ● *En voyant remuer les buissons, le chasseur a tiré au jugé*, d'instinct, sans viser de façon précise.
■ **jugement** nom m. **1** ● *Le tribunal a rendu son jugement*, sa décision (→ SYN. verdict). **2** ● *En faisant un choix aussi mauvais, il a manqué de jugement*, la qualité qui permet de bien juger la valeur des gens ou des choses. **3** ● *Dans cette affaire, je ne partage pas ton jugement*, ton avis, ton opinion, ta conception.
■ **jugeote** nom f. (fam.) ● *Elle n'a pas beaucoup de jugeote* : elle ne sait pas juger correctement les choses, elle manque de bon sens.

juguler v. ● *Le médecin est parvenu à juguler l'infection* (→ SYN. enrayer, arrêter).

juif, juive nom et adj. **1** nom (avec une majuscule) ● *La Bible raconte l'histoire des Juifs*, un ancien peuple qui vivait en Palestine et dont les descendants se sont dispersés à travers le monde. **2** adj. ● *La religion juive est fondée sur la Bible* (→ judaïsme). □ nom (sans majuscule). ● *Les juifs* : ceux qui pratiquent la religion juive (→ SYN. israélite). ★ Chercher aussi : antisémite, circoncision, rabbin, synagogue, catholique, musulman.

juillet nom m. Septième mois de l'année, qui a trente et un jours. ● *Ils sont arrivés le 2 juillet.* — *Le 14 Juillet*, jour de la fête nationale française.

juin nom m. Sixième mois de l'année, qui a trente jours. ● *L'été commence le 21 (ou le 22) juin.*

juke-box [ʒykbɔks] nom m. ● *Dans la salle du café, il y a un juke-box,* un appareil qui permet d'écouter des disques quand on y introduit des pièces de monnaie.

jumeau, jumelle adj. **1** ● *Isabelle et Véronique sont des sœurs jumelles,* nées le même jour. □ nom. ● *On me prend souvent pour mon jumeau à cause de notre ressemblance,* pour mon frère jumeau. **2** (fig.) ● *Dans cette chambre, il y a des lits jumeaux,* deux lits semblables, l'un à côté de l'autre.

jumeler v. ● *La ville où j'habite a été jumelée avec une ville allemande :* on a créé et développé des contacts, des liens entre elles en organisant des échanges, des rencontres entre leurs habitants. ★ Conjug. 8.
■ **jumelage** nom m. ● *On a décidé le jumelage de ces deux villes.*

1. jumelle → jumeau.

2. jumelles nom f. plur. ● *Au théâtre, certains spectateurs regardent la scène avec des jumelles,* un appareil formé de deux lunettes et qui permet de voir de loin. ★ Chercher aussi : lunette.

jument nom f. Femelle du cheval. ● *Une jument et son poulain.*

jungle [ʒɔ̃gl] ou [ʒœ̃gl] nom f. **1** ● *L'explorateur s'est perdu dans la jungle,* une grande étendue d'herbes hautes, de broussailles et d'arbres que l'on trouve dans certains pays chauds et où vivent des bêtes féroces. **2** (fig.) ● *Heureusement, notre école n'est pas une jungle,* un milieu où les plus forts ont tous droits sur les plus faibles. — ● *La loi de la jungle* («manger ou être mangé») : la loi du plus fort.

junior nom **1** ● *Mon frère a dix-huit ans ; il joue au football dans l'équipe des juniors,* des jeunes sportifs de 17 à 21 ans. ★ Chercher aussi : cadet, minime, senior. **2** ● *La mode des juniors,* ou (adj. invar.) *la mode junior :* la mode des jeunes, pour les jeunes.

jupe nom f. ● *Claire est habillée d'un corsage et d'une jupe,* d'un vêtement qui part de la taille et couvre une partie des jambes.
■ **jupon** nom m. Sous-vêtement qui se porte sous une jupe. ● *Un jupon de dentelle.*

jurer v. **1** ● *Aline a juré de ne plus tricher :* elle l'a promis par un serment. **2** ● *Les chevaliers ont juré fidélité au roi :* ils ont promis solennellement de lui être fidèle. **3** ● *Sa voiture est tombée en panne : il s'est mis à jurer,* à dire des mots grossiers (→ juron). **4** ● *Je trouve que ces deux couleurs jurent,* qu'elles ne vont pas bien ensemble.
■ **juron** nom m. Mot grossier que l'on dit lorsqu'on est en colère.

juridique adj. ● *Il n'est pas toujours facile de comprendre les textes juridiques,* qui se rapportent aux lois, au droit.

jury nom m. **1** Ensemble de personnes choisies parmi les citoyens et chargées de juger un accusé présenté devant certains tribunaux (en particulier, devant les cours d'assises). ● *Le jury dit si l'accusé est coupable ou non ; le juge décide de la peine à appliquer.* **2** Ensemble de personnes chargées de juger des candidats à un examen, à un concours. ● *Le jury a donné le premier prix à notre château de sable.*

jus nom m. **1** Liquide tiré de certains aliments. ● *Le jus d'un rôti.* — ● *Le jus d'une orange* (→ juteux). **2** Boisson à base de jus. ● *Pour le goûter, nous avons bu des jus de fruits.* — ● *Un jus d'orange.*

jusque prép. **1** Indique un lieu où l'on arrive et que l'on ne dépasse pas. ● *Il est monté jusqu'au sommet de la montagne.* — ● *Je suis allé jusque chez elle.* **2** Indique un moment où l'on arrive et que l'on ne dépasse pas. ● *Il a travaillé jusqu'à 8 heures du soir.* — JUSQU'À CE QUE, JUSQU'AU MOMENT OÙ, loc. conj. ● *Continue jusqu'à ce que je te dise d'arrêter* ou *jusqu'au moment où je te dirai d'arrêter.* **3** ● *Dans cette maison,* *ils ont tout transformé, jusqu'à l'escalier, même l'escalier.*

justaucorps nom m. ● *Le baron a mis son justaucorps :* ancien vêtement à manches longues, porté au XVIIe siècle, très serré à la taille. ★ Chercher aussi : pourpoint.

juste adj. et adv. **A.** adj. **1** ● *Il est juste envers ses enfants :* il donne à chacun ce qui lui revient, il n'en favorise aucun (→ justice ; SYN. équitable, impartial ; CONTR. injuste). **2** ● *Mes prévisions étaient justes,* exactes, correctes (→ justesse ; CONTR. 1. faux). **3** ● *Ce piano n'est pas juste :* il fait des fausses notes. □ adv. ● *Chanter juste* (→ CONTR. 1. faux). **4** ● *Depuis qu'il a grossi, ses vêtements sont trop justes,* trop petits, trop étroits. **5** ● *Je n'ai plus qu'une pelote de laine pour finir mon tricot ; c'est juste,* à peine suffisant. □ adv. ● *Je pensais que dix francs suffisaient, mais j'avais calculé trop juste,* sans prévoir assez. **B.** adv. **1** ● *Henri a marqué le but ; il a visé juste,* avec précision, comme il faut. **2** ● *Sa maison est juste à côté de la nôtre,* tout à côté. **3** AU PLUS JUSTE, loc. adv. : en comptant la plus petite quantité possible. **4** AU JUSTE, loc. adv. ● *Que t'a-t-il répondu au juste ?,* exactement. **5** COMME DE JUSTE, loc. adv. ● *Comme de juste,* il s'est encore trompé d'adresse, comme il fallait s'y attendre, bien entendu.
■ **justement** adv. ● *Tu es au courant de la nouvelle ? — Je viens justement de l'apprendre,* à l'instant même, précisément.
■ **justesse** nom f. **1** ● *Je te félicite pour la justesse de ton raisonnement* (→ SYN. exactitude). **2** ● *Sa voix manque de justesse :* elle ne chante pas juste. **3** DE JUSTESSE, loc. adv. ● *Il a eu son examen de justesse :* il a failli le rater, il s'en est fallu de peu qu'il ne le réussisse pas.

justice nom f. **1** ● *Ces deux hommes font le même travail, mais ils n'ont pas le même salaire : c'est contraire à la jus-tice* (→ juste, A sens 1 ; SYN. équité). — JUSTICE SOCIALE : juste partage des richesses entre les gens (→ CONTR. injustice). **2** RENDRE LA JUSTICE : juger un accusé. **3** ● *La justice décidera s'il est coupable :* les juges, les tribunaux. — PASSER EN JUSTICE : être jugé par un tribunal. **4** RENDRE JUSTICE À QUELQU'UN : reconnaître ses mérites. ★ Chercher aussi : judiciaire, juridique.

justicier nom m. ● *Dans ce film, il y a un duel entre un bandit et un justicier :* quelqu'un qui venge les innocents, qui rend justice tout seul.

justifier v. **1** ● *On lui a demandé de justifier sa décision,* d'expliquer pourquoi il pense qu'elle est juste. **2** ● *Rien ne peut justifier son retard,* l'expliquer par des raisons valables, l'excuser. ★ Conjug. 10.
■ **se justifier** v. pron. ● *Hervé cherche des arguments pour se justifier,* pour s'expliquer en donnant des raisons.
■ **justification** nom f. **1** ● *C'est moi qui décide, je n'ai pas de justification à te donner :* je n'ai pas à me justifier. **2** ● *Ces dépenses vous seront remboursées contre une justification,* contre une preuve que vous les avez bien payées.
■ **justificatif** nom m. Document qui sert à justifier quelque chose. ● *Pour pouvoir me faire rembourser mes dépenses, j'ai gardé toutes les factures comme justificatifs.*
■ **justifié** adj. ● *Il m'a fait des reproches justifiés,* fondés, mérités (→ CONTR. injustifiés).

jute nom m. Fibre tirée d'une plante cultivée en particulier en Inde, dont on fait des tissus grossiers. ● *Les sacs à pommes de terre sont faits en toile de jute.*

juteux adj. ● *Ces prunes sont juteuses,* pleines de jus.

juvénile adj. ● *Il a conservé un air juvénile,* l'air d'une personne jeune.

juxtaposer v. ● *Cette phrase ne veut rien dire ; tu t'es contenté de juxtaposer des mots,* de les mettre les uns à côté des autres sans qu'ils soient liés entre eux.

K | k

kaki adj. invar. ● *Les soldats portent souvent des uniformes **kaki**, d'une couleur brun-jaune.* □ nom m. ● *Je n'aime pas le **kaki**.*

kaléidoscope [kaleidɔskɔp] nom m. ● *Les morceaux de verre coloré forment de jolis dessins dans mon **kaléidoscope**, un tube garni de petits miroirs où les morceaux de verre se déplacent pour donner chaque fois une image différente.*

kangourou

kangourou nom m. Animal herbivore qui vit en Australie et qui se déplace en sautant sur ses pattes de derrière. ● *Le petit **kangourou** grandit dans la poche que sa mère a sur le ventre.*

kaolin nom m. Argile blanche qui sert à faire la porcelaine.

kapok nom m. ● *Mes coussins sont rembourrés de **kapok**, une matière constituée de poils très fins qui viennent d'un arbre des pays chauds.*

karaté nom m. Sport de combat d'origine japonaise. ★ Chercher aussi : judo.
■ **karatéka** nom. Personne qui fait du karaté.

kart [kart] nom m. ● *As-tu déjà conduit un **kart**?*, une petite voiture très basse et sans carrosserie, que l'on utilise pour des compétitions.
■ **karting** [kartiŋ] nom m. Sport qui consiste à faire des courses en kart. ● *Un circuit de **karting**.*

kayac ou **kayak** nom m. **1** Petit canot en toile imperméable, que l'on fait avancer avec une pagaie. ● *Dans les remous de la rivière, son **kayak** s'est retourné.* **2** ● *Les Esquimaux vont à la pêche en **kayak**, un canot long et étroit, en peau de phoque.* ★ Chercher aussi : canoë.

képi nom m. ● *Les gendarmes portent un **képi**, une coiffure ronde et rigide, munie d'une visière.*

kermesse nom f. ● *Ces jeunes veulent aider les handicapés avec l'argent qu'ils ont gagné en organisant une **kermesse**, une fête en plein air avec jeux, stands, loterie, etc.*

kérosène nom m. ● *L'avion a fait le plein de **kérosène**, un carburant liquide tiré du pétrole.*

ketchup [ketʃœp] nom m. ● *Delphine met du **ketchup** sur sa viande : sauce anglaise à base de tomate.*

kibboutz [kibuts] nom m. ● *Judith retourne au kibboutz*, en Israël ferme où l'on vit en communauté.

kidnapper v. ● *Des gangsters ont kidnappé un enfant* : ils l'ont enlevé et réclament de l'argent pour le rendre à sa famille. ★ Chercher aussi : rançon, ravisseur.
■ **kidnapping** [kidnapiŋ] nom m. Enlèvement d'une personne (→ SYN. rapt).

1. kilo Préfixe qui multiplie par mille l'unité devant laquelle il est placé. ● *Un kilogramme, un kilomètre.* ★ VOIR p. 931.

2. kilo ou **kilogramme** nom m. Unité de poids qui vaut mille grammes (abrév. : *kg*). ● *Martine pèse 30 kilos* (ou *30 kg*).

kilomètre nom m. Unité de mesure qui vaut mille mètres (abrév. : *km*). — KILO-MÈTRE-HEURE (abrév. : *km/h*). ● *Nous roulons à 80 kilomètres-heure :* la vitesse moyenne qui permet de parcourir ce nombre de kilomètres en une heure. ★ VOIR p. 931.
■ **kilométrage** nom m. ● *Quel est le kilométrage de cette voiture ?*, le nombre de kilomètres qu'elle a parcourus depuis qu'elle a été mise en circulation.
■ **kilométrique** adj. ● *Au bord des routes, il y a des bornes kilométriques*, qui marquent les kilomètres. — ● *Le compteur kilométrique d'une voiture*, qui indique le nombre de kilomètres parcourus.

kilt nom m. ● *Catherine a mis son kilt*, une jupe plissée écossaise.

kimono nom m. ● *Les judokas et les karatékas portent un kimono*, une tunique japonaise à larges manches, croisée et fermée par une ceinture.

kinésithérapeute nom ● *Pour redresser son dos, Frédéric fait de la gymnastique chez un kinésithérapeute*, une personne qui soigne les gens par la gymnastique ou par des massages.

kiosque nom m. **1** ● *Je n'ai pas trouvé ton journal dans ce kiosque*, cette petite boutique installée sur le trottoir. **2** ● *Les musiciens s'installent dans le kiosque du jardin public*, l'abri.

kirsch [kirʃ] nom m. ● *En Alsace, Papa a acheté une bouteille de kirsch*, une eau de vie faite avec des cerises.

kit [kit] nom m. Ensemble d'éléments à assembler soi-même. ● *Ce meuble est vendu en kit.*

kitchenette [kitʃənɛt] nom f. Très petite cuisine installée dans un appartement.

kiwi [kiwi] nom m. **1** Oiseau de Nouvelle Zélande. **2** ● *Philippe mange un kiwi*, fruit exotique, à peau brune et chair verte, légèrement acide.

klaxon [klakson] nom m. ● *Les automobilistes n'ont pas le droit d'utiliser leur klaxon en ville*, leur avertisseur sonore. — ● *Donner des coups de klaxon.*
■ **klaxonner** v. ● *Le conducteur du camion a klaxonné pour me doubler* : il a fait marcher son klaxon.

knickers [nikœrs] nom m. plur. ● *Sandrine a mis ses nouveaux knickers*, culotte longue resserrée sous les genoux.

K.-O. [kao] adj. ● *Le boxeur a été mis K.-O. par un violent coup de poing de son adversaire* : il a été assommé et ne peut plus continuer à se battre. □ nom m. invar. ● *Il a été battu par K.-O.*

koala nom m. ● *On dirait un ours en peluche, mais c'est un koala*, un petit animal qui vit dans les arbres en Australie.

kraft [kraft] nom m. ● *On ne présente pas un cadeau dans du kraft* : papier d'emballage marron, très résistant. ★ On dit aussi : papier kraft.

krypton ou **crypton** nom m. Gaz qui se trouve en très petite quantité dans l'air et que l'on utilise pour remplir certaines ampoules électriques.

kyrielle nom f. ● *Il y a une kyrielle de fautes dans cette dictée :* longue suite.

kyste nom m. ● *Cécile a été opérée d'un kyste*, une grosseur anormale qui a sa forme sous la peau ou à l'intérieur du corps.

L|l

l' → le.

1. la → 1. et 2. le.

2. la nom m. Sixième note de la gamme, entre *sol* et *si*. ● *Le diapason donne le* ***la.*** — (fig.) DONNER LE LA. ● *Pour la mode, ce couturier* ***donne le la****, il donne le ton.

là adv. **1** ● *Ne va pas* ***là****, à cet endroit. **2** ● *Arrêtons-nous* ***là****, à l'endroit où nous sommes* (→ SYN. ici). **3** ● *Sa maison n'est pas dans cette rue-ci, elle est dans cette rue-****là*** *(ou dans celle-****là****), celle qui est la plus éloignée* (→ celui). **4** (employé devant des adjectifs avec lesquels il forme des loc. adv.) ● *Là-bas, là-haut, là-dessus, là-dessous.*

label nom m. Marque sur un produit pour en indiquer l'origine, la qualité. ● *Ces volailles, nourries au grain, portent un* ***label*** *garantissant leur qualité.*

labeur nom m. (littér.) Travail pénible. ● *Son dur* ***labeur*** *est récompensé.*

laboratoire nom m. **1** ● *Ce médecin, ce chimiste et ce biologiste font des recherches dans un* ***laboratoire****, un endroit spécialement aménagé pour faire des expériences scientifiques* (abrév. fam. : *labo*). **2** LABORATOIRE PHARMACEUTIQUE : entreprise qui fabrique et qui vend des médicaments.
■ **laborantin** nom. Personne qui travaille comme aide dans un laboratoire. ● *Une* ***laborantine.***

laborieux adj. ● *Ce tapis était très abîmé ; sa réparation a été* ***laborieuse*** *: elle a demandé beaucoup de travail, d'efforts.*

labourer v. ● *Avant de semer le blé, les agriculteurs* ***labourent*** *la terre avec une charrue* : ils la creusent et la retournent.

■ **labour** ou **labourage** nom m. ● *Le* ***labourage*** *se fait le plus souvent en automne.* — ● *L'agriculteur a terminé ses* ***labours.***
■ **laboureur** nom m. Homme qui laboure la terre.

labyrinthe nom m. ● *On se perd dans ce quartier, c'est un vrai* ***labyrinthe****, un ensemble très compliqué de chemins, de rues ou de couloirs* (→ SYN. dédale).

lac nom m. ● *Nous avons fait une promenade en barque sur le* ***lac****, une étendue d'eau importante à l'intérieur des terres* (→ lacustre). ★ Chercher aussi : étang, mare.

lacer v. ● *Sandrine* ***lace*** *ses chaussures : elle les ferme avec des lacets* (→ CONTR. délacer). ★ Conjug. 4.
■ **lacet** nom m. **1** ● *Le* ***lacet*** *de ta chaussure est dénoué, le cordon que l'on passe dans les trous de la chaussure.* **2** ● *Cette route de montagne fait des* ***lacets****, des tournants, des virages les uns à la suite des autres.* — ● *Un chemin en* ***lacet.***
■ **laçage** nom m. Action de lacer. Résultat de cette action. ● *Pour un jeune enfant, le* ***laçage*** *des souliers est difficile.*

lacérer v. ● *Le chat* ***a lacéré*** *les rideaux neufs avec ses griffes : il les a déchirés, il a mis en pièces, en lambeaux.* ★ Conjug. 8.

1. lâche adj. ● *Ce nœud est trop* ***lâche*** *: il n'est pas assez serré, pas assez tendu.*

2. lâche adj. ● *Il a dénoncé ses camarades parce qu'il avait peur d'être puni ; il est* ***lâche*** *: il manque de courage.* ▢ nom ● *Il attaque les petits, mais il a peur des grands : c'est un* ***lâche*** (→ CONTR. brave, courageux).

■ **lâchement** adv. ● *Il nous a abandonnés **lâchement**, d'une manière lâche, par lâcheté* (→ lâcheur).

■ **lâcheté** nom f. **1** ● *On le méprise à cause de sa **lâcheté*** (→ CONTR. courage). **2** ● *Je ne te laisserai pas accuser à ma place, ce serait une **lâcheté**, un acte lâche.*

lâcher v. **1** ● *Il **a lâché** la bouteille et elle s'est cassée : il a cessé de la tenir.* — ● *L'avion **a lâché** une bombe : il l'a laissée tomber.* **2** LÂCHER PRISE. ● *L'alpiniste a fait une chute parce qu'il **a lâché prise**, parce qu'il ne s'est plus accroché à ce qu'il tenait.* **3** ● *Céline **a lâché** un gros mot : elle l'a laissé échapper.* **4** (fam.) ● *Son associé l'**a lâché** : il l'a abandonné brusquement* (→ lâcheur). **5** ● *Cette ficelle n'est pas solide, j'ai peur qu'elle **lâche**, qu'elle casse.*

■ **lâcheur** nom (fam.) ● *Il m'a laissé tomber ; c'est un **lâcheur**, quelqu'un qui abandonne ceux qu'il ne devrait pas abandonner.* — ● *Il avait promis de venir avec nous, mais au dernier moment il a refusé parce qu'il avait peur ; quel **lâcheur** !, une personne qui abandonne les autres lâchement.*

laconique adj. **1** Peu bavard. **2** Exprimé en peu de mots. ● *En classe, Mariette a fait une intervention **laconique*** (→ SYN. bref, concis).

lacrymogène adj. ● *Pour empêcher les manifestants d'avancer, les policiers ont lancé des grenades **lacrymogènes**, contenant un gaz qui fait pleurer (le gaz **lacrymogène**).*

lacté adj. **1** ● *Cette bouillie est faite avec de la farine **lactée**, qui contient du lait.* **2** VOIE LACTÉE : traînée blanche formée de milliers d'étoiles, que l'on voit dans le ciel lorsque la nuit est claire.

lacune nom f. ● *Son histoire présente des **lacunes** : elle est incomplète, il y manque des choses.*

lacustre adj. ● *Certains hommes préhistoriques habitaient dans des villages **lacustres**, situés au bord d'un lac, bâtis au-dessus de l'eau sur des pilotis.*

lad [lad] nom m. ● *Le **lad** ramène la jument à l'écurie, le jeune homme qui soigne les chevaux de course.*

lagon nom m. Étendue d'eau de mer entre la terre et un récif de corail. ● *Michel rêve de se baigner dans les **lagons** des îles de Polynésie.*

lagune nom f. Étendue d'eau salée séparée de la mer par une étroite bande de terre.

laïc → laïque.

laid adj. ● *Cet homme est **laid**, désagréable à voir* (→ CONTR. beau, joli). — ● *Rendre une chose **laide*** (→ enlaidir).

■ **laideur** nom f. ● *Hélène aime son chien malgré sa **laideur*** (→ CONTR. beauté). ★ Ne pas confondre laid, laie et lait.

laie nom f. Femelle du sanglier. ★ Chercher aussi : marcassin. ★ Ne pas confondre laie, lait et laid.

laine nom f. Poil de certains animaux (mouton, agneau, etc.) dont on fait des fils pour tisser ou tricoter.

■ **lainage** nom m. **1** Tissu de laine. ● *Son manteau est en **lainage** bleu.* **2** Vêtement de laine tricotée. ● *N'oublie pas d'emporter un **lainage**.*

■ **lainier** adj. ● *L'industrie **lainière**, de la laine.*

laïque ou **laïc** nom et adj. **1** nom (on écrit quelquefois laïc au masculin). ● *Dans cette église, c'est un **laïque** qui joue de l'orgue, une personne qui n'est ni prêtre ni religieux.* — ● *Les prêtres et les **laïcs**.* **2** adj. ● *Ma cousine est dans une institution religieuse ; moi, je vais dans une école **laïque**, où l'on n'enseigne aucune religion.*

■ **laïcité** nom f. ● *La **laïcité** de l'État, de l'enseignement : leur indépendance par rapport à la religion.*

laisse nom f. Lanière que l'on attache au collier d'un chien pour le conduire. ● *Quand Christine promène son chien, elle le tient en **laisse**.*

laisser v. **1** ● *J'ai **laissé** mon appareil photo à la maison : je ne l'ai pas emporté.* **2** ● *Pendant les vacances,* nous **laissons** le chat à la voisine : nous le lui confions en partant. **3** ● Corinne **a laissé** la moitié de son dessert : elle ne l'a pas pris, pas mangé (→ délaisser). — ● **Laisse**-moi un morceau de chocolat : ne le prends pas, garde-le pour moi. **4** ● Le marchand m'a **laissé** deux salades pour le prix d'une seule : il a accepté de me les vendre à ce prix. **5** ● Ses parents lui **laissent** faire ce qu'il veut : ils le lui permettent sans l'en empêcher. — ● **Laissez**-moi parler. **6** v. pron. ● L'aveugle **se laisse** guider par son chien : il ne fait rien pour s'y opposer. — SE LAISSER ALLER : ne plus faire d'efforts, ne plus résister (→ laisser-aller). **7** (fig. et fam.) LAISSER TOMBER. ● Il **a laissé tomber** ses copains : il les a abandonnés, il ne s'en occupe plus.

■ **laisser-aller** nom m. invar. ● Je constate un certain **laisser-aller** dans votre travail, un manque d'efforts, de soin.

■ **laissez-passer** nom m. invar. ● Pour entrer dans ce camp militaire, il faut un **laissez-passer**, un papier officiel qui permet de circuler librement.

lait nom m. ● On trait les vaches, les chèvres et les brebis pour recueillir leur **lait**, le liquide blanc et nourrissant, produit par leurs mamelles (→ allaiter ; petit-lait). — ● Le fromage est fait avec du **lait** (→ lacté, laitage).

■ **laitage** nom m. ● Le yaourt et le fromage blanc sont des **laitages**, des aliments préparés avec du lait.

■ **laiterie** nom f. Usine où le lait est mis en bouteille, traité pour la conservation ou transformé en beurre.

■ **laiteux** adj. ● Un liquide d'un blanc **laiteux**, dont la couleur rappelle celle du lait.

■ **laitier** adj. et nom **1** ● Les vaches **laitières**, qui sont élevées pour leur lait, qui donnent du lait. **2** ● La crème, le beurre, les fromages sont des produits **laitiers**, faits avec du lait. **3** nom. Personne qui ramasse le lait dans les fermes ou qui le livre aux commerçants.

laitance nom f. ● Pour que les œufs de sa femelle puissent donner des petits, ce poisson mâle les couvre de **laitance**, un liquide qui sert à la reproduction.

laiton nom m. Alliage de cuivre et de zinc appelé parfois *cuivre jaune*. ● Les douilles des ampoules électriques sont en **laiton**.

laitue nom f. ● J'ai préparé de la vinaigrette pour assaisonner la **laitue**, une salade.

laïus [lajys] nom m. (fam.) Discours long et prétentieux. ● Il m'a fait tout un **laïus** sur son nouveau métier et ses avantages.

lama nom m. Animal qui ressemble à un petit chameau sans bosse et qui vit dans les montagnes d'Amérique du Sud (les Andes). ● Le **lama** peut être domestiqué ; il a un poil roux et blanc dont on fait de la laine.

lama

lambeau nom m. ● Dans la maison abandonnée, il reste encore des **lambeaux** de rideaux aux fenêtres, des morceaux déchirés. — ● Cette vieille couverture est tellement usée qu'elle tombe en **lambeaux**.

lambin adj. (fam.) ● Il est **lambin** dans tout ce qu'il fait (→ SYN. lent). □ nom ● Elle est encore à la traîne ! Quelle **lambine** !

■ **lambiner** v. (fam.) ● Dépêche-toi, au lieu de **lambiner**, de traîner.

lambris nom m. ● *Les murs et le plafond de cette salle sont couverts de lambris*, de panneaux décoratifs en bois, en marbre, etc.

lame nom f. **1** ● *La lame d'un couteau, d'une épée* : leur partie tranchante en métal. **2** ● *Une lame de cuivre, de verre, de bois* : une plaque étroite et allongée (→ lamelle, laminer). — ● *Les lames d'un parquet* : les planches dont il est composé. **3** ● *Il y a de l'écume au sommet des lames*, des grosses vagues.
■ **lamelle** nom f. ● *Pour examiner une chose au microscope, on la place sur une lamelle de verre*, une petite lame de verre très mince. — ● *Du gruyère coupé en lamelles*, en fines tranches.

lamentable adj. **1** ● *Cette histoire est lamentable*, très triste, pitoyable (→ CONTR. joyeux). **2** ● *J'ai eu une note lamentable à mon devoir*, très mauvaise (→ CONTR. excellent).

se lamenter v. pron. ● *Notre voisin se lamente de ne pas trouver de travail* : il s'en plaint beaucoup (→ SYN. se désoler ; CONTR. se réjouir).
■ **lamentation** nom f. ● *Toutes leurs lamentations sont inutiles*, leurs longues plaintes désolées.

laminer v. ● *On lamine le métal pour le transformer en lames, en barres* : on en diminue l'épaisseur en le faisant passer dans un laminoir.
■ **laminoir** nom m. Machine comportant des séries de gros rouleaux entre lesquels on fait passer du métal pour l'aplatir.

lampe nom f. ● *Autrefois on s'éclairait avec des lampes à pétrole ou à gaz ; aujourd'hui on utilise des lampes électriques*, des appareils d'éclairage.
■ **lampadaire** nom m. ● Lampe supportée par un haut pied et destinée à éclairer une pièce d'habitation ou une rue.
■ **lampion** nom m. ● *Le soir du 14 Juillet, les gens du village ont défilé avec des lampions*, des lanternes en papier coloré.

lamproie nom f. Vertébré aquatique à corps cylindrique ressemblant à l'anguille.

lance nom f. **1** ● *Autrefois, les chevaliers étaient armés d'une lance*, une arme composée d'un fer pointu placé au bout d'un long manche. **2** ● *On se sert de lances à eau pour éteindre les incendies ou pour arroser*, de tubes métalliques adaptés au bout d'un tuyau et permettant d'envoyer de l'eau dans une direction précise (→ lancer, sens 1).

lancer v. et nom m. **A.** v. **1** ● *Rémi et son frère jouent à lancer des fléchettes* : ils les envoient avec force (→ SYN. jeter). — ● *La fusée va bientôt être lancée dans l'espace* (→ lancement, sens 1). **2** ● *Lancer des accusations contre quelqu'un* : l'accuser. **3** ● *Lancer un navire* : le mettre à l'eau pour la première fois (→ lancement, sens 2). — ● *Lancer une nouvelle marque de lessive, une nouvelle voiture, etc.* : les proposer à la vente pour la première fois. **4** ● *C'est ce disque qui a lancé ce chanteur*, qui l'a fait connaître, qui l'a rendu célèbre. ★ Conjug. 4.
B. nom m. ● *Le lancer du poids, du disque, du javelot* : l'épreuve sportive dans laquelle il faut lancer un poids, un disque ou un javelot le plus loin possible.
■ **se lancer** v. pron. ● *Les policiers se sont lancés à la poursuite du voleur* : ils se sont mis à le poursuivre avec énergie (→ lancer).
■ **lancée** nom f. SUR SA LANCÉE. ● *Au lieu de s'arrêter, il a continué sur sa lancée*, emporté par l'élan pris.
■ **lancement** nom m. **1** ● *Tout est prêt pour le lancement de la fusée*, pour l'envoyer dans l'espace. **2** ● *Nous avons assisté au lancement d'un navire*, à sa première mise à l'eau. **3** ● *On a fait beaucoup de publicité pour le lancement de cette nouvelle voiture*, pour la faire connaître.
■ **lance-pierres** nom m. invar. ● *Avec une fourche de bois et un élastique, Éric s'est fabriqué un lance-pierres*, un instrument avec lequel on lance

des pierres. — ● *Des lance-pierres.*
★ Chercher aussi : fronde.

lancinant adj. ● *Jacques éprouve une douleur lancinante*, une douleur vive qui disparaît et revient.

landau nom m. Voiture d'enfant munie d'une capote. ● *Des landaus.*

lande nom f. Grande étendue de terre non cultivée où ne poussent que des bruyères, des ajoncs, des fougères. ● *La lande bretonne.* ★ Chercher aussi : garrigue, maquis.

langage nom m. **1** ● *Les hommes peuvent exprimer leur pensée grâce au langage*, en employant des mots. **2** ● *Dans le langage enfantin, le mot «toutou» désigne un chien*, dans la façon de parler particulière aux jeunes enfants (→ langue, sens 3 et 4).

langer v. ● *Langer un bébé* : lui mettre des couches, des langes. ★ Conjug. 5.
■ **langes** nom m. plur. ● *Les langes de bébé* : ses couches.

langoureux adj. ● *L'orchestre joue un air langoureux*, lent et très sentimental (→ langueur).

langouste nom f. Animal marin (crustacé) proche du homard, mais de couleur rosée et sans pinces. ● *La langouste est un plat délicieux.*

langoustine nom f. Animal marin (crustacé) plus petit que la langouste.

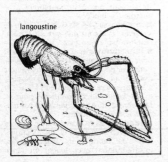

langoustine

langue nom f. **1** ● *La langue sert à goûter les aliments et à parler.* ★ Chercher aussi : papille. **2** TIRER LA LANGUE. ● *Quand j'ai dit à Matthieu qu'il m'ennuyait, il m'a tiré la langue* : il l'a sortie de sa bouche pour se moquer de moi. — (fig. et fam.) ● *Je n'aurai la récompense promise que dans un mois ; en attendant je tire la langue* : je désire vivement cette récompense qui est longue à venir. — (fig.) AVOIR LA LANGUE BIEN PENDUE : être bavard. — (fig.) NE PAS SAVOIR TENIR SA LANGUE : être incapable de garder un secret. — (fig.) ÊTRE MAUVAISE LANGUE : aimer dire du mal des autres, être médisant. — (fig.) DONNER SA LANGUE AU CHAT : déclarer que l'on renonce à chercher la réponse à une devinette. **3** ● *L'italien est la langue des Italiens*, l'ensemble des mots qui leur permet de se comprendre entre eux, leur façon de parler, de communiquer (→ langage). — LANGUE MATERNELLE. ● *Le français est ma langue maternelle*, la langue que j'ai apprise lorsque j'ai commencé à parler. — LANGUE VIVANTE : langue qui est parlée actuellement (ex. : anglais, russe, chinois, etc.). — LANGUE MORTE : langue que l'on ne parle plus (ex. : latin, grec ancien). **4** ● *On a souvent besoin d'un dictionnaire pour comprendre la langue médicale*, les mots particuliers qu'emploient les médecins (→ SYN. langage, sens 2).
■ **languette** nom f. ● *Les chaussures à lacets ont une languette*, un petit morceau de cuir ou de toile en forme de langue sous les lacets.

languir v. **1** ● *Sa jambe cassée l'oblige à languir dans un repos forcé*, à s'ennuyer, à ne pas avoir d'activité (→ langueur). **2** ● *Ce film n'est pas mauvais, mais je trouve qu'il languit vers la fin* : il traîne en longueur (→ languissant). ★ Conjug. 11.
■ **langueur** nom f. ● *Sur la photo, Sylvie a une pose pleine de langueur*, de mollesse, de paresse (→ langoureux).
■ **languissant** adj. ● *Une conversation languissante*, qui manque de vivacité (→ CONTR. animé).

lanière nom f. Étroite bande de cuir

ou d'une autre matière souple. ● *La lanière d'un casque de moto.*

lanterne nom f. 1 ● *La nuit, les campeurs s'éclairent avec une lanterne*, avec une boîte transparente dans laquelle il y a une lumière. ★ Chercher aussi : lampion. 2 ● *L'automobiliste qui stationne la nuit sur le bord d'une route doit allumer ses lanternes*, les lampes les plus faibles de ses phares (→ SYN. veilleuse).

laper v. ● *Mon chat lape du lait :* il le boit à coups de langue.

lapider v. ● *Lapider quelqu'un :* l'attaquer ou le tuer en lui lançant des pierres.

lapin nom ● *On élève les lapins pour leur chair et pour leur fourrure*, des petits animaux rongeurs aux grandes oreilles. ★ Chercher aussi : clapier. ■ **lapereau** nom m. Jeune lapin. ● *Une lapine et ses lapereaux.*

laps [laps] nom m. ● *Un laps de temps :* une durée généralement assez courte.

lapsus [lapsys] nom m. Mot dit ou écrit involontairement à la place d'un autre. ● *Pierre a appelé son instituteur « Madame ». Ce lapsus a fait rire toute la classe.*

laquais nom m. ● *Autrefois, les nobles étaient servis par des laquais*, des valets qui portaient l'uniforme (la *livrée*) de la maison de leur maître.

laque nom f. 1 ● *Ce plateau est recouvert d'une couche de laque*, un vernis spécial. 2 ● *Maman vaporise de la laque sur ses cheveux*, un produit qui sert à les faire tenir. ■ **laquer** v. 1 ● *Laquer un meuble.* 2 ● *Laquer ses cheveux :* y vaporiser de la laque.

1. laqué adj. ● *Un meuble laqué.*

2. laqué adj. ● *Au restaurant chinois, nous avons mangé du canard laqué*, préparé avec une sauce spéciale.

laquelle → lequel.

larcin nom m. (littér.) ● *On l'accuse de plusieurs larcins*, de petits vols.

lard nom m. Couche de graisse souvent entremêlée de chair, qui se trouve sous la peau du porc. ● *Le lard est fréquemment employé en cuisine.* ■ **larder** v. 1 ● *Il faudrait larder ce morceau de viande*, y introduire des lardons en le perçant avec un couteau. 2 ● *La victime a été lardée de coups de couteau :* elle a reçu de nombreux coups de couteau. ■ **lardon** nom m. ● *Papa fait frire des lardons*, de petits morceaux de lard servant à accompagner un plat.

largage nom m. Action de larguer. ● *Le bateau va partir. On procède au largage des amarres.*

large adj., nom m. et adv. **A.** adj. 1 ● *Cette couverture est trop large pour un lit d'une personne :* elle est trop grande en largeur (→ CONTR. étroit). 2 ● *Ces chaussures sont trop larges pour moi :* elles ne me serrent pas assez le pied. 3 ● *Dans ce livre, les illustrations tiennent une large place*, grande, importante, étendue (→ largement, sens 1). 4 AVOIR LES IDÉES LARGES : être compréhensif, indulgent (→ largeur, sens 2 ; CONTR. borné). 5 ● *Son père est très large avec lui*, très généreux (→ largesse). **B.** nom m. 1 ● *Ma chambre a trois mètres de large*, de largeur. ★ Chercher aussi : long, haut. 2 ÊTRE AU LARGE DANS QUELQUE CHOSE : y avoir de l'espace, de la place. 3 ● *Le bateau se dirige vers le large*, vers la pleine mer, à l'opposé de la côte. 4 (fam.) PRENDRE LE LARGE : s'enfuir, s'évader. ● *Le prisonnier a pris le large.* **C.** adv. ● *Le voyage ne devrait pas durer plus de deux heures en comptant large*, un peu plus que ce qui est nécessaire (→ largement, sens 3 ; CONTR. juste).

■ **largement** adv. 1 ● *Il a ouvert largement son journal :* il l'a ouvert tout grand. 2 ● *On lui a largement payé son travail :* on le lui a payé un prix élevé. 3 ● *Inutile de se dépêcher, nous avons largement le temps*, plus que le temps nécessaire (→ SYN. amplement).

■ **largesse** nom f. ● *Je vous remercie de vos largesses*, de vos dons généreux.

■ **larguer** nom f. **1** ● *À cet endroit, la rivière a cinq mètres de **largeur*** (par opposition à : *longueur, profondeur, hauteur*). **2** ● *Dans la discussion, il a montré une grande **largeur** d'esprit* (→ SYN. compréhension, tolérance ; CONTR. étroitesse).

larguer v. **1** ● *Le bateau va partir ; les marins **ont largué** les amarres* : ils les ont détachées. **2** ● *L'avion a **largué** une bombe* : il l'a lâchée.

larme nom f. **1** ● *Caroline a du chagrin ; elle n'arrive pas à retenir ses **larmes***, les gouttes de liquide qui coulent de ses yeux. **2** ● *Versez-moi juste une **larme** de liqueur*, une très petite quantité, une goutte.
■ **larmoyer** v. ● *Ce vent froid me fait **larmoyer*** : il me fait venir des larmes dans les yeux. ★ Conjug. 6.

larron nom m. (vieux). Brigand, voleur. S'ENTENDRE COMME LARRONS EN FOIRE : être d'accord, spécialement pour faire de mauvais tours.

larve nom f. ● *La chenille est la **larve** du papillon*, la forme qu'il a avant de devenir un papillon adulte. ★ Chercher aussi : cocon, métamorphose.

larynx [larɛks] nom m. Organe situé à l'intérieur du cou et qui contient les cordes vocales.

las, lasse [la, las] adj. **1** ● *Maxime a mal dormi, il se sent **las***, fatigué, sans énergie (→ délassement, lassitude, sens 1). **2** ● *Elle est **lasse** de tes reproches continuels* : elle en a assez, elle en est fatiguée (→ lassant, lasser).
■ **lassant** adj. ● *Ses plaintes répétées finissent par être **lassantes***, par ennuyer tout le monde (→ SYN. fatigant).
■ **lasser** v. ● *Il **lasse** tout le monde par ses discours interminables* (→ SYN. ennuyer, fatiguer, importuner).
■ **se lasser** v. pron. ● *Je ne **me lasse** pas d'écouter ce disque* : je peux l'écouter très souvent sans qu'il m'ennuie.
■ **lassitude** nom f. **1** ● *Malgré sa **las-situde**, Pierre a terminé son travail* (→ SYN. fatigue). **2** ● *J'ai abandonné la lecture de ce livre par **lassitude*** (→ SYN. ennui).

laser [lazɛr] nom m. Appareil qui projette un fin rayon lumineux d'une chaleur extraordinaire. ● *L'industrie utilise le **laser** pour couper le métal*.

lasso nom m. ● *Les cow-boys se servent d'un **lasso** pour attraper les vaches*, d'une longue corde qui se termine par un nœud coulant.

latéral adj. ● *Dans une voiture, seules les vitres **latérales** peuvent s'ouvrir*, celles qui sont situées sur le côté (→ bilatéral).

latex nom m. ● *Le **latex** de l'hévéa sert à fabriquer le caoutchouc*, un liquide (la sève) produit par cet arbre.

latin nom m. **1** ● *Beaucoup de mots français viennent du **latin**, la langue que parlaient autrefois les Romains*. □ adj. ● *Un écrivain **latin***. **2** ● (fam.) Y PERDRE SON LATIN. ● *Que cette histoire est compliquée ! J'y **perds mon latin*** : je n'y comprends plus rien.

latitude nom f. **1** ● *New York et Madrid ont à peu près la même **latitude*** : elles sont à peu près à la même distance de l'équateur. — ● *Sur les cartes, les **latitudes** sont représentées par les parallèles*. ★ Chercher aussi : longitude. **2** ● *Faites comme vous voulez, vous avez toute **latitude*** : vous êtes entièrement libre.

latte nom f. ● *Les **lattes** d'un parquet* : les longues planches étroites et minces qui forment un parquet (→ SYN. lame). — ● *Une **latte** de bois*, une longue baguette plate.

lauréat nom ● *Voici les **lauréats** de ce concours*, les personnes qui ont remporté un prix.

laurier nom m. ● *Chez les Romains, les vainqueurs recevaient une couronne faite d'une branche de **laurier**, un arbre* (dont les feuilles sont maintenant utilisées en cuisine, comme épice).

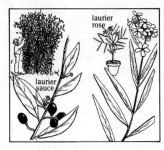

laurier
rose

laurier
sauce

lavable, lavabo, lavage → laver.

lavande nom f. ● *Dans le Midi, il y a des champs de lavande*, de plantes à fleurs bleues qui sentent très bon et que l'on utilise en parfumerie.

lave nom f. ● *Ce volcan crache de la lave*, une matière brûlante constituée de roches fondues.

laver v. ● *Le voisin lave sa voiture :* il la nettoie avec de l'eau. □ v. pron. ● *Guillaume fait couler un bain pour se laver.* — (fig.) SE LAVER LES MAINS DE QUELQUE CHOSE. ● *Si vous ne suivez pas mon conseil, je me lave les mains de ce qui peut arriver :* je considère que je n'en serai pas responsable.
■ **lavable** adj. ● *Ce papier peint est lavable :* on peut le laver sans qu'il s'abîme.
■ **lavabo** nom m. ● *Sophie se brosse les dents au-dessus du lavabo*, une sorte d'évier utilisé pour la toilette.
■ **lavage** nom m. ● *J'ai terminé le lavage du sol.*
■ **lave-glace** nom m. ● *Le pare-brise de la voiture est sale ; appuie sur le bouton du lave-glace*, de l'appareil qui envoie un jet d'eau sur le pare-brise. — ● *Des lave-glaces.*
■ **lave-linge** nom m. inv. Machine à laver le linge.
■ **lave-vaisselle** nom m. invar. Machine à laver la vaisselle. — ● *Des lave-vaisselle.*

■ **laverie** nom f. Établissement équipé de machines à laver où l'on peut faire sa lessive en payant.
■ **laveur** nom. Personne dont le métier est de laver quelque chose. ● *Un laveur de carreaux.*
■ **lavoir** nom m. ● *Autrefois, on faisait la lessive dans des lavoirs*, dans des bassins aménagés pour cela dans les villages ou les quartiers.

laxatif adj. et nom m. ● *Un (médicament) laxatif*, contre la constipation.

laxisme nom m. Indulgence, tolérance excessive. ● *Le laxisme de certains parents rend leurs enfants paresseux et insolents.*

layette nom f. ● *Si vous voulez acheter des brassières, il faut aller au rayon de la layette*, des vêtements de bébé.

1. le, la, l', les articles définis. ● *Le chien et les chats de la voisine.* ★ Devant une voyelle ou un « h » muet, le et la deviennent l' (ex. : *l'arbre, l'histoire*). ★ Chercher aussi : au et du.

2. le, la, l', les pronoms personnels de la 3e personne, employés comme compléments d'objet direct. ● *Mon stylo ?, je ne le trouve pas ; ma règle ?, je ne la trouve pas non plus ; je les ai sûrement perdus.* ★ Devant une voyelle ou un « h » muet, le et la deviennent l' (ex. : *Je l'aime bien. — Cette maison, ils ne l'habitent plus*).

leader [lidœr] nom m. **1** Chef d'un parti politique, d'un mouvement. ● *Un leader syndical.* **2** ● *Ce coureur est leader de la course :* il est en tête, il mène la course.

lécher v. ● *Le chien lèche son assiette :* il passe sa langue dessus. □ v. pron. ● *Sabine se lèche souvent les lèvres.* ★ Conjug. 8.
■ **lèche-vitrines** nom m. (fam.) ● *Cet après-midi, nous avons fait du lèche-vitrines :* nous nous sommes promenés en regardant les vitrines des magasins.

leçon nom f. **1** ● *Corinne sait sa leçon*, ce qu'elle devait apprendre. **2** ● *Virginie prend des leçons de danse :* elle se fait enseigner la danse (→ SYN. cours).

3 FAIRE LA LEÇON À QUELQU'UN : lui faire des recommandations pour qu'il se conduise bien ou lui faire des reproches parce qu'il s'est mal conduit. **4 •** *Il n'a pas tenu ses promesses ; j'en ai tiré la **leçon*** (ou *cela m'a servi de **leçon**) : je ne lui ferai plus confiance : cette expérience m'a fait comprendre qu'on ne pouvait pas lui faire confiance.*

lecture nom f. **1 •** *Tu écris mal, la **lecture** de ta lettre n'est pas facile :* il n'est pas facile de la déchiffrer (→ lire). **2 •** *Je te déconseille la **lecture** de ce livre,* d'en prendre connaissance en le lisant. — **•** *Ce n'est pas une **lecture** pour toi,* un texte. **3 •** *Cet écrivain a fait la **lecture** de sa dernière pièce à ses amis :* il la leur a lue à haute voix.

■ **lecteur, -trice** nom — **•** *Ce journal a de nombreux **lecteurs**,* de nombreuses personnes qui le lisent. — **•** *Sylvie est une grande **lectrice** de bandes dessinées.*

légal adj. **•** *Ce qu'il a fait est **légal**,* conforme à la loi (→ CONTR. illégal).

■ **légalement** adv. **•** ***Légalement**, une personne est majeure à 18 ans,* suivant la loi.

■ **légaliser** v. **•** *Le gouvernement a **légalisé** l'avortement :* il a fait voter une loi qui l'autorise.

■ **légalité** nom f. **•** *Les gangsters ne respectent pas la **légalité**,* ce qui est légal.

légataire → léguer.

légende nom f. **1 •** *Une vieille **légende** dit que ce château est hanté,* un récit merveilleux que les gens se sont transmis au cours des siècles (→ légendaire). **2 •** *Il n'y a pas de **légende** sous ce dessin,* de petit texte qui explique de quoi il s'agit.

■ **légendaire** adj. **1 •** *La fée Mélusine est un personnage **légendaire**,* de légende (→ SYN. fabuleux, imaginaire ; CONTR. historique, sens 1). **2 •** *Sa paresse est **légendaire**,* bien connue.

léger adj. **1 •** *Cela ne coûtera pas cher d'expédier ce colis ; il est **léger** :* son poids est peu important (→ CONTR.

lourd). **2 •** *Céline marche d'un pas **léger**,* comme si elle touchait à peine la terre (→ CONTR. lourd, pesant). **3 •** *Laure porte une robe **légère*** (→ légèrement, sens 2 ; CONTR. chaud). **4 •** *Ce soir, je me contenterai d'un repas **léger**,* peu abondant (→ légèrement, sens 3 ; SYN. frugal ; CONTR. copieux). **5 •** *Myriam a le sommeil **léger** :* elle se réveille au moindre bruit (→ CONTR. lourd, profond). **6 •** *Il me semble avoir entendu un bruit **léger**,* faible (→ CONTR. fort). — **•** *Une blessure **légère**,* sans gravité (→ légèrement, sens 4). **7 •** *Il a un caractère **léger** :* il n'est pas sérieux (→ à la légère ; SYN. frivole).

■ **à la légère** loc. adv. **•** *Il a fait cette promesse **à la légère**,* sans réfléchir.

■ **légèrement** adv. **1 •** *Annie marche **légèrement*** (→ CONTR. lourdement, pesamment). **2 •** *Par cette chaleur, il vaut mieux s'habiller **légèrement**,* avec des vêtements légers (→ CONTR. chaudement). **3 •** *Nous avons mangé **légèrement*** (→ CONTR. abondamment, copieusement). **4 •** *Ce vase est **légèrement** fêlé,* un petit peu. **5 •** *Tu as agi trop **légèrement**,* avec trop d'insouciance, sans réfléchir assez.

■ **légèreté** nom f. **1 •** *Ces casseroles en aluminium sont d'une grande **légèreté**.* **2 •** *J'admire la **légèreté** des danseuses.* **3 •** *Tu t'es conduit avec **légèreté*** (→ SYN. frivolité, insouciance).

légion nom f. **1 •** *La Gaule a été conquise par les **légions** de Jules César,* des armées romaines composées de soldats à pied et à cheval. **2 •** *Ce militaire est dans la **Légion** (étrangère),* une troupe d'élite française constituée de volontaires de tous les pays. **3** LÉGION D'HONNEUR. **•** *Le président de la République a décidé de lui donner la **Légion d'honneur**,* une décoration pour récompenser ses mérites.

■ **légionnaire** nom m. **1** Soldat d'une légion romaine. **2** Militaire appartenant à la Légion étrangère.

législatif adj. **•** *La Chambre des députés et le Sénat sont des assemblées*

législatives, qui font les lois. ★ Chercher aussi : exécutif.
■ **législation** nom f. Ensemble de lois. ● *La* **législation** *française.* — ● *La* **législation** *commerciale.*

légitime adj. **1** ● *Ses réclamations sont* **légitimes**, *justes,* compréhensibles. **2** LÉGITIME DÉFENSE. ● *Quand il a tiré sur les bandits qui menaçaient de le tuer, il était en état de* **légitime défense** : il s'est défendu en faisant un acte normalement interdit par la loi, mais excusable dans ce cas.

léguer v. ● *Cette maison lui* **a été léguée** *par sa tante* : sa tante la lui a donnée par testament, il l'a hérité d'elle. ★ Conjug. 8.
■ **légataire** nom ● *Il est le* **légataire** *de sa tante* : la personne à qui on a légué quelque chose (→ SYN. héritier).

légume nom m. ● *Elle cultive des* **légumes** *dans son jardin potager*, des plantes que l'on mange (carottes, haricots, choux, etc.).

leitmotiv [lɛtmotiv] nom m. **1** En musique, air qui revient plusieurs fois. **2** Expression ou idée constamment répétée. ● *Vivre à la campagne, c'est son* **leitmotiv**. — ● *Des* **leitmotive**.

lemming [lemiŋ] nom m. Petit animal rongeur qui vit dans les régions froides.

lendemain nom m. ● *Ils sont venus chez nous dimanche dernier et sont restés jusqu'au* **lendemain**, le jour suivant (→ demain). — DU JOUR AU LENDEMAIN : en très peu de temps. ● *Il a changé d'avis* **du jour au lendemain**.

lent adj. ● *Les escargots se déplacent à une allure très* **lente** (→ CONTR. rapide). — ● *Brigitte est* **lente** *dans son travail*.
■ **lentement** adv. ● *Parle plus* **lentement** (→ CONTR. rapidement, vite).
■ **lenteur** nom f. ● *Les réparations de notre toit n'avancent qu'avec* **lenteur** (→ CONTR. rapidité).

lente nom f. Œuf de pou.

lentille nom f. **1** ● *Arnaud n'aime pas les* **lentilles**, un légume sec qui se présente sous forme de petites graines

brunes ou vertes, rondes et plates. **2** ● *Dans les microscopes, les jumelles, les objectifs d'appareils photo, etc., il y a des* **lentilles**, des disques de verre qui permettent de voir plus gros.

léopard nom m. Panthère d'Afrique dont la fourrure tachetée est très recherchée pour faire des manteaux.

lèpre nom f. Maladie très grave et contagieuse provoquant l'apparition de taches et parfois de plaies sur la peau. ● *La* **lèpre** *est encore répandue dans certains pays d'Afrique et d'Asie.*
■ **lépreux** adj. ● *J'ai vu la photo d'une personne* **lépreuse**, qui a la lèpre. □ nom ● *Un médecin qui soigne les* **lépreux**.

lequel, laquelle, lesquels, lesquelles pronoms relatifs et interrogatifs. **1** pronom relatif employé après une préposition. ● *Le chemin par* **lequel** *nous sommes passés est le plus court.* **2** pronom interrogatif. ● **Laquelle** *de ces trois personnes est la plus âgée ?* : quelle est celle des trois qui est la plus âgée ? ★ Chercher aussi : auquel, duquel, desquels.

lèse-majesté nom f. CRIME DE LÈSE-MAJESTÉ : acte qui porte atteinte à la personne du roi ou à son pouvoir.

léser v. ● *Tout le monde a eu deux parts de gâteau, sauf moi,* **j'ai été lésé** : je n'ai pas reçu ce à quoi j'avais droit (→ SYN. défavoriser, désavantager). ★ Conjug. 8.

lésiner v. ● *Nous n'allons pas* **lésiner** *sur la nourriture* : restreindre au strict minimum, se montrer avare.

lésion nom f. ● *Les chocs, les brûlures, les maladies provoquent des* **lésions**, des blessures qui abîment les organes du corps.

lessive nom f. **1** ● *Un baril de* **lessive**, un produit en poudre que l'on dissout dans l'eau pour laver. **2** FAIRE LA LESSIVE : laver du linge. ● *Pour que la* **lessive** *sèche, il faut l'étendre*, le linge lavé.
■ **lessiver** v. ● *On* **a lessivé** *les murs de la cuisine* : on les a lavés.
■ **lessiveuse** nom f. Grand récipient dans lequel on lave le linge en le faisant bouillir.

lest [lεst] nom m. Matière dont on charge un navire, un véhicule, pour le rendre plus stable. ● *Le lest d'un ballon dirigeable est constitué de sacs de sable que l'on jette pour monter plus haut.* — (fig.) LÂCHER (OU JETER) DU LEST. ● *Si aucun de ces deux pays n'accepte de lâcher du lest, cela risque de finir par une guerre, si aucun n'accepte de faire les sacrifices nécessaires pour que les choses s'arrangent.*
■ **lester** v. ● *Lester un navire, un ballon* : les charger de lest (→ CONTR. délester).

leste adj. ● *Grand-mère est encore leste malgré son âge* : elle a encore des mouvements souples et vifs (→ SYN. agile, alerte).

léthargie nom f. ● *Tu devrais sortir un peu de ta léthargie*, torpeur, engourdissement.
■ **léthargique** adj. *Sommeil léthargique*, très profond.

lettre nom f. **1** ● *Pour pouvoir lire, il faut connaître les lettres*, les signes de l'alphabet, avec lesquels on écrit. — EN TOUTES LETTRES, loc. adv. ● *Pouvez-vous m'écrire vos prénoms en toutes lettres ?*, sans abréviation. — À LA LETTRE, loc. adv. : exactement, fidèlement. ● *J'ai suivi tes bons conseils à la lettre.* **2** ● *J'ai envoyé une lettre à ma grand-mère*, un texte que j'ai écrit pour l'informer de quelque chose. **3** (au plur.) ● *Daniel préfère les lettres aux sciences*, la littérature, l'histoire, les langues.

leucémie nom f. Très grave maladie du sang.

1. leur pronom personnel inv. de la 3ᵉ personne du pluriel, employé comme complément d'objet indirect. ● *Je leur ai joué un bon tour*, à eux ou à elles. ★ Ne pas confondre avec *2. leur*, adj. ou pronom poss.

2. leur adj. et pronom poss. **1** adj. poss. ● *Nos voisins sont partis en vacances avec leurs enfants et leur chat*, avec les enfants et le chat qui sont à eux. **2** pron. poss. LE LEUR, LA LEUR, LES LEURS. ● *Nous avons échangé nos places contre les leurs*, les places qu'ils avaient. ★ Ne pas confondre avec *1. leur*.

leurre nom m. **1** ● *Le pêcheur a mis un leurre au bout de sa ligne*, un appât artificiel qui imite la forme d'un animal. **2** ● *Cette si belle promesse n'est qu'un leurre*, quelque chose qui donne de fausses espérances, un piège (→ leurrer).
■ **leurrer** v. ● *Il est furieux contre ceux qui l'ont leurré*, qui l'ont trompé, dupé. □ v. pron. ● *Je pensais réussir, mais je me leurrais* (→ SYN. s'illusionner, se tromper).

levain nom m. ● *Du pain au levain*, fait avec une pâte dans laquelle on a mis de la levure pour qu'elle gonfle (→ 1. lever, sens 8 ; levure).

levant adj. et nom m. **1** adj. ● *Le soleil levant*, en train de se lever (→ CONTR. couchant). **2** nom m. ● *Le levant* : la direction où le soleil se lève ; SYN. est, orient ; CONTR. couchant).

levée nom f. **1** ● *Marc voudrait poster sa lettre avant la prochaine levée*, le moment où l'employé des postes ramasse le courrier dans la boîte aux lettres. **2** ● *Grâce à mon atout, c'est moi qui ai fait la levée*, qui ai gagné un coup et ramassé les cartes des autres joueurs. **3** ● *Les champs sont protégés des crues du fleuve par une levée de terre*, une digue.

1. lever v. **1** ● *Ils ont réussi à lever cette énorme caisse à l'aide d'une grue, à la faire monter* (→ SYN. élever, soulever ; CONTR. descendre). **2** ● *Le gagnant a levé les bras en signe de victoire* : il les a dirigés vers le haut (→ CONTR. baisser). — ● *Regarde-moi, lève la tête* (→ SYN. redresser, relever). **3** ● *Le chien de chasse a levé un lièvre* : il l'a fait s'enfuir. **4** ● *Le président a levé la séance* : il a déclaré qu'elle était terminée (→ SYN. clôturer, clore ; CONTR. ouvrir). **5** ● *Le maître a levé la punition* : il l'a supprimée. **6** ● *Le roi a levé une armée pour partir en guerre* : il a engagé des soldats pour former une armée. **7** ● *La récolte est proche, le* *blé commence déjà à* **lever**, à sortir de terre (→ SYN. pousser). **8** ● *La pâte à pain* **lève** : elle se gonfle (→ levain ; levure). ★ Conjug. 8.

■ **se lever** v. pron. **1** ● *François* **s'est levé** *brusquement de sa chaise* : il s'est mis debout. **2** ● *J'ai regardé le soleil* **se lever**, *apparaître à l'horizon* (→ levant ; 2. lever, sens 1 ; CONTR. se coucher). **3** ● *Ce matin, je* **me suis levé** *très tôt* : je suis sorti du lit (→ 2. lever, sens 2 ; CONTR. se coucher). **4** ● *Tout à coup le vent* **s'est levé** : il a commencé à souffler.

2. lever nom m. **1** ● *Les alpinistes ont quitté le refuge au* **lever** *du jour, au moment où le jour se lève.* **2** ● *Je le préviendrai dès son* **lever**, *dès qu'il sortira du lit.* **3** ● *Tâchons d'arriver au théâtre avant le* **lever** *du rideau, le moment où le rideau se lève, où le spectacle commence.*

levier nom m. **1** ● *Pour soulever cette caisse, il faudrait un* **levier**, *une barre rigide que l'on glisse sous les objets lourds pour les soulever, les basculer.* **2** ● *Un* **levier** *de commande* : une tige de métal que l'on tire ou que l'on pousse pour faire marcher un mécanisme (→ SYN. commande, manette). — ● *Le* **levier** *(de changement) de vitesse de la voiture.*

levrier

levraut nom m. Jeune lièvre.

lèvre nom f. ● *Marion fait une grimace en plissant les* **lèvres**, *le tour de la bouche.* — (fig.) MANGER DU BOUT DES LÈVRES : manger sans appétit. — RÉPONDRE DU BOUT DES LÈVRES : répondre à peine, sans enthousiasme.

levrette nom f. Femelle du lévrier.

lévrier nom m. Chien au corps très fin et aux longues pattes. ● *Regarde comme ce* **lévrier** *court vite.*

levure nom f. ● *Dans la pâte du gâteau, j'ai mis un sachet de* **levure**, *un produit qui fait lever la pâte* (→ 1. lever, sens 8 ; levain).

lexique nom m. **1** ● *Elle cherche ce mot dans son* **lexique** *français-anglais, son petit dictionnaire.* **2** ● *Le* **lexique** *de la langue française* : l'ensemble des mots de cette langue (→ SYN. vocabulaire).

lézard nom m. **1** ● *Un* **lézard** *vert s'est glissé entre les pierres, un petit reptile à quatre pattes et à longue queue.* **2** ● *Un portefeuille en* **lézard**, fait en peau de lézard.

lézarde nom f. ● *Il y a des* **lézardes** *sur la façade de la maison, des fentes profondes et irrégulières* (→ SYN. fissure).

■ **se lézarder** v. pron. ● *Ce vieux mur* **s'est lézardé** : il s'est fendu en un ou plusieurs endroits (→ SYN. se fissurer).

liaison nom f. **1** ● *Comprends-tu la* **liaison** *entre ces deux idées ?, leur rapport, ce qui les relie* (→ lier ; SYN. enchaînement). **2** ● *L'avion ne répond plus : la* **liaison** *radio a été coupée, la transmission, le contact par radio.* **3** ● *Le train n'assure plus la* **liaison** *entre ces deux villes, la communication.* **4** ● *Quand tu prononces :* «*Un gros ours*» [œgrozurs], *tu fais la* **liaison** *entre* «*gros*» *et* «*ours*» : tu ne sépares pas ces deux mots, tu prononces la consonne qui termine «*gros*», parce que le mot suivant commence par une voyelle.

liane nom f. ● *Pour descendre de l'arbre, Tarzan se laisse glisser le long d'une* **liane**, *une longue tige souple qui grimpe et s'accroche aux arbres des forêts tropicales.*

liasse nom f. ● *Il a sorti de sa poche une* **liasse** *de billets*, un paquet de billets attachés ensemble (→ lier).

libeller v. ● *Libelle bien l'adresse sur l'enveloppe* : écris-la soigneusement, comme il faut (→ SYN. rédiger).

libellule nom f. ● *Une* **libellule** *s'est posée près de l'étang*, un insecte au corps allongé et aux quatre longues ailes transparentes.

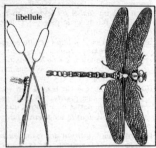

libellule

libéral adj. 1 ● *Un médecin, un avocat, un architecte ont une profession* **libérale**, qu'ils exercent librement, sans patron (→ Chercher aussi : honoraires. 2 ● *Il a des idées* **libérales**, des idées larges (→ SYN. tolérant). 3 ● *Un gouvernement* **libéral**, qui respecte la liberté de chacun.

libération nom f. 1 ● *La* **libération** *des otages a eu lieu ce matin* : on les a relâchés (→ libérer, sens 1 ; CONTR. emprisonnement). 2 ● *Ce pays va fêter sa* **libération**, le départ des étrangers qui l'occupaient (→ libérer, sens 2 ; CONTR. occupation).

■ **libérer** v. 1 ● *On va* **libérer** *ce prisonnier*, le relâcher, lui rendre sa liberté (→ CONTR. emprisonner). 2 ● *Ils veulent chasser le dictateur pour* **libérer** *leur pays*, pour le délivrer. 3 v. pron. ● *Excusez mon retard, je n'ai pas pu* **me libérer** *plus tôt*, quitter mes occupations, me rendre libre (→ libre, sens 4). ★ Conjug. 8.

■ **liberté** nom f. 1 ● *Ne l'oblige pas à venir, laisse-lui sa* **liberté**, le droit de faire, de penser ou de dire ce qu'il veut (→ libre, sens 1). 2 ● *L'oiseau sort de sa cage et retrouve la* **liberté** (→ libre, sens 2 ; CONTR. captivité).

libraire nom ● *La* **libraire** *m'a conseillé ce roman*, la personne qui vend des livres.

■ **librairie** nom f. ● *Julie a acheté son dictionnaire dans cette* **librairie**, ce magasin où l'on vend des livres.

libre adj. 1 ● *Rien ne t'empêche de partir, tu es* **libre** : tu peux choisir de faire (de dire, de penser) ce que tu veux. 2 ● *Il est sorti de prison, il est* **libre** (→ CONTR. captif). 3 ● *Nous vivons dans un pays* **libre**, qui n'est pas sous l'autorité d'un dictateur ou d'un autre pays (→ SYN. indépendant). 4 ● *Viens me voir dès que tu seras* **libre** (→ CONTR. occupé). — *J'ai du temps* **libre** *le mercredi*. 5 ● *Cécile va dans une école* **libre**, qui n'est pas organisée par l'État (→ SYN. privé ; CONTR. public). 6 ● *Dans ce wagon, il reste une place* **libre**, que personne n'occupe. 7 ● *Maintenant, tu peux avancer, le chemin est* **libre** : rien n'empêche de passer. 8 DONNER LIBRE COURS À ● *Il a donné libre cours à sa colère* : il l'a exprimée sans se retenir. 9 AVOIR LE CHAMP LIBRE : pouvoir agir sans que rien ne vous en empêche.

■ **librement** adv. 1 ● *Tu peux entrer* **librement**, sans restriction, sans aucune contrainte (→ libre, sens 1). 2 ● *Nous avons parlé très* **librement**, avec franchise, sans retenue.

libre-service nom m. ● *Nous avons fait les courses dans un* **libre-service**, un magasin où l'on se sert soi-même. — *Des libres-services*.

librettiste nom m. En musique, auteur de livrets d'opéra ou d'opérette.

lice nom f. ENTRER EN LICE. ● *Les adversaires vont entrer en lice* : s'engager dans un combat ou dans une controverse.

licence nom f. 1 ● *Après son bac, Jérôme voudrait préparer une* **licence** *d'anglais*, un diplôme d'études supérieures

qui s'obtient généralement en trois ans.
2 • *Philippe a une **licence** de la Fédération française de tennis*, une carte de
membre de cette fédération sportive.
■ **licencié** nom **1** • *Un **licencié** en
droit* : une personne qui a réussi les
examens de la licence. **2** • *La Fédération française de judo a de nombreux
licenciés*, des personnes qui appartiennent à cette fédération sportive.

licencier v. • *Le directeur de l'usine **a
licencié** des ouvriers* : il les a renvoyés
(→ SYN. congédier ; CONTR. embaucher).
★ Conjug. 10. □ adj. • *Les employés
licenciés*.
■ **licenciement** nom m. • *Il cherche
du travail depuis son **licenciement***,
son renvoi.

lichen [likɛn] nom m. • *Les pierres de ce
vieux puits sont couvertes de **lichen***,
une plante qui ressemble à de la
mousse sèche et pousse sur l'écorce
des arbres, les rochers, les toits.

licite adj. • *Cette activité est tout à fait
licite*, permise par la loi (→ CONTR. illicite).

licorne nom f. Animal imaginaire que
l'on représente comme un cheval avec
une longue corne au milieu du front.

licou nom m. Courroie de cuir que l'on
met autour du cou des chevaux et des
ânes pour les conduire.

lie nom f. • *La **lie** du vin*, la sorte de boue
qui se dépose au fond des bouteilles,
des tonneaux.

liège nom m. • *Ce bouchon est en **liège***,
une matière légère et élastique qui
vient de l'écorce du chêne-liège.

lier v. **1** • *On lui **a lié** les mains avec une
corde* (→ lien, sens 1 ; SYN. attacher ;
CONTR. délier). **2** • *La victoire du champion dépend de sa santé, ces deux
choses **sont liées*** : il y a des rapports
entre elles (→ lien, sens 2 ; SYN. relier).
3 • *Leur passion des timbres les **a
liés** rapidement* : elle les a rapprochés,
unis. □ v. pron. • *Adèle **s'est liée** avec
les Martin* : ils sont devenus amis.
4 • *Je **suis lié** par ma promesse* : je suis

obligé de la tenir (→ SYN. engager).
★ Conjug. 10.
■ **lien** nom m. **1** • *Une corde, une
ficelle, une courroie peuvent être utilisées comme **liens***, comme choses qui
servent à lier, à attacher. **2** • *Il y a
un **lien** entre ces deux événements*, un
rapport. **3** • *Les **liens** de parenté* :
ce qui unit les personnes d'une même
famille. — • *«Quel est leur **lien** de
parenté ?» «Ils sont cousins.»*

lierre nom m. • *Ce tronc d'arbre est couvert de **lierre***, une plante grimpante
aux feuilles toujours vertes et qui s'accroche aux murs, aux troncs d'arbres.

lieu nom m. **1** • *Quel est votre **lieu** de
naissance ?*, l'endroit où vous êtes né.
2 AVOIR LIEU. • *La fête **aura lieu** dans
la cour de l'école* : elle se passera là
(→ SYN. se tenir). — • *Ces événements
ont eu lieu il y a 20 ans* : ils se
sont produits, ils se sont passés il y a
20 ans. **3** AU LIEU DE, loc. prép. • *Il a
employé un mot **au lieu d'**un autre*, à
la place d'un autre (→ SYN. pour). —
TENIR LIEU DE. • *Cette couverture me **tient
lieu** de manteau* : elle le remplace,
elle en fait fonction. **4** AVOIR LIEU DE. • *Sa
maladie n'est pas grave, je **n'ai** pas
lieu de m'inquiéter* : je n'ai pas de
raisons de m'inquiéter. **5** DONNER LIEU À.
• *La visite de la reine **a donné lieu**
à de grandes fêtes* : elle en a fourni
l'occasion (→ SYN. produire, provoquer).

lieu commun nom m. • *Ce qu'il dit est
sans intérêt ; ce ne sont que des **lieux
communs***, des choses banales, que tout
le monde dit (→ SYN. cliché, banalité).

lieu-dit ou **lieudit** nom m. • *Notre maison de campagne se trouve au **lieu-
dit** «Les Trois Bornes»*, à l'endroit qui
porte ce nom sans être vraiment ni
une ville ni un village. — • *Des **lieuxdits** (ou **lieuxdits**)*.

lieue nom f. Ancienne mesure de distance (environ 4 km). — • *Le Petit
Poucet a mis des bottes de sept **lieues***,
qui faisaient de très grands pas.

lieutenant nom m. • *Le **lieutenant** commande aux soldats, mais il obéit au
capitaine*, un officier. ★ VOIR p. 433.

■ **lieutenant-colonel** nom m. Officier supérieur dont le grade est juste en dessous de celui de colonel.

lièvre nom m. **1** • *Les chiens n'ont pas réussi à rattraper le **lièvre**,* une sorte de lapin sauvage. **2** (fig.) COURIR COMME UN LIÈVRE : courir très vite. — COURIR DEUX LIÈVRES À LA FOIS. • *Tu ne peux pas étudier en même temps le violon et le piano, il ne faut pas **courir deux lièvres à la fois**,* vouloir faire plusieurs choses à la fois.

ligament nom m. • *Ce coureur s'est déchiré un **ligament** du pied,* un ensemble de fibres qui relient les os d'une articulation.

ligature nom f. Lien servant à ligaturer.
■ **ligaturer** v. • *Le médecin **ligature** une artère.* — • *Le jardinier **ligature** des branches :* serrer, fixer avec un lien, une ligature.

ligne nom f. **1** • *L'avion trace une **ligne** dans le ciel,* un trait continu. — • *Une **ligne** droite, courbe, brisée.* — • *Disposer des piquets en **ligne** (→ aligner).* **2** • *La balle de tennis est tombée sur la **ligne**,* la bande blanche qui marque la limite du terrain. **3** • *Éric a lu la première **ligne** du texte,* les mots qui se suivent à la même hauteur sur la page. — • *Aller à la **ligne** ?,* passer à la ligne inférieure. **4** • *Une **ligne** d'autobus,* le trajet que suit cet autobus. **5** • *Le pêcheur attache sa **ligne** au bout d'une canne à pêche,* un fil de nylon muni d'un hameçon. **6** • *On installe une nouvelle **ligne** électrique,* des câbles qui conduisent l'électricité. **7** • *Tu ne manges plus de pain ; c'est pour garder la **ligne** ?,* pour rester mince. **8** LIGNE DE CONDUITE. • *Elle a toujours suivi la même **ligne** de conduite,* les mêmes principes, les mêmes règles dans sa vie. **9** SUR TOUTE LA LIGNE : complètement, totalement. • *Il s'est trompé **sur toute la ligne**.*

lignée nom f. Suite des descendants d'une personne.

lignite nom m. Roche fossile combustible qui ressemble à du charbon.

ligoter v. • *Dans ce film, les cambrioleurs **ont ligoté** le gardien :* ils lui ont attaché solidement les bras et les jambes.

ligue nom f. • *La **Ligue** des Droits de l'Homme :* une association pour défendre les droits de l'homme (→ SYN. union).
■ **se liguer** v. pron. • *Tous mes camarades sans exception **se sont ligués** pour me défendre :* ils se sont rassemblés, unis.

lilas nom m. • *Nous avons cueilli des branches de **lilas**,* un arbuste aux fleurs en grappes, blanches ou violettes.

lilas

limace nom f. • *Une grosse **limace** rampe sur une feuille de salade,* une sorte d'escargot sans coquille.

limande nom f. • *Ce soir, nous mangerons des filets de **limande**,* un poisson de mer ovale et plat.

lime nom f. Outil qui sert à user, à polir. • *Une **lime** à métaux ; une **lime** à ongles.*
■ **limer** v. • *Le prisonnier **lime** les barreaux de sa fenêtre :* il les use avec une lime.

limier nom m. **1** • *C'est un fin **limier** :* chien de chasse. **2** (fig.) Policier, détective, qui suit une trace.

limite nom f. **1** • *La barrière marque la **limite** de notre terrain,* l'endroit où il se termine (→ délimiter, limitrophe ;

SYN. frontière). **2** ● *Elle ne peut plus s'inscrire dans cette école, elle a dépassé la **limite** d'âge,* l'âge où cela ne devient plus possible. □ adj. ● *Ce lait n'est plus bon après la date **limite**,* la date qu'il ne faut pas dépasser (→ limiter, sens 1). **3** ● *Le coureur cycliste est allé jusqu'à la **limite** de ses forces,* jusqu'au bout. **4** (fig.) DÉPASSER LES LIMITES. ● *Je veux bien être gentil avec lui, mais en demandant cela, il **dépasse les limites** :* il exagère, il va trop loin, il dépasse les bornes.

■ **limiter** v. **1** ● *Sur les routes, on a **limité** la vitesse à 90 km/h :* on a décidé qu'il serait interdit de dépasser cette vitesse (→ limitation). **2** v. pron. ● *Tu as trop de projets, il faut savoir **se limiter**,* ne pas en faire trop. — SE LIMITER À. ● *Il n'a pas vraiment rangé la cuisine, il **s'est limité** à faire la vaisselle :* il a fait cela et rien de plus (→ SYN. se borner à).

■ **limitation** nom f. ● *Maman respecte la **limitation** de vitesse,* les limites de vitesse fixées par la loi.

limitrophe adj. ● *L'Italie et la France sont des pays **limitrophes**,* qui ont une frontière commune (→ limite, sens 1).

limon nom m. ● *Ce fleuve a déposé du **limon** sur ses rives,* une terre légère et fertile (→ SYN. alluvions).

limonade nom f. ● *Aïcha aime bien la **limonade**,* une boisson gazeuse au goût sucré.

limpide adj. **1** ● *L'eau de la source est **limpide**,* claire et transparente (→ CONTR. opaque, trouble). **2** (fig.) ● *Son discours est **limpide**,* parfaitement clair, facile à comprendre (→ CONTR. obscur).

■ **limpidité** nom f. ● *La **limpidité** de l'eau, du ciel* (→ SYN. clarté).

lin nom m. Plante à fleurs bleues dont la fibre sert à faire des tissus, du fil à coudre, et dont la graine donne de l'huile utilisée en peinture. ● *Un drap de **lin**,* en fil de lin.

linceul nom m. ● *On a enveloppé le mort dans un **linceul**,* un drap spécial.

linéaire adj. **1** *Une longueur est exprimée en mètres **linéaires** et une surface en mètres carrés.* **2** *Qui rappelle une ligne.* — ● *Un arbre aux feuilles **linéaires**.* — ● *Un récit **linéaire**.*

linge nom m. **1** ● *Le **linge** de maison,* l'ensemble des pièces de tissus qui servent dans une maison (draps, torchons, serviettes, etc.). **2** ● *Le **linge** de corps :* les sous-vêtements et les vêtements en tissu léger (chemises, chaussettes, etc.).

■ **lingerie** nom f. **1** ● *Il a déposé les draps sales à la **lingerie** de l'hôtel,* l'endroit où on lave et repasse le linge. **2** ● *Au premier étage du grand magasin, vous trouverez toute la **lingerie** féminine,* les sous-vêtements, les bas et les chemises de nuit pour femmes.

lingot nom m. ● *On verse le métal fondu dans un moule pour fabriquer un **lingot** d'or,* un bloc d'or moulé.

linoléum [linɔleɔm] (abrév. *lino*) nom m. ● *Le sol de la cuisine est recouvert de **linoléum**,* un revêtement de sol imperméable.

linotte nom f. **1** Petit oiseau au plumage marron et rouge. **2** (fig.) TÊTE DE LINOTTE. ● *Quelle **tête de linotte** !,* quel étourdi !

linteau nom m. ● *Frédéric est trop grand, il s'est cogné au **linteau** de la porte :* ce qui ferme le haut d'une ouverture de porte, d'une fenêtre.

lion nom m., **lionne** nom f. Grand fauve d'Afrique et d'Asie. **1** ● *Au zoo, Sophie a admiré la crinière des **lions**.* — ● *La **lionne** a chassé toute la nuit.* **2** (fig.) LA PART DU LION : la part la plus grosse, celle qui revient au plus fort.

■ **lionceau** nom m. Petit du lion et de la lionne.

lipide nom m. ● *Il faut éviter les repas trop riches en **lipides*** (→ SYN. graisse).

liqueur nom f. ● *Après le repas, grand-père a bu un verre de **liqueur**,* une boisson alcoolisée sucrée (→ SYN. digestif).

liquide nom m. **1** ● *L'eau, le lait et le vin sont des **liquides**,* des substances qui

coulent. □ adj. ● *Rajoute un peu d'eau,
ta peinture sera plus liquide, moins
épaisse* (→ liquéfier). ★ Chercher aussi :
fluide, gaz, solide. **2** ● *Elle va payer par
chèque, car elle n'a plus de liquide,*
d'argent sous forme de pièces et de billets. □ adj. ● *De l'argent liquide.*
■ **liquéfier** v. **1** ● *La chaleur a liquéfié la cire de la bougie : elle l'a rendue liquide.* □ v. pron. ● *Dans le four,
le beurre s'est liquéfié : il est devenu*
liquide (→ SYN. fondre). ★ Conjug. 10.

liquider v. **1** ● *Ce commerçant liquide
ses marchandises :* il les vend à bas
prix, pour s'en débarrasser (→ SYN. brader, solder). **2** (fam.) ● *Les bandits ont
liquidé un témoin gênant :* ils l'ont tué
pour s'en débarrasser.
■ **liquidation** nom f. **1** ● Vente à bas
prix, au rabais. ● *La liquidation de ses
stocks lui rapportera un peu d'argent.*
2 ● *Ils attendent la liquidation de
leur héritage,* que les comptes soient
réglés, que les partages soient faits.
3 (fam.) ● *La liquidation d'un témoin
gênant.*

1. lire v. **1** ● *Thierry veut apprendre
à lire,* à comprendre ce qui est écrit
(→ lisible). **2** ● *Le pianiste lit les notes
de la partition* (→ SYN. déchiffrer).
3 ● *J'ai lu les nouvelles dans le journal :* j'en ai pris connaissance. **4** ● *Le
ministre a lu son discours :* il a dit
à voix haute ce qu'il avait écrit, il l'a
prononcé. **5** (fig.) ● *Il est heureux, on
le lit sur son visage,* on voit les signes
qui le montrent. ★ Conjug. 45.
■ **lisible** adj. ● *Une écriture lisible,*
facile à lire (→ CONTR. illisible).
■ **lisiblement** adv. ● *Si tu veux qu'elle
comprenne ta lettre, écris lisiblement,*
de manière lisible.

2. lire nom f. Monnaie italienne. ● *À
Rome, Hélène a acheté ce vase pour
trois mille lires.*

lis ou **lys** [lis] nom m. ● *Pour faire un beau
bouquet, prends trois roses et deux lis,*
de grandes fleurs blanches très parfumées. — ● *La fleur de lys était
l'emblème des rois de France.*

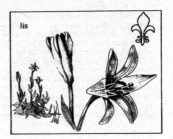

lis

liseré [lizre] ou **liséré** [lizere] nom m.
1 ● *Le bas de sa jupe est bordé d'un
liseré blanc :* ruban étroit. **2** (fig.) Ce
qui évoque une bande étroite. ● *Un
liseré de ciel bleu.*

liseron [lizrɔ̃] nom m. ● *Ce liseron a
grimpé jusqu'au toit,* une plante grimpante aux fleurs en forme de cornet.

lisible, lisiblement → lire.

lisière nom f. **1** ● *Agathe découpe une
bande de tissu le long de la lisière,* de
la bordure du tissu. **2** ● *J'ai cueilli ces
champignons à la lisière du bois,* au
bord, à la limite du bois (→ SYN. orée).

lisse adj. ● *Le cuir de ton sac est lisse,*
doux et uni, sans rien qui dépasse
(→ CONTR. granuleux, rugueux).
■ **lisser** v. ● *Ce pigeon lisse ses plumes avec son bec :* il les rend lisses.

liste nom f. ● *Dorothée a écrit la liste des
élèves de la classe,* la suite des noms
inscrits les uns après les autres.

lit nom m. **1** ● *Denis et Bruno couchent
dans des lits superposés,* des meubles
sur lesquels on dort (→ literie). — ALLER
AU LIT : se coucher. — GARDER LE LIT : rester
au lit quand on est malade (→ s'aliter). — AU SAUT DU LIT : dès le réveil.
2 ● *L'eau a débordé du lit de la rivière,*
du creux où elle coule d'habitude.
■ **literie** nom f. ● *Quand je fais mon lit
à fond, j'aère bien la literie,* l'ensemble
des objets qui garnissent un lit : sommier, matelas, draps, couvertures, traversin, oreiller.

■ **litière** nom f. **1** ● *Dans l'étable, le fermier change la litière des vaches :* la paille qui leur sert de lit. — ● *La litière pour les chats, pour les cochons d'Inde :* le sable dans lequel on leur fait faire leurs besoins. **2** ● *Autrefois, certains rois voyageaient en litière,* un lit couvert porté par des hommes ou traîné par des animaux.

lithographie nom f. (abrév. *litho*) ● *Cet artiste qui dessine sur une pierre plate et très lisse est en train de faire de la lithographie.* — ● *Une lithographie :* une image reproduite à partir d'une pierre spéciale sur laquelle on a dessiné.

litige nom m. ● *Puisqu'ils n'arrivent pas à se mettre d'accord, aide-les à régler ce litige,* ce désaccord, cette dispute, ce différend.

■ **litigieux** adj. ● *Il n'a pas forcément raison, c'est une question litigieuse,* qui provoque des contestations.

litre nom m. **1** Unité de mesure de capacité, de contenance. ● *Cette cruche contient un litre de lait.* — ● *Dans 1 litre, il y a 100 centilitres, 10 décilitres ; il faut 10 litres pour faire 1 décalitre, et 100 litres pour faire 1 hectolitre.* **2** ● *N'oublie pas d'emporter ce litre vide, pour le rendre à l'épicière,* cette bouteille qui a une contenance d'un litre. ★ VOIR p. 931.

littérature nom f. ● *Tous les livres, les pièces de théâtre, les poèmes écrits par des auteurs font partie de la littérature,* l'ensemble des œuvres écrites.

■ **littéraire** adj. ● *J'ai regardé à la télévision une émission littéraire,* qui parle de littérature, des écrivains et de leurs œuvres. — ● *Une œuvre littéraire,* qui appartient à la littérature. — ● *Sandrine a commencé des études littéraires.*

littoral adj. ● *Les régions littorales,* qui sont au bord de la mer. □ nom m. ● *Le littoral méditerranéen :* la côte, le rivage de la Méditerranée.

livide adj. ● *Le blessé avait le visage livide,* très pâle (→ SYN. blafard, blême).

living-room [liviŋʁum] ou **living** nom m. ● *Nous avons dîné avec nos amis dans le living-room,* la salle de séjour.

livraison → livrer.

1. livre nom m. **1** ● *Mon père m'a offert un beau livre* (→ SYN. (fam.) bouquin). — ● *Les pages, le dos d'un livre ; un livre en un, en deux volumes.* — ● *Aude a oublié son livre de géographie* (→ SYN. 2. manuel). **2** ● *Il inscrit ses dépenses sur son livre de comptes,* le cahier où il marque ses comptes.

■ **livret** nom m. Petit livre mince (→ SYN. carnet). ● *Le livret scolaire :* le carnet où les professeurs marquent les notes et les appréciations. — ● *Le livret de famille :* le carnet où sont inscrits tous les renseignements sur une famille (mariages, naissances, décès). — ● *Un livret de caisse d'épargne.*

2. livre nom f. ● *Achète-moi une livre de tomates,* un demi-kilo.

3. livre nom f. **1** Monnaie de la Grande-Bretagne et d'autres pays (Australie, Égypte, Israël, etc.). ● *En rentrant d'Angleterre, il ne lui restait plus qu'une livre.* **2** Ancienne monnaie française remplacée par le franc.

livrée nom f. ● *Le portier du grand hôtel a une livrée rouge,* un uniforme spécial. — ● *À la cour de Versailles, les valets du roi portaient une livrée.*

livrer v. **1** ● *Demain, on doit nous livrer la nouvelle machine à laver,* l'apporter chez nous (→ livraison, livreur). **2** ● *Les gendarmes ont livré le meurtrier à la justice* (→ SYN. remettre). □ v. pron. ● *Le voleur s'est livré à la police :* il s'est rendu. **3** ● *Elle n'a pas voulu livrer son complice,* le dénoncer. **4** ● *Dominique m'a livré son secret :* il me l'a confié. □ v. pron. ● *Isabelle se livre facilement :* elle parle d'elle-même, elle se confie. **5** ● *Ces deux armées ont livré bataille :* elles se sont battues.* SE LIVRER À. v. pron. ● *Il s'est livré à des plaisanteries stupides :* il les a faites. — ● *Pendant ses vacances, Daniel se livre à la natation* (→ SYN. s'adonner).

■ **livraison** nom f. ● *Elle attend avec impatience la livraison de son piano, qu'on le lui livre.*

■ **livreur** nom ● *Les livreurs ont eu du mal à monter le canapé par l'escalier, ceux qui livrent les commandes à domicile.*

livret nom m. **1** Carnet sur lequel on inscrit des indications. ● *Livret scolaire, livret de famille, livret militaire, livret de caisse d'épargne.* **2** En musique, texte d'un opéra ou d'une opérette.

lobe nom m. ● *Pour porter ces jolis anneaux, Caroline s'est fait percer le lobe des oreilles,* la partie arrondie en bas des oreilles.

local adj. et nom m. **1** adj. ● *Quel est le nom du journal local?,* du journal de la région. **2** adj. ● *Le médecin lui conseille un traitement local,* qui concerne seulement une partie du corps. **3** nom m. ● *Notre club cherche un local,* un endroit où s'installer (bâtiment, salle).

■ **localement** adv. ● *Demain il pourra pleuvoir localement,* dans certains endroits, certaines régions.

■ **localiser** v. **1** ● *Il a réussi à localiser ces bruits,* à trouver, à déterminer l'endroit précis d'où ils viennent. **2** v. pron. ● *La guerre se localise dans le nord du pays :* elle est limitée à cette région, à cet endroit (→ CONTR. s'étendre, se généraliser).

■ **localité** nom f. ● *Une localité de la banlieue parisienne,* une petite ville.

locataire nom ● *Cet appartement ne lui appartient pas, il n'en est que le locataire,* une personne qui loue un logement, qui paie un loyer pour y habiter (→ 1. louer, sens 2). ★ Chercher aussi : propriétaire.

■ **location** nom f. **1** ● *Pour les vacances, mes parents cherchent une maison en location,* à louer. — ● *Cette villa n'est pas à nous, c'est une location,* une villa que nous avons louée. — ● *Une voiture de location,* que l'on a louée. **2** ● *La location des places de théâtre est ouverte,* leur réservation.

locomotion nom f. ● *La bicyclette, la voiture, le train, l'avion sont des moyens*

de *locomotion,* des moyens pour se déplacer (→ SYN. déplacement, transport).

locomotive nom f. ● *La locomotive électrique entre en gare, la machine qui tire les trains.* ★ Chercher aussi : motrice.

locution nom f. **1** ● *« Sur » est une préposition, « au-dessus de » est une locution prépositive,* un groupe de mots qui a le même sens et la même fonction qu'un seul mot. **2** ● *« En un clin d'œil » est aussi une locution,* un groupe de mots très souvent employés ensemble.

loden [lɔdɛn] nom m. ● *Pour l'hiver, mes parents m'ont acheté un loden,* un manteau en tissu de laine épais et imperméable.

loge nom f. **1** ● *En entrant dans l'immeuble, tu passeras devant la loge du concierge,* le petit appartement où il habite (→ loger). **2** ● *Avant le spectacle, les acteurs se maquillent dans leurs loges,* des pièces où ils peuvent se préparer, se reposer. **3** ● *Au théâtre, nous avons loué une loge au premier balcon,* un compartiment qui contient plusieurs places. — (fig.) ÊTRE AUX PREMIÈRES LOGES. ● *Pour admirer le feu d'artifice du 14 Juillet, nous étions aux premières loges :* nous étions très bien placés.

loger v. **1** ● *Je loge dans un immeuble du quartier :* j'y habite (→ logement ; SYN. demeurer, vivre). □ v. pron. ● *Il voudrait se loger plus près de Lyon,* trouver un logement. **2** ● *Bernard est très bien logé,* bien installé. **3** ● *Cet hôtel peut loger quarante personnes,* les recevoir pour qu'elles habitent là (→ SYN. abriter, héberger). **4** ● *François est un excellent tireur, il a logé cinq balles dans la cible :* il les y a fait entrer (→ SYN. placer). □ v. pron. ● *La flèche s'est logée dans le tronc d'arbre.* ★ Conjug. 5.

■ **logement** nom m. ● *Nous cherchons un logement dans le centre de la ville,* un endroit où habiter, un appartement ou une maison.

■ **logeur** nom. Personne qui loue des chambres meublées. ● *Sa logeuse voudrait qu'il fasse moins de bruit.*

■ **logis** nom m. (littér.) ● *Après une journée de travail, le paysan rentre au logis*, à l'endroit où il habite, chez lui (→ SYN. maison).

loggia [lɔdʒja] nom f. ● *J'ai planté des géraniums sur la loggia*, un balcon couvert.

logique adj. et nom f. **1** adj. ● *Si tu ne vois pas clair, il faut allumer la lumière, c'est logique* : c'est raisonnable, plein de bon sens (→ CONTR. illogique). **2** adj. ● *Ton raisonnement est logique*, clair, les idées s'enchaînent bien (→ SYN. cohérent ; CONTR. absurde). **3** nom f. ● *Je n'arrive pas à comprendre son explication, elle manque de logique* (→ SYN. bon sens, raison).

logis → loger.

loi nom f. **1** ● *Il respecte la loi*, l'ensemble des règles de la société qui nous indiquent ce qui est permis et ce qui est interdit (→ légal). **2** ● *Les députés ont voté une loi*, un règlement précis auquel on doit obéir (→ législatif). ★ Chercher aussi : code, droit. — FAIRE LA LOI. ● *Il veut faire la loi dans la classe*, commander. **3** ● *En observant la nature, les savants ont découvert beaucoup de ses lois*, des règles qui permettent d'expliquer les phénomènes naturels. — ● *La loi de la pesanteur*.

loin adv. **1** ● *Mon école est loin*, à une grande distance d'ici (→ CONTR. près, proche). — LOIN DE, loc. prép. ● *Alain habite loin de chez moi*, dans un endroit éloigné. — AU LOIN, loc. adv. ● *Au loin, tu peux apercevoir le clocher de l'église*. — DE LOIN, loc. adv. ● *Je t'ai entendu de loin*, d'un endroit éloigné. **2** ● *Les vacances sont encore loin*, dans longtemps — (fig.) VOIR LOIN : prévoir longtemps d'avance. **3** (fig.) LOIN DE LÀ, loc. adv. ● *Philippe n'est pas sot, loin de là !*, au contraire ! **4** (fig.) ALLER LOIN. ● *Cet enfant ira loin* : il réussira dans la vie. **5** (fig.) REVENIR DE LOIN. ● *Elle a failli mourir dans l'accident, elle revient de loin* : elle a échappé à un grave danger. **6** (fig.) ALLER TROP LOIN : exagérer, dépasser les limites. ● *Arrête de te moquer de lui, tu vas trop loin*.

■ **lointain** adj. **1** ● *Un pays lointain* (→ SYN. éloigné ; CONTR. proche). □ nom m. DANS LE LOINTAIN. ● *Une fumée s'élève dans le lointain*, au loin, à l'horizon. **2** ● *Il n'y a qu'une lointaine ressemblance entre eux*, qu'une vague ressemblance.

loir nom m. **1** ● *Une famille de loirs a dormi tout l'hiver dans notre grenier*, des petits animaux rongeurs au poil gris et à la queue touffue. **2** (fam.) DORMIR COMME UN LOIR : dormir profondément.

loir

loisir nom m. **1** ● *Je n'ai pas le loisir de vous écrire souvent*, pas de temps libre pour le faire. **2** (au plur.) ● *As-tu beaucoup de loisirs ?*, de moments libres pour te distraire. **3** ● *Football, lecture, cinéma, quels sont tes loisirs préférés ?*, tes distractions préférées. **4** À LOISIR ; TOUT À LOISIR, loc. adv. ● *Pendant les vacances, François peut lire tout à loisir*, autant qu'il le désire, en prenant tout son temps.

lombaire adj. ● *Pauvre grand-père ! Il a des douleurs lombaires*, en bas du dos (→ lumbago). ● *Les vertèbres lombaires*, situées en bas de la colonne vertébrale.

■ **lombago** → lumbago.

lombric nom m. ● *En bêchant le jardin, j'ai déterré un lombric*, un ver de terre rougeâtre.

long, longue adj., nom m. et adv. **A.** adj. **1** ● *Un long bâton*, grand et allongé. **2** ● *Valérie a les cheveux longs*

(→ CONTR. court). **3** ● *Un bateau long de dix mètres*, qui a dix mètres de longueur. **4** ● *Nous avons eu une longue discussion*, qui a duré longtemps (→ longuement; CONTR. bref). **5** (fig.) AVOIR LE BRAS LONG : avoir de l'influence, du pouvoir. **6** (fig.) AVOIR LES DENTS LONGUES : avoir beaucoup d'ambition. **7** DE LONGUE DATE, loc. adv. ● *Ils se connaissent de longue date*, depuis longtemps.
B. nom m. **1** ● *Une nappe de trois mètres de long*, de longueur. **2** SE PROMENER DE LONG EN LARGE : dans un sens puis dans l'autre en faisant toujours le même trajet. **3** LE LONG DE, loc. prép. ● *Un pêcheur marche le long de la rivière*, en suivant le bord (→ longer). **4** DE TOUT SON LONG. ● *Anne a trébuché, et elle est tombée de tout son long*, tout son corps étendu par terre.
C. adv. EN SAVOIR LONG. ● *Il en sait long sur la question* : il sait beaucoup de choses.

longer v. **1** ● *Un voilier longe la côte* : il se déplace le long de la côte (→ long, B sens 3). **2** ● *Ce chemin longe le lac* : il est le long du lac, il le borde. ★ Conjug. 5.

longeron nom m. ● *Ce pont métallique repose sur des longerons*, de longues poutres.

longévité nom f. ● *Ce vieillard a cent cinq ans, sa longévité est étonnante*, la longueur de sa vie.

longiligne adj. ● *Martine est une enfant longiligne* : mince et grande.

longitude nom f. ● *Sur les cartes de géographie, la longitude est représentée par les méridiens, les lignes qui joignent le pôle Nord et le pôle Sud; la longitude s'exprime en degrés (la ville de Greenwich, en Grande-Bretagne, est située à 0° de longitude).* — ● *Pour savoir où se trouve leur bateau, les marins mesurent la latitude et la longitude*, la distance qui les sépare du méridien qui est à 0° de longitude. ★ Chercher aussi : méridien, latitude, parallèle.

■ **longitudinal** adj. **1** ● *Sa robe a des rayures longitudinales*, dans le sens de la longueur. **2** ● *Une vallée longitudinale*, qui suit la ligne des chaînes de montagne (→ CONTR. transversal).

longtemps adv. et nom m. **A.** adv. ● *J'ai attendu longtemps l'autobus, pendant un long moment* (un long temps).
B. nom m. **1** complément placé après une préposition (avant, pour, etc.). ● *Il est parti pour longtemps*; il ne reviendra pas avant *longtemps*. **2** complément de voici, voilà, il y a. ● *Il y a longtemps* : autrefois, jadis (→ CONTR. récemment). — ● *Voilà longtemps que je ne l'ai vu.*

longuement adv. ● *Pour choisir un jeu, ils ont discuté longuement*, pendant longtemps (→ long, A sens 4; CONTR. brièvement).

longueur nom f. **1** ● *Paul mesure la largeur et la longueur du jardin*, sa dimension la plus longue. — ● *Une planche de trois mètres de longueur*, de long. **2** ● *La longueur du voyage m'a fatigué*, sa longue durée (→ CONTR. brièveté). **3** À LONGUEUR DE, loc. prép. ● *Sylvie travaille à longueur de journée*, toute la journée sans s'arrêter. — ● *À longueur de temps* : tout le temps. **4** TRAÎNER EN LONGUEUR. ● *Ce film traîne en longueur* : il dure trop longtemps, il est ennuyeux. — ● *Une attente, des démarches qui traînent en longueur*, qui sont trop longues, qui n'avancent pas.
■ **à la longue** loc. adv. ● *À la longue, il s'est habitué à ce nouveau travail*, avec le temps, peu à peu, petit à petit.

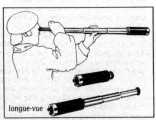

longue-vue

longue-vue nom f. ● *Si tu veux voir ces voiliers sur la mer, prends ma longue-*

vue, une lunette qui permet de voir de très loin. — ● *Des* **longues-vues**. ★ Chercher aussi : jumelles.

looping [lupiŋ] nom m. ● *Ce petit avion fait des* **loopings**, *des acrobaties, des boucles dans le ciel.*

lopin nom m. ● *Le jardinier cultive un* **lopin** *de terre, un petit morceau de terrain, un petit champ.*

loquace adj. ● *Tu es* **loquace**, *ce soir :* bavard.

loque nom f. ● *Ce vieux manteau n'est plus qu'une* **loque**, *un vêtement sale et déchiré.* — EN LOQUES. ● *Un vêtement en* **loques**, *en lambeaux.* — ● *Un clochard en* **loques**, *habillé de loques, de haillons, de guenilles.*

loquet nom m. ● *Si tu veux fermer cette porte, abaisse le* **loquet**, *la petite barre de métal qui sert de fermeture.*

lorgner v. ● *Ce gourmand* **lorgne** *la dernière part de tarte : il la regarde avec envie* (→ SYN. convoiter, guigner).

lorgnette nom f. **1** ● *Suzanne a des* **lorgnettes** *de théâtre :* petites jumelles. **2** REGARDER LES CHOSES PAR LE PETIT BOUT DE LA LORGNETTE : en s'arrêtant à un détail, sans voir l'ensemble.

lorgnon nom m. ● *Sur cette vieille photo, mon arrière-grand-père porte un* **lorgnon**, *des lunettes sans branches qui tiennent sur le nez grâce à un ressort.*

lors adv. **1** DEPUIS LORS, loc. adv. ● *Sa dernière lettre date de septembre ; nous n'avons rien reçu* **depuis lors**, *depuis ce moment.* **2** LORS DE, loc. prép. ● *Je l'ai rencontré* **lors** *de son passage à Paris, au moment de son passage.*

lorsque conj. ● *Préviens-moi* **lorsque** *tu seras prêt, au moment où tu seras prêt* (→ SYN. quand). — ● *Je viendrai* **lorsqu'il** *m'appellera.*

losange nom m. ● *Ce tapis a des dessins en forme de* **losanges**, *de figures géométriques à quatre côtés égaux dont les angles ne sont pas droits.* ★ VOIR p. 424.

1. lot nom m. **1** ● *Pour vendre ce champ, ils l'ont divisé en* **lots**, *en plusieurs* parties vendues séparément* (→ lotir ; lotissement). **2** ● *Ce marchand a mis en vente des* **lots** *de timbres, des paquets de timbres du même genre, qu'il a constitués en divisant une collection en plusieurs unités.*

2. lot nom m. ● *Avec son billet de loterie, Catherine a gagné un* **lot**, *de l'argent ou un objet que l'on reçoit en échange d'un billet gagnant.* — ● *Le gros* **lot** : le lot le plus important.

■ **loterie** nom f. ● *Hugues voudrait bien gagner ce vélo à la* **loterie**, *un jeu de hasard où les numéros des billets gagnants sont tirés au sort* (→ SYN. tombola).

lotion nom f. ● *Après s'être rasé, mon cousin se met de la* **lotion** *sur les joues, un liquide alcoolisé qui sert à soigner la peau* (→ SYN. les cheveux).

lotir v. ● *Le propriétaire va* **lotir** *son terrain pour le vendre, le diviser en lots* (→ 1. lot, sens 1). ★ Conjug. 11.

■ **lotissement** nom m. ● *Pour construire leurs maisons, mes deux oncles ont acheté des terrains dans le même* **lotissement**, *un grand terrain à bâtir vendu par lots séparés.*

loto nom m. **1** ● *Nous allons faire une partie de* **loto**, *un jeu de société où l'on tire des numéros au hasard pour remplir des cartons.* **2** ● *La télévision annonce les numéros gagnants du* **loto**, *une loterie organisée par l'État, où les numéros gagnants rapportent de l'argent.*

lotte nom f. ● *Ce soir nous mangerons de la* **lotte** *à la sauce tomate, un poisson.*

lotus [lɔtys] nom m. ● *Les peintures hindoues et égyptiennes représentent souvent des* **lotus**, *des sortes de nénuphars à fleurs blanches ou bleues.*

louable adj. ● *Son honnêteté est* **louable** : elle mérite des compliments (→ 2. louer ; CONTR. condamnable).

louage nom m. ● *Pour visiter les États-Unis, il prendra une voiture de* **louage**, *une voiture louée pour un certain temps, une voiture de location* (→ 1. louer).

louange nom f. ● *Après son succès, Yves a été couvert de **louanges**, de compliments* (→ 2. louer ; SYN. éloge, félicitation ; CONTR. critique).

1. louche adj. ● *Cet homme a l'air **louche** :* l'air bizarre et inquiétant. — ● *Une affaire **louche**,* compliquée et pas très honnête.

2. louche nom f. ● *Pour servir la soupe, j'ai pris une **louche**,* une grande cuillère profonde à long manche.

loucher v. **1** ● *Il doit porter des lunettes spéciales parce qu'il **louche** :* ses deux yeux ne regardent pas dans la même direction. ★ Chercher aussi : strabisme. **2** (fam.) LOUCHER SUR. ● *Devant la vitrine de la pâtisserie, des enfants **louchaient** sur les gâteaux :* il les regardaient fixement avec envie (→ SYN. guigner, lorgner).

1. louer v. **1** ● *Ils m'**ont loué** leur maison :* ils me permettent d'y habiter en échange d'une somme d'argent que je leur verse (→ location, loueur). **2** ● *Hubert **loue** un appartement en ville :* il y habite en payant un loyer au propriétaire (→ locataire, location, loyer). **3** ● *J'ai **loué** deux places dans ce train :* je les ai réservées en payant d'avance (→ SYN. retenir).

■ **loueur** nom. ● *Un **loueur** de voitures :* une personne dont le métier est de louer des voitures, de les donner en location.

2. louer v. **1** ● *Les journaux **louent** le courage des sauveteurs :* ils les félicitent, ils disent qu'ils admirent leur courage (→ louange ; CONTR. blâmer, critiquer). **2** SE LOUER DE. ● *Je me **loue** d'avoir suivi tes conseils :* j'en suis très content (→ SYN. se féliciter).

louis nom m. ● *Le coffre des pirates était rempli de **louis** d'or,* de pièces d'or anciennes représentant le portrait d'un roi de France (Louis XIV, Louis XV, etc.).

1. loup nom m. **1** ● *On trouve encore des **loups** dans le Nord de l'Europe,* des animaux sauvages qui ressemblent à de gros chiens et se nourrissent de viande (→ louve). ★ VOIR p. 185. — (fig.) UNE FAIM DE LOUP. ● *J'ai **une faim de loup** :* j'ai extrêmement faim. **2** (fig.) À PAS DE LOUP, loc. adv. ● *Pour ne pas les réveiller, Alice marche **à pas de loup**,* tout doucement, sur la pointe des pieds. **3** VIEUX LOUP DE MER. ● *Le capitaine du bateau est un **vieux loup de mer**,* un marin qui a beaucoup d'expérience.

2. loup nom m. ● *Dans un restaurant de Marseille, nous avons mangé du **loup**,* un poisson argenté qui vit en Méditerranée.

3. loup nom m. ● *Pour le bal du Carnaval, Axelle était déguisée en marquise et portait un **loup**,* un petit masque en velours noir.

loupe nom f. ● *Pour mieux voir ses timbres, ce collectionneur les examine avec une **loupe**,* un instrument dont le verre bombé donne une image agrandie des objets.

loupe

louper v. (fam.) ● *Dépêche-toi, sinon tu vas **louper** ton train !* (→ SYN. manquer, (fam.) rater).

loup-garou nom m. ● *On ne rencontre le **loup-garou** que dans les histoires :* personnage méchant et solitaire qui prend la forme d'un loup.

lourd adj. et adv. **A.** adj. **1** ● *Je ne peux pas soulever cette caisse, elle est trop **lourde**,* d'un poids trop élevé, trop difficile à porter, à déplacer (→ lourdement, sens 1 ; SYN. pesant ; CONTR. léger).

2 • *Il a de lourdes responsabilités*, des responsabilités difficiles à supporter (→ SYN. écrasant). **3 •** *Ce soir, le temps est lourd*, chaud, orageux, pénible à supporter. **4 •** *Ce dîner était bon, mais un peu lourd*, difficile à digérer (→ lourdeur, sens 1 ; SYN. indigeste ; CONTR. léger). **5 •** *Le bruit ne l'a pas réveillé, il a le sommeil lourd* : il dort profondément (→ SYN. profond ; CONTR. léger). **6 •** *On voit qu'elle est fatiguée, sa démarche est lourde*, lente, difficile (→ lourdement, sens 2). **7 •** *Sa plaisanterie était lourde*, maladroite, sans finesse (→ lourdaud, lourdement, sens 3 ; CONTR. fin).
B. adv. **1 •** *Ton cartable pèse lourd.* **2** (fig. et fam.) NE PAS EN FAIRE LOURD. • *Ce paresseux n'en fait pas lourd* : il ne travaille pas beaucoup. **3** (fig. et fam.) EN AVOIR LOURD SUR LA CONSCIENCE : avoir beaucoup de choses à se reprocher.
■ **lourdaud** nom et adj. Personne dont le corps ou l'esprit est lourd, lent, maladroit. • *Il a encore dit une sottise, ce lourdaud !*
■ **lourdement** adv. **1 •** *La voiture est lourdement chargée*, chargée d'un grand poids. **2 •** *Ce vieil homme marche lourdement*, lentement, difficilement, comme s'il pesait très lourd (→ SYN. pesamment). **3 •** *Elle a insisté lourdement*, maladroitement, avec trop de force.
■ **lourdeur** nom f. **1 •** *Il a trop mangé, il a des lourdeurs d'estomac* : il a du mal à digérer, l'estomac lourd. **2 •** *Claude ne comprend pas vite, quelle lourdeur d'esprit !* (→ SYN. lenteur, maladresse ; CONTR. finesse, vivacité).

loutre nom f. **1 •** *La loutre a plongé pour attraper un poisson*, un petit animal aux pattes palmées et au pelage brun. **2 •** *Une veste de loutre*, en fourrure de cet animal.

louve nom f. Femelle du loup. • *La louve grise rapporte un mouton à ses petits.*
■ **louveteau** nom m. **1** Petit du loup et de la louve. **2 •** *Laurent est parti camper avec les louveteaux*, les jeunes scouts de 8 à 12 ans.

louvoyer v. • *Pour avancer quand le vent vient de face, le voilier doit louvoyer* : il doit avancer en zigzag contre le vent.
★ Conjug. 6.

loyal [lwajal] adj. **1 •** *Fatima ne triche jamais, c'est une fille loyale*, honnête, régulière, fair-play (→ loyalement ; CONTR. déloyal). **2 •** *Elle ne dénonce pas ses camarades, c'est une amie loyale*, fidèle, qui ne trahit pas.
■ **loyalement** adv. **1 •** *Les deux adversaires se sont battus loyalement*, honnêtement, sans tricher (→ SYN. régulièrement). **2 •** *Il m'a défendu loyalement*, comme un ami fidèle.
■ **loyauté** nom f. • *Je te félicite pour ta loyauté*, ta conduite loyale (→ SYN. droiture, fidélité, honnêteté).

loyer nom m. • *Tous les mois, Dominique paie le loyer de son appartement*, la somme d'argent que le locataire doit verser au propriétaire pour lui louer son appartement (→ location ; 1. louer).

lubie nom f. • *Nous n'allons jamais à la mer, mais il veut acheter un voilier : c'est sa dernière lubie*, une idée, une envie un peu folle (→ SYN. caprice, fantaisie).

lubrifier v. • *L'ouvrier a lubrifié le moteur de la machine* : il l'a graissé, huilé pour qu'il fonctionne au mieux.
★ Conjug. 10.
■ **lubrifiant** nom m. Produit qui lubrifie • *L'huile et la graisse sont des lubrifiants.*

lucarne nom f. • *Pour aérer le grenier, j'ai ouvert la lucarne*, la petite fenêtre percée dans le toit.

lucide adj. **1 •** *Juliette est intelligente, elle a un esprit lucide*, capable de voir, de comprendre, de raisonner clairement (→ SYN. clairvoyant, perspicace). **2 •** *Malgré la douleur, il ne s'est pas évanoui, il est resté lucide* (→ SYN. conscient).
■ **lucidité** nom f. **1 •** *Valérie a su juger la situation avec lucidité*, la qualité qui permet de voir clairement, de comprendre (→ SYN. perspicacité). **2 •** *Ce vieillard malade n'a plus toute sa lucidité* : son esprit n'est plus très clair,

il ne raisonne plus clairement (→ SYN. conscience, raison).

luciole nom f. ● *Les lucioles brillent dans la nuit* : petit insecte lumineux.

lucratif adj. ● *Un travail lucratif* : qui rapporte beaucoup d'argent.

lueur nom f. **1** ● *Pendant la panne d'électricité, nous nous sommes éclairés à la lueur des bougies,* à la faible lumière des bougies. **2** (fig.) ● *Tout n'est pas perdu, il reste encore une lueur d'espoir,* un faible espoir.

luge nom f. ● *Ce bolide sur la neige, c'est Martine à plat ventre sur sa luge,* son petit traîneau.

lugubre adj. ● *Avec ses murs noirs, cette pièce est lugubre,* très triste. — ● *Un air lugubre* (→ SYN. sinistre ; CONTR. gai).

lui pronom personnel **1** pronom m. sujet ● *Je n'avais pas vu Luc : c'est lui qui m'a dit bonjour.* **2** pronom complément ● *J'ai vu Sophie et lui ai parlé.* — ● *Le chat miaulait, je lui ai ouvert la porte.* **3** LUI-MÊME. ● *Il lave lui-même son linge.*

luire v. **1** ● *Les étoiles luisent dans le ciel* : elles brillent. **2** (littér.) ● *La malice luisait dans ses yeux,* apparaissait dans ses yeux et les faisait briller. ★ Conjug. 43 sauf au passé simple : *je luis, ils luirent* et au participe passé : *lui.*

■ **luisant** adj. **1** ● *Mon chien a le poil luisant,* brillant. **2** VER LUISANT : petit insecte qui brille dans la nuit.

lumbago ou **lombago** [lɔ̃bago] nom m. ● *En voulant déplacer cette armoire, il s'est fait un lumbago,* une douleur musculaire dans le bas du dos, un tour de reins (→ lombaire).

lumière nom f. **1** ● *Cette chambre manque de lumière* : elle n'est pas très éclairée par le soleil (→ lumineux, sens 1 ; SYN. clarté). **2** ● *Avant d'aller se coucher, Michel a éteint les lumières du salon,* les lampes, l'éclairage (→ luminaire). **3** (fig.) FAIRE TOUTE LA LUMIÈRE. ● *Le journaliste veut faire toute la lumière sur ce crime mystérieux,* trouver et donner toutes les explications nécessaires pour

le comprendre (→ lumineux, sens 3 ; SYN. éclaircir). **4** (fam.) ● *Ce n'est pas une lumière* : il n'est pas très intelligent.

■ **luminaire** nom m. ● *Les lampes, les lustres, les tubes au néon sont des luminaires,* des appareils d'éclairage.

■ **lumineux** adj. **1** ● *Une pièce lumineuse,* qui reçoit beaucoup de lumière (→ SYN. clair). **2** ● *Sa montre a des aiguilles lumineuses,* qui brillent dans l'obscurité. **3** ● *Une explication lumineuse,* très claire. **4** (fam.) ● *Bravo ! C'est une idée lumineuse,* une idée excellente, de génie.

lumignon nom m. ● *Tu ne verras rien avec ce lumignon* : lampe qui n'éclaire pas beaucoup.

luminosité nom f. **1** ● *En été, on admire la luminosité du ciel,* clarté, qualité lumineuse. **2** (fig.) ● *La luminosité d'un regard.*

lunaire → lune.

lunatique adj. ● *Hier c'était ma meilleure amie, aujourd'hui elle ne veut plus me voir, quelle fille lunatique !,* capricieuse, changeante.

lunch [lœntʃ] ou [lœʃ] nom m. ● *Après la communion de Laurent, nous sommes invités au lunch,* au repas froid que les invités prennent debout.

lundi nom m. Jour de la semaine. ● *Beaucoup de magasins sont fermés le lundi.*

lune nom f. **1** ● *En 1969, un astronaute a marché pour la première fois sur la lune,* un astre qui tourne autour de la 1erre (→ lunaire). **2** LE CLAIR DE LUNE : la lumière, visible la nuit, que la lune envoie sur la terre. **3** ÊTRE DANS LA LUNE : être distrait, rêveur. **4** DEMANDER LA LUNE À QUELQU'UN : lui demander des choses impossibles.

■ **lunaire** adj. ● *Les astronautes ont prélevé des échantillons du sol lunaire,* de la lune.

luné adj. (fam.) BIEN, MAL LUNÉ. ● *Ne lui demande rien, aujourd'hui il est mal luné* : il est de mauvaise humeur.

lunette nom f. **1** (au plur.) ● *Pour mieux voir, il porte des lunettes,* des verres mis sur une monture pour corriger ou protéger la vue. **2 •** *Julie voudrait une **lunette** pour observer les étoiles*, un instrument qui permet de voir des objets très éloignés (→ SYN. longue-vue). — **•** *Les jumelles sont constituées de deux **lunettes**.*

lurette nom f. (fam.) IL Y A BELLE LURETTE. **•** *Il y a belle **lurette** que Valérie ne m'écrit plus :* il y a longtemps. — DEPUIS BELLE LURETTE : depuis longtemps.

luron nom **•** *Un joyeux, un gai **luron** :* une personne gaie qui aime bien vivre. ★ S'emploie surtout au masculin.

lustre nom m. **•** *J'ai oublié d'éteindre le **lustre** de la salle à manger*, un appareil d'éclairage à plusieurs lampes, suspendu au plafond.

lustré adj. **1 •** *Ce chat a un poil **lustré***, brillant, luisant. **2 •** *Le pantalon de ton costume est **lustré***, brillant parce qu'il est usé.

luth [lyt] nom m. **•** *À la cour de François Ier, les musiciens jouaient du **luth***, un instrument de musique à cordes.

luth

■ **luthier** nom m. **•** *Stéphane a fait réparer son violon par un **luthier***, un artisan qui fabrique des instruments de musique à cordes.

lutin nom m. **•** *Dans ce conte de fées, les **lutins** venaient la nuit faire des farces aux paysans*, des petits personnages imaginaires très malicieux.

lutte nom f. **1 •** *Marc pratique la **lutte***, un sport de combat où chacun des adversaires cherche à renverser l'autre (→ lutteur). **2 •** *La **lutte** est engagée entre les deux pays*, la guerre (→ SYN. bataille, combat). **3 •** *La **lutte** contre la faim, contre le cancer :* le combat pour supprimer, pour guérir.

■ **lutter** v. **1 •** *Les sportifs **luttent** pour la victoire :* ils combattent pour gagner. **2 •** *Les deux armées **ont lutté** pendant plusieurs jours :* elles se sont battues, elles ont fait la guerre. **3 •** *Cette organisation **lutte** contre la faim dans le monde.*

■ **lutteur** nom **1** Sportif qui pratique la lutte. **2** (fig.) **•** *Elle a un tempérament de **lutteuse***, d'une personne qui aime se battre contre les choses ou les gens.

luxation nom f. **•** *Pendant la compétition de judo, il s'est fait une **luxation** de l'épaule :* son épaule s'est déplacée, déboîtée. ★ Chercher aussi : entorse, foulure.

■ **se luxer** v. pron. **•** *Le skieur est tombé et **s'est luxé** le genou* (→ SYN. se démettre, se déboîter).

luxe nom m. **1 •** *Cette maison est meublée avec un grand **luxe***, avec des objets très chers qui ne sont pas toujours indispensables. — *Une voiture de **luxe***, très belle et très coûteuse (→ luxueux). **2** (fig.) SE PAYER LE LUXE DE. **•** *Il **s'est payé le luxe de** lui dire ce qu'il pensait d'elle :* il s'est offert ce plaisir rare.

■ **luxueux** adj. **•** *Un appartement **luxueux*** (→ SYN. fastueux, somptueux ; CONTR. modeste, simple).

luxuriant adj. **•** *L'explorateur n'arrivait pas à traverser cette forêt **luxuriante***, où les plantes poussent nombreuses et serrées, où la végétation est exubérante.

luzerne nom f. Plante à petites fleurs violettes. **•** *Avec la **luzerne** qu'il récolte, le fermier nourrira ses vaches pendant l'hiver.*

lycée nom m. • *Cette année, David quitte le collège, il entre en seconde dans un **lycée**,* un établissement d'enseignement secondaire pour les grands élèves, entre la seconde et la terminale.
■ **lycéen** nom • *Marion est **lycéenne**,* élève d'un lycée.

lymphatique [lɛ̃fatik] adj. • *Hubert est trop **lymphatique**,* mou, sans énergie (→ CONTR. actif, nerveux).

lyncher [lɛ̃ʃe] v. • *La foule furieuse a failli **lyncher** l'assassin,* le tuer sans qu'il ait été jugé (→ SYN. écharper).

lynx nom m. **1** Animal sauvage qui ressemble à un grand chat. • *Du haut de l'arbre, le **lynx** a bondi sur sa proie.* **2** (fig.) AVOIR DES YEUX DE LYNX : avoir une très bonne vue, une vue perçante.

lyre nom f. **1** • *Sur ce vase grec tu peux voir une femme jouant de la **lyre**,* un instrument de musique à cordes très ancien. **2** (littér.) • *Le poète et sa **lyre**,* le symbole de la poésie (→ lyrique).

lyre

■ **lyrique** adj. **1** (littér.) • *Sa description des montagnes était **lyrique**,* pleine d'émotion, d'enthousiasme. **2** • *Les opéras et les opérettes font partie du théâtre **lyrique**,* des pièces où la musique et le chant tiennent la plus grande place.

lys nom m. ★ VOIR **lis.**

m | M

m nom m. **1** Consonne ; treizième lettre de l'alphabet. — Abréviation de *Monsieur* (M.) ; symbole de *mètre* (m). **2** Chiffre romain (M) qui signifie *mille*.

m' → me.

ma adj. poss. f. ● *Rends-la-moi, c'est ma balle*, la mienne, celle qui m'appartient (→ mon).

macabre adj. Qui évoque la mort. ● *Hervé aime faire des plaisanteries macabres.*

macadam nom m. ● *La route est recouverte de macadam*, un revêtement fait de petites pierres et de sable tassés ensemble par un rouleau compresseur.

macaque nom m. ● *Les macaques sautent de branche en branche pour cueillir des fruits*, des singes d'Asie.

1. macaron nom m. ● *Avec la crème, nous mangerons des macarons*, des petits gâteaux ronds faits avec des amandes râpées.

2. macaron nom m. ● *Les organisateurs de la fête sont reconnaissables à leur macaron*, un insigne rond que l'on accroche sur un vêtement.

macaroni nom m. ● *Sandrine aime les macaronis au gruyère*, des pâtes en forme de tubes.

macédoine nom f. Mélange de toutes sortes de légumes ou de fruits coupés en petits morceaux. ● *Macédoine de légumes ; macédoine de fruits au sirop.*

macérer v. ● *Tu laisseras macérer les raisins secs dans du rhum* : tu les laisseras tremper longtemps pour qu'ils s'imprègnent. ★ Conjug. 8.

mâche nom f. ● *Au marché, j'ai acheté de la mâche*, une salade à petites feuilles allongées.

mâchefer nom m. ● *On a recouvert la piste du stade avec du mâchefer*, un revêtement fait avec des restes de charbon.

mâcher v. **1** ● *N'avale pas tout rond, mâche bien ce que tu manges !* : écrase-le bien avec tes dents (→ mâchoire, mâchonner ; SYN. mastiquer). **2** (fig.) MÂCHER LE TRAVAIL À QUELQU'UN : lui préparer si bien son travail qu'il devient très facile. **3** (fig.) NE PAS MÂCHER SES MOTS : dire franchement ce que l'on pense.

machette nom f. Grand couteau à lame épaisse utilisé principalement en Amérique du Sud. ● *Les explorateurs se frayaient un passage dans la forêt équatoriale à l'aide de leurs machettes.*

machiavélique [makjavelik] adj. Rusé, calculateur. ● *Pour obtenir une entrée gratuite au stade, Michel a utilisé un procédé machiavélique.*

machin nom m. (fam.) ● *Qu'est-ce que c'est que ce machin ?*, cet objet dont j'ignore le nom (→ SYN. (fam.) bidule, chose, truc).

machinal adj. ● *Elle a fermé la porte d'un geste machinal*, un geste automatique que l'on fait sans y penser (comme une machine).

■ **machinalement** adv. ● *Il se ronge les ongles* **machinalement**, *d'une façon machinale, sans y penser.*

machination nom f. ● *Si j'avais pu prévoir cette* **machination** *!, ce qu'ils préparaient en secret contre moi* (→ SYN. complot, manœuvre).

nisme *a transformé l'industrie, l'utilisation des machines* (→ mécanisation).

■ **machiniste** nom m. **1** Ouvrier qui s'occupe de changer les décors au théâtre ou dans les studios de cinéma et de télévision. **2** Celui qui conduit une machine, qui la fait fonctionner (se dit souvent des conducteurs d'autocars ou d'autobus).

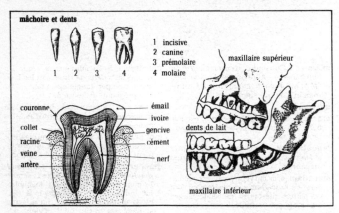

mâchoire et dents

1 incisive
2 canine
3 prémolaire
4 molaire

maxillaire supérieur

couronne — émail
collet — ivoire
racine — gencive
veine — cément
artère — nerf

dents de lait

maxillaire inférieur

machine nom f. Appareil fabriqué par l'homme pour rendre un travail plus facile. — ● *Une* **machine** *à écrire, à coudre, à calculer ; une* **machine** *agricole.*

■ **machine-outil** nom f. ● *En visitant cette usine nous avons vu fonctionner beaucoup de* **machines-outils** *électriques, des appareils qui utilisent une énergie autre que celle de l'homme (ici, l'électricité) pour faire marcher un outil et donner leur forme aux pièces usinées.*

■ **machinerie** nom f. ● *Pour faire bouger tous les jouets dans cette vitrine de Noël, il faut une* **machinerie** *compliquée, un ensemble de machines.*

■ **machinisme** nom m. ● *Le* **machi-**

mâchoire nom f. **1** ● *Quand tu ouvres la bouche, ta* **mâchoire** *inférieure bouge, mais ta* **mâchoire** *supérieure reste immobile, les os dans lesquels sont plantées les dents.* ★ Chercher aussi : maxillaire. **2** ● *Serre bien cette planche entre les* **mâchoires** *de l'étau, les deux pièces qui peuvent se rapprocher ou s'écarter.*

mâchonner v. ● *Élise* **mâchonne** *le bout de son stylo à bille : elle le mordille lentement,* machinalement.

maçon nom m. ● *L'entrepreneur a engagé des* **maçons**, *des ouvriers dont le métier est de construire des maisons, des immeubles, des murs.*

■ **maçonnerie** nom f. **1** ● *Le béton, le ciment, les briques sont des matériaux* utilisés en **maçonnerie,** pour les travaux de construction. **2** ● *Les* **maçonneries** *d'une maison* : les parties faites par les maçons (fondations, murs, etc.).

maculé adj. (littér.) ● *Sa chemise blanche est* **maculée** *de graisse,* couverte de taches (→ CONTR. immaculé).

madame nom f. (au plur. : **mesdames**) Nom donné à une femme mariée. ● *Bonjour* **mesdames,** *bonjour mesdemoiselles, bonjour messieurs!* — ● *Je voudrais parler à* **Mme** *Marie Duval.* ★ Chercher aussi : 1. **dame.**

made in [medin] loc. adj. (mots anglais). ● *Des chaussures* **made in** *France,* fabriquées en France.

mademoiselle nom f. (au plur. : **mesdemoiselles**) Nom donné aux jeunes filles et aux femmes non mariées. ● *Asseyez-vous,* **mademoiselle.** — ● *Je vous présente* **Mlle** *Marie Duval.*

madrier nom m. ● *Des* **madriers** *soutiennent le toit de la maison,* des poutres très épaisses.

madrigal nom m. Court poème écrit avec esprit et sentiment. ● *Les dames de la Cour aimaient qu'on leur adresse des* **madrigaux.**

maestria [maɛstrija] nom f. Maîtrise, brio. ● *Le violoniste a exécuté ce concerto avec une* **maestria** *qui a ravi le public.*

maffia nom f. ou **mafia** nom f. **1** ● *Ce criminel faisait partie de la* **Maffia,** *une association de bandits d'origine italienne.* **2** ● *On dit que ce club est une* **maffia,** *un groupe de gens qui n'accueille pas facilement les nouveaux venus.*

magasin nom m. **1** ● *As-tu vu ces beaux jouets dans la vitrine du* **magasin** *?,* l'endroit où l'on vend des marchandises (→ SYN. boutique, commerce). — GRAND MAGASIN : magasin sur plusieurs étages où l'on vend toutes sortes d'objets. ★ Chercher aussi : hypermarché, supermarché. **2** ● *Les sacs de ciment sont stockés dans un* **magasin,** *un endroit où l'on dépose des marchandises pour les mettre à l'abri* (→ emmaga-

siner; SYN. entrepôt). **3** ● *Le* **magasin** *d'un appareil photo* : l'endroit où l'on met la pellicule. — ● *Le* **magasin** *d'un revolver* : l'endroit où l'on met les balles.

■ **magasinier** nom m. Employé chargé de ranger et de garder les marchandises entreposées dans un magasin ou dans une entreprise.

magazine nom m. **1** ● *J'ai vu cette publicité dans un* **magazine,** *un journal illustré* (→ SYN. revue). **2** Émission de radio ou de télévision qui traite régulièrement d'un sujet particulier. ● *Le* **magazine** *sportif.*

magie nom f. ● *Il a dit : «abracadabra», et la pièce de 5 francs a disparu : crois-tu que ce soit de la* **magie** *?,* l'art de faire des choses extraordinaires en se servant de gestes et de paroles mystérieux.

■ **mage** nom m. ● *Ce* **mage** *dit qu'il peut prédire l'avenir en étudiant les étoiles,* cette personne qui pratique la magie. ★ Chercher aussi : devin, sorcier.

■ **magicien** nom ● *D'un geste, le* **magicien** *a transformé l'éléphant en souris,* celui qui fait des tours de magie. ★ Chercher aussi : enchanteur, fakir, fée, prestidigitateur.

■ **magique** adj. ● *Les légendes racontent que les fées avaient une baguette* **magique,** *qui avait un pouvoir extraordinaire.*

magistral adj. ● *Ce boxeur a donné un coup* **magistral,** *un coup de maître* (→ SYN. extraordinaire, formidable).

magistrat nom m. **1** ● *Le procès va commencer; on attend l'arrivée des* **magistrats,** *des fonctionnaires chargés de rendre la justice* : juge, procureur, etc. (→ magistrature). **2** ● *Le président de la République est le plus haut* **magistrat** *du pays,* une personne qui a une autorité officielle.

■ **magistrature** nom f. ● *Frédéric veut entrer dans la* **magistrature,** *devenir magistrat.*

magma nom m. **1** ● *Au centre de la terre, les roches fondues et mélangées forment le* **magma.** ★ Chercher : écorce terrestre. **2** (fig.) ● *Ce livre est un **magma** d'idées fausses*, un mélange confus.

magnanime adj. Généreux et indulgent avec plus faible que soi. ● *Maud aime les héros **magnanimes***.

magnésium nom m. Métal blanc argenté qui brûle au contact de l'air avec une flamme éblouissante. ● *Hélène n'aime pas être photographiée avec un flash : l'éclair de **magnésium** l'éblouit*.

magnétisme nom m. **1** ● *Le fer est attiré vers l'aimant par le **magnétisme***, les propriétés des aimants. **2** (fig.) ● *Il a été entraîné par le **magnétisme** de cet homme*, sa force qui influence les autres, qui les attire vers lui.

■ **magnétique** adj. **1** ● *Ce placard a une fermeture **magnétique***, formée d'un aimant qui attire un morceau de fer (→ magnétiser, sens 1). **2** BANDE MAGNÉTIQUE : long ruban enduit d'une matière spéciale qui permet d'utiliser certaines propriétés des aimants pour enregistrer les sons (→ magnétophone) et les images prises avec une caméra de télévision (→ magnétoscope). **3** (fig.) ● *Cet homme a un pouvoir **magnétique***, une influence puissante et mystérieuse.

■ **magnétiser** v. **1** Rendre magnétique. ● *Ce morceau de fer a été **magnétisé*** (→ SYN. aimanter). **2** (fig.) Attirer, influencer par une force puissante et mystérieuse. ● *Cet homme politique **magnétise** les foules* (→ SYN. fasciner).

magnétophone nom m. Appareil qui utilise une bande magnétique pour enregistrer et reproduire les sons. ● *Un **magnétophone** à cassettes*.

magnétoscope nom m. Appareil qui permet, avec une caméra et un appareil de télévision, d'enregistrer des images et des sons sur une bande magnétique et de les reproduire. ● *Avec ce **magnétoscope**, je peux enregistrer l'image et le son des émissions de télévision pour les revoir quand je veux*.

magnifique adj. ● *Nous avons visité un château **magnifique**, très beau* (→ SYN. somptueux, splendide, superbe ; CONTR. affreux, horrible).

■ **magnificence** nom f. Qualité de ce qui est magnifique. ● *La **magnificence** de la réception a ébloui les invités*.

■ **magnifiquement** adv. ● *Malgré les difficultés, Gilles a **magnifiquement** réussi*, très bien réussi.

magnolia [maɲɔlja] ou [magnɔlja] nom m. Arbre à grandes fleurs blanches très odorantes.

magnum [magnɔm] nom m. ● *Pour l'anniversaire de maman, papa a ouvert un **magnum** de champagne*, une grosse bouteille qui contient l'équivalent de deux bouteilles normales (soit environ 160 cl).

magot nom m. ● *Où a-t-il caché son **magot** ?*, l'argent qu'il a accumulé, ses économies ou son trésor.

mai nom m. Cinquième mois de l'année, qui compte 31 jours. ● *Ils arriveront le 3 **mai**. — Le Premier **Mai** est un jour férié, c'est la fête du Travail*. ★ Ne pas confondre *mai* et *mais*.

maigre adj. **1** ● *Ce chat est mal nourri, il est trop **maigre*** (→ CONTR. corpulent, dodu, gras ; 1. gros). — *Il n'est pas mince, il est vraiment **maigre*** (→ maigrir). **2** (fig.) ● *Malgré tous ses efforts, il n'a obtenu que de **maigres** résultats*, très peu de résultats (→ SYN. médiocre, mince). — *Un **maigre** dîner* (→ CONTR. copieux). **3** ● *Un yaourt **maigre***, qui contient peu ou pas de matière grasse (→ CONTR. gras).

■ **maigreur** nom f. ● *Ces enfants meurent de faim, ils sont d'une **maigreur** effrayante*, très maigres.

■ **maigrichon** adj. (fam.) **1** ● *Cette petite fille est **maigrichonne**, un peu maigre* (→ CONTR. grassouillet). **2** (fig.) ● *Une marguerite et un coquelicot fané... c'est un peu **maigrichon** pour faire un bouquet !*

■ **maigrir** v. ● *Danielle a **maigri** pendant sa maladie : elle est devenue maigre* (→ CONTR. épaissir, grossir). ★ Conjug. 11.

maille nom f. **1** ● *Les **mailles** d'un tricot :* chacune des petites boucles de fil que l'on fait avec les aiguilles à tricoter.

2 ● Les **mailles** d'un filet : chacun des espaces entre les fils. — ● Pour pêcher la crevette, il faut un filet à **mailles** fines. **3** ● La cotte de **mailles** des chevaliers du Moyen Âge (→ cotte). **4** AVOIR MAILLE À PARTIR AVEC QUELQU'UN : avoir des problèmes avec lui. ● Il a déjà **eu maille à partir** avec les gendarmes.

maillet nom m. ● Dominique plante les piquets de la tente avec un **maillet**, un marteau en bois.

maillon nom m. ● En tirant sur sa chaîne, le chien a cassé un **maillon**, un des anneaux qui la forment.

maillot nom m. **1** ● Toutes les élèves du cours de danse sont en **maillot** bleu, un vêtement collant qui leur couvre tout le corps. **2** ● Avant de partir à la plage, Claire enfile son **maillot** de bain. **3** ● Les footballeurs de notre équipe sont en culotte blanche et **maillot** rouge, un vêtement souple qui couvre le haut du corps. **4** ● Maintenant, on n'enveloppe plus les bébés dans des **maillots**, des langes qui leur entouraient tout le corps jusqu'au-dessous des bras (→ emmailloter).

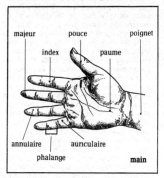

majeur   pouce   poignet
index   paume
annulaire   auriculaire
phalange   **main**

main nom f. **1** ● Les cinq doigts de la **main**. — ● Henri m'a serré la **main**. ● Elle donne la **main** à sa mère. **2** AVOIR QUELQUE CHOSE SOUS LA MAIN, ou À PORTÉE DE MAIN.

● Quand on peint, il faut toujours **avoir** un chiffon **sous la main**, près de soi, pour pouvoir l'attraper sans se déplacer. — METTRE LA MAIN SUR QUELQUE CHOSE. ● Où est mon sac ? Je ne peux pas **mettre la main dessus**, le trouver. **3** (fig.) METTRE LA MAIN À LA PÂTE. ● Au lieu de donner des conseils, **mets la main à la pâte** : travaille avec les autres. — DONNER UN COUP DE MAIN : aider (→ main-forte). — METTRE LA DERNIÈRE MAIN À UN TRAVAIL : le finir, l'achever, terminer les derniers détails. **4** EN MAINS PROPRES. ● Remettre une lettre, un paquet **en mains propres** : les donner à celui qui doit les recevoir, et seulement à lui. — DE LA MAIN À LA MAIN. ● Il a payé le vendeur de **la main à la main**, directement, sans facture. **5** ÊTRE EN BONNES MAINS : être confié à quelqu'un en qui on peut avoir confiance. **6** AVOIR LA MAIN HEUREUSE : avoir de la chance quand on choisit. **7** NE PAS Y ALLER DE MAIN MORTE : ne pas hésiter à être brutal ou exigeant. **8** (fig.) J'EN METTRAIS MA MAIN AU FEU : je suis sûr que c'est vrai, je suis prêt à le parier. **9** (fam.) FAIRE DES PIEDS ET DES MAINS : se donner beaucoup de mal (pour obtenir un résultat). **10** FAIRE MAIN BASSE SUR QUELQUE CHOSE : s'en emparer, la voler. **11** EN VENIR AUX MAINS : en arriver à se battre.

main-d'œuvre nom f. **1** ● Cette usine manque de **main-d'œuvre**, d'ouvriers. **2** ● Quand tu fais recoudre ton cartable par un cordonnier, ce n'est pas le fil qui est cher, mais le prix de la **main-d'œuvre**, le prix du travail.

main-forte nom f. PRÊTER MAIN-FORTE. ● Je n'arrive pas à faire ce problème, heureusement que Xavier va me **prêter main-forte**, m'aider.

mainmise nom f. Action de s'emparer de quelque chose. ● Jean s'oppose à la **mainmise** de Gérard sur son entreprise.

maint adj. (littér.) ● Nous nous sommes rencontrés **maintes** fois, beaucoup de fois, souvent. — MAINTES ET MAINTES FOIS : très souvent.

maintenance nom f. Service d'entretien et de réparation.

maintenant adv. ● *Si tu veux arriver à l'heure, il faut partir* **maintenant**, tout de suite, à présent. — ● *L'an dernier elle était malade, mais* **maintenant** *elle va mieux*, au moment où nous sommes. — ● *Tu peux éteindre la lampe* **maintenant** *qu'il fait jour*.

maintenir v. 1 ● *Peux-tu* **maintenir** *cette planche pendant que je la scie ?* : peux-tu la tenir dans la même position ? (→ tenir; SYN. retenir, soutenir). 2 ● *Tâchons de* **maintenir** *le calme dans la classe*, de le faire continuer (→ maintien, sens 1; SYN. garder). 3 v. pron. ● *Nous pourrons faire cette promenade si le temps* **se maintient**, s'il continue comme il est (→ CONTR. changer). 4 ● *Il s'est trompé, je l'ai dit et je le* **maintiens** : je l'affirme encore une fois. ★ Conjug. 19.

■ **maintien** nom m. 1 ● *Pourquoi veut-il le* **maintien** *de la peine de mort ?*, qu'elle continue à exister (→ CONTR. abandon). 2 ● *Il est fatigué, je le vois à son* **maintien**, à sa façon de se tenir (→ SYN. attitude, tenue).

maire nom m. ● *Notre ville a un nouveau* **maire**, la personne élue pour diriger les affaires d'une commune. ★ Ne pas confondre maire, mer et mère.

■ **mairie** nom f. ● *Pour voter, il faut s'inscrire à la* **mairie**, le bâtiment où se trouvent les bureaux du maire et de l'administration communale (→ SYN. hôtel de ville).

mais conj. et adv. 1 conj. Annonce une opposition à ce que l'on vient de dire. ● *Je l'avais attrapé,* **mais** *il s'est échappé*. 2 adv. Renforce le sens de ce que l'on dit. ● *Viendras-tu demain ?* **Mais** *oui*. ★ Ne pas confondre mais et mai.

maïs [mais] nom m. ● *Cet agriculteur récolte du* **maïs**, une plante aux gros épis formés de grains jaunes, qui sert à nourrir les animaux et les hommes. — ● *Pour faire du pop-corn, je fais frire des grains de* **maïs**.

maison nom f. 1 ● *Guillaume sort de la* **maison**, un bâtiment où l'on habite.

★ Chercher aussi : baraque, bicoque, chalet, ferme, pavillon, villa. 2 À LA MAISON : chez soi. ● *Venez jouer à la* **maison**. ★ Chercher aussi : demeure, domicile, foyer. 3 ● *Une tarte* **maison**, un pâté **maison**, qui ont été faits à la maison. ● *Pour le dessert, le maître d'hôtel nous a conseillé de prendre les glaces* **maison**. 4 Bâtiment qui sert à divers usages. ● *La* **Maison** *des Jeunes et de la Culture (M.J.C.)*; *une* **maison** *de retraite*. 5 ● *Ces deux employés travaillent pour la même* **maison**, la même entreprise (→ SYN. firme, société).

■ **maisonnée** nom f. ● *Toute la* **maisonnée** *était réunie autour de la table*, l'ensemble des personnes qui habitent la même maison (→ SYN. famille).

■ **maisonnette** nom f. Petite maison.

maître, maîtresse nom 1 Personne qui dirige, qui commande, qui domine. ● *Les esclaves et les serviteurs obéissent à leur* **maître**. — (fig.) TROUVER SON MAÎTRE. ● *Il disait qu'il était le meilleur au football, mais il a* **trouvé son maître**, quelqu'un qui est vraiment plus fort que lui. 2 ● *Le chien attend le retour de son* **maître**, de celui à qui il appartient, de son propriétaire. 3 ÊTRE, RESTER MAÎTRE DE FAIRE QUELQUE CHOSE. ● *Il est* **maître** *de refuser ma proposition* : il en a le pouvoir, le droit. ● *Quand tu circules en vélo, tu dois toujours* **rester maître de** *ta vitesse*, capable de la contrôler. — SE RENDRE MAÎTRE DE. ● *Les pompiers* **se sont rendus maîtres de** *l'incendie* : ils ont réussi à l'arrêter (→ maîtriser, sens 2). — MAÎTRE DE SOI, loc. adj. ● *Rester* **maître de soi** : garder son calme, son sang-froid (→ 1. maîtrise, sens 1). 4 MAÎTRE, MAÎTRESSE (D'ÉCOLE) : instituteur, institutrice. — MAÎTRE NAGEUR : personne qui apprend aux autres à nager. 5 nom m. Artiste ou écrivain célèbre qui est remarquable dans son métier. ● *Ce tableau magnifique est l'œuvre d'un* **maître**. — (fig.) UN COUP DE MAÎTRE. ● *Il a réussi à les mettre d'accord tous les deux : c'est* **un coup de maître**, une action remarquable qui montre qu'il est très habile. 6 nom m. Titre (abrév. Mᵉ) donné à un notaire ou à un

avocat (même s'il s'agit d'une femme).
— ● *Je vous présente* **Maître** *Durand qui est avocate.* ★ Ne pas confondre *maître, mètre et mettre.*

■ **maîtresse** nom f. ● *Non, ce n'est pas sa femme, c'est sa* **maîtresse***, une femme qui a une liaison amoureuse avec lui* (→ amant).

maître chanteur nom m. Escroc qui fait du chantage (→ 2. chanter).

1. maîtrise nom f. **1** MAÎTRISE DE SOI. ● *La colère lui a fait perdre sa* **maîtrise de soi***,* son sang-froid, le contrôle de lui-même (→ SYN. calme). **2** ● *Autrefois, l'Angleterre avait la* **maîtrise** *des mers,* le contrôle absolu; elle y régnait en maître. **3** ● *Perdre la* **maîtrise** *de sa vitesse :* ne plus pouvoir la contrôler, être incapable de s'arrêter. **4** ● *Ce concerto pour piano a été exécuté avec une grande* **maîtrise***,* avec une perfection digne d'un maître (→ maître sens 5).

2. maîtrise nom f. AGENT DE MAÎTRISE. ● *Les* **agents de maîtrise** *surveillent et dirigent le travail des ouvriers* (→ SYN. contremaître). — ● *La* **maîtrise** *d'une usine :* l'ensemble des agents de maîtrise. ★ Chercher aussi : cadre, sens 4 ; encadrement.

3. maîtrise nom f. ● *Ce concert est donné par l'orchestre et la* **maîtrise** *de Radio-France,* l'ensemble des chanteurs, la chorale.

maîtriser v. **1** ● *Mon chien voulait se battre avec un chat, mais j'ai réussi à le* **maîtriser***,* à le retenir de force. **2** ● *Les pompiers ont réussi à* **maîtriser** *l'incendie,* à s'en rendre maîtres, à l'éteindre. **3** ● *Je n'ai pas pu* **maîtriser** *ma peur,* la dominer, la contenir. □ v. pron. ● *En présence de notre invité, elle* **s'est maîtrisée** *:* elle a dominé sa colère (→ SYN. se contrôler).

majesté nom f. **1** Titre donné aux souverains, aux rois, aux reines. ● *Sa* **Majesté** *la reine d'Angleterre.* **2** ● *L'allure de ce vieillard est pleine de* **majesté***,* de noblesse, de dignité, de grandeur.

■ **majestueux** adj. **1** ● *Une démarche*

majestueuse*,* lente et digne (→ SYN. noble, solennel). **2** ● *Nous avons admiré un paysage* **majestueux***,* très beau et imposant (→ SYN. grandiose).

majeur adj. et nom m. **A.** adj. **1** ● *Céline a dormi pendant la* **majeure** *partie du voyage,* la plus grande partie (→ majorité, sens 2). — ● *Il faut qu'il trouve un emploi, c'est son souci* **majeur***,* le plus grand, le plus important (→ CONTR. mineur). **2** ● *Nicolas sera bientôt* **majeur** *:* il aura bientôt 18 ans (→ majorité, sens 3 ; CONTR. mineur). **B.** nom m. Le plus grand doigt de la main (→ SYN. médius). ★ VOIR p. 547.

major nom m. **1** Nom donné à certains militaires de rang supérieur. **2** ● *Il a été reçu* **major** *à ce concours difficile,* avec la première place (→ SYN. premier).

majordome nom m. Personne qui dirige les domestiques dans une maison de gens très riches.

majorer v. ● *Son salaire a été* **majoré** *de 10 %,* augmenté (→ CONTR. baisser, diminuer).

■ **majoration** nom f. ● *La* **majoration** *du prix de l'essence* (→ SYN. hausse ; CONTR. baisse, diminution).

majorette nom f. ● *À la fête du village, la fanfare a défilé, suivie des* **majorettes***,* des jeunes filles en uniforme.

majorité nom f. **1** ● *Aux élections, ce candidat a eu la* **majorité** *(des voix),* le plus grand nombre de voix. — ● *La* **majorité** *et l'opposition :* les partis, les gens qui sont d'accord avec le gouvernement qui a été élu, et ceux qui sont contre. **2** ● *Une* **majorité** *de spectateurs a trouvé le film excellent,* la majeure partie, un grand nombre, la plupart d'entre eux (→ CONTR. minorité). **3** ● *Tu auras le droit de voter à ta* **majorité***,* à l'âge où la loi te donne tous les droits et les devoirs des adultes, c'est-à-dire à 18 ans en France (→ majeur, sens 2).

majuscule nom f. ● *En écrivant mon nom, j'ai encore oublié la* **majuscule** *!,* la lettre plus grande que les autres, que l'on doit mettre au début des phrases et des noms propres (→ CONTR. minuscule).

mal nom m., adv. et adj. invar. **A.** nom m.
1 ● *J'essaie de faire le bien et d'éviter le mal*, ce qu'il ne faut pas faire. **2** ● *La guerre est responsable de beaucoup de maux*, de malheurs. **3** ● *On m'a dit du mal de lui*, des choses désagréables, qui font de la peine. **4** ● *Prends ce médicament, il calmera tes maux de tête*, tes douleurs. — ● *J'ai mal aux dents : je souffre.* — ● *Attention, tu vas lui faire mal*, le faire souffrir. **5** ● *Les médecins ont trouvé la cause de son mal*, de sa maladie. — ● *Dès qu'il est sur un bateau, Michel a le mal de mer*, des malaises. — PRENDRE MAL, ATTRAPER DU MAL : tomber malade. **6** ● *Claire a eu du mal à te trouver*, des difficultés. **7** SE DONNER DU MAL : faire beaucoup d'efforts.
B. adv. **1** ● *Ça commence mal !* (→ CONTR. 1. bien). **2** SE TROUVER MAL : avoir un malaise, s'évanouir. **3** ÊTRE AU PLUS MAL : être très gravement malade ; être près de mourir. **4** MAL PRENDRE QUELQUE CHOSE. ● *Il a mal pris la plaisanterie* : il s'est fâché, il ne l'a pas acceptée. **5** PAS MAL, loc. adv. ● *Il y a pas mal de gens*, un assez grand nombre, une assez grande quantité.
C. adj. invar. **1** ● *Il a volé de l'argent, c'est mal* : c'est contraire à la morale (→ CONTR. bien). **2** ● *Ce roman n'est pas mal*, plutôt bien.

malade adj. ● *Sophie a manqué l'école pendant huit jours parce qu'elle a été malade*, en mauvaise santé (→ maladie ; SYN. souffrant). □ nom ● *Le malade doit se reposer*, la personne malade.
■ **maladie** nom f. **1** ● *Rassure-toi, sa maladie n'est pas grave.* **2** (fig.) ● *Il a la maladie de la propreté*, la manie, l'obsession (→ maladif, sens 2).
■ **maladif** adj. **1** ● *Un enfant maladif*, qui est souvent malade. **2** ● *Il a une peur maladive des araignées*, une peur qu'il ne peut pas contrôler.

maladresse nom f. **1** ● *Il a encore cassé un verre, quelle maladresse !* (→ SYN. gaucherie ; CONTR. 2. adresse). **2** ● *En disant cela, elle lui a fait de la peine :*

c'est une *maladresse*, un manque de tact, de délicatesse (→ SYN. erreur ; (fam.) gaffe).
■ **maladroit** adj. **1** ● *Philippe est maladroit de ses mains* (→ CONTR. adroit). □ nom ● *Une maladroite.* **2** ● *Il a eu un mot maladroit*, qu'il ne fallait pas dire (→ SYN. malheureux).
■ **maladroitement** adv. ● *Elle s'y prend maladroitement*, d'une manière maladroite (→ CONTR. adroitement).

malaise nom m. **1** ● *Arrivé au sommet de la montagne, j'ai eu un malaise :* je me suis senti mal, malade (→ aise). **2** ● *J'éprouve un malaise à parler devant eux* (→ SYN. gêne).

malaisé adj. ● *Retrouver ta bague dans ce tas de sable ? Ce sera une tâche malaisée*, difficile (→ CONTR. aisé, facile).
■ **malaisément** adv. ● *Elle supporte malaisément tes réflexions*, difficilement (→ CONTR. aisément, facilement).

malappris nom m. Individu grossier et mal élevé. ● *Henri est un malappris :* il s'est amusé à sonner à toutes les portes de la rue.

malaria nom f. ● *En Afrique, il a attrapé la malaria*, une maladie qui donne des accès de fièvre (→ SYN. paludisme).

malaxer v. ● *Pour réussir ce gâteau, il faut bien malaxer la pâte*, la pétrir pour la rendre plus molle.

malchance nom f. ● *Antoine est arrivé trop tard. Quelle malchance !*, quel manque de chance (→ SYN. (fam.) déveine ; CONTR. chance).
■ **malchanceux** adj. Qui n'a pas de chance.

mâle nom m. et adj. **1** nom m. ● *Le cerf est le mâle de la biche*, l'animal de sexe masculin (→ CONTR. femelle). □ adj. ● *Une voix mâle*, d'homme (→ SYN. masculin, viril ; CONTR. féminin). **2** adj. ● *Au bout du fil électrique, j'ai fixé une prise mâle*, qui s'enfonce dans une prise femelle.

malédiction nom f. ● *Tous les troupeaux sont morts de maladie, c'est une malé-*

diction, un malheur, une malchance (→ maudire ; CONTR. bénédiction).

maléfice nom m. Sortilège qui a pour but de nuire à quelqu'un. ● *Par ses malé-fices*, la fée Carabosse a plongé la Belle au bois dormant dans un profond sommeil.

malencontreux adj. ● *Nous avons été gênés par son retard malencontreux, qui tombait mal* (→ SYN. ennuyeux, fâcheux).

malentendant nom m. Celui qui, sans être tout à fait sourd, entend mal.

mal en point loc. adj. Fatigué ou blessé. ● *Ce boxeur est mal en point : il a reçu beaucoup de coups.*

malentendu nom m. ● *Ne parlons plus de notre dispute, ce n'était qu'un malentendu : nous nous étions mal compris* (→ SYN. méprise, quiproquo).

malfaçon nom f. ● *La maison vient d'être construite et les murs sont déjà fissu-rés : c'est une malfaçon*, un défaut de fabrication qui apparaît quand l'ouvrage est terminé.

malfaisant [malfəzɑ̃] adj. ● *Il exerce sur elle une influence malfaisante, qui lui fait du mal* (→ SYN. néfaste, nuisible ; CONTR. bienfaisant).

malfaiteur nom m. ● *Cet homme est un dangereux malfaiteur*, une personne qui fait ce qui est défendu par la loi (→ SYN. bandit, gangster, voleur).

malfamé ou **mal famé** adj. ● *Il est impru-dent d'aller la nuit dans ce quartier malfamé*, mal fréquenté, dangereux.

malformation nom f. ● *Il a une mal-formation du cœur*, un cœur qui s'est mal formé avant sa naissance (→ SYN. anomalie, défaut).

malgré prép. **1** Indique une opposition. ● *J'ai éclaté de rire malgré moi*, pour-tant je voulais m'en empêcher (→ SYN. contre mon gré). — ● *Il a réussi mal-gré les difficultés* (→ SYN. en dépit de). **2** MALGRÉ TOUT. ● *Il ne faut pas le juger trop vite, malgré tout c'est un garçon très sympathique*, tout de même, quoi qu'on en dise.

malhabile adj. ● *Bébé a renversé son lait d'un geste malhabile*, maladroit (→ CONTR. habile).

malheur nom m. **1** ● *Il leur est arrivé un malheur*, un événement triste, pénible (→ malheureux, sens 1 ; SYN. accident, catastrophe). **2** ● *J'ai encore perdu, c'est un petit malheur*, une mal-chance. **3** PAR MALHEUR, loc. adv. ● *Par mal-heur, il est arrivé trop tard* (→ SYN. malheureusement ; CONTR. par bonheur, heureusement).

■ **malheureux** adj. **1** ● *Ce chien a l'air malheureux* (→ SYN. triste ; CONTR. bien-heureux, heureux). □ nom ● *Ce malheu-reux a perdu toute sa famille dans l'accident*, cette personne qui a eu des malheurs. **2** ● *C'est une décision malheureuse*, qui a des conséquences ennuyeuses (→ SYN. fâcheux, funeste, regrettable). **3** ● *Il a finalement battu le record du monde, après deux essais malheureux*, qui avaient échoué. **4** ● *Ce n'est qu'un malheureux stylo à bille*, un objet sans importance, insignifiant.

■ **malheureusement** adv. **1** ● *Mal-heureusement, il est très malade.* **2** ● *J'ai malheureusement pris la mauvaise route, par malchance* (→ CONTR. heureusement).

malhonnête adj. ● *Voler, tricher, mentir, c'est malhonnête* (→ CONTR. honnête).

■ **malhonnêtement** adv. ● *Ils avaient agi malhonnêtement* (→ CONTR. hon-nêtement).

■ **malhonnêteté** nom f. **1** ● *Les clients ne vont plus chez ce commerçant, car ils connaissent sa malhonnêteté*, le défaut de celui qui est malhonnête (→ CONTR. honnêteté). **2** ● *Tricher en classe, c'est une malhonnêteté*, une action malhonnête.

malice nom f. ● *Après avoir caché mon sac, Frédéric m'a regardé avec malice*, en se moquant gentiment de moi.

■ **malicieux** adj. ● *C'est un garçon malicieux* (→ SYN. coquin, espiègle, farceur, taquin).

■ **malicieusement** adv. ● *Il m'a souri malicieusement*, d'une façon mali-cieuse.

1. malin (au féminin : **maligne,** ou fam. **maline**) adj. **1** ● *Il trouvera facilement, c'est un garçon **malin**,* qui sait se débrouiller (→ SYN. astucieux, débrouillard, futé ; CONTR. naïf, nigaud). □ nom ● *C'est une **maligne**.* **2** (fam.) C'EST MALIN ! ● *Tu as envoyé le ballon sur le toit de la maison, c'est **malin** ! :* c'est idiot, c'est stupide.

2. malin, maligne adj. **1** ● *Il éprouve un **malin** plaisir à me faire souffrir,* un plaisir méchant. **2** ● *Le cancer est une tumeur **maligne**,* dangereuse, qui fait beaucoup de mal.

malingre adj. ● *Un enfant **malingre**,* faible et fragile (→ SYN. chétif ; CONTR. fort, robuste).

malle nom f. ● *Le voyageur emporte une **malle**,* un grand coffre où il range ses affaires. — ● *La **malle** d'une auto :* son coffre. ★ Chercher aussi : bagage, valise.
■ **mallette** nom f. ● *Le médecin transporte ses instruments dans une **mallette**,* une petite valise.

malléable adj. **1** ● *Le potier mouille la terre pour la rendre **malléable**,* molle, facile à modeler. **2** (fig.) ● *Martin est un garçon **malléable**,* docile, facile à influencer.
■ **malléabilité** nom f. Qualité de ce qui est malléable.

malmener v. ● *Des vauriens **ont malmené** mon petit frère :* ils se sont montrés violents envers lui, ils l'ont bousculé, brutalisé (→ SYN. maltraiter). ★ Conjug. 8.

malnutrition nom f. Manière défectueuse de se nourrir en ne mangeant pas assez ou de façon déséquilibrée. ● *La **malnutrition** des habitants des pays pauvres.*

malodorant adj. ● *La niche de ce chien est **malodorante** :* elle sent mauvais (→ odeur, odorant ; SYN. puant).

malpoli adj. (fam.) ● *Ce garçon est **malpoli**,* mal élevé, incorrect (→ SYN. impoli ; CONTR. poli). □ nom ● *Veux-tu bien te taire, petite **malpolie** !*

malpropre adj. **1** ● *Ma veste est tachée ; elle est **malpropre*** (→ SYN. sale ; CONTR. propre). **2** ● *Des plaisanteries **malpropres**,* grossières, de mauvais goût.
■ **malpropreté** nom f. ● *Il est toujours mal lavé, sa **malpropreté** me dégoûte,* sa saleté.

malsain adj. ● *Les maisons humides sont **malsaines**,* mauvaises pour la santé (→ CONTR. sain).

malt nom m. ● *Pour faire de la bière, on se sert de **malt**,* de grains d'orge que l'on fait germer puis sécher.

maltraiter v. ● *Il ne faut pas **maltraiter** les animaux,* leur faire du mal, être brutal avec eux (→ traiter ; SYN. brutaliser, malmener).

malveillance nom f. ● *Je ne comprends pas sa **malveillance** envers mes amis,* son intention de les critiquer, de leur faire du mal (→ SYN. hostilité ; CONTR. bienveillance).
■ **malveillant** adj. ● *Les pneus de sa bicyclette ont été crevés par des gens **malveillants**,* qui lui voulaient du mal (→ SYN. hostile, méchant ; CONTR. amical, bienveillant).

maman nom f. Nom affectueux que l'on donne à sa mère ou à celle d'un enfant. ● *Le soir, les enfants vont embrasser leur **maman** et leur papa.* — ● *J'ai rencontré ta **maman**.*

mamelle nom f. ● *Le petit veau veut téter, il cherche les **mamelles** de sa mère,* les organes qui donnent du lait.
■ **mammifère** nom m. ● *L'homme, le singe, la souris et la baleine sont des **mammifères**,* des animaux dont les femelles ont des mamelles. ★ Attention : *mamelle* avec un seul « m », mais *mammifère* avec deux « m ».

mammouth [mamut] nom m. ● *Jadis les **mammouths** vivaient en troupeaux,* d'énormes éléphants préhistoriques.

manager [manadʒɛr] nom m. ● *Les artistes et les sportifs ont des **managers**,* des personnes qui organisent les spectacles et les matchs (→ SYN. impresario, entraîneur).

1. manche nom f. **1 ●** *J'ai un trou à la* **manche**, la partie du vêtement qui entoure le bras. — (fam.) C'EST UNE AUTRE PAIRE DE MANCHES! ● *L'anglais est une langue facile; mais le chinois,* **c'est une autre paire de manches!** : c'est beaucoup plus difficile. **2** MANCHE À AIR. ● *Ce bateau possède une* **manche à air**, un grand tuyau qui laisse entrer l'air à l'intérieur. — ● *Sur cet aéroport, une* **manche à air** indique la direction du vent, un tuyau souple suspendu à un mât.

2. manche nom m. **1 ●** *L'ouvrier saisit son marteau par le* **manche**, la partie qui sert à le tenir. — ● *Le* **manche** et la brosse d'un balai. — (fig.) JETER LE MANCHE APRÈS LA COGNÉE : abandonner parce que l'on est découragé. **2** LE MANCHE À BALAI *(d'un avion) :* la commande qui sert à diriger un avion en vol. **3 ●** *J'ai cassé le* **manche** *de ma guitare,* la partie allongée le long de laquelle sont tendues les cordes.

3. manche nom f. **●** *Julien a gagné, pourtant il avait perdu la première* **manche**, la première partie d'un jeu, d'un match. ★ Chercher aussi : belle, revanche.

mancheron nom m. Poignée par laquelle on guide une charrue. ● *La charrue a deux* **mancherons**.

1. manchette nom f. **●** *Luc porte des boutons de* **manchette**, qui ferment les poignets de ses manches.

2. manchette nom f. **●** *Toutes les* **manchettes** *des journaux annoncent cette grande nouvelle,* les gros titres en première page.

manchon nom m. **●** *L'hiver, grand-mère sort avec son* **manchon**, un étui de fourrure ou de tissu qui protège les mains du froid.

1. manchot adj. **1 ●** *Après son accident, le malheureux est resté* **manchot** : il a perdu un bras ou les deux. □ nom ● *Un* **manchot**, *une* **manchote**. **2** (fig. et fam.) NE PAS ÊTRE MANCHOT: être adroit, habile.

2. manchot nom m. ●*Sur la banquise, les* **manchots** *se rassemblent en grandes* troupes, des oiseaux des pays froids, qui ressemblent à des pingouins.

mandarin nom m. **1** Dans l'ancienne Chine, haut fonctionnaire d'une grande culture. **2** (fig.) ● *Certains professeurs d'université sont des* **mandarins** : ils ont beaucoup d'influence sur leur entourage.

mandarine nom f. **●** *La* **mandarine** *pousse dans les pays chauds, un fruit très parfumé, plus petit que l'orange.* ★ Chercher aussi : clémentine.

mandat nom m. **1 ●** *Les députés exercent un* **mandat**, une fonction pour laquelle ils ont été élus. **2 ●** *Mon oncle m'a envoyé un* **mandat**, un papier qui permet d'envoyer de l'argent par la poste. **3 ●** *Le juge a délivré un* **mandat** *d'arrêt contre le voleur,* un papier qui donne l'ordre de l'arrêter.

mandibule nom f. **●** *Les sauterelles mangent les feuilles avec leurs* **mandibules**, les pinces coupantes qu'elles ont devant la bouche.

mandoline

mandoline nom f. **●** *Ce musicien joue de la* **mandoline**, une sorte de petite guitare, très bombée.

manège nom m. **1 •** *Les chevaux tournent autour du* **manège**, *la piste où l'on apprend à les monter.* **2 •** *À la fête foraine, les enfants font des tours de* **manège**, *des véhicules ou des chevaux de bois qui tournent autour d'un axe, montent ou descendent, etc.* **3 •** *Observez le* **manège** *du chat qui demande des caresses,* la manière dont il s'y prend (→ SYN. 1. manœuvre).

mânes nom m. plur. Âmes des morts dans la religion romaine. • *Le chef de la famille fait un sacrifice aux* **mânes** *de ses ancêtres.*

manette nom f. • *Pour couper le gaz, il faut abaisser cette* **manette**, un petit levier que l'on manœuvre à la main.

manger v. **1 •** *Anne* **mange** *un abricot :* elle le mâche, puis l'avale. — • *Ces champignons sont bons à* **manger** : ils sont comestibles. — • *Beaucoup de gens* **mangent** *trop :* ils prennent trop de nourriture (→ SYN. s'alimenter, se nourrir). — (fam.) • *N'ayez pas peur, je ne vous* **mangerai** *pas :* je ne vous ferai pas de mal. **2** (fig.) • *Claudia* **mange** *ses économies :* elle les dépense, les gaspille. ★ Conjug. 5.

■ **mangeable** adj. • *Cette tarte est tout juste* **mangeable** : on peut en manger, mais elle n'est pas très bonne (→ CONTR. immangeable).

■ **mangeoire** nom f. • *Le troupeau se dirige vers sa* **mangeoire**, le récipient où l'on met la nourriture de certains animaux. ★ Chercher aussi : auge.

■ **mangeur** nom **1 •** *Les crocodiles sont des* **mangeurs** *d'homme :* ils mangent des hommes. **2 •** *Ce monsieur est un gros* **mangeur**, une personne qui mange beaucoup.

mangouste nom f. Petit animal carnivore ressemblant à la belette qui s'attaque volontiers aux serpents et vit en Afrique ou en Asie.

mangue nom f. • *Avez-vous déjà mangé des* **mangues** ?, des fruits des pays chauds, à la chair jaune et parfumée.

mangue

manie nom f. **1 •** *Il chantonne sans arrêt, c'est une* **manie**, une habitude bizarre qu'il n'arrive pas à perdre. **2 •** *Elle ne s'intéresse qu'aux timbres, c'est sa* **manie**, sa passion (→ SYN. (fam.) dada, idée fixe, marotte).

■ **maniaque** nom **1 •** *Elle ne peut pas prendre un verre sans l'essuyer, c'est une* **maniaque** *de la propreté,* une personne qui a cette manie. □ adj. • *Elle est* **maniaque** (→ SYN. obsédé). **2 •** *La police recherche le dangereux* **maniaque** *qui chaque nuit attaque des personnes seules,* le malade mental, le fou.

manier v. **1 •** *Toute la journée, le livreur* **manie** *des paquets :* il les porte avec ses mains, il les déplace (→ SYN. manipuler). **2 •** *Le cow-boy sait* **manier** *le revolver,* s'en servir comme il faut. ★ Conjug. 10.

■ **maniement** nom m. • *Les soldats apprennent le* **maniement** *des armes,* la manière de s'en servir (→ SYN. usage).

■ **maniable** adj. • *L'ouvrier a besoin d'outils* **maniables**, faciles à manier, à utiliser. — • *Les petites voitures sont plus* **maniables** *que les grosses,* plus faciles à conduire, à manœuvrer.

■ **maniabilité** nom f. ● *Yves aime la* **maniabilité** *de cette voiture*, la facilité avec laquelle on la conduit.

1. **manière** nom f. 1 ● *On peut cuire un œuf de plusieurs* **manières**, de plusieurs façons différentes. — ● *Je n'aime pas sa* **manière** *de parler*, la façon particulière dont il parle. 2 DE MANIÈRE À. ● *Il travaille* **de manière à** *réussir ses examens*, afin de les réussir. 3 DE TOUTE MANIÈRE. ● *De toute manière, cela ne sert à rien de pleurer* (→ SYN. de toute façon, en tout cas).

2. **manières** nom f. plur. 1 ● *Elle se tient mal, je n'aime pas ses* **manières**, son attitude, son comportement. 2 ● *Avant d'accepter, il a fait des* **manières** : il s'est fait prier, il a été trop poli.

■ **maniéré** adj. ● *Cette fille est* **maniérée** : elle manque de naturel, de simplicité (→ SYN. affecté).

manifester v. 1 ● *Le chien* **manifeste** *sa joie* : il la montre, l'exprime. 2 ● *Les ouvriers* **manifestent** *pour obtenir du travail* : ils se rassemblent et défilent dans les rues pour montrer ce qu'ils pensent, ce qu'ils veulent. 3 v. pron. ● *La grippe* **se manifeste** *par une forte fièvre* : elle se voit, se reconnaît à cette fièvre.

■ **manifestant** nom. Personne qui participe à une manifestation.

■ **manifestation** nom f. 1 ● *Les clowns ont été accueillis par des* **manifestations** *de joie*, des démonstrations de joie. 2 ● *Les ouvriers organisent une* **manifestation**, un défilé pour exprimer leurs opinions (→ manifestant).

■ **manifeste** adj. et nom m. 1 adj. ● *Anne mange du gâteau avec un plaisir* **manifeste**, très facile à voir (→ SYN. évident, visible). 2 nom m. ● *Les partis politiques publient des* **manifestes**, des déclarations où ils expriment leurs opinions.

■ **manifestement** adv. ● *Ce chien a* **manifestement** *très faim*, à l'évidence (→ SYN. visiblement).

manigance nom f. ● *Il faut te méfier de leurs* **manigances**, de leurs petites manœuvres malhonnêtes et secrètes.

■ **manigancer** v. ● *Il* **manigance** *une mauvaise farce* : il la prépare en secret (→ combiner, comploter). ★ Conjug. 4.

1. **manille** nom f. Jeu de cartes qui se joue à quatre.

2. **manille** nom f. ● *Pour séparer ces deux chaînes, il faut enlever la* **manille**, l'anneau de métal qui s'ouvre à un bout.

manioc nom m. ● *Dans les pays chauds, on cultive le* **manioc**, une plante tropicale dont la racine fournit le tapioca.

manipuler v. 1 ● *L'horloger* **manipule** *les montres avec soin* : il les prend dans ses mains, les touche, les déplace. — ● *Le livreur* **manipule** *des colis* (→ SYN. manier).

■ **manipulation** nom f. ● *Au laboratoire, le chimiste se livre à de longues* **manipulations**, au maniement des instruments et des produits de son métier.

manivelle nom f. ● *Je remonte la vitre de la voiture en tournant une* **manivelle**.

mannequin nom m. 1 ● *Dans les vitrines, les vêtements sont exposés sur des* **mannequins**, des statues ou des armatures de forme humaine. 2 ● *Avez-vous déjà vu un défilé de* **mannequins** ?, de personnes qui présentent les vêtements à la mode.

1. **manœuvre** [manœvr] nom f. 1 ● *Pour se garer, l'automobiliste fait des* **manœuvres**, des mouvements précis pour diriger la voiture vers sa place. 2 ● *Les soldats font des* **manœuvres**, des exercices qui les préparent à la bataille. 3 (au plur.) ● *Je n'aime pas les* **manœuvres** *de ce tricheur*, les moyens qu'il utilise pour atteindre son but (→ SYN. manège, sens 3 ; manigance).

■ **manœuvrer** v. 1 ● *Le conducteur fait* **manœuvrer** *sa voiture* : il dirige ses mouvements avec précision. — ● *Sur le chantier, l'ouvrier* **manœuvre** *la grue* : il la manie et la dirige. 2 ● *Cet homme politique sait* **manœuvrer**, employer des moyens habiles pour parvenir à son but.

2. manœuvre nom m. ● *Cette entreprise va embaucher des* **manœuvres**, *des ouvriers qui n'ont pas appris un métier particulier* (→ main-d'œuvre).

manoir nom m. ● *J'aimerais habiter un* **manoir**, *un petit château à la campagne.*

manomètre nom m. ● *Autrefois, les chauffeurs de locomotive contrôlaient la pression de la vapeur avec un* **manomètre**, *un appareil muni d'un cadran dont l'aiguille indique la pression* (d'un gaz ou d'un liquide).

manquer v. **1** ● *Les fruits* **manquent** *cette année : il n'y en a pas ou pas assez* (→ CONTR. abonder). — ● *Je* **manque** *d'argent.* **2** ● *Il* **manque** *un élève dans la classe :* cet élève n'est pas là, il est absent. — ● *Il te* **manque** *un crayon :* tu en as un en moins. **3** ● *Luc me* **manque** *:* je regrette qu'il ne soit pas là. **4** ● *Le tireur a* **manqué** *la cible :* il ne l'a pas atteinte. — ● *Cours vite, tu vas* **manquer** *ton train,* le rater. — ● *Elle a* **manqué** *une belle occasion :* elle l'a laissé échapper. **5** ● *Elle a* **manqué** *(de) glisser :* elle a failli glisser. **6** ● *Il* **manque** *à tous ses devoirs :* il ne fait pas ce qu'il devrait faire. — JE N'Y MANQUERAI PAS : je le ferai, soyez-en sûr.

■ **manquant** adj. ● *Je vais recoudre le bouton* **manquant**, *qui manque* (→ SYN. absent).

■ **manque** nom m. ● *Les fleurs sèchent à cause du* **manque** *d'eau,* parce qu'elles n'en ont pas ou pas assez (→ SYN. défaut, pénurie, rareté ; CONTR. abondance, excès).

mansarde nom f. ● *Le plafond est en pente, cette pièce est une* **mansarde**, *une pièce située juste sous le toit.*

mansuétude nom f. Trait de caractère qui dispose à l'indulgence. ● *Grâce à la* **mansuétude** *de ses parents, Paul a échappé à la punition méritée.*

mante nom f. MANTE RELIGIEUSE. ● *Dans la prairie, j'ai trouvé une* **mante religieuse**, *un insecte vert ou roux qui se nourrit d'autres insectes.*

mante religieuse

1. manteau nom m. ● *Lorsqu'il fait froid, je mets un* **manteau**, *un vêtement à manches que l'on porte par-dessus les autres habits.* ★ Chercher aussi : cape, imperméable, pardessus.

2. manteau nom m. ● *Elle a posé les allumettes sur le* **manteau** *de la cheminée,* le rebord au-dessus du foyer.

mantille nom f. Écharpe en pointe, de dentelle noire, que portent les Espagnoles.

manucure nom ● *Chez le coiffeur, cette* **manucure** *soigne les mains et les ongles des clients.* ★ Chercher aussi : pédicure.

1. manuel adj. ● *Myriam voudrait apprendre un métier* **manuel**, *où l'on travaille de ses mains.* □ nom ● *Paul est un* **manuel**, *une personne habile de ses mains* (→ CONTR. intellectuel).

2. manuel nom m. Livre de classe. ● *J'ai perdu mon* **manuel** *de maths.*

manufacture nom f. ● *Mon père travaille dans une* **manufacture** *de meubles,* dans une usine où on les fabrique (→ SYN. fabrique).

manuscrit adj. et nom m. **A.** adj. ● *Mon oncle m'a envoyé une longue lettre* **manuscrite**, *écrite à la main* (→ CONTR. dactylographié, imprimé).
B. nom m. **1** ● *Au Moyen Âge, les moines copiaient des* **manuscrits**, *des*

livres entièrement écrits à la main. **2** ● *Cet écrivain voudrait bien que l'on publie son **manuscrit**, le texte qu'il a écrit.*

manutention [manytãsjɔ̃] nom f. ● *Ces hommes sont chargés de la **manuten-tion** des caisses, de les déplacer pour les ranger, les charger, etc., avant le transport* (→ SYN. manipulation).

■ **manutentionnaire** nom ● *Les camions sont chargés par des **manu-tentionnaires**, des personnes qui rangent, chargent, manient les marchandises.*

mappemonde nom f. ● *Au mur de la classe, on a accroché une **mappe-monde**, une carte formée de deux cercles côte à côte qui représentent toute la terre.* ★ Chercher aussi : planisphère.

maquereau [makro] nom m. ● *Le poissonnier vend des **maquereaux**, des poissons de mer au dos tigré bleu-vert et noir.*

maquette nom f. ● *Mercredi, j'ai construit une **maquette** de bateau, un modèle réduit.* — ● *Une **maquette** d'avion.* ★ Chercher aussi : aéromodélisme.

maquignon nom m. ● *Le **maquignon** achète et vend des chevaux, des bœufs et des vaches, le marchand de bestiaux.*

maquiller v. **1** ● *Pour la fête, Martine m'**avait maquillé** en clown : elle m'avait peint le visage comme celui d'un clown* (→ SYN. grimer). □ v. pron. ● *Aude **se maquille** : elle met sur son visage des couleurs qui l'embellissent* (→ SYN. se farder ; CONTR. se démaquiller). **2** ● *Les voleurs **maquillent** les voitures volées : ils les transforment pour qu'on ne les reconnaisse plus.*

■ **maquillage** nom m. **1** ● *Jeanne prend du temps pour son **maquillage**, pour se maquiller.* **2** ● *La chaleur fait couler le **maquillage**, les couleurs que l'on se met sur le visage* (→ SYN. fard).

maquis nom m. **1** ● *En Corse, il y a de grandes régions de **maquis**, des régions où poussent des petits arbres et des buissons touffus.* **2** ● *Pendant la guerre, les résistants prenaient le **maquis** : ils se cachaient en groupes pour attaquer les soldats ennemis* (→ maquisard).

■ **maquisard** nom m. ● *Les soldats allemands pourchassaient les **maqui-sards**, les gens qui prenaient le maquis* (→ maquis : partisan, résistant).

marabout nom m. Grand oiseau de la famille des échassiers, au plumage gris et blanc et au grand bec pointu.

maraîcher adj. et nom **1** adj. ● *Ce paysan pratique la culture **maraîchère**, la culture des légumes.* ★ Chercher aussi : potager. **2** nom ● *Nous achetons les tomates chez le **maraîcher**, une personne qui cultive des légumes pour les vendre.*

marais nom m. ● *Ma barque glisse entre les roseaux pour traverser le **marais**, des terrains couverts d'eau immobile.* ★ Chercher aussi : marécage.

marathon nom m. **1** ● *Es-tu assez solide pour courir un **marathon** ?, une course à pied de plus de 42 kilomètres.* **2** (fig.) ● *Cette réunion n'en finissait pas, c'était un vrai **marathon**, une séance longue et fatigante.*

marâtre nom f. ● *La belle-mère de Cendrillon était une **marâtre** pour elle, une mauvaise mère.*

maraudeur nom m. Celui qui dérobe des produits de la campagne. ● *Le chien de garde a dérangé le **maraudeur** qui volait les poules.*

marbre nom m. **1** ● *Cette statue est en **marbre**, une belle pierre dure qui a parfois des taches et des dessins de couleurs variées.* ★ Chercher aussi : veine. **2** ● *Le **marbre** d'une commode : la plaque de marbre posée dessus.*

■ **marbrure** nom f. ● *Regarde les **mar-brures** de cette pierre, ses taches et ses dessins semblables à ceux du marbre.*

■ **marbré** adj. ● *Un papier **marbré**, couvert de marbrures.*

marc [mar] nom m. **1** ● *Lorsqu'on a pressé le raisin, il ne reste que le **marc**, la peau, les pépins, la chair pressée.* **2** ● *Le **marc** est beaucoup trop fort* *pour moi, l'alcool fait avec le marc de raisin.* **3 ●** *Au fond de votre tasse, il reste du marc de café,* un dépôt épais que l'on ne peut pas boire. **★** Ne pas confondre marc et mare.

marcassin nom m. ● *Les marcassins au dos rayé suivent leur mère,* les petits du sanglier et de la laie.

marchand nom et adj. **1** nom ● *Va m'acheter des poires chez le marchand de fruits* (→ SYN. commerçant). **2** adj. ● *Marseille est un port marchand,* où l'on fait du commerce. — ● *La marine marchande transporte des marchandises pour le commerce.*

■ **marchandage** nom m. ● *Le vendeur a baissé son prix après un long marchandage,* une discussion sur le prix entre l'acheteur et le vendeur.

■ **marchander** v. ● *En Tunisie, j'ai marchandé une ceinture :* j'ai discuté avec le vendeur pour faire baisser son prix.

■ **marchandise** nom f. ● *Cette boutique est pleine de marchandises,* de produits qui s'achètent et se vendent. **★** Chercher aussi : article, denrée.

■ **marché** nom m. **1** ● *C'est amusant de faire les courses au marché,* à l'endroit où des commerçants s'installent régulièrement pour vendre leurs marchandises aux clients. — FAIRE SON MARCHÉ : faire ses courses, ses achats de produits alimentaires. **2** ● *Le marché de l'automobile se développe,* les achats et les ventes d'automobiles. — ● *Le marché du travail :* les offres et les demandes d'emplois. — FAIRE DU MARCHÉ NOIR : vendre en secret et très cher des marchandises rares ou interdites. **3** ● *J'ai conclu un marché avec Robert :* je lui ai acheté, vendu quelque chose. — ● *Si tu m'aides, je te prêterai mon vélo : acceptes-tu ce marché ?,* cet échange de promesses (→ SYN. transaction). **4** PAR-DESSUS LE MARCHÉ. ● *Il ment et il est insolent par-dessus le marché,* en plus.

marchepied nom m. ● *Rosine est debout sur le marchepied du train,* le petit escalier qui sert à y monter.

marcher v. **1** ● *À l'âge d'un an, les bébés commencent à marcher,* à se déplacer sur leurs jambes. — ● *J'aime marcher,* me promener. **★** Chercher aussi : courir, déambuler. **2** ● *Cette voiture marche à 130 à l'heure :* elle roule à 130 km/h. **3** ● *Ce téléviseur ne marche pas :* il ne fonctionne pas. **4** (fam.) ● *Ma photo n'a pas marché :* je ne l'ai pas réussie. **5** (fam.) FAIRE MARCHER QUELQU'UN : le tromper, lui faire croire des mensonges (→ SYN. (fam.) mettre en boîte).

■ **marche** nom f. **1** ● *Je fais de la marche :* je marche, je vais à pied. — ● *Faire une marche,* une promenade à pied. **2** ● *En train, je préfère m'asseoir dans le sens de la marche,* dans le sens où il se déplace. — FAIRE MARCHE ARRIÈRE : reculer. **3** ● *L'ouvrier surveille la marche de sa machine,* son fonctionnement (→ CONTR. arrêt). — ● *Mettre en marche une machine :* commencer à la faire fonctionner. **4** LA MARCHE À SUIVRE. ● *Peux-tu m'expliquer la marche à suivre ?,* comment il faut s'y prendre, la méthode à employer. **5** ● *Le concierge lave les marches de l'escalier.*

■ **marcheur** nom ● *José est un bon marcheur,* une personne capable de marcher longtemps sans fatigue.

mardi nom m. ● *Aujourd'hui, nous sommes mardi,* le jour de la semaine entre lundi et mercredi.

mare nom f. ● *Les grenouilles sautent dans la mare,* une petite étendue d'eau immobile. **★** Chercher aussi : étang, lac. **★** Ne pas confondre mare et marc.

marécage nom m. ● *Les explorateurs s'enfoncent dans un marécage,* dans un terrain très humide et mou. **★** Chercher aussi : marais.

■ **marécageux** adj. ● *Une prairie marécageuse,* humide et au sol mou comme un marécage.

maréchal nom m. ● *La dignité de maréchal est la plus haute de l'armée française.* **★** VOIR p. 433.

maréchal-ferrant nom m. ● *Autrefois, chaque village avait sa forge et son*

maréchal-ferrant, un homme qui posait des fers sous les sabots des chevaux (→ ferrer).

marée nom f. **1** Mouvement de la mer qui monte et descend deux fois par jour. ● *Nous irons pêcher les crevettes à* **marée** *basse, quand la mer découvre la plage.* — ● *À* **marée** *haute, quand la mer recouvre la plage.* ★ Chercher aussi : flux, reflux. — (fig.) CONTRE VENTS ET MARÉES : malgré les difficultés, quoi qu'il arrive. **2** ● *Les poissonniers vendent la* **marée**, le poisson que l'on vient de pêcher.
■ **mareyeur** nom ● *Les* **mareyeurs** *achètent le poisson aux pêcheurs et l'expédient aux poissonniers.*
■ **marémoteur, -trice** adj. USINE MARÉ-MOTRICE : usine qui utilise la force des marées pour produire de l'électricité.

marelle nom f. ● *Ces enfants jouent à la* **marelle**, un jeu où l'on saute à cloche-pied en poussant un caillou dans des cases tracées sur le sol.

margarine nom f. ● *Ce croissant est fait à la* **margarine**, une matière grasse faite avec des plantes.

marge nom f. **1** ● *L'institutrice a écrit ses remarques dans la* **marge**, l'espace blanc laissé au bord de la page (→ SYN. bord). **2** ● *Entre le dîner et le concert, nous avons une heure de* **marge**, une heure de temps libre. **3** (fig. et fam.) IL Y A DE LA MARGE. ● *Entre une puce et un éléphant,* **il y a de la marge**, une grande différence. **4** MARGE DE SÉCURITÉ. ● *J'ai une* **marge de sécurité** *de dix francs, dix francs de plus qu'il ne m'en faut, par précaution.* **5** EN MARGE, loc. adv. ● *Les clochards vivent* **en marge**, sans se mêler aux autres gens.
■ **marginal** nom et adj. Personne qui n'accepte pas de vivre et de penser comme les autres (→ CONTR. conformiste).

margelle nom f. ● *Claudia se penche sur la* **margelle** *du puits*, le rebord de pierre qui entoure le puits.

marguerite nom f. Fleur des champs au cœur jaune et aux pétales blancs.

mari nom m. ● *Jacques est le* **mari** *de Nicole*, l'homme avec lequel elle s'est mariée. — ● *Le* **mari** *et la femme* (→ SYN. époux).

mariage nom m. ● *Je suis invité au* **mariage** *de Marc et de Joëlle*, à la cérémonie par laquelle ils deviendront mari et femme (→ SYN. noces).
■ **marié** nom ● *Les invités embrassent les* **mariés**, ceux qui viennent de se marier. □ adj. ● *Maintenant, Joëlle et Marc sont des gens* **mariés** (→ CONTR. célibataire).
■ **marier** v. **1** ● *Le maire a* **marié** *Marc et Joëlle : il a célébré leur mariage.* **2** v. pron. ● *Marc et Joëlle* **se marient** (→ SYN. épouser). **3** v. pron. (fig.) ● *Le rouge et le bleu* **se marient** *bien*, vont bien ensemble. ★ Conjug. 10.

marin nom m. et adj. **1** nom m. ● *Les* **marins** *travaillent sur un bateau et naviguent sur la mer* (→ SYN. matelot, navigateur). **2** adj. ● *Ces poissons sont des animaux* **marins**, qui vivent dans la mer. — ● *Sais-tu lire une carte* **marine** *?*, qui représente une mer (→ sous-marin).
■ **marine** nom f. et adj. invar. **1** ● *Ce navire appartient à la* **marine** *française*, à l'ensemble des navires français (→ SYN. flotte). **2** adj. invar. ● *Mon manteau est bleu* **marine**, bleu foncé (comme la couleur de l'uniforme des marins français).
■ **marinier** nom m. ● *Les parents d'Yves sont* **mariniers** : ils conduisent une péniche sur les fleuves et les canaux (→ SYN. batelier).

mariner v. ● *Je laisse* **mariner** *cette viande :* je la laisse tremper dans un liquide épicé pour lui donner du goût (→ SYN. macérer).

marionnette nom f. Poupée que l'on fait bouger à la main, ou avec des fils. ★ Chercher aussi : guignol, pantin.

maritime adj. ● *Rouen est un port fluvial ; Brest est un port* **maritime**, qui se trouve au bord de la mer. — ● *La navigation* **maritime**, sur mer.

marjolaine nom f. ● Plante qui sert à parfumer les aliments. ● *Cette pizza a un bon goût de* **marjolaine**.

mark nom m. ● *En arrivant en Allemagne, Luc a changé ses francs contre des* **marks**, *la monnaie allemande*.

marmaille nom f. (fam.) ● *Les jeux de cette* **marmaille** *ne m'intéressent pas*, de ce groupe de petits enfants (→ marmot).

marmelade nom f. **1** ● *Anne tartine son pain avec de la* **marmelade**, une sorte de confiture où les fruits sont très écrasés. **2** (fig. et fam.) EN MARMELADE. ● *Il s'est cogné très fort, il a le nez* **en marmelade**, écrasé.

marmite nom f. ● *La soupe cuit dans la* **marmite**, une grande casserole à couvercle munie de deux poignées.

marmiton nom m. ● *Dans la cuisine du restaurant, le* **marmiton** *épluche les légumes*, le jeune apprenti cuisinier.

marmonner v. ● *Je ne comprends pas ce qu'il* **marmonne**, ce qu'il dit entre ses dents à voix basse. ★ Chercher aussi : bredouiller, grommeler.

marmot nom m. (fam.) ● *Le* **marmot** *suçait son pouce*, le petit enfant.

marmotte

marmotte nom f. **1** ● *Pendant l'hiver, la* **marmotte** *reste endormie dans son terrier*, un rongeur des montagnes qui a une belle fourrure. ★ Chercher aussi :

hiberner. **2** DORMIR COMME UNE MARMOTTE : dormir profondément.

marne nom f. ● Terre molle composée d'argile et de calcaire.

maroquinerie nom f. ● *Christine a acheté son sac dans une* **maroquinerie**, un magasin où l'on vend des objets en cuir.
■ **maroquinier** nom m. ● *Ce* **maroquinier** *fait de belles ceintures*, cette personne qui fabrique ou vend des objets en cuir.

marotte nom f. ● *Il ne parle que de motos ; c'est sa* **marotte**, son idée fixe (→ SYN. (fam.) dada).

marquer v. **1** ● *Le berger* **a marqué** *les bêtes de son troupeau* : il leur a mis un signe pour les reconnaître. — ● *Avant de fermer mon livre, j'ai* **marqué** *la page* (→ marque, sens 1 ; SYN. repérer, signaler). **2** ● *Ce panneau* **marque** *la fin du village* : il l'indique (→ marque, sens 3 ; SYN. annoncer, montrer). **3** ● *Les pattes de ces oiseaux* **ont marqué** *sur le sable* : elles ont laissé des traces. — ● *La fatigue* **marque** *son visage* (→ marque, sens 2). **4** ● *Cet homme* **a marqué** *son époque* : il a laissé un souvenir durable. — ● *Vos paroles l'ont* **marqué** : elles lui ont fait une impression très forte (→ marquant). **5** (fam.) MARQUER LE COUP. ● *Après cette injure, il faut* **marquer le coup**, réagir, montrer que c'est important. **6** MARQUER LE PAS. ● *Avant de commencer à défiler, les soldats* **marquent le pas** : ils piétinent en cadence, sans avancer. **7** ● *Ce footballeur* **marque** *son adversaire* : il le surveille de près (→ démarqué). **8** MARQUER UN BUT (au football), MARQUER UN ESSAI (au rugby) : réussir un but ou un essai et gagner des points.
■ **marquant** adj. ● *La naissance de ma petite sœur a été pour moi un événement* **marquant**, un événement important, dont je me souviens (→ SYN. mémorable).
■ **marque** nom f. **1** ● *Avant de m'envoyer en colonie de vacances, maman a cousu des* **marques** *sur mes vêtements*, des signes qui permettent

de les reconnaître. **2** ● *Ses doigts ont laissé des* **marques** *sur la vitre, des traces, des empreintes.* **3** ● *Agnès m'a écrit : cette* **marque** *d'affection me fait plaisir, ce signe qui montre son affection.* **4** ● *Quelle est la* **marque** *de ton vélo ?* le nom de son fabricant. **5** ● *Après 10 minutes de jeu la* **marque** *était déjà de 2 à 0, le nombre de points obtenus par chacune des équipes dans un jeu, un sport.*

marqueur nom m. Feutre (sens 2) servant à écrire à l'aide d'une encre.

marquis nom. Titre de noblesse. ● *Le* **marquis** *a emmené la* **marquise** *au bal de la Cour.*

marquise nom f. Auvent vitré qui abrite une porte d'entrée, un perron. ● *La grêle était si forte qu'elle a fêlé les vitres de la* **marquise**.

marraine nom f. ● *À Noël, j'ai reçu un cadeau de ma* **marraine**, *celle qui m'a porté à l'église le jour de mon baptême et qui a promis de m'aider, de me protéger.* — ● *Le parrain et la* **marraine**. ★ Chercher aussi : filleul.

marre adv. (fam.) EN AVOIR MARRE. ● *J'en ai* **marre** *de ce jeu idiot :* j'en ai assez.

se marrer v. pron. (fam.) ● *Quand Albert fait le clown, toute la classe* **se marre** : elle rit, elle s'amuse.
■ **marrant** adj. (fam.) **1** ● *Elle m'a raconté une histoire* **marrante**, drôle, amusante. **2** ● *C'est* **marrant** *qu'il ne soit pas encore là :* c'est bizarre (→ SYN. curieux, drôle, étrange).

1. marron nom m. et adj. **A.** nom m. **1** ● *Cet hiver, un marchand vendait des* **marrons** *grillés au coin de ma rue, des châtaignes (fruits du châtaignier).* **2** ● *Ne fais pas cuire ces* **marrons** *d'Inde, ils ne sont pas bons à manger, ces fruits du marronnier.* **3** nom m. invar. ● *Pour ses chaussures, Luc n'aime que le* **marron**, la couleur brun-rouge. **4** (fam.) ● *Il m'a flanqué un* **marron** *en pleine figure,* un coup de poing.
B. adj. invar. ● *Sophie a mis des chaussettes* **marron**, brunes.

■ **marronnier** nom m. ● *Au printemps, ces grands* **marronniers** *se couvrent de fleurs roses, ces arbres qui donnent les marrons d'Inde.*

2. marron adj. ● *Un médecin, un avocat* **marrons**, qui exercent cette profession sans en avoir le droit ; malhonnêtes.

mars nom m. ● *Le printemps va bientôt commencer, nous sommes au mois de* **mars**, le troisième mois de l'année, qui a 31 jours.

marsouin nom m. ● *As-tu vu les* **marsouins** *qui suivent notre bateau ?*, des mammifères qui vivent dans la mer et qui ressemblent à de petits dauphins.

marsupial adj. et nom Les marsupiaux : ensemble d'animaux dont les petits continuent leur développement, après leur naissance, dans une poche située sur le ventre de leur mère. ● *Le kangourou est un* **marsupial**.

marteau nom m. **1** Outil à manche de bois et à tête d'acier qui sert à frapper. ● *Passe-moi le* **marteau** *pour enfoncer ce clou* (→ marteler). **2** ● *Cet athlète a bien lancé son* **marteau**, une boule de métal reliée à une poignée par un fil d'acier.
■ **marteau-piqueur** nom m. ● *Les ouvriers défoncent la route avec un* **marteau-piqueur**, *un outil très puissant qui fonctionne à l'air comprimé et sert à casser, à défoncer.* — *Des marteaux-piqueurs.*
■ **marteler** v. **1** ● *Le plombier* **martèle** *un tuyau pour l'aplatir :* il le frappe à coups de marteau. **2** ● *Elle* **martèle** *la porte à coups de poing :* elle frappe plusieurs fois et très fort. ★ Conjug. 8.

martien [marsjɛ̃] nom ● *Dans ce film, des* **martiens** *arrivaient sur terre dans leurs soucoupes volantes, des habitants imaginaires de la planète Mars.*

1. martinet nom m. ● *Quand il va pleuvoir, les* **martinets** *volent très bas, des oiseaux qui ressemblent aux hirondelles.*

2. martinet nom m. ● *Autrefois, pour punir les enfants, on leur donnait des* *coups de* **martinet**, un petit fouet à plusieurs lanières.

martin-pêcheur nom m. Oiseau coloré, au corps petit et épais et à long bec, qui se nourrit de poissons d'eau douce. — ● *Des* **martins-pêcheurs.**

martre nom f. Petit animal carnivore de la même famille que la fouine.

martyr nom ● *Comme il ne voulait pas abandonner sa religion, les Romains l'ont envoyé dans la fosse aux lions : c'est un* **martyr**, *une personne qui souffre ou qui meurt pour défendre sa foi, ses idées.*
■ **martyre** nom m. **1** ● *Il a été tué, mais son* **martyre** *n'a pas été inutile, ses souffrances, sa mort pour défendre une idée.* **2** ● *Après son accident, elle a souffert le* **martyre**, *de grandes douleurs* (→ SYN. calvaire, supplice, torture).
■ **martyriser** v. ● *Ce méchant homme* **martyrise** *son cheval : il le fait souffrir exprès* (→ SYN. torturer).

mas [ma] ou [mas] nom m. ● *Ma cousine habite un* **mas** *près d'Avignon, une ferme de Provence.* ★ Ne pas confondre *mas, ma* et *mât.*

mascarade nom f. ● *Ce n'est pas un vrai procès, c'est une* **mascarade**; *mise en scène trompeuse* (→ scène, sens 2, mettre en scène).

mascotte nom f. ● *Ce lapin est la* **mascotte** *de notre équipe de football, son porte-bonheur.*

masculin adj. **1** ● *Pierre et Bruno sont des prénoms* **masculins**, *d'homme ou de garçon.* **2** ● *Les mots «bateau», «soleil», «cheval», etc., sont des noms* **masculins**, *qui ont pour article «le» ou «un».* □ nom m. ● *«Un chat blanc» est le* **masculin** *de «une chatte blanche»* (→ CONTR. féminin).

masochiste adj. Qui aime à souffrir. ● *Alain est* **masochiste** : *il recherche la compagnie de Christian qui est désagréable et brutal avec lui.*

masque nom m. **1** ● *Pour le carnaval, Éric s'est déguisé en Indien et il a mis un* **masque**, *un objet qui cache le visage.* ★ Chercher aussi : 3. loup. **2** ● *Pour nager sous l'eau, Valérie avait emporté son* **masque** *de plongée, un objet qui protège les yeux et le nez et qui permet de voir sous l'eau.*
■ **masquer** v. **1** v. pron. ● *Pour attaquer la banque, les bandits* **se sont masqués** : *ils ont mis des masques.* **2** ● *Ces sapins* **masquent** *la maison : ils empêchent de la voir.* — ● *Elle essaie de* **masquer** *sa colère, de la cacher* (→ SYN. dissimuler).

massacre nom m. **1** ● *Les bébés-phoques ne peuvent pas se défendre, il faut arrêter ce* **massacre**, *de les tuer sauvagement en grand nombre* (→ SYN. carnage, hécatombe, tuerie). **2** ● *Ce n'est plus un match de boxe, c'est un* **massacre**, *un combat où le plus fort fait très mal à un adversaire trop faible.* **3** ● *Écoute-le jouer ce morceau de piano : quel* **massacre**! : *il le rend affreux en le jouant très mal.* **4** JEU DE MASSACRE : jeu de fêtes foraines où l'on doit, en lançant des boules, faire tomber des poupées, des boîtes.
■ **massacrer** v. **1** ● *Tous les habitants du village* **ont été massacrés**, *tués en masse, sauvagement et sans pouvoir se défendre.* — ● *La foule, furieuse, a* **massacré** *l'assassin* (→ SYN. écharper). **2** ● *Cette usine* **massacre** *le paysage : elle l'abîme, elle le rend laid.*
■ **massacrant** adj. (fig.) HUMEUR MASSACRANTE. ● *Ne lui demande rien, il est d'une* **humeur massacrante**, *de très mauvaise humeur.*

massage nom m. ● *Il avait mal au dos, et on lui a fait un* **massage** : *on a pétri son corps avec les mains ou avec un appareil pour rendre ses muscles plus souples, pour les détendre.*
■ **masser** v. ● *Avant la compétition, les sportifs se font* **masser**, *faire des massages.*
■ **masseur** nom. Personne qui fait des massages. ● *Cette* **masseuse** *m'a fait beaucoup de bien après mon entorse.* ★ Chercher aussi : kinésithérapeute.

1. masse nom f. **1** ● *De gros nuages gris*

forment une **masse** dans le ciel, une grande quantité d'une matière compacte (→ SYN. bloc). **2** EN MASSE, loc. adj. ● Pendant l'incendie, les curieux sont arrivés **en masse**, en très grand nombre (→ SYN. foule). — UNE MASSE DE. ● Elle a appris **une masse de** choses en lisant ce livre, un très grand nombre de choses (→ se masser ; SYN. (fam.) un tas de). **3** (au plur.) ● Cet homme politique est aimé des **masses** populaires, de la majorité des gens du peuple.

■ **se masser** v. pron. ● Les touristes **se sont massés** devant l'entrée du château : ils se sont rassemblés en masse.

■ **massif** nom m. et adj. **A.** nom m. **1** ● Mon ballon est tombé dans un **massif** de fleurs, dans un groupe de fleurs plantées serré. **2** ● La France est séparée de l'Espagne par le **massif** montagneux des Pyrénées, un ensemble de montagnes serrées. ★ Chercher aussi : chaîne. **B.** adj. **1** ● Le collier de Julie est en or **massif**, entièrement en or dans toute son épaisseur ★ Chercher aussi : creux, plaqué. **2** ● Un homme **massif**, épais, trapu. **3** ● Elle a mangé une quantité **massive** de gâteaux, une quantité très importante.

■ **massivement** adv. ● Dimanche dernier, les Français ont voté **massivement** aux élections présidentielles, en masse, en très grand nombre.

2. masse nom f. ● Il enfonce un poteau dans le sol à coups de **masse**, un gros maillet de fer ou de bois.

mass-media ou **mass-média** nom m. plur. Ensemble des moyens de diffusion des informations (journaux, radios, télévisions). ● Les **mass-médias** se sont beaucoup développés.

massue nom f. ● Les hommes préhistoriques assommaient les animaux avec des **massues**, de gros bâtons au bout épais.

mastic nom m. ● Le vitrier fixe les carreaux de la fenêtre avec du **mastic**, une pâte collante qui durcit en séchant.

1. mastiquer v. ● Il a **mastiqué** les trous de la planche pour les boucher : il y a mis du mastic.

2. mastiquer v. ● Édouard **mastique** son chewing-gum : il le mâche lentement.

mastodonte nom m. **1** ● Le **mastodonte** avait quatre défenses, un très gros animal préhistorique qui ressemblait à l'éléphant. **2** Personne ou objet énorme. ● Cet avion est un véritable **mastodonte**, quelque chose de très gros.

masure nom f. ● C'est triste d'habiter dans une **masure**, une maison misérable, en mauvais état.

1. mat [mat] adj. **1** ● Ces photos sont tirées sur du papier **mat**, qui ne brille pas (→ CONTR. 2. brillant). **2** ● Olivier a la peau **mate**, assez foncée (→ CONTR. clair). **3** ● La pomme est tombée sur le sol avec un bruit **mat**, sourd, qui ne résonne pas (→ CONTR. sonore). ★ Ne pas confondre avec mât [mɑ] et maths.

2. mat [mat] adj. m. invar. ● Il a perdu cette partie d'échecs, son roi est **mat** : il ne peut plus bouger sans être pris. ★ Ne pas confondre avec mât [mɑ] et maths.

mât [mɑ] nom m. **1** ● Ce grand bateau a deux **mâts**, deux longs poteaux pour soutenir les voiles. **2** ● Plantez solidement le **mât** de la tente, le piquet qui la soutient.

matador nom m. Celui qui doit tuer le taureau dans les corridas. ★ Chercher aussi : corrida, picador, toréador, torero.

match nom m. ● Notre équipe a gagné le **match** de football, l'épreuve sportive (→ SYN. rencontre).

matelas nom m. **1** ● Pour faire mon lit, je borde les draps et les couvertures autour du **matelas**. **2** MATELAS PNEUMATIQUE. ● Quand nous campons, toute la famille dort sur des **matelas pneumatiques**, de longs coussins gonflables.

matelot nom m. ● Les **matelots** rentrent au port après un long voyage, les marins. ★ Chercher aussi : 3. mousse.

mater v. ● Pendant ce rodéo, le cavalier essayait de **mater** un cheval sauvage, de le forcer à obéir (→ SYN. dompter).

matériau nom m. ● *La pierre est un* **matériau** *solide,* une matière qui sert à construire. — ● *Ce camion apporte des* **matériaux** *de construction sur le chantier.*

1. matériel nom m. ● *Cet électricien a déposé tout son* **matériel** *dans l'entrée,* l'ensemble des outils et des objets dont il a besoin.

2. matériel adj. **1** ● *Les idées ne l'intéressent pas, il préfère les choses* **matérielles,** que l'on peut voir ou toucher (→ matière, sens 1 ; SYN. concret ; CONTR. intellectuel, spirituel). **2** ● *Personne n'a été blessé, l'explosion n'a fait que des dégâts* **matériels,** qui touchent seulement les objets, pas les personnes. **3** ● *Notre ami a des problèmes* **matériels,** des problèmes d'argent (→ SYN. financier).

maternel adj. **1** ● *Tous les enfants ont besoin d'amour* **maternel,** l'amour de leur mère. **2** ● *J'ai passé mes vacances chez mon grand-père* **maternel,** le père de ma mère. **3** ● *Le français est ma langue* **maternelle,** celle que l'on parle dans ma famille, et que j'ai apprise étant enfant. **4** ● *Son petit frère va entrer à l'école* **maternelle,** celle qui reçoit les petits enfants en dessous de 6 ans.
■ **maternité** nom f. **1** ● *Le bébé va bientôt naître, maman vient de partir à la* **maternité,** la clinique ou l'hôpital où les femmes vont accoucher. **2** ● *La* **maternité** *l'a transformée,* le fait d'avoir un enfant, d'être mère.

mathématique nom f. et adj. ou **maths** (fam.) nom f. plur. **A.** nom f. ● *Étienne est très fort en* **mathématique** (ou **mathématiques**), la science qui étudie les nombres, les grandeurs, les figures. ★ Chercher aussi : algèbre, géométrie.
B. adj. **1** ● *Pour trouver la solution, il faut faire un raisonnement* **mathématique,** qui utilise cette science. **2** ● *Edwige a l'esprit* **mathématique,** précis, logique.
■ **mathématicien** nom ● *Il voudrait devenir* **mathématicien,** savant spécialiste des mathématiques.

matière nom f. **1** ● *L'esprit est invisible, mais tu peux voir et toucher la* **matière,** la substance dont tous les objets et les corps sont faits (→ 2. matériel). **2** ● *L'eau est une* **matière** *liquide,* une substance. — MATIÈRE PREMIÈRE. ● *Le pétrole est la* **matière première** *qui sert à faire le plastique,* un produit que l'on trouve dans la nature et que l'on transforme pour fabriquer autre chose. **3** ● *En classe, l'histoire est ma* **matière** *préférée,* le sujet que je préfère (→ SYN. 2. discipline). **4** ENTRÉE EN MATIÈRE. ● *Il vient enfin de commencer son discours après une longue* **entrée en matière,** un commencement, une partie où il présente son sujet (→ SYN. introduction). ★ Chercher aussi : préface. **5** TABLE DES MATIÈRES. ● *Pour retrouver le chapitre sur les avions, regarde la* **table des matières,** la liste des textes ou des chapitres d'un livre.

matin nom m. ● *Le* **matin,** *au petit déjeuner, je bois du chocolat,* au début de la journée (→ CONTR. soir). — DE BON MATIN, loc. adv. : très tôt.
■ **matinal** adj. **1** ● *La rosée* **matinale** *a mouillé l'herbe,* la rosée du matin. **2** ● *Ce matin, j'ai été* **matinal** : je me suis levé tôt.
■ **matinée** nom f. **1** ● *Pauline a fait des courses toute la* **matinée,** entre le début de la journée et midi. **2** FAIRE LA GRASSE MATINÉE : se lever tard. **3** ● *Quelquefois, nous allons au théâtre ou au cinéma en* **matinée,** l'après-midi (seulement pour les spectacles).

matou nom m. (fam.) ● *D'où vient ce* **matou** *qui miaule sous nos fenêtres ?,* ce gros chat mâle.

matraque nom f. ● *Il a été assommé à coups de* **matraque,** une arme formée d'un bâton lourd, mais assez court.
■ **matraquer** v. ● *Le bandit a* **matraqué** *le gardien* : il l'a frappé à coups de matraque. — (fig.) ● *Les journalistes* **ont matraqué** *le ministre de questions* : ils l'ont accablé, harcelé de nombreuses questions.

matrice nom f. **1** Moule qui permet de reproduire un objet. **2** Utérus.

matrone nom f. **1 •** *Elle s'habille comme une* **matrone**, *une dame plus très jeune, digne et sérieuse.* **2 •** *Regarde cette* **matrone** *avec son bikini à fleurs,* cette grosse dame vulgaire.

maturité nom f. **1 •** *Ces tomates bien rouges sont arrivées à* **maturité** : *elles sont mûres* (→ mûr, sens 1). **2 •** *Daniel manque de* **maturité**, *de sérieux, il ne se conduit pas comme un adulte* (→ mûr, sens 2).
■ **maturation** nom f. Fait de mûrir (pour un fruit). **•** *On peut accélérer la* **maturation** *des fruits par différents procédés* (→ mûr, sens 1). ★ Chercher aussi : maturité.

maudire v. **•** *Elle* **maudit** *celui qui lui a volé son sac* : elle lui souhaite toutes sortes de malheurs (→ CONTR. bénir). ★ Conjug. 11 sauf le participe passé : *maudit*.
■ **maudit** adj. **1 •** *C'est une maison* **maudite** : *il n'y arrive que des malheurs* (→ malédiction). **2 •** *Cette* **maudite** *voiture est encore en panne, cette voiture qui m'exaspère, que je déteste.*

maugréer v. **•** *Sandrine est de mauvaise humeur, elle n'arrête pas de* **maugréer**, *de grogner, de ronchonner.*

mausolée nom m. Monument funéraire de grandes dimensions.

maussade adj. **1 •** *Patrick n'est pas gai ce matin, il a l'air* **maussade**, *triste et mécontent* (→ SYN. grognon). **2 •** *Nous n'irons pas à la plage si le temps reste* **maussade**, *gris et triste.*

mauvais adj. et adv. **A.** adj. **1 •** *Ce fruit a un* **mauvais** *goût, un goût désagréable* (→ CONTR. 1. bon). — **•** *De* **mauvaises** *nouvelles, des nouvelles qui ne font pas plaisir.* **2 •** *Ce chien me regarde d'un air* **mauvais**, *méchant* (→ CONTR. gentil). **3 •** *La mer est* **mauvaise**, *dangereuse, très agitée* (→ CONTR. calme). — **•** *Il fait* **mauvais** : le temps est mauvais. **4 •** *Elle est* **mauvaise** *en calcul, faible* (→ CONTR. 1. bon, fort). **5 •** *Ne regardez pas ce film, il est* **mauvais**, *mal fait, pas intéressant.*
B. adv. **1 •** *Ce poisson sent* **mauvais** (→ CONTR. 1. bon). **2 •** *Hier, il a fait* **mauvais** (→ CONTR. beau).

mauve adj. **•** *Les fleurs de ce lilas sont* **mauves**, *d'une couleur violet clair mêlé de rose.*

mauviette nom f. **•** *Il n'osera jamais s'attaquer à nous, c'est une* **mauviette**, *une personne fragile et peureuse.*

maxi Préfixe qui signifie « très grand », « le plus grand » (→ maximal, maximum ; CONTR. mini).

maxillaire [maksilɛr] nom m. **•** *Le dentiste m'a radiographié les* **maxillaires**, *les os de la mâchoire.* ★ VOIR p. 544.

maximal adj. **•** *Il roule à la vitesse* **maximale**, *la plus grande vitesse à laquelle il puisse rouler* (→ SYN. maximum, sens 3).
■ **maximum** [maksimɔm] nom m. et adj. **1 •** *Marc a fait le* **maximum** *pour nous aider, le plus possible.* **2 •** *Ils arriveront dans dix minutes au* **maximum**, *au plus* (→ CONTR. minimum). **3** adj. **•** *Il m'a fait payer le prix* **maximum**, *le plus élevé.* ★ Au plur. : *maximums* ou *maxima*.

maxime nom f. **•** *« Bien mal acquis ne profite jamais » est une* **maxime**, *une phrase qui nous indique comment il faut nous conduire, qui nous fait réfléchir.* ★ Chercher aussi : dicton, proverbe.

mayonnaise nom f. **•** *J'ai de l'huile et de la moutarde, mais il me manque un œuf pour faire la* **mayonnaise**, *une sauce épaisse qui accompagne les plats froids.*

mazout [mazut] nom m. **•** *Notre maison est chauffée au* **mazout**, *un liquide tiré du pétrole* (→ SYN. fuel).

mazurka nom f. Musique et danse polonaises.

me (ou **m'** devant une *voyelle* ou un *h muet*) pronom personnel complément. **•** *Sophie* **me** *cherche, elle veut* **me** *parler* : c'est moi qu'elle cherche, à moi qu'elle veut parler. — **•** *Il* **m'**a *appelé.*

méandre nom m. **1 •** *Cette route suit les* **méandres** *du fleuve, les boucles, les détours qu'il fait.* **2 •** *Les* **méandres** *d'un discours* : ses détours compliqués.

mécanique nom f. et adj. **A.** nom f.
1 ● *Serge voudrait apprendre la méca-nique,* la science qui permet de cons-truire et de faire marcher des machines, des moteurs (→ mécanicien). **2** ● *Cette voiture marche bien, c'est une belle mécanique,* une belle machine (→ SYN. mécanisme).
B. adj. **1** ● *Si tu tournes la clé, ce canard avancera tout seul : c'est un jouet mécanique,* qui fonctionne grâce à un mécanisme. **2** ● *Dans cette usine, la fabrication des tapis est mécanique,* faite à la machine et non à la main (→ mécaniquement, sens 1). **3** ● *L'avion ne peut pas décoller, il a des ennuis mécaniques,* de moteur. **4** ● *Alain m'a salué sans y penser, d'un geste mécanique,* automatique, machinal (→ mécaniquement, sens 2).
■ **mécanicien** nom ou **mécano** (fam.) nom m. ● *Pour réparer sa voiture, papa cherche un bon mécanicien,* une per-sonne qui connaît la mécanique.
■ **mécaniquement** adv. **1** ● *Ces bis-cuits sont emballés mécaniquement,* à la machine. **2** ● *Il joue du piano méca-niquement,* comme une machine, sans faire très attention, machinalement.
■ **mécanisé** adj. ● *L'agriculture est de plus en plus mécanisée :* elle utilise de plus en plus de machines.
■ **mécanisation** nom f. ● *La mécani-sation de l'agriculture.*
■ **mécanisme** nom m. ● *Quand ma montre s'est ouverte, j'ai pu voir son mécanisme,* l'ensemble des pièces qui lui permettent de fonctionner.

mécène nom m. Personne riche qui donne de l'argent pour aider les arts et les artistes.
■ **mécénat** nom m. ● *Certaines entre-prises font du mécénat.*

méchant adj. ● *Il m'a fait mal exprès, il est méchant* (→ SYN. cruel; CONTR. 1. bon, gentil). □ nom ● *Ces méchants ont fait pleurer mon petit frère.*
■ **méchamment** adv. ● *Elle a pincé Alice méchamment,* exprès pour lui faire du mal (→ CONTR. gentiment).
■ **méchanceté** nom f. **1** ● *Il ne t'a pas*
dit cela par **méchanceté,** pour te faire de la peine (→ SYN. cruauté; CONTR. bonté). **2** ● *N'écoute pas toutes les méchancetés que l'on raconte sur elle,* les choses méchantes.

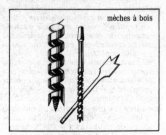

mèches à bois

1. mèche nom f. **1** ● *Sylvain repousse la mèche qui lui tombe sur les yeux,* la touffe de cheveux. **2** ● *J'allume la mèche de la bougie,* le cordon qui dépasse. — ● *La mèche d'une bombe.* — (fig.) VENDRE LA MÈCHE. *Je veux lui faire une surprise, ne vends pas la mèche :* ne trahis pas le secret. **3** ● *Il fixe une plus grosse mèche sur sa perceuse,* une tige d'acier qui permet de creuser des trous.

2. mèche nom invar. ÊTRE DE MÈCHE AVEC QUEL-QU'UN. ● *Hervé est de mèche avec moi pour leur faire une farce :* il est mon complice.

méchoui nom m. ● *Nos voisins avaient invité trente personnes pour manger un méchoui,* un mouton entier rôti à la broche.

méconnaissable adj. ● *Avec ce dégui-sement, Luc est méconnaissable :* on ne peut pas le reconnaître (→ CONTR. reconnaissable).

méconnaître v. ● *Il méconnaît les règles élémentaires de la politesse :* il ne les applique pas, soit qu'il ne les connaissait pas, ou, réellement, il ne les connaît pas. ★ Conjug. 37.
■ **méconnu** adj. ● *Un musicien méconnu,* que l'on ne connaît, que

l'on n'apprécie pas assez, que l'on ne juge pas à sa juste valeur (→ inconnu).

mécontent adj. ● *Stéphane est mécontent d'avoir perdu son crayon : il est fâché*, contrarié (→ CONTR. content, satisfait). □ nom ● *Les mécontents sont allés se plaindre.*

■ **mécontentement** nom m. ● *Quand il m'a bousculé, je n'ai pas caché mon mécontentement*, le fait que j'étais mécontent, fâché (→ SYN. contrariété).

■ **mécontenter** v. ● *Ne rentre pas en retard, tu vas mécontenter ta mère*, la fâcher, la contrarier (→ CONTR. contenter).

mécréant nom (littér.) Personne qui ne croit en aucune religion (→ SYN. athée, incroyant ; CONTR. croyant, dévot).

médaille nom f. **1** ● *La chaîne de Marie s'est cassée et elle a perdu sa médaille*, un petit bijou en métal qui ressemble à une pièce de monnaie (→ médaillon). **2** ● *Ce champion a gagné la médaille d'or aux jeux Olympiques*, une pièce de métal qui récompense les meilleurs. **3** ● *La médaille militaire, la médaille de sauvetage récompensent ceux qui ont été très courageux*, des décorations.

■ **médaillon** nom m. ● *Virginie a mis la photo de son chanteur préféré dans son médaillon*, une médaille épaisse qui peut s'ouvrir et contenir un petit portrait.

médecin nom m. ● *Rémi s'est fait très mal, il faut appeler le médecin*, la personne qui soigne les malades. ★ On dit toujours « *le médecin* », même si c'est une femme. ★ Chercher aussi : docteur.

■ **médecine** nom f. ● *Mon cousin commence ses études de médecine*, la science qui permet de soigner les malades (→ médical).

média [medja] nom m. ● *Quand un événement important se produit quelque part dans le monde, tous les médias en parlent*, les moyens d'information (journaux, radios, télévisions). ★ Chercher aussi : mass-media.

médian adj. ● *Ligne médiane*, qui est au milieu.

■ **médiane** nom f. ● *J'ai tracé les médianes de ce triangle*, les lignes droites qui joignent chaque sommet au milieu du côté opposé. ★ VOIR p. 424.

médiateur nom m. ● *On a désigné un médiateur*, quelqu'un qui va s'efforcer de créer un accord entre deux adversaires.

médical adj. ● *Les études médicales*, de médecine. — ● *Pour t'inscrire au club de judo, il te faut passer une visite médicale*, chez le médecin.

médicament nom m. ● *Peux-tu aller à la pharmacie pour m'acheter ces médicaments ?*, ces produits qui soignent les maladies (→ SYN. remède).

médicinal adj. ● *On peut soigner certaines maladies avec des plantes médicinales*, qui servent de médicaments.

médiéval adj. ● *Nous avons visité une cité médiévale*, du Moyen Âge. ★ Ne pas confondre avec moyenâgeux.

médiocre adj. ● *Votre devoir est médiocre*, faible, insuffisant (→ CONTR. bon, excellent). □ nom ● *Cet homme est un médiocre*, une personne peu intelligente, peu intéressante et peu ambitieuse.

■ **médiocrement** adv. ● *Ce livre m'intéresse médiocrement*, assez peu.

■ **médiocrité** nom f. ● *La médiocrité de son salaire ne lui permet pas de partir en vacances*, l'insuffisance. — ● *La médiocrité d'une personne :* son manque d'ambition, d'intelligence.

médire v. ● *Elle passe son temps à médire de tous ses voisins*, à en dire du mal (→ SYN. calomnier, diffamer). ★ Conjug. 46, sauf 2ᵉ personne du plur. du présent : *vous médisez.*

■ **médisance** nom f. ● *N'écoute pas ces médisances*, ces paroles de quelqu'un qui dit du mal des autres (→ SYN. calomnie ; (fam.) cancan, potin, racontar, ragot).

méditer v. **1** ● « *Tu rêves ?* » « *Non, je médite* » : je réfléchis profondément (→ méditation). **2** ● *Ce joueur d'échecs avait médité son coup :* il l'avait préparé en réfléchissant longuement (→ préméditer).

■ **méditation** nom f. ● *Ne dérange pas Rosalie, elle est en pleine* **méditation**, en train de réfléchir profondément.

méduse nom f. ● *En se baignant, Nicolas s'est fait piquer par une* **méduse**, un animal gélatineux qui vit dans la mer.

méduser v. ● *Quel énorme poisson! Vincent* **est médusé** *par sa taille :* il est très étonné, stupéfait.

meeting [mitiŋ] nom m. ● *Pour expliquer leur grève, les syndicats ont organisé un* **meeting**, une réunion publique.

méfait nom m. **1** ● *Le prisonnier regrette ses* **méfaits**, ses fautes, ses mauvaises actions. **2** ● *Attention aux* **méfaits** *du tabac*, à ses effets dangereux (→ CONTR. bienfait).

se méfier v. pron. **1** ● *Il m'a déjà fait punir, je* **me méfie** *de lui :* je ne lui fais pas confiance, j'ai peur qu'il me trompe ou qu'il me fasse du mal (→ 2. se défier ; CONTR. se fier à). **2** ● *L'escalier est très raide,* **méfiez-vous** *!* : faites très attention ! ★ Conjug. 10.

■ **méfiance** nom f. **1** ● *Sa* **méfiance** *envers moi me fait de la peine*, son manque de confiance (→ SYN. défiance). **2** ● *Il y a du brouillard sur la route ; alors, si vous partez maintenant,* **méfiance** *!* : attention ! soyez prudents !

■ **méfiant** adj. ● *La vieille dame a eu beaucoup d'ennuis, c'est pour cela qu'elle est devenue* **méfiante** (→ CONTR. confiant).

mégalithe nom m. ● Monument fait d'une ou plusieurs grosses pierres. ● *Les dolmens et les menhirs sont des* **mégalithes**.

mégalomane adj. et nom. ● *Pierre se prend pour un génie ; il est complètement* **mégalomane** : d'une prétention et d'une ambition excessives (→ ambition, sens 2).

par mégarde loc. adv. ● *François a renversé la bouteille d'eau,* **par mégarde**, sans le vouloir, sans le faire exprès (→ CONTR. exprès ; SYN. par inadvertance).

mégère nom f. ● *C'est une* **mégère**, une femme méchante et hargneuse.

mégot nom m. (fam.) ● *Le cendrier est rempli de* **mégots**, de bouts de cigarettes qui ont été fumées.

meilleur adj. **1** Comparatif de supériorité de «bon». ● *Tes caramels sont bons, mais ceux qu'il a faits sont* **meilleurs**, supérieurs aux tiens. □ *Il a fait bien* **meilleur** *qu'hier* (→ améliorer ; CONTR. pire). **2** Superlatif de supériorité de «bon». ● *Elle a choisi la* **meilleure** *place*, la place supérieure à toutes les autres. □ adv. ● *Il a fait bien* **meilleur** *qu'hier* (→ améliorer ; CONTR. pire). ○ nom ● *Bruno est le* **meilleur** *en gymnastique*, celui qui dépasse tous les autres (→ CONTR. pire).

mélancolie nom f. ● *Il regarde tomber la pluie avec* **mélancolie**, une tristesse vague accompagnée de rêverie.

■ **mélancolique** adj. ● *Que t'arrive-t-il ? Tu as l'air bien* **mélancolique**, sombre, triste.

mélanger v. **1** ● *Pour obtenir de l'orange, on doit* **mélanger** *du rouge et du jaune*, les mettre ensemble. □ v. pron. ● *Attention, si ta peinture n'est pas sèche, le vert et le jaune vont* **se mélanger** (→ SYN. mêler ; CONTR. séparer). **2** ● *On a* **mélangé** *mes dossiers :* on les a mis en désordre (→ CONTR. classer, trier). ★ Conjug. 5.

■ **mélange** nom m. ● *Quels sont les produits qui composent ce* **mélange** ?, cet ensemble de choses mélangées.

mélasse nom f. **1** ● Sirop qui reste après la fabrication du sucre. **2** (fam.) ● Brouillard épais. — (fig. et fam.) ÊTRE DANS LA MÉLASSE : être dans une situation compliquée et pénible, dans les ennuis.

mêler v. **1** ● *Il a* **mêlé** *toutes mes fiches :* il les a mises en désordre, il les a embrouillées (→ entremêler ; SYN. mélanger). **2** v. pron. ● *Leurs amis* **se sont mêlés** *à notre équipe :* ils s'y sont joints. **3** v. pron. SE MÊLER DE. ● *Cela ne te regarde pas,* **mêle-toi** *de tes affaires :* occupe-toi de tes affaires.

■ **mêlée** nom f. **1** ● *Quand les passants*

ont voulu arrêter les voyous, quelle **mêlée**!, quel combat désordonné. **2** ● *Pendant la* **mêlée**, *les joueurs de rugby poussent de toutes leurs forces pour faire sortir le ballon de leur côté.*

mélèze nom m. ● *Les skieurs traversent une forêt de* **mélèzes**, *des arbres qui ressemblent au sapin.*

méli-mélo nom m. ● *Quel* **méli-mélo**!, désordre, confusion, mélange de choses diverses. — ● *Des mélis-mélos.*

mélodie nom f. ● *Je ne connais pas les paroles de cette chanson mais je peux chanter la* **mélodie**, *l'air de la chanson.* ■ **mélodieux** adj. ● *Un air* **mélodieux**, agréable à entendre, harmonieux.

mélodrame ou (fam.) **mélo** nom m. Pièce de théâtre où les caractères sont exagérés et les événements invraisemblables.
■ **mélodramatique** ou (fam.) **mélo** adj. ● *Un film* **mélodramatique**, qui ressemble à un mélodrame.

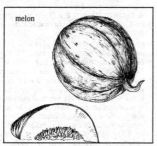
melon

1. melon nom m. ● *Valérie a mangé une grosse part de* **melon**, *un fruit rond à chair juteuse et sucrée.*

2. melon nom m. ● *Dans ce film, le détective anglais porte un (chapeau)* **melon**, *un chapeau de feutre, rond et bombé.*

mélopée nom f. Chant monotone, qui répète toujours les mêmes notes.

membrane nom f. **1** ● *Le cœur, les poumons sont enveloppés par une mem-* **brane**, *une peau mince et souple.* **2** ● *La* **membrane** *d'un haut-parleur :* la feuille très fine qui reproduit les sons en vibrant.

membre nom m. **1** ● *Quand je nage très longtemps, j'ai des courbatures dans tous les* **membres**. — ● *Les* **membres** *supérieurs :* les bras; *les* **membres** *inférieurs :* les jambes. **2** ● *Les* **membres** *de l'équipe se sont réunis*, ceux qui en font partie (→ SYN. adhérent).

même adj., pronom et adv. **A.** adj. **1** ● *Nous habitons la* **même** *ville* (→ CONTR. autre, différent). — ● *Valérie a la* **même** *robe qu'hier :* elle n'en a pas changé. **2** ● *Alain et Denis ont acheté la* **même** *voiture, deux voitures pareilles* (→ SYN. identique, semblable; CONTR. différent). — ● *J'ai les* **mêmes** *chaussettes que Marie.* **3** ● *Ce sont les paroles* **mêmes** *de François*, ses propres paroles, celles qu'il a vraiment dites.
B. pronom. **1** ● *Ils sont toujours les* **mêmes** : ils n'ont pas changé. **2** LUI-MÊME, ELLE-MÊME. ● *Yves a fait ce dessin* **lui-même**, personne d'autre que lui. **3** ● *Tu as une belle robe, je voudrais la* **même**, une autre pareille. **4** CELA REVIENT AU MÊME : c'est pareil, c'est la même chose.
C. adv. **1** ● *Ils sont tous entrés*, **même** *le chien*, le chien aussi. **2** ● *Je veux poster cette lettre aujourd'hui* **même**, aujourd'hui exactement. **3** TOUT DE MÊME; QUAND MÊME, loc. adv. ● *C'est difficile de patiner, mais je veux essayer* **quand même**, *malgré cela* (→ SYN. malgré tout, néanmoins). **4** DE MÊME, loc. adv. ● *Elle se tait et toute la classe fait* **de même**, fait la même chose.

mémento [memɛ̃to] nom m. ● *Je note mes rendez-vous et l'adresse de mes amis sur un* **mémento**, *un petit carnet spécial* (→ SYN. agenda).

1. mémoire nom f. **1** ● *Lionel sait toutes ses leçons par cœur : il a une bonne* **mémoire**, *ce qui permet de se rappeler, de se souvenir.* — AVOIR UN TROU DE MÉMOIRE : ne plus se rappeler quelque chose. — RAFRAÎCHIR LA MÉMOIRE À QUELQU'UN : l'aider à se souvenir. **2** À LA MÉMOIRE DE, loc. prép. : en souvenir de, en l'honneur de. **3** DE MÉMOIRE, loc. adv. • *J'ai récité cette poésie de mémoire*, sans avoir le texte sous les yeux.

■ **mémorable** adj. • *Ce fut un match mémorable, dont on se souviendra* (→ SYN. inoubliable, marquant).

2. mémoire nom m. • *Cet étudiant a écrit un mémoire sur l'œuvre de Victor Hugo*, une étude.

3. Mémoires nom m. plur. • *Cet homme illustre a écrit ses Mémoires*, un livre qui raconte sa vie, ses souvenirs. ★ Attention : nom masculin et majuscule.

menacer v. **1** • *Dans sa colère, il l'a menacé avec un bâton* : il a cherché à l'intimider, à lui faire peur. **2** • *L'orage menace d'éclater* : il risque d'éclater. ★ Conjug. 4.

■ **menaçant** adj. • *Des gestes menaçants*, qui font peur (→ CONTR. rassurant).

■ **menace** nom f. **1** • *Je ne céderai pas, tes menaces ne servent à rien*, tes paroles ou tes gestes menaçants. **2** • *Il n'y a plus de menaces de guerre entre ces deux pays*, de risques, de dangers.

1. ménage nom m. **1** • *Marc et Joëlle forment un ménage uni*, un couple uni. **2** FAIRE BON, MAUVAIS MÉNAGE AVEC QUELQU'UN : s'entendre bien, mal avec lui.

2. ménage nom m. Ensemble des travaux de la maison. — FAIRE LE MÉNAGE. • *Ma chambre est sale, je vais faire le ménage*, balayer, nettoyer la chambre, faire le lit, etc. (→ 1. ménager). — FAIRE DES MÉNAGES : faire le ménage chez les autres pour gagner de l'argent.

ménagement nom m. • *Il m'a répondu avec ménagements*, avec égards, sans me brusquer (→ 2. ménager).

1. ménager adj. • *La lessive, le nettoyage sont des travaux ménagers*, de la maison (→ SYN. domestique, A).

■ **ménagère** nom f. • *C'est une bonne ménagère*, une personne qui s'occupe bien de sa maison.

2. ménager v. **1** • *Il a l'air fatigué, il devrait ménager ses forces*, ne pas faire trop d'efforts (→ SYN. économiser). □ v. pron. • *Il faut te ménager*, ne pas te fatiguer. **2** • *Le combat n'a pas été trop brutal, il a ménagé son adversaire* (→ ménagement ; SYN. épargner ; CONTR. accabler). **3** • *Elle devrait ménager ses chaussures*, les traiter correctement pour les faire durer. **4** • *Ils ont ménagé une porte dans ce mur :* ils ont fait des travaux pour l'ouvrir (→ aménager). **5** • *Il m'a ménagé une rencontre avec le directeur :* il me l'a arrangée, préparée. ★ Conjug. 5.

ménagerie nom f. • *La ménagerie d'un cirque :* l'endroit où se trouvent les animaux ; l'ensemble des animaux du cirque.

mendier v. • *Ce vieillard mendie dans les couloirs du métro :* il tend la main pour demander de l'argent. ★ Chercher aussi : aumône. ★ Conjug. 10.

■ **mendiant** nom • *J'ai rencontré une mendiante au coin de la rue*, une personne qui mendie.

■ **mendicité** nom f. • *Il n'a ni travail, ni famille, il vit de la mendicité*, du fait qu'il mendie.

mener v. **1** • *Cette rue mène à notre maison :* elle permet d'y aller. **2** • *Tous les matins, elle mène son enfant à l'école :* elle le conduit en l'accompagnant (→ SYN. emmener). **3** • *Le général a mené ses troupes au combat :* il les a conduites en les commandant. **4** • *Ce coureur cycliste mène le peloton :* il est en tête, à l'avant. **5** • *Mener une enquête :* la faire, la diriger. **6** MENER UN TRAVAIL À BIEN : l'exécuter jusqu'au bout comme il doit être fait. **7** MENER LOIN. • *Cette faute peut vous mener loin*, avoir de graves conséquences pour vous. — NE MENER À RIEN. • *Cesse de pleurer et de crier, ça ne mène à rien :* ça ne sert à rien, c'est du temps perdu. ★ Conjug. 8.

■ **meneur** nom (péjor.) • *Les meneurs d'une révolte :* les personnes qui la dirigent, qui sont à sa tête.

menhir [men'ir] nom m. • *En Bretagne, j'ai vu beaucoup de menhirs*, de grandes pierres dressées par les hommes préhistoriques. ★ Chercher aussi : dolmen.

méninge nom f. **1** Chacune des membranes qui entourent le cerveau et la moelle épinière (→ méningite). **2** (au plur. et fam.) ● *Quel fainéant ! tu ne t'es pas fatigué les **méninges**, l'esprit, le cerveau.*

■ **méningite** nom f. Grave maladie du cerveau.

ménisque nom m. Cartilage placé entre deux os qui s'articulent. ● *Le **ménisque** du genou.*

menottes nom f. plur. ● *Les prisonniers avaient les mains attachées par des **menottes**, des bracelets d'acier reliés par une chaîne.*

mensonge nom m. ● *Il a dit un **mensonge**, une chose qui n'est pas vraie* (→ menteur, mentir ; CONTR. vérité).

■ **mensonger** adj. ● *Elle nous a trompés par ses paroles **mensongères**, fausses, qui exprimaient un mensonge.*

mensuel adj. ● *Une revue **mensuelle**, qui paraît chaque mois.* ★ Chercher aussi : bimensuel, hebdomadaire, trimestriel.

■ **mensualité** nom f. ● *Il paie sa voiture par **mensualités**, en versant une somme chaque mois.*

■ **mensuellement** adv. ● *Son salaire lui est payé **mensuellement**, tous les mois.*

mensuration nom f. ● *Le médecin a pris les **mensurations** de Michel, ses mesures principales : son tour de taille, de poignet, de tête, etc.*

mental adj. **1** ● *Une maladie **mentale**, de l'esprit.* **2** ● *Le calcul **mental**, qui se fait de tête, sans écrire.*

■ **mentalement** adv. **1** ● *Mentalement, ce vieillard se porte bien, sur le plan mental, en ce qui concerne son esprit, son intelligence.* **2** ● *Ne posez pas l'opération, calculez **mentalement**, de tête, dans votre esprit.*

■ **mentalité** nom f. **1** ● *La mentalité des gens est différente en ville et à la campagne, leur état d'esprit, leurs habitudes, leurs croyances.* **2** (fam.) ● *Quelle mentalité ! : quel mauvais esprit !*

menteur nom ● *Il ne faut pas croire ce qu'elle raconte, c'est une **menteuse**, une personne qui dit des mensonges, qui n'est pas franche.* □ adj. ● *Il est menteur* (→ mentir).

menthe

menthe nom f. ● *Sens cette feuille : c'est de la **menthe**, une plante très odorante dont on fait des tisanes ou qui sert à parfumer les bonbons, les sirops, etc.*

mention nom f. **1** FAIRE MENTION DE QUELQUE CHOSE : signaler, citer. ● *Le journal télévisé **fait mention de** cet accident* (→ mentionner). **2** ● *« Monsieur ou Madame... »*, remplissez le questionnaire en rayant les **mentions** inutiles, les phrases, les mots qui sont inscrits (ici on raye « Monsieur » si l'on est une femme, etc.). **3** ● *Ce lycéen a obtenu son bac avec **mention**, avec une bonne appréciation (« assez bien », « bien », ou « très bien »).*

■ **mentionner** v. ● *Dans ta lettre, n'oublie pas de **mentionner** l'heure de ton retour, de l'indiquer, de la signaler.*

mentir v. ● *Éric m'a menti : il m'a dit un mensonge* (→ mensonge, menteur ; SYN. tromper). ★ Conjug. 15.

menton nom m. ● *Son **menton** commence à se couvrir de poils, le bas du visage, sous la bouche.* ★ VOIR p. 967.

1. menu adj. **1** ● *Pascal est un garçon menu*, petit et mince. **2** ● *Les menus détails :* les petits détails sans importance.

2. menu nom m. **1** ● *Nous avons regardé le menu du restaurant*, la liste des plats. **2** ● *Au restaurant, papa et maman ont mangé à la carte, et moi j'ai pris le menu*, le repas proposé par le restaurant à un prix moins élevé que si l'on choisit librement ses plats sur la carte.

menuet nom m. ● *À l'époque de Louis XIV, on dansait le menuet*, une danse ancienne.

menuisier nom m. ● *Le menuisier découpe des planches pour faire une table*, celui qui travaille le bois pour fabriquer des meubles, des portes, etc. ★ Chercher aussi : ébéniste.
■ **menuiserie** nom f. **1** ● *Alain est attiré par la menuiserie*, le travail du bois. **2** ● *J'entends la scie électrique de la menuiserie*, l'atelier du menuisier.

se méprendre v. pron. (littér.) ● *Pardonnez-moi, je me suis mépris sur vos intentions :* je me suis trompé. ★ Conjug. 32.
■ **méprise** nom f. ● *Quand il m'a pris pour ma sœur, j'ai bien ri de sa méprise*, de son erreur.

mépriser v. **1** ● *Il est brutal, bête et méchant ; tous ceux qui l'ont rencontré le méprisent :* ils trouvent qu'il ne vaut rien (→ mépris, sens 1 ; CONTR. admirer, estimer). **2** ● *Elle méprise le danger :* elle ne le craint pas, elle le dédaigne (→ mépris, sens 2).
■ **mépris** nom f. **1** ● *Elle m'a traité avec mépris*, avec dédain (→ méprisable ; CONTR. estime). **2** AU MÉPRIS DE, loc. prép. ● *Il a escaladé la falaise au mépris du danger*, sans en tenir compte, en dépit du danger.
■ **méprisable** adj. ● *Sa malhonnêteté le rend méprisable*, digne de mépris.

mer nom f. **1** ● *Les bateaux naviguent sur la mer*, une grande étendue d'eau salée qui recouvre la Terre. ★ Chercher aussi : marée, océan, vague. — ● *Pendant les vacances, nous irons à la mer*, au bord de la mer. **2** ● *Connais-tu le nom des mers qui entourent la France ?*, les étendues d'eau salée plus petites que les océans. **3** (fam.) CE N'EST PAS LA MER À BOIRE. ● *Faire deux kilomètres à pied, ce n'est pas la mer à boire*, ce n'est pas tellement difficile. ★ Ne pas confondre mer, mère et maire.

mercenaire nom m. ● *Ces soldats se battent pour un pays qui n'est pas le leur, ce sont des mercenaires*, des soldats étrangers payés pour faire la guerre.

mercerie nom f. Magasin où l'on peut acheter du fil, des boutons, des aiguilles, etc.
■ **mercier** nom m. ● *J'ai trouvé de jolis rubans chez la mercière*, la marchande qui tient la mercerie.

1. merci nom m. ● *Ton cadeau m'a fait plaisir, merci !* (→ remercier). — ● *« Encore un peu de viande ? » « Non, merci ! »*

2. merci nom f. **1** TENIR QUELQU'UN À SA MERCI : pouvoir décider de son sort sans qu'il puisse rien y faire. **2** SANS MERCI. ● *Les deux boxeurs se sont livré un combat sans merci*, sans pitié.

mercier → mercerie.

mercredi nom m. ● *Les enfants des écoles ne vont pas en classe le mercredi*, le jour de la semaine entre mardi et jeudi.

mercure nom m. ● *Quand il fait chaud, le mercure monte dans la colonne du thermomètre*, un métal liquide et brillant qui augmente de volume avec la chaleur.

mercurochrome [mɛʀkyʀɔkʀɔm] nom m. Liquide rouge qui sert à désinfecter les plaies, les blessures.

mère nom f. **1** ● *Olivier part se promener avec son père et sa mère*, la femme qui l'a mis au monde (→ SYN. maman). — *Une mère de famille :* une femme qui a un ou des enfants (→ maternel). **2** ● *Les chatons miaulent pour appeler leur mère*, l'animal femelle qui leur a donné la vie. **3** ● *On dit que l'oisiveté est mère de tous les vices*, qu'elle les produit (→ SYN. origine, cause). ★ Ne pas confondre *mère*, *mer* et *maire*.

merguez [mɛʀgɛz] nom f. Petite saucisse pimentée faite avec du mouton.

méridien nom m. Cercle imaginaire qui fait le tour de la terre en passant par les pôles. ● *Le méridien qui passe par Greenwich, en Grande-Bretagne, a été pris pour méridien de référence : il a zéro degré de longitude.* (Ainsi, « 10° de longitude ouest » signifie « 10° à l'ouest du méridien de Greenwich ».) ★ Chercher aussi : longitude ; parallèle, latitude.

méridional adj. ● *L'Europe méridionale, du Sud.* □ nom ● *Les Marseillais sont des méridionaux, des gens du Midi, du Sud de la France.*

meringue nom f. ● *Avec ces blancs d'œufs et du sucre, nous allons faire des meringues, des petits gâteaux très légers.*

merise nom f. Petite cerise sauvage, au goût aigre.
■ **merisier** nom m. ● *Cette commode est en merisier, le bois clair d'un cerisier sauvage.*

mériter v. **1** ● *Tu as très bien travaillé, tu mérites des compliments :* c'est juste que tu en aies, tu en es digne (→ mérite). □ adj. ● *Elle a reçu une récompense méritée.* **2** ● *Ce meuble est beau, il mérite d'être réparé :* il en vaut la peine.
■ **méritant** adj. ● *Des élèves méritants,* qui ont du mérite.
■ **mérite** nom m. ● *Dominique a beaucoup de mérite :* ses qualités et ses efforts méritent d'être récompensés.
■ **méritoire** adj. ● *Il faut féliciter Émilie, elle a fait des efforts méritoires,* dignes de récompense, d'éloge (→ SYN. louable).

merlan nom m. ● *Chez le poissonnier, j'ai acheté trois merlans, des poissons de mer.*

merle nom m. ● *Dans le parc, j'écoute siffler les merles, des oiseaux noirs à bec jaune.*

merlu ou **merlus** nom m. Autre nom du colin, poisson voisin de la morue.

mérou nom m. Grand poisson des mers chaudes dont la chair est recherchée.

merveille nom f. **1** ● *Ce feu d'artifice est une merveille,* une chose vraiment très belle, comme on n'en voit pas souvent. **2** FAIRE MERVEILLE. ● *Notre nouvelle machine fait merveille :* elle donne des résultats remarquables. **3** À MERVEILLE, loc. adv. ● *Valérie et Sophie s'entendent à merveille,* parfaitement, remarquablement.
■ **merveilleusement** adv. ● *Cette violoniste joue merveilleusement,* magnifiquement, admirablement.
■ **merveilleux** adj. ● *Pendant nos vacances, nous avons vu des paysages merveilleux,* admirables, magnifiques, superbes.

mes adj. poss. plur. ● *Il a pris mes crayons,* les miens, ceux qui m'appartiennent (→ mon).

mésange nom f. ● *Une mésange s'est perchée sur la barrière,* un petit oiseau qui mange beaucoup d'insectes.

mésaventure nom f. ● *À son retour, il nous a raconté ses mésaventures,* ses aventures désagréables.

mesdames, mesdemoiselles Pluriels de *madame, mademoiselle.*

mésentente nom f. ● *Ils sont fâchés : leur mésentente dure depuis une semaine,* leur mauvaise entente, leur brouille, leur désaccord.

mesquin adj. **1** ● *Pierre a été vraiment mesquin de te reprocher ces petits détails :* il a montré qu'il avait l'esprit étroit (→ CONTR. grand, noble). **2** ● *Offrons-lui un beau cadeau, ne soyons pas mesquins,* avares (→ CONTR. généreux).

message nom m. ● *J'ai bien reçu votre message,* la lettre ou l'information que vous m'avez fait transmettre.
■ **messager** nom ● *Va la prévenir que j'arrive, tu seras ma messagère,* la personne chargée de transmettre mon message.

573

■ **messagerie** nom f. Souvent au plur. Transport des marchandises et des colis. ● *Il dirige un service de messageries*.

messe nom f. ● *Dimanche, je t'attendrai devant l'église, après la messe*, la principale cérémonie du culte catholique.

messieurs Pluriel de *monsieur*.

messire nom m. Titre que l'on donnait autrefois aux seigneurs ou aux hommes nobles. ● *Messire, le comte veut vous parler* (→ sire).

mesure nom f. **1** ● *J'ai pris les mesures de la table*, ses dimensions (largeur, longueur, hauteur, etc.). **2** ● *Le mètre, le litre, l'heure sont des unités de mesure*, des unités qui servent à calculer les dimensions, la contenance, la durée, etc. **3** ● *Tu te fâches trop vite, tu devrais agir avec plus de mesure*, être plus calme, plus raisonnable (→ mesuré, sens 2 ; SYN. modération). **4** ● *Quand il joue du piano, Alain essaie de respecter la mesure*, le rythme de la musique. — EN MESURE, loc. adv. ● *Elle danse en mesure*, en suivant le rythme de la musique. **5** ● *Le gouvernement a pris des mesures pour diminuer le nombre des accidents de la route*, des moyens, des dispositions pour atteindre ce but. **6** À LA MESURE DE, loc. prép. : qui correspond à. ● *Il n'a pas un emploi à la mesure de ses possibilités*. — SUR MESURE. ● *Son père ne porte que des costumes sur mesure*, (ou *faits sur mesure*), spécialement faits pour lui. **7** DÉPASSER LA MESURE : exagérer. **8** ÊTRE EN MESURE DE. ● *Je suis en mesure de vous fournir ces renseignements* : je peux le faire. **9** (AU FUR ET) À MESURE. ● *Cette bassine fuit ; l'eau coule à mesure que je la remplis*, en même temps.
■ **mesuré** adj. **1** ● *La hauteur mesurée*, qui a été évaluée par la mesure, déterminée en mesurant. **2** ● *Ses paroles sont mesurées*, modérées, raisonnables. ● *Didier a des ambitions mesurées*, modestes (→ CONTR. démesuré).
■ **mesurer** v. **1** ● *Pascal a mesuré la longueur de sa chambre avec un mètre*

(→ SYN. évaluer). ● *Ta montre mesure le temps*. **2** ● *Mesure tes paroles! :* modère tes paroles. **3** v. pron. SE MESURER AVEC QUELQU'UN. ● *Laurent s'est mesuré avec des adversaires plus forts que lui* : il a lutté contre eux.

métairie nom f. ● *Ce cultivateur exploite une métairie*, un domaine agricole loué à un propriétaire.
■ **métayer** nom. Paysan qui exploite une métairie. ● *Le métayer ne paie pas de loyer en argent, mais il doit donner une partie de sa récolte au propriétaire*.

métal nom m. ● *L'aluminium, le fer et le cuivre sont des métaux ; l'or, l'argent et le platine sont des métaux précieux*. ● *Le bronze est un métal fait de cuivre et d'étain*. ★ Chercher aussi : alliage.
■ **métallique** adj. **1** ● *Ce grillage est en fil métallique*, de métal. **2** ● *Ce poisson a des reflets métalliques*, qui ressemblent à ceux du métal ; il brille à la lumière. **3** ● *Un son métallique*, qui résonne comme le métal.
■ **métallo** nom m. (fam.). Ouvrier métallurgiste.
■ **métallurgie** nom f. Ensemble des industries et des techniques qui fabriquent, traitent, ou transforment les métaux. ★ Chercher aussi : haut fourneau, minerai, sidérurgie.
■ **métallurgique** adj. ● *Son père travaille dans une usine métallurgique*, où l'on fait de la métallurgie.
■ **métallurgiste** adj. ● *Un ouvrier métallurgiste*, qui travaille dans la métallurgie. □ nom ● *Les métallurgistes réclament une augmentation de salaire* (→ SYN. (fam.) métallo).

métamorphose nom f. **1** ● *As-tu déjà observé les métamorphoses d'un têtard dans son bocal ?*, ses transformations successives pour devenir une grenouille. **2** ● *Cette nouvelle coiffure t'a transformé, c'est une métamorphose!*, un grand changement.
■ **métamorphoser** v. **1** v. pron. ● *La chenille se métamorphose en papillon* : elle se transforme complètement. **2** ● *Son nouveau travail l'a métamorphosé* : il l'a fait beaucoup changer.

métaphore nom f. Procédé qui consiste à utiliser un mot dans un sens figuré. *Dans la phrase : «Voilà la source de tous mes malheurs!», source est une* **métaphore** (→ SYN. image, sens 7).

métayer [meteje] nom m. Personne qui loue une propriété agricole et qui paye la location en donnant une partie de la récolte au propriétaire.

météo nom f. Abrév. de *météorologie.* ● *Les prévisions de la* **météo**. □ adj. invar. Abrév. de *météorologique.* ● *Le bulletin, les informations* **météo** *sont donnés tous les jours, à la radio.*

météore nom m. ● *Cette traînée lumineuse dans la nuit, crois-tu que c'est un* **météore**?, une étoile filante, un phénomène lumineux dans le ciel.
■ **météorite** nom m. ou f. ● *On a découvert un(e)* **météorite** *dans ce champ,* une pierre tombée de l'espace.

météorologie ou **météo** nom f. Science qui étudie ce qui se passe dans l'atmosphère : les nuages, les vents, le climat, etc. ● *La* **météo** *prévoit des orages dans le Midi.*
■ **météorologique** adj. ou **météo** adj. invar. ● *Pour savoir s'il va faire beau, écoute les prévisions* **météorologiques**, qui concernent le temps qu'il fera.* ★ Chercher aussi : atmosphérique.
■ **météorologiste** nom ● *Les* **météorologistes** *ont envoyé un ballon dans l'atmosphère pour mesurer la vitesse du vent,* les spécialistes qui s'occupent de météorologie.

métèque nom m. Dans la Grèce ancienne : étranger. Aujourd'hui (péjor.), personne étrangère considérée comme étant de race différente, inférieure et indésirable. ★ Chercher aussi : race, racisme.

méthanier nom m. Grand bateau qui transporte du gaz naturel.

méthode nom f. **1** ● *Claudine est très organisée : elle travaille avec* **méthode**, avec de l'ordre et de la logique (→ méthodique). **2** ● *J'ai trouvé une nouvelle* **méthode** *pour ranger mes livres,* un

nouveau moyen (→ SYN. procédé). **3** ● *Une* **méthode** *de guitare :* un livre, un ouvrage pour apprendre à jouer de la guitare.
■ **méthodique** adj. ● *Pascal est* **méthodique** *dans son travail :* il est ordonné, logique et réfléchi (→ CONTR. brouillon).
■ **méthodiquement** adv. ● *Du travail* **méthodiquement** *fait.*

méticuleux adj. ● *Il est* **méticuleux** *dans son travail :* il fait attention à tout, même aux petits détails (→ SYN. minutieux, soigneux ; CONTR. négligent).

métier nom m. **1** ● *Quel est votre* **métier**?, votre travail, votre profession. **2** ● *Un* **métier** *à tisser :* une machine qui sert à tisser.

métis [metis] adj. et nom **1** adj. ● *Un enfant* **métis**, dont les parents sont de races différentes. □ nom ● *Les mulâtres sont des* **métis**. **2** nom m. ● *Ce drap est en* **métis**, un mélange de fils de lin et de coton.

mètre nom m. **1** Unité de mesure de la longueur. ● *Cette nappe mesure 3* **mètres** *de long sur 2* **mètres** *de large.* — ● *Le* **mètre** *sert aussi à mesurer les surfaces en* **mètres carrés (m²)** *et les volumes en* **mètres cubes (m³)** (→ carré, cube ; centimètre, décamètre, décimètre, hectomètre, kilomètre, millimètre). **2** ● *Le couturier utilise un* **mètre**, un ruban d'un mètre de long.
■ **métrage** nom m. ● *Le* **métrage** *d'un film :* la longueur totale de la pellicule. — LONG MÉTRAGE : film qui dure entre une et deux heures. COURT MÉTRAGE : film qui dure entre quelques minutes et un quart d'heure.
■ **métrique** adj. LE SYSTÈME MÉTRIQUE : le système de calcul des poids et mesures (longueurs, surfaces, volumes, capacités) qui a pour modèle le mètre et qui compte en base 10. ★ VOIR p. 929.

métro nom m. Abrév. de *métropolitain.* Chemin de fer électrique qui transporte les voyageurs dans les très grandes villes en passant le plus souvent sous la terre. ● *La première ligne de* **métro** *de Paris a été inaugurée en 1900.*

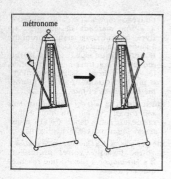

métronome

métronome nom m. ● *Bernard fait ses exercices de piano en suivant le rythme du* **métronome,** *un instrument qui marque la mesure.*

métropole nom f. **A.** ● *New York est une* **métropole** *des États-Unis, une très grande ville.* ★ Chercher aussi : capitale. **B.** ● *Après deux ans passés dans les départements d'outre-mer, ils sont revenus en* **métropole,** *sur le territoire français métropolitain.*

■ **métropolitain** adj. ● *La France* **métropolitaine** *: la partie du territoire français où sont la capitale et les principales administrations.* — ● *Le territoire* **métropolitain** *et les départements d'outre-mer.*

mets [mε] nom m. invar. ● *Le foie gras est un* **mets** *délicieux, un plat, une préparation culinaire.*

mettre v. **1** ● *Elle* **a mis** *le vase au milieu de la table :* elle l'a placé, posé. **2** v. pron. ● *Mettez-vous dans ce fauteuil :* installez-vous. **3** ● *Il* **a mis** *son manteau pour sortir.* □ v. pron. ● *Anne* **s'est mise** *en pantalon* (→ mise ; SYN. s'habiller, se vêtir). **4** METTRE LA TABLE (ou LE COUVERT) : disposer les assiettes, les verres, les couverts, etc. (→ CONTR.

débarrasser). **5** ● *J'ai mis du sel dans la soupe* (→ SYN. ajouter). **6** ● *Mettre un appareil en marche :* le faire fonctionner. ● *Elle* **a mis** *la radio :* elle l'a mise en marche. **7** ● *Il* **a mis** *plusieurs jours à se décider :* il lui a fallu plusieurs jours. **8** ● *Alain et Gilles* **ont mis** *du désordre dans leur chambre* (→ SYN. provoquer). **9** SE METTRE À FAIRE QUELQUE CHOSE : commencer à le faire. ● *Laurence* **s'est mise** *à chanter.* **10** Y METTRE DU SIEN. ● *Pour que nous puissions nous entendre, il faudra qu'il* **y mette du sien,** *qu'il fasse un effort de son côté.* **11** METTRE UN ENFANT AU MONDE : lui donner naissance. — METTRE BAS : mettre au monde (pour un animal). ● *La jument* **a mis bas** *hier.* **12** NE PLUS SAVOIR OÙ SE METTRE : être gêné, embarrassé, honteux. **13** SE METTRE QUELQU'UN À DOS : le fâcher, s'en faire un ennemi. ★ Conjug. 33.

1. meuble nom m. ● *Nous avons acheté des* **meubles** *pour l'appartement, des tables, des chaises, etc.* (→ ameublement, mobilier).

■ **meubler** v. **1** ● *Meubler une maison :* la garnir de meubles. **2** (fig.) ● *Comment allez-vous* **meubler** *vos loisirs ?,* les occuper.

2. meuble adj. ● *Dans cette région, la terre est* **meuble,** *assez molle, facile à labourer, à retourner.*

meugler v. ● *Les vaches* **meuglent** *dans l'étable :* elles poussent leur cri (→ SYN. beugler, mugir).

■ **meuglement** nom m. Cri des bovins (→ SYN. beuglement, mugissement).

1. meule nom f. **1** ● *Pour aiguiser les couteaux, papa fait glisser leur lame sur la* **meule,** *une roue de pierre dure que l'on fait tourner pour aiguiser, user, polir.* **2** ● *Autrefois, la* **meule** *du moulin écrasait le blé, une grosse pierre ronde et plate qui sert à broyer.*

2. meule nom f. ● *Une* **meule** *de foin :* un gros tas de foin.

meulière nom f. ● *Cette maison est construite en* **meulière,** *une pierre calcaire rugueuse.* □ adj. f. ● *Des blocs de pierre* **meulière.**

meunier nom. ● *Autrefois, il y avait un* **meunier** *au village,* une personne qui possède un moulin et qui moud le grain pour faire de la farine.

meurtre nom m. ● *Elle était accusée d'avoir commis un* **meurtre**, *d'avoir tué quelqu'un volontairement* (→ SYN. assassinat, crime).

■ **meurtrier** nom. ● *Le* **meurtrier** *n'a pas encore été retrouvé,* celui qui a commis le meurtre (→ SYN. assassin, criminel). □ adj. ● *Une arme* **meurtrière**, qui peut tuer quelqu'un. — ● *Un accident* **meurtrier**, qui cause des morts.

meurtrière nom f. ● *Les soldats tiraient des flèches sur les assaillants par les* **meurtrières** *du château fort,* les ouvertures étroites pratiquées dans les murailles.

meurtrir v. ● *Les coups qu'il a reçus lui* **ont meurtri** *le visage :* ils y ont fait des marques, des traces. ★ Conjug. 11.

■ **meurtrissure** nom f. Blessure, marque laissée par des coups. ● *Son corps était couvert de* **meurtrissures**.

meute nom f. **1** ● *Les chasseurs ont lâché la* **meute** *sur les traces du cerf,* la troupe des chiens dressés pour la chasse à courre. **2** (fig.) ● *Le voleur était poursuivi par une* **meute** *de gens,* une troupe, un grand nombre de gens qui poursuivent quelqu'un avec acharnement.

mévente nom f. ● *Cette usine devra fermer si la* **mévente** *continue,* la baisse des ventes (→ vendre).

mezzanine [medzanin] nom f. ● *Comme la pièce était très haute, ils ont construit une* **mezzanine**, *une sorte de demi-étage qui ne couvre pas toute la superficie de la pièce.*

1. mi nom m. invar. Troisième note de la gamme de do. — ● *Des do et des* **mi**. ★ Ne pas confondre *mi*, *mi-* et *mie*.

2. mi- adj. et adv. Préfixe qui signifie «à moitié, au milieu». ● *Il rentrera à la* **mi**-*juin,* au milieu de juin. — ● *Le papier peint s'arrête à* **mi**-*hauteur du mur,* à la moitié de sa hauteur (→ demi, mi-carême, à mi-chemin, mi-clos).

miauler v. ● *Le chat* **miaule** *dans la cuisine :* il fait entendre son cri.

■ **miaulement** nom m. Cri du chat.

mica nom m. ● *Avec son ongle, Bruno essaie de séparer les feuilles du* **mica**, *une pierre brillante formée de feuilles superposées.*

mi-carême nom f. ● *Les enfants se déguisent pour la* **Mi-Carême**, *une fête qui a lieu un jeudi, au milieu du carême.*

miche nom f. ● *Pose la* **miche** *de pain sur la table,* le gros pain rond.

à mi-chemin loc. adv. ● *Cécile était trop fatiguée, elle s'est arrêtée* **à mi-chemin**, *après avoir parcouru la moitié du chemin.*

mi-clos adj. ● *Le chat guette la souris de ses yeux* **mi-clos**, à moitié fermés.

micmac nom m. (fam.) ● *Il n'a qu'à parler franchement ; pourquoi tous ces* **micmacs** *?,* ces combinaisons secrètes et compliquées (→ SYN. intrigue, manigance).

1. micro Préfixe qui signifie «très petit». ● *Un* **microfilm**, un tout petit film. — ● *Un* **microsillon**, un disque au sillon très fin.

2. micro ou **microphone** nom m. ● *Pour que l'on t'entende à la radio, parle devant ce* **micro**, un appareil qui capte le son pour le transmettre, le rendre plus fort ou l'enregistrer.

microbe nom m. ● *Si tu vas la voir pendant sa grippe, tu risques d'attraper ses* **microbes**, de tout petits êtres vivants qui causent certaines maladies. ★ Chercher aussi : bacille, bactérie, virus.

■ **microbien** adj. ● *La varicelle est une maladie* **microbienne**, causée par un microbe.

microfilm nom m. ● *L'espion avait photographié ces documents sur un* **microfilm**, une pellicule photographique de très petite taille.

microphone → 2. micro.

577

microscope nom m. ● *Alice regarde une aile de mouche au* **microscope**, un instrument qui grossit beaucoup les petits objets et permet de voir des choses invisibles à l'œil nu.

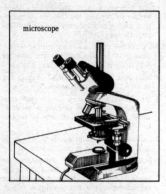

microscope

■ **microscopique** adj. ● *Les microbes sont des êtres vivants* **microscopiques**, tellement petits que l'on ne peut les voir qu'au microscope.

microsillon nom m. Disque de longue durée au sillon très fin. ● *Les disques 33 tours sont des* **microsillons**.

midi nom m. 1 ● *Prenez ce médicament à* **midi**, au milieu de la journée, à 12 heures. 2 CHERCHER MIDI À QUATORZE HEURES : chercher des difficultés là où il n'y en a pas ; compliquer les choses. 3 ● *Alain est né dans le* **Midi**, le Sud de la France (→ méridional).

mie nom f. 1 ● *Dans le pain, préfères-tu la* **croûte** *ou la* **mie** *?*, la partie molle à l'intérieur du pain. 2 PAIN DE MIE : pain sans croûte utilisé pour les sandwiches, les toasts. ★ Ne pas confondre *mie* et *mi*.

miel nom m. ● *Au petit déjeuner, Sophie a mangé une tartine de* **miel**, une substance sucrée que les abeilles fabriquent avec le nectar des fleurs.

mielleux adj. ● *Il m'a remercié avec des paroles* **mielleuses**, douces (comme le miel) mais hypocrites (→ SYN. doucereux).

mien, mienne pronom poss. et nom 1 pronom poss. ● *Ce n'est pas ton livre, c'est le* **mien**, celui qui m'appartient. — ● *Ta mère et la* **mienne** *se connaissent.* 2 nom m. plur. LES MIENS : mes parents, ma famille. ★ Chercher aussi : tien, sien.

miette nom f. 1 ● *J'ai ramassé les* **miettes** *qui restaient sur la nappe*, les petits morceaux détachés du pain, d'un gâteau (→ mie). 2 EN MIETTES, loc. adj. ● *Le beau vase du salon est* **en miettes**, cassé en petits morceaux. 3 ● *« Voulez-vous du fromage ? » « Donnez-m'en juste une* **miette** *»*, un petit morceau, un petit peu.

mieux adv., adj. et nom m. **A.** adv. 1 ● *Je cours bien, mais Jacques court encore* **mieux**, d'une meilleure façon. 2 ALLER MIEUX : être en meilleure santé. 3 FAIRE MIEUX DE. ● *Il* **ferait mieux de** *partir* : il aurait intérêt à partir. 4 AU MIEUX, loc. adv. ● *Au mieux*, il arrivera dans deux jours, dans le meilleur des cas. 5 ÊTRE AU MIEUX AVEC QUELQU'UN : s'entendre très bien avec lui. 6 POUR LE MIEUX, loc. prép. ● *Tout va* **pour le mieux**, le mieux possible. **B.** adj. ● *Cette robe est* **mieux** *que l'autre*, plus belle. **C.** nom m. 1 ● *Je suis déçue, je m'attendais à* **mieux**, à une chose meilleure, plus belle. 2 FAIRE DE SON MIEUX. ● *J'ai fait de mon mieux pour t'aider* : j'ai fait tout ce que j'ai pu. ★ *Mieux* est le comparatif de « bien » ; *le mieux* est son superlatif.

mièvre adj. ● *Son dessin est* **mièvre**, gentil, mais enfantin et sans intérêt.

mignon adj. ● *Annie est vraiment* **mignonne**, charmante, jolie, gracieuse.

migraine nom f. ● *Ce bruit m'a donné la* **migraine**, un mal de tête.

migration nom f. 1 ● *Aux États-Unis, beaucoup de pionniers sont morts pendant leur* **migration** *vers l'Ouest*, le déplacement d'un grand nombre de gens qui quittent leur pays pour s'installer ailleurs. ★ Chercher aussi : émigration, immigration. **2** ● *Les hirondelles commencent leur* **migration**, leur déplacement vers des lieux déterminés, à certaines saisons.

■ **migrateur, -trice** adj. ● *La cigogne est un oiseau* **migrateur**, qui change de région suivant les saisons.

mijoter v. **1** ● *Le pot-au-feu* **mijote** *sur la cuisinière* : il cuit tout doucement. **2** (fam.) ● *Qu'est-ce que tu* **mijotes** ? : qu'est-ce que tu prépares en secret (farce, plaisanterie) ?

1. mil adj. S'utilise quelquefois à la place de **mille** quand on écrit les dates. ● *Le 15 juillet* **mil** *neuf cent quatre-vingts*.

2. mil nom m. ● *Cette paysanne africaine écrase les grains de* **mil** *pour en faire des galettes*, une céréale.

mildiou nom m. Maladie des plantes, et surtout de la vigne, causée par des champignons minuscules.

milice nom f. ● *Pour aider la police, ces gens ont formé une* **milice**, une troupe de civils volontaires.

■ **milicien** nom. Personne qui fait partie d'une milice.

milieu nom m. **1** ● *Alain joue au* **milieu** *de la cour*, au centre (→ CONTR. bord, extrémité). **2** ● *Le mois de juin finit au* **milieu** *de l'année*, quand il y a autant de jours avant qu'après (→ CONTR. début, fin). **3** ● *Sophie a trouvé un escargot au* **milieu** *des buissons*, parmi les buissons (→ SYN. dans). **4** ● *Elle fait partie d'un* **milieu** *ouvrier* : les gens qui l'entourent sont des ouvriers (→ SYN. entourage, groupe social). **5** ● *Ce plongeur explore le* **milieu** *sous-marin*, le monde sous-marin où vivent des poissons, des plantes, etc. — ● *L'écologie étudie les êtres vivants et leur* **milieu** *naturel*.

militaire adj. ● *Un camion* **militaire**, de l'armée. — ● *Luc doit faire son service* **militaire** : il doit être soldat pour un certain temps. □ nom m. ● *Les soldats, les sous-officiers et les officiers sont*

des **militaires**, des gens qui font partie de l'armée. ★ VOIR p. 433.

militer v. ● *Il* **milite** *dans un parti politique* : il y joue un rôle actif, il se donne du mal pour une cause.

■ **militant** nom ● *Un* **militant** *syndical* : un membre actif d'un syndicat. □ adj. ● *Son activité* **militante** *lui prend beaucoup de temps*.

1. mille adj. invar. et nom m. invar. **A.** adj. invar. **1** ● *Cette fosse sous-marine a plus de* **mille** *mètres de profondeur*, dix fois cent. **2** ● *Il faut lui répéter* **mille** *fois la même chose*, un grand nombre de fois.
B. nom m. invar. ● *Deux fois cinq cents égalent* **mille** (1 000). — ● *Deux* **mille**.

■ **millénaire** adj. ● *Une tradition* **millénaire**, qui a mille ans (ou plus). □ nom m. Période de mille ans. ● *Nous vivons dans le deuxième* **millénaire** *après Jésus-Christ*.

■ **millier** nom m. **1** ● *Un* **millier** *de francs*, environ mille. **2** PAR MILLIERS, loc. adv. ● *Les spectateurs arrivaient par* **milliers**, en très grand nombre.

2. mille nom m. MILLE (MARIN) : unité de distance employée par les marins, qui vaut 1 852 mètres.

millefeuille nom m. Gâteau formé de nombreuses couches de pâte feuilletée et de crème.

mille-pattes nom m. invar. ● *Un* **mille-pattes** *grimpe le long de cette feuille*, un insecte qui a quarante-deux pattes.

millésime nom m. Date inscrite sur une pièce de monnaie, sur une bouteille de vin, etc.

millet [mijɛ] nom m. ● *Laure a donné du* **millet** *à ses canaris*, une céréale aux graines petites et très nombreuses.

milli Préfixe qui divise par mille l'unité devant laquelle il est placé. ● *Il faut mille* **milli**mètres (1 000 mm) pour faire un mètre, et mille **milli**grammes (1 000 mg) pour faire un gramme.

milliard [miljar] nom m. Mille millions (1 000 000 000). ● *Il y a des* **milliards** *d'étoiles dans le ciel*.

■ **milliardaire** adj. et nom ● *Ce château magnifique appartient à un **milliardaire**, une personne extrêmement riche.* ★ Chercher aussi : millionnaire.

millième adj. ● *1 est la **millième** partie de 1 000. — La voiture est tombée en panne au **millième** kilomètre.* □ nom ● *Un **millième** de seconde, c'est vraiment très court, une seconde divisée par 1 000.*

millier → 1. mille.

milligramme nom m. ● *Il faut mille **milligrammes** pour faire un gramme.*

millimètre nom m. ● *Il faut mille **millimètres** pour faire un mètre. — L'aile de ta maquette d'avion n'a que deux **millimètres** d'épaisseur.*
■ **millimétrique** ou **millimétré** adj. ● *Du papier **millimétré**, quadrillé par des lignes espacées d'un millimètre.*

million nom m. Mille fois mille (1 000 000).
■ **millionnaire** adj. ● *Cet homme est **millionnaire** : il possède au moins un million de francs, il est très riche.* □ nom ● *Un **millionnaire**.* ★ Chercher aussi : milliardaire.

mime nom m. ● *Le **mime** a imité l'agent de police, la grand-mère et le bébé, un acteur qui s'exprime uniquement par des gestes, des attitudes, des expressions.* ★ Chercher aussi : pantomime.
■ **mimer** v. ● *Pascal **a mimé** son père en train de conduire : il l'a imité par des gestes.*
■ **mimique** nom f. Geste, expression ou attitude qui exprime un sentiment. ● *Une **mimique** de découragement.*

mimétisme nom m. **1** Aptitude de certains animaux, comme le caméléon à prendre la couleur ou la forme de l'objet sur lequel ils se trouvent. **2** (fig.) ● *Il copie les habitudes de son frère par **mimétisme**,* imitation (du comportement de quelqu'un).

mimosa nom m. ● *Regarde ces petites boules jaunes : le **mimosa** a fleuri !,* un arbre des pays méditerranéens.

mimosa

minable adj. (fam.) ● *Ses résultats sont **minables**, très médiocres, lamentables.* □ nom (fam.) ● *Quelle bande de **minables** !,* de pauvres types.

minaret nom m. ● *On appelle les musulmans à la prière du haut du **minaret**,* la tour d'une mosquée.

minauder v. ● *Catherine s'est mise à **minauder** pour attirer l'attention :* se tenir et parler de façon maniérée, affectée (→ 1. affecter).

mince adj. **1** ● *J'ai coupé la viande en tranches **minces**,* fines (→ CONTR. épais). **2** ● *Une jeune fille **mince*** (→ CONTR. gros). **3** (fig.) ● *Pour un si gros effort, le résultat est bien **mince**,* peu important (→ SYN. maigre).

1. mine nom f. **1** ● *Aujourd'hui, Sophie a mauvaise **mine** :* l'aspect de son visage indique qu'elle est fatiguée ou malade (→ minois). **2** ● *Sa **mine** ne m'inspire pas confiance,* son aspect extérieur, son air. **3** FAIRE MINE DE. ● *Elle **faisait mine** de pleurer :* elle faisait semblant. **4** FAIRE GRISE MINE. ● *Leurs amis nous ont **fait grise mine** :* ils n'ont pas été aimables, ils nous ont mal accueillis. **5** NE PAS PAYER DE MINE. ● *Cet hôtel est très confortable, bien qu'il **ne paie pas de mine**,* bien qu'il n'inspire pas confiance, qu'il ait une mauvaise apparence. **6** (fig. et fam.) AVOIR BONNE MINE. ● *Ah ! vous **avez bonne mine** tous les deux ! :* vous avez l'air ridicule. **7** (fam.) MINE DE

RIEN. ● **Mine de rien**, *il a mangé la moitié du gâteau, sans en avoir l'air, comme si de rien n'était.*

2. mine nom f. ● *Tous les matins, son père descend travailler au fond de la* **mine**, un ensemble de galeries creusées dans le sol pour extraire du fer, du charbon, du cuivre, etc. (→ minerai, mineur, minier).

3. mine nom f. ● *Il taille la* **mine** *de son crayon*, le bâtonnet mince et coloré qui laisse une trace sur le papier.

4. mine nom f. ● *Pour faire sauter le vieux port, on y a placé des* **mines**, des engins explosifs.

■ **miner** v. **1** ● *Attention, ce terrain* **a été miné** : quelqu'un y a enterré des mines. **2** ● *Sa maladie le* **mine** : elle le détruit peu à peu (→ SYN. ronger, saper).

minerai nom m. ● *Dans cette usine, on extrait le plomb du* **minerai**, de la roche qui le contient.

minéral nom m. ● *Les rochers, le diamant et le charbon sont des* **minéraux**, des corps dont la matière n'est pas vivante. ★ Chercher aussi : animal, végétal. □ adj. ● *Le règne* **minéral** : l'ensemble des minéraux. — ● *Le pétrole est une huile* **minérale**, qui fait partie des minéraux. — ● *Alice boit de l'eau* **minérale**, qui contient des minéraux.

■ **minéralogie** nom f. Science qui étudie les roches, les minéraux. ● *En nous montrant sa collection de pierres, la maîtresse nous a donné une leçon de* **minéralogie**.

minéralogique adj. PLAQUE MINÉRALOGIQUE. ● *Cette voiture vient de Paris : je l'ai vu sur sa* **plaque minéralogique**, la plaque qui porte le numéro d'immatriculation d'un véhicule.

minet nom (fam.) ● *Qui a vu le* **minet** ?, le chat.

1. mineur nom m. ● *Dans le Nord de la France, beaucoup d'hommes sont* **mineurs** : ils travaillent dans une mine (→ 2. mine).

2. mineur adj. et nom **A.** adj. ● *C'est un peintre* **mineur**, de peu d'importance (→ CONTR. majeur, sens 1).

B. adj. ● *Laurent est encore* **mineur** : il n'a pas atteint 18 ans, l'âge de la majorité. □ nom ● *Ce film est interdit aux* **mineurs** (→ minorité ; CONTR. majeur).

mini- Préfixe qui signifie «petit», «en modèle réduit» (→ modèle 4). ● *Un* **mini-livre**.

miniature nom f. et adj. invar. **1** Tableau de très petites dimensions. **2** adj. ● *Un avion, des autos (en)* **miniature** (ou **miniatures**), des modèles réduits.

■ **miniaturiser** v. ● *Les machines à calculer* **ont été miniaturisées** : on leur a donné les plus petites dimensions possible.

minier adj. ● *On extrait beaucoup de charbon dans cette région* **minière**, de mines (→ 2. mine).

minime adj. et nom **A.** adj. ● *Il s'est fâché pour une erreur* **minime**, toute petite, peu importante (→ CONTR. considérable, énorme).

B. nom ● *Ce championnat de basket est réservé aux équipes de* **minimes**, de jeunes sportifs de 13 à 15 ans.

■ **minimum** [minimɔm] nom m. ● *Le jeu consiste à trouver la réponse dans le* **minimum** *de temps*, le moins de temps possible (→ CONTR. maximum). □ adj. ● *À la course, il a réussi le temps* **minimum**, le plus petit. ★ Au plur. : *minimums* ou *minima*.

ministre nom m. **1** ● *Le* **ministre** *de l'Éducation* : le membre du gouvernement qui est chargé de ces problèmes. **2** PREMIER MINISTRE : chef du gouvernement qui, en France, est nommé par le président de la République. ★ Chercher aussi : État, gouvernement, politique.

■ **ministère** nom m. **1** Ensemble des ministres qui composent un gouvernement. **2** ● *Le* **ministère** *de l'Éducation* : l'administration, dirigée par un ministre, qui s'occupe de l'éducation pour toute la France. **3** ● *Son* **ministère** *a duré 14 mois*, sa fonction de ministre.

■ **ministériel** adj. ● *La fonction* **ministérielle**, de ministre. — ● *Les journaux* *parlent de la crise **ministérielle**, qui concerne tout le gouvernement ou certains ministres.*

minium [minjɔm] nom m. • *Il a peint la grille avec du **minium**, une peinture rouge-orange qui empêche le fer de rouiller.*

minois nom m. • *Quel joli **minois** ! : quel joli visage jeune et plein de charme* (→ 1. mine).

minorité nom f. **1** • *Il ne peut pas être élu, il n'a que la **minorité** des voix, le plus petit nombre des voix dans un vote* (→ CONTR. majorité, sens 1). **2** • *Ce livre ne sera lu que par une **minorité** de lecteurs, un petit nombre de lecteurs* (→ CONTR. majorité, sens 2). **3** • *Les jeunes n'ont pas le droit de voter pendant leur **minorité**, pendant qu'ils sont encore mineurs* (→ CONTR. majorité, sens 3).

minoterie nom f. Grande usine où le grain est moulu pour faire de la farine. ★ Chercher aussi : moulin.

minuit nom m. • *Nous sommes rentrés du cinéma à **minuit**, à 24 h ou 0 h, au milieu de la nuit.*

minuscule adj. et nom f. **1** adj. • *Un insecte **minuscule**, très petit* (→ SYN. microscopique ; CONTR. énorme, gigantesque, immense). **2** nom f. • *Les majuscules et les **minuscules**, les petites lettres.*

minute nom f. **1** Durée de 60 secondes. • *Nous allons nous absenter pendant 30 **minutes**, une demi-heure.* ★ Chercher aussi : heure, seconde. **2** • *Attendez-moi, je reviens dans une **minute**, dans un instant.*

■ **minuter** v. • *Ne perdons pas de temps, la cérémonie est **minutée**, organisée d'après un horaire très précis, à la minute près.*

■ **minuterie** nom f. • *La **minuterie** d'un escalier : l'appareil qui éteint automatiquement l'électricité après quelques minutes.*

minutieux [minysj∅] adj. • *Pour construire ce modèle réduit d'avion, il faut être **minutieux**, soigneux, précis, faire*

attention à chaque détail (→ SYN. méticuleux).

■ **minutie** nom f. • *Le travail de cette ouvrière demande de la **minutie**, une grande application, un grand soin, une grande précision.*

■ **minutieusement** adv. Avec minutie, très soigneusement.

mioche nom (fam. et péjor.) • *Où sont passés les **mioches** ?, les enfants.*

mirabelle nom f. Petite prune ronde et jaune. • *Une tarte aux **mirabelles**.*

miracle nom m. **1** • *Les catholiques pensent que Dieu peut faire des **miracles**, des choses extraordinaires que lui seul peut faire.* **2** • *Si tu arrives à l'heure, ce sera un **miracle**, une chose étonnante, presque incroyable.* — PAR MIRACLE, loc. adv. • *Par miracle, il n'a pas été blessé dans l'accident.*

■ **miraculeux** adj. **1** • *On dit que, à Lourdes, la guérison de certains malades est **miraculeuse**, qu'elle est le résultat d'un miracle.* **2** • *Son succès est **miraculeux**, étonnant, extraordinaire.*

mirador nom m. Construction en hauteur d'où l'on surveille les camps et les prisons.

mirage nom m. **1** • *Dans le désert, il a cru voir un lac, mais c'était un **mirage**, une illusion causée par la chaleur de l'air.* **2** • *Il a cru au **mirage** de la gloire : illusion attirante.*

mire nom f. **1** • *Il ne peut pas tirer, le chien est dans sa ligne de **mire**, la ligne droite où il vise avec son fusil.* **2** • *La **mire** de la télévision : l'image géométrique que l'on utilise pour régler la télévision.* **3** ÊTRE LE POINT DE MIRE DE QUELQU'UN. • *Ce champion cycliste est le point de mire de tous les spectateurs, celui qui attire tous les regards, toute l'attention des spectateurs.*

se **mirer** v. pron. (littér.) • *Elle se **mirait** dans l'eau du lac : elle regardait son reflet dans l'eau.*

■ **miroir** nom m. • *Il se regarde dans le **miroir** du salon, une surface polie qui reflète les images* (→ SYN. glace).

■ **miroiter** v. ● *L'eau de l'étang* **miroitait** *au soleil* : elle réfléchissait la lumière du soleil avec des reflets brillants. **2** FAIRE MIROITER QUELQUE CHOSE À QUELQU'UN. ● *Son patron lui* **a fait miroiter** *une augmentation de salaire* : il a essayé de l'attirer en lui proposant cet avantage.

mirifique adj. Trop prodigieux pour être vraisemblable. ● *Il m'a fait des promesses* **mirifiques**.

misaine nom f. ● *Le pirate grimpe au mât de* **misaine**, le mât situé à l'avant, sur les grands voiliers.

mise nom f. **1** ● *La* **mise** *en bouteilles du vin* (→ mettre). **2** ● *Elle est coquette, elle soigne sa* **mise**, sa manière de s'habiller (→ SYN. toilette). **3** ● *Les joueurs déposent leur* **mise** *sur le tapis*, l'argent qu'ils jouent, qu'ils parient (→ miser ; SYN. enjeu).
■ **miser** v. ● *Il* **a misé** *une grosse somme sur ce cheval* : il l'a déposée comme enjeu (→ SYN. parier).

misère nom f. **1** ● *Cet homme est dans la* **misère**, dans une grande pauvreté (→ SYN. besoin, dénuement ; CONTR. richesse). **2** ● *Elle m'a raconté toutes ses* **misères**, ses malheurs, ses ennuis.
■ **misérable** adj. et nom **1** ● *Ces pauvres gens vivent dans une cabane* **misérable**, qui indique la misère (→ SYN. pauvre, pitoyable). □ nom ● *« Les* **Misérables** *» est un roman de Victor Hugo* (→ SYN. malheureux, miséreux). **2** (placé avant le nom) ● *Il a fait toute une histoire pour un* **misérable** *stylo qu'il avait perdu*, un stylo sans valeur, insignifiant (→ SYN. malheureux). **3** nom ● *Rendez-moi mon portefeuille,* **misérable !**, méchant homme (→ SYN. voyou).
■ **misérablement** adv. ● *Vivre* **misérablement**, très pauvrement.
■ **miséreux** nom ● *Elle donne ses vieux vêtements à des* **miséreux**, des gens très pauvres (→ SYN. malheureux). □ adj. ● *Un quartier* **miséreux**.

miséricorde nom f. ● *L'accusé fait appel à votre* **miséricorde**, votre pitié, votre pardon.

missel nom m. ● *Les catholiques suivent la messe dans leur* **missel**, un livre de messe qui contient toutes les prières.

missile nom m. ● *Pour détruire ce char, l'avion lui a envoyé un* **missile**, une fusée munie d'une bombe et que l'on peut guider vers un point précis.

mission nom f. **1** ● *Il garde la maison : c'est sa* **mission**, ce qu'il est chargé de faire (→ commission ; SYN. charge, tâche). **2** ● *Un médecin accompagnera la* **mission** *scientifique*, le groupe de savants chargé de faire des recherches, des conférences, etc. **3** (avec une majuscule). ● *Donner de l'argent pour les* **Missions**, les organisations religieuses qui vont à l'étranger pour propager leur religion.
■ **missionnaire** adj. ● *Des prêtres et des sœurs* **missionnaires**, qui font partie des Missions. □ nom ● *Les* **missionnaires** *ont installé un hôpital dans la brousse.*

missive nom f. ● *J'ai reçu votre* **missive**, votre lettre.

mistral nom m. ● *Le* **mistral** *souffle dans la vallée du Rhône*, un vent violent du Sud de la France.

mitaine nom f. ● *Autrefois, les vieilles dames portaient des* **mitaines** *de dentelle*, des gants qui ne couvrent pas le bout des doigts.

mite nom f. ● *Il faut envelopper les vêtements dans des housses pour les protéger des* **mites**, des petits insectes dont les larves mangent la laine, la soie.
■ **mité** adj. ● *Un vieux chandail* **mité**, troué par les mites.

mi-temps nom f. invar. **1** ● *L'arbitre a sifflé la* **mi-temps**, la pause entre les deux parties d'un match de football, de rugby, etc. **2** ● *Notre équipe menait par deux buts à zéro à la fin de la première* **mi-temps**, la première partie du match. **3** À MI-TEMPS, loc. adv. : pendant la moitié de la durée normale. ● *Ma mère travaille* **à mi-temps**.

miteux adj. ● *Il a trouvé une chambre dans un hôtel* **miteux**, qui a l'air très pauvre (→ SYN. minable, misérable ; CONTR. chic, luxueux).

mitigé adj. ● *Ce spectacle a reçu un accueil **mitigé**, partagé, mélangé.*

mitonner v. ● *Grand-mère nous **mitonne** de bons petits plats : elle les prépare avec soin, pendant longtemps.*

mitoyen adj. ● *Pour dire bonjour au voisin, Charles a grimpé sur le mur **mitoyen**, le mur qui sépare deux propriétés.*

mitrailler v. **1** ● *Les ennemis **ont mitraillé** nos soldats : ils ont tiré dessus avec des armes à feu.* ★ Chercher aussi : canonner. **2** (fam.) ● *Les photographes **mitraillaient** la vedette : ils prenaient beaucoup de photos très rapidement.*
■ **mitraille** nom f. ● *Les soldats descendaient dans les abris pour échapper à la **mitraille**, aux balles, aux éclats d'obus, etc.*
■ **mitraillette** nom f. ● *Des soldats armés de **mitraillettes**, des armes qui tirent automatiquement et très vite un très grand nombre de balles.*
■ **mitrailleur** adj. PISTOLET MITRAILLEUR, FUSIL MITRAILLEUR : armes qui, comme la mitraillette, mitraillent, tirent par rafales.
■ **mitrailleuse** nom f. Arme automatique plus grosse que la mitraillette et posée sur le sol ou fixée à un char, un avion.

mitre

mitre nom f. ● *Les évêques portent une **mitre**, une haute coiffure triangulaire.*

mitron nom m. ● *Le boulanger est aidé de son **mitron**, l'apprenti boulanger.*

mixer ou **mixeur** [miksœr] nom m. ● *Bébé préfère les légumes écrasés au **mixeur**, un appareil électrique qui sert à broyer et à mélanger les aliments.*

mixte adj. ● *Aujourd'hui, la plupart des écoles sont **mixtes**, fréquentées par des filles et des garçons.* — ● *Un chauffage **mixte**, qui utilise deux sources d'énergie pour fonctionner.*

mixture nom f. ● *Qu'as-tu mis dans cette **mixture**?, ce mélange peu appétissant.*

mobile adj. et nom m. **A.** adj. **1** ● *Ma poupée a des yeux **mobiles**, qui peuvent bouger (→ automobile, mobilité ; CONTR. fixe, immobile).* **2** FÊTE MOBILE : fête dont la date peut changer d'une année à l'autre. ● *Pâques et la Pentecôte sont des fêtes **mobiles**.*
B. nom m. **1** ● *Pour décorer ma chambre, j'ai suspendu un **mobile** au plafond, un objet décoratif dont les pièces légères bougent au moindre souffle.* **2** ● *Les policiers ont découvert le **mobile** du crime, ce qui a poussé le criminel à agir (→ SYN. motif).*

mobilier nom m. ● *Pour sa chambre, Marc a choisi un **mobilier** moderne, un ensemble de meubles (→ SYN. ameublement).*

mobiliser v. ● *Mon grand-père **a été mobilisé** au début de la guerre, appelé à l'armée pour combattre (→ CONTR. démobiliser).*
■ **mobilisation** nom f. ● *La **mobilisation** générale fut décrétée.*

mobilité nom f. ● *Si tu ligotes quelqu'un, tu lui enlèves sa **mobilité**, la possibilité de bouger, de se déplacer (→ mobile).*

mobylette nom f. ● *À partir de 14 ans, on peut conduire une **mobylette**, un cyclomoteur assez rapide.*

mocassin nom m. ● *Les Indiens d'Amérique étaient chaussés de **mocassins**, des chaussures plates, sans lacets.*

mocassins

moche adj. (fam.) ● *Ne mets pas cette chemise à carreaux avec ce pantalon rayé : c'est moche* (→ SYN. laid, vilain ; CONTR. beau, joli).

1. mode nom f. **1** ● *Ces meubles sont encore fabriqués à la mode d'autrefois,* à la manière d'autrefois. **2** ● *Au siècle dernier, les femmes élégantes portaient des chapeaux : c'était la mode, le goût de l'époque.* — À LA MODE. ● *Les cheveux courts sont à la mode en ce moment.* — PASSÉ DE MODE. ● *Ce genre de pantalon est passé de mode :* cela ne se fait plus (→ se démoder).

2. mode nom m. **1** ● *Ici, les clients peuvent choisir entre plusieurs modes de paiement,* plusieurs manières de payer (en argent liquide, par chèque, etc.) (→ SYN. façon, forme, genre). **2** MODE D'EMPLOI : notice qui précise les instructions d'utilisation d'un produit, d'un appareil, etc. **3** ● *L'indicatif, le subjonctif, le conditionnel, l'impératif, l'infinitif et le participe sont les modes du verbe.*

modèle nom m. **1** ● *J'ai suivi exactement le modèle que vous m'aviez donné,* ce que vous m'aviez donné à imiter, à copier. **2** ● *Cet enfant est un modèle de sagesse :* il est parfaitement sage et mérite d'être imité. — PRENDRE MODÈLE SUR QUELQU'UN : l'imiter, prendre exemple sur lui. □ adj. ● *Luc est un élève modèle* (→ SYN. exemplaire, parfait). **3** ● *Cette*

cafetière est d'un modèle courant, d'un type, d'un genre courant (→ modéliste). **4** MODÈLE RÉDUIT : petit objet qui a la même forme qu'un objet beaucoup plus grand. — ● *Construire des modèles réduits de bateaux, d'avions* (→ SYN. maquette).

■ **modélisme** nom m. ● *Patrick est passionné par le modélisme,* par la construction de modèles réduits (→ aéromodélisme).

■ **modéliste** nom. ● *Personne qui crée et dessine des modèles de vêtements ou d'autres objets.*

modeler v. ● *Avec de l'argile, Anne veut modeler un chien :* elle veut travailler l'argile avec ses doigts pour lui donner cette forme. — ● *De la pâte à modeler.* ★ Conjug. 8.

■ **modelage** nom m. ● *Des modelages en terre glaise, en cire.*

modérer v. **1** ● *On lui a demandé de modérer ses dépenses,* de dépenser moins. **2** v. pron. ● *Elle exagère de hurler ainsi, elle devrait se modérer,* se calmer, se retenir. ★ Conjug. 8.

■ **modérateur, -trice** adj. ● *Au milieu de ces excités, Paul joue un rôle modérateur,* le rôle de celui qui calme, qui empêche les excès.

■ **modération** nom f. ● *Le médecin lui a recommandé de manger avec modération,* sans exagérer, sans faire d'excès (→ SYN. mesure ; CONTR. abus, excès).

■ **modéré** adj. **1** ● *Roulez à une allure modérée !,* pas trop rapide (→ SYN. raisonnable). **2** ● *En politique, il a des opinions modérées :* il n'aime pas les idées révolutionnaires, ni les idées trop conservatrices (→ CONTR. extrême, extrémiste).

■ **modérément** adv. ● *Boire modérément,* pas trop, sans excès (→ CONTR. exagérément, excessivement).

moderne adj. ● *Autour de la ville, on a construit des immeubles modernes,* dans le style et avec le confort de notre époque (→ SYN. contemporain, nouveau ; CONTR. ancien). — ● *Elle a des idées modernes* (→ CONTR. arriéré, archaïque, démodé, rétrograde).

■ **moderniser** v. ● *Cette salle de bain n'est pas confortable, il faudrait la moderniser*, la rendre plus moderne grâce aux nouvelles techniques.

■ **modernisation** nom f. ● *On parle beaucoup de modernisation*, fait de moderniser ; son résultat.

modeste adj. **1** ● *Ils habitent un modeste appartement*, un appartement ni très grand, ni très luxueux. — ● *Son père est un modeste employé*, peu important (→ SYN. simple). **2** ● *Ce sportif est très doué, mais c'est un garçon modeste*, qui ne se vante pas, qui n'est pas prétentieux (→ modestie ; SYN. discret, humble ; CONTR. orgueilleux, vaniteux).

■ **modestie** nom f. ● *Par modestie, elle n'aime pas parler de ses succès* (→ SYN. humilité ; CONTR. orgueil, prétention, vanité).

modifier v. ● *L'architecte a modifié les plans de la maison* : il les a changés, transformés. □ v. pron. ● *La température s'est modifiée brusquement.* ★ Conjug. 10.

■ **modification** nom f. ● *J'ai suivi ce modèle, mais en y apportant quelques modifications* (→ SYN. changement, transformation).

modique adj. ● *Vous pourrez acheter ces objets pour une somme modique*, petite, peu importante (→ SYN. faible).

module nom m. Élément de base simple dans un ensemble.

moduler v. ● *Moduler un chant, un air* : chanter en donnant des nuances à sa voix.

■ **modulation** nom f. ● *Les modulations variées des chants des oiseaux* : leurs changements de ton, de hauteur, de force.

moelle [mwal] nom f. ● *À l'intérieur des os, on trouve la moelle*, une substance molle et grasse. — LA MOELLE ÉPINIÈRE : le cordon nerveux qui part du cerveau et passe à l'intérieur de la colonne vertébrale.

moelleux [mwalø] adj. ● *Une étoffe moelleuse*, douce et molle au toucher. —

● *Des coussins moelleux*, dans lesquels on s'enfonce confortablement (→ SYN. mou, souple ; CONTR. dur, raide).

moellon [mwalɔ̃] nom m. ● *Entre les deux propriétés se dresse un mur de moellons*, de petits blocs de pierre.

mœurs [mœr] ou [mœrs] nom f. plur. ● *Cet explorateur est resté deux ans chez les Papous pour étudier leurs mœurs*, leur manière de vivre, leurs coutumes, leurs habitudes.

mohair [mɔɛr] nom m. ● *Annie se tricote un châle en mohair*, une laine à longs poils soyeux, faite avec le poil de chèvre.

moi pronom personnel de la 1re personne du singulier. **1** comme sujet : sert à renforcer je. ● *Moi, je préfère la couleur bleue.* — ● *C'est moi qui vous le dis.* **2** comme complément. ● *Je rentre chez moi.* **3** MOI-MÊME. ● *Je l'ai fait moi-même.* ★ Ne pas confondre moi et mois.

moignon [mwaɲɔ̃] nom m. ● *On a dû lui couper la jambe ; il ne lui reste plus qu'un moignon*, un membre coupé, amputé.

moindre adj. ● *Le moindre effort le fatigue*, le plus petit effort (→ amoindrir).

moine nom m. ● *Dans la chapelle du couvent, les moines ont prié toute la nuit*, des religieux qui vivent ensemble (→ monastère).

moineau nom m. Petit oiseau brun. ● *En hiver, les moineaux ont du mal à trouver leur nourriture.*

moins adv. et prép. **A.** adv. **1** Comparatif de l'adv. *peu.* ● *Il mangeait peu, mais depuis sa maladie, il mange encore moins* (→ CONTR. davantage, plus). — MOINS QUE. ● *Pierre est moins grand que son frère.* — LE MOINS : superlatif de *peu.* ● *Elle me dérange le moins possible* (→ CONTR. le plus). — PAS LE MOINS DU MONDE, loc. adv. : pas du tout. **2** ● *Elle a moins de vingt ans* : elle n'a pas encore vingt ans. — ● *Vous ne trouverez rien à moins de 10 F.* **3** À MOINS QUE (suivi du subjonctif). ● *Je le verrai, à moins* *qu'il ne soit absent*, sauf s'il est absent. — À MOINS DE (suivi de l'infinitif). ● *Vous n'y arriverez pas, à moins de partir maintenant*, sauf si vous partez maintenant. **4** AU MOINS, au minimum. ● *Ce poisson pèse au moins 2 kg* (→ CONTR. au maximum, au plus). **5** DU MOINS : en tout cas. ● *Il a fini son travail, du moins c'est ce qu'il dit.* **B.** prép. **1** Sert à exprimer une soustraction. ● *5 moins 2 (5 − 2) égale 3.* **2** Sert à exprimer un nombre en dessous de 0. ● *Le thermomètre marque moins 10 degrés (− 10 °C).*

moire nom f. Tissu à reflets changeants. ● *Un ruban de moire.*
■ **moiré** adj. À reflets changeants (→ SYN. chatoyant). ● *Les cygnes glissaient sur la surface moirée du lac.*

mois nom m. **1** ● *Le mois de février est le plus court des douze mois de l'année* (→ mensuel). ★ Chercher aussi : trimestre, semestre. **2** ● *Son patron va lui payer son mois*, son salaire pour un mois de travail. ★ Ne pas confondre *mois* et *moi.*

moisir v. **1** ● *Ne laisse pas ces gâteaux dans un endroit humide, ils vont moisir*, se gâter, se couvrir de tout petits champignons. ★ Conjug. 11. **2** (fam.) ● *J'en ai assez de moisir ici*, de rester ici sans rien faire.
■ **moisi** adj. et nom m. **1** adj. ● *Jette ces vieilles chaussures toutes moisies*, couvertes de moisissure. **2** nom m. ● *Une odeur désagréable de moisi.*
■ **moisissure** nom f. ● *Un vieux croûton de pain couvert de moisissures*, de tout petits champignons qui forment une mousse blanche et verdâtre.

moisson nom f. **1** ● *En juillet, les cultivateurs commencent la moisson*, la récolte des céréales (en particulier du blé). — FAIRE LA MOISSON : moissonner. **2** ● *Ils rentrent la moisson*, les céréales récoltées (→ SYN. récolte). **3** (fig.) ● *Notre pays espère rapporter des jeux Olympiques une belle moisson de médailles*, une grande quantité.
■ **moissonner** v. ● *Moissonner un*

champ d'orge : récolter l'orge qui y pousse.
■ **moissonneur** nom ● *Rémi s'est fait engager dans une ferme comme moissonneur*, celui qui fait la moisson.
■ **moissonneuse** nom f. MOISSONNEUSE-BATTEUSE : machine agricole qui moissonne et bat les céréales automatiquement. ● *Des moissonneuses-batteuses.*

moite adj. ● *Le malade a les mains moites*, un peu humides de sueur.
■ **moiteur** nom f. Légère humidité.

moitié nom f. **1** ● *Élise coupe sa pomme en deux moitiés*, en deux parties égales (→ SYN. demie ; CONTR. double). **2** À MOITIÉ, loc. adv. : à demi. ● *Une bouteille à moitié pleine.* ★ Chercher aussi : mi-. — (fam.) ● *Il est à moitié fou*, en partie (→ SYN. partiellement ; CONTR. complètement).

moka nom m. ● *Au dessert, nous avons mangé un délicieux moka*, un gâteau fourré de crème au beurre parfumée au café (ou au chocolat).

molaire nom f. ● *Les molaires écrasent les aliments*, les grosses dents du fond de la bouche (→ prémolaire). ★ Chercher aussi : canine, incisive. ★ VOIR p. 544.

môle nom m. **1** ● *Le navire entra dans le port et accosta le long du môle*, du quai, de l'embarcadère. **2** Digue construite à l'entrée d'un port pour le protéger des grosses vagues.

molécule nom f. La plus petite partie d'un corps, d'une substance. ● *Les molécules sont composées d'atomes unis ensemble.* — ● *Une molécule d'eau est formée de deux atomes d'hydrogène et d'un atome d'oxygène.* ★ Chercher aussi : atome.

molester v. ● *Ces brutes ont molesté un passant*, ils l'ont maltraité (→ SYN. brutaliser, malmener, rudoyer).

molette nom f. ● *Claude allume son briquet en faisant tourner la molette*, la petite roue dentée. — CLÉ À MOLETTE : clé dont on peut écarter ou rapprocher les deux mâchoires en tournant une molette. ● *Pour dévisser un écrou, serre bien la* **clé à molette**

molle → 1. mou.

mollesse nom f. **1** ● *Ce beurre se tartine facilement à cause de sa* **mollesse**, *parce qu'il est mou* (→ CONTR. dureté). **2** (fig.) ● *Quel paresseux ! Sa* **mollesse** *m'énerve, son manque d'énergie, de vitalité* (→ s'amollir ; 1. mou. sens 2 ; SYN. nonchalance, paresse ; CONTR. ardeur, entrain, vivacité).

■ **mollement** adv. **1** ● *Il est* **mollement** *allongé sur des coussins, paresseusement.* **2** ● *Il protesta* **mollement**, *faiblement* (→ CONTR. énergiquement).

mollet nom m. ● *Pour monter cette côte à bicyclette, il faut avoir de bons* **mollets**, *les muscles situés derrière la jambe, entre la cheville et le genou.* ★ VOIR p. 967.

molleton nom m. Tissu de coton épais, léger et chaud. ● *On fabrique des survêtements en* **molleton**.

■ **molletonné** adj. Doublé de molleton. ● *Une nappe* **molletonnée**. ● *Des gants* **molletonnés**.

mollir v. **1** ● *Le beurre* **mollit** *à la chaleur : il devient mou, moins ferme* (→ ramollir). **2** ● *Le vent commence à* **mollir**, *à devenir moins fort.* — ● *Son courage* **mollit**, *diminue.* ★ Conjug. 11.

mollusque nom m. ● *L'escargot, l'huître, le poulpe sont des* **mollusques**, *des animaux au corps mou, sans os.* ★ Chercher aussi : invertébré.

molosse nom m. ● *Un redoutable* **molosse** *garde cette propriété, un très gros chien à l'air féroce.*

môme nom (fam.) ● *Une bande de* **mômes** *jouait dans la rue, des enfants* (→ SYN. gosse).

moment nom m. **1** ● *J'ai dû m'absenter un* **moment**, *peu de temps.* — ● *J'aurai fini dans un* **moment**, *bientôt* (→ SYN. instant). **2** ● *Il est de mauvaise humeur, ce n'est pas le* **moment** *de le contrarier : l'instant n'est pas bien choisi.* **3** À TOUT MOMENT, loc. adv. : sans cesse, continuellement, n'importe

quand. — AU MOMENT PRÉSENT, EN CE MOMENT : maintenant, actuellement. — D'UN MOMENT À L'AUTRE. ● *Attendez-le, il doit rentrer* **d'un moment à l'autre**, *tout de suite ou dans très peu de temps.* — PAR MOMENTS : parfois, de temps en temps, quelquefois. ● *Par moments*, *je me demande si tu ne perds pas la tête.* — SUR LE MOMENT : à ce moment précis, à l'instant même. ● **Sur le moment**, *je n'ai pas su lui répondre.* — POUR LE MOMENT. ● *Ce coureur est en tête* **pour le moment**, *mais cela ne va pas durer.* **4** AU MOMENT OÙ, loc. conj. : comme, lorsque. ● *Le téléphone sonna* **au moment où** *j'allais partir.* **5** DU MOMENT QUE : puisque, si. ● *Du moment que cela te convient, je suis d'accord.*

■ **momentané** adj. ● *Cette panne a provoqué une interruption* **momentanée** *de l'émission, une interruption qui ne dure qu'un moment* (→ SYN. bref, passager ; CONTR. durable).

■ **momentanément** adv. ● *Il habite* **momentanément** *chez nous, pour un moment, pour quelque temps seulement* (→ SYN. provisoirement ; CONTR. constamment, continuellement, définitivement).

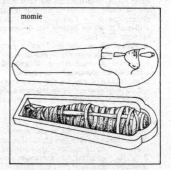

momie

momie nom f. ● *Dans les pyramides d'Égypte, on a retrouvé les* **momies** *des anciens pharaons, les cadavres embaumés pour les conserver.*

mon adj. poss. m. (au féminin : **ma** ; au plur. : **mes**) Désigne ce qui est à moi, ce qui m'appartient. ● *Quand je vais en vacances, j'emmène **mon** chien, **ma** petite souris blanche et **mes** poissons rouges.* ★ Devant un nom féminin commençant par une *voyelle* ou un *h muet*, on emploie *mon* au lieu de *ma* : *mon* opinion, *mon* histoire. ★ Ne pas confondre mon et mont.

monarchie nom f. ● *La France est une république, mais avant la Révolution, c'était une **monarchie**, un régime politique dans lequel c'est un roi qui gouverne.* ★ Chercher aussi : démocratie, dictature.

■ **monarchique** adj. ● *Le régime **monarchique**.*

■ **monarchiste** adj. et nom ● *Les **monarchistes** souhaitent que la France soit de nouveau gouvernée par un roi.*

■ **monarque** nom m. (littér.) Roi, souverain.

monastère nom m. ● *J'ai pu visiter la chapelle de ce **monastère**, un lieu où vivent des religieux ou des religieuses* (→ moine). ★ Chercher aussi : abbaye, couvent.

monceau nom m. ● *En rentrant de vacances, j'ai trouvé un **monceau** de courrier sur mon bureau, un gros tas* (→ s'amonceler).

monde nom m. **1** ● *Les croyants pensent que Dieu est le créateur du **monde**, de tout ce qui existe.* — ● *La fin du **monde*** (→ SYN. univers). **2** ● *Cet explorateur a fait le tour du **monde**, de la Terre.* — ● *Cette découverte intéressera le **monde** entier, tous les habitants de la Terre* (→ monde). **3** ● *La mort de ce comédien a mis en deuil le **monde** du spectacle, l'ensemble des gens du spectacle* (→ SYN. milieu). **4** LE MONDE : la haute société, les gens riches. ● *Homme, femme du **monde**.* — ● *Sortir dans le **monde*** (→ mondain). **5** *Soyez prudent : il y a beaucoup de **monde** sur les routes, beaucoup de gens.* — TOUT LE MONDE : tous les gens, les gens en général. ● *La nouvelle a surpris **tout le monde**.* — ● *Ton projet est*

une folie ; **tout le monde** te le dira, n'importe qui. **6** VENIR AU MONDE : naître. — METTRE AU MONDE : faire naître, donner la vie. **7** AVOIR TOUTES LES PEINES DU MONDE : avoir énormément de mal (à faire quelque chose). **8** FAIRE TOUT UN MONDE DE QUELQUE CHOSE : donner à cette chose beaucoup plus d'importance qu'elle n'en a en réalité.

■ **mondain** adj. ● *C'est une femme très **mondaine**, qui aime sortir et fréquenter la haute société.*

■ **mondial** adj. ● *Une guerre atomique serait une catastrophe **mondiale**, qui concernerait le monde entier.*

■ **mondialement** adv. ● *Un violoniste **mondialement** célèbre, célèbre dans le monde entier* (→ SYN. universellement).

monétaire adj. ● *L'unité **monétaire** de la France est le franc.* — ● *Une crise **monétaire**, qui concerne la monnaie.*

moniteur, -trice nom **1** ● *En colonie de vacances, les enfants sont encadrés par des **moniteurs** et des **monitrices**, des gens chargés de s'occuper d'eux.* **2** ● *Luc apprend à conduire avec un **moniteur** d'auto-école, une personne qui enseigne à conduire les voitures.* ● *Un **moniteur** de ski, de gymnastique.*

monnaie nom f. **1** ● *La **monnaie** qui a cours en France est le franc, les pièces, les billets qui servent d'argent* (→ monétaire). — ● *De la fausse **monnaie** : des billets, des pièces fausses* (→ faux-monnayeur). **2** ● *Pourriez-vous me faire la **monnaie** de 100 F : me donner l'équivalent de 100 F en plusieurs pièces ou billets.* ● *La caissière s'est trompée en me rendant la **monnaie**, la différence entre la somme que je lui ai donnée et la somme que je lui devais.* — (fig.) RENDRE À QUELQU'UN LA MONNAIE DE SA PIÈCE : agir envers lui comme il a agi envers vous, se venger. **3** ● *Pourriez-vous m'échanger toute cette **monnaie** contre un billet ?, cet ensemble de pièces de faible valeur.* ★ Chercher aussi : porte-monnaie.

■ **monnayer** v. ● *Cet artiste cherche à **monnayer** son talent, à en tirer de l'argent.* ★ Conjug. 7.

mon(o) Préfixe qui signifie «un», «seul». — ● *Une voiture* **mono**place, qui n'a qu'une seule place.

monocle nom m. ● *Aujourd'hui, les hommes ne portent plus le* **monocle**, un verre de lunette unique que l'on coinçait sous le sourcil.

monoculture nom f. ● *Dans cette région, les paysans pratiquent la* **monoculture**, la culture d'un seul produit (→ CONTR. polyculture).

monolithe 1 adj. Qui est fait d'un seul bloc de pierre. ● *Ces colonnes sont* **monolithes**. **2** nom m. Monument fait d'un bloc de pierre, d'une seule grosse pierre. ● *Les menhirs sont des* **monolithes**.

monologue nom m. ● *Sur la scène, l'acteur récite un long* **monologue**, un texte qu'il dit en étant seul à parler (→ CONTR. dialogue).

monoplace adj. ● *Une voiture de course* **monoplace**, à une seule place. ★ Chercher aussi : biplace.

monopole nom m. ● *En France, l'État a le* **monopole** *de la vente des tabacs et des allumettes :* il est le seul à pouvoir en vendre.

■ **monopoliser** v. ● *Ma sœur* **monopolise** *l'électrophone :* elle est la seule à s'en servir, elle le garde pour elle toute seule (→ SYN. accaparer).

monosyllabe nom m. ● *«Or», «non», «heu», «ho!» sont des* **monosyllabes**, des mots qui n'ont qu'une seule syllabe.

monotone adj. ● *Le train traverse un paysage* **monotone**, qui ne change jamais, toujours le même (→ SYN. uniforme ; CONTR. varié).

■ **monotonie** nom f. ● *La* **monotonie** *de cette musique finira par m'endormir*, le fait qu'elle soit monotone (→ SYN. uniformité ; CONTR. diversité, variété).

monsieur (au plur. : **messieurs**) nom m. **1** — ● *Merci,* **monsieur** *!* — ● *Mesdames, mesdemoiselles et* **messieurs**, *le spectacle va commencer!* — ● *Mon voisin s'appelle* **monsieur** *Martin* (**M.** *Martin*).

2 ● *J'ai rencontré trois* **messieurs**, trois hommes.

monstre nom m. et adj. **A.** nom m. **1** ● *Ce mouton né avec trois pattes est un* **monstre**, un être qui n'est pas normal. **2** ● *Dans cette légende, le trésor est gardé par un* **monstre**, un animal imaginaire qui fait peur. **3** UN MONSTRE DE... ● *Barbe-Bleue était* **un monstre de** *cruauté*, un homme effrayant par sa cruauté.
B. adj. ● *Je ne peux pas aller jouer, j'ai un travail* **monstre**, énorme.

■ **monstrueux** adj. **1** ● *Ce crime est* **monstrueux**, horrible, épouvantable. **2** ● *Une vague* **monstrueuse** *a renversé le bateau*, une vague très grande, effrayante.

mont nom m. **1** ● *Le* **mont** *Blanc est une très haute montagne, mais le* **mont** *Valérien n'est qu'une colline* (→ monticule). **2** PAR MONTS ET PAR VAUX. ● *Adrien est toujours* **par monts et par vaux** : *il voyage ou se promène sans arrêt*, un peu partout. **3** MONTS ET MERVEILLES. ● *Elle m'a promis* **monts et merveilles**, toutes sortes de choses extraordinaires.

montage → 2. monter.

montagne nom f. **1** ● *Ces alpinistes vont arriver au sommet de la* **montagne**. **2** ● *Nous passons toujours nos vacances à la* **montagne**, dans une région où il y a de hauts sommets (→ CONTR. plaine). ★ Chercher aussi : altitude, relief, vallée. **3** ● *Claude a préparé une* **montagne** *de gâteaux*, une grande quantité.

■ **montagnard** nom ● *Hélène habite un village des Alpes, c'est une* **montagnarde**, une personne qui vit en montagne.

■ **montagneux** adj. ● *Ils admirent ce paysage* **montagneux**, formé de montagnes.

monte-charge nom m. invar. ● *Pour livrer ces caisses au sixième étage, ils utilisent le* **monte-charge**, un ascenseur pour les objets lourds.

1. monter v. **1** ● *L'ascenseur* **monte** *au dixième étage :* il va du bas vers le haut. — ● *Étienne* **monte** *la côte à* *pied,* il la gravit (→ montant, A sens 1 ; CONTR. descendre). **2 ●** *Peux-tu me* **monter** *ce panier ?,* me l'apporter en haut. **3 ●** *Quand la mer* **monte,** *elle recouvre la plage :* quand son niveau devient plus haut (→ montant, A sens 2). **4 ●** *Alain sait* **monter** *à bicyclette :* il sait s'installer dessus et s'en servir. **5 ●** *Je voudrais* **monter** *ce poney gris,* m'installer sur son dos et le diriger (→ 1. monture). **6 ●** *Pour chanter les notes hautes,* **ta voix monte :** elle passe du grave à l'aigu. **7 ●** *Mes résultats scolaires* **ont monté** *ce mois-ci :* ils sont devenus meilleurs. — ● *Les prix* **montent** (→ SYN. augmenter). **8 ●** *Cette secrétaire va* **monter** *en grade,* avoir une situation plus importante, plus élevée. **9** v. pron. ● *Mes dépenses* **se montent** *à 17 francs :* elles arrivent à cette somme quand on les additionne (→ montant, B sens 1 ; SYN. s'élever). **10** (fig.) MONTER SUR SES GRANDS CHEVAUX : se fâcher. **11** MONTER LA TÊTE À QUELQU'UN : l'exciter. — ● *Il est* très **monté** *contre nous,* très en colère. ★ Le plus souvent, *monter* se conjugue avec l'auxiliaire *avoir* quand il a un complément direct (ex. : *il* **a** *monté la côte*), et avec l'auxiliaire *être* quand il n'en a pas (ex. : *il* **est** *monté me voir*).

■ **montant** adj. et nom m. **A.** adj. **1 ●** *Elle habite en haut d'une rue* **montante,** en pente. **2 ●** *Nous nous baignerons à marée* **montante,** quand la marée montera (→ CONTR. descendant). **B.** nom m. **1 ●** *Le* **montant** *de cette facture est trop élevé,* le chiffre total. **2 ●** *Les barreaux de l'échelle sont fixés à deux* **montants,** deux barres de bois verticales.

■ **montée** nom f. **1 ●** *Tu pourras admirer le paysage pendant la* **montée** *du téléphérique* (→ SYN. ascension ; CONTR. descente). **2 ●** *Elle habite en haut de la* **montée,** en haut de la côte (→ CONTR. descente). **3 ●** *On annonce une nouvelle* **montée** *des prix,* une augmentation (→ CONTR. baisse).

2. monter v. **1 ●** *Le menuisier* **monte** *la bibliothèque :* il assemble les différents morceaux qui la composent

(→ montage, monteur ; CONTR. démonter). **2 ●** *Le bijoutier* **monte** *un diamant sur cette bague :* il le fixe dessus (→ 2. monture). **3 ●** *Mon oncle veut* **monter** *une entreprise de peinture,* l'organiser, la créer.

■ **montage** nom m. ● *Le* **montage** *de notre tente n'est pas difficile,* l'assemblage de ses parties. — ● *Le* **montage** *d'un film* (→ monteur).

■ **monté** adj. COUP MONTÉ : coup organisé d'avance, préparé en secret.

■ **monteur** nom **1 ●** *Des* **monteurs** *sont venus installer cette machine,* des spécialistes qui assemblent ses pièces. **2 ●** *Les* **monteurs** *de cinéma assemblent les morceaux de pellicule correspondant aux différentes séquences et qui formeront le film.*

montgolfière nom f. Ballon gonflé avec de l'air chauffé et pouvant transporter des passagers.

monticule nom m. ● *Les feuilles mortes entassées par le jardinier forment un* **monticule,** un gros tas (→ mont).

montre nom f. ● *Sur le cadran de ta* **montre,** *la petite aiguille indique les heures et la grande aiguille indique les minutes.* ★ Chercher aussi : chronomètre, horloge, pendule, réveil, trotteuse.

montrer v. **1 ●** *Sylvie me* **montre** *ses dessins :* elle me les fait voir. □ v. pron. ● *J'en ai assez de te chercher,* **montre-toi !** (→ CONTR. cacher, dissimuler). **2 ●** *Cette flèche* **montre** *le chemin de la plage :* elle l'indique, le marque. — ● *Même si cette dame est ridicule,* ne la **montre** pas du doigt (→ SYN. désigner). **3 ●** *Cet accident nous* **montre** *qu'il faut faire attention en traversant :* il nous l'enseigne. **4 ●** *Éric* **a montré** *beaucoup de courage :* il a prouvé qu'il en avait (→ SYN. manifester, témoigner). □ v. pron. ● *Elle* **s'est montrée** *polie.*

1. monture nom f. ● *Le cavalier dirige sa* **monture** *vers l'écurie,* l'animal qu'il monte (→ 1. monter, sens 5).

2. monture nom f. ● *Pour ses lunettes, Malika a choisi une* **monture** *dorée,* la partie qui entoure les verres et les fait tenir (→ 2. monter, sens 2).

monument nom m. **1** ● *La tour Eiffel, le palais des Papes, le château de Chambord sont des monuments*, de grandes constructions intéressantes à voir. **2** ● *Le défilé s'arrête devant le monument aux morts*, une construction faite en souvenir des morts de la guerre. **3** (fam.) ● *Ce fauteuil est un vrai monument*, un objet énorme.

■ **monumental** adj. ● *Cette porte est monumentale*, très grande, immense. — (fig.) ● *Il a fait une erreur monumentale*, énorme.

se moquer v. pron. **1** ● *Julien est timide, ne vous moquez pas de lui* : ne riez pas de lui, ne le tournez pas en ridicule (→ moquerie, moqueur ; SYN. railler). **2** ● *Je ne peux pas te croire, tu te moques de moi* : tu ne parles pas sérieusement. **3** S'EN MOQUER. ● *Adèle ne veut pas me parler, mais je m'en moque* : ça m'est égal, je n'y fais pas attention.

■ **moquerie** nom f. ● *Les moqueries de ses camarades l'ont fait pleurer*, les plaisanteries qu'ils font à son sujet (→ SYN. raillerie).

■ **moqueur** adj. ● *Patrick sourit d'un air moqueur*, avec l'air de rire des autres, de se moquer (→ SYN. ironique, railleur).

moquette nom f. ● *La moquette de la salle de séjour* : le tapis fixé au sol qui couvre celui-ci entièrement.

moraine nom f. ● *En avançant, ce glacier entraîne une moraine*, des débris de rochers arrachés à la montagne.

moral adj. et nom m. **A.** adj. **1** ● *Être bon et honnête, dire toujours la vérité, ce sont des règles morales*, qui permettent de bien se conduire (→ morale). **2** ● *Ce film a une fin très morale*, juste, qui donne envie de faire le bien (→ CONTR. immoral). **3** ● *Malgré sa maladie, elle a gardé toute sa force morale*, la force de son esprit, de son caractère (→ CONTR. 2. physique). — ● *Un châtiment moral* (→ CONTR. corporel).

B. nom m. ● *Laure a toujours un bon moral*, un esprit plein de courage, de gaieté.

■ **morale** nom f. **1** ● *La morale nous apprend à distinguer le bien du mal*, l'ensemble de règles qui indiquent comment il faut se conduire. **2** FAIRE LA MORALE. ● *Claire est insupportable, la maîtresse va lui faire la morale*, lui expliquer pourquoi ce qu'elle fait est mal et lui demander de se corriger (→ SYN. sermonner). **3** ● *As-tu compris la morale de cette fable ?*, la leçon que l'on peut en tirer (→ moraliste ; SYN. moralité, sens 2).

■ **moralement** adv. **1** ● *Cet homme qui vole ne se conduit pas moralement*, comme la morale nous l'enseigne. **2** ● *Cette séparation la fait souffrir moralement*, dans son esprit, dans son cœur (→ CONTR. physiquement).

■ **moraliste** nom ● *La Fontaine est un grand moraliste*, un auteur qui réfléchit sur la conduite des hommes.

■ **moralité** nom f. **1** ● *Sa moralité est excellente*, sa conduite, ses qualités morales. **2** ● *La moralité d'une fable* : la leçon qu'elle nous fait comprendre (→ SYN. morale, sens 3).

morbide adj. Anormal, malsain. ● *Depuis quelques jours, j'ai des idées morbides*.

morceau nom m. **1** ● *L'assiette s'est cassée en trois morceaux*, trois parties qui formaient un ensemble (→ SYN. fragment). — ● *Je coupe un morceau de gâteau*, une part (→ SYN. portion ; (fam.) bout). **2** ● *Olivier apprend un nouveau morceau de piano*, un air de musique.

■ **morceler** v. ● *Ce grand terrain a été morcelé*, partagé en plusieurs morceaux (→ SYN. démembrer). ★ Conjug. 9.

■ **morcellement** nom m. Action de morceler. ● *Le morcellement de la terre* : division, partage.

mordre v. **1** ● *Ce chien méchant a mordu le facteur* : il l'a blessé avec ses dents (→ morsure). **2** ● *Hélène mord dans une pomme* : elle l'entame avec les dents. **3** ● *La scie mord le métal* : elle le ronge, elle l'entame. **4** MORDRE SUR. ● *Cette voiture mal garée mord sur le trottoir* : elle est garée en partie sur le

trottoir (→ SYN. empiéter). **5** ● *Le poisson* **mord** *à l'hameçon* : il s'attaque à l'appât, il se fait prendre. ★ Conjug. 31.
■ **mordant** adj. et nom m. **A.** adj. ● *Elle m'a répondu d'un ton* **mordant**, blessant (→ SYN. incisif).
B. nom m. ● *Notre équipe a du* **mordant**, de l'énergie pour attaquer.
■ **mordiller** v. ● *Mon chien adore* **mordiller** *les chaussures*, les mordre légèrement, à petits coups de dents.

mordoré adj. ● *Laurence a les yeux* **mordorés**, bruns avec des reflets dorés.

mordu nom (fam.) ● *Michel est un* **mordu** *du cinéma*, un passionné, un fanatique.

se morfondre v. pron. ● *Je suis en retard, elle va* **se morfondre** *à la gare*, s'ennuyer en m'attendant. ★ Conjug. 31.

1. morgue nom f. ● *Sa* **morgue** *ne le rend pas sympathique*, son air orgueilleux, méprisant (→ SYN. arrogance).

2. morgue nom f. ● *Après l'accident, les cadavres ont été emportés à la* **morgue**, un endroit où l'on dépose provisoirement les corps des personnes qui viennent de mourir.

moribond adj. ● *Cette plante est* **moribonde**, en train de mourir (→ SYN. agonisant, mourant). □ nom ● *Un* **moribond** : une personne mourante.

morille

morille nom f. ● *Au printemps, dans ce pré, on peut trouver des* **morilles**, des champignons comestibles qui ressemblent à de petites éponges.

morne adj. ● *Jean regarde tomber la pluie d'un air* **morne**, triste, abattu, ennuyé (→ CONTR. animé, gai).

morose adj. ● *Que se passe-t-il, Sophie ? Tu es bien* **morose** *aujourd'hui*, triste, sombre, chagrine (→ CONTR. joyeux).

morosité nom f. ● *La* **morosité** *de Bastien est inquiétante* : sa tristesse, son manque d'entrain (→ CONTR. gaieté, entrain).

morphine nom f. ● *Pour calmer la douleur, le médecin lui a fait une piqûre de* **morphine**, un médicament calmant tiré de l'opium. ★ Chercher aussi : drogue, stupéfiant.

morphologie nom f. ● *Étudier la forme des plantes et des animaux, la forme des mots, etc., c'est faire de la* **morphologie**.

mors [mɔr] nom m. **1** ● *Pour guider son cheval, Denis tire sur les rênes fixées au* **mors**, une petite barre de métal placée dans la bouche du cheval. **2** PRENDRE LE MORS AUX DENTS. ● *Ce cheval* **a pris le mors aux dents** : il s'est emballé, il ne se laisse plus guider. — (fig.) ● *Julie s'énerve, elle* **prend le mors aux dents** : elle se met en colère. ★ Attention, ne pas confondre *mors*, *mord* (de mordre) et *mort*.

1. morse nom m. ● *Un* **morse** *aux longues défenses remonte sur la banquise*, un gros animal qui vit dans les mers polaires.

2. morse nom m. ● *3 points, 3 traits puis 3 points (...———...) représentent les lettres S. O. S. en* **morse**, un système de signaux qui sert à envoyer des messages télégraphiques.

morsure nom f. ● *La* **morsure** *de ce chien m'a fait très mal*, la blessure qu'il m'a faite avec ses dents (→ mordre).

mort nom et adj. **A.** nom f. **1** ● *Valérie a eu beaucoup de peine à la* **mort** *de son chien, au moment où il a cessé de vivre* (→ mortuaire, mourir ; SYN. décès ;

CONTR. vie). **2** ● *Cet assassin a été condamné à* **mort**, à être tué. **3** (fam.) ● *Si, à bicyclette, tu freines avec tes pieds, c'est la* **mort** *de tes chaussures!*, leur destruction, leur fin. **4** EN VOULOIR À MORT À QUELQU'UN : avoir énormément de rancune contre lui. **5** LA MORT DANS L'ÂME. ● *Il a abandonné son projet* **la mort dans l'âme**, avec une très grande peine, avec un très grand chagrin.
B. nom **1** ● *Les pompiers ont retrouvé deux* **morts** *dans les décombres*, deux personnes mortes. **2** FAIRE LE MORT. ● *Pour échapper aux chiens, ce lapin* **fait le mort** : *il reste sans bouger, comme s'il était mort.*
C. adj. **1** ● *Il ne respire plus, crois-tu qu'il soit* **mort**? (→ SYN. décédé, défunt ; CONTR. vivant). — ● *Ce rosier refleurira si j'enlève les fleurs* **mortes**, desséchées. **2** ● *Le désert est un paysage* **mort**, sans mouvement, sans animation (→ morte-saison ; nature morte ; CONTR. animé). **3** ● *Luc est arrivé* **mort** *de fatigue*, très fatigué, épuisé. **4** LANGUE MORTE. ● *Personne ne parle plus le latin, c'est une* **langue morte** (→ CONTR. langue vivante).

■ **mortalité** nom f. ● *La* **mortalité** *causée par cette maladie a augmenté*, le nombre des personnes qui meurent. — ● *La* **mortalité** *et la natalité d'un pays* : le nombre de morts et de naissances. ★ Chercher aussi : démographie.

■ **mortel** adj. **1** ● *Les hommes, les animaux et les plantes sont* **mortels** : ils doivent mourir un jour (→ CONTR. immortel). **2** ● *La rubéole n'est pas une maladie* **mortelle**, qui fait mourir (→ mortellement, sens 1). **3** ● *Ces deux voisins sont des ennemis* **mortels**, qui se détestent comme s'ils voulaient se tuer. **4** ● *Un silence* **mortel** *règne dans la pièce*, un silence complet, froid et triste. **5** (fam.) ● *J'ai passé une journée* **mortelle**, très ennuyeuse (→ mortellement, sens 2).

■ **mortellement** adv. **1** ● *L'explosion l'a blessé* **mortellement**, si gravement qu'elle a causé sa mort. **2** ● *Ma tante s'ennuie* **mortellement** *à la campagne*, énormément.

mortadelle nom f. ● *Le charcutier vend de la* **mortadelle**, un gros saucisson italien fait de porc et de bœuf.

mort-aux-rats nom f. ● *Il faut faire attention en manipulant la* **mort-aux-rats**, poison destiné aux rats, souris et autres petits rongeurs.

morte-saison nom f. ● *Cet hôtel ferme pendant la* **morte-saison**, la période où il n'a pas d'activité, pas de clients.

1. mortier nom m. ● *Le maçon étale du* **mortier** *entre les pierres pour les faire tenir ensemble*, un mélange de ciment, de sable et d'eau.

2. mortier nom m. ● *Avec son pilon, le pharmacien écrase un médicament dans son* **mortier**, une sorte de gros bol.

3. mortier nom m. ● *Les soldats tirent des obus ou des grenades avec des* **mortiers**, des canons spéciaux.

mortifier v. ● *Vos moqueries* **ont mortifié** *Bruno* : elles l'ont blessé moralement, elles l'ont vexé (→ SYN. humilier). ★ Conjug. 10.

mortuaire adj. ● *Sur la tombe est posée une couronne* **mortuaire**, pour les morts.

morue nom f. ● *Ce bateau part dans les mers froides pour pêcher la* **morue**, un gros poisson que l'on mange frais, séché ou salé (→ SYN. cabillaud).

morve nom f. ● *Oh, qu'il est sale! Il essuie sa* **morve** *avec ses doigts!*, le liquide visqueux qui coule de son nez.
■ **morveux** adj. ● *Prête un mouchoir à cet enfant* **morveux**, dont le nez coule. □ nom ● *Il a traité son ennemi de* **morveux**, d'enfant sale.

mosaïque [mɔzaik] nom f. ● *Chez les Romains, le sol des maisons était souvent en* **mosaïque**, en petits cubes de pierre de couleurs différentes que l'on assemblait pour former des dessins.

mosquée nom f. ● *Tous les vendredis, les musulmans vont à la* **mosquée**, le bâtiment où ils se réunissent pour prier. ★ Chercher aussi : minaret.

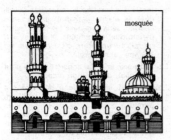

mosquée

mot nom m. **1** ● *Le* **mot** *«col» est formé de 3 lettres.* **2** ● *Marc veut seulement te dire un* **mot**, *quelques paroles.* — BON MOT. ● *Il a fait rire tout le monde avec ses* **bons mots**, *ses plaisanteries.* — GROS MOT. ● *Dire des* **gros mots**, *des mots grossiers, des jurons.* — GRAND MOT. ● *Tu dis qu'elle est magnifique, c'est un bien* **grand mot**, *un mot qui dépasse la réalité.* — AVOIR DES MOTS AVEC QUELQU'UN : *avoir une dispute avec lui.* **3** ● *Fabrice a apporté un* **mot** *d'excuse, une courte lettre.* **4** AVOIR LE DERNIER MOT. ● *Isabelle veut toujours* **avoir le dernier mot**, *avoir*

raison. **5** AVOIR SON MOT À DIRE : avoir le droit de donner son opinion sur une question. **6** PRENDRE QUELQU'UN AU MOT. ● *Je plaisantais, mais il m'***a pris au mot** : *il a cru que je parlais sérieusement.* **7** SE DONNER LE MOT : se mettre d'accord en secret. **8** AU BAS MOT, loc. adv. ● *Il me doit 20 francs* **au bas mot**, *au moins.*

motard nom m. ● *Dans les embouteillages, les* **motards** *vont plus vite que les voitures, ceux qui roulent en moto* (→ SYN. motocycliste). — ● *Sur l'autoroute, des* **motards** *ont fait signe à papa de s'arrêter, des policiers en moto.*

motel nom m. ● *Près de l'autoroute, on construit un nouveau* **motel**, *un hôtel pour automobilistes.*

moteur nom m. et adj. **A.** nom m. **1** ● *Le garagiste répare le* **moteur** *de cette voiture, le mécanisme qui fait tourner ses roues.* **2** ● *Cet avion a des* **moteurs** *à réaction, des mécanismes qui le font avancer* (→ motorisé). **B.** adj. **1** ● *Le vent est la force* **motrice** *qui fait tourner les ailes de ce moulin, la force qui les fait bouger.* **2** ● *Les jeeps ont quatre roues* **motrices**, *qui permettent d'avancer.*

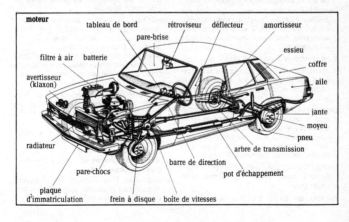

moteur

tableau de bord — rétroviseur — déflecteur — amortisseur — pare-brise — essieu — filtre à air — batterie — coffre — avertisseur (klaxon) — aile — jante — moyeu — pneu — radiateur — arbre de transmission — pare-chocs — barre de direction — pot d'échappement — plaque d'immatriculation — frein à disque — boîte de vitesses

motif nom m. **1** ● *Corinne s'est fâchée sans motif*, sans raison, sans cause (→ motiver). **2** ● *J'aime le motif de cette tapisserie*, le sujet qu'elle représente. **3** ● *Ce papier peint a un motif de fleurs*, un dessin répété plusieurs fois.
■ **motiver** v. **1** ● *Myriam a motivé son choix :* elle l'a expliqué en donnant ses raisons. **2** ● *Son absence est motivée par sa maladie*, causée par sa maladie.

motion nom f. ● *Nous allons voter la motion présentée par Vincent*, la proposition qu'il a faite à l'assemblée.

moto ou **motocyclette** nom f. ● *Antoine a une nouvelle moto*, un véhicule à deux roues qui a un moteur puissant (plus de 125 cm³). ★ Chercher aussi : cyclomoteur, vélomoteur.
■ **motocycliste** nom ● *Ce motocycliste porte un casque*, cette personne qui roule en moto (→ SYN. motard).
■ **moto-cross** nom m. ● *Aude rentre couverte de boue, elle vient de faire du moto-cross*, une course de moto sur un circuit tracé en pleine nature.

motoculteur nom m. ● *Papa retourne la terre du jardin avec un motoculteur*, un petit tracteur léger à deux roues.

motorisé adj. **1** ● *Autrefois, les moissonneuses n'étaient pas motorisées*, équipées d'un moteur. **2** ● *Ce régiment est motorisé*, transporté par des véhicules à moteur.

1. motrice → moteur, B sens 1 et 2.

2. motrice nom f. ● *Ce train a une motrice-électrique*, un véhicule à moteur qui traîne les autres voitures (→ moteur ; SYN. locomotive).

motte nom f. **1** ● *Avant de semer des graines, il faut écraser les mottes de terre*, les blocs de terre compacte. ★ Chercher aussi : herse. **2** ● *La crémière découpe 100 grammes de beurre dans une motte*, un gros morceau de beurre.

motus ! [mɔtys] interj. ● *Rendez-vous à deux heures, mais motus !* : silence, n'en parle pas !

1. mou, molle adj. **1** ● *Cette pâte est trop molle* (→ mollesse, ramollir ; CONTR. dur). **2** ● *Une personne molle*, sans énergie, sans caractère (→ CONTR. actif, dynamique, énergique). □ nom m. ● *Il ne fait aucun effort, c'est un mou*, un homme sans énergie.

2. mou nom m. ● *J'ai acheté du mou pour mon chat*, du poumon d'animal.

mouchard nom ● *Elle a dénoncé son amie, c'est une moucharde*, une rapporteuse.
■ **moucharder** v. (fam.) ● *Il devrait avoir honte de moucharder*, de rapporter, de dénoncer les autres.

mouche nom f. **1** ● *Une mouche s'est posée sur mon cahier*, un insecte noir qui vole. **2** QUELLE MOUCHE LE PIQUE ? : pourquoi se met-il en colère tout à coup ? — PRENDRE LA MOUCHE : se fâcher brusquement. **3** FINE MOUCHE. ● *Laure a tout deviné, c'est une fine mouche*, une personne astucieuse, rusée. **4** PATTES DE MOUCHE. ● *Elle écrit trop mal, je ne peux pas lire ces pattes de mouche*, cette mauvaise écriture, petite et serrée. **5** FAIRE MOUCHE. ● *Denis a bien visé, il a fait mouche :* il a atteint le centre de la cible.
■ **moucheron** nom m. ● *Agnès pleure, elle a un moucheron dans l'œil*, un tout petit insecte.

moucher v. ● *Maman mouche mon petit frère :* elle le fait souffler par le nez dans un mouchoir. □ v. pron. ● *Ton nez coule, il faut te moucher.*
■ **mouchoir** nom m. ● *Tu es enrhumé, n'oublie pas ton mouchoir*, un carré de tissu ou de papier qui sert à se moucher.

moucheté adj. ● *Mon tricot est en laine bleue mouchetée de blanc*, avec des petites taches blanches (→ SYN. tacheté).

moudre v. ● *Veux-tu moudre le café ?*, écraser les grains avec un moulin pour en faire de la poudre. — ● *Céline a moulu du poivre en grains* (→ mouture). ★ Conjug. 54.

moue nom f. ● *Devant ses épinards, Marion fait la moue*, une grimace boudeuse en avançant les lèvres.

mouette [mwɛt] nom f. ● *Une **mouette** s'est posée sur la plage*, un oiseau de mer.

moufle nom f. ● *Grand-mère m'a tricoté des **moufles***, des sortes de gants où seul le pouce est séparé des autres doigts.

mouflon nom m. ● *Ce **mouflon** mâle a de grosses cornes recourbées*, un animal sauvage qui vit dans les montagnes.

mouiller v. 1 ● *L'eau renversée a **mouillé** la nappe :* elle l'a rendue humide. □ v. pron. ● *Si tu sors sous la pluie, tes vêtements vont **se mouiller***, devenir humides (→ CONTR. sécher). 2 ● *Pour immobiliser le bateau, les marins **mouillent** l'ancre :* ils la font descendre au fond de l'eau. — ● *Ce navire **mouille** devant le port :* il est arrêté (→ mouillage). 3 (v. pron.) (fam.) ● *Vincent ne veut pas faire cette farce, il a peur de **se mouiller***, de s'engager, de se compromettre.

■ **mouillage** nom m. ● *Ce voilier cherche un **mouillage** sûr avant l'orage*, un endroit abrité pour s'arrêter, pour jeter l'ancre.

■ **mouillette** nom f. ● *Les œufs à la coque sont prêts, où sont les **mouillettes ?***, les morceaux de pain longs et minces que l'on trempe dedans.

moujik nom m. ● *Ces danseurs sont costumés en **moujiks***, en paysans russes d'autrefois.

1. moule nom f. ● *Ce soir, nous mangerons les **moules** que j'ai ramassées sur les rochers*, de petits coquillages noirs allongés.

2. moule nom m. ● *Claude verse la pâte du gâteau dans un **moule** carré*, un objet creux qui lui donnera sa forme.

■ **moulage** nom m. ● *La vraie statue ancienne est au musée, celle-ci est un **moulage***, une reproduction faite en utilisant un moule.

■ **mouler** v. 1 ● *Pour faire une bougie, tu peux **mouler** la cire dans un pot à yaourt*, la verser dans ce moule pour qu'elle prenne sa forme. 2 ● *Cette chemise étroite me **moule** :* elle colle à mon corps et laisse voir sa forme.

■ **moulant** adj. ● *Un tricot **moulant**,* qui moule le corps (→ CONTR. ample).

moulin nom m. 1 ● *Le **moulin** à café écrase les grains pour en faire de la poudre*, l'appareil qui sert à moudre. 2 ● *La rivière fait tourner la roue du vieux **moulin***, du bâtiment qui servait autrefois à moudre le grain. ★ Chercher aussi : meunier, minoterie.

moulinet nom m. 1 ● *Le pêcheur enroule sa ligne avec son **moulinet***, un petit appareil à manivelle fixé sur la canne à pêche. 2 ● *Les majorettes font des **moulinets** avec leurs cannes :* elles les font tourner très vite.

moulure nom f. ● *Les **moulures** de la porte sont peintes en vert sur fond blanc*, les motifs en creux ou en relief qui la décorent.

mourir v. 1 ● *Son cousin **est mort** dans un accident :* il a cessé de vivre (→ mort; SYN. décéder, périr, trépasser). 2 ● *Le feu **meurt** dans la cheminée :* il s'éteint, il disparaît. 3 ● *Donne-moi vite à boire, je **meurs** de soif :* j'ai très soif. — ● *Il **meurt** d'envie de voir ce film :* il en a très envie. ★ Conjug. 17.

■ **mourant** adj. ● *Ce malade est **mourant***, en train de mourir. □ nom ● *Un **mourant** :* une personne qui va mourir (→ SYN. agonisant, moribond). ★ Attention à l'orthographe : mourir, mourant avec un seul r.

mouron nom m. 1 ● *Les oiseaux aiment le **mouron** blanc :* herbe à petite fleur. 2 (fam.) SE FAIRE DU MOURON : se faire du souci.

mousquet nom m. ● *Autrefois, les soldats tiraient avec des **mousquets***, d'anciennes armes à feu qui ressemblaient à des fusils.

■ **mousquetaire** nom m. ● *Le chevalier d'Artagnan était fier d'être un **mousquetaire***, un soldat noble, armé d'un mousquet, qui protégeait le roi.

mousqueton nom m. ● *Nicolas attache son canif à sa ceinture par un **mousqueton**,* une boucle à ressort en métal.

1. mousse nom f. **1** ● *Ce savon fait beaucoup de **mousse**,* de petites bulles d'air serrées (→ mousseux). **2** ● *Bernard a réussi sa **mousse** au chocolat,* une crème légère faite avec des blancs d'œuf battus en neige. **3** ● *Cette éponge est en **mousse**,* un plastique qui renferme de petites bulles. **4** ● *Maman porte des collants en **mousse** de nylon,* un tricot de nylon très souple.
■ **mousser** v. ● *Cette lessive **mousse** trop :* elle fait trop de mousse.
■ **mousseux** adj. et nom m. **1** ● *Il aime la bière **mousseuse**,* qui fait beaucoup de mousse. **2** ● *Une bouteille de **mousseux**,* de vin qui pétille.

2. mousse nom f. ● *Pour pique-niquer, asseyons-nous à cet endroit recouvert de **mousse**,* de petites plantes vertes formées de tiges courtes et serrées.
■ **moussu** adj. ● *La rivière est bordée de rochers **moussus**,* couverts de mousse.

3. mousse nom m. ● *Yves est **mousse** sur un bateau de pêche,* jeune apprenti marin.

mousseline nom f. ● *Juliette a mis sa robe de **mousseline**,* tissu très fin de coton, de soie ou de laine.

mousson nom f. ● *La **mousson** provoque souvent des tempêtes,* un vent qui souffle dans l'océan Indien et apporte d'énormes pluies.

moustache nom f. **1** ● *Mon oncle a rasé sa barbe, mais il a gardé sa **moustache**,* les poils qui poussent entre le nez et la lèvre. **2** ● *Les chats n'aiment pas qu'on leur tire les **moustaches**,* les longs poils raides qui poussent de chaque côté de leur museau.
■ **moustachu** adj. ● *Le nouveau maître est **moustachu** :* il porte une moustache.

moustique nom m. ● *Attention, gare aux piqûres, j'entends bourdonner des **moustiques**,* des insectes qui piquent.

■ **moustiquaire** nom f. ● *En Afrique, Estelle a dormi dans un lit entouré d'une **moustiquaire**,* d'un rideau très fin qui protège contre les moustiques.

moût nom m. ● *Le vigneron goûte le **moût** qui sort du pressoir,* le jus de raisin qui n'a pas encore fermenté.

moutarde nom f. **1** ● *La **moutarde** a des fleurs jaunes,* une plante qui donne des graines. **2** ● *Avec le rôti de porc, je voudrais de la **moutarde**,* un produit au goût piquant fait avec ces graines. **3** (fig.) LA MOUTARDE ME MONTE AU NEZ : je vais commencer à me fâcher.

mouton nom m. **1** ● *Le berger et son chien gardent leur troupeau de **moutons**,* des animaux dont le poil sert à faire la laine. ★ Chercher aussi : agneau, bélier, brebis. **2** ● *Elle ne mange pas de bœuf, elle préfère le **mouton**,* la viande de cet animal. **3** ● *Le blouson d'André est doublé de **mouton**,* la fourrure de cet animal. **4** (fig.) ● *Il faudrait balayer, regarde ces **moutons** sous mon lit,* ces flocons de poussière. **5** (fam.) REVENONS À NOS MOUTONS : revenons au sujet qui nous intéresse.

mouture nom f. ● *Ce café passe trop vite, car la **mouture** n'est pas assez fine :* la poudre n'est pas moulue assez fin (→ moudre).

mouvant adj. SABLES MOUVANTS. ● *Le bord de cette rivière est dangereux, l'écriteau annonce des **sables mouvants**,* des sables où l'on peut s'enfoncer.

mouvement nom m. **1** ● *L'eau de ce ruisseau est toujours en **mouvement**,* en déplacement, en train de bouger (→ CONTR. arrêt, immobilité). **2** ● *Sophie a fait un **mouvement** brusque,* un geste brusque en déplaçant son corps. **3** ● *Catherine a eu un bon **mouvement**,* un geste généreux, poussée par sa bonté. — ● *Il regrette son **mouvement** de colère,* les gestes qu'il a faits, les paroles qu'il a dites, poussé par la colère. **4** ● *La tour de contrôle surveille les **mouvements** des avions,* leur circulation, leurs allées et venues. **5** ● *Cette montre a un **mouvement***

électrique, le mécanisme qui la fait marcher. **6 ●** *Le premier* **mouvement** *de ce concerto est très lent,* la première partie de ce morceau de musique. **7 ●** *Il fait partie d'un* **mouvement** *révolutionnaire,* d'une organisation, d'un parti.

■ **mouvementé** adj. ● *Olivier a passé des vacances* **mouvementées***,* agitées, pleines d'aventures (→ CONTR. calme).

■ **mouvoir** v. ● *Les ailes du moulin* **sont mues** *par le vent* : c'est lui qui les met en mouvement. ★ Conjug. 24.

■ **se mouvoir** v. pron. ● *Ce chien est paralysé, il ne peut plus* **se mouvoir***,* bouger.

1. moyen nom m. **1 ●** *Ton ballon est tombé dans l'eau ? Nous allons trouver un* **moyen** *pour le repêcher,* ce qu'il faut faire pour y arriver (→ SYN. procédé). — IL Y A, IL N'Y A PAS MOYEN DE. ● *Il n'y a pas* **moyen** *d'ouvrir cette porte* : on ne peut pas l'ouvrir, il n'y a rien à faire. — AU MOYEN DE. ● *J'ai creusé ce trou* **au moyen** *d'une pioche,* en utilisant une pioche (→ SYN. à l'aide de). **2** MOYEN DE TRANSPORT. ● *L'autobus, l'avion, le train sont des* **moyens de transport***.* **3** (au plur.) ● *Il n'a pas les* **moyens** *de s'acheter un appartement,* pas assez d'argent pour le faire. **4** (au plur.) ● *Cet élève est paresseux, mais il a beaucoup de* **moyens***,* de capacités, d'intelligence. **5** PAR SES PROPRES MOYENS. ● *Hélène a réussi cet exercice* **par ses propres moyens***,* sans être aidée, toute seule. **6** LES GRANDS MOYENS. ● *Si vous ne voulez pas vous taire, je vais employer* **les grands moyens***,* des moyens qui réussissent, mais qui sont un peu durs, énergiques. — LES MOYENS DU BORD. ● *Laurent a réparé son pneu avec* **les moyens du bord***,* avec les objets qu'il avait sous la main.

2. moyen adj. **1 ●** *Valérie n'est ni grande ni petite ; elle est de taille* **moyenne** (→ moyenne, sens 2). **2 ●** *Un écolier* **moyen** *devrait savoir lire à 7 ans,* un écolier normal, ordinaire. **3 ●** *Si nous avons fait 150 kilomètres en deux heures, nous avons roulé à une vitesse* **moyenne** *de 75 km à l'heure,* la vitesse que l'on obtient en divisant le nombre

de kilomètres par le nombre d'heures (→ moyenne, sens 3). **4 ●** *En septembre, Claire va entrer au cours* **moyen***,* celui qui vient après le cours élémentaire.

■ **moyenne** nom f. **1 ●** *J'ai eu 13 sur 20 en dictée, c'est plus que la* **moyenne***,* la moitié des points que l'on peut avoir. **2 ●** *Entre les meilleurs élèves de la classe et les plus faibles, il y a la* **moyenne***,* le groupe du milieu. **3 ●** *Cet avion vole à une* **moyenne** *de 900 km à l'heure,* à une vitesse moyenne. **4 ●** *Pour calculer la* **moyenne** *de ses notes, Luce divise leur total par le nombre de notes* (ex. : 15 + 10 + 14 = 39 et 39 : 3 = 13).

■ **moyennement** adv. ● *Ce livre m'intéresse* **moyennement***,* assez peu, médiocrement.

Moyen Âge [mwajena3] nom m. ● *Au* **Moyen Âge***,* beaucoup de chevaliers sont partis aux Croisades, à une période de l'histoire entre l'Antiquité et la Renaissance. ● *Un château du* **Moyen Âge** (→ médiéval).

■ **moyenâgeux** adj. ● *J'aime bien cette petite ville, avec ses rues* **moyenâgeuses***,* qui font penser au Moyen Âge. ★ Ne pas confondre avec *médiéval.*

moyennant prép. En échange. ● **Moyennant** *de la patience, vous serez servi.* — MOYENNANT FINANCE : contre de l'argent.

moyeu nom m. ● *La roue de mon vélo est abîmée, deux rayons sont sortis du* **moyeu***,* de la partie centrale de la roue, celle qui tourne autour d'un axe. ★ Chercher aussi : essieu. ★ VOIR p. 102.

mucosité nom f. ● *Martine est enrhumée ; son nez est encombré de* **mucosités***,* d'un liquide épais et visqueux produit par la muqueuse du nez.

muer v. **1 ●** *Je voudrais bien voir un serpent en train de* **muer***,* de changer de peau. **2 ●** *François est en train de devenir un homme ; il a la voix qui* **mue***,* qui se transforme, qui devient plus grave. **3** v. pron. (littér.) ● *Le vilain petit canard* **s'est mué** *en un beau cygne blanc* : il s'est transformé.

■ **mue** nom f. ● *Certains animaux changent de peau, de poil ou de plumes au moment de la* **mue**, *pendant la période où ils se transforment.*

muet adj. **1** ● *Cette personne est* **muette** : *elle ne peut pas parler, elle n'a pas l'usage de la parole.* □ nom ● *Les* **muets** *se font comprendre par gestes.* **2** ● *Cette question l'a tellement surpris qu'il est resté* **muet**, *silencieux, incapable de parler pendant un moment* (→ *mutisme*). **3** ● *La télévision passe un vieux film* **muet**, *sans paroles.* **4** ● *Le «e»* **muet** *dans «tasse», le «h»* **muet** *dans «hiver», sont des lettres que l'on ne prononce pas.*

muezzin [myɛdzin] nom m. ● *Du haut du minaret, le* **muezzin** *appelle à la prière : religieux musulman.*

1. mufle nom m. ● *Le bœuf plonge son* **mufle** *dans l'abreuvoir, le bout de son museau.*

2. mufle nom m. ● *Cet homme est un* **mufle**, *une personne grossière, mal élevée.*
■ **muflerie** nom f. ● *Je ne peux pas supporter sa* **muflerie**, *sa mauvaise éducation, sa grossièreté.*

mugir v. **1** ● *La vache* **mugit** *pour appeler son veau* (→ SYN. beugler, meugler). **2** ● *Le vent du nord* **mugit** *dans la plaine* : *il fait un bruit fort, long et sourd.* ★ Conjug. 11.
■ **mugissement** nom m. **1** ● *Ces bœufs poussent des* **mugissements**, *leur cri* (→ SYN. beuglement, meuglement). **2** ● *Entends-tu le* **mugissement** *de la tempête?*, *son bruit fort.*

muguet nom m. ● *Le 1ᵉʳ mai, nous irons dans la forêt chercher du* **muguet**, *des petites fleurs blanches parfumées, en forme de clochettes.*

mulâtre, mulâtresse nom ● *Un* **mulâtre** *est une personne dont l'un des parents est noir et l'autre blanc.* ★ Chercher aussi : métis.

1. mule nom f. ● *En se levant, Marion enfile des* **mules**, *des pantoufles qui ne couvrent pas le talon.*

2. mule nom f. ● *Ils ont traversé la montagne à dos de* **mule**, *un animal femelle, dont les parents sont un âne et une jument* (→ 1. mulet).

1. mulet nom m. ● *Es-tu déjà monté sur un* **mulet**?, *le mâle de la mule.*
■ **muletier** adj. ● *Pour arriver là-haut, prenez ce chemin* **muletier**, *un chemin étroit et raide que seuls les mulets sont capables de prendre.*

2. mulet nom m. ● *Le poissonnier nous a vendu un* **mulet**, *un poisson de mer allongé.*

muleta [muleta] nom f. ● *Le public suit les mouvements de la* **muleta**, *drap rouge dont se sert le matador.*

mulot nom m. ● *Viens voir! Le chat a attrapé un* **mulot** *dans le jardin, un petit rat des champs.*

multicolore adj. ● *Le sapin de Noël est décoré de boules* **multicolores**, *de toutes les couleurs.* — *Une étoffe* **multicolore** (→ SYN. bariolé). ★ Chercher aussi : bicolore.

multiple nom m. et adj. **A.** nom m. ● *4, 6, 18 sont des* **multiples** *de 2, des nombres que l'on obtient en multipliant un autre nombre par 2* (→ multiplier, sens 1).
B. adj. ● *Les raisons de notre départ sont* **multiples**, *diverses et nombreuses* (→ multiplier, sens 2 ; CONTR. unique).
■ **multiplication** nom f. ● *Pour trouver combien coûtent sept caramels à 20 centimes chacun, il faut faire une* **multiplication**, *un calcul, une opération qui s'écrit «20 × 7».* ★ Chercher aussi : division.
■ **multiplicande** nom m. Nombre que l'on multiplie, dans une multiplication.
■ **multiplicateur** nom m. ● *Dans la multiplication «20 × 7 = 140», 20 est le multiplicande, et 7 est le* **multiplicateur**, *le nombre qui multiplie.*
■ **multiplier** v. **1** ● *Si je* **multiplie** *12 par 4, j'obtiens 48, si je fais l'opération «12 × 4».* **2** ● *Simon* **multiplie** *les bêtises :* il en fait beaucoup. ★ Conjug. 10.

multitude nom f. ● *Maman revient chargée d'une **multitude** de paquets*, d'un très grand nombre de paquets.

municipal adj. ● *Il a été élu conseiller **municipal**, de la commune.* — *Didier apprend à nager à la piscine **municipale**.*

■ **municipalité** nom f. ● *La **municipalité** s'est réunie à la mairie*, les représentants élus par la commune (maire, conseillers municipaux).

munificence nom f. ● *Les mendiants ne comptent pas beaucoup sur la **munificence** des riches* : la générosité, la prodigalité (→ CONTR. avarice).

munir v. ● *Notre nouvelle voiture **est munie** d'une radio* : elle en a une (→ SYN. doter, équiper). □ v. pron. ● *Il risque de faire froid; n'oublie pas de **te munir** d'une écharpe*, d'en prendre une avec toi. ★ Conjug. 11.

munitions nom f. plur. ● *Les balles, les cartouches, les obus sont des **munitions***, ce qui sert à charger les armes à feu.

muqueuse nom f. ● *L'intérieur de mon nez et de ma bouche est couvert d'une **muqueuse***, d'une peau très fine qui produit un liquide (→ mucosité).

mur nom m. **1** ● *Notre jardin est séparé de la rue par un **mur** de brique* (→ muraille, muret; murer). **2** ● *Frédéric a repeint les **murs** de sa chambre*, l'intérieur des parois, des cloisons (→ mural). **3** (fig.) METTRE QUELQU'UN AU PIED DU MUR : l'obliger à se décider tout de suite. **4** LE MUR DU SON. ● *As-tu entendu cette explosion? C'est un avion qui passait le **mur du son***, qui dépassait la vitesse du son. ★ Ne pas confondre avec *mûr* (adj.) et *mûre* (nom f.).

■ **muraille** nom f. ● *Ce château fort est entouré de **murailles***, de murs hauts et très épais. ★ Chercher aussi : rempart.

■ **mural** adj. ● *Maman range les médicaments dans une armoire **murale***, accrochée au mur.

■ **murer** v. ● *L'entrée de ce souterrain **a été murée***, fermée par un mur (→ emmurer).

■ **muret** nom m. ● *Des **murets** soutiennent la terre de cette vigne*, de petits murs.

mûr adj. **1** ● *C'est le moment de cueillir ces prunes, elles sont **mûres***, bonnes à manger, à point pour qu'on les récolte (→ maturité; CONTR. vert). **2** ● *Michel n'est plus un enfant, c'est un homme **mûr***, adulte, qui a fini de se développer. **3** ● *Cécile est très **mûre** pour son âge*, raisonnable, réfléchie (→ maturité). ★ Attention! ne pas confondre avec *mur* (nom m.) et *mûre* (nom f.).

■ **mûrir** v. **1** ● *Ces poires **mûrissent** au soleil* : elles deviennent mûres. **2** ● *Notre projet **a mûri** pendant les vacances* : nous y avons réfléchi, il s'est développé. **3** ● *Depuis un an, Sébastien **a beaucoup mûri*** : il est devenu plus réfléchi, plus raisonnable (→ maturité). ★ Conjug. 11.

mûre nom f. ● *Tu as la langue toute noire, je parie que tu as mangé des **mûres***, des petits fruits sauvages noirs qui poussent sur les ronces. ★ Attention! ne pas confondre avec *mur* (nom m.), et *mûr* (adj.).

mûrement adv. ● *Ma décision a été **mûrement** réfléchie*, longuement.

mûrier nom m. ● *Jacques nourrit ses vers à soie avec des feuilles de **mûrier***, un arbre qui pousse dans le Midi.

murmure nom m. **1** ● *Les invités vont repartir, j'entends un **murmure** dans l'entrée*, un bruit léger de voix qui se mêlent. **2** ● *Écoute le **murmure** du vent dans les feuilles*, le bruit très doux.

■ **murmurer** v. **1** ● *Delphine **murmure** quelques mots à sa voisine* : elle lui parle tout bas (→ SYN. chuchoter). **2** ● *Le ruisseau **murmure** sur les cailloux* : il fait un bruit très doux. **3** ● *Il a obéi sans **murmurer***, sans protester.

musarder v. ● *Rentrons vite à la maison, ce n'est pas le moment de **musarder***, de flâner, de perdre son temps.

musc [mysk] nom m. Substance à l'odeur très forte, qui entre dans la composition de nombreux parfums.

muscade nom f. ● *Dominique a râpé de la noix de muscade dans la sauce, une épice qui parfume les aliments.*

muscadet nom m. ● *Une bouteille de muscadet, un vin blanc et sec qui vient de la région de Nantes.*

muscat nom m. **1** ● *Donnez-moi un kilo de muscat, un raisin très sucré et très parfumé.* **2** ● *Pour l'apéritif, ils ont bu du muscat, un vin doux fabriqué avec ce raisin.*

muscle nom m. ● *Quand tu fais un mouvement, tes muscles se contractent.* — ● *Le biceps est un muscle du bras.* ★ VOIR p. 968.

■ **musclé** adj. ● *Ce coureur cycliste a des jambes musclées, qui ont des muscles puissants, bien développés.*

■ **musculaire** adj. ● *Pour être champion de ski, il faut beaucoup de force musculaire, de force dans les muscles.*

■ **musculature** nom f. ● *Luc fait de la gymnastique régulièrement pour développer sa musculature, l'ensemble de ses muscles.*

muse nom f. Déesse grecque. ● *Les Grecs pensaient que les neuf muses protégeaient et inspiraient les poètes, les artistes et les écrivains.*

museau nom m. ● *La souris a un museau pointu, la partie avant de sa tête.*

■ **museler** v. ● *Ce chien a mordu trois personnes, il va falloir le museler, lui mettre une muselière.* ★ Conjug. 9.

■ **muselière** nom f. ● *Mon chien a horreur des muselières, des courroies spéciales qu'on lui attache autour du museau pour l'empêcher d'ouvrir la gueule, de mordre.*

musée nom m. Établissement où sont réunies et exposées des collections d'objets. ● *Le musée du Louvre, à Paris.*

1. musette nom f. **1** ● *Autrefois, les paysans dansaient au son de la musette, une sorte de cornemuse.* **2** BAL MUSETTE : bal populaire où l'on danse en général au son de l'accordéon.

2. musette nom f. ● *Le pêcheur emporte son pique-nique dans une musette, un sac de toile porté en bandoulière.*

muséum nom m. ● *Au muséum, on peut voir des squelettes d'animaux préhistoriques : musée où sont conservés, étudiés, exposés les éléments de la nature : pierres, plantes, animaux.*

music-hall [myzikol] nom m. ● *Patrick va écouter son chanteur préféré au music-hall, un théâtre qui présente des chanteurs, des danseurs, des magiciens, etc.*

musique nom f. **1** ● *À la radio, j'ai entendu de la musique.* **2** ● *Je connais les paroles de cette chanson, mais j'ai oublié la musique, l'air.* **3** (fig.) CONNAÎTRE LA MUSIQUE : savoir comment les choses se passent, savoir comment s'y prendre.

■ **musical** adj. **1** ● *Ce soir, tu joueras du piano, moi du violon et Sabine de la flûte : nous allons organiser une soirée musicale, de musique.* **2** ● *Sophie a une voix musicale, jolie, harmonieuse comme la musique.*

■ **musicien** nom et adj. **A.** nom **1** ● *Ce chef d'orchestre dirige quarante musiciens, les personnes qui jouent d'un instrument de musique.* **2** ● *Mozart et Beethoven étaient de grands musiciens, des personnes qui composent de la musique.*

B. adj. ● *J'ai une amie très musicienne, qui aime beaucoup la musique, qui en joue.*

musulman adj. ● *Mes amis arabes sont musulmans : ils appartiennent à la religion fondée par Mahomet et dont le dieu est Allah.* □ nom ● *Les musulmans vont prier à la mosquée; leur livre sacré est le Coran.*

mutation nom f. **1** ● *Cet instituteur va changer d'école; il vient d'apprendre sa mutation, son changement de lieu de travail.* **2** ● *Une région en pleine mutation, en pleine transformation.*

■ **muter** v. ● *Il va falloir déménager si papa est muté, s'il est envoyé dans un autre endroit pour travailler.*

mutilé nom ● *Ce monsieur n'a plus qu'une jambe, c'est un mutilé, une personne qui a perdu une partie de son corps dans un accident ou à la guerre.*

■ **mutiler** v. ● *Ne cassez pas ces branches, c'est dommage de mutiler* *les arbres, de les abîmer en leur enlevant quelque chose.*

mutin nom m. ● *Les **mutins** ont pris en otage deux gardiens de la prison, les révoltés* (→ SYN. rebelle).

■ **se mutiner** v. pron. ● *Une partie de l'équipage **s'est mutinée** : elle s'est révoltée, elle refuse d'obéir aux ordres.*

■ **mutinerie** nom f. ● *Une **mutinerie** a éclaté dans ce régiment, une révolte contre les chefs.*

mutisme nom m. ● *Charlotte ne veut pas parler, elle refuse de sortir de son **mutisme**, de son silence* (→ muet, sens 2).

mutuel adj. ● *David et Bruno sont inséparables; ils ont une grande amitié **mutuelle**, l'un pour l'autre* (→ SYN. réciproque).

■ **mutuelle** nom f. ● *Notre voiture est assurée par une **mutuelle**, une association dont les membres paient les uns pour les autres et qui ne cherche pas à faire des bénéfices.*

■ **mutuellement** adv. ● *Les deux sportifs se sont félicités **mutuellement**, l'un l'autre* (→ SYN. réciproquement).

■ **mutualiste** nom ● *Les **mutualistes** ont l'esprit d'entraide, les membres d'une mutuelle.*

mycologie nom f. ● *Jacques s'intéresse à la **mycologie**, étude des champignons.*

mygale nom f. ● *François a peur d'une **mygale**, grosse araignée.*

myope [mjɔp] adj. ● *Sans ses lunettes, Alain ne peut rien lire au tableau, car il est **myope** : il ne voit pas bien de loin.* ★ Chercher aussi : hypermétrope, presbyte.

■ **myopie** nom f. ● *Il porte des lunettes pour corriger sa **myopie**.*

myosotis [mjɔzɔtis] nom m. ● *Près du ruisseau, Aude a cueilli des **myosotis**, de toutes petites fleurs bleues.*

myriade nom f. ● *Une **myriade** d'insectes voltigent autour de la lampe, un très grand nombre d'insectes, une multitude.*

myrtille nom f. ● *Prends un panier, nous allons ramasser des **myrtilles** dans le bois, des petits fruits sauvages ronds, d'un noir bleuté.*

mystère nom m. **1** ● *Le chien était bien enfermé, comment a-t-il pu s'échapper? C'est un **mystère**, une chose impossible à comprendre.* **2** ● *Carole sait bien qu'on lui cache quelque chose; pourquoi tous ces **mystères**?, ces secrets.*

■ **mystérieusement** adv. ● *La lumière s'est éteinte **mystérieusement**, sans que l'on comprenne comment.*

■ **mystérieux** adj. **1** ● *Il est atteint d'une maladie **mystérieuse**, que l'on ne connaît pas bien, que l'on n'arrive pas à comprendre* (→ SYN. incompréhensible, inexplicable). **2** ● *Denis me prépare une surprise, il prend des airs **mystérieux**, qui cachent un secret.*

mystifier v. ● *Ce farceur de Bruno nous a bien **mystifiés** : il nous a trompés pour s'amuser.* ★ Conjug. 10.

■ **mystification** nom f. ● *Nous avons cru à son histoire, sa **mystification** a réussi, sa farce, sa tromperie.*

mythe [mit] nom m. **1** ● *Le grand voyage d'Ulysse est un **mythe** grec, une légende* (→ mythologie). **2** ● *Il nous raconte qu'il a un château magnifique, mais ce n'est pas vrai : son château est un **mythe**, une chose inventée, imaginaire.*

■ **mythologie** nom f. ● *Les aventures des dieux et des héros grecs forment la **mythologie** grecque, l'ensemble des légendes du peuple grec.*

■ **mythologique** adj. ● *Les dieux romains Jupiter et Neptune sont des personnages **mythologiques**, de la mythologie.*

mythomane nom et adj. ● *J'ai un frère **mythomane**, qui invente des aventures, des histoires fausses.*

myxomatose nom f. ● *Dans cette région, des centaines de lapins sont morts de **myxomatose**, une grave maladie des lapins.*

N|n

n' → ne.

nacelle nom f. ● *La nacelle d'un ballon, d'un dirigeable* : le panier suspendu sous le ballon et dans lequel les passagers prennent place.

nacre nom f. ● *Ce bouton est en nacre*, une matière brillante qui recouvre l'intérieur de la coquille de certains coquillages.
■ **nacré** adj. Recouvert de nacre, ou qui a l'aspect de la nacre. ● *Ma sœur a mis un vernis nacré sur ses ongles.*

nager v. 1 ● *Il est tombé à l'eau ; heureusement qu'il sait nager*, se déplacer à la surface de l'eau ou sous l'eau en faisant certains mouvements (→ nage).
— ● *J'aime bien aller à la piscine pour nager* (→ natation). 2 (fig.) ● *Marthe nage dans cette robe* : elle porte une robe beaucoup trop grande pour elle (→ SYN. flotter). ★ Conjug. 5.
■ **nage** nom f. 1 ● *La brasse et le crawl sont des nages*, des manières particulières de nager. 2 EN NAGE, loc. adj. : couvert, inondé de sueur.
■ **nageoire** nom f. ● *Pour avancer dans l'eau, ce poisson agite ses nageoires*, les parties plates de son corps qui servent à nager.
■ **nageur** nom ● *Du bord de la piscine, Anne regarde les nageurs*, ceux qui nagent.

naguère [nager] adv. (littér.) ● *Nous nous sommes vus naguère*, il y a peu de temps (→ SYN. récemment ; CONTR. jadis).

naïf [naif] adj. 1 ● *Les petits enfants sont naïfs*, simples et pleins de confiance. 2 ● *Elle croit tout ce qu'on lui raconte, elle est naïve* (→ SYN. crédule, niais). □ nom ● *Ne me prends pas pour un naïf* (SYN. niais).
■ **naïvement** adv. ● *Il n'a pas vu le piège, il a accepté naïvement*, avec trop de confiance.
■ **naïveté** nom f. 1 ● *J'aime la naïveté de Gilles*, sa simplicité, sa confiance. 2 ● *Tu aurais dû te méfier ; quelle naïveté !* (→ crédulité).

nain nom 1 ● *J'ai vu une naine dans la rue*, une personne très petite (→ CONTR. géant). □ adj. *Les personnes naines*, qui resteront toujours petites. 2 adj. ● *Les arbres nains japonais ; un caniche nain*, d'une espèce particulière très petite.

naître v. 1 ● *Mon oncle est né en 1945* : il est venu au monde à cette date (→ naissance). — ● *Un bébé qui vient de naître* (→ nouveau-né). — ● *Mon grand-père naquit à Paris* (→ natal, natif). 2 ● *Le jour qui naît*, qui se lève, qui commence. 3 ● *Ce projet est né des discussions que nous avions eues à ce sujet* : il s'est formé à partir de ces discussions, il en provient (→ SYN. résulter). — ● *Faire naître la peur, un sentiment de jalousie, etc.* : les provoquer. ★ Conjug. 37 mais participe passé : *né.*
■ **naissance** nom f. 1 ● *Ils ont annoncé à tous la naissance de leur enfant.* 2 ● *Le nombre des naissances*

604

dans un pays : le nombre des enfants qui naissent (→ natalité). ★ Chercher aussi : démographie. **3** ● *La **naissance** d'une idée, d'un projet.* **4** ● *La **naissance** du cou :* la base du cou, l'endroit où il commence.
■ **naissant** adj. *Une barbe **naissante**,* qui commence seulement à pousser.

naïvement, naïveté → naïf.

naja nom m. ● *J'ai vu un **naja** au zoo,* un serpent venimeux d'Asie dont une espèce est appelée *serpent à lunettes* (→ SYN. cobra).

naja

naphtaline [naftalin] nom f. ● *Cette armoire sent la **naphtaline**,* un produit qui éloigne les insectes (surtout les mites).

nappe nom f. **1** ● *Tom pose les assiettes sur la **nappe**,* le linge qui recouvre la table. **2** ● *Le dessus de ce gâteau était constitué d'une **nappe** de caramel* (→ napper). — ● *Sur la route, il y avait des **nappes** de brouillard,* des couches de brouillard assez étendues.
■ **napper** v. ● *Ce gâteau a été **nappé** de chocolat,* recouvert d'une couche de chocolat.
■ **napperon** nom m. ● *Sophie brode un **napperon**,* une petite nappe que l'on place sous un vase, une lampe, etc.

narcisse nom m. Grande fleur blanche au cœur jaune, très parfumée. ● *Le jardin est plein de **narcisses**.*

narcotique nom m. ● *Pour faire dormir le malade, on lui a donné un **narcotique**,* un médicament qui endort (→ SYN. somnifère).

narguer v. ● *Elle aura des ennuis si elle continue à **narguer** ses camarades,* à les provoquer avec un air insolent (→ SYN. braver).

narine nom f. ● *Je respire par les **narines**,* les ouvertures du nez.

narquois adj. ● *Il m'a répondu par un rire **narquois**,* un rire moqueur et rusé (→ SYN. ironique, railleur).

narrer v. (littér.) Raconter. ● *Serge va vous **narrer** ses aventures en Afrique.*
■ **narrateur** nom m. Celui qui narre, qui raconte une histoire.

nasal adj. ● *Le docteur me soigne pour une infection **nasale**,* du nez. — ● *Des gouttes **nasales**,* à mettre dans le nez.

naseau nom m. ● *Les **naseaux** du cheval :* ses narines.

nasiller v. ● *Quand j'ai le nez bouché, je **nasille** :* je parle du nez.
■ **nasillard** adj. ● *Les gens enrhumés ont une voix **nasillarde**,* qui semble venir du nez.

nasse nom f. Piège à poissons qui ressemble à un casier grillagé.

natal adj. ● *La France est mon pays **natal**,* le pays où je suis né.
■ **natalité** nom f. ● *En France, la **natalité** diminue,* le nombre des enfants qui naissent (→ naître).
■ **natif** adj. ● *Elle est **native** de Paris,* née à Paris (→ naître ; SYN. originaire).

natation nom f. ● *Marc fait partie d'un club de **natation**,* le sport de ceux qui nagent (→ nager).

nation nom f. ● *La **nation** française :* l'ensemble des Français et leur pays. — ● *L'Organisation des **Nations** Unies (O.N.U.)* essaie de maintenir la paix entre les différents pays du monde (→ international). ★ Chercher aussi : État, patrie, pays, peuple.
■ **national** adj. **1** ● *L'industrie **nationale**,* de la nation (→ CONTR. étranger). — ● *Le 14 Juillet est la fête **nationale***

française, la fête des Français en l'honneur de leur pays. **2** ● *Nous roulons sur une route **nationale***, une route importante qui traverse le pays. — ● *Une route **nationale** et une route départementale.* ★ Attention à l'orthographe : *national* avec un seul *n*.

■ **nationalisation** nom f. ● *Ce parti politique réclame la **nationalisation** des banques* : il veut qu'elles appartiennent à la nation, à l'État.

■ **nationaliser** v. ● *En France, toutes les compagnies de chemins de fer **ont été nationalisées*** : elles n'appartiennent plus à des patrons privés, mais à la nation.

■ **nationalité** nom f. ● *Mon ami Ali est de **nationalité** marocaine* : il est marocain, son pays est le Maroc.

nationalisme nom m. Doctrine des nationalistes.

■ **nationaliste** adj. ● *M. Martin a des idées **nationalistes*** : il pense que son pays est le meilleur, il le place au-dessus de tous les autres. □ nom ● *M. Martin est un **nationaliste**.*

natte nom f. **1** ● *J'ai remplacé ce tapis par une **natte***, un tapis fait de paille tressée. **2** ● *Paul tire les **nattes** d'Élise*, ses cheveux tressés (→ SYN. tresse).

1. naturaliser v. ● *Carlos s'est fait **naturaliser** français* : il est devenu citoyen français.

■ **1. naturalisation** nom f. ● *Érik a demandé sa **naturalisation*** : il a demandé à devenir citoyen du pays qu'il a choisi, à être naturalisé. ★ Chercher aussi : nationalité.

2. naturaliser v. ● *Cet ours a l'air vivant; c'est qu'il **est naturalisé*** : son corps a été préparé après sa mort pour se conserver (→ SYN. empailler).

■ **2. naturalisation** nom f. ● *La **naturalisation** de ce renard est bien réussie*, sa préparation pour le naturaliser.

naturaliste nom ● *Les **naturalistes** étudient les plantes, les pierres, les animaux*, les spécialistes en sciences naturelles (→ nature, naturel).

nature nom f. **1** ● *Le ciel, la terre, les plantes, les animaux, etc., font partie de la **nature***, l'ensemble de tout ce qui existe et n'est pas fabriqué par l'homme. **2** ● *Les animaux sont heureux dans la **nature***, dans la campagne, les forêts, etc. **3** ● *J'aimerais connaître la **nature** de cette pierre*, de quoi elle est faite, en quoi elle est différente des autres. — ● *La **nature** humaine* : ce que l'homme a de particulier, de plus que les animaux. **4** ● *Yves est coléreux de **nature***, par son caractère, par son tempérament (→ SYN. naturel, sens 3). **5** GRANDEUR NATURE. ● *Je dessine une pomme **grandeur nature***, de la taille d'une vraie pomme. **6** PAYER EN NATURE : payer en marchandises au lieu de payer en argent.

■ **naturel** adj. **1** ● *L'orage et la pluie sont des phénomènes **naturels***, qui ont lieu dans la nature, qui font partie de la nature. — ● *C'est un lac **naturel***, qui n'a pas été fait par les hommes (→ naturellement, sens 1 ; CONTR. artificiel). **2** ● *C'est **naturel** de pleurer quand on est triste* : c'est normal (→ naturellement, sens 2). **3** ● *Tu connais sa gentillesse **naturelle***, qui fait partie de son caractère, de sa nature (→ CONTR. factice). □ nom m. ● *Martine est d'un **naturel** gai* : elle a un caractère gai, elle est souvent gaie, c'est sa nature. **4** ● *Sophie a un sourire **naturel***, franc et sincère, qui n'est pas forcé (→ SYN. spontané ; CONTR. affecté, artificiel). □ nom m. ● *Cet acteur joue avec **naturel***, sans avoir l'air de se forcer.

■ **naturellement** adv. **1** ● *Les cheveux d'Éric sont **naturellement** bouclés* (→ CONTR. artificiellement). **2** ● *« Aimes-tu les gâteaux ? » « **Naturellement** »* : bien sûr, c'est normal.

nature morte nom f. Peinture qui représente des objets, des animaux sans vie. ● *Des **natures mortes**.*

naufrage nom m. ● *Le bateau a fait **naufrage*** : il a coulé ou il s'est échoué (→ SYN. chavirer, sombrer). ★ Chercher aussi : épave.

■ **naufragé** nom ● *Les **naufragés** ont pu être sauvés*, les personnes dont le bateau a fait naufrage.

nauséabond adj. ● *Tu ne vas pas te baigner dans cette eau nauséabonde*, qui a une odeur dégoûtante, écœurante.

nausée nom f. ● *Dans l'avion, elle a eu des nausées*, envie de vomir.

nautique adj. ● *La voile et la planche à voile sont des sports nautiques*, que l'on pratique sur l'eau. — ● *Le ski nautique*.

naval adj. ● *Leur bateau a été coulé pendant un combat naval*, un combat entre navires. — ● *Des chantiers navals*, où l'on construit des navires. ★ Attention au pluriel : *navals*.

navet nom m. 1 ● *Je fais cuire des navets*, des légumes blancs ou mauves dont on mange la racine. 2 (fam.) ● *Ne va pas voir ce film, c'est un navet*, un mauvais film.

navette nom f. 1 ● *Il n'y a plus de fil sur ma navette*, la bobine allongée que l'on passe et repasse entre les fils pour tisser. 2 (fig.) FAIRE LA NAVETTE. ● *Ce car fait la navette entre la gare et la station de ski* : il va et vient régulièrement entre ces deux endroits. — ● *Pour aller de la gare à la station de ski, nous avons pris la navette*, le car qui fait la navette entre ces endroits.

naviguer v. ● *Les marins naviguent sur les mers* : ils voyagent sur l'eau, en bateau (→ navire).
■ **navigable** adj. ● *Ce fleuve est navigable* : on peut y naviguer.
■ **navigant** adj. ● *Le pilote et l'hôtesse de l'air font partie du personnel navigant*, du personnel qui travaille à bord des avions (→ SYN. équipage).
■ **navigateur** nom m. 1 ● *L'Amérique a été découverte par des navigateurs*, des marins qui voyageaient très loin. 2 ● *Le navigateur est assis dans la cabine de pilotage*, celui qui aide le pilote à diriger un avion.
■ **navigation** nom f. ● *Dans la tempête, la navigation est difficile*, le déplacement des bateaux sur l'eau. — ● *La navigation aérienne* : la circulation des avions.

navire nom m. 1 ● *Les pirates attaquent le navire*, un grand bateau qui navigue sur les mers. 2 NAVIRE AÉRIEN : avion (dans le langage administratif) (→ navigant ; navigateur, sens 2 ; navigation).

navrer v. ● *Ton malheur me navre* : il me rend profondément malheureux (→ SYN. attrister, consterner ; CONTR. réjouir). — ● *Je suis navré de t'avoir fâché* : j'en suis désolé, je le regrette.
■ **navrant** adj. ● *Cet accident est navrant*, regrettable, désolant.

nazi nom et adj. ● *Pendant la Seconde Guerre mondiale, les nazis ont commis des actes d'une effroyable barbarie*, les membres du parti du dictateur allemand Hitler. □ adj. ● *Un officier nazi* ; *la doctrine nazie*.
■ **nazisme** nom m. Doctrine de Hitler et des nazis. ★ Chercher aussi : fascisme.

ne (**n'** devant une *voyelle* ou un *h muet*) adv. Mot qui se place devant un verbe, le plus souvent accompagné de *jamais*, *pas*, *plus*, *rien*, pour indiquer la négation. ● *Je ne sais pas conduire.* — ● *Berthe ne ment jamais.* — ● *Elle n'en veut plus.* — ● *N'hésitez pas.*

né adj. 1 LE DERNIER-NÉ : le plus jeune d'une famille, celui qui est né le dernier (→ naître ; nouveau-né). 2 ● *Elle s'appelle Mme Dupont, née Duval* : avant son mariage, elle s'appelait Mlle Duval. 3 ● *Sylvie est une musicienne née* : elle a un don naturel pour la musique.

néanmoins adv. ● *C'est un homme riche, néanmoins il est malheureux*, malgré cela (→ SYN. cependant, pourtant). ★ Attention à l'orthographe : *néanmoins* s'écrit avec *n* et *m*.

néant nom m. 1 ● «*Signes particuliers : néant*», aucun. 2 ● *Tous leurs efforts ont été réduits à néant*, à rien.

nébuleux adj. 1 ● *Un ciel nébuleux*, couvert de nuages (→ SYN. brumeux, nuageux). 2 (fig.) ● *Julie m'a fait un discours nébuleux*, confus, difficile à comprendre (→ SYN. obscur ; CONTR. clair, net).

nécessaire adj. et nom m. **A.** adj. 1 ● *Il faut manger pour vivre, c'est une chose nécessaire*, dont on ne peut pas se

passer (→ SYN. indispensable, essentiel ; CONTR. inutile, superflu).
2 ● *N'oublie pas d'emporter les livres* ***nécessaires***, *dont tu as besoin.*
B. nom m. **1** ● *Beaucoup de gens manquent du* ***nécessaire***, *de ce qui est indispensable pour vivre* (→ nécessiteux ; CONTR. luxe, superflu). **2** ● *Tu voudrais avoir plus chaud ? Je vais faire le* ***nécessaire***, *ce qu'il faut pour cela.* **3** ● *Un* ***nécessaire*** *à chaussures* : *une boîte contenant tout ce qu'il faut pour cirer les chaussures.* — ● *Un* ***nécessaire*** *à couture.*

■ **nécessairement** adv. ● *Les adultes sont* ***nécessairement*** *plus forts que les enfants* (→ SYN. fatalement, forcément, inévitablement).

■ **nécessité** nom f. **1** ● *Le sommeil est une* ***nécessité***, *une chose indispensable, nécessaire.* **2** ● *Je suis dans la* ***nécessité*** *de partir, dans l'obligation de partir.*

■ **nécessiter** v. **1** ● *Ce travail* ***nécessite*** *de l'habileté* : *il faut de l'habileté pour le faire* (→ SYN. demander, exiger, réclamer). **2** ● *La voiture* ***nécessite*** *une réparation* : *elle en a besoin.*

■ **nécessiteux** adj. ● *Ces gens sont* ***nécessiteux*** : *ils manquent du nécessaire, ils n'ont pas ce qu'il faut pour vivre.* □ nom ● *Les* ***nécessiteux***.

nécrologie nom f. **1** Courte biographie d'une personne, rédigée à la suite de son décès. **2** Liste des avis de décès publiée dans un journal.

■ **nécrologique** adj. Qui concerne la nécrologie. ● *Il y a, dans le journal, la notice* ***nécrologique*** *d'un comédien mort récemment.*

nécropole nom f. ● *Les archéologues ont découvert une* ***nécropole*** *grecque, un grand cimetière antique.*

nectar nom m. **1** ● *L'abeille fabrique du miel avec le* ***nectar*** *des fleurs, le liquide sucré qu'elles contiennent.* **2** ● *Goûtez ce vin, c'est un vrai* ***nectar****!*, *une boisson délicieuse.*

nef nom f. **1** ● *La procession traverse la* ***nef*** *de l'église, la partie de l'église située entre le portail et le chœur.*

2 ● *Au Moyen Âge, ceux qui partaient pour les Croisades traversaient la mer sur des* ***nefs***, *le nom ancien des grands bateaux à voiles.*

néfaste adj. **1** ● *Mardi dernier a été un jour* ***néfaste***, *où il est arrivé des malheurs* (→ CONTR. 2. faste). **2** ● *L'orage est* ***néfaste*** *aux cultures, mauvais pour les cultures.*

1. négatif adj. **1** ● *Sa réponse est* ***négative*** : *il répond non, il refuse* (→ négation, sens 1 ; nier ; CONTR. affirmatif, positif). □ nom f. ● *Il m'a répondu par la* ***négative***, *par non* (→ CONTR. par l'affirmative). **2** ● *Un résultat* ***négatif*** : *un mauvais résultat, un échec.* **3** ● *Elle critique tout, mais elle ne veut rien faire ; son attitude est* ***négative*** : *elle consiste à toujours tout refuser.* **4** ● *« −18 » est un nombre* ***négatif***, *en dessous de zéro* (→ CONTR. positif).

■ **négation** nom f. **1** *« Jamais » exprime la* ***négation***, *le fait de dire non.* **2** ● *« Non », « jamais », « pas » sont des* ***négations***, *des mots qui servent à nier, à dire non* (→ CONTR. affirmation). **3** LA NÉGATION DE... ● *La tricherie est* ***la négation du*** *jeu, une attitude qui s'oppose au jeu, qui le détruit.*

2. négatif nom m. ● *Cette photo n'est pas encore tirée, j'ai seulement le* ***négatif***, *la pellicule développée où l'on voit en clair ce qui devrait être sombre, et en sombre ce qui devrait être clair.*

négliger v. **1** ● *Martin* ***néglige*** *ses affaires* : *il n'y fait pas attention, il s'en moque, il les oublie* (→ SYN. se désintéresser de). **2** ● *Ce fermier* ***néglige*** *ses vaches* : *il ne prend pas soin d'elles* (→ SYN. délaisser). **3** v. pron. ● *Blanche* ***se néglige*** : *elle est sale, peu soignée, mal coiffée* (→ négligé). ★ Conjug. 5.

■ **négligé** nom m. ● *Je n'aime pas le* ***négligé*** *de ta tenue, sa tenue peu soignée, débraillée.*

■ **négligeable** adj. ● *Cette faute est* ***négligeable***, *petite, sans importance* (→ SYN. insignifiant ; CONTR. grave, important).

■ **négligemment** adv. ● *Sylvie regarde* ***négligemment*** *la télévision, sans y faire attention, sans s'y intéresser.*

■ **négligence** nom f. **1** ● *Elle fait son travail avec négligence, sans s'appliquer, sans faire attention* (→ CONTR. application). **2** ● *L'accident a été causé par une négligence du conducteur, une faute parce qu'il n'a pas fait attention.* ■ **négligent** adj. ● *Un élève négligent, qui n'est ni appliqué, ni consciencieux.* — ● *Un conducteur négligent.*

négocier v. **1** ● *Les patrons négocient avec les syndicats :* ils discutent pour se mettre d'accord (→ négociateur, négociation). **2** ● *Le banquier va négocier des actions, les vendre* (→ négociant, négoce). ★ Conjug. 10. ■ **négoce** nom m. ● *Ces commerçants font du négoce, du commerce.* ■ **négociant** nom ● *Il achète toujours son vin chez ce négociant,* cette personne qui fait du commerce en grand. ■ **négociateur, -trice** nom ● *Les négociateurs ont réussi à faire accepter le traité de paix,* les diplomates ou les personnes chargés de négocier. ■ **négociation** nom f. ● *Les négociations ont été longues et difficiles,* les discussions pour arriver à un accord.

nègre, négresse nom et adj. **1** nom (péjor.) Homme ou femme de race noire (→ SYN. Noir). **2** adj. ● *Une exposition d'art nègre,* de peinture ou de sculpture faite par des Noirs. ■ **négrier** nom m. ● *Les négriers achetaient et vendaient des esclaves noirs.* □ adj. ● *Un navire négrier,* utilisé pour transporter les esclaves noirs. ■ **négro-spiritual** [negrospirityol] nom m. ● *J'ai acheté un disque de négro-spirituals,* de chants religieux traditionnels des Noirs d'Amérique.

négritude nom f. Ce qui constitue la culture des peuples noirs. ● *Les peuples noirs ont rejeté certaines traditions apportées par les Blancs et sont fiers de leur négritude.*

neige nom f. **1** Gouttes d'eau gelées qui tombent du ciel en flocons blancs lorsqu'il fait froid (→ enneigé). ● *J'ai fait un bonhomme de neige.* — CLASSE DE NEIGE. ● *Cet hiver, nous partirons en classe de neige :* nous partirons quelques semaines en montagne, pour faire des sports d'hiver en même temps que notre travail de classe. **2** ● *Dominique bat trois blancs d'œuf en neige,* pour en faire une mousse blanche qui ressemble à la neige. — ● *Des œufs à la neige.* ■ **neiger** v. ● *Cet hiver, il a beaucoup neigé :* il est tombé beaucoup de neige. ★ Conjug. 5. ■ **neigeux** adj. ● *Les skieurs s'élancent sur les pentes neigeuses,* couvertes de neige.

nénuphar nom m. ● *Les grenouilles sautent dans l'étang parmi les nénuphars,* des plantes à fleurs et à grandes feuilles rondes qui poussent dans l'eau (→ SYN. lotus).

néon nom m. ● *Ce magasin est éclairé par des tubes au néon,* un gaz rare utilisé pour l'éclairage.

néophyte nom m. et f. Personne qui pratique depuis peu une discipline ou qui vient d'entrer dans un groupe. ● *Olivier fait du piano depuis peu avec un zèle de néophyte.*

nerf [ner] nom m. **1** ● *C'est grâce à nos nerfs que nous pouvons voir, entendre, sentir, bouger, etc.,* des filaments qui relient toutes les parties du corps au cerveau et qui transmettent une sorte de courant électrique, l'influx nerveux. ★ VOIR p. 970. **2** Au plur. ● *Être à bout de nerfs :* être très énervé, surexcité (→ énerver, nerveux, nervosité). — (fam.) TAPER SUR LES NERFS DE QUELQU'UN. ● *Cette musique me tape sur les nerfs :* elle m'agace, elle m'énerve. **3** (fig.) AVOIR DU NERF : avoir de l'énergie, être dynamique. **4** ● *Mon bifteck est plein de nerfs,* de filaments durs qui ne sont pas des nerfs (sens 1), mais des tendons qui relient les muscles. ■ **nerveux** adj. **1** ● *Une maladie nerveuse,* des nerfs. **2** ● *Elle est bien nerveuse aujourd'hui,* agitée, excitée (→ SYN. énervé ; CONTR. calme). **3** ● *Bob aime les motos nerveuses,* rapides, qui accélèrent vite. **4** ● *Le boucher m'a vendu de la viande nerveuse,* pleine de tendons durs.

■ **nerveusement** adv. ● *Quand il est inquiet, il fume nerveusement*, d'une façon nerveuse, agitée (→ CONTR. calmement, posément).

■ **nervosité** nom f. ● *Comment donc expliques-tu sa nervosité ?*, qu'il soit si nerveux (→ SYN. agitation, irritation ; CONTR. calme).

nervure nom f. ● *Les nervures d'une feuille d'arbre*, les lignes en relief que l'on voit sur sa surface.

n'est-ce pas ? adv. Expression qui sert à interroger, à demander à quelqu'un son avis. ● *Tu seras sage, n'est-ce pas ?*

net [nɛt] adj. et adv. **A.** adj. **1** ● *Je vais changer de robe, celle-ci n'est pas nette*, bien propre (→ nettoyer ; SYN. immaculé ; CONTR. sale). **2** FAIRE PLACE NETTE : débarrasser un endroit de ce qui l'encombre. ● *J'ai fait place nette dans le grenier :* je l'ai vidé. **3** ● *Le salaire net :* ce qui en reste quand on a enlevé les frais, les charges. — ● *Un poids net :* le poids de la marchandise sans emballage (→ CONTR. brut). **4** ● *Bruno m'a fait une réponse nette*, claire et précise (→ CONTR. ambigu, confus, évasif, flou, vague). — (fig.) EN AVOIR LE CŒUR NET : savoir toute la vérité sur une question mystérieuse. **5** ● *La victoire de notre équipe est nette*, évidente, indiscutable (→ CONTR. douteux). **6** ● *Cette photo est bien nette :* on voit tous les détails avec précision (→ CONTR. flou). **B.** adv. ● *La corde s'est cassée net*, d'un seul coup, brutalement.

■ **nettement** adv. **1** ● *Ces montagnes se détachent nettement sur le bleu du ciel*, clairement, leurs contours sont précis (→ SYN. distinctement). **2** ● *Elle est nettement trop gourmande*, beaucoup trop (→ SYN. carrément).

■ **netteté** nom f. **1** ● *Quand tu règles la télévision, la netteté de l'image est meilleure :* l'image est plus nette, on voit mieux les détails. **2** ● *Le professeur nous explique tout avec netteté*, avec clarté et précision ; on comprend bien.

nettoiement nom m. Ensemble des mesures que l'on prend pour nettoyer une ville, un lieu quelconque. ● *Le service de nettoiement s'occupe du ramassage des ordures ménagères.*

nettoyer v. ● *Mercredi, j'ai nettoyé ma chambre :* je l'ai rendue propre, j'y ai fait le ménage (→ net). ★ Conjug. 6.

■ **nettoyage** nom m. ● *Ce produit sert au nettoyage des vêtements*, à les rendre propres, à les décrasser.

1. neuf adj. numéral invar. ● *J'ai neuf ans.* □ nom. m. ● *Cinq et quatre font neuf (9).*

■ **neuvième** adj. et nom **1** adj. ● *Nous sommes rentrés de vacances le neuvième jour.* □ nom ● *Il est le neuvième de dix enfants.* **2** nom m. ● *Si tu partages la tarte en neuf parts égales, chaque part en représentera le neuvième*, une fraction qui s'écrit 1/9.

2. neuf adj. ● *Nous avons une voiture neuve*, qui vient d'être achetée, qui n'a pas encore servi (→ SYN. nouveau ; CONTR. usagé, usé, vieux). — ● *Un vélo neuf et un vélo d'occasion.* □ nom m. invar. ● *Cécile est habillée de neuf*, avec des vêtements neufs. — REMETTRE À NEUF. ● *Louis a repeint et réparé sa vieille voiture pour la remettre à neuf*, pour qu'elle soit en bon état, comme quand elle était neuve.

neurasthénique adj. ● *Jules est de plus en plus neurasthénique*, triste et déprimé, sans savoir pourquoi.

neurone nom m. Cellule nerveuse.

neutraliser v. ● *Les policiers ont neutralisé un voleur :* ils l'ont empêché de continuer à voler. □ v. pron. ● *Si tu prends ces deux médicaments ensemble, ils se neutralisent :* ils agissent de telle façon qu'ils n'ont plus aucun effet.

neutre adj. **1** ● *L'arbitre d'un match doit rester neutre :* il ne doit pas favoriser une équipe, prendre parti (→ SYN. impartial ; CONTR. partisan). — ● *Un pays neutre :* un pays qui ne participe pas aux guerres. **2** ● *Le pronom « on » est neutre*, ni masculin, ni féminin. **3** ● *Une couleur neutre*, terne, sans éclat (→ CONTR. vif). **4** ● *Elle m'a répondu d'un ton neutre*, sans passion (→ SYN. impersonnel).

■ **neutralité** nom f. ● *Les spectateurs ont admiré la **neutralité** de l'arbitre,* qu'il soit resté neutre (→ SYN. impartialité). — ● *La **neutralité** suisse.*

neuvième → 1. neuf.

névé nom m. ● *Les alpinistes ont traversé un **névé**,* une masse de neige dure en train de se transformer en glacier.

neveu nom m. ● *Hugues est le **neveu** de Gérard,* le fils du frère ou de la sœur de Gérard. — ● *Des **neveux**.* ★ Chercher aussi : nièce, oncle, tante.

névralgie nom f. Douleur ressentie sur le trajet des nerfs ou douleur à la tête. ● *Prends un cachet (sens 4) pour calmer tes **névralgies**.*

nez nom m. **1** ● *Josiane a des taches de rousseur sur le **nez**.* — ● *Le **nez** sert à respirer et à sentir les odeurs.* ★ Chercher aussi : narine, nasal, nasiller, odorat. — (fig.) SE LAISSER MENER PAR LE BOUT DU NEZ : se laisser commander par quelqu'un en obéissant à tous ses caprices. — (fam.) FOURRER SON NEZ PARTOUT : être très curieux. **2** AU NEZ DE QUELQU'UN : devant lui. — RIRE AU NEZ DE QUELQU'UN : ● *Quand je lui ai dit cela, il m'**a ri au nez** :* il s'est moqué de moi. **3** (fam.) AVOIR DU NEZ, AVOIR LE NEZ FIN : savoir deviner et prévoir les événements, savoir reconnaître rapidement ce que l'on cherche. — NE PAS VOIR PLUS LOIN QUE LE BOUT DE SON NEZ : être un peu sot, incapable de prévoir les événements.

ni conj. ● *Je n'ai pas de crayon **ni** de gomme, et pas de gomme non plus.* — ● *Il ne fait **ni** chaud **ni** froid :* il ne fait pas chaud, mais il ne fait pas froid non plus.

niais [njɛ] adj. ● *Ce garçon est un peu **niais**,* ignorant et bête.

1. niche nom f. **1** ● *Je nettoie la **niche** du chien,* la petite cabane de bois où il dort. **2** ● *La statue est à l'abri dans sa **niche**,* un creux spécial dans un mur.

2. niche nom f. (fam.) ● *Il adore faire des **niches** à ses camarades,* leur jouer des tours (→ SYN. blague, farce).

nicher v. **1** ● *Les oiseaux **nichent** dans les arbres :* ils y font leur nid. **2** v. pron.

● *Ma balle est allée **se nicher** sous le lit,* se loger, se cacher sous le lit.

■ **nichée** nom f. ● *Ces petits oiseaux sont de la même **nichée**,* une famille d'oiseaux nés ensemble, dans le même nid (→ SYN. couvée).

■ **nichoir** nom m. ● *J'ai construit un **nichoir**,* un petit abri où les oiseaux peuvent faire leur nid.

nickel nom m. Métal blanc brillant et inoxydable. ● *Cette pièce de monnaie est en **nickel**.*

■ **nickeler** v. ● *Le guidon de ma bicyclette **est nickelé**,* couvert d'une mince couche de nickel. ★ Conjug. 8.

nicotine nom f. ● *Toutes les cigarettes contiennent de la **nicotine**,* une substance dangereuse pour la santé, qui se trouve dans le tabac.

nid [ni] nom m. **1** ● *Les oiseaux se construisent des **nids**,* des abris où ils pondent et couvent leurs œufs, où ils élèvent leurs petits (→ nicher). **2** (fig.) NID DE POULE. ● *La route est pleine de **nids de poule**,* de trous. ★ Ne pas confondre nid et ni.

nièce nom f. ● *Nicole est la **nièce** de Gérard,* la fille du frère ou de la sœur de Gérard. ★ Chercher aussi : neveu, oncle, tante.

nier v. ● *On l'accuse d'avoir volé, mais il le **nie** :* il dit que ce n'est pas vrai (→ CONTR. avouer, reconnaître). — ● *Elle **nie** être venue hier.* — ● *Elle **nie** qu'elle soit venue (→ CONTR. affirmer).* ★ Conjug. 10.

nigaud adj. ● *Son cousin est un peu **nigaud**,* un peu bête, naïf (→ SYN. niais ; CONTR. malin). ◻ nom ● *Ce n'est pas très drôle de jouer avec cette **nigaude**,* cette sotte.

nippon adj. ● *La politesse **nippone** est célèbre (→ SYN. japonais).* ◻ nom ● *Les **Nippons** :* les Japonais.

nitrate nom m. Produit naturel ou chimique dont on fait des engrais, des désherbants, des médicaments.

nitroglycérine nom f. ● *La dynamite est faite à base de **nitroglycérine**,* un explosif liquide très puissant.

niveau nom m. **1** ● *La plus haute montagne de l'île est à 150 m au-dessus du* **niveau** *de la mer*, de sa surface horizontale et plate (→ niveler). **2** ● *Pour vérifier si le sol est bien horizontal, le maçon utilise un* **niveau**, un instrument spécial. **3** DE NIVEAU, loc. adv. ● *Mettre quelque chose* **de niveau** : le niveler. **4** ● *Lorsque la baignoire se vide, le* **niveau** *de l'eau baisse*, la hauteur de ce liquide. **5** AU NIVEAU DE, loc. prép. ● *La tête d'Alain arrive* **au niveau de** *mon épaule*, à sa hauteur. **6** ● *Ces deux élèves ne sont pas au même* **niveau** : l'un est plus fort que l'autre, il sait et comprend plus de choses. **7** NIVEAU DE VIE. ● *Dans ce pays, le* **niveau de vie** *est beaucoup moins élevé qu'en France* : les conditions de vie sont moins bonnes, les gens vivent moins bien.

niveau à bulle

■ **niveler** v. ● *Le paysan* **nivelle** *son champ* : il enlève les bosses et bouche les trous pour le rendre bien plat (→ SYN. aplanir, égaliser). ★ Conjug. 9.
■ **nivellement** nom m. Fait de rendre égal. Nivellement par la base, par le bas : dans un groupe, action d'égaliser tous les membres comme appartenant au niveau le plus faible.
■ **niveleuse** nom f. Engin qui sert à niveler.

noble adj. **1** ● *Autrefois, les châteaux appartenaient à des familles* **nobles**, qui faisaient partie de la plus haute classe de la société (→ SYN. aristocratique). □ nom ● *Les ducs, les marquis, les comtes étaient des* **nobles** (→ SYN. aristocrate). **2** ● *Le courage et la générosité sont des sentiments* **nobles**, beaux et généreux, admirables (→ noblement).
■ **noblement** adv. ● *En pardonnant à ses ennemis, il s'est conduit* **noblement**, d'une manière grande et généreuse.
■ **noblesse** nom f. **1** ● *Avant la Révolution, la* **noblesse** *avait beaucoup de richesses et de privilèges*, la classe sociale des nobles (→ SYN. aristocratie). ★ Chercher aussi : bourgeoisie. **2** ● *Son caractère est plein de* **noblesse**, de générosité, de grandeur (→ CONTR. bassesse).

noce nom f. **1** ● *J'étais invité à la* **noce**, la fête qui suit la cérémonie du mariage. **2** (au plur.) *André et Julie ont célébré leurs* **noces**. **3** (fig. et fam.) FAIRE LA NOCE. ● *Au lieu de travailler, il* **fait la noce** *tous les soirs* : il fait la fête, il s'amuse.

nocif adj. ● *Le tabac, la drogue et l'alcool sont* **nocifs**, dangereux, mauvais pour la santé (→ nuire; CONTR. inoffensif).
■ **nocivité** nom f. ● *On a interdit certains colorants utilisés dans les produits alimentaires, à cause de leur* **nocivité**, caractère nocif, nuisible.

nocturne adj. **1** ● *Elle aime les promenades* **nocturnes**, qui ont lieu pendant la nuit. — ● *Le hibou est un animal* **nocturne**, qui vit, qui chasse surtout la nuit et dort plutôt la journée (→ CONTR. diurne). **2** EN NOCTURNE, loc. adv. ● *Notre prochain match aura lieu* **en nocturne**, pendant la nuit.

noël nom m. **1** (avec une majuscule) ● *J'ai eu un beau cadeau pour* **Noël**, la fête chrétienne qui a lieu le 25 décembre pour célébrer l'anniversaire de la naissance de Jésus-Christ. **2** ● *La maîtresse nous a appris un* **noël** *ancien*, un chant de Noël.

nœud [nø] nom m. **1** ● *Je n'arrive pas à défaire les* **nœuds** *de cette corde*, les endroits où elle est nouée. — ● *Un*

nœud de cravate. — ● *Deux ficelles réunies par un **nœud** (→ nouer).* **2** ● *Hugues veut peindre son étagère pour cacher les **nœuds** du bois, les parties dures et colorées aux endroits d'où partaient les branches de l'arbre (→ noueux).* **3** ● *Lyon est un **nœud** routier important, un endroit où beaucoup de routes se croisent.* **4** (fig.) ● *Il m'a expliqué le **nœud** du problème, le point le plus important, la question dont tout le problème dépend.* **5** ● *Ce bateau file 15 **nœuds** :* il va à la vitesse de 15 milles marins à l'heure.

noir adj. **1** ● *Les corbeaux sont **noirs**,* la couleur la plus sombre. □ nom m. ● *Beaucoup de gens trouvent que le **noir** est une couleur triste.* **2** ● *À six heures, il fait déjà nuit **noire**,* si sombre et obscure que l'on ne voit rien (→ CONTR. clair). — ● *Il fait **noir** :* il fait nuit. □ nom m. ● *David a peur de sortir dans le **noir**,* la nuit, l'obscurité. **3** ● *Mon nouvel ami vient d'Afrique, il est de race **noire** :* il a la peau foncée. □ nom (avec une majuscule) ● *Cette chanteuse est une **Noire** américaine.* ★ Chercher aussi : blanc. **4** (fig.) ● *Julien a des idées **noires**,* tristes, mélancoliques (→ CONTR. gai). □ nom (fam.) BROYER DU NOIR: être triste, malheureux. **5** ● *Mes mains sont **noires** de cambouis,* salies. **6** (fig.) MARCHÉ NOIR. ● *Pendant la guerre, il vendait de la viande au **marché noir**,* très cher et en se cachant, car c'était interdit par la loi. — TRAVAILLER AU NOIR: travailler sans payer ce que l'on doit à la Sécurité sociale et aux impôts. **7** (fig.) LA BÊTE NOIRE DE QUELQU'UN. ● *Le gardien gronde toujours mon frère, c'est **sa bête noire**,* celui qu'il déteste.

■ **noirâtre** adj. ● *Ces vieux rideaux sont **noirâtres**,* d'une couleur foncée, presque noire.

■ **noircir** v. **1** ● *La poussière m'a **noirci** les mains :* elle leur a donné une couleur noire, elle les a salies. **2** ● *Je n'aime pas sa façon de **noircir** les gens,* d'en dire du mal (→ SYN. dénigrer, médire de). ★ Conjug. 11.

■ **noire** nom f. Note de musique qui vaut une demi-blanche, deux croches.

noise nom f. CHERCHER NOISE À QUELQU'UN : lui chercher querelle, le provoquer.

noisette nom f. ● *Mercredi, nous irons cueillir des **noisettes**,* des petits fruits recouverts d'une coquille.

■ **noisetier** nom m. ● *L'écureuil s'est caché en haut du **noisetier**,* l'arbuste qui produit les noisettes.

noix nom f. **1** Fruit qui pousse sur le noyer. ● *Pour manger des **noix**, il faut d'abord en casser la coquille* (→ casse-noix). **2** NOIX DE COCO. ● *La **noix de coco** a une coquille très dure et une chair blanche,* le fruit du cocotier.

nom nom m. **A. 1** ● *Le **nom** d'un animal, d'un objet :* la façon dont on l'appelle, le mot dont on se sert pour le désigner (→ SYN. appellation). **2** ● *Mon **nom** est «Jean Dupont»; «Jean» est mon prénom, «Dupont» est mon **nom** (de famille)* (→ prénom, surnom). ● *Quel est ton **nom** ? :* comment t'appelles-tu? (→ nommer). **3** AU NOM DE, loc. prép. ● *Le président de la République parle **au nom des** Français,* à leur place, pour eux, parce qu'il les représente. **4** (fam.) NOM DE... ● ***Nom** d'un chien!; **nom** d'une pipe!; etc. :* exclamations, jurons, pour exprimer la surprise ou le mécontentement.
B. ● *«Chaise», «arbre», «bonté», des **noms**,* des mots qui servent à désigner des choses concrètes (chaise, arbre) ou abstraites (bonté, etc.). — NOM COMMUN, NOM PROPRE. ● *«Chaise», «arbre», «bonté» sont des **noms communs**; Pierre, Durand, France sont des **noms propres**.*

nomade nom ● *Dans le désert, les **nomades** vivent dans des tentes,* des gens qui n'habitent pas un endroit fixe, qui voyagent et ne restent jamais longtemps là où ils s'arrêtent. □ adj. ● *Les Gitans mènent une vie **nomade**,* une vie où l'on se déplace, où l'on voyage beaucoup (→ CONTR. sédentaire). ★ Chercher aussi : forain.

no man's land [nomanslãd] nom m. **1** Territoire inoccupé compris entre les premières lignes de deux armées ennemies. **2** Terrain neutre.

nombre nom m. **1** ● *4, 15, 2 000 sont des* **nombres**, *des chiffres qui représentent des unités que l'on peut compter* (→ dénombrer, innombrable). — ● *Connais-tu le* **nombre** *de pages de ce livre ?* : sais-tu combien il y en a ? **2** ● *Un petit* **nombre** *de gens* : peu de gens. — ● *Un certain* **nombre** *de fois* : plusieurs fois. — ● *Un grand* **nombre** *d'amis* (→ nombreux). **3** AU NOMBRE DE, loc. prép. ● *Les visiteurs sont* **au nombre de** *douze* : il y en a douze. **4** ● *En grammaire, le singulier et le pluriel représentent le* **nombre** *des mots*. ■ **nombreux** adj. ● *Il y a de* **nombreuses** *fautes dans cette dictée* : il y en a beaucoup, en grand nombre.

nombril [nɔ̃bril] nom m. ● *Mon short est trop petit, on voit mon* **nombril**, une petite cicatrice ronde au milieu du ventre, la trace du cordon qui rattache le bébé à sa mère avant la naissance. ★ VOIR p. 967.

nomenclature nom f. **1** Liste des termes particuliers à une science ou à une technique. ● *La* **nomenclature** *grammaticale est la liste des termes utilisés en grammaire*. **2** ● *La* **nomenclature** *d'un dictionnaire est la liste des mots qui y sont définis*.

nommer v. **1** ● *Peux-tu* **nommer** *cinq pays d'Europe ?*, les désigner par leur nom, indiquer leur nom (→ SYN. citer). □ v. pron. ● *Il* **se nomme** *Richard* : il s'appelle Richard (→ nom, sens 2). **2** *Josée* **a été nommée** *capitaine de l'équipe* : elle a été choisie pour être capitaine (→ nomination). ■ **nominal** adj. ● *L'institutrice fait la liste* **nominale** *des élèves*, la liste de leurs noms. ■ **nomination** nom f. ● *Ce directeur de banque vient de recevoir sa* **nomination** : il vient d'être nommé à cet emploi.

non adv. Mot qui sert à exprimer le désaccord, la négation ou le refus. ● *«Sais-tu jouer du piano ?» «Non, je ne sais pas»* (→ négatif, nier ; CONTR. oui). — ● *Cette fleur est-elle parfumée ou* **non** *?*, ou ne l'est-elle pas ? **2** NON PLUS. ● *Il n'a pas faim, moi* **non plus** : je suis comme lui, je n'ai pas faim (on dirait : *«il a faim, moi* aussi *»*). **3** NON SANS. ● *Il les regardait partir,* **non sans** *tristesse*, avec une certaine tristesse.

nonagénaire adj. ● *Cet arbre est* **nonagénaire** : il a entre quatre-vingt-dix ans et quatre-vingt-dix-neuf ans. □ nom ● *Mon arrière-grand-père est un* **nonagénaire**.

nonchalant adj. ● *C'est une élève* **nonchalante**, qui manque d'énergie, d'ardeur (→ SYN. mou, négligent, paresseux ; CONTR. actif, énergique). ■ **nonchalance** nom f. ● *Allongé sur le sable, il regarde les vagues avec* **nonchalance**, indolence (→ SYN. paresse ; CONTR. ardeur, entrain).

nonne nom f. ● *Autrefois, les religieuses s'appelaient des* **nonnes** (→ SYN. sœur).

non-sens nom m. invar. ● *Sa phrase est un* **non-sens** : elle n'a pas de sens, elle ne veut rien dire.

non-stop [nɔnstɔp] adj. invar. Sans interruption. ● *Un projection* **non-stop** *de plusieurs films*. — ● EN NON-STOP loc. adv. Sans interruption.

non-violence nom f. ● *Il est partisan de la* **non-violence**, la doctrine de ceux qui n'acceptent ni violence ni guerre. ■ **non-violent** adj. ● *Une manifestation* **non-violente**, qui cherche à convaincre sans faire de violence. □ nom ● *Les* **non-violents** *refusent d'utiliser la force pour atteindre leur but*. ★ Chercher aussi : pacifiste.

nord nom m. **1** ● *L'aiguille de la boussole indique le* **nord**, la direction du pôle Nord, l'un des quatre points cardinaux. — ● *La France est au* **nord** *de l'Espagne*, plus près du pôle Nord que l'Espagne. — LE GRAND NORD : les régions glacées qui entourent le pôle Nord. □ adj. ● *Une tempête a soufflé sur l'Atlantique* **nord**. **2** (fig.) PERDRE LE NORD. ● *Lorsque Pierre est en colère, il* **perd le nord** : il ne se contrôle plus, il ne sait plus ce qu'il fait, il est désorienté. ■ **nordique** adj. ● *Les pays* **nordiques** : ceux qui sont situés au nord de l'Europe (Danemark, Suède, Norvège, Finlande).

1. normal adj. ● *Ce cahier, ce stylo sont normaux* : ils n'ont rien de spécial, de particulier ; ils sont comme les autres (→ SYN. courant, ordinaire ; CONTR. anormal, bizarre, extraordinaire, spécial). ● *Je me suis couché à l'heure normale*, habituelle. — ● *Tu es fatigué le soir, c'est normal* : c'est naturel, cela n'a rien d'exceptionnel.

■ **normalement** adv. **1** ● *Je mange et je dors normalement*, d'une manière normale, comme tout le monde. **2** ● *Pierre devrait normalement arriver à quatre heures*, s'il ne se passe rien de particulier, de spécial.

■ **normaliser** v. **1** Rendre conforme à une norme (→ norme, sens 1). ● *On a normalisé le fonctionnement du levier de vitesses sur toutes les voitures* (→ SYN. uniformiser). **2** Rendre normal, permettre le retour à la normale. ● *Cette rencontre servira à normaliser les relations entre nos deux pays.*

■ **normalisation** nom f. Action de normaliser, (sens 1 et 2) ; son résultat.

2. normale adj. f. ÉCOLE NORMALE : école où l'on forme des instituteurs ou des professeurs.

■ **normalien** nom ● *Mon frère est normalien*, élève d'une école normale.

norme nom f. **1** ● *La fabrication des voitures obéit à des normes*, à certaines règles, certains principes qui sont toujours les mêmes (pour que les voitures aient toutes les mêmes qualités). **2** ● *Travailler huit heures par jour c'est la norme*, ce que font la plupart des gens.

noroît nom m. Vent du nord-ouest.

nos → notre.

nostalgie nom f. ● *Paolo a la nostalgie de son pays* : il pense à lui avec tristesse, il le regrette.

■ **nostalgique** adj. ● *Anne regarde les photos de ses vacances d'un air nostalgique*, rempli de tristesse, de regrets (→ SYN. mélancolique).

notable adj. et nom **1** adj. ● *Tu es bien plus grand que moi ; entre nos deux tailles il y a une différence notable*, importante, que l'on remarque facilement (→ SYN. appréciable, sensible). **2** nom m. ● *Dans un village, l'instituteur, le curé et le maire sont des notables*, des gens importants du village (→ SYN. personnalité).

■ **notablement** adv. D'une manière notable. ● *Ce livre a été notablement modifié* (→ SYN. beaucoup, profondément, sensiblement).

notaire nom m. ● *La vente d'une maison se fait chez un notaire*, une personne dont le métier est de vérifier et de garantir que les ventes, les contrats, etc., se font comme le veut la loi. — ● *Le notaire travaille dans une étude ; ses employés sont des clercs.*

notamment adv. ● *J'aime les gâteaux, notamment les meringues* (→ SYN. en particulier, spécialement).

notation nom f. **1** ● *Le musicien respecte la notation musicale*, la manière dont les sons sont représentés par des signes écrits (→ 1. note). **2** ● *La notation des devoirs ; une notation sur 10, sur 20* : la manière dont ils sont notés (→ 2. note, sens 4 ; noter, sens 3).

1. note nom f. **1** ● *En musique, j'apprends à lire les notes*, les signes qui représentent les sons et servent à écrire la musique. — ● *Les sept notes de la gamme (do (ou ut), ré, mi, fa, sol, la, si).* ★ Chercher aussi : bécarre, bémol, dièse ; blanche, croche, noire, ronde. **2** ● *J'ajoute à ce dessin une note de couleur*, un petit peu de couleur (→ SYN. touche).

2. note nom f. **1** ● *Les mots difficiles du livre sont expliqués par des notes*, des remarques, des explications qui se trouvent en bas des pages, dans la marge, ou à la fin du livre. **2** ● *Pendant les cours, je prends des notes* : j'écris sur mon cahier les idées importantes, pour m'en souvenir (→ noter). **3** ● *Le commerçant me présente sa note*, le papier où il a inscrit le prix de ce que j'ai acheté. **4** ● *5 sur 20 est une mauvaise note*, un chiffre qui représente ce que le maître pense d'un devoir.

■ **noter** v. **1** ● *Je note les remarques du professeur* : je les inscris. **2** ● *Notez bien ce que je vais dire* : faites bien attention. **3** ● *Le maître note le travail de l'élève* : il lui donne une note.

notice nom f. ● *Claire lit la notice qui accompagne la machine à coudre, le petit texte qui explique comment s'en servir*, le mode d'emploi.

notifier v. ● *Cette lettre me notifie ma réussite à l'examen* : elle me l'annonce officiellement. ★ Conjug. 10.

notion nom f. **1** ● *J'ai quelques notions de mathématiques*, quelques connaissances. **2** ● *Je n'ai aucune notion de ce que pense Martin* : je n'en sais rien, je n'en ai aucune idée.

notoire adj. ● *C'est un menteur notoire* : tout le monde sait qu'il est menteur. ■ **notoriété** nom f. ● *Ce chanteur jouit d'une grande notoriété*, d'une grande célébrité (→ SYN. renom, réputation).

notre [nɔtr] (au plur. **nos**) adj. possessif ● *Nous avons perdu notre ballon et nos affaires de sport*, le ballon et les affaires qui sont à nous, qui nous appartiennent. ★ Chercher aussi : mon, ton, son, votre, leur.

nôtre [notr] pronom possessif et nom **1** pronom possessif. LE NÔTRE, LA NÔTRE, LES NÔTRES. ● *Ce n'est pas ton chien qui aboie, c'est le nôtre*, celui qui est à nous. **2** nom ● *J'espère que vous serez des nôtres pour Noël*, que vous serez avec nous, dans notre groupe. ★ Chercher aussi : mien, tien, sien, vôtre, leur.

nouer v. **1** ● *Je mets mes chaussures et je noue mes lacets* : je fais un nœud pour attacher ensemble chacun de mes lacets (→ CONTR. dénouer). **2** v. pron. ● *Jeanne se noue les cheveux avec un ruban* : elle les rassemble et les attache. **3** adj. (fig.) ● *Quand j'ai peur, j'ai la gorge nouée*, serrée.

noueux adj. **1** ● *Le pommier du jardin a un tronc noueux*, où il y a beaucoup de nœuds (→ nœud, sens 2). **2** ● *Ce vieil homme a les mains noueuses*, maigres et sèches, avec des articulations qui ressortent.

nougat nom m. ● *Roger m'a offert une barre de nougat*, une confiserie faite d'amandes grillées, de sucre et de miel.

nouilles nom f. plur. ● *Veux-tu du gruyère râpé avec les nouilles ?*, les pâtes. ★ Chercher aussi : spaghetti.

nourrice nom f. **1** ● *Ma tante confie son bébé à une nourrice*, une dame dont le métier est de garder et de nourrir des enfants (→ nourrisson). — EN NOURRICE. ● *Ils ont mis leur fils en nourrice à la campagne*, chez une nourrice. **2** ÉPINGLE DE NOURRICE. ● *Elle a rattaché sa jupe avec une épingle de nourrice*, une épingle de sûreté, munie d'un fermoir, comme celles que l'on utilise pour les bébés.

nourricier adj. ● *Cet enfant vit avec ses parents nourriciers*, qui l'élèvent sans être ses vrais parents (→ nourrir).

nourrir v. **1** ● *Je nourris les oiseaux du parc* : je leur donne à manger. □ v. pron. ● *Les vaches se nourrissent d'herbe* : elles mangent de l'herbe (→ SYN. s'alimenter). ★ Conjug. 11. **2** ● *Quand j'étais bébé, maman m'a nourri* : elle m'a donné son lait (→ nourrisson). **3** ● *Les parents de José ont trois enfants à nourrir* : ils doivent leur donner de quoi vivre (→ SYN. élever, entretenir). — ● *Ce ne sont pas ses vrais parents, mais ce sont eux qui l'ont nourri* (→ nourricier). **4** ● *Je nourris le feu avec du bois pour qu'il dure* (→ SYN. alimenter, entretenir). **5** (fig.) ● *Je nourris l'espoir de revoir mon ami* : j'espère le revoir. ■ **nourrissant** adj. ● *La viande est un aliment nourrissant*, qui nourrit, qui donne des forces (→ SYN. nutritif). ■ **nourriture** nom f. ● *Dans ce restaurant, la nourriture n'est pas très bonne*, les aliments que l'on mange, dont on se nourrit.

nourrisson nom m. ● *Ève n'a que deux mois, c'est encore un nourrisson*, un bébé qui se nourrit surtout de lait (→ nourrice).

nous pronom personnel de la 1re personne du pluriel. **1** pronom sujet ● *Nous mangeons,* *nous nous* amusons, moi et les autres personnes dont je parle. **2** pronom complément ● *Jacques **nous** prête sa bicyclette*, à moi et à une ou plusieurs autres personnes. **3** NOUS-MÊMES. ● *Nous avons construit cette cabane **nous-mêmes** : c'est nous qui l'avons construite tout seuls.* — NOUS AUTRES. ● ***Nous autres** élèves, nous sommes en vacances*, nous qui sommes des élèves.

nouveau, nouvelle adj. **1** ● *Yves a inventé un **nouveau** jeu*, un jeu qui n'existait pas encore (→ CONTR. ancien). **2** ● *Regarde mon **nouveau** cartable*, celui qui remplace l'ancien. **3** ● *Dans notre classe, il y a une **nouvelle** élève*, une élève qui vient d'arriver. □ nom ● *Le **nouveau** a l'air timide*, le nouvel élève (→ nouveau-né). **4** ● *Ce savant a des idées **nouvelles***, que l'on ne connaissait pas encore. □ nom m. ● *Elle m'a appris du **nouveau***, des choses que je ne savais pas (→ 2. nouvelle). ★ Devant un mot qui commence par une *voyelle* ou un *h* **muet**, « nouveau » devient « nouvel » : *le Nouvel An, un nouvel habit.*

■ **de nouveau** loc. adv. ● *Elle est **de nouveau** enrhumée*, encore une fois.

■ **nouveau-né** nom ● *Papa berce son **nouveau-né***, son bébé qui vient de naître. — *Des **nouveau-nés***, une ***nouveau-née**.* □ adj. ● *Le veau **nouveau-né** est couché près de sa mère.*

■ **nouvellement** adv. ● *Je vous présente Jérôme, **nouvellement** arrivé parmi nous* : récemment.

nouveauté nom f. **1** ● *La **nouveauté** de cette musique me plaît*, son caractère nouveau, original (→ SYN. originalité). **2** ● *Tu te maquilles, à présent ? C'est une **nouveauté***, une chose nouvelle, que tu ne faisais pas jusqu'à présent. **3** ● *Ce commerçant vend des **nouveautés***, des objets nouveaux, à la mode (→ nouveau, sens 1).

nouvel → nouveau.

1. nouvelle → nouveau.

2. nouvelle nom f. **1** ● *Richard a trouvé du travail, c'est une bonne **nouvelle***, un événement qui vient d'arriver et que l'on vient d'apprendre. **2** au plur. ● *J'ai appris cela par les **nouvelles***, les informations, ce que disent les journaux, la radio, la télévision. **3** au plur. ● *Je n'ai pas de **nouvelles** de Roger*, pas de renseignements récents sur lui.

3. nouvelle nom f. ● *Ce livre est un recueil de **nouvelles***, d'histoires courtes qui n'ont pas de lien entre elles.

novateur, -trice **1** adj. Qui innove, créatif. ● *C'est un projet très **novateur**.* **2** nom ● *C'est un **novateur***, personne qui innove, qui trouve des choses nouvelles.

novembre nom m. ● *Il fait déjà froid en **novembre***, le onzième mois de l'année, qui a 30 jours.

novice nom ● *En musique, Alain est encore un **novice***, une personne qui débute, qui commence à apprendre quelque chose (→ SYN. apprenti, débutant). □ adj. ● *Il vient de passer son permis de conduire ; c'est un conducteur **novice***, débutant, sans expérience (→ SYN. inexpérimenté).

noyau nom m. **1** ● *On ne doit pas avaler les **noyaux** des cerises*, les parties dures que l'on trouve dans certains fruits (pêches, prunes, abricots, etc.) (→ dénoyauter). ★ Chercher aussi : pépin. **2** ● *Il fait partie d'un **noyau** de révolutionnaires*, d'un petit groupe de personnes unies au centre d'un groupe plus important.

1. noyer v. **1** ● *Le crocodile **noie** ses proies* : il les tue en les entraînant sous l'eau où elles ne peuvent plus respirer. □ v. pron. ● *Si tu te jettes dans l'eau sans savoir nager, tu risques de **te noyer***, de mourir asphyxié sous l'eau (→ noyade, noyé). **2** ● *L'inondation a **noyé** les champs* : elle les a recouverts d'eau (→ SYN. submerger). **3** (fig.) ● *Elle nous a **noyés** dans des explications compliquées* : elle nous a embrouillés, elle a tant parlé que nous étions perdus. — (fig.) NOYER LE POISSON : faire exprès de compliquer un problème, d'embrouiller les choses. ★ Conjug. 6.

■ **noyade** nom f. ● *Il nous a sauvés*

de la **noyade** : il nous a empêchés de mourir noyés.
■ **noyé** adj. **1** ● *Ce marin est mort noyé, en se noyant dans l'eau.* □ nom ● *Après la tempête, on a retrouvé deux noyés, deux personnes qui s'étaient noyées.* **2** (fig.) ● *En mathématiques, Pierre est complètement noyé* : il n'arrive pas à suivre, il est perdu, dépassé.

2. noyer nom m. ● *Dans le verger, il y a trois noyers, de grands arbres qui donnent des noix (→ noix).*

nu adj. **1** ● *Le docteur m'a dit de me mettre tout nu, sans aucun vêtement* (→ nudité, nudiste, dénudé; CONTR. habillé, vêtu). □ nom m. ● *Ce tableau représente un nu, le corps d'une personne nue.* **2** ● *Tu vas prendre froid si tu sors les bras nus,* découverts. — NU-TÊTE (ou TÊTE NUE), NU-PIEDS (ou PIEDS NUS), loc. adj. : sans que ces parties du corps soient couvertes (sans chapeau ; sans chaussures ni chaussettes). **3** À L'ŒIL NU. ● *À cette distance, tu ne peux pas voir une puce à l'œil nu,* en regardant simplement, sans un instrument spécial (lunette, jumelles, etc.). — À MAINS NUES. ● *Ils se sont battus à mains nues,* sans armes. **4** ● *Malika n'aime pas les murs nus,* sans ornements, sans décorations. **5** ● *En hiver, ces arbres sont nus,* sans feuilles.
■ **nudiste** adj. ● *Un club nudiste,* où les gens se baignent et se promènent tout nus, pour mieux profiter du soleil. □ nom ● *Ces gens sont des nudistes.*
■ **nudité** nom f. ● *Je mets des vêtements pour cacher ma nudité,* mon corps nu.

nuage nom m. **1** ● *En montant, l'avion a traversé les nuages,* des quantités de fines gouttelettes d'eau qui se rassemblent dans le ciel (→ SYN. nuée). **2** ● *Sur le chemin, la voiture soulève un nuage de poussière,* une grande quantité de poussière qui s'envole. **3** (fig.) ÊTRE DANS LES NUAGES : être distrait, penser à autre chose.
■ **nuageux** adj. ● *Il pourrait bien pleuvoir, le ciel est nuageux,* couvert de nuages.

nuance nom f. **1** ● *Le rose, le rouge clair et le rouge sombre, sont des nuances du rouge,* des degrés différents d'une même couleur (→ SYN. ton). **2** ● *Entre la mauvaise humeur et la colère, il y a une nuance,* une légère différence (→ nuancer).
■ **nuancer** v. ● *Tu devrais nuancer ton opinion,* l'exprimer moins brutalement, en tenant compte de certains détails. ★ Conjug. 4.

nucléaire 1 ● *Dans cette région, l'électricité est produite par des centrales nucléaires,* qui utilisent l'énergie des atomes (→ SYN. atomique). **2** ● *Il faut tout faire pour éviter la guerre nucléaire,* conflit où l'on utilise les bombes atomiques.

nudiste, nudité → nu.

nuée nom f. **1** (littér.) ● *Le poète regarde les nuées,* les nuages dans le ciel. **2** (fig.) ● *Le soir, il y a ici des nuées de moustiques,* un très grand nombre de moustiques qui forment une sorte de nuage.

nues nom f. plur. PORTER AUX NUES : admirer, louer avec excès (→ 2. louer). — TOMBER DES NUES : être très surpris.

nuire v. **1** ● *Le tabac nuit à la santé* : il est mauvais pour elle, il l'abîme, lui fait du mal (→ nocif, nuisible). **2** ● *Cette personne ne pense qu'à nuire aux autres,* à leur faire du tort, du mal. ★ Conjug. 43 sauf le participe passé : nui.
■ **nuisance** nom f. ● *La fumée de cette usine est une nuisance pour les gens du voisinage,* une chose qui les gêne, qui leur fait du mal. ★ Chercher aussi : pollution.
■ **nuisible** adj. **1** ● *Le cultivateur veut débarrasser son champ des insectes nuisibles,* qui abîment les cultures, les récoltes. **2** ● *L'alcool est nuisible à la santé,* mauvais pour la santé.

nuit nom f. **1** ● *Je me suis réveillé au milieu de la nuit,* la période où il fait sombre, où le soleil n'éclaire pas (→ nocturne ; CONTR. jour). **2** ● *La nuit tombe,* l'obscurité. **3** DE NUIT. ● *Mon père travaille de nuit,* pendant la nuit. —

● *Le hibou est un oiseau de nuit*, qui reste éveillé pendant la nuit (→ SYN. nocturne).

1. **nul** adj. et pronom **A.** adj. ● *Je n'ai nul besoin de tes conseils*, aucun besoin. — NULLE PART. ● *C'est là qu'il veut aller, et nulle part ailleurs*, dans aucun autre endroit (→ part).
B. pronom ● *C'est un secret que nul ne doit connaître*, personne.
■ **nullement** adv. ● *Cela ne m'ennuie nullement*, pas du tout, en aucune façon.

2. **nul** adj. 1 ● *La partie s'est terminée sur un résultat nul*, sans gagnants ni perdants. 2 ● *Il est nul en calcul*, très mauvais (→ nullité). 3 ● *Cette décision est nulle*, sans valeur (→ annuler ; CONTR. valable).
■ **nullité** nom f. ● *Ce devoir mérite un zéro. Quelle nullité !* : il est nul, très faible.

numéraire nom m. ● *Ici, on n'accepte que les paiements en numéraire*, en argent liquide (→ SYN. espèces ; CONTR. chèque).

numéral adj. ● *Dans «Les trois livres sur la deuxième étagère», «trois» et «deuxième» sont des adjectifs numéraux*, qui représentent des nombres. ★ Chercher aussi : 2. cardinal, ordinal.
■ **numération** nom f. ● *Pour compter, nous utilisons la numération décimale*, un système qui permet de représenter les nombres (→ énumération).
■ **numérique** adj. ● *Ces joueurs ont perdu à cause de leur infériorité numérique*, parce qu'ils étaient moins nombreux, inférieurs en nombre.
■ **numéro** nom m. 1 ● *Les footballeurs ont un numéro sur leur maillot*, un nombre. 2 ● *As-tu reçu le dernier numéro de ce journal ?*, le dernier exemplaire paru. 3 ● *Au cirque, ce jongleur fait un numéro extraordinaire*, une partie d'un spectacle. 4 (fam.) ● *Ton copain a l'air d'être un drôle de numéro*, une personne qui se fait remarquer par sa conduite.
■ **numéroter** v. Marquer d'un numéro. ● *Toutes les pages de ce livre ont été numérotées.*

numérateur nom m. Nombre placé au-dessus de la barre d'une fraction. ★ Chercher aussi : dénominateur.

numismate nom ● *Daniel collectionne les pièces romaines, c'est un numismate*, un spécialiste des médailles et des monnaies anciennes et un collectionneur.

nuptial [nypsjal] adj. ● *Les invités arrivent pour assister à la cérémonie nuptiale* : du mariage.

nuque nom f. ● *Croisez vos mains derrière la nuque*, l'arrière du cou. ★ VOIR p. 967.

nurse [nœrs] nom f. Personne chargée de s'occuper d'enfants, de les garder. ● *Les enfants du prince se promenaient avec leur nurse.*

nutrition nom f. ● *Ce médecin a fait des recherches sur la nutrition des enfants*, sur la façon dont il faut les nourrir, les alimenter.
■ **nutritif** adj. ● *Un aliment nutritif*, nourrissant.

nylon nom m. ● *Mon anorak est en nylon*, une fibre artificielle, qui sert à faire des bas, des tissus, etc. ★ Chercher aussi : coton, laine, soie, tergal.

nymphe [nɛ̃f] nom f. Déesse des bois, des fleuves et des fontaines dans les anciennes légendes grecques.

nymphéa nom m. Nénuphar blanc. ● *Le lac est couvert de nymphéas.*

O|o

oasis [ɔazis] nom f. ● *Les oasis du Sahara :* les endroits du désert où les plantes poussent parce qu'il y a de l'eau.

obéir v. ● *Tu devrais lui obéir,* faire ce qu'il t'ordonne (→ CONTR. désobéir). ★ Conjug. 11.
■ **obéissance** nom f. ● *Les soldats doivent obéissance à leurs chefs :* ils doivent leur obéir (→ CONTR. désobéissance).
■ **obéissant** adj. ● *As-tu été obéissant avec ta grand-mère ?* (→ CONTR. désobéissant).

obélisque nom m. ● *L'obélisque de la place de la Concorde, à Paris :* une colonne de pierre carrée avec un bout pointu qui a été rapportée d'Égypte.

obèse adj. ● *Mon voisin est obèse,* anormalement gros. □ nom ● *Un obèse :* une personne anormalement grosse (→ CONTR. maigre, squelettique).
■ **obésité** nom f. ● *Il suit un traitement médical contre l'obésité,* pour ne plus être anormalement gros.

objecter, objecteur → objection.

1. objectif adj. ● *Le juge ne se laisse pas influencer, il essaie d'être objectif,* de voir les choses comme elles sont réellement (→ SYN. impartial).
■ **objectivement** adv. ● *Ce journal raconte objectivement ce qui s'est passé,* d'une façon objective, sans parti pris.
■ **objectivité** nom f. ● *Cet article de journal manque d'objectivité :* il n'est pas objectif (→ SYN. impartialité ; CONTR. parti pris, préjugé).

2. objectif nom m. ● *Son objectif est d'être champion de France l'année prochaine,* le but qu'il s'est fixé (→ objet, sens 2).

3. objectif nom m. ● *Sur cet appareil photo, on peut adapter plusieurs objectifs* différents, des lentilles de verre qui donnent des images plus ou moins rapprochées.

objection nom f. **1** ● *Quand j'ai proposé de rentrer, elle a fait des objections :* elle a dit pourquoi elle n'était pas tout à fait d'accord. **2** ● *Nous partirons demain, si vous n'y voyez pas d'objection,* d'inconvénient.
■ **objecter** v. ● *Je n'ai rien à objecter à ce que vous dites :* je n'ai rien à opposer à ce que vous dites.
■ **objecteur** nom m. OBJECTEUR DE CONSCIENCE : personne qui refuse de faire son service militaire en raison de ses idées. ★ Chercher aussi : non-violent, insoumis.

objet nom m. **1** ● *Cet objet est fragile, maniez-le avec précaution* (→ SYN. chose). **2** ● *Quel est l'objet de cette réunion ?,* son but (→ 2. objectif). **3** SANS OBJET. ● *Cet homme est parfaitement honnête, votre méfiance est sans objet :* elle n'a pas de raison d'être. **4** ● *Dans la phrase «Je lance un ballon», «ballon» est complément d'objet du verbe «lancer».*

1. obliger v. ● *Personne ne t'oblige à m'accompagner :* personne ne te force (→ SYN. contraindre). ★ Conjug. 5.

■ **obligation** nom f. ● *Vous devez assister à cette réunion, c'est une **obligation**,* un devoir, une nécessité, une contrainte.

■ **obligatoire** adj. **1** ● *Les motocyclistes doivent porter un casque, c'est **obligatoire** :* ils sont obligés de le porter, la loi les y oblige (→ SYN. indispensable ; CONTR. facultatif). **2** (fam.) ● *Leur équipe était plus forte, nous avons perdu, c'était **obligatoire** :* c'était inévitable.

■ **obligatoirement** adv. ● *Les voyageurs doivent **obligatoirement** acheter un billet avant de prendre le train.*

2. obliger v. (littér.) ● *Vincent a fait cela pour m'**obliger**,* pour me rendre service, pour me faire plaisir. ★ Conjug. 5.

■ **obligeance** nom f. ● *Voulez-vous avoir l'**obligeance** de fermer cette fenêtre ?,* l'amabilité, la gentillesse.

■ **obligeant** adj. ● *Une personne **obligeante**,* qui aime faire plaisir, rendre service (→ désobligeant).

oblique adj. ● *Au lieu de monter tout droit, la fusée a suivi une ligne **oblique**,* qui n'est ni verticale ni horizontale. — EN OBLIQUE, loc. adv. : en suivant une direction oblique. ★ Chercher aussi : biais.

■ **obliquer** v. ● *Le conducteur de la voiture a **obliqué** vers la gauche :* il s'est dirigé vers la gauche.

oblitérer v. ● *La poste **oblitère** les timbres :* elle les marque d'un cachet pour que l'on ne puisse pas les réutiliser. ★ Conjug. 8.

■ **oblitération** nom f. Action d'oblitérer. ● *L'**oblitération** des timbres-poste permet de dater l'envoi d'une lettre.*

oblong adj. De forme allongée. ● *Une enveloppe **oblongue**.*

obnubilé adj. ● *Il est **obnubilé** par son travail :* il ne pense qu'à ça.

obole nom f. ● *Pour la fête, chacun devra apporter son **obole**,* la petite somme d'argent qui représente sa contribution aux dépenses.

obscène adj. ● *Des dessins **obscènes**,* indécents et très grossiers.

■ **obscénité** nom f. ● *Il a dit des obscénités,* des paroles obscènes.

obscur adj. **1** ● *Cet appartement au rez-de-chaussée est **obscur**,* peu éclairé, sombre (→ obscurité ; obscurcir). **2** (fig.) ● *Alain a refusé notre invitation pour des raisons **obscures**,* difficiles à comprendre (→ SYN. confus ; CONTR. clair, A). **3** (fig.) ● *Ce tableau a été fait par un peintre **obscur**,* peu connu (→ CONTR. célèbre).

■ **obscurcir** v. ● *De gros nuages noirs **obscurcissent** le ciel :* ils le rendent sombre (→ SYN. assombrir). ★ Conjug. 11.

■ **obscurité** nom f. ● *Sophie n'aime pas sortir dans l'**obscurité**,* dans le noir, dans la nuit.

obséder v. ● *Ce mauvais souvenir l'**obsède** :* il la tourmente sans cesse, elle y pense sans arrêt (→ obsession). ★ Conjug. 8.

■ **obsédant** adj. ● *Elle ne peut pas se débarrasser de cette peur **obsédante**,* qu'elle garde sans cesse dans son esprit.

obsèques nom f. plur. ● *Nous sommes allés aux **obsèques** de notre ami,* à son enterrement (→ SYN. funérailles).

observer v. **1** ● *Valérie a **observé** des oiseaux dans leur nid :* elle les a regardés avec attention, elle les a examinés (→ observateur ; observation, sens 1). **2** ● *Les automobilistes doivent **observer** les limitations de vitesse,* les respecter, s'y conformer (→ observation, sens 2).

■ **observateur, -trice** adj. et nom. **1** adj. ● *Yves remarque tous les détails, c'est un garçon **observateur**,* qui sait observer attentivement. **2** nom ● *Les **observateurs** étrangers ont assisté au discours du chef de l'État,* les personnes chargées d'observer un événement, les journalistes, etc.

■ **observation** nom f. **1** ● *Il est passionné par l'**observation** des animaux,* le fait de les observer (→ SYN. étude, examen). — ÊTRE EN OBSERVATION. ● *Le malade **est en observation** à l'hôpital :* on le garde à l'hôpital pour l'examiner. **2** ● *Le directeur demande l'**observation***

621

du *règlement* : il demande que l'on respecte le règlement, que chacun s'y conforme. **3** ● *Vos **observations** sont très justes, vos remarques, vos appréciations* (→ SYN. commentaire). **4** ● *Son père lui a fait des **observations** sur sa tenue, des reproches, des critiques.*

■ **observatoire** nom m. Établissement spécialement équipé pour observer le ciel, les astres, etc. ● *Dans cet **observatoire**, les astronomes observent les étoiles avec des télescopes.*

obsession nom f. ● *Elle ne pense plus qu'à son examen, c'est une **obsession**, une idée fixe dont elle ne peut pas se débarrasser* (→ obséder; SYN. hantise).

obstacle nom m. **1** ● *Dans le noir, Marion s'est cognée contre un **obstacle**, quelque chose qui l'empêchait de passer.* **2** (fig.) ● *Pour réussir, j'ai dû surmonter beaucoup d'**obstacles**, de difficultés.*

s'obstiner v. pron. ● *Malgré nos conseils, il **s'obstine** à réparer lui-même le moteur de sa voiture : il ne veut pas changer d'avis* (→ SYN. s'acharner, s'entêter).

■ **obstination** nom f. ● *Elle fait preuve d'**obstination** dans son travail, de persévérance, de ténacité.*

■ **obstinément** adv. ● *Inutile de chercher à le persuader, il refuse **obstinément**, avec obstination, avec entêtement.*

obstruer v. ● *Ces voitures accidentées **obstruent** la route : elles empêchent de passer* (→ SYN. 1. barrer; 1. boucher).

obtenir v. ● *La maîtresse a félicité Laure pour le bon résultat qu'elle **a obtenu**, qu'elle a réussi à avoir.* ★ Conjug. 19.

■ **obtention** nom f. ● *Pour l'**obtention** du permis de conduire, il faut passer un examen, pour l'obtenir.*

obturer v. ● *Les maçons **ont obturé** le trou du mur* : ils l'ont bouché.

■ **obturation** nom f. Action d'obturer; état de ce qui est obturé. ● *L'**obturation** d'une canalisation a privé d'eau tout le quartier.*

1. obtus adj. ● *Un angle **obtus**, plus ouvert qu'un angle droit.* — ● *Un angle **obtus** et un angle aigu.* ★ VOIR p. 424.

2. obtus adj. ● *Il faut tout lui expliquer avec patience, il est **obtus**, très lent à comprendre, peu intelligent.*

oc nom m. LANGUE D'OC : langue du Midi de la France au Moyen Âge, encore parlée de nos jours. ★ Chercher aussi : oïl.

■ **occitan** [ɔksitɑ̃] adj. ● *La poésie **occitane**, écrite en langue d'oc.*

ocarina nom m. Instrument de musique à vent allongé, renflé et percé de trous.

occasion nom f. **1** ● *Viens me voir, si tu en as l'**occasion**, une circonstance qui te permet de le faire* (→ occasionnel). **2** À L'OCCASION DE, loc. prép. ● *À l'**occasion** de mon anniversaire, nous avons invité tous mes amis, pour mon anniversaire.* **3** D'OCCASION. ● *Ils ont acheté un bateau d'**occasion**, qui n'est pas neuf.* **4** ● *Cette table à si bas prix, c'est vraiment une **occasion**, une bonne affaire qu'il ne faut pas laisser passer.*

■ **occasionnel** adj. ● *Le sport est pour lui une activité **occasionnelle**, qu'il ne pratique pas régulièrement, mais seulement quand l'occasion s'en présente* (→ CONTR. habituel).

■ **occasionnellement** adv. ● *Il fait ce métier **occasionnellement**, d'une manière occasionnelle* (→ CONTR. habituellement).

■ **occasionner** v. ● *Une fuite de gaz a **occasionné** l'explosion* : elle l'a causée, provoquée.

occident [ɔksidɑ̃] nom m. **1** ● *Le soleil se couche à l'**occident**, à l'ouest* (→ SYN. couchant; CONTR. orient). **2** L'OCCIDENT : l'ensemble des pays de l'Europe de l'Ouest et de l'Amérique du Nord. ● *L'**Occident** et les pays de l'Est.*

■ **occidental** adj. **1** ● *La côte **occidentale** de l'île* : celle qui se trouve à l'ouest. **2** ● *Le monde **occidental*** : celui des pays de l'Occident. □ nom ● *Les **Occidentaux*** : les habitants de ces pays.

occitan → oc.

occulte adj. **1** ● *Il est arrivé à ce poste élevé par des manœuvres **occultes**, secrètes et pas toujours très honnêtes.* **2** SCIENCES OCCULTES. ● *Les magiciens,* les voyantes, les sorciers pratiquent les **sciences occultes**, des activités qui font intervenir des forces mystérieuses.

occuper v. **A. 1** ● *Il occupe ses loisirs en faisant du sport* : il utilise ses loisirs à faire cela (→ occupation). **2** ● *Les campeurs occupent un terrain près de la rivière : ils y sont; ils utilisent ce terrain pour y rester.* — ● *Nos amis occupent l'appartement du 2ᵉ étage : ils y habitent* (→ occupant, sens 1). **3** ● *L'ennemi occupe notre pays* : il y reste par la force, après l'avoir conquis (→ occupant, sens 2). **B.** v. pron. **1** ● *Luc a toujours de bonnes idées pour s'occuper*, pour utiliser son temps sans s'ennuyer. **2** S'OCCUPER DE... ● *Aujourd'hui, je me suis occupé de ton inscription à l'école* : j'y ai consacré mon temps, mes efforts.

■ **occupant** nom **1** ● *Les occupants de cette villa sont partis en vacances*, ceux qui y habitent (→ occuper, A sens 2). **2** ● *Les occupants ont dû quitter le pays*, les ennemis qui l'occupaient militairement.

■ **occupation** nom f. **1** ● *Quelles sont vos occupations pendant les vacances?* : à quoi consacrez-vous votre temps, vos activités? **2** ● *Les habitants de ce pays ont beaucoup souffert pendant l'occupation*, la période où une armée étrangère occupait leur pays.

■ **occupé** adj. **1** ● *Marc n'a pas le temps, c'est un garçon très occupé*, qui a beaucoup de choses à faire. **2** ● *Je ne peux pas m'asseoir là, c'est une place occupée*, prise (→ CONTR. inoccupé, libre). **3** ● *L'armée ennemie a été chassée des régions occupées*, les régions qu'elle occupait de force.

océan nom m. Très grande étendue d'eau salée. ● *Il existe trois grands océans : l'océan Pacifique, l'océan Atlantique et l'océan Indien.*

■ **océanique** adj. ● *Les régions océaniques*, au bord de l'océan.

■ **océanographie** nom f. Science qui étudie les mers et les océans.

ocelot nom m. Félin d'Amérique du Sud à pelage tacheté de brun.

ocre nom f. ● *Pour peindre ce mur, Bernard prend de l'ocre*, une couleur jaune foncé ou jaune-brun. □ adj. invar. ● *Des vêtements ocre.*

octave nom m. Intervalle de huit notes formant la gamme. ● *Une voix moyenne couvre deux octaves.*

octobre nom m. Dixième mois de l'année.

octogone nom m. Figure géométrique à huit côtés. ★ VOIR p. 424.

octroyer v. ● *Le directeur a octroyé une prime au personnel de l'entreprise* : il l'a accordée par faveur, sans y être obligé. ★ Conjug. 6.

oculaire adj. et nom m. **A.** adj. **1** ● *Le globe oculaire*, de l'œil. **2** ● *Cet accident m'a été raconté par un témoin oculaire*, qui l'a vu de ses propres yeux. **B.** nom m. ● *Pour regarder au microscope, tu approches ton œil le plus près possible de l'oculaire*, la partie par laquelle on regarde. ★ VOIR p. 970.

■ **oculiste** nom ● *Sylvie a besoin de lunettes, elle doit aller chez l'oculiste*, le médecin qui soigne les yeux.

ode nom f. ● *En classe, nous avons appris une ode*, un long poème.

odeur nom f. ● *Marc a senti une odeur de brûlé dans la cuisine.* ★ Chercher aussi : olfactif.

■ **odorant** adj. ● *Le thym est une plante odorante*, parfumée, qui sent bon (→ CONTR. inodore).

■ **odorat** nom m. ● *Ce chien de chasse a un odorat très développé*, un des cinq sens, celui qui permet de sentir les odeurs. ★ Chercher aussi : flair.

odieux adj. **1** ● *Un crime odieux*, qui inspire la haine, l'indignation. **2** ● *Elle a été odieuse pendant toute la matinée*, détestable, insupportable.

odorant; odorat → odeur.

odoriférant adj. Qui a une odeur puissante et agréable. ● *Des lys odoriférants embaument le jardin.*

odyssée nom f. ● *Ces navigateurs ont raconté leur odyssée autour du monde*, leur voyage mouvementé, plein d'aventures.

œdème [edɛm] nom m. ● *Notre voisine a eu un **œdème** des jambes*, une maladie qui fait enfler les jambes.

œil [œj] (au plur. **yeux** [jø]) nom m. **1** Organe de la vue. ● *Valérie a de bons **yeux**, une bonne vue.* **2** (fig.) OUVRIR L'ŒIL : se montrer attentif, vigilant. — AVOIR L'ŒIL À TOUT : être très attentif, veiller à tous les détails. — (fam.) AVOIR QUELQU'UN À L'ŒIL : le surveiller. **3** (fig.) JETER UN COUP D'ŒIL. ● *J'ai jeté un coup d'œil sur cette revue* : je l'ai regardée rapidement. **4** (fig. et fam.) TOURNER DE L'ŒIL : s'évanouir. **5** NE PAS FERMER L'ŒIL. ● *Marc **n'a pas fermé l'œil** de la nuit* : il n'a pas dormi. **6** (fig. et fam.) À L'ŒIL, loc. adv. ● «*As-tu payé ta place?*» «*Non, je suis entré **à l'œil***», gratuitement. — POUR LES BEAUX YEUX DE QUELQU'UN. ● *J'ai fait ce travail **pour ses beaux yeux**, pour lui plaire, gratuitement.* **7** SAUTER AUX YEUX ou (fam.) CREVER LES YEUX. ● *La solution de ce problème **saute aux yeux** : elle est évidente.* **8** (fig.) FAIRE LES GROS YEUX À QUELQU'UN : le regarder sévèrement, d'un air mécontent. **9** (fig.) FERMER LES YEUX SUR QUELQUE CHOSE. ● *Je **ferme les yeux sur** les fautes que tu as commises* : je fais comme si je ne les avais pas vues. **10** (fig. et fam.) COÛTER LES YEUX DE LA TÊTE : coûter très cher.

■ **œillade** nom f. ● *Armelle a lancé une **œillade** à Denise*, un petit clin d'œil complice.

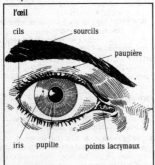

l'œil

cils
sourcils
paupière
iris   pupille   points lacrymaux

œil-de-bœuf nom m. Fenêtre ronde ou ovale dans un mur. — ● *Des **œils-de-bœuf**.*

œillère nom f. **1** ● *Les **œillères** d'un cheval* : les plaques de cuir qui l'empêchent de voir sur les côtés. **2** (fig.) AVOIR DES ŒILLÈRES : avoir l'esprit étroit, plein de préjugés.

1. œillet nom m. ● *Les **œillets** d'une chaussure* : les petits trous dans lesquels on passe les lacets.

2. œillet nom m. ● *Alice m'a apporté un gros bouquet d'**œillets***, des fleurs odorantes, de couleur rouge, blanche ou rose.

œsophage [ezɔfaʒ] nom m. ● *Quand tu avales une bouchée, elle descend dans ton **œsophage**,* la partie du tube digestif qui relie la bouche à l'estomac. ★ VOIR p. 969.

œuf [œf] (au plur. [ø]) nom m. **1** ● *La poule pond des **œufs**, et quand elle les a couvés, il en sort des poussins.* — ● *J'ai mangé un sandwich aux **œufs** de poisson, ce qui aurait pu donner naissance à des poissons (→ ovipare).* **2** ● *Mon parrain m'a offert un **œuf** de Pâques en chocolat*, une confiserie en forme d'œuf. ★ Attention à la prononciation : «un œuf» [œnœf], «des œufs» [dezø].

œuvre nom f. **1** ● *Michel fait admirer son **œuvre**, ce qu'il a fait (→ SYN. ouvrage, travail).* — ● *Connais-tu les **œuvres** de La Fontaine?*, ce qu'il a écrit (→ chef-d'œuvre). **2** SE METTRE À L'ŒUVRE. ● *Si nous voulons finir à temps, il faut **nous mettre à l'œuvre**,* au travail. **3** METTRE EN ŒUVRE. ● *Pour sauver les naufragés, tous les moyens **ont été mis en œuvre*** : ils ont été employés, utilisés. **4** JUGER QUELQU'UN À L'ŒUVRE : le juger d'après ce qu'il fait.

■ **œuvrer** v. Travailler, agir dans une intention précise. ● *Il a **œuvré** toute sa vie pour l'égalité et la justice.*

offense nom f. ● *Je ne lui ai pas pardonné cette **offense**,* cette parole ou cette action qui m'a blessé en me rabaissant (→ SYN. affront).

■ **offenser** v. ● *En vous moquant de*

lui, vous l'avez offensé : vous lui avez fait une offense (→ SYN. blesser, vexer).

■ **offensant** adj. Qui offense. ● *Bernard s'est fâché avec Rémi qui lui avait donné un surnom offensant* (→ SYN. blessant, humiliant, vexant).

offensif adj. ● *C'est une guerre offensive,* dans laquelle on attaque (→ CONTR. défensif).

■ **offensive** nom f. ● *L'armée essaie de repousser l'offensive ennemie,* son attaque, son assaut.

office nom m. **1** ● *La gestion des H. L. M. est confiée à des offices publics,* à des organismes publics. **2** ● *Le dimanche, il y a plusieurs offices à l'église,* plusieurs cérémonies religieuses. **3** BONS OFFICES. ● *Il m'a offert ses bons offices,* ses services. **4** FAIRE OFFICE DE. ● *Comme il était le seul à parler anglais, il a fait office d'interprète :* il a servi d'interprète. **5** D'OFFICE, loc. adv. ● *On m'a confié d'office cette mission,* sans que je l'aie demandé.

officiel adj. **1** ● *Pour construire une maison, il faut une autorisation officielle,* donnée par une administration, un représentant de l'État. **2** ● *Les ministres, les préfets sont des personnages officiels,* qui représentent l'État, les autorités. □ nom m. ● *Des officiels présidaient la cérémonie,* des personnages officiels. **3** ● *La nouvelle est maintenant officielle,* confirmée par les autorités (→ CONTR. officieux).

■ **officiellement** adv. ● *Cette nouvelle n'a pas été confirmée officiellement.*

officier nom m. ● *Dans l'armée, les officiers ont un rôle de commandement,* les militaires dont le grade va de sous-lieutenant à général (→ sous-officier). ★ VOIR p. 433.

officieux adj. ● *Cette nouvelle est officieuse :* on ne peut pas garantir qu'elle soit vraie, car elle n'a pas été annoncée par les autorités elles-mêmes (→ CONTR. officiel).

■ **officieusement** adv. D'une manière officieuse. ● *Il a appris officieusement qu'il était nommé général.*

offrir v. **1** ● *Annie m'a offert un livre :* elle me l'a donné comme cadeau (→ offrande). □ v. pron. ● *Il s'est offert un bon repas :* il se l'est payé. **2** ● *Dans l'autobus, un voyageur a offert sa place à une dame :* il la lui a proposée (→ offre, offrant). **3** ● *Même quand Sylvie est un peu triste, c'est toujours un visage souriant qu'elle offre,* qu'elle présente, qu'elle montre. ★ Conjug. 12.

■ **offrande** nom f. ● *À la quête, chacun déposait son offrande sur le plateau,* ce qu'il donnait.

■ **offrant** nom m. ● *Dans une vente aux enchères, la marchandise est laissée au plus offrant,* à l'acheteur qui propose le prix le plus élevé.

■ **offre** nom f. ● *On m'a fait une offre intéressante,* une proposition.

offset [ɔfsɛt] nom m. Procédé d'impression. ● *Un prospectus imprimé en offset.*

offusquer v. ● *Nous avons été offusqués par sa mauvaise tenue,* choqués.

ogive nom f. **1** ● *On reconnaît les églises gothiques à leur voûte en ogive,* formée de deux arcs de cercle qui se croisent. **2** ● *Certaines fusées transportent plusieurs bombes atomiques dans leur ogive,* dans leur partie supérieure (→ SYN. tête).

ogre, ogresse nom. Géant de conte de fées, qui mange les enfants. ● *Le Petit Poucet a réussi à échapper à l'ogre.*

oh ! interj. Employé pour s'exclamer. ● *Oh ! que c'est joli ! — Oh ! il s'est fait mal !* ★ Chercher aussi : ho !

oie nom f. Oiseau à plumes grises ou blanches, qui ressemble à un gros canard. ● *Il existe des oies domestiques et des oies sauvages.* ★ Chercher aussi : gaver, jars.

oignon [ɔɲɔ̃] nom m. **1** ● *Nicole n'aime pas éplucher les oignons parce que cela pique les yeux,* des plantes que l'on utilise pour la cuisine. — (fam.) OCCUPE-TOI DE TES OIGNONS : ne te mêle pas de ce qui ne te regarde pas ! — (fam.) EN RANG D'OIGNONS : les uns derrière les autres, ou les uns à côté des autres, sur une seule ligne. **2** ● *La tige des tulipes se ter-*

*mine par un **oignon**, par une grosse racine arrondie (→ SYN. bulbe).*

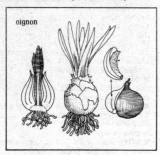

oignon

oïl [ɔjl] LANGUE D'OÏL : langue que l'on parlait au Moyen Âge en France au nord de la Loire (opposé à *langue d'oc*). • *Le français vient de la **langue d'oïl**.*

oiseau nom m. **1** Animal au corps couvert de plumes, qui a deux pattes et deux ailes. • *Le hibou est un **oiseau** de nuit ; l'aigle est un **oiseau** de proie ; les volailles sont des **oiseaux** de basse-cour.* — • *Le chant, le nid d'un **oiseau**.* **2** À VOL D'OISEAU, loc. adv. • *De Bordeaux à Marseille, il y a 500 km à **vol d'oiseau**,* en ligne droite.

oiseux adj. • *J'en ai assez de ces discussions **oiseuses**,* qui ne servent à rien, qui ne concernent que des détails sans intérêt.

oisif adj. • *Aude ne reste jamais **oisive**,* sans rien faire (→ SYN. désœuvré, inactif, inoccupé).
■ **oisiveté** nom f. • *Elle vit dans l'**oisiveté*** (→ SYN. désœuvrement, inaction).

O. K. ! [ɔke] interj. (fam.) • *Tu m'attendras à la sortie ? — **O. K. !** : d'accord !*

oléagineux adj. • *L'olive est un fruit **oléagineux**,* qui contient de l'huile. □ nom m. • *Un **oléagineux** :* une plante qui fournit de l'huile (arachide, colza, tournesol, etc.).

oléoduc nom m. Gros tuyau servant à transporter du pétrole sur de longues distances (→ SYN. pipeline). ★ Chercher aussi : aqueduc.

olfactif adj. • *C'est par le nez que sont perçues les sensations **olfactives**,* qui se rapportent aux odeurs.

olifant ou **oliphant** nom m. Au Moyen Âge, cor d'ivoire utilisé par les chevaliers pour appeler ou avertir (→ trompe, sens 1).

olive nom f. • *Préférez-vous les **olives** vertes ou les **olives** noires ?,* de petits fruits à noyau, que l'on mange après les avoir laissé tremper dans de la saumure, ou dont on fait de l'huile.
■ **olivier** nom m. Arbre des régions méditerranéennes qui donne des olives.

olympique adj. JEUX OLYMPIQUES : ensemble de rencontres sportives organisées tous les quatre ans et auxquelles participent des athlètes de tous les pays. • *Les **jeux Olympiques** ont lieu à chaque fois dans un pays différent.* — • *Un record **olympique**,* établi aux jeux Olympiques. — • *Une piscine **olympique**,* qui respecte les règlements des jeux Olympiques.

ombilical adj. • *À la naissance d'un enfant, on coupe le cordon **ombilical**,* le cordon de chair par lequel il était attaché à sa mère et dont le nombril constitue la cicatrice.

ombre nom f. **1** • *Tu vas attraper un coup de soleil ! Viens à l'**ombre** du parasol,* à l'endroit sombre où le parasol protège des rayons lumineux (→ ombrage, sens 1 ; ombragé ; ombrelle). **2** • *L'**ombre** de Marie-Jo se détache sur le sol,* la forme sombre que projette son corps éclairé par la lumière du soleil ou une autre lumière (→ ombrageux, sens 1). **3** PAS L'OMBRE DE, loc. prép. • *Il a dit la vérité, il n'y a **pas l'ombre** d'un doute à cela :* il n'y a pas le moindre doute.
■ **ombrage** nom m. **1** • *Par cette chaleur, il vaut mieux rester sous les **ombrages**,* sous les feuillages qui donnent de l'ombre. **2** PRENDRE OMBRAGE DE QUELQUE CHOSE. • *Il **a pris ombrage***

de sa remarque : il en a été fâché, il l'a mal prise (→ ombrageux, sens 2).

■ **ombragé** adj. ● *Les pique-niqueurs se sont installés dans un endroit ombragé*, où il y a de l'ombre.

■ **ombrageux** adj. **1** ● *Ce cheval est ombrageux* : il est facilement effrayé par une ombre ou quelque chose qui le surprend. **2** ● *Cet homme a un caractère ombrageux* : il se fâche, se vexe pour peu de chose (→ ombrage, sens 2).

■ **ombrelle** nom f. Objet ressemblant à un parapluie et dont les femmes se servaient autrefois pour se protéger du soleil.

omelette nom f. Plat composé d'œufs battus et cuits dans une poêle.

omettre v. ● *J'ai omis un chiffre en notant son numéro de téléphone* (→ SYN. oublier). ★ Conjug. 33.

■ **omission** nom f. ● *Il faudra réparer cette omission*, cet oubli.

omnibus adj. ● *Un train omnibus*, qui s'arrête dans toutes les gares. □ nom m. ● *Les omnibus vont beaucoup moins vite que les express ou les rapides.*

omnipotent adj. Qui a tous les pouvoirs. ● *Dans ce pays, le chef de l'État est omnipotent.*

omniscient adj. Qui sait tout. ● *Je ne suis pas omniscient.*

omnisports adj. invar. Où l'on pratique toutes sortes de sports différents. ● *Une salle omnisports*, un club *omnisports.*

omnivore adj. ● *Le porc est omnivore* : il se nourrit aussi bien de plantes que de viande. ★ Chercher aussi : carnivore, herbivore.

omoplate nom f. Chacun des deux os plats et triangulaires en haut du dos, à la hauteur des épaules. ★ VOIR p. 968.

on pronom indéf. **1** Représente tout le monde, n'importe qui. ● *On ne peut pas tout savoir.* **2** Représente une personne qui n'est pas nommée. ● *On m'a prévenu trop tard.* **3** (fam.) S'emploie à la place de *nous*. ● *Mes amis et moi,*

on s'est bien amusés. ★ Il est toujours préférable d'employer *nous* plutôt que *on* au sens 3.

once nom f. **1** Ancienne unité de poids qui valait environ 30 grammes. **2** (fig.) ● *Il n'a pas une once de patience*, pas la moindre patience.

oncle nom m. ● *François est le frère de mon père ; André est le frère de ma mère ; Gérard est le mari de ma tante ; ils sont tous les trois mes oncles.* ★ Chercher aussi : neveu, nièce, tante.

onctueux adj. ● *Une purée onctueuse*, ni trop liquide, ni trop épaisse.

onde nom f. **1** ● *Éric a jeté une pierre dans l'eau, il regarde les ondes s'élargir puis disparaître*, les cercles qui se sont formés à la surface de l'eau. **2** ● *Les sons se propagent par ondes*, par des vibrations. — ● *Une émission de radio est transmise par des grandes ondes* (abrév. : G.O.), *des petites ondes* (abrév. : P.O.) *ou des ondes courtes* ; pour la capter, il faut régler le poste sur la longueur d'*onde* voulue (la longueur d'*onde* s'exprime en mètres). — (fig. et fam.) ÊTRE SUR LA MÊME LONGUEUR D'ONDE. ● *Ah! tu parles d'Antoine, je croyais qu'il s'agissait de Vincent, nous n'étions pas sur la même longueur d'onde* : nous ne nous comprenions pas, nous ne parlions pas de la même chose. **3** (au plur.) ● *Ce disque passe plusieurs fois par jour sur les ondes*, à la radio.

ondée nom f. ● *Je prends mon parapluie ; il peut tomber une ondée*, une pluie soudaine et brève (→ SYN. averse).

on-dit nom m. invar. ● *D'après les on-dit, il serait gravement malade*, d'après les bruits qui circulent (→ SYN. rumeur).

onduler v. **1** ● *Les blés ondulent sous le vent* : ils ont un mouvement semblable à celui des vagues (→ ondulation, sens 1). **2** ● *Les cheveux de Bénédicte ondulent naturellement* : ils bouclent (→ ondulation, sens 2).

■ **ondulation** nom f. **1** ● *L'ondulation de l'eau agitée par le vent.* **2** ● *Les ondulations d'un terrain*, la succession de hauts et de bas à sa surface.

■ **ondulé** adj. ● *Le toit du hangar est en tôle ondulée*, qui présente une suite de courbes en creux et en relief.

onéreux adj. ● *Les transports par avion sont onéreux : ils coûtent cher* (→ SYN. coûteux ; CONTR. économique).

ongle nom m. ● *Alice se lime les ongles*, chacune des parties dures qui se trouvent au bout des doigts et des orteils.

onglet nom m. Morceau de bœuf dont on fait des biftecks très savoureux.

onguent [ɔ̃gɑ̃] nom m. Nom que l'on donne à certaines pommades. ● *Un onguent pour les brûlures.*

onirique adj. Étrange et irréel comme les images des rêves. ● *Les personnages évoluaient dans un décor onirique.*

onomatopée nom f. Mot qui imite un bruit (ex. : *clac!, pan!, tic-tac*).

O. N. U. [ony] abrév. de *«Organisation des Nations Unies»* : organisation internationale dont le but est de maintenir la paix entre les peuples.

onyx [ɔniks] nom m. Pierre dure qui comporte des anneaux concentriques de diverses couleurs. ● *Un vase en onyx.*

onze adj. numéral invar. ● *L'horloge a sonné onze (11) coups ; il est onze heures.*
■ **onze** nom m. invar. ● *Le onze de France a gagné le championnat de football d'Europe* : au football, équipe de onze joueurs.
■ **onzième** adj. ● *La onzième ligne d'un texte.* □ nom m. ● *À la course, Étienne est arrivé le onzième.*

opale nom f. Pierre précieuse blanche, aux reflets de toutes les couleurs. ● *Un bijou orné d'opales.*

opaque adj. ● *On ne peut rien voir à travers une vitre opaque*, qui ne laisse pas passer la lumière (→ CONTR. transparent). ★ Chercher aussi : translucide.

opéra nom m. **1** ● *Un opéra est interprété par des chanteurs et par un orchestre*, une pièce de théâtre mise en musique, dont le texte est entièrement chanté. ★ Chercher aussi : cantatrice ; lyrique.

2 ● *L'Opéra de Paris a été construit au XIXe siècle*, un théâtre où l'on présente ces œuvres, et aussi des spectacles de danse.
■ **opéra-comique** nom m. Opéra dont certaines parties sont parlées au lieu d'être chantées.
■ **opérette** nom f. Petit opéra-comique facile et gai.

opérationnel adj. Qui fonctionne, en service. ● *Ces nouvelles machines seront opérationnelles dans un mois.*

opérer v. **1** ● *Les pompiers ont opéré un sauvetage dangereux* : ils l'ont accompli. — *Ils ont opéré avec prudence* : ils ont agi, procédé avec prudence (→ opérateur). **2** ● *Le chirurgien va opérer le malade* : il va ouvrir son corps pour enlever la partie malade ou pour la soigner (→ opération, sens 5). ★ Conjug. 8.
■ **opération** nom f. **1** ● *De nombreuses opérations sont nécessaires pour transformer le coton en tissu*, de nombreux actes que l'on accomplit dans ce but. **2** ● *Le général prépare une opération (militaire)*, des mouvements de troupes précis pour attaquer ou se défendre. **3** ● *Les banquiers font des opérations financières*, des affaires. **4** ● *En calcul, il y a quatre opérations* : l'addition, la soustraction, la multiplication et la division. **5** ● *On a endormi le malade pour l'opération*, pour que le chirurgien l'opère (→ SYN. intervention chirurgicale).
■ **opérateur, -trice** nom. Personne chargée de faire fonctionner une machine, un appareil. ● *Pour obtenir cette communication téléphonique, veuillez vous adresser à l'opératrice.*

ophtalmologie [ɔftalmɔlɔʒi] nom f. Partie de la médecine qui traite des problèmes des yeux.
■ **ophtalmologiste** nom m. et f. Médecin spécialiste d'ophtalmologie (→ SYN. oculiste). ★ Chercher aussi : opticien.

opiniâtre adj. ● *Il doit ce beau résultat à ses efforts opiniâtres*, qui n'ont pas faibli (→ SYN. obstiné).

■ **opiniâtreté** nom f. ● *Elle s'est défendue avec **opiniâtreté**, avec acharnement, avec ténacité.*

opinion nom f. **1** ● *Quelle est ton **opinion** sur cette affaire ? : qu'en penses-tu ?* (→ SYN. avis). — ● *J'ai une bonne **opinion** de lui : j'en pense du bien.* **2** ● *L'**opinion** (publique) est contre cette politique*, les gens en général.

opium [ɔpjɔm] nom m. Drogue dangereuse tirée d'une plante (le *pavot*).

opportun adj. ● *Attendons le moment **opportun** pour faire cette demande*, le moment favorable, convenable (→ SYN. propice ; CONTR. inopportun).

■ **opportunément** adv. ● *Zorro est arrivé **opportunément**, au bon moment, à propos.*

■ **opportunisme** nom m. Attitude de celui qui profite sans scrupule des occasions qui servent ses intérêts du moment. ● *Il est capable de trahir ses amis par **opportunisme**.*

■ **opportuniste** nom ● *On ne peut pas compter sur lui, c'est un **opportuniste**.* □ adj. ● *Une politique **opportuniste**.*

■ **opportunité** nom f. ● *Les ouvriers ne sont pas tous d'accord sur l'**opportunité** de cette grève : ils ne pensent pas tous que ce soit le bon moment pour la faire.*

opposer v. **1** ● *Dans un match de boxe, on **oppose** deux adversaires de même catégorie : on les fait se combattre.* **2** ● *La ville s'est rendue sans **opposer** de résistance*, sans faire obstacle par sa résistance. **3** ● *On **oppose** souvent l'homme à l'animal : on les compare pour faire ressortir leurs différences.*

■ **s'opposer** v. pron. **1** ● *Je m'**oppose** à ce projet : je m'élève contre lui.* **2** ● *Les couleurs claires s'**opposent** aux couleurs foncées : elles sont très différentes.*

■ **opposant** nom ● *Les **opposants** critiquent le gouvernement*, les personnes qui ne sont pas d'accord avec lui.

■ **opposé** adj. **1** ● *Sa maison est de ce côté de la rue, la mienne est du côté **opposé***, qui est en face. — À L'OPPOSÉ, loc. adv. ● *Luce est partie par là et*

Michel *à l'**opposé***, dans la direction contraire. **2** ● *Toi et moi, nous avons des opinions **opposées**, très différentes, contraires.* □ nom m. ● *Le jour est l'**opposé** de la nuit* (→ SYN. contraire).

■ **opposition** nom f. **1** ● *L'**opposition** entre ces deux pays risque de déclencher une guerre* (→ SYN. désaccord, rivalité). **2** ● *Annie voudrait faire du ski, mais elle se heurte à l'**opposition** de ses parents* (→ SYN. interdiction, refus). **3** ● *L'**opposition** est contre cette réforme*, ceux qui ne sont pas d'accord avec la politique du gouvernement. **4** ● *Sa façon de vivre est en **opposition** avec la mienne : elle est complètement différente de la mienne.*

oppression nom f. **1** ● *Il est normal de combattre l'**oppression**, la domination, l'autorité exercée de façon abusive et injuste* (→ opprimer). **2** ● *L'angoisse lui cause de l'**oppression**, lui donne l'impression d'avoir un poids sur la poitrine, de ne plus pouvoir respirer.*

■ **oppresser** v. ● *La chaleur m'**oppresse** : elle gêne ma respiration.*

■ **oppresseur** nom m. ● *Le pays s'est délivré de ses **oppresseurs**, de ceux qui lui faisaient subir leur oppression.*

■ **oppressif** adj. ● *Le tyran exerce un pouvoir **oppressif**.*

■ **opprimé** adj. ● *Un peuple **opprimé**, qui subit une oppression.* □ nom ● *Les **opprimés** se sont révoltés.*

■ **opprimer** v. ● *Les vaincus **sont opprimés** par les vainqueurs : ils subissent leur oppression.*

opprobre nom m. ● *Le roi a dénoncé toutes les mauvaises actions de son conseiller et l'a couvert d'**opprobre**, honte, humiliation publique.*

opter v. ● *J'**opte** pour cette solution : je la choisis.*

■ **option** [ɔpsjɔ̃] nom f. **1** À OPTION. ● *Les élèves devront suivre un des cours à **option**, entre lesquels ils peuvent choisir.* **2** ● *Les **options** politiques d'un parti : les idées qu'il s'est choisies.*

■ **optionnel** adj. Qui est choisi parmi plusieurs possibilités. ● *Ces étudiants assistent à un cours **optionnel**, dont le choix est libre.*

opticien → optique.

optimiste adj. • *Malgré ses ennuis, il reste optimiste* : il continue à prendre les choses du bon côté, à penser que tout va s'arranger. □ nom • *Les optimistes trouvent que la vie est belle* (→ CONTR. pessimiste).

■ **optimisme** nom m. • *Il a perdu son optimisme*, son attitude optimiste (→ CONTR. pessimisme).

option → opter.

optique nom f. et adj. **A.** nom f. **1** Science qui étudie la lumière et la vision. • *Instruments d'optique*, qui permettent d'améliorer la vue (ex. : loupe, lunettes, microscope, télescope) (→ opticien). **2** (fig.) • *Tu considères les choses dans ton optique*, de ton point de vue, à ta façon.
B. adj. • *Le nerf optique transmet au cerveau les images perçues par l'œil.*
■ **opticien** nom. Personne qui fabrique, vend, répare des lunettes et certains autres instruments d'optique. ★ Chercher aussi : oculiste.

opulence nom f. • *Les milliardaires vivent dans l'opulence*, dans une grande richesse (→ CONTR. dénuement, misère).

opus [ɔpys] nom m. Manière de désigner un morceau de musique. • *Beethoven, opus 13.*

opuscule nom m. • *Thomas a écrit un opuscule sur les jeux* : petit livre. ★ Chercher aussi : brochure.

1. or nom m. Métal précieux, de couleur dorée. • *Des bijoux en or.* — • *Une pièce d'or.* — (fam.) ROULER SUR L'OR : être très riche. — UNE AFFAIRE D'OR. • *Il a fait une affaire d'or*, une très bonne affaire. — UN CŒUR D'OR. • *Elle a un cœur d'or* : elle a très bon cœur, elle est généreuse. — (fig.) VALOIR SON PESANT D'OR : avoir beaucoup de valeur.

2. or conj. Sert à lier deux propositions qui s'enchaînent (conjonction de coordination). • *Je voulais aller me promener, or il s'est mis à pleuvoir.*

oracle nom m. **1** Ordre et conseil des dieux. • *Les Athéniens suivaient les oracles.* **2** Celui qui transmettait les conseils des dieux. • *Les Athéniens écoutaient les oracles.*

orage nom m. • *Ces gros nuages noirs annoncent sûrement un orage*, des éclairs et du tonnerre avec, le plus souvent, de la pluie.
■ **orageux** adj. **1** • *Le temps est orageux* : il va y avoir un orage. **2** (fig.) • *Une discussion orageuse*, pleine de disputes, violente.

oral adj. **1** • *Il nous a fait un rapport oral sur la situation*, en nous parlant (et non en écrivant) (→ orateur). — • *Un examen oral* (→ CONTR. écrit). — • *L'oral d'un examen* : la partie de l'examen où l'on est interrogé de vive voix, et qui suit généralement une épreuve écrite. **2** • *On doit prendre ce médicament par voie orale*, par la bouche.
■ **oralement** adv. • *Il m'a fait cette promesse oralement*, verbalement (et non par écrit).

orange nom f. et adj. invar. **1** nom f. • *Les oranges sont des agrumes.* **2** adj. invar. • *Des chaussettes orange*, de la couleur de ce fruit, un mélange de jaune et de rouge (→ orangé).
■ **orangé** adj. • *Une fleur orangée*, d'une couleur proche de l'orange. □ nom m. • *L'orangé est une des sept couleurs de l'arc-en-ciel.*
■ **orangeade** nom f. Boisson faite d'oranges pressées, de sucre et d'eau.
■ **oranger** nom m. Arbre des pays méditerranéens, qui donne les oranges.
■ **orangeraie** nom f. • *En Espagne, au Maroc, il y a des orangeraies*, des terrains plantés d'orangers.
■ **orangerie** nom f. Bâtiment où l'on cultive les orangers en pot.

orang-outan ou **orang-outang** [ɔrɑ̃utɑ̃] nom m. Grand singe d'Asie à poil roux, qui construit son nid dans les arbres. • *Des orangs-outans.*

orateur, -trice nom • *L'orateur s'adresse au public*, celui qui prononce un discours (→ oral).

orbite nom f. **1** Chacun des deux trous dans lesquels sont logés les yeux

(→ exorbité). **2** • *En un an, la Terre parcourt son* **orbite** *autour du Soleil*, la courbe qu'elle décrit autour de lui. ★ Chercher aussi : graviter.

orchestre [ɔrkɛstr] nom m. **1** • *L'***orchestre** *a donné un concert*, un groupe de musiciens qui jouent d'instruments différents. **2** • *Pour cette pièce de théâtre, j'ai loué des places d'***orchestre**, au rez-de-chaussée de la salle de spectacle. ★ Chercher aussi : balcon.

orchidée [ɔrkide] nom f. Fleur rare et très recherchée.

orchidée

ordinaire adj. et nom m. **A.** adj. **1** • *Les jeux ou la lecture sont mes distractions* **ordinaires**, habituelles (→ SYN. commun ; CONTR. extraordinaire, exceptionnel). **2** • *Non, pas du pain de campagne !, donnez-moi du pain* **ordinaire**, de la qualité la plus courante. — • *Des gens* **ordinaires**, normaux, qui n'ont rien d'extraordinaire, rien d'étrange. **B.** nom m. **1** • *Ce menu change de l'***ordinaire**, de ce qui est habituel, courant. **2** À L'ORDINAIRE, loc. adv. • *Le facteur est passé plus tôt qu'***à l'ordinaire** (ou *que* **d'ordinaire**), que d'habitude (→ SYN. ordinairement).

■ **ordinairement** adv. • **Ordinairement**, *Paul arrive à l'heure* (→ SYN. habituellement, généralement).

ordinal adj. • *« Premier », « deuxième », « cinquantième » sont des adjectifs numéraux* **ordinaux**, qui indiquent l'ordre, le classement. ★ Chercher aussi : cardinal, numéral.

ordinateur nom m. • *Un* **ordinateur** *peut effectuer en quelques minutes des calculs qu'un homme mettrait des années à faire*, une machine électronique capable d'effectuer des opérations très compliquées. ★ Chercher aussi : informatique.

ordination nom f. • *La cérémonie d'***ordination** *d'un prêtre* : la cérémonie par laquelle il devient officiellement prêtre (→ 2. ordonner, B).

1. ordonnance nom f. **1** • *Une* **ordonnance** *royale* : une décision, un décret pris par le roi. **2** • *Je suis allé à la pharmacie avec l'***ordonnance** *de mon médecin*, le papier sur lequel le médecin a fait la liste des médicaments qu'il a ordonnés (→ 1. ordonner, sens 2).

2. ordonnance nom f. Autrefois, soldat qui servait de domestique à un officier.

ordonné adj. • *Patrick est un garçon* **ordonné**, qui a de l'ordre, qui range ses affaires (→ 2. ordre, A sens 2 ; 2. ordonner, sens 2 ; CONTR. brouillon, désordonné).

ordonnée nom f. Élément de repère servant avec l'abscisse à définir la position d'un point dans un plan (→ abscisse).

1. ordonner v. **1** • *Il m'***a ordonné** *de rester ici* : il m'en a donné l'ordre, il me l'a commandé, il l'a exigé (→ 1. ordre). **2** • *Le médecin lui* **a ordonné** *ces médicaments* : il lui a dit de les prendre (→ 1. ordonnance, sens 2 ; SYN. prescrire).

2. ordonner v. **A.** **1** • *Les différentes parties de sa rédaction* **sont** *mal* **ordonnées** : elles ne sont pas mises dans un ordre convenable (→ SYN. disposer). **2** v. pron. • *Ses idées* **s'ordonnent** *dans sa tête* : elles se mettent en ordre, elles s'organisent (→ ordonné). **B.** • *Il* **a été ordonné** *prêtre* : il a reçu le sacrement (→ ordination) qui fait de lui un prêtre (→ 2. ordre, C sens 2).

1. ordre nom m. **1** ● *Un soldat doit obéir aux **ordres**, aux décisions prises par ses chefs, ce qu'ils lui disent de faire.* — ● *Donner, recevoir un **ordre**.* — ● *Donner à quelqu'un l'**ordre** de faire quelque chose* (→ 1. ordonner). **2** SOUS LES ORDRES DE QUELQU'UN. ● *Il a plusieurs employés **sous ses ordres**, qui lui sont inférieurs dans la hiérarchie, qui doivent lui obéir.* **3** JUSQU'À NOUVEL ORDRE. ● *Jusqu'à nouvel ordre, je ne sors pas de chez moi*, pour le moment, jusqu'à ce que j'aie la possibilité ou le droit de le faire.

2. ordre nom m. **A. 1** ● *Les livres de ma bibliothèque sont rangés selon un certain **ordre**,* d'une certaine manière prévue à l'avance. **2** ● *Il faut mettre de l'**ordre** dans ta chambre,* la ranger de façon que chaque chose soit bien à sa place (→ CONTR. désordre). — ● *Tu n'aurais pas perdu ton cahier si tu avais de l'**ordre**,* l'habitude de ranger tes affaires à leur place. **3** ● *Les mots du dictionnaire sont placés dans l'**ordre** alphabétique,* le classement qui correspond aux lettres de l'alphabet. **4** ● *Quel est l'**ordre** d'arrivée des coureurs ?* : qui est arrivé premier, second, troisième, etc. — ORDRE DU JOUR : liste des problèmes que l'on abordera les uns après les autres, dans une réunion. **5** ● *Je n'ai jamais eu de problèmes de cet **ordre**,* de ce genre, de cette nature. **6** ORDRE DE GRANDEUR. ● *Combien peut coûter cette réparation ? Donnez-moi un **ordre de grandeur**,* un chiffre qui me donnera une idée du prix. — DE L'ORDRE DE. ● *Son prix sera **de l'ordre de** mille francs* (→ SYN. approximativement, environ).

B. 1 ● *Après la révolte, l'**ordre** est revenu,* le calme, la paix ; la façon dont les choses ont d'habitude (→ CONTR. désordre, trouble). — LES FORCES DE L'ORDRE : la police, les gendarmes, l'armée, qui sont chargés de maintenir l'ordre, la paix, le calme dans le pays. **2** ● *Si nous voulons que le club marche bien,*

*il faudra un minimum d'**ordre**,* de discipline, d'organisation.

C. 1 ● *L'**ordre** des médecins, des avocats, etc.* : l'association officielle à laquelle ils sont obligés d'appartenir et qui est chargée de veiller à ce que ses membres exercent leur métier selon les règles. **2** ● *Un **ordre** religieux* : un ensemble de moines ou de religieuses obéissant à des règles particulières. — ENTRER DANS LES ORDRES : se faire moine ou religieuse (→ ordination).

ordures nom f. plur. ● *Chaque matin, les éboueurs ramassent les **ordures**,* les choses que les gens jettent (→ vide-ordures ; SYN. déchets, immondices).

■ **ordurier** adj. ● *Il a dit des paroles **ordurières**,* très grossières.

orée nom f. ● *Allons jusqu'à l'**orée** du bois,* la bordure, la lisière du bois.

oreille nom f. **1** ● *Nos **oreilles** nous permettent d'entendre les sons.* ★ Chercher aussi : ouïe. ★ VOIR p. 970. **2** (fig. et fam.) CASSER LES OREILLES. ● *Ce bruit me **casse les oreilles*** : il est trop fort ou très désagréable. — FAIRE LA SOURDE OREILLE. ● *Chaque fois que je lui demande un service, il **fait la sourde oreille*** : il fait semblant de ne pas entendre. — ÊTRE DUR D'OREILLE : être un peu sourd. — DRESSER L'OREILLE. ● *Quand Cécile a entendu qu'on parlait d'elle, elle **a dressé l'oreille*** : elle s'est mise à écouter attentivement. — METTRE LA PUCE À L'OREILLE DE QUELQU'UN. ● *Au cours de la conversation, cette phrase m'**a mis la puce à l'oreille*** : elle a éveillé mon attention, mes soupçons. — SE FAIRE TIRER L'OREILLE : se faire prier, montrer de la mauvaise volonté.

oreiller nom m. Coussin carré sur lequel on met sa tête pour dormir. ★ Chercher aussi : traversin.

oreillons nom m. plur. ● *Frédéric a les **oreillons**,* une maladie contagieuse qui donne mal aux oreilles.

d'ores et déjà [dɔrzedeʒa] loc. adv. (littér.) ● *Il est **d'ores et déjà** prévenu,* dès maintenant.

orfèvre nom m. ● *Ces couverts en argent ont été achetés chez un grand **orfèvre**,* une personne qui fabrique ou vend des objets en métal précieux.

■ **orfèvrerie** nom f. ● *Ces pièces d'orfèvrerie sont joliment décorées*, ces objets en métal précieux.

organdi nom m. ● *La mariée porte une robe d'organdi blanc* : tissu de coton, léger et rigide.

organe nom m. Partie du corps qui joue un rôle particulier. ● *L'estomac est un des organes de la digestion ; les yeux sont les organes de la vue.*

■ **organique** adj. ● *Il souffre d'une maladie organique*, d'un organe. **2** ● *Le sang est un liquide organique*, produit par un être vivant.

■ **organisme** nom m. **1** ● *La fatigue diminue la résistance de l'organisme*, de l'ensemble des organes, du corps. **2** ● *Les bactéries sont des organismes*, des êtres vivants. **3** ● *La Croix-Rouge est un organisme de secours et d'entraide*, une association de personnes qui travaillent ensemble (→ organisation, sens 3).

organiser v. **1** ● *Le maître a organisé un match de football* : il a tout prévu et préparé pour que ce match ait lieu et qu'il se passe bien. **2** ● *Le chef de service organise le travail des employés* : il le distribue à chacun pour que le service fonctionne bien. **3** v. pron. ● *Il fait toujours tout au dernier moment ; il ne sait pas s'organiser*, agir avec ordre et méthode (→ organisé, sens 2).

■ **organisateur, -trice** nom ● *L'organisateur de l'exposition a tout prévu*, celui qui l'a organisée.

■ **organisation** nom f. **1** ● *On leur a confié l'organisation des jeux*, le travail de les organiser (→ SYN. préparation). **2** ● *Cette entreprise a une bonne organisation* : elle est bien organisée, elle fonctionne bien (→ désorganisation). **3** ● *Une organisation commerciale, politique*, un groupe de gens rassemblés pour travailler ensemble dans le commerce, la politique (→ organisme, sens 3).

■ **organisé** adj. **1** ● *M. et Mme Robin ont fait un voyage organisé*, un voyage en groupe, préparé d'avance par un

organisateur. **2** ● *Corinne est très organisée* : elle sait s'organiser.

organiste nom. m. et f. Musicien qui joue de l'orgue.

orge nom m. ● *On utilise l'orge pour nourrir le bétail et pour fabriquer de la bière*, une céréale qui ressemble au blé.

orgelet nom m. ● *Cet orgelet me fait mal*, ce bouton au bord de la paupière.

orgie nom f. ● *Ce repas de fête ne doit pas se transformer en orgie*, une fête où les gens mangent trop, boivent trop et se tiennent mal.

orgue nom m. **1** ● *Dans certaines églises, on joue de l'orgue pendant la messe*, un grand instrument de musique à vent, dont les sons sont produits par des tuyaux (→ organiste). ★ Au plur., orgue est souvent féminin. ● *Les grandes orgues de la cathédrale.* **2** ● *Mon cousin sait accompagner cette chanson à l'orgue électrique*, un instrument de musique plus petit, dont les sons sont produits par l'électricité.

orgueil nom m. ● *Cet homme est plein d'orgueil*, le défaut des gens qui se croient supérieurs aux autres (→ CONTR. humilité, modestie).

■ **orgueilleux** adj. ● *Son attitude orgueilleuse me déplaît* (→ SYN. fier, prétentieux). □ nom ● *Cet orgueilleux méprise ses camarades.*

orient nom m. **1** ● *Le soleil se lève à l'orient*, à l'est. — ● *L'orient et l'occident.* **2** ● *Ils ont fait un voyage en Orient*, dans les pays d'Asie, qui sont situés à l'est de l'Europe (→ oriental, sens 2).

■ **oriental** adj. **1** ● *La Russie est la partie orientale de l'Europe*, qui se trouve à l'est de l'Europe (→ CONTR. occidental). **2** ● *L'Iran, la Syrie sont des pays orientaux*, d'Orient. □ nom ● *Elle s'est mariée avec un Oriental*, un homme qui vient d'Orient.

orienter v. **1** ● *La maison est orientée à l'ouest* : elle est tournée vers ce point cardinal. **2** ● *Ses professeurs l'ont orienté vers des études techniques* : ils

633

l'ont dirigé vers ces études. **3** v. pron.
● *L'explorateur s'oriente à l'aide d'une boussole* : il reconnaît la direction qu'il cherche (→ désorienter ; orientation, sens 3).

■ **orientation** nom f. **1** ● *Le vent a tourné ; il faut changer l'orientation des voiles du bateau*, la direction vers laquelle elles sont tournées. **2** ● *Denis vient de passer son baccalauréat ; il ne sait pas quelle orientation choisir* : il ne sait pas vers quelles études ou vers quel métier se diriger. **3** ● *Odile n'a pas le sens de l'orientation*, la qualité qui permet de trouver son chemin, de ne pas se perdre.

■ **orientable** adj. Que l'on peut orienter. ● *Une antenne orientable.*

orifice nom m. ● *L'eau s'échappe par cet orifice*, par cette ouverture.

oriflamme nom f. **1** Bannière. ● *Oriflamme au vent, l'armée du roi avançait.* **2** Drapeau long, de couleur vive.

original adj. et nom **1** adj. ● *Mes amis m'ont fait un cadeau original*, qui ne ressemble pas aux cadeaux habituels (→ CONTR. banal). **2** nom ● *Il ne faut pas s'étonner de ses bizarreries : c'est un original*, une personne qui ne se conduit pas comme tout le monde (→ SYN. excentrique). **3** adj. ● *Est-ce une copie ou le tableau original ?*, celui qui a été fait par l'artiste lui-même. □ nom m. ● *Faites cette lettre en deux exemplaires, vous enverrez l'original et vous conserverez le double* (→ CONTR. copie, duplicata).

■ **originalité** nom f. **1** ● *Cette musique me plaît par son originalité*, parce qu'elle ne ressemble pas aux autres (→ CONTR. banalité). **2** ● *Certains se moquent de lui à cause de son originalité*, parce qu'il ne se conduit pas comme tout le monde.

origine nom f. **1** ● *Ma grand-mère est d'origine bretonne* : sa famille était bretonne (→ originaire ; SYN. ascendance). **2** ● *Beaucoup de mots français sont d'origine latine* : ils viennent du latin (→ SYN. étymologie). **3** À L'ORIGINE, loc. adv. ● *À l'origine, Paris était un*

petit village, au début de son existence (→ originel). **4** ● *Quelle est l'origine de leur dispute ?*, sa cause.

■ **originaire** adj. ● *Rémi est originaire de Marseille* : il y est né (→ SYN. natif).

■ **originel** adj. ● *Ce chandail a tellement déteint que l'on ne peut plus deviner sa couleur originelle*, du début.

O. R. L. [ɔɛʁɛl] nom **1** Abréviation de *oto-rhino-laryngologie*, partie de la médecine qui s'occupe des maladies des oreilles, du nez et de la gorge. **2** ● *Pour faire soigner son otite, Vincent va chez un O. R. L.*, un médecin spécialiste du nez, de la gorge et des oreilles.

orme nom m. ● *Nous pique-niquerons sous cet orme*, un grand arbre à feuilles dentelées, commun en France.

orner v. ● *Des fleurs brodées ornent cette nappe* : elles la décorent, elles la rendent plus belle.

■ **ornement** nom m. ● *Il n'y a aucun ornement sur les murs de sa chambre*, aucun objet qui serve à les orner (→ SYN. décoration).

■ **ornemental** adj. ● *Des motifs ornementaux sont sculptés sur la façade du château* (→ SYN. décoratif).

ornière nom f. ● *Quand la terre est mouillée, les roues des charrettes creusent des ornières dans ce chemin*, de longues traces profondes.

ornithologie nom f. Science qui étudie les oiseaux. ★ Chercher aussi : zoologie.

■ **ornithologue** nom. Spécialiste de l'ornithologie.

ornithorynque [ɔʁnitɔʁɛ̃k] nom m. ● *Je n'ai jamais vu d'ornithorynque*, animal d'Australie au bec corné et à la queue plate.

oronge nom f. Nom donné à certains champignons.

orphelin adj. ● *Cet enfant est orphelin* : ses parents sont morts. □ nom ● *Une jeune orpheline.*

■ **orphelinat** nom m. ● *Il a été élevé dans un orphelinat*, un établissement qui recueille les orphelins.

orteil nom m. ● *Alain s'est coupé les*

*ongles des **orteils**, des doigts de pied.*
★ VOIR p. 679.

orthodoxe adj. **1** ● *Il a été chassé de ce parti, car ses idées n'étaient pas **orthodoxes** : elles ne suivaient pas fidèlement la doctrine de ce parti.* **2** ● *Boris appartient à la religion **orthodoxe**, une religion chrétienne d'Orient, proche du catholicisme, mais qui ne reconnaît pas l'autorité du pape.* □ nom ● *Il y a beaucoup d'**orthodoxes** en Grèce et en Russie, de chrétiens qui appartiennent à la religion orthodoxe.*

orthogonal adj. ● *Ces deux droites sont **orthogonales** : elles forment un angle droit.* ● *Des plans **orthogonaux*** (→ SYN. perpendiculaire).

orthographe nom f. Ensemble des règles qui indiquent la façon correcte d'écrire les mots et les phrases. ● *Il a fait une faute d'**orthographe**.* — ● *Quelle est l'**orthographe** de ce mot ?*, la manière correcte de l'écrire.

■ **orthographier** v. ● *J'ai souvent du mal à **orthographier** les noms propres*, à les écrire correctement. ★ Conjug. 10.

■ **orthographique** adj. ● *Christophe connaît bien les règles **orthographiques**, de l'orthographe.*

orthopédique adj. ● *Cet infirme est obligé de porter un appareil **orthopédique** pour marcher*, un appareil qui corrige son infirmité. — ● *Des chaussures **orthopédiques**.*

orthophoniste nom m. et f. Spécialiste qui aide à corriger la prononciation ou la façon de lire et d'écrire. ● *L'**orthophoniste** apprend à Jean à mieux prononcer.*

ortie nom f. ● *Attention, ne marche pas pieds nus dans les **orties**, des plantes qui piquent lorsqu'on les touche.*

ortolan nom m. ● *Les **ortolans** sont très bons à manger*, des petits oiseaux.

orvet nom m. ● *La queue de l'**orvet** se casse très facilement*, un animal proche du lézard, mais sans pattes, qui ressemble à un petit serpent.

os [ɔs] (au plur. [o]) nom m. **1** ● *Le squelette de l'homme est composé de 208 **os***, les parties du corps dures et solides. — ● *Le chien ronge un **os** de poulet* (→ désosser ; ossature ; ossements ; osseux). ★ Chercher aussi : articulation ; moelle. **2** (fam.) IL Y A UN OS : il y a un problème, une difficulté. — (fam.) TOMBER SUR UN OS : rencontrer une difficulté.

oscar nom m. ● *Ce film a remporté plusieurs **oscars**, plusieurs prix, plusieurs récompenses dans un concours.

osciller v. **1** ● *L'aiguille de la balance **oscille** avant de s'arrêter : elle penche tantôt d'un côté, tantôt de l'autre.* **2** (fig.) ● *Rester ou partir ? Marc **oscille** entre ces deux solutions : il hésite, il préfère tantôt l'une, tantôt l'autre.*

■ **oscillation** nom f. ● *Cette cloche ne sonne plus, ses **oscillations** ont cessé*, son balancement, son mouvement de va-et-vient.

oseille nom f. ● *L'**oseille** a un goût acide*, une plante dont on mange les feuilles. — ● *Une soupe à l'**oseille**.*

oser v. **1** ● *Ce chien a l'air méchant, je n'**ose** pas m'en approcher : je n'ai pas assez de courage, d'audace pour le faire.* **2** ● *Quel toupet ! Il a **osé** injurier la directrice ! : il a été assez effronté pour le faire.*

osier nom m. ● *Valentine m'a appris à tresser des paniers en **osier**, les branches flexibles d'une sorte de saule.* ★ Chercher aussi : vannerie.

osmose nom f. ● *Il y a peu à peu **osmose** entre des gens qui travaillent ensemble* : influence réciproque.

ossature nom f. ● *Irène a une **ossature** très fine*, l'ensemble de ses os. — ● *L'**ossature** d'un poulet* (→ SYN. carcasse, squelette).

■ **ossements** nom m. plur. ● *Il restait quelques **ossements** dans ce tombeau ancien*, quelques os desséchés.

■ **osseux** adj. **1** ● *Une maladie **osseuse**, des os.* **2** ● *Un corps **osseux**, maigre, dont les os ressortent.

■ **ossuaire** nom m. Endroit, bâtiment où sont conservés des ossements humains.

ostensiblement adv. ● *Il a triché **ostensiblement**, sans se cacher* (→ CONTR. discrètement).

ostentation nom f. Attitude de quelqu'un qui veut se faire remarquer. ● *Depuis son élection, Jacques porte son écharpe tricolore avec **ostentation*** (→ CONTR. discrétion).

ostréiculture nom f. ● *Sur cette côte, on pratique l'**ostréiculture**, l'élevage des huîtres.*
■ **ostréiculteur, -trice** nom. Personne qui fait de l'ostréiculture.

otage nom m. ● *S'ils n'obtiennent pas ce qu'ils ont demandé, les gangsters ont dit qu'ils allaient tuer leurs **otages**, ceux qu'ils gardent prisonniers pour obtenir quelque chose en échange.*

otarie nom f. ● *Au cirque, nous avons vu une **otarie** qui tenait un ballon en équilibre sur son nez, un animal marin qui ressemble à un phoque.*

otarie

ôter v. **1** ● *En arrivant, il **a ôté** son manteau* : il l'a retiré. **2** ● *Si l'on **ôte** 3 de 10, il reste 7* : si on le soustrait (→ SYN. déduire, retrancher). **3** ● *Cette punition devrait lui **ôter** l'envie de recommencer*, la lui enlever. **4** v. pron. ● ***Ôte-toi** de là, tu me gênes* : va-t'en de là, retire-toi.

otite nom f. ● *Aurélie souffre d'une **otite**, une maladie des oreilles.* ★ Chercher aussi : O. R. L.

oto-rhino-laryngologie [ɔtɔrinolarɛ̃gɔlɔʒi] nom f. Partie de la médecine qui s'occupe des oreilles, du nez et de la gorge (le plus souvent, on dit par abréviation « O. R. L. »).
■ **oto-rhino-laryngologiste** nom. Médecin spécialiste qui s'occupe d'oto-rhino-laryngologie. ● *Un **oto-rhino-laryngologiste** (ou, le plus souvent, « un **oto-rhino** », ou « un **O. R. L.** »).*

ou conj. **1** ● *C'est à prendre **ou** à laisser* : il faut choisir entre les deux. **2** ● *Ce poêle marche au bois **ou** au charbon*, aussi bien avec l'un qu'avec l'autre. **3** ● *Je m'absenterai une heure **ou** deux* : je ne sais pas exactement. — ● *Laure voudrait être chanteuse **ou** bien médecin.* ★ Ne pas confondre ou, où, août, houe et houx.

où adv. et pronom relatif **1** adv. ● ***Où** s'est-il caché ?*, dans quel endroit. — ● *Par **où** êtes-vous passé ?*, par quel endroit. **2** Pronom relatif complément de lieu ou de temps. ● *Je me souviens du jour et de l'endroit **où** nous nous sommes rencontrés.* ★ Ne pas confondre où, ou, août, houe et houx.

ouaille nom f. (fam.) ● *Le curé dit la messe devant ses **ouailles**, ses paroissiens.* ★ Surtout utilisé au pluriel.

ouate [wat] nom f. ● *Sophie a mis un morceau d'**ouate** sur sa coupure, du coton à pansements.* ★ On peut dire de l'ouate, ou de la ouate.

oublier v. **1** ● *J'ai **oublié** la date de cet événement* : je ne m'en souviens plus (→ CONTR. se rappeler). — ● *Cette fête est un événement que je n'**oublierai** jamais* (→ inoubliable). **2** ● *Sophie **a oublié** d'acheter le pain* : elle n'y a pas pensé, par étourderie. — ● *Il **a oublié** ses clefs* : il les a laissées, il ne les a pas prises avec lui, par oubli. **3** ● ***Oublions** tout ce qui s'est passé* : cessons volontairement d'y penser, faisons comme si rien ne s'était passé. **4** SE FAIRE OUBLIER. ● *Après ce qu'il a fait, il a intérêt à **se faire oublier**, à ne pas attirer l'attention sur lui. ★ Conjug. 10.

■ **oubli** nom m. **1** ● *Cet acteur était célèbre autrefois; aujourd'hui il est tombé dans l'oubli :* personne ne se souvient plus de lui. **2** ● *Votre nom n'est pas sur la liste? Ce doit être un oubli* (→ SYN. omission). — ● *Il ne vous a pas dit bonjour? C'est sûrement un simple oubli,* une négligence, une étourderie, quelque chose que l'on n'a pas volontairement refusé de faire.

oubliette nom f. **1** ● *Dans les châteaux forts, il y avait des oubliettes,* des cachots souterrains dans lesquels on enfermait des prisonniers. **2** (fig. et fam.) JETER QUELQUE CHOSE AUX OUBLIETTES : le laisser de côté, ne plus s'en occuper du tout. ● *On a jeté son projet aux oubliettes.*

oued [wɛd] nom m. ● *En Afrique du Nord, les oueds sont souvent à sec,* des rivières qui se gonflent d'eau après les pluies.

ouest [wɛst] nom m. **1** ● *Ils sont partis vers l'ouest,* le point cardinal situé du côté où le soleil se couche (→ SYN. occident). ● *L'ouest est du côté opposé à l'est.* **2** ● *La Bretagne est située dans l'Ouest de la France,* dans la partie de la France qui est de ce côté. □ adj. invar. ● *Il habite dans la banlieue ouest de Paris.*

ouf! interj. Exprime que l'on est soulagé ou que l'on est content d'avoir fini quelque chose. ● *Ouf! mon travail est fini!*

oui adv. ● *«Connais-tu Isabelle?» «Oui»* (→ CONTR. non). ★ Ne pas confondre *oui* et *ouïe.*

1. ouïe [wi] nom f. ● *Les oreilles sont les organes de l'ouïe,* un des cinq sens; celui qui nous permet d'entendre les sons. ★ Chercher aussi : goût, odorat, toucher, vue.

■ **ouï-dire** nom m. invar. PAR OUÏ-DIRE, loc. adv. ● *Ils ont déménagé; je l'ai appris par ouï-dire,* pour l'avoir entendu dire, par des bruits qui courent.

■ **ouïr** v. Employé autrefois à la place d'*entendre.*

2. ouïe nom f. ● *Les ouïes d'un poisson :* les deux ouvertures situées de chaque côté de sa tête et qui lui servent à respirer.

ouistiti nom m. Très petit singe d'Amérique du Sud à longue queue.

ouragan nom m. ● *Le bateau a été pris dans un ouragan,* une violente tempête. ★ Chercher aussi : cyclone.

ourlet nom m. ● *Mon pantalon est trop long; il faudrait refaire l'ourlet,* le bord replié et cousu.

■ **ourler** v. ● *Julie ourle un napperon :* elle coud l'ourlet.

ours nom m., **ourse** nom f. [urs] **1** ● *L'ours a une fourrure brune, grise ou blanche,* un gros animal féroce. **2** ● *Mon voisin Didier ne dit jamais bonjour, quel ours!,* un homme peu aimable, qui préfère vivre seul.

■ **ourson** nom m. Petit de l'ours. ● *L'ourse se promène, suivie de son ourson.* ★ Ne pas confondre avec *oursin.*

oursin nom m. ● *En sortant de l'eau, le pauvre David a marché sur un oursin,* un petit animal marin dont le corps est protégé par une carapace ronde, couverte de piquants.

oust! ouste! interj. S'emploie pour chasser quelqu'un. ● *Sortez d'ici, allez ouste!*

outarde nom f. ● *Patrick a mangé de l'outarde,* oiseau aux longues pattes et au vol très lent, recherché des chasseurs.

outil [uti] nom m. Objet dont on se sert pour faire un travail manuel. ● *Dans cette cabane, on range la bêche, le râteau et les autres outils de jardinage.*

■ **outillage** nom m. ● *L'outillage d'un menuisier, d'un garagiste :* l'ensemble de leurs outils.

■ **outiller** v. ● *Pour réparer sa bicyclette, Yves est bien outillé :* il a tous les outils dont il a besoin.

outrage nom m. ● *Il m'a traité de voleur, je n'oublierai pas cet outrage,* cet affront, cette injure très grave.

■ **outrager** v. ● *Ses paroles m'ont outragé* : elles m'ont très gravement offensé. ★ Conjug. 5.

■ **outrageant** adj. Qui outrage. ● *Alain a tenu des propos outrageants.*

outrance nom f. ● *Il y a un peu d'outrance dans ses compliments* : exagération (→ SYN. excès).

1. outre prép. et adv. **A.** prép. ● *Outre un appartement, ils ont une villa au bord de la mer* : en plus d'un appartement. **B.** adv. **1** EN OUTRE, loc. adv. ● *Il m'a payé mon voyage et, en outre, il m'a donné de l'argent de poche,* en plus, de plus. **2** OUTRE MESURE, loc. adv. ● *Elle ne s'inquiète pas outre mesure,* pas trop, pas excessivement. **3** PASSER OUTRE. ● *L'entrée était interdite, mais il a passé outre* : il est entré tout de même, sans tenir compte de l'interdiction.

2. outre nom f. ● *Autrefois, on transportait l'eau dans des outres,* des peaux de bouc cousues en forme de sac.

outremer nom m. ● *Pour peindre ce ciel, l'outremer est une couleur trop foncée,* un bleu vif. □ adj. invar. ● *Du bleu outremer.*

outre-mer loc. adv. ● *La Martinique est un département d'outre-mer,* situé au-delà de la mer. — ● *Les territoires d'outre-mer* (abrév. : TOM) *et les départements d'outre-mer* (abrév. : DOM). ★ Chercher aussi : métropolitain.

outrepasser v. ● *En promettant cela, il a outrepassé ses pouvoirs* : il est allé plus loin qu'il n'en avait le droit (→ SYN. dépasser).

outrer v. ● *Sa grossièreté nous a outrés* : elle nous a profondément choqués (→ SYN. indigner, révolter). ★ Ne s'emploie qu'aux temps composés.

outsider [awtsajdœr] ou [utsajdœr] nom m. ● *Au tiercé, il a parié sur un outsider,* un cheval qui n'a guère de chances de gagner (→ CONTR. favori).

ouvert, ouvertement, ouverture → ouvrir.

ouvrable adj. ● *Le dimanche n'est pas un jour ouvrable,* où l'on travaille (→ CONTR. férié).

ouvrage nom m. **1** ● *Il est temps de se mettre à l'ouvrage,* au travail que l'on doit faire (→ ouvragé). — AVOIR LE CŒUR À L'OUVRAGE : avoir envie de travailler, travailler avec plaisir. **2** ● *Sabine a emprunté un ouvrage d'histoire à la bibliothèque,* un livre (→ œuvre). **3** ● *Elle range les ciseaux dans sa boîte à ouvrage,* la boîte qui sert aux travaux de couture.

■ **ouvragé** adj. ● *Ce bracelet en or est finement ouvragé,* travaillé, orné avec soin.

ouvreuse nom f. ● *Au cinéma, l'ouvreuse conduit les spectateurs à leur place.*

ouvrier nom. Celui qui travaille de ses mains et dépend d'un patron. ● *Cette usine emploie plus d'ouvrières que d'employées.* — ● *Un ouvrier agricole.* □ adj. ● *Dans le journal, il y a un article sur les problèmes ouvriers,* qui concernent les ouvriers.

ouvrir v. **1** ● *Ouvre-moi la porte.* — ● *Claudine a ouvert le paquet pour voir ce qu'il y avait à l'intérieur.* — ● *Il est réveillé : il a ouvert les yeux.* — ● *Ouvrir une boîte de conserve* (→ ouvre-boîtes). □ v. pron. ● *Cette fenêtre s'est ouverte* (→ entrouvrir ; CONTR. fermer). **2** ● *Le musée ouvre tous les jours, sauf le mardi* : il reçoit les visiteurs. **3** ● *On a ouvert une nouvelle salle de cinéma dans le quartier* : on l'a installée pour que les gens puissent y venir. **4** ● *M. Lucas a demandé au maçon d'ouvrir une porte dans ce mur,* de percer une porte qui n'existait pas auparavant (→ ouverture, sens 4). **5** (fig.) ● *Il nous a ouvert son cœur* : il nous a parlé franchement (→ ouvert, sens 2 ; ouvertement). **6** ● *La fanfare ouvre la marche* : elle marche en premier. **7** ● *Le président a ouvert la séance* : il a donné le signal pour qu'elle commence (→ CONTR. clore, lever). ★ Conjug. 12.

■ **ouvert** adj. **1** ● *Cette porte ouverte va claquer* (→ CONTR. fermé). **2** ● *Son* air **ouvert** attire la sympathie : l'air de quelqu'un qui parle franchement et facilement aux gens (→ CONTR. renfermé).

■ **ouvertement** adv. ● Je lui ai dit **ouvertement** ce que je pensais, sans rien cacher.

■ **ouverture** nom f. **1** ● L'**ouverture** de cette porte est automatique, la façon dont elle s'ouvre. **2** ● Quelles sont les heures d'**ouverture** de ce magasin ?, les heures où il est ouvert (→ CONTR. fermeture). **3** ● Le maire a prévu l'**ouverture** d'une nouvelle école pour la rentrée prochaine (→ SYN. création, installation). — ● L'**ouverture** de la chasse, de la pêche : le premier jour de l'année où la chasse, la pêche sont autorisées. **4** ● Les **ouvertures** d'une maison : les portes, les fenêtres.

■ **ouvre-boîte(s)** nom m. Instrument coupant qui sert à ouvrir des boîtes de conserve. ● Des **ouvre-boîtes**.

ovaire nom m. ● Cette dame ne peut pas avoir d'enfants, car elle a une maladie des **ovaires**, les glandes qui servent à la reproduction chez les femmes ou les animaux femelles.

ovale adj. ● Ce miroir est **ovale** : sa forme rappelle celle d'un œuf. □ nom m. ● Tracez un **ovale**, une figure en forme d'œuf. ★ Chercher aussi : ellipse.

ovation nom f. ● La foule a fait une **ovation** au vainqueur de la course : elle l'a acclamé, applaudi avec enthousiasme.
■ **ovationner** v. Faire une ovation. ● La foule va **ovationner** le vainqueur.

overdose nom f. ● Fanny est morte d'une **overdose**, prise trop forte de drogue.

ovin adj. ● Il existe plusieurs races **ovines**, de moutons. □ nom m. ● Il élève des **ovins**, des moutons, des béliers, des brebis.

ovipare adj. ● Les oiseaux sont **ovipares** : leurs petits naissent des œufs qu'ils pondent (→ CONTR. vivipare).

ovni [ɔvni] nom m. Sigle pour objet volant non identifié. ● Les soucoupes volantes sont des **ovnis**.

oxyde nom m. **1** ● La rouille est un **oxyde** de fer, un mélange de fer et d'oxygène. **2** OXYDE DE CARBONE. ● En roulant, les voitures dégagent de l'**oxyde de carbone**, un gaz très dangereux, un mélange de carbone et d'oxygène.

■ **s'oxyder** v. pron. ● Lorsque l'air est humide, le fer **s'oxyde** : il rouille, il s'abîme quand il est en contact avec l'oxygène de l'air humide (→ inoxydable).

■ **oxydation** nom f. ● La rouille est une **oxydation** du fer.

oxygène nom m. ● Nous ne pourrions pas vivre sans respirer de l'**oxygène**, un gaz invisible et inodore qui se trouve dans l'air. ★ Chercher aussi : azote, hydrogène.

■ **oxygéné** adj. EAU OXYGÉNÉE. ● Claire nettoie son écorchure avec de l'**eau oxygénée**, un liquide désinfectant qui contient beaucoup de molécules d'oxygène.

■ **s'oxygéner** v. pron. (fam.). ● Anne est allée **s'oxygéner** à la montagne : respirer un air sain, pur. ★ Conjug. 8.

P|p

pacha nom m. ● *Tu pourrais te dépla-cer au lieu de te faire servir comme un **pacha**, comme un noble de la Tur-quie d'autrefois.*

pachyderme [paʃidɛrm] nom m. ● *Ils sont partis en Afrique pour capturer des **pachydermes**, de gros animaux à peau épaisse (éléphants, hippopotames, rhi-nocéros).*

pacifier v. ● *Ce pays **a été pacifié** : on y a ramené la paix* (→ paix). ★ Conjug. 10.
■ **pacifique** adj. **1** ● *Ces deux pays ont des relations **pacifiques**,* qui se passent dans la paix (→ CONTR. belli-queux). **2** ● *Mon gros chien est **paci-fique** :* il aime le calme, la paix (→ CONTR. agressif, batailleur).
■ **pacifisme** nom m. Doctrine des par-tisans de la paix.
■ **pacifiste** nom et adj. ● *Les **pacifistes** manifestent pour protester contre la guerre et la violence,* les partisans de la paix. ● adj. ● *Des idées **pacifistes**.* ★ Chercher aussi : non-violent, objecteur.

pacotille nom f. ● *Elle porte un bracelet de **pacotille**,* qui n'a pas de valeur, de mauvaise qualité.

pacte nom m. ● *Ces deux pays ont conclu un **pacte**,* un accord solennel, une alliance.
■ **pactiser** v. ● *Ce traître **a pactisé** avec l'ennemi :* a fait alliance avec lui.

paella [paela] nom f. ● *Pendant ses vacan-ces en Espagne, Véronique a mangé de la **paella**,* un plat espagnol composé de riz, de crustacés, de viande, de légumes, etc.

pagaie [pagɛ] nom f. ● *Le canoë n'avance plus, Laurent a perdu sa **pagaie**,* une sorte de petite rame que l'on tient à deux mains.
■ **pagayer** v. ● *Marc a appris à **pagayer**,* à ramer avec une pagaie. ★ Conjug. 7.

pagaille ou quelquefois, **pagaïe**, **pagaye** [pagaj] nom f. **1** (fam.) ● *Sur la plage, nous avons trouvé des coquil-lages en **pagaille**,* en grande quantité. **2** (fam.) ● *Quelle **pagaille** dans la cui-sine !, quel désordre !*

paganisme nom m. État de ceux qui ne sont ni chrétiens, ni juifs, ni musul-mans. ● *Pendant les premiers mille ans de l'ère chrétienne, le **paganisme** a progressivement reculé en Europe.* ★ Chercher aussi : païen.

1. page nom f. **1** ● *Mon livre a 200 **pages**,* chacun des deux côtés d'une feuille du livre. **2** ● *Qui a arraché une **page** à ce cahier ?,* un feuillet entier. **3** ● *Est-ce que tu connais ces **pages** de Victor Hugo ?,* ce qui est écrit sur les pages, ce texte. **4** (fig.) ÊTRE À LA PAGE : être au cou-rant de l'actualité ; être habillé à la mode. **5** (fig.) TOURNER LA PAGE. ● *Nous avons assez parlé de ces événements ; maintenant **tournons la page** :* pas-sons à autre chose, oublions cela.

2. page nom m. ● *La reine arriva, suivie de ses **pages**,* des jeunes nobles qui servaient un roi, un prince ou un sei-gneur.

pagne nom m. ● *Ce pêcheur africain est habillé d'un **pagne**,* un simple mor-ceau de tissu autour de la taille.

pagode nom f. ● *Dans les pays d'Extrême-Orient, les gens vont prier les dieux dans des **pagodes**,* des temples.

paie ; paiement → payer.

païen adj. ● *Une religion **païenne**,* qui n'appartient ni au christianisme, ni au judaïsme, ni à l'islam. ▢ nom ● *Les Grecs de l'Antiquité étaient des **païens**.*

paille nom f. **1** ● *La batteuse sépare les grains de blé de la **paille**,* les tiges de céréales. **2** (fig.) ÊTRE SUR LA PAILLE : être dans la misère. **3** ● *J'ai commandé au garçon une menthe à l'eau avec une **paille**,* un petit tuyau pour la boire en aspirant.

■ **paillasse** nom f. ● *Dans cette vieille ferme, il a couché sur une **paillasse**,* un matelas grossier fait de paille tassée.

■ **paillasson** nom m. ● *Vos chaussures sont pleines de boue; essuyez vos pieds sur le **paillasson**,* le tapis-brosse placé devant la porte.

■ **paillote** nom f. ● *Ces tribus primitives vivent dans des **paillotes**,* des cabanes, des huttes, des cases de paille.

paillette nom f. ● *La robe de cette chanteuse est garnie de **paillettes**,* des petites lamelles brillantes cousues dessus.

pain nom m. **1** ● *J'achète le **pain** chez le boulanger.* — ● *Valérie a acheté un **pain** et une baguette.* — (fig.) AVOIR DU PAIN SUR LA PLANCHE : avoir beaucoup de travail. **2** PAIN D'ÉPICE : gâteau au miel et aux épices. ★ Ne pas confondre *pain, pin* et *peint* (de peindre). ★ Chercher aussi : panade, pané.

1. pair adj. ● *« 8, 10, 24, ... »,* sont des nombres **pairs**, qui donnent un nombre entier quand on les divise par 2, qui sont divisibles par 2 (→ CONTR. impair). ★ Ne pas confondre *pair, paire, père* et *perd* (de perdre).

2. pair nom m. **1** ● *Ce noble chevalier ne voulait être jugé que par ses **pairs**,* ses égaux. **2** HORS PAIR, loc. adj. ● *C'est un chirurgien **hors pair**,* sans égal, supérieur. **3** ALLER DE PAIR. ● *Si tu veux jouer du piano, il faut apprendre à lire tes notes, ces deux activités **vont de pair** :* elles vont ensemble. **4** AU PAIR, loc. adv. ● *Ma cousine travaille **au pair** dans une famille anglaise :* cette famille la loge et la nourrit en échange de son travail, mais ne lui donne pas de salaire (ou un salaire très faible). ★ Ne pas confondre : *pair, paire, perd* (de *perdre*) et *père*.

paire nom f. **1** ● *Une **paire** de gants :* un ensemble formé de deux gants. — ● *Une **paire** de pigeons* (→ SYN. couple). **2** ● *Une **paire** de ciseaux :* un objet formé de deux parties coupantes. ★ Ne pas confondre : *paire, pair, perd* (de *perdre*) et *père*.

paisible adj. ● *Sophie a un caractère **paisible**,* calme, tranquille. — ● *Un endroit **paisible*** (→ paix, sens 2 ; CONTR. agité, bruyant).

■ **paisiblement** adv. ● *Elle dort **paisiblement**,* tranquillement.

paître v. ● *Ce troupeau de moutons va **paître** dans la montagne,* manger de l'herbe (→ pâturage). ★ Conjug. 37. *Paître* n'est pas conjugué au passé simple.

paix nom f. **1** ● *Les partisans de la **paix*** (→ pacifiste ; CONTR. guerre). — EN PAIX. ● *La guerre est finie, ces deux pays vont pouvoir vivre **en paix**,* sans se battre (→ pacifier). — FAIRE LA PAIX. ● *Allons, serrez-vous la main et **faites la paix** :* réconciliez-vous. **2** ● *L'agitation des villes le fatigue, il préfère la **paix** des campagnes,* le calme, la tranquillité (→ paisible). — (fam.) FICHER LA PAIX À QUELQU'UN : le laisser tranquille. ★ Ne pas confondre : *paix* et *paie* (de *payer*).

palabres nom f. ou m. plur. ● *Dans ces réunions, on perd trop de temps en **palabres**,* des discussions trop longues et sans intérêt. ● *De longs (ou de longues) **palabres**.*

palace nom m. ● *Ils ont passé la nuit dans un **palace**,* un grand hôtel de luxe.

1. palais nom m. **1** ● *Ce roi vivait dans un **palais**,* une demeure vaste et magnifique. ★ Chercher aussi : château. **2** PALAIS DE JUSTICE : bâtiment où se trouvent les tribunaux. ★ Ne pas confondre *palais* et *palet*.

2. palais nom m. ● *En avalant sa soupe trop chaude, Julien s'est brûlé le **palais**,* l'intérieur de la bouche, derrière les dents du haut. ★ Ne pas confondre *palais* et *palet*.

palan nom m. ● *Ils ont chargé les caisses sur le navire avec un **palan**,* un appareil qui sert à soulever de lourdes charges. ★ Chercher aussi : élévateur, grue.

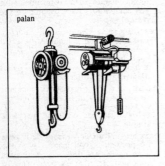

palan

pale nom f. ● *Le bateau n'avance plus, une des **pales** de l'hélice est cassée,* une des parties qui forment l'hélice.

pâle adj. **1** ● *Gilles a le teint **pâle**,* la peau blanche (→ pâlot ; CONTR. coloré). **2** ● *Une chemise vert **pâle**,* vert clair (→ CONTR. vif). ★ Attention à l'accent sur *pâle*.
■ **pâleur** nom f. ● *La **pâleur** du blessé est inquiétante,* son teint pâle.
■ **pâlichon** adj. (fam.) ● *Il est **pâlichon**,* un peu pâle (→ SYN. pâlot).
■ **pâlir** v. **1** ● *Il **a pâli** en apprenant son échec :* il est devenu pâle. **2** ● *Les couleurs de ta jolie robe **ont pâli** :* elles ont perdu leur éclat, elles ont passé. ★ Conjug. 11.

palefrenier nom m. Garçon d'écurie dont le travail consiste à prendre soin des chevaux.

palefroi nom m. Au Moyen Âge, cheval de parade. ★ Chercher aussi : destrier.

paléontologie nom f. Science qui étudie les animaux et les végétaux préhistoriques. ● *La **paléontologie** étudie les fossiles.*

palet nom m. ● *Sophie et Véronique jouent à la marelle en lançant un **palet**,* une pierre plate et ronde. ★ Ne pas confondre : *palet* et *palais*.

paletot [palto] nom m. ● *Éric boutonne son **paletot**,* son manteau court.

palétuvier nom m. Grand arbre des régions tropicales aux racines en partie aériennes.

palette nom f. **1** ● *L'artiste mélange les couleurs sur sa **palette**,* une large plaque de bois ou de plastique, percée d'un trou où l'on passe le pouce. **2** Socle en bois sur lequel on met des caisses ou des colis pour pouvoir les déplacer avec un chariot élévateur.

pâleur ; pâlichon → pâle.

palier nom m. **1** ● *Marc a laissé le sac à provisions sur le **palier**,* sur le sol qui se trouve à chaque étage, à l'extérieur des appartements. **2** ● *Les alpinistes ont escaladé la falaise par **paliers**,* en plusieurs fois, progressivement (comme s'ils s'arrêtaient à chaque étage en montant un escalier).

pâlir → pâle.

palissade nom f. ● *Alain a grimpé sur la **palissade** du chantier,* une clôture faite de planches assemblées.

palissandre nom m. ● *Cette table est en **palissandre**,* un bois exotique très dur. ★ Chercher aussi : acajou, ébène.

pallier v. Compenser, remédier à. ● *Nous accueillons souvent ces enfants privés de leurs parents, mais nous ne savons pas comment **pallier** leur manque d'affection.* ★ Attention à l'emploi : pas de préposition.

palmarès [palmarɛs] nom m. ● *Le **palmarès** d'un concours,* la liste des personnes qui ont obtenu un prix.

palme nom f. **1** Feuille du palmier. **2** (fig.) Symbole de la victoire. ● *Il a remporté la palme* : il a été vainqueur. **3** ● *Je nage plus vite avec des palmes*, des sortes de nageoires en caoutchouc que l'on met aux pieds.

■ **palmé** adj. ● *La grenouille a des pattes palmées*, dont les doigts sont réunis par une sorte de peau (→ palmipède).

■ **palmier** nom m. ● *Les cocotiers et les dattiers sont des palmiers*, des arbres des régions chaudes, dont les grandes feuilles sont réunies en forme de bouquet.

■ **palmipède** adj. ● *Un oiseau palmipède*, qui a les pattes palmées. □ nom m. ● *L'oie et le canard sont des palmipèdes*, des oiseaux qui ont des pattes palmées.

palombe nom f. ● *Dans les forêts des Landes, on chasse la palombe*, un pigeon ramier.

pâlot adj. ● *Marion n'a pas bonne mine, elle est pâlotte*, un peu pâle.

palourde nom f. ● *Sur la plage, j'ai ramassé des palourdes*, des coquillages bons à manger.

palper v. ● *Après avoir reçu un coup de pied, il a palpé son mollet* : il l'a tâté avec la main pour l'examiner.

palpiter v. ● *Quand je cours de toutes mes forces, mon cœur palpite* : il bat très fort.

■ **palpitant** adj. ● *Sophie a lu un livre palpitant*, passionnant, si intéressant qu'il fait battre son cœur plus vite.

■ **palpitations** nom f. plur. ● *Quand il monte les escaliers, grand-père a des palpitations*, des battements de cœur trop rapides.

paludisme nom m. ● *Dans les pays chauds, la piqûre de certains moustiques peut vous donner le paludisme*, une maladie qui provoque de fortes fièvres (→ SYN. malaria).

se pâmer v. pron. (littér.) **1** ● *La princesse était si émue qu'elle s'est pâmée* : elle s'est évanouie. **2** ● *Devant ce beau tableau, il s'est pâmé d'admiration* : il l'a tellement admiré qu'il en a été bouleversé, paralysé.

pampa nom f. ● *Un grand troupeau traverse la pampa*, une grande plaine d'Amérique du Sud.

pamphlet [pɑ̃flɛ] nom m. Texte bref qui met en cause violemment une institution ou une personne.

pamplemousse nom m. ● *Veux-tu du sucre avec ton pamplemousse* ?, un gros fruit des pays chauds, rond et jaune. — ● *Le pamplemousse est un agrume.*

1. pan nom m. **1** ● *Un pan de son imperméable s'est coincé dans la portière*, une partie flottante. **2** ● *Nous avons mis du tissu sur ce pan de mur*, cette partie du mur. ★ Ne pas confondre : pan, paon et pend (de pendre).

2. pan ! interj. ● *Pan ! Le shérif a tiré un coup de revolver !*

panacée nom f. ● *L'argent n'est pas une panacée*, un remède qui résout toutes les difficultés, qui guérit tous les maux.

panache nom m. **1** ● *Sur le casque du chevalier, un panache flotte au vent*, un bouquet de plumes. **2** ● *Un panache de fumée sort de la cheminée*, un nuage épais qui flotte. **3** (fig.) ● *Dans les combats, les trois mousquetaires avaient du panache* : ils avaient fière allure, ils étaient courageux et gais.

panaché adj. et nom m. **1** adj. ● *Un bouquet panaché*, composé de plusieurs fleurs différentes. **2** nom m. ● *Au bar, j'ai bu un panaché*, un mélange de bière et de limonade.

panacher v. Mélanger des couleurs ou des éléments divers. ● *Le fleuriste a panaché les couleurs du bouquet.*

panade nom f. ● *Pour utiliser les restes de pain, j'ai fait une panade*, une soupe faite de pain, d'eau et de beurre.

panaris [panari] nom m. ● *Mon doigt me fait mal, j'ai un panaris*, un gros bouton près de l'ongle.

pancarte nom f. ● *Ce magasin est fermé au mois d'août ; c'est marqué sur la pancarte*, sur l'écriteau.

pancréas [pãkreas] nom m. ● *Notre **pancréas** nous aide à digérer les aliments,* une glande située derrière l'estomac. ★ VOIR p. 969.

panda nom m. Mammifère au pelage noir et blanc qui vit dans les forêts de Chine et qui se nourrit de pousses de bambous.

pané adj. ● *Claude fait frire du poisson **pané**,* recouvert de fines miettes de pain. ★ Chercher aussi : chapelure.

panier nom m. **1** ● *Véronique porte un **panier** d'osier rempli de fruits,* une sorte de sac tressé, une corbeille à anse. **2** ● *Un **panier** à salade sert à égoutter la salade.* — (fig. et fam.) LE PANIER À SALADE : le car de police. **3** METTRE QUELQUE CHOSE AU PANIER : s'en débarrasser en le jetant à la poubelle. **4** ● *Les joueurs de basket essaient d'envoyer le ballon dans le **panier**,* un filet sans fond soutenu par un cercle métallique. — ● *Alain a réussi un **panier** ; il a marqué un **panier**,* un but (au basket).

panique nom f. ● *Un tremblement de terre a créé la **panique** chez les habitants,* la terreur, l'affolement. — ÊTRE PRIS DE PANIQUE : être affolé, terrorisé.
■ **paniquer** v. (fam.) ● *Surtout, ne **panique** pas :* ne t'affole pas, n'aie pas peur.

panne nom f. **1** ● *Nous avons dû laisser la voiture au garage à cause d'une **panne** de moteur,* d'un ennui mécanique qui l'empêche de fonctionner. — ● *Les lumières se sont éteintes ; ce doit être une **panne** d'électricité :* l'électricité n'arrive plus à cause d'un incident technique. **2** EN PANNE. ● *La voiture n'avance plus, elle est **en panne**,* immobilisée à cause d'un ennui mécanique, d'une panne (→ dépanner). ● *Tomber **en panne**, rester **en panne**.* — ● *Une voiture **en panne** d'essence,* qui ne peut plus fonctionner parce qu'il n'y a plus d'essence. **3** (fig.) ÊTRE EN PANNE DE QUELQUE CHOSE. ● *J'ai fait la sauce de la salade avec du citron parce que j'**étais en panne de** vinaigre,* parce que je n'en avais plus.

panneau nom m. **1** Plaque de bois ou de métal qui porte des inscriptions. ● *Les **panneaux** de limitation de vitesse indiquent la vitesse à respecter.* **2** ● *Un **panneau** vitré :* une surface plate entourée d'une bordure. **3** (fig. et fam.) TOMBER DANS LE PANNEAU : se laisser prendre au piège.
■ **panonceau** nom m. ● *D'ici, tu vois le **panonceau** de la boucherie,* le panneau qui indique le nom du magasin.

panoplie nom f. ● *Pour Noël, Éric a reçu une **panoplie** de magicien,* tous les vêtements et les objets qu'il faut pour se déguiser en magicien.

panorama nom m. ● *Du sommet de la montagne, vous pouvez admirer le **panorama**,* le paysage que l'on voit tout autour.
■ **panoramique** adj. ● *D'ici, tu as une vue **panoramique** sur la chaîne de montagnes,* une vue d'ensemble.

panse nom f. **1** Ventre des animaux. **2** (fam.) SE REMPLIR LA PANSE : se remplir le ventre, manger beaucoup.

panser v. **1** ● *L'infirmier **a pansé** la blessure :* il l'a soignée en faisant un pansement. **2** ● ***Panser** un cheval :* le soigner, le nettoyer. ★ Ne pas confondre *panser* et *penser*.
■ **pansement** nom m. Ce qui sert à protéger une plaie (compresses, coton, bandes, etc.). ● *Anne a mis un **pansement** sur son écorchure.*

pantagruélique adj. Digne de Pantagruel (personnage de géant inventé par Rabelais) en parlant d'appétit ou de nourriture. ● *Son repas d'anniversaire était **pantagruélique**.*

pantalon nom m. ● *En tombant, Patrick a déchiré son **pantalon**.*

pantelant adj. ● *Quand il a appris cette catastrophe aérienne, il est resté tout **pantelant**,* haletant, très troublé par l'émotion, bouleversé.

panthère nom f. ● *Cachée dans un arbre, la **panthère** guette sa proie,* un animal féroce à fourrure jaune tachetée de noir, qui vit en Afrique et en Asie. ★ Chercher aussi : léopard.

pantin nom m. ● *Marc s'amuse à gesti-culer comme un **pantin**, une sorte de marionnette dont on fait bouger les bras et les jambes en tirant une ficelle.*

pantois adj. Stupéfait. ● *Pierre a donné devant moi une gifle à Paul. Cela m'a laissé tout **pantois**.*

pantomime nom f. ● *Pour la fête de l'école, nous jouerons une **panto-mime**, une petite pièce de théâtre mimée (→ mime).*

pantoufle nom f. ● *Elle a retrouvé une **pantoufle** sous son lit*, un chausson.
■ **pantouflard** adj. (fam.) ● *Il est **pan-touflard** :* il aime rester chez lui, il tient à ses habitudes. □ nom ● *Il ne bouge pas de son fauteuil, quel **pan-touflard** !*

paon [pã] nom m. ● *Regarde ce **paon** qui fait la roue*, un gros oiseau qui peut redresser les plumes de sa queue en éventail. ★ Ne pas confondre : *paon, pan* et *pend* (de *pendre*).

paon

papa nom m. Nom affectueux pour dire «père». ● *Mon **papa** et ma maman.*

papaye [papaj] nom f. Fruit exotique comestible, ressemblant à un melon de forme ovale.

pape nom m. ● *Le **pape** est élu par les cardinaux*, le chef de l'Église catho-lique (→ SYN. souverain pontife).

papier nom m. **1** ● *Elle écrit sur une feuille de **papier**.* **2** ● *J'ai classé mes **papiers**,* les documents importants (lettres, factures, etc.). — (fig. et fam.) ÊTRE DANS LES PETITS PAPIERS DE QUELQU'UN. ● *Il accepta certainement de m'aider, je **suis dans ses petits papiers** :* il m'aime bien, il m'estime. **3** PAPIERS (D'IDENTITÉ). ● *Mon père a perdu tous ses **papiers**,* sa carte d'identité, son per-mis de conduire, etc. **4** SUR LE PAPIER, loc. adv. ● *Sur le **papier**,* ça n'a pas l'air bien compliqué : quand on le voit par écrit comme projet, mais pas en réalité (→ SYN. théoriquement ; CONTR. prati-quement).
■ **paperasse** nom f. ● *Son bureau est couvert de **paperasses**,* de papiers inutiles, sans valeur.
■ **papeterie** [papεtʀi] nom f. Magasin où l'on vend du papier, des cahiers, des crayons, des gommes, etc.
■ **papetier** [paptje] nom. Personne qui tient une papeterie.

papille nom f. ● *Les **papilles** de la langue,* les petits points sur la surface de la langue qui servent à sentir le goût des aliments.

papillon nom m. **1** ● *Un **papillon** jaune s'est posé sur cette fleur,* un insecte à quatre grandes ailes colorées. ★ Cher-cher aussi : chenille, cocon, larve, méta-morphose. **2** NŒUD PAPILLON : cravate plate dont le nœud rappelle la forme des ailes de papillon. **3** (fam.) ● *Le station-nement est interdit, gare aux **papil-lons** sur les pare-brise !* : attention aux petits papiers qui indiquent une con-travention.
■ **papillonner** v. Aller d'une per-sonne à une autre, d'une chose à une autre sans s'y intéresser, sans s'y atta-cher vraiment.
■ **papillote** nom f. ● *Ces bonbons sont enveloppés dans des **papillotes**,* des morceaux de papier dont les bouts sont tordus en forme d'ailes de papillon.
■ **papilloter** v. ● *Elle va s'endormir, ses yeux **papillotent** :* ils s'ouvrent et se ferment très vite (comme battent les ailes d'un papillon).

papoter v. (fam.) Bavarder, parler de beaucoup de choses insignifiantes. ● *Ces enfants restent toujours à papoter après la classe.*

paprika nom f. Piment en poudre qui sert à épicer les plats.

papyrus [papirys] nom m. **1** Plante qui pousse sur les bords du Nil. ● *Les anciens Égyptiens utilisaient les tiges de papyrus pour fabriquer des feuilles sur lesquelles ils écrivaient.* **2** ● *Cet archéologue a découvert un papyrus, un livre très ancien écrit sur papyrus.* ★ Chercher aussi : parchemin.

pâque nom f. Fête juive qui rappelle le jour où les Juifs sont sortis d'Égypte. ★ Ne pas confondre *la pâque* et *les pâques.*

paquebot nom m. ● *Ce paquebot arrive de Grèce après une longue traversée, ce grand navire qui transporte des passagers.* ★ Chercher aussi : cabine, croisière, escale ; cargo.

pâquerette nom f. ● *Véronique a cueilli des pâquerettes dans le pré, des petites marguerites blanches au cœur jaune.*

pâques nom f. plur. et nom m. sing. **1** nom f. plur. Fête chrétienne qui rappelle le jour où le Christ est ressuscité. — ● *Bonnes vacances et joyeuses Pâques !* **2** nom m. sing. ● *Le jour de Pâques.* ★ Ne pas confondre *pâques* et *pâque.*

paquet nom m. **1** ● *Grand-mère m'a envoyé un paquet par la poste, un ou plusieurs objets enveloppés dans un emballage* (→ empaqueter ; SYN. colis). — ● *Un paquet de bonbons.* **2** PAR PAQUETS. ● *Les élèves sont arrivés par paquets,* par groupes. **3** (fam.) ● *Des disques ? Il en a un paquet,* une grande quantité. **4** (fig. et fam.) METTRE LE PAQUET. ● *Pour gagner la course, il a mis le paquet :* il a employé tous les moyens, donné son maximum.

■ **paquetage** nom m. ● *En arrivant à la caserne, chaque soldat reçoit son paquetage,* l'ensemble de ses vêtements et de ses objets militaires.

par prép. Peut indiquer : **1** Le lieu. ● *Elle regarde par la fenêtre* (→ SYN. à tra-

vers). — ● *Il est couché par terre,* à terre. **2** Le temps. ● *Par une belle matinée de printemps* (→ SYN. pendant). **3** La fréquence, la distribution. ● *Deux fois par jour.* — ● *Cela coûtera dix francs par personne.* **4** Le moyen. ● *Voyager par avion.* **5** Le complément d'agent. ● *Éric a été interrogé par la maîtresse :* c'est elle qui l'a interrogé.

parachever v. ● *Tu pourrais colorier les mers et les montagnes pour parachever ta carte de France, pour la terminer avec beaucoup de soin* (→ achever ; SYN. parfaire). ★ Conjug. 8.

parachute nom m. ● *Benoît voudrait apprendre à sauter en parachute,* à sauter d'un avion avec un appareil qui ralentit la chute.

■ **parachutage** nom m. ● *Le parachutage des armes aura lieu à minuit :* on les lancera d'avion grâce à des parachutes.

■ **parachuter** v. ● *Les soldats ont été parachutés tout près de la frontière,* déposés en parachute.

■ **parachutisme** nom m. ● *Isabelle pratique le parachutisme,* le sport qui consiste à sauter en parachute.

■ **parachutiste** nom m. ● *Ces parachutistes font des acrobaties dans le ciel,* ces sportifs ou ces soldats qui sautent en parachute.

1. parade nom f. **1** ● *Une parade militaire :* un défilé militaire en public (→ SYN. revue). **2** ● *Les majorettes ont mis leurs habits de parade,* leurs beaux habits pour attirer les spectateurs (→ 1. parer).

■ **parader** v. ● *Dans son beau costume de cow-boy, il parade devant ses amis :* il se fait admirer.

2. parade nom f. ● *Ce boxeur a de belles parades,* des moyens d'éviter les coups (→ 2. parer).

paradis nom m. **1** ● *Les chrétiens disent que, après la mort, les âmes de ceux qui le méritent vont au paradis* (→ SYN. ciel ; CONTR. enfer). **2** (fig.) ● *Cette plage isolée est un paradis pour les campeurs,* un endroit très agréable, enchanteur. **3** (fig. et fam.) NE PAS L'EMPOR-

TER EN PARADIS. ● *Tu as gagné parce que tu as triché mais* **tu ne l'emporteras pas en paradis**, *ton succès ne durera pas, je me vengerai.*

paradoxe nom m. ● *Il prétend que plus les gens sont pauvres, plus ils sont heureux : c'est un* **paradoxe**, *une opinion qui est le contraire de ce que l'on pense habituellement.*

■ **paradoxal** adj. ● *Tu adores la tarte aux fraises et tu ne veux pas en manger, c'est* **paradoxal**, *bizarre, anormal, contradictoire.*

paraffine nom f. ● *Pour fabriquer une bougie, Laurence fait fondre de la* **paraffine**, *une substance blanche et cireuse.*

parages nom m. plur. ● *Y a-t-il un hôtel dans les* **parages** ?, *dans les environs.*

paragraphe nom m. Partie d'un texte que l'on sépare en allant à la ligne. ● *Sophie, veux-tu lire le premier* **paragraphe** ?

paraître v. 1 ● (littér.) ● *Un éclair de joie* **parut** *dans ses yeux*, apparut (→ CONTR. disparaître). 2 ● *Son dernier roman vient de* **paraître**, *d'être mis en vente.* — *Cet hebdomadaire* **paraît** *le mercredi.* 3 ● *Marc* **paraît** *content de ses vacances* : il a l'air content (→ SYN. sembler). 4 IL PARAÎT QUE. ● *Il* **paraît** *que l'hiver sera froid* : on le dit. — À CE QU'IL PARAÎT. ● *Cette nouvelle voiture ne vaut rien,* **à ce qu'il paraît**, *d'après ce que l'on dit.* ★ Attention à l'accent circonflexe sur î avant *t*. ★ Conjug. 37.

parallèle adj., nom f. et nom m. **A.** adj. ● *Des rues* **parallèles**, *qui vont dans la même direction mais ne se rencontrent pas.* □ nom f. ● *Deux* **parallèles** : deux lignes droites qui restent toujours à la même distance l'une de l'autre. ★ VOIR p. 424. **B.** nom m. 1 ● *Le professeur a fait un* **parallèle** *entre deux idées*, une comparaison. 2 Cercle imaginaire parallèle à l'équateur. ★ Chercher aussi : latitude.

■ **parallèlement** adv. ● *Aude a disposé tous ses crayons* **parallèlement**.

■ **parallélisme** nom m. ● *Le mécanicien a vérifié le* **parallélisme** *des roues de la voiture*, le fait qu'elles sont bien parallèles.

■ **parallélépipède** nom m. ● *Le cube est un* **parallélépipède**, *un objet qui a six faces parallèles deux à deux.* ★ VOIR p. 424.

■ **parallélogramme** nom m. ● *Le rectangle est une sorte de* **parallélogramme**, *une figure géométrique qui a quatre côtés parallèles deux à deux.*

paralyser v. 1 ● *Depuis sa maladie, ses jambes* **sont paralysées** : *elles ne peuvent plus bouger à cause d'une maladie* (→ paralysé). 2 (fig.) ● *La peur la* **paralyse**, *l'empêche de bouger* (→ SYN. figer, immobiliser). 3 ● *Cette grève a* **paralysé** *l'aéroport, elle l'a empêché complètement de fonctionner.*

■ **paralysé** adj. ● *Un bras* **paralysé**. □ nom ● *Grâce à leur courage, ces* **paralysés** *réussissent à faire du sport, ces personnes qui ne peuvent plus bouger une partie de leur corps.* ★ Chercher aussi : handicapé.

■ **paralysie** nom f. 1 Incapacité de bouger le corps ou une partie du corps (à la suite d'une maladie ou d'un accident). ● *Ses jambes sont atteintes de* **paralysie**. 2 (fig.) ● *La* **paralysie** *causée par la peur.* 3 ● *La* **paralysie** *de l'aéroport est due à la grève.*

parapet nom m. ● *Ne t'assieds pas sur le* **parapet** *du pont, le petit mur qui empêche de tomber en contrebas.*

paraphrase nom f. ● *Ton explication ne contient aucune idée personnelle : c'est une simple* **paraphrase**, *commentaire inutile d'un texte, simple répétition de son contenu avec d'autres mots.*

parapluie nom m. ● *La pluie va tomber, emporte un* **parapluie** !, *un objet pour se protéger de la pluie.* — ● *La toile, les baleines d'un* **parapluie**.

parasite nom m. ou adj. 1 nom m. ● *Le pou est un* **parasite** *de l'homme, un être qui vit sur lui et qui en tire toute sa nourriture* (→ parasiter). ● *Des champignons* **parasites**, *qui s'installent sur d'autres végétaux et vivent à leurs dépens.* 2 nom ● *Il ne veut pas travailler, mais il demande toujours de l'argent aux autres ; c'est un* **parasite**,

une personne qui vit aux dépens, aux crochets des autres. **3** nom m. ● *L'émission de radio a été brouillée par des* **parasites**, *des bruits désagréables.*
■ **parasiter** v. ● *Cette plante* **est** **parasitée** *par des champignons : elle est envahie par des parasites.*

parasol nom m. ● *Sur la plage, Véronique s'abrite sous un* **parasol**, *une sorte de grand parapluie qui protège du soleil.*

paratonnerre nom m. ● *La foudre est tombée sur le* **paratonnerre** *de l'église,* une longue tige métallique fixée sur le toit, reliée à la terre par un gros câble électrique, et qui protège les bâtiments des effets de la foudre.

paravent nom m. ● *Le lavabo est caché par un* **paravent**, *une cloison mobile faite de plusieurs panneaux articulés.*

1. parc nom m. **1** ● *Nous sommes allés jouer dans un* **parc**, *un très grand jardin.* **2** PARC NATUREL : grande étendue de terrain où les animaux et les plantes sont protégés. — *Le parc naturel de la Vanoise.* ★ Chercher aussi : 1. réserve.

2. parc nom m. **1** ● *Le chien fait rentrer les moutons dans le* **parc**, *un terrain fermé par une clôture* (→ parquer ; SYN. enclos). **2** PARC À HUÎTRES : bassin où l'on élève les huîtres. ★ Chercher aussi : ostréiculture. **3** PARC DE STATIONNEMENT : un endroit réservé pour le stationnement des voitures (→ parcmètre, parquer ; SYN. parking).

parcelle nom f. **1** ● *Des* **parcelles** *de métal,* de très petits morceaux. **2** PARCELLE (DE TERRAIN). ● *Nous avons acheté une* **parcelle** *près du bois,* un morceau de terrain.
■ **parcellaire** adj. Constitué de parcelles, fragmenté.

parce que [parskə] loc. conj. Indique la cause, la raison. ● *«Pourquoi ne m'as-tu pas écrit?» «Parce que j'avais perdu ton adresse.»* ★ Attention : *parce que* s'écrit toujours en deux mots.

parchemin nom m. ● *Au Moyen Âge, les livres étaient écrits à la main sur du* **parchemin**, *de la peau d'animal (mou-*

ton, chèvre, etc.) préparée spécialement. ★ Chercher aussi : papyrus.

parcimonie nom f. ● *Luce distribue ses bonbons avec* **parcimonie**, *sans générosité* (→ CONTR. prodigalité).

parcmètre nom m. ● *Pour stationner ici, papa doit mettre un franc dans le* **parcmètre**, l'appareil qui mesure le temps de stationnement des voitures d'après la somme d'argent que l'on introduit dedans (→ parquer).

parcourir v. **1** ● *J'ai parcouru le village à la recherche d'un hôtel : je suis allé partout.* **2** ● *Demain, les coureurs cyclistes devront* **parcourir** *200 km,* faire ce chemin (→ parcours). **3** ● *Il* **a parcouru** *le journal,* il l'a lu rapidement. ★ Conjug. 16.
■ **parcours** nom m. ● *Ce car ne s'arrête que deux fois sur son* **parcours**, sur le trajet qu'il suit, sur son chemin.

pardessus nom m. ● *Mon père a enfilé son* **pardessus**, *un manteau d'homme qui se porte par-dessus une veste.*

pardi! interj. (fam.) Sert à renforcer une affirmation. ● *«Tu as déjà tout mangé?» «C'est que je meurs de faim, pardi!»*

pardon nom m. **1** ● *Elle m'avait fait mal, mais elle m'a demandé* **pardon** *: elle m'a demandé de l'excuser.* — *Je lui accorde mon* **pardon** *: je lui pardonne.* **2** (formule de politesse) ● ***Pardon***, *madame, pouvez-vous me dire l'heure? :* excusez-moi de vous déranger...
■ **pardonnable** adj. ● *Il s'est trompé ; sa faute est* **pardonnable** : on peut lui pardonner (→ SYN. excusable ; CONTR. impardonnable).
■ **pardonner** v. **1** ● *Elle ne l'a pas fait exprès, il faut lui* **pardonner**, *ne pas lui en vouloir, oublier sa faute.* **2** ● ***Pardonne***-moi, mais je ne suis pas d'accord : excuse-moi, mais...*

pare-balles nom m. invar. ● *Ce policier porte un gilet* **pare-balles**, *qui protège contre les balles* (→ 2. parer). — ● *Des* **pare-balles**.

pare-brise nom m. invar. ● *J'ai nettoyé le* **pare-brise** *de la voiture,* la grande vitre avant qui protège contre le vent,

la pluie, etc. (→ 2. parer). — ● *Des*
pare-brise. ★ VOIR p. 595.

pare-chocs nom m. invar. ● *En reculant,*
la voiture a heurté un poteau avec son
pare-chocs *arrière, la partie d'une voi-*
ture qui la protège contre les chocs
(→ 2. parer). — ● *Des* ***pare-chocs.***
★ VOIR p. 595.

pare-feu nom m. invar. **1** ● *Les bandes de*
terrain déboisé que l'on voit dans les
forêts sont des ***pare-feu,*** *des disposi-*
tifs pour lutter contre les incendies.
2 ● *Mets le* ***pare-feu*** *devant la chemi-*
née, l'écran qui empêche les étincelles
de mettre le feu à la pièce (→ 2. parer).

pareil adj. et nom **A.** adj. **1** ● *Nos deux*
ballons sont ***pareils,*** *identiques, sem-*
blables (→ dépareillé; CONTR. diffé-
rent). **2** ● *Je n'avais jamais vu un* ***pareil***
spectacle, un spectacle comme celui-là
(→ SYN. tel).
B. nom **1** RENDRE LA PAREILLE À QUELQU'UN. ● *Si*
tu t'ennuies sans arrêt, il va ***te rendre***
la pareille, te faire la même chose. **2** NE
PAS AVOIR SON PAREIL. ● *Pour faire des farces,*
Alain ***n'a pas son pareil,*** personne
n'est aussi fort que lui, ne lui est égal.

parent nom **1** (au plur.) ● *Sophie est allée*
au cinéma avec ses ***parents,*** son père
et sa mère. **2** ● *Ma cousine est une*
parente, *une personne de ma famille.*
□ adj. ● *Nous sommes* ***parents*** *avec les*
Duroc, nous faisons partie de la même
famille (→ apparenté).
■ **parenté** nom f. ● *Nous portons le*
même nom, mais il n'y a aucune
parenté *entre nous,* aucun lien de
famille.

parenthèse [paʀɑ̃tɛz] nom f. **1** ● *Isabelle a*
écrit un mot entre ***parenthèses,*** *entre*
les signes ( ) qui montrent que ce
mot n'est pas indispensable pour com-
prendre la phrase. **2** (fig.) ENTRE PAREN-
THÈSES, loc. adv. ● *Je te signale,* ***entre***
parenthèses, *qu'il a perdu son livre,*
en passant, sans que ce soit l'essentiel.

1. se parer v. pron. ● *Elle* ***s'est parée*** *de*
tous ses bijoux : elle les a mis pour
se faire belle (→ déparer; 1. parade;
parure).

2. parer v. **1** ● *Parer un coup :* se protéger contre lui en l'évitant, en le
détournant (→ 2. parade; imparable).
2 ÊTRE PARÉ CONTRE. ● *Avec ces imperméa-*
bles, nous ***sommes parés contre*** *la*
pluie, protégés contre elle.

pare-soleil nom m. invar. ● *L'automobi-*
liste a abaissé son ***pare-soleil,*** *un*
écran qui protège du soleil
(→ 2. parer). ● *Des* ***pare-soleil.***

paresse nom f. ● *Sa* ***paresse*** *est sans*
limites, son désir de ne pas faire
d'effort (→ CONTR. courage, énergie).
■ **paresser** v. ● *Elle* ***paresse*** *dans son*
lit jusqu'à midi : elle ne fait rien.
■ **paresseux** adj. ● *C'est un garçon*
intelligent, mais ***paresseux,*** *qui évite*
de faire des efforts (→ SYN. fainéant).
□ nom ● *Tu aurais pu m'aider,* ***pares-***
seuse !

parfait adj. **1** ● *Personne n'est* ***parfait,***
sans défaut (→ perfection). **2** ● *Actuel-*
lement, il est en ***parfaite*** *santé,* excellente. **3** ● *Marc a répondu à mes ques-*
tions avec une honnêteté ***parfaite,***
totale, complète.
■ **parfaire** v. ● *Luce rajoute quel-*
ques couleurs pour ***parfaire*** *son des-*
sin, pour le rendre parfait. ★ Conjug. 42.
■ **parfaitement** adv. **1** ● *Valérie sait*
parfaitement *sa récitation,* très bien.
2 ● *«Tu veux nous accompagner ?»*
*«*****Parfaitement****»,* bien sûr, certainement.

parfois adv. ● *Tu fais* ***parfois*** *des bêti-*
ses, de temps en temps, quelquefois.

parfum [paʀfœ̃] nom m. **1** ● *Le* ***parfum***
du lilas remplissait le jardin, l'odeur
agréable. **2** ● *Maman a acheté un nou-*
veau ***parfum,*** *un liquide qui sent bon.*
3 ● *Le* ***parfum*** *d'une glace,* son goût,
son arôme.
■ **parfumé** adj. ● *Un dentifrice* ***par-***
fumé *à la menthe* (→ SYN. aromatisé).
■ **parfumer** v. **1** ● *Ce produit* ***par-***
fume *le linge :* il lui donne une odeur
agréable. **2** v. pron. ● *Elle s'est*
maquillée et elle ***s'est parfumée :*** elle
s'est mis du parfum. **3** ● *J'ajoute du*
café pour ***parfumer*** *la crème,* pour lui
donner un goût agréable.

■ **parfumerie** nom f. Magasin où l'on vend du parfum et des produits de beauté.

pari nom m. ● *Tu crois qu'il va pleuvoir, mais moi pas : faisons un **pari**!*, une sorte de jeu dans lequel celui qui a tort donne quelque chose à celui qui a raison.
■ **parier** v. 1 ● *Je te **parie** un paquet de bonbons que je cours plus vite que toi* : je fais ce pari avec un paquet de bonbons comme enjeu. 2 ● *Je vous **parie** qu'il arrivera en retard* : j'en suis presque sûr. ★ Conjug. 10.
■ **parieur** nom m. ● *Les **parieurs** sont nombreux sur le champ de courses*, les personnes qui parient de l'argent sur les chevaux.

paria nom m. 1 En Inde, personne de rang inférieur, considérée comme impure. 2 (fig.) Personne rejetée par un groupe. ● *Depuis qu'il est alcoolique, sa famille le traite en **paria** au lieu de l'aider.*

parité nom f. Égalité parfaite. ● *Xavier demande la **parité** des avantages pour tous les employés du magasin.*

parjure nom et adj. Celui qui viole un serment. ● *Sébastien est **parjure** : il n'a pas tenu sa promesse.*

parka nom f. Manteau court à capuchon, en tissu imperméable.

parking [parkiŋ] nom m. ● *Nous avons garé la voiture dans un **parking** souterrain*, un endroit aménagé pour le stationnement des voitures (→ 2. parc, parquer).

parlant → parler.

parlement nom m. ● *Le **Parlement** n'a pas accepté ce projet de loi*, l'ensemble des députés et des sénateurs élus par le peuple pour discuter et voter les lois, l'ensemble des assemblées législatives.
■ **1. parlementaire** adj. ● *La session **parlementaire*** : la période pendant laquelle le Parlement se réunit. □ nom ● *Un **parlementaire*** : un membre du Parlement (député ou sénateur).

parlementer v. 1 ● *Les deux généraux ennemis **ont parlementé*** : ils ont discuté pour essayer d'arriver à un accord. 2 (fam.) ● *J'ai dû **parlementer** pendant plus d'une heure pour obtenir ces renseignements*, discuter longuement.
■ **2. parlementaire** nom ● *Pour faire cesser les combats, l'armée ennemie a envoyé des **parlementaires***, des personnes chargées de discuter avec l'ennemi.

parler v. 1 ● *Mon petit frère apprend à **parler***, à se servir de mots, de la parole, pour dire ce qu'il pense (→ CONTR. se taire). — ● *J'ai **parlé** à Louis* : je lui ai adressé la parole, je lui ai dit quelque chose. — ● *Parlez-moi de votre voyage* (→ SYN. raconter). 2 ● *Jenny **parle** l'anglais et le français* : elle peut s'exprimer dans ces deux langues. 3 ● *Michel **parle** d'acheter un bateau* : il dit qu'il a ce projet, cette intention. 4 ● *Les muets **parlent** par gestes* : ils se font comprendre (→ parlant). 5 FAIRE PARLER DE SOI : se faire remarquer. 6 TROUVER À QUI PARLER. ● *Il se croyait très malin, mais il **a trouvé à qui parler*** : il a rencontré quelqu'un d'aussi malin que lui.
■ **parlant** adj. 1 ● *Le cinéma **parlant***, qui reproduit la parole des acteurs (→ CONTR. muet). 2 ● *Ces chiffres sont **parlants*** : ils expriment clairement quelque chose.
■ **parleur** nom m. (péjor.) UN (BEAU) PARLEUR : quelqu'un qui sait parler aux gens pour les tromper, ou qui parle beaucoup, mais n'agit jamais.
■ **parloir** nom m. ● *Les professeurs ont reçu les parents des élèves au **parloir***, une salle où l'on reçoit les visiteurs pour parler avec eux.
■ **parlotes** ou **parlottes** nom f. plur. ● *Ne perdons pas notre temps en **parlottes***, en bavardages, en conversations sans intérêt (→ SYN. palabres).

parmesan nom m. ● *Marc a mangé des macaronis avec du **parmesan** râpé*, un fromage italien cuit et dur.

parmi prép. ● *Véronique s'est perdue **parmi** la foule*, au milieu de la foule, dans cet ensemble dont elle fait partie.

parodie nom f. Imitation que l'on fait pour se moquer.

■ **parodier** v. ● *Sylvie a parodié l'accent du gardien* : elle l'a imité pour s'en moquer. ★ Conjug. 10.

paroi nom f. **1** ● *Les alpinistes ont passé la nuit accrochés à la **paroi** rocheuse*, à la surface verticale du rocher. **2** ● *Nous avons poussé l'armoire contre la **paroi***, la surface intérieure du mur.

paroisse nom f. ● *Aujourd'hui, l'évêque vient en visite dans notre **paroisse***, le territoire dont notre curé a la charge.

■ **paroissial** adj. ● *L'église **paroissiale***, de la paroisse.

■ **paroissien** nom ● *Tous les **paroissiens** sont invités à la kermesse*, tous les habitants de la paroisse.

parole nom f. **1** ● *Les êtres humains peuvent communiquer par la **parole*** : ils peuvent s'exprimer par les mots, le langage. **2** ● *Il nous a dit quelques **paroles** de bienvenue*, des mots, des phrases. **3** ● *Éric connaît par cœur les **paroles** de cette chanson*, le texte (→ parolier). **4** AVOIR LA PAROLE : avoir le droit de parler. — PRENDRE LA PAROLE : commencer à parler. — PASSER LA PAROLE À QUEL-QU'UN : se taire pour qu'il puisse parler à son tour. **5** PAROLES EN L'AIR. ● *Ne crois pas ce qu'il t'a dit, ce sont des **paroles en l'air***, des paroles sans importance, qu'il n'a pas dites sérieusement. **6** ● *Je suis sûr qu'il viendra, il m'a donné sa **parole*** : il l'a promis, juré. — ● *Il tient toujours (sa) **parole***, sa promesse.

■ **parolier** nom ● *Ce **parolier** est très connu*, celui qui écrit les paroles des chansons.

paroxysme nom m. ● *L'éruption du volcan a atteint son **paroxysme***, le moment où elle est la plus violente.

parpaing [parpɛ̃] nom m. ● *Le maçon construit un mur en **parpaings***, en blocs de ciment, de plâtre.

parquer v. **1** ● *Les bêtes **sont parquées** pour la nuit*, enfermées dans un parc (→ 2. parc). **2** ● *Mon père **a parqué** la voiture* : il l'a garée dans un parc de stationnement, dans un parking.

parquet nom m. ● *Il balaie le **parquet** de sa chambre*, les lames de bois assem-blées qui recouvrent le sol (→ SYN. plancher).

parrain nom m. ● *Au baptême de Carole, son **parrain** et sa marraine ont promis de l'aider et de veiller sur elle.* ★ Chercher aussi : filleul.

parricide 1 nom Meurtre du père ou de la mère. **2** nom et adj. Personne qui a tué son père ou sa mère. ● *Ce **parricide** a été condamné à la prison à perpétuité.*

parsemer v. ● *Les allées du parc **étaient parsemées** de feuilles mortes* : on en trouvait un peu partout. ★ Conjug. 8.

part nom f. **1** ● *J'ai coupé le gâteau en six **parts***, six parties, six morceaux (→ partage ; partager). **2** PRENDRE PART À. ● *Hervé veut **prendre part** au tournoi de tennis*, y participer. ● *Ce **je prends part** à votre chagrin* : je le partage, je suis triste avec vous (→ partager, sens 2). **3** FAIRE PART DE QUELQUE CHOSE À QUELQU'UN. ● *Ils nous ont **fait part** de leur projet* : ils nous l'ont annoncé, fait connaître (→ faire-part). **4** À PART, loc. adv. ● *Pour ne pas les confondre, j'ai mis tes crayons **à part***, à l'écart, séparés des miens. **5** À PART, loc. prép. ● *Tous les élèves étaient présents aujourd'hui, **à part** François*, sauf lui, excepté lui. **6** À PART, loc. adj. ● *Pascal est un garçon **à part***, spécial, qui se distingue des autres. **7** À PART ENTIÈRE. ● *Il est Français **à part entière***, totalement, entièrement. **8** DE LA PART DE, loc. prép. ● *Je te donne ce cadeau **de la part de** Valérie* : il vient d'elle. **9** POUR MA PART, loc. prép. ● *Pour ma part, je ne mangerai pas de fromage*, pour moi, en ce qui me concerne. **10** AUTRE PART, loc. adv. ● *Ma poupée n'est pas dans ma chambre, cherchons **autre part***, dans un autre endroit (→ SYN. ailleurs). — NULLE PART, loc. adv. : dans aucun endroit (→ CONTR. partout). — QUELQUE PART, loc. adv. ● *Je l'ai déjà rencontré **quelque part***, à un certain endroit. **11** DE PART ET D'AUTRE, loc. adv. ● *Ces deux rosiers sont plantés **de part et d'autre** du mur*, des deux côtés. — DE PART EN PART. ● *Il a percé le mur **de part en part***, d'un côté à l'autre. ★ Ne pas confondre : par, pars (de partir) et part.

partage nom m. • *Nous sommes quatre pour douze bonbons : le* **partage** *est facile,* la division en parts, la répartition.

■ **partager** v. **1** • *Les associés* **ont partagé** *les bénéfices,* ils les ont divisés en parts. **2** • *Je* **partage** *entièrement votre opinion,* je suis du même avis. — • *Elle* **partage** *ma joie :* elle est joyeuse avec moi. ★ Conjug. 5.

partance nom f. EN PARTANCE. • *Cet avion est* **en partance** *pour Londres :* il va partir à destination de Londres.

partenaire nom • *Pendant tout le match, mes* **partenaires** *ont montré beaucoup de courage,* les personnes qui jouaient dans mon équipe (→ CONTR. adversaire).

parterre nom m. **1** • *Dans ce parc, les* **parterres** *de fleurs sont magnifiques,* les parties du jardin plantées de fleurs. ★ Chercher aussi : massif, plate-bande. **2** • *Au théâtre, nous avions des places au* **parterre**, au rez-de-chaussée de la salle. ★ Chercher aussi : balcon, loge.

1. parti nom m. **1** • *Il est membre de ce* **parti** *politique,* de cette organisation qui rassemble ceux qui ont choisi les mêmes idées politiques. **2** PRENDRE PARTI. • *Elle refuse de* **prendre parti,** de faire un choix, de choisir un camp. PRENDRE PARTI POUR QUELQU'UN : le soutenir, l'aider. **3** PARTI PRIS. • *Marc m'a parlé de toi sans* **parti pris,** sans préjugés (→ partial). ★ Ne pas confondre : *parti* et *partie*.

2. parti nom m. TIRER PARTI DE QUELQUE CHOSE. • *Ne jette pas ces vieux jouets, on peut encore* **en tirer parti,** les utiliser.

partial adj. • *Cet arbitre est* **partial** : il favorise une équipe, il juge avec parti pris (→ SYN. injuste ; CONTR. impartial). ■ **partialité** nom f. • *Sa* **partialité** *est choquante,* son attitude partiale (→ CONTR. impartialité).

participant ; participation → participer.

participe nom m. • *« Ayant » est le* **participe** *présent du verbe avoir ; « eu » est son* **participe passé,** des formes du verbe.

participer v. • *Des coureurs étrangers* **ont participé** *au Tour de France,* ils l'ont fait avec les autres, ils y ont pris part. — • *De nombreuses personnes* **ont participé** *à ce projet* (→ SYN. coopérer, contribuer à).

■ **participant** nom • *Tous les* **participants** *à ce concours recevront un prix,* ceux qui participent. □ adj. • *Les personnes* **participantes.**

■ **participation** nom f. • *Pour organiser la fête, nous avons besoin de votre* **participation,** de votre présence parmi nous, de votre aide.

particule nom f. Très petit élément. • *L'atome est formé de* **particules.**

particulier adj. et nom **A.** adj. **1** • *En général il n'aime pas danser, mais il ne peut pas refuser car c'est un jour* **particulier,** spécial, qui ne ressemble pas aux autres (→ CONTR. ordinaire). — EN PARTICULIER, loc. adv. • *Jean adore le sport,* **en particulier** *le tennis,* spécialement, surtout (→ SYN. particulièrement). **2** • *Cette cicatrice sur la joue de Martine, c'est un signe* **particulier,** qui la distingue des autres (→ particularité). **3** • *Julie veut une chambre* **particulière,** pour elle toute seule (→ SYN. personnel ; CONTR. commun). — EN PARTICULIER, loc. adv. • *J'ai pu lui parler* **en particulier,** à lui tout seul, personnellement.

B. nom. LES PARTICULIERS : les simples citoyens, les individus qui n'appartiennent pas à un groupe.

■ **particularité** nom f. • *Connais-tu les* **particularités** *de cette voiture ?,* ce qui la rend différente des autres (→ SYN. caractéristique).

■ **particulièrement** adv. **1** • *Il déteste tous les fruits,* **particulièrement** *les pêches,* spécialement, surtout. **2** • *Il fait* **particulièrement** *froid aujourd'hui,* plus que les autres jours.

partie nom f. **1** • *Une* **partie** *de ce jardin est réservée aux légumes,* un morceau d'un ensemble. **2** FAIRE PARTIE DE QUELQUE CHOSE. • *Marc* **fait partie de** *notre équipe :* il en est membre. **3** • *La grammaire, ce n'est pas ma* **partie,** ma spécialité

(→ SYN. branche, sens 2). **4** ● *L'arbitre vient de siffler la fin du match, la **partie** de football est terminée*, la durée du jeu, le jeu. **5** CE N'EST QUE PARTIE REMISE. ● *En passant par Paris, je n'ai pas pu te rencontrer, mais **ce n'est que partie remise**, nous le ferons bientôt.* **6** (fam.) CE N'EST PAS UNE PARTIE DE PLAISIR : c'est un travail pénible. **7** ● *Le juge l'a interrogé, puis il a interrogé la **partie** adverse*, l'adversaire. **8** PRENDRE QUELQU'UN À PARTIE : s'en prendre à lui, l'attaquer. **9** AVOIR AFFAIRE À FORTE PARTIE : avoir affaire à un adversaire redoutable.

■ **partiel** [parsjɛl] adj. ● *À cette heure, on ne connaît que les résultats **partiels** des élections*, les résultats incomplets, qui concernent une partie d'un tout (→ CONTR. complet).

■ **partiellement** adv. ● *J'ai été **partiellement** satisfait de son travail*, en partie seulement (→ CONTR. complètement, entièrement).

partir v. **1** ● *La fête ne fait que commencer et vous voulez déjà **partir***, vous en aller (→ départ ; CONTR. arriver, rester). **2** ● *Le match de tennis **est** bien **parti*** : il a bien commencé. — ● *Ce souterrain **part** du château* : il commence là (→ CONTR. aboutir). **3** ● *Le coup de feu **est parti*** ; il a été tiré. **4** ● *Ces taches de graisse **partiront** au lavage* : elles disparaîtront. ★ Conjug. 15. *Partir se conjugue avec l'auxiliaire être.*

■ **à partir de** loc. prép. **1** ● *À partir de demain, nous serons en vacances*, dès ce moment. **2** ● *La neige est tombée **à partir de** Grenoble*, dès cet endroit.

partisan nom **1** ● *Ses **partisans** ont fêté son élection*, ceux qui sont du même avis que lui, qui le défendent (→ CONTR. adversaire). □ adj. ● *La mer devient mauvaise, je suis **partisan** de retourner au port* : je suis pour cette solution. **2** ● *Connais-tu le chant des **partisans** ?*, des soldats qui combattaient dans les maquis (→ SYN. résistant).

partition nom f. ● *Les musiciens de l'orchestre jouent en regardant leur **partition***, leur morceau de musique écrit sur des feuilles.

partout adv. ● *Valentine a mis des fleurs **partout***, dans tous les endroits (→ CONTR. nulle part).

parure nom f. **1** ● *La **parure** d'une reine*, les vêtements et les bijoux magnifiques d'une reine (→ parer). **2** ● *Cette dame porte une **parure** de diamants*, un ensemble de bijoux assortis.

parution nom f. ● *J'attends avec impatience la **parution** de ce disque*, le moment où il paraîtra dans les magasins, où il sera mis en vente.

parvenir à v. **1** ● *Ma lettre **parviendra** à Cécile demain* : Cécile la recevra, la lettre arrivera jusqu'à elle. **2** ● *Malgré ses efforts, l'élève ne **parvient** pas à faire son devoir* : il n'y arrive pas (→ SYN. réussir). **3** ● *Ce vieil homme **est parvenu** à l'âge de cent ans* : il a atteint cet âge. ★ Conjug. 19.

parvenu nom (péjor.) ● *Cet homme qui s'est enrichi très vite, mais qui est si vulgaire, est un **parvenu***, un nouveau riche qui étale sa fortune de façon grossière.

parvis [parvi] nom m. ● *Toute la noce se rassemble sur le **parvis** de l'église*, la place située devant l'église.

1. pas nom m. **1** ● *Vers l'âge d'un an, le bébé fait ses premiers **pas***, il pose un pied devant l'autre pour marcher. — ● *L'ogre marche à grands **pas*** (→ SYN. enjambée). — PAS À PAS, loc. adv. ● *Nous avançons dans le noir, **pas à pas***, lentement et avec prudence. — ● *As-tu vu ces **pas** dans la neige ?*, ces traces laissées par des pieds. — (fig.) À DEUX PAS. ● *La gare est **à deux pas***, tout près. **2** ● *Martin marchait d'un **pas** rapide*, à une allure rapide. **3** AU PAS. ● *Les soldats marchent **au pas***, tous ensemble à la même cadence. — (fig.) METTRE QUELQU'UN AU PAS : le forcer à obéir. **4** ● *Le chien m'attend sur le **pas** de la porte*, à l'entrée, juste devant la porte (→ SYN. seuil). **5** ● *Je ne peux pas visser cet écrou, le **pas** de vis est usé*, la rainure en spirale qui entoure la vis.

2. pas adv. *Employé avec ne ou n', sert*

à exprimer la négation. ● *Joël **ne** sait **pas** nager.*

passable adj. ● *En français, Marc a des notes **passables**, ni bonnes ni mauvaises, juste suffisantes* (→ SYN. moyen).

passage nom m. **1** ● *Je regarde le **passage** des oiseaux dans le ciel, leur déplacement quand ils passent.* — AU PASSAGE. ● *Raymond frappe la balle **au passage**, au moment où elle passe.* — DE PASSAGE. ● *Le Président est **de passage** dans ma ville, mais il n'y restera pas longtemps* (→ passer, sens 1). **2** ● *J'essaie de trouver un **passage** dans la foule, un endroit par où passer.* — UN PASSAGE À NIVEAU, UN PASSAGE CLOUTÉ : *des endroits aménagés pour permettre aux voitures ou aux piétons de traverser sans danger une voie ferrée, une rue* (→ passer, sens 3). **3** ● *Pierre a réussi son examen de **passage**, l'examen qui lui permettra de passer d'une classe dans l'autre* (→ passer, sens 7). **4** ● *Peux-tu me lire un **passage** de ta rédaction, un petit morceau, un extrait* (d'un texte, d'un film, etc.).

1. passager nom ● *Dans cette voiture, le conducteur emmène quatre **passagers**, les personnes transportées par une voiture, un bateau, un avion, etc.*

2. passager adj. ● *Claire a eu une douleur **passagère**, qui n'a pas duré longtemps* (→ passer, sens 10; SYN. court, éphémère, fugitif; CONTR. durable).

1. passant adj. ● *Cette rue est très **passante**, il y passe beaucoup de gens* (→ SYN. fréquenté).

2. passant nom ● *Cette voiture a renversé un **passant**, une personne qui passait dans la rue* (→ passer, sens 1).

passe nom f. **1** MOT DE PASSE. ● *Le garde demande à l'inconnu le **mot de passe**, un mot secret qu'il faut connaître pour avoir droit de passer.* **2** ● *Les deux footballeurs se font des **passes** : ils se renvoient la balle l'un à l'autre.* **3** UNE BONNE, UNE MAUVAISE PASSE : *une période de bonheur, de malheur.* ● *Depuis quelque temps, il traverse une **mauvaise passe**.* **4** EN PASSE DE, loc. prép. ● *Notre*

équipe est **en passe de** gagner le championnat, sur le point de le gagner.

passé nom m. **1** ● *Grand-père nous parle du **passé**, de la vie d'autrefois, de ce qui est arrivé avant le temps où nous vivons* (→ présent; avenir). □ adj. ● *Elle regrette le temps **passé**, d'autrefois.* **2** ● *Si tu dis : «je voyais», «j'ai vu» ou «j'avais vu», tu emploies des temps du **passé** : l'imparfait, le passé composé et le plus-que-parfait* (→ présent; futur).

passe-droit nom m. ● *Cet homme important accorde des **passe-droits** à ses amis, des faveurs, des privilèges qui leur permettent de faire des choses interdites.* — ● *Des **passe-droits**.*

passe-montagne nom m. ● *En hiver, j'enfile mon **passe-montagne**, un bonnet de tricot qui ne laisse voir que le visage.* — ● *Des **passe-montagnes**.*

passe-partout nom m. invar. et adj. invar. **1** nom m. invar. ● *Le voleur ouvre les portes avec un **passe-partout**, une clé spéciale qui peut ouvrir plusieurs serrures.* — ● *Des **passe-partout**.* **2** adj. invar. ● *Cette robe et cette chemise sont des vêtements **passe-partout**, que l'on peut utiliser dans toutes les circonstances.*

passe-passe nom m. invar. TOUR DE PASSE-PASSE. ● *Au cirque, le magicien fait des **tours de passe-passe**, des tours d'adresse en faisant passer un objet d'un endroit dans un autre.*

passeport nom m. ● *Pour passer la frontière, Luc a montré son **passeport** au douanier, un livret spécial qui permet d'aller à l'étranger.*

passer v. **1** ● *Un camion **passe** dans la rue : il avance sans s'arrêter.* **2** ● *Marc est **passé** à la maison : il est venu, mais il n'est pas resté.* **3** ● *Cette route **passe** par le village : elle le traverse.* **4** ● *J'aime mieux **passer** par ce chemin, le suivre pour faire un trajet.* **5** ● *Cette semaine **a passé** trop vite : elle s'est écoulée.* **6** ● *J'**ai passé** mes vacances en Italie : j'étais là-bas pendant ce temps.* **7** ● *Je vais **passer** en*

CM2, être admis à entrer dans cette classe (→ passage, sens 3). **8** ● *Ma robe bleue **a passé** au soleil* : sa couleur a changé. **9** ● *Le café **passe** dans la cafetière* : l'eau se transforme en café en traversant le filtre. **10** ● *Mon mal de tête va **passer***, disparaître, se terminer (→ 2. passager). **11** ● *Tout son argent **passe** en bonbons* : il est dépensé à acheter cela. **12** (fam.) ● *Peux-tu me **passer** le pain ?*, me le donner. **13** ● *Elle va **passer** un examen*, le subir. **14** ● *Antoine a **passé** le film de ses vacances* : il l'a projeté sur l'écran. — ● *Claire **passe** un disque sur son tourne-disque.* **15** PASSER POUR ● *Éric **passe pour** un champion* : il a cette réputation. **16** PASSER QUELQUE CHOSE À QUELQU'UN ● *Sa grand-mère lui **passe** tous ses caprices* : elle les accepte, elle les excuse. **17** PASSER OUTRE ● *C'était interdit, mais il **a passé** outre* : il l'a fait tout de même. ★ Passer se conjugue avec l'auxiliaire être ou avoir.

■ *se **passer*** v. pron. **1** ● *Ces événements **se sont passés** l'an dernier* : ils se sont produits, ils ont eu lieu. **2** ● *La soirée **s'est** bien **passée*** : elle s'est bien déroulée, elle était agréable. — ● *Leur voyage **s'est** très mal **passé**.*

■ *se **passer** de* v. pron. ● *On peut très bien **se passer de** fumer*, ne pas le faire, s'en priver.

passereau nom m. ● *L'alouette, l'hirondelle et le moineau sont des **passereaux***, une famille d'oiseaux de petite taille ou de taille moyenne.

passerelle nom f. **1** ● *Pour traverser les rails, les voyageurs prennent la **passerelle***, un petit pont réservé aux piétons. **2** ● *Les passagers montent dans l'avion par la **passerelle***, un escalier que l'on peut approcher de l'avion. ★ VOIR p. 638. **3** ● *Le capitaine se trouve sur la **passerelle** du bateau*, la plate-forme située au-dessus des cabines.

passe-temps nom m. invar. ● *La danse est son **passe-temps** préféré*, une manière agréable de passer son temps (→ SYN. amusement, divertissement).

passeur nom m. **1** ● *Dans sa barque, le **passeur** nous a fait traverser le fleuve*, celui qui permet aux gens de traverser un cours d'eau là où il n'y a pas de pont. **2** ● *La nuit, le **passeur** les a conduits en Espagne*, celui qui fait passer une frontière aux gens qui ne sont pas en règle. ★ Chercher aussi : contrebande.

passible de adj. ● *L'automobiliste qui brûle un feu rouge est **passible** d'une amende* : il peut être condamné à payer une amende.

passif adj. **1** ● *« La souris est mangée par le chat »* est la forme **passive** de *« le chat mange la souris »*, une façon de conjuguer le verbe qui montre que le sujet n'agit pas, mais qu'il subit ce qu'on lui fait. □ nom. m. ● *Le **passif** d'un verbe* (→ CONTR. actif). **2** adj. ● *C'est un élève trop **passif***, qui ne participe pas, qui manque d'entrain, d'énergie (→ CONTR. actif, énergique).

■ **passivement** adv. ● *Il m'a suivi **passivement***, sans résister, sans réagir.

■ **passivité** nom f. Qualité de celui qui est passif. ● *La **passivité** de Brigitte est désolante* : jamais elle ne répond en classe.

passion nom f. **1** ● *Ils ont de la **passion** l'un pour l'autre*, un amour très fort. **2** ● *Pour Louis, le rugby est une **passion*** : une chose qu'il aime énormément, qui l'intéresse par-dessus tout.

■ **passionnant** adj. ● *J'ai vu un film **passionnant***, très intéressant (→ SYN. captivant, palpitant ; CONTR. ennuyeux).

■ **passionnément** adv. **1** ● *Jean aime **passionnément** Françoise*, il l'aime beaucoup, avec passion. **2** ● *Il aime **passionnément** le sport.*

■ **passionner** v. ● *Ce livre m'**a passionné*** : il m'a beaucoup intéressé. — ● *Rémi **est passionné** par le cinéma.* □ v. pron. ● *Gérard **se passionne** pour les animaux* ; il s'y intéresse beaucoup.

■ **passionné** nom ● *Un **passionné** de football* (→ SYN. enragé).

passoire nom f. ● *Pour égoutter les haricots, verse-les dans la **passoire***, un récipient percé de trous qui laissent passer le liquide. ★ Chercher aussi : égouttoir.

pastel nom m. **1** ● *Je colorie mon dessin au **pastel**, une sorte de crayon fait d'une pâte colorée.* **2** ● *Au musée, il y a une collection de **pastels**, d'œuvres faites au pastel.* **3** ● *La robe d'Anne est bleu **pastel**, d'un bleu doux et clair.*

pastèque nom f. ● *Quand j'ai soif, j'aime bien manger une tranche de **pastèque**, un fruit plus gros que le melon, vert à chair rouge, qui pousse dans les pays chauds.*

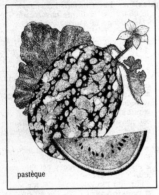

pastèque

1. pasteur nom m. ● *Le **pasteur** garde son troupeau* (→ SYN. berger, pâtre).

2. pasteur nom m. ● *Au temple, les fidèles écoutent le **pasteur**, le responsable d'un groupe de protestants.*

pasteurisé adj. ● *J'achète à l'épicerie du lait **pasteurisé**, dont on a éliminé tous les microbes en le faisant bouillir et en le refroidissant brusquement.* ★ Chercher aussi : stériliser.

pastiche nom m. Imitation humoristique d'un écrivain, d'un artiste. ● *Ce **pastiche** de Victor Hugo était très drôle.*

pastille nom f. ● *Bruno suce des **pastilles** contre la toux*, des petits bonbons ronds et plats. ★ Chercher aussi : cachet, comprimé, pilule.

pastis [pastis] nom m. ● *Oncle André verse de l'eau fraîche dans son **pastis**, un alcool parfumé à l'anis.*

patate nom f. (fam.) ● *Je suis allé acheter cinq kilos de **patates***, de pommes de terre.

pataud adj. ● *Mirza est une toute jeune chienne, elle est encore **pataude**, gauche et maladroite dans ses mouvements.*

patauger v. **1** ● *Pour nous abriter, nous avons dû **patauger** jusqu'à la maison*, marcher dans la boue, dans les flaques. **2** (fam.) ● *Elle **patauge** dans ses explications* : elle s'embrouille, elle ne s'en sort pas. ★ Conjug. 5.

pâte nom f. **1** ● *Marion enfonce ses doigts dans la **pâte** à modeler, une matière molle* (→ pâteux). **2** ● *Pour faire un gâteau, on prépare d'abord la **pâte**, le mélange à base de farine que l'on fera cuire ensuite.* — (fig.) METTRE LA MAIN À LA PÂTE : participer soi-même à un travail, ne pas le laisser faire à d'autres. — (fig.) ÊTRE COMME UN COQ EN PÂTE : être soigné, dorloté ; mener une vie très confortable et sans problèmes. **3** (au plur.) PÂTES (ALIMENTAIRES). ● *Les nouilles, les spaghettis, etc., sont des **pâtes***, des aliments faits à base de blé.

■ **pâteux** adj. **1** ● *Un mélange **pâteux**, mou et collant comme une pâte.* **2** AVOIR LA BOUCHE PÂTEUSE : mal articuler les mots, parler difficilement parce que l'on est malade ou ivre.

pâté nom m. **1** ● *Le charcutier nous a vendu un bon **pâté**, de la viande hachée avec des épices et cuite au four.* — PÂTÉ EN CROÛTE : pâté cuit recouvert d'une couche de pâte. **2** ● *Je promène mon chien autour du **pâté** de maisons*, un ensemble de maisons qui forment un bloc. **3** ● *Sur la plage, Jérôme fait des **pâtés** de sable* : il moule du sable mouillé, avec un seau. **4** ● *J'ai fait un **pâté** sur ma feuille*, une tache d'encre.

pâtée nom f. ● *Mon chien réclame sa **pâtée***, une soupe épaisse pour les animaux.

patelin nom m. (fam.) ● *Claude habite un petit **patelin***, un petit village.

patent adj. Visible, évident. ● *Il y a une erreur **patente** dans l'énoncé de ce problème.*

patente nom f. ● *Les commerçants de la ville paient une **patente**,* un impôt, une taxe sur les commerces.

paternalisme nom m. Attitude exagérément protectrice qui n'est qu'un moyen de dominer. ● *Il ne laisse aucune initiative à son employé. C'est du **paternalisme** !*

paternel adj. ● *L'enfant craignait les reproches **paternels**,* de son père. — ● *Il parle d'un ton **paternel**,* semblable à celui d'un père. ★ Chercher aussi : maternel.

paternité nom f. **1** ● *Quand Jacques aura un enfant, il connaîtra les joies de la **paternité**,* les joies que l'on a lorsqu'on est père. **2** (fig.) ● *Je revendique la **paternité** de cette idée,* le fait d'en être le père, de l'avoir eue le premier (→ père, sens 2).

pâteux → pâte.

pathétique adj. ● *Cette émission sur la faim dans le monde est **pathétique**,* très touchante et triste, très émouvante.

pathologique adj. ● *Son mal de tête continuel est **pathologique** :* il est le signe d'une maladie.

patibulaire adj. ● *Ce bandit a une mine **patibulaire**,* inquiétante, qui fait peur.

patience [pasjɑ̃s] nom f. **1** ● *Pour être un bon pêcheur, il faut de la **patience**,* la qualité de ceux qui savent attendre sans se décourager, en gardant leur calme (→ CONTR. impatience). — PRENDRE SON MAL EN PATIENCE : attendre calmement la fin d'une chose désagréable. **2** ● *Quand elle s'ennuie, Alice fait une **patience**,* un jeu de cartes qui se joue tout seul, une réussite.

1. patient adj. **1** ● *Marc attend sans s'énerver, il est **patient*** (→ CONTR. impatient). **2** ● *Il a réussi grâce à un travail **patient**,* qui réclame de la patience (→ SYN. opiniâtre).

■ **patiemment** adv. ● *Dans la salle d'attente, j'attends **patiemment** mon tour, avec patience* (→ CONTR. impatiemment).

■ **patienter** v. ● *Pour prendre ce train, il m'a fallu **patienter** une heure,* attendre avec patience.

2. patient nom ● *Le médecin soigne ses **patients**,* ses clients, ses malades.

patin nom m. **1** ● *Mon père m'a acheté des **patins** à glace,* des chaussures équipées de lames qui permettent de glisser sur la glace. — ● *Des **patins** à roulettes :* des semelles spéciales garnies de roulettes que l'on attache aux chaussures. — ● *Faire du **patin** à glace, ou à roulettes :* glisser sur ces patins (→ SYN. patinage). **2** ● *Il faut que je change les **patins** de freins de ma bicyclette,* les morceaux de caoutchouc dur qui frottent sur les roues lorsqu'on freine.

■ **patinage** nom m. ● *Martin fait du **patinage**,* le sport que l'on pratique avec des patins à glace ou à roulettes.

■ **patiner** v. **1** ● *Les enfants **patinent** sur le lac gelé :* ils font du patin à glace. **2** ● *Les roues du camion **patinent** sur le verglas :* elles tournent en glissant sans le faire avancer. ★ Chercher aussi : déraper.

■ **patineur** nom ● *Les **patineurs** filent sur la glace,* ceux qui patinent.

■ **patinoire** nom f. **1** ● *Mes patins sur l'épaule, je vais à la **patinoire**,* une piste spécialement aménagée pour faire du patin à glace ou à roulettes. **2** (fig.) ● *Cette route est une véritable **patinoire**,* un endroit très glissant.

patine nom f. ● *Cette armoire a une belle **patine**,* une couleur, un aspect particuliers que prennent les meubles et les objets en vieillissant.

patinette nom f. ● *Les enfants font de la **patinette** dans le jardin* (→ SYN. trottinette).

patio [patjo] ou [pasjo] nom m. ● *En Espagne, beaucoup de maisons ont un **patio**,* une cour intérieure.

pâtir v. ● *Il ne faut pas que les autres **pâtissent** de nos bêtises,* qu'ils en souffrent, qu'ils en subissent les conséquences. ★ Conjug. 11.

pâtisserie nom f. **1** ● *Il sait bien faire la **pâtisserie**, les gâteaux et les desserts sucrés que l'on fait avec de la pâte.* **2** ● *Je rêve devant la devanture de la **pâtisserie**, du magasin où l'on fait et où l'on vend des gâteaux.*
■ **pâtissier** nom ● *J'ai acheté ces gâteaux chez le **pâtissier**,* celui qui fait et qui vend des pâtisseries.

patois nom m. ● *Dans mon village, les vieux paysans parlent encore le **patois**,* la langue ancienne de la région.
★ Chercher aussi : dialecte.

pâtre nom m. (littér.) ● *Le **pâtre** garde son troupeau,* le berger.

patriarche nom m. ● *Toute la famille respecte le **patriarche**,* l'homme le plus vieux, considéré comme le chef de la famille dans une grande famille.

patrie nom f. ● *La France est la **patrie** des Français,* le pays où ils sont nés, ou qu'ils aiment parce qu'ils y vivent depuis longtemps (→ compatriote ; s'expatrier, rapatrier). ★ Chercher aussi : nation.
■ **patriote** adj. ● *Grand-père est très **patriote** :* il aime beaucoup sa patrie, il est prêt à faire des sacrifices pour elle. □ nom ● *Une **patriote**.*
■ **patriotique** adj. ● *La « Marseillaise » est un chant **patriotique** français,* qui exprime l'amour de la patrie.
■ **patriotisme** nom m. ● *Ils ont défendu leur pays par **patriotisme**,* par amour pour leur patrie.

patrimoine nom m. ● *Les enfants héritent du **patrimoine** de leurs parents,* des richesses et des biens de leurs parents.

1. patron nom **1** ● *Les ouvriers travaillent sous les ordres de leur **patron**,* la personne qui dirige une usine, une entreprise (→ patronat ; CONTR. domestique, ouvrier, employé). **2** ● *Saint Nicolas est le **patron** des écoliers,* le saint qui les protège, selon la tradition chrétienne.
■ **patronal** adj. **1** ● *Le directeur de l'usine est allé à une réunion **patronale**,* de patrons. **2** ● *Dimanche, ce sera la fête **patronale** de ma paroisse,* la fête du saint patron (sens 2) de la paroisse.
■ **patronat** nom m. ● *Les syndicats discutent avec les représentants du **patronat**,* de l'ensemble des patrons.

2. patron nom m. ● *Pour se faire une robe, Julie a acheté un **patron**,* un modèle en papier qui permet de découper le tissu.

patronage nom m. **1** ● *Cette fête a lieu sous le **patronage** de monsieur le Maire,* avec son appui, grâce à son aide et à sa protection. **2** ● *Le jeudi, les enfants allaient jouer au **patronage** du quartier,* un endroit où on leur organisait des jeux, des activités, des fêtes.
■ **patronner** v. ● *Les courses automobiles **sont patronnées** par des marques de voitures, de pneus, etc. :* elles sont organisées grâce à leur aide.

patrouille nom f. ● *Pendant la nuit, les rues des villes sont surveillées par des **patrouilles**,* de petits groupes de policiers qui se déplacent à pied ou en voiture. — ● *Les soldats partent en **patrouille**,* en mission par petits groupes.
■ **patrouiller** v. ● *Les douaniers **patrouillent** le long de la frontière :* ils la surveillent en se déplaçant par petits groupes.

patte nom f. **1** ● *Le petit veau tient à peine sur ses **pattes**,* les membres des animaux. **2** (fam.) ● *Les **pattes** d'une personne :* ses jambes, ses pieds. — (fig. et fam.) TIRER DANS LES PATTES DE QUELQU'UN. ● *Il a essayé de me **tirer dans les pattes**,* de me créer des difficultés, de m'empêcher de réussir. **3** ● *Mon porte-monnaie est fermé par une **patte**,* une languette de cuir ou de tissu.
■ **patte d'oie** ou **patte-d'oie** nom f. Carrefour où se croisent plusieurs routes. ● *Des **pattes d'oie**.*

pâturage nom m. ● *Les vaches vont au **pâturage**,* aux prés couverts d'herbe où elles broutent (→ paître ; SYN. herbage, prairie).

pâture nom f. ● *Le renard cherche sa **pâture** dans la forêt,* sa nourriture (toujours en parlant d'un animal).

paume nom f. **1 ●** *Mireille s'est blessée à la paume de la main*, à l'intérieur, au creux de la main (→ CONTR. dos). ★ VOIR p. 547. **2 ●** *Avant que le tennis existe, les sportifs jouaient à la paume*, un jeu où les adversaires se renvoyaient une balle avec la paume de la main (et plus tard avec une raquette).

paupière nom f. **●** *Ouvrir, fermer les paupières*, les replis de peau bordés de cils qui protègent les yeux.

paupiette nom f. **●** *Le boucher prépare des paupiettes*, des tranches de viande (de veau, le plus souvent) roulées avec de la farce.

pause nom f. **1 ●** *Après deux heures de marche, nous avons fait dix minutes de pause*, un arrêt pour nous reposer. — **●** *Le travail doit être entrecoupé de pauses.* **2 ●** *Après cette note de musique, il y a une pause*, un silence. ★ Ne pas confondre *pause* et *pose*.

pauvre adj. **1 ●** *Cet homme n'a pas de quoi manger, il est pauvre :* il n'a pas d'argent et manque du nécessaire (→ SYN. indigent, miséreux, nécessiteux ; CONTR. riche). □ nom **●** *Il veut aider les pauvres*, ceux qui manquent du nécessaire pour vivre (→ CONTR. riche). **2 ●** *La terre de cette région est pauvre*, elle produit peu (→ CONTR. fertile). **3 ●** *J'ai vu passer un pauvre prisonnier*, un malheureux prisonnier, qui faisait pitié. □ nom **●** *Le pauvre !*, il est malade (→ SYN. malheureux).

■ pauvrement adv. **●** *Le vieil homme était habillé très pauvrement*, d'une manière pauvre, misérable (→ CONTR. richement).

■ pauvreté nom f. **●** *Les gouvernements doivent lutter contre la pauvreté*, la misère, le besoin (→ CONTR. richesse).

se pavaner v. pron. **●** *Maurice se pavane dans ses beaux habits :* il marche avec fierté, pour se faire admirer.

pavé nom m. **●** *La bicyclette saute sur les pavés*, les petits blocs de pierre qui recouvrent le sol. — **●** *Après la pluie, le pavé brille au soleil*, l'ensemble des pavés de la rue.

■ pavage nom m. **1 ●** *Les ouvriers travaillent au pavage de ma rue*, à la couvrir de pavés. **2 ●** *Le pavage de cette place forme un dessin*, l'ensemble des pavés qui la couvrent. ★ Chercher aussi : carrelage, dallage.

■ paver v. **●** *On va paver ce chemin boueux*, le couvrir d'un pavage.

1. pavillon nom m. **●** *Les Martin habitent un pavillon entouré d'un petit jardin*, une petite maison pour une seule famille (→ SYN. villa ; CONTR. immeuble).

2. pavillon nom m. **●** *Un pavillon noir flottait sur le bateau des pirates*, un drapeau.

3. pavillon nom m. **●** *La trompette se termine par un pavillon*, un bout évasé, en forme de cornet. — **●** *Le pavillon de l'oreille.*

pavois nom m. Grand bouclier utilisé au Moyen Âge.

pavoiser v. **●** *Pour le 14 Juillet, on a pavoisé les rues et les places de la ville :* on les a décorées avec des drapeaux.

pavot nom m. **●** *L'opium est une drogue tirée du pavot*, une fleur blanche ou rouge. ★ Chercher aussi : coquelicot.

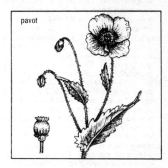

pavot

payer v. **1 ●** *À la fin du mois, le patron paye les ouvriers :* il leur donne l'argent qu'il leur doit. — **●** *Valérie*

paye le boucher. **2** ● *J'ai payé ce livre vingt francs* : je l'ai acheté pour ce prix ; j'ai déboursé vingt francs. **3** (fig.) ● *Éric m'a menti, il me le paiera cher* : je me vengerai, je le punirai pour cela. **4** (fam.) ● *Michel a payé un disque à son amie* ; il le lui a offert. □ v. pron. ● *Il s'est payé une belle voiture.* **5** ● *Le mensonge ne paie pas* : il ne rapporte rien, il ne sert à rien. ★ Conjug. 7.

■ **payable** adj. ● *Le loyer est payable au début du mois* : il doit être payé à ce moment-là.

■ **payant** adj. **1** ● *Ce cinéma accueille cent spectateurs payants*, qui paient leur place. **2** ● *L'entrée du bal est gratuite, mais les boissons sont payantes* : il faut les payer. **3** ● *Ce travail est payant* : il rapporte (→ SYN. rentable).

■ **paye** ou **paie** nom f. ● *Bernard est content, il vient de toucher sa paye*, l'argent que son employeur lui donne en échange de son travail (→ SYN. salaire, solde, traitement).

■ **payeur** nom m. **1** ● *Le payeur des allocations familiales* : la personne chargée de les payer. **2** MAUVAIS PAYEUR. ● *Ce client est un mauvais payeur*, une personne qui ne paye pas ce qu'elle doit.

■ **paiement** nom m. ● *Il reçoit son salaire en paiement de son travail.* ● *Le paiement des impôts* : le fait de les payer.

pays [pei] nom m. **1** ● *L'Allemagne, la France et l'Italie sont des pays d'Europe*, des territoires séparés par des frontières, habités chacun par une population différente et dirigés par des gouvernements différents. ★ Chercher aussi : État, nation, patrie. **2** ● *C'est un vin du pays*, de la région. — ● *Je ne peux pas vous renseigner, je ne suis pas du pays.* **3** ● *Tout le pays a parlé de cet événement*, tous les habitants du pays (sens 1 ou 2).

paysage nom m. ● *De sa fenêtre, Daniel admire le paysage*, la partie du pays que l'on peut voir de cet endroit (→ SYN. panorama, site).

■ **paysagiste** nom **1** ● *Ce peintre est un bon paysagiste*, un peintre qui peint des paysages. **2** ● *Ce jardin a été arrangé par un paysagiste*, celui qui dessine et qui aménage des parcs, des jardins.

paysan nom ● *Les paysans travaillent dans les champs*, ceux qui cultivent la terre et élèvent des animaux (→ SYN. agriculteur, cultivateur, fermier). □ adj. ● *Même à la ville, il a gardé ses habitudes paysannes*, de paysan.

P.-D.G. [pedeʒe] nom m. invar. (fam.) Abréviation pour président-directeur général. ● *M. Martin est P.-D.G. d'une grande entreprise* (→ SYN. patron).

péage nom m. **1** ● *Nous allons quitter l'autoroute, as-tu l'argent pour le péage ?*, le prix qu'il faut payer pour avoir le droit d'y passer. ● *Une autoroute à péage.* **2** ● *Le camion s'est arrêté au péage*, à l'endroit où l'on paie, sur une autoroute.

peau nom f. **1** ● *Martine a la peau douce*, ce qui enveloppe le corps des animaux et des hommes. — (fig.) N'AVOIR QUE LA PEAU SUR LES OS : être très maigre. — (fig.) SE METTRE DANS LA PEAU DE QUELQU'UN : imaginer que l'on est à sa place, imiter quelqu'un parfaitement. — (fig.) VENDRE CHÈREMENT SA PEAU : ne pas se laisser faire, résister de toutes ses forces à une attaque. — (fig.) ÊTRE BIEN DANS SA PEAU : être à l'aise, content de soi. **2** ● *Ce sac est en peau de porc*, en cuir. — ● *Une veste en peau de lapin*, en fourrure. **3** ● *J'ai glissé sur une peau de banane*, l'enveloppe extérieure des fruits et des légumes (→ peler). ★ Chercher aussi : écorce, épluchure, pelure, zeste. **4** ● *Marion passe le lait bouilli pour enlever la peau*, la mince couche de crème qui s'est formée dessus après l'ébullition.

peau-rouge nom ● *Les soldats des États-Unis, au cours du XIXᵉ siècle, ont longtemps fait la guerre aux peaux-rouges*, aux Indiens d'Amérique du Nord.

pécari nom m. Animal sauvage d'Amérique proche du cochon.

peccadille nom f. ● *On ne peut pas le condamner pour cette peccadille*, cette petite bêtise, cette faute sans importance.

1. pêche nom f. ● *Chaque été, je me régale de pêches,* les fruits du pêcher qui ont une peau veloutée, un gros noyau très dur.
■ **1. pêcher** nom m. ● *Notre pêcher est couvert de fleurs roses,* l'arbre qui donne les pêches.

2. pêche nom f. **1** ● *Avec mon ami Pierre, je vais à la pêche* : je vais attraper des poissons, avec une canne à pêche ou un filet. **2** ● *Les marins, lorsqu'ils rentrent au port, vendent leur pêche,* les poissons qu'ils ont pris.
■ **2. pêcher** v. **1** ● *Armand pêche une truite.* **2** (fam.) ● *Où a-t-elle pêché ce chapeau ?,* où a-t-elle trouvé cet objet bizarre ? ★ Ne pas confondre : pêcher, péché et pécher.
■ **pêcheur** nom ● *Les pêcheurs sont partis dans leurs barques,* ceux qui pêchent pour leur plaisir ou pour gagner leur vie. ★ Ne pas confondre avec pécheur.

péché nom m. ● *Tuer quelqu'un, c'est un péché grave,* une faute, une chose défendue par la religion, par Dieu.
■ **pécher** v. ● *Il regrette d'avoir péché,* d'avoir fait des péchés, d'avoir désobéi à Dieu. ★ Ne pas confondre péché, pécher et pêcher. ● Conjug. 8.
■ **pécheur** nom m. ● *Elle prie Dieu pour qu'il pardonne à tous les pécheurs,* à ceux qui ont fait des péchés. ★ Ne pas confondre avec pêcheur.

pectoral adj. **1** ● *Pour calmer ta toux, prends ce sirop pectoral,* pour la poitrine. □ nom m. plur. ● *Depuis qu'il fait du sport, il a de gros pectoraux,* les muscles de la poitrine. ★ VOIR p. 968. **2** ● *Ce poisson a une grande nageoire pectorale,* qui se trouve sous son ventre (→ CONTR. dorsal).

pécule nom m. Somme d'argent amassée peu à peu. ● *Avec son pécule, Éric a acheté un téléviseur.*

pécuniaire adj. ● *En ce moment, nous avons des ennuis pécuniaires,* des ennuis d'argent (→ SYN. financier).

pédagogie nom f. ● *Les professeurs doivent connaître la pédagogie,* la science de l'éducation.

■ **pédagogique** adj. ● *L'enseignement par la télévision est une nouvelle méthode pédagogique,* d'enseignement, d'apprentissage.
■ **pédagogue** nom ● *Ce professeur est un bon pédagogue,* quelqu'un qui sait enseigner, éduquer.

pédale nom f. ● *Pour avancer à bicyclette, il faut appuyer sur les pédales,* les leviers que l'on manœuvre avec les pieds.* ★ VOIR p. 102. — ● *Les machines à coudre, les voitures ont aussi des pédales.* — (fam.) PERDRE LES PÉDALES. ● *Lorsqu'il a peur, il perd les pédales* : il ne sait plus ce qu'il fait, ce qu'il dit, il n'arrive plus à réfléchir.
■ **pédaler** v. ● *Pour monter la côte, je pédale très fort* : j'appuie sur les pédales (de ma bicyclette).
■ **pédalier** nom m. ● *J'ai cassé le pédalier de ma bicyclette,* l'ensemble formé par les pédales, le pignon et les roues dentées qui entraînent la chaîne. ★ VOIR p. 102.
■ **pédalo** nom m. (marque déposée). ● *Nous avons fait une promenade sur le lac en pédalo,* petit bateau à flotteurs que l'on fait avancer en pédalant.

pédant adj. et nom. Qui étale son savoir, appris dans les livres, de façon prétentieuse. ● *Marie est pédante* : elle accable ses amis de son érudition en histoire.

pédestre adj. ● *Une promenade pédestre,* une promenade à pied.

pédiatre nom ● *Maman a emmené mon petit frère chez le pédiatre,* un médecin spécialiste qui soigne les enfants.

pédicule nom m. ● *Ce champignon se compose d'un chapeau et d'un pédicule,* un pied assez fin, une tige.

pédicure nom Personne qui soigne les pieds. ● Chercher aussi : manicure.

pedigree [pedigre] nom m. ● *Ce chien magnifique a un pedigree,* un papier qui indique l'origine de ses parents et qui garantit qu'il est de pure race.

pédoncule nom m. ● *Le pédoncule d'une fleur* : sa tige, ou la petite queue qui la rattache à une branche. ★ VOIR p. 392.

pègre nom f. ● *Les bandits que la police a arrêtés faisaient partie de la **pègre**,* de l'ensemble des voleurs, des voyous, des criminels.

peigne nom m. **1** ● *Il manque des dents à mon **peigne**,* l'instrument qui sert à démêler, coiffer et lisser les cheveux. **2** ● *Les **peignes** de cette machine démêlent les fibres de coton,* des instruments à dents.
■ **peigner** v. ● *Avant de partir pour l'école, je **peigne** mes cheveux,* je les lisse et les démêle à l'aide d'un peigne (→ SYN. coiffer ; CONTR. dépeigner). □ v. pron. ● *Elle **s'est peignée** avec soin.*
■ **peigné** adj. ● *Ce tissu est en laine **peignée**,* en laine à fibres longues démêlées par des peignes.

peignoir nom m. ● *En sortant de son bain, Édith enfile son **peignoir**,* un vêtement très ample en tissu éponge que l'on met pour se sécher.

peindre v. **1** ● *J'ai **peint** les murs de ma chambre en bleu :* je les ai recouverts de peinture. **2** ● *Quel est le nom de l'artiste qui a **peint** ce tableau ?,* qui a représenté des choses qu'il a vues ou imaginées en mettant de la peinture sur une toile. **3** (fig.) ● *Ce livre **peint** la vie d'une famille d'autrefois :* il la décrit (→ dépeindre). ★ Conjug. 35.
■ **peintre** nom m. **1** PEINTRE (EN BÂTIMENT). ● *Ces **peintres** en bâtiment travaillent sur l'échafaudage,* ceux qui peignent les murs des maisons, des appartements, etc. **2** (ARTISTE-) PEINTRE. ● *J'admire les tableaux de ce **peintre** célèbre,* de cet artiste qui peint.
■ **peinture** nom f. **1** ● *J'ai acheté un pot de **peinture** à l'huile, et un de **peinture** à l'eau,* de la couleur liquide préparée à l'huile ou à l'eau. **2** ● *Luc aime la **peinture**,* l'art de peindre. **3** ● *Il a accroché une **peinture** dans son salon,* un tableau. ★ Chercher aussi : aquarelle, gouache, pastel. — ● *Je visite une exposition de **peinture**,* de tableaux. **4** (fig.) ● *Ce roman est une **peinture** sévère de la société moderne,* une œuvre qui la représente, qui la décrit.
■ **peinturlurer** v. (péjor.) ● *Véronique*

*a **peinturluré** son armoire :* elle l'a mal peinte avec des couleurs trop vives.

peine nom f. **1** ● *Le voleur a été condamné à une **peine** de prison,* une punition infligée par la justice (→ pénal). — ● *Êtes-vous pour ou contre la **peine** de mort ?* (→ SYN. châtiment, condamnation). **2** ● *Le départ de mon ami me fait de la **peine**,* du chagrin (→ pénible ; SYN. douleur, mal, tourment ; CONTR. joie, plaisir). **3** ● *Ce travail m'a demandé beaucoup de **peine**,* d'effort et de fatigue. — PEINE PERDUE. ● *Tenter de raisonner Édith, c'est **peine perdue** :* c'est un effort inutile, cela ne sert à rien. — VALOIR LA PEINE. ● *Le travail est dur, mais le résultat en **vaut la peine** :* il mérite que l'on se donne du mal. — CE N'EST PAS LA PEINE. ● *Je t'entends, **ce n'est pas la peine** de crier :* il est inutile de faire cet effort. **4** À PEINE, loc. adv. ● *Le malade respire **à peine**,* presque pas. — ● *Je l'ai vu il y a **à peine** deux jours,* deux jours ou un peu moins.
■ **peiner** v. **1** ● *Cet élève **peine** en français :* il a du mal à suivre malgré ses efforts. **2** ● *Sa disparition m'a beaucoup **peiné** :* elle m'a fait de la peine, causé du chagrin (→ SYN. chagriner).

péjoratif adj. (En parlant d'un mot, d'une expression) Qui déprécie, qui porte un jugement négatif. ● *Sa mère en colère a qualifié de «taudis» la chambre de Nathalie :* c'est bien **péjoratif**.

pelage nom m. ● *Cet ours a un **pelage** brun,* l'ensemble de ses poils. ★ Chercher aussi : fourrure, robe.

pêle-mêle adv. ● *Pierre a jeté ses jouets **pêle-mêle** dans son coffre,* en désordre, sans les ranger (→ mêler ; SYN. en vrac).

peler v. **1** ● *Avant de manger une poire, je la **pèle** :* j'enlève sa peau (→ pelure ; SYN. éplucher). **2** ● *J'ai pris un bon coup de soleil, je **pèle** :* le dessus de ma peau se détache de mon corps par morceaux. ★ Conjug. 8.
■ **pelé** adj. ● *Un pauvre chat tout **pelé**,* qui a perdu presque tous ses poils.

pèlerinage nom m. ● *Grand-mère fait un*

pèlerinage à Lourdes, un voyage pour aller prier dans un lieu saint.

■ **pèlerin** nom m. ● *Ces **pèlerins** vont à Rome pour voir le pape*, ceux qui font un pèlerinage.

pèlerine nom f. ● *Lorsqu'il pleut, je mets ma **pèlerine***, un large manteau sans manches, qui a souvent un capuchon (→ SYN. cape).

pélican nom m. ● *Dans la poche qu'il a sous son bec, le **pélican** rapporte des poissons pour ses petits*, un gros oiseau des régions chaudes.

pélican

pelisse nom f. Manteau doublé de fourrure.

pelle nom f. ● *Les ouvriers sortent la terre de ce trou avec des **pelles***. — ● *Une **pelle** à tarte :* un petit instrument plat à manche avec lequel on sert les tartes, les gâteaux.

■ **pelletée** nom f. ● *L'ouvrier jette une **pelletée** de sel sur la route*, le contenu d'une pelle.

■ **pelleter** v. ● *Il m'a aidé à **pelleter** le sable*, à le déplacer avec une pelle. ★ Conjug. 9.

■ **pelleteuse** nom f. ● *La **pelleteuse** creuse les fondations de la maison*, une très grande pelle mécanique sur roues ou chenilles. ★ Chercher aussi : excavatrice.

pellicule nom f. **1** ● *Il a des **pellicules** dans les cheveux*, des petites écailles qui se détachent de la peau de sa tête. **2** ● *La commode était couverte d'une **pellicule** de poussière*, une couche mince. **3** ● *Pour prendre des photos, je mets une **pellicule** dans mon appareil*, une feuille mince, couverte d'une substance qui réagit quand elle reçoit de la lumière (→ SYN. film).

pelote nom f. **1** ● *Pour tricoter ce pull, il a fallu dix **pelotes** de laine*, des boules formées d'un long fil enroulé sur lui-même. **2** ● *Aude plante son aiguille sur sa **pelote** à épingles*, un petit coussin. **3** ● *Au Pays Basque, on joue beaucoup à la **pelote***, un sport où les joueurs envoient une balle (la *pelote*) contre un mur (le *fronton*), puis la rattrapent.

■ **se pelotonner** v. pron. ● *Olivier **se pelotonne** sous ses couvertures :* il se couche en boule (→ SYN. se blottir).

peloton nom m. **1** ● *Le champion cycliste s'est détaché du **peloton***, le groupe serré des autres coureurs. **2** ● *Un **peloton** de soldats fait l'exercice*, un groupe de soldats.

pelouse nom f. ● *Thierry tond le gazon de la **pelouse***, un terrain couvert d'herbe courte et très serrée.

peluche nom f. **1** ● *Le canapé est recouvert de **peluche***, un tissu à poils longs. — ● *Un ours en **peluche***. **2** (fam.) ● *Ce torchon laisse des **peluches** sur les verres*, de petits brins de tissu qui se détachent.

■ **pelucheux** adj. ● *Un chiffon **pelucheux***, poilu et duveteux, qui laisse des peluches.

pelure nom f. **1** ● *L'assiette à dessert est pleine de **pelures** de fruits*, la peau des fruits épluchés (→ SYN. épluchure). **2** PAPIER PELURE. ● *J'écris à la machine sur du **papier pelure***, un papier très fin et presque transparent.

pénal adj. ● *Les juges appliquent le code **pénal***, qui fixe les peines, les punitions en cas de crime (→ peine, sens 1).

■ **pénaliser** v. ● *L'arbitre **a pénalisé** ce joueur brutal :* il lui a donné une punition, une peine.

pénalité nom f. ● *L'arbitre a infligé une* **pénalité** *à ce footballeur* : pour punir une faute contre les règles, il a donné un avantage à l'autre équipe. — ● *Un coup de pied de* **pénalité** (→ penalty).

■ **penalty** [penalti] nom m. ● *Le footballeur a tiré un* **penalty**, un coup de pied de pénalité qu'il a eu le droit de tirer seul devant le gardien de but adverse. ★ Attention, au pluriel : *des* **penalties.**

pénates nom m. plur. (littér.) ● *Après son voyage, l'explorateur regagne ses* **pénates** : il rentre chez lui (→ SYN. foyer, maison).

penaud adj. ● *Après avoir cassé la vitre, Pierre était* **penaud,** honteux, confus.

penchant nom m. **1** ● *Il a un* **penchant** *pour les gâteaux* : il aime beaucoup les gâteaux, il se laisse facilement tenter. **2** ● *Martin a un* **penchant** *pour Emma,* il est un peu amoureux d'elle, il l'aime bien.

pencher v. **1** ● *Les maçons ont réparé le mur qui* **penchait,** qui s'inclinait, qui n'était pas droit, pas vertical. ▢ v. pron. ● *Ma tante se* **penche** *au-dessus du berceau* : elle s'incline, elle baisse le haut de son corps. **2** ● *Si tu* **penches** *trop ton assiette, la soupe va couler,* si tu l'inclines, si elle n'est plus à plat, horizontale. **3** v. pron. (fig.) ● *Les savants se sont* **penchés** *sur ce problème* : ils s'y sont intéressés et l'ont étudié.

■ **penché** adj. ● *Un arbre* **penché** (→ CONTR. 1. droit).

pendable adj. ● *Ce voyou leur a joué un tour* **pendable,** un très mauvais tour.

1. pendant prép. **1** ● *J'ai marché* **pendant** *toute la nuit,* durant toute la nuit, tout le temps qu'il a fait nuit. **2** PENDANT QUE. ● *Jacques riait* **pendant que** *je racontais mon histoire,* au moment où je la racontais, en même temps que je parlais (→ SYN. alors que, tandis que).

2. pendant adj. ● *Claire est assise sur la balançoire, les jambes* **pendantes,** qui pendent (→ pendre).

pendentif nom m. ● *Muriel porte un* **pendentif** *en or,* un bijou suspendu au cou par une chaîne (→ pendre, sens 1).

penderie nom f. ● *J'ai rangé mon manteau dans la* **penderie,** le placard où l'on suspend les vêtements (→ pendre, sens 2).

pendre v. **1** ● *Les boules* **pendent** *aux branches du sapin de Noël* : elles y sont suspendues. — ● *Un bijou qui* **pend** *au bout d'une chaîne* (→ pendentif). **2** ● *Mireille* **pend** *son linge à la fenêtre,* elle le suspend, elle l'accroche (→ penderie). **3** ● *Jadis, les condamnés à mort* **étaient pendus,** suspendus par le cou à des potences (→ pendu, pendaison). **4** (fig.) ÊTRE PENDU AU TÉLÉPHONE. ● *Marc* **est pendu au téléphone** *depuis une heure* : il téléphone sans arrêt. **5** (fig.) AVOIR LA LANGUE BIEN PENDUE : aimer parler, être bavard.

■ **pendaison** nom f. ● *Autrefois, les assassins étaient condamnés à la* **pendaison,** à mourir pendus par le cou.

■ **pendu** nom. Personne qui s'est pendue ou que l'on a pendue.

1. pendule nom f. ● *Il faut remonter la* **pendule** *du salon,* une petite horloge posée sur un meuble ou accrochée au mur.

■ **pendulette** nom f. ● *J'ai emporté une* **pendulette** *dans ma valise,* une petite pendule portative, un petit réveil.

2. pendule nom m. ● *Dans la campagne, cet homme cherche les points d'eau avec un* **pendule,** un petit objet suspendu à un fil et qui se balance plus ou moins fort.

pêne nom m. Pièce qui, dans une serrure, se déplace en tournant la clé. ★ Ne pas confondre pêne, peine et penne.

pénétrer v. **1** ● *La flèche du chasseur* **pénètre** *dans le corps du lion,* elle s'y enfonce profondément (→ SYN. transpercer; CONTR. sortir). — ● *L'air frais* **pénètre** *dans la chambre* : il y entre. **2** (fig.) ● *Le détective* **a pénétré** *le mystère* : il l'a compris (→ pénétrant, sens 3). ★ Conjug. 8.

■ **pénétrant** adj. **1** ● *Une pluie* **pénétrante,** qui transperce les vêtements. **2** ● *La fleur dégageait un parfum* **pénétrant,** puissant, fort. **3** (fig.) ● *Un regard* **pénétrant,** perçant et aigu. —

● *Ce savant a une intelligence **pénétrante**, capable de comprendre les problèmes difficiles (→ pénétration ; SYN. clairvoyant, perspicace).*

■ **pénétration** nom f. **1** ● *La **pénétration** de la flèche dans la cible.* **2** (fig.) ● *Sa **pénétration** (d'esprit) m'a surpris, son intelligence, sa clairvoyance.*

pénible adj. **1** ● *Ces ouvriers font un travail **pénible**, difficile et fatigant* (→ peine, sens 3 ; CONTR. aisé, facile). **2** ● *L'accident de Pierre est une nouvelle **pénible**, qui fait de la peine, qui rend triste* (→ peine, sens 2). **3** ● *Mon cousin est un enfant **pénible**, difficile à supporter.*

■ **péniblement** adv. **1** ● *Ce vieillard marche **péniblement**, il marche avec peine, avec difficulté* (→ CONTR. aisément, facilement). **2** ● *Cet élève arrive **péniblement** à obtenir la moyenne, il y arrive à peine, tout juste.*

péniche nom f. ● *Les **péniches** naviguent sur le canal, de longs bateaux à fond plat qui transportent des marchandises sur les fleuves ou les canaux.* ★ Chercher aussi : batelier, marinier.

pénicilline [penisilin] nom f. ● *L'infirmière lui a fait une piqûre de **pénicilline**, un médicament qui combat les infections.* — ● *La **pénicilline** est un antibiotique.*

péninsule nom f. ● *La Grèce, l'Espagne et l'Italie sont des **péninsules**, des grandes presqu'îles, des régions presque entièrement entourées par la mer.*

pénis nom m. ● *Tous les hommes et les garçons ont un **pénis**, un des organes sexuels des hommes et des animaux mâles* (→ SYN. verge). ★ VOIR p. 967.

pénitence nom f. **1.** FAIRE PÉNITENCE. ● *Les fidèles catholiques **font pénitence** : ils regrettent leurs fautes et promettent à Dieu de les réparer.* ★ Chercher aussi : se confesser. **2** ● *Comme **pénitence**, on a privé Dominique de télévision, comme punition.*

■ **pénitent** nom ● *Les **pénitents** vont se confesser, les gens qui font pénitence, pour se faire pardonner leurs fautes.*

pénitencier nom m. ● *Les prisonniers*

sont détenus dans un **pénitencier** (→ SYN. prison).

■ **pénitentiaire** adj. ● *Une prison est un établissement **pénitentiaire**, où sont enfermés des prisonniers.*

penne nom f. ● *Les **pennes** d'un oiseau : les longues et fortes plumes de ses ailes et de sa queue.* ★ Ne pas confondre penne, peine et pêne.

pénombre nom f. ● *Je ne t'ai pas vu dans la **pénombre**, une lumière faible, une zone d'ombre.*

pensable ; pensant → penser.

pense-bête nom m. ● *Il n'a pas de mémoire, il a besoin d'un **pense-bête**, d'un objet où noter ce qu'il ne veut pas oublier (rendez-vous, dates, etc.).* — ● *Des **pense-bêtes**.*

1. pensée nom f. ● *J'ai cueilli un bouquet de **pensées**, des fleurs multicolores qui ont la forme de grandes violettes.*

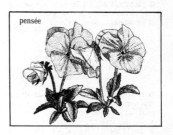

pensée

2. pensée nom f. **1** ● *L'homme diffère de l'animal par la **pensée**, la capacité de former des idées, l'intelligence, la capacité de raisonner.* **2** ● *Peux-tu deviner mes **pensées** ?, ce que je pense, mes idées.* — ● *La **pensée** d'un grand philosophe : l'ensemble de ses idées.* **3** EN PENSÉE : par la pensée. ● *Je suis avec vous **en pensée** : je pense à vous, j'imagine que je suis avec vous.* — À LA PENSÉE DE, loc. prép. ● *Je suis effrayé **à la pensée de** quitter mes parents, lorsque je pense à cela.*

665

■ **penser** v. 1 ● *Ma poupée ou mon stylo ne* **pensent** *pas, mais moi je* **pense :** *je forme des idées et des jugements dans mon esprit, je réfléchis et je raisonne.* 2 PENSER À. ● *Pense à faire tes devoirs ce soir : souviens-toi de tes devoirs, ne les oublie pas.* — ● *Cette photo me fait* **penser** *à un ami : elle me rappelle un ami.* 3 PENSER QUE, PENSER QUELQUE CHOSE. ● *Je* **pense que** *les guerres sont inutiles : c'est mon avis, mon opinion.* — ● *Qu'en* **penses**-*tu ? :* quel est ton avis ? — ● *Que* **penses**-*tu de Martine ? :* quelle opinion as-tu d'elle ? 4 ● *Plus tard, je* **pense** *être électricien : j'ai l'intention d'être électricien, je l'espère.* 5 PENSER À MAL. ● *Elle a dit cela sans* **penser à mal**, *sans vouloir faire du mal.*

■ **pensable** adj. ● *La puissance de cette bombe est à peine* **pensable** *: on peut à peine l'imaginer, le croire* (→ SYN. imaginable ; CONTR. impensable).

■ **pensant** adj. ● *L'homme est un animal* **pensant**, *capable de penser.*

■ **penseur** nom m. ● *Ce savant est un grand* **penseur**, *un homme très intelligent, qui réfléchit beaucoup à toutes sortes de graves problèmes.*

■ **pensif** adj. ● *Pourquoi as-tu cet air* **pensif** *?, l'air de réfléchir à quelque chose* (→ SYN. préoccupé, songeur, soucieux).

1. **pension** nom f. ● *Les vieux travailleurs touchent une* **pension**, *une somme d'argent qu'on leur donne régulièrement.* ★ *Chercher aussi :* allocation, retraite.

■ **pensionné** adj. ● *Ce blessé de guerre est* **pensionné** *par le gouvernement :* il touche une pension.

2. **pension** nom f. 1 ● *L'année prochaine, Marc ira en* **pension**, *dans une école où il habitera et où il prendra ses repas* (→ pensionnat). 2 PENSION DE FAMILLE : sorte d'hôtel où l'on prend tous ses repas. 3 ● *Dans cet hôtel, la* **pension** *(complète) est chère, le prix de la chambre et des repas* (→ demi-pension).

■ **pensionnaire** nom 1 ● *Ma sœur est* **pensionnaire** *au lycée :* elle y habite et elle y prend ses repas (→ demi-pensionnaire ; SYN. interne). 2 ● *Cette dame*

prend des **pensionnaires**, *des gens qui payent pour être nourris et logés.*

■ **pensionnat** nom ● *Il va en classe dans un* **pensionnat**, *une école où les élèves sont logés et nourris* (→ pension, pensionnaire).

pensum [pɛ̃sɔm] nom m. Travail ennuyeux. ● *Recopier cette liste d'adresses, quel* **pensum** *!*

pentagone nom m. ● *En géométrie, nous avons étudié les propriétés des* **pentagones**, *des figures qui ont cinq côtés.* ★ VOIR p. 424.

pente nom f. 1 ● *Les skieurs descendent la* **pente**, *le terrain incliné, qui monte ou qui descend.* — EN PENTE. ● *Un chemin* **en pente**, *qui n'est pas plat, pas horizontal* (→ remonte-pente). 2 (fig.) ÊTRE SUR LA MAUVAISE PENTE. ● *Jacques ne travaille plus, il* **est sur la mauvaise pente** *:* il se laisse aller et cela donnera de mauvais résultats.* — REMONTER LA PENTE. ● *Louis était très malade, mais il* **remonte la pente** *:* il se rétablit, il va de mieux en mieux.

Pentecôte nom f. ● *Cinquante jours après Pâques, les chrétiens fêtent la* **Pentecôte**, *une fête religieuse.*

pénurie nom f. ● *Il faut économiser l'énergie à cause de la* **pénurie** *de pétrole, à cause du manque de pétrole* (→ CONTR. abondance).

pépier v. ● *Les petits oiseaux* **pépient** *dans leur nid :* ils poussent de petits cris.

1. **pépin** nom m. ● *Pour faire pousser un oranger, Bruno a planté des* **pépins** *d'orange, les petites graines que l'on trouve dans certains fruits.*

2. **pépin** nom m. (fam.) ● *Mon oncle a toujours des* **pépins** *avec sa vieille voiture, des ennuis, des difficultés.*

pépinière nom f. ● *Pour planter un sapin dans le jardin, nous irons l'acheter à la* **pépinière**, *un terrain où l'on fait pousser de jeunes arbres avant de les replanter ailleurs.*

■ **pépiniériste** nom m. ● *Le* **pépiniériste** *soigne les jeunes arbres fruitiers, celui qui cultive une pépinière.*

pépite nom f. ● *Il a cherché longtemps dans le ruisseau avant de trouver une **pépite**, un morceau d'or pur que l'on trouve dans la nature.*

perçant adj. **1** ● *L'aigle a une vue **perçante**, une très bonne vue.* **2** ● *Ce bébé pousse des cris **perçants**, très aigus, qui font mal aux oreilles.*

percée nom f. **1** ● *J'aperçois la mer par une **percée** dans la forêt, une ouverture, une trouée (→ percer).* **2** ● *Les soldats ont fait une **percée** dans le camp ennemi, une attaque qui leur a permis de traverser ses défenses.*

percement nom m. ● *Le **percement** de ce tunnel a duré trois ans, ce qu'il a fallu faire pour le creuser, le percer.*

perce-neige nom m. invar. ● *En février, on peut cueillir des **perce-neige**, de petites fleurs blanches qui poussent à la fin de l'hiver, quand il y a encore de la neige.*

perce-oreille nom m. ● *Sous l'écorce de l'arbre mort, il y a des **perce-oreilles**, des petits insectes dont le corps se termine par une pince.*

percepteur → 2. percevoir.

perceptible → 1. percevoir.

1. perception nom f. ● *Nos **perceptions** nous donnent des renseignements sur le monde qui nous entoure, ce que nous sentons quand nous voyons, entendons, touchons, etc.* ★ Chercher aussi : sens.

2. perception nom f. ● *Elle va payer ses impôts à la **perception**, au bureau du percepteur (→ 2. percevoir).*

percer v. **1** ● *Ce pneu **a été percé** par un clou, il a été troué, perforé.* **2** ● *On **a percé** un tunnel à travers la montagne, on l'a creusé (→ percement).* **3** ● *Ce bruit me **perce** les oreilles : il est si aigu qu'il me fait mal aux oreilles (→ perçant).* **4** ● *On n'a jamais réussi à **percer** ce secret, à le découvrir.* ★ Conjug. 4.

■ **perceuse** nom f. ● *J'ai troué ce mur avec une **perceuse** électrique, une machine à percer.*

1. percevoir v. **1** ● *Mes yeux **perçoivent** les images, mes oreilles **perçoivent** les bruits : ils reçoivent des sensations.* **2** ● *Mon chien **a perçu** un danger : il s'en est rendu compte.* ★ Conjug. 21.

■ **perceptible** adj. ● *Sa voix est à peine **perceptible** : on peut à peine l'entendre (→ CONTR. imperceptible).*

2. percevoir v. **1** ● *Tous les mois, Patrick **perçoit** son salaire : il le reçoit.* **2** ● *L'État **perçoit** les impôts : il les fait payer, il les recueille.* ★ Conjug. 21.

■ **percepteur** nom m. ● *Mon père a écrit au **percepteur**, au fonctionnaire chargé de recevoir les impôts.*

1. perche nom f. ● *Louis a pêché une **perche**, un poisson de rivière.*

2. perche nom f. **1** ● *Pour fabriquer ma lance, j'ai taillé une **perche**, un bâton long et mince.* — ● *Ce sportif saute à la **perche**, en s'appuyant sur un long bâton (→ perchiste).* **2** (fig.) TENDRE LA PERCHE À QUELQU'UN. ● *Il ne savait pas quoi dire, je lui **ai tendu la perche**, je l'ai aidé pour le tirer d'embarras.*

■ **perchiste** nom ● *Aux jeux Olympiques, les **perchistes** sautent plus de cinq mètres en hauteur, les sportifs qui pratiquent le saut à la perche.*

percher v. ● *Les hirondelles **sont perchées** sur l'antenne de télévision, elles sont posées sur un endroit élevé.* □ v. pron. ● *Le chat **s'est perché** sur l'armoire : il est monté là-haut et il y reste (→ SYN. se jucher).*

■ **perchoir** nom m. ● *Dans la cage, les oiseaux sont serrés sur le **perchoir**, l'endroit où ils se perchent.*

percheron nom m. Robuste cheval utilisé autrefois dans les travaux des champs.

perclus adj. ● *Mon vieil oncle est **perclus** de douleurs : il en a tant qu'il ne peut presque plus se déplacer.* ★ *Perclus* prend un « s » même au singulier.

percolateur nom m. ● *Le patron du café a mis en marche son **percolateur**, une grande machine qui fait du café automatiquement.*

percutant adj. Qui étonne par sa force.
● *Par ses paroles **percutantes**, l'orateur a convaincu son auditoire.*

percuter v. ● *En dérapant, l'autocar a **percuté** (contre) un arbre* : il l'a heurté, il s'est cogné violemment contre lui.

■ **percussion** nom f. ● *Mon frère voudrait jouer d'un instrument à **percussion**, sur lequel on frappe pour jouer (tambour, batterie, xylophone, etc.).* ★ Chercher aussi : corde, vent.

■ **percussionniste** nom ● *Quel beau solo de batterie! Le **percussionniste** est très fort*, le musicien qui joue d'un instrument à percussion.

perdre v. **1** ● *En jouant, Sophie a perdu la clé de la maison* : elle ne la trouve plus (→ perte; SYN. égarer; CONTR. retrouver). □ v. pron. ● *Les promeneurs **se sont perdus** dans la montagne* : ils ne retrouvent plus leur chemin (→ SYN. s'égarer; se fourvoyer). **2** ● *Le mauvais joueur ne peut pas supporter de **perdre**, de se faire battre*, d'être vaincu (→ perdant; CONTR. gagner). **3** ● *Marc a perdu sa grand-mère en février* : elle est morte (→ perte, sens 2; perte, sens 2). **4** v. pron. ● *Pendant la tempête, plusieurs bateaux **se sont perdus** en mer* : ils ont fait naufrage (→ perdition). **5** ● *Dans cette affaire, il a perdu de l'argent* : il a dépensé plus qu'il n'a gagné (→ perte, sens 3). **6** ● *Au lieu de travailler, elle **perd** son temps* : elle l'utilise mal, elle le gaspille (→ CONTR. économiser). **7** ● *Ne **perdez** pas courage* : continuez à être courageux. — ● *La fusée **perd** de la vitesse* : elle va de moins en moins vite. **8** (fig.) PERDRE LA TÊTE. ● *En voyant le serpent, il a **perdu** la tête* : il s'est affolé, il ne savait plus ce qu'il faisait. **9** PERDRE LE FIL DE SES IDÉES. ● *Alice m'a interrompu, j'ai perdu le fil de mes idées* : je ne sais plus ce que je voulais dire. **10** SE PERDRE DANS LES DÉTAILS. ● *Il est ennuyeux quand il **se perd dans les détails**, quand il s'attarde à tous les petits détails en oubliant le principal. **11** S'Y PERDRE. ● *Ce calcul est trop compliqué, je **m'y perds*** : je n'y comprends plus rien, je m'y embrouille. **12** (fam.) ● *Il ne **perd** rien

pour attendre : je me vengerai de lui, il aura la punition qu'il mérite. ★ Conjug. 31.

■ **perdant** nom ● *Les **perdants** ont voulu prendre leur revanche, ceux qui ont perdu* (→ CONTR. gagnant). □ adj. ● *Les numéros **perdants**.*

■ **perdition** nom f. ● *Un navire en **perdition**, qui va faire naufrage.*

■ **perdu** adj. **1** ● *La partie est **perdue*** (→ CONTR. gagné). **2** ● *Il n'y a plus rien à faire, le blessé est **perdu*** : il va mourir (→ CONTR. sauvé). **3** ● *Ils habitent une maison **perdue** dans les bois*, tout à fait isolée.

perdrix [pɛrdri] nom f. ● *Le chien rapporte une **perdrix** au chasseur*, un oiseau au plumage gris ou roux.

■ **perdreau** nom m. Jeune perdrix.

père nom m. **1** ● *Christian se promène avec son **père**, l'homme dont il est le fils* (→ paternel, paternité; SYN. papa). — ● *Ce beau cheval noir est le **père** de notre jument.* **2** (fig.) ● *Gutenberg est le **père** de l'imprimerie* : c'est lui qui l'a inventée. **3** ● *En parlant aux prêtres ou aux religieux, on les appelle souvent «mon **Père**»*, un titre qui montre qu'on les respecte.

pérégrinations nom f. plur. ● *Ce roman raconte les **pérégrinations** d'un marin* : nombreux voyages.

pérennité nom f. ● *La **pérennité** des légendes* : très longue durée.

perfection nom f. ● *Son devoir est loin de la **perfection**, de ce qui est parfait* (→ imperfection). — À LA PERFECTION, loc. adv. ● *Le pianiste a joué **à la perfection***, d'une manière parfaite.

■ **perfectionnement** nom m. ● *C'est une voiture du dernier modèle, elle a tous les **perfectionnements**, ce que l'on a changé, inventé pour rendre plus parfait* (→ SYN. amélioration, progrès).

■ **perfectionner** v. ● *Il a **perfectionné** son invention* : il l'a améliorée, rendue plus parfaite. □ v. pron. ● *Olivier travaille pour **se perfectionner** en mathématiques*, pour faire des progrès.

perfide adj. (littér.) ● *Je ne le croyais pas aussi **perfide**, trompeur, déloyal.*

■ **perfidement** adv. D'une manière perfide.

■ **perfidie** nom f. ● *Tous ont été indignés par sa* **perfidie**, ses actions de traître, d'homme faux et trompeur (→ SYN. traîtrise).

perforer v. ● *J'ai* **perforé** *des feuilles pour pouvoir les introduire dans mon classeur : j'y ai fait des trous, des perforations.* □ adj. ● *Des feuilles* **perforées**.

■ **perforateur, -trice** nom ● *Ma tante est* **perforatrice** *dans une société d'électronique,* l'employée chargée de perforer les cartes, pour les utiliser dans un ordinateur.

■ **perforatrice** nom f. Machine qui sert à perforer.

■ **perforation** nom f. 1 ● *Les* **perforations** *d'une feuille de classeur :* les trous dans lesquels on passe les anneaux du classeur. 2 ● *Une* **perforation** *de l'estomac :* un trou dans l'estomac.

performance nom f. 1 Résultat obtenu par un athlète pendant une compétition. ● *Ce nageur a réussi la meilleure* **performance** *mondiale sur 100 m.* 2 ● *Traverser la Manche à la nage, c'est une* **performance!**, un exploit, un succès.

■ **performant** adj. Qui concurrence, par sa qualité, des produits équivalents. ● *Ce nouveau moteur de voiture est très* **performant**.

perfusion nom f. Injection lente et continue d'un liquide (anesthésique, sérum, etc.). ● *Ce malade était très faible, on lui a fait une* **perfusion** *pour le soutenir.*

pergola nom f. ● *Des rosiers grimpants couvrent la* **pergola** *du jardin.*

péricliter v. ● *Depuis quelque temps, son commerce* **périclite** : *il va de plus en plus mal* (→ CONTR. prospérer).

péril nom m. 1 ● *Perdus dans la montagne, ces promeneurs courent un grand* **péril**, un grand danger. 2 AU PÉRIL DE SA VIE : en risquant sa vie. 3 À SES RISQUES ET PÉRILS. ● *Si tu participes à cette expé-* dition, c'est **à tes risques et périls**, en acceptant d'en subir toutes les conséquences.

■ **périlleux** adj. 1 ● *Les alpinistes ont tenté une ascension* **périlleuse**, dangereuse, risquée. 2 SAUT PÉRILLEUX. ● *L'acrobate a réussi un* **saut périlleux**, un saut où le corps fait un tour complet sur lui-même.

périmé adj. ● *Tu dois demander un nouveau passeport, celui-ci est* **périmé** : il n'est plus valable.

périmètre nom m. 1 ● *J'ai calculé le* **périmètre** *du terrain,* la longueur de la ligne qui en fait le tour. ★ Chercher aussi : circonférence. 2 ● *Il est interdit de construire dans le* **périmètre** *de cette usine,* dans la zone qui l'entoure.

période nom f. ● *Il a voyagé en Afrique pendant la* **période** *de la sécheresse,* pendant cet intervalle de temps, cette durée.

■ **périodique** adj. 1 ● *Une maladie* **périodique**, qui revient à intervalles réguliers. 2 ● *Une revue* **périodique**, qui paraît régulièrement. □ nom m. ● *Elle est abonnée à plusieurs* **périodiques**.

■ **périodiquement** adv. ● *Le conducteur du camion fait le trajet de Paris à Brest* **périodiquement**, régulièrement.

péripétie [peripesi] nom f. ● *Ils sont finalement arrivés en Italie, après de nombreuses* **péripéties**, des événements imprévus.

périphérie nom f. ● *Marc habite à la* **périphérie** *de Paris,* dans un des quartiers éloignés du centre.

■ **périphérique** adj. 1 ● *Les quartiers* **périphériques**, qui entourent le centre d'une ville ou la ville elle-même. 2 ● *Boulevard* **périphérique** (ou, nom m., le **périphérique**), qui fait le tour de la ville.

périple nom m. ● *Ce voilier revient d'un* **périple** *en Méditerranée,* d'un long voyage.

périr v. (littér.) 1 ● *Les alpinistes ont failli* **périr** *dans une avalanche,* mourir. 2 ● *Le souvenir de ce grand homme* ne *périra* jamais, ne disparaîtra jamais (→ dépérir ; impérissable). ★ Conjug. 11.

■ **périssable** adj. ● *Les fruits sont des aliments périssables*, qui ne durent pas longtemps, qui se gâtent vite.

périscope nom m. ● *En plongée, l'équipage du sous-marin peut surveiller la surface de la mer par un périscope*, un appareil optique.

périscope

perle nom f. 1 ● *Ma bague est ornée d'une perle*, une petite boule brillante fabriquée par les huîtres (→ perlière). 2 ● *Sophie enfile des perles de bois pour se faire un collier*, des petites boules percées d'un trou. 3 ● *Ce tableau est la perle de la collection*, le plus beau.

■ **perler** v. ● *L'eau perlait sur les murs de la cave* : elle formait des gouttes (semblables à des perles).

■ **perlière** adj. ● *Les huîtres perlières*, qui produisent les perles précieuses.

permanent adj. ● *Dans le centre de la ville, la circulation est permanente* : elle ne s'arrête jamais (→ SYN. constant, continu). — ● *Un cinéma permanent*, qui projette plusieurs fois de suite le même film, où le spectacle ne s'arrête pas.

■ **permanence** nom f. 1 ● *Pendant l'absence du professeur, les élèves sont allés en permanence*, dans une salle d'études toujours à la disposition de ceux qui n'ont pas cours. 2 ● *Les policiers tiennent une permanence au commissariat* : ils assurent le service sans interruption. 3 EN PERMANENCE, loc. adv. ● *Il reste en permanence devant la télévision*, constamment, d'une façon permanente, à demeure.

■ **permanente** nom f. ● *La coiffeuse lui a fait une permanente*, un traitement pour que les cheveux restent longtemps bien coiffés.

perméable adj. ● *Je suis tout mouillé par la pluie, mon chandail est perméable* : il laisse pénétrer l'eau (→ CONTR. imperméable).

■ **perméabilité** nom f. Qualité de ce qui est perméable.

permettre v. 1 ● *Papa m'a permis d'aller au cinéma* : il m'a donné l'autorisation de le faire (→ permission, sens 1 ; CONTR. défendre, interdire). 2 ● *Ses occupations lui permettent de voyager* : elles lui en donnent la possibilité (→ CONTR. empêcher). 3 v. pron. ● *Je me suis permis d'emprunter ta bicyclette* : j'ai osé te l'emprunter avant de t'avoir demandé la permission.

■ **permis** nom m. ● *Je dois acheter un permis de pêche*, une autorisation officielle pour avoir le droit de pêcher. — ● *Yves peut conduire la voiture de ses parents depuis qu'il a son permis*.

■ **permission** nom f. 1 ● *As-tu demandé la permission ?*, l'autorisation. 2 ● *Ces soldats sont partis en permission*, un congé pour les militaires (→ permissionnaire).

■ **permissionnaire** nom m. ● *Les permissionnaires ont quitté la caserne*, les soldats en permission.

permuter v. 1 ● *Il s'est trompé, il a permuté ces deux chiffres* : il les a mis l'un à la place de l'autre (→ SYN. intervertir). 2 ● *Ce professeur a permuté avec son collègue* : ils ont échangé leurs emplois, leurs places.

■ **permutation** nom f. ● *La permutation de deux mots* (→ SYN. interversion).

pernicieux adj. ● *C'est un conseil pernicieux*, nuisible, mauvais (→ CONTR. salutaire).

péroné nom m. ● *En tombant, elle s'est cassé le **péroné**, un des os de la jambe.* ★ VOIR p. 968.

péroraison nom f. Conclusion d'un discours. ● *L'orateur a terminé son discours par une longue **péroraison**.*

pérorer v. ● *Il **pérore** au milieu de ses camarades :* il parle d'une manière prétentieuse.

perpendiculaire adj. ● *Des lignes **perpendiculaires**,* qui se coupent en formant un angle droit. □ nom f. ● *Traçons une **perpendiculaire** à cette droite.* ★ VOIR p. 424.
■ **perpendiculairement** adv. ● *Ces deux routes se croisent **perpendiculairement**,* à angle droit.

perpétuel adj. **1** ● *Dans cet appartement, nous sommes gênés par le bruit **perpétuel** des voitures,* un bruit qui n'arrête pas (→ SYN. constant, continuel, incessant). **2** ● *Elle me fatigue avec ses colères **perpétuelles**,* qui reviennent souvent.
■ **perpétuellement** adv. ● *Il répète **perpétuellement** les mêmes choses,* sans arrêt, toujours.
■ **perpétuité** nom f. ● *Le meurtrier a été condamné à la prison à **perpétuité**,* pour toute sa vie.
■ **perpétuer** v. Prolonger, continuer une tradition. ● *Bien que nous habitions loin de nos parents, nous **avons perpétué** la tradition des fêtes de famille.*

perplexe adj. ● *Ma question l'a laissé **perplexe**,* hésitant, indécis, inquiet, embarrassé.
■ **perplexité** nom f. ● *Je ne sais que faire, je suis dans la plus grande **perplexité**,* dans l'embarras, l'incertitude.

perquisition nom f. ● *Pour trouver le voleur, la police a fait une **perquisition** dans plusieurs appartements,* des recherches, une fouille.
■ **perquisitionner** v. ● *Les policiers, à la recherche d'indices, **ont perquisitionné** chez lui :* ils ont visité et fouillé son logement.

perron nom m. ● *François m'attend sur le **perron** de l'école,* le petit escalier devant la porte d'entrée.

perroquet nom m. ● *Ce n'est pas moi qui t'ai parlé, c'est mon **perroquet**!,* un oiseau au plumage coloré qui vient des pays chauds et peut imiter toutes sortes de bruits.

perruche nom f. ● *Cette **perruche** bleue s'est sauvée de sa cage,* un oiseau qui ressemble au perroquet en beaucoup plus petit.

perruque nom f. ● *Cette actrice porte une **perruque** rousse,* des faux cheveux.

persécuter v. ● *Ne **persécutez** pas cet animal, il ne vous a rien fait :* ne le faites pas souffrir cruellement (→ SYN. martyriser).
■ **persécuteur** nom m. Celui qui persécute.
■ **persécution** nom f. ● *Subir des **persécutions** :* des mauvais traitements injustes et cruels.

persévérer v. ● *Tu as fait beaucoup d'efforts mais tu dois encore **persévérer**,* continuer avec acharnement (→ CONTR. renoncer). ★ Conjug. 8.
■ **persévérance** nom f. ● *Véronique travaille avec **persévérance**,* avec énergie, sans se décourager (→ SYN. obstination, ténacité).
■ **persévérant** adj. Qui persévère. ● *Patrick est **persévérant** :* après son échec, il a repris le travail sans se décourager.

persienne nom f. ● *Il regarde par les fentes des **persiennes**,* des volets. ★ Chercher aussi : claire-voie.

persil [pɛʀsi] ou [pɛʀsil] nom m. ● *J'ai mis du **persil** sur le poisson,* une plante qui donne du goût aux aliments.

persister v. **1** ● *Tu **persistes** à croire que j'ai menti,* tu continues, tu t'obstines à le croire. **2** ● *Ma santé s'améliore mais cette douleur **persiste** :* elle reste malgré tout (→ SYN. subsister).
■ **persistance** nom f. ● *L'incendie devient très dangereux à cause de la **persistance** du vent,* parce qu'il dure.
■ **persistant** adj. ● *Une pluie **persistante** est tombée sur la région,* du-

rable, tenace. — ● *Un arbre à feuilles* **persistantes**, qui ne tombent pas (→ CONTR. caduc).

1. personne pronom indéf. ● *« Est-ce qu'il y avait quelqu'un ? » « Non, il n'y avait* **personne** *! »*, aucun individu, aucune personne (→ 2. personne). — ● *Que* **personne** *ne bouge ! »* — ● **Personne** *n'a rien vu.*

2. personne nom f. **1** ● *Cet ascenseur peut contenir six* **personnes**, six êtres humains. **2** EN PERSONNE, loc. adv. ● *Le ministre* **en personne** *a assisté à la cérémonie*, lui-même. **3** ● *« Je joue » est un verbe conjugué à la première* **personne** *du singulier.*

■ **personnage** nom m. **1** ● *C'est un* **personnage** *célèbre*, une personne importante. **2** ● *Quels sont les* **personnages** *de cette pièce de théâtre ?*, les personnes dont le rôle est joué par des acteurs.

■ **personnaliser** v. ● *Éric a* **personnalisé** *sa bicyclette en y ajoutant des autocollants* : il l'a rendue plus personnelle, différente des autres.

■ **personnalité** nom f. **1** ● *Un homme sans* **personnalité**, sans caractère, sans originalité. **2** ● *Les journalistes sont allés accueillir une* **personnalité** *à l'aéroport*, une personne importante.

■ **personnel** adj. et nom m. **A.** adj. **1** ● *Marc a des idées* **personnelles**, bien à lui, originales. **2** ● *« Je », « me », « moi », « tu », « lui »*, etc., sont des pronoms **personnels**, qui désignent quelqu'un, une personne dont on parle. **B.** nom m. ● *Le* **personnel** *de l'usine s'est mis en grève*, les personnes qui y travaillent.

■ **personnellement** adv. **1** ● *Je vais m'occuper* **personnellement** *de cette affaire*, moi-même, en personne. **2** ● **Personnellement**, *je n'ai pas compris la question*, pour ma part, quant à moi.

■ **personnifier** v. ● *Marianne* **personnifie** *la République française* : elle la représente sous les traits d'une personne. ★ Conjug. 10.

perspective nom f. **1** ● *Il a dessiné une rue en* **perspective**, en la représentant telle qu'on la voit en réalité, en donnant l'impression des reliefs et de la profondeur. **2** ● *La* **perspective** *de partir en vacances le rendait joyeux* : ce projet, l'idée qu'il allait partir. **3** EN PERSPECTIVE, loc. adv. ● *Il a une belle situation* **en perspective**, en vue, dans l'avenir.

perspicace adj. ● *Elle a deviné quel cadeau je voulais lui offrir, elle est trop* **perspicace**, fine, capable de deviner des choses cachées (→ SYN. clairvoyant).

■ **perspicacité** nom f. ● *L'inspecteur a mené l'enquête avec* **perspicacité** (→ SYN. finesse, intelligence).

persuader v. **1** ● *Olivier a fini par me* **persuader** *de venir*, par me convaincre de le faire. — ● *Elle* **est persuadée** *qu'il va pleuvoir* : elle en est sûre.

■ **persuasif** adj. ● *Il m'a parlé d'un ton* **persuasif**, capable de convaincre, de persuader.

■ **persuasion** nom f. ● *Il a fait accepter son projet à force de* **persuasion**, de paroles qui persuadent.

perte nom f. **1** ● *La* **perte** *de ses lunettes l'a beaucoup gêné*, le fait de les avoir perdues. — ● *Une* **perte** *d'énergie* (→ SYN. déperdition ; CONTR. économie). **2** ● *La* **perte** *de son oncle lui a fait un grand chagrin*, sa mort. **3** ● *Les gains de cette entreprise ont dépassé ses* **pertes**, l'argent qu'elle a perdu (→ CONTR. bénéfice). **4** À PERTE DE VUE : aussi loin que l'on peut voir. **5** ● *Je n'irai pas, c'est une* **perte** *de temps*, un gaspillage, du temps perdu. — ● EN PURE PERTE. ● *Elle s'est donné du mal en pure* **perte**, inutilement, sans rien y gagner. **6** (fam.) AVEC PERTE ET FRACAS. ● *On l'a mis dehors* **avec perte et fracas**, brutalement, sans discrétion (→ CONTR. discrètement).

pertinent adj. ● *Valérie m'a fait des remarques* **pertinentes**, pleines de bon sens, qui venaient à propos.

perturber v. ● *Cette grève* **perturbe** *les transports aériens* : elle les empêche de fonctionner normalement.

■ **perturbateur, -trice** nom ● *Les **perturbateurs** ont été chassés*, les personnes qui provoquent du désordre.

■ **perturbation** nom f. ● *Certains élèves sèment la **perturbation** dans la classe*, le trouble, le désordre.

pervenche nom f. Petite fleur bleue. □ adj. invar. ● *Des robes bleu **pervenche**.*

pervenche

pervers adj. ● *Méfie-toi de lui, c'est un homme **pervers***, qui aime faire le mal.

■ **pervertir** v. ● *Ses mauvais camarades l'**ont perverti***, poussé à faire le mal (→ SYN. corrompre). ★ Conjug. 11.

pesant ; pesamment ; pesanteur → peser.

pèse-bébé nom m. ● *Maman pèse mon tout petit frère sur un **pèse-bébé***, une balance pour les bébés. — ● *Des **pèse-bébés**.*

pesée → peser.

pèse-lettre nom m. ● *Pour voir si cette lettre dépasse le poids normal, pose-la sur le **pèse-lettre***, une balance spéciale pour les lettres. — ● *Des **pèse-lettres**.*

pèse-personne nom m. ● *Pour me peser, je monte sur le **pèse-personne***, une petite balance qui sert à peser les gens. — ● *Des **pèse-personnes**.*

peser v. 1 ● *Cette valise **pèse** dix kilos* : elle a un poids de dix kilos. — ● *Elle*

pèse lourd. 2 ● *L'employé a **pesé** le colis avant de l'expédier*, il a mesuré son poids. □ v. pron. ● *Ma grande sœur se **pèse** tous les matins.* 3 (fig.) ● *Son avis a **pesé** sur ma décision* : il a eu de l'influence, de l'importance. 4 (fig.) ● *Avant de se décider, il **pèse** le pour et le contre* : il examine attentivement les avantages et les inconvénients, il réfléchit. — TOUT BIEN PESÉ. ● ***Tout bien pesé**, je préfère choisir ce vélo*, après avoir bien réfléchi. 5 (fig.) ● *Sa mauvaise humeur me **pèse*** : je la trouve pénible à supporter (→ pesant, sens 3). ★ Conjug. 8.

■ **pesamment** adv. 1 ● *Ce vieux chien marche **pesamment***, lourdement. 2 ● *Il a insisté **pesamment***, d'une manière lourde, appuyée. (→ s'appesantir).

■ **pesant** adj. 1 ● *Ce sac à dos est trop **pesant** pour moi*, trop lourd. 2 ● *Il a une démarche **pesante***, qui donne l'impression qu'il est lourd. 3 (fig.) ● *Un silence **pesant***, pénible à supporter.

■ **pesanteur** nom f. ● *Si tu lâches cette balle, elle tombera à cause de la **pesanteur***, la force qui attire tous les corps vers le centre de la Terre, et qui fait qu'ils ont tous un poids (→ SYN. attraction ; CONTR. apesanteur).

■ **pesée** nom f. ● *À la dernière **pesée**, bébé atteignait 4,300 kg* : la dernière fois qu'on l'a pesé.

peseta [pezeta] ou [peseta] nom f. ● *En Espagne, Luis paye avec des **pesetas***, la monnaie espagnole.

pessimiste adj. ● *Cette dame est **pessimiste**, toujours inquiète et mécontente parce qu'elle pense que tout va mal* (→ SYN. défaitiste). □ nom ● *N'écoute pas ces **pessimistes** !* (→ CONTR. optimiste).

■ **pessimisme** nom m. ● *Son **pessimisme** m'inquiète*, sa manière pessimiste de voir les choses (→ CONTR. optimisme).

peste nom f. 1 ● *Au Moyen Âge, la **peste** a fait des millions de victimes en Europe*, une grave maladie contagieuse. 2 (fig.) ● *C'est une petite **peste***, une fillette insupportable.

pester v. ● *Valérie **peste** contre la pluie :* elle en parle avec colère, elle est furieuse qu'il pleuve (→ SYN. (fam.) rouspéter).

■ **pestiféré** adj. et nom **1** Atteint de la peste. **2** (fig.) ● *Depuis qu'Antoine a été désagréable, on le fuit comme un **pestiféré**.*

■ **pestilentiel** adj. Qui dégage une odeur infecte. ● *L'odeur **pestilentielle** de cette viande avariée me soulève le cœur.*

pesticide nom m. ● *Cet agriculteur met des **pesticides** sur ses cultures,* des produits chimiques qui détruisent les parasites.

pétale nom m. ● *Cette rose fanée perd ses **pétales**,* chacune des parties colorées qui forment la corolle. ★ Chercher aussi : calice, corolle, pistil, sépale. ★ VOIR p. 392.

pétanque nom f. ● *Dans ce village du Midi, nous avons joué à la **pétanque**,* un jeu de boules.

pétarade nom f. ● *Le soir du 14 Juillet, on entend la **pétarade** du feu d'artifice,* le bruit des détonations qui se suivent.

■ **pétarader** v. ● *Les motos ont démarré en **pétaradant**,* en faisant une pétarade.

pétard nom m. ● *Pendant la fête, les enfants ont lancé des **pétards**,* de petites charges de poudre qui explosent avec un bruit sec.

pétiller v. **1** ● *Dès que j'ai allumé le feu, il s'est mis à **pétiller**,* à faire de petits bruits secs (→ SYN. crépiter). **2** ● *L'eau gazeuse **pétille** dans le verre :* elle fait de petites bulles. **3** (littér.) ● *Devant les cadeaux, ses yeux **pétillaient** de joie :* ils brillaient.

pétiole [pesjɔl] nom m. ● *Cette feuille est rattachée à la tige par son **pétiole**,* une petite queue.

petit adj. et nom **A.** adj. **1** ● *Laurence est la plus **petite** de la classe* (→ CONTR. grand). — ● *Rendre plus **petit*** (→ rapetisser). (fig.) SE FAIRE TOUT PETIT. ● *Après*

toutes ces bêtises, tu as intérêt à *te faire tout petit*, à éviter de te faire remarquer. **2** ● *Mon frère est encore trop **petit** pour aller en classe tout seul,* trop jeune. **3** ● *Ils possèdent une **petite** propriété au bord de la mer,* une propriété peu importante. **4** ● *J'aperçois de **petites** lumières à l'horizon,* de faibles lumières. **5** ÊTRE AUX PETITS SOINS POUR QUELQU'UN. ● *Pendant ma maladie, ma sœur était aux petits soins pour moi :* elle me témoignait une grande affection, elle cherchait à me faire plaisir. **B.** nom **1** ● *Marc joue dans la cour des **petits**,* des plus jeunes. **2** ● *La lionne surveille ses **petits**,* ses lionceaux. **3** PETIT À PETIT, loc. adv. : peu à peu, progressivement.

■ **petitesse** nom f. ● *On remarquait la **petitesse** de ses pieds :* qu'ils étaient très petits (→ CONTR. grandeur).

petit-fils nom m. **petite-fille** nom f. **petits-enfants** nom m. plur. ● *Marc et Valérie sont le **petit-fils** et la **petite-fille** de mon voisin,* les enfants de ses enfants. — ● *Le grand-père est fier de ses **petits-enfants**.*

petit four nom m. ● *Pour fêter mon anniversaire, Maman a servi du champagne et des **petits fours**,* des petits gâteaux achetés chez le pâtissier.

pétition nom f. ● *Les étudiants ont fait signer une **pétition** contre l'énergie nucléaire,* une demande écrite pour exprimer leur opinion.

petit-lait nom m. ● *Quand le lait caille, le **petit-lait** se sépare du fromage,* un liquide.

petits-enfants → petit-fils.

petits pois nom m. plur. → pois.

petit-suisse nom m. ● *Sophie adore les **petits-suisses**,* de petits fromages blancs en forme de cylindres.

pétrifier v. **1** ● *En coulant dessus goutte à goutte, cette eau calcaire **a pétrifié** un morceau de bois :* elle l'a changé en pierre. **2** ● *La nouvelle de l'accident l'**a pétrifié** :* l'émotion l'a rendu immobile comme une pierre. ★ Conjug. 10.

pétrir v. ● *Je pétris la pâte à tarte : je la mélange et la presse avec mes mains.* ★ Conjug. 11.

■ **pétrin** nom m. **1** ● *Maintenant, les boulangers pétrissent leur pâte à pain dans des pétrins mécaniques,* des grands récipients utilisés pour pétrir. **2** (fam.) ● *Ça va mal, elle est dans le pétrin !,* dans une situation difficile, elle a des ennuis.

pétrole nom m. ● *Les pays du Moyen-Orient exportent beaucoup de pétrole,* une sorte d'huile tirée du sous-sol, que l'on utilise comme source d'énergie. — ● *Avec le pétrole, on fabrique l'essence, le mazout, les plastiques, etc.*

■ **pétrolier** nom m. et adj. **1** nom m. ● *Un pétrolier est entré dans le port,* un navire spécialement construit pour transporter du pétrole. **2** adj. ● *L'industrie pétrolière,* du pétrole.

■ **pétrolifère** adj. ● *Un terrain pétrolifère,* qui contient du pétrole, qui peut en fournir.

pétunia nom f. ● *Le jardin est rempli de pétunias,* de plantes à fleurs violettes, roses et blanches.

peu adv. **1** ● *Le matin, Alain mange peu,* pas beaucoup. **2** ● *Ma voisine est peu bavarde,* pas très bavarde. **3** ● *Denis voyage peu,* pas souvent. **4** ● *Cette mode durera peu,* pas longtemps. **5** UN PEU. ● *Je suis un peu fatigué,* légèrement (→ CONTR. très). **6** UN PEU DE, loc. prép. ● *Veux-tu un peu de lait ?,* une petite quantité (→ CONTR. beaucoup de). **7** DEPUIS PEU, loc. adv. ● *Il est rentré depuis peu,* il n'y a pas longtemps, récemment. **8** SOUS PEU, loc. adv. ● *Nous aurons la réponse sous peu,* bientôt. **9** PEU À PEU, loc. adv. ● *Claude s'habitue peu à peu à sa nouvelle école,* petit à petit, progressivement. **10** À PEU PRÈS, loc. adv. ● *Ton manteau est à peu près sec,* presque sec. **11** POUR UN PEU. ● *Pour un peu, il se serait fâché :* il aurait suffi de presque rien pour qu'il se fâche. **12** IL S'EN FAUT DE PEU. ● *C'est presque l'heure de partir, il s'en faut de peu :* il ne manque pas grand-chose. **13** POUR PEU QUE, loc. conj. ● *Pour peu qu'on lui fasse une remarque, il se met à pleurer,* à cause d'une chose aussi peu importante. **14** (fam.) TRÈS PEU POUR MOI! ● *Sortir sous cette pluie ? Très peu pour moi !,* absolument pas.

peuple nom m. **1** ● *Ce discours s'adresse au peuple de France,* à l'ensemble des habitants de ce pays (→ population). **2** ● *Le peuple s'est révolté,* la partie la plus nombreuse et la moins riche de la population. **3** (fam.) ● *Il y avait du peuple cet été sur les plages,* du monde.

■ **peuplade** nom f. Petit groupe de gens qui vivent en tribu.

■ **peuplé** adj. ● *Ce pays est très peuplé,* habité par beaucoup de gens (→ populeux ; surpeuplé).

■ **peuplement** nom m. ● *Le peuplement de cette région diminue,* son occupation par des habitants.

■ **peupler** v. ● *Avant l'arrivée des Européens, les Indiens peuplaient l'Amérique* (→ dépeupler).

peuplier nom m. ● *Le fleuve est bordé de peupliers,* d'arbres hauts et minces, à petites feuilles.

peur nom f. **1** ● *Au moment de plonger, il essaie de cacher sa peur,* sa crainte, sa frayeur, son angoisse. **2** AVOIR PEUR DE. ● *Véronique a peur des guêpes :* elle les craint (→ apeuré ; SYN. redouter). — FAIRE PEUR. ● *Les serpents lui font peur :* ils l'effraient. **3** DE PEUR DE, loc. prép. ● *Je ne suis pas allé chez eux de peur de les déranger,* par crainte de les déranger, pour éviter cela.

■ **peureux** adj. ● *Mon chien est peureux :* il s'effraye facilement (→ CONTR. courageux, hardi).

peut-être adv. ● *Dimanche, nous irons peut-être nous promener à la campagne :* c'est possible, mais ce n'est pas sûr (→ CONTR. sûrement).

phalange nom f. ● *En pliant mon index, je vois qu'il a trois phalanges,* trois parties du doigt, soutenues chacune par un os. ★ VOIR p. 547.

pharaon nom m. Roi de l'ancienne Égypte. ★ Chercher aussi : momie.

phare nom m. **1** ● *Les marins ont aperçu le phare du port*, la tour qui envoie des signaux lumineux pour guider les bateaux. **2** ● *La nuit, les voitures doivent allumer leurs phares*, les lumières placées à l'avant d'un véhicule. — ● *Sur la route, la nuit, les voitures allument leurs codes ou leurs phares*, les lumières les plus puissantes.

pharmacie nom f. **1** Science qui étudie les médicaments. **2** ● *Pouvez-vous m'indiquer où se trouve la pharmacie ?*, le magasin où l'on vend des médicaments.
■ **pharmaceutique** adj. ● *L'industrie pharmaceutique*, qui fabrique des médicaments. — ● *Un produit pharmaceutique* : un médicament.
■ **pharmacien** nom. Personne qui tient une pharmacie. ● *Une pharmacienne*.

pharynx [farɛ̃ks] nom m. ● *Le médecin a examiné mon pharynx*, le fond de ma bouche. ★ Chercher aussi : larynx.

phase nom f. ● *Les différentes phases de la transformation des têtards en grenouilles* (→ SYN. période, stade).

phénomène nom m. **1** ● *La pluie, le vent, la neige sont des phénomènes naturels*, des faits que l'on peut observer dans la nature. **2** ● *Ce veau à deux têtes est un phénomène*, un être bizarre, extraordinaire. **3** (fam.) Personne bizarre, originale. ● *Ton ami, quel phénomène !*
■ **phénoménal** adj. ● *Cette voiture de course atteint une vitesse phénoménale*, étonnante, extraordinaire.

phénix nom m. **1** Oiseaux fabuleux qui renaissait de ses cendres. **2** Personne très brillante dans un domaine. ● *Mathieu est un phénix en mathématiques*.

philatélie nom f. ● *Marc fait une collection de timbres, il est passionné par la philatélie*, la connaissance des timbres-poste.
■ **philatéliste** nom. Collectionneur de timbres-poste.

philosophe nom et adj. **1** nom ● *Ce philosophe a écrit un livre sur la liberté*, cette personne qui réfléchit sur les grands problèmes de l'homme, de la vie, de l'univers. **2** adj. ● *Yves ne se plaint jamais, il est philosophe*, calme, sage et courageux pour accepter les événements de sa vie.
■ **philosophie** nom f. **1** ● *Daniel s'intéresse à la philosophie*, aux pensées, aux doctrines des philosophes. **2** ● *Elle supporte ses ennuis avec philosophie*, avec sagesse et courage.
■ **philosophique** adj. ● *En terminale, Laure étudie des livres philosophiques*, qui traitent de philosophie.
■ **philosophale** adj. fém. PIERRE PHILOSOPHALE : Au Moyen Âge, pierre qui pouvait transformer tous les métaux en or, selon les alchimistes. ★ Chercher aussi : alchimiste.

philtre nom m. Boisson magique. ● *Tristan et Iseult ont bu un philtre d'amour*. ★ Ne pas confondre avec filtre.

phlegmon [flɛgmɔ̃] nom m. ● *Elle a un phlegmon dans la gorge*, un abcès.

phobie nom f. ● *Il a la phobie des chats*, une peur maladive.

phonétique nom f. ● *Pour bien prononcer l'anglais, Pascale apprend la phonétique*, la science qui étudie les sons de la parole. □ adj. ● *Les signes phonétiques*, qui transcrivent les sons. — ● *Dans ton dictionnaire, les mots difficiles à prononcer sont écrits en alphabet phonétique*.

phono ou **phonographe** nom m. ● *Autrefois, on écoutait les disques sur un phono*, un appareil qui reproduit les sons par des systèmes mécaniques et non pas électriques. ★ Chercher aussi : électrophone.

phoque nom m. **1** ● *Le phoque se nourrit de poissons*, un animal à fourrure qui vit dans les mers froides. **2** PEAU DE PHOQUE. ● *Pour faire des randonnées à skis, on met des peaux de phoques sous les skis*, des pièces en matière spéciale (autrefois en peau de phoque) qui permettent de glisser quand on descend, mais qui accrochent bien la neige quand on veut monter une pente.

phosphate nom m. ● *Certains phosphates sont utilisés comme engrais*, des produits chimiques qui contiennent du phosphore.

phosphore nom m. Substance chimique qui brille dans l'obscurité et qui s'enflamme facilement.

■ **phosphorescent** adj. ● *Le ver luisant est un animal phosphorescent*, qui brille dans l'obscurité.

photocopie nom f. ● *Ne découpe pas cette carte dans le livre, fais-en plutôt une photocopie*, une reproduction en utilisant un appareil qui photographie les documents.

■ **photocopier** v. ● *Maman a photocopié tous ses papiers d'identité* : elle en a fait des photocopies. ★ Conjug. 10.

photo ou **photographie** nom f. 1 ● *C'est aux environs de 1830 que Niepce et Daguerre ont inventé la photographie*, la technique qui permet de fixer l'image des objets sur une pellicule sensible à la lumière. 2 ● *Nous avons regardé les photos de leur mariage*, les images, les clichés.

■ **photogénique** adj. ● *Le visage de Bruno est très photogénique* : il fait très bien effet sur les photos.

■ **photographe** nom. ● *La vedette était éblouie par les flashes des photographes*, ceux qui prennent des photos.

■ **photographier** v. ● *J'aime photographier les animaux*, les prendre en photo. ★ Conjug. 10.

■ **photographique** adj. ● *Il possède un très bon appareil photographique*, de photographie (par abréviation : *un appareil photo*, ou simplement *un appareil*).

phrase nom f. ● *« Les enfants sortent de l'école. »* *Voilà une phrase*, un ensemble de mots qui a un sens, qui commence par une majuscule et finit par un point.

phrygien adj. BONNET PHRYGIEN : bonnet rouge porté par les révolutionnaires de 1789.

phylloxéra [filɔksɛra] nom m. ● *Cette vigne a été détruite par le phylloxéra*, un tout petit insecte qui s'attaque aux racines de la vigne.

physionomie nom f. 1 ● *Je ne connais pas Laurent, peux-tu me décrire sa physionomie ?*, l'aspect des traits de son visage. 2 (fig.) ● *L'arrivée des touristes a complètement changé la physionomie du village*, son aspect, son apparence.

1. physique nom f. et adj. 1 nom f. ● *L'électricité, la mécanique, l'électronique font partie de la physique*, une science qui étudie certaines lois de la nature. ★ Chercher aussi : chimie, sciences naturelles. 2 adj. ● *L'aimant attire le fer, c'est un phénomène physique*, qui est étudié par la physique.

■ **physicien** nom. Savant qui étudie la physique.

2. physique adj. et nom m. 1 adj. ● *La marche est un bon exercice physique*, du corps. — L'ÉDUCATION PHYSIQUE : la gymnastique. — ● *Ces sportifs sont en bonne santé physique*. — ● *Le travail physique et le travail intellectuel*. □ nom m. ● *Elle est en bonne santé au physique comme au moral*, dans son corps comme dans son esprit. 2 nom m. ● *Elle pourrait faire du cinéma, son physique est très agréable*, l'aspect général de son corps et de son visage.

■ **physiquement** adv. ● *Elle a beaucoup souffert, moralement et physiquement*, dans son corps.

piaffer v. 1 ● *Les chevaux piaffent avant le départ de la course* : ils frappent la terre avec leurs sabots de devant. 2 ● *Avant de recevoir son cadeau, Véronique piaffait d'impatience* : elle trépignait, elle était très impatiente.

piailler v. (fam.) ● *Ce petit garçon ne cesse de piailler*, de pousser de petits cris.

■ **piaillement** nom m. ● *On entend le piaillement des moineaux dans les arbres*, leurs petits cris aigus.

piano nom m. ● *Alain aimerait avoir un piano*, un instrument de musique à cordes, dont on joue en frappant les touches d'un clavier.

■ **pianiste** nom. Musicien qui joue du piano.

■ **pianoter** v. ● *Il n'a pris que quelques leçons, il* **pianote** : il joue maladroitement du piano.

piastre nom f. Monnaie de certains pays d'Orient.

piauler v. ● *Les poussins* **piaulent** : ils crient (→ SYN. piailler).

1. pic nom m. ● *Les mineurs cassaient la roche avec un* **pic**, un outil au fer pointu. ★ Ne pas confondre *pic* et *pique*.

2. pic nom m. ● *Les alpinistes ont atteint le* **pic**, le sommet pointu d'une montagne. ★ Ne pas confondre *pic* et *pique*.

3. pic nom m. Oiseau qui niche dans les trous d'arbre, grimpe le long des troncs et les frappe avec son bec pour en faire sortir les larves et les vers. ★ Chercher aussi : picvert, pivert.

4. à pic loc. adv. **1** ● *Ils ont grimpé sur une paroi* **à pic**, très raide, qui s'élève verticalement. **2** ● *Le canot a coulé à* **pic**, droit au fond de l'eau. **3** (fam.) ● *Laurent est arrivé à* **pic**, au bon moment, à point.

picador nom m. Dans les corridas, cavalier qui harcèle le taureau en le piquant pour le fatiguer. ★ Chercher aussi : corrida, matador, toréador, torero.

pichet nom m. ● *Elle verse le lait dans un* **pichet**, une petite cruche.

pickpocket [pikpɔkɛt] nom m. ● *Dans la foule, méfiez-vous des* **pickpockets**, ceux qui volent dans les poches des gens.

picorer v. **1** ● *Dans la basse-cour, les poules* **picorent** *des graines* : elles les mangent à petits coups de bec. **2** (fig.) ● *Cécile n'a pas d'appétit, elle* **picore** : elle mange très peu.

picoter v. ● *La fumée me* **picote** *les yeux*, me pique légèrement.

■ **picotement** nom m. ● *Elle se plaint de* **picotements** *dans les jambes*, une

sensation de petites piqûres sur la peau.

picotin nom m. Ration d'avoine donnée à un cheval ou à un âne.

picvert ou **pivert** nom m. ● *Le* **picvert** *frappe les troncs d'arbres à coups de bec pour en faire sortir les larves qu'il mange*, un oiseau jaune et vert au bec pointu.

1. pie nom f. ● *La* **pie** *est attirée par tout ce qui brille*, un oiseau noir et blanc à longue queue. — ● *Elles bavardent comme des* **pies**. ★ Ne pas confondre *pie* et *pis*.

2. pie adj. invar. ● *Pierre monte un cheval* **pie**, noir et blanc, ou marron et blanc.

1. pièce nom f. **1** ● *Ce moteur est en panne, une des* **pièces** *est cassée*, une des parties que l'on doit assembler pour qu'il fonctionne. — PIÈCES DÉTACHÉES. ● *Un magasin de* **pièces détachées**, où l'on vend séparément des parties d'un moteur, d'un appareil. — METTRE EN PIÈCES : casser, déchirer en morceaux. **2** ● *Mon pantalon a des* **pièces** *aux genoux*, des morceaux de tissu cousus. **3** ● *Elle t'a cherché dans toutes les* **pièces** *de la maison*, toutes les parties séparées par des cloisons. — ● *Il habite un appartement de trois* **pièces** : une salle de séjour et deux chambres. **4** ● *Ces bonbons coûtent cinquante centimes la* **pièce** (ou *pièce*), chacun. **5** ● *Ce pêcheur a pris une belle* **pièce**, un beau poisson.

2. pièce nom f. **1** PIÈCE (DE THÉÂTRE). ● *Les acteurs ont salué le public à la fin de la* **pièce**, une œuvre écrite pour être jouée dans un théâtre. **2** ● *Jouer une* **pièce** (de musique) *au piano*, un morceau de musique.

3. pièce nom f. ● *Il me reste un billet de 10 francs et quelques* **pièces** *de monnaie*, des morceaux de métal ronds et plats.

■ **piécette** nom f. ● *Tu ne peux pas acheter grand-chose avec ces* **piécettes**, ces petites pièces de monnaie.

1. pied nom m. **1 ●** *Mes chaussures de ski me font mal aux* **pieds**. **2** À PIED, loc. adv. **●** *Nous sommes allés* **à pied** *jusqu'à l'école, en marchant.* **3 ●** *Les* **pieds** *d'une chaise, les parties qui s'appuient sur le sol.* **4** AU PIED DE. **●** *La balle a rebondi* **au pied du** *mur, en bas.* **5** AVOIR PIED. **●** *Ici l'eau n'est pas profonde, j'ai* **pied** *: j'ai la tête hors de l'eau quand je suis debout sur le fond.* — PERDRE PIED. **●** *Il* **a perdu pied** *et il s'est enfoncé dans l'eau.* — (fig.) **●** *Dès qu'il a changé de classe, Marc* **a perdu pied** *: il ne s'est plus maintenu au niveau.* **6** (fig.) RETOMBER SUR SES PIEDS. **●** *Malgré ses difficultés, il a réussi à* **retomber sur ses pieds**, *à s'en tirer à son avantage.* **7** AU PIED LEVÉ, loc. adv. **●** *Elle a dû me remplacer* **au pied levé**, *sans préparation, à l'improviste.* **8** (fig.) AVOIR LES PIEDS SUR TERRE.

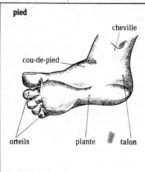

pied

cheville

cou-de-pied

orteils   plante   talon

● *Ce n'est pas un rêveur, il* **a les pieds sur terre** *: il est réaliste.* **9** AVOIR LE PIED MARIN : ne pas être malade sur un bateau, garder son équilibre. **10** AVOIR BON PIED BON ŒIL. **●** *Mon grand-père est très âgé, mais il* **a** *encore* **bon pied bon œil** *: il est encore en excellente santé.* **11** ÊTRE À PIED D'ŒUVRE. **●** *Dès 8 h du matin, nous* **étions à pied d'œuvre** *pour le déménagement, prêts à travailler.* **12** METTRE SUR PIED QUELQUE CHOSE. **●** *Il* **a mis sur pied** *une expédition au pôle Nord :*

il l'a organisée. **13** (fam.) FAIRE DES PIEDS ET DES MAINS. **●** *Il* **a fait des pieds et des mains** *pour ne pas partir en colonie de vacances :* il a employé tous les moyens, il s'est démené. **14** TRAVAILLER D'ARRACHE-PIED : travailler énormément. **15** PRENDRE QUELQUE CHOSE AU PIED DE LA LETTRE : au sens exact des termes, sans interpréter.

2. pied nom m. Mesure anglaise utilisée en France dans l'aviation et valant 30 centimètres environ. **●** *L'avion volait à 10 000* **pieds**.

3. pied nom m. **●** *Ce poème est écrit en vers de 12* **pieds**, de 12 syllabes.

4. pied à coulisse nom m. Instrument qui sert à mesurer l'épaisseur des objets.

pied-à-terre nom m. invar. Logement que l'on habite occasionnellement, dans une autre ville. **●** *J'ai un* **pied-à-terre** *à Nice.*

pie-grièche nom f. Oiseau passereau des bois.

piédestal nom m. **1 ●** *Cette statue est posée sur un* **piédestal**, *un support assez haut* (→ SYN. socle). **2** (fig.) METTRE QUELQU'UN SUR UN PIÉDESTAL : avoir une grande admiration pour lui.

piège nom m. **1 ●** *Ce lapin a été pris dans un* **piège**, *un appareil pour capturer les animaux ou les oiseaux.* **2** (fig.) TENDRE UN PIÈGE À QUELQU'UN. **●** *Soyons francs, je ne veux pas te* **tendre un piège**, *essayer de te tromper.*

■ piéger v. **1 ●** *Ce lion s'est fait* **piéger**, *prendre au piège.* **2 ●** *Le détective a deviné que sa voiture* **était piégée**, *que l'on y avait mis un dispositif pour la faire exploser.* ★ Conjug. 8.

pierre nom f. **1 ●** *Ce monument est en* **pierre**, *une matière dure que l'on extrait du sol.* ★ Chercher aussi : minéral. **2 ●** *Un bloc de* **pierre** *s'est détaché de la montagne* (→ SYN. roc, rocher). — **●** *J'ai trébuché sur une* **pierre** *du chemin, un caillou* (→ pierreux). **3 ●** *Ce bijoutier a une belle collection de* **pierres** *précieuses : diamants, rubis, émeraudes, etc.* (→ pierreries). **4** (fig.)

JETER LA PIERRE À QUELQU'UN. ● *Ce n'est pas sa faute, il ne faut pas lui **jeter la pierre**,* le blâmer, l'accuser.

■ **pierreries** nom f. plur. ● *La reine portait une couronne ornée de **pierreries**,* de pierres précieuses.

■ **pierreux** adj. ● *Le lit de la rivière est **pierreux**,* couvert de pierres, de cailloux.

piétiner v. 1 ● *Les enfants **ont piétiné** le gazon du jardin :* ils l'ont écrasé en marchant dessus. 2 ● *La foule **piétinait** à l'entrée du cinéma :* elle avançait très lentement. 3 (fig.) ● *Notre enquête **piétine** :* elle ne fait pas de progrès.

piéton nom m. ● *La voiture s'est arrêtée pour laisser passer les **piétons**,* ceux qui circulent à pied.

■ **piéton, -onne** adj. ● *C'est agréable de se promener dans les rues **piétonnes**,* réservées aux piétons.

piètre adj. (littér.) ● *J'ai eu affaire à un **piètre** adversaire,* très médiocre, minable. ★ *Piètre* se place toujours devant le nom.

pieu nom m. ● *Les fils de fer barbelés sont tendus entre des **pieux**,* des morceaux de bois pointus enfoncés dans le sol (→ SYN. piquet). ★ Ne pas confondre *pieu* et *pieux*, adj.

pieuvre nom f. ● *Le pêcheur sous-marin a été attaqué par une **pieuvre**,* un animal marin qui a huit tentacules très longs, munis de ventouses (→ SYN. poulpe).

pieux adj. ● *Elle va à la messe tous les jours, elle est très **pieuse**,* très attachée à sa religion (→ SYN. dévot). ★ Ne pas confondre *pieux* et *pieu*.

pigeon nom m. ● *Dans la cour on entend roucouler les **pigeons**,* des oiseaux gris, blancs ou bruns que l'on voit souvent dans les villes. ★ Chercher aussi : colombe. — PIGEON VOYAGEUR : pigeon dressé pour porter des messages.

■ **pigeonnier** nom m. ● *Le soir, ces pigeons rentrent dormir dans leur **pigeonnier**,* un endroit prévu spécialement pour eux.

piger v. (fam.) ● *Malgré mes explications, il n'a rien **pigé**,* rien compris. ★ Conjug. 5.

pigment nom m. ● *On mélange des **pigments** à la peinture pour lui donner des couleurs différentes,* des substances qui la colorent.

1. pignon nom m. ● *Le **pignon** d'une bicyclette,* une roue dentée qui entraîne ou qui est entraînée par la chaîne. ★ VOIR p. 102.

2. pignon nom m. ● *La fenêtre de ma chambre s'ouvre dans le **pignon** de la maison,* le haut de la façade ou d'un mur de côté en forme de triangle, entre les deux pentes du toit.

pilastre nom m. Pilier faisant partie d'un mur et un peu en saillie.

1. pile nom f. 1 ● *Les **piles** d'un pont,* les piliers de maçonnerie qui le soutiennent. 2 ● *Éric apporte une **pile** d'assiettes,* un tas haut et régulier d'objets mis les uns sur les autres.

2. pile nom f. ● *Ma radio ne marche plus, les **piles** sont usées,* les petits appareils qui fournissent de l'électricité. ★ Chercher aussi : accumulateur.

3. pile nom f. Côté d'une pièce de monnaie où est indiquée sa valeur (→ CONTR. face). — JOUER À PILE OU FACE : laisser le hasard décider entre deux solutions en lançant en l'air une pièce de monnaie. ● *Nous **avons joué à pile ou face** pour savoir quelle équipe commencerait la partie.*

4. pile adv. (fam.) 1 ● *Le camion a freiné et s'est arrêté **pile**,* brusquement. 2 ● *Te voilà ! je te cherchais, tu arrives **pile** :* tu arrives juste au bon moment, ou juste à l'heure.

piler v. ● *Le cuisinier **a pilé** de l'ail :* il l'a écrasé, broyé avec un pilon.

■ **pilon** nom m. ● *Pour écraser ce médicament et le réduire en poudre, le pharmacien se sert d'un **pilon**,* un instrument au bout arrondi. ★ Chercher aussi : mortier.

■ **pilonner** v. 1 Écraser avec un pilon. 2 ● *Les bombardiers **ont pilonné** la*

gare : ils l'ont écrasée sous les bombes.
■ **pilonnage** nom f. Action de pilonner.

pileux adj. ● *Le système* **pileux** : l'ensemble des poils et des cheveux.

pilier nom m. Poteau de bois, colonne de pierre ou pylône métallique qui soutiennent une construction. ● *Le toit de ce garage repose sur quatre* **piliers**.

piller v. ● *Des bandits viennent de* **piller** *une bijouterie*, de voler tout ce qu'elle contenait en faisant des dégâts.
■ **pillage** nom m. ● *Pendant le* **pillage** *de la ville, les ennemis ont tout saccagé.*
■ **pillard** nom m. Personne qui pille. ● *Les magasins ont été dévalisés par une bande de* **pillards**.

pilori nom m. ● *Jusqu'à la Révolution, les voleurs étaient attachés au* **pilori**, un poteau dressé sur la place publique.

1. **pilote** nom m. ● *Un* **pilote** *d'avion, un* **pilote** *de course* : celui qui conduit un avion, une voiture de course. — ● *Quand notre paquebot est arrivé à l'entrée du port, un* **pilote** *est monté à bord*, un marin spécialisé qui dirige les manœuvres pour entrer ou sortir d'un port.
■ **pilotage** nom m. ● *Une école de* **pilotage**, où l'on apprend à piloter. — ● *Pendant la traversée, j'ai visité le poste de* **pilotage**, l'endroit d'où le pilote conduit le bateau.
■ **piloter** v. ● *Hervé voudrait apprendre à* **piloter** *un hélicoptère*, à le conduire, à le diriger.

2. **pilote** adj. ● *Florence est élève d'un lycée* **pilote**, qui sert de modèle aux autres lycées parce qu'il utilise des méthodes modernes.

pilotis nom m. ● *Au bord du lac, nous allons construire une cabane sur* **pilotis**, de gros piliers de bois enfoncés dans le sol.

pilule nom f. ● *Laurent a avalé une* **pilule** *pour soigner son rhume*, un médicament présenté sous forme de petite boule. ★ Chercher aussi : cachet, gélule.

pimbêche nom f. ● *Elle refuse de nous parler, c'est une* **pimbêche**, une femme prétentieuse et désagréable.

piment nom m. ● *Ce plat va nous brûler la langue si tu y mets trop de* **piment**, un fruit au goût piquant utilisé comme épice.
■ **pimenter** v. ● *Elle a bien* **pimenté** *la sauce* : elle l'a assaisonnée avec du piment.

pimpant adj. ● *Elle est arrivée vers nous, toute* **pimpante**, élégante, coquette et gaie.

pin nom m. ● *L'incendie a ravagé cette forêt de* **pins**, des arbres toujours verts dont les feuilles sont des aiguilles et qui produisent de la résine (→ pinède). ★ Chercher aussi : conifère, résineux. — ● *Une pomme de* **pin**, le fruit de cet arbre. ★ Ne pas confondre *pin*, *pain*, *peint* (de peindre).

pinacle nom m. **1** Sommet d'un édifice. **2** (fig.) PORTER QUELQU'UN AU PINACLE : en dire beaucoup de bien, le respecter énormément.

pinailler v. (fam.) ● *On ne peut rien décider avec lui, il* **pinaille** *sans arrêt* : il discute et critique les moindres détails.

pinceau nom m. ● *Mon* **pinceau** *est usé, il n'a presque plus de poils*, un instrument qui sert à étaler de la peinture, de la colle, etc.

pincer v. **1** ● *Elle m'a* **pincé** *la joue* : elle m'a serré la peau entre ses doigts (→ pinçon). **2** v. pron. ● *En fermant les volets, elle* **s'est pincée** : elle a coincé son doigt entre les volets qui l'ont serré. **3** ● *Il* **pince** *les lèvres d'un air méprisant* : il les rapproche en les serrant fort (→ pincé). **4** ● *Le froid nous* **pince** *le visage* : il nous donne une sensation désagréable. **5** (fam.) ● *Le cambrioleur s'est fait* **pincer**, prendre en faute, arrêter. ★ Conjug. 4.
■ **pince** nom f. **1** ● *Pour enlever ce clou, Éric prend une* **pince**, un outil à deux branches utilisé pour serrer, pour attraper. ● *Une* **pince** *à épiler*. — PINCE À LINGE : instrument qui sert à fixer le linge sur une corde ou un séchoir.

2 • *Ce crabe agite ses deux* **pinces,** *le bout de ses pattes avec lequel il peut pincer.* **3** PINCE-MONSEIGNEUR : *barre de métal qui sert à forcer les serrures.* • *Les cambrioleurs ont fracturé la porte avec une* **pince-monseigneur.**

■ **pincé** adj. • *Elle m'a répondu d'un air* **pincé,** *dédaigneux, froid.*

■ **pincée** nom f. • *La recette indique qu'il faut ajouter une* **pincée** *de poivre, la petite quantité que l'on peut prendre entre le pouce et l'index.*

■ **pincettes** nom f. **1** (au plur.) • *Corinne retire une braise du feu avec les* **pincettes,** *les longues pinces qui servent à entretenir le feu.* — • *Une* **pincette** *à sucre sert à saisir les morceaux de sucre.* **2** (fig.) PRENDRE QUELQU'UN AVEC DES PINCETTES. • *Il est de très mauvaise humeur, il n'est pas à* **prendre avec des pincettes** : *même en lui parlant très délicatement, il se mettra en colère.*

■ **pinçon** nom m. • *Elle a une trace de* **pinçon** *sur la jambe, une marque faite en pinçant la peau.*

pince-sans-rire nom et adj. invar. • *Un* **pince-sans-rire,** *une personne* **pince-sans-rire,** *qui fait des plaisanteries tout en gardant un air parfaitement sérieux.* — • *Des* **pince-sans-rire.**

pinède nom f. • *Nous sommes allés nous promener dans une* **pinède,** *un bois de pins.*

pingouin nom m. • *Les* **pingouins** *se promenaient sur la banquise, des oiseaux au plumage noir et blanc qui se tiennent debout et vivent dans la région du pôle Nord.*

ping-pong [piŋpɔ̃g] nom m. • *Marc et Alain ont fait une partie de* **ping-pong,** *un jeu que l'on pratique sur une table avec des raquettes et une balle légère* (→ SYN. tennis de table).

pinson nom m. • *J'ai entendu chanter un* **pinson,** *un petit oiseau.* ★ *Ne pas confondre pinson et pinçon.*

pintade nom f. • *Non, ce n'est pas un poulet rôti, c'est une* **pintade,** *un oiseau de basse-cour au plumage sombre, tacheté de blanc.*

pintadeau nom m. *Jeune pintade.*

pinte nom f. • *En Angleterre, on sert la bière dans des* **pintes,** *de grands verres qui contiennent plus d'un demi-litre.*

pioche nom f. • *Le jardinier creuse un trou avec une* **pioche,** *un outil formé d'un manche terminé par un fer pointu* (→ piocher, sens 1).

■ **piocher** v. **1** • *Avant de planter les fleurs, il faudra* **piocher** *la terre, la creuser avec une pioche.* ★ *Chercher aussi : bêcher, biner.* **2** • *Piocher dans un tas :* fouiller dedans pour prendre quelque chose.

piolet nom m. • *Les alpinistes s'aident de leur* **piolet** *pour marcher sur la glace.*

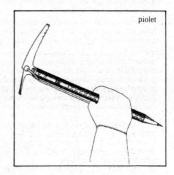

piolet

1. pion nom m. *Pièce que l'on déplace sur des cases dans certains jeux.* • *Les* **pions** *du jeu de dames, du jeu d'échecs.*

2. pion, pionne nom (fam.) *Surveillant d'un lycée, d'un collège.*

pionnier nom m. **1** • *Il n'y avait pas de cultures dans cette région avant l'arrivée des* **pionniers,** *ceux qui ont défriché les terres les premiers.* **2** (fig.) • *Les premiers cosmonautes ont été les* **pionniers** *des voyages dans l'espace, ceux qui ont été les premiers.*

pipe nom f. • *Grand-père bourre sa* **pipe** *de tabac, un objet servant à fumer.*

pipeau nom m. ● *Bertrand joue un air sur son* ***pipeau***, *une petite flûte à bec.* ★ Chercher aussi : 1. flageolet.

pipe-line [pajplajn] ou [piplin] nom m. Gros tuyau servant à transporter des liquides, en particulier du pétrole (*oléoduc*). ★ On écrit aussi : pipeline.

piper v. 1 SANS PIPER. ● *Il m'a écouté jusqu'au bout,* ***sans piper***, *sans dire un seul mot.* 2 ● *Le tricheur* ***avait pipé*** *les dés :* il les avait truqués.
■ **pipé** adj. ● *Des dés* ***pipés***, truqués.

pipette nom f. Tube de verre utilisé pour prélever une petite quantité de liquide. ★ VOIR p. 844.

pipi nom m. (fam.) FAIRE PIPI. ● *Mon petit frère* ***a fait pipi*** *dans sa culotte :* il a uriné.

pique-assiette nom invar. ● Personne qui se fait inviter le plus souvent possible pour ne pas dépenser d'argent à se nourrir.

pique-nique nom m. ● *Arlette met une nappe et des assiettes en carton sur l'herbe pour le* ***pique-nique***, *un repas en plein air.* — ● *Des* ***pique-niques***.
■ **pique-niquer** v. ● *Hier, nous* ***avons pique-niqué*** *au bord de la rivière,* nous avons fait un pique-nique.

1. piquer v. 1 ● *Sophie* ***m'a piqué*** *avec une épingle :* elle m'a percé la peau avec la pointe d'une épingle. — ● *Une abeille* ***l'a piqué*** (→ piqûre, sens 1). 2 ● *L'infirmière* ***pique*** *l'aiguille dans le bras du malade :* elle l'enfonce pour injecter un médicament (→ piqûre, sens 2). 3 ● *Le tailleur* ***pique*** *un manteau :* il le coud à la machine (→ piqûre, sens 3). 4 ● *Les pages de ce livre ancien* ***sont piquées*** *:* elles sont parsemées de petites taches (→ piqueter). 5 ● *La fumée de cigarette me* ***pique*** *les yeux,* elle les irrite. — ● *Ce vin* ***pique*** *la langue* (→ piquant, sens 1 ; piquette). 6 PIQUER AU VIF. ● *Cette réflexion l'***a piqué au vif*** :* elle l'a vexé. 7 ● *Les cavaliers* ***ont piqué*** *un galop :* ils se sont mis à galoper brusquement (après avoir piqué leur cheval avec les éperons). 8 ● *L'avion* ***pique*** *:* il descend presque à la verticale (→ piqué).

■ **piquant** adj. et nom m. 1 adj. ● *Cette moutarde est très* ***piquante*** *:* elle pique au goût (→ SYN. acide, aigre). 2 nom m. ● *Les cactus, les hérissons ont des* ***piquants***, des sortes d'épines.
■ **pique** nom f. et nom m. 1 nom f. ● *Au Moyen Âge, les soldats avaient des* ***piques***, des armes composées d'un manche terminé par un fer pointu. 2 nom m. Une des quatre couleurs du jeu de cartes, figurée par un fer de pique noir. ● *Le roi, la dame de* ***pique***. ★ Chercher aussi : carreau, cœur, trèfle.
■ **piqué** nom m. ● *L'avion descendait en* ***piqué***, presque à la verticale.
■ **piqûre** nom f. 1 ● *Les* ***piqûres*** *de vipère sont très dangereuses.* 2 ● *Le médecin lui a ordonné des* ***piqûres***, des injections de médicament liquide. 3 ● *Pourrais-tu me faire une* ***piqûre*** *à la machine ?,* une rangée de points de couture.

piqueter v. ● *La vieille grille* ***est piquetée*** *de taches de rouille :* elle en est parsemée. ★ Conjug. 9.
■ **piquette** nom f. Vin de mauvaise qualité, qui pique au goût.

2. piquer v. (fam.) ● *On* ***m'a piqué*** *ma montre,* on me l'a volée (→ SYN. (fam.) 2. barboter, chiper, 2. faucher).

3. se piquer de v. pron. ● *Jacques* ***se pique de*** *bien jouer aux échecs,* il le prétend et s'y applique.

piquet nom m. 1 ● *Le paysan plante des* ***piquets*** *pour faire une clôture,* des morceaux de bois pointus (→ SYN. pieu). 2 PIQUET DE GRÈVE : petit groupe de grévistes qui veille à ce que l'ordre de grève soit exécuté.

piranha [pirana] nom m. Petit poisson carnivore très vorace d'Amérique du Sud.

pirate nom m. ● *Autrefois, les marins craignaient les* ***pirates***, les bandits qui attaquaient les navires. ★ Chercher aussi : corsaire.
■ **piraterie** nom f. ● *La* ***piraterie*** *était sévèrement punie,* les actions des pirates.

pire adj. ● *Mes résultats ne sont pas bons, mais ils auraient pu être **pires**,* plus mauvais (→ empirer ; CONTR. meilleur). — ● *Il a eu les **pires** ennuis.* □ nom m. ● *Nous redoutons le **pire**.*

pirogue nom f. Barque étroite et allongée, utilisée par des indigènes d'Afrique, d'Océanie. ★ Chercher aussi : canoë.

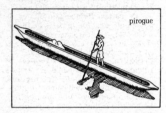

pirogue

pirouette nom f. **1** ● *Le clown fait des **pirouettes**,* des tours sur lui-même, sur un seul pied. **2** (fig.) ● *Il s'est sorti de cette situation embarrassante par une **pirouette**,* par un moyen habile mais pas très sérieux, par une astuce.

1. pis nom m. Mamelle d'une vache, d'une brebis ou d'une chèvre. ● *Le veau tète les **pis** de sa mère.*

2. pis adv. **1** TANT PIS!, loc. adv. ● *J'ai manqué mon train, **tant pis**!,* c'est ennuyeux, mais on ne peut rien y faire. **2** TANT PIS POUR, loc. prép. ● *Les retardataires ont été punis, **tant pis pour** eux :* c'est dommage pour eux, mais ils l'ont cherché. ■ **pis-aller** [pizale] nom m. invar. ● *Ce n'est qu'un **pis-aller**, mais il faudra bien s'en contenter,* une solution que l'on a choisie parce que l'on n'en a pas trouvé de meilleure, mais qui n'est pas parfaite.

pisciculture nom f. Élevage des poissons.

piscine nom f. ● *Chaque semaine, François va nager à la **piscine**,* un grand bassin aménagé pour la baignade.

pisé nom m. Maçonnerie obtenue à partir d'un mélange d'argile, de cailloux et de paille. ● *Des murs en **pisé**.*

pissenlit nom m. **1** ● *Annette et Guy ont cueilli des **pissenlits** dans les prés,* des plantes sauvages à fleurs jaunes dont les feuilles peuvent se manger en salade. **2** (fam.) MANGER LES PISSENLITS PAR LA RACINE : être mort.

pisseux adj. ● *Ce vieux fauteuil est d'une couleur **pisseuse**,* jaunie, terne.

pistache nom f. Graine verdâtre produite par un arbre des pays chauds et qui a un peu le goût de l'amande. ● *Une glace à la **pistache**.*

piste nom f. **1** ● *Le chien de chasse a perdu la **piste** du lièvre,* les traces laissées par son passage. — ● *La police est sur la **piste** du voleur* (→ dépister). **2** ● *Les athlètes s'entraînent à la course sur une **piste**,* sur une bande de terrain spécialement aménagée dans un stade. — ● *Les avions se posent sur une **piste** d'atterrissage.* — ● *Une **piste** de ski.* **3** ● *Le dompteur et ses lions sont sur la **piste**,* à l'endroit du cirque où sont présentés les numéros.

pistil nom m. Partie de la fleur qui se transforme en fruit après avoir reçu le pollen. ★ VOIR p. 392.

pistolet nom m. **1** Petite arme à feu. ● *Tirer un coup de **pistolet**.* ★ Chercher aussi : revolver. **2** Appareil qui sert à pulvériser la peinture. ● *Repeindre une voiture au **pistolet**.* **3** (fam.) ● *Quel drôle de **pistolet**! :* quelle personne étrange, un peu folle.

1. piston nom m. ● *Le **piston** d'un moteur :* la pièce qui se déplace par un mouvement de va-et-vient dans le cylindre. — ● *Le **piston** d'une pompe à vélo.* — CORNET À PISTONS : instrument de musique.

2. piston nom m. (fam.) ● *Il a été nommé à ce poste par **piston**,* grâce à l'appui, aux recommandations de quelqu'un. ■ **pistonner** v. (fam.) ● *Il s'est fait **pistonner** pour devenir directeur* (→ SYN. protéger, recommander).

pitance nom f. ● *On lui a servi une maigre **pitance**,* une maigre ration de nourriture.

piteux adj. • *Michel est tombé dans la boue, ses vêtements sont en piteux état*, en mauvais état.

pitié nom f. • *Je l'ai aidé parce que j'ai eu pitié de lui : son malheur m'a touché et j'ai eu envie de faire quelque chose pour lui* (→ apitoyer).

■ **pitoyable** adj. • *La pauvre bête était dans un état pitoyable*, lamentable, qui faisait pitié (→ impitoyable).

piton nom m. 1 • *Le tableau est suspendu à un piton*, un clou ou une vis formant un anneau ou un crochet. 2 • *Un piton rocheux*, un rocher très pointu. ★ Chercher aussi à : 2. pic.

pitre nom m. • *Rémi amuse ses camarades en faisant le pitre*, en faisant des choses comiques (→ SYN. clown).

■ **pitrerie** nom f. • *Ses pitreries font rire tout le monde*, ses grimaces, ses gesticulations amusantes (→ SYN. clownerie).

pittoresque adj. 1 • *Dans cette région, il y a des paysages pittoresques*, qui plaisent par leur beauté originale. 2 • *Un personnage pittoresque*, original, étrange (→ SYN. (fam.) folklorique ; CONTR. banal, ordinaire).

pivert → picvert.

pivoine nom f. • *Les pivoines s'épanouissent au mois de mai*, des grosses fleurs rouges, roses ou blanches. — ROUGE COMME UNE PIVOINE. • *Quand je l'ai grondé, il est devenu rouge comme une pivoine* : il a beaucoup rougi.

pivot nom m. • *Ce fauteuil peut tourner sur son pied grâce à un pivot*, une pièce centrale qui s'emboîte et tourne dans le pied.

■ **pivoter** v. • *La porte pivote sur ses gonds*, elle tourne sur ses gonds.

pizza [pidza] nom f. Sorte de tarte salée garnie de tomates, d'olives, de fromage, etc. • *La pizza est une spécialité italienne.*

■ **pizzeria** [pidzerja] nom f. Restaurant italien spécialisé dans les pizzas.

placage nom m. • *Ce buffet est en bois blanc recouvert d'un placage de* chêne, d'une mince plaque de chêne appliquée sur sa surface (→ contreplaqué, plaquer).

placard nom m. • *Claire range ses vêtements dans un placard*, une armoire fixée au mur.

placarder v. • *À la mairie, il y a un tableau où l'on placarde des avis*, sur lequel on les fixe (→ SYN. afficher).

place nom f. 1 • *Où as-tu mis le sel ? il n'est plus à sa place*, à l'endroit qu'il occupe habituellement (→ placer, sens 1). 2 • *Il y a cent places dans ce cinéma*, cent sièges où des gens peuvent s'asseoir. — • *Nous avons réservé des places d'avion* (→ placer, sens 2). — PRENDRE PLACE. • *Prenez place autour de la table* : installez-vous. 3 • *Est-ce qu'il reste de la place dans la valise ?*, un espace inoccupé. 4 NE PAS TENIR EN PLACE. • *Nicolas est énervé, il ne tient pas en place* : il n'arrête pas de bouger. — SUR PLACE. • *On a donné les premiers soins au blessé sur place*, à l'endroit même où il se trouvait. — (fam.) FAIRE DU SUR PLACE. • *Les voitures font du sur place dans les embouteillages* : elles n'avancent pas. 5 (fig.) ÊTRE À SA PLACE. • *Cet acteur n'est pas à sa place dans ce rôle* : ce rôle ne lui convient pas, n'est pas fait pour lui. — SE METTRE À LA PLACE DE QUELQU'UN : imaginer que l'on se trouve dans sa situation. — À VOTRE PLACE, loc. adv. • *À votre place, je n'aurais pas agi ainsi* : si j'avais été dans votre cas. — À LA PLACE DE, loc. prép. • *Au restaurant, j'ai demandé des frites à la place des épinards*, en remplacement. — FAIRE PLACE À. • *Le chahut a fait place au silence* : le silence a succédé au chahut. 6 • *Cet élève obtient toujours les premières places* : il se classe toujours dans les premiers. 7 • *Bernard a trouvé une place de mécanicien*, un emploi (→ placement, sens 1). 8 • *Devant la gare, il y a une place*, un espace entouré de bâtiments. 9 PLACE FORTE : ville fortifiée, forteresse.

■ **placer** v. 1 • *Place l'échelle contre cet arbre*, mets-la à cette place. 2 • *Le maître place les élèves dans la classe* : il leur indique leur place. 3 PLACER UN MOT : le dire ; parler. • *Il n'a pas pu placer* *un mot* dans la conversation. **4** ● *Mon oncle se demande comment il doit* **placer** *son argent*, ce qu'il doit en faire pour qu'il lui rapporte (→ placement, sens 2 ; SYN. investir). ★ Conjug. 4.

■ **placement** nom m. **1** ● *Vous cherchez un emploi ? adressez-vous à un organisme de* **placement**, qui trouve du travail aux gens. **2** ● *Ce placement lui a rapporté beaucoup d'argent* (→ SYN. investissement).

placenta [plasɛ̃ta] nom m. Petite masse de chair dans l'utérus à laquelle le fœtus est attaché par le cordon ombilical. ★ Chercher aussi : fœtus, ombilical, utérus.

placide adj. ● *Il a un caractère* **placide**, calme, doux, un peu lent.

plafond nom m. **1** ● *Le* **plafond** *d'une pièce*, sa partie supérieure, opposée au plancher. **2** (fig.) ● *La compagnie d'assurances ne rembourse pas au-delà d'un certain* **plafond**, d'un maximum fixé d'avance.

■ **plafonner** v. ● *Cet avion* **plafonne** *à 9 000 mètres d'altitude* : il est à son altitude maximum à 9 000 mètres.

■ **plafonnier** nom m. ● *Le* **plafonnier** *de la voiture est allumé*, la lampe fixée contre le plafond.

plage nom f. ● *L'été, beaucoup de gens se font bronzer sur les* **plages**, les étendues plates de sable ou de galets, au bord de la mer.

plagiat nom m. Copie frauduleuse. ● *On dit que le dernier roman de cet écrivain est un* **plagiat** : il a copié le roman d'un autre auteur.

■ **plagiaire** nom m. Auteur qui copie les autres, qui ne fait pas œuvre originale. ● *Ce n'est qu'un* **plagiaire**.

plaid [plɛd] nom m. Couverture en lainage écossais. ● *Les sièges de notre voiture sont recouverts de* **plaids**.

plaider v. ● *L'avocat* **plaide** *pour son client* (ou **plaide** *la cause de son client*) : il le défend devant la justice.

■ **plaidoirie** nom f. ● *Le juge écoute la* **plaidoirie** *de l'avocat*, le discours dans lequel il défend son client.

■ **plaidoyer** nom m. ● *Ce livre est un long* **plaidoyer** *pour la liberté*, un discours passionné pour défendre la liberté.

plaie nom f. Blessure où la chair est ouverte. ● *Il a mis un pansement sur sa* **plaie**.

plaindre v. ● *Luc* **plaint** *les réfugiés, leur malheur le touche, l'émeut beaucoup*. — ÊTRE À PLAINDRE. ● *Ces pauvres gens* **sont à plaindre** : ils méritent qu'on les plaigne. ★ Conjug. 35.

■ *se* **plaindre** v. pron. **1** ● *Le blessé* **se plaint** : il manifeste sa douleur par des cris, des gémissements (→ plainte, sens 1 ; plaintif). **2** ● *M. Martin* **s'est plaint** *parce que ses voisins faisaient trop de bruit* : il a dit qu'il était mécontent à cause de cela (→ plainte, sens 2 et 3 ; plaignant).

■ **plainte** nom f. **1** ● *Malgré sa douleur, Thierry n'a pas poussé une seule* **plainte** (→ SYN. gémissement). **2** ● *Il m'agace avec ses* **plaintes** (→ SYN. récrimination). **3** ● *M. Martin a porté* **plainte** *contre ses voisins* : il les a accusés devant la justice.

■ **plaintif** adj. ● *Le malade fait entendre des cris* **plaintifs**, qui expriment la douleur.

■ **plaignant** nom. Personne qui dépose une plainte en justice (→ plainte, sens 3).

plaine nom f. ● *Derrière ces montagnes, il y a une* **plaine**, une grande étendue de terrain plat.

de plain-pied, loc. adv. ● *Le rez-de-chaussée de notre maison est* **de plain-pied** *avec le jardin*, au même niveau.

plaire v. **1** ● *Ce livre m'a* **plu** : je l'ai trouvé agréable, intéressant (→ plaisant). — ● *Cette fille me* **plaît** (→ CONTR. déplaire). **2** S'IL VOUS PLAÎT ; S'IL TE PLAÎT : formule de politesse pour demander quelque chose. ● *Donnez-moi de l'eau,* **s'il vous plaît**. (Par abréviation, on écrit *S. V. P.*) ★ Conjug. 41.

■ *se* **plaire** v. pron. **1** ● *Jean-Louis et Christine se* **plaisent** : ils ont de l'attirance l'un pour l'autre. **2** ● *Nous nous* **plaisons** *beaucoup dans notre nouvelle* maison : nous sommes heureux d'y être (→ CONTR. se déplaire).

plaisance nom f. ● *Dans ce petit port, il y a des bateaux de pêche et des bateaux de **plaisance**, sur lesquels on navigue pour son plaisir.* ● *La navigation de **plaisance**.*

■ **plaisancier** nom m. Celui qui fait de la navigation de plaisance.

plaisant adj. et nom m. **A.** adj. **1** ● *Cette région est **plaisante**,* agréable, attrayante (→ plaire ; CONTR. déplaisant). **2** ● *Ton histoire est **plaisante** :* elle donne envie de rire (→ plaisanter ; SYN. amusant, drôle).
B. nom m. UN MAUVAIS PLAISANT : une personne qui fait des farces méchantes ou de mauvais goût.

plaisanter v. ● *Patrick aime bien **plaisanter**,* dire ou faire des choses qui font rire. — NE PAS PLAISANTER AVEC QUELQUE CHOSE. ● *Il ne faut **pas plaisanter avec** cette maladie :* il faut s'en préoccuper. — ● *Il **ne plaisante pas avec** la discipline :* il y tient beaucoup, il y fait très attention.

■ **plaisanterie** nom f. ● *Annie amuse les autres par ses **plaisanteries**, ses paroles ou ses actes drôles* (→ SYN. 1. farce).

■ **plaisantin** nom m. ● *On ne peut pas le prendre au sérieux, c'est un **plaisantin**,* une personne peu sérieuse (→ SYN. farceur).

plaisir nom m. Sensation agréable. ● *Se baigner dans l'eau fraîche par cette chaleur, quel **plaisir** !* (→ CONTR. douleur). — FAIRE PLAISIR À QUELQU'UN. ● *Son cadeau m'**a fait plaisir**,* j'en ai été content. — SE FAIRE UN PLAISIR DE. ● *Si vous avez besoin de moi, je **me ferai un plaisir de** vous aider :* je le ferai de très bon cœur. — SE FAIRE UN MALIN PLAISIR DE. ● *Lise **se fait un malin plaisir de** taquiner son petit frère :* elle se réjouit de l'ennuyer de cette façon. — SOUHAITER BIEN DU PLAISIR À QUELQU'UN. ● *Vous voulez vous promener sous la pluie ? je **vous souhaite bien du plaisir** !* : allez-y, mais je suis sûr que vous allez bien le regretter.

1. plan nom m. **A.** **1** ● *Le **plan** d'un bâtiment indique la disposition de ses différentes parties et leurs proportions,* un dessin sur lequel il est représenté à plat. **2** ● *Le **plan** d'attaque de l'ennemi a échoué :* l'ensemble des actions qu'il avait préparées pour l'attaque. — AVOIR UN PLAN : avoir une idée précise de ce que l'on pense faire pour atteindre son but (→ planifier, planning). **3** ● *L'écrivain a modifié le **plan** de son livre,* la disposition des parties de son texte.
B. **1** PREMIER PLAN. ● *Au **premier plan** de ce tableau, il y a des personnages,* dans la partie du tableau qui semble la plus proche quand on le regarde (→ CONTR. arrière-plan). — (fig.) DE PREMIER PLAN. ● *Ce ministre est un homme politique **de premier plan**,* de grande valeur, de première importance. — SUR LE MÊME PLAN. ● *On peut mettre ces deux artistes **sur le même plan**,* leur accorder la même importance, la même valeur. — SUR LE PLAN DE. ● *Ce professeur est très sévère **sur le plan de** la discipline,* au point de vue de la discipline. **2** GROS PLAN. ● *Sur cette photo, il y a un visage en **gros plan**,* représenté de telle façon que le visage tient presque toute la place.
C. ● *Le dessus de la table forme un **plan** horizontal,* une étendue plate horizontale (→ 2. plan).

■ **2. plan** adj. ● *La surface de ce mur est **plane**,* elle est plate et unie (→ aplanir).

planche nom f. **1** ● *J'ai acheté des **planches** pour faire des étagères,* de longs morceaux de bois plats (→ planchette). — ● *Je découpe le pain, la viande sur une **planche** à découper.* — (fig.) AVOIR DU PAIN SUR LA PLANCHE : avoir beaucoup de travail, de choses à faire. **2** PLANCHE À ROULETTES : plaque munie de roulettes, sur laquelle on monte debout pour se déplacer (→ SYN. skateboard). **3** FAIRE LA PLANCHE. ● *À la piscine, Florence a appris à **faire la planche**,* se laisser flotter sur le dos. **4** ● *Ce dictionnaire est orné de **planches** en couleurs,* de pages illustrées. **5** ● *Dans le* jardin potager, il y a une **planche** de tomates, une bande de terrain où l'on cultive des tomates.

■ **plancher** nom m. ● Dominique a balayé le **plancher**, le sol fait de planches assemblées.

■ **planchette** nom f. Petite planche.

■ **planche à voile** nom f. Planche pour glisser sur l'eau semblable à celle du surf, avec une voile pour la diriger. ● Béatrice fait de la **planche à voile** pendant les vacances.

plancton nom m. Ensemble de petits animaux minuscules ou microscopiques qui se trouvent dans l'eau de mer. ● Beaucoup de poissons se nourrissent de **plancton**.

planer v. 1 ● Regarde l'oiseau qui **plane**, qui vole sans battre des ailes. — ● L'avion **plane** : il vole avec ses moteurs arrêtés (→ planeur). 2 ● Laisser **planer** un doute sur quelque chose : le laisser subsister à propos de cette chose.

■ **planeur** nom m. Avion sans moteur, fait pour planer. ★ Chercher aussi : voile à voile.

planète nom f. ● Mercure, Vénus, la Terre, Mars, Jupiter, Saturne, Uranus, Neptune et Pluton sont les neuf **planètes** qui tournent autour du Soleil (→ SYN. astre).

■ **planétaire** adj. 1 ● Les astronomes étudient les mouvements **planétaires**, des planètes. 2 ● La pollution est un problème **planétaire**, qui intéresse la Terre entière.

planifier v. ● Dans une entreprise, il faut **planifier** le travail, l'organiser en suivant un plan. ★ Conjug. 10.

■ **planification** nom f. ● Le gouvernement s'occupe de la **planification** de la production industrielle, de l'établissement des programmes de production, du plan de production.

planisphère nom m. Carte de la Terre entière. ★ Chercher aussi : mappemonde.

planning nom m. ● M. Bodin a fait son **planning** pour la journée : son programme de travail (→ plan).

planque nom f. (fam.) ● Les cambrioleurs ont trouvé une **planque** pour les bijoux volés, une cachette.

1. **plante** nom f. 1 ● Il y a des **plantes** sauvages et des **plantes** cultivées, des végétaux (→ planter, sens 1). ★ Chercher aussi : botanique ; chlorophylle.

■ **planter** v. 1 ● Le jardinier **plante** des fleurs : il les met en terre pour qu'elles y prennent racine. 2 ● Maurice **plante** des clous dans une planche : il les y enfonce. 3 ● Les campeurs **ont planté** leur tente : ils l'ont fixée pour qu'elle tienne bien ; ils l'ont installée. 4 (fam.) PLANTER LÀ (QUELQU'UN). ● Il nous a **plantés là** sans rien dire : il nous a abandonnés brusquement.

■ **se planter** v. pron. 1 ● Une épingle **s'est plantée** dans son pied (→ SYN. s'enfoncer). 2 ● Le gardien **s'est planté** devant la porte : il se tient immobile devant la porte (→ SYN. se camper).

■ **plantation** nom f. ● Le paysan arrose ses **plantations**, les plantes qu'il cultive sur une grande étendue.

■ **planteur** nom m. Personne qui a des plantations (dans les pays chauds).

2. **plante** nom f. ● Bébé rit quand on lui chatouille la **plante** des pieds, le dessous des pieds. ★ VOIR p. 679.

■ **plantaire** adj. ● Monique a une verrue **plantaire**, sur la plante du pied.

plantureux adj. ● Ce repas était **plantureux**, abondant (→ SYN. copieux). — (fam.) ● C'est une femme **plantureuse**, grosse, bien en chair (→ sens 5).

plaque nom f. 1 ● Le nom de cette rue est inscrit sur une **plaque** de métal, un morceau plat et mince (→ plaquette). 2 PLAQUE TOURNANTE : plate-forme tournante qui sert à faire passer des wagons d'une voie sur une autre. — (fig.) ● Cette ville était une **plaque tournante** du trafic de la drogue, la ville où de nombreux trafiquants venaient la vendre et l'acheter. 3 ● Virginie a le corps couvert de **plaques** rouges, de taches rouges.

■ **plaquer** v. 1 ● Les murs de cette salle **sont plaqués** de marbre, recouverts de plaques de marbre. — ● Le dessus de la table **est plaqué** de chêne

(→ placage). **2** ● *Michel m'a* **plaqué** *contre le mur :* il m'a appuyé brutalement contre le mur. □ v. pron. ● *Il s'est* **plaqué** *au sol :* il s'est allongé brusquement, bien à plat.

■ **plaqué** nom m. ● *Ce bijou n'est pas en or massif : c'est du* **plaqué** *or*, du métal recouvert d'une mince couche d'or.

■ **plaquette** nom f. Petite plaque. ● *Une* **plaquette** *de chocolat.*

plasma nom m. **1** Partie liquide et claire du sang. **2** Gaz à très haute température. ● *Les étoiles sont faites d'un* **plasma.**

plastic nom m. ● *Des terroristes ont fait sauter une banque avec du* **plastic**, un explosif mou comme de la pâte à modeler. ★ Ne pas confondre avec *plastique.*

■ **plastiquer** v. ● *La banque a été* **plastiquée**, détruite par une explosion de plastic. ★ Ne pas confondre *plastiquer* et *plastifier.*

plastique adj. et nom m. **1** ● *La peinture, la sculpture, l'architecture sont des arts* **plastiques**, qui recherchent la beauté des formes. **2** ● *La pâte à modeler est* **plastique** : on peut lui donner la forme que l'on veut. **3** ● *Une matière* **plastique** *ou* (nom m.) *un* **plastique** : une matière produite artificiellement et qui se moule facilement. ● *Une bassine en (matière)* **plastique**. ★ Ne pas confondre *plastique* et *plastic.*

■ **plastifier** v. ● *Ce tissu a été* **plastifié**, recouvert d'une mince couche de plastique. ★ Ne pas confondre *plastifier* et *plastiquer.* ★ Conjug. 10.

plastron nom m. Pièce de tissu qui orne le devant de certains vêtements. ● *Une chemise à* **plastron.**

■ **plastronner** v. Bomber la poitrine d'un air fier.

1. plat adj. et nom m. **A.** adj. **1** ● *Les campeurs cherchent un endroit* **plat** *pour planter leur tente*, sans dénivellations (→ CONTR. accidenté). **2** ● *Une assiette* **plate** (→ CONTR. creux). **3** ● *Les galettes sont des gâteaux* **plats**, peu épais. — ● *Des chaussures à talons* **plats**, peu élevés. **4** ● *Cette conversation est* **plate** : elle manque d'intérêt, d'origi-

nalité (→ SYN. banal). **5** ● *Il nous a fait de* **plates** *excuses*, les excuses de quelqu'un qui s'humilie. **6** ● *« Veux-tu de l'eau gazeuse ? » « Non, de l'eau* **plate** *»*, sans bulles. **7** À PLAT, loc. adv. ● *Pour couper le tissu, pose-le* **à plat**, sur une surface horizontale. — ÊTRE À PLAT. ● *Ce pneu* **est à plat** : il est dégonflé. — (fig. et fam.) ● *Après sa maladie, il* **était** *complètement* **à plat**, sans force, sans énergie. **8** À PLAT VENTRE, loc. adv. ● *Martine s'est couchée* **à plat ventre**, étendue sur le ventre.

B. nom m. **1** ● *Je pédale plus facilement sur le* **plat**, la partie où le terrain ne monte pas (→ CONTR. côte). **2** ● *Le* **plat** *de la main*, la partie intérieure de la main, la paume et les doigts étendus.

2. plat nom m. **1** ● *Le cuisinier dispose le poisson sur un* **plat** *ovale*, une grande assiette dans laquelle on présente les aliments à table. — (fig.) METTRE LES PETITS PLATS DANS LES GRANDS : faire de la cuisine soignée pour recevoir quelqu'un. **2** ● *Cécile a préparé un* **plat** *délicieux*, un mets que l'on mange au cours d'un repas. — PLAT GARNI : viande ou poisson cuisiné et accompagné de légumes. **3** (fam.) EN FAIRE TOUT UN PLAT : faire beaucoup d'histoires pour peu de chose.

platane nom m. ● *Cette route est bordée de* **platanes**, de grands arbres dont l'écorce s'enlève par plaques.

plateau nom m. **1** ● *Florence a mis la cafetière et les tasses sur un* **plateau**, un objet plat que l'on utilise pour transporter de la vaisselle ou autre chose. **2** ● *Un* **plateau** *de balance*, la partie plate de la balance sur laquelle on pose la chose à peser ou les poids. **3** ● *Après avoir monté cette côte, vous arriverez sur un* **plateau**, une vaste étendue de terrain, plate comme une plaine mais plus élevée.

plate-bande nom f. ● *Des* **plates-bandes** *de fleurs entourent la pelouse*, des bandes de terrain cultivées.

plate-forme nom f. Surface plate et surélevée dans une construction, un véhicule. ● *La* **plate-forme** *d'un échafau-*

dage, d'un camion. — ● Des **plates-formes**.

1. platine nom m. et adj. invar. **1** nom m. Métal précieux de couleur blanc-gris. ● *Des bijoux en* **platine**. **2** adj. invar. ● *Ses cheveux sont blond* **platine**, de la couleur du platine, blonds presque blancs.

2. platine nom f. ● *Clara a posé un disque sur la* **platine**, le plateau tournant d'un électrophone.

plâtre nom m. **1** Matière blanche en poudre que l'on mélange avec de l'eau pour former une pâte qui durcit. ● *Un sac de* **plâtre**. — ● *Une cloison en* **plâtre** (→ plâtrier). **2** (au plur.) ● *Les* **plâtres** *de l'appartement sont presque secs*, les parties recouvertes de plâtre. — (fig.) ESSUYER LES PLÂTRES : être le premier à subir les inconvénients de quelque chose qui n'est pas au point. **3** ● *Le blessé avait le bras cassé ; on lui a mis un* **plâtre**, un bandage recouvert de plâtre pour immobiliser son bras.

■ **plâtrer** v. **1** ● *Avant de peindre ce mur de briques, il faut le* **plâtrer**, l'enduire de plâtre. **2** ● *Le chirurgien a* **plâtré** *le bras du blessé :* il lui a mis un plâtre.

■ **plâtrier** nom m. Ouvrier qui recouvre les murs et les plafonds de plâtre.

plausible adj. ● *C'est une excuse* **plausible**, que l'on peut croire, que l'on peut admettre (→ SYN. vraisemblable).

play-back [plɛbak] nom m. ● *Ce chanteur a chanté en* **play-back** : il a fait semblant de chanter pendant que l'on passait un disque de lui.

plébiscite nom m. ● *Pour savoir si la population a confiance en lui, ce dictateur a organisé un* **plébiscite**, un vote dans lequel les gens doivent répondre à sa question par « oui » ou par « non ». ★ Chercher aussi : référendum.

pléiade nom f. Petit groupe de personnes remarquables. ● *Une* **pléiade** *d'artistes*.

plein adj., prép. et nom m. **A.** adj. **1** ● *Il n'y a plus de place dans le tiroir :* il

est **plein**, rempli au maximum. — ● *La salle est* **pleine** (→ SYN. complet ; CONTR. vide). **2** PLEIN DE. ● *Ses vêtements sont* **pleins de** *trous :* ils en ont beaucoup. — ● *Sophie est* **pleine de** *courage*. **3** UNE FEMELLE PLEINE : qui va avoir des petits. ● *Notre chatte est* **pleine**. **4** ● *Cet élève donne* **pleine** *satisfaction à ses professeurs*, une satisfaction totale, entière (→ pleinement). — ● *Travailler à temps* **plein** (→ CONTR. partiel). **5** EN PLEIN (suivi d'un nom). ● *Le bateau a coulé* **en pleine** *mer*, au milieu de la mer. — (fam.) EN PLEIN AU ; DANS ; SUR, loc. prép. ● *Julien a mis le pied* **en plein dans** *une flaque d'eau*, juste, exactement dedans.

B. prép. ● *Il est arrivé avec des cadeaux* **plein** *sa valise*, sa valise remplie de cadeaux. — (fam.) EN AVOIR PLEIN LE DOS : en avoir assez. — (fam.) EN METTRE PLEIN LA VUE À QUELQU'UN. ● *Il s'est acheté une moto pour* **en mettre plein la vue** *à ses amis*, pour les éblouir, les impressionner.

C. nom m. **1** FAIRE LE PLEIN. ● *Le chauffeur du camion s'est arrêté à une station-service pour* **faire le plein** *(d'essence)*, pour remplir complètement son réservoir. **2** BATTRE SON PLEIN. ● *Il est arrivé quand le chahut* **battait son plein**, quand il était à son maximum.

■ **pleinement** adv. ● *Son projet a* **pleinement** *réussi*, totalement, complètement.

■ **plénitude** nom f. ● *Ce sportif a atteint la* **plénitude** *de ses moyens :* totalité, maximum.

pléthore nom f. ● *Il y a une* **pléthore** *de candidats pour les élections de cette année :* surabondance (→ CONTR. pénurie).

■ **pléthorique** adj. ● *Le personnel de cette usine est* **pléthorique**, trop nombreux (→ CONTR. insuffisant).

pleurer v. **1** ● *Quand son père l'a grondé, Stéphane s'est mis à* **pleurer**, à répandre des larmes (→ pleurs). **2** PLEURER SUR. ● *Il* **pleure sur** *ses malheurs :* il se lamente, il est triste. **3** ● *Hélène* **pleure** *la mort de son chien :* elle la regrette beaucoup.

■ **pleurs** nom m. plur. ● *Corinne était en* **pleurs**, en larmes.

■ **pleurnicher** v. ● *Arrête de **pleurnicher**, de pleurer, de gémir sans raison pour te faire plaindre.*

pleurésie nom f. ● *Elle a attrapé une **pleurésie**, une très grave maladie du poumon.*

pleutre nom m. et adj. (littér.) ● *Vous n'êtes qu'un **pleutre** : lâche, poltron* (→ lâche, sens 2).

pleuvoir v. impers. 1 ● *Mets ton imperméable : il **pleut*** (→ pluie). 2 ● *Les injures **pleuvaient** sur lui : il en recevait beaucoup.* ★ Conjug. 30.

plexiglas [plɛksiglas] nom m. Matière plastique dure et transparente, utilisée parfois pour remplacer le verre. ● *Des vitres en **plexiglas**.*

plier v. 1 ● *Aide-moi à **plier** ce drap*, à le mettre en double une ou plusieurs fois (→ pli ; replier ; CONTR. déplier). 2 ● *J'ai un vélo que l'on peut **plier**, dont on peut rabattre les parties articulées les unes sur les autres* (→ pliable ; pliant). — ● *Plier le bras.* □ v. pron. ● *Ce lit peut se **plier**, être plié.* 3 ● *Les tiges d'osier sont faciles à **plier**, à courber.* — ● *Quand un poisson mord, la canne à pêche **plie** :* elle se courbe. 4 (fig.) ● *Malgré les menaces, il n'a pas **plié** :* il n'a pas cédé, il ne s'est pas soumis. □ v. pron. ● *Je ne **me plierai** pas à tous ses caprices :* je n'y céderai pas. ★ Conjug. 10.

■ **pli** nom m. 1 ● *Le **pli** de mon pantalon est mal repassé,* l'endroit où le tissu a été plié. — ● *Cette page a été cornée, il reste un **pli**,* une marque faite en pliant. 2 (fam.) ÇA NE FAIT PAS UN PLI. ● *S'il ne fait pas réparer sa voiture, il va tomber en panne ; **ça ne fait pas un pli** :* c'est certain, inévitable. 3 ● *Les **plis** d'un terrain,* ses ondulations. 4 MISE EN PLIS. ● *Le coiffeur lui a fait une **mise en plis** :* il a enroulé ses cheveux mouillés sur des rouleaux pour donner une certaine forme à sa coiffure. 5 ● *J'ai joué l'as, ce **pli** est pour moi,* les cartes que le gagnant ramasse en une seule fois. 6 ● *Va poster ce **pli**,* cette lettre.

■ **pliable** adj. ● *Une poussette **pliable**,* que l'on peut plier facilement.

■ **pliant** adj. ● *Une table **pliante**,* faite pour être pliée facilement. □ nom m. ● *Un **pliant**,* un petit siège dont les pieds se plient.

plinthe nom f. Planche fixée en long, au bas d'un mur.

plisser v. 1 ● *Plisser du tissu, du papier :* leur faire des plis. □ adj. ● *Une jupe **plissée**,* qui a des plis réguliers. 2 v. pron. ● *Là où nous voyons des montagnes, la surface de la terre **s'est plissée** autrefois :* elle a formé de grandes ondulations (→ plissement). 3 ● *Brigitte **plisse** les yeux à cause du soleil :* elle les ferme à moitié, et de petits plis se forment autour (→ SYN. froncer).

■ **plissement** nom m. ● *Les Alpes sont le résultat d'un **plissement** de terrain.*

pliure nom f. ● *Coupe l'enveloppe en suivant la **pliure**,* l'endroit où elle est pliée.

plomb nom m. 1 Métal gris-bleu, très lourd, qui se travaille facilement. ● *Les conduites d'eau et de gaz sont parfois en **plomb*** (→ plombier, plomberie). 2 ● *Pour que sa ligne s'enfonce dans l'eau, le pêcheur la garnit de **plombs**,* de petits morceaux de plomb (→ plomber, sens 1). — ● *Les cartouches des chasseurs sont remplies de petits **plombs**,* de petites boules de plomb. 3 ● *Cette panne de courant n'est pas grave, nous allons réparer les **plombs** qui ont sauté,* des fils de plomb qui fondent quand le courant électrique est trop fort (→ SYN. fusible). ★ Chercher aussi : disjoncteur.

■ **plomber** v. 1 ● *Si vous voulez que votre rideau tombe bien droit, il faut **plomber** l'ourlet :* y mettre des plombs. 2 ● *Le dentiste m'a **plombé** une dent :* il a bouché le trou de ma dent avec un alliage d'argent et d'étain (→ plombage).

■ **plombage** nom m. ● *Ma sœur a déjà trois **plombages**,* trois dents bouchées par le dentiste.

■ **plombier** nom m. ● *Pour remplacer la vieille baignoire, nous ferons venir le* **plombier**, *celui qui installe ou répare les conduites d'eau et de gaz, les éviers, les lavabos, etc.*

■ **plomberie** nom f. **1** ● *Michel apprend la* **plomberie**, *le métier de plombier.* **2** ● *La* **plomberie** *de cet appartement vient d'être refaite,* l'ensemble des tuyaux d'eau, de gaz.

plonger v. **1** ● *Patrick* **a plongé** *d'un rocher dans la mer* : il s'est jeté dans l'eau la tête la première. **2** ● *Le sous-marin* **a plongé** : il s'est enfoncé complètement dans l'eau (→ plongée). — ● *Didier* **plonge** *les assiettes dans l'eau pour les laver* : il les met dedans (→ plonge ; plongeur, sens 3). □ v. pron. ● *Florence* **s'est plongée** *dans l'eau tiède.* **3** ● *Du sommet de la colline, le regard* **plonge** *dans la vallée* : il va vers le bas (→ plongeant). **4** ● *Son échec* **l'a plongé** *dans le désespoir* : il l'a profondément désespéré. **5** ● *Christine* **est plongée** *dans son travail* : elle a l'esprit entièrement occupé par son travail. □ v. pron. ● *Papa* **s'est plongé** *dans son journal* (→ SYN. s'absorber). ★ Conjug. 5.

■ **plonge** nom f. ● *Faire la* **plonge** : faire la vaisselle (dans un restaurant).

■ **plongeant** adj. ● *De cette terrasse, on a une vue* **plongeante**, *vers le bas.*

■ **plongée** nom f. ● *Les hommes-grenouilles sont en* **plongée**, *sous l'eau.*

■ **plongeoir** nom m. ● *Émilie saute dans la piscine du haut du* **plongeoir**, *le tremplin (ou la tour) qui sert à plonger.*

■ **plongeon** nom m. **1** ● *Régis a réussi un beau* **plongeon**, *un saut dans l'eau, la tête la première.* **2** ● *Le gardien de but a fait un* **plongeon** *sur le ballon,* un saut pour se jeter dessus.

■ **plongeur** nom **1** ● *La* **plongeuse** *a sauté de 10 m* : celle qui plonge dans l'eau la tête la première. **2** ● *Les* **plongeurs** *sous-marins ont mis leur masque* : ceux qui travaillent sous l'eau. **3** ● *Ce restaurant cherche un* **plongeur** : quelqu'un pour laver la vaisselle.

plot nom m. Pièce métallique qui sert à établir un contact électrique.

ploier v. ● *Les branches du pommier* **ploient** *sous le poids des fruits* : elles plient, elles se courbent (→ SYN. fléchir). ★ Conjug. 6.

pluie nom f. **1** ● *La* **pluie** *commence à tomber* : les gouttes d'eau qui tombent du ciel (→ pleuvoir ; pluvial, pluvieux). **2** ● *Les danseurs ont reçu une* **pluie** *de confettis,* un très grand nombre (→ pleuvoir, sens 2).

plume nom f. **1** ● *Les* **plumes** *protègent le corps des oiseaux et leur permettent de voler* (→ plumage, plumeau ; plumer). — (fig. et fam.) Y LAISSER DES PLUMES. ● *L'affaire a mal tourné pour lui ; il* **y a laissé des plumes** : il y a perdu quelque chose (argent, bonne réputation, etc.). — POIDS PLUME. ● *Mon petit frère est un* **poids plume** : il est léger (comme une plume). **2** ● *La* **plume** *de ce stylo est en or,* le petit bec de métal avec lequel on écrit à l'encre.

■ **plumage** nom m. ● *Le* **plumage** *d'un oiseau* : l'ensemble de ses plumes.

■ **plumeau** nom m. ● *Claude enlève la poussière de la bibliothèque avec un* **plumeau**, *un petit balai en plumes.*

■ **plumer** v. **1** ● *Avant de faire cuire ce poulet, il faut le* **plumer**, *lui arracher ses plumes.* **2** (fam.) SE FAIRE PLUMER. ● *Il* **s'est fait plumer** *par un escroc* : il s'est fait tromper et voler.

la plupart nom f. **1** ● *La* **plupart** *des spectateurs ont aimé ce film* : le plus grand nombre, la majeure partie. **2** LA PLUPART DU TEMPS. ● *La* **plupart du temps**, *il est en voyage* : le plus souvent, presque toujours.

pluralité nom f. ● *Il faut respecter la* **pluralité** *des opinions* : diversité, coexistence de plusieurs choses différentes.

pluriel nom m. ● *Beaucoup de noms prennent un «s» au* **pluriel** : la forme qui indique qu'il y a plusieurs personnes ou plusieurs choses (→ CONTR. singulier).

1. plus [ply] ou [plys] selon les cas; adv.
1 • *Luc est **plus** grand que moi.* —
• *Depuis qu'elle est guérie, elle mange
plus, davantage* (→ CONTR. moins). **2** DE
PLUS EN PLUS, loc. adv. • *Je me sens de
plus en plus fatigué : ma fatigue va
en augmentant.* — PLUS OU MOINS, loc. adv.
• *Suivant le temps, la mer est **plus ou
moins** agitée : à un degré variable.* —
NI PLUS NI MOINS. • *Conduire à cette vitesse,
c'est de la folie, **ni plus ni moins** :
c'est vraiment de la folie.* **3** LE PLUS...
• *Sophie a eu **la plus** grosse part du
gâteau* (→ CONTR. le moins). **4** AU PLUS;
TOUT AU PLUS. • *Cette rue a 4 m de large
(tout) au plus, au maximum.* **5** • *Deux
plus trois (2 + 3) égale cinq : deux
additionnés à trois.* — *Le signe
«**plus**» (+).* **6** DE PLUS (suivant un nom
ou un pronom). • *Je pèse 28 kilos et toi
30 : tu as deux kilos **de plus** que moi.*
— RIEN DE PLUS. • *«Voulez-vous un dessert ?» «Non merci, je ne prendrai **rien
de plus**» : rien qui s'ajoute à ce que
j'ai déjà pris.* — RAISON DE PLUS. • *Je dois
me lever tôt demain ; **raison de plus**
pour aller me coucher tout de suite :
c'est une raison qui vient s'ajouter à
celles qui existent déjà.*

2. plus [ply] adv. de négation **1** NE... PLUS.
• *Depuis un mois, il **ne** fume **plus** : il
a arrêté de fumer.* **2** NON PLUS. • *Elle ne
sait pas siffler, moi **non plus** (pour dire
le contraire : elle sait siffler, moi aussi).*

plusieurs adj. indéfini plur. • *Francine a
plusieurs frères : plus d'un, au moins
deux.* □ pronom plur. • *Ces bonbons ?
J'en ai pris **plusieurs**.*

plus-que-parfait nom m. • *Dans «Je lui
avais dit d'acheter le journal», «dire»
est au **plus-que-parfait**,* l'un des
temps composés du passé, formé d'un
auxiliaire à l'imparfait («avais») et du
participe passé («dit»).

plus-value nom f. Augmentation de
valeur. • *Notre maison vaut plus cher
aujourd'hui qu'à son achat : il y a eu
une **plus-value**.*

plutonium [plytɔnjɔm] nom m. Métal
radioactif utilisé pour produire de

l'énergie nucléaire. • *Une bombe au
plutonium est une bombe atomique.*

plutôt adv. **1** • *Cette chaise est bancale, assieds-toi **plutôt** sur celle-là, de
préférence.* — PLUTÔT QUE, loc. conj. • *Elle
devrait travailler, **plutôt que** de rester
sans rien faire : cela vaudrait mieux,
ce serait préférable.* **2** • *Pascal est **plutôt** timide,* assez.

pluvial adj. • *Les eaux **pluviales**,* de
pluie.
■ **pluvieux** adj. • *Une saison **plu-
vieuse**,* où il pleut beaucoup.
■ **pluviomètre** nom m. Appareil qui
permet de mesurer la quantité de pluie
tombée dans un lieu pendant un temps
déterminé.

P. M. U. [peemy] abrév. de **Pari Mutuel
Urbain**. Jeu où l'on parie de l'argent
dans des courses de chevaux.

pneu ou **pneumatique** nom m. **1** • *Mon
vélo a un **pneu** crevé,* l'enveloppe de
caoutchouc qui entoure la roue et la
chambre à air. — • *Cette usine fabrique des **pneumatiques**.* ★ VOIR p. 102.
2 • *En cas d'urgence, envoyez-nous un
pneu (ou un **pneumatique**), une lettre
distribuée très rapidement dans les
grandes villes.* ★ Chercher aussi : télégramme.
■ **pneumatique** adj. **1** • *Les campeurs
dorment sur des matelas **pneumatiques**, sur des matelas gonflés d'air.*
2 • *Un marteau **pneumatique** :* un
instrument qui fonctionne à l'air comprimé et sert à défoncer, à creuser.
★ Chercher aussi : marteau-piqueur.

pneumonie nom f. Maladie des poumons.

poche nom f. **1** • *Pour réchauffer ses
mains, Delphine les a mises dans les
poches de sa veste.* — LIVRE DE POCHE :
livre bon marché et de petite taille,
facile à emporter dans sa poche. —
ARGENT DE POCHE. • *Chaque semaine,
maman me donne un peu d'**argent de
poche**, un peu d'argent pour mes petites dépenses.* **2** • *Il y a deux **poches**
dans mon cartable,* deux compartiments. **3** • *On a découvert une **poche**
de pétrole dans ce terrain,* une cavité

remplie de pétrole. 4 ● *Mon oncle a des* **poches** *sous les yeux,* le dessous des yeux gonflés, la peau détendue (→ pocher, sens 1). — ● *Mon pantalon fait des* **poches** *aux genoux,* des bosses là où le tissu s'est détendu.

■ **pocher** v. 1 ● *Dans la bataille, Bernard s'est fait* **pocher** *un œil :* il a reçu un coup qui lui a fait enfler et noircir le tour de l'œil. □ adj. ● *Il a un œil* **poché**. 2 ● **Pocher** *des œufs,* les faire cuire sans coquille dans de l'eau bouillante salée ou vinaigrée. □ adj. ● *J'aime les œufs* **pochés**.

■ **pochette** nom f. 1 ● *Où est la* **pochette** *de ce disque ?,* l'enveloppe qui le protège. 2 Mouchoir fin qu'on laisse dépasser de la petite poche du veston.

pochoir nom m. ● *Pour dessiner cet avion, Marc s'est servi d'un* **pochoir**, d'une feuille de carton ou de métal dans laquelle est découpé un dessin. — ● *On reproduit le dessin en suivant les bords du* **pochoir** *avec un crayon ou un pinceau.*

podium [pɔdjɔm] nom m. ● *Pour recevoir leurs médailles, les champions montent sur le* **podium**, une sorte d'estrade.

1. poêle [pwal] nom m. Appareil de chauffage au bois, au charbon, au gaz ou au mazout.

2. poêle [pwal] nom f. ● *Sors la* **poêle** *pour faire cuire l'œuf,* un ustensile de cuisine rond et plat, à manche.

■ **poêlon** nom m. Casserole en métal ou en terre, à bords peu élevés.

poésie nom f. 1 Art d'écrire (souvent en vers) en exprimant ses sentiments par le rythme des phrases (→ poète ; poétique, sens 1 ; CONTR. prose). 2 ● *Je connais cette* **poésie** *par cœur,* le texte en vers (→ SYN. poème). 3 ● *Ton dessin est plein de* **poésie**, d'une beauté émouvante (→ poétique, sens 2).

■ **poème** nom m. ● *Ce* **poème** *me plaît beaucoup,* cette poésie.

■ **poète** nom m. ● *Ronsard, Lamartine, Verlaine sont des* **poètes** *célèbres,* des auteurs célèbres qui ont écrit de la poésie.

■ **poétique** adj. 1 ● *L'art* **poétique**, de la poésie. 2 ● *La neige donnait un aspect* **poétique** *au jardin,* beau et un peu irréel.

poids nom m. 1 ● *Quel est le* **poids** *de ce colis ?,* le nombre de kilos, de grammes, etc., qu'il pèse. — POIDS BRUT : poids d'une marchandise et de son emballage. — POIDS NET : poids d'une marchandise sans son emballage. — POIDS MORT : personne ou chose qui est non seulement inutile mais encombrante. 2 ● *Pour que la balance soit en équilibre,* rajoute un **poids** *de 100 grammes sur le plateau,* un objet en métal qui sert à peser. — FAIRE DEUX POIDS, DEUX MESURES. ● *Tu es plus sévère avec moi qu'avec lui :* tu **fais deux poids, deux mesures** : tu ne nous traites pas de la même façon, tu es injuste. 3 ● *L'athlète a lancé le* **poids** *très loin,* une boule métallique utilisée en athlétisme. 4 ● *M. Chevalier est accablé sous le* **poids** *des soucis,* sous cette charge pénible. 5 ● *Cet argument a du* **poids**, de l'importance, de la force. — FAIRE LE POIDS. ● *On n'aurait pas dû le nommer à ce poste,* il ne **fait pas le poids** : il n'a pas les qualités nécessaires, il n'est pas assez compétent. ★ Ne pas oublier le « s » de **poids** ; ne pas confondre *poids, pois, poix* et *pouah* !

poids lourd nom m. Gros camion ; véhicule pesant en charge plus de 3,5 tonnes. ● *Des* **poids lourds**.

poignant adj. ● *La fin de ce film est* **poignante**, très triste et émouvante.

poignard nom m. Couteau utilisé comme arme.

■ **poignarder** v. ● *L'assassin l'a* **poignardé** *dans le dos :* il l'a blessé ou tué à coups de poignard.

poigne nom f. 1 ● *Je n'arrive pas à dévisser ce bouchon, je n'ai pas assez de* **poigne**, de force dans la main (→ poignet). 2 (fig.) ● *Ce chef a de la* **poigne**, de l'autorité.

poignée nom f. 1 ● *La* **poignée** *d'une porte, d'un cartable,* la partie de ces objets que l'on prend avec la main.

2 POIGNÉE DE MAIN. ● *Le voisin m'a donné une **poignée de main** :* il m'a serré la main pour me saluer. **3** ● *Thierry lance une **poignée** de graines aux oiseaux,* la quantité que l'on peut prendre avec une main. **4** ● *À la dernière station, il ne restait qu'une **poignée** de voyageurs dans le train,* un petit nombre.

poignet nom m. **1** ● *Caroline a un bracelet au **poignet**,* l'articulation qui réunit la main et l'avant-bras. ★ VOIR p. 547. **2** ● *Ce corsage a le col et les **poignets** ornés de dentelle,* les extrémités des manches.

poil nom m. **1** ● *La barbe et les sourcils sont formés de **poils**.* — ● *Le **poil** des lapins est très doux* (→ pelage, fourrure). — ● *Une moquette à **poil** long.* **2** (fam.) REPRENDRE DU POIL DE LA BÊTE : retrouver la santé après une maladie, ou reprendre courage après un chagrin, une déception. — (fam.) ÊTRE DE BON, DE MAUVAIS POIL : être de bonne, de mauvaise humeur. — (fam.) À POIL : tout nu. — (très fam.) AU POIL. ● *Cette voiture est vraiment **au poil**,* très bien. ★ Ne pas confondre *poil* et *poêle* [pwal].
  ■ **poilu** adj. ● *Un homme **poilu**,* qui a beaucoup de poils (→ SYN. velu).

poinçon nom m. Instrument de métal pointu qui sert à graver ou à faire des trous.
  ■ **poinçonner** v. ● *Le contrôleur **poinçonne** les billets des voyageurs :* il y fait des trous avec une pince spéciale.

poindre v. (littér.) ● *Le jour **point** :* il commence tout juste à paraître, c'est l'aube. ★ Conjug. 35.

poing nom m. ● *Éric s'est mis en colère et il a tapé du **poing** sur la table,* avec la main fermée. — COUP DE POING. ● *Les boxeurs se battent à **coups de poing**,* en frappant avec leurs poings. — DORMIR À POINGS FERMÉS : dormir très profondément.

1. point nom m. **1** ● *Quand tu écris, tu termines les phrases par un **point**,* un petit signe de ponctuation (→ pointer, pointillé). — POINT-VIRGULE : signe de ponctuation (;). — (fig.) METTRE UN POINT FINAL À QUELQUE CHOSE : la terminer. **2** ● *Cet avion s'éloigne, ce n'est plus qu'un **point** dans le ciel,* ce que l'on peut voir de plus petit. **3** ● *Sophie a gagné, elle a deux **points** de plus que moi.* — ● *Cette équipe a marqué un **point**.* ★ Chercher aussi : but. **4** ● *Ces deux lignes droites se croisent au **point** A,* à cet endroit précis. — POINT D'APPUI. ● *Ton échelle va glisser, cherche un autre **point d'appui**,* un autre endroit pour l'appuyer. — POINT CHAUD : un endroit où l'on se bat à la guerre. — POINT D'EAU. ● *Les explorateurs cherchent un **point d'eau** dans le désert,* un endroit où l'on trouve de l'eau. **5** POINT FAIBLE. ● *Cette moto a de mauvais freins; c'est son **point faible**,* son défaut, sa faiblesse. **6** FAIRE LE POINT. ● *Tous les jours, les navigateurs **font le point** :* ils calculent l'endroit précis où ils se trouvent. — (fig.) ● *Les membres du club se sont réunis pour **faire le point**,* pour examiner la situation. **7** POINT MORT. ● *Cette voiture est au **point mort** :* son levier de vitesse est dans la position où le moteur n'entraîne plus les roues. — (fig.) ● *Son projet est au **point mort** :* il n'avance pas. **8** AU MÊME POINT. ● *Dans cette rue, les travaux en sont toujours **au même point**,* dans le même état, ils n'ont pas avancé. **9** SUR LE POINT DE, loc. prép. ● *L'eau est **sur le point de** bouillir,* au moment précis où elle va bouillir. **10** À POINT, loc. adv. ● *Ce poulet est cuit **à point**,* juste comme il faut. — ARRIVER À POINT : arriver juste au bon moment. **11** AU POINT, loc. adv. ● *Ce nouvel avion est **au point**,* prêt à bien marcher. — METTRE AU POINT. ● *Si tu veux une photo nette, **mets** ton appareil **au point** :* règle-le convenablement. **12** AU POINT DE, loc. prép. ● *Yves s'est fâché **au point de** taper sur la table,* tellement fort, à un tel degré, qu'il a tapé sur la table. **13** EN TOUT POINT, loc. adv. ● *Ils se ressemblent **en tout point**,* complètement, entièrement.

2. point nom m. **1** ● *Pour réparer son ourlet décousu, Dominique fait quelques **points**,* quelques piqûres avec du fil et une aiguille. **2** ● *J'ai appris un nouveau **point** de tricot,* une nouvelle manière de faire les mailles.

3. point adv. (littér.) Se disait autrefois à la place de la négation *pas*. ● *Je n'en veux point* : je n'en veux pas.

point de vue nom m. **1** ● *Denis est monté jusqu'au point de vue, l'endroit d'où l'on voit un beau paysage.* **2** ● *Ils ont des points de vue différents sur la question*, des avis, des opinions. ★ Attention : pas de trait d'union à *point de vue*.

pointe nom f. **1** ● *J'ai cassé la pointe de mon aiguille*, le bout aigu, qui pique (→ pointu). **2** ● *Pour clouer cette caisse, Michel prend des pointes*, des clous. **3** ● *Aude marche sans bruit, sur la pointe des pieds*, sur le bout des pieds. — FAIRE DES POINTES. ● *La danseuse fait des pointes* : elle danse sur le bout de ses doigts de pieds tendus. **4** ● *Nous irons jusqu'à cette pointe rocheuse*, ces rochers qui avancent dans la mer (→ SYN. cap). **5** ● *Cette usine est à la pointe du progrès*, à l'avant-garde du progrès, en avance sur les autres. — DE POINTE. ● *L'exploration de l'espace et l'électronique sont des techniques de pointe*, qui sont à la pointe du progrès. **6** ● *Connais-tu la vitesse de pointe de cette voiture ?*, sa vitesse maximum. — HEURE DE POINTE. ● *On se bouscule dans les magasins aux heures de pointe*, aux heures où il y a le plus de personnes.
■ **pointu** adj. **1** ● *Un couteau pointu*, qui se termine en forme de pointe. **2** ● *Il parle d'une voix pointue*, aiguë.

pointer v. **1** ● *Les livres que j'ai déjà lus, je vais les pointer sur la liste*, faire une marque en face de chaque titre (→ pointage). **2** ● *Dans cette usine, les ouvriers pointent* : leurs heures d'entrée et de sortie sont contrôlées. **3** ● *L'Indien a pointé sa flèche vers Big Jim* : il l'a dirigée vers lui.
■ **pointage** nom m. ● *On n'a oublié personne dans le zoo ? La monitrice va faire un pointage sur sa liste*, un contrôle en pointant les noms.

pointillé adj. ● *Écrivez votre nom sur la ligne pointillée*, faite de petits points qui se suivent. □ nom m. ● *Détachez le couvercle en suivant le pointillé.*

pointilleux adj. ● *Nettoyons bien la cuisine, ma tante est très pointilleuse sur la propreté*, très exigeante et minutieuse (→ SYN. (fam.) tatillon).

pointu → pointe.

pointure nom f. ● *Ces chaussures sont trop petites, essaie une autre pointure*, une autre taille (pour les chaussures, les gants, les chapeaux).

point-virgule → 1. point.

poire nom f. **1** ● *Veux-tu une poire ?*, un fruit à pépins. **2** (très fam.) ● *Il croit tout ce qu'on lui raconte, quelle poire !*, quel sot, quel naïf.
■ **poirier** nom m. **1** ● *Notre poirier est en fleur*, l'arbre qui donne les poires. **2** ● *En gymnastique, nous avons appris à faire le poirier*, à tenir en équilibre sur la tête et les mains avec les pieds en l'air.

poireau nom m. **1** ● *Pour faire la soupe, il nous manque des poireaux*, des légumes allongés à feuilles vertes et à pied blanc. **2** (fam.) RESTER PLANTÉ COMME UN POIREAU; FAIRE LE POIREAU : attendre.
■ **poireauter** v. (fam.) ● *Hélène m'a fait poireauter une demi-heure* : elle m'a fait attendre.

pois nom m. **1** PETITS POIS. ● *Stéphane ouvre une boîte de petits pois*, des légumes à grains ronds et verts. — POIS CHICHE : gros pois, rond et jaune. **2** POIS DE SENTEUR. ● *Laure m'a offert un bouquet de pois de senteur*, des fleurs roses, bleues ou blanches qui sentent très bon. **3** ● *Pour sa robe, elle a choisi un tissu à pois*, orné de petits ronds de couleur. ★ Ne pas confondre *pois*, *poids*, *poix* et *pouah !*.

poison nom m. **1** ● *Ne mange surtout pas ces petits fruits rouges, c'est du poison*, une substance dangereuse pour la santé (→ empoisonner). **2** (fam.) ● *Il a encore caché mon cartable, ce poison !*, cette personne ennuyeuse, insupportable.

poisse nom f. (fam.) ● *Éric a raté son train, quelle poisse !*, quelle malchance (→ SYN. (fam.) déveine).

poisser v. ● *Ces bonbons fondus* **ont** **poissé** *le fond de ta poche : ils l'ont rendu gras, collant* (→ poix).
■ **poisseux** adj. ● *Je vais me laver les mains, elles sont* **poisseuses**, *collantes.*

poisson nom m. **1** ● *À la fête de l'école, Marc a gagné un* **poisson**, *un animal à nageoires qui ne vit que dans l'eau.* **2** POISSON D'AVRIL. ● *Non, l'école n'a pas brûlé, c'était un* **poisson d'avril**, *une farce que l'on fait le 1ᵉʳ avril (certains accrochent des poissons en papier dans le dos des gens).* **3** QUEUE DE POISSON. ● *Cet automobiliste est dangereux, il fait des* **queues de poisson** *: il se rabat trop brusquement après avoir doublé.*
■ **poissonnerie** nom f. ● *J'ai acheté des truites à la* **poissonnerie**, *le magasin où l'on vend du poisson.*
■ **poissonneux** adj. ● *Ce pêcheur s'est installé au bord d'un étang* **poissonneux**, *où vivent beaucoup de poissons.*
■ **poissonnier** nom ● *La* **poissonnière** *découpe deux tranches de colin, la marchande de poisson.*

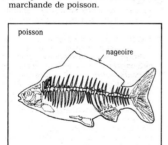

poisson

nageoire

poitrail nom m. ● *Ce cheval a une tache blanche sur le* **poitrail**, *sur le devant du corps, entre le cou et les pattes.*

poitrine nom f. **1** ● *Mon cœur bat dans ma* **poitrine**, *le haut de mon corps, entre les épaules et la taille* (→ SYN. buste, thorax). **2** ● *Lucie commence à avoir de la* **poitrine**, *des seins.*

poivre nom m. ● *Bruno a salé la viande, mais il a oublié le* **poivre**, *une épice au goût piquant.* — ● *Du* **poivre** *moulu ; du* **poivre** *en grains.*
■ **poivrer** v. ● *Elle* **a poivré** *la sauce : elle y a mis du poivre.*
■ **poivrier** nom m. Arbrisseau qui donne le poivre.
■ **poivrière** nom f. ● *Sur la table, il manque encore la salière et la* **poivrière**, *le petit récipient où l'on met le poivre.*

poivron nom m. ● *Dans cette salade, j'ai mis des tomates et des* **poivrons**, *des piments doux verts ou rouges.*

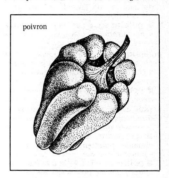

poivron

poix nom f. ● *Avec la résine des pins et des sapins, on fabrique de la* **poix**, *une substance collante* (→ poisseux). — ● *Le château fort est attaqué ! Les soldats déversent de la* **poix** *bouillante du haut des remparts sur les ennemis.* ★ Ne pas confondre *poix, poids, pois* et *pouah !*

poker [pɔkɛr] nom m. ● *Son oncle a perdu beaucoup d'argent en jouant au* **poker**, *un jeu de cartes.*

polariser v. **1** ● *Ils regardent tous le clown qui* **polarise** *leur attention, qui l'attire vers lui* (→ pôle, sens 4). **2** (fam.) ● *Denis* **est** *polarisé par son travail : il est obsédé, il ne pense à rien d'autre.*

polder [pɔldɛr] nom m. Terrain cultivé, gagné sur la mer, situé en dessous du niveau des eaux et protégé par une digue.

pôle nom m. **1** ● *La Terre tourne autour d'un axe qui passe par les deux **pôles***, les deux points de la Terre qui sont le plus au nord et le plus au sud (→ polaire). **2** ● *Les Esquimaux vivent au **pôle** Nord*, dans la région qui entoure ce pôle. **3** ● *Un aimant attire les épingles : elles viennent se coller entre ses deux **pôles***, ses deux extrémités. **4** PÔLE D'ATTRACTION. ● *Ce manège est un **pôle d'attraction** pour les enfants du quartier*, un endroit qui les attire (→ polariser).
■ **polaire** adj. ● *Les régions **polaires** sont couvertes de glace*, les régions des pôles.

polémique nom f. ● *Ces deux savants ne sont pas d'accord; une **polémique** a éclaté entre eux*, une discussion très vive, une dispute par écrit.
■ **polémiquer** v. ● *Inutile de **polémiquer***, faire de la polémique.

1. poli adj. ● *Alain n'oublie jamais de dire bonjour, car il est **poli***, bien élevé (→ CONTR. grossier, impoli).
■ **poliment** adv. ● *Delphine m'a remercié **poliment***, comme une personne bien élevée.
■ **politesse** nom f. ● *On a félicité Grégoire pour sa **politesse**, ses bonnes manières, sa bonne éducation* (→ CONTR. impolitesse). ★ Chercher aussi : courtoisie.

2. poli adj. ● *Ce cendrier est en métal **poli**, rendu lisse et brillant* (→ CONTR. dépoli, rugueux).
■ **polir** v. ● *Patrick a mis du cirage sur ses chaussures, il lui reste à les **polir***. ★ Conjug. 11.

police nom f. **1** ● *Quand on a cambriolé sa maison, M. Morin a prévenu la **police**, ceux qui sont chargés de protéger les gens, de faire respecter la loi*. — *Un agent de **police*** (→ policier). **2** ● *Pour assurer sa voiture, papa a signé une **police** d'assurance*, un contrat d'assurance.

■ **policier** nom m. et adj. **A.** nom m. ● *Les **policiers** recherchent le criminel*, les personnes qui font partie de la police. **B.** adj. **1** ● *Ce soir, la première chaîne passe un film **policier***, qui raconte une histoire où la police recherche des bandits. **2** ● *Ce berger allemand est un chien **policier***, dressé pour aider la police.

polichinelle nom m. **1** ● *Cette marionnette bossue qui amuse les enfants est un **polichinelle***, un personnage de guignol. **2** ● *Quel homme peu sérieux, c'est un vrai **polichinelle***, une personne ridicule. **3** SECRET DE POLICHINELLE. ● *Il m'a confié qu'il était amoureux de Martine et m'a fait jurer de ne pas le répéter, mais c'est le **secret de Polichinelle**!*, une chose que tout le monde sait déjà.

poliomyélite [pɔljɔmjelit] ou **polio** nom f. ● *Le médecin a vacciné Carole contre la **poliomyélite***, une maladie très grave qui peut provoquer la paralysie.

polisson nom ● *Vous avez tout mis en désordre, petits **polissons**!*, enfants désobéissants et farceurs (→ SYN. fripon, galopin).

politique nom f. **1** ● *Avant les élections, tous les partis doivent expliquer leur **politique***, leurs idées sur la manière de gouverner. □ adj. ● *As-tu écouté ce discours **politique**?* **2** ● *Mes parents discutent souvent de **politique***, de la façon de gouverner les pays.
■ **politicien** nom (souvent péjor.) ● *Sur le problème du chômage, les **politiciens** ne sont pas d'accord*, ceux qui s'occupent de politique dans le gouvernement ou dans l'opposition (→ SYN. homme* politique).

polka nom f. ● *À son cours de danse, Pauline a appris la **polka***, une ancienne danse polonaise très vive.

pollen [pɔlɛn] nom m. ● *Les insectes et le vent aident les plantes à se reproduire en transportant le **pollen** d'une fleur à l'autre*, une poudre fine et colorée qui se forme sur les étamines de la fleur et qui est nécessaire à la formation du fruit. ★ VOIR p. 392.

polluer v. ● *En versant des déchets dans la rivière, cette usine **pollue** l'eau : elle la rend sale et dangereuse pour la santé.*
■ **pollueur** nom m. ● *On devrait obliger tous les **pollueurs** à réparer les dégâts qu'ils causent, ceux qui salissent l'eau, l'air, la nature.*
■ **pollution** nom f. ● *Sur cette plage couverte de mazout, les oiseaux et les poissons meurent à cause de la **pollution**.*

1. polo nom m. ● *Bernard a mis son **polo**, sa chemise à col ouvert en tricot.*

2. polo nom m. ● *Sur leur cheval, les joueurs des équipes de **polo** poussent une balle avec de longs maillets, un sport d'équipe.*

polochon nom m. (fam.) ● *Pour dormir, je n'ai pas besoin d'un oreiller puisque j'ai un **polochon**, un traversin.*

poltron nom m. ● *Il a peur du noir, quel **poltron** !, quel peureux.*

poly Préfixe qui signifie «plusieurs», «nombreux». ● *Un **polygone** :* une figure qui a plusieurs côtés.

polyamide nom m. ● *Tes chaussettes de nylon sont en **polyamide**, une matière plastique.*

polychrome adj. De plusieurs couleurs.
● *Un coffre à jouets **polychrome**.*

polyclinique nom f. ● *Claude s'est fait radiographier dans une **polyclinique**, une clinique où l'on donne toutes sortes de soins (pour les opérations, les maladies, les accouchements, etc.).*

polycopier v. ● *Pour nous donner un texte à chacun, la maîtresse a **polycopié** cette récitation : elle en a fait plusieurs copies avec une machine.* ★ Conjug. 10.
■ **polycopie** nom f. ● *Nous aurions perdu beaucoup de temps pour tout recopier, si la **polycopie** n'existait pas, les procédés pour faire des copies à la machine.* ★ Chercher aussi : photocopie.

polyculture nom f. ● *Dans notre région, les paysans pratiquent la **polyculture** :* sur chaque ferme sont cultivés en même temps plusieurs produits différents (→ CONTR. monoculture).

polyèdre nom m. ● *Ce cube de bois est un **polyèdre**, un objet qui a plusieurs faces plates.* ★ VOIR p. 424.

polyester nom m. ● *Ta chemise de Tergal est en **polyester**, une matière plastique.*

polygame adj. et nom Qui est marié(e) avec plusieurs personnes. ★ Chercher aussi : bigame.
■ **polygamie** nom f. Fait d'être marié(e) avec plusieurs personnes. ● *La **polygamie** est admise dans certains pays.*

polyglotte adj. ● *Pendant notre voyage organisé, nous avons eu un guide **polyglotte**, qui parlait plusieurs langues.*

polygone nom m. ● *Le triangle, le carré et le rectangle sont des **polygones**, des figures géométriques qui ont plusieurs côtés.* ★ VOIR p. 424.

polystyrène nom m. ● *Cette glace à la vanille est dans un emballage en **polystyrène**, une matière plastique légère et isolante.*

polytechnicien nom ● *Si tu es très bon en mathématiques, plus tard tu seras peut-être **polytechnicien**, élève de l'École polytechnique, une grande école d'ingénieurs.*

polythéisme nom m. Religion qui reconnaît plusieurs dieux.
■ **polythéiste** adj. ● *Les Grecs de l'Antiquité étaient **polythéistes**.*

polyvalent adj. ● *Ce vaccin te protège contre plusieurs maladies ; il est **polyvalent** :* il sert à plusieurs choses différentes.

pommade nom f. ● *Une guêpe m'a piqué, mets-moi vite de la **pommade**, de la crème qui contient un médicament.* ★ Chercher aussi : onguent.

pomme nom f. **1** ● *Élise croque dans une **pomme**, un fruit rond à pépins.* **2** ● *Dans la forêt, nous ramasserons des **pommes** de pin, les fruits du pin.* **3** ● *Quand il parle, on voit bouger sa **pomme** d'Adam, une petite bosse* qu'ont les hommes sur le devant du cou. **4** ● *L'eau coule par la* **pomme** *de l'arrosoir*, le bout arrondi percé de petits trous. **5** (fam.) TOMBER DANS LES POMMES : s'évanouir.

■ **pommier** nom m. ● *Notre* **pommier** *est couvert de fruits*, l'arbre qui donne des pommes.

pommeau nom m. **1** ● *Quand tu tiens la poignée d'une épée, le* **pommeau** *protège ta main*, la partie arrondie entre la lame et la poignée. **2** ● *Pour ne pas tomber de cheval, Rémi s'accroche au* **pommeau** *de la selle*, à la partie qui se relève devant le cavalier.

pomme de terre nom f. Légume qui pousse sous la terre. ● *Comment préfères-tu les* **pommes de terre** ? *frites, sautées ou en purée ?* (→ SYN. (fam.) patate).

pommelé adj. ● *Un cheval* **pommelé**, couvert de petites taches rondes et claires.

pommette nom. ● *Charlotte s'est mis du rose sur les* **pommettes**, sur le haut des joues.

1. pompe nom f. **1** ● *Nous n'avons presque plus d'essence, arrêtons-nous à la* **pompe** (à essence), l'appareil qui aspire un liquide (ou de l'air) pour l'envoyer où l'on veut. — ● *Une* **pompe** *à vélo.* — ● *Une* **pompe** *à incendie.* **2** (fam.) COUP DE POMPE. ● *Après la course, Alain a eu un* **coup de pompe** : il s'est senti brusquement très fatigué.

■ **pomper** v. ● *Quand la cave a été inondée, il a fallu* **pomper** *l'eau*, l'aspirer avec une pompe.

■ **pompiste** nom ● *Dans cette station-service, les* **pompistes** *sont aimables*, ceux qui font marcher les pompes à essence.

2. pompe nom f. **1** EN GRANDE POMPE. ● *Le roi a été couronné* **en grande pompe**, avec beaucoup de luxe et de cérémonie. **2** (au plur.) LES POMPES FUNÈBRES : l'organisation qui s'occupe des enterrements. ★ Chercher aussi : croque-mort.

■ **pompeux** adj. ● *Pour parler, il prend toujours un ton* **pompeux**, solennel et un peu ridicule.

pompier nom m. ● *La maison brûle, appelez vite les* **pompiers**, ceux qui luttent contre les incendies et qui sont équipés pour aider les gens en cas d'accident.

pompon nom m. ● *Le bonnet de Lucille est orné d'un* **pompon**, une petite boule en fil de laine.

se pomponner v. pron. ● *Agathe est coquette, elle passe des heures à se* **pomponner**, à se faire belle (→ SYN. se bichonner).

poncer v. ● *Didier* **ponce** *une planche avec du papier de verre* : il la frotte pour la nettoyer, pour la rendre lisse. ★ Conjug. 4.

■ **ponceuse** nom f. ● *Avant de peindre, passe la* **ponceuse**, la machine à poncer.

■ **ponce** adj. PIERRE PONCE. ● *Pour enlever l'encre qu'il a sur la main, Hervé se frotte avec une* **pierre ponce**, une pierre rugueuse et légère, qui sert à nettoyer.

poncho [pɔ̃tʃo] nom m. ● *En Amérique du Sud, les paysans portent souvent des* **ponchos**, des vêtements faits d'un grand carré de tissu, avec un trou pour passer la tête.

ponction nom f. **1** ● *Pour soulager ce malade, le médecin lui a fait une* **ponction**, une piqûre pour retirer du liquide de son corps. **2** ● *30 francs, ce sera une grosse* **ponction** *sur mes économies*, une grosse somme d'argent retirée de mes économies.

ponctualité nom f. ● *Christian arrive toujours à l'heure ; j'apprécie sa* **ponctualité**, son exactitude.

■ **ponctuel** adj. ● *Claire ne sera pas en retard, elle est très* **ponctuelle**, exacte à ses rendez-vous.

■ **ponctuellement** adv. ● *Tous les matins, le facteur passe à 10 heures* **ponctuellement**, exactement.

ponctuation nom f. ● *On aura du mal à comprendre ce que tu écris, si tu oublies les signes de* **ponctuation**, les points, les virgules, les guillemets, etc.

■ **ponctuer** v. ● *Corinne a bien* **ponctué** *sa dictée* : elle a bien mis les signes de ponctuation.

pondération nom f. ● *Ses amis lui font confiance, ils connaissent sa **pondération**, son calme, son équilibre.*
■ **pondéré** adj. ● *Cyril est un garçon **pondéré**, raisonnable, calme et équilibré* (→ CONTR. déséquilibré, impulsif).

pondre v. ● *L'oiseau **pond** dans son nid, le poisson **pond** dans l'eau : ils y déposent leurs œufs.* ★ Chercher aussi : ovipare. ★ Conjug. 31.
■ **pondeuse** nom f. ● *Cette poule blanche est notre meilleure **pondeuse**, un animal qui pond beaucoup d'œufs.*
■ **ponte** nom f. ● *Après la **ponte**, l'hirondelle couve ses œufs, après avoir pondu.*

poney [pɔnɛ] nom m. ● *Gilles fait une promenade sur le dos d'un **poney**, une sorte de cheval de petite taille.*

pont nom m. 1 ● *Pour traverser le fleuve, les voitures passent sur ce **pont**, une construction qui permet de franchir un cours d'eau, une route, une voie ferrée, etc.* 2 ● *Pour admirer le paysage, nous serons mieux sur le **pont** du bateau, sur le plancher qui couvre la coque. — Ce gros cargo a plusieurs **ponts**, plusieurs niveaux, plusieurs étages au-dessus de la coque* (→ entrepont). 3 ● *Le garagiste a fait monter la camionnette sur le **pont**, un appareil qui soulève les voitures pour que l'on puisse travailler dessous.* 4 ● *Fatima se renverse en arrière jusqu'à ce que ses mains touchent le sol : elle fait le **pont**, une acrobatie.* 5 PONT AÉRIEN. ● *Des hélicoptères vont et viennent sans arrêt entre l'île et la terre : ils font un **pont aérien**, une communication régulière entre deux endroits éloignés ou difficiles d'accès.* 6 FAIRE LE PONT. ● *Puisque Noël tombe un jeudi, papa va **faire le pont**, avoir un jour de congé en plus, entre deux jours fériés.*
■ **pont-levis** [pɔ̃lvi] nom m. ● *Les visiteurs pourront entrer dans ce château fort si les soldats baissent le **pont-levis**, un pont qui se relève ou qui s'abaisse au-dessus d'un fossé.*
■ **ponton** nom m. ● *En attendant l'arri-*

vée du bateau, Marc est monté sur le **ponton**, une plate-forme qui flotte sur l'eau.*
■ **pontonnier** nom m. ● *Il faut que l'armée passe sur l'autre rive, faites venir les **pontonniers**, les soldats chargés de construire les ponts militaires.*

pontife nom m. ● *Le pape s'appelle aussi le souverain **pontife**, celui qui fait le lien entre Dieu et les hommes.*
■ **pontificat** nom m. ● *Le pape a beaucoup voyagé depuis le début de son **pontificat**, depuis qu'il est pape.*

pop [pɔp] adj. ● *Olivier a trois disques de musique **pop**, une musique moderne très rythmée.*

pop-corn [pɔpkɔrn] nom m. ● *Venez, nous allons partager ce paquet de **pop-corn**, des grains de maïs éclatés.*

pope nom m. ● *À cette réunion, j'ai vu un prêtre (catholique), un pasteur (protestant) et un **pope**, un prêtre de l'Église orthodoxe.*

popeline nom f. ● *La chemise de Guy est en **popeline**, un tissu fin et serré.*

popote nom f. (fam.) 1 ● *Aujourd'hui, Frédéric est chargé de faire la **popote**, la cuisine.* 2 ● *Les officiers mangent à la **popote**, leur cantine.*

populaire adj. 1 ● *Un vrai gouvernement démocratique doit respecter la volonté **populaire**, du peuple tout entier.* 2 ● *Cet acteur est très **populaire**, connu et aimé par beaucoup de gens* (→ populariser, popularité; CONTR. impopulaire). 3 ● *Elle habite dans un quartier **populaire**, un quartier habité par des gens du peuple* (→ CONTR. bourgeois, chic).
■ **populariser** v. ● *La télévision a **popularisé** cette pièce de théâtre : elle l'a fait connaître à beaucoup de gens.*
■ **popularité** nom f. ● *Quand ce chanteur est entré, la foule l'a applaudi; sa **popularité** est grande : il est très connu, très aimé du public.*
■ **population** nom f. ● *La **population** de ce pays parle anglais, l'ensemble de ses habitants.*
■ **populeux** adj. ● *Il est souvent peu*

agréable d'habiter dans un quartier **populeux**, où il y a beaucoup de gens. ★ Chercher aussi : peuple.

porc [pɔr] nom m. **1** ● *Ce fermier élève des porcs, des cochons.* **2** ● *Ce saucisson est fait avec du porc, de la viande de porc.* **3** ● *Alice a un beau sac en porc, en cuir de porc.* ★ Ne pas confondre *porc, pore et port.*

■ **porcelet** nom m. ● *La grosse truie a eu huit porcelets*, huit petits cochons.

■ **porcherie** nom f. ● *Le soir, tous les cochons rentrent dans la porcherie*, le bâtiment où ils vivent.

■ **porcin** adj. ● *Les sangliers appartiennent à la race porcine*, la race des porcs.

porcelaine nom f. ● *Pour nos invités, nous allons sortir les belles assiettes en porcelaine*, une matière fine, blanche et fragile. ★ Chercher aussi : faïence.

porc-épic [pɔrkepik] nom m. ● *Quand il a peur, le porc-épic hérisse ses longs piquants*, un animal sauvage plus gros que le hérisson. — ● *Des porcs-épics.*

porc-épic

porche nom m. ● *Pour entrer dans cette église, il faut passer sous le porche*, la partie couverte qui s'avance au-dessus de la porte d'entrée.

pore nom m. ● *Michel a trop chaud, la transpiration coule par tous ses pores*, les tout petits trous de la peau. ★ Ne pas confondre : *pore, porc et port.*

■ **poreux** adj. ● *Ce vase en terre cuite est poreux* : il laisse passer l'eau par des trous minuscules (→ CONTR. étanche, imperméable).

■ **porosité** nom f. Caractère de ce qui est poreux.

pornographique ou (fam.) **porno** adj. ● *Ce cinéma passe un film pornographique*, qui montre des choses indécentes, obscènes.

porphyre nom m. Pierre volcanique rouge foncé.

1. port nom m. **1** ● *Les passagers vont bientôt débarquer, le bateau entre dans le port*, l'endroit aménagé pour recevoir les navires (→ portuaire). — ● *Le Havre est un port*, une ville avec un port. **2** (fig.) ARRIVER À BON PORT : arriver au bon endroit en bon état.

2. port nom m. **1** ● *Ils enverront ta commande par la poste si tu paies cinq francs pour le port*, pour le prix du transport (→ porter, sens 3). **2** ● *Dans ce restaurant, le port de la cravate est obligatoire* : il est obligatoire d'en porter une (→ porter, sens 4).

portable adj. **1** ● *Dans leur caravane, ils ont un téléviseur portable*, que l'on peut transporter facilement (→ porter, sens 3 ; SYN. portatif). **2** ● *Cette robe n'est pas neuve, mais elle est encore portable* : on peut encore la mettre (→ porter, sens 4).

portail nom m. ● *Le camion de livraison arrive, allons ouvrir le portail du jardin*, la grande porte.

portant adj. **1** BIEN, MAL PORTANT. ● *Son grand-père est bien portant* : il est en bonne santé (→ se porter). **2** À BOUT PORTANT. ● *Il a été blessé d'un coup de revolver tiré à bout portant*, tiré de très près.

portatif adj. ● *Marc se promène partout avec sa radio portative*, construite pour être transportée facilement (→ porter, sens 3 ; SYN. portable).

porte nom f. **1** ● *Je voudrais entrer, ouvrez-moi la porte !* (→ portail, portier, portière, portillon). — METTRE QUELQU'UN À LA PORTE : le chasser, le renvoyer. — (fig.) FRAPPER À LA BONNE PORTE : s'adresser au bon endroit, à la personne qui peut vous aider. — (fig.) TROUVER PORTE CLOSE. ● *Luc voulait leur demander un service, mais il **a trouvé porte close** : il n'a trouvé personne pour le recevoir, pour l'écouter.* **2** ● *En roulant sur le boulevard périphérique, tu peux voir les noms de toutes les **portes** de Paris, les endroits par où l'on peut entrer dans une ville.* **3** ● *Pour faire du slalom, cette skieuse passe par des **portes**, des espaces entre deux piquets.*

porte-à-faux nom m. invar. ● *Ce mur risque de s'écrouler, il est en **porte-à-faux** : il n'est pas d'aplomb.*

porte-à-porte nom m. ● *Pour vendre ces billets de loterie, je vais faire du **porte-à-porte**, frapper à toutes les portes des appartements, des maisons, pour les proposer.*

porte-avions nom m. invar. ● *Cela doit être difficile d'atterrir et de décoller sur un **porte-avions**, un grand bateau de guerre qui transporte des avions et sert d'aéroport.*

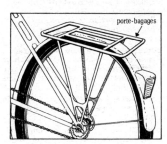

porte-bagages

porte-bagages nom m. invar. ● *Il attache son cartable sur le **porte-bagages** de son vélo, le support pour les bagages.* — ● *Des **porte-bagages**.* ★ VOIR p. 102.

porte-bonheur nom m. invar. ● *Claude pense que les trèfles à quatre feuilles sont des **porte-bonheur**, des objets qui attirent la chance (→ porter, sens 7 ; SYN. fétiche).*

porte-cartes nom m. invar. ● *Gilles range sa carte d'identité et son permis de conduire dans son **porte-cartes**, un étui à poches transparentes pour ranger les papiers.* — ● *Des **porte-cartes**.*

porte-clés nom m. invar. ● *Pour être sûre de ne pas perdre ses clés, Brigitte les attache à un **porte-clés**, un anneau pour les attacher.* — ● *Des **porte-clés**.*

porte-documents nom m. invar. ● *Papa transporte des papiers importants dans son **porte-documents**, une serviette très plate.* — ● *Des **porte-documents**.*

portée nom f. **1** ● *Six chiots ! Ta chienne a eu une belle **portée**, l'ensemble des petits nés en une seule fois (→ porter, sens 6).* **2** ● *La carabine de François a une **portée** de 150 mètres : elle peut tirer jusqu'à 150 mètres (→ porter, sens 9).* **3** ● *Elle raconte n'importe quoi, elle ne connaît pas la **portée** de ses paroles, l'effet qu'elles peuvent produire.* **4** À LA PORTÉE DE QUELQU'UN. ● *Ne laisse pas les allumettes **à la portée de** bébé, à un endroit où il peut les prendre facilement.* — (fig.) ● *Cet exercice est **à ma portée** : je suis capable de le faire.* **5** ● *Les notes de musique s'écrivent sur une **portée**, un groupe de cinq lignes parallèles.*

porte-fenêtre nom f. ● *Ils sont sortis sur la terrasse par les **portes-fenêtres**, de grandes fenêtres qui descendent jusqu'au sol et servent aussi de portes.*

portefeuille nom m. ● *Ne laisse pas traîner ce billet, range-le dans ton **portefeuille**, un étui à poches où l'on met les billets de banque, les papiers.*

portemanteau nom m. ● *Avant d'entrer dans la classe, Éric accroche son blouson au **portemanteau**, un crochet où l'on suspend les vêtements (→ porter, sens 1).*

porte-monnaie nom m. invar. ● *Je n'ai que deux francs dans mon **porte-monnaie**, une petite bourse où l'on met l'argent, les pièces.* — ● *Des **porte-monnaie**.*

porte-parole nom m. invar. ● *C'est Denis et Francis qui demandent la permis-*

sion pour toute la classe : *ils seront nos porte-parole*, ceux qui sont chargés de parler au nom d'un groupe (→ porter, SYN. délégué).

porte-plume nom m. invar. ● *Les écoliers d'autrefois écrivaient avec des porte-plume*, des petits manches où l'on enfonçait une plume (→ porter, sens 1).

porter v. 1 ● *Aline est assez forte pour me porter*, pour me soulever. — ● *Ce panneau porte une inscription* : elle est dessus. 2 (fig.) ● *Cette responsabilité est lourde à porter*, à supporter. 3 ● *Isabelle a porté un paquet à la poste* : elle l'a emporté là-bas (→ transporter). 4 ● *Joël porte des lunettes* : il en met. — ● *Porter une cravate.* ● *Cette robe est trop sale, je ne peux la porter* (→ portable ; SYN. mettre). 5 ● *Ces deux personnes portent le même nom* : elles l'ont. 6 ● *La jument porte son poulain pendant onze mois* : elle l'a dans son ventre. 7 ● *Laure m'a donné ce fer à cheval pour me porter chance*, pour attirer la chance vers moi (→ porte-bonheur). — ● *Certaines personnes pensent que les chats noirs portent malheur.* 8 PORTER SECOURS. ● *Un passant a porté secours au blessé* : il l'a secouru, aidé. 9 ● *La voix de Rémi porte loin.* — ● *Ce fusil porte à 150 mètres* (→ portée, sens 2). 10 ● *La prochaine leçon portera sur les océans* : elle concernera ce sujet. 11 ● *Vos conseils ont porté* : ils ont eu de l'influence (→ portée, sens 3).

■ **se porter** v. pron. ● *Le malade se porte mieux*, il va mieux, sa santé est meilleure. ● *Je me porte tout à fait bien* (→ portant, sens 1).

porte-savon nom m. ● *Que fait cette savonnette au fond de la baignoire ? Elle devrait être sur le porte-savon*, un support pour ranger le savon (→ porter, sens 1). — ● *Des porte-savon*, ou *des porte-savons*.

porte-serviettes nom m. invar. ● *Hervé a mis son maillot à sécher sur le porte-serviettes*, un support pour suspendre les serviettes de toilette (→ porter, sens 1). — ● *Des porte-serviettes.*

porteur nom 1 ● *Donnez la réponse au porteur de cette lettre*, à celui qui l'apporte. 2 ● *Ses valises sont trop lourdes ; à la gare, il devra demander un porteur*, un homme chargé de porter les bagages des voyageurs (→ porter, sens 3).

porte-voix nom m. invar. ● *Pour se faire entendre, il parle à la foule avec un porte-voix*, un appareil pour amplifier la voix. — ● *Des porte-voix.*

portier nom m. ● *Pour trouver le bureau du surveillant, adressez-vous au portier du lycée*, au gardien qui surveille l'entrée (→ porte). ★ Chercher aussi : huissier.

portière nom f. ● *Attention, cette portière est mal fermée*, cette porte (d'une voiture, d'un train, etc.).

portillon nom m. ● *La grille du parc est fermée, mais nous pouvons sortir par ce portillon*, une petite porte à battant.

portion [pɔrsjɔ̃] nom f. 1 ● *À la cantine, Laure a eu deux portions de tarte*, deux parts, deux morceaux (→ SYN. ration). 2 ● *Cette portion de la route est barrée par des travaux*, cette partie (→ SYN. tronçon).

portique nom m. ● *Dans le gymnase les anneaux, le trapèze et la corde lisse sont accrochés à un portique*, une barre horizontale soutenue par des poteaux.

porto nom m. ● *Pour l'apéritif, ils ont pris un verre de porto*, un vin sucré du Portugal.

portrait nom m. 1 ● *As-tu reconnu grand-mère sur ce portrait ?*, cette image qui la représente (dessin, tableau ou photo). 2 ● *Dans cette rédaction, j'ai fait le portrait de mon meilleur ami*, une description de lui. 3 ● *Agnès est le portrait de sa mère* : elle lui ressemble beaucoup.

portuaire adj. ● *Quand nous sommes allés au Havre, nous avons visité les installations portuaires*, du port (→ 1. port).

pose nom f. **1** ● *L'ouvrier a fini la* **pose** *de la moquette* : il a fini de l'installer (→ poser, sens 2). **2** ● *Sur cette photo, les mannequins ont des* **poses** *élégantes, des attitudes, des positions du corps* (→ poser, sens 5). **3** ● *Pour étonner ses amies, elle prend des* **poses**, *des attitudes peu naturelles.* ★ Ne pas confondre *pose* et *pause*.

posé adj. ● *M. Leduc est un homme* **posé**, calme, sérieux, réfléchi (→ CONTR. excité, impulsif).

■ **posément** adv. ● *Elle nous parle* **posément**, calmement.

poser v. **1** ● *Pose ton panier sur la table* (→ SYN. déposer, mettre, placer). □ v. pron. ● *L'avion* **s'est posé** *sur la piste* : il a atterri (→ CONTR. décoller, s'envoler). **2** ● *L'électricien* **a posé** *une prise de courant dans la cuisine* : il l'a installée. **3** ● *Bruno* **pose** *souvent des questions* : il interroge. **4** ● *J'aime mieux* **poser** *cette opération sur mon cahier, écrire les nombres pour la faire.* **5** ● *Cette actrice* **pose** *devant les photographes* : elle prend des attitudes et reste immobile. **6** ● *Poser sa candidature* : se présenter comme candidat.

poseur nom ● *Elle veut toujours impressionner les autres, c'est une* **poseuse**, une prétentieuse.

positif adj. **1** ● *Ma réponse à votre question est* **positive** : je dis oui, d'accord (→ SYN. affirmatif; CONTR. négatif). **2** ● *Ce voyage a eu un résultat* **positif**, bon, utile. **3** ● *Les nombres* «+ 1», «+ 30», «+ 104» *sont* **positifs** : ils sont plus grands que zéro (→ CONTR. négatif). **4** ● *Jérôme n'est pas un rêveur, c'est un esprit* **positif**, qui s'intéresse aux faits réels (→ SYN. réaliste).

position nom f. **1** ● *Debout, assis, couché ? quelle est ta* **position** *préférée pour regarder la télévision ?*, la façon de tenir ton corps (→ SYN. attitude). **2** ● *L'avion annonce sa* **position** *par radio*, l'endroit où il se trouve. ★ Chercher aussi : latitude, longitude. **3** ● *La voiture n° 6 se trouve maintenant en troisième* **position**, à la troisième place. **4** ● *Si elle refuse de venir, elle me met dans une* **position** *embarrassante*, une situation. **5** ● *Expliquez-moi votre* **position** *sur ce problème*, votre avis, votre point de vue. — PRENDRE POSITION : donner son opinion. — RESTER SUR SES POSITIONS : refuser de céder, de changer d'avis.

posologie [pozɔlɔʒi] nom f. ● *Sur la boîte de ce médicament, tu peux lire sa* **posologie**, *les doses qu'il faut en prendre selon l'âge, la gravité de la maladie, etc.*

posséder v. **1** ● *Barbara* **possède** *un vélomoteur* : elle en a un qui lui appartient (→ possesseur, possessif, possession ; déposséder). **2** ● *Il* **possède** *plusieurs langues étrangères* : il les connaît parfaitement. **3** (fam.) ● *Quel farceur ! Il nous a bien* **possédés** : il nous a bien trompés (→ SYN. (fam.) faire marcher). ★ Conjug. 8.

■ **possesseur** nom m. ● *Le* **possesseur** *de ce château doit être un homme riche*, le propriétaire. — ● *Il est* **possesseur** *du record de France* (→ SYN. détenteur).

■ **possessif** adj. ● *Dans la phrase* «*Prête-moi ton ballon, le mien est crevé*», «*ton*» *est un adjectif* **possessif**, *et* «*le mien*» *un pronom* **possessif**, *des mots indiquant à qui une chose appartient.*

■ **possession** nom f. ● *Ces champs sont sa* **possession** : il les possède.

possibilité nom f. **1** ● *Olga viendra peut-être nous chercher ; c'est une* **possibilité**, *une chose qui peut arriver.* **2** ● *Delphine partira en vacances si elle en a la* **possibilité** : si elle peut le faire.

■ **possible** adj. et nom. **A.** adj. **1** IL EST POSSIBLE QUE. ● *Il est possible qu'il pleuve demain* : cela peut arriver (→ CONTR. impossible ; certain). **2** C'EST POSSIBLE. ● «*Irez-vous à la piscine mercredi ?*» «*C'est possible*», *peut-être.* **3** AUTANT QUE POSSIBLE. ● *J'aimerais mieux rentrer tôt,* **autant que possible**, *si je peux le faire.* **4** LE PLUS POSSIBLE. ● *Hélène m'aide* **le plus possible**, *autant qu'elle peut le faire.*

B. nom. FAIRE SON POSSIBLE. ● *Philippe a promis de* **faire son possible** *pour arriver à l'heure, de faire tout ce qu'il pourra.*

1. poste nom f. **1** ● *Oncle Paul m'a envoyé une lettre et un paquet par la* **poste**, *le service chargé de transporter et de distribuer le courrier.* — ● *Les* **Postes** *et Télécommunications* (ou *P. et T.*). **2** ● *Pour envoyer un télégramme, Nicolas va à la* **poste**, *au bureau de la poste.*

■ **postal** adj. ● *Nous avons reçu un colis* **postal**, *envoyé par la poste.* — CODE POSTAL. ● *En écrivant l'adresse, n'oublie pas le* **code postal**, *le numéro à cinq chiffres qui permet à la poste de trier plus vite le courrier.*

■ **postier** nom ● *Combien coûte un timbre pour le Japon ?* — *Demande-le au* **postier**, *à l'employé de la poste.*

2. poste nom m. **1** ● *Le bateau peut partir, tous les marins sont à leur* **poste**, *à l'endroit où chacun doit être pour faire son travail.* **2** POSTE DE PILOTAGE : *endroit d'un avion ou d'un bateau où se trouve le pilote.* **3** POSTE DE POLICE. ● *On a emmené le voleur au* **poste de police**, *dans le lieu où se tiennent toujours des policiers en service.* **4** ● *Son père est chef de service dans une usine; c'est un* **poste** *intéressant, un emploi, un travail.* **5** ● *Le* **poste** *de télévision est en panne, l'appareil.*

1. poster [pɔste] v. ● *Sophie va* **poster** *sa lettre urgente, l'envoyer par la poste* (→ 1. poste).

2. poster [pɔste] v. **1** ● *Le capitaine a* **posté** *des gardes près du pont : il les a placés à cet endroit.* **2** v. pron. ● *Pascal* **s'est posté** *à la fenêtre pour guetter votre arrivée : il s'est mis là.*

3. poster [pɔstɛr] nom m. ● *Sur ce mur, Olivier a mis un* **poster** *qui représente des bateaux, une affiche.*

postérieur adj. **1** ● *Cette chèvre est attachée par les pattes* **postérieures**, *les pattes de derrière* (→ CONTR. antérieur). □ nom m. (fam.) ● *Elle lui a donné une tape sur le* **postérieur**, *le derrière.* **2** POSTÉRIEUR À. ● *Ta naissance est posté-*

rieure à la mienne : elle a eu lieu après.

■ **postérieurement** adv. ● *Passez votre commande et vous payerez* **postérieurement**, *plus tard, ensuite.*

postérité nom f. ● *Suite des générations futures.* PASSER À LA POSTÉRITÉ : *rester célèbre après sa mort.*

posthume adj. ● *J'ai lu une œuvre* **posthume** *de ce poète, une œuvre publiée après sa mort.*

postiche adj. ● *Cet homme déguisé en Père Noël a des cheveux et une barbe* **postiches**, *faux* (→ CONTR. naturel). □ nom m. ● *Elle met un* **postiche** *dans son chignon, une fausse mèche de cheveux.*

postillon nom m. **1** ● *Le* **postillon** *fouette ses chevaux pour arriver plus vite, le conducteur de la diligence.* **2** ● *En parlant, Nicolas envoie des* **postillons**, *des gouttes de salive.*

post-scriptum [pɔstskriptɔm] nom m. invar. ● *En bas de sa lettre, Yves a rajouté un* **post-scriptum**, *quelques mots écrits après la signature* (abrév. : *P.-S.*).

postuler v. ● *Il* **postule** *un emploi dans cette banque : il le demande.*

■ **postulant** nom ● *Pour cette place de secrétaire, il y a plusieurs* **postulantes**, *plusieurs personnes qui voudraient l'avoir* (→ SYN. candidat).

posture nom f. **1** ● *Il est assis dans une drôle de* **posture**, *de position du corps* (→ SYN. attitude). **2** ÊTRE EN BONNE (MAUVAISE) POSTURE. ● *Tout va mal pour lui, il* **est en mauvaise posture**, *en difficulté.*

pot nom m. **1** ● *Frédéric a rempli le* **pot** *à lait, le récipient où l'on met du lait.* — ● *Un* **pot** *de yaourt : un récipient qui contient du yaourt.* — *Un* **pot** *de fleurs : un récipient où on les fait pousser.* **2** POT D'ÉCHAPPEMENT. ● *Cette voiture fait trop de bruit; son* **pot d'échappement** *est percé, le tuyau par où sortent les gaz brûlés.* **3** (fig. et fam.) TOURNER AUTOUR DU POT. ● *Il n'ose pas me poser la question directement, il* **tourne autour du pot** *: il hésite, il ne va pas droit au but.* **4** (très fam.) ● *Elle n'a vraiment pas eu de* **pot**, *de chance.*

potable adj. ● *Tu peux boire sans danger : sur la fontaine, une plaque indique «Eau potable»*, bonne à boire.

potage nom m. ● *Je voudrais encore une louche de potage*, de soupe.

potager nom m. et adj. **1** nom m. ● *Grand-père cultive des poireaux et des carottes dans son potager*, son jardin réservé aux légumes. **2** adj. ● *Les haricots et les petits pois sont des plantes potagères*, des légumes. — ● *Un jardin potager.*

potasse nom f. ● *Autrefois, on lavait le linge avec des cendres parce qu'elles contiennent de la potasse*, une substance chimique. — ● *On utilise aussi la potasse comme engrais.*

potasser v. (fam.) ● *Patrice ne veut pas aller au cinéma ; il potasse son examen :* il travaille beaucoup.

pot-au-feu [pɔtofø] nom m. invar. ● *Pour déjeuner, nous avons préparé un pot-au-feu*, un plat de bœuf et de légumes bouillis. — ● *Des pot-au-feu.*

pot-de-vin [podvɛ̃] nom m. ● *Il ne fait pas son travail honnêtement ; il reçoit des pots-de-vin*, de l'argent que l'on verse pour obtenir une faveur. — ● *Des pots-de-vin.*

poteau nom m. ● *Le filet du tennis est tendu entre deux poteaux*, deux supports plantés dans le sol. — ● *Des poteaux électriques :* des piliers qui soutiennent les fils électriques.

potée nom f. ● *N'oublie pas le lard dans la potée auvergnate*, un plat de viande (souvent du porc) et de légumes bouillis.

potelé adj. ● *Il est amusant, ce bébé potelé*, tout rond et dodu (→ CONTR. maigre).

potence nom f. **1** ● *Cette lanterne est suspendue à une potence*, un support qui l'éloigne du mur. **2** ● *Autrefois, on pendait les condamnés à mort à une potence* (→ SYN. gibet).

potentiel nom m. ● *Ce pays dispose d'un potentiel industriel très important :* capacité, puissance. □ adj. Possible, pas encore utilisé. ● *Des ressources potentielles* (→ SYN. virtuel).

poterne nom f. Porte dans un mur d'enceinte.

poterie nom f. ● *Elle voudrait s'inscrire à ce club pour faire de la poterie*, pour fabriquer des objets en terre cuite (vases, cruches, cendriers, etc.).
■ **potier** nom m. ● *Dans son atelier, le potier fait marcher son tour*, celui qui fabrique de la poterie.

potiche nom f. ● *Il y avait une potiche chinoise sur la cheminée du salon*, un grand vase en porcelaine.

potin nom m. **1** (au plur.) ● *Si elle vous voit, tout le village le saura : elle adore les potins*, les bavardages, les commérages, les médisances (→ SYN. (fam.) cancan, ragot). **2** (fam.) ● *Calmez-vous un peu : vous faites trop de potin*, de bruit, de tapage, de vacarme.

potion nom f. ● *Virginie doit boire une cuillerée de potion matin et soir*, un médicament liquide.

potiron nom m. ● *Cet énorme fruit orange dans le potager, c'est un potiron*, une grosse citrouille.

pot-pourri nom m. ● *L'orchestre a joué un pot-pourri*, un mélange de différents morceaux de musique. — ● *Des pots-pourris.*

pou nom m. ● *Elle se gratte souvent la tête ; peut-être qu'elle a des poux*, des insectes qui vivent dans les cheveux. — ● *Les poux sont des parasites.* ★ Ne pas confondre *pou* et *pouls*.

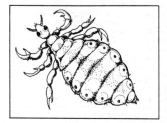

pouah! interj. Montre le dégoût. ● *Je n'en veux pas! Pouah! Quelle horreur!* ★ Ne pas confondre *pouah, pois, poix* et *poids*.

poubelle nom f. ● *Peux-tu mettre ces épluchures dans la poubelle?*, la boîte à ordures.

pouce nom m. **1** ● *Bruno tient un papillon entre le pouce et l'index, le doigt le plus gros.* ★ VOIR p. 547. **2** (fig.) SE TOURNER LES POUCES : rester sans rien faire. **3** (fig.) DONNER UN COUP DE POUCE : aider quelqu'un ou quelque chose à réussir. **4** interj. ● *Pouce! Je suis fatigué : stop! j'arrête!* **5** ● *Autrefois, on mesurait en pieds et en pouces*, une mesure de longueur qui valait environ 27 millimètres. — ● *Bruno a eu peur, mais il n'a pas reculé d'un pouce*, même pas un tout petit peu.

poudre nom f. **1** ● *Avez-vous du sucre en poudre?*, en grains très fins (→ poudreux, pulvériser). — (fig.) JETER DE LA POUDRE AUX YEUX : essayer d'éblouir les autres. **2** ● *Laurence se met de la poudre sur le nez*, un produit de maquillage en grains très fins (→ se poudrer, poudrier). **3** ● *À l'intérieur d'une amorce, tu peux voir de la poudre*, un mélange de produits chimiques qui peut exploser (→ poudrière). — (fig.) METTRE LE FEU AUX POUDRES : déclencher soudainement des événements désagréables, violents.
■ **se poudrer** v. pron. ● *Son nez ne brille pas parce qu'elle se poudre*, parce qu'elle se met de la poudre.
■ **poudreux** adj. ● *Les skieuses s'élancent dans la neige poudreuse*, fine et légère comme de la poudre.
■ **poudrier** nom m. ● *Elle se regarde dans la glace de son poudrier*, de sa petite boîte à poudre.
■ **poudrière** nom f. ● *Si vous aviez vu l'explosion! L'usine a sauté comme une poudrière*, un endroit où l'on garde les explosifs.

1. pouf! interj. Exprime le bruit d'une chute. ● *Elle a trébuché, et pouf! La voilà par terre.*

2. pouf nom m. ● *Laisse le fauteuil à grand-mère, assieds-toi sur le pouf*, une sorte de coussin très épais posé sur le sol.

pouffer v. ● *Quand Thierry est tombé assis par terre, ceux qui l'entouraient ont pouffé (de rire)* : ils ont éclaté de rire le plus discrètement possible.

poulain nom m. ● *La jument du fermier vient d'avoir un poulain*, un petit (mâle ou femelle; on l'appelle *poulain* jusqu'à 30 mois).
■ **pouliche** nom f. ● *Une pouliche de trois ans*, une jeune jument.

1. poule nom f. **1** ● *La poule noire couve ses œufs*, la femelle du coq. ★ Chercher aussi : basse-cour, volaille. ★ VOIR p. 188. **2** (fig.) POULE MOUILLÉE. ● *Il a peur de tout, c'est une poule mouillée*, un peureux, un poltron (→ SYN. (fam.) froussard). **3** CHAIR DE POULE. ● *Il fait froid, j'ai la chair de poule* : la peau dont les poils se hérissent (et qui ressemble ainsi à la peau d'une volaille plumée). — (fig.) ● *Une histoire d'horreur à vous donner la chair de poule* (à cause de la peur). **4** (fig.) UN NID DE POULE : un trou dans la route.
■ **poulailler** nom m. **1** ● *La nuit, on enferme les poules dans le poulailler*, leur abri. **2** ● *Le théâtre est plein, il reste seulement quelques places au poulailler*, le balcon le plus haut.
■ **poularde** nom f. ● *Au menu du restaurant, il y a une poularde*, une poule jeune et grasse.
■ **poulet** nom m. ● *Veux-tu une aile ou une cuisse de poulet?*, une jeune poule ou un jeune coq.

2. poule nom f. ● *Notre équipe de rugby joue en poule B*, dans un certain groupe (ici le B) d'équipes qui se rencontrent pour un championnat.

poulie nom f. ● *Quand il tire sur la corde de sa grue, il fait tourner la poulie*, une roue creusée où passe un câble, une corde, une chaîne, etc.

poulpe nom m. ● *Avec ses huit longs bras à ventouses, le poulpe essayait d'attraper le crabe*, un animal qui vit dans la mer (→ SYN. pieuvre).

pouls [pu] nom m. ● *Florence se tâte le poignet, elle essaie de sentir son **pouls**, le battement du sang dans les artères* (→ pulsation). ★ Ne pas confondre *pouls* et *pou*.

poumon nom m. ● *Quand tu inspires de l'air, tu gonfles tes **poumons**, les deux organes qui servent à respirer* (→ pulmonaire). ★ VOIR p. 969.

poupe nom f. **1** ● *Les passagers se promenaient à la **poupe** du navire, l'arrière d'un bateau.* ★ Chercher aussi : proue. **2** (fig.) AVOIR LE VENT EN POUPE : être poussé vers le succès.

poupée nom f. ● *Cécile promène sa **poupée**, un jouet qui ressemble à une personne en plus petit.*

poupon nom m. ● *Maman berce son **poupon**, son bébé.*

■ **pouponner** v. ● *Caroline est très contente d'avoir une petite sœur, elle adore **pouponner**, s'occuper d'un bébé.*

■ **pouponnière** nom f. ● *Tous les matins, papa dépose mon petit frère à la **pouponnière**, un endroit où l'on garde les bébés* (→ SYN. crèche).

1. pour prép. **1** Indique un but, une intention. ● *Anne a tout rangé **pour** te faire plaisir* (→ SYN. afin de). — POUR QUE, loc. conj. ● *Il a insisté **pour** qu'elle vienne* (→ SYN. afin que). **2** Indique une destination. ● *Le train part **pour** Lyon* (→ SYN. vers). **3** Indique une date dans le futur. ● *Ce devoir est **pour** jeudi.* **4** Indique un choix, une opinion. ● *Ils ont tous voté **pour** lui*, en sa faveur (→ 2. pour; CONTR. contre). — ● *Elle est gentille **pour** moi* (→ SYN. avec, 1. envers, vis-à-vis de). **5** Indique la cause. ● *On l'a félicité **pour** son succès.* — ● *Il s'est fait gronder **pour** avoir chahuté*, parce qu'il avait chahuté. **6** Indique la conséquence. ● *Carine est trop jeune **pour** voir ce film*, donc elle ne peut pas. — ● *Bruno est assez malin **pour** y arriver*, donc il le peut. **7** Indique le remplacement. ● *Il a dit un mot **pour** un autre*, à la place d'un autre. **8** Indique l'échange. ● *J'ai eu ce livre **pour** 10 francs*, en échange de 10 francs.

2. pour nom m. ● *Avant de se décider, elle voudrait connaître le **pour** et le contre, les avantages, les raisons de choisir une chose plutôt qu'une autre.*

pourboire nom m. ● *Le client a donné un **pourboire** au chauffeur de taxi, une somme d'argent en plus du prix, parce qu'il était content du service.*

pourceau nom m. **1** (littér.) Porc. **2** (fig.) Homme débauché.

pourcentage nom m. ● *Sur ces cent chevaux, douze sont noirs : le **pourcentage** de chevaux noirs est de douze pour cent* (on écrit 12 %), *leur nombre par rapport à 100* (→ cent).

pourchasser v. ● *Le chien du voisin **pourchasse** notre chat : il court après lui, il le poursuit avec ardeur.*

pourfendre v. ● *Ils vont **pourfendre** leurs adversaires :* attaquer avec ardeur pour infliger une défaite.

pourparlers nom m. plur. ● *Pour faire la paix, ces deux pays ont commencé des **pourparlers**, des conversations, des négociations.*

pourpoint nom m. ● *À la cour de François Ier, les hommes portaient des **pourpoints**, des sortes de vestes.*

pourpoint

pourpre nom f. et m. **1** nom f. ● *Les Romains teignaient les tissus avec de la **pourpre**, un colorant rouge tiré d'un coquillage.* **2** nom m. ● *Le **pourpre** : une couleur rouge foncé.* □ adj. ● *Des rideaux de velours **pourpre**, rouge foncé.*

pourquoi adv. et conj. **1** adv. ● *Pourquoi veut-il me parler ?*, pour quelle raison ? — ● *Dites-moi pourquoi.* **2** conj. ● *Je voudrais savoir pourquoi il fait froid l'hiver*, pour quelle raison. **3** C'EST POUR-QUOI, loc. conj. ● *Arthur a perdu, c'est pourquoi il est furieux*, c'est pour cette raison qu'il est furieux.

pourrir v. **1** ● *Ces pommes ont pourri sur l'arbre* : elles se sont abîmées, décomposées (→ SYN. se gâter). □ adj. ● *Des fruits pourris.* **2** (fam.) ● *Ses parents le pourrissent* : ils le gâtent trop. ★ Conjug. 11.

■ **pourriture** nom f. ● *D'où vient cette odeur de pourriture ?*, de matière en train de pourrir.

poursuivre v. **1** ● *Ce lion poursuit un zèbre* : il court après lui pour le rattraper (→ SYN. pourchasser). **2** ● *Le car poursuit sa route* : il continue sans s'arrêter. **3** POURSUIVRE (EN JUSTICE). ● *Il a poursuivi le voleur en justice* : il a porté plainte contre lui, il lui a fait un procès. — ● *Cet homme a été poursuivi pour escroquerie* : un procès contre lui a été fait à cause de cela. ★ Conjug. 49.

■ **poursuivant** nom. Celui qui poursuit. ● *Il échappa de justesse à ses poursuivants.*

■ **poursuite** nom f. **1** ● *Bernard s'est précipité à la poursuite de son frère* : il l'a poursuivi. **2** (au plur.) ● *Comme il ne voulait pas payer son loyer, le propriétaire l'a menacé de poursuites (judiciaires)*, de lui faire un procès.

pourtant adv. Indique une opposition. ● *Corinne s'est levée tôt, et pourtant elle n'est pas prête, malgré cela* (→ SYN. cependant).

pourtour nom m. ● *Elle a planté des fleurs sur le pourtour de la pelouse*, tout autour.

pourvoir v. ● *Avant que je prenne le train, Maman m'a pourvu d'un billet et d'un sandwich* : elle m'a donné ce qu'il me fallait (→ SYN. munir). □ v. pron. ● *Pour pêcher les crevettes, il s'est pourvu d'un filet* : il a pris ce qui lui était nécessaire (→ SYN. se munir). ★ Conjug. 23.

■ **pourvu** adj. ● *Il m'a demandé ce qui lui manquait, maintenant, il est pourvu* : il a tout ce qu'il lui faut (→ 1. dépourvu).

■ **pourvoyeur** nom. Celui qui approvisionne (quelqu'un de quelque chose), qui fournit. ● *La police a arrêté des pourvoyeurs de drogue.*

pourvu que loc. conj. **1** Indique un souhait. ● *Pourvu qu'il fasse beau demain !* **2** Indique une condition. ● *Amélie ne s'ennuie jamais pourvu qu'elle ait des livres.*

1. pousser v. **1** ● *Les tulipes que j'ai plantées commencent à pousser*, à grandir, à se développer. — ● *Tes cheveux poussent vite* (→ SYN. croître).

■ **pousse** nom f. ● *Les premières pousses de radis sortent du sol*, les jeunes tiges qui commencent à pousser. ★ Chercher aussi : bourgeon, germe.

2. pousser v. **1** ● *Peux-tu m'aider à pousser la voiture ?*, à appuyer dessus pour la faire bouger (→ CONTR. tirer). **2** ● *Nadine a trébuché parce qu'on l'a poussée*, bousculée. **3** v. pron. (fam.) ● *Poussez-vous, je voudrais passer* : écartez-vous. **4** POUSSER QUELQU'UN À FAIRE QUELQUE CHOSE. ● *Sa mère le pousse à travailler* : elle essaie de l'influencer, de le décider à travailler (→ SYN. encourager). **5** ● *Il pousse la plaisanterie un peu trop loin* : il exagère. — POUSSER QUEL-QU'UN À BOUT. ● *Je vais me fâcher si vous me poussez à bout*, si vous m'exaspérez trop. **6** ● *En voyant le serpent, il a poussé un cri* : il l'a fait entendre.

■ **poussée** nom f. **1** ● *La porte s'est ouverte sous la poussée du vent*, sous l'action du vent qui la poussait (→ SYN. pression). **2** ● *Ma vieille tante a une poussée de rhumatismes*, une crise brutale (→ SYN. 2. accès).

■ **poussette** nom f. ● *Pour promener son petit frère, Rémi l'assied dans sa poussette*, une petite voiture que l'on pousse devant soi.

poussière nom f. **1** ● *En fouillant dans le grenier, j'ai soulevé des nuages de poussière, de terre ou de saleté en grains très fins et légers.* **2** (fig.) MORDRE

LA POUSSIÈRE. ● *D'une prise de judo, il lui a fait **mordre la poussière*** : il l'a fait tomber le visage contre le sol.

■ **poussiéreux** adj. ● *Essuyez ces meubles **poussiéreux**, couverts de poussière.*

poussif adj. ● *Il n'arrivera pas à monter la côte, ce vieux cheval **poussif**, qui s'essouffle vite.*

poussin nom m. ● *Ces jolis **poussins** jaunes étaient beaux laids quand ils sont sortis de l'œuf, les petits de la poule et du coq.*

poutre nom f. ● *Dans cette vieille ferme, le toit et les plafonds sont soutenus par des **poutres**, des morceaux de bois longs et épais.* ★ Chercher aussi : charpente.

■ **poutrelle** nom f. ● *Cet acrobate escalade la tour Eiffel en s'accrochant aux **poutrelles**, aux petites poutres de métal que l'on utilise pour la construction.*

pouvoir v. et nom m. **A. 1** v. ● *Cette voiture **peut** rouler à 200 km à l'heure* : elle en est capable. — ● *Je voudrais **pouvoir** t'aider*, en avoir la possibilité, les moyens (→ pouvoir, B.). **2** N'EN POUVOIR PLUS. ● *Il faut que je m'arrête, je **n'en peux plus*** : je n'ai plus la force de continuer, je suis trop fatigué. **3** ● *Vous **pouvez** prendre un bonbon* : vous en avez la permission. **4** ● *Il **pourrait** bien neiger demain* : c'est possible. □ v. pron. impers. ● *Il **se peut** qu'il neige.* — Conjug. 27.
B. nom m. **1** ● *Crois-tu qu'elle ait le **pouvoir** de connaître l'avenir ?*, qu'elle soit capable de le faire (→ SYN. 1. faculté, moyen, possibilité). **2** ● *Dans ce pays, le président a beaucoup de **pouvoir**, la possibilité de gouverner, de diriger (→ SYN. autorité, puissance). — LES POUVOIRS PUBLICS : le gouvernement. — ● *Les révolutionnaires ont pris le **pouvoir**, le commandement du pays. **3** POUVOIR D'ACHAT. ● *Depuis qu'il a retrouvé un travail, son **pouvoir d'achat** a augmenté* : ce que ses moyens financiers lui permettent d'acheter.

praire nom f. ● *Sur la plage, Émilie a trouvé des **praires**, des coquillages ronds comestibles que l'on sert comme fruits de mer.*

prairie nom f. ● *Les moutons broutent dans la **prairie**, un terrain couvert d'herbe (→ SYN. herbage, pâturage, pré).*

praline nom f. ● *Loïc m'a offert une **praline** rose*, un bonbon fait d'une amande grillée recouverte de caramel.
■ **praliné** adj. ● *Une glace **pralinée**, parfumée avec des pralines écrasées.*

praticable adj. **1** ● *Après l'orage, seul ce chemin reste **praticable*** : on peut y passer, y circuler, sans danger (→ CONTR. impraticable). **2** ● *Si vous voulez que je réussisse, proposez-moi un plan **praticable**, que l'on peut réaliser, mettre en pratique (→ 1. pratique, sens 1 ; SYN. réalisable).*

praticien nom ● *Le docteur Dupont est un **praticien**, un médecin qui utilise directement ses connaissances pour soigner les malades (→ 1. pratique, sens 1 ; CONTR. chercheur, théoricien).*

pratiquant adj. ● *Mon cousin est un catholique **pratiquant**, qui suit les pratiques de sa religion (prier, aller à la messe, etc.) (→ 1. pratique, sens 4).*

1. pratique nom f. **1** ● *Maintenant que tu connais les règles du jeu, passons à la **pratique**, à l'utilisation de ces règles pour jouer vraiment (→ SYN. application, exécution, exercice ; CONTR. théorie). — METTRE EN PRATIQUE. ● *Ce que j'ai appris dans les livres, je voudrais le **mettre en pratique**, l'appliquer, m'en servir pour obtenir des résultats (→ praticien). **2** ● *Tricher, c'est une **pratique** malhonnête, une manière d'agir (→ SYN. procédé). **3** ● *Pierre a une grande **pratique** du bricolage*, l'habitude d'en faire (→ SYN. expérience). **4** ● *Il est fidèle aux **pratiques** de sa religion*, à ce que sa religion lui demande de faire : prier, assister aux cérémonies, etc. (→ pratiquer, sens 4).

2. pratique adj. **1** ● *Après cette leçon sur l'électricité, nous ferons des travaux **pratiques**, des travaux où nous utiliserons ce que nous avons appris pour voir les résultats (→ CONTR. théorique). **2** ● *Les idées ne l'intéressent pas, mais elle a l'esprit* **pratique** : *elle s'intéresse aux choses que l'on peut voir et toucher, elle sait se débrouiller dans la vie.* **3** ● *Pour faire la cuisine, le gaz est plus* **pratique** *que le feu de bois, plus commode, plus facile à utiliser.*

pratiquement adv. **1** ● *Ton idée est amusante, mais impossible à utiliser* **pratiquement**, *dans la vie réelle* (→ CONTR. théoriquement). **2** ● *Ces animaux étranges ont* **pratiquement** *disparu, presque, à peu près.*

pratiquer v. **1** ● *Pour enseigner le chinois, il* **pratique** *une nouvelle méthode : il l'utilise, il l'applique.* **2** ● *Ariane est beaucoup plus musclée depuis qu'elle* **pratique** *le judo, depuis qu'elle en fait régulièrement.* **3** ● *Les voleurs* **ont pratiqué** *une ouverture dans le mur de la banque : ils l'ont faite.* **4** ● *Ce musulman* **pratique** *sa religion : il fait ce qu'elle demande dans la vie courante.*

pré nom m. ● *Le fermier conduit les vaches vers le* **pré**, *le terrain où pousse de l'herbe* (→ SYN. prairie).

préalable adj. et nom m. **A.** adj. ● *Ils se sont mis d'accord après une discussion* **préalable**, *qui a eu lieu avant.* **B.** nom m. AU PRÉALABLE, loc. adv. ● *Il aurait pu vous demander votre avis* **au préalable**, *avant, d'abord* (→ SYN. auparavant).

■ **préalablement** adv. Auparavant, au préalable.

préambule nom m. ● *Avant de savoir ce qu'il voulait, il a fallu écouter un long* **préambule**, *une introduction, une entrée en matière.*

préau nom m. ● *Quand il pleut, les écoliers s'amusent sous le* **préau**, *la partie couverte d'une cour de récréation dans une école.*

préavis nom m. ● *Cet employé a quitté son travail sans* **préavis**, *sans prévenir d'avance* (→ avis).

précaire adj. ● *Entre ces deux pays, la paix est* **précaire**, *fragile, peu solide.*

■ **précarité** nom f. Caractère de ce qui est précaire, fragilité.

précaution nom f. **1** ● *Fermer le gaz et l'électricité avant de partir en vacances, c'est une bonne* **précaution**, *ce qu'il faut faire pour éviter des ennuis ou un danger.* **2** ● *Sur ce trottoir glissant, Anne marche avec* **précaution**, *avec prudence, en faisant attention.*

précéder v. **1** ● *Hier, c'est le jour qui* **précédait** *aujourd'hui, qui était avant* (→ prédécesseur; CONTR. suivre). **2** ● *En promenade, mon chien me* **précède** *souvent : il marche devant moi* (→ SYN. devancer; CONTR. succéder, suivre). ★ Conjug. 8.

■ **précédent** adj. et nom m. **1** adj. ● *Je l'avais rencontré la semaine* **précédente**, *juste avant celle dont je parle maintenant* (→ CONTR. suivant). **2** nom m. ● *En te permettant de siffler en classe, je créerais un* **précédent**, *un exemple qui permettrait aux autres de réclamer le même droit.* — SANS PRÉCÉDENT. ● *Ce film a eu un succès* **sans précédent**, *jamais vu auparavant.*

■ **précédemment** adv. ● *Nous en avions déjà parlé* **précédemment**, *avant, auparavant* (→ SYN. antérieurement).

précepteur, -trice nom. Instituteur ou professeur particulier d'un enfant qui ne fréquente pas l'école.

prêcher v. **1** ● *Le dimanche, notre curé* **prêche** *à la messe de 11 heures : il fait le sermon* (→ prédicateur). **2** ● *Jérôme me* **prêche** *la patience : il me conseille d'être patient* (→ SYN. recommander).

précieux adj. **1** ● *Le diamant et le rubis sont des pierres* **précieuses**, *qui valent très cher.* **2** ● *Ton amitié m'est* **précieuse** : *j'y tiens beaucoup, elle compte beaucoup pour moi.* **3** ● *Ton aide nous a été* **précieuse**, *très utile* (→ SYN. appréciable). **4** ● *Il parlait d'un ton* **précieux**, *un peu prétentieux* (→ SYN. maniéré; CONTR. naturel, simple).

■ **précieusement** adv. ● *Ce souvenir, je le garde précieusement*, avec beaucoup de soin, comme une chose précieuse.

précipice nom m. ● *Elle m'a fait peur en se penchant au bord du précipice*, un trou très profond aux parois très raides (→ SYN. gouffre).

précipiter v. ● *Ces mauvaises nouvelles ont précipité sa mort : elles l'ont fait mourir plus vite, plus tôt* (→ SYN. hâter ; CONTR. retarder).

■ *se* **précipiter** v. pron. **1** ● *Il s'est précipité par la fenêtre du sixième étage :* il s'est jeté d'en haut dans le vide. **2** ● *Dès qu'elle m'a vu, elle s'est précipitée vers moi :* elle s'est élancée brusquement et très vite.

■ **précipitamment** adv. ● *Elle a reculé précipitamment*, très vite, en se dépêchant.

■ **précipitation** nom f. **1** PRÉCIPITATIONS (ATMOSPHÉRIQUES). ● *La météo annonce de fortes précipitations dans le Nord du pays*, de la pluie, de la neige ou de la grêle qui tombent du ciel. **2** ● *Olivier aime prendre son temps, il a horreur de la précipitation*, d'aller trop vite, de se presser trop.

précis adj. **1** ● *Benoît comprendrait mieux si tu lui donnais des explications précises*, claires, nettes, exactes (→ précisément ; CONTR. approximatif, évasif, imprécis, vague). **2** ● *Il n'a pas pu oublier ce rendez-vous, c'est un homme précis*, qui a l'esprit clair et net. **3** ● *L'avion décolle à 2 heures précises*, à deux heures exactement.

■ **précisément** adv. **1** ● *Alice a répondu précisément à toutes les questions*, d'une façon précise (→ SYN. exactement). **2** ● *Quand tu m'as téléphoné, j'allais précisément t'appeler*, justement, au même moment.

■ **préciser** v. **1** ● *Pouvez-vous me préciser l'heure de votre arrivée ?*, me la faire connaître exactement, d'une façon précise. — *Luc précise qu'il s'est couché à 10 heures.* **2** v. pron. ● *Le danger se précise :* il apparaît plus nettement.

■ **précision** nom f. ● *Valérie m'a raconté la scène avec précision*, la qualité des gens précis (→ SYN. clarté, exactitude, netteté ; CONTR. imprécision, confusion).

précoce adj. **1** ● *Ces fleurs ont été abîmées par des gelées précoces*, qui se sont produites plus tôt que d'habitude (→ CONTR. tardif). **2** ● *Il parle déjà ! C'est un enfant précoce*, en avance pour son âge.

■ **précocité** nom f. ● *Ce jeune musicien nous étonne par sa précocité*, parce qu'il est précoce.

préconçu adj. ● *Méfiez-vous des idées préconçues*, des idées toutes faites que l'on utilise sans réfléchir. ★ Chercher aussi : préjugé.

préconiser v. Recommander. ● *Le médecin préconise le repos.*

précurseur adj. m. et nom m. **1** adj. m. ● *Les signes précurseurs d'un tremblement de terre :* les signes qui se produisent avant lui et qui l'annoncent. **2** nom m. ● *Ce savant est un précurseur*, un homme en avance sur les autres, qui est à la pointe du progrès.

prédateur nom m. ● *L'aigle et le lion sont des prédateurs*, des animaux qui se nourrissent d'autres animaux vivants (→ proie).

prédécesseur nom m. ● *Le nouveau facteur est plus vieux que son prédécesseur*, celui qui était chargé de faire la même chose avant lui (→ précéder ; CONTR. successeur).

prédestiner v. ● *Sa fortune, sa beauté, son intelligence, tout semblait le prédestiner à un avenir heureux :* destiner à l'avance, vouer.

■ **prédestiné** adj. *Un nom prédestiné*, qui correspond bien au destin de la personne qui le porte, à sa profession, ou à ses particularités.

prédicateur nom m. ● *Le prédicateur a fini son sermon*, celui qui prêche à l'église.

prédilection nom f. ● *Marie-Danielle a une prédilection pour le piano*, une préférence nette. — DE PRÉDILECTION, loc. adj. • *C'est son instrument de prédilection*, préféré.

prédire v. • *Gilles m'a prédit que je réussirais mon examen :* il me l'a annoncé d'avance. ★ Conjug. 46, sauf à la 2ᵉ personne du plur. : *vous prédisez.* ■ **prédiction** nom f. • *Pourvu que sa prédiction se réalise !*, ce qu'il a prédit.

prédisposer v. • *Une vie trop facile peut-elle prédisposer à accepter le malheur ?* : préparer, disposer par avance.

prédominer v. • *Dans cette région, le vent d'ouest prédomine :* c'est le plus important, celui qui agit le plus (→ dominer ; SYN. prévaloir).

préfabriqué adj. • *Cette jolie maison a été construite rapidement avec des éléments préfabriqués*, fabriqués d'avance pour être assemblés.

préface nom f. • *Tu trouveras des renseignements intéressants dans la préface de ce livre*, le texte du début qui présente ce livre (→ SYN. avant-propos, introduction).

préférer v. • *Hélène préfère les roses aux tulipes :* elle aime mieux les roses. — *Je préfère que tu viennes ce soir.* ★ Conjug. 8.
■ **préférable** adj. • *Si tu peux arriver plus tôt, c'est préférable :* cela vaut mieux.
■ **préférence** nom f. **1** *Elle connaît mes préférences :* elle sait ce que je préfère. **2** DE PRÉFÉRENCE, loc. adv. • *Si tu veux lui faire plaisir, offre-lui de préférence un livre*, un livre plutôt qu'autre chose.

préfet nom m. • *Notre département a un nouveau préfet*, un homme nommé par le gouvernement pour le représenter dans le département.
■ **préfectoral** adj. • *Une décision préfectorale*, du préfet.
■ **préfecture** nom f. **1** *Troyes est la préfecture de l'Aube*, la ville où sont installés le préfet et ses bureaux. **2** *Pour ce renseignement, adressez-vous à la préfecture*, aux bureaux du préfet.

préfigurer v. • *Cette histoire peut préfigurer ce que sera la vie de Paul*, donner une première image de (→ SYN. annoncer).

préfixe nom m. • *Dans les mots «parapluie», «impossible» et «kilogramme», «para-», «im-» et «kilo-» sont des préfixes*, des éléments placés devant un mot pour en former un autre qui aura un sens différent (*parapluie :* qui protège de la pluie ; *impossible :* pas possible ; *kilogramme :* mille grammes).

préhistoire nom f. • *Dans cette caverne, des hommes ont tracé ces dessins pendant la préhistoire*, l'époque très ancienne où les hommes ne savaient pas encore écrire (→ histoire).
■ **préhistorique** adj. • *Cette pierre taillée est une arme préhistorique*, qui date de la préhistoire.

préjudice nom m. • *Il voudrait réparer le préjudice qu'il m'a causé*, le tort qu'il m'a fait. — AU PRÉJUDICE DE, loc. prép. • *Le partage s'est fait à mon préjudice :* j'en ai été la victime, il ne m'a pas été favorable.
■ **préjudiciable** adj. • *Ce voyage a été préjudiciable à sa santé :* il lui a fait du mal (→ CONTR. avantageux, profitable).

préjugé nom m. • *Sans connaître ce pays étranger, il a des préjugés contre lui*, des opinions toutes faites, des idées préconçues qu'il n'essaie pas de vérifier.

préjuger de v. • *Ce serait imprudent de préjuger de ces résultats*, de penser qu'on les connaît d'avance.

se prélasser v. pron. • *Allongée sur des coussins, Virginie se prélasse au soleil :* elle se repose agréablement sans rien faire.

prélat nom m. • *Les prélats sont entrés dans la cathédrale*, les hauts personnages de l'Église catholique (évêques, archevêques, cardinaux).

prélever v. • *Avec ses ciseaux, la vendeuse prélève un échantillon de ce tissu :* elle en prend une petite partie

(→ SYN. enlever, retrancher). ★ Conjug. 8.

■ **prélèvement** nom m. ● *Le médecin lui a fait un **prélèvement** de sang : il en a pris un peu pour l'examiner.*

préliminaire adj. et nom m. plur. **1** adj. ● *Avant d'être choisis pour ce jeu télévisé, tous les candidats passent des épreuves **préliminaires**, qui ont lieu avant pour permettre de les choisir.* **2** nom m. plur. ● *La paix n'est pas encore signée, on en est toujours aux **préliminaires**, aux discussions qui la préparent.*

prélude nom m. **1** ● *Le pianiste joue le **prélude** de ce concerto, le début d'un morceau de musique.* **2** ● *Cette rencontre a été le **prélude** d'une amitié, son point de départ, son commencement.*

prématuré adj. **1** ● *Je suis surpris par son arrivée **prématurée**, qui a lieu trop tôt.* **2** ● *Un bébé **prématuré**, né avant la date prévue.* □ nom ● *Ce **prématuré** est un enfant fragile.*

■ **prématurément** adv. ● *Son chagrin l'a fait vieillir **prématurément**, trop tôt, avant l'âge normal.*

préméditer v. ● *Ce cambriolage **avait été prémédité** : il avait été décidé et préparé d'avance* (→ méditer).

■ **préméditation** nom f. ● *Ce crime a été commis avec **préméditation**.*

prémices nom f. plur. ● *Les **prémices** du printemps : premiers signes.* ★ Toujours au pluriel.

premier adj. **1** ● *Aujourd'hui c'est le **premier** jour des vacances, celui qui le commence* (→ CONTR. dernier). □ nom ● *Le **premier** (1ᵉʳ) novembre.* **2** ● *Tournez à droite au **premier** croisement, celui que vous rencontrerez d'abord* (→ SYN. prochain). □ nom ● *Leur appartement est au **premier**, au premier étage.* **3** ● *Hervé court vite, il arrive toujours **premier**, avant les autres.* ● PREMIER MINISTRE : le plus important des ministres, le chef du gouvernement. □ nom ● *Corinne est la **première** de la classe, la meilleure élève.* **4** nom. LE PREMIER VENU. ● *Il fait confiance au **premier**

venu, au premier qui passe par là, à n'importe qui.* **5** NOMBRE PREMIER. ● *« 1, 3, 7, 11 » sont des **nombres premiers**, des nombres que l'on ne peut diviser que par eux-mêmes si l'on veut avoir pour résultat un nombre entier (sans virgule).* **6** EN PREMIER, loc. adv. ● *Sur cette feuille, écrivez votre nom **en premier**, d'abord, avant tout.*

■ **premièrement** adv. D'abord, en premier.

prémolaire nom f. ● *Le dentiste m'a soigné une **prémolaire**, une des dents placées entre les canines et les molaires.* ★ VOIR p. 544.

prémonition nom f. ● *On a parfois considéré certains rêves comme une **prémonition**, avertissement, pressentiment de ce qui va arriver.*

prémunir v. ● *Pour te **prémunir** contre le froid, prends des bottes fourrées : protéger, armer.* ★ Conjug. 11.

prenant adj. ● *Ce film est très **prenant**, intéressant et émouvant* (→ SYN. captivant).

prendre v. **1** ● *Pour écrire, je **prends** un crayon : je le saisis, je le tiens dans ma main* (→ prise ; CONTR. lâcher). **2** ● *Il va pleuvoir, **prends** ton imperméable : emporte-le avec toi.* **3** ● *Il m'a pris mon ballon : il me l'a enlevé pour s'en servir* (→ CONTR. rendre). — *L'armée ennemie **a pris** la ville : elle y est entrée de force pour l'occuper.* — *Papa voudrait bien **prendre** une truite, la pêcher, l'attraper.* **4** ● *Pauline **s'est pris** les pieds dans sa corde à sauter : elle les a coincés, emmêlés.* **5** ● PRENDRE L'AIR. ● *Marie est sortie pour **prendre l'air**, pour respirer l'air du dehors.* **6** PRENDRE L'EAU. ● *Ce bateau **prend l'eau** : l'eau rentre à l'intérieur.* **7** ● *Le feu **a pris** dans le grenier : il a commencé à brûler.* — *La glace **prend** dans le réfrigérateur : elle commence à durcir.* — PRENDRE LA ROUTE : commencer un voyage par la route. **8** ● *Le cordonnier m'**a pris** 30 francs : il me les a demandés pour son travail.* **9** ● *Ces courses m'**ont pris** toute la matinée : elles l'ont occupée,*

utilisée. **10 ●** *Pour voyager, tu peux* **prendre** *le car, le train, l'avion, etc. :* utiliser ces moyens de transport. **11** PRENDRE QUELQU'UN POUR... **●** *Elle* **le prend** **pour** *un sot :* elle croit qu'il en est un. — v. pron. **●** *Elle* **se prend pour** *une vedette :* elle se considère ainsi. **●** *Je* **t'ai pris pour** *ton frère :* je vous ai confondus. **12** S'Y PRENDRE. **●** *Claudia sait* **s'y prendre** *avec les bébés :* elle sait comment il faut agir avec eux. — **●** *Ce maladroit* **s'y prend** *mal.* — PRENDRE QUELQU'UN PAR LA DOUCEUR, PAR LES SENTIMENTS, ETC. : être doux avec lui pour en obtenir quelque chose. — SE LAISSER PRENDRE : se laisser convaincre ou tromper. **●** *Elle* **s'est laissé prendre** *à leurs promesses.* **13** S'EN PRENDRE À QUELQU'UN : lui faire des reproches, l'attaquer. ★ Conjug. 32.
■ preneur nom m. **●** *Cette voiture a trouvé* **preneur,** *quelqu'un qui veut la prendre, l'acheter* (→ SYN. acheteur).

prénom nom m. **●** *Il s'appelle Éric Duval :* *Duval est son nom (de famille) et Éric son* **prénom.**

préoccuper v. **1 ●** *Cette dispute me* **préoccupe** *:* elle occupe mes pensées, elle me donne des soucis. **2** v. pron. **●** *Ses parents* **se préoccupent** *de son avenir :* ils y pensent souvent et ils s'inquiètent un peu.
■ préoccupant adj. **●** *L'état du malade est* **préoccupant,** *inquiétant.*
■ préoccupation nom f. **●** *Hugues m'a parlé de ses* **préoccupations** (→ SYN. inquiétude, souci).

préparer v. **1 ●** *Serge* **prépare** *le dîner :* il fait ce qu'il faut pour que le dîner soit prêt. **2 ●** *Elle* **prépare** *un concours difficile :* elle travaille pour être prête à le passer. □ v. pron. **●** **Préparez-vous,** *la course va commencer :* arrangez-vous pour être prêts. **3 ●** *Ils m'ont* **préparé** *une surprise :* ils l'ont organisée.
■ préparatifs nom m. plur. **●** *Nous partirons dès que les* **préparatifs** *du pique-nique seront terminés,* ce que l'on fait pour le préparer.
■ préparation nom f. **●** *Ne la dérangeons pas pendant la* **préparation** *du dessert,* pendant qu'elle le prépare.

■ préparatoire adj. **●** *Pour organiser ce voyage, ils auront des réunions* **préparatoires,** *qui servent à le préparer.*

prépondérant adj. **●** *Tout dépend de son avis ; il a une influence* **prépondérante** *dans ce groupe,* supérieure à celle des autres (→ SYN. dominant). — **●** *En cas d'égalité entre les candidats à l'élection, nous avons décidé que la voix du président serait* **prépondérante,** *que son vote compterait double et servirait à départager les candidats.*
■ prépondérance nom f. **●** *La* **prépondérance** *d'un pays sur un autre peut entraîner la guerre :* supériorité, domination.

préposé adj. et nom **1** adj. **●** *Voici le jardinier* **préposé** *à l'entretien du parc,* chargé de l'entretenir. **2** nom **●** *La* **préposée** *au nettoyage :* l'employée chargée de nettoyer. — **●** *Le* **préposé** *distribue le courrier,* le facteur.

préposition nom f. **●** *Dans la phrase :* «*Elle est partie pour le Brésil en avion avec sa belle-sœur*», «*pour*», «*en*» et «*avec*» *sont des* **prépositions,** *des mots qui relient les compléments au mot complété* (ici, le verbe partir).

prérogative nom f. **●** *Les* **prérogatives** *du Président :* droits, privilèges, avantages.

près adv. **1 ●** *La mer est tout* **près** (→ SYN. proche ; CONTR. loin). — DE PRÈS, loc. adv. **●** *Grand-mère voit* **mal de près,** *quand elle est près de ce qu'elle regarde* (→ CONTR. de loin). — PRÈS DE, loc. prép. **●** *La rivière passe* **près de** *chez moi* (→ CONTR. loin de). **2** PRÈS DE, loc. prép. **●** *Lève-toi, il est* **près de** *11 heures* (→ SYN. à peu près, presque, environ). Ne pas confondre : **près, pré** et **prêt.**

présager v. **●** *Son air furieux* **présage** *des ennuis :* il les annonce, il permet de les prévoir. ★ Conjug. 5.
■ présage nom m. **●** *Crois-tu aux* **présages** *?,* aux signes qui annoncent l'avenir.

presbyte adj. **●** *Cette vieille dame est* **presbyte** *:* elle voit mal de près (→ SYN. hypermétrope ; CONTR. myope).

□ nom ● *Les **presbytes** portent des lunettes pour lire.*

presbytère nom m. ● *Le **presbytère** d'une église* : la maison près de l'église où habite le curé.

1. prescription nom f. **1** ● *Tout ira bien si tu suis mes **prescriptions**, mes ordres précis, mes recommandations.* **2** ● *Les **prescriptions** du médecin sont écrites sur l'ordonnance.*

■ **prescrire** v. ● *Le médecin m'a **prescrit** ces médicaments* : il m'a ordonné de les prendre. ★ Conjug. 47.

2. prescription nom f. ● *Il a commis ce crime il y a si longtemps qu'il ne risque plus rien; il y a **prescription*** : il est trop tard pour que la justice ait encore le droit de le poursuivre.

1. présent adj. ● *Le maître fait l'appel pour trouver les élèves **présents**, qui sont là* (→ CONTR. absent). □ nom ● *Combien y a-t-il de **présents** ?*

■ **présence** nom f. ● *Le jour de ma fête, je compte sur ta **présence*** : j'espère bien que tu seras là (→ CONTR. absence). — EN PRÉSENCE DE. ● *Il l'a dit en **votre présence**, devant vous.*

2. présent nom et adj. **A.** nom **1** ● *Le passé et l'avenir m'intéressent moins que le **présent**, ce qui se passe en ce moment.* **2** ● *Dans : «Elle marche», le verbe «marcher» est au **présent**, le temps qui indique que l'action du verbe se passe au moment où l'on parle.* → Chercher aussi : imparfait, futur, passé. **3** À PRÉSENT, loc. adv. ● *Autrefois on s'éclairait à la bougie, **à présent** on utilise l'électricité* (→ SYN. actuellement, maintenant). **B.** adj. **1** ● *À la minute **présente**, on ignore encore qui va gagner* : à la minute où nous sommes (→ SYN. actuel). **2** PARTICIPE PRÉSENT. ● *«Riant» est le **participe présent** du verbe «rire».*

3. présent nom m. (littér.) ● *Je vous ai apporté un **présent**, un cadeau.*

présenter v. **1** ● *Je vous **présente** M. Martin* : je vous le fais connaître en disant son nom. □ v. pron. ● *Elle **s'est présentée** à son voisin.* **2** ● *Ce journa-*

*liste **présente** une nouvelle émission télévisée* : il l'annonce, il la fait connaître au public (→ présentateur). **3** ● *Ce commerçant **présente** bien ses marchandises* : il les dispose agréablement pour les faire voir (→ présentoir). **4** ● *Dans le train, le contrôleur m'a demandé de **présenter** mon billet*, de le montrer. **5** v. pron. ● *Delphine **s'est présentée** à ce concours* : elle a essayé de le passer. **6** v. pron. ● *Il profite des occasions qui **se présentent*** (→ SYN. arriver, se produire). **7** ● *Son oncle **présente** bien* : il a une bonne apparence, une attitude et une tenue qui plaisent (→ présentation, sens 2).

■ **présentable** adj. ● *Ce plat est tout à fait raté, il n'est pas **présentable**, digne d'être présenté.*

■ **présentateur, -trice** nom ● *Ce **présentateur** de radio est très connu*, celui qui présente une émission, un spectacle.

■ **présentation** nom f. **1** ● *Venez, je vais faire les **présentations**, vous présenter les uns aux autres.* **2** ● *Elle a fait beaucoup d'efforts pour soigner sa **présentation***, sa façon de se présenter, son apparence.

■ **présentoir** nom m. ● *Ces brosses à dents sont disposées sur un **présentoir**, un dispositif qui permet de présenter des marchandises.*

préserver v. ● *Une toile de tente les **préservait** du vent et de la pluie* : elle les abritait (→ SYN. protéger).

■ **préservation** nom f. ● *On utilise la matière plastique pour la **préservation** des aliments congelés* : protection, conservation.

présider v. ● *Le maire **a présidé** cette réunion* : il a dirigé les discussions.

■ **président** nom **1** ● *Le **président** du jury a annoncé les résultats*, celui qui préside. **2** ● *Nous allons entendre un discours du **président** de la République*, le chef de l'État.

■ **présidence** nom f. ● *Cet homme politique est candidat à la **présidence** de la République*, à la fonction de président.

717

■ **présidentiel** adj. ● *En France, les élections présidentielles ont lieu au suffrage universel*, l'élection du président.

présomptueux adj. ● *Il se prend pour un champion ; il est présomptueux*, prétentieux (→ présumer, sens 2 ; CONTR. modeste).

presque adv. ● *Nous avons parcouru presque 5 kilomètres*, pas tout à fait, à peu près.

presqu'île nom f. ● *Le voilier fait le tour de la presqu'île*, une terre presque entièrement entourée d'eau, mais rattachée à la côte par une bande de terre (→ île). ★ Chercher aussi : isthme ; péninsule.

pressant → presser.

presse nom f. **1** Machine qui sert à imprimer (en pressant les caractères enduits d'encre contre les feuilles de papier). **2** ● *La catastrophe aérienne a été annoncée par la presse*, l'ensemble des journaux, des magazines. **3** Machine qui sert à écraser des tôles de métal pour leur donner une certaine forme. ● *Les carrosseries de voitures sont fabriquées sur des presses.*

pressé → presser.

presse-citron nom m. invar. Ustensile qui sert à presser les citrons, les oranges pour en faire sortir le jus (→ presser, sens 2). ● *Des presse-citron.*

pressentir v. ● *Il a eu un accident, je l'avais pressenti* : j'avais senti à l'avance ce qui allait arriver (→ SYN. deviner). ★ Conjug. 15.

■ **pressentiment** nom m. ● *J'ai le pressentiment que tout cela va mal finir*, l'impression par avance (→ SYN. intuition).

presse-papiers nom m. invar. ● *Si tu ouvres la fenêtre, pose ton presse-papiers sur tes feuilles*, un objet lourd qui empêche les papiers de s'envoler. — ● *Des presse-papiers.*

presser v. **1** ● *Pour ouvrir la porte, pressez sur le bouton* : appuyez dessus (→ presse, pression). **2** ● *Luc presse*

une orange : il fait sortir le jus en la serrant ou en appuyant dessus (→ pressé, sens 1 ; pressoir). **3** v. pron. ● *La foule se presse à l'entrée du cinéma* : elle se serre, elle s'entasse. **4** ● *Cette cliente presse le garagiste de finir la réparation* : elle insiste pour qu'il fasse vite. **5** ● *C'est urgent, le temps presse* : il nous oblige à nous dépêcher (→ pressé). **6** PRESSER L'ALLURE. ● *Pour arriver à l'heure, pressons l'allure* : allons plus vite, dépêchons-nous. □ v. pron. ● *Allons, pressez-vous !* **7** ● *Presser quelqu'un de faire quelque chose* : le lui demander en insistant.

■ **pressant** adj. **1** ● *Je n'ai pas pu refuser, il était si pressant* : il insistait tellement. **2** ● *J'ai un besoin pressant d'aller aux toilettes*, un besoin urgent.

■ **pressé** adj. **1** ● *Un citron pressé* : un jus de citron. **2** ● *Un homme pressé*, obligé de se dépêcher. **3** ● *Un travail pressé*, qu'il faut faire rapidement (→ SYN. urgent). — ALLER AU PLUS PRESSÉ : faire tout de suite ce qui est le plus urgent. — N'AVOIR RIEN DE PLUS PRESSÉ QUE. ● *Dès qu'il rentre, il n'a rien de plus pressé que d'allumer la télévision* : il se dépêche de le faire, avant toute autre chose.

■ **pression** nom f. **1** ● *Sylvia referme sa valise d'une pression de la main*, d'un geste de la main qui appuie. — ● *Un bouton-pression* (ou une *pression*), que l'on ferme en appuyant dessus. **2** ● *Ton ballon va éclater si la pression de l'air est trop forte*, la force de l'air qui appuie (→ pressuriser). **3** FAIRE PRESSION SUR QUELQU'UN : essayer de l'obliger à faire quelque chose. — ● *Ils ont fait pression sur lui pour qu'il accepte de partir.*

■ **pressoir** nom m. ● *Pour faire le vin, on écrase d'abord le raisin dans un pressoir*, une machine qui sert à presser pour faire sortir le jus.

pressing [presiŋ] nom m. ● *M. Duval porte son pantalon au pressing*, un magasin où l'on repasse les vêtements à la vapeur.

pressuriser v. ● *La cabine des cosmonautes est pressurisée* : on y maintient la pression normale de l'air sur la Terre.

prestance nom f. ● *Cet homme a de la **prestance**, un aspect qui le fait respecter, qui en impose, de l'allure.*

prestation nom f. **1** Action de se produire en public. ● *La **prestation** d'un comédien, d'un chanteur, d'un sportif.* **2** Chose fournie. ● *Les familles reçoivent des **prestations** familiales* (argent, avantages) (→ SYN. allocation).

prestidigitateur, **-trice** nom ● *Des lapins, des colombes, des foulards, des fleurs, c'est fou ce qu'un **prestidigitateur** peut faire sortir de son chapeau!*, un homme très habile de ses mains, qui fait des tours de magie (→ SYN. illusionniste).
■ **prestidigitation** nom f. ● *François a assisté à un spectacle de **prestidigitation**, où l'on voyait des prestidigitateurs faire leurs tours de magie.*

prestige nom m. ● *Pour convaincre la foule, il sait se servir de son **prestige**,* de l'admiration et du respect qu'elle a pour lui.
■ **prestigieux** adj. ● *Le Louvre est un musée **prestigieux**,* admirable.

présumer v. **1** ● *Nous avons rendez-vous à 10 h ; je **présume** qu'elle ne va pas tarder : je le crois, je le suppose.* **2** PRÉSUMER DE. ● *Il a trop **présumé** de son courage :* il a trop compté sur son courage, il s'est cru plus courageux qu'il ne l'est (→ présomptueux).

présupposer [presypoze] v. Supposer auparavant. ● *Je t'invite, cela **présuppose** que tu sois libre.*

1. prêt adj. **1** ● *Valérie est **prête** à partir :* elle a fini de se préparer. — FIN PRÊT, loc. adj. ● *Notre équipe était **fin prête** pour affronter nos adversaires,* très bien préparée, tout à fait prête. **2** PRÊT À TOUT. ● *Pour défendre son petit frère, Marc est **prêt à tout**,* décidé à faire n'importe quoi, à tout supporter.

2. prêt nom m. ● *La banque lui a accordé un **prêt**,* une somme d'argent qu'elle lui a prêtée (→ prêter ; CONTR. emprunt).
★ Ne pas confondre avec *près* et *pré*.

prétendre v. **1** ● *Laurent **prétend** être le meilleur élève de la classe :* il l'affirme, mais ce n'est pas sûr (→ prétendu ; SYN. soutenir). **2** ● *Il **prétend** faire le tour du monde à pied :* il en a l'intention et il l'annonce (→ prétention, sens 1 ; SYN. vouloir). ★ Conjug. 31.
■ **prétendu** adj. ● *Ce **prétendu** chasseur ne sait pas tenir un fusil,* cet homme qui se fait passer pour ce qu'il n'est pas.
■ **prétendant** nom m. ● *Aline attend son **prétendant**,* celui qui souhaite l'épouser.

prétentieux adj. ● *Il n'arrête pas de se vanter, il est vraiment trop **prétentieux*** (→ prétention, sens 2 ; SYN. vaniteux ; CONTR. modeste).□ nom ● *Quelle **prétentieuse**!*

prétention nom f. **1** ● *Il a la **prétention** de tout diriger,* l'ambition, le désir. **2** ● *Il nous parle de sa fortune avec une grande **prétention*** (→ SYN. vanité ; CONTR. simplicité, modestie).

prêter v. **1** ● *Quel égoïste! Il a refusé de me **prêter** son ballon,* de me le laisser à condition que je le lui rende (→ CONTR. emprunter). **2** ● *Elle **a prêté** l'oreille à ses discours :* elle les a écoutés. — ● *Il m'**a prêté** assistance :* il m'a aidé. **3** ● *Il me **prête** des paroles que je n'ai jamais prononcées :* il dit que je les ai prononcées (→ SYN. attribuer). **4** PRÊTER À. ● *Leur bêtise **prête** à rire :* elle mérite qu'on en rie, qu'on s'en moque. **5** (fam.) UN PRÊTÉ POUR UN RENDU. ● *Tu m'as donné une gifle, et moi je te pince, c'est **un prêté pour un rendu** :* c'est ma revanche.
■ **prêteur**, **-teuse** adj. ● *Véronique n'est pas **prêteuse** :* elle n'aime pas prêter ce qui lui appartient. □ nom ● *Il a emprunté de l'argent à un **prêteur**,* une personne qui prête.

prétexte nom m. ● *Elle a trouvé un **prétexte** pour ne pas venir,* une raison qui n'est pas la vraie. — SOUS PRÉTEXTE QUE. ● *Elle refuse de m'aider, **sous prétexte***

qu'elle a beaucoup de travail, en donnant cette fausse raison.

■ **prétexter** v. ● *Comme il n'avait pas appris sa leçon, il **a prétexté** qu'il était malade* : il s'est servi de ce prétexte, de cette fausse raison.

prêtre nom m. ● *Dans l'église, un **prêtre** célèbre la messe,* un homme qui consacre toute sa vie à sa religion. ★ Chercher aussi : clergé, curé, pasteur, rabbin.

preuve nom f. **1** ● *Pour croire ce que tu dis, il me faudrait une **preuve**,* quelque chose qui montre que c'est vrai (→ probant, prouver). **2** ● *Laure est sûre qu'elle ne s'est pas trompée dans son opération :* elle a fait la **preuve**, un deuxième calcul qui montre que le premier est juste. **3** FAIRE PREUVE DE. ● *Pendant l'escalade, elle **a fait preuve d'**un grand courage :* elle a montré un grand courage. **4** FAIRE SES PREUVES. ● *C'est un champion qui **a fait ses preuves** :* il a déjà montré qu'il était capable de bien faire.

prévaloir v. ● *On a proposé beaucoup de solutions, mais c'est la sienne qui **a prévalu**,* qui a été choisie, qui l'a emporté. ★ Conjug. 25 (sauf au subjonctif : *que je prévale*).

prévenir v. **1** ● *Je te **préviens** que je n'irai pas à la piscine demain :* je te le dis à l'avance (→ SYN. avertir, aviser). **2** ● *C'est un incendie, il faut **prévenir** les pompiers,* les mettre au courant (→ SYN. informer). **3** ● *On vaccine les enfants pour **prévenir** les maladies :* on prend les précautions qui permettent de les éviter (→ préventif, prévention, sens 1). **4** ● *Il cherche toujours à **prévenir** les désirs de ses amis,* à les satisfaire avant qu'ils demandent (→ prévenance; prévenant). **5** ● *Qui t'a **prévenu** contre mon ami ?,* qui t'en a dit du mal avant même que tu le connaisses ? (→ prévention, sens 2; prévenu). ★ Conjug. 19.

■ **prévenance** nom f. ● *Elle entoure le malade de **prévenances**,* d'attentions, de gentillesse.

■ **prévenant** adj. ● *Marc est très pré-*

venant, plein d'attentions délicates, de prévenance (→ SYN. attentionné).

■ **préventif** adj. ● *La médecine **préventive**,* qui a pour but d'éviter que les maladies se déclarent.

■ **prévention** nom f. **1** LA PRÉVENTION ROUTIÈRE : une association chargée de prendre des précautions pour éviter les accidents de la route. **2** ● *Pourquoi as-tu des **préventions** contre lui ?,* une mauvaise opinion avant de le connaître (→ SYN. préjugé).

■ **prévenu** nom ● *Quand les juges sont entrés, le **prévenu** s'est levé,* l'accusé, celui que la police croit coupable (→ SYN. inculpé).

prévoir v. **1** ● *J'avais **prévu** qu'elle arriverait en retard :* je le savais d'avance. **2** ● *Le gouvernement **a prévu** la construction d'autoroutes :* il l'a décidée pour l'avenir. ★ Conjug. 22 (sauf au futur : *je prévoirai,* et au conditionnel : *je prévoirais*).

■ **prévisible** adj. ● *Son retard était **prévisible** :* on pouvait le prévoir (→ imprévu; CONTR. imprévisible).

■ **prévision** nom f. **1** ● *Tu t'es trompé dans tes **prévisions**,* dans les choses que tu avais prévues. **2** EN PRÉVISION DE. ● *Il avait gardé une part de gâteau **en prévision de** l'arrivée de François,* en pensant qu'il pourrait venir.

■ **prévoyance** nom f. ● *Elle a emporté des provisions; nous n'aurons pas trop faim grâce à sa **prévoyance**,* la qualité d'une personne qui sait prévoir ce qui va se passer (→ CONTR. imprévoyance).

■ **prévoyant** adj. ● *C'est un homme **prévoyant**,* qui sait prévoir, prudent (→ CONTR. imprévoyant).

prier v. **1** ● *Les chrétiens **ont prié** dans l'église :* ils se sont adressés à Dieu (→ prie-Dieu; prière, sens 1). **2** ÊTRE PRIÉ DE. ● *Vous **êtes prié** de vous présenter à cette adresse :* on vous le demande (→ prière, sens 2). — SE FAIRE PRIER : n'accepter qu'avec difficulté. — NE PAS SE FAIRE PRIER : accepter tout de suite, avec joie. ● *Quand j'ai proposé à Marie de l'emmener sur mon bateau, elle **ne s'est pas fait prier**.* ★ Conjug. 10.

■ **prie-Dieu** nom m. invar. Siège bas sur lequel on s'agenouille pour prier.

■ **prière** nom f. **1** ● *Elle a dit une **prière**, des paroles qui s'adressent à Dieu.* **2** ● ***Prière** de fermer la porte :* on vous le demande.

1. primaire adj. ● *L'enseignement **primaire**, qui va des petites classes jusqu'à la sixième.* ★ Chercher aussi : secondaire, supérieur.

2. primaire SECTEUR PRIMAIRE : en économie, activités qui produisent des matières premières. ● *L'agriculture fait partie du **secteur primaire**.* ★ VOIR : secteur secondaire et secteur tertiaire.

primate nom m. ● *Les singes font partie des **primates**, des animaux évolués, qui peuvent saisir des objets avec leurs mains.*

primauté nom f. Première place, plus grande importance, suprématie. ● *Le maître de Sylvie donne la **primauté** à l'orthographe.*

1. prime nom f. **1** ● *Les ouvriers ont reçu une **prime**, une somme d'argent en plus de leur salaire* (→ 1. primer ; SYN. gratification). **2** EN PRIME. ● *Si l'on s'abonne à cette revue, on reçoit un cadeau **en prime**,* en supplément.

2. de prime abord loc. adv. ● *De prime abord, il me paraît sympathique,* à première vue (→ primeur).

1. primer v. ● *Ce film **a été primé** au festival de cinéma de Cannes :* il a gagné un prix.

2. primer v. ● *Dans son caractère, c'est l'intelligence qui **prime**,* qui a le plus d'importance, qui domine.

primeur nom f. **1** ● *Dès que nous aurons une information, vous en aurez la **primeur** :* vous serez le premier à la connaître. **2** (au plur.) ● *Un marchand de **primeurs**,* de fruits, de légumes frais vendus avant la saison normale.

primevère nom f. Plante à fleurs qui fleurit au printemps. ● *Des **primevères** sauvages.* ★ Chercher aussi : coucou.

primevère

primitif adj. **1** ● *Après plusieurs lavages, cette robe a perdu sa couleur **primitive**,* celle qu'elle avait au début. **2** ● *Cette aiguille en os a été fabriquée par un homme **primitif**, qui vivait au temps des premiers hommes de la préhistoire* (→ CONTR. civilisé). — ● *Un outil **primitif*** (→ SYN. archaïque). □ nom m. ● *Les **primitifs** :* les premiers hommes.

primordial adj. ● *C'est une découverte extraordinaire ; son rôle sera **primordial**,* très important, de premier ordre (→ SYN. capital, essentiel).

prince nom m. **1** Titre porté par les membres d'une famille royale. ● *La reine se promenait avec le petit **prince**, son fils.* **2** (fig.) ÊTRE BON PRINCE : être généreux, tolérant.

■ **princesse** nom f. Fille d'un souverain ou femme d'un prince.

■ **princier** adj. ● *Ils ont organisé une réception **princière**,* digne d'un prince (→ SYN. somptueux).

■ **principauté** nom f. Petit État dirigé par un prince. ● *La **principauté** de Monaco.*

principal adj. et nom m. **1** ● *Connais-tu les **principales** villes de France ?,* les plus importantes. □ nom m. ● *Le **principal**, c'est d'agir avec prudence :* la chose la plus importante (→ SYN.

essentiel). **2** nom m. ● *Le* **principal** *du collège* : le directeur. **3** adj. ● *Dans «je voudrais qu'il neige», «je voudrais» est une proposition* **principale**, *celle qui ne complète pas une autre proposition, mais qui est complétée par une ou plusieurs autres.* ★ Chercher aussi : subordonnée.

■ **principalement** adv. ● *Elle désirait* **principalement** *se reposer, surtout, par-dessus tout.*

principe nom m. **1** ● *Il a agi selon ses* **principes**, *les règles qui dirigent sa vie.* **2** ● *Elle a compris le* **principe** *de la chute des corps, la loi scientifique.* **3** EN PRINCIPE, loc. adv. ● *En* **principe**, *il devrait déjà être arrivé à la maison, normalement.*

printemps nom m. ● *Les hirondelles reviennent au* **printemps**, *la première des quatre saisons, celle où les plantes recommencent à pousser, à fleurir.*

■ **printanier** adj. ● *Elle porte une tenue* **printanière**, *de printemps ; légère, claire et gaie.*

priorité nom f. **1** ● *Au carrefour, la voiture venant de droite a la* **priorité**, *le droit de passer la première.* — ● *Cette question est très importante, nous allons lui donner la* **priorité**, *l'examiner en premier, avec le plus grand soin.* **2** EN PRIORITÉ, loc. adv. ● *Nous allons discuter de ce problème* **en priorité**, *en premier lieu, avant tous les autres.*

■ **prioritaire** adj. ● *Les routes* **prioritaires**, *où l'on a la priorité de passage.* — ● *Les problèmes* **prioritaires** : *les plus importants, ceux qui doivent être examinés en premier.*

prise nom f. **1** ● *Les soldats campent ici en attendant la* **prise** *du château fort, en attendant de le prendre, de s'en emparer.* **2** ● *Patrick a rapporté de belles* **prises** *de sa partie de pêche, de beaux poissons qu'il a pris, attrapés.* **3** ● *Alain est tout fier de nous montrer une nouvelle* **prise** *de judo, une façon d'attraper son adversaire au judo.* — ÊTRE AUX PRISES AVEC QUELQU'UN OU QUELQUE CHOSE. ● *Actuellement, il* **est aux prises** *avec*

de graves difficultés : il lutte contre elles. **4** ● *Pendant l'escalade, les grimpeurs doivent trouver des* **prises**, *des endroits où l'on peut se tenir.* — LÂCHER PRISE. ● *Les déménageurs ont porté le piano sans* **lâcher prise**, *sans cesser de le tenir.* **5** (fig.) AVOIR PRISE SUR. ● *Ces élèves sont trop turbulents, la maîtresse n'a plus* **prise sur** *eux* : *elle n'a aucun moyen de les faire obéir.* **6** PRISE DE COURANT : *dispositif permettant de brancher un appareil électrique.*

prisme nom m. Objet triangulaire à facettes. ● *En traversant un* **prisme** *de verre, la lumière se décompose pour donner toutes les couleurs de l'arc-en-ciel.* ★ VOIR p. 424.

prison nom f. ● *Les malfaiteurs ont été mis en* **prison**, *un endroit où ils sont enfermés, privés de leur liberté* (→ emprisonner).

■ **prisonnier** nom ● *Ce* **prisonnier** *sera bientôt libéré, celui qui est enfermé dans une prison* (→ SYN. détenu). □ adj. ● *Un oiseau* **prisonnier**, *privé de sa liberté.*

privé adj. **1** ● *Une plage* **privée**, *qui n'est pas ouverte à tout le monde* (→ CONTR. public). **2** ● *Sa vie* **privée** *ne m'intéresse pas, sa vie personnelle.* **3** ● *Il travaille dans une entreprise* **privée**, *qui ne dépend pas de l'État* (→ CONTR. public).

priver v. ● *En enfermant cet oiseau, tu le* **prives** *de sa liberté* : *tu l'empêches d'en profiter, tu la lui enlèves.* — ● *Elle a été* **privée** *de télévision.* □ v. pron. ● *Pour maigrir, ma cousine* **se prive** *de nourriture* : *elle décide de ne pas manger.*

■ **privation** nom f. ● *Ces réfugiés ont du mal à supporter les* **privations**, *d'être privés de certaines choses (nourriture, vêtements, etc.).*

privilège nom m. ● *La Révolution de 1789 a supprimé les* **privilèges** *des nobles et du clergé, leurs droits particuliers, leurs avantages.*

■ **privilégié** nom ● *Seuls, quelques* **privilégiés** *ont pu faire ce voyage,* quelques personnes qui ont eu ce privilège, cet avantage, cette chance. □ adj. ● *Les gens privilégiés* : les plus riches (→ CONTR. défavorisé).

prix nom m. **1** ● *Au concours de plage, Hervé a eu un prix,* une récompense (→ 1. primer). **2** ● *Quel est le prix de ce livre ?,* la somme d'argent qu'il faut donner pour l'acheter (→ SYN. valeur). — HORS DE PRIX, loc. adj. ● *Cette robe est hors de prix,* trop chère. — N'AVOIR PAS DE PRIX. ● *Ce tableau est un chef-d'œuvre, il n'a pas de prix* : sa valeur est très grande, inestimable. **3** (fig.) À AUCUN PRIX. ● *N'insistez pas, je n'accepterai à aucun prix,* même si vous me proposez des choses extraordinaires (→ SYN. en aucun cas). — À TOUT PRIX. ● *Mon chien s'est perdu, il faut le retrouver à tout prix,* coûte que coûte, absolument.

probable adj. ● *Est-ce que Francis aime les gâteaux ? C'est probable,* c'est à peu près certain. — IL EST PROBABLE QUE. ● *Il est probable qu'il viendra avec nous* : on peut le prévoir (→ SYN. vraisemblable; CONTR. improbable).
■ **probablement** adv. ● *Il est le plus fort; il va probablement gagner* (→ SYN. vraisemblablement).
■ **probabilité** nom f. ● *La probabilité qu'il neige demain est faible,* les chances que cela se produise.

probant adj. ● *Ton argument n'est pas très probant,* pas très convaincant, il ne prouve rien (→ prouver).

probité nom f. ● *La probité de ce commerçant est bien connue* : honnêteté, moralité.

problème nom m. **1** ● *Sophie n'a pas su faire ce problème,* cet ensemble de questions auxquelles il faut trouver une solution en faisant des calculs. **2** ● *Dans ce quartier, tu pourras garer ta voiture sans problème,* sans difficulté.
■ **problématique** adj. ● *Avec la grève des trains, sa venue devient problématique,* pas certaine, elle pose des problèmes (→ SYN. douteux).

procéder v. **1** ● *Les mécaniciens ont procédé au réglage du moteur* : ils ont fait ce travail. **2** ● *Il faut procéder avec prudence,* agir. ★ Conjug. 8.
■ **procédé** nom m. **1** ● *Jacques a découvert un nouveau procédé pour écrire des messages secrets,* une nouvelle manière de s'y prendre (→ SYN. méthode, 1. moyen). **2** ● *Elle est sans-gêne, je n'aime pas ses procédés,* ses mauvaises façons d'agir.

procédure nom f. **1** ● *Pour faire faire une carte d'identité, connais-tu la procédure à suivre ?,* ce qu'il faut faire pour suivre les règlements, les formalités à remplir. **2** ● *Les avocats et les juges connaissent bien la procédure,* l'ensemble des règles que l'on doit appliquer dans les tribunaux.

procès nom m. ● *Ce criminel s'est évadé pendant son procès,* son jugement par le tribunal. — ● *Comme ce client ne voulait pas payer, le commerçant lui a fait un procès* : il a demandé à la justice qu'on l'oblige à payer.

procession nom f. ● *En chantant, la procession a fait le tour de l'église,* un cortège de gens qui prient.

processus [prɔsesys] nom m. **1** ● *Sa maladie a suivi le processus normal,* la façon normale de se dérouler, d'évoluer. **2** ● *Nous allons étudier le processus de la respiration,* son mécanisme, la manière dont les choses se passent dans ce cas.

procès-verbal nom m. **1** ● *L'agent lui a dressé un procès-verbal pour excès de vitesse,* une contravention (→ verbaliser; SYN. (abrév.) P.-V.). **2** ● *Le procès-verbal d'une réunion,* le résumé écrit, le compte rendu de cette réunion. — ● *Des procès-verbaux.*

1. prochain adj. **1** ● *Nous irons à la campagne dimanche prochain,* le dimanche qui vient. **2** ● *Elle a promis de nous inviter un jour prochain,* qui viendra bientôt (→ prochainement). **3** ● *Nous nous arrêterons au prochain restaurant,* le plus proche.

■ **prochainement** adv. ● *Corinne doit m'écrire* **prochainement**, bientôt.

2. prochain nom m. ● *Il dit du mal de son* **prochain**, des autres.

proche adj. **1** ● *L'école est* **proche** *de chez moi*, près de chez moi (→ approcher, rapprocher; proximité; CONTR. éloigné). **2** ● *La fin de l'année est* **proche** : *elle va bientôt arriver*. **3** ● *Aude a des goûts* **proches** *des miens*, qui ressemblent aux miens (→ CONTR. différent).

proclamer v. **1** ● *La République a été* **proclamée**, elle a été décidée et annoncée solennellement, officiellement. **2** ● **Proclamer** *son innocence*, la crier, l'affirmer.
■ **proclamation** nom f. ● *Ces partis politiques ont fait une* **proclamation** *contre la guerre*, une déclaration solennelle.

procréer v. Mettre au monde. ● **Procréer** *de beaux enfants*.
■ **procréation** nom f. Action de mettre au monde.

procuration nom f. ● *Pour que je vote à ta place, tu dois me signer une* **procuration**, un papier qui m'autorise à agir à ta place.

procurer v. **1** ● *Je peux te* **procurer** *des places pour le concert*, te les obtenir, te les fournir. □ v. pron. ● *Vous devez* **vous procurer** *ce livre pour la semaine prochaine*, faire ce qu'il faut pour l'avoir. **2** ● *Le sport me* **procure** *beaucoup de plaisir* : il m'en apporte.

procureur nom m. ● *Le* **procureur** *a demandé que l'accusé soit sévèrement puni*, le magistrat chargé de l'accusation, dans un procès. ★ Chercher aussi : avocat.

prodige nom m. **1** ● *Après cet accident, c'est un* **prodige** *qu'il soit encore en vie*, une chose extraordinaire, un miracle. **2** ● *Vous avez fait des* **prodiges**, des merveilles. **3** ● *À dix ans, il donnait déjà des concerts; c'est un jeune* **prodige**, une personne qui a des dons extraordinaires. ★ Ne pas confondre avec *prodigue*.

■ **prodigieusement** adv. ● *Cet homme est* **prodigieusement** *intelligent* (→ SYN. extrêmement, fabuleusement).

■ **prodigieux** adj. ● *Ces coureurs ont une résistance* **prodigieuse** (→ SYN. extraordinaire, fabuleuse, incroyable).

prodiguer v. ● *Le médecin lui a* **prodigué** *des soins* : il lui a donné des soins, il l'a soigné.
■ **prodigue** adj. **1** ● *Un ami* **prodigue** *de conseils*, qui donne beaucoup de conseils. **2** ● *Ce garçon* **prodigue** *n'aura bientôt plus un sou*, ce garçon qui dépense trop (→ CONTR. économe). ★ Ne pas confondre avec *prodige*.
■ **prodigalité** nom f. ● *Ce prince distribue les perles et les diamants, il n'y a pas de borne à sa* **prodigalité**, grande générosité, munificence.

produire v. **1** ● *Le passage du cyclone a* **produit** *des ravages sur l'île* (→ SYN. causer, provoquer). **2** ● *Les usines de cette région* **produisent** *surtout des meubles* : elles les fabriquent, elles les fournissent grâce à leur travail. — ● *Ce poirier a* **produit** *20 kilos de fruits* : il les a fournis naturellement (→ producteur; CONTR. consommer). **3** v. pron. ● *As-tu vu la catastrophe* **se produire** ?, avoir lieu, arriver. **4** ● **Produire** *un film* : trouver l'argent et les moyens nécessaires pour qu'on puisse le tourner (→ producteur, sens 2). ★ Conjug. 43.
■ **producteur, -trice** adj. **1** ● *La Grande-Bretagne est un pays* **producteur** *de charbon*, qui en produit (→ CONTR. consommateur). □ nom ● *Les* **producteurs** *de fruits du sud de la France*. **2** nom ● *Un* **producteur** *de cinéma* : celui qui produit un film.
■ **productif** adj. ● *On a découvert un gisement de houille très* **productif**, qui produit beaucoup. — ● *Une rencontre* **productive**, fructueuse.
■ **productivité** nom f. ● *Dans cette usine, la* **productivité** *a augmenté*, le rapport entre les quantités qu'elle produit et ses moyens pour les produire (→ SYN. rendement).
■ **production** nom f. **1** ● *En remplaçant les chevaux par des tracteurs, on*

a fait augmenter la **production** de blé, la quantité produite. **2** ● *Les **productions** de ce pays sont très variées*, les choses produites, fabriquées.
■ **produit** nom m. **1** ● *Les fruits, les légumes sont des **produits** de l'agriculture*, des choses produites. **2** ● *Si tu multiplies 12 par 3, le **produit** de ta multiplication est 36*, le nombre que tu obtiens en multipliant, le résultat.

proéminent adj. Qui dépasse fortement ce qui l'environne. ● *Cet homme a le nez **proéminent**.*

profane adj. et nom ● *Je n'ose pas donner mon avis, je suis un **profane** en sculpture, je n'y connais rien* (→ SYN. ignorant). — ● *Ce peintre est inconnu des **profanes*** (→ CONTR. connaisseur).

profaner v. ● *Ils **ont profané** l'autel de cette église* : ils n'ont pas respecté cette chose sacrée.

proférer v. ● *L'ivrogne **proférait** des injures* : il les disait tout haut, avec violence. — ● ***Proférer** des menaces.*
★ Conjug. 8.

professeur nom m. ● *Ma sœur est **professeur** d'anglais dans un lycée*, la personne qui enseigne cette matière.
■ **professoral** adj. ● *Elle fait partie du corps **professoral***, de l'ensemble des professeurs.
■ **professorat** nom m. ● *Il a choisi le **professorat***, le métier de professeur, l'enseignement.

1. profession nom f. ● *Quelle est votre **profession** ?*, le travail que vous faites pour gagner votre vie (→ SYN. métier). — DE PROFESSION. ● *Elle est musicienne de **profession*** : c'est son métier.
■ **professionnel** adj. ● *Il a des soucis **professionnels***, dans son travail. □ nom ● *Ces joueurs de tennis sont des **professionnels***, des gens qui font cela pour gagner leur vie (→ CONTR. amateur).

2. profession nom f. **1** FAIRE PROFESSION DE. ● *Il **fait profession** d'aimer les animaux* : il le déclare publiquement, ouvertement. **2** PROFESSION DE FOI : déclaration publique pour annoncer que l'on croit à certaines idées (religieuses, politiques, etc.).

profil nom m. ● *Rémi a dessiné mon **profil**, mon visage vu de côté.* — DE PROFIL, loc. adv. ● *Voilà sa photo de **profil**, vue de côté* (→ CONTR. de dos, de face).
■ **se profiler** v. pron. ● *La tour Eiffel **se profile** sur le ciel* : sa forme apparaît nettement (→ SYN. se découper, se détacher).

profit nom m. **1** ● *Je constate le **profit** de ton séjour au bord de la mer*, le bien qu'il t'a fait (→ SYN. avantage, bienfait). **2** ● *Les **profits** d'une entreprise* : l'argent qu'elle rapporte (→ SYN. bénéfice ; CONTR. perte). **3** AU PROFIT DE, loc. prép. ● *Cette fête est organisée **au profit des** handicapés*, pour qu'elle rapporte de l'argent pour les aider. **4** TIRER PROFIT DE. ● *Elle sait **tirer profit de** toutes les occasions*, s'en servir pour y gagner quelque chose. **5** METTRE À PROFIT. ● *Tes conseils étaient bons, je les **ai mis à profit*** : je les ai bien utilisés, j'en ai tiré parti.
■ **profitable** adj. ● *Cette décision a été **profitable** pour tous*, fructueuse, avantageuse, utile.
■ **profiter** v. **1** PROFITER DE. ● *Il **a profité** de son voyage en Italie pour visiter Rome* : il a saisi cette occasion. — ● *Il **profite de** moi* : il m'exploite (→ profiteur). **2** PROFITER À. ● *Vos leçons lui **ont profité*** : elles lui ont été utiles.
■ **profiteur, -teuse** nom (péjor.) ● *Pendant la guerre, ce **profiteur** a gagné beaucoup d'argent*, celui qui profite des malheurs des autres.

profond adj. **1** ● *Si tu ne sais pas nager, ne te baigne pas dans cette eau **profonde**, dont le fond est très bas*, très loin de la surface. **2** ● *Sa joie est **profonde**, très grande, intense.* **3** ● *Il est plongé dans de **profondes** réflexions*, qui essaient d'aller au fond des choses (→ approfondi ; CONTR. superficiel).
■ **profondément** adv. **1** ● *Ils ont dû creuser **profondément** pour trouver de l'eau*, loin vers le bas. **2** ● *Il aime **profondément** ses parents*, beaucoup, du fond du cœur.

■ **profondeur** nom f. **1** ● *En France, certaines grottes ont plus de 100 m de* **profondeur**, *de distance au-dessous de la surface du sol.* **2** ● *Ce buffet a une* **profondeur** *de 75 cm, une dimension de l'avant vers l'arrière.* **3** ● *J'admire la* **profondeur** *de son intelligence, la qualité qui lui permet d'aller au fond des choses.*

profusion nom f. À PROFUSION, loc. adv. ● *Dans la forêt, nous avons trouvé des champignons* **à profusion**, *en grande quantité, en abondance.*

progéniture nom f. (littér.) ● *La lionne surveille sa* **progéniture**, *l'ensemble de ses petits.*

programme nom m. **1** ● *J'ai acheté le* **programme** *des cinémas pour la semaine, la liste des films que l'on peut voir* (→ programmation, sens 1). **2** ● *L'anglais est-il inscrit au* **programme** *du concours?, sur la liste des matières à étudier.* **3** ● *Le Premier ministre a présenté son* **programme**, *ses projets, ses plans, ses buts.* **4** ● *Le* **programme** *d'un ordinateur :* l'ensemble des informations qu'on lui donne pour résoudre un problème (→ programmation, sens 2). — ● *Une machine à laver à* **programmes**.

■ **programmation** nom f. **1** ● *La* **programmation** *de cette émission de télévision est prévue pour demain, le moment où elle sera diffusée* (→ programmer, sens 1). **2** ● *La* **programmation** *d'un ordinateur :* l'ensemble des opérations qui fournissent un programme à l'ordinateur.

■ **programmer** v. **1** ● *Programmer une émission de radio, l'inscrire dans le programme.* **2** ● *Programmer un ordinateur :* lui donner un programme.

progrès nom m. **1** ● *Ces maladies ont disparu grâce aux* **progrès** *de la médecine, parce que la médecine s'est développée, parce qu'elle est devenue meilleure, plus efficace.* **2** ● *Antoine fait des* **progrès** *en calcul :* il calcule de mieux en mieux. **3** ● *Mon grand-père croit au* **progrès**, *aux découvertes qui*

rendront les hommes meilleurs, plus heureux.

■ **progresser** v. **1** ● *L'incendie* **progresse** : il se développe, il s'étend. **2** ● *Cet élève* **progresse** *dans toutes les matières :* il fait des progrès.

■ **progressif** adj. ● *Pour demain, on prévoit un réchauffement* **progressif** *de la température, un réchauffement qui augmentera peu à peu* (→ progressivement).

■ **progression** nom f. ● *Les radios ont suivi la* **progression** *des bateaux pendant la course, leur marche en avant.*

progressiste adj. ● *Ce dirigeant politique a des idées* **progressistes**, *qui vont dans le sens du progrès, qui proposent plus de justice et de liberté, plus de bonheur pour les hommes* (→ SYN. avancé, sens 2). □ nom ● *C'est un* **progressiste**.

progressivement adv. ● *Ils ont aménagé* **progressivement** *leur nouvel appartement, peu à peu, petit à petit* (→ progressif).

prohibitif adj. ● *Je n'achèterai pas cette robe : son prix est* **prohibitif** : il m'empêche de pouvoir l'acheter, il est excessif, trop élevé.

proie nom f. **1** ● *Le lion a dévoré sa* **proie**, *l'animal qu'il a tué pour le manger.* **2** ● *Oiseau de* **proie** : oiseau qui se nourrit d'animaux qu'il chasse* (→ SYN. rapace). **3** (fig.) ÊTRE LA PROIE DE. ● *Cet hôtel* **est la proie des** *flammes :* les flammes sont en train de le détruire. **4** (fig.) ÊTRE EN PROIE À. ● *Elle* **est en proie au** *désespoir,* tourmentée par le désespoir.

1. projeter v. ● *Ils* **ont projeté** *de traverser la France à bicyclette :* ils veulent le faire plus tard, ils en ont l'intention. ★ Conjug. 9.

■ **projet** nom m. **1** ● *Quels sont vos* **projets** ? *vos intentions.* **2** ● *L'architecte nous a présenté le* **projet** *du nouveau port, les plans qui montrent comment il sera plus tard.*

2. projeter v. **1** ● *Une violente explosion les* **a projetés** *au sol :* elle les a jetés en avant avec force* (→ projectile ; projection, sens 1). **2** ● *Il* **a projeté** *un film :* il a fait apparaître les images sur un écran (→ projecteur; projection, sens 2). ★ Conjug. 9.

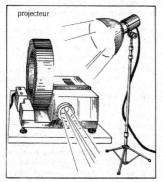

projecteur

■ **projecteur** nom m. **1** ● *Si tu veux nous montrer tes films, apporte ton* **projecteur***,* l'appareil servant à projeter des images sur un écran. **2** ● *La scène du théâtre est éclairée par des* **projecteurs***,* des lampes très puissantes.
■ **projectile** nom m. Tout objet que l'on lance à la main ou avec une arme à feu.
■ **projection** nom f. **1** ● *Les* **projections** *du volcan ont détruit le village,* les matières projetées. **2** ● *La* **projection** *du film a été interrompue par une panne.*

prolétaire nom. Personne pauvre, qui n'a que son travail pour vivre, qui ne possède pas de capitaux (→ CONTR. 2. bourgeois, capitaliste).
■ **prolétariat** nom m. ● *Le* **prolétariat** *s'est développé en même temps que l'industrie,* la classe sociale des prolétaires. ★ Chercher aussi : bourgeoisie.

proliférer v. ● *Dans cette réserve naturelle, les oiseaux* **prolifèrent** *:* ils deviennent de plus en plus nombreux, ils se multiplient très rapidement. ★ Conjug. 8.

■ **prolifération** nom f. ● *Ces pays ont signé un traité pour éviter la* **prolifération** *des armes nucléaires,* leur multiplication.
■ **prolifique** adj. ● *Les souris sont des animaux* **prolifiques***,* qui se reproduisent rapidement (→ SYN. fécond).

prolixe adj. ● *Une personne* **prolixe***,* qui parle beaucoup.

prologue nom m. ● *Le* **prologue** *d'un roman,* son introduction, sa préface.

prolonger v. **1** ● *Nous avons décidé de* **prolonger** *nos vacances,* de les faire durer plus longtemps (→ prolongation; CONTR. abréger). **2** ● *La ligne d'autobus vient d'être* **prolongée***,* d'être continuée plus loin (→ prolongement; CONTR. raccourcir). ★ Conjug. 5.
■ **prolongation** nom f. **1** ● *L'employé a demandé la* **prolongation** *de son congé,* qu'il soit prolongé. **2** ● *Les deux équipes de football avaient fait match nul; elles ont dû jouer les* **prolongations***,* deux périodes supplémentaires qui prolongent le match et qui servent à départager les équipes.
■ **prolongement** nom m. **1** ● *La municipalité a décidé le* **prolongement** *de la route,* d'augmenter sa longueur. **2** ● *La ferme est située dans le* **prolongement** *du chemin,* dans la direction qui le prolonge.

promener v. **1** ● *Sylvie* **promène** *son chien :* elle l'emmène faire un tour. □ v. pron. ● *Mathieu* **s'est promené** *dans le parc* (→ SYN. (fam.) se balader). **2** ● *Il* **promène** *son regard sur la foule :* il le déplace. **3** (fig. et fam.) ENVOYER PROMENER QUELQU'UN OU QUELQUE CHOSE. ● *Quand j'ai voulu lui parler, elle m'*a envoyé promener *:* elle m'a repoussé brutalement. — ● *Il* **a envoyé promener** *ses études de médecine :* il les a abandonnées, il y a renoncé complètement. ★ Conjug. 8.
■ **promenade** nom f. ● *Elle est partie faire une* **promenade** (→ SYN. balade).
■ **promeneur** nom ● *Par ce bel après-midi, les* **promeneurs** *flânaient sur les quais du port,* ceux qui se promènent (→ SYN. flâneur).

promettre v. 1 ● *Il m'a promis de m'accompagner à l'école* : il m'a dit qu'il le ferait certainement. 2 ● *Je lui ai promis un ballon* : je me suis engagé à le lui donner plus tard. 3 ● *Les prévisions météorologiques nous promettent un beau temps pour demain* (→ SYN. annoncer, prédire). 4 v. pron. ● *Je me suis promis de ne jamais plus recommencer* : j'ai pris cette résolution, cette décision. 5 ● *Cet enfant est très intelligent, il promet beaucoup*, il donne de grandes espérances, on peut espérer qu'il réussira dans la vie (→ prometteur). ★ Conjug. 33.
■ **promesse** nom f. 1 ● *Il viendra sûrement, il tient ses promesses*, ce qu'il promet (→ SYN. engagement, parole). 2 ● *Son avenir est plein de promesses*, de choses agréables à espérer.

prometteur, -teuse adj. ● *Ce tout jeune acteur a fait des débuts prometteurs*, qui permettent d'espérer qu'il réussira.

promiscuité nom f. ● *Elle ne supporte pas la promiscuité des terrains de camping*, le voisinage désagréable d'autres personnes.

promontoire nom m. ● *Pascal regardait les bateaux du haut du promontoire*, un endroit élevé.

promouvoir v. 1 ● *Ce militaire a été promu au grade de colonel* : on lui a donné ce grade plus élevé (→ promotion, sens 1). 2 ● *Le Premier ministre a essayé de promouvoir une nouvelle politique*, de la mettre en œuvre (→ promotion, sens 2 ; promoteur, sens 1). 3 ● *Ce magasin fait beaucoup de publicité pour promouvoir ses ventes*, pour les faire augmenter (→ promotion, sens 2). ★ Conjug. 24.
■ **promoteur, -trice** nom 1 ● *Il est le promoteur de ce programme politique*, celui qui en a eu l'idée. 2 ● *Connais-tu le promoteur de ces immeubles ?*, l'homme d'affaires qui s'occupe de les faire construire et de les vend.
■ **promotion** nom f. 1 ● *Mon oncle attend avec impatience sa promotion*, sa nomination à un poste plus élevé,

son avancement. 2 ● *Le directeur commercial est chargé de la promotion de ce produit*, du développement de sa vente par la publicité (→ promotionnel). 3 ● *Les élèves entrés ensemble dans une grande école font partie de la même promotion*.
■ **promotionnel** adj. ● *Cette marque de lessive a organisé une vente à des prix promotionnels*, des prix peu élevés, pour qu'elle se vende mieux.

prompt adj. (littér.) ● *Quand on l'a attaquée, elle a été prompte à réagir*, rapide ; elle a réagi sans tarder.
■ **promptitude** nom f. ● *On a pu sauver ce blessé grâce à la promptitude des secours*, à leur rapidité.

promulguer v. ● *Il faut appliquer cette nouvelle loi, puisqu'elle a été promulguée hier*, publiée officiellement.
■ **promulgation** nom f. ● *La loi n'est applicable qu'après sa promulgation*.

prôner v. 1 Prêcher (sens 2) ● *Prôner l'honnêteté*. 2 Recommander, vanter. ● *Prôner l'utilisation de tel produit*.

pronom nom m. ● *Dans la phrase* : « Mon chien ? Il mange ce que je lui donne », « Il » et « lui » sont des *pronoms* personnels, « ce » est un *pronom* démonstratif, « que » un *pronom* relatif, des mots qui remplacent des noms ou des personnes.

pronominal adj. ● « Se coucher » est un verbe *pronominal*, qui est précédé d'un pronom personnel.

prononcer v. 1 ● *Elle a prononcé quelques paroles* : elle les a dites. 2 ● *Michel n'arrive pas à prononcer ce mot compliqué*, à l'articuler. □ v. pron. ● « Fer » et « faire » *se prononcent* de la même façon : on fait entendre les mêmes sons pour les dire. 3 v. pron. ● *Les électeurs doivent se prononcer pour ou contre ce candidat*, donner leur avis, se décider pour ou contre lui. — ● *Le médecin ne peut pas se prononcer sur sa maladie*. ★ Conjug. 4.
■ **prononciation** nom f. ● *La prononciation de l'anglais est difficile*, la manière de prononcer, d'articuler.

pronostic nom m. ● *La radio donne des* **pronostics** *sur les courses de chevaux, des prévisions.*

■ **pronostiquer** v. ● *Ce commentateur sportif* **a pronostiqué** *la victoire de l'équipe de France : il l'a prévue, annoncée à l'avance.*

propagande nom f. ● *Les partis politiques font de la* **propagande** *: ils s'efforcent de faire connaître et accepter leurs idées, d'influencer les gens.*

propager v. 1 ● *La télévision* **a propagé** *cette nouvelle :* elle l'a fait connaître à beaucoup de gens (→ SYN. répandre). 2 v. pron. ● *Malgré les efforts des pompiers, l'incendie* **se propage** *rapidement :* il gagne du terrain, il s'étend. ★ Conjug. 5.

■ **propagation** nom f. ● *La* **propagation** *de cette maladie pose des problèmes,* son développement, le fait qu'elle se répande.

propane nom m. ● *Notre nouvelle cuisinière marche au* **propane,** un gaz.

prophète nom m. ● *Pour les juifs, les chrétiens et les musulmans, Abraham est un* **prophète,** un homme chargé par Dieu de prédire l'avenir et de révéler des choses cachées.

■ **prophétique** adj. ● *Il a prononcé des paroles* **prophétiques,** qui annonçaient ce qui devait arriver.

propice adj. ● *Il a su profiter de l'occasion* **propice** *pour se faire offrir un cadeau,* de l'occasion favorable.

proportion nom f. 1 ● *Dans notre classe, la* **proportion** *des redoublants est très faible,* le rapport entre le nombre des élèves qui redoublent et le nombre total des élèves. ★ Chercher aussi : pourcentage. 2 ● *Ce fauteuil a des* **proportions** *harmonieuses,* le rapport entre ses dimensions (→ disproportion). 3 EN PROPORTION DE. ● *Il est mal payé* **en proportion du** *travail qu'il fournit,* par rapport à ce travail. 4 (au plur.) ● *Leur dispute a pris des* **proportions** *considérables,* des dimensions, une importance.

■ **proportionné** adj. 1 PROPORTIONNÉ À. ● *Les impôts sont* **proportionnés au** *revenu,* en rapport avec lui. 2 ● *Cette danseuse a un corps bien* **proportionné,** qui a de belles proportions, bien fait (→ CONTR. disproportionné).

proportionnel adj. ● *Son salaire est* **proportionnel** *au nombre de ses heures de travail,* en rapport avec ce nombre.

■ **proportionnellement** adv. ● *Il est payé* **proportionnellement** *au nombre de ses jours de travail,* en proportion de cela (→ prorata).

propos nom m. 1 ● *Ses* **propos** *m'ont vexé,* ses paroles, ce qu'il a dit. 2 À PROPOS DE, loc. prép. ● *Ils discutent* **à propos de** *leur prochain voyage,* à ce sujet, en parlant de cela. — À TOUT PROPOS, loc. adv. ● *Elle nous interrompt* **à tout propos,** sans arrêt, constamment. 3 À PROPOS, loc. adv. ● *Cette nouvelle arrive* **à propos,** au bon moment. 4 ● *Son* **propos** *est de faire rire le public,* son but, son intention.

proposer v. 1 ● *Les parents d'Alain m'**ont proposé** de m'emmener à la campagne :* ils me l'ont offert (→ proposition, sens 1). — ● *Ce parti* **propose** *un candidat pour les élections :* il le présente. — □ v. pron. ● *Claudine* **s'est proposée** *pour garder la maison :* elle a dit qu'elle accepterait de le faire. 2 v. pron. ● *Je* **me propose** *de vous démontrer que ces calculs sont faux :* j'en ai l'intention.

■ **proposition** nom f. 1 ● *J'ai accepté sa* **proposition,** ce qu'il me proposait (→ SYN. offre). 2 ● *La phrase «Nous croyons qu'il réussira» contient deux* **propositions,** deux parties de phrase qui contiennent chacune un verbe. — ● *Une* **proposition** *peut être indépendante, principale ou subordonnée.*

1. propre adj. 1 ● *Malika a lavé sa robe, maintenant elle est* **propre** (→ proprement ; CONTR. malpropre, sale). 2 AU PROPRE. ● *Valérie a recopié son devoir* **au propre** (→ CONTR. au brouillon).

■ **proprement** adv. ● *Bébé commence à boire* **proprement,** sans se salir (→ propreté ; CONTR. salement).

■ **propreté** nom f. ● *J'admire la **propreté** de ta chambre*, la qualité de ce qui est propre (→ CONTR. saleté).

2. propre adj. **1** ● *Ce cavalier monte son **propre** cheval*, celui qui lui appartient personnellement (→ propriétaire). — ● *Ce sont ses **propres** paroles*, exactement celles qu'il a prononcées. □ nom m. ● *C'est le **propre** des égoïstes de ne penser qu'à eux*, leur caractère particulier. — EN PROPRE, loc. adv. ● *Cette maison lui appartient **en propre***, à lui et à personne d'autre. **2** ● *Dans «Mon amie Véronique», «amie» est un nom commun mais «Véronique» est un nom **propre***, qui désigne une personne, un animal ou un lieu particulier. **3** PROPRE À. ● *Ce champignon est **propre** à la consommation* : il peut être consommé, mangé, il convient pour cela (→ approprié; CONTR. impropre à). **4** ● *Le sens **propre** d'un mot*, son sens d'origine (→ CONTR. figuré).

propriétaire nom ● *Sais-tu qui est le **propriétaire** de cette voiture?*, celui à qui elle appartient. — ● *Le locataire paye son loyer au **propriétaire** de l'appartement*.

■ **propriété** nom f. **1** ● *Cette cabine téléphonique est la **propriété** de l'État*, ce qui lui appartient (→ s'approprier). **2** ● *Ils habitent une **propriété** dans les environs de Paris*, une belle maison avec un jardin. **3** ● *L'alcool s'enflamme facilement, c'est une de ses **propriétés***, un de ses caractères particuliers (→ 2. propre).

propulser v. ● *Cet avion est **propulsé** par des moteurs à réaction* : il avance poussé par ces moteurs.

■ **propulsion** nom f. ● *Pour que cette fusée décolle, sa force de **propulsion** doit être très grande*, la force qui la pousse en avant.

prorata nom m. invar. AU PRORATA DE. ● *Plus il travaille, plus il gagne d'argent : il est payé **au prorata de** ses heures de travail*, en proportion.

prosaïque [prozaik] adj. ● *Gérard a une imagination très **prosaïque**, sans originalité, terre à terre.

proscrire v. **1** ● *Le nouveau gouvernement a **proscrit** cet homme politique* : il l'a chassé de son pays (→ SYN. exiler). **2** (littér.) ● *Ceux qui prennent le volant devraient **proscrire** l'alcool*, se l'interdire absolument. ★ Conjug. 47.

■ **proscrit** nom ● *Le **proscrit** regrette son pays*, celui qui en a été chassé, exilé.

prose nom f. ● *Il est plus difficile d'écrire en vers qu'en **prose***, la façon courante de parler et d'écrire.

prosodie nom f. ● *Quand on fait des vers, on respecte la **prosodie***, art de rythmer les vers.

prospecter v. ● *Le sous-sol de ce pays renferme peut-être du pétrole; il faudrait **prospecter**, étudier le terrain pour découvrir des richesses.

■ **prospection** nom f. ● *Les compagnies pétrolières font de la **prospection***, des recherches, des forages pour découvrir des gisements.

prospectus [prɔspɛktys] nom m. ● *Il distribue des **prospectus** aux passants*, des feuilles publicitaires, des réclames.

prospérer v. ● *L'industrie automobile a **prospéré** malgré la crise économique* : elle s'est développée, enrichie (→ CONTR. péricliter). ★ Conjug. 8.

■ **prospère** adj. ● *Le commerce de ce pays est **prospère***, florissant.

■ **prospérité** nom f. ● *Cette entreprise a réalisé d'importants bénéfices, elle est en pleine **prospérité**.

se prosterner v. pron. ● *Ces hommes **se prosternaient** devant la statue de leur dieu* : ils s'inclinaient jusqu'à terre pour montrer leur respect.

se prostituer v. **1** ● *Cette femme a dû **se prostituer***; faire l'amour pour de l'argent. **2** (fig.) ● *Julien a refusé de **se prostituer** pour devenir un homme célèbre*, faire des actions qu'il trouve dégradantes.

prostré adj. ● *Après tous ses malheurs, il est resté **prostré***, accablé, effondré.

protagoniste nom m. ● *Quels sont les* ***protagonistes*** *de ce drame?*, les personnes qui y jouent un rôle important.

protéger v. 1 ● *Des policiers en civil sont chargés de* ***protéger*** *ce chef d'État, de veiller à sa sécurité, de le défendre en cas d'attaque.* 2 ● *Ce tablier* ***protège*** *mes vêtements contre les taches :* il les met à l'abri, il les empêche d'être abîmés. 3 ● *Elle a obtenu cet emploi parce que le directeur l'a* ***protégée***, l'a favorisée, l'a aidée (→ SYN. (fam.) pistonner).* ★ Conjug. 5.
■ **protecteur, -trice** adj. ● *Une association* ***protectrice*** *de la nature,* qui la protège. □ nom. ● *Robin des Bois était un* ***protecteur*** *des faibles.*
■ **protection** nom f. 1 ● *N'attaque pas Olivier, je l'ai pris sous ma* ***protection*** : je le protège. 2 ● *Cet anorak assure une bonne* ***protection*** *contre le froid.* 3 ● *Il a eu cette place par* ***protection***, par favoritisme, parce qu'on l'a aidé.

protéine nom f. ● *Une alimentation riche en* ***protéines***, des substances nourrissantes contenues dans la viande, les œufs, le poisson, etc.

protestant nom ● *Le dimanche, les catholiques vont à l'église et les* ***protestants*** *au temple,* des chrétiens dont la religion n'est pas dirigée par le pape. □ adj. ● *La religion* ***protestante***.
■ **protestantisme** nom m. ● *Elle s'est convertie au* ***protestantisme***, à la religion des protestants.

protester v. 1 ● *Les écologistes* ***protestent*** *contre le massacre des baleines :* ils déclarent avec force qu'ils ne sont pas d'accord (→ SYN. s'opposer ; CONTR. approuver).* 2 PROTESTER QUE ● *Il a* ***protesté*** *qu'il n'était pas coupable :* il l'a affirmé avec force.
■ **protestation** nom f. ● *Cette décision a entraîné une* ***protestation*** *des syndicats* (→ CONTR. approbation).
■ **protestataire** nom. Personne qui proteste.

prothèse nom f. ● *Le bras qu'il a perdu a été remplacé par une* ***prothèse***, un bras artificiel. — ● *Une* ***prothèse*** *dentaire :* un appareil qui remplace une ou plusieurs dents. ★ Chercher aussi : 2. bridge, couronne.

protocole nom m. ● *Pour le mariage de la princesse, le* ***protocole*** *a été respecté,* les règles officielles des cérémonies.

prototype nom m. ● *Cette voiture de course n'est pas encore fabriquée en série, c'est un* ***prototype***, un modèle unique.

proue

proue nom f. ● *La* ***proue*** *du bateau fendait les vagues,* l'avant. ★ Chercher aussi : poupe.

prouesse nom f. ● *Nous avons tous admiré les* ***prouesses*** *de ce champion,* les choses extraordinaires qu'il a faites (→ SYN. exploit).

prouver v. 1 ● *Je crois qu'il a raison, mais je ne peux pas le* ***prouver***, montrer que c'est vrai (→ preuve ; SYN. démontrer, établir). 2 ● *François m'a* ***prouvé*** *son amitié :* il me l'a exprimée par ses actions, ses paroles (→ SYN. témoigner).

provenir de v. 1 ● *Ce fromage* ***provient*** *de Hollande :* il vient de cet endroit (→ provenance). 2 ● *L'essence* ***provient*** *de la distillation du pétrole :* elle est produite par cette distillation.

— ● *Sa réussite* **provient** *de son travail* (→ SYN. découler). ★ Conjug. 19. *Provenir* se conjugue *avec* être.

■ **provenance** nom f. ● *Connais-tu la* **provenance** *de ces oranges ?,* l'endroit d'où elles viennent (→ SYN. origine). — EN PROVENANCE DE, loc. prép. ● *Un bateau* **en provenance** *d'Espagne,* qui vient de cet endroit.

proverbe nom m. ● « *Il n'y a pas de fumée sans feu* » *est un* **proverbe,** un conseil de sagesse, une vérité générale que l'on répète souvent. ★ Chercher aussi : dicton, maxime.

■ **proverbial** adj. ● *Sa générosité est* **proverbiale,** très connue ; on la cite souvent en exemple.

providence nom f. ● *Pour l'avenir, ce chrétien fait confiance à la* **providence,** à la sagesse de Dieu qui dirige tout et qui le protège.

■ **providentiel** adj. ● *Ce blessé a été sauvé par l'arrivée* **providentielle** *des pompiers,* une arrivée qui s'est produite au bon moment, par un hasard heureux.

province nom f. 1 ● *Bretagne, Alsace, Bourgogne... connais-tu d'autres* **provinces** *françaises ?,* des régions, des parties de la France qui existent depuis longtemps. 2 ● *Cet instituteur a été nommé en* **province,** ailleurs que dans la capitale.

■ **provincial** adj. ● *Il s'est très vite habitué à la vie* **provinciale,** de la province. ☐ nom ● *Les* **provinciaux** *viennent nombreux pour visiter la Foire de Paris,* des gens qui habitent la province.

proviseur nom m. ● *Les lycées sont dirigés par un* **proviseur** (→ SYN. directeur).

provision nom f. 1 ● *Pour allumer le feu, j'ai une* **provision** *de vieux journaux,* une réserve de vieux journaux que j'ai mis de côté pour m'en servir longtemps (→ SYN. stock). — FAIRE PROVISION DE ● *Elle* **a fait provision de** *conserves pour tout l'hiver :* elle en a acheté d'avance. 2 (au plur.) ● *J'ai aidé papa à porter les*

provisions, les produits qu'il achète pour la vie de tous les jours (→ SYN. achats, commissions). 3 ● *Attention, ne fais pas un chèque sans* **provision,** sans avoir assez d'argent en réserve à la banque (→ approvisionner).

provisoire adj. ● *Nous n'habiterons pas longtemps ici ; c'est une installation* **provisoire,** qui ne durera pas (→ SYN. temporaire ; CONTR. définitif).

■ **provisoirement** adj. ● *Marion s'est installée* **provisoirement** *chez des amis,* pour quelque temps (→ SYN. momentanément ; CONTR. définitive-ment).

provoquer v. 1 ● *C'est une cigarette mal éteinte qui* **a provoqué** *cet incendie,* qui l'a causé (→ SYN. entraîner, occasionner). 2 ● *Je ne veux pas me battre, arrête de me* **provoquer,** de m'exciter, de me pousser à la violence.

■ **provocant** adj. ● *Devant son air* **provocant,** *je n'ai pas su garder mon calme* (→ SYN. agressif).

■ **provocateur, -trice** nom et adj. ● *Les manifestants ont chassé les* **provocateurs,** ceux qui incitent les autres à la violence.

■ **provocation** nom f. ● *Il a su garder son sang-froid malgré les* **provocations,** les paroles et les actions de ceux qui le provoquaient.

proximité nom f. 1 ● *Anne a choisi ce chalet à cause de la* **proximité** *des pistes de ski,* parce qu'elles sont tout près. 2 À PROXIMITÉ DE, loc. prép. ● *Le cinéma est* **à proximité de** *l'école* (→ SYN. près, proche ; CONTR. loin). 3 ● *La* **proximité** *des fêtes de Noël le rendait joyeux,* le fait qu'elles allaient bientôt arriver.

prudent adj. ● *Si tu pars à bicyclette, sois* **prudent** *:* fais attention au danger (→ CONTR. imprudent).

■ **prudemment** adv. ● *Laurent a descendu l'échelle* **prudemment,** avec prudence (→ CONTR. imprudemment).

■ **prudence** nom f. Qualité de celui qui sait réfléchir et prévoir les dangers. ● *Les alpinistes avaient eu la* **prudence** *d'emporter du matériel de secours* (→ CONTR. imprudence).

prune nom f. ● *Les mirabelles, les quetsches, les reine-claudes sont des* **prunes**, des fruits à noyau, dont la chair est juteuse et sucrée.

■ **pruneau** nom m. ● *J'ai mangé un gâteau aux* **pruneaux**, des prunes noires séchées.

■ **prunier** nom m. Arbre fruitier qui produit les prunes.

prunelle nom f. Petit rond noir au milieu de l'œil (→ SYN. 2. pupille). ★ VOIR p. 624.

P.-S. → post-scriptum.

pseudo-. Faux. ● *C'est un* **pseudo**-*musicien.*

pseudonyme nom m. ● *«Molière» est le* **pseudonyme** *de «Jean-Baptiste Poquelin»*, le nouveau nom que s'est choisi Jean-Baptiste Poquelin pour signer ses œuvres.

psychanalyse [psikanaliz] nom f. Méthode qui permet de mieux comprendre ce qui se passe dans notre esprit, et de soigner les troubles mentaux. ★ Chercher aussi : psychiatrie, psychologie.

■ **psychanalyser** v. ● *Il s'est fait* **psychanalyser**, soigner par la psychanalyse.

■ **psychanalyste** nom. Personne qui soigne par la psychanalyse.

psychédélique [psikedelik] adj. Un peu fou, halluciné, comme né de l'effet d'une drogue. ● *Avec des lumières clignotantes, Max a créé une ambiance* **psychédélique**.

psychiatrie nom f. Partie de la médecine qui étudie et soigne les maladies mentales.

■ **psychiatre** nom. Médecin spécialiste des maladies mentales.

■ **psychiatrique** adj. ● *Un hôpital* **psychiatrique**, où l'on soigne les malades mentaux, les fous.

psychologie [psikɔlɔʒi] nom f. **1** Science qui étudie ce qui se passe dans l'esprit et le cœur des gens, qui essaie de comprendre pourquoi ils agissent de telle ou telle manière (→ psychologue, sens 1 ; psychothérapie). **2** ● *Pour enseigner, il faut beaucoup de* **psychologie**, le don de comprendre les sentiments des autres, de prévoir leurs réactions (→ psychologue, sens 2 ; SYN. intuition).

■ **psychologue** nom et adj. **1** nom ● *Un* **psychologue** *nous a fait passer des tests*, un spécialiste de la psychologie. **2** adj. ● *Pour ne pas vexer les gens, il faut être* **psychologue**, savoir comprendre les autres.

■ **psychologique** adj. ● *Jean a des problèmes* **psychologiques**, dans son esprit, à cause de ses sentiments.

■ **psychothérapie** nom f. ● *Il va beaucoup mieux depuis qu'il suit une* **psychothérapie**, un traitement prescrit par un psychologue.

puberté nom f. ● *Il a beaucoup grandi au moment de la* **puberté**, le moment où l'enfant devient un adolescent et où son corps et son esprit se transforment.

pubis nom m. ● *À l'âge de la puberté, des poils apparaissent sur le* **pubis**, la partie qui forme un triangle au bas du ventre.

public adj. et nom m. **A.** adj. **1** ● *Ce crime abominable a choqué l'opinion* **publique**, l'opinion des gens. **2** ● *Une réunion* **publique**, ouverte à tous (→ CONTR. privé).
B. nom m. **1** ● *L'entrée du chantier est interdite au* **public**, aux gens en général, à ceux qui ne travaillent pas sur le chantier. **2** ● *En peu de temps, ce chanteur a conquis un vaste* **public**, des gens qui l'écoutent. **3** ● *À la fin de son discours, le* **public** *l'a acclamé*, les spectateurs, l'assistance, son auditoire. **4** EN PUBLIC, loc. adv. ● *Il est timide, il a peur de parler* **en public**, devant des gens, devant un public.

■ **publiquement** adv. ● *Le ministre a fait cette déclaration* **publiquement**, en public.

publication nom f. **1** ● *Quelle est la date de* **publication** *de ce livre?* (→ publier ; SYN. parution). **2** ● *Ces* **publications** *sont vendues en librairie*, ces livres, journaux, revues, etc. **3** ● *La* **publication** *d'une loi*, le fait de la publier, de la faire connaître de tous.

publicité nom f. **1** ● *Cette marque de les-sive fait beaucoup de **publicité** :* elle emploie des moyens pour se faire connaître du public et pour mieux vendre ses produits (→ publicitaire ; SYN. réclame). **2** ● *Les journaux ont donné hier beaucoup de **publicité** à cette triste histoire :* ils l'ont fait connaître à beaucoup de gens, à un large public.
■ **publicitaire** adj. ● *Mon frère aime beaucoup les films **publicitaires**,* qui font de la publicité pour un produit.

publier v. **1** ● *L'éditeur va **publier** son roman,* le faire imprimer et le mettre en vente (→ publication, sens 1 ; SYN. éditer). **2** ● *Luc m'a prévenu dès que cette bonne nouvelle **a été publiée**,* annoncée dans les journaux (→ publi-cation, sens 3). ★ Conjug. 10.

puce nom f. **1** ● *Ce chien est couvert de **puces**,* de petits insectes parasites qui piquent la peau de l'homme et de cer-tains animaux pour se nourrir de leur sang. **2** (fig.) METTRE LA PUCE À L'OREILLE ● *Il est parti en courant, ça **m'a mis la puce à l'oreille** :* ça m'a intrigué, ça a éveillé mes soupçons. **3** MARCHÉ AUX PUCES : mar-ché où l'on vend toutes sortes de vieux objets, de vieux vêtements.

puceau nom m. Ancien mot pour dési-gner un garçon ou une fille qui n'a jamais eu de relations sexu-elles. ★ Fém. : pucelle. ● *Jeanne d'Arc était appelée la **Pucelle** d'Orléans.*

puceron nom m. ● *Les **pucerons** vont abîmer nos rosiers,* de tout petits insectes qui vivent sur les plantes et se nourrissent de leur sève.

pudeur nom f. **1** ● *À la visite médi-cale, elle refuse de se mettre toute nue par **pudeur**,* un sentiment de gêne, de honte (→ pudique). **2** ● *Il a eu la **pudeur** de ne pas parler de sa fortune,* la délicatesse, la discrétion.
■ **pudique** adj. ● *Ne choquez pas Jean-Michel, il est très **pudique**,* plein de pudeur.

puer v. ● *Il faut nettoyer cette poubelle,*

*elle **pue** !* : elle sent très mauvais (→ puanteur).
■ **puant** adj. **1** Qui pue (→ CONTR. par-fumé). **2** (fig. et fam.) ● *C'est un individu **puant**,* prétentieux, désagréable.
■ **puanteur** nom f. Très mauvaise odeur. ● *Les poireaux ont pourri dans ce placard, quelle **puanteur** !* (→ puer).

puériculture nom f. ● *Cécile apprend la **puériculture**,* les méthodes pour s'occuper des petits enfants.

puéril adj. ● *Il est trop grand pour ces jeux **puérils**,* enfantins, qui manquent de sérieux.

pugilat nom m. ● *Ils se sont battus ; c'était un véritable **pugilat**,* une bagarre à coups de poing.

puis adv. **1** ● *La maîtresse a regardé mon dessin, **puis** celui de Valérie,* ensuite, après. **2** ET PUIS. ● *Je n'ai pas envie de lire, **et puis** ce livre ne me plaît pas,* d'ailleurs, en plus. ★ Ne pas confondre *puis* et *puits.*

puiser v. ● *Il est allé **puiser** de l'eau dans l'étang,* en prendre avec un récipient.

puisque conj. Indique la cause. ● *Puis-que Laurent est malade, il n'ira pas à l'école* (→ SYN. comme, étant donné que).

puissance nom f. **1** ● *Autrefois, la **puis-sance** de ce pays était respectée dans le monde entier,* son autorité, son pou-voir. **2** ● *La **puissance** d'une armée,* sa force. **3** ● *Cette ampoule électrique a une **puissance** de 100 watts,* la force avec laquelle elle éclaire. — ● *La **puis-sance** d'un moteur,* la force avec laquelle il est capable de donner un mouvement. **4** GRANDE PUISSANCE. ● *Les **grandes puissances** se sont réunies pour conclure un accord,* les grands États, les pays forts et importants (États-Unis, U. R. S. S., France, etc.).
■ **puissant** adj. **1** ● *Ce milliardaire est un personnage **puissant**,* qui a du pou-voir. **2** ● *Ce sportif a des muscles **puis-sants**,* forts. **3** ● *Pour tirer cette cara-vane, il faut une voiture **puissante**,* capable de tirer très fort.

puits

puits nom m. ● *Il a tiré de l'eau du puits,* un trou profond creusé dans le sol. — ● *Un puits de pétrole,* un trou profond, creusé pour extraire du pétrole. ★ Attention : ne pas oublier le *s* après le *t* de *puits,* même au singulier, et ne pas confondre *puits* et *puis.*

pull-over [pulɔvœr] ou [pylɔvœr] ou **pull** [pyl] nom m. ● *Véronique a un beau pull rouge,* un tricot de laine que l'on enfile par la tête (→ SYN. chandail). — ● *Des pull-overs ; des pulls.*

pulluler v. ● *Dans cette région, les lapins pullulent :* ils sont très nombreux (→ SYN. abonder).

pulmonaire adj. ● *Elle souffre d'une maladie pulmonaire,* des poumons.

pulpe nom f. ● *Nathalie a pelé sa poire pour manger la pulpe,* la chair du fruit.

pulsation nom f. ● *En tâtant mon pouls, le docteur a compté 80 pulsations par minute,* 80 battements du cœur ou des artères (→ pouls).

pulsion nom f. ● *Nos actions dépendent souvent de nos pulsions,* impulsion (sens 2).

pulvériser v. **1** ● *Les agriculteurs ont pulvérisé un liquide insecticide sur les arbres fruitiers :* ils l'ont projeté en fines gouttelettes (→ pulvérisateur). **2** (fig.) ● *En s'écrasant au sol, l'avion a été pulvérisé,* complètement détruit, réduit en poussière. **3** (fig. et fam.) ● *Ce*

champion *a pulvérisé le record du monde :* il l'a battu de beaucoup.

■ **pulvérisateur** nom m. ● *Elle se parfume avec un pulvérisateur,* un appareil qui permet de projeter un liquide en fines gouttelettes. ★ Chercher aussi : aérosol.

■ **pulvérisation** nom f. Action de pulvériser (sens 1).

puma nom m. ● *Le puma guette sa proie du haut d'un arbre,* un animal sauvage d'Amérique, qui ressemble à un grand chat.

puma

1. punaise nom f. ● *Dans ce vieux lit malpropre, j'ai trouvé une punaise,* un insecte de forme aplatie, qui pique et qui sent mauvais.

2. punaise nom f. Sorte de petit clou à tête plate. ● *Elle a fixé cette affiche au mur avec des punaises.*

1. punch [pɔ̃ʃ] nom m. ● *Aux Antilles, on boit du punch,* une boisson alcoolisée faite du rhum et du sirop de sucre ou du jus de fruits.

2. punch [pœnʃ] nom m. ● *Ce boxeur manque de punch,* d'élan, d'efficacité dans ses coups.

punir v. ● *Quand elle a désobéi, sa mère l'a punie* (→ SYN. châtier ; CONTR. récompenser). ★ Conjug. 11.

■ **punitif** adj. ● *Ils ont organisé une expédition punitive contre les rebelles,* une expédition destinée à les punir.

735

■ **punition** nom f. ● *Notre maîtresse donne rarement des **punitions**,* des choses désagréables à faire ou à supporter que l'on inflige à quelqu'un qui s'est mal conduit (→ SYN. châtiment, sanction ; CONTR. récompense).

1. **pupille** nom ● *Depuis la mort de ses parents, cet enfant est le **pupille** de M. Martin,* l'orphelin dont il s'occupe, dont il est le tuteur.

2. **pupille** nom f. ● *Les **pupilles** de mon chat s'agrandissent ou se rétrécissent selon la lumière,* la partie centrale de ses yeux (→ SYN. prunelle). ★ VOIR p. 624.

pupitre nom m. Petite table inclinée sur laquelle on peut écrire, poser un livre qu'on lit ou une partition de musique. ● *Quand mes parents allaient à l'école, ils travaillaient sur des **pupitres**.*

pur adj. **1** ● *Elle porte un tricot en **pure** laine,* en laine qui n'est pas mélangée avec autre chose (→ CONTR. mélangé). — ● *De l'or **pur**.* **2** ● *L'eau de cette source est parfaitement **pure** :* elle n'est pas polluée (→ CONTR. impur). **3** ● *Vous pouvez me faire confiance, mes intentions sont **pures**,* honnêtes et désintéressées (→ CONTR. malhonnête). **4** ● *Ce qu'il a dit est la **pure** vérité,* uniquement la vérité (→ purement ; SYN. simple).
■ **purement** adv. **1** ● *Elle a pris cette décision **purement** par intérêt* (→ SYN. uniquement). **2** PUREMENT ET SIMPLEMENT ● *Elle refuse **purement** et **simplement** de me voir,* absolument et sans explication.
■ **pureté** nom f. **1** ● *La **pureté** d'un métal,* le fait qu'il ne contienne aucune autre substance. **2** ● *La **pureté** de l'eau* (→ SYN. limpidité). **3** (littér.) ● *La **pureté** d'un sentiment :* son honnêteté, sa sincérité.
■ **purifier** v. ● *Purifier l'air, l'eau, etc. :* les rendre plus purs, plus sains (→ SYN. assainir). ★ Conjug. 10.

purée nom f. ● *Au dîner, j'ai mangé de la **purée** de pommes de terre,* des pommes de terre bouillies et écrasées.

purgatoire nom m. Dans la religion catholique, lieu où, après la mort, les âmes vont expier leurs péchés avant d'aller au paradis.

purger v. **1** ● *Patrick est constipé ; le médecin a dit qu'il fallait le **purger**,* lui donner certains médicaments pour débarrasser son intestin de ce qui l'encombre (→ purgatif ; purge). **2** ● *Mon père **a purgé** les radiateurs de la maison :* il a fait sortir l'air qui gênait le passage de l'eau chaude. **3** ● *Ce prisonnier **a purgé** sa peine de prison :* il l'a subie et il en est débarrassé. **4** (littér.) ● *Ils voudraient **purger** la région de tous les voleurs,* la débarrasser des individus jugés dangereux.
■ **purgatif** adj. et nom m. ● *Des plantes **purgatives**,* qui luttent contre la constipation. □ nom m. ● *Un **purgatif*** (→ SYN. laxatif).
■ **purge** nom f. **1** Médicament, remède purgatif. **2** (fig. et fam.) ● *Cette soupe est une vraie **purge** :* elle est très mauvaise.

purifier → pur.

purin nom m. ● *Dans la cour de la ferme, le **purin** s'écoule dans une fosse,* un liquide qui vient du fumier et qui sert d'engrais.

puritain nom Membre d'une secte religieuse protestante. ● *Les **puritains** anglais.* □ adj. ● *Mon cousin est très **puritain**,* strict sur la morale, surtout en ce qui concerne l'amour.

pur-sang nom m. invar. Cheval de course de race pure. — ● *Des **pur-sang**.*

pus nom m. ● *Il faut soigner d'urgence cette blessure qui s'est infectée :* elle est pleine de **pus**, un liquide jaunâtre qui contient des microbes.
■ **purulent** adj. ● *Une plaie **purulente**,* qui contient du pus.
■ **pustule** nom f. Petit bouton qui contient du pus, caractéristique de certaines maladies.

pusillanime [pyzi(l)lanim] adj. ● *Jacques est **pusillanime** devant le danger,* craintif (→ CONTR. audacieux).

pustule nom f. ● *Elle est couverte de*

pustules, elle doit être malade (→ SYN. cloque ; 2. bouton).

putois

putois nom m. Petit animal sauvage à fourrure brune, qui a une odeur désagréable.

se **putréfier** v. pron. ● *Ces fruits sont restés plusieurs mois dans un sac, ils se sont* **putréfiés**, *ils ont pourri* (→ imputrescible).
■ **putréfaction** nom f. ● *Cet animal mort est en état de* **putréfaction**, de décomposition (→ SYN. pourriture).

putsch [putʃ] nom m. ● *L'armée a renversé le président par un* **putsch**, *un coup d'État.*

puzzle [pœzl] ou [pœzœl] nom m. ● *Myriam a bientôt terminé son* **puzzle**, *un jeu formé de morceaux découpés qu'il faut rassembler pour reconstituer une image.*

P.-V. nom m. invar. (fam.) Abréviation de *procès-verbal.* ● *Ne gare pas ta voiture à cet endroit, tu risques d'avoir un* **P.-V.**, *une contravention.*

pygmée [pigme] nom m. ● *Les* **pygmées** *vivent au centre de l'Afrique*, des tribus d'hommes très petits.

pyjama nom m. ● *Marc a mis son* **pyjama** *pour aller se coucher*, son vêtement de nuit composé d'une veste et d'un pantalon.

pylône nom m. ● *La tempête a fait tomber ce* **pylône** *électrique*, une haute construction en fer ou en béton qui porte des câbles électriques.

pyramide nom f. ● *Les rois d'Égypte se faisaient enterrer dans des* **pyramides**, de grands monuments dont toutes les faces, sauf la base, sont des triangles.
★ VOIR p. 424.
■ **pyramidal** adj. ● *Un arbre* **pyramidal**, *dont la forme ressemble à celle d'une pyramide.*

pyrex nom m. ● *Un plat en* **pyrex**, *en verre qui résiste à la chaleur du four.*

pyrogravure nom f. ● *Ce coffret est décoré à la* **pyrogravure**, *un procédé qui permet de graver sur bois à l'aide d'une pointe chauffée au rouge.*

pyromane nom ● *Cet incendie a été allumé par un* **pyromane**, *un fou qui aime provoquer des incendies.*

python nom m. Très grand serpent d'Afrique et d'Asie qui étouffe ses proies en les serrant entre ses anneaux.
★ Chercher aussi : boa.

Q|q

quadragénaire [kwadraʒenɛr] nom et adj. • *Nos voisins sont des **quadragénaires**,* des gens qui ont entre 40 et 50 ans.

quadrature [kwadratyr] nom f. LA QUADRATURE DU CERCLE : chose impossible. • *Contenter tout le monde, c'est la **quadrature** du cercle.*

quadriennal [kwadriɛnal] adj. **1** • *Un plan **quadriennal**,* prévu pour quatre ans. **2** • *Une visite **quadriennale**,* qui a lieu tous les quatre ans.

quadrilatère [kwadrilatɛr] ou [kadrilatɛr] nom m. • *Le carré, le rectangle, le losange sont des **quadrilatères**,* des figures géométriques à quatre côtés. ★ VOIR p. 424.

quadrille [kadrij] nom m. Danse ancienne qui se dansait par groupes de quatre.

quadriller v. **1** • *Quadriller une feuille de papier :* y tracer des lignes qui se coupent en formant de petits carrés. □ adj. • *Du papier **quadrillé**.* **2** • *Le bandit ne pourra pas s'enfuir, car la police **a quadrillé** le quartier :* elle a divisé le quartier en secteurs, et dans chaque secteur elle a posté des policiers pour surveiller, pour contrôler.
■ **quadrillage** nom m. **1** • *Du papier à petit **quadrillage**.* **2** • *Le plan du colonel prévoit un **quadrillage** de la région.*

quadrimoteur [kwadrimɔtœr] ou [kadrimɔtœr] nom m. Avion équipé de quatre moteurs.

■ **quadriréacteur** nom m. Avion équipé de quatre réacteurs.

quadrupède [kwadrypɛd] ou [kadrypɛd] nom m. • *Le chien et le chat sont des **quadrupèdes**,* des animaux qui ont quatre pattes. ★ Chercher aussi : bipède.

quadruple [kwadrypl] ou [kadrypl] adj. • *Pouvez-vous copier cette lettre en **quadruple** exemplaire ?,* en quatre exemplaires. □ nom m. • *Martine a 4 billes, mais son frère en a 16 : il en a le **quadruple**,* le nombre qui vaut 4 fois plus.
■ **quadrupler** v. • *En utilisant un engrais, ils **ont quadruplé** leur récolte :* ils l'ont multipliée par quatre.
■ **quadruplé** nom m. • *Dans notre ville, une femme a mis au monde des **quadruplés**,* quatre enfants nés en même temps. ★ Chercher aussi : jumeau, quintuplé, triplé.

quai nom m. **1** • *Les voyageurs attendent le train sur le **quai** de la gare,* la plate-forme qui borde la voie ferrée. **2** • *Les passagers se dirigent vers le **quai** d'embarquement,* la plate-forme qui longe le bassin d'un port (→ SYN. débarcadère, embarcadère). **3** • *Les **quais** de la Seine :* les rues qui la longent.

qualifier v. **1** • *Elle l'**a qualifié** de menteur :* elle lui a donné ce nom (→ qualificatif ; SYN. traiter). **2** • *Vous n'**êtes** pas **qualifié** pour juger son travail :* vous n'avez pas les qualités nécessaires, vous n'en êtes pas capable. □ v. pron. • *Notre équipe de rugby **s'est qualifiée** pour la demi-finale de la coupe :* elle peut y participer grâce à toutes les victoires qu'elle a remportées. ★ Conjug. 10.

■ **qualifié** adj. ● *Il est tout à fait **qualifié** pour faire ce travail* : il a les qualités, les compétences qu'il faut pour le faire. — ● *Ouvrier **qualifié*** : ouvrier qui a fait l'apprentissage d'un métier (→ qualification).

■ **qualificatif** adj. ● *« Beau », « laid », « grand », sont des adjectifs **qualificatifs***, qui donnent des renseignements sur le nom. □ nom m. ● *Pour décrire cet homme, il emploie des **qualificatifs** peu flatteurs*, des termes d'appréciation.

■ **qualification** nom f. 1 ● *Elle a obtenu la **qualification** de secrétaire de direction*, le titre qui indique qu'elle est qualifiée. 2 ● *Ce sportif a gagné sa **qualification** pour le championnat*, le droit d'y participer.

qualité nom f. 1 ● *Pour bien acheter, il faut savoir juger la **qualité** des produits*, s'ils sont bons ou mauvais, bien faits ou pas, solides ou non. — ● *Des vêtements de (bonne) **qualité***, bien faits, solides. ● *La principale **qualité** de ma sœur est la générosité* (→ CONTR. défaut). 3 EN QUALITÉ DE, loc. prép. : en tant que, comme. ● *Depuis qu'il est orphelin, c'est son oncle qui s'occupe de lui **en qualité de** tuteur.*

quand adv. et conj. 1 adv. interrog. de temps ● *Quand viendras-tu me voir ?*, à quel moment ? 2 conj. de temps ● *Je sortirai **quand** il pleuvra plus* (→ SYN. lorsque, au moment où). 3 QUAND MÊME loc. adv. : exprime une opposition ● *On lui avait demandé de sortir, mais il est resté **quand même***, malgré tout. ★ Ne pas confondre *quand* et *quant*.

quant à, loc. prép. ● *Je reste ici : **quant à** lui, il peut partir s'il veut*, en ce qui le concerne, pour sa part.

quantitatif adj. ● *Un changement **quantitatif***, dans la quantité.

quantité nom f. 1 ● *Quelle **quantité** de farine utilises-tu pour faire ce gâteau ?*, combien de farine ? 2 DES QUANTITÉS DE : beaucoup, un grand nombre ● *Pendant son voyage, Philippe a pris **des quan-***

tités de photos. — EN QUANTITÉ loc. adv. : en grand nombre, beaucoup ● *Tu peux garder ces timbres, j'en ai déjà **en quantité**.*

quarante adj. numéral invar. **Quarante** *kilos.* □ nom m. invar. ● *Dix fois quatre égale **quarante*** (10 × 4 = 40).

■ **quarantaine** nom f. 1 ● *J'ai lu une **quarantaine** de pages de mon livre*, environ quarante pages. 2 ● *Cet homme approche de la **quarantaine***, l'âge de quarante ans. 3 ● *Autrefois, quand une maladie contagieuse se déclarait à bord d'un bateau, l'équipage était mis en **quarantaine*** : il restait isolé pendant quarante jours. — (fig.) METTRE QUELQU'UN EN QUARANTAINE : le tenir à l'écart.

■ **quarantième** adj. et nom 1 adj. ● *Il a été reçu **quarantième*** : il a eu la quarantième place. 2 nom m. ● *Le **quarantième** de 80 est 2.*

quart nom m. 1 ● *Partageons le gâteau en quatre, nous en prendrons chacun un **quart***, une des quatre parties égales. — ● *Pendant les soldes, elle a payé cette robe le **quart** de son prix normal*, un prix quatre fois moins cher. 2 ● *Un **quart** d'heure dure quinze minutes.* — ● *Le train partira à huit heures et **quart***, huit heures et quinze minutes. — (fig.) PASSER UN MAUVAIS QUART D'HEURE : passer un moment désagréable. 3 ● *Les soldats boivent dans un **quart***, un gobelet contenant environ un quart de litre. 4 ● *Sur un bateau, les marins prennent le **quart** à tour de rôle*, leur tour de service qui dure quatre heures. 5 AU QUART DE TOUR. ● *Le moteur fonctionne ; il démarre **au quart de tour***, immédiatement, dès qu'on essaie de le mettre en marche.

quartette [kwartɛt] nom m. ● *Antoine joue dans un **quartette***, groupe de quatre musiciens de jazz.

quartier nom m. 1 ● *Découper une pomme en **quartiers***, en morceaux d'environ un quart. — ● *Les **quartiers** d'une orange, d'un citron* : chacune de ses divisions naturelles. 2 ● *Ce soir, la lune est dans son dernier **quartier*** :

on n'en voit qu'une partie, environ un quart. **3** ● *La nuit, ce **quartier** de la ville est désert*, cette partie de la ville. **4** QUARTIER GÉNÉRAL : endroit où est établi l'état-major d'une armée (abrév. : **Q. G.**).

quartier-maître nom m. Dans la marine, grade supérieur à celui de matelot. ● *Des **quartiers-maîtres**.* ★ VOIR p. 433.

quartz [kwarts] nom m. ● *Dans ma collection de pierres, j'ai plusieurs (morceaux de) **quartz***, une roche très dure qui forme des cristaux. — ● *Montre à **quartz***, dont le mouvement fonctionne grâce à une lame de quartz qui vibre régulièrement.

quasi- [kazi] Préfixe qui signifie «presque». ● *J'en ai la **quasi**-certitude :* j'en suis presque certain.
■ **quasiment** adv. (fam.) ● *C'est un si vieil ami qu'il fait **quasiment** partie de la famille*, presque, pour ainsi dire.

quatorze adj. numéral invar. ● *Il a fait **quatorze** fautes dans sa dictée*, dix plus quatre (14).
■ **quatorzième** adj. et nom ● *Ils habitent au **quatorzième** étage d'une tour*.

quatrain [katrɛ̃] nom m. ● *Le poète a terminé un **quatrain***, poème ou strophe de quatre vers.

quatre adj. numéral invar. ● *Les **quatre** saisons*. — (fig.) COMME QUATRE ● *Il mange **comme quatre***, énormément. — (fig.) SE METTRE EN QUATRE : se donner beaucoup de mal. ● *Il **s'est mis en quatre** pour me rendre service.* ● nom m. invar. ● *Comptez jusqu'à **quatre***.
■ **quatrième** adj. et nom ● *Avril est le **quatrième** mois de l'année.* — ● *Les locataires du **quatrième** (étage).* □ nom f. ● *Guillaume est en **quatrième** au collège*, une classe de l'enseignement secondaire.

quatre-saisons nom f. invar. ● *Dans les rues de Paris, on rencontre encore des marchandes des **quatre-saisons***, des marchandes qui vendent des fruits et des légumes présentés sur une charrette.

quatre-vingt(s) adj. numéral ● *Il y a **quatre-vingts** places dans cet autocar* (80). ★ Lorsque *quatre-vingts* est suivi d'un autre nombre, il ne prend pas d's : *quatre-vingt-cinq*, *quatre-vingt-dix*.

quatuor [kwatɥɔr] nom m. **1** Orchestre formé par quatre musiciens. **2** ● *Ils jouent un **quatuor** de Mozart*, un morceau de musique écrit pour quatre instruments.

que pronom, conj. et adv. **A.** pronom **1** pronom interrog. ● *Que voulez-vous ?*, quelle chose ?, quoi ? **2** pronom relatif ● *C'est une personne **que** je connais.* — ● *Faites ce **que** vous voulez.*
B. conj. **1** Sert à relier une proposition subordonnée à une proposition principale ● *Je dis **qu'**il fait beau.* **2** Utilisé dans les comparaisons ● *Il est plus sage **que** sa sœur.* **3** NE... QUE ● *Je **n'**ai **que** dix francs*, seulement dix francs. **4** Suivi du subjonctif, sert à exprimer un ordre, un souhait ● ***Qu'**il s'en aille !*
C. adv. exclamatif ● ***Qu'**il est laid !* (→ SYN. comme).

quel adj. et pronom **A** adj. **1** adj. interrogatif ***Quelle** heure est-il ?* **2** adj. exclamatif ● ***Quel** dommage que tu ne viennes pas !*
B. pronom interrogatif ● ***Quel** est le plus jeune de vous trois ?*, qui ?, lequel ?

quelconque adj. **1** ● *C'est une personne très **quelconque***, qui n'a rien de particulier (→ SYN. insignifiant, médiocre, ordinaire). **2** adj. indéf. ● *Essayez de venir, trouvez un moyen **quelconque** !*, n'importe lequel.

quel que adj. rel. Sert à opposer une qualité et une attitude. ● ***Quelle** que soit ta proposition, Jacques ne l'écoutera pas :* même si elle est bonne. — ● ***Quelle** que soit la mode, Michèle ne la suit pas :* même si elle est seyante.

quelque adj. indéf. **1** (au singulier) ● *Il semble fatigué depuis **quelque** temps*, depuis un certain temps. — ● *J'ai eu **quelque** peine à le convaincre*, un peu de peine. **2** (au plur.) ● *Il sera absent*

quelques *jours*, un petit nombre de jours. ★ Chercher aussi : *plusieurs*.

■ **quelque chose** pronom indéf. m. ● *Je voudrais dire* **quelque chose** (→ CONTR. *rien*). — (avec un adj.) ● *Il a choisi* **quelque chose** *de beau*.

■ **quelquefois** adv. ● *Je viens* **quelquefois** *me promener dans ce parc, de temps en temps* (→ SYN. *parfois* ; CONTR. *jamais* ; *toujours* ; *souvent*).

■ **quelque part** loc. adj. indéf. ● *Je l'ai rencontré* **quelque part**, *dans un endroit ou dans un autre* (→ CONTR. *nulle part*).

■ **quelqu'un** pronom indéf. m. ● *Quelqu'un m'a dit qu'il était malade*, *une personne* (→ SYN. *on*). — (avec un adj.) ● *C'est* **quelqu'un** *de très aimable*.

■ **quelques-uns** pronom indéf. plur. ● **Quelques-uns** *affirment qu'il a quitté la France*, un petit nombre de personnes. — ● *Tu as beaucoup de pommes ; peux-tu m'en donner* **quelques-unes** ?

quémander v. ● *Ces enfants ne cessent de* **quémander** *des bonbons, d'en demander avec insistance.*

qu'en-dira-t-on nom m. invar. ● *Je fais ce qui me plaît, je me moque du* **qu'en-dira-t-on**, *de ce que les gens peuvent penser ou dire de moi.*

quenelle nom f. ● **Quenelles** *de volaille,* **quenelles** *de poisson* : boulettes de volaille ou de poisson haché mélangé avec une pâte.

quenotte nom f. (fam.) ● *Bébé a déjà deux* **quenottes** !, deux petites dents.

quenouille

quenouille nom f. ● *Autrefois, les femmes filaient la laine avec une* **quenouille**, un petit bâton entouré de fibres qu'elles étiraient et tordaient pour en faire du fil. ★ Chercher aussi : *fuseau, rouet.*

querelle nom f. ● *Une* **querelle** *a éclaté entre les deux hommes*, une dispute. — CHERCHER QUERELLE À QUELQU'UN : essayer de provoquer une dispute avec lui, être agressif.

■ **se quereller** v. pron. ● *À travers la cloison, on entendait les voisins* **se quereller** (→ SYN. (fam.) *se chamailler, se disputer*).

■ **querelleur** adj. et nom ● *Un enfant* **querelleur**, qui cherche toujours à se quereller, à se battre (→ SYN. *bagarreur, batailleur*).

quérir v. (littér.) ● *Va* **quérir** *le médecin* : chercher. ★ S'emploie toujours à l'infinitif.

question nom f. **1** ● *Qui veut répondre à ma* **question** ?, à ce que j'ai demandé. — ● *Elle pose souvent des* **questions** : elle interroge pour savoir quelque chose (→ SYN. *demande, interrogation*). **2** ● *C'est une* **question** *très délicate*, un sujet, un problème. **3** IL EST QUESTION DE. ● *Il est* **question** *de construire une nouvelle école* : on en parle, on l'envisage. — EN QUESTION. ● *La personne* **en question**, dont il s'agit. **4** REMETTRE EN QUESTION. ● *Notre voyage était décidé, mais le mauvais temps a tout* **remis en question** : il nous a obligés à revoir nos projets (→ SYN. *remettre en cause*).

■ **questionnaire** nom m. ● *Sais-tu répondre à ce* **questionnaire** ?, à cette liste de questions.

■ **questionner** v. ● *L'inspecteur a* **questionné** *les témoins de l'accident* : il leur a posé des questions (→ SYN. *interroger*).

quête nom f. **1** ● *Une* **quête** *est organisée en faveur des handicapés* : on demande aux gens de donner de l'argent pour les handicapés. **2** EN QUÊTE DE, loc. prép. ● *Aude s'est mise* **en quête de** *ce livre rare*, à sa recherche pour essayer de le trouver.

■ **quêter** v. **1** ● *Il* **quête** *pour la Croix-Rouge* : il demande de l'argent en fai-

sant la quête. **2** (littér.) ● *Mon chien est
venu quêter une caresse*, la demander,
la rechercher.

quetsche [kwɛtʃ] nom f. ● *De la confiture
de questches*, de grosses prunes violettes.

queue nom f. **1** ● *Les écureuils ont une
belle queue en panache*. — (fig.) N'AVOIR
NI QUEUE NI TÊTE : n'avoir aucun sens ● *Son
histoire n'a ni queue ni tête*. **2** ● *Ces
fleurs ne tiendront pas dans ce vase
si vous ne coupez pas les queues*, les
tiges. **3** ● *La queue d'une poêle, d'une
casserole* : leur manche. **4** ● *Il y a une
longue queue à l'arrêt du bus*, une longue file de personnes qui attendent. —
FAIRE LA QUEUE : attendre les uns derrière
les autres. — À LA QUEUE LEU LEU, loc. adv. :
les uns derrière les autres, en file
indienne. **5** EN QUEUE DE. ● *Le wagon postal est placé en queue du train*, à
l'arrière (→ CONTR. en tête). **6** (fig.) TÊTE
À QUEUE. ● *Sur le verglas, le camion a fait
un tête à queue*, un demi-tour complet sans le vouloir. **7** QUEUE DE POISSON.
● *Le conducteur nous a fait une queue
de poisson* : il s'est rabattu brusquement devant nous après avoir dou-
blé. — (fig. et fam.) FINIR EN QUEUE DE POISSON.
● *Leur aventure a fini en queue de
poisson*, d'une manière peu satisfaisante.

qui pronom **1** pronom interrogatif. Sujet ● *Qui
parle?* — Complément ● *Qui demandez-
vous?* — ● *À qui parles-tu?*, à quelle
personne? **2** pronom relatif. (Sujet.)
● *C'est mon père qui me l'a dit.* —
(Complément.) ● *L'homme à qui je parle
est mon oncle.*

quiche nom f. ● *Ma mère réussit très bien
la quiche lorraine*, une tarte garnie de
lardons et d'une crème aux œufs.

quiconque pronom indéf. ● *Tu m'expli-
queras cela mieux que quiconque*, que
n'importe qui (→ quelconque).

quiétude nom f. ● *Je m'occuperai de cette
affaire : vous pouvez partir en toute
quiétude*, en toute tranquillité d'esprit
(→ inquiétude).

quignon nom m. ● *L'enfant mordait à*

belles dents dans un *quignon de pain*,
un morceau coupé au bout d'un pain.

1. quille nom f. ● *D'une seule boule, Jacques a fait tomber toutes les quilles*,
les morceaux de bois longs et ronds
que l'on joue à renverser. — ● *Jouer
aux quilles*, à ce jeu.

2. quille nom f. ● *La quille du navire a
heurté un rocher*, la partie lourde qui
est sous la coque.

quincaillerie nom f. ● *Vous trouverez
tout ce qu'il faut pour bricoler dans
cette quincaillerie*, un magasin où l'on
vend des clous, des outils, des ustensiles de ménage, etc.
■ **quincaillier** nom. Marchand d'articles de quincaillerie.

quinconce nom m. EN QUINCONCE, loc. adv.
● *Ces rosiers sont plantés en quinconce*, disposés par groupes de cinq,
dont quatre sont placés aux coins d'un
carré et le cinquième au centre.

quinine [kinin] nom f. Médicament qui
sert à calmer la fièvre, et que l'on
extrait de l'écorce d'un arbre (le quinquina).

quinquagénaire adj. et nom ● *Mon père
est (un) quinquagénaire* : il a entre
cinquante et soixante ans.

quinquina nom m. **1** Arbre dont l'écorce
amère fournit la quinine. **2** ● *Un verre
de quinquina*, sorte d'apéritif amer fait
avec l'écorce de quinquina.

quintal nom m. ● *Nos pommiers ont produit cette année deux quintaux de
pommes*, deux fois 100 kilos.

quinte nom f. QUINTE DE TOUX. ● *Pendant sa
coqueluche, mon petit frère avait des
quintes de toux* : il se mettait à tousser sans pouvoir s'arrêter.

quintette nom m. **1** Orchestre formé par
cinq musiciens. **2** ● *Écoute ce quintette de Beethoven*, ce morceau de
musique écrit pour cinq instruments.

quintuple nom m. ● *20 est le quintuple
de 4*, le nombre qui vaut cinq fois plus.
■ **quintupler** v. ● *Ce pays a quintuplé sa production de blé* : il l'a multiplié par cinq.

■ **quintuplé** nom ● *La naissance de* **quintuplés** *est un événement rare,* cinq enfants mis au monde le même jour par la même mère. ★ Chercher aussi : jumeau, quadruplé, triplé.

quinze adj. numéral et nom m. **A.** adj. numéral invar. **1** ● *J'habite dans un immeuble de* **quinze** *étages,* dix plus cinq (15). — ● *Il reviendra dans* **quinze** *jours,* dans deux semaines. **2** ● *Luc arrivera le* **quinze** *mai,* le quinzième jour du mois de mai. **B.** nom m. invar. ● *L'équipe d'Angleterre a été battue par le* **quinze** *de France,* l'équipe de rugby formée de quinze joueurs.

■ **quinzaine** nom f. ● *Il est absent pour une* **quinzaine** *de jours,* environ 15 jours.

■ **quinzième** nom ● *Marthe est la* **quinzième** *de la course.* □ adj. ● *Le* **quinzième** *arrondissement de Paris.*

quiproquo nom m. ● *J'ai cru qu'il m'attendait chez lui, mais c'était un* **quiproquo**, *une erreur, un malentendu.*

quittance nom f. ● *Quand il a payé son loyer, le propriétaire lui a remis une* **quittance**, *un papier qui prouve qu'il l'a payé* (→ SYN. récépissé, reçu).

quitte adj. **1** ● *Je vous ai rendu un service, vous m'en avez rendu un autre : nous sommes* **quittes** : *nous ne nous devons plus rien* (→ s'acquitter de). — EN ÊTRE QUITTE POUR. ● *Il n'a pas été blessé dans l'accident, il* **en a été quitte pour** *la peur :* il n'a pas été blessé, la peur est la seule chose qui lui soit arrivée. **2** QUITTE À : au risque de. ● *J'ai parié que je mangerais tout le plat,* **quitte à** *avoir une indigestion,* même si je dois avoir une indigestion.

quitter v. **1** ● *Il* **a quitté** *la pièce :* il en est parti (→ SYN. se retirer de). **2** ● *Je* **quitterai** *tout pour vous suivre* (→ SYN. abandonner, laisser). **3** v. pron. ● *Elles* **se sont quittées** *à la gare :* elles se sont séparées.

qui-vive nom m. invar. ● *Être sur le qui-vive :* être sur ses gardes, en alerte ; faire attention.

quoi pronom **1** pronom interrogatif ● *Il m'a demandé quelque chose, mais* **quoi** *?,* quelle chose ? — ● *À* **quoi** *penses-tu ?* **2** pronom relatif ● *Dis-moi à* **quoi** *tu penses et de* **quoi** *vous avez parlé.* — DE QUOI : ce qui est nécessaire, ce qu'il faut. ● *Ces pauvres gens n'ont pas de* **quoi** *vivre.* **3** QUOI QUE. ● *Je promets de venir* **quoi** *qu'il arrive,* même s'il arrive quelque chose, de toute façon. ★ Ne pas confondre avec *quoique*.

quoique conj. de subordination ● *Il viendra m'aider* **quoiqu'**il soit très occupé (→ SYN. bien que). Chercher aussi : avoir beau*. ★ Ne pas confondre avec *quoi que*.

quolibet nom m. ● *Il dut s'enfuir pour échapper aux* **quolibets** *de la foule* (→ SYN. moquerie, plaisanterie, raillerie).

quorum [kɔrɔm] nom m. ● *Le président ouvre la séance lorsque le* **quorum** *est atteint :* le nombre minimum de présents exigé pour pouvoir voter.

quota [kɔta] nom m. ● *Tout le monde ne sera pas admis, il y a un* **quota**, *pourcentage fixé à l'avance.*

quote-part nom f. ● *Nous avons dîné tous ensemble, mais chacun a payé sa* **quote-part**, *la part qu'il devait.* — ● *Des* **quotes-parts**.

quotidien adj. et nom m. **1** adj. ● *La vaisselle fait partie des tâches* **quotidiennes**, *de chaque jour.* **2** nom m. ● *«Le Monde» et «Le Figaro» sont des* **quotidiens**, *des journaux qui paraissent tous les jours sauf le dimanche.* ★ Chercher aussi : hebdomadaire, mensuel.

■ **quotidiennement** adv. ● *Pendant ses vacances en Espagne, Anne écrivait* **quotidiennement** *à ses parents,* tous les jours.

quotient [kɔsjɑ̃] nom m. Résultat d'une division. ● *20 est le* **quotient** *de 100 par 5.*

R|r

rab → rabiot.

rabâcher v. ● *Il m'ennuie, il* **rabâche** *toujours la même histoire* : il la répète sans arrêt.
■ **rabâchage** nom m. ● *Ses rabâchages me fatiguent* (→ SYN. radotage).

rabais nom m. ● *Cette jupe ne m'a pas coûté cher, la vendeuse m'a fait un* **rabais**, *une réduction sur le prix* (→ rabattre, sens 2 ; SYN. 1. remise). — AU RABAIS, loc. adv. ● *Je l'ai acheté au rabais*, moins cher que le prix normal.

rabaisser v. 1 ● *Vous devriez rabaisser vos prétentions*, les diminuer. 2 ● *Je ne cherche pas à rabaisser mes camarades*, à les faire mal juger (→ SYN. dénigrer).

rabane nom f. Tissu constitué de fibres de raphia. ● *Ces mules (sens 1) en rabane sont confortables.*

rabat-joie nom invar. ● *Ce rabat-joie fait encore la tête!*, celui qui empêche les autres d'être joyeux, de profiter des choses agréables (→ SYN. trouble-fête).

rabattre v. 1 ● *Alain a rabattu le col de son imperméable* : il l'a baissé, mis à plat (→ rabat ; CONTR. relever). 2 ● *Le vendeur a rabattu son prix* : il l'a diminué. 3 v. pron. ● *Sophie était absente, j'ai dû me rabattre sur lui pour former l'équipe, l'accepter parce que je ne trouvais pas mieux.* 4 ● *Rabattre le gibier vers les chasseurs* : le forcer à aller dans leur direction. 5 v. pron. ● *Après nous avoir dépassés, la voiture s'est rabattue vers la droite* :

elle a changé de direction pour revenir vers la droite. ★ Conjug. 31.
■ **rabatteur** nom m. Personne qui, à la chasse, est chargée de rabattre le gibier vers les chasseurs.
■ **rabat** nom m. Partie qui peut se replier, se rabattre. ● *Son pantalon a une poche à rabat.*

rabbin nom m. Chef religieux d'une communauté juive. ★ Chercher aussi : pasteur, prêtre.

rabiot ou **rab** nom m. (fam.) ● *À la cantine, nous avons eu un* **rabiot** *de frites*, un supplément.
■ **rabioter** v. (fam.) Obtenir un rabiot, un supplément. ● *À la cantine, il a rabioté une part supplémentaire de dessert.*

râble nom m. ● *Le* **râble** *du lapin mijote dans la marmite*, le bas de son dos et ses cuisses.

râblé adj. ● *Un garçon* **râblé**, *au dos large et musclé.*

rabot nom m. ● *Cette porte ferme difficilement ; je vais lui enlever quelques copeaux de bois avec un* **rabot**, *un outil de menuisier.*
■ **raboter** v. ● *Le menuisier* **rabote** *l'étagère* : il la rend plate et lisse en utilisant un rabot.

rabougri adj. ● *Les branches de cet arbre sont* **rabougries**, *petites et recroquevillées, mal développées.*

rabrouer v. ● *Pour se débarrasser de lui, ma cousine l'a* **rabroué** : *elle lui a parlé durement* (→ SYN. rembarrer).

racaille nom f. ● *Quelle racaille!* : quelle bande de gens malhonnêtes, méprisables!

raccommoder v. 1 ● *Tu as fait un trou à ta jupe, je vais la raccommoder*, la réparer en cousant (→ SYN. rapiécer, repriser). 2 v. pron. (fam.) ● *Mes amis étaient brouillés, mais ils se sont raccommodés*, réconciliés.
■ **raccommodage** nom m. ● *Claude a fini son raccommodage*, la réparation du linge, des vêtements.

raccompagner v. ● *La mère de Sophie m'a raccompagné chez moi* (→ accompagner ; SYN. reconduire).

raccorder v. 1 ● *Le plombier a raccordé ces deux tuyaux :* il les a reliés par un raccord, il les a fait communiquer. 2 v. pron. ● *Plus loin, ce chemin se raccorde à la route :* il rejoint la route, il s'y rattache (→ raccordement).
■ **raccord** nom m. 1 ● *Le raccord d'une pompe à bicyclette :* le tuyau souple qui fait communiquer la pompe avec la chambre à air. 2 ● *Le peintre fait un raccord de peinture :* il en remet là où il en manque pour que la surface soit unie.
■ **raccordement** nom m. ● *Cette route est reliée à l'autoroute par une voie de raccordement.* — ● *L'électricien a procédé au raccordement du chauffe-eau* (→ SYN. branchement).

raccourcir v. 1 ● *Je dois raccourcir mon devoir*, le rendre plus court, l'abréger (→ CONTR. rallonger). 2 ● *Ton pantalon a raccourci au lavage :* il est devenu plus court. ★ Conjug. 11.
■ **raccourci** nom m. ● *Ils sont arrivés avant nous, car ils ont pris un raccourci*, un chemin plus court.

par raccroc [rakro] loc. adv. Par un heureux hasard. ● *Il a eu son examen par raccroc*, sans travailler.

raccrocher v. 1 ● *Le tableau est tombé, il faut le raccrocher*, l'accrocher de nouveau (→ CONTR. décrocher). 2 ● *Raccrocher le téléphone :* après avoir fini de parler reposer le combiné sur le socle pour couper la communi-

cation (→ CONTR. décrocher). 3 v. pron. ● *En tombant dans l'escalier, Pascal s'est raccroché à la rampe :* il s'y est retenu.

race nom f. 1 ● *Beaucoup de Français appartiennent à la race blanche*, un groupe de gens qui ont des caractéristiques physiques communes : couleur de la peau, forme des yeux, du nez, etc. (→ racial, racisme). 2 ● *Mon chien est un caniche de pure race*, dont les parents sont tous deux des caniches (→ racé, sens 1).
■ **racé** adj. 1 ● *Un animal racé*, qui a l'apparence et les qualités particulières de sa race. 2 ● *Une femme racée*, distinguée, élégante.
■ **racial** adj. ● *La couleur de la peau est un caractère racial*, de la race. — ● *Des problèmes raciaux*, causés par la différence des races, par le racisme.
■ **racisme** nom m. ● *Beaucoup de gens sont victimes du racisme*, des préjugés qui affirment faussement qu'une race est supérieure à l'autre.
■ **raciste** nom ● *En méprisant ceux qui ne leur ressemblent pas, les racistes ont causé beaucoup de malheurs*, ceux qui croient au racisme, qui n'aiment pas les gens des autres races. □ adj. ● *Des idées racistes.* ★ Chercher aussi : antisémite.

1. racheter v. 1 ● *N'oubliez pas de racheter du pain*, d'en acheter d'autre. 2 ● *Ton stylo me plaît, je voudrais te le racheter :* acheter à quelqu'un ce qu'il a acheté pour lui. ★ Conjug. 8.
■ **1. rachat** nom m. ● *Elle se réjouit du rachat de sa maison*, d'avoir pu la racheter.

2. racheter v. ● *Il a racheté ses erreurs :* il les a réparées. □ v. pron. ● *C'est une bonne occasion de te racheter*, de réparer tes fautes, de te faire pardonner. ★ Conjug. 8.
■ **2. rachat** nom m. ● *Autrefois, les gens faisaient des pèlerinages pour le rachat de leurs péchés*, pour les racheter.

rachitique adj. ● *Le médecin a examiné*

un enfant **rachitique**, *dont les os sont mal formés, mal développés.*

racial → race.

racine nom f. **1 •** *Les arbres et les plantes se nourrissent par leurs* **racines**, *les parties qui s'enfoncent dans la terre* (→ déraciner, enraciner). — (fig. et fam.) PRENDRE RACINE. • *À force de l'attendre ici, nous allons finir par* **prendre racine**, *par ne plus pouvoir partir, comme un arbre fixé au sol par ses racines.* **2 •** *Cette dent a trois* **racines**, *trois parties qui s'enfoncent dans la gencive.* ★ VOIR p. 544. **3 •** *La* **racine** *des cheveux :* la partie la plus proche de la peau du crâne. **4 •** *«Mère» et «maternel» ont la même* **racine** *latine,* la même origine. ★ Chercher aussi : étymologie.

racisme, raciste → race.

racket [raket] nom m. • *Les malfaiteurs avaient organisé un* **racket** *dans les bars de la ville :* ils menaçaient les propriétaires pour leur prendre de l'argent.

raclée nom f. (fam.) • *Cette brute lui a flanqué une* **raclée**, *des coups, une correction* (→ SYN. (fam.) volée).

racler v. **1 •** *Sophie* **a raclé** *le fond du plat :* elle l'a gratté vigoureusement pour le nettoyer. **2 •** *Cette porte est mal posée, elle* **racle** *le plancher :* elle frotte contre lui.
■ **raclette** nom f. • *Il enlève les taches de peinture avec une* **raclette**, *un instrument qui sert à racler.*

racoler v. • *Le camelot* **racolait** *les passants pour vendre sa marchandise :* il les attirait par tous les moyens.
■ **racoleur** nom m. Personne qui racole, qui fait de la propagande pour un métier, un parti, etc.

raconter v. **1 •** *Nos amis nous* **ont raconté** *leur voyage en Espagne :* ils nous en ont fait le récit, en parlant ou en écrivant. **2 •** *Ne crois pas tout ce qu'on te* **raconte**, *ce qu'on te dit.*
■ **racontar** nom m. • *Ces* **racontars** *ne*

m'intéressent pas, ces bavardages, ces ragots (→ SYN. médisance).

racornir v. • *La chaleur* **racornit** *le cuir :* elle le rend dur (comme de la corne). ★ Conjug. 11.

radar nom m. Appareil qui permet de repérer la position et la distance d'un objet qu'on ne voit pas. • *Quand ils approchent de l'aéroport, l'image des avions apparaît sur l'écran du* **radar**. — • *Sur cette route, la vitesse des voitures est contrôlée par un* **radar**. ★ Chercher aussi : sonar.

rade nom f. **1 •** *Les navires viennent s'abriter dans la* **rade**, *un grand bassin donnant sur la mer.* **2** (fam.) RESTER EN RADE. • *Avec cette panne d'essence, ils* **sont restés en rade** *en pleine campagne :* ils n'ont pas pu continuer.

radeau

radeau nom m. • *Les survivants du naufrage ont construit un* **radeau**, *un bateau plat fait de morceaux de bois assemblés.*

radiateur nom m. **1 •** *Il faisait si froid que nous avons dû brancher le* **radiateur** *électrique,* un appareil de chauffage. **2 •** *Papa rajoute de l'eau dans le* **radiateur** *de la voiture,* l'appareil qui permet de refroidir le moteur.

1. radiation nom f. • *Le soleil émet des* **radiations**, *des ondes, des rayon-*

nements. — ● *Les métaux radioactifs et les bombes atomiques émettent des* **radiations**, *des rayonnements dangereux* (→ irradier; radioactivité).

2. radiation → radier.

1. radical adj. **1** ● *Pour guérir cette maladie, il faut un traitement* **radical**, *qui s'attaque à la cause de ce qu'on veut changer.* **2** ● *Un changement* **radical**, complet, total.

■ **radicalement** adv. ● *Son succès l'a* **radicalement** *transformé* (→ SYN. complètement, totalement).

■ **radicaliser** v. Rendre radical, efficace et systématique. ● *Il faut* **radicaliser** *la lutte contre les maladies infectieuses par des contrôles réguliers.*

2. radical nom m. ● *« Grand » est le* **radical** *des mots « grandeur » et « grandir »,* la partie commune qui donne son sens à toute une famille de mots ; celle qui ne change pas quand on conjugue un verbe.

radier v. ● *Il ne fait plus partie du club, il* **a été radié** *de la liste des membres :* son nom a été rayé, barré. ★ Conjug. 10.

■ **2. radiation** nom f. ● *Après toutes les fautes qu'il a commises, sa* **radiation** *est inévitable.*

radiesthésiste nom ● *Ce* **radiesthésiste** *a découvert une source près de la maison,* celui qui prétend savoir détecter certains corps ou certains objets grâce à leurs radiations.

radieux adj. **1** ● *Pendant ces vacances, nous avons eu un soleil* **radieux**, *qui brillait très fort.* **2** ● *Valérie a un visage* **radieux**, *qui rayonne de bonheur.*

radin adj. (fam.) ● *Mon frère n'aime pas dépenser son argent, il est* **radin**, *un peu avare.*

1. radio ou **radiodiffusion** nom f. ● *Cette émission est transmise par* **radio**, *un procédé qui permet d'envoyer des sons très loin, en utilisant des ondes.* — *Un poste de* **radio** (ou *une* **radio**) : l'appareil qui reçoit des ondes sur une antenne et les transforme de nouveau en sons. ★ Chercher aussi : émetteur, récepteur.

■ **radio** nom m. ● *Le* **radio** *du bateau a envoyé un message au port,* celui qui utilise un poste émetteur de radio.

■ **radiodiffusé** adj. ● *Cette émission n'est pas télévisée, mais elle est* **radiodiffusée**, *retransmise par la radio.*

■ **radiophonique** adj. ● *Ce journal indique les programmes* **radiophoniques**, *de la radio.*

2. radio ou **radiographie** nom f. Procédé qui permet de photographier l'intérieur du corps en utilisant les rayons X. ● *Une* **radiographie** (ou *une* **radio**) *des poumons :* leur photographie.

■ **radiologue** nom. Médecin spécialiste qui s'occupe de radiographie.

■ **radiographier** v. Effectuer une radiographie.

radioactif adj. ● *L'uranium est une substance* **radioactive**, *qui émet des rayons spéciaux, des radiations.*

■ **radioactivité** nom f. ● *Pierre et Marie Curie ont découvert la* **radioactivité** *du radium, qu'il est radioactif.*

radis nom m. ● *Au marché, j'ai acheté une botte de* **radis**, *une plante dont on mange la racine rouge.* — RADIS NOIR : variété de gros radis à peau noire.

radium nom m. Métal radioactif.

radius nom m. ● *Les deux os de l'avant-bras sont le* **radius** *et le cubitus.* ★ VOIR p. 968.

radoter v. ● *Son vieil oncle commence à* **radoter**, *à dire des choses qui n'ont pas de sens, ou à répéter sans cesse la même chose, à cause de la vieillesse.*

■ **radotage** nom m. ● *Ses* **radotages** *n'en finissent pas* (→ SYN. rabâchage).

radoub [radu] nom m. Entretien et réparation des coques de navire.

se radoucir v. pron. **1** ● *La température* **s'est** *subitement* **radoucie** : elle est devenue plus douce, plus chaude (→ SYN. se réchauffer). **2** ● *Après son accès de colère, Vincent* **s'est radouci** : il est devenu plus aimable, il s'est calmé. ★ Conjug. 11.

■ **radoucissement** nom m. Action de

se radoucir. ● *Les bourgeons se sont ouverts dès le radoucissement de la température.*

rafale nom f. **1** Coup de vent soudain et brutal. ● *Les arbres se penchaient sous les rafales du vent.* **2** ● *Une rafale de mitrailleuse :* une série de coups de feu tirés très rapidement.

raffermir v. ● *Ce traitement va raffermir votre peau,* la rendre plus ferme (→ CONTR. ramollir). ★ Conjug. 11.
■ **raffermissement** nom m. Action de raffermir. ● *Le gel entraîne un raffermissement du sol.*

1. raffiner v. ● *Raffiner du sucre, du pétrole,* le rendre plus pur.
■ **raffinage** nom m. ● *Le raffinage du pétrole permet d'obtenir de l'essence, des gaz et du goudron :* l'ensemble des opérations faites pour le raffiner. ★ Chercher aussi : distillation.
■ **raffinerie** nom f. Usine où l'on raffine. ● *Une raffinerie de pétrole.*

2. raffiner v. ● *Ce cuisinier raffine sur la présentation des plats :* il y met beaucoup de soin.
■ **raffiné** adj. ● *Olivier a des manières raffinées,* qui montrent beaucoup de délicatesse (→ CONTR. vulgaire).
■ **raffinement** nom m. ● *Elle s'habille avec raffinement,* avec un goût très fin, avec recherche.

rafistoler v. (fam.) Réparer de manière grossière et provisoire. ● *Je vais rafistoler mon cahier avec du ruban adhésif.*

raffoler de v. ● *Elle raffole des crêpes à la confiture :* elle les aime beaucoup (→ SYN. adorer).

rafler v. (fam.) ● *Les cambrioleurs ont tout raflé :* ils ont tout emporté.
■ **rafle** nom f. ● *Les policiers font parfois des rafles dans les bars :* ils emmènent tout le monde au poste de police pour un contrôle.

rafraîchir v. **1** ● *La pluie a rafraîchi l'atmosphère :* elle l'a rendue plus fraîche, elle l'a un peu refroidie. □ v. pron. ● *La température se rafraîchit,* devient plus fraîche (→ CONTR. réchauf-

fer). **2** ● *Cette douche m'a rafraîchi :* elle m'a donné une sensation de fraîcheur. □ v. pron. ● *Alain se rafraîchit* en buvant un verre d'eau (→ rafraîchissement, sens 2). **3** ● *La peinture de ma chambre est sale, il faudrait la rafraîchir,* lui redonner l'éclat, la fraîcheur du neuf. **4** (fam.) RAFRAÎCHIR LA MÉMOIRE À QUELQU'UN : lui rappeler ce qu'il semble avoir oublié. ● *Il m'avait promis un cadeau, je vais lui rafraîchir la mémoire.* ★ Conjug. 11.
■ **rafraîchissant** adj. ● *Une boisson rafraîchissante,* qui désaltère.
■ **rafraîchissement** nom m. **1** ● *La météo prévoit un rafraîchissement de la température.* **2** ● *Prendrez-vous un rafraîchissement ?,* une boisson fraîche, rafraîchissante.

ragaillardir v. ● *Cette petite sieste m'a ragaillardi :* elle m'a redonné des forces, de l'entrain (→ gaillard ; SYN. réconforter). ★ Conjug. 11.

1. rage nom f. **1** Colère très violente. ● *Elle a poussé un cri de rage* (→ rager ; SYN. fureur). **2** AVOIR LA RAGE DE FAIRE QUELQUE CHOSE. ● *Ce sportif a la rage de* vaincre, une très grande volonté de vaincre. **3** ● *Une rage de dents :* un mal de dents très fort. **4** FAIRE RAGE. ● *Les feux de forêts ont fait rage :* ils ont été très violents.
■ **rager** v. ● *Cela me fait rager d'avoir troué mon pull :* cela me rend furieux (→ enrager). ★ Conjug. 5.
■ **rageur** adj. ● *Il parlait d'un ton rageur,* furieux, hargneux.
■ **rageusement** adv. ● *Elle a claqué la porte rageusement,* avec colère.

2. rage nom f. ● *Il a été vacciné contre la rage,* une maladie mortelle transmise par certains animaux, surtout les chiens et les renards (→ enragé).

ragot nom m. (fam.) ● *Pourquoi faire attention à ces ragots ?,* ces bavardages malveillants (→ SYN. commérage, médisance, racontar).

ragoût nom m. ● *Dominique a préparé un ragoût,* un plat composé de morceaux de viande cuits longuement avec de la sauce et des légumes.

ragoûtant adj. PAS (OU PEU) RAGOÛTANT : pas appétissant, dégoûtant, écœurant. ● *Ce fromage moisi n'est **pas** très **ragoûtant**.*

raid [rɛd] nom m. **1 ●** *Un **raid** de bombardiers a détruit la ville, une attaque par surprise.* **2 ●** *Ils ont participé à un **raid** en moto à travers l'Afrique, une longue course d'endurance.* ★ Ne pas confondre *raid* et *raide*.

raide adj. **1 ●** *Quand on lui a enlevé son plâtre, sa jambe était encore **raide**, difficile à plier* (→ raideur ; CONTR. souple). **2 ●** *Une corde **raide**, très tendue.* — (fig.) ÊTRE SUR LA CORDE RAIDE : être dans une situation délicate, dangereuse (comme un funambule qui marche sur une corde tendue). **3 ●** *Nous avons gravi une pente **raide**, très inclinée* (→ raidillon). □ adv. ● *La route monte **raide**.* **4 ●** *Ils sont tombés **raides** morts,* morts brusquement.

■ **raideur** nom f. ● *La **raideur** de sa jambe le gêne pour marcher, le fait qu'elle soit raide.*

■ **se raidir** v. pron. ● *Au contact de l'eau froide, son corps **s'est raidi** :* il est devenu tout raide et contracté. ★ Conjug. 11.

■ **raidillon** nom m. ● *Nathalie a dû descendre de bicyclette pour gravir ce **raidillon**, la partie d'un chemin qui est en pente raide.*

1. raie nom f. **1 ●** *Son maillot de sport est rouge avec une **raie** jaune, une ligne, une bande* (→ rayer). **2 ●** *Frédéric fait sa **raie** avec un peigne, une ligne qui sépare ses cheveux des deux côtés de la tête.*

2. raie nom f. Poisson de mer plat en forme de losange. ● *Certaines **raies** peuvent peser jusqu'à 3 tonnes.* ★ VOIR p. 122.

rail [raj] nom m. **1 ●** *La locomotive avance sur les **rails**, chacune des deux barres d'acier sur lesquelles roulent les trains* (→ déraillement). **2 ●** *La porte coulissante glisse sur un **rail**, une longue barre de métal qui sert à guider son mouvement.* ★ Ne pas confondre *rail* et *raille* (de *railler*).

railler v. ● *Il ne supporte pas qu'on le **raille**, qu'on se moque de lui, qu'on le ridiculise.*

■ **raillerie** nom f. ● *Les **railleries** de ses camarades l'ont mis en colère,* leurs moqueries.

■ **railleur** adj. ● *Je n'apprécie pas son air **railleur**,* moqueur, ironique.

rainette nom f. ● *Une **rainette** a sauté dans l'étang,* une petite grenouille. ★ Ne pas confondre *rainette* et *reinette*.

rainette

rainure nom f. ● *Le menuisier creuse une **rainure** dans la planche,* un creux long et étroit à sa surface.

raisin nom m. ● *C'est pendant les vendanges que les vignerons cueillent le **raisin**,* le fruit de la vigne qui pousse en grappes et avec lequel on fait du vin.

raison nom f. **1 ●** *Les hommes peuvent comprendre, juger et agir avec bon sens grâce à leur **raison*** (→ rationnel ; SYN. intelligence, sagesse). — PERDRE LA RAISON : devenir fou (→ SYN. déraisonner). — RAMENER QUELQU'UN À LA RAISON. *Pour un rien, Marc se serait battu ; je l'**ai** ramené **à la raison** :* je l'ai convaincu d'être plus raisonnable. **2** AVOIR RAISON. ● *Éric **a raison** :* ce qu'il fait ou ce qu'il dit est juste (→ CONTR. avoir tort). — ENTENDRE RAISON. ● *J'ai essayé de lui expli-*

quer pourquoi il avait tort, mais il ne veut pas **entendre raison** : il ne veut pas admettre ce qui est la vérité. — PLUS QUE DE RAISON. ● *Elle s'est épuisée à travailler* **plus que de raison**, trop, plus qu'il n'est raisonnable. **3** ● *Connais-tu* la **raison** *de son départ ?*, son motif, sa cause. — EN RAISON DE, loc. prép. ● *Ils ont interrompu leur voyage* **en raison du** *mauvais temps*, à cause de lui. — AVEC JUSTE RAISON. ● *Elle lui a fait des reproches* **avec juste raison**, en ayant un motif valable (→ SYN. à juste titre). — CE N'EST PAS UNE RAISON : *ce n'est pas un motif valable, sérieux*. — AVOIR DE BONNES RAISONS. ● *Elle a toujours* **de bonnes raisons** *pour arriver en retard*, de bonnes excuses. **4** RAISON DE PLUS : c'est une raison de plus pour. **5** À PLUS FORTE RAISON : d'autant plus. **6** SE FAIRE UNE RAISON. ● *Nous ne pouvons aller au cinéma comme il était prévu, il faut* **te faire une raison**, te résigner à l'admettre, en prendre ton parti.

■ **raisonnable** adj. **1** ● *Il est enfin devenu* **raisonnable**, sage, intelligent, sensé (→ irraisonné ; CONTR. déraisonnable, fou). **2** ● *Ce tableau est vendu à un prix* **raisonnable**, qui n'est pas exagéré (→ CONTR. excessif, extravagant).

■ **raisonnablement** adv. ● *Tu t'es conduit* **raisonnablement**, d'une façon raisonnable.

■ **raisonner** v. **1** ● *Pour faire ce problème, Anne essaie de* **raisonner**, de bien réfléchir pour passer d'une idée à l'autre avec logique. **2** RAISONNER QUELQU'UN. ● *Ton ami exagère, tu devrais le* **raisonner**, essayer de le convaincre d'être raisonnable.

■ **raisonnement** nom m. ● *Après avoir découvert la vérité, le détective nous a expliqué son* **raisonnement**, comment ses pensées se suivent et s'enchaînent pour arriver à une conclusion.

rajeunir v. ● *Cette robe à fleurs te* **rajeunit** : elle te fait paraître plus jeune. ▢ v. pron. ● *Il cherche à* **se rajeunir**, à faire en sorte de paraître plus jeune. ★ Conjug. 11.

■ **rajeunissement** nom m. ● *Elle a* fait une cure de **rajeunissement**, pour avoir l'air plus jeune.

rajouter v. ● *Corinne* **rajoute** *du lait dans sa tasse* : elle en met encore plus, elle en ajoute encore.

rajuster v. **1** ● *Elle a* **rajusté** *sa coiffure* : elle l'a remise en place. **2** ● *Rajuster les salaires* : les relever pour qu'ils suivent l'augmentation des prix (→ rajustement ; SYN. réajuster).

■ **rajustement** ou **réajustement** nom m. ● *Le gouvernement a accordé un* **rajustement** *des salaires*.

ralentir v. ● *Les voitures* **ralentissent** *au carrefour* : elles vont plus lentement (→ CONTR. accélérer). ★ Conjug. 11.

■ **ralenti** adj. et nom m. **1** adj. ● *Une circulation* **ralentie** *par le verglas*, rendue plus lente. **2** nom m. ● *Le mécanicien a réglé le* **ralenti** *du moteur*, la vitesse la plus faible à laquelle il peut tourner. **3** AU RALENTI. ● *Serge m'a passé ce film* **au ralenti**, plus lentement que la vitesse normale.

■ **ralentissement** nom m. ● *Aux heures de pointe, on constate un* **ralentissement** *de la circulation* (→ CONTR. accélération).

1. râler v. ● *Le blessé* **râle** : il fait entendre un bruit rauque en respirant.

■ **râle** nom m. ● *On entendait les* **râles** *des blessés*, le bruit de leur respiration quand ils râlent.

2. râler v. (fam.) ● *Elle a* **râlé** *toute la journée* (→ SYN. grogner, protester).

■ **râleur** nom et adj. (fam.). Personne qui râle, qui proteste. ● *Luc n'est jamais content, c'est un* **râleur**.

rallier [ralje] v. **1** ● *Le général a* **rallié** *ses troupes qui étaient dispersées* : il les a rassemblées, regroupées. **2** v. pron. ● *Ils se sont* **ralliés** *à son opinion* : ils ont été d'accord, ils l'ont approuvée. ★ Conjug. 10.

■ **ralliement** nom m. **1** ● *Avez-vous choisi un point de* **ralliement** *?*, l'endroit où vous allez vous regrouper, vous réunir. **2** ● *Son* **ralliement** *à ce parti a eu lieu avant les élections*, son adhésion.

rallonger v. 1 ● *Tu as grandi, je vais* ***rallonger*** *ton pantalon, le rendre plus long* (→ SYN. allonger; CONTR. raccourcir). 2 (fam.) ● *Les jours* ***rallongent*** : ils deviennent plus longs (→ CONTR. diminuer). ★ Conjug. 5.

■ **rallonge** nom f. 1 ● *Les cousins viennent déjeuner, il faut ajouter une* ***rallonge*** *à la table,* une planche qui sert à l'allonger. 2 ● *Pour brancher cette lampe, j'ai besoin d'une* ***rallonge****,* d'un morceau de fil électrique pour prolonger le fil de la lampe.

rallumer v. ● *Le feu s'est éteint, je vais le* ***rallumer****,* l'allumer de nouveau.

rallye [rali] nom m. ● *Ces pilotes ont gagné le* ***rallye*** *automobile de Monte-Carlo,* une compétition où tous les automobilistes doivent se retrouver à un endroit précis après plusieurs épreuves.

ramadan nom m. ● *Pendant le mois du* ***ramadan****, les musulmans ne doivent rien boire ni rien manger entre le lever et le coucher du soleil.*

1. ramage nom m. (littér.) Chant des oiseaux.

2. ramage nom m. ● *Elle porte une robe à* ***ramages****,* avec des dessins qui représentent des rameaux, des branches fleuries.

ramasser v. 1 ● *Sur la plage, Valérie a* ***ramassé*** *des coquillages :* elle les a pris par terre (→ ramassage). 2 ● *Les éboueurs* ***ramassent*** *les ordures ménagères :* ils les prennent à des endroits différents pour les réunir. 3 v. pron. ● *Le chat* ***s'est ramassé****, puis il a bondi :* il s'est mis en boule et a contracté ses muscles avant de prendre son élan.

■ **ramassage** nom m. ● *Un car de* ***ramassage*** *scolaire,* qui va chercher les enfants dans différents endroits pour les amener à l'école. ● *Le* ***ramassage*** *des foins est terminé.*

■ **ramassis** nom m. (péjor.) ● *Un* ***ramassis*** *de vieux cartons encombrait la cave,* un ensemble d'objets qui ont peu de valeur.

rambarde nom f. ● *Sur la passerelle du navire, le marin s'accrochait à la* ***rambarde****,* à la rampe métallique (→ SYN. bastingage, garde-fou).

1. rame nom f. ● *Il tire sur les* ***rames*** *pour faire avancer la barque.* ★ Chercher aussi : aviron, pagaie.

■ **ramer** v. ● *Vincent ne sait pas* ***ramer****,* manœuvrer les rames.

■ **rameur** nom ● *Ce bateau de compétition a quatre* ***rameurs****,* des personnes qui rament.

2. rame nom f. ● *Cette* ***rame*** *de métro ne prend pas de voyageurs,* cette série de wagons attachés les uns aux autres.

rameau nom m. Petite branche d'arbre. ● *Des* ***rameaux*** (→ se ramifier; ramification; 2. ramage).

ramener v. 1 ● *Gilles m'a emmené à la maison, mais c'est Cyril qui m'a* ***ramené*** *à la gare,* qui m'a fait revenir avec lui (→ SYN. reconduire). 2 ● *L'hiver a* ***ramené*** *le froid :* il l'a fait réapparaître. ★ Conjug. 8.

ramier nom m. Gros pigeon sauvage. ● *Un* ***ramier*** *s'est perché sur le sapin.*

se ramifier v. pron. ● *La grosse branche* ***s'est ramifiée*** *:* elle s'est partagée en plusieurs petites branches, en rameaux. ★ Conjug. 10.

■ **ramification** nom f. ● *Sur ce dessin, tu peux voir la* ***ramification*** *des veines,* leur façon de se diviser en veines de plus en plus petites et fines.

ramollir v. 1 ● *L'humidité a* ***ramolli*** *le pain :* elle l'a rendu mou (→ amollir). □ v. pron. ● *Le beurre* ***se ramollit*** *à la chaleur :* il devient plus mou (→ CONTR. durcir). 2 (fig.) ● *David devient paresseux, ce climat le* ***ramollit*** *:* il le rend plus mou, moins énergique. ★ Conjug. 11.

ramoner v. ● *Ramoner une cheminée :* la nettoyer pour enlever la suie.

■ **ramonage** nom m. ● *Il dirige une entreprise de* ***ramonage****.*

■ **ramoneur** nom m. ● *Le* ***ramoneur*** *passera jeudi,* celui qui ramone les cheminées.

rampe nom f. 1 ● *Pour descendre l'escalier, Sophie se tient à la* ***rampe****,* une

barre sur laquelle on peut s'appuyer.
2 ● *Au théâtre, on allume la* **rampe**
pour éclairer les acteurs, une rangée de
lampes disposées au bord de la scène.
3 ● *Les voitures rentrent dans le
parking souterrain en descendant une*
rampe, une route en pente, un plan
incliné. **4** ● *La fusée a quitté la* **rampe**
de lancement, la construction qui permet de la lancer.

rampe

ramper v. **1** ● *Les serpents et les vers*
rampent : *ils avancent en se traînant
sur le ventre.* **2** (fig.) ● *Dominique
n'a pas besoin de* **ramper** *devant son
patron, de s'humilier en obéissant
comme un esclave* (→ [fam.] s'aplatir).

ramure nom f. **1** Les branches et les
rameaux d'un arbre. **2** Bois (d'un cervidé). ● *La* **ramure** *du cerf.*

rancart nom m. (fam.) METTRE AU RANCART.
● *Cette vieille machine à coudre ne
fonctionne plus, je vais la* **mettre au
rancart,** la mettre au rebut, m'en
débarrasser.

rance adj. ● *Je ne veux pas de cette huile*
rance, qui a pris un goût désagréable
en vieillissant.
■ **rancir** v. ● *Le beurre a* **ranci** : *il est
devenu rance.* ★ Conjug. 11.

ranch [rɑ̃tʃ] nom m. ● *Les troupeaux sont
gardés dans un enclos près du* **ranch,**
une ferme des États-Unis. ★ Au plur. :
● *Des* **ranchs** *ou des* **ranches.**

rancœur nom f. Ressentiment, amertume après une déception. ● *Romain
n'a pas eu le poste qu'il espérait. Il en
a beaucoup de* **rancœur.**

rançon nom f. **1** ● *Ces bandits ont enlevé
un riche industriel pour demander une*
rançon, de l'argent en échange de sa
liberté, de sa vie. **2** (fig.) ● *Cette vedette
ne peut pas se débarrasser des journalistes : c'est la* **rançon** *de son succès,*
les inconvénients qu'il entraîne, le
prix à payer en échange.
■ **rançonner** v. ● *Autrefois, les brigands* **rançonnaient** *les voyageurs* : *ils
exigeaient une rançon pour les libérer.*

rancune nom f. ● *Pardonne-lui le mal
qu'il t'a fait, oublie ta* **rancune** *contre
lui,* ton désir de te venger.
■ **rancunier** adj. ● *Une personne* **ran-
cunière,** *qui en veut longtemps à ceux
qui lui ont fait du mal* (→ SYN. vindicatif).

randonnée nom f. ● *Sabine a fait une*
randonnée *de quatre jours dans les
Alpes,* une longue promenade, une
excursion (→ SYN. course, sens 4).

rang nom m. **1** Ligne de personnes ou
de choses placées les unes à côté des
autres (par opposition à file). ● *Les
écoliers se sont mis en* **rangs.** — SERRER
LES RANGS. ● *Ce défilé est trop long,* **ser-
rez les rangs !** : rapprochez les unes
des autres les lignes que vous formez.
— EN RANG D'OIGNONS : en lignes bien régulières. **2** ● *Un* **rang** *de tricot* : la série
de mailles que l'on tricote sur le même
ligne. **3** ● *Sophie s'assied toujours au
troisième* **rang,** la troisième ligne de
sièges (→ SYN. rangée). **4** ● *Ce joueur de
tennis occupe le premier* **rang** *du classement,* la première place, la première
position. **5** ● *Une personne de haut*
rang, qui occupe une situation élevée
dans la société.
■ **rangée** nom f. ● *Une* **rangée** *d'arbres
borde la route* (→ SYN. rang, sens 1).

ranger v. 1 • *Éric* **range** *les livres dans la bibliothèque* : il les met en ordre (→ rangement ; CONTR. déranger). 2 • **Ranger** *sa voiture* : la garer. ★ Conjug. 5.

■ **se ranger** v. pron. 1 • *Les élèves* **se sont rangés** *deux par deux* : ils se sont mis en rangs (→ rang, sens 1). 2 • *À bicyclette, il faut bien* **se ranger** *sur le côté quand une voiture vous dépasse* : il faut se rabattre.

■ **rangement** nom m. 1 • *Ma sœur a fait du* **rangement** *dans sa chambre* : elle y a mis de l'ordre. 2 • *C'est un appartement très pratique, avec beaucoup de* **rangements**, d'espaces pour ranger, de placards, etc.

ranimer v. 1 • *L'infirmière* **a ranimé** *un malade qui s'était évanoui* : elle lui a fait reprendre conscience (→ réanimation). (On dit aussi : réanimer.) 2 • *Le vent* **a ranimé** *l'incendie* : il l'a rallumé.

rapace nom m. et adj. 1 nom m. • *Les* **rapaces** *sont des oiseaux utiles*, les oiseaux de proie. 2 adj. (fig.) • *Un homme d'affaires* **rapace**, qui fait tout pour gagner de l'argent (→ SYN. avide).

rapatrier v. • *Ces étrangers* **ont été rapatriés** : on les a ramenés dans leur pays (→ patrie). ★ Conjug. 10.

■ **rapatriement** nom m. Action de rapatrier. • *Le* **rapatriement** *des prisonniers après la guerre a duré plusieurs semaines.*

râper v. • *J'ai* **râpé** *du gruyère* : je l'ai réduit en petits morceaux avec une râpe.

■ **râpé** adj. 1 • *Des carottes* **râpées** (→ rape, sens 1). 2 • *Un pantalon* **râpé** *aux genoux*, usé par le frottement.

■ **râpe** nom f. 1 Ustensile de cuisine qui sert à râper. 2 • *Une* **râpe** *de menuisier*, une sorte de grosse lime.

■ **râpeux** adj. • *Papa a oublié de se raser, il a les joues* **râpeuses**, qui râpent, qui grattent.

rapetisser v. 1 • *Qui a pris des pommes ? Le tas* **a rapetissé** : il est devenu plus petit (→ CONTR. grandir).

2 • *À mesure qu'il s'éloigne, ce bateau* **rapetisse** : il paraît plus petit.

raphia nom m. 1 Palmier à très longues feuilles. 2 • *Céline a fait un tissage avec des brins de* **raphia**, la fibre qui vient des feuilles de ce palmier.

rapide adj. et nom m. **A.** adj. 1 • *Gilles aime les voitures* **rapides**, qui vont vite (→ CONTR. lent). 2 • *Bravo pour ta guérison* **rapide**!, qui a pris peu de temps (→ SYN. prompt).

B. nom m. 1 Partie d'un cours d'eau où le courant est fort et agité de tourbillons. • *Bernard a descendu les* **rapides** *en canoë.* 2 • *Le* **rapide** *Paris-Toulouse entre en gare*, le train qui va plus vite que les autres. ★ Chercher aussi : express.

■ **rapidement** adv. • *Nous avons déjeuné* **rapidement** (→ CONTR. lentement). — • *Je serai* **rapidement** *de retour* (→ SYN. bientôt, prochainement, vite).

■ **rapidité** nom f. • *La* **rapidité** *des gazelles à la course est surprenante* (→ CONTR. lenteur).

rapiécer v. • *Il a fallu* **rapiécer** *mon pantalon* : le réparer en cousant une pièce de tissu sur le trou. ★ Conjug. 4.

rapière nom f. (littér.) • *Pendant son duel, le comte a été blessé d'un coup de* **rapière**, une longue épée.

rapine nom f. (littér.) Vol, pillage. • *Ces brigands vivaient de leurs* **rapines**.

rappeler v. 1 • **Rappelle**-*le, il a oublié ses papiers* ! : appelle-le pour le faire revenir (→ rappel, sens 1). 2 • *La ligne est occupée, je le* **rappellerai** *dans la soirée* : je l'appellerai de nouveau au téléphone. 3 v. pron. • *Il n'a pas pu* **se rappeler** *la date de la rentrée*, s'en souvenir. — • *Moi, je me la* **rappelle** : je m'en souviens (→ rappel, sens 2). 4 • *Ce paysage me* **rappelle** *le Midi* : il m'y fait penser. ★ Conjug. 9.

■ **rappel** nom m. 1 • *À la fin du concert, il a eu plusieurs* **rappels**, des applaudissements pour faire revenir l'artiste sur scène. 2 • *S'il oublie de payer ses impôts, il recevra une lettre de* **rappel**, une lettre pour lui rappeler ce qu'il doit faire. **3** En alpinisme, manière de descendre une paroi, à l'aide d'une corde que l'on ramène vers soi. ● *Une descente en* **rappel**. **4** ● *Mon petit frère vient d'être vacciné, dans un mois on lui fera une piqûre de* **rappel**, une nouvelle piqûre du même vaccin.

1. rapporter v. **1** ● *Mon père m'a* **rapporté** *du chocolat de Suisse* : il me l'a apporté en revenant. **2** ● *Pierre a* **rapporté** *le livre à la bibliothèque* : il l'a apporté pour le rendre, pour le remettre à sa place. **3** ● *Il fait un métier qui lui* **rapporte** *beaucoup*, qui lui fait gagner beaucoup d'argent (→ 1. rapport, sens 1). **4** ● *Je te* **rapporte** *ce qu'on m'a dit* : je te le répète (→ 1. rapport, sens 2 ; 1. rapporteur, sens 2). **5** ● *La maîtresse n'aime pas les élèves qui* **rapportent**, qui dénoncent leurs camarades (→ 1. rapporteur, sens 1).

■ **1. rapport** nom m. **1** ● *La location de sa maison est d'un bon* **rapport** : elle lui rapporte de l'argent (→ SYN. profit, rendement). **2** ● *Il a fait un* **rapport** *sur le problème du chômage*, un exposé, un compte rendu.

2. se rapporter v. pron. ● *Il s'intéresse aux bateaux et à tout ce qui* **s'y rapporte**, à tout ce qui a un rapport, un lien avec eux, tout ce qui va avec.

■ **2. rapport** nom m. **1** ● *Mon départ n'a rien à voir avec ta maladie, il n'y a aucun* **rapport** *entre ces deux choses*, aucune relation, aucun lien qui les rattache. **2** (au plur.) ● *Carole a de bons* **rapports** *avec ses parents*, de bonnes relations ; elle s'entend bien avec eux. **3** PAR RAPPORT À, loc. prép. ● *Laurent est travailleur* **par rapport à** *moi*, si on le compare avec moi.

1. rapporteur adj. et nom **1** nom et adj. ● *Elle a dénoncé sa voisine, quelle* **rapporteuse** ! **2** nom m. ● *Le* **rapporteur** *d'un projet de loi* : celui qui en rend compte devant une assemblée, qui fait un rapport à ce sujet.

2. rapporteur nom m. ● *Denis a tracé un angle de 30° à l'aide d'un* **rapporteur**, un instrument gradué qui permet de mesurer les angles.

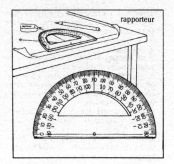
rapporteur

rapprocher v. **1** ● *Il* **rapproche** *sa chaise de la table* : il la met plus près. □ v. pron. ● *Rapprochez-vous de François* (→ CONTR. éloigner). **2** ● *Chaque heure passée le* **rapprochait** *du départ*, le rendait plus proche dans le temps. **3** v. pron. ● *Hervé* **se rapproche** *d'Alain par ses goûts* : il lui ressemble (→ rapprochement, sens 1). **4** ● *Ces vacances passées ensemble nous* **ont rapprochés** : elles nous ont rendus plus proches, plus amis (→ rapprochement, sens 2).

■ **rapprochement** nom m. **1** ● *Il est facile de faire le* **rapprochement** *entre ces deux événements*, de voir le rapport, la relation qui existe entre eux. **2** ● *Il travaille au* **rapprochement** *de ces deux pays*, à créer des relations d'amitié entre eux.

rapsodie → **rhapsodie**.

rapt nom m. ● *Ces deux bandits ont été condamnés pour un* **rapt** *d'enfant*, un enlèvement (→ SYN. kidnapping).

raquette nom f. **1** ● *En jouant au tennis, il a cassé une corde de sa* **raquette**, l'instrument qui sert à envoyer la balle. **2** Large semelle que l'on utilise pour marcher sur la neige.

rare adj. **1** ● *Sa bibliothèque est remplie de livres* **rares**, que l'on ne trouve pas souvent (→ CONTR. commun, courant). **2** ● *Ses voyages à l'étranger sont* *rares* : ils ne se produisent pas souvent (→ CONTR. fréquent).

■ **rarement** adj. ● *Il vient **rarement** nous rendre visite* (→ CONTR. souvent).

■ **rareté** nom f. **1** ● *Ce timbre vaut cher à cause de sa **rareté**, parce qu'il est rare.* **2** ● *Cette médaille est une **rareté**, un objet rare.*

■ *se **raréfier*** v. pron. ● *Les poissons se **raréfient** dans ce lac* : ils deviennent plus rares. ★ Conjug. 10.

raréfaction nom f. Fait de se raréfier. ● *La **raréfaction** des marchandises entraîne une hausse des prix.*

■ **rarissime** adj. ● *On ne voit pas souvent des biches dans cette forêt, c'est **rarissime**,* extrêmement rare.

ras adj. **1** ● *Un chien à poil **ras**,* très court (→ CONTR. long). **2** À RAS BORD, loc. adv. ● *Un verre rempli **à ras bord**,* jusqu'au niveau du bord (→ rasade). **3** AU RAS DE, loc. prép. ● *Les mouettes volaient **au ras de** l'eau,* très près (→ 1. raser, sens 3). **4** RASE CAMPAGNE. ● *Nous sommes tombés en panne d'essence en **rase campagne**,* en pleine campagne, en terrain découvert.

rasade nom f. ● *J'ai bu une grande **rasade** d'orangeade,* le contenu d'un verre plein à ras bord.

rascasse nom f. Poisson de Méditerranée hérissé de piquants.

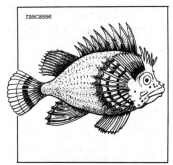

rascasse

1. raser v. **1** v. pron. ● *Mon père **se rase** tous les jours* : il coupe les poils de sa barbe le plus près possible de la peau (→ 1. rasoir). **2** ● *Pour construire la nouvelle route, on doit **raser** ce vieil immeuble,* le détruire complètement, au ras du sol. **3** ● *Mon ballon a **rasé** cet arbre* : il est passé tout près (→ rase-mottes ; SYN. frôler).

■ **rase-mottes** nom m. invar. ● *Cet avion vole en **rase-mottes**,* très près du sol.

■ **1. rasoir** nom m. ● *Il met une lame neuve à son **rasoir**,* l'instrument qui sert à se raser.

2. raser v. (fam.) ● *Il me **rase** avec ses histoires* : il m'ennuie, il me fatigue, il m'assomme (→ SYN. (fam.). barber).

■ **raseur** adj. et nom (fam.). Personne ennuyeuse. ● *Quel **raseur**, il ne peut pas nous laisser tranquilles !*

■ **2. rasoir** adj. (fam.) ● *Ce film est **rasoir**,* ennuyeux, assommant.

rassasier v. ● *Avec un tel appétit, il est difficile de le **rassasier**,* de satisfaire entièrement sa faim (→ SYN. assouvir). ★ Conjug. 10.

rassembler v. ● *Hélène **rassemble** ses livres* : elle les met ensemble, elle les réunit (→ assembler ; CONTR. disperser, disséminer, éparpiller). □ v. pron. ● *Pour le mariage, toute la famille **s'était rassemblée*** : elle s'était réunie, regroupée.

■ **rassemblement** nom m. ● *Un **rassemblement** se forme autour du blessé,* un groupe de gens qui se réunissent.

*se **rasseoir*** v. pron. ● *L'élève est allé au tableau, puis il **s'est rassis*** : il s'est assis de nouveau. ★ Conjug. 29.

rasséréner v. (littér.) ● *Cette bonne nouvelle l'**a rasséréné*** : elle lui a rendu son calme, elle a calmé son inquiétude (→ serein ; CONTR. inquiéter). ★ Conjug. 8.

rassis adj. ● *Il ne reste plus que du pain **rassis**,* pas frais, un peu dur.

rassurer v. ● *Ses parents étaient inquiets, Marc leur a téléphoné pour les **rassurer**,* les tranquilliser (→ CONTR. affoler).

■ **rassurant** adj. • *C'est une nouvelle* **rassurante**.

rat nom m. **1** • *Dominique a peur des* **rats**, *des animaux rongeurs plus gros que les souris.* **2** (fam.) ÊTRE FAIT COMME UN RAT : être pris au piège. **3** • *Les petits* **rats** *de l'Opéra* : les jeunes danseurs et danseuses de l'Opéra.

se ratatiner v. pron. • *Les vieilles pommes* **se sont ratatinées** : elles sont devenues toutes petites et ridées.

ratatouille nom f. • *La* **ratatouille** *niçoise* : un plat composé de tomates, de courgettes, de poivrons et d'aubergines cuits avec de l'huile.

rate nom f. • *Il a subi une opération de la* **rate**, *un organe situé à gauche de l'estomac.* ★ VOIR p. 969.

râteau nom m. Instrument de jardinage qui sert à ratisser (→ ratisser, sens 1).

râtelier nom m. **1** • *Ce cheval a faim, mets du foin dans son* **râtelier**, *une sorte d'échelle inclinée fixée au mur d'une écurie, d'une étable.* **2** (fam.) • *Cette vieille dame riait si fort qu'elle a perdu son* **râtelier**, *ses fausses dents* (→ SYN. dentier).

rater v. **1** • *Presse-toi, sinon tu vas* **rater** *ton train*, *le manquer* (→ SYN. (fam.) louper). **2** • *J'ai* **raté** *mon gâteau* : je ne l'ai pas réussi.
■ **raté** nom et adj. **1** nom m. • *Le moteur de la moto est mal réglé, il a des* **ratés**, *des bruits anormaux.* **2** nom • *C'est un* **raté**, *une personne qui n'a pas réussi sa vie.* **3** adj. • *Un devoir* **raté**, *pas réussi.*

ratifier v. **1** • *Les deux chefs d'État* **ont ratifié** *le traité d'amitié* : ils l'ont approuvé, confirmé officiellement. ★ Conjug. 10.
■ **ratification** nom f. Action de ratifier. • *La* **ratification** *du traité de paix a eu lieu à Paris.*

ration nom f. • *Le fermier distribue aux chevaux leur* **ration** *d'avoine*, *la part que chacun reçoit régulièrement.*
■ **rationner** v. • *Pendant la sécheresse, l'eau* **a été rationnée** : chacun n'en a reçu qu'une quantité limitée.

□ v. pron. • *Si je veux maigrir, je dois* **me rationner**, *diminuer ma ration de nourriture.*
■ **rationnement** nom m. • *Pour diminuer la consommation d'essence, le gouvernement a décidé son* **rationnement**, *de la rationner.*

rationnel adj. • *Il ne sait pas s'organiser, sa méthode de travail n'est pas* **rationnelle**, *conforme à la raison, au bon sens* (→ raison ; CONTR. irrationnel).
■ **rationnellement** adv. De manière rationnelle. • *Il faut répartir* **rationnellement** *le travail entre les membres de l'équipe.*

ratisser v. **1** • *Le jardinier* **ratisse** *les feuilles mortes* : il les ramasse avec un râteau. **2** • *Pour découvrir les voleurs, les policiers* **ont ratissé** *le village* : ils l'ont fouillé méthodiquement.
■ **ratissage** nom m. **1** • *Le* **ratissage** *d'une allée* : son nettoyage avec un râteau. **2** • *La police a organisé le* **ratissage** *du quartier*, *sa fouille.*

raton nom m. **1** Petit rat. **2** RATON LAVEUR : petit animal d'Amérique qui lave ses aliments avant de les manger.

rattacher v. **1** • *Après la promenade, les cavaliers* **ont rattaché** *leurs chevaux* (→ attacher). **2** • *L'Alsace-Lorraine a été* **rattachée** *à la France* : elle en fait partie (→ rattachement). **3** • *Rattacher deux idées* : les relier.
■ **rattachement** nom m. • *Le* **rattachement** *de la Corse à la France date de 1768.*

rattraper v. **1** • *Marc a* **rattrapé** *son chien qui s'était sauvé* (→ attraper ; SYN. reprendre). **2** • *Cours plus vite, Claudia va te* **rattraper**, *te rejoindre.* **3** • *Ce coureur essaie de* **rattraper** *son retard*, *de le regagner pour le faire disparaître* (→ rattrapage). **4** • *Il a réussi à* **rattraper** *son erreur* (→ SYN. réparer). **5** v. pron. • *En tombant, il* **s'est rattrapé** *à une branche* : il s'y est retenu.
■ **rattrapage** nom m. • *Des cours de* **rattrapage**, *qui aident les enfants à rattraper un retard dans leurs études.*

rature nom f. • *Ce devoir est plein de* **ratures**, *de mots rayés, barrés.*

■ **raturer** v. ● *Laurent **a raturé** plusieurs mots :* il a fait des ratures (→ SYN. rayer).

rauque adj. ● *Il a une grosse grippe, il parle d'une voix **rauque**,* grave et voilée.

ravage nom m. ● *Les inondations ont fait des **ravages** dans les cultures,* des dégâts importants.

■ **ravager** v. ● *L'incendie **a ravagé** plusieurs hectares de forêts* (→ SYN. détruire, dévaster). ★ Conjug. 5.

1. ravaler v. **1** ● ***Ravaler** sa salive :* l'avaler. **2** (fig.) ● *Elle **a ravalé** sa colère :* elle a fait un effort pour ne pas la montrer.

2. ravaler v. ● *Il faudrait **ravaler** la façade de la maison,* la nettoyer, la réparer et la repeindre.

■ **ravalement** nom m. ● *Le **ravalement** de l'immeuble est prévu pour le mois prochain,* le nettoyage des murs.

rave nom f. Plante cultivée dont on mange la racine (betterave, navet, radis, etc.).

ravier nom m. ● *Céline a mis les carottes râpées dans un **ravier**,* un petit plat à hors-d'œuvre creux et allongé.

ravier

ravigoter v. Redonner de la vigueur, des forces. ● *J'avais froid et j'étais fatigué, mais ce café brûlant me **ravigote**.*

ravin nom m. ● *La voiture est tombée au fond du **ravin**,* une vallée étroite et profonde.

■ **raviner** v. ● *Les pluies **ont raviné** le sol :* elles y ont creusé des sillons profonds.

ravioli nom m. ● *À midi, nous avons mangé des **raviolis** à la sauce tomate,* de petits carrés de pâte farcis de viande hachée.

1. ravir v. **1** ● *Sa gentillesse me **ravit**,* me fait grand plaisir (→ SYN. enchanter, enthousiasmer). — ● *Il **est ravi** de vous voir,* très heureux. **2** À RAVIR, loc. adv. ● *Cette robe lui va **à ravir**,* à merveille. ★ Conjug. 11.

■ **ravissant** adj. ● *Cette jeune fille est **ravissante**,* très jolie.

■ **ravissement** nom m. ● *Il a écouté ce concert avec **ravissement**,* avec une grande joie, un grand plaisir (→ SYN. extase).

2. ravir v. **1** (littér.) Enlever quelqu'un par la force (→ ravisseur). — (fig.) ● *La mort l'**a ravi** à sa famille.* **2** (fig.) ● *Elle voudrait bien te **ravir** la première place,* te la prendre. ★ Conjug. 11.

■ **ravisseur** nom ● *La police poursuit les **ravisseurs** de l'industriel,* ceux qui l'ont enlevé. ★ Chercher aussi : rapt.

se raviser v. pron. ● *Alain avait décidé de partir en promenade, mais il **s'est ravisé** :* il a changé d'avis.

ravitailler v. ● *Des hélicoptères **ont ravitaillé** les habitants d'un hameau bloqué par la neige :* ils leur ont apporté de la nourriture. □ v. pron. ● *Les campeurs **se ravitaillent** au village :* ils se procurent de quoi vivre, ils s'approvisionnent.

■ **ravitaillement** nom m. ● *Yves a rapporté du **ravitaillement** pour une semaine,* des provisions.

raviver v. (littér.) **1** ● *Le vent **a ravivé** les flammes :* il les a rendues plus vives (→ SYN. ranimer). **2** (fig.) ● *Cette photo **a ravivé** nos souvenirs :* elle les a réveillés, rendus plus vivants.

rayer v. **1** ● *J'ai **rayé** ton ancienne adresse sur mon carnet :* je l'ai barrée d'un trait. **2** ● *Le verre de ta montre est rayé*, abîmé par une raie marquée en creux. ★ Conjug. 7.

■ **rayure** nom f. **1** ● *Un tissu à rayures* (→ SYN. 1. raie). **2** ● *La porte avant de la voiture a une rayure*, une éraflure en forme de raie.

1. rayon nom m. **1** ● *Un rayon de soleil a percé les nuages*, une ligne, une bande de lumière. **2** ● *L'appareil de radiographie utilise des rayons X*, des radiations invisibles. **3** ● *Les rayons de la roue d'une bicyclette* : les tiges de métal qui vont du centre de la roue à sa jante. ★ VOIR p. 102. **4** ● *Le rayon d'un cercle* : la ligne qui va du centre à n'importe quel point de la circonférence du cercle. ★ Chercher aussi : diamètre. ★ VOIR p. 424. **5** ● *Un rayon d'action* : une zone où s'exerce une activité (→ rayonner, sens 2).

■ **rayonnement** nom m. **1** ● *Le rayonnement solaire* : les radiations émises par le soleil. **2** (fig.) ● *Le rayonnement d'une culture, d'une civilisation*, sa bonne influence, son prestige.

■ **rayonner** v. **1** ● *Plusieurs avenues rayonnent autour de la place* : elles partent dans toutes les directions. **2** ● *Installés à Rennes, ils ont rayonné dans toute la Bretagne* : en partant de ce point, ils se sont promenés dans cette région. **3** (fig.) ● *Son visage rayonne* : il exprime le bonheur, la joie.

2. rayon nom m. **1** ● *Un rayon de miel* : un gâteau de cire dont les alvéoles sont remplis de miel par les abeilles. **2** ● *Le chocolat est dans le placard sur le rayon du haut*, la planche (→ rayonnage ; SYN. étagère). **3** ● *Le rayon des jouets se trouve au premier étage du magasin*, la partie où l'on vend des jouets. **4** (fig. et fam.) ● *Elle s'y connaît bien en électricité, c'est son rayon*, un domaine qu'elle connaît, sa spécialité. — (fam.) EN CONNAÎTRE UN RAYON. ● *En musique, il en connaît un rayon* : il sait beaucoup de choses.

■ **rayonnage** nom m. ● *Il a construit des rayonnages pour ranger ses livres*, un ensemble de rayons (→ SYN. étagère).

rayure → rayer.

raz(-)de(-)marée nom m. invar. ● *Un raz de marée a détruit le petit port de pêche*, une vague isolée très violente et très haute.

razzia [razja] ou [radzja] nom f. **1** Attaque d'une bande de pillards. **2** (fig. et fam.) ● *Les invités ont fait une razzia sur les gâteaux* : ils les ont fait disparaître très rapidement.

re-, ré- Préfixe qui indique que l'on refait la même action. Il a la forme **re-** devant une consonne (commence, recommence) et **ré-** devant une voyelle (apprendre, réapprendre).

ré nom m. Deuxième note de la gamme.

réabonner v. ● *Mon abonnement à ce journal se termine ; Maman a promis de me réabonner*, de m'abonner de nouveau.

réaction nom f. **1** ● *Quand j'ai poussé ma sœur, sa réaction a été violente*, sa façon de répondre à mon action (→ réagir, sens 1 ; SYN. attitude, comportement). — ÊTRE SANS RÉACTION : rester inerte, sans réagir. **2** ● *Les avions récents ont des moteurs à réaction*, qui projettent des gaz vers l'arrière pour faire avancer l'avion.

■ **réacteur** nom m. ● *Cet avion a quatre réacteurs*, quatre moteurs à réaction.

■ **réagir** v. **1** ● *À sa place, je ne sais pas comment je réagirais*, quelle serait ma réaction. **2** ● *Il s'est laissé accuser sans réagir*, sans lutter, sans se défendre. ★ Conjug. 11.

se réadapter v. pron. ● *En rentrant de vacances, il lui a fallu plusieurs jours pour se réadapter à la ville*, pour s'y habituer de nouveau (→ s'adapter).

réajuster → rajuster.

réaliser v. **1** ● *Elle a réussi à réaliser son rêve*, à faire exister vraiment ce qu'elle avait rêvé (→ réalité). □ v. pron. ● *Son projet s'est réalisé*. **2** ● *Cet athlète a réalisé une performance extraordinaire* (→ SYN. accomplir, exécuter, faire). **3** (fam.) ● *Est-ce que tu réalises ce que* *tu as fait ?* : est-ce que tu t'en rends compte ? (→ SYN. comprendre).

■ **réalisable** adj. ● *C'est un projet* **réalisable**, *que l'on peut réaliser* (→ SYN. possible).

■ **réalisateur, -trice** nom ● *Les journalistes ont interrogé le* **réalisateur** *de ce film*, celui qui a préparé et dirigé le film (→ réalisation, sens 2).

■ **réalisation** nom f. **1** ● *Cet architecte est responsable de la* **réalisation** *du centre sportif*, de l'exécution du plan, du projet. **2** ● *La* **réalisation** *de ce film a coûté plusieurs millions*, l'ensemble des opérations de mise en scène.

réaliste adj. et nom ● *Louis n'est pas un rêveur, c'est un garçon* **réaliste**, *qui voit les choses comme elles sont réellement* (→ réalité).

réalité nom f. **1** ● *Il confond ses rêves avec la* **réalité**, *avec ce qui existe vraiment*. — PRENDRE SES DÉSIRS POUR DES RÉALITÉS : se faire des illusions. **2** EN RÉALITÉ, loc. adv. ● *En* **réalité**, *c'est toi qui avais raison*, en fait (→ SYN. réellement).

réanimer → ranimer (sens 1).

■ **réanimation** nom f. ● *La blessée a été conduite dans une salle de* **réanimation**, *où l'on s'efforce de ranimer les malades*.

réapparaître v. ● *Après l'averse, le soleil va* **réapparaître**, apparaître de nouveau. ★ Conjug. 37.

■ **réapparition** nom f. ● *On n'entendait plus parler de cet acteur, sa* **réapparition** *a surpris le public*.

rébarbatif adj. **1** ● *Cet homme a un air* **rébarbatif**, antipathique. **2** (fig.) ● *La lecture de ce livre est* **rébarbative**, difficile et ennuyeuse.

rebattre v. **1** ● *Laurent a* **rebattu** *les cartes avant de les distribuer* : il les a battues de nouveau. **2** REBATTRE LES OREILLES À QUELQU'UN. ● *Il me* **rebat les oreilles** *de ses succès sportifs* : il m'en parle sans arrêt et il m'ennuie. ★ Conjug. 31.

■ **rebattu** adj. ● *Le problème de la violence est un sujet* **rebattu**, dont on a beaucoup parlé.

rebelle adj. **1** ● *Les troupes* **rebelles** *se sont battues contre l'armée*, les troupes révoltées. □ nom ● *Les* **rebelles** *ont attaqué le fort* (→ SYN. mutin). **2** REBELLE À. ● *Un élève* **rebelle à** *toute discipline*, qui ne cède pas, qui résiste.

■ **se rebeller** v. pron. ● *Une partie de l'armée* **s'est rebellée**, s'est révoltée.

■ **rébellion** nom f. ● *Une* **rébellion** *a éclaté dans le pays* (→ SYN. révolte).

se rebiffer v. pron. (fam.) ● *Quand ses parents lui ont demandé d'aller se coucher, Loïc* **s'est rebiffé** : il a refusé d'obéir, il s'est révolté.

reboiser v. ● *Après les incendies, on a* **reboisé** *dix hectares* : on a replanté des arbres (→ bois ; CONTR. déboiser).

■ **reboisement** nom m. ● *Les opérations de* **reboisement** *ont commencé dans la région*.

rebondi adj. ● *Elle a un visage* **rebondi**, bien rond (→ SYN. dodu, gras).

rebondir v. **1** ● *Le ballon a* **rebondi** *sur le poteau* : il a fait un nouveau bond, il a été renvoyé après l'avoir heurté (→ rebond). **2** ● *Cette enquête n'avançait plus, mais le témoignage du voisin l'a fait* **rebondir**, repartir grâce à des éléments nouveaux (→ rebondissement). ★ Conjug. 11.

■ **rebond** nom m. ● *Le joueur a frappé la balle avant le* **rebond**, avant qu'elle rebondisse.

■ **rebondissement** nom m. ● *Le procès a connu de nombreux* **rebondissements**, des développements nouveaux.

rebord nom m. ● *Il regardait les passants, accoudé au* **rebord** *de la fenêtre*, au bord qui dépasse.

reboucher v. **1** ● *N'oublie pas de* **reboucher** *le tube de dentifrice*, de remettre le bouchon. **2** ● *Avant de repeindre, il faut* **reboucher** *les trous du mur*.

à rebours loc. adv. ● *« 10, 9, 8, 7,... »*, *le compte* **à rebours** *est commencé*, le compte à l'envers, dans le sens opposé au sens normal.

rebouteux nom Sorte de guérisseur qui remet en place les articulations démises et qui soigne les fractures. ● *Le paysan s'était foulé la cheville, il est allé voir le* **rebouteux**.

rebrousser v. 1 • *J'ai bien lissé tes cheveux, ne les **rebrousse** pas* : ne les relève pas dans l'autre sens. 2 REBROUSSER CHEMIN. • *Le ciel se couvre, il faut **rebrousser chemin**,* retourner en arrière, revenir sur nos pas.

■ **à rebrousse-poil** loc. adv. • *Mon chat n'aime pas qu'on le caresse **à rebrousse-poil**,* en rebroussant ses poils.

rébus [rebys] nom m. • *Malika a trouvé la solution de ce **rébus**,* cette devinette en images.

rebut nom m. METTRE AU REBUT. • *Ces vieux jouets sont cassés, je vais les **mettre au rebut**,* m'en débarrasser (→ SYN. (fam.) mettre au rancart*).

rebuter v. • *Cet exercice trop difficile risque de le **rebuter**,* de le décourager, de le dégoûter (→ CONTR. attirer).

■ **rebutant** adj. • *Un travail **rebutant*** (→ CONTR. attrayant).

récalcitrant adj. • *Ce mulet ne veut pas avancer, il est **récalcitrant*** : il ne se laisse pas faire, il refuse avec entêtement (→ SYN. rétif; CONTR. docile).

recaler v. (fam.) • *Mon cousin **a été recalé** à son examen* : il a échoué (→ SYN. (fam.) coller; CONTR. recevoir).

récapituler v. • *Thierry **a récapitulé** les propositions de chacun* : il les a répétées toutes, en les résumant.

■ **récapitulatif** adj. Qui sert à récapituler. • *Le comptable a fait un tableau **récapitulatif** des dépenses de l'année.*

■ **récapitulation** nom f. • *Elle a fait une **récapitulation** des événements sportifs de l'année,* un rappel, un résumé.

receler [rəsəle] v. 1 • *Le sous-sol de ce pays **recèle** beaucoup de richesses* : il renferme des richesses cachées. 2 • *Receler des bijoux volés* : les garder alors que c'est interdit par la loi. ★ Conjug. 8.

■ **recel** [rəsɛl] nom m. • *Il a été accusé de **recel** de tableaux,* d'avoir chez lui des tableaux volés.

■ **receleur** [rəslœr] nom • *Les malfaiteurs ont vendu les bijoux volés à un **receleur**.*

recenser v. • *Toute la population du pays **a été recensée**,* comptée (→ SYN. dénombrer).

■ **recensement** nom m. • *En France, on fait régulièrement le **recensement** de la population* : on compte le nombre des habitants.

récent adj. • *C'est un film **récent**,* qui existe depuis peu de temps (→ SYN. nouveau; CONTR. ancien).

■ **récemment** [resamɑ̃] adv. • *As-tu vu Valérie ? — Oui, je l'ai rencontrée **récemment**,* il y a peu de temps (→ SYN. dernièrement).

récépissé nom m. • *Quand le livreur m'a apporté ce colis, j'ai signé un **récépissé**,* un papier qui prouve que je l'ai reçu (→ SYN. reçu).

1. recette nom f. • *Connais-tu la **recette** de la mousse au chocolat ?,* la manière de la préparer.

2. recette nom f. 1 • *La caissière du magasin compte la **recette** de la journée,* le total des sommes d'argent reçues. 2 FAIRE RECETTE. • *Ce spectacle **fait recette*** : il a beaucoup de succès, il rapporte beaucoup d'argent.

recevoir v. 1 • *J'ai bien **reçu** ton colis* (→ réception, sens 1 ; CONTR. envoyer, expédier). 2 • *Laurent **a reçu** une gifle* (→ CONTR. donner). 3 • *Aujourd'hui, mes parents **reçoivent** des amis* : ils les accueillent (→ réception, sens 2). 4 • *Il **a été reçu** à un concours* : il a réussi, il a été admis. 5 • *Aucune demande d'inscription **ne sera reçue** après la date indiquée* (→ recevable; SYN. accepter). ★ Conjug. 21.

■ **récepteur** nom m. • *Un **récepteur** de radio* : un appareil qui reçoit et transforme les ondes envoyées par l'émetteur.

■ **réception** nom f. 1 • *La **réception** d'une lettre* (→ CONTR. envoi). 2 • *Pour le baptême de leur fils, ils ont donné une **réception*** : ils ont reçu des invités. 3 • *La **réception** d'un hôtel* : l'endroit où l'on reçoit les clients.

■ **réceptionner** v. Recevoir et vérifier des marchandises qui ont été livrées.

■ **recevable** adj. • *Ta réclamation*

*n'est pas **recevable** :* on ne peut pas l'accepter (→ SYN. acceptable).

■ **receveur** nom ● *Le **receveur** des contributions :* la personne chargée de recevoir les impôts.

de rechange loc. adj. ● *Dans sa valise, Frédéric a des vêtements **de rechange**, qui serviront à remplacer ceux qu'il porte, en cas de besoin.*

en réchapper v. Échapper à un danger mortel. ● *Cet homme a une grave maladie ; on ne sait pas s'il **en réchappera**, s'il guérira.*

recharger v. **1** ● *Les ouvriers **rechargent** le camion :* ils y mettent une nouvelle charge à transporter. **2** ● *Après avoir tiré, le chasseur **recharge** son fusil :* il y remet ce qu'il faut pour qu'il puisse fonctionner de nouveau (→ charger). ★ Conjug. 5.

■ **recharge** nom f. ● *J'ai mis une **recharge** dans mon stylo à bille,* un nouveau petit réservoir plein d'encre (→ SYN. cartouche, sens 2).

■ **rechargeable** adj. ● *Ce briquet est **rechargeable** :* on peut le recharger.

réchaud nom m. Petit fourneau portatif servant à chauffer, à cuire les aliments.

réchauffer v. ● *Il faut **réchauffer** la soupe,* la chauffer de nouveau.

■ **se réchauffer** v. pron. ● *Annie s'est mise contre le radiateur pour **se réchauffer**,* pour avoir chaud de nouveau.

■ **réchauffement** nom m. ● *On a annoncé un **réchauffement** de la température* (→ CONTR. refroidissement).

rêche adj. ● *Cette toile est **rêche** :* elle n'est pas douce au toucher (→ SYN. rugueux).

recherche nom f. **1** ● *Malgré les **recherches** des sauveteurs, le naufragé n'a pas été retrouvé,* malgré leurs efforts pour le trouver. — À LA RECHERCHE DE, loc. prép. ● *Mon cousin est **à la recherche** d'un emploi :* il cherche un emploi. **2** ● *Les **recherches** de Pasteur ont abouti à la découverte du vaccin,* ses travaux scientifiques (→ chercheur).

3 ● *Il met un peu trop de **recherche** dans sa toilette :* il y apporte trop de soin (→ CONTR. simplicité).

■ **rechercher** v. ● *La police **recherche** le coupable :* elle le cherche activement.

rechigner v. ● *Rémi **rechigne** à faire ce que je lui ai demandé :* il montre qu'il n'a pas envie de le faire.

rechute nom f. ● *Arnaud était presque guéri, mais il a fait une **rechute** :* sa maladie a recommencé.

récidiver v. ● *À sa sortie de prison, ce voleur **a récidivé** :* il a recommencé à commettre la même faute.

■ **récidive** nom f. ● *Il a été condamné à une peine plus lourde que la première fois, pour **récidive**.*

■ **récidiviste** nom. Personne qui récidive.

récif nom m. ● *Le navire a heurté un **récif**,* un rocher sous-marin qui atteint presque la surface de l'eau (→ SYN. écueil).

récif

récipient nom m. Objet creux destiné à contenir un liquide ou autre chose (ex. : bassine, bocal, pot).

réciproque adj. et nom f. **1** adj. ● *Patrick et Gilles se portent une admiration **réciproque** :* chacun d'eux admire l'autre (→ SYN. mutuel). **2** nom f. ● *Je lui ai toujours dit la vérité, mais la **réciproque** n'est pas vraie,* l'inverse.

■ **réciproquement** adv. ● *Toi et moi, nous nous influençons **réciproquement** (ou tu m'influences, et **réciproquement**) : nous nous influençons l'un l'autre (→ SYN. mutuellement).*

récit nom m. ● *Il nous a fait le **récit** de ses aventures : il nous les a racontées.*

récital nom m. ● *J'ai assisté à plusieurs **récitals** de ce guitariste, à plusieurs séances où il a interprété divers morceaux.*

réciter v. ● ***Réciter** une leçon, un poème : les dire tout haut et de mémoire.*
■ **récitation** nom f. ● *Je sais ma **récitation** par cœur, un texte qui a été donné à apprendre.*

réclame nom f. ● *Ce fabricant de meubles fait de la **réclame** à la radio : il recommande aux gens d'acheter ses produits (→ SYN. publicité). — EN RÉCLAME, loc. adj. ● Marc a acheté des disques **en réclame**, vendus moins cher pour attirer les clients.*

réclamer v. ● *Didier m'a **réclamé** l'argent que je lui devais : il me l'a demandé en insistant.*
■ **réclamation** nom f. ● *Cet appareil ne marche pas ? Adresse une **réclamation** au fabricant : fais-lui savoir que tu n'es pas content et que tu veux obtenir ce à quoi tu as droit (réparation, remplacement de l'appareil, etc.).*

reclasser v. ● *Mes papiers ont été dérangés, il va falloir que je les **reclasse**, que je les classe de nouveau.*

réclusion nom f. ● *Les gangsters ont été condamnés à quinze ans de **réclusion**, d'emprisonnement (→ SYN. détention).*

recoiffer v. ● ***Recoiffer** un enfant : arranger ses cheveux de nouveau. □ v. pron. ● Elle **s'est recoiffée**.*

recoin nom m. ● *La chatte a mis ses petits dans un **recoin** de la grange, dans un coin bien caché.*

recoller v. ● **1** ● *Il faudrait **recoller** ce timbre, le fixer de nouveau avec de la colle. **2** ● Bernard a **recollé** le bol cassé : il l'a réparé avec de la colle.*

récolter v. ● *On **récolte** le blé en été : on le coupe quand il est mûr. — (fig.) RÉCOLTER CE QU'ON A SEMÉ : être responsable de ses échecs. ● Son échec est dû à un travail insuffisant : il a **récolté ce qu'il avait semé**!*
■ **récolte** nom f. ● *Cette année, la **récolte** de pommes a été abondante : on a récolté beaucoup de pommes.*
★ Chercher aussi : cueillette, moisson.

recommander v. **1** ● *Le malade dort ; je vous **recommande** de ne pas faire de bruit : je vous le demande avec insistance, je vous le conseille vivement (→ recommandation, sens 1). **2** ● Il a obtenu cette situation parce qu'il **était recommandé** par un personnage important, parce qu'il était appuyé, protégé par ce personnage (→ (fam.) pistonner). **3** ● Cette lettre est importante, il vaut mieux la **recommander**, payer plus cher pour que le facteur la remette au destinataire lui-même et lui fasse signer un reçu.*
■ **recommandable** adj. ● *Ce garçon est peu **recommandable** : ce n'est pas quelqu'un de très bien.*
■ **recommandation** nom f. **1** ● *N'oublie pas mes **recommandations** (→ SYN. conseil). **2** ● Mme Dubreuil a une lettre de **recommandation** de son ancien patron, une lettre dans laquelle il la recommande.*
■ **recommandé** adj. ● *Un colis (envoyé en) **recommandé** (→ recommander, sens 3).*

recommencer v. **1** ● *J'ai fait une tache sur mon dessin ; il faut que je le **recommence**, que je le refasse. **2** ● Le bébé a **recommencé** à pleurer : il s'est remis à pleurer. **3** ● La tempête a **recommencé** : elle a repris. ★ Conjug. 4.*

récompense nom f. ● *Si tu fais des efforts, tu auras une **récompense**, un cadeau que l'on te donnera parce que tu auras fait quelque chose de bien.*
■ **récompenser** v. ● *Il mérite **d'être récompensé**, de recevoir une récompense (→ CONTR. punir).*

réconcilier v. ● *Marc et Guy étaient prêts à se battre, mais nous avons* réussi à *les* **réconcilier**, à faire cesser leur mauvaise entente. ▢ v. pron. ● *Ils se sont réconciliés* (→ SYN. (fam.) se raccommoder). ★ Conjug. 10.

■ **réconciliation** nom f. ● *Malheureusement, leur* **réconciliation** *n'a pas duré* (→ CONTR. brouille, désaccord).

reconduire v. ● *J'ai reconduit mes amis chez eux* : je les ai raccompagnés. ★ Conjug. 43.

réconforter v. 1 ● *J'étais démoralisé, mais votre gentillesse m'a réconforté,* m'a redonné du courage. 2 ● *Prenez donc un café bien chaud pour vous* **réconforter,** *pour vous redonner des forces.*

■ **réconfortant** adj. Qui réconforte. ● *Dans les périodes difficiles, l'affection des amis est* **réconfortante.**

■ **réconfort** nom m. ● *La visite de ses amis a été un* **réconfort** *pour le malade* : elle l'a réconforté.

reconnaître v. 1 ● *Je ne l'ai vu qu'une fois, je ne sais pas si je le* **reconnaîtrai,** si je saurai dire qui il est en le revoyant (→ reconnaissable). 2 ● *Je* **reconnais** *que j'ai eu tort* : j'admets que c'est vrai (→ SYN. avouer). 3 ● *Des soldats ont été chargés de* **reconnaître** *le terrain avant l'installation du campement, de l'examiner* (→ reconnaissance, sens 1). ★ Conjug. 37.

■ *se* **reconnaître** v. pron. 1 ● *Anne et Claire ne s'étaient pas vues depuis des années, mais elles* **se sont** *tout de suite* **reconnues.** 2 ● *Avec ces petites rues qui vont dans tous les sens, je ne* **m'y reconnais** *plus* : je ne sais plus où est mon chemin (→ SYN. se retrouver).

■ **reconnaissable** adj. ● *Il a tellement grossi qu'il est à peine* **reconnaissable,** que l'on a du mal à le reconnaître (→ CONTR. méconnaissable).

■ **reconnaissance** nom f. 1 ● *Des soldats ont été envoyés en* **reconnaissance** : on les a envoyés en avant (→ reconnaître, sens 3). 2 ● *Je ne sais pas comment vous exprimer ma* **reconnaissance,** comment vous exprimer que je suis très touché de ce que vous avez fait pour moi et que je ne l'oublierai pas (→ SYN. gratitude).

■ **reconnaissant** adj. ● *Je vous suis très* **reconnaissant** *de m'avoir prêté de l'argent* : j'ai beaucoup de reconnaissance envers vous pour cela.

reconquérir v. ● *Au Moyen Âge, l'Espagne* **a reconquis** *son territoire occupé par les Arabes* : elle l'a repris en se battant (→ conquérir). ★ Conjug. 18.

■ **reconquête** nom f. Action de reconquérir. ● *Après les invasions arabes, la* **reconquête** *de l'Espagne par les chrétiens a été longue.*

reconstituer v. ● *Pour ce film, on* **a reconstitué** *un village du Moyen Âge,* on a refait un village tel qu'il était à cette époque (→ constituer).

■ **reconstitution** nom f. Action de reconstituer. ● *La* **reconstitution** *du crime a eu lieu en présence des témoins.*

reconstruire v. ● *Le pont avait été détruit, il a fallu le* **reconstruire,** le construire à nouveau. ★ Conjug. 43.

■ **reconstruction** nom f. ● *La* **reconstruction** *d'un pont, d'une maison, etc.*

reconvertir v. ● *Reconvertir une usine, une entreprise* : la transformer pour qu'elle produise quelque chose d'autre, de plus utile, qui se vendra plus facilement.* ▢ v. pron. ● *Cet officier* **s'est reconverti** *dans l'enseignement* : il s'est mis à exercer un autre métier. ★ Conjug. 11.

■ **reconversion** nom f. ● *La* **reconversion** *d'une usine, d'un travailleur.*

recopier v. ● *Virginie* **recopie** *son brouillon* : elle l'écrit à nouveau au propre. ★ Conjug. 10.

record nom m. ● *Cet athlète a battu le* **record** *de France du lancer de poids,* le meilleur résultat obtenu jusque-là.

recordman [rǝkɔrdman] nom m. et **recordwoman** [rǝkɔrdwuman] nom f. Sportif qui détient un record. ● *Ce cycliste italien est* **recordman** *de vitesse sur piste.* — *Des recordmen* [rǝkɔrmɛn], recordwomen [rǝkɔrdwumɛn].

recoucher v. ● *La maman* **a recouché** *son bébé* : elle l'a remis au lit après l'avoir levé. ▢ v. pron. ● *Le malade* **s'est recouché.**

recoudre v. ● *L'ourlet de ta robe s'est défait, il faudrait le recoudre,* le coudre à nouveau. ★ Conjug. 53.

recouper v. 1 ● *Céline recoupe des parts de gâteau :* elle coupe de nouvelles parts. 2 ● *Ces renseignements recoupent ceux que j'avais déjà :* ils concordent avec eux en les confirmant.
■ **recoupement** nom m. ● *En faisant un recoupement, je me suis aperçu qu'il avait menti,* en vérifiant si les informations que j'avais concordaient entre elles.

recourbé adj. ● *Un hameçon est une pointe de métal recourbée,* courbée à son extrémité.

recourir à v. ● *Il a fallu recourir à la police pour faire évacuer la salle :* il a fallu lui demander son aide. ★ Conjug. 16.
■ **recours** nom m. ● *On a tout essayé pour le sauver; il n'y a plus aucun recours,* aucun moyen que l'on puisse utiliser.

recouvrer v. 1 ● *Peu à peu, le malade recouvre ses forces :* il les retrouve, les récupère. 2 ● *Le percepteur est chargé de recouvrer les impôts,* de recueillir leur paiement (→ recouvrement). ★ Ne pas confondre avec recouvrir.
■ **recouvrement** nom m. ● *Le recouvrement des cotisations d'un club.*

recouvrir v. 1 ● *Mon livre va s'abîmer, il faut que je le recouvre,* que je lui mette une couverture. — ● *Recouvrir un récipient :* lui remettre son couvercle. 2 ● *Ce gâteau est recouvert d'une couche de crème :* il en est entièrement couvert. ★ Conjug. 12. ★ Ne pas confondre avec recouvrer.

récréation nom f. ● *La cour de récréation,* où les élèves peuvent prendre un moment de détente entre les cours.
■ **récréatif** adj. ● *Ce montreur de marionnettes donne des séances récréatives dans les écoles,* des séances pour amuser, pour divertir.

se récrier v. pron. ● *Je sais que tu mens, ce n'est pas la peine de te récrier,* de protester, de te montrer indigné. ★ Conjug. 10.

récriminer v. ● *Mon oncle récrimine sans arrêt contre ses voisins :* il les critique, il s'en plaint vivement.
■ **récrimination** nom f. ● *Ses récriminations sont fatigantes et inutiles* (→ SYN. protestation).

se recroqueviller v. pron. ● *Pour avoir moins froid Lucie s'est recroquevillée sous les couvertures :* elle s'est repliée, ramassée sur elle-même.

recrudescence nom f. ● *On constate une recrudescence du chômage,* une nouvelle augmentation.

recruter v. ● *Ce magasin recrute des vendeurs :* il en engage (→ SYN. embaucher).
■ **recrue** nom f. ● *Les jeunes recrues vont commencer leur instruction militaire,* les jeunes soldats nouvellement arrivés dans l'armée.
■ **recrutement** nom m. ● *Le recrutement d'un soldat, d'un employé* (→ SYN. engagement).

rectangle nom m. ● *Pouvez-vous dessiner un rectangle de 10 cm de long sur 6 cm de large?,* une figure à quatre angles droits, dont les côtés sont égaux deux à deux. ★ VOIR p. 424.
■ **rectangulaire** adj. ● *Ce tapis est rectangulaire :* il a la forme d'un rectangle.

recteur nom m. 1 Directeur d'une université. 2 Fonctionnaire nommé par le gouvernement pour diriger une académie. ● *Le recteur de l'académie de Nancy.*
■ **rectorat** nom m. Ensemble des services administratifs que dirige le recteur d'une académie; bâtiment où sont installés ces services. ● *Être convoqué par le rectorat.* — ● *Une réunion a eu lieu au rectorat.*

rectifier v. ● *Le journaliste avait donné des informations inexactes; il a dû les rectifier,* les corriger. ★ Conjug. 10.
■ **rectificatif** adj. et nom m. Qui a pour but de rectifier. ● *À la fin du livre,*

une note **rectificative** signale les fautes d'impression.

■ **rectification** nom f. ● La **rectification** d'un texte, d'une erreur (→ SYN. correction).

rectiligne adj. ● Une rue **rectiligne**, en ligne droite.

rectitude nom f. Qualité de ce qui est droit, rigoureux (en parlant de l'esprit et du caractère). ● Les élèves font confiance à leur professeur dont ils apprécient la **rectitude**.

recto nom m. ● N'écrivez que sur le **recto** de la feuille, sur l'endroit, sur le côté opposé au verso.

rectum [rɛktɔm] nom m. Dernière partie de l'intestin. ● Les thermomètres médicaux sont faits pour prendre la température dans le **rectum**. ★ VOIR p. 969.

reçu nom m. ● Quand papa porte une somme d'argent à la banque, l'employé lui donne un **reçu**, un papier prouvant qu'il la lui a remise.

1. recueillir v. **1** ● Les musiciens **ont recueilli** beaucoup d'argent en faisant la quête : ils en ont réuni beaucoup. — ● **Recueillir** des renseignements (→ recueil ; SYN. rassembler). **2** ● Nous **avons recueilli** un chien perdu : nous l'avons pris chez nous pour nous en occuper. ★ Conjug. 13.

■ **recueil** nom m. ● On m'a offert un **recueil** de contes de fées, un livre dans lequel sont réunis des contes de fées.

2. se recueillir v. pron. ● Nicole **s'est recueillie** sur la tombe de sa grand-mère : elle s'est arrêtée devant pour réfléchir profondément et prier en silence. ★ Conjug. 13.

■ **recueillement** nom m. ● Les moines vivent dans le **recueillement**.

reculer v. **1** ● Ne restez pas au bord du quai, **reculez** : allez vers l'arrière. — ● **Reculez** votre voiture : déplacez-la vers l'arrière (→ recul, à reculons). **2** ● Nous avons décidé de **reculer** cette réunion, de la reporter à plus tard. **3** ● Les difficultés ne l'ont pas fait **reculer**, renoncer à ce qu'il voulait faire.

■ **recul** nom m. ● La contre-attaque a provoqué le **recul** des troupes ennemies (→ CONTR. avance). — ● Cette industrie est en **recul** (→ CONTR. expansion). — ● Il faut prendre un **recul** suffisant pour regarder ce tableau : il faut s'en éloigner suffisamment.

■ **à reculons** loc. adv. ● Il n'est pas facile de marcher **à reculons**, vers l'arrière.

récupérer v. **1** ● Je n'arrive pas à **récupérer** l'argent qu'il me doit, à obtenir qu'il me le rende. **2** ● On **récupère** la ferraille pour la fondre : on la recueille pour s'en servir (→ récupération). **3** ● Laissez-le se reposer pour qu'il puisse **récupérer**, retrouver ses forces. ★ Conjug. 8.

■ **récupération** nom f. ● Les chiffonniers vivent de la **récupération** des chiffons et des vieux papiers.

récurer v. ● J'ai passé une heure à **récurer** la marmite, à la nettoyer en la frottant.

recycler v. Fabriquer (un matériau) en récupérant des objets précédemment fabriqués avec ce matériau. ● Du papier **recyclé**, fait avec de vieux papiers.

■ **se recycler** v. pron. Donner une formation complémentaire à des personnes qui ont déjà un métier. ● Cet ingénieur **se recycle** en informatique.

■ **recyclage** nom m. Action de recycler.

rédaction nom f. **1** ● La **rédaction** de cette lettre m'a donné beaucoup de mal : j'ai eu beaucoup de mal à l'écrire, à la rédiger (→ rédiger ; rédacteur). **2** ● Luc a eu une bonne note à sa **rédaction**, un devoir de français où l'on doit écrire sur un sujet donné.

■ **rédacteur, -trice** nom. Personne dont le métier est d'écrire des textes. ● Les **rédacteurs** d'un journal.

reddition nom f. ● La bataille s'est terminée par la **reddition** des ennemis : ils se sont rendus, ils ont reconnu qu'ils étaient vaincus (→ se rendre).

redescendre v. ● J'ai oublié de regarder s'il y avait du courrier ; il faut que je

redescende, *que je descende de nou-veau.* — ● *Aide-moi à* **redescendre** *la valise du filet à bagages.* ★ Conjug. 31.

redevable adj. ● *Vous m'avez beaucoup aidé; je vous suis* **redevable** *de ma réussite : je vous la dois.*

redevance nom f. ● *Les propriétaires d'un poste de télévision doivent payer une* **redevance** *à l'État, une taxe, un impôt.*

rédhibitoire adj. Empêché (de faire quelque chose). ● *Lorsqu'on veut être journaliste, faire des fautes d'ortho-graphe, c'est* **rédhibitoire**.

rédiger v. ● *L'écrivain a fini de* **rédiger** *son roman, de l'écrire* (→ rédaction). ★ Conjug. 5.

redingote nom f. Longue veste que les hommes portaient autrefois.

redire v. **1** ● *Écoute bien ce que je vais dire, je ne le* **redirai** *pas : je ne le dirai pas une autre fois* (→ SYN. répéter). **2** AVOIR, TROUVER QUELQUE CHOSE À REDIRE. ● *Quoi que je fasse, il* **trouve** *toujours* **quelque chose à redire**, *à critiquer, à blâmer.* ★ Conjug. 46.

■ **redite** nom f. ● *Quand on écrit un texte, il faut éviter les* **redites** (→ SYN. répétition).

redorer v. ● *On vient de* **redorer** *les grilles de ce château, de les recouvrir d'une feuille d'or* (→ dorure).

redoubler v. **1** ● *Alain a obtenu de mauvais résultats scolaires; il devra* **redoubler** *sa classe : il devra rester une deuxième année dans la même classe au lieu de passer dans la classe supérieure* (→ redoublant). **2** ● *L'orage* **redouble** : *il devient subitement beau-coup plus fort.*

■ **redoublant** nom ● *Je ne voudrais pas être une* **redoublante**, *une élève qui redouble sa classe.*

■ **redoublement** nom m. ● *Si tu ne travailles pas mieux, attention au* **redoublement** !

redouter v. ● *Je* **redoute** *sa colère : j'en ai peur, je la crains* (→ SYN. 2. appré-hender).

■ **redoutable** adj. ● *Ce chien de garde est* **redoutable** (→ CONTR. inoffensif).

redresser v. **1** ● *Ce piquet penche, il faudrait le* **redresser**, *le remettre droit, à la verticale.* **2** ● *On a* **redressé** *la barre tordue :* on l'a rendue de nou-veau droite en corrigeant ses déforma-tions. **3** (fig.) ● **Redresser** *la situation :* la rendre aussi satisfaisante qu'elle était avant (→ redressement).

■ **se redresser** v. pron. **1** ● *Frédéric s'est accroupi, puis il* **s'est redressé** (→ SYN. se relever). **2** ● *Ne courbe pas les épaules,* **redresse-toi** : *tiens-toi bien droit.* **3** (fig.) ● *Après la guerre, le pays a mis des années à* **se redresser**, *à retrouver sa puissance.*

■ **redressement** nom m. ● *Le* **redres-sement** *de la situation, d'un pays.*

■ **redresseur** nom m. REDRESSEUR DE TORTS : personne qui combat l'injustice.

réduire v. **1** ● *Comme il n'y avait plus assez d'élèves, on* **a réduit** *le nombre de classes :* on l'a diminué (→ 1. réduit). **2** ● **Réduire** *en miettes, en bouillie, etc. :* le transfor-mer en miettes, en bouillie, etc. — ● *Le feu* **réduit** *le bois en cendres.* **3** ● *La mort de ses parents l'a* **réduit** *au déses-poir :* elle l'a amené à cet état pénible. ★ Conjug. 43.

■ **réduction** nom f. **1** ● *Les familles nombreuses ont droit à des* **réductions** *sur les billets de train, à des diminu-tions de prix.* **2** ● *Une maison de poupée est une maison en* **réduction**, reproduite en petit (→ SYN. miniature).

1. réduit adj. **1** ● *Les marchandises en réclame sont vendues à prix* **réduit**, à un prix plus bas. **2** ● *Un modèle* **réduit** *d'avion, de voiture :* un avion, une voi-ture en réduction.

2. réduit nom m. ● *Ils n'ont qu'un* **réduit** *pour se loger*, une pièce petite et sombre.

rééditer v. ● *Ce livre est épuisé, mais il va* **être réédité** : on va en imprimer de nouveaux exemplaires (→ éditer).

rééduquer v. ● *Dans ce centre, on* **réé-duque** *les blessés :* on les réhabitue à se servir normalement de leur corps (→ éduquer).

■ **rééducation** nom f. ● *Quand Éric s'est cassé le bras, il lui a fallu plusieurs séances de **rééducation**.*

réel adj. ● *Céline ne joue pas la comédie, son chagrin est **réel** :* il existe vraiment (→ réalité ; SYN. authentique ; CONTR. fictif).

■ **réellement** adv. ● *Jean-Pierre est **réellement** malade,* vraiment, effectivement.

réélire v. ● *Le président a été réélu :* il a été élu de nouveau. ★ Conjug. 45.

réexpédier v. ● *Ayant déménagé, M. Martin a demandé à la poste de lui **réexpédier** son courrier,* de l'expédier à sa nouvelle adresse. ★ Conjug. 10.

refaire v. 1 ● *Je me suis trompé dans mon opération, il faut que je la **refasse**,* que je la fasse de nouveau (→ SYN. recommencer). 2 ● *Les voisins ont fait **refaire** leur salle de bains :* ils l'ont fait remettre en bon état, à neuf (→ réfection). ★ Conjug. 42.

■ **réfection** nom f. ● *Le pont est en **réfection**,* en réparation.

réfectoire nom m. ● *En colonie de vacances, nous prenions nos repas dans un **réfectoire**,* une grande salle à manger destinée à des personnes vivant en groupe.

référence nom f. 1 ● *Quelles sont les **références** de cette citation ? :* de quel livre et de quel passage est-elle tirée ? — OUVRAGE DE RÉFÉRENCE : livre dans lequel on peut trouver des renseignements sûrs. ● *Les dictionnaires et les encyclopédies sont des **ouvrages de référence**.* 2 (au plur.) ● *Cette secrétaire a de bonnes **références**,* des papiers qui prouvent qu'elle est une bonne secrétaire.

■ **référer** v. EN RÉFÉRER À QUELQU'UN. ● *Je vais **en référer** au directeur :* rapporter quelque chose à un supérieur ou à un arbitre pour qu'il prenne une décision (→ rapporter, sens 4).

■ **se référer** v. pron. ● *Si tu n'es pas sûr de la date de cette bataille, **réfère-toi** à ton livre d'histoire :* reporte-toi à ton livre d'histoire, consulte-le. ★ Conjug. 8.

référendum [referɛ̃dɔm] nom m. ● *Le projet du gouvernement a été approuvé par un **référendum**,* par un vote de tout le peuple. ★ Chercher aussi : plébiscite.

refermer v. ● *Refermer la porte derrière toi :* ferme-la de nouveau. □ v. pron. ● *Sa blessure **s'est refermée**.*

1. réfléchir v. ● *Les miroirs **réfléchissent** les images des objets :* ils les renvoient. □ v. pron. ● *En se **réfléchissant** sur les parois de la montagne, le son produit un écho.* ★ Conjug. 11.

■ **reflet** nom m. 1 ● *Annie contemple le **reflet** des arbres dans la rivière,* leur image réfléchie. 2 ● *Ce tissu a des **reflets** brillants :* la lumière s'y réfléchit en produisant un effet brillant.

■ **refléter** v. 1 ● *Le lac **reflète** le ciel :* il en réfléchit l'image. □ v. pron. ● *Je suis ébloui par la lumière qui **se reflète** dans cette glace.* 2 (fig.) ● *Ses yeux **reflétaient** une grande tristesse :* ils exprimaient une grande tristesse. ★ Conjug. 8.

■ **1. réflexion** nom f. ● *La **réflexion** de la lumière sur un miroir.*

2. réfléchir v. ● *Je ne sais pas encore ce que je dois faire ; il faut que j'y **réfléchisse**,* que je pense à ce problème en examinant bien tous ses aspects (→ réfléchi, sens 1 et 2 ; 2. réflexion, sens 1). ★ Conjug. 11.

■ **réfléchi** adj. 1 ● *Jacques est sérieux et **réfléchi** :* il réfléchit avant d'agir, de parler (→ CONTR. étourdi, irréfléchi). 2 TOUT BIEN RÉFLÉCHI. ● *Tout bien **réfléchi**, je renonce à ce voyage :* après avoir bien réfléchi. — C'EST TOUT RÉFLÉCHI : ce n'est même pas la peine de réfléchir.

■ **2. réflexion** nom f. 1 ● *Ne le dérangez pas, il est plongé dans ses **réflexions** :* il est en train de réfléchir. — RÉFLEXION FAITE. ● *Réflexion faite, j'ai changé d'avis,* après avoir réfléchi. — À LA RÉFLEXION. ● *À la **réflexion**, ce projet est irréalisable,* si l'on y réfléchit bien. 2 ● *Arrête de me faire des **réflexions** méchantes,* des remarques méchantes.

refleurir v. ● *C'est le printemps ; les violettes **ont refleuri** : elles ont fleuri de nouveau.* ★ Conjug. 11.

réflexe nom m. ● *Alain a eu le **réflexe** de rattraper le vase au moment où il tombait* : il a eu cette réaction rapide et automatique.

refluer v. **1** ● *La mer commence à **refluer*** : la marée commence à descendre (→ reflux). **2** (fig.) ● *Repoussée par la police, la foule **reflue*** : elle recule, se retire.
■ **reflux** nom m. ● *Le flux et le **reflux** de l'océan.*

1. réformer v. ● *Les universités **ont été réformées** plusieurs fois* : on les a transformées plusieurs fois pour les améliorer.
■ **réformateur, -trice** nom ● *Ce chef d'État a été un grand **réformateur*** : il a fait de grandes réformes. □ adj. ● *Des lois **réformatrices**.*
■ **1. réforme** nom f. ● *Le nouveau gouvernement a fait des **réformes** politiques et sociales*, des transformations pour améliorer la situation politique et sociale.

2. réformer v. ● *Ce soldat **a été réformé*** : il a été reconnu incapable de servir dans l'armée.
■ **2. réforme** nom f. ● *La **réforme** d'un soldat* : le fait de le réformer.

refouler v. **1** ● *L'armée **a refoulé** l'ennemi* : elle l'a obligé à reculer, elle l'a repoussé. **2** (fig.) ● *Serge **a refoulé** sa colère* : il l'a empêchée d'éclater (→ se défouler).

réfractaire adj. **1** ● *Henri est **réfractaire** à la discipline* : il ne veut pas s'y soumettre. **2** ● *Certains fours sont construits en briques **réfractaires**,* qui supportent des températures très élevées.

refrain nom m. ● *Je ne connais que le **refrain** de cette chanson,* les paroles qui se répètent sur le même air après chaque couplet. — CHANGE DE REFRAIN ! ne répète pas toujours la même chose !

refréner [refrene] v. ● *Il essayait de **refréner** son impatience* : contenir, réprimer (un sentiment). ★ Conjug. 8.

réfrigérer v. **1** ● *Il faut **réfrigérer** le poisson dès qu'il est pêché* : refroidir pour conserver (→ SYN. frigorifier). ★ Chercher aussi : congeler, surgeler. ★ Conjug. 8.
■ **réfrigérant** adj. **1** ● *Un mélange **réfrigérant**,* qui produit du froid. **2** (fam.) ● *Il nous a fait un accueil **réfrigérant**,* d'une grande froideur (→ SYN. glacial).
■ **réfrigérateur** nom m. ● *Les aliments se conservent plus longtemps si on les met au **réfrigérateur**,* dans une sorte d'armoire où la température est maintenue très froide par un dispositif spécial.
■ **réfrigéré** adj. (fam.) ● *Je suis complètement **réfrigéré**,* gelé.
■ **réfrigération** nom f. Action de réfrigérer.

refroidir v. **1** ● *Ce café est trop chaud, il faut le laisser **refroidir**,* devenir plus froid. **2** (fig.) ● *Son air sévère m'a **refroidi*** : il a diminué mon ardeur, mon courage (→ SYN. décourager). ★ Conjug. 11.
■ **se refroidir** v. pron. **1** ● *Le temps **s'est refroidi*** : il est devenu plus froid. **2** (fig.) ● *Son enthousiasme **s'est refroidi*** : il est devenu moins grand.
■ **refroidissement** nom m. **1** ● *Il y a eu un **refroidissement** de la température* (→ CONTR. réchauffement). **2** ● *Il se soigne à cause d'un **refroidissement**,* parce qu'il a attrapé froid.

refuge nom m. **1** ● *Les prisonniers évadés ont trouvé un **refuge**,* un endroit où ils sont en sécurité, à l'abri du danger. **2** ● *Sur cette montagne, il y a des **refuges**,* de petites cabanes où les alpinistes peuvent s'abriter, se reposer.
■ **se réfugier** v. pron. ● *Poursuivi par un chien, le chat **s'est réfugié** en haut d'un arbre* : il s'est mis là pour échapper au danger. ★ Conjug. 10.
■ **réfugié** nom ● *Des **réfugiés** ont demandé asile à la France,* des personnes qui se sont enfuies de leur pays.

refuser v. **1** ● *J'ai **refusé** sa proposition* : je ne l'ai pas acceptée. — ● *Jacques **a refusé** de venir avec nous* (→ refus ;

CONTR. accepter). **2** ● *Catherine **a été refusée** à son examen* : elle a échoué à son examen (→ CONTR. admettre, recevoir).

■ **se refuser** v. pron. **1** ● *Il ne **se refuse** rien* : il ne se prive de rien. **2** SE REFUSER À. ● *Je **me refuse à** faire cela* : je refuse de le faire (→ SYN. consentir à).

■ **refus** nom m. ● *Il a répondu à ma demande par un **refus*** (→ CONTR. acceptation, accord). — (fam.) CE N'EST PAS DE REFUS! : j'accepte avec plaisir.

réfuter v. ● ***Réfuter** un argument, une preuve* : montrer qu'ils sont faux (→ irréfutable).

regagner v. **1** ● *Le coureur **a regagné** le terrain perdu* : il l'a rattrapé, repris. **2** ● *Le bateau **a regagné** le port* : il y est revenu.

regain nom m. **1** Herbe qui repousse dans une prairie après qu'on l'a fauchée. **2** ● *Il y a actuellement un **regain** d'intérêt pour la musique populaire* : on s'y intéresse de nouveau (→ SYN. renouveau, retour).

régal nom m. ● *La glace aux fraises, c'est mon **régal**, quelque chose que je trouve très bon.

■ **se régaler** v. pron. ● *Ce plat est délicieux, je **me suis régalé*** : je l'ai mangé avec un grand plaisir (→ SYN. se délecter).

regard nom m. **1** ● *Il m'a lancé un **regard** furieux.* **2** EN REGARD DE, loc. prép. ● *Ce que j'ai fait pour vous n'est rien **en regard des** services que vous m'avez rendus*, si on le compare avec ces services.

regardant adj. ● *Il est **regardant** sur la nourriture*, très économe.

regarder v. **1** ● *Stéphanie **regarde** les images de son livre* : elle les examine, elle les observe (→ regard). □ v. pron. ● *Elle **se regarde** dans la glace.* **2** REGARDER COMME. ● *Ses voisins le **regardent comme** un brave homme* : ils pensent que c'est un brave homme (→ SYN. considérer). **3** ● *Cette villa **regarde** la mer* : elle est tournée vers la mer. **4** ● *Tu te mêles de ce qui ne te **regarde** pas*, de ce qui n'est pas ton affaire

(→ SYN. concerner). **5** REGARDER À LA DÉPENSE : faire attention à ne pas dépenser beaucoup (→ regardant).

regarnir v. ● *Nous avons fait beaucoup d'achats pour **regarnir** le placard à provisions*, pour le garnir à nouveau. ★ Conjug. 11.

régate nom f. ● *Ces voiliers font une **régate***, une course de bateaux.

régence nom f. ● *Après la mort de Louis XIII, Anne d'Autriche, sa veuve, a exercé la **régence*** : elle a gouverné la France jusqu'à ce que le roi Louis XIV ait l'âge de régner.

régie nom f. **1** Entreprise industrielle et commerciale publique ou nationalisée (qui appartient à l'État). ● *La **Régie** Renault.* **2** Direction matérielle d'un spectacle. ● *Adressez-vous à la **régie** pour obtenir ce renseignement* (→ régisseur).

1. régime nom m. **1** ● *Les États-Unis n'ont pas le même **régime** politique que l'U.R.S.S.*, pas la même organisation politique, pas la même façon d'être gouvernés. — ● *Un **régime** républicain ; un **régime** socialiste.* **2** ● *Pour maigrir, le médecin lui a indiqué un **régime** (alimentaire)*, une certaine façon de se nourrir, en mangeant seulement certains aliments. — DE RÉGIME. ● *Des biscuits **de régime***, spécialement fabriqués pour pouvoir être consommés par les gens qui suivent un régime alimentaire. **3** ● *Le **régime** d'un moteur* : la vitesse à laquelle il tourne.

régime de bananes

2. régime nom m. RÉGIME (DE BANANES). ● *Ce* *régime de bananes* *pèse plus de* *10 kilos*, l'ensemble des bananes qui poussent sur une même tige.

régiment nom m. Importante troupe de soldats commandée par un colonel et composée de plusieurs bataillons.

région nom f. **1** ● *Cette* *région* *est très* *peuplée*, cette partie étendue d'un pays. — ● *Elle s'est installée dans la* *région* *lyonnaise*, dans le territoire qui entoure la ville de Lyon. **2** RÉGION (DE PROGRAMME) : division administrative groupant plusieurs départements et à la tête de laquelle est placé un préfet de région. ● *La* *région* *Picardie est constituée par les départements de l'Aisne, de l'Oise et de la Somme.*
■ **régional** adj. ● *Nous avons vu un* *spectacle de danses* *régionales*, particulières à une région.

régisseur nom m. **1** Personne qui s'occupe d'un domaine (sens 1). **2** Personne responsable de l'organisation matérielle d'un spectacle (théâtre, télévision, cinéma).

registre nom m. ● *Le secrétaire de mairie* *note les naissances, les mariages et les* *décès sur un* *registre*, un grand cahier où l'on conserve des renseignements importants (comptes, informations officielles, etc.).

règle nom f. **1** ● *Annie souligne une* *phrase avec sa* *règle*, un objet servant à tirer des traits droits. **2** ● *Maria respecte les* *règles* *de la circulation*, ce qu'il faut faire pour circuler sans danger (→ SYN. loi, principe). — ● *Une* *règle de grammaire.* — ● *Les* *règles* *d'un jeu* : la façon dont on doit y jouer. — DANS LES RÈGLES. ● *Ce travail a été fait* *dans les règles*, comme il fallait le faire. — EN RÈGLE GÉNÉRALE : dans la plupart des cas, généralement. — EN RÈGLE. ● *Les* *gens qui ne payent pas leurs impôts ne* *sont pas* *en règle* : ils sont en faute par rapport à la loi (→ CONTR. en défaut).
■ **règles** nom f. plur. Écoulement de sang qui se produit chaque mois chez la femme à partir de la puberté. ● *Avoir* *ses* *règles*. ★ Chercher aussi : puberté.

■ **régler** v. **1** ● *Tous les détails de la* *cérémonie* *sont réglés* *d'avance*, prévus, fixés. **2** ● *Cette affaire* *est réglée* : on lui a trouvé une solution (→ SYN. arranger, résoudre, terminer). **3** ● *J'ai* *réglé* *mes dettes* : je les ai payées. **4** ● *Avant de prendre une photo*, Luce *règle* *son appareil* : elle le met au point pour qu'il fonctionne bien (→ réglable, réglage ; CONTR. dérégler). ★ Conjug. 8.
■ **réglable** adj. ● *Les sièges de cette* *voiture ont un dossier* *réglable*, dont on peut régler la position.
■ **réglage** nom m. ● *Cette pendule* *avance beaucoup ; elle aurait besoin* *d'un* *réglage*, d'être réglée.

règlement nom m. **1** ● *Les élèves doivent obéir au* *règlement* *de l'école*, à l'ensemble des règles qui leur sont imposées. **2** ● *Je me charge du* *règlement* *de cette question*, de la résoudre. **3** ● *Le* *règlement* *des achats se fait* *à la caisse du magasin* (→ SYN. paiement).
■ **réglementaire** adj. ● *Les soldats* *portent une tenue* *réglementaire*, imposée par un règlement.
■ **réglementer** v. ● *Dans cette ville, le* *stationnement des voitures* *est réglementé* : il doit suivre un règlement.
■ **réglementation** nom f. ● *La vente* *de certains médicaments est soumise* *à une* *réglementation*, à un ensemble de règlements.

réglisse nom f. et m. **1** nom f. ● *La réglisse* *sert à parfumer des bonbons*, une plante dont on extrait un jus sucré. **2** nom m. ● *Éric aime bien les* *réglisses*, les bonbons parfumés à la réglisse.

réglisse

règne nom m. **1** • *Le **règne** de Louis XIV a été très long,* la période pendant laquelle il a été roi. **2** • *En sciences naturelles, on appelle «**règne** végétal» l'ensemble des plantes et «**règne** animal» l'ensemble des animaux (y compris l'homme).* ■ **régner** v. **1** • *Quand la révolution a éclaté en 1789, sais-tu qui **régnait** en France?,* qui était roi ou empereur? **2** • *La paix **règne** dans ce pays :* elle existe, elle dure. ★ Conjug. 8.

regonfler v. • *Ce pneu est à plat, il faut le **regonfler**,* le gonfler à nouveau.

regorger v. • *Les rayons de l'épicerie **regorgent** de marchandises :* ils en contiennent énormément. ★ Chercher aussi : foisonner. ★ Conjug. 5.

régresser v. • *Dans cette région, la violence a **régressé** :* elle a diminué (→ CONTR. progresser). ■ **régression** nom f. • *On constate une **régression** de l'industrie* (→ SYN. recul ; CONTR. expansion, progrès).

regretter v. **1** • *Sylvie **regrette** les vacances :* elle est triste de ne plus être en vacances. — • ***Regretter** quelqu'un :* avoir du chagrin à cause de son absence ou de sa mort. **2** • *Elle **regrette** son mensonge :* elle est triste d'avoir menti. — • *Luc **regrette** de vous avoir manqués.* **3** • *Je **regrette** ce changement :* j'en suis mécontent, j'aurais préféré qu'il ne se produise pas (→ regrettable). ■ **regret** nom m. **1** • *Antoine nous a quittés avec **regret**,* avec un sentiment de tristesse. **2** • *Je n'ai aucun **regret** de ce que j'ai fait,* aucun remords (→ SYN. repentir). **3** À REGRET, loc. adv. • *Il est venu à **regret**,* alors qu'il n'en avait envie (→ SYN. à contrecœur). ■ **regrettable** adj. • *Vous avez commis une imprudence **regrettable**,* que vous regretterez (→ SYN. fâcheux). — • *C'est **regrettable** :* c'est très dommage.

regrouper v. • *Les romans policiers **ont été regroupés** sur ce rayon de la bibliothèque :* ils ont été rassemblés. □ v. pron. • *Les manifestants **se sont**

regroupés :* ils ont reformé un groupe (→ CONTR. se disperser). ■ **regroupement** nom f. Action de regrouper, son résultat.

régulier adj. **1** • *Laurent marche d'un pas **régulier**,* toujours le même (→ CONTR. irrégulier). — • *La distribution du courrier est **régulière** :* elle se fait toujours à la même heure (→ régulièrement). **2** • *Une écriture **régulière**,* ordonnée et harmonieuse. **3** • *Cet emprisonnement n'est pas **régulier**,* pas conforme à la loi, aux règles (→ régularité, sens 2 ; régulariser, sens 2). — • *C'est un joueur **régulier*** (→ SYN. fair-play, loyal). **4** CLERGÉ RÉGULIER : soumis à une règle particulière comme les moines (→ CONTR. séculier). ■ **régularité** nom f. **1** • *Les aiguilles de ma montre avancent avec **régularité**,* toujours au même rythme (→ CONTR. irrégularité). **2** • *La **régularité** de cette élection est discutable* (→ SYN. légalité). ■ **régulariser** v. **1** • *Ces feux rouges **régularisent** la circulation :* ils la rendent plus régulière. **2** • *Il faut que je fasse **régulariser** mes papiers,* que je les fasse mettre en règle. ■ **régulièrement** adv. • *Cette plante doit être arrosée **régulièrement**,* d'une façon régulière.

réhabiliter v. • *Le condamné **a été réhabilité** :* on lui a fait retrouver l'estime de tous en reconnaissant publiquement son innocence.

rehausser v. **1** • *Les ouvriers sont en train de **rehausser** ce muret,* de le rendre plus haut. **2** (fig.) • *Cette robe **rehausse** sa beauté :* elle la met en valeur.

rein nom m. **1** • *L'urine est produite par les **reins**,* chacun des deux organes qui filtrent le sang pour en éliminer les déchets. ★ VOIR p. 969. **2** (au plur.) • *Grand-père a mal aux **reins**,* au bas du dos.

reine nom f. Femme d'un roi ou femme qui gouverne un royaume. • *La **reine** d'Angleterre.*

reine-claude nom f. Grosse prune

sucrée, de couleur verte. ● *Des reines-claudes.*

reinette nom f. Variété de petite pomme. ● *Alice croque une reinette.* ★ Ne pas confondre avec rainette.

réintégrer v. 1 ● *Martine a réintégré sa place : elle y est revenue.* 2 ● *M. Colin a été réintégré dans l'Administration : l'Administration lui a rendu le poste qu'il avait quitté ou qu'on lui avait enlevé.*
■ **réintégration** nom f. Action de réintégrer ; son résultat. ● *Bruno avait été révoqué, mais il a obtenu sa réintégration.*

réitérer v. ● *Je vais réitérer ma question : répéter.* ★ Conjug. 8.

rejeter v. 1 ● *La mer a rejeté les débris sur la plage : elle les a repoussés* (→ SYN. abandonner). 2 ● *Ils ont rejeté ma proposition : ils l'ont refusée* (→ CONTR. adopter). 3 ● *Ne rejette pas tous les torts sur moi : ne les fais pas retomber sur moi.* ★ Conjug. 9.

rejet nom m. 1 ● *Sur cette vieille souche d'arbre, des rejets ont poussé, de nouvelles pousses.* 2 ● *On l'a informé du rejet de sa demande, qu'elle n'est pas acceptée* (→ SYN. refus).

rejeton nom m. (fam.) ● *La voisine se promène avec son rejeton, son enfant.*

rejoindre v. 1 ● *M. Richard a rejoint sa femme au bord de la mer : il l'y a retrouvée.* □ v. pron. ● *Ils se sont rejoints à la gare* (→ CONTR. se séparer). 2 ● *Leurs poursuivants vont les rejoindre, les rattraper.* 3 ● *Cet officier rejoint son poste : il y retourne* (→ CONTR. quitter). 4 ● *Cette route rejoint la plage.* □ v. pron. ● *Ces deux chemins se rejoignent plus loin* (→ SYN. se réunir). ★ Conjug. 35.

réjouir v. ● *Ta guérison me réjouit : j'en suis très heureux* (→ CONTR. contrarier, désoler). □ v. pron. ● *Cécile se réjouit de venir avec nous.* — ● *Nous nous réjouissons qu'elle vienne* (→ CONTR. déplorer). ★ Conjug. 11.
■ **réjouissance** nom f. 1 ● *La ville est illuminée en signe de réjouissance,* de

joie pour tout le monde. 2 (au plur.) ● *Quel est le programme des réjouissances ?,* des fêtes.
■ **réjouissant** adj. ● *Son histoire n'est pas réjouissante,* pas gaie.

relâcher v. 1 ● *Les captifs ont été relâchés,* remis en liberté. 2 ● *Il faut relâcher cette corde,* la détendre ou la desserrer pour qu'elle soit plus lâche. □ v. pron. ● *Ses liens se sont relâchés.* 3 ● *Le gardien ne doit pas relâcher sa surveillance,* la laisser faiblir. □ v. pron. ● *La discipline s'est relâchée.* 4 ● *Ce bateau va relâcher trois jours à Marseille : il va s'arrêter, faire escale* (→ relâche, sens 3).
■ **relâche** nom f. 1 SANS RELÂCHE. ● *Les pompiers luttent sans relâche contre l'incendie,* sans s'arrêter, sans faiblir. 2 ● *Ce théâtre fait relâche le mardi :* il ne donne pas de spectacle ce jour-là. 3 ● *Le bateau fait relâche dans le port :* il s'arrête, il fait escale.
■ **relâchement** nom m. ● *Il y a du relâchement dans son travail* (→ SYN. laisser-aller, négligence).

relais → relayer.

relancer v. 1 ● *Myriam m'a relancé le ballon : elle me l'a lancé de nouveau.* 2 ● *Le gouvernement a pris des mesures pour relancer le commerce,* pour lui redonner de l'élan, de l'activité. 3 ● *Ce journal relance ses anciens abonnés pour qu'ils se réabonnent : il insiste auprès d'eux, il ne les laisse pas tranquilles.* ★ Conjug. 4.
■ **relance** nom f. Action de relancer (→ relancer, sens 2). ● *La relance de l'économie.*

relater v. ● *Patrick nous a relaté son voyage : il nous l'a raconté avec tous les détails.*

relatif adj. **A.** 1 ● *Pendant quelques années, ils ont connu un bonheur relatif,* assez grand par comparaison aux autres années (→ relativement). 2 RELATIF À. ● *On lui a demandé des renseignements relatifs à sa situation,* qui s'y rapportent.
B. ● *Dans la phrase «Regarde l'avion qui passe», le pronom relatif «qui»*

772

introduit la proposition **relative** *«qui passe».* ★ Chercher aussi : 1. antécédent. □ nom f. ● *Une* **relative** : une proposition subordonnée relative.

■ **relativement** adv. ● *Mon oncle est* **relativement** *riche,* plutôt riche par rapport aux autres.

■ **relativité** nom f. Caractère relatif (→ relatif, sens A. 1 ; relativement). ● *La* **relativité** *de toute chose.*

relation nom f. **1** ● *Il y a une* **relation** *entre les marées et les mouvements de la lune,* un lien, un rapport qui les unit. **2** ● *Papa a des* **relations** *d'affaires avec M. Martin :* ils se voient régulièrement. — EN RELATION. ● *Papa est* **en relation** *avec M. Martin,* en contact avec lui, il le rencontre régulièrement. **3** ● *M. Martin est une* **relation** *de papa,* quelqu'un qu'il fréquente, mais qui n'est pas vraiment un ami (→ SYN. connaissance, sens 3). — AVOIR DES RELATIONS : connaître des gens importants.

se **relaxer** v. pron. ● *Ne pense plus à rien,* **relaxe-toi** : repose-toi, détends tes muscles (→ SYN. se décontracter).

■ **relaxation** nom f. ● *Les bains chauds sont excellents pour la* **relaxation** (→ SYN. détente, repos).

relayer v. ● *Papa a demandé à maman de le* **relayer** *pour conduire la voiture,* de le remplacer, de prendre la suite. □ v. pron. ● *Nous* **nous sommes relayés** *pour faire rapidement ce long travail :* nous nous sommes remplacés pour en faire une partie chacun à notre tour. ★ Conjug. 7.

■ **relais** nom m. **1** ● *Autrefois, les diligences s'arrêtaient dans des* **relais,** des endroits où l'on pouvait remplacer les chevaux fatigués par des chevaux frais. **2** (COURSE DE) RELAIS : épreuve sportive de course à pied par équipe, dans laquelle chaque coureur ne fait qu'une partie du parcours. ● *Les coureurs de* **relais** *courent en tenant à la main un bâton (que l'on appelle «relais») qu'ils devront passer à celui de leurs coéquipiers qui continuera la course.* **3** PRENDRE LE RELAIS DE QUELQU'UN : le relayer. **4** RELAIS (DE TÉLÉVISION) : dispositif qui retransmet les émissions aux gens qui sont trop loin de l'émetteur principal.

reléguer v. ● *Cécile* **a relégué** *ses vieilles poupées à la cave :* elle les y a mises pour s'en débarrasser. ★ Conjug. 8.

relent nom m. ● *Ces* **relents** *d'essence me donnent mal au cœur,* ces mauvaises odeurs.

relever v. **1** ● *Arnaud* **relève** *son vélo qui est tombé :* il le remet en position verticale. □ v. pron. ● *Après sa chute, le skieur* **s'est relevé. 2** ● **Relève** *la tête :* tiens-la plus haut (→ CONTR. baisser). — ● *Pour traverser le ruisseau, Marc* **a relevé** *le bas de son pantalon* (→ SYN. remonter ; CONTR. abaisser). **3** ● *Cette bonne note va* **relever** *sa moyenne,* la rendre meilleure. **4** ● *On* **a relevé** *le prix de l'essence :* on l'a augmenté. **5** ● *Le maître* **relève** *les devoirs :* il les ramasse. **6** ● *Voici la liste des erreurs que nous* **avons relevées,** que nous avons remarquées, que nous avons notées (→ relevé). **7** ● *Le cuisinier met du poivre dans la sauce pour la* **relever,** pour lui donner plus de goût. **8** ● *À l'hôpital, les infirmières de jour* **relèvent** *les infirmières de nuit à 7 h :* elles les remplacent, elles les relaient (→ relève). Conjug. 8.

■ **relève** nom f. ● *La* **relève** *de la garde se fait toutes les 6 heures,* son remplacement par d'autres soldats.

■ **relevé** nom m. ● *La banque envoie régulièrement des* **relevés** *à ses clients,* des papiers sur lesquels leurs comptes sont notés par écrit.

■ **relèvement** nom m. **1** ● *Après la guerre, le* **relèvement** *du pays a été rapide* (→ SYN. amélioration, redressement). **2** ● *Les gens se plaignent du* **relèvement** *des impôts* (→ SYN. augmentation, hausse).

relief nom m. **1** ● *Les plaines, les plateaux, les montagnes et les vallées composent le* **relief** *de la terre,* les inégalités de sa surface. **2** EN RELIEF, loc. adv. ● *Sur cette tombe, les inscriptions sont* **en relief** : elles dépassent de la surface. **3** METTRE EN RELIEF. ● *Cette robe* **met** *sa beauté* **en relief** : elle la fait ressortir, elle la met en évidence, en valeur, elle la rehausse.

1. relier v. ● *Papa a fait **relier** plusieurs de ses livres* : il leur a fait mettre une couverture rigide qui maintient les feuilles bien assemblées. ★ Chercher aussi : brocher. ★ Conjug. 10.

■ **relieur** nom. Personne dont le métier est de relier des livres.

■ **reliure** nom f. ● *Ce livre a une **reliure** en cuir*, une couverture rigide en cuir.

2. relier v. **1** ● *Les deux anses du panier **sont reliées** par une ficelle*, rattachées l'une à l'autre par un lien. **2** ● *Cette route **relie** la ville à la plage* : elle permet d'aller de l'une à l'autre, elle les fait communiquer. **3** (fig.) ● *Les conjonctions **relient** des mots ou des propositions* : elles les rattachent, elles servent de lien entre eux (→ SYN. unir). ★ Conjug. 10.

religion nom f. Croyance en un ou plusieurs dieux (ce qui crée un lien entre les hommes qui acceptent cette croyance). ● *Le catholicisme et le protestantisme sont des **religions** chrétiennes; l'islam est la **religion** des musulmans.*

■ **religieux** adj. et nom **1** adj. ● *Noël est une fête **religieuse**,* qui se rapporte à la religion. — *Une cérémonie **religieuse**.* **2** nom ● *Dans ce monastère vivent des **religieux**,* des hommes qui ont consacré leur vie à servir Dieu (→ SYN. moine). — *Une école tenue par des **religieuses*** (→ SYN. sœur).

■ **religieusement** adv. **1** ● *Ils se sont mariés **religieusement**,* en suivant les règles de leur religion. **2** (fig.) ● *Tout le monde a écouté **religieusement** son discours*, avec beaucoup d'attention, de recueillement.

reliquat nom m. Somme d'argent qui reste à payer ou à percevoir (→ 2. percevoir). ● *Nous verserons le **reliquat** à la caisse de l'école.*

relique nom f. ● *Dans cette église, on conserve les **reliques** d'un saint,* ce qui reste de son corps, ou des objets qui lui ont appartenu.

relire v. **1** ● *Le maître **relit** la dictée* : il la lit une deuxième fois. **2** ● *Les élèves **relisent** leur dictée* : ils lisent ce qu'ils ont écrit afin de corriger les fautes. ★ Conjug. 45.

reliure → 1. relier.

reloger v. ● *Avant de démolir cet immeuble, la commune a dû **reloger** ses occupants,* leur trouver un nouveau logement. ★ Conjug. 5.

reluire v. ● *Après avoir ciré les meubles, il faut les frotter pour qu'ils **reluisent**,* pour qu'ils aient des reflets brillants (→ SYN. briller). ★ Conjug. 43.

■ **reluisant** adj. **1** Qui reluit. ● *Des meubles **reluisants*** (→ SYN., 2. brillant sens 1, luisant). **2** (fig.) Son bulletin de notes n'est pas reluisant (→ SYN. 2. brillant, sens 2).

remâcher v. ● *Luc **remâche** les reproches qu'on lui a faits* : il y pense sans arrêt parce qu'il est très mécontent.

remanier v. ● *Il a **remanié** son discours au dernier moment* : il l'a modifié, changé. ★ Conjug. 10.

se remarier v. pron. ● *Les veufs et les divorcés peuvent **se remarier**,* se marier une nouvelle fois. ★ Conjug. 10.

remarquer v. ● *J'ai remarqué qu'il avait mauvaise mine* : sa mauvaise mine m'a frappé, elle a attiré mon attention (→ SYN. s'apercevoir, constater). — SE FAIRE REMARQUER. ● *Il veut **se faire remarquer**,* que l'on fasse attention à lui.

■ **remarquable** adj. ● *Anne est d'une intelligence **remarquable**,* au-dessus de la moyenne, qui attire l'attention (→ SYN. 2. brillant).

■ **remarquablement** adv. ● *Yves est **remarquablement** adroit* (→ SYN. très).

■ **remarque** nom f. **1** ● *Mes **remarques** l'ont vexé,* mes observations, mes critiques (→ SYN. commentaire, réflexion). **2** ● *As-tu vu les **remarques** à la fin de certains des articles de ce dictionnaire?,* ce qui est écrit pour attirer l'attention sur un point important.

remballer v. ● *Les campeurs **remballent** leur tente* : ils la remettent dans son emballage, ils la rangent.

rembarquer v. ● *Les passagers* ***ont rembarqué*** *: ils sont remontés dans le bateau ou dans l'avion après en être descendus.*

rembarrer v. (fam.) ● *Chaque fois que je lui demande un service, il me* ***rembarre*** *: il me repousse brutalement, il m'envoie promener.*

remblai nom m. Masse de terre, de matériaux servant à boucher les trous d'un terrain ou à le surélever.

■ **remblayer** v. ● *Les cantonniers* ***remblaient*** *les trous de la route : ils les bouchent avec de la terre ou d'autres matériaux.* — ● *La voie ferrée vient d'***être remblayée***, d'être surélevée.* ★ Conjug. 7.

rembourrer v. ● *Ce canapé confortable* ***est*** *bien* ***rembourré***, *garni de laine ou d'une autre matière molle et élastique.*

rembourser v. ● *Prête-moi 5 F, je te* *(les)* ***rembourserai*** *demain : je te rendrai cet argent* (→ **débourser**).

■ **remboursement** nom m. ● *Un acheteur peut demander le* ***remboursement*** *d'un article de mauvaise qualité.*

remède nom m. **1** ● *Patrick est malade, il doit prendre des* ***remèdes***, *des médicaments.* **2** (fig.) ● *La lecture est un bon* ***remède*** *à l'ennui, quelque chose qui fait passer l'ennui.* — ● *Sa tristesse est sans* ***remède*** *: on ne peut la guérir* (→ **irrémédiable**).

■ **remédier à** v. ● *Le gouvernement voudrait* ***remédier*** *au chômage, trouver une solution pour le réduire, pour le faire disparaître.* ★ Conjug. 10.

remembrement nom m. ● *Avant le* ***remembrement***, *les champs de ce fermier étaient dispersés, avant que les terres aient été redistribuées entre les agriculteurs de la commune pour former des propriétés d'un seul bloc.*

se remémorer v. pron. ● *Luc se* ***remémore*** *le rêve qu'il a fait pendant la nuit : il s'en souvient avec précision* (→ **SYN**. *se rappeler*).

remercier v. **1** ● *Je vous* ***remercie*** *de votre aide : je vous dis merci, je vous exprime ma reconnaissance.* **2** ● *Son*

patron *l'***a remercié*** *: il l'a renvoyé* (→ **SYN**. *congédier*). ★ Conjug. 10.

■ **remerciement** nom m. ● *Laure a terminé sa lettre à sa marraine par des* ***remerciements***.

remettre v. **1** ● ***Remets*** *cet objet là où tu l'as pris : mets-le là où il était avant.* **2** ● *Papa* ***remet*** *la voiture en marche : il recommence à la faire marcher.* □ v. pron. ● *Elle* ***s'est remise*** *à travailler.* **3** ● *Il faut* ***remettre*** *du vinaigre dans la salade, en ajouter encore.* **4** ● *On* ***a remis*** *une coupe au vainqueur de la course : on la lui a donnée* (→ 1. **remise**, sens 2). **5** ● *Ils ont* ***remis*** *leur départ à demain : ils l'ont renvoyé, reporté à demain.* **6** ● *Cécile n'est pas encore* ***remise*** *de sa grippe, pas encore complètement guérie.* □ v. pron. ● *Elle se* ***remet*** *lentement de sa maladie.* **7** SE REMETTRE À QUELQU'UN. ● *J'hésite sur la route à prendre ; je* ***m'en remets*** *à vous pour décider : je vous laisse ce soin, car je vous fais confiance.* ★ Conjug. 33.

réminiscence nom f. Souvenir vague. ● *Je n'ai que de lointaines* ***réminiscences*** *de cette époque-là.*

1. remise nom f. **1** ● *La* ***remise*** *en ordre de sa chambre lui a pris deux heures : il a passé deux heures à la remettre en ordre.* **2** ● *La* ***remise*** *d'un télégramme à son destinataire est très rapide : il lui est remis très rapidement.* **3** ● *À la fin du marché, les commerçants font souvent des* ***remises*** *aux acheteurs, des diminutions de prix* (→ **SYN**. *rabais, réduction*).

2. remise nom f. ● *Le paysan range son matériel dans une* ***remise***, *dans un local servant d'abri.*

■ **remiser** v. ● *Dans cette cabane, on* ***remise*** *les outils : on les met à l'abri* (→ **SYN**. *ranger*).

rémission nom f. **1** ● *Les juges l'ont condamné sans* ***rémission***, *sans vouloir lui pardonner.* **2** ● *Avant de mourir de cette grave maladie, il a connu quelques moments de* ***rémission***, *d'interruption apparente, mais momentanée, de la maladie.*

remonter v. **1** ● *Il faut que je remonte au grenier, que j'y monte de nouveau* (→ CONTR. redescendre). — ● *Remonter une côte* (→ remontée, remonte-pente). — (fig.) REMONTER LA PENTE : retrouver la santé ou rétablir sa situation. ● *Cet homme était ruiné et découragé, mais il remonte la pente.* **2** ● *L'hiver, le prix des légumes remonte* : il augmente de nouveau. **3** ● *Claire a remonté les manches de son pull* : elle les a relevées. **4** ● *Le nageur a de la peine à remonter le courant*, à aller en sens inverse. — ● *Cet événement remonte à l'année de ma naissance* : il est situé à cette époque du passé (→ SYN. dater de). **5** ● *Francis remonte son réveil* : il tend le ressort qui le fait fonctionner en tournant le remontoir (→ remontoir). **6** ● *Le garagiste a remonté le moteur de la voiture* : il a remis ses éléments en place après l'avoir démonté. **7** ● *Ce médicament m'a remonté* : il m'a redonné des forces. — REMONTER LE MORAL DE QUELQU'UN : lui redonner du courage quand il est triste, déprimé.

■ **remontant** nom m. ● *Je me sens très fatigué, j'aurais besoin d'un remontant*, d'un médicament qui redonne des forces (→ SYN. fortifiant).

■ **remontée** nom f. ● *Les skieurs apprécient les remontées mécaniques*, les appareils qui leur permettent de remonter en haut des pistes (remonte-pentes, télésièges, téléphériques).

■ **remonte-pente** nom m. ● *Pour arriver en haut de la piste, les skieurs prennent le remonte-pente*, un câble qui entraîne des perches auxquelles les skieurs peuvent s'accrocher (→ SYN. téléski). — ● *Des remonte-pentes.*

■ **remontoir** nom m. Pièce servant à remonter un mécanisme ● *Le remontoir d'un réveil.*

remontrance nom f. ● *Maman m'a fait des remontrances parce que j'ai menti* : elle m'a grondé (→ SYN. réprimande, reproche).

remontrer v. EN REMONTRER À QUELQU'UN. ● *Tu ne connais rien à la pêche; alors n'essaie pas de m'en remontrer dans ce domaine*, de me donner des leçons, de prouver que tu es plus fort que moi.

remords nom m. ● *J'ai des remords d'avoir été méchant avec lui* : je regrette beaucoup cette mauvaise action, et son souvenir me tourmente. ★ Ne pas oublier le *s* de remords même au singulier.

remorquer v. ● *Ce tracteur remorque une voiture en panne* : il la tire derrière lui.

■ **remorque** nom f. **1** ● *Cette voiture traîne une remorque*, un véhicule sans moteur qui lui est accroché (→ semi-remorque). **2** ● *Cette péniche est accrochée au bateau par une remorque*, un câble qui sert à remorquer.

■ **remorqueur** nom m. Navire puissant fait pour remorquer d'autres bateaux.

rémouleur nom m. Personne dont le métier est d'aiguiser les couteaux, les ciseaux. ● *La meule du rémouleur.*

remous nom m. **1** ● *La barque est secouée par des remous*, des mouvements de l'eau qui s'agite, qui tourbillonne. **2** (fig.) ● *Sa déclaration a provoqué des remous dans l'assistance*, de l'agitation, des troubles. ★ Ne pas oublier le *s* de remous même au singulier.

rempart nom m. ● *Les villes fortifiées et les châteaux forts étaient protégés par des remparts*, des murailles qui les entouraient.

remplacer v. **1** ● *Cette machine est irréparable; il faut la remplacer*, la changer, mettre une autre machine à sa place. **2** ● *Quand le directeur est absent, c'est le sous-directeur qui le remplace*, qui prend sa place (→ remplaçant). ★ Conjug. 4.

■ **remplaçant** nom ● *Pendant la maladie de l'institutrice, les cours ont été assurés par une remplaçante*, une personne qui l'a remplacée.

■ **remplacement** nom m. **1** ● *Je t'offre ce stylo en remplacement de celui que tu as perdu*, pour le remplacer. **2** ● *Pendant les vacances, ce jeune médecin fait des remplacements* : il remplace d'autres médecins.

remplir v. **1** ● *Vincent* **a rempli** *son bol de lait* : il a mis du lait plein son bol (→ remplissage). ◻ v. pron. ● *Agnès regarde le bassin* **se remplir**. **2** ● *Pour t'inscrire au club, il faut* **remplir** *ce questionnaire, écrire les renseignements que l'on te demande aux endroits laissés en blanc*. **3** ● *Ma journée* **a été bien remplie** : j'ai été très occupé. **4** ● *Ses réflexions m'ont* **rempli** *de colère* : elles m'ont mis très en colère. **5** ● *Le premier ministre* **remplit** *des fonctions importantes dans le gouvernement* : il les exerce. — ● **Remplir** *ses engagements* : les tenir. ★ Conjug. 11.

■ **remplissage** nom m. ● *On ne peut pas se baigner pendant le* **remplissage** *de la piscine*, pendant qu'on la remplit.

remporter v. **1** ● *Remporte ces verres à la cuisine* : emporte ces verres là où ils étaient avant. **2** ● *Mon cousin* **a remporté** *le premier prix à un concours* : il l'a gagné.

remuer v. **1** ● *Mon petit frère* **remue** *tout le temps* : il bouge, il fait des mouvements (→ remuant). — ● *Les lapins* **remuent** *leur nez* : ils les font bouger. **2** ● *Il faut* **remuer** *la sauce avec une cuiller*, l'agiter. — (fig.) REMUER CIEL ET TERRE. ● *M. Merry* **a remué** *ciel et terre* pour *faire accepter son projet* : il a fait tous les efforts possibles pour atteindre son but. **3** v. pron. (fam.) ● *Remuez-vous, nous allons être en retard* : dépêchez-vous, faites des efforts.

■ **remuant** adj. ● *Antoine est un bébé* **remuant**, qui remue beaucoup, qui ne tient pas en place.

■ **remue-ménage** nom m. invar. ● *Il y a du* **remue-ménage** *dans la classe voisine*, de l'agitation et du bruit.

rémunérer v. ● *Rémunérer quelqu'un* (ou *le travail de quelqu'un*) : le payer. ★ Conjug. 8.

■ **rémunérateur, -trice** adj. ● *Jacques a trouvé un travail* **rémunérateur**, bien payé, qui rapporte beaucoup d'argent.

■ **rémunération** nom f. ● *Sa* **rémunération** *a été augmentée*, la somme d'argent qu'on lui donne en échange de son travail (→ SYN. rétribution). ★ Chercher aussi : appointements, honoraires, salaire.

renâcler v. ● *Ce n'est pas le moment de* **renâcler** *à la besogne* : se refuser, montrer de la répugnance (→ SYN. rechigner).

renaître v. **1** ● *Il a enfin marqué un but ; l'espoir* **renaît** *dans notre équipe* : il recommence à exister. **2** ● *Quand l'hiver sera fini, les plantes vont* **renaître**, recommencer à pousser, à se développer. **3** ● *Cette nouvelle a fait* **renaître** *mes craintes* : elle les a fait réapparaître. **4** ● *Ce soleil me fait* **renaître** : il me redonne des forces, du courage. ★ Conjug. 37. *Renaître* n'a pas de participe passé, donc pas de temps composés.

■ **renaissance** nom f. **1** ● *Après la guerre, ce pays a été sauvé par la* **renaissance** *de l'industrie*, parce qu'elle a recommencé à se développer. **2** (avec une majuscule) ● *Léonard de Vinci, Michel-Ange, Rabelais, Montaigne ont vécu pendant la* **Renaissance**, la période de l'histoire qui a suivi le Moyen Âge et qui a été marquée par un renouveau des arts, des lettres et des sciences.

renard nom m. ● *Un* **renard** *a volé une poule au fermier*, un animal sauvage au poil roux et à la queue touffue, qui ressemble un peu à un chien.

renchérir v. ● *François veut toujours* **renchérir** *sur Lucien* : faire ou dire la même chose en allant plus loin.

rencontrer v. **1** ● *J'ai rencontré Anne en allant à l'école* : je me suis trouvé en sa présence. **2** ● *Je ne me rappelle plus où nous l'*avons rencontré, *où nous avons fait sa connaissance*. ◻ v. pron. ● *Ils* **se sont rencontrés** *à Paris*. **3** ● *Demain, notre équipe de rugby doit* **rencontrer** *la vôtre*, jouer contre elle.

■ **rencontre** nom f. **1** ● *Je ne pensais plus te voir, c'est une* **rencontre** *inespérée*. **2** ● *Une* **rencontre** *de football* (→ SYN. match). **3** À LA RENCONTRE DE.

● *Nous sommes partis* **à sa rencontre**, au-devant de lui.

rendement nom m. **1** ● *Le* **rendement** *de ce champ de blé a augmenté*, la quantité de blé qu'il produit, par rapport à sa surface (→ rendre, sens 3). — ● *Le* **rendement** *d'une usine* (→ SYN. productivité). **2** ● *Il lui faut une heure pour coudre un bouton, son* **rendement** *est faible*, la quantité de travail qu'il peut fournir par rapport au temps passé.

rendez-vous nom m. invar. ● *Pierre m'a donné* **rendez-vous** *demain matin* : il a fixé l'heure et l'endroit où nous devons nous rencontrer.

se rendormir v. pron. ● *Des bruits l'ont réveillé et il n'a pas pu* **se rendormir**, recommencer à dormir. ★ Conjug. 15.

rendre v. **1** ● *N'oublie pas de* **rendre** *à Hervé le livre qu'il t'a prêté.* — ● *La caissière* **rend** *la monnaie* (→ CONTR. garder). **2** ● *Sur le bateau, Michel avait envie de* **rendre**, de vomir. **3** ● *Les fraisiers* **ont** *bien* **rendu** *cette année* : ils ont produit beaucoup de fraises (→ rendement). **4** ● *Le soleil me* **rend** *gai* : il me fait devenir gai. □ v. pron. ● *Elle mange trop, elle va* **se rendre** *malade.* **5** RENDRE COMPTE DE QUELQUE CHOSE À QUELQU'UN. ● *Il* **a rendu compte** *de la réunion à son directeur* : il lui a raconté ce qui s'était passé, ce que l'on avait dit (→ compte rendu). **6** (fig.) RENDRE DES COMPTES À QUELQU'UN. ● *Je n'ai pas à te* **rendre des comptes**, à t'expliquer ce que j'ai fait, à me justifier. ★ Conjug. 31. ■ **se rendre** v. pron. **1** ● *Charlotte doit* **se rendre** *à Paris* : elle doit y aller. **2** ● *Le régiment ennemi* **s'est rendu** : il a arrêté de se battre, il a reconnu qu'il était vaincu (→ SYN. capituler). **3** SE RENDRE COMPTE. ● *Il* **se rend compte** *qu'il s'est trompé* : il s'en aperçoit, il en prend connaissance.

rêne nom f. ● *Le cavalier tenait fermement les* **rênes** *du cheval*, les courroies qui servent à le diriger (→ SYN. bride). ★ Ne pas confondre avec reine et renne.

renégat [ʀənega] nom. ● *C'est un* **renégat**, personne qui a renié ses opinions, son parti.

renfermer v. **1** ● *Ce coffre* **renferme** *des bijoux précieux* (→ SYN. contenir). **2** v. pron. (fig.) ● *Dès qu'on lui pose des questions, il* **se renferme** *en lui-même* : il cache ses sentiments (→ renfermé, sens 2). ■ **renfermé** nom m. et adj. **1** nom m. ● *Ouvre les fenêtres, cette pièce sent le* **renfermé**, la mauvaise odeur d'une pièce longtemps fermée, mal aérée. **2** adj. ● *Elle a un caractère* **renfermé** : elle ne montre pas ses sentiments (→ CONTR. démonstratif, expansif, exubérant).

renflé adj. ● *Un ballon de rugby a une forme* **renflée**, arrondie et plus large au milieu qu'aux deux bouts.

renflouer v. **1** ● *Ils essaient de* **renflouer** *ce navire qui s'est échoué sur le sable*, de le remettre à l'eau, en état de flotter. **2** (fig.) ● *Les banques* **ont renfloué** *cette entreprise* : elles l'ont sauvée en lui fournissant de l'argent.

renfoncement nom m. ● *Laure s'est abritée de la pluie dans le* **renfoncement** *d'une porte*, l'endroit où la porte fait un creux dans le mur.

renforcer v. **1** ● *Viens avec nous pour* **renforcer** *notre équipe*, pour augmenter ses forces. **2** ● *Jacques cloue des planches derrière la vieille porte pour la* **renforcer**, pour la rendre plus résistante, plus solide (→ SYN. consolider). — ● *Cela* **renforce** *mon opinion* (→ SYN. affermir). ★ Conjug. 4. ■ **renforcement** nom m. Action de renforcer. ■ **renfort** nom m. **1** ● *L'armée avait besoin de* **renforts**, de nouveaux soldats pour la renforcer. **2** ● *Les* **renforts** *d'un collant* : ses parties les plus épaisses, les plus solides.

se renfrogner v. pron. ● *À l'annonce de cette mauvaise nouvelle, son visage* **s'est renfrogné** : il a pris une expression mécontente, fâchée. □ adj. ● *Un air* **renfrogné**, boudeur.

rengaine nom f. **1** ● *Laurent fredonne une vieille* **rengaine**, une chanson très connue, que l'on entend partout.

2 (fam.) ● *Quand elle perd, c'est toujours la même **rengaine**, les mêmes paroles qu'elle répète chaque fois ; c'est toujours la même histoire.*

se rengorger v. pron. ● *Dès qu'on parle de lui, il **se rengorge** : il prend un air important, content de lui.* ★ Conjug. 5.

renier v. ● *Elle devrait avoir honte de **renier** ses opinions, de les abandonner, d'en changer* (→ SYN. nier, désavouer). ★ Conjug. 10.
■ **reniement** nom m. ● *Son **reniement** a été très mal accueilli par ses amis.*

renifler v. ● *François est enrhumé, il n'arrête pas de **renifler**, d'aspirer par le nez en faisant du bruit.*
■ **reniflement** nom m. Action de renifler. ● *Ses **reniflements** m'agacent.*

renne nom m. ● *Avec leurs bois aplatis, les **rennes** fouillent la neige pour trouver leur nourriture, des animaux qui ressemblent au cerf et vivent dans le Grand Nord.* ★ Ne pas confondre avec *rêne* et *reine*.

renom nom m. ● *Cette station de sports d'hiver a un grand **renom** : elle est très connue à cause de ses qualités* (→ SYN. renommée). — DE GRAND RENOM, loc. adj. : très connu.
■ **renommé** adj. ● *La cuisine française est **renommée**, célèbre pour ses qualités* (→ SYN. réputé).
■ **renommée** nom f. ● *Cet artiste est très connu ; il a une **renommée** mondiale* (→ SYN. célébrité, réputation).

renoncer v. ● *À cause du mauvais temps, les alpinistes ont dû **renoncer** à monter jusqu'au sommet : ils ont dû abandonner ce projet.* ★ Conjug. 4.

renoncule nom f. ● *Le bouton d'or fait partie de la famille des **renoncules**, de petites plantes aux fleurs de couleurs vives.*

renouer v. **1** ● *J'ai **renoué** le lacet de ma chaussure : j'ai refait le nœud* (→ nouer). **2** (fig.) ● *À son retour, il **a renoué** avec un ami d'enfance : il a repris des relations avec lui.*

renouveler v. **1** ● *Cette entreprise a*

renouvelé *ses machines : elle a remplacé les machines anciennes par des neuves* (→ nouveau ; SYN. changer). **2** ● *J'ai **renouvelé** ma demande : j'ai demandé une nouvelle fois.* **3** ● *Mon abonnement se termine, je dois le **renouveler**, demander qu'on le continue* (→ renouvelable). **4** v. pron. ● *Le même incident **s'est renouvelé** hier soir : il a recommencé, il s'est reproduit.* **5** ● *Cet artiste manque d'imagination, il ne **se renouvelle** pas : il n'apporte rien de nouveau.* ★ Conjug. 9.
■ **renouveau** nom m. ● *La période de la Renaissance a marqué le **renouveau** des arts*, l'apparition d'un nouveau style, de nouvelles formes dans les arts.
■ **renouvelable** adj. ● *Ce contrat de location est **renouvelable** tous les six ans : il peut être renouvelé.*
■ **renouvellement** nom m. **1** ● *Ce matériel est trop vieux, il faut prévoir son **renouvellement**, son remplacement par du matériel neuf.* **2** ● *Clara demande le **renouvellement** de sa carte d'identité.*

rénover v. ● *Il a **rénové** un appartement ancien : il l'a remis à neuf* (→ SYN. moderniser).
■ **rénovation** nom f. ● *On a commencé la **rénovation** du musée*, les transformations pour le remettre à neuf, pour le moderniser (→ SYN. modernisation, restauration).

renseigner v. ● *Je ne connais pas votre club, pouvez-vous me **renseigner** ?, me dire ce que je veux savoir, me mettre au courant* (→ SYN. documenter, informer). □ v. pron. ● *Il **s'est renseigné** sur le prix des places : il a cherché à le connaître.*
■ **renseignement** nom m. ● *Ce journal donne des **renseignements** très utiles* (→ SYN. indication, information).

rentable adj. ● *Ce commerce est **rentable** : il rapporte de l'argent* (→ SYN. fructueux, profitable).
■ **rentabiliser** v. Rendre rentable.
■ **rentabilité** nom f. ● *En quelques mois ils ont augmenté la **rentabilité** de leur entreprise*, les bénéfices qu'elle peut faire.

rente nom f. • *Ses **rentes** lui permettent de vivre sans travailler*, l'argent que lui rapporte le capital qu'il a placé.

rentrer v. 1 • *La récréation est terminée, il faut **rentrer** en classe*, retourner dans un endroit d'où l'on est sorti (→ entrer ; CONTR. ressortir). 2 • *Hier, je **suis rentré** très tard* : je suis revenu chez moi. 3 • *Il commence à pleuvoir, **rentre** ton vélo*, remets-le à l'intérieur. 4 • *Le trou est trop étroit, la vis ne peut pas **rentrer***, s'enfoncer à l'intérieur. ★ *Rentrer* se conjugue avec l'auxiliaire être.
■ **rentrée** nom f. 1 • *Quelle est la date de la **rentrée** des classes ?* 2 • *Il attend une importante **rentrée** d'argent*, une somme d'argent qu'il doit recevoir.

renverser v. 1 • *Il a **renversé** du vin sur la nappe* (→ SYN. répandre). 2 • *En courant, elle a **renversé** une chaise* : elle l'a fait tomber. 3 • *Ce parti veut **renverser** le gouvernement*, l'obliger à partir, à donner sa démission. 4 (fig.) • *Cette nouvelle me **renverse*** : elle m'étonne beaucoup (→ renversant). □ adj. • *Un élève qui donne des ordres au directeur, c'est le monde **renversé***, mis à l'envers.
■ **renversant** adj. • *Cette histoire est **renversante***, très étonnante (→ SYN. stupéfiant).
■ **à la renverse** loc. adv. • *Alain a perdu l'équilibre, il est tombé **à la renverse***, sur le dos.
■ **renversement** nom m. • *Dans ce film, il y a plusieurs **renversements** de situation*, plusieurs changements complets (→ SYN. retournement). — • *Le **renversement** du gouvernement*, sa chute.

renvoyer v. 1 • *Vous êtes priés de **renvoyer** ce questionnaire rempli*, de le faire parvenir à celui qui vous l'a envoyé (→ SYN. retourner). 2 • *Frédéric a été **renvoyé** du cours de français*, mis dehors, chassé (→ SYN. congédier, exclure). 3 • *Le gardien de but a **renvoyé** le ballon* : il l'a lancé après l'avoir reçu. 4 • *Cette note au bas de la page **renvoie** au premier chapitre* : elle

indique qu'on y trouvera un renseignement. 5 • *Ils ont proposé de **renvoyer** la séance à plus tard*, de la remettre (→ SYN. ajourner). 6 (fig.) RENVOYER LA BALLE À QUELQU'UN : lui répondre vivement, comme des joueurs qui se lancent la balle. ★ Conjug. 6.
■ **renvoi** nom m. 1 • *Le **renvoi** d'un employé* (→ SYN. licenciement). 2 • *As-tu vu le **renvoi** au bas de la page ?*, la note qui indique qu'il faut se reporter à une autre page. 3 • *Après son biberon, le bébé a eu un **renvoi*** : il a renvoyé l'air avalé en mangeant (→ SYN. (fam.) rot).

réorganiser v. Organiser autrement. • *Nous allons **réorganiser** notre club.* □ v. pron. • *Pour avoir de meilleures chances de gagner les élections, ce parti **s'est** complètement **réorganisé**.*

réouverture nom f. • *Après un mois de travaux, la **réouverture** du magasin aura lieu demain* (→ rouvrir).

repaire nom m. 1 • *Le chasseur a découvert un ours dans son **repaire***, l'endroit qui sert de refuge aux animaux sauvages (→ SYN. tanière). 2 • *Cette maison était un **repaire** de voleurs*, un endroit où ils se cachaient (→ SYN. refuge). ★ Ne pas confondre avec *repère*.

se repaître v. pron. • *La lionne **se repaît** du zèbre qu'elle a tué* : elle le mange, elle s'en nourrit (→ repu). ★ Conjug. 37.

répandre v. 1 v. pron. • *À cause d'une fuite, l'eau **s'est répandue** dans la cuisine* : elle a coulé et s'est étalée sur le sol. 2 • *Ces fleurs **répandent** un parfum agréable dans la pièce* (→ SYN. dégager). 3 • *Le tremblement de terre a **répandu** la terreur dans la ville* : il l'a fait régner (→ SYN. jeter, semer). 4 • *Les journaux **ont répandu** la nouvelle* : ils l'ont fait connaître à beaucoup de gens (→ SYN. diffuser, ébruiter). □ v. pron. • *Cette mode **se répand** en France.* □ adj. • *C'est une idée très **répandue***, partagée par beaucoup de gens, courante. ★ Conjug. 31.

reparaître v. 1 ● *Les nuages sont partis, le soleil reparaît* : il se montre de nouveau (→ paraître). 2 ● *Après dix jours de grève, le journal reparaît ce matin* : il recommence à paraître. ★ Conjug. 37.

réparer v. 1 ● *Il est en train de réparer son vélo*, de le remettre en bon état. 2 ● *Ce pique-nique va réparer nos forces*, nous redonner des forces (→ réparateur, sens 2). 3 ● *Elle essaie de réparer sa faute*, de faire disparaître le mal qu'elle a fait (→ réparation, sens 2 ; SYN. effacer).

■ **réparable** adj. ● *Ce vieil aspirateur est réparable* : on peut le réparer (→ CONTR. irréparable).

■ **réparateur, -trice** nom et adj. **1** nom ● *Notre radio était en panne ; nous l'avons portée chez le réparateur.* **2** adj. ● *Une sieste réparatrice*, qui permet de retrouver ses forces.

■ **réparation** nom f. **1** ● *Mon pneu est crevé, peux-tu m'aider pour la réparation* ?, le travail pour le réparer. **2** ● *On l'a injurié en public et il a demandé réparation* : il a demandé que l'on répare le mal, le tort qu'on lui a fait (→ réparer, sens 3).

reparler v. ● *Cette histoire n'est pas finie, nous en reparlerons plus tard* : nous en parlerons de nouveau.

repartie [reparti] nom f. ● *Ses reparties comiques amusent beaucoup le public*, ses réponses rapides (→ SYN. réplique, riposte).

repartir v. ● *Après un bref arrêt à Paris, elle est repartie à l'étranger* : elle est partie de nouveau. ★ Conjug. 15.

répartir v. 1 ● *Elle a réparti les bagages entre nous* : elle a donné sa part à chacun. □ v. pron. ● *Les associés se sont réparti les bénéfices* : ils les ont partagés entre eux (→ SYN. distribuer, diviser). 2 ● *Le programme des études est réparti sur plusieurs mois.* ★ Ne pas oublier l'accent aigu sur le é de répartir. ★ Conjug. 11.

■ **répartition** nom f. ● *Bruno sera chargé de la répartition du travail*, de le répartir (→ SYN. distribution, partage).

repas nom m. 1 ● *Ce repas était délicieux !*, la nourriture que nous avons mangée. 2 ● *Elle téléphone toujours à l'heure des repas*, au moment où l'on mange d'habitude, à l'heure du déjeuner ou du dîner.

1. repasser v. ● *J'ai lavé mon pantalon, puis je l'ai repassé* : j'ai fait disparaître les plis avec un fer à repasser.

■ **repassage** nom m. ● *J'ai beaucoup de repassage à faire*, de linge à repasser.

2. repasser v. 1 ● *Alain n'était pas chez lui, je repasserai dans la soirée* (→ SYN. revenir). 2 ● *Elle a échoué à l'examen ; elle le repassera l'année prochaine* : elle le passera de nouveau.

3. repasser v. ● *Yves repasse sa leçon d'histoire* : il relit ce qu'il a déjà appris.

repêcher v. 1 ● *Le noyé a été repêché*, retiré de l'eau. 2 (fam.) ● *Quelques candidats ont été repêchés à l'examen* : ils ont été reçus bien qu'ils n'aient pas le nombre de points suffisant.

repeindre v. ● *Ce vieil appartement a besoin d'être repeint*, d'être peint de nouveau. ★ Conjug. 35.

se repentir v. pron. ● *Olivier se repent de son imprudence* : il la regrette. ★ Conjug. 15.

■ **repentir** nom m. ● *Elle lui pardonne à cause de son repentir*, le sentiment de celui qui se repent (→ SYN. regret, remords).

répercuter v. 1 ● *Les murs de la cour répercutent les bruits* : ils les renvoient dans une autre direction. 2 v. pron. (fig.) ● *Le manque de sommeil se répercute sur le travail scolaire* : il a des conséquences sur lui.

■ **répercussion** nom f. ● *Les répercussions de la crise économique* (→ SYN. conséquence, contrecoup).

repère nom m. 1 ● *Le menuisier a tracé des repères sur les planches*, des marques, des signes. 2 POINT DE REPÈRE. ● *Ces trois gros arbres nous serviront de point de repère*, d'objet bien visible qui permet de retrouver son chemin. ★ Ne pas confondre *repère* et *repaire*.

■ **repérer** v. **1** ● *Repérer un lieu :* bien le situer en utilisant des points de repère pour se le rappeler. □ v. pron. ● *Je me suis repéré facilement :* j'ai bien reconnu l'endroit où j'étais et j'ai su me diriger. **2** (fam.) ● *Nous avons repéré un endroit où camper :* nous l'avons découvert. ★ Conjug. 8.

■ **repérage** nom m. ● *Les radars servent au repérage des avions*, à les repérer.

répertoire nom m. **1** ● *Un répertoire d'adresses :* un carnet où les adresses sont classées par ordre alphabétique. **2** ● *Le répertoire d'un chanteur :* la liste des chansons qu'il interprète.

■ **répertorier** v. Constituer un répertoire, une liste. ● *Il faudrait répertorier les livres de la bibliothèque.*

répéter v. **1** ● *Je répète la dernière phrase de la dictée :* je la dis à nouveau. **2** ● *Cet ouvrier répète les mêmes gestes :* il les refait, il les recommence. **3** ● *Avant de jouer devant le public, les acteurs de théâtre doivent répéter*, jouer sans spectateurs pour s'exercer. **4** ● *Elle a répété mon secret à toute la classe :* elle l'a dit aux autres. ★ Conjug. 8.

■ **répétition** nom f. **1** ● *Il y a trop de répétitions dans cette rédaction, trop de mots répétés plusieurs fois* (→ SYN. redite). **2** ● *Un fusil à répétition*, qui peut tirer plusieurs coups sans être rechargé. **3** ● *J'ai entendu ces musiciens pendant une répétition, pendant qu'ils répétaient un concert.*

se repeupler v. pron. ● *Depuis quelques années, notre village s'est repeuplé :* il s'est peuplé à nouveau (→ CONTR. se dépeupler).

■ **repeuplement** nom m. Fait de repeupler. ● *Le repeuplement de la rivière en truites a été décidé.*

repiquer v. ● *Ces jeunes sapins seront repiqués*, plantés dans un autre endroit (→ SYN. transplanter).

répit nom m. **1** ● *Ses occupations ne lui laissent pas un instant de répit*, de détente, de repos. **2** SANS RÉPIT, loc. adv. ● *Il travaille sans répit pour rattraper son retard*, sans cesse, sans arrêt.

replacer v. ● *Valérie a replacé tous nos livres dans la bibliothèque :* elle les a remis à leur place (→ SYN. ranger). ★ Conjug. 4.

replâtrer v. ● *Après les travaux, les maçons ont replâtré le mur :* ils y ont remis du plâtre.

■ **replâtrage** nom m. (fig.) Amélioration superficielle. ● *Il aurait fallu refaire un texte entièrement nouveau, alors que celui-ci n'est qu'un replâtrage du premier.*

replier v. **1** ● *Il a replié sa carte de France :* il l'a pliée après l'avoir dépliée. **2** ● *Il a replié la lame de son canif* (→ pliant). ★ Conjug. 10.

■ **se replier** v. pron. ● *Les soldats se replient vers la forêt :* ils reculent en bon ordre.

■ **repli** nom m. **1** ● *Cette robe très large fait des plis et des replis.* **2** ● *Ce régiment a été encerclé pendant son repli*, pendant qu'il reculait (→ se replier ; SYN. recul, retraite).

1. réplique nom f. ● *Cette voiture est une réplique d'un modèle ancien*, une copie, un objet exactement pareil.

2. réplique nom f. **1** ● *Sa réplique ne s'est pas fait attendre*, sa réponse vive, quelquefois insolente (→ répliquer). **2** ● *L'acteur a oublié sa réplique*, ce qu'il devait répondre à un autre acteur.

■ **répliquer** v. ● *Quand on lui ordonne de se taire, elle réplique qu'elle n'en a pas envie* (→ SYN. répondre).

replonger v. **1** ● *Nathalie est sortie de l'eau, puis elle a replongé :* elle a plongé de nouveau. **2** v. pron. ● *Après un moment de détente, elle s'est replongée dans son travail :* elle s'est remise à travailler. ★ Conjug. 5.

1. répondre v. **1** ● *Isabelle n'a pas voulu répondre à mes questions*, me dire sa pensée (→ réponse, sens 1). **2** ● *Si j'écris à Éric, il m'a promis de me répondre*, de m'écrire à son tour. **3** ● *Ce chat a répondu à ma caresse par un coup de griffe :* il a réagi ainsi. ★ Conjug. 31.

■ **réponse** nom f. **1** ● *Sa réponse est exacte*, ce qu'il a répondu. **2** ● *Elle attend une réponse à sa lettre.* **3** AVOIR

RÉPONSE À TOUT. ● *Inutile d'insister, il **a** réponse à tout* : il ne se laisse pas intimider, il trouve toujours une réponse pour se tirer d'affaire.

2. répondre v. **1** ● *Pour lui, le sport **répond** à un besoin* : il lui donne le moyen de satisfaire ce besoin. **2** ● *Quand il a voulu ralentir, les freins n'**ont pas répondu*** : ils n'ont pas réagi normalement. **3** RÉPONDRE DE QUELQU'UN. ● *Vous pouvez lui faire confiance, je **réponds de lui*** : je garantis qu'il est franc et honnête (→ répondant, sens 1). — NE RÉPONDRE DE RIEN. ● *Je suis d'accord pour vous aider, mais je **ne réponds de rien*** : je ne garantis rien, le succès n'est pas assuré. ★ Conjug. 31.

■ **répondant** nom ● *Pour cet emprunt qu'il a demandé à la banque, son frère lui sert de **répondant***, de garantie, de personne qui répond de lui. **2** (fam.) AVOIR DU RÉPONDANT. ● *Il peut se permettre ces dépenses, il **a du répondant*** : il a assez d'argent pour payer.

1. reporter [rəpɔrte] v. **1** ● *À cause de la pluie, le match de tennis **a été reporté*** : il a été renvoyé à plus tard (→ report; SYN. remettre; 1. repousser). **2** ● *À la mort de son père, elle **a reporté** toute son affection sur son neveu* : son affection s'est passée de l'un à l'autre. **3** v. pron. ● *Pour répondre aux questions, **reportez-vous** à la leçon* : revenez-y, lisez-la (→ SYN. se référer à).

■ **report** nom m. ● *Les spectateurs ont été déçus à cause du **report** du match*, de son renvoi à plus tard.

2. reporter [rəpɔrtɛr] nom m. ● *La télévision, la radio et les journaux ont envoyé des **reporters** sur les lieux de la catastrophe*, des journalistes qui racontent ce qu'ils ont vu et entendu.

■ **reportage** nom m. ● *À la radio, j'ai entendu un **reportage** sur le lancement de la fusée*, un récit des événements.

1. reposer v. **1** ● *Avant d'être servi, ce bon vin doit **reposer***, rester immobile, ne pas être agité. **2** ● *Son grand-père **repose** dans ce cimetière* : il y est enterré. **3** ● *Les voûtes de cette église **reposent** sur de magnifiques colonnes* :

elles sont posées sur ces colonnes, elles s'appuient dessus. **4** ● *Cette accusation **repose** sur des preuves solides* : elle est fondée sur ces preuves.

■ *se reposer* v. pron. **1** ● *Elle est très fatiguée et a besoin de **se reposer***, de prendre du repos, de se délasser, de se détendre. — (fam.) SE REPOSER SUR SES LAURIERS : se contenter du bon résultat que l'on a eu, et ne plus faire aucun effort. **2** ● *Pour la vaisselle, papa et maman **se reposent** entièrement sur nous* : ils comptent sur nous pour la faire et nous font confiance.

■ **repos** nom m. **1** ● *Tu as l'air fatigué, quelques jours de **repos** te feront du bien* (→ SYN. détente). **2** DE TOUT REPOS, loc. adj. ● *Son métier est **de tout repos*** : il ne lui donne aucun souci, aucun mal.

■ **reposant** adj. ● *Un éclairage **reposant***, qui repose la vue (→ CONTR. fatigant).

2. reposer v. **1** ● *Ils ont porté cette lourde caisse, puis ils l'**ont reposée** à terre* : ils l'ont posée après l'avoir soulevée. **2** ● *Comme ils n'avaient pas compris, j'ai dû **reposer** ma question*, la poser de nouveau.

1. repousser v. **1** ● ***Repousse** le fauteuil vers le mur* : pousse-le en arrière. **2** ● *Malgré leurs efforts, ils n'ont pu **repousser** l'armée ennemie*, la faire reculer. **3** ● *Son air méchant **repousse** les gens* (→ CONTR. attirer). **4** ● *Il a **repoussé** ma proposition*, il a refusé de l'accepter (→ SYN. 2. décliner, rejeter). **5** ● *Pourriez-vous **repousser** la date de la réunion ?*, la remettre à plus tard (→ SYN. différer; 1. reporter).

2. repousser v. ● *Tes cheveux sont très courts, mais ils **repousseront*** : ils pousseront de nouveau.

répréhensible adj. ● *Voler, tricher, mentir sont des actions **répréhensibles***, qui méritent d'être blâmées (→ SYN. condamnable; CONTR. louable).

reprendre v. **1** ● *Si vous aimez ce gâteau, **reprenez**-en* : prenez-en une seconde fois. **2** ● *Il m'a **repris** son taille-crayon* : il m'a pris ce qu'il m'avait donné ou prêté. **3** ● *Les cours **reprennent***

après les vacances : ils recommencent (→ 1. reprise). **4** ● *Quand je me trompe en parlant, Maman me **reprend*** : elle corrige mon erreur. **5** ● *On ne m'y **reprendra** plus* : je ne me laisserai plus prendre, tromper. ★ Conjug. 32.

représailles nom f. plur. ● *Si tu ennuies trop ton frère, attention aux **représailles**!*, à ce qu'il peut faire pour se venger.

représenter v. **1** ● *Le chiffre que tu vois sur les pièces de monnaie **représente** leur valeur* : il en est le signe, il la fait comprendre. **2** ● *Ce tableau **représente** un petit port de pêche* : il le montre par un dessin. **3** v. pron. ● *Je n'arrive pas à me **représenter** la scène*, à l'imaginer. **4** ● *Cette somme d'argent **représente** peu de choses pour lui* : elle correspond à peu de chose, elle est peu importante. **5** ● *La pièce de théâtre **a été représentée** sur la place de l'église* : elle a été jouée (→ représentation). **6** ● *Les députés **représentent** leurs électeurs* : ils parlent en leur nom, à leur place (→ représentant). **7** v. pron. ● *J'ai raté cet examen, je dois **me représenter***, me présenter de nouveau.

■ **représentant** nom **1** ● *Les membres du syndicat ont élu un **représentant***, une personne chargée de les représenter (→ SYN. délégué). **2** ● *Ce **représentant** voudrait nous vendre un nouvel aspirateur*, celui qui représente un fabricant et qui propose aux gens d'acheter ses produits.

■ **représentatif** adj. Qui représente bien (un ensemble de personnes ou de choses) (→ représenter, sens 6; représentant, sens 1). ● *Voici un extrait très **représentatif** de l'œuvre* (→ SYN. caractéristique, typique).

■ **représentation** nom f. ● *Dans ce théâtre, **la représentation** commence à 9 heures*, le spectacle, la pièce jouée par des acteurs.

réprimande nom f. ● *Ses parents lui ont fait des **réprimandes** sur sa conduite* : ils l'ont grondé (→ SYN. remontrance, reproche; CONTR. compliment).

■ **réprimander** v. ● *Si elle sort de l'école sans permission, la directrice va la **réprimander***, la gronder, lui faire des reproches.

réprimer v. **1** ● *Alain n'a pu **réprimer** son rire*, l'empêcher de se faire entendre (→ SYN. contenir). **2** ● *L'armée **a réprimé** cette révolte* : elle l'a empêchée de se développer (→ SYN. châtier, punir).

■ **répression** nom f. ● *De nouvelles mesures ont été prises pour la **répression** du trafic de drogue*, pour la faire cesser en punissant ceux qui le font.

repris de justice nom m. ● *Le coupable était un dangereux **repris de justice***, une personne qui a déjà été condamnée plusieurs fois par la justice.

1. reprise nom f. **1** ● *La **reprise** de l'entraînement aura lieu mercredi* (→ reprendre). **2** À PLUSIEURS REPRISES, loc. adv. ● *Il a déjà gagné cette compétition à **plusieurs reprises***, plusieurs fois. **3** ● *Le championnat du monde de boxe s'est déroulé en 12 **reprises** de 3 minutes*, 12 parties du match (→ SYN. round). **4** ● *Cette moto a des **reprises** exceptionnelles* : elle accélère très vite après avoir ralenti (→ SYN. accélération).

2. reprise nom f. ● *Ma chemise est trouée, elle a besoin d'une **reprise***, d'un raccommodage.

■ **repriser** v. ● ***Repriser** un vêtement* : faire une reprise (→ SYN. raccommoder).

réprobation nom f. ● *Patrick a été malhonnête, et nous lui avons exprimé notre **réprobation***, le fait que nous condamnons, que nous réprouvons ce qu'il a fait (→ réprouver; CONTR. approbation).

■ **réprobateur, -trice** adj. ● *Il m'a parlé sur un ton **réprobateur***, qui exprime la réprobation (→ CONTR. approbateur).

reproche nom m. ● *Quand il est insupportable, sa mère lui fait des **reproches*** (→ SYN. blâme; CONTR. compliment, félicitation).

■ **reprocher** v. ● *Ses parents lui* **ont reproché** *sa colère : ils l'ont blâmé pour cela.* □ v. pron. ● *Je* **me reproche** *de ne pas t'avoir aidé : je ne suis pas content de ce que j'ai fait.*

reproduire v. ● *Cette affiche* **reproduit** *un tableau très célèbre :* elle est sa copie, elle le représente. — ● *Sa photo* **est reproduite** *dans tous les journaux* (→ reproduction, sens 1). ★ Conjug. 43.
■ **se reproduire** v. pron. 1 ● *Cette catastrophe ne doit pas* **se reproduire**, arriver de nouveau, recommencer. 2 ● *Les souris* **se reproduisent** *rapidement :* elles ont des petits, elles donnent naissance à des êtres de leur espèce (→ reproducteur ; reproduction, sens 2).
■ **reproducteur, -trice** adj. ● *Les organes* **reproducteurs**, qui servent à la reproduction.
■ **reproduction** nom f. 1 ● *Gilles a acheté une* **reproduction** *de ce tableau de Picasso* (→ SYN. copie, imitation). 2 ● *Nous avons étudié la* **reproduction** *des champignons,* la façon dont ils se reproduisent, dont ils donnent naissance à d'autres champignons de la même espèce.

réprouver v. ● *Je* **réprouve** *la violence :* je la condamne sévèrement, je la regrette (→ réprobation ; SYN. blâmer ; CONTR. approuver).

reptile nom m. Ensemble des animaux qui rampent et dont la peau est couverte d'écailles (serpents, lézards, crocodiles, tortues).

repu adj. ● *Je n'ai plus faim, je suis* **repu**, rassasié (→ repaître).

république nom f. État dirigé par un président et par un parlement élus qui représentent le peuple. ● *La France et l'Italie sont des* **républiques**. — (avec une majuscule) ● *La* **République** *française, italienne ; le président de la* **République**. ★ Chercher aussi : démocratie, dictature, empire, monarchie.
■ **républicain** adj. et nom 1 adj. ● *L'armée* **républicaine**, de la république. 2 nom ● *À la Révolution, les* **républicains** *ont pris le pouvoir,* les partisans de la république.

répugnance nom f. ● *Il a ramassé les ordures avec* **répugnance**, avec beaucoup de dégoût (→ SYN. répulsion).
■ **répugnant** adj. ● *Cette poubelle est d'une saleté* **répugnante**, qui dégoûte, qui fait horreur.
■ **répugner** v. 1 ● *La tricherie me* **répugne**, m'inspire de la répugnance (→ SYN. dégoûter). 2 RÉPUGNER À. ● *Il* **répugne à** *prêter sa voiture :* il n'aime pas du tout cela et ne le fait qu'en cas de nécessité absolue.

répulsion nom f. ● *Il regardait cette scène horrible avec* **répulsion**, avec répugnance, avec dégoût.

réputation nom f. 1 ● *Quelle est la* **réputation** *de ce médecin ?,* ce que les gens disent de lui. — ● *Il a bonne* **réputation** : on en dit du bien. 2 AVOIR UNE RÉPUTATION, UNE GRANDE RÉPUTATION : être très connu, très réputé. 3 AVOIR LA RÉPUTATION DE. ● *Cette voiture* **a la réputation d'**être *robuste :* on dit qu'elle est robuste. — DE RÉPUTATION. ● *Je ne l'ai jamais rencontré, je le connais* **de réputation**, pour en avoir entendu parler.
■ **réputé** adj. ● *Cette pâtisserie est* **réputée**, connue, célèbre.

requête nom f. ● *Votre* **requête** *a été acceptée,* votre demande.

requin nom m. ● *Les plongeurs sous-marins ont aperçu un* **requin**, un gros poisson de mer très vorace et souvent dangereux.

requis adj. ● *On a confié ce travail à Xavier parce qu'il avait les qualités* **requises** *pour le faire,* les qualités nécessaires, celles qu'on demande pour cela. — ● *Quelles sont les conditions* **requises** *pour être admis dans votre club ?*

réquisitionner v. ● *Pendant la guerre, l'armée a eu le droit de* **réquisitionner** *des camions,* de les prendre sans que les propriétaires puissent s'y opposer.

réquisitoire nom m. ● *Dans un procès, c'est le procureur qui prononce le* **réquisitoire** *contre l'accusé,* le discours d'accusation.

rescapé nom ● *Après le naufrage, un bateau a recueilli plusieurs **rescapés**,* ceux qui ont échappé à la mort (→ SYN. survivant).

à la rescousse loc. adv. ● *François m'a appelé **à la rescousse**,* à l'aide, à son secours.

réseau nom m. **1** ● *Les mailles de ce filet forment un **réseau**,* un ensemble de fils entrelacés. **2** ● *Le **réseau** routier, le **réseau** ferroviaire :* l'ensemble des routes, des voies ferrées reliées entre elles. **3** ● *Un **réseau** d'espionnage :* une organisation secrète qui relie un certain nombre d'espions.

réséda nom m. Plante à fleurs très parfumées.

réséda

1. réserve nom f. **1** ● *Elle range ses **réserves** d'épicerie dans ce placard,* ce qu'elle met de côté pour s'en servir plus tard (→ SYN. provision, stock). — EN RÉSERVE, loc. adv. ● *Maman a toujours du beurre **en réserve**.* **2** ● *La vendeuse va voir s'il reste des sandales dans la **réserve**,* l'endroit où l'on range les marchandises, les stocks. **3** ● *Cette forêt est une **réserve** d'animaux sauvages,* un grand territoire où ils sont protégés. **4** ● *Quand j'ai expliqué mon plan, Luc a émis des **réserves** :* il n'a pas été entièrement d'accord (→ réser-

ver, sens 5 ; SYN. restriction). — SANS RÉSERVE, loc. adv. et adj. ● *Je t'approuve **sans réserve**,* complètement, totalement. — ● *Il a une admiration **sans réserve** pour son père,* une admiration totale, absolue. — SOUS RÉSERVE DE, loc. prép. ● *Il accepte de publier ce roman, **sous réserve de** changer le premier chapitre,* à condition de garder ce droit. — SOUS TOUTES RÉSERVES, loc. adv. ● *On m'a donné cette information **sous toutes réserves**,* sans garantir qu'elle soit exacte.

■ **réserver** v. **1** ● *J'ai réservé deux places dans ce train :* je les ai louées d'avance (→ réservation ; SYN. retenir). **2** ● *Je t'ai réservé une part de gâteau :* je l'ai gardée pour toi. **3** ● *Cette voie est réservée aux cyclistes :* elle ne doit servir qu'à eux (→ SYN. destiner). **4** ● *Ce voyage m'a réservé des surprises :* il m'en a fait, il m'en a procuré. **5** v. pron. ● *Je n'ai pas encore donné mon avis, je préfère **me réserver** pour plus tard :* je préfère attendre.

■ **réservation** nom f. ● *L'agence de voyage a pris leurs **réservations** :* elle a réservé leurs places.

■ **réservoir** nom m. ● *Avant l'hiver, nous ferons remplir le **réservoir** à mazout,* le récipient (ou le bassin) qui contient une réserve de liquide (→ SYN. citerne, cuve).

2. réserve nom f. ● *Cette excitée raconte n'importe quoi, elle devrait montrer plus de **réserve**,* de discrétion, de retenue.

■ **réservé** adj. ● *Paul a un caractère **réservé**,* plein de réserve, peu expansif (→ SYN. discret).

résider v. **1** ● *Ils **résident** dans le centre d'Aix :* ils y habitent (→ résidence, résidentiel ; SYN. demeurer). **2** (fig.) ● *C'est là que **réside** la difficulté,* qu'elle se trouve.

■ **résidence** nom f. ● *Le château de Versailles était la **résidence** de Louis XIV,* l'endroit où il habitait (→ SYN. demeure, habitation). — RÉSIDENCE SECONDAIRE : deuxième maison (ou appartement) où l'on va de temps en temps.

■ **résidentiel** adj. ● *Il n'y a pas d'usines dans les quartiers **résiden**-

tiels, où l'on construit seulement des maisons et des immeubles que les gens habitent.

résidu nom m. ● *Jette ces **résidus** à la poubelle*, ces restes, ces déchets.

se résigner v. pron. ● *Nous sommes obligés de rentrer ce soir, il faut **te résigner**, l'accepter sans protester* (→ SYN. consentir à, se soumettre ; CONTR. se révolter).

■ **résigné** adj. ● *Il me regardait d'un air **résigné***, soumis.

■ **résignation** nom f. ● *Je ne peux pas accepter cette injustice avec **résignation***, avec soumission, sans protester (→ CONTR. révolte).

résilier v. ● *Il veut **résilier** son contrat*, y mettre fin. ★ Conjug. 10.

■ **résiliation** nom f. Fait de résilier. ● *Nous avons demandé la **résiliation** du bail.*

résille [rezij] nom f. Filet qui retient les cheveux.

résine nom f. ● *Les pins produisent de la **résine***, une substance collante et visqueuse.

■ **résineux** adj. ● *Le pin, le sapin, le mélèze sont des arbres **résineux***, qui produisent de la résine. □ nom m. ● *Le pin est un **résineux**.*

résister v. 1 ● *Le chien tire sur sa corde, mais elle **résiste** : elle ne cède pas, elle ne casse pas.* 2 ● *Tous les sportifs s'entraînent pour **résister** à la fatigue*, pour la supporter sans faiblir. 3 ● *Quand on l'a attaquée, Aline a **résisté** : elle s'est défendue.*

■ **résistance** nom f. 1 ● *La **résistance** d'une voiture* : sa solidité, sa robustesse (→ CONTR. fragilité). 2 ● *Il court vite, mais il manque de **résistance***, d'endurance, de force pour supporter la fatigue, la douleur, etc. 3 ● *Le meurtrier s'est livré à la police sans **résistance***, sans se défendre. 4 LA RÉSISTANCE : l'ensemble des Français qui, pendant la seconde guerre mondiale, ont combattu les Allemands qui occupaient la France (→ résistant, sens 2).

■ **résistant** adj. et nom 1 adj. ● *Un*

*tissu **résistant***, solide. — ● *Une voiture **résistante***, robuste. — ● *Elle peut marcher des heures entières, elle est très **résistante*** (→ SYN. endurant, robuste). 2 nom ● *Les **résistants** se sont battus avec courage*, ceux qui faisaient partie de la Résistance.

résolu ; résolument ; résolution → 2. résoudre.

résonner v. ● *Sa voix **résonnait** dans la grande salle* : elle faisait un bruit long et fort (→ SYN. retentir). 2 ● *La forêt **résonne** du chant des oiseaux* : elle est pleine de ce bruit. ★ Ne pas confondre *résonner* et *raisonner*.

résorber v. 1 ● *Ma blessure va mieux, l'enflure **s'est résorbée*** : elle a disparu peu à peu. 2 ● *Ces mesures doivent **résorber** le chômage*, l'éliminer, le supprimer.

■ **résorption** nom f. Fait de se résorber ou de résorber. ● *La **résorption** d'un abcès.* — ● *La **résorption** du chômage.*

1. résoudre v. ● *Le policier a finalement **résolu** ce mystère* : il a trouvé la solution (→ SYN. dénouer). ★ Conjug. 52.

2. résoudre v. ● *Anne a **résolu** de chercher du travail* : elle l'a décidé. — ● *Elle **est résolue** à travailler.* □ v. pron. ● *Il **s'est résolu** à quitter Paris* : il a pris cette décision. ★ Conjug. 52.

■ **résolu** adj. ● *Un enfant **résolu***, qui sait ce qu'il veut (→ SYN. décidé, énergique).

■ **résolument** adv. ● *Il s'oppose **résolument** à cette injustice*, fermement.

■ **résolution** nom f. 1 ● *Elle a pris la **résolution** de se coucher plus tôt*, une décision très ferme. 2 ● *Ils ont refusé son projet avec **résolution*** (→ SYN. énergie, fermeté).

respecter v. 1 ● *C'est un homme honorable, tous ses voisins le **respectent*** : ils ont de l'estime et de l'admiration pour lui, ils le traitent avec égard (→ CONTR. mépriser). 2 ● *Les automobilistes doivent **respecter** le Code de la route*, obéir à ses règles (→ SYN. observer). 3 ● *Ne criez pas si fort, res-*

pectez le sommeil des voisins : faites attention de ne pas le troubler.

■ **respect** [rɛspɛ] nom m. 1 ● *Alain a du* **respect** *pour son oncle*, le sentiment de celui qui respecte (→ respectable ; SYN. considération, estime ; CONTR. mépris). — (au plur.) Formule de politesse que l'on adresse à quelqu'un que l'on respecte (surtout à une femme). ● «*Mes* **respects***, madame.* » — ● *Présenter ses* **respects** *à quelqu'un.* 2 ● *L'arbitre doit veiller au* **respect** *des règles du jeu*, à ce qu'on leur obéisse sans tricher. 3 TENIR QUELQU'UN EN RESPECT : le menacer pour le faire obéir. ● *Pendant le hold-up, les bandits* **tenaient en respect** *les employés de la banque.*

■ **respectable** adj. ● *Ne te moque pas d'elle, c'est une dame* **respectable***,* qui mérite d'être respectée (→ SYN. honorable).

■ **respectueux** adj. ● *Sophie est* **respectueuse** *envers sa maîtresse* : elle lui montre du respect (→ CONTR. insolent).

respectif adv. ● *Quels sont vos sentiments* **respectifs** *sur ce problème ?*, les sentiments de chacun d'entre vous.

■ **respectivement** adv. ● *Ils ont deux enfants âgés* **respectivement** *de sept et dix ans* : l'un a sept ans, l'autre dix.

respirable adj. Qui peut être respiré. ● *L'air est plus* **respirable** *ici que dans cette salle enfumée* (→ CONTR. irrespirable).

respirer v. 1 ● *Gonflez bien vos poumons,* **respirez** *à fond* : faites entrer l'air dans vos poumons et faites-le ressortir. ★ Chercher aussi : inspirer, expirer. 2 ● *Laissez-moi le temps de* **respirer !***, d'avoir un moment de calme, de tranquillité. 3 RESPIRER LA SANTÉ, LE BONHEUR, etc. ● *Cet enfant* **respire la santé** : il a vraiment l'air d'être en bonne santé.

■ **respiration** nom f. ● *Patrick est resté sous l'eau en retenant sa* **respiration***.*

■ **respiratoire** adj. ● *Les poumons font partie de l'appareil* **respiratoire***,* l'ensemble des organes qui servent à respirer. ★ VOIR p. 969.

resplendir v. (littér.) ● *Le lac resplendit*

sous le soleil couchant : il brille d'un vif éclat. ★ Conjug. 11.

■ **resplendissant** adj. ● *Ses vacances lui ont profité, elle a une mine* **resplendissante** (→ SYN. éclatant, splendide).

responsable adj. et nom 1 ● *Ce conducteur imprudent est* **responsable** *de l'accident* : c'est lui qui l'a causé, c'est lui qui doit en supporter les conséquences. □ nom ● *On recherche les* **responsables** *de la catastrophe.* 2 ● *Je te confie ton petit frère, tu en es* **responsable** : tu es chargé de veiller sur lui. □ nom ● *Qui est le* **responsable** *de ce groupe ?*, celui qui est chargé de veiller sur lui, de le diriger (→ irresponsable).

■ **responsabilité** nom f. ● *Vous pouvez vous baigner, j'en prends la* **responsabilité** : j'accepte d'être responsable s'il arrive quelque chose. — REJETER LES RESPONSABILITÉS SUR QUELQU'UN. ● *Elle* **rejette les responsabilités sur** *ses camarades* : elle déclare qu'eux seuls sont responsables et qu'elle n'y est pour rien.

resquiller v. ● *À l'entrée du cinéma, il essayait de* **resquiller***, d'entrer sans payer, ou avant son tour.*

■ **resquilleur** nom Personne qui resquille. ● *Je n'aime pas les* **resquilleurs***.*

ressac nom m. ● *Le bateau est secoué par le* **ressac***,* le choc violent des vagues contre la côte.

se ressaisir v. pron. ● *Jean-Marc a failli hurler de peur, mais il* **s'est ressaisi** : il a repris son calme, son sang-froid. ★ Conjug. 11.

ressasser v. ● *Il ne fait que* **ressasser** *ses griefs* : repasser dans son esprit (→ SYN. remâcher). — ● *Il* **ressasse** *toujours les mêmes histoires* : répéter (→ SYN. rabâcher).

ressembler v. 1 ● *J'ai rencontré un garçon qui te* **ressemblait***,* qui avait des traits communs avec les tiens. □ v. pron. ● *Ces deux sœurs* **se ressemblent***.* ● *Ça m'étonnerait que Thierry t'ait dénoncé,* **cela ne lui ressemble pas** : il n'a pas l'habitude de se comporter ainsi.

■ **ressemblance** nom f. ● *Entre ces*

*deux dessins, la **ressemblance** est frappante* (→ CONTR. contraste, différence).

■ **ressemblant** adj. ● *Ce portrait est très **ressemblant** :* on reconnaît bien la personne qui a servi de modèle.

ressemeler v. ● *J'ai fait **ressemeler** mes chaussures par le cordonnier :* j'ai fait mettre des semelles neuves. ★ Conjug. 9.

■ **ressemelage** nom m. ● *Combien coûtera le **ressemelage** de ces bottes ?*

ressentiment nom m. ● *On l'a puni injustement ; il en garde du **ressentiment**,* un sentiment de rancune, comme s'il sentait encore le mal qu'on lui a fait.

ressentir v. 1 ● *J'ai **ressenti** une douleur à la jambe :* je l'ai sentie, éprouvée. 2 v. pron. SE RESSENTIR DE. ● *Cet athlète **se ressent** de sa blessure :* il continue à en sentir les effets, à en souffrir. — ● *Elle est fatiguée, son travail **s'en ressent** :* il en subit la conséquence ; il est moins bon à cause de sa fatigue. ★ Conjug. 15.

resserre nom f. ● *La binette et le râteau sont rangés dans la **resserre** au fond du jardin,* l'endroit où l'on range les outils de jardinage.

resserrer v. 1 ● *Il **resserre** les boulons qui maintiennent la roue :* il les serre davantage. 2 v. pron. ● *Après ce pont, la vallée **se resserre** :* elle devient plus étroite.

resservir v. 1 ● *Si vous aimez mon gâteau, **resservez-vous** :* servez-vous de nouveau, reprenez-en. 2 ● *Ne jetez pas ce vieux moulin à café, je crois qu'il peut **resservir**,* qu'on peut encore l'utiliser. ★ Conjug. 15.

1. ressort nom m. 1 Pièce qui peut se tendre et se détendre. ● *Tu peux tirer sur ce **ressort**, dès que tu le lâcheras, il reprendra sa forme. — ● Les **ressorts** d'une voiture d'enfant, d'un sommier, d'une montre.* 2 (fig.) ● *Christine est découragée, elle n'a plus aucun **ressort**,* aucune force, aucune énergie.

2. ressort nom m. 1 EN DERNIER RESSORT. ● *Il m'a demandé de l'aide **en dernier ressort**,* parce qu'il ne pouvait plus faire autrement, après avoir essayé tous les autres moyens qui étaient à sa disposition. 2 DU RESSORT DE. ● *Cette affaire ne nous concerne plus, elle est **du ressort de** la justice,* de son domaine ; c'est elle qui doit s'en occuper (→ SYN. de la compétence de).

ressortir v. 1 ● *Philippe **est ressorti** de la maison en courant :* il en est sorti après y être rentré. 2 ● *Ce tableau **ressort** mieux sur un fond clair :* il est plus visible, mieux mis en valeur (→ SYN. 1. détacher, sens 5). 3 ● *Qu'est-il **ressorti** de votre discussion ? :* quels ont été ses conséquences, ses résultats ? (→ SYN. résulter). ★ Conjug. 15.

ressortissant nom ● *L'ambassadeur de France a invité tous les **ressortissants** français pour le 14 Juillet,* tous les Français qui vivent dans un pays étranger.

ressource nom f. 1 ● *Pour qu'il m'aide, j'ai encore la **ressource** de lui écrire,* la possibilité, le recours. 2 (au plur.) ● *Leurs **ressources** sont modestes,* l'argent qu'ils ont pour vivre. 3 (au plur.) ● *Les **ressources** de pétrole et de charbon ne sont pas inépuisables,* les réserves. 4 AVOIR DE LA RESSOURCE. ● *Ce garçon réussira, il **a de la ressource** :* il est capable d'efforts, il a beaucoup de moyens.

ressusciter v. 1 ● *Les chrétiens pensent que le Christ **est ressuscité**,* qu'il est redevenu vivant après sa mort. 2 (fig.) ● *Ce remède l'**a ressuscité**,* l'a guéri d'une grave maladie (→ résurrection).

restant → rester.

1. se restaurer v. pron. ● *Avant de poursuivre l'excursion, **restaurons-nous** :* reprenons des forces en mangeant.

■ **restaurant** nom m. ● *Connaissez-vous un bon **restaurant** dans les environs ?,* un endroit où l'on peut prendre des repas en payant.

■ **1. restauration** nom f. ● *Son père travaille dans la **restauration**,* le métier de ceux qui s'occupent des restaurants.

2. restaurer v. 1 ● *Les royalistes veulent **restaurer** la royauté,* la rétablir. 2 ● *Le clocher de l'église **a été restauré**,* remis en bon état.

■ **2. restauration** nom f. **1** ● *La restauration de la royauté, son rétablissement.* **2** ● *On a entrepris la restauration de ce château, sa remise en état* (→ SYN. réfection, réparation).

rester v. **1** ● *Aujourd'hui, Olivier est malade; il reste à la maison* (→ SYN. demeurer). **2** ● *Il reste encore une part de tarte* : il y en a encore une. **3** EN RESTER LÀ. ● *Il est inutile d'en parler davantage,* **restons-en là** : ne continuons pas cette discussion. **4** (fig.) RESTER SUR SA FAIM. ● *Les dernières pages du roman que je lisais avaient été arrachées; je suis* **resté sur ma faim** : j'ai été déçu de ne pas pouvoir aller jusqu'au bout. **5** ● *Cela doit* **rester** *entre nous* : personne d'autre ne doit le savoir. **6** RESTE À SAVOIR SI... ● *Je voudrais bien inviter Marc;* **reste à savoir** *s'il acceptera* : cela dit, on n'est pas sûr qu'il acceptera. ★ *Rester se conjugue avec l'auxiliaire* être.

■ **reste** nom m. **1** ● *J'ai remporté quelques-uns de mes livres, j'irai chercher le* **reste** *plus tard,* ce qui reste encore (→ SYN. restant). **2** LE RESTE DU TEMPS, loc. adv. ● *Pendant les vacances, Alain va à la plage, et le* **reste du temps,** *il se promène à bicyclette,* aux autres moments. **3** ÊTRE (NE PAS ÊTRE) EN RESTE AVEC QUELQU'UN : lui devoir encore (ne plus lui devoir) quelque chose. **4** DU RESTE, loc. adv. : d'ailleurs. **5** (au plur.) ● *Les restes* : ce qui reste des plats après le repas.

■ **restant** nom m. ● *Elle m'a remboursé le restant de la somme,* ce qui reste. ★ *On emploie plus souvent « le reste » que « le restant ».*

restituer v. ● *Ce livre n'est pas à toi, il faut le* **restituer** *à son propriétaire,* le lui rendre.

■ **restitution** nom f. Fait de restituer. ● *L'affaire s'est arrangée avec la* **restitution** *de l'objet volé à son propriétaire.*

restreindre v. **1** ● *Nous serons trop nombreux, il faut* **restreindre** *le nombre des invités* (→ SYN. diminuer, réduire). **2** v. pron. ● *Nous n'avons plus beaucoup d'argent; il va falloir* **nous restreindre,** réduire nos dépenses. ★ Conjug. 35.

■ **restreint** adj. ● *La pièce a été jouée devant un public* **restreint,** limité, peu nombreux. — ● *Ils vivent dans un espace* **restreint,** resserré, étroit.

■ **restriction** nom f. **1** ● *Il nous a approuvés sans* **restriction,** complètement, sans réserve. **2** (au plur.) ● *On craint des* **restrictions** *d'essence,* des mesures pour diminuer la consommation (→ SYN. rationnement).

résultat nom m. **1** ● *Ce beau dessin est le* **résultat** *de tes efforts,* ce qu'ils ont produit (→ SYN. aboutissement, fruit, sens 2). — ● *Cet accident est le* **résultat** *d'une imprudence,* sa conséquence (→ CONTR. cause). **2** ● *Connais-tu le* **résultat** *du championnat ?,* la manière dont il s'est terminé (→ SYN. score). **3** ● *Ma multiplication est finie, j'ai trouvé le bon* **résultat.**

■ **résulter** v. ● *Sa mauvaise humeur* **résulte** *de sa fatigue* : elle en est le résultat, la conséquence (→ SYN. découler, 2. dépendre, provenir).

résumer v. ● *Michel nous a* **résumé** *ce film* : il nous l'a raconté en peu de mots.

■ **résumé** nom m. **1** ● *Il apprend le* **résumé** *de la leçon de géographie,* les quelques lignes qui la résument. **2** EN RÉSUMÉ, loc. adv. : en bref, pour résumer. ● *Voilà, je vous ai tout raconté :* **en résumé,** *il ne veut pas venir.*

résurgence [rezyrʒãs] nom f. **1** Endroit où une rivière souterraine ressort à la surface. **2** ● *On peut craindre une* **résurgence** *du racisme* : réapparition.

résurrection nom f. ● *À Pâques, les chrétiens fêtent la* **résurrection** *du Christ,* son retour à la vie (→ ressusciter).

rétablir v. **1** ● *Ces deux pays* **ont rétabli** *des relations diplomatiques* : ils ont fait exister de nouveau ce qui avait disparu. □ v. pron. ● *Le calme* **s'est rétabli** *dans la classe* : il est revenu. **2** v. pron. ● *Le malade* **s'est rétabli** *très vite* : il a guéri, il a retrouvé la santé. ★ Conjug. 11.

■ **rétablissement** nom m. **1** ● *La police a été chargée du* **rétablissement** *de l'ordre,* de le rétablir. **2** ● *Son*

*rétablissement a été rapide, sa guéri-
son.* **3** ● *Il a fait un* **rétablissement**
pour passer par-dessus la barre, un
effort des bras pour soulever son corps.

■ **retaper** v. (fam.) **1** ● *Ils ont acheté cette
vieille ferme pour la* **retaper,** pour la
remettre à peu près en état (→ SYN.
2. restaurer). **2** v. pron. ● *Un séjour à la
campagne lui a permis de* **se retaper,**
de retrouver ses forces.

■ **retard** nom m. **1** EN RETARD, loc. adv. ● *Il est
arrivé* **en retard** à son rendez-vous,
après l'heure fixée (→ CONTR. en
avance). — ● *Ce train a du* **retard. 2** EN
RETARD, loc. prép. ● *Ce coureur est* **en
retard sur** *les autres,* plus lent qu'eux.
3 EN RETARD ● *Cet enfant est* **en retard**
pour son âge : il se développe plus lentement que les autres.

■ **retardataire** adj. ● *Les élèves* **retardataires** *ne seront plus acceptés en
classe,* ceux qui seront en retard. □ nom
● *Les* **retardataires** *se sont excusés.*

■ **à retardement** loc. adj. ● *Les terroristes ont placé une bombe* **à retardement** *dans l'avion,* une bombe qui
explose après un certain temps.

■ **retarder** v. **1** ● *Une crevaison m'a*
retardé, m'a mis en retard. **2** ● *Le
départ de la compétition de ski* **a été
retardé** *à cause du brouillard* : il n'a
pas eu lieu à l'heure prévue (→ SYN.
2. différer). **3** ● *Cette horloge* **retarde** *de
dix minutes* : elle marque dix minutes
de moins que l'heure juste (→ CONTR.
avancer).

■ **retenir** v. **1** ● *Cet homme* **a été retenu**
en otage : on l'a empêché de partir
(→ retenue, sens 1 ; SYN. garder). **2** ● *Il a
glissé, mais je* **l'ai retenu** *par la main* :
je l'ai maintenu pour l'empêcher de
tomber. □ v. pron. ● *Carole* **s'est retenue** *à la branche pour ne pas glisser* : elle s'y est raccrochée, rattrapée.
3 ● *Un barrage* **retient** *l'eau de la
rivière* : il l'empêche de s'écouler.
4 ● *Sophie* **a bien retenu** *sa leçon* :
elle s'en souvient. **5** ● *Voulez-vous
que je* **retienne** *une table dans ce restaurant ?* (→ SYN. réserver). **6** ● *On lui*
retient *sur son salaire le montant de la*

Sécurité sociale : on le garde (→ SYN.
1. déduire). **7** ● *Dans cette addition, je
pose 4 et je* **retiens** *2* : je le garde pour
l'ajouter ensuite. **8** v. pron. ● *Il* **se retient**
pour ne pas pleurer (ou *il* **se retient**
de pleurer) : il s'empêche de pleurer
(→ retenue, sens 4). ★ Conjug. 19.

■ **retenue** nom f. **1** ● *Cet élève a eu
une* **retenue,** une punition qui l'oblige
à rester à l'école en dehors des heures
de classe. **2** Prélèvement d'une somme
sur un salaire (→ retenir, sens 6).
3 ● *En faisant sa soustraction, Alain a
oublié la* **retenue** (→ retenir, sens 7).
4 ● *Il agit avec beaucoup de* **retenue,**
de discrétion, de réserve.

■ **retentir** v. ● *Les rires et les cris des
enfants* **retentissent** *sous le préau* : ils
font beaucoup de bruit (→ SYN. résonner). ★ Conjug. 11.

■ **retentissant** adj. **1** ● *Un coup de
tonnerre* **retentissant,** qui fait beaucoup de bruit (→ SYN. bruyant). **2** ● *Ce
roman a eu un succès* **retentissant,**
très grand (→ retentissement ; SYN.
éclatant).

■ **retentissement** nom m. ● *Cette
affaire a eu un grand* **retentissement**
dans l'opinion publique : elle a provoqué des réactions, de l'intérêt.

■ **réticence** nom f. **1** ● *Laurent m'a raconté
son aventure, mais avec* **réticence,** en
hésitant, sans vouloir tout me dire.
2 ● *Pourquoi hésites-tu à venir ? Je
ne comprends pas la raison de ta* **réticence,** de ton manque d'enthousiasme, de tes réserves.

■ **réticent** adj. Qui montre de la réticence. ● *Laurent est* **réticent** (→ SYN.
hésitant, indécis).

■ **rétif** adj. **1** ● *Une jument* **rétive,** qui
s'arrête, qui refuse d'avancer. **2** (fig.)
● *Il est difficile à convaincre, c'est un
enfant* **rétif,** qui ne se laisse pas diriger
(→ SYN. récalcitrant ; CONTR. docile).

■ **rétine** nom f. Membrane située au fond
de l'œil, qui transmet les images au
nerf optique. ★ VOIR p. 970.

■ **retirer** v. **1** ● *Le pêcheur* **retire** *l'hameçon de la bouche du poisson* : il l'en
sort (→ SYN. enlever, ôter). **2** ● *On lui*

a **retiré** *son permis de conduire pour excès de vitesse : on lui a enlevé ce qu'on lui avait accordé* (→ retrait). **3** ● *Elle a* **retiré** *sa main pour éviter les griffes du chat : elle l'a reculée, éloignée.* □ v. pron. ● *À marée basse, la mer* **se retire** *: elle recule.* **4** ● *Je* **retire** *ma candidature à cet emploi : je renonce à la présenter.* **5** ● *Il a* **retiré** *beaucoup de satisfactions de son voyage : son voyage les lui a apportées* (→ SYN. obtenir, recueillir). **6** v. pron. ● *Ce Parisien* **s'est retiré** *en province : il est allé y vivre* (→ retiré, 1. retraite).

■ **retiré** adj. ● *Ils habitent une maison* **retirée**, *à l'écart* (→ SYN. isolé).

retomber v. **1** ● *Quand il a sauté, il* **est retombé** *sur ses pieds : il a touché le sol.* **2** ● *La capsule spatiale* **est retombée** *dans l'océan* (→ SYN. redescendre). **3** ● *Retomber malade : tomber malade de nouveau.* **4** ● *Tous nos ennuis* **sont retombés** *sur lui : c'est lui qui a dû les supporter* (→ retombées, sens 2). ★ *Retomber se conjugue avec l'auxiliaire* être.

■ **retombées** nom f. plur. **1** ● *Des* **retombées** *radioactives : des substances qui retombent après une explosion nucléaire.* **2** ● *Ces expériences ont eu des* **retombées** *dans la vie de tous les jours, des conséquences, des applications.*

rétorquer v. ● *Comme je m'inquiétais, il m'a* **rétorqué** *qu'il connaissait parfaitement cette forêt : il me l'a répliqué, répondu.*

retors adj. ● *C'est un enfant* **retors**, *capable de ruses compliquées pour se tirer d'affaire.*

retoucher v. **1** ● *Le photographe va* **retoucher** *ce portrait, corriger certains détails au crayon ou au pinceau.* **2** ● *Ce manteau est trop large pour toi, il faut le* **retoucher**, *le rectifier pour le mettre à tes mesures.*

■ **retouche** nom f. **1** ● *Ce texte a besoin de quelques* **retouches**, *de quelques corrections.* **2** ● *Avec des* **retouches**, *cette robe sera parfaite.*

1. retourner v. **1** ● *Il est tard, je dois*

retourner *chez moi* (→ SYN. rentrer, revenir). **2** ● *Cette ville est magnifique, j'y* **retournerais** *volontiers : j'y reviendrais.* **3** ● *Ce colis ne m'était pas destiné, je l'ai* **retourné**, *renvoyé à l'expéditeur.* ★ *Retourner, aux sens 1 et 2, se conjugue avec l'auxiliaire* être.

■ **retour** nom m. **1** ● *Nous nous reverrons dès votre* **retour**, *dès que vous serez revenu, rentré* (→ CONTR. départ). **2** ● *La météo a annoncé le* **retour** *du froid, sa réapparition.* **3** SANS RETOUR, loc. adv. ● *Il a réfléchi longuement, sa décision est maintenant* **sans retour** *: elle est définitive, prise pour toujours.* **4** PAR RETOUR DU COURRIER. ● *Je dois répondre* **par retour du courrier**, *dès que j'aurai reçu sa lettre.* **5** EN RETOUR, loc. adv. ● *Elle m'a aidé sans rien demander* **en retour**, *en échange.*

2. retourner v. **1** ● *Le disque se termine,* **retourne**-*le : mets-le sur l'autre face.* **2** v. pron. ● *Assise devant moi, elle* **s'est retournée** *pour me parler : elle s'est tournée vers l'arrière.* **3** (fig. et fam.) RETOURNER SA VESTE : *changer brusquement d'opinion.* ★ *Retourner se conjugue avec l'auxiliaire* avoir.

■ **retournement** nom m. ● *Didier allait gagner, mais un* **retournement** *de situation a modifié la partie, un changement imprévu et complet* (→ SYN. renversement).

retracer v. ● *Ce livre* **retrace** *les aventures de Tarzan : il les raconte, il les fait revivre.* ★ Conjug. 4.

se rétracter v. pron. **1** ● *Il m'avait accusé puis il* **s'est rétracté** *: il est revenu sur ce qu'il avait dit* (→ SYN. se dédire). **2** ● *Quand je presse sur le bouton, la pointe de mon stylo à bille* **se rétracte** *: elle recule et rentre à l'intérieur.*

retrait nom m. **1** ● *J'ai fait un* **retrait** *de 100 francs à la banque : j'ai retiré cette somme.* **2** ● *Il a été condamné au* **retrait** *du permis de conduire* (→ retirer, sens 2). **3** EN RETRAIT, loc. adv. ● *Nous étions tous en ligne, sauf Michel qui s'était placé* **en retrait**, *en arrière des autres.*

1. retraite nom f. **1** ● *Grand-père arrive à l'âge de la* **retraite**, *le moment où les* personnes âgées arrêtent de travailler. **2** ● *Il touche une **retraite**, l'argent que l'on reçoit régulièrement lorsqu'on a pris sa retraite.*

■ **retraité** adj. ● *Une personne **retraitée**, qui a pris sa retraite.* □ nom ● *Ce **retraité** vit maintenant à la campagne.*

2. retraite nom f. **1** ● *Cette armée a beaucoup souffert pendant sa **retraite**, pendant qu'elle reculait devant l'ennemi* (→ SYN. recul, repli). — BATTRE EN RETRAITE : reculer, abandonner le terrain. **2** RETRAITE AUX FLAMBEAUX : défilé qui a lieu la nuit, avec des lampions et des torches.

retrancher v. **1** ● *Tu dois **retrancher** de cette somme l'argent que je t'ai prêté* (→ SYN. enlever, ôter, soustraire ; CONTR. ajouter). **2** v. pron. ● *Les combattants **se sont retranchés** dans la forêt : ils s'y sont mis à l'abri.*

■ **retranchement** nom m. **1** Position de défense, fortification pour se protéger de l'ennemi. **2** (fig.) POUSSER QUELQU'UN DANS SES (DERNIERS) RETRANCHEMENTS. ● *Pour le faire avouer, j'ai dû le **pousser dans ses retranchements**, le questionner jusqu'à ce qu'il ne puisse plus faire autrement que d'avouer.*

retransmettre v. ● *Le match de rugby **sera retransmis** à la télévision, diffusé sur le réseau télévisé* (→ transmettre). ★ Conjug. 33.

■ **retransmission** nom f. ● *La **retransmission** du concert a duré plus de deux heures, l'émission diffusée.*

rétrécir v. **1** ● *Cette jupe est trop large, tu devrais la **rétrécir**, la rendre plus étroite* (→ CONTR. élargir). **2** ● *Ce tissu **rétrécit** au lavage : il devient plus étroit.* □ v. pron. ● *En montant, le chemin **se rétrécit**, devient de plus en plus étroit.* ★ Conjug. 11.

■ **rétrécissement** nom m. ● *Ce panneau indique un **rétrécissement** de la route, qu'elle devient plus étroite.*

rétribuer v. ● *Ce travail **est** bien **rétribué** : il est bien payé.*

■ **rétribution** nom f. Somme d'argent donnée en échange d'un travail (→ SYN. rémunération, salaire).

1. rétro adv. À l'ancienne mode. ● *Virginie s'habille **rétro**.* □ adj. Qui date. ● *Une proposition **rétro**.*

2. rétro- En arrière. Ex. : rétrograde, rétrospective, rétroviseur.

rétrograder v. **1** ● *Ce coureur qui avait triché **a été rétrogradé** de la troisième à la dixième place* (→ SYN. **2.** déclasser). **2** ● *Le conducteur de la voiture **a rétrogradé** avant le virage : il a passé une vitesse inférieure.*

■ **rétrograde** adj. ● *Ces dirigeants mènent une politique **rétrograde**, qui s'oppose au progrès* (→ SYN. arriéré ; CONTR. progressiste).

rétrospectif adj. ● *En me rappelant cet accident, j'ai eu une peur **rétrospective**, qui se rapporte au passé.*

■ **rétrospective** nom f. ● *La télévision présente une **rétrospective** des films muets, une présentation d'une série d'œuvres créées dans le passé.*

■ **rétrospectivement** adv. ● *Rétrospectivement, j'ai peur : en y pensant après coup.*

retrousser v. **1** ● *Thierry **a retroussé** son pantalon pour traverser le torrent : il l'a relevé en le repliant.* — (fig.) RETROUSSER SES MANCHES : se mettre à travailler. **2** ● *Le chat **retrousse** ses babines.*

■ **retroussé** adj. **1** ● *Il s'avance, les manches **retroussées**.* **2** ● *Jeanne a un petit nez **retroussé**, dont le bout est relevé.*

retrouver v. **1** ● *Sophie est contente, elle **a retrouvé** sa montre : elle a trouvé ce qu'elle cherchait, ce qu'elle n'avait plus.* **2** ● *J'irai vous **retrouver** devant l'école* (→ SYN. rejoindre). □ v. pron. ● *Nous **nous retrouverons** là-bas.* **3** ● *On **retrouve** chez les deux frères les mêmes expressions du visage* (→ SYN. reconnaître). **4** ● *Je n'arrive pas à **retrouver** le titre de ce film, à me le rappeler.* **5** (fam.) S'Y RETROUVER. ● *Toutes ces rues se ressemblent, je ne suis pas sûr de **m'y retrouver**, de retrouver mon chemin.* **6** (fam.) ON SE RETROUVERA ! ● *Je te préviens : **on se retrouvera** ! : j'aurai ma revanche, je me vengerai.*

■ **retrouvailles** nom f. plur. Moment où des personnes se retrouvent après une séparation.

rétroviseur nom m. ● *Avant de doubler, le conducteur a regardé dans le* ***rétroviseur****, le petit miroir qui lui permet de voir ce qui se passe derrière lui.* ★ VOIR p. 102.

réunir v. **1** ● *J'ai* ***réuni*** *tous mes jouets* (→ SYN. rassembler ; CONTR. éparpiller). **2** v. pron. ● *Nous* ***nous sommes réunis*** *pour fêter son anniversaire : nous nous sommes rassemblés, retrouvés* (→ CONTR. se séparer). ★ Conjug. 11.
■ **réunion** nom f. **1** ● Groupe de personnes rassemblées. **2** ● *La* ***réunion*** *de deux ensembles contient tous les éléments de ces ensembles.*

réussir v. **1** ● *Je veux bien essayer, mais je ne suis pas sûr de* ***réussir****,* d'obtenir un bon résultat (→ CONTR. 1. échouer). **2** ● *Bruno* ***a réussi*** *à grimper jusqu'en haut : il est arrivé à ce qu'il voulait* (→ SYN. parvenir). ★ Conjug. 11.
■ **réussite** nom f. **1** ● *Elle a fêté sa* ***réussite*** *à l'examen* (→ SYN. succès ; CONTR. échec). **2** ● Jeu de cartes qui se joue seul. ● *Grand-père fait des* ***réussites*** (→ SYN. patience).

se revaloriser v. pron. ● *Depuis quelque temps, le franc* ***se revalorise*** *: il prend une valeur plus grande par rapport aux autres monnaies* (→ CONTR. se dévaloriser).
■ **revalorisation** nom f. ● *Les prix ont augmenté ; les syndicats demandent une* ***revalorisation*** *des salaires, que les salaires soient augmentés* (pour que l'on puisse, avec les nouveaux salaires, acheter les mêmes choses qu'avant).

revanche nom f. **1** ● *Sa* ***revanche*** *a été terrible* (→ SYN. vengeance). ● *Prendre sa* ***revanche*** *: se venger.* **2** ● *Tu as perdu la première partie, je t'accorde une* ***revanche****, une autre partie pour te donner une chance de gagner.* — *La* ***revanche*** *et la belle.* **3** EN REVANCHE, loc. adv. ● *Cette voiture est très rapide,* ***en revanche****, elle est fragile* (→ SYN. mais, par contre). **4** À CHARGE DE REVANCHE, loc. adv. ● *Je te*

prête ma bicyclette, mais *à charge de* ***revanche****,* à condition que tu me rendes la pareille, que tu me prêtes la tienne quand je le voudrai.
■ **revanchard** adj. et nom ● *Jean me semble bien* ***revanchard****,* impatient de prendre sa revanche.

rêvasser v. ● *Elle* ***rêvasse*** *en suçant le bout de son crayon : elle pense à des choses vagues* (→ rêver).

rêve nom m. **1** ● *Je vais te raconter mon* ***rêve****, ce que j'ai cru voir pendant mon sommeil* (→ rêver, sens 1). **2** ● *Faire le tour du monde en voilier, c'est son* ***rêve****, son plus grand désir.* — DE RÊVE, loc. adj. ● *C'est une maison* ***de rêve****, merveilleuse, que l'on rêve de posséder* (→ rêver, sens 2). — (fam.) C'EST (CE N'EST PAS) LE RÊVE! ● *Ce lit pliant est confortable mais* ***ce n'est pas le rêve*** *: ce n'est pas l'idéal, le mieux qu'on puisse trouver* (→ rêvé).
■ **rêvé** adj. ● *Nous avons trouvé l'endroit* ***rêvé*** *pour installer notre tente,* l'endroit idéal.

revêche adj. ● *Sa tante est une femme* ***revêche****,* hargneuse, qui a mauvais caractère (→ CONTR. aimable).

réveiller v. **1** ● *Elle dort bien, quel dommage de la* ***réveiller****!, de la tirer de son sommeil.* □ v. pron. ● *Ce matin, Élodie* ***s'est réveillée*** *de bonne humeur* (→ SYN. éveiller). **2** (fig.) ● *Cette musique* ***réveille*** *en moi de vieux souvenirs : elle les fait revivre dans ma mémoire.*
■ **réveil** nom m. **1** ● *Je la préviendrai dès son* ***réveil****, dès le moment où elle se réveillera.* **2** (fig.) ● *Des nuages de fumée annonçaient le* ***réveil*** *du volcan,* la reprise de son activité. **3** ● *Avant de s'endormir, Nicolas remonte son* ***réveil****, la petite pendule qui le réveille en sonnant à l'heure fixée.*

réveillon nom m. ● *Carole décore la table pour le* ***réveillon*** *de Noël, le repas de fête qui a lieu la nuit, à Noël, ou le 31 décembre.*
■ **réveillonner** v. ● *Nous* ***avons réveillonné*** *chez des amis,* fait un réveillon.

révéler v. 1 ● *Ne révèle pas ce que je t'ai dit* : ne fais pas connaître ce qui est secret, caché (→ SYN. dévoiler, divulguer). 2 ● *Sa lettre m'a révélé sa gentillesse* : elle me l'a laissé voir, deviner (→ révélateur). □ v. pron. ● *Il s'est révélé plus courageux qu'on ne le pensait* : il a montré son courage. ★ Conjug. 8.

■ **révélateur, -trice** adj. ● *Elle ne veut rien dire, mais son silence est révélateur* : il permet de savoir ce qu'elle cache.

■ **révélation** nom f. 1 ● *Les révélations du journaliste ont surpris les lecteurs*, les choses qu'il a révélées. 2 ● *Pour Laurent, ce voyage a été une révélation*, une expérience nouvelle qui lui a beaucoup appris. 3 ● *Cette jeune actrice est la révélation de l'année*, une artiste que l'on découvre et qui montre beaucoup de talent.

revenant nom m. ● *Elle essaie de nous faire peur avec ses histoires de maisons hantées et de revenants*, des morts qui reviendraient la nuit dans leur maison (→ SYN. fantôme).

revendiquer v. 1 ● *Les manifestants revendiquent une augmentation de salaire* : ils la réclament avec force, parce qu'ils pensent qu'ils y ont droit. 2 ● *Cet attentat a été revendiqué par un groupe de terroristes* : ils disent que ce sont eux qui l'ont commis.

■ **revendication** nom f. ● *Les ouvriers ont présenté leurs revendications au patron*, ce qu'ils réclament.

revendre v. 1 Vendre ce qu'on a acheté. ● *Il a revendu sa vieille voiture.* 2 (fig.) AVOIR QUELQUE CHOSE À REVENDRE; EN AVOIR À REVENDRE. ● *Du courage, on peut dire qu'Yves en a à revendre*, qu'il en a beaucoup ★ Conjug. 31.

revenir v. 1 ● *Le chat ne s'était pas perdu, il est revenu à la maison* (→ venir; SYN. rentrer, retourner) 2 ● *Vous auriez dû prendre rendez-vous, revenez demain* : venez une autre fois (→ SYN. repasser). 3 ● *Ça me revient!* : je m'en souviens

à l'instant 4 REVENIR À SOI. ● *Il est resté évanoui quelques minutes, puis il est revenu à lui* : il a repris connaissance. 5 ● *Donne-moi la part qui me revient*, la part à laquelle j'ai droit. 6 ● *Ce repas nous est revenu à 50 francs par personne* : il nous a coûté ce prix (→ revient). 7 ● *Cela revient au même* : c'est la même chose. 8 (fam.) NE PAS EN REVENIR. ● *Il a gagné la course? Je n'en reviens pas* : j'en suis très étonné. 9 (fam.) NE PAS REVENIR À QUELQU'UN. ● *Ce garçon ne me revient pas* : il ne me plaît pas, il ne m'est pas sympathique. 10 (fig.) REVENIR DE LOIN : avoir échappé à un grand malheur, à un grave danger. ● *Le blessé vivra, mais il revient de loin* : il a failli mourir. 11 FAIRE REVENIR (des aliments). ● *Je fais revenir des pommes de terre à la poêle* : je les fais dorer dans de la graisse, je les fais légèrement frire. ★ Conjug. 19. *Revenir se conjugue avec l'auxiliaire être.*

■ **revient** nom m. PRIX DE REVIENT. ● *Est-ce que tu connais le prix de revient de ce ballon?*, ce que cela a coûté de le fabriquer, l'emballer, le transporter, etc. ● *Le bénéfice est la différence entre le prix de revient et le prix de vente.*

revenu nom m. ● *Quels ont été vos revenus de cette année?* : combien d'argent avez-vous gagné ou reçu.

rêver v. 1 ● *Laurent a rêvé qu'il pilotait une voiture de course* : pendant qu'il dormait, il a cru qu'il le faisait (→ rêve, sens 1). 2 ● *Je rêve d'avoir une moto* : je le désire vivement (→ rêve, sens 2). 3 ● *Assise devant son cahier, Virginie rêve* : elle laisse aller son imagination (→ rêvasser; rêverie).

■ **rêverie** nom f. ● *Mes rêveries m'ont entraîné bien loin d'ici*, les rêves que je fais tout éveillé.

■ **rêveur** adj. ● *Un enfant rêveur*, qui est souvent plongé dans des rêveries. □ nom ● *Il est distrait, c'est un rêveur.*

réverbère nom m. ● *Dès que la nuit tombe, les réverbères s'allument*, les appareils d'éclairage des rues, des places publiques, etc.

réverbère

réverbérer v. Renvoyer la lumière, la chaleur. ● *Sur la route, les flaques d'eau* **réverbèrent** *la lumière des phares* (→ SYN. 1. réfléchir). ★ Conjug. 8.

■ **réverbération** nom f. ● *Sandrine porte des lunettes noires pour se protéger de la* **réverbération** *du soleil sur la neige* : reflet, réflexion.

reverdir v. ● *L'herbe sèche* **a reverdi** : elle est redevenue verte. ★ Conjug. 11.

révérence nom f. 1 ● *La marquise a fait une* **révérence** *devant le roi*, un salut respectueux, en s'inclinant et en pliant les genoux. 2 (littér.) ● *Il parle du président avec* **révérence**, avec un très grand respect.

rêverie → rêver.

revers nom m. 1 ● *Sébastien a écrit son nom sur le* **revers** *de la photo*, sur le côté que l'on ne voit pas d'habitude (→ SYN. dos, envers, verso). 2 (fig.) LE REVERS DE LA MÉDAILLE. ● *Son travail lui fait gagner beaucoup d'argent, mais il n'a plus le temps de voir sa famille ; c'est* **le revers de la médaille**, le côté désagréable, l'inconvénient d'une chose qui a aussi des avantages. 3 ● *Il a mis son insigne sur le* **revers** *de son veston*, l'une des deux parties rabattues sur la poitrine qui prolongent le col. 4 ● *Ce joueur de tennis réussit mieux ses coups droits que ses* **revers**, les coups de raquette qu'il donne avec le dos de la main en avant. 5 ● *Depuis quelques années, il n'a connu que des*

revers, des ennuis, des épreuves, des difficultés.

■ **réversible** adj. ● *Un anorak* **réversible**, que l'on peut porter à l'envers comme à l'endroit.

revêtir v. 1 ● *Avant d'entrer en scène, les acteurs* **ont revêtu** *leurs costumes* : ils les ont enfilés. 2 ● *Ces coussins* **sont revêtus** *de cuir*, recouverts de cuir (→ revêtement). ★ Conjug. 15. Revêtir garde le *t* aux deux premières personnes du singulier du présent.

■ **revêtement** nom m. ● *La moquette et le linoléum sont des* **revêtements** *de sol*, des matériaux plats qui le recouvrent.

rêveur → rêver.

revient → revenir.

revigorer v. ● *Cette tasse de thé m'a* **revigoré**, m'a redonné des forces (→ vigueur ; SYN. ragaillardir, remonter).

revirement nom m. ● *Je n'arrive pas à m'expliquer son* **revirement**, son changement d'opinion.

réviser v. 1 ● *Alain* **révise** *sa leçon d'histoire* : il la revoit, il la relit (→ SYN. repasser). 2 ● *Le garagiste est en train de* **réviser** *le moteur de notre voiture* (→ révision, sens 2). 3 ● *Je croyais peureux, mais j'ai révisé mon jugement* : je l'ai changé, modifié.

■ **révision** nom f. 1 ● *Où en sont tes* **révisions** ? *Es-tu prêt pour l'examen ?* 2 ● *Le mécanicien a terminé la* **révision** *de la voiture*, l'examen qui permet de voir si tout marche bien (→ SYN. vérification). 3 ● *Il demande la* **révision** *de son contrat*, que l'on y fasse des changements (→ SYN. modification).

revivre v. 1 ● *Il ne veut pas* **revivre** *cette expérience malheureuse*, la vivre de nouveau. 2 ● *Quand je suis à la campagne, je* **revis** : je reprends des forces, je suis plus heureux. 3 (fig.) FAIRE REVIVRE. ● *Ce romancier* **fait revivre** *les personnages du passé*. ★ Conjug. 50.

révocation → révoquer.

revoir v. **1** ● *J'ai revu Christophe au retour des vacances* : je l'ai vu de nouveau. **2** ● *Je te revois encore mangeant les confitures de grand-mère* : je m'en souviens comme si je le voyais. **3** ● *Avant l'examen, il a revu tout le programme* : il l'a appris de nouveau (→ SYN. réviser). **4** ● *Ma rédaction n'est pas finie, je dois revoir le brouillon*, l'examiner de nouveau pour le corriger. ★ Conjug. 22.
■ **au revoir** [ɔrvwar] loc. interj. ● « *Au revoir*, à demain. » ★ Chercher aussi : adieu.

révolter v. **1** v. pron. ● *Les paysans se sont révoltés contre le seigneur* : ils ont refusé de lui obéir et ils ont lutté contre lui (→ SYN. s'insurger, se rebeller). **2** ● *Ce mensonge me révolte* : il me met en colère, il me dégoûte (→ SYN. écœurer, indigner). □ adj. ● *Une cruauté révoltante*, qui provoque l'indignation, la colère (→ SYN. choquant).
■ **révoltant** adj. Qui révolte. ● *Sa conduite est révoltante* (→ SYN. choquant, indigne).
■ **révolté** adj. **1** ● *Les troupes révoltées refusent d'écouter les ordres de leurs chefs*. □ nom ● *Les révoltés* (→ SYN. insurgé, rebelle). **2** ● *Elle essaie de calmer les élèves révoltés par cette injustice*, indignés, outrés. □ nom ● *Cet enfant est un révolté*.
■ **révolte** nom f. **1** ● *La révolte des esclaves contre leurs maîtres* (→ SYN. insurrection, rébellion). ★ Chercher aussi : révolution. **2** ● *Cette méchanceté a provoqué un sursaut de révolte* (→ SYN. indignation).

révolu adj. ● *L'année révolue*, terminée, passée.

révolution nom f. **A.** ● *La Terre met 365 jours 1/4 pour accomplir une révolution autour du Soleil*, pour faire un tour complet qui la ramène à son point de départ. **B. 1** Changement complet de régime politique, le plus souvent provoqué par des actions violentes. ● *La révolution russe de 1917 chassa le tsar et amena au pouvoir une république socialiste.*
— ● *La Révolution française de 1789* (on dit seulement, le plus souvent, *la Révolution*). **2** ● *La découverte de la télévision a été une révolution dans le domaine des communications*, un changement profond (→ SYN. bouleversement). **3** (fig. et fam.) ● *Avec tous ces travaux, le village est en révolution*, très agité (→ révolutionner, sens 2 ; SYN. effervescence).
■ **révolutionnaire** adj. **1** ● *En 1789, le peuple chantait des chants révolutionnaires*, de la Révolution. □ nom ● *Les révolutionnaires ont pris la Bastille*, ceux qui ont fait la Révolution. **2** ● *Une invention révolutionnaire*, qui provoque un grand changement (→ révolutionner, sens 1).
■ **révolutionner** v. **1** ● *Cette découverte a révolutionné la science* : elle l'a profondément transformée (→ SYN. bouleverser). **2** ● *L'arrivée du cirque a révolutionné le village* : elle l'a beaucoup agité, mis en émoi.

revolver [revɔlvɛr] nom m. ● *Le voleur les a menacés avec un revolver*, une arme à feu automatique. ★ Chercher aussi : pistolet.

revolver

révoquer v. ● *Ce fonctionnaire a commis des fautes graves ; il a été révoqué*, chassé de son poste (→ SYN. destituer).
■ **révocation** nom f. Action de révoquer. ● *Révocation d'un fonctionnaire*,

d'un officier (→ SYN. destitution).
● *Révocation* d'un traité (→ SYN. annulation).

1. revue nom f. ● *Dans la salle d'attente, Olivier a trouvé des* **revues** *intéressantes, des journaux, des magazines* (→ SYN. périodique).

2. revue nom f. ● *La* **revue** *du 14-Juillet :* le défilé militaire. — ● *Une* **revue** *de music-hall :* un spectacle. **2** PASSER EN REVUE. ● *Le général* **passe** *les troupes* **en revue** *:* il les inspecte. — (fig.) ● *Nous* **avons passé en revue** *toutes les solutions :* nous les avons examinées une par une.

révulser v. **1** ● *Ce spectacle ignoble me* **révulse** *:* il me remplit d'indignation, de dégoût et d'horreur. **2** v. pron. ● *Les yeux du malade* **se sont révulsés**, retournés complètement, si bien qu'on n'en voyait plus que le blanc.

rez-de-chaussée [redʃose] nom m. invar. ● *La concierge habite un appartement au* **rez-de-chaussée**, au niveau du sol.

rhabiller v. **1** ● *Valentine* **rhabille** *sa poupée :* elle lui remet ses vêtements. □ v. pron. ● *Après ton bain,* **rhabille-toi** *vite* (→ habiller ; CONTR. déshabiller). **2** (fig. et fam.) ALLER SE RHABILLER. ● *S'il veut faire la course avec moi, il peut* **aller se rhabiller** *:* il ferait mieux d'y renoncer, il a perdu d'avance, il n'est pas de force.

rhapsodie ou **rapsodie** nom f. Morceau de musique dont les règles de composition sont très libres, parfois improvisé.

rhétorique nom f. ● *On étudiait autrefois la* **rhétorique**, art de composer et de prononcer un discours.

rhinocéros [rinɔserɔs] nom m. ● *Le* **rhinocéros** *a foncé sur la jeep et l'a renversée d'un coup de corne*, un gros animal des régions chaudes d'Afrique et d'Asie, qui porte une ou deux cornes sur le nez.

rhizome nom m. ● *Les iris ont un* **rhizome**, une tige qui pousse sous la terre.

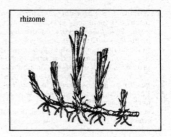

rhizome

rhododendron [rɔdɔdɛ̃drɔ̃] nom m. Arbuste à fleurs roses ou rouges. ● *Des massifs de* **rhododendrons** *ornaient le jardin.*

rhubarbe nom f. ● *On fait de la compote avec les tiges de la* **rhubarbe**, une plante à grandes feuilles.

rhum [rɔm] nom m. ● *Ces marins ont rapporté une bouteille de* **rhum** *de la Martinique, de l'alcool de canne à sucre.*

rhumatisme nom m. ● *Les personnes âgées souffrent souvent de* **rhumatismes**, *de douleurs dans les articulations.*
■ **rhumatisant** adj. et nom ● *Un vieillard* **rhumatisant**, atteint de rhumatisme.

rhume nom m. ● *Éric tousse beaucoup et son nez coule, il doit avoir un* **rhume**, une maladie sans gravité (→ s'enrhumer).

ribambelle nom f. ● *Une* **ribambelle** *d'enfants entourait les clowns*, un grand nombre d'enfants.

ricaner v. **1** ● *Quand je suis tombé, ma sœur* **a ricané** *:* elle a ri, pour se moquer de moi. **2** ● *Hervé* **ricane** *tout seul :* il rit bêtement, sans raison.
■ **ricanement** nom m. ● *Cessez ces* **ricanements**, ces rires moqueurs ou ces rires bêtes.

riche adj. **1** ● *Ce château leur appartient ; ils sont très* **riches** *:* ils ont beaucoup d'argent, de biens (→ enrichir ; SYN. fortuné ; CONTR. pauvre). □ nom ● *Les* **riches** *et les pauvres.* **2** RICHE EN… ● *Les* oranges sont **riches en** vitamine C : elles en contiennent beaucoup. — ● *Des vacances* **riches en** *aventures.*

■ **richesse** nom f. **1** ● *Il fait étalage de sa* **richesse** (→ richissime; SYN. fortune; CONTR. pauvreté). **2** (au plur.) ● *Claire m'a montré toutes ses* **richesses**, *ce qu'elle possède de précieux.* **3** (au plur.) ● *Le charbon, le pétrole sont des* **richesses** *du sous-sol* (→ SYN. ressources).

■ **richissime** adj. ● *Cette famille est* **richissime**, *extrêmement riche.*

ricocher v. ● *La pierre* **a ricoché** *sur le mur* (→ SYN. rebondir).

■ **ricochet** nom m. ● *Au bord de l'étang, David fait des* **ricochets** : *il lance un caillou plat en essayant de le faire rebondir sur la surface de l'eau.*

rictus [riktys] nom m. ● *Quand il s'est fait mal, Marc a eu un* **rictus** *de douleur, une grimace qui ressemble à un sourire.*

ride nom f. **1** ● *Cette vieille dame a des* **rides**, *de petits plis de la peau sur le visage.* **2** ● *Le vent fait des* **rides** *sur le lac, de légères ondulations à la surface de l'eau.*

■ **rider** v. ● *Son visage* **est** *tout* **ridé**, couvert de rides. □ v. pron. ● *Son front* **se ride**, *se marque de rides.*

rideau nom m. **1** ● *Valérie tire les* **rideaux**, *les morceaux de tissu suspendus devant une fenêtre, une porte, une scène de théâtre.* **2** ● *La maison est abritée du vent par un* **rideau** *d'arbres, des arbres alignés qui la cachent, la protègent* (→ SYN. écran).

ridicule adj. et nom m. **1** ● *Cette dame porte une robe* **ridicule**, *qui donne envie de se moquer d'elle* (→ ridiculiser; SYN. grotesque, risible). — TOURNER QUELQU'UN EN RIDICULE. ● *Ses camarades l'***ont tourné en ridicule** : *ils se sont moqués de lui.* **2** ● *La salle est pleine, ce serait* **ridicule** *d'essayer d'y entrer* (→ SYN. absurde, idiot). **3** ● *Il a acheté ce beau livre pour une somme* **ridicule**, *très petite* (→ SYN. dérisoire, minime).

■ **ridiculiser** v. ● *On l'a* **ridiculisé** *devant toute la classe* : *on l'a rendu*

ridicule. □ v. pron. ● *En voulant imiter les stars de cinéma, elle* **se ridiculise** : *elle se rend ridicule.*

rien pronom indéf. et nom m. **A.** pronom indéf. **1** ● *«As-tu acheté quelque chose?» «Non,* **rien**», *aucune chose* (→ CONTR. tout). **2** ● *Cela n'a* **rien** *de drôle* : *ce n'est pas drôle du tout.* (→ CONTR. tout). ● *Je l'ai attendue* **pour rien**, *inutilement.* **B.** nom m. **1** ● *Arnaud se met en colère pour un* **rien**, *pour une chose sans importance.* **2** *En un* **rien** *de temps* : *en un temps très court.*

rieur adj. et nom **1** ● *Un garçon* **rieur**, *qui aime rire, s'amuser.* **2** nom ● *Les* **rieurs** : *les gens qui rient.*

rigide adj. **1** ● *Cette cuvette est en matière plastique* **rigide**, *raide, qui ne se déforme pas* (→ CONTR. flexible, souple). **2** ● *Il a des principes* **rigides**, *très durs, que rien ne peut changer* (→ SYN. inflexible, rigoureux).

■ **rigidité** nom f. **1** ● *La* **rigidité** *d'une planche* (→ CONTR. souplesse). **2** ● *La* **rigidité** *de son allure contrastait avec la douceur de sa voix* (→ SYN. sévérité).

rigole nom f. **1** ● *Nous avons creusé une* **rigole** *autour de la tente, un petit fossé pour permettre à l'eau de s'écouler.* **2** ● *La pluie fait des* **rigoles** *sur le sentier, des filets d'eau qui ruissellent.*

rigoler v. (fam.) ● *Pendant la récréation, nous* **avons** *bien* **rigolé** : *nous avons bien ri, nous nous sommes bien amusés.*

■ **rigolade** nom f. (fam.) **1** ● *Il est toujours d'accord pour la* **rigolade**, *pour rire, pour s'amuser.* **2** ● *Ne prends pas cette histoire au sérieux, c'est une* **rigolade**, *une plaisanterie.*

■ **rigolo** adj. (fam.) ● *Elle a une coiffure* **rigolote**, *amusante, qui fait rire* (→ SYN. drôle; (fam.) marrant). □ nom ● *Il n'en a pas l'air, mais c'est un petit* **rigolo**, *une personne amusante, un farceur.*

rigueur nom f. **1** ● *Il a été puni avec* **rigueur**, *avec une très grande sévérité.* — TENIR RIGUEUR DE QUELQUE CHOSE À QUELQU'UN : *ne pas le lui pardonner.* **2** (littér.) ● *Les* **rigueurs** *de l'hiver* : *sa dureté.*

3 ● *Dans son travail, elle montre beaucoup de* **rigueur**, d'exactitude, de précision. **4** DE RIGUEUR, loc. adj. ● *La tenue de soirée est* **de rigueur**, obligatoire (→ rigoureusement). **5** À LA RIGUEUR, loc. adv. ● *Si tu as besoin de ce livre, je peux* **à la rigueur** *te le prêter*, si c'est vraiment nécessaire, indispensable.

■ **rigoureux** adj. **1** ● *Des principes* **rigoureux** (→ SYN. sévère). **2** ● *Un hiver* **rigoureux** (→ SYN. rude; CONTR. clément). **3** ● *Une démonstration* **rigoureuse**, très précise.

■ **rigoureusement** adv. ● *Dans le train, il est* **rigoureusement** *interdit de se pencher par les fenêtres* (→ SYN. absolument, totalement).

rillettes nom f. plur. ● *J'ai mangé un sandwich aux* **rillettes**, une sorte de pâté d'oie ou de porc.

rime nom f. ● *Ce poète termine ses vers par des* **rimes**, un même son qui revient à la fin de deux vers.
■ **rimer** v. **1** ● *« Parler »* **rime** *avec « brûler »* : ils finissent par le même son. **2** ● *Cela ne* **rime** *à rien* : cela n'a aucun sens.

rincer v. **1** ● *Sophie a* **rincé** *la bouteille* : elle l'a nettoyée avec de l'eau. **2** ● **Rince** *bien tes cheveux sous la douche* : passe-les sous l'eau pour les débarrasser du savon. ★ Conjug. 4.
■ **rinçage** nom m. ● *Cette machine à laver fait trois* **rinçages** : elle rince le linge trois fois pour le débarrasser du savon.

ring [riŋ] nom m. ● *Les boxeurs arrivent sur le* **ring**, sur l'estrade où se déroule le combat.

riposte nom f. ● *S'ils attaquent ce champion de judo, sa* **riposte** *sera rapide*, sa réaction pour se défendre (→ SYN. réplique, contre-attaque).
■ **riposter** v. ● *Quand il l'a accusée, elle* **a riposté** *que c'était lui le coupable* : elle a répondu rapidement pour se défendre (→ SYN. contre-attaquer).

rire v. et nom m. **A.** v. **1** ● *En regardant ce film de Charlot, nous* **avons** *bien* **ri**. — ● *Marie ne pense qu'à* **rire** (→ SYN.

s'amuser). **2** (fig.) RIRE AU NEZ DE QUELQU'UN. ● *Quel effronté ! Il* **m'a ri au nez** : il s'est moqué ouvertement de moi. — RIRE JAUNE. ● *Quand il a eu un zéro, il* **riait jaune** : il avait un rire forcé car il était honteux, gêné. **3** POUR RIRE. ● *Tu as cru qu'il allait te punir ? Mais il a dit cela* **pour rire**, pour plaisanter. **4** RIRE DE QUELQUE CHOSE OU QUELQU'UN. ● *Il ne supporte pas que l'on* **rie de lui**, que l'on se moque de lui (→ risée). ★ Conjug. 48.
B. nom m. **1** ● *L'entrée des clowns a provoqué des éclats de* **rire**. **2** FOU RIRE. ● *Pendant le dîner, Olivier a été pris d'un* **fou rire** : il riait sans pouvoir s'arrêter.
■ **risée** nom f. ● *Cet acteur a été la* **risée** *des spectateurs*, une personne dont tout le monde se moque.
■ **risible** adj. ● *Personne ne le croit plus, ses mensonges sont* **risibles**, ridicules, grotesques.

ris nom m. ● *Au restaurant, j'ai commandé des* **ris** *de veau*, une glande située dans le cou de cet animal. ★ Ne pas confondre *ris* et *riz*.

risquer v. **1** ● *En faisant ces acrobaties, le pilote de l'avion* **risque** *sa vie* : il la met en danger. **2** ● *Avec ce vent, l'incendie* **risque** *de se rallumer* : il pourrait se rallumer.
■ **risqué** adj. Qui comporte des risques. ● *C'est* **risqué** (→ SYN. hasardeux).
■ **risque** nom m. ● *Cette traversée en bateau est pleine de* **risques**. — ● *Cet alpiniste a pris des* **risques** : il s'est exposé à des dangers.
■ **risque-tout** nom invar. ● *Ces cascadeurs sont des* **risque-tout**, des gens audacieux et parfois imprudents (→ SYN. casse-cou).

rissoler v. ● *Dans la poêle, les oignons* **rissolent** : ils dorent à feu vif.

ristourne nom f. ● *Ce représentant a fait une* **ristourne** *de 50 francs à son client*, une réduction, une remise.

rite nom m. **1** ● *Le* **rite** *musulman est différent du* **rite** *catholique*, l'organisation des cérémonies religieuses. **2** (fig.) ● *Tous les matins, il fait un tour dans*

son jardin, c'est un **rite**, une habitude.
■ **rituel** adj. **1** ● *Les psaumes sont des chants rituels*, qui font partie d'un rite. **2** (fig.) ● *Elle a fait sa visite rituelle à la voisine*, sa visite habituelle, qu'elle ne manque jamais de faire.

ritournelle nom f. ● *J'en ai assez d'entendre toujours cette ritournelle*, cette chanson, cet air qui revient toujours.

rivage nom m. ● *Les sauveteurs ont ramené les naufragés sur le rivage*, au bord de la mer (→ rive ; SYN. côte, littoral).

rival nom ● *Cet athlète a vaincu tous ses rivaux*, ceux qui luttent pour être meilleurs que lui (→ SYN. adversaire, concurrent). □ adj. ● *Ces deux élèves se disputent la meilleure note, elles sont rivales*.
■ **rivaliser** v. ● *Au jeu de dames, tu peux rivaliser avec lui*, essayer de le battre.
■ **rivalité** nom f. ● *Il n'y a aucune rivalité entre nous*, aucune lutte, aucune compétition.

rive nom f. ● *Élodie se promène le long de la rive*, le bord d'un fleuve, d'une rivière, d'un lac (→ rivage ; SYN. berge).
■ **riverain** nom **1** Personne qui habite sur la rive d'un cours d'eau, d'un lac. ● *La plupart des riverains possédaient une barque*. **2** ● *La rue est en sens interdit, sauf pour les riverains*, ceux dont les maisons bordent cette rue.

river v. **1** ● *On a rivé ces deux plaques de métal* : on les a fixées avec des rivets. **2** (fig.) ● *Patrick est rivé à la télévision* : il ne la quitte pas des yeux.

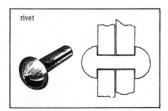

rivet

■ **rivet** nom m. ● *Cette poignée est fixée au sac par des rivets*, des sortes d'attaches.

rivière nom f. ● *Crois-tu que l'on pourrait pique-niquer au bord de cette rivière*, ce cours d'eau qui se jette dans un autre. ★ Chercher aussi : fleuve.

rixe nom f. ● *Une rixe a éclaté à la sortie du bal*, une violente bagarre.

riz

riz [ri] nom m. ● *La Chine produit beaucoup de riz*, une céréale dont on mange les grains. ★ Ne pas confondre *riz* et *ris*.
■ **rizière** nom f. ● *Les pieds dans l'eau, les paysannes récoltent le riz dans les rizières de Chine*, les terrains où on le cultive.

robe nom f. **1** ● *Valérie a une jolie robe*. **2** ● *Au tribunal, les juges et les avocats portent des robes*, des vêtements longs et larges qu'ils portent lors des procès. **3** ROBE DE CHAMBRE. ● *Mon oncle est venu m'ouvrir la porte en robe de chambre*, un vêtement d'intérieur. — ● *Des pommes de terre en robe de chambre* (ou *en robe des champs*), cuites dans leur peau.

robinet nom m. Dispositif placé sur un tuyau, qui permet de laisser couler ou d'arrêter l'eau, le gaz, etc. ● *Si tu as fini d'arroser le jardin, ferme le robinet*.

robot nom m. **1** ● *Si seulement j'avais un robot pour ranger ma chambre!*, une machine qui peut faire le travail de l'homme. **2** PORTRAIT-ROBOT. ● *Avec l'aide des témoins, la police a fait le portrait-robot du criminel*, un portrait fabriqué en combinant un certain nombre de traits (nez, bouche, yeux, oreilles, etc.) reconnus par ces témoins. — ● *Des portraits-robots*.

801

robuste adj. • *Il est* **robuste** *pour son âge,* fort et résistant (→ CONTR. chétif, délicat, fragile, frêle).
■ **robustesse** nom f. • *Ma voiture a supporté le choc grâce à sa* **robustesse,** solidité, résistance (→ CONTR. fragilité).

roc nom m. (littér.) • *Ce tunnel a été creusé dans le* **roc** (→ SYN. rocher).
■ **rocaille** nom f. • *Les serpents se nichaient dans la* **rocaille,** dans les pierres, les cailloux (→ rocailleux, sens 1).
■ **rocailleux** adj. 1 • *Nous avons marché sur un chemin* **rocailleux,** couvert de rocaille (→ SYN. cailbouteux, pierreux). 2 • *Une voix* **rocailleuse** (→ SYN. rauque).

rocade nom f. • *Pour circuler plus facilement, prends la* **rocade,** la route qui contourne une agglomération.

rocambolesque adj. Extraordinaire, extravagant. • *Dans ce film, un garçon vit des aventures* **rocambolesques.**

roche nom f. • *Le calcaire est une* **roche** *tendre* (→ SYN. pierre).
■ **rocher** nom m. Gros bloc de pierre. • *Michel aime escalader les* **rochers.**
■ **rocheux** adj. • *Une paroi* **rocheuse,** formée de rochers.

rock [rɔk] ou **rock and roll** [rɔkɛnrɔl] nom m. Musique très rythmée apparue aux États-Unis vers les années 1950. • *Un chanteur de* **rock.**

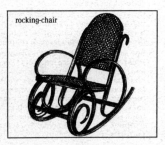

rocking-chair

rocking-chair [rɔkiŋ(t)ʃɛr] nom m. • *Je me balance dans un* **rocking-chair,** un fauteuil à bascule.

rodéo [rɔdeo] nom m. • *Les cow-boys ont participé à un* **rodéo,** un concours qui consiste à tenir le plus longtemps possible sur un cheval sauvage.

roder v. 1 • *Ma mère* **rode** *sa voiture neuve* : elle roule doucement pour que les pièces du moteur s'usent régulièrement et ne s'abîment pas (→ rodage). 2 (fam.) • *Cet acteur n'a plus le trac en entrant sur scène, il* **est rodé** : il a de l'expérience. ★ Ne pas confondre *roder* et *rôder.*
■ **rodage** nom m. • *Yves ne roule pas trop vite, son vélomoteur est en* **rodage** : le moteur n'est pas encore rodé.

rôder v. • *Un individu bizarre* **rôde** *dans le quartier* : il passe et repasse comme pour préparer un mauvais coup (→ SYN. errer).
■ **rôdeur** nom • *Des chiens gardent le parc pour éloigner les* **rôdeurs,** ceux qui rôdent. ★ Ne pas oublier l'accent circonflexe sur le o de *rôder* et *rôdeur* ; ne pas confondre avec *roder.*

rogne nom f. (fam.) • *Arrêtez de le taquiner, il va se mettre en* **rogne,** en rage, en colère.

rogner v. 1 • **Rogner** *une feuille de papier* : la couper sur les bords. 2 (fig.) • *Pour faire des économies, il doit* **rogner** *sur la nourriture et l'habillement,* dépenser moins.

rognon nom m. • *Grand-mère nous a préparé des* **rognons** *de mouton,* les reins de cet animal.

roi nom m. 1 • *Les* **rois** *de France se succédaient de père en fils, les souverains qui gouvernaient la France* (→ reine, royal, royaume). ★ Chercher aussi : dynastie. 2 FÊTE DES ROIS : fête chrétienne qui rappelle le souvenir de la visite des Rois mages venus honorer le Christ quelques jours après sa naissance. — GALETTE DES ROIS : gâteau contenant une fève, que l'on mange le jour de la fête des Rois. — TIRER LES ROIS : partager cette galette entre plusieurs personnes (celle qui trouve la fève dans sa part est déclarée «roi» ou «reine»). **3** ● *Tu as la dame de carreau, mais moi j'ai le* **roi***,* une figure du jeu de cartes.

roitelet nom m. Petit oiseau qui a une touffe de plumes colorées sur la tête.

rôle nom m. **1** ● *Le comédien répète son* **rôle***,* ce qu'il doit dire et faire quand il joue une pièce. — ● *Qui joue le* **rôle** *de Napoléon dans ce film ?,* le personnage de Napoléon. **2** ● *Le* **rôle** *d'un professeur est d'instruire ses élèves,* ce qu'il doit faire (→ SYN. fonction). **3** À TOUR DE RÔLE, loc. adv. : chacun son tour.

1. roman nom m. ● *Balzac a écrit beaucoup de* **romans***, de livres où on raconte une histoire imaginaire.*
■ **romancer** v. Arranger les faits comme dans un roman. ● *Tu ne dis pas la vérité, tu* **romances***.* ★ Conjug. 4.
■ **romancier** nom ● *Balzac est un grand* **romancier***, un grand auteur de romans.*
■ **romanesque** adj. ● *Dominique est très* **romanesque** *: elle voudrait que sa vie ressemble à celle des héros et des héroïnes de romans.*

2. roman adj. **1** ● *Le français est une langue* **romane***, qui vient du latin.*

---

les chiffres romains

On écrit les nombres en chiffres romains en combinant entre elles 7 lettres majuscules. **I** (1), **V** (5), **X** (10), **L** (50), **C** (100), **D** (500), **M** (1 000).

I	**1**	XI	11	XXI	21	XC	90	DC	600
II	2	XII	12	XXII	22	**C**	**100**	DCC	700
III	3	XIII	13	XXIII	23	CX	110	DCCC	800
IV	4	XIV	14	....		......		CM	900
V	**5**	XV	15	XXX	30	CL	150	**M**	**1 000**
VI	6	XVI	16	XL	40	....			
VII	7	XVII	17	**L**	**50**	CC	200	V	5 000
VIII	8	XVIII	18	LX	60	CCC	300	X	10 000
IX	9	XIX	19	LXX	70	CD	400	C	100 000
X	**10**	XX	20	LXXX	80	**D**	**500**	M	1 000 000

Exemple : 1789 → MDCCLXXXIX
MCMLXXX → 1980.

---

romain adj. **1** ● *Nous avons visité les ruines d'une ville* **romaine***, de l'ancien empire de Rome.* □ nom ● *Les* **Romains** *parlaient le latin,* les habitants de cet empire. **2** CHIFFRES ROMAINS. ● *7 s'écrit VII, en* **chiffres romains***,* les chiffres écrits avec certaines lettres. **3** ● *Giovanni habite dans la banlieue* **romaine***, de la ville de Rome.* **4** ● *Dans ton dictionnaire, les phrases-exemples sont imprimées en italiques et les explications en caractères* **romains***,* en lettres droites.

2 ● *Les églises gothiques ont été bâties après les églises* **romanes***,* les églises construites au XIe et au XIIe siècle, qui ont des voûtes en demi-cercle.

romance nom f. Chanson douce, sentimentale. ● *Elle chante souvent des* **romances** *de son pays.*

romanichel nom m. ● *Les* **romanichels** *vivent dans des roulottes* (→ SYN. bohémien, gitan).

romantique adj. ● *Elle adore les paysa-*

ges **romantiques**, qui font rêver, qui donnent des émotions.

romarin nom m. ● *Cette sauce est parfumée avec des feuilles de* **romarin**, *un arbuste qui sent bon.*

rompre v. 1 (littér.) ● *La chèvre* **a rompu** *la corde qui l'attachait* : *elle l'a cassée.* □ v. pron. ● *La corde* **s'est rompue**. — APPLAUDIR À TOUT ROMPRE : *applaudir très fort.* 2 ● *Personne n'osait* **rompre** *le silence,* le faire cesser en parlant (→ SYN. troubler). 3 ● *Christian et Virginie* **ont rompu** *leurs fiançailles* : *ils y ont mis fin, ils les ont annulées.* — ● *Bernard* **a rompu** *avec son amie Martine* : *il a cessé de la voir* (→ SYN. se brouiller, se fâcher). 4 ÊTRE ROMPU À. ● *Claude fait régulièrement de la natation* ; *il* **est rompu à** *ce sport* : *il est très exercé.* ★ Conjug. 34.

ronce nom f. ● *Les mûres poussent sur les* **ronces**, *des plantes sauvages à épines.*

ronchonner v. (fam.) ● *Il doit être de mauvaise humeur* : *je l'entends* **ronchonner**, exprimer son mécontentement en grognant (→ SYN. (fam.) bougonner).

rond nom m., adj. et adv. **A.** nom m. 1 ● *Dessinez un* **rond**, *un cercle.* — EN ROND, loc. adv. ● *Autour du pied de l'arbre, les fleurs sont plantées* **en rond**. — TOURNER EN ROND : *faire un trajet qui ramène au point de départ.* 2 *Objet rond* ● *Rond de serviette* : *anneau dans lequel on glisse sa serviette.* **B.** adj. 1 ● *Passe-moi le plateau* **rond**, en forme de cercle (→ ronde, sens 1 ; rondelle ; SYN. 1. circulaire). — ● *Les ballons de football sont* **ronds**, en forme de boule (→ SYN. sphérique). — ● *Veux-tu une bougie carrée ou une bougie* **ronde** ?, en forme de cylindre. — (fig.) DES YEUX RONDS. ● *Pourquoi me regarde-t-il avec* **des yeux ronds** ?, ouverts très grand parce qu'il est étonné. 2 ● *Aurélie se sert de ciseaux à bouts* **ronds**, courbes, arrondis (→ CONTR. pointu). 3 ● *Ce bébé est tout* **rond**, *petit et gros* (→ rondelet, rondeur). 4 ● *Ajoutez encore un peu d'essence, pour que le total à payer*

fasse un chiffre **rond**, sans virgule et facile à compter (→ arrondir, sens 3). **C.** adv. (fam.) ÇA NE TOURNE PAS ROND : *ça ne marche pas comme il faut, ça ne va pas très bien.*

■ **ronde** nom f. 1 ● *Les enfants chantent en faisant la* **ronde**, *une danse où l'on tourne en rond en se tenant tous par la main.* 2 ● *Le veilleur de nuit fait sa* **ronde**, *une visite de contrôle dans les endroits qu'il doit surveiller.* 3 À LA RONDE, loc. adv. ● *On entend la sirène à cinq kilomètres* **à la ronde**, tout autour. 4 ● *En musique, une* **ronde** *vaut deux blanches ou quatre noires,* une note ronde et blanche, sans queue.

■ **rondelet** adj. ● *Ma sœur est* **rondelette**, un peu grosse (→ SYN. grassouillet).

■ **rondelle** nom f. *Tranche mince et ronde.* ● *Une* **rondelle** *de saucisson.*

■ **rondement** adv. ● *Il a mené la discussion* **rondement**, *sans traîner.*

■ **rondeur** nom f. ● *Ma sœur a des* **rondeurs** : *les parties rondes de son corps sont grosses, rebondies.*

■ **rond-point** nom m. ● *Les voitures tournent autour du* **rond-point**, *une place ronde d'où partent plusieurs rues.* — ● *Des* **ronds-points**.

rondin nom m. 1 ● *Je n'ai jamais habité de maison de* **rondins**, *faite de troncs d'arbre.* 2 ● *Va chercher des* **rondins** *pour le feu* : *branches ou troncs sciés en morceaux courts.*

ronfler v. 1 ● *Pendant la sieste, je l'ai entendu* **ronfler**, *faire du bruit en respirant pendant son sommeil.* 2 ● *La cheminée* **ronfle** : *elle fait un bruit semblable à celui de quelqu'un qui ronfle.*

■ **ronflement** nom m. 1 ● *Les* **ronflements** *d'un dormeur* : *le bruit qu'il fait en ronflant.* 2 ● *Le* **ronflement** *d'un moteur* : *son bruit régulier quand il tourne* (→ ronronnement).

ronflant nom f. ● *Écris simplement, pas besoin de phrases* **ronflantes**, *pleines de grands mots qui ne veulent rien dire* (→ SYN. pompeux).

ronger v. **1** ● *La souris* **ronge** *une noisette :* elle en détache de petits morceaux, à tout petits coups de dents (→ rongeur ; SYN. grignoter). **2** ● *La grille* **est rongée** *par la rouille :* elle est usée, détruite lentement par la rouille. ★ Chercher aussi : corrosion. ★ Conjug. 5.
■ **rongeur** nom m. ● *Les rats, les écureuils, les lapins sont des* **rongeurs**, des animaux qui rongent leurs aliments.

ronronner v. ● *Sur mes genoux, le chat* **ronronne** : il fait entendre une sorte de ronflement, montrant qu'il est content.
■ **ronronnement** nom m. ● *Le* **ronronnement** *d'un chat, d'un moteur* (→ ronflement).

roquefort nom m. Fromage fait dans la région de Roquefort (Aveyron), avec du lait de brebis et dont la pâte est parsemée de taches bleues. ● *Le* **roquefort** *est un bleu.*

roquet nom m. Petit chien qui aboie pour un rien. ● *Le* **roquet** *des voisins n'arrête pas d'aboyer.*

roquette nom f. Arme autopropulsée. ● *Un avion armé de* **roquettes**.

rosace nom f. ● *Les* **rosaces** *de cette cathédrale ont de très belles couleurs,* ses grands vitraux ronds.

rosbif nom m. ● *Veux-tu une tranche de* **rosbif** ?, de rôti de bœuf. ★ Chercher aussi : bifteck.

1. rose nom f. ● *Hélène a acheté un bouquet de* **roses**, de belles fleurs parfumées de couleur rose, rouge, blanche ou jaune et aux tiges garnies d'épines. — (fig. et fam.) ENVOYER QUELQU'UN SUR LES ROSES : l'envoyer promener, le repousser brutalement (→ SYN. rabrouer, rembarrer).
■ **roseraie** nom f. Terrain planté de rosiers.
■ **rosier** nom m. ● *Papa taille les* **rosiers**, les arbustes qui donnent des roses.

2. rose adj. ● *Les murs de ma chambre sont tapissés de papier* **rose**, d'un rouge très clair comme celui de certaines roses (→ 1. rose). □ nom m. ● *Le* **rose** *est un mélange de rouge et de blanc.*
■ **rosâtre** adj. D'un rose pâle.
■ **rosé** adj. **1** ● *Cette fleur est d'un blanc* **rosé**, légèrement rose. **2** ● *Du vin* **rosé**, rouge clair. □ nom m. ● *Une bouteille de* **rosé** *de Provence.*

roseau nom m. ● *Au bord de l'étang, la barque glisse entre les* **roseaux**, des plantes à hautes tiges souples qui poussent au bord de l'eau.

rosée nom f. ● *Le soleil a séché la* **rosée**, les gouttelettes d'eau qui se déposent la nuit sur la campagne et les jardins.

roseraie → 1. rose.

rosette nom f. ● *Mon oncle a la* **rosette** *de la Légion d'honneur à la boutonnière,* un petit insigne rouge qui indique que l'on a reçu la Légion d'honneur.

rosier → 1. rose.

rosse adj. (fam.) ● *Tu as été* **rosse** *avec ton petit frère,* dur, méchant.
■ **rosserie** nom f. (fam.) ● *Je ne suis pas près d'oublier ses* **rosseries** (→ SYN. méchanceté).

rosser v. (fam.) ● *Cet homme brutal* **rosse** *son chien :* il le bat, il le frappe violemment.
■ **rossée** nom f. ● *Il n'avait pas mérité cette* **rossée** (→ SYN. correction, volée).

rossignol nom m. Petit oiseau dont le chant est très musical.

rossignol

rotation nom f. ● *Pour lancer sa toupie, Pascal lui donne un mouvement de* ***rotation****,* un mouvement tournant.
■ **rotatif** adj. Qui tourne. ● *Machine à laver à tambour* ***rotatif****.*

rotative nom f. Machine rapide à imprimer des livres ou des journaux. ● *Le quotidien est tiré sur une* ***rotative****.*

rotin nom m. ● *Pour nous asseoir sur la pelouse, sortons les fauteuils en* ***rotin****,* faits avec les tiges d'une sorte de palmier, qui se tressent facilement.

rôtir v. ● *Paul fait* ***rôtir*** *un gigot :* il le fait cuire à feu vif, au four ou à la broche. ★ Conjug. 11.
■ **rôti** adj. et nom m. **1** adj. ● *À Noël, nous avons mangé de la dinde* ***rôtie****,* cuite au four ou à la broche. **2** nom m. ● *Veux-tu une tranche de* ***rôti*** *de porc ?,* un morceau de viande que l'on a fait rôtir.
■ **rôtissoire** nom f. ● *Le poulet cuit dans la* ***rôtissoire****,* dans un four muni d'une broche qui tourne automatiquement.

rotor nom m. ● *N'approche pas de l'hélicoptère tant que le* ***rotor*** *tourne encore,* la grande hélice horizontale.

rotule nom f. ● *Pour vérifier mes réflexes, le médecin m'a donné un petit coup de marteau sur la* ***rotule****,* l'os situé à l'avant du genou. ★ VOIR p. 968.

rouage nom m. ● *L'horloger a réparé les* ***rouages*** *de ma montre,* les roues dentées qui sont des éléments de son mécanisme.

roublard adj. ● *Cet homme est* ***roublard****,* rusé et pas toujours honnête. □ nom ● *Méfiez-vous de ce* ***roublard*** *!*
■ **roublardise** nom f. **1** Façon de faire de roublard. ● *Je n'aime pas tes* ***roublardises*** *(→ SYN. ruse).* **2** Caractère du roublard. ● *La* ***roublardise*** *de Michel.*

rouble nom m. Monnaie de l'U.R.S.S.

roucouler v. ● *Les pigeons et les tourterelles* ***roucoulent*** *:* ils font entendre leur chant.
■ **roucoulement** nom m. ● *Les* ***roucoulements*** *des pigeons m'ont réveillé ce matin,* leur chant.

roue nom f. **1** ● *Les* ***roues*** *des bicyclettes et des voitures sont garnies de pneus,* les cercles tournants sur lesquels ces véhicules se déplacent (→ deux-roues). — (fam.) SUR LES CHAPEAUX DE ROUES. ● *Il a démarré* ***sur les chapeaux de roues****,* à toute vitesse. — (fig.) METTRE DES BÂTONS DANS LES ROUES DE QUELQU'UN : l'empêcher de réaliser ses projets en faisant surgir des difficultés. — (fig.) ÊTRE LA CINQUIÈME ROUE DU CARROSSE : être quelqu'un d'inutile. **2** ● *Le courant de la rivière fait tourner la* ***roue*** *du moulin,* un élément en forme de cercle qui fait fonctionner le moulin. **3** FAIRE LA ROUE. ● *Les paons, les dindons* ***font la roue*** *:* ils dressent les plumes de leur queue en cercle. — ● *Emma sait* ***faire la roue****,* faire tourner son corps sur le côté en s'appuyant successivement sur les mains et sur les pieds.

roué adj. ● *Ce garçon est* ***roué****,* très rusé, on ne peut pas lui faire confiance. □ nom ● *Une petite* ***rouée****.*

rouer v. ROUER DE COUPS : battre violemment. ● *Didier* ***a été roué*** *de coups.*

rouet nom m. ● *Autrefois, les paysannes filaient la laine, le chanvre ou le lin avec un* ***rouet****,* une machine à roue actionnée par une pédale.

rouge adj., adv. et nom m. **A.** adj. **1** ● *Céline a trop chaud ; elle est* ***rouge*** *comme une tomate.* — ● *Du vin* ***rouge****.* — ● *Au dernier wagon d'un train, on accroche une lanterne* ***rouge****.* — (fig.) LANTERNE ROUGE. ● *C'est encore François la* ***lanterne rouge****,* celui qui est le dernier dans une course, dans un classement. **2** ● *Le forgeron travaille le fer* ***rouge****,* chauffé jusqu'à ce qu'il prenne cette couleur. **3** ● *Le drapeau* ***rouge****,* emblème des révolutionnaires. — ● *L'Armée* ***rouge*** *:* celle de l'U.R.S.S.
B. adv. SE FÂCHER TOUT ROUGE : se fâcher très fort (en ayant le sang qui monte au visage sous l'effet de la colère). — VOIR ROUGE : entrer dans une colère terrible.
C. nom m. **1** ● *J'aime le* ***rouge*** *de ton bonnet,* sa couleur rouge. **2** ● *Ma tante se met du* ***rouge*** *à lèvres,* un pro-

duit de maquillage que l'on met sur les lèvres pour les colorer. — (fam.) ● *Servez-moi du* **rouge**, *du vin rouge.*

■ **rougeâtre** adj. ● *Dans cette région, la terre est* **rougeâtre**, *d'une couleur proche du rouge.*

■ **rougeaud** adj. ● *Un gros garçon* **rougeaud**, *dont le visage est toujours rouge.*

■ **rouge-gorge** nom m. ● *Deux* **rouges-gorges** *se sont perchés sur le balcon, de petits oiseaux dont la poitrine (la gorge) est rouge.*

■ **rougeole** nom f. Maladie contagieuse pendant laquelle la peau se couvre de taches rouges.

■ **rougeoyer** v. ● *Le ciel* **rougeoie** *du côté du soleil couchant : il prend une couleur rouge.* ★ Conjug. 6.

■ **rouget** nom m. Poisson de mer, rouge clair, dont la chair est très bonne.

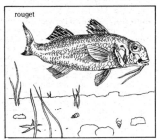

rouget

■ **rougeur** nom f. ● *Certaines maladies provoquent l'apparition de* **rougeurs** *sur le corps, de plaques rouges.*

■ **rougir** v. ● *Il* **a rougi** *de honte : il est devenu rouge.* ★ Conjug. 11.

rouille nom f. ● *Cette vieille grille est couverte de* **rouille**, *une matière brun-rouge qui se forme sur les objets en fer exposés à l'humidité.*

■ **rouiller** v. ● *Si tu ne mets pas ton vélo à l'abri, il finira par* **rouiller**, *par se couvrir de rouille.*

rouler v. 1 ● *Les boules de billard* **roulent** *sur le tapis : elles se déplacent en* tournant sur elles-mêmes. — ● *Aide-moi à* **rouler** *ce tonneau.* □ v. pron. ● *Mon petit frère était si furieux qu'il* **s'est roulé** *par terre.* 2 ● *En ville, les voitures doivent* **rouler** *lentement, se déplacer lentement (sur leurs roues).* — ● *Maman* **roule** *la poussette de bébé.* 3 ● *Maintenant que la tente est démontée, il faut la* **rouler**, *en faire un rouleau* (→ enrouler; CONTR. 1. dérouler). 4 (fam.) ● *Je me suis fait* **rouler** *par un commerçant malhonnête*, tromper, voler. 5 ROULER SUR L'OR : être très riche. 6 (fam.) ROULER SA BOSSE : voyager beaucoup. 7 v. pron. ● *En sortant de l'eau, Sandrine* **s'est roulée** *dans une serviette* (→ SYN. s'enrouler, s'envelopper).

■ **roulant** adj. 1 ● *Approche la table* **roulante**, *que l'on peut déplacer en la faisant rouler sur ses roulettes.* 2 ESCALIER ROULANT : escalier dont les marches sont entraînées par un mécanisme (→ SYN. escalator). 3 FEU ROULANT : tir continu d'armes à feu. — (fig.) ● *Un* **feu roulant** *de questions.*

■ **roulé** adj. ● *Un pull à col* **roulé**, enroulé sur lui-même.

■ **rouleau** nom m. 1 ● *Dans les magasins, le tissu est présenté en* **rouleaux**, enroulé en cylindres. 2 Nom donné à certains objets cylindriques. ● *Rouleau à pâtisserie*, qui sert à aplatir la pâte. ● *Rouleau de peintre*, que l'on enduit de peinture pour peindre les surfaces.

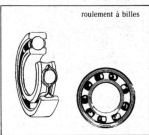

roulement à billes

■ **roulement** nom m. 1 ● *Les roulettes des patins sont montées sur des* **roule-**

ments *à billes*, sur des sortes d'anneaux à l'intérieur desquels des billes de métal roulent les unes sur les autres. **2** ● *D'où peut venir ce **roulement** de tambour?*, ce bruit de tambour assourdi et continu. — ● *Le **roulement** du tonnerre.* **3** ● *Le dimanche, les pharmacies sont de garde par **roulement**, à tour de rôle.*

■ **roulette** nom f. **1** ● *Ce fauteuil a des **roulettes** sous les pieds*, de toutes petites roues. **2** ● *Le dentiste creuse les dents cariées avec sa **roulette***, une petite pointe qui tourne très vite (→ SYN. fraise). **3** ● *Au casino, on joue de l'argent à la **roulette***, un jeu de hasard, dans lequel on lance une petite boule sur un plateau tournant qui comporte des cases numérotées.

■ **roulis** nom m. ● *Les marins sont habitués au **roulis***, au balancement du bateau d'un côté à l'autre. ★ Chercher aussi : tangage.

■ **roulotte** nom f. ● *Autrefois, les **roulottes** étaient tirées par des chevaux*, les grandes voitures dans lesquelles habitent les bohémiens et les forains.

roulotte

round [rund] ou [rawnd] nom m. ● *Le boxeur a été mis hors de combat au cinquième **round***, à la cinquième partie du match de boxe (→ SYN. reprise).

roupie nom f. Monnaie de l'Inde.

roupiller v. (fam.) ● *Ce paresseux a **roupillé** jusqu'à midi* : il a dormi.

rouquin adj. (fam.) ● *Ma sœur est **rouquine*** : elle a les cheveux roux. □ nom ● *Un grand **rouquin**.*

rouspéter v. (fam.) ● *As-tu bientôt fini de **rouspéter**?*, de protester (→ SYN. (fam.) 2. râler). ★ Conjug. 8.

■ **rouspéteur** nom m. Quelqu'un qui rouspète. ● *Jean n'est jamais content, c'est un éternel **rouspéteur**.*

rousseur nom f. ● *Elle a les bras couverts de taches de **rousseur***, de petites taches rousses sur la peau (→ roux).

roussi nom m. ● *Tu ne sens pas une odeur de **roussi**?*, l'odeur de quelque chose qui commence à brûler.

■ **roussir** v. **1** ● *Ce fer trop chaud a **roussi** ma chemise* : il lui a donné une couleur rousse en la brûlant légèrement. **2** ● *Les oignons **roussissent** dans la poêle* : ils deviennent roux. ★ Conjug. 11.

route nom f. **1** ● *Il y a beaucoup de circulation sur cette **route***, une grande voie de communication (→ routier). **2** ● *Pouvez-vous m'indiquer la **route** pour Paris?*, la direction à suivre pour s'y rendre (→ SYN. chemin, itinéraire). — (fig.) FAIRE FAUSSE ROUTE : se tromper. ● *L'enquête des policiers n'a pas abouti : ils **ont fait fausse route**.* **3** ● *Luc dit au revoir à ses compagnons de **route***, de voyage. — EN ROUTE! : partons! **4** METTRE EN ROUTE (UN APPAREIL). ● *Il tourne la clé de contact pour **mettre** le moteur **en route***, pour le mettre en marche.

■ **routier** adj. et nom m. **1** adj. ● *Une carte **routière***, sur laquelle sont indiquées les routes. **2** nom m. Chauffeur de poids lourds qui parcourt de longues distances (→ SYN. camionneur).

routine nom f. ● *Rien ne peut le faire sortir de sa **routine***, de ses habitudes trop régulières, qui ne changent jamais.

rouvrir v. **1** ● *Pourquoi as-tu fermé la fenêtre? **Rouvre**-la* : ouvre-la de nouveau. **2** ● *Ce magasin **rouvre** ce matin*, il reçoit de nouveau les clients (→ réouverture). ★ Conjug. 12.

roux adj. **1 ●** *Le renard a le poil* **roux**, *d'une couleur entre l'orange et le rouge.* — **●** *Il a des petites taches* **rousses** *sur la peau* (→ rousseur). — **●** *Le fer à repasser était trop chaud, j'ai fait une tache* **rousse** *sur ma chemise* (→ roussir). □ nom m. **●** *Ma tante s'est teint les cheveux en* **roux. 2 ●** *Une jeune fille* **rousse**, *qui a les cheveux roux.* □ nom **●** *Nicole est une petite* **rousse.**

royal adj. **1 ●** *Le Louvre était un palais* **royal**, *du roi.* **2 ●** *On nous a offert un repas* **royal**, *digne d'un roi* (→ royalement ; SYN. magnifique, somptueux).

■ royalement adv. **1 ●** *Il a reçu* **royalement** *ses invités*, magnifiquement. **2** (fam.) **●** *Elle s'en fiche* **royalement**, complètement.

■ royaliste nom **●** *Les républicains ont combattu les* **royalistes**, ceux qui soutiennent le roi, qui veulent qu'il garde le pouvoir ou qu'il le reprenne. □ adj. **●** *Un journal* **royaliste**. — (fig.) ÊTRE PLUS ROYALISTE QUE LE ROI : défendre les intérêts de quelqu'un en étant plus convaincu qu'il ne l'est lui-même.

■ royaume nom m. **●** *Autrefois, la France était un* **royaume**, un pays gouverné par un roi.

■ royauté nom f. **●** *La révolution a entraîné la chute de la* **royauté**, du système de gouvernement où le pouvoir appartenait à un roi ou à une reine (→ SYN. monarchie).

royalties [rwajalti] nom f. pl. Somme d'argent versée à un inventeur par une entreprise en fonction du nombre d'objets fabriqués ou vendus grâce à son invention.

ruade nom f. **●** *Bruno a été blessé par une* **ruade** *de son cheval*, un coup de pied donné avec ses jambes arrière (→ 1. ruer).

ruban nom m. **●** *Autour de son paquet, Agathe a noué un beau* **ruban**, une étroite bande de tissu. — **●** *Le* **ruban** *des machines à écrire est imprégné d'encre.*

rubéole nom f. Maladie contagieuse qui provoque l'apparition de taches rouges sur le corps comme la rougeole, mais qui est moins grave.

rubis nom m. **●** *La princesse portait un collier de* **rubis**, des pierres précieuses, de couleur rouge foncé.

rubrique nom f. **●** *Dans ce journal, Anne lit surtout la* **rubrique** *des spectacles*, l'ensemble des articles qui parlent régulièrement de ce sujet. ★ Chercher aussi : 2. chronique.

ruche nom f. **●** *Chaque année, on récolte le miel amassé dans les* **ruches**, dans les petites maisons où l'on élève des abeilles.

■ rucher nom m. **●** *Écarte-toi du* **rucher**, *les abeilles risquent de te piquer* : endroit où sont rassemblées les ruches.

rude adj. **1 ●** *Ce berger est un homme* **rude**, très simple et un peu brutal (→ CONTR. doux, raffiné). **2 ●** *Le choc a été très* **rude**, dur, pénible à supporter. — **●** *Un hiver* **rude**, très froid. **3 ●** *J'ai mal dormi dans ces draps de toile* **rude**, désagréable à toucher, rêche (→ CONTR. doux).

■ rudement adv. **1 ●** *Il nous a repoussés* **rudement** (→ SYN. brutalement). **2** (fam.) **●** *Tu es* **rudement** *malin*, très malin (→ SYN. (fam.) bigrement, diablement).

■ rudesse nom f. **●** *La* **rudesse** *de ses manières me déplaît* (→ SYN. âpreté, brusquerie, brutalité).

■ rudoyer v. **●** *Cet homme* **rudoie** *ses employés* : il les traite avec rudesse. ★ Conjug. 6.

rudiments nom m. plur. **●** *Serge connaît déjà les* **rudiments** *de la musique*, les connaissances les plus simples dans ce domaine, les bases. — **●** *Les* **rudiments** *d'un métier* (→ SYN. a b c).

■ rudimentaire adj. **●** *Avec ces branches, Pascal a construit une cabane* **rudimentaire**, extrêmement simple.

rue nom f. **●** *Faites bien attention en traversant cette* **rue**, cette voie qui passe entre des maisons. — ÊTRE À LA RUE : être sans logement par manque d'argent.

■ ruelle nom f. **●** *Nous nous sommes*

*perdus dans les **ruelles** du vieux quartier, dans ses petites rues étroites.*

1. ruer v. ● *Éloignez-vous de ce cheval, il peut **ruer**,* soulever ses jambes de derrière et les lancer en arrière avec force (→ ruade).

2. se ruer v. pron. ● *La troupe **s'est ruée** sur l'ennemi :* elle s'est jetée violemment sur lui (→ SYN. se précipiter).

■ **ruée** nom f. ● *Chaque fin de semaine, c'est la **ruée** des Parisiens vers la campagne,* le mouvement d'un grand nombre de gens qui se précipitent dans la même direction (→ SYN. rush).

rugby [rygbi] nom m. Sport opposant deux équipes qui essaient de poser un ballon ovale derrière la ligne de but des adversaires, ou de l'envoyer d'un coup de pied entre les poteaux de ce but. ● *Au **rugby**, le ballon se lance avec la main ou avec le pied.*

■ **rugbyman** [rygbiman] nom m. ● *Une équipe de rugby est composée de quinze ou de treize **rugbymen**,* joueurs de rugby. — *Des **rugbymen** [rygbimen] ou des **rugbymans** [rygbiman].*

rugir v. **1** ● *Dans la brousse, j'ai entendu les lions **rugir**,* pousser leur cri. **2** ● *Le voisin était dans une colère folle, il **rugissait** :* il hurlait. ★ Conjug. 11.

■ **rugissement** nom m. **1** ● *Le **rugissement** d'un lion.* **2** ● *Des **rugissements** de fureur.*

rugueux adj. ● *Cette planche est très **rugueuse**,* désagréable à toucher parce qu'elle n'est pas lisse (→ CONTR. 2. poli).

■ **rugosité** nom f. Fait d'être rugueux. ● *La **rugosité** d'une planche est due à ses nombreuses aspérités.*

ruine nom f. **1** ● *Un tremblement de terre a ravagé la ville ; il ne reste plus que des **ruines**,* des débris de bâtiments détruits, écroulés. — EN RUINE, loc. adv. ● *Ce château n'est plus entretenu ; il tombe en **ruine** :* il s'écroule peu à peu. **2** ● *De mauvaises affaires ont entraîné la **ruine** de ce commerçant,* la perte de tout son argent, de tous ses biens.

■ **ruiner** v. ● *Autrefois il était riche ;*

*mais il **a été ruiné** :* il a perdu toute sa fortune (→ SYN. appauvrir). □ v. pron. ● *Il **s'est ruiné** en jouant aux courses.*

■ **ruineux** adj. ● *C'est un gaspillage **ruineux**,* qui revient trop cher.

ruisseau nom m. ● *Ce **ruisseau** se jette dans la rivière,* ce petit cours d'eau.

■ **ruisseler** v. **1** ● *Les larmes **ruissellent** sur ses joues :* elles coulent sans arrêt et en abondance. **2** (fig.) ● *Au moment de Noël, les rues de la ville **ruissellent** de lumière :* elles sont inondées de lumière. ★ Conjug. 9.

■ **ruisselant** adj. **1** ● *Il est arrivé, **ruisselant** de pluie.* **2** (fig.) ● *Un visage **ruisselant** de larmes* (→ SYN. inondé).

■ **ruissellement** nom m. Action de ruisseler. **1** ● *Le **ruissellement** des eaux de pluie sur les toits* (→ SYN. écoulement). **2** (fig.) ● *Un **ruissellement** de lumière.*

rumeur nom f. **1** ● *Même quand les fenêtres sont fermées, on entend la **rumeur** de la ville,* son bruit confus, assourdi. **2** ● *Cette nouvelle n'est pas sûre, c'est seulement une **rumeur**,* un bruit qui court.

ruminer v. **1** ● *Les vaches **ruminent** :* elles mâchent une seconde fois l'herbe qu'elles ont avalée et qui est remontée dans leur bouche. **2** (fig.) ● *Claude **rumine** sa vengeance :* il y pense et y repense sans arrêt.

■ **ruminant** nom m. Animal qui rumine (bœuf, mouton, girafe, chameau, cerf, etc.).

rupestre adj. ● *Dans cette grotte préhistorique, nous avons admiré des peintures **rupestres**,* faites directement sur la roche.

rupture nom f. **1** ● *L'accident du téléphérique a été causé par la **rupture** d'un câble, parce qu'il s'est cassé* (→ rompre, sens 1). **2** ● *On annonce la **rupture** des relations diplomatiques entre ces deux pays,* leur interruption brutale (→ rompre, sens 3). **3** ● *Je viens d'apprendre leur **rupture**, qu'ils s'étaient séparés parce qu'ils ne s'entendaient plus* (→ rompre, sens 3).

rural adj. ● *Jacques ne voudrait pas habiter en ville ; il préfère la vie **rurale**,* à la campagne (→ CONTR. urbain). □ nom plur. ● *Les **ruraux** :* les habitants de la campagne (→ CONTR. citadin).

ruse nom f. ● *J'ai cru qu'il était blessé, mais ce n'était qu'une **ruse**,* un moyen habile employé pour tromper (→ SYN. feinte).
■ **rusé** adj. ● *Ce garçon est **rusé*** (→ SYN. adroit, malin).
■ **ruser** v. ● *Ton adversaire est malin, n'essaie pas de **ruser** avec lui,* d'employer la ruse.

rush [rœ∫] nom m. ● *Au moment de Noël, c'est le **rush** vers les magasins de jouets,* la ruée.

rusticité nom f. 1 ● *On m'a offert une plante d'une grande **rusticité**,* simplicité, robustesse, résistance (→ CONTR. délicatesse). 2 Caractère qui rappelle la campagne. ● *Sandrine aime la **rusticité** de ses meubles* (→ rustique).

rustine nom f. ● *Pour réparer sa chambre à air crevée, Yves colle une **rustine** sur le trou,* un petit morceau de caoutchouc.

rustique adj. ● *Mes parents ont acheté une armoire **rustique**,* de forme simple, comme les meubles campagnards (→ rusticité).

rustre nom m. Homme mal élevé, qui se conduit grossièrement.

rut [ryt] nom m. ● *Un chien entre en **rut** ou en période de **rut** :* période pendant laquelle les animaux sont poussés à s'accoupler.

rutabaga nom m. Chou-rave à goût de navet dont on nourrit les animaux. ● *Pendant la guerre, on cuisinait des plats de **rutabaga**.*

rutilant adj. ● *L'argenterie bien astiquée est **rutilante** :* elle a des reflets très brillants.

rythme nom m. 1 ● *L'orchestre joue un air au **rythme** rapide,* au mouvement rapide. 2 ● *Le **rythme** de son cœur est lent, mais régulier,* la vitesse à laquelle il bat (→ SYN. allure, cadence).
■ **rythmer** v. 1 ● *La musique militaire **rythme** la marche des soldats :* elle lui donne un rythme. 2 ● *Elles frappent dans leurs mains pour **rythmer** leur danse,* pour souligner son rythme. □ adj. ● *Un air bien **rythmé**.*
■ **rythmique** adj. ● *Elsa fait de la danse **rythmique**,* une sorte de danse très rythmée, assez proche de la gymnastique.

S|s

s' → se ; → si.

sa adj. poss. ● *Aude a mis sa belle robe, celle qui lui appartient* (→ son).

sabbat nom m. **1** ● *Les Juifs prient Dieu et se reposent le jour du sabbat*, le samedi. **2** ● *À cheval sur son balai, la sorcière de cette légende partait au sabbat*, une réunion de sorciers qui avait lieu la nuit.

sabir nom m. Langage où se mélangent plusieurs langues existantes. ● *Cet étranger parle un sabir difficile à comprendre*.

sable nom m. ● *Sur la plage, Loïc fait un grand château de sable*, les petits grains très fins qui proviennent de roches ou de coquillages broyés.
■ **sablage** nom m. ● *Le sablage d'une rue verglacée* : le fait d'y répandre du sable.
■ **sableux** adj. ● *Le lit de cette rivière est sableux* : il contient du sable.
■ **sablier** nom m. Petit appareil qui contient du sable et qui sert à mesurer le temps. ● *Mon œuf à la coque sera cuit quand tout le sable du sablier aura coulé en bas.*
■ **sablière** nom f. Endroit d'où l'on extrait du sable.
■ **sablonneux** adj. ● *Ce chemin est sablonneux*, couvert de sable.

sablé nom m. ● *Ève mange un sablé*, un gâteau sec dont la pâte s'effrite facilement en petits morceaux. □ adj. ● *Une pâte à tarte sablée.*

sabler v. **1** ● *Sabler les allées d'un jardin* : les recouvrir de sable. **2** SABLER LE CHAMPAGNE : boire du champagne en abondance pour fêter un événement.

saborder v. ● *Pour qu'il ne soit pas pris par l'ennemi, le commandant a sabordé son bateau* : il l'a coulé volontairement.
■ **sabordage** nom m. Action de saborder. ● *Le sabordage des navires de guerre a été une grande perte pour le pays.*

sabot nom m. **1** ● *Valérie porte des sabots*, des chaussures avec une semelle de bois. **2** ● *On met des fers sous les sabots des chevaux*, sous la partie en corne qui entoure le pied de certains animaux.

saboter v. **1** ● *Le moteur de l'avion a été saboté*, abîmé exprès. **2** ● *Ce réparateur a saboté son travail* : il l'a fait trop vite et mal.
■ **sabotage** nom m. ● *L'explosion de l'avion serait due à un sabotage*, au fait qu'on l'ait saboté.
■ **saboteur, -teuse** nom ● *Des saboteurs ont détruit la voie ferrée*, les auteurs d'un sabotage.

sabre nom m. Grosse épée dont la lame coupe d'un seul côté. ● *Les pirates ont sauté sur le navire en brandissant leurs sabres.*
■ **sabrer** v. **1** Donner des coups de sabre. **2** (fig.) Supprimer des parties d'un texte. ● *Ce devoir est trop long ; il faut le sabrer.*

1. sac nom m. **1** Récipient fait d'une matière souple (papier, plastique, toile, cuir, etc.). ● *La vendeuse met les oranges dans un sac en papier.* — (fig.) METTRE DANS LE MÊME SAC. ● *L'un est voleur, l'autre est menteur, moi je les mets dans le même sac,* dans la même catégorie des gens qui ne me plaisent pas. — ● *Maman cherche les clés dans son sac* (ou *son sac à main*). — (fig.) PRENDRE QUELQU'UN LA MAIN DANS LE SAC : le surprendre en train de voler, de faire quelque chose de mal. — SAC À DOS. ● *Avant de partir camper, Yves remplit son sac à dos,* un sac de toile que l'on porte sur le dos grâce à deux bretelles. — SAC DE COUCHAGE. ● *Pour dormir, il se glissera dans son sac de couchage,* une enveloppe de toile, garnie de duvet ou de fibres chaudes. — SAC À MALICE : le sac d'où les prestidigitateurs tirent toutes sortes de choses extraordinaires. — (fig.) AVOIR PLUS D'UN TOUR DANS SON SAC : être très malin. **2** Contenu d'un sac. ● *Elle a mangé tout un sac de bonbons.* **3** (fig.) VIDER SON SAC : dire tout ce que l'on pense, même ce que l'on cachait jusque-là.
■ **sachet** nom m. Petit sac. ● *Du thé en sachets.*
■ **sacoche** nom f. ● *Le porte-bagages de sa bicyclette est muni de sacoches,* de sacs en cuir ou en toile.

2. sac nom m. ● *L'incendie a éclaté pendant le sac de la ville,* pendant son pillage. — METTRE À SAC : piller, saccager.

saccade nom f. ● *Ce train électrique va tomber en panne, il n'avance plus que par saccades,* par secousses brusques (→ SYN. à-coup).
■ **saccadé** adj. ● *L'automate a des gestes saccadés,* qui se font par saccades.

saccager v. **1** (littér.) ● *Pendant l'émeute, des magasins ont été saccagés,* pillés et mis à sac. **2** *Les chiens ont saccagé la pelouse* : ils l'ont gravement abîmée. ★ Conjug. 5.
■ **saccage** nom m. (littér.) ● *Les cambrioleurs ont tout abîmé, quel saccage!*

sacré adj. **1** ● *L'église, le temple, la mosquée sont des lieux sacrés,* que l'on doit respecter parce qu'ils appartiennent à Dieu (→ consacrer, sacrement). **2** ● *Pour lui, la franchise est une chose sacrée,* qu'il faut respecter parce qu'elle est belle, parce qu'elle a beaucoup de valeur. **3** (fam.; placé avant le nom) ● *Sophie a eu une sacrée chance,* beaucoup de chance (→ SYN. satané).
■ **sacrement** nom m. ● *Pour les chrétiens, le mariage est un sacrement,* un acte important de la religion catholique.

sacrer v. ● *Napoléon a été sacré empereur en 1804* : il a été déclaré empereur par la cérémonie du sacre (→ SYN. couronner).
■ **sacre** nom m. ● *Le sacre d'un roi* : la cérémonie religieuse au cours de laquelle le souverain est sacré (→ SYN. couronnement).

sacrifice nom m. **1** ● *Les Incas faisaient des sacrifices pour honorer leurs dieux, des offrandes.* **2** ● *Ses parents ont fait beaucoup de sacrifices pour pouvoir acheter une maison* : ils se sont privés (→ SYN. privation).
■ **sacrifier** v. **1** ● *Certaines tribus primitives sacrifient des animaux* : elles les tuent pour les offrir à leurs dieux (→ SYN. immoler). **2** ● *Pour devenir champion de natation, il a sacrifié ses études* : il y a renoncé. **3** v. pron. ● *Ils se sont sacrifiés pour élever leurs enfants* : ils se sont dévoués, privés pour eux. ★ Conjug. 10.

sacrilège nom m. **1** ● *Ces bandits ont pillé l'église, c'est un sacrilège,* un crime contre des choses sacrées. **2** ● *Ils ont décidé d'abattre ces beaux arbres, quel sacrilège!* : quel manque de respect pour une belle chose.

sacripant nom m. (fam.) Vaurien capable de toutes sortes de mauvaises actions. ● *Ces sacripants ont encore endommagé l'ascenseur* (→ SYN. chenapan).

sacristie nom f. ● *Monsieur le Curé n'est pas dans l'église? Vous le trouverez dans la sacristie,* l'endroit où l'on range les objets qui servent pour la messe, pour les cérémonies.
■ **sacristain** nom m. ● *Autrefois, le*

sacristain sonnait la cloche pour toutes les cérémonies, celui qui était chargé d'entretenir l'église. ★ VOIR p. 329.

sadique adj. ● *Il torture les animaux, c'est un homme sadique*, cruel, qui prend plaisir à faire souffrir. □ nom ● *Ce crime serait l'œuvre d'un sadique*, d'un fou cruel.
■ **sadisme** nom m. Comportement d'une personne sadique.

safari nom m. ● *Ils ont été invités à un safari en Afrique*, à une expédition de chasse. — SAFARI-PHOTO : expédition pour photographier des animaux sauvages. ● *Des safaris-photos.*

safran nom m. Poudre jaune orangée extraite d'une fleur, dont on se sert pour colorer ou pour assaisonner les plats. ● *Ce riz est tout jaune parce que j'y ai mis du safran.*

saga nom f. Récit historique ou de fiction racontant la vie des membres d'une famille sur plusieurs générations.

sagacité nom f. Finesse d'esprit, pénétration, clairvoyance. ● *Lorsqu'il élaborait un plan de bataille, Napoléon étonnait ses généraux par sa sagacité.*

sagaie nom f. ● *Un chasseur de la tribu a tué ce singe avec une sagaie*, une arme à long manche terminée par un fer pointu (→ SYN. javelot, lance).

sage adj. 1 ● *Ta décision est sage*, pleine de raison, de prudence, de bon sens (→ SYN. raisonnable). 2 ● *Ma petite sœur a été sage*, calme et obéissante.
■ **sagesse** nom f. 1 ● *Écoutons ses conseils, ils sont pleins de sagesse*, de raison, de prudence, de bon sens. 2 ● *Ce matin, les enfants ont été d'une sagesse* exemplaire (→ SYN. calme, obéissance, tranquillité).

sage-femme nom f. ● *Quand mon petit frère est né, la sage-femme a aidé Maman à le mettre au monde*, une femme dont le métier est d'aider les femmes à accoucher.

saigner v. 1 ● *Laurent est tombé de bicyclette, son genou saigne* : il perd du sang. — ● *Corinne saigne du nez.*

2 ● *Le fermier a saigné un canard* : il l'a tué en le vidant de son sang. 3 (fig.) SAIGNER À BLANC. ● *Ce pays est pauvre, la guerre l'a saigné à blanc* : elle l'a privé de toutes ses ressources, de toutes ses richesses. — (fig.) SE SAIGNER AUX QUATRE VEINES POUR QUELQU'UN : dépenser ou donner tout ce que l'on peut pour lui, en se privant beaucoup.
■ **saignant** adj. ● *J'aime la viande saignante*, peu cuite.
■ **saignement** nom m. ● *Elle a souvent des saignements de nez*, du sang qui s'écoule par le nez (→ SYN. hémorragie).

saillant adj. 1 ● *Patrick a un menton saillant*, qui dépasse. 2 (fig.) ● *Quels sont les événements saillants de la journée?*, les événements remarquables, qui attirent l'attention.
■ **saillie** nom f. ● *L'alpiniste se cramponnait à une saillie du rocher*, une partie qui dépasse, une aspérité. — ● *Un morceau de rocher en saillie.*
■ **saillir** v. (littér.) ● *En serrant le poing, il a fait saillir ses muscles* : il les a fait gonfler, il les a mis en relief. ★ Conjug. 14.

sain adj. 1 ● *Ces moutons sont sains*, en bonne santé (→ CONTR. malade). — SAIN ET SAUF. ● *Les passagers sont sortis sains et saufs de la voiture accidentée*, vivants et en bonne santé (→ SYN. indemne). 2 ● *Les enfants ont besoin d'une nourriture saine*, bonne pour la santé. 3 ● *Des distractions saines*, bonnes pour le corps et l'esprit (→ CONTR. malsain).

saindoux nom m. ● *On met parfois du saindoux dans la choucroute*, de la graisse de porc fondue.

sainfoin nom m. Plante utilisée comme fourrage. ● *Cet hiver, les vaches mangeront du sainfoin.*

saint nom et adj. 1 nom ● *Ces statues représentent des saints*, des personnes qui, dans la religion chrétienne, sont données en exemple parce qu'elles ont été meilleures que les autres. □ adj. ● *La Sainte Vierge, saint François.* 2 adj. ● *Son oncle est un saint homme*, un homme bon, juste et généreux. 3 adj. ● *La Bible et le Coran sont des* livres **saints**, sacrés, respectés parce qu'ils sont consacrés à une religion.

■ **sainteté** nom f. **1** Qualité d'une personne ou d'une chose sainte. **2** SA SAINTETÉ : titre donné au pape. ● *Sa Sainteté le pape Jean-Paul II.*

saint-bernard nom m. invar. ● *Les promeneurs pris dans l'avalanche ont été retrouvés par des **saint-bernard**, de gros chiens de montagne.*

saint-bernard

sainte nitouche nom f. (fam.) Fille ou femme rusée qui fait semblant d'être naïve pour tromper son entourage. ● *Ne te fie pas à ses airs innocents ; c'est une **sainte nitouche**.*

saisir v. **1** ● *Vincent **a saisi** son chien par le collier* : il l'a attrapé rapidement avec sa main. □ v. pron. ● *Les cambrioleurs **se sont saisis** des bijoux* : ils s'en sont emparés, ils les ont pris. **2** ● *Quand j'ai ouvert la porte, tu chat **a saisi** l'occasion pour sortir* : il en a profité rapidement. **3** ● *As-tu **saisi** ce que je viens de t'expliquer ?* (→ SYN. 1. comprendre). **4** ● *En sortant de la maison, le froid **l'a saisi*** : il l'a surpris en lui donnant un choc (→ saisissant ; saisissement). **5** ● *Le tribunal a été **saisi** de cette affaire* : elle lui a été confiée (→ CONTR. dessaisir). **6** ● *Les journaux interdits **ont été saisis**, pris, confisqués par une décision de la justice* (→ saisie). ★ Conjug. 11.

■ **saisie** nom f. **1** (juridique) Acte par lequel la justice retire à une personne l'usage de ses biens. ● *Il ne payait pas son loyer : la justice a ordonné la **saisie** de ses meubles.* **2** (informatique) ● *La **saisie** des entrées sur le clavier d'un ordinateur* : frappe des informations.

■ **saisissant** adj. ● *Entre ces deux sœurs, la ressemblance est **saisissante**, surprenante* (→ SYN. étonnant, frappant).

■ **saisissement** nom m. ● *Quand il a découvert tous ces cadeaux, le **saisissement** l'a empêché de réagir, le choc, la surprise, l'émotion.*

saison nom f. **1** ● *Connais-tu le nom des quatre **saisons** ?*, des quatre parties de l'année : le printemps, l'été, l'automne et l'hiver. **2** ● *Dans cette station de sports d'hiver, la **saison** se termine*, la période où elle reçoit beaucoup de touristes. **3** ● *N'allez pas en Afrique pendant la **saison** des pluies*, la période où il pleut énormément.

■ **saisonnier** adj. ● *Les fraises, les pêches sont des produits **saisonniers**, qui n'existent qu'à certaines saisons de l'année.*

salade nom f. **1** ● *Dominique épluche la **salade**, une plante dont on mange les feuilles crues. ★ Chercher aussi : chicorée, endive, laitue, scarole. **2** ● *Une **salade** de tomates, de riz, de maïs* : un plat froid assaisonné avec de la vinaigrette. **3** SALADE DE FRUITS : fruits coupés en morceaux, servis avec un sirop.

■ **saladier** nom m. ● *Je remue la salade dans le **saladier**, un grand plat profond.*

salaire nom m. ● *Mon cousin voudrait bien que l'on augmente son **salaire**, l'argent que lui donne régulièrement son employeur en échange de son travail* (→ SYN. rémunération). ★ Chercher aussi : honoraires.

■ **salarié** adj. ● *Un travailleur **salarié**, qui reçoit un salaire. □ nom ● *Les **salariés** d'une entreprise* : les personnes qui touchent un salaire.

salaisons → saler.

salami nom m. Gros saucisson sec fabriqué en Italie. ● *Donnez-moi cinq tranches de salami.*

sale adj. **1** ● *Ta chemise est sale, il faut la laver* (→ CONTR. propre). **2** (fam.; placé avant le nom) ● *Il m'a joué un sale tour, un vilain tour.* — ● *Un sale type :* un individu méprisable, désagréable. ★ Ne pas confondre *sale* et *salle.*

■ **salement** adv. ● *Il mange salement,* d'une manière sale (→ CONTR. proprement).

■ **saleté** nom f. **1** ● *Son pantalon était d'une saleté incroyable,* l'état de ce qui est sale (→ CONTR. propreté). **2** ● *Cette pâte à modeler fait des saletés partout,* des choses qui sont sales ou qui salissent. — ● *Cette eau est pleine de saletés* (→ SYN. impureté; (fam.) cochonnerie).

■ **salir** v. ● *En tombant, elle a sali sa robe :* elle l'a rendue sale. □ v. pron. ● *Attention au goudron, tu vas te salir.* ★ Conjug. 11.

■ **salissant** adj. **1** ● *Le blanc est une couleur salissante,* qui se salit facilement. **2** ● *Le garagiste fait un travail salissant,* qui salit beaucoup.

saler v. ● *J'ai oublié de saler la purée,* de l'assaisonner avec du sel.

■ **salaisons** nom f. plur. ● *Le charcutier vend des salaisons,* des aliments que l'on a salés pour les conserver (jambon, saucisse, lard).

■ **salant** adj. MARAIS SALANT : bassin peu profond creusé près de la mer et où l'on obtient du sel par évaporation.

■ **salé** adj. et nom m. **1** adj. ● *Une eau salée,* qui contient du sel. — ● *Ce plat est trop salé* (→ CONTR. fade). **2** nom m. ● *J'ai mangé du salé,* du porc salé.

■ **salière** nom f. ● *J'ai rempli la salière,* le petit récipient qui sert à mettre le sel sur la table.

■ **salin** adj. ● *Il respirait l'air salin de l'océan,* qui contient naturellement du sel.

saleté ; salir ; salissant → sale.

salive nom f. ● *Éric est grippé, il a mal à la gorge quand il avale sa salive,* le liquide que l'on a dans la bouche.

■ **salivaire** adj. ● *Les glandes salivaires,* qui produisent la salive.

■ **saliver** v. Sécréter de la salive. ● *La vue de cette mousse au chocolat me fait saliver.*

salle nom f. **1** ● *Je me lave dans la salle de bains, je déjeune dans la salle à manger, je regarde la télévision dans la salle de séjour,* certaines pièces d'un logement. **2** ● *Le film va commencer, entrons vite dans la salle de cinéma,* une grande pièce qui peut contenir beaucoup de personnes. — ● *Une salle de théâtre.* **3** ● *Quand le clown est entré, toute la salle a éclaté de rire,* tout le public, les spectateurs. ★ Ne pas confondre *salle* et *sale.*

salon nom m. **1** ● *Mes parents et leurs invités discutaient dans le salon,* la pièce où l'on reçoit les visiteurs. **2** SALON DE THÉ : pâtisserie où l'on sert du thé, des boissons. — SALON DE COIFFURE : boutique du coiffeur. **3** Exposition. ● *Maman m'a emmené au Salon des Arts ménagers.* — ● *Le Salon de l'Auto, le Salon de l'Enfance.*

salopette nom f. ● *Sa salopette est couverte de cambouis,* le pantalon de travail à bretelles croisées, muni d'une partie qui protège la poitrine. ★ Chercher aussi : bleu, B.

salpêtre nom m. ● *Les vieux murs de la cave étaient couverts de salpêtre,* une poudre blanche.

salsifis nom m. ● *Marc aime les salsifis,* une plante dont on mange la longue racine brune.

saltimbanque nom m. ● *Ce jongleur, cet avaleur de sabre, ce cracheur de feu sont des saltimbanques,* des gens qui font des tours d'adresse, des acrobaties dans les rues.

salubre adj. ● *Un climat salubre,* sain, qui a un effet favorable sur la santé (→ CONTR. insalubre, malsain).

salubrité nom f. Qualité de ce qui est salubre. ● *Le maire veille à la salubrité des logements de la commune.*

saluer v. **1** ● *Frédéric m'a salué d'un geste de la main : il m'a fait un salut* (→ **1. salut**). **2** ● *L'arrivée du chanteur sur la scène est saluée par des applaudissements* (→ SYN. accueillir).

■ **salutation** nom f. ● *Transmettez mes salutations à vos parents : dites-leur que je les salue.*

1. salut nom m. **1** ● *Il m'a fait un salut de la tête, un signe pour me saluer, pour me dire bonjour.* **2** (fam.) ● *Salut les gars!* : bonjour ou au revoir (→ saluer).

2. salut nom m. ● *Le chat va la rattraper; pourvu que cette souris trouve un trou, c'est sa seule chance de salut!*, de sauver sa vie, d'échapper à la mort ou au danger.

■ **salutaire** adj. ● *Le bon air des montagnes lui sera salutaire* : il lui fera du bien (→ SYN. bienfaisant, bon, utile).

salve nom f. ● *Pour saluer l'arrivée du président, les marins ont tiré une salve*, un ensemble de coups de canon ou de coups de feu tirés en même temps.

samba nom f. Danse très rythmée à deux temps, originaire du Brésil. ● *Au carnaval de Rio, tous les masques dansent la samba.*

samedi nom m. ● *Le samedi après-midi, les écoliers ne vont pas en classe, le jour de la semaine, entre vendredi et dimanche.*

samouraï [samuraj] nom m. ● *Les samouraïs combattaient avec des sabres, les guerriers japonais d'autrefois.* ★ Chercher aussi : hara-kiri.

sanatorium [sanatɔrjɔm] nom m. ● *Pour guérir, elle est partie en montagne dans un sanatorium*, une maison de repos où l'on soigne les tuberculeux.

1. sanction nom f. ● *S'ils continuent à chahuter, les sanctions ne vont pas tarder*, les punitions.

■ **1. sanctionner** v. ● *Sa désobéissance a été sanctionnée*, punie.

2. sanction nom f. ● *La loi proposée a reçu la sanction des députés :* elle a été approuvée par eux.

■ **2. sanctionner** v. ● *Cette décision a été sanctionnée par les autorités :* elle a été approuvée officiellement.

sanctuaire nom m. ● *Notre-Dame de Paris est un sanctuaire* chrétien, un lieu saint, un bâtiment consacré aux cérémonies religieuses.

sandale nom f. ● *Tes pieds seront plus à l'aise dans ces sandales*, ces chaussures légères, à lanières.

■ **sandalette** nom f. ● *Véronique a oublié ses sandalettes sur la plage*, ses sandales légères à talons plats.

sandwich [sɑ̃dwi(t)ʃ] nom m. ● *Pour le goûter, je me suis préparé un sandwich*, deux tranches de pain entre lesquelles on place du jambon, du saucisson, du pâté, etc. ★ Au pluriel : *des sandwichs* ou *des sandwiches*.

sang nom m. **1** ● *Le sang contient des globules blancs et des globules rouges, le liquide rouge qui circule dans les veines et les artères* (→ sanglant). — FAIRE COULER LE SANG. ● *Cette bataille a fait couler beaucoup de sang :* elle a fait de nombreux morts et blessés. **2** (fam.) SE FAIRE DU MAUVAIS SANG. ● *Marc n'est pas encore rentré, sa mère se fait du mauvais sang :* elle s'inquiète. **3** (fam.) SUER SANG ET EAU : faire de grands efforts, se donner beaucoup de peine. **4** (fig.) MON SANG N'A FAIT QU'UN TOUR : j'ai été bouleversé, j'ai réagi immédiatement. **5** ● *C'est un prince de sang* royal, qui appartient à une famille royale. — UN PUR-SANG : un cheval de race pure.

■ **sanglant** adj. **1** ● *Le meurtrier avait les mains sanglantes*, couvertes de sang (→ SYN. ensanglanté). **2** ● *Une bataille sanglante*, qui fait couler beaucoup de sang, qui fait beaucoup de morts et de blessés (→ SYN. meurtrier).

■ **sanguin** adj. ● *La circulation sanguine*, du sang. ● *Les artères et les veines sont des vaisseaux sanguins.*

■ **sanguinaire** adj. ● *Les fauves sont des animaux sanguinaires*, qui aiment faire couler le sang (→ SYN. cruel, féroce).

■ **sanguinolent** adj. ● *La plaie était*

entourée de pansements **sanguino-
lents**, où se mêlait un peu de sang.

sang-froid nom m. **1** • *Ne nous affolons
pas, gardons notre **sang-froid**!*, notre
calme ; restons maîtres de nous. **2** DE
SANG-FROID, loc. adv. • *Il a assassiné sa
victime **de sang-froid**, consciemment,
froidement.

sanglant → sang.

sangle nom f. • *Le cavalier resserre la
sangle de la selle*, la large courroie qui
sert à l'attacher, à la serrer.
■ **sangler** v. Serrer fortement. • *Au
début du siècle, les femmes étaient
sanglées dans des corsets.*

sanglier nom m. • *Les chiens de chasse
poursuivent un **sanglier***, un porc sauvage qui vit dans les forêts. ★ Chercher
aussi : laie, marcassin.

sanglot nom m. • *En voyant partir sa
mère, ma petite cousine a éclaté en
sanglots*, des pleurs qui secouent la
poitrine.
■ **sangloter** v. • *Va la consoler, elle
sanglote dans le couloir : elle pleure
très fort, avec des sanglots.*

sangria nom f. (mot espagnol) Boisson faite
de vin rouge dans lequel on a fait
macérer des fruits (oranges, citrons,
pêches, etc.).

sangsue [sɑ̃sy] nom f. • *En traversant un
marais, les explorateurs ont été mor-
dus par des **sangsues***, des vers qui se
collent à la peau par leur ventouse et
qui sucent le sang.

**sanguin ; sanguinaire ; sanguino-
lent** → sang.

sanitaire adj. **1** • *Les services **sanitaires***,
qui s'occupent de la santé, de l'hy-
giène. **2** • *Les appareils **sanitaires**
d'une maison* : les lavabos, baignoires,
éviers, etc., qui servent à la propreté et
à la santé.

sans prép. Exprime le manque, la privation. **1** • *Si tu ne veux pas m'accompagner, j'irai **sans** toi* (→ CONTR. avec).
— • *Entrez **sans** frapper.* **2** SANS QUE, loc.
conj. (suivie du subjonctif). • *Marc a rangé
sa chambre **sans qu**'on le lui dise.*

sans-abri nom invar. • *Après le passage
du cyclone, il a fallu reloger les **sans-
abri**, ceux qui n'avaient plus de logement.

sans-gêne adj. • *Il se sert toujours le premier, quel enfant **sans-gêne**!*, qui agit
avec familiarité, sans s'occuper des
autres* (→ gêner, sens 3). □ nom m. invar.
• *Son **sans-gêne** me choque* (→ SYN.
désinvolture, impolitesse).

sansonnet nom m. Petit oiseau (→ SYN.
étourneau).

sansonnet

santé nom f. **1** • *Il ne devrait pas fumer,
c'est mauvais pour la **santé**, pour
l'état du corps et son bon fonctionnement.* — • *Être en bonne, en mauvaise
santé. **2** • *Je bois à votre **santé**, pour
que vous vous portiez bien.

santon nom m. • *Pour Noël, en Provence,
on fait de très jolies crèches avec des
santons, des petits personnages en
terre cuite peinte.

saoul ou **soûl** [su] adj. **1** • *Elle a bu trop
d'alcool, elle est **saoule*** (→ SYN. ivre).
2 TOUT SON SOÛL. • *Dormir **tout son soûl*** :
tout ce qu'on peut, autant qu'on veut.
■ **saouler** v. **1** v. pron. • *Il **s'est saoulé**
en buvant du whisky* (→ SYN. s'enivrer).
2 (fig.) • *Cette musique me **saoule** : elle
me fait tourner la tête, elle me fatigue.

saper v. **1** • *Les vagues **sapent** ce
rocher* : elles le creusent peu à peu à
sa base pour le faire s'effondrer. **2** (fig.)

● *Ce rabat-joie nous* **sape** *le moral : il le détruit petit à petit* (→ SYN. miner).

sapeur-pompier nom m. ● *Plusieurs brigades de* **sapeurs-pompiers** *ont porté secours aux sinistrés* (→ SYN. pompier).

saphir nom m. **1** Pierre précieuse bleue et transparente. — ● *Un collier de* **saphirs**. **2** ● *J'ai remplacé le* **saphir** *de mon électrophone, la pointe qui frotte sur le sillon des disques.*

sapin nom m. ● *Laurent a décoré le* **sapin** *de Noël, un arbre toujours vert, dont les feuilles sont des aiguilles.* ★ Chercher aussi : conifère, résineux.

sarabande nom f. **1** Ancienne danse espagnole. **2** (fig.) ● *Patrick et ses camarades font la* **sarabande** *dans le grenier : ils s'amusent en faisant beaucoup de bruit.*

sarbacane nom f. ● *Éric lance des boulettes de papier avec une* **sarbacane**, *un tube dans lequel on souffle pour lancer des projectiles.*

sarcasme nom m. Moquerie, parole ironique. ● *Marie s'est fait teindre en blond : son frère l'a accablée de ses* **sarcasmes**.

sarcelle nom f. Oiseau sauvage de la famille des canards.

sarcler v. ● *Le vigneron a* **sarclé** *la vigne : il a enlevé les mauvaises herbes et leurs racines avec un outil.*

sarcophage

sarcophage nom m. ● *Ce prince égyptien*

d'autrefois a été enterré dans un **sarcophage**, *un cercueil en pierre.*

sardine nom f. Petit poisson de mer qui se mange frais ou conservé dans l'huile.

sardonique adj. ● *Dans ce film, le bandit a un rire* **sardonique**, *méchant et ironique, souvent accompagné d'un rictus.*

sarment nom m. ● *Pour que la vigne pousse bien, il faut couper les* **sarments** *inutiles, les tiges qu'elle produit. chaque année.*

sarrasin [sarazɛ̃] nom m. ● *Les crêpes bretonnes sont souvent faites avec de la farine de* **sarrasin**, *une céréale que l'on appelle aussi : blé noir.*

sarrau nom m. Blouse de travail portée sur les vêtements. ● *Autrefois, les écoliers portaient des* **sarraus** *gris.* ★ Attention : plur. **sarraus**.

sas [sas] nom m. ● *Pour sortir d'un sous-marin en plongée, il faut passer par un* **sas**, *un compartiment fermé qui permet de passer dans l'eau sans inonder le sous-marin, grâce à deux portes que l'on n'ouvre jamais en même temps.*

satané adj. (placé avant le nom) ● *J'arriverai bien à l'ouvrir, cette* **satanée** *porte !, cette maudite porte qui m'énerve !* (→ SYN. sacré, sens 3).

satellite nom m. **1** ● *La Lune est le* **satellite** *de la Terre, un astre qui tourne autour de cette planète.* — ● *Cette émission télévisée est retransmise par un* **satellite** *artificiel, un engin lancé dans l'espace par une fusée, et qui se met à tourner autour de la Terre.* ★ Chercher aussi : graviter ; orbite. **2** (fig.) ● *Les pays très puissants ont souvent des* **satellites**, *d'autres pays qui dépendent d'eux et ne peuvent pas s'en séparer.* **3** ● *À l'aéroport de Roissy, les avions se garent près des* **satellites,** *des bâtiments annexes qui entourent l'aérogare centrale.*

satiété [sasjete] nom f. À SATIÉTÉ. ● *Nous avons mangé des cerises* **à satiété**, *jusqu'à ce que nous n'en ayons plus envie* (→ rassasier).

satin nom m. ● *La mariée avait une robe de satin blanc,* un *tissu lisse et qui se caractérise par son brillant.*
■ **satiné** adj. ● *Cette fleur a des pétales satinés, lisses, doux et un peu brillants, comme le satin.*

satire nom f. ● *Cet auteur a écrit une satire contre les hommes politiques,* un *texte où il les critique en s'en moquant.* ★ *Ne pas confondre avec satyre.*
■ **satirique** adj. ● *Un livre satirique,* qui est une satire.

satisfaire v. 1 ● *Cette solution me satisfait :* j'en suis content (→ satisfaisant). 2 ● *Sa grand-mère satisfait tous ses désirs :* elle lui donne tout ce qu'il désire (→ SYN. contenter, exaucer). 3 SATISFAIRE À QUELQUE CHOSE. ● *Nous avons satisfait à toutes ses exigences :* nous lui avons accordé tout ce qu'il exigeait (→ satisfaction, sens 2). ★ Conjug. 42.
■ **satisfaction** nom f. 1 ● *Sa réussite à l'examen est une grande satisfaction pour lui :* il en est très satisfait, très fier (→ SYN. joie; CONTR. contrariété). 2 ● *Je continuerai à réclamer tant que je n'aurai pas obtenu satisfaction,* tant que l'on ne m'aura pas donné ce que je demande.
■ **satisfaisant** adj. ● *Ton devoir est satisfaisant* (→ SYN. acceptable).
■ **satisfait** adj. ● *Papa est satisfait de son nouveau costume :* il en est content (→ CONTR. mécontent).
■ **saturation** nom f. Fait de saturer. État de ce qui est saturé. 1 ● *Sous les tropiques, la saturation de l'air en vapeur d'eau est très pénible à supporter.* 2 (fig.) Excès qui provoque le dégoût. ● *Après une journée de travail, j'ai une saturation de mathématiques.*
■ **saturé** adj. 1 ● *Avec ces pluies continuelles, la terre est saturée d'eau :* elle en contient tellement qu'elle ne peut plus en absorber davantage. 2 (fig.) ● *Encore de la publicité! Nous en sommes saturés :* nous en avons assez, nous n'en voulons plus.

satyre nom m. Homme qui se conduit très mal avec les jeunes filles ou les femmes. ★ Ne pas confondre avec *satire.*

sauce nom f. ● *Pour accompagner ce rôti, Georges a préparé une bonne sauce,* le liquide plus ou moins épais qui accompagne certains plats.
■ **saucer** v. ● *Michel a saucé son assiette :* il a essuyé la sauce avec du pain. ★ Conjug. 4.
■ **saucière** nom f. Récipient dans lequel on sert la sauce à table.

saucisse nom f. ● *Avec la choucroute, on nous a servi plusieurs sortes de saucisses,* des boyaux remplis de viande de porc hachée, qui se mangent chauds.
■ **saucisson** nom m. Grosse saucisse cuite ou séchée, qui se mange froide et coupée en rondelles. ● *Marc préfère le saucisson sec au saucisson à l'ail.*

1. sauf, sauve adj. AVOIR LA VIE SAUVE. ● *L'ennemi a promis que nos soldats auraient la vie sauve,* qu'ils ne seraient pas tués (→ sauver). — SAIN ET SAUF (→ sain).

2. sauf prép. ● *J'ai su répondre à toutes les questions, sauf à la dernière,* mais pas à la dernière (→ SYN. excepté).

sauge nom f. 1 Plante dont les feuilles servent à parfumer certains plats, certaines sauces. 2 ● *Mon ballon est tombé dans un massif de sauges,* des plantes à fleurs rouge vif en grappes.

saugrenu adj. ● *Daniel pose souvent des questions saugrenues,* bizarres, inattendues.

saule nom m. Arbre qui pousse au bord de l'eau. — SAULE PLEUREUR. ● *Nous avons installé notre cabane sous le saule pleureur,* une variété de saule dont les branches retombent jusqu'à terre.

saumâtre adj. ● *Ne bois pas cette eau saumâtre,* qui a un mauvais goût légèrement salé (→ saumure). — (fig. et fam.) ● *Me demander un service après tout le mal qu'il m'a fait, je trouve ça saumâtre,* exagéré, désagréable.

saumon nom m. ● *Les saumons remontent les fleuves pour aller pondre là* *où ils sont nés*, des poissons de mer à chair rose et savoureuse.

saumure nom f. Liquide salé dans lequel on conserve certains aliments (poisson, viande, olives, etc.).

sauna nom m. Endroit où l'on prend des bains de vapeur très chaude, qui font transpirer. ● *Les maisons finlandaises sont souvent équipées de saunas.*

saupoudrer v. ● *Claire saupoudre sa crêpe avec du sucre :* elle la couvre d'une fine couche de sucre en poudre.

saur adj. m. ● *Un hareng saur*, salé, séché et fumé. ★ Ne pas confondre *saur* [sɔr] et *sort* [sɔr].

saurien nom m. ● *Le lézard et les animaux qui lui ressemblent (caméléon, serpents, crocodile, etc.) sont des sauriens*, une famille de reptiles.

sauter v. 1 ● *Claudia a sauté par-dessus la barrière :* elle s'est élevée au-dessus de la barrière par un mouvement brusque (→ SYN. bondir). — ● *Le parachutiste va sauter de l'avion*, se précipiter vers le bas. — ● *Le cheval a sauté un fossé :* il l'a franchi en faisant un bond en longueur (→ saute-mouton ; sauterelle ; sautiller ; sautoir). 2 ● *Le chat a sauté sur la souris :* il s'est jeté dessus. — SAUTER AU COU DE QUELQU'UN : s'élancer pour l'embrasser avec joie. — SAUTER AUX YEUX. ● *Leur ressemblance saute aux yeux :* elle est tellement évidente qu'on la remarque forcément. 3 ● *Le bouchon de la bouteille de champagne a sauté :* il a été projeté en l'air brusquement. 4 ● *Des inconnus ont fait sauter une banque :* ils l'ont fait exploser. — ● *Un court-circuit a fait sauter les plombs, les fusibles :* il les a fait fondre. 5 ● *Faire sauter des morceaux de lapin, des légumes :* les faire cuire à feu vif dans du beurre ou de l'huile, en les remuant. 6 ● *En recopiant ce texte, j'ai sauté une ligne :* je l'ai passée sans l'écrire (→ SYN. omettre).

■ **saut** nom m. 1 ● *Les sportifs s'entraînent au saut en hauteur.* — SAUT PÉRILLEUX : acrobatie consistant à faire un tour complet sur soi-même, en l'air.

2 FAIRE UN SAUT CHEZ QUELQU'UN : passer très rapidement chez lui. ★ Ne pas confondre *saut, sceau, seau* et *sot*.

■ **saute** nom f. 1 ● *Les sautes de température sont désagréables*, les changements brusques. 2 (fig.) ● *J'en ai assez de ses sautes d'humeur*, de ses accès de mauvaise humeur.

■ **saute-mouton** nom m. ● *Les enfants jouent à saute-mouton dans l'herbe*, un jeu dans lequel chaque joueur saute par-dessus les autres qui se tiennent courbés.

■ **sautiller** v. ● *L'oiseau sautille dans sa cage :* il fait des petits sauts.

■ **sautoir** nom m. Endroit spécialement aménagé pour que les sportifs puissent sauter.

sauterelle nom f. Insecte vert ou gris qui se déplace en sautant à l'aide de ses longues pattes de derrière.

sauvage adj. et nom 1 ● *N'essaie pas d'attraper cet écureuil ; c'est un animal sauvage*, qui vit en liberté, loin des hommes (→ CONTR. apprivoisé, domestique). 2 ● *Agnès a fait un bouquet de fleurs sauvages*, qui poussent toutes seules (→ CONTR. cultivé). 3 ● *Ces montagnes sont très sauvages*, pas habitées par les hommes. 4 ● *L'explorateur a rencontré des tribus sauvages*, qui vivent très simplement et restent séparées des autres hommes (→ SYN. primitif ; CONTR. civilisé). 5 ● *Un enfant sauvage*, qui n'aime pas voir des gens qu'il ne connaît pas, qui préfère rester seul (→ CONTR. sociable). □ nom ● *Le voisin est un sauvage qui ne reçoit jamais personne* (→ sauvagerie, sens 1). 6 nom ● *Ils poussaient des hurlements de sauvages*, de personnes brutales, barbares (→ sauvagerie, sens 2). 7 ● *Les ouvriers ont fait une grève sauvage*, sans prévenir, sans respecter les règles habituelles ; une grève qui n'est pas organisée par les syndicats.

■ **sauvagerie** nom f. 1 ● *Sa sauvagerie le condamne à vivre seul*, son caractère sauvage. 2 ● *Ils se sont battus avec sauvagerie* (→ SYN. brutalité, cruauté, férocité).

sauvegarde nom f. ● *Jadis, les paysans étaient sous la **sauvegarde** de leur seigneur, sous sa protection.* — *La **sauvegarde** de la nature.*

■ **sauvegarder** v. ● *Ces jeunes veulent **sauvegarder** la nature, empêcher qu'elle soit détruite, la protéger* (→ SYN. préserver).

sauver v. 1 ● *Les pompiers ont réussi à **sauver** les occupants de la maison en flammes, à les faire échapper au danger, à la mort.* 2 ● *Pour les chrétiens, ceux qui ont fait le bien **seront sauvés** :* ils iront au paradis (→ CONTR. damner).

se sauver v. pron. 1 ● *Quand ils ont entendu du bruit, les voleurs **se sont sauvés** :* ils se sont enfuis pour se mettre à l'abri. 2 ● *L'oiseau **s'est sauvé** de la cage :* il s'est enfui (→ SYN. s'évader). 3 ● *Le lait **s'est sauvé** :* il a débordé de la casserole en bouillant.

■ **sauvetage** nom m. ● *Ces hélicoptères participent au **sauvetage** des alpinistes, aux opérations entreprises pour les sauver.* — *Un canot, une bouée de **sauvetage**.*

■ **sauveteur** nom m. ● *Le maire a félicité les **sauveteurs** pour leur courage,* les personnes qui ont participé à un sauvetage.

■ **sauveur** nom m. ● *Vous êtes mon **sauveur** !,* celui qui me sauve d'un grave danger.

à la sauvette loc. adv. ● *Pierre a fait ses bagages **à la sauvette**,* très rapidement, sans se faire remarquer.

savane nom f. ● *Ce lion se promène dans la **savane**,* une immense prairie des pays chauds où poussent de hautes herbes et quelques arbres.

savant adj. 1 ● *Un historien très **savant**,* qui sait beaucoup de choses (→ savoir ; SYN. érudit, instruit). □ nom ● *Ces **savants** font des recherches sur le cancer,* ces spécialistes qui connaissent bien une certaine science. 2 ● *Les médecins emploient beaucoup de mots **savants**,* de mots compliqués que l'on n'utilise pas dans la langue courante.

3 ● *Au cirque, nous avons vu des singes **savants**,* dressés à faire des exercices. 4 ● *Elle paraît plus jeune que son âge grâce à un maquillage **savant**,* fait avec beaucoup d'habileté et de soin.

savarin nom m. Gâteau en couronne sur lequel on verse un sirop parfumé à l'alcool.

savate nom f. ● *Pour sortir, mets autre chose que ces **savates**,* ces vieilles pantoufles.

saveur nom f. ● *Les citrons ont une **saveur** acide :* ils ont un goût acide (→ savourer).

savoir v. et nom m. **A.** v. 1 ● *Je **sais** qu'elle habite tout près :* je suis au courant. — ● *Il **sait** mon nom :* il le connaît. — FAIRE SAVOIR. ● *Colette m'**a fait savoir** qu'elle était malade :* elle m'en a informé par une lettre ou par l'intermédiaire de quelqu'un. — EN SAVOIR LONG. ● *Il **en sait long** sur cette affaire :* il a beaucoup de renseignements sur elle. — JE NE VEUX PAS LE SAVOIR. ● *Inutile de m'expliquer pourquoi tu es en retard, **je ne veux pas le savoir** :* tes raisons ne m'intéressent pas, je ne tiens pas à les connaître. 2 ● *Un comédien doit **savoir** son rôle :* il doit pouvoir le réciter de mémoire. 3 ● *Michel **sait** plusieurs langues étrangères :* il les a apprises et il peut les utiliser (→ SYN. connaître). — ● *Sais-tu jouer au rugby ? :* en es-tu capable ? 4 NE PAS SAVOIR CE QUE L'ON VEUT : ne pas arriver à se décider, être hésitant dans sa conduite. — SANS LE SAVOIR, sans s'en rendre compte. ★ Conjug. 28.

B. nom m. ● *Il nous a impressionnés par son **savoir**,* par ses connaissances.

■ **savoir-faire** nom m. invar. ● *Dans ce métier, le **savoir-faire** compte beaucoup,* l'habileté qui vient de la pratique, de l'expérience.

■ **savoir-vivre** nom m. invar. ● *Elle veut toujours donner des leçons de **savoir-vivre**,* de politesse, de bonne éducation.

savon nom m. 1 ● *Le **savon** a glissé au fond de la baignoire,* un produit solide qui sert à laver. 2 ● (fam.) PASSER UN SAVON

À QUELQU'UN : le gronder, le réprimander très fort.

■ **savonner** v. ● *Martine savonne ses chaussettes* : elle les nettoie en les frottant avec du savon. □ v. pron. ● *Julien se savonne le corps dans son bain.*

■ **savonnette** nom f. Petit savon servant à la toilette.

■ **savonneux** adj. ● *Le linge trempe dans l'eau savonneuse*, qui contient du savon.

savourer v. ● *Patrick savoure une pêche bien mûre* : il la mange lentement pour en tirer le maximum de plaisir (→ SYN. déguster).

■ **savoureux** adj. ● *Un plat savoureux*, qui a très bon goût (→ saveur ; CONTR. fade).

saxophone nom m. Instrument de musique à vent, en cuivre. ● *Bruno apprend à jouer du saxophone.*

saxophone

saynète [sɛnɛt] nom f. ● *Pour la fête de l'école, notre classe avait préparé une saynète*, une petite pièce de théâtre très courte (→ SYN. sketch).

sbire nom m. Personne qui agit sur commande, sans scrupule. ● *Dans ce western, on voyait un chef de la police et ses sbires rouer de coups un accusé.*

scabreux adj. **1** ● *Il s'est lancé dans une aventure scabreuse*, risquée, assez dangereuse. **2** ● *Il fait des plaisanteries scabreuses*, pas convenables, un peu choquantes, de mauvais goût.

scalp [skalp] nom m. ● *Après la bataille, les Indiens rapportaient au camp les scalps de leurs ennemis*, la peau de leurs crânes avec les cheveux.

■ **scalper** v. ● *Les Indiens scalpaient les vaincus* : ils leur arrachaient la peau du crâne après l'avoir coupée tout autour.

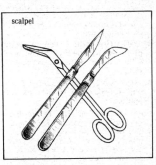

scalpel

scalpel nom m. ● *Le chirurgien opère avec un scalpel*, un couteau à lame courte très tranchant.

scandale nom m. ● *Qu'une telle malhonnêteté ait pu avoir lieu, c'est un scandale!*, une chose que tout le monde trouve honteuse, révoltante. — FAIRE SCANDALE : provoquer l'indignation des gens.

■ **scandaleux** adj. ● *Tous les journaux parlent de cette affaire scandaleuse*, qui fait scandale.

■ **scandaliser** v. ● *Ce qu'il a dit nous a scandalisés*, nous a profondément choqués.

scander v. ● *Il a répété sa déclaration en scandant les mots*, en articulant les syllabes séparément, en donnant du rythme à ses phrases.

scaphandre nom m. Équipement qui permet à l'homme de respirer sous l'eau ou dans l'espace. ● *Le scaphandre des plongeurs sous-marins, des cosmonautes.*

■ **scaphandrier** nom m. Homme équipé d'un scaphandre, qui travaille sous l'eau. ★ Chercher aussi : homme-grenouille.

scarabée nom m. ● *Pour les anciens Égyptiens, le scarabée était un animal sacré,* un insecte au corps brun foncé et brillant.

scarlatine nom f. ● *Anne a mal à la gorge, sa peau se couvre de plaques rouges ; elle doit avoir la scarlatine,* une maladie contagieuse.

scarification nom f. Petite écorchure pratiquée à l'aide d'un rasoir spécial. ● *On m'a fait un vaccin par scarification.*

scarole nom f. ● *Au marché, j'ai acheté une scarole,* une salade aux larges feuilles.

sceau [so] nom m. **1** ● *Le roi fermait ses lettres en y mettant son sceau,* un morceau de cire avec une marque en relief (→ sceller). **2** LE GARDE DES SCEAUX : le ministre de la Justice, en France. ★ Ne pas confondre *sceau, saut, seau* et *sot.*

scélérat [selera] nom ● *Ce scélérat est capable de tout,* ce bandit, ce criminel.

sceller [sele] v. **1** ● *On a scellé cette lettre pour que personne ne l'ouvre* : on l'a fermée par un sceau (→ sceau). **2** ● *Ce sac en plastique est scellé,* parfaitement fermé. **3** ● *La grille est scellée au mur* : elle est fixée au mur avec du ciment (→ desceller).

scénario [senarjo] nom m. ● *Qui a écrit le scénario de ce film ?,* l'histoire, le texte qui indique ce que doivent faire et dire les acteurs. ★ Chercher aussi : 2 *script.*

■ **scénariste** nom. Personne qui écrit des scénarios.

scène [sɛn] nom f. **1** ● *Avant que la pièce commence, la scène était cachée par un rideau,* la partie du théâtre où est présenté le spectacle. **2** METTRE EN SCÈNE : diriger la représentation d'une pièce ou la réalisation d'un film, en expliquant aux acteurs comment ils doivent jouer, en choisissant les décors, etc. **3** ● *Nous sommes arrivés en retard au théâtre et nous avons manqué deux scènes du premier acte,* deux parties du premier acte de la pièce. **4** ● *La scène se passe au temps des Romains,* ce qui se passe dans la pièce de théâtre ou le film à ce moment-là. **5** ● *Dans le train, nous avons vu une scène bizarre,* un événement bizarre qui s'est passé devant nous. **6** ● *Comme il était furieux d'avoir attendu, il nous a fait une scène :* il a exprimé sa colère avec violence. — SCÈNE DE MÉNAGE : dispute entre mari et femme.

sceptique [sɛptik] adj. ● *Il m'a juré qu'il savait piloter un avion, mais je suis sceptique :* je me méfie, j'en doute, je n'en suis pas sûr. ★ Ne pas confondre avec *septique.*

sceptre [sɛptr] nom m. Bâton qu'un roi tient à la main et qui est le signe de son pouvoir.

schéma [ʃema] nom m. ● *Si tu cherches à comprendre comment fonctionne le cœur, regarde le schéma,* le dessin simplifié qui sert d'explication.

■ **schématique** adj. ● *Ce plan est très schématique,* très simplifié.

■ **schématiser** v. Réduire à un schéma, simplifier. ● *Il ne faut pas trop schématiser ta carte de géographie.*

schiste [ʃist] nom m. Nom donné aux roches composées de minces feuilles superposées (par ex., l'ardoise).

sciatique [sjatik] nom f. et adj. ● *Grand-père souffre d'une sciatique,* une violente douleur qui suit le trajet d'un nerf (le nerf *sciatique*), de la hanche au pied. ★ VOIR p. 970.

scie [si] nom f. Instrument muni d'une lame dentée et qui sert à couper du bois, du métal, etc. ● *Le menuisier découpe les planches avec une scie.*

■ **scier** v. ● *On scie les arbres pour faire des planches ou des bûches :* on les coupe avec une scie (→ sciure). ★ Conjug. 10.

■ **scierie** nom f. Usine où l'on découpe le bois, la pierre, avec des scies mécaniques.

sciemment [sjamã] adv. Volontairement, en sachant ce que l'on fait. ● *Il a raté* *sciemment* son examen pour ne pas faire ce métier.

science nom f. **1** • *Régis n'aime pas la littérature, il ne s'intéresse qu'aux* **sciences**, aux matières où l'on utilise le calcul, l'observation, l'expérience (par ex., la physique, la chimie). — • *Les* **sciences** *naturelles étudient l'homme, les animaux, les plantes et les roches.* **2** LA SCIENCE. • *Au XXᵉ siècle, la* **science** *a beaucoup progressé*, l'ensemble des connaissances de l'homme.
■ **scientifique** adj. et nom **A.** adj. **1** • *Mme Rochas fait de la recherche* **scientifique**, *dans le domaine des sciences.* **2** • *Éric fait des observations* **scientifiques** *sur les poissons, des observations précises, qui suivent la méthode exigée par les sciences.* **B.** nom • *Un* **scientifique** : un spécialiste en sciences.

science-fiction nom f. • *Des martiens sortant d'une soucoupe volante ? C'est sûrement un film de* **science-fiction**, *qui décrit le monde futur en imaginant les progrès des sciences.* ★ Chercher aussi : anticipation.

scier, scierie → scie.

se **scinder** [sɛ̃de] v. pron. • *L'équipe* **s'est scindée** *en deux clans* : elle s'est divisée, séparée.

scintiller [sɛ̃tije] v. • *Les étoiles* **scintillent** *dans le ciel* : elles brillent en clignotant.
■ **scintillant** adj. Qui scintille. • *Le ciel est plein d'étoiles* **scintillantes**.
■ **scintillement** nom m. • *Le* **scintillement** *des pierres précieuses*.

sciure [sjyr] nom f. Poussière formée par des débris du bois que l'on scie.

se **scléroser** v. **1** Durcir en parlant des tissus du corps. • *À partir d'un certain âge, les artères* **se sclérosent** (→ SYN. durcir).

scolaire adj. • *Je suis inscrit dans cet établissement* **scolaire**, *dans cette école.* — • *Louis couvre ses livres* **scolaires**, *de classe.* — • *Les vacances* **scolaires**.

— • *Nicolas a six ans ; il est d'âge* **scolaire**, *l'âge où l'on va en classe.*
■ **scolarité** nom f. • *Corinne est restée dans la même école pendant toute sa* **scolarité**, *la période où un enfant va à l'école.*

scoliose nom f. • *Frédéric doit faire de la gymnastique corrective parce qu'il a une* **scoliose**, *une déformation de la colonne vertébrale.*

scoop [skup] nom m. Nouvelle sensationnelle et inattendue annoncée par un journaliste, pour la première fois. • *Le président de la République démissionne : c'est un* **scoop** !

scooter [skuter] nom m. Petite motocyclette à cadre ouvert et sur laquelle le conducteur est assis et non à califourchon.

scorbut [skɔrbyt] nom m. • *Si tu manges beaucoup de fruits et de légumes frais, tu n'auras jamais le* **scorbut**, *une maladie causée par le manque de vitamines.*

score nom m. • *Le match n'est pas encore fini ; pour l'instant le* **score** *est de deux à un*, le nombre de points obtenus par chaque équipe.

scories nom f. plur. Déchets que l'on obtient après avoir fondu un minerai ou après avoir brûlé du charbon.

scorpion nom m. • *Elle a été piquée par un* **scorpion**, *un petit animal des régions chaudes, qui porte un aiguillon à venin au bout de la queue.*

scorpion

1. scotch [skɔtʃ] nom m. • *Passe-moi le rouleau de* **scotch**, *de papier collant transparent en ruban.*

■ **scotcher** v. ● *Arnaud a scotché des photos au mur :* il les a collées avec du scotch.

2. scotch [skɔtʃ] nom m. ● *Mon père a bu un verre de scotch,* de whisky écossais.

scout [skut] nom m. ● *Quand Matthieu aura douze ans, il pourra faire partie des scouts,* des garçons qui se réunissent régulièrement pour des activités en commun qui développent leur corps et leur esprit : jeux, promenades, camps, etc. □ adj. ● *Une chanson scoute.* ★ Chercher aussi : louveteau.

■ **scoutisme** nom m. ● *Le scoutisme a été fondé par le général anglais Baden Powell,* le mouvement scout.

scribe nom m. Homme de l'Antiquité dont la profession était d'écrire des textes à la main. ● *Les scribes de l'ancienne Égypte.*

1. script [skript] nom m. Type d'écriture. ● *Écris en script.*

2. script nom m. Scénario écrit d'un film.

scripte [skript] ou **script-girl** [skriptgœrl] nom f. Personne qui aide le metteur en scène d'un film en notant tous les détails utiles au moment de chaque prise de vues.

scrupule nom m. ● *Elle a trop de scrupules,* de craintes, d'inquiétudes parce qu'elle a peur de gêner les autres ou de mal agir.

■ **scrupuleux** adj. ● *Il a été peu scrupuleux :* il n'a pas eu beaucoup de scrupules, il n'a pas été très honnête. — ● *Il est d'une honnêteté scrupuleuse,* parfaite, absolue.

■ **scrupuleusement** adv. ● *Il a suivi mes indications scrupuleusement,* parfaitement, très consciencieusement.

scruter v. ● *Véronique scrute le ciel pour voir arriver l'avion :* elle regarde très attentivement, en cherchant bien.

■ **scrutateur, trice** adj. Qui scrute, qui examine avec attention et curiosité. ● *Elle a regardé ma toilette d'un air scrutateur.* □ nom Personne qui vérifie le dépouillement d'un vote.

scrutin nom m. ● *Toute la classe a voté, maintenant nous allons connaître les résultats du scrutin,* du vote secret.

sculpter [skylte] v. ● *Thomas a sculpté un visage dans un morceau de bois :* il l'a taillé dans cette matière dure.

■ **sculpteur** nom m. ● *Quel est le sculpteur qui a fait cette statue?,* l'artiste qui fait de la sculpture.

■ **sculpture** nom f. 1 ● *Mon cousin apprend la sculpture sur pierre,* l'art de sculpter. 2 ● *Dans ce musée, il y a des sculptures très anciennes,* des œuvres d'art sculptées (statues, bas-relief, etc.).

se (s') devant une voyelle ou un « h » muet) pronom personnel complément 1 ● *Patrick et Joëlle se sont couchés à minuit.* — ● *Yves s'approche :* il veut s'habiller. 2 ● *Odile et Luc se connaissent depuis longtemps :* Odile connaît Luc et Luc connaît Odile.

séance nom f. 1 ● *La prochaine séance du conseil municipal aura lieu dans un mois,* la prochaine réunion pour travailler ensemble et discuter. 2 ● *Ce sportif est en retard pour sa séance d'entraînement,* le moment de la journée où il s'entraîne avec ses camarades. 3 ● *Il y a un entracte au milieu de la séance de cinéma,* le temps pendant lequel le spectacle est présenté.

séant nom m. SE DRESSER SUR SON SÉANT. Expression littéraire : s'asseoir quand on était couché (→ fam.) derrière).

seau nom m. ● *La fermière recueille le lait dans un seau,* dans un récipient qui a une anse. — ● *Un seau d'eau.* ★ Ne pas confondre seau, saut, sceau et sot.

sébile nom f. Petit récipient destiné à recevoir des pièces de monnaie. ● *Le mendiant tendait sa sébile.*

sec, sèche adj. et nom m. **A.** adj. 1 ● *Il n'a pas plu depuis longtemps, la terre est sèche,* sans eau (→ CONTR. humide, mouillé). 2 ● *Aimes-tu les figues sèches?,* que l'on a débarrassées de leur humidité pour les conserver (→ CONTR. frais). — ● *Cet arbre est* *malade, il faudra couper ses branches* **sèches**, *sans sève, mortes.* **3** ● *Olivier mange du pain* **sec**, *sans rien d'autre.* — PERTE SÈCHE. ● *Cette entreprise a subi une* **perte sèche** *de plusieurs millions, sans aucune compensation.* **4** ● *Cet homme est grand et* **sec**, *maigre.* **5** ● *Antoine a fermé le couvercle d'un coup* **sec**, *net et rapide.* **6** ● *Il m'a fait des observations sur un ton* **sec**, *dur, peu aimable.* **7** ● *Papa préfère le vin blanc* **sec**, *qui n'a pas un goût sucré* (→ CONTR. *doux*). **8** (fam.) RESTER SEC. ● *Quand le maître m'a interrogé, je* **suis resté sec** : *je n'ai pas su répondre.* **B.** nom m. À SEC. ● *Le ruisseau est* **à sec** : *il n'y a plus d'eau dedans.* — (fig. et fam.) ÊTRE À SEC : *ne plus avoir d'argent.* ★ Ne pas confondre *sèche* et *seiche*.

■ **sécher** v. ● *Les buvards servent à* **sécher** *l'encre, à la rendre sèche* (→ *assécher*). — ● *Si tu ne mets pas d'eau dans le vase, tes fleurs vont* **sécher**, *devenir sèches.* □ v. pron. ● *En sortant de l'eau, le chien se secoue pour* **se sécher.** ★ Conjug. 8.

■ **séchage** nom m. ● *Par temps humide, le* **séchage** *du linge est très long.*

■ **sécheresse** nom f. ● *Les mauvaises récoltes de cette année sont dues à la* **sécheresse**, *au manque de pluie.*

■ **séchoir** nom m. **1** ● **Séchoir** *à linge :* assemblage de fils métalliques rigides sur lequel on étend le linge mouillé. **2** ● **Séchoir** *(à cheveux) :* appareil électrique qui souffle de l'air chaud pour sécher les cheveux.

sécateur nom m. ● *Si tu veux cueillir des roses, prends donc le* **sécateur**, *les gros ciseaux de jardinage.*

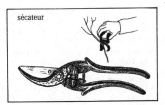

sécateur

sécession nom f. Action de se séparer d'un groupe, d'un pays auquel on appartenait. ● *Après l'abolition de l'esclavage, le Sud des États-Unis a fait* **sécession**.

second [səgɔ̃] adj. et nom m. **A.** adj. **1** ● *Prenez la* **seconde** *rue à gauche, celle qui vient après la première.* □ nom f. ● *Les voisins ont deux enfants; Marie est la* **seconde** (→ SYN. *deuxième*). **2** nom f. ● *En train, nous voyageons en* **seconde**, *dans une classe moins luxueuse et moins chère que la première.* **B.** nom m. ● *Son oncle est le* **second** *du patron, celui qui l'aide, qui peut le remplacer* (→ *seconder*; SYN. *adjoint, assistant*).

■ **1. secondaire** adj. **1** ● *L'enseignement* **secondaire** *va de la classe de sixième aux classes terminales.* ★ Chercher aussi : *primaire, supérieur.* **2** ● *Ce problème est* **secondaire**, *pas très important* (→ SYN. *accessoire*).

■ **2. secondaire** SECTEUR SECONDAIRE : en économie, ensemble des activités industrielles.
★ VOIR : secteur primaire* et secteur tertiaire*.

■ **seconder** v. ● *Le maire* **est secondé** *par son adjoint :* il est aidé par lui dans son travail.

seconde nom f. **1** ● *Une minute dure 60* **secondes** ; *il y a 3 600* **secondes** *dans une heure.* ★ VOIR p. 931. **2** ● *Il n'est sorti qu'une* **seconde**, *qu'un moment très court* (→ SYN. *instant*).

secouer v. **1** ● *Les cahots de la route* **secouent** *l'autocar :* ils les font remuer brusquement dans tous les sens. — ● *Antoine* **secoue** *le sable de sa serviette de bain :* il agite sa serviette pour faire partir le sable. **2** (fig.) ● *Cette maladie l'a* **secoué** : elle lui a donné un choc (→ SYN. *ébranler*). **3** v. pron. (fam.) ● *Ne restez pas sans rien faire,* **secouez-vous** : faites un effort pour bouger, pour agir.

■ **secousse** nom f. **1** ● *Impossible d'écrire dans le train : il y a trop de* **secousses**, *de mouvements brusques qui secouent.* **2** (fig.) ● *Cette mauvaise* nouvelle lui a donné une **secousse**, un choc moral.

secours nom m. **1** ● *Emporté par le courant, ce nageur appelait au* **secours** : il appelait à l'aide parce qu'il était en danger. — ● *Sur les lieux de l'accident, un médecin donne les premiers* **secours** *aux blessés*, les premiers soins. **2** ● *Les sinistrés ont reçu des* **secours** *de l'État*, une aide parce qu'ils étaient dans le besoin (→ secourir, sens 2 ; secourable). **3** DE SECOURS, loc. adj. ● *En cas d'incendie, passez par la sortie de* **secours**, celle que l'on n'utilise qu'en cas de danger. — ● *Où est la roue de* **secours** ?, celle qui dépanne les automobilistes quand un pneu crève.

■ **secourir** v. ● *Les gendarmes vont* **secourir** *les alpinistes en difficulté*, aider ceux qui sont en danger. **2** ● *Cette organisation veut* **secourir** *les réfugiés*, aider ceux qui sont malheureux, misérables. ★ Conjug. 16.

■ **secourisme** nom m. ● *Martin s'est inscrit aux cours de* **secourisme**, les cours qui enseignent comment porter secours aux blessés, aux personnes en danger.

■ **secouriste** nom. Personne qui a suivi des cours de secourisme.

■ **secourable** adj. ● *Il est bon et* **secourable**, toujours prêt à secourir les autres.

secousse → secouer.

secret nom m. et adj. **A.** nom m. **1** ● *Il est incapable de garder un* **secret**, une chose que l'on ne doit dire à personne. — ● *Un* **secret** *de polichinelle* (→ polichinelle). — (fig.) NE PAS AVOIR DE SECRET POUR QUELQU'UN. ● *Les motos* **n'ont pas de secret** *pour* lui : il les connaît très bien. — SECRET D'ÉTAT : information qui doit rester cachée pour ne pas faire de tort à l'État ; (au fig.) grand secret que personne ne doit connaître. **2** EN SECRET, loc. adv. ● *Ils se réunissent* **en secret**, sans que personne le sache (→ SYN. en cachette). **3** ● *Sylvie a un* **secret** *pour avoir de beaux cheveux*, un moyen que presque personne ne connaît.
B. adj. **1** ● *Cette affaire est restée*

secrète, cachée. **2** ● *Dans ce château, il y a des portes* **secrètes**, que l'on ne peut pas voir, que seules quelques personnes connaissent. — ● *Je t'expliquerai mon code* **secret**, que seuls quelques-uns peuvent comprendre. **3** ● *Ce garçon est* **secret** : il parle peu, il ne dit pas facilement ce qu'il pense (→ SYN. renfermé, réservé ; CONTR. communicatif, expansif).

■ **secrètement** adv. ● *Les espions se sont rencontrés* **secrètement**, en secret (→ SYN. clandestinement).

secrétaire nom **1** ● *M. Delbart dicte une lettre à sa* **secrétaire**, l'employée chargée du courrier, du classement des papiers, etc. **2** nom m. ● *Cette table n'est pas pratique, je voudrais un* **secrétaire**, un meuble qui a des tiroirs et un panneau que l'on peut rabattre pour écrire dessus.

■ **secrétariat** nom m. **1** ● *Mme Savy est chef du* **secrétariat** *dans une entreprise*, du bureau où travaillent les secrétaires. **2** ● *Ma tante fait du* **secrétariat** : elle exerce le métier de secrétaire.

sécréter v. ● *Les vipères ont des glandes qui* **sécrètent** *du venin*, qui produisent ce liquide fabriqué par leur organisme. ★ Conjug. 8.

■ **sécrétion** nom f. ● *La* **sécrétion** *de la sueur augmente avec la chaleur*, sa production par le corps.

sectaire adj. ● *Il est* **sectaire** : il est trop attaché à ses idées et n'admet pas qu'on ne pense pas comme lui (→ SYN. intolérant). □ nom ● *Un* **sectaire**.

■ **sectarisme** nom m. Attitude de celui qui est sectaire.

secte nom f. ● *La religion protestante est divisée en plusieurs* **sectes**, des groupes qui ont chacun leurs croyances religieuses particulières.

secteur nom **1** ● *Tout un* **secteur** *de la ville a été privé d'électricité pendant plusieurs heures*, toute une partie de son territoire. **2** LE SECTEUR PRIVÉ : l'ensemble des entreprises qui ne dépendent pas de l'État. — LE SECTEUR

PUBLIC : l'ensemble des entreprises qui dépendent de l'État (par ex. la poste, les chemins de fer, etc.).

section nom f. **1** ● *Dans ce lycée, il y a une* ***section*** *scientifique*, un groupe de classes où l'on enseigne les sciences. **2** ● *Une* ***section*** *militaire est formée de 30 à 40 hommes*, un groupe de soldats commandé par un lieutenant. **3** ● *Les lignes d'autobus sont divisées en plusieurs* ***sections***, en plusieurs parties qui comportent elles-mêmes plusieurs stations.

sectionner v. ● *Les fils électriques* ***ont été sectionnés***, coupés.

séculaire adj. ● *Un arbre* ***séculaire***, qui a au moins cent ans, qui est très vieux (→ siècle).

séculier adj. Se dit en parlant d'un membre du clergé qui vit dans le monde et qui n'appartient pas à un ordre religieux (→ CONTR. régulier).

sécurité nom f. **1** ● *Dans cette maison isolée, je ne me sens pas en* ***sécurité***, à l'abri du danger. — DE SÉCURITÉ, loc. adj. ● *N'oublie pas d'attacher ta ceinture* ***de sécurité***, qui sert à protéger les automobilistes en cas d'accident. **2** LA SÉCURITÉ SOCIALE : l'organisation qui aide les gens quand ils sont malades, accidentés ou trop vieux pour travailler.
■ **sécuriser** v. ● *La présence de l'infirmière* ***sécurise*** *le malade* : elle lui donne l'impression qu'il est en sécurité, elle le rassure.
■ **sécurisant** adj. Rassurant. ● *La présence des parents auprès des enfants est* ***sécurisante***.

sédentaire adj. **1** ● *Les employés de bureau ont un travail* ***sédentaire***, qui n'oblige pas à se déplacer. **2** ● *Les personnes âgées sont souvent* ***sédentaires*** : elles ne quittent presque jamais leur maison. □ nom ● *Un(e)* ***sédentaire***. **3** ● *Les peuples* ***sédentaires*** *vivent toujours au même endroit* (→ CONTR. nomade).

sédiment nom m. Matières qui se déposent lentement au fond des océans ou des rivières. ● *Les* ***sédiments*** finissent par former, au cours des ères, des roches variées (sables, argiles, calcaires, etc.).

sédition nom f. Révolte contre l'autorité. ● *Les révolutionnaires ont provoqué une* ***sédition*** (→ SYN. soulèvement, insurrection).

séduire v. ● *Il a* ***séduit*** *bien des gens par ses beaux discours* : il leur a plu, il les a éblouis (→ SYN. charmer). — ● *Cette proposition me* ***séduit*** : elle m'attire, elle me tente. ★ Conjug. 43.
■ **séducteur, -trice** nom ● *Toutes les femmes sont amoureuses de lui, quel* ***séducteur!***
■ **séduction** nom f. ● *Personne ne résiste à sa* ***séduction***, à son pouvoir de séduire (→ SYN. charme).
■ **séduisant** adj. ● *Une jeune fille* ***séduisante***, qui séduit par son charme. — ● *Une idée* ***séduisante***.

segment nom m. ● *Ce* ***segment*** *de droite mesure deux centimètres*, cette partie d'une ligne droite limitée par deux points. ★ VOIR p. 424.
■ **segmenter** v. ● ***Segmenter*** *une tige de fer*, la couper en segments.

ségrégation nom f. ● *La* ***ségrégation*** *raciale existe encore dans certains pays*, la séparation complète entre les gens de races différentes à l'intérieur d'un pays. ★ Chercher aussi : racisme.

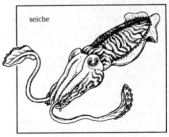

seiche

seiche nom f. ● *La* ***seiche*** *projette un liquide noir quand elle est attaquée*, petit animal marin. — ● *L'os de* ***seiche***

est la coquille intérieure de cet animal. ★ Ne pas confondre *seiche* et *sèche* (féminin de *sec*).

seigle nom m. **1** ● *Les grains du seigle donnent une farine brune*, une plante de la famille des céréales. **2** ● *Du pain de seigle*, fait avec de la farine de seigle.

seigneur nom m. **1** ● *Au Moyen Âge, les seigneurs se faisaient souvent la guerre*, les nobles qui étaient maîtres d'une terre et de ses habitants. **2** (avec une majuscule) ● *Ils prient le Seigneur*, Dieu.

sein nom f. **1** ● *Bébé tète le sein de sa mère*, l'une des deux parties de la poitrine d'une femme. ★ VOIR p. 967. **2** AU SEIN DE, loc. prép. ● *Il y a un désaccord au sein du groupe*, à l'intérieur du groupe (→ SYN. dans). ★ Ne pas confondre *sein*, *sain*, *saint* et *ceint* (de *ceindre*).

séisme nom m. ● *Cette ville a été détruite par un séisme*, un tremblement de terre (→ sismique).

seize adj. numéral invar. ● *Il y a seize filles dans ma classe*, dix plus six (16).

séjour nom m. **1** ● *Êtes-vous satisfait de votre séjour en Italie?*, du temps pendant lequel vous y avez séjourné. **2** SALLE DE SÉJOUR : pièce d'une habitation où la famille se réunit le plus souvent (→ SYN. living-room).
■ **séjourner** v. ● *Nous avons séjourné une semaine dans cette ville* : nous y sommes restés pendant ce temps assez long.

sel nom m. **1** ● *On assaisonne les aliments avec du sel*, une matière que l'on trouve dans l'eau de mer ou dans la terre (→ saler ; salant). **2** (fam.) METTRE SON GRAIN DE SEL. ● *Il n'a pas pu s'empêcher de mettre son grain de sel dans la discussion*, de s'en mêler alors qu'il n'aurait pas dû. **3** ● *Cette histoire ne manque pas de sel*, d'intérêt, d'esprit.

sélect adj. Élégant, raffiné. ● *Pour mon anniversaire, mon oncle m'a invité à dîner dans un restaurant sélect.*

sélection nom f. ● *Les candidats à ce jeu télévisé sont convoqués demain pour la sélection*, le choix des meilleurs.
■ **sélectionner** v. ● *Ce film a été sélectionné pour le Festival de Cannes* : il a été choisi parmi d'autres comme l'un des meilleurs.
■ **sélectif** adj. ● *Les concours sont organisés dans un but sélectif*, pour faire une sélection.

self-service nom m. ● *Dans notre quartier, plusieurs magasins sont des self-services*, des magasins où l'on se sert soi-même (→ SYN. libre-service).

selle nom f. **1** ● *Le cavalier est assis sur la selle*, une pièce de cuir fixée sur le dos du cheval. **2** ● *La selle d'un vélo, d'une moto* : leur petit siège en forme de triangle. ★ VOIR p. 102. **3** LES SELLES : les excréments des êtres humains. — ALLER À LA SELLE : faire ses excréments. ★ Ne pas confondre *selle*, *scelle* (de *sceller*) et *sel*.
■ **seller** v. ● *Nadine selle son cheval* : elle lui met une selle (→ CONTR. deseller).

sellette nom f. **1** ● *Ce pot de fleurs est posé sur une sellette*, une sorte de petite table aux pieds très hauts. **2** ÊTRE SUR LA SELLETTE. ● *Ce candidat est sur la sellette* : on l'interroge ou on parle de lui pour le juger.

selon prép. **1** ● *Nicolas apprend l'anglais selon une nouvelle méthode*, en suivant une nouvelle méthode (→ SYN. suivant). **2** ● *Selon moi, il ment*, de mon point de vue, à mon avis (→ SYN. d'après). **3** ● *Les candidats sont admis ou refusés selon leurs notes à l'examen*, en fonction de leurs notes. — SELON QUE, loc. conj. ● *Selon que nous serons plus ou moins fatigués, nous irons jusqu'au bout du chemin ou nous nous arrêterons avant* (→ SYN. suivant que).

semailles nom f. plur. ● *Les champs doivent être labourés pour que l'on puisse y faire les semailles*, y semer des graines.

semaine nom f. **1** ● *Il doit revenir dans*

*une **semaine**, dans sept jours.* **2** EN SEMAINE, PENDANT LA SEMAINE. ● *En **semaine**, il n'y a pas beaucoup de monde au cinéma, tous les jours sauf le dimanche ou les jours de fête.* — ● *La **semaine** et le week-end.*

sémaphore nom m. Appareil qui permet d'envoyer des signaux aux trains, aux bateaux.

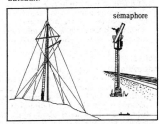

sémaphore

semblable adj. et nom m. **1** adj. ● *Mon écharpe est **semblable** à la tienne, ou mon écharpe et la tienne sont **semblables** :* elles se ressemblent beaucoup, elles sont à peu près pareilles (→ CONTR. différent). **2** nom m. ● *Il a passé sa vie à se dévouer pour ses **semblables**,* pour les autres hommes (→ ressemble ; similitude).

sembler v. **1** ● *Ce livre **semble** intéressant :* il en a l'air (→ SYN. paraître). **2** IL SEMBLE QUE. ● *Il me **semble qu'**il est tard :* j'ai cette impression. ■ **semblant** nom m. FAIRE SEMBLANT DE. ● *Il fait **semblant de** pleurer :* il essaie de faire croire qu'il pleure (→ SYN. feindre).

semelle nom f. **1** ● *La **semelle** de ma chaussure est trouée,* le dessous (→ ressemeler). — ● *Dans mes bottes trop grandes, je mets une **semelle** intérieure.* — (fig.) NE PAS QUITTER QUELQU'UN D'UNE SEMELLE : le suivre de près et partout. **2** ● *Claude nettoie la **semelle** du fer à repasser,* le dessous du fer.

semer v. **1** ● *Le paysan a **semé** du blé :* il a mis des grains dans la terre pour qu'ils poussent et donnent de nouvelles plantes (→ semence, sens 1 ; semeur, semailles, semis). **2** ● *Dans la forêt, le Petit Poucet **sème** des cailloux pour retrouver son chemin :* il en jette par-ci par-là. **3** (fig.) ● *Des bandits **semaient** la terreur dans la région :* ils la répandaient ; ils faisaient régner la terreur. **4** (fam.) ● *Il a réussi à **semer** ses poursuivants,* à prendre de l'avance sur eux pour qu'ils ne puissent pas le rattraper. ★ Conjug. 8. ■ **semence** nom f. **1** ● *Ce petit sachet contient des **semences** de fleurs,* des graines que l'on peut semer (→ ensemencer). **2** ● *Le tapissier tend le tissu avec des **semences**,* des petits clous. ■ **semeur** nom. Personne qui sème des graines. ● *La **semeuse**.*

semestre nom m. ● *Il a travaillé dans cette entreprise pendant un **semestre**,* une période de six mois. ★ Chercher aussi : trimestre. ■ **semestriel** adj. ● *Une réunion **semestrielle**,* qui a lieu tous les six mois.

semi- Préfixe qui signifie : «qui n'est qu'à moitié, pas tout à fait». ● *Une place **semi**-circulaire,* en demi-cercle. — ● *Des **semi**-conserves.* ★ Semi- est invariable et toujours suivi d'un trait d'union.

séminaire nom m. **1** ● *L'abbé Durand a fait ses études dans ce **séminaire**,* un établissement où l'on forme ceux qui veulent devenir prêtres (→ séminariste). **2** ● *M. Richard a participé à un **séminaire** de publicité,* à des séances de travail qui réunissent des personnes intéressées par un sujet. ■ **séminariste** nom m. Futur prêtre qui étudie dans un séminaire.

semi-remorque nom m. Gros camion composé de deux parties séparables : une cabine où se trouve le moteur et une grande remorque.

semis nom m. ● *Ne laissez pas le chien creuser dans mes **semis**,* les morceaux de terrain où j'ai semé des graines.

semonce nom f. ● *La maîtresse m'a adressé une **semonce**,* des reproches, des remontrances.

semoule nom f. ● *Cécile fait cuire de la **semoule** dans du lait*, une sorte de farine qui forme des petits grains.

sempiternel [sɛ̃pitɛrnɛl] adj. ● Perpétuel, qui n'arrête pas. ● *J'en ai assez de tes reproches **sempiternels***.

sénat nom m. ● *En France, l'Assemblée nationale et le **Sénat** sont les deux assemblées qui votent les lois*. ★ Chercher aussi : parlement.
■ **sénateur** nom m. ● *Les **sénateurs** sont élus*, ceux qui font partie du Sénat.

sénile adj. **1** Qui est causé par la vieillesse. ● *Le vieillard était agité d'un tremblement **sénile***. **2** Qui porte les marques de la vieillesse. ● *Bien qu'il ne soit pas très vieux, il est tout à fait **sénile***.

senior nom m. ● *Mon cousin est entré dans l'équipe des **seniors***, des sportifs adultes de plus de 20 ans, plus âgés que les juniors.

1. sens nom m. **1** ● *Le **sens** des rêves est difficile à comprendre*, ce qu'ils veulent dire (→ SYN. signification). — SENS PROPRE, SENS FIGURÉ. ● *Au **sens propre**, un âne est un animal ; au **sens figuré**, c'est une personne stupide*. **2** BON SENS. ● *Il n'est pas très savant, mais il a du **bon sens***, la qualité qui permet de bien juger, de trouver des solutions simples aux problèmes de la vie (→ SYN. jugement, raison, sagesse). **3** ● *Ève a le **sens** de l'orientation* : elle sait s'orienter sans l'avoir appris. **4** ● *La vue, l'ouïe, l'odorat, le goût, le toucher sont nos cinq **sens***, ce qui nous permet de connaître les choses qui nous entourent, de recevoir des sensations. **5** TOMBER SOUS LE SENS. ● *Il a raison, cela **tombe sous le sens*** : c'est évident.
■ **sensé** adj. ● *Ce que tu dis est très **sensé***, plein de bon sens, raisonnable (→ CONTR. extravagant, insensé).

2. sens nom m. **1** ● *Dans ce **sens**-là, la route mène à Lyon*, dans cette direction. — SENS UNIQUE. ● *Cette rue est à **sens unique*** : les véhicules ne peuvent y rouler que dans une seule direction. **2** SENS DESSUS DESSOUS [sɑ̃dsydsu], loc. adv. :

dans un grand désordre. ● *Les cambrioleurs ont mis la maison **sens dessus dessous***.

sensation nom f. **1** ● *J'aime la **sensation** du vent dans mes cheveux*, ce que je sens avec mon corps. **2** ● *Devant cet homme, Denis avait une **sensation** de malaise* : il se sentait mal à l'aise (→ SYN. impression). **3** FAIRE SENSATION. ● *Ce film a **fait sensation*** : il a beaucoup impressionné les gens, il a été très remarqué (→ sensationnel).
■ **sensationnel** adj. ● *Un exploit **sensationnel***, extraordinaire, exceptionnel.

sensé → 1. sens.

sensible adj. **1** ● *Il y a des scènes affreuses dans ce film ; n'allez pas le voir si vous êtes **sensible***, si vous êtes facilement ému, touché par ce qui se passe (→ SYN. émotif, impressionnable). — ● *J'ai été **sensible** à sa gentillesse* : elle m'a touché. **2** ● *Anne a les yeux **sensibles***, qui sont facilement irrités. — ● *Certaines personnes sont plus **sensibles** à la douleur que d'autres* : elles la sentent plus vivement. — ● *N'appuyez pas trop fort sur l'accélérateur, il est très **sensible*** : il réagit dès qu'on le touche. **3** ● *Matthieu a fait des progrès **sensibles***, assez grands pour qu'on les remarque (→ appréciable).
■ **sensibiliser** v. ● *Le gouvernement veut **sensibiliser** la population au problème des économies d'énergie* : il veut qu'elle en prenne conscience, qu'elle ne reste pas indifférente.
■ **sensibilisation** nom f. **1** État de la peau ou d'un organe sensibilisé à la lumière ou à un produit. **2** Fait de sensibiliser ou d'être sensible. ● *La **sensibilisation** de François aux problèmes d'argent*.
■ **sensibilité** nom f. **1** ● *Sophie a beaucoup de **sensibilité*** : elle ressent très fort toutes les émotions. **2** ● *La **sensibilité** de la peau varie selon les gens*, la façon dont elle réagit à ce qui l'excite. **3** ● *Cette balance est d'une grande **sensibilité*** : elle est capable de peser des poids très faibles.

■ **sensiblement** adv. 1 • *Le prix des livres a* **sensiblement** *augmenté, d'une façon assez importante* (→ sensible, sens 3). 2 • *Ils sont* **sensiblement** *du même âge, à peu près.*

sensoriel adj. Qui concerne les sens. • *Les yeux, les oreilles sont des organes* **sensoriels** (→ 1 sens 4).

sensuel adj. • *Une personne* **sensuelle**, qui aime les plaisirs procurés par les sens et les sensations.

sentence nom f. • *La* **sentence** *du tribunal a été sévère, son jugement* (→ SYN. verdict).

senteur nom f. (littér.) Odeur agréable. • *La* **senteur** *d'une rose* (→ SYN. parfum).

sentier nom m. • *En suivant ce* **sentier**, *vous arriverez à la rivière, ce chemin étroit.*

sentiment nom m. 1 • *J'ai pour lui des* **sentiments** *d'amour et de respect, ce que je sens en moi, dans mon cœur.* — • *Un* **sentiment** *de tristesse, de peur.* 2 (fig. et fam.) FAIRE DU SENTIMENT. • *Dans les affaires, il ne* **fait** *pas* **de sentiment** : *il n'a aucune pitié, il se montre dur, insensible.* 3 • *J'ai le* **sentiment** *que vous me cachez quelque chose, l'impression.*

■ **sentimental** adj. • *Tu es trop* **sentimental** : *tu attaches trop d'importance à l'affection, à l'amour, tu te laisses trop facilement attendrir.* — • *Un roman* **sentimental**, *où l'amour tient une grande place.*

sentinelle nom f. • *Il y a des* **sentinelles** *autour du camp militaire, des soldats qui montent la garde, qui surveillent ce qui se passe.* ★ Chercher aussi : guérite.

sentir v. 1 • *Avec cette grosse couverture, vous ne* **sentirez** *pas le froid* : *vous n'éprouverez pas une sensation de froid.* 2 v. pron. • *Elle ne* **se sent** *pas bien* : *elle a l'impression qu'elle n'est pas bien.* 3 • *Avant de choisir un parfum, j'en* **ai senti** *plusieurs* : *je les ai respirés.* 4 • *Ce fromage* **sent** *mauvais* : *il dégage une mauvaise odeur.* 5 • *J'ai* **senti** *que mes réflexions ne lui avaient pas plu* : *je m'en suis rendu compte, je*

l'ai deviné. 6 SE FAIRE SENTIR. • *Les effets du médicament ne tarderont pas à* **se faire sentir**, *à se manifester.* ★ Conjug. 15.

sépale nom m. • *Les* **sépales** *forment le calice de la fleur, les parties vertes situées à la base des pétales.* ★ VOIR p. 392.

séparer v. 1 • *Ils se battaient, je les* **ai séparés** : *je les ai éloignés l'un de l'autre* (→ CONTR. rassembler, réunir). □ v. pron. • *Ils* **se sont séparés** *à l'entrée de la gare* : *ils se sont quittés.* 2 • *Une clôture* **sépare** *le jardin de la rue* : *elle est entre les deux.* 3 • *Il veut* **séparer** *son métier de sa vie de famille, ne pas les mélanger* (→ SYN. dissocier).

■ **séparation** nom f. 1 • *Elles regrettent leur* **séparation**, *le fait d'être séparées.* 2 • *Un mur sert de* **séparation** *entre les deux jardins* : *il les empêche d'être réunis.*

■ **séparément** adv. • *Ils habitent ensemble, mais ils prennent leurs repas* **séparément**, *chacun de son côté.*

sept [sɛt] adj. numéral invar. • *Le président de la République est élu pour* **sept** *ans* (→ septennat). □ nom m. invar. • *Anne compte jusqu'à* **sept**. — • *4 + 3 = 7.* ★ Ne pas confondre sept, cet, cette, set.

■ **septième** adj. et nom 1 adj. • *Alain est assis au* **septième** *rang, celui qui vient après le sixième.* 2 nom • *Partageons les bonbons entre nous sept, chacun en aura un* **septième**, *l'une des sept parts égales.*

septembre nom m. • *La rentrée des classes a lieu en* **septembre**, *le neuvième mois de l'année, entre août et octobre.*

septennat nom m. • *Les électeurs élisent le président de la République pour un* **septennat**, *une période de sept ans.*

septentrional adj. • *La Suède, la Finlande sont situées en Europe* **septentrionale**, *du nord* (→ CONTR. méridional).

septicémie nom f. Maladie causée par

une infection généralisée du sang (→ infection, sens 2).

septième → sept.

septique adj. FOSSE SEPTIQUE. ● *À la campagne, les toilettes des maisons se déversent souvent dans des fosses septiques*, de grandes fosses creusées dans le sol, pour éviter les mauvaises odeurs et les risques de maladies (→ antiseptique). ★ Ne pas confondre *septique* et *sceptique*.

septuagénaire adj. ● *Cette dame est septuagénaire :* elle a entre soixante-dix et quatre-vingts ans. □ nom ● *Un septuagénaire.*

sépulture nom f. Lieu où l'on enterre les morts. ● *La sépulture de Napoléon se trouve à Paris, dans l'Hôtel des Invalides* (→ SYN. tombeau).

séquelles nom f. plur. **1** ● *Il est guéri, mais son accident lui a laissé des séquelles*, des troubles qui durent après la guérison. **2** ● *Les séquelles d'une inondation :* les effets gênants qui la suivent forcément.

séquence nom f. **1** Suite ordonnée d'unités ou d'opérations. ● *Une phrase est une séquence de mots.* **2** ● *Ce film est très drôle, surtout la dernière séquence*, la suite d'images qui forment une scène.
■ **séquentiel** adj. Qui se fait par une succession d'opérations (→ CONTR. simultané). ACCÈS SÉQUENTIEL : en informatique, accès à une information qui nécessite de parcourir une chaîne, par opposition à *accès direct*.

séquestrer v. ● *Ses ravisseurs l'ont séquestré dans une maison isolée :* ils l'ont gardé enfermé sans en avoir le droit.
■ **séquestration** nom f. ● *Les otages ont beaucoup souffert pendant leur séquestration*, pendant qu'ils étaient séquestrés.

séquoia [sekɔja] nom m. ● *On trouve des séquoias gigantesques en Californie*, des arbres de la famille des sapins,

qui peuvent mesurer plus de 100 m de haut et vivre plus de 2 000 ans.

sérail nom m. **1** Palais du sultan. **2** Partie de ce palais réservée aux femmes (→ SYN. harem).

serein adj. **1** (littér.) ● *Nous pouvons partir sans crainte, le ciel est serein*, pur et calme (→ CONTR. nuageux, menaçant). **2** ● *Malgré sa maladie, il reste serein*, calme et paisible (→ sérénité ; CONTR. inquiet). ★ Ne pas confondre *serein* et *serin*.
■ **sérénité** nom f. ● *Il a accueilli cette nouvelle avec sérénité*, avec calme, sans se troubler.

sérénade nom f. Petit concert qui se donnait la nuit sous les fenêtres de la jeune fille dont on était amoureux. ● *Il a amené deux guitaristes pour donner une sérénade à sa belle.*

serf [sɛr(f)] nom m. Paysan qui dépendait du seigneur sur les terres duquel il travaillait. ● *Les serfs du Moyen Âge n'avaient pas le droit de quitter leur terre et devaient donner une grande part de leur récolte au seigneur.* ★ Ne pas confondre *serf* et *cerf*.

sergent nom m. Dans l'armée, sous-officier du grade le plus bas. ★ VOIR p. 433.

série nom f. **1** ● *Cette équipe a subi une série de défaites*, plusieurs défaites qui se suivent. **2** ● *C'est le héros d'une série de films policiers*, d'une suite de films qui vont ensemble. **3** EN SÉRIE. ● *Ces motos sont fabriquées en série*, en grand nombre et toutes sur le même modèle. — DE SÉRIE, loc. adj. ● *Une voiture de série*, un modèle *de série*, fabriqués industriellement sur le même modèle.
■ **sérier** v. ● *Il faut sérier les difficultés :* classer par séries et ranger par ordre d'importance.

sérieux adj. et nom m. **A.** adj. **1** ● *Il m'intimide, avec son visage sérieux*, qui ne rit pas, qui ne sourit pas (→ SYN. grave). **2** ● *C'est une élève sérieuse*, qui fait bien ce qu'elle a à faire (→ SYN. consciencieux ; CONTR. frivole). **3** ● *Ne plaisantons pas, ses ennuis sont* *sérieux*, graves, importants (→ CONTR. futile).

B. nom m. **1** GARDER SON SÉRIEUX : s'empêcher de rire. ● *Quand il fait le clown, personne ne peut **garder son sérieux**.* **2** ● *Son travail manque de **sérieux**,* la qualité de celui qui s'applique, qui travaille consciencieusement. **3** PRENDRE AU SÉRIEUX. ● *J'ai pris ses menaces au **sérieux** :* j'ai considéré qu'elles n'étaient pas une plaisanterie, qu'elles étaient importantes et graves. — SE PRENDRE AU SÉRIEUX. ● *Elle **se prend** vraiment **au sérieux** :* elle se croit très importante, elle est très prétentieuse.

■ **sérieusement** adv. **1** ● *Crois-tu qu'elle parle **sérieusement** ?,* sans rire, sans plaisanter. **2** ● *Nous devons travailler **sérieusement** à ce projet,* avec sérieux et application. **3** ● *Cet hiver, Pascal a été **sérieusement** malade* (→ SYN. gravement).

serin nom m. ● *Sophie veut acheter un **serin**,* un petit oiseau au plumage jaune. ★ Chercher aussi : canari. ★ Ne pas confondre *serin* et *serein*.

seriner v. ● *Il nous **serine** toujours les mêmes histoires :* il nous les répète sans arrêt.

seringue nom f. ● *Avant de faire une piqûre, l'infirmière doit remplir la **seringue**,* la petite pompe qui sert à injecter un liquide dans le corps.

serment nom m. ● *Je t'aiderai quoi qu'il arrive, je t'en fais le **serment**,* la promesse solennelle ; je le jure. — PRÊTER SERMENT. ● *Au procès, les témoins **ont prêté serment** de dire la vérité :* ils l'ont juré.

sermon nom m. **1** ● *Dans l'église, les fidèles écoutent le **sermon**,* le discours que fait le prêtre. ★ Chercher aussi : prêcher. **2** (péjor.) ● *Tu es en âge de comprendre, inutile de te faire un **sermon**,* un discours long et ennuyeux pour te faire la morale (→ sermonner).

■ **sermonner** v. ● *Mes parents m'ont **sermonné** :* ils m'ont fait un sermon, des reproches.

serpe nom f. ● *Le jardinier coupe les branches des arbustes avec une **serpe**,* un outil à lame recourbée.

serpe

serpent nom m. ● *Les vipères sont des **serpents** venimeux,* de longs animaux sans pattes qui se déplacent en rampant. — ● *Tous les **serpents** sont des reptiles.*

serpenter v. ● *Nous avons suivi un sentier qui **serpentait** dans la montagne,* qui faisait des tours et des détours.

serpentin nom m. ● *Pendant le carnaval, les enfants lançaient des **serpentins**,* des petits rouleaux de papier coloré qui se déroulent quand on les lance.

serpillière nom f. ● *Claude rince la **serpillière**,* le gros chiffon qui sert à laver le sol.

serpolet nom m. ● *En Provence, nous avons cueilli du **serpolet**,* une plante parfumée de la famille du thym.

serre nom f. ● *Ces fleurs fragiles sont cultivées dans une **serre**,* un endroit fermé, vitré et parfois chauffé qui les protège du froid et laisse passer les rayons du soleil.

serrer v. **1** ● *Mon petit frère **serre** une bille dans sa main :* il la tient fort, en la pressant. **2** SERRER LA MAIN À QUELQU'UN : lui donner une poignée de main. **3** ● *À six dans cette voiture, nous **sommes** trop **serrés**,* trop rapprochés les uns contre les autres. □ v. pron. ● ***Serrez-vous** pour laisser de la place* (→ serré, sens 1). **4** ● *Ces chaussures me **serrent** les pieds :* elles appuient dessus parce qu'elles sont trop étroites (→ serré, sens 2 ; SYN. comprimer). **5** ● *Tire bien* sur les bouts de la ficelle pour **serrer** le nœud. — ● Il **serre** un écrou : il le tourne fort pour le bloquer (→ serrage ; CONTR. desserrer). **6** (fig. et fam.) SE SERRER LES COUDES. ● Entre amis, on peut **se serrer les coudes**, s'aider mutuellement, s'entraider.

■ **serrage** nom m. ● Le garagiste a vérifié le **serrage** des boulons, la façon dont ils sont serrés.

■ **serré** adj. **1** ● Les soldats défilent en rangs **serrés**, tout près l'un de l'autre. **2** ● Le montagnard portait un pantalon **serré**, collant. **3** PARTIE SERRÉE. ● Aux échecs, François et Annie ont joué une **partie serrée**, où les adversaires sont de la même force.

serres nom f. plur. ● L'aigle emportait un agneau dans ses **serres**, ses griffes recourbées et puissantes.

serres d'aigle

serrure nom f. ● Mon père a cassé la clef dans la **serrure**, le dispositif qui permet de fermer une porte, un tiroir, etc.

■ **serrurier** nom m. Artisan qui fait ou qui répare des serrures, qui fabrique des clefs.

■ **serrurerie** nom f. Métier du serrurier.

sertir v. ● **Sertir** une pierre précieuse : entourer d'une monture (→ 2. monter, sens 2 ; 2. monture).

sérum [serɔm] nom m. **1** ● Le sang se compose de globules rouges, de globules blancs et de **sérum**, un liquide jaunâtre. **2** ● Pour éviter qu'il n'attrape le tétanos, le médecin lui a fait une piqûre de **sérum**, un liquide tiré du

sang, qui permet de combattre certains microbes.

serviette nom f. **1** ● Une **serviette** de table, de toilette, de bain, un linge dont on se sert pour s'essuyer. **2** ● Le maître transporte ses documents dans une **serviette** en cuir, un sac plat, à compartiments (→ SYN. cartable).

servile adj. ● Avec son chef, Franck se montre **servile**, trop soumis. — ● Ce n'est qu'une imitation **servile**, sans originalité.

■ **servilement** adv. ● Il obéit **servilement**.

■ **servilité** nom f. ● Sa **servilité** le rend antipathique à ses collègues.

servir v. **1** ● Le commerçant **sert** ses clients : il leur apporte ce qu'ils demandent (→ servante, serveur, serviteur ; libre-service). □ v. pron. ● Si vous voulez des fruits, **servez-vous** : prenez vous-même ce que vous voulez. **2** ● Pour faire ce travail, son expérience le **sert** : elle l'aide, elle lui est utile (→ service, sens 1 ; CONTR. 3. desservir). **3** ● Mon stylo me **sert** tous les jours : il m'est utile. — ● Une hache **sert** à couper du bois : on l'utilise pour cela. — ● Ce sac de toile me **sert** de cartable : je l'utilise comme un cartable. □ v. pron. ● Cette valise est pratique, papa **s'en sert** souvent. ★ Conjug. 15.

■ **servante** nom f. ● Autrefois, les gens riches avaient des **servantes**, des domestiques qui les servaient (→ service, sens 3 ; SYN. bonne).

■ **serveur** nom. Personne qui sert dans un restaurant, dans un bar. ● La **serveuse** nous apporte des glaces.

■ **service** nom m. **1** RENDRE SERVICE À QUELQU'UN : l'aider, lui être utile (→ serviable). — À VOTRE SERVICE ! : je suis prêt à vous aider ! **2** ÊTRE DE SERVICE. ● Cette infirmière **sera de service** dimanche : elle travaillera ce jour-là. **3** ÊTRE AU SERVICE DE QUELQU'UN : être payé pour l'aider, pour s'occuper de lui (→ serviteur). **4** ● Il a fait son **service** (militaire) dans la marine, la période que tous les jeunes gens doivent passer dans l'armée. **5** ● Le **service** n'est pas compris dans *le prix indiqué* (→ SYN. pourboire). — ● *Dans ce restaurant, le* **service** *est lent* : les garçons servent lentement. **6** ● *Ma mère a acheté un* **service** *de porcelaine,* un ensemble de plats et d'assiettes pour servir les repas. **7** HORS SERVICE. ● *Ce distributeur de boissons est* **hors service** : il ne fonctionne plus. **8** ● *Adressez-vous au* **service** *des réclamations* (→ SYN. bureau).

■ **serviable** adj. ● *Valentine est très* **serviable** : elle aime rendre service (→ SYN. complaisant).

■ **serviteur** nom m. ● *Les rois avaient de nombreux* **serviteurs** (→ SYN. domestique ; CONTR. maître).

servitude nom f. ● *Son métier lui impose beaucoup de* **servitudes**, beaucoup de choses pénibles ou ennuyeuses qu'il est obligé de faire (→ SYN. contrainte).

ses adj. poss. plur. ● *Laurent taille* **ses** *crayons de couleur,* ceux qui lui appartiennent (→ son).

session nom f. **1** ● *La* **session** *parlementaire* : la période pendant laquelle le Parlement se réunit. **2** ● *La première* **session** *de cet examen commence demain,* la période pendant laquelle il se déroule.

set [sɛt] nom m. ● *Il a gagné le match de tennis par 3* **sets** *à 0,* trois parties d'un match de tennis, de ping-pong, etc. (→ SYN. manche). ★ Ne pas confondre *set, cet, cette* et *sept.*

seuil [sœj] nom m. **1** ● *Je l'ai accompagné jusqu'au* **seuil** *de la maison,* à l'entrée, au pas de la porte. **2** (fig. et littér.) ● *Au* **seuil** *de l'automne* : au début. **3** ● *Sur ces routes, le nombre de voitures ne devrait pas dépasser un certain* **seuil**, une certaine limite.

seul adj. **1** ● *Ses camarades sont partis, il s'est retrouvé* **seul**, sans personne avec lui. **2** ● *Éric a un* **seul** *crayon,* un et pas plus (→ SYN. unique). □ *Valérie a été la* **seule** *à m'écrire.* **3** ● *Pour lui,* **seul** *le résultat compte* : il n'y a que le résultat qui compte. **4** ● *Ce sac n'est pas lourd, je peux le porter* **seul**, sans aide.

■ **seulement** adv. **1** ● *Il restait* **seulement** *deux places assises dans l'autobus* : il n'en restait que deux. **2** ● *Laurent vient* **seulement** *de terminer ses devoirs,* juste à ce moment. **3** ● *J'aimerais jouer avec eux,* **seulement** *je ne les connais pas* (→ SYN. mais). **4** NON SEULEMENT, loc. adv. ● *Non seulement il a tort, mais en plus il me fait des reproches.* **5** SI SEULEMENT, loc. adv. ● *Si* **seulement** *je pouvais le prévenir! :* je le voudrais bien.

sève nom f. Liquide qui circule dans les plantes pour les nourrir.

sévère adj. **1** ● *Son oncle est* **sévère** : il gronde et punit facilement (→ CONTR. indulgent.) **2** (littér.) ● *L'ameublement de cet appartement est un peu* **sévère**, strict, sans gaieté (→ SYN. austère). **3** ● *Ces footballeurs ont mal joué, leur défaite a été* **sévère**, grave, pénible.

■ **sévérité** nom f. ● *Sa* **sévérité** *est bien connue des élèves.*

■ **sévèrement** adv. ● *Leurs parents les ont grondés* **sévèrement**, avec sévérité.

sévices nom m. plur. ● *Ce prisonnier portait des traces de* **sévices**, de mauvais traitements (→ SYN. brutalité, violence).

sévir v. **1** ● *S'ils continuent à chahuter, le professeur va* **sévir**, les punir sévèrement. **2** ● *La famine* **sévit** *encore dans ce pays* : elle fait encore des ravages, des victimes. ★ Conjug. 11.

sevrer v. **1** ● **Sevrer** *un bébé* : cesser progressivement de l'alimenter avec du lait. □ adj. ● *Ce bébé* **sevré** *peut maintenant se nourrir de purées.* **2** (fig.) ● *Elle est* **sevrée** *de distractions,* privée d'une chose agréable.

■ **sevrage** nom m. Fait de sevrer. ● *Le* **sevrage** *est quelquefois difficile.*

sexagénaire adj. ● *J'ai une grand-mère* **sexagénaire**, qui a entre soixante et soixante-dix ans. □ nom ● *Un* **sexagénaire**.

sexe nom m. **1** ● *Depuis qu'ils attendent un bébé, ils se demandent quel sera son* **sexe**, si ce sera un garçon ou une fille. — ● *Les hommes sont de* **sexe** *masculin et les femmes de* **sexe** *fémi-*

nin. — ● *Voulez-vous un chat mâle ou femelle? J'en ai des deux* **sexes**. **2** ● *C'est avec leur* **sexe** *que les hommes et les femmes s'unissent et donnent la vie à des enfants.*

■ **sexisme** nom m. Fait de croire que les hommes sont supérieurs aux femmes. ● *Engager un homme plutôt qu'une femme à un poste important, c'est un exemple de* **sexisme**.

■ **sexiste** adj. ● *Marc est très* **sexiste**.

■ **sexuel** adj. **1** ● *Les hommes et les femmes ont des organes* **sexuels** *différents* (→ SYN. génital). **2** ● *Au collège, mon frère a eu des cours d'éducation* **sexuelle**, *qui expliquent comment sont faits les hommes et les femmes et comment ils ont des enfants.*

■ **sexualité** nom f. ● *La* **sexualité** *des animaux* : la façon dont ils se reproduisent et le comportement qu'ils ont dans ces cas-là.

sextant nom m. ● *Pour savoir où se trouve son bateau, le capitaine fait le point avec un* **sextant**, *un appareil qui permet de mesurer la hauteur du soleil au-dessus de l'horizon pour déterminer la latitude.*

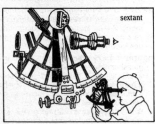

sextant

seyant adj. ● *Aujourd'hui, Sophie porte un chemisier très* **seyant**, *qui lui va bien.*

shampooing [ʃɑ̃pwɛ̃] nom m. **1** ● *J'ai acheté du* **shampooing**, *un liquide moussant pour se laver les cheveux.* **2** ● *Elle se fait un* **shampooing**, *un lavage des cheveux avec du shampooing.*

shérif [ʃerif] nom m. ● *Dans ce western, le* **shérif** *poursuivait des bandits à cheval,* le chef de la police d'une ville, aux États-Unis.

shoot [ʃut] nom m. ● *Quand l'arrière a dégagé le ballon, quel beau* **shoot***!* : quel beau coup de pied (→ SYN. tir).

■ **shooter** [ʃute] v. ● *Ce footballeur a* **shooté**, *mais le ballon a rebondi sur le montant des buts* : il a donné un grand coup de pied dans le ballon (→ SYN. tirer).

shopping [ʃɔpiŋ] nom m. ● *Nous avons passé l'après-midi à faire du* **shopping**, à faire des courses, à courir les magasins.

short [ʃɔrt] nom m. ● *Ces footballeurs ont un* **short** *bleu foncé, une culotte courte.* ★ Chercher aussi : bermuda.

show [ʃo] nom m. Spectacle de variétés avec une vedette.

1. si (**s'** devant *il* ou *ils*) conj. **1** ● *Tu sortiras demain* **si** *le médecin le permet,* à cette condition. **2** ● *Je crois que j'entends la porte claquer; vérifie* **si** *elle est bien fermée.* — ● *Je demande* **s'il** *vient avec nous* : je pose la question : «Est-ce qu'il vient avec nous?». ★ Ne pas confondre *si, ci, scie* et *six*.

2. si adv. **1** ● *Elle est* **si** *gentille,* tellement gentille. — ● *Mon chien est* **si** *petit que je le porte dans un sac.* **2** ● *Gilles n'est pas* **si** *fort qu'on le croit,* aussi fort. **3** ● *«Je te dis qu'il n'est pas là.» «Mais* **si***!»* : tu dis que non, mais moi j'affirme que oui. — ● *«Tu n'as rien entendu?» «***Si***.»* ★ Ne pas confondre *si, ci, scie* et *six*.

3. si nom m. Septième note de la gamme, entre «la» et «do».

sibyllin [sibilɛ̃] adj. Énigmatique, obscur. ● *Langage, paroles, propos* **sibyllins**.

sic Adverbe que l'on met entre parenthèses après un mot ou une expression surprenants, pour indiquer que l'on cite textuellement.

sidérer v. (fam.) ● *Son exploit m'a* **sidéré**, *m'a beaucoup étonné, m'a stupéfié.* ★ Conjug. 8.

sidérurgie nom f. ● *Ces ouvriers travaillent dans la* **sidérurgie,** l'industrie qui transforme le minerai de fer en fonte, en fer et en acier. ★ Chercher aussi : laminoir, métallurgie.

■ **sidérurgique** adj. ● *Avec ses trois hauts fourneaux, cette usine* **sidérurgique** *produit beaucoup de fonte.*

siècle nom m. **1** Période de cent ans. ● *Certains chênes vivent plusieurs* **siècles. 2** LE XXᵉ SIÈCLE : la période qui va de 1901 à l'an 2000. **3** (fig.) ● *Depuis des* **siècles** : depuis très longtemps.

1. siège nom m. **1** ● *Cette salle manque de* **sièges,** les meubles sur lesquels on s'assoit (chaise, fauteuil, etc.). **2** ● *Ce parti a perdu dix* **sièges** *aux élections* : dix de ses députés n'ont pas été réélus. **3** ● *Le* **siège** *d'un tribunal* : l'endroit où il tient ses séances. **4** ● *Cette société a une usine à Toulon mais son* **siège** *est à Strasbourg,* son adresse du point de vue de la loi et l'endroit où se trouve, le plus souvent, sa direction.

■ **siéger** v. ● *Le Parlement européen* **siège** *à Strasbourg* : il se réunit à cet endroit. ★ Conjug. 5.

2. siège nom m. ● *L'armée a fait le* **siège** *de la ville* : elle l'a encerclée pour s'en emparer. ★ Chercher aussi : blocus.

sien, sienne pronom poss. et nom **1** pronom poss. ● *J'ai perdu mon stylo, Véronique m'a prêté le* **sien,** celui qui lui appartient (→ mien, tien). **2** nom m. plur. ● *Après ce long voyage, Patrick était heureux de retrouver les* **siens,** ses parents, sa famille. **3** nom f. plur. (fam.) FAIRE DES SIENNES. ● *Il a encore fait des* **siennes** : il a encore fait des sottises. **4** nom m. Y METTRE DU SIEN : se donner du mal pour réussir quelque chose. ● *Ils ont fini par se mettre d'accord, mais Armand* **y a mis du sien.**

sierra nom f. Montagne des pays où l'on parle espagnol. ● *La* **sierra** *Morena est une chaîne de montagnes espagnole.* — ● *La* **sierra** *Nevada, en Californie, aux États-Unis* (dans la partie du pays où l'on parlait espagnol autrefois).

sieste nom f. ● *Tu es fatigué, tu devrais faire la* **sieste,** t'allonger pour te reposer (pendant la journée).

siffler v. **1** ● *Olivier* **siffle** *en se lavant les mains* : il produit un son aigu avec sa bouche. — ● *Il* **siffle** *un air connu* : il le reproduit en sifflant. **2** ● *L'agent de police* **a sifflé** *un automobiliste* : il a soufflé dans un sifflet pour l'arrêter. **3** ● *Le vent* **siffle** *dans les mâts du voilier* : il produit un son aigu. **4** ● *Certains spectateurs* **ont sifflé** *les acteurs* : ils ont fait ce bruit pour montrer qu'ils n'étaient pas contents (→ sifflet, sens 2 ; SYN. huer ; CONTR. applaudir).

■ **sifflement** nom m. Son ou bruit aigu fait en sifflant.

■ **sifflet** nom m. **1** ● *Le professeur d'éducation physique arbitre la partie avec un* **sifflet,** un petit instrument qui produit un son aigu quand on souffle dedans. **2** (au plur.) ● *Le chanteur a quitté la scène sous les* **sifflets** *du public.*

■ **siffloter** v. ● *Alain* **sifflote** *une chanson* : il la siffle sans y faire très attention.

sigle nom m. ● «S. N. C. F. » est un **sigle,** une abréviation du nom «Société Nationale des Chemins de fers Français», formée avec la première lettre (ou le début) de chaque mot important. ★ Chercher aussi : abréviation.

signal nom m. **1** ● *J'entends un coup de pistolet, c'est le* **signal** *du départ,* le bruit ou le signe qui indique que c'est le moment de partir. **2** ● *Charles apprend à reconnaître les* **signaux** *du code de la route,* les panneaux, les feux, les lignes qui indiquent comment on doit circuler, où il y a un danger, etc. (→ signalisation).

■ **signaler** v. **1** ● *Ce panneau* **signale** *un virage dangereux* : il l'indique, il le marque. — ● *Je vous* **signale** *que je serai absent demain* : je vous le fais savoir. **2** v. pron. ● *Il* **s'est signalé** *par son courage* : il s'est fait remarquer, il s'est distingué.

■ **signalement** nom m. ● *La gendar-*

merie a donné le **signalement** du meurtrier, la description qui permet de le reconnaître.

■ **signalisation** nom f. ● *La* **signalisation** *routière* : l'ensemble des panneaux qui règlent la circulation sur les routes. — ● *Les panneaux de* **signalisation**.

signe nom m. **1** ● *Mon chien remue la queue, c'est le* **signe** *qu'il est content* : c'est ce qui montre qu'il est content (→ SYN. indication, marque). — ● *Alain m'a fait* **signe** *d'entrer*, un geste pour me faire comprendre ce qu'il voulait dire (→ signifier). **2** ● *L'écriture est un ensemble de* **signes**, de traces écrites qui veulent dire quelque chose. — ● *Si j'écris 4 : 2, « : » est le* **signe** *de la division* (→ SYN. symbole). **3** (fig.) DONNER SIGNE DE VIE : donner de ses nouvelles. **4** ● *Sophie est « Lion » et moi « Capricorne » : nos* **signes** *du zodiaque sont différents*, les symboles qui correspondent à la partie de l'année où nous sommes nés, à la position des étoiles dans le ciel à ce moment. — ● *De quel* **signe** *êtes-vous ?* ★ Chercher aussi : astrologie.

1. signer v. **1** ● *J'ai écrit une carte postale à grand-père, qui veut* **signer** ?, écrire son nom sur une lettre, une carte, etc. **2** ● *Les locataires qui veulent arrêter le chauffage doivent* **signer** *en bas de cette feuille*, écrire leur nom, apposer leur signature, pour dire qu'ils sont d'accord.

■ **signature** nom f. ● *Je reconnais sa* **signature**, son nom écrit à la main d'une façon qui n'appartient qu'à lui.

■ **signataire** nom ● *Les* **signataires** *d'un traité* : les personnes (ou les pays) qui l'ont signé.

2. se signer v. pron. ● *Les catholiques se* **signent** *en entrant dans une église* : ils font le signe de croix.

signifier v. **1** ● *Que* **signifie** *cette phrase ?* : quel est son sens, que veut-elle dire, qu'exprime-t-elle ? **2** ● *Il m'a* **signifié** *qu'il refusait de me recevoir* : il me l'a fait savoir clairement (→ SYN. notifier). ★ Conjug. 10.

■ **significatif** adj. ● *Il nous a répondu d'un ton* **significatif**, qui fait comprendre clairement ses sentiments, ses intentions (→ SYN. révélateur).

■ **signification** nom f. ● *Le mot « livre » peut avoir plusieurs* **significations**, plusieurs sens.

silence nom m. **1** ● *Comme le* **silence** *est reposant !*, l'absence de bruit. **2** EN SILENCE, loc. adv. ● *Les élèves ont travaillé* **en silence**, sans parler et sans faire de bruit. — GARDER LE SILENCE : se taire.

■ **silencieux** adj. et nom m. **A.** adj. **1** ● *Cette voiture a un moteur* **silencieux**, qui fonctionne sans bruit (→ CONTR. bruyant). **2** ● *Les joueurs d'échecs sont restés* **silencieux** *pendant toute la partie*, sans parler (→ SYN. muet).

B. nom m. Dispositif qui permet de diminuer le bruit. ● *Personne n'a entendu le coup de feu, car le pistolet était muni d'un* **silencieux**, un tube vissé au bout du canon. — ● *Le* **silencieux** *d'une voiture dans le pot d'échappement*.

■ **silencieusement** adv. ● *Les chasseurs marchaient* **silencieusement** *dans la forêt*, sans faire de bruit.

silex nom m. ● *Ces pointes de flèches préhistoriques étaient taillées dans du* **silex**, une roche très dure dont les éclats sont coupants.

silhouette nom f. **1** ● *La* **silhouette** *d'un sapin se détache sur le ciel gris*, une forme dont on ne voit que les contours. **2** ● *Elle a une* **silhouette** *jeune et élégante* (→ SYN. allure).

sillage nom m. ● *Des mouettes suivent le* **sillage** *du bateau*, la trace qu'il laisse derrière lui en avançant.

sillon nom m. **1** ● *Ce champ est déjà labouré, tous les* **sillons** *sont tracés*, les longues tranchées ouvertes dans la terre par une charrue. **2** ● *J'ai rayé mon disque, son* **sillon** *est abîmé*, la longue ligne fine en creux sur laquelle est enregistrée la musique.

sillonner v. ● *Ils* **ont sillonné** *la région à bicyclette* : ils l'ont parcourue dans tous les sens.

silo nom m. Grand réservoir où l'on conserve les céréales, les légumes ou le fourrage. ● *Un silo à blé.*

simagrées nom f. plur. ● *Sophie refuse de manger, elle fait des simagrées*, des manières, des comédies.

similaire adj. ● *Devant ce danger, nous avons eu des réactions similaires*, à peu près les mêmes (→ SYN. analogue, semblable).
■ **similitude** nom f. ● *Il y a une grande similitude entre vos deux dessins*, une grande ressemblance; ils sont presque pareils.

simoun [simun] nom m. ● *Dans le Sahara, la caravane s'abrite derrière les dunes pour se protéger du simoun*, un vent chaud du désert.

1. simple adj. **1** ● *Veux-tu que je fasse un nœud simple ou un double nœud ?*, le nœud le moins compliqué. — ● *Si tu écris ta phrase au passé simple, tu utilises un temps simple du verbe*, un temps qui s'écrit sans auxiliaire (→ CONTR. composé). **2** ● *Ce jeu est simple*, facile à comprendre (→ CONTR. compliqué). — (fam.) C'EST BIEN SIMPLE. ● *Si tu veux qu'il te prête son vélo, c'est bien simple, demande-le-lui :* c'est évident, cela n'est pas difficile. **3** ● *Un mobilier tout simple*, sans complications, sans ornement. **4** ● *Bien qu'elle soit célèbre, c'est une femme simple*, qui n'est pas prétentieuse, qui ne fait pas de manières (→ simplement, sens 1 ; SYN. modeste ; CONTR. cérémonieux). **5** ● *D'un simple coup de patte, un lion peut tuer une gazelle*, avec seulement un coup de patte (→ simplement, sens 2). **6** PUR ET SIMPLE, loc. adj. ● *C'est un mensonge pur et simple*, rien d'autre qu'un mensonge (→ simplement, sens 3).
■ **simplement** adv. **1** ● *Ne peux-tu dire les choses plus simplement ?*, sans les compliquer, avec naturel (→ simplicité, sens 2). **2** ● *N'aie pas peur du chien, il veut simplement jouer* (→ simplement, sens 3). **3** PUREMENT ET SIMPLEMENT, loc. adv. ● *On l'a renvoyé purement et simplement de l'école*, sans discussion.

■ **simplicité** nom f. **1** ● *Le fonctionnement de cette machine est d'une grande simplicité*, facile à comprendre (→ CONTR. complication). **2** ● *Nos amis nous ont accueillis avec simplicité*, sans faire de manières (→ CONTR. 1. faste).
■ **simplifier** v. ● *Si Marc veut bien m'aider, cela simplifiera les choses :* cela les rendra beaucoup plus simples (→ simplification ; CONTR. compliquer). ★ Conjug. 10.
■ **simplification** nom f. ● *Au lieu de 9,98 F, j'ai compté 10 F par personne pour la simplification de mes calculs*, pour qu'ils soient plus simples.

2. simple nom f. Plante médicinale.

simuler v. ● *Dominique simule l'ivresse :* il fait semblant d'être ivre (→ SYN. 1. affecter, feindre).
■ **simulé** adj. ● *Pour toucher l'assurance, ils ont organisé un accident simulé* (→ SYN. fictif ; (fam.) 2. bidon).
■ **simulacre** nom m. (littér.) ● *Il a été condamné après un simulacre de jugement*, une séance où l'on a fait semblant de le juger.
■ **simulateur, -trice** nom **1** ● *Il n'est pas vraiment malade, c'est un simulateur*, une personne qui simule, qui fait semblant. **2** nom m. ● *Les pilotes s'entraînent avec un simulateur de vol*, un appareil qui imite les conditions d'un vol réel, tout en restant à terre.
■ **simulation** nom f. ● *Il ne souffre pas réellement, c'est de la simulation* (→ SYN. comédie).

simultané adj. ● *Je n'avais pas prévu leurs arrivées simultanées*, qui se sont produites en même temps.
■ **simultanément** adv. ● *Ces deux explosions ont eu lieu simultanément*, en même temps.
■ **simultanéité** nom f. Caractère simultané. ● *La simultanéité des deux événements est surprenante.*

sincère adj. **1** ● *Il se trompe peut-être, mais c'est un garçon sincère*, qui est honnête et qui croit vraiment ce qu'il dit (→ SYN. 2. franc ; CONTR. 1. faux, menteur). **2** ● *Mes amis m'ont accueilli avec une joie **sincère**, qui montrait ce qu'ils pensaient vraiment* (→ SYN. réel, véritable).

■ **sincèrement** adv. ● *J'y crois **sincèrement**,* franchement, réellement, vraiment.

■ **sincérité** nom f. **1** ● *Ève m'a tout raconté avec **sincérité**,* avec franchise, sans mentir. **2** ● *Crois-tu à la **sincérité** de ses sentiments ?,* à leur honnêteté.

sinécure nom f. **1** ● *Cet emploi est une véritable **sinécure**,* un emploi où l'on n'a presque rien à faire. **2** (fam.) CE N'EST PAS UNE SINÉCURE. ● *Quel paresseux ! Pour le sortir du lit, **ce n'est pas une sinécure** :* ce n'est pas facile.

sinedie [sinedje] loc. adv. ● *Renvoyer un débat, une affaire **sine die** :* sans fixer de date pour la reprise.

singe nom m. **1** Animal sauvage intelligent, qui ressemble à l'homme et vit dans les pays chauds. ● *Les gorilles, les orangs-outans, les chimpanzés, etc., sont des **singes**.* ● *Un **singe**, une guenon et leurs petits.* **2** FAIRE LE SINGE. ● *Arrête de **faire le singe**,* de faire l'idiot, le clown.

■ **singer** v. ● *Sophie marche à petits pas en **singeant** la directrice,* en l'imitant, pour se moquer d'elle. ★ Conjug. 5.

■ **singerie** nom f. ● *Ses **singeries** ont fait rire ses camarades,* ses grimaces, ses pitreries.

singulier adj. et nom m. **1** adj. ● *Elle m'a regardé d'une façon **singulière**,* bizarre, étrange (→ singulièrement, sens 1 ; gularité ; SYN. original ; CONTR. banal). **2** nom m. ● *Le pluriel est «des yeux» mais le **singulier** est «un œil»,* la forme qui indique qu'il n'y en a qu'un.

■ **singulièrement** adv. **1** (littér.) ● *Parfois, il lui arrive de se comporter **singulièrement*** (→ SYN. bizarrement). **2** ● *L'arrivée des nouveaux élèves a **singulièrement** modifié l'atmosphère de la classe* (→ SYN. beaucoup).

■ **se singulariser** v. pron. ● *Il écrit tout à l'encre rouge pour **se singulariser**,* pour se faire remarquer.

■ **singularité** nom f. ● *Mon chat a*

la **singularité** de ne pas avoir peur de l'eau, quelque chose de particulier qui le distingue des autres.

1. sinistre adj. **1** ● *En pleine nuit, il a entendu des craquements **sinistres** dans l'escalier* (→ SYN. effrayant). **2** ● *Cet homme a un air **sinistre*** (→ SYN. inquiétant). **3** ● *Dans la brume, ce village est **sinistre*** (→ SYN. lugubre, triste).

2. sinistre nom m. Événement catastrophique (incendie, inondation, tremblement de terre, cyclone, etc.). ● *Les pompiers se sont rendus sur les lieux du **sinistre**,* de l'incendie.

■ **sinistré** adj. ● *Des hélicoptères ont survolé la région **sinistrée**,* qui a été touchée par un sinistre. □ nom ● *On a porté secours aux **sinistrés**,* aux victimes du sinistre.

sinon conj. **1** ● *Marie doit être malade **sinon** elle serait venue,* sans cela (→ SYN. autrement). **2** ● *Devant ce danger, que pouvaient-ils faire **sinon** prendre la fuite ? :* que pouvaient-ils faire d'autre que cela ?

sinueux adj. ● *Nous grimpons sur la montagne par un chemin **sinueux**,* qui forme des courbes, des virages.

■ **sinuosité** nom f. ● *Les **sinuosités** d'une rivière,* ses détours, ses méandres qui dessinent une ligne sinueuse.

sinusite nom f. ● *Elle souffre d'une **sinusite**,* d'une maladie où l'on a mal au nez et au front.

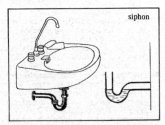
siphon

siphon nom m. **1** ● *Le plombier a changé le **siphon** du lavabo,* le tuyau recourbé en forme d'U. **2** Tube recourbé utilisé pour transvaser un liquide. ● *Jacques vide son aquarium avec un* **siphon**. **3** ● *Pour faire couler l'eau gazeuse, appuie sur le levier du* **siphon**, une bouteille spéciale pour fabriquer de l'eau gazeuse.

sire nom m. **1** Titre que l'on donne à un roi quand on s'adresse à lui. ● *Sire, je vous souhaite la bienvenue!* **2** Titre qui voulait dire «seigneur» au Moyen Âge. ● *Le sire de Coucy.*

1. sirène nom f. ● *Une légende raconte que les navigateurs étaient charmés par le chant des* **sirènes**, des êtres imaginaires moitié femmes, moitié poissons.

2. sirène nom f. Appareil qui donne un signal en faisant un bruit particulier, souvent fort et prolongé. ● *La sirène des pompiers, de la police.* — ● *Une sirène d'alarme.*

sirocco nom m. Vent très chaud et très sec qui vient du désert du Sahara.

sirop nom m. **1** ● *Pour goûter, vous pouvez prendre du sirop de framboise*, un jus de fruit épais et très sucré, que l'on mélange avec de l'eau. **2** ● *Anne tousse, elle devrait prendre une cuiller de* **sirop**, un médicament liquide très sucré (→ sirupeux).

siroter v. (fam.) ● *Tout en parlant, il sirotait un verre de cognac* : il le buvait à petites gorgées, en le savourant.

sirupeux adj. ● *Je n'aime pas les boissons* **sirupeuses**, qui ont la consistance du sirop.

sisal nom m. Matière épaisse et rugueuse faite avec les fibres des feuilles d'une plante mexicaine du même nom. ● *Un tapis en sisal.*

sismique adj. ● *Ce savant étudie les phénomènes* **sismiques**, qui concernent les séismes, les tremblements de terre.

site nom m. ● *Nous avons campé dans un site agréable* (→ SYN. paysage).

sitôt adv. ● *Sitôt arrivé, il se dirigea vers l'escalier* (→ SYN. aussitôt).

situation nom f. **1** ● *Connais-tu la situation géographique de Lyon?*, l'endroit où se trouve cette ville (→ situer; SYN. emplacement, position). **2** ● *Nous prolongerons nos vacances de quelques jours si la situation le permet*, les circonstances. **3** ● *Si l'entreprise fait faillite, il risque de perdre sa situation*, sa place (→ SYN. emploi).

■ **situer** v. ● *La ville de Lyon est située au confluent du Rhône et de la Saône* : elle est placée à cet endroit.

six adj. [si] devant une *consonne*; [siz] devant une *voyelle* ou un *h muet*; [sis] dans tous les autres cas. ● *Une équipe de volley-ball comprend six joueurs.* — ● *Six* [si] *personnes; six* [siz] *œufs; six* [siz] *hommes.* □ nom m. ● *J'ai pris ce neuf retourné pour un six* [sis].

■ **sixième** adj. et nom **1** adj. ● *Olivier a terminé sixième de la course*, à la sixième place du classement, au sixième rang. **2** nom f. ● *Mon frère est en sixième*, la première classe de l'enseignement secondaire. **3** nom m. ● *Partageons la tarte en six, nous en aurons chacun un sixième*, une des six parts égales. ★ Ne pas confondre *six* avec *ci, scie* et *si*.

skaï [skaj] nom m. Matière synthétique qui imite le cuir. ● *Les banquettes sont recouvertes de skaï.*

skateboard [skɛtbɔrd] ou **skate** [skɛt] nom m. ● *Pour Noël, François a reçu un skateboard*, une planche à roulettes.

sketch [skɛtʃ] nom m. ● *Nous préparons un sketch pour la fête de l'école*, une courte pièce comique (→ SYN. saynète).

ski nom m. **1** ● *En arrivant aux sports d'hiver, j'ai loué une paire de skis*, des patins longs et étroits que l'on chausse pour glisser sur la neige. — ● *Faire du ski, aimer le ski*, le sport que l'on pratique avec des skis. **2** ● *Traînée par un canot à moteur, Hélène apprend à faire du ski nautique*, à glisser sur l'eau avec des sortes de skis.

■ **skier** v. ● *Sais-tu skier?*, faire du ski. ★ Conjug. 10.

■ **skieur** nom ● *Des skieurs ont dévalé la pente à toute vitesse*, des personnes qui skient.

■ **skiable** adj. ● *À cause du manque de neige, les pistes ne sont pas skiables :* on ne peut pas y faire du ski.

skipper [skipør] nom m. Commandant d'un navire de croisière ou de course.

slalom [slalɔm] nom m. ● *Les concurrents ont couru un slalom*, une course de ski où l'on doit faire des virages en passant entre les piquets plantés dans la neige.

slip nom m. Petite culotte que l'on porte comme sous-vêtement ou comme maillot de bain.

slogan nom m. ● *Pendant la manifestation, les grévistes criaient des slogans*, des phrases courtes qui retiennent l'attention.

slow [slo] nom m. ● *Nous avons dansé un slow*, une danse lente.

smash [smaʃ] nom m. ● *Le joueur de tennis a fait un smash*, un coup violent pour rabattre une balle haute.

S.M.I.C. [smik] nom m. ● *La loi interdit de payer un travailleur en dessous du S.M.I.C.*, le salaire minimum fixé par le gouvernement. ★ *S.M.I.C.* est l'abréviation de «Salaire Minimum Interprofessionnel de Croissance».

smoking [smɔkiŋ] nom m. ● *Au gala de l'Opéra, beaucoup d'hommes portaient des smokings noirs*, des tenues de soirée.

snack ou **snack-bar** [snak (bar)] nom m. ● *Si nous allons faire des courses, nous déjeunerons dans un snack*, un café-restaurant où l'on sert des plats rapidement et à toute heure.

S.N.C.F. nom m. Abrév. de Société Nationale des Chemins de fer Français. ● *Une locomotive de la S.N.C.F.*

snob adj. ● *Sa cousine est snob :* elle cherche à se faire passer pour quelqu'un de distingué, par ses manières, ses relations et sa façon de s'habiller. □ nom ● *À cette soirée, il n'y avait que des snobs.*

sobre adj. **1** ● *Ne le prends pas pour un ivrogne, c'est un homme sobre*, qui évite de trop boire et de trop manger. **2** ● *Leur appartement est décoré dans un style sobre*, simple et discret.

■ **sobrement** adv. **1** ● *Il boit sobrement*, sans exagérer. **2** ● *L'orateur parlait sobrement*, avec mesure, avec retenue.

■ **sobriété** nom f. **1** ● *Les sportifs font preuve d'une grande sobriété*, la qualité des gens sobres. **2** ● *La sobriété d'un vêtement :* sa discrétion (→ CONTR. excentricité).

sobriquet nom m. Surnom familier donné à quelqu'un que l'on se moque de lui. ● *Dans «Blanche Neige et les sept nains», un des nains a pour sobriquet «Atchoum» parce qu'il éternue sans cesse.*

soc nom m. Lame large et pointue de la charrue, qui creuse les sillons dans la terre.

socialisme nom m. Doctrine qui demande que les banques, les entreprises, les usines appartiennent à l'État, donc à tous les citoyens du pays. ★ Chercher aussi : capitalisme, communisme.

■ **socialiste** adj. ● *Le parti socialiste a présenté des candidats aux élections.* □ nom ● *Les socialistes :* les partisans du socialisme.

société nom f. **1** ● *La société française :* l'ensemble des citoyens français, organisé par des lois, des institutions. **2** ● *Les abeilles vivent en société*, en groupes organisés. **3** ● *Il aime à se retrouver en société*, en compagnie d'autres gens. — ● *Un jeu de société*, auquel on joue à plusieurs. **4** ● *Il travaille dans une société de transports*, une entreprise commerciale formée par des gens qui travaillent ensemble (→ SYN. compagnie). **5** ● *Claude fait partie d'une société sportive*, une association de gens qui font du sport ensemble. — ● *L'Académie française est une société d'écrivains.*

■ **sociable** adj. ● *Elle sera heureuse de te voir, elle est très sociable :* elle aime la compagnie des autres.

■ **social** adj. **1** ● *La bourgeoisie est une classe* ***sociale****, de la société.* **2** ● *Le gouvernement a pris des mesures* ***sociales****, qui doivent rendre la vie plus facile et plus juste, surtout pour ceux qui ont le moins d'argent.*

■ **sociétaire** nom et adj. ● *Cette association sportive a de nombreux* ***sociétaires****, des membres de cette société* (→ société, sens 5).

socioculturel adj. ● *Les bibliothèques municipales, les conservatoires de musique, les maisons des jeunes et de la culture font partie des équipements* ***socioculturels*** *d'une ville, qui permettent à tous les habitants de se cultiver.*

sociologie nom f. ● *Sabine suit des cours de* ***sociologie****, la science qui étudie les sociétés humaines* (→ société, sens 1).

socle nom m. ● *La colonne a été abattue, mais le* ***socle*** *est resté debout, la partie sur laquelle elle reposait.*

socquette nom f. ● *Cécile porte souvent des* ***socquettes*** *rouges, des chaussettes courtes.*

soda nom m. ● *J'ai commandé un* ***soda*** *à l'orange, une boisson faite d'eau gazeuse et de sirop de fruits.*

sœur nom f. **1** ● *Michel a un frère et une* ***sœur****, une personne de sexe féminin qui a les mêmes parents que lui.* **2** *Titre donné aux religieuses.* ● *Dans cette clinique, les* ***sœurs*** *soignent les malades.*

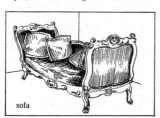

sofa

sofa nom m. ● *Maman s'est allongée sur le* ***sofa*** *pour se reposer* (→ SYN. canapé, divan).

soi pronom personnel. **1** ● *Il ne faut pas penser qu'à* ***soi****.* **2** CELA VA DE SOI : *c'est évident, cela va sans dire.* **3** SOI-MÊME, pronom personnel ● *J'aimais bien l'hôtel, parce qu'on n'était pas obligé de faire son lit* ***soi-même****.*

soi-disant adj. invar. ● *Ton* ***soi-disant*** *ami n'a rien fait pour t'aider, celui qui prétend être ton ami.* □ loc. adv. ● *Pascal devait* ***soi-disant*** *me téléphoner, d'après ce qu'il prétendait.*

soie nom f. **1** ● *Avec le cocon tissé par ce ver, on fabrique la* ***soie****, un fil fin et doux.* **2** ● *Elle s'est acheté un foulard en* ***soie****, un tissu léger, doux et brillant.* **3** *Poil du porc ou du sanglier.* ● *Un pinceau en* ***soies*** *de sanglier.*

■ **soierie** nom f. ● *J'ai acheté ce satin au rayon des* ***soieries****, des tissus de soie.*

soif nom f. **1** ● *Ces bonbons me donnent* ***soif****, envie de boire.* **2** (fig.) AVOIR SOIF DE... ● *Il* ***avait soif de*** *vengeance, un grand désir de se venger.*

soin nom m. **1** ● *Tous les élèves ont dessiné avec* ***soin****, en s'appliquant, en faisant bien attention* (→ SYN. application, attention). — AVOIR SOIN DE... ● *Pour le voyage, il* ***a eu soin*** *d'emporter des vêtements chauds : il y a pensé* (→ SYN. songer, veiller à). **2** PRENDRE SOIN DE QUELQU'UN, DE QUELQUE CHOSE. ● *Pendant l'absence de ses parents, il* ***a pris soin des*** *plantes : il s'en est bien occupé.* — ÊTRE AUX PETITS SOINS POUR QUELQU'UN. ● *Sa sœur aînée* ***est aux petits soins pour*** *lui : elle est très attentionnée, elle veille à ce qu'il ne lui manque rien.* **3** ● *L'accidenté a reçu les premiers* ***soins*** *dans l'ambulance, ce que l'on fait pour soulager la douleur, pour guérir.*

■ **soigner** v. **1** ● *Sophie* ***soigne*** *sa rédaction : elle la fait avec soin* (→ CONTR. bâcler). **2** ● *Ce commerçant* ***soigne*** *sa clientèle : il en prend soin pour la contenter* (→ CONTR. négliger). **3** ● *Pendant sa maladie, c'est ce médecin qui l'a* ***soigné****, qui a fait ce qu'il fallait pour le guérir.* **4** ● *Après la promenade, n'oublie pas de* ***soigner*** *ton cheval, de faire tout ce qu'il faut pour qu'il reste beau et en bonne santé.*

■ **soigné** adj. **1** ● *Un travail soigné,* exécuté avec soin (→ SYN. consciencieux). **2** ● *Patrick est un garçon soigné,* qui se donne du mal pour être toujours propre, bien coiffé, etc. (→ CONTR. négligé).

■ **soigneur** nom m. ● *Le soigneur a éponge le visage du boxeur,* celui qui donne des soins aux sportifs.

■ **soigneux** adj. ● *Ses cahiers sont toujours propres, c'est une enfant soigneuse,* qui fait tout avec soin (→ CONTR. négligent).

■ **soigneusement** adv. ● *Gilles a classé soigneusement ses timbres,* avec soin.

soir nom m. ● *Le soir,* toute la famille est *réunie à la maison,* au moment où la journée s'achève.

■ **soirée** nom f. **1** Période comprise entre la fin du jour et le moment où l'on s'endort. ● *Toute la soirée, nous avons regardé les photos des vacances.* **2** ● *Mes parents ont organisé une soirée,* une fête, une réception qui a lieu le soir.

soit conj. [swa] et adv. [swat] **1** conj. ● *Vous pouvez acheter soit l'un, soit l'autre,* ou l'un, ou l'autre. **2** conj. ● *Je suis partie toutes les vacances, soit dix jours :* c'est-à-dire. **3** adv. ● *«Je crois que j'ai raison.» «Soit»* d'accord.

soixante adj. numéral invar. ● *J'ai dépensé soixante francs.* □ nom m. invar. ● *Ils habitent au soixante rue de Lyon,* au numéro 60. — ● *30 + 30 = 60.*

■ **soixantaine** nom f. **1** ● *Il y a une soixantaine d'élèves dans la cour,* environ soixante. **2** ● *Elle approche de la soixantaine :* elle va bientôt avoir soixante ans (→ sexagénaire).

■ **soixantième** adj. et nom **1** adj. ● *«Quel est ton classement à cette course?» «Soixantième sur deux cents» :* 60ᵉ, au rang 60. **2** nom ● *Si tu partages cette somme en soixante parties égales,* chacun en aura un *soixantième.*

soja nom m. ● *Au restaurant chinois, j'ai mangé des pousses de soja,* une plante qui ressemble au haricot et dont on fait de l'huile, de la farine, etc.

1. sol nom m. **1** ● *Marc est tombé sur le sol,* par terre. **2** ● *Dans cette région, le sol est fertile,* le terrain. ★ Ne pas confondre *sol, saule* et *sole.*

2. sol nom m. ● Cinquième note de la gamme, entre «fa» et «la». ● *Écoutez ce concerto en sol.*

solaire → soleil.

soldat nom m. **1** ● *Le 14 Juillet, j'ai vu défiler les soldats,* ceux qui font partie de l'armée (→ SYN. militaire). **2** ● *Le soldat doit obéir à l'adjudant,* le militaire sans grade.

1. solde nom f. **1** Salaire versé aux militaires. **2** ÊTRE À LA SOLDE DE QUELQU'UN : être payé, acheté par lui pour défendre ses intérêts.

2. solde nom m. **1** ● *Ils paieront le solde à la fin du mois,* la somme qu'il reste à payer. **2** EN SOLDE, loc. adj. ● *Ces manteaux sont en solde,* vendus moins cher, au rabais. — ● *Les soldes :* les articles vendus en solde.

■ **solder** v. ● *Ce magasin solde toutes les chaussures :* il les vend en solde (→ SYN. brader).

■ **se solder** v. pron. ● *Tous ses efforts se sont soldés par un échec :* ils n'ont abouti qu'à un échec.

sole nom f. ● *Que préfères-tu, une truite ou une sole ?,* un poisson de mer plat et ovale. ★ Ne pas confondre *sole* avec *saule* et *sol.*

soleil nom m. **1** Astre qui donne la lumière et la chaleur à la Terre. ● *La Terre et plusieurs planètes tournent autour du Soleil.* **2** ● *Installons-nous au soleil,* dans la lumière et la chaleur du soleil (→ ensoleillé ; CONTR. ombre). **3** COUP DE SOLEIL : légère brûlure causée par les rayons du soleil. — LUNETTES DE SOLEIL : lunettes foncées qui protègent les yeux des rayons du soleil.

■ **solaire** adj. **1** ● *Ce chauffage fonctionne à l'énergie solaire,* l'énergie fournie par le soleil. **2** CADRAN SOLAIRE : cadran sur lequel l'ombre d'une tige indique l'heure.

solennel [sɔlanɛl] adj. **1** ● *Les champions ont reçu leurs médailles au cours d'une*

cérémonie **solennelle**, célébrée officiellement et en public, avec de grands personnages, des discours, etc. **2** ● *Elle m'a fait la promesse **solennelle** de ne plus recommencer, une promesse sérieuse et importante.* — ● *Un ton* **solennel** (→ SYN. cérémonieux, grave, pompeux).
■ **solennellement** adv. ● *Ils se sont* **solennellement** *fiancés.*

solfège nom m. ● *Julie suit des cours de* **solfège** *: elle apprend à lire et à écrire la musique.*
■ **solfier** v. ● «*Do, mi, sol, si* » *: Éric est en train de **solfier**, de chanter les notes en disant leur nom.* ★ Conjug. 10.

solidaire adj. **1** ● *Ces ouvriers se sont mis en grève, car ils sont **solidaires** de leurs camarades renvoyés :* ils les approuvent, les aident et les défendent. **2** ● *La chaîne de la bicyclette est **solidaire** du pédalier :* ils fonctionnent ensemble.
■ **solidarité** nom f. ● *Si tu es puni, je resterai avec toi par **solidarité**,* pour montrer que nous sommes solidaires.

1. solide adj. **1** ● *Ce jouet n'est pas* **solide**, capable de résister au poids, aux chocs, à l'usure (→ solidité, CONTR. fragile). **2** (fig.) ● *Luce a des connaissances très **solides** en mathématiques* (→ SYN. sérieux). **3** ● *Ce joueur de rugby est **solide*** (→ SYN. fort, robuste).
■ **solidité** nom f. ● *Papa a choisi cette voiture à cause de sa **solidité**,* la qualité de ce qui est solide (→ SYN. robustesse ; CONTR. fragilité).

2. solide adj. ● *La pierre et le bois sont des corps **solides**,* qui ne sont ni liquides, ni gazeux (→ SYN. consistant, dur). ☐ nom m. ● *Les **solides** et les liquides.*
■ **se solidifier** v. pron. ● *La lave des volcans **se solidifie** en refroidissant :* elle passe de l'état liquide à l'état solide (→ SYN. durcir). ★ Conjug. 10.

soliloque nom m. Discours que l'on se tient à soi-même, intérieurement, en parlant tout seul. ● *Il avait l'air plongé dans un **soliloque*** (→ SYN. monologue).
■ **soliloquer** v. Se parler à soi-même. ● *Il **soliloquait** en marchant.*

soliste nom. Musicien qui joue ou chante tout seul un morceau de musique ou une partie de ce morceau. ● *Dans un concerto, le **soliste** et l'orchestre se répondent.*
■ **solo** nom m. ● *Un **solo** de trompette :* un morceau de musique joué par un soliste.

solitaire adj. et nom m. **1** adj. ● *Je n'aimerais pas habiter cette maison **solitaire**,* isolée, où l'on est seul (→ solitude). **2** adj. ● *Alain est un garçon **solitaire**,* qui aime être seul. **3** nom m. ● *Le joaillier lui a vendu un **solitaire**,* un diamant monté seul sur une bague.
■ **solitude** nom f. ● *Crois-tu que tu pourrais vivre dans la **solitude** ?,* en étant tout seul, isolé (→ SYN. isolement).

solive nom f. ● *Le plafond repose sur des **solives**,* de grandes barres de bois appuyées sur les murs ou les poutres.

solliciter v. ● *Il **a sollicité** une entrevue au directeur :* il l'a demandée.
■ **sollicitation** nom f. ● *Il **a dû** céder aux **sollicitations** de ses amis :* demande pressante et répétée.

sollicitude nom f. ● *Son grand-père s'occupe d'elle avec **sollicitude**,* avec attention et gentillesse.

solo → soliste.

solstice nom m. ● *Le **solstice** d'été (vers le 21 juin) :* le jour le plus long de l'année. — ● *Le **solstice** d'hiver (vers le 21 décembre) :* le jour le plus court.

1. solution nom f. **1** ● *La **solution** du problème est difficile à trouver,* le raisonnement et les calculs qui permettent de trouver le résultat. **2** ● *Pour arriver à l'heure, prends ton vélo, c'est la meilleure **solution**,* le meilleur moyen de se tirer d'une difficulté, d'un problème (→ résoudre).

2. solution nom f. ● *En mélangeant du sucre et de l'eau, on obtient une **solution** de sucre,* un liquide dans lequel le sucre est dissous.
■ **soluble** adj. ● *J'ai acheté du café **soluble**,* qui peut se dissoudre dans l'eau.

■ **solvant** nom m. ● *Sais-tu quel est le* **solvant** *de cette peinture ?*, le liquide qui peut la dissoudre.

sombre adj. 1 ● *Cette pièce n'a qu'une petite fenêtre, elle est vraiment très* **sombre**, peu éclairée (→ assombrir; SYN. obscur; CONTR. clair). 2 ● *François n'aime pas les teintes* **sombres** (→ SYN. foncé). 3 (fig.) ● *Elle me regardait d'un air* **sombre**, triste, morose. — ● *Une* **sombre** *histoire* : une histoire triste, tragique.

sombrer v. 1 ● *Plusieurs bateaux ont* **sombré** *pendant la tempête* : ils se sont enfoncés dans l'eau (→ SYN. couler). 2 (fig.) ● *Il a* **sombré** *dans la misère* : il y est tombé, il s'y est enfoncé sans pouvoir résister.

sombrero [sɔ̃brero] nom m. ● *Les Mexicains portent des* **sombreros**, de grands chapeaux à larges bords.

sombrero

sommaire nom m. et adj. 1 nom m. ● *Pour retrouver ce passage, lis le* **sommaire** *du livre*, le résumé des chapitres, la table des matières. 2 adj. ● *Cette description est* **sommaire**, très courte (→ SYN. bref; CONTR. détaillé). 3 adj. ● *Dans ce pays, la justice est* **sommaire**, si rapide qu'elle ne respecte pas toujours les règles (→ SYN. expéditif).

■ **sommairement** adv. ● *J'ai répondu* **sommairement** *à ses questions*, d'une façon courte et rapide (→ SYN. brièvement).

sommation → sommer.

1. **somme** nom f. 1 ● *Faire la* **somme** *de deux nombres*, l'addition, le total. 2 ● *Il a gagné une grosse* **somme**, beaucoup d'argent. 3 EN SOMME, SOMME TOUTE, loc. adv. ● *En* **somme**, *vous avez passé de bonnes vacances, finalement, en* résumé.

2. **somme** BÊTE DE SOMME nom f. ● *Le mulet et le chameau sont des* **bêtes de somme**, des animaux que l'homme utilise pour porter des charges, des fardeaux.

3. **somme** nom m. ● *J'ai fait un petit* **somme** : *j'ai dormi un petit moment.*

■ **sommeil** nom m. 1 ● *Il est tombé du lit pendant son* **sommeil**, l'état de celui qui dort. 2 ● *J'ai* **sommeil**, *je vais me coucher* : j'ai envie de dormir. 3 EN SOMMEIL. ● *Un volcan en* **sommeil**, qui n'a pas son activité normale, qui n'est pas en éruption.

■ **sommeiller** v. ● *Le malade* **sommeille** : il dort d'un sommeil léger. ★ Chercher aussi : somnoler, somnifère.

sommelier nom m. ● *Dans ce grand restaurant, le* **sommelier** *vous conseille pour choisir les vins*, la personne spécialement chargée de la cave, des vins, des liqueurs.

sommer v. ● *On l'a* **sommé** *de payer sa dette* : on lui a demandé officiellement de le faire. — ● *Je te* **somme** *de répondre* : je te l'ordonne, je te le demande solennellement.

■ **sommation** nom f. ● *Il a reçu une* **sommation** *à payer*, un avis, un papier officiel lui demandant de payer. — ● *Rendez-vous ! La police va tirer après la prochaine* **sommation**, le prochain appel ordonnant de se rendre, d'obéir.

sommet nom m. 1 ● *Le* **sommet** *du Mont-Blanc s'élève à 4 807 mètres*, son point le plus haut (→ SYN. cime). ★ Chercher aussi : culminant. 2 (fig.) ● *Cet écrivain est au* **sommet** *de la gloire*, au degré le plus élevé, au plus haut point (→ SYN. apogée, faîte). 3 ● *Le* **sommet** *d'un angle* : l'endroit où ses deux côtés se rencontrent. — ● *Les trois* **sommets** *d'un triangle.* ★ Chercher aussi : base.

sommier nom m. ● *Les ressorts de ce*

848

*vieux **sommier** sont cassés*, la partie du lit qui soutient le matelas.

sommité nom f. Personne remarquable dans une profession, une science, un art. ● *Ce congrès a réuni les **sommités** de la médecine.*

somnambule adj. ● *Au camp, un des garçons était **somnambule** : il se levait et se promenait tout en dormant.* □ nom ● *Un **somnambule.***

somnifère nom m. ● *Après cette promenade fatigante, tu n'auras pas besoin de **somnifères**!*, de médicaments qui conduisent à dormir (→ SYN. soporifique).

somnoler v. ● *Sur le siège arrière de la voiture, Laurent **somnole** : il dort à moitié.*

■ **somnolence** nom f. ● *La sonnerie du téléphone l'a tiré de sa **somnolence**,* de son demi-sommeil.

■ **somnolent** adj. ● *Après le dîner, mon grand-père est souvent **somnolent**,* à moitié endormi.

somptuaire adj. ● *Nous allons faire des dépenses **somptuaires**,* excessives, luxueuses (ce sens vient d'une confusion avec «somptueux»).

somptueux adj. ● *Ils ont passé leurs vacances dans un hôtel **somptueux**,* beau et luxueux.

■ **somptuosité** nom f. Caractère somptueux. ● *Quelle **somptuosité**!*

1. son, sa, ses adj. poss. Indique ce qui appartient à quelqu'un. ● *Il a pris **son** chapeau, **sa** serviette et **ses** gants.* ★ On emploie *son* au lieu de *sa* devant un nom féminin commençant par une voyelle ou un *h* muet. ● ***Son** automobile, **son** honnêteté.*

2. son nom m. ● *Ce sifflet produit un **son** aigu,* un bruit. ● *Les soldats défilaient au **son** du tambour* (→ sonore).

3. son nom m. Résidu obtenu lorsqu'on moud des céréales et constitué par les enveloppes qui contiennent les graines. ● *Un pain au **son**,* fait avec une farine obtenue à partir de grains qui n'ont pas été débarrassés du son.

sonar nom m. ● *Les navires de guerre utilisent un **sonar** pour détecter les sous-marins,* un appareil qui permet de repérer les obstacles sous l'eau, grâce à des ondes sonores. ★ Chercher aussi : radar.

sonate nom f. Morceau de musique pour un ou deux instruments. ● *Claire joue une **sonate** pour flûte.*

sonde nom f. Instrument qui sert à mesurer la profondeur de l'eau, à connaître la nature d'un terrain, à explorer le sous-sol.

■ **sonder** v. 1 ● *Pour savoir si le sous-sol renferme du pétrole, on le **sonde** :* on en prend un échantillon avec une sonde. 2 (fig.) SONDER LE TERRAIN. ● *Avant de réaliser ce projet, il faut **sonder le terrain**,* examiner soigneusement la situation. 3 (fig.) ● *Avant de lui proposer de partir en vacances ensemble j'ai préféré le **sonder**,* chercher à connaître ses intentions.

■ **sondage** nom m. 1 Exploration de la mer, du sous-sol, etc., à l'aide d'une sonde. 2 ● *Avant les élections, on a effectué des **sondages** d'opinion,* des enquêtes pour essayer de connaître l'opinion de toute la population en interrogeant seulement un petit nombre de personnes.

songe nom m. 1 ● *Cette nuit, j'ai fait un **songe** bizarre,* un rêve. 2 ● *Ce distrait est toujours plongé dans ses **songes**,* ses pensées, ses rêveries (→ songer).

■ **songer** v. 1 ● *Alain **songe** à son voyage en Angleterre :* il y pense. 2 NE PAS (ou SANS) SONGER À MAL. ● *Ne te vexe pas, il a dit ça **sans songer à mal**,* sans mauvaise intention. □ Conjug. 5.

■ **songeur** adj. ● *Sophie, que se passe-t-il? Tu parais bien **songeuse**,* perdue dans tes pensées et préoccupée (→ SYN. pensif).

sonner v. 1 ● *Les cloches de l'église **sonnent** pour annoncer la messe :* elles produisent un son particulier (→ SYN. résonner, tinter). — ● ***Sonner** le tocsin, les cloches :* les faire sonner, résonner (→ sonneur). — (fig. et fam.) SE FAIRE SONNER LES CLOCHES : se faire gronder très fort.

2 ● *Sonnez* et *entrez* : appuyez sur la sonnette. — ● *Le téléphone* **sonne** (→ sonnerie). **3** ● *Ce piano* **sonne** *bien* : il produit de belles sonorités, un beau son. — ● *Cet instrument* **sonne** *faux* : il faut le faire accorder.

■ **sonnerie** nom f. **1** ● *J'ai été réveillé par la* **sonnerie** *du téléphone*, le bruit qu'il fait quand il sonne. **2** ● *La* **sonnerie** *de mon réveil est détraquée*, le dispositif qui le fait sonner.

■ **sonnette** nom f. ● *J'appuie sur le bouton de la* **sonnette**, du mécanisme qui déclenche une sonnerie.

■ **sonneur** nom m. Celui qui sonne les cloches d'une église.

■ **sonnaille** nom f. ● Cloche ou clochette que l'on attache au cou des animaux, du bétail. **2** (au plur.) ● *J'entends les* **sonnailles** *des troupeaux dans la montagne*, le bruit de leurs cloches.

sonnet nom m. Petit poème de quatorze vers groupés en quatre strophes (deux strophes de quatre vers chacune, suivies de deux strophes de trois vers chacune). ● *Les* **sonnets** *de Ronsard*.

sonore adj. **1** ● *En essayant de voler ces bijoux, les cambrioleurs ont déclenché un signal* **sonore**, qui fait du bruit. **2** ● *Thierry a une voix* **sonore**, qui résonne, qui fait beaucoup de bruit (→ CONTR. sourd). **3** ● *Cette grande pièce dallée est* **sonore** : elle renvoie les bruits et les rend plus forts.

■ **sonorisation** ou (fam.) **sono** nom f. ● *On n'entend plus ce chanteur, la* **sonorisation** *est en panne*, le matériel qui rend les sons plus forts pour qu'on les entende de loin (micros, haut-parleurs, etc.).

■ **sonoriser** v. **1** ● *Cette salle des fêtes* **a été sonorisée**, équipée d'une sonorisation. **2** ● *Papa* **a sonorisé** *le film de nos vacances* : il l'a accompagné de musique, de paroles.

■ **sonorité** nom f. ● *Cet orgue a une belle* **sonorité** : il produit de beaux sons (→ sonner, sens 3).

sophistiqué adj. **1** ● *Une femme* **sophistiquée**, qui s'occupe tellement de sa beauté et de son élégance qu'elle perd tout naturel. **2** ● *Il possède un magnétophone très* **sophistiqué**, très perfectionné au point de vue technique.

soporifique adj. **1** ● *Une boisson* **soporifique**, qui endort. □ nom m. ● *Avant de se coucher, il a pris un* **soporifique** (→ SYN. somnifère). **2** (fig. et fam.) ● *Une musique* **soporifique**, ennuyeuse et endormante.

soprano nom ● *Notre chorale manque de* **sopranos**, de chanteurs et de chanteuses qui ont la voix très haute. ★ Chercher aussi : basse, ténor.

sorbet nom m. ● *Un* **sorbet** *au cassis, au citron* : une glace à l'eau à base de fruits, sans crème.

■ **sorbetière** nom f. ● *Pour faire des glaces, mes parents ont acheté une* **sorbetière**, un appareil qui remue le liquide pendant qu'il se transforme en glace.

sorbier nom m. Arbre à petites baies orange que mangent les oiseaux.

sorcier nom **1** ● *Dans les contes de fées, la* **sorcière** *est toujours une femme laide et méchante*, une personne qui prétend avoir des pouvoirs magiques, savoir jeter des sorts ; sorcellerie ; SYN. magicien). — ● *Cette tribu africaine a confiance en son* **sorcier**. **2** (fig.) CE N'EST PAS SORCIER. ● *Tu devrais être capable de démonter la roue de ton vélo*, **ce n'est pas sorcier** : ce n'est pas difficile à faire.

■ **sorcellerie** nom f. **1** ● *Au Moyen Âge, on brûlait les gens accusés de* **sorcellerie**, de pratiquer la magie pour faire le mal. **2** ● *C'est de la* **sorcellerie** ! : c'est inexplicable, extraordinaire !

sordide adj. **1** ● *Ils logent dans un appartement* **sordide**, très sale et misérable. **2** ● *Un crime* **sordide**, honteux et répugnant.

sorgho ou **sorgo** [sorgo] nom m. Céréale cultivée en Afrique.

sornettes nom f. plur. ● *Tu ne vas pas croire toutes ces* **sornettes** !, ces sottises, ces paroles en l'air.

sort nom m. **1** ● *Christine n'est jamais satisfaite de son* **sort**, de ce qui lui arrive dans la vie. **2** TIRER AU SORT. ● *Les numéros gagnants de la loterie sont tirés au sort*, désignés par le hasard, par la chance. **3** JETER UN SORT À QUELQU'UN : attirer un malheur sur lui, par un pouvoir magique (→ SYN. ensorceler). ★ Chercher aussi : sortilège.

sorte nom f. **1** ● *Il y a plusieurs sortes de fruits* (→ SYN. catégorie, genre, variété). — ● *Marie collectionne toutes sortes d'insectes*, des insectes de toutes les espèces. **2** UNE SORTE DE, loc. prép. ● *Il porte une sorte de veste avec une capuche*, quelque chose qui ressemble à une veste. **3** DE LA SORTE, loc. adv. ● *Quand on est bien élevé, on n'agit pas de la sorte*, de cette manière (→ SYN. ainsi). **4** EN QUELQUE SORTE, loc. adv. ● *En face du serpent, le lapin restait immobile, en quelque sorte paralysé*, pour ainsi dire, presque. **5** FAIRE EN SORTE QUE, loc. conj. ● *Elle a promis de faire en sorte que je sois invité*, de s'arranger pour y arriver. **6** DE SORTE QUE, loc. conj. ● *On l'avait attaché, de sorte qu'il ne pouvait s'échapper, si bien qu'il ne le pouvait pas*.

sortilège nom m. ● *Quand la sorcière disparut, la princesse fut délivrée de ses sortilèges*, de son influence magique (→ sort, sens 3).

sortir v. **1** ● *Dès la sonnerie, tous les élèves sont sortis de la classe* : ils sont allés à l'extérieur (→ CONTR. entrer). **2** ● *Furieuse, Laure est sortie de table en ronchonnant* (→ SYN. partir). **3** ● *Il est rarement chez lui, il sort beaucoup* : il se promène, il va au spectacle, chez des amis. **4** ● *La fumée sort de la cheminée* : elle s'échappe. **5** ● *Son dernier roman vient de sortir*, de paraître, d'être publié (→ sortie, sens 4). **6** ● *Tous les matins, mon voisin sort son chien* : il l'emmène dehors, il le promène. **7** S'EN SORTIR : venir à bout d'une situation dangereuse ou pénible ; se tirer d'affaire. **8** (littér.) AU SORTIR DE, loc. prép. ● *Au sortir de l'hiver* : à la fin de l'hiver. ★ Conjug. 15.

■ **sortie** nom f. **1** ● *Ce grand magasin a plusieurs sorties*, plusieurs portes, plusieurs endroits par où l'on sort. —

● *En cas d'incendie, passez par la sortie de secours* (→ SYN. issue). **2** À LA SORTIE DE, loc. prép. ● *Nous nous retrouverons à la sortie du cinéma*, au moment où l'on en sort. **3** ● *Le samedi est son jour de sortie*, le jour où il sort pour se distraire. **4** ● *Nous attendons tous impatiemment la sortie de son dernier disque*, sa mise en vente.

S.O.S. [ɛsɔɛs] nom m. ● *Le capitaine du bateau en feu avait lancé un S.O.S.*, un appel de détresse, un signal pour indiquer qu'il était en danger.

sosie [sɔzi] nom m. ● *Je l'ai pris pour Antoine, mais c'était son sosie*, une personne qui lui ressemble tellement qu'on peut les confondre.

sot adj. ● *Maurice n'a pas l'air sot* (→ SYN. bête, idiot, stupide ; CONTR. intelligent). □ nom ● *Quelle petite sotte !*

■ **sottise** nom f. **1** ● *Il a eu la sottise de le croire*, le défaut de celui qui est sot (→ SYN. bêtise, stupidité). **2** ● *Il raconte des sottises*, des choses sottes (→ SYN. ânerie, bêtise).

sou nom m. **1** Ancienne pièce de monnaie qui valait cinq centimes. **2** ● *Elle est partie sans un sou*, sans argent. — ● *Il n'a pas le sou.* **3** (au plur. ; fam.) ● *Il a beaucoup de sous*, d'argent. ★ Ne pas confondre sou, saoul, soûl et sous.

soubassement nom m. ● *Cet immeuble est démoli, il n'en reste que le soubassement*, le bas des murs, au-dessus des fondations (→ SYN. base).

soubresaut nom m. **1** ● *Les voyageurs sont secoués par les soubresauts de la diligence*, les secousses. **2** ● *Il s'est réveillé avec un soubresaut*, un mouvement brusque du corps (→ SYN. sursaut).

soubrette nom f. **1** Servante de comédie. ● *C'est Marie qui va jouer le rôle de la soubrette dans la pièce.* **2** (fam. et vieilli) Femme de chambre.

souche nom f. **1** ● *En courant dans la forêt, Serge a buté contre une souche*, le bas du tronc d'un arbre quand il a été coupé. **2** ● *Cette famille américaine est de souche irlandaise*, d'origine irlandaise. **3** ● *En achetant ce billet de lote-rie, j'ai écrit mon nom sur la* **souche,** la partie qui reste fixée au carnet quand on détache le billet (→ SYN. talon).

1. souci nom m. **1** ● *Sa santé nous donne bien des* **soucis** (→ SYN. inquiétude, tourment, tracas). — SE FAIRE DU SOUCI ● *Il est en retard, je* **me fais du souci,** je m'inquiète. **2** ● *Être toujours à l'heure, c'est son grand* **souci,** la chose qui le préoccupe, à laquelle il pense beaucoup.

■ **se soucier de** v. pron. ● *Il ne se* **soucie** *pas de vos reproches* : il ne s'en inquiète pas. — (fam.) ● *se soucier de quelque chose comme de l'an 40, comme de sa première chemise* : s'en moquer complètement. ★ Conjug. 10.

■ **soucieux** adj. ● *Aline devrait déjà être rentrée de l'école, sa mère est* **soucieuse,** inquiète (→ SYN. préoccupé).

2. souci nom m. Petite plante à fleurs jaunes ou orangées, cultivée dans les jardins. ● *Je cueille un bouquet de* **soucis.**

souci

soucoupe nom f. **1** ● *Ma tasse a débordé, le lait a coulé dans la* **soucoupe,** la petite assiette placée dessous. **2** SOUCOUPE VOLANTE. ● *Michel dit qu'il a vu des martiens sortir d'une* **soucoupe volante,** un objet mystérieux (en forme de soucoupe) qui viendrait d'une autre planète. ★ Chercher aussi : ovni.

soudain adj. et adv. **1** adj. ● *Il a ressenti une douleur* **soudaine** *à l'estomac,* qui arrive tout à coup (→ SYN. brusque, subit). **2** adv. ● *Nous parlions et, sou-*

dain, il a éclaté de rire, tout à coup (→ soudainement ; SYN. brusquement).

■ **soudainement** adv. ● *Mon chien a bondi* **soudainement,** d'une manière imprévue, soudaine.

■ **soudaineté** nom f. Caractère soudain. ● *Nous avons tous été surpris par la* **soudaineté** *de l'événement.*

soudard nom m. Soldat (mercenaire) brutal et grossier. ● *Il se conduit comme un* **soudard.**

souder v. ● *Pour raccorder ces tuyaux, il a fallu les* **souder,** les réunir en faisant fondre les deux extrémités mises en contact, ou en coulant dessus du métal fondu.

■ **soudeur** nom ● *Le* **soudeur** *a allumé le chalumeau et a mis ses lunettes noires,* celui qui soude.

■ **soudure** nom f. ● *Le plombier a fait une* **soudure** *à l'étain,* l'opération par laquelle on soude.

souffler v. **1** ● *Le mistral* **souffle** *du nord vers la mer* : il produit un courant d'air. **2** ● *Marc* **souffle** *sur les braises* : il envoie de l'air dessus avec sa bouche (→ soufflet, sens 1). **3** ● *Je n'ai pas eu le temps de* **souffler,** de reprendre ma respiration (→ souffle, sens 2). **4** ● *Ne* **soufflez** *pas la réponse au candidat* : ne la dites pas à voix basse, pour l'aider (→ souffleur, sens 2). **5** NE PAS SOUFFLER MOT : ne rien dire, ne pas parler.

■ **souffle** nom m. **1** ● *Quelle chaleur! Il n'y a pas un* **souffle** *d'air,* un mouvement de l'air. **2** ● *Avant de plonger, Alain a retenu son* **souffle,** sa respiration. — ÊTRE À BOUT DE SOUFFLE. ● *Le coureur a abandonné la course, il* **était à bout de souffle,** haletant de fatigue, épuisé. **3** (fig.) COUPER LE SOUFFLE. ● *Cette nouvelle m'a* **coupé le souffle** : elle m'a énormément surpris (→ soufflé, sens 1 ; SYN. stupéfier).

■ **soufflé** adj. et nom m. **1** adj. (fam.) ● *Quel toupet! Je suis* **soufflé,** stupéfait, ahuri. **2** nom m. ● *Le cuisinier a préparé un* **soufflé** *au fromage,* un plat fait avec une pâte légère qui gonfle à la cuisson.

■ **soufflerie** nom f. ● *Pour aérer le tun-*

nel, on a installé une **soufflerie**, un appareil qui produit un courant d'air.

■ **soufflet** nom m. 1 ● *Alix ranime le feu de la cheminée avec un **soufflet**, un instrument qui envoie de l'air.* 2 ● *Pour passer d'une voiture à l'autre, il faut traverser le **soufflet**, le couloir en accordéon qui relie les voitures du train entre elles.*

■ **souffleur** nom m. 1 ● *À Venise, j'ai assisté au travail des **souffleurs** de verre, des artisans qui soufflent dans le verre fondu pour lui donner une forme.* 2 Personne chargée d'aider les acteurs de théâtre en leur soufflant leur texte.

souffrir v. 1 ● *Je **souffre** des dents : j'ai mal. —* SOUFFRIR LE MARTYRE. ● *Après cet accident, il a **souffert le martyre** :* il a beaucoup souffert. 2 ● *Les arbres fruitiers **ont souffert** de la grêle :* ils ont été endommagés, abîmés. 3 v. pron. (fam.) ● *Alain et Pascal se disputent sans cesse, ils ne peuvent pas se **souffrir**,* se supporter, se sentir. ★ Attention! 2 f à souffrir (ne pas confondre il *souffre* avec le *soufre*). ★ Conjug. 12.

■ **souffrance** nom f. 1 ● *Pauvre chien! Je voudrais calmer sa **souffrance**,* sa douleur. 2 EN SOUFFRANCE. ● *Ce paquet est resté **en souffrance**, à la poste :* il attend qu'on vienne le chercher.

■ **souffrant** adj. ● *Restez chez vous si vous êtes **souffrante**,* légèrement malade.

■ **souffre-douleur** nom m. invar. ● *Ils devraient avoir honte! Ce garçon est leur **souffre-douleur**,* celui qu'ils maltraitent toujours.

■ **souffreteux** adj. (péjor.) ● *C'était un petit homme maigre à l'air **souffreteux**,* maladif.

soufre nom m. Substance jaune clair qui brûle en donnant un gaz suffocant. ● *Des vapeurs de **soufre** s'échappaient du cratère du volcan. —* Autrefois le bout des allumettes était recouvert d'une couche de **soufre**.

■ **soufrer** v. ● *Pour éviter les maladies, le vigneron **soufre** sa vigne :* il y répand du soufre en poudre. ★ Atten-

tion! un seul *f* à soufre et soufrer (ne pas confondre avec soufffrir).

souhait nom m. ● *Si seulement j'avais une baguette magique pour réaliser tous mes **souhaits**!,* tous mes désirs, mes vœux.

■ **souhaiter** v. 1 ● *Je **souhaite** le rencontrer bientôt :* je le désire, je l'espère. 2 ● *Elle est venue me **souhaiter** une bonne année,* m'offrir ses vœux.

■ **souhaitable** adj. ● *Il serait **souhaitable** qu'il ne pleuve pas pendant la partie de football :* on espère qu'il ne pleuvra pas.

souiller v. 1 (littér.) ● *La boue **a souillé** son manteau :* elle l'a sali. 2 (fig.) ● *Ils **ont souillé** la mémoire de cet homme :* ils l'ont déshonorée, salie.

■ **souillon** nom (fam.) ● *Cette femme est une **souillon**,* une personne sale, malpropre.

souk [suk] nom m. ● *À Tunis, nous nous sommes perdus dans les ruelles du **souk**,* un marché couvert arabe.

soûl ; soûler → saoul, saouler.

soulager v. 1 ● *L'infirmière lui a fait une piqûre pour **soulager** la douleur, pour la rendre moins pénible* (→ SYN. calmer, diminuer). — ● *Cette piqûre va vous **soulager** :* grâce à elle vous vous sentirez mieux, vous aurez moins mal. 2 ● *Enfin, j'entends ses pas dans l'escalier, je **suis soulagé** :* je ne suis plus inquiet* (→ SYN. apaiser). 3 ● *Tu as trop de travail, que puis-je faire pour te **soulager**?,* pour t'aider, pour que tu te fatigues moins. ★ Conjug. 5.

■ **soulagement** nom m. ● *La douleur a disparu. Ouf! Quel **soulagement**!* (→ SYN. apaisement).

soulever v. 1 ● *Aide-moi à **soulever** cette malle, à la déplacer vers le haut.* □ v. pron. ● *Il y a plusieurs millions d'années, ces terrains **se sont soulevés** en formant des montagnes* (→ soulèvement, sens 1 ; SYN. élever). 2 v. pron. ● *Les esclaves **se sont soulevés** contre leur maître :* ils se sont révoltés* (→ soulèvement, sens 2). 3 ● *En roulant, cette voiture **soulève** des nuages de poussière :* elle les fait monter.

4 • *Sa victoire a* **soulevé** *des applau-dissements* (→ SYN. déclencher, provo-quer). **5** (fig.) SOULEVER LE CŒUR. • *Tous les massacres d'animaux me* **soulèvent le cœur,** *m'écœurent, me donnent envie de vomir.* ★ Conjug. 8.

■ **soulèvement** nom m. **1** • *Il y a très longtemps, un* **soulèvement** *de terrain s'est produit dans cette région* (→ CONTR. affaissement). **2** • *Le* **soulè-vement** *des paysans s'est terminé par un massacre, leur révolte.*

soulier nom m. • *La veille de Noël, les enfants ont posé leurs* **souliers** *devant la cheminée, leurs chaussures.*

souligner v. **1** • *Pascal a* **souligné** *son nom : il a tiré un trait dessous pour qu'on le voie mieux.* **2** • *Les journaux ont* **souligné** *l'importance de cette découverte :* ils l'ont fait remarquer.

soumettre v. **1** v. pron. • *Les révoltés ont refusé de* **se soumettre**, *de se rendre, d'abandonner la lutte.* **2** v. pron. • *Nous devons* **nous soumettre** *aux lois de notre pays, leur obéir, nous y confor-mer* (→ soumis, soumission). **3** • *Nous* **avons soumis** *ce cas à un avocat : nous le lui avons présenté pour qu'il trouve une solution.* ★ Conjug. 33.

■ **soumis** adj. • *Il est sans volonté,* **soumis** (→ SYN. docile, obéissant).

■ **soumission** nom f. • *Ces soldats adoraient leur commandant, leur* **sou-mission** *était sans borne* (→ SYN. obéis-sance).

soupape nom f. • *Quand l'autocuiseur chauffe, la pression de la vapeur fait tourner la* **soupape,** *la pièce mobile qui laisse passer le gaz ou le liquide pour empêcher l'explosion.* — • *Les* **soupapes** *d'un moteur.*

soupçon nom m. **1** • *«Sais-tu qui a cassé ce vase?» «Non, mais j'ai des* **soup-çons»** *: je crois savoir qui est coupable, mais je n'en suis pas sûr.* **2** • *«Voulez-vous de la sauce?» «Oui, mais juste un* **soupçon»,** *un tout petit peu.*

■ **soupçonner** v. **1** • *On le* **soup-çonne** *d'avoir vendu de faux tableaux : on pense qu'il a fait cette action mal-*

honnête (→ SYN. suspecter). **2** • *Je n'ai pas* **soupçonné** *le piège : je ne m'en suis pas douté* (→ SYN. pressentir).

■ **soupçonneux** adj. • *Il me lança un regard* **soupçonneux,** *plein de soup-çons.*

soupe nom f. • *Valérie n'aime pas la* **soupe** *aux légumes* (→ SYN. potage).

■ **soupière** nom f. • *Une bonne odeur s'échappe de la* **soupière,** *du récipient dans lequel on sert la soupe.*

soupente nom f. Réduit aménagé sous un escalier ou sous un toit (→ 2. réduit). • *La pauvre fille logeait dans une* **sou-pente.**

souper nom m. **1** • *C'est l'heure du* **sou-per,** *du dîner.* **2** • *Après le théâtre, Marianne nous a préparé un petit* **sou-per,** *un repas qu'on prend tard le soir.*

■ **souper** v. **1** • *Chez mon oncle, à la campagne, on* **soupe** *à sept heures : on dîne.* **2** • *Voulez-vous nous rejoindre? Nous allons* **souper** *après le concert, prendre un repas très tard le soir.* **3** (fig. et fam.) EN AVOIR SOUPÉ DE QUELQUE CHOSE. • *J'en ai* **soupé** *de vos disputes! :* j'en ai assez.

soupeser v. • *Mon sac est très lourd,* **soupèse-le** *: soulève-le pour juger de son poids* (→ peser). ★ Conjug. 8.

soupière → soupe.

soupir nom m. **1** • *Ses devoirs terminés, Anne a poussé un* **soupir** *de soula-gement.* **2** RENDRE LE DERNIER SOUPIR : respirer pour la dernière fois, et puis mourir. **3** En musique, signe qui indique un silence.

■ **soupirer** v. • *Nous sommes bientôt arrivés, cesse de* **soupirer!,** *de respirer profondément pour montrer ton ennui, ta fatigue, ton mécontentement, etc.*

■ **soupirant** nom m. Amoureux (qui soupire d'émotion). • *Cette jeune femme a de nombreux* **soupirants.**

soupirail nom m. • *Le sous-sol de la mai-son est éclairé par un* **soupirail,** *une petite ouverture au bas du mur exté-rieur.*

souple adj. **1** • *Pour faire des paniers, on prend des tiges d'osier très* **souples,**

qui se plient facilement sans se casser (→ SYN. flexible; CONTR. raide, rigide). **2 •** *Je n'arrive pas à faire le grand écart, je ne suis pas assez* **souple**, *capable de plier mon corps dans tous les sens pour faire des mouvements difficiles* (→ souplesse, sens 1). **3 •** *Elle s'entend bien avec tout le monde, elle a un caractère* **souple**, *capable de s'adapter à tous les gens et à toutes les situations.*

■ **souplesse** nom f. **1 •** *Laurent a sauté à terre avec* **souplesse**, *avec un mouvement souple* (→ CONTR. raideur). **2 •** *Pour le convaincre de nous aider, il faut agir avec* **souplesse**, *avec adresse, en s'adaptant* (→ SYN. diplomatie; CONTR. intransigeance).

source nom m. **1 •** *Eau qui sort du sol.* • *Nous avons rempli nos gourdes à une* **source**. **2** (fig.) COULER DE SOURCE. • *Si tu te couches tard, demain tu auras du mal à te lever; cela* **coule de source** : *c'est une conséquence normale, c'est évident.* **3 •** *Ce mensonge est la* **source** *de tous mes ennuis, leur cause, leur origine.* **4** SOURCE D'ÉNERGIE. • *Le pétrole, le charbon sont des* **sources d'énergie**, *ce qui produit de l'énergie.* **5 •** *Je suis sûr de cette nouvelle, je l'ai apprise de bonne* **source**, *par des personnes bien informées.*

■ **sourcier** nom m. Personne qui recherche les points d'eau avec une baguette fourchue ou un pendule (→ point d'eau, point, sens 4; *2*. pendule).

sourcil [sursi] nom m. • *Marina n'est pas contente, elle fronce les* **sourcils**, *les lignes de poils qui poussent au-dessus des yeux, à la base du front.*

■ **sourcilière** adj. ARCADE SOURCILIÈRE. • *Un des boxeurs a l'***arcade sourcilière** *ouverte,* l'endroit où poussent les sourcils. ★ VOIR p. 624.

■ **sourciller** v. • *Arnaud a accepté sa punition sans* **sourciller**, *sans montrer son émotion, son mécontentement.*

sourd adj. **1 •** *Cette personne est* **sourde** : *elle n'entend pas, ou pas bien* (→ surdité). — FAIRE LA SOURDE OREILLE : *faire semblant de ne pas entendre ce que*

l'on vous demande. □ nom • *Certains* **sourds** *peuvent lire les mots sur les lèvres de ceux qui parlent.* **2** SOURD À. • *Il est resté* **sourd** *à mes plaintes : il a refusé de les écouter.* **3 •** *Un bruit* **sourd**, *pas très sonore, qui ne résonne pas* (→ assourdir, sens 2 ; SYN. étouffé; CONTR. sonore). **4 •** *Le malade éprouve une douleur* **sourde**, *pas très nette, pas très forte mais continue* (→ CONTR. aigu).

■ **sourdement** adv. • *Le chien s'est mis à grogner* **sourdement**, *en produisant un son sourd.*

■ **sourd-muet** nom. Personne qui est à la fois sourde et muette. □ adj. • *Elle est née* **sourde-muette**.

sourdine nom f. **1 •** *Pour jouer du piano sans gêner les voisins, Laure met la* **sourdine**, *un dispositif qui assourdit le son d'un instrument de musique.* **2** EN SOURDINE, loc. adv. • *Christian a mis un disque* **en sourdine**, *tout doucement, pour que le son soit faible.*

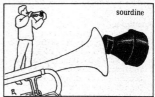

sourdine

sourire v. et nom m. **A.** v. **1 •** *Attention! Je vais prendre la photo,* **souriez** ! : *prenez l'expression qui montre que vous êtes contents* (→ souriant). **2** (fig.) • *J'ai gagné à la loterie; la chance m'a* **souri** : *elle m'a favorisé.* **3 •** *Ce projet ne me* **sourit** *guère : il ne me plaît guère.* ★ Conjug. 48.
B. nom m. • *Mon ami m'a accueilli avec un* **sourire**, *en souriant.*

■ **souriant** adj. • *Édith a un visage* **souriant**, *qui se montre souvent en train de sourire.*

souris nom f. Animal rongeur plus petit que le rat. • *Poursuivie par le chat, la* **souris** *s'est réfugiée dans son trou.*

■ **souriceau** nom m. Petit de la souris.

■ **souricière** nom f. Piège à souris.

sournois adj. ● *Un homme **sournois**, qui cache ce qu'il pense, souvent pour faire de mauvaises actions* (→ SYN. faux, hypocrite ; CONTR. franc).

sous prép. **1** ● *J'ai mis la clef **sous** le paillasson* (→ CONTR. sur). **2** ● *Nous avons dormi **sous** la tente, à l'intérieur.* **3** ● *Il s'est évanoui **sous** le choc, à cause de lui.* **4** ● *Cette histoire s'est passée **sous** Napoléon, au temps où Napoléon régnait.* **5** ● *Nous travaillons **sous** la direction du maître, en lui obéissant.*

sous-alimenté adj. ● *Dans ce pays pauvre, j'ai vu des enfants **sous-alimentés**, qui ne mangent pas suffisamment.*

■ **sous-alimentation** nom f. ● *Beaucoup de réfugiés tombent malades à cause de leur **sous-alimentation**, parce qu'ils n'ont pas assez de nourriture.*

sous-bois nom m. ● *Le muguet pousse dans les **sous-bois**, dans les bois, sous les arbres.*

souscrire v. **1** Verser une somme d'argent, comme acompte ou comme participation. ● *Souscrire à l'achat d'un dictionnaire en plusieurs volumes ; souscrire à un emprunt.* ★ Chercher aussi : acompte. **2** Donner son accord, consentir. ● *Je **souscris** à toutes vos propositions.*

■ **souscription** nom f. Action de souscrire (→ souscrire, sens 1). ● *Cette encyclopédie est vendue par **souscription**.*

sous-cutané adj. ● *Pour me vacciner, le médecin m'a fait une piqûre **sous-cutanée**, sous la peau* (→ cutané).

sous-développé adj. ● *En Afrique, en Asie, en Amérique du Sud, il y a des pays **sous-développés**, qui sont pauvres parce que leur industrie et leur agriculture ne sont pas assez développées.*

sous-entendre v. **1** ● *Quand tu dis : « Il est bien gentil, mais... », tu **sous-entends** : « ... il est un peu bête » : tu ne le dis pas, mais les autres le devi-*

nent facilement (→ sous-entendu). **2** ● *Dans la phrase « Pas de chance », le verbe et le sujet ont été **sous-entendus** : ils n'ont pas été écrits parce qu'on n'en a pas besoin pour comprendre le sens.* ★ Conjug. 31.

■ **sous-entendu** nom m. ● *Sa lettre est pleine de **sous-entendus**, de choses qu'on laisse comprendre sans les dire vraiment* (→ SYN. insinuation).

sous-estimer v. **1** ● *Je le croyais incapable de gagner la course, je l'avais **sous-estimé** : je ne pensais pas qu'il avait autant de valeur, de capacités* (→ estimer ; CONTR. surestimer). **2** ● *Il **sous-estimait** ton influence sur elle : il ne la croyait pas aussi importante.*

1. sous-main nom m. invar. Plaque de cuir ou de carton garnie d'un buvard posée sur un bureau.

2. en sous-main loc. adv. En secret. ● *Il a tout combiné **en sous-main*** (→ combiner, sens 3).

sous-marin adj. et nom m. **1** adj. ● *André voudrait faire de la plongée **sous-marine**, sous la surface de la mer.* **2** nom m. Navire fait pour naviguer sous l'eau. ● *Des **sous-marins*** (→ SYN. submersible).

sous-officier nom m. ● *Les **sous-officiers** ont un grade moins élevé que les officiers, les militaires qui ont un grade inférieur à celui de sous-lieutenant mais supérieur à celui de caporal* (→ officier). ● *Les adjudants et les sergents sont des **sous-officiers**.* ★ VOIR p. 433.

sous-préfet nom m. Personne chargée par le gouvernement d'administrer une partie (un arrondissement) d'un département (→ préfet).

■ **sous-préfecture** nom f. ● *Avallon est une des **sous-préfectures** de l'Yonne, une ville où se trouvent les bureaux du sous-préfet.*

sous-produit nom m. ● *Le petit-lait est un **sous-produit** de la fabrication du fromage, un produit que l'on obtient en plus du produit principal que l'on fabrique.* — ● *Des **sous-produits**.*

sous-sol nom m. **1 •** *Il y a une vingtaine de caves dans le* **sous-sol** *de cet immeuble, l'étage situé sous le rez-dechaussée.* — **•** *Des* **sous-sols.** **2 •** *Le* **sous-sol** *de cette région est riche en charbon, la partie du sol qui se trouve sous la surface.*

sous-titre nom m. **1 •** *Le* **sous-titre** *d'un livre est imprimé en caractères plus petits que le titre, son deuxième titre, qui précise le titre principal.* **2 •** *Je n'aurais rien compris à ce film italien sans les* **sous-titres** *français, les phrases en français écrites au bas des images pour traduire les paroles.*
■ **sous-titrer** v. **•** *Sous-titrer un film.* □ adj. *Heureusement que ce film américain était* **sous-titré** *!, qu'il avait des sous-titres.* ★ Chercher aussi : doubler.

soustraire v. **1 •** *Si je* **soustrais** *deux de cinq, j'obtiens trois* (→ soustraction ; SYN. déduire, ôter, retrancher). **2 •** *Le prestidigitateur m'a* **soustrait** *ma montre sous que je m'en aperçoive : il me l'a enlevée habilement.* ★ Conjug. 40.
■ **se soustraire** v. pron. **•** *Elsa aimerait bien* **se soustraire** *à la punition qui l'attend,* s'arranger pour y échapper.
■ **soustraction** nom f. **•** *«5 − 2 = 3 » est une* **soustraction.**

sous-verre nom m. Encadrement constitué d'une plaque de verre et d'un fond de carton entre lesquels on glisse une image, une photo, etc. **•** *La photo de classe était accrochée au mur dans un* **sous-verre.**

sous-vêtement nom m. **•** *Les slips, les maillots de corps, les collants sont des* **sous-vêtements,** *des vêtements qui se portent uniquement sous d'autres habits.*

soutane nom f. Longue robe que les prêtres catholiques portaient autrefois.

soute nom f. Partie d'un navire ou d'un avion dans laquelle on place les réserves, les bagages.

soutenir v. **1 •** *Le toit* **est soutenu** *par des poutres,* porté par des poutres placées en dessous. (→ SYN. supporter). **2 •** *Une infirmière* **soutient** *le malade :* elle l'aide à se tenir debout. **3 •** *Il faut* **soutenir** *ses amis dans la peine,* les aider, les encourager. — **•** *Dans la discussion, Francis m'a* **soutenu** *contre Gérard : il a dit que j'avais raison* (→ soutien). **4 •** *Je* **soutiens** *que vous l'accusez injustement :* je l'affirme avec force. **5 •** *Cet écrivain sait* **soutenir** *l'intérêt des lecteurs,* faire en sorte qu'il ne diminue pas. ★ Conjug. 19.
■ **soutien** nom m. *Je vous remercie pour votre* **soutien** (→ SYN. aide, appui).

souterrain adj. et nom m. **1** adj. **•** *Pour traverser cette avenue, prenez le passage* **souterrain,** *qui passe sous la surface du sol.* **2** nom m. **•** *Les habitants du château pouvaient s'enfuir par les* **souterrains,** *des tunnels creusés sous la terre.*

soutien-gorge nom m. Sous-vêtement de femme qui couvre et soutient la poitrine. — **•** *Des* **soutiens-gorge.**

soutirer v. **1 •** *Il a* **soutiré** *du vin :* il l'a transvasé doucement d'un tonneau dans un autre récipient pour que les dépôts restent dans le tonneau. **2 •** *Il a essayé de leur* **soutirer** *de l'argent,* d'en obtenir d'eux à force d'insister ou en employant la ruse.

se souvenir de v. pron. **•** *Je* **me souviens** *de cette histoire :* je me la rappelle, elle reste dans ma mémoire (→ CONTR. oublier). ★ Conjug. 19.
■ **souvenir** nom m. **1 •** *Il garde le* **souvenir** *de son ancienne maison,* la trace dans sa mémoire. **2 •** *Julie nous a raconté ses* **souvenirs** *de vacances,* les moments, les événements dont elle se souvient. — CE N'EST PLUS QU'UN MAUVAIS SOUVENIR : *c'est un événement passé dont je me souviens, mais qui ne me fait plus de mal.* **•** *Mon accident ? Ce n'est plus qu'un mauvais souvenir !* **3 •** *Cette bague est un* **souvenir** *de ma grandmère, un objet qui me la rappelle.* — **•** *Beaucoup de touristes achètent des* **souvenirs,** *des objets qu'ils rapporteront et qui leur rappelleront leur voyage.*

souvent adv. ● *Jean-Pierre vient **souvent** me voir*, de nombreuses fois en peu de temps (→ SYN. fréquemment ; CONTR. rarement). — LE PLUS SOUVENT. ● *Le plus souvent, nous dînons à 8 h*, la plupart du temps, généralement, habituellement.

souverain nom et adj. **A.** nom ● *Ces journalistes vont filmer le couronnement du **souverain***, du roi ou de l'empereur. **B.** adj. **1** ● *Dans une république, c'est le peuple qui est **souverain** grâce aux élections* : c'est lui qui décide qui exercera le pouvoir (→ souveraineté). **2** ● *Cette danseuse a une grâce **souveraine***, suprême, que rien ne peut égaler.
■ **souverainement** adv. ● *Il a été **souverainement** désagréable* (→ SYN. extrêmement).
■ **souveraineté** nom f. ● *En France, autrefois, la **souveraineté** appartenait au roi*, le pouvoir le plus élevé.

soyeux adj. ● *Ce chat a une fourrure **soyeuse***, douce et brillante comme de la soie.

spacieux adj. ● *Ils cherchent une maison **spacieuse***, où il y a de l'espace, de la place à l'intérieur (→ espace).

spaghetti [spageti] nom m. plur. ● *En Italie, nous avons mangé beaucoup de **spaghetti***, des pâtes longues et fines.

sparadrap [sparadra] nom m. ● *Pour faire tenir ce pansement, rajoute une bande de **sparadrap***, un ruban de tissu collant.

spasme nom m. Contraction brusque et involontaire des muscles (→ 3. contracter). ● *L'anxiété peut provoquer des **spasmes** de l'estomac*.

spatial adj. ● *Ce cosmonaute a fait plusieurs voyages **spatiaux***, dans l'espace (→ SYN. cosmique ; interplanétaire). ● *Un engin **spatial***, utilisé pour voyager dans l'espace.

spatule nom f. Instrument formé d'un manche et d'une partie large et plate. ● *Pour boucher les trous du plafond, le peintre applique de l'enduit avec une **spatule***. — ● *Bec en **spatule***, dont l'extrémité est large et plate (comme une spatule).

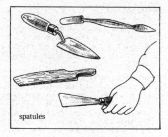

spatules

speaker [spikœr] **speakerine** [spikrin] nom ● *Les **speakerines** de la télévision sont toujours souriantes*, les présentatrices qui annoncent les programmes à la radio, à la télévision.

spécial adj. **1** ● *Pour faire du ski, je mets des chaussures **spéciales***, qui sont faites pour cela, qui ne servent qu'à cela. **2** ● *Nous ne mettons cette jolie nappe que pour des occasions **spéciales***, qui ne ressemblent pas aux autres, qui sortent de l'ordinaire (→ SYN. exceptionnel).
■ **spécialement** adv. **1** ● *J'ai fait ce gâteau **spécialement** pour vous*, exprès pour vous. **2** ● *Olivier s'entend bien avec ses frères, **spécialement** avec le plus jeune*, surtout, en particulier.
■ **spécialiser** v. ● *Cette épicerie est **spécialisée** dans les produits chinois* : elle vend surtout ces produits. □ v. pron. ● *Cet acteur **s'est spécialisé** dans les rôles comiques* : il joue surtout ceux-là. □ adj. ● *Une ouvrière **spécialisée***, qui connaît particulièrement un certain genre de travail.
■ **spécialisation** nom f. Fait de se spécialiser (dans une discipline, → 2. discipline). ● *Sophie fait des études de médecine, mais elle n'a pas encore choisi de **spécialisation*** (→ spécialiste, sens 2).
■ **spécialiste** nom **1** ● *Pour réparer ce meuble ancien, il faut trouver un **spécialiste***, une personne spécialisée dans ce genre de travail. **2** ● *Elle s'est fait opérer par un **spécialiste** des yeux,*

un médecin qui soigne uniquement un certain genre de maladies.

■ **spécialité** nom f. **1** ● *Ce journaliste écrit des articles sur le sport, c'est sa* **spécialité**, *le sujet qu'il connaît le mieux, dans lequel il s'est spécialisé.* **2** ● *Dans ce restaurant, j'ai mangé des* **spécialités** *du Midi*, *des plats que l'on prépare surtout dans cette région.*

spécifier v. ● *Il a dit qu'il partirait cette semaine, sans* **spécifier** *le jour, sans l'indiquer avec précision* (→ SYN. préciser). ★ Conjug. 10.

spécifique adj. ● *Cette plante a une odeur* **spécifique**, *particulière, caractéristique, qui n'appartient qu'à (quelque chose ou quelqu'un)* (→ SYN. typique).

■ **spécifiquement** adv. De manière spécifique.

■ **spécificité** nom f. Caractère spécifique, traits caractéristiques (→ SYN. particularité).

spécimen [spesimɛn] nom m. ● *Voici un* **spécimen** *d'une espèce de fleurs très rare*, *une fleur qui donne une idée de ce que sont les autres fleurs de même espèce.* ★ Chercher aussi : échantillon.

spectacle nom m. **1** ● *Ce coucher de soleil est un* **spectacle** *magnifique, ce que l'on peut voir, regarder.* **2** ● *Dans ce journal, tu trouveras le programme des* **spectacles**, *ce que l'on peut voir pour se distraire (séances de cinéma, de théâtre, concerts, ballets, etc.).*

■ **spectaculaire** adj. ● *Le prestidigitateur fait des tours* **spectaculaires**, *qui frappent et surprennent ceux qui les regardent parce qu'ils sont extraordinaires.*

■ **spectateur, -trice** nom **1** ● *Ce journaliste interroge les* **spectateurs** *de l'incendie*, *ceux qui l'ont vu* (→ SYN. témoin). **2** ● *Dans la salle de cinéma, les* **spectateurs** *sont nombreux, ceux qui sont venus voir le film.*

1. spectre nom m. ● *Elle dit qu'un* **spectre** *se promène la nuit sur les remparts du château*, *un mort qui apparaîtrait aux vivants* (→ SYN. fantôme, revenant).

2. spectre nom m. ● *En passant à tra-*

vers un prisme de verre, la lumière se décompose en produisant un **spectre**, *des bandes lumineuses qui ont les couleurs de l'arc-en-ciel.*

spéléologie nom f. ● *Aimerais-tu faire de la* **spéléologie** ?, *descendre sous terre pour explorer les grottes et les gouffres.*

■ **spéléologue** nom ● *Des* **spéléologues** *sont descendus au fond de ce gouffre, ceux qui font de la spéléologie.*

sperme nom m. Liquide produit par les organes sexuels de l'homme ou des animaux mâles et qui sert à la reproduction.

sphère nom f. **1** ● *Une balle de tennis est une* **sphère**, *un objet rond en forme de boule.* ★ VOIR p. 424. **2** (fig.) ● *On parle beaucoup de cette découverte dans les* **sphères** *scientifiques*, *dans les milieux scientifiques.*

■ **sphérique** adj. ● *Cette orange est à peu près* **sphérique**, *en forme de boule.*

sphinx [sfɛ̃ks] nom m. Animal imaginaire qui a une tête humaine et un corps de lion. ● *Cette carte postale d'Égypte représente la statue d'un* **sphinx**.

sphinx

spirale nom f. **1** ● *La coquille de cet escargot dessine une* **spirale**, *une ligne courbe qui tourne sur elle-même.* — EN

SPIRALE ● *Un escalier **en spirale**, dont les marches sont disposées autour d'un axe* (→ SYN. en colimaçon). **2** ● *Un cahier à **spirale** : muni d'un fil de fer qui tient les feuilles ensemble en formant une spirale.*

spiritisme nom m. ● *Cet homme fait du **spiritisme** : il prétend qu'il peut communiquer avec les morts, avec les esprits* (→ esprit, sens 2).

spirituel adj. **1** ● *Les joies **spirituelles**, de l'esprit, de l'âme* (→ esprit, sens 1 ; CONTR. corporel ; 2. matériel, physique). **2** ● *Ta plaisanterie est **spirituelle**, amusante, pleine d'esprit et d'humour* (→ esprit, sens 5).

spleen [splin] nom m. Mélancolie sans cause (→ SYN. cafard).

splendide adj. ● *D'ici, on a une vue **splendide**, très belle* (→ SYN. magnifique, superbe).
■ **splendeur** nom f. ● *Ce collier est une **splendeur**!, une chose splendide.*

spongieux adj. ● *Une matière **spongieuse**, molle et qui retient l'eau comme une éponge.*

spontané adj. **1** ● *Pour me rendre service, il m'a fait une proposition **spontanée**, faite sans qu'on le lui demande, sans qu'on l'y oblige.* **2** ● *Marc est un garçon **spontané**, qui se conduit d'une façon naturelle, sans préparer à l'avance ce qu'il va dire ou faire.*
■ **spontanéité** nom f. ● *Corinne a répondu avec **spontanéité**, avec naturel et franchise.*
■ **spontanément** adv. ● *Il a **spontanément** renoncé à son projet, de lui-même, sans qu'on le lui demande ou qu'on l'y force.*

sporadique adj. ● *À l'époque de la chasse, on entend des coups de feu **sporadiques**, qui se produisent à intervalles irréguliers, à un endroit ou à un autre.*

sport nom m. ● *Pour rester en forme, Éric fait du **sport**, des jeux ou des exercices qui font faire des efforts physiques.* — ● *Le football, le rugby, le volley-ball, etc., sont des **sports** d'équipe ; le ski, le*

saut, la natation, etc., sont des **sports** individuels.* ★ Chercher aussi : athlétisme.
■ **sportif** adj. et nom. **1** adj. ● *Un match de tennis est une compétition **sportive**, de sport.* **2** ● *Valérie est très **sportive** ; elle aime le sport et elle est douée pour cela.* **3** nom ● *Les **sportifs** s'entraînent régulièrement, ceux qui font du sport.*

spot [spot] nom m. **1** ● *La scène est éclairée par des **spots**, des petits projecteurs.* **2** ● *Après les informations, nous avons vu quelques **spots** publicitaires à la télévision, des films très courts.*

sprint [sprint] nom m. ● *La fin de la course approche, le **sprint** va commencer, le moment où les coureurs vont le plus vite possible pour gagner.* — ● *Il a été battu au **sprint**.*
■ **1. sprinter** [sprintœr] nom m. Coureur spécialiste du sprint.
■ **2. sprinter** [sprinte] v. ● *Ce coureur ne sait pas **sprinter**, accélérer son allure à la fin d'une course.*

squale [skwal] nom m. Nom que l'on donne parfois au requin.

square [skwar] nom m. Petit jardin public. ● *Les enfants jouent dans les allées du **square**.*

squelette nom m. Ensemble des os d'un être humain ou d'un animal. ● *Dans cet ancien tombeau, on a trouvé plusieurs **squelettes**.* ★ VOIR p. 968.
■ **squelettique** adj. ● *Cette personne est **squelettique**, si maigre que l'on croirait voir ses os.*

stable adj. **1** ● *Pour monter si haut, il me faudrait une échelle bien **stable**, qui tient bien en équilibre* (→ CONTR. bancal, branlant, instable). **2** (fig.) ● *Mon oncle cherche un emploi **stable**, qui ne change pas, qui dure.*
■ *se **stabiliser** v. pron. ● *La voiture, qui commençait à déraper, **s'est** finalement **stabilisée**.*
■ **stabilisation** nom f. Action de stabiliser ou de se stabiliser. ● *La **stabilisation** des prix.*
■ **stabilité** nom f. **1** ● *Cet escabeau manque de **stabilité** : il ne tient pas en équilibre.* **2** (fig.) ● *Ce pays est dans*

une période de **stabilité**, une période
où il n'y a pas de changements importants, de bouleversements.

1. stade nom m. ● *Les footballeurs arrivent sur le **stade**, le terrain aménagé
pour que l'on puisse y faire du sport.*

2. stade nom m. **1** ● *J'apprends à jouer
du piano, mais j'en suis seulement au
stade des débutants, à ce niveau, qui
va changer.* **2** ● *Il est encore très jeune;
à ce **stade** on ne peut pas encore dire
s'il réussira ou non, à ce moment dont
on parle.* — ● *Les différents **stades**
du développement des têtards* (→ SYN.
étape, phase).

stage nom m. ● *Pendant les vacances,
mon cousin a fait un **stage** dans cette
usine :* il y a passé un certain temps
pour mieux apprendre son métier.
■ **stagiaire** adj. ● *Un professeur **stagiaire**, qui fait un stage.* □ nom ● *Cette
entreprise accueille des **stagiaires** qui
désirent se perfectionner.*

stagner [stagne] v. **1** ● *Un étang est une
nappe d'eau qui **stagne**, qui ne coule
pas.* ★ Chercher aussi : croupir. **2** (fig.)
● *La production industrielle **stagne** :*
elle ne progresse pas.
■ **stagnant** adj. ● *De l'eau **stagnante**,
qui stagne, dormante.*
■ **stagnation** nom f. ● *Les chefs
d'entreprise se désolent de la **stagnation** des affaires,* du fait qu'elles sont
trop calmes et ne progressent pas.

stalactite nom f. Sorte de colonne naturelle qui se forme à partir du plafond
d'une grotte. ● *Les **stalactites** sont
produites par des gouttes d'eau calcaire
qui laissent un dépôt en s'évaporant.*
■ **stalagmite** nom f. Colonne naturelle d'une grotte qui se forme comme
les stalactites, mais à partir du sol.
● *Les stalactites et les **stalagmites**
peuvent se rejoindre pour former une
colonne unique.* ★ Attention : stalactite et stalagmite. Pour les distinguer,
on peut se souvenir que «les stalac**t**i-
tes **t**ombent» et que «les stalag**m**i-
tes **m**ontent».

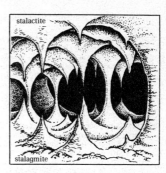

stalactite

stalagmite

stalle nom f. **1** Siège de bois à haut
dossier dans le chœur d'une église.
2 Compartiment occupé par un cheval
dans une écurie. ★ On dit aussi box.

stand [stãd] nom m. **1** ● *À la foire commerciale de cette ville, chaque commer-
çant a son **stand**,* un emplacement
réservé où il expose ses marchandises.
2 ● *Un **stand** de tir :* un endroit aménagé pour s'exercer à tirer avec une
arme à feu. — ● *À la kermesse, il tenait
le **stand** de la pêche à la ligne.*

1. standard adj. invar. ● *Les champions
ont des skis spéciaux, mais moi je
me contente de skis **standard**, pareils
à beaucoup d'autres,* parce qu'ils sont
fabriqués en grande série.
■ **standardisé** adj. ● *Pour la construction automobile, on utilise des pièces
standardisées,* produites en série
selon un même modèle.
■ **standardisation** nom f. ● *La standardisation des pièces fait qu'il est
possible de les échanger facilement.*

2. standard nom m. ● *Pour téléphoner en
dehors de l'entreprise, cette secrétaire
doit passer par le **standard**,* l'installation qui permet de faire communiquer
les postes téléphoniques qui sont à
l'intérieur de l'entreprise et ceux qui
sont à l'extérieur.
■ **standardiste** nom. Employé qui

s'occupe d'un standard téléphonique.
★ Chercher aussi : opérateur.

standing [stãdiŋ] nom m. **1** ● *Mon oncle cherche à améliorer son **standing**, sa situation dans la société.* **2** ● *À côté de chez moi, on construit des appartements de **standing**, très confortables, luxueux.*

star nom f. ● *Dans ce film, le rôle principal est joué par une **star**,* une actrice très célèbre (→ SYN. étoile, sens 3).

starter [starter] nom m. **1** ● *Pour partir, les coureurs attendent le coup de pistolet du **starter**,* celui qui donne le signal du départ dans une course. **2** ● *Pour faire démarrer la voiture, n'oublie pas de mettre le **starter**,* le dispositif qui aide le moteur à se mettre en marche quand il est froid.

station nom f. **1** ● *Ce qui fatigue grand-mère, c'est la **station** debout,* le fait de rester debout. **2** ● *Une **station** d'autobus, de taxis :* l'endroit où ils s'arrêtent (→ stationner ; SYN. arrêt, sens 2). **3** ● *L'hiver, il y a beaucoup de monde dans les **stations** de ski,* les endroits où l'on peut séjourner pour faire du ski. **4** ● *Une **station** de radio, de télévision,* un centre à partir duquel sont transmises les émissions.

stationnaire adj. ● *Ce malade est dans un état **stationnaire** depuis hier,* qui ne change pas, qui ne va ni en s'améliorant ni en empirant.

stationner v. ● *Il est interdit aux voitures de **stationner** dans cette rue,* d'y rester arrêtées un certain temps.
■ **stationnement** nom m. ● *Dans ce parking, le **stationnement** est toujours payant.*

station-service nom f. ● *Pour faire le plein d'essence, arrêtons-nous à la **station-service**,* l'endroit où les automobilistes peuvent acheter de l'essence, de l'huile, faire faire des vérifications et des petites réparations à leur voiture. — ● *Des **stations-service**.*

statistique nom f. ● *Beaucoup d'accidents sont dus à l'alcoolisme, ces sta-*

tistiques le prouvent, ces chiffres que l'on a recueillis pour faire des études, des comparaisons.

statue nom f. ● Œuvre d'art sculptée qui représente une personne ou un animal. ★ Chercher aussi : sculpture. ● *Dans le parc du château, il y a des **statues** en pierre.* ★ Ne pas confondre avec *statut*.
■ **statuette** nom f. Statue de petite taille.

statuer v. ● *L'accusé attend que le juge **statue** sur son sort,* qu'il prenne une décision à ce sujet.

statu quo [statykwo] nom m. invar. ● *Pour éviter la guerre, ces deux pays ont décidé de maintenir le **statu quo**,* de ne rien changer, de maintenir la situation dans le même état.

stature nom f. ● *Il mesure au moins 2 mètres ; sa **stature** est impressionnante,* sa taille.

statut nom m. **1** ● *Les fonctionnaires ont un **statut** spécial,* une situation spéciale fixée par des lois. **2** (au plur.) ● *Les **statuts** de l'association ont été changés,* l'ensemble des règles qui l'organisent et lui permettent de fonctionner. ★ Ne pas confondre avec *statue*.

steak [stɛk] nom m. ● *Au restaurant, j'ai commandé un **steak** et des frites,* un bifteck.

stèle nom f. ● *Certaines tombes sont surmontées d'une **stèle**,* d'une pierre posée debout, qui porte une inscription ou des ornements.

stencil [stɛnsil] nom m. ● *La dactylo tape cette lettre sur un **stencil**,* un papier spécial qui permet de reproduire un texte en de nombreux exemplaires. ★ Chercher aussi : polycopier.

sténographie ou **sténo** nom f. ● *La **sténographie** permet de noter les paroles aussi vite qu'elles sont dites,* une méthode d'écriture rapide qui utilise des signes spéciaux.
■ **sténodactylo** nom f. Employée qui sait écrire en sténographie et taper à la machine. ★ Chercher aussi : dactylographie.

■ **sténographe** ou **sténo** nom. Personne qui connaît la sténographie.

■ **sténographier** v. ● *Sténographier un texte* : l'écrire en sténographie. ★ Conjug. 10.

stentor [stɑ̃tɔr] nom m. VOIX DE STENTOR : Voix très forte, éclatante. ● *Il parle d'une voix de stentor.*

steppe nom f. Grande plaine où il ne pousse que de l'herbe. ● *La steppe russe est immense.*

stère nom m. ● *On va vous livrer un stère de bois*, un mètre cube. ★ Cette unité de volume n'est employée que pour le bois.

stéréophonie ou **stéréo** nom f. ● *Cet opéra sera transmis par la radio en stéréophonie*, un procédé qui donne l'impression que le son vient de plusieurs endroits à la fois.

■ **stéréophonique** ou **stéréo** adj. ● *Une chaîne, un disque stéréophonique*, qui utilise la stéréophonie.

stéréotype nom m. Idée commune, banalité (→ SYN. cliché).

■ **stéréotypé** adj. Tout fait, banal. ● *Ce sont des formules stéréotypées.*

stérile adj. **A.** **1** ● *Les mulets et les bœufs sont des animaux stériles*, qui ne peuvent pas avoir de petits (→ CONTR. fécond). **2** ● *Une terre stérile*, où l'on ne peut rien faire pousser, qui ne produit rien (→ CONTR. fertile). **3** (fig.) ● *J'en ai assez des beaux discours stériles*, qui ne servent à rien, qui ne donnent aucun résultat. **B.** ● *Les instruments d'un chirurgien doivent être absolument stériles*, sans aucun microbe.

■ **stériliser** v. **1** ● *Stériliser une personne, un animal* : les rendre incapables de se reproduire (→ stérile, A). **2** ● *Elle fait bouillir le biberon du nouveau-né pour le stériliser*, pour détruire les microbes qui s'y trouvent (→ stérile, B). □ adj. ● *Du lait stérilisé.*

■ **stérilisation** nom f. **1** ● *La stérilisation d'un animal.* **2** ● *La stérilisation du lait* : l'opération par laquelle on le stérilise.

■ **stérilité** nom f. ● *Les médecins ont découvert des moyens pour guérir la stérilité*, l'état des gens qui ne peuvent pas avoir d'enfants (→ CONTR. fécondité).

sternum [stɛrnɔm] ● *Le boxeur a reçu un coup sur le sternum*, l'os plat qui se trouve au milieu de la poitrine.

stéthoscope [stetɔskɔp] nom m. ● *Le docteur a écouté ma respiration et les battements de mon cœur avec son stéthoscope*, l'appareil qui sert à ausculter, à écouter les bruits à l'intérieur du corps.

steward [stjuward] nom m. ● *Dans l'avion, le steward nous a passé les plateaux du déjeuner*, l'homme qui est chargé de s'occuper des passagers, à bord d'un avion ou d'un bateau. ★ Chercher aussi : hôtesse de l'air.

stick nom m. **1** Canne souple. ● *L'officier tenait son stick sous le bras.* **2** Bâtonnet d'un produit. ● *J'ai acheté un déodorant et de la colle en stick.*

stimuler v. **1** ● *Christophe est hésitant, il a besoin qu'on le stimule*, qu'on le pousse à agir (→ SYN. encourager, exciter). **2** ● *Le grand air m'a stimulé*, m'a redonné des forces, m'a éveillé.

■ **stimulant** adj. et nom m. **1** adj. ● *Cette victoire est stimulante* (→ SYN. encourageant). **2** ● *Une boisson stimulante*, qui donne des forces, qui excite. □ nom m. ● *Le café, le thé sont des stimulants* (→ SYN. excitant).

■ **stimulation** nom f. Action de stimuler. ● *J'ai besoin d'une stimulation pour travailler.*

stipuler v. Préciser, spécifier. ● *Le contrat stipule que les réparations sont à la charge du locataire.*

stock nom m. **1** ● *Les stocks de l'épicier commencent à s'épuiser*, les marchandises qu'il a mises en réserve. **2** (fam.) ● *Je lui ai donné un stylo, j'en ai tout un stock*, une grande quantité.

■ **stocker** v. ● *Le blé est stocké dans des silos* : il est mis en réserve.

stoïque [stɔik] adj. ● *Ses camarades l'injuriaient, mais il restait stoïque*, coura-

geux, sans montrer son émotion
(→ SYN. impassible).

stop interj. et nom m. **A.** interj. ● *Stop ! :
arrêtez-vous !* (→ 1. stopper).
B. nom m. **1** ● *L'automobiliste n'a pas
respecté le **stop**, le panneau de signalisation indiquant qu'il faut marquer
un temps d'arrêt.* **2** ● *Les **stops** de la
voiture ne fonctionnent plus, les feux
rouges arrière qui s'allument quand on
freine.* **3** (fam.) ● *Mon frère a voyagé en
stop* (→ auto-stop).

1. stopper v. ● *Quand il a vu l'iceberg,
le commandant du bateau a ordonné de
stopper les machines, de les arrêter.*

2. stopper v. ● *Ta veste est déchirée, il
faudra la faire **stopper**, la faire réparer
en refaisant le tissage.*
■ **stoppage** nom m. ● *On ne voit plus
l'accroc, le **stoppage** a été bien fait.*

store nom m. **1** ● *À sept heures, le bijoutier baisse le **store** de son magasin, le
grand rideau métallique qui protège la
devanture.* **2** ● *Pour avoir moins chaud,
j'ai baissé les **stores** (de tissu, de
lamelles de bois ou de plastique), les
grands rideaux qui s'enroulent ou se
replient horizontalement.*

strabisme nom m. ● *Elle a un léger **strabisme**, le défaut de la vision de ceux
qui louchent.*

strapontin

strapontin nom m. ● *La salle de cinéma
était pleine, je n'ai trouvé qu'un **strapontin**, un petit siège qui se replie.*

stratagème nom m. ● *Denis a trouvé un
stratagème pour ne pas faire la vaisselle, un moyen habile, une ruse.*

strate nom f. ● *Dans une carrière, on voit
souvent des **strates** de roches de couleurs différentes : couche.*

stratégie nom f. ● *Avant les batailles,
Napoléon exposait sa **stratégie** aux
généraux, sa manière d'organiser les
combats* (→ SYN. tactique).
■ **stratégique** adj. ● *L'aviation a bombardé des points **stratégiques**, qui
présentent un intérêt militaire.*

stratosphère nom f. ● *La capsule spatiale est entrée dans la **stratosphère**,
une des couches supérieures de
l'atmosphère, qui se trouve entre 15 et
50 km au-dessus de la Terre.*

stress nom m. ● *Avant un examen, André
connaît le **stress**, état de tension qui
paralyse* (fam. : trac).

strict adj. **1** ● *Il est interdit de sortir de
l'école pendant les heures de classe ;
c'est une règle très **stricte**, qu'il faut
respecter absolument.* **2** ● *Le maître
est très **strict** sur la discipline* (→ SYN.
sévère). **3** LE STRICT NÉCESSAIRE. ● *Cette maison n'est pas luxueuse, il y a juste le
strict nécessaire, le minimum dont
on a besoin pour vivre.*
■ **strictement** adv. **1** ● *Il est **strictement** interdit de descendre du train
en marche* (→ SYN. absolument, rigoureusement). **2** ● *Ses parents l'élèvent
strictement, sévèrement.*

strident adj. ● *L'avion survole la maison
avec un sifflement **strident*** (→ SYN.
aigu, perçant).

strie nom f. ● *La partie métallique de
la lime a des **stries**, des petits sillons parallèles.*
■ **strié** adj. ● *Une roche **striée**, marquée de stries.*

strophe nom f. ● Partie d'un poème qui
comprend un certain nombre de vers.
● *Lisez la première **strophe** de cette
fable.* ★ Chercher aussi : couplet.

structure nom f. **1** ● *Pierre essaie de
comprendre la **structure** du corps*

humain, la manière dont ses parties sont organisées pour former un tout. **2** ● *Ce pont a une* **structure** *métallique*, une armature.

■ **structurer** v. Donner une structure. ● *Structurer une rédaction :* faire un bon plan. — ● *Structurer une entreprise* (→ SYN. organiser).

■ **structuration** nom f. Action de structurer.

studieux adj. ● *Une élève* **studieuse**, qui aime étudier et travaille avec sérieux et application (→ CONTR. dissipé).

studio nom m. **1** ● *Il a loué un* **studio** *dans le quartier*, un petit logement qui n'a qu'une pièce principale. **2** ● *Le photographe m'a montré son* **studio**, son atelier. **3** ● *Nous avons visité les* **studios** *de la télévision*, les endroits aménagés pour enregistrer des émissions, pour tourner des films.

stupéfaction nom f. ● *Il m'a regardé avec* **stupéfaction**, avec un grand étonnement (→ SYN. stupeur).

■ **stupéfait** adj. ● *Quand j'ai vu Alain plonger d'une hauteur de dix mètres, je suis resté* **stupéfait**, si étonné que je ne pouvais plus réagir.

■ **stupéfier** v. ● *Cet exploit m'a* **stupéfié**, m'a beaucoup étonné (→ SYN. abasourdir, ébahir). ★ Conjug. 10.

1. stupéfiant adj. ● *Le numéro de ces trapézistes est* **stupéfiant** (→ SYN. étonnant, extraordinaire).

2. stupéfiant nom m. ● *La police l'a arrêté pour trafic de* **stupéfiants**, de drogues. ★ Chercher aussi : 2. héroïne.

stupeur nom f. ● *Cette catastrophe a plongé toute la ville dans la* **stupeur**, un étonnement si fort qu'il empêche les gens de bouger, de réagir (→ SYN. stupéfaction).

stupide adj. ● *Cette remarque est* **stupide** (→ SYN. 2. bête, idiot ; CONTR. intelligent, sensé).

■ **stupidité** nom f. **1** ● *Je suis déçu par sa* **stupidité** (→ SYN. bêtise, idiotie ; CONTR. intelligence). **2** ● *Elle n'a dit*

que des **stupidités**, des choses stupides (→ SYN. absurdité, ânerie, sottise).

style nom m. **1** ● *Ce romancier a un* **style** *particulier*, une manière d'écrire. **2** ● *Ce joueur de tennis a un très beau* **style**, une manière de jouer efficace et élégante (→ stylé). **3** ● *Cette robe est trop stricte, trop sévère, elle ne va pas avec ton* **style**, ta manière d'être, de vivre, de penser. **4** ● *Notre-Dame de Paris est une cathédrale de* **style** *gothique*, construite d'une certaine manière qui correspond à une époque. — ● *Un fauteuil de* **style** *Louis XVI.*

stylé adj. ● *Un maître d'hôtel* **stylé**, qui fait son service comme il faut, avec beaucoup d'élégance.

styliser v. ● *Sur ce papier peint, les arbres sont* **stylisés**, dessinés en les simplifiant. □ adj. ● *Cette nappe est imprimée de fleurs* **stylisées**.

stylo nom m. ● *Frédéric change la cartouche de son* **stylo**, un porte-plume à réservoir d'encre. — ● *J'ai oublié mon* **stylo** *à bille* (ou mon **stylo** bille).

suave adj. ● *Éric aime la musique* **suave**, douce, agréable. ● *Une voix* **suave**.

subdiviser v. ● *Pour dessiner un terrain de football, il faut le diviser en deux moitiés puis* **subdiviser** *ces deux moitiés en plusieurs zones :* diviser de nouveau.

subir v. **1** ● *L'accusé* **a subi** *un interrogatoire :* il a supporté cette chose qu'on lui a imposée. **2** ● *Elle doit* **subir** *un traitement à l'hôpital*, le supporter en le voulant bien. **3** (fam.) SUBIR QUELQU'UN. ● *J'ai dû le* **subir** *pendant toute la journée*, le supporter alors qu'il me déplaît et m'ennuie. ★ Conjug. 11.

subit adj. ● *Nous avons été surpris par son départ* **subit**, qui est arrivé brusquement, sans que l'on s'y attende (→ SYN. soudain).

■ **subitement** adv. ● *Laurent caressait le chat et* **subitement** *celui-ci l'a griffé*, tout à coup, brusquement.

subjectif adj. Qui se rapporte à une personne. ● *Les goûts sont* **subjectifs**.

subjonctif nom m. • *Dans : «Je pars», le verbe est à l'indicatif, mais dans : «Il faut que je parte», «partir» est au **subjonctif**, un mode du verbe.*

sublime adj. • *Cette musique est vraiment **sublime**, admirable, magnifique.*

submerger v. **1** • *Le fleuve a débordé; les prés **ont été submergés**, complètement recouverts d'eau.* **2** • *Il est **submergé** de travail : il en a trop, il est débordé.* ★ Conjug. 5.
■ **submersible** nom m. • *Ce **submersible** est en plongée, ce sous-marin.*

subordonner v. **1** • *Cet employé est **subordonné** à son chef de bureau : il est sous son autorité, sous ses ordres.* **2** • *Notre voyage est **subordonné** aux dates des vacances : il dépend d'elles.*
■ **subordination** nom f. **1** • *Ce garçon supporte mal sa **subordination** à l'égard de ses chefs, le fait d'être sous leur autorité.* **2** • *Une conjonction de **subordination** relie une proposition subordonnée à une autre proposition dont elle dépend.*
■ **subordonné** nom et adj. **1** nom • *Ses **subordonnés** lui obéissent, ceux qui sont sous ses ordres* (→ CONTR. supérieur). **2** adj. • *Une proposition **subordonnée**, qui dépend d'une proposition principale.* □ nom f. • *Dans la phrase : «J'espère qu'il viendra», «qu'il viendra» est une **subordonnée**, une proposition subordonnée.*

subrepticement adv. • *L'homme a glissé **subrepticement** un papier dans la poche de son voisin : adroitement et sans se faire remarquer.*

subsidiaire adj. • *Ce concours était facile, mais je n'ai pas su répondre à la question **subsidiaire**, la question supplémentaire posée pour départager les concurrents qui sont à égalité, les ex-aequo.*

subsister [sybziste] v. **1** • *Du vieux pont, il ne **subsiste** que quelques ruines : il ne reste qu'elles.* **2** • *Les naufragés ont pu **subsister** en mangeant des poissons, continuer à vivre.*
■ **subsistance** nom f. • *Il n'a que son travail comme moyen de **subsistance**, pour vivre.*

subsonique adj. • *Cet avion vole à une vitesse **subsonique**, inférieure à la vitesse du son.* ★ Chercher aussi : supersonique.

substance nom f. **1** • *La pierre est une **substance** solide, l'eau est une **substance** liquide* (→ SYN. corps, matière). **2** • *Éric m'a résumé la **substance** de ce discours, l'essentiel, le plus important.* — EN SUBSTANCE, loc. adv. • *Que t'a-t-il dit **en substance**?*, en résumé.

substantiel adj. **1** • *Les skieurs ont pris un petit déjeuner **substantiel**, nourrissant.* **2** • *Il a obtenu des bénéfices **substantiels**, importants.*

substantif nom m. • *«Solaire» est un adjectif qui vient du **substantif** «soleil», de ce nom commun.*

substituer v. • *Elle a **substitué** son dessin au mien : elle a mis son dessin à la place du mien.* □ v. pron. • *Il s'est **substitué** à moi pour prendre la décision : il a pris ma place* (→ SYN. remplacer).
■ **substitution** nom f. • *Mais ce n'est pas mon manteau! Il y a eu **substitution**, remplacement de mon manteau par un autre.*

subterfuge nom m. • *Antoine a eu recours à un **subterfuge** pour se sortir d'affaire : ruse qui évite le problème.*

subtil adj. **1** • *Il a un esprit **subtil**, fin et intelligent.* **2** • *Marc a trouvé un moyen **subtil** pour se faire pardonner* (→ SYN. ingénieux). **3** • *Entre ces deux teintes, la différence est **subtile**, difficile à voir, à percevoir.*
■ **subtilité** nom f. **1** • *Sa remarque est pleine de **subtilité**, de finesse, d'intelligence.* **2** • *Je n'ai pas compris ces **subtilités**, ces raisonnements subtils.*

subtiliser v. • *Le prestidigitateur lui a **subtilisé** son portefeuille : il le lui a volé adroitement, le lui a dérobé.*

subvenir v. • *Il gagne suffisamment d'argent pour **subvenir** aux besoins de* sa famille, pour lui fournir de quoi vivre (→ SYN. pourvoir). ★ Conjug. 19.

subvention nom f. ● *Après cette période de sécheresse, l'État a donné une **subvention** aux agriculteurs*, une somme d'argent pour les aider.

■ **subventionner** v. ● *La cantine de l'école **est subventionnée** par la commune* : elle reçoit une subvention.

subversion nom f. ● *L'État se protège contre la **subversion*** ce qui bouleverse l'ordre établi.

suc nom m. ● *Le **suc** gastrique* : le liquide produit par l'estomac. — ● *Le **suc** d'une plante* : le liquide qui est à l'intérieur.

succédané nom m. ● *Ce n'est pas du sucre, c'est un **succédané***, produit de remplacement.

succéder v. 1 ● *Cette pharmacienne va **succéder** à son père*, prendre sa place après lui (→ successeur). 2 ● *La pluie **a succédé** au vent* : elle est venue après (→ CONTR. précéder). 3 v. pron. ● *Les voitures **se succèdent** à l'entrée de la station-service* : elles se suivent, elles viennent les unes après les autres (→ successif). ★ Conjug. 8, mais le participe passé est toujours invariable : *ils se sont succédé*.

■ **successeur** nom m. ● *Son **successeur** vient d'être nommé*, celui qui lui succède (→ CONTR. prédécesseur).

succès nom m. 1 ● *Il a réussi son examen, venez fêter son **succès***, son bon résultat (→ SYN. réussite ; CONTR. 1. échec). 2 ● *Notre équipe a remporté un **succès** sportif* (→ SYN. victoire). 3 ● *Ce livre a eu beaucoup de **succès*** : il a plu à beaucoup de gens.

successif adj. (au plur.) ● *Alain a gagné plusieurs parties **successives***, qui se suivent, qui se succèdent.

■ **successivement** adv. ● *La maîtresse nous a interrogés **successivement***, les uns après les autres.

1. succession nom f. ● *Notre équipe a subi une **succession** de défaites*, plusieurs défaites qui se suivent (→ succéder, sens 3 ; SYN. série, suite).

2. succession nom f. ● *Chacun des héritiers a reçu une part de la **succession***, des biens qu'une personne laisse à sa mort (→ SYN. héritage).

succinct [syksɛ̃] adj. ● *Faites-moi un récit **succinct** de ce qui s'est passé* : concis, bref (→ CONTR. détaillé, interminable).

succomber v. 1 ● *Elle **a succombé** à une grave maladie* : elle est morte. 2 ● *Notre équipe **a succombé*** : elle a été vaincue. 3 ● *Nathalie **succombe** sous le poids de ce sac à dos* : elle ne peut pas le supporter, elle s'affaisse. 4 ● *Je **succombe** à l'envie de manger des pâtisseries* : je ne peux pas y résister (→ SYN. céder).

succulent adj. ● *Ces éclairs au chocolat sont **succulents***, délicieux (→ SYN. excellent, savoureux).

succursale nom f. ● *Ce grand magasin a des **succursales** dans plusieurs villes*, d'autres magasins qui dépendent de lui.

sucer v. 1 ● *Valérie **suce** un bonbon à la menthe* : elle le fait fondre dans sa bouche. 2 ● *Mon frère a trois ans et il **suce** encore son pouce* (→ SYN. téter). ★ Conjug. 4.

■ **sucette** nom f. ● *Veux-tu une **sucette** ?*, un gros bonbon au bout d'un bâtonnet.

sucre nom m. 1 ● *Le **sucre** est fabriqué avec la canne à sucre ou la betterave*, une substance à saveur très douce, blanche quand elle est raffinée. 2 ● *Il met deux **sucres** dans son thé*, deux morceaux de sucre. 3 (fig. et fam.) CASSER DU SUCRE SUR LE DOS DE QUELQU'UN : dire du mal de lui, le calomnier. 4 SUCRE D'ORGE : bonbon fait avec du sirop de sucre. ÊTRE TOUT SUCRE ET TOUT MIEL : faire semblant d'être très doux, très aimable.

■ **sucré** adj. ● *Le miel est **sucré*** : il a le goût du sucre.

■ **sucrer** v. ● *J'ai **sucré** mon yaourt* : j'y ai mis du sucre.

■ **sucrerie** nom f. 1 Usine où l'on fabrique le sucre. 2 (au plur.) ● *Les enfants adorent les **sucreries***, les friandises à base de sucre (bonbons, confiseries).

■ **sucrier** adj. et nom m. **1** adj. ● *L'industrie* **sucrière**, *qui s'occupe de la fabrication du sucre.* **2** nom m. ● *Prends un sucre dans le* **sucrier**, *le récipient où l'on met le sucre.*

sud nom m. ● *Ce fleuve coule vers le* **sud**, *l'un des quatre points cardinaux, la direction opposée au nord.* — ● *Ils passent leurs vacances dans le* **Sud** *de la France, dans le Midi.* □ adj. invar. ● *Le pôle* **Sud** *est opposé au pôle Nord.*

sueur nom f. **1** Liquide qui sort des pores de la peau à cause de la chaleur, d'un effort physique ou d'une vive émotion (→ SYN. transpiration). ● *Des gouttes de* **sueur** *perlaient sur son front.* **2** (fam.) SUEUR FROIDE. ● *En le voyant en haut de l'arbre, j'ai eu des* **sueurs froides** : *j'ai été très inquiet, j'ai eu très peur.*

■ **suer** v. ● *Pendant la séance de gymnastique, Claudine* **a** *beaucoup* **sué**, *transpiré* (→ sueur).

suffire v. **1** ● *Cette somme d'argent* **suffit** *à payer nos billets d'avion : elle est assez importante pour cela.* **2** ● *«Voulez-vous du vin?» «Non, un verre d'eau me* **suffit** » : *c'est assez pour que je sois content.* **3** v. impers. IL SUFFIT DE... ● *Pour ouvrir la porte,* **il suffit** *d'appuyer sur ce bouton : il n'y a qu'à faire cela, il n'en faut pas plus.* **4** (fam.) CELA SUFFIT, ÇA SUFFIT. ● *Cessez de faire du bruit!* **ça suffit!** : *en voilà assez!* ★ Conjug. 44.

■ **suffisant** adj. **1** ● *Pour acheter un vélo, mes économies ne sont pas* **suffisantes** : *elles ne suffisent pas, je n'en ai pas assez.* **2** ● *C'est un jeune homme* **suffisant**, *très content de lui, prétentieux, vaniteux.*

■ **suffisamment** adv. ● *Je n'ai pas dormi* **suffisamment** (→ SYN. assez).

suffixe nom m. ● *Le mot «chanteur» est formé du nom «chant» et du* **suffixe** *«-eur», un élément que l'on ajoute à la fin d'un mot pour en former un autre de la même famille.* ★ Chercher aussi : préfixe.

suffoquer v. **1** ● *La fumée qui emplissait la salle nous* **suffoquait** : *elle nous empêchait de respirer, elle nous étouf-*fait. **2** (fig.) ● *Son mensonge m'a* **suffoqué** : *il m'a tellement surpris qu'il m'a coupé le souffle.*

■ **suffocant** adj. **1** ● *Cette chaleur humide est* **suffocante** (→ SYN. étouffant). **2** (fig.) ● *Ce trapéziste est d'une audace* **suffocante**, *si étonnante qu'elle nous suffoque, nous coupe le souffle.*

suffrage nom m. **1** ● *Tous les Français âgés de plus de 18 ans votent pour élire les députés : c'est le* **suffrage** *universel, une manière de faire les élections.* **2** ● *Pour être élu président, il lui a manqué quelques* **suffrages**, *quelques voix.* **3** ● *Cette émission a remporté tous les* **suffrages** *du public : elle a été très appréciée* (→ SYN. approbation).

suggérer v. **1** ● *Par ce beau temps, je leur* **ai suggéré** *d'aller à la plage : je leur ai donné cette idée* (→ SYN. conseiller, proposer). **2** ● *Ce tableau abstrait ne représente pas précisément les nuages, mais il les* **suggère** : *il y fait penser* (→ SYN. évoquer). ★ Conjug. 8.

■ **suggestion** nom f. ● *Pour organiser ce voyage, quelles sont vos* **suggestions** ?, *ce que vous suggérez* (→ SYN. proposition).

suicide nom m. **1** ● *Il a fait une tentative de* **suicide** : *il a essayé de se donner la mort.* **2** (fig.) ● *Plonger du haut de cette falaise, c'est vraiment du* **suicide** : *c'est une folie, une grande imprudence.*

■ **se suicider** v. pron. ● *Elle a essayé de* **se suicider**, *de se tuer volontairement.*

suie nom f. ● *Les ramoneurs ont enlevé la* **suie** *qui recouvrait l'intérieur de la cheminée, la matière noire déposée par la fumée.*

suinter v. ● *Il doit y avoir une fuite, l'eau* **suinte** *du plafond : elle s'écoule très lentement, goutte à goutte.*

■ **suintement** nom m. ● *Le* **suintement** *de l'eau sur les parois d'une grotte : son écoulement très lent.*

suite nom f. **1** ● *Un émir est arrivé à Paris avec sa* **suite**, *avec les gens qui* l'accompagnent. **2 ●** *Enfin une vic-toire, après cette **suite** de défaites, cette série de défaites qui se suivent* (→ SYN. succession). **3 ●** *Je dois te raconter la **suite** de mon aventure, ce qui m'est arrivé après.* **4** PRENDRE LA SUITE DE QUELQU'UN. ● *Il **a pris la suite de** son père à la tête de l'entreprise :* il lui a succédé. **4 ●** *Cette rencontre a eu des **suites** imprévues* (→ SYN. consé-quence). **6** AVOIR DE LA SUITE DANS LES IDÉES : être capable de mettre ses projets à exécution, avoir de la persévérance. **7** DE SUITE, loc. adv. ● *Il a fait dix tours **de suite** en courant,* à la suite les uns des autres, sans s'arrêter. **8** TOUT DE SUITE, loc. adv. ● *Viens **tout de suite** !,* immédiate-ment, sans délai. **9** PAR SUITE DE, loc. prép. ● ***Par suite d'**une erreur de manœuvre, le voilier a coulé,* à cause d'elle.

1. suivant → suivre.

2. suivant prép. **1 ●** *Cécile est triste ou joyeuse **suivant** le temps qu'il fait,* d'après lui (→ SYN. conformément à, selon). **2** SUIVANT QUE, loc. conj. ● *La mer change de couleur **suivant qu'**on la regarde par beau temps ou par mauvais temps* (→ SYN. selon que, sens 3).

suivre v. **1 ●** *Je te montre le chemin, **suis**-moi :* avance derrière moi (→ CONTR. précéder). **2 ●** *Les chasseurs **ont suivi** le lion à la trace* (→ SYN. poursuivre). **3 ●** *Mon chien veut me **suivre** partout,* m'accompagner. — ● *Quand l'oiseau s'est envolé, je l'**ai suivi** des yeux.* **4** (fig.) SUIVRE LE MOUVEMENT : aller avec les autres, faire comme eux. **5 ●** *Une forte pluie **a suivi** l'orage :* elle est arrivée après (→ SYN. succéder à). □ v. pron. ● *Les jours **se suivent** et ne se ressemblent pas.* **6 ●** *Ce sentier **suit** le fleuve :* il passe le long du fleuve. — ● ***Suivez** la route jusqu'au croisement.* **7 ●** *J'aurais dû **suivre** vos conseils,* les écouter, m'y conformer. — ● *Elle **a suivi** ton exemple :* elle a fait comme toi. **8 ●** *Nous **avons suivi** le concert à la radio,* nous l'avons écouté avec attention. **9 ●** *Sophie veut **suivre** des cours de piano,* en prendre régulière-ment. **10 ●** *En classe, cet élève*

*n'arrive pas à **suivre**,* à être au niveau de la classe. ● *Veux-tu répéter ? Je n'arrive pas à te **suivre**,* à comprendre ce que tu dis. ★ Conjug. 49.

■ suivant adj. et nom. **1** adj. ● *J'ai rencontré ton ami le jour **suivant** ton départ,* celui qui vient immédiatement après (→ CONTR. précédent). **2** nom ● *Quel est le **suivant** ?,* la personne qui vient après celle-ci. **3** nom f. ● *Les **suivantes** d'une reine,* les dames qui l'accompagnent.

■ suivi adj. **1 ●** *Pour faire des pro-grès, il faut un travail **suivi**,* régulier, qui n'arrête pas. **2 ●** *Un raisonnement **suivi**,* où les idées s'enchaînent correc-tement (→ SYN. cohérent).

1. sujet nom m. ● *Le roi et ses **sujets**,* les personnes qui sont sous son autorité.

2. sujet adj. ÊTRE SUJET À. ● *Valentine **est sujette aux** crises de foie :* elle a sou-vent des crises de foie.

3. sujet nom m. **1 ●** *Les volcans m'inté-ressent, je vais faire une recherche sur ce **sujet**,* sur cette question (→ SYN. problème, thème). — AU SUJET DE, loc. prép. ● *Ils se sont disputés **au sujet du** match,* à ce propos. **2 ●** *Sa santé est un **sujet** d'inquiétude pour sa famille,* ce qui la rend inquiète (→ SYN. cause, motif, raison). **3 ●** *Dans la phrase : « Alain mange un gâteau »,* Alain est le **sujet** du verbe « manger ».

sulky nom m. ● *Dans cette course, les chevaux sont attelés à des **sulkies**,* des petites voitures à deux roues, très légères, sur lesquelles se tiennent les conducteurs. ★ Au plur. : *des sulkies.*

sulky

sultan nom • *Louis XIV avait envoyé des ambassadeurs à la cour du **sultan**, un prince d'Orient.* — • *Une **sultane**.*

summum [sɔmɔm] nom m. • *C'est le **summum**, point le plus élevé en parlant d'une pensée, d'une civilisation* (→ SYN. comble, sens 1 ; apogée, sens 2).

1. super- Préfixe qui signifie «supérieur, très grand, très fort, etc.» • *Un **super**-champion.* ★ Chercher aussi : hyper.

2. super ou **supercarburant** nom m. Essence de qualité supérieure. • *À la station-service, maman a pris 15 litres de **super**.*

superbe adj. • *Tu as une mine **superbe**, très belle* (→ SYN. magnifique, splendide).

supercherie nom f. • *On avait remplacé le diamant de sa bague par un faux, mais elle a découvert la **supercherie**, la tromperie.*

superficie nom f. • *Connais-tu la **superficie** de la France ?, son étendue, sa surface.* — • *La **superficie** se calcule en mètres carrés (m^2), kilomètres carrés (km^2), etc.* ★ VOIR p. 931.

superficiel adj. **1** • *Rassurez-vous, sa blessure est **superficielle**, peu profonde.* **2** • *Elle me déçoit, elle n'a que des idées **superficielles**, qui ne vont pas au fond des choses* (→ CONTR. approfondi).

superflu adj. • *Ce malade doit éviter tous les efforts **superflus**, qui ne sont pas absolument nécessaires.* □ nom m. • *Il a gardé le nécessaire pour vivre, mais il a donné tout le **superflu**, ce dont il n'a pas vraiment besoin.*

supérieur adj. et nom m. **A.** adj. **1** • *Il s'est cassé une dent de la mâchoire **supérieure**, celle du haut.* — • *L'ascenseur est en panne à l'étage **supérieur**, au-dessus de celui-ci* (→ CONTR. inférieur). **2** • *16 est **supérieur** à 15, plus grand que 15.* **3** • *Elle se croit **supérieure** aux autres, plus forte ou meilleure que les autres* (→ supériorité). **4** • *Anne fait des études **supérieures**, celles que l'on fait après le baccalauréat.*

B. nom m. • *Les militaires doivent obéir à leurs **supérieurs**, à ceux qui ont une position plus élevée dans la hiérarchie, à leurs chefs* (→ CONTR. subordonné).

■ **supériorité** nom f. • *En gagnant le championnat, cette équipe a montré sa **supériorité**, qu'elle était supérieure aux autres.*

superlatif nom m. • *« Le plus drôle », « le moins drôle », « très drôle », sont des **superlatifs** de « drôle », des façons de donner une valeur plus ou moins forte à l'adjectif « drôle ».* ★ Chercher aussi : comparatif.

supermarché nom m. • *Samedi, j'ai accompagné papa pour faire les courses au **supermarché**, un très grand magasin qui vend des produits en libre-service.* ★ Chercher aussi : hypermarché.

superposer v. • *Pour construire une bibliothèque, il suffit de **superposer** ces casiers, de les poser les uns au-dessus des autres.* □ adj. • *Des lits **superposés**.*

supersonique adj. • *Le Concorde est un avion **supersonique**, un avion qui peut dépasser la vitesse du son* (→ subsonique).

superstitieux adj. • *Ça m'est égal de voyager un vendredi 13, je ne suis pas **superstitieuse** : je ne crois pas que certaines choses portent bonheur ou malheur.*

■ **superstition** nom f. • *Avoir peur de passer sous une échelle, de rencontrer un chat noir ou de renverser du sel, c'est de la **superstition**, des croyances qui ne sont pas raisonnables.*

superviser v. • *Le chef de bureau **supervise** le travail des employés :* il le contrôle sans entrer dans les détails.

supplanter v. **1** • *Cet ambitieux essaie de **supplanter** son directeur, de prendre sa place.* **2** • *Pour les longs voyages, l'avion a **supplanté** le bateau, il l'a remplacé, car les gens le préfèrent.*

suppléant nom • *Quand la maîtresse a été malade, c'est une **suppléante** qui nous a fait la classe, une personne* chargée de la remplacer (→ SYN. remplaçant). □ adj. ● *Un professeur suppléant.*

■ **suppléer** v. 1 ● *Le directeur cherche un adjoint capable de le suppléer*, de le remplacer s'il est absent, malade, etc. 2 SUPPLÉER À. ● *Il note tous ses rendez-vous sur son carnet pour suppléer à son manque de mémoire*, afin de compenser ce défaut.

supplément nom m. 1 ● *Les voyageurs de ce train spécial doivent payer un supplément*, une somme qui s'ajoute au prix normal. — ● *Elle a pris un supplément de vacances*, des vacances en plus. ● *La boisson n'est pas comprise dans le menu, elle est en supplément*, en plus de ce qui est prévu (→ SYN. en sus).

■ **supplémentaire** adj. ● *Des heures supplémentaires*, des heures de travail faites en plus de l'horaire normal.

supplice nom m. 1 ● *Autrefois, les juges condamnaient les voleurs et les criminels à des supplices cruels*, des punitions qui les faisaient beaucoup souffrir ou même mourir. 2 (fig.) ● *Pour ce garçon timide, les examens sont un supplice*, une chose très pénible. — ÊTRE AU SUPPLICE : être très mal à l'aise ou souffrir beaucoup.

supplier v. ● *Je vous supplie de me croire* : je vous le demande très humblement, en insistant (→ SYN. implorer). ★ Conjug. 10.

■ **supplication** nom f. ● *Il n'a pas voulu écouter nos supplications*, ce que nous lui demandions en le suppliant.

1. **supporter** [syporte] v. 1 ● *Ces poutres supportent le plancher* : elles le soutiennent (→ support). 2 ● *Cette plante ne supporte pas le froid* : elle ne peut y résister. 3 ● *Il ne supporte pas que l'on arrive en retard* : il ne l'accepte pas (→ SYN. tolérer).

■ **support** nom m. ● *Ces étagères sont fixées sur des supports métalliques*, des objets qui les soutiennent.

■ **supportable** adj. ● *Avec des vêtements chauds, ce froid est suppor-*

table : on peut le supporter (→ CONTR. insupportable).

2. **supporter** [syporter] nom m. ● *Laurent ne joue pas au football mais il fait partie des supporters de notre équipe*, de ceux qui l'encouragent, qui la soutiennent.

supposer v. 1 ● *Je suppose que nous recevrons sa lettre demain* : je le pense sans en être sûr (→ SYN. présumer). 2 ● *Ce travail suppose beaucoup de patience* : il faut beaucoup de patience pour le faire (→ SYN. exiger, réclamer).

■ **supposition** nom f. ● *Je n'en suis pas certain, c'est une supposition*, une chose que je suppose sans pouvoir l'affirmer (→ SYN. hypothèse).

suppositoire nom m. ● *Sur l'ordonnance, le docteur a écrit : un suppositoire tous les soirs*, un médicament en forme de cône que l'on introduit dans le rectum.

supprimer v. 1 ● *Ces pastilles suppriment la toux* : elles la font cesser, disparaître. 2 ● *Notre séance de cinéma est supprimée* : elle n'aura pas lieu (→ CONTR. maintenir). 3 ● *On lui a supprimé son permis de conduire pendant un mois* : on le lui a retiré (→ SYN. enlever, ôter). 4 ● *Ces criminels ont supprimé un témoin gênant* : ils l'ont tué.

■ **suppression** nom f. ● *La suppression de la peine de mort* (→ SYN. abolition).

suppurer v. ● *Il faut soigner cette plaie qui suppure*, d'où il sort du pus.

supputer v. ● *Il faut supputer toutes les chances de succès* : calculer, évaluer.

suprême adj. 1 ● *L'autorité suprême*, qui est au-dessus de toutes les autres. 2 ● *Le blessé attend les sauveteurs ; c'est son suprême espoir*, son dernier espoir.

■ **suprématie** [sypremasi] nom m. ● *La suprématie de certains pays* : domination.

1. **sur** prép. 1 ● *Le cendrier est sur le bureau* (→ CONTR. sous). 2 ● *Sabine a dessiné une fleur sur la porte*, à sa surface. 3 ● *La voiture s'est rabattue sur*

la droite, dans cette direction (→ SYN. vers). **4** ● *Un élève* **sur** *dix*, parmi dix. **5** ● *C'est une émission* **sur** *les gorilles*, qui en parle. **6** ● *Je vous crois* **sur** *parole*, d'après vos paroles. ★ Ne pas confondre avec *sûr*.

2. sur- Préfixe qui signifie «très, trop». ● *Une pièce* **sur***chauffée*, trop chauffée. — ● *Une voix* **sur***aiguë*, très aiguë.

sûr adj. **1** ● *Anne est* **sûre** *d'avoir compris* : elle n'a aucun doute (→ **sûrement**; SYN. certain). — BIEN SÛR, loc. adv. ● *«Tu vas à l'école?» «***Bien sûr***»* : c'est évident, naturellement. — ÊTRE SÛR DE SOI ou (fam.) ÊTRE SÛR DE SON COUP : être certain de ne pas se tromper, de réussir. — À COUP SÛR. ● *Qui va gagner? C'est Éric*, **à coup sûr** : c'est certain. **2** ● *Le verglas a disparu, la route est* **sûre***, sans danger, sans risques* (→ sûrement, sens 2 ; sûreté). — EN LIEU SÛR. ● *Laure a rangé son argent* **en lieu sûr**, dans un endroit où il ne risque rien. — LE PLUS SÛR. ● *Si tu hésites,* **le plus sûr** *est de lui demander conseil* : c'est la meilleure solution, la moins dangereuse. — C'EST PLUS SÛR. ● *Je vais me renseigner à la gare,* **c'est plus sûr**. **3** ● *Paul est un ami* **sûr***, en qui on peut avoir toute confiance.* ★ Ne pas confondre avec *sur*.

surabonder v. (littér.) ● *Dans cette forêt, les lapins* **surabondent** : il y en a plus qu'il n'en faut (→ abonder).
■ **surabondance** nom f. ● *Ces inondations sont causées par la* **surabondance** *des pluies*, parce qu'il y en a trop.
■ **surabondant** adj. ● *Cette année, la récolte de fruits a été* **surabondante***,* très ou trop abondante.

suraigu adj. Très aigu. ● *Ces sifflements* **suraigus** *me font mal aux oreilles* (→ SYN. strident). — ● *Une note de musique* **suraiguë** (→ aigu).

surajouter v. ● *Ces personnages ne faisaient pas partie du tableau, ils* **ont été surajoutés***,* ajoutés en plus, après coup. □ **v.** pron. ● *Ce chagrin* **se surajoute** *à ses ennuis d'argent.*

suranné adj. ● *Ma grand-mère fredonne un air* **suranné***,* démodé, vieilli (→ CONTR. à la mode, récent).

surcharger v. **1** ● *Avec tous ces bagages, la voiture* **est surchargée***,* trop chargée. **2** ● *Le professeur n'aime pas nous* **surcharger** *de travail*, nous donner trop de travail (→ SYN. accabler, écraser). ★ Conjug. 5.
■ **surcharge** nom f. **1** ● *Il faut éviter une* **surcharge** *en voiture* : charge plus importante que celle qui est autorisée. **2** ● *Je ne peux pas lire ton brouillon à cause des* **surcharges***,* mot écrit au-dessus de mots rayés, ajouts.

surchauffer v. ● *Ils gaspillent l'énergie en* **surchauffant** *leur maison*, en la chauffant trop.

surclasser v. Dépasser, surpasser. ● *Luc* **surclasse** *tous ses camarades au ping-pong.*

surcroît nom m. **1** ● *Maman aime bien inviter nos amis, mais c'est pour elle un* **surcroît** *de travail*, du travail en plus (→ SYN. supplément). **2** (littér.) DE SURCROÎT, PAR SURCROÎT, loc. adv. ● *Il bat son chien, et* **de surcroît***, il s'en vante,* en plus, en outre.

surdité nom f. ● *Il est atteint de* **surdité** : il est sourd.

sureau nom m. Arbuste à baies rouges ou noires ● *Patrice a fabriqué une flûte avec une tige de* **sureau***.*

surélever v. ● *On a* **surélevé** *cette maison d'un étage* : on a augmenté sa hauteur. ★ Conjug. 8.

sûrement adv. **1** ● *Tu connais* **sûrement** *la réponse*, certainement (→ SYN. assurément). **2** ● *Qui va lentement va* **sûrement***, sans danger, sans risque,* en toute sécurité (→ sûr).

surenchère nom f. ● *Pour acheter ce tableau, il a fait de la* **surenchère** : il a proposé un prix plus élevé que le précédent (→ enchère).

surestimer v. **1** ● *500 francs pour ce vieux vélo? Je crois que tu le* **surestimes** : tu crois qu'il vaut plus cher que son prix normal (→ estimer ; CONTR. sous-estimer). **2** ● *L'entraîneur a* **surestimé** *son équipe : il l'a crue plus forte qu'elle n'est.*

sûreté nom f. EN SÛRETÉ. ● *Dans ce port, les bateaux sont* **en sûreté***, à l'abri du danger* (→ sûr ; SYN. sécurité). — DE SÛRETÉ. ● *Il faut une clef spéciale pour ouvrir ce verrou* **de sûreté***, qui protège bien.*

surexcité adj. ● *Quand la neige se met à tomber, toute la classe est* **surexcitée***,* très excitée.

surf [sœrf] nom m. Sport qui consiste à glisser sur de grosses vagues, debout sur une sorte de planche. ● *Sur les gros rouleaux de l'océan, Claude fait du* **surf***.*

surface nom f. **1** ● *Les astronautes ont ramassé des roches sur la* **surface** *de la Lune, la partie que l'on voit du dehors.* — ● *Ces poissons nagent au fond de l'eau, mais parfois ils remontent à la* **surface***, au-dessus du liquide.* **2** ● *Ce jardin a quarante mètres carrés de* **surface** (→ SYN. aire, superficie).

surfait adj. ● *Ce film m'a déçu, il est* **surfait***, pas aussi bon qu'on le dit.*

surgeler v. ● *Surgeler des aliments :* les congeler rapidement et à très basse température afin de les conserver. ★ Conjug. 8. □ adj. ● *Des haricots verts* **surgelés***.*
■ **surgelé** nom m. ● *Ce magasin ne vend que des* **surgelés***, des produits conservés de cette façon.*

surgir v. **1** ● *Le camion* **a surgi** *du brouillard : il en est sorti brusquement et il est apparu.* **2** ● *De nouvelles difficultés peuvent* **surgir***,* se manifester brusquement. ★ Conjug. 11.

surhumain adj. ● *Pour gagner, ce coureur a fait un effort* **surhumain***, qui dépasse les forces normales d'un homme.*

surimpression nom f. ● *La* **surimpression** *est souvent utilisée au cinéma :* impression de plusieurs images l'une sur l'autre.

sur-le-champ loc. adv. ● *Il est parti* **sur-le-champ***, sans emporter ses affaires,* tout de suite (→ SYN. aussitôt, immédiatement).

surlendemain nom m. ● *Je l'ai rencontré le* **surlendemain** *de son arrivée, le jour qui suit le lendemain* (→ après-demain).

surmener v. ● *Il devrait se reposer, il* **est surmené** *: il est fatigué parce qu'il travaille trop.* □ v. pron. ● *Elle se* **surmène***.* ★ Conjug. 8.
■ **surmenage** nom m. ● *Le* **surmenage** *est dangereux pour la santé, les* troubles causés par trop de fatigue.

surmonter v. **1** ● *Un coq* **surmonte** *le clocher de l'église : il est placé au-dessus.* **2** ● *Dominique fait des efforts pour* **surmonter** *sa timidité, pour la dominer, pour la vaincre* (→ surmontable).
■ **surmontable** adj. ● *Quand tu sauras nager, tu verras que ta peur était* **surmontable***, qu'on pouvait la surmonter* (→ CONTR. insurmontable).

surnager v. ● *À quelques kilomètres des côtes, la nappe de pétrole* **surnageait***,* restait à la surface de l'eau, flottait. ★ Conjug. 5.

surnaturel adj. ● *Dans cette maison, les gens disent qu'il se passe des choses* **surnaturelles***, que l'on ne peut pas* expliquer par les lois de la nature.

surnom nom m. Nom inventé que l'on ajoute au vrai nom de quelqu'un, ou qui le remplace. ● *« Le Conquérant »* est le **surnom** *de Guillaume Ier, roi d'Angleterre.*
■ **surnommer** v. ● *On l'a* **surnommé** *« Bouboule » :* on lui a donné ce surnom. ★ Chercher aussi : sobriquet.

en surnombre loc. adv. ● *Le conducteur du car refuse de transporter des voyageurs* **en surnombre***, en trop, en plus* du nombre permis.

suroît nom m. **1** ● *Les marins, les pêcheurs portent parfois un* **suroît***,* un chapeau imperméable dont le bord descend sur la nuque. 2 ● *Le suroît s'est mis à souffler,* un vent qui vient du sud-ouest.

suroît

surpasser v. ● *Cette équipe a surpassé la nôtre :* elle a fait mieux que nous (→ dépasser ; SYN. dominer). □ v. pron. ● *Ce repas était délicieux, tu t'es surpassé :* tu as fait mieux que d'habitude.

surpeuplé adj. ● *Une ville surpeuplée,* où il y a trop d'habitants.

surpeuplement nom m. ● *Certains pays souffrent de surpeuplement,* quantité trop grande d'habitants.

surplomb nom m. ● *Les alpinistes se reposent sur un surplomb du rocher,* une partie qui s'avance, qui dépasse du reste. — EN SURPLOMB, loc. adv. ● *Par rapport à la façade, ce balcon est en surplomb* (→ SYN. en saillie).

■ **surplomber** v. ● *Une terrasse surplombe le ravin :* elle s'avance au-dessus, elle le domine.

surplus nom m. ● *Le surplus de la récolte,* ce que l'on a récolté en trop (→ SYN. excédent).

surprendre v. 1 ● *Je suis surpris de vous voir ici,* très étonné. 2 ● *La tempête a surpris les marins :* elle est arrivée sans qu'ils s'y attendent. 3 ● *On l'a surpris en train de tricher :* on l'a vu alors qu'il ne s'y attendait pas. ★ Conjug. 32.

■ **surprenant** adj. ● *Quelle nouvelle surprenante !,* étonnante, inattendue, déconcertante.

■ **surprise** nom f. 1 ● *Loïc m'a regardé avec surprise,* avec étonnement. 2 ● *N'en parle pas à Maman, c'est une surprise* que je lui prépare, une chose à laquelle elle ne s'attend pas (cadeau, gentillesse, etc.). 3 PAR SURPRISE, loc. adv. ● *L'orage les a pris par surprise,* sans qu'ils s'y attendent (→ SYN. à l'improviste).

surproduction nom f. ● *Une surproduction de blé a fait baisser les prix :* une production trop importante.

sursaut nom m. 1 ● *En entendant ce cri, il a eu un sursaut,* un mouvement brusque causé par la surprise. 2 EN SURSAUT, loc. adv. ● *Elle s'est réveillée en sursaut* (→ SYN. brusquement). 3 (fig.) ● *Cette nouvelle a provoqué un sursaut d'indignation,* une réaction vive et brutale.

■ **sursauter** v. ● *Quand la porte a claqué, j'ai sursauté :* j'ai eu un sursaut.

sursis nom m. 1 ● *Le juge l'a condamné à un mois de prison avec sursis :* il n'ira en prison que s'il recommence, que s'il est de nouveau condamné. 2 ● *Je devais remettre ce travail lundi, mais on m'a accordé un sursis de deux jours,* deux jours de plus pour le faire (→ SYN. délai).

■ **surseoir à** v. ● *Il ne veut pas surseoir à sa décision,* la remettre à plus tard (→ SYN. 2. différer). ★ Conjug. 29.

surtaxe nom f. ● *Un franc en timbres sur une lettre, ça ne suffit pas ! Ta cousine va payer une surtaxe,* une somme d'argent en plus, payée par celui qui reçoit une lettre quand elle n'est pas suffisamment affranchie.

surtout adv. 1 Sert à insister. ● *Surtout, sois prudent !,* avant tout. 2 ● *Patrice aime bien regarder la télévision, surtout les émissions pour les enfants* (→ SYN. principalement).

surveiller v. 1 ● *Pendant mon absence, surveille ta petite sœur :* regarde bien ce qu'elle fait pour la protéger, pour l'empêcher de faire des bêtises,

2 ● *L'architecte **surveille** la construction de la maison : il y fait attention, il la contrôle.*

■ **surveillance** nom f. ● *Depuis 10 minutes, cette classe est sans **surveillance** : personne ne la surveille.*

■ **surveillant** nom ● *Arrêtez de chahuter, voilà le **surveillant**, celui qui surveille les élèves au collège ou au lycée.*

survenir v. ● *Si un accident **survient**, gardez votre sang-froid : s'il se produit, s'il arrive brusquement.* ★ Conjug. 19. *Survenir se conjugue avec l'auxiliaire* être.

survêtement nom m. Blouson et pantalon que les sportifs portent sur leur tenue de sport. ● *Entre deux sauts en hauteur, il remet son **survêtement**.*

survivre v. **1** ● *Elle **a survécu** à son mari : elle a continué à vivre après la mort de celui-ci.* **2** ● *Ils **ont survécu** à la catastrophe aérienne : ils ont échappé à la mort.* ★ Conjug. 50.

■ **survie** nom f. ● *L'eau est nécessaire à la **survie**, pour se maintenir en vie.*

■ **survivant** nom ● *Les sauveteurs n'ont trouvé que deux **survivants**, deux personnes qui vivaient encore.*

■ **survivance** nom f. Quelque chose qui survit. ● *La quinzaine commerciale de notre ville est une **survivance** des grandes foires d'autrefois.*

survoler v. **1** ● *Pour aller à New York, notre avion doit **survoler** l'Atlantique, passer au-dessus en volant.* **2** (fig.) ● *J'ai **survolé** ce livre : je l'ai lu rapidement.*

■ **survol** nom m. ● *J'ai regardé par le hublot pendant le **survol** du Mont-Blanc, pendant que nous le survolions.*

en sus [sys] loc. adv. ● *Les frais de transport sont **en sus**, en plus du prix indiqué* (→ en supplément).

1. susceptible adj. ● *Il ne supporte pas les plaisanteries, il est très **susceptible !** : il se vexe facilement* (→ SYN. chatouilleux, sens 2).

■ **susceptibilité** nom f. ● *Sa **susceptibilité** la rend malheureuse, son caractère susceptible.*

2. susceptible de adj. ● *C'est un film **susceptible de** t'intéresser, qui pourrait t'intéresser.*

susciter v. ● *Cet exploit **a suscité** l'admiration de tous* (→ SYN. provoquer).

suspect [syspɛ] **suspecte** [syspɛkt] adj. **1** ● *Il nous a raconté une histoire **suspecte**, qui n'a pas l'air vraie, dont il faut se méfier.* **2** ● *Un individu **suspect**, qui éveille les soupçons.* ■ nom ● *Trois **suspects** sont interrogés par la police : trois personnes que l'on soupçonne.*

■ **suspecter** v. ● *On le **suspecte** d'avoir participé à un vol : on pense qu'il est coupable* (→ CONTR. 1. dépendre).

1. suspendre v. **1** ● *Pour faire sécher le linge, on le **suspend** à un fil : on l'accroche pour qu'il pende* (→ CONTR. 1. dépendre). □ v. pron. ● *Alain **s'est suspendu** à une branche* (→ 1. suspension). ★ Conjug. 31.

■ **suspendu** adj. **1** ● *Un pont **suspendu**, soutenu par des câbles (et non pas porté par des arches).* **2** ● *Cette moto est bien **suspendue** : ses ressorts amortissent bien les cahots* (→ 1. suspension).

2. suspendre v. **1** ● *La séance du Parlement **a été suspendue** pendant une heure : on l'a arrêtée un moment* (→ 2. suspension ; SYN. interrompre ; CONTR. continuer). **2** ● *Ce fonctionnaire **a été suspendu** à cause d'une faute grave : on lui a interdit d'exercer ses fonctions pendant un certain temps* (→ 2. suspension). ★ Conjug. 31.

■ **en suspens** loc. adv. ● *En attendant votre retour, les travaux sont restés **en suspens**, arrêtés pour un certain temps, avant d'être achevés.*

suspense [syspɛns] nom m. ● *J'ai lu un roman policier plein de **suspense**, une manière de raconter qui donne envie de connaître la suite et la fin le plus vite possible.*

1. suspension nom f. **1** ● *Claude change une ampoule de la **suspension**, un appareil d'éclairage suspendu au pla-*

fond (→ SYN. lustre). **2** ● *Cette voi-*
*ture nous secoue, sa **suspension** est*
abîmée, l'ensemble des pièces d'un
véhicule qui servent à amortir les
cahots (→ SYN. amortisseurs).

2. suspension nom f. **1** ● *La séance a*
*repris après une **suspension** de deux*
heures, un arrêt. **2** ● *La **suspension***
d'un magistrat : le fait de lui retirer ses
fonctions. **3** POINTS DE SUSPENSION : signe de
ponctuation (...) montrant qu'il reste
encore des choses à dire, mais qu'on
ne les dit pas.

suspicion nom f. État d'esprit de quelqu'un qui a des soupçons. ● *Daniel*
*m'observe avec **suspicion*** (→ SYN.
défiance).

susurrer [sysyre] v. Murmurer. ● *Alain*
***susurre** des mots doux à Hélène.*

suture nom f. ● *Cette coupure est pro-*
*fonde, il faut faire une **suture*** (*ou des*
*points de **suture***), recoudre les bords
de la plaie en les réunissant.

suzerain nom f. Au Moyen Âge, seigneur
qui possédait un grand territoire et qui
en laissait une partie à ses vassaux.
★ Chercher aussi : fief, vassal.

svelte adj. ● *Ce patineur est **svelte**,*
mince, élancé.

S.V.P. [esvepe] Abréviation de « s'il vous
plaît ». ● *Fermez la porte, **S.V.P.** !*

syllabe nom f. Lettre ou groupe de lettres
qui se prononcent d'un seul coup, en
un seul son. ● *« Électricité » est un mot*
*qui a cinq **syllabes**.*

sylvestre adj. **1** Qui a rapport à la forêt.
2 PIN SYLVESTRE : espèce la plus commune
parmi les pins des forêts françaises.

en symbiose nom f. ● *Certaines plantes*
*vivent **en symbiose**,* ensemble, asso-
ciées, mêlées (→ CONTR. séparation).

symbole nom f. **1** ● *Le blanc est souvent*
*pris comme **symbole** de la pureté,* une
chose que l'on peut voir, et qui représente une chose abstraite (→ SYN.
emblème, image, signe). **2** ● *« Fe » est*
*le **symbole** chimique du fer,* des lettres
qui le désignent en chimie.

■ **symbolique** adj. ● *Pour inaugurer*

le stade, le maire a coupé le ruban tricolore ; c'est un geste **symbolique**, qui
représente une idée (ici, l'idée que le
stade est maintenant ouvert).

■ **symboliser** v. ● *Chaque pays **est***
***symbolisé** par un drapeau,* représenté
par ce symbole.

symétrique adj. ● *La moitié droite et*
la moitié gauche de notre corps sont
***symétriques**,* de la même forme mais
dans des positions opposées (→ CONTR.
asymétrique, dissymétrique).

■ **symétrie** nom f. ● *Les chaises*
*étaient disposées avec **symétrie** de*
chaque côté de la table, dans une position symétrique, exactement en face
les unes des autres par rapport à la
table.

■ **symétriquement** adv. ● *Ces deux*
*points sont placés **symétriquement***
par rapport à une ligne, à la même
distance de cette ligne et au même
niveau, mais de chaque côté.

sympathie nom f. ● *J'ai beaucoup de*
***sympathie** pour elle,* un sentiment qui
m'attire vers elle, qui fait que je l'aime
bien (→ SYN. amitié ; CONTR. antipathie).

■ **sympathique** adj. ● *Tes amis sont*
*très **sympathiques*** (→ SYN. agréable,
aimable, attachant ; CONTR. antipathique).

■ **sympathiser** v. ● *Quand j'ai ren-*
*contré Laurent, nous **avons** tout de*
*suite **sympathisé** :* nous nous sommes
bien entendus.

symphonie nom f. Morceau de musique
composé de plusieurs mouvements et
exécuté par un grand orchestre. ● *Les*
*neuf **symphonies** de Beethoven.*

■ **symphonique** adj. ● *Un orchestre*
***symphonique**,* qui comprend le
nombre de musiciens nécessaire pour
jouer des symphonies.

symptôme nom m. ● *La fièvre est l'un*
*des **symptômes** de la grippe,* un des
signes qui permettent de reconnaître
cette maladie.

■ **symptomatique** adj. ● *Delphine a*
*une fièvre **symptomatique**,* qui est un
symptôme, qui révèle ou fait prévoir
un état, un événement.

synagogue nom f. ● *Les juifs prient dans la synagogue*, le bâtiment où ils se rassemblent pour les cérémonies et les prières de la religion juive. ★ Chercher aussi : église, mosquée, temple.

synchroniser [sĕkrɔnize] v. ● *Synchroniser un film :* faire concorder le son avec l'image correspondante, pour qu'ils passent exactement en même temps.

syncope nom f. ● *Pendant son transport à l'hôpital, le blessé a eu une syncope :* il a perdu connaissance à cause d'un arrêt du cœur.

syndicat nom m. **1** ● *Ces ouvriers appartiennent à un syndicat*, une association de personnes qui se groupent pour défendre leurs droits et leurs intérêts communs. **2** SYNDICAT D'INITIATIVE : organisme chargé de développer le tourisme et de renseigner les touristes. ● *Vous trouverez la liste des hôtels de cette ville au syndicat d'initiative.*
■ **syndical** adj. ● *Quand on a voulu les renvoyer, ces employés ont demandé conseil aux délégués syndicaux*, du syndicat.
■ **se syndiquer** v. pron. ● *Les ouvriers de l'usine se sont syndiqués :* ils se sont inscrits à un syndicat. □ adj. ● *Un ouvrier syndiqué.*

synonyme nom m. ● *« Lourd » et « pesant » sont deux synonymes*, des mots qui ont à peu près le même sens. □ adj. ● *« Trouer » est synonyme de « percer ».*

synoptique adj. Qui présente un ensemble de faits. ● *Un tableau synoptique.*

synthèse nom f. **1** ● *Essayez de faire la synthèse de ce qu'il a dit*, de rassembler toutes les idées exprimées pour avoir une vue d'ensemble. **2** ● *Le nylon n'est pas une fibre naturelle, il est fabriqué par synthèse*, par une opération chimique qui rassemble des éléments différents pour produire une substance (→ synthétique).
■ **synthétique** adj. ● *Du caoutchouc synthétique*, produit artificiellement, par une synthèse chimique (→ SYN. artificiel ; CONTR. naturel).
■ **synthétiser** v. Faire une synthèse à partir d'éléments dispersés. ● *Synthétiser des informations.*

synthétiseur nom m. ● *Ce musicien joue sur un synthétiseur*, un appareil électronique capable d'imiter les instruments, de créer des sons.

système nom m. **1** Ensemble organisé qui forme un tout. ● *Le système solaire, le système nerveux.* **2** ● *Ce pays a un système d'éducation différent du nôtre*, un ensemble de méthodes, une organisation. **3** (fam.) ● *Il a trouvé un système pour ne pas payer sa place*, un moyen habile.
■ **systématique** adj. **1** ● *Les douaniers ont fait des fouilles systématiques*, organisées avec beaucoup d'ordre et de méthode (→ SYN. méthodique). **2** ● *Chaque fois qu'on lui demande de l'aide, il répond par un refus systématique*, complet et régulier, à cause de ses principes.
■ **systématiquement** adv. ● *Ce marchand est un ami, il m'accorde systématiquement une réduction*, automatiquement, régulièrement, par principe.
■ **1. systématiser** v. Constituer en système.
■ **2. se systématiser** v. Se répandre. ● *La pratique des ordinateurs est en train de se systématiser.*

T|t

t' → te.

ta adj. poss. f. ● *Ton vélo, ta moto* (→ ton).

tabac [taba] nom m. **1** Grande plante aux larges feuilles. ● *La culture du tabac en France est contrôlée par l'État.* **2** ● *Les cigarettes sont faites avec du tabac*, avec les feuilles de cette plante, séchées et préparées pour être fumées. **3** ● *Les tabacs sont signalés par un losange rouge*, les boutiques où l'on peut acheter du tabac, des cigarettes, etc. (→ SYN. bureau de tabac).

■ **tabagie** nom f. ● *Cette pièce est une vraie tabagie*, un endroit rempli de fumée de tabac.

■ **tabagisme** nom m. Abus de tabac. ● *Le tabagisme est la cause de plusieurs maladies.*

■ **tabatière** nom f. Boîte à couvercle où l'on met du tabac.

table nom f. **A. 1** ● *Étends la nappe sur la table*, le meuble formé d'un plateau fixé sur des pieds. — METTRE LA TABLE : disposer sur ce meuble tout ce qu'il faut pour le repas. — SE METTRE À TABLE : s'installer autour de la table pour commencer à manger. **2** TABLE DE NUIT ou TABLE DE CHEVET : petit meuble placé à la tête d'un lit. — TABLE DE CUISSON. ● *Dans cette cuisine moderne, il n'y a pas de cuisinière mais un four encastré et une table de cuisson*, une plaque équipée de brûleurs à gaz ou de plaques électriques, et encastrée au-dessus d'un élément de cuisine. **2** (fig.) TABLE RONDE. ● *Les journalistes ont organisé une table ronde sur les problèmes de la drogue*, une réunion pour discuter.

B. Liste ou tableau. **1** TABLE DES MATIÈRES : liste des chapitres, placée au début ou à la fin d'un livre. **2** TABLE DE MULTIPLICATION : tableau des multiplications de tous les nombres entre 1 et 10.

tableau nom m. **1** ● *Les murs du salon sont ornés de tableaux*, de peintures artistiques que l'on peut encadrer. **2** (fig.) ● *Dans son roman, l'auteur fait un tableau de la société*, une description. **3** ● *Le maître écrit les mots difficiles sur le tableau*, un grand panneau de bois peint sur lequel on écrit à la craie. **4** TABLEAU DE BORD : partie d'une voiture ou d'un avion où se trouvent les compteurs, les commandes, les appareils qui permettent de contrôler le fonctionnement de ces véhicules. **5** ● *Ce tableau donne les départements et leurs chefs-lieux*, une liste où les renseignements sont indiqués de façon très claire. **6** (fig.) JOUER, MISER SUR LES DEUX TABLEAUX. ● *Que ce soit Pierre ou Jean qui gagne, je n'y perdrai rien : j'ai misé sur les deux tableaux* : je me suis arrangé pour trouver mon avantage dans les deux cas.

tabler v. ● *On ne peut pas tabler sur leur aide*, compter sur elle.

tablette nom f. **1** ● *J'ai posé mon peigne et ma brosse sur la tablette du lavabo*, la plaque, la petite étagère fixée au-dessus du lavabo. **2** ● *Une tablette de chocolat* : une petite plaque. **3** NOTER QUELQUE CHOSE SUR SES TABLETTES : l'écrire sur un carnet ou l'enregistrer dans sa mémoire pour ne pas l'oublier.

tablier | taille-crayon

tablier nom m. **1** Vêtement qui couvre et protège le devant des autres vêtements. ● *Pour faire des crêpes, Dominique a mis un tablier.* **2** (fig.) RENDRE SON TABLIER : refuser de continuer à travailler, donner sa démission.

tabou adj. ● *Pour certaines personnes, la politique est un sujet tabou, dont il ne faut pas parler.*

tabouret nom m. Siège sans dossier ni bras. ● *Le pianiste s'est assis sur son tabouret.*

tache nom f. **1** ● *Impossible de faire partir cette tache, cette marque sale* (→ tacher). — (fig.) FAIRE TACHE D'HUILE. ● *Cette mode fait tache d'huile* : elle se répand peu à peu, de plus en plus (comme une tache d'huile sur un tissu). **2** ● *Ce papillon a des taches bleues sur les ailes*, des marques naturelles (→ tacheté). ★ Ne pas confondre avec *tâche*.

■ **tacher** v. ● *Il a taché sa veste* : il y a fait une tache ou des taches. □ v. pron. ● *Mets un tablier pour ne pas te tacher*, pour ne pas salir tes vêtements. ★ Ne pas confondre avec *tâcher de*.

■ **tacheté** adj. ● *Les panthères ont une fourrure jaune tachetée de noir*, couverte de petites taches noires (→ SYN. moucheté).

tâche nom f. ● *Je ne sortirai pas avant d'avoir terminé ma tâche*, le travail que j'ai à faire (→ SYN. besogne). — À LA TÂCHE, loc. adv. ● *Cet ouvrier travaille à la tâche*, pour un prix fixé d'avance et qui ne dépend pas du temps de travail. ★ Ne pas oublier l'accent circonflexe qui distingue *tâche* de *tache*.

tâcher *de* v. ● *La prochaine fois, tâche d'arriver à l'heure*, fais un effort pour cela (→ SYN. s'efforcer de, essayer de). ★ Ne pas oublier l'accent circonflexe qui distingue *tâcher de...* et *tacher*.

tacite adj. Qui n'est pas exprimé par des mots. ● *Il y a un accord tacite entre Pierre et Paul pour oublier leurs querelles passées.*

taciturne adj. ● *J'ai une voisine taciturne*, qui ne parle pas beaucoup (→ SYN. renfermé ; CONTR. communicatif, expansif).

tacot nom m. ● *Denis passe son temps à réparer ce tacot*, cette vieille voiture.

tact nom m. ● *Charlotte ne vexe jamais personne ; elle est pleine de tact*, la qualité des gens qui sentent ce qu'il faut dire ou ne pas dire (→ SYN. délicatesse).

tactique nom f. ● *Tu as perdu la partie parce que ta tactique est mauvaise*, le plan que tu suis, les moyens que tu emploies pour réussir (→ SYN. stratégie).

taffetas nom m. Tissu de soie. ● *Une robe de mariée en taffetas blanc.*

taie nom f. Enveloppe de tissu qui recouvre un oreiller.

se tailler v. pron. Se faire une entaille. ● *En bricolant, mon père s'est taillé le doigt.*

1. taille nom f. **1** ● *A la visite médicale, on a mesuré ma taille*, la hauteur de mon corps. — (fig.) ÊTRE (NE PAS ÊTRE) DE TAILLE À. ● *Il n'est pas de taille à lutter contre un tel adversaire* : il n'a pas la force qu'il faut pour cela. **2** ● *Sur l'étiquette de ma chemise, un chiffre indique la taille*, les dimensions, les mesures. — À LA TAILLE DE QUELQU'UN. ● *Ces chaussures ne sont pas à ma taille* : elles ne correspondent pas à mes mesures. **3** (fam.) DE TAILLE, loc. adj. ● *Cet arbre est de taille*, très grand. — ● *Elle a fait une bêtise de taille*, très grave, très importante, majeure.

2. taille nom f. ● *La ceinture de mon pantalon me serre la taille*, le milieu du corps, entre les côtes et les hanches.

3. taille nom f. **1** ● *Ces arbres fruitiers ont besoin d'une bonne taille* : ils ont besoin que l'on coupe leurs branches (→ tailler). **2** ● *La taille d'un diamant* : la forme qu'on lui donne en le taillant.

taille-crayon nom m. ● *Ma mine est cassée, prête-moi ton taille-crayon*, l'instrument qui sert à tailler les

879

crayons. — ● *Des taille-crayon* ou *des taille-crayons*.

tailler v. **1** ● *Avec son canif, Luc a taillé une baguette en pointe* : il l'a coupée pour lui donner cette forme (→ taille-crayon). — ● *Tailler un arbre* : en couper certaines branches (→ 3. taille). **2** ● *La couturière taille un manteau* : elle découpe dans un tissu les morceaux qui serviront à le faire.
■ **tailleur** nom m. **1** ● *Un tailleur de pierre* : l'ouvrier ou l'artisan qui taille les blocs de pierre. **2** ● *Le tailleur a promis à papa que son costume serait prêt demain*, celui qui fait les vêtements d'homme sur mesure. **3** S'ASSEOIR EN TAILLEUR : s'asseoir par terre, jambes repliées, pieds croisés et genoux écartés. **4** ● *Ma tante porte un tailleur*, un costume de femme composé d'une veste et d'une jupe du même tissu.

taillis nom m. ● *Ces champignons poussent souvent dans les taillis*, les parties d'une forêt où les arbres sont coupés régulièrement et ne deviennent jamais très grands. ★ Chercher aussi : futaie.

tain nom m. ● *Le tain de ce miroir s'en va par endroits*, la couche métallique que l'on a mise derrière le verre pour qu'il puisse réfléchir l'image des objets.

taire v. **1** ● *Il vaut mieux taire ce projet pour l'instant*, ne pas en parler. **2** ● *Ils crient trop fort, je vais les faire taire*, les faire cesser de parler, de crier. □ v. pron. ● *Taisez-vous donc!* : cessez donc de parler, de crier ; restez silencieux. ★ Conjug. 41.

talc nom m. ● *Quand bébé a les fesses rouges, maman lui met du talc*, une poudre blanche très fine (→ talquer).

talent nom m. ● *Il n'a aucun talent pour la musique*, la qualité qui permet de bien faire quelque chose (→ SYN. 2. don).
■ **talentueux** adj. Qui a du talent. ● *Le violoniste talentueux a été applaudi par le public.*

talisman nom m. ● *Dans ce conte, la fée donne un talisman au chevalier*, un objet qui porte bonheur, qui a des pouvoirs magiques.

talkie-walkie [tokiwoki] nom m. ● *Le policier était muni d'un talkie-walkie*, appareil portatif qui permet de communiquer oralement à distance.

1. talon nom m. **1** ● *Avant de détacher son chèque, papa inscrit la somme sur le talon*, la partie qui reste attachée au carnet. ★ Chercher aussi : souche. **2** ● *Le charcutier m'a vendu un talon de jambon*, le bout qui reste, celui où on ne peut plus couper de belles tranches.

2. talon nom m. **1** ● *Quand je marche sur la pointe des pieds, mes talons ne touchent pas le sol*, la partie arrière de mes pieds. ★ VOIR p. 679. — (fig.) LE TALON D'ACHILLE DE QUELQU'UN. ● *Julien devrait réussir cet examen, mais l'anglais est son talon d'Achille*, son point faible, ce qui peut le perdre (allusion à l'histoire d'Achille, héros de la mythologie grecque dont le seul point vulnérable était le talon). — (fig. et fam.) AVOIR L'ESTOMAC DANS LES TALONS : avoir très faim. **2** ÊTRE SUR LES TALONS DE QUELQU'UN : le suivre de très près (→ talonner). **3** ● *Corinne ne veut pas de ces chaussures, les talons sont trop hauts*, la partie de la chaussure située sous le talon.
■ **talonner** v. ● *Jacques est en tête de la course, mais Michel le talonne* : il le suit de très près.

talquer v. ● *Après avoir baigné bébé, Claude le talque*, lui met du talc.

talus nom m. Terrain en pente qui longe une route, une voie ferrée.

tamaris nom m. Petit arbuste à feuillage léger et à fleurs roses en épis.

tambour nom m. **1** ● *Avec ses baguettes, David frappe sur son tambour*, une caisse ronde recouverte aux deux bouts par une peau tendue. — (fig.) TAMBOUR BATTANT, loc. adv. ● *Il a mené cette affaire tambour battant*, sans traîner (→ SYN. rondement). — (fam.) SANS TAMBOUR NI TROMPETTE. ● *Tout honteux, il est parti sans tambour ni trompette*, sans attirer l'attention, sans bruit. **2** ● *Le tambour a très bien joué* : celui qui bat du tambour. **3** ● *Je mets le linge dans le tambour de la machine à laver*, une pièce en forme de cylindre, qui tourne.

■ **tambourin** nom m. Petit tambour plat fermé d'un seul côté et muni de grelots, sur lequel on frappe avec la main.

■ **tambouriner** v. ● *Vincent **tambourine** sur la table :* il frappe dessus à petits coups rapides, avec ses doigts.

tamis nom m. ● *Il y a des grumeaux dans cette sauce ; il faut la passer au **tamis**,* un instrument formé d'un grillage très fin ou percé de petits trous, qui retient les éléments les plus gros (→ SYN. crible, passoire).

■ **tamiser** v. ● *Sur la plage, Grégoire **tamise** du sable :* il le passe au tamis.

■ **tamisé** adj. **1** ● *De la farine **tamisée**,* passée au tamis. **2** ● *Une lumière **tamisée**,* adoucie, filtrée, comme celle qui passe à travers un rideau (→ CONTR. 1. cru).

tampon nom m. **1** ● *L'infirmière nettoie la plaie du blessé avec un **tampon** d'ouate,* un morceau d'ouate replié plusieurs fois. **2** TAMPON ENCREUR : boîte garnie d'un petit coussin imprégné d'encre, sur lequel on appuie les cachets pour qu'ils puissent laisser une marque. **3** ● *Patrick s'est fait faire un **tampon** à son nom,* un cachet avec lequel il pourra imprimer son nom, après l'avoir appliqué sur le tampon encreur. — ● *Les livres de la bibliothèque portent un **tampon**,* un cachet imprimé. **4** ● *Les wagons d'un train sont munis de **tampons** à l'avant et à l'arrière,* de masses de métal qui servent à amortir les chocs. **5** ● *Pour fixer la vis, il perce un trou dans le mur et il y enfonce un **tampon**,* une cheville où il enfoncera la vis pour qu'elle tienne bien.

■ **tamponner** v. **1** ● *Luce **tamponne** ses écorchures avec un coton imbibé d'alcool :* elle appuie dessus à petits coups pour les essuyer, les nettoyer. **2** ● *Les voyageurs doivent faire **tamponner** leur passeport à la frontière,* y faire mettre un tampon. **3** (fam.) ● *Le camion **a tamponné** une voiture :* il l'a heurtée avec force. □ v. pron. ● *Deux trains **se sont tamponnés**.*

■ **tamponneur** adj. AUTOS TAMPONNEUSES.

● *À la fête du village, les forains ont installé une piste d'**autos tamponneuses**,* des petites voitures spéciales que leurs conducteurs s'amusent à cogner les unes contre les autres.

tam-tam [tamtam] nom m. ● *Ces musiciens africains jouent du **tam-tam**,* une sorte de tambour.

tancer v. (littér.) ● *Cet élève paresseux se fait **tancer** par son professeur :* réprimander.

tanche nom f. Poisson d'eau douce, bon à manger.

tandem [tɑ̃dɛm] nom m. **1** ● *Veux-tu monter devant ou derrière sur le **tandem** ?,* la bicyclette munie de deux pédaliers et sur laquelle deux personnes peuvent prendre place en même temps. **2** (fig. et fam.) ● *Cette pièce est interprétée par un **tandem** de comédiens célèbres,* deux comédiens qui sont toujours ensemble.

tandem

tandis que conj. **1** ● *Promenons-nous **tandis qu'**il fait beau* (→ SYN. pendant que). **2** ● *Sylvie est arrivée en avance **tandis que** moi, j'étais en retard :* moi, au contraire, j'étais en retard (→ SYN. alors que).

tangage → tanguer.

tangent adj. **1** ● *Cette droite est **tangente** au cercle,* elle le touche en un point, sans le couper. □ nom f. ● *Tracer une* *tangente* à un cercle. ★ VOIR p. 424. **2** (fam.) ● *Nous n'avons pas manqué le train, mais c'était tangent*, tout juste ; nous avons failli le manquer.

tangible adj. Que l'on peut toucher, constater. ● *Nicolas a fait des progrès tangibles* (→ SYN. évident, visible).

tango nom m. ● *Au temps de sa jeunesse, grand-mère dansait le tango*, une danse assez lente qui vient d'Argentine.

tanguer v. ● *Le navire tangue sur les vagues* : il se balance d'avant en arrière.

■ **tangage** nom m. ● *Le tangage du bateau me donne mal au cœur*, le mouvement du navire qui tangue. ★ Chercher aussi : roulis.

tanière nom f. Caverne ou trou qui sert d'abri à un animal sauvage. ● *La tanière d'un lion, d'un renard.* ★ Chercher aussi : terrier.

tank nom m. Char d'assaut. ● *Les tanks ennemis arrivaient, écrasant tout sur leur passage.*

tanker [tàker] nom m. (mot anglais) Bateau équipé pour transporter du pétrole ou des produits pétroliers (→ SYN. pétrolier).

tanner v. **1** ● *On tanne la peau de certains animaux* : on lui fait subir un traitement spécial pour la transformer en cuir. **2** (fam.) ● *Paul me tanne pour que je lui prête mon train électrique* : il me demande très souvent, d'une façon agaçante.

■ **tannage** nom m. ● *L'écorce de chêne sert au tannage des peaux*, à les tanner.

■ **tannerie** nom f. Usine où l'on tanne les peaux.

■ **tanneur** nom m. Personne dont le métier est de tanner les peaux.

tant adv. et conj. **A.** adv. **1** ● *Vous la fatiguez, ne criez pas tant*, tellement, si fort. — ● *Bernard a tant couru qu'il est tout essoufflé* : tellement, pendant si longtemps. — TANT DE, loc. prép. ● *Je ne croyais pas qu'il emportait tant de*

bagages, une si grande quantité. **2** ● *Le voyage nous a coûté tant*, une somme que l'on ne précise pas. **3** ● *Je ne crains pas tant la chaleur que le froid*, autant. **4** TANT BIEN QUE MAL. ● *Il gagne sa vie tant bien que mal*, comme il peut, ni bien, ni mal.

B. conj. TANT QUE ● *Tu devras rester au chaud tant que tu ne seras pas guéri* (→ SYN. aussi longtemps que.)

tante nom f. ● *Martine a trois tantes*, les sœurs de son père ou de sa mère ou bien les femmes de leurs frères. ★ Chercher aussi : oncle, neveu, nièce. ★ Ne pas confondre avec *tente*.

un tantinet, loc. adv. ● *Ton manteau est un tantinet trop grand*, un petit peu.

tantôt adv. **1** TANTÔT..., TANTÔT. ● *M. Morin travaille tantôt le jour, tantôt la nuit*, à certains moments et à d'autres moments. **2** (fam.) ● *J'irai vous voir tantôt*, tout à l'heure.

taon [tã] nom m. ● *Au bord de la piscine, Isabelle a été piquée par un taon*, un insecte qui ressemble à une grosse mouche. ★ Ne pas confondre avec *tant*, *temps* et *tend* (de tendre).

tapage nom m. **1** ● *Impossible de dormir avec ce tapage*, ce bruit violent fait par un groupe de personnes qui crient, qui s'agitent. **2** (fig.) ● *Ce livre a fait du tapage* : tout le monde en a parlé, il a fait beaucoup de bruit.

■ **tapageur** adj. ● *Elle vit d'une façon tapageuse*, qui attire trop l'attention, qui manque de discrétion.

tape nom f. ● *Si mon chien continue à te lécher, donne-lui une tape*, un coup donné avec la main (→ tapoter).

■ **taper** v. **1** ● *Je me suis disputé avec mon frère et il m'a tapé* : il m'a donné des coups. **2** ● *Hélène tape sur un clou avec un marteau* : elle frappe dessus. — (fam.) TAPER DANS LE MILLE : deviner juste. **3** ● *La dactylo tape une lettre (à la machine)* : elle l'écrit en frappant sur les touches de la machine à écrire (→ SYN. dactylographier).

tape-à-l'œil [tapalœj] adj. invar. ● *Ces bijoux sont tape-à-l'œil* : ils attirent

trop l'attention (→ SYN. voyant).
□ nom m. invar. ● *C'est du* **tape-à-l'œil** : c'est fait pour éblouir, mais cela n'a aucune valeur.

en tapinois loc. adv. ● *Céline est entrée* **en tapinois**, *tout doucement, en s'arrangeant pour qu'on ne la voie pas.*

tapioca nom m. ● *Aimes-tu le potage au* **tapioca** ?, fait avec des flocons obtenus en écrasant des racines de manioc séchées, et dont on se sert pour épaissir les sauces, les bouillies, etc.

se tapir v. pron. ● *Le chat* **s'est tapi** *sous l'armoire* : il s'est blotti pour se cacher. ★ Conjug. 11.

tapis nom m. **1** ● *La femme de ménage secoue le* **tapis** *par la fenêtre*, le morceau de tissu épais que l'on étend sur le sol d'une pièce. — TAPIS-BROSSE. ● *Essuyez vos pieds sur le* **tapis-brosse**, le paillasson placé devant la porte d'entrée. **2** TAPIS ROULANT. ● *À l'aéroport, nous avons récupéré nos valises sur un* **tapis roulant**, une longue bande souple qui se déplace sans arrêt sur des rouleaux pour transporter des objets ou des personnes. **3** (fam.) ● *D'un coup de poing, le boxeur a envoyé son adversaire au* **tapis** : il l'a fait tomber sur le sol. **4** (fig.) METTRE UNE AFFAIRE (UNE QUESTION) SUR LE TAPIS : amener la discussion sur ce sujet.

tapisser v. ● *Tapisser les murs d'une pièce* : les recouvrir de papier peint ou de tissu.
■ **tapisserie** nom f. **1** ● *En déplaçant les meubles, faites attention de ne pas abîmer la* **tapisserie**, le papier peint ou le tissu qui recouvre les murs. **2** ● *Les murs de cette salle sont ornés de* **tapisseries**, de panneaux décoratifs brodés ou tissés. — ● *Elsa fait de la* **tapisserie**, de la broderie sur un canevas avec des fils de laine.
■ **tapissier** nom ● *Pour faire changer le tissu de ces fauteuils, emportons-les chez le* **tapissier**, celui qui recouvre les meubles ou les murs de tissu, qui confectionne des rideaux, des coussins, etc.

tapoter v. ● *Delphine* **tapote** *son oreiller pour lui redonner sa forme* : elle lui donne des petites tapes.

taquet nom m. Petit morceau de bois servant à caler un objet, à fermer une porte.

taquiner v. ● *Ne te fâche pas ! Je voulais seulement te* **taquiner**, te faire enrager, t'agacer pour rire.
■ **taquin** adj. ● *Hervé n'est pas méchant, mais c'est un garçon* **taquin**, qui aime bien taquiner les autres. □ nom ● *Un* **taquin**, *une* **taquine**.
■ **taquinerie** nom f. ● *Sophie a mal pris mes* **taquineries**, ce que j'ai dit ou fait pour la taquiner.

tarabiscoté adj. ● *Ce fauteuil est* **tarabiscoté**, d'une forme trop compliquée, surchargée d'ornements.

tard adv. **1** ● *Hier soir, je me suis couché* **tard**, après le moment habituel (→ attarder ; retarder ; tarder). CONTR. tôt). **2** TROP TARD, loc. adv. ● *Je n'ai pas pu venir* : vous m'avez prévenu **trop tard**, alors qu'il n'était plus temps. **3** PLUS TARD, loc. adv. ● *Le magasin était fermé ; nous y retournerons* **plus tard**, à un autre moment dans l'avenir. **4** AU PLUS TARD, loc. adv. ● *Ils doivent arriver mardi* **au plus tard**, peut-être avant, mais certainement pas après. **5** TÔT OU TARD, loc. adv. ● *Inutile de lui cacher cette nouvelle, il l'apprendra* **tôt ou tard**, à un moment que l'on ne peut pas préciser mais qui arrivera forcément.
■ **tarder** v. **1** ● *Pourquoi* **tardes**-tu à *te mettre au travail ?*, pourquoi attends-tu avant de t'y mettre. **2** ● *Sa réponse* **n'a pas tardé** : elle n'a pas été longue à venir. **3** IL ME (TE, LUI, ETC.) TARDE DE. ● *Il me* **tarde** *d'être en vacances* : je suis impatient d'y être.
■ **tardif** adj. **1** ● *Ce coup de sonnette annonce une visite* **tardive**, qui a lieu bien tard. **2** ● *Des fruits* **tardifs**, qui mûrissent plus tard que les autres (→ CONTR. précoce).

1. tare nom f. ● *Ce sac de pommes de terre pèse 50 kilos, y compris la* **tare**, le poids de l'emballage. — ● *Si tu enlè-*

*ves la **tare** du poids brut, tu obtiens le poids net.*

2. tare nom f. ● *J'aime beaucoup mon chien, bien qu'il ait une **tare**, un grave défaut qui le rend infirme ou anormal.* ■ **taré** adj. ● *Ce chien est **taré** : il a une tare.*

tarentule nom f. Grosse araignée vivant dans le Sud de l'Italie.

targette nom f. Petit verrou que l'on manœuvre à l'aide d'un bouton. ● *Pour fermer la porte du placard, pousse la **targette**.*

se targuer de v. pron. Affirmer avec insistance sa supériorité, sa capacité. ● *Bertrand **se targue d'**être le meilleur de sa classe.*

tarif nom m. ● *«Combien cela coûte-t-il d'envoyer une lettre à l'étranger?» «Regarde sur le **tarif** postal», le tableau des prix.* — ● *On dit que les coiffeurs vont augmenter leurs **tarifs**, leurs prix.* — ● *Un billet demi-**tarif**, à moitié prix.*

tarir v. **1** ● *Ce puits **est tari** : il n'a plus d'eau.* □ v. pron. ● *La source **s'est tarie** : elle ne coule plus.* **2** NE PAS TARIR DE. ● *Muriel **ne tarit pas d'**éloges sur sa nouvelle amie : elle n'arrête pas d'en exprimer.* — ● **Ne pas tarir** *sur un sujet : ne pas cesser d'en parler* (→ intarissable). ★ Conjug. 11.

tarot nom m. ● *Daniel m'a appris à jouer au **tarot**, un jeu de cartes.* — ● *Un jeu de **tarots** a soixante-dix-huit cartes plus longues que les cartes ordinaires, et qui portent des figures différentes.*

tartan nom m. ● *Certaines pistes d'athlétisme sont recouvertes de **tartan**, un revêtement spécial à base de matières plastiques.*

tartare adj. STEAK TARTARE : composé de viande hachée crue assaisonnée avec un œuf cru, de la moutarde, des oignons, etc. — SAUCE TARTARE : sauce mayonnaise avec beaucoup de moutarde, des épices, des fines herbes.

tarte nom f. ● *Veux-tu une part de **tarte** aux pommes?, un gâteau plat composé d'une croûte de pâte garnie de fruits, de crème, etc.* — ● *Une **tarte** aux oignons : une croûte salée garnie d'oignons.* ■ **tartelette** nom f. Petite tarte pour une personne.

tartine nom f. Tranche de pain que l'on recouvre de beurre, de confiture, etc. ● *Veux-tu une **tartine** de miel pour ton goûter?* ■ **tartiner** v. ● *Nicolas **tartine** du beurre sur son pain : il l'étale dessus.*

tartre nom m. **1** ● *Le **tartre** jaunit les dents, un dépôt qui se forme sur les dents.* **2** ● *L'intérieur de la bouilloire est couvert de **tartre**, une croûte calcaire laissée par l'eau qui bout* (→ détartrer, entartrer).

tartuffe nom m. ● *Ne te fie pas à ses airs doucereux, c'est un **tartuffe**, hypocrite.* ★ Le nom vient d'un personnage d'une pièce de Molière.

tas nom m. **1** ● *Il y a un **tas** de cailloux au bord de la route, une quantité assez importante de cailloux mis les uns sur les autres, n'importe comment, qui forment un petit monticule* (→ entasser). **2** (fam.) ● *J'ai un **tas** de choses à faire, un grand nombre de choses* (→ SYN. 1. masse).

tasse nom f. **1** Petit récipient à anse dans lequel on boit le café, le thé, etc. ★ Chercher aussi : bol. **2** ● *Nicole a bu une **tasse** de chocolat, le contenu d'une tasse.* **3** (fam.) BOIRE LA TASSE : avaler de l'eau sans le vouloir, en se baignant.

tasseau nom m. ● *Les rayons de la bibliothèque reposent sur des **tasseaux**, des supports en bois ou en métal.*

tasser v. **1** ● *Aude **tasse** du sable dans son seau pour faire un pâté : elle le presse le plus possible pour qu'il soit très serré, pour qu'il prenne moins de place* (→ SYN. comprimer). **2** ● *Les jours de grands départs, les gens **sont tassés** dans les trains : ils sont très serrés* (→ s'entasser). ■ *se **tasser*** v. pron. **1** ● *Si tu marches* sur les graines que j'ai semées, la terre va se **tasser**, devenir plus serrée, dure, compacte. **2** (fig. et fam.) ● *Ils se sont disputés, mais ça finira bien par se* **tasser***, par s'arranger.*

■ **tassement** nom m. Action de tasser ou résultat de cette action. ● *Sa chute a provoqué un* **tassement** *de vertèbres.*

tâter v. **1** ● *Avant de choisir une poire, Martine en a* **tâté** *plusieurs : elle les a touchées avec les doigts pour voir comment elles étaient* (→ SYN. palper). **2** (fig.) TÂTER LE TERRAIN. ● *«Crois-tu qu'elle sera d'accord?»* «Je ne sais pas, il faut **tâter le terrain**», essayer discrètement de savoir ce qu'elle pense (→ SYN. sonder). — (fam.) ● *«Alors, tu y vas ou non?»* «Je ne sais pas, je me **tâte**» : je m'interroge, je me le demande, j'hésite.

tâtillon adj. ● *Elle ne supporte pas les gens* **tâtillons***, trop minutieux, qui attachent trop d'importance aux petits détails* (→ SYN. pointilleux).

tâtonner v. **1** ● *Yann* **tâtonne** *dans le noir pour trouver son chemin : il essaie de se guider en touchant les murs, les objets autour de lui.* **2** (fig.) ● *Nous avons* **tâtonné** *avant de trouver une solution : nous avons hésité et fait plusieurs essais sans bien savoir où nous allions.*

■ **tâtonnement** nom m. **1** ● *Les* **tâtonnements** *d'un aveugle* (→ tâtonner, sens 1). **2** (fig.) ● *Cette découverte a été faite par* **tâtonnements** (→ tâtonner, sens 2).

■ **à tâtons**, loc. adv. ● *Dans l'obscurité, le campeur cherche sa lampe de poche* **à tâtons***, en tâtonnant.*

tatou nom m. Petit mammifère au corps recouvert d'une carapace à écailles et qui vit en Amérique du Sud.

tatouage nom m. ● *Il a enlevé sa chemise pour me montrer ses* **tatouages** *sur la poitrine, des dessins faits avec de l'encre incrustée dans la peau, et qui ne peuvent pas s'effacer.*

■ **tatoué** adj. ● *Le visage du chef indien était* **tatoué***, orné de tatouages.*

taudis nom m. ● *Que c'est triste d'habi-*ter dans ce **taudis**!, ce logement très pauvre, sale, sans confort.

taupe nom f. Petit animal au poil noir, qui vit sous terre, où il creuse de longues galeries. ● *La* **taupe** *se nourrit d'insectes et de vers.*

■ **taupinière** nom f. ● *As-tu remarqué les* **taupinières** *dans ce pré?*, les petits tas formés par la terre rejetée par les taupes lorsqu'elles creusent.

taureau nom m. Mâle de la vache.

■ **tauromachie** nom f. ● *La* **tauromachie** *se pratique surtout en Espagne*, l'art de combattre des taureaux, spécialement dans les corridas.

taux [to] nom m. **1** ● *Cette banque prête de l'argent au* **taux** *de dix pour cent (10 %) l'an :* chaque fois qu'elle prête 100 francs, elle fait payer 10 francs d'intérêts par an. **2** ● *Le médecin a fait une analyse pour connaître le* **taux** *de sucre dans mon sang*, la proportion. ★ Chercher aussi : pourcentage.

taverne nom f. ● *Autrefois, les gens venaient boire et manger dans les* **tavernes***, les cafés-restaurants de l'ancien temps.*

taxe nom f. ● *Sur toutes les marchandises que l'on achète, on paye une* **taxe***, une somme qui est versée à l'État* (→ SYN. 3. droit, impôt).

■ **taxer** v. **1** ● *L'essence est* fortement **taxée** : son prix comprend de fortes taxes. **2** ● *Le gouvernement a décidé de* **taxer** *le prix du bifteck*, de lui fixer un prix limite que l'on n'a pas le droit de dépasser.

taxi nom m. ● *Dans les* **taxis***, le prix du trajet est indiqué par un compteur spécial*, dans les voitures conduites par un chauffeur qui emmène les clients où ils veulent.

te (**t'** devant une *voyelle* ou un «*h*» muet) pronom personnel complément (→ tu, toi).
● *Je* **te** *remercie de t'être déplacé.* —
● *Tu* **te** *prépares.* — ● *Il ne* **t'***a rien dit?*

technique [teknik] nom f. et adj. **A.** nom f. **1** ● *Le travail des hommes est devenu plus facile grâce au progrès des* **tech-**

niques, des procédés et des méthodes qui permettent de fabriquer des objets ou d'obtenir un résultat en utilisant des connaissances scientifiques (→ technicien ; technologie). **2** ● *Pour faire de la peinture, on peut utiliser plusieurs* **techniques** *: le pastel, l'aquarelle, la gouache, etc., plusieurs procédés.* **B.** adj. **1** ● *Joël fait des études* **techniques**, *qui le préparent à un métier, qui lui enseignent une technique.* **2** ● *L'émission de télévision a été interrompue par suite d'un incident* **technique**, *dû au mauvais fonctionnement d'un appareil, d'une machine.*

■ **technicien** nom. Personne spécialisée dans une technique. ● *Avant le décollage de la fusée, les* **techniciens** *vérifient que tout est en ordre.*

■ **technologie** nom f. Étude des techniques, des machines, du matériel utilisés dans l'industrie.

teck ou **tek** nom m. Arbre des pays chauds dont le bois, utilisé en menuiserie, est très dur et ne pourrit pas.

teckel nom m. ● *Jérôme promène son* **teckel**, *un petit chien qui a les pattes très courtes* (→ SYN. basset).

teckel

tee-shirt [tiʃœrt] nom m. ● *Son* **tee-shirt** *est orné d'une moto :* son maillot de corps à manches courtes. — ● *Des* **tee-shirts**.

teigne nom f. **1** ● *Il perd ses cheveux, car il a attrapé la* **teigne**, *une maladie qui s'attaque à la peau du crâne.* **2** (fam.) ● *Cette fille est une vraie* **teigne**, *une personne méchante, une chipie.*

■ **teigneux** adj. **1** Atteint de la teigne. **2** (fam.) ● *Laurent est* **teigneux**, hargneux, grognon, de mauvaise humeur.

teindre v. ● *Carole veut* **teindre** *sa jupe en vert, la colorer avec un produit spécial* (→ déteindre). □ v. pron. ● *La voisine* **se teint** *: elle donne une autre couleur à ses cheveux en utilisant des teintures.* ★ Conjug. 35.

■ **teint** nom m. **1** ● *Tu as le* **teint** *bien pâle, la couleur de ton visage.* **2** GRAND TEINT, loc. adj. ● *Cette robe ne déteindra pas, c'est du tissu* **grand teint**, *dont la couleur résiste au lavage et à la lumière.* ★ Ne pas confondre avec tain ou thym.

■ **teinte** nom f. ● *Pour les murs de ma chambre, je voudrais un papier de cette* **teinte**, *de cette couleur obtenue en mélangeant plusieurs couleurs* (→ SYN. nuance).

■ **teinter** v. ● *La peau de cette pêche* **est teintée** *de rouge :* elle a une légère teinte rouge. □ v. pron. ● *Au coucher du soleil, le ciel* **s'est teinté** *de rose :* il a pris cette couleur. ★ Ne pas confondre avec tinter.

■ **teinture** nom f. **1** ● *On peut changer la couleur d'un vêtement par une* **teinture**, *l'opération qui consiste à teindre.* **2** ● *Maman a acheté de la* **teinture** *pour ses cheveux, un produit spécial pour teindre.*

■ **teinturier** nom m. ● *Pour faire nettoyer son manteau, Anne le porte chez le* **teinturier**, *celui qui nettoie ou teint les vêtements.*

■ **teinturerie** nom f. Magasin du teinturier.

tel adj. **1** ● *Je ne m'attendais pas à une* **telle** *réponse, à une réponse qui soit celle-là, à une réponse semblable, pareille.* **2** ● *Sa bêtise est* **telle** *qu'elle dépasse tout ce que l'on peut imaginer, si grande.* **3** TEL QUEL, loc. adj. ● *Je n'ai touché à rien, j'ai trouvé les choses* **telles quelles**, *dans cet état, comme elles sont.* **4** RIEN DE TEL. ● *Prends donc ce sirop, il n'y a* **rien de tel** *pour calmer la toux, rien d'aussi efficace pour cela.*

télé → télévision.

télécabine nom f. Série de petites cabines suspendues à un câble servant à transporter des personnes. ★ VOIR : téléphérique.

télécommande nom f. Dispositif qui permet de manœuvrer un appareil de loin, à distance.
■ **télécommander** v. ● *On peut télécommander le réglage du son de cet appareil de télévision* : on peut effectuer ce réglage grâce à une télécommande. □ adj. ● *Un aiguillage télécommandé.* ★ Chercher aussi : téléguider.

télécommunications nom f. plur. Ensemble des moyens qui permettent de communiquer avec des personnes éloignées (→ télégraphe, téléphone, etc.).

télégramme nom m. ● *Il nous a annoncé son arrivée par un télégramme,* un message très court que la poste transmet par télégraphie.
■ **télégraphie** nom f. Système qui permet de transmettre très rapidement des messages écrits.
■ **télégraphier** v. ● *Télégraphions-lui pour le prévenir* : envoyons-lui un télégramme. ★ Conjug. 10.
■ **télégraphique** adj. **1** ● *Pour transmettre les télégrammes, la poste a installé des lignes télégraphiques,* de télégraphie. **2** ● *« Rendez-vous 11 h sortie gare » est une phrase écrite en style télégraphique,* où l'on emploie le moins de mots possible, comme dans les télégrammes.
■ **télégraphiste** nom. Employé de la poste qui transmet les télégrammes par télégraphie ou qui va les porter aux gens.

téléguider v. ● *Beaucoup de fusées sont téléguidées* : elles sont guidées, dirigées de loin, grâce à un système spécial. □ adj. ● *Une voiture téléguidée.* ★ Chercher aussi : télécommander.

téléobjectif nom m. Objectif destiné à photographier des objets éloignés (→ 3. objectif).

téléphérique nom ● *Pour parvenir au sommet de la montagne, nous pren-*

drons le téléphérique, un système qui permet de monter ou de descendre grâce à deux cabines suspendues à un câble qui les entraîne.

téléphone nom m. **1** Système qui permet à des personnes éloignées l'une de l'autre de se parler. — ● *Un numéro de téléphone.* **2** ● *Elle décroche le téléphone,* l'appareil qui sert à téléphoner.
■ **téléphoner** v. ● *Si tu ne peux pas venir, téléphone-moi* : appelle-moi au téléphone.
■ **téléphonique** adj. ● *Une cabine téléphonique,* de téléphone.

télescope nom m. ● *Pour observer les étoiles, les astronomes se servent d'un télescope,* un instrument d'observation astronomique qui permet de voir des choses très éloignées.

télescoper v. ● *Le camion a télescopé une voiture* : il est rentré dedans. □ v. pron. ● *Les deux locomotives se sont télescopées.*
■ **télescopage** nom m. Action de se télescoper. ● *Le télescopage de ces deux voitures a fait plusieurs blessés.*
■ **télescopique** adj. **1** ● *Du télescope.* **2** ● *Observation télescopique,* réalisée avec un télescope. **3** ● *Ma mère a un parapluie télescopique,* dont les éléments s'emboîtent les uns dans les autres.

téléscripteur nom m. Appareil télégraphique imprimant directement des textes transmis d'un endroit éloigné. ★ Chercher aussi : télex.

télésiège nom m. ● *Pour arriver au sommet de cette piste, les skieurs prennent le télésiège,* une série de sièges suspendus à un câble, qui montent et qui descendent.

téléski nom m. ● *Corinne coince entre ses jambes la perche du téléski,* l'appareil auquel les skieurs s'accrochent pour se faire tirer en haut d'une pente sans quitter leurs skis (→ SYN. remonte-pente).

télévision nom f. **1** Système qui permet de transmettre des images à de grandes distances, en utilisant des ondes que l'on capte par une antenne. ● *Yves regarde une émission de **télévision***. **2** ● *Une **télévision** ou* (abrév. fam.) *une **télé** : un poste de télévision, l'appareil qui permet de capter les émissions de télévision* (→ SYN. téléviseur).

■ **téléviser** v. ● *J'espère que ce match **sera télévisé**, retransmis par la télévision.* □ adj. ● *Le journal **télévisé**.*

■ **téléviseur** nom m. ● *Éteins le **téléviseur**, le poste de télévision.*

■ **téléspectateur, -trice** nom ● *La présentatrice s'adresse aux **téléspectateurs**, ceux qui regardent la télévision.*

télex nom m. ● *Les entreprises commerciales utilisent souvent le **télex**, un service qui transmet très rapidement des messages écrits grâce à des téléscripteurs.* — *Envoyer un **télex**, un message par téléscripteur.*

tellement adv. ● *Je ne croyais pas qu'il ferait **tellement** froid, aussi froid.* — TELLEMENT... QUE..., loc. conj. ● *Il a **tellement** plu **que** la rivière a débordé, si fort, en si grande quantité* (→ SYN. tant).

tellurique adj. De la terre. ● *Pendant ce tremblement de terre, les secousses **telluriques** ont été très importantes.*

téméraire adj. ● *Il est plus que brave, il est **téméraire**, trop hardi, imprudent.*

■ **témérité** nom f. ● *Sa **témérité** m'inquiète, sa trop grande audace, son imprudence.*

témoigner v. **1** ● *Le voisin de l'accusé a **témoigné** au tribunal : il a dit ce qu'il avait vu ou entendu, ce qu'il savait de cette affaire* (→ témoin). **2** ● *Les spectateurs applaudissent pour **témoigner** leur admiration aux acteurs, pour montrer leur admiration.*

■ **témoignage** nom m. **1** ● *Le juge écoute les **témoignages**, les déclarations des témoins, de ceux qui témoignent.* **2** ● *Ce petit cadeau est un **témoignage** de notre affection, ce qui montre notre affection, ce qui la prouve.*

■ **témoin** nom m. ● *Le commissaire de police interroge les **témoins** de l'acci-*

dent, ceux qui l'ont vu ou entendu, qui y ont assisté. — ÊTRE TÉMOIN DE. ● *J'ai été **témoin** d'une bagarre : j'y ai assisté.*

tempe nom f. ● *Elle a reçu ce caillou sur la **tempe**, le côté de la tête, entre l'œil et l'oreille.*

1. tempérament nom m. ● *Valérie est d'un **tempérament** timide* (→ SYN. caractère, naturel).

2. tempérament nom m. À TEMPÉRAMENT, loc. adv. ● *Ils ont acheté des meubles **à tempérament**, en payant le prix en plusieurs fois* (→ SYN. à crédit).

température nom f. **1** ● *Il va geler, si la **température** baisse encore, le degré de froid ou de chaleur.* — ● *La **température** normale du corps humain est de 37°, sa chaleur mesurée en degrés.* **2** ● *Le malade a de la **température**, de la fièvre, une température plus haute que la normale.* ★ Chercher aussi : thermomètre.

tempérer v. ● *Tempère tes critiques pour ne pas le vexer : rends-les moins vives, moins violentes* (→ SYN. modérer). ★ Conjug. 8.

■ **tempéré** adj. ● *Un climat **tempéré**, ni trop chaud, ni trop froid.*

tempête nom f. ● *Les marins craignent la **tempête**, un vent très violent souvent accompagné d'orage et de pluie.*

■ **tempêter** v. ● Se mettre très violemment en colère. ● *Mon père **tempête** chaque fois je lui rapporte un mauvais livret scolaire.*

temple nom m. **1** ● *Les peuples de l'Antiquité ont construit pour leurs dieux de nombreux **temples**, des bâtiments sacrés.* **2** ● *Les protestants vont prier dans les **temples**, les bâtiments où sont célébrées les cérémonies de la religion protestante.*

tempo nom m. Vitesse plus ou moins rapide avec laquelle doit s'exécuter un morceau de musique. ● *Le **tempo** de cet adagio est très lent.*

temporaire adj. ● *Ce magasin rouvrira bientôt ; sa fermeture est **temporaire** : elle ne durera pas toujours* (→ CONTR. définitif).

■ **temporairement** adv. ● *Nous nous sommes séparés* **temporairement**, pour un certain temps (→ CONTR. définitivement, pour toujours).

temporiser v. ● *Allons-y, ce n'est plus le moment de* **temporiser**, de remettre les choses à plus tard en attendant une meilleure occasion.

1. **temps** nom m. 1 ● *Les siècles, les années, les jours, les heures sont des divisions du* **temps**, de la durée (→ temporaire, temporiser). — ● *Il a chronométré le* **temps** *du coureur*, la durée de sa course. 2 Moment libre. ● *Je n'aurai pas le* **temps** *d'aller le voir aujourd'hui*. — PRENDRE (TOUT) SON TEMPS : ne pas se presser pour faire quelque chose. — TUER LE TEMPS. ● *Dans la salle d'attente, Annick regarde des journaux pour* **tuer le temps**, pour ne pas s'ennuyer. — SE DONNER, PRENDRE DU BON TEMPS : passer des moments agréables, s'amuser. — TEMPS MORT : moment pendant lequel une activité est interrompue, où il ne se passe rien. 3 IL EST TEMPS DE. ● *Il est temps de rentrer* : c'est le moment qui convient pour cela. — À TEMPS, loc. adv. ● *Dépêchons-nous pour que tout soit prêt* **à temps**, suffisamment tôt. — EN TEMPS UTILE. ● *Prévenez-moi* **en temps utile**, quand il le faudra, avant qu'il soit trop tard. — EN TEMPS VOULU. ● *La réparation a été terminée* **en temps voulu**, au moment fixé, aux délais convenus. 4 Moment de l'histoire. ● *Au* **temps** *où les automobiles n'existaient pas, on voyageait à pied ou à cheval, à cette époque*. — (fam.) DANS LE TEMPS. ● ***Dans le temps**, les gens s'éclairaient à la bougie*, dans le temps passé, autrefois, jadis. — (fam.) PAR LES TEMPS QUI COURENT : dans les circonstances actuelles. 5 ● *Rémi sait conjuguer les verbes à* **tous les temps**, les formes qui indiquent si l'action est présente, passée ou future. 6 ● *L'orchestre joue une danse à trois* **temps**, dont la mesure est divisée en trois parties égales. — EN DEUX TEMPS, TROIS MOUVEMENTS, loc. adv. ● *Isabelle s'est habillée* **en deux temps, trois mouvements**, très rapidement.

7 *Moteur à deux* **temps**, *à quatre* **temps**. — ● *La plupart des voitures ont un moteur à quatre* **temps**, un moteur qui fonctionne en répétant toujours quatre opérations qui se suivent.

2. **temps** nom m. ● *La météorologie étudie le* **temps**, les conditions atmosphériques (pluie, vent, ensoleillement, etc.) — BEAU TEMPS, MAUVAIS TEMPS. ● *La radio annonce du* **mauvais temps** *pour demain*, qu'il fera mauvais. — (fig.) FAIRE LA PLUIE ET LE BEAU TEMPS : être quelqu'un de très puissant, qui a beaucoup d'influence. ★ Chercher aussi : météorologie.

tenable adj. ● *Il fait trop chaud dans cette pièce, ce n'est pas* **tenable** : on ne peut pas supporter d'y rester (→ intenable ; tenir, sens 3).

tenace adj. 1 ● *Il ne renoncera pas à son projet, c'est un homme* **tenace**, qui ne se laisse pas décourager facilement, qui continue malgré les difficultés (→ ténacité ; SYN. persévérant, obstiné). 2 ● *J'ai un rhume* **tenace**, dont je n'arrive pas à me débarrasser.

■ **ténacité** nom f. *Il poursuit ses recherches avec ténacité* (→ SYN. obstination).

tenailles nom f. plur. ● *Pour arracher les clous, Paul prend ses* **tenailles**, un outil en forme de pince.

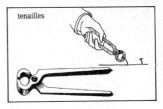

tenailles

tenailler v. ● *La faim* **tenaillait** *les naufragés* : elle les faisait souffrir (→ SYN. torturer, tourmenter).

1. **tenant** adj. SÉANCE TENANTE. ● *Il s'est mis au travail* **séance tenante**, aussitôt immédiatement (→ SYN. sur-le-champ).

2. tenant nom **1** ● *Au championnat de ski, la **tenante** du titre a été battue,* celle qui avait le titre de championne. **2** *D'UN SEUL TENANT.* ● *Ce fermier possède un domaine de vingt hectares **d'un seul tenant**,* qui forment une seule pièce, qui ne sont pas séparés en plusieurs morceaux.

tendance nom f. ● *Laurent a une certaine **tendance** à critiquer tout le monde,* une certaine force en lui qui le pousse à cela.

■ **tendancieux** adj. ● *Méfie-toi, c'est un livre **tendancieux**,* qui ne respecte pas les faits réels, qui les déforme pour qu'ils correspondent aux idées de son auteur (→ 2. tendre ; SYN. partial ; CONTR. objectif).

tendon nom m. ● *Les muscles sont rattachés aux os par des **tendons**.*

1. tendre v. ● *Cet élastique a craqué quand je l'**ai tendu**,* quand j'ai tiré dessus en l'allongeant. **2** ● *Les murs de cette pièce **sont tendus** de tissu :* ils sont recouverts de tissu bien tiré. **3** ● *Il m'**a tendu** la main pour me saluer :* il l'a dirigée vers moi, il me l'a présentée. — (fig.) TENDRE L'OREILLE : écouter attentivement. — (fig.) TENDRE LA PERCHE À QUELQU'UN : lui offrir de l'aide alors qu'il est dans l'embarras (comme on fait lorsqu'on tend une perche à quelqu'un qui se noie). ★ Conjug. 31.

■ **se tendre** v. pron. ● *Les relations entre ces deux pays **se sont tendues** :* elles sont devenues mauvaises, difficiles.

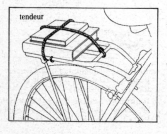

tendeur

■ **tendeur** nom m. Objet, appareil qui sert à tendre quelque chose. ● *Les **tendeurs** d'une tente :* les cordes attachées à des piquets, qui la font rester en place (→ 1. tendre, sens 1).

2. tendre v. TENDRE À. ● *Dans ce village, le nombre d'habitants **tend à** diminuer :* il diminue peu à peu. — ● *Tous ses efforts **tendent à** ramener la paix dans sa famille :* ils ont ce but, c'est à cela qu'ils veulent arriver (→ tendance). ★ Conjug. 31.

3. tendre adj. **1** ● *Elle embrasse et caresse souvent ses enfants,* elle est très **tendre**, gentille, douce et affectueuse (→ tendresse). **2** ● *Ce rôti est **tendre**,* facile à couper et à mâcher (→ tendreté ; CONTR. dur).

■ **tendrement** adv. ● *Les deux amoureux se regardaient **tendrement** (→ tendre, sens 1).

■ **tendresse** nom f. ● *Mes parents ont de la **tendresse** pour moi* (→ SYN. affection).

■ **tendreté** nom f. ● *Cette viande est d'une grande **tendreté** (→ 3. tendre, sens 2).

ténèbres nom f. plur. (littér.) ● *Elle ne voyait rien dans les **ténèbres**,* dans l'obscurité profonde.

■ **ténébreux** adj. **1** (littér.) ● *Une forêt **ténébreuse**,* où il fait sombre, obscur. **2** ● *On n'a pas réussi à éclaircir cette **ténébreuse** affaire,* cette affaire mystérieuse, difficile à comprendre et pleine de dangers.

teneur nom f. ● *Quelle est la **teneur** en sel de l'eau de mer ?,* la proportion de sel qu'elle contient.

ténia nom m. Long ver qui vit en parasite dans l'intestin. ● *On attrape le **ténia** en mangeant de la viande de porc insuffisamment cuite* (→ SYN. ver solitaire).

tenir v. **1** ● *Céline a lâché les livres qu'elle **tenait**,* qu'elle avait dans sa main ou dans ses bras. **2** ● *Les cheveux de Lucie **sont tenus** par un élastique :* ils sont retenus pour qu'ils restent à leur place. — ● *Enfonce davantage ce piquet pour qu'il **tienne** bien,* pour qu'il soit bien fixé. — (fig.) TENIR SA LANGUE : se retenir de dire ce qu'il ne faut pas dire ou ne pas répéter. **3** ● *Sois courageux, il faut* **tenir** *jusqu'au bout*, résister. — (fam.) TENIR LE COUP : arriver à supporter une chose pénible (→ tenable). **4** ● *Sa timidité le* **tient** *éloigné de ses camarades* : elle le fait rester ainsi. — ● *Martine* **tient** *sa chambre en ordre* : elle la garde dans cet état. — TENIR EN RESPECT. ● *Le dompteur* **tient** *ses lions* **en respect** : il se fait craindre d'eux, il s'en fait obéir. — TENIR EN ÉCHEC ● *Ce voleur* **a tenu** *longtemps la police* **en échec** : il a fait échouer ses projets, ses recherches. **5** TENIR DE LA PLACE ● *Ce meuble* **tient** *beaucoup* **de place :** il en occupe beaucoup. **6** ● *Mes affaires* **tiendront** *dans une seule valise* : elles pourront y rentrer. **7** ● *Mon oncle* **tient** *une librairie* : il s'en occupe. **8** TENIR À. ● *N'abîme pas la poupée de ta sœur, elle y* **tient** : elle lui est très attachée. — ● *Je* **tiens** *à la rencontrer* : je le désire beaucoup, c'est important pour moi. **9** ● *Tu n'*as *pas* **tenu** *ta promesse* : tu n'y as pas été fidèle. — TENIR PAROLE : faire ce que l'on a promis. **10** TENIR DE QUELQU'UN. ● *Francine* **tient** *de sa mère* : elle lui ressemble. **11** TENIR COMPTE DE. ● *Il n'*a *pas* **tenu** *compte de mes conseils* : il ne s'en est pas soucié. **12** TENIR LA ROUTE. ● *Cette voiture* **tient** *bien* **la route** : elle ne dérape pas, elle ne s'écarte pas de la direction que son conducteur veut lui faire suivre (→ tenue, sens 4). Conjug. 19.

■ **se tenir** v. pron. **1** ● *Dans le bus, je me* **tenais** *à la barre pour ne pas tomber* (→ SYN. s'accrocher). **2** ● *Marc* **se tient** *bien droit* : il reste dans une position bien droite. **3** ● *Suzanne* **se tenait** *près de la cheminée* : elle était à cet endroit. **4** ● **Tenez-vous** *bien* : conduisez-vous correctement (→ tenue, sens 2).

1. tennis nom m. **1** ● *Pauline et Jean jouent au* **tennis**, *un sport où les joueurs se renvoient une balle avec leur raquette, au-dessus d'un filet*. **2** TENNIS DE TABLE : ping-pong.

2. tennis nom f. ● *Pour faire du sport, je mets des* **tennis**, *des chaussures basses en toile, avec une semelle en caoutchouc.* ★ Chercher aussi : 2. basket.

ténor nom m. ● *Cet air ne peut être chanté que par un* **ténor**, *un chanteur qui a une voix haute.* ★ Chercher aussi : basse.

tension nom f. **1** ● *Vérifie la* **tension** *du ressort, s'il est tendu comme il faut* (→ 1. tendre, sens 1). **2** ● *Dans cette famille, il y a de la* **tension** *entre parents et enfants, leurs relations sont tendues, ils ne s'entendent pas bien* (→ se tendre). **3** ● *Le médecin a pris la* **tension** *du malade* : il a mesuré la pression du sang dans ses artères avec un appareil que l'on met autour du bras.

tentacule nom m. ● *La pieuvre a attrapé un poisson avec ses* **tentacules**, *ses longs bras souples qui lui servent aussi à se déplacer.* ★ Attention : **un** tentacule.

tente nom f. ● *Les campeurs ont planté leur* **tente** *près de la rivière, leur abri en toile qui se monte et se démonte facilement.*

1. tenter v. ● *Ces chocolats me* **tentent** : *ils me font envie, ils m'attirent.*
■ **tentant** adj. ● *Ces cerises sont* **tentantes**.
■ **tentation** nom f. ● *Au cours de la partie de cartes, j'ai eu la* **tentation** *de tricher* (→ SYN. envie).

2. tenter v. **1** ● *Pour guérir le malade, les médecins vont* **tenter** *une opération*, ils vont essayer de la faire, de la réussir. — ● *Ils vont* **tenter** *de l'opérer*. **2** TENTER SA CHANCE : essayer de gagner, de réussir.
■ **tentative** nom f. ● *Leur* **tentative** *a échoué*, ce qu'ils ont tenté (→ SYN. essai).

tenture nom f. ● *La porte est cachée par une* **tenture**, *un grand morceau de tissu suspendu.*

ténu adj. ● *Les fils de la toile d'araignée sont* **ténus**, *très minces, très fins.*

tenue nom f. **1** ● *Mme Breuil est soucieuse de la bonne* **tenue** *de sa maison*, de son bon ordre, de son bon entretien (→ tenir, sens 4). **2** ● *Paul s'est fait gronder à cause de sa mauvaise **tenue**, de sa mauvaise conduite, de son impolitesse.* **3** ● *Dans l'atelier, les ouvriers sont en **tenue** de travail, en vêtements de travail.* **4** TENUE DE ROUTE. ● *La **tenue de route** de cette voiture est satisfaisante :* elle tient bien la route, elle ne dérape pas.

ter [tɛr] adj. ● *Il habite dans cette rue, dans l'immeuble qui porte le numéro 5 **ter**, celui qui est le troisième à porter le numéro 5.* ★ Chercher aussi : bis.

térébenthine [terebɑ̃tin] nom f. ESSENCE DE TÉRÉBENTHINE : liquide tiré de la résine de certaines plantes et utilisé pour détacher les tissus, pour fabriquer de l'encaustique, de la peinture, etc.

tercet nom m. Strophe de trois vers. ● *Le sonnet est un poème composé de deux quatrains (strophes de quatre vers) et de deux **tercets**.*

tergal nom m. ● *Michel a un pantalon en **tergal**,* un tissu synthétique qui se lave facilement et ne se froisse pas.

tergiverser v. Retarder une décision par faiblesse ou mauvaise volonté. ● *Il faut aller chez le dentiste : cela ne sert à rien de **tergiverser*** (→ SYN. hésiter, temporiser).

1. terme nom m. **1** (littér.) ● *Ce sportif est arrivé au **terme** de sa carrière, à la fin.* **2** ● *Le locataire paye régulièrement son **terme** au propriétaire, son loyer.* **3** ● *Ce bébé est né avant **terme**, avant le moment où il devait naître.*

2. terme nom m. ÊTRE EN BONS, EN MAUVAIS TERMES AVEC QUELQU'UN. ● *Hubert et Gérard ne se parlent pas, ils **sont en mauvais termes** :* ils ne s'entendent pas, ils ont de mauvaises relations.

3. terme nom m. ● *Je n'ai pas compris tous ces **termes** savants,* ces mots savants, ces expressions.

terminer v. **1** ● *J'ai terminé ma lettre :* je l'ai faite jusqu'au bout (→ SYN. achever, finir). **2** ● *Décembre est le mois qui **termine** l'année,* qui forme sa dernière partie.

■ **se terminer** v. pron. **1** ● *Notre voyage **se termine** là :* il finit là. **2** ● *Au pluriel, beaucoup de noms **se terminent** par un s :* ils ont cette lettre à la fin (→ terminaison).

■ **terminaison** nom f. ● *Pour conjuguer un verbe, on change sa **terminaison**,* les lettres qui le terminent, qui forment sa dernière partie.

■ **terminal** adj. et nom f. ● *En (classe) **terminale** les élèves préparent le baccalauréat,* dans la classe qui termine les études au Lycée.

■ **terminus** [tɛrminys] nom m. Dernière station d'une ligne de chemin de fer, de métro, d'autobus.

termite nom m. ● *Les **termites** peuvent causer de grands dégâts dans les maisons,* des insectes qui vivent en société et creusent le bois.

■ **termitière** nom f. Nid de termites. ● *Les **termitières** atteignent parfois plusieurs mètres de hauteur.*

terne adj. **1** ● *Ce chat a le poil **terne**, qui n'est pas brillant.* — ● *Une couleur **terne** sans éclat, mate* (→ ternir). **2** (fig.) ● *Ce garçon est bien **terne** :* il manque de personnalité, d'originalité.

■ **ternir** v. ● *La buée ternit les miroirs :* elle les rend ternes. □ v. pron. ● *Mon bracelet en argent **s'est terni**.* ★ Conjug. 11.

terrain nom m. **1** ● *Par ici, le **terrain** est plat et argileux,* le sol naturel. **2** ● *Mon oncle a acheté un **terrain** pour y faire construire une maison,* une certaine étendue de terre. **3** ● *Un **terrain** de camping :* un endroit en plein air aménagé pour le camping. ● *Un **terrain** de jeu.* **4** (fig.) TERRAIN D'ENTENTE. ● *Après une longue discussion, les adversaires ont fini par trouver un **terrain d'entente**,* un sujet sur lequel ils peuvent se mettre d'accord.

terrasse nom f. **1** ● *Nous sommes montés sur la **terrasse** de notre immeuble,* la plate-forme qui sert de toit. **2** ● *La salle de séjour de cette maison donne sur une **terrasse**,* un grand balcon. **3** ● *Voulez-vous vous asseoir à l'inté-*

rieur du café ou à la **terrasse**?, sur la partie du trottoir où sont installées des tables et des chaises, devant le café.

terrassement nom m. ● *La route est loin d'être finie : les ouvriers en sont encore aux travaux de* **terrassement**, ceux qui consistent à creuser la terre, à la transporter, à niveler, à égaliser le terrain, etc.
■ **terrassier** nom m. Ouvrier qui fait des travaux de terrassement.

terrasser v. 1 ● *Terrasser un adversaire* : le jeter à terre en luttant avec lui. 2 ● *Cette maladie l'a* **terrassé** : elle l'a abattu, elle l'a rendu incapable de réagir.

terre nom f. 1 ● *Il y a plus de 350 000 km de la Lune à la* **Terre**, la planète où vivent les hommes. 2 ● *L'avion a décollé ; il ne touche plus la* **terre**, la surface du sol. — PAR TERRE. ● *L'assiette s'est cassée en tombant* **par terre**. — (fig. et fam.) COURIR VENTRE À TERRE : courir vite. — (fig. et fam.) AVOIR LES PIEDS SUR TERRE : avoir le sens des réalités, ne pas être un rêveur. — TERRE À TERRE, loc. adj. ● *Au lieu de regarder le paysage, tu ne penses qu'à manger ; tu es bien* **terre à terre**, tu t'intéresses seulement aux choses pratiques, matérielles et non à ce qui élève l'esprit. 3 ● *Les paysans cultivent la* **terre**, la matière qui forme le sol. — (fig.) REMUER CIEL ET TERRE : se donner beaucoup de mal, se démener pour obtenir ce que l'on veut. 4 TERRE CUITE. ● *Cette statuette est en* **terre cuite**, en argile durcie par la cuisson. 5 ● *En Amazonie, il y a des* **terres** *qui n'ont pas encore été explorées*, des régions. 6 ● *M. Mougeot a vendu ses* **terres**, les terrains qu'il possédait.
■ **terreau** nom m. ● *Anne remplit un pot de fleurs de* **terreau**, une terre très fertile composée de végétaux qui ont pourri.

terre-plein nom f. ● *L'autoroute est séparée en deux par un* **terre-plein**, une bande de terre surélevée. — ● *Des* **terre-pleins**.

se terrer v. pron. ● *Effrayée par le chat, la souris* **s'est terrée** *dans son trou* : elle s'y est cachée pour se mettre à l'abri.

terrestre adj. 1 ● *De la Lune, les astronautes pouvaient voir le globe* **terrestre**, celui que forme notre planète. 2 ● *On distingue les animaux aquatiques et les animaux* **terrestres**, qui vivent sur la terre et non dans l'eau.

terreur nom f. ● *Pendant les bombardements, les gens vivaient dans la* **terreur**, une peur très forte (→ terrifier, terroriser ; SYN. épouvante, frayeur). SEMER LA TERREUR. ● *Les bandits* **ont semé la terreur** *dans le village*.
■ **terrible** adj. 1 ● *Vous venez d'échapper à un danger* **terrible**, qui cause de la terreur. 2 ● *Cette moto fait un bruit* **terrible**, très fort. 3 ● *C'est un enfant* **terrible**, insupportable, turbulent.
■ **terriblement** adv. ● *Cette affaire est* **terriblement** *compliquée* (→ SYN. extrêmement, très).

terreux adj. ● *Ce malade a le visage* **terreux**, d'une couleur terne, grise, qui rappelle celle de la terre.

terrien nom et adj. 1 nom ● *Les martiens et les* **terriens**, les habitants de la Terre. 2 adj. ● *Un propriétaire* **terrien**, qui possède des terres.

terrier nom m. Trou que certains animaux creusent sous la terre pour s'y mettre à l'abri. ● *Le* **terrier** *d'un lièvre, d'un renard*. ★ Chercher aussi : 1. gîte, tanière.

terrifier v. ● *Cet orage* **a terrifié** *mon petit frère* : il lui a fait très peur (→ terreur ; SYN. épouvanter, terroriser). ★ Conjug. 10.
■ **terrifiant** adj. ● *Il m'a raconté une histoire* **terrifiante**, très effrayante.

terril nom m. Sorte de colline artificielle formée par la terre que l'on retire en creusant des mines. ● *Dans le Nord de la France, on peut voir des* **terrils**.

terrine nom f. 1 ● *On a fait cuire le pâté dans une* **terrine**, un plat profond en terre cuite, qui se ferme par un couvercle. 2 ● *En entrée, nous avons mangé* *une bonne* **terrine** *de canard, du pâté de canard cuit dans une terrine.*

territoire nom m. Étendue de terre correspondant à un pays ou à une partie délimitée d'un pays. • *Le* **territoire** *français est divisé en départements.*

■ **territorial** adj. • *Les frontières sont des limites* **territoriales**. — EAUX TERRITORIALES. • *Ce bateau est entré dans les* **eaux territoriales**, *la partie de la mer située le long des côtes d'un pays et qui lui appartient.*

terroir nom m. • *Ce vieux paysan a l'accent du* **terroir**, *de la région où il vit.*

terroriser v. • *Ce chien féroce me* **terrorise** : *il me fait très peur, il me cause de la terreur* (→ SYN. terrifier).

■ **terrorisme** nom m. • *Ces révolutionnaires veulent renverser le pouvoir par le* **terrorisme**, *par des actes de violence (prises d'otages, attentats, sabotages, etc.) accomplis dans un but politique et destinés à semer la terreur.*

■ **terroriste** nom • *Des* **terroristes** *ont placé une bombe dans un avion, des personnes qui accomplissent des actes de terrorisme.* □ adj. • *Un groupe* **terroriste**.

tertiaire adj. SECTEUR TERTIAIRE : type d'activité d'un pays qui comprend le commerce, les transports et l'administration. ★ VOIR : secteur primaire* et secteur secondaire*.

tertre nom m. • *Le monument est construit sur un* **tertre**, *petite colline, butte.*

tes adj. poss. • *As-tu retrouvé* **tes** *clés ?, celles qui t'appartiennent* (→ ta, ton).

tesson nom m. • *Prends garde de ne pas te couper en ramassant ces* **tessons** *de bouteille, les morceaux d'une bouteille cassée.*

test [test] nom m. **1** • *Les élèves ont passé des* **tests**, *des exercices qui permettent de voir en quoi ils sont doués, quelles études ou quels métiers ils peuvent faire ensuite.* **2** • *Cette voiture a subi des* **tests**, *des épreuves qui permettent de juger si elle est solide, si elle fonctionne bien, etc.*

■ **tester** v. **1** • *Le psychologue scolaire nous* **a testés** : *il nous a fait passer des tests.* **2** • *Des ingénieurs* **ont testé** *ce moteur* : *ils lui ont fait subir des tests.*

testament nom m. • *Il est allé chez le notaire pour faire son* **testament**, *un écrit par lequel il dit à qui il veut laisser son argent et ses biens quand il mourra.* ★ Chercher aussi : héritage.

tétanos [tetanos] nom m. • *Il faut désinfecter les plaies pour éviter d'attraper le* **tétanos**, *une grave maladie.*

têtard nom m. • *Des* **têtards** *nagent dans la mare, des petits animaux à grosse tête prolongée par une queue fine, qui deviendront des grenouilles.*

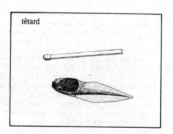

têtard

tête nom f. **1** • *Elle est couverte de boue des pieds à la* **tête**. — • *Ce chien mesure 65 cm de la* **tête** *à la queue.* — PIQUER UNE TÊTE : *tomber en avant la tête la première.* — (fig.) CRIER À TUE-TÊTE : *crier très fort.* — (fig. et fam.) EN AVOIR PAR-DESSUS LA TÊTE. • *Arrête de m'énerver, j'*en ai par-dessus la tête : *j'en ai vraiment assez, je suis excédé.* — • TENIR TÊTE À QUELQU'UN : *lui résister, refuser de céder.* — ÊTRE LA TÊTE DE TURC DE QUELQU'UN : *être celui qu'il attaque toujours* (→ SYN. souffre-douleur). **2** *Partie de la tête d'un être humain.* — • *J'ai mal à la* **tête**, *au crâne.* — • *Laure se lave la* **tête**, *le crâne et les cheveux.* — FAIRE UNE TÊTE (au football) : *renvoyer le ballon avec le front.* — • *Ton ami a une* **tête** *sympathique* (→ SYN. figure, visage). —

(fam.) FAIRE LA TÊTE : montrer sa mauvaise humeur, bouder. — (fam.) SE PAYER LA TÊTE DE QUELQU'UN : se moquer de lui. **3** ● *J'ai plusieurs projets en tête*, dans mon esprit. — *Je n'ai plus son adresse en tête*, dans ma mémoire. — (fig.) SE CREUSER, SE CASSER LA TÊTE : réfléchir beaucoup. — DE TÊTE, loc. adv. ● *Il a fait cette addition de tête*, sans écrire (→ SYN. mentalement). — À TÊTE REPOSÉE : en prenant son temps pour réfléchir. — N'EN FAIRE QU'À SA TÊTE : n'écouter personne, agir à son idée (→ têtu). — (fig.) UNE TÊTE BRÛLÉE : une personne qui aime le risque et l'aventure. **4** ● *Notre wagon est en tête du train*, à l'avant. — *Ce cheval a pris la tête de la course*, la première place. **5** ÊTRE À LA TÊTE DE QUELQUE CHOSE. ● *Son oncle est à la tête d'une usine* : il la dirige, il en est le chef. **6** ● *Ce voyage coûtera 30 francs par tête*, par personne. — ● *Cent têtes de bétail* : cent animaux. **7** ● *La tête d'un lit* : la partie où l'on pose la tête (→ CONTR. pied). **8** ● *La tête d'une épingle* : la partie arrondie ou aplatie (→ CONTR. pointe). — ● *La tête d'une fusée* (→ SYN. ogive).

tête-à-queue nom m. invar. ● *En dérapant sur le verglas, la voiture a fait un tête-à-queue*, un demi-tour sur elle-même.

tête-à-tête nom m. invar., **tête à tête** loc. adv. **1** ● *J'ai eu un tête-à-tête avec le directeur*, un entretien avec lui seul. **2** TÊTE À TÊTE, loc. adv. ● *Nous nous sommes retrouvés tête à tête*, seuls tous les deux.

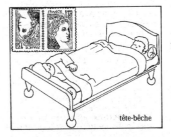

tête-bêche

tête-bêche loc. adv. ● *S'il ne reste plus qu'une couchette, les petits dormiront tête-bêche*, côte à côte mais en sens inverse, l'un à la tête, l'autre au pied.

téter v. ● *Le nouveau-né tète* : il boit son lait en suçant le sein de sa mère ou la tétine de son biberon. ★ Conjug. 8.
■ **tétine** nom f. Bouchon de caoutchouc percé que l'on met sur le biberon.

têtu adj. ● *Il est têtu* : on ne peut pas le faire changer d'avis (→ s'entêter, s'obstiner).

texte nom m. ● *Anne regarde les images du livre, puis elle lit le texte*, les mots écrits.
■ **textuellement** adv. ● *Je te répète textuellement ce qu'il m'a dit*, mot pour mot (→ SYN. exactement).

textile adj. et nom m. **1** adj. ● *Son père travaille dans l'industrie textile*, qui concerne la fabrication des tissus. — ● *Des fibres textiles*, que l'on peut transformer en fil pour en faire des tissus. **2** nom m. ● *La laine, le coton sont des textiles naturels*, des matières dont on fait des tissus.

texture nom f. Agencement des éléments d'une chose. ● *La texture de cette étoffe est très serrée.*

thé [te] nom m. **1** ● *Achète une boîte de thé de Chine*, les feuilles séchées d'un petit arbre cultivé en Extrême-Orient. **2** ● *Tous les matins, il boit une tasse de thé*, la boisson faite avec de l'eau bouillante versée sur ces feuilles. — SALON DE THÉ : pâtisserie où l'on peut boire du thé ou autre chose en mangeant des gâteaux.
■ **théière** nom f. Récipient où l'on fait infuser le thé.

théâtre nom m. **1** ● *Sylvie rêve de faire du théâtre*, ce que font les acteurs qui jouent des pièces devant le public. **2** ● *Nous avons loué des places pour aller au théâtre*, le bâtiment ou la salle où l'on joue des pièces de théâtre. **3** ● *Le théâtre de Molière, de Racine* : l'ensemble des pièces qu'ils ont écrites (comédies, tragédies, drames, etc.). **4** (fig.) COUP DE THÉÂTRE. ● *Sa déclaration* à la radio fut un véritable **coup de théâtre**, un événement inattendu, qui a beaucoup surpris. **5** (fig. et littér.) • *La région nord du pays a été le théâtre de nombreux combats*, le lieu où ils se sont produits.

■ **théâtral** adj. • *Une représentation théâtrale : une pièce de théâtre jouée en public.*

théière → thé.

thème nom m. **1** • *Connais-tu le thème de son exposé ?*, son sujet. **2** • *Valérie a fini son thème anglais*, la traduction en anglais d'un texte écrit en français. ★ Chercher aussi : version.

■ **thématique** adj. • *Lucie a fait un classement thématique de ses livres :* par thèmes, par domaines.

théorème nom m. • *Un théorème de géométrie :* une règle que l'on peut démontrer.

théorie nom f. **1** • *Ce grand savant a inventé une théorie mathématique*, un système d'idées, de règles qui explique des faits. **2** • *En football, il y a une grande différence entre la théorie et la pratique*, entre le domaine des idées, des raisonnements, des règles, et ce qui se passe vraiment quand on joue.
— EN THÉORIE, loc. adv. • *En théorie, ils pourraient réussir, mais en fait ce sera difficile.*

■ **théorique** adj. • *Cette étudiante a de bonnes connaissances théoriques* (→ théorie, sens 2 ; CONTR. pratique).

■ **théoriquement** adv. • *Théoriquement, le système de sécurité aurait dû fonctionner*, en principe (→ CONTR. en fait, en réalité).

thermes [tɛrm] nom m. plur. • *Les Romains et les Grecs se baignaient dans des thermes*, des établissements de bains publics de l'Antiquité.

■ **thermal** adj. • *Son médecin lui a conseillé une cure dans une station thermale*, une ville près d'une source dont les eaux peuvent soigner certaines maladies.

thermique adj. Relatif à la chaleur. • *Frictionner la peau provoque une réaction thermique*, une sensation de chaleur.

thermomètre nom m. • *Hier, le thermomètre indiquait 10 degrés*, l'instrument qui sert à mesurer la température.

thermonucléaire adj. • *En explosant, une bombe thermonucléaire pourrait détruire une ville entière*, une bombe atomique à hydrogène.

thermos [tɛrmos] nom m. ou f., invar. • *Pour le voyage, nous avons emporté du café dans une thermos*, un récipient qui permet de garder un liquide à la même température pendant quelques heures. □ adj. • *Une bouteille thermos.*

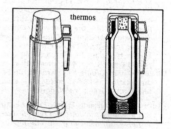

thermos

thermostat nom m. • *Ce four est trop chaud, baisse un peu le thermostat*, l'appareil qui permet de régler la température pour qu'elle reste toujours la même.

thèse nom f. • *Je ne suis pas d'accord avec la thèse de ce journaliste*, son opinion, son point de vue sur un sujet.

thon nom m. Grand poisson de mer. • *Une boîte de thon à l'huile.* ★ Ne pas confondre thon et ton.

■ **thonier** nom m. • *Ces pêcheurs travaillent sur un thonier*, un bateau qui sert à la pêche au thon.

thorax [tɔraks] nom m. Partie du corps entre la tête et l'abdomen. • *En respirant bien fort, tu gonfles ton thorax* (→ SYN. poitrine, torse). ★ VOIR p. 967.

■ **thoracique** adj. • *La cage thoracique renferme le cœur et les poumons.*

thuya nom m. Arbre de la famille du cyprès.

thym [tɛ̃] nom m. ● *La recette indique qu'il faut ajouter du laurier et du **thym**,* une plante qui donne du goût aux plats. ★ Ne pas confondre *thym, tain* et *teint*.

thyroïde nom f. Glande située dans le cou et qui joue un rôle dans la croissance et dans l'équilibre du système nerveux.

tibia nom m. ● *Alain m'a donné un coup de pied sur le **tibia**,* l'os du devant de la jambe. ★ Chercher aussi : péroné. ★ VOIR p. 968.

tic nom m. **1** ● *Cette dame remue la tête sans arrêt, ça doit être un **tic**,* un mouvement nerveux que l'on fait sans le vouloir. **2** ● *Il commence toutes ses phrases par «alors», c'est devenu un **tic*** (→ SYN. habitude, manie).

ticket nom m. ● *As-tu un **ticket** de métro ?,* un petit billet rectangulaire.

tic-tac nom m. invar. ● *J'entends le **tic-tac** de la pendule :* bruit régulier d'un mécanisme. ★ «Tic-tac» est une onomatopée.

tiède adj. ● *Ces radiateurs sont **tièdes**,* légèrement chauds.

■ **tiédeur** nom f. ● *En plongeant dans la piscine, j'ai été étonné par la **tiédeur** de l'eau,* sa température tiède.

■ **tiédir** v. ● *L'eau est brûlante, laisse-la **tiédir**,* devenir tiède. ★ Conjug. 11.

tien, tienne pronom poss. ● *Ma valise est moins grande que la **tienne**,* celle qui est à toi.

tiens! **1** Interjection qui exprime la surprise. ● ***Tiens!** Cécile est déjà rentrée.* **2** Impératif du verbe tenir. ● ***Tiens**, tu peux dessiner sur cette feuille :* prends-la.

tiercé nom m. ● *En pariant sur le 5, le 9 et le 12, il a gagné au **tiercé**,* un jeu où l'on parie de l'argent sur les courses de chevaux, en donnant les numéros des trois chevaux gagnants.

tiers, tierce nom m. et adj. **A.** nom m. **1** ● *Nous avons partagé la tablette de chocolat en trois, chacun de nous en a mangé un **tiers**,* une des trois parties égales. **2** ● *Cette réunion est secrète, il ne faut pas que des **tiers** écoutent,* des personnes inconnues, étrangères. **3** TIERS PROVISIONNEL. ● *C'est le dernier jour pour payer le **tiers provisionnel**,* un acompte qui représente le tiers des impôts payés l'année précédente. **B.** adj. UNE TIERCE PERSONNE. ● *Une **tierce personne** s'est mêlée à notre conversation,* une troisième personne, une personne étrangère à la conversation.

tige nom f. **1** ● *La **tige** de cette plante est cassée,* la partie allongée qui porte les feuilles et les fleurs. **2** ● *Une **tige** de fer :* un morceau de fer long et fin (→ SYN. barre).

tignasse nom f. (fam.) ● *Quand il réfléchit, il passe toujours la main dans sa **tignasse**,* ses cheveux épais et mal coiffés.

tigre nom m., **tigresse** nom f. **1** ● *Le dompteur est entré dans la cage du **tigre**,* un animal féroce d'Asie au pelage jaune rayé de bandes noires. **2** (au féminin : fig.) ● *C'est une véritable **tigresse**,* une femme très jalouse et cruelle, comme la femelle du tigre.

tilleul nom m. **1** ● *Cette allée est bordée de **tilleuls**,* de grands arbres à fleurs très odorantes. **2** ● *Avant de dormir, veux-tu une tasse de **tilleul** ?,* une tisane faite avec les fleurs séchées de cet arbre.

1. timbale nom f. **1** Gobelet en métal. **2** (fig. et fam.) DÉCROCHER LA TIMBALE. ● *En réussissant à se qualifier pour les jeux Olympiques, il a **décroché la timbale** :* il a obtenu un résultat important.

2. timbale nom f. ● *Le batteur de l'orchestre frappe avec ses baguettes sur une **timbale**,* une sorte de tambour au bas arrondi. ★ Chercher aussi : percussion.

1. timbre nom m. **1** TIMBRE(-POSTE) ● *Si tu reçois une lettre d'Afrique, peux-tu me garder le **timbre** ?,* la petite vignette que l'on colle sur l'enveloppe pour payer l'envoi de la lettre par la poste. **2** ● *Ce papier porte le **timbre** du* *ministère de la Justice* (→ SYN. cachet, tampon).

■ **1. timbré** adj. **1** ● *Une enveloppe **timbrée**, sur laquelle on a collé un timbre* (→ 1. timbre, sens 1). **2** ● *Du papier **timbré**, marqué d'un timbre officiel* (→ 1. timbre, sens 2).

■ **timbrer** v. ● *Fais-moi penser à **timbrer** ma lettre, à y coller un timbre* (→ SYN. 2. affranchir).

2. timbre nom m. **1** ● *Le **timbre** d'un instrument de musique, d'une voix :* leur son particulier (→ SYN. sonorité). **2** ● *Le **timbre** d'une bicyclette* (→ SYN. sonnette).

■ **2. timbré** adj. ● *Cette chanteuse a une voix bien **timbrée**, qui a un beau son.*

timide adj. ● *Caroline n'ose pas entrer, c'est une enfant très **timide**, qui manque d'assurance, de confiance en elle* (→ CONTR. audacieux, hardi).

■ **timidement** adv. ● *Il nous a regardés **timidement**.*

■ **timidité** nom f. ● *Il a pu vaincre sa **timidité**, son manque d'aisance, d'assurance en public.*

timon nom m. Longue pièce de bois de chaque côté de laquelle on attelle les chevaux ou les bœufs. ● *Les deux bœufs attachés au **timon** tiraient la charrue.*

timonier nom m. ● *Le **timonier** a changé de cap,* celui qui tient la barre afin de diriger le bateau. ★ Chercher aussi : barreur.

■ **timonerie** nom f. ● *Le capitaine est resté toute la nuit dans la **timonerie**,* la partie du navire où se trouvent la barre et les instruments de navigation.

timoré adj. Peureux et timide. ● *Il est trop **timoré** pour entreprendre ce voyage.*

tintamarre nom m. ● *Quand les automobilistes se sont tous mis à klaxonner, quel **tintamarre**!* (→ SYN. tapage, vacarme).

tinter v. **1** ● *La cloche de l'église s'est mise à **tinter**,* à sonner lentement. **2** ● *Les verres de cristal **tintent** quand on les choque :* ils produisent un son clair et aigu. ★ Ne pas confondre avec teinter.

■ **tintement** nom m. ● *Le **tintement** du carillon marque les heures,* son bruit.

tir nom m. **1** ● *Les soldats font des exercices de **tir** :* ils s'exercent à tirer avec une arme (→ 2. tirer, sens 1). **2** ● *Bravo! Ce footballeur a réussi son **tir** au but,* un coup de pied pour envoyer le ballon vers le but (→ 2. tirer, sens 3 ; SYN. shoot).

tirade nom f. **1** Au théâtre, long monologue. **2** Long discours un peu pompeux et véhément. ● *Il se lança dans une **tirade** interminable sur les bienfaits du travail.*

1. tirage nom m. **1** ● *Un cordon de **tirage**,* que l'on tire pour ouvrir ou fermer les rideaux (→ 1. tirer, sens 3). **2** ● *Depuis qu'on a ramoné la cheminée, son **tirage** est meilleur,* la circulation de l'air dans le tuyau (→ 1. tirer, sens 4). **3** ● *Demain, c'est le **tirage** de la loterie,* le moment où l'on tire au sort les numéros gagnants (→ 1. tirer, sens 9).

2. tirage nom m. **1** ● *Quel est le **tirage** de ce livre?,* le nombre d'exemplaires imprimés (→ 3. tirer, sens 2). **2** ● *Le **tirage** d'une photo :* sa reproduction sur papier à partir du négatif (→ 3. tirer, sens 3).

1. tirailler v. **1** ● *Oncle Gaston **tiraille** sa moustache :* il la tire à petits coups dans tous les sens (→ 1. tirer, sens 1). **2** ● *Partir ou rester? Je **suis tiraillé** entre ces deux solutions :* j'hésite, car les deux me font envie.

■ **tiraillement** nom m. **1** ● *Quand personne ne veut céder, il y a des **tiraillements** dans la famille,* des désaccords. **2** ● *Bruno a des **tiraillements** à l'estomac,* des douleurs légères.

2. tirailler v. ● *Au loin, les chasseurs continuent à **tirailler**,* à tirer çà et là, irrégulièrement.

■ **tirailleur** nom m. ● *Le capitaine a envoyé quelques **tirailleurs** en avant,* quelques soldats isolés chargés de tirer sur l'ennemi pour le harceler.

tirant nom m. ● *Le* **tirant** *d'eau d'un navire :* le volume d'eau que sa coque déplace en s'enfonçant dans l'eau ; la hauteur de la coque en dessous de la surface de l'eau.

à *la* **tire** loc. adj. (fam.) ● *Un voleur* **à** *la* **tire**, qui tire ce qu'il vole de la poche ou du sac des gens (→ SYN. pickpocket).

tire-bouchon nom m. Instrument que l'on visse dans le bouchon pour déboucher une bouteille. — ● *Des* **tire-bouchons**.

à **tire-d'aile** loc. adv. ● *Les pigeons se sont envolés* **à** **tire-d'aile**, très vite, avec des battements d'ailes rapides.

tirelire nom f. ● *Patrick a une* **tirelire** *qui représente un petit cochon*, une boîte munie d'une fente où l'on introduit l'argent que l'on veut économiser.

1. tirer v. 1 ● *Tire* la corde !* : amène-la vers toi pour la tendre. 2 ● *Deux chevaux* **tiraient** *ce carrosse :* ils le faisaient avancer en le traînant derrière eux (→ CONTR. pousser). 3 ● *Anne* tire *les rideaux :* elle les ouvre ou elle les ferme. 4 ● *Cette cheminée* tire *mal :* l'air y circule mal (→ 1. tirage, sens 2). 5 (fig.) TIRER LA COUVERTURE À SOI : essayer d'obtenir tous les avantages sans en laisser aux autres. — ÊTRE TIRÉ À QUATRE ÉPINGLES : être habillé avec beaucoup de soin. — TIRÉ PAR LES CHEVEUX. ● *Son histoire est* **tirée** *par les cheveux,* pas très logique, difficile à accepter. 6 ● *Marianne* **a tiré** *un mouchoir de sa poche :* elle l'en a fait sortir. 7 ● *Le charbon est* **tiré** *du sous-sol :* on l'en fait sortir. — ● *Cette matière plastique* **est tirée** *du pétrole :* on la fabrique avec du pétrole (→ SYN. extraire). 8 ● S'EN TIRER, OU SE TIRER D'AFFAIRE. ● *Il n'a jamais voyagé seul, mais il* **s'en tirera** *très bien :* il réussira à sortir de cette situation difficile. — (fig.) TIRER SON ÉPINGLE DU JEU : se sortir adroitement d'une situation délicate. 9 ● *J'ai tiré le bon numéro :* je l'ai choisi au hasard parmi d'autres. — TIRER AU SORT. ● *Les billets gagnants* **ont été tirés au sort**, choisis par le hasard (→ 1. tirage, sens 3). 10 TIRER LES CARTES : prédire l'avenir à l'aide d'un jeu de cartes (→ 1. tireur). 11 TIRER QUELQUE CHOSE AU CLAIR. ● *Je voudrais bien* **tirer au clair** *ce mystère,* l'éclaircir, lui trouver une explication. 12 TIRER À SA FIN. ● *Ce feuilleton télévisé* **tire à sa fin** : il approche de sa fin. — (fam.) TIRER AU FLANC. ● *Ce paresseux essaie toujours de* **tirer au flanc,** d'éviter les corvées, les travaux pénibles. 13 TIRER SUR. ● *Ce bleu* **tire sur** *le violet :* il s'en rapproche, il est presque violet.

■ **1. tireur** nom ● *Une* **tireuse** *de cartes :* une personne qui prédit l'avenir en regardant les cartes (→ 1. tirer, sens 10).

2. tirer v. 1 ● *Avec son fusil, le chasseur* **a tiré** *sur le lapin :* il a envoyé un projectile avec une arme. — ● *Bernard* **tire** *à l'arc.* 2 (fig.) TIRER À BOULETS ROUGES SUR QUELQU'UN : l'attaquer violemment par des paroles. 3 ● *Le footballeur* **a tiré** *au but :* il a envoyé le ballon vers le but d'un coup de pied (→ SYN. shooter).

■ **2. tireur** nom ● *Ce* **tireur** *a touché la cible,* celui qui tire avec une arme à feu (→ 2. tirer, sens 1).

3. tirer v. 1 ● *Claire* **tire** *un trait sous son nom :* elle le trace sur le papier. 2 ● *Il voudrait* **tirer** *ce journal à 10 000 exemplaires,* l'imprimer (→ 2. tirage). 3 ● *Il a développé ses photos, maintenant il va les* **tirer**, les reproduire sur un papier spécial à partir du négatif (→ 2. tirage).

tiret nom m. ● *Si tu coupes un mot à la fin d'une ligne, n'oublie pas le* **tiret**, le petit trait horizontal qui sert aussi de trait d'union entre deux mots, que l'on utilise aussi au début des dialogues.

tirette nom f. ● *Un bureau à* **tirette**, muni d'une tablette que l'on peut sortir et rentrer.

tireur → 1. tirer et 2. tirer.

tiroir nom m. ● *Frédéric range ses crayons dans le* **tiroir** *de son bureau,* le casier que l'on peut tirer et repousser à l'intérieur d'un meuble (→ 1. tirer, sens 3).

■ **tiroir-caisse** nom m. ● *Le boucher*

met l'argent qu'il reçoit des clients dans le **tiroir-caisse**, le tiroir spécialement aménagé sous la caisse d'un magasin et dans lequel on place l'argent reçu au fur et à mesure des ventes. — ● *Des tiroirs-caisses.*

tisane nom f. ● *Prendrez-vous du café ou une **tisane**?*, une boisson chaude préparée avec des plantes parfumées. — ● *Une **tisane** à la menthe, à la verveine, etc.* (→ SYN. infusion).

tison nom m. ● *Dans la cheminée, il ne reste que quelques **tisons**,* quelques morceaux de bois à moitié brûlés.

■ **tisonnier** nom m. ● *Patrick remue les braises avec un **tisonnier**,* une longue tige de fer qui sert à remuer les braises et à entretenir le feu.

tisser v. ● *Sur son petit métier, Cécile **tisse** de la laine :* elle croise les fils pour faire un tissu. ★ Chercher aussi : navette, trame.

■ **tissage** nom m. Fabrication du tissu.

■ **tisserand** nom ● *Les **tisserands** travaillent sur un métier à tisser,* les artisans qui fabriquent des tissus.

■ **tissu** nom m. 1 ● *Ce canapé est recouvert d'un tissu vert* (→ SYN. étoffe). 2 (fig.) ● *Sa déclaration n'est qu'un **tissu** de mensonges,* un ensemble de mensonges enchevêtrés les uns dans les autres. 3 ● *Le **tissu** nerveux :* l'ensemble des cellules nerveuses.

■ **tissu-éponge** nom m. ● *Mon peignoir de bain est en **tissu-éponge**,* un tissu de coton qui absorbe l'eau.

1. titre nom m. 1 ● *Le **titre** d'un livre, d'un film, d'une chanson, etc. :* leur nom (→ sous-titre). 2 ● *Ce matin, j'ai lu les **titres** des journaux,* les phrases écrites en gros caractères pour présenter les articles.

■ **titrer** v. ● *Ce soir, le journal **titre** : « Nouvelle hausse du prix du pétrole » :* il porte ce gros titre.

2. titre nom m. 1 ● *Ce militaire a reçu le **titre** de maréchal de France,* une façon de l'appeler qui lui fait honneur. — ● *Ce skieur espère gagner le **titre** de champion olympique* (→ titulaire). 2 À

TITRE DE, loc. prép. ● *Je vous lis cette phrase **à titre d'**exemple,* comme exemple (→ SYN. en tant que). — AU MÊME TITRE QUE, loc. conj. ● *Michel est capable de passer ce concours **au même titre que** toi,* aussi bien que toi. — À PLUS D'UN TITRE. ● *Elle mérite cette récompense **à plus d'un titre**,* pour plusieurs raisons. 3 ● *Le contrôleur m'a demandé mon **titre** de transport,* le document qui prouve que j'ai le droit de voyager (carte, billet, ticket, etc.).

tituber v. ● *Cet homme est complètement ivre, il **titube** :* il ne tient pas bien sur ses jambes, il marche de travers, en vacillant.

■ **titubant** adj. ● *Il s'avança d'un pas **titubant*** (→ SYN. chancelant, vacillant).

titulaire adj. et nom 1 ● *Un professeur **titulaire** a le titre officiel de professeur* (→ CONTR. auxiliaire, suppléant). 2 ● *Michel est **titulaire** du permis de conduire :* il l'a obtenu.

■ **titulariser** v. ● *L'État a **titularisé** ces fonctionnaires :* il les a nommés définitivement, il leur a donné officiellement le titre de fonctionnaire (→ titulaire, sens 1).

■ **titularisation** nom f. ● *Il a obtenu sa **titularisation**.*

1. toast [tost] nom m. ● *J'ai mangé des **toasts** avec du beurre et de la confiture,* des tranches de pain de mie grillées.

2. toast [tost] nom m. ● *Je porte un **toast** à notre champion :* je lève mon verre en son honneur, je bois à sa santé.

toboggan nom m. ● *Au jardin public, ne fais pas d'acrobaties sur le **toboggan**,* un appareil présentant un couloir le long duquel les enfants se laissent glisser.

toc nom m. (fam.) ● *Ce n'est pas un vrai diamant, c'est du **toc**,* une imitation.

toccata [tɔkata] nom f. Morceau de musique pour piano ou orgue.

tocsin nom m. Sonnerie de cloche répétée et prolongée, pour annoncer un danger. ● *Quand l'incendie a éclaté, on a sonné le **tocsin** au clocher du village.*

toge nom f. **1** ● *Les Romains de l'Antiquité portaient une* ***toge****, un grand vêtement drapé.* **2** ● *La* ***toge*** *des avocats, des magistrats :* la robe qu'ils portent pendant les séances du tribunal.

toi pronom personnel. Représente la personne à qui l'on parle. **1** pronom sujet. ● ***Toi*** *ici, quelle surprise!* **2** pronom attribut ● *C'est* ***toi*** *qui as pris mon livre.* **3** pronom complément ● *Lève-****toi****! — Je pars avec* ***toi****.* TOI-MÊME. ● *As-tu fait ce dessin* ***toi-même*** *?*

toile nom f. **1** ● *Dominique porte un sac de sport en* ***toile****,* en tissu épais et résistant. — TOILE CIRÉE ● *Cette table est recouverte d'une* ***toile cirée****,* d'un morceau de tissu verni, imperméable. **2** ● *Une mouche s'est prise dans la* ***toile*** *d'araignée,* l'ensemble des fils tissés par l'araignée pour attraper des insectes. **3** ● *Le peintre a posé une* ***toile*** *neuve sur son chevalet,* un morceau de tissu tendu sur un cadre et préparé pour y peindre un tableau. **4** ● *Une* ***toile*** *de Renoir :* un tableau peint par lui.

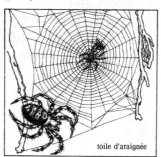

toile d'araignée

1. toilette nom f. **1** ● *As-tu fini de faire ta* ***toilette*** *?,* de te laver, de te peigner, etc. **2** ● *Elle porte une jolie* ***toilette****,* de jolis vêtements.

2. toilettes nom f. plur. ● *Les* ***toilettes*** *sont au sous-sol,* les W.-C., les cabinets.

toise nom f. ● *À la visite médicale, nous passons tous à la* ***toise****,* une grande règle graduée qui sert à mesurer la taille.

toiser v. ● *Elle s'est contentée de le* ***toiser*** *sans un mot :* elle l'a regardé avec dédain, avec mépris.

toison nom f. ● *Une fois par an, on tond la* ***toison*** *des moutons,* leur laine, leur pelage.

toit nom m. **1** ● *Du dernier étage, on a une vue splendide sur les* ***toits*** *de la ville,* la partie qui recouvre les maisons, les bâtiments. — ● *Loger, habiter sous les* ***toits****,* au dernier étage, dans une mansarde. — (fig.) CRIER UNE NOUVELLE SUR LES TOITS : la raconter partout. **2** ● *Les parents et les enfants vivent sous le même* ***toit****,* dans la même maison. **3** ● *Nos bagages sont attachés sur le* ***toit*** *de la voiture,* la partie supérieure de la carrosserie.
■ **toiture** nom f. ● *La* ***toiture*** *de cette maison est en mauvais état,* le toit et ce qui le soutient.

tôle nom f. ● *Le toit de ce hangar est en* ***tôle****,* formé de plaques de fer.

tolérer v. **1** ● *Notre institutrice* ***tolère*** *une ou deux minutes de retard, mais pas plus :* elle accepte à la rigueur ce qui n'est pas bien, pas permis. — ● *Il faut savoir* ***tolérer*** *les défauts des autres,* les supporter avec patience, avec indulgence (→ SYN. excuser). **2** ● *Ce bébé ne* ***tolérera*** *pas une chaleur pareille :* il ne pourra pas la supporter, elle lui fera du mal. ★ Conjug. 8.
■ **tolérable** adj. **1** ● *Votre conduite insolente n'est pas* ***tolérable*** : on ne peut pas l'excuser, l'admettre (→ CONTR. inadmissible, intolérable). **2** ● *Une douleur* ***tolérable****,* que l'on peut supporter.
■ **tolérance** nom f. **1** ● *Pêcher dans cette rivière, ce n'est pas un droit, c'est une* ***tolérance****,* une permission que l'on accorde à la rigueur, par indulgence. **2** ● *Il devrait montrer plus de* ***tolérance****,* de patience et de respect pour les idées des autres (→ CONTR. intolérance).
■ **tolérant** adj. ● *Notre voisine ne se plaint jamais du bruit, elle est* ***tolé-***

rante, compréhensive, indulgente (→ tolérer, sens 1 ; CONTR. intolérant).

tollé nom m. • *Ce fut un beau **tollé** quand on apprit la nouvelle* : protestation générale.

tomahawk [tɔmaok] nom m. Hache de guerre des Indiens d'Amérique.

tomate nom f. • *Nous cultivons dans notre jardin quelques plants de **tomates**, un fruit rouge que l'on consomme comme légume.*

tombe nom f. • *À la Toussaint, ils vont au cimetière pour fleurir les **tombes**, les endroits où sont enterrés les morts.*

■ **tombal** adj. PIERRE TOMBALE. • *Le nom des morts est inscrit sur la pierre **tombale**, la dalle qui recouvre la tombe.*

■ **tombeau** nom m. 1 • *Les pyramides d'Égypte sont les **tombeaux** des anciens pharaons*, les monuments construits au-dessus de leurs tombes. 2 ROULER À TOMBEAU OUVERT : rouler beaucoup trop vite.

tomber v. 1 • *Ne cours pas si vite, tu vas **tomber**!*, te renverser par terre, faire une chute. 2 • *Cette maison **tombe** en ruine* : elle s'écroule. — (fig.) • *Il est tard, je **tombe** de fatigue* : je ne peux plus me tenir debout. 3 • *La pluie **tombe** du ciel* : elle descend du ciel. 4 • *Les feuilles **tombent** en automne* : elles se détachent des arbres. 5 • *En hiver, la nuit **tombe** de bonne heure* : il fait nuit de bonne heure. 6 • *L'aspirine a fait **tomber** sa fièvre*, l'a fait baisser (→ SYN. apaiser, calmer). 7 • *Cet écrivain **est tombé** dans l'oubli* (→ SYN. disparaître, sombrer). 8 (fig. et fam.) LAISSER TOMBER : abandonner. • *Il a besoin de vous, ne le **laissez** pas **tomber**.* 9 • ***Tomber** malade* : devenir subitement malade. — • *La voiture **est tombée** en panne* : elle a arrêté de fonctionner tout à coup. 10 • *Cette année, mon anniversaire **tombe** un samedi* : il a lieu ce jour-là par hasard, par coïncidence. 11 TOMBER BIEN, TOMBER MAL : arriver au bon, au mauvais moment, par hasard. • *Tu **tombes** bien, je voulais justement te voir.* — (fam.) TOM-

BER À PIC : arriver juste au bon moment.
★ *Tomber* se conjugue avec l'auxiliaire *être*.

■ **tombant** adj. En ligne descendante. • *Il a les épaules **tombantes**, des moustaches tombantes.* — À LA NUIT TOMBANTE : à la tombée de la nuit (→ tombée).

■ **tombée** nom f. • *L'accident s'est produit à la **tombée** de la nuit*, au moment où il commence à faire nuit (→ tomber, sens 5).

tombereau nom m. • *Le fermier a déversé un **tombereau** de fumier dans son champ*, une charrette que l'on fait basculer pour la décharger.

tombereau

tombola nom f. • *Avec ce billet, elle a gagné le gros lot de la **tombola**, une loterie où l'on gagne des objets (et non pas de l'argent).

tome nom m. • *Mon parrain m'a offert « Le Comte de Monte-Cristo » en deux **tomes**, en deux volumes. ★ Ne pas confondre *tome* et *tomme*.

tomme nom f. • *As-tu déjà goûté de la **tomme** de Savoie ?*, un fromage à pâte grasse. ★ Ne pas confondre *tomme* et *tome*.

tommette ou **tomette** nom f. • *Dans cette maison provençale, le sol est recouvert de **tomettes**, petite brique plate rouge foncé, qui a souvent six côtés.

1. ton, ta, tes, adj. poss. ● *Ton* frère et *ta* sœur jouent avec *tes* jouets. ★ On emploie *ton* au lieu de *ta* devant une voyelle ou un *h* muet. ● *Ton* armoire. — ● *Ton* histoire.

2. ton nom m. **1** ● *Attention, commencez tous la chanson sur le même* ***ton****,* la même hauteur de voix. — DONNER LE TON : indiquer sur quelle note il faut commencer. **2** ● *«Tais-toi», lui dit-il d'un* ***ton*** *agacé,* une manière de parler qui exprimait son agacement (→ SYN. intonation). **3** ● *Cette année, la mode est aux* ***tons*** *clairs,* aux couleurs claires (→ SYN. nuance, teinte). **4** LE BON TON : ce qui est convenable, les bonnes manières. — DE BON TON : convenable, raffiné. ● *Elle était vêtue avec une élégance* ***de bon ton*** (→ CONTR. vulgaire). ★ Ne pas confondre ton et thon.

■ **tonalité** nom f. **1** ● *Le son de cet électrophone est trop grave, peux-tu régler la* ***tonalité***?, la qualité du son, du plus grave au plus aigu. **2** ● *Quand vous voulez téléphoner, attendez la* ***tonalité*** *avant de former votre numéro,* le bruit qui indique que la ligne est libre.

tondre v. ● *Tondre des moutons :* couper leur laine à ras. — *Dimanche prochain, je t'aiderai à* ***tondre*** *la pelouse,* à la couper très court (→ tonte). ★ Conjug. 31.

■ **tondeuse** nom f. ● *Sais-tu te servir de la* ***tondeuse*** *à gazon?,* de la machine qui sert à tondre.

tonique adj. ● *La Bretagne a un climat* ***tonique****,* qui donne de l'énergie, du tonus (→ SYN. fortifiant, stimulant, vivifiant). □ adj. ● *Le médecin m'a conseillé ce* ***tonique****,* ce médicament qui donne des forces.

■ **tonifier** v. ● *Ces vacances à la montagne vont* ***tonifier*** *son organisme,* le rendre plus tonique, plus vigoureux (→ tonus). ★ Conjug. 10.

tonitruant adj. Qui fait un bruit énorme (semblable à celui du tonnerre). ● *Un rire* ***tonitruant****, une voix* ***tonitruante****.*

tonnage nom m. ● *Connais-tu le* ***tonnage*** *de ce navire?,* sa capacité, la quantité

de marchandises qu'il peut transporter (→ 2. tonneau ; SYN. jauge).

tonne nom f. **1** ● *Nous avons consommé une* ***tonne*** *de charbon cet hiver,* mille kilos. **2** (fig. et fam.) ● *Elle a rapporté du marché des* ***tonnes*** *de provisions,* beaucoup de provisions.

1. tonneau nom m. **1** ● *Le vin vieillit dans ce* ***tonneau****,* un grand récipient de bois cerclé de fer dans lequel on conserve les liquides. ★ Chercher aussi : baril, barrique, 1. fût. **2** ● *La voiture a fait plusieurs* ***tonneaux*** *avant de s'immobiliser,* plusieurs tours complets en roulant sur elle-même.

■ **tonnelet** nom m. ● *Ce gros chien portait un* ***tonnelet*** *de rhum attaché autour du cou,* un petit tonneau.

■ **tonnelier** nom m. Personne qui fabrique des tonneaux.

2. tonneau nom m. ● *Ce pétrolier jauge 100 000* ***tonneaux****,* une unité de volume (2,83 m^3) qui sert à mesurer la capacité d'un navire (→ tonnage).

tonnelle nom f. ● *Dans le jardin, nous avons déjeuné sous la* ***tonnelle****,* une voûte de treillage sur laquelle on fait grimper du feuillage.

tonnelle

tonnerre nom m. **1** ● *Au début de l'orage, un coup de* ***tonnerre*** *m'a réveillé en sursaut,* le bruit qui accompagne la foudre. ★ Chercher aussi : éclair. **2** (fig.)

• *L'artiste salua dans un **tonnerre** d'applaudissements*, un grand bruit qui éclate comme le tonnerre.

■ **tonner** v. • *Quand notre chat entend **tonner**, il court se réfugier sous la table*, quand il entend des coups de tonnerre.

tonsure nom f. • *Autrefois, les prêtres et les moines portaient la **tonsure***, un petit cercle de cheveux rasés sur le sommet du crâne (→ tondre).

tonte nom f. • *Le troupeau de moutons est rassemblé pour la **tonte**, pour que l'on tonde leur laine.*

tonus nom m. • *Voilà un enfant plein de **tonus**!*, de vitalité, d'énergie, de dynamisme.

top nom m. Signal donné pour marquer un instant précis. • *Au quatrième **top**, il sera seize heures.* — Signal de départ. • *Attention, **top**, partez.*

topaze nom f. Pierre précieuse jaune transparente. • *Elle avait une bague ornée d'une **topaze**.*

topinambour nom m. Tubercule comestible utilisé surtout pour nourrir le bétail.

topographie nom f. • *L'ingénieur chargé de tracer une route doit d'abord étudier la **topographie** de la région*, le relief du terrain.

■ **topographique** adj. • *Une carte **topographique** indique le relief d'une région.*

toque nom f. • *Le chef cuisinier est coiffé d'une **toque** blanche*, une sorte de bonnet haut.

toqué adj. et nom (fam.) • *Cet homme traîne une boîte de conserve au bout d'une ficelle! Il doit être un peu **toqué***, un peu fou.

torche nom f. **1** • *La fête se termina tard dans la nuit à la lueur des **torches***, de gros bâtons enduits de cire ou de résine, que l'on fait brûler pour éclairer (→ SYN. flambeau). **2** • *En partant camper, n'oublie pas ta **torche** électrique*, une longue lampe de poche de forme cylindrique.

torchis nom m. • *Ces maisons normandes ont des murs de **torchis***, un matériau fait d'un mélange d'argile et de paille.

torchon nom m. • *Si tu veux m'aider à essuyer la vaisselle, prends ce **torchon**.*

tordre v. **1** • *Il faut **tordre** ce drap mouillé pour l'essorer*, en tourner les deux extrémités en sens contraire (→ torsion). **2** v. pron. • *Paul s'est **tordu** la cheville* : il se l'est violemment tournée par accident (→ SYN. fouler). **3** • *Il est si fort qu'il peut **tordre** cette barre de fer*, la plier. ★ Conjug. 31.

■ *se **tordre** v. pron. (fam.) • *C'était si drôle qu'il se **tordait** de rire*, qu'il riait beaucoup.

■ **tordant** adj. (fam.) • *Elle nous a raconté une histoire **tordante***, qui nous a fait tordre de rire.

toréador nom m. Nom donné, en France, à celui qui combat le taureau dans les corridas (→ SYN. matador). ★ Chercher aussi : corrida, matador, picador, torero.

toréro nom m. Celui qui combat le taureau dans les corridas. • *Les matadors et les picadors sont des **toréros**.*

tornade nom f. • *Les récoltes ont été dévastées par une **tornade***, une tempête de vent très violent, qui se déplace en tournant (→ SYN. cyclone, ouragan).

torpeur nom f. • *Cette chaleur accablante m'engourdit et me plonge dans la **torpeur***, une sorte de demi-sommeil (→ SYN. assoupissement).

torpille nom f. **1** • *Le sous-marin a lancé une **torpille** pour couler le navire ennemi*, une bombe sous-marine à moteur. **2** • *Le plongeur sous-marin n'était pas rassuré en rencontrant le poisson **torpille***, un grand poisson qui lance des décharges électriques.

■ **torpiller** v. **1** • ***Torpiller** un navire* : l'attaquer, le faire sauter à la torpille. **2** (fig.) • *Nos adversaires ont **torpillé** notre projet* : ils ont manœuvré pour le faire échouer.

■ **torpilleur** nom m. • *Un **torpilleur** de la marine ennemie est en vue!*, un navire de guerre qui lance des torpilles.

torréfier v. ● *Dans cette boutique, on* **torréfie** *le café* : on fait griller les grains de café pour que l'on puisse les consommer. ★ Conjug. 10.
■ **torréfaction** nom f. ● *J'aime sentir l'odeur de la* **torréfaction**, l'opération par laquelle on torréfie le café.

torrent nom m. **1** ● *Nous nous sommes rafraîchis dans l'eau claire d'un* **torrent**, un cours d'eau rapide qui dévale une pente. **2** (fig.) ● *Il a été accueilli par un* **torrent** *d'injures*, une grande quantité (→ SYN. flot). — PLEUVOIR À TORRENTS : pleuvoir très fort.
■ **torrentiel** adj. ● *Des pluies* **torrentielles**, très abondantes et violentes, comme l'eau d'un torrent.

torride adj. ● *La nuit va nous rafraîchir après cette journée* **torride**, extrêmement chaude.

torsade nom f. ● *La salle des fêtes est décorée de guirlandes faites de longues* **torsades** *de papier*, des bandes enroulées en spirale (→ tordre, sens 1).
■ **torsadé** adj. Assemblé en torsade. ● *Un cordon* **torsadé** ; *des cheveux* **torsadés**.

torse nom m. ● *C'est un athlète au* **torse** *musclé*, la partie du corps qui va des épaules à la ceinture. — ÊTRE, SE METTRE TORSE NU : nu jusqu'à la ceinture.

torsion nom f. ● *Il immobilisa son adversaire par une violente* **torsion** *du bras*, en lui tordant le bras (→ tordre).

tort nom m. **1** ● *Il reconnaît qu'il a des* **torts** *envers son frère*, des mauvaises actions, des erreurs à se reprocher. **2** ● *En l'accusant ainsi, tu lui fais du* **tort** : tu lui fais du mal, tu lui nuis. **3** AVOIR TORT : ne pas avoir raison, être dans l'erreur. ● *Tu* **as tort** *de refuser mon offre.* — DONNER TORT À QUELQU'UN : déclarer ou trouver qu'il agit mal, qu'il se trompe. **4** ÊTRE EN TORT, DANS SON TORT : avoir tort aux yeux de la loi, commettre une faute. ● *Si tu traverses hors des passages pour piétons, tu* **es dans ton tort** (→ CONTR. être dans son droit).

5 À TORT, loc. adv. : sans avoir raison, en se trompant. ● *Je suis sûr que tout va bien, tu t'inquiètes* **à tort**. — ● *J'ai été soupçonné* **à tort** (→ SYN. injustement ; CONTR. à juste titre, avec raison). — À TORT OU À RAISON, loc. adv. : avec ou sans raison valable. ● *On le considère* **à tort ou à raison** *comme un paresseux.* **6** À TORT ET À TRAVERS, loc. adv. : sans réfléchir. ● *Il parle* **à tort et à travers**.

torticolis nom m. ● *Pour avoir dormi dans une mauvaise position, je me suis réveillé avec un* **torticolis**, une douleur au cou qui m'empêche de tourner la tête.

tortillard nom m. ● *Si vous n'êtes pas pressé, vous pouvez prendre ce* **tortillard**, ce petit train qui va lentement en faisant des détours et s'arrête partout.

tortiller v. ● *La fillette intimidée récitait sa leçon en* **tortillant** *une mèche de cheveux*, en la tordant dans tous les sens. ☐ v. pron. ● *Je ne pourrai jamais te coiffer si tu* **te tortilles** *comme un ver de terre.*

tortionnaire nom ● *Ce pauvre chien s'est sauvé pour échapper à ses* **tortionnaires**, à ceux qui le torturaient (→ torture).

tortue nom f. ● *Connais-tu la fable du lièvre et de la* **tortue** ?, un animal très lent qui porte une carapace. — AVANCER COMME UNE TORTUE : avancer très lentement.

tortueux adj. ● *Dans le centre de la vieille ville, j'ai suivi une rue étroite et* **tortueuse**, qui tourne tout le temps (→ SYN. sinueux ; CONTR. droit).

torture nom f. **1** Souffrance cruelle pour le corps. ● *Les moustiques infligeaient mille* **tortures** *à l'explorateur perdu dans la forêt vierge* (→ SYN. martyre, supplice). **2** ● *Cette inquiétude est une* **torture**, une souffrance cruelle pour l'esprit (→ SYN. tourment).
■ **torturer** v. **1** ● *Vous pouvez le* **torturer**, *il n'avouera jamais*, lui faire subir des tortures (→ tortionnaire ; SYN.

martyriser). **2 •** *Il **est torturé** par le remords :* il en souffre beaucoup (→ SYN. tourmenter).

tôt adv. **1 •** *En juin, le soleil se lève **tôt**,* de bonne heure. — **•** *Tu arrives trop **tôt**, le dîner n'est pas encore prêt* (→ CONTR. tard). **2** AU PLUS TÔT, loc. adv. **•** *J'aurai fini mon travail dans une heure **au plus tôt**,* pas avant. **3** LE PLUS TÔT POSSIBLE : dès que possible. **4** PAS DE SI TÔT. **•** *Il a eu si peur qu'il ne recommencera **pas de si tôt**,* pas avant longtemps. **5** TÔT OU TARD : un jour ou l'autre, inévitablement. **•** *Tôt ou tard, je saurai si elle a menti.*

total adj. et nom m. **A.** adj. **1 •** *Nous avons dépensé une somme **totale** de mille francs,* une somme obtenue en comptant tout, en additionnant toutes les dépenses (→ SYN. global). **2 •** *Je ne peux dormir que dans l'obscurité **totale**,* complète (→ SYN. absolu, parfait).

B. nom m. **1 •** *J'ai réglé le **total** de mes dettes,* toutes mes dettes. **2 •** *Le **total** de 10 + 15 est 25,* le résultat d'une addition (→ SYN. somme). **3.** AU TOTAL, loc. adv. : tout compte fait, en somme. **•** *Au total,* il ne regrette rien.

■ **totalement** adv. **•** *Je suis **totalement** satisfait de vos services,* complètement, entièrement.

■ **totalité** nom f. **•** *Il a vendu la **totalité** de ses biens,* tous ses biens (→ SYN. ensemble ; CONTR. partie).

■ **totaliser** v. **•** *Le gagnant est celui qui **totalise** le plus grand nombre de points,* celui qui obtient le plus grand total de points.

totalitaire adj. ÉTAT, RÉGIME TOTALITAIRE : régime dominé par un parti unique qui détient le pouvoir, interdit toute opposition et contrôle la vie des citoyens.

■ **totalitarisme** nom m. Système totalitaire. **•** *Cette organisation veut lutter contre tous les **totalitarismes**.*

totem [tɔtɛm] nom m. **•** *Au milieu de leur camp, les Indiens ont planté leur **totem**,* une sorte de statue représentant l'animal ou la plante qui protège leur tribu.

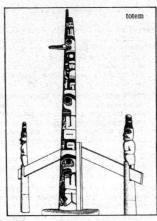

totem

toucan nom m. Oiseau grimpeur d'Amérique du Sud, avec un plumage aux couleurs vives et un très gros bec.

touche nom f. **1 •** *Pour jouer «do, mi, sol» sur ce piano, mets tes doigts sur ces **touches**,* chacune des pièces du clavier sur lesquelles on appuie. — **•** *Les **touches** d'une machine à écrire.* **2 •** *Quelques **touches** de blanc autour des yeux rendraient ce portrait plus lumineux,* quelques coups légers de pinceau. **3 •** *Depuis deux heures que je pêche, je n'ai pas senti la moindre **touche**,* la secousse que fait le poisson quand il mord à l'hameçon. **4** LIGNE DE TOUCHE : ligne qui limite les côtés d'un terrain de football ou de rugby. — **•** *Le ballon vient de sortir en **touche** :* il vient de dépasser cette limite. **5** (fam.) **•** *Il a une drôle de **touche**,* d'allure.

touche-à-tout nom m. invar. **1** Enfant qui touche à tout ce qu'il voit. **2** (péjor.) Personne qui disperse son activité en s'occupant de beaucoup de choses différentes.

toucher v. et nom m. **A.** v. **1 •** *Dans l'obscurité, sa main **a touché** un objet*

froid : elle est entrée en contact avec lui. — ● *Sur la pointe des pieds, une **touche** le plafond :* il l'atteint. — ● *Notre jardin **touche** le vôtre :* ils sont l'un contre l'autre. □ v. pron. ● *Ces deux jardins **se touchent**.* 2 ● *Cette balle de fusil l'**a touché** au bras :* elle l'a atteint, blessé au bras. 3 ● *C'est une affaire qui ne me **touche** pas :* qui ne me concerne pas. 4 ● *Votre générosité nous **a** beaucoup **touchés** :* elle nous a émus. 5 ● *Il **touche** son salaire à la fin du mois :* il le reçoit. 6 ● *Ne **touchez** pas aux objets exposés dans la vitrine :* n'y mettez pas la main, ne les prenez pas. 7 TOUCHER À SA FIN. ● *Nos vacances **touchent à leur fin** :* elles sont sur le point de finir (→ SYN. tirer à sa fin).
B. nom m. ● *C'est grâce au **toucher** que les aveugles peuvent lire,* un des cinq sens, celui qui permet de sentir et de reconnaître ce que l'on touche.

■ **touchant** adj. ● *Votre histoire est **touchante*** (→ toucher, A sens 4 ; SYN. attendrissant, émouvant).

touffe nom f. ● *La chèvre a brouté une **touffe** d'herbe tendre,* un petit bouquet d'herbe.

■ **touffu** adj. ● *Notre jardin est fermé par une haie **touffue**,* épaisse, serrée (→ SYN. dense, dru ; CONTR. clairsemé).

toujours adv. 1 ● *Je me lève **toujours** de bonne heure,* chaque fois, tout le temps (→ CONTR. jamais). 2 ● *Isabelle est **toujours** en Angleterre,* encore maintenant. 3 ● *Je me souviendrai **toujours** de cette journée,* toute ma vie, sans cesse. — POUR TOUJOURS, loc. adv. ● *Il nous a quittés **pour toujours**,* définitivement (→ SYN. à jamais).

toundra nom f. Steppe de la zone du pôle Nord.

toupet nom m. ● *Je ne l'avais pas invité à déjeuner, mais il est resté quand même. Quel **toupet** !* (→ SYN. audace).

toupie nom f. ● *Il a réussi à faire tourner sa **toupie** pendant une minute,* un jouet qu'on lance pour qu'il retombe sur sa pointe en tournant sur lui-même.

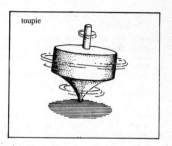

toupie

1. **tour** nom m. 1 ● *Mon vélo grince à chaque **tour** de roue,* chaque mouvement de la roue qui tourne sur elle-même (→ SYN. rotation). — À DOUBLE TOUR. ● *Loïc ferme la porte **à double tour**,* en tournant deux fois la clé. — AU QUART DE TOUR. ● *Cette voiture démarre **au quart de tour**,* immédiatement, dès que l'on met le contact pour faire tourner le moteur. 2 ● *Notre ville fait cinq kilomètres de **tour**,* de pourtour, de circonférence. 3 FAIRE LE TOUR DE QUELQUE CHOSE : tourner autour, longer le bord. — ● *Les coureurs effectuent un **tour** de piste,* un parcours en rond. — (fig.) FAIRE LE TOUR D'UNE QUESTION, D'UN PROBLÈME : l'examiner entièrement, complètement. 4 ● *Va faire un **tour**, cela te calmera,* une petite promenade. 5 ● *Le prestidigitateur nous a montré quelques **tours**,* des exercices qui demandent de l'adresse. — UN TOUR DE FORCE : un exercice qui demande de la force. 6 ● *Le 1er avril, il m'a joué un **tour**,* une farce. 7 ● *C'est ton **tour** de distribuer les cartes :* c'est à toi. — CHACUN SON TOUR ; À TOUR DE RÔLE : les uns après les autres, toujours dans le même ordre. ● *Les soldats montent la garde **à tour de rôle**.* 8 TOUR À TOUR, loc. adv. ● *Il est **tour à tour** gai puis triste,* tantôt gai, tantôt triste (→ SYN. alternativement). 9 ● *La conversation prend un **tour** désagréable :* elle devient désagréable (→ SYN. aspect, tournure). 10 TOUR DE CHANT : série de chansons interprétées par un chanteur, une

chanteuse. ● *Son tour de chant a été très applaudi.*

2. tour nom m. ● *Le potier a posé une boule de terre sur le plateau de son tour, une machine qui tourne régulièrement et permet de façonner des poteries, des objets en bois, en métal, de forme ronde, cylindrique, etc.* (→ tourneur).

3. tour nom f. **1** ● *La vue est très belle, du haut des tours du château, des bâtiments plus hauts que les autres, ronds ou carrés.* ★ Chercher aussi : tourelle. **2** ● *À Paris, un émetteur de la télévision est situé sur la tour Eiffel, une construction très haute.* ● *Anne habite au 20ᵉ étage d'une tour, d'un immeuble très haut.* ★ Chercher aussi : gratte-ciel. — TOUR DE CONTRÔLE : local surélevé d'où les contrôleurs aériens dirigent le décollage et l'atterrissage des avions sur un aéroport.

tourbe nom f. ● *La tourbe brûle en dégageant beaucoup de fumée, une sorte de charbon qui se forme dans les marécages.*
■ **tourbière** nom f. ● *Exploiter une tourbière, un endroit où se forme la tourbe et d'où on l'extrait.*

tourbillon nom m. **1** ● *Des tourbillons de vent soulevaient la poussière, du vent qui souffle en tournoyant rapidement.* — ● *Des tourbillons de sable, du sable qui vole en tournoyant.* **2** ● *Ne vous baignez pas ici, méfiez-vous des tourbillons, des courants qui tournent sur eux-mêmes avec violence.*
■ **tourbillonner** v. ● *En automne, les feuilles mortes tombent en tourbillonnant, en tournant rapidement sur elles-mêmes* (→ SYN. tournoyer).
■ **tourbillonnant** adj. Qui tourbillonne. ● *Un mouvement tourbillonnant.*

tourelle nom f. **1** ● *Derrière les arbres du parc, on aperçoit les tourelles du château, les petites tours.* **2** ● *La tourelle d'un char : la partie munie d'un canon, qui peut tourner sur elle-même.*

tourisme nom m. **1** ● *Après son voyage d'affaires aux États-Unis, il a fait du tourisme : il a voyagé pour son plaisir, en faisant des excursions, en visitant des monuments, etc.* — ● *Une agence de tourisme, qui organise des voyages.* — ● *Une voiture de tourisme, qui ne sert pas pour le travail.* **2** ● *Cette région vit principalement du tourisme, de l'ensemble des activités liées aux séjours des visiteurs.*
■ **touriste** nom ● *En été, ce petit port est envahi par les touristes, les gens qui viennent le visiter ou y séjourner pendant les vacances.*
■ **touristique** adj. **1** ● *Le syndicat d'initiative distribue des guides touristiques de la région, pour ceux qui font du tourisme.* **2** ● *La Suisse est un pays touristique, qui attire les visiteurs, les touristes.*

tourment nom m. ● *Ces problèmes m'ont donné bien du tourment, de graves soucis* (→ SYN. inquiétude, tracas).
■ **tourmenter** v. **1** ● *Cette idée me tourmente : elle me donne des inquiétudes, du souci* (→ SYN. tracasser). □ v. pron. ● *Hervé se tourmente pour un rien.* **2** ● *Ne tourmentez pas cette mouche qui ne vous a rien fait : ne la faites pas souffrir.*

tourmente nom f. (littér.) ● *Les alpinistes ont été pris dans une tourmente de neige, une violente tempête.*

tournage nom m. ● *Tous les acteurs sont arrivés ; le tournage du film va pouvoir commencer, l'enregistrement des images avec la caméra* (→ tourner, sens 4 ; SYN. réalisation).

tournant nom m. et adj. **1** nom m. ● *La voiture a pris ce tournant en dérapant* (→ tourner, sens 6 ; SYN. virage). **2** adj. ● *Un fauteuil tournant, qui tourne, qui pivote.*

tourne-disque nom m. ● *Pour mon anniversaire, mes parents m'ont offert un tourne-disque, un appareil qui permet d'écouter les disques* (→ SYN. électrophone). — ● *Des tourne-disques.*

tournedos nom m. ● *Veux-tu manger un*

bifteck ou un **tournedos** ?, une tranche ronde de filet de bœuf.

tournée nom f. **1** ● *Le représentant de commerce fait sa **tournée***, les déplacements qu'il doit accomplir pour rendre visite à ses clients, en s'arrêtant à des endroits précis. — ● *Les acteurs de théâtre sont partis en **tournée** pendant deux mois*, en voyage pour jouer dans plusieurs endroits différents. **2** ● *Pour trouver ces chaussures, elle a fait la **tournée** des magasins*, un long tour en s'arrêtant à tous les magasins de chaussures. **3** (fam.) ● *Au café, chacun a payé une **tournée** :* chacun a offert une fois à son tour une consommation à chacun des autres.

en un **tournemain** loc. adv. ● *Le dépanneur a fait démarrer la voiture **en un tournemain**,* en un instant, très rapidement.

tourner v. **1** ● *La roue **tourne** :* elle se déplace autour de son axe. — ● *Ce satellite **tourne** autour de la Terre :* il se déplace en faisant le tour de la Terre (→ tournoyer). ● *J'ai **tourné** la clé dans la serrure :* je l'ai fait pivoter. — ● ***Tourner** les pages d'un livre :* les faire passer d'un côté à l'autre. — (fig.) SE TOURNER LES POUCES : rester sans rien faire. **3** ● *Ce potier **tourne** un vase :* il le fabrique sur son tour (→ 2. tour). **4** ● *Le metteur en scène va **tourner** un film*, le réaliser en filmant les images, en enregistrant les sons (autrefois on faisait marcher les caméras grâce à une manivelle que l'on tournait). **5** TOURNER ROND. ● *Ce moteur **tourne** rond :* il fonctionne normalement, sans à-coups. — (fig.) ● *Tu as l'air inquiet, quelque chose ne **tourne** pas rond ?,* ne va pas comme il faudrait. **6** ● *Le camion met son clignotant pour **tourner** à gauche*, pour changer de direction. — ● ***Tourne** la télévision vers moi :* dirige-la vers moi. □ v. pron. ● *Elle **s'est tournée** vers nous.* **7** TOURNER BIEN ou MAL. ● *Leur aventure a **mal tourné** :* elle a mal évolué, elle s'est mal terminée (→ tournure). **8** ● *Il essaie de **tourner** la difficulté*, de ne pas l'affronter

directement, de l'éviter. **9** (fig. et fam.) TOURNER AUTOUR DU POT : hésiter, ne pas aller droit au but. **10** (fig. et fam.) TOURNER DE L'ŒIL : s'évanouir. **11** (fig.) LA TÊTE ME TOURNE (ou J'AI LA TÊTE QUI TOURNE) : j'ai des vertiges, l'impression que tout tourne autour de moi (→ tournis). **12** ● *Le lait a **tourné** :* il s'est décomposé, il est devenu aigre.

tournesol nom m. ● *Les grosses fleurs jaunes des **tournesols** s'orientent toujours vers le soleil*, des plantes dont on fait de l'huile pour la cuisine.

tourneur nom m. ● *Cet ouvrier est **tourneur** sur métaux :* il travaille sur un tour (→ 2. tour).

tournevis nom m. Outil en métal pour fixer ou retirer les vis.

tourniquet nom m. ● *Pour entrer dans le supermarché, passe par le **tourniquet***, un appareil formé d'une croix qui tourne en ne laissant passer qu'une personne à la fois.

tournis nom m. (fam.) ● *Cessez de marcher de long en large, vous me donnez le **tournis**,* le vertige ; vous me faites tourner la tête.

tournoi nom m. **1** ● *Les chevaliers du Moyen Âge participaient à des **tournois**,* des combats où les deux adversaires essayaient de se faire tomber de cheval avec une lance (→ SYN. joute). ★ Chercher aussi : désarçonner. **2** ● *La télévision a retransmis le **tournoi** de tennis*, la compétition composée de plusieurs matchs.

tournoyer v. **1** ● *Tous ces pigeons **tournoyaient** autour du clocher :* ils volaient en faisant des cercles, sans s'éloigner. **2** ● *Les feuilles tombent des arbres en **tournoyant*** (→ SYN. tourbillonner). ★ Conjug. 6.

tournure nom f. **1** ● *Changer la **tournure** d'une phrase*, la façon dont elle est écrite. **2** ● *Les événements prennent une mauvaise **tournure** :* ils changent dans le mauvais sens (→ tourner, sens 7). **3** TOURNURE D'ESPRIT. ● *Michel a une **tournure** d'esprit* particulière, une façon particulière de voir, de juger les choses.

tourteau nom m. ● *Hier, elle a acheté des **tourteaux**, de gros crabes dont la chair est savoureuse.*

tourterelle nom f. ● *Ce matin, j'ai entendu roucouler les **tourterelles**, des oiseaux semblables aux pigeons, mais plus petits.*

tous → 1. tout.

tousser v. ● *Tout à l'heure, je t'ai entendu **tousser**,* chasser brusquement de l'air par la bouche en faisant du bruit après une contraction de la gorge (→ toux).
■ **toussoter** v. Tousser doucement, sans faire beaucoup de bruit.

1. tout, toute ; tous, toutes adj., pronom et adv. **A.** adj. **1** ● *Il a plu **toute** la nuit,* la nuit entière. **2** ● ***Tous** les élèves de la classe ont écrit un poème,* chacun sans exception. **3** ● *Il se lève **tous** les jours à 8 h* (→ SYN. chaque). **4** ● *De **tout** côté :* de n'importe quel côté. **B.** pronom **1** ● *Avez-vous **tous** un crayon ?,* la totalité d'entre vous. **2** (au sing.) ● *J'ai fait le ménage et j'ai **tout** rangé,* toutes les choses (→ CONTR. rien). **3** ● *Nous étions cinq, en **tout**,* au total. **C.** adv. **1** ● *«Quelle est la couleur de ton chat ?» «Il est **tout** noir»,* entièrement (→ tout à fait). **2** ● *François est assis **tout** près de moi* (→ SYN. très). ● *L'adverbe **tout** s'accorde devant un adjectif féminin commençant par une consonne ou par un h aspiré.* ● *Elles sont **toutes** jeunes ; elle est **toute** honteuse.*

2. tout nom m. **1** ● *J'avais plusieurs numéros de cette revue, j'ai vendu le **tout**,* l'ensemble, la totalité. **2** ● *Ce n'est pas difficile à faire, le **tout** est d'être patient,* le plus important. **3** PAS DU TOUT, loc. adv. ● *«As-tu faim ?» «Non, **pas du tout**»,* absolument pas.

tout à coup loc. adv. ● ***Tout à coup**, la voiture a dérapé sur le verglas,* brusquement (→ SYN. soudain, subitement).

tout à fait loc. adv. ● *Tu peux retourner à l'école, tu es **tout à fait** guéri* (→ SYN. complètement, entièrement).

tout-à-l'égout nom m. invar. ● *Autrefois, les maisons n'étaient pas équipées du **tout-à-l'égout**,* un système de gros tuyaux qui fait passer directement les eaux sales dans les égouts. ★ Chercher aussi : fosse septique*.

tout à l'heure loc. adv. **1** ● ***Tout à l'heure**, il a neigé,* il y a très peu de temps. **2** ● *Nous irons **tout à l'heure** chercher ton frère à l'école,* dans très peu de temps, dans un moment.

tout de suite loc. adv. ● *Tu saignes du nez, va **tout de suite** à l'infirmerie !* (→ SYN. immédiatement).

toutefois adv. ● *Laure n'est pas encore arrivée, **toutefois** elle peut encore venir* (→ SYN. cependant, néanmoins, pourtant).

tout-venant nom m. ● *Il cherche un emploi pour les vacances et il est prêt à accepter le **tout-venant**,* ce qui se présente, n'importe quoi.

toux nom f. ● *Le pharmacien m'a conseillé un médicament contre la **toux**,* pour ne plus tousser. ★ Chercher aussi : quinte.

toxique nom m. et adj. **1** nom m. Poison. **2** adj. ● *Les moteurs des voitures dégagent des gaz **toxiques**,* qui peuvent empoisonner.
■ **toxicomane** nom ● *Dans cet hôpital, on soigne les **toxicomanes**,* les personnes qui se droguent (→ SYN. drogué).

trac nom m. ● *Avant de passer son examen, Nicolas avait le **trac**,* la peur que l'on ressent aussi avant de parler en public, de se montrer sur une scène, etc.

tracas nom m. ● *Ses **tracas** l'empêchent de dormir,* ses soucis (→ SYN. difficulté, ennui).
■ **tracasser** v. ● *L'avenir de ses enfants le **tracasse**,* lui cause du souci, l'inquiète. □ v. pron. ● *Allons ! Ne vous **tracassez** pas,* tout cela n'est pas bien grave : ne vous inquiétez pas.
■ **tracasserie** nom f. **1** Complication inutile. ● *Les **tracasseries** administratives font perdre beaucoup de temps.* **2** Vexation mesquine. ● *Ses collègues*

*lui faisaient sans cesse des **tracasseries.***

trace nom f. **1** ● *Les chasseurs ont découvert les **traces** d'un lion*, les empreintes, les marques laissées par son passage. — (fig.) MARCHER SUR LES TRACES DE QUELQU'UN. ● *Tout jeune, Didier **marchait** déjà **sur les traces de** son père* : il suivait son exemple. **2** ● *Il reste des **traces** de boue sur ton pantalon*, des marques, des taches légères. **3** ● *En analysant cette eau, on y a découvert des **traces** de poison*, une toute petite quantité. **4** ● *Ces ruines sont la **trace** d'une civilisation très ancienne*, ce qui montre qu'elle a existé.

tracer v. **1** ● *Le maître **a tracé** un triangle au tableau* : il l'a dessiné en faisant des traits. **2** ● *Une route **a été tracée** à travers les champs* : on a marqué son emplacement sur le terrain. ★ Conjug. 4.
■ **tracé** nom m. ● *Sur cette carte, on distingue le **tracé** des fleuves et des rivières*, le dessin du parcours qu'ils suivent.

trachée-artère nom f. ● *Quand tu respires, l'air passe par ta **trachée-artère***, le conduit en forme de tube qui amène l'air aux bronches et aux poumons. ★ VOIR p. 969.

tract nom m. ● *Pendant la grève, les ouvriers ont distribué des **tracts***, des feuilles de papier imprimées où ils expliquent leurs idées, ce qu'ils veulent. — ● *Un **tract** publicitaire* : une feuille imprimée pour faire de la publicité.

tracter v. Tirer (avec un véhicule), remorquer. ● *Cette voiture n'est pas assez puissante pour **tracter** une caravane.*

tracteur nom m. ● *Dans la cour de la ferme, il y a un **tracteur** avec des roues énormes*, un véhicule à moteur qui sert à tirer des remorques et des machines agricoles.

traction nom f. **1** ● *Les voitures à cheval utilisaient la **traction** animale*, la force des animaux pour tirer les véhicules. **2** TRACTION AVANT. ● *Une voiture à **traction avant***, dont le moteur entraîne les roues avant (on dit aussi une ***traction avant***). — ● *Une voiture à **traction arrière**.* **3** ● *Pour amener tes épaules jusqu'au niveau du trapèze, fais une **traction** des bras*, un mouvement en tirant sur tes bras.

tradition nom f. ● *Tous les ans, à Noël, nous décorons un sapin, c'est la **tradition**, ce qui se fait depuis toujours dans notre pays*, dans notre famille, etc. (→ SYN. coutume, habitude).
■ **traditionnel** adj. ● *Le jour de Noël, la dinde est le plat **traditionnel***, que l'on fait parce que c'est la tradition.
■ **traditionnellement** adv. ● *Le jour du Premier Mai, on offre **traditionnellement** du muguet.*

1. traduire v. **1** ● *Mon ami John m'a écrit en anglais, peux-tu **traduire** sa lettre en français* ?, dire ou écrire dans une langue ce qui est dit ou écrit dans une autre langue. **2** ● *Cet artiste se sert de la poésie pour **traduire** sa pensée*, pour l'exprimer d'une certaine façon. □ v. pron. ● *La joie des spectateurs **s'est traduite** par un tonnerre d'applaudissements.* ★ Conjug. 43.
■ **traducteur, -trice** nom ● *Quel est le **traducteur** de ce roman étranger* ?, celui qui l'a traduit (→ traduire, sens 1).
■ **traduction** nom f. **1** ● *La **traduction** de ce roman est excellente*, la manière dont il est traduit. **2** ● *J'ai lu une **traduction** de ce livre*, le texte traduit.

2. traduire v. ● *Le gangster a été arrêté puis **traduit** en justice* : on l'a fait passer devant les juges, au tribunal. ★ Conjug. 43.

1. trafic nom m. ● *Ce brouillard a ralenti le **trafic** routier*, la circulation sur les routes.

2. trafic nom m. ● *La police a découvert que cet homme se livrait à un **trafic***, un commerce interdit par la loi.
■ **trafiquant** nom m. ● *Un **trafiquant** de drogue a été arrêté ce matin*, celui qui fait du trafic.
■ **trafiquer** v. **1** Acheter ou vendre en fraude des marchandises interdites, faire du commerce d'une façon malhonnête. **2** (fam.) ● *Cette vieille voiture*

a sûrement fait plus de 15 000 km ; son compteur *a été trafiqué* : on a changé le kilométrage pour tromper les acheteurs.

tragédie nom f. **1** ● *Racine et Corneille ont écrit de nombreuses **tragédies**, des pièces de théâtre en vers qui racontent une histoire triste et tourmentée.* ★ Chercher aussi : comédie, drame. **2** ● *Leur promenade a mal fini, elle s'est terminée par une **tragédie**, par un événement terrible* (→ SYN. drame).

■ **tragique** adj. **1** ● *Racine est un auteur **tragique**, qui a écrit des tragédies.* **2** ● *Il est mort sous une avalanche. Quelle fin **tragique** !* (→ SYN. effroyable, terrible). — PRENDRE QUELQUE CHOSE AU TRAGIQUE. ● *Allons ! Cesse de tout prendre **au tragique** !, de t'inquiéter trop, de te tourmenter pour des choses qui n'en valent pas la peine.*

■ **tragiquement** adv. ● *Cette aventure s'est terminée **tragiquement**, d'une façon tragique.*

trahir v. **1** ● *Il était prêt à nous **trahir**, à nous abandonner et à aider nos ennemis alors que nous avions confiance en lui* (→ traître). **2** ● *Trahir un secret : répéter ce que l'on a promis de garder secret* (→ SYN. divulguer). **3** ● *Il essayait de mentir, mais son air embarrassé **l'a trahi** : il a montré ce que les autres ne devaient pas savoir.* □ v. pron. ● *Interrogé par les policiers, le gangster **s'est trahi** : il a laissé échapper ce qu'il ne voulait pas que l'on sache.* ★ Conjug. 11.

■ **trahison** nom f. ● *On l'a accusé d'avoir commis une **trahison**, d'avoir trahi.*

1. train nom m. **A.** **1** ● *Attention ! Le **train** va partir, l'ensemble des wagons tirés par une locomotive.* ★ VOIR p. 634. — (fig.) PRENDRE LE TRAIN EN MARCHE. ● *Françoise s'est inscrite au cours de danse avec trois mois de retard ; elle **a pris le train en marche** : elle a commencé à participer à une activité déjà commencée.* **2** ● *Un **train** de péniches : une file de péniches tirées les unes derrière les autres.* **2** TRAIN D'ATTERRISSAGE. ● *Après le*

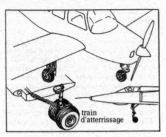

train d'atterrissage

décollage, le pilote de l'avion rentre le **train d'atterrissage**, la partie où sont fixées les roues.

2. train nom m. **1** ● *Le **train** de la course a ralenti, sa vitesse* (→ SYN. allure). — À FOND DE TRAIN, loc. adv. ● *Il est parti **à fond de train**, à toute vitesse, très vite.* **2** EN TRAIN DE, loc. prép. ● *Ne le dérangez pas, il est **en train de** travailler : il travaille en ce moment.* **3** TRAIN DE VIE. ● *Son salaire ne correspond pas à son **train de vie**, à sa manière de vivre, de dépenser son argent.*

traînard ; traîne → traîner.

traîneau nom m. ● *Les Esquimaux se déplacent dans des **traîneaux** tirés par des chiens, des carrioles qui glissent sur la neige ou la glace, traînées par des animaux.*

traînée nom f. ● *L'avion a disparu, mais je vois sa **traînée** blanche dans le ciel, la longue trace qu'il laisse derrière lui.*

traîner v. **1** ● *Le sac de ciment était trop lourd, il a dû le **traîner** jusqu'à la porte, le déplacer en le tirant derrière lui, sans le soulever.* **2** v. pron. ● *Bébé a réussi à **se traîner** jusqu'au buffet, à avancer difficilement, en rampant ou à quatre pattes.* **3** TRAÎNER LA JAMBE. ● *Depuis son accident, il **traîne la jambe** : il marche difficilement.* **4** ● *Hervé a noué ses lacets qui **traînaient** par terre, qui pendaient en balayant le sol.* **5** ● *Il laisse toujours **traîner** ses cahiers : il ne les range pas.* **6** (fig. et fam.) ● *Nous n'avons pas utilisé ma tente de cam-*

ping, mais j'ai dû la **traîner** pendant toutes les vacances, emporter avec moi cette chose encombrante. **7** ● *Des amis m'ont traîné voir un film ennuyeux :* ils m'ont forcé à y aller. **8** ● *Elle est rentrée sans traîner en route,* sans s'attarder. **9** ● *Il faut régler cette affaire qui traîne,* qui dure depuis trop longtemps (→ SYN. s'éterniser).

■ **traînard** nom m. ● *Il y a quelques traînards à la queue du peloton,* quelques coureurs qui traînent (→ traîner, sens 8).

■ **traîne** nom f. **1** ● *Pour monter les marches de la mairie, la mariée a soulevé sa traîne,* la partie de sa robe qui traîne à terre (→ traîner, sens 1). **2** À LA TRAÎNE, loc. adv. ● *Arrêtons-nous pour l'attendre, il est encore à la traîne,* derrière les autres, en retard (→ traîner, sens 3).

train-train nom m. ● *Je n'ai rien de nouveau à te raconter, seulement le train-train de la vie quotidienne,* les occupations qui se répètent chaque jour (→ SYN. routine).

traire v. ● *Le fermier trait les chèvres :* il tire le lait de leurs mamelles en pressant les pis (→ 4. traite). ★ Conjug. 40.

1. trait nom m. **1** ● *Il a souligné les mots importants d'un trait,* d'une ligne droite. — ● *Tracer des traits verticaux, horizontaux.* **2** (au plur.) ● *Cette personne a des traits antipathiques,* les lignes de son visage. **3** ● *La générosité est un trait de son caractère que j'apprécie beaucoup,* un élément particulier de son caractère. **4** TRAIT DE GÉNIE. ● *En trouvant cette solution à laquelle personne n'avait pensé, il a vraiment eu un trait de génie,* une idée soudaine et remarquable. **5** AVOIR TRAIT À. ● *Tout ce qui a trait à l'automobile le passionne :* tout ce qui concerne l'automobile, tout ce qui s'y rapporte.

2. trait nom m. D'UN (SEUL) TRAIT. ● *Il a vidé son verre d'un trait,* en une seule fois, d'un seul coup. — ● *Elle a dormi quinze heures d'un seul trait,* sans s'arrêter, sans se réveiller (→ 2. traite).

3. trait nom m. ● *Les chevaux de trait :*

ceux qui tirent des chariots, des charrues, etc.

traitant adj. ● *Ce médecin est mon médecin traitant,* celui qui me soigne habituellement (→ traiter, sens 3).

trait d'union nom m. Signe en forme de petit trait qui sert à réunir les éléments de certains mots composés (ex. : *rez-de-chaussée*) ; le verbe et le pronom placé après (ex. : *levez-vous!, donnes-en, dis-le*), des noms propres (ex. : *Jean-Pierre*).

1. traite nom f. ● *Ce navire servait à la traite des esclaves,* au transport et au commerce des esclaves. ★ Chercher aussi : négrier.

2. traite nom f. D'UNE (SEULE) TRAITE. ● *Nous avons fait le trajet de Lyon à Paris d'une seule traite,* en une seule fois, sans nous arrêter (→ 2. trait).

3. traite nom f. ● *Tous les mois, il paie les traites de la voiture qu'il a achetée à crédit,* les sommes qu'il s'est engagé à payer à date fixe jusqu'à ce qu'il ait fini de payer la voiture.

4. traite nom f. ● *Cette machine aide les fermiers à faire la traite,* à traire les vaches.

traité nom m. **1** ● *Bernard étudie un traité de mécanique,* un livre écrit sur ce sujet (→ traiter, sens 4). **2** ● *Ces deux chefs d'État ont signé un traité d'alliance,* un accord officiel entre leurs deux pays (→ traiter, sens 5).

1. traitement nom m. **1** ● *Ces prisonniers de guerre ont subi de mauvais traitements :* ils ont été maltraités (→ traiter, sens 1). **2** ● *On espère trouver un nouveau traitement contre le cancer,* une nouvelle manière de soigner cette maladie (→ traiter, sens 3). **3** ● *Ce traitement transforme le fer en acier,* ces opérations qu'on lui fait subir pour le modifier (→ traiter, sens 6).

2. traitement nom m. ● *Les fonctionnaires reçoivent un traitement,* un salaire.

traiter v. **1** ● *Ce petit a du chagrin, traite-le gentiment :* conduis-toi gentiment, sois gentil avec lui. **2** ● *Laurent* *m'a **traité** d'imbécile* : il m'a injurié en disant que j'étais un imbécile. **3** ● *Les médecins ne savent pas encore **traiter** cette maladie,* la soigner, faire ce qu'il faut pour la guérir (→ traitant ; 1. traitement, sens 2). **4** ● *Le professeur **traitera** ce sujet du cours au prochain trimestre* : il en parlera, il l'enseignera. — ● *Ce livre **traite** des dangers de la pollution* : il est écrit sur ce sujet (→ traité, sens 1). **5** ● *Le gouvernement refuse de **traiter** avec les pirates de l'air,* de discuter avec eux pour arriver à un accord, pour conclure un marché (→ traité, sens 2). **6** ● *Ce métal **a été traité** pour résister à de fortes températures* : on l'a transformé, modifié (→ 1. traitement, sens 1).

traiteur nom m. ● *Pour mon dîner d'anniversaire, mes parents ont commandé un jambon au porto chez le **traiteur**,* un commerçant qui prépare des plats cuisinés à emporter chez soi.

traître, traîtresse nom et adj. **A.** nom **1** ● *Je n'ai pas confiance en lui, c'est un **traître**,* une personne qui trahit ses amis (→ trahir, sens 1). **2** PRENDRE QUELQU'UN EN TRAÎTRE. ● *Tu aurais pu nous prévenir, au lieu de nous **prendre en traître**,* d'agir d'une façon qui n'est pas loyale, pas franche.
B. adj. **1** ● *Prenez garde, cet escalier est **traître**,* dangereux sans en avoir l'air. **2** PAS UN TRAÎTRE MOT. ● *Pendant la réunion, Valérie n'a **pas** dit **un traître mot**,* pas un seul mot.
■ **traîtreusement** adv. Avec traîtrise. ● *Il a été attaqué **traîtreusement** par derrière.*
■ **traîtrise** nom f. ● *Personne n'a pu prouver sa **traîtrise**,* le fait qu'il ait trahi (→ traître, sens 1 ; CONTR. loyauté).

trajectoire nom f. ● *Les techniciens ont changé la **trajectoire** de la fusée,* le chemin qu'elle suit dans l'espace.

trajet nom m. ● *Je peux marcher à pied, le **trajet** n'est pas long,* le chemin à parcourir (→ SYN. itinéraire, parcours).

trame nom f. **1** ● *Sur le métier à tisser, les fils de chaîne se croisent avec les fils de **trame**,* ceux qui sont tissés en travers. **2** ● *Ce tapis est usé, on voit sa **trame**,* tous les fils tissés, en dessous des poils. **3** ● *Quelle est la **trame** de ce roman ?,* l'histoire principale.

tramer v. ● *Ils sont toujours en train de **tramer** quelque chose* : comploter, combiner, manigancer.
■ *se **tramer*** v. pron. ● *Il **se trame** quelque chose de louche* (en général à la forme impersonnelle).

tramontane nom f. ● *La **tramontane** souffle fort aujourd'hui* : vent du nord, fréquent sur la côte méditerranéenne (→ mistral).

trampoline nom m. ● *Regarde Gilles qui saute et rebondit sur le **trampoline** !,* un appareil de gymnastique formé d'une toile tendue sur un cadre par des ressorts.

tramway [tramwɛ] ou **tram** nom m. ● *Y a-t-il encore des **tramways** dans la ville où tu habites ?,* des sortes d'autobus qui circulent sur des rails. ★ Chercher aussi : trolleybus.

tranchant → trancher.

tranche nom f. **1** ● *Le charcutier a coupé une **tranche** de pâté,* un morceau coupé assez mince sur toute la largeur. **2** ● *Pour ne pas les abîmer, range les disques sur la **tranche**,* sur le bord mince.

tranchée nom f. ● *Pour enterrer les câbles électriques, les ouvriers ont creusé une **tranchée**,* un trou long et étroit creusé dans le sol, le mur.

trancher v. **1** ● *Le boucher **a tranché** la tête du poulet* : il l'a coupée net, d'un seul coup. **2** ● *Puisque vous n'êtes pas d'accord, il va bien falloir **trancher**,* régler la question en faisant un choix, en prenant une décision. **3** ● *Le maillot rouge de Dominique **tranche** sur le blanc du mur* : il se détache nettement, il forme un contraste (→ SYN. ressortir).
■ **tranchant** adj. et nom **A.** adj. **1** ● *Le couteau, la hache sont des instruments **tranchants**,* qui coupent. **2** (fig.) ● *Laurent a répondu d'un ton **tranchant*** (→ SYN. brusque, cassant).
B. nom m. ● *Alain aiguise le **tranchant***

de son couteau, le côté de la lame qui coupe.

tranquille [trãkil] adj. **1 •** *Nous avons campé dans un coin* **tranquille***, où il n'y a ni bruit, ni agitation* (→ SYN. calme, paisible ; CONTR. bruyant). **2 •** *Je sors faire les courses. Surtout, les enfants, restez* **tranquilles** *! : soyez sages, ne vous agitez pas.* **3 •** *Laisse-moi* **tranquille** *! : cesse de m'ennuyer !* **4 •** *Sois* **tranquille***, tu guériras bientôt : ne t'inquiète pas, rassure-toi.* **5** (fam.) LAISSER QUELQUE CHOSE TRANQUILLE. **•** *Veux-tu* **laisser** *ça* **tranquille** *!, ne pas y toucher, ne pas t'en occuper.*

■ **tranquillement** adv. **•** *Les élèves sont sortis* **tranquillement** *de la classe*, calmement (→ tranquille, sens 2).

■ **tranquillité** nom f. **•** *Les chiens ont cessé d'aboyer ; quelle* **tranquillité** *!* (→ tranquille, sens 1 ; SYN. calme).

■ **tranquilliser** v. **•** *Sa lettre m'a* **tranquillisé** *: elle m'a rassuré* (→ tranquille, sens 4 ; CONTR. inquiéter). □ v. pron. **•** ***Tranquillisez-vous***, il va certainement réussir son examen.*

transat [trãzat] nom m. **•** *À la plage, grand-mère s'est assise dans un* **transat***, une chaise longue pliante en toile.*

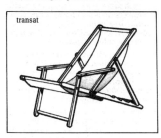

transat

transatlantique adj. **•** *Le « France » était un paquebot* **transatlantique***, qui traversait l'océan Atlantique.* □ nom m. **•** *Les passagers d'un* **transatlantique***.*

transborder v. Faire passer des marchandises ou des personnes d'un bateau dans un autre, ou d'un wagon dans un autre...

■ **transbordement** nom m. **•** *Le* **transbordement** *est terminé.*

transcrire v. Reproduire (un message) en modifiant la manière dont il est transmis (par ex. en le faisant passer de l'oral à l'écrit, ou en changeant les caractères d'écriture).

transférer v. **1 •** *Le malade* **a été** **transféré** *dans un autre hôpital* : il a été transporté d'un lieu à un autre. **2 •** *Cette boutique de journaux va* **être** **transférée** *dans la rue voisine* : elle va changer de lieu, de place. ★ Conjug. 8.

■ **transfert** nom m. **•** *Le* **transfert** *du prisonnier s'est déroulé comme prévu*, son transport d'un endroit à un autre.

transfigurer v. **•** *La joie l'a* **transfiguré** *: elle a transformé son visage, elle l'a rendu plus beau.*

transformer v. **1 •** *Mes parents ont fait des travaux pour* **transformer** *la cuisine, pour changer son aspect* (→ SYN. modifier). □ v. pron. **•** *Depuis deux ans, ce vieux quartier* **s'est transformé** *, il a changé, il est devenu différent.* — **•** *Ce vieux théâtre* **a été transformé** *en salle de cinéma* (→ SYN. convertir). **2** v. pron. **•** *Le têtard de Rémi* **s'est transformé** *en grenouille* : il a changé de forme (→ SYN. se métamorphoser). **3 •** ***Transformer** un essai (au rugby)* : envoyer le ballon entre les poteaux du camp adverse.

■ **transformateur** nom m. **•** *Cette vieille machine à coudre fonctionne sur un courant de 110 volts : pour la brancher sur du 220 volts, il me faut un* **transformateur***, un appareil qui sert à transformer la force du courant électrique.*

■ **transformation** nom f. **1 •** *Il a fait des* **transformations** *dans sa maison de campagne*, des changements (→ SYN. modification). **2 •** *Une industrie de* **transformation***, qui transforme les matières premières en produits fabriqués.* **3 •** *Ce joueur de rugby a réussi la* **transformation***, à transformer l'essai* (→ transformer, sens 3).

transfusion nom f. ● *Le blessé a perdu beaucoup de sang, il faut lui faire rapidement une **transfusion**,* faire passer dans ses veines le sang d'une autre personne de même groupe sanguin.

transgresser v. ● ***Transgresser** une loi, une règle, un ordre* : ne pas respecter (→ SYN. enfreindre).

transhumance nom f. ● *Ce troupeau a commencé sa **transhumance**,* le déplacement qu'il fait tous les ans pour aller paître dans la montagne.

transi adj. ● *Quel froid! Je suis **transi**,* engourdi par le froid (→ SYN. gelé).

transiger v. 1 ● *Le vendeur et l'acheteur de la voiture **ont transigé** pour fixer un prix* : ils ont fait l'un et l'autre des concessions pour se mettre d'accord (→ SYN. s'arranger). 2 ● *Frédéric a commis une faute grave, il doit être puni ; je ne **transigerai** pas là-dessus, je ne céderai pas* (→ intransigeant). ★ Conjug. 5.

transistor nom m. ● *Mon **transistor** fonctionne avec des piles,* mon poste de radio portatif.

transit [trȧzit] nom m. 1 ● *Ces marchandises sont en **transit** à Marseille* : elles traversent la France vers un pays étranger et ne paient pas de droits de douane. 2 ● *Les passagers de l'avion font escale à Nice où ils sont en **transit**,* ils attendent le départ et ne franchissent pas les contrôles douaniers.

transitif adj. ● *« Écrire », « connaître », « tirer » sont des verbes **transitifs**,* qui peuvent avoir un complément d'objet (→ CONTR. intransitif). — *Les verbes **transitifs** sont transitifs directs* (ex. : « boire du vin ») *ou indirects* (le complément est introduit par une préposition ; ex. : « parler à quelqu'un »).

transition nom f. ● *Une légère brise soufflait puis, sans **transition**, ce fut la tempête,* sans stade intermédiaire.

transitoire adj. Qui fait la transition entre deux moments. ● *Il faut prendre des mesures **transitoires**.*

translucide adj. ● *Ces rideaux sont **translucides*** : ils laissent passer la lumière sans être complètement transparents (→ CONTR. opaque).

transmettre v. 1 ● *C'est la secrétaire qui **a transmis** mon message,* qui l'a fait parvenir (→ transmission, sens 1 ; SYN. communiquer). 2 ● *Sur une bicyclette, la chaîne **transmet** le mouvement du pédalier à la roue arrière* (→ transmission, sens 2). 3 v. pron. ● *Les maladies contagieuses **se transmettent** facilement* : elles passent d'une personne à une autre (→ transmissible). 4 ● *Cette tradition **est transmise** de père en fils depuis plusieurs générations* : les parents la font connaître à leurs enfants. ★ Conjug. 33.
  ■ **transmissible** adj. ● *La scarlatine est une maladie **transmissible*** : elle se transmet d'un individu à un autre (→ SYN. contagieux).
  ■ **transmission** nom f. 1 ● *Cette lettre ne m'est pas destinée, il doit y avoir une erreur de **transmission*** : elle a dû être mal transmise. 2 ● *Sur cette automobile, la **transmission** se fait sur les roues arrière* : la puissance du moteur est transmise aux roues arrière. ★ VOIR p. 595.

transparaître v. Apparaître, être visible (à travers quelque chose). ● *Les veines **transparaissent** sous la peau.* — ● *Il laissait **transparaître** son impatience sous son calme apparent.*

transparent adj. ● *Les vitres de la voiture sont **transparentes*** : on voit à travers.
  ■ **transparence** nom f. ● *Dans ce lac, la **transparence** de l'eau est très remarquable* : on voit nettement le fond (→ SYN. limpidité).

transpercer v. 1 ● *La lame du couteau **a transpercé** sa poche* : elle l'a percée de part en part. 2 ● *Des rafales de pluie **ont transpercé** son imperméable* : les gouttes sont passées au travers (→ SYN. traverser). ★ Conjug. 4.

transpirer v. ● *Virginie a couru en plein soleil et elle **a beaucoup transpiré*** (→ SYN. suer).
  ■ **transpiration** nom f. ● *Son maillot*

est humide de **transpiration** (→ SYN. sueur).

transplanter v. 1 ● *On va* **transplanter** *ces jeunes arbres* : on va les déterrer pour les planter ailleurs (→ SYN. repiquer). 2 ● *On lui* **a transplanté** *un rein* : on lui a fait une greffe.
■ **transplantation** nom f. Action de transplanter. ● *Une* **transplantation** *cardiaque* : greffe du cœur.

transporter v. ● *Certains avions peuvent* **transporter** *près de 400 passagers,* les déplacer d'un lieu à un autre.
■ **transport** nom m. ● *L'avion, le train, le bateau sont des moyens de* **transport**, utilisés pour transporter des marchandises (fret) ou des personnes.
■ **transporteur, -teuse** nom ● *Notre déménagement entre Lyon et Paris a été effectué par un* **transporteur** *routier,* quelqu'un qui se charge de transporter des marchandises.

transposer v. Modifier en changeant le lieu, le temps ou le milieu. ● *Le film va* **transposer** *l'intrigue du roman à notre époque.*

transvaser v. ● *J'ai* **transvasé** *le jus de fruits de la bouteille dans une carafe* : je l'ai changé de récipient.

transversal adj. ● *À cause de la déviation, nous avons dû emprunter une route* **transversale**, qui coupe perpendiculairement celle où nous étions.

1. trapèze nom m. Figure géométrique (quadrilatère) qui a deux côtés parallèles. ★ VOIR p. 424.

2. trapèze nom m. ● *L'acrobate a saisi le* **trapèze** *au vol,* la barre de forme cylindrique suspendue à deux cordes.
■ **trapéziste** nom ● *Les spectateurs du cirque ont applaudi les* **trapézistes**, les acrobates qui font des exercices au trapèze.

trappe nom f. 1 ● *Laurent soulève la* **trappe** *pour descendre dans la cave,* le panneau mobile dans le plancher, qui sert d'ouverture. 2 ● Piège à animaux formé d'un trou recouvert de branchages.

trappeur nom m. ● *Ce livre raconte les aventures d'un* **trappeur**, d'un homme qui chasse les animaux en Amérique du Nord pour vendre leur fourrure.

trapu adj. ● *Ce boxeur est* **trapu**, petit et large d'épaules (→ CONTR. élancé).

traquenard nom m. ● *La police avait tendu un* **traquenard** *aux gangsters,* un piège.

traquer v. 1 ● *Les chasseurs* **ont traqué** *un sanglier* : ils l'ont poursuivi pour l'épuiser et le capturer. 2 ● *Ce tueur* **est traqué** *par la police* : il est poursuivi sans cesse.

traumatisme nom m. TRAUMATISME CRÂNIEN. ● *En tombant de bicyclette, il a eu un* **traumatisme** *crânien,* un choc violent sur le crâne, qui nécessite des soins et des examens (pour être sûr qu'il n'y a pas de fracture du crâne).
■ **traumatiser** v. Causer un traumatisme, un choc. ● *Cette histoire peut* **traumatiser** *Sylvie.*

travail nom m. **A. 1** Activité professionnelle qui rapporte de l'argent à celui qui l'exerce. ● *Sa mère vient de changer de* **travail** (→ travailler, sens 1 ; SYN. emploi). 2 ● *Les ouvriers ont cessé le* **travail** *pendant trois jours* : ils ont cessé de travailler.
B. 1 Activité accomplie en vue d'un résultat. ● *J'ai nettoyé entièrement ma bicyclette, cela m'a demandé une heure de* **travail** (→ travailler, sens 2 ; SYN. activité ; CONTR. inaction, repos). 2 ● *Patrick est allé jouer, il a fini son* **travail**, ses devoirs, ses leçons (→ SYN. tâche). 3 (fig.) UN TRAVAIL DE ROMAIN : un travail qui suppose un effort gigantesque. 4 (au plur.) ● *L'État a entrepris de grands* **travaux** *pour la construction des autoroutes,* des suites d'opérations qui demandent de la main-d'œuvre et des moyens techniques. — ● *Le magasin de vêtements sera fermé pendant les* **travaux**, la réparation, les aménagements. — ● *Le savant a exposé le résultat de ses* **travaux**, de ses recherches, de ses expériences.
■ **travailler** v. 1 ● *Ce mécanicien tra-*

vaille dans un garage : il exerce ce métier, cette activité professionnelle (→ travailleur). **2** ● *Tu devrais* **travailler** *au lieu de t'amuser* (→ travailleur, sens 2). **3** (fam.) ● *Cette affaire me* **travaille**, *m'inquiète, me tracasse.* **4** ● *Cette porte ferme mal ; le bois a dû* **travailler**, *se déformer.*

■ **travailleur** nom et adj. **1** nom ● *Les syndicats défendent les intérêts des* **travailleurs**, *des personnes qui travaillent.* **2** adj. ● *Cécile devrait réussir son examen, elle est très* **travailleuse** : *elle travaille beaucoup* (→ CONTR. fainéant, paresseux).

travée nom f. Rangée de bancs, de tables, placés les uns derrière les autres.

travelling [travliŋ] nom m. Au cinéma, mouvement de la caméra placée sur un chariot qui glisse sur des rails. ● *La caméra fait un* **travelling** *pour suivre le déplacement des acteurs.*

1. travers nom m. qui forme des loc. adv., adj. et prép. **1** À TRAVERS, loc. prép. ● *Pour rejoindre le village, nous avons marché* **à travers** *bois, en traversant les bois.* — ● *Le poisson est passé* **à travers** *les mailles du filet.* **2** AU TRAVERS, loc. prép. et adv. ● *Cette toile de tente n'est plus imperméable, la pluie passe* **au travers**, *la traverse de part en part.* — (fig.) PASSER AU TRAVERS : échapper à un danger, à une punition. **3** DE TRAVERS, loc. adv. ● *Tu as mis ta casquette* **de travers** : *elle n'est pas droite.* — ● *Valérie comprend tout* **de travers** : *elle comprend mal.* — REGARDER QUELQU'UN DE TRAVERS : *le regarder avec antipathie, avec méchanceté.* **4** EN TRAVERS, loc. prép. et adv. ● *Un arbre est tombé* **en travers** *du chemin, au milieu dans le sens de la largeur.* **5** À TORT ET À TRAVERS, loc. adv. ● *Il dépense son argent* **à tort et à travers**, *sans raison, n'importe comment, sans faire attention.* **6** PAR LE TRAVERS, loc. adv. ● *Attention, un bateau arrive* **par le travers** !, *sur le côté et perpendiculairement à la direction que nous suivons.*

2. travers nom m. (littér.) ● *Cécile est un peu prétentieuse, mais je lui pardonne ce* **travers**, *ce petit défaut.*

traverse nom f. **1** ● *Les rails sont posés sur des* **traverses**, *des barres ou de grosses pièces de bois disposées en travers de la voie ferrée.* **2** CHEMIN DE TRAVERSE. ● *Ils connaissent la région, ils ont pris un* **chemin de traverse** *pour arriver avant nous, un chemin plus court* (→ SYN. raccourci).

traverser v. **1** ● *Michel* **a traversé** *la rivière à la nage* : *il est allé d'un bord à l'autre* (→ traversée ; SYN. franchir). **2** ● *Il y a un passage à niveau à l'endroit où la route* **traverse** *la voie ferrée* (→ SYN. croiser). **3** ● *La balle* **a traversé** *la cible* (→ SYN. transpercer). **4** ● *Nous* **traversons** *actuellement une période de crise* : *nous nous trouvons dans cette période.* **5** ● *Une idée lui* **a traversé** *l'esprit, lui est passée par l'esprit.*

■ **traversée** nom f. ● *Patrick a fait la* **traversée** *de Calais à Douvres en aéroglisseur, le voyage qui consiste à traverser une mer* (ici, la Manche), *un fleuve, un désert, etc.*

traversin nom m. ● *Il dort la tête posée sur le* **traversin**, *une sorte d'oreiller cylindrique qui tient toute la largeur du lit* (→ SYN. (fam.) polochon).

se **travestir** v. pron. ● *Ce chanteur d'opéra* **s'est travesti** *en général romain* : *il s'est déguisé.* ★ Conjug. 11.

trébucher v. **1** ● *En marchant, Sophie* **a trébuché** *sur le rebord du trottoir, elle l'a heurté et a failli perdre l'équilibre* (→ SYN. buter). **2** ● *Il peut lire un texte écrit en anglais, mais il* **trébuche** *encore sur quelques mots* : *il a du mal à les comprendre, il commet encore quelques erreurs.*

trèfle nom m. **1** Petite plante à trois feuilles qui sert de nourriture aux animaux. ● *On dit que le* **trèfle** *à quatre feuilles est un porte-bonheur.* **2** ● *Éric a joué le valet de* **trèfle**, *une des figures de couleur noire aux cartes.* ★ Chercher aussi : carreau, cœur, pique.

treille nom f. **1** ● *Nous avons installé la table dans le jardin, sous la* **treille**, *tonnelle où grimpe la vigne.* **2** Vigne que l'on fait pousser sur un treillage, sur un mur.

■ **treillage** nom m. ● *La façade de la maison est recouverte d'un* **treillage**, un assemblage de lattes entrecroisées.

1. treillis nom m. ● *Les parachutistes portent un* **treillis**, *une tenue militaire de combat en toile très résistante.*

2. treillis nom m. ● *Une clôture en* **treillis** *entoure la basse-cour, une clôture faite d'un assemblage de fils métalliques entrecroisés.*

treize adj. numéral invar. ● *Mon frère a* **treize** *ans (13).* □ nom m. invar. ● *Éric pense que le* **treize** *porte chance.*

■ **treizième** adj. et nom ● *Il est arrivé à la* **treizième** *place.*

tréma nom m. Signe formé de deux points (ë) que l'on met sur les voyelles *e, i, u,* pour indiquer que la voyelle qui précède doit être prononcée séparément (ex. : Noël [nɔɛl]; maïs [mais]; aiguë [egy]).

tremble nom m. Arbre de l'espèce des peupliers, au feuillage très léger, qui tremble au vent.

trembler v. 1 ● *Virginia a très froid; elle* **tremble**, *elle est agitée par une suite de contractions involontaires des muscles* (→ SYN. frissonner). — ● **Trembler** *de peur.* 2 TREMBLER COMME UNE FEUILLE : trembler beaucoup. 3 ● *Au moment de l'explosion, nous avons senti la terre* **trembler** *sous nos pieds*, être ébranlée par une secousse (→ tremblement, sens 2). 4 (fig.) ● *Le directeur de l'école est très sévère, les élèves* **tremblent** *devant lui* : ils le craignent.

■ **tremblant** adj. Qui tremble. ● *Éric s'enfuit,* **tremblant** *de peur.*

■ **tremblement** nom m. 1 ● *Son corps est agité de* **tremblements** *causés par la fièvre* (→ SYN. frisson). 2 TREMBLEMENT DE TERRE. ● *Un* **tremblement de terre** *a fait plusieurs centaines de victimes*, une violente secousse (→ SYN. séisme).

■ **trembloter** v. ● *Annie est très émue, ses mains* **tremblotent**, tremblent légèrement.

■ **tremblotant** adj. ● *Une flamme* **tremblotante**.

■ **tremblotement** nom m. Léger tremblement.

trémolo nom m. 1 Tremblement, vibration d'un instrument de musique. ● *Les* **trémolos** *du violon.* 2 ● *Maud raconte son histoire avec des* **trémolos** *dans la voix* : effet de tremblement.

se **trémousser** v. pron. ● *Les enfants attendent avec impatience les dessins animés; ils* **se trémoussent** *sur leurs sièges* : ils s'agitent, ils remuent (→ SYN. (fam.) gigoter).

tremper v. 1 ● *J'ai oublié mon parapluie, je* **suis trempé**, tout mouillé. 2 ● *Avant de nager, Omar* **a trempé** *la main dans l'eau de la piscine* (→ SYN. plonger). 3 ● *J'ai mis du linge à* **tremper** : je l'ai laissé dans l'eau avec de la lessive avant de le frotter. — ● *Les cornichons* **trempent** *dans le vinaigre* (→ SYN. baigner). 4 (fig.) ● *Autrefois, il* **avait trempé** *dans une affaire de vol* : il y avait participé, il en était complice, ou il y avait été mêlé.

tremplin nom m. ● *À la piscine, Yves a sauté du* **tremplin**, de la planche élastique sur laquelle on prend son élan pour plonger. — ● *Un* **tremplin** *pour le saut à skis* : un plan incliné aménagé pour que les skieurs prennent leur élan.

trente adj. numéral invar. ● *Avril a* **trente** *jours (30).* □ nom m. invar. ● *Le numéro* **trente**.

■ **trentaine** nom f. ● *Il a une* **trentaine** *d'années*, environ trente ans.

■ **trentième** adj. et nom ● *Il s'est classé* **trentième** *à cette course.*

trente-et-un ● *Se mettre sur son* **trente-et-un** : mettre ses plus beaux vêtements.

trépan nom m. 1 Instrument de chirurgie qui sert à percer les os du crâne. 2 ● *On perce les roches dures avec un* **trépan**, un instrument de forage.

trépas nom m. (littér.) Mort. — PASSER DE VIE À TRÉPAS : mourir.

■ **trépasser** v. (littér.) ● *Le vieux cor-*

donnier du village **a trépassé** : il est mort (→ SYN. décéder).

trépider v. ● *Le sol* **trépide** *sous les coups du marteau-piqueur* : il est agité de petites secousses (→ SYN. trembler, vibrer).

■ **trépidant** adj. (fig.) ● *Les habitants des grandes villes mènent une vie* **tré-pidante**, très agitée et rapide.

■ **trépidation** nom f. ● *Quand on roule à bicyclette sur des pavés on ressent des* **trépidations** (→ SYN. secousse, vibration).

trépied nom m. Meuble ou support à trois pieds. ● *Cette caméra est posée sur un* **trépied**.

trépigner v. ● *Cécile est impatiente de recevoir son cadeau; elle* **trépigne** : elle frappe des pieds par terre tout en restant sur place.

très adv. ● *Les gazelles courent* **très** *vite.* — ● *Il est allé* **très** *loin.*

trésor nom m. **1** ● *Les enfants ont déterré un vieux coffre qui contenait un* **tré-sor**, des objets précieux (pièces d'or, bijoux, pierres précieuses, etc.). **2** (au plur.) ● *Les* **trésors** *artistiques du musée du Louvre* : les richesses artistiques (peintures, sculptures, etc.).

trésorerie nom f. ● *La* **trésorerie** *d'une entreprise commerciale* : ses ressources, ses fonds, ses capitaux.

■ **trésorier** nom ● *Il est* **trésorier** *du club de football de la ville* : il s'occupe de l'argent du club, des recettes et des dépenses.

tressaillir v. ● *En pénétrant dans l'eau glacée, Marc* **a tressailli** : il a éprouvé des secousses musculaires dans tout le corps (→ SYN. frémir). ★ Conjug. 14.

■ **tressaillement** nom m. Brusque frémissement causé par une émotion ou une sensation inattendue.

tresse nom f. ● *Sophie a deux* **tresses** *blondes*, des sortes de nattes.

■ **tresser** v. **1** ● *Elle* **tresse** *ses cheveux* : elle les entrelace pour former une tresse. **2** ● *Ce panier d'osier* **a été tressé** : il a été fabriqué en entrelaçant des brins d'osier.

tréteau nom m. ● *Cette table repose sur des* **tréteaux**, des supports mobiles à quatre pieds.

treuil nom m. ● *Un moteur actionne le* **treuil** *de la grue*, un appareil composé d'un cylindre autour duquel s'enroule un câble. ★ Chercher aussi : cabestan.

trêve nom f. **1** ● *On a assisté à de nouvelles batailles après la* **trêve**, après l'arrêt provisoire des combats. ★ Chercher aussi : armistice. **2** (fig.) SANS TRÊVE, loc. adv. ● *Il a travaillé* **sans trêve** *du matin jusqu'au soir*, sans arrêt, sans interruption, sans relâche. — TRÊVE DE..., loc. prép. ● *Trêve de plaisanteries !* : assez de plaisanteries ; arrêtons de plaisanter !

tri ; triage → trier.

triangle nom m. **1** Figure géométrique qui a trois côtés. ● *Un* **triangle** *équilatéral a trois côtés égaux.* ★ VOIR p. 424. **2** Instrument de musique fait d'une tige d'acier en forme de triangle et sur lequel on frappe avec une baguette.

■ **triangulaire** adj. ● *Un panneau de signalisation* **triangulaire**, qui a une forme de triangle.

tribord nom m. Côté droit d'un bateau quand on regarde vers l'avant (opposé à **bâbord**).

tribu nom f. ● *Cet Indien appartenait à la* **tribu** *des Apaches*, un ensemble de personnes qui ont des croyances communes et qui sont sous l'autorité d'un même chef.

tribunal nom m. **1** ● *Il a été convoqué au* **tribunal**, l'endroit où l'on rend la justice. **2** ● *Le* **tribunal** *a été saisi de l'affaire*, les magistrats, la justice. ● *Une séance du* **tribunal**.

tribune nom f. **1** ● *Dans le stade, on a construit une nouvelle* **tribune**, un emplacement en gradins où sont assis les spectateurs. **2** ● *Les photographes se pressaient devant la* **tribune** *où se tenait le ministre* (→ SYN. estrade).

tribut nom m. ● *Autrefois, le vaincu devait payer un* **tribut** *au vainqueur* : lui donner de l'argent, des marchandises, des esclaves...

tributaire adj. ● *Pour son approvisionnement en pétrole, l'Europe est **tributaire** des pays producteurs* : elle dépend d'eux.

1. tricher v. ● *Je l'ai vu, il **a triché**!* : il n'a pas respecté les règles du jeu, il a essayé de gagner malhonnêtement (→ SYN. frauder).

2. tricher v. ● ***Tricher** en classe* : copier sur son voisin ou un livre.
■ **triche** nom f. (fam.) ● *Je ne joue plus, c'est de la **triche**!* (→ SYN. tricherie).
■ **tricherie** nom f. Tromperie au jeu.
■ **tricheur** nom ● *Il a caché une carte; c'est un **tricheur***, quelqu'un qui triche.

tricolore adj. **1** ● *Les usagers de la route doivent respecter les feux **tricolores**,* les feux de signalisation qui ont trois couleurs. ★ Chercher aussi : bicolore, multicolore. **2** ● *Le drapeau **tricolore** :* le drapeau français (bleu, blanc, rouge). ● *L'équipe **tricolore** est entrée sur le terrain,* l'équipe française.

tricot nom m. **1** ● *Ma grand-mère fait du **tricot** :* elle fait des rangs de mailles avec de la laine et des aiguilles afin de confectionner un vêtement. **2** ● *J'ai trop chaud, j'enlève mon **tricot*** (→ SYN. chandail, pull-over).
■ **tricoter** v. ● *Je lui **ai tricoté** un bonnet* : je l'ai fait au tricot.

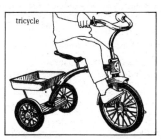

tricycle

tricycle nom m. ● *Tu es trop grand pour monter sur un **tricycle**,* un petit vélo à trois roues (→ cycle).

trident nom m. **1** Fourche à trois pointes. **2** ● *Pour la pêche sous-marine, on utilise un **trident**,* un harpon à trois pointes.

triennal adj. Qui a lieu tous les trois ans ou pour trois ans. ● *Un accord **triennal**.*

trier v. **1** ● *Les enfants ont cueilli des prunes dans le jardin, puis ils les **ont triées*** : ils ont séparé des autres celles qui étaient mauvaises. **2** ● *Cette machine automatique **trie** les lettres* : elle les répartit selon leur destination. **3** ● *Tous ces papiers encombrent ton bureau, tu devrais les **trier*** (→ SYN. classer). ★ Conjug. 10.
■ **tri** nom m. **1** ● *J'ai fait un **tri** dans les revues que je voulais jeter* : je les ai triées. **2** BUREAU DE TRI : lieu où l'on trie le courrier postal.
■ **triage** nom m. ● *Ces cheminots travaillent dans une gare de **triage**,* une gare où les wagons sont séparés puis regroupés pour former des convois.

trimaran nom m. ● *Jacques a gagné la course sur un **trimaran**,* voilier à trois coques.

trimbaler v. (fam.) ● *Patrick **trimbale** toujours un gros sac de billes dans sa poche* : il l'emporte toujours avec lui.

trimer v. (fam.) ● *Je suis crevé, j'**ai trimé** toute la journée!* : j'ai travaillé durement.

trimestre nom m. ● *L'année scolaire est divisée en **trimestres**,* en périodes de trois mois.
■ **trimestriel** adj. ● *Véronique a reçu son bulletin **trimestriel**,* le bulletin scolaire établi tous les trois mois.

tringle nom f. ● *Une **tringle** à rideaux :* une tige, de bois ou de métal, sur laquelle les rideaux sont accrochés.

trinquer v. ● *Ils **trinquent** à sa santé* : ils cognent légèrement leurs verres les uns contre les autres avant de boire ensemble.

trio nom m. **1** ● *J'écoute un **trio** pour piano, violon et violoncelle,* un morceau de musique pour trois instruments. **2** ● *Marc et Laurent forment avec leur amie Sophie un joyeux **trio**,* un groupe de trois personnes qui aiment être ensemble.

triomphe nom m. **1** ● *Dans cette course automobile, on a assisté au **triomphe** des voitures italiennes,* à leur victoire éclatante. **2** PORTER QUELQU'UN EN TRIOMPHE. ● *Les supporters du champion l'**ont porté en triomphe** :* ils l'ont porté sur leurs épaules pour qu'on l'acclame. **3** ● *Ce spectacle fut un **triomphe**,* un immense succès.

■ **triompher** v. **1** ● *Elle **a triomphé** de tous ses adversaires :* elle les a tous vaincus. **2** ● *Aujourd'hui il **triomphe**, mais attention à la revanche ! :* il manifeste bruyamment sa joie d'avoir gagné (→ triomphant).

■ **triomphal** adj. **1** ● *Il a remporté un succès **triomphal**,* digne d'un triomphe (→ SYN. éclatant). **2** ● *De retour sur terre, les cosmonautes ont reçu un accueil **triomphal**,* accompagné d'acclamations.

■ **triomphant** adj. ● *Il nous regarda d'un air **triomphant**,* qui exprime une joie éclatante (→ SYN. victorieux).

tripes nom f. plur. **1** Boyaux des animaux. **2** ● *As-tu déjà mangé des **tripes** ?,* un plat fait de morceaux d'estomacs et d'intestins de bœuf.

■ **tripier** nom. Commerçant, boucher qui vend les abats (rognons, tripes, foies, etc.).

■ **triperie** nom f. Magasin du tripier.

triple adj. et nom m. **1** adj. ● *Patrick a monté un hameçon **triple** au bout de sa ligne,* un hameçon muni de trois pointes. **2** nom m. ● *J'ai dépensé le **triple** de ce que j'avais prévu,* trois fois plus.

■ **tripler** v. ● *Il **a triplé** sa fortune :* il l'a multipliée par trois.

■ **triplé** nom ● *Cette dame a eu des **triplés**,* trois enfants nés le même jour.

■ **triplement** adv. ● *Il est **triplement** content :* trois fois. □ nom m. ● *Le **triplement** du prix de la viande :* multiplication par trois.

triporteur nom m. ● *Ce garçon livre des marchandises avec un **triporteur**,* une bicyclette à trois roues munie d'une caisse à l'avant.

tripoter v. (fam.) ● *Arrête de **tripoter** le guidon de ma moto !,* de le toucher sans cesse.

triptyque nom m. Peinture ou œuvre littéraire ou document officiel en trois parties.

trique nom f. Gros bâton utilisé comme arme pour frapper.

triste adj. **1** ● *Son poisson rouge est mort, Sophie est très **triste** :* elle a du chagrin (→ CONTR. gai, joyeux). **2** ● *J'ai, hélas ! une bien **triste** nouvelle à vous apprendre* (→ SYN. douloureux, pénible).

■ **tristement** adv. D'une manière, d'un air triste. ● *Ce chien me regarde **tristement*** (→ CONTR. gaiement).

■ **tristesse** nom f. ● *Quand il a dû quitter ses amis, il a ressenti une très grande **tristesse*** (→ SYN. chagrin ; CONTR. gaieté, joie).

triturer v. **1** ● *Les molaires **triturent** les aliments* (→ SYN. broyer). **2** ● *Au lieu de le masser légèrement, il m'**a trituré** le doigt,* il l'a manié, tordu dans tous les sens.

trivial adj. ● *Je suis choquée par tes plaisanteries **triviales**,* très grossières.

troc [trɔk] nom m. ● *Je suis allé à une foire au **troc**, où l'on échange un objet contre un autre,* sans utiliser d'argent. — *Faire du **troc*** (→ troquer).

troène nom m. ● *Derrière la clôture du pavillon, il y a une haie de **troènes**,* d'arbustes à fleurs blanches.

troglodyte nom m. ● *En France, on ne rencontre plus beaucoup de **troglodytes** :* personne vivant dans des grottes.

trognon nom m. ● *Valérie a jeté son **trognon** de pomme dans la poubelle,* la partie du milieu avec les pépins.

troïka [trɔika] nom f. Grand traîneau russe tiré par trois chevaux.

trois adj. numéral invar. ● *Le frère de Malika a **trois** ans* (**3**). □ nom m. invar. ● *Son anniversaire est le **3** juin.*

■ **troisième** adj. ● *Le sauteur à la perche a franchi la barre au* **troisième** *essai.* □ nom ● *Sur la photo de la classe, Myriam est la* **troisième** *à partir de la gauche.*

trois-quarts nom m. invar. Au rugby, joueur de la ligne d'attaque. ● *L'essai a été marqué par un* **trois-quarts**.

trolleybus [tʀɔlebys] nom m. Autobus qui fonctionne à l'électricité qu'il capte sur des câbles aériens au moyen d'une perche. ★ Chercher aussi : tramway.

trombe nom f. **1** ● *Pendant l'orage, il est tombé des* **trombes** *d'eau, une pluie torrentielle.* **2** EN TROMBE, loc. adv. ● *Cette nuit, un groupe de motards est passé* **en trombe** *devant la maison, à toute vitesse et en faisant beaucoup de bruit.*

trombone nom m. **1** ● *Ce musicien de jazz joue du* **trombone**, *un instrument à vent.* **2** ● *Ces feuilles de papier sont attachées par un* **trombone**, *une petite attache en fil de fer (et dont la forme rappelle celle de l'instrument de musique).*

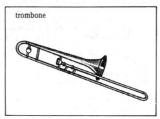

trombone

trompe nom f. **1** Instrument à vent dont se servent les chasseurs (→ trompette). **2** ● *L'éléphant peut sentir, saisir de la nourriture pour la porter à sa bouche, aspirer et souffler de l'eau avec sa* **trompe**, *la partie allongée située à l'avant de la tête.*

tromper v. **1** ● *Ce marchand est un escroc, il essaie de nous* **tromper**, *de nous induire en erreur (→ SYN. duper).* **2** ● *Le prisonnier a* **trompé** *la surveil-*

lance des gardiens et s'est enfui : il a échappé à leur surveillance (→ SYN. déjouer).

■ **se tromper** v. pron. **1** ● *Il n'a pas trouvé le bon résultat, il s'est* **trompé** *dans ses calculs : il a commis une erreur.* **2** ● *Je me suis* **trompé** *de numéro de téléphone, j'ai fait une erreur de numéro.*

■ **trompeur** adj. ● *Ce calme est* **trompeur**, *les enfants ont dû se cacher quelque part* (→ tromper, sens 1).

■ **tromperie** nom f. Ce que fait quelqu'un quand il trompe volontairement les autres.

trompette nom f. **1** ● *Patrick a reconnu dans l'orchestre le son de la* **trompette**, *un instrument à vent* (→ trompettiste). **2** NEZ EN TROMPETTE. ● *Cécile a le* **nez en trompette**, *relevé au bout, retroussé.*

■ **trompettiste** nom. Musicien qui joue de la trompette.

tronc nom m. **1** ● *Le* **tronc** *des sapins est bien droit, celui des oliviers est tordu,* la partie de l'arbre de laquelle partent les racines et les branches. **2** ● *La poitrine et le ventre forment l'avant du* **tronc**, *la partie du corps humain où sont attachés la tête, les bras et les jambes.* **3** ● *Dans l'église, il y a un* **tronc**, *une boîte ayant une fente où l'on met l'argent que l'on veut donner en offrande.*

tronçon nom m. **1** ● *L'ouvrier a coupé une barre de métal en plusieurs* **tronçons**, *en plusieurs morceaux de forme allongée.* **2** ● *Un* **tronçon** *de route, d'autoroute : une partie de route, d'autoroute qui n'est pas reliée aux autres.*

■ **tronçonner** v. ● *Un scieur a* **tronçonné** *l'arbre : il l'a coupé en tronçons.*

■ **tronçonneuse** nom f. Scie à moteur utilisée pour tronçonner.

trône nom m. **1** Siège sur lequel un roi s'assied dans les cérémonies officielles. **2** (fig.) ● *Ce roi a perdu son* **trône**, *son pouvoir de roi* (→ détrôner).

■ **trôner** v. ● *Pendant la réunion, le directeur* **trônait** *derrière son bureau :* il était assis à la place réservée à celui que l'on respecte le plus.

tronquer v. ● *Quand on lit une définition, il ne faut pas la **tronquer***, couper une partie.

trop adv. ● *Tu parles **trop***, plus qu'il ne faut. — ÊTRE DE TROP. ● *Allons-nous-en, nous **sommes de trop** ici* : notre présence est gênante, indésirable. — C'EN EST TROP! : je ne peux pas en supporter davantage, je suis à bout!

trophée nom m. ● *Le champion est fier de ses **trophées**,* les objets qu'on lui a remis à l'occasion de ses victoires.

tropique nom m. 1 ● *Les deux **tropiques** sont à égale distance de l'équateur,* les deux cercles imaginaires qui font le tour de la Terre un peu au-dessus et un peu au-dessous de l'équateur. 2 (au plur.) ● *Le climat des **tropiques** est très chaud,* de la région située entre les tropiques.
■ **tropical** adj. ● *Des fruits **tropicaux**,* qui poussent dans la région des tropiques. — ● *Une chaleur **tropicale**,* très forte.

trop-plein nom m. 1 ● *Le **trop-plein** du bassin se déverse dans un conduit spécial,* la quantité de liquide qui est en trop. 2 ● *Pour éviter qu'il ne déborde, l'évier a un **trop-plein**,* un dispositif qui permet à l'eau de s'écouler quand elle monte trop haut. — ● *Des **trop-pleins**.*

troquer v. ● *André **a troqué** une petite voiture contre un livre d'images* : il l'a échangée (→ troc).

trot nom m. ● *Le cheval est parti au **trot**,* à une allure plus rapide que le pas, mais plus lente que le galop.
■ **trotter** v. 1 ● *Le cheval **trotte** sur le chemin* : il va au trot. 2 ● *Nous **avons trotté** toute la matinée pour trouver ce livre* : nous avons marché vite et beaucoup. 3 ● *Ce projet me **trotte** par la tête depuis longtemps* : il passe et repasse dans mon esprit.
■ **trotteur, -teuse** nom. Cheval entraîné pour faire des courses au trot.
■ **trottiner** v. ● *Le petit enfant **trottine** pour suivre sa maman* : il marche à petits pas rapides.

trotteuse nom f. Dans une montre, aiguille qui marque les secondes.

trottinette nom f. Jouet composé d'une plaque montée sur deux roues et d'un guidon. ● *Pour faire avancer la **trottinette** on met un pied sur la plaque et on pousse avec l'autre.*

trottoir nom m. Partie surélevée sur le côté d'une rue. ● *Les piétons doivent marcher sur le **trottoir**.*

trou nom m. 1 ● *Son pull a des **trous** aux coudes* : il est percé. 2 ● *Ralentis, la route est pleine de **trous**,* de creux.
■ **trouer** v. Faire un trou (→ SYN. percer, perforer). □ adj. ● *Une chaussette **trouée**,* qui a un trou.
■ **trouée** nom f. ● *Claude cherche une **trouée** pour pénétrer dans la forêt,* un large espace vide par lequel passer.

troubadour nom m. Poète voyageur du Moyen Âge, qui allait chanter dans les châteaux du Midi de la France. ● *Les **troubadours** parlaient la langue d'oc.*
★ Chercher aussi : trouvère.

troubler v. 1 ● *Nous **avons troublé** l'eau de l'étang en marchant dans la vase* : nous l'avons rendue peu claire (→ trouble, A sens 1). 2 ● *Les larmes lui **troublaient** la vue* : elles la rendaient moins nette (→ trouble, B). 3 ● *La réunion **a été troublée** par des disputes* : elle n'a pas pu se dérouler normalement à cause de l'agitation, du désordre (→ trouble, C sens 1). 4 ● *Serge a mal au cœur : sa digestion **est troublée*** : elle ne se fait pas comme il faut (→ trouble, C sens 2). 5 ● *Ses paroles m'**ont troublé*** : elles m'ont fait perdre ma tranquillité d'esprit, mon assurance. □ v. pron. ● *Rémi est timide; il **se trouble** pour un rien* (→ trouble, C sens 3).
■ **troublant** adj. Qui trouble (sens 5). ● *Sandrine se souvient d'un fait **troublant*** (→ SYN. embarrassant, inquiétant; CONTR. rassurant).
■ **trouble** adj., adv. et nom m. **A.** adj. 1 ● *Ce vin est **trouble*** : il n'est pas clair. 2 (fig.) ● *Il a des pensées **troubles**,* malhonnêtes, impures.

B. adv. ● *Sans mes lunettes, je vois* **trouble,** *d'une façon peu nette.*

C. nom m. **1** (au plur.) ● *Des* **troubles** *ont éclaté à l'intérieur du pays, des manifestations de violence, de désordre.* **2** (au plur.) ● *Cette personne souffre de* **troubles** *digestifs : elle digère mal.* **3** ● *Martine n'a pas pu cacher son* **trouble,** *son embarras, son émotion.*

■ **trouble-fête** nom invar. Personne qui interrompt une fête, empêche les autres de s'amuser (→ SYN. rabat-joie). ● *Des* **trouble-fête.**

troupe nom f. **1** ● *L'attaque des* **troupes** *ennemies a été repoussée, des groupes de soldats.* **2** ● *Cette* **troupe** (de théâtre) *donne des représentations en province,* ce groupe de comédiens, d'artistes.

troupeau nom m. Groupe d'animaux qui sont élevés ensemble, vivent ensemble. ● *Le berger garde son* **troupeau** *de moutons.* — ● *Des* **troupeaux** *de vaches.*

trousse nom f. **1** Étui dans lequel on range les objets nécessaires à une activité. ● *Dans leur* **trousse,** *les écoliers mettent leurs stylos, leurs gommes, etc.* — ● *Une* **trousse** *de médecin.* **2** AUX TROUSSES. ● *Les prisonniers évadés ont la police* **à leurs trousses** *: la police les poursuit.*

trousseau nom m. **1** ● *Un* **trousseau** *de clés :* des clés attachées ensemble. **2** ● *À la colonie, chaque enfant avait apporté son* **trousseau,** *les vêtements et le linge personnels dont il avait besoin.*

trouver v. **1** ● *Je ne* **trouve** *pas mon stylo :* je cherche, mais je ne le vois pas. **2** ● *Isabelle* **a trouvé** *un parapluie dans le métro :* elle l'a découvert sans l'avoir cherché. **3** ● *As-tu* **trouvé** *la solution de la devinette ?* l'as-tu découverte en réfléchissant ? **4** ● *Je* **trouve** *ce jeu amusant :* je pense, j'estime qu'il est amusant. — TROUVER LE TEMPS LONG : s'ennuyer. — (fam.) LA TROUVER MAUVAISE. ● *Quand Luc a vu que nous ne lui avions pas laissé de gâteau, il l'a* **trouvée mauvaise** *:* il a été mécontent, fâché. **5** TROUVER QUE. ● *Je* **trouve**

qu'il a mal agi : j'estime qu'il a mal agi, c'est mon opinion.

■ **se trouver** v. pron. **1** ● *Cette ville* **se trouve** *en Afrique.* **2** ● *Il* **se trouve** *trop gros :* il pense qu'il est trop gros. **3** SE TROUVER MAL. ● *Le blessé* **s'est trouvé mal** *:* il a eu un malaise, il s'est évanoui.

■ **trouvaille** nom f. **1** ● *Il a fait une* **trouvaille** *chez un antiquaire :* il a trouvé un objet intéressant. **2** ● *Êtes-vous au courant de sa dernière* **trouvaille** *?, de sa dernière invention.*

trouvère nom m. Poète voyageur du Moyen Âge qui chantait ses poésies dans les châteaux du Nord de la France. ● *Les* **trouvères** *parlaient la langue d'oïl.* ★ Chercher aussi : troubadour.

truand nom m. Homme qui gagne de l'argent par des moyens très malhonnêtes : en volant, en faisant des trafics, etc. (→ SYN. bandit, malfaiteur).

truc nom m. (fam.) **1** ● *Pour faire sortir un lapin de son chapeau, le prestidigitateur a un* **truc,** *un moyen habile, ingénieux* (→ truquage, truquer; SYN. astuce). **2** ● *Il a emporté un tas de* **trucs** *inutiles,* de choses, d'objets (→ SYN. (fam.) machin).

truculent adj. ● *Mon oncle est un personnage* **truculent,** *gai, aimant plaisanter, excessif* (→ CONTR. taciturne).

truelle nom f. Outil de maçon formé d'un manche et d'une lame large et plate. ● *La* **truelle** *sert à étaler le plâtre, le ciment, etc.*

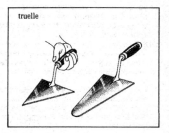

truelle

truffe nom f. **1** Champignon noir qui pousse sous la terre. ● *La truffe a un goût très délicat.* **2** ● *Truffe en chocolat*, sorte de bonbon en chocolat. **3** Nez du chien. ● *Un caniche à la truffe noire.*
■ **truffé** adj. **1** ● *Du pâté de foie gras truffé*, où l'on a mis des truffes. **2** (fig.) TRUFFÉ DE... ● *Une dictée truffée de fautes*, pleine de fautes.

truie nom f. Femelle du porc.

truite nom f. Poisson de rivière. ● *Dominique nous avait préparé des truites aux amandes.*

truquer v. ● *Cette photo de soucoupe volante est truquée :* on s'est arrangé pour donner l'impression que l'on avait photographié une véritable soucoupe volante (→ truc, sens 1).
■ **truquage** ou **trucage** nom m. ● *Les films peuvent montrer des choses impossibles dans la réalité grâce à des trucages*, à des procédés utilisés pour truquer.

trust [trœst] nom m. Groupement d'entreprises.

tsar [tsar] nom m. Nom que l'on donnait autrefois à l'empereur de Russie.

tsé-tsé [tsetse] nom f. ● *Mouche tsé-tsé :* petite mouche d'Afrique dont la piqûre provoque une maladie grave, appelée *maladie du sommeil.*

tu pronom personnel sujet, deuxième personne du singulier. (Employé pour s'adresser à quelqu'un que l'on connaît bien.) ● *Qu'est-ce que tu fais ?* (→ tutoyer). ★ Chercher aussi : te, toi.

tuba nom m. Grand instrument de musique dont la forme rappelle la trompette. ● *Le plus grand tuba du monde mesure deux mètres.*

tube nom m. **1** ● *Les pieds de ce tabouret sont des tubes de métal*, des cylindres allongés et rigides. **2** ● *Ce petit tube contient des cachets de médicament :* un récipient cylindrique rigide. ● *Un tube de dentifrice :* un récipient souple contenant une pâte. **3** (fam.) À PLEINS TUBES. ● *Fanny a mis le tourne-disque à pleins tubes*, à la puissance maximum.

tubercule nom m. ● *La pomme de terre est un tubercule*, racine arrondie d'une plante.

tuberculose nom f. Maladie contagieuse qui atteint le plus souvent les poumons. ★ Chercher aussi : B.C.G.
■ **tuberculeux** adj. ● *Cette femme est tuberculeuse :* elle a la tuberculose (→ antituberculeux). □ nom ● *Les tuberculeux sont soignés dans des sanatoriums.*

tuer v. **1** ● *On a acheté un produit pour tuer les moustiques*, pour les faire mourir. — (fig.) TUER LE TEMPS. ● *Marc fait des mots croisés pour tuer le temps*, pour passer le temps sans s'ennuyer. **2** ● *Cette chaleur me tue*, me fatigue beaucoup (→ tuant ; SYN. épuiser, exténuer).
■ **se tuer** v. pron. **1** ● *Gérard a failli se tuer en tombant de l'échelle.* **2** ● *Je me tue à essayer de leur faire comprendre :* je me donne beaucoup de mal.
■ **tuant** adj. ● *Ce travail est tuant*, très fatigant (→ SYN. exténuant).
■ **tué** nom m. ● *Dans l'accident, il y a eu deux blessés et un tué*, une personne qui est morte, un mort.
■ **tuerie** nom f. ● *Cette tuerie a fait des centaines de victimes* (→ SYN. carnage, hécatombe, massacre).
■ **tueur** nom. Assassin. TUEUR À GAGES : personne que l'on paye pour assassiner des gens.

à tue-tête loc. adv. ● *Les enfants criaient à tue-tête*, d'une voix très forte.

tuile nom f. ● *Le vent a arraché des tuiles du toit*, des plaques de terre cuite rouges.

tulipe nom f. Fleur aux couleurs vives que l'on cultive dans les jardins.

tulle nom m. Tissu fin et transparent, fait de petites mailles. ● *La mariée avait un voile en tulle.*

tuméfié adj. ● *Marie est tombée de vélo et elle a le bras tuméfié*, enflé, couvert de bleus.

tumeur nom f. ● *Il a été opéré d'une tumeur*, d'une grosseur anormale qui se forme à l'extérieur ou à l'intérieur du corps.

tumulte nom m. ● *Le soir du 14-Juillet, il y avait du **tumulte** dans les rues*, de l'agitation, des mouvements de foule désordonnés et bruyants.
■ **tumultueux** adj. ● *La manifestation a été **tumultueuse** : elle s'est déroulée dans le tumulte.*

tunique nom f. **1** ● *Arlette a mis une **tunique** jaune à manches courtes*, une longue chemise. **2** ● *Autrefois, les collégiens portaient une **tunique***, une veste d'uniforme à col droit.

tunnel nom m. Passage souterrain creusé pour une voie ferrée, une route. ● *On va percer un **tunnel** sous cette montagne.*

turban nom m. Bande de tissu enroulée autour de la tête et portée comme coiffure en Orient.

turbine nom f. Sorte de moteur qui tourne grâce à la force de l'eau, de la vapeur, etc. ● *Les **turbines** servent à faire fonctionner des centrales électriques, à faire marcher des bateaux.*

turbo- Élément d'un mot qui indique la présence d'une turbine : turbocompresseur, turbopompe, etc.

turboréacteur nom m. Sorte de moteur à réaction. ● *On entend vrombir les **turboréacteurs** de l'avion.*

turbot nom m. Poisson de mer au corps plat, dont la chair est très bonne.

turbulent adj. ● *Impossible d'être tranquille avec des enfants aussi **turbulents** !*, qui s'agitent tout le temps en faisant du bruit (→ CONTR. calme, silencieux).
■ **turbulence** nom f. Agitation. ● *La **turbulence** des enfants. — ● La **turbulence** des eaux d'un torrent* (→ CONTR. calme).

turfiste nom. Personne qui s'intéresse aux courses de chevaux, qui joue au tiercé.

turlupiner v. (fam.) ● *Ce qu'il m'a dit me **turlupine***, me tracasse, me tourmente.

turpitude nom f. ● *Françoise sombre dans la **turpitude***, bassesse.

turquoise nom f. Pierre précieuse de couleur bleu-vert. ● *Sa bague est ornée d'une **turquoise**.* □ adj. invar. ● *Des écharpes **turquoise***, de la couleur de cette pierre.

tuteur, trice nom **1** ● *Un enfant dont les parents sont morts est confié à un **tuteur***, une personne désignée par la loi pour s'occuper de lui (→ tutelle). ★ Chercher aussi : pupille. **2** nom m. ● *Cette branche de pommier risque de casser sous le poids des fruits : il faut lui mettre un **tuteur***, un bâton planté dans le sol pour le soutenir.
■ **tutelle** nom f. ● *Cette orpheline est sous la **tutelle** de son oncle : son oncle est chargé de s'occuper d'elle.*

tutoyer v. ● *Je vouvoie les gens que je ne connais pas ; je **tutoie** mes parents et mes amis : je leur dis « tu ».* ★ Conjug. 6.
■ **tutoiement** nom m. ● *Le **tutoiement** et le vouvoiement.*

tutu nom m. Jupe de danseuse, courte et froncée. ● *Pour le ballet, les danseuses portaient un **tutu**.*

tuyau nom m. **1** Long tube dans lequel passe un liquide, un gaz. ● *Les **tuyaux** sont faits de métal, de matière plastique, de ciment, etc.* (→ tuyauterie ; SYN. canalisation, conduite). **2** (fam.) ● *Il a gagné de l'argent aux courses de chevaux grâce à un bon **tuyau***, à un bon renseignement qu'on lui a donné en secret (« dans le tuyau de l'oreille ») pour le favoriser.
■ **tuyauterie** nom f. ● *Il faudrait changer la **tuyauterie** du chauffage central*, l'ensemble des tuyaux.

tuyère nom f. Partie d'un moteur de fusée ou d'un moteur à réaction où se produit la détente des gaz, qui propulse l'appareil.

tweed [twid] nom m. Tissu de laine. ● *Un costume en **tweed**.*

tympan nom m. ● *Les sons que j'entends font vibrer mon **tympan***, la membrane qui est au fond du conduit de l'oreille. ★ VOIR p. 970.

type nom m. **1** ● *On a abandonné la fabri-cation de ce* **type** *d'avion, de ce modèle.* **2** ● *Ingrid est grande et blonde ; elle a le* **type** *nordique :* l'ensemble des parti-cularités physiques des habitants des pays nordiques (→ typique). **3** ● *Cet homme est le* **type** *du paysan bourgui-gnon,* quelqu'un qui a toutes les carac-téristiques des paysans bourguignons. **4** (fam.) ● *Ce* **type** *a une allure bizarre,* cet homme, cet individu.
■ **typique** adj. ● *Cette façon d'arri-ver sans prévenir est* **typique** *de Jean-Pierre* (→ SYN. caractéristique).

typhoïde adj. et nom f. Grave maladie infectieuse, contagieuse. ● *Fièvre* **typhoïde**.

typhon nom m. Tempête très violente où le vent souffle en tourbillonnant au-dessus de la mer (→ SYN. cyclone, oura-gan).

typhus nom m. ● *Lucie a eu le* **typhus**, grave maladie infectieuse, de moins en moins répandue.

typographe nom. Ouvrier qui dispose les lettres d'imprimerie pour former les textes à reproduire.
■ **typographie** nom f. Façon d'impri-mer des textes au moyen de lettres assemblées.

tyran nom m. ● *Ce* **tyran** *était détesté par le peuple,* ce dictateur cruel. — (fig.) ● *Tu es un vrai* **tyran** : tu es beaucoup trop autoritaire.
■ **tyrannie** nom f. ● *Les paysans se sont révoltés contre la* **tyrannie** *des seigneurs,* contre leur comportement de tyran.
■ **tyrannique** adj. ● *Cet homme est* **tyrannique** : il agit comme un tyran.
■ **tyranniser** v. ● *Il* **tyrannise** *sa femme et ses enfants :* il abuse de son autorité sur eux (→ SYN. opprimer).

tzigane [tzigan] nom **1** (avec une majuscule) ● *Autrefois, les* **Tziganes** *voyageaient à travers l'Europe,* un peuple de bohé-miens. **2** ● *Dans ce restaurant, des* **tzi-ganes** *jouent du violon,* des musiciens qui portent le costume de ce peuple et jouent de la musique hongroise. □ adj. ● *Florence a un disque de musique* **tzi-gane**.

U u

ubiquité [ybikwite] nom f. ● *Les humains aimeraient avoir le don d'ubiquité :* être en même temps dans plusieurs endroits différents.

ulcère nom m. ● *Il souffre d'un ulcère à la jambe,* une plaie qui s'est formée et qui, au lieu de se refermer, s'agrandit. — ● *Il a un ulcère à l'estomac.*

ulcérer v. ● *Je suis encore ulcéré par sa conduite envers moi,* profondément blessé et en colère. ★ Conjug. 8.

ultérieur adj. ● *Nous étudierons ce problème dans une réunion ultérieure,* qui aura lieu plus tard.
■ **ultérieurement** adv. ● *Voici votre commande, la facture vous sera adressée ultérieurement,* plus tard.

ultimatum [yltimatɔm] nom m. ● *À la suite d'un grave désaccord, ce pays a adressé un ultimatum au pays voisin,* un ensemble de conditions accompagnées de menaces, à accepter tout de suite et sans discussion.

ultime adj. ● *Vous êtes mon ultime espoir,* le tout dernier.

ultra Préfixe qui signifie «au-delà» (ex. *ultrason*) ou «très», «au plus haut point» (ex. *ultra-moderne*).

ultra-moderne adj. ● *Cette cuisine est ultra-moderne,* très moderne.

ultrason nom m. Son que l'oreille humaine ne peut pas entendre. ● *Les chiens entendent des ultrasons.*

ultraviolet adj. et nom m. ● *Rayons ultra-violets :* rayons lumineux invisibles pour les yeux.

ululer, ululement → hululer, hululement.

1. un, une adj. numéral invar. et nom **1** adj. ● *Ce rôti pèse un (1) kilo.* □ nom ● *Une, deux, trois, partez!* **2** (fam.) NE FAIRE NI UNE, NI DEUX : ne pas hésiter. — (fam.) IL ÉTAIT MOINS UNE! ● *J'ai réussi à attraper mon train, mais il était moins une!* : j'ai bien failli ne pas l'attraper. ★ Chercher aussi : premier.

2. un, une pronom ● *Les uns veulent jouer, les autres veulent travailler.* — L'UN ET L'AUTRE : tous les deux. — NI L'UN NI L'AUTRE : aucun des deux.

3. un, une, des article indéf. ● *La rose est une belle fleur.* — ● *Une table, des tables.* ★ Chercher aussi : le, la, les.

unanime adj. ● *Ce spectacle était très réussi; tous ceux qui l'ont vu sont unanimes :* ils sont tous du même avis.
■ **unanimement** adv. ● *Ils ont protesté unanimement contre cette mesure,* tous ensemble; ils ont été tous d'accord pour protester.
■ **unanimité** nom f. ● *Sa proposition a été acceptée à l'unanimité,* par tout le monde sans exception.

1. uni adj. **1** ● *Les campeurs cherchent un terrain uni pour planter leur tente,* bien plat, sans inégalités. **2** ● *Anne* porte une robe **unie**, d'une seule couleur (→ CONTR. bigarré, multicolore).

2. uni adj. ● *Des amis très **unis**, qui s'entendent bien.* — ● *Une famille **unie*** (→ unir, union).

unifier v. ● *L'Italie **a été unifiée** au siècle dernier* : ses différentes parties ont été unies en un seul pays. ★ Conjug. 10.
■ **unification** nom f. ● *On parle beaucoup de l'**unification** de l'Europe.*

uniforme adj. et nom m. **1** adj. ● *Ils ont tous les voitures, des maisons, des vêtements semblables* : *leurs goûts sont **uniformes**, les mêmes* (→ uniformément ; uniformiser). **2** nom m. ● *Les agents de police ont un **uniforme** bleu, une tenue spéciale que portent tous les agents de police.*
■ **uniformément** adv. ● *Cette région est **uniformément** plate, partout de la même façon.*
■ **uniformiser** v. ● *On a passé une deuxième couche de peinture pour **uniformiser** la couleur, pour la rendre partout pareille.*
■ **uniformité** nom f. ● *Elle se plaint de l'**uniformité** de sa vie, de son manque de variété.*

unijambiste nom. Personne qui n'a qu'une seule jambe.

unilatéral adj. **1** ● *Dans cette rue, seul le stationnement **unilatéral** est autorisé*, le stationnement d'un seul côté (→ latéral, bilatéral). **2** ● *Une décision **unilatérale***, prise par un seul des groupes qui sont en discussion.

unique adj. **1** ● *Voici l'**unique** photo que j'ai d'elle*, la seule (→ uniquement ; CONTR. multiple, B). — ● *Un enfant **unique**, qui n'a ni frère ni sœur.* — ● *Une rue à sens **unique**.* **2** ● *Une voiture presque neuve à un prix si bas, c'est une occasion **unique*** : il n'en existe pas de semblable (→ SYN. exceptionnel).
■ **uniquement** adv. ● *Si j'ai fait cela, c'est **uniquement** pour te faire plaisir.*

pour cela seulement et non pour autre chose.

unir v. **1** ● *Ces amis **ont uni** leurs fortunes pour fonder une entreprise* : ils les ont mises ensemble pour n'en faire qu'une seule (→ union, sens 1). **2** ● *Une grande affection **unit** ces deux frères* : elle les rapproche, les lie (→ 2. uni). — ● *Les pays européens **sont unis** par des intérêts politiques et économiques.* □ v. pron. ● *Les travailleurs **s'unissent** pour défendre leurs droits* (→ union, sens 2 et 3). **3** ● *Un pont **unit** les deux rives du fleuve* : il établit une liaison entre les deux. — ● ***Unir** deux mots* (→ trait d'union). **4** ● *Il **unit** l'intelligence à la bonté* : il est à la fois intelligent et bon. ★ Conjug. 11.
■ **union** nom f. **1** ● *L'**union** de deux armées en une seule* (→ SYN. réunion ; CONTR. séparation). **2** ● *L'**union** règne dans cette famille* (→ 2. uni ; SYN. accord ; CONTR. désunion). **3** ● *Une **union** de partis politiques, d'États* : un ensemble de partis, d'États qui se sont associés (→ SYN. fédération). **4** TRAIT D'UNION (→ trait).

unisexe adj. ● *Un pantalon **unisexe**, la mode **unisexe**, qui va aussi bien pour les filles que pour les garçons.*

à l'unisson loc. adv. ● *Ils ont agi **à l'unisson**, avec un accord parfait.*

unité nom f. **1** ● *Des jalousies ont brisé l'**unité** de l'équipe* : elle ne forme plus un seul tout, elle est divisée (→ unitaire, sens 1). **2** ● *Le nombre cinq est formé de cinq **unités**, le nombre vingt de vingt **unités**, d'éléments arithmétiques qui composent les nombres.* — ● *Dans 43, 4 est le chiffre des dizaines et 3 le chiffre des **unités**, celui qui est à droite du chiffre des dizaines.* **3** ● *Le marchand nous a vendu ces objets 200 F l'**unité**, chacun* (→ unitaire, sens 2). **4** ● *Le gramme est une **unité** de poids*, un poids défini qui sert à mesurer d'autres poids. — ● *Les **unités** de mesure.* **5** ● *Un bataillon, un régiment, une armée sont des **unités** militaires*, des groupes militaires organisés en un tout.

---

les principales unités

longueur	mètre	symbole: m			
longueur	mètre	m	**vitesse**	mètre par seconde	m/s
superficie	mètre carré	m²		kilomètre par heure	km/h
	are (100 m²)	a	**tempé-**		
volume	mètre cube (1 000 l)	m³	**rature**	degré Celsius	°C
	litre (1 dm³)	l	**angle**	degré	°
masse	kilogramme	kg		minute d'angle	'
	quintal (100 kg)	q		seconde d'angle	"
	tonne (1 000 kg)	t	**électricité**	ampère	A
temps	seconde	s		volt	V
	minute (60 s)	mn		watt	W
	heure (60 mn)	h		wattheure	W/h
	jour (24 h)	j	**fréquence**	hertz	Hz

les préfixes utilisés pour désigner :

les multiples		symbole	les sous-multiples		symbole
giga	1 000 000 000	G	déci	1/10	d
méga	1 000 000	M	centi	1/100	c
kilo	1 000	k	milli	1/1 000	m
hecto	100	h	micro	1/1 000 000	μ
déca	10	da	nano	1/1 000 000 000	n

Exemples : un mégawatt = un million de watts = 1 MW
un millième de mètre = un millimètre = 1 mm

■ **unitaire** adj. **1** ● *Nous avons agi dans un esprit **unitaire**,* qui cherche à établir l'unité. **2** ● *Quel est le prix **unitaire** de ces sacs ?,* de chacun d'eux.

univers nom m. **1** ● *L'**univers** est si grand que l'on ne pourra sans doute jamais le connaître tout entier :* l'ensemble de toutes les planètes et de toutes les étoiles. **2** ● *Cet empereur était l'**univers**, de la terre, du monde* (→ universel ; universellement).
■ **universel** adj. ● *Le désir d'être heureux est **universel** :* tous les hommes l'ont.
■ **universellement** adv. ● *Les vins français sont **universellement** renommés* (→ SYN. mondialement).

université nom f. ● *Après son baccalauréat, ma sœur ira à l'**université**,* un établissement d'enseignement supérieur.
■ **universitaire** adj. et nom **1** adj. ● *La rentrée **universitaire** aura lieu le 15 octobre,* celle de l'université. **2** nom ● *Cet **universitaire** enseigne la littérature,* cette personne qui donne des cours à l'université.

univoque adj. ● *Voici un mot **univoque**,* qui garde le même sens dans des phrases différentes.

uppercut [ypɛrkyt] nom m. ● *Le boxeur a envoyé un **uppercut** à son adversaire,* un coup de poing sous le menton, donné de bas en haut. ★ Chercher aussi : 4. crochet ; B. direct.

uranium [yranjɔm] nom m. ● *Dans cette région, on vient de découvrir un gisement d'**uranium**,* un métal rare gris et dur que l'on utilise dans l'industrie nucléaire.

urbain adj. ● *La région parisienne est surtout **urbaine**,* composée de villes, d'agglomérations (→ CONTR. rural).
■ **urbanisation** nom f. ● *L'installation de plusieurs usines dans cette région autrefois agricole a contribué à son **urbanisation**,* sa transformation en région urbaine.

■ **urbanisme** nom m. Science qui étudie l'aménagement des villes.

■ **urbaniste** nom ● *Des* **urbanistes** *ont tracé les plans de la ville nouvelle*, des architectes spécialisés dans l'urbanisme.

urgent adj. ● *J'ai encore quelques lettres* **urgentes** *à écrire*, des lettres qui ne peuvent pas attendre (→ SYN. pressé).

■ **urgence** nom f. **1** ● *En cas d'*urgence, *téléphone-moi à ce numéro*, dans un cas urgent, *si tu as besoin de moi tout de suite*. **2** (au plur.) ● *Le blessé a été admis au service des* **urgences**, le service hospitalier qui s'occupe des cas graves et urgents.

urine nom f. ● *Le médecin m'a prescrit une analyse d'*urine, le liquide jaune qui se forme dans les reins (→ SYN. (fam.) pipi).

■ **uriner** v. ● *Il a une maladie des reins qui l'empêche d'*uriner, d'évacuer l'urine (→ SYN. (fam.) faire pipi).

■ **urinoir** nom m. ● *Ces toilettes sont équipées d'*urinoirs, des sanitaires où les hommes peuvent uriner.

urne nom f. **1** ● *Les électeurs déposent leur bulletin de vote dans l'*urne, une grande boîte. **2** ● *Une* **urne** *funéraire* : un vase où sont gardées les cendres d'un mort incinéré.

urne

urticaire nom f. ● *Je suis allergique au poisson : si j'en mange, cela me provo-* que une crise d'**urticaire**, une poussée de petits boutons qui démangent.

us [ys] nom m. plur. ● *Quand vous visitez un pays, respectez ses* **us** *et coutumes*, ses habitudes, ses usages.

usage nom m. **A. 1** ● *Quel est l'*usage *que l'on peut faire de cet objet bizarre ?* : à quoi peut-il servir ? (→ SYN. emploi, utilisation). **2** ● *L'*usage *immodéré de l'alcool rend ivre ou alcoolique*, le fait d'en boire (→ SYN. consommation). **3** AVOIR L'USAGE DE QUELQUE CHOSE. ● *Je vais vendre ma tondeuse à gazon car je n'en* **ai** *plus l'*usage : je n'ai plus de raisons de m'en servir. — ● *Son accident lui a fait perdre l'*usage *de ses jambes* : il ne peut plus marcher. — À L'USAGE. ● *Vous verrez que cet outil est pratique à l'*usage, lorsque vous vous en servirez, en vous en servant. — À L'USAGE DE. ● *Il a écrit un guide à l'*usage *des* touristes, destiné à servir aux touristes.
B. 1 ● *Connaître, respecter les* **usages** *d'un pays*, les habitudes, les coutumes (→ SYN. us). **2** D'USAGE. ● *Dans ce pays, il est d'*usage *d'offrir des fleurs aux nouveaux arrivants* : c'est l'habitude, la tradition.

■ **usagé** adj. ● *Elle porte des vêtements propres mais* **usagés**, qui ont beaucoup servi (→ SYN. usé).

■ **usager** nom m. ● *Les* **usagers** *du train sont informés qu'une grève aura lieu demain* : ceux qui l'utilisent.

user v. **1** ● *J'ai* **usé** *mes chaussures* : je les ai abîmées, détériorées à force de les porter (→ 1. usure). **2** ● *Toutes ces lumières* **usent** *beaucoup d'électricité* (→ SYN. consommer). **3** USER DE. ● *Il n'*a *jamais* **usé** *de moyens malhonnêtes pour réussir* (→ SYN. employer, utiliser).

■ **usant** adj. Qui use, qui épuise. ● *Le travail du mineur est un travail* **usant**.

■ **usé** adj. **1** ● *Mon manteau est* **usé** (→ user, sens 1 ; SYN. détérioré, usagé). **2** EAUX USÉES : eaux qui ont servi à un usage ménager, industriel, etc. ● *Les égouts recueillent les* **eaux usées**.

usine nom f. ● *Son père travaille dans une* **usine** *de chaussures*, un établissement où l'on fabrique des chaussures (→ SYN. fabrique).

■ **usiner** v. ● *Cette machine* **usine** *dix pièces à l'heure* : *elle les façonne, les fabrique.*

■ **usinage** nom m. Action d'usiner. ● *L'usinage s'est robotisé.*

usité adj. ● *L'imparfait du subjonctif n'est plus guère* **usité** *de nos jours* : *on ne l'utilise plus beaucoup* (→ SYN. courant, usuel ; CONTR. inusité).

ustensile nom m. ● *Un* **ustensile** *de cuisine* : un instrument dont on se sert pour la cuisine.

usuel adj. ● *Ce dictionnaire donne la définition de tous les mots* **usuels**, ceux que l'on emploie souvent, couramment (→ usage, usité ; SYN. courant).

■ **usuellement** adv. De façon usuelle (→ SYN. communément, d'ordinaire).

1. usure nom f. ● *Claude a cousu des pièces de cuir aux manches de sa veste pour en cacher l'***usure**, le fait qu'elles sont usées (→ user, sens 1).

2. usure nom f. ● *Prêter de l'argent en demandant des intérêts supérieurs à ceux qui sont autorisés par la loi, c'est de l'***usure**.

■ **usurier** nom. Personne qui pratique l'usure. ● *Cet* **usurier** *a été condamné.*

usurper v. ● *Il se fait appeler Monsieur le Comte, mais c'est un titre qu'il* **a usurpé**, *un titre qu'il a pris sans y avoir droit, de façon illégitime* (→ SYN. s'attribuer, s'emparer).

■ **usurpateur, -trice** nom ● *Cet homme qui utilise un titre auquel il n'a pas droit est un* **usurpateur**.

■ **usurpation** nom f. ● *L'***usurpation** *de titre, de fonction est un délit puni par la loi.*

ut [yt] nom m. Autre nom de la note «do».

utérus [yterys] nom m. ● *Avant de naître, le bébé se développe dans l'***utérus** *de sa mère, un organe.*

utile adj. ● *Ce guide te sera* **utile** *pour voyager* : *il te rendra service.* — ● *Ma marraine me fait toujours des cadeaux* **utiles**, *qui servent à quelque chose* (→ utilité).

■ **utilement** adv. ● *Voilà de l'argent* **utilement** *dépensé*, dépensé à quelque chose d'utile.

utiliser v. ● *Pour faire ses comptes, il* **utilise** *une calculatrice* : *il s'en sert* (→ SYN. employer).

■ **utilisable** adj. ● *Une valise dont la poignée est cassée n'est plus* **utilisable** : on ne peut plus l'utiliser (→ CONTR. inutilisable).

■ **utilisateur, -trice** nom ● *Le mode d'emploi explique le fonctionnement de la machine aux* **utilisateurs**, *ceux qui l'utilisent* (→ SYN. usager).

■ **utilisation** nom f. ● *N'oubliez pas de débrancher l'appareil après* **utilisation** (→ SYN. emploi, usage).

utilitaire adj. VÉHICULE UTILITAIRE. ● *Ce parking est réservé aux* **véhicules utilitaires** : les camions, les autobus, etc.

utilité nom f. ● *Cet objet est d'une grande* **utilité** : il est très utile.

utopie nom f. ● *Crois-tu qu'un monde dans lequel tous les hommes seraient bons et généreux est une* **utopie**?, une chose impossible à réaliser (→ SYN. illusion, rêve).

■ **utopique** adj. ● *Ton idée est séduisante, mais complètement* **utopique** (→ SYN. irréalisable).

V v

vacance nom f. Fait d'être vacant (pour un poste). ● *La* **vacance** *d'un siège de sénateur a été annoncée dans le journal.*

vacances nom f. plur. ● *J'ai passé mes* **vacances** *au bord de la mer, une période de congé* (→ SYN. congé ; CONTR. travail).

■ **vacancier** nom m. ● *Cette région attire de nombreux* **vacanciers**, *des gens en vacances.*

vacant adj. ● *Vous serez engagé dès qu'un poste se trouvera* **vacant**, *libre, disponible.*

vacarme nom m. ● *Les voitures ont pris le départ de la course dans un* **vacarme** *étourdissant, un très grand bruit.*

vaccin [vaksɛ̃] nom m. ● *Pasteur a inventé le* **vaccin** *contre la rage, un produit qui empêche d'avoir la rage.*

■ **vaccination** nom f. ● *La* **vaccination** *contre le tétanos.*

■ **vacciner** nom f. ● *On recommande aux personnes âgées de se faire* **vacciner** *contre la grippe, de se faire faire un vaccin.* ★ Chercher aussi : immuniser.

1. **vache** nom f. ● *Le camembert est un fromage au lait de* **vache**, *la femelle du taureau.* ★ Chercher aussi : bœuf, taureau, veau ; bovin, ruminant.

■ **vacher** nom m. Gardien de vaches. ● *Les cow-boys étaient des* **vachers**.

2. **vache** adj. et nom (très fam.) ● *Le surveillant est* **vache** ; *il nous punit sévè-*

rement au moindre bavardage (→ SYN. méchant, sévère).

■ **vachement** adv. (fam.) ● *J'ai vu un film* **vachement** *bien, très bien* (→ SYN. drôlement).

■ **vacherie** nom f. (fam.) ● *Il m'a fait une* **vacherie** *que je ne lui pardonne pas* (→ SYN. méchanceté).

vacherin nom m. ● *Au dessert, nous avons mangé un* **vacherin**, *un gâteau à la meringue et à la crème.*

vaciller v. ● *Le boxeur reçut un coup qui le fit* **vaciller**, *balancer sur ses jambes, pencher d'un côté et de l'autre comme s'il allait tomber* (→ SYN. chanceler). — ● *Un souffle d'air fit* **vaciller** *la flamme de la bougie, la fit trembler.*

■ **vacillant** adj. Qui vacille. ● *Elle lisait à la flamme* **vacillante** *d'une bougie.*

vadrouiller v. (fam.) ● *Au lieu de travailler, il* **vadrouille** *toute la journée : se promener, traîner.*

■ **vadrouille** nom f. (fam.) ● *Avec son appareil photo en bandoulière, il a l'air d'un touriste en* **vadrouille**, *en promenade, en balade.*

va-et-vient nom m. invar. **1** ● *Il est assis dans le hall de l'hôtel, observant le* **va-et-vient** *continuel, le passage des gens qui entrent et sortent, leurs allées et venues.* **2** ● *La lampe du couloir est commandée par un* **va-et-vient**, *un dispositif électrique comportant deux interrupteurs qui permettent d'allumer*

934

ou d'éteindre les mêmes lampes de deux endroits différents.

vagabond nom ● *Cette cabane abandonnée sert de refuge à quelques **vagabonds**, des gens sans domicile et sans travail.*

■ **vagabondage** nom m. ● *Trouvé sans argent ni papiers d'identité, l'homme fut arrêté pour **vagabondage**, le fait de se trouver sans ressources, sans domicile et sans occupation fixes.*

■ **vagabonder** v. ● *Ne laissez pas les chiens **vagabonder** dans les rues* (→ SYN. errer).

vagir v. ● *Le nouveau-né ne pleure pas, il **vagit**, il crie.* ★ Conjug. 11.

■ **vagissement** nom m. ● *Le bébé pousse des **vagissements**, des cris.*

1. vague nom f. **1** ● *Allongé au fond du bateau, il se laisse bercer par le clapotis des **vagues**, les mouvements de la mer.* — ● *Les **vagues** déferlent sur la plage* (→ SYN. lame, sens 3). **2** (fig.) ● *Chaque train déversait une **vague** de voyageurs dans la gare, une masse de voyageurs.* **3** ● *En janvier, nous avons subi une **vague** de froid, une période de temps froid.*

■ **vaguelette** nom f. ● *La brise forme des **vaguelettes** sur le lac, de petites vagues.*

2. vague adj. **1** ● *Les enfants jouent dans un terrain **vague**, un endroit qui n'est pas utilisé, ni entretenu.* **2** ● *Les souvenirs de notre petite enfance sont très **vagues*** (→ SYN. flou, imprécis ; CONTR. net, précis).

■ **vague** nom m. **1** ● *Un homme fumait sa pipe, les yeux dans le **vague**, qui ne regardent rien de précis.* **2** AVOIR DU VAGUE À L'ÂME : être mélancolique, un peu triste.

■ **vaguement** adv. ● *Je me souviens **vaguement** de lui, d'une manière vague, imprécise* (→ CONTR. nettement).

vahiné nom f. Femme de Tahiti. ● *Vêtues d'étoffes éclatantes, les **vahinés** dansaient.*

vaillant adj. ● *Bayard était un **vaillant** chevalier*, brave, courageux.

■ **vaillamment** adv. ● *Il a **vaillamment** résisté à tous ses adversaires* (→ SYN. courageusement).

■ **vaillance** nom f. ● *Combattre avec **vaillance*** (→ SYN. courage).

vaille que vaille loc. adv. ● *Vaille que vaille, il passera ses examens :* tant bien que mal, en faisant comme on peut.

vain adj. **1** ● *Après quelques **vaines** recherches, j'ai renoncé à le trouver :* après des recherches qui n'ont rien donné (→ SYN. inefficace, infructueux, inutile ; CONTR. efficace, utile). **2** ● *Vous nourrissez de **vaines** espérances, des espérances qui ne reposent sur rien* (→ SYN. 1. faux ; illusoire).

■ **en vain** loc. adv. ● *J'ai essayé de te joindre au téléphone, mais **en vain**, sans y parvenir* (→ SYN. vainement).

■ **vainement** adv. ● *Je me suis **vainement** efforcé de les comprendre* (→ SYN. inutilement).

vaincre v. **1** ● *Jules César **a vaincu** Vercingétorix à Alésia :* il a remporté la victoire contre lui (→ SYN. battre, triompher de). **2** ● *Elle s'efforce de **vaincre** sa timidité, la dominer, de la surmonter.* — ● *On cherche un médicament qui **vaincra** le cancer, qui le guérira.* ★ Conjug. 36.

■ **vaincu** adj. ● *L'armée **vaincue** s'est dispersée.* — ● *S'AVOUER VAINCU :* reconnaître sa défaite, se résigner. □ nom ● *Les **vaincus** doivent se soumettre* (→ SYN. perdant).

■ **vainqueur** nom m. ● *On a remis une coupe au **vainqueur**,* celui qui a gagné (→ SYN. gagnant).

vaisseau nom m. **1** ● *Les veines, les artères, les capillaires sont des **vaisseaux** sanguins, des canaux par lesquels le sang circule dans le corps.* **2** ● *Les pirates attaquaient les **vaisseaux**, les gros navires.* **3** ● *Les astronautes ont pris place à bord du **vaisseau** spatial, un engin servant à voyager dans l'espace.*

vaisselle nom f. ● *De la **vaisselle** sale s'amoncelle dans l'évier, des plats, des assiettes, des verres, etc.* — FAIRE LA VAISSELLE : laver la vaisselle qui a servi.

■ **vaisselier** nom m. Meuble dans lequel on range la vaisselle.

vaisselier

val nom m. Synonyme ancien de *vallon.* — ● *Le Val de Loire.* — PAR MONTS ET PAR VAUX. ● *Il n'est jamais chez lui, il est toujours par monts et par vaux,* en voyage, en balade. — ● *Des vals ou des vaux.*

valable adj. 1 ● *Votre carte d'identité est valable dix ans :* elle est bonne, en règle (→ CONTR. périmé). 2 ● *As-tu une raison valable pour justifier ton retard ?* (→ SYN. acceptable, sérieux).

valériane nom f. Plante à fleurs roses ou blanches, utilisée en médecine.

valet nom m. 1 ● *Dans les comédies de Molière, les valets et les servantes ont toujours un rôle important :* les serviteurs, les domestiques. 2 ● *Le valet de pique, de trèfle, etc. :* une des figures dans les jeux de cartes.

valeur nom f. 1 ● *On estime la valeur de cette maison à cent mille francs :* ce qu'elle vaut. — ● *Un bijou de grande valeur* (→ SYN. prix). 2 ● *Mettez cet homme à l'épreuve et vous pourrez juger de sa valeur,* de ses qualités, de ses mérites. — ● *C'est un collaborateur de valeur,* qui a de grandes qualités (→ SYN. mérite). 3 ● *Vos arguments n'ont aucune valeur :* ils ne valent rien, ils sont mauvais. — METTRE QUELQUE CHOSE ou QUELQU'UN EN VALEUR : faire ressortir ses qualités, ses avantages. 4 LA VALEUR

DE... ● *Il a bu la valeur d'un dé à coudre de rhum,* une quantité égale à celle contenue dans un dé à coudre.

■ **valeureux** adj. ● *Ce valeureux mousquetaire combat seul contre trois ennemis :* courageux, vaillant.

valide adj. 1 ● *Le blessé essaie de se relever en s'aidant de son bras valide,* le bras qui n'est pas blessé (→ CONTR. invalide). 2 ● *Votre carte d'abonnement n'est valide qu'un an,* valable, utilisable.

■ **valider** v. ● *Vous devez faire tamponner votre billet pour le valider,* le rendre valide.

■ **validité** nom f. ● *La durée de validité d'un passeport est de cinq ans :* il est valable cinq ans.

valise nom f. ● *À la gare, Martin a aidé une vieille dame à porter sa valise.* — FAIRE SA VALISE, SES VALISES : emballer ses affaires pour partir ; partir (→ SYN. bagages).

vallée nom f. ● *Le fleuve coule au fond d'une vallée profonde,* une sorte de couloir qui s'étend entre deux versants. ★ Chercher aussi : cañon ; 1. défilé ; gorge. — ● *La vallée de la Loire est très touristique,* la région qui borde la Loire.

■ **vallon** nom m. Petite vallée (→ SYN. val).

■ **vallonné** adj. ● *La Champagne est une région vallonnée,* où il y a des vallons et des collines (→ CONTR. plat).

valoir v. 1 ● *Ce tissu vaut 10 francs le mètre :* c'est son prix (→ SYN. coûter). 2 ● *Son travail ne vaut rien :* il n'a aucune qualité, il est mauvais. — VALOIR LA PEINE, VALOIR LE COUP. ● *Ce film vaut la peine d'être vu :* il est intéressant à voir. 3 ● *En musique, une blanche vaut deux noires* (→ SYN. égaler, équivaloir). 4 ● *Cette affaire ne lui a valu que des ennuis* (→ SYN. donner, procurer). 5 IL VAUT MIEUX. ● *Quand il est en colère, il vaut mieux s'en aller :* il est préférable de le faire. 6 SE FAIRE VALOIR : se montrer à son avantage, se mettre en valeur. ● *Elle est modeste et ne cherche pas à se faire valoir.* ★ Conjug. 25.

■ **se valoir** v. pron. Être de valeur égale. ● *Ces deux élèves se valent.*

valoriser v. ● *La construction d'une gare à proximité de chez eux **a valorisé** leur maison*, a augmenté sa valeur (→ CONTR. déprécier, dévaloriser).

■ **valorisant** adj. ● *Il exerce un métier **valorisant***, qui donne du prestige auprès de son entourage.

■ **valorisation** nom f. Action de valoriser. ● *La **valorisation** de cette région s'obtiendra par la création d'entreprises.*

valse nom f. **1** ● *Sais-tu danser la **valse** ?*, une danse. **2** ● *Le pianiste joue une **valse** de Chopin*, un morceau de musique composé sur le rythme de cette danse.

■ **valser** v. **1** ● *Quelques couples **valsent** sur la piste* : ils dansent la valse. **2** (fig. et fam.) ● *De rage, elle a lancé son sac qui est allé **valser** au fond de la pièce*, qui a été projeté.

■ **valseur** nom ● *Mon père est un bon **valseur*** : il danse bien la valse.

valve nom f. ● *Après avoir regonflé le pneu de ton vélo, pense à revisser le bouchon de la **valve***, le dispositif par lequel on fait entrer de l'air, mais qui ne le laisse pas échapper.

vampire nom m. **1** ● *J'ai vu un film d'horreur où il était question de **vampires***, des fantômes qui boivent le sang de leurs victimes. **2** Grande chauve-souris d'Amérique du Sud qui suce le sang d'autres animaux.

van [vɑ̃] nom m. ● *On transporte les chevaux de course dans des **vans***, des fourgons spéciaux.

vandale nom ● *Des **vandales** se sont introduits dans le parking et ont abîmé plusieurs voitures*, des personnes qui abîment, qui détruisent exprès.

■ **vandalisme** nom m. ● *Ces actes de **vandalisme** sont intolérables.*

vanille nom f. ● *J'ai fait une crème à la **vanille** pour le dessert*, le fruit très parfumé d'une plante exotique.

■ **vanillé** adj. ● *Avec du sucre **vanillé**, ces crêpes sont délicieuses*, du sucre parfumé à la vanille.

vanité nom f. **1** ● *Ces compliments ont flatté sa **vanité**, son orgueil.* **2** (littér.) ● *Il a passé sa jeunesse à des plaisirs dont il mesure maintenant la **vanité**, l'inutilité, la futilité (→ vain).

■ **vaniteux** adj. et nom ● *Il est **vaniteux**, satisfait de lui-même, d'un orgueil qui le pousse à rechercher l'admiration des autres (→ SYN. orgueilleux, prétentieux ; CONTR. modeste).

vanne nom f. ● *On ouvre les **vannes** pour augmenter le débit de l'eau*, des panneaux mobiles verticaux qui servent à régler le débit de l'eau dans une canalisation, une écluse, etc.

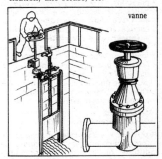

vanne

vanner v. **1** ● ***Vanner** du blé* : lancer en l'air les grains pour les séparer de la paille et des déchets. **2** (fig. et fam.) ● *Cette promenade au grand air m'a **vanné**, m'a beaucoup fatigué (→ SYN. épuiser, harasser).

vannerie nom f. ● *Luc fait de la **vannerie**, des objets en osier tressé.

■ **vannier** nom m. ● *Le **vannier** tresse un panier.*

vantail nom m. ● *Au bout du vestibule, une porte à deux **vantaux** ouvre sur un salon, à deux panneaux (→ SYN. battant).

vanter v. **1** ● *Cette affiche **vante** les qualités d'une marque de lessive* : elle en dit du bien.

■ **se vanter** v. pron. ● *Il raconte qu'il a mis des malfaiteurs en fuite, mais* *je crois qu'il **se vante**, qu'il exagère* (→ SYN. se flatter, se glorifier).

■ **vantard** adj. et nom ● *Ne le croyez pas, c'est un **vantard** ! :* il se vante, il exagère (→ CONTR. modeste).

■ **vantardise** nom f. ● *Il a inventé cette histoire par **vantardise**,* le défaut des gens qui se vantent..

va-nu-pieds nom m. invar. ● *Qu'est-ce que c'est que cette bande de **va-nu-pieds** ?,* de gens misérables, en haillons.

vapeur nom f. **1** ● *Quand l'eau bout, elle se transforme en **vapeur** d'eau* (→ évaporation). — ● *Des pommes **vapeur**,* cuites à la vapeur. — ● *Denis Papin eut l'idée d'utiliser la **vapeur** comme énergie et créa la première machine à **vapeur**.* — ● *Locomotive, bateau à **vapeur**,* qui fonctionnent grâce à la force de la vapeur. **2** ● *En été, après un orage on peut voir des **vapeurs** monter du sol chaud et humide,* des volutes de brume dues à l'évaporation. **3** ● *Les **vapeurs** d'essence sont inflammables :* l'essence à l'état gazeux.

vaporeux adj. ● *La mousseline est un tissu **vaporeux**,* léger et flou.

vaporiser v. ● ***Vaporiser** un liquide :* le transformer en vapeur ; le répandre, le diffuser sous la forme de fines gouttelettes. ● *Ne **vaporisez** pas ce produit à proximité d'une flamme.*

■ **se vaporiser** v. pron. ● *À très basse température, l'oxygène est liquide ; au contact de l'air, il **se vaporise** :* il passe de l'état liquide à l'état gazeux. ★ Chercher aussi : s'évaporer.

■ **vaporisateur** nom m. ● *Il lui a offert un **vaporisateur** de parfum,* un flacon muni d'un bouchon qui vaporise le parfum (→ SYN. atomiseur).

■ **vaporisation** nom f. Action de vaporiser. ● *Pour soigner son rhume, il se fait des **vaporisations** de médicaments dans le nez.*

vaquer à v. (littér.) ● *Je **vaquais** à mes occupations quand quelqu'un a sonné à la porte :* j'étais occupé à divers travaux.

varan nom m. Lézard géant d'Afrique

ou d'Asie, carnivore, qui peut mesurer trois mètres de long.

varech [varɛk] nom m. ● *La mer a rejeté du **varech** sur la plage,* des algues brunes (→ SYN. goémon).

vareuse nom f. ● *À bord du bateau, les marins portent une **vareuse** en toile,* une sorte de veste.

variable adj. ● *Au printemps, nous avons eu un temps **variable**,* qui changeait souvent (→ varier ; CONTR. invariable).

■ **variante** nom f. ● *Il existe plusieurs **variantes** de ce jeu de cartes,* plusieurs façons d'y jouer qui sont un peu différentes.

■ **variation** nom f. ● *Aujourd'hui, on a noté des **variations** importantes de température,* des changements.

varice nom f. ● *Grand-mère a des **varices** aux jambes :* ses veines sont gonflées et lui font mal.

varicelle nom f. ● *Aurélie a attrapé la **varicelle**,* une maladie contagieuse dans laquelle le corps se couvre de boutons qui démangent.

varier v. ● *Le cuisinier s'efforce de **varier** les menus,* de faire qu'ils ne soient pas toujours pareils. — ● *La longueur des robes **varie** selon la mode :* elle change (→ variable). ★ Conjug. 10.

■ **varié** adj. ● *Dans le jardin a planté des fleurs aux couleurs **variées**,* différentes les unes des autres (→ SYN. divers).

■ **variété** nom f. **1** ● *Dans ce magasin de chaussures, vous trouverez une grande **variété** de modèles,* beaucoup de modèles différents. **2** ● *Les reinettes sont une **variété** de pommes,* une des différentes espèces de pommes. **3** (au plur.) ● *Gilles est allé voir un spectacle de **variétés** :* un spectacle composé de numéros variés : chansons, sketches comiques, danse, etc.

variole nom f. ● *Je suis vacciné contre la **variole**,* une maladie grave et contagieuse qui est devenue très rare aujourd'hui.

vasculaire adj. Qui concerne les vaisseaux du corps. ● *Une maladie* **vasculaire**.

1. vase nom m. Récipient décoratif que l'on utilise le plus souvent pour y mettre des fleurs. ● *Hélène dispose des roses dans un* **vase**.

2. vase nom f. Boue molle qui se dépose au fond de l'eau des étangs, des marécages, etc. ● *Ils ont troublé l'eau de la mare en marchant dans la* **vase**.
■ **vaseux** adj. **1** ● *Le fond de l'étang est* **vaseux**, plein de vase. **2** (fam.) ● *Je me sens* **vaseux**, un peu malade.

vaseline nom f. Sorte de pommade grasse obtenue à partir du pétrole.

vasistas [vazistas] nom m. Petit panneau qui peut s'ouvrir en haut d'une fenêtre ou d'une porte. ● *Pour aérer la cuisine, ouvre le* **vasistas**.

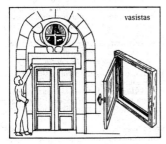

vasistas

vasque nom f. Coupe peu profonde.

vassal nom m. ● *Au Moyen Âge, le seigneur protégeait ses* **vassaux**, d'autres seigneurs moins importants qui étaient liés à lui. ★ Chercher aussi : féodalité, fief, suzerain.

vaste adj. ● *Sur cette plage, on a la place de jouer car elle est* **vaste**, très grande, très étendue. — ● *Une maison* **vaste**.

va-tout nom m. invar. JOUER SON VA-TOUT : jouer très gros en prenant le risque de tout perdre ; (fig.) prendre un grand risque dans l'espoir de sortir gagnant d'une situation difficile.

vaurien nom ● *Des petits* **vauriens** *ont volé des pommes dans notre jardin*, des garçons qui se conduisent mal, qui font beaucoup de sottises (→ SYN. chenapan, galopin, garnement).

vautour nom m. Grand oiseau de proie qui se nourrit surtout d'animaux déjà morts. ● *Les* **vautours** *n'ont pas de plumes sur la tête ni sur le cou*.

se vautrer v. pron. ● *Le chat* **se vautre** *sur le lit* : il s'étend et se roule dessus.

à la va-vite loc. adv. (fam.) ● *Hervé a fait son devoir* **à la va-vite**, rapidement et sans soin.

veau nom m. **1** Petit de la vache et du taureau. ● *Ce* **veau** *tète encore sa mère*. **2** La viande de cet animal. ● *Une escalope de* **veau**.

1. vedette nom f. **1** ● *Ma sœur collectionne les photos de* **vedettes**, d'acteurs ou de chanteurs célèbres (→ SYN. star). **2** EN VEDETTE, loc. adv. ● *Il cherche toujours à se mettre en* **vedette**, à attirer l'attention sur lui, à se faire remarquer.

2. vedette nom f. ● *Pour aller jusqu'à cette île, nous prendrons la* **vedette**, un petit bateau à moteur.

végétal nom m. ● *Les arbres, les herbes, les champignons, les algues sont des* **végétaux**, des plantes. □ adj. ● *Cette laine est teinte avec des colorants* **végétaux**, tirés des plantes. ★ Chercher aussi : animal, minéral.
■ **végétarien** adj. ● *Sa tante est* **végétarienne** : elle ne mange pas de viande, mais seulement des produits végétaux. □ nom ● *Les* **végétariens** *ne mangent que des légumes, des fruits, des œufs et des laitages*.
■ **végétation** nom f. ● *La* **végétation** *varie suivant les régions et les climats*, l'ensemble des plantes qui poussent dans un endroit. ★ Chercher aussi : flore.

végétations nom f. plur. Grosseurs qui se forment en arrière du nez, au fond de la gorge, et gênent la respiration. ● *Mon petit frère a été opéré des* **végétations**.

végéter v. **1** ● *Il rêvait d'une vie passionnante, mais il* **végète** *dans un bureau* :

il mène une existence ennuyeuse et médiocre. **2** ● *Cette plante* **végète** *depuis qu'on nous l'a offerte, elle ne pousse pas bien.* ★ Conjug. 8.
■ **végétatif** adj. ● *Il mène une vie* **végétative,** *inactive et sans intérêt.*

véhément adj. (littér.) ● *Il m'a adressé des critiques* **véhémentes,** violentes.
■ **véhémence** nom f. ● *Il a protesté avec* **véhémence** *contre cette injustice,* avec force (→ SYN. emportement).

véhicule nom m. ● *Les autos, les bicyclettes, les voitures à chevaux, les trains, etc., sont des* **véhicules,** *des moyens que l'on utilise pour se déplacer ou pour transporter des objets.*
■ **véhiculer** v. ● *Les routiers* **véhiculent** *de grosses charges dans leurs camions : ils les transportent avec ces véhicules.*

1. veille nom f. **1** ● *Je l'ai vu la* **veille** *de son départ, le jour d'avant* (→ avant-veille). **2** À LA VEILLE DE. ● *Ils sont* **à la veille de** *déménager : ils vont déménager très bientôt.* — (fam.) CE N'EST PAS DEMAIN LA VEILLE : il y a très peu de chances pour que cela arrive bientôt.

2. veille nom f. ● *Sandrine est fatiguée après cette nuit de* **veille,** *cette nuit passée sans dormir* (→ veiller, sens 1).

veiller v. **1** ● *Michel a* **veillé** *très tard pour terminer son travail :* il est resté éveillé très tard exprès (→ 2. veille; veillée). **2** ● *Une infirmière* **veille** *le malade :* elle s'occupe de lui pendant la nuit. **3** VEILLER À. ● *Veille à ce que le gâteau ne brûle pas :* fais-y bien attention. — VEILLER SUR. ● *Sa grande sœur* **veille sur** *lui :* elle le surveille pour qu'il ne lui arrive rien (→ veilleur).
■ **veillée** nom f. ● *L'hiver, nous passons la* **veillée** *au coin du feu,* la soirée où l'on se réunit pour veiller ensemble (→ veiller, sens 1).
■ **veilleur** nom m. VEILLEUR DE NUIT : homme qui est chargé de garder une usine, un magasin, etc., pendant la nuit.
■ **veilleuse** nom f. **1** ● *La lumière d'une* **veilleuse** *n'empêche pas de dormir,* une lampe faible qu'on laisse allumée

pendant la nuit. **2** ● *L'automobiliste a allumé ses* **veilleuses,** les lampes de ses phares qui éclairent le moins fort (→ SYN. lanterne). ★ Chercher aussi : code, phare. **3** EN VEILLEUSE, loc. adv. ● *Cette entreprise s'est mise* **en veilleuse** : elle n'a plus qu'une activité ralentie.

1. veine nom f. **1** ● *Pour faire une prise de sang, l'infirmière pique son aiguille dans une* **veine,** un des vaisseaux sanguins qui ramènent le sang au cœur (→ intraveineux). ★ Chercher aussi : artère. ★ VOIR p. 969. **2** ● *Les* **veines** *du bois, du marbre,* les lignes colorées qui font des dessins sur le bois, sur le marbre.
■ **veiné** adj. ● *Cette cheminée est en marbre noir* **veiné** *de rose,* avec des veines roses.

2. veine nom f. (fam.) ● *Pour une fois que je ne savais pas ma leçon, j'ai été interrogé : je n'ai pas eu de* **veine,** de chance (→ CONTR. malchance; (fam.) déveine, poisse).
■ **veinard** adj. (fam.) ● *Sophie est* **veinarde** : elle a de la veine. □ nom ● *Ce* **veinard** *a gagné à la loterie.*

vêler v. ● *La vache* **a vêlé** : elle a donné naissance à un petit veau.
■ **vêlage** nom m. ● *Le vétérinaire est venu aider la vache pendant le* **vêlage,** pendant qu'elle mettait au monde son veau.

vélin nom m. ● *Ce livre précieux a été imprimé sur du* **vélin** : beau papier très blanc.

véliplanchiste nom m. Qui pratique la planche à voile. ● *Un coup de vent a précipité le* **véliplanchiste** *à la mer.*

velléité nom f. ● *Sylvie a des* **velléités** *d'apprendre l'anglais,* de vagues intentions qui n'aboutissent jamais à rien.
■ **velléitaire** nom et adj. Personne qui n'a pas beaucoup de volonté, qui commence vaguement à faire des choses et qui ne va jamais au bout.

vélo nom m. (fam.) ● *David m'a prêté son* **vélo,** sa bicyclette.
■ **vélodrome** nom m. Piste aménagée pour des courses cyclistes.

■ **vélomoteur** nom m. ● *Pour ses 20 ans, ma cousine a reçu un* **vélomoteur**, *une bicyclette à moteur.* ★ Chercher aussi : motocyclette.

vélocité nom f. (littér.) ● *Au piano, Sylvie fait des exercices de* **vélocité**, *de rapidité, pour pouvoir jouer vite.*

velours nom m. Tissu dont l'endroit est couvert de poils très serrés. ● *Claude porte un pantalon en* **velours**. — MARCHER À PAS DE VELOURS : marcher sans faire de bruit. — PATTE DE VELOURS. ● *Le chat fait* **patte de velours** : il rentre ses griffes pour que ses pattes soient douces.

■ **velouté** adj. et nom m. **A.** adj. **1** ● *Les pêches ont une peau* **veloutée**, *douce au toucher, comme le velours.* **2** ● *Cette sauce est* **veloutée**, *assez épaisse et onctueuse.*
B. nom m. ● *On nous a servi du* **velouté** *de tomates, un potage onctueux aux tomates.*

velu adj. ● *Cet homme a les jambes* **velues**, *couvertes de poils* (→ SYN. poilu).

vénal adj. ● *Un homme* **vénal**, *à qui on peut faire faire des actions condamnables moyennant de l'argent.*

vendable adj. ● *Cette robe déchirée n'est pas* **vendable** : *on ne peut pas la vendre* (→ CONTR. invendable).

vendange nom f. ● *Les* **vendanges** *se font au début de l'automne, la cueillette du raisin pour faire du vin.*
■ **vendanger** v. ● *On va bientôt* **vendanger** *les vignes, récolter leur raisin.* ★ Conjug. 5.
■ **vendangeur** nom ● *Les* **vendangeurs** *transportent le raisin dans des hottes, ceux qui font les vendanges.*

vendetta nom f. ● *La* **vendetta** *exige qu'un meurtrier soit tué à son tour par la famille de sa victime* : *forme de vengeance pratiquée en Corse.*

vendre v. **1** ● *Mon oncle* **a vendu** *sa maison* : *il l'a cédée à quelqu'un contre de l'argent.* — ● *Les commerçants* **vendent** *des marchandises.* **2** ● *Ce traître* **a vendu** *ses camarades* : *il les a trahis par intérêt.* ★ Conjug. 31.

■ **vendeur** nom **1** ● *L'acheteur a discuté du prix avec le* **vendeur**, *celui qui vend ce qui lui appartient.* **2** ● *Dans ce grand magasin, les* **vendeuses** *sont en uniforme, les employées qui s'occupent des clients.*
■ **vendu** nom ● *On l'accuse d'être un* **vendu**, *un homme qui a trahi par intérêt* (→ vendre, sens 2).

vendredi nom m. ● *Luc arrive* **vendredi**, *le jour entre jeudi et samedi.*

venelle nom f. Petite rue étroite. ● *Ce village a des* **venelles** *en pente* (→ SYN. ruelle).

vénéneux adj. ● *Méfie-toi, je crois que c'est un champignon* **vénéneux**, *qui empoisonne quand on le mange.* ★ Ne pas confondre avec venimeux.

vénérer v. ● *Ce roi était si bon que son peuple le* **vénérait** : *il l'aimait et le respectait profondément.* ★ Conjug. 8.
■ **vénérable** adj. ● *Un vieillard* **vénérable**, *digne d'être vénéré.*
■ **vénération** nom f. ● *Patrick a de la* **vénération** *pour sa mère, un très grand respect et une très grande affection.*

venger v. ● *Céline a pincé Martin pour* **venger** *sa petite sœur, pour le punir du mal qu'il lui avait fait.* □ v. pron. ● *Gare à toi! Je* **me vengerai** *de tes méchancetés* : *je te rendrai le mal que tu m'as fait.* ★ Conjug. 5.
■ **vengeance** nom f. ● *Nicolas a un grand désir de* **vengeance**, *de se venger.* ★ Chercher aussi : vendetta.
■ **vengeur, vengeresse** nom et adj. **1** nom ● *Jacques a été le* **vengeur** *de son frère, celui qui l'a vengé.* **2** adj. ● *Il a prononcé des paroles* **vengeresses**, *qui montrent un désir de vengeance.*

venin nom m. **1** ● *La morsure de ce serpent est très dangereuse à cause de son* **venin**, *le liquide empoisonné qu'il produit.* **2** (fig.) ● *Ses paroles étaient pleines de* **venin**, *de méchanceté, de haine.*
■ **venimeux** adj. **1** ● *Les vipères, les scorpions sont des animaux* **venimeux**, *qui produisent du venin.* **2** (fig.) ● *Il a prononcé un discours* **venimeux**,

plein de méchanceté. ★ On dit «un animal *venimeux*» mais «une plante *vénéneuse*».

venir v. **1** ● *Michel va venir chez moi*, se déplacer en se rapprochant de moi, jusque chez moi. — (fig. et fam.) VOIR VENIR QUELQU'UN. ● *N'en dis pas plus, je te vois venir* : je devine ce que tu penses, ce que tu veux. **2** ● *Cette lettre vient d'Angleterre* : elle est partie de cet endroit pour arriver ici. — ● *Le garagiste cherche d'où vient la panne*, quelle est son origine, sa cause (→ SYN. provenir). **3** EN VENIR À. ● *J'en viens à me demander s'il n'est pas un peu fou* : j'en arrive à ce point. — EN VENIR AUX MAINS. ● *La discussion a mal tourné et ils en sont venus aux mains* : ils ont fini par se battre. **4** ● *Après la pluie viendra le beau temps* : il apparaîtra après. — LAISSER VENIR. ● *Ne précipitons pas les choses ; il vaut mieux laisser venir*, attendre pour voir ce qui va se passer. — À VENIR, loc. adv. ● *Il faut s'attendre à une nouvelle augmentation des prix dans les mois à venir*, qui vont suivre (→ avenir). **5** ● *Cette idée ne m'est jamais venue* : elle ne s'est jamais présentée à mon esprit. **6** VENIR DE. ● *Ils viennent de se marier* : ils se sont mariés très récemment. ★ Conjug. 19. *Venir* se conjugue avec l'auxiliaire être.

vent nom m. **1** ● *Le voilier est poussé par le vent*, par de l'air qui se déplace. **2** (fig.) PASSER EN COUP DE VENT : passer dans un endroit très rapidement. — AVOIR LE VENT EN POUPE. ● *Cet homme politique a le vent en poupe* : il est actuellement en faveur, il va vers la réussite (comme un bateau poussé par le vent). — ÊTRE DANS LE VENT : être à la mode. — AVOIR VENT DE. ● *J'ai eu vent de cette histoire* : j'en ai entendu parler, j'en ai été informé. — (fam.) C'EST DU VENT. ● *Toutes ces belles paroles, c'est du vent* : ce n'est pas sérieux, on ne peut pas s'y fier. **3** ● *Instrument à vent* : instrument de musique dans lequel on souffle (flûte, trompette, etc.).

■ **venter** v. ● *Il sort par tous les temps, qu'il pleuve ou qu'il vente*, que le vent souffle.

vente nom f. **1** ● *La vente du tabac a baissé* : on en vend moins (→ CONTR. achat). **2** ● *Mme Auger a acheté un tapis dans une vente*, une réunion où des objets sont vendus au public.

ventiler v. ● *Une installation spéciale est prévue pour ventiler cette salle de cinéma*, pour y faire circuler de l'air et pour le renouveler (→ SYN. aérer).

■ **ventilateur** nom m. Appareil dont l'hélice tourne en produisant du vent. ● *Il fait trop chaud ici ; branche le ventilateur*.

■ **ventilation** nom f. ● *Une grande fenêtre permet la ventilation de la pièce* (→ SYN. aération).

ventouse nom f. **1** ● *Les huit bras des pieuvres sont garnis de ventouses*, de disques de chair qui restent collés sur ce qu'ils touchent. **2** ● *Cette fléchette est terminée par une ventouse*, une rondelle de caoutchouc qui reste fixée sur une surface lisse quand on l'y applique.

ventre nom m. **1** ● *L'estomac et les intestins se trouvent dans le ventre* (→ SYN. abdomen). VOIR p. 967. **2** À PLAT VENTRE. ● *Corinne s'est couchée à plat ventre sur le sable*, allongée sur le ventre.

■ **ventral** adj. ● *La femelle du kangourou porte ses petits dans sa poche ventrale*, qui se trouve sur son ventre. — ● *Pour plus de sécurité, les parachutistes sont équipés d'un parachute ventral qu'ils peuvent ouvrir si leur parachute dorsal ne s'ouvre pas*.

ventriloque adj. et nom ● *Ce n'est pas la marionnette qui parle, c'est l'homme qui est ventriloque*, qui sait parler sans remuer les lèvres.

ventripotent adj. Qui a un gros ventre. ● *Mon oncle est ventripotent* (→ SYN. bedonnant).

venu nom et adj. **1** nom. PREMIER VENU. ● *Cette fille n'est pas la première venue*, une personne quelconque (→ SYN. n'importe qui). — NOUVEAU VENU. ● *Nos voisins sont des nouveaux venus dans l'immeuble*, des personnes qui sont arrivées il y a peu de temps (→ venir). **2** adj. BIEN VENU, MAL VENU. ● *Dans un*

*moment pareil, il serait **mal venu** de plaisanter : cela tomberait mal.* ★ Ne pas confondre avec *bienvenu*.
■ **venue** nom f. ● *Je me réjouis de sa **venue**, qu'il vienne.*

ver nom m. Petit animal sans pattes, au corps mou et allongé. ● *Le **ver** de terre creuse des galeries dans le sol* (→ SYN. lombric). — ● *Le **ver** solitaire vit dans l'intestin de l'homme* (→ SYN. ténia). — ● *Les **vers** du fromage sont des larves de mouche* (→ SYN. asticot). — (fig.) TIRER LES VERS DU NEZ À QUELQU'UN : arriver à lui faire dire habilement ce que l'on veut savoir. ★ Ne pas confondre *ver*, *vers*, *vert* et *verre*.

véracité nom f. Fait d'être conforme à la vérité. ● *La **véracité** de son récit ne fait pas de doute.*

véranda nom f. Galerie, vitrée ou non, qui longe la façade d'une maison. ● *L'été, nous mangeons sous la **véranda**.*

1. verbal adj. ● *Il m'a donné son autorisation **verbale**, en paroles et non par écrit.*
■ **verbalement** adj. ● *Il s'est expliqué **verbalement*** (→ SYN. oralement, de vive voix).

2. verbal adj. ● *« Fatiguant » est un participe présent, mais « fatigant » est un adjectif **verbal**, tiré d'un verbe.*
■ **verbe** nom m. Mot essentiel d'une phrase, qui exprime ce que fait le sujet, ce qu'on lui fait ou ce qu'il est. ● *Le **verbe** s'accorde toujours avec son sujet.*

verbaliser v. ● *Quand l'automobiliste a grillé un feu rouge, l'agent **a verbalisé** : il a dressé un procès-verbal, il a mis une contravention.*

verbiage nom m. ● *Ce discours, c'est du **verbiage**, beaucoup de mots qui ne veulent pas dire grand-chose.*

verdâtre adj. ● *Ces pierres sont **verdâtres**, un peu vertes.*
■ **verdeur** nom f. ● *Mon grand-père a conservé sa **verdeur**, la force, la vivacité de la jeunesse* (→ vert, sens 4).
■ **verdir** v. ● *Les champs commencent à **verdir**, à devenir verts.* ★ Conjug. 11.
■ **verdoyant** adj. ● *Au printemps,*

*la campagne est **verdoyante** : elle devient verte à cause des plantes qui y poussent.*
■ **verdure** nom f. ● *Nous avons pique-niqué dans la **verdure**, au milieu de plantes, d'herbes, de feuillages verts.*

verdict [vɛrdikt] nom m. ● *L'accusé attend le **verdict**, le jugement du tribunal.*

véreux adj. **1** ● *N'achète pas ces fruits **véreux**, qui contiennent des vers.* **2** (fig.) ● *Il s'est fait escroquer par un homme d'affaires **véreux**, très malhonnête.*

verge nom f. **1** ● *Le paysan a battu son âne avec une **verge**, une baguette de bois flexible.* **2** Organe sexuel de l'homme (→ SYN. pénis).

verger nom m. ● *Olivier cueille des poires dans le **verger**, le terrain où sont plantés des arbres fruitiers.* ★ Chercher aussi : potager.

verglas nom m. Mince couche de glace qui recouvre le sol. ● *Martine a glissé sur une plaque de **verglas**.*
■ **verglacé** adj. ● *Roule très lentement : la route est **verglacée**, couverte de verglas.*

vergogne nom f. SANS VERGOGNE, loc. adv. ● *Il nous a menti **sans vergogne**, sans honte.*

vergue nom f. Pièce de bois fixée en travers d'un mât de voilier et qui sert à soutenir et à orienter une voile.

vergue

véridique adj. • *Ce récit est véridique :* ce qu'il raconte est vrai, exact (→ CONTR. 1. faux, mensonger).

vérifier v. • *Michel vérifie l'orthographe d'un mot dans le dictionnaire :* il fait des recherches pour savoir si elle est exacte. — • *Cette information demande à être vérifiée.* ★ Conjug. 10.
■ **vérifiable** adj. Qui peut être vérifié. • *Ses déclarations sont aisément vérifiables.*
■ **vérification** nom f. • *Après vérification, je peux t'assurer qu'il n'y a pas d'erreur dans le calcul que j'ai fait* (→ SYN. contrôle).

vérin nom m. Appareil pour soulever de lourdes charges qui fonctionne avec une vis ou un piston.

vérité nom f. **1** • *Je suis sûr que tu me caches la vérité,* ce qui est vrai, réel. **2** DIRE À QUELQU'UN SES QUATRE VÉRITÉS : lui dire brutalement les choses désagréables qu'on pense de lui.
■ **véritable** adj. **1** • *Elle dit qu'elle a dix-huit ans, mais son âge véritable est quinze ans,* son âge réel, le vrai. **2** • *Ce sac est en cuir véritable,* qui n'est pas une imitation. **3** • *Cette fille est une véritable chipie :* c'est vraiment une chipie.
■ **véritablement** adv. **1** • *Il ne faisait pas semblant d'être désolé, il l'était véritablement* (→ SYN. réellement, vraiment). **2** • *Ce qu'il a fait est véritablement honteux :* on peut dire que c'est honteux sans exagérer (→ SYN. vraiment).

1. vermeil adj. • *Sophie a les lèvres vermeilles,* d'un rouge assez vif.

2. vermeil nom m. • *Ces petites cuillers sont en vermeil,* en argent recouvert d'or.

vermicelle nom m. Petites pâtes très fines que l'on met dans le potage. • *Nous avons mangé du bouillon au vermicelle.*

vermifuge nom m. Médicament qui détruit les vers de l'intestin.

vermillon nom m. • *Dans ma boîte de peintures, il y a un tube de vermillon,* de rouge vif un peu orangé. □ adj. invar. • *Sylvia a une robe vermillon.*

vermine nom f. • *Cette vieille maison mal tenue est pleine de vermine,* d'insectes parasites (poux, puces, punaises, etc.).

vermisseau nom m. Petit ver. • *L'oiseau cherchait des vermisseaux.*

vermoulu adj. • *Les meubles anciens sont souvent vermoulus,* rongés par les vers qui creusent des trous dans le bois.

vernis nom m. Produit que l'on étale sur certains objets pour les protéger ou les embellir. • *Ce tableau est recouvert d'une couche de vernis.* — • *Du vernis à ongles.*
■ **vernir** v. • *Nous allons vernir la bibliothèque,* la couvrir d'une couche de vernis. ★ Conjug. 11.
■ **verni** adj. **1** • *Isabelle a des chaussures vernies,* recouvertes de vernis brillant. **2** (fam.) • *Il s'en est sorti par miracle ; il est verni :* il a de la chance (→ SYN. (fam.) veinard).
■ **vernissage** nom m. **1** Action de vernir. • *Le vernissage d'une commode.* **2** Inauguration d'une exposition de peintures, avant l'ouverture au public. • *Je suis invité au vernissage.*

vérole nom f. PETITE VÉROLE : nom que l'on donnait autrefois à la variole.

verrat nom m. Porc mâle. ★ Chercher aussi : truie.

verre nom m. **1** • *On utilise le verre pour faire des vitres, des bouteilles, des récipients,* une matière dure et transparente que l'on obtient en faisant fondre du sable avec d'autres matières. **2** • *Claude a cassé un verre de ses lunettes,* un des morceaux de verre taillés pour corriger la vue. — • *Le verre d'une montre :* le morceau de verre qui protège le cadran. **3** • *Papa verse du vin dans les verres,* dans des récipients en verre, faits pour boire. **4** • *Catherine a bu un verre de limonade,* le contenu d'un verre. **5** PAPIER DE VERRE. • *Il a gratté les taches de son bureau avec du papier de verre,* un papier très rugueux où sont collés de tout petits morceaux de verre. ★ Ne pas confondre *verre, ver, vers* et *vert*.

■ **verrerie** nom f. Usine où l'on fabrique du verre, des objets en verre.

■ **verrier** nom m. Ouvrier qui fabrique du verre, des objets en verre.

■ **verrière** nom f. Toit ou panneau formé de plaques de verre assemblées. ● *Abritons-nous sous la **verrière** qui protège la porte.*

■ **verroterie** nom f. ● *Ce bracelet ne vaut pas cher, c'est de la **verroterie**,* des petits objets de verre coloré dont on fait des bijoux, des ornements sans valeur.

verrou nom m. ● *Sur la porte d'entrée, on a fait poser un **verrou**,* un système qui empêche d'ouvrir lorsqu'on pousse sa partie mobile. ★ Chercher aussi : targette.

■ **verrouiller** v. ● *Si tu sors, n'oublie pas de **verrouiller** la porte,* de la fermer au moyen du verrou.

■ **verrouillage** nom m. Action de verrouiller.

verrue nom f. Petite grosseur dure qui se forme sur la peau. — *Yann va chez le médecin pour faire soigner sa **verrue** plantaire,* une grosse verrue sous la plante du pied.

1. vers nom m. ● *Les poésies sont écrites en **vers**,* en phrases qui, généralement, riment entre elles (→ CONTR. prose). ★ Chercher aussi : pied, rime, strophe. ★ Ne pas confondre *vers, ver* et *verre*.

■ **versifier** v. **1** Mettre en vers. ● *Cet auteur écrivait d'abord en prose et **versifiait** ensuite.* **2** Faire des vers. ● *Il m'est arrivé de **versifier** dans ma jeunesse.*

2. vers prép. **1** ● *Ils sont partis **vers** le sud,* en direction du sud. **2** ● *Le matin, je me lève **vers** 8 h,* à peu près à ce moment-là. **3** ● *Nous sommes tombés en panne **vers** Nice,* aux environs de Nice.

versant nom m. ● *Nous sommes sur le **versant** nord de la montagne,* sur celle de ses pentes qui est au nord.

versatile adj. ● *Denis est très **versatile**,* changeant, inconstant.

versé adj. ● *Elle est très **versée** dans les sciences naturelles :* elle s'y intéresse beaucoup et elle est très savante dans cette matière.

verser v. **1** ● *Céline **a versé** de l'eau dans son verre :* elle en a fait couler dedans en penchant le récipient dans lequel elle était contenue. □ v. pron. ● *Il **s'est versé** du café.* **2** ● **Verser** *de l'argent à quelqu'un :* le lui remettre (→ versement). **3** ● *À son arrivée dans l'armée, il **a été versé** dans la marine :* on l'a fait entrer dans cette partie de l'armée (→ SYN. incorporer). **4** ● *La charrette **a versé** dans le fossé :* elle est tombée sur le côté (→ basculer, culbuter).

■ **à verse** loc. adv. ● *Il pleut **à verse**,* très fort, comme si l'on versait de l'eau.

■ **versement** nom m. ● *Papa a fait un **versement** à la Caisse d'épargne :* il y a versé de l'argent.

■ **verseur** adj. ● *La cruche a un bec **verseur**,* qui sert à verser plus facilement.

version nom f. **1** ● *Luc a eu une bonne note à sa **version** anglaise,* un devoir où il a traduit un texte anglais en français. ★ Chercher aussi : thème. **2** ● *Dans ce cinéma, les films étrangers passent toujours en **version** originale,* avec les paroles étrangères d'origine et non avec des paroles françaises. ★ Chercher aussi : doubler, sous-titre. **3** ● *Tu donnes une **version** déformée de ce qui s'est passé,* tu le racontes d'une façon déformée (→ SYN. présentation).

verso nom m. ● *La suite de sa lettre est au **verso**,* sur le deuxième côté de la feuille de papier (→ SYN. dos, 2. envers ; CONTR. recto).

vert adj. **1** ● *Catherine a une robe **verte**,* de la couleur des herbes, des feuilles (→ verdoyant, verdure). — FEU VERT : signal lumineux indiquant aux automobilistes qu'ils peuvent passer. — (fig.) DONNER LE FEU VERT À QUELQU'UN : lui donner l'autorisation d'agir. □ nom m. ● *En mélangeant du jaune et du bleu, on obtient du **vert** (→ verdâtre). **2** ● *Ne mange pas cette poire : elle est **verte** :*

elle n'est pas encore mûre. **3** ● *Le bois vert* *dégage beaucoup de fumée en brûlant, le bois qui n'est pas sec. —* ● *Des légumes verts.* **4** ● *À 80 ans, cet homme est toujours vert :* il a conservé la force, l'énergie de sa jeunesse (→ verdeur).

vert-de-gris nom m. invar. Matière verdâtre qui se forme sur le cuivre ou le bronze exposés à l'air humide.

vertèbre nom f. ● *Le corps de l'homme et celui de nombreux animaux est soutenu par des vertèbres,* de petits os empilés les uns sur les autres, qui se trouvent au milieu du dos.
■ **vertébral** adj. COLONNE VERTÉBRALE : ensemble des vertèbres (→ SYN. épine dorsale). ★ VOIR p. 968.
■ **vertébré** nom m. ● *Les poissons, les oiseaux, les mammifères font partie des vertébrés,* des animaux qui ont une colonne vertébrale (→ invertébré).

vertement adv. ● *L'élève bavard s'est fait reprendre vertement par le maître,* rudement, sans ménagement.

vertical adj. et nom f. **1** adj. ● *Les murs de la salle sont verticaux :* ils forment un angle droit avec le sol (→ CONTR. horizontal; oblique). **2** nom f. ● *En tombant, une pierre suit la verticale,* la direction verticale.
■ **verticalement** adv. ● *Sur les rayons de la bibliothèque, les livres sont placés verticalement* (→ SYN. debout).

vertige nom m. ● *Au bord du précipice, Jérôme n'osait pas regarder en bas : cela lui donnait le vertige :* il voyait tout tourner et il avait peur de tomber. — ● *Elle était si fatiguée qu'elle a eu des vertiges* (→ SYN. étourdissement).
■ **vertigineux** adj. ● *Le plongeur a sauté d'une hauteur vertigineuse,* si haute qu'elle donne le vertige.

vertu nom f. **1** ● *La franchise est sa plus grande vertu,* sa plus grande qualité morale (→ CONTR. vice). **2** ● *On dit que cette plante a la vertu de faire dormir,* qu'elle produit cet effet (→ SYN. propriété). **3** EN VERTU DE, loc. prép. ● *Il a été puni en vertu du règlement,* parce que

c'est le règlement (→ SYN. conformément à).

■ **vertueux** adj. ● *Il mène une vie vertueuse :* il ne fait que ce qui est bien moralement.

verve nom f. ● *Il a fait un discours plein de verve,* plein d'esprit, très brillant.

verveine nom f. Plante dont on fait de la tisane.

vésicule nom f. VÉSICULE BILIAIRE : petite poche rattachée au foie et contenant la bile. ★ VOIR p. 969.

vessie nom f. **1** ● *En sortant des reins, l'urine s'accumule dans la vessie,* une poche qui se trouve dans le bas du ventre. ★ VOIR p. 969. **2** ● *La vessie du ballon de football est percée :* le petit sac de caoutchouc gonflable qui est à l'intérieur de la forme en cuir.

veste nom f. Vêtement couvrant le torse, ouvert devant et s'arrêtant à la taille.
● *Ma veste est usée aux coudes.* — (fam.) TOMBER LA VESTE : l'enlever.
■ **veston** nom m. Veste d'homme faisant partie d'un complet.

vestiaire nom m. Endroit où l'on peut laisser son manteau, son parapluie, etc., dans certains établissements (théâtre, musée, école, etc.).

vestibule nom m. Pièce ou couloir situé à l'entrée d'une maison, d'un appartement (→ SYN. entrée, hall).

vestiges nom m. plur. ● *Au sommet de la colline, on peut voir les vestiges d'un château fort,* ce qui en reste (→ SYN. ruine).

vestimentaire adj. ● *Il se fait remarquer par ses excentricités vestimentaires,* qui concernent ses vêtements.

vêtement nom m. ● *Rémi a été surpris par une averse; ses vêtements sont trempés,* ce qu'il porte sur lui pour couvrir son corps (→ sous-vêtement, survêtement; vestimentaire; vêtir; SYN. habit, (fam.) frusques).

vétéran nom m. **1** ● *Ce vieux soldat est un vétéran :* il est depuis longtemps dans l'armée et il a beaucoup d'expérience. **2** ● *Dimanche, deux équipes* de **vétérans** disputeront un match, des sportifs seniors qui ont plus de 35 ans.

vétérinaire nom. Médecin qui soigne les animaux.

vétille nom f. Chose sans importance, détail. ● *Ce n'est pas la peine de le déranger pour des vétilles.*

vêtir v. ● *Martine est vêtue de blanc :* elle porte des vêtements blancs. □ v. pron. ● *Luc aide son petit frère à se vêtir* (→ SYN. s'habiller ; CONTR. se dévêtir). ★ Conjug. 15.

veto [veto] nom m. invar. ● *Il a mis (ou il a opposé) son veto aux dépenses que nous voulions faire :* il s'y est opposé, il nous les a interdites.

vétuste adj. ● *Ces installations de chauffage sont vétustes,* elles sont vieilles et abîmées.
■ **vétusté** nom f. ● *Il y a beaucoup de travaux à faire dans cet appartement en raison de sa vétusté,* de son état vétuste.

veuf adj. ● *Notre voisine est veuve :* elle a perdu son mari. □ nom ● *Ce veuf va bientôt se remarier.*
■ **veuvage** nom m. ● *Son veuvage n'a pas duré longtemps :* il n'est pas resté veuf longtemps.

veule adj. ● *Je n'aime pas son air veule,* mou, lâche, sans volonté.
■ **veulerie** nom f. Caractère veule. ● *Il a tout laissé faire par veulerie.*

vexer v. ● *Ne lui dis pas que son dessin est affreux, cela le vexerait :* cela le ferait souffrir dans son amour-propre (→ SYN. blesser, froisser). □ v. pron. ● *Paul se vexe facilement* (→ SYN. se formaliser).
■ **vexant** adj. 1 ● *Il m'a fait une remarque vexante* (→ SYN. blessant, humiliant). 2 (fam.) ● *Tomber malade le premier jour des vacances, c'est vexant,* contrariant, énervant.
■ **vexation** nom f. ● *Il a supporté leurs vexations sans rien dire,* leurs actions ou leurs paroles vexantes.
■ **vexatoire** adj. ● *Tout le monde a protesté contre ces mesures vexatoires,*

qui ont pour but d'ennuyer, d'humilier inutilement les gens.

via prép. ● *Ces trains vont de Paris à Lyon, via Dijon,* en passant par Dijon.

1. viabilité nom f. ● *Pour préparer un itinéraire, il faut se renseigner sur la viabilité des routes,* sur leur état, sur la possibilité de les utiliser, de rouler dessus. ★ Chercher aussi : carrossable.

2. viabilité nom f. ● *Je m'interroge sur la viabilité de ce projet,* sur ses chances de réussite.
■ **viable** adj. ● *Cette entreprise n'est pas viable :* elle ne durera pas longtemps, elle n'aboutira à rien.

viaduc nom m. Pont très long et très haut sur lequel passe une route, une voie ferrée. ● *On construit des viaducs pour franchir plus facilement les vallées.*

viager adj. et nom m. 1 adj. RENTE VIAGÈRE : somme d'argent qui est versée régulièrement à quelqu'un jusqu'à sa mort. 2 nom m. ● *Cette vieille dame a vendu sa maison en viager,* en échange d'une rente viagère.

viande nom f. Chair des animaux dont on se nourrit (à l'exception du poisson). ● *Viande blanche :* chair du veau, du porc, du poulet. ● *Viande rouge :* chair du bœuf, du mouton, du cheval. — ● *La viande de mouton ;* la chair d'un poisson.

viatique nom m. 1 Provisions, argent pour voyager. ● *Tu ne vas pas partir sans viatique.* 2 Secours, soutien dans la vie. ● *Il n'avait que son courage pour tout viatique.*

vibraphone nom m. Instrument de musique formé de lames métalliques que l'on frappe avec de petits marteaux. ★ Chercher aussi : xylophone.

vibrer v. 1 ● *Quand on pince la corde d'une guitare, elle vibre :* elle est agitée d'un mouvement rapide qui produit un son. 2 (fig.) ● *Cette musique me fait vibrer :* elle m'émeut au point de me faire trembler (→ vibrant).
■ **vibration** nom f. ● *Plus la voiture roule vite, plus les vibrations augmen-*

tent, les mouvements et le bruit de ce qui vibre.

■ **vibrant** adj. ● *L'orateur a prononcé un discours vibrant*, qui montrait beaucoup d'émotion.

vicaire nom m. Prêtre chargé d'aider le curé d'une paroisse.

vice nom m. **1** ● *Il est souvent difficile de se corriger de ses vices*, de ses défauts graves (→ CONTR. vertu). **2** ● *Cette maison présente un vice de construction* : un gros défaut.

■ **vicieux** adj. **1** ● *Une personne vicieuse*, mauvaise, qui ne peut pas s'empêcher de faire ce qui est mal moralement. **2** ● *Ce raisonnement est vicieux* : plein d'erreurs, faux (→ SYN. incorrect, mauvais).

■ **vicié** adj. ● *Dans les villes, on respire souvent de l'air vicié*, malsain (→ CONTR. pur).

vice-président nom. Personne qui est juste en-dessous du président et qui l'aide ou le remplace en cas de besoin.
● *Le vice-président des États-Unis.* — ● *Des vice-présidents.*

■ **vice-présidence** nom f. ● *Il a été élu à la vice-présidence de l'association*, au poste de vice-président.

vice versa loc. adv. ● *Il me remplace quand je suis absent et vice versa*, et inversement (je le remplace quand il est absent).

vicissitudes nom f. plur. **1** Variations, fluctuations. ● *Les vicissitudes de la gloire* (→ SYN. hauts (B., sens 4). **2** Événements malheureux. ● *Ils sont restés unis à travers les vicissitudes de l'existence.*

victime nom f. **1** ● *Le train a déraillé, mais heureusement il n'y a pas eu de victimes*, de personnes tuées ou blessées. **2** ● *Ce chien est victime des mauvais traitements de son maître* : il subit cette chose injuste, pénible.

victoire nom f. ● *Nos troupes ont remporté une victoire sur l'ennemi* : elles l'ont vaincu (→ CONTR. défaite).

■ **victorieux** adj. ● *On a remis une*

coupe à l'équipe *victorieuse*, celle qui a gagné.

victuailles nom f. plur. ● *Le réfrigérateur est plein de victuailles*, de provisions, de nourriture.

vidange nom f. **1** ● *Il faut faire la vidange de ce réservoir*, vider le liquide qu'il contient pour le nettoyer, pour remettre du liquide propre. — ● *La vidange d'une voiture* : l'opération qui consiste à remplacer l'huile usée contenue dans le moteur. **2** ● *La vidange de la baignoire ne marche plus*, le mécanisme qui permet d'évacuer l'eau.

■ **vidanger** v. ● *Ce radiateur a été vidangé* : on en a fait la vidange. ★ Conjug. 5.

vide adj. et nom m. **A.** adj. **1** ● *Mon verre est vide* : il ne contient rien (→ CONTR. plein). **2** ● *La salle de cinéma est vide* : il n'y a personne à l'intérieur. **3** ● *Depuis que tu es parti, la vie me semble vide*, sans intérêt. **4** VIDE DE. ● *Cette phrase est vide de sens* : elle n'a pas de sens (→ SYN. dépourvu de). **B.** nom m. **1** ● *Si nous enlevons l'armoire, cela fera un vide dans la pièce*, un espace où il n'y a rien. **2** ● *Le parachutiste a sauté dans le vide*, dans un espace profond, au-dessous de lui. **3** ● *Pour conserver la nourriture, on fait le vide dans certains emballages* : on en retire l'air. **4** À VIDE, loc. adv. ● *Quand le camion est à vide, il roule plus vite*, quand il n'y a rien dedans. — ● *Impossible de rouler ; le moteur marche mais il tourne à vide*, sans que cela fasse tourner les roues.

■ **vider** v. **1** ● *Vide cette bassine dans l'évier*, débarrasse-la de son contenu. — (fig.) VIDER SON SAC : dire tout ce que l'on avait sur le cœur. □ v. pron. ● *La baignoire met longtemps à se vider* (→ CONTR. se remplir). **2** ● *Il faut vider les poissons avant de les faire cuire*, enlever leurs boyaux.

vidéo 1 adj. invar. Qui transmet des images : *un appareil vidéo*. **2** nom f. ● *La vidéo*, l'ensemble des appareils vidéo. **3** Préfixe signifiant «qui transmet des

images et des sons» : *vidéocassette,
vidéodisque.*

vide-ordures nom m. invar. ● *Dans cet
immeuble, il y a un vide-ordures à
chaque étage,* un gros tuyau dans
lequel on jette les ordures qui tombent
dans une poubelle placée en bas. —
● *Des vide-ordures.*

vide-poches nom m. invar. Récipient
dans lequel on pose les petits objets
que l'on a dans ses poches ou que
l'on ne veut pas ranger tout de suite.
● *Cette corbeille sert de vide-poches.*
— ● *Des vide-poches.*

vie nom f. 1 ● *Une pierre, un crayon, un
livre, etc., ne possèdent pas la vie :* ce
ne sont pas des êtres vivants qui naissent, meurent et se reproduisent.
2 ● *Vous m'avez sauvé la vie :* vous
m'avez empêché de mourir. — ● *Odile
ne nous a pas donné signe de vie
depuis trois mois :* elle ne nous a pas
donné de ses nouvelles. 3 ● *Ce petit
garçon est plein de vie,* de santé,
d'énergie (→ SYN. vitalité). 4 ● *Cet
homme a beaucoup souffert pendant sa
vie,* pendant le temps qui s'est écoulé
de sa naissance à sa mort. — ● *J'ai
vu beaucoup de choses dans ma
vie,* depuis ma naissance jusqu'à
aujourd'hui. 5 ● *Ils mènent une vie
tranquille :* ils vivent d'une façon tranquille. — (fam.) CE N'EST PAS UNE VIE ! : cette
situation est vraiment pénible. — FAIRE
SA VIE. ● *Chacun fait sa vie comme il
veut :* chacun mène l'existence qu'il a
décidé de mener. 6 ● *La vie a encore
augmenté :* le prix de ce qu'il faut
payer pour se nourrir, se loger, etc. —
NIVEAU DE VIE. ● *Dans ce pays, le niveau
de vie est très bas,* la quantité d'argent
dont les gens disposent en moyenne
pour vivre. 7 ● *Il ne parle jamais de sa
vie privée,* de cet aspect, de ce côté de
son existence. — ● *Elle a bien réussi
sa vie professionnelle.* 8 ● *Dans la vie,
il faut savoir se débrouiller,* dans le
monde, dans la société.

vielle [vjɛl] nom f. Ancien instrument de
musique à cordes et à touches. ● *On
jouait de la vielle à roue en faisant*
tourner au moyen d'une manivelle une
petite roue qui frottait les cordes. ★ Ne
pas confondre *vielle* et *vieille.*

vielle

vierge adj. 1 ● *Une jeune fille (ou un garçon) vierge,* qui n'a jamais eu de rapports sexuels. 2 ● *Une feuille de papier
vierge,* sur laquelle il n'y a rien
d'écrit. 3 FORÊT VIERGE, forêt très épaisse,
qui est restée complètement à l'état
sauvage. 4 VIGNE VIERGE. ● *La vigne vierge
cache presque entièrement le mur,* une
plante grimpante qui ressemble à la
vigne mais ne donne pas de raisins.

vieux (**vieil** [vjɛj] devant une voyelle ou
un «h» muet; **vieille** au fém.; **vieux** au
plur.) adj., nom et nom m. **A.** adj. 1 ● *Cette
femme est très vieille,* très âgée. —
● *Un vieil homme; un vieux monsieur*
(→ CONTR. jeune). 2 ● *Son mari est plus
vieux qu'elle,* plus âgé. 3 ● *La mendiante avait de vieux vêtements,* que le
temps, l'usure ont rendus inutilisables
(→ vieillerie; vieillot). — ● *Une vieille
voiture* (→ SYN. archaïque). 4 ● *Marielle
collectionne les vieilles cartes postales,* qui ont de l'intérêt, de la
valeur parce qu'elles existent depuis
longtemps (→ SYN. ancien ; CONTR.
neuf ; récent). 5 ● *Papa est un vieux
client du marchand de journaux :* il est
son client depuis longtemps.
B. nom 1 ● *Les jeunes ne s'entendent
pas toujours avec les vieux,* avec les
personnes âgées. 2 (fam.) MON VIEUX, MA
VIEILLE (pour s'adresser à un ami). ● *Eh
bien, ma vieille, tu as eu de la chance.*
C. nom m. 1 ● *Les antiquaires ne*

vendent que du **vieux**, de l'ancien.
2 (fam.) COUP DE VIEUX. ● *Depuis sa maladie, il a pris un coup de vieux* : il a vieilli brusquement.

■ **vieillard** nom m. ● *Ce vieillard a une longue barbe blanche, cet homme âgé.*
★ *Vieillard* n'a pas de féminin (on dit « *une vieille* »), mais au pluriel, il peut désigner aussi bien des femmes que des hommes âgés (ex. : *un asile de vieillards*).

■ **vieillerie** nom f. ● *Le grenier est plein de vieilleries*, d'objets vieux, démodés.

■ **vieillesse** nom f. ● *La vieillesse commence vers l'âge de soixante ans*, la dernière partie de la vie.

■ **vieillir** v. **1** ● *Quand on vieillit, on se fatigue plus vite, quand on devient vieux.* **2** ● *Son maquillage la vieillit*, la fait paraître plus vieille. ★ Conjug. 11.

■ **vieillot** adj. ● *Ils ont des meubles vieillots*, qui sont ou qui font vieux et démodés. — ● *Une robe vieillotte.*

vif adj. et nom m. **A.** adj. **1** ● *Cette petite fille est très vive* : elle a beaucoup de rapidité dans ses mouvements, dans ses activités (→ SYN. agile). **2** ● *Mathieu a l'esprit vif* : il comprend très vite. **3** ● *Il m'a répondu sur un ton un peu vif*, qui montrait un peu d'énervement, était un peu blessant. **4** ● *J'ai un vif désir de le revoir* (→ SYN. fort, grand, intense). — ● *Une douleur vive*, aiguë, intense (→ CONTR. sourd). **5** ● *Les perroquets ont des plumes de couleurs vives*, éclatantes (→ CONTR. doux, fade, pâle). — ● *Un froid vif*, qui est piquant, qui saisit. **6** EAU VIVE : eau qui est pure et qui coule (→ CONTR. stagnant). **7** ● *Sa voiture ayant pris feu, il a failli être brûlé vif*, vivant.
B. nom m. **1** PRENDRE SUR LE VIF. ● *Sur cette photo, les personnages ont été pris sur le vif*, avec une attitude naturelle, tels qu'ils sont dans la vie normale. **2** ENTRER DANS LE VIF DU SUJET : se mettre à parler de ce qui est le plus important. — PIQUER, TOUCHER AU VIF. ● *Mes réflexions l'ont touché au vif* : elles l'ont vivement blessé, elles l'ont atteint au point sensible.

vigie nom f. Marin chargé de surveiller l'horizon à bord d'un navire.

vigilant adj. ● *Le malade est soigné par une infirmière vigilante*, qui se montre très attentive dans sa surveillance.

■ **vigilance** nom f. ● *Ne relâchez pas votre vigilance* (→ SYN. attention, surveillance.)

vigile nom m. Surveillant, garde (→ 2. garde).

vigne nom f. **1** Plante qui donne le raisin. ● *La vigne pousse sur les terrains secs et ensoleillés.* **2** ● *Le cultivateur est en train de labourer sa vigne*, son champ planté de vignes. ★ Chercher aussi : viticulture.

■ **vigneron** nom m. ● *Au moment de la vendange, le vigneron a beaucoup de travail*, celui qui cultive des vignes.

■ **vignoble** nom m. Terrain planté de vignes. ● *Les vignobles de la région de Bordeaux fournissent des vins réputés.*

vignette nom f. Étiquette imprimée. ● *Chaque voiture doit avoir sa vignette collée sur son pare-brise*, l'étiquette imprimée prouvant que la taxe exigée par l'État a été payée.

vigueur nom f. **1** ● *Grand-père n'a plus la vigueur qu'il avait dans sa jeunesse*, la force et la bonne santé (→ CONTR. faiblesse). **2** EN VIGUEUR, loc. adv. ● *Le nouveau règlement n'est pas encore entré en vigueur*, en application.

■ **vigoureux** adj. ● *Pour être bûcheron, il faut être vigoureux* (→ SYN. fort, robuste ; CONTR. chétif, débile, faible).

■ **vigoureusement** adv. ● *Le boxeur a vigoureusement frappé son adversaire*, avec vigueur.

vil adj. ● *Il s'est conduit d'une façon vile*, basse, méprisable.

1. vilain adj. **1** ● *Éric est puni parce qu'il a été vilain* : parce qu'il a été méchant (→ CONTR. gentil). **2** ● *Tu n'es qu'une vilaine !* **2** ● *Il a une vilaine écriture*, qui n'est pas jolie. **3** ● *Nous avons eu un très vilain temps toute la semaine*, très mauvais.

2. vilain nom m. Nom qui désignait un paysan, au Moyen Âge.

vilebrequin [vilbrəkɛ̃] nom m. **1** Outil à manivelle, au bout duquel est fixée une mèche de métal. ● *Claude perce des trous dans une planche avec un* **vilebrequin. 2** Barre de métal reliée aux bielles d'un moteur de voiture.

vilenie nom f. Action vile, méprisable. ● *Cette dénonciation est une* **vilenie**.

vilipender v. ● *Ils l'ont* **vilipendé** *partout* : déclarer méprisable, calomnier.

villa nom f. Belle maison entourée d'un jardin, dans la banlieue d'une ville, au bord de la mer, etc.

village nom m. Agglomération plus petite qu'une ville mais plus importante qu'un hameau. ● *Ce* **village** *est entouré de prairies et de champs.*
■ **villageois** nom et adj. Habitant d'un village. ● *Beaucoup de jeunes* **villageois** *veulent quitter le village pour s'installer en ville.*

ville nom f. Agglomération plus importante qu'un village. ● *Il y a beaucoup de magasins au centre de la* **ville**. — ● *Habiter la banlieue d'une grande* **ville**, *d'une grande cité.* — ● *Julien préfère la* **ville** *à la campagne*, la vie dans les villes.

villégiature nom f. ● *Chaque année, ils vont en* **villégiature** *dans le Midi* : ils vont y passer un certain temps pour se reposer.

vin nom m. Boisson alcoolisée obtenue en faisant fermenter du jus de raisin. ● *Avec le poisson, on sert plutôt du* **vin** *blanc et avec les viandes du* **vin** *rouge* (→ vinicole ; vinification). ★ Chercher aussi : vigne, viticulture.

vinaigre nom m. Liquide obtenu en faisant aigrir du vin ou de l'alcool et utilisé dans l'alimentation. ● *Les cornichons sont conservés dans du* **vinaigre**. — (fig.) TOURNER AU VINAIGRE. ● *La discussion* **a tourné au vinaigre** : elle s'est transformée en dispute.
■ **vinaigrette** nom f. Sauce faite avec de l'huile et du vinaigre. ● *Des artichauts à la* **vinaigrette**.
■ **vinaigrier** nom m. Petite bouteille dans laquelle on présente le vinaigre à table.

vindicatif adj. ● *Les personnes* **vindicatives** *ne pardonnent pas facilement le mal qu'on leur fait*, les personnes qui veulent toujours se venger (→ SYN. rancunier).

vingt [vɛ̃] adj. numéral ● *Le fermier a* **vingt** *(20) vaches.* □ nom m. ● *Quatre fois* **vingt** (→ quatre-vingts).
■ **vingtaine** nom f. ● *Il s'est absenté une* **vingtaine** *de jours*, environ vingt jours.
■ **vingtième** adj. ● *Cette jeune fille vient de fêter son* **vingtième** *anniversaire.* □ nom m. ● *Cinq est le* **vingtième** *de cent.*

vinicole adj. ● *Son oncle est directeur d'une coopérative* **vinicole**, *qui produit du vin.*
■ **vinification** nom f. Transformation du jus de raisin en vin.

vinyle nom m. Nom donné à certaines matières plastiques. ● *Une nappe en* **vinyle**.

viol nom m. ● *Cette jeune fille a été victime d'un* **viol**, *d'une agression au cours de laquelle elle a été violée par un homme.*

violacé adj. ● *Tu as froid ? Tes lèvres sont* **violacées**, *presque violettes* (→ violet).

violation nom f. ● *La* **violation** *de ce traité a eu des conséquences graves* (→ violer, sens 1 ; CONTR. respect).

viole nom f. Instrument de musique d'autrefois, qui ressemble à un violon.

violent adj. **1** ● *Cet homme est* **violent** : il ne sait pas se contrôler quand il est en colère, il emploie facilement la force brutale (→ CONTR. calme, doux). **2** ● *La fuite de gaz a provoqué une* **violente** *explosion*, très forte. — ● *Un poison* **violent**. — ● *Des couleurs* **violentes** (→ CONTR. délicat).
■ **violence** nom f. **1** ● *S'il ne veut pas céder, il faudra employer la* **violence**, la force brutale pour l'y obliger. **2** ● *Le choc a été d'une grande* **violence**, *d'une très grande force.* — ● *J'ai été surpris*

par la **violence** de ses critiques, leur vigueur, leur âpreté, leur vivacité.
■ **violemment** adv. **1** ● Ils se sont **violemment** disputés. **2** ● Les deux voitures se sont **violemment** heurtées (→ SYN. brutalement ; CONTR. doucement).

violer v. **1** ● **Violer** une loi, une promesse : ne pas les respecter (→ violation). **2** ● La police l'a arrêté parce qu'il **avait violé** une femme, parce qu'il l'avait obligée à avoir des rapports sexuels avec lui en employant la force.

violet adj. ● Sophie a une écharpe **violette**, d'une couleur qui est un mélange de bleu et de rouge. □ nom ● Le mauve est un **violet** clair.

violette nom f. Petite fleur parfumée de couleur violette. ● Les **violettes** sauvages fleurissent au printemps.

violon nom m. **1** Instrument de musique à cordes dont on joue avec un archet. **2** (fig. et fam.) ACCORDER SES VIOLONS. ● Si nous inventons une histoire pour expliquer notre retard, il faut **accorder nos violons**, nous mettre d'accord sur ce que nous allons raconter, pour dire la même chose.
■ **violoniste** nom. Musicien qui joue du violon.

violoncelle nom m. Instrument de musique, semblable à un gros violon, qui produit un son grave.
■ **violoncelliste** nom. Musicien qui joue du violoncelle.

vipère nom f. Serpent venimeux dont la morsure est très dangereuse. ● La **vipère** se distingue de la couleuvre par sa tête triangulaire.

virer v. **1** ● Le cycliste a **viré** pour faire demi-tour : il a changé de direction en tournant. **2** ● **Virer** de l'argent sur un compte bancaire ou postal : le faire passer d'un compte sur un autre compte (→ virement). **3** VIRER À. ● Avec le temps, ces rideaux rouges **ont viré au rose** : ils ont pris cette couleur.
■ **virage** nom m. ● Ralentis avant d'exécuter ton **virage**, avant de tourner. —

● Sur les routes de montagne, les **virages** sont nombreux, les tournants.
■ **virement** nom m. ● Son salaire lui est versé par **virement** : il est viré sur son compte.

virevolter v. ● Les patineurs **virevoltent** sur la piste : ils font des demi-tours rapides.

virgule nom f. **1** Signe de ponctuation (,) que l'on emploie à l'intérieur d'une phrase pour séparer des mots ou des groupes de mots. ★ Chercher aussi : point-virgule. **2** ● Le nombre « 1,5 » comporte une **virgule**, un signe qui indique que le chiffre qui suit est une décimale.

viril adj. ● L'énergie, le courage ne sont pas seulement des qualités **viriles**, qui appartiennent aux hommes (et non aux femmes).
■ **virilité** nom f. **1** Fait d'être un humain de sexe masculin. **2** Ensemble de qualités qui sont censées être spécifiquement masculines.

virole nom f. ● La **virole** d'un couteau, la bague de métal qui sert à bien maintenir le manche et la lame d'un couteau.

virtuel adj. Possible, qui n'est pas encore réalisé. ● Dans chaque enfant, il y a un adulte **virtuel** (→ SYN. potentiel ; CONTR. réel, effectif).
■ **virtuellement** adv. De manière virtuelle (→ CONTR. effectivement).
■ **virtualité** nom f. ● Il faut exploiter toutes les **virtualités** de la situation (→ SYN. possibilité).

virtuose nom. Musicien qui joue très bien d'un instrument. ● Cette femme est une **virtuose** du piano.
■ **virtuosité** nom f. ● Il a exécuté ce morceau de piano avec **virtuosité**, avec beaucoup d'habileté, de talent, de brio.

virulent adj. ● Il a fait un discours **virulent** contre ce parti politique, plein de paroles violentes et dures.
■ **virulence** nom f. ● Il l'a critiqué avec **virulence**.

virus [virys] nom m. ● La grippe, la poliomyélite sont dues à des **virus**, à des êtres vivants plus petits que des microbes et qui causent des maladies.

vis [vis] nom f. **1** ● *La serrure est fixée à la porte par des vis*, par des tiges de métal que l'on enfonce en tournant (→ tournevis ; visser, dévisser). **2** (fig. et fam.) SERRER LA VIS À QUELQU'UN. ● *Son père lui serre la vis* : il est très sévère.

visa nom m. Cachet spécial que l'on doit faire mettre sur son passeport pour entrer dans certains pays étrangers.

visage nom m. **1** ● *Chantal a un joli visage*, une jolie figure. **2** ● *Jacques aime bien voir de nouveaux visages* : des personnes nouvelles. — VISAGE PÂLE : nom que les Indiens d'Amérique donnaient aux gens de race blanche. **3** ● *Je n'imaginais pas ce pays ainsi ; c'est en y allant que j'ai découvert son vrai visage*, ce qu'il est vraiment.

vis-à-vis [vizavi] nom m. et loc. prép. **A.** nom m. ● *Dans ma ville, la mairie et la poste sont en vis-à-vis*, placées l'une en face de l'autre.
B. loc. prép. **1** ● *Dans le train, je m'étais placé vis-à-vis de Caroline*, en face d'elle. **2** ● *Mes souffrances ne sont rien vis-à-vis des siennes*, en comparaison des siennes. **3** ● *Vous avez très mal agi vis-à-vis de Roger*, envers lui, à son égard.

viscères nom m. plur. ● *Les intestins, le foie, l'estomac sont des viscères*, des organes mous qui se trouvent à l'intérieur de l'abdomen, du tronc ou du crâne. ★ VOIR p. 969.

viser v. **1** ● *Le chasseur vise un lièvre* : il s'applique à diriger son arme pour l'atteindre. — ● *Il a mal visé* : *l'animal n'a pas été touché*. **2** (fig.) ● *Ce député vise un poste de ministre* : il cherche à l'obtenir. — VISER À. ● *Par ses paroles, le médecin vise à rassurer le malade* : il cherche à le rassurer. **3** ● *Ces reproches ne te visent pas* : ils ne sont pas dirigés contre toi.
■ **visée** nom f. **1** ● *La ligne de visée* : la ligne que doit suivre une balle que l'on tire pour atteindre le but. ★ Chercher aussi : mire. **2** (au plur.) ● *Il a des visées sur ce poste* : il veut l'obtenir.

■ **viseur** nom m. ● *Le viseur d'une arme à feu* : l'instrument qui permet de viser une cible. ● *Le viseur d'un appareil photo* : la partie dans laquelle on regarde pour prendre une photo.

visible adj. **1** ● *Sur la neige blanche, ce chalet est bien visible* : on peut le voir (→ CONTR. invisible). **2** ● *Sa peur était visible* : on se rendait facilement compte qu'il avait peur (→ SYN. apparent).
■ **visiblement** adv. ● *Marc était visiblement ennuyé d'avoir manqué le train* (→ visible, sens 2 ; SYN. manifestement).
■ **visibilité** nom f. ● *Il ne faut pas doubler une voiture quand la visibilité est insuffisante*, quand on ne peut pas voir assez bien, assez loin.

visière nom f. ● *Les casquettes, les képis ont une visière*, un bord large et arrondi sur le devant.

vision nom f. **1** ● *Les lunettes permettent de corriger les défauts de la vision*, de ce qui fait que l'on peut voir (→ SYN. vue). — ● *Il a des troubles de la vision* (→ visuel). **2** ● *Ta vision de la vie est trop simple*, la façon dont tu la considères, avec ton esprit, tes idées. **3** ● *Il m'a semblé voir quelqu'un ici, mais il n'y a personne : j'ai des visions* : je vois des choses qui ne sont pas réelles (→ SYN. hallucination).
■ **visionnaire** nom. Personne qui a des visions ; (fig.) personne qui a des idées bizarres, extravagantes.
■ **visionneuse** nom f. ● *Je voudrais regarder ces diapositives, où est la visionneuse ?*, le petit appareil qui permet de grossir des diapositives, des films, afin de les examiner.

visite nom f. **1** ● *Après la visite de la ville, les touristes sont retournés à l'hôtel*, après avoir été dans tous les endroits où il y avait des choses intéressantes à voir. **2** ● *Ta visite m'a fait plaisir* : cela m'a fait plaisir que tu viennes me voir. — RENDRE VISITE À QUELQU'UN : venir le voir pour le rencontrer. **3** ● *Ce médecin fait ses visites le matin* : il va voir les malades chez eux.

★ Chercher aussi : consultation. **4** VISITE MÉDICALE. ● *Les élèves passent une **visite médicale*** chaque année : un examen médical rapide fait par un médecin qui se déplace pour venir dans l'école.

■ **visiter** v. ● *Avez-vous **visité** le château de Versailles ?*, en avez-vous fait la visite ?

■ **visiteur, -euse** nom **1** ● *Le dimanche, il y a beaucoup de **visiteurs** dans ce musée*, de personnes qui viennent le visiter. **2** ● *Thomas n'a pas voulu recevoir ses **visiteurs***, ceux qui venaient lui rendre visite.

vison nom m. Petit animal dont la fourrure est très recherchée. ● *Un manteau de **vison** coûte très cher.*

visqueux adj. ● *La bave des escargots est **visqueuse** :* elle est épaisse et collante (→ SYN. gluant).

■ **viscosité** nom f. Caractère visqueux. ● *La **viscosité** de l'huile.*

visser v. **1** ● *J'ai **vissé** les planches de cette étagère :* je les ai fait tenir ensemble avec des vis. **2** ● *Visse bien le couvercle du bocal :* fixe-le bien en tournant (→ CONTR. dévisser).

visuel adj. ● *Stéphane a des troubles **visuels***, de la vision, de la vue.

■ **visualiser** v. Rendre visible ou voir ce qui n'est pas normalement visible. ● *La radiographie permet de **visualiser** certaines parties du corps humain.*

■ **visualisation** nom f. **1** Action de visualiser. ● *Cet appareil offre une meilleure **visualisation**.* **2** — En informatique, affichage des informations sur un écran.

vital adj. **1** ● *Le cœur et le foie sont des organes **vitaux***, indispensables pour vivre. **2** ● *Le logement est un problème **vital***, très important.

vitalité nom f. ● *Cette personne manque de **vitalité***, d'énergie, de vigueur (→ vie, sens 3).

vitamines nom f. ● *Il y a moins de **vitamines** dans les conserves que dans les produits frais*, des substances contenues dans certains aliments et nécessaires à la santé.

vite adv. ● *Ce cheval court très **vite**.* — ● *Tu manges trop **vite*** (→ SYN. rapidement).

■ **vitesse** nom f. **1** ● *Cette voiture roule à grande **vitesse** :* elle parcourt une longue distance en peu de temps (→ SYN. allure). — VITESSE DE CROISIÈRE. ● *La **vitesse** de croisière* de cet avion est d'environ 700 km/h, l'allure moyenne à laquelle il peut normalement se déplacer. — (fig.) ÊTRE EN PERTE DE VITESSE. ● *À cause de la concurrence, cette entreprise **est en perte de vitesse** :* elle obtient de moins bons résultats. **2** ● *Quand l'automobiliste est passé de première en seconde, il a changé de **vitesse**.* — CHANGEMENT DE VITESSE. ● *Le **changement de vitesse** d'une voiture se manœuvre à l'aide d'un levier :* le mécanisme qui permet de changer de vitesse.

viticulture nom f. Culture de la vigne.

■ **viticole** adj. ● *La France est un pays **viticole***, où l'on cultive la vigne pour faire du vin.

vitre nom f. Plaque de verre fixée sur une fenêtre, une porte, une portière. ● *Luc regarde le paysage à travers la **vitre*** (→ SYN. carreau).

■ **vitrage** nom m. Assemblage de plaques de verre formant un mur mince. ● *Ces bureaux sont séparés par un simple **vitrage**.*

■ **vitrail** nom m. Fenêtre garnie de morceaux de verre généralement colorés et formant des dessins. ● *Les **vitraux** de cette cathédrale sont magnifiques.*

■ **vitré** adj. ● *Une porte **vitrée***, garnie de vitres.

■ **vitreux** adj. **1** ● *Près des volcans, on trouve des roches **vitreuses***, qui ont l'aspect du verre. **2** ● *Un œil **vitreux***, sans éclat.

■ **vitrier** nom m. Homme dont le métier est de tailler et de poser des vitres.

■ **vitrifier** v. **1** ● *Une très forte chaleur **vitrifie** le sable :* elle le transforme en verre. **2** ● *Mon oncle a fait **vitrifier** le parquet de sa maison :* il l'a fait recouvrir d'un vernis transparent. ★ Conjug. 10.

vitrine nom f. **1** ● *Claude regarde avec gourmandise la vitrine du pâtissier*, la partie vitrée de son magasin, où la marchandise est exposée (→ SYN. devanture). **2** ● *Dans les musées, les petits objets sont placés dans des vitrines*, dans des meubles vitrés.

vitupérer v. ● *Cesse de vitupérer contre Thomas* : crier, protester. ★ Conjug. 8.

vivable → vivre.

1. vivace adj. **1** ● *Les massifs de fleurs sont entourés d'une bordure de plantes vivaces*, qui ne sont pas fragiles, qui vivent longtemps. **2** (fig.) ● *Cette croyance est très vivace dans la région* : elle dure depuis longtemps et n'est pas près de disparaître.

2. vivace [vivatʃe] adv. Indique qu'un morceau de musique doit être joué vivement, rapidement.

vivacité nom f. **1** ● *Anne a beaucoup de vivacité dans ses gestes* : elle est vive, rapide dans ses gestes (→ vif, sens 1). **2** ● *As-tu remarqué la vivacité d'esprit de Jacques?*, qu'il a l'esprit vif (→ vif, sens 2). **3** ● *Il s'est excusé de sa vivacité*, d'avoir montré de l'énervement, d'avoir été un peu blessant (→ vif, sens 3). **4** ● *Ce tableau est très vieux, mais ses couleurs ont gardé toute leur vivacité*, elles sont restées vives, éclatantes (→ vif, sens 5).

■ **vivement** adv. **1** ● *Il s'est enfui vivement* (→ SYN. rapidement). **2** ● *Il m'a répondu vivement*, avec un peu d'énervement. **3** ● *Je souhaite vivement que tu acceptes* (→ SYN. ardemment, profondément). **4** (fam.) ● *Vivement que ce travail soit fini!* : je souhaite qu'il soit bientôt fini.

vivant → vivre.

vivarium nom m. Cage de verre où l'on fait vivre de petits animaux.

vive! interj. Exprime l'enthousiasme pour quelqu'un ou pour quelque chose. ● *Vive* (ou *vivent*) *les mariés!* : qu'ils vivent longtemps, qu'ils soient heureux! (→ CONTR. à bas!).

vivier nom m. Bassin aménagé pour élever des poissons ou pour les conserver vivants.

vivifier v. ● *L'air marin t'a vivifié*, il lui a donné plus de santé, plus d'énergie. ★ Conjug. 10.

■ **vivifiant** adj. ● *Ce matin, il souffle un vent frais et vivifiant*, qui vivifie.

vivipare adj. ● *De nombreux animaux sont vivipares* : leurs petits naissent entièrement développés du corps de la mère et non d'un œuf. ★ Chercher aussi : ovipare.

vivisection nom f. ● *Certains laboratoires pratiquent la vivisection*, expériences ou opérations sur des animaux vivants.

vivre v. **1** ● *Le malade a cessé de vivre* : il est mort (→ vivant, sens 2). — (fig.) SE LAISSER VIVRE : ne pas faire d'efforts, ne pas se tracasser. **2** ● *Mon chat a vécu quatorze ans* : la durée de sa vie a été de quatorze ans. **3** ● *Mon oncle vit à l'étranger* : il habite dans cet endroit, il y habite. **4** ● *Il a toujours vécu honnêtement* : il a passé sa vie de cette façon. **5** ● *Ces pauvres gens ont tout juste de quoi vivre*, de quoi se nourrir, s'habiller, se loger, etc. (→ niveau de vie). **6** ● *Ce vieux marin a beaucoup vécu* : il a vu beaucoup de choses, il a une grande expérience de la vie. **7** ● *Jean-François nous a raconté les aventures qu'il a vécues*, qu'il a eues, qui ont fait partie de sa vie. ★ Conjug. 50.

■ **vivres** nom m. plur. ● *Les explorateurs sont inquiets, car il ne leur reste plus beaucoup de vivres*, de nourriture en réserve. — COUPER LES VIVRES À QUELQU'UN : ne plus lui donner d'argent, ne plus l'entretenir.

■ **vivable** adj. (fam.) ● *Cette situation n'est pas vivable*, pas supportable (→ CONTR. invivable).

■ **vivant** adj. et nom m. **A.** adj. **1** ● *Les hommes, les animaux, les plantes, sont des êtres vivants*, qui naissent, se reproduisent et meurent. **2** ● *Les alpinistes disparus ont été retrouvés vivants*, en vie (→ CONTR. mort). **3** ● *Loïc est un enfant très vivant*, plein d'entrain, d'énergie, de vitalité. — ● *Une ville **vivante**, pleine d'animation, d'activité.* 4 ● *Le français, l'anglais sont des langues **vivantes**, que l'on parle de nos jours* (→ CONTR. langue morte). **B.** nom m. 1 ● *Le souvenir des morts reste dans la mémoire des **vivants**, des personnes qui sont en vie.* 2 BON VIVANT. ● *Mon grand-père est un **bon vivant** : il aime bien manger, bien boire et rire avec ses amis.* 3 DU VIVANT DE QUELQU'UN. ● *Du **vivant de** l'ancien propriétaire, cette maison était mieux entretenue,* pendant le temps où il vivait.

■ **vivoter** v. ● *Il **vivote** avec un petit salaire :* il vit assez mal, assez pauvrement.

vivrière adj. ● *Les cultures **vivrières**, de produits alimentaires.*

vlan interj. ● *Et **vlan** ! Il l'a frappé.*

vocabulaire nom m. ● *Le **vocabulaire** d'André est étendu :* l'ensemble des mots qu'il emploie.

■ **vocable** nom m. (littér.) ● *Cet écrivain emploie des **vocables** rares,* des mots.

vocal adj. ● *Les chanteurs font des exercices **vocaux**, avec leur voix.* — CORDES VOCALES : organes qui se trouvent dans la gorge et qui produisent la voix.

■ **vocalise** nom f. ● *La chanteuse fait des **vocalises** :* elle chante plusieurs notes sur une seule syllabe.

vocation nom f. ● *Mon grand frère a une **vocation** pour la musique,* une grande attirance et aptitude dans ces pour cette activité.

vociférer v. ● *On l'entendait **vociférer** de l'autre bout de la rue,* crier très fort pour exprimer sa colère. ★ Conjug. 8.

vodka [vɔdka] nom f. Eau-de-vie russe fabriquée avec de l'orge, du seigle.

vœu nom m. 1 ● *Je fais le **vœu** que mon frère soit reçu à son examen,* le souhait que cela arrive. — (au plur.) ● *Je vous présente mes meilleurs **vœux** pour cette nouvelle année,* mes souhaits de bonheur. 2 ● *La politique du gouvernement ne répond pas aux **vœux** du peuple,* à ce qu'il désire. 3 FAIRE VŒU DE... ● *Les moines **font vœu** de pauvreté :* ils promettent à Dieu de vivre dans la pauvreté. — ● *Il **a fait vœu de** ne plus jamais mentir :* il se l'est promis à lui-même.

vogue nom f. ● *La **vogue** de ce chanteur a passé rapidement,* son succès auprès du public. — EN VOGUE, loc. adj. ● *Le patin à roulettes est à nouveau **en vogue**,* à la mode.

voguer v. (littér.) ● *Des voiliers **voguent** sur le lac :* ils se déplacent sur l'eau (→ SYN. naviguer).

voici, voilà prép. ● ***Voici** ma bicyclette et **voilà** celle de Claire.* ★ En principe, *voici* désigne l'objet le plus proche ; mais, dans le langage courant on emploie *voilà* dans tous les cas (→ celui-ci, celui-là).

voie nom f. 1 ● *Il n'est pas facile de voyager dans ce pays, car il y a peu de **voies** de communication,* d'espaces aménagés pour les communications, les transports (→ routes, chemins de fer, canaux). — ● *Le feu vert indique que la **voie** est libre pour les voitures.* 2 ● *Nous avons pris une route à trois **voies**,* qui est divisée en trois parties, où trois files de voitures peuvent circuler en même temps. 3 VOIE (FERRÉE) : double ligne de rails sur laquelle roulent les trains. — VOIE DE GARAGE. ● *Le train est sur une **voie de garage**,* sur une voie où l'on gare les trains et qui ne mène nulle part. (fig. et fam.) ● *Cet employé est sur une **voie de garage**,* à un poste où il ne peut espérer aucune amélioration de sa situation. 4 VOIE AÉRIENNE, VOIE MARITIME. ● *Ces marchandises seront-elles transportées par **voie aérienne** ou par **voie maritime** ? :* par avion ou par bateau ? 5 VOIE D'EAU. ● *Les marins ont réussi à boucher la **voie d'eau**,* le trou par lequel l'eau rentrait dans le bateau. 6 METTRE SUR LA VOIE. ● *Tu ne trouves pas la solution ? Je vais te **mettre sur la voie**,* te donner des indications qui t'aideront à trouver. 7 ● *Patrice se demande ce qu'il va faire dans la vie ; il cherche sa **voie**,* la direction à prendre dans l'existence pour arriver à de bons résultats. 8 EN

VOIE DE, loc. adv. ● *Certaines espèces animales sont en voie de disparition*, en train de disparaître.

voilage nom m. Grand rideau de tissu transparent placé devant une fenêtre.

1. voile nom m. **1** ● *La mariée avait une couronne et un long voile blanc*, un long morceau de tissu fixé sur sa tête. **2** ● *Un voile de brume couvre les prairies* : une légère couche de brume qui empêche de bien voir les prairies (→ 1. voiler).
■ **voilette** nom f. Petit voile que les femmes attachaient sur leur chapeau et qui leur cachait le visage.

2. voile nom f. **1** ● *Ce bateau a deux voiles* : deux grandes pièces de tissu qui permettent d'utiliser la force du vent pour faire avancer le bateau (→ voilier; voilure). **2** ● *Odile fait de la voile*, de la navigation sur un bateau à voiles.
■ **voilier** nom m. Bateau à voiles.
■ **voilure** nom f. Ensemble des voiles d'un bateau.

1. voiler v. ● *Un nuage voile la lune* : il empêche de bien la voir. □ adj. ● *La statue est voilée* : elle est cachée par un voile (→ dévoiler).
■ **se voiler** v. pron. **1** ● *Certaines femmes arabes se voilent le visage* : elles le couvrent d'un voile. **2** ● *Le ciel se voile* : il se couvre de nuages.

2. voiler v. ● *Je ne peux plus rouler avec ma bicyclette, l'une de ses roues a été voilée* : elle a été un peu tordue.

voir v. **1** ● *Les chats voient dans le noir* : ils distinguent les objets avec leurs yeux. — ● *Éric est tombé : il n'avait pas vu la marche* (→ visibilité; visible; vision; visuel; voyant). **2** ● *As-tu vu cette pièce de théâtre ?* : y as-tu assisté ? — (fig. et fam.) EN FAIRE VOIR À QUELQU'UN : le tourmenter. **3** ● *Je n'ai pas vu Isabelle depuis longtemps* : je ne l'ai pas rencontrée, je n'ai pas eu sa visite. **4** ● *On voit qu'il n'est pas habitué à cela* : on s'en rend bien compte. **5** ● *Nous verrons cette question plus tard* : nous l'étudierons, nous

y réfléchirons. **6** ● *Je ne vois pas où est la difficulté*, je ne comprends pas, je ne saisis pas. **7** ● *Toi et moi, nous n'avons pas la même façon de voir les choses* : nous ne nous en faisons pas la même idée (→ vision, sens 2 ; vue, sens 6). ★ Conjug. 22.
■ **se voir** v. pron. **1** ● *Elle s'est vue dans le miroir*. **2** ● *Laurent et Thierry se voient souvent* (→ SYN. se rencontrer). **3** ● *On a bouché le trou, il ne se voit plus* : on ne le voit plus. **4** ● *Ces choses-là se voient très souvent* : elles arrivent très souvent.

voire adv. Sert à renforcer ce que l'on vient de dire. ● *Il est désagréable, voire méchant*, et même méchant. ★ Ne pas oublier le e final qui distingue *voire* de *voir*.

voirie nom f. ● *Les cantonniers, les éboueurs sont employés à la voirie*, à l'entretien et au nettoyage des rues, des routes.

voisin adj. et nom **A.** adj. **1** ● *Dans le dortoir de la colonie, Sandrine et Alice avaient des lits voisins*, qui étaient l'un à côté de l'autre. **2** ● *La mandarine est un fruit voisin de l'orange*, qui n'est pas très différent (→ avoisinant ; SYN. proche de).
B. nom ● *Mme Garnier est notre voisine* : elle habite près de chez nous. — ● *Au cinéma, mon voisin n'arrêtait pas de parler*, celui qui était à côté de moi.
■ **voisinage** nom m. ● *Il y a eu un incendie dans le voisinage*, dans les alentours, dans les environs. — ● *Tout le voisinage parle de cette nouvelle*, l'ensemble des voisins.
■ **voisiner** v. Être dans le voisinage de. ● *Dans certaines forêts, le hêtre voisine avec le chêne*.

voiture nom f. **1** ● *Autrefois, on voyageait dans des voitures à chevaux*, dans des véhicules à roues traînés par des chevaux. — ● *Une voiture d'enfant* : une poussette ou un landau. **2** ● *Ce train se compose d'une locomotive et de huit voitures*, de huit wagons de voyageurs. **3** ● *Cette voiture est mal garée*, cette automobile.

voix nom f. **1** ● *La **voix** des hommes est plus grave que celle des femmes* : les sons produits par leur gorge (→ vocal). — (fig.) RESTER SANS VOIX. ● *Cette nouvelle lui a fait un tel choc qu'il **est resté sans voix**, qu'il ne pouvait plus parler tellement il était ému.* — DE VIVE VOIX, loc. adv. ● *Je l'ai prévenu **de vive voix**,* en parlant et non par écrit. **2** (fig.) ● *Obéissons à la **voix** de la sagesse,* à ce que la sagesse nous dit de faire. **3** ● *Aux élections municipales, ce candidat a obtenu 453 **voix*** : 453 électeurs ont voté pour lui. **4** VOIX ACTIVE, VOIX PASSIVE. ● *Dans «Anne mange la pomme», le verbe est à la **voix active*** : le sujet accomplit l'action exprimée par le verbe. ● *Dans «La pomme est mangée par Anne», le verbe est à la **voix passive*** : le sujet subit l'action exprimée par le verbe.

1. vol nom m. **1** ● *Des savants ont étudié le **vol** des oiseaux et des insectes,* la façon dont ils se déplacent dans l'air en agitant leurs ailes. **2** ● *Vois-tu ce **vol** de corbeaux au-dessus du champ?,* ce groupe de corbeaux volant ensemble. **3** ● *Ce pilote a effectué de nombreux **vols**,* de nombreux déplacements en avion (→ 1. voler, sens 2). **4** À VOL D'OISEAU. ● *La gare est à 3 km par la route et à 1 km **à vol d'oiseau**,* en ligne droite. **5** VOL PLANÉ. ● *L'aigle fait un **vol plané*** : il vole sans remuer les ailes. — *L'avion fait un **vol plané*** : il vole avec le moteur arrêté (→ vol à voile). — (fig. et fam.) ● *Nicolas a fait un **vol plané**,* une chute. **6** ATTRAPER AU VOL. ● *Le bol se serait cassé si je ne l'**avais pas attrapé au vol**,* avant qu'il tombe par terre (→ volée, sens 2).

■ **volant** adj. **1** ● *Sais-tu qu'il existe des poissons **volants**?,* qui peuvent voler. — *Un avion est un appareil **volant**.* **2** ● *Christine écrit sur une feuille **volante**,* qui n'est pas attachée avec d'autres feuilles.

■ **volée** nom f. **1** ● *Une **volée** de moineaux s'est précipitée sur les miettes que j'avais jetées,* un groupe de moineaux qui volaient ensemble. **2** À LA VOLÉE, DE VOLÉE. ● *Attraper une balle de tennis **à la volée**,* la reprendre de **volée** : l'attraper avant qu'elle ait touché le sol. **3** À TOUTE VOLÉE. ● *Les cloches sonnent à **toute volée**,* très fort. **4** (fam.) ● *Mathieu a reçu une **volée**,* une série de coups.

2. vol nom m. **1** ● *J'ai été victime d'un **vol*** : on m'a volé quelque chose qui m'appartenait. **2** ● *Vendre des marchandises d'aussi mauvaise qualité à ce prix-là, c'est du **vol**,* c'est les faire payer beaucoup trop cher.

volage adj. ● *Ce jeune homme est **volage*** : il est infidèle en amour.

volaille nom f. **1** LA VOLAILLE. ● *La **volaille** est enfermée dans la basse-cour* : les gros oiseaux qui sont élevés pour être mangés (poules, canards, dindons, etc.). **2** UNE VOLAILLE. ● *La fermière plume une **volaille**,* un de ces oiseaux.

1. volant → 1. vol.

2. volant nom m. **1** ● *Pour prendre un virage, l'automobiliste tourne le **volant**.* **2** ● *Dans ma chambre, il y a des rideaux à **volants**,* avec des bandes de tissu froncées cousues au bord.

volatil adj. ● *L'alcool à 90° est **volatil*** : il s'évapore facilement.

■ **se volatiliser** v. pron. **1** ● *Rebouche bien le flacon pour que l'éther ne se **volatilise** pas,* qu'il ne s'évapore pas. **2** (fig.) ● *Je ne trouve plus mon stylo, pourtant il ne **s'est** certainement pas **volatilisé*** : il n'a certainement pas disparu tout seul.

volatile nom m. ● *La poule est un **volatile**,* oiseau (de basse-cour, en général).

vol-au-vent nom m. invar. Croûte de pâte remplie de morceaux de viande ou de poisson et de sauce.

vol à voile nom m. Sport qui consiste à piloter des planeurs (→ 1. vol).

volcan nom m. Montagne qui peut projeter des matières brûlantes provenant de l'intérieur de la terre. ★ Chercher aussi : cratère, lave ; vulcanologie.

■ **volcanique** adj. ● *L'ancienne ville romaine de Pompéi a été détruite par une éruption **volcanique**,* d'un volcan.

volcan

volée → 1. vol.

1. voler v. **1** ● *Les oiseaux **volent** en battant des ailes*, ils se déplacent en l'air. **2** ● *Un avion **vole** très haut dans le ciel.* **3** ● *Les longs cheveux d'Hélène **volent** au vent* : ils sont soulevés par le vent. **4** ● *Dès qu'il m'a vu, il a **volé** vers moi* : il est venu très vite.

■ **voleter** v. ● *Le petit pigeon **volette**,* voler sur de petites distances, sans s'élever très haut. ★ Conjug. 9.

■ **volière** nom f. Grande cage où il y a suffisamment de place pour que les oiseaux puissent voler.

2. voler v. **1** ● *Quelqu'un a **volé** la bicyclette de Christian cette nuit* : quelqu'un à qui elle n'appartenait pas l'a prise pour lui. **2** (fam.) NE PAS L'AVOIR VOLÉ. ● *Cette punition, il **ne l'a pas volée**!* : il l'a bien méritée. **3** ● *Ce commerçant **vole** ses clients* : il leur fait payer trop cher ce qu'il vend.

■ **voleur** nom et adj. **A.** nom **1** ● *Le **voleur** a été condamné à la prison,* celui qui avait volé quelque chose. **2** ● *Cet hôtelier est un **voleur** :* il fait payer beaucoup trop cher.

B. adj. ● *Nous n'allons plus chez cet épicier, il est trop **voleur*** (→ SYN. malhonnête).

volet nom m. **1** ● *La porte et les **volets** de notre maison sont peints en vert,* les panneaux qui se rabattent devant les fenêtres (→ SYN. persienne). **2** ● *Ce dépliant publicitaire a trois **volets**,* trois parties qui se rabattent les unes sur les autres.

volley-ball [vɔlɛbol] nom m. Sport où des joueurs divisés en deux camps se renvoient un ballon au-dessus d'un filet haut.

volonté nom f. **1** ● *Jacques a de la **volonté*** : quand il a décidé de faire quelque chose, il le fait (→ volontaire, sens 1). **2** ● *Il a agi de sa propre **volonté**,* parce qu'il le voulait et non parce qu'on l'a forcé (→ volontaire, sens 2 ; volontairement). **3** ● *Nous avons accompli ses **volontés**,* ce qu'il voulait (→ SYN. désir). **4** BONNE (MAUVAISE) VOLONTÉ. ● *Il a mis de la **bonne volonté** à faire ce que je lui demandais* : il l'a fait sans protester et le mieux qu'il pouvait. **5** À VOLONTÉ, loc. adv. ● *Le menu est à 50 F, avec vin **à volonté**,* autant que l'on en veut.

■ **volontaire** adj. et nom **A.** adj. **1** ● *Jacques a un caractère **volontaire** :* il a de la volonté. **2** ● *Il vit dans une pauvreté **volontaire**,* qui est voulue par lui (→ CONTR. involontaire).

B. nom ● *Je cherche un **volontaire** pour m'aider à transporter ce meuble,* quelqu'un qui veuille bien m'aider sans qu'on l'y oblige.

■ **volontairement** adv. ● *Il est **volontairement** arrivé en retard* (→ SYN. exprès).

volontiers adv. ● *J'accepte bien **volontiers** votre invitation,* avec plaisir, de bon cœur.

volt nom m. Unité de mesure de la force du courant électrique. ● *Dans la plupart des habitations, le courant est de 220 **volts**.*

■ **voltage** nom m. ● *L'ampoule a grillé parce que le **voltage** était trop élevé,* le nombre de volts.

volte-face nom f. invar. **1** ● *Jérôme se dirigeait vers moi, quand soudain il a fait **volte-face** :* il s'est retourné, il a fait un demi-tour sur lui-même. **2** (fig.) ● *Au début il était pour ce projet, puis il a fait **volte-face** :* il a brusquement changé d'opinion.

voltiger v. ● *Des abeilles voltigeaient au-dessus des fleurs* : elles volaient de côté et d'autre, en se posant souvent. ★ Conjug. 5.

■ **voltige** nom f. ● *Au cirque, le numéro de voltige était très impressionnant* : le numéro d'acrobatie au-dessus du sol (au trapèze, par ex.).

volubile adj. ● *Dans le train, je n'aime pas avoir un voisin volubile*, qui parle sans arrêt et rapidement (→ SYN. bavard ; CONTR. muet, taciturne).

1. volume nom m. **1** ● *Le volume de cette chambre est de 30 mètres cubes* : l'espace qu'elle occupe, qu'il y a à l'intérieur. — ● *Cette armoire occupe un grand volume dans la pièce* : elle occupe beaucoup de place (→ volumineux). **2** (fig.) ● *Le volume des dépenses dépasse celui des recettes*, la quantité totale. **3** ● *Ce bouton permet de régler le volume de la radio*, la puissance du son.

■ **volumineux** adj. ● *Cette armoire est volumineuse* : elle tient beaucoup de place.

2. volume nom m. ● *Mon parrain m'a offert un beau volume relié en cuir*, un livre. — ● *Un livre en deux volumes*, en deux tomes.

volupté nom f. (littér.) ● *Laurent avait très soif ; il a bu un verre d'eau avec volupté*, avec un très grand plaisir.

■ **voluptueux** adj. ● *Une sensation voluptueuse*, qui fait éprouver de la volupté. □ nom ● *Gilles est un voluptueux*, quelqu'un qui aime la volupté, la jouissance.

volute nom f. ● *Le haut de cette colonne est orné de volutes*, de spirales sculptées. — ● *Des volutes de fumée* : de la fumée qui monte en spirale.

vomir v. ● *Stéphane a vomi son repas* : il l'a rejeté par la bouche après l'avoir mangé. ★ Conjug. 11.

■ **vomissement** nom m. ● *Ce médicament empêche les vomissements* : il empêche de vomir.

vorace adj. ● *Cet animal avale n'importe quoi tellement il est vorace* : il a toujours faim et il mange énormément.

vote nom m. **1** ● *Les élections municipales approchent, le vote aura lieu dimanche prochain* : les électeurs donneront leur avis. — ● *On a compté les votes*, les avis exprimés par les électeurs (→ SYN. suffrage, voix). ★ Chercher aussi : abstention. **2** ● *Le vote d'une loi* : son examen suivi d'un vote par les députés et les sénateurs.

■ **voter** v. **1** ● *En France, on a le droit de voter à partir de dix-huit ans, de participer aux élections.* **2** ● *Ce projet de loi a été voté*, accepté par un vote.

■ **votant** nom ● *Les votants ont déposé leur bulletin de vote dans l'urne*, ceux qui ont voté

votre [vɔtr], (au plur. **vos**) adj. possessif. ● *Vos amis ne tiendront pas tous dans votre voiture.*

■ **vôtre, vôtres** [votr] pronom possessif ● *C'est notre avis, mais ce n'est pas le vôtre.* ★ Ne pas oublier l'accent circonflexe qui distingue *vôtre* de *votre.*

vouer v. **1** ● *Il voue un profond respect à son grand-père* : il lui porte, il lui témoigne un grand respect. **2** ● *Ce savant a voué sa vie à l'étude* : il l'a consacrée à l'étude. □ adj. ● *La plupart des habitants de ce pays sont voués à la misère* : ils la subiront inévitablement (→ SYN. condamné).

vouloir v. **1** ● *Bernard travaille beaucoup parce qu'il veut réussir* : il le désire fortement (→ volonté, sens 1). **2** (au conditionnel). ● *Je voudrais une part de gâteau* : j'aimerais bien en avoir une (→ SYN. désirer). **3** VOULOIR BIEN. ● *Il a bien voulu m'accompagner* : il a accepté de le faire, il y a consenti. **4** VOULOIR DU BIEN (DU MAL) À QUELQU'UN. ● *Pourquoi as-tu peur de lui ? Il ne te veut pas de mal* : il n'a pas l'intention de te faire du mal. **5** EN VOULOIR À QUELQU'UN. ● *Je lui en veux de m'avoir menti* : je suis fâché, j'ai de la rancune contre lui à cause de cela. **6** VOULOIR DIRE. ● *Sa phrase ne veut rien dire* : elle n'a pas de sens, de signification. ★ Conjug. 26.

vous pronom personnel de la deuxième personne du pluriel. **1** Employé pour s'adresser à plusieurs personnes. ● *Si vous n'êtes pas contents, allez-vous-en!* **2** Employé par politesse, pour s'adresser à une seule personne. ● *Voulez-vous vous asseoir, Madame?* (→ vouvoyer; vouvoiement). **3** VOUS-MÊMES. ● *Vous pouvez essayer vous-mêmes.*
■ **vouvoyer** v. ● *On vouvoie les gens que l'on ne connaît pas bien* : on leur dit «vous» et non «tu». ★ Chercher aussi : tutoyer. ★ Conjug. 6.
■ **vouvoiement** nom m. ● *Le vouvoiement est une marque de respect.*

voûte nom f. Plafond arrondi fait de pierres taillées ou de briques. ● *La plupart des églises présentent des voûtes soutenues par des piliers.* ★ Chercher aussi : ogive.

voûte

■ **voûté** adj. **1** ● *Une cave voûtée*, dont le plafond est une voûte. **2** ● *Un vieillard voûté*, dont le dos est arrondi.

voyage nom m. **1** ● *Christophe aime les voyages* : il aime partir pour aller assez loin. **2** ● *Quand les déménageurs ont vidé l'appartement, ils ont fait de nombreux voyages*, de nombreux déplacements pour transporter les objets, des aller et retour.
■ **voyager** v. ● *Certains voyagent pour leur plaisir, d'autres pour leurs affaires* : ils font des voyages. ★ Conjug. 5.
■ **voyageur** nom ● *Une voyageuse a oublié sa valise sur le quai de la gare,*

une femme qui voyage. — VOYAGEUR DE COMMERCE : représentant qui voyage pour aller voir ses clients.

1. voyant adj. ● *Elle a une robe voyante*, d'une couleur qui est très vive et qui attire les yeux, qui se voit (→ CONTR. discret).

2. voyant nom m. Petite lumière qui s'allume sur un tableau de bord, un appareil, pour avertir. ● *Ce voyant rouge indique qu'il n'y a plus assez d'huile dans le moteur de la voiture.*

voyelle nom f. ● *«a», «o», «i» sont des voyelles*, des lettres que l'on peut prononcer quand elles sont seules, à la différence des consonnes.

voyons! interj. Exprime un reproche, un rappel à l'ordre. ● *Tiens-toi tranquille, voyons!*

voyou nom m. ● *Un voyou a crevé les pneus de cette voiture*, un mauvais garçon.

en vrac loc. adv. ● *Les bagages ont été entassés en vrac dans la voiture*, en désordre (→ SYN. pêle-mêle). — ● *Des marchandises en vrac*, sans emballage.

vrai adj. et nom m. **A.** adj. **1** ● *Cette nouvelle est vraie* : elle correspond à la réalité, à la vérité (→ CONTR. faux, inventé, mensonger). **2** ● *Pour sa fête, Sylvie a eu une vraie montre*, une montre qui n'est pas une imitation (→ SYN. véritable; CONTR. factice). **3** ● *Ce repas est un vrai festin* : on peut le comparer à un festin.
B. nom m. **1** ● *Dans son récit, où est le faux, où est le vrai?*, la vérité. **2** ÊTRE DANS LE VRAI : ne pas se tromper, avoir raison. — À VRAI DIRE. ● *À vrai dire*, je trouve cela injuste : pour parler franchement. — (fam.) POUR DE VRAI. ● *Il pleure pour de vrai* : il ne fait pas semblant.
■ **vraiment** adv. **1** ● *Tu lui as vraiment répondu cela?*, dans la réalité (→ SYN. réellement). **2** ● *Ce manteau est vraiment grand pour moi* : il est trop grand.

vraisemblable adj. ● *Ce qu'il raconte est vraisemblable :* cela semble vrai (→ CONTR. invraisemblable).

■ **vraisemblablement** adv. ● *Cet incendie est vraisemblablement dû à une imprudence* (→ SYN. sans doute, probablement).

■ **vraisemblance** nom f. ● *Son histoire manque de vraisemblance :* elle est peu vraisemblable (→ CONTR. invraisemblance).

vrille nom f. **1** ● *La vigne a des vrilles,* des sortes de petites tiges enroulées en spirale qui lui permettent de s'accrocher à son support. **2** ● *Une vrille sert à percer des trous dans le bois,* un outil composé d'une tige de métal pointue en forme de vis. **3** EN VRILLE, loc. adv. ● *L'avion abattu descend en vrille,* en tournant sur lui-même, en décrivant une spirale.

vrombir v. ● *J'entends vrombir les moteurs :* faire un bruit régulier produit par un mouvement très rapide (→ SYN. (fam.) ronfler). ★ Conjug. 11.

vu adj., nom m. et prép. **1** adj. BIEN VU, MAL VU. ● *Il est mal vu de ses voisins :* ses voisins pensent du mal de lui ; il est mal considéré. **2** nom m. AU VU ET AU SU DE. ● *Il a fait cela au vu et au su de tout le monde,* sans se cacher, de telle façon que tout le monde l'a su. **3** prép. ● *Vu sa mauvaise humeur, il vaut mieux ne pas insister,* en considérant cela, étant donné cela.

vue nom f. **1** ● *Les aveugles sont privés de la vue,* de la possibilité de voir. — À PERTE DE VUE. ● *La plaine s'étend à perte de vue :* aussi loin qu'il est possible de voir. — (fam.) EN METTRE PLEIN LA VUE. ● *Il fait le malin pour en mettre plein la vue à ses copains,* pour qu'ils l'admirent, pour les éblouir. **2** EN VUE, loc. adv. ● *Il faut afficher cet avis bien en vue,* dans un endroit où on le voit bien. — (fig.) ● *Il connaît beaucoup de personnes en vue,* importantes, remarquables. **3** ● *La vue du serpent le remplit de terreur :* ce qu'il vit (c'est-à-dire le serpent). **4** ● *De ma fenêtre, la vue est magnifique,* les choses que l'on peut voir de là. **5** ● *Ce livre est illustré de vues de la France,* d'images, de photos. **6** ● *Ses vues sont différentes des miennes,* sa façon de voir les choses (→ SYN. conception, idée). **7** EN VUE DE, loc. prép. ● *Ils font des économies en vue d'acheter une maison,* dans ce but.

vulcanologie nom f. Étude scientifique des volcans.

■ **vulcanologue** nom. Spécialiste de la vulcanologie.

vulgaire adj. **1** ● *Je n'aime pas les gens vulgaires,* qui manquent de distinction, d'éducation (→ vulgarité ; SYN. grossier). **2** ● *N'ayant pas trouvé de vase, Claire a mis ses fleurs dans un vulgaire pot de confiture,* un pot qui est tout ce qu'il y a de plus ordinaire. **3** ● *J'ignore le nom scientifique de ce poisson, mais je connais son nom vulgaire,* celui que tout le monde emploie (→ vulgairement, sens 2 ; vulgariser ; vulgarisation ; SYN. courant).

■ **vulgairement** adv. **1** ● *Il parle vulgairement* (→ SYN. grossièrement). **2** ● *La renoncule à fleurs jaunes est vulgairement appelée « bouton d'or ».*

■ **vulgariser** v. ● *Il n'est pas facile de vulgariser des connaissances médicales,* de les rendre compréhensibles pour tout le monde.

■ **vulgarisation** nom f. ● *Michel lit un livre de vulgarisation scientifique.*

■ **vulgarité** nom f. ● *Sa vulgarité me déplaît* (→ SYN. grossièreté ; CONTR. distinction).

vulnérable adj. **1** ● *Sans leur armure, les chevaliers du Moyen Âge était vulnérables :* on pouvait les blesser facilement (→ CONTR. invulnérable). **2** (fig.) ● *Les personnes sensibles sont très vulnérables :* la moindre chose leur fait de la peine.

■ **vulnérabilité** nom f. Fait d'être vulnérable. ● *La vulnérabilité des bébés.*

vulve nom f. ● *Une irritation de la vulve,* organe génital externe féminin.

W | w   X | x

wagon nom m. Voiture de chemin de fer. • *Les* **wagons** *d'un train sont tirés par la locomotive.* ★ Chercher aussi : *fourgon*.

■ **wagon-lit** nom m. Wagon dont les compartiments sont aménagés en chambres.

■ **wagon-restaurant** nom m. Wagon dans lequel on sert des repas. • *Des* **wagons-restaurants**.

■ **wagonnet** nom m. • *Le charbon est mis dans un* **wagonnet**, *petit wagon qui se déplace sur des rails.*

water-polo [waterpɔlo] nom m. Jeu de ballon qui se pratique dans l'eau entre deux équipes de nageurs. • *Les règles du* **water-polo** *sont les mêmes que celles du hand-ball.*

waters [watɛr] ou **water-closets** [watɛrklozɛt] nom m. plur. • *Où sont les* **waters**?, *les toilettes* (→ *W.-C.*).

watt [wat] nom m. Unité servant à mesurer la production ou la consommation d'électricité. • *Cette ampoule de 40* **watts** *n'éclaire pas assez; il en faudrait une de 100* **watts**.

W.-C. [dubləvese] ou [vese] nom m. plur. (abrév. de *water-closets*). • *Aller aux* **W.-C.**, *aux toilettes.*

week-end [wikɛnd] nom m. Congé du samedi et du dimanche, à la fin de la semaine. • *Ils vont à la campagne tous les* **week-ends**.

western [wɛstɛrn] nom m. Film d'aventures présentant des cow-boys, des pionniers américains au temps des guerres contre les Indiens.

whisky [wiski] nom m. Eau-de-vie anglaise ou américaine faite avec de l'orge, du seigle, de l'avoine. • *Voulez-vous du* **whisky** *comme apéritif?* — • *Un verre de* **whisky**, *ou un* **whisky**. ★ Au plur. : *des whiskies* ou *des whiskys*.

white-spirit [wajtspirit] nom m. Liquide tiré du pétrole, servant à diluer certaines peintures, à détacher certains tissus.

xénophone [ksenɔfɔb] nom et adj. Qui n'aime pas les étrangers. • *Personne n'est* **xénophobe** *dans notre classe.*

■ **xénophobie** nom f. • *Brigitte lutte contre la* **xénophobie** *de Luc : grave hostilité aux étrangers.*

xylophone

xylophone [ksilɔfɔn] nom m. Instrument de musique formé de lames de bois ou de métal, sur lesquelles on frappe avec des petits marteaux.

Y|y Z|z

y adv. et pronom **1** adv. ● *Je pensais qu'il était chez lui, mais il n'y est pas*, dans cet endroit. **2** pronom ● *«Connais-tu ce jeu?» «Oui, j'y ai déjà joué»*, à ce jeu, à cela. **3** Servant à former des expressions où il n'a pas de signification à lui seul. ● *Il y a; ça y est*, etc.

yacht [jɔt] nom m. Bateau de luxe à voiles ou à moteur, utilisé uniquement pour des croisières. ● *Il faut être riche pour posséder un yacht et faire le tour du monde à son bord.*
■ **yachting** [jɔtiŋ] nom m. Navigation de plaisance sur un yacht.

yack nom m. Gros bovidé à long poil qui sert de bête domestique au Tibet.

yankee [jãki] nom m. Surnom donné aux habitants des États-Unis.

yaourt [jaurt] ou **yog(h)ourt** nom m. Sorte de lait caillé généralement présenté dans des petits pots.

yard [jard] nom m. Mesure de longueur anglaise valant un peu moins d'un mètre (0,914 m).

yen [jɛn] nom m. Monnaie utilisée au Japon.

yéti nom m. ● *Tout le monde parle du yéti et personne ne l'a vu* : bête monstrueuse qui vivrait dans l'Himalaya.

yeux → œil.

yoga nom m. Sorte de gymnastique qui permet de se décontracter. ● *Le yoga est d'origine hindoue.*

■ **yogi** nom m. Personne qui connaît bien le yoga, qui l'enseigne.

yoghourt, yogourt → yaourt.

youyou nom m. Canot de petite taille, mais assez large.

zèbre nom m. **1** Animal d'Afrique qui ressemble à un cheval, avec des rayures foncées sur le corps. **2** (fam.) UN DRÔLE DE ZÈBRE : un drôle d'individu.
■ **zébré** adj. ● *Cette fourrure est zébrée de bandes noires* : elle a des rayures comme celles d'un zèbre.
■ **zébrure** nom f. ● *Les coups de fouet laissent des zébrures sur la peau*, des marques en forme de rayures.

zèbre

zébu nom m. Animal semblable au bœuf, mais possédant une bosse en haut du dos. ● *Les zébus vivent en Asie et en Afrique.*

zèle nom m. ● *Il a montré du zèle pour nous aider*, de l'ardeur, de l'application. — FAIRE DU ZÈLE : en faire plus que ce qui est demandé.

■ **zélé** adj. ● *Le prince a trouvé un serviteur zélé*, plein de zèle (→ CONTR. indifférent, négligent).

zénith [zenit] nom m. ● *À midi, le soleil est à son zénith*, au point le plus haut qu'il peut atteindre. ★ Chercher aussi : apogée.

zéro nom m. **1** ● *Si je place un zéro (0) à la droite d'un cinq, j'obtiens le nombre cinquante (50)*. **2** ● *Deux ôté de deux, il reste zéro*, le nombre qui indique une valeur nulle. — ● *Ses chances de réussite sont égales à zéro :* il n'a aucune chance de réussir. □ adj. ● *Il me reste zéro centime*, pas un seul. **3** ● *Cet élève est un zéro :* il est très mauvais (→ SYN. nullité). **4** ● *Il a eu zéro à son devoir*, la note la plus basse. **5** ● *Cette nuit, le thermomètre est descendu au-dessous de zéro*, la température à laquelle l'eau se tranforme en glace.

zeste nom m. ● *Les zestes de citron ou d'orange servent à parfumer la pâtisserie*, les petits morceaux de peau.

zézayer v. ● *Luc dit « ze zoue » au lieu de « je joue » : il zézaie :* il prononce « z » à la place de « j ». ★ Conjug. 7 (→ SYN. zozoter).

■ **zézaiement** nom m. Défaut de prononciation qui consiste à zézayer.

zibeline nom f. Petit animal dont la fourrure brune est très recherchée.

zigzag nom m. ● *Les éclairs font des zigzags dans le ciel*, des lignes formées d'une suite d'angles aigus.

■ **zigzaguer** v. ● *La voiture s'est mise à zigzaguer sur la route à cause du verglas :* à faire des zigzags.

zinc [zɛ̃g] nom m. Métal bleuâtre utilisé pour faire des toitures, des gouttières, etc.

zinnia nom m. Fleur de couleur vive, que l'on cultive dans les jardins.

zizanie nom f. (fam.) ● *Par ses racontars, il a semé la zizanie dans la famille :* il

a provoqué des disputes, de la mésentente.

zodiaque nom m. Partie du ciel dans laquelle le Soleil se déplace au cours d'une année. ● *Le zodiaque est divisé en douze constellations (le Lion, la Vierge, etc.) auxquelles correspondent les douze « signes du zodiaque »* utilisés par les astrologues.

zona nom m. Éruption de boutons, en forme de plaques, très douloureuse.

zone nom f. **1** ● *En géographie, on distingue les zones polaires, tempérées, tropicales*, les régions de la terre qui ont ces climats. **2** ● *Les usines se trouvent dans la zone industrielle de la ville*, dans la partie de la ville caractérisée par l'activité industrielle. — ZONE BLEUE. ● *Les automobilistes qui se garent en zone bleue* doivent mettre un disque de stationnement sur leur pare-brise, un quartier dans le centre des villes, où l'on n'a pas le droit de stationner trop longtemps.

zoo nom m. Jardin zoologique.

zoologie nom f. Science qui étudie les animaux.

■ **zoologique** adj. ● *Jardin ou parc zoologique :* endroit où l'on peut voir des animaux sauvages que l'on a rassemblés (→ SYN. zoo). ★ Chercher aussi : jardin d'acclimatation*.

zoom [zum] nom m. ● *Ce cinéaste se sert souvent d'un zoom*, un objectif de caméra qui sert à donner l'impression que l'on se rapproche ou que l'on s'éloigne de ce qui est filmé.

zouave nom m. **1** Soldat qui combattait autrefois dans l'armée française en Algérie. ● *Les zouaves portaient un pantalon bouffant rouge*. **2** (fam.) FAIRE LE ZOUAVE : faire l'idiot, le guignol.

zozoter v. (fam.) Zézayer.

zut ! interj. (fam.) Indique le mécontentement ou la déception. ● *Zut !, c'est déjà la fin !*

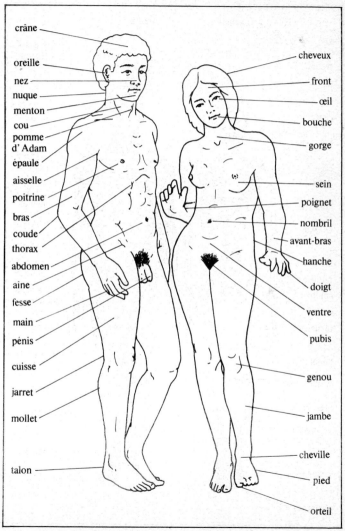

crâne

oreille

nez

nuque

menton

cou

pomme
d'Adam

épaule

aisselle

poitrine

bras

coude

thorax

abdomen

aine

fesse

main

pénis

cuisse

jarret

mollet

talon

cheveux

front

œil

bouche

gorge

sein

poignet

nombril

avant-bras

hanche

doigt

ventre

pubis

genou

jambe

cheville

pied

orteil

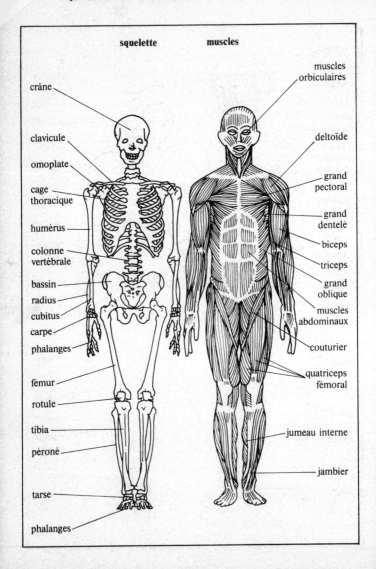

squelette　　**muscles**

crâne

clavicule

omoplate

cage
thoracique

humérus

colonne
vertébrale

bassin

radius

cubitus

carpe

phalanges

fémur

rotule

tibia

péroné

tarse

phalanges

muscles
orbiculaires

deltoïde

grand
pectoral

grand
dentelé

biceps

triceps

grand
oblique

muscles
abdominaux

couturier

quatriceps
fémoral

jumeau interne

jambier

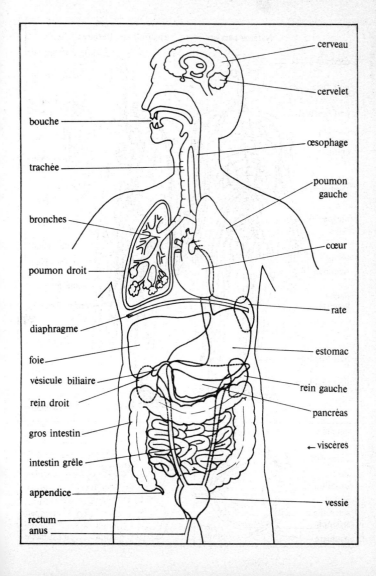

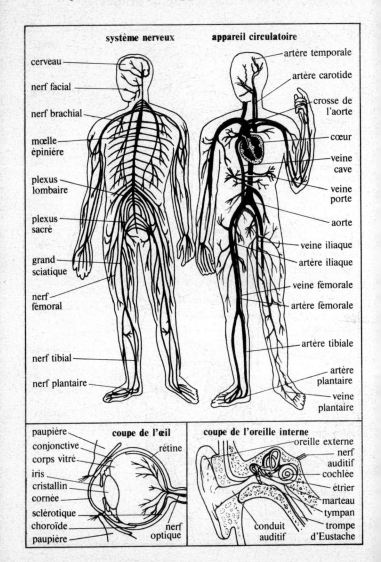

système nerveux

cerveau
nerf facial
nerf brachial
moelle épinière
plexus lombaire
plexus sacré
grand sciatique
nerf fémoral
nerf tibial
nerf plantaire

appareil circulatoire

artère temporale
artère carotide
crosse de l'aorte
cœur
veine cave
veine porte
aorte
veine iliaque
artère iliaque
veine fémorale
artère fémorale
artère tibiale
artère plantaire
veine plantaire

coupe de l'œil

paupière
conjonctive
corps vitré
iris
cristallin
cornée
sclérotique
choroïde
paupière
rétine
nerf optique

coupe de l'oreille interne

oreille externe
nerf auditif
cochlée
étrier
marteau
tympan
trompe d'Eustache
conduit auditif

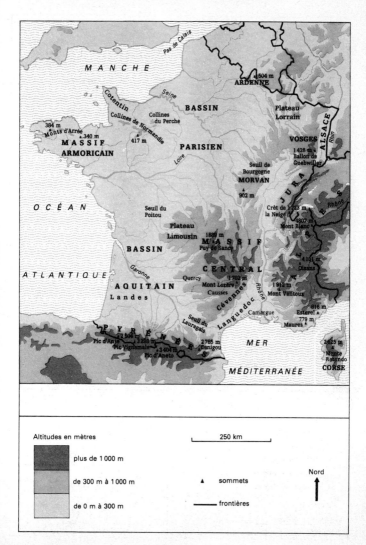

MANCHE

Pas de Calais

ARDENNE
▲ 504 m

Seine

Cotentin

BASSIN

Plateau
Lorrain

Collines de Normandie

Collines
du Perche

384 m
▲ Monts d'Arrée
▲ 340 m

417 m
▲

PARISIEN

VOSGES

1428 m ▲
Ballon de
Guebwiller

MASSIF
ARMORICAIN

Loire

ALSACE

Rhin

Seuil de
Bourgogne

MORVAN
▲ 902 m

OCÉAN

Seuil du
Poitou

Crêt de 1723 m
la Neige ▲

JURA

Plateau
Limousin

1889 m
▲
Puy de Sancy

MASSIF

4807 m ▲
Mont Blanc

Rhône

4101 m
▲
Oisans

ATLANTIQUE

BASSIN

Garonne

CENTRAL

AQUITAIN

Quercy

▲ 1702 m
Mont Lozère

Landes

Causses

1912 m
▲
Mont Ventoux

Cévennes

Rhône

816 m
Esterel ▲

Seuil du
Lauragais

Languedoc

Camargue

779 m
Maures ▲

P Y R É N É E S

2785 m
▲ Canigou

MER

2565 m
Pic d'Anie ▲
Pic Vignemale ▲ 3298 m
▲ 3404 m
Pic d'Aneto

2625 m
▲
Monte
Rotondo

CORSE

MÉDITERRANÉE

Altitudes en mètres

250 km

■ plus de 1 000 m

■ de 300 m à 1 000 m

▲ sommets

Nord
↑

□ de 0 m à 300 m

—— frontières

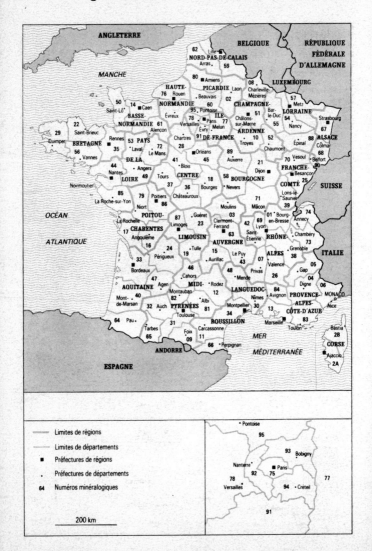

Limites de régions
Limites de départements
■ Préfectures de régions
• Préfectures de départements
64 Numéros minéralogiques

200 km

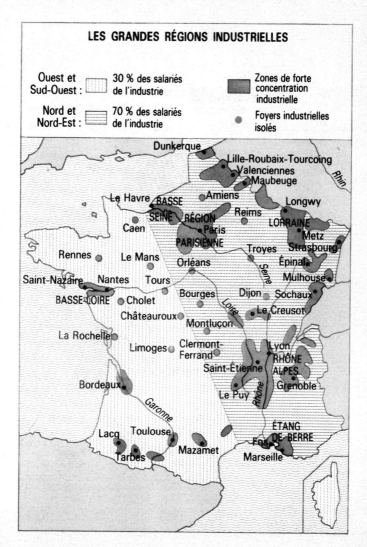

LES GRANDES RÉGIONS INDUSTRIELLES

Ouest et Sud-Ouest : 30 % des salariés de l'industrie

Nord et Nord-Est : 70 % des salariés de l'industrie

Zones de forte concentration industrielle

Foyers industrielles isolés

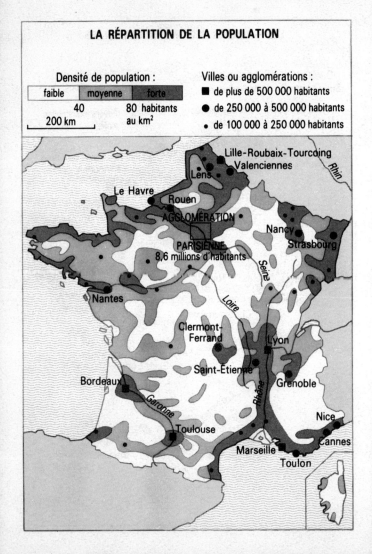

LA RÉPARTITION DE LA POPULATION

Densité de population :

| faible | moyenne | forte |

40   80 habitants
200 km   au km²

Villes ou agglomérations :
- ■ de plus de 500 000 habitants
- ● de 250 000 à 500 000 habitants
- • de 100 000 à 250 000 habitants

Lille-Roubaix-Tourcoing
Valenciennes
Lens
Le Havre   Rouen
AGGLOMÉRATION
Nancy
Strasbourg
PARISIENNE
8,6 millions d'habitants
Rhin
Seine
Nantes
Loire
Clermont-
Ferrand
Lyon
Saint-Étienne
Bordeaux
Grenoble
Garonne
Rhône
Nice
Toulouse
Cannes
Marseille
Toulon

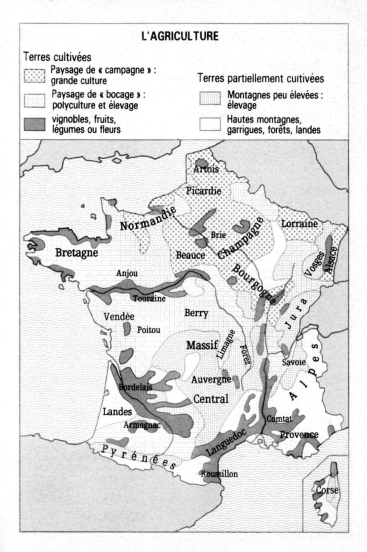

L'AGRICULTURE

Terres cultivées

Paysage de « campagne » :
grande culture

Paysage de « bocage » :
polyculture et élevage

vignobles, fruits,
légumes ou fleurs

Terres partiellement cultivées

Montagnes peu élevées :
élevage

Hautes montagnes,
garrigues, forêts, landes

Artois
Picardie
Normandie
Lorraine
Brie
Champagne
Beauce
Bourgogne
Vosges
Alsace
Bretagne
Anjou
Touraine
Berry
Jura
Vendée
Poitou
Massif
Limagne
Forez
Savoie
Bordelais
Auvergne
Central
Alpes
Landes
Armagnac
Comtat
Provence
Pyrénées
Languedoc
Roussillon
Corse

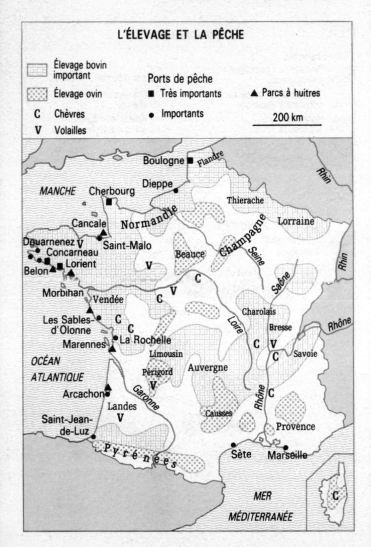

L'ÉLEVAGE ET LA PÊCHE

Élevage bovin important

Élevage ovin

C Chèvres

V Volailles

Ports de pêche

■ Très importants   ▲ Parcs à huitres

● Importants

200 km

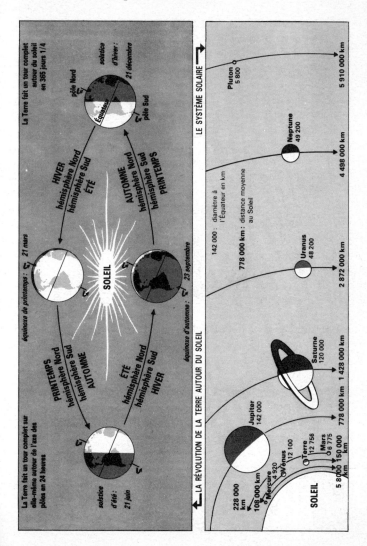

La Terre fait un tour complet sur elle-même autour de l'axe des pôles en 24 heures

La Terre fait un tour complet autour du soleil en 365 jours 1/4

solstice d'hiver : 21 décembre

pôle Nord

pôle Sud

Équateur

HIVER
hémisphère Nord
hémisphère Sud
ÉTÉ

AUTOMNE
hémisphère Nord
hémisphère Sud
PRINTEMPS

équinoxe de printemps : 21 mars

SOLEIL

équinoxe d'automne : 23 septembre

PRINTEMPS
hémisphère Nord
hémisphère Sud
AUTOMNE

ÉTÉ
hémisphère Nord
hémisphère Sud
HIVER

solstice d'été : 21 juin

← LA RÉVOLUTION DE LA TERRE AUTOUR DU SOLEIL

LE SYSTÈME SOLAIRE →

Pluton 5 800 — 5 910 000 km

Neptune 49 200 — 4 498 000 km

Uranus 48 200 — 2 872 000 km

142 000 : diamètre à l'Équateur en km

778 000 km : distance moyenne au Soleil

Saturne 120 000 — 1 428 000 km

Jupiter 142 000 — 778 000 km

Mars 6 775

Terre 12 756

Vénus 12 100

Mercure 4 920

228 000 km

108 000 km

50 000 km

5 800 km

SOLEIL

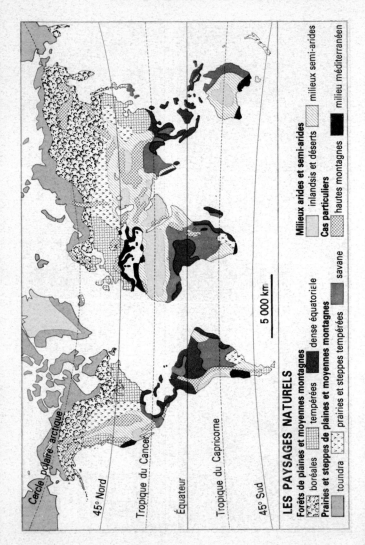

LES PAYSAGES NATURELS

Forêts de plaines et moyennes montagnes
boréales   tempérées   dense équatoriale

Prairies et steppes de plaines et moyennes montagnes
toundra   prairies et steppes tempérées   savane

Milieux arides et semi-arides
inlandsis et déserts   milieux semi-arides

Cas particuliers
hautes montagnes   milieu méditerranéen

5 000 km

Cercle polaire arctique
45° Nord
Tropique du Cancer
Équateur
Tropique du Capricorne
45° Sud

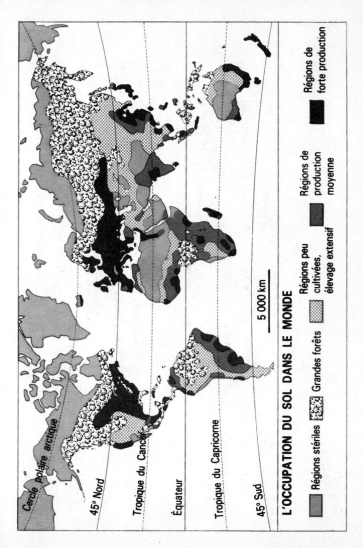

L'OCCUPATION DU SOL DANS LE MONDE

Régions stériles

Grandes forêts

Régions peu cultivées, élevage extensif

Régions de production moyenne

Régions de forte production

5 000 km

Cercle polaire arctique

45° Nord

Tropique du Cancer

Équateur

Tropique du Capricorne

45° Sud

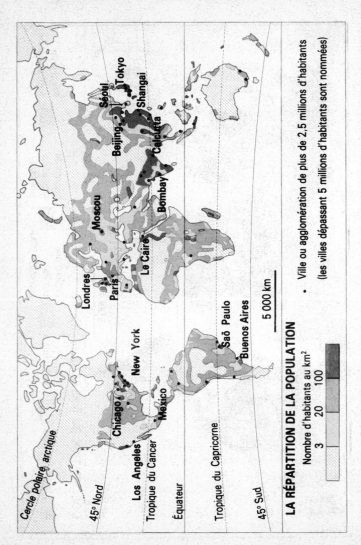

LA RÉPARTITION DE LA POPULATION

Nombre d'habitants au km²

3 20 100

• Ville ou agglomération de plus de 2,5 millions d'habitants

(les villes dépassant 5 millions d'habitants sont nommées)

5 000 km

Cercle polaire arctique

45° Nord

Tropique du Cancer

Équateur

Tropique du Capricorne

45° Sud

Londres
Paris
Le Caire
Moscou
Beijing
Séoul
Tokyo
Shangai
Calcutta
Bombay

Chicago
New York
Los Angeles
México
Saõ Paulo
Buenos Aires

1. avoir

INDICATIF

Présent

j'	ai
tu	as
il	a
nous	avons
vous	avez
ils	ont

Imparfait

j'	avais
tu	avais
il	avait
nous	avions
vous	aviez
ils	avaient

Passé simple

j'	eus
tu	eus
il	eut
nous	eûmes
vous	eûtes
ils	eurent

Futur

j'	aurai
tu	auras
il	aura
nous	aurons
vous	aurez
ils	auront

Passé composé

j'	ai	eu
tu	as	eu
il	a	eu
nous	avons	eu
vous	avez	eu
ils	ont	eu

Plus-que-parfait

j'	avais	eu
tu	avais	eu
il	avait	eu
nous	avions	eu
vous	aviez	eu
ils	avaient	eu

Passé antérieur

j'	*eus*	*eu*
tu	*eus*	*eu*
il	*eut*	*eu*
nous	*eûmes*	*eu*
vous	*eûtes*	*eu*
ils	*eurent*	*eu*

Futur antérieur

j'	aurai	eu
tu	auras	eu
il	aura	eu
nous	aurons	eu
vous	aurez	eu
ils	auront	eu

SUBJONCTIF

Présent

que	j'	aie
que	tu	aies
qu'	il	ait
que	nous	ayons
que	vous	ayez
qu'	ils	aient

Imparfait

que	j'	eusse
que	tu	eusses
qu'	il	eût
que	nous	eussions
que	vous	eussiez
qu'	ils	eussent

Passé

que	j'	aie	eu
que	tu	aies	eu
qu'	il	ait	eu
que	nous	ayons	eu
que	vous	ayez	eu
qu'	ils	aient	eu

Plus-que-parfait

que	*j'*	*eusse*	*eu*
que	*tu*	*eusses*	*eu*
qu'	*il*	*eût*	*eu*
que	*nous*	*eussions*	*eu*
que	*vous*	*eussiez*	*eu*
qu'	*ils*	*eussent*	*eu*

CONDITIONNEL

Présent

j'	aurais
tu	aurais
il	aurait
nous	aurions
vous	auriez
ils	auraient

Passé 1re forme

j'	aurais	eu
tu	aurais	eu
il	aurait	eu
nous	aurions	eu
vous	auriez	eu
ils	auraient	eu

Passé 2e forme

j'	eusse	eu
tu	*eusses*	*eu*
il	eût	eu
nous	*eussions*	*eu*
vous	*eussiez*	*eu*
ils	*eussent*	*eu*

IMPÉRATIF

Présent

aie, ayons, **ayez**

Passé

aie eu, ayons eu, ayez eu

INFINITIF

Présent

avoir

Passé

avoir eu

PARTICIPE

Présent

ayant

Passé

eu, eue

Les formes en italiques sont celles qui sont rares ou assez rares.

INDICATIF

Présent
je	suis
tu	es
il	est
nous	sommes
vous	êtes
ils	sont

Passé composé
j'	ai	été
tu	as	été
il	a	été
nous	avons	été
vous	avez	été
ils	ont	été

Imparfait
j	étais
tu	étais
il	était
nous	étions
vous	étiez
ils	étaient

Plus-que-parfait
j'	avais	été
tu	avais	été
il	avait	été
nous	avions	été
vous	aviez	été
ils	avaient	été

Passé simple
je	fus
tu	fus
il	fut
nous	fûmes
vous	fûtes
ils	furent

Passé antérieur
j'	eus	été
tu	eus	été
il	eut	été
nous	eûmes	été
vous	eûtes	été
ils	eurent	été

Futur
je	serai
tu	seras
il	sera
nous	serons
vous	serez
ils	seront

Futur antérieur
j'	aurai	été
tu	auras	été
il	aura	été
nous	aurons	été
vous	aurez	été
ils	auront	été

SUBJONCTIF

Présent
que	je	sois
que	tu	sois
qu'	il	soit
que	nous	soyons
que	vous	soyez
qu'	ils	soient

Imparfait
que	je	fusse
que	tu	fusses
qu'	il	fût
que	nous	fussions
que	vous	fussiez
qu'	ils	fussent

Passé
que	j'	aie	été
que	tu	aies	été
qu'	il	ait	été
que	nous	ayons	été
que	vous	ayez	été
qu'	ils	aient	été

Plus-que-parfait
que	j'	eusse	été
que	tu	eusses	été
qu'	il	eût	été
que	nous	eussions	été
que	vous	eussiez	été
qu'	ils	eussent	été

CONDITIONNEL

Présent
je	serais
tu	serais
il	serait
nous	serions
vous	seriez
ils	seraient

Passé 1re forme
j'	aurais	été
tu	aurais	été
il	aurait	été
nous	aurions	été
vous	auriez	été
ils	auraient	été

Passé 2e forme
j'	eusse	été
tu	eusses	été
il	eût	été
nous	eussions	été
vous	eussiez	été
ils	eussent	été

IMPÉRATIF

Présent
sois, soyons, soyez

Passé
aie été, ayons été, ayez été

INFINITIF

Présent	Passé
être	avoir été

PARTICIPE

Présent	Passé
étant	été

(sauf nº 56)

INDICATIF

| | | | | SUBJONCTIF |

Présent — Passé composé — Présent

Présent	Passé composé	Présent
j' aim e	j' ai aimé	que j' aim e
tu aim es	tu as aimé	que tu aim es
il aim e	il a aimé	qu' il aim e
nous aim ons	nous avons aimé	que nous aim ions
vous aim ez	vous avez aimé	que vous aim iez
ils aim ent	ils ont aimé	qu' ils aim ent

Imparfait — Plus-que-parfait — Imparfait

Imparfait	Plus-que-parfait	Imparfait
j' aim ais	j' avais aimé	*que j' aim asse*
tu aim ais	tu avais aimé	*que tu aim asses*
il aim ait	il avait aimé	*qu' il aim ât*
nous aim ions	nous avions aimé	*que nous aim assions*
vous aim iez	vous aviez aimé	*que vous aim assiez*
ils aim aient	ils avaient aimé	*qu' ils aim assent*

Passé simple — Passé antérieur — Passé

Passé simple	Passé antérieur	Passé
j' aim ai	j' eus aimé	que j' aie aimé
tu aim as	tu eus aimé	que tu aies aimé
il aim a	il eut aimé	qu' il ait aimé
nous aim âmes	nous eûmes aimé	que nous ayons aimé
vous aim âtes	vous eûtes aimé	que vous ayez aimé
ils aim èrent	ils eurent aimé	qu' ils aient aimé

Futur — Futur antérieur — Plus-que-parfait

Futur	Futur antérieur	Plus-que-parfait
j' aim erai	j' aurai aimé	*que j' eusse aimé*
tu aim eras	tu auras aimé	*que tu eusses aimé*
il aim era	il aura aimé	*qu' il eût aimé*
nous aim erons	nous aurons aimé	*que nous eussions aimé*
vous aim erez	vous aurez aimé	*que vous eussiez aimé*
ils aim eront	ils auront aimé	*qu' ils eussent aimé*

CONDITIONNEL

Présent — Passé 1re forme — Passé 2e forme

Présent	Passé 1re forme	Passé 2e forme
j' aimerais	j' aurais aimé	*j' eusse aimé*
tu aimerais	tu aurais aimé	*tu eusses aimé*
il aimerait	il aurait aimé	*il eût aimé*
nous aimerions	nous aurions aimé	*nous eussions aimé*
vous aimeriez	vous auriez aimé	*vous eussiez aimé*
ils aimeraient	ils auraient aimé	*ils eussent aimé*

IMPÉRATIF

Présent	Passé
aim e, aim ons, aim ez	*aie (ayons, ayez) aimé*

INFINITIF

Présent	Passé
aimer	avoir aimé

PARTICIPE

Présent	Passé
aim ant	aim é, ée

4 Verbes en **-cer**
★ *Devant a et o, le* **c** *devient* **ç**.
Exemple : je place, nous plaçons, il plaçait.

5 Verbes en **-ger**
★ *Devant a et o, le* **g** *est suivi d'un* **e**.
Exemple : je mange, nous mangeons, il mangeait.

6 Verbes en **-oyer** et **-uyer**
★ *Devant un e muet l'* **y** *du radical se change en* **i**.
Exemple : j'appuie, j'appuierai ; je broie, je broierai.

★ Envoyer *et* renvoyer *suivent cette règle mais ont aussi un futur et un conditionnel irréguliers.*
Exemple : j'enverrai, je renverrai ; j'enverrais,
je renverrais.

7 Verbes en **-ayer**
★ *Devant un e muet ils peuvent garder l'* **y** *du radical ou le changer en* **i**.
Exemple : je paye ou je paie.

8 Verbes en **-e(-)er** et **-é(-)er**
★ *Devant un e muet, le* **e** *ou le* **é** *du radical se change en* **è**.
Exemple : peler, je pèle ; céder, je cède.

9 Verbes en **-eler** et **-eter**
★ *Devant un e muet le* **l** *ou le* **t** *sont généralement doublés.*
Exemple : appeler, j'appelle ; jeter, je jette.

Mais certains de ces verbes suivent le modèle n° 8 (dans ce cas, l'article du dictionnaire renvoie au modèle 8).
Exemple : modeler, je modèle.

10 Verbes en **-ier**
★ *À l'imparfait, aux 1re et 2e personnes du pluriel, le* **i** *de la terminaison s'ajoute à celui du radical.*
Exemple : apprécier, nous appréciions, vous appréciiez.

INDICATIF

Présent
je	fin is	j'	ai	fini
tu	fin is	tu	as	fini
il	fin it	il	a	fini
nous	fin issons	nous	avons	fini
vous	fin issez	vous	avez	fini
ils	fin issent	ils	ont	fini

Passé composé
(voir ci-dessus)

Imparfait
je	fin issais	j'	avais	fini
tu	fin issais	tu	avais	fini
il	fin issait	il	avait	fini
nous	fin issions	nous	avions	fini
vous	fin issiez	vous	aviez	fini
ils	fin issaient	ils	avaient	fini

Plus-que-parfait
(voir ci-dessus)

Passé simple
je	fin is	j'	eus	fini
tu	fin is	tu	eus	fini
il	fin it	il	eut	fini
nous	fin îmes	nous	eûmes	fini
vous	fin îtes	vous	eûtes	fini
ils	fin irent	ils	eurent	fini

Passé antérieur
(voir ci-dessus)

Futur simple
je	fin irai	j'	aurai	fini
tu	fin iras	tu	auras	fini
il	fin ira	il	aura	fini
nous	fin irons	nous	aurons	fini
vous	fin irez	vous	aurez	fini
ils	fin iront	ils	auront	fini

Futur antérieur
(voir ci-dessus)

SUBJONCTIF

Présent
que je	fin isse	
que tu	fin isses	
qu' il	fin isse	
que nous	fin issions	
que vous	fin issiez	
qu' ils	fin issent	

Imparfait
que je	*fin isse*	
que tu	*fin isses*	
qu' il	*fin ît*	
que nous	*fin issions*	
que vous	*fin issiez*	
qu' ils	*fin issent*	

Passé
que j'	aie	fini	
que tu	aies	fini	
qu' il	ait	fini	
que nous	ayons	fini	
que vous	ayez	fini	
qu' ils	aient	fini	

Plus-que-parfait
que j'	*eusse*	*fini*	
que tu	*eusses*	*fini*	
qu' il	*eût*	*fini*	
que nous	*eussions*	*fini*	
que vous	*eussiez*	*fini*	
qu' ils	*eussent*	*fini*	

CONDITIONNEL

Présent
je	fin irais
tu	fin irais
il	fin irait
nous	fin irions
vous	fin iriez
ils	fin iraient

Passé 1re forme
j'	aurais	fini
tu	aurais	fini
il	aurait	fini
nous	aurions	fini
vous	auriez	fini
ils	auraient	fini

Passé 2e forme
j'	*eusse*	*fini*
tu	*eusses*	*fini*
il	*eût*	*fini*
nous	*eussions*	*fini*
vous	*eussiez*	*fini*
ils	*eussent*	*fini*

IMPÉRATIF

Présent
fin is, fin issons, fin issez

Passé
aie fini, ayons fini, ayez fini

INFINITIF

Présent	Passé
finir	avoir fini

PARTICIPE

Présent	Passé
fin issant	*fini, ie*

Verbes du troisième groupe en **-ir** (participe présent en **-ant**); **-oir**; **-re** et **aller.**

★ *Ne sont indiquées que les formes principales et les formes irrégulières.*

		INDICATIF		
	PRÉSENT	IMPARFAIT	P. SIMPLE	FUTUR
12	**couvrir :** je couvre	je couvrais	je couvris	je couvrirai
13	**cueillir :** je cueille	je cueillais	je cueillis	je cueillerai
14	Verbes en **-aillir :** j'assaille	j'assaillais	j'assaillis	j'assaillirai
	★ *Exception :* **faillir** *ne se conjugue plus à l'indicatif présent.*			
15	Verbes en **-mir, -tir, -vir** et **bouillir :**			
	je dors, il dort	je dormais	je dormis	je dormirai
	★ *Exception :* **vêtir, revêtir, dévêtir** *à l'indicatif présent :* je vêts, tu vêts, il vêt; et au participe passé : vêtu.			
16	**courir :** je cours, il court	je courais	je courus	je courrai
17	**mourir :** je meurs, il meurt	je mourais	je mourus	je mourrai
18	Verbes en **-érir :** j'acquiers, il acquiert, nous acquérons, ils acquièrent	j'acquérais	j'acquis	j'acquerrai
19	Verbes en **-enir :** je viens, il vient, nous venons, ils viennent	je venais	je vins	je viendrai
20	Verbes en **-uir :** je fuis, il fuit, nous fuyons, ils fuient	je fuyais	je fuis, il fuit, nous fuîmes, ils fuirent	je fuirai
21	Verbes en **-(c)evoir :** je reçois, nous recevons, ils reçoivent	je recevais	je reçus	je recevrai
	★ *Ne pas oublier la cédille du c devant les lettres o et u.*			
	★ **Devoir** *suit cette conjugaison mais son participe passé est :* dû, due.			
22	**voir** et ses composés : je vois, nous voyons	je voyais	je vis	je verrai
	★ *Exception :* **prévoir** *au futur :* je prévoirai *et au conditionnel :* je prévoirais.			
23	**pourvoir :** je pourvois, nous pourvoyons	je pourvoyais	je pourvus	je pourvoirai
	★ **Déchoir** *suit cette conjugaison mais n'a ni imparfait ni participe présent.*			
24	**mouvoir** et ses composés : je meus, il meut, nous mouvons, ils meuvent	je mouvais	je mus	je mouvrai
	★ *Les composés de* **mouvoir** *n'ont pas d'accent circonflexe au participe passé.*			
25	**valoir** et ses composés et **falloir** (impersonnel) : je vaux, il vaut, nous valons, ils valent	je valais	je valus	je vaudrai
	★ *Exception :* **prévaloir** *fait au subjonctif présent :* que je prévale.			
26	**vouloir :** je veux, il veut, nous voulons, ils veulent	je voulais	je voulus	je voudrai
	★ *Impératif :* veux *ou* veuille, voulons, voulez *ou* veuillez.			
27	**pouvoir :** je peux, il peut, nous pouvons, ils peuvent	je pouvais	je pus	je pourrai
	★ *Pas d'impératif*			
28	**savoir :** je sais, nous savons, ils savent	je savais	je sus	je saurai
	★ *Impératif :* sache, sachons, sachez			
29	**asseoir :** j'assois *ou* assieds, il assoit *ou* assied, nous assoyons *ou* asseyons	j'assoyais *ou* asseyais	j'assis	j'assoirai *ou* assiérai
30	**pleuvoir** (impersonnel) : il pleut	il pleuvait	il plut	il pleuvra

| SUBJONCTIF | | CONDITIONNEL | PARTICIPE | |
PRÉSENT	IMPARFAIT	PRÉSENT	PRÉSENT	PASSÉ
que je couvre	que je couvrisse	je couvrirais	couvrant	couvert
que je cueille	que je cueillisse	je cueillerais	cueillant	cueilli
que j'assaille	que j'assaillisse	j'assaillirais	assaillant	assailli
que je dorme	que je dormisse	je dormirais	dormant	dormi
que je coure	que je courusse	je courrais	courant	couru
que je meure	que je mourusse	je mourrais	mourant	mort
que j'acquière que nous acquérions	que j'acquisse	j'acquerrais	acquérant	acquis
que je vienne que nous venions	que je vinsse	je viendrais	venant	venu
que je fuie	que je fuisse	je fuirais	fuyant	fui
que je reçoive	que je reçusse	je recevrais	recevant	reçu
que je voie	que je visse	je verrais	voyant	vu
que je pourvoie	que je pourvusse	je pourvoirais	pourvoyant	pourvu
que je meuve que nous mouvions qu'ils meuvent	que je musse	je mouvrais	mouvant	mû, mue
que je vaille	que je valusse	je vaudrais	valant	valu
que je veuille que nous voulions	que je voulusse	je voudrais	voulant	voulu
que je puisse	que je pusse	je pourrais	pouvant	pu
que je sache	que je susse	je saurais	sachant	su
que j'assoie ou asseye	que j'assisse	j'assoirais ou assiérais	asseyant	assis
qu'il pleuve	qu'il plût	il pleuvrait	pleuvant	plu

	INDICATIF			
	PRÉSENT	IMPARFAIT	P. SIMPLE	FUTUR
31	Verbes en **-dre** (**-andre**; **-endre** *sauf* prendre; **-ondre**; **-erdre**; **-ordre**) et verbes en **-tre** (*sauf* mettre) : je rends, il rend, nous rendons	je rendais	je rendis	je rendrai
32	**prendre** et ses composés : je prends, il prend, nous prenons, ils prennent	je prenais	je pris	je prendrai
33	**mettre** et ses composés : je mets, il met, nous mettons	je mettais	je mis	je mettrai
34	**rompre** et ses composés ★ *Même conjugaison que rendre (nº 31) mais prend un t à la 3ᵉ personne du singulier du présent de l'indicatif :* il rompt			
35	Verbes en **-eindre, -oindre** et **-aindre** je peins, il peint, nous peignons, ils peignent	je peignais	je peignis	je peindrai
	★ *Toux ces verbes subissent les mêmes transformations :* je joins, nous joignons; je crains, nous craignons.			
36	**vaincre** et ses composés : je vaincs, il vainc, nous vainquons	je vainquais	je vainquis	je vaincrai
37	Verbes en **-aître, -oître** (*devant un* t, *le* i *prend un accent circonflexe*) : je connais, il connaît, nous connaissons	je connaissais	je connus	je connaîtrai
	★ *Exceptions :* **naître** *fait au passé simple :* je naquis, *et au subjonctif imparfait :* que je naquisse. **Paître** *n'a ni passé simple ni subjonctif imparfait,* **croître** *prend un accent circonflexe à toutes les formes qui pourraient être confondues avec celles du verbe croire :* je croîs, je crûs, crû...			
38	**croire** : je crois, il croit, nous croyons, ils croient	je croyais	je crus	je croirai
39	**boire** : je bois, il boit, nous buvons, ils boivent	je buvais	je bus	je boirai
40	**traire** et ses composés : je trais, il trait, nous trayons, ils traient	je trayais	(*n'existe pas*)	je trairai
41	**plaire** et **taire** : je plais, il plaît, nous plaisons	je plaisais	je plus	je plairai
	★ *Taire ne prend pas d'accent circonflexe à la 3ᵉ personne du singulier du présent de l'indicatif.*			
42	**faire** et ses composés : je fais, il fait, nous faisons, vous faites, ils font	je faisais	je fis	je ferai

SUBJONCTIF		CONDITIONNEL	PARTICIPE	
PRÉSENT	IMPARFAIT	PRÉSENT	PRÉSENT	PASSÉ
que je rende	que je rendisse	je rendrais	rendant	rendu
que je prenne	que je prisse	je prendrais	prenant	pris
que je mette	que je misse	je mettrais	mettant	mis
que je peigne	que je peignisse	je peindrais	peignant	peint
que je vainque	que je vainquisse	je vaincrais	vainquant	vaincu
que je connaisse	que je connusse	je connaîtrais	connaissant	connu
que je croie que nous croyions	que je crusse	je croirais	croyant	cru
que je boive	que je busse	je boirais	buvant	bu
que je traie que nous trayions	(n'existe pas)	je trairais	trayant	trait
que je plaise	que je plusse	je plairais	plaisant	plu
que je fasse	que je fisse	je ferais	faisant	fait

	INDICATIF			
	PRÉSENT	IMPARFAIT	P. SIMPLE	FUTUR
43	Verbes en **-uire** : je cuis, il cuit, nous cuisons	je cuisais	je cuisis	je cuirai
44	**suffire** : je suffis, nous suffisons	je suffisais	je suffis	je suffirai
45	**lire** et ses composés : je lis, nous lisons	je lisais	je lus	je lirai
46	**dire** et ses composés : je dis, nous disons, vous dites	je disais	je dis ns dîmes	je dirai
	★ *Les composés de dire (sauf redire) ont une terminaison* **-sez** *à la 2ᵉ personne du pluriel du présent de l'indicatif :* vous médi**sez**. ★ **maudire** *se conjugue comme un verbe du 2ᵉ groupe, sauf le participe passé :* maudit.			
47	**écrire** et ses composés : j'écris, nous écrivons	j'écrivais	j'écrivis	j'écrirai
48	**rire** : je ris, nous rions	je riais nous riions	je ris ns rîmes	je rirai
49	**suivre** : je suis, nous suivons	je suivais	je suivis	je suivrai
50	**vivre** : je vis, nous vivons	je vivais	je vécus	je vivrai
51	Verbes en **-clure** : je conclus, nous concluons	je concluais	je conclus ns conclûmes	je conclurai
52	Verbes en **-soudre** : je résous, nous résolvons	je résolvais	je résolus	je résoudrai
53	**coudre** et ses composés : je couds, il coud, nous cousons, ils cousent	je cousais	je cousis	je coudrai
54	**moudre** : je mouds, il moud, nous moulons	je moulais	je moulus	je moudrai
55	**clore** et ses composés : je clos, il clôt, nous closons	*(n'existe pas)*	*(n'existe pas)*	je clorai
56	**aller** : je vais, tu vas, il va, nous allons, ils vont	j'allais	j'allai	j'irai

SUBJONCTIF		CONDITIONNEL	PARTIC.	
PRÉSENT	IMPARFAIT	PRÉSENT	PRÉSENT	PA.
que je cuise	que je cuisisse	je cuirais	cuisant	cuit
que je suffise	que je suffisse	je suffirais	suffisant	suffi
que je lise	que je lusse	je lirais	lisant	lu
que je dise	que je disse	je dirais	disant	dit
que j'écrive	que j'écrivisse	j'écrirais	écrivant	écrit
que je rie que nous riions	que je risse	je rirais	riant	ri
que je suive	que je suivisse	je suivrais	suivant	suivi
que je vive	que je vécusse	je vivrais	vivant	vécu
que je conclue	que je conclusse	je conclurais	concluant	conclu
que je résolve	que je résolusse	je résoudrais	résolvant	résolu
que je couse	que je cousisse	je coudrais	cousant	cousu
que je moule	que je moulusse	je moudrais	moulant	moulu
que je close	(n'existe pas)	je clorais	closant	clos
que j'aille que nous allions	que j'allasse	j'irais	allant	allé

IMPRIMÉ EN FRANCE PAR BRODARD ET TAUPIN
6748A-5 - Usine de La Flèche (Sarthe), le 29-03-1989.
Dépôt légal n° 2253-03-1989 - Collection n° 40 - Edition n° 02
11/5099/4